〔漢〕司馬遷　撰
〔宋〕裴　駰　集解
〔唐〕司馬貞　索隱
〔唐〕張守節　正義

史記

中華書局

前　言

《二十四史》是我國文化遺産寶庫中的珍貴文獻。它的規模鉅大，卷帙浩繁，共計三二四九卷，約四〇〇〇萬字。這部鉅著，用統一的紀傳體裁，比較系統和完整地記録了明亡以前有文字可考的幾千年的歷史。

《二十四史》的第一部書《史記》修成於漢武帝時代，最後一部書《明史》修成於清朝中期，各史陸續修撰刊印，直到清乾隆時纔正式定名爲《二十四史》。

《二十四史》爲我們提供了中華民族數千年的詳細又豐富的史料：各個朝代的歷史事件、歷史人物、典章制度的詳細記載；政治、經濟、軍事、法律制度的沿革發展；歷代人民的生産鬥争和科學技術的發明創造；文學、藝術的源流以至文化典籍的存佚流傳等等。雖然封建史臣的史學觀點需要科學地分析對待，各史所做的詳細具體的歷史記録至今仍然具有無可替代的史料價值。因此，這部史書是我們研究清代以前歷史的基本史料。

已往《二十四史》没有標點，訛誤又多，給研究教學工作者及廣大讀者造成困難和不便，迫切需要進行科學的整理。中華書局早在五十年代即根據毛澤東同志的指示，並在教育部和中國科學院社會科學部的支持下，在全國範圍内調集鄭天挺、唐長孺、王仲犖等數十名史學專家到北京中華書局，全力以赴對《二十四史》進行全面系統的整理。至一九六六年，先後出版了前四史（《史記》、《漢書》、《後漢書》、《三國志》），有六部史書已經點校付型和基本定稿，其餘各史已作了大量的點校或準備工作，因「文化大革命」整理工作被迫暫時停頓。一九七一年毛澤東同志又批准「整理出版《二十四史》及《清史稿》的請示報

告」，並由周恩來同志親自佈置了這一文件的傳達落實工作。周恩來同志更明確指示：《二十四史》和《清史稿》除已有標點者外，其餘各史都由中華書局負責組織，請人標點，由顧頡剛先生總其成。由於得到中央領導同志的關心和支持，使整理工作得以順利進行。自此以後，各史陸續整理出版，至一九七八年《宋史》出版，《二十四史》整理工作告以完成。從一九五八年開始整理至一九七八年全書出齊，歷時二十年，先後參加整理工作的老一輩歷史學者及中青年史學工作者達一百餘人。

爲配合《二十四史》的研究利用，中華書局出版了二套叢書。

（一）《二十四史研究資料叢書》，專收前人針對《二十四史》所作的補志補表及研究考證成果，予以標點整理，目前已出版十餘種。

（二）人名、地名索引。《二十四史》人物衆多，地名複雜，不便查閱，故特編製了《二十四史紀傳人名索引》、各史人名索引和前四史地名索引。前者主要查閱《二十四史》中有紀傳人物之用，各史人名索引收録各史中所有人名，查閱無紀傳的稀見人物尤爲便捷。前四史地名索引對瞭解中國古代地名起源及遷改，極有參考價值。

中華書局《二十四史》點校本夙以點校精確，閱讀方便著稱，但由於點校本分册較多，定價偏高，一般讀者不易置辦，今特刊印縮印本，爲便於讀者查閱，各史人名索引亦將同時刊印。考慮到前四史讀者較廣，另行刊印前四史縮印本，除附前四史人名索引外，還將前四史地名索引一併刊印於後。

中華書局編輯部

一九九七年九月

目録

漢 司馬遷 撰
宋 裴駰 集解
唐 司馬貞 索隱
唐 張守節 正義

史記

第一冊

卷一至卷七（本紀）

中華書局

出版說明

一

史記原名太史公書，司馬遷撰。司馬遷字子長，漢左馮翊夏陽（今陝西韓城縣）人，生於漢景帝中五年（公元前一四五）或者更後一些。他的父親司馬談學問淵博，不但熟悉史事，懂天文地理，對於春秋戰國以來各家的學術流派及其要旨也都知道得很清楚。漢武帝建元（公元前一四〇——一三五）初年，司馬談做太史令（史記中稱爲太史公），把家遷到茂陵（今陝西興平縣）。司馬談死於武帝元封元年（公元前一一〇），臨死的時候囑付司馬遷，要他繼承父業，寫成一部完整的歷史書。

武帝元封三年（公元前一〇八），司馬遷繼任太史令，開始蒐集史料。漢興以來的「百年之間，天下遺聞古事靡不畢集太史公」，他又能讀到皇家所藏的古籍，即所謂「石室金匱之書」，所以掌握的史料相當豐富。他到處游歷，結交的朋友也很多，實地調查得來的，向師友採訪得來的，都可以用作補充。經過了一個準備階段，到武帝太初元年（公元前一〇四），他跟公孫卿、壺遂等人共同修訂的有名的太初曆已經正式頒布，就着手編寫史記。過

了五年，他因爲給投降匈奴的李陵辯護，被處腐刑。武帝太始元年（公元前九六）他被赦出獄，做中書令（中書令是皇帝身邊的祕書，論職位不比太史令低，可是當時的中書令都是由所謂「刑餘之人」的閹官充任的）。在他做中書令的期間，著書的工作一直沒有停止，到武帝征和二年（公元前九一），他在寫給他的朋友任少卿的信裏開列了全書的篇數，可見那時候基本上完成了。大概再過一二年或者三四年，他死了，卒年無從查考。

二

史記是我國第一部通史。在史記之前，有以年代爲次的「編年史」如春秋，有以地域爲限的「國別史」如國語、戰國策，有以文告檔卷形式保存下來的「政治史」如尚書，可是沒有上下幾千年，包羅各方面，而又融會貫通，脈絡分明，像史記那樣的通史。

唐劉知幾的史通分敍六家，統歸二體。所謂「二體」，就是「編年體」和「紀傳體」，而史記是紀傳體的創始。清趙翼在他寫的廿二史劄記中說：「司馬遷參酌古今，發凡起例，創爲全史：本紀以序帝王，世家以記侯國，十表以繫時事，八書以詳制度，列傳以誌人物。自此例一定，歷代作史者遂不能出其範圍。」我們看向來作爲「正史」的「二十四史」裏的二十三史，從漢書到明史，儘管名目有改變（例如漢書改「書」爲「志」，晉書改「世家」爲「載記」），門類有短缺（例如漢書無「世家」，後漢書、三國志等都無「表」、「志」及「世家」），但都有「紀」

有「傳」，絕無例外地沿襲了史記的體例。

據司馬遷自序，史記全書本紀十二篇，表十篇，書八篇，世家三十篇，列傳七十篇（包括太史公自序），共一百三十篇。今本史記一百三十卷，篇數跟司馬遷自序所說的相符。但漢書司馬遷傳說其中「十篇缺，有錄無書」。三國魏張晏注：「遷沒之後，亡景紀、武紀、禮書、樂書、兵書（按：即律書）、漢興以來將相年表、日者傳、三王世家、龜策列傳、傅靳列傳。元成之間，褚先生補缺，作武帝紀、三王世家、龜策、日者列傳，言辭鄙陋，非遷本意也。」可見司馬遷編寫史記，只能說是基本上完成，其中有若干篇，或者沒有寫定，或者已經定稿而後來散失了。

補史記的褚先生名少孫，是漢朝元成間的一個博士。今本史記中凡是褚少孫所補的大都標明「褚先生曰」，極容易辨識。張晏所認爲褚少孫補的武帝本紀可沒標明「褚先生曰」，全篇又是從封禪書裏截取的，褚少孫也不至於低能到那個樣子。清人錢大昕在他寫的廿二史考異中說：「少孫補史皆取史公所缺，意雖淺近，詞無雷同，未有移甲以當乙者也。或晉以後少孫補篇亦亡，鄉里妄人取此以足其數耳。」傅靳蒯成列傳所敍三侯立國的年代都跟功臣表相符，文章格調又很像太史公，褚少孫補作不會那樣完密，他也未必寫得出那樣的文章。所以張晏的話也未可全信。總之，今本史記中確有後人補綴的文字，但不盡是褚

少孫的手筆。褚少孫在他所補的三王世家中說：「臣幸得以文學爲侍郎，好覽觀太史公之列傳。列傳中稱三王世家文辭可觀，求其世家終不可得。竊從長老好故事者取其封策書，編列其事而傳之，令後世得觀賢主之指意。」這裏他說明了補史記的動機和材料的來源。他所補的如外戚世家、三王世家、日者列傳、龜策列傳等篇，都保存了一些第一手材料，使我們對於漢代社會能有更多的認識。

三

現存史記舊注有三家，就是劉宋裴駰的史記集解，唐司馬貞的史記索隱和張守節的史記正義。三家注原先都別自單行，跟史記卷數不相合。隋書經籍志和唐書經籍志著錄史記集解八十卷，新唐書藝文志著錄史記索隱、史記正義各三十卷。單刻的八十卷本史記集解早已失傳，現在有把集解散列在正文下的史記集解一百三十卷。正義舊本失傳，卷帙次第無可考。惟獨索隱有明末毛氏汲古閣覆刻本，卷數仍舊。

據清四庫全書總目提要說，把三家注散列在正文下，合爲一編，始於北宋，但舊本都已失傳。現存最早的本子有南宋黃善夫刻本，經商務印書館影印，收入百衲本二十四史中。此外有明嘉靖、萬曆間南北監刻的二十一史本，有毛氏汲古閣刻的十七史本和清乾隆時候武英殿刻的二十四史本。其中武英殿本最爲通行，有各種翻刻或影印的本子。

清朝同治年間，金陵書局刊行史記集解索隱正義合刻本一百三十卷（以下簡稱「金陵局本」）。這個本子經張文虎根據錢泰吉的校本和他自己所見到的各種舊刻古本、時本加以考訂，擇善而從，校刊相當精審，是清朝後期的善本。

現在我們用金陵局本作爲底本，分段標點。爲便利讀者起見，把原來散列在正文之下的三家注移到每段之後，用數字標明（十表除外）。其他編排格式也有所改動。金陵局本依照宋刻本及其他舊刻本的格式，每篇小題（即篇名）在上，大題（即書名）在下，我們依照武英殿本的格式，每篇大題排在前面，小題排在後面。金陵局本把司馬貞的史記索隱序和史記索隱後序，張守節的史記正義序和史記正義的「論史例」等等，裴駰的史記集解序，排在正書之前，我們全移到後面，並且依照年代先後排次序，把原來排在後面的史記集解序移到索隱序的前面。這樣一改動，眉目比較清楚些。又，黃善夫本以及其他本子如武英殿本都有司馬貞補的三皇本紀，金陵局本沒有，我們認爲金陵局本是合理的，所以沒有把三皇本紀補上。

標點符號照一般用法。惟括弧（圓括弧和方括弧）一般都作爲夾注號用，我們卻用來標明字句的應該刪去和應該補上。我們沒有採用破折號，凡是可以用破折號的地方都用句號。我們也沒有採用刪節號來標明某處有脫文，用刪節號恐怕引起讀者誤會，以爲是刪

節了原文。關於點校方面的具體問題另有「點校後記」，這兒不詳細說了。

這個本子由顧頡剛先生等分段標點，並經我們整理加工，難免還有錯誤和不妥之處，希望讀者多提意見。

中華書局編輯部 一九五九年七月

二十四史

史記目錄

中華書局

中華書局

史記卷一

五帝本紀第一

〔集解〕凡是徐氏義，稱徐姓名以別之。餘者悉是駰注解，并集衆家義。〔索隱〕紀者，記也。本其事而記之，故曰本紀。又紀，理也，絲縷有紀。而帝王書稱紀者，言爲後代綱紀也。〔正義〕鄭玄注中候勑省圖云：「德合五帝坐星者，稱帝。」又坤靈圖云：「德配天地，在正不在私，曰帝。」案：太史公依世本、大戴禮，以黃帝、顓頊、帝嚳、唐堯、虞舜爲五帝。譙周、應劭、宋均皆同。而孔安國尚書序，皇甫謐帝王世紀，孫氏注世本，並以伏犧、神農、黃帝爲三皇，少昊、顓頊、高辛、唐、虞爲五帝。裴松之史目云「天子稱本紀，諸侯曰世家」。本者，繫其本系，故曰本；紀者，理也，統理衆事，繫之年月，名之曰紀；第者，次序之目；一者，舉數之由：故曰五帝本紀第一。禮云：「動則左史書之，言則右史書之。」正義云：「左陽，故記動。右陰，故記言。言爲尚書，事爲春秋。」案：春秋時置左右史，故云史記也。

黃帝者，〔一〕少典之子，〔二〕姓公孫，名曰軒轅。〔三〕生而神靈，弱而能言，〔四〕幼而徇齊，〔五〕長而敦敏，成而聰明。〔六〕

〔一〕〔集解〕徐廣曰：「號有熊。」〔索隱〕案：有土德之瑞，土色黃，故稱黃帝，猶神農火德王而稱炎帝然也。此以黃帝

爲五帝之首，蓋依大戴禮五帝德。又譙周、宋均亦以爲然。而孔安國、皇甫謐帝王代紀及孫氏注系本並以伏犧、神農、黃帝爲三皇，少昊、高陽、高辛、唐、虞爲五帝。注「號有熊」者，以其本是有熊國君之子故也。亦號軒轅氏。皇甫謐云：「居軒轅之丘，因以爲名，又以爲號。」又據左傳，亦號帝鴻氏也。〔正義〕輿地志云：「涿鹿本名彭城，黃帝初都，遷有熊也。」案：黃帝有熊國君，乃少典國君之次子，號曰有熊氏，又曰縉雲氏，又曰帝鴻氏，亦曰帝軒氏。母曰附寶，之祁野，見大電繞北斗樞星，感而懷孕，二十四月而生黃帝於壽丘。壽丘在魯東門之北，今在兗州曲阜縣東北六里。生日角龍顏，有景雲之瑞，以土德王，故曰黃帝。封泰山，禪亭亭。亭亭在牟陰。

〔二〕〔集解〕譙周曰：「有熊國君，少典之子也。」皇甫謐曰：「有熊，今河南新鄭是也。」〔索隱〕少典者，諸侯國號，非人名也。又案：國語云「少典娶有蟜氏女，生黃帝、炎帝」。然則炎帝亦少典之子。炎黃二帝雖則相承，如帝王代紀中間凡隔八帝，五百餘年。若以少典是其父名，豈黃帝經五百餘年而始代炎帝後爲天子乎？何其年之長也！又案：秦本紀云「顓頊氏之裔孫曰女脩，吞玄鳥之卵而生大業，大業娶少典氏而生柏翳」。明少典是國號，非人名也。黃帝即少典氏後代之子孫，賈逵亦謂然，故左傳「高陽氏有才子八人」，亦謂其後代子孫而稱爲子是也。譙周字允南，蜀人，魏散騎常侍徵，不拜。此注所引者，是其人所著古史考之說也。皇甫謐字士安，晉人，號玄晏先生。今所引者，是其所作帝王代紀也。

〔三〕〔索隱〕案：皇甫謐云「黃帝生於壽丘，長於姬水，因以爲姓。居軒轅之丘，因以爲名，又以爲號」。是本姓公孫，長居姬水，因改姓姬。

〔四〕〔索隱〕弱謂幼弱時也。蓋未合能言之時而黃帝即言，所以爲神異也。潘岳有哀弱子篇，其子未七旬曰弱。〔正義〕言神異也。易曰「陰陽不測之謂神」，書云「人惟萬物之靈」，故謂之神靈也。

〔五〕集解徐廣曰：「墨子曰『年踰十五，則聰明心慮無不徇通矣』。」駰案：徇，疾；齊，速也。言聖德幼而疾速也。索隱斯文未是。今案：徇，齊，皆德也。書曰「聰明齊聖」，左傳曰「子雖齊聖」，謂聖德齊肅也。又案：孔子家語及大戴禮並作「叡齊」，一本作「慧齊」。叡，慧，皆智也。太史公採大戴禮而爲此紀，今彼文無作「徇」者。史記舊本亦有作「濬齊」。蓋古字假借「徇」爲「濬」，濬，深也，義亦並通。爾雅「齊」、「速」俱訓爲疾。尚書大傳曰「多聞而齊給」。鄭注云「齊，疾也」。今裴氏注云徇亦訓疾，未見所出。或當讀「徇」爲「迅」，迅於爾雅與齊俱訓疾，則迅濬雖異字，而音同也。又爾雅曰「宣，徇，遍也。濬，通也」。是「遍」之與「通」義亦相近。言黄帝幼而才智周徧，且辯給也。故墨子亦云「年踰五十，則聰明心慮不徇通矣」。俗本作「十五」，非是。案：謂年老踰五十不聰明，何得云「十五」？

〔六〕正義成謂年二十冠，成人也。聰明，聞見明辯也。此以上至「軒轅」，皆大戴禮文。

軒轅之時，神農氏世衰。〔一〕諸侯相侵伐，暴虐百姓，而神農氏弗能征。於是軒轅乃習用干戈，以征不享，〔二〕諸侯咸來賓從。而蚩尤最爲暴，莫能伐。〔三〕炎帝欲侵陵諸侯，諸侯咸歸軒轅。軒轅乃修德振兵，〔四〕治五氣，〔五〕蓺五種，〔六〕撫萬民，度四方，〔七〕教熊羆貔貅貙虎，〔八〕以與炎帝戰於阪泉之野。〔九〕三戰，然後得其志。〔一〇〕蚩尤作亂，不用帝命。〔一一〕於是黄帝乃徵師諸侯，與蚩尤戰於涿鹿之野，〔一二〕遂禽殺蚩尤。〔一三〕而諸侯咸尊軒轅爲天子，代神農氏，是爲黄帝。天下有不順者，黄帝從而征之，平者去之，〔一四〕披山通道，〔一五〕未嘗寧居。

〔一〕集解皇甫謐曰：「易稱庖犧氏没，神農氏作，是爲炎帝。」班固曰：「教民耕農，故號曰神農。」索隱世衰，謂

神農氏後代子孫道德衰薄，非指炎帝之身，卽班固所謂「參盧」，皇甫謐所云「帝榆罔」是也。正義帝王世紀云：「神農氏，姜姓也。母曰任姒，有蟜氏女，登爲少典妃，遊華陽，有神龍首，感生炎帝。人身牛首，長於姜水。有聖德，以火德王，故號炎帝。初都陳，又徙魯。又曰魁隗氏，又曰連山氏，又曰列山氏。」括地志云：「厲山在隨州隨縣北百里，山東有石穴。(曰)〔昔〕神農生於厲鄉，所謂列山氏也。春秋時爲厲國。」

〔二〕索隱謂用干戈以征諸侯之不朝享者。本或作「亭」，亭訓直，以征諸侯之不直者。

〔三〕集解應劭曰：「蚩尤，古天子。」瓚曰：「孔子三朝記曰『蚩尤，庶人之貪者』。」索隱案：此紀云「諸侯相侵伐，蚩尤最爲暴」，則蚩尤非爲天子也。又管子曰「蚩尤受盧山之金而作五兵」，明非庶人，蓋諸侯號也。劉向別録云「孔子見魯哀公問政，比三朝，退而爲此記，故曰三朝。凡七篇，並入大戴記」。今此注見用兵篇也。正義龍魚河圖云：「黄帝攝政，有蚩尤兄弟八十一人，並獸身人語，銅頭鐵額，食沙石子，造立兵仗刀戟大弩，威振天下，誅殺無道，不慈仁。萬民欲令黄帝行天子事，黄帝以仁義不能禁止蚩尤，乃仰天而歎。天遣玄女下授黄帝兵信神符，制伏蚩尤，帝因使之主兵，以制八方。蚩尤没後，天下復擾亂，黄帝遂畫蚩尤形像以威天下，天下咸謂蚩尤不死，八方萬邦皆爲弭服。」山海經云：「黄帝令應龍攻蚩尤。蚩尤請風伯、雨師以從，大風雨。黄帝乃下天女曰『魃』，以止雨。雨止，遂殺蚩尤。」孔安國曰「九黎君號蚩尤」是也。

〔四〕正義振，整也。

〔五〕集解王肅曰：「五行之氣。」。索隱謂春甲乙木氣，夏丙丁火氣之屬，是五氣也。

〔六〕集解駰案：蓺，樹也。詩云「蓺之荏菽」。周禮曰「穀宜五種」。鄭玄曰「五種，黍、稷、菽、麥、稻也」。索隱蓺，種也，樹也。五種卽五穀也，音朱用反。此注所引見詩大雅生民之篇。爾雅云「荏菽，戎菽」也，郭璞曰「今之胡豆」，鄭氏曰「豆之大者」是也。正義蓺音魚曳反。種音腫。

〔七〕集解王肅曰：「度四方而安撫之。」正義度音徒洛反。

〔八〕索隱書云「如虎如貔」，爾雅云「貔，白狐」，禮曰「前有摯獸，則載貔貅」是也。爾雅又曰「貙獌似貍」。此六者猛獸，可以教戰。周禮有服不氏，掌教擾猛獸。卽古服牛乘馬，亦其類也。正義熊音雄。羆音碑。貔音毗。貅音休。貙音丑于反。羆如熊，黄白色。郭璞云：「貔，執夷，虎屬也。」案：言教士卒習戰，以猛獸之名名之，用威敵也。

〔九〕集解服虔曰：「阪泉，地名。」皇甫謐曰：「在上谷。」正義阪音白板反。括地志云：「阪泉，今名黄帝泉，在嬀州懷戎縣東五十六里。出五里至涿鹿東北，與涿水合。又有涿鹿故城，在嬀州東南五十里，本黄帝所都也。晉太康地里志云『涿鹿城東一里有阪泉，上有黄帝祠』。」案：阪泉之野則平野之地也。

〔一〇〕正義謂黄帝克炎帝之後。

〔一一〕正義言蚩尤不用黄帝之命也。

〔一二〕集解服虔曰：「涿鹿，山名，在涿郡。」張晏曰：「涿鹿在上谷。」索隱或作「濁鹿」，古今字異耳。案：地理志上谷有涿鹿縣，然則服虔云「在涿郡」者，誤也。

〔一三〕集解皇覽曰：「蚩尤冢在東平郡壽張縣闞鄉城中，高七丈，民常十月祀之。有赤氣出，如匹絳帛，民名爲蚩尤旗。肩髀冢在山陽郡鉅野縣重聚，大小與闞冢等。傳言黄帝與蚩尤戰於涿鹿之野，黄帝殺之，身體異處，故別葬之。」索隱案：皇甫謐云「黄帝使應龍殺蚩尤于凶黎之谷」。或曰，黄帝斬蚩尤于中冀，因名其地曰「絶轡之野」。注「皇覽」，書名也。記先代冢墓之處，宜皇王之省覽，故曰皇覽。是魏人王象、繆襲等所撰也。

〔一四〕正義平服者卽去之。

〔一五〕集解徐廣曰：「披，他本亦作『陂』。字蓋當音詖，陂者旁其邊之謂也。披語誠合今世，然古今不必同也。」索隱披音如字，謂披山林草木而行以通道也。徐廣音詖，恐稍紆也。

東至于海，登丸山，〔一〕及岱宗。〔二〕西至于空桐，〔三〕登雞頭。〔四〕南至于江，登熊、湘。〔五〕北逐葷粥，〔六〕合符釜山，〔七〕而邑于涿鹿之阿。〔八〕遷徙往來無常處，以師兵爲營衛。〔九〕官名皆以雲命，爲雲師。〔一〇〕置左右大監，監于萬國。〔一一〕萬國和，而鬼神山川封禪與爲多焉。〔一二〕獲寶鼎，迎日推筴。〔一三〕舉風后、力牧、常先、大鴻〔一四〕以治民。順天地之紀，〔一五〕幽明之占，〔一六〕死生之説，〔一七〕存亡之難。〔一八〕時播百穀草木，〔一九〕淳化鳥獸蟲蛾，〔二〇〕旁羅日月星辰水波〔二一〕土石金玉，〔二二〕勞勤心力耳目，節用水火材物。〔二三〕有土德之瑞，故號黄帝。〔二四〕

〔一〕集解徐廣曰：「丸，一作『凡』。」駰案：地理志曰丸山在郎邪朱虛縣。索隱注「丸，一作『凡』」，凡音扶嚴反。正義丸音桓。括地志云：「丸山卽丹山，在青州臨朐縣界朱虛故縣西北二十里，丹水出焉。」丸音紈。守節案：地志唯有凡山，蓋凡山丸山是一山耳。諸處字誤，或「丸」或「凡」也。漢書郊祀志云「禪丸山」，顏師古云「在朱虛」，亦與括地志相合，明丸山是也。

〔二〕正義泰山，東岳也。在兗州博城縣西北三十里也。

〔三〕集解應劭曰：「山名。」韋昭曰：「在隴右。」

〔四〕索隱山名也。後漢王孟塞雞頭道，在隴西。一曰崆峒山之別名。正義括地志云：「空桐山在肅州福祿縣

東南六十里。抱朴子內篇云『黃帝西見中黃子，受九品之方，過空桐，從廣成子受自然之經』，即此山。」括地志又云：「笄頭山一名崆峒山，在原州平高縣西百里，禹貢涇水所出。輿地志云或即雞頭山也。酈元云蓋大隴山異名也。莊子云廣成子學道崆峒山，黃帝問道於廣成子，蓋在此。」案：二處崆峒皆云黃帝登之，未詳孰是。

〔五〕【集解】封禪書曰：「南伐至于召陵，登熊山。」地理志曰湘山在長沙益陽縣。【正義】括地志云：「熊耳山在商州上洛縣西十里，齊桓公登之以望江漢也。湘山一名㹁山，在岳州巴陵縣南十八里也。」

〔六〕【集解】匈奴傳曰：「唐虞以上有山戎、獫狁、葷粥，居于北蠻。」【索隱】匈奴別名也。唐虞已上曰山戎，亦曰熏粥，夏曰淳維，殷曰鬼方，周曰玁狁，漢曰匈奴。【正義】葷音熏。粥音育。

〔七〕【索隱】合諸侯符契圭瑞，而朝之於釜山，猶禹會諸侯於塗山然也。又案：郭子橫洞冥記稱東方朔云「東海大明之墟有釜山，山出瑞雲，應王者之符命」，如堯時有赤雲之祥之類。蓋黃帝黃雲之瑞，故曰「合符應於釜山」也。【正義】括地志云：「釜山在嬀州懷戎縣北三里，山上有舜廟。」

〔八〕【正義】廣平曰阿。涿鹿，山名，已見上。涿鹿故城在山下，即黃帝所都之邑於山下平地。

〔九〕【正義】環繞軍兵爲營以自衞，若轅門即其遺象。

〔一〇〕【集解】應劭曰：「黃帝受命，有雲瑞，故以雲紀事也。春官爲青雲，夏官爲縉雲，秋官爲白雲，冬官爲黑雲，中官爲黃雲。」張晏曰：「黃帝有景雲之應，因以名師與官。」

〔一一〕【正義】監，上監去聲，下監平聲。若周邵分陝也。

〔一二〕【集解】徐廣曰：「多，一作『朋』。」【索隱】與音羊汝反。與猶許也。言萬國和同，而鬼神山川封禪祭祀之事，自古以來帝皇之中，推許黃帝以爲多。多猶大也。

〔一三〕【集解】晉灼曰：「策，數也，迎數之也。」瓚曰：「日月朔望未來而推之，故曰迎日。」【索隱】封禪書曰「黃帝得寶鼎神策」，下云「於是推策迎日」，則神策者，神蓍也。黃帝得蓍以推筭曆數，於是逆知節氣日辰之將來，故曰推策迎日也。【正義】筴音策。迎，逆也。黃帝受神筴，命大撓造甲子，容成造曆是也。

〔一四〕【集解】鄭玄曰：「風后，黃帝三公也。」班固曰：「力牧，黃帝相也。」大鴻，見封禪書。【正義】舉，任用。四人皆帝臣也。帝王世紀云：「黃帝夢大風吹天下之塵垢皆去，又夢人執千鈞之弩，驅羊萬羣。帝寤而歎曰：『風爲號令，執政者也。垢去土，后在也。天下豈有姓風名后者哉？夫千鈞之弩，異力者也。驅羊數萬羣，能牧民爲善者也。天下豈有姓力名牧者哉？』於是依二占而求之，得風后於海隅，登以爲相。得力牧於大澤，進以爲將。黃帝因著占夢經十一卷。」藝文志云：「風后兵法十三篇，圖二卷，孤虛二十卷，力牧兵法十五篇。」鄭玄云：「風后，黃帝之三公也。」案：黃帝仰天地置列侯衆官，以風后配上台，天老配中台，五聖配下台，謂之三公也。封禪書云「鬼臾區號大鴻，黃帝大臣也。死葬雍，故鴻冢是」。藝文志云「鬼容區兵法三篇」也。

〔一五〕【正義】言黃帝順天地陰陽四時之紀也。

〔一六〕【正義】幽，陰；明，陽也。占，數也。言陰陽五行，黃帝占數而知之。此文見大戴禮。

〔一七〕【集解】徐廣曰：「一云『幽明之數，合死生之說』。」【正義】說謂儀制也。民之生死。此謂作儀制禮則之說。

〔一八〕【索隱】存亡猶安危也。易曰「危者安其位，亡者保其存」是也。難猶說也。凡事是非未盡，假以往來之詞，則曰難。又上文有「死生之說」，故此云「存亡之難」，所以韓非著書有說林、說難也。【正義】難音乃憚反。存亡猶生死也。黃帝之前，未有衣裳屋宇。及黃帝造屋宇，制衣服，營殯葬，萬民故免存亡之難。

〔一九〕【集解】王肅曰：「時，是也。」【索隱】爲一句。【正義】言順四時之所宜而布種百穀草木也。

〔二〇〕【索隱】爲一句。蟻音牛綺反。一作「豸」。（豸）言淳化廣被及之。【正義】蟻音魚起反。又音豸，豸音直氏反。蟻，蚍蜉也。爾雅曰：「有足曰蟲，無足曰豸。」

〔二一〕【集解】徐廣曰：「一作『沃』。」

〔二二〕【索隱】旁，非一方。羅，廣布也。今案：大戴禮作「歷離」。離即羅也。言帝德旁羅日月星辰水波，及至土石金玉。謂日月揚光，海水不波，山不藏珍，皆是帝德廣被也。【正義】旁羅猶遍布也。日月，陰陽時節也。星，二十八宿也。辰，日月所會也。水波，瀾漪也。言天不異災，土無別害，水少波浪，山出珍寶。

〔二三〕【正義】節，時節也。水，陂障決洩也。火，山野禁放也。材，木也。物，事也。言黃帝教民，江湖陂澤山林原隰皆收采禁捕以時，用之有節，令得其利也。大戴禮云「宰我問於孔子曰：『予聞榮伊曰黃帝三百年。請問黃帝者人耶？何以至三百年？』孔子曰：『勞勤心力耳目，節用水火材物，生而民得其利百年，死而民畏其神百年，亡而民用其教百年，故曰三百年也。』」

〔二四〕【索隱】炎帝火，黃帝土代之，即「黃龍地螾見」是也。螾，土精，大五六圍，長十餘丈。螾音引。【正義】螾音以刃反。

黃帝二十五子，其得姓者十四人。〔一〕

〔一〕【索隱】舊解破四爲三，言得姓十三人耳。今案：國語胥臣云「黃帝之子二十五宗，其得姓者十四人，爲十二姓，姬、酉、祁、己、滕、葴、任、荀、僖、姞、儇、衣是也。唯青陽與夷鼓同己姓」。又云「青陽與蒼林爲姬姓」。是則十四人爲十二姓，其文甚明。唯姬姓再稱青陽與蒼林，蓋國語文誤，所以致令前儒共疑。其姬姓青陽當爲玄囂，是帝嚳祖本與黃帝同姬姓。其國語上文青陽，即是少昊金天氏爲己姓者耳。既理在不疑，無煩破四爲三。

黃帝居軒轅之丘，〔一〕而娶於西陵之女，〔二〕是爲嫘祖。〔三〕嫘祖爲黃帝正妃，〔四〕生二子，其後皆有天下：其一曰玄囂，是爲青陽，〔五〕青陽降居江水；〔六〕其二曰昌意，降居若水。〔七〕昌意娶蜀山氏女，曰昌僕，生高陽，高陽有聖悳焉。〔八〕黃帝崩，〔九〕葬橋山。〔一〇〕其孫昌意之子高陽立，是爲帝顓頊也。

〔一〕【集解】皇甫謐曰：「受國於有熊，居軒轅之丘，故因以爲名，又以爲號。」山海經曰『在窮山之際，西射之南』。」張晏曰：「作軒冕之服，故謂之軒轅。」

〔二〕【正義】西陵，國名也。

〔三〕【集解】徐廣曰：「祖，一作『俎』。嫘，力追反。」【索隱】一曰雷祖，音力堆反。【正義】一作「傫」。

〔四〕【索隱】案：黃帝立四妃，象后妃四星。皇甫謐云：「元妃西陵氏女，曰累祖，生昌意。次妃方雷氏女，曰女節，生青陽。次妃彤魚氏女，生夷鼓，一名蒼林。次妃嫫母，班在三人之下。」案：國語夷鼓、蒼林是二人。又案：漢書古今人表彤魚氏生夷鼓，嫫母生蒼林，不得如謐所說。太史公乃據大戴禮，以累祖生昌意及玄囂，玄囂即青陽也。皇甫謐以青陽爲少昊，乃方雷氏所生，是其所見異也。

〔五〕【索隱】玄囂，帝嚳之祖。案：皇甫謐及宋衷皆云玄囂青陽即少昊也。今此紀下云「玄囂不得在帝位」，則太史公意青陽非少昊明矣。而此又云「玄囂是爲青陽」，當是誤也。謂二人皆黃帝子，並列其名，所以前史因誤以玄囂青陽爲一人耳。宋衷又云：「玄囂青陽是爲少昊，繼黃帝立者，而史不敍，蓋少昊金德王，非五運之次，故敍五帝不數之也。」

〔六〕正義 括地志云：「安陽故城在豫州新息縣西南八十里。應劭云古江國也。地理志亦云安陽古江國也。」

〔七〕索隱 降，下也。言帝子爲諸侯，降居江水、〔若水〕。江水、若水皆在蜀，卽所封國也。水經曰「水出旄牛徼外，東南至故關爲若水，南過邛都，又東北至朱提縣爲盧江水」，是蜀有此二水也。

〔八〕正義 華陽國志及十三州志云：「蜀之先肇於人皇之際。黃帝爲子昌意娶蜀山氏，後子孫因封焉。帝顓頊高陽氏，黃帝之孫，昌意之子，母曰昌僕，亦謂之女樞。」河圖云：「瑤光如蜺貫月，正白，感女樞於幽房之宮，生顓頊，首戴干戈，有德文也。」

〔九〕集解 皇甫謐曰：「在位百年而崩，年百一十一歲。」索隱 案：大戴禮「宰我問孔子曰：『榮伊言黃帝三百年，請問黃帝何人也？抑非人也？何以至三百年乎？』對曰：『生而人得其利百年，死而人畏其神百年，亡而人用其教百年。』」則士安之說略可憑矣。正義 列仙傳云：「軒轅自擇亡日與羣臣辭。還葬橋山，山崩，棺空，唯有劍舄在棺焉。」

〔一〇〕集解 皇覽曰：「黃帝冢在上郡橋山。」索隱 地理志橋山在上郡陽周縣，山有黃帝冢也。正義 括地志云：「黃帝陵在寧州羅川縣東八十里子午山。地理志云上郡陽周縣橋山南有黃帝冢。」案：陽周，隋改爲羅川。爾雅云山銳而高曰橋也。

帝顓頊高陽者，〔一〕黃帝之孫而昌意之子也。靜淵以有謀，疏通而知事；養材以任地，〔二〕載時〔三〕以象天，依鬼神以制義，〔四〕治氣〔五〕以教化，絜誠以祭祀。北至于幽陵，〔六〕南至于交阯，〔七〕西至于流沙，〔八〕東至于蟠木。〔九〕動靜之物，〔一〇〕大小之神，〔一一〕日月所照，

莫不砥屬。〔一二〕

〔一〕集解 皇甫謐曰：「都帝丘，今東郡濮陽是也。」索隱 宋衷云：「顓頊，名；高陽，有天下號也。」張晏云：「高陽者，所興地名也。」

〔二〕索隱 言能養材物以任地。大戴禮作「養財」。

〔三〕索隱 載，行也。言行四時以象天。大戴禮作「履時以象天」。履亦踐而行也。

〔四〕索隱 鬼神聰明正直，當盡心敬事，因制尊卑之義，故禮曰「降于祖廟之謂仁義」是也。正義 鬼之靈者曰神也。鬼神謂山川之神也。能興雲致雨，潤養萬物也，故己依馮之剬義也。剬，古制字。

〔五〕索隱 謂理四時五行之氣以教化萬人也。

〔六〕正義 幽州也。

〔七〕正義 阯音止，交州也。

〔八〕集解 地理志曰流沙在張掖居延縣。正義 濟，渡也。括地志云：「居延海南，甘州張掖縣東北千六十四里是。」

〔九〕集解 海外經曰：「東海中有山焉，名曰度索。上有大桃樹，屈蟠三千里。東北有門，名曰鬼門，萬鬼所聚也。天帝使神人守之，一名神荼，一名鬱壘，主閱領萬鬼。若害人之鬼，以葦索縛之，射以桃弧，投虎食也。」

〔一〇〕正義 動物謂鳥獸之類，靜物謂草木之類。

〔一一〕正義 大謂五嶽、四瀆，小謂丘陵墳衍。

〔一二〕集解 王肅曰：「砥，平也。四遠皆平而來服屬。」索隱 依王肅音止蜀，據大戴禮作「祇礪」也。

帝顓頊生子曰窮蟬。〔一〕顓頊崩，〔二〕而玄囂之孫高辛立，是爲帝嚳。

〔一〕索隱 系本作「窮係」。宋衷云：「一云窮係，謚也。」正義 帝舜之高祖也。

〔二〕集解 皇甫謐曰：「在位七十八年，年九十八。」皇覽曰：「顓頊冢在東郡濮陽頓丘城門外廣陽里中。」索隱 皇甫謐云：「據左氏，歲在鶉火而崩，葬東郡。」又山海經曰：「顓頊葬鮒魚山之陽，九嬪葬其陰。」

帝嚳高辛者，〔一〕黃帝之曾孫也。高辛父曰蟜極，〔二〕蟜極父曰玄囂，玄囂父曰黃帝。自玄囂與蟜極皆不得在位，至高辛卽帝位。〔三〕高辛於顓頊爲族子。

〔一〕集解 張晏曰：「少昊以前，天下之號象其德。顓頊以來，天下之號因其名。高陽、高辛皆所興之地名；顓頊與嚳皆以字爲號：上古質故也。」索隱 宋衷曰：「高辛地名，因以爲號。嚳，名也。」皇甫謐云：「帝嚳名夋也。」正義 帝王紀云：「俈母無聞焉。」

〔二〕正義 蟜音居兆反。本作「橋」，音同。又巨遥反。帝堯之祖也。

〔三〕集解 皇甫謐曰：「都亳，今河南偃師是。」

高辛生而神靈，自言其名。〔一〕普施利物，不於其身。聰以知遠，明以察微。順天之義，知民之急。仁而威，惠而信，脩身而天下服。取地之財而節用之，撫教萬民而利誨之，曆日月而迎送之，〔二〕明鬼神而敬事之。〔三〕其色郁郁，其德嶷嶷。〔四〕其動也時，其服也士。〔五〕帝

嚳溉執中而徧天下，〔六〕日月所照，風雨所至，莫不從服。〔七〕

〔一〕正義 帝王紀云：「帝俈高辛，姬姓也。其母生見其神異，自言其名曰岌。齠齔有聖德，年十五而佐顓頊，三十登位，都亳，以人事紀官也。」

〔二〕正義 言作曆弦、望、晦、朔，日月未至而迎之，過而送之，上「迎日推策」是也。

〔三〕正義 天神曰神，人神曰鬼。又云聖人之精氣謂之神，賢人之精氣謂之鬼。言明識鬼神而敬事也。

〔四〕索隱 郁郁猶穆穆也。嶷嶷，德高也。今案：大戴禮「郁」作「神」，「嶷」作「俟」。

〔五〕索隱 舉動應天時，衣服服士服，言其公且廉也。

〔六〕集解 徐廣曰：「古『既』字作水旁。『徧』字一作『尹』。」索隱 卽尚書「允執厥中」是也。正義 溉音既。言帝俈治民，若水之溉灌，平等而執中正，徧於天下也。

〔七〕正義 以上大戴文也。

帝嚳娶陳鋒氏女，〔一〕生放勳。〔二〕娶娵訾氏女，生摯。〔三〕帝嚳崩，〔四〕而摯代立。帝摯立，不善（崩），〔五〕而弟放勳立，是爲帝堯。

〔一〕索隱 鋒音峯。案：系本作「陳酆氏」。皇甫謐云「陳鋒氏女曰慶都」。慶都，名也。正義 鋒音峯。又作「豐」。帝王紀云「帝俈有四妃，卜其子皆有天下。元妃有邰氏女，曰姜嫄，生后稷。次妃有娀氏女，曰簡狄，生卨。次妃陳豐氏女，曰慶都，生放勛。次妃娵訾氏女，曰常儀，生帝摯」也。

〔二〕正義 放音方往反。勳亦作「勛」，音許云反。言堯能放上代之功，故曰放勛。謚堯。姓伊祁氏。帝王紀云：

「帝堯陶唐氏，祁姓也。母慶都，十四月生堯。」

〔三〕索隱 案：皇甫謐云「女名常宜」也。 正義 嫄，足須反。訾，紫移反。

〔四〕集解 皇甫謐曰：「在位七十年，年百五歲。」皇覽曰：「帝嚳冢在東郡濮陽頓丘城南臺陰野中。」

〔五〕索隱 古本作「不著」，音張慮反。俗本作「不善」。不善謂微弱，不著猶不著明。衞宏云：「摯立九年而唐侯德盛，因禪位焉。」 正義 帝王紀云：「帝摯之母於四人中班最在下，而摯於兄弟最長，得登帝位。封異母弟放勛爲唐侯。摯在位九年，政微弱，而唐侯德盛，諸侯歸之，摯服其義，乃率羣臣造唐而致禪。唐侯自知有天命，乃受帝禪。乃封摯於高辛。」今定州唐縣也。

帝堯者，〔一〕放勳。〔二〕其仁如天，〔三〕其知如神。〔四〕就之如日，〔五〕望之如雲。〔六〕富而不驕，貴而不舒。〔七〕黄收純衣，〔八〕彤車乘白馬，能明馴德，〔九〕以親九族。九族既睦，便章百姓。〔一〇〕百姓昭明，合和萬國。

〔一〕集解 謚法曰：「翼善傳聖曰堯。」 索隱 堯，謚也。放勳，名。帝嚳之子，姓伊祁氏。案：皇甫謐云「堯初生時，其母在三阿之南，寄於伊長孺之家，故從母所居爲姓也」。 正義 徐廣云：「號陶唐。」帝王紀云：「堯都平陽，於詩爲唐國。」徐才宗國都城記云：「唐國，帝堯之裔子所封。其北，帝夏禹都，漢曰太原郡，在古冀州太行恆山之西。其南有晉水。」括地志云：「今晉州所理平陽故城是也。平陽河水一名晉水也。」

〔二〕集解 徐廣曰：「號陶唐。」皇甫謐曰：「堯以甲申歲生，甲辰即帝位，甲午徵舜，甲寅舜代行天子事，辛巳崩，年百一十八，在位九十八年。」

〔三〕索隱 如天之函養也。

〔四〕索隱 如神之微妙也。

〔五〕索隱 如日之照臨，人咸依就之，若葵藿傾心以向日也。

〔六〕索隱 如雲之覆渥，言德化廣大而浸潤生人，人咸仰望之，故曰如百穀之仰膏雨也。

〔七〕索隱 舒猶慢也。大戴禮作「不豫」。

〔八〕集解 徐廣曰：「純，一作『紂』。」駰案：太古冠冕圖云「夏名冕曰收」。禮記曰「野夫黄冠」。鄭玄曰「純衣，士之祭服」。 索隱 收，冕名。其色黄，故曰黄收，象古質素也。純，讀曰緇。

〔九〕集解 徐廣曰：「馴，古訓字。」 索隱 史記「馴」字徐廣皆讀曰訓。訓，順也。言聖德能順人也。案：尚書作「俊德」，孔安國云「能明用俊德之士」，與此文意别也。

〔一〇〕集解 徐廣曰：「下云『便程東作』，然則訓平爲便也。」駰案：尚書並作「平」字。孔安國曰「百姓，百官」。鄭玄曰「百姓，羣臣之父子兄弟」。 索隱 古文尚書作「平」，此文蓋讀「平」爲浦耕反。平既訓便，因作「便章」。其今文作「辯章」。古「平」字亦作「便」，音婢緣反。便則訓辯，遂爲辯章。鄒誕生本亦同也。

乃命羲、和，〔一〕敬順昊天，〔二〕數法〔三〕日月星辰，〔四〕敬授民時。〔五〕分命羲仲，居郁夷，曰暘谷。〔六〕敬道日出，便程東作。〔七〕日中，星鳥，以殷中春。〔八〕其民析，鳥獸字微。〔九〕申命羲叔，居南交。〔一〇〕便程南爲，敬致。〔一一〕日永，星火，以正中夏。〔一二〕其民因，鳥獸希革。〔一三〕申命和仲，〔一四〕居西土，〔一五〕曰昧谷。〔一六〕敬道日入，便程西成。〔一七〕夜中，星虛，〔一八〕以正中秋。〔一九〕其民夷易，鳥獸毛毨。〔二〇〕申命和叔，居北方，曰幽都。〔二一〕便在伏物。〔二二〕日短，星昴，以正中冬。〔二三〕其民燠，鳥獸氄毛。〔二四〕歲三百六十六日，以閏月正四時。〔二五〕信飭〔二六〕百官，衆功皆興。

〔一〕集解 孔安國曰：「重黎之後，羲氏、和氏世掌天地之官。」 正義 呂刑傳云：「重即羲，黎即和，雖别爲氏族，而出自重黎也。」案：聖人不獨治，必須賢輔，乃命相天地之官，若周禮天官卿、地官卿也。

〔二〕正義 敬猶恭勤也。元氣昊然廣大，故云昊天。釋天云：「春爲蒼天，夏爲昊天，秋爲旻天，冬爲上天。」而獨言昊天者，以堯能敬天，大，故以昊大言之。

〔三〕索隱 尚書作「曆象日月」，則此言「數法」，是訓「曆象」二字，謂命羲和以曆數之法觀察日月星辰之早晚，以敬授人時也。

〔四〕正義 曆數之法，日之甲乙，月之大小，昏明遞中之星，日月所會之辰，定其天數，以爲一歲之曆。

〔五〕正義 尚書考靈耀云：「主春者，張昏中，可以種稷。主夏者，火昏中，可以種黍菽。主秋者，虛昏中，可以種麥。主冬者，昴昏中，可以收斂也。」天子視四星之中，知民緩急，故云敬授民時也。

〔六〕集解 尚書作「嵎夷」。孔安國曰：「東表之地稱嵎夷。日出於暘谷。羲仲，治東方之官。」 索隱 舊本作「湯谷」，今並依尚書字。案：淮南子曰「日出湯谷，浴於咸池」，則湯谷亦有他證明矣。又下曰「昧谷」，徐廣云「一作『柳』」，柳亦日入處地名。太史公博採經記而爲此史，廣記異聞，不必皆依尚書。蓋郁夷亦地之别名也。 正義 郁音隅。陽或作「暘」。禹貢青州云：「嵎夷既略。」案：嵎夷，青州也。堯命羲仲理東方青州嵎夷之地，日所出處，名曰陽明之谷。羲仲主東方之官，若周禮春官卿。

〔七〕集解 孔安國曰：「敬道出日，平均次序東作之事，以務農也。」 索隱 劉伯莊傳皆依古史作平秩音。然尚書大傳曰「辯秩東作」，則是訓秩爲程，言便課其作程者也。 正義 道音導。便，程，並如字，後同。導，訓也。三春主東，故言日出。耕作在春，故言東作。命羲仲恭勤道訓萬民東作之事，使有程期。

〔八〕集解 孔安國曰：「日中謂春分之日也。鳥，南方朱鳥七宿也。殷，正也。春分之昏，鳥星畢見，以正仲春之氣節。轉以推孟、季，則可知也。」 正義 下「中」音仲，夏、秋、冬並同。

〔九〕集解 孔安國曰：「春事既起，丁壯就功，言其民老壯分析也。」乳化曰字。尚書「微」作「尾」字。説(文)云「尾，交接也」。

〔一〇〕集解 孔安國曰：「夏與春交，此治南方之官也。」 索隱 孔注未是。然則冬與秋交，何故下無其文？且東嵎夷，西昧谷，北幽都，三方皆言地，而夏獨不言地，乃云與春交，斯不例之甚也。然南方地有名交阯者，或古文略舉一字名地，南交則是交阯不疑也。

〔一一〕集解 孔安國曰：「爲，化也。平序分南方化育之事，敬行其教，以致其功也。」 正義 羲叔主南方官，若周禮夏官卿也。 索隱 爲依字讀。春言東作，夏言南爲，皆是耕作營爲勸農之事。孔安國强讀爲「訛」字，雖則訓化，解釋亦甚紆回也。 正義 爲音于僞反。命羲叔宜恭勤民事。致其種殖，使有程期也。

〔一二〕集解 孔安國曰：「永，長也，謂夏至之日。火，蒼龍之中星，舉中則七星見可知也，以正中夏之〔氣〕節。」馬融、王肅謂日長晝漏六十刻，鄭玄曰五十五刻。

〔一三〕集解 孔安國曰：「因，謂老弱因就在田之丁壯以助農也。夏時鳥獸毛羽希少改易也。革，改也。」

〔一四〕正義 和仲主西方之官，若周禮秋官卿也。

【一五】集解 徐廣曰：「一無『土』字。以爲西者，今天水之西縣也。」駰案：鄭玄曰「西者，隴西之西，今人謂之兑山」。

【一六】集解 徐廣曰：「一作『柳谷』。」駰案：孔安國曰「日入于谷而天下冥，故曰昧谷。此居治西方之官，掌秋天之政也」。

【一七】集解 孔安國曰：「秋，西方，萬物成也。」

【一八】索隱 虛，舊依字讀，而鄒誕生音墟。案：虛星主墳墓，鄒氏或得其理。

【一九】集解 孔安國曰：「春言日，秋言夜，互相備也。虛，玄武之中星。亦言七星皆以秋分日見，以正三秋也。」

【二〇】集解 孔安國曰：「夷，平也。老壯者在田，與夏平也。毨，理也。毛更生(日)整理。」

【二一】集解 孔安國曰：「北稱幽都，謂所聚也。」索隱 山海經曰「北海之內有山名幽都」，蓋是也。正義 案：北方幽州，陰聚之地，命和叔居理之。北方之官，若周禮冬官卿。

【二二】索隱 使和叔察北方藏伏之物，謂人畜積聚等冬皆藏伏。尸子亦曰「北方者，伏方也」。尚書作「平在朔易」。今案：大傳云「便在伏物」，太史公據之而書。

【二三】集解 孔安國曰：「日短，冬至之日也。昴，白虎之中星。亦以七星並見，以正冬節也。」馬融、王肅謂日短晝漏四十刻。鄭玄曰四十五刻，失之。

【二四】集解 徐廣曰：「氄音茸。」駰案：孔安國曰「民入室處，鳥獸皆生氄毳細毛以自溫也」。

【二五】索隱 夫周天三百六十五度四分度之一，是天度數也。而日行遲，一歲一周天；月行疾，一月一周天。日一日行一度，月一日行十三度十九分度之七。至二十九日半強，月行天一帀，又逐及日而與會。一年十二會，是爲十二月。每月二十九日過半。年分出小月六，是每歲餘六日。又大歲三百六十六日，小歲三百五十五日，舉全數

云六十六日。其實一歲唯餘十一日弱。未滿三歲，已成一月，則置閏。若三年不置閏，則正月爲二月。九年差三月，則以春爲夏。十七年差六月，則四時皆反。以此四時不正，歲不成矣。故傳曰「歸餘於終，事則不悖」是也。

〔二六〕集解 徐廣曰：「古『勅』字。」

堯曰：「誰可順此事？」〔一〕放齊曰：「嗣子丹朱開明。」〔二〕堯曰：「吁！頑凶，不用。」〔三〕堯又曰：「誰可者？」讙兜曰：「共工旁聚布功，可用。」〔四〕堯曰：「共工善言，其用僻，似恭漫天，不可。」〔五〕堯又曰：「嗟，四嶽，〔六〕湯湯洪水滔天，浩浩懷山襄陵，〔七〕下民其憂，有能使治者？」皆曰鯀可。〔八〕堯曰：「鯀負命毀族，不可。」〔九〕嶽曰：「异哉，試不可用而已。」〔一〇〕堯於是聽嶽用鯀。九歲，功用不成。〔一一〕

〔一〕正義 言將登用之嗣位也。

〔二〕集解 孔安國曰：「放齊，臣名。」正義 放音方往反。鄭玄云：「帝堯胤嗣之子，名曰丹朱，開明也。」案：開，解而達也。帝王紀云：「堯娶散宜氏女，曰女皇，生丹朱。」汲冢紀年云：「后稷放帝子丹朱。」范汪荊州記云：「丹水縣在丹川，堯子朱之所封也。」括地志云：「丹水故城在鄧州內鄉縣西南百三十里。丹水故爲縣。」

〔三〕集解 孔安國曰：「吁，疑怪之辭。」正義 左傳云：「口不道忠信之言爲嚚，心不則德義之經爲頑。」凶，訟也。言丹朱心既頑嚚，又好争訟，不可用之。

〔四〕集解 孔安國曰：「讙兜，臣名。」鄭玄曰：「共工，水官名。」正義 兜音斗侯反。

〔五〕正義 漫音莫干反。共工善爲言語，用意邪僻也。似於恭敬，罪惡漫天，不可用也。

【六】集解 鄭玄曰：「四嶽，四時官，主方嶽之事。」正義 嗟嘆鴻水，問四嶽誰能理也。孔安國云：「四嶽，卽上羲和四子也。分掌四嶽之諸侯，故稱焉。」

【七】集解 孔安國曰：「懷，包；襄，上也。」正義 湯音商，今讀如字。蕩蕩，廣平之貌。言水奔突有所滌除，地上之物爲水漂流蕩蕩然。案：懷，藏，包裹之義，故懷爲包。釋言以襄爲駕，駕乘牛馬皆在上也。言水襄上乘陵，浩浩盛大，勢若漫天。

【八】集解 馬融曰：「鯀，臣名，禹父。」

【九】正義 負音佩，依字通。負，違也。族，類也。鯀性很戾，違負教命，毀敗善類，不可用也。詩云「貪人敗類」也。

【一〇】正義 异音異。孔安國云：「异，已；已，退也。言餘人盡已，唯鯀可試，無成乃退。」

【一一】正義 爾雅釋天云：「載，歲也。夏曰祀，周曰年，唐、虞曰載。」李巡云：「各自紀事，示不相襲也。」孫炎云：「歲，取歲星行一次也。祀，取四時祭祀一訖也。年，取禾穀一熟也。載，取萬物終更始也。載者，年之别名，故以載爲年也。」案：功用不成，水害不息，故放退也。至明年得舜，乃殛之羽山，而用其子禹也。

堯曰：「嗟！四嶽：朕在位七十載，汝能庸命，踐朕位？」〔一〕嶽應曰：「鄙悳忝帝位。」〔二〕堯曰：「悉舉貴戚及疏遠隱匿者。」衆皆言於堯曰：「有矜在民閒，曰虞舜。」〔三〕堯曰：「然，朕聞之。其何如？」嶽曰：「盲者子。父頑，母嚚，弟傲，能和以孝，烝烝治，不至姦。」〔四〕堯曰：「吾其試哉。」〔五〕於是堯妻之二女，〔六〕觀其德於二女。〔七〕舜飭下二女於嬀汭，〔八〕如婦禮。堯善之，乃使舜慎和五典，〔九〕五典能從。乃徧入百官，百官時序。賓於四門，四

門穆穆，諸侯遠方賓客皆敬。〔一〇〕堯使舜入山林〔一一〕川澤，暴風雷雨，舜行不迷。堯以爲聖，召舜曰：「女謀事至而言可績，三年矣。〔一二〕女登帝位。」舜讓於德不懌。〔一三〕正月上日，〔一四〕舜受終於文祖。文祖者，堯大祖也。〔一五〕

【一】集解 鄭玄曰：「言汝諸侯之中有能順事用天命者，入處我位，統治天子之事者乎？」正義 孔安國云：「堯年十六，以唐侯升爲天子，在位七十載，時八十六，老將求代也。」

【二】正義 四嶽皆云，鄙俚無德，若便行天子事，是辱帝位。言己等不堪也。

【三】集解 孔安國曰：「無妻曰矜。」正義 矜，古頑反。

【四】集解 孔安國曰：「不至於姦惡。」正義 烝，之升反，進也。言父頑，母嚚，弟傲，舜皆和以孝，進之於善，不至於姦惡也。

【五】正義 欲以二女試舜，觀其理家之道也。

【六】正義 妻音七計反。二女，娥皇、女英也。娥皇無子，女英生商均。舜升天子，娥皇爲后，女英爲妃。

【七】正義 視其爲德行於二女，以理家而觀國也。

【八】集解 孔安國曰：「舜所居嬀水之汭。」索隱 列女傳云二女長曰娥皇，次曰女英。系本作「女瑩」。大戴禮作「女匽」。皇甫謐云：「嬀水在河東虞鄉縣歷山西。汭，水涯也，猶洛汭、渭汭然也。」正義 飭音勅。下音胡亞反。汭音芮。舜能整齊二女以義理，下二女之心於嬀汭，使行婦道於虞氏也。括地志云：「嬀汭水源出蒲州河東南山。許慎云：『水涯曰汭。』案：地記云『河東郡青山東山中有二泉，下南流者嬀水，北流者汭水。二水異源，合

流出谷，西注河。媯水北曰汭也』。又云『河東縣二里故蒲坂城，舜所都也。城中有舜廟，城外有舜宅及二妃壇』。」

〔九〕集解鄭玄曰：「五典，五教也。蓋試以司徒之職。」

〔一〇〕集解馬融曰：「四門，四方之門。諸侯羣臣朝者，舜賓迎之，皆有美德也。」

〔一一〕索隱尚書云「納于大麓」，穀梁傳云「林屬於山曰麓」，是山足曰麓，故此以爲入山林不迷。孔氏以麓訓録，言令舜大録萬幾之政，與此不同。

〔一二〕集解鄭玄曰：「三年者，賓四門之後三年也。」

〔一三〕集解徐廣曰：「音亦。今文尚書作『不怡』。怡，懌也。」索隱古文作「不嗣」，今文作「不怡」，怡卽懌也。謂辭讓於德不堪，所以心意不悅懌也。俗本作「澤」，誤爾，亦當爲「懌」。

〔一四〕集解馬融曰：「上日，朔日也。」正義鄭玄云：「帝王易代，莫不改正。堯正建丑，舜正建子，此時未改，故依堯正月上日也。」

〔一五〕集解鄭玄曰：「文祖者，五府之大名，猶周之明堂。」索隱尚書帝命驗曰：「五府，五帝之廟。蒼曰靈府，赤曰文祖，黃曰神斗，白曰顯紀，黑曰玄矩。唐虞謂之五府，夏謂世室，殷謂重屋，周謂明堂，皆祀五帝之所也。」正義舜受堯終帝之事於文祖也。尚書帝命驗云：「帝者承天立五府，以尊天重象也。五府者，黃曰神斗。」注云：「唐虞謂之天府，夏謂之世室，殷謂之重屋，周謂之明堂，皆祀五帝之所也。文祖者，赤帝熛怒之府，名曰文祖。火精光明，文章之祖，故謂之文祖。周曰明堂。神斗者，黃帝含樞紐之府，名曰神斗。斗，主也。土精澄靜，四行之主，故謂之神斗。周曰太室。顯紀者，白帝招拒之府，名顯紀。紀，法也。金精斷割萬物，故謂之顯紀。

周曰總章。玄矩者，黑帝汁光紀之府，名曰玄矩。矩，法也。水精玄昧，能權輕重，故謂之玄矩。周曰玄堂。靈府者，蒼帝靈威仰之府，名曰靈府。周曰青陽。」

於是帝堯老，命舜攝行天子之政，以觀天命。舜乃在璿璣玉衡，以齊七政。〔一〕遂類于上帝，〔二〕禋于六宗，〔三〕望于山川，〔四〕辯于羣神。〔五〕揖五瑞，擇吉月日，見四嶽諸牧，班瑞。〔六〕歲二月，東巡狩，至於岱宗，祡，〔七〕望秩於山川。〔八〕遂見東方君長，合時月正日，〔九〕同律度量衡，〔一〇〕脩五禮〔一一〕五玉〔一二〕三帛〔一三〕二生〔一四〕一死〔一五〕爲摯，〔一六〕如五器，卒乃復。〔一七〕五月，南巡狩；八月，西巡狩；十一月，北巡狩：皆如初。歸，至于祖禰廟，〔一八〕用特牛禮。五歲一巡狩，羣后四朝。〔一九〕徧告以言，〔二〇〕明試以功，車服以庸。〔二一〕肇十有二州，決川。〔二二〕象以典刑，〔二三〕流宥五刑，〔二四〕鞭作官刑，〔二五〕扑作教刑，〔二六〕金作贖刑。〔二七〕眚烖過，赦；〔二八〕怙終〔二九〕賊，刑。〔三〇〕欽哉，欽哉，惟刑之靜哉！〔三一〕

〔一〕集解鄭玄曰：「璿璣，玉衡，渾天儀也。七政，日月五星也。」正義說文云：「璿，赤玉也。」案：舜雖受堯命，猶不自安，更以璿璣玉衡以正天文。璣爲運轉，衡爲橫簫，運璣使動於下，以衡望之，是王者正天文器也，觀其齊與不齊。今七政齊，則己受禪爲是。蔡邕云：「玉衡長八尺，孔徑一寸，下端望之，以視星宿，並縣璣以象天，而以衡望之，轉璣窺衡，以知星宿。璣徑八尺，圓周二丈五尺而強也。」鄭玄云：「運轉者爲璣，持正者爲衡。」尚書大傳云：「政者，齊中也。謂春秋冬夏天文地理人道，所以爲政也，道正而萬事順成，故天道政之大也。」

〔二〕集解鄭玄曰：「禮祭上帝于圜丘。」正義五經異義云：「非時祭天謂之類，言以事類告也。時舜告攝，非常祭也。」王制云：「天子將出，類于上帝。」鄭玄云：「昊天上帝謂天皇大帝，北辰之星。」

〔三〕集解鄭玄曰：「六宗，星、辰、司中、司命、風師、雨師也。」駰案：六宗義衆矣。愚謂鄭說爲長。正義周語云「精意以享曰禋」也。孫炎云：「禋，絜敬之祭也。」案：星，五緯星也。辰，日月所會十二次也。司中、司命，文昌第五、第四星也。風師，箕星也。雨師，畢星也。孔安國云：「四時寒暑也，日月星也，水旱也。」禮祭法云：「埋少牢於大昭，祭時也。禳祈於坎壇，祭寒暑也。王宮，祭日也。夜明，祭月也。幽禜，祭星。雩禜，祭水旱也。」司馬彪續漢書云：「安帝立六宗，祀於洛陽城西北亥地，禮比大社。魏因之。至晉初，荀顗言新祀，以六宗之神諸家說不同，乃廢之也。」

〔四〕集解徐廣曰：「名山大川。」正義望者，遙望而祭山川也。山川，五嶽、四瀆也。爾雅云：「梁山，晉望也。」

〔五〕集解徐廣曰：「辯音班。」駰案：鄭玄曰「羣神若丘陵墳衍」。正義辯音遍。謂祭羣神也。

〔六〕集解馬融曰：「揖，斂也。五瑞，公侯伯子男所執，以爲瑞信也。堯將禪舜，使羣牧斂之，使舜親往班之。」正義揖音集。周禮典瑞云：「王執鎭圭，尺二寸。公執桓圭，九寸。侯執信圭，七寸。伯執躬圭，五寸。子執穀璧，男執蒲璧，皆五寸。言五瑞者，王不在中也。」孔文祥云：「宋末，會稽修禹廟，於廟庭山土中得五等圭璧百餘枚，形與周禮同，皆短小。此卽禹會諸侯於會稽，執以禮山神而埋之。其璧今猶有在也。」

〔七〕集解馬融曰：「舜受終後五年之二月。」鄭玄曰：「建卯之月也。祡祭東嶽者，考績。祡，燎也。」正義案：既班瑞羣后卽東巡者，守土之諸侯會岱宗之嶽，焚柴告至也。王者巡狩，以諸侯自專一國，威福任己，恐其壅遏上命，澤不下流，故巡行問人疾苦也。風俗通云：「太，山之尊者，一曰岱宗，始也，長也，萬物之始，陰陽交代，故爲五嶽之長也。」案：二月，仲月也。仲，中也，言得其中也。

〔八〕正義乃以秩望祭東方諸侯境內之名山大川也。言秩者，五嶽視三公，四瀆視諸侯。

〔九〕集解鄭玄曰：「協正四時之月數及日名，備有失誤。」正義既見東方君長，乃合同四時氣節，月之大小，日之甲乙，使齊一也。周禮：「太史掌正歲年以序事，頒正朔於邦國。」則節氣晦朔皆天子頒之。猶恐諸侯國異，或不齊同，因巡狩合正之。

〔一〇〕集解鄭玄曰：「律，音律；度，丈尺；量，斗斛；衡，斤兩也。」正義律之十二律，度之丈尺，量之斗斛，衡之斤兩，皆使天下相同，無制度長短輕重異也。漢律曆志云：「虞書云『同律度量衡』，所以齊遠近，立民信也。律有十二，陽六爲律，陰六爲呂。律以統氣類物，一曰黃鍾，二曰太蔟，三曰姑洗，四曰蕤賓，五曰夷則，六曰無射。呂以旅陽宣氣，一曰林鍾，二曰南呂，三曰應鍾，四曰大呂，五曰夾鍾，六曰中呂。度者，分、寸、尺、丈、引也，所以度長短也。本起黃鍾之管長，以子穀秬黍中者一黍爲一分，十分爲一寸，十寸爲尺，十尺爲丈，十丈爲引，而五度審矣。量者，龠、合、升、斗、斛也，所以量多少也。本起黃鍾之龠，以子穀秬黍中者千有二百實爲一龠，合龠爲合，十合爲升，十升爲斗，十斗爲斛，而五量嘉矣。衡權者，銖、兩、斤、鈞、石也，所以稱物輕重也。本起於黃鍾之重，一龠容千二百黍，重十二銖，二十四銖爲兩，十六兩爲斤，三十斤爲鈞，四鈞爲石，而五權謹矣。衡，平也。權，重也。」

〔一一〕集解馬融曰：「吉、凶、賓、軍、嘉也。」正義周禮「以吉禮事邦國之鬼神祇，以凶禮哀邦國之憂，以賓禮親邦國，以軍禮同邦國，以嘉禮親萬民」也。尚書堯典云「類于上帝」，吉禮也；「如喪考妣」，凶禮也；「羣后四朝」，賓禮也；大禹謨云「汝徂征」，軍禮也；堯典云「女于時」，嘉禮也。女音女慮反。

〔一二〕集解鄭玄曰：「卽五瑞也。執之曰瑞，陳列曰玉。」

〔一三〕集解 馬融曰：「三孤所執也。」鄭玄曰：「帛，所以薦玉也。必三者，高陽氏後用赤繒，高辛氏後用黑繒，其餘諸侯皆用白繒。」正義 孔安國云：「諸侯世子執纁，公之孤執玄，附庸之君執黃也。」案：三統紀推伏羲爲天統，色尚赤。神農爲地統，色尚黑。黃帝爲人統，色尚白。少昊，黃帝子，亦尚白。故高陽氏又天統，亦尚赤。堯爲人統，故用白。

〔一四〕正義 羔，鴈也。鄭玄注周禮大宗伯云：「羔，小羊也，取其羣不失其類也。鴈，取其候時而行也。卿執羔，大夫執鴈。」案：羔、鴈性馴，可生爲贄。

〔一五〕正義 雉也。馬融云：「一死雉，士所執也。」案：不可生爲贄，故死。雉，取其守介死不失節也。

〔一六〕集解 馬融曰：「摯：二生，羔、鴈，卿大夫所執；一死，雉，士所執。」正義 摯音至。贄，執也。鄭玄云：「贄之言至，所以自致也。」韋昭云：「贄，六贄：孤執皮帛，卿執羔，大夫執鴈，士執雉，庶人執鶩，工商執雞也。」

〔一七〕集解 馬融曰：「五器，上五玉。五玉禮終則還之，三帛已下不還也。」正義 卒音子律反。復音伏。

〔一八〕正義 禰音乃禮反。何休云：「生曰父，死曰考，廟曰禰。」

〔一九〕集解 鄭玄曰：「巡狩之年，諸侯見於方嶽之下。其閒四年，四方諸侯分來朝於京師也。」

〔二〇〕正義 徧音遍。言遍告天子治理之言也。

〔二一〕正義 孔安國云：「功成則錫車服，以表顯其能用也。」

〔二二〕集解 馬融曰：「禹平水土，置九州。舜以冀州之北廣大，分置并州。燕、齊遼遠，分燕置幽州，分齊爲營州。於是爲十二州也。」鄭玄曰：「更爲之定界，濬水害也。」

〔二三〕集解 馬融曰：「言咎繇制五常之刑，無犯之者，但有其象，無其人也。」正義 孔安國云：「象，法也。法用常

刑，用不越法也。」

〔二四〕集解 馬融曰：「流，放；宥，寬也。一曰幼少，二曰老耄，三曰蠢愚。五刑，墨、劓、剕、宮、大辟。」正義 孔安國云：「以流放之法寬五刑也。」鄭玄云：「三宥，一曰弗識，二曰過失，三曰遺忘也。」

〔二五〕集解 馬融曰：「爲辨治官事者爲刑。」

〔二六〕集解 鄭玄曰：「扑，檟楚也。扑爲教官爲刑者。」

〔二七〕集解 馬融曰：「金，黃金也。意善功惡，使出金贖罪，坐不戒慎者。」

〔二八〕集解 鄭玄曰：「眚裁，爲人作患害者也。過失，雖有害則赦之。」

〔二九〕集解 徐廣曰：「一作『衆』。」

〔三〇〕集解 鄭玄曰：「怙其姦邪，終身以爲殘賊，則用刑之。」

〔三一〕集解 徐廣曰：「今文云『惟刑之謐哉』。爾雅曰『謐，靜也』。」索隱 注「惟形之謐哉」，案：古文作「恤哉」，且今文是伏生口誦，卹謐聲近，遂作「謐」也。

讙兜進言共工，〔一〕堯曰不可而試之工師，〔二〕共工果淫辟。〔三〕四嶽舉鯀治鴻水，堯以爲不可，嶽彊請試之，試之而無功，故百姓不便。三苗〔四〕在江淮、荆州〔五〕數爲亂。於是舜歸而言於帝，請流共工於幽陵，〔六〕以變北狄；〔七〕放驩兜於崇山，〔八〕以變南蠻；遷三苗於三危，〔九〕以變西戎；殛鯀於羽山，〔一〇〕以變東夷：四辠而天下咸服。

〔一〕正義 讙兜，渾沌也。共工，窮奇也。鯀，檮杌也。三苗，饕餮也。左傳云「舜臣堯，流四凶，投諸四裔，以禦魑魅」也。

〔二〕正義 工師，若今大匠卿也。

〔三〕正義 匹亦反。

〔四〕集解 馬融曰：「國名也。」正義 左傳云自古諸侯不用王命，虞有三苗，夏有觀扈。孔安國云：「縉雲氏之後爲諸侯，號饕餮也。」吳起云：「三苗之國，左洞庭而右彭蠡。」案：洞庭，湖名，在岳州巴陵西南一里，南與青草湖連。彭蠡，湖名，在江州潯陽縣東南五十二里。以天子在北，故洞庭在西爲左，彭蠡在東爲右。今江州、鄂州、岳州，三苗之地也。

〔五〕正義 淮，讀曰匯，音胡罪反，今彭蠡湖也。本屬荆州。尚書云「南入于江，東匯澤爲彭蠡」是也。

〔六〕集解 馬融曰：「北裔也。」正義 尚書及大戴禮皆作「幽州」。括地志云：「故龔城在檀州燕樂縣界。故老傳云舜流共工幽州，居此城。」神異經云：「西北荒有人焉，人面，朱髮，蛇身，人手足，而食五穀禽獸，頑愚，名曰共工。」

〔七〕集解 徐廣曰：「變，一作『燮』。」索隱 變謂變其形及衣服，同於夷狄也。徐廣云作「燮」。燮，和也。正義 言四凶流四裔，各於四夷放共工等爲中國之風俗也。

〔八〕集解 馬融曰：「南裔也。」正義 神異經云：「南方荒中有人焉，人面鳥喙而有翼，兩手足扶翼而行，食海中魚，爲人很惡，不畏風雨禽獸，犯死乃休，名曰驩兜也。」

〔九〕集解 馬融曰：「西裔也。」正義 括地志云：「三危山有三峯，故曰三危，俗亦名卑羽山，在沙州敦煌縣東南三十里。」神異經云：「西荒中有人焉，面目手足皆人形，而胳下有翼不能飛，爲人饕餮，淫逸無理，名曰苗民。」又山海經云大荒北經「黑水之北，有人有翼，名曰苗民」也。

〔一〇〕集解 馬融曰：「殛，誅也。羽山，東裔也。」正義 殛音紀力反。孔安國云：「殛，竄，放，流，皆誅也。」括地志云：「羽山在沂州臨沂縣界。」神異經云：「東方有人焉，人形而身多毛，自解水土，知通塞，爲人自用，欲爲欲息，皆(曰)云是鯀也。」

堯立七十年得舜，二十年而老，令舜攝行天子之政，薦之於天。堯辟位凡二十八年而崩。〔一〕百姓悲哀，如喪父母。三年，四方莫舉樂，〔二〕以思堯。堯知子丹朱之不肖，〔三〕不足授天下，於是乃權授舜。〔四〕授舜，則天下得其利而丹朱病；授丹朱，則天下病而丹朱得其利。堯曰「終不以天下之病而利一人」，而卒授舜以天下。堯崩，三年之喪畢，舜讓辟丹朱於南河之南。〔五〕諸侯朝覲者不之丹朱而之舜，獄訟者不之丹朱而之舜，謳歌者不謳歌丹朱而謳歌舜。舜曰「天也」，夫而後之中國踐天子位焉，〔六〕是爲帝舜。

〔一〕集解 徐廣曰：「堯在位凡九十八年。」駰案：皇覽曰「堯冢在濟陰城陽。劉向曰『堯葬濟陰，丘壠皆小』。呂氏春秋曰『堯葬穀林』。」皇甫謐曰「穀林即城陽。堯都平陽，於詩爲唐國」。正義 皇甫謐云：「堯即位九十八年，通舜攝二十八年也，凡年百一十七歲。」孔安國云：「堯壽百一十六歲。」括地志云：「堯陵在濮州雷澤縣西三里。郭緣生述征記云『城陽縣東有堯冢，亦曰堯陵，有碑』是也。」括地志云：「雷澤縣本漢城陽縣也。」

〔二〕正義 尚書「三載，四海遏密八音」是也。

〔三〕索隱 鄭玄云：「肖，似也。不似，言不如父也。」皇甫謐云：「堯娶散宜氏之女，曰女皇，生丹朱。又有庶子九人，

皆不肖也。」

〔四〕索隱 父子繼立，常道也。求賢而禪，權道也。權者，反常而合道。正義 五帝官天下，老則禪賢，故權試舜也。

〔五〕集解 劉熙曰：「南河，九河之最在南者。」正義 括地志云：「故堯城在濮州鄄城縣東北十五里。竹書云昔堯德衰，爲舜所囚也。又有偃朱故城，在縣西北十五里。竹書云舜囚堯，復偃塞丹朱，使不與父相見也。」案：濮州北臨漯，大川也。河在堯都之南，故曰南河，禹貢「至于南河」是也。其偃朱城所居，即「舜讓避丹朱於南河之南」處也。

〔六〕集解 劉熙曰：「天子之位不可曠年，於是遂反，格于文祖而當帝位。帝王所都爲中，故曰中國。」

虞舜者，〔一〕名曰重華。〔二〕重華父曰瞽叟，〔三〕瞽叟父曰橋牛，〔四〕橋牛父曰句望，〔五〕句望父曰敬康，敬康父曰窮蟬，窮蟬父曰帝顓頊，顓頊父曰昌意：以至舜七世矣。自從窮蟬以至帝舜，皆微爲庶人。

〔一〕集解 謚法曰：「仁聖盛明曰舜。」索隱 虞，國名，在河東大陽縣。舜，謚也。皇甫謐云「舜字都君」也。正義 括地志云：「故虞城在陝州河北縣東北五十里虞山之上。酈元注水經云幹橋東北有虞城，堯以女嬪于虞之地也。又宋州虞城大襄國所封之邑，杜預云舜後諸侯也。又越州餘姚縣，顧野王云舜後支庶所封之地。舜姚姓，故云餘姚。縣西七十里有漢上虞故縣。會稽舊記云舜上虞人，去虞三十里有姚丘，即舜所生也。周處風土記云舜東夷之人，生姚丘。」括地志又云：「姚墟在濮州雷澤縣東十三里。孝經援神契云舜生於姚墟。」案：二

所未詳也。

〔二〕集解 徐廣曰：「皇甫謐云『舜以堯之二十一年甲子生，三十一年甲午徵用，七十九年壬午即真，百歲癸卯崩』。」正義 尚書云：「重華協於帝。」孔安國云：「華謂文德也，言其光文重合於堯。」瞽叟姓嬀。妻曰握登，見大虹意感而生舜於姚墟，故姓姚。目重瞳子，故曰重華。字都君。龍顏，大口，黑色，身長六尺一寸。

〔三〕正義 先后反。孔安國云：「無目曰瞽。舜父有目不能分別好惡，故時人謂之瞽，配字曰『叟』。叟，無目之稱也。」

〔四〕正義 橋又音嬌。

〔五〕正義 句，古侯反。望音亡。

舜父瞽叟盲，而舜母〔一〕死，瞽叟更娶妻而生象，象傲。瞽叟愛後妻子，常欲殺舜，舜避逃；及有小過，則受罪。順事父及後母與弟，日以篤謹，匪有解。

〔一〕索隱 皇甫謐云：「舜母名握登，生舜於姚墟，因姓姚氏也。」

舜，冀州之人也。〔一〕舜耕歷山，〔二〕漁雷澤，〔三〕陶河濱，〔四〕作什器於壽丘，〔五〕就時於負夏。〔六〕舜父瞽叟頑，母嚚，弟象傲，皆欲殺舜。舜順適不失子道，兄弟孝慈。欲殺，不可得；即求，嘗在側。

〔一〕正義 蒲州河東縣本屬冀州。宋永初山川記云：「蒲坂城中有舜廟，城外有舜宅及二妃壇。」括地志云：「嬀州有嬀水，源出城中。耆舊傳云即舜釐降二女於嬀汭之所。外城中有舜井，城北有歷山，山上有舜廟，未詳。」案：嬀州亦冀州城是也。

〔二〕集解 鄭玄曰：「在河東。」正義 括地志云：「蒲州河東縣雷首山，一名中條山，亦名歷山，亦名首陽山，亦名蒲山，亦名襄山，亦名甘棗山，亦名猪山，亦名狗頭山，亦名薄山，亦名吴山。此山西起雷首山，東至吴坂，凡十一名，隨州縣分之。歷山南有舜井。」又云：「越州餘姚縣有歷山舜井，濮州雷澤縣有歷山舜井，二所又有姚墟，云生舜處也。及嬀州歷山舜井，皆云舜所耕處，未詳也。」

〔三〕集解 鄭玄曰：「雷夏，兗州澤，今屬濟陰。」正義 括地志云：「雷夏澤在濮州雷澤縣郭外西北。山海經云雷澤有雷神，龍身人頭，鼓其腹則雷也。」

〔四〕集解 皇甫謐曰：「濟陰定陶西南陶丘亭是也。」正義 案：於曹州濱河作瓦器也。括地志云：「陶城在蒲州河東縣北三十里，即舜所都也。南去歷山不遠。或耕或陶，所在則可，何必定陶方得爲陶也？舜之陶也，斯或一焉。」

〔五〕集解 皇甫謐曰：「在魯東門之北。」索隱 什器，什，數也。蓋人家常用之器非一，故以十爲數，猶今云「什物」也。壽丘，地名，黄帝生處。正義 壽音受。顔師古云：「軍法，伍人爲伍，二伍爲什，則共器物，故謂生生之具爲什器，亦猶從軍及作役者十人爲火，共畜調度也。」

〔六〕集解 鄭玄曰：「負夏，衞地。」索隱 就時猶逐時，若言乘時射利也。尚書大傳曰「販於頓丘，就時負夏」，孟子曰「遷于負夏」是也。

舜年二十以孝聞。三十而帝堯問可用者，〔一〕四嶽咸薦虞舜，曰可。於是堯乃以二女妻舜以觀其内，使九男與處以觀其外。舜居嬀汭，内行彌謹。堯二女不敢以貴驕事舜親戚，〔二〕甚有婦道。堯九男皆益篤。〔三〕舜耕歷山，歷山之人皆讓畔；〔四〕漁雷澤，雷澤上人

皆讓居；陶河濱，河濱器皆不苦窳。〔五〕一年而所居成聚，〔六〕二年成邑，三年成都。〔七〕堯乃賜舜絺衣，〔八〕與琴，爲築倉廩，予牛羊。瞽叟尚復欲殺之，使舜上塗廩，瞽叟從下縱火焚廩。舜乃以兩笠自扞而下，去，得不死。〔九〕後瞽叟又使舜穿井，舜穿井爲匿空〔一〇〕旁出。〔一一〕舜既入深，瞽叟與象共下土實井，〔一二〕舜從匿空出，去。〔一三〕瞽叟、象喜，以舜爲已死。象曰：「本謀者象。」象與其父母分，〔一四〕於是曰：「舜妻堯二女，與琴，象取之。牛羊倉廩予父母。」象乃止舜宫居，〔一五〕鼓其琴。舜往見之。象鄂不懌，曰：「我思舜正鬱陶！」舜曰：「然，爾其庶矣！」〔一六〕舜復事瞽叟愛弟彌謹。於是堯乃試舜五典百官，皆治。

〔一〕正義 可用，謂可爲天子也。

〔二〕正義 二女不敢以帝女驕慢舜之親戚。親戚，謂父瞽叟，後母弟象，妹顆手等也。顆音苦果反。

〔三〕正義 篤，惇也。非唯二女恭勤婦道，九男事舜皆益惇厚謹敬也。

〔四〕正義 韓非子「歷山之農相侵略，舜往耕，朞年，耕者讓畔」也。

〔五〕集解 史記音隱曰：「音游甫反。」駰謂窳，病也。正義 苦，讀如盬，音古。盬，麤也。窳音庾。

〔六〕正義 聚，在喻反，謂村落也。

〔七〕正義 周禮郊野法云「九夫爲井，四井爲邑，四邑爲丘，四丘爲甸，四甸爲縣，四縣爲都」也。

〔八〕正義 絺，勑遲反，細葛布衣也。鄒氏音竹几反。

〔九〕索隱 言以笠自扞己身，有似鳥張翅而輕下，得不損傷。皇甫謐云「兩繖」，繖，笠類。列女傳云「二女教舜鳥工

上廩」是也。　[正義]通史云：「瞽叟使舜滌廩，舜告堯二女，女曰：『時其焚汝，鵲汝衣裳，鳥工往。』舜既登廩，得免去也。」

〔一〇〕[索隱]音孔。列女傳所謂「龍工入井」是也。

〔一一〕[正義]言舜潛匿穿孔旁，從他井而出也。通史云：「舜穿井，又告二女。二女曰：『去汝裳衣，龍工往。』入井，瞽叟與象下土實井，舜從他井出去也。」括地志云：「舜井在嬀州懷戎縣西外城中。其西又有一井，耆舊傳云並舜井也，舜自中出。帝王紀云河東有舜井，未詳也。」

〔一二〕[索隱]亦作「填井」。

〔一三〕[集解]劉熙曰：「舜以權謀自免，亦大聖有神人之助也。」

〔一四〕[正義]扶問反。

〔一五〕[正義]宮即室也。爾雅云「室謂之宮」。禮云「命士已上，父子異宮」也。

〔一六〕[索隱]言汝猶當庶幾於友悌之情義也。如孟子取尚書文，又云「惟茲臣庶，女其于予治」，蓋欲令象共我理臣庶也。

昔高陽氏有才子八人，〔一〕世得其利，謂之「八愷」。〔二〕高辛氏有才子八人，〔三〕世謂之「八元」。〔四〕此十六族者，世濟其美，〔五〕不隕其名。至於堯，堯未能舉。舜舉八愷，使主后土，〔六〕以揆百事，莫不時序。〔七〕舉八元，使布五教于四方，〔八〕父義，母慈，兄友，弟恭，子孝，內平外成。〔九〕

〔一〕[集解]名見左傳。

〔二〕[集解]賈逵曰：「愷，和也。」[索隱]左傳史克對魯宣公曰：「昔高陽氏有才子八人，蒼舒、隤敳、檮戭、大臨、尨降、庭堅、仲容、叔達。」

〔三〕[集解]名見左傳。

〔四〕[集解]賈逵曰：「元，善也。」[索隱]左傳：「高辛氏有才子八人，伯奮、仲堪、叔獻、季仲、伯虎、仲熊、叔豹、季貍。」

〔五〕[索隱]謂元、愷各有親族，故稱族也。濟，成也，言後代成前代也。

〔六〕[集解]王肅曰：「君治九土之宜。」杜預曰：「后土地官。」[索隱]主土。禹爲司空，司空主土，則禹在八愷之中。

[正義]春秋正義云：「后，君也。天曰皇天，地曰后土。」

〔七〕[正義]言禹度九土之宜，無不以時得其次序也。

〔八〕[索隱]契爲司徒，司徒敷五教，則契在八元之數。

〔九〕[正義]杜預云：「內諸夏，外夷狄也。」案：契作五常之教，諸夏太平，夷狄向化也。

昔帝鴻氏有不才子，〔一〕掩義隱賊，好行凶慝，天下謂之渾沌。〔二〕少暤氏〔三〕有不才子，毀信惡忠，崇飾惡言，天下謂之窮奇。〔四〕顓頊氏有不才子，不可教訓，不知話言，天下謂之檮杌。〔五〕此三族世憂之。至于堯，堯未能去。縉雲氏〔六〕有不才子，貪于飲食，冒于貨賄，天下謂之饕餮。〔七〕天下惡之，比之三凶。〔八〕舜賓於四門，〔九〕乃流四凶族，遷于四裔，〔一〇〕以御螭魅，〔一一〕於是四門辟，言毋凶人也。

〔一〕[集解]賈逵曰：「帝鴻，黃帝也。不才子，其苗裔讙兜也。」

〔二〕[正義]慝，惡也。一本云「天下之民，謂之渾沌」。渾沌即讙兜也。言掩義事，陰爲賊害，而好凶惡，故謂之渾沌也。杜預云：「渾沌，不開通之貌。」神異經云：「崑崙西有獸焉，其狀如犬，長毛，四足，似羆而無爪，有目而不見，行不開，有兩耳而不聞，有人知性，有腹無五藏，有腸直而不旋，食徑過。人有德行而往抵觸之，有凶德則往依憑之。名渾沌。」又莊子云：「南海之帝爲儵，北海之帝爲忽，中央之帝爲渾沌。儵、忽乃相遇於渾沌之地，渾沌待之甚善。儵與忽謀欲報渾沌之德，曰：『人皆有七竅以視聽食息，此獨無有，嘗試鑿之。』日鑿一竅，七日而渾沌死。」案：言讙兜性似，故號之也。

〔三〕[集解]服虔曰：「金天氏帝號。」

〔四〕[集解]服虔曰：「謂共工氏也。其行窮而好奇。」[正義]謂共工。言毀敗信行，惡其忠直，有惡言語，高粉飾之，故謂之窮奇。案常行終必窮極，好諂諛奇異於人也。神異經云：「西北有獸，其狀似虎，有翼能飛，便勦食人，知人言語，聞人鬬輒食直者，聞人忠信輒食其鼻，聞人惡逆不善輒殺獸往饋之，名曰窮奇。」案：言共工性似，故號之也。

〔五〕[集解]賈逵曰：「檮杌，頑凶無疇匹之貌，謂鯀也。」[正義]檮音道刀反。杌音五骨反。謂鯀也。凶頑不可教訓，不從詔令，故謂之檮杌。案：言無疇匹，言自縱恣也。神異經云：「西方荒中有獸焉，其狀如虎而大，毛長二尺，人面，虎足，豬口牙，尾長一丈八尺，攪亂荒中，名檮杌。一名傲很，一名難訓。」案：言鯀性似，故號之也。

〔六〕[集解]賈逵曰：「縉雲氏，姜姓也，炎帝之苗裔，當黃帝時任縉雲之官也。」[正義]今括州縉雲縣，蓋其所封也。

字書云縉，赤繒也。

〔七〕[正義]謂三苗也。言貪飲食，冒貨賄，故謂之饕餮。神異經云：「西南有人焉，身多毛，頭上戴豕，性很惡，好息，積財而不用，善奪人穀物。強者奪老弱者，畏羣而擊單，名饕餮。」言三苗性似，故號之。

〔八〕[集解]杜預曰：「非帝子孫，故別之以比三凶也。」[正義]此以上四處皆左傳文。或本有並文次相類四凶，故書之，恐本錯脫耳。

〔九〕[正義]杜預云：「闢四門，達四聰，以賓禮衆賢也。」

〔一〇〕[集解]賈逵曰：「四裔之地，去王城四千里。」

〔一一〕[集解]服虔曰：「螭魅，人面獸身，四足，好惑人，山林異氣所生，以爲人害。」[正義]御音魚呂反。螭音丑知反。魅音媚。案：御魑魅，恐更有邪諂之人，故流放四凶以禦之也。故下云「無凶人」也。

舜入于大麓，烈風雷雨不迷，堯乃知舜之足授天下。堯老，使舜攝行天子政，巡狩。舜得舉用事二十年，而堯使攝政。攝政八年而堯崩。三年喪畢，讓丹朱，天下歸舜。而禹、皋陶、〔一〕契、后稷、伯夷、夔、龍、倕、益、彭祖〔二〕自堯時而皆舉用，未有分職。〔三〕於是舜乃至於文祖，謀于四嶽，辟四門，明通四方耳目，命十二牧論帝德，行厚德，遠佞人，〔四〕則蠻夷率服。舜謂四嶽曰：「有能奮庸〔五〕美堯之事者，使居官相事？」皆曰：「伯禹爲司空，可美帝功。」舜曰：「嗟，然！禹，汝平水土，維是勉哉。」禹拜稽首，讓於稷、契與皋陶。舜曰：「然，往矣。」〔六〕舜曰：「棄，黎民始飢，〔七〕汝后稷播時百穀。」〔八〕舜曰：「契，百姓不親，五

中華書局

品不馴，〔九〕汝爲司徒，而敬敷五教，在寬。」〔一〇〕舜曰：「皋陶，蠻夷猾夏，〔一一〕寇賊姦軌，〔一二〕汝作士，〔一三〕五刑有服，五服三就；〔一四〕五流有度，〔一五〕五度三居：〔一六〕維明能信。」〔一七〕舜曰：「誰能馴予工？」〔一八〕皆曰垂可。於是以垂爲共工。〔一九〕舜曰：「誰能馴予上下〔二〇〕草木鳥獸？」皆曰益可。於是以益爲朕虞。〔二一〕益拜稽首，讓于諸臣朱虎、熊羆。〔二二〕舜曰：「往矣，汝諧。」遂以朱虎、熊羆爲佐。〔二三〕舜曰：「嗟！四嶽，有能典朕三禮？」〔二四〕皆曰伯夷可。舜曰：「嗟！伯夷，以汝爲秩宗，〔二五〕夙夜維敬，直哉維靜絜。」〔二六〕伯夷讓夔、龍。舜曰：「然。〔二七〕以夔爲典樂，教稺子，〔二八〕直而溫，〔二九〕寬而栗，〔三〇〕剛而毋虐，簡而毋傲；〔三一〕詩言意，歌長言，〔三二〕聲依永，律和聲，〔三三〕八音能諧，毋相奪倫，神人以和。」〔三四〕夔曰：「於！予擊石拊石，百獸率舞。」〔三五〕舜曰：「龍，朕畏忌讒說殄僞，振驚朕衆，〔三六〕命汝爲納言，夙夜出入朕命，惟信。」〔三七〕舜曰：「嗟！女二十有二人，〔三八〕敬哉，惟時相天事。」〔三九〕三歲一考功，三考絀陟，遠近衆功咸興。分北三苗。〔四〇〕

〔一〕正義 高姚二音。

〔二〕索隱 彭祖即陸終氏之第三子，籛鏗之後，後爲大彭，亦稱彭祖。正義 皋陶字庭堅。英六二國是其後也。契音薛，殷之祖也。伯夷，齊太公之祖也。夔，巨龜反，樂官也。倕音垂，亦作「垂」，內言之官也。益，伯翳也，卽秦、趙之祖。彭祖自堯時舉用，歷夏、殷封於大彭。

〔三〕正義 分音符問反，又如字。分謂封疆爵土也。

〔四〕正義 舜命十二牧論帝堯之德，又敦之於民，遠離邪佞之人。言能如此，則夷狄亦服從也。

〔五〕集解 馬融曰：「奮，明；庸，功也。」

〔六〕集解 鄭玄曰：「然其舉得其人。汝往居此官，不聽其所讓也。」

〔七〕集解 徐廣曰：「今文尚書作『祖飢』。祖，始也。」索隱 古文作「阻飢」。孔氏以爲阻，難也。祖阻聲相近，未知誰得。

〔八〕集解 鄭玄曰：「時，讀曰蒔。」正義 稷，農官也。播時謂順四時而種百穀。

〔九〕集解 鄭玄曰：「五品，父、母、兄、弟、子也。」王肅曰：「五品，五常也。」正義 馴音訓。

〔一〇〕集解 馬融曰：「五品之教。」

〔一一〕集解 鄭玄曰：「猾夏，侵亂中國也。」

〔一二〕集解 鄭玄曰：「由內爲姦，起外爲軌。」正義 亦作「宄」。

〔一三〕集解 馬融曰：「獄官之長。」正義 案：若大理卿也。

〔一四〕集解 馬融曰：「五刑，墨、劓、剕、宮、大辟。三就，謂大罪陳諸原野，次罪於市朝，同族適甸師氏。既服五刑，當就三處。」正義 孔安國云：「服，從也，言得輕重之中正也。」案：墨，黥鑿其額，涅以墨。劓，截鼻也。剕，刖足也。宮，淫刑也，男子割勢，婦人幽閉也。大辟，死刑也。

〔一五〕正義 度音徒洛反。尚書作「宅」。孔安國云「五刑之流，各有所居」也。

〔一六〕正義 案：謂度其遠近，爲三等之居也。

〔一七〕集解 馬融曰：「謂在八議，君不忍刑，宥之以遠。五等之差亦有三等之居：大罪投四裔，次九州之外，次中國之外。當明其罪，能使信服之。」

〔一八〕集解 馬融曰：「謂主百工之官也。」

〔一九〕集解 馬融曰：「爲司空，共理百工之事。」

〔二〇〕集解 馬融曰：「上謂原，下謂隰。」

〔二一〕集解 馬融曰：「虞，掌山澤之官名。」

〔二二〕索隱 卽高辛氏之子伯虎、仲熊也。正義 孔安國云：「朱虎，熊羆，二臣名。垂、益所讓四人，皆在元凱之中也。」

〔二三〕正義 爲益之佐也。

〔二四〕集解 馬融曰：「三禮，天神、地祇、人鬼之禮也。」鄭玄曰：「天事、地事、人事之禮。」

〔二五〕集解 鄭玄曰：「主次秩尊卑。」正義 若太常也。漢書百官表云「王莽改太常曰秩宗」，依古也。孔安國云：「秩，序；宗，尊也。主郊廟之官也。」

〔二六〕正義 靜，清也。絜，明也。孔安國云：「職典禮，施政教，使正直而清明。」

〔二七〕正義 孔安國云：「然其推賢，不許其讓也。」

〔二八〕集解 鄭玄曰：「國子也。」案：尚書作「胄子」，稺胄聲相近。正義 稺，胄雉反。孔安國云：「胄，長也。謂元子以下，至卿大夫子弟，以歌詩蹈之舞之，教長國子中和祗庸孝友。」

〔二九〕集解 馬融曰：「正直而色溫和。」

〔三〇〕集解 馬融曰：「寬大而謹敬戰栗也。」

〔三一〕正義 孔安國云：「剛失之虐，簡失之傲，教之以防其失也。」

〔三二〕集解 馬融曰：「歌，所以長言詩之意也。」正義 孔安國云：「詩言志以導其心，歌詠其義以長其言也。」

〔三三〕集解 鄭玄曰：「聲之曲折又依長言，聲中律乃爲和也。」正義 孔安國云：「聲，五聲，宮、商、角、徵、羽也。律謂六律六呂，十二月之音氣也。當依聲律和樂也。」

〔三四〕集解 鄭玄曰：「祖考來格，羣后德讓，共一隅也。」正義 八音，金、石、絲、竹、匏、土、革、木也。孔安國云：「倫，理也。八音能諧，理不錯奪，則神人咸和，命夔使勉也。」

〔三五〕集解 鄭玄曰：「百獸，服不氏所養者也。率舞，言音和也。」正義 於音烏。孔安國云：「石，磬。音之清者。拊亦擊也。舉清者和，則其餘皆從矣。樂感百獸，使相率而舞，則神人和可知也。」案：磬，一片黑石也。不音福尤反。

〔三六〕集解 徐廣曰：「一云『齊說殄行，振驚衆』。」駰案：鄭玄曰「所謂色取仁而行違，是驚動我之衆臣，使之疑惑」。周禮云「夏官有服不氏，掌服猛獸，下士一人，徒四人」。鄭玄云「服不服之獸也」。正義 僞音危睡反。言畏惡利口讒說之人，兼殄絕姦僞人黨，恐其驚動我衆，使龍遏絕之，出入其命惟信實也。此「僞」字太史公變尚書文也。尚書僞字作「行」，音下孟反。言己畏忌有利口讒說之人，殄絕無德行之官也。

〔三七〕正義 孔安國云：「納言，喉舌之官也。聽下言納於上，受上言宣於下，必信也。」

〔三八〕集解 馬融曰：「稷、契、皋陶皆居官久，有成功，但述而美之，無所復勅。禹及垂已下皆初命，凡六人，與上十二牧四嶽，凡二十二人。」鄭玄曰：「皆格于文祖時所勅命也。」

〔三九〕正義 相，視也。舜命二十二人各敬行其職，惟在順時，視天所宜而行事也。

〔四〕集解鄭玄曰：「所竄三苗爲西裔諸侯者猶爲惡，乃復分析流之。」

此二十二人咸成厥功：皋陶爲大理，平，〔一〕民各伏得其實；伯夷主禮，上下咸讓；垂主工師，〔二〕百工致功；益主虞，山澤辟；〔三〕弃主稷，百穀時茂；契主司徒，百姓親和；龍主賓客，遠人至；十二牧行而九州莫敢辟違；〔四〕唯禹之功爲大，披九山，〔五〕通九澤，決九河，定九州，各以其職來貢，不失厥宜。方五千里，至于荒服。南撫交阯、北發，〔六〕西戎、析枝、渠廋、氐、羌，〔七〕北山戎、發、息慎，〔八〕東長、鳥夷，〔九〕四海之內〔一〇〕咸戴帝舜之功。於是禹乃興九招之樂，〔一一〕致異物，鳳皇來翔。天下明德皆自虞帝始。

〔一〕正義皋陶作士，正平天下罪惡也。
〔二〕正義工師，若今大匠卿也。
〔三〕正義婢亦反，開也。
〔四〕正義禹九州之民無敢辟違舜十二牧也。
〔五〕正義披音皮義反。謂傍其山邊以通。
〔六〕索隱一句。
〔七〕索隱一句。
〔八〕集解鄭玄曰：「息慎，或謂之肅慎，東北夷。」
〔九〕索隱此言帝舜之德皆撫及四方夷人，故先以「撫」字總之。北發當云「北户」，南方有地名北户。又案漢書，北

發是北方國名，今以北發爲南方之國，誤也。此文省略，四夷之名錯亂。「西戎」上少一「西」字，「山戎」下少一「北」字，「長」字下少一「夷」字。長夷也，鳥夷也，其意宜然。今案：大戴禮亦云「長夷」，則長是夷號。又云「鮮支、渠搜」，則鮮支當此析枝也。鮮析音相近。鄒氏、劉氏云「息並音肅」，非也。且夷狄之名，古書不必皆同，今讀如字也。正義注「鳥」或作「島」。括地志云：「百濟國西南海中有大島十五所，皆置邑，有人居，屬百濟。又倭國西南大海中島居凡百餘小國，在京南萬三千五百里。」案：武后改倭國爲日本國。
〔一〇〕正義爾雅云：「九夷八狄七戎六蠻謂之四海。」
〔一一〕索隱招音韶，即舜樂簫韶。九成，故曰九招。

舜年二十以孝聞，年三十堯舉之，年五十攝行天子事，年五十八堯崩，年六十一代堯踐帝位。〔一〕踐帝位三十九年，南巡狩，崩於蒼梧之野。葬於江南九疑，是爲零陵。〔二〕舜之踐帝位，載天子旗，往朝父瞽叟，夔夔唯謹，〔三〕如子道。封弟象爲諸侯。〔四〕舜子商均亦不肖，〔五〕舜乃豫薦禹於天。〔六〕十七年而崩。三年喪畢，禹亦乃讓舜子，〔七〕如舜讓堯子。諸侯歸之，然後禹踐天子位。堯子丹朱，舜子商均，皆有疆土，〔八〕以奉先祀。服其服，禮樂如之。以客見天子，〔九〕天子弗臣，示不敢專也。

〔一〕集解皇甫謐曰：「舜所都，或言蒲阪，或言平陽，或言潘。潘，今上谷也。」正義括地志云：「平陽，今晉州城是也。潘，今嬀州城是也。蒲阪，今蒲州南二里河東縣界蒲阪故城是也。」
〔二〕集解皇覽曰：「舜冢在零陵營浦縣。其山九谿皆相似，故曰九疑。傳曰『舜葬蒼梧，象爲之耕』。禮記曰『舜葬蒼梧，二妃不從』。山海經曰『蒼梧山，帝舜葬于陽，丹朱葬于陰』。」皇甫謐曰：「或曰二妃葬衡山。」
〔三〕集解徐廣曰：「和敬貌。」
〔四〕集解孟子曰：「封之有庳。」音鼻。正義帝王紀云：「舜弟象封於有鼻。」括地志云：「鼻亭神在營道縣北六十里。故老傳云，舜葬九疑，象來至此，後人立祠，名爲鼻亭神。輿地志云零陵郡應陽縣東有山，山有象廟。王隱晉書云本泉陵縣，北部東五里有鼻墟，象所封也。」
〔五〕集解皇甫謐曰：「娥皇無子，女英生商均。」正義譙周云：「以虞封舜子，今宋州虞城縣。」括地志云：「虞國，舜後所封邑也。或云封舜子均於商，故號商均也。」
〔六〕索隱謂告天使之攝位也。
〔七〕正義括地志云：「禹居洛州陽城者，避商均，非時久居也。」
〔八〕集解譙周曰：「以唐封堯之子，以虞封舜之子。」索隱漢書律曆志云封堯子朱於丹淵爲諸侯。商均封虞，在梁國，今虞城縣也。正義括地志云：「定州唐縣，堯後所封。宋州虞城縣，舜後所封也。」
〔九〕正義爲天子之賓客也。

自黃帝至舜、禹，皆同姓而異其國號，以章明德。〔一〕故黃帝爲有熊，帝顓頊爲高陽，帝嚳爲高辛，帝堯爲陶唐，〔二〕帝舜爲有虞。〔三〕帝禹爲夏后而別氏，姓姒氏。契爲商，姓子氏。〔四〕弃爲周，姓姬氏。〔五〕

〔一〕集解徐廣曰：「外傳曰『黃帝二十五子，其得姓者十四人』。」虞翻云『以德爲氏姓』。又虞說以凡有二十五人，其

二人同姓姬，又十一人爲十一姓，酉、祁、已、滕、葴、任、荀、釐、姞、儇、衣是也，餘十二姓德薄不紀錄。」正義釐音力其反。姞音其吉反。儇音在宣反。
〔二〕集解韋昭曰：「陶唐皆國名，猶湯稱殷商矣。」張晏曰：「堯爲唐侯，國於中山，唐縣是也。」
〔三〕集解皇甫謐曰：「舜嬪于虞，因以爲氏，今河東大陽西山上虞城是也。」
〔四〕索隱禮緯曰：「禹母脩己吞薏苡而生禹，因姓姒氏。」而契姓子氏者，亦以其母吞乙子而生。
〔五〕集解鄭玄駁許慎五經異義曰：「春秋左傳『無駭卒，羽父請謚與族。公問族於衆仲，衆仲對曰：「天子建德，因生以賜姓，胙之土而命之氏。諸侯以字爲氏，因以爲族。官有世功，則有官族，邑亦如之。」公命以字爲展氏』。以此言之，天子賜姓命氏，諸侯命族。族者，氏之別名也。姓者，所以統繫百世，使不別也。氏者，所以別子孫之所出。故世本之篇，言姓則在上，言氏則在下也。」

太史公曰：〔一〕學者多稱五帝，尚矣。〔二〕然尚書獨載堯以來；而百家言黃帝，其文不雅馴，〔三〕薦紳先生難言之。〔四〕孔子所傳宰予問五帝德及帝繫姓，〔五〕儒者或不傳。〔六〕余嘗西至空桐，〔七〕北過涿鹿，〔八〕東漸於海，南浮江淮矣，至長老皆各往往稱黃帝、堯、舜之處，風教固殊焉，總之不離古文者近是。〔九〕予觀春秋、國語，其發明五帝德、帝繫姓章矣，〔一〇〕顧弟弗深考，〔一一〕其所表見皆不虛。〔一二〕書缺有閒矣，〔一三〕其軼乃時時見於他說。〔一四〕非好學深思，心知其意，固難爲淺見寡聞道也。余并論次，擇其言尤雅者，故著爲本紀書首。〔一五〕

〔一〕正義太史公，司馬遷自謂也。自敍傳云「太史公曰先人有言」，又云「太史公曰余聞之董生」，又云「太史公遭李陵之禍」。明太史公，司馬遷自號也。遷爲太史公官，題贊首也。虞憙云：「古者主天官者皆上公，非獨遷。」

〔二〕索隱尚，上也，言久遠也。然「尚矣」文出大戴禮。

〔三〕正義馴，訓也。謂百家之言皆非典雅之訓。

〔四〕集解徐廣曰：「薦紳即縉紳也，古字假借。」

〔五〕正義繫音奚計反。

〔六〕索隱五帝德、帝繫姓皆大戴禮及孔子家語篇名。以二者皆非正經，故漢時儒者以爲非聖人之言，故多不傳學也。

〔七〕正義余，太史公自稱也。嘗，曾也。空桐山在原州平高縣西百里，黃帝問道於廣成子處。

〔八〕正義涿鹿山在嬀州東南五十里，山側有涿鹿城，即黃帝、堯、舜之都也。

〔九〕索隱古文即帝德、帝系二書也。近是聖人之說。

〔一〇〕索隱太史公言已以春秋、國語古書博加考驗，益以發明五帝德等說甚章著也。

〔一一〕集解徐廣曰：「弟，但也。史記、漢書見此者非一。又左思蜀都賦曰『弟如滇池』，而不詳者多以爲字誤。學者安可不博觀乎？」正義顧，念也。弟，且也。太史公言博考古文，擇其言表見之不虛，甚章著矣，思念亦且不須更深考論。

〔一二〕索隱言帝德、帝系所有表見者皆不爲虛妄也。

〔一三〕正義言古文尚書缺失其閒多矣，而無說黃帝之語。

〔一四〕索隱言古典殘缺有年載，故曰「有閒」。然帝皇遺事散軼，乃時時旁見於他記說，即帝德、帝系等說也。故已今採案而備論黃帝已來事耳。

〔一五〕正義太史公據古文并諸子百家論次，擇其言語典雅者，故著爲五帝本紀，在史記百三十篇書之首。

【索隱述贊】帝出少典，居于軒丘。既代炎曆，遂禽蚩尤。高陽嗣位，靜深有謀。小大遠近，莫不懷柔。爰泊帝嚳，列聖同休。帝摯之弟，其號放勳。就之如日，望之如雲。郁夷東作，昧谷西曛。明敭仄陋，玄德升聞。能讓天下，賢哉二君！

史記卷二

夏本紀第二

夏禹，〔一〕名曰文命。〔二〕禹之父曰鯀，鯀之父曰帝顓頊，〔三〕顓頊之父曰昌意，昌意之父曰黃帝。禹者，黃帝之玄孫而帝顓頊之孫也。禹之曾大父昌意及父鯀皆不得在帝位，爲人臣。

〔一〕集解謚法曰：「受禪成功曰禹。」正義夏者，帝禹封國號也。帝王紀云：「禹受封爲夏伯，在豫州外方之南，今河南陽翟是也。」

〔二〕索隱尚書云「文命敷于四海」，孔安國云「外布文德教命」，不云是禹名。太史公皆以放勳、重華、文命爲堯、舜、禹之名，未必爲得。孔又云「虞氏，舜名」，則堯、舜、禹、湯皆名矣。蓋古者帝王之號皆以名，後代因其行，追而爲謚。其實禹是名。故張晏云「少昊已前，天下之號象其德；顓頊已來，天下之號因其名」。又按：系本「鯀取有辛氏女，謂之女志，是生高密」。宋衷云「高密，禹所封國」。正義帝王紀云：「父鯀妻脩己，見流星貫昴，夢接意感，又吞神珠薏苡，胸坼而生禹。名文命，字密，身九尺二寸長，本西夷人也。大戴禮云『高陽之孫，鯀之子，曰文命』。揚雄蜀王本紀云『禹本汶山郡廣柔縣人也，生於石紐』。」括地志云：「茂州汶川縣石紐山在縣西七十三

里。華陽國志云『今夷人共營其地，方百里不敢居牧，至今猶不敢放六畜』。」按：廣柔，隋改曰汶川。

〔三〕索隱皇甫謐云：「鯀，帝顓頊之子，字熙。」又連山易云「鯀封於崇」，故國語謂之「崇伯鯀」。系本亦以鯀爲顓頊子。漢書律曆志則云「顓頊五代而生鯀」。按：鯀既仕堯，與舜代系殊懸，舜即顓頊六代孫，則鯀非是顓頊之子。蓋班氏之言近得其實。

當帝堯之時，鴻水〔一〕滔天，浩浩懷山襄陵，下民其憂。堯求能治水者，羣臣四嶽皆曰鯀可。堯曰：「鯀爲人負命毀族，不可。」四嶽曰：「等之未有賢於鯀者，願帝試之。」於是堯聽四嶽，用鯀治水。九年而水不息，功用不成。於是帝堯乃求人，更得舜。舜登用，攝行天子之政，巡狩。行視鯀之治水無狀，〔二〕乃殛鯀於羽山以死。〔三〕天下皆以舜之誅爲是。於是舜舉鯀子禹，而使續鯀之業。

〔一〕索隱一作「洪」。鴻，大也。以鳥大曰鴻，小曰鴈，故近代文字大義者皆作「鴻」也。

〔二〕索隱言無功狀。

〔三〕正義殛音紀力反。鯀之羽山，化爲黃熊，人于羽淵。熊音乃來反，下三點爲三足也。東皙發蒙紀云：「鼈三足曰熊。」

堯崩，帝舜問四嶽曰：「有能成美堯之事者使居官？」皆曰：「伯禹爲司空，可成美堯之功。」舜曰：「嗟，然！」命禹：「女平水土，維是勉之。」禹拜稽首，讓於契、后稷、皋陶。舜

曰：「女其往視爾事矣。」

禹爲人敏給克勤；其悳不違，其仁可親，其言可信；聲爲律，〔一〕身爲度，〔二〕稱以出；〔三〕亹亹穆穆，爲綱爲紀。

〔一〕[索隱] 言禹聲音應鍾律。

〔二〕[集解] 王肅曰：「以身爲法度。」 [索隱] 按：今巫猶稱「禹步」。

〔三〕[集解] 徐廣曰：「一作『士』。」 [索隱] 按：大戴禮見作「士」。又一解云，上文聲與身爲律度，則權衡亦出於其身，故云「稱以出」也。

禹乃遂與益、后稷奉帝命，命諸侯百姓興人徒以傅土，行山表木，〔一〕定高山大川。〔二〕禹傷先人父鯀功之不成受誅，乃勞身焦思，居外十三年，過家門不敢入。薄衣食，致孝于鬼神。〔三〕卑宮室，致費於溝減。〔四〕陸行乘車，水行乘船，泥行乘橇，〔五〕山行乘檋。〔六〕左準繩，右規矩，〔七〕載四時，〔八〕以開九州，通九道，陂九澤，度九山。令益予衆庶稻，可種卑溼。命后稷予衆庶難得之食。食少，調有餘相給，以均諸侯。禹乃行相地宜所有以貢，及山川之便利。

〔一〕[集解] 尚書「傅」字作「敷」。馬融曰：「敷，分也。」 [索隱] 尚書作「敷隨土山刊木」。今案：大戴禮作「傅土」，故此紀依之。傅卽付也，謂付功屬役之事。若尚書作「敷」，敷，分也，謂令人分布理九州之土地也。表木，謂刊木

立爲表記，與孔注書意異。

〔二〕[集解] 馬融曰：「定其差秩祀禮所視也。」駰案：尚書大傳曰「高山大川，五嶽、四瀆之屬」。

〔三〕[集解] 馬融曰：「祭祀豐絜。」

〔四〕[集解] 包氏曰：「方里爲井，井閒有溝，溝廣深四尺。十里爲成，成閒有減，減廣深八尺。」

〔五〕[集解] 徐廣曰：「他書或作『蕝』。」駰案：孟康曰「橇形如箕，擿行泥上」。如淳曰「橇音『茅蕝』之『蕝』。謂以板置（其）泥上以通行路也」。 [正義] 按：橇形如船而短小，兩頭微起，人曲一脚，泥上擿進，用拾泥上之物。今杭州、温州海邊有之也。

〔六〕[集解] 徐廣曰：「檋，一作『橋』，音丘遙反。」駰案：如淳曰「檋車，謂以鐵如錐頭，長半寸，施之履下，以上山不蹉跌也」。又音紀錄反。 [正義] 按：上山，前齒短，後齒長；下山，前齒長，後齒短也。檋音與是同也。

〔七〕[集解] 王肅曰：「左右言常用也。」 [索隱] 左所運用堪爲人之準繩，右所舉動必應規矩也。

〔八〕[集解] 王肅曰：「所以行不違四時之宜也。」

禹行自冀州始。冀州：既載〔一〕壺口，治梁及岐。〔二〕既脩太原，至于嶽陽。〔三〕覃懷致功，〔四〕至於衡漳。〔五〕其土白壤。〔六〕賦上上錯，〔七〕田中中。〔八〕常、衞既從，大陸既爲。〔九〕鳥夷皮服。〔一〇〕夾右碣石，〔一一〕入于海。〔一二〕

〔一〕[集解] 孔安國曰：「堯所都也。先施貢賦役載於書也。」鄭玄曰：「兩河閒曰冀州。」 [正義] 按：理水及貢賦從帝都爲始也。黃河自勝州東，直南至華陰，卽東至懷州南，又東北至平州碣石山入海也。東河之西，西河之東，南河之北，皆冀州也。

〔二〕[集解] 鄭玄曰：「地理志壺口山在河東北屈縣之東南，梁山在左馮翊夏陽，岐山在右扶風美陽。」 [索隱] 鄭玄曰：「地理志壺口山在河東北屈縣之東南，梁山在左馮翊夏陽，岐山在右扶風美陽。」 [正義] 括地志云：「壺口山在慈州吉昌縣西南五十里冀州境也。梁山在同州韓城縣東南十九里，岐山在岐州岐山縣東北十里，二山雍州境也。」孔安國曰：「從東循山理水而西也。」

〔三〕[集解] 孔安國曰：「太原今爲郡名。太嶽在太原西南。山南曰陽。」 [索隱] 嶽，太嶽，卽冀州之鎭霍太山也。按：地理志霍太山在河東彘縣東。凡如此例，不引書者，皆地理志文也。 [正義] 括地志云：「霍太山在沁州沁原縣西七八十里。」

〔四〕[集解] 孔安國曰：「覃懷，近河地名。」鄭玄曰：「懷縣屬河內。」 [索隱] 按：河內有懷縣，今驗地無名「覃」者，蓋「覃懷」二字或當時共爲一地之名。

〔五〕[集解] 孔安國曰：「漳水橫流。」 [索隱] 案：孔注以衡爲橫，非。王肅云「衡，漳，二水名」。地理志清漳水出上黨沾縣東北，至阜城縣入河。濁漳水出上黨長子縣東，至鄴入清漳也。 [正義] 括地志云：「故懷城在懷州武陟縣西十一里。衡漳水在瀛州東北百二十五里平舒縣界也。」

〔六〕[集解] 孔安國曰：「土無塊曰壤。」

〔七〕[集解] 孔安國曰：「上上，第一。錯，雜也，雜出第二之賦。」

〔八〕[集解] 孔安國曰：「九州之中爲第五。」

〔九〕[集解] 鄭玄曰：「地理志恆水出恆山，衞水在靈壽，大陸澤在鉅鹿。」 [索隱] 此文改恆山、恆水皆作「常」，避漢文

帝諱故也。常水出常山上曲陽縣，東入滱水。衞水出常山靈壽縣，東入虖池。郭璞云「大陸，今鉅鹿北廣河澤是已」。爲亦作也。

〔一〇〕[集解] 鄭玄曰：「鳥夷，東（北）〔方〕之民（賦）〔搏〕食鳥獸者。」孔安國曰：「服其皮，明水害除。」 [正義] 括地志云：「靺鞨國，古肅愼也，在京東北萬里已下，東及北各抵大海。其國南有白山，鳥獸草木皆白。其人處山林閒，土氣極寒，常爲穴居，以深爲貴，至接九梯。養豕，食肉，衣其皮，冬以豬膏塗身，厚數分，以禦風寒。貴臭穢不絜，作廁於中，圜之而居。多勇力，善射。弓長四尺，如弩，矢用楛，長一尺八寸，青石爲鏃。葬則交木作椁，殺豬積椁上，富者至數百，貧者數十，以爲死人之糧。以土上覆之，以繩繫於椁，頭出土上，以酒灌酹，繩腐而止，無四時祭祀也。」

〔一一〕[集解] 孔安國曰：「碣石，海畔之山也。」

〔一二〕[集解] 徐廣曰：「海，一作『河』。」 [索隱] 地理志云「碣石山在北平驪城縣西南」。太康地理志云「樂浪遂城縣有碣石山，長城所起」。又水經云「在遼西臨渝縣南水中」。蓋碣石山有二，此云「夾右碣石入于海」，當是北平之碣石。

濟、河維沇州：〔一〕九河既道，〔二〕雷夏既澤，雍、沮會同，〔三〕桑土既蠶，於是民得下丘居土。〔四〕其土黑墳，〔五〕草繇木條。〔六〕田中下，〔七〕賦貞，作十有三年乃同。〔八〕其貢漆絲，其篚織文。〔九〕浮於濟、漯，通於河。〔一〇〕

〔一〕[集解] 鄭玄曰：「言沇州之界在此兩水之閒。」

〔二〕集解馬融曰：「九河名徒駭、太史、馬頰、覆釜、胡蘇、簡、絜、鉤盤、鬲津。」

〔三〕集解鄭玄曰：「雍水沮水相觸而合入此澤中。地理志曰雷澤在濟陰城陽縣西北。」索隱爾雅云「水自河出爲雍」也。正義括地志云：「雷夏澤在濮州雷澤縣郭外西北。雍、沮二水在雷澤西北平地也。」

〔四〕集解孔安國曰：「大水去，民下丘居平土，就桑蠶。」

〔五〕集解孔安國曰：「色黑而墳起。」

〔六〕集解孔安國曰：「繇，茂；條，長也。」

〔七〕集解孔安國曰：「第六。」

〔八〕集解鄭玄曰：「貞，正也。治此州正作不休，十三年乃有賦，與八州同，言功難也。其賦下下。」

〔九〕集解孔安國曰：「地宜漆林，又宜桑蠶。織文，錦綺之屬，盛之筐篚而貢焉。」

〔一〇〕集解鄭玄曰：「地理志云漯水出東郡東武陽。」索隱濟水出河東垣縣王屋山東，其流至濟陰，故應劭云「濟水出平原漯陰縣東，漯水出東郡東武陽縣北，至千乘縣而入于海」。

海岱維青州：〔一〕堣夷既略，〔二〕濰、淄其道。〔三〕其土白墳，海濱廣潟，〔四〕厥田斥鹵。〔五〕田上下，賦中上。〔六〕厥貢鹽絺，海物維錯，〔七〕岱畎絲、枲、鉛、松、怪石，〔八〕萊夷爲牧，〔九〕其篚酓絲。〔一〇〕浮於汶，通於濟。〔一一〕

〔一〕集解鄭玄曰：「東自海，西至岱。東嶽曰岱山。」正義按：舜分青州爲營州、遼西及遼東。

〔二〕集解馬融曰：「堣夷，地名。用功少曰略。」索隱孔安國云：「東表之地稱堣夷。」按：今文尚書及帝命驗並作「禺鐵」，在遼西。鐵，古「夷」字也。

〔三〕集解鄭玄曰：「地理志濰水出琅邪，淄水出泰山萊蕪縣原山。」索隱濰水出琅邪箕縣，北至都昌縣入海。淄水出泰山萊蕪縣原山北，東至博昌縣入濟也。正義括地志云：「密州莒縣濰山，濰水所出。淄州淄川縣東北七十里原山，淄水所出。俗傳云，禹理水功畢，土石黑，數里之中波若漆，故謂之淄水也。」

〔四〕集解徐廣曰：「一作『澤』，又作『斥』。」

〔五〕集解鄭玄曰：「斥謂地鹹鹵。」索隱鹵音魯。說文云：「鹵，鹹地。東方謂之斥，西方謂之鹵。」

〔六〕集解孔安國曰：「田第三，賦第四。」

〔七〕集解孔安國曰：「絺，細葛。錯，雜，非一種。」鄭玄曰：「海物，海魚也。魚種類尤雜。」

〔八〕集解孔安國曰：「畎，谷也。怪異好石似玉者。岱山之谷出此五物，皆貢之。」

〔九〕集解孔安國曰：「萊夷，地名，可以牧放。」索隱按：左傳云萊人劫孔子，孔子稱「夷不亂華」，又云「齊侯伐萊」，服虔以爲東萊黃縣是。今按：地理志黃縣有萊山，恐即此地之夷。

〔一〇〕集解孔安國曰：「酓桑蠶絲中琴瑟弦。」索隱爾雅云「檿，山桑」，是蠶食檿之絲也。

〔一一〕集解鄭玄曰：「地理志汶水出泰山萊蕪縣原山，西南入濟。」

海岱及淮維徐州：〔一〕淮、沂其治，蒙、羽其蓺。〔二〕大野既都，〔三〕東原底平。〔四〕其土赤埴墳，〔五〕草木漸包。〔六〕其田上中，賦中中。〔七〕貢維土五色，〔八〕羽畎夏狄，〔九〕嶧陽孤桐，〔一〇〕泗濱浮磬，〔一一〕淮夷蠙珠臮魚，〔一二〕其篚玄纖縞。〔一三〕浮于淮、泗，〔一四〕通于河。

〔一〕集解孔安國曰：「東至海，北至岱，南及淮。」

〔二〕集解鄭玄曰：「地理志沂水出泰山蓋縣。蒙，羽，二山名。」孔安國曰：「二水已治，二山可以種蓺。」索隱水經云淮水出南陽平氏縣胎簪山，東北過桐柏山。沂水出泰山蓋縣艾山，南過下邳縣入泗。蒙山在泰山蒙陰縣西南。羽山在東海祝其縣南，殛鯀之地。

〔三〕集解鄭玄曰：「大野在山陽鉅野北，名鉅野澤。」孔安國曰：「水所停曰都。」

〔四〕集解鄭玄曰：「東原，地名。今東平郡即東原。」索隱張華博物志云：「兗州東平郡即尚書之東原也。」正義廣平曰原。徐州在東，故曰東原。水去已致平復，言可耕種也。

〔五〕集解徐廣曰：「埴，黏土也。」

〔六〕集解孔安國曰：「漸，長進；包，叢生也。」

〔七〕集解孔安國曰：「田第二，賦第五。」

〔八〕集解鄭玄曰：「土五色者，所以爲大社之封。」正義韓詩外傳云：「天子社廣五丈，東方青，南方赤，西方白，北方黑，上冒以黃土。將封諸侯，各取方土，苴以白茅，以爲社也。」太康地記云：「城陽姑幕有五色土，封諸侯，錫之茅土，用爲社。此土即禹貢徐州土也。今屬密州莒縣也。」

〔九〕集解孔安國曰：「夏狄，狄，雉名也。羽中旌旄，羽山之谷有之。」

〔一〇〕集解孔安國曰：「嶧山之陽特生桐，中琴瑟。」鄭玄曰：「地理志嶧山在下邳。」正義括地志云：「嶧山在兗州鄒縣南二十二里。鄒山記云『鄒山，古之嶧山，言絡繹相連屬也。今猶多桐樹』。」按：今獨生桐，尚徵，一偏似琴瑟。

〔一一〕集解孔安國曰：「泗水涯水中見石，可以爲磬。」鄭玄曰：「泗水出濟陰乘氏也。」正義括地志云：「泗水至彭城呂梁，出石磬。」

〔一二〕集解孔安國曰：「淮、夷二水，出蠙珠及美魚。」鄭玄曰：「淮夷，淮水之上夷民也。」索隱按：尚書云「徂茲淮夷，徐戎並興」，今徐州言淮夷，則鄭解爲得。蠙，一作「玭」，並步玄反。臮，古「曁」字。臮，與也。言夷人所居淮水之處，有此蠙珠與魚也。又作「濱」。濱，畔也。

〔一三〕集解鄭玄曰：「纖，細也。祭服之材尚細。」正義玄，黑。纖，細。縞，白繒。以細繒染爲黑色。

〔一四〕正義括地志云：「泗水源在兗州泗水縣東陪尾山。其源有四道，因以爲名。」

淮海維揚州：〔一〕彭蠡既都，陽鳥所居。〔二〕三江既入，〔三〕震澤致定。〔四〕竹箭既布。〔五〕其草惟夭，其木惟喬，〔六〕其土塗泥。〔七〕田下下，賦下上上雜。〔八〕貢金三品，〔九〕瑤、琨、竹箭，〔一〇〕齒、革、羽、旄，〔一一〕島夷卉服，〔一二〕其篚織貝，〔一三〕其包橘、柚錫貢。〔一四〕均江海，通淮、泗。〔一五〕

〔一〕集解孔安國曰：「北據淮，南距海。」

〔二〕集解鄭玄曰：「地理志彭蠡澤在豫章彭澤西。」孔安國曰：「隨陽之鳥，鴻鴈之屬，冬月居此澤也。」索隱都，古文尚書作「豬」。孔安國云「水所停曰豬」，鄭玄云「南方謂都爲豬」，則是水聚會之義。正義蠡音禮。括地志云：「彭蠡湖在江州潯陽縣東南五十二里。」

〔三〕索隱韋昭云：「三江謂松江、錢唐江、浦陽江。」今按：地理志有南江、中江、北江，是爲三江。其南江從會稽吳縣南，東入海。中江從丹陽蕪湖縣西南，東至會稽陽羨縣入海。北江從會稽毗陵縣北，東入海。故下文「東爲中

江」，又「東爲北江」，孔安國云「有北有中，南可知也」。

〔四〕集解孔安國曰：「震澤，吳南太湖名。言三江已入，致定爲震澤。」索隱震，一作「振」。地理志會稽吳縣「故周泰伯所封國，具區在其西，古文以爲震澤」。又左傳稱「笠澤」，亦謂此也。正義澤在蘇州西南四十五里。三江者，在蘇州東南三十里，名三江口。一江西南上七十里至太湖，名曰松江，古笠澤江；一江東南上七十里至白蜆湖，名曰上江，亦曰東江；一江東北下三百餘里入海，名曰下江，亦曰婁江：於其分處號曰三江口。顧夷吳地記云「松江東北行七十里，得三江口。東北入海爲婁江，東南入海爲東江，并松江爲三江」是也。言理三江入海，非入震澤也。按：太湖西南湖州諸溪從天目山下，西北宣州諸山有溪，並下太湖。太湖東北流，各至三江口入海。其湖無通彭蠡湖及太湖處，並阻山陸。諸儒及地志等解「三江既入」皆非也。周禮職方氏云「揚州藪曰具區，川曰三江」。按：五湖、三江者，韋昭注非也。其源俱不通太湖，引解「三江既入」，失之遠矣。五湖者，菱湖、游湖、莫湖、貢湖、胥湖，皆太湖東岸，五灣爲五湖，蓋古時應別，今並相連。菱湖在莫釐山東，周迴三十餘里，西口闊二里，其口南則莫釐山，北則徐侯山，西與莫湖連。莫湖在莫釐山西及北，北與胥湖連。胥湖在胥山西，南與莫湖連：各周迴五六十里，西連太湖。游湖在北二十里，在長山東，湖西口闊二里，其口東南岸樹里山，西北岸長山，湖周迴五六十里。貢湖在長山西，其口闊四五里，口東南長山，山南卽山陽村，西北連常州無錫縣老岸，湖周迴一百九十里已上，湖身向東北，長七十餘里。兩湖西亦連太湖。河渠書云「於吳則通渠三江、五湖」。貨殖傳云「夫吳有三江、五湖之利」。又太史公自敍傳云「登姑蘇，望五湖」是也。

〔五〕集解孔安國曰：「水去布生。」

〔六〕集解少長曰夭。喬，高也。

〔七〕集解馬融曰：「漸，洳也。」

〔八〕集解孔安國曰：「田第九，賦第七，雜出第六。」

〔九〕集解孔安國曰：「金、銀、銅。」鄭玄曰：「銅三色也。」

〔一〇〕集解孔安國曰：「瑶，琨，皆美玉也。」

〔一一〕集解孔安國曰：「象齒、犀皮、鳥羽、旄牛尾也。」正義周禮考工記云：「犀甲七屬，兕甲六屬。」郭云：「犀似水牛，豬頭，大腹，庳脚，犄角，好食棘也。亦有一角者。」按：西南夷常貢旄牛尾，爲旌旗之飾，書詩通謂之旄。故尚書云「右秉白旄」，詩云「建旄設旄」，皆此牛也。

〔一二〕集解孔安國曰：「南海島夷草服葛越。」正義括地志云：「百濟國西南渤海中有大島十五所，皆邑落有人居，屬百濟。」又倭國，武皇后改曰日本國，在百濟南，隔海依島而居，凡百餘小國。此皆揚州之東島夷也。按：東南之夷草服葛越，焦竹之屬，越卽苧祁也。

〔一三〕集解孔安國曰：「織，細繒也。貝，水物也。」鄭玄曰：「貝，錦名也。詩云『成是貝錦』。凡織者，先染其絲，織之卽成〔文〕矣。」

〔一四〕集解孔安國曰：「小曰橘，大曰柚。錫命乃貢，言不常也。」鄭玄曰：「有錫則貢之，或時乏則不貢。錫，所以柔金也。」

〔一五〕集解鄭玄曰：「均，讀曰沿。沿，順水行也。」

荆及衡陽維荆州：〔一〕江、漢朝宗于海。〔二〕九江甚中，〔三〕沱、涔已道，〔四〕雲土、夢爲治。〔五〕其土塗泥。田下中，賦上下。〔六〕貢羽、旄、齒、革，金三品，杶、榦、栝、柏，〔七〕礪、砥、砮、丹，〔八〕維箘簬、楛，〔九〕三國致貢其名，〔一〇〕包匭菁茅，〔一一〕其篚玄纁璣組，〔一二〕九江入賜大龜。〔一三〕浮于江、沱、涔、(于)漢，踰于雒，至于南河。

〔一〕集解孔安國曰：「北據荆山，南及衡山之陽。」

〔二〕集解孔安國曰：「二水經此州而入海，有似於朝，百川以海爲宗。宗，尊也。」正義括地志云：「江水源出岷州南岷山，南流至益州，卽東南流入蜀，至瀘州，東流經三硤，過荆州，與漢水合。孫卿子云『江水其源可以濫觴』也。」又云：「漢水源出梁州金牛縣東二十八里嶓冢山。」

〔三〕集解孔安國曰：「江於此州界，分爲九道，甚得地勢之中。」鄭玄曰：「地理志九江在尋陽南，皆東合爲大江。」索隱按：尋陽記九江者，烏江、蚌江、烏白江、嘉靡江、沙江、畎江、廩江、隄江、箘江。又張須九江圖所載有三里、五畎、烏土、白蚌。九江之名不同。

〔四〕集解孔安國曰：「沱，江別名。涔，水名。」鄭玄曰：「水出江爲沱，漢爲涔。」索隱涔，亦作「潛」。沱出蜀郡郫縣西，東入江。潛出漢中安陽縣(直)西〔南〕，北入漢。故爾雅云「水自江出爲沱，漢出爲潛」。正義括地志云：「繁江水受郫江。禹貢曰『岷山導江，東別爲沱』，源出益州新繁縣。潛水一名復水，今名龍門水，源出利州緜谷縣東龍門山大石穴下也。」

〔五〕集解孔安國曰：「雲夢之澤在江南，其中有平土丘，水去可爲耕作畎畝之治。」索隱夢，一作「瞢」，鄭誕生又音蒙。按：雲土、夢本二澤名，蓋人以二澤相近，或合稱雲夢耳。知者，據左傳云楚子濟江入于雲中，又楚子、鄭伯田于江南之夢，則是二澤各別也。韋昭曰：「雲土今爲縣，屬江夏南郡華容。」今按：地理志云江夏有雲杜縣，是其地。

〔六〕集解孔安國曰：「田第八，賦第三。」

〔七〕集解鄭玄曰：「四木名。」孔安國曰：「榦，柘也。柏葉松身曰栝。」

〔八〕集解孔安國曰：「砥細於礪，皆磨石也。砮，石中矢鏃。丹，朱類也。」

〔九〕集解徐廣曰：「一作『箭足杆』。杆卽楛也，音怙。箭足者，矢鏃也。或以箭足訓釋箘簬乎？」駰案：鄭玄曰「箘簬，聆風也」。

〔一〇〕集解馬融曰：「言箘簬、楛三國所致貢，其名善也。」

〔一一〕集解鄭玄曰：「匭，纏結也。菁茅，茅有毛刺者，給宗廟縮酒。重之，故包裹又纏結也。」正義括地志云：「辰州盧溪縣西南三百五十里有包茅山。武陽記云『山際出包茅，有刺而三脊，因名包茅山』。」

〔一二〕集解孔安國曰：「此州染玄纁色善，故貢之。璣，珠類，生於水中。組，綬類也。」

〔一三〕集解孔安國曰：「尺二寸曰大龜，出於九江水中。龜不常用，賜命而納之。」

荆河惟豫州：〔一〕伊、雒、瀍、澗既入于河，〔二〕滎播既都，〔三〕道荷澤，被明都。〔四〕其土壤，下土墳壚。〔五〕田中上，賦雜上中。〔六〕貢漆、絲、絺、紵，其篚纖絮，〔七〕錫貢磬錯。〔八〕浮於雒，達於河。

〔一〕集解孔安國曰：「西南至荆山，北距河水。」正義括地志云：「荆山在襄州荆山縣西八十里。韓子云『卞和得玉璞於楚之荆山』，卽此也。」河，洛州北河也。

〔二〕集解孔安國曰：「伊出陸渾山，洛出上洛山，澗出澠池山，瀍出河南北山，四水合流而入河。」索隱伊水出弘農盧氏縣東，洛水出弘農上洛縣冢領山，瀍水出河南穀城縣替亭北，澗水出弘農新安縣東，皆入于河。正義括地志云：「伊水出虢州盧氏縣東巒山，東北流入洛。洛水出商州洛南縣冢領山，東流經洛州郭內，又東合伊水。瀍水出洛州新安縣東，南流至洛州郭內，南入洛。澗水源出洛州新安縣東白石山，東北與穀水合流，經洛州郭內，東流入洛也。」
〔三〕集解孔安國曰：「滎，澤名。波水已成遏都。」索隱古文尚書作「滎波」，此及今文並云「滎播」。播是水播溢之義，滎是澤名。故左傳云狄及衞戰於滎澤。鄭玄云：「今塞爲平地，滎陽人猶謂其處爲滎播。」
〔四〕集解孔安國曰：「荷澤在胡陵。明都，澤名，在河東北，水流洪覆被之。」索隱荷澤在濟陰定陶縣東。明都音孟豬。孟豬澤在梁國睢陽縣東北。爾雅、左傳謂之「孟諸」，今文亦爲然，唯周禮稱「望諸」，皆此地之一名。正義括地志云：「荷澤在曹州濟陰縣東北九十里定陶城東，今名龍池，亦名九卿陂。」
〔五〕集解孔安國曰：「壚，疏也。」馬融曰：「豫州地有三等，下者墳壚也。」
〔六〕集解孔安國曰：「田第四，賦第二，又雜出第一。」
〔七〕集解孔安國曰：「細緜也。」
〔八〕集解孔安國曰：「治玉石曰錯，治磬錯也。」

華陽黑水惟梁州：〔一〕汶、嶓既蓺，〔二〕沱、涔既道，〔三〕蔡、蒙旅平，〔四〕和夷底績。〔五〕其土青驪。〔六〕田下上，賦下中三錯。〔七〕貢璆、鐵、銀、鏤、砮、磬，〔八〕熊、羆、狐、貍、織皮。〔九〕

西傾因桓是來，〔一〇〕浮于潛，踰于沔，〔一一〕入于渭，亂于河。〔一二〕

〔一〕集解孔安國曰：「東據華山之南，西距黑水。」正義括地志云：「黑水源出梁州城固縣西北太山。」
〔二〕集解鄭玄曰：「地理志岷山在蜀郡湔氐道，嶓冢山在漢陽西。」索隱汶，一作「岷」，又作「崏」。崏山，封禪書一云瀆山，在蜀都湔氐道西徼，江水所出。嶓冢山在隴西西縣，漢水所出也。正義括地志云：「岷山在岷州溢樂縣南一里，連緜至蜀二千里，皆名岷山。嶓冢山在梁州金牛縣東二十八里。」湔音子踐反。氐音丁奚反。
〔三〕集解孔安國曰：「沱、潛發源此州，入荆州。」
〔四〕集解孔安國曰：「蔡、蒙，二山名。祭山曰旅。平言治功畢也。」鄭玄曰：「地理志蔡、蒙在漢嘉縣。」索隱此非徐州之蒙，在蜀郡青衣縣。青衣後改爲漢嘉。蔡山不知所在也。蒙，縣名。正義括地志云：「蒙山在雅州嚴道縣南十里。」
〔五〕集解馬融曰：「和夷，地名也。」
〔六〕集解孔安國曰：「色青黑也。」
〔七〕集解孔安國曰：「田第七，賦第八，雜出第七第九三等。」
〔八〕集解孔安國曰：「璆，玉名。」鄭玄曰：「黄金之美者謂之鏐。鏤，剛鐵，可以刻鏤也。」
〔九〕集解孔安國曰：「貢四獸之皮也。織皮，今罽也。」
〔一〇〕集解馬融曰：「治西傾山因桓水是來，言無餘道也。」鄭玄曰：「地理志西傾山在隴西臨洮。」索隱西傾在隴西臨洮縣西南。桓水出蜀郡岷山西南，行羌中入南海也。正義括地志云：「西傾山今嵹臺山，在洮州臨潭縣西南三百三十六里。」
〔一一〕集解孔安國曰：「漢上水爲沔。」鄭玄曰：「或謂漢爲沔。」
〔一二〕集解孔安國曰：「正絶流曰亂。」

黑水西河惟雍州：〔一〕弱水既西，〔二〕涇屬渭汭。〔三〕漆、沮既從，〔四〕灃〔五〕水所同。〔六〕荆、岐已旅，〔七〕終南、敦物至于鳥鼠。〔八〕原隰厎績，至于都野。〔九〕三危既度，〔一〇〕三苗大序。〔一一〕其土黄壤。田上上，賦中下。〔一二〕貢璆、琳、琅玕。〔一三〕浮于積石，至于龍門西河，〔一四〕會于渭汭。〔一五〕織皮昆侖、析支、渠搜，西戎即序。〔一六〕

〔一〕集解孔安國曰：「西距黑水，東據河。龍門之河在冀州西。」索隱地理志益州滇池有黑水祠。鄭玄引地說云「三危山，黑水出其南」。山海經「黑水出崑崙墟西北隅」也。
〔二〕集解孔安國曰：「導之西流，至于合黎。」鄭玄曰：「衆水皆東，此獨西流也。」索隱按：水經云「弱水出張掖刪丹縣西北，至酒泉會水縣入合黎山腹」。山海經云「弱水出崑崙墟西南隅」也。
〔三〕集解孔安國曰：「屬，逮也。水北曰汭。言治涇水入於渭也。」鄭玄曰：「地理志涇水出安定涇陽。」索隱渭水出首陽縣鳥鼠同穴山。說文云：「水相入曰汭。」正義括地志云：「涇水源出原州百泉縣西南笄頭山涇谷。渭水源出渭州渭原縣西七十六里鳥鼠山，今名青雀山。渭有三源，並出鳥鼠山，東流入河。」按：言理涇水及至渭水，又理漆、沮亦從渭流，復理灃水，亦同入渭者也。
〔四〕正義括地志云：「漆水源出岐州普潤縣東南岐(漆)山漆溪，東入渭。沮水一名石川水，源出雍州富平縣，東入櫟陽縣南。漢高帝於櫟陽置萬年縣。十三州(地理)志云『萬年縣南有涇、渭，北有小河，即沮水也』。詩云古公

去邠度漆、沮，即此二水。」
〔五〕集解音豐。
〔六〕集解孔安國曰：「漆、沮之水已從入渭。灃水所同，同于渭也。」索隱漆、沮二水，漆水出右扶風漆縣西，沮水地理志無文，而水經以瀘水出北地直路縣，東過馮翊祋祤縣入洛。說文亦以漆、沮各是一水名。孔安國獨以爲一，又云是洛水。灃水出右扶風鄠縣東南，北過上林苑。正義括地志云：「雍州鄠縣終南山，灃水出焉。」
〔七〕集解孔安國曰：「荆在岐東，非荆州之荆也。」正義括地志云：「荆山在雍州富平縣，今名掘陵原。岐山在岐州岐山縣東北十里。」尚書正義云：「洪水時祭祀禮廢。已旅祭，言理水功畢也。」按：雍州荆山即黄帝及禹鑄鼎地也。襄州荆山縣西荆山即卞和得玉璞者。
〔八〕集解孔安國曰：「三山名，言相望也。」鄭玄曰：「地理志終南、敦物皆在右扶風武功也。」索隱按：左傳中南山，杜預以爲終南山。地理志云「太一山古文以爲終南，(華)〔垂〕山古文以爲敦物」，皆在扶風武功縣東。正義括地志云：「終南山一名中南山，一名太一山，一名南山，一名橘山，一名楚山，一名(泰)〔秦〕山，一名周南山，一名地肺山，在雍州萬年縣南五十里。」
〔九〕集解鄭玄曰：「地理志都野在武威，名曰休屠澤。」正義原隰，幽州地也。按：原，高平地也。隰，低下地也。言從渭州致功，西北至涼州都野、沙州三危山也。括地志云：「都野澤在涼州姑臧縣東北二百八十里。」
〔一〇〕索隱鄭玄引河圖及地說云「三危山在鳥鼠西南，與岐山相連」。度，劉伯莊音田各反，尚書作「宅」。
〔一一〕集解孔安國曰：「西裔之山已可居，三苗之族大有次序，禹之功也。」
〔一二〕集解孔安國曰：「田第一，賦第六，人功少。」

【三】集解 孔安國曰：「璆，琳，皆玉名。琅玕，石而似珠者。」

【四】集解 孔安國曰：「積石山在金城西南，河所經也。龍門山在河東之西界。」索隱 積石在金城河關縣西南。龍門山在左馮翊夏陽縣西北。正義 括地志云：「積石山今名小積石，在河州枹罕縣西七里。河州在京西一千四百七十二里。龍門山在同州韓城縣北五十里。李奇云『禹鑿通河水處，廣八十步』。三秦記云『龍門水懸船而行，兩旁有山，水陸不通，龜魚集龍門下數千，不得上，上則爲龍，故云暴鰓點額龍門下』。」按：河在冀州西，故云西河也。禹發源河水小積石山，浮河東北下，歷鹽，勝北而南行，至于龍門，皆雍州地也。

【五】正義 水經云「河水又南至潼關，渭水從西注之」也。

【六】集解 孔安國曰：「織皮，毛布。此四國在荒服之外，流沙之內。羌、髳之屬皆就次序，美禹之功及戎狄也。」索隱 鄭玄以爲衣皮之人居昆侖、析支、渠搜，三山皆在西戎。王肅曰「昆侖在臨羌西，析支在河關西，西戎在西域」。王肅以爲地名，而不言渠搜。今按：地理志金城臨羌縣有昆侖祠，敦煌廣至縣有昆侖障，朔方有渠搜縣。

道九山：【一】汧及岐至于荊山，【二】踰于河；壺口、雷首【三】至于太嶽；【四】砥柱、析城至于王屋；【五】太行、常山至于碣石，入于海；【六】西傾、朱圉、鳥鼠【七】至于太華；【八】熊耳、外方、桐柏至于負尾；【九】道嶓冢，至于荊山；【一〇】內方至于大別；【一一】汶山之陽至衡山，【一二】過九江，至于敷淺原。【一三】

【一】索隱 汧、壺口、砥柱、太行、西傾、熊耳、嶓冢、內方、岐是九山也。古分爲三條，故地理志有北條之荊山。馬融以汧爲北條，西傾爲中條，嶓冢爲南條。鄭玄分四列，汧爲陰列，西傾次陰列，嶓冢爲陽列，岐山次陽列。

【二】集解 鄭玄曰：「地理志汧在右扶風也。」索隱 汧，一作「岍」。按：有汧水，故其字或從「山」或從「水」，猶岐山然也。地理志云吳山在汧縣西，古文以爲汧山。岐山在右扶風美陽縣西北；荊山在左馮翊懷德縣南也。正義 括地志云：「汧山在隴州汧源縣西六十里。其山東鄰岐、岫，西接隴岡，汧水出焉。岐山在岐州。」

【三】索隱 雷首山在河東蒲阪縣東南。

【四】集解 孔安國曰：「三山在冀州；太嶽在上黨西也。」索隱 即霍泰山也。已見上。正義 括地志云：「壺口在慈州吉昌縣西南。雷首山在蒲州河東縣。太嶽，霍山也，在沁州沁源縣。」

【五】集解 孔安國曰：「此三山在冀州(之)南河之北。」索隱 析城山在河東濩澤縣西南。王屋山在河東垣縣東北。水經云砥柱山在河東大陽縣南河水中也。正義 括地志云：「底柱山，俗名三門山，在陝州硤石縣東北五十里黃河之中。孔安國云『底柱，山名。河水分流，包山而過，山見水中，若柱然也』。」括地志云：「析城山在澤州陽城縣西南七十里。注水經云『析城山甚高峻，上平坦，有二泉，東濁西清，左右不生草木』。」括地志云：「王屋山在懷州王屋縣北十里。古今地名云『山方七百里，山高萬仞，本冀州之河陽山也』。」

【六】集解 孔安國曰：「此二山連延，東北接碣石，而入于滄海。」索隱 太行山在河內山陽縣西北。常山，恆山是也，在常山郡上曲陽縣西北。正義 括地志云：「太行山在懷州河內縣北二十五里，有羊腸阪。恆山在定州恆陽縣西北百四十里。道書福地記云『恆山高三千三百丈，上方二十里，有太玄之泉，神草十九種，可度俗』。」

【七】集解 鄭玄曰：「地理志曰朱圉在漢陽南。」孔安國曰：「鳥鼠山，渭水所出，在隴西之西。」

【八】集解 鄭玄曰：「地理志太華山在弘農華陰南。」索隱 圉，一作「圄」。朱圉山在天水冀縣南。鳥鼠山在隴西首陽縣西南。太華即敦物山。

【九】集解 鄭玄曰：「地理志熊耳在盧氏東。外方在潁川。嵩高山、桐柏山在南陽平氏東南。陪尾在江夏安陸東北，若橫尾者。」索隱 熊耳山在弘農盧氏縣東，伊水所出。外方山即潁川嵩高縣嵩高山，古文尚書亦以爲外方山。桐柏山一名大復山，在南陽平氏縣東南。陪尾山在江夏安陸縣東北，地理志謂之橫尾山。負音陪也。正義 括地志云：「華山在華州華陰縣南八里。熊耳山在虢州盧氏縣南五十里。嵩高山亦名太室山，亦名外方山，在洛州陽城縣北二十三里也。桐柏山在唐州桐柏縣東南五十里，淮水出焉。橫尾山，古陪尾山也，在安州安陸縣北六十里。」

【一〇】集解 鄭玄曰：「地理志荊山在南郡臨沮。」索隱 此東條荊山，在南郡臨沮縣東北隅也。正義 括地志云：「嶓冢山在梁州。荊山在襄州荊山縣西八十里也。」又云：「荊山縣本漢臨沮縣地也。沮水即漢水也。」按：孫叔敖激沮水爲雲夢澤是也。

【一一】集解 鄭玄曰：「地理志內方在竟陵，名立章山。大別在廬江安豐縣。」索隱 內方山在竟陵縣東北。大別山在六安國安豐縣，今土人謂之甑山。正義 括地志云：「章山在荊州長林縣東北六十里。今漢水附章山之東，與經史符會。」按：大別山，今沙洲在山上，漢江經其左，今俗猶云甑山。注云「在安豐」，非漢所經也。

【一二】索隱 在長沙湘南縣東南。廣雅云：「岣嶁謂之衡山。」正義 括地志云：「岷山在茂州汶川縣。衡山在衡州湘潭縣西四十一里。」

【一三】集解 徐廣曰：「淺，一作『滅』。」駰案：孔安國曰「敷淺原一名傅陽山，在豫章」。索隱 豫章歷陵縣南有傅陽山，一名敷淺原也。

道九川：【一】弱水至於合黎，【二】餘波入于流沙。【三】道黑水，至于三危，入于南海。【四】

道河積石，【五】至于龍門，南至華陰，【六】東至砥柱，【七】又東至于盟津，【八】東過雒汭，至于大邳，【九】北過降水，至于大陸，【一〇】北播爲九河，同爲逆河，【一一】入于海。【一二】嶓冢道瀁，東流爲漢，【一三】又東爲蒼浪之水，【一四】過三澨，入于大別，【一五】南入于江，東匯澤爲彭蠡，【一六】東爲北江，入于海。【一七】汶山道江，東別爲沱，又東至于醴，【一八】過九江，至于東陵，【一九】東迆北會于匯，【二〇】東爲中江，入于海。【二一】道沇水，東爲濟，入于河，泆爲滎，【二二】東出陶丘北，【二三】又東至于荷，【二四】又東北會于汶，【二五】又東北入于海。道淮自桐柏，【二六】東會于泗、沂，東入于海。【二七】道渭自鳥鼠同穴，【二八】東會于灃，【二九】又東北至于涇，【三〇】東過漆、沮，入于河。【三一】道雒自熊耳，【三二】東北會于澗、瀍，【三三】又東會于伊，【三四】東北入于河。【三五】

【一】索隱 弱、黑、河、瀁、江、沇、淮、渭、洛爲九川。

【二】集解 鄭玄曰：「地理志弱水出張掖。」孔安國曰：「合黎，水名，在流沙東。」索隱 水經云合黎山在酒泉會水縣東北。鄭玄引地說亦以爲然。孔安國云水名，當是其山有水，故所記各不同。正義 括地志云：「蘭門山，一名合黎，一名窮石山，在甘州刪丹縣西南七十里。淮南子云『弱水源出窮石山』。」又云：「合黎，一名羌谷水，一名鮮水，一名覆表水，今名副投河，亦名張掖河，南自吐谷渾界流入甘州張掖縣。」今按：合黎水出臨松縣臨松山東，而北流歷張掖故城下，又北流經張掖縣二十三里，又北流經合黎山，折而北流，經流沙磧之西入居延海，行千五百里。合黎山，張掖縣西北二百里也。

【三】集解 孔安國曰：「弱水餘波西溢入流沙。」鄭玄曰：「地理志流沙在居延(西)〔東〕北，名居延澤。地記曰『弱水西

流入合黎山腹，餘波入于流沙，通于南海』。」馬融、王肅皆云合黎、流沙是地名。[索隱]地理志云「張掖居延縣西北有居延澤，古文以爲流沙」。廣志「流沙在玉門關外，有居延澤、居延城」。又山海經云「流沙出鍾山，西南行昆侖墟入海」。按：是地兼有水，故一云地名，一云水名，馬鄭不同，抑有由也。

〔四〕[集解]鄭玄曰：「地理志益州滇池有黑水祠，而不記此山水所在。地記曰『三危山在鳥鼠之西南』。」孔安國曰：「黑水自北而南，經三危過梁州，入南海也。」[正義]括地志云：「黑水源出伊州伊吾縣北百二十里，又南流二千里而絕。三危山在沙州燉煌縣東南四十里。」按：南海即揚州東大海，岷江下至揚州東入海也。其黑水源在伊州，從伊州東南三千餘里至鄯州，鄯州東南四百餘里至河州，入黃河。河州有小積石山，即禹貢「浮於積石，至於龍門」者。然黃河源從西南下，出大崑崙東北隅，東北流經于闐，入鹽澤，即東南潛行入吐谷渾界大積石山，又東北流，至小積石山，又東北流，來處極遠。其黑水，當洪水時合從黃河而行，何得入于南海？南海去此甚遠，阻隔南山、隴山、岷山之屬。當是洪水浩浩處，西戎不深致功，古文故有疏略也。

〔五〕[索隱]爾雅云：「河出昆侖墟，其色白。」漢書西域傳云：「河有兩源，一出蔥嶺，一出于闐。于闐河北流，與蔥嶺河合，東注蒲昌海，一名鹽澤。其水停居，冬夏不增減，潛行地中，南出積石爲中國河。」是河源發昆侖，禹導河自積石而加功也。

〔六〕[集解]孔安國曰：「至華山北而東行。」[正義]華陰縣在華山北，本魏之陰晉縣，秦惠文王更名寧秦，漢高帝改曰華陰。

〔七〕[集解]孔安國曰：「砥柱，山名。河水分流，包山而過，山見水中，若柱然也。在西虢之界。」[正義]砥柱山俗名三門山，禹鑿此山，三道河水，故曰三門也。

〔八〕[集解]孔安國曰：「在洛北。」[索隱]盟，古「孟」字。孟津在河陽。十三州記云「河陽縣在河上，即孟津」是也。[正義]杜預云：「盟，河內郡河陽縣南孟津也，在洛陽城北。都道所湊，古今爲津，武王度之，近代呼爲武濟。」括地志云：「盟津，周武王伐紂，與八百諸侯會盟津。亦曰孟津，又曰富平津。水經云小平津，今云河陽津是也。」

〔九〕[集解]孔安國曰：「洛汭，洛入河處。山再成曰邳。」[索隱]爾雅云「山一成曰邳」。或以爲成皋縣山是。[正義]李巡云：「山再重曰英，一重曰邳。」括地志云：「大邳山，今名黎陽東山，又曰青壇山，在衞州黎陽南七里。張揖云今成皋，非也。」

〔一〇〕[集解]鄭玄曰：「地理志降水在信都(南)。」孔安國曰：「大陸，澤名。」[索隱]地理志降水字從「系」，出信都國，與虖池、漳河水並流入海。大陸在鉅鹿郡。爾雅云「晉有大陸」，郭璞以爲此澤也。[正義]括地志云：「降水源出潞州屯留縣西南，東北流，至冀州入海。」

〔一一〕[集解]鄭玄曰：「下尾合名曰逆河，言相向迎受也。」

〔一二〕[正義]播，布也。河至冀州，分布爲九河，下至滄州，更同合爲一大河，名曰逆河，而夾右碣石入于渤海也。

〔一三〕[集解]鄭玄曰：「地理志漾水出隴西氐道，至武都爲漢，至江夏謂之夏水。」[索隱]水經云漾水出隴西氐道縣嶓冢山，東至武都沮縣爲漢水。地理志云至江夏謂之夏水。山海經亦以漢出嶓冢山。故孔安國云「泉始出山爲漾水，東南流爲沔水，至漢中東流爲漢水」。[正義]括地志云：「嶓冢山水始出山沮洳，故曰沮水。東南爲漾水，又爲沔水。至漢中爲漢水，至均州爲滄浪水。始欲出大江爲夏口，又爲沔口。漢江一名沔江也。」

〔一四〕[集解]孔安國曰：「別流也。在荊州。」[索隱]馬融、鄭玄皆以滄浪爲夏水，即漢河之別流也。漁父歌曰「滄浪之水清兮，可以濯吾纓」，是此水也。[正義]括地志云：「均州武當縣有滄浪水。庾仲雍漢水記云『武當縣西四

十里漢水中有洲，名滄浪洲』也。地記云『水出荊山，東南流爲滄浪水』。」

〔一五〕[集解]孔安國曰：「三澨，水名。」鄭玄曰：「在江夏竟陵之界。」[索隱]水經云「三澨，地名，在南郡邔縣北」。孔安國、鄭玄以爲水名。今竟陵有三參水，俗云是三澨水。參音去聲。

〔一六〕[集解]孔安國曰：「匯，回也。水東回爲彭蠡大澤。」

〔一七〕[集解]孔安國曰：「自彭蠡，江分爲三道入震澤，遂爲北江而入海。」

〔一八〕[集解]孔安國及馬融、王肅皆以醴爲水名。鄭玄曰：「醴，陵名也。大阜曰陵。長沙有醴陵縣。」[索隱]按：騷人所歌「濯余佩於醴浦」，明醴是水。孔安國、馬融解得其實。又虞喜志林以醴是江、沅之別流，而醴字作「澧」也。

〔一九〕[集解]孔安國曰：「東陵，地名。」

〔二〇〕[集解]孔安國曰：「迆，溢也。東溢分流都共北會彭蠡。」

〔二一〕[集解]孔安國曰：「有北有中，南可知也。」[正義]括地志云：「禹貢三江俱會于彭蠡，合爲一江，入于海。」

〔二二〕[集解]鄭玄曰：「地理志沇水出河東垣縣東王屋山，東至河內武德入河，泆爲滎。」孔安國曰：「濟在溫西北。滎澤在敖倉東南。」[索隱]水經云：「自河東垣縣王屋山東流爲沇水，至溫縣西北爲濟水。」[正義]括地志云：「沇水出懷州王屋縣北十里王屋山頂，巖下石泉渟不流，其深不測，既見而伏，至濟源縣西北二里平地，其源重發，而東南流，爲汜水。」水經云沇東至溫縣西北爲泲水，又南當鞏縣之北，南入于河。釋名云：「濟者，濟也。」下「濟」子細反。按：濟水入河而南，截度河南岸溢滎澤，在鄭州滎澤縣西北四里。今無水，成平地。

〔二三〕[集解]孔安國曰：「陶丘，丘再成者也。」鄭玄曰：「地理志陶丘在濟陰定陶西(北)〔南〕。」[正義]括地志云：「陶丘在濮州鄄城西南二十四里。又云在曹州城中。徐才宗國都城記云此城中高丘，即古之陶丘。」

〔二四〕[集解]孔安國曰：「荷澤之水。」

〔二五〕[正義]汶音問。地理志云汶水出泰山郡萊蕪縣原山，西南入泲。

〔二六〕[正義]地理志云桐柏山在南陽平氏縣東南，淮水所出。按：在唐州東五十餘里。

〔二七〕[集解]孔安國曰：「與泗、沂二水合入海。」

〔二八〕[集解]孔安國曰：「鳥鼠共爲雄雌同穴處，此山遂名曰鳥鼠，渭水出焉。」[正義]括地志云：「鳥鼠山，今名青雀山，在渭州渭源縣西七十六里。山海經云『鳥鼠同穴之山，渭水出焉』。郭璞注云『今在隴西首陽縣西南。山有鳥鼠同穴。鳥名鵌。鼠名鼵，如人家鼠而短尾。鵌似鵽而小，黃黑色。穴入地三四尺，鼠在內，鳥在外』。」鵌音余。鼵，扶廢反。鵽音丁刮反，似雉也。

〔二九〕[正義]灃音豐。括地志云：「雍州鄠縣終南山，灃水出焉，北入渭也。」

〔三〇〕[正義]括地志云：「涇水出原州百泉縣西南笄頭山涇谷，東南流入渭也。」

〔三一〕[集解]孔安國曰：「漆、沮，二水名，亦曰洛水，出馮翊北。」

〔三二〕[集解]孔安國曰：「在宜陽之西。」[正義]括地志云：「洛水出商州洛南縣西冢嶺山，東北流入河。熊耳山在虢州盧氏縣南五十里，洛所經。」

〔三三〕[集解]孔安國曰：「會于河南城南。」[正義]括地志云：「澗水出洛州新安縣東白石山之陰。」地理志云瀍水出河南穀城縣朁亭北，東南入於洛。

〔三四〕[集解]孔安國曰：「會於洛陽之南。」

〔三五〕[集解]孔安國曰：「合於鞏之東也。」

於是九州攸同，四奧既居，〔一〕九山栞旅，〔二〕九川滌原，〔三〕九澤既陂，〔四〕四海會同。六府甚脩，〔五〕衆土交正，致慎財賦，〔六〕咸則三壤成賦。〔七〕中國賜土姓：「祗台德先，不距朕行。」〔八〕

〔一〕集解孔安國曰：「四方之宅已可居也。」
〔二〕集解孔安國曰：「九州名山已槎木通道而旅祭也。」
〔三〕集解孔安國曰：「九州之川已滌除無壅塞也。」
〔四〕集解孔安國曰：「九州之澤皆已陂障無決溢也。」
〔五〕集解孔安國曰：「六府，金、木、水、火、土、穀。」
〔六〕集解鄭玄曰：「衆土美惡及高下得其正矣。亦致其貢篚，慎奉其財物之稅，皆法定制而入之也。」
〔七〕集解鄭玄曰：「三壤，上、中、下，各三等也。」
〔八〕集解鄭玄曰：「中即九州也。天子建其國，諸侯祚之土，賜之姓，命之氏，其敬悦天子之德既先，又不距違我天子政教所行。」

令天子之國以外五百里甸服：〔一〕百里賦納緫，〔二〕二百里納銍，〔三〕三百里納秸服，〔四〕四百里粟，五百里米。〔五〕甸服外五百里侯服：〔六〕百里采，〔七〕二百里任國，〔八〕三百里諸侯。〔九〕侯服外五百里綏服：〔一〇〕三百里揆文教，〔一一〕二百里奮武衛。〔一二〕綏服外五百里要服：〔一三〕三百里夷，〔一四〕二百里蔡。〔一五〕要服外五百里荒服：〔一六〕三百里蠻，〔一七〕二百里流。〔一八〕

〔一〕集解孔安國曰：「爲天子(之)服治田，去王城面五百里內。」
〔二〕集解孔安國曰：「甸內近王城者。禾稾曰緫，供飼國馬也。」索隱說文云：「緫，聚束草也。」
〔三〕集解孔安國曰：「所銍刈謂禾穗。」索隱說文云：「銍，穫禾短鐮也。」
〔四〕集解孔安國曰：「秸，稾也。服稾役。」索隱禮郊特牲云「蒲越稾秸之美」，則秸是稾之類也。
〔五〕集解孔安國曰：「所納精者少，麤者多。」
〔六〕集解孔安國曰：「侯，候也。斥候而服事也。」
〔七〕集解馬融曰：「采，事也。各受王事者。」
〔八〕集解孔安國曰：「任王事者。」
〔九〕集解孔安國曰：「三百里同爲王者斥候，故合三爲一名。」
〔一〇〕集解孔安國曰：「綏，安也。服王者政教。」
〔一一〕集解孔安國曰：「揆，度也。度王者文教而行之，三百里皆同。」
〔一二〕集解孔安國曰：「文教之外二百里奮武衛，天子所以安。」
〔一三〕集解孔安國曰：「要束以文教也。」
〔一四〕集解孔安國曰：「守平常之教，事王者而已。」
〔一五〕集解馬融曰：「蔡，法也。受王者刑法而已。」
〔一六〕集解馬融曰：「政教荒忽，因其故俗而治之。」
〔一七〕集解馬融曰：「蠻，慢也。禮簡怠慢，來不距，去不禁。」

〔一八〕集解馬融曰：「流行無城郭常居。」

東漸于海，西被于流沙，朔、南暨：〔一〕聲教訖于四海。於是帝錫禹玄圭，以告成功于天下。〔二〕天下於是太平治。

〔一〕集解鄭玄曰：「朔，北方也。」
〔二〕正義帝，堯也。玄，水色。以禹理水功成，故錫玄圭，以表顯之。自此已上並尚書禹貢文。

皋陶作士以理民。〔一〕帝舜朝，禹、伯夷、皋陶相與語帝前。皋陶述其謀曰：「信其道德，謀明輔和。」禹曰：「然，如何？」皋陶曰：「於！〔二〕慎其身脩，〔三〕思長，〔四〕敦序九族，衆明高翼，近可遠在已。」〔五〕禹拜美言，曰：「然。」皋陶曰：「於！在知人，在安民。」禹曰：「吁！皆若是，惟帝其難之。〔六〕知人則智，能官人；能安民則惠，黎民懷之。能知能惠，何憂乎驩兜，何遷乎有苗，何畏乎巧言善色佞人？」〔七〕皋陶曰：「然，於！亦行有九德，亦言其有德。」乃言曰：「始事事，〔八〕寬而栗，〔九〕柔而立，〔一〇〕愿而共，〔一一〕治而敬，〔一二〕擾而毅，〔一三〕直而温，簡而廉，剛而實，彊而義，章其有常，吉哉。〔一四〕日宣三德，蚤夜翊明有家。〔一五〕日嚴振敬六德，亮采有國。〔一六〕翕受普施，九德咸事，俊乂在官，〔一七〕百吏肅謹。毋教邪淫奇謀。非其人居其官，是謂亂天事。〔一八〕天討有辠，五刑五用哉。〔一九〕吾言底可行乎？」禹曰：「女言致可績行。」

皋陶曰：「余未有知，思贊道哉。」〔二〇〕

〔一〕正義士若大理卿也。
〔二〕正義於音烏，歎美之辭。
〔三〕正義絶句。
〔四〕集解孔安國曰：「慎脩其身，思爲長久之道。」
〔五〕集解鄭玄曰：「次序九族而親之，以衆賢明作羽翼之臣，此政由近可以及遠也。」
〔六〕集解孔安國曰：「言帝堯亦以爲難。」
〔七〕集解鄭玄曰：「禹爲父隱，故言不及鯀。」
〔八〕集解孔安國曰：「言其人有德，必言其所行事，因事以爲驗。」
〔九〕集解孔安國曰：「性寬弘而能莊栗。」
〔一〇〕集解孔安國曰：「和柔而能立事。」
〔一一〕集解孔安國曰：「慤愿而恭敬。」
〔一二〕集解徐廣曰：「擾，一作『柔』。」駰案：孔安國曰「擾，順也。致果爲毅」。
〔一三〕集解孔安國曰：「章，明也。吉，善也。」
〔一四〕集解孔安國曰：「三德，九德之中有其三也。卿大夫稱家，明行之可以爲卿大夫。」
〔一五〕集解孔安國曰：「嚴，敬也。行六德以信治政事，可爲諸侯也。」馬融曰：「亮，信；采，事也。」
〔一六〕集解孔安國曰：「翕，合也。能合受三六之德而用之，以布施政教，使九德之人皆用事。謂天子(也)如此，則俊

德理能之士並皆在官也。」

〔一七〕索隱 此取尚書皋陶謨爲文，斷絶殊無次序，即班固所謂「疎略抵捂」是也，今亦不能深考。

〔一八〕集解 孔安國曰：「言用五刑必當。」

〔一九〕正義 皋陶云我未有所知，思之審贊於古道耳。謙辭也。已上並尚書皋陶謨文，略其經，不全備也。

帝舜謂禹曰：「女亦昌言。」禹拜曰：「於，予何言！予思日孳孳。」皋陶難禹曰：「何謂孳孳？」禹曰：「鴻水滔天，浩浩懷山襄陵，下民皆服於水。予陸行乘車，水行乘舟，泥行乘橇，山行乘檋，行山栞木。〔一〕與益予衆庶稻鮮食。〔二〕以決九川致四海，浚畎澮〔三〕致之川。與稷予衆庶難得之食。食少，調有餘補不足，徙居。衆民乃定，萬國爲治。」皋陶曰：「然，此而美也。」

〔一〕正義 行，寒孟反。栞，口寒反。

〔二〕集解 孔安國曰：「鳥獸新殺曰鮮。」索隱 予音與。上「與」謂「同與」之「與」，下「予」謂「施予」之「予」。此禹言其與益施予衆庶之稻糧。

〔三〕集解 鄭玄曰：「畎澮，田閒溝也。」

禹曰：「於，帝！慎乃在位，安爾止。〔一〕輔德，天下大應。清意以昭待上帝命，天其重命用休。」〔二〕帝曰：「吁，臣哉，臣哉！臣作朕股肱耳目。予欲左右有民，女輔之。〔三〕余欲觀古人之象，日月星辰，作文繡服色，女明之。予欲聞六律五聲八音，來始滑，以出入五言，女

聽。〔四〕予即辟，女匡拂予。女無面諛，退而謗予。敬四輔臣。〔五〕諸衆讒嬖臣，君〔六〕德誠施皆清矣。」禹曰：「然。帝即不時，布同善惡則毋功。」〔七〕

〔一〕集解 鄭玄曰：「安汝之所止，無妄動，動則擾民。」

〔二〕集解 鄭玄曰：「天將重命汝以美應，謂符瑞也。」

〔三〕集解 馬融曰：「我欲左右助民，汝當翼成我也。」

〔四〕集解 尚書「滑」字作「曶」，音忽。鄭玄曰：「曶者，臣見君所秉，書思對命者也。君亦有焉，以出内政教於五官。」索隱 古文尚書作「在治忽」，今文作「采政忽」，先儒各隨字解之。今此云「來始滑」，於義無所通。蓋來采字相近，滑忽聲相亂，始又與治相似，因誤爲「來始滑」。今依今文音「采政忽」三字。劉伯莊云「聽諸侯能爲政及怠忽者」，是也。五言謂仁、義、禮、智、信五德之言，鄭玄以爲「出納政教五官」，非也。

〔五〕集解 尚書大傳曰：「古者天子必有四鄰，前曰疑，後曰丞，左曰輔，右曰弼。」

〔六〕集解 徐廣曰：「一作『吾』。」索隱 「諸衆讒嬖臣」爲一句，「君」字宜屬下文。

〔七〕集解 孔安國曰：「帝用臣不是，則賢愚並位，優劣共流故也。」

帝曰：「〔一〕毋若丹朱傲，維慢游是好，毋水行舟，朋淫于家，〔二〕用絶其世。予不能順是。」禹曰：「予（辛壬）娶塗山，〔辛壬〕癸甲，生啓予不子，〔三〕以故能成水土功。輔成五服，至于五千里，州十二師，外薄四海，〔四〕咸建五長，〔五〕各道有功。苗頑不即功，〔六〕帝其念哉。」帝曰：「道吾德，乃女功序之也。」

〔一〕正義 此二字及下「禹曰」，尚書並無。太史公有四字，帝及禹相答極爲次序，當應别見書。

〔二〕集解 鄭玄曰：「朋淫，淫門内。」

〔三〕集解 孔安國曰：「塗山，國名。辛日娶妻，至于甲四日，復往治水。」索隱 杜預云「塗山在壽春東北」，皇甫謐云「今九江當塗有禹廟」，則塗山在江南也。系本曰「塗山氏女名女媧」，是禹娶塗山氏號女媧也。又按：尚書云「娶于塗山，辛壬癸甲，啓呱呱而泣，予弗子」。今此云「辛壬娶塗山，癸甲生啓」，蓋今文尚書脱漏，太史公取以爲言，亦不稽其本意。豈有辛壬娶妻，經二日生子？不經之甚。正義 此五字爲一句。禹辛日娶，至甲四日，往理水，及生啓，不入門，我不得名子，以故能成水土之功。又，一云過門不入，不得有子愛之心。帝繫云「禹娶塗山氏之子，謂之女媧，是生啓」也。

〔四〕集解 孔安國曰：「薄，迫。言至海也。」正義 爾雅云：「九夷八狄七戎六蠻謂之四海。」釋名云：「海，晦也。」按：夷蠻晦昧無知，故云四海也。

〔五〕集解 孔安國曰：「諸侯五國，立賢者一人爲方伯，謂之五長，以相統治。」

〔六〕集解 孔安國曰：「三苗頑凶，不得就官，善惡分别。」

皋陶於是敬禹之德，令民皆則禹。不如言，刑從之。〔一〕舜德大明。

〔一〕索隱 謂不用命之人，則亦以刑罰而從之。

於是夔行樂，〔一〕祖考至，羣后相讓，鳥獸翔舞，簫韶九成，鳳皇來儀，〔二〕百獸率舞，百官信諧。帝用此作歌曰：「陟天之命，維時維幾。」〔三〕乃歌曰：「股肱喜哉，元首起哉，百工

熙哉！」〔四〕皋陶拜手稽首揚言曰：「念哉，〔五〕率爲興事，慎乃憲，敬哉！」〔六〕乃更爲歌曰：「元首明哉，股肱良哉，庶事康哉！」（舜）又歌曰：「元首叢脞哉，股肱惰哉，萬事墮哉！」〔七〕帝拜曰：「然，往欽哉！」於是天下皆宗禹之明度數聲樂，〔八〕爲山川神主。

〔一〕正義 若今太常卿也。

〔二〕集解 孔安國曰：「簫韶，舜樂名。備樂九奏而致鳳皇也。」

〔三〕集解 孔安國曰：「奉正天命以臨民，惟在順時，惟在慎微。」

〔四〕集解 孔安國曰：「股肱之臣喜樂盡忠，君之治功乃起，百官之業乃廣。」

〔五〕集解 鄭玄曰：「使羣臣念帝之戒。」

〔六〕集解 孔安國曰：「率臣下爲起治之事，當慎汝法度，敬其職。」

〔七〕集解 孔安國曰：「叢脞，細碎無大略也。君如此，則臣懈惰，萬事墮廢也。」

〔八〕集解 徐廣曰：「舜本紀云禹乃興九韶之樂。」

帝舜薦禹於天，爲嗣。十七年〔一〕而帝舜崩。三年喪畢，禹辭辟舜之子商均於陽城。〔二〕天下諸侯皆去商均而朝禹。禹於是遂即天子位，〔三〕南面朝天下，國號曰夏后，姓姒氏。〔四〕

〔一〕集解 劉熙曰：「若此，則舜格于文祖，三年之後，攝禹使得祭祀與？」

〔二〕集解 劉熙曰：「今潁川陽城是也。」

〔三〕集解皇甫謐曰：「都平陽，或在安邑，或在晉陽。」
〔四〕集解禮緯曰：「祖以吞薏苡生。」

帝禹立而舉皋陶薦之，且授政焉，而皋陶卒。〔一〕封皋陶之後於英、六，〔二〕或在許。〔三〕而后舉益，任之政。

〔一〕正義帝王紀云：「皋陶生於曲阜。曲阜偃地，故帝因之而以賜姓曰偃。堯禪舜，命之作士。舜禪禹，禹即帝位，以咎陶最賢，薦之於天，將有禪之意。未及禪，會皋陶卒。」括地志云：「咎繇墓在壽州安豐縣南一百三十里故六城東，東都陂內大冢也。」
〔二〕集解徐廣曰：「史記皆作『英』字，而以英布是此苗裔。」索隱地理志六安國六縣，咎繇後偃姓所封國。英地闕，不知所在，以爲黥布是其後也。正義英蓋蓼也。括地志云：「光州固始縣，本春秋時蓼國。偃姓，皋陶之後也。左傳云子燮滅蓼。太康地志云蓼國先在南陽故縣，今豫州鄾縣界故胡城是，後徙於此。」括地志云：「故六城在壽州安豐縣南一百三十二里。春秋文五年秋，楚成大心滅之。」
〔三〕集解皇覽曰：「皋陶冢在廬江六縣。」索隱許在潁川。正義括地志云：「許故城在許州許昌縣南三十里，本漢許縣，故許國也。」

十年，帝禹東巡狩，至于會稽而崩。〔一〕以天下授益。三年之喪畢，益讓帝禹之子啓，而辟居箕山之陽。〔二〕禹子啓賢，天下屬意焉。及禹崩，雖授益，益之佐禹日淺，天下未洽。故諸侯皆去益而朝啓，曰「吾君帝禹之子也」。於是啓遂即天子之位，是爲夏后帝啓。

〔一〕集解皇甫謐曰：「年百歲也。」
〔二〕集解孟子「陽」字作「陰」。劉熙曰：「崈高之北。」正義按：陰即陽城也。括地志云：「陽城縣在箕山北十三里。」又恐「箕」字誤，本是「嵩」字，而字相似。其陽城縣在嵩山南二十三里，則爲嵩山之陽也。

夏后帝啓，禹之子，其母塗山氏之女也。

有扈氏不服，〔一〕啓伐之，大戰於甘。〔二〕將戰，作甘誓，乃召六卿申之。〔三〕啓曰：「嗟！六事之人，〔四〕予誓告女：有扈氏威侮五行，怠棄三正，〔五〕天用勦絕其命。〔六〕今予維共行天之罰。〔七〕左不攻于左，右不攻于右，女不共命。〔八〕御非其馬之政，女不共命。〔九〕用命，賞于祖；〔一〇〕不用命，僇于社，〔一一〕予則帑僇女。」〔一二〕遂滅有扈氏。天下咸朝。

〔一〕集解地理志曰扶風鄠縣是扈國。索隱地理志曰扶風縣鄠是扈國。正義括地志云：「雍州南鄠縣本夏之扈國也。地理志云鄠縣，古扈國，有户亭。訓纂云户、扈、鄠三字，一也，古今字不同耳。」
〔二〕集解馬融曰：「甘，有扈氏南郊地名。」索隱夏啓所伐，鄠南有甘亭。
〔三〕集解孔安國曰：「天子六軍，其將皆命卿也。」
〔四〕集解孔安國曰：「各有軍事，故曰六事。」
〔五〕集解鄭玄曰：「五行，四時盛德所行之政也。威侮，暴逆之。三正，天、地、人之正道。」
〔六〕集解孔安國曰：「勦，截也。」
〔七〕集解孔安國曰：「共，奉也。」
〔八〕集解鄭玄曰：「左，車左。右，車右。」
〔九〕集解孔安國曰：「御以正馬爲政也。三者有失，皆不奉我命也。」
〔一〇〕集解孔安國曰：「天子親征，必載遷廟之祖主行。有功即賞祖主前，示不專也。」
〔一一〕集解孔安國曰：「又載社主，謂之社事。奔北，則僇之社主前。社主陰，陰主殺也。」
〔一二〕集解孔安國曰：「非但止身，辱及女子，言恥累之。」

夏后帝啓崩，〔一〕子帝太康立。帝太康失國，〔二〕昆弟五人，〔三〕須于洛汭，作五子之歌。〔四〕

〔一〕集解徐廣曰：「皇甫謐曰夏啓元年甲辰，十年癸丑崩。」
〔二〕集解孔安國曰：「盤于遊田，不恤民事，爲羿所逐，不得反國。」
〔三〕索隱皇甫謐云號五觀也。
〔四〕集解孔安國曰：「太康五弟與其母待太康于洛水之北，怨其不反，故作歌。」

太康崩，弟中康立，是爲帝中康。帝中康時，羲、和湎淫，廢時亂日。〔一〕胤往征之，作胤征。〔二〕

〔一〕集解孔安國曰：「羲氏，和氏，掌天地四時之官。太康之後，沈湎于酒，廢天時，亂甲乙也。」
〔二〕集解孔安國曰：「胤國之君受王命往征之。」鄭玄曰：「胤，臣名。」

中康崩，子帝相立。帝相崩，子帝少康立。〔一〕帝少康崩，子帝予〔二〕立。帝予崩，子帝槐〔三〕立。帝槐崩，子帝芒〔四〕立。帝芒崩，子帝泄立。帝泄崩，子帝不降〔五〕立。帝不降崩，弟帝扃立。帝扃崩，子帝廑〔六〕立。帝廑崩，立帝不降之子孔甲，是爲帝孔甲。帝孔甲立，好方鬼神，事淫亂。夏后氏德衰，諸侯畔之。天降龍二，有雌雄，孔甲不能食，〔七〕未得豢龍氏。〔八〕陶唐既衰，其後有劉累，〔九〕學擾龍〔一〇〕于豢龍氏，以事孔甲。孔甲賜之姓曰御龍氏，〔一一〕受豕韋之後。〔一二〕龍一雌死，以食夏后。夏后使求，懼而遷去。〔一三〕

〔一〕索隱左傳魏莊子曰：「昔有夏之衰也，后羿自鉏遷于窮石，因夏人而代夏政。恃其射也，不修人事，而信用伯明氏之讒子寒浞。浞殺羿，烹之，以食其子，子不忍食，殺于窮門。浞因羿室，生澆及豷。使澆滅斟灌氏及斟尋氏，而相爲澆所滅，后緡歸于有仍，生少康。有夏之臣靡，自有鬲收二國之燼以滅浞，而立少康。少康滅澆于過，后杼滅豷于戈，有窮遂亡。」然則帝相自被篡殺，中閒經羿浞二氏，蓋三數十年。而此紀總不言之，直云帝相崩，子少康立，疏略之甚。正義帝王紀云：「帝羿有窮氏未聞其先何姓。帝嚳以上，世掌射正。至嚳，賜以彤弓素矢，封之於鉏，爲帝司射，歷虞、夏。羿學射於吉甫，其臂長，故以善射聞。及夏之衰，自鉏遷于窮石，因夏民以代夏政。帝相徙于商丘，依同姓諸侯斟尋。羿恃其善射，不修民事，淫于田獸，棄其良臣武羅、伯姻、熊髡、尨圉而信寒浞。寒浞，伯明氏之讒子，伯明后以讒棄之，而羿以爲己相。寒浞殺羿於桃梧，而烹之以食其子。其子不忍食之，死于窮門。浞遂代夏，立爲帝。寒浞襲有窮之號，因羿之室，生奡及豷。奡多力，能陸地行舟。使奡帥師滅斟灌、斟尋，殺夏帝相，封奡於過，封豷於戈。恃其詐力，不恤民事。初，奡之殺帝相也，妃有仍氏女曰后緡，歸

有仍，生少康。初，夏之遺臣曰靡，事羿，羿死，逃於有鬲氏，收斟尋二國餘燼，殺寒浞，立少康，滅奡於過，后杼滅豷於戈，有窮遂亡也。」按：帝相被篡，歷羿浞二世，四十年，而此紀不說，亦馬遷所爲疏略也。奡音五告反。豷音許器反。括地志云：「故鉏城在滑州韋城縣東十里。晉地記云河南有窮谷，蓋本有窮氏所遷也。」括地志云：「商丘，今宋州也。斟灌故城在青州壽光縣東五十四里。斟尋故城，今青州北海縣是也。故過鄉亭在萊州掖縣西北二十里，本過國地。故鬲城在洛州密縣界。杜預云國名，今平原鬲縣也。」戈在宋鄭之閒也。寒國在北海平壽縣東寒亭也。伯明其君也。臣瓚云斟尋在河南，蓋後遷北海也。汲冢古文云太康居斟尋，羿亦居之，桀又居之。尚書云：「太康失邦，兄弟五人須于洛汭。」此卽太康居之，爲近洛也。又吳起對魏武侯曰「夏桀之居，左河、濟，右太華，伊闕在其南，羊腸在其北」。又周書度邑篇云武王問太公「吾將因有夏之居」，卽河南是也。括地志云：「故鄩城在洛州鞏縣西南五十八里，蓋桀所居也。陽翟縣又是禹所封，爲夏伯。」

〔二〕索隱 音佇。系本云季佇作甲者也。左傳曰杼滅豷于戈。國語云杼能帥禹者也。

〔三〕索隱 音回。系本作「帝芬」。

〔四〕索隱 音亡。鄒誕生又音荒也。

〔五〕索隱 系本作「帝降」。

〔六〕索隱 音覲。鄒誕生又音勤。

〔七〕正義 音寺。

〔八〕集解 賈逵曰：「豢，養也。穀食曰豢。」

〔九〕集解 服虔曰：「后，劉累之爲諸侯者，夏后賜之姓。」 正義 括地志云：「劉累故城在洛州緱氏縣南五十五里，

乃劉累之故地也。」

〔一〇〕集解 應劭曰：「擾音柔。擾，馴也。能順養得其嗜慾。」

〔一一〕集解 服虔曰：「御亦養。」

〔一二〕集解 徐廣曰：「受，一作『更』。」駰案：賈逵曰「劉累之後至商不絕，以代豕韋之後。祝融之後封於豕韋，殷武丁滅之，以劉累之後代之」。 索隱 按：系本豕韋，防姓。

〔一三〕集解 賈逵曰：「夏后既饗，而又使求致龍，劉累不能得而懼也。」傳曰遷於魯縣。

孔甲崩，子帝皋立。帝皋崩，〔一〕子帝發立。帝發崩，子帝履癸立，是爲桀。〔二〕帝桀之時，〔三〕自孔甲以來而諸侯多畔夏，桀不務德而武傷百姓，百姓弗堪。迺召湯而囚之夏臺，〔四〕已而釋之。湯修德，諸侯皆歸湯，湯遂率兵以伐夏桀。桀走鳴條，〔五〕遂放而死。〔六〕桀謂人曰：「吾悔不遂殺湯於夏臺，使至此。」湯乃踐天子位，代夏朝天下。湯封夏之後，〔七〕至周封於杞也。〔八〕

〔一〕集解 左傳曰皋墓在殽南陵。

〔二〕索隱 桀，名也。按：系本帝皋生發及桀。此以發生桀，皇甫謐同也。

〔三〕集解 謚法：「賊人多殺曰桀。」

〔四〕索隱 獄名。夏曰均臺。皇甫謐云「地在陽翟」是也。

〔五〕集解 孔安國曰：「地在安邑之西。」鄭玄曰：「南夷，地名。」

〔六〕集解 徐廣曰：「從禹至桀十七君，十四世。」駰案：汲冢紀年曰「有王與無王，用歲四百七十一年矣」。 索隱 徐廣曰：「從禹至桀，十七君，十四世。」案：汲冢紀年曰「有王與無王，用歲四百七十一年」。 正義 括地志云：「廬州巢縣有巢湖，卽尚書『成湯伐桀，放於南巢』者也。淮南子云『湯敗桀於歷山，與末喜同舟浮江，奔南巢之山而死』。國語云『滿於巢湖』。又云『夏桀伐有施，施人以妹喜女焉』。」女音女慮反。

〔七〕正義 括地志云：「夏亭故城在汝州郟城縣東北五十四里，蓋夏后所封也。」

〔八〕正義 括地志云：「汴州雍丘縣，古杞國城也。周武王封禹後，號東樓公也。」

太史公曰：禹爲姒姓，其後分封，用國爲姓，故有夏后氏、有扈氏、有男氏、斟尋氏、〔一〕彤城氏、褒氏、費氏、〔二〕杞氏、繒氏、辛氏、冥氏、斟（氏）戈氏。孔子正夏時，學者多傳夏小正云。〔三〕自虞、夏時，貢賦備矣。或言禹會諸侯江南，計功而崩，因葬焉，命曰會稽。會稽者，會計也。〔四〕

〔一〕集解 徐廣曰：「一作『斟氏、尋氏』。」

〔二〕索隱 系本男作「南」，尋作「鄩」，費作「弗」，而不云彤城及褒。按：周有彤伯，蓋彤城氏之後。張敖地理記云：「濟南平壽縣，其地卽古斟尋國。」又下云斟戈氏，按左傳、系本皆云斟灌氏。

〔三〕集解 禮運稱孔子曰：「我欲觀夏道，是故之杞，而不足徵也，吾得夏時焉。」鄭玄曰：「得夏四時之書，其存者有小正。」 索隱 小正，大戴記篇名。正征二音。

〔四〕集解 皇覽曰：「禹冢在山陰縣會稽山上。會稽山本名苗山，在縣南，去縣七里。越傳曰禹到大越，上苗山，大

會計，爵有德，封有功，因而更名苗山曰會稽。因病死，葬，葦棺，穿壙深七尺，上無瀉泄，下無邸水，壇高三尺，土階三等，周方一畝。呂氏春秋曰『禹葬會稽，不煩人徒』。墨子曰『禹葬會稽，衣衾三領，桐棺三寸』。地理志云山上有禹井、禹祠，相傳以爲下有羣鳥耘田者也。」 索隱 抵，至也，音丁禮反。葦棺者，以葦爲棺。謂蘧蒢而斂，非也。禹雖儉約，豈萬乘之主而臣子乃以蘧蒢裹尸乎？墨子言「桐棺三寸」，差近人情。 正義 括地志云：「禹陵在越州會稽縣南十三里。廟在縣東南十一里。」

【索隱述贊】堯遭鴻水，黎人阻飢。禹勤溝洫，手足胼胝。言乘四載，動履四時。娶妻有日，過門不私。九土既理，玄圭錫兹。帝啓嗣立，有扈違命。五子作歌，太康失政。羿浞斯侮，夏室不競。降于孔甲，擾龍乖性。嗟彼鳴條，其終不令！

史記卷三

殷本紀第三

殷契，〔一〕母曰簡狄，〔二〕有娀氏之女，〔三〕爲帝嚳次妃。三人行浴，見玄鳥墮其卵，簡狄取吞之，因孕生契。〔四〕契長而佐禹治水有功。帝舜乃命契曰：「百姓不親，五品不訓，汝爲司徒而敬敷五教，五教在寬。」封于商，〔五〕賜姓子氏。〔六〕契興於唐、虞、大禹之際，功業著於百姓，百姓以平。

〔一〕索隱契始封商，其後裔盤庚遷殷，殷在鄴南，遂爲天下號。契是殷家始祖，故言殷契。正義括地志云：「相州安陽本盤庚所都，卽北蒙，殷墟南去朝歌城百四十六里。竹書紀年云『盤庚自奄遷于北蒙，曰殷墟，南去鄴四十里』，是舊鄴城西南三十里有洹水，南岸三里有安陽城，西有城名殷墟，所謂北蒙者也。」今按：洹水在相州北四里，安陽城卽相州外城也。

〔二〕索隱舊本作「易」，易狄音同。又作「逿」，吐歷反。

〔三〕集解淮南子曰：「有娀在不周之北。」正義按：記云「桀敗於有娀之墟」，有娀當在蒲州也。

〔四〕索隱譙周云：「契生堯代，舜始舉之，必非嚳子。以其父微，故不著名。其母娀氏女，與宗婦三人浴于川，玄鳥

遺卵，簡狄吞之，則簡狄非帝嚳次妃明也。」

〔五〕集解鄭玄曰：「商國在太華之陽。」皇甫謐曰：「今上洛商是也。」索隱堯封契於商，卽詩商頌云「有娀方將，帝立子生商」是也。正義括地志云：「商州東八十里商洛縣，本商邑，古之商國，帝嚳之子卨所封也。」

〔六〕集解禮緯曰：「祖以玄鳥生子也。」正義括地志云：「故子城在渭州華城縣東北八十里，蓋子姓之別邑。」

契卒，子昭明立。昭明卒，子相土立。〔一〕相土卒，子昌若立。昌若卒，子曹圉立。〔二〕曹圉卒，〔三〕子冥立。〔四〕冥卒，子振立。〔五〕振卒，子微立。〔六〕微卒，子報丁立。報丁卒，子報乙立。報乙卒，子報丙立。報丙卒，子主壬立。主壬卒，子主癸立。主癸卒，子天乙立，是爲成湯。〔七〕

〔一〕集解宋忠曰：「相土就契封於商。春秋左氏傳曰『閼伯居商丘，相土因之』。」索隱相土佐夏，功著於商，詩頌曰「相土烈烈，海外有截」是也。左傳曰「昔陶唐氏火正閼伯居商丘，相土因之」，是始封商也。正義括地志云：「宋州宋城縣古閼伯之墟，卽商丘也，又云羿所封之地。」

〔二〕索隱系本作「糧圉」也。

〔三〕正義圉音語，出系本。

〔四〕集解宋忠曰：「冥爲司空，勤其官事，死於水中，殷人郊之。」索隱禮記曰「冥勤其官而水死」，殷人祖契而郊冥也。

〔五〕索隱系本作「核」。

〔六〕索隱皇甫謐云：「微字上甲，其母以甲日生故也。」商家生子，以日爲名，蓋自微始。譙周以爲死稱廟主曰「甲」也。

〔七〕集解張晏曰：「禹，湯，皆字也。二王去唐、虞之文，從高陽之質，故夏、殷之王皆以名爲號。」謚法曰：「除虐去殘曰湯。」索隱湯名履，書曰「予小子履」是也。又稱天乙者，譙周云「夏、殷之禮，生稱王，死稱廟主，皆以帝名配之。天亦帝也，殷人尊湯，故曰天乙」。從契至湯凡十四代，故國語曰「玄王勤商，十四代興」。玄王，契也。

成湯，自契至湯八遷。〔一〕湯始居亳，〔二〕從先王居，〔三〕作帝誥。〔四〕

〔一〕集解孔安國曰：「十四世凡八徙國都。」

〔二〕集解皇甫謐曰：「梁國穀熟爲南亳，卽湯都也。」正義括地志云：「宋州穀熟縣西南三十五里南亳故城，卽南亳，湯都也。宋州北五十里大蒙城爲景亳，湯所盟地，因景山爲名。河南偃師爲西亳，帝嚳及湯所都，盤庚亦徙都之。」

〔三〕集解孔安國曰：「契父帝嚳都亳，湯自商丘遷焉，故曰『從先王居』。」正義按：亳，偃師城也。商丘，宋州也。湯卽位，都南亳，後徙西亳也。括地志云：「亳邑故城在洛州偃師縣西十四里，本帝嚳之墟，商湯之都也。」

〔四〕索隱一作「俈」。上云「從先王居」，故作帝俈。孔安國以爲作誥告先王，言己來居亳也。

湯征諸侯。〔一〕葛伯不祀，湯始伐之。〔二〕湯曰：「予有言：人視水見形，視民知治不。」伊尹曰：「明哉！言能聽，道乃進。君國子民，爲善者皆在王官。勉哉，勉哉！」湯曰：「汝不能

敬命，予大罰殛之，無有攸赦。」作湯征。

〔一〕集解孔安國曰：「爲夏方伯，得專征伐。」

〔二〕集解孟子曰：「湯居亳，與葛伯爲鄰。」地理志曰葛今梁國寧陵之葛鄉。

伊尹名阿衡。〔一〕阿衡欲奸湯而無由，乃爲有莘氏媵臣，〔二〕負鼎俎，以滋味說湯，致于王道。或曰，伊尹處士，湯使人聘迎之，五反然後肯往從湯，言素王及九主之事。〔三〕湯舉任以國政。伊尹去湯適夏。既醜有夏，復歸于亳。入自北門，遇女鳩、女房，作女鳩女房。〔四〕

〔一〕索隱孫子兵書：「伊尹名摯。」孔安國亦曰「伊摯」。然解者以阿衡爲官名。按：阿，倚也，衡，平也。言依倚而取平。書曰「惟嗣王弗惠于阿衡」，亦曰保衡，皆伊尹之官號，非名也。皇甫謐曰：「伊尹，力牧之後，生於空桑。」又呂氏春秋云：「有侁氏女採桑，得嬰兒于空桑，母居伊水，命曰伊尹。」尹，正也，謂湯使之正天下。

〔二〕集解列女傳曰：「湯妃有莘氏之女。」正義括地志云：「古莘國在汴州陳留縣東五里，故莘城是也。陳留風俗傳云陳留外黄有莘昌亭，本宋地，莘氏邑也。」媵，翊剩反。爾雅云：「媵，將，送也。」

〔三〕集解劉向別録曰：「九主者，有法君、專君、授君、勞君、等君、寄君、破君、國君、三歲社君，凡九品，圖畫其形。」索隱按：素王者太素上皇，其道質素，故稱素王。九主者，三皇、五帝及夏禹也。或曰，九主謂九皇也。然按注劉向所稱九主，載之七録，名稱甚奇，不知所憑據耳。法君，謂用法嚴急之君，若秦孝公及始皇等也。勞君，謂勤勞天下，若禹、稷等也。等君，等者平也，謂定等威，均祿賞，若高祖封功臣，侯雍齒也。授君，謂人君不能自理，而政歸其臣，若燕王噲授子之，禹授益之比也。專君，謂專己獨斷，不任賢臣，若漢宣之比也。破君，謂

輕敵致寇，國滅君死，若楚戊、吳濞等是也。寄君，謂人困於下，主驕於上，離析可待，故孟軻謂之「寄君」也。國君，國當爲「固」，字之訛耳。固，謂完城郭，利甲兵，而不修德，若三苗、智伯之類也。三歲社君，謂在襁褓而主社稷，若周成王、漢昭、平等是也。又注本九主，謂法君、勞君、等君、專君、授君、破君、國君，以三歲社君爲二，恐非。

〔四〕集解 孔安國曰：「鳩房二人，湯之賢臣也。二篇言所以醜夏而還之意也。」

湯出，見野張網四面，祝曰：「自天下四方皆入吾網。」湯曰：「嘻，盡之矣！」乃去其三面，祝曰：「欲左，左。欲右，右。不用命，乃入吾網。」諸侯聞之，曰：「湯德至矣，及禽獸。」

當是時，夏桀爲虐政淫荒，而諸侯昆吾氏爲亂。〔一〕湯乃興師率諸侯，伊尹從湯，湯自把鉞以伐昆吾，遂伐桀。湯曰：「格女衆庶，來，女悉聽朕言。匪台小子〔二〕敢行舉亂，有夏多罪，予維聞女衆言，夏氏有罪。予畏上帝，不敢不正。〔三〕今夏多罪，天命殛之。今女有衆，女曰『我君不恤我衆，舍我嗇事而割政』。〔四〕女其曰『有罪，其奈何』？夏王率止衆力，率奪夏國。〔五〕有衆率怠不和，〔六〕曰『是日何時喪？予與女皆亡』！〔七〕夏德若茲，今朕必往。爾尚及予一人致天之罰，予其大理女。〔八〕女毋不信，朕不食言。〔九〕女不從誓言，予則帑僇女，無有攸赦。」以告令師，作湯誓。於是湯曰「吾甚武」，號曰武王。〔一〇〕

〔一〕正義 帝嚳時陸終之長子，昆吾氏之後也。世本云「昆吾者，衞氏」是。

〔二〕集解 馬融曰：「台，我也。」

〔三〕集解 孔安國曰：「不敢不正桀之罪而誅之。」

〔四〕集解 孔安國曰：「奪民農功，而爲割剝之政。」

〔五〕集解 孔安國曰：「桀之君臣相率遏止衆力，使不得事農，相率割剝夏之邑居。」

〔六〕集解 馬融曰：「衆民相率怠惰，不和同。」

〔七〕集解 尚書大傳曰：「桀云『天之有日，猶吾之有民，日有亡哉，日亡吾亦亡矣』。」

〔八〕集解 尚書「理」字作「賚」。鄭玄曰：「賚，賜也。」

〔九〕索隱 左傳云：「食言多矣，能無肥乎？」是謂妄言爲食言。

〔一〇〕集解 詩云：「武王載旆，有虔秉鉞。」毛傳曰：「武王，湯也。」

桀敗於有娀之虛，桀犇於鳴條，〔一〕夏師敗績。湯遂伐三嵏，俘厥寶玉，〔二〕義伯、仲伯作典寶。〔三〕湯既勝夏，欲遷其社，不可，〔四〕作夏社。〔五〕伊尹報。〔六〕於是諸侯畢服，湯乃踐天子位，平定海內。

〔一〕正義 括地志云：「高涯原在蒲州安邑縣北三十里南阪口，即古鳴條陌也。鳴條戰地，在安邑西。」

〔二〕集解 孔安國曰：「三嵏，國名，桀走保之，今定陶也。俘，取也。」正義 括地志云：「曹州濟陰縣即古定陶也，東有三嵏亭是也。」

〔三〕集解 孔安國曰：「二臣作典寶一篇，言國之常寶也。」

〔四〕集解 孔安國曰：「欲變置社稷，而後世無及句龍者，故不可而止。」

〔五〕集解 孔安國曰：「言夏社不可遷之義。」

〔六〕集解 徐廣曰：「一云『伊尹報政』。」

湯歸至于泰卷陶，〔一〕中𤴁作誥。〔二〕既絀夏命，〔三〕還亳，作湯誥：「維三月，王自至於東郊。告諸侯羣后：『毋不有功於民，勤力迺事。予乃大罰殛女，毋予怨。』曰：『古禹、皋陶久勞于外，其有功乎民，民乃有安。東爲江，北爲濟，西爲河，南爲淮，四瀆已修，萬民乃有居。后稷降播，農殖百穀。三公咸有功于民，故后有立。〔四〕昔蚩尤與其大夫作亂百姓，帝乃弗予，〔五〕有狀。〔六〕先王言不可不勉。』〔七〕曰：『不道，毋之在國，〔八〕女毋我怨。』」以令諸侯。伊尹作咸有一德，〔九〕咎單作明居。〔一〇〕

〔一〕集解 徐廣曰：「一無此『陶』字。」孔安國曰：「地名。湯自三𤴁而還。」索隱 鄒誕生「卷」作「坰」，又作「洞」，則卷當爲「坰」，與尚書同，非衍字也。其下「陶」字是衍耳。何以知然？解尚書者以大坰今定陶是也，舊本或傍記其地名，後人轉寫遂衍斯字也。正義 坰，古銘反。

〔二〕集解 孔安國曰：「仲虺，湯左相奚仲之後。」索隱 仲虺二音。𤴁作「壘」，音如字，尚書又作「虺」也。

〔三〕集解 孔安國曰：「絀其王命。」

〔四〕集解 徐廣曰：「一作『土』。」索隱 謂禹、皋陶有功於人，建立其後，故云有立。

〔五〕集解 音與。

〔六〕索隱 帝，天也。謂蚩尤作亂，上天乃不佑之，是爲弗與。有狀，言其罪大而有形狀，故黃帝滅之。

〔七〕索隱 先王指黃帝、帝堯、帝舜等言。禹、咎繇以久勞于外，故後有立。及蚩尤作亂，天不佑之，乃致黃帝滅之。皆是先王賞有功，誅有罪，言今汝不可不勉。此湯誡其臣。

〔八〕集解 徐廣曰：「之，一作『政』。」索隱 不道猶無道也。又誡諸侯云，汝爲不道，我則無令汝之在國。

〔九〕集解 王肅曰：「言君臣皆有一德。」索隱 按：尚書伊尹作咸有一德在太甲時，太史公記之於斯，謂成湯之日，其言又失次序。

〔一〇〕集解 馬融曰：「咎單，湯司空也。明居民之法也。」

湯乃改正朔，易服色，上白，朝會以晝。

湯崩，〔一〕太子太丁未立而卒，於是迺立太丁之弟外丙，是爲帝外丙。帝外丙即位三年，崩，立外丙之弟中壬，〔二〕是爲帝中壬。帝中壬即位四年，崩，伊尹迺立太丁之子太甲。〔三〕太甲，成湯適長孫也，是爲帝太甲。帝太甲元年，伊尹作伊訓，作肆命，作徂后。〔四〕

〔一〕集解 皇覽曰：「湯冢在濟陰亳縣北東郭，去縣三里。冢四方，方各十步，高七尺，上平，處平地。漢哀帝建平元年，大司空(御)史〔御〕長卿案行水災，因行湯冢。劉向曰：『殷湯無葬處。』」皇甫謐曰：「即位十七年而踐天子位，爲天子十三年，年百歲而崩。」索隱 長卿，諸本多作劫姓。按：風俗通有御氏，爲漢司空(御)史，其名長卿，明劫非也。亦有劫彌，不得爲御史。正義 括地志云：「薄城北郭東三里平地有湯冢。按：在蒙，即北薄也。又云洛州偃師縣東六里有湯冢，近桐宮，蓋此是也。」

〔二〕正義 仲任二音。
〔三〕正義 尚書孔子序云「成湯既沒，太甲元年」，不言有外丙、仲壬，而太史公採世本，有外丙、仲壬，二書不同，當是信則傳信，疑則傳疑。
〔四〕集解 鄭玄曰：「肆命者，陳政教所當爲也。徂后者，言湯之法度也。」

帝太甲既立三年，不明，暴虐，不遵湯法，亂德，於是伊尹放之於桐宮。〔一〕三年，伊尹攝行政當國，以朝諸侯。

〔一〕集解 孔安國曰：「湯葬地。」鄭玄曰：「地名也，有王離宮焉。」正義 晉太康地記云：「尸鄉南有亳阪，東有城，太甲所放處也。」按：尸鄉在洛州偃師縣西南五里也。

帝太甲居桐宮三年，悔過自責，反善，於是伊尹迺迎帝太甲而授之政。帝太甲修德，諸侯咸歸殷，百姓以寧。伊尹嘉之，迺作太甲訓三篇，襃帝太甲，稱太宗。

太宗崩，子沃丁立。帝沃丁之時，伊尹卒。既葬伊尹於亳，〔一〕咎單遂訓伊尹事，作沃丁。

〔一〕集解 皇覽曰：「伊尹冢在濟陰己氏平利鄉，亳近己氏。」正義 括地志云：「伊尹墓在洛州偃師縣西北八里。又云宋州楚丘縣西北十五里有伊尹墓，恐非也。」帝王世紀：「伊尹名摯，爲湯相，號阿衡，年百歲卒，大霧三日，沃丁以天子禮葬之。」

沃丁崩，弟太庚立，是爲帝太庚。帝太庚崩，子帝小甲立。〔一〕帝小甲崩，弟雍己立，是

爲帝雍己。殷道衰，諸侯或不至。

〔一〕集解 徐廣曰：「世表云帝小甲，太庚弟也。」

帝雍己崩，弟太戊立，是爲帝太戊。帝太戊立伊陟爲相。〔一〕亳有祥桑穀共生於朝，一暮大拱。〔二〕帝太戊懼，問伊陟。伊陟曰：「臣聞妖不勝德，帝之政其有闕與？帝其修德。」太戊從之，而祥桑枯死而去。〔三〕伊陟贊言于巫咸。〔四〕巫咸治王家有成，作咸艾，〔五〕作太戊。帝太戊贊伊陟于廟，言弗臣，伊陟讓，作原命。〔六〕殷復興，諸侯歸之，故稱中宗。

〔一〕集解 孔安國曰：「伊陟，伊尹之子。」
〔二〕集解 孔安國曰：「祥，妖怪也。二木合生，不恭之罰。」鄭玄曰：「兩手搤之曰拱。」索隱 此云「一暮大拱」，尚書大傳作「七日大拱」，與此不同。
〔三〕索隱 劉伯莊言枯死而消去不見，今以爲由帝修德而妖祥遂去。
〔四〕集解 孔安國曰：「贊，告也。巫咸，臣名也。」正義 按：巫咸及子賢冢皆在蘇州常熟縣西海虞山上，蓋二子本吳人也。
〔五〕集解 馬融曰：「艾，治也。」
〔六〕集解 馬融曰：「原，臣名也。命原以禹、湯之道我所修也。」

中宗崩，子帝中丁立。帝中丁遷于隞。〔一〕河亶甲居相。〔二〕祖乙遷于邢。〔三〕帝中丁崩，弟外壬立，是爲帝外壬。仲丁書闕不具。〔四〕帝外壬崩，弟河亶甲立，是爲帝河亶甲。河亶甲時，殷復衰。

〔一〕集解 孔安國曰：「地名。」皇甫謐曰：「或云河南敖倉是也。」索隱 隞亦作「囂」，並音敖字。正義 括地志云：「滎陽故城在鄭州滎澤縣西南十七里，殷時敖地也。」
〔二〕集解 孔安國曰：「地名，在河北。」正義 括地志云：「故殷城在相州內黃縣東南十三里，即河亶甲所築都之，故名殷城也。」
〔三〕索隱 邢音耿。近代本亦作「耿」。今河東皮氏縣有耿鄉。正義 括地志云：「絳州龍門縣東南十二里耿城，故耿國也。」
〔四〕索隱 蓋太史公知舊有仲丁書，今已遺闕不具也。

河亶甲崩，子帝祖乙立。帝祖乙立，殷復興。巫賢任職。

祖乙崩，子帝祖辛立。帝祖辛崩，弟沃甲立，是爲帝沃甲。〔一〕帝沃甲崩，立沃甲兄祖辛之子祖丁，是爲帝祖丁。帝祖丁崩，立弟沃甲之子南庚，是爲帝南庚。帝南庚崩，立帝祖丁之子陽甲，是爲帝陽甲。帝陽甲之時，殷衰。

〔一〕索隱 系本作「開甲」也。

自中丁以來，廢適而更立諸弟子，弟子或爭相代立，比九世亂，於是諸侯莫朝。

帝陽甲崩，弟盤庚立，是爲帝盤庚。帝盤庚之時，殷已都河北，盤庚渡河南，復居成湯之故居，迺五遷，無定處。〔一〕殷民咨胥皆怨，不欲徙。〔二〕盤庚乃告諭諸侯大臣曰：「昔高后成湯與爾之先祖俱定天下，法則可修。舍而弗勉，何以成德！」乃遂涉河南，治亳，〔三〕行湯之政，然後百姓由寧，殷道復興。諸侯來朝，以其遵成湯之德也。

〔一〕集解 孔安國曰：「自湯至盤庚凡五遷都。」正義 湯自南亳遷西亳，仲丁遷隞，河亶甲居相，祖乙居耿，盤庚渡河，南居西亳，是五遷也。
〔二〕集解 孔安國曰：「胥，相也。民不欲徙，皆咨嗟憂愁，相與怨其上也。」
〔三〕集解 鄭玄曰：「治於亳之殷地，商家自此徙，而改號曰殷亳。」皇甫謐曰：「今偃師是也。」

帝盤庚崩，弟小辛立，是爲帝小辛。帝小辛立，殷復衰。百姓思盤庚，迺作盤庚三篇。〔一〕帝小辛崩，弟小乙立，是爲帝小乙。

〔一〕索隱 尚書「盤庚將治亳殷，民咨胥怨，作盤庚」，此以盤庚崩，弟小辛立，百姓思之，乃作盤庚，由不見古文也。

帝小乙崩，子帝武丁立。帝武丁即位，思復興殷，而未得其佐。三年不言，政事決定於冢宰，〔一〕以觀國風。武丁夜夢得聖人，名曰說。以夢所見視羣臣百吏，皆非也。於是迺使百工營求之野，得說於傅險中。〔二〕是時說爲胥靡，築於傅險。〔三〕見於武丁，武丁曰是也。得而與之語，果聖人，舉以爲相，殷國大治。故遂以傅險姓之，號曰傅說。

〔一〕集解鄭玄曰：「冢宰，天官卿貳王事者。」

〔二〕集解徐廣曰：「尸子云傅巖在北海之洲。」索隱舊本作「險」，亦作「巖」也。正義〔括〕地(理)志云：「傅險卽傅說版築之處，所隱之處窟名聖人窟，在今陝州河北縣北七里，卽虞國虢國之界。又有傅說祠。注水經云沙澗水北出虞山，東南逕傅巖，歷傅說隱室前，俗名聖人窟。」

〔三〕集解孔安國曰：「傅氏之巖在虞虢之界，通道所經，有澗水壞道，常使胥靡刑人築護此道。說賢而隱，代胥靡築之，以供食也。」

帝武丁祭成湯，明日，有飛雉登鼎耳而呴，〔一〕武丁懼。祖己曰：〔二〕「王勿憂，先修政事。」祖己乃訓王曰：「唯天監下典厥義，〔三〕降年有永有不永，非天夭民，中絶其命。民有不若德，不聽罪，天既附命正厥德，〔四〕乃曰其柰何。嗚呼！王嗣敬民，罔非天繼，常祀毋禮于弃道。」〔五〕武丁修政行德，天下咸驩，殷道復興。

〔一〕正義音構。呴，雉鳴也。詩云：「雉之朝呴。」

〔二〕集解孔安國曰：「賢臣名。」

〔三〕集解孔安國曰：「言天視下民以義爲常也。」

〔四〕集解孔安國曰：「不順德，言無義也。不服罪，不改修也。天以信命正其德，謂其有永有不永。」索隱附，依尚書音乎。

〔五〕集解孔安國曰：「王者主民，當敬民事。民事無非天所嗣常也。祭祀有常，不當特豐於近也。」索隱祭祀有

常，無爲豐殺之禮於是以弃常道。

帝武丁崩，子帝祖庚立。祖己嘉武丁之以祥雉爲德，立其廟爲高宗，遂作高宗肜日及訓。〔一〕

〔一〕集解孔安國曰：「祭之明日又祭，殷曰肜，周曰繹。」

帝祖庚崩，弟祖甲立，是爲帝甲。帝甲淫亂，殷復衰。〔一〕

〔一〕索隱國語云「帝甲亂之，七代而隕」是也。

帝甲崩，子帝廩辛立。〔一〕帝廩辛崩，弟庚丁立，是爲帝庚丁。帝庚丁崩，子帝武乙立。殷復去亳，徙河北。

〔一〕索隱漢書古今人表及帝王代紀皆作「馮辛」。

帝武乙無道，爲偶人，〔一〕謂之天神。與之博，令人爲行。〔二〕天神不勝，乃僇辱之。爲革囊，盛血，卬而射之，命曰「射天」。武乙獵於河渭之閒，暴雷，武乙震死。子帝太丁立。帝太丁崩，子帝乙立。帝乙立，殷益衰。

〔一〕索隱偶音寓。亦如字。正義偶，五苟反。偶，對也。以土木爲人，對象於人形也。

〔二〕正義爲，于僞反。行，胡孟反。

帝乙長子曰微子啓，〔一〕啓母賤，不得嗣。〔二〕少子辛，辛母正后，辛爲嗣。帝乙崩，子辛立，是爲帝辛，天下謂之紂。〔三〕

〔一〕索隱微，國號。爵爲子。啓，名也。孔子家語云「微」或作「魏」，讀從微音。鄒本亦然也。

〔二〕索隱此以啓與紂異母，而鄭玄稱爲同母，依呂氏春秋，言母當生啓時猶未正立，及生紂時始正爲妃，故啓大而庶，紂小而嫡。

〔三〕集解謚法曰：「殘義損善曰紂。」

帝紂資辨捷疾，聞見甚敏；材力過人，手格猛獸；〔一〕知足以距諫，言足以飾非；矜人臣以能，高天下以聲，以爲皆出己之下。好酒淫樂，嬖於婦人。愛妲己，〔二〕妲己之言是從。於是使師涓作新淫聲，北里之舞，靡靡之樂。厚賦税以實鹿臺之錢，〔三〕而盈鉅橋之粟。〔四〕益收狗馬奇物，充仞宮室。益廣沙丘苑臺，〔五〕多取野獸蜚鳥置其中。慢於鬼神。大最樂戲於沙丘，〔六〕以酒爲池，〔七〕縣肉爲林，〔八〕使男女倮〔九〕相逐其閒，爲長夜之飲。

〔一〕正義帝王世紀云「紂倒曳九牛，撫梁易柱」也。

〔二〕集解皇甫謐曰：「有蘇氏美女。」索隱國語有蘇氏女，妲字己姓也。

〔三〕集解如淳曰：「新序云鹿臺，其大三里，高千尺。」瓚曰：「鹿臺，臺名，今在朝歌城中。」正義括地志云：「鹿臺在衛州衛縣西南三十二里。」

〔四〕集解服虔曰：「鉅橋，倉名。許慎曰鉅鹿水之大橋也，有漕粟也。」索隱鄒誕生云：「鉅，大；橋，器名也。紂厚賦税，故因器而大其名。」

〔五〕集解爾雅曰：「迆邐，沙丘也。」地理志曰在鉅鹿東北七十里。正義括地志云：「沙丘臺在邢州平鄉東北二十里。竹書紀年自盤庚徙殷至紂之滅二百五十三年，更不徙都，紂時稍大其邑，南距朝歌，北據邯鄲及沙丘，皆爲離宮別館。」

〔六〕集解徐廣曰：「最，一作『聚』。」

〔七〕正義括地志云：「酒池在衛州衛縣西二十三里。太公六韜云紂爲酒池，迴船糟丘而牛飲者三千餘人爲輩。」

〔八〕正義縣，户眠反。

〔九〕正義胡瓦反。

百姓怨望而諸侯有畔者，於是紂乃重刑辟，有炮格之法。〔一〕以西伯昌、九侯、〔二〕鄂侯〔三〕爲三公。九侯有好女，入之紂。九侯女不憙淫，〔四〕紂怒，殺之，而醢九侯。鄂侯爭之彊，辨之疾，并脯鄂侯。西伯昌聞之，竊嘆。崇侯虎知之，以告紂，紂囚西伯羑里。〔五〕西伯之臣閎夭之徒，求美女奇物善馬以獻紂，紂乃赦西伯。西伯出而獻洛西之地，〔六〕以請除炮格之刑。紂乃許之，賜弓矢斧鉞，使得征伐，爲西伯。而用費中爲政。〔七〕費中善諛，好利，殷人弗親。紂又用惡來。〔八〕惡來善毀讒，諸侯以此益疏。

〔一〕集解列女傳曰：「膏銅柱，下加之炭，令有罪者行焉，輒墮炭中，妲己笑，名曰炮格之刑。」索隱鄒誕生云

「格，一音閣」。又云「見蟻布銅斗，足廢而死，於是爲銅格，炊炭其下，使罪人步其上」，與列女傳少異。

〔二〕集解 徐廣曰：「一作『鬼侯』。鄴縣有九侯城。」索隱 九亦依字讀，鄒誕生音仇也。正義 括地志云：「相州滏陽縣西南五十里有九侯城，亦名鬼侯城，蓋殷時九侯城也。」

〔三〕集解 徐廣曰：「一作『邘』，音于。野王縣有邘城。」

〔四〕集解 徐廣曰：「一云無『不憙淫』。」

〔五〕集解 地理志曰河內湯陰有羑里城，西伯所拘處。韋昭曰「音酉」。正義 牖，一作「羑」，音酉。羑城在相州湯陰縣北九里，紂囚西伯城也。帝王世紀云：「囚文王，文王之長子曰伯邑考質於殷，爲紂御，紂烹爲羹，賜文王，曰『聖人當不食其子羹』。文王食之。紂曰『誰謂西伯聖者？食其子羹尚不知也』。」

〔六〕正義 洛水一名漆沮水，在同州洛西之地，謂洛西之丹、坊等州也。

〔七〕正義 費音扶味反。中音仲。費，姓；仲，名也。

〔八〕索隱 秦之祖蜚廉子。

西伯歸，乃陰修德行善，諸侯多叛紂而往歸西伯。西伯滋大，紂由是稍失權重。王子比干諫，弗聽。商容賢者，百姓愛之，紂廢之。及西伯伐飢國，滅之，〔一〕紂之臣祖伊〔二〕聞之而咎周，〔三〕恐，奔告紂曰：「天既訖我殷命，假人元龜，〔四〕無敢知吉，〔五〕非先王不相我後人，〔六〕維王淫虐用自絕，故天棄我，不有安食，不虞知天性，不迪率典。〔七〕今我民罔不欲喪，曰『天曷不降威，大命胡不至』？今王其柰何？」紂曰：「我生不有命在天乎！」祖伊

反，曰：「紂不可諫矣。」西伯既卒，周武王之東伐，至盟津，諸侯叛殷會周者八百。諸侯皆曰：「紂可伐矣。」武王曰：「爾未知天命。」乃復歸。

〔一〕集解 徐廣曰：「飢，一作『阢』，又作『耆』。」

〔二〕集解 孔安國曰：「祖己後，賢臣也。」

〔三〕集解 孔安國曰：「咎，惡也。」

〔四〕集解 徐廣曰：「元，一作『卜』。」

〔五〕集解 馬融曰：「元龜，大龜也，長尺二寸。」孔安國曰：「至人以人事觀殷，大龜以神靈考之，皆無知吉者。」

〔六〕集解 孔安國曰：「相，助也。」

〔七〕集解 鄭玄曰：「王暴虐於民，使不得安食，逆亂陰陽，不度天性，傲很明德，不修教法者。」

紂愈淫亂不止。微子數諫不聽，乃與大師、少師謀，遂去。比干曰：「爲人臣者，不得不以死爭。」迺強諫紂。紂怒曰：「吾聞聖人心有七竅。」剖比干，觀其心。〔一〕箕子懼，乃詳狂爲奴，紂又囚之。殷之大師、少師乃持其祭樂器奔周。周武王於是遂率諸侯伐紂。紂亦發兵距之牧野。〔二〕甲子日，紂兵敗。紂走，入登鹿臺，〔三〕衣其寶玉衣，赴火而死。〔四〕周武王遂斬紂頭，縣之〔大〕白旗。殺妲己。釋箕子之囚，封比干之墓，表商容之閭。〔五〕封紂子武庚祿父，以續殷祀，〔六〕令修行盤庚之政。殷民大說。於是周武王爲天子。其後世貶帝號，號爲王。〔七〕而封殷後爲諸侯，屬周。〔八〕

〔一〕正義 括地志云：「比干見微子去，箕子狂，乃歎曰：『主過不諫，非忠也。畏死不言，非勇也。過則諫，不用則死，忠之至也。』進諫不去者三日。紂問：『何以自持？』比干曰：『修善行仁，以義自持。』紂怒，曰：『吾聞聖人心有七竅，信諸？』遂殺比干，刳視其心也。」

〔二〕集解 鄭玄曰：「牧野，紂南郊地名也。」正義 括地志云：「今衞州城卽殷牧野之地，周武王伐紂築也。」

〔三〕集解 徐廣曰：「鹿，一作『廩』。」

〔四〕正義 周書云：「紂取天智玉琰五，環身以自焚。」

〔五〕索隱 皇甫謐云「商容與殷人觀周軍之入」，則以爲人名。鄭玄云：「商家典樂之官，知禮容，所以禮署稱容臺。」

〔六〕集解 譙周曰：「殷凡三十一世，六百餘年。」汲冢紀年曰：「湯滅夏以至于受二十九王，用歲四百九十六年也。」

〔七〕索隱 按：夏、殷天子亦皆稱帝，代以德薄不及五帝，始貶帝號，號之爲王，故本紀皆帝，而後總曰「三王」也。

〔八〕正義 卽武庚祿父也。

周武王崩，武庚與管叔、蔡叔作亂，成王命周公誅之，而立微子於宋，以續殷後焉。

太史公曰：余以頌次契之事，自成湯以來，采於書詩。契爲子姓，其後分封，以國爲姓，有殷氏、來氏、宋氏、空桐氏、稚氏、〔一〕北殷氏、〔二〕目夷氏。孔子曰，殷路車爲善，而色尚白。〔三〕

〔一〕索隱 按：系本子姓無稚氏。

〔二〕索隱 系本作「髦氏」，又有時氏、蕭氏、黎氏。然北殷氏蓋秦寧公所伐亳王，湯之後也。

〔三〕索隱 論語孔子曰「乘殷之輅」，禮記曰「殷人尚白」，太史公爲贊，不取成文，遂作此語，亦疏略也。

【索隱述贊】簡狄吞乙，是爲殷祖。玄王啓商，伊尹負俎。上開三面，下獻九主。旋師泰卷，繼相臣扈。遷囂圮耿，不常厥土。武乙無道，禍因射天。帝辛淫亂，拒諫賊賢。九侯見醢，炮格興焉。黃鉞斯杖，白旗是懸。哀哉瓊室，殷祀用遷！

史記卷四

周本紀第四

周后稷，名弃。〔一〕其母有邰氏女，曰姜原。〔二〕姜原爲帝嚳元妃。〔三〕姜原出野，見巨人跡，心忻然説，欲踐之，踐之而身動如孕者。居期而生子，以爲不祥，弃之隘巷，〔四〕馬牛過者皆辟不踐；徙置之林中，適會山林多人，遷之；而弃渠中冰上，飛鳥以其翼覆薦之。姜原以爲神，遂收養長之。初欲弃之，因名曰弃。〔五〕

〔一〕正義 因太王所居周原，因號曰周。地理志云右扶風美陽縣岐山在西北中水鄉，周太王所邑。括地志云：「故周城一名美陽城，在雍州武功縣西北二十五里，即太王城也。」

〔二〕集解 韓詩章句曰：「姜，姓。原，字。」或曰姜原，謚號也。 正義 邰，天來反，亦作「斄」，同。説文云：「邰，炎帝之後，姜姓，封邰，周弃外家。」

〔三〕索隱 譙周以爲「弃，帝嚳之胄，其父亦不著」，與此紀異也。

〔四〕索隱 已下皆詩大雅生民篇所云「誕寘之隘巷，牛羊腓字之；誕寘之平林，會伐平林；誕寘之寒冰，鳥覆翼之」，是其事也。

〔五〕正義 古史考云「弃，帝嚳之胄，其父亦不著」，與此文稍異也。

弃爲兒時，屹如巨人之志。其游戲，好種樹麻、菽，麻、菽美。及爲成人，遂好耕農，相地之宜，宜穀者稼穡焉，〔一〕民皆法則之。帝堯聞之，舉弃爲農師，天下得其利，有功。帝舜曰：「弃，黎民始飢，〔二〕爾后稷播時百穀。」封弃於邰，〔三〕號曰后稷，別姓姬氏。〔四〕后稷之興，在陶唐、虞、夏之際，皆有令德。

〔一〕正義 種曰稼，斂曰穡。

〔二〕集解 徐廣曰：「今文尚書云『祖飢』，故此作『始飢』。祖，始也。」

〔三〕集解 徐廣曰：「今斄鄉在扶風。」 索隱 即詩生民曰「有邰家室」是也。邰即斄，古今字異耳。 正義 括地志云：「故斄城一名武功城，在雍州武功縣西南二十二里，古邰國，后稷所封也。有后稷及姜嫄祠。」毛萇云：「邰，姜嫄國也，后稷所生。堯見天因邰而生后稷，故因封於邰也。」

〔四〕集解 禮緯曰：「祖以履大跡而生。」

后稷卒，〔一〕子不窋立。〔二〕不窋末年，夏后氏政衰，去稷不務，〔三〕不窋以失其官而犇戎狄之閒。不窋卒，子鞠立。鞠卒，子公劉立。公劉雖在戎狄之閒，復脩后稷之業，務耕種，行地宜，自漆、沮度渭，取材用，〔四〕行者有資，居者有畜積，民賴其慶。百姓懷之，多徙而保歸焉。周道之興自此始，故詩人歌樂思其德。〔五〕公劉卒，子慶節立，國於豳。〔六〕

〔一〕集解 山海經大荒經曰：「黑水青水之閒有廣都之野，后稷葬焉。」皇甫謐曰：「冢去中國三萬里也。」

〔二〕索隱 帝王世紀云「后稷納姞氏，生不窋」，而譙周按國語云「世后稷，以服事虞、夏」，言世稷官，是失其代數也。若以不窋親弃之子，至文王千餘歲唯十四代，實亦不合事情。 正義 括地志云：「不窋故城在慶州弘化縣南三里。即不窋在戎狄所居之城也。」毛詩疏云：「虞及夏、殷共有千二百歲。每世在位皆八十年，乃可充其數耳。命之短長，古今一也，而使十五世君在位皆八十許載，子必將老始生，不近人情之甚。以理而推，實難據信也。」

〔三〕集解 韋昭曰：「夏太康失國，廢稷之官，不復務農。」 索隱 國語云「弃稷不務」。此云「去稷」者，是太史公恐「弃」是后稷之名，故變文云「去」也。言夏政衰，不窋去稷官，不復務農者也。

〔四〕正義 公劉從漆縣漆水南渡渭水，至南山取材木爲用也。括地志云：「豳州新平縣即漢漆縣也。漆水出岐州普潤縣東南岐山漆溪，東入渭。」

〔五〕索隱 即詩大雅篇「篤公劉」是也。

〔六〕集解 徐廣曰：「新平漆縣之東北有豳亭。」 索隱 豳即邠也，古今字異耳。 正義 括地志云：「豳州新平縣即漢漆縣，詩豳國，公劉所邑之地也。」

慶節卒，子皇僕立。皇僕卒，子差弗立。差弗卒，子毀隃立。〔一〕毀隃卒，子公非立。〔二〕公非卒，子高圉立。〔三〕高圉卒，子亞圉立。〔四〕亞圉卒，子公叔祖類立。〔五〕公叔祖類卒，子古公亶父立。古公亶父復脩后稷、公劉之業，積德行義，國人皆戴之。薰育戎狄攻之，欲得財物，予之。已復攻，欲得地與民。民皆怒，欲戰。古公曰：「有民立君，將以利之。今戎狄所

爲攻戰，以吾地與民。民之在我，與其在彼，何異。民欲以我故戰，殺人父子而君之，予不忍爲。」乃與私屬遂去豳，度漆、沮，〔六〕踰梁山，〔七〕止於岐下。〔八〕豳人舉國扶老攜弱，盡復歸古公於岐下。及他旁國聞古公仁，亦多歸之。於是古公乃貶戎狄之俗，而營築城郭室屋，而邑別居之。〔九〕作五官有司。〔一〇〕民皆歌樂之，頌其德。〔一一〕

〔一〕集解 音踰。世本作「榆」。 索隱 系本作「僞榆」。

〔二〕索隱 系本云：「公非辟方。」皇甫謐云：「公非字辟方也。」

〔三〕集解 宋衷曰：「高圉能率稷者也，周人報之。」 索隱 系本云：「高圉侯侔。」

〔四〕集解 世本云：「亞圉雲都。」皇甫謐云：「雲都，亞圉字。」 索隱 漢書古今表曰：「雲都，亞圉弟。」按：如此説，則辟方侯侔亦皆二人之名，實未能詳。

〔五〕索隱 系本云：「太公組紺諸盩。」三代世表稱叔類，凡四名。皇甫謐云「公祖一名組紺諸盩，字叔類，號曰太公」也。

〔六〕集解 徐廣曰：「水在杜陽岐山。杜陽縣在扶風。」

〔七〕正義 括地志云：「梁山在雍州好畤縣西北十八里。」鄭玄云：「岐山在梁山西南。」然則梁山橫長，其東當夏陽，西北臨河，其西當岐山東北，自豳適周，當踰之矣。

〔八〕集解 徐廣曰：「山在扶風美陽西北，其南有周原。」駰案：皇甫謐云「邑於周地，故始改國曰周」。

〔九〕集解 徐廣曰：「分別而爲邑落也。」

〔一〇〕集解 禮記曰：「天子之五官曰司徒、司馬、司空、司士、司寇，典司五衆。」鄭玄曰：「此殷時制。」

〔二〕索隱 即詩頌云「后稷之孫，實維太王，居岐之陽，實始翦商」是也。

古公有長子曰太伯，次曰虞仲。太姜生少子季歷，〔一〕季歷娶太任，〔二〕皆賢婦人，〔三〕生昌，有聖瑞。〔四〕古公曰：「我世當有興者，其在昌乎？」長子太伯、虞仲知古公欲立季歷以傳昌，乃二人亡如荆蠻，〔五〕文身斷髮，〔六〕以讓季歷。

〔一〕正義 國語注云：「齊、許、申、呂四國，皆姜姓也，四岳之後，太姜之家。太姜，太王之妃，王季之母。」

〔二〕集解 列女傳曰：「太姜，有郃氏之女。太任，摯任氏之中女。」正義 國語注云：「摯、疇二國，任姓。奚仲，仲虺之後，太任之家。太任，王季之妃，文王母也。」

〔三〕正義 列女傳云：「太姜，太王娶以爲妃，生太伯、仲雍、王季。太姜有色而貞順，率導諸子，至於成童，靡有過失。太王謀事必於太姜，遷徙必與。太任，王季娶以爲妃。太任之性，端壹誠莊，維德之行。及其有身，目不視惡色，耳不聽淫聲，口不出傲言，能以胎教子，而生文王。」此皆有賢行也。

〔四〕正義 尚書帝命驗云：「季秋之月甲子，赤爵銜丹書入于酆，止于昌户。其書云：『敬勝怠者吉，怠勝敬者滅，義勝欲者從，欲勝義者凶。凡事不强則枉，不敬則不正。枉者廢滅，敬者萬世。以仁得之，以仁守之，其量百世。以不仁得之，以仁守之，其量十世。以不仁得之，不仁守之，不及其世。』」此蓋聖瑞。

〔五〕正義 太伯奔吴，所居城在蘇州北五十里常州無錫縣界梅里村，其城及冢見存。而云「亡荆蠻」者，楚滅越，其地屬楚，秦滅楚，其地屬秦，秦諱「楚」，改曰「荆」，故通號吴越之地爲荆。及北人書史加云「蠻」，勢之然也。

〔六〕集解 應劭曰：「常在水中，故斷其髮，文其身，以象龍子，故不見傷害。」

古公卒，季歷立，是爲公季。公季脩古公遺道，篤於行義，諸侯順之。

公季卒，〔一〕子昌立，是爲西伯。西伯曰文王，〔二〕遵后稷、公劉之業，則古公、公季之法，篤仁，敬老，慈少。禮下賢者，日中不暇食以待士，士以此多歸之。伯夷、叔齊在孤竹，〔三〕聞西伯善養老，盍往歸之。太顛、閎夭、散宜生、鬻子、辛甲大夫之徒皆往歸之。〔四〕

〔一〕集解 皇甫謐曰：「葬鄠縣之南山。」

〔二〕正義 帝王世紀云：「文王龍顏虎肩，身長十尺，胸有四乳。」雒書靈準聽云：「蒼帝姬昌，日角鳥鼻，高長八尺二寸，聖智慈理也。」

〔三〕集解 應劭曰：「在遼西令支。」正義 括地志云：「孤竹故城在平州盧龍縣南十二里，殷時諸侯孤竹國也，姓墨胎氏。」

〔四〕集解 劉向别録曰：「鬻子名熊，封於楚。辛甲，故殷之臣，事紂。蓋七十五諫而不聽，去至周，召公與語，賢之，告文王，文王親自迎之，以爲公卿，封長子。」長子，今上黨所治縣是也。

崇侯虎譖西伯於殷紂曰：「西伯積善累德，諸侯皆嚮之，將不利於帝。」帝紂乃囚西伯於羑里。閎夭之徒患之，乃求有莘氏美女，〔一〕驪戎之文馬，〔二〕有熊九駟，〔三〕他奇怪物，因殷嬖臣費仲而獻之紂。紂大説，曰：「此一物足以釋西伯，〔四〕況其多乎！」乃赦西伯，賜之弓矢斧鉞，使西伯得征伐。曰：「譖西伯者，崇侯虎也。」西伯乃獻洛西之地，以請紂去炮格之刑。紂許之。

〔一〕正義 括地志云：「古㜪國城在同州河西縣南二十里。世本云莘國，姒姓，夏禹之後，即散宜生等求有莘美女獻紂者。」

〔二〕正義 括地志云：「驪戎故城在雍州新豐縣東南十六里，殷、周時驪戎國城也。」按：駿馬赤鬣縞身，目如黄金，文王以獻紂也。

〔三〕正義 括地志云：「鄭州新鄭縣，本有熊氏之墟也。」按：九駟，三十六匹馬也。

〔四〕索隱 一物，謂㜪氏之美女也。以殷紂淫昏好色，故知然。

西伯陰行善，諸侯皆來決平。於是虞、芮之人〔一〕有獄不能決，乃如周。入界，耕者皆讓畔，民俗皆讓長。虞、芮之人未見西伯，皆慙，相謂曰：「吾所争，周人所恥，何往爲，祇取辱耳。」遂還，俱讓而去。諸侯聞之，曰「西伯蓋受命之君」。

〔一〕集解 地理志虞在河東大陽縣，芮在馮翊臨晉縣。正義 括地志云：「故虞城在陝州河北縣東北五十里虞山之上，古虞國也。故芮城在芮城縣西二十里，古芮國也。晉太康地記云虞西百四十里有芮城。」括地志又云：「閒原在河北縣西六十五里。詩云『虞芮質厥成』。毛萇云『虞芮之君相與争田，久而不平，乃相謂曰「西伯仁人，盍往質焉」。乃相與朝周。入其境，則耕者讓畔，行者讓路。入其邑，男女異路，班白不提挈。入其朝，士讓爲大夫，大夫讓爲卿。二國君相謂曰：「我等小人，不可履君子之庭。」乃相讓所争地以爲閒原』。至今尚在。」注引地理志芮在臨晉者，恐疏。然閒原在河東，復與虞、芮相接，臨晉在河西同州，非臨晉芮鄉明矣。

明年，伐犬戎。〔一〕明年，伐密須。〔二〕明年，敗耆國。〔三〕殷之祖伊聞之，懼，以告帝紂。紂曰：「不有天命乎？是何能爲！」明年，伐邘。〔四〕明年，伐崇侯虎。〔五〕而作豐邑，〔六〕自岐下而徙都豐。明年，西伯崩，〔七〕太子發立，是爲武王。

〔一〕集解 山海經曰：「有人，人面獸身，名曰犬戎。」正義 又云：「黄帝生苗龍，苗龍生融吾，融吾生并明，并明生白犬。白犬有二，是爲犬戎。」説文云「赤狄本犬種」，故字從犬。又後漢書云「犬戎，槃瓠之後也」，今長沙武林之郡太半是也。又毛詩疏云「犬戎昆夷」是也。

〔二〕集解 應劭曰：「密須氏，姞姓之國。」瓚曰：「安定陰密縣是。」正義 括地志云：「陰密故城在涇州鶉觚縣西，其東接縣城，即古密國。」杜預云姞姓國，在安定陰密縣也。

〔三〕集解 徐廣曰：「一作『阢』。」正義 即黎國也。鄒誕生云本或作「黎」。孔安國云黎在上黨東北。括地志云：「故黎城，黎侯國也，在潞州黎城縣東北十八里。尚書云『西伯既戡黎』是也。」

〔四〕集解 徐廣曰：「邘城在野王縣西北，音于。」正義 括地志云：「故邘城在懷州河内縣西北二十七里，古邘國城也。左傳云『邘、晉、應、韓，武王之穆也』。」

〔五〕正義 皇甫謐云夏鯀封。虞、夏、商、周皆有崇國，崇國蓋在豐鎬之閒。詩云「既伐于崇，作邑于豐」，是國之地也。

〔六〕集解 徐廣曰：「豐在京兆鄠縣東，有靈臺。鎬在上林昆明北，有鎬池，去豐二十五里。皆在長安南數十里。」正義 括地志云：「周豐宮，周文王宮也，在雍州鄠縣東三十五里。鎬在雍州西南三十二里。」

〔七〕集解 徐廣曰：「文王九十七乃崩。」正義 括地志云：「周文王墓在雍州萬年縣西南二十八里原上也。」

西伯蓋即位五十年。其囚羑里，蓋益易之八卦爲六十四卦。〔一〕詩人道西伯，蓋受命之年稱王而斷虞芮之訟。〔二〕後十年而崩，〔三〕謚爲文王。〔四〕改法度，制正朔矣。追尊古公爲太王，公季爲王季：〔五〕蓋王瑞自太王興。〔六〕

〔一〕正義 乾鑿度云：「垂黄策者羲，益卦演德者文，成命者孔也。」易正義云伏羲制卦，文王卦辭，周公爻辭，孔十翼也。按：太史公言「蓋」者，乃疑辭也。文王著演易之功，作周紀方贊其美，不敢專定，重易故稱「蓋」也。

〔二〕正義 二國相讓後，諸侯歸西伯者四十餘國，咸尊西伯爲王。蓋此年受命之年稱王也。帝王世紀云：「文王即位四十二年，歲在鶉火，文王更爲受命之元年，始稱王矣。」又毛詩疏云：「文王九十七而終，終時受命九年，則受命之元年年八十九也。」

〔三〕正義 十當爲「九」，其説在後。

〔四〕正義 謚法：「經緯天地曰文。」

〔五〕正義 易緯云「文王受命，改正朔，布王號於天下」。鄭玄信而用之，言文王稱王，已改正朔布王號矣。按：天無二日，土無二王，豈殷紂尚存而周稱王哉？若文王自稱王改正朔，則是功業成矣，武王何復得云大勳未集，欲卒父業也？禮記大傳云「牧之野武王成大事而退，追王太王亶父、王季歷、文王昌」。據此文乃是追王爲王，何得文王自稱王改正朔也？

〔六〕正義 古公在邠，被戎狄攻戰奪民。太王曰「民之在我，與彼何異，殺人父子而君之，予不忍爲」。遂遠去邠，止於岐下。邠人舉國盡歸古公。他國聞古公仁，亦多歸之。乃貶戎狄之俗，爲室屋邑落，而分别居之。季歷又生

昌，有聖瑞。蓋是王瑞自太王時而興起也。然自「西伯蓋即位五十年」以下至「太王興」，在西伯崩後重述其事，爲經傳不同，不可全弃，乃略而書之，引次其下，事必可疑，故數言「蓋」也。

武王即位，〔一〕太公望爲師，周公旦爲輔，召公、畢公之徒左右王，師脩文王緒業。

〔一〕正義 謚法：「克定禍亂曰武。」春秋元命包云：「武王駢齒，是謂剛强也。」

九年，武王上祭于畢。〔一〕東觀兵，至于盟津。〔二〕爲文王木主，載以車，中軍。武王自稱太子發，言奉文王以伐，不敢自專。乃告司馬、司徒、司空、諸節：〔三〕「齊栗，信哉！予無知，以先祖有德臣，小子受先功，〔四〕畢立賞罰，以定其功。」遂興師。師尚父號曰：〔五〕「總爾衆庶，與爾舟楫，後至者斬。」武王渡河，中流，白魚躍入王舟中，〔六〕武王俯取以祭。既渡，有火自上復于下，至于王屋，流爲烏，其色赤，其聲魄云。〔七〕是時，諸侯不期而會盟津者八百諸侯。諸侯皆曰：「紂可伐矣。」武王曰：「女未知天命，未可也。」乃還師歸。

〔一〕集解 馬融曰：「畢，文王墓地名也。」索隱 按：文云「上祭于畢」，則畢，天星之名。畢星主兵，故師出而祭畢星也。正義 上音時掌反。尚書武成篇云：「我文考文王，誕膺天命，以撫方夏，惟九年，大統未集。」太誓篇序云：「惟十有一年，武王伐殷。」太誓篇云：「惟十有三年春，大會于孟津。」大戴禮云：「文王十五而生武王。」則武王少文王十四歲矣。禮記文王世子云：「文王九十七而終，武王九十三而終。」按：文王崩時武王已八十三矣，八十四即位，至九十三崩，武王即位適滿十年。言十三年伐紂者，續文王受命年，欲明其卒父業故也。金縢篇云：「惟克商二年，王有疾，不豫。」按：文王受命九年而崩，十一年武王服闋，觀兵孟津，十三年克紂，十五年有疾，周公請命，王有瘳，後四年而崩，則武王年九十三矣。而太史公云九年王觀兵，十一年伐紂，則以爲武王即位年數，與尚書違，甚疏矣。

〔二〕集解 徐廣曰：「譙周云史記武王十一年東觀兵，十三年克紂。」

〔三〕集解 馬融曰：「諸受符節有司也。」

〔四〕集解 徐廣曰：「一云『予小子受先公功』。」

〔五〕集解 鄭玄曰：「號令之軍法重者。」

〔六〕集解 馬融曰：「魚者，介鱗之物，兵象也。白者，殷家之正色，言殷之兵衆與周之象也。」索隱 此已下至火復王屋爲烏，皆見周書及今文泰誓。

〔七〕集解 馬融曰：「王屋，王所居屋。流，行也。魄然，安定意也。」鄭玄曰：「書説云烏有孝名。武王卒父大業，故烏瑞臻。赤者，周之正色也。」索隱 按：今文泰誓「流爲鵰」。鵰，鷙鳥也。馬融云「明武王能伐紂」，鄭玄云「烏是孝鳥，言武王能終父業」，亦各隨文而解也。

居二年，聞紂昏亂暴虐滋甚，殺王子比干，囚箕子。太師疵、少師彊抱其樂器而犇周。於是武王徧告諸侯曰：「殷有重罪，不可以不畢伐。」〔一〕乃遵文王，遂率戎車三百乘，虎賁三千人，〔二〕甲士四萬五千人，以東伐紂。十一年十二月戊午，師畢渡盟津，〔三〕諸侯咸會。曰：「孳孳無怠！」武王乃作太誓，告于衆庶：「今殷王紂乃用其婦人之言，自絶于天，毁壞其三正，〔四〕離逷其王父母弟，〔五〕乃斷弃其先祖之樂，乃爲淫聲，用變亂正聲，怡説婦人。〔六〕故

今予發維共行天罰。勉哉夫子，〔七〕不可再，不可三！」

〔一〕集解 徐廣曰：「一作『滅』。」

〔二〕集解 孔安國曰：「虎賁，勇士稱也。若虎賁獸，言其猛也。」

〔三〕正義 畢，盡也。盡從河南渡河北。

〔四〕集解 馬融曰：「動逆天地人也。」正義 按：三正，三統也。周以建子爲天統，殷以建丑爲地統，夏以建寅爲人統也。

〔五〕集解 鄭玄曰：「王父母弟，祖父母之族。必言『母弟』，舉親者言之也。」

〔六〕集解 徐廣曰：「怡，一作『辭』。」

〔七〕集解 鄭玄曰：「夫子，丈夫之稱。」

二月〔一〕甲子昧爽，〔二〕武王朝至于商郊牧野，乃誓。〔三〕武王左杖黄鉞，右秉白旄，〔四〕以麾。曰：「遠矣西土之人！」〔五〕武王曰：「嗟！我有國冢君，〔六〕司徒、司馬、司空，亞旅、師氏，〔七〕千夫長、百夫長，〔八〕及庸、蜀、羌、髳、微、纑、彭、濮人，〔九〕稱爾戈，〔一〇〕比爾干，立爾矛，予其誓。」王曰：「古人有言『牝雞無晨。牝雞之晨，惟家之索』。〔一一〕今殷王紂維婦人言是用，自弃其先祖肆祀不答，〔一二〕昏弃其家國，遺其王父母弟不用，乃維四方之多罪逋逃是崇是長，是信是使，〔一三〕俾暴虐于百姓，以姦軌于商國。今予發維共行天之罰。今日之事，不過六步七步，乃止齊焉，〔一四〕夫子勉哉！不過於四伐五伐六伐七伐，乃止齊焉，〔一五〕勉哉夫

子！尚桓桓，〔一六〕如虎如羆，如豺如離，〔一七〕于商郊，不御克犇，以役西土，〔一八〕勉哉夫子！爾所不勉，其于爾身有戮。」〔一九〕誓已，諸侯兵會者車四千乘，陳師牧野。

〔一〕集解徐廣曰：「一作『正』。此建丑之月，殷之正月，周之二月也。」

〔二〕集解孔安國曰：「昧，冥也；爽，明：蚤旦也。」

〔三〕集解孔安國曰：「癸亥夜陳，甲子朝誓之。」正義括地志云：「衞州城，故老云周武王伐紂至於商郊牧野，乃築此城。酈元注水經云自朝歌南至清水，土地平衍，據皋跨澤，悉牧野也。」括地志又云：「紂都朝歌在衞州東北七十三里朝歌故城是也。本妹邑，殷王武丁始都之。帝王世紀云帝乙復濟河北，徙朝歌，其子紂仍都焉。」

〔四〕集解孔安國曰：「鉞，以黃金飾斧。左手杖鉞，示無事於誅；右手把旄，示有事於教令。」

〔五〕集解孔安國曰：「勞苦之。」

〔六〕集解馬融曰：「冢，大也。」

〔七〕集解孔安國曰：「亞，次。旅，衆大夫也，其位次卿。師氏，大夫官，以兵守門。」

〔八〕集解孔安國曰：「師率，卒率。」

〔九〕集解孔安國曰：「八國皆蠻夷戎狄。羌在西。蜀，叟。髳、微在巴蜀。纑、彭在西北。庸、濮在江漢之南。」馬融曰：「武王所率，將來伐紂也。」正義髳音矛。括地志云：「房州竹山縣及金州，古庸國。益州及巴、利等州，皆古蜀國。隴右岷、洮、叢等州以西，羌也。姚府以南，古髳國之地。戎府之南，古微、瀘、彭三國之地。濮在楚西南。有髳州、微、濮州、瀘府、彭州焉。武王率西南夷諸州伐紂也。」

〔一〇〕集解孔安國曰：「稱，舉也。」

〔一一〕集解孔安國曰：「索，盡也。喻婦人知外事，雌代雄鳴，則家盡也。」

〔一二〕集解鄭玄曰：「肆，祭名。答，問也。」

〔一三〕集解孔安國曰：「言紂弃其賢臣，而尊長逃亡，罪人信用之也。」

〔一四〕集解孔安國曰：「今日戰事，不過六步七步，乃止相齊。言當旅進一心也。」

〔一五〕集解孔安國曰：「伐謂擊刺也。少則四五，多則六七，以爲例也。」

〔一六〕集解鄭玄曰：「威武貌。」

〔一七〕集解徐廣曰：「此訓與『螭』同。」

〔一八〕集解鄭玄曰：「禦，彊禦，謂彊暴也。克，殺也。不得暴殺紂師之犇走者，當以爲周之役也。」

〔一九〕集解鄭玄曰：「所言且也。」

帝紂聞武王來，亦發兵七十萬人距武王。武王使師尚父與百夫致師，〔一〕以大卒馳帝紂師。〔二〕紂師雖衆，皆無戰之心，心欲武王亟入。紂師皆倒兵以戰，以開武王。武王馳之，紂兵皆崩畔紂。紂走，反入登于鹿臺之上，蒙衣其殊玉，〔三〕自燔于火而死。武王持大白旗以麾諸侯，諸侯畢拜武王，武王乃揖諸侯，〔四〕諸侯畢從。武王至商國，〔五〕商國百姓咸待於郊。於是武王使羣臣告語商百姓曰：「上天降休！」商人皆再拜稽首，武王亦答拜。〔六〕遂入，至紂死所。武王自射之，三發而后下車，以輕劍擊之，〔七〕以黃鉞斬紂頭，縣大白之旗。已而至紂之嬖妾二女，二女皆經自殺。武王又射三發，擊以劍，斬以玄鉞，〔八〕縣其頭小白之旗。武王已乃出復軍。

〔一〕集解周禮：「環人，掌致師。」鄭玄曰：「致師者，致其必戰之志也。古者將戰，先使勇力之士犯敵焉。」春秋傳曰：「楚許伯御樂伯，攝叔爲右，以致晉師。許伯曰：『吾聞致師者，御靡旌，摩壘而還。』樂伯曰：『吾聞致師者，左射以菆，代御執轡，御下摘馬，掉鞅而還。』攝叔曰：『吾聞致師者，右入壘，折馘，執俘而還。』皆行其所聞而復。」

〔二〕集解徐廣曰：「帝，一作『商』。」正義大卒，謂戎車三百五十乘，士卒二萬六千二百五十人，有虎賁三千人。

〔三〕正義衣音於既反。周書云：「甲子夕，紂取天智玉琰五，環身以自焚。」注：「天智，玉之善者，縫環其身自厚也。凡焚四千玉也，庶玉則銷，天智玉不銷，紂身不盡也。」

〔四〕正義武王率諸侯伐天子，天子已死，諸侯畢賀，故武王揖諸侯，言先拊循其心也。

〔五〕正義謂至朝歌。

〔六〕索隱武王雖以臣伐君，頗有慙德，不應答商人之拜，太史公失辭耳。尋上文，諸侯畢拜賀武王，武王尚且報揖，無容遂下拜商人。

〔七〕正義周書作「輕呂擊之」。輕呂，劍名也。

〔八〕集解司馬法曰：「夏執玄鉞。」宋均曰：「玄鉞用鐵，不磨礪。」

其明日，除道，脩社及商紂宮。及期，百夫荷罕旗以先驅。〔一〕武王弟叔振鐸奉陳常車，周公旦把大鉞，畢公把小鉞，以夾武王。散宜生、太顛、閎夭皆執劍以衞武王。既入，立于社南大卒之左，〔左〕右畢從。毛叔鄭奉明水，〔二〕衞康叔封布兹，〔三〕召公奭贊采，〔四〕師尚父

牽牲。尹佚筴祝曰：〔五〕「殷之末孫季紂，〔六〕殄廢先王明德，侮蔑神祇不祀，昬暴商邑百姓，其章顯聞于天皇上帝。」於是武王再拜稽首，曰：「膺更大命，革殷，受天明命。」武王又再拜稽首，乃出。

〔一〕集解蔡邕獨斷曰：「前驅有九旒雲罕。」東京賦曰：「雲罕九斿。」薛綜曰：「斿，旗名。」

〔二〕集解周禮曰：「司烜氏以鑑取明水於月。」鄭玄曰：「鑑，鏡屬也。取月之水，欲得陰陽之絜氣。陳明水以爲玄酒。」索隱明，明水也。舊本皆無「水」字，今本有「水」字者多，亦是也。若惟云「奉明」，其義未見，不知「奉明」何物也。烜音毁。

〔三〕集解徐廣曰：「兹者，籍席之名。諸侯病曰『負兹』。」索隱兹，一作「苙」，公明草也。言「兹」，舉成器；言「苙」，見絜草也。

〔四〕正義贊，佐也。采，幣也。

〔五〕正義尹佚讀筴書祝文以祭社也。

〔六〕正義周書作「末孫受德」。受德，紂字也。

封商紂子禄父殷之餘民。武王爲殷初定未集，乃使其弟管叔鮮、蔡叔度相禄父治殷。〔一〕已而命召公釋箕子之囚。〔二〕命畢公釋百姓之囚，表商容之閭。命南宮括散鹿臺之財，發鉅橋之粟，以振貧弱萌隸。命南宮括、史佚展九鼎保玉。〔三〕命閎夭封比干之墓。〔四〕命宗祝享祠于軍。乃罷兵西歸。行狩，記政事，作武成。〔五〕封諸侯，班賜宗彝，作分殷之器

物。〔六〕武王追思先聖王，乃褒封神農之後於焦，〔七〕黄帝之後於祝，〔八〕帝堯之後於薊，〔九〕帝舜之後於陳，〔一〇〕大禹之後於杞。〔一一〕於是封功臣謀士，而師尚父爲首封。封尚父於營丘，曰齊。〔一二〕封弟周公旦於曲阜，曰魯。〔一三〕封召公奭於燕。〔一四〕封弟叔鮮於管，〔一五〕弟叔度於蔡。〔一六〕餘各以次受封。

〔一〕【正義】地理志云河内，殷之舊都。周既滅殷，分其畿内爲三國，詩邶、鄘、衞是。邶以封紂子武庚；鄘，管叔尹之；衞，蔡叔尹之：以監殷民，謂之三監。帝王世紀云：「自殷都以東爲衞，管叔監之；殷都以西爲鄘，蔡叔監之；殷都以北爲邶，霍叔監之：是爲三監。」按：二說各異，未詳也。

〔二〕【集解】徐廣曰：「釋，一作『原』。」

〔三〕【集解】徐廣曰：「保，一作『寶』。」

〔四〕【正義】封，謂益其土及畫疆界。括地志云：「比干墓在衞州汲縣北十里二百五十步。」

〔五〕【集解】孔安國曰：「武功成也。」

〔六〕【集解】鄭玄云：「宗彝，宗廟樽也。作分器，著王之命及受物。」

〔七〕【集解】地理志弘農陝縣有焦城，故焦國也。

〔八〕【正義】左傳云：「祝其，實夾谷。」杜預云：「夾谷即祝其也。」服虔云：「東海郡祝其縣也。」

〔九〕【集解】地理志燕國有薊縣。

〔一〇〕【正義】括地志云：「陳州宛丘縣在陳城中，即古陳國也。帝舜後遏父爲周武王陶正，武王賴其器用，封其子媯滿於陳，都宛丘之側。」

〔一一〕【正義】括地志云：「汴州雍丘縣，古杞國。地理志云古杞國理此城。周武王封禹後於杞，號東樓公，二十一代爲楚所滅。」

〔一二〕【集解】爾雅曰：「水出其前而左曰營丘。」郭璞曰：「今齊之營丘，淄水過其南及東。」【正義】水經注今臨淄城中有丘云。青州臨淄縣古營丘之地，吕望所封齊之都也。營丘在縣北百步外城中。輿地志云秦立爲縣，城臨淄水，故曰臨淄也。

〔一三〕【集解】應劭曰：「曲阜在魯城中，委曲長七八里。」【正義】帝王世紀云：「炎帝自陳營都於魯曲阜。黄帝自窮桑登帝位，後徙曲阜。少昊邑于窮桑，以登帝位，都曲阜。顓頊始都窮桑，徙商丘。」窮桑在魯北，或云窮桑即曲阜也。又爲大庭氏之故國，又是商奄之地。皇甫謐云：「黄帝生於壽丘，在魯城東門之北。居軒轅之丘，（於）山海經云『此地窮桑之際，西射之南』是也。」括地志云：「兗州曲阜縣外城即周公旦子伯禽所築古魯城也。」

〔一四〕【正義】封帝堯之後於薊，封召公奭於燕，觀其文稍似重也。水經注云薊城内西北隅有薊丘，因取名焉。括地志云：「燕山在幽州漁陽縣東南六十里。徐才宗國都城記云周武王封召公奭於燕，地在燕山之野，故國取名焉。」按：周封以五等之爵，薊、燕二國俱武王立，因燕山、薊丘爲名，其地足自立國。薊微燕盛，乃并薊居之，薊名遂絶焉。今幽州薊縣，古燕國也。

〔一五〕【正義】括地志云：「鄭州管城縣外城，古管國城也，周武王弟叔鮮所封。」

〔一六〕【正義】括地志云：「豫州北七十里上蔡縣，古蔡國，武王封弟叔度於蔡是也。縣東十里有蔡岡，因名也。」

武王徵九牧之君，登豳之阜，以望商邑。〔一〕武王至于周，自夜不寐。〔二〕周公旦即王所，曰：「曷爲不寐？」王曰：「告女：維天不饗殷，自發未生於今六十年，麋鹿在牧，〔三〕蜚鴻滿野。〔四〕天不享殷，乃今有成。〔五〕維天建殷，其登名民三百六十夫，不顯亦不賓滅，〔六〕以至今。我未定天保，何暇寐！」王曰：「定天保，依天室，悉求夫惡，貶從殷王受。〔七〕日夜勞來〔八〕定我西土，〔九〕我維顯服，及德方明。〔一〇〕自洛汭延于伊汭，居易毋固，其有夏之居。〔一一〕我南望三塗，北望嶽鄙，顧詹有河，〔一二〕粵詹雒、伊，毋遠天室。」〔一三〕營周居于雒邑而後去。〔一四〕縱馬於華山之陽，〔一五〕放牛於桃林之虚；〔一六〕偃干戈，振兵釋旅：〔一七〕示天下不復用也。

〔一〕【正義】括地志云：「豳州三水縣西十里有豳原，周先公劉所都之地也。豳城在此原上，因公爲名。」按：蓋武王登此城望商邑。

〔二〕【正義】周，鎬京也。武王伐紂，還至鎬京，憂未定天之保安，故自夜不得寐也。

〔三〕【集解】徐廣曰：「此事出周書及隨巢子，云『夷羊在牧』。牧，郊也。夷羊，怪物也。」

〔四〕【索隱】按：高誘曰「蜚鴻，蠛蠓也」。言飛蟲蔽田滿野，故爲災，非是鴻鴈也。隨巢子作「飛拾」，飛拾，蟲也。【正義】蜚音飛，古「飛」字也。於今猶當今。於今六十年，從帝乙十年至伐紂年也。麋鹿在牧，喻讒佞小人在朝位也。飛鴻滿野，喻忠賢君子見放弃也。言紂父帝乙立後，殷國益衰，至伐紂六十年閒，諂佞小人在於朝位，忠賢君子放遷於野。故詩云「鴻鴈于飛，肅肅其羽。之子于征，劬勞于野」。毛萇云「之子，侯伯卿士也」。鄭玄云「鴻鴈知避陰陽寒暑，喻民知去無道就有道」。

〔五〕【索隱】言上天不歆享殷家，故見災異，我周今乃有成王業者也。

〔六〕【集解】徐廣曰：「一云『不顧亦不賓成』，一又云『不顧亦不恤』也。」【索隱】言天初建殷國，亦登進名賢之人三百六十夫，既無非大賢，未能興化致理，故殷家不大光昭，亦不即擯滅，以至于今也。亦見周書及隨巢子，頗復脫錯。而劉氏音破六爲古，其字義亦無所通。徐廣云一本作「不顧亦不賓成」，蓋是學者以周書及隨巢不同，遂音改易耳。隨巢子曰「天鬼不顧亦不賓滅」，天鬼即天神也。

〔七〕【索隱】言今悉求取夫惡人不知天命不順周家者，咸貶責之，與紂同罪，故曰「貶從殷王受」。

〔八〕【集解】徐廣曰：「一云『肯來』。」

〔九〕【索隱】八字連作一句讀。

〔一〇〕【正義】服，事也。武王答周公云，定知天之安保我位，得依天之宫室，退除殷紂之惡，日夜勞民，又安定我之西土。我維明於事，及我之德教施四方明行之，乃可至於寢寐也。自此已上至「武王至于周，自夜不寐」，周公問之，故先書。

〔一一〕【集解】徐廣曰：「夏居河南，初在陽城，後居陽翟。」【索隱】言自洛汭及伊汭，其地平易無險固，是有夏之舊居。【正義】括地志云「自禹至太康與唐、虞皆不易都城」，然則居陽城爲禹避商均時，非都之也。帝王世紀云：「禹封夏伯，今河南陽翟是。」汲冢古文云：「太康居斟尋，羿亦居之，桀又居之。」括地志云：「故鄩城在洛州鞏縣西南五十八里也。」

〔一二〕【集解】徐廣曰：「周書度邑曰『武王問太公曰，吾將因有夏之居也，南望過于三塗，北詹望于有河』。」【索隱】杜預云三塗在陸渾縣南。嶽，蓋河北太行山。鄙，都鄙，謂近嶽之邑。度邑，周書篇名。度音徒各反。【正義】括地志云：「太行、恆山連延，東北接碣石，西北接嶽山。」言北望太行、恆山之邊鄙都邑也。又「晉州霍山一名太

岳，在洛西北，恆山在洛東北」。二説皆通。

〔三〕正義 粵者，審慎之辭也。言審慎瞻雒、伊二水之陽，無遠離此爲天室也。

〔四〕正義 括地志云：「故王城一名河南城，本郟鄏，周公新築，在洛州河南縣北九里苑內東北隅。自平王以下十二王皆都此城，至敬王乃遷都成周，至赧王又居王城也。帝王世紀云『王城西有郟鄏陌』。左傳云『成王定鼎於郟鄏』。京相璠地名云『郟，山名。鄏，邑名』。」

〔五〕正義 華山在華陰縣南八里。山南曰陽也。

〔六〕集解 孔安國曰：「桃林在華山東。」正義 括地志云：「桃林在陝州桃林縣西。山海經云『夸父之山，其北有林焉，名曰桃林，廣員三百里，中多馬，湖水出焉，北流入河也』。」

〔七〕集解 公羊傳曰：「入曰振旅。」

武王已克殷，後二年，問箕子殷所以亡。箕子不忍言殷惡，以存〔一〕亡國宜告。〔二〕武王亦醜，故問以天道。

〔一〕集解 徐廣曰：「一作『前』。」

〔二〕索隱 六字連一句讀。正義 箕子殷人，不忍言殷惡，以周國之所宜言告武王，爲洪範九類，武王以類問天道。

武王病。天下未集，羣公懼，穆卜，〔一〕周公乃祓齋，〔二〕自爲質，〔三〕欲代武王，武王有瘳。後而崩，〔四〕太子誦代立，是爲成王。

〔一〕集解 孔安國曰：「穆，敬也。」

〔二〕正義 祓音廢，又音拂。齋音札皆反。祓謂除不祥求福也。

〔三〕正義 音至。周公祓齋，自以贄幣告三王，請代武王，武王病乃瘳也。

〔四〕集解 徐廣曰：「封禪書曰『武王克殷二年，天下未寧而崩』。」皇甫謐曰：「武王定位元年歲在乙酉，六年庚寅崩。」駰按：皇覽曰「文王、武王、周公冢皆在京兆長安鎬聚東社中也」。正義 括地志云：「武王墓在雍州萬年縣西南二十八里畢原上也。」

成王少，周初定天下，周公恐諸侯畔周，公乃攝行政當國。管叔、蔡叔羣弟疑周公，與武庚作亂，畔周。周公奉成王命，伐誅武庚、管叔，放蔡叔。以微子開代殷後，國於宋。〔一〕頗收殷餘民，以封武王少弟封爲衞康叔。〔二〕晉唐叔得嘉穀，〔三〕獻之成王，成王以歸周公于兵所。〔四〕周公受禾東土，魯天子之命。〔五〕初，管、蔡畔周，周公討之，三年而畢定，故初作大誥，次作微子之命，〔六〕次歸禾，次嘉禾，次康誥、酒誥、梓材，〔七〕其事在周公之篇。周公行政七年，成王長，周公反政成王，北面就羣臣之位。

〔一〕正義 今宋州也。

〔二〕正義 尚書洛誥云：「我卜瀍水東，亦惟洛食，以居邶、鄘、衞之衆。」又多士篇序云：「成周既成，遷殷頑民。」按：是爲東周，古洛陽城也。括地志云：「洛陽故城在洛州洛陽縣東北二十六里，周公所築，即成周城也。輿地志云『以周地在王城東，故曰東周。敬王避子朝亂，自洛邑東居此。以其迫阨不受王都，故壞翟泉而廣之』。」按：武王滅殷國爲邶、鄘、衞，三監尹之。武庚作亂，周公滅之，徙三監之民於成周，頗收其餘衆，以封康叔爲衞侯，即今衞州是也。孔安國云「以三監之餘民，國康叔爲衞侯。周公懲其數叛，故使賢母弟主之」也。

〔三〕集解 鄭玄曰：「二苗同爲一穗。」

〔四〕集解 徐廣曰：「歸，一作『餽』。」

〔五〕集解 徐廣曰：「尚書序云『旅天子之命』。」

〔六〕集解 孔安國曰：「封命之書。」

〔七〕集解 孔安國曰：「告康叔以爲政之道，亦如梓人之治材也。」

成王在豐，使召公復營洛邑，如武王之意。周公復卜申視，卒營築，居九鼎焉。曰：「此天下之中，四方入貢道里均。」作召誥、洛誥。成王既遷殷遺民，周公以王命告，作多士、無佚。召公爲保，周公爲師，東伐淮夷，殘奄，〔一〕遷其君薄姑。〔二〕成王自奄歸，在宗周，〔三〕作多方。〔四〕既絀殷命，襲淮夷，歸在豐，作周官。〔五〕興正禮樂，度制於是改，而民和睦，頌聲興。〔六〕成王既伐東夷，息慎來賀，王賜榮伯作賄息慎之命。〔七〕

〔一〕集解 鄭玄曰：「奄國在淮夷之北。」正義 奄音於險反。括地志云：「泗(水)〔州〕徐城縣北三十里古徐國，即淮夷也。兗州曲阜縣奄里，即奄國之地也。」

〔二〕集解 馬融曰：「齊地。」正義 括地志云：「薄姑故城在青州博昌縣東北六十里。薄姑氏，殷諸侯，封於此，周滅之也。」

〔三〕正義 伐奄歸鎬京也。

〔四〕集解 孔安國曰：「告衆方天下諸侯。」

〔五〕集解 孔安國曰：「言周家設官分職用人之法。」古文尚書序，周官，書篇名。

〔六〕集解 何休曰：「頌聲者，太平歌頌之聲，帝王之高致也。」

〔七〕集解 孔安國曰：「賄，賜也。」馬融曰：「榮伯，周同姓，畿內諸侯，爲卿大夫也。」

成王將崩，懼太子釗之不任，〔一〕乃命召公、畢公率諸侯以相太子而立之。成王既崩，二公率諸侯，以太子釗見於先王廟，申告以文王、武王之所以爲王業之不易，務在節儉，毋多欲，以篤信臨之，作顧命。〔二〕太子釗遂立，是爲康王。康王即位，徧告諸侯，宣告以文武之業以申之，作康誥。故成康之際，天下安寧，刑錯四十餘年不用。〔三〕康王命作策畢公分居里，成周郊，〔四〕作畢命。

〔一〕正義 釗音招，又古堯反。任，而針反。

〔二〕集解 鄭玄曰：「臨終出命，故謂之顧。顧，將去之意也。」

〔三〕集解 應劭曰：「錯，置也。民不犯法，無所置刑。」

〔四〕集解 孔安國曰：「分別民之居里，異其善惡也。成定東周郊境，使有保護也。」

康王卒，子昭王瑕立。昭王之時，王道微缺。昭王南巡狩不返，卒於江上。其卒不赴告，諱之也。〔一〕立昭王子滿，是爲穆王。穆王即位，春秋已五十矣。王道衰微，穆王閔文武

之道缺，乃命伯臩〔二〕申誡〔三〕太僕〔四〕國之政，作臩命。〔五〕復寧。

〔一〕正義 帝王世紀云：「昭王德衰，南征，濟于漢，船人惡之，以膠船進王，王御船至中流，膠液船解，王及祭公俱沒于水中而崩。其右辛游靡長臂且多力，游振得王，周人諱之。」
〔二〕集解 孔安國曰：「伯冏，臣名也。」
〔三〕集解 徐廣曰：「一作『部』。」
〔四〕集解 應劭曰：「太僕，周穆王所置。蓋太御衆僕之長，中大夫也。」
〔五〕正義 尚書序云：「穆王令伯臩爲太僕正。」應劭云：「太僕，周穆王所置。蓋太御衆僕之長，中大夫也。」

穆王將征犬戎，〔一〕祭公謀父諫曰：〔二〕「不可。先王燿德不觀兵。夫兵戢而時動，動則威，觀則玩，玩則無震。〔三〕是故周文公之頌曰：〔四〕『載戢干戈，載櫜弓矢，〔五〕我求懿德，肆于時夏，允王保之。』〔六〕先王之於民也，茂正其德而厚其性，阜其財求而利其器用，明利害之鄉，〔七〕以文脩之，使之務利而辟害，懷德而畏威，故能保世以滋大。昔我先王世后稷〔八〕以服事虞、夏。及夏之衰也，〔九〕弃稷不務，〔一〇〕我先王不窋用失其官，而自竄於戎狄之閒。不敢怠業，時序其德，遵脩其緒，〔一一〕脩其訓典，朝夕恪勤，守以敦篤，奉以忠信。奕世載德，不忝前人。〔一二〕至于文王、武王，昭前之光明而加之以慈和，事神保民，無不欣喜。商王帝辛大惡于民，庶民不忍，訢載武王，以致戎于商牧。〔一三〕是故先王非務武也，勤恤民隱而除其害

也。夫先王之制，邦內甸服，邦外侯服，侯衞賓服，〔一四〕夷蠻要服，戎翟荒服。甸服者祭，〔一五〕侯服者祀，〔一六〕賓服者享，〔一七〕要服者貢，〔一八〕荒服者王。〔一九〕日祭，月祀，時享，歲貢，終王。先王之順祀也，〔二〇〕有不祭則脩意，〔二一〕有不祀則脩言，〔二二〕有不享則脩文，〔二三〕有不貢則脩名，〔二四〕有不王則脩德，〔二五〕序成而有不至則脩刑。〔二六〕於是有刑不祭，伐不祀，征不享，讓不貢，告不王。於是有刑罰之辟，有攻伐之兵，有征討之備，有威讓之命，有文告之辭。布令陳辭而有不至，則增脩於德，無勤民於遠。是以近無不聽，遠無不服。今自大畢、伯士之終也，〔二七〕犬戎氏以其職來王，〔二八〕天子曰〔二九〕『予必以不享征之，且觀之兵』，無乃廢先王之訓，而王幾頓乎？〔三〇〕吾聞犬戎樹敦，〔三一〕率舊德而守終純固，其有以禦我矣。」王遂征之，得四白狼四白鹿以歸。自是荒服者不至。

〔一〕集解 徐廣曰：「一作『畎』。」
〔二〕集解 韋昭曰：「祭，畿內之國，周公之後，爲王卿士。謀父，字也。」正義 括地志云：「故祭城在鄭州管城縣東北十五里，鄭大夫祭仲邑也。釋例云『祭城在河南，上有敖倉，周公後所封也』。」
〔三〕集解 韋昭曰：「震，懼也。」
〔四〕集解 韋昭曰：「文公，周公旦之謚。」
〔五〕集解 唐固曰：「櫜，韜也。」
〔六〕集解 韋昭曰：「言武王常求美德，故陳其功於是夏而歌之。信哉武王能保此時夏之美。樂章大者曰夏。」
〔七〕集解 韋昭曰：「鄉，方也。」
〔八〕集解 韋昭曰：「謂弃與不窋也。」唐固曰：「父子相繼曰世。」
〔九〕正義 謂太康也。
〔一〇〕正義 言太康弃廢稷官。
〔一一〕集解 徐廣曰：「遵，一作『選』。」
〔一二〕正義 前人謂后稷也。言不窋亦世載德，不忝后稷。及文王、武王，無不務農事。
〔一三〕正義 紂近郊地，名牧野。
〔一四〕集解 韋昭曰：「此總言之也。侯，侯圻；衞，衞圻也。」
〔一五〕集解 韋昭曰：「供日祭。」
〔一六〕集解 韋昭曰：「供月祀。」
〔一七〕集解 韋昭曰：「供時享。」
〔一八〕集解 韋昭曰：「供歲貢。」
〔一九〕集解 韋昭曰：「王，王事天子也。詩曰『莫敢不來王』。」
〔二〇〕集解 徐廣曰：「外傳云『先王之訓』。」
〔二一〕集解 韋昭曰：「先脩志意以自責也。畿內近，知王意也。」
〔二二〕集解 韋昭曰：「言號令也。」
〔二三〕集解 韋昭曰：「文，典法也。」

〔二四〕集解 韋昭曰：「名謂尊卑職貢之名號也。」
〔二五〕集解 韋昭曰：「遠人不服，則脩文德以來之。」
〔二六〕集解 韋昭曰：「序成，謂上五者次序已成，有不至則有刑罰也。」
〔二七〕集解 徐廣曰：「犬戎之君。」
〔二八〕正義 賈逵云：「大畢，伯士，犬戎氏之二君也。白狼，白鹿，犬戎之職貢也。」按：大畢、伯士終後，犬戎氏常以其職來王。
〔二九〕正義 祭公申穆王之意，故云「天子曰」。
〔三〇〕正義 幾音祈。
〔三一〕集解 徐廣曰：「樹，一作『㯫』。」駰按：韋昭曰「樹，立也。言犬戎立性敦篤也」。

諸侯有不睦者，甫侯言於王，作脩刑辟。〔一〕王曰：「吁，來！有國有土，告汝祥刑。〔二〕在今爾安百姓，何擇非其人，〔三〕何敬非其刑，何居非其宜與？〔四〕兩造具備，〔五〕師聽五辭。〔六〕五辭簡信，正於五刑。〔七〕五刑不簡，正於五罰。〔八〕五罰不服，正於五過。〔九〕五過之疵，官獄內獄，閱實其罪，〔一〇〕惟鈞其過。〔一一〕五刑之疑有赦，五罰之疑有赦，其審克之。〔一二〕簡信有衆，惟訊有稽。〔一三〕無簡不疑，共嚴天威。〔一四〕黥辟疑赦，其罰百率，〔一五〕閱實其罪。劓辟疑赦，其罰倍灑，〔一六〕閱實其罪。臏辟疑赦，其罰倍差，〔一七〕閱實其罪。宮辟疑赦，其罰五〔一八〕百率，閱實其罪。大辟疑赦，其罰千率，閱實其罪。墨罰之屬千，劓罰之屬千，臏罰之屬五百，

宮罰之屬三百，大辟之罰其屬二百：五刑之屬三千。」命曰甫刑。

〔一〕集解鄭玄曰：「書說云周穆王以甫侯爲相。」

〔二〕集解孔安國曰：「告汝善用刑之道也。」

〔三〕集解王肅曰：「訓以安百姓之道，當何所選擇乎？非當選擇賢人乎？」

〔四〕集解孔安國曰：「當何所敬，非唯五刑乎？當何所居，非唯及世輕重所宜乎？」

〔五〕集解徐廣曰：「造，一作『遭』。」

〔六〕集解孔安國曰：「兩謂囚證。造，至也。兩至具備，則衆獄官聽其入五刑辭。」正義漢書刑法志云：「五聽：一曰辭聽，二曰色聽，三曰氣聽，四曰耳聽，五曰目聽。」周禮云「辭不直則言繁，目不直則視眊，耳不直則對答惑，色不直則貌赧，氣不直則數喘」也。

〔七〕集解孔安國曰：「五辭簡核，信有罪驗，則正之於五刑矣。」

〔八〕集解孔安國曰：「不簡核。謂不應五刑，當正五罰，出金贖罪也。」

〔九〕集解孔安國曰：「不服，不應罰也。正於五過，從赦免之。」

〔一〇〕集解孔安國曰：「使與罰名相當。」索隱按：呂刑云「惟官，惟反，惟內，惟貨，惟來」，今此似闕少，或從省文。

〔一一〕集解馬融曰：「以此五過出入人罪，與犯法者等。」

〔一二〕集解孔安國曰：「刑疑赦從罰，罰疑赦從免，其當清察，能得其理也。」

〔一三〕集解孔安國曰：「簡核誠信，有合衆心，惟察其貌，有所考合，重之至也。」索隱訊，依尚書音貌也。

〔一四〕集解孔安國曰：「無簡核誠信，不聽治其獄，當嚴敬天威，無輕用刑。」

〔一五〕集解徐廣曰：「率即鍰也，音刷。」孔安國曰：「六兩曰鍰。鍰，黃鐵也。」索隱鍰，黃鐵。鋝亦六兩，故馬融曰「鋝，量名，與呂刑鍰同」。舊本「率」亦作「選」。

〔一六〕集解徐廣曰：「一作『蓰』。五倍曰蓰。」孔安國曰：「倍百爲二百鍰也。」索隱灑音戾。蓰音所解反。

〔一七〕集解馬融曰：「倍二百爲四百鍰也。差者，又加四百之三分一，凡五百三十三三分一也。」正義倍中之差，二百去三分一，合三百三十三鍰二兩也。宮刑，其罰五百，臏刑既輕，其數豈加？故知孔、馬之說非也。

〔一八〕集解徐廣曰：「一作『六』。」

穆王立五十五年，崩，子共王繄扈立。〔一〕共王游於涇上，密康公從，〔二〕有三女奔之。其母曰：「必致之王。〔三〕夫獸三爲羣，人三爲衆，女三爲粲。王田不取羣，〔四〕公行不下衆，〔五〕王御不參一族。〔六〕夫粲，美之物也。衆以美物歸女，而何德以堪之？王猶不堪，況爾之小醜乎！小醜備物，終必亡。」康公不獻，一年，共王滅密。共王崩，子懿王囏立。〔七〕懿王之時，王室遂衰，詩人作刺。〔八〕

〔一〕索隱系本作「伊扈」。

〔二〕集解韋昭曰：「康公，密國之君，姬姓也。」正義括地志云：「陰密故城在涇州鶉觚縣西，東接縣城，故密國也。」

〔三〕集解列女傳曰：「康公母，姓隗氏。」

〔四〕正義曹大家云：「羣，衆，粲，皆多之名也。田獵得三獸，王不盡收，以其害深也。」

〔五〕正義曹大家云：「公，諸侯也。公之所行與衆人共議也。」

〔六〕集解韋昭云：「御，婦官也。參，三也。一族，一父子也。故取姪娣以備三，不參一族之女也。」

〔七〕索隱系本作「堅」。

〔八〕索隱宋忠曰：「懿王自鎬徙都犬丘，一曰廢丘，今槐里是也。時王室衰，始作詩也。」

懿王崩，共王弟辟方立，是爲孝王。孝王崩，諸侯復立懿王太子燮，是爲夷王。〔一〕

〔一〕正義紀年云：「三年，致諸侯，烹齊哀公于鼎。」帝王世紀云「十六年崩」也。

夷王崩，子厲王胡立。厲王即位三十年，好利，近榮夷公。大夫芮良夫〔一〕諫厲王曰：「王室其將卑乎？夫榮公好專利而不知大難。夫利，百物之所生也，天地之所載也，而有專之，其害多矣。天地百物皆將取焉，何可專也？所怒甚多，而不備大難。以是教王，王其能久乎？夫王人者，將導利而布之上下者也。使神人百物無不得極，〔二〕猶日怵惕懼怨之來也。故頌曰『思文后稷，克配彼天，立我蒸民，莫匪爾極』。大雅曰『陳錫載周』。〔三〕是不布利而懼難乎，故能載周以至于今。今王學專利，其可乎？匹夫專利，猶謂之盜，王而行之，其歸鮮矣。榮公若用，周必敗也。」厲王不聽，卒以榮公爲卿士，用事。

〔一〕正義芮伯也。

〔二〕集解韋昭曰：「極，中也。」

〔三〕集解唐固曰：「言文王布錫施利，以載成周道也。」

王行暴虐侈傲，國人謗王。召公諫曰：「〔一〕民不堪命矣。」王怒，得衞巫，〔二〕使監謗者，〔三〕以告則殺之。其謗鮮矣，諸侯不朝。三十四年，王益嚴，國人莫敢言，道路以目。〔四〕厲王喜，告召公曰：「吾能弭謗矣，乃不敢言。」召公曰：「是鄣之也。防民之口，甚於防水。水壅而潰，傷人必多，民亦如之。是故爲水者決之使導，爲民者宣之使言。故天子聽政，使公卿至於列士獻詩，〔五〕瞽獻曲，〔六〕史獻書，〔七〕師箴，〔八〕瞍賦，〔九〕矇誦，〔一〇〕百工諫，庶人傳語，〔一一〕近臣盡規，〔一二〕親戚補察，〔一三〕瞽史教誨，〔一四〕耆艾脩之，〔一五〕而后王斟酌焉，是以事行而不悖。民之有口也，猶土之有山川也，財用於是乎出；猶其有原隰衍沃也，〔一六〕衣食於是乎生。口之宣言也，善敗於是乎興。行善而備敗，所以產財用衣食者也。夫民慮之於心而宣之於口，成而行之。若壅其口，其與能幾何？」王不聽。於是國莫敢出言，三年，乃相與畔，襲厲王。厲王出奔於彘。〔一七〕

〔一〕集解韋昭曰：「召康公之後穆公虎，爲王卿士也。」

〔二〕集解韋昭曰：「衞國之巫也。」

〔三〕正義監音口銜反。監，察也。以巫人神靈，有謗毀必察也。

〔四〕集解韋昭曰：「以目相眄而已。」

〔五〕正義 上詩風刺。
〔六〕集解 韋昭曰：「曲，樂曲。」
〔七〕正義 史，太史也。上書諫。
〔八〕正義 音針。師，樂太師也。上箴戒之文。
〔九〕集解 韋昭曰：「無眸子曰瞍。賦公卿列士所獻詩也。」
〔一〇〕集解 韋昭曰：「有眸子而無見曰矇。周禮矇主弦歌，諷誦箴諫之語也。」
〔一一〕集解 韋昭曰：「庶人卑賤，見時得失，不得達，傳以語王。」正義 傳音逐緣反。庶人微賤，見時得失，不得上言，乃在街巷相傳語。
〔一二〕集解 韋昭曰：「近臣，驂僕之屬。」
〔一三〕正義 言親戚補王過失，及察是非也。
〔一四〕集解 韋昭曰：「瞽，樂太師。史，太史也。」
〔一五〕集解 韋昭曰：「耆艾，師傅也。脩理瞽史之教，以聞於王。」
〔一六〕集解 唐固曰：「下平曰衍，有溉曰沃。」
〔一七〕集解 韋昭曰：「彘，晉地，漢爲縣，屬河東，今曰永安。」正義 括地志云：「晉州霍邑縣本漢彘縣，後改彘曰永安。從鄗犇晉也。」

厲王太子靜匿召公之家，國人聞之，乃圍之。召公曰：「昔吾驟諫王，王不從，以及此難也。今殺王太子，王其以我爲讎而懟怒乎？夫事君者，險而不讎懟，〔一〕怨而不怒，況事王

乎！」乃以其子代王太子，太子竟得脫。

〔一〕集解 韋昭曰：「在危險之中。」

召公、周公二相行政，號曰「共和」。〔一〕共和十四年，厲王死于彘。太子靜長於召公家，二相乃共立之爲王，是爲宣王。宣王即位，二相輔之，脩政，法文、武、成、康之遺風，諸侯復宗周。十二年，魯武公來朝。

〔一〕索隱 共音如字。若汲冢紀年則云「共伯和干王位」。共音恭。共，國；伯，爵；和，其名；干，篡也。言共伯攝王政，故云「干王位」也。正義 共音巨用反。韋昭云：「彘之亂，公卿相與和而脩政事，號曰共和也。」魯連子云：「衞州共城縣本周共伯之國也。共伯名和，好行仁義，諸侯賢之。周厲王無道，國人作難，王犇于彘，諸侯奉和以行天子事，號曰『共和』元年。十四年，厲王死於彘，共伯使諸侯奉王子靖爲宣王，而共伯復歸國于衞也。」世家云：「釐侯十三年，周厲王出犇于彘，共和行政焉。二十八年，周宣王立。四十二年，釐侯卒，太子共伯餘立爲君。共伯弟和襲攻共伯於墓上，共伯入釐侯羨自殺，衞人因葬釐侯旁，謚曰共伯，而立和爲衞侯，是爲武公。」按此文，共伯不得立，而和立爲武公。武公之立在共伯卒後，年歲又不相當，年表亦同，明紀年及魯連子非也。

宣王不脩籍於千畝，〔一〕虢文公諫曰〔二〕不可，〔三〕王弗聽。三十九年，戰于千畝，〔四〕王師敗績于姜氏之戎。〔五〕

〔一〕正義 應劭云：「古者天子耕籍田千畝，爲天下先。」瓚曰：「籍，蹈籍也。」按：宣王不脩親耕之禮也。
〔二〕集解 賈逵曰：「文公，文王母弟虢仲之後，爲王卿士也。」韋昭曰：「文公，虢叔之後，西虢也。宣王都鎬，在畿內也。」正義 括地志云：「虢故城在岐州陳倉縣東(西)〔四〕十里。」又云：「千畝原在晉州岳陽縣北九十里也。」
〔三〕索隱 國語曰：「虢文公諫曰『夫人之大事在農，上帝之粢盛於是乎出，人之繁庶於是乎生，事之共給於是乎在』。」事具載國語。
〔四〕索隱 地名也，在西河介休縣。
〔五〕集解 韋昭曰：「西夷別種，四嶽之後也。」

宣王既亡南國之師，乃料民於太原。〔一〕仲山甫諫曰：〔二〕「民不可料也。」宣王不聽，卒料民。

〔一〕集解 韋昭曰：「敗於姜戎時所亡也。南國，江漢之閒。料，數也。」唐固曰：「南國，南陽也。」
〔二〕正義 毛萇云：「仲山甫，樊穆仲也。」括地志云：「漢樊縣城在兗州瑕丘縣西南三十五里，古樊國，仲山甫所封也。」

四十六年，宣王崩，〔一〕子幽王宮湦立。〔二〕幽王二年，西周三川皆震。〔三〕伯陽甫曰：「周將亡矣。〔四〕夫天地之氣，不失其序；若過其序，民亂之也。〔五〕陽伏而不能出，陰迫而不能蒸，〔六〕於是有地震。今三川實震，是陽失其所而填陰也。〔七〕陽失而在陰，〔八〕原必塞；原塞，國必亡。夫水土演而民用也。〔九〕土無所演，民乏財用，不亡何待！昔伊、洛竭而夏

亡，〔一〇〕河竭而商亡。〔一一〕今周德若二代之季矣，其川原又塞，塞必竭。夫國必依山川，山崩川竭，亡國之徵也。川竭必山崩。〔一二〕若國亡不過十年，數之紀也。〔一三〕天之所弃，不過其紀。」是歲也，三川竭，岐山崩。

〔一〕正義 周春秋云：「宣王殺杜伯而無辜，後三年，宣王會諸侯田于圃，日中，杜伯起於道左，衣朱衣冠，操朱弓矢，射宣王，中心折脊而死。」國語云：「杜伯射王於鄗。」
〔二〕集解 徐廣曰：「一作『生』。」
〔三〕集解 徐廣曰：「涇、渭、洛也。」駰按：韋昭云「西周鎬京地震動，故三川亦動」。正義 按：涇渭二水在雍州北。洛水一名漆沮，在雍州東北，南流入渭。此時以王城爲東周，鎬京爲西周。
〔四〕集解 韋昭曰：「伯陽父，周大夫也。」唐固曰：「伯陽父，周柱下史老子也。」
〔五〕集解 韋昭曰：「過，失也。言民不敢斥王者也。」
〔六〕集解 韋昭曰：「蒸，升也。陽氣在下，陰氣迫之，使不能升也。」
〔七〕集解 韋昭曰：「爲陰所鎮笮也。」
〔八〕集解 韋昭曰：「在陰下也。」
〔九〕集解 韋昭曰：「水土氣通爲演。演猶潤也。演則生物，民得用之。」
〔一〇〕集解 韋昭曰：「禹都陽城，伊、洛所近也。」
〔一一〕集解 韋昭曰：「商人都衞，河水所經也。」
〔一二〕集解 韋昭曰：「水泉不潤，枯朽而崩也。」

中華書局

〔三〕集解韋昭曰："數起於一，終於十，十則更，故曰紀也。"

三年，幽王嬖愛褒姒。〔一〕褒姒生子伯服，幽王欲廢太子。太子母申侯女，而爲后。後幽王得褒姒，愛之，欲廢申后，并去太子宜臼，以褒姒爲后，以伯服爲太子。周太史伯陽讀史記曰："〔二〕'周亡矣。'"昔自夏后氏之衰也，有二神龍止於夏帝庭而言曰："余，褒之二君。"〔三〕夏帝卜殺之與去之與止之，莫吉。卜請其漦而藏之，乃吉。〔四〕於是布幣而策告之，〔五〕龍亡而漦在，櫝而去之。〔六〕夏亡，傳此器殷。殷亡，又傳此器周。比三代，莫敢發之。至厲王之末，〔七〕發而觀之。漦流于庭，不可除。厲王使婦人裸而譟之。〔八〕漦化爲玄黿，以入王後宮。〔九〕後宮之童妾既齔而遭之，〔一〇〕既笄而孕，〔一一〕無夫而生子，懼而弃之。宣王之時童女謠曰："檿弧箕服，實亡周國。"〔一二〕於是宣王聞之，有夫婦賣是器者，宣王使執而戮之。逃於道，而見鄉者後宮童妾所弃妖子〔一三〕出於路者，〔一四〕聞其夜啼，哀而收之，夫婦遂亡，犇於褒。褒人有罪，請入童妾所弃女子者於王〔一五〕以贖罪。弃女子出於褒，是爲褒姒。當幽王三年，王之後宮見而愛之，生子伯服，竟廢申后及太子，以褒姒爲后，伯服爲太子。〔一六〕太史伯陽曰："禍成矣，無可柰何！"

〔一〕索隱褒，國名，夏同姓，姓姒氏。禮婦人稱國及姓。其女是龍漦妖子，爲人所收，褒人納之于王，故曰褒姒。正義括地志云："褒國故城在梁州褒城縣東二百步，古褒國也。"

〔二〕正義諸國皆有史以記事，故曰史記。
〔三〕集解虞翻曰："龍自號褒之二先君也。"
〔四〕集解韋昭曰："漦，龍所吐沫。沫，龍之精氣也。"
〔五〕集解韋昭曰："以簡策之書告龍，而請其漦也。"
〔六〕集解韋昭曰："櫝，匱也。"
〔七〕集解虞翻曰："末年，王流彘之歲。"
〔八〕集解韋昭曰："譟，讙呼也。"唐固曰："羣呼曰譟。"
〔九〕索隱亦作"蚖"，音元。玄蚖，蝘蜴也。
〔一〇〕集解韋昭曰："毁齒曰齔。女七歲而毁齒也。"
〔一一〕正義笄音雞。禮記云："女子許嫁而笄。"鄭玄云："笄，今簪。"
〔一二〕集解韋昭曰："山桑曰檿。弧，弓也。箕，木名。服，矢房也。"
〔一三〕集解徐廣曰："妖，一作'夭'。夭，幼少也。"
〔一四〕正義夫婦賣檿弧者，宣王欲執戮之，遂逃于路，遇此妖子，哀而收之。
〔一五〕正義國語云："周幽王伐有褒，褒人以褒姒女焉，與虢石甫比也。"
〔一六〕索隱左傳所謂"攜王奸命"是也。

褒姒不好笑，幽王欲其笑萬方，故不笑。幽王爲烽燧〔一〕大鼓，有寇至則舉烽火。諸侯悉至，至而無寇，褒姒乃大笑。幽王説之，爲數舉烽火。其後不信，諸侯益亦不至。

〔一〕正義峯遂二音。晝日燃烽以望火煙，夜舉燧以望火光也。烽，土魯也。燧，炬火也。皆山上安之，有寇舉之。

幽王以虢石父爲卿，用事，國人皆怨。石父爲人佞巧〔一〕善諛好利，王用之。又廢申后，去太子也。申侯怒，與繒、〔二〕西夷犬戎攻幽王。幽王舉烽火徵兵，兵莫至。遂殺幽王驪山下，〔三〕虜褒姒，盡取周賂而去。〔四〕於是諸侯乃即申侯而共立故幽王太子宜臼，是爲平王，以奉周祀。

〔一〕集解徐廣曰："佞，一作'諂'。"
〔二〕索隱繒，國名，夏同姓。正義繒，自陵反。國語云"繒，姒姓，夏禹後"。括地志云："繒縣在沂州承縣，古侯國，禹後。"
〔三〕索隱在新豐縣南，故驪戎國也。黴音黎。徐廣音力知反。正義括地志云："驪山在雍州新豐縣南十六里。"土地記云驪山即藍田山。"按：驪山之陽即藍田山。
〔四〕集解汲冢紀年曰："自武王滅殷以至幽王，凡二百五十七年也。"正義按：汲冢書，晉咸和五年汲郡汲縣發魏襄王冢，得古書册七十五卷。

平王立，東遷于雒邑，〔一〕辟戎寇。平王之時，周室衰微，諸侯彊并弱，齊、楚、秦、晉始大，政由方伯。〔二〕

〔一〕正義即王城也。平王以前號東都，至敬王以後及戰國爲西周也。

〔二〕集解周禮曰："九命作伯。"鄭衆云："長諸侯爲方伯。"

四十九年，魯隱公即位。

五十一年，平王崩，太子洩父〔一〕蚤死，立其子林，是爲桓王。桓王，平王孫也。

〔一〕正義音甫。

桓王三年，鄭莊公朝，桓王不禮。〔一〕五年，鄭怨，與魯易許田。許田，天子之用事太山田也。〔二〕八年，魯殺隱公，〔三〕立桓公。十三年，伐鄭，〔四〕鄭射傷桓王，桓王去歸。〔五〕

〔一〕索隱在魯隱公六年。
〔二〕索隱左傳鄭伯以璧假許田，卒易祊。祊是鄭祀太山之田，許是魯朝京師之湯沐邑，有周公廟，鄭以其近，故易取之。此云"許田天子用事太山田"，誤。正義杜預云："成王營王城，有遷都之志，故賜周公許田，以爲魯國朝宿之邑，後世因而立周公别廟焉。鄭桓公友，周宣王之母弟，封鄭，有助祭泰山湯沐邑在祊。鄭以天子不能復巡狩，故欲以祊易許田，各從本國所近之宜也。恐魯以周公别廟爲疑，故云已廢泰山之祀，而欲爲魯祀周公，遜辭以求也。"括地志云："許田在許州許昌縣南四十里，有魯城，周公廟在城中。祊田在沂州費縣東南。"按：宛，鄭大夫。
〔三〕正義子允令公子翬殺隱公也。
〔四〕索隱在魯桓五年。
〔五〕索隱左傳繻葛之役，祝聃射王中肩是也。

二十三年，桓王崩，子莊王佗立。莊王四年，周公黑肩欲殺莊王而立王子克。〔一〕辛伯告王，〔二〕王殺周公。〔三〕王子克犇燕。〔四〕

〔一〕集解 賈逵曰：「莊王弟子儀也。」
〔二〕集解 賈逵曰：「辛伯，周大夫也。」
〔三〕索隱 左傳曰：「初，子儀有寵於桓王，桓王屬諸周公。辛伯諫曰：『並后匹嫡，兩政耦國，亂之本也。』周公不從，故及於難。」然周公阿先王旨，自取誅夷，辛伯正君臣之義，卒安王業，二卿優劣誠可識也。
〔四〕正義 杜預云：「南燕，姞姓也。」

十五年，莊王崩，子釐王〔一〕胡齊立。釐王三年，齊桓公始霸。

〔一〕正義 釐音僖。

五年，釐王崩，子惠王閬立。〔一〕惠王二年。初，莊王嬖姬姚，〔二〕生子穨，〔三〕穨有寵。及惠王卽位，奪其大臣園以爲囿，〔四〕故大夫邊伯等五人作亂，〔五〕謀召燕、衞師，〔六〕伐惠王。惠王犇溫，〔七〕已居鄭之櫟。〔八〕立釐王弟穨爲王。樂及徧舞，〔九〕鄭、虢君怒。四年，鄭與虢君伐殺王穨，〔一〇〕復入惠王。惠王十年，賜齊桓公爲伯。

〔一〕索隱 系本名毋涼。正義 謚作「毋涼」也。
〔二〕正義 杜預云：「姚姓也。」

〔三〕索隱 莊王子，釐王弟，惠王之叔父也。
〔四〕集解 左傳曰大臣，蔿國也。
〔五〕集解 左傳曰五人者，蔿國、邊伯、詹父、子禽、祝跪也。
〔六〕正義 南燕，滑州胙城。衞，澶州衞南也。
〔七〕正義 左傳云蘇忿生十二邑，桓王奪蘇子十二邑與鄭，故蘇子同五大夫伐惠王。溫，十二邑之一也。杜預云河內溫縣也。
〔八〕集解 服虔曰：「櫟，鄭大都。」正義 杜預云：「櫟，今河南陽翟縣也。」
〔九〕集解 賈逵曰：「徧舞，皆舞六代之樂也。」
〔一〇〕正義 賈逵云：「鄭厲公突、虢公林父也。」

二十五年，惠王崩，子襄王鄭立。襄王母蚤死，後母曰惠后。〔一〕惠后生叔帶，〔二〕有寵於惠王，襄王畏之。三年，叔帶與戎、翟謀伐襄王，襄王欲誅叔帶，叔帶犇齊。齊桓公使管仲平戎于周，使隰朋平戎于晉。〔三〕王以上卿禮管仲。管仲辭曰：「臣賤有司也，有天子之二守國、高在。〔四〕若節春秋來承王命，何以禮焉。〔五〕陪臣敢辭。」〔六〕王曰：「舅氏，余嘉乃勳，〔七〕毋逆朕命。」管仲卒受下卿之禮而還。〔八〕九年，齊桓公卒。十二年，叔帶復歸于周。〔九〕

〔一〕集解 左傳曰：「陳嬀歸于京師，實惠后也。」正義 按：陳國，舜後，嬀姓也。
〔二〕索隱 惠王子，襄王弟，封於甘，故左傳稱甘昭公。正義 惠王子，襄王弟，封之於甘。括地志云：「故甘城在洛州河南縣西南二十五里。左傳云甘昭公，王子叔帶也。洛陽記云河南縣西南二十五里，甘水出焉，北流入洛。山上有甘城，卽甘公菜邑也。」
〔三〕集解 服虔曰：「戎伐周，晉伐戎救周，故和也。」
〔四〕集解 杜預曰：「國子，高子，天子所命爲齊守臣，皆上卿也。」
〔五〕集解 賈逵曰：「節，時也。」王肅曰：「春秋聘享之節也。」
〔六〕集解 服虔曰：「陪，重也。諸侯之臣於天子，故曰陪臣。」
〔七〕集解 賈逵曰：「舅氏，言伯舅之使也。」正義 武王娶太公女爲后，故呼舅氏，遠言之。我善汝有平戎之功勳。
〔八〕正義 杜預云：「管仲不敢以職自高，卒受本位之禮也。」
〔九〕集解 左傳曰：「王召之。」

十三年，鄭伐滑，〔一〕王使游孫、伯服請滑，〔二〕鄭人囚之。鄭文公怨惠王之入不與厲公爵，〔三〕又怨襄王之與衞滑，〔四〕故因伯服。王怒，將以翟伐鄭。富辰諫曰：〔五〕「凡我周之東徙，晉、鄭焉依。子穨之亂，又鄭之由定，今以小怨弃之！」王不聽。十五年，王降翟師以伐鄭。王德翟人，將以其女爲后。富辰諫曰：「平、桓、莊、惠皆受鄭勞，王弃親親翟，不可從。」王不聽。十六年，王絀翟后，翟人來誅，殺譚伯。〔六〕富辰曰：「吾數諫不從，如是不出，王以我爲懟乎？」乃以其屬死之。

〔一〕集解 賈逵曰：「滑，姬姓之國。」駰按：左傳曰「滑人叛鄭而服於衞」也。正義 杜預云滑國都費，河南緱氏縣，

爲秦所滅，時屬鄭、晉，後屬周。事在魯釐公二十年。括地志云：「緱氏故城本費城也，在洛州緱氏縣(南)東二十五里也。」
〔二〕集解 賈逵曰：「二子，周大夫。」
〔三〕集解 服虔曰：「惠王以后之鞶鑑與鄭厲公，而獨與虢公玉爵。」正義 左傳云：「莊公二十一年，王巡虢狩，虢公爲王宮于玤，王與之酒泉。鄭伯之享王，王以后之鞶鑑與之。虢公請器，王與之爵。鄭伯由是怨王也。」杜預云：「后鞶帶而以鏡爲飾也。爵，飲酒器也。玤，地。酒泉，周邑。」
〔四〕集解 服虔曰：「滑，小國，近鄭，世世服從，而更違叛，鄭師伐之，聽命，後自愬於王，王以與衞。」
〔五〕集解 服虔曰：「富辰，周大夫。」
〔六〕集解 唐固曰：「譚伯，周大夫原伯、毛伯也。」索隱 按：國語亦云「殺譚伯」，而左傳太叔之難，獲周公忌父、原伯、毛伯，唐固據傳文讀「譚」爲「原」，然春秋有譚，何妨此時亦仕王朝，預獲被殺？國語既云「殺譚伯」，故太史公依之，不從左傳說也。

初，惠后欲立王子帶，故以黨開翟人，翟人遂入周。襄王出犇鄭，〔一〕鄭居王于氾。〔二〕子帶立爲王，取襄王所絀翟后與居溫。〔三〕十七年，襄王告急于晉，晉文公納王而誅叔帶。襄王乃賜晉文公珪鬯弓矢，爲伯，以河內地與晉。〔四〕二十年，晉文公召襄王，襄王會之河陽、踐土，〔五〕諸侯畢朝，書諱曰「天王狩于河陽」。〔六〕

〔一〕正義 公羊傳云：「王者無外，此其言出，何？不能事母也。」

〔二〕集解杜預曰：「鄭南氾在襄城縣南。」正義氾音凡。括地志云：「故氾城在許州襄城縣一里。左傳云『天王出居於鄭，處於氾』是。」

〔三〕正義括地志云：「故温城在懷州温縣西三十里，漢、晉爲縣，本周司寇蘇忿生之邑。左傳云周與鄭人蘇忿生十二邑，温其一也。地理志云温縣，故國，己姓，蘇忿生所封也。」

〔四〕正義賈逵云：「晉有功，賞之以地，楊樊、温、原、攢茅之田也。」

〔五〕集解賈逵曰：「河陽，晉之温也。踐土，鄭地名，在河內。」正義括地志云：「故王宮在鄭州滎澤縣西北十五里王宮城中。左傳云晉文公敗楚于城濮，至于衡雍，作王宮于踐土也。」按王城，則所作在踐土，城內東北隅有踐土臺，東去衡雍三十餘里也。

〔六〕集解左傳曰：「仲尼曰『以臣召君，不可以訓』，故書曰『狩』。」

二十四年，晉文公卒。

三十一年，秦穆公卒。

三十二年，襄王崩，子頃王壬臣立。頃王六年，崩，子匡王班立。匡王六年，崩，弟瑜立，是爲定王。

定王元年，楚莊王伐陸渾之戎，〔一〕次洛，使人問九鼎。王使王孫滿應設以辭，〔二〕楚兵乃去。十年，楚莊王圍鄭，鄭伯降，已而復之。十六年，楚莊王卒。

〔一〕集解地理志陸渾縣屬弘農郡。正義渾音魂。杜預云：「允姓之戎居陸渾，在秦、晉西北，二國誘而徙之伊川，遂從戎號，今洛州陸渾縣，取其號也。」後漢書云陸渾戎自瓜州遷於伊川。左傳云：「初，平王之東遷也，辛有適伊川，見被髮而祭於野者，曰『不及百年，此其戎乎？其禮先亡矣』。」按：至僖公二十二年秋，秦、晉遷陸渾之戎於伊川，計至辛有言，適百年也。括地志云：「故麻城謂之蠻中，在汝州梁縣界。左傳『單浮餘圍蠻氏』，杜預云『城在河南新城東南，伊洛之戎陸渾蠻氏城也。俗以爲麻蠻聲相近故耳』。」按：新城，今伊闕縣是也。

〔二〕集解賈逵曰：「王孫滿，周大夫也。」

二十一年，定王崩，子簡王夷立。簡王十三年，晉殺其君厲公，迎子周於周，立爲悼公。

十四年，簡王崩，子靈王泄心立。靈王二十四年，齊崔杼弒其君莊公。

二十七年，靈王崩，〔一〕子景王貴立。〔二〕景王十八年，后太子聖而蚤卒。二十年，景王愛子朝，〔三〕欲立之，〔四〕會崩，〔五〕子丐之黨與爭立，國人立長子猛爲王，子朝攻殺猛。猛爲悼王。晉人攻子朝而立丐，是爲敬王。〔六〕

〔一〕集解皇覽曰：「靈王冢在河南城西南柏亭西周山上。蓋以靈王生而有髭，而神，故謚靈王。其冢，民祀之不絕。」

〔二〕索隱名貴。按國語景王二十一年鑄大錢及無射，單穆公及泠州鳩各設辭以諫。今此不言，亦其疏略耳。

〔三〕集解賈逵曰：「景王之長庶子。」

〔四〕正義左傳云：「子朝用成周之寶珪沈於河，津人得諸河上。」杜預云：「禱河求福也，珪自出水也。」按：河神不敢受故。

〔五〕集解皇覽曰：「景王冢在洛陽太倉中。秦封呂不韋洛陽十萬户，故大其城并圍景王冢也。」

〔六〕集解賈逵曰：「敬王，猛母弟。」

敬王元年，晉人入敬王，子朝自立，敬王不得入，居澤。〔一〕四年，晉率諸侯入敬王于周，子朝爲臣，〔二〕諸侯城周。十六年，子朝之徒復作亂，敬王犇于晉。十七年，晉定公遂入敬王于周。

〔一〕集解賈逵曰：「澤邑，周地也。」

〔二〕集解春秋曰：「子朝犇楚。」皇覽曰：「子朝冢在南陽西鄂縣。今西鄂晁氏自謂子朝後也。」

三十九年，齊田常殺其君簡公。

四十一年，楚滅陳。孔子卒。

四十二年，敬王崩，〔一〕子元王仁立。〔二〕元王八年，崩，子定王介立。〔三〕

〔一〕集解徐廣曰：「皇甫謐曰敬王四十四年，元己卯，崩壬戌也。」

〔二〕集解徐廣曰：「世本云貞王介也。」

〔三〕集解徐廣曰：「世本云元王赤也。」皇甫謐曰：「元王十一年癸未，三晉滅智伯，二十八年崩，三子爭立，立應爲貞定王。」索隱系本云元王赤，皇甫謐云貞定王。考據二文，則是元有兩名，一名仁，一名赤。如史記，則元王爲定王父，定王卽貞王也；依系本，則元王是貞王子。必有一乖誤。然此「定」當爲「貞」，字誤耳。豈周家有兩定王，代數又非遠乎？皇甫謐見此，疑而不決，遂彌縫史記、系本之錯謬，因謂爲貞定王，未爲得也。

定王十六年，三晉滅智伯，分有其地。

二十八年，定王崩，〔一〕長子去疾立，是爲哀王。哀王立三月，弟叔襲殺哀王而自立，是爲思王。思王立五月，少弟嵬攻殺思王而自立，是爲考王。此三王皆定王之子。

〔一〕集解徐廣曰：「皇甫謐曰貞定王十年，元癸亥，崩壬申。」

考王十五年，崩，〔一〕子威烈王午立。

〔一〕集解徐廣曰：「皇甫謐曰考哲王元辛丑，崩乙卯。」

考王封其弟于河南，〔一〕是爲桓公，以續周公之官職。桓公卒，子威公代立。威公卒，子惠公代立，乃封其少子於鞏〔二〕以奉王，號東周惠公。〔三〕

〔一〕正義帝王世紀云：「考哲王封弟揭於河南，續周公之官，是爲西周桓公。」按：自敬王遷都成周，號東周也。桓公都王城，號西周桓公。

〔二〕集解徐廣曰：「惠公之子也。」正義鞏音拱。郭緣生述征記鞏縣，周地，鞏伯邑。史記周顯王二年西周惠公封少子班於鞏，以奉王室，爲東周惠公也。子武公，爲秦所滅。

〔三〕索隱考王封其弟于河南，爲桓公。卒，子威公立。卒，子惠公立。長子曰西周公。又封少子於鞏，仍襲父號曰東周惠公。於是有東西二周也。按：系本「西周桓公名揭，居河南；東周惠公名班，居洛陽」是也。

威烈王二十三年，九鼎震。命韓、魏、趙爲諸侯。

二十四年，崩，〔一〕子安王驕立。是歲盜殺楚聲王。

〔一〕集解徐廣曰：「皇甫謐曰元丙辰，崩己卯。」駰案：宋衷曰「威烈王葬洛陽城中東北隅」也。

安王立二十六年，崩，〔一〕子烈王喜立。烈王二年，周太史儋〔二〕見秦獻公曰：〔三〕「始周與秦國合而別，別五百載復合，〔四〕合十七歲而霸王者出焉。」〔五〕

〔一〕集解皇甫謐曰：「安王元庚辰，崩乙巳。」

〔二〕索隱老子列傳曰「儋卽老子」耳，又曰「非也」，驗其年代是別人。正義幽王時有伯陽甫。唐固曰：「伯陽甫，老子也。」按：幽王元年至孔子卒三百餘年，孔子卒後一百二十九年，儋見秦獻公。然老子當孔子時，唐固說非也。

〔三〕正義秦本紀云獻公十一年見，見後十五年，周顯王致文武胙於秦孝公，是復合時也。

〔四〕集解應劭曰：「周孝王封伯翳之後爲侯伯，與周別五百載。至昭王時，西周君臣自歸受罪，獻其邑三十六城，合也。」韋昭曰：「周封秦爲始別，謂秦仲也。五百歲，謂從秦仲至孝公彊大，顯王致伯，與之親合也。」索隱按：周封非子爲附庸，邑之秦，號曰秦嬴，是始合也。及秦襄公始列爲諸侯，是別之也。自秦列爲諸侯，至昭王五十二年，西周君臣獻邑三十六城以入於秦，凡五百一十六年，是合也。云「五百」，舉其大數。

〔五〕集解徐廣曰：「從此後十七年而秦昭王立。」駰案：韋昭曰「武王、昭王皆伯，至始皇而王天下」。索隱霸王，謂始皇也。自周以邑入秦，至始皇初立，政由太后、嫪毐，至九年誅毐，正十七年。正義周始與秦國合者，謂周、秦俱黄帝之後，至非子未別封，是合也。而別者，謂非子末年，周封非子爲附庸，邑之秦，後二十九君，至秦孝

公二年五百載，周顯王致文武胙於秦孝公，復與之親，是復合也。合十七歲而霸王者出，謂從秦孝公三年至十九年周顯王致胙於秦孝公，是霸也。孝公子惠王稱王，是王者出也。然五百載者，非子生秦侯已下二十八君，至孝公二年，都合四百八十六年，兼非子邑秦之後十四年，則成五百。

十年，烈王崩，弟扁立，〔一〕是爲顯王。顯王五年，賀秦獻公，獻公稱伯。九年，致文武胙於秦孝公。〔二〕二十五年，秦會諸侯於周。二十六年，周致伯於秦孝公。三十三年，賀秦惠王。三十五年，致文武胙於秦惠王。四十四年，秦惠王稱王。〔三〕其後諸侯皆爲王。〔四〕

〔一〕正義扁，邊典反。

〔二〕集解胙，膰肉也。左傳曰：「王使宰孔賜齊侯胙，曰天子有事于文武。」

〔三〕正義秦本紀云惠王十三年，與韓、魏、趙並稱王。

〔四〕索隱謂韓、魏、齊、趙也。

四十八年，顯王崩，子慎靚王定立。慎靚王立六年，崩，子赧王延立。〔一〕王赧時東西周分治。〔二〕王赧徙都西周。〔三〕

〔一〕索隱皇甫謐云名誕。赧非謚，謚法無赧。正以微弱，竊鈇逃債，赧然慙愧，故號曰「赧」耳。又按：尚書中候以「赧」爲「然」，鄭玄云「然讀曰赧」。王劭按：古音人扇反，今音奴板反。爾雅曰面慙曰赧。

〔二〕索隱西周，河南也。東周，鞏也。王赧微弱，西周與東分主政理，各居一都，故曰東西周。按：高誘曰西周王城，今河南。東周成周，故洛陽之地。

〔三〕正義敬王從王城東徙成周，十世至王赧，從成周西徙王城，西周武公居焉。

西周武公〔一〕之共太子死，有五庶子，毋適立。司馬翦〔二〕謂楚王曰：「不如以地資公子咎，爲請太子。」左成曰：〔三〕「不可。周不聽，是公之知困而交疏於周也。〔四〕不如請周君孰欲立，以微告翦，翦請令楚（賀）〔資〕之以地。」果立公子咎爲太子。〔五〕

〔一〕集解徐廣曰：「惠公之長子。」索隱按：戰國策作東周武公。

〔二〕正義翦音子踐反，楚臣也。

〔三〕正義楚臣也。

〔四〕正義言以地資公子咎請爲太子，周若不許，是楚於周交益疏。

〔五〕正義楚命翦適周，諷周君欲立誰，以微言告於翦，翦令楚（賀）〔資〕之以地，周果立咎爲太子也。此以上至「西周武公」，是楚令周立公子咎爲太子也。

八年，秦攻宜陽，〔一〕楚救之。而楚以周爲秦故，將伐之。〔二〕蘇代爲周說楚王曰：「何以周爲秦之禍也？〔三〕言周之爲秦甚於楚者，欲令周入秦也，故謂『周秦』也。〔四〕周知其不可解，必入於秦，此爲秦取周之精者也。〔五〕爲王計者，周於秦因善之，不於秦亦言善之，以疏之於秦。〔六〕周絕於秦，必入於郢矣。」〔七〕

〔一〕正義括地志云：「故韓城一名宜陽城，在洛州福昌縣東十四里，卽韓宜陽縣城也。」

〔二〕索隱宜陽，韓地，秦攻而楚救之，周爲韓出兵，而楚疑周爲秦，因加兵伐周。

〔三〕索隱蘇代爲周說楚王，王何以道周爲秦，周實不爲秦也。今王責周道爲秦，周懼楚，必入秦，是爲禍也。

〔四〕索隱周、秦相近，秦欲并周而外睦於周，故當時諸侯咸謂「周秦」。

〔五〕正義解音紀買反。代言周若知楚疑親秦，其計定不可解免，周必親於秦也。是爲秦取周精妙之計。

〔六〕正義代言爲王計者，周親秦，因而善之；周不親，亦言善之。楚若善周，周必疏於秦也。

〔七〕正義郢，楚都也。楚既親周，秦必絕周親楚矣。以上至「八年」，蘇代說楚合周。

秦借道兩周之閒，〔一〕將以伐韓，周恐借之畏於韓，不借畏於秦。史厭〔二〕謂周君曰：〔三〕「何不令人謂韓〔四〕公叔曰『秦之敢絕周而伐韓者，信東周也。公何不與周地，發質使之楚』？〔五〕秦必疑楚不信周，是韓不伐也。又謂秦曰『韓彊與周地，將以疑周於秦也，周不敢不受』。秦必無辭而令周不受，〔六〕是受地於韓而聽於秦。」〔七〕

〔一〕正義上「借」音精夕反，下音子夜反。

〔二〕正義烏減反，又於點反。

〔三〕索隱周君，西周武公也。時王赧微弱，不主盟會，寄居西周耳。

〔四〕集解徐廣曰：「一作『何』。」應劭（曰）氏姓注云以何姓爲韓後。」

〔五〕正義質音竹利反。使音所吏反。質使，令公子及重臣等往楚爲質，使秦疑楚，又得不信周也。質平敵不相負也。

〔六〕正義又謂秦曰：「韓強與周地，令秦疑周親韓，則周不敢不受，秦必無巧辭而令周不敢（不）受韓地也。」
〔七〕索隱此史厭說韓，令與周地，使質於楚，令秦疑楚不信周，得不假道伐韓，而猶聽命於秦。

秦召西周君，西周君惡往，故令人謂韓王〔一〕曰：「秦召西周君，將以使攻王之南陽也，王何不出兵於南陽？周君將以爲辭於秦。〔二〕周君不入秦，秦必不敢踰河而攻南陽矣。」〔三〕

〔一〕索隱按：戰國策云或人爲周君謂魏王云者也。
〔二〕索隱高誘注戰國策曰：「以魏兵在河南爲辭，周君不往朝秦也。」
〔三〕正義南陽，今懷州也。杜預云在晉山南河北。以上至「秦召西周君」，是西周君說韓令出兵河南謀秦也。

東周與西周戰，韓救西周。或爲東周說韓王曰：〔一〕「西周故天子之國，多名器重寶。王案兵毋出，可以德東周，〔二〕而西周之寶必可以盡矣。」〔三〕

〔一〕正義爲音于僞反。乃或人爲東周說韓王，令按兵無出，則周德韓矣。
〔二〕正義韓按兵不出伐東周，而東周甚媿韓之恩德也。
〔三〕正義韓出兵助西周，雖不攻東周，西周媿其佐助，寶器必盡歸於韓。以上至「東周與西周戰」，是或人說韓令無救西周也。

王赧謂成君。楚圍雍氏，〔一〕韓徵甲與粟於東周，東周君恐，召蘇代而告之。代曰：「君何患於是。臣能使韓毋徵甲與粟於周，又能爲君得高都。」〔二〕周君曰：「子苟能，請以國

聽子。」代見韓相國曰：〔三〕「楚圍雍氏，期三月也，今五月不能拔，是楚病也。〔四〕今相國乃徵甲與粟於周，是告楚病也。」韓相國曰：「善。使者已行矣。」〔五〕代曰：「何不與周高都？」韓相國大怒曰：「吾毋徵甲與粟於周亦已多矣，〔六〕何故與周高都也？」代曰：「與周高都，是周折而入於韓也，秦聞之必大怒忿周，即不通周使，是以獘高都得完周也。曷爲不與？」相國曰：「善。」果與周高都。〔七〕

〔一〕集解徐廣曰：「陽翟雍氏城也。」戰國策曰『韓兵入西周，西周令成君辯說秦求救』，當是說此事而脫誤也。」索隱如徐此說，自合當改而注結之，不合與「楚圍雍氏」連注。正義雍音於恭反。括地志云：「故雍城在洛州陽翟縣東北二十五里，故老云黃帝臣雍父作杵臼所封也。」按：其地時屬韓也。
〔二〕集解徐廣曰：「今河南新城縣高都城也。」索隱高誘云：「高都，韓邑，今屬上黨也。」正義括地志云：「高都故城一名郜都城，在洛州伊闕縣北三十五里。」
〔三〕集解漢書百官表曰：「相國，秦官。」駰謂韓亦有相國，然則諸國共放秦也。索隱相國，公仲侈也。
〔四〕正義謂楚兵弊弱也。
〔五〕索隱已，止也。
〔六〕正義言幸甚也。
〔七〕正義以上至「楚圍雍氏」，是蘇代爲東周說韓，令不徵甲而得高都。

三十四年，蘇厲謂周君曰：「秦破韓、魏，扑師武，〔一〕北取趙藺、離石者，〔二〕皆白起也。是善用兵，又有天命。今又將兵出塞攻梁，〔三〕梁破則周危矣。君何不令人說白起乎？曰『楚有養由基者，善射者也。去柳葉百步而射之，百發而百中之。左右觀者數千人，皆曰善射。有一夫立其旁，曰「善，可教射矣」。養由基怒，釋弓搤劍，曰「客安能教我射乎」？客曰「非吾能教子支左詘右也。〔四〕夫去柳葉百步而射之，百發而百中之，不以善息，〔五〕少焉氣衰力倦，弓撥矢鉤，一發不中者，百發盡息」。〔六〕今破韓、魏，扑師武，北取趙藺、離石者，公之功多矣。今又將兵出塞，過兩周，倍韓，攻梁，一舉不得，前功盡弃。公不如稱病而無出』。」〔七〕

〔一〕集解徐廣曰：「扑，一作『仆』。」戰國策曰秦敗魏將犀武於伊闕。」
〔二〕集解地理志曰西河郡有藺、離石二縣。正義藺音力刃反。括地志云：「離石縣，今石州所理縣也。」藺近離石，皆趙二邑。
〔三〕正義謂伊闕塞也，在洛州南十九里。伊闕山今名鍾山。酈元注水經云：「兩山相對，望之若闕，伊水歷其閒，故謂之伊闕。」按：今謂之龍門，禹鑿以通水也。
〔四〕索隱按：列女傳云「左手如拒，右手如附枝，右手發之，左手不知，此射之道也」。又越絕書曰「左手如附泰山，右手如抱嬰兒」。
〔五〕索隱言不以其善而且停息。息，止也。
〔六〕索隱息猶弃。言并弃前善。

〔七〕正義以上至「三十四年」，是蘇厲爲周說白起無伐梁也。

四十二年，秦破華陽約。〔一〕馬犯謂周君曰：「請令梁城周。」〔二〕乃謂梁王曰：「周王病若死，則犯必死矣。〔三〕犯請以九鼎自入於王，王受九鼎而圖犯。」〔四〕梁王曰：「善。」遂與之卒，言戍周。〔五〕因謂秦王曰：「梁非戍周也，將伐周也。王試出兵境以觀之。」〔六〕秦果出兵。又謂梁王曰：〔七〕「周王病甚矣，犯請後可而復之。〔八〕今王使卒之周，諸侯皆生心，後舉事且不信。不若令卒爲周城，以匿事端。」〔九〕梁王曰：「善。」遂使城周。〔一〇〕

〔一〕集解徐廣曰：「一作『厄』。」正義司馬彪云：「華陽，亭名，在密縣。秦昭王三十三年，秦背魏約，使客卿胡傷擊魏將芒卯華陽，破之。」六國年表云：「白起擊魏華陽，芒卯走。」括地志云：「故華陽城在鄭州管城縣南四十里是。」按：馬犯見秦破魏華陽約，懼周危，故謂「請梁城周」也。
〔二〕索隱華陽，地名。司馬彪曰：「華陽，亭名，在密縣。秦昭王三十三年，秦背魏約，使客卿胡傷擊魏將芒卯華陽，破之。」是馬犯見秦破魏約，懼周危，故謂周君請梁城周，而設詭計也。
〔三〕正義馬犯，周臣也。乃說梁王曰，秦破魏華陽之軍，去周甚近，周王憂懼國破，猶身之重病，若死，則犯必死也。
〔四〕索隱圖，謀也。犯謂梁王，我方入鼎於王，王當謀救援己也。
〔五〕正義戍，守也。周雖未入九鼎於梁，而梁信馬犯矯言，遂與之卒，令守周。
〔六〕正義梁兵非戍周也，將漸伐周而取九鼎寶器，王若不信，試出師於境，以觀梁王之變也。

〔七〕正義 馬犯說秦，得秦出兵於境，又重歸說梁王也。

〔八〕索隱 按：戰國策「甚」作「瘉」。犯請後可而復之者，言王病愈，所圖不遂，請得在後有可之時以鼎入梁也。正義 復音扶富反。復，重也。秦既破華陽軍，今又出兵境上，是周國病秦久矣。犯前請卒戍周，諸侯皆心疑梁取周，後可更重請益卒守周乎？

〔九〕索隱 梁實圖周九鼎，且外遣卒戍周和合。秦舉兵欲侵周，梁不救周，是本無善周之事，止是欲周危而取九鼎，故諸侯皆心不信梁矣。故不如匿事端，使卒爲周城。正義 既諸侯生心，不如令卒便爲築城，以隱匿疑伐周之事端，絕諸侯不信之心。梁王遂使城周，解諸侯之疑也。

〔一〇〕正義 以上至「四十二年」，是馬犯說梁王爲周築城也。

四十五年，周君之秦客謂周（最）〔冣〕曰：〔一〕「公不若譽秦王之孝，因以應爲太后養地，〔二〕秦王必喜，是公有秦交。交善，周君必以爲公功。交惡，勸周君入秦者必有罪矣。」〔三〕秦攻周，而周冣謂秦王曰：「爲王計者不攻周。攻周，實不足以利，聲畏天下。天下以聲畏秦，必東合於齊。兵獘於周，合天下於齊，則秦不王矣。天下欲獘秦，勸王攻周。秦與天下獘，則令不行矣。」〔四〕

〔一〕索隱 （最）〔冣〕音詞喻反，周之公子也。

〔二〕集解 徐廣曰：「地理志云應，今潁川父城縣應鄉是也。」索隱 戰國策作「原」。原，周地。太后，秦昭王母宣太后芊氏也。正義 括地志云：「故應城，殷時應國，在（城）父〔城〕。」按：應城此時屬周。太后，秦昭王母宣太后芊氏。

〔三〕正義 客謂周冣曰，周君與秦交善，是冣之功也。與秦交惡，勸周君入秦者周冣，今必得勸周君之罪也。以上至「四十五年」，是周客說周冣，令周君以應入秦，得交善而歸也。

〔四〕正義 令音力政反。秦欲攻周，周冣說秦曰，周天子之國，雖有重器名寶，土地狹少，不足利秦國。王若攻之，乃有攻天子之聲，而令天下以攻天子之聲畏秦，使諸侯歸於齊，秦兵空獘於周，則秦不王矣。是天下欲獘秦，故勸王攻周，令秦受天下獘，而令教命不行於諸侯矣。以上至「秦攻周」，是周冣說秦也。

五十八年，三晉距秦。周令其相國之秦，以秦之輕也，還其行。〔一〕客謂相國曰：「秦之輕重未可知也。〔二〕秦欲知三國之情。公不如急見秦王曰『請爲王聽東方之變』，秦王必重公。重公，是秦重周，周以取秦也；齊重，則固有周聚〔三〕以收齊：是周常不失重國之交也。」〔四〕秦信周，發兵攻三晉。〔五〕

〔一〕正義 以秦輕易周相，故相國於是反歸周也。

〔二〕正義 言秦之輕相國重相國，亦未可知。

〔三〕集解 徐廣曰：「一作『冣』，冣亦古之聚字。」

〔四〕正義 按：周聚事齊而和於齊周，故得齊重。今相國又得秦重，是相國收秦，周聚收齊，周常不失大國之交也。

〔五〕正義 三晉，韓、魏、趙也。以上至「五十八年」，是客說周相國，令報三國之情，得秦重也。

五十九年，秦取韓陽城負黍，〔一〕西周恐，倍秦，與諸侯約從，〔二〕將天下銳師出伊闕攻秦，〔三〕令秦無得通陽城。秦昭王怒，使將軍摎〔四〕攻西周。西周君犇秦，〔五〕頓首受罪，盡獻其邑三十六，口三萬。〔六〕秦受其獻，歸其君於周。

〔一〕集解 徐廣曰：「陽城有負黍聚。」正義 括地志云：「陽城，洛州縣也。負黍亭在陽城縣西南三十五里。故周邑。左傳云『鄭伐周負黍』是也。」今屬韓國也。

〔二〕集解 文穎曰：「關東爲從，關西爲橫。」孟康曰：「南北爲從，東西爲橫。」瓚曰：「以利合曰從，以威勢相脅曰橫。」正義 按：諸說未允。關東地南北長，長爲從，六國共居之。關西地東西廣，廣爲橫，秦獨居之。

〔三〕正義 西周以秦取韓陽城、負黍，恐懼，倍秦之約，共諸侯連從，領天下銳師，從洛州南出伊闕攻秦軍，令不得通陽城。

〔四〕集解 漢書百官表曰：「前、後、左、右將軍，皆周末官也。」正義 摎音紀虯反。

〔五〕正義 謂西周武公。

〔六〕索隱 秦昭王之五十二年。

周君、王赧卒，〔一〕周民遂東亡。秦取九鼎寶器，而遷西周公於𢡱狐。〔二〕後七歲，秦莊襄王滅東（西）周。〔三〕東西周皆入于秦，周既不祀。〔四〕

〔一〕集解 宋衷曰：「謚曰西周武公。」索隱 非也。徐以西周武公是惠公之長子，此周君即西周武公也。蓋此時武公與王赧皆卒，故連言也。正義 劉伯莊云：「赧是慙耻之甚，輕微危弱，寄住東西，足爲慙赧，故號之曰赧。」帝王世紀云：「名誕。雖居天子之位號，爲諸侯之所役逼，與家人無異。名負責於民，無以得歸，乃上臺避之，故周人名其臺曰逃責臺。」

〔二〕集解 徐廣曰：「𢡱音憚。𢡱狐聚與陽人聚相近，在洛陽南百五十里梁、新城之閒。」索隱 西周，蓋武公之太子文公也。武公卒而立，爲秦所遷。而東周亦不知其名號。戰國策雖有周文君，亦不知滅時定當何主。蓋周室衰微，略無紀錄，故太史公雖考衆書以卒其事，然二國代系甚不分明。正義 括地志云：「汝州外古梁城即𢡱狐聚也。陽人故城即陽人聚也，在汝州梁縣西四十里，秦遷東周君地。梁亦古梁城也，在汝州梁縣西南十五里。新城，今洛州伊闕縣也。」按：𢡱狐、陽人傍在三城之閒。

〔三〕集解 徐廣曰：「周比亡之時，凡七縣，河南、洛陽、穀城、平陰、偃師、鞏、緱氏。」正義 括地志云：「故穀城在洛州河南縣西北十八里苑中。河陰縣城本漢平陰縣，在洛州洛陽縣東北五十里。十三州志云在平津大河之南也。魏文帝改曰河陰。」

〔四〕集解 皇甫謐曰：「周凡三十七王，八百六十七年。」索隱 既，盡也。日食盡曰既。言周祚盡滅，無主祭祀。正義 按：王赧卒後，天下無主三十五年，七雄並爭。至秦始皇立，天下一統，十五年，海內咸歸於漢矣。

太史公曰：學者皆稱周伐紂，居洛邑，綜其實不然。武王營之，成王使召公卜居，居九鼎焉，而周復都豐、鎬。至犬戎敗幽王，周乃東徙于洛邑。所謂「周公葬（我）〔於〕畢」，畢在鎬東南杜中。〔一〕秦滅周。漢興九十有餘載，天子將封泰山，東巡狩至河南，求周苗裔，封其後嘉三十里地，號曰周子南君，〔二〕比列侯，以奉其先祭祀。〔三〕

〔一〕集解徐廣曰：「一作『社』。」

〔二〕集解瓚曰：「汲冢古文謂衞將軍文子爲子南彌牟，其後有子南勁，朝于魏，後惠成王如衞，命子南爲侯。秦并六國，衞最爲後，疑嘉是衞後，故氏子南而稱君也。」正義括地志云：「周承休城一名梁雀塢，在汝州梁縣東北二十六里。帝王世紀云『漢武帝元鼎四年，東巡河洛，思周德，乃封姬嘉三千户，地方三十里，爲周子南君，以奉周祀。元帝初元五年，嘉孫延年進爵爲承休侯』，在此城也。平帝元始四年，進爲鄭公。光武建武十三年，封於觀，爲衞公。」顏師古云：「子南，其封邑之號，爲周後，故總言周子南君。」按：自嘉以下皆姓姬氏，著在史傳。瓚言子南爲氏，恐非。

〔三〕集解徐廣曰：「自周亡乙巳至元鼎四年戊辰，一百四十四年，漢之九十四年也。漢武元鼎四年封周後也。」

【索隱述贊】后稷居邰，太王作周。丹開雀録，火降烏流。三分既有，八百不謀。蒼兕誓衆，白魚入舟。太師抱樂，箕子拘囚。成康之日，政簡刑措。南巡不還，西服莫附。共和之後，王室多故。檿弧興謡，龍漦作釁。穨帶荏禍，實傾周祚。

史記卷五

秦本紀第五

秦之先，帝顓頊之苗裔〔一〕孫曰女脩。女脩織，玄鳥隕卵，女脩吞之，生子大業。〔二〕大業取少典之子，曰女華。女華生大費，〔三〕與禹平水土。已成，帝錫玄圭。禹受曰：「非予能成，亦大費爲輔。」帝舜曰：「咨爾費，贊禹功，其賜爾阜游。〔四〕爾後嗣將大出。」〔五〕乃妻之姚姓之玉女。〔六〕大費拜受，佐舜調馴鳥獸，鳥獸多馴服，是爲柏翳。舜賜姓嬴氏。

〔一〕正義黄帝之孫，號高陽氏。

〔二〕索隱女脩，顓頊之裔女，吞鳦子而生大業。其父不著。而秦、趙以母族而祖顓頊，非生人之義也。按：左傳郯國，少昊之後，而嬴姓蓋其族也，則秦、趙宜祖少昊氏。正義列女傳云：「陶子生五歲而佐禹。」曹大家注云：「陶子者，臯陶之子伯益也。」按此即知大業是臯陶。

〔三〕索隱扶味反，一音祕。尋費後以爲氏，則扶味反爲得。此則秦、趙之祖，嬴姓之先，一名伯翳，尚書謂之「伯益」，系本、漢書謂之「伯益」是也。尋檢史記上下諸文，伯翳與伯益是一人不疑。而陳杞系家卽敍伯翳與伯益爲二，未知太史公疑而未決邪？抑亦謬誤爾？

〔四〕索隱游音旒。謂賜以阜色旌旆之旒，色與玄玉色副，言其大功成也。然其事亦當有所出。

〔五〕索隱出猶生也。言爾後嗣繁昌，將大生出子孫也。故左傳亦云「晉公子姬出也」。

〔六〕集解徐廣曰：「皇甫謐云賜之玄玉，妻以姚姓之女也。」

大費生子二人：一曰大廉，實鳥俗氏；二曰若木，實費氏。〔一〕其玄孫曰費昌，子孫或在中國，或在夷狄。〔二〕費昌當夏桀之時，去夏歸商，爲湯御，以敗桀於鳴條。大廉玄孫曰孟戲、中衍，〔三〕鳥身人言。〔四〕帝太戊聞而卜之使御，吉，遂致使御而妻之。自太戊以下，中衍之後，遂世有功，〔五〕以佐殷國，故嬴姓多顯，遂爲諸侯。

〔一〕索隱以仲衍鳥身人言，故爲鳥俗氏。俗，一作「浴」。若木以王父字爲費氏也。

〔二〕索隱殷紂時費仲，卽昌之後也。

〔三〕索隱舊解以孟戲仲衍是一人，今以孟仲分字，當是二人名也。

〔四〕正義身體是鳥而能人言。又云口及手足似鳥也。

〔五〕正義謂費昌及仲衍。

其玄孫曰中潏，〔一〕在西戎，保西垂。生蜚廉。蜚廉生惡來。惡來有力，〔二〕蜚廉善走，父子俱以材力事殷紂。周武王之伐紂，并殺惡來。是時蜚廉爲紂石北方，〔三〕還，無所報，爲壇霍太山〔四〕而報，得石棺，〔五〕銘曰「帝令處父〔六〕不與殷亂，賜爾石棺以華氏」。死，遂葬

於霍太山。〔七〕蜚廉復有子曰季勝。〔八〕季勝生孟增。孟增幸於周成王，是爲宅皋狼。〔九〕皋狼生衡父，衡父生造父。造父以善御幸於周繆王，得驥、温驪、〔一〇〕驊騮、〔一一〕騄耳之駟，〔一二〕西巡狩，樂而忘歸。〔一三〕徐偃王作亂，〔一四〕造父爲繆王御，長驅歸周，一日千里以救亂。〔一五〕繆王以趙城封造父，〔一六〕造父族由此爲趙氏。自蜚廉生季勝已下五世至造父，別居趙。趙衰其後也。惡來革者，蜚廉子也，蚤死。有子曰女防。女防生旁皋，旁皋生太几，太几生大駱，大駱生非子。以造父之寵，皆蒙趙城，姓趙氏。

〔一〕【集解】徐廣曰：「一作『滑』。」【正義】中音仲。潏音決。宋衷注世本云仲滑生飛廉。

〔二〕【集解】晏子春秋曰：「手裂虎兕。」

〔三〕【集解】徐廣曰：「皇甫謐云作石椁於北方。」【索隱】「石」下無字，則不成文，意亦無所見，必是史記本脫。皇甫謐尚得其說。徐雖引之，而竟不云是脫何字，專質之甚也。【正義】爲，于僞反。劉伯莊云：「霍太山，紂都之北也。霍太山在晉州霍邑縣。」按：在衞州朝歌之西方也。

〔四〕【集解】地理志霍太山在河東彘縣。

〔五〕【正義】紂既崩，無所歸報，故爲壇就霍太山而祭紂，報云作得石椁。

〔六〕【索隱】蜚廉別號。

〔七〕【集解】皇甫謐云：「去彘縣十五里有冢，常祠之。」【索隱】言處父至忠，國滅君死而不忘臣節，故天賜石棺，以光華其族。事蓋非實，譙周深所不信。

〔八〕【正義】音升。

〔九〕【正義】地理志云西河郡皋狼縣也。按：孟增居皋狼而生衡父。

〔一〇〕【集解】徐廣曰：「温，一作『盜』。」駰案：郭璞云「爲馬細頸。驪，黑色」。【索隱】温音盜。徐廣亦作「盜」。鄒誕生本作「駣」，音陶。劉氏音義云「盜驪，騧驪也。騧，淺黃色」。八駿既因色爲名，騧驪爲得之也。

〔一一〕【集解】郭璞曰：「色如華而赤。今名馬驃赤者爲棗騮。騮，馬赤也。」

〔一二〕【集解】郭璞曰：「紀年云『北唐之君來見以一驪馬，是生騄耳』。八駿皆因其毛色以爲名號。」駰案：穆天子傳穆王有八駿之乘，此紀不具者也。【索隱】按：穆王傳曰赤驥、盜驪、白義、渠黃、驊騮、騟輪、騄耳、山子。【正義】騄音録。

〔一三〕【集解】郭璞曰：「紀年云穆王十七年，西征於崑崙丘，見西王母。」【正義】括地志云：「崑崙山在肅州酒泉縣南八十里。十六國春秋云前涼張駿酒泉守馬岌上言，酒泉南山即崑崙之丘也，周穆王見西王母，樂而忘歸，即謂此山。有石室王母堂，珠璣鏤飾，煥若神宮。」按：肅州在京西北二千九百六十里，即小崑崙也，非河源出處者。

〔一四〕【集解】地理志曰臨淮有徐縣，云故徐國。尸子曰：「徐偃王有筋而無骨。」駰謂號偃由此。【正義】括地志云：「大徐城在泗州徐城縣北三十里，古徐國也。」博物志云徐君宮人有娠而生卵，以爲不祥，弃於水濱洲。孤獨母有犬鵠蒼，銜所弃卵以歸，覆煖之，乃成小兒。生時正偃，故以爲名。宮人聞之，更取養之。及長，襲爲徐君。後鵠蒼臨死，生角而九尾，化爲黃龍也。鵠蒼或名后蒼。」括地志又云：「徐城在越州鄮縣東南入海二百里。夏侯志云翁洲上有徐偃王城。傳云昔周穆王巡狩，諸侯共尊偃王，穆王聞之，令造父御，乘騕褭之馬，日行千里，自還討之。或云命楚王帥師伐之，偃王乃於此處立城以終。」

〔一五〕【正義】古史考云：「徐偃王與楚文王同時，去周穆王遠矣。且王者行有周衞，豈得救亂而獨長驅日行千里乎？」並言此事非實。按：年表穆王元年去楚文王元年三百一十八年矣。

〔一六〕【集解】徐廣曰：「趙城在河東永安縣。」【正義】括地志云：「趙城，今晉州趙城縣是。本彘縣地，後改曰永安，即造父之邑也。」

非子居犬丘，〔一〕好馬及畜，〔二〕善養息之。犬丘人言之周孝王，孝王召使主馬于汧渭之閒，〔三〕馬大蕃息。孝王欲以爲大駱適嗣。申侯之女爲大駱妻，生子成爲適。申侯乃言孝王曰：「昔我先酈山之女，〔四〕爲戎胥軒妻，〔五〕生中潏，以親故歸周，保西垂，西垂以其故和睦。今我復與大駱妻，生適子成。申駱重婚，西戎皆服，所以爲王。〔六〕王其圖之。」於是孝王曰：「昔伯翳爲舜主畜，畜多息，故有土，賜姓嬴。今其後世亦爲朕息馬，朕其分土爲附庸。」邑之秦，〔七〕使復續嬴氏祀，號曰秦嬴。亦不廢申侯之女子爲駱適者，以和西戎。

〔一〕【集解】徐廣曰：「今槐里也。」【正義】括地志云：「犬丘故城一名槐里，亦曰廢丘，在雍州始平縣東南十里。地理志云扶風槐里縣，周曰犬丘，懿王都之，秦更名廢丘，高祖三年更名槐里也。」

〔二〕【正義】好，火到反。畜，許救反。

〔三〕【正義】汧音牽。言於二水之閒，在隴州以東。

〔四〕【正義】申侯之先，娶於酈山。

〔五〕【正義】胥軒，仲衍曾孫也。

〔六〕【正義】重，直龍反。言中駱重婚，西戎皆從，所以得爲王。王即孝王。

〔七〕【集解】徐廣曰：「今天水隴西縣秦亭也。」【正義】括地志云：「秦州清水縣本名秦，嬴姓邑。十三州志云秦亭，秦谷是也。周太史儋云『始周與秦國合而別』，故天子邑之秦。」

秦嬴生秦侯。秦侯立十年，卒。生公伯。公伯立三年，卒。生秦仲。

秦仲立三年，周厲王無道，諸侯或叛之。西戎反王室，滅犬丘大駱之族。周宣王即位，〔一〕乃以秦仲爲大夫，誅西戎。西戎殺秦仲。秦仲立二十三年，死於戎。〔二〕有子五人，其長者曰莊公。周宣王乃召莊公昆弟五人，與兵七千人，使伐西戎，破之。於是復予秦仲後，及其先大駱地犬丘并有之，爲西垂大夫。〔三〕

〔一〕【集解】徐廣曰：「秦仲之十八年也。」

〔二〕【集解】毛詩序曰：「秦仲始大，有車馬禮樂侍御之好也。」

〔三〕【正義】注水經云：「秦莊公伐西戎，破之，周宣王與大駱犬丘之地，爲西垂大夫。」括地志云：「秦州上邽縣西南九十里，漢隴西西縣是也。」

莊公居其故西犬丘，生子三人，其長男世父。世父曰：「戎殺我大父仲，我非殺戎王則不敢入邑。」遂將擊戎，讓其弟襄公。襄公爲太子。莊公立四十四年，卒，太子襄公代立。

襄公元年，以女弟繆嬴爲豐王妻。襄公二年，〔一〕戎圍犬丘，(世父)世父擊之，爲戎人所虜。歲餘，復歸世父。七年春，周幽王用褒姒廢太子，立褒姒子爲適，數欺諸侯，諸侯叛之。西戎犬戎與申侯伐周，殺幽王酈山下。而秦襄公將兵救周，戰甚力，有功。周避犬戎難，東徙雒邑，〔二〕襄公以兵送周平王。平王封襄公爲諸侯，賜之岐以西之地。曰：「戎無道，侵奪我岐、豐之地，秦能攻逐戎，即有其地。」與誓，封爵之。襄公於是始國，與諸侯通使聘享之禮，乃用駵駒、〔三〕黄牛、羝羊各三，祠上帝西畤。〔四〕十二年，伐戎而至岐，卒。生文公。

〔一〕正義 括地志云：「故汧城在隴州汧源縣東南三里。帝王世紀云秦襄公二年徙都汧，即此城。」

〔二〕正義 周平王徙居王城，即雒誥云「我卜瀍水東，瀍水西」者也。

〔三〕集解 徐廣曰：「赤馬黑髦曰駵。」

〔四〕集解 徐廣曰：「年表云立西畤，祠白帝。」 索隱 襄公始列爲諸侯，自以居西(畤)，西(畤)，縣名，故作西畤，祠白帝。畤，止也，言神靈之所依止也。亦音市，謂爲壇以祭天也。

文公元年，居西垂宫。〔一〕三年，文公以兵七百人東獵。四年，至汧渭之會。曰：「昔周邑我先秦嬴於此，後卒獲爲諸侯。」乃卜居之，占曰吉，〔二〕即營邑之。十年，初爲鄜畤，〔三〕用三牢。十三年，初有史以紀事，民多化者。十六年，文公以兵伐戎，戎敗走。於是文公遂收周餘民有之，地至岐，岐以東獻之周。十九年，得陳寶。〔四〕二十年，法初有三族之罪。〔五〕

二十七年，伐南山大梓，豐大特。〔六〕四十八年，文公太子卒，賜謚爲竫公。〔七〕竫公之長子爲太子，是文公孫也。五十年，文公卒，葬西山。〔八〕竫公子立，是爲寧公。〔九〕

〔一〕正義 即上西縣是也。

〔二〕正義 括地志云：「郿縣故城在岐州郿縣東北十五里。毛萇云郿，地名也。秦文公東獵汧渭之會，卜居之，乃營邑焉，即此城也。」

〔三〕集解 徐廣曰：「鄜縣屬馮翊。」 索隱 音敷，亦縣名。於鄜地作畤，故曰鄜畤。故封禪書曰「秦文公夢黄蛇自天下屬地，其口止於鄜衍」，史敦以爲神，故立畤也。 正義 括地志云：「三畤原在岐州雍縣南二十里。封禪書云秦文公作鄜畤，襄公作西畤，靈公作吳陽上畤，並此原上，因名也。」

〔四〕索隱 按：漢書郊祀志云「文公獲若石云，於陳倉北阪城祠之，其神來，若雄雉，其聲殷殷云，野雞夜鳴，以一牢祠之，號曰陳寶」。又臣瓚云「陳倉縣有寶夫人祠，歲與葉君神會，祭于此者也」。蘇林云「質如石，似肝」。云，語辭。 正義 括地志云：「寶雞(神)〔祠〕在岐州陳倉縣東二十里故陳倉城中。晉太康地志云『秦文公時，陳倉人獵得獸，若彘，不知名，牽以獻之。逢二童子，童子曰：「此名爲媦，常在地中，食死人腦。」即欲殺之，拍捶其首。媦亦語曰：「二童子名陳寶，得雄者王，得雌者霸。」陳倉人乃逐二童子，化爲雉，雌上陳倉北阪，爲石，秦祠之』。搜神記云其雄者飛至南陽，其後光武起於南陽，皆如其言也。」

〔五〕集解 張晏曰：「父母、兄弟、妻子也。」如淳曰：「父族、母族、妻族也。」

〔六〕集解 徐廣曰：「今武都故道有怒特祠，圖大牛，上生樹本，有牛從木中出，後見於豐水之中。」 正義 括地志云：「大梓樹在岐州陳倉縣南十里倉山上。録異傳云『秦文公時，雍南山有大梓樹，文公伐之，輒有大風雨，樹生合不斷。時有一人病，夜往山中，聞有鬼語樹神曰：「秦若使人被髮，以朱絲繞樹伐汝，汝得不困耶？」樹神無言。明日，病人語聞，公如其言伐樹，斷，中有一青牛出，走入豐水中。其後牛出豐水中，使騎擊之，不勝。有騎墮地復上，髮解，牛畏之，入不出，故置髦頭。漢、魏、晉因之。武都郡立怒特祠，是大梓牛神也』。」按：今俗畫青牛障是。

〔七〕集解 徐廣曰：「文公之四十四年，魯隱之元年。」

〔八〕集解 徐廣曰：「皇甫謐云葬於西山，在今隴西之西縣。」

〔九〕集解 徐廣曰：「一作『曼』。」

寧公二年，公徙居平陽。〔一〕遣兵伐蕩社。〔二〕三年，與亳戰，亳王奔戎，遂滅蕩社。〔三〕四年，魯公子翬〔四〕弒其君隱公。十二年，伐蕩氏，取之。寧公生十歲立，立十二年卒，葬西山。〔五〕生子三人，長男武公爲太子。武公弟德公，同母魯姬子。〔六〕生出子。寧公卒，大庶長弗忌、威壘、〔七〕三父廢太子而立出子爲君。出子六年，三父等復共令人賊殺出子。出子生五歲立，立六年卒。三父等乃復立故太子武公。

〔一〕集解 徐廣曰：「郿之平陽亭。」 正義 帝王世紀云秦寧公都平陽。按：岐山縣有陽平鄉，鄉内有平陽聚。括地志云：「平陽故城在岐州岐山縣西四十六里，秦寧公徙都之處。」

〔二〕集解 徐廣曰：「蕩音湯。社，一作『杜』。」 索隱 西戎之君號曰亳王，蓋成湯之胤。其邑曰蕩社。徐廣云一作「湯杜」，言湯邑在杜縣之界，故曰湯杜也。 正義 括地志云：「雍州三原縣有湯陵。又有湯臺，在始平縣西北八里。」按：其國蓋在三原始平之界矣。

〔三〕集解 皇甫謐云：「亳王號湯，西夷之國也。」

〔四〕正義 音暉，即羽父也。

〔五〕正義 括地志云：「秦寧公墓在岐州陳倉縣西北三十七里秦陵山。帝王世紀云秦寧公葬西山大麓，故號秦陵山也。」按：文公亦葬西山，蓋秦陵山也。

〔六〕正義 德公母號魯姬子。

〔七〕正義 音力追反。

武公元年，伐彭戲氏，〔一〕至于華山下，〔二〕居平陽封宫。〔三〕三年，誅三父等而夷三族，以其殺出子也。鄭高渠眯殺其君昭公。〔四〕十年，伐邽、冀戎，初縣之。〔五〕十一年，初縣杜、鄭。〔六〕滅小虢。〔七〕

〔一〕正義 戲音許宜反，戎號也。蓋同州彭衙故城是也。

〔二〕正義 即華嶽之下也。

〔三〕正義 宫名，在岐州平陽城内也。

〔四〕索隱 春秋魯桓公十七年左傳作「高渠彌」也。

〔五〕集解 地理志隴西有上邽縣。應劭曰：「即邽戎邑也。」冀縣屬天水郡。

〔六〕集解 地理志京兆有鄭縣、杜縣也。 正義 括地志云：「下杜故城在雍州長安縣東南九里，古杜伯國。華州鄭縣也。毛詩譜云鄭國者，周畿内之地。宣王封其弟於咸林之地，是爲鄭桓公。」按：秦得皆縣之。

〔七〕集解班固曰西虢在雍州。正義虢音古伯反。括地志云：「故虢城在岐州陳倉縣東四十里。次西十餘里又有城，亦名虢城。輿地志云此虢文王母弟虢叔所封，是曰西虢。」按：此虢滅時，陝州之虢猶謂之小虢。又云，小虢，羌之別種。

十三年，齊人管至父、連稱等殺其君襄公而立公孫無知。晉滅霍、魏、耿。〔一〕齊雍廩〔二〕殺無知、管至父等而立齊桓公。齊、晉爲彊國。

〔一〕索隱春秋魯閔公元年左傳云「晉滅耿，滅魏，滅霍」，此不言魏，史闕文耳。又傳曰：「賜畢萬魏，賜趙夙耿。」杜預注曰：「平陽皮氏縣東南有耿鄉，永安縣東北有霍太山。三國皆姬姓。」正義括地志云：「霍，晉州霍邑縣，又春秋時霍伯國。韋昭云霍，姬姓也。」括地志云：「故耿城今名耿倉城，在絳州龍門縣東南十二里，故耿國也。都城記云耿，嬴姓國也。」

〔二〕正義雍，於宫反。廩，力甚反。是雍林邑人姓名也。

十九年，晉曲沃始爲晉侯。〔一〕齊桓公伯於鄄。〔二〕

〔一〕索隱晉穆侯少子成師居曲沃，號曲沃桓叔，至武公稱滅晉侯緡，始爲晉君也。

〔二〕正義伯音霸。

二十年，武公卒，葬雍平陽。初以人從死，從死者六十六人。有子一人，名曰白。白不立，封平陽。〔一〕立其弟德公。

〔一〕正義即雍平陽也。平陽時屬雍，並在岐州。解在上也。

德公元年，初居雍城〔一〕大鄭宮。〔二〕以犧三百牢祠鄜畤。卜居雍。後子孫飲馬於河。〔三〕梁伯、芮伯來朝。〔四〕二年，初伏，〔五〕以狗禦蠱。〔六〕德公生三十三歲而立，立二年卒。生子三人：長子宣公，中子成公，少子穆公。長子宣公立。

〔一〕集解徐廣曰：「今縣在扶風。」

〔二〕正義括地志云：「岐州雍縣南七里故雍城，秦德公大鄭宮城也。」

〔三〕正義卜居雍之後，國益廣大，後代子孫得東飲馬於龍門之河。

〔四〕索隱梁，嬴姓。芮，姬姓。梁國在馮翊夏陽。芮國在馮翊臨晉。正義括地志云：「南芮鄉故城在同州朝邑縣南三十里，又有北芮城，皆古芮伯國。鄭玄云周同姓之國，在畿內，爲王卿士者。左傳云桓公三年，芮伯萬之母芮姜惡芮伯之多寵人，故逐之，出居魏。」今按：〔陝〕州芮城縣界有芮國城，蓋是殷末虞芮争田之芮國是也。

〔五〕集解孟康曰：「六月伏日初也。周時無，至此乃有之。」正義六月三伏之節起秦德公爲之，故云初伏。伏者，隱伏避盛暑也。曆忌釋云：「伏者何？以金氣伏藏之日也。四時代謝，皆以相生：立春，木代水，水生木；立夏，火代木，木生火；立冬，水代金，金生水；立秋，以金代火，故至庚日必伏。庚者金，故曰伏也。」

〔六〕集解徐廣曰：「年表云初作伏，祠社，磔狗邑四門也。」正義蠱者，熱毒惡氣爲傷害人，故磔狗以禦之。年表云「初作伏，祠社，磔狗邑四門」。按：磔，禳也。狗，陽畜也。以狗張磔於郭四門，禳卻熱毒氣也。左傳云皿蟲爲蠱。顧野王云穀久積變爲飛蠱也。

宣公元年，衛、燕伐周，〔一〕出惠王，立王子穨。三年，鄭伯、虢叔〔二〕殺子穨而入惠王。四年，作密畤。〔三〕與晉戰河陽，勝之。十二年，宣公卒。生子九人，莫立，立其弟成公。

〔一〕正義衛惠公都即今衛州也。燕，南燕也。周，天王也。括地志云：「滑州故城古南燕國。應劭云南燕，姞姓之國，黃帝之後。」

〔二〕正義括地志云：「洛州汜水縣，古東虢國，亦鄭之制邑，漢之城皋，即周穆王虎牢城。左傳云宫之奇曰『虢仲虢叔，王季之穆也』。」

〔三〕正義括地志云：「漢有五畤，在岐州雍縣南，則鄜畤、吳陽上畤、下畤、密畤、北畤。秦文公夢黃蛇自天而下，屬地，其口止於鄜衍，作畤，郊祭白帝，曰鄜畤。秦宣公作密畤於渭南，祭青帝。秦靈公作吳陽上畤，祭黃帝；作下畤，祠炎帝。漢高帝曰『天有五帝，今四，何也？待我而具五』。遂立黑帝，曰北畤是也。」

成公元年，梁伯、〔一〕芮伯來朝。齊桓公伐山戎，次于孤竹。〔二〕

〔一〕正義括地志云：「同州韓城縣南二十二里少梁故城，古少梁國。都城記云梁伯國，嬴姓之後，與秦同祖。秦穆公二十二年滅之。」

〔二〕正義括地志云：「孤竹故城在平州盧龍縣十二里，殷時諸侯竹國也。」

成公立四年卒。子七人，莫立，立其弟繆公。〔一〕

〔一〕索隱秦自宣公已上皆史失其名。今按系本、古史考，得繆公名任好。

繆公任好元年，自將伐茅津，〔一〕勝之。四年，迎婦於晉，晉太子申生姊也。其歲，齊桓公伐楚，至邵陵。

〔一〕正義劉伯莊云：「戎號也。」括地志云：「茅津及茅城在陝州河北縣西二十里。注水經云茅亭，茅戎號。」

五年，晉獻公滅虞、虢，虜虞君與其大夫百里傒，以璧馬賂於虞故也。既虜百里傒，以爲秦繆公夫人媵於秦。百里傒亡秦走宛，〔一〕楚鄙人執之。繆公聞百里傒賢，欲重贖之，恐楚人不與，乃使人謂楚曰：「吾媵臣百里傒在焉，請以五羖羊皮贖之。」楚人遂許與之。當是時，百里傒年已七十餘。繆公釋其囚，與語國事。謝曰：「臣亡國之臣，何足問！」繆公曰：「虞君不用子，故亡，非子罪也。」固問，語三日，繆公大說，授之國政，號曰五羖大夫。百里傒讓曰：「臣不及臣友蹇叔，蹇叔賢而世莫知。臣常游困於齊而乞食銍人，〔二〕蹇叔收臣。臣因而欲事齊君無知，蹇叔止臣，臣得脫齊難，遂之周。周王子穨好牛，臣以養牛干之。及穨欲用臣，蹇叔止臣，臣去，得不誅。事虞君，蹇叔止臣。臣知虞君不用臣，臣誠私利祿爵，且留。再用其言，得脫；一不用，及虞君難：是以知其賢。」於是繆公使人厚幣迎蹇叔，以爲上大夫。

〔一〕集解地理志南陽有宛縣。正義宛，於元反，今鄧州縣。

〔二〕集解徐廣曰：「銍，一作『銍』。」正義銍音珍栗反。銍，地名，在沛縣。

秋，繆公自將伐晉，戰於河曲。〔一〕晉驪姬作亂，太子申生死新城，〔二〕重耳、夷吾出

犇。〔三〕

〔一〕集解徐廣曰：「一作『西』。」駰按：公羊傳曰「河千里而一曲也」。服虔曰「河曲，晉地」。杜預曰「河曲在蒲阪南」。正義按：河曲在華陰縣界也。

〔二〕正義韋昭云：「曲沃新爲太子城。」括地志云：「絳州曲沃縣有曲沃故城，土人以爲晉曲沃新城。」

〔三〕正義重耳奔翟，夷吾奔少梁也。

九年，齊桓公會諸侯於葵丘。〔一〕

〔一〕正義括地志云：「葵丘在曹州考城縣東南一里一百五十步郭內，卽桓公會處。又青州臨淄縣有葵丘，卽傳連稱、管至父所戍處。」

晉獻公卒。立驪姬子奚齊，其臣里克殺奚齊。荀息立卓子，〔一〕克又殺卓子及荀息。夷吾使人請秦，求入晉。於是繆公許之，使百里傒將兵送夷吾。夷吾謂曰：「誠得立，請割晉之河西八城〔二〕與秦。」及至，已立，而使丕鄭謝秦，背約不與河西城，而殺里克。丕鄭聞之，恐，因與繆公謀曰：「晉人不欲夷吾，實欲重耳。今背秦約而殺里克，皆呂甥、郤芮之計也。願君以利急召呂、郤，呂、郤至，則更入重耳便。」繆公許之，使人與丕鄭歸，召呂、郤。呂、郤等疑丕鄭有閒，乃言夷吾殺丕鄭。丕鄭子丕豹奔秦，說繆公曰：「晉君無道，百姓不親，可伐也。」繆公曰：「百姓苟不便，何故能誅其大臣？能誅其大臣，此其調也。」〔三〕不聽，而陰用豹。

〔一〕集解徐廣曰：「一作『倬』。」

〔二〕正義謂同、華等州地。

〔三〕正義調音徒聊反。言能誅大臣丕鄭，云是夷吾於百姓調和也。劉伯莊音徒弔反。按：調，選也。邪臣誅，忠臣用，是夷吾能調選。兩通也。

十二年，齊管仲、隰朋死。

晉旱，來請粟。丕豹說繆公勿與，因其饑而伐之。繆公問公孫支，〔一〕支曰：「饑穰更事耳，不可不與。」問百里傒，傒曰：「夷吾得罪於君，其百姓何罪？」於是用百里傒、公孫支言，卒與之粟。以船漕車轉，自雍相望至絳。〔二〕

〔一〕集解服虔曰：「秦大夫公孫子桑。」

〔二〕集解賈逵曰：「雍，秦國都；絳，晉國都也。」

十四年，秦饑，請粟於晉。晉君謀之羣臣。虢射曰：〔一〕「因其饑伐之，可有大功。」晉君從之。十五年，興兵將攻秦。繆公發兵，使丕豹將，自往擊之。九月壬戌，與晉惠公夷吾合戰於韓地。〔二〕晉君弃其軍，與秦爭利，還而馬騺。〔三〕繆公與麾下馳追之，不能得晉君，反爲晉軍所圍。晉擊繆公，繆公傷。於是岐下食善馬者三百人馳冒晉軍，晉軍解圍，遂脫繆公而反生得晉君。初，繆公亡善馬，岐下野人共得而食之者三百餘人，〔四〕吏逐得，欲法之。繆公曰：「君子不以畜產害人。吾聞食善馬肉不飲酒，傷人。」乃皆賜酒而赦之。三百人者聞秦擊晉，皆求從，從而見繆公窘，亦皆推鋒爭死，以報食馬之德。於是繆公虜晉君以歸，令於國，「齊宿，吾將以晉君祠上帝」。周天子聞之，曰「晉我同姓」，爲請晉君。夷吾姊亦爲繆公夫人，夫人聞之，乃衰絰跣，曰：「妾兄弟不能相救，以辱君命。」繆公曰：「我得晉君以爲功，今天子爲請，夫人是憂。」乃與晉君盟，許歸之，更舍上舍，而饋之七牢。〔五〕十一月，歸晉君夷吾，夷吾獻其河西地，使太子圉爲質於秦。秦妻子圉以宗女。是時秦地東至河。〔六〕

〔一〕正義射音石也。

〔二〕正義左傳云僖公十五年，秦晉戰於韓原，秦獲晉侯以歸。括地志云：「韓原在同州韓城縣西南十八里。」十六國春秋云魏顆夢父結草抗秦將杜回，亦在韓原。」

〔三〕正義騺音致，又敕利反。國語云：「晉師潰，戎馬還濘而止。」韋昭云：「濘，深泥也。」

〔四〕正義括地志云：「野人塢在岐州雍縣東北二十里。」按：野人盜馬食處，因名焉。

〔五〕集解賈逵曰：「諸侯雍餼七牢。牛一羊一豕一爲一牢也。」

〔六〕正義晉河西八城入秦，秦東境至河，卽龍門河也。

十八年，齊桓公卒。二十年，秦滅梁、芮。〔一〕

〔一〕正義梁、芮國皆在同州。秦得其地，故滅二國之君。

二十二年，晉公子圉聞晉君病，曰：「梁，我母家也，〔一〕而秦滅之。我兄弟多，卽君百歲後，秦必留我，而晉輕，亦更立他子。」子圉乃亡歸晉。二十三年，晉惠公卒，子圉立爲君。秦怨圉亡去，乃迎晉公子重耳於楚，而妻以故子圉妻。重耳初謝，後乃受。繆公益禮厚遇之。二十四年春，秦使人告晉大臣，欲入重耳。晉許之，於是使人送重耳。二月，重耳立爲晉君，是爲文公。文公使人殺子圉。子圉是爲懷公。

〔一〕正義子圉母，梁伯之女也。

其秋，周襄王弟帶以翟伐王，王出居鄭。〔一〕二十五年，周王使人告難於晉、秦。秦繆公將兵助晉文公入襄王，殺王弟帶。二十八年，晉文公敗楚於城濮。〔二〕三十年，繆公助晉文公圍鄭。〔三〕鄭使人言繆公曰：「亡鄭厚晉，於晉而得矣，而秦未有利。晉之彊，秦之憂也。」繆公乃罷兵歸。晉亦罷。三十二年冬，晉文公卒。

〔一〕正義王居于氾邑也。

〔二〕正義衛地也，今濮州。

〔三〕正義左傳云僖公三十年，晉侯、秦伯圍鄭。杜預云：「文公過鄭，鄭不禮之。」

鄭人有賣鄭於秦曰：「我主其城門，鄭可襲也。」繆公問蹇叔、百里傒，對曰：「徑數國千

里而襲人，希有得利者。且人賣鄭，庸知我國人不有以我情告鄭者乎？不可。」繆公曰：「子不知也，吾已決矣。」遂發兵，使百里傒子孟明視，蹇叔子西乞術及白乙丙將兵。行日，百里傒、蹇叔二人哭之。繆公聞，怒曰：「孤發兵而子沮哭吾軍，何也？」〔一〕二老曰：「臣非敢沮君軍。軍行，臣子與往；〔二〕臣老，遲還恐不相見，故哭耳。」二老退，謂其子曰：「汝軍卽敗，必於殽阨矣。」〔三〕三十三年春，秦兵遂東，更晉地，過周北門。周王孫滿曰：「秦師無禮，〔四〕不敗何待！」兵至滑，〔五〕鄭販賣賈人〔六〕弦高，〔七〕持十二牛將賣之周，見秦兵，恐死虜，因獻其牛，曰：「聞大國將誅鄭，鄭君謹修守禦備，使臣以牛十二勞軍士。」秦三將軍相謂曰：「將襲鄭，鄭今已覺之，往無及已。」滅滑。滑，晉之邊邑也。

〔一〕正義 沮，自呂反。沮，毀也。左傳云蹇叔哭之曰：「孟子，吾見師之出，不見其入也。」

〔二〕正義 與音預。

〔三〕正義 殽音胡交反。阨音厄。春秋云魯僖公三十三年，晉人及姜戎敗秦師于殽。括地志云：「三殽山又名嶔岑山，在洛州永寧縣西北二十里，卽古之殽道也。」

〔四〕正義 左傳云：「秦師過周北門，左右免冑而下，超乘者三百乘。王孫滿尚幼，觀之，言於王曰：『秦師輕而無禮，必敗。』」杜預云：「王城北門也。謂過天子門不卷甲束兵。超乘，示勇也。」

〔五〕正義 爲八反。括地志云：「緱氏故城在洛州緱氏縣東二十五里，滑伯國也。韋昭云，姬姓小國也。」

〔六〕正義 賣，麥卦反。賈音古。左傳作「商人」也。

〔七〕集解 人姓名。

當是時，晉文公喪尚未葬。太子襄公怒曰：「秦侮我孤，因喪破我滑。」遂墨衰絰，發兵遮秦兵於殽，擊之，大破秦軍，無一人得脫者。虜秦三將以歸。文公夫人，秦女也，〔一〕爲秦三囚將請曰：「繆公之怨此三人入於骨髓，願令此三人歸，令我君得自快烹之。」晉君許之，歸秦三將。三將至，繆公素服郊迎，嚮三人哭曰：「孤以不用百里傒、蹇叔言以辱三子，三子何罪乎？子其悉心雪恥，毋怠。」遂復三人官秩如故，愈益厚之。

〔一〕集解 服虔曰：「繆公女。」

三十四年，楚太子商臣弒其父成王代立。

繆公於是復使孟明視等將兵伐晉，戰于彭衙。〔一〕秦不利，引兵歸。

〔一〕集解 杜預曰：「馮翊郃陽縣西北有衙城。」正義 括地志云：「彭衙故城在同州白水縣東北六十里。」

戎王使由余〔一〕於秦。由余，其先晉人也，亡入戎，能晉言。聞繆公賢，故使由余觀秦。秦繆公示以宮室、積聚。由余曰：「使鬼爲之，則勞神矣。使人爲之，亦苦民矣。」繆公怪之，問曰：「中國以詩書禮樂法度爲政，然尚時亂，今戎夷無此，何以爲治，不亦難乎？」由余笑曰：「此乃中國所以亂也。夫自上聖黃帝作爲禮樂法度，身以先之，僅以小治。及其後世，日以驕淫。阻法度之威，以責督於下，下罷極〔二〕則以仁義怨望於上，上下交爭怨而相篡弒，至於滅宗，皆以此類也。夫戎夷不然。上含淳德以遇其下，下懷忠信以事其上，一國之政猶一身之治，不知所以治，此真聖人之治也。」於是繆公退而問內史廖曰：〔三〕「孤聞鄰國有聖人，敵國之憂也。今由余賢，寡人之害，將柰之何？」內史廖曰：「戎王處辟匿，未聞中國之聲。君試遺其女樂，以奪其志；〔四〕爲由余請，以疏其閒；留而莫遣，以失其期。戎王怪之，必疑由余。君臣有閒，乃可虜也。且戎王好樂，必怠於政。」繆公曰：「善。」因與由余曲席而坐，〔五〕傳器而食，問其地形與其兵勢盡詧，而後令內史廖以女樂二八遺戎王。戎王受而說之，終年不還。於是秦乃歸由余。由余數諫不聽，繆公又數使人閒要由余，由余遂去降秦。繆公以客禮禮之，問伐戎之形。

〔一〕正義 戎人姓名。

〔二〕正義 罷音皮。

〔三〕集解 漢書百官表曰：「內史，周官也。」

〔四〕集解 徐廣曰：「奪，一作『徇』。」

〔五〕正義 按：牀在穆公左右，相連而坐，謂之曲席也。

三十六年，繆公復益厚孟明等，使將兵伐晉，渡河焚船，大敗晉人，取王官及鄗，〔一〕以報殽之役。晉人皆城守不敢出。於是繆公乃自茅津〔二〕渡河，〔三〕封殽中尸，〔四〕爲發喪，哭

之三日。乃誓於軍曰：「嗟士卒！聽無譁，余誓告汝。古之人謀黃髮番番，〔五〕則無所過。」以申思不用蹇叔、百里傒之謀，故作此誓，令後世以記余過。君子聞之，皆爲垂涕，曰：「嗟乎！秦繆公之與人周也，〔六〕卒得孟明之慶。」

〔一〕集解 徐廣曰：「左傳作『郊』。」駰案：服虔曰「皆晉地，不能有」。正義 鄗音郊。左傳作「郊」。杜預云：「書取，言易也。」括地志云：「王官故城在同州澄城縣西北九十里。又云南郊故城在縣北十七里。又有北郊故城，又有西郊古城。左傳云文公三年，秦伯伐晉，濟河焚舟，取王官及郊也。」括地志云：「蒲州猗氏縣南二里又有王官故城，亦秦伯取者。」上文云「秦地東至河」，蓋猗氏王官是也。

〔二〕集解 徐廣曰：「在大陽。」正義 括地志云：「茅津在陝州河北縣、大陽縣也。」

〔三〕正義 自茅津南渡河也。

〔四〕集解 賈逵曰：「封識之。」正義 左傳云：「秦伯伐晉，濟河焚舟，晉人不出，遂自茅津濟，封殽尸而還。」杜預云：「封，埋藏也。」

〔五〕正義 音婆。字當作「皤」。皤，白頭貌。言髮白而更黃，故云黃髮番番，（以申思）謂蹇叔、百里奚也。

〔六〕集解 服虔曰：「周，備也。」

三十七年，秦用由余謀伐戎王，益國十二，開地千里，〔一〕遂霸西戎。天子使召公過賀繆公以金鼓。三十九年，繆公卒，葬雍。〔二〕從死者百七十七人，秦之良臣子輿氏三人〔三〕名曰奄息、仲行、鍼虎，亦在從死之中。〔四〕秦人哀之，爲作歌黃鳥之詩。君子曰：「秦繆公廣

地益國，東服彊晉，西霸戎夷，然不爲諸侯盟主，亦宜哉。死而弃民，收其良臣而從死。且先王崩，尚猶遺德垂法，況奪之善人良臣百姓所哀者乎？是以知秦不能復東征也。」繆公子四十人，其太子罃代立，是爲康公。

〔一〕正義韓安國云「秦穆公都地方三百里，并國十四，辟地千里」，隴西、北地郡是也。

〔二〕集解皇覽曰：「秦繆公冢在橐泉宮祈年觀下。」正義廟記云：「橐泉宮，秦孝公造。祈年觀，德公起。蓋在雍州城內。」括地志云：「秦穆公冢在岐州雍縣東南二里。」

〔三〕正義毛萇云：「良，善也，三善臣也。」左傳云：「子車氏之三子。」杜預云：「子車，秦大夫也。」

〔四〕正義行音胡郎反。鍼音其廉反。應劭云：「秦穆公與羣臣飲酒酣，公曰『生共此樂，死共此哀』。於是奄息、仲行、鍼虎許諾。及公薨，皆從死。黃鳥詩所爲作也。」杜預云：「以人葬爲殉也。」括地志云：「三良冢在岐州雍縣一里故城內。」

康公元年。往歲繆公之卒，晉襄公亦卒；襄公之弟名雍，秦出也，〔一〕在秦。晉趙盾欲立之，使隨會〔二〕來迎雍，秦以兵送至令狐。〔三〕晉立襄公子而反擊秦師，秦師敗，隨會來奔。二年，秦伐晉，取武城，〔四〕報令狐之役。四年，晉伐秦，取少梁。〔五〕六年，秦伐晉，取羈馬。〔六〕戰於河曲，大敗晉軍。晉人患隨會在秦爲亂，乃使魏讎餘〔七〕詳反，〔八〕合謀會，詐而得會，會遂歸晉。康公立十二年卒，子共公立。〔九〕

〔一〕正義雍母秦女，故言秦出也。

〔二〕正義韋昭云：「晉正卿士蔿之孫，成伯之子季武子也。食采於隨范，故曰隨會，或曰范會。季，范子字也。」

〔三〕集解杜預曰：「在河東。」正義令音零。括地志云：「令狐故城在蒲州猗氏縣界十五里也。」

〔四〕正義括地志云：「故武城一名武平城，在華州鄭縣東北十三里也。」

〔五〕正義前入秦，後歸晉，今秦又取之。

〔六〕集解服虔曰：「晉邑也。」

〔七〕集解服虔曰：「晉之魏邑大夫。」正義讎音受。又作「犨」，音同。

〔八〕正義詳音羊。

〔九〕索隱名貑。十代至靈公，又並失名。

共公二年，晉趙穿弒其君靈公。三年，楚莊王彊，北兵至雒，問周鼎。共公立五年卒，子桓公立。

桓公三年，晉敗我一將。十年，楚莊王服鄭，北敗晉兵於河上。當是之時，楚霸，爲會盟合諸侯。二十四年，晉厲公初立，與秦桓公夾河而盟。歸而秦倍盟，與翟合謀擊晉。二十六年，晉率諸侯伐秦，秦軍敗走，追至涇而還。桓公立二十七年卒，子景公立。〔一〕

〔一〕集解徐廣曰：「世本云景公名后伯車也。」索隱景公已下，名又錯亂，始皇本紀作（哀）〔僖〕公。

景公四年，晉欒書弒其君厲公。十五年，救鄭，敗晉兵於櫟。〔一〕是時晉悼公爲盟主。十八年，晉悼公彊，數會諸侯，率以伐秦，敗秦軍。秦軍走，晉兵追之，遂渡涇，至棫林而還。〔二〕二十七年，景公如晉，與平公盟，已而背之。三十六年，楚公子圍弒其君而自立，是爲靈王。景公母弟后子鍼〔三〕有寵，景公母弟富，或譖之，恐誅，乃奔晉，車重千乘。晉平公曰：「后子富如此，何以自亡？」對曰：「秦公無道，畏誅，欲待其後世乃歸。」三十九年，楚靈王彊，會諸侯於申，〔四〕爲盟主，殺齊慶封。景公立四十年卒，子哀公立。〔五〕后子復來歸秦。

〔一〕集解杜預曰：「晉地也。」正義櫟音歷。括地志云：「洛州陽翟縣，古櫟邑也。」

〔二〕集解徐廣曰：「棫音域。」駰案：杜預曰「秦地也」。

〔三〕正義音鉗。

〔四〕正義在鄧州南陽縣（北）三十里。

〔五〕索隱始皇本紀作「𤳉公」。

哀公八年，楚公子弃疾弒靈王而自立，是爲平王。十一年，楚平王來求秦女爲太子建妻。至國，女好而自娶之。十五年，楚平王欲誅建，建亡；〔一〕伍子胥奔吳。晉公室卑而六卿彊，欲內相攻，是以久秦晉不相攻。三十一年，吳王闔閭與伍子胥伐楚，楚王亡奔隨，吳遂入郢。楚大夫申包胥來告急，〔二〕七日不食，日夜哭泣。〔三〕於是秦乃發五百乘救楚，〔四〕敗吳師。吳師歸，楚昭王乃得復入郢。哀公立三十六年卒。太子夷公，夷公蚤死，不得立，立夷公子，是爲惠公。

〔一〕正義太子建亡之鄭，鄭殺之。

〔二〕正義包胥姓公孫，封於申，故號申包胥。左傳云：「申包胥如秦乞師，曰：『吳爲封豕長蛇，以荐食上國，虐始於楚。寡君失守社稷，越在草莽，使下臣告急曰，夷德無厭，若鄰於君，疆埸之患也。逮吳之未定，君其取分焉。若楚之遂亡，君之土也。若以君靈撫之，世以事君。』」

〔三〕正義左傳云：「申包胥對秦伯曰『寡君越在草莽，未獲所伏，下臣何敢即安』。立依於庭牆而哭，日夜不絕聲，勺飲不入口，七日。秦哀公爲賦無衣，九頓首而坐。秦師乃出。」

〔四〕正義左傳魯定公五年，秦子蒲、子虎帥車五百乘以救楚，敗吳師於軍祥。

惠公元年，孔子行魯相事。五年，晉卿中行、范氏反晉，晉使智氏、趙簡子攻之，范、中行氏亡奔齊。惠公立十年卒，子悼公立。

悼公二年，齊臣田乞弒其君孺子，立其兄陽生，是爲悼公。六年，吳敗齊師。齊人弒悼公，立其子簡公。九年，晉定公與吳王夫差盟，爭長於黃池，卒先吳。〔一〕吳彊，陵中國。十二年，齊田常弒簡公，立其弟平公，常相之。十三年，楚滅陳。秦悼公立十四年卒，子厲共公立。孔子以悼公十二年卒。

〔一〕集解徐廣曰：「外傳云吳王先歃。」

厲共公二年，蜀人來賂。十六年，塹河旁。以兵二萬伐大荔，取其王城。〔一〕二十一年，初縣頻陽。〔二〕晉取武成。二十四年，晉亂，殺智伯，分其國與趙、韓、魏。二十五年，智開與邑人來奔。〔三〕三十三年，伐義渠，虜其王。〔四〕三十四年，日食。厲共公卒，子躁公立。

〔一〕集解徐廣曰：「今之臨晉也。臨晉有王城。」正義荔音戾。括地志云：「同州東三十里朝邑縣東三十步故王城。大荔近王城邑。」
〔二〕集解地理志馮翊有頻陽縣。正義括地志云：「頻陽故城在雍州同官縣界，古頻陽縣城也。」
〔三〕集解徐廣曰：「一本二十六年城南鄭也。」正義開，智伯子。伯被趙襄子等滅其國，其子與從屬來奔秦。
〔四〕集解應劭曰：「義渠，北地也。」正義括地志云：「寧、慶二州，春秋及戰國時爲義渠戎國之地也。」

躁公二年，南鄭反。〔一〕十三年，義渠來伐，至渭南。十四年，躁公卒，立其弟懷公。〔二〕

〔一〕正義南鄭，今梁州所理縣也。春秋及戰國時，其地屬於楚也。
〔二〕索隱厲共公子也。生昭太子，未立而卒。太子之子，是爲靈公。

懷公四年，庶長鼂〔一〕與大臣圍懷公，懷公自殺。懷公太子曰昭子，蚤死，大臣乃立太子昭子之子，是爲靈公。〔二〕靈公，懷公孫也。

〔一〕正義長，丁丈反。鼂，竹遙反。鼂，人名也。劉伯莊音潮。
〔二〕索隱生獻公也。

靈公六年，晉城少梁，秦擊之。十三年，城籍姑。〔一〕靈公卒，子獻公〔二〕不得立，立靈公季父悼子，是爲簡公。簡公，昭子之弟而懷公子也。〔三〕

〔一〕正義括地志云：「籍姑故城在同州韓城縣北三十五里。」
〔二〕索隱名師隰。
〔三〕索隱簡公，昭之弟而懷公子。簡公，懷公弟，靈公季父也。始皇本紀云靈公生簡公，誤也。又紀年云簡公九年卒，次敬公立，十二年卒，乃立惠公。正義劉伯莊云簡公是昭子之弟，懷公之子，厲公之孫。今（史）〔秦〕記謂簡公是（厲）〔靈〕公子者抄寫之誤。

簡公六年，令吏初帶劍。〔一〕塹洛。城重泉。〔二〕十六年卒，〔三〕子惠公立。

〔一〕正義春秋官吏各得帶劍。
〔二〕集解地理志重泉縣屬馮翊。正義重，直龍反。括地志云：「重泉故城在同州蒲城縣東南四十五里也。」
〔三〕集解徐廣曰：「表云十五年也。」

惠公十二年，子出子生。十三年，伐蜀，取南鄭。惠公卒，出子立。

出子二年，庶長改迎靈公之子獻公于河西而立之。〔一〕殺出子及其母，沈之淵旁。秦以往者數易君，君臣乖亂，故晉復彊，奪秦河西地。〔二〕

〔一〕正義西者，秦州西縣，秦之舊地，時獻公在西縣，故迎立之。
〔二〕正義奪前所上八城也。

獻公元年，〔一〕止從死。二年，城櫟陽。〔二〕四年正月庚寅，孝公生。十一年，周太史儋見獻公曰：「周故與秦國合而別，別五百歲復合，合（七）十七歲而霸王出。」十六年，桃冬花。十八年，雨金櫟陽。〔三〕二十一年，與晉戰於石門，〔四〕斬首六萬，天子賀以黼黻。〔五〕二十三年，與魏晉戰少梁，虜其將公孫痤。〔六〕二十四年，獻公卒，〔七〕子孝公立，〔八〕年已二十一歲矣。

〔一〕集解徐廣曰：「丁酉。」
〔二〕集解徐廣曰：「徙都之，今萬年是也。」正義括地志云：「櫟陽故城一名萬年城，在雍州東北百二十里。（櫟陽）漢七年，分櫟陽城內爲萬年縣，隋文帝開皇三年，遷都於龍首川，今京城也。改萬年爲大興縣。至唐武德元年，又改曰萬年，置在州東七里。」
〔三〕正義言雨金於秦國都，明金瑞見也。
〔四〕正義括地志云：「堯門山俗名石門，在雍州三原縣西北三十三里。上有路，其狀若門。故老云堯鑿山爲門，因名之。武德年中於此山南置石門縣，貞觀年中改爲雲陽縣。」
〔五〕集解周禮曰：「白與黑謂之黼，黑與青謂之黻。」
〔六〕正義在戈反。
〔七〕集解徐廣曰：「表云二十三年。」
〔八〕索隱名渠梁。

孝公元年，〔一〕河山以東彊國六，與齊威、楚宣、魏惠、燕悼、韓哀、趙成侯並。淮泗之閒〔二〕小國十餘。楚、魏與秦接界。〔三〕魏築長城，自鄭濱洛以北，有上郡。楚自漢中，南有巴、黔中。周室微，諸侯力政，爭相併。秦僻在雍州，不與中國諸侯之會盟，夷翟遇之。孝公於是布惠，振孤寡，招戰士，明功賞。下令國中曰：「昔我繆公自岐雍之閒，修德行武，東平晉亂，以河爲界，〔四〕西霸戎翟，廣地千里，天子致伯，諸侯畢賀，爲後世開業，甚光美。會往者厲、躁、簡公、出子之不寧，國家內憂，未遑外事，三晉攻奪我先君河西地，諸侯卑秦，醜莫大焉。獻公即位，鎮撫邊境，徙治櫟陽，且欲東伐，復繆公之故地，脩繆公之政令。寡人思念先君之意，常痛於心。賓客羣臣有能出奇計彊秦者，吾且尊官，與之分土。」於是乃出兵東圍陝城，西斬戎之獂王。〔五〕

〔一〕集解徐廣曰：「庚申也。」
〔二〕正義並，白浪反。謂淮泗二水。
〔三〕正義楚北及魏西與秦相接，北自梁州漢中郡，南有巴、渝，過江南有黔中、巫郡也。魏西界與秦相接，南自華州鄭縣，西北過渭水，濱洛水東岸，向北有上郡鄜州之地，皆築長城以界秦境。洛即漆沮水也。
〔四〕正義即龍門河也。
〔五〕集解地理志天水有獂道縣。應劭曰：「獂，戎邑，音桓。」

衛鞅聞是令下，西入秦，因景監〔一〕求見孝公。

〔一〕正義 監，甲暫反，閹人也。

二年，天子致胙。

三年，衛鞅說孝公變法修刑，内務耕稼，外勸戰死之賞罰，孝公善之。甘龍、杜摯等弗然，相與争之。卒用鞅法，百姓苦之；居三年，百姓便之。乃拜鞅爲左庶長。其事在商君語中。

七年，與魏惠王會杜平。〔一〕八年，與魏戰元里，〔二〕有功。十年，衛鞅爲大良造，將兵圍魏安邑，降之。〔三〕十二年，作爲咸陽，〔四〕築冀闕，〔五〕秦徙都之。并諸小鄉聚，〔六〕集爲大縣，縣一令，〔七〕四十一縣。爲田開阡陌。〔八〕東地渡洛。十四年，初爲賦。〔九〕十九年，天子致伯。〔一〇〕二十年，諸侯畢賀。秦使公子少官率師會諸侯逢澤，〔一一〕朝天子。

〔一〕正義 在同州澄城縣界也。

〔二〕正義 祁城在同州澄城縣界。

〔三〕集解 地理志曰河東有安邑縣。正義 括地志云：「安邑故城在絳州夏縣東北十五里，本夏之都。」

〔四〕正義 括地志云：「咸陽故城亦名渭城，在雍州咸陽縣東十五里，京城北四十五里，卽秦孝公徙都之者。今咸陽縣，古之杜郵，白起死處。」

〔五〕正義 劉伯莊云：「冀猶記事，闕卽象魏也。」

〔六〕正義 萬二千五百家爲鄉。聚猶村落之類也。

〔七〕集解 漢書百官表曰：「縣令長皆秦官。萬户以上爲令，秩千石至六百石；減萬户爲長，秩五百石至三百石。皆有丞尉。」

〔八〕索隱 風俗通曰：「南北曰阡，東西曰陌。河東以東西爲阡，南北爲陌。」

〔九〕集解 徐廣曰：「制貢賦之法也。」索隱 譙周云：「初爲軍賦也。」

〔一〇〕正義 伯音霸，又如字。孝公十九年，天子始封爵爲霸，卽太史儋云「合（七）十七歲而霸王出」之年，故天子致伯。桓譚新論云：「夫上古稱三皇、五帝，而次有三王、五伯，此天下君之冠首也。故言三皇以道理，而五帝用德化；三王由仁義，五伯以權智。其說之曰，無制令刑罰謂之皇；有制令而無刑罰謂之帝；賞善誅惡，諸侯朝事謂之王；興兵約盟，以信義矯世謂之伯。」

〔一一〕集解 徐廣曰：「開封東北有逢澤。」正義 括地志云：「逢澤亦名逢池，在汴州浚儀縣東南十四里。」

二十一年，齊敗魏馬陵。〔一〕

〔一〕正義 虞喜志林云：「濮州甄城縣東北六十餘里有馬陵，澗谷深峻，可以置伏。」按：龐涓敗卽此也。

二十二年，衛鞅擊魏，虜魏公子卬。封鞅爲列侯，號商君。〔一〕

〔一〕正義 商州商洛縣在州東八十九里，鞅所封也。契所封地。

二十四年，與晉戰鴈門，〔一〕虜其將魏錯。〔二〕

〔一〕索隱 紀年云與魏戰岸門，此云「鴈門」，恐聲誤也。又下云「敗韓岸門」，蓋一地也。尋秦與韓、魏戰，不當遠至鴈門也。正義 括地志云：「岸門在許州長社縣西北二十八里，今名西武亭。」

〔二〕正義 七故反。

孝公卒，子惠文君立。〔一〕是歲，誅衛鞅。鞅之初爲秦施法，〔二〕法不行，太子犯禁。鞅曰：「法之不行，自於貴戚。君必欲行法，先於太子。太子不可黥，黥其傅師。」於是法大用，秦人治。及孝公卒，太子立，宗室多怨鞅，鞅亡，因以爲反，而卒車裂以徇秦國。〔三〕

〔一〕索隱 名駟。

〔二〕正義 爲，于僞反。

〔三〕集解 漢書曰：「商君爲法於秦，戰斬一首賜爵一級，欲爲官者五十石。其爵名，一爲公士，二上造，三簪褭，四不更，五大夫，六官大夫，七公大夫，八公乘，九五大夫，十左庶長，十一右庶長，十二左更，十三中更，十四右更，十五少上造，十六大上造，十七駟車庶長，十八大庶長，十九關内侯，二十徹侯。」

惠文君元年，楚、韓、趙、蜀人來朝。二年，天子賀。三年，王冠。〔一〕四年，天子致文武胙。齊、魏爲王。〔二〕

〔一〕正義 冠音館。禮記云年二十行冠禮也。

〔二〕索隱 齊威王、魏惠王。

五年，陰晉人犀首〔一〕爲大良造。六年，魏納陰晉，陰晉更名寧秦。〔二〕七年，公子卬與魏戰，虜其將龍賈，斬首八萬。八年，魏納河西地。九年，渡河，取汾陰、皮氏。〔三〕與魏王會應。〔四〕圍焦，降之。〔五〕十年，張儀相秦。魏納上郡十五縣。〔六〕十一年，縣義渠。〔七〕歸魏焦、曲沃。〔八〕義渠君爲臣。更名少梁曰夏陽。十二年，初臘。〔九〕十三年四月戊午，魏君爲王，韓亦爲王。〔一〇〕使張儀伐取陝，出其人與魏。

〔一〕集解 犀首，官名。姓公孫，名衍。索隱 官名，若虎牙之類。姓公孫，名衍，魏人也。正義 犀音西。地理志云華陰縣，故陰晉，秦惠王五年，更名寧秦，高祖八年更名華陰。

〔二〕集解 徐廣曰：「今之華陰也。」

〔三〕集解 地理志二縣屬河東。正義 渡河東取之。括地志云：「汾陰故城俗名殷湯城，在蒲州汾陰縣北也。皮氏在絳州龍門縣西一里八十步，卽古皮氏城也。」

〔四〕正義 應，乙陵反。括地志云：「故應城因應山爲名，古之應國，在汝州魯山縣東三十里。左傳云『邘、晉、應、韓，武之穆也』。」

〔五〕正義 括地志云：「焦城在陝州城内東北百步，因焦水爲名。周同姓所封，左傳云虞、虢、焦、滑、霍、陽、韓、魏皆姬姓也。」杜預云八國皆爲晉所滅。按：武王克商，封神農之後于焦，而後封姬姓也。

〔六〕正義 今鄜、綏等州也。魏前納陰晉，次納同、丹二州，今納上郡，而盡河西濱洛之地矣。

〔七〕正義 地理志云北地郡義渠道，秦縣也。括地志云：「寧、原、慶三州，秦北地郡，戰國及春秋時爲義渠戎國之地，周先公劉、不窋居之，古西戎也。」

〔八〕正義括地志云：「曲沃在陝州〔陝〕縣西南三十二里，因曲沃水爲名。」按：焦、曲沃二城相近，本魏地，適屬秦，今還魏，故言歸也。

〔九〕正義臘，盧盍反，十二月臘日也。秦惠文王始效中國爲之，故云初臘。獵禽獸以歲終祭先祖，因立此日也。風俗通云：「禮傳云『夏曰嘉平，殷曰清祀，周曰蜡，漢改曰臘』。禮曰『天子大蜡八，伊耆氏始爲蜡』。蜡者，索也。歲十二月合聚萬物而索饗之。」

〔一〇〕正義魏襄王、韓宣惠王也。

十四年，更爲元年。二年，張儀與齊、楚大臣會齧桑。三年，韓、魏太子來朝。張儀相魏。五年，王游至北河。〔一〕七年，樂池〔二〕相秦。韓、趙、魏、燕、齊帥匈奴共攻秦。秦使庶長疾與戰修魚，虜其將申差，〔三〕敗趙公子渴、韓太子奐，斬首八萬二千。八年，張儀復相秦。九年，司馬錯伐蜀，滅之。〔四〕伐取趙中都、西陽。〔五〕十年，韓太子蒼來質。伐取韓石章。〔六〕伐敗趙將泥。〔七〕伐取義渠二十五城。十一年，樗里疾攻魏焦，降之。敗韓岸門，斬首萬，其將犀首走。公子通封於蜀。〔八〕燕君讓其臣子之。十二年，王與梁王會臨晉。庶長疾攻趙，虜趙將莊。張儀相楚。十三年，庶長章擊楚於丹陽，虜其將屈匄，斬首八萬；又攻楚漢中，取地六百里，置漢中郡。楚圍雍氏，秦使庶長疾助韓而東攻齊，到滿〔九〕助魏攻燕。十四年，伐楚，取召陵。丹、犂臣，蜀〔一〇〕相壯〔一一〕殺蜀侯來降。

〔一〕集解徐廣曰：「戎地，在河上。」正義按：王游觀北河，至靈、夏州之黃河也。

〔二〕正義樂音岳。池，徒何反。裴氏音池也。

〔三〕正義修魚，韓邑也。年表云秦敗我修魚，得韓將軍申差。

〔四〕索隱蜀西南夷舊有君長，故昌意娶蜀山氏女也。其後有杜宇，自立爲王，號曰望帝。蜀王本紀曰：「張儀伐蜀，蜀王開戰不勝，爲儀所滅也。」

〔五〕集解地理志太原有中都縣。正義括地志云：「中都故縣在汾州平遥縣西十二里，卽西都也。西陽卽中陽也，在汾州隰城縣東十里。地理志云西都、中陽屬西河郡。」此云「伐取趙中都西陽」。趙世家云「秦卽取我西都及中陽」。年表云「秦惠文王後元九年，取趙中都、西陽、安邑。趙武靈王十年，秦取中都安陽」。本紀、世家、年表其縣名異，年歲實同，所伐唯一處，故具録之，以示後學。

〔六〕正義韓地名也。

〔七〕集解徐廣曰：「將，一作『莊』。」正義趙將名也。

〔八〕集解徐廣曰：「是歲王赧元年。」索隱華陽國志曰：「赧王元年，秦惠王封子通國爲蜀侯，以陳莊爲相。」徐廣所云，亦據國志而言之。

〔九〕正義滿，或作「蒲」。秦將姓名也。

〔一〇〕正義二戎號也，臣伏於蜀。蜀相殺蜀侯，并丹、犂二國降秦。在蜀西南姚府管内，本西南夷，戰國時蜀、滇國，唐初置犂州、丹州也。

〔一一〕集解徐廣曰：「一作『狀』。」

惠王卒，子武王立。〔一〕韓、魏、齊、楚、越〔二〕皆賓從。

〔一〕索隱名蕩。

〔二〕集解徐廣曰：「一作『趙』。」

武王元年，與魏惠王會臨晉。〔一〕誅蜀相壯。張儀、魏章皆東出之魏。伐義渠、丹、犂。二年，初置丞相，〔二〕樗里疾、甘茂爲左右丞相。張儀死於魏。三年，與韓襄王會臨晉外。〔三〕南公揭卒，樗里疾相韓。武王謂甘茂曰：「寡人欲容車通三川，窺周室，死不恨矣。」其秋，使甘茂、庶長封伐宜陽。〔四〕四年，拔宜陽，斬首六萬。涉河，城武遂。〔五〕魏太子來朝。武王有力好戲，力士任鄙、烏獲、孟説皆至大官。王與孟説舉鼎，絶臏。〔六〕八月，武王死。〔七〕族孟説。武王取魏女爲后，無子。立異母弟，是爲昭襄王。〔八〕昭襄母楚人，姓芈氏，號宣太后。武王死時，昭襄王爲質於燕，燕人送歸，得立。

〔一〕集解徐廣曰：「表云哀王。」正義按：魏惠王卒已二十五年矣。

〔二〕集解應劭曰：「丞者，承也。相，助也。」

〔三〕正義外謂臨晉城外。「外」字一作「水」。

〔四〕正義在河南府福昌縣東十四里，故韓城是也。此韓之大郡，伐取之，三川路乃通也。

〔五〕集解徐廣曰：「韓邑也。」正義按：此邑本屬韓，近平陽。韓世家云「貞子居平陽，九世至哀侯，徙鄭」。趙

世家云「而韓猶服事秦者，以先王墓在平陽」。而秦之武遂去之七十里，故知近平陽。

〔六〕集解徐廣曰：「一作『脉』。」正義臏音頻忍反。絶，斷也。臏，脛骨也。

〔七〕集解皇覽曰：「秦武王冢在扶風安陵縣西北，畢陌中大冢是也。人以爲周文王冢，非也。周文王冢在杜中。」正義括地志云：「秦悼武王陵在雍州咸陽縣西北十五里也。」

〔八〕索隱名則，一名稷。

昭襄王元年，嚴君疾爲相。〔一〕甘茂出之魏。二年，彗星見。〔二〕庶長壯與大臣、諸侯、公子爲逆，皆誅，及惠文后皆不得良死。〔三〕悼武王后出歸魏。三年，王冠。與楚王會黄棘，〔四〕與楚上庸。〔五〕四年，取蒲阪。〔六〕彗星見。五年，魏王來朝應亭，〔七〕復與魏蒲阪。六年，蜀侯煇反，〔八〕司馬錯定蜀。庶長奐伐楚，斬首二萬。涇陽君〔九〕質於齊。日食，晝晦。七年，拔新城。〔一〇〕樗里子卒。八年，使將軍芈戎攻楚，取新市。〔一一〕齊使章子，魏使公孫喜，韓使暴鳶〔一二〕共攻楚方城，取唐眛。趙破中山，其君亡，竟死齊。魏公子勁、韓公子長爲諸侯。〔一三〕九年，孟嘗君薛文來相秦。奐攻楚，取八城，殺其將景快。十年，楚懷王入朝秦，秦留之。薛文以金受免。〔一四〕樓緩爲丞相。十一年，齊、韓、魏、趙、宋、中山五國共攻秦，〔一五〕至鹽氏而還。〔一六〕秦與韓、魏河北及封陵以和。〔一七〕彗星見。楚懷王走之趙，趙不受，還之秦，即死，歸葬。十二年，樓緩免，穰侯〔一八〕魏冄爲相。予楚粟五萬石。

〔一〕正義 蓋封蜀郡嚴道縣，因號嚴君。疾，名也。
〔二〕正義 彗，似歲反，又先到反。
〔三〕集解 徐廣曰：「迎婦於楚者。」
〔四〕正義 棘，紀力反。蓋在房、襄二州也。
〔五〕集解 地理志漢中有上庸縣。 正義 括地志云：「上庸，今房州竹山縣及金州是也。」
〔六〕正義 括地志云：「蒲阪故城在蒲州河東縣南二里，即堯舜所都也。」
〔七〕集解 徐廣曰：「魏世家云會臨晉。」 正義 應音乙陵反。
〔八〕索隱 煇音暉。華陽國志曰：「秦封王子煇爲蜀侯。蜀侯祭，歸胙於王，後母疾之，加毒以進，王大怒，使司馬錯賜煇劍。」此煇不同也。
〔九〕索隱 名市。
〔一〇〕正義 楚世家云：「懷王二十九年，秦復伐楚，大破楚軍，楚軍死二萬，殺我將軍景缺。」年表云：「秦敗我襄城，殺景缺。」括地志云：「許州襄城縣即古新城縣也。」按世家、年表，則「新」字誤作「襄」字。
〔一一〕集解 晉地記曰：「江夏有新市縣。」
〔一二〕索隱 韓將姓名。
〔一三〕索隱 別封之邑，比之諸侯，猶商君、趙長安君然。
〔一四〕正義 金受，秦丞相姓名。免，奪其丞相。
〔一五〕正義 蓋中山此時屬趙，故云五國也。

〔一六〕集解 徐廣曰：「鹽，一作『監』。」 正義 括地志云：「鹽故城一名司鹽城，在蒲州安邑縣。」按：掌鹽池之官，因稱氏。
〔一七〕正義 年表云：「秦與魏封陵，與韓武遂以和。」按：河外陝、號、曲沃等地。封陵在古蒲阪縣西南河曲之中。武遂，近平陽地也。
〔一八〕正義 括地志云：「穰，鄧州所理縣，即古穰侯國。」

十三年，向壽伐韓，取武始。〔一〕左更白起攻新城。〔二〕五大夫禮出亡奔魏。任鄙爲漢中守。〔三〕十四年，左更白起攻韓、魏於伊闕，〔四〕斬首二十四萬，虜公孫喜，拔五城。十五年，大良造白起攻魏，取垣，〔五〕復予之。攻楚，取宛。十六年，左更錯取軹及鄧。〔六〕冄免。封公子市宛，公子悝鄧，〔七〕魏冄陶，爲諸侯。十七年，城陽君〔八〕入朝，及東周君來朝。秦以垣爲蒲阪、皮氏。〔九〕王之宜陽。十八年，錯攻垣、〔一〇〕河雍，決橋取之。〔一一〕十九年，王爲西帝，齊爲東帝，皆復去之。呂禮來自歸。齊破宋，宋王在魏，死温。任鄙卒。二十年，〔一二〕王之漢中，又之上郡、北河。二十一年，〔一三〕錯攻魏河內。魏獻安邑，秦出其人，募徙河東賜爵，赦罪人遷之。涇陽君封宛。二十二年，蒙武伐齊。河東爲九縣。與楚王會宛。與趙王會中陽。〔一四〕二十三年，尉斯離〔一五〕與三晉、燕伐齊，破之濟西。王與魏王會宜陽，與韓王會新城。二十四年，與楚王會鄢，〔一六〕又會穰。秦取魏安城，〔一七〕至大梁，燕、趙救之，秦軍去。魏冄免相。二十五年，拔趙二城。與韓王會新城，與魏王會新明邑。二十六年，赦罪人遷之穰。侯冄復相。二十七年，錯攻楚。赦罪人遷之南陽。〔一八〕白起攻趙，取代光狼城。〔一九〕又使司馬錯發隴西，因蜀攻楚黔中，〔二〇〕拔之。二十八年，大良造白起攻楚，取鄢、鄧，〔二一〕赦罪人遷之。二十九年，大良造白起攻楚，取郢爲南郡，〔二二〕楚王走。周君來。王與楚王會襄陵。〔二三〕白起爲武安君。〔二四〕三十年，蜀守若伐楚，取巫郡，〔二五〕及江南爲黔中郡。〔二六〕三十一年，白起伐魏，取兩城。楚人反我江南。〔二七〕三十二年，相穰侯攻魏，至大梁，破暴鳶，斬首四萬，鳶走，魏入三縣請和。三十三年，客卿胡（傷）〔陽〕攻魏卷、〔二八〕蔡陽、長社，取之。〔二九〕擊芒卯華陽，破之，〔三〇〕斬首十五萬。魏入南陽以和。〔三一〕三十四年，秦與魏、韓上庸地爲一郡，南陽免臣遷居之。三十五年，佐韓、魏、楚伐燕。初置南陽郡。〔三二〕三十六年，客卿竈攻齊，取剛、壽，〔三三〕予穰侯。三十八年，中更胡（傷）〔陽〕攻趙閼與，〔三四〕不能取。四十年，悼太子死魏，歸葬芷陽。〔三五〕四十一年夏，攻魏，取邢丘、懷。〔三六〕四十二年，安國君爲太子。十月，宣太后薨，〔三七〕葬芷陽酈山。〔三八〕九月，穰侯出之陶。四十三年，武安君白起攻韓，拔九城，斬首五萬。四十四年，攻韓南（郡）〔陽〕，取之。四十五年，五大夫賁〔三九〕攻韓，取十城。葉陽君〔四〇〕悝出之國，未至而死。四十七年，秦攻韓上黨，上黨降趙，秦因攻趙，趙發兵擊秦，相距。秦使武安君白起擊，大破趙於長平，四十餘萬盡殺之。四十八年十月，韓獻垣雍。〔四一〕秦軍分

爲三軍。武安君歸。王齕將伐趙武安、皮牢，拔之。司馬梗北定太原，盡有韓上黨。正月，兵罷，復守上黨。其十月，五大夫陵攻趙邯鄲。四十九年正月，益發卒佐陵。陵戰不善，免，王齕代將。其十月，將軍張唐攻魏，爲蔡尉〔四二〕捐弗守，還斬之。五十年十月，武安君白起有罪，爲士伍，遷陰密。〔四三〕張唐攻鄭，拔之。十二月，益發卒軍汾城旁。〔四四〕武安君白起有罪，死。齕攻邯鄲，不拔，去，還奔汾軍二月餘。攻晉軍，斬首六千，晉楚流死河二萬人。〔四五〕攻汾城，即從唐拔寧〔四六〕新中，〔四七〕寧新中更名安陽。〔四八〕初作河橋。〔四九〕

〔一〕集解 地理志魏郡有武始縣。 正義 括地志云：「武始故城在洺州武始縣西南十里。」
〔二〕正義 白起傳云：「白起爲左庶長，將而擊韓之新城。」括地志云：「洛州伊闕縣本是漢新城縣，隋文帝改爲伊闕，在洛州南七十里。」
〔三〕集解 漢書百官表曰：「郡守，秦官。」
〔四〕正義 括地志云：「伊闕在洛州南十九里。注水經云『昔大禹疏龍門以通水，兩山相對，望之若闕，伊水歷其閒，故謂之伊闕』。」按：今洛南猶謂之龍門也。
〔五〕正義 垣音袁。前秦取蒲阪，復以蒲阪與魏，魏以爲垣。今又取魏垣，復與之，後秦以爲蒲阪皮氏。
〔六〕集解 地理志河內有軹縣，南陽有鄧縣。 正義 括地志云：「故軹城在懷州濟源縣東南十三里，故鄧城在懷州河陽縣西三十一里，並六國時魏邑也。」按：二城相連，故云及也。
〔七〕索隱 悝號高陵君，初封於彭，昭襄王弟也。

〔八〕正義括地志云：「濮州雷澤縣本漢郕陽縣，古郕伯姬姓之國，周武王封弟季載於郕，其後遷城之陽也。」
〔九〕索隱「爲」當爲「易」，蓋字訛也。正義蒲阪，今河東縣也。皮氏故城在絳州龍門縣西一里八十步。
〔一〇〕正義蓋蒲阪、皮氏又歸魏，魏復以爲垣，今重攻取之也。
〔一一〕集解徐廣曰：「汲冢紀年云魏哀王二十四年，改宜陽曰河雍，改向曰高平。向在軹之西。」
〔一二〕集解徐廣曰：「秦地有父馬生駒。」
〔一三〕集解徐廣曰：「有牡馬生牛而死。」
〔一四〕集解地理志西河有中陽縣。
〔一五〕索隱尉，秦官。斯離，其姓名。正義尉，都尉。斯離，名也。
〔一六〕正義鄢，於建反，又音偃。括地志云：「故偃城在襄州安養縣北三里，古鄢子之國也。」
〔一七〕集解地理志汝南有安城縣。正義括地志云：「安城在豫州汝陽縣東南十七里。」
〔一八〕正義南陽及上遷之穰，皆今鄧州也。
〔一九〕正義括地志云：「光狼故城在今澤州高平縣西二十里。」
〔二〇〕正義今黔府也。
〔二一〕正義鄢鄧二城並在襄州。
〔二二〕正義括地志云：「郢城在荆州江陵縣東北六里，楚平王築都之地也。」
〔二三〕集解地理志河東有襄陵縣。正義括地志云：「襄陵在晉州臨汾縣東南三十五里。闞駰十三州志云襄陵，晉大夫犨邑也。」

〔二四〕正義言能撫養軍士，戰必剋，得百姓安集，故號武安。故城在（潞）〔洺〕州武安縣西南五十里。七國時趙邑，即趙奢救閼與處也。
〔二五〕正義華陽國志張若爲蜀中郡守。括地志云：「巫郡在夔州東百里。」
〔二六〕正義括地志云：「黔中故城在辰州沅陵縣西二十里。江南，今黔府亦其地也。」
〔二七〕正義黔中郡反歸楚。
〔二八〕集解地理志河南有卷縣。正義卷音丘袁反。括地志云：「故卷城在鄭州原武縣西北七里，即衡雍也。」
〔二九〕集解地理志潁川有長社縣。正義括地志云：「蔡陽，今豫州上蔡水之陽，古城在豫州北七十里。長社故城在許州長社縣西一里。皆魏邑也。」
〔三〇〕集解司馬彪曰：「華陽，亭名，在密縣。」索隱芒卯，魏將。譙周云孟卯也。正義括地志云：「故華城在鄭州管城縣南三十里。國語云史伯對鄭桓公，虢、鄶十邑，華其一也。華陽即此城也。」按：是時韓、趙聚兵於華陽攻秦，即此矣。
〔三一〕集解徐廣曰：「河內修武，古曰南陽，秦始皇更名河內，屬魏地。荆州之南陽郡，本屬韓地。」正義括地志云：「懷獲嘉縣即古之南陽。杜預云在晉州山南河北，故曰南陽。秦破芒卯軍，斬首十五萬，魏入南陽以和。」
〔三二〕正義今鄧州也。前已屬秦，秦置南陽郡，在漢水之北。釋名云：「在中國之南而居陽地，故以爲名焉。」張衡南都賦云：「陪京之南，居漢之陽。」
〔三三〕正義括地志云：「故剛城在兗州龔丘縣界。壽，鄆州之縣。」
〔三四〕集解孟康曰：「音焉與，邑名，在上黨涅縣西。」正義閼，於達反。與音預。閼與聚城一名烏蘇城，在潞州銅鞮縣西北二十里，趙奢破秦軍處。又儀州和順縣即古閼與城，亦云趙奢破秦軍處。然儀州與潞州相近，二所未詳。又閼與山在洺州武安縣西南五十里，趙奢拒秦軍於閼與，即山北也。按：閼與山在武安故城西南，又近武安故城，蓋儀州是所封故地。
〔三五〕集解徐廣曰：「今霸陵。」正義括地志云：「芷陽在雍州藍田縣西六里。三秦記云〔白〕鹿原東有霸川之西阪，故芷陽也。」
〔三六〕集解徐廣曰：「邢丘在平皋。」駰案：韓詩外傳武王伐紂，到于邢丘，勒兵於寧，更名邢丘曰懷，寧曰修武。正義括地志云：「平皋故城本邢丘邑，漢置平皋縣，在懷州武德縣東南二十里。故懷城，周之懷邑，在懷州武陟縣西十一里。」
〔三七〕集解徐廣曰：「芊氏。」
〔三八〕正義酈，力知反，在雍州新豐縣南十四里也。
〔三九〕正義音奔。五大夫，官。疑賁，名也。
〔四〇〕集解一云「華陽」。正義葉，書涉反。
〔四一〕集解司馬彪曰：「河南卷縣有垣雍城。」
〔四二〕正義爲，于僞反。蔡，姓；尉，名。
〔四三〕集解如淳曰：「嘗有爵而以罪奪爵，皆稱士伍。」正義括地志云：「陰密故城在涇州鶉觚縣西，即古密須國也。」
〔四四〕正義括地志云：「臨汾故城在絳州正平縣東北二十五里，即古臨汾縣城也。」按：汾城即此城是也。

〔四五〕集解徐廣曰：「楚，一作『走』。」正義按：此時無楚軍，「走」字是也。
〔四六〕集解徐廣曰：「一作『曼』。此趙邑也。」
〔四七〕正義唐，今晉州平陽，堯都也。括地志云：「寧新中，七國時魏邑，秦昭襄王拔魏寧新中，更名安陽城，即今相州外城是也。」
〔四八〕集解徐廣曰：「魏郡有安陽縣。」正義今相州外城古安陽城。
〔四九〕正義此橋在同州臨晉縣東，渡河至蒲州，今蒲津橋也。

五十一年，將軍摎攻韓，取陽城、負黍，〔一〕斬首四萬。攻趙，取二十餘縣，首虜九萬。西周君〔二〕背秦，與諸侯約從，將天下銳兵出伊闕攻秦，令秦毋得通陽城。於是秦使將軍摎攻西周。西周君走來自歸，頓首受罪，盡獻其邑三十六城，口三萬。秦王受獻，歸其君於周。五十二年，周民東亡，其器九鼎入秦。〔三〕周初亡。

〔一〕正義今河南府縣也。負黍亭在陽城縣西南三十五里，本周邑，亦時屬韓也。
〔二〕正義武公。
〔三〕正義器謂寶器也。禹貢金九牧，鑄鼎於荆山下，各象九州之物，故言九鼎。歷殷至周赧王十九年，秦昭王取九鼎，其一飛入泗水，餘八入於秦中。

五十三年，天下來賓。魏後，秦使摎伐魏，取吳城。〔一〕韓王入朝，魏委國聽令。五十四年，王郊見上帝於雍。五十六年秋，昭襄王卒，子孝文王立。〔二〕尊唐八子爲唐太后，〔三〕而

合其葬於先王。〔四〕韓王衰絰入弔祠，諸侯皆使其將相來弔祠，視喪事。

〔一〕集解徐廣曰：「在大陽。」正義括地志云：「虞城故城在陝州河北縣東北五十里虞山之上，亦名吳山，周武王封弟虞仲於周之北故夏墟吳城，卽此城也。」

〔二〕索隱名柱，五十三而立，立一年卒，葬壽陵。子莊襄王。

〔三〕集解徐廣曰：「八子者，妾媵之號，姓唐。」正義孝文王之母也。先死，故尊之。晉灼云：「除皇后，自昭儀以下，秩至百石，凡十四等。」漢書外戚傳云：「八子視千石，比中更。」

〔四〕正義以其母唐太后與昭王合葬。

孝文王元年，赦罪人，修先王功臣，褒厚親戚，弛苑囿。孝文王除喪，十月己亥卽位，三日辛丑卒，子莊襄王立。〔一〕

〔一〕索隱名子楚。三十二而立，立三年卒，葬陽陵。紀作「四年」。

莊襄王元年，大赦罪人，修先王功臣，施德厚骨肉而布惠於民。東周君與諸侯謀秦，秦使相國呂不韋誅之，盡入其國。秦不絕其祀，以陽人地〔一〕賜周君，奉其祭祀。使蒙驁伐韓，韓獻成皋、鞏。〔二〕秦界至大梁，初置三川郡。〔三〕二年，使蒙驁攻趙，定太原。三年，蒙驁攻魏高都、汲，〔四〕拔之。攻趙榆次、新城、狼孟，〔五〕取三十七城。〔六〕四月日食。（四年）王齕攻上黨。〔七〕初置太原郡。〔八〕魏將無忌率五國兵擊秦，〔九〕秦卻於河外。〔一〇〕蒙驁敗，解而

去。五月丙午，莊襄王卒，子政立，是爲秦始皇帝。

〔一〕集解地理志河南梁縣有陽人聚。

〔二〕正義括地志云：「洛州氾水縣古(之)〔東〕虢國，亦鄭之制邑，又名虎牢，漢之成皋。」鞏，恭勇反，今洛州鞏縣。爾時秦滅東周，韓亦得其地，又獻於秦。

〔三〕集解韋昭曰：「有河、洛、伊，故曰三川。」駰案：地理志漢高祖更名河南郡。

〔四〕集解徐廣曰：「一作『波』。波縣亦在河內。」正義汲音急。括地志云：「高都故城今澤州是。汲故城在衞州所理汲縣西南二十五里。孟康云漢波縣，今郗城是也。」括地志云：「故郗城在懷州河內縣西三十二里。左傳云蘇忿生十二邑，郗其一也。」

〔五〕正義括地志云：「榆次，并州縣，卽古榆次地也。新城一名小平城，在朔州善陽縣西南四十七里。狼孟故城在并州陽曲縣東北二十六里。」

〔六〕正義案：取三十七城，并、代、朔三州之地矣。

〔七〕正義上黨又反秦，故攻之。

〔八〕正義上黨以北皆太原地，卽上三十七城也。

〔九〕正義信陵君也。率燕、趙、韓、楚、魏之兵擊秦也。

〔一〇〕正義蒙驁被五國兵敗，遂解而卻至於河外。河外，陝、華二州也。

秦王政立二十六年，初并天下爲三十六郡，號爲始皇帝。〔一〕始皇帝五十一年而崩，子胡亥立，是爲二世皇帝。〔二〕三年，諸侯並起叛秦，趙高殺二世，立子嬰。子嬰立月餘，諸侯誅之，遂滅秦。其語在始皇本紀中。

〔一〕索隱十三而立，立三十七年崩，葬酈山。

〔二〕索隱十二年立。紀云二十一。立三年，葬宜春。秦自襄公至二世，凡六百一十七歲。此實本紀而注別舉之，以非本文耳。

太史公曰：秦之先爲嬴姓。其後分封，以國爲姓，有徐氏、郯氏、莒氏、終黎氏、〔一〕運奄氏、菟裘氏、將梁氏、黃氏、江氏、脩魚氏、白冥氏、蜚廉氏、秦氏。然秦以其先造父封趙城，爲趙氏。

〔一〕集解徐廣曰：「世本作『鍾離』。」應劭曰：「氏姓注云有姓終黎者是。」

【索隱述贊】柏翳佐舜，阜斿是旌。蜚廉事紂，石椁斯營。造父善馭，封之趙城。非子息馬，厥號秦嬴。禮樂射御，西垂有聲。襄公救周，始命列國。金祠白帝，龍祚水德。祥應陳寶，妖除豐特。里奚致霸，衞鞅任刻。厥後吞并，卒成凶慝。

史記卷六

秦始皇本紀第六

秦始皇帝者，秦莊襄王子也。〔一〕莊襄王爲秦質子於趙，〔二〕見呂不韋姬，悅而取之，〔三〕生始皇。以秦昭王四十八年正月生於邯鄲。及生，名爲政，姓趙氏。〔四〕年十三歲，莊襄王死，政代立爲秦王。當是之時，秦地已并巴、蜀、漢中，越宛有郢，置南郡矣；北收上郡以東，有河東、太原、上黨郡；東至滎陽，滅二周，置三川郡。呂不韋爲相，封十萬戶，號曰文信侯。招致賓客游士，欲以并天下。李斯爲舍人。〔五〕蒙驁、王齮、〔六〕麃公等爲將軍。〔七〕王年少，初即位，委國事大臣。

〔一〕索隱 莊襄王者，孝文王之中子，昭襄王之孫也，名子楚。按：戰國策本名子異，後爲華陽夫人嗣，夫人楚人，因改名子楚也。

〔二〕正義 質音致。國彊欲待弱之來相事，故遣子及貴臣爲質，如上音。國弱懼其侵伐，令子及貴臣往爲質，音直實反。又二國敵亦爲交質，音致。左傳云周鄭交質，王子狐爲質於鄭，鄭公子忽爲質於周是也。

〔三〕索隱 按：不韋傳云不韋，陽翟大賈也。其姬邯鄲豪家女，善歌舞，有娠而獻於子楚。

〔四〕集解 徐廣曰：「一作『正』。」宋忠云：「以正月旦生，故名正。」索隱 系本作「政」，又生於趙，故曰趙政。一曰秦與趙同祖，以趙城爲榮，故姓趙氏。正義 正音政，「周正建子」之「正」也。始皇以正月旦生於趙，因爲政，後以始皇諱，故音征。

〔五〕集解 文穎曰：「主廏內小吏官名。或云侍從賓客謂之舍人也。」

〔六〕集解 徐廣曰：「一作『齕』。」索隱 蒙驁，齊人，蒙武之父，蒙恬之祖。王齮即王齕，昭王四十九年代大夫陵伐趙者。正義 齮，魚綺反。劉伯莊云音綺。後同。

〔七〕集解 應劭曰：「麃，秦邑。」索隱 麃公蓋麃邑公，史失其姓名。正義 麃，彼苗反，蓋秦之縣邑。大夫稱公，若楚制。

晉陽反，元年，將軍蒙驁擊定之。二年，麃公將卒攻卷，〔一〕斬首三萬。三年，蒙驁攻韓，取十三城。王齮死。十月，將軍蒙驁攻魏氏暘、有詭。〔二〕歲大饑。四年，拔暘、有詭。三月，軍罷。秦質子歸自趙，趙太子出歸國。十月庚寅，蝗蟲從東方來，蔽天。天下疫。百姓內粟千石，拜爵一級。五年，將軍驁攻魏，定酸棗、〔三〕燕、虛、長平、〔四〕雍丘、山陽城，〔五〕皆拔之，取二十城。初置東郡。冬雷。六年，韓、魏、趙、衞、楚共擊秦，取壽陵。〔六〕秦出兵，五國兵罷。拔衞，迫東郡，其君角率其支屬徙居野王，阻其山以保魏之河內。七年，彗星先出東方，見北方，五月見西方。〔七〕將軍驁死。以攻龍、孤、慶都，〔八〕還兵攻汲。彗星復見西方〔九〕十六日。夏太后死。〔一〇〕八年，王弟長安君成蟜〔一一〕將軍擊趙，反，〔一二〕死屯留，〔一三〕軍吏皆斬死，遷其民於臨洮。〔一四〕將軍壁死，〔一五〕卒屯留、蒲鶮反，戮其屍。〔一六〕河魚大上，〔一七〕輕車重〔一八〕馬東就食。〔一九〕

〔一〕正義 將，子匠反。卒，子必反。卷，丘員反。

〔二〕集解 徐廣曰：「暘音場。」索隱 音暢，魏之邑名。

〔三〕集解 地理志陳留有酸棗縣。正義 括地志云：「酸棗故城在滑州酸棗縣北十五里古酸棗縣南。」

〔四〕集解 徐廣曰：「一作『千』。」駰案：地理志汝南有長平縣也。索隱 二邑名。春秋桓十二年「會于虛」，又戰國策曰「拔燕酸棗、虛、桃人」，桃人亦魏邑，虛地今闕，蓋與諸縣相近。按：今東郡燕縣東三十里有故桃城，則亦非遠。正義 燕，烏田反。括地志云：「南燕城，古燕國也，滑州胙城縣是也。姚虛在濮州雷澤縣東十三里。孝經援神契云帝舜生於姚墟，即東郡也。長平故城在陳州宛丘縣西六十六里。」

〔五〕集解 地理志陳留有雍丘縣，河內有山陽縣。正義 雍，於用反，汴州縣。

〔六〕正義 徐廣云：「在常山。」按：本趙邑也。

〔七〕正義 彗音似歲反。見，並音行練反。孝經內記云：「彗出北斗，兵大起。彗在三台，臣害君。彗在太微，君害臣。彗在天獄，諸侯作亂。所指其處大惡。彗在日旁，子欲殺父。」

〔八〕集解 徐廣曰：「慶，一作『麃』。」正義 括地志云：「定州恆陽縣西南四十里有白龍水，又有挾龍山。又定州唐縣東北五十四里有孤山，蓋都山也。帝王紀云望堯母慶都所居。張晏云堯山在北，堯母慶都山在南，相去五十里，北登堯山，南望慶都山也。注水經云『望都故城東有山，不連陵，名之曰孤』。孤都聲相近，疑即都山，孤山及望都故城三處相近。」

〔九〕正義 復，扶富反。見，行見反。

〔一〇〕索隱 莊襄王所生母。正義 子楚母也。

〔一一〕正義 蟜音紀兆反。成蟜者，長安君名也，號爲長安君。

〔一二〕正義 將，如字。將猶領也。又子匠反。

〔一三〕正義 括地志云：「屯留故城在潞州長子縣東北三十里，漢屯留，留吁國也。」

〔一四〕索隱 臨洮在隴西。正義 臨洮水，故名臨洮。洮州在隴右，去京千五百五十一里。言屯留之民被成蟜略衆共反，故遷之於臨洮郡也。

〔一五〕正義 壁，邊覓反。言成蟜自殺壁壘之內。

〔一六〕集解 徐廣曰：「鶮，一作『鷊』。屯留、蒲鶮，皆地名也。壁于此地時，士卒死者皆戮其屍。」索隱 高誘云屯留，上黨之縣名。謂成蟜爲將軍而反，秦兵擊之，而蟜壁於屯留而死。屯留、蒲鶮二邑之反卒雖死，猶皆戮其屍。鶮，古「鶴」字。正義 卒，子忽反。鶮音高，注同。蒲，鶮，皆地名。

〔一七〕索隱 謂河水溢，魚大上平地，亦言遭水害也。即漢書五行志劉向所謂「豕蟲之孽」。明年，嫪毐誅。魚，陰類，小人象。正義 始皇八年，黃河之魚西上入渭。渭，渭水也。漢書五行志云「魚者陰類，臣民之象也」。十七年，滅韓。二十六年，盡并天下。自滅韓至并天下，蓋十年矣。周本紀云「十年，數之紀也。天之所棄，不過其紀」。明關東後屬秦，其象類先見也。

〔一八〕集解 徐廣曰：「一無此『重』字。」

〔一九〕索隱 言河魚大上，秦人皆輕車重馬，並就食於東。言往河旁食魚也。一云，河魚大上爲災，人遂東就食，皆輕

車重馬而去。

嫪毐〔一〕封爲長信侯。予之山陽地，〔二〕令毐居之。宮室車馬衣服苑囿馳獵恣毐。事無小大皆決於毐。又以河西〔三〕太原郡更爲毐國。九年，彗星見，或竟天。攻魏垣、蒲陽。〔四〕四月，上宿雍。〔五〕己酉，王冠，帶劍。〔六〕長信侯毐作亂而覺，矯王御璽〔七〕及太后璽以發縣卒〔八〕及衞卒、官騎、戎翟君公、舍人，將欲攻蘄年宮爲亂。〔九〕王知之，令相國昌平君、昌文君發卒攻毐。〔一〇〕戰咸陽，〔一一〕斬首數百，皆拜爵，及宦者皆在戰中，亦拜爵一級。毐等敗走。卽令國中：有生得毐，賜錢百萬；殺之，五十萬。盡得毐等。衞尉竭、〔一二〕內史肆、佐弋竭、〔一三〕中大夫令齊等〔一四〕二十人皆梟首。〔一五〕車裂以徇，滅其宗。〔一六〕及其舍人，輕者爲鬼薪。〔一七〕及奪爵遷蜀四千餘家，家房陵。〔一八〕〔四〕〔是〕月寒凍，有死者。〔一九〕楊端和攻衍氏。〔二〇〕彗星見西方，又見北方，從斗以南八十日。十年，〔二一〕相國呂不韋坐嫪毐免。桓齮爲將軍。齊、趙來置酒。齊人茅焦說秦王曰：「秦方以天下爲事，而大王有遷母太后之名，恐諸侯聞之，由此倍秦也。」秦王乃迎太后於雍而入咸陽，〔二二〕復居甘泉宮。〔二三〕

〔一〕索隱 嫪，姓；毐，字。按：漢書嫪氏出邯鄲。王劭云「賈侍中說秦始皇母予嫪毐淫坐誅，故世人罵淫曰『嫪毐』也」。正義 上躬虯反，下酷改反。

〔二〕正義 予音與。括地志云：「山陽故城在懷州修武縣西北太行山東南。」

〔三〕集解 徐廣曰：「河，一作『汾』。」

〔四〕正義 垣，作「垣」。垣音袁。括地志云：「故垣城，漢縣治，本魏王垣也，在絳州垣縣西北二十里。蒲邑故城在隰州隰縣北四十五里。在蒲水之北，故言蒲陽。卽晉公子重耳所居邑也。」

〔五〕集解 蔡邕曰：「上者，尊位所在也。」駰案：司馬遷記事，當言「帝」則依違但言「上」，不敢媟言，尊尊之意也。

〔六〕集解 徐廣曰：「年二十二。」正義 冠音灌。禮記云年二十而冠。按：年二十一也。

〔七〕集解 蔡邕曰：「御者，進也。凡衣服加於身，飲食入於口，妃妾接於寢，皆曰御。御之親愛者曰幸。璽者，印信也。天子璽白玉螭虎鈕。古者尊卑共之。月令曰『固封璽』，左傳曰『季武子璽書追而與之』，此諸侯大夫印稱璽也。」衞宏曰：「秦以前，民皆以金玉爲印，龍虎鈕，唯其所好。秦以來，天子獨以印稱璽，又獨以玉，羣臣莫敢用。」正義 崔浩云：「李斯磨和璧作之，漢諸帝世傳服之，謂『傳國璽』。」韋曜吳書云璽方四寸，上句交五龍，文曰「受命于天既壽永昌」。漢書云文曰「昊天之命皇帝壽昌」。按：二文不同。漢書元后傳云王莽令王舜逼太后取璽，王太后怒，投地，其角小缺。吳志云孫堅入洛，埽除漢陵廟，軍於甄官井得璽，後歸魏。晉懷帝永嘉五年六月，帝蒙塵平陽，璽入前趙劉聰。至東晉成帝咸和四年，石勒滅前趙，得璽。穆帝永和八年，石勒爲慕容俊滅，濮陽太守戴施入鄴，得璽，使何融送晉。傳宋，宋傳南齊，南齊傳梁。梁傳至天正二年，侯景破梁，至廣陵，北齊將辛術定廣陵，得璽，送北齊。至周建德六年正月，平北齊，璽入周。周傳隋，隋傳唐也。

〔八〕正義 子忽反，下同。

〔九〕集解 地理志蘄年宮在雍。正義 蘄，巨衣反。括地志云：「蘄年宮在岐州城西故城內。」

〔一〇〕索隱 昌平君，楚之公子，立以爲相，後徙於郢，項燕立爲荊王，史失其名。昌文君名亦不知也。

〔一一〕正義 括地志云：「咸陽故城亦名渭城，在雍州北五里，今咸陽縣東十五里。秦孝公已下並都此城。始皇鑄金人十二於咸陽，卽此也。」

〔一二〕集解 漢書百官表曰：「衞尉，秦官。」

〔一三〕集解 漢書百官表曰：「秦時少府有佐弋，漢武帝改爲佽飛，掌弋射者。」正義 弋音翊。

〔一四〕正義 令，力政反。中大夫令，秦官也。齊，名也。

〔一五〕集解 縣首於木上曰梟。正義 梟，古堯反。懸首於木上曰梟。

〔一六〕正義 說苑云：「秦始皇太后不謹，幸郎嫪毐，始皇取毐四支車裂之，取兩弟撲殺之，取太后遷之咸陽宮。下令曰：『以太后事諫者，戮而殺之，蒺藜其脊。』諫而死者二十七人。茅焦乃上說曰：『齊客茅焦，願以太后事諫。』皇帝曰：『走告若，不見闕下積死人耶？』使者問焦。焦曰：『陛下車裂假父，有嫉妒之心；囊撲兩弟，有不慈之名；遷母咸陽，有不孝之行；蒺藜諫士，有桀紂之治。天下聞之，盡瓦解，無向秦者。』王乃自迎太后歸咸陽，立茅焦爲傅，又爵之上卿。」括地志云：「茅焦，滄州人也。」

〔一七〕集解 應劭曰：「取薪給宗廟爲鬼薪也。」如淳曰：「律說鬼薪作三歲。」正義 言毐舍人罪重者已刑戮，輕者罰徒役三歲。

〔一八〕正義 括地志云：「房陵卽今房州房陵縣，古楚漢中郡地也，是巴蜀之境。地理志云房陵縣屬漢中郡，在益州部，接東南一千三百一十里也。」

〔一九〕正義 四月建巳之月，孟夏寒凍，民有死者，以秦法酷急，則天應之而史書之。故尚書洪範云「急常寒若」，孔注云「君行急則常寒順之」。

〔二〇〕索隱 端和，秦將。衍氏，魏邑。正義 衍，羊善反。在鄭州。

〔二一〕集解 徐廣曰：「甲子。」

〔二二〕集解 說苑曰：「始皇帝立茅焦爲傅，又爵之上卿。太后大喜，曰『天下亢直，使敗復成，安秦社稷，使妾母子復相見者，茅君之力也』。」

〔二三〕集解 徐廣曰：「表云咸陽南宮也。」

大索，逐客。李斯上書說，乃止逐客令。李斯因說秦王，請先取韓以恐他國，於是使斯下韓。韓王患之，與韓非謀弱秦。大梁人尉繚來，說秦王曰：「以秦之彊，諸侯譬如郡縣之君，臣但恐諸侯合從，翕而出不意，此乃智伯、夫差、湣王之所以亡也。願大王毋愛財物，賂其豪臣，以亂其謀，不過亡三十萬金，則諸侯可盡。」秦王從其計，見尉繚亢禮，衣服食飲與繚同。繚曰：「秦王爲人，蜂準，〔一〕長目，摯鳥膺，〔二〕豺聲，少恩而虎狼心，居約易出人下，〔三〕得志亦輕食人。〔四〕我布衣，然見我常身自下我。誠使秦王得志於天下，天下皆爲虜矣。不可與久游。」乃亡去。秦王覺，固止，以爲秦國尉，〔五〕卒用其計策。而李斯用事。

〔一〕集解 徐廣曰：「蜂，一作『隆』。」正義 蜂，孚逢反。準，章允反。蜂，蠆也，高鼻也。文穎曰：「準，鼻也。」

〔二〕正義 鷙鳥，鶻。膺突向前，其性悍勇。

〔三〕正義 易，以豉反。言始皇居儉約之時易以謙卑。

〔四〕正義言始皇得天下之志，亦輕易而啖食於人。
〔五〕正義若漢太尉、大將軍之比也。

十一年，王翦、桓齮、楊端和攻鄴，取九城。王翦攻閼與、橑楊，〔一〕皆并爲一軍。翦將十八日，軍歸斗食以下，〔二〕什推二人從軍。〔三〕取鄴安陽，桓齮將。十二年，文信侯不韋死，竊葬。〔四〕其舍人臨者，晉人也逐出之；〔五〕秦人六百石以上奪爵，遷；〔六〕五百石以下不臨，遷，勿奪爵。〔七〕自今以來，操國事不道如嫪毐、不韋者籍其門，〔八〕視此。秋，復嫪毐舍人遷蜀者。當是之時，天下大旱，六月至八月乃雨。

〔一〕集解徐廣曰：「橑音老，在幷州。」正義漢表在清河。十三州志云：「橑陽，上黨西北百八十里也。」
〔二〕集解漢書百官表曰：「百石以下，有斗食，佐史之秩。」正義一日得斗粟爲料。
〔三〕索隱言王翦爲將，諸軍中皆歸斗食以下無功佐史，什中唯推擇二人令從軍耳。
〔四〕索隱按：不韋飲鴆死，其賓客數千人竊共葬於洛陽北芒山。
〔五〕正義臨，力禁反，臨哭也。若是三晉之人，逐出令歸也。
〔六〕正義上音時掌反。若是秦人哭臨者，奪其官爵，遷移於房陵。
〔七〕正義若是秦人不哭臨不韋者，不奪官爵，亦遷移於房陵。
〔八〕集解徐廣曰：「一作『文』。」索隱謂籍沒其一門皆爲徒隸，後並視此爲常故也。正義籍録其子孫，禁不得仕宦。

十三年，桓齮攻趙平陽，〔一〕殺趙將扈輒，〔二〕斬首十萬。王之河南。正月，彗星見東方。十月，桓齮攻趙。十四年，攻趙軍於平陽，取宜安，〔三〕破之，殺其將軍。桓齮定平陽、武城。〔四〕韓非使秦，秦用李斯謀，留非，非死雲陽。〔五〕韓王請爲臣。

〔一〕正義括地志云：「平陽故城在相州臨漳縣西二十五里。」又云：「平陽，戰國時屬韓，後屬趙。」
〔二〕正義扈音户。輒，張獵反，趙之將軍。
〔三〕正義括地志云：「宜安故城在常山槀城縣西南二十五里也。」
〔四〕正義即貝州武城縣外城是也。七國時趙邑。
〔五〕正義括地志云：「雲陽城在雍州雲陽縣西八十里，秦始皇甘泉宫在焉。」

十五年，大興兵，一軍至鄴，一軍至太原，取狼孟。〔一〕地動。十六年九月，發卒受地韓南陽假守〔二〕騰。初令男子書年。魏獻地於秦。秦置麗邑。〔三〕十七年，内史騰攻韓，得韓王安，盡納其地，〔四〕以其地爲郡，命曰潁川。地動。華陽太后卒。民大饑。

〔一〕集解地理志太原有狼孟縣。
〔二〕正義假，格雅反。守音狩。
〔三〕正義麗，力知反。括地志云：「雍州新豐縣，本周時驪戎邑。左傳云晉獻公伐驪戎，杜注云在京兆新豐縣，其後秦滅之以爲邑。」
〔四〕正義韓王安之九年，秦盡滅之。

十八年，〔一〕大興兵攻趙，王翦將上地，〔二〕下井陘，〔三〕端和將河内，羌瘣〔四〕伐趙，端和圍邯鄲城。十九年，王翦、羌瘣盡定取趙地東陽，得趙王。〔五〕引兵欲攻燕，屯中山。秦王之邯鄲，諸嘗與王生趙時母家有仇怨，皆阬之。秦王還，從太原、上郡歸。始皇帝母太后崩。趙公子嘉率其宗數百人之代，自立爲代王，東與燕合兵，軍上谷。大饑。

〔一〕集解徐廣曰：「巴郡出大人，長二十五丈六尺。」
〔二〕正義上郡上縣，今綏州等是也。
〔三〕集解服虔曰：「山名，在常山。今爲縣。音刑。」
〔四〕正義胡罪反。
〔五〕索隱趙王遷也。正義趙幽繆王遷八年，秦取趙地至平陽。平陽在貝州歷亭縣界。遷王於房陵。

二十年，燕太子丹患秦兵至國，恐，使荆軻刺秦王。秦王覺之，體解〔一〕軻以徇，而使王翦、辛勝攻燕。燕、代發兵擊秦軍，秦軍破燕易水之西。二十一年，王賁〔二〕攻（薊）〔荆〕。乃益發卒詣王翦軍，遂破燕太子軍，取燕薊城，得太子丹之首。燕王東收遼東而王之。〔三〕王翦謝病老歸。新鄭反。昌平君徙於郢。大雨雪，〔四〕深二尺五寸。

〔一〕正義紀買反。
〔二〕正義音奔。
〔三〕正義王，于放反。
〔四〕正義雨，于遇反。

二十二年，王賁攻魏，引河溝灌大梁，大梁城壞，其王請降，〔一〕盡取其地。

〔一〕索隱魏王假也。

二十三年，秦王復召王翦，彊起之，使將擊荆。〔一〕取陳以南至平輿，〔二〕虜荆王。〔三〕秦王游至郢陳。荆將項燕立昌平君爲荆王，反秦於淮南。〔四〕二十四年，王翦、蒙武攻荆，破荆軍，昌平君死，項燕遂自殺。

〔一〕正義秦號楚爲荆者，以莊襄王名子楚，諱之，故言荆也。
〔二〕集解地理志汝南有平輿縣。正義輿音餘。平輿，豫州縣也。
〔三〕索隱荆王負芻也。楚稱荆者，以避莊襄王諱，故易之也。
〔四〕集解徐廣曰：「淮，一作『江』。」正義昌平也。楚淮北之地盡入於秦。

二十五年，大興兵，使王賁將，攻燕遼東，得燕王喜。〔一〕還攻代，虜代王嘉。王翦遂定荆江南地，〔二〕降越君，〔三〕置會稽郡。五月，天下大酺。〔四〕

〔一〕正義 燕王喜之五十三年，燕亡。

〔二〕正義 言王翦遂平定楚及江南地，降越君，置爲會稽郡。

〔三〕正義 降，閑江反。楚威王已滅〔越〕，其餘自稱君長，今降秦。

〔四〕集解 服虔曰："酺音蒲。"文穎曰："酺，周禮族師掌春秋祭酺，爲人物災害之神。"蘇林曰："陳留俗，三月上巳水上飲食爲酺。" 正義 天下歡樂大飲酒也。秦既平韓、趙、魏、燕、楚五國，故天下大酺也。

二十六年，齊王建與其相后勝〔一〕發兵守其西界，不通秦。秦使將軍王賁從燕南攻齊，得齊王建。〔二〕

〔一〕正義 音升，齊相姓名。

〔二〕索隱 六國皆滅也。十七年得韓王安，十九年得趙王遷，二十二年魏王假降，二十三年虜荊王負芻，二十五年得燕王喜，二十六年得齊王建。 正義 齊王建之三十四年，齊國亡。

秦初并天下，令丞相、御史曰：〔一〕「異日韓王納地效璽，〔二〕請爲藩臣，已而倍約，與趙、魏合從畔秦，故興兵誅之，虜其王。寡人以爲善，庶幾息兵革。趙王使其相李牧來約盟，故歸其質子。〔三〕已而倍盟，反我太原，故興兵誅之，得其王。趙公子嘉乃自立爲代王，故舉兵擊滅之。魏王始約服入秦，已而與韓、趙謀襲秦，秦兵吏誅，遂破之。荊王獻青陽以西，〔四〕已而畔約，擊我南郡，故發兵誅，得其王，遂定其荊地。燕王昏亂，其太子丹乃陰令荊軻爲

賊，兵吏誅，滅其國。齊王用后勝計，絶秦使，欲爲亂，兵吏誅，虜其王，平齊地。寡人以眇眇之身，興兵誅暴亂，賴宗廟之靈，六王咸伏其辜，天下大定。今名號不更，無以稱成功，傳後世。其議帝號。」丞相綰、御史大夫劫、〔五〕廷尉斯等〔六〕皆曰：「昔者五帝地方千里，其外侯服夷服，諸侯或朝或否，天子不能制。今陛下〔七〕興義兵，誅殘賊，平定天下，海内爲郡縣，〔八〕法令由一統，自上古以來未嘗有，五帝所不及。臣等謹與博士議曰：〔九〕『古有天皇，有地皇，有泰皇，〔一〇〕泰皇最貴。』臣等昧死上尊號，王爲『泰皇』。命爲『制』，令爲『詔』，〔一一〕天子自稱曰『朕』。」〔一二〕王曰：「去『泰』，〔一三〕著『皇』，采上古『帝』位號，號曰『皇帝』。他如議。」制曰：「可。」〔一四〕追尊莊襄王爲太上皇。〔一五〕制曰：「朕聞太古有號毋謚，中古有號，死而以行爲謚。如此，則子議父，臣議君也，甚無謂，朕弗取焉。自今已來，除謚法。〔一六〕朕爲始皇帝。後世以計數，〔一七〕二世三世至于萬世，傳之無窮。」

〔一〕正義 令，力政反。乃今之敕令、赦書。

〔二〕正義 效猶至見。

〔三〕正義 質音致。

〔四〕集解 漢書鄒陽傳曰："越水長沙，還舟青陽。"張晏曰："青陽，地名。"蘇林曰："青陽，長沙縣是也。"

〔五〕集解 漢書百官表曰："御史大夫，秦官。"應劭曰："侍御史之率，故稱大夫也。" 索隱 綰姓王。劫姓馮。

〔六〕集解 漢書百官表曰："廷尉，秦官。"應劭曰："聽獄必質諸朝廷，與衆共之，兵獄同制，故稱廷尉。"

〔七〕集解 蔡邕曰："陛，階也，所由升堂也。天子必有近臣立於陛側，以戒不虞。謂之『陛下』者，羣臣與天子言，不敢指斥，故呼在陛下者與之言，因卑達尊之意也。上書亦如之。"

〔八〕正義 郡，人所羣聚也。

〔九〕集解 漢書百官表曰："博士，秦官，掌通古今。"

〔一〇〕索隱 按：天皇、地皇之下卽云泰皇，當人皇也。而封禪書云「昔者太帝使素女鼓瑟而悲」，蓋三皇已前稱泰皇。一云泰皇，太昊也。

〔一一〕集解 蔡邕曰："制書，帝者制度之命也，其文曰『制』。詔，詔書。詔，告也。" 正義 令音力政反。制詔三代無文，秦始有之。

〔一二〕集解 蔡邕曰："朕，我也。古者上下共稱之，貴賤不嫌，則可以同號之義也。皐陶與舜言『朕言惠，可厎行』。屈原曰『朕皇考』。至秦，然後天子獨以爲稱。漢因而不改。"

〔一三〕正義 去音丘呂反。

〔一四〕集解 蔡邕曰："羣臣有所奏，請尚書令奏之，下有司曰『制』，天子答之曰『可』。"

〔一五〕集解 漢高祖尊父曰太上皇，亦放此也。

〔一六〕集解 謚法，周公所作。

〔一七〕正義 色主反。

始皇推終始五德之傳，〔一〕以爲周得火德，秦代周德，從所不勝。〔二〕方今水德之始，〔三〕改年始，朝賀皆自十月朔。〔四〕衣服旄旌節旗〔五〕皆上黑。〔六〕數以六爲紀，符、法冠皆六寸，

而輿六尺，六尺爲步，乘六馬。〔七〕更名河曰德水，以爲水德之始。剛毅戾深，事皆決於法，刻削毋仁恩和義，然後合五德之數。〔八〕於是急法，久者不赦。

〔一〕集解 鄭玄曰："音亭傳。" 索隱 音張戀反。傳，次也。謂五行之德始終相次也。漢書郊祀志曰："齊人鄒子之徒論著終始五德之運，始皇采用。"

〔二〕正義 勝，申證反。秦以周爲火德。能滅火者水也，故稱從其所不勝於秦。

〔三〕索隱 封禪書曰秦文公獲黑龍，以爲水瑞，秦始皇帝因自謂爲水德也。

〔四〕正義 周以建子之月爲正，秦以建亥之月爲正，故其年始用十月而朝賀。

〔五〕正義 旌音精。旄音毛。旗音其。周禮云："析羽爲旌，熊虎爲旗。"旄節者，編毛爲之，以象竹節，漢書云「蘇武執節在匈奴牧羊，節毛盡落」是也。韋昭云："節者，山國用人節，澤國用龍節，皆以金爲之。道路以旌節，門關用符節，都鄙用管節，皆用竹爲之。"

〔六〕正義 以水德屬北方，故上黑。

〔七〕集解 張晏曰："水，北方，黑，終數六，故以六寸爲符，六尺爲步。"瓚曰："水數六，故以六爲名。"譙周曰："步以人足爲數，非獨秦制然。" 索隱 管子司馬法皆云六尺爲步。譙周以爲步以人足，非獨秦制。又按：禮記王制曰「古者八尺爲步」，今以周尺六尺四寸爲步，步之尺數亦不同。

〔八〕索隱 水主陰，陰刑殺，故急法刻削，以合五德之數。

丞相綰等言："諸侯初破，燕、齊、荊地遠，不爲〔一〕置王，毋以填之。請立諸子，唯上幸

許。」始皇下其議於羣臣，羣臣皆以爲便。廷尉李斯議曰：「周文武所封子弟同姓甚衆，然後屬疏遠，相攻擊如仇讎，諸侯更相誅伐，周天子弗能禁止。今海內賴陛下神靈一統，皆爲郡縣，諸子功臣以公賦稅重賞賜之，甚足易制。天下無異意，〔一〕則安寧之術也。置諸侯不便。」始皇曰：「天下共苦戰鬬不休，以有侯王。賴宗廟，天下初定，又復立國，是樹兵也，而求其寧息，豈不難哉！廷尉議是。」

〔一〕【正義】于僞反。

〔二〕【正義】易音以職反。

分天下以爲三十六郡，〔一〕郡置守、尉、監。〔二〕更名民曰「黔首」。〔三〕大酺。收天下兵，〔四〕聚之咸陽，銷以爲鍾鐻，〔五〕金人十二，重各千石，〔六〕置廷宮中。一法度衡石丈尺。車同軌。書同文字。地東至海暨朝鮮，〔七〕西至臨洮、羌中，〔八〕南至北嚮户，〔九〕北據河爲塞，並陰山至遼東。〔一〇〕徙天下豪富於咸陽十二萬户。諸廟及章臺、上林皆在渭南。秦每破諸侯，寫放其宮室，作之咸陽北阪上，〔一一〕南臨渭，自雍門〔一二〕以東至涇、渭，殿屋複道周閣相屬。〔一三〕所得諸侯美人鍾鼓，以充入之。〔一四〕

〔一〕【集解】三十六郡者，三川、河東、南陽、南郡、九江、鄣郡、會稽、潁川、碭郡、泗水、薛郡、東郡、琅邪、齊郡、上谷、漁陽、右北平、遼西、遼東、代郡、鉅鹿、邯鄲、上黨、太原、雲中、九原、鴈門、上郡、隴西、北地、漢中、巴郡、

蜀郡、黔中、長沙凡三十五，與內史爲三十六郡。【正義】風俗通云：「周制天子方千里，分爲百縣，縣有四郡，故左傳云上大夫受縣，下大夫受郡。秦始皇初置三十六郡以監縣也。」

〔二〕【集解】漢書百官表曰：「秦郡守掌治其郡，有丞；尉掌佐守典武職甲卒；監御史掌監郡。」

〔三〕【集解】應劭曰：「黔亦黎黑也。」

〔四〕【集解】應劭曰：「古者以銅爲兵。」

〔五〕【集解】徐廣曰：「音巨。」

〔六〕【索隱】按：二十六年，有長人見于臨洮，故銷兵器，鑄而象之。謝承後漢書「銅人，翁仲，翁仲其名也」。三輔舊事「銅人十二，各重三十四萬斤。漢代在長樂宮門前」。董卓壞其十爲錢，餘二猶在。石季龍徙之鄴，苻堅又徙長安而銷之也。【正義】漢書五行志云：「二十六年，有大人長五丈，足履六尺，皆夷狄服，凡十二人，見于臨洮，故銷兵器，鑄而象之。」謝承後漢書云：「銅人，翁仲其名也。」三輔舊事云：「聚天下兵器，鑄銅人十二，各重二十四萬斤。漢世在長樂宮門。」魏志董卓傳云：「椎破銅人十及鍾鐻，以鑄小錢。」關中記云：「董卓壞銅人，餘二枚，徙清門裏。魏明帝欲將詣洛，載到霸城，重不可致。後石季龍徙之鄴，苻堅又徙入長安而銷之。」英雄記云：「昔大人見臨洮而銅人鑄，至董卓而銅人毀也。」

〔七〕【正義】暨，其記反。朝音潮。鮮音仙。海謂渤海南至揚、蘇、台等州之東海也。暨，及也。東北朝鮮國。括地志云：「高驪治平壤城，本漢樂浪郡王險城，卽古朝鮮也。」

〔八〕【正義】洮，吐高反。括地志云：「臨洮郡卽今洮州，亦古西羌之地，在京西千五百五十一里羌中。從臨洮西南芳州扶松府以西，並古諸羌地也。」

〔九〕【集解】吳都賦曰：「開北户以向日。」劉逵曰：「日南之北户，猶日北之南户也。」

〔一〇〕【集解】地理志西河有陰山縣。【正義】塞，先代反。並，白浪反。謂靈、夏、勝等州之北黄河。陰山在朔州北塞外。從河傍陰山，東至遼東，築長城爲北界。

〔一一〕【集解】徐廣曰：「在長安西北，漢武時別名渭城。」【正義】今咸陽縣北阪上。

〔一二〕【集解】徐廣曰：「在高陵縣。」【正義】今岐州雍縣東。

〔一三〕【正義】複音福。屬，之欲反。廟記云：「北至九嵕、甘泉，南至長楊、五柞，東至河，西至汧渭之交，東西八百里，離宮別館相望屬也。木衣綈繡，土被朱紫，宮人不徙。窮年忘歸，猶不能遍也。」

〔一四〕【正義】三輔舊事云：「始皇表河以爲秦東門，表汧以爲秦西門，表中外殿觀百四十五，後宮列女萬餘人，氣上衝于天。」

二十七年，始皇巡隴西、北地，〔一〕出雞頭山，〔二〕過回中。〔三〕焉作信宮渭南，已更命信宮爲極廟，象天極。〔四〕自極廟道通酈山，作甘泉前殿。築甬道，〔五〕自咸陽屬之。是歲，賜爵一級。治馳道。〔六〕

〔一〕【正義】隴西，今隴右；北地，今寧州也。

〔二〕【正義】括地志云：「雞頭山在成州上祿縣東北二十里，在京西南九百六十里。酈元云蓋大隴山異名也。後漢書隗囂傳云『王莽塞雞頭』，卽此也。」按：原州平高縣西百里亦有笄頭山，在京西北八百里，黄帝雞山之所。

〔三〕【集解】應劭曰：「回中在安定高平。」孟康曰：「回中在北地。」【正義】括地志云：「回中宮在岐州雍縣西四十

里。」言始皇欲西巡隴西之北，從咸陽向西北出寧州，西南行至成州，出雞頭山，東還，過岐州回中宮。

〔四〕【索隱】爲宮廟象天極，故曰極廟。天官書曰「中宮曰天極」是也。

〔五〕【集解】應劭曰：「築垣牆如街巷。」【正義】築音竹。甬音勇。應劭云：「謂於馳道外築牆，天子於中行，外人不見。」

〔六〕【集解】應劭曰：「馳道，天子道也，道若今之中道然。」漢書賈山傳曰：「秦爲馳道於天下，東窮燕齊，南極吳楚，江湖之上，濱海之觀畢至。道廣五十步，三丈而樹，厚築其外，隱以金椎，樹以青松。」

二十八年，始皇東行郡縣，上鄒嶧山。〔一〕立石，與魯諸儒生議，刻石頌秦德，議封禪望祭山川之事。〔二〕乃遂上泰山，〔三〕立石，封，祠祀。〔四〕下，風雨暴至，休於樹下，因封其樹爲五大夫。〔五〕禪梁父。〔六〕刻所立石，其辭曰：〔七〕

〔一〕【集解】韋昭曰：「鄒，魯縣，山在其北。」【正義】上，時掌反。鄒，側留反。嶧音亦。國系云：「邾嶧山亦名鄒山，在兗州鄒縣南三十二里。魯穆公改『邾』作『鄒』，其山遂從『邑』變。山北去黄河三百餘里。」

〔二〕【正義】晉太康地記云：「爲壇於太山以祭天，示增高也。爲墠於梁父以祭地，示增廣也。祭尚玄酒而俎魚。墠皆廣長十二丈。壇高三尺，階三等。而樹石太山之上，高三丈一尺，廣三尺，秦之刻石云。」

〔三〕【正義】泰山一曰岱宗，東嶽也，在兗州博城縣西北三十里。山海經云：「泰山，其上多玉，其下多石。」郭璞云：「從泰山下至山頭，百四十八里三百步。」道書福地記云：「泰山高四千九百丈二尺，周迴二千里，多芝草玉石，長津甘泉，仙人室。又有地獄六，曰鬼神之府，從西上，下有洞天，周迴三千里，鬼神考讁之府。」

〔四〕集解服虔曰：「增天之高，歸功於天。」張晏曰：「天高不可及，於泰山上立封禪而祭之，冀近神靈也。」瓚曰：「積土爲封。謂負土於泰山上，爲壇而祭之。」

〔五〕正義封，一作「復」，音福。

〔六〕集解服虔曰：「禪，闡廣土地也。」瓚曰：「古者聖王封泰山，禪亭亭或梁父，皆泰山下小山。除地爲墠，祭於梁父。後改『墠』曰『禪』。」正義父音甫。在兗州泗水縣北八十里。

〔七〕索隱其詞每三句爲韻，凡十二韻。下之罘、碣石、會稽三銘皆然。

皇帝臨位，作制明法，臣下脩飭。〔一〕二十有六年，初并天下，罔不賓服。親巡遠方黎民，登茲泰山，周覽東極。從臣思迹，〔二〕本原事業，祗誦功德。〔三〕治道運行，諸產得宜，皆有法式。大義休明，垂于後世，順承勿革。皇帝躬聖，既平天下，不懈於治。夙興夜寐，建設長利，〔四〕專隆教誨。訓經宣達，遠近畢理，咸承聖志。貴賤分明，男女禮順，慎遵職事。昭隔內外，〔五〕靡不清淨，施于後嗣。化及無窮，遵奉遺詔，永承重戒。

〔一〕正義飭音勅。

〔二〕正義從，財用反。

〔三〕正義祗音脂。

〔四〕正義長，直良反。

〔五〕集解徐廣曰：「隔，一作『融』。」

於是乃並勃海以東，〔一〕過黃、腄，〔二〕窮成山，登之罘，〔三〕立石頌秦德焉而去。

〔一〕正義並，白浪反。勃作「渤」，蒲忽反。

〔二〕集解地理志東萊有黃縣、腄縣。正義腄，逐瑞反。字或作「陲」。括地志云：「黃縣故城在萊州黃縣東南二十五里，古萊子國也。牟平縣城在黃縣南百三十里。十三州志云牟平縣古腄縣也。」

〔三〕集解地理志之罘山在腄縣。正義罘音浮。括地志云：「在萊州文登縣東北百八十里。成山在文登縣西北百九十里。」窮猶登極也。封禪書云：「八神，五曰陽主，祠之罘；七曰日主，祠成山，成山斗入海。」又云：「之罘山在海中。文登縣，古腄縣也。」

南登琅邪，〔一〕大樂之，留三月。乃徙黔首三萬戶琅邪臺下，〔二〕復十二歲。〔三〕作琅邪臺，〔四〕立石刻，頌秦德，明得意。曰：〔五〕

〔一〕集解今兗州東沂州、密州，即古琅邪也。

〔二〕集解地理志越王句踐嘗治琅邪縣，起臺館。索隱山海經琅邪臺在渤海閒。蓋海畔有山，形如臺，在琅邪，故曰琅邪臺。正義括地志云：「密州諸城縣東南百七十里有琅邪臺，越王句踐觀臺也。臺西北十里有琅邪故城。吳越春秋云：『越王句踐二十五年，徙都琅邪，立觀臺以望東海，遂號令秦、晉、齊、楚，以尊輔周室，歃血盟。』即句踐起臺處。」括地志云：「琅邪山在密州諸城縣東南百四十里。始皇立層臺於山上，謂之琅邪臺，孤立衆山之上。秦王樂之，留三月，立石山上，頌秦德也。」

〔三〕正義復音福。復三萬戶徙臺下者。

〔四〕正義今琅邪臺。

〔五〕索隱二句爲韻。

維二十八年，皇帝作始。端平法度，萬物之紀。以明人事，合同父子。聖智仁義，顯白道理。東撫東土，以省卒士。〔一〕事已大畢，乃臨于海。皇帝之功，勸勞本事。上農除末，黔首是富。普天之下，摶心揖志。〔二〕器械一量，〔三〕同書文字。日月所照，舟輿所載。皆終其命，莫不得意。應時動事，是維皇帝。匡飭異俗，陵水經地。〔四〕憂恤黔首，朝夕不懈。除疑定法，咸知所辟。〔五〕方伯分職，諸治經易。〔六〕舉錯必當，莫不如畫。〔七〕皇帝之明，臨察四方。尊卑貴賤，不踰次行。〔八〕姦邪不容，皆務貞良。細大盡力，莫敢怠荒。遠邇辟隱，〔九〕專務肅莊。端直敦忠，事業有常。皇帝之德，存定四極。誅亂除害，興利致福。節事以時，諸產繁殖。黔首安寧，不用兵革。〔一〇〕六親相保，終無寇賊。驩欣奉教，盡知法式。六合之內，皇帝之土。西涉流沙，〔一一〕南盡北戶。東有東海，北過大夏。〔一二〕人迹所至，無不臣者。功蓋五帝，澤及牛馬。莫不受德，各安其宇。

〔一〕正義省，山井反。卒，子忽反。

〔二〕索隱摶，古「專」字。左傳云：「如琴瑟之摶壹。」揖音集。

〔三〕正義內成曰器，甲胄兜鍪之屬。外成曰械，戈矛弓戟之屬。壹量者，同度量也。

〔四〕正義陵作「淩」，猶歷也。經，界也。

〔五〕正義音避。

〔六〕正義易音以豉反。言方伯分職治，所理常在平易。

〔七〕正義畫音戶卦反。謂政理齊整，分明若畫，無邪惡。

〔八〕正義音胡郎反。

〔九〕正義辟，匹亦反。

〔一〇〕正義協韻音棘。

〔一一〕正義解見夏紀。

〔一二〕索隱協韻音戶。下「無不臣者」音渚。「澤及牛馬」音姥。正義杜預云：「大夏，太原晉陽縣。」按：在今并州，「還實沈於大夏，主參」，即此也。

維秦王兼有天下，立名爲皇帝，乃撫東土，至于琅邪。列侯〔一〕武城侯王離、列侯通武侯王賁、倫侯〔二〕建成侯趙亥、倫侯昌武侯成、倫侯武信侯馮毋擇、丞相隗林、〔三〕丞相王綰、卿李斯、卿王戊、五大夫趙嬰、五大夫楊樛〔四〕從，與〔五〕議於海上。〔六〕曰：「古之帝者，地不過千里，〔七〕諸侯各守其封域，或朝或否，相侵暴亂，殘伐不止，猶刻金石，以自爲紀。古之五帝三王，知教不同，法度不明，假威鬼神，〔八〕以欺遠方，實不稱

名，〔九〕故不久長。其身未殁，諸侯倍叛，法令不行。今皇帝并一海内，以爲郡縣，天下和平。昭明宗廟，體道行德，尊號大成。羣臣相與誦皇帝功德，刻于金石，以爲表經。」

〔一〕集解張晏曰：「列侯者，見序列。」

〔二〕索隱爵卑於列侯，無封邑者。倫，類也，亦列侯之類。

〔三〕索隱隗姓，林名。有本作「狀」者，非。顏之推云：「隋開皇初，京師穿地得鑄秤權，有銘，云始皇時量器，丞相隗狀、王綰二人列名，其作『狀』貌之字，時令校寫，親所按驗。」王劭亦云然。斯遠古之證也。正義隗音五罪反。

〔四〕正義音居虯反。

〔五〕正義上才用反。下音預。言王離以下十人從始皇，咸與始皇議功德於海上，立石於琅邪臺下，十人名字並刻頌。

〔六〕正義此頌前後序兩句爲韻，此三句爲韻。

〔七〕正義過音戈。千里謂王畿。

〔八〕正義言五帝、三王假借鬼神之威，以欺服遠方之民，若萇弘之比也。

〔九〕正義稱，尺證反。

既已，齊人徐市等上書，言海中有三神山，名曰蓬萊、方丈、瀛洲，〔一〕僊人居之。請得齋戒，與童男女求之。於是遣徐市發童男女數千人，入海求僊人。〔二〕

〔一〕正義漢書郊祀志云：「此三神山者，其傳在勃海中，去人不遠，蓋曾有至者，諸仙人及不死之藥皆在焉。其物禽

獸盡白，而黃金白銀爲宮闕。未至，望之如雲；及至，三神山乃居水下；臨之，患且至，風輒引船而去，終莫能至云。世主莫不甘心焉。」

〔二〕正義括地志云：「亶洲在東海中，秦始皇使徐福將童男女入海求仙人，止在此洲，共數萬家，至今洲上人有至會稽市易者。吳人外國圖云亶洲去琅邪萬里。」

始皇還，過彭城，〔一〕齋戒禱祠，欲出周鼎泗水。使千人没水求之，弗得。乃西南渡淮水，之衡山、〔二〕南郡。〔三〕浮江，至湘山祠。〔四〕逢大風，幾不得渡。上問博士曰：「湘君何神？」博士對曰：「聞之，堯女，舜之妻，而葬此。」〔五〕於是始皇大怒，使刑徒三千人皆伐湘山樹，赭其山。〔六〕上自南郡由武關歸。〔七〕

〔一〕正義彭城，徐州所理縣也。州東外城，古之彭國也。搜神記云陸終弟三子曰籛鏗，封於彭，爲商伯。外傳云殷末，滅彭祖氏。

〔二〕正義括地志云：「衡山，一名岣嶁山，在衡州湘潭縣西四十一里。」岣音苟。嶁音樓。

〔三〕正義今荆州也。言欲向衡山，即西北過南郡，入武關至咸陽。

〔四〕正義括地志云：「黃陵廟在岳州湘陰縣北五十七里，舜二妃之神。二妃冢在湘陰北一百六十里青草山上。盛弘之荆州記云青草湖南有青草山，湖因山名焉。列女傳云舜陟方，死於蒼梧。二妃死於江、湘之閒，因葬焉。」按：湘山者，乃青草山。山近湘水，廟在山南，故言湘山祠。

〔五〕索隱列女傳亦以湘君爲堯女。按：楚詞九歌有湘君、湘夫人。夫人是堯女，則湘君當是舜。今此文以湘君爲堯女，是總而言之。

〔六〕正義赭音者。

〔七〕集解應劭曰：「武關，秦南關，通南陽。」文穎曰：「武關在析西百七十里弘農界。」正義括地志云：「故武關在商州商洛縣東九十里，春秋時少習也。杜預云少習，商縣武關也。」

二十九年，始皇東游。至陽武博狼沙中，〔一〕爲盜所驚。求弗得，乃令天下大索十日。登之罘，刻石。其辭曰：〔二〕

〔一〕集解地理志河南陽武縣有博狼沙。正義狼音浪。

〔二〕索隱三句爲韻，凡十二韻。

維二十九年，時在中春，〔一〕陽和方起。皇帝東游，巡登之罘，臨照于海。從臣嘉觀，〔二〕原念休烈，追誦本始。大聖作治，建定法度，顯箸綱紀。外教諸侯，光施文惠，明以義理。六國回辟，〔三〕貪戾無厭，〔四〕虐殺不已。皇帝哀衆，遂發討師，奮揚武德。義誅信行，威燀旁達，〔五〕莫不賓服。烹滅彊暴，振救黔首，周定四極。普施明法，經緯天下，永爲儀則。大矣哉！宇縣之中，〔六〕承順聖意。〔七〕羣臣誦功，請刻于石，表垂于常式。

〔一〕正義中音仲。古者帝王巡狩，常以中月。

〔二〕正義從，才用反。觀音瑄。

〔三〕正義必亦反。

〔四〕正義於廉反。

〔五〕集解徐廣曰：「燀，充善反。」

〔六〕集解宇，宇宙。縣，赤縣。

〔七〕索隱協韻音憶。

其東觀曰：

維二十九年，皇帝春游，覽省遠方。逮于海隅，遂登之罘，昭臨朝陽。觀望廣麗，從臣咸念，原道至明。聖法初興，清理疆内，外誅暴彊。武威旁暢，振動四極，禽滅六王。闡并天下，甾害絶息，永偃戎兵。皇帝明德，經理宇内，視聽不怠。〔一〕作立大義，昭設備器，咸有章旗。職臣遵分，各知所行，事無嫌疑。黔首改化，遠邇同度，臨古絶尤。常職既定，後嗣循業，長承聖治。羣臣嘉德，祗誦聖烈，請刻之罘。

〔一〕索隱怠，協旗、疑韻，音銅綦反。故國語范蠡曰「得時不怠，時不再來」，亦以怠與（塞）〔來〕爲韻。

旋，遂之琅邪，道上黨入。〔一〕

〔一〕索隱道猶從也。

三十年，無事。

三十一年〔一〕十二月，更名臘曰「嘉平」。〔二〕賜黔首里六石米，二羊。始皇爲微行咸陽，〔三〕與武士四人俱，夜出逢盜蘭池，〔四〕見窘，武士擊殺盜，關中大索二十日。米石千六百。

〔一〕集解 徐廣曰：「使黔首自實田也。」

〔二〕集解 太原真人茅盈內紀曰：「始皇三十一年九月庚子，盈曾祖父濛，乃於華山之中，乘雲駕龍，白日升天。先是其邑謠歌曰『神仙得者茅初成，駕龍上升入泰清，時下玄洲戲赤城，繼世而往在我盈，帝若學之臘嘉平』。始皇聞謠歌而問其故，父老具對此仙人之謠歌，勸帝求長生之術。於是始皇欣然，乃有尋仙之志，因改臘曰『嘉平』。」 索隱 廣雅曰：「夏曰『清祀』，殷曰『嘉平』，周曰『大蜡』，亦曰『臘』，秦更曰『嘉平』。」蓋應歌謠之詞而改從殷號也。道書茅濛字初成，今此云「茅濛初成」者爲神仙之道，其意失也。蓋由裴氏所引不明，或後人增益「濛」字，遂令七言之詞有衍爾。

〔三〕集解 張晏曰：「若微賤之所爲，故曰微行也。」

〔四〕集解 地理志渭城縣有蘭池宮。 正義 括地志云：「蘭池陂即古之蘭池，在咸陽縣界。秦記云『始皇都長安，引渭水爲池，築爲蓬、瀛，刻石爲鯨，長二百丈』。逢盜之處也。」

三十二年，始皇之碣石，使燕人盧生求羨門、〔一〕高誓。〔二〕刻碣石門。〔三〕壞城郭，決通隄防。其辭曰：〔四〕

〔一〕集解 韋昭曰：「古仙人。」

〔二〕正義 亦古仙人。

〔三〕集解 徐廣曰：「一作『盟』。」

〔四〕正義 此一頌三句爲韻。

遂興師旅，誅戮無道，爲逆滅息。武殄暴逆，文復無罪，〔一〕庶心咸服。惠論功勞，賞及牛馬，恩肥土域。皇帝奮威，德并諸侯，初一泰平。墮壞城郭，〔二〕決通川防，夷去險阻。地勢既定，黎庶無繇，〔三〕天下咸撫。男樂其疇，女修其業，事各有序。惠被諸產，久並來田，〔四〕莫不安所。羣臣誦烈，請刻此石，垂著儀矩。

〔一〕集解 徐廣曰：「復，一作『優』。」 正義 復音福。言秦以武力能殄息暴逆，以文訓道令無罪失，故復除之。

〔二〕正義 墮音許規反。壞音怪。墮，毀也。壞，坼也。言始皇毀坼關東諸侯舊城郭也。夫自頹曰壞，音户怪反。

〔三〕正義 音遥。

〔四〕集解 徐廣曰：「久，一作『分』。」

因使韓終、侯公、石生求仙人不死之藥。始皇巡北邊，從上郡入。燕人盧生使〔一〕入海還，以鬼神事，因奏録圖書，曰「亡秦者胡也」。〔二〕始皇乃使將軍蒙恬發兵三十萬人北擊胡，略取河南地。〔三〕

〔一〕正義 音所吏反。

〔二〕集解 鄭玄曰：「胡，胡亥，秦二世名也。秦見圖書，不知此爲人名，反備北胡。」

〔三〕正義 今鹽、夏、勝等州，秦略取之。

三十三年，發諸嘗逋亡人、贅壻、〔一〕賈人略取陸梁地，〔二〕爲桂林、〔三〕象郡、〔四〕南海，〔五〕以適遣戍。〔六〕西北斥逐匈奴。自榆中〔七〕並河以東，〔八〕屬之陰山，〔九〕以爲（三）〔四〕十四縣，城河上爲塞。又使蒙恬渡河取高闕、〔一〇〕（陶）〔陽〕山、北假中，〔一一〕築亭障以逐戎人。徙謫，實之初縣。〔一二〕禁不得祠。明星出西方。〔一三〕三十四年，適治獄吏不直者，築長城及南越地。〔一四〕

〔一〕集解 瓚曰：「贅，謂居窮有子，使就其婦家爲贅壻。」

〔二〕索隱 謂南方之人，其性陸梁，故曰陸梁。 正義 嶺南之人多處山陸，其性强梁，故曰陸梁。

〔三〕集解 韋昭曰：「今鬱林是也。」

〔四〕集解 韋昭曰：「今日南。」

〔五〕正義 即廣州南海縣。

〔六〕集解 徐廣曰：「五十萬人守五嶺。」 正義 適音直革反。戍，守也。廣州記云：「五嶺者，大庾、始安、臨賀、揭楊、桂陽。」輿地志云：「一曰臺嶺，亦名塞上，今名大庾；二曰騎田；三曰都龐；四曰萌諸；五曰越嶺。」

〔七〕集解 徐廣曰：「在金城。」

〔八〕集解 服虔曰：「並音傍。傍，依也。」

〔九〕集解 徐廣曰：「在五原北。」 正義 屬，之欲反。按：五原，今勝州也。

〔一〇〕正義 高闕，山名，在五原北。兩山相對若闕，甚高，故言高闕。

〔一一〕集解 晉灼曰：「王莽傳云『五原北假，膏壤殖穀』。北假，地名也。」 索隱 高闕，山名；北假，地名。近五原。 正義 酈元注水經云：「黃河逕河目縣故城西，縣在北假中。」北假，地名。按：河目縣屬勝州，今名河北。漢書地理志云屬五原郡。

〔一二〕索隱 徙有罪而謫之，以實初縣，即上「自榆中屬陰山，以爲三十四縣」是也。故漢七科謫亦因於秦。

〔一三〕集解 徐廣曰：「皇甫謐云彗星見。」

〔一四〕正義 謂戍五嶺，是南方越地。

始皇置酒咸陽宮，博士七十人前爲壽。僕射〔一〕周青臣進頌曰：「他時秦地不過千里，賴陛下神靈明聖，平定海內，放逐蠻夷，日月所照，莫不賓服。以諸侯爲郡縣，人人自安樂，無戰爭之患，傳之萬世。自上古不及陛下威德。」始皇悅。博士齊人淳于越進曰：「臣聞殷周之王千餘歲，封子弟功臣，自爲枝輔。今陛下有海內，而子弟爲匹夫，卒有田常、六卿之臣，無輔拂，〔二〕何以相救哉？事不師古而能長久者，非所聞也。今青臣又面諛以重陛下之過，非忠臣。」始皇下其議。丞相李斯曰：「五帝不相復，三代不相襲，各以治，非其相反，時變異也。今陛下創大業，建萬世之功，固非愚儒所知。且越言乃三代之事，何足法也？異

時諸侯並爭，厚招游學。今天下已定，法令出一，百姓當家則力農工，士則學習法令辟禁。[三]今諸生不師今而學古，以非當世，惑亂黔首。丞相臣斯昧死言：古者天下散亂，莫之能一，是以諸侯並作，語皆道古以害今，飾虛言以亂實，人善其所私學，[四]以非上之所建立。今皇帝并有天下，別黑白而定一尊。私學而相與非法教，人聞令下，則各以其學議之，入則心非，出則巷議，夸主以爲名，[五]異取以爲高，率羣下以造謗。如此弗禁，則主勢降乎上，黨與成乎下。禁之便。臣請史官非秦記皆燒之。非博士官所職，天下敢有藏詩、書、百家語者，悉詣守、尉雜燒之。有敢偶語詩書者弃市。[六]以古非今者族。吏見知不舉者與同罪。令下三十日不燒，黥爲城旦。[七]所不去者，醫藥卜筮種樹之書。若欲有學法令，[八]以吏爲師。」制曰：「可。」

[一]集解漢書百官表曰：「僕射，秦官。古者重武，官有主射以督課之。」應劭曰：「僕，主也。」正義射音夜。

[二]正義蒲筆反。

[三]正義令，力性反。辟音避。

[四]集解徐廣曰：「私，一作『知』。」

[五]正義夸，口瓜反。

[六]集解應劭曰：「禁民聚語，畏其謗己。」正義偶，對也。

[七]集解如淳曰：「律說『論決爲髡鉗，輸邊築長城，晝日伺寇虜，夜暮築長城』。城旦，四歲刑。」

[八]集解徐廣曰：「一無『法令』二字。」

三十五年，除道，道九原[一]抵雲陽，[二]塹山堙谷，直通之。於是始皇以爲咸陽人多，先王之宮廷小，吾聞周文王都豐，武王都鎬，豐鎬之閒，帝王之都也。乃營作朝宮渭南上林苑中。先作前殿阿房，[三]東西五百步，南北五十丈，上可以坐萬人，下可以建五丈旗。[四]周馳爲閣道，自殿下直抵南山。表南山之顛以爲闕。爲復道，自阿房渡渭，屬之咸陽，以象天極閣道絕漢抵營室也。[五]阿房宮未成；成，欲更擇令名名之。作宮阿房，故天下謂之阿房宮。隱宮[六]徒刑者七十餘萬人，乃分作阿房宮，或作麗山。發北山石椁，乃寫蜀、荊地材皆至。關中計宮三百，關外四百餘。於是立石東海上朐界中，以爲秦東門。因徙三萬家麗邑，[七]五萬家雲陽，皆復不事十歲。

[一]集解地理志五原郡有九原縣。

[二]集解徐廣曰：「表云道九原，通甘泉。」

[三]正義房，白郎反。括地志云：「秦阿房宮亦曰阿城，在雍州長安縣西北一十四里。」按：宮在上林苑中，雍州郭城西南面，即阿房宮城東面也。顏師古云「阿，近也。以其去咸陽近，且號阿房」。

[四]索隱此以其形名宮也，言其宮四阿旁廣也，故云下可建五丈之旗也。阿房，後爲宮名。正義三輔舊事云：「阿房宮東西三里，南北五百步，庭中可受萬人。又鑄銅人十二於宮前。阿房宮以慈石爲門，阿房宮之北闕門也。」

[五]索隱謂爲複道，渡渭屬咸陽，象天文閣道絕漢抵營室也。常考天官書曰「天極紫宮後十七星絕漢抵營室，曰閣道」。

[六]正義餘刑見於市朝。宮刑，一百日隱於蔭室養之乃可，故曰隱宮，下蠶室是。

[七]正義麗音離。

盧生說始皇曰：「臣等求芝奇藥仙者常弗遇，類物有害之者。方中，人主時爲微行以辟惡鬼，惡鬼辟，真人至。人主所居而人臣知之，則害於神。真人者，入水不濡，入火不爇，[一]陵雲氣，與天地久長。今上治天下，未能恬倓。願上所居宮毋令人知，然后不死之藥殆可得也。」於是始皇曰：「吾慕真人，自謂『真人』，不稱『朕』。」乃令咸陽之旁二百里內宮觀二百七十復道甬道相連，帷帳鍾鼓美人充之，各案署不移徙。行所幸，有言其處者，罪死。始皇帝幸梁山宮，[二]從山上見丞相車騎衆，弗善也。中人或告丞相，丞相後損車騎。始皇怒曰：「此中人泄吾語。」案問莫服。當是時，詔捕諸時在旁者，皆殺之。自是後莫知行之所在。聽事，羣臣受決事，悉於咸陽宮。

[一]正義而說反。

[二]集解徐廣曰：「在好時。」正義括地志云：「俗名望宮山，在雍州好時縣西十二里，北去梁山九里。秦始皇(起)[紀]『從山上見丞相車騎衆，弗善』，即此山也。」

侯生[一]盧生相與謀曰：「始皇爲人，天性剛戾自用，起諸侯，并天下，意得欲從，以爲自古莫及己。專任獄吏，獄吏得親幸。博士雖七十人，特備員弗用。丞相諸大臣皆受成事，倚辨於上。上樂以刑殺爲威，[二]天下畏罪持祿，莫敢盡忠。上不聞過而日驕，下懾伏謾欺以取容。秦法，不得兼方，[三]不驗，輒死。然候星氣者至三百人，皆良士，畏忌諱諛，不敢端言其過。天下之事無小大皆決於上，上至以衡石量書，[四]日夜有呈，不中呈[五]不得休息。貪於權勢至如此，未可爲求仙藥。」於是乃亡去。始皇聞亡，乃大怒曰：「吾前收天下書不中用者盡去之。悉召文學方術士甚衆，欲以興太平，方士欲練以求奇藥。[六]今聞韓衆[七]去不報，徐市等費以巨萬計，終不得藥，徒姦利相告日聞。[八]盧生等吾尊賜之甚厚，今乃誹謗我，以重吾不德也。諸生在咸陽者，吾使人廉問，或爲訞言以亂黔首。」於是使御史悉案問諸生，諸生傳相告引，乃自除。犯禁者四百六十餘人，皆阬之咸陽，使天下知之，以懲後。益發謫徙邊。[九]始皇長子扶蘇諫曰：「天下初定，遠方黔首未集，諸生皆誦法孔子，今上皆重法繩之，臣恐天下不安。唯上察之。」始皇怒，使扶蘇北監蒙恬於上郡。[一〇]

[一]集解說苑曰：「韓客侯生也。」

[二]正義樂，五孝反。

[三]集解徐廣曰：「一云『并力』。」正義言秦施法不得兼方者，令民之有方伎不得兼兩齊，試不驗，輒賜死。言

法酷。

〔四〕集解石百二十斤。正義衡，秤衡也。言表牋奏請，秤取一石，日夜有程期，不滿不休息。

〔五〕正義中，竹仲反。

〔六〕集解徐廣曰：「一云『欲以練求』。」

〔七〕正義音終。

〔八〕集解徐廣曰：「一作『閒』。」

〔九〕集解徐廣曰：「表云徙於北河、榆中，耐徙三歲。拜爵一級。」

〔一〇〕正義括地志云：「上郡故城在綏州上縣東南五十里，秦之上郡城也。」

三十六年，熒惑守心。有墜星下東郡，至地爲石，〔一〕黔首或刻其石曰「始皇帝死而地分」。始皇聞之，遣御史逐問，莫服，盡取石旁居人誅之，因燔銷其石。始皇不樂，使博士爲仙真人詩，及行所游天下，傳令〔二〕樂人謌弦之。秋，使者從關東夜過華陰平舒道，〔三〕有人持璧遮使者曰：「爲吾遺滈池君。」〔四〕因言曰：「今年祖龍死。」〔五〕使者問其故，因忽不見，置其璧去。使者奉璧具以聞。始皇默然良久，曰：「山鬼固不過知一歲事也。」退言曰：「祖龍者，人之先也。」使御府視璧，乃二十八年行渡江所沈璧也。於是始皇卜之，卦得游徙吉。遷北河榆中三萬家。〔六〕拜爵一級。

〔一〕集解徐廣曰：「表云石晝隕。」

〔二〕正義傳，逐戀反。令，力呈反。

〔三〕正義括地志云：「平舒故城在華州華陰縣西北六里。水經注云『渭水又東經平舒北，城枕渭濱，半破淪水，南面通衢。昔秦之將亡也，江神送璧於華陰平舒道，卽其處也』。」

〔四〕集解服虔曰：「水神也。」張晏曰：「武王居鎬，鎬池君則武王也。武王伐商，故神云始皇荒淫若紂矣，今亦可伐也。」孟康曰：「長安西南有滈池。」索隱按：服虔云水神，是也。江神以璧遺滈池之神，告始皇之將終也。且秦水德王，故其君將亡，水神先自相告也。正義遺，庚季反。滈，湖老反。括地志云：「滈水源出雍州長安縣西北滈池。酈元注水經云『滈水承滈池，北流入渭』。今按：滈池水流入來通渠，蓋酈元誤矣。」張晏云：「武王居滈，滈池君則武王也。伐商，故神云始皇荒淫若紂矣，今武王可伐矣。」

〔五〕集解蘇林曰：「祖，始也。龍，人君象。謂始皇也。」服虔曰：「龍，人之先象也，言王亦人之先也。」應劭曰：「祖，人之先。龍，君之象。」

〔六〕正義謂北河勝州也。榆中卽今勝州榆林縣也。言徙三萬家以應卜卦游徙吉也。

三十七年十月癸丑，始皇出游。左丞相斯從，右丞相去疾守。少子胡亥愛慕請從，上許之。十一月，行至雲夢，望祀虞舜於九疑山。〔一〕浮江下，觀籍柯，渡海渚。〔二〕過丹陽，〔三〕至錢唐。〔四〕臨浙江，〔五〕水波惡，乃西百二十里從狹中渡。〔六〕上會稽，祭大禹，〔七〕望于南海，而立石刻〔八〕頌秦德。其文曰：〔九〕

〔一〕正義括地志云：「九疑山在永州唐興縣東南一百里。皇覽冢墓記云舜冢在零陵郡營浦縣九疑山。」言始皇至雲夢，望祭虞舜於九疑山也。

〔二〕正義括地志云：「舒州同安縣東。」按：舒州在江中，疑「海」字誤，卽此州也。

〔三〕正義括地志云：「丹陽郡故在潤州江寧縣東南五里，秦兼并天下，以爲鄣郡也。」

〔四〕正義錢唐，今杭州縣。

〔五〕集解晉灼曰：「其流東至會稽山陰而西折，故稱浙。音折。」

〔六〕集解徐廣曰：「蓋在餘杭也。顧夷曰『餘杭者，秦始皇至會稽經此，立爲縣』。」

〔七〕正義上音上掌反。越州會稽山上有夏禹穴及廟。

〔八〕索隱望于南海而刻石。三句爲韻，凡二十四韻。

〔九〕正義此二頌三句爲韻。其碑見在會稽山上。其文及書皆李斯，其字四寸，畫如小指，圓鐫。今文字整頓，是小篆字。

皇帝休烈，平一宇內，德惠脩長。〔一〕三十有七年，親巡天下，周覽遠方。遂登會稽，宣省習俗，黔首齋莊。羣臣誦功，本原事迹，追首高明。〔二〕秦聖臨國，始定刑名，顯陳舊章。〔三〕初平法式，審別職任，以立恆常。六王專倍，貪戾慠猛，率衆自彊。〔四〕暴虐恣行，〔五〕負力而驕，數動甲兵。〔六〕陰通閒使，〔七〕以事合從，〔八〕行爲辟方。〔九〕內飾詐謀，〔一〇〕外來侵邊，遂起禍殃。義威誅之，殄熄〔一一〕暴悖，〔一二〕亂賊滅亡。聖德廣密，六合之中，被澤無疆。皇帝并宇，兼聽萬事，遠近畢清。運理羣物，考驗事實，各載其名。貴賤並通，善否陳前，靡有隱情。飾省宣義，〔一三〕有子而嫁，〔一四〕倍死不貞。防隔內外，禁止淫泆，男女絜誠。夫爲寄豭，〔一五〕殺之無罪，男秉義程。妻爲逃嫁，〔一六〕子不得母，〔一七〕咸化廉清。大治濯俗，天下承風，蒙被休經。皆遵度軌，和安敦勉，莫不順令。〔一八〕黔首脩絜，人樂同則，〔一九〕嘉保太平。後敬奉法，常治無極，輿舟不傾。從臣誦烈，〔二〇〕請刻此石，光垂休銘。

〔一〕索隱脩亦長也，重文耳。王劭按張徽所録會稽南山秦始皇碑文，「脩」作「攸」。

〔二〕索隱今檢會稽刻石文「首」字作「道」，雅符人情也。

〔三〕正義作「彰」，音章。碑文作「畫璋」也。

〔四〕正義碑文作「率衆邦強」。

〔五〕正義寨彭反。

〔六〕正義數音朔。

〔七〕正義閒，紀莧反，又如字。使，所吏反。

〔八〕正義合音閤。從，子容反。

〔九〕正義行，下孟反。辟，匹亦反。

〔一〇〕索隱刻石文作「謀詐」。

〔一一〕集解徐廣曰：「音息。」
〔一二〕正義殄，田典反。暴，白報反。悖音背。
〔一三〕集解徐廣曰：「省，一作『非』。」正義飾音式。省，山景反。飾謂文飾也。省，過也。
〔一四〕正義謂夫死有子，棄之而嫁。
〔一五〕索隱豭，牡豬也。言夫淫他室，若寄豭之豬也。豭音加。
〔一六〕正義謂棄夫而逃嫁於人。
〔一七〕正義言妻棄夫逃嫁，子乃失母。
〔一八〕正義力呈反。
〔一九〕正義樂音岳。
〔二〇〕正義從音才用反。烈，美也。所隨巡從諸臣，咸誦美，請刻此石。

還過吳，從江乘渡。〔一〕並海上，北至琅邪。方士徐市等入海求神藥，數歲不得，費多，恐譴，乃詐曰：「蓬萊藥可得，然常爲大鮫魚所苦，〔二〕故不得至，願請善射與俱，見則以連弩射之。」始皇夢與海神戰，如人狀。問占夢，博士曰：「水神不可見，以大魚蛟龍爲候。今上禱祠備謹，而有此惡神，當除去，而善神可致。」乃令入海者齎捕巨魚具，而自以連弩候大魚出射之。自琅邪北至榮成山，〔三〕弗見。至之罘，見巨魚，射殺一魚。遂並海西。

〔一〕集解地理志丹陽有江乘縣。索隱地理志丹陽有江乘縣。正義乘音時升反。江乘故縣在潤州句容縣北六十里，本秦舊縣也。渡謂濟渡也。

〔二〕正義鮫音交。苦音苦故反。
〔三〕正義卽成山也，在萊州。

至平原津而病。〔一〕始皇惡言死，羣臣莫敢言死事。上病益甚，乃爲璽書賜公子扶蘇曰：「與喪會咸陽而葬。」書已封，在中車府令趙高〔二〕行符璽事所，未授使者。七月丙寅，始皇崩於沙丘平臺。〔三〕丞相斯爲上崩在外，〔四〕恐諸公子及天下有變，乃祕之，不發喪。棺載轀涼車中，〔五〕故幸宦者參乘，所至上食。百官奏事如故，宦者輒從轀涼車中可其奏事。獨子胡亥、趙高及所幸宦者五六人知上死。趙高故嘗教胡亥書及獄律令法事，胡亥私幸之。高乃與公子胡亥、丞相斯陰謀破去始皇所封書〔六〕賜公子扶蘇者，而更詐爲丞相斯受始皇遺詔沙丘，立子胡亥爲太子。更爲書賜公子扶蘇、蒙恬，數以罪，〔七〕(其)賜死。語具在李斯傳中。行，遂從井陘〔八〕抵九原。〔九〕會暑，上轀車臭，乃詔從官令車載一石鮑魚，〔一〇〕以亂其臭。

〔一〕集解徐廣曰：「渡河而西。」正義今德州平原縣南六十里有張公故城，城東有水津焉，後名張公渡，恐此平原郡古津也。漢書公孫弘平津侯，亦近此。蓋平津卽此津，始皇渡此津而疾。
〔二〕集解伏儼曰：「主乘輿路車。」
〔三〕集解徐廣曰：「年五十。沙丘去長安二千餘里。趙有沙丘宮，在鉅鹿，武靈王之死處。」正義括地志云：「沙丘臺在邢州平鄉縣東北二十里。又云平鄉縣東北四十里。」按：始皇崩在沙丘之宮，平臺之中。邢州去京一千六百五十里。
〔四〕正義爲，于僞反。
〔五〕正義棺音館。又古患反。
〔六〕正義去，丘呂反。
〔七〕正義數音色具反。
〔八〕集解徐廣曰：「在常山。」
〔九〕正義抵，丁禮反。抵，至也。從沙丘至勝州三千里。
〔一〇〕正義鮑，白卯反。

行從直道至咸陽，發喪。太子胡亥襲位，爲二世皇帝。九月，葬始皇酈山。始皇初卽位，穿治酈山，及并天下，天下徒送詣七十餘萬人，穿三泉，下銅〔一〕而致椁，宮觀百官奇器珍怪徙臧滿之。〔二〕令匠作機弩矢，有所穿近者輒射之。以水銀爲百川江河大海，機相灌輸，〔三〕上具天文，下具地理。以人魚膏爲燭，〔四〕度不滅者久之。〔五〕二世曰：「先帝後宮非有子者，出焉不宜。」皆令從死，死者甚衆。葬既已下，或言工匠爲機，臧皆知之，臧重卽泄。大事畢，已臧，閉中羨，〔六〕下外羨門，盡閉工匠臧者，無復出者。樹草木以象山。〔七〕

〔一〕集解徐廣曰：「一作『錮』。錮，鑄塞。」正義顏師古云：「三重之泉，言至水也。」

〔二〕正義言冢內作宮觀及百官位次，奇器珍怪徙滿冢中。臧，才浪反。
〔三〕正義灌音館。輸音戍。
〔四〕集解徐廣曰：「人魚似鮎，四脚。」正義廣志云：「鯢魚聲如小兒啼，有四足，形如鱧，可以治牛，出伊水。」異物志云：「人魚似人形，長尺餘。不堪食。皮利於鮫魚，鋸材木人。項上有小穿，氣從中出。秦始皇冢中以人魚膏爲燭，卽此魚也。出東海中，今台州有之。」按：今帝王用漆燈冢中，則火不滅。
〔五〕正義度音田洛反。
〔六〕正義音延，下同。謂冢中神道。
〔七〕集解皇覽曰：「墳高五十餘丈，周迴五里餘。」正義關中記云：「始皇陵在驪山。泉本北流，障使東西流。有土無石，取大石於渭(山)〔南〕諸山。」括地志云：「秦始皇陵在雍州新豐縣西南十里。」

二世皇帝元年，年二十一。〔一〕趙高爲郎中令，〔二〕任用事。二世下詔，增始皇寢廟犧牲及山川百祀之禮。令羣臣議尊始皇廟。羣臣皆頓首言曰：「古者天子七廟，諸侯五，大夫三，雖萬世世不軼毀。〔三〕今始皇爲極廟，四海之內皆獻貢職，增犧牲，禮咸備，毋以加。先王廟或在西雍，〔四〕或在咸陽。天子儀當獨奉酌祠始皇廟。自襄公已下軼毀。所置凡七廟。羣臣以禮進祠，以尊始皇廟爲帝者祖廟。皇帝復自稱『朕』。」

〔一〕集解徐廣曰：「表云十月戊寅，大赦罪人。」

〔二〕集解漢書百官表曰：「秦官，掌宮殿門户。」

〔三〕正義軼，徒結反。

〔四〕正義於用反。西雍在咸陽西，今岐州雍縣故城是也。又一云西雍，雍西縣也。

二世與趙高謀曰：「朕年少，初卽位，黔首未集附。先帝巡行郡縣，以示彊，威服海内。今晏然不巡行，卽見弱，毋以臣畜天下。」春，二世東行郡縣，李斯從。到碣石，並海，南至會稽，而盡刻始皇所立刻石，石旁著〔一〕大臣從者名，以章先帝成功盛德焉：

〔一〕正義丁略反。

皇帝曰：「金石刻盡始皇帝所爲也。今襲號而金石刻辭不稱〔一〕始皇帝，其於久遠也〔二〕如後嗣爲之者，不稱成功盛德。」丞相臣斯、臣去疾、〔三〕御史大夫臣德昧死言：「臣請具刻詔書刻石，因明白矣。臣昧死請。」制曰：「可。」

遂至遼東而還。

〔一〕正義尺證反。

〔二〕正義二世言始滅六國，威振古今，自五帝三王未及。既已襲位，而見金石盡刻其頌，不稱始皇成功盛德甚遠矣。

〔三〕集解徐廣曰：「姓馮。」正義去，丘呂反。

於是二世乃遵用趙高，申法令。乃陰與趙高謀曰：「大臣不服，官吏尚彊，及諸公子必與我爭，爲之柰何？」高曰：「臣固願言而未敢也。先帝之大臣，皆天下累世名貴人也，積功勞世以相傳久矣。今高素小賤，陛下幸稱舉，令在上位，管中事。大臣鞅鞅，特以貌從臣，其心實不服。今上出，不因此時案郡縣守尉有罪者誅之，上以振威天下，下以除去上生平所不可者。今時不師文而決於武力，願陛下遂從時毋疑，卽羣臣不及謀。明主收舉餘民，賤者貴之，貧者富之，遠者近之，則上下集而國安矣。」二世曰：「善。」乃行誅大臣及諸公子，以罪過連逮少近官三郎，〔一〕無得立者，而六公子戮死於杜。公子將閭昆弟三人囚於内宮，議其罪獨後。二世使使令將閭曰：「公子不臣，罪當死，吏致法焉。」將閭曰：「闕廷之禮，吾未嘗敢不從賓贊也；廊廟之位，吾未嘗敢失節也；受命應對，吾未嘗敢失辭也。何謂不臣？願聞罪而死。」使者曰：「臣不得與謀，奉書從事。」將閭乃仰天大呼天者三，曰：「天乎！吾無罪！」昆弟三人皆流涕拔劍自殺。宗室振恐。羣臣諫者以爲誹謗，大吏持祿取容，黔首振恐。

〔一〕索隱逮訓及也。謂連及俱被捕，故云連逮。少，小也。近，近侍之臣。三郎謂中郎、外郎、散郎。正義漢書百官表云有議郎、中郎、散郎，又有左右三將，謂郎中、車郎、户郎。

四月，二世還至咸陽，曰：「先帝爲咸陽朝廷小，故營阿房宮。爲室堂未就，會上崩，罷其作者，復土〔一〕酈山。酈山事大畢，今釋阿房宮弗就，則是章先帝舉事過也。」復作阿房宮。外撫四夷，如始皇計。盡徵其材士〔二〕五萬人爲屯衞咸陽，令教射狗馬禽獸。當食者多，〔三〕度不足，下調〔四〕郡縣轉輸菽粟芻藁，皆令自齎糧食，咸陽三百里内不得食其穀。用法益刻深。

〔一〕正義謂出土爲陵，既成，還復其土，故言復土。

〔二〕正義謂材官蹶張之士。

〔三〕正義謂材士及狗馬。

〔四〕正義度，田洛反。下，行嫁反。調，田弔反。謂下令調斂也。

七月，戍卒陳勝〔一〕等反故荆地，爲「張楚」。〔二〕勝自立爲楚王，居陳，遣諸將徇地。山東郡縣少年苦秦吏，皆殺其守尉令丞反，以應陳涉，相立爲侯王，合從西鄉，名爲伐秦，不可勝數也。謁者〔三〕使東方來，以反者聞二世。二世怒，下吏。後使者至，上問，對曰：「羣盜，郡守尉方逐捕，今盡得，不足憂。」上悅。武臣自立爲趙王，魏咎爲魏王，田儋〔四〕爲齊王。沛公起沛。項梁舉兵會稽郡。

〔一〕正義音升。

〔二〕集解李奇曰：「張大楚國也。」

〔三〕集解漢書百官表曰：「謁者，秦官，掌賓贊受事。」

〔四〕集解服虔曰：「音負擔。」

二年冬，陳涉所遣周章等將西至戲，〔一〕兵數十萬。二世大驚，與羣臣謀曰：「柰何？」少府章邯曰：〔二〕「盜已至，衆彊，今發近縣不及矣。酈山徒多，請赦之，授兵以擊之。」二世乃大赦天下，使章邯將，擊破周章軍而走，遂殺章曹陽。〔三〕二世益遣長史司馬欣、董翳佐章邯擊盜，殺陳勝城父，〔四〕破項梁定陶，〔五〕滅魏咎臨濟。〔六〕楚地盜名將已死，章邯乃北渡河，擊趙王歇等於鉅鹿。〔七〕

〔一〕集解應劭曰：「戲，弘農湖西界也。」孟康曰：「水名，今戲亭是也。」蘇林曰：「邑名，在新豐東南三十里。」正義戲音許宜反。括地志云：「戲水源出雍州新豐縣西南驪山。水經注云戲水出驪山馮公谷，東北流。今新豐縣東北十一里戲水當官道，卽其處。」

〔二〕集解漢書百官表曰：「少府，秦官。」應劭曰：「掌山澤陂池之稅，名曰禁錢，以給私養，自別爲藏。少者小也，故稱少府。」正義邯，胡甘反。

〔三〕集解晉灼曰：「亭名，在弘農東十三里。魏武帝改曰好陽。」正義括地志云：「曹陽故亭一名好陽亭，在陝州桃林縣東南十四里，卽章邯殺周文處。」

〔四〕正義父音甫。括地志云：「城父，亳州所理縣。」

〔五〕正義今曹州定陶縣。

〔六〕【正義】今齊州縣。

〔七〕【正義】括地志云：「邢州平鄉縣城，本鉅鹿，〔壬〕離圍趙王歇即此城。」

趙高說二世曰：「先帝臨制天下久，故羣臣不敢爲非，進邪說。今陛下富於春秋，初即位，柰何與公卿廷決事？事即有誤，示羣臣短也。天子稱朕，固不聞聲。」〔一〕於是二世常居禁中，〔二〕與高決諸事。其後公卿希得朝見，盜賊益多，而關中卒發東擊盜者毋已。右丞相去疾、左丞相斯、將軍馮劫進諫曰：「關東羣盜並起，秦發兵誅擊，所殺亡甚衆，然猶不止。盜多，皆以戍漕轉作事苦，賦稅大也。請且止阿房宮作者，減省〔三〕四邊戍轉。」二世曰：「吾聞之韓子曰：『堯舜采椽不刮，〔四〕茅茨不翦，飯土塯，〔五〕啜土形，〔六〕雖監門之養，〔七〕不轂於此。〔八〕禹鑿龍門，通大夏，〔九〕決河亭水，〔一〇〕放之海，身自持築臿，〔一一〕脛毋毛，臣虜之勞不烈於此矣。』〔一二〕凡所爲貴有天下者，得肆意極欲，主重〔一三〕明法，下不敢爲非，以制御海內矣。夫虞、夏之主，貴爲天子，親處窮苦之實，以徇百姓，尚何於法？朕尊萬乘，毋其實，吾欲造千乘之駕，萬乘之屬，充吾號名。且先帝起諸侯，兼天下，天下已定，外攘四夷以安邊竟，〔一四〕作宮室以章得意，而君觀先帝功業有緒。今朕即位二年之閒，羣盜並起，君不能禁，又欲罷先帝之所爲，是上毋以報先帝，次不爲朕盡忠力，〔一五〕何以在位？」下去疾、斯、劫

吏，案責他罪。去疾、劫曰：「將相不辱。」自殺。斯卒囚，〔一六〕就五刑。

〔一〕【索隱】一作「固聞聲」。言天子常處禁中，臣下屬望，纔有兆朕，聞其聲耳，不見其形也。

〔二〕【集解】蔡邕曰：「禁中者，門戶有禁，非侍御者不得入，故曰禁中。」

〔三〕【正義】上色反。

〔四〕【索隱】采，木名。刮音括。

〔五〕【集解】徐廣曰：「呂靜云飯器謂之簋。」【索隱】如字，一音鏤。一作「簋」。

〔六〕【集解】如淳曰：「土形，飯器之屬，瓦器也。」【索隱】飯器，以瓦爲之。

〔七〕【正義】以讓反。

〔八〕【索隱】謂監門之卒。養即卒也，有廝養卒。轂音學，謂盡也。又占學反。【正義】又苦角反。爾雅云：「轂，盡也。」言堯舜采椽不刮，茅茨不翦，飯土塯，啜土形，雖監守門之人，供養亦不盡此之疏陋也。

〔九〕【正義】括地志云：「大夏，今并州晉陽及汾、絳等州是。昔高辛氏子實沈居之，西近河。」言禹鑿龍門，河水道，得大通，并州之地不壅溢也。

〔一〇〕【正義】亭，平也。又云「決亭壅之水」。

〔一一〕【正義】臿音初洽反。築，牆杵也。臿，鍬也。爾雅云：「鍬謂之臿。」

〔一二〕【正義】烈，美也。言臣虜之勞，猶不美於此矣。又烈，酷也。禹鑿龍門，通大夏，道決黃河洪水放之海，身持鍬杵，使膝脛無毛，賤臣奴虜之勤勞，不酷烈於此辛苦矣。

〔一三〕【正義】直拱反。

〔一四〕【正義】音境。

〔一五〕【正義】爲，于僞反。

〔一六〕【正義】卒，子律反。囚，在由反。謂禁錮也。

三年，章邯等將其卒圍鉅鹿，楚上將軍項羽將楚卒往救鉅鹿。冬，趙高爲丞相，竟案李斯殺之。夏，章邯等戰數卻，二世使人讓邯，邯恐，使長史欣請事。趙高弗見，又弗信。欣恐，亡去，高使人捕追不及。欣見邯曰：「趙高用事於中，將軍有功亦誅，無功亦誅。」項羽急擊秦軍，虜王離，邯等遂以兵降諸侯。八月己亥，〔一〕趙高欲爲亂，恐羣臣不聽，乃先設驗，持鹿獻於二世，曰：「馬也。」二世笑曰：「丞相誤邪？謂鹿爲馬。」問左右，左右或默，或言馬以阿順趙高。或言鹿（者），高因陰中諸言鹿者以法。後羣臣皆畏高。

〔一〕【集解】徐廣曰：「一作『卯』。」

高前數言「關東盜毋能爲也」，及項羽虜秦將王離等鉅鹿下而前，章邯等軍數卻，上書請益助，燕、趙、齊、楚、韓、魏皆立爲王，自關以東，大氐〔一〕盡畔秦吏應諸侯，諸侯咸率其衆西鄉。沛公將數萬人已屠武關，使人私於高，高恐二世怒，誅及其身，乃謝病不朝見。二世夢白虎齧其左驂馬，殺之，心不樂，怪問占夢。卜曰：「涇水爲祟。」〔二〕二世乃齋於望夷

宮，〔三〕欲祠涇，沈四白馬。使使責讓高以盜賊事。高懼，乃陰與其壻咸陽令閻樂、其弟趙成謀曰：「上不聽諫，今事急，欲歸禍於吾宗。吾欲易置上，更立公子嬰。子嬰仁儉，百姓皆載其言。」使郎中令爲內應，〔四〕詐爲有大賊，令樂召吏發卒，追劫樂母置高舍。遣樂將吏卒千餘人至望夷宮殿門，縛衞令僕射，曰：「賊入此，何不止？」衞令曰：「周廬設卒甚謹，〔五〕安得賊敢入宮？」樂遂斬衞令，直將吏入，行射，郎宦者大驚，或走或格，格者輒死，死者數十人。郎中令與樂俱入，射上幄坐幃。二世怒，召左右，左右皆惶擾不鬭。旁有宦者一人，侍不敢去。二世入內，謂曰：「公何不蚤告我？乃至於此！」宦者曰：「臣不敢言，故得全。使臣蚤言，皆已誅，安得至今？」閻樂前即二世數曰：「足下驕恣，〔六〕誅殺無道，天下共畔足下，足下其自爲計。」二世曰：「丞相可得見否？」樂曰：「不可。」二世曰：「吾願得一郡爲王。」弗許。又曰：「願爲萬戶侯。」弗許。曰：「願與妻子爲黔首，比諸公子。」閻樂曰：「臣受命於丞相，爲天下誅足下，足下雖多言，臣不敢報。」麾其兵進。二世自殺。

〔一〕【正義】丁禮反。氐猶略。

〔二〕【正義】雖遂反。

〔三〕【集解】張晏曰：「望夷宮在長陵西北長平觀道東故亭處是也。臨涇水作之，以望北夷。」【正義】括地志云：「秦望夷宮在雍州咸陽縣東南八里。張晏云臨涇水作之，望北夷。」

[四]集解徐廣曰：「一云郎中令趙成。」

[五]集解西京賦曰：「徼道外周，千廬內傅。」薛綜曰：「士傅宮外，內爲廬舍，晝則巡行非常，夜則警備不虞。」

[六]集解蔡邕曰：「羣臣士庶相與言，曰殿下、閣下、足下、侍者、執事，皆謙類。」

閻樂歸報趙高，趙高乃悉召諸大臣公子，告以誅二世之狀。曰：「秦故王國，始皇君天下，故稱帝。今六國復自立，秦地益小，乃以空名爲帝，不可。宜爲王如故，便。」立二世之兄子公子嬰爲秦王。以黔首葬二世杜南宜春苑中。令子嬰齋，當廟見，受王璽。齋五日，子嬰與其子二人謀曰：「丞相高殺二世望夷宮，恐羣臣誅之，乃詳以義立我。[一]我聞趙高乃與楚約，滅秦宗室而王關中。今使我齋見廟，此欲因廟中殺我。我稱病不行，丞相必自來，來則殺之。」高使人請子嬰數輩，子嬰不行，高果自往，曰：「宗廟重事，王奈何不行？」子嬰遂刺殺高於齋宮，三族高家以徇咸陽。子嬰爲秦王四十六日，楚將沛公破秦軍入武關，遂至霸上，[二]使人約降子嬰。子嬰卽係頸以組，白馬素車，[三]奉天子璽符，降軹道旁。[四]沛公遂入咸陽，封宮室府庫，還軍霸上。居月餘，諸侯兵至，項籍爲從長，[五]殺子嬰及秦諸公子宗族。遂屠咸陽，燒其宮室，虜其子女，收其珍寶貨財，諸侯共分之。滅秦之後，各分其地爲三，名曰雍王、塞王、翟王，號曰三秦。項羽爲西楚霸王，主命分天下王諸侯，秦竟滅

矣。後五年，天下定於漢。

[一]集解詳音羊。

[二]集解應劭曰：「霸水上地名，在長安東三十里。古名滋水，秦穆公更名霸水。」

[三]集解應劭曰：「組者，天子黻也。係頸者，言欲自殺也。素車白馬，喪人之服也。」

[四]集解徐廣曰：「在霸陵。」駰案：蘇林曰「亭名，在長安東十三里」。

[五]索隱謂合關東爲從長也。

太史公曰：秦之先伯翳，嘗有勳於唐虞之際，受土賜姓。及殷夏之閒微散。至周之衰，秦興，邑于西垂。自繆公以來，稍蠶食諸侯，竟成始皇。始皇自以爲功過五帝，地廣三王，而羞與之侔。善哉乎賈生推言之也！曰：

秦并兼諸侯山東三十餘郡，繕津關，據險塞，修甲兵而守之。然陳涉以戍卒散亂之衆數百，奮臂大呼，不用弓戟之兵，鉏櫌白梃，[一]望屋而食，[二]橫行天下。[三]秦人阻險不守，關梁不闔，長戟不刺，彊弩不射。楚師深入，戰於鴻門，曾無藩籬之艱。於是山東大擾，諸侯並起，豪俊相立。[四]秦使章邯將而東征，章邯因以三軍之衆要市於外，[五]以謀其上。羣臣之不信，可見於此矣。子嬰立，遂不寤。藉使子嬰有庸主之材，僅得中佐，山東雖亂，秦之地可全而有，宗廟之祀未當絕也。

[一]集解徐廣曰：「櫌，田器，音憂。」索隱徐以櫌爲田器，非也。孟康以櫌爲鉏柄，蓋得其近也。

[二]索隱言其兵蠶食天下，不裹糧而行。

[三]索隱謂經前敵，不部伍旅進也。舞陽侯曰「橫行匈奴中」是也。

[四]集解駰案：鶡冠子曰「德萬人者謂之俊，德千人者謂之豪，德百人者謂之英。」索隱謂武臣、田儋、魏豹之屬。

[五]索隱此評失也。章邯之降，由趙高用事，不信任軍將，一則恐誅，二則楚兵既盛，王離見虜，遂以兵降耳。非三軍要市於外以求封明矣。要，平聲。

秦地被山帶河以爲固，四塞之國也。自繆公以來，至於秦王，二十餘君，常爲諸侯雄。豈世世賢哉？其勢居然也。且天下嘗同心并力而攻秦矣。當此之世，賢智並列，良將行其師，賢相通其謀，然困於阻險而不能進，秦乃延入戰而爲之開關，百萬之徒逃北而遂壞。豈勇力智慧不足哉？形不利，勢不便也。秦小邑并大城，[一]守險塞而軍，高壘毋戰，閉關據阨，荷戟而守之。諸侯起於匹夫，以利合，非有素王之行也。其交未親，其下未附，名爲亡秦，其實利之也。彼見秦阻之難犯也，必退師。安土息民，[二]以待其敝，收弱扶罷，以令大國之君，不患不得意於海內。貴爲天子，富有天下，而身爲禽者，其救敗非也。

[一]集解徐廣曰：「大，一作『小』。」

[二]索隱賈誼書「安」作「案」。

秦王足己不問，遂過而不變。二世受之，因而不改，暴虐以重禍。子嬰孤立無親，危弱無輔。三主惑而終身不悟，亡，不亦宜乎？當此時也，世非無深慮知化之士也，然所以不敢盡忠拂過者，秦俗多忌諱之禁，忠言未卒於口而身爲戮沒矣。故使天下之士，傾耳而聽，重足而立，拑口而不言。是以三主失道，忠臣不敢諫，智士不敢謀，天下已亂，姦不上聞，豈不哀哉！先王知雍蔽之傷國也，故置公卿大夫士，以飾法設刑，而天下治。其彊也，禁暴誅亂而天下服。其弱也，五伯征而諸侯從。其削也，內守外附而社稷存。故秦之盛也，繁法嚴刑而天下振；及其衰也，百姓怨望而海內畔矣。故周五序[一]得其道，而千餘歲不絕。秦本末並失，故不長久。由此觀之，安危之統相去遠矣。野諺曰「前事之不忘，後事之師也」。是以君子爲國，觀之上古，驗之當世，參以人事，察盛衰之理，審權勢之宜，去就有序，變化有時，故曠日長久而社稷安矣。

[一]索隱賈誼書「五」作「王」。

秦孝公據殽函之固，擁雍州之地，君臣固守而窺周室，有席卷天下，[一]包舉宇內，囊括四海之意，[二]并吞八荒之心。當是時，商君佐之，[三]內立法度，務耕織，修

守戰之備，外連衡而鬬諸侯，〔四〕於是秦人拱手而取西河之外。

〔一〕索隱按：春秋緯曰諸侯冰散席卷也。

〔二〕集解張晏曰：「括，結囊也。言其能包含天下。」索隱注同。

〔三〕索隱商君，衞公孫鞅，仕秦爲左庶長，遂爲秦制法，孝公致霸，封之於商，號商君。

〔四〕索隱戰國策曰：「蘇秦亦爲秦連衡。」高誘曰：「合關東從通之秦，故曰連衡也。」

孝公既没，惠王、武王蒙故業，因遺册，南兼漢中，西舉巴、蜀，東割膏腴之地，收要害之郡。諸侯恐懼，會盟而謀弱秦，不愛珍器重寶肥美之地，以致天下之士，合從締交，〔一〕相與爲一。當是時，齊有孟嘗，趙有平原，楚有春申，魏有信陵。此四君者，皆明知而忠信，寬厚而愛人，尊賢重士，約從離衡，〔二〕并韓、魏、燕、楚、齊、趙、宋、衞、中山之衆。於是六國之士〔三〕有寧越、徐尚、蘇秦、杜赫之屬爲之謀，〔四〕齊明、周最、陳軫、昭滑、樓緩、翟景、蘇厲、樂毅之徒通其意，〔五〕吳起、孫臏、帶佗、兒良、王廖、田忌、廉頗、趙奢之朋制其兵。〔六〕常以十倍之地，百萬之衆，叩關而攻秦。秦人開關延敵，九國之師逡巡遁逃而不敢進。秦無亡矢遺鏃之費，而天下諸侯已困矣。於是從散約解，争割地而奉秦。秦有餘力而制其敝，追亡逐北，伏尸百萬，流血漂鹵。〔七〕因利乘便，宰割天下，分裂河山，彊國請服，弱國入朝。延及孝文王、莊襄王，享國日淺，國家無事。

〔一〕集解漢書音義曰：「締，結也。」

〔二〕索隱言孟嘗等四君皆爲其國共相約結爲從，以離散秦之横。

〔三〕索隱六國者，韓、魏、趙、燕、齊、楚是也。與秦爲七國，亦謂之七雄。又六國與宋、衞、中山爲九國。其三國蓋微，又前亡。

〔四〕集解徐廣曰：「越，一作『經』。或自别有此人，不必甯越也。」索隱寧越，趙人，賈誼作「甯越」。徐尚，未詳。蘇秦，東周洛陽人。吕氏春秋「杜赫以安天下説周昭文君」，高誘曰「杜赫，周人也」。

〔五〕索隱戰國策齊明，東周臣，後仕秦、楚及韓。周最，周之公子，亦仕秦。陳軫，夏人，亦仕秦。昭滑，楚人。樓緩，魏文侯弟，所謂樓子也。蘇厲，秦之弟，仕齊。樂毅本齊臣，入燕，燕昭王以客禮待之，以爲亞卿。翟景，未詳也。

〔六〕索隱吳起，衞人，事魏文侯爲將。孫臏，孫武之後也。吕氏春秋曰「王廖貴先，兒良貴後」，二人皆天下之豪士。田忌，齊將也。廉頗，趙將也。趙奢亦趙之將。

〔七〕集解徐廣曰：「鹵，楯也。」

及至秦王，續六世之餘烈，〔一〕振長策而御宇内，吞二周而亡諸侯，履至尊而制六合，執棰拊〔二〕以鞭笞天下，威振四海。南取百越之地，〔三〕以爲桂林、象郡，百越之君俛首係頸，委命下吏。乃使蒙恬北築長城而守藩籬，卻匈奴七百餘里，胡人不敢南下而牧馬，士不敢彎弓而報怨。於是廢先王之道，焚百家之言，以愚黔首。墮名城，〔四〕

殺豪俊，收天下之兵聚之咸陽，銷鋒鑄鐻，以爲金人十二，以弱黔首之民。然後斬華爲城，〔五〕因河爲津，據億丈之城，臨不測之谿以爲固。良將勁弩守要害之處，信臣精卒陳利兵而誰何，〔六〕天下以定。秦王之心，自以爲關中之固，金城千里，〔七〕子孫帝王萬世之業也。

〔一〕集解張晏曰：「孝公、惠文王、武王、昭王、孝文王、莊襄王。」

〔二〕集解徐廣曰：「拊，拍也，音府。一作『槁朴』。」索隱賈本論作「槁朴」。

〔三〕集解韋昭曰：「越有百邑。」

〔四〕集解應劭曰：「壞堅城，恐人復阻以害己也。」

〔五〕集解徐廣曰：「斬，一作『踐』。」駰案：服虔曰「斷華山爲城」。索隱斬，亦作「踐」，亦出賈本論。又崔浩云：「踐，登也。」

〔六〕集解如淳曰：「何猶問也。」索隱崔浩云：「何或爲『呵』。」漢舊儀：「宿衞郎官分五夜誰呵，呵夜行者誰也。」何呵字同。

〔七〕索隱金城，言其實且堅也。韓子曰「雖有金城湯池」，漢書張良亦曰「關中所謂金城千里，天府之國」。

秦王既没，餘威振於殊俗。陳涉，甕牖繩樞之子，〔一〕甿隸之人，〔二〕而遷徙之徒，才能不及中人，非有仲尼、墨翟之賢，陶朱、猗頓之富，躡足行伍之閒，而倔起什伯之中，〔三〕率罷散之卒，將數百之衆，而轉攻秦。斬木爲兵，揭竿爲旗，天下雲集響應，贏糧

而景從，山東豪俊遂並起而亡秦族矣。

〔一〕集解服虔曰：「以繩係户樞也。」孟康曰：「瓦甕爲窻也。」

〔二〕集解如淳曰：「甿，古『氓』字。氓，民也。」

〔三〕集解漢書音義曰：「首出十長百長之中。」如淳曰：「時皆辟屈在十百之中。」

且夫天下非小弱也，雍州之地，殽函之固自若也。〔一〕陳涉之位，非尊於齊、楚、燕、趙、韓、魏、宋、衞、中山之君；鉏櫌棘矜，〔二〕非銛於句戟長鎩也；〔三〕適戍之衆，非抗於九國之師；深謀遠慮，行軍用兵之道，非及鄉時之士也。然而成敗異變，功業相反也。試使山東之國與陳涉度長絜大，〔四〕比權量力，則不可同年而語矣。然秦以區區之地，千乘之權，招八州而朝同列，百有餘年矣。然后以六合爲家，殽函爲宫，一夫作難而七廟墮，身死人手，爲天下笑者，何也？仁義不施而攻守之勢異也。

〔一〕集解韋昭曰：「殽謂二殽。函，函谷關也。」

〔二〕集解服虔曰：「以鉏柄及棘作矛槿也。」如淳曰：「櫌，椎塊椎也。」

〔三〕集解徐廣曰：「鎩，一作『銛』。」駰案：如淳曰「長刃矛也」。又曰「鉤戟似矛，刃下有鐵，横方上鉤曲也」。鎩音所拜反。

〔四〕集解漢書音義曰：「『絜束』之『絜』。」

秦并海內,兼諸侯,南面稱帝,〔一〕以養四海,天下之士斐然鄉風,若是者何也?曰:近古之無王者久矣。周室卑微,五霸既歿,令不行於天下,是以諸侯力政,彊侵弱,衆暴寡,兵革不休,士民罷敝。今秦南面而王天下,是上有天子也。既元元之民冀得安其性命,莫不虛心而仰上,當此之時,守威定功,安危之本在於此矣。

〔一〕集解 徐廣曰:「一本有此篇,無前者『秦孝公』已下,而又以『秦并兼諸侯山東三十餘郡』繼此末也。」索隱 按:賈誼過秦論以「孝公」已下爲上篇,「秦兼并諸侯山東三十餘郡」爲下篇。鄒誕生云「太史公删賈誼過秦篇著此論,富其義而省其辭。褚先生增續既已混殽,而世俗小智不唯删省之旨,合寫本論於此,故不同也。今頗亦不可分別」。

秦王懷貪鄙之心,行自奮之智,不信功臣,不親士民,廢王道,立私權,禁文書而酷刑法,先詐力而後仁義,以暴虐爲天下始。夫并兼者高詐力,安定者貴順權,此言取與守不同術也。秦離戰國而王天下,其道不易,其政不改,是其所以取之守之者〔無〕異也。孤獨而有之,故其亡可立而待。借使秦王計上世之事,並殷周之迹,以制御其政,後雖有淫驕之主而未有傾危之患也。故三王之建天下,名號顯美,功業長久。

今秦二世立,天下莫不引領而觀其政。夫寒者利裋褐〔一〕而飢者甘糟糠,天下之嗷嗷,新主之資也。此言勞民之易爲仁也。鄉使二世有庸主之行,而任忠賢,臣主一

心而憂海內之患,縞素而正先帝之過,裂地分民以封功臣之後,建國立君以禮天下,虛囹圄而免刑戮,除去收帑汙穢之罪,使各反其鄉里,發倉廩,散財幣,以振孤獨窮困之士,輕賦少事,以佐百姓之急,約法省刑以持其後,使天下之人皆得自新,更節修行,各慎其身,塞萬民之望,而以威德與天下,天下集矣。卽四海之內,皆讙然各自安樂其處,唯恐有變,雖有狡猾之民,無離上之心,則不軌之臣無以飾其智,而暴亂之姦止矣。二世不行此術,而重之以無道,壞宗廟與民,〔二〕更始作阿房宮,繁刑嚴誅,吏治刻深,賞罰不當,賦斂無度,天下多事,吏弗能紀,百姓困窮而主弗收恤。然後姦僞並起,而上下相遁,蒙罪者衆,刑戮相望於道,而天下苦之。自君卿以下至于衆庶,人懷自危之心,親處窮苦之實,咸不安其位,故易動也。是以陳涉不用湯武之賢,不藉公侯之尊,奮臂於大澤而天下響應者,其民危也。故先王見始終之變,知存亡之機,是以牧民之道,務在安之而已。天下雖有逆行之臣,必無響應之助矣。故曰「安民可與行義,而危民易與爲非」,此之謂也。貴爲天子,富有天下,身不免於戮殺者,正傾非也。是二世之過也。

〔一〕集解 徐廣曰:「一作『短』,小襦也,音豎。」索隱 趙岐曰:「褐以毛毳織之,若馬衣。或以褐編衣也。」裋,一音豎。謂褐布豎裁,爲勞役之衣,短而且狹,故謂之短褐,亦曰豎褐。

〔二〕集解 徐廣曰:「一無此上五字。」

襄公立,享國十二年。初爲西畤。葬西垂。〔一〕生文公。

〔一〕索隱 此已下重序列秦之先君立年及葬處,皆當據秦紀爲說,與正史小有不同,今取異說重列於後。襄公,秦仲孫,莊公子,救周,周始命爲諸侯。初爲西畤,祠白帝。立十三年,葬西土。

文公立,居西垂宮。五十年死,葬西垂。〔一〕生靜公。

〔一〕索隱 作鄜畤,又作陳寶祠。

靜公不享國而死。生憲公。

憲公享國十二年,居西新邑。死,葬衙。〔一〕生武公、德公、出子。

〔一〕集解 地理志云馮翊有衙縣。索隱 憲公滅蕩社,居新邑,葬衙。本紀憲公徙居平陽,葬西山。

出子享國六年,居西陵。〔一〕庶長弗忌、威累、參父三人,率賊賊出子鄙衍,葬衙。武公立。

〔一〕索隱 一云居西陂,葬衙。本紀不云。

武公享國二十年。居平陽封宮。〔一〕葬宣陽聚東南。〔二〕三庶長伏其罪。德公立。

〔一〕集解 徐廣曰:「一云居平封宮。」

〔二〕索隱 紀云葬平陽,初以人從死。

德公享國二年。居雍大鄭宮。生宣公、成公、繆公。葬陽。初伏,以御蠱。〔一〕

〔一〕索隱 二年初伏。本紀此已下居葬絶不言也。

宣公享國十二年。居陽宮。葬陽。〔一〕初志閏月。

〔一〕索隱 四年,作密畤。

成公享國四年,居雍之〔一〕宮。葬陽。齊伐山戎、孤竹。

〔一〕集解 徐廣曰:「之,一作『走』。」

繆公享國三十九年。天子致霸。葬雍。繆公學著人。〔一〕生康公。

〔一〕索隱 著音宁,又音貯,著卽宁也。門屏之閒曰宁,謂學於宁門之人。故詩云「俟我於著乎而」是也。

康公享國十二年。居雍高寢。葬竘社。生共公。

共公享國五年,居雍高寢。葬康公南。生桓公。

桓公享國二十七年。居雍太寢。葬義里丘北。生景公。〔一〕

〔一〕索隱 一作「僖公」。系本云名后伯車。

景公享國四十年。居雍高寢,葬丘里南。〔一〕生畢公。〔二〕

〔一〕正義 丘,一作「二」也。

〔二〕集解 徐廣曰:「春秋作『哀公』。」

畢公享國三十六年。〔一〕葬車里北。生夷公。

〔一〕正義 一作「三十七年」。

夷公不享國。死，葬左宮。生惠公。〔一〕

〔一〕正義 十年，葬車里。元年，孔子行魯相事。

惠公享國十年。葬車里（康景）。生悼公。

悼公享國十五年。〔一〕葬僖公西。城雍。生剌〔二〕龔公〔三〕。

〔一〕正義 （雍）本紀作「十四年」。

〔二〕正義 一作「利」。

〔三〕索隱 一作「厲共公」。

剌龔公享國三十四年。葬入里。〔一〕生躁公、〔二〕懷公。〔三〕其十年，彗星見。

〔一〕集解 徐廣曰：「一作『人』。」

〔二〕索隱 又作「趮公」。正義 十四年，居受寢，葬悼公南也。

〔三〕正義 四年，葬櫟圉氏。

躁公享國十四年。居受寢。葬悼公南。其元年，彗星見。〔一〕

〔一〕集解 徐廣曰：「年表云『星晝見』。」

懷公從晉來。享國四年。葬櫟圉氏。生靈公。諸臣圍懷公，懷公自殺。

肅靈公，昭子子也。〔一〕居涇陽。享國十年。葬悼公西。生簡公。

〔一〕集解 徐廣曰：「懷公生昭子，昭子生靈公。」索隱 紀年及系本無「肅」字。立十年，表同，紀十二年。

簡公從晉來。享國十五年。葬僖公西。〔一〕生惠公。其七年，百姓初帶劍。

〔一〕索隱 按：本紀簡公名悼子，即剌龔公之子，懷公弟也。且紀及系本皆以爲然，今此文云「靈公」，謬也。立十六年，葬僖公西。

惠公享國十三年。葬陵圉。〔一〕生出公。

〔一〕索隱 王劭按紀年云「簡公後次敬公，敬公立十三年，乃至惠公」，辭卽難憑，時參異說。

出公享國二年。〔一〕出公自殺，葬雍。

〔一〕索隱 系本謂「少主」。

獻公享國二十三年。〔一〕葬囂圉。生孝公。

〔一〕集解 徐廣曰：「靈公子。」索隱 系本稱「元獻公」。立二十二年，表同，紀二十四年。

孝公享國二十四年。〔一〕葬弟圉。生惠文王。其十三年，始都咸陽。〔二〕

〔一〕索隱 本紀十二年。

〔二〕正義 本紀云「十二年作咸陽，築冀闕」，是十三年始都之。

惠文王享國二十七年。〔一〕葬公陵。〔二〕生悼武王。

〔一〕索隱 十九而立。

〔二〕正義 括地志云：「秦惠文王陵在雍州咸陽縣西北一十四里。」

悼武王享國四年，葬永陵。〔一〕

〔一〕集解 徐廣曰：「皇甫謐曰葬畢，今按陵西畢陌。」索隱 系本作「武烈王」。十九而立，立三年。本紀四年。正義 括地志云：「秦悼武王陵在雍州咸陽縣西十里，俗名周武王陵，非也。」

昭襄王享國五十六年。葬茝陽。〔一〕生孝文王。

〔一〕索隱 十九年而立，葬芷陵也。正義 括地志云：「秦莊襄王陵在雍州新豐縣西南三十五里，俗亦謂爲子楚。始皇陵在北，故亦謂爲見子陵。」

孝文王享國一年。葬壽陵。生莊襄王。

莊襄王享國三年。葬茝陽。生始皇帝。呂不韋相。

獻公立七年，初行爲市。十年，爲戶籍相伍。

孝公立十六年。時桃李冬華。

惠文王生十九年而立。立二年，初行錢。有新生嬰兒曰「秦且王」。

悼武王生十九年而立。立三年，渭水赤三日。

昭襄王生十九年而立。立四年，初爲田開阡陌。

孝文王生五十三年而立。

莊襄王生三十二年而立。立二年，取太原地。莊襄王元年，大赦，脩先王功臣，施德厚骨肉，布惠於民。東周與諸侯謀秦，秦使相國不韋誅之，盡入其國。秦不絕其祀，以陽人地賜周君，奉其祭祀。

始皇享國三十七年。葬酈邑。〔一〕生二世皇帝。始皇生十三年而立。

〔一〕正義 酈，力知反。

二世皇帝享國三年。葬宜春。〔一〕趙高爲丞相安武侯。二世生十二年而立。〔二〕

〔一〕正義 括地志云：「秦故胡亥陵在雍州萬年縣南三十四里。」上文「葬以黔首」也。

〔二〕集解 徐廣曰：「本紀云二十一。」

右秦襄公至二世，六百一十歲。〔一〕

〔一〕正義 秦本紀自襄公至二世，五百七十六年矣。年表自襄公至二世，五百六十一年。三說並不同，未知孰是。

孝明皇帝十七年〔一〕十月十五日乙丑，曰：〔二〕

〔一〕正義 班固典引云後漢明帝永平十七年，詔問班固：「太史遷贊語中寧有非邪？」班固上表陳秦過失及賈誼言答

之。

〔二〕索隱 此已下是漢孝明帝訪班固評賈馬贊中論秦二世亡天下之得失，後人因取其說附之此末。

周曆已移，〔一〕仁不代母。秦直其位，〔二〕呂政殘虐。然以諸侯十三，〔三〕并兼天下，極情縱欲，養育宗親。三十七年，兵無所不加，制作政令，施於後王。〔四〕蓋得聖人之威，河神授圖，〔五〕據狼、狐，蹈參、伐，佐政驅除，〔六〕距之〔七〕稱始皇。

〔一〕正義 周初卜世三十，卜年七百，以五序得其道，故王至三十七，歲至八百六十七。曆數既過，秦并天下，是周曆已移也。

〔二〕索隱 周曆已移，周亡也。仁不代母，謂周得木德，木生火，周爲漢母也。言曆運之道，仁恩之情，子不代母而王，謂火不代木，言漢不合卽代周也。秦值其閏位，得在木火之閒也。此論者之辭也。正義 始皇以爲周火德，秦代周從所不勝，爲水德之始也。按：周木德也，秦水德也。五行之運，水生木，木生火，火生土，土生金，金生水。所生者爲母，出者爲子。帝王之次，子代母。秦稱水是母代子，故言者有德之君相代，不毋承其子。直音值。言秦并天下稱帝，是秦德值帝王之位。

〔三〕集解 始皇初爲秦王，年十三也。索隱 呂政者，始皇名政，是呂布韋幸姬有娠，獻莊襄王而生始皇，故云呂政。

〔四〕正義 謂置郡縣，壞井田，開阡陌，不立侯王，始爲伏臘；又置丞相、太尉、御史大夫、奉常、郎中令、僕射、廷尉、典客、宗正、少府、中尉、將作、詹事、水衡都尉、監、守、縣令、丞等，皆施於後王，至于隋、唐矣。

〔五〕正義 蓋者，疑辭也。言始皇之威，能吞并天下稱帝，疑得聖人之威靈，河神之圖録。

〔六〕正義 狼音郎。狼，狐，主弓矢星。天官書云參伐主斬艾事。言秦據蹈狼、狐、參、伐之氣，驅滅天下。

〔七〕正義 上音巨。之，至也。

始皇既殁，胡亥極愚，酈山未畢，復作阿房，以遂前策。云「凡所爲貴有天下者，肆意極欲，大臣至欲罷先君所爲」。誅斯、去疾，任用趙高。痛哉言乎！人頭畜鳴。〔一〕不威不伐惡，〔二〕不篤不虛亡，〔三〕距之不得留，殘虐以促期，雖居形便之國，猶不得存。

〔一〕正義 畜，許又反。言胡亥人身有頭面，口能言語，不辨好惡，若六畜之鳴。

〔二〕正義 此五字爲一句也。

〔三〕正義 言胡亥藉帝王之威器，殘酷暴虐滋己惡，惡既深篤，以至滅亡，豈其虛哉。

子嬰度次得嗣，冠玉冠，〔一〕佩華紱，〔二〕車黄屋，〔三〕從〔四〕百司，謁七廟。小人乘非位，莫不怳忽失守，偷安日日，獨能長念卻慮，父子作權，近取於户牖之閒，竟誅猾臣，爲〔五〕君討賊。高死之後，賓婚未得盡相勞，餐未及下咽，酒未及濡脣，楚兵已屠關中，真人翔霸上，素車嬰組，奉其符璽，以歸帝者。鄭伯茅旌鸞刀，嚴王退舍。〔六〕河決不可復壅，魚爛不可復全。〔七〕賈誼、司馬遷曰：「向使嬰有庸主之才，僅得中佐，山東雖亂，秦之地可全而有，宗廟之祀未當絶也。」秦之積衰，天下土崩瓦解，〔八〕雖有周旦之材，無所復陳其巧，而以責一日之孤，〔九〕誤哉！俗傳秦始皇起罪惡，胡亥極，得其理矣。復責小子，〔一〇〕云秦地可全，所謂不通時變者也。紀季以酅，春秋不名。〔一一〕吾讀秦紀，至於子嬰車裂趙高，未嘗不健其決，憐其志。嬰死生之義備矣。〔一二〕

〔一〕正義 上「冠」音錧。

〔二〕正義 音拂。

〔三〕集解 蔡邕曰：「黄屋者，蓋以黄爲裏。」

〔四〕正義 才用反。

〔五〕正義 于僞反。

〔六〕集解 公羊傳曰：「楚莊王伐鄭，鄭伯肉袒，左執茅旌，右執鸞刀，以逆莊王，莊王退舍七里。」何休曰：「茅旌，鸞刀，祭祀宗廟所用也。執宗廟器者，示以宗廟血食自歸。」正義 旌音精。嚴音莊。

〔七〕索隱 宋均曰：「言如魚之爛，從内而出。」

〔八〕正義 言秦國敗壞，若屋宇崩穨，衆瓦解散也。

〔九〕正義 日音馹。一日之孤謂子嬰。

〔一〇〕正義 亦謂子嬰。

〔一一〕集解 春秋曰：「紀季以酅入于齊。」公羊傳曰：「何以不名？賢之也。謂設五廟以存姑姊妹也。」正義 酅音户圭反。括地志云：「安平城在青州臨淄縣東十九里，古紀之酅邑。」帝王紀云周之紀國，姜姓也。紀侯譖齊哀公於周懿王，王烹之。外傳曰紀侯入爲周士。竹書云齊襄公滅紀、郱、鄑、郚。」又括地志云：「郱城在青州臨朐縣東三十里。鄑城在北海縣東北七十里。郚城在密州安丘縣界。」郱音瓶。鄑音訾。按：秦始皇起罪惡，胡亥極，得其理。國既崩絶，箕子、比干尚不能存殷，庸主子嬰焉能救秦之敗？以賈誼、史遷不通時變，不如紀季之深識也。季，紀侯少弟，不書名，故曰紀季。

〔一二〕集解 徐廣曰：「班固典引曰『永平十七年，詔問臣固，太史遷贊語中寧有非邪？臣對，賈誼言子嬰得中佐，秦未絶也。此言非是，臣素知之耳』。」

【索隱述贊】六國陵替，二周淪亡。并一天下，號爲始皇。阿房雲構，金狄成行。南遊勒石，東瞰浮梁。滈池見遺，沙丘告喪。二世矯制，趙高是與。詐因指鹿，災生噬虎。子嬰見推，恩報君父。下乏中佐，上乃庸主。欲振穨綱，云誰克補。

史記卷七

項羽本紀第七

項籍者，下相人也，〔一〕字羽。〔二〕初起時，年二十四。其季父項梁，〔三〕梁父即楚將項燕，〔四〕爲秦將王翦所戮者也。〔五〕項氏世世爲楚將，封於項，〔六〕故姓項氏。

〔一〕集解 地理志臨淮有下相縣。 索隱 縣名，屬臨淮。案：應劭云「相，水名，出沛國。沛國有相縣，其水下流，又因置縣，故名下相也」。 正義 括地志云：「相故城在泗州宿豫縣西北七十里，秦縣。」項，胡講反。籍，秦昔反。

〔二〕索隱 按：下序傳籍字子羽也。

〔三〕索隱 按：崔浩云「伯、仲、叔、季，兄弟之次，故叔云叔父，季云季父」。

〔四〕正義 燕，烏賢反。

〔五〕集解 始皇本紀云：「項燕自殺。」 索隱 此云爲王翦所殺，與楚漢春秋同，而始皇本紀云項燕自殺。不同者，蓋燕爲王翦所圍逼而自殺，故不同耳。

〔六〕索隱 地理志有項城縣，屬汝南。 正義 括地志云：「今陳州項城縣城即古項子國。」

項籍少時，學書不成，去學劍，又不成。項梁怒之。籍曰：「書足以記名姓而已。劍一

人敵，不足學，學萬人敵。」於是項梁乃教籍兵法，籍大喜，略知其意，又不肯竟學。項梁嘗有櫟陽逮，〔一〕乃請蘄〔二〕獄掾曹咎書抵櫟陽獄掾司馬欣，以故事得已。〔三〕項梁殺人，與籍避仇於吳中。吳中賢士大夫皆出項梁下。每吳中有大繇役及喪，項梁常爲主辦，陰以兵法部勒賓客及子弟，以是知其能。秦始皇帝游會稽，渡浙江，〔四〕梁與籍俱觀。籍曰：「彼可取而代也。」梁掩其口，曰：「毋妄言，族矣！」梁以此奇籍。籍長八尺餘，力能扛鼎，〔五〕才氣過人，雖吳中子弟皆已憚籍矣。

〔一〕索隱 按：逮訓及。謂有罪相連及，爲櫟陽縣所逮録也。故漢（史）〔世〕每制獄皆有逮捕也。 正義 櫟音藥。逮音代。

〔二〕集解 蘇林曰：「蘄音機，縣，屬沛國。」

〔三〕集解 應劭曰：「項梁曾坐事傳繫櫟陽獄，從蘄獄掾曹咎取書與司馬欣。抵，歸也；已，止也。」韋昭曰：「抵，至也。謂梁嘗被櫟陽縣逮捕，梁乃請蘄獄掾曹咎書至櫟陽獄掾司馬欣，事故得止息也。」 索隱 按：服虔云「抵，歸也」。韋昭云「抵，至也」。劉伯莊云「抵，相憑託也」。故應劭云「項梁曾坐事繫櫟陽獄，從蘄獄掾曹咎取書與司馬欣。抵，歸；已，息也」。

〔四〕索隱 韋昭云：「浙江在今錢塘。」浙音「折獄」之「折」。晉灼音逝，非也。蓋其流曲折，莊子所謂「淛河」，即其水也。淛折聲相近也。

〔五〕集解 韋昭曰：「扛，舉也。」 索隱 説文云：「横關對舉也。」韋昭云：「扛，舉也。」音江。

秦二世元年七月，陳涉等起大澤中。〔一〕其九月，會稽守〔二〕通謂梁曰：〔三〕「江西皆反，此亦天亡秦之時也。吾聞先即制人，後則爲人所制。〔四〕吾欲發兵，使公及桓楚將。」〔五〕是時桓楚亡在澤中。梁曰：「桓楚亡，人莫知其處，獨籍知之耳。」梁乃出，誡籍持劍居外待。梁復入，與守坐，曰：「請召籍，使受命召桓楚。」守曰：「諾。」梁召籍入。須臾，梁眴籍曰：「可行矣！」於是籍遂拔劍斬守頭。項梁持守頭，佩其印綬。門下大驚，擾亂，籍所擊殺數十百人。〔六〕一府中皆慴伏，〔七〕莫敢起。梁乃召故所知豪吏，諭以所爲起大事，遂舉吳中兵。使人收下縣，得精兵八千人。梁部署吳中豪傑爲校尉、候、司馬。有一人不得用，自言於梁。梁曰：「前時某喪使公主某事，不能辦，以此不任用公。」衆乃皆伏。於是梁爲會稽守，籍爲裨將，徇下縣。〔八〕

〔一〕索隱 徐氏以爲在沛郡，即蘄縣大澤中。

〔二〕集解 徐廣曰：「爾時未言太守。」 正義 守音狩。漢書云景帝中二年七月，更郡守爲太守。

〔三〕集解 楚漢春秋曰：「會稽假守殷通。」 正義 按：言「假」者，兼攝之也。

〔四〕索隱 按：謂先舉兵能制得人，後則爲人所制。故荀卿子曰「制人之與爲人制也，其相去遠矣」。

〔五〕正義 張晏云：「項羽殺宋義時，桓楚爲羽使懷王。」

〔六〕索隱 此不定數也。自百已下或至八十九十，故云數十百。

〔七〕索隱 説文云：「讋，失氣也。」音之涉反。

〔八〕集解 李奇曰：「徇，略也。」如淳曰：「徇音『撫徇』之『徇』。徇其人民。」

廣陵人召平於是爲陳王徇廣陵，〔一〕未能下。〔二〕聞陳王敗走，秦兵又且至，乃渡江矯陳王命，〔三〕拜梁爲楚王上柱國。〔四〕曰：「江東已定，急引兵西擊秦。」項梁乃以八千人渡江而西。聞陳嬰已下東陽，〔五〕使使欲與連和俱西。陳嬰者，故東陽令史，〔六〕居縣中，素信謹，稱爲長者。東陽少年殺其令，相聚數千人，欲置長，無適用，乃請陳嬰。嬰謝不能，遂彊立嬰爲長，縣中從者得二萬人。少年欲立嬰便爲王，異軍蒼頭特起。〔七〕陳嬰母謂嬰曰：「自我爲汝家婦，未嘗聞汝先古之有貴者。今暴得大名，不祥。不如有所屬，事成猶得封侯，事敗易以亡，非世所指名也。」〔八〕嬰乃不敢爲王。謂其軍吏曰：「項氏世世將家，有名於楚。今欲舉大事，將非其人，不可。我倚名族，亡秦必矣。」於是衆從其言，以兵屬項梁。項梁渡淮，黥布、蒲將軍〔九〕亦以兵屬焉。凡六七萬人，軍下邳。〔一〇〕

〔一〕正義 揚州。

〔二〕正義 胡嫁反。以兵威服之曰下。

〔三〕正義 矯，紀兆反。召平從廣陵渡京口江至吳，詐陳王命拜梁。

〔四〕集解 徐廣曰：「二世之二年正月也。」駰案：應劭曰「上柱國，上卿官，若今相國也」。

〔五〕集解 晉灼曰：「東陽縣本屬臨淮郡，漢明帝分屬下邳，後復分屬廣陵。」 索隱 下音如字。按：以兵威伏之曰

下，胡嫁反。彼自歸伏曰下，如字讀。他皆放此。東陽，縣名，屬廣陵也。【正義】括地志：「東陽故城在楚州盱眙縣東七十里，秦東陽縣城也，在淮水南。」

〔六〕【集解】晉灼曰：「漢儀注云令吏曰令史，丞吏曰丞史。」【正義】楚漢春秋云東陽獄史陳嬰。

〔七〕【集解】應劭曰：「蒼頭特起，言與衆異也。蒼頭，謂士卒皁巾，若赤眉、青領，以相別也。」如淳曰：「魏君兵卒之號也。戰國策魏有蒼頭二十萬。」【索隱】晉灼曰：「殊異其軍爲蒼頭，謂著青帽。」如淳云：「特起猶言新起也。」按：爲蒼頭軍特起，欲立陳嬰爲王，嬰母不許嬰稱王，言天下方亂，未知瞻烏所止。

〔八〕【集解】張晏曰：「陳嬰母，潘旌人，墓在潘旌。」【索隱】按：潘旌是邑聚之名，後爲縣，屬臨淮。

〔九〕【集解】服虔曰：「英布起於蒲地，因以爲號。」如淳曰：「言當陽君、蒲將軍皆屬項羽，此自更有蒲將軍。」【索隱】按：布姓英，咎繇之後，後以罪被黥，故改姓黥以應相者之言。韋昭云「蒲，姓也」，是英布與蒲將軍二人共以兵屬項梁也。故服虔以爲「英布起蒲」，非也。按：黥布初起於江湖之閒。

〔一〇〕【正義】被悲反。下邳，泗水縣也。應劭云：「邳在薛，徙此，故曰下邳。」按：有上邳，故曰下邳。

當是時，秦嘉〔一〕已立景駒爲楚王，〔二〕軍彭城東，〔三〕欲距項梁。項梁謂軍吏曰：「陳王先首事，戰不利，未聞所在。今秦嘉倍陳王而立景駒，逆無道。」乃進兵擊秦嘉。秦嘉軍敗走，追之至胡陵。〔四〕嘉還戰一日，嘉死，軍降。景駒走死梁地。項梁已并秦嘉軍，軍胡陵，將引軍而西。章邯軍至栗，〔五〕項梁使別將朱雞石、餘樊君與戰。餘樊君死。朱雞石軍敗，亡走胡陵。項梁乃引兵入薛，〔六〕誅雞石。項梁前使項羽別攻襄城，〔七〕襄城堅守不下。已

拔，皆阬之。還報項梁。項梁聞陳王定死，召諸別將會薛計事。此時沛公亦起沛，往焉。

〔一〕【集解】陳涉世家曰：「秦嘉，廣陵人。」

〔二〕【集解】文穎曰：「景駒楚族，景氏，駒名。」

〔三〕【正義】括地志云：「徐州彭城縣，古彭祖國也。」言秦嘉軍於此城之東。

〔四〕【集解】鄧展曰：「今胡陸，屬山陽。漢章帝改曰胡陵。」

〔五〕【集解】徐廣曰：「縣名，在沛。」

〔六〕【正義】括地志云：「故薛城古薛侯國也，在徐州滕縣界，黃帝之所封。左傳曰定公元年薛宰云『薛之祖奚仲居薛，爲夏車正』，後爲孟嘗君田文封邑也。」

〔七〕【正義】許州襄城縣。

居鄛人范增，〔一〕年七十，素居家，好奇計，往說項梁曰：「陳勝敗固當。〔二〕夫秦滅六國，楚最無罪。自懷王入秦不反，楚人憐之至今，故楚南公曰〔三〕『楚雖三户，亡秦必楚』也。〔四〕今陳勝首事，不立楚後而自立，其勢不長。今君起江東，楚蠭午之將〔五〕皆爭附君者，以君世世楚將，爲能復立楚之後也。」〔六〕於是項梁然其言，乃求楚懷王孫心民閒，爲人牧羊，立以爲楚懷王，〔七〕從民所望也。〔八〕陳嬰爲楚上柱國，封五縣，與懷王都盱台。〔九〕項梁自號爲武信君。

〔一〕【索隱】晉灼音「勳絶」之「勳」。地理志居鄛縣在廬江郡，音巢，是故巢國，夏桀所奔。荀悅漢紀云：「范增，阜陵人也。」

〔二〕【正義】顏著作云：「固宜當應敗也。」當音如字。

〔三〕【集解】徐廣曰：「楚人也，善言陰陽。」駰案：文穎曰「南方老人也」。【索隱】徐廣云：「楚人善言陰陽者，見天文志也。」【正義】虞喜志林云：「南公者，道士，識廢興之數，知亡秦者必於楚。」漢書藝文志云南公十三篇，六國時人，在陰陽家流。

〔四〕【集解】瓚曰：「楚人怨秦，雖三户猶足以亡秦也。」【索隱】臣瓚與蘇林解同。韋昭以爲三户，楚三大姓昭、屈、景也。二說皆非也。按：左氏「以畀楚師于三户」，杜預注云「今丹水縣北三户亭」，則是地名不疑。【正義】按：服虔云「三户，漳水津也」。孟康云「津峽名也，在鄴西三十里」。括地志云「濁漳水又東經葛公亭北，經三户峽，爲三户津，在相州滏陽縣界」。然則南公辨陰陽，識廢興之數，知秦亡必於三户，故出此言。後項羽果度三户津破章邯軍，降章邯，秦遂亡。是南公之善讖。

〔五〕【集解】如淳曰：「蠭午猶言蠭起也。衆蠭飛起，交橫若午，言其多也。」【索隱】凡物交橫爲午，言蠭之起交橫屯聚也。故劉向傳注云「蠭午，雜沓也」。又鄭玄曰「一縱一橫爲午」。

〔六〕【正義】爲，于僞反。

〔七〕【集解】徐廣曰：「此時二世之二年六月。」

〔八〕【集解】應劭曰：「以祖謚爲號者，順民望。」

〔九〕【集解】鄭氏曰：「音煦怡。」【正義】盱，況于反。眙，以之反。盱眙，今楚州，臨淮水，懷王都之。

居數月，引兵攻亢父，〔一〕與齊田榮、司馬龍且〔二〕軍救東阿，〔三〕大破秦軍於東阿。田

榮即引兵歸，逐其王假。假亡走楚。假相田角亡走趙。角弟田閒故齊將，居趙不敢歸。田榮立田儋子市爲齊王。項梁已破東阿下軍，遂追秦軍。數使使趣〔四〕齊兵，欲與俱西。田榮曰：「楚殺田假，趙殺田角、田閒，乃發兵。」項梁曰：「田假爲與國之王，〔五〕窮來從我，不忍殺之。」趙亦不殺田角、田閒以市於齊。〔六〕齊遂不肯發兵助楚。項梁使沛公及項羽別攻城陽，〔七〕屠之。西破秦軍濮陽東，〔八〕秦兵收入濮陽。沛公、項羽乃攻定陶。〔九〕定陶未下，去，西略地至雝丘，〔一〇〕大破秦軍，斬李由。〔一一〕還攻外黃，〔一二〕外黃未下。

〔一〕【正義】亢音剛，又苦浪反。父音甫。括地志云：「亢父故城在兗州任城縣南五十一里。」

〔二〕【正義】子余反。

〔三〕【正義】括地志云：「東阿故城在濟州東阿縣西南二十五里，漢東阿縣城，秦時齊之阿也。」

〔四〕【正義】下「使」色吏反。趣音促。

〔五〕【集解】如淳曰：「相與交善爲與國，黨與也。」

〔六〕【集解】張晏曰：「若市買相貿易以利也。梁救榮難，猶不用命。梁念殺假等，榮未必多出兵，不如依春秋寄公待以禮也，又可以貿易他利，以除己害，遂背德可輔假以伐齊，故曰市貿易也。」晉灼曰：「假，故齊王建之弟，欲令楚殺之，以爲己利，而楚保全不殺，以買其計，故曰市也。」【索隱】按：高誘注戰國策云「與國，同禍福之國也」。張晏云「市，貿易也」，韋昭云「市利於齊也」，故劉氏亦云「市猶要也」。留田假而不殺，欲以要脅田榮也。

〔七〕【正義】括地志云：「濮州雷澤縣，本漢城陽，在州東九十一里。地理志云城陽屬濟陰郡，古郕伯國，姬姓之國。史

記周武王封季弟載于郕，其後遷於城之陽，故曰城陽。」

〔八〕正義 括地志云：「濮陽縣在濮州西八十六里濮縣也，古昊之國。」按：攻城陽，屠之，西破秦軍濮陽縣也。東即此縣東。

〔九〕正義 定陶，曹州城也。從濮陽南攻定陶。

〔一〇〕正義 雍丘，今汴州縣也。地理志云「古杞國，武王封禹後於杞，號東樓公，二十一世簡公，爲楚所滅」，即此城也。

〔一一〕集解 應劭曰：「由，李斯子也。」

〔一二〕正義 括地志云：「故周城即外黃之地，在雍丘縣東。」張晏曰：「魏郡有內黃縣，故加『外』也。」臣瓚曰：「縣有黃溝，故名。」

項梁起東阿，西，（北）〔比〕至定陶，再破秦軍，項羽等又斬李由，益輕秦，有驕色。宋義乃諫項梁曰：「戰勝而將驕卒惰者敗。今卒少惰矣，秦兵日益，臣爲君畏之。」項梁弗聽。乃使宋義使於齊。道遇齊使者高陵君顯，〔一〕曰：「公將見武信君乎？」曰：「然。」曰：「臣論武信君軍必敗。公徐行即免死，疾行則及禍。」秦果悉起兵益章邯，擊楚軍，大破之定陶，項梁死。沛公、項羽去外黃攻陳留，陳留堅守不能下。沛公、項羽相與謀曰：「今項梁軍破，士卒恐。」乃與呂臣軍俱引兵而東。呂臣軍彭城東，項羽軍彭城西，沛公軍碭。〔二〕

〔一〕集解 張晏曰：「顯，名也。高陵，縣名。」索隱 按：晉灼云「高陵屬琅邪」。

〔二〕集解 應劭曰：「碭，屬梁國。」蘇林曰：「碭音唐。」正義 括地志云：「宋州碭山縣，本漢碭縣也，在宋州東百五十里。」

章邯已破項梁軍，則以爲楚地兵不足憂，乃渡河擊趙，大破之。當此時，趙歇爲王，陳餘爲將，張耳爲相，皆走入鉅鹿城。章邯令王離、涉閒圍鉅鹿，〔一〕章邯軍其南，築甬道而輸之粟。〔二〕陳餘爲將，將卒數萬人而軍鉅鹿之北，此所謂河北之軍也。

〔一〕集解 張晏曰：「涉，姓；閒，名。秦將也。」

〔二〕集解 應劭曰：「恐敵抄輜重，故築牆垣如街巷也。」

楚兵已破於定陶，懷王恐，從盱台之彭城，并項羽、呂臣軍自將之。以呂臣爲司徒，以其父呂青爲令尹。〔一〕以沛公爲碭郡長，〔二〕封爲武安侯，將碭郡兵。

〔一〕集解 應劭曰：「天子曰師尹，諸侯曰令尹，時去六國尚近，故置令尹。」瓚曰：「諸侯之卿，唯楚稱令尹。時立楚之後，故置官司皆如楚舊。」

〔二〕集解 蘇林曰：「長如郡守也。」

初，宋義所遇齊使者高陵君顯在楚軍，見楚王曰：「宋義論武信君之軍必敗，居數日，軍果敗。兵未戰而先見敗徵，此可謂知兵矣。」王召宋義與計事而大說之，因置以爲上將軍；項羽爲魯公，爲次將，范增爲末將，救趙。諸別將皆屬宋義，號爲卿〔一〕子冠軍。〔二〕行至安陽，留四十六日不進。〔三〕項羽曰：「吾聞秦軍圍趙王鉅鹿，疾引兵渡河，楚擊其外，趙應其內，破秦軍必矣。」宋義曰：「不然。夫搏牛之蝱不可以破蟣蝨。〔四〕今秦攻趙，戰勝則兵罷，我承其敝；不勝，則我引兵鼓行而西，必舉秦矣。故不如先鬬秦趙。夫被堅執銳，義不如公；坐而運策，公不如義。」因下令軍中曰：「猛如虎，很如羊，〔五〕貪如狼，彊不可使者，皆斬之。」乃遣其子宋襄相齊，身送之至無鹽，〔六〕飲酒高會。〔七〕天寒大雨，士卒凍飢。項羽曰：「將戮力而攻秦，久留不行。今歲饑民貧，士卒食芋菽，〔八〕軍無見糧，〔九〕乃飲酒高會，不引兵渡河因趙食，與趙并力攻秦，乃曰『承其敝』。夫以秦之彊，攻新造之趙，其勢必舉趙。趙舉而秦彊，何敝之承！且國兵新破，王坐不安席，埽境內而專屬於將軍，國家安危，在此一舉。今不恤士卒而徇其私，〔一〇〕非社稷之臣。」項羽晨朝上將軍宋義，即其帳中斬宋義頭，出令軍中曰：「宋義與齊謀反楚，楚王陰令羽誅之。」當是時，諸將皆慴服，莫敢枝梧。〔一一〕皆曰：「首立楚者，將軍家也。今將軍誅亂。」乃相與共立羽爲假上將軍。〔一二〕使人追宋義子，及之齊，殺之。使桓楚報命於懷王。懷王因使項羽爲上將軍，〔一三〕當陽君、蒲將軍皆屬項羽。

〔一〕集解 徐廣曰：「一作『慶』。」

〔二〕集解 文穎曰：「卿子，時人相褒尊之辭，猶言公子也。上將，故言冠軍。」張晏曰：「若霍去病功冠三軍，因封爲冠軍侯，至今爲縣名。」

〔三〕索隱 按：傅寬傳云「從攻安陽、扛里」，則安陽與扛里俱在河南。顏師古以爲今相州安陽縣。按：此兵猶未渡河，不應即至相州安陽。今檢後魏書地形志，云「己氏有安陽城，隋改己氏爲楚丘」，今宋州楚丘西北四十里有安陽故城是也。正義 括地志云：「安陽縣，相州所理縣。七國時魏寧新中邑，秦昭王拔魏寧新中，更名安陽。」張耳傳云章邯軍鉅鹿南，築甬道屬河，餉王離。項羽數絕邯甬道，王離軍乏食。項羽悉引兵渡河，遂破章邯，圍鉅鹿下。又云渡河湛船，持三日糧。按：從滑州白馬津齎三日糧不至邢州，明此渡河，相州漳河也。宋義遣其子襄相齊，送之至無鹽，即今鄆州之東宿城是也。若依顏監說，在相州安陽，宋義送子不可棄軍渡河，南向齊，西南入魯界，飲酒高會，非入齊之路。義雖知送子曲，由宋州安陽理順，然向鉅鹿甚遠，不能數絕章邯甬道及持三日糧至也。均之二理，安陽送子至無鹽爲長。濟河絕甬道，持三日糧，寧有遲留？史家多不委曲說之也。

〔四〕集解 如淳曰：「用力多而不可以破蟣蝨，猶言欲以大力伐秦而不可以救趙也。」索隱 張晏云：「搏音博。」韋昭云「蝱大在外，蝨小在內」。故顏師古言「以手擊牛之背，可以殺其上蝱，而不能破其內蝨，喻方欲滅秦，不可與章邯即戰也」。鄒氏搏音附。今按：言蝱之搏牛，本不擬破其上之蟣蝨，以言在大不在小也。

〔五〕正義 很，何懇反。

〔六〕索隱 按：地理志東平郡之縣，在今鄆州之東也。

〔七〕集解 韋昭曰：「皆召尊爵，故云高。」索隱 韋昭曰：「皆召高爵者，故曰高會。」服虔云：「大會是也。」

〔八〕集解 徐廣曰：「芋，一作『半』。半，五升器也。」駰案：瓚曰「士卒食蔬菜，以菽半雜之」。索隱 芋，蹲鴟也。菽，豆也。故臣瓚曰「士卒食蔬菜，以菽半雜之」，則芋菽義亦通。漢書作「半菽」。徐廣曰：「芋，一作『半』。」半，五升器也。」王劭曰：「半，量器名，容半升也。」

〔九〕正義胡練反。顔監云：「無見在之糧。」
〔一〇〕索隱私，謂使其子相齊，是徇其私情。崔浩云：「徇，營也。」
〔一一〕集解如淳曰：「梧音悟。枝梧猶枝捍也。」瓚曰：「小柱爲枝，邪柱爲梧，今屋梧邪柱是也。」正義枝音之移反。梧音悟。
〔一二〕正義未得懷王命也。假，攝也。
〔一三〕集解徐廣曰：「二世三年十一月。」

項羽已殺卿子冠軍，威震楚國，名聞諸侯。乃遣當陽君、蒲將軍將卒二萬渡河，〔一〕救鉅鹿。戰少利，陳餘復請兵。項羽乃悉引兵渡河，皆沈船，破釜甑，燒廬舍，持三日糧，以示士卒必死，無一還心。於是至則圍王離，與秦軍遇，九戰，絶其甬道，大破之，殺蘇角，〔二〕虜王離。涉閒不降楚，自燒殺。當是時，楚兵冠諸侯。諸侯軍救鉅鹿下者十餘壁，莫敢縱兵。及楚擊秦，諸將皆從壁上觀。楚戰士無不一以當十，楚兵呼聲動天，諸侯軍無不人人惴恐。〔三〕於是已破秦軍，項羽召見諸侯將，入轅門，〔四〕無不膝行而前，莫敢仰視。項羽由是始爲諸侯上將軍，諸侯皆屬焉。

〔一〕正義漳水。
〔二〕集解文穎曰：「秦將也。」
〔三〕集解漢書音義曰：「惴音章瑞反。」
〔四〕集解張晏曰：「軍行以車爲陳，轅相向爲門，故曰轅門。」

章邯軍棘原，〔一〕項羽軍漳南，〔二〕相持未戰。秦軍數卻，二世使人讓章邯。章邯恐，使長史欣請事。至咸陽，留司馬門〔三〕三日，趙高不見，有不信之心。長史欣恐，還走其軍，〔四〕不敢出故道，趙高果使人追之，不及。欣至軍，報曰：「趙高用事於中，下無可爲者。今戰能勝，高必疾妒吾功；戰不能勝，不免於死。願將軍孰計之。」陳餘亦遺章邯書曰：「白起爲秦將，南征鄢郢，北阬馬服，〔五〕攻城略地，不可勝計，而竟賜死。蒙恬爲秦將，北逐戎人，開榆中地數千里，〔六〕竟斬陽周。〔七〕何者？功多，秦不能盡封，因以法誅之。今將軍爲秦將三歲矣，所亡失以十萬數，而諸侯並起滋益多。彼趙高素諛日久，今事急，亦恐二世誅之，故欲以法誅將軍以塞責，使人更代將軍以脱其禍。夫將軍居外久，多内卻，有功亦誅，無功亦誅。且天之亡秦，無愚智皆知之。今將軍内不能直諫，外爲亡國將，孤特獨立而欲常存，豈不哀哉！將軍何不還兵與諸侯爲從，〔八〕約共攻秦，分王其地，南面稱孤；此孰與身伏鈇質，〔九〕妻子爲僇乎？」章邯狐疑，陰使候始成〔一〇〕使項羽，欲約。約未成，項羽使蒲將軍日夜引兵度三户，〔一一〕軍漳南，與秦戰，再破之。項羽悉引兵擊秦軍汙水上，〔一二〕大破之。

〔一〕集解張晏曰：「在漳南。」晉灼曰：「地名，在鉅鹿南。」
〔二〕正義括地志云：「濁漳水一名漳水，今俗名柳河，在邢州平鄉縣南。注水經云漳水一名大漳水，兼有濅水之目也。」

〔三〕集解凡言司馬門者，宮垣之内，兵衞所在，四面皆有司馬，主武事。總言之，外門爲司馬門也。索隱按：天子門有兵闌，曰司馬門也。
〔四〕正義走音奏。
〔五〕索隱韋昭云：「趙奢子括也，代號馬服。」崔浩云：「馬服，趙官名，言服武事。」
〔六〕索隱服虔云：「金城縣所治。」蘇林曰：「在上郡。」崔浩云：「蒙恬樹榆爲塞也。」
〔七〕集解孟康曰：「縣屬上郡。」正義括地志云：「寧州羅川縣在州東南七十里，漢陽周縣。」
〔八〕索隱此諸侯謂關東諸侯也。何以知然？文穎曰：「關東爲從，關西爲横。」高誘曰：「關東地形從長，蘇秦相六國，號爲合從。關西地形横長，張儀相秦，壞關東從，使與秦合，號曰連横。」
〔九〕索隱公羊傳云：「加之鈇質。」何休云：「要斬之罪。」崔浩云：「質，斬人椹也。」又郭注三蒼云：「質，莝椹也。」
〔一〇〕集解張晏曰：「候，軍候。」索隱候，軍候，官名。始成，其名。
〔一一〕集解服虔曰：「漳水津也。」張晏曰：「三户，地名，在梁淇西南。」孟康曰：「津峽名也，在鄴西三十里。」索隱水經注云「漳水東經三户峽，爲三户津」也。淇當爲「湛」。案：晉八王故事云「王浚伐鄴，前至梁湛」，蓋梁湛在鄴西四十里。孟康云「在鄴西三十里」。又闞駰十三州志云「鄴北五十里梁期故縣也」，字有不同。
〔一二〕集解徐廣曰：「在鄴西。」索隱汙音于。郡國志鄴縣有汙城。酈元云「汙水出武安山東南，經汙城北入漳」。正義括地志云：「汙水源出懷州河内縣北大行山。」又云：「故邘城在河内縣西北二十七里，古邘國地也。左傳云『邘、晉、應、韓，武之穆也』。」

章邯使人見項羽，欲約。項羽召軍吏謀曰：「糧少，欲聽其約。」軍吏皆曰：「善。」項羽

乃與期洹水南殷虚上。〔一〕已盟，章邯見項羽而流涕，爲言趙高。項羽乃立章邯爲雍王，置楚軍中。使長史欣爲上將軍，將秦軍爲前行。〔二〕

〔一〕集解徐廣曰：「二世三年七月也。」駰案：應劭曰「洹水在湯陰界。殷墟，故殷都也」。瓚曰「洹水在今安陽縣北，去朝歌殷都一百五十里。然則此殷虚非朝歌也。汲冢古文曰『盤庚遷于此』，汲冢曰『殷虚南去鄴三十里』。是舊殷虚，然則朝歌非盤庚所遷者」。索隱按：釋例云「洹水出汲郡林慮縣，東北至長樂入清水」是也。汲冢古文云「盤庚自奄遷于北蒙，曰殷虚，南去鄴州三十里」，是殷虚南舊地名號北蒙也。
〔二〕正義胡郎反。

到新安。〔一〕諸侯吏卒異時故繇使屯戍過秦中，秦中吏卒遇之多無狀，及秦軍降諸侯，諸侯吏卒乘勝多奴虜使之，輕折辱秦吏卒。秦吏卒多竊言曰：「章將軍等詐吾屬降諸侯，今能入關破秦，大善；即不能，諸侯虜吾屬而東，秦必盡誅吾父母妻子。」諸將微聞其計，以告項羽。項羽乃召黥布、蒲將軍計曰：「秦吏卒尚衆，其心不服，至關中不聽，事必危，不如擊殺之，而獨與章邯、長史欣、都尉翳入秦。」於是楚軍夜擊阬秦卒二十餘萬人新安城南。〔二〕

〔一〕正義括地志云：「新安故城在洛州澠池縣東一十三里，漢新安縣城也。即阬秦卒處。」
〔二〕集解徐廣曰：「漢元年十一月。」

行略定秦地。函谷關〔一〕有兵守關，不得入。又聞沛公已破咸陽，項羽大怒，使當陽

中華書局

君等擊關。項羽遂入，至于戲西。沛公軍霸上，未得與項羽相見。沛公左司馬曹無傷使人言於項羽曰：「沛公欲王關中，使子嬰爲相，珍寶盡有之。」項羽大怒，曰：「旦日饗士卒，爲擊破沛公軍！」當是時，項羽兵四十萬，在新豐鴻門，〔二〕沛公兵十萬，在霸上。范增説項羽曰：「沛公居山東時，貪於財貨，好美姬。今入關，財物無所取，婦女無所幸，此其志不在小。吾令人望其氣，皆爲龍虎，成五采，此天子氣也。急擊勿失。」

〔一〕集解文穎曰：「時關在弘農縣衡山嶺，今移在河南穀城縣。」索隱文穎曰：「在弘農縣衡山嶺，今移在穀城。」顏師古云：「今桃林縣南有洪溜澗水，即古之函關。」按：山形如函，故稱函關。正義括地志云：「函谷關在陝州桃林縣西南十二里，秦函谷關也。圖記云西去長安四百餘里，路在谷中，故以爲名。」

〔二〕集解孟康曰：「在新豐東十七里，舊大道北下阪口名也。」

楚左尹項伯者，項羽季父也，〔一〕素善留侯張良。張良是時從沛公，項伯乃夜馳之沛公軍，私見張良，具告以事，欲呼張良與俱去。曰：「毋從俱死也。」張良曰：「臣爲韓王送沛公，〔二〕沛公今事有急，亡去不義，不可不語。」良乃入，具告沛公。沛公大驚，曰：「爲之柰何？」張良曰：「誰爲大王爲此計者？」曰：「鯫生〔三〕説我曰『距關，毋内諸侯，秦地可盡王也』。故聽之。」良曰：「料大王士卒足以當項王乎？」沛公默然，曰：「固不如也，且爲之柰何？」張良曰：「請往謂項伯，言沛公不敢背項王也。」沛公曰：「君安與項伯有故？」張良曰：「秦時與臣游，項伯殺人，臣活之。今事有急，故幸來告良。」沛公曰：「孰與君少長？」良曰：「長於臣。」沛公曰：「君爲我呼入，吾得兄事之。」張良出，要項伯。項伯即入見沛公。沛公奉卮酒爲壽，約爲婚姻，曰：「吾入關，秋豪不敢有所近，籍吏民，封府庫，而待將軍。所以遣將守關者，備他盜之出入與非常也。日夜望將軍至，豈敢反乎！願伯具言臣之不敢倍德也。」項伯許諾。謂沛公曰：「旦日不可不蚤自來謝項王。」沛公曰：「諾。」於是項伯復夜去，至軍中，具以沛公言報項王。因言曰：「沛公不先破關中，公豈敢入乎？今人有大功而擊之，不義也，不如因善遇之。」項王許諾。

〔一〕索隱名纏，字伯，後封射陽侯。

〔二〕正義爲，于僞反。

〔三〕集解徐廣曰：「鯫音士垢反，魚名。」駰案：服虔曰「鯫音淺。鯫，小人貌也」。瓚曰「楚漢春秋鯫，姓也」。

沛公旦日從百餘騎來見項王，至鴻門，謝曰：「臣與將軍戮力而攻秦，將軍戰河北，臣戰河南，然不自意能先入關破秦，得復見將軍於此。今者有小人之言，令將軍與臣有郤。」項王曰：「此沛公左司馬曹無傷言之；不然，籍何以至此。」項王即日因留沛公與飲。項王、項伯東嚮坐，亞父南嚮坐。亞父者，范增也。〔一〕沛公北嚮坐，張良西嚮侍。范增數目項王，舉所佩玉玦以示之者三，項王默然不應。范增起，出召項莊，〔二〕謂曰：「君王爲人不忍，若入

前爲壽，壽畢，請以劍舞，因擊沛公於坐，殺之。不者，若屬皆且爲所虜。」莊則入爲壽。壽畢，曰：「君王與沛公飲，軍中無以爲樂，請以劍舞。」項王曰：「諾。」項莊拔劍起舞，項伯亦拔劍起舞，常以身翼蔽沛公，莊不得擊。於是張良至軍門，見樊噲。樊噲曰：「今日之事何如？」良曰：「甚急。今者項莊拔劍舞，其意常在沛公也。」噲曰：「此迫矣，臣請入，與之同命。」噲即帶劍擁盾入軍門。〔三〕交戟之衛士欲止不内，樊噲側其盾以撞，〔四〕衛士仆地，噲遂入，披帷西嚮立，瞋目視項王，〔五〕頭髮上指，目眥盡裂。〔六〕項王按劍而跽〔七〕曰：「客何爲者？」張良曰：「沛公之參乘樊噲者也。」項王曰：「壯士，賜之卮酒。」則與斗卮酒。噲拜謝，起，立而飲之。項王曰：「賜之彘肩。」則與一生彘肩。樊噲覆其盾於地，加彘肩上，拔劍切而啗之。〔八〕項王曰：「壯士，能復飲乎？」樊噲曰：「臣死且不避，卮酒安足辭！夫秦王有虎狼之心，殺人如不能舉，刑人如不恐勝，天下皆叛之。懷王與諸將約曰『先破秦入咸陽者王之』。今沛公先破秦入咸陽，豪毛不敢有所近，封閉宮室，還軍霸上，以待大王來。故遣將守關者，備他盜出入與非常也。勞苦而功高如此，未有封侯之賞，而聽細説，欲誅有功之人。此亡秦之續耳，竊爲大王不取也。」項王未有以應，曰：「坐。」樊噲從良坐。坐須臾，沛公起如廁，因招樊噲出。

〔一〕集解如淳曰：「亞，次也。尊敬之次父，猶管仲爲仲父。」

〔二〕正義項羽從弟。

〔三〕正義擁，紆拱反。盾，食允反。

〔四〕正義直江反。

〔五〕正義瞋，昌真反。

〔六〕正義眥，自賜反。

〔七〕索隱其紀反，謂長跪。

〔八〕索隱啗，徒覽反。凡以食餧人則去聲，自食則上聲。

沛公已出，項王使都尉〔一〕陳平召沛公。沛公曰：「今者出，未辭也，爲之柰何？」樊噲曰：「大行不顧細謹，大禮不辭小讓。如今人方爲刀俎，我爲魚肉，何辭爲。」於是遂去。乃令張良留謝。良問曰：「大王來何操？」曰：「我持白璧一雙，欲獻項王，玉斗一雙，欲與亞父，會其怒，不敢獻。公爲我獻之。」張良曰：「謹諾。」當是時，項王軍在鴻門下，沛公軍在霸上，相去四十里。沛公則置車騎，脱身獨騎，與樊噲、夏侯嬰、靳彊、紀信等〔二〕四人持劍盾步走，從酈山下，道芷陽閒行。沛公謂張良曰：「從此道至吾軍，不過二十里耳。度我至軍中，公乃入。」沛公已去，閒至軍中，張良入謝，曰：「沛公不勝桮杓，不能辭。謹使臣良奉白璧一雙，再拜獻大王足下；玉斗一雙，再拜奉大將軍足下。」項王曰：「沛公安在？」良曰：「聞大王有意督過之，脱身獨去，已至軍矣。」〔三〕項王則受璧，置之坐上。亞父受玉斗，置之

地，拔劍撞而破之，曰：「唉！〔四〕豎子不足與謀。奪項王天下者，必沛公也，吾屬今爲之虜矣。」沛公至軍，立誅殺曹無傷。

〔一〕集解徐廣曰：「一本無『都』字。」
〔二〕索隱漢書作「紀通」。通，紀成之子。
〔三〕集解如淳曰：「脱身逃還其軍。」
〔四〕集解徐廣曰：「唉，烏來反。」索隱音虛其反。皆歎恨發聲之辭。

居數日，項羽引兵西屠咸陽，殺秦降王子嬰，燒秦宮室，火三月不滅；收其貨寶婦女而東。人或說項王曰：「關中阻山河四塞，〔一〕地肥饒，可都以霸。」項王見秦宮室皆以燒殘破，又心懷思欲東歸，曰：「富貴不歸故鄉，如衣繡夜行，誰知之者！」說者曰：「人言楚人沐猴而冠耳，果然。」〔二〕項王聞之，烹說者。〔三〕

〔一〕集解徐廣曰：「東函谷，南武關，西散關，北蕭關。」
〔二〕集解張晏曰：「沐猴，獼猴也。」索隱言獼猴不任久著冠帶，以喻楚人性躁暴。果然，言果如人言也。
〔三〕集解楚漢春秋、揚子法言云說者是蔡生，漢書云是韓生。

項王使人致命懷王。懷王曰：「如約。」乃尊懷王爲義帝。項王欲自王，先王諸將相。

謂曰：「天下初發難時，〔一〕假立諸侯後以伐秦。然身被堅執銳首事，暴露於野〔二〕三年，滅秦定天下者，皆將相諸君與籍之力也。義帝雖無功，故當分其地而王之。」諸將皆曰：「善。」乃分天下，立諸將爲侯王。項王、范增疑沛公之有天下，業已講解，〔三〕又惡負約，恐諸侯叛之，乃陰謀曰：「巴、蜀道險，秦之遷人皆居蜀。」乃曰：「巴、蜀亦關中地也。」故立沛公爲漢王，〔四〕王巴、蜀、漢中，都南鄭。〔五〕而三分關中，王秦降將以距塞漢王。項王乃立章邯爲雍王，王咸陽以西，都廢丘。〔六〕長史欣者，故爲櫟陽獄掾，嘗有德於項梁；都尉董翳者，本勸章邯降楚。故立司馬欣爲塞王，〔七〕王咸陽以東至河，都櫟陽；〔八〕立董翳爲翟王，王上郡，都高奴。〔九〕徙魏王豹爲西魏王，王河東，都平陽。瑕丘〔一〇〕申陽者，〔一一〕張耳嬖臣也，先下河南（郡），迎楚河上，故立申陽爲河南王，都雒陽。〔一二〕韓王成因故都，都陽翟。〔一三〕趙將司馬卬定河內，數有功，故立卬爲殷王，王河內，都朝歌。徙趙王歇爲代王。趙相張耳素賢，又從入關，故立耳爲常山王，王趙地，都襄國。〔一四〕當陽君黥布爲楚將，常冠軍，故立布爲九江王，都六。〔一五〕鄱君〔一六〕吳芮率百越佐諸侯，〔一七〕又從入關，故立芮爲衡山王，都邾。〔一八〕義帝柱國共敖〔一九〕將兵擊南郡，功多，因立敖爲臨江王，〔二〇〕都江陵。〔二一〕徙燕王韓廣爲遼東王。〔二二〕燕將臧荼從楚救趙，因從入關，故立荼爲燕王，都薊。徙齊王田市爲膠東王。〔二三〕齊將田都從共救趙，因從入關，故立都爲齊王，都臨菑。〔二四〕故秦所滅齊王建孫田安，項羽方渡河救趙，

田安下濟北數城，引其兵降項羽，故立安爲濟北王，都博陽。〔二五〕田榮者，數負項梁，又不肯將兵從楚擊秦，以故不封。成安君〔二六〕陳餘弃將印去，不從入關，然素聞其賢，有功於趙，聞其在南皮，〔二七〕故因環封三縣。〔二八〕番君將梅鋗〔二九〕功多，故封十萬户侯。項王自立爲西楚霸王，〔三〇〕王九郡，都彭城。〔三一〕

〔一〕集解服虔曰：「兵初起時。」正義難，乃憚反。
〔二〕正義暴，蒲北反。
〔三〕集解蘇林曰：「講，和也。」索隱服虔云：「解，折伏也。」說文云：「講，和解也。」漢書作「媾解」。蘇林云：「媾，和也。」是「講」之與「媾」俱訓和也。業，事也。言雖有疑心，然事已和解也。
〔四〕集解徐廣曰：「以正月立。」
〔五〕正義括地志云：「南梁州所理縣也。」
〔六〕索隱孟康曰：「縣名。今槐里是也。」韋昭曰：「周時名犬丘，懿王所都，秦欲廢之，故曰廢丘。」正義括地志云：「犬丘故城一名廢丘，故城在雍州始平縣東南十里。地理志云漢高二年，引水灌廢丘，章邯自殺，更廢丘曰槐里。」
〔七〕集解韋昭曰：「在長安東，名桃林塞。」
〔八〕集解蘇林曰：「櫟音藥。」正義括地志云：「櫟陽故城一名萬年城，在雍州櫟陽東北二十五里。秦獻公之城櫟陽，即此也。」

〔九〕集解文穎曰：「上郡，秦所置，項羽以董翳爲翟王，更名爲翟。」索隱按：今鄜州有高奴城。正義括地志云：「延州州城即漢高奴縣。」
〔一〇〕集解徐廣曰：「一云瑕丘公也。」
〔一一〕集解服虔曰：「瑕丘縣屬山陽。申，姓；陽，名。」文穎曰：「姓瑕丘，字申陽。」瓚曰：「瑕丘公申陽是。瑕丘，縣名。」
〔一二〕正義括地志云：「洛陽故城在洛州洛陽縣東北二十六里，周公所築，即成周城也。輿地志云成周之地，秦莊襄王以爲洛陽縣，三川守理之。後漢都洛陽，改爲『雒』。漢以火德，忌水，故去洛旁『水』而加『隹』。魏於行次爲土，土，水之忌也，水得土而流，土得水而柔，故除『隹』而加『水』。」
〔一三〕正義括地志云：「陽翟，洛州縣也。左傳云鄭伯突入于櫟。杜預云櫟，鄭別都，今河南陽翟縣是也。地理志云陽翟縣是，屬潁川郡，夏禹之國。」
〔一四〕正義括地志云：「邢州城本漢襄國縣，秦置三十六郡，於此置信都縣，屬鉅鹿郡，項羽改曰襄國，立張耳爲常山王，理信都。地理志云故邢侯國也。帝王世紀云邢侯爲紂三公，以忠諫被誅。史記云周武王封周公旦之子爲邢侯。左傳云『凡、蔣、邢、茅，周公之胤也』。」
〔一五〕索隱六縣，古國，皐陶之後。正義括地志云：「故六城在壽州安豐縣南百三十二里，本六國，偃姓，皐繇之後所封也。黥布亦皐繇之後，居六也。」
〔一六〕正義番君。番音婆。
〔一七〕集解韋昭曰：「鄱音蒲河反。初，吳芮爲鄱令，故號曰鄱君。今鄱陽縣是也。」

〔一八〕集解文穎曰：「邾音朱，縣名，屬江夏。」正義說文云音誅。括地志云：「故邾城在黃州黃岡縣東南二十里，本春秋時邾國。邾子，曹姓。俠居。至魯隱公徙蘄。」音機。

〔一九〕正義共音恭。

〔二〇〕集解漢書音義曰：「本南郡，改爲臨江國。」

〔二一〕正義江陵，荊州縣。史記江陵，故郢都也。

〔二二〕集解徐廣曰：「都無終。」

〔二三〕集解徐廣曰：「都卽墨。」正義括地志云：「卽墨故城在萊州膠水縣南六十里。古齊地，本漢舊縣。」膠音交。在膠水之東。

〔二四〕索隱按：高紀及田儋傳云「臨濟」，此言「臨菑」，誤。正義菑，側其反。括地志云：「青州臨菑縣也。卽古臨菑地也。一名齊城，古營丘之地，所封齊之都也。少昊時有爽鳩氏，虞、夏時有季崱，殷時有逄伯陵，殷末有薄姑氏，爲諸侯，國此地。後太公封，方五百里。」

〔二五〕正義在濟北。

〔二六〕正義地理志云成安縣在潁川郡，屬豫州。

〔二七〕正義括地志云：「故南皮城在滄州南皮縣北四里，本漢皮縣城，卽陳餘所封也。」

〔二八〕集解漢書音義曰：「繞南皮三縣以封之。」

〔二九〕集解韋昭曰：「呼玄反。」

〔三〇〕正義貨殖傳云淮以北，沛、陳、汝南、南郡爲西楚也。彭城以東，東海、吳、廣陵爲東楚也。衡山、九江、江南、豫章、長沙爲南楚。孟康云：「舊名江陵爲南楚，吳爲東楚，彭城爲西楚。」

〔三一〕集解孟康曰：「舊名江陵爲南楚，吳爲東楚，彭城爲西楚。」正義彭城，徐州縣。

漢之元年四月，諸侯罷戲下，各就國。〔一〕項王出之國，使人徙義帝，曰：「古之帝者地方千里，必居上游。」〔二〕乃使使徙義帝長沙郴縣。〔三〕趣義帝行，其羣臣稍稍背叛之，乃陰令衡山、臨江王擊殺之江中。〔四〕韓王成無軍功，項王不使之國，與俱至彭城，廢以爲侯，已又殺之。臧荼之國，因逐韓廣之遼東，廣弗聽，荼擊殺廣無終，并王其地。

〔一〕索隱戲音羲，水名也。言「下」者，如許下、洛下然也。按：上文云項羽入至戲西鴻門，沛公還軍霸上，是羽初停軍於戲水之下。後雖引兵西屠咸陽，燒秦宮室，則亦還戲下。今言「諸侯罷戲下」，是各受封邑號令訖，自戲下各就國。何須假借文字，以爲旌麾之下乎？顏師古、劉伯莊之說皆非。

〔二〕集解文穎曰：「居水之上流也。游，或作『流』。」

〔三〕集解如淳曰：「郴音綝。」

〔四〕集解文穎曰：「郴縣有義帝冢，歲時常祠不絕。」

田榮聞項羽徙齊王市膠東，而立齊將田都爲齊王，乃大怒，不肯遣齊王之膠東，因以齊反，迎擊田都。田都走楚。齊王市畏項王，乃亡之膠東就國。田榮怒，追擊殺之卽墨。榮因自立爲齊王，而西擊殺濟北王田安，并王三齊。〔一〕榮與彭越將軍印，令反梁地。陳餘陰使張同、夏說說齊王田榮曰：「項羽爲天下宰，不平。今盡王故王於醜地，而王其羣臣諸將善地，逐其故主，趙王乃北居代，餘以爲不可。聞大王起兵，且不聽不義，願大王資餘兵，請以擊常山，以復趙王，請以國爲扞蔽。」齊王許之，因遣兵之趙。陳餘悉發三縣兵，與齊并力擊常山，大破之。張耳走歸漢。陳餘迎故趙王歇於代，反之趙。趙王因立陳餘爲代王。

〔一〕集解漢書音義曰：「齊與濟北、膠東。」正義三齊記云：「右卽墨，中臨淄，左平陸，謂之三齊。」

是時，漢還定三秦。項羽聞漢王皆已并關中，且東，齊、趙叛之，大怒。乃以故吳令鄭昌爲韓王，以距漢。令蕭公角等〔一〕擊彭越。彭越敗蕭公角等。漢使張良徇韓，乃遺項王書曰：「漢王失職，欲得關中，如約卽止，不敢東。」又以齊、梁反書遺項王曰：「齊欲與趙并滅楚。」楚以此故無西意，而北擊齊。徵兵九江王布。布稱疾不往，使將將數千人行。項王由此怨布也。漢之二年冬，項羽遂北至城陽，田榮亦將兵會戰。田榮不勝，走至平原，平原民殺之。遂北燒夷齊城郭室屋，皆阬田榮降卒，係虜其老弱婦女。徇齊至北海，多所殘滅。齊人相聚而叛之。於是田榮弟田橫收齊亡卒得數萬人，反城陽。項王因留，連戰未能下。

〔一〕集解蘇林曰：「官號也。或曰蕭令也。時令皆稱公。」

春，漢王部〔一〕五諸侯兵，〔二〕凡五十六萬人，東伐楚。項王聞之，卽令諸將擊齊，而自以精兵三萬人南從魯出胡陵。〔三〕四月，漢皆已入彭城，收其貨寶美人，日置酒高會。項王

乃西從蕭，晨擊漢軍〔四〕而東，至彭城，日中，大破漢軍。〔五〕漢軍皆走，相隨入穀、泗水，〔六〕殺漢卒十餘萬人。漢卒皆南走山，〔七〕楚又追擊至靈壁東〔八〕睢水上。〔九〕漢軍卻，爲楚所擠，〔一〇〕多殺，漢卒十餘萬人皆入睢水，睢水爲之不流。〔一一〕圍漢王三帀。於是大風從西北而起，折木發屋，揚沙石，窈冥晝晦，〔一二〕逢迎楚軍。楚軍大亂，壞散，而漢王乃得與數十騎遁去。欲過沛，收家室而西；楚亦使人追之沛，取漢王家；家皆亡，不與漢王相見。漢王道逢得孝惠、魯元，〔一三〕乃載行。楚騎追漢王，漢王急，推墮孝惠、魯元車下，滕公常下收載之。如是者三。曰：「雖急不可以驅，柰何棄之？」於是遂得脫。求太公、呂后不相遇。審食其〔一四〕從太公、呂后閒行，〔一五〕求漢王，反遇楚軍。楚軍遂與歸，報項王，項王常置軍中。

〔一〕集解徐廣曰：「一作『劫』。」索隱按：漢書見作「劫」字。

〔二〕集解徐廣曰：「塞、翟、魏、殷、河南。」駰案：應劭曰「雍、翟、塞、殷、韓也」。韋昭曰「塞、翟、殷、韓、魏，雍時已敗也」。索隱按：徐廣、韋昭皆數翟、塞及殷、韓等；顏師古不數三秦，謂常山、河南、韓、魏、殷；顧胤意略同，乃以陳餘兵爲五，未知孰是。鄙意按：韓王鄭昌拒漢，漢使韓信擊破之，則是韓兵不下而已破散也，韓不在此數。五諸侯者，塞、翟、河南、魏、殷也。正義師古云：「諸家之說皆非。張良遺羽書曰『漢欲得關中，如約卽止，不敢復東』，謂出關之東也。今羽聞漢東之時，漢固已得三秦矣。五諸侯者，謂常山、河南、韓、魏、殷也。此年十月，常山王張耳降，河南王申陽降，韓王鄭昌降，魏王豹降，虜殷王卬，皆漢東之後，故知謂此爲五諸侯。時雖未得常山之地，功臣年表云『張耳棄國，與大臣歸漢』，則當亦有士卒爾。時雍王猶在廢丘被圍，卽非五諸侯之數也。尋此

紀文，昭然可曉。前賢注釋，並失指趣。」高紀及漢書皆言「劫五諸侯兵」。凡兵初降，士卒未有自指麾，故須劫略而行。又云「發關中兵，收三河士」。發謂差點撥發也，收謂劫略收斂也。韋昭云河南、河東、河內。申陽都雒陽，韓王成都陽翟，皆河南也。魏豹都平陽，河東也。司馬卬都朝歌，張耳都襄國，河內也。此三河士則五諸侯兵也。更著雍、塞、翟，則成八諸侯矣。重明顏公之說是。故韓信傳云「漢二年出關，收魏河南，韓、殷王皆降」是。

〔四〕正義括地志云：「（徐州）魯，兗州曲阜縣也。地理志云胡陵在山陽縣屬也。」

〔四〕正義括地志云：「徐州蕭縣，古蕭叔之國，春秋時爲宋附庸。帝王世紀云周封子姓之別爲附庸也。」

〔五〕集解張晏曰：「一日之中也。或曰旦擊之，至日中大破。」

〔六〕集解瓚曰：「二水皆在沛郡彭城。」

〔七〕正義走音奏。

〔八〕集解徐廣曰：「在彭城。」索隱孟康曰：「故小縣，在彭城南。」

〔九〕集解徐廣曰：「睢水於彭城入泗水。」正義睢音雖。括地志云：「靈壁故城在徐州符離縣西北九十里。睢水首受浚儀縣莨蕩水，東經取慮，入泗，過郡四，行千二百六十里。」

〔一〇〕集解服虔曰：「擠音『濟民』之『濟』。」瓚曰：「排擠也。」

〔一一〕正義爲，于僞反。

〔一二〕集解徐廣曰：「竊亦作『窅』字。」

〔一三〕集解服虔曰：「元，長也。食邑於魯。」韋昭曰：「元，謚也。」

〔一四〕集解瓚曰：「其音基。」索隱食音異。按：酈、審、趙三人同名，其音合並同，以六國時衞有司馬食其，並慕

其名。

〔一五〕集解如淳曰：「閒出，閒步，微行，皆同義也。」

是時呂后兄周呂侯〔一〕爲漢將兵居下邑，〔二〕漢王閒往從之，稍稍收其士卒。至滎陽，諸敗軍皆會，蕭何亦發關中老弱未傅悉詣滎陽，〔三〕復大振。楚起於彭城，常乘勝逐北，與漢戰滎陽南京、索閒，漢敗楚，〔四〕楚以故不能過滎陽而西。

〔一〕集解徐廣曰：「名澤。」正義蘇林云：「以姓名侯也。」晉灼云：「外戚表周呂令武侯澤也。呂，縣名。封於呂，以爲國。」顏師古云：「周呂，封名。令武，其謚也。蘇云『以姓名侯』，非也。」

〔二〕集解徐廣曰：「在梁。」正義括地志云：「宋州碭山縣本下邑縣也，在宋州東一百五十里。」按：今下邑在宋州東一百一十里。

〔三〕集解服虔曰：「傅音附。」孟康曰：「古者二十而傅，三年耕有一年儲，故二十三年而後役之。」如淳曰：「律年二十三傅之疇官，各從其父疇內學之。高不滿六尺二寸以下爲罷癃。漢儀注『民年二十三爲正，一歲爲衞士，一歲爲材官騎士，習射御騎馳戰陣』。又曰『年五十六衰老，乃得免爲庶民，就田里』。今老弱未嘗傅者皆發之。未二十三爲弱，過五十六爲老。食貨志曰『月爲更卒，已復爲正，一歲屯戍，一歲力役，三十倍於古者』。」索隱按：姚氏云「古者更卒不過一月，踐更五月而休」。又顏云「五當爲『三』，言一歲之中三月居更，三日戍邊，總九十三日。古者役人歲不過三日，此所謂『一歲力役三十倍於古』也」。斯說得之。

〔四〕集解應劭曰：「京，縣名，屬河南，有索亭。」晉灼曰：「索音栅。」正義括地志云：「京縣城在鄭州滎陽縣東南二十里。鄭之京邑也。晉太康地志云鄭太叔段所居邑。滎陽縣即大索城。杜預云成皋東有大索城，又有小索故城，在滎陽縣北四里。京相璠地名云京縣有大索亭、小索亭，大小氏兄弟居之，故有小大之號。」按：楚與漢戰滎陽南京、索閒，即此三城耳。

項王之救彭城，追漢王至滎陽，田橫亦得收齊，立田榮子廣爲齊王。漢王之敗彭城，諸侯皆復與楚而背漢。漢軍滎陽，築甬道屬之河，以取敖倉粟。〔一〕漢之三年，項王數侵奪漢甬道，漢王食乏，恐，請和，割滎陽以西爲漢。

〔一〕集解瓚曰：「敖，地名，在滎陽西北山，臨河有大倉。」正義括地志云：「敖倉在鄭州滎陽縣西十五里，縣門之東北臨汴水，南帶三皇山，秦時置倉於敖山，名敖倉云。」

項王欲聽之。歷陽侯范增曰：〔一〕「漢易與耳，今釋弗取，後必悔之。」項王乃與范增急圍滎陽。漢王患之，乃用陳平計閒項王。項王使者來，爲太牢具，舉欲進之。見使者，詳驚愕曰：「吾以爲亞父使者，乃反項王使者。」更持去，以惡食食〔二〕項王使者。使者歸報項王，項王乃疑范增與漢有私，稍奪之權。范增大怒，曰：「天下事大定矣，君王自爲之。願賜骸骨歸卒伍。」項王許之。行未至彭城，疽發背而死。〔三〕

〔一〕正義括地志云：「和州歷陽縣，本漢舊縣也。淮南子云『歷陽之都，一夕而爲湖』。漢帝時，歷陽淪爲歷湖。」

〔二〕正義上如字，下音寺。

〔三〕集解皇覽曰：「亞父冢在廬江居巢縣郭東。居巢廷中有亞父井，吏民皆祭亞父於居巢廷上。長吏初視事，皆祭然後從政。後更造祠於郭東，至今祠之。」正義疽，七餘反。崔浩云：「疽，附骨癰也。」括地志云：「髑髏山在廬州巢縣東北五里。昔范增居北山之陽，後佐項羽。」

漢將紀信說漢王曰：「事已急矣，請爲王誑楚爲王，王可以閒出。」於是漢王夜出女子滎陽東門被甲二千人，楚兵四面擊之。紀信乘黃屋車，〔一〕傅左纛，〔二〕曰：「城中食盡，漢王降。」楚軍皆呼萬歲。漢王亦與數十騎從城西門出，走成皋。〔三〕項王見紀信，問：「漢王安在？」信曰：「漢王已出矣。」項王燒殺紀信。

〔一〕正義李斐云：「天子車以黃繒爲蓋裏。」

〔二〕集解李斐曰：「纛，毛羽幢也。在乘輿車衡左方上注之。」蔡邕曰：「以犛牛尾爲之，如斗，或在騑頭，或在衡上也。」

〔三〕正義括地志云：「成皋故縣在洛州汜水縣西南二里。」

漢王使御史大夫周苛、樅公、〔一〕魏豹守滎陽。周苛、樅公謀曰：「反國之王，難與守城。」乃共殺魏豹。楚下滎陽城，生得周苛。項王謂周苛曰：「爲我將，我以公爲上將軍，封三萬户。」周苛罵曰：「若不趣降漢，漢今虜若，若非漢敵也。」項王怒，烹周苛，并殺樅公。

〔一〕集解樅音七容反。

漢王之出滎陽，南走宛、葉，得九江王布，行收兵，復入保成皋。漢之四年，項王進兵圍成皋。漢王逃，〔一〕獨與滕公出成皋北門，〔二〕渡河走脩武，從張耳、韓信軍。諸將稍稍得出成皋，從漢王。楚遂拔成皋，欲西。漢使兵距之鞏，令其不得西。

〔一〕集解晉灼曰：「獨出意。」索隱音徒凋反。漢書作「跳」字。

〔二〕集解徐廣曰：「北門名玉門。」

是時，彭越渡河擊楚東阿，殺楚將軍薛公。項王乃自東擊彭越。漢王得淮陰侯兵，欲渡河南。鄭忠說漢王，乃止壁河內。使劉賈將兵佐彭越，燒楚積聚。〔一〕項王東擊破之，走彭越。漢王則引兵渡河，復取成皋，軍廣武，就敖倉食。項王已定東海來，西，與漢俱臨廣武而軍，〔二〕相守數月。

〔一〕正義上積賜反。

〔二〕集解孟康曰：「於滎陽築兩城相對爲廣武，在敖倉西三皇山上。」正義括地志云：「東廣武、西廣武在鄭州滎陽縣西二十里。戴延之西征記云三皇山上有二城，東曰東廣武，西曰西廣武，各在一山頭，相去百步。汴水從廣澗中東南流，今涸無水。城各有三面，在敖倉西。郭緣生述征記云一澗橫絕上過，名曰廣武。相對皆立城塹，遂號東西廣武。」

當此時，彭越數反梁地，絕楚糧食，項王患之。爲高俎，置太公其上，〔一〕告漢王曰：「今

不急下，吾烹太公。」漢王曰：「吾與項羽俱北面受命懷王，曰『約爲兄弟』，吾翁卽若翁，必欲烹而翁，則幸分我一桮羹。」項王怒，欲殺之。項伯曰：「天下事未可知，且爲天下者不顧家，雖殺之無益，祇益禍耳。」項王從之。

〔一〕集解如淳曰：「高俎，几之上。」李奇曰：「軍中巢櫓方面，人謂之俎也。」索隱俎亦机之類，故夏侯湛新論爲「机」，机猶俎也。比太公於牲肉，故置之俎上。姚察按：左氏「楚子登巢車以望晉軍」，杜預謂「車上櫓也」，故李氏云「軍中巢櫓」，又引時人亦謂此爲俎也。正義括地志云：「東廣武城有高壇，卽是項羽坐太公俎上者，今名項羽堆，亦呼爲太公亭。」顏師古云：「俎者，所以薦肉，示欲烹之，故置俎上。」

楚漢久相持未決，丁壯苦軍旅，老弱罷轉漕。項王謂漢王曰：「天下匈匈數歲者，徒以吾兩人耳，願與漢王挑戰〔一〕決雌雄，毋徒苦天下之民父子爲也。」漢王笑謝曰：「吾寧鬬智，不能鬬力。」項王令壯士出挑戰。漢有善騎射者樓煩，〔二〕楚挑戰三合，樓煩輒射殺之。項王大怒，乃自被甲持戟挑戰。樓煩欲射之，項王瞋目叱之，樓煩目不敢視，手不敢發，遂走還入壁，不敢復出。漢王使人閒問之，乃項王也。漢王大驚。於是項王乃卽漢王相與臨廣武閒而語。漢王數之，項王怒，欲一戰。漢王不聽，項王伏弩射中漢王。漢王傷，走入成皋。

〔一〕集解李奇曰：「挑身獨戰，不復須衆也。挑音荼了反。」瓚曰：「挑戰，擿嬈敵求戰，古謂之致師。」

〔二〕集解應劭曰：「樓煩胡也，今樓煩縣。」

項王聞淮陰侯已舉河北，破齊、趙，且欲擊楚，乃使龍且〔一〕往擊之。淮陰侯與戰，騎將灌嬰擊之，大破楚軍，殺龍且。韓信因自立爲齊王。項王聞龍且軍破，則恐，使盱台人武涉往說淮陰侯。淮陰侯弗聽。是時，彭越復反，下梁地，絕楚糧。項王乃謂海春侯大司馬曹咎等曰：「謹守成皋，則漢欲挑戰，慎勿與戰，毋令得東而已。我十五日必誅彭越，定梁地，復從將軍。」乃東，行擊陳留、〔二〕外黃。

〔一〕集解韋昭曰：「音子閭反。」

〔二〕正義括地志云：「陳留，汴州縣也。在州東五十里，本漢陳留郡及陳留縣之地。」孟康云：「留，鄭邑也。後爲陳所幷，故曰陳留。」臣瓚又按：宋有留，彭城留是也。此留屬陳，故曰陳留。

外黃不下。數日，已降，項王怒，悉令男子年十五已上詣城東，欲阬之。外黃令舍人兒年十三，〔一〕往說項王曰：「彭越彊劫〔二〕外黃，外黃恐，故且降，待大王。大王至，又皆阬之，百姓豈有歸心？從此以東，梁地十餘城皆恐，莫肯下矣。」項王然其言，乃赦外黃當阬者。東至睢陽，〔三〕聞之皆爭下項王。

〔一〕集解蘇林曰：「令之舍人兒也。」瓚曰：「稱兒者，以其幼弱，故係其父，春秋傳曰『仍叔之子』是也。」

〔二〕正義彊，其兩反。

〔三〕正義括地志云：「宋州外城本漢睢陽縣也。地理志云睢陽縣，故宋國也。」

漢果數挑楚軍戰，楚軍不出。使人辱之，五六日，大司馬怒，渡兵汜水。〔一〕士卒半渡，漢擊之，大破楚軍，盡得楚國貨賂。大司馬咎、長史翳、塞王欣皆自剄汜水上。〔二〕大司馬咎者，故蘄獄掾，長史欣亦故櫟陽獄吏，兩人嘗有德於項梁，是以項王信任之。當是時，項王在睢陽，聞海春侯軍敗，則引兵還。漢軍方圍鍾離眛〔三〕於滎陽東，項王至，漢軍畏楚，盡走險阻。

〔一〕集解張晏曰：「汜水在濟陰界。」如淳曰：「汜音祀。左傳曰『鄙在鄭地汜』。」瓚曰：「高祖攻曹咎成皋，渡汜水而戰，今成皋城東汜水是也。」索隱按：今此水見名汜水，音似。張晏云在濟陰，亦未全失。按：古濟水當此截河而南，又東流，溢爲滎澤。然水南曰陰，此亦在濟之陰，非彼濟陰郡耳。臣瓚之說是。正義括地志云：「汜水源出洛州汜水縣東南三十二里方山。山海經云『浮戲之山，汜水出焉』。」

〔二〕集解鄭氏曰：「剄音經鼎反。以刀割頸爲剄。」

〔三〕集解漢書音義曰：「眛音末。」

是時，漢兵盛食多，項王兵罷食絕。漢遣陸賈說項王，請太公，項王弗聽。漢王復使侯

公往説項王，項王乃與漢約，中分天下，割鴻溝以西者爲漢，〔一〕鴻溝而東者爲楚。項王許之，即歸漢王父母妻子。軍皆呼萬歲。漢王乃封侯公爲平國君。〔二〕匿弗肯復見。曰：「此天下辯士，所居傾國，故號爲平國君。」項王已約，乃引兵解而東歸。

〔一〕集解文穎曰：「於滎陽下引河東南爲鴻溝，以通宋、鄭、陳、蔡、曹、衛，與濟、汝、淮、泗會於楚，即今官渡水也。」正義應劭云：「在滎陽東二十里。」張華云：「大梁城在浚儀縣北，縣西北渠水東經此城南，又北屈分爲二渠。其一渠東南流，始皇鑿引河水以灌大梁，謂之鴻溝，楚漢會此處也。其一渠東經陽武縣南，爲官渡水。」按：張華此説是。

〔二〕正義楚漢春秋云：「上欲封之，乃肯見。曰『此天下之辨士，所居傾國，故號曰平國君』。」按：説歸太公、呂后，能和平邦國。

漢欲西歸，張良、陳平説曰：「漢有天下太半，〔一〕而諸侯皆附之。楚兵罷食盡，此天亡楚之時也，不如因其機而遂取之。今釋弗擊，此所謂『養虎自遺患』也。」〔二〕漢王聽之。漢五年，漢王乃追項王至陽夏〔三〕南，止軍，與淮陰侯韓信、建成侯彭越期會而擊楚軍。至固陵，〔四〕而信、越之兵不會。楚擊漢軍，大破之。漢王復入壁，深塹而自守。謂張子房曰：「諸侯不從約，爲之柰何？」對曰：「楚兵且破，信、越未有分地，〔五〕其不至固宜。君王能與共分天下，今可立致也。即不能，事未可知也。君王能自陳以東傅海，〔六〕盡與韓信；睢陽以

北至穀城，〔七〕以與彭越：使各自爲戰，〔八〕則楚易敗也。」漢王曰：「善。」於是乃發使者告韓信、彭越曰：「并力擊楚。楚破，自陳以東傅海與齊王，睢陽以北至穀城與彭相國。」使者至，韓信、彭越皆報曰：「請今進兵。」韓信乃從齊往，劉賈軍從壽春並行，屠城父，〔九〕至垓下。〔一〇〕大司馬周殷叛楚，以舒屠六，〔一一〕舉九江兵，〔一二〕隨劉賈、彭越皆會垓下，詣項王。

〔一〕集解韋昭曰：「凡數三分有二爲太半，一爲少半。」

〔二〕正義遺，唯季反。

〔三〕集解如淳曰：「夏音賈。」正義括地志云：「陳州太康縣，本漢陽夏縣也。續漢書郡國志云陽夏縣屬陳國。」按：太康縣城夏后太康所築，隋改陽夏爲太康。

〔四〕集解徐廣曰：「在陽夏。」駰案：晉灼曰「即固始也」。正義括地志云：「固陵，縣名也。在陳州宛丘縣西北四十二里。」

〔五〕集解李奇曰：「信、越等未有益地之分也。」韋昭曰：「信等雖名爲王，未有所畫經界。」

〔六〕正義傅音附，著也。陳即陳州，古陳國都也。自陳著海，并齊舊地，盡與齊王韓信也。

〔七〕正義括地志云：「穀城故在濟州東阿縣東二十六里。」睢陽，宋州也。自宋州以北至濟州穀城際黃河，盡與相國彭越。

〔八〕正義爲，于僞反。

〔九〕集解如淳曰：「並行，並擊之。」正義父音甫。壽州壽春縣也。城父，亳州縣也。屠謂多刑殺也。劉賈入圍壽州，引兵過淮北，屠殺亳州、城父，而東北至垓下。

〔一〇〕集解徐廣曰：「在沛之洨縣。洨，下交切。」駰案：應劭曰「垓音該」。李奇曰「沛洨縣聚邑名也」。索隱張揖三蒼注云：「垓，堤名，在沛郡。」正義按：垓下是高岡絶巖，今猶高三四丈，其聚邑及堤在垓之側，因取名焉。今在亳州真源縣東十里，與老君廟相接。洨音户交反。

〔一一〕集解如淳曰：「以舒之衆屠破六縣。」正義括地志云：「舒，今廬江之故舒城是也。故六城在壽州安豐南百三十二里，偃姓，咎繇之後。」按：周殷叛楚，兼舉九江郡之兵，隨劉賈而至垓下。

〔一二〕正義九江郡壽州也。楚考烈王二十二年，自陳徙壽春，號云郢。至王負芻爲秦將王翦、蒙武所滅，於此置九江郡。應劭云：「自廬江尋陽分爲九江。」

項王軍壁垓下，兵少食盡，漢軍及諸侯兵圍之數重。夜聞漢軍四面皆楚歌，〔一〕項王乃大驚曰：「漢皆已得楚乎？是何楚人之多也！」項王則夜起，飲帳中。有美人名虞，〔二〕常幸從；駿馬名騅，〔三〕常騎之。於是項王乃悲歌忼慨，自爲詩曰：「力拔山兮氣蓋世，時不利兮騅不逝。騅不逝兮可柰何，虞兮虞兮柰若何！」歌數闋，美人和之。〔四〕項王泣數行下，〔五〕左右皆泣，莫能仰視。

〔一〕集解應劭曰：「楚歌者，謂雞鳴歌也。漢已略得其地，故楚歌者多雞鳴時歌也。」正義顏師古云：「楚人之歌也，猶言『吳謳』、『越吟』。若雞鳴爲歌之名，於理則可，不得云『雞鳴時』也。高祖戚夫人楚舞，自爲楚歌，豈亦

雞鳴時乎？」按：顏説是也。

〔二〕集解徐廣曰：「一云姓虞氏。」正義括地志云：「虞姬墓在濠州定遠縣東六十里。長老傳云項羽美人冢也。」

〔三〕正義音佳。顧野王云青白色也。釋畜云：「蒼白雜毛，騅也。」

〔四〕正義和音胡卧反。楚漢春秋云：「歌曰『漢兵已略地，四方楚歌聲。大王意氣盡，賤妾何聊生』。」

〔五〕正義數，色庾反。行，户郎反。

於是項王乃上馬騎，〔一〕麾下〔二〕壯士騎從者八百餘人，直夜潰圍南出，馳走。平明，漢軍乃覺之，令騎將灌嬰以五千騎追之。項王渡淮，騎能屬者〔三〕百餘人耳。項王至陰陵，〔四〕迷失道，問一田父，田父紿曰「左」。〔五〕左，乃陷大澤中。以故漢追及之。項王乃復引兵而東，至東城，〔六〕乃有二十八騎。漢騎追者數千人。項王自度不得脱。謂其騎曰：「吾起兵至今八歲矣，身七十餘戰，所當者破，所擊者服，未嘗敗北，遂霸有天下。然今卒困於此，〔七〕此天之亡我，非戰之罪也。今日固決死，願爲諸君快戰，必三勝之，爲諸君潰圍，斬將，刈旗，令諸君知天亡我，非戰之罪也。」乃分其騎以爲四隊，四嚮。漢軍圍之數重。項王謂其騎曰：「吾爲公取彼一將。」令四面騎馳下，期山東爲三處。〔八〕於是項王大呼〔九〕馳下，漢軍皆披靡，〔一〇〕遂斬漢一將。是時，赤泉侯爲騎將，追項王，項王瞋目而叱之，赤泉侯人馬俱驚，辟易數里，〔一一〕與其騎會爲三處。漢軍不知項王所在，乃分軍爲三，復圍之。項王乃

馳，復斬漢一都尉，殺數十百人，復聚其騎，亡其兩騎耳。乃謂其騎曰：「何如？」騎皆伏曰：「如大王言。」

【一】正義 其倚反。凡單乘曰騎。後同。
【二】正義 麾亦作「戲」，同呼危反。
【三】正義 屬音燭。
【四】集解 徐廣曰：「在淮南。」 正義 括地志云：「陰陵縣故城在濠州定遠縣西北六十里。地理志云陰陵縣屬九江郡。」
【五】集解 文穎曰：「紿，欺也。欺令左去。」
【六】集解 漢書音義曰：「縣名，屬臨淮。」 正義 括地志云：「東城縣故城在濠州定遠縣東南五十里。地理志云東城縣屬九江郡。」
【七】正義 卒，子律反。
【八】正義 期遇山東，分爲三處，漢軍不知項羽處。括地志云：「九頭山在滁州全椒縣西北九十六里。江表傳云項羽敗至烏江，漢兵追羽至此，一日九戰，因名。」
【九】正義 火故反。
【一〇】正義 上披彼反。靡，言精體低垂。
【一一】正義 言人馬俱驚，開張易舊處，乃至數里。

於是項王乃欲東渡烏江。【一】烏江亭長檥船待，【二】謂項王曰：「江東雖小，地方千里，衆數十萬人，亦足王也。願大王急渡。今獨臣有船，漢軍至，無以渡。」項王笑曰：「天之亡我，我何渡爲！且籍與江東子弟八千人渡江而西，今無一人還，縱江東父兄憐而王我，我何面目見之？縱彼不言，籍獨不愧於心乎？」乃謂亭長曰：「吾知公長者。吾騎【三】此馬五歲，所當無敵，嘗一日行千里，不忍殺之，以賜公。」乃令騎皆下馬步行，持短兵接戰。獨籍所殺漢軍數百人。項王身亦被十餘創。顧見漢騎司馬呂馬童，曰：「若非吾故人乎？」馬童面之，【四】指王翳曰：【五】「此項王也。」項王乃曰：「吾聞漢購我頭千金，【六】邑萬戶，吾爲若德。」【七】乃自刎而死。王翳取其頭，餘騎相蹂踐爭項王，相殺者數十人。最其後，郎中騎楊喜，騎司馬呂馬童，郎中呂勝、楊武各得其一體。五人共會其體，皆是。故分其地爲五：封呂馬童爲中水侯，【八】封王翳爲杜衍侯，【九】封楊喜爲赤泉侯，【一〇】封楊武爲吳防侯，【一一】封呂勝爲涅陽侯。【一二】

【一】集解 瓚曰：「在牛渚。」 索隱 按：晉初屬臨淮。 正義 括地志云：「烏江亭即和州烏江縣是也。晉初爲縣。注水經云江水又北，左得黃律口，漢書所謂烏江亭長檥船以待項羽，即此也。」
【二】集解 徐廣曰：「檥音儀。一音俄。」駰案：應劭曰「檥，正也」。孟康曰「檥音蟻，附也，附船著岸也」。如淳曰「南方人謂整船向岸曰檥」。 索隱 檥字，服、應、孟、晉各以意解爾。鄒誕生作「漾船」，以尚反，劉氏亦有此音。
【三】正義 音奇。
【四】集解 張晏曰：「以故人故，難視斫之，故背之。」如淳曰：「面，不正視也。」
【五】集解 如淳曰：「指示王翳。」
【六】正義 漢以一斤金爲一金，當一萬錢也。
【七】集解 徐廣曰：「亦可是『功德』之『德』。」 正義 爲，于僞反。言呂馬童與項羽先是故人，舊有恩德於羽。一云德行也。
【八】索隱 按晉書地道記，其中水縣屬河間。 正義 地理志云中水縣屬涿郡。應劭云：「在易、滱二水之中，故曰中水。」
【九】索隱 按地理志，縣在南陽。按：表作「王翥」也。 正義 括地志云：「杜衍侯故縣在鄧州南陽縣西八里。」
【一〇】索隱 南陽有丹水縣，疑赤泉後改。按：漢書表及後漢作「赤」，音火志反。
【一一】索隱 地理志縣名，屬汝南，故房子國。 正義 吳防，豫州縣。括地志云：「吳房縣本漢舊縣。孟康云吳王闔廬弟夫概奔楚，楚封於此，爲堂谿氏，本房子國，以封吳，故曰吳房。」
【一二】集解 徐廣曰：「五人後卒，皆謚壯侯。」 索隱 地理志南陽縣名。 正義 涅，年結反。括地志云：「涅陽故城在鄧州穰縣東北六十里，本漢舊縣也。應劭云在涅水之陽。」

項王已死，【一】楚地皆降漢，獨魯不下。漢乃引天下兵欲屠之，爲其守禮義，爲主死節，乃持項王頭視魯，魯父兄乃降。始，楚懷王初封項籍爲魯公，及其死，魯最後下，故以魯公

禮葬項王穀城。【二】漢王爲發哀，泣之而去。

【一】集解 徐廣曰：「漢五年之十二月也。項王以始皇十五年己巳歲生，死時年三十一。」
【二】集解 皇覽曰：「項羽冢在東郡穀城，東去縣十五里。」 正義 括地志云：「項羽墓在濟州東阿縣東二十七里，穀城西三里。述征記項羽墓在穀城西北三里半許，毀壞，有碣石『項王之墓』。」

諸項氏枝屬，漢王皆不誅。乃封項伯爲射陽侯。【一】桃侯、【二】平皋侯、【三】玄武侯【四】皆項氏，賜姓劉。

【一】集解 徐廣曰：「項伯名纏，字伯。」 正義 射音食夜反。括地志云：「楚州山陽，本漢射陽縣。吳地志云在射水之陽，故曰射陽。」
【二】集解 徐廣曰：「名襄。其子舍爲丞相。」 正義 括地志云：「故城在滑州胙城縣東四十里。漢書云高祖十二年封劉襄爲桃侯也。」
【三】集解 徐廣曰：「名佗。」 正義 括地志云：「平皋故城在懷州武德縣東二十里，漢平皋縣。」按：佗音徒何反。
【四】集解 徐廣曰：「諸侯表中不見。」

太史公曰：吾聞之周生曰【一】「舜目蓋重瞳子」，【二】又聞項羽亦重瞳子。羽豈其苗裔邪？何興之暴也！夫秦失其政，陳涉首難，豪傑蠭起，相與並爭，不可勝數。然羽非有尺寸，乘埶起隴畝之中，三年，遂將五諸侯滅秦，【三】分裂天下，而封王侯，政由羽出，號爲「霸

王」，位雖不終，近古以來未嘗有也。及羽背關懷楚，〔四〕放逐義帝而自立，怨王侯叛己，難矣。自矜功伐，奮其私智而不師古，謂霸王之業，欲以力征經營天下，五年卒亡其國，〔五〕身死東城，尚不覺寤而不自責，過矣。乃引「天亡我，非用兵之罪也」，豈不謬哉！

〔一〕集解文穎曰：「周時賢者。」正義孔文祥云：「周生，漢時儒者，姓周也。」按：太史公云「吾聞之周生」，則是漢人，與太史公耳目相接明矣。

〔二〕集解尸子曰：「舜兩眸子，是謂重瞳。」

〔三〕集解此時山東六國，而齊、趙、韓、魏、燕五國並起，從伐秦，故云五諸侯。

〔四〕正義顏師古云：「背關，背約不王高祖於關中。懷楚，謂思東歸而都彭城。」

〔五〕正義卒音子律反。五年，謂高帝元年至五年，殺項羽東城。

【索隱述贊】亡秦鹿走，僞楚狐鳴。雲鬱沛谷，劍挺吳城。勳開魯甸，勢合碭兵。卿子無罪，亞父推誠。始救趙歇，終誅子嬰。違約王漢，背關懷楚。常遷上游，臣迫故主。靈壁大振，成皋久拒。戰非無功，天實不與。嗟彼蓋代，卒爲凶豎。

漢　司馬遷　撰
宋　裴　駰　集解
唐　司馬貞　索隱
唐　張守節　正義

史記

第二册

卷八至卷一五（紀表）

中華書局

史記卷八

高祖本紀第八

高祖，[一]沛豐邑中陽里人，姓劉氏，[二]字季。[三]父曰太公，[四]母曰劉媼。[五]其先劉媼嘗息大澤之陂，夢與神遇。是時雷電晦冥，太公往視，則見蛟龍於其上。[六]已而有身，遂產高祖。

[一]【集解】漢書音義曰：「諱邦。」張晏曰：「禮謚法無『高』，以爲功最高而爲漢帝之太祖，故特起名焉。」

[二]【集解】李斐曰：「沛，小沛也。劉氏隨魏徙大梁，移在豐，居中陽里。」孟康曰：「後沛爲郡，豐爲縣。」【索隱】按：高祖，劉累之後，別食邑於范，士會之裔，留秦不反，更爲劉氏。劉氏隨魏徙大梁，後居豐，今言「姓劉氏」者是。左傳「天子建德，因生以賜姓，胙之土，命之氏。諸侯以字爲謚，因以爲族」。說者以爲天子賜姓命氏，諸侯命族，族者氏之別名也。然則因生賜姓，若舜生姚墟，以爲姚姓，封之於虞，卽號有虞氏是也。若其後子孫更不得賜姓，卽遂以虞爲姓，云「姓虞氏」。今此云「姓劉氏」，亦其義也。故姓者，所以統繫百代，使不別也。氏者，所以別子孫之所出。又系本篇言姓則在上，言氏則在下，故五帝本紀云「禹姓姒氏，契姓子氏，弃姓姬氏」是也。按：漢改泗水爲沛郡，治相城，故注以沛爲小沛也。

[三]【索隱】按：漢書「名邦，字季」，此單云字，亦又可疑。按：漢高祖長兄名伯，次名仲，不見別名，則季亦是名也。故項岱云「高祖小字季，卽位易名邦，後因諱邦不諱季，所以季布猶稱姓也」。

[四]【索隱】皇甫謐云：「名執嘉。」王符云：「太上皇名煓。」與湍同音。【正義】春秋握成圖云：「劉媼夢赤鳥如龍，戲己，生執嘉。」

[五]【集解】文穎曰：「幽州及漢中皆謂老嫗爲媼。」孟康曰：「長老尊稱也。左師謂太后曰『媼愛燕后賢長安君』。」【索隱】韋昭云：「媼，婦人長老之稱。」皇甫謐云：「媼蓋姓王氏。」禮樂志『地神曰媼』。媼，母別名也，音烏老反。又據春秋握成圖以爲執嘉妻含始，遊洛池，生劉季。詩含神霧亦云。姓字皆非正史所出，蓋無可取。今近有人云「母温氏」。貞時打得班固泗水亭長古石碑文，其字分明作「温」字，云「母温氏」。貞與賈膺復、徐彥伯、魏奉古等執對反覆，沈歎古人未聞，聊記異見，於何取實也？孟康注「地神曰媼」者，禮樂志云「后土富媼」，張晏曰「坤爲母，故稱媼」是也。【正義】帝王世紀云：「漢昭靈后含始游洛池，有寶雞銜赤珠出炫日，后吞之，生高祖。」詩含神霧亦云。含始卽昭靈后也。陳留風俗傳云：「沛公起兵野戰，喪皇妣於黃鄉，天下平定，使使者以梓宮招幽魂，於是丹蛇在水自濯，躍入梓宮，其浴處有遺髮，謚曰昭靈夫人。」漢儀注云：「高帝母起兵時死小黃城，後於小黃立陵廟。」括地志云：「小黃故城在汴州陳留縣東北三十三里。」顏師古云：「皇甫謐等妄引讖記，好奇騁博，強爲高祖父母名字，皆非正史所說，蓋無取焉。寧有劉媼本姓實存，史遷肯不詳載？卽理而言，斷可知矣。」

[六]【索隱】按：詩含神霧云「赤龍感女媼，劉季興」。又廣雅云「有鱗曰蛟龍」。

高祖爲人，隆準而龍顏，[一]美須髯，左股有七十二黑子。[二]仁而愛人，喜施，[三]意豁如也。[四]常有大度，不事家人生產作業。及壯，試爲吏，[五]爲泗水亭長，[六]廷中吏無所不狎侮。好酒及色。常從王媼、武負貰酒，[七]醉卧，武負、王媼見其上常有龍，怪之。高祖每酤留飲，酒讎數倍。[八]及見怪，歲竟，此兩家常折券弃責。[九]

[一]【集解】服虔曰：「準音拙。」應劭曰：「隆，高也。準，頰權準也。顏，頟顙也，齊人謂之顙，汝南、淮、泗之閒曰顏。」文穎曰：「準，鼻也。」【索隱】李斐云：「準，鼻也。始皇蜂目長準，蓋鼻高起。」爾雅：「顏，頟也。」文穎曰：「高祖感龍而生，故其顏貌似龍，長頸而高鼻。」

[二]【正義】河圖云：「帝劉季口角戴勝，斗胸，龜背，龍股，長七尺八寸。」合誠圖云：「赤帝體爲朱鳥，其表龍顏，多黑子。」按：左，陽也。七十二黑子者，赤帝七十二日之數也。木火土金水各居一方，一歲三百六十日，四方分之，各得九十日，土居中央，並索四季，各十八日，俱成七十二日，故高祖七十二黑子者，應火德七十二日之徵也。有一本「七十日」者，非也。

[三]【正義】喜，許記反。施，尸豉反。

[四]【集解】服虔曰：「豁，達也。」

[五]【集解】應劭曰：「試補吏。」

[六]【正義】秦法，十里一亭，十亭一鄉。亭長，主亭之吏。高祖爲泗水亭長也。國語有「寓室」，卽今之亭也。亭長，蓋今里長也。民有訟諍，吏留平辨，得成其政。括地志云：「泗水亭在徐州沛縣東一百步，有高祖廟也。」

[七]【集解】韋昭曰：「貰，賒也。」【索隱】鄒誕生貰音世，與字林聲韻並同。又音時夜反。廣雅云：「貰，賒也。」說文云：「貰，貸也。」臨淮有貰陽縣。漢書功臣表「貰陽侯劉纏」，而此紀作「射陽」，則「貰」亦「射」也。

[八]【集解】如淳曰：「讎亦售。」【索隱】樂彥云借「讎」爲「售」，蓋古字少，假借耳。今亦依字讀。蓋高祖大度，既貰飲，且讎其數倍價也。

[九]【索隱】周禮小司寇云：「聽稱責以傅別。」鄭司農云：「傅別，券書也。」康成云：「傅別，謂大手書於札中而別之也。」然則古用簡札書，故可折。至歲終總弃不責也。

高祖常繇咸陽，[一]縱觀，觀秦皇帝，[二]喟然太息曰：「嗟乎，大丈夫當如此也！」

[一]【集解】應劭曰：「繇役也。」【索隱】韋昭云：「秦所都，武帝更名渭城。」應劭云：「今長安也。」按：關中記云「孝公都咸陽，今渭城是，在渭北。始皇都咸陽，今城南大城是也」。名咸陽者，山南曰陽，水北亦曰陽，其地在渭水之北，又在九嵕諸山之南，故曰咸陽。

[二]【正義】包愷云：「上音館，下音官。恣意，故縱觀也。」

單父人呂公[一]善沛令，避仇從之客，因家沛焉。沛中豪桀吏聞令有重客，皆往賀。蕭何爲主吏，[二]主進，[三]令諸大夫曰：[四]「進不滿千錢，坐之堂下。」高祖爲亭長，素易諸吏，乃紿爲謁曰[五]「賀錢萬」，實不持一錢。謁入，呂公大驚，起，迎之門。呂公者，好相人，見高祖狀貌，因重敬之，引入坐。蕭何曰：「劉季固多大言，少成事。」高祖因狎侮諸客，遂坐上坐，[六]無所詘。[七]酒闌，[八]呂公因目固留高祖。[九]高祖竟酒，後。呂公曰：「臣少好相人，[一〇]相人多矣，無如季相，願季自愛。臣有息女，[一一]願爲季箕帚妾。」酒罷，呂媼怒呂公曰：「公始常欲奇此女，與貴人。沛令善公，求之不與，何自妄許與劉季？」呂公曰：

此「非兒女子所知也。」卒與劉季。呂公女乃呂后也，生孝惠帝、魯元公主。〔一三〕

〔一〕集解漢書音義曰：「單音善。父音斧。」索隱韋昭云：「單父，縣名，屬山陽。」崔浩云：「史失其名，但舉姓而言公。」又按：漢書舊儀云「呂公，汝南新蔡人」。又相經云「魏人呂公，名文，字叔平」也。

〔二〕集解孟康曰：「主吏，功曹也。」

〔三〕集解文穎曰：「主賦斂禮進，爲之帥。」索隱鄭氏云：「主賦斂禮錢也。」顏師古曰：「進者，會禮之財。字本作『賮』，聲轉爲『進』。『宣帝數負進』，義與此同。」

〔四〕正義大夫，客之貴者總稱之。

〔五〕集解應劭曰：「紿，欺也。音殆。」索隱韋昭云：「紿，詐也。」劉氏云：「紿，欺負也。」何休云：「紿，疑也。」謂高祖素狎易諸吏，乃詐爲謁。謁謂以札書姓名，若今之通刺，而兼載錢穀也。

〔六〕正義上在杲反。下在卧反。

〔七〕正義音丘忽反。

〔八〕集解文穎曰：「闌言希也。謂飲酒者半罷半在，謂之闌。」

〔九〕正義不敢對衆顯言，故目動而留之。

〔一〇〕集解張晏曰：「古人相與語多自稱臣，自卑下之道，若今人相與語皆自稱僕。」

〔一一〕正義息，生也。謂所生之女也。

〔一二〕集解服虔曰：「元，長也。食邑於魯。」韋昭曰：「元，謚也。」正義漢制，帝女曰「公主」，儀比諸侯；姊妹曰「長公主」，儀比諸侯王；姑曰「大長公主」，儀比諸侯王。

高祖爲亭長時，常告歸之田。〔一〕呂后與兩子居田中耨，有一老父過請飲，呂后因餔之。〔二〕老父相呂后曰：「夫人天下貴人。」令相兩子，見孝惠，曰：「夫人所以貴者，乃此男也。」相魯元，亦皆貴。老父已去，高祖適從旁舍來，呂后具言客有過，相我子母皆大貴。高祖問，曰：「未遠。」乃追及，問老父。老父曰：「鄉者夫人嬰兒皆似君，君相貴不可言。」高祖乃謝曰：「誠如父言，不敢忘德。」及高祖貴，遂不知老父處。

〔一〕集解服虔曰：「告音如『嗥呼』之『嗥』。」李斐曰：「休謁之名也。吉曰告，凶曰寧。」孟康曰：「古者名吏休假曰告。告又音嚳。漢律，吏二千石有予告、賜告。予告者，在官有功最，法所當得者也。賜告者，病滿三月當免，天子優賜，復其告，使得帶印紱，將官屬，歸家治疾也。」索隱韋昭云：「告，請歸乞假也。音『告語』之『告』。故戰國策曰『商君告歸』，延篤以爲告歸，今之歸寧也。」劉伯莊、顏師古並音古篤反，非號嚳兩音也。按：東觀漢記田邑傳云「邑年三十，歷卿大夫，號歸罷，厭事，少所嗜欲」。尋號與嗥同，古者當有此語，故服氏云「如號呼之號」，音豪。今以服虔雖據田邑「號歸」，亦恐未得。然此「告」字當音誥，誥號聲相近，故後「告歸」「號歸」遂變耳。

〔二〕正義必捕反，以食飼人也。父本請飲，呂后因飼之。國語云：「國中童子無不餔。」

高祖爲亭長，乃以竹皮爲冠，令求盜之薛治之，〔一〕時時冠之，〔二〕及貴常冠，所謂「劉氏冠」〔三〕乃是也。

〔一〕集解應劭曰：「以竹始生皮作冠，今鵲尾冠是也。求盜者，舊時亭有兩卒，其一爲亭父，掌開閉埽除，一爲求盜，掌逐捕盜賊。薛，魯國縣也。有作冠師，故往治之。」索隱應劭云：「一名『長冠』。側竹皮裹以縱前，高七寸，廣三寸，如板。」又蔡邕獨斷云：「長冠，楚制也。高祖以竹皮爲之，謂之『劉氏冠』。」司馬彪輿服志亦以「劉氏冠」爲鵲尾冠也。應劭云：「舊亭卒名『弩父』，陳、楚謂之『亭父』，或云『亭部』，淮、泗謂之『求盜』也。」

〔二〕正義音館，下同。

〔三〕正義音官。顏師古云：「後號爲『劉氏冠』。其後詔曰『爵非公乘以上不得冠劉氏冠』，卽此也。」

高祖以亭長爲縣送徒酈山，徒多道亡。自度比至皆亡之，〔一〕到豐西澤中，止飲，夜乃解縱所送徒。曰：「公等皆去，吾亦從此逝矣！」徒中壯士願從者十餘人。高祖被酒，〔二〕夜徑〔三〕澤中，令一人行前。〔四〕行前者還報曰：「前有大蛇當徑，〔五〕願還。」高祖醉，曰：「壯士行，何畏！」乃前，拔劍擊斬蛇。〔六〕蛇遂分爲兩，〔七〕徑開。行數里，醉，因卧。後人來至蛇所，有一老嫗夜哭。人問何哭，嫗曰：「人殺吾子，故哭之。」人曰：「嫗子何爲見殺？」嫗曰：「吾子，白帝子也，化爲蛇，當道，今爲赤帝子斬之，〔八〕故哭。」人乃以嫗爲不誠，欲告之，〔九〕嫗因忽不見。後人至，高祖覺。〔一〇〕後人告高祖，高祖乃心獨喜，自負。〔一一〕諸從者日益畏之。

〔一〕正義度，田洛反。比，必寐反。

〔二〕正義被，加也。

〔三〕索隱舊音經。按：廣雅云「徑，斜過也」。字林云「徑，小道也，音古定反」。言酒後放徒，夜徑行澤中，不敢由正路，且從而求疾也。

〔四〕正義行音下孟反。

〔五〕索隱音逕。鄭玄曰：「步道曰徑也。」

〔六〕索隱漢舊儀云「斬蛇劍長七尺」。又高祖云「吾以布衣提三尺劍取天下」。二文不同者，崔豹古今注「當高祖爲亭長，理應提三尺劍耳；及貴，當別得七尺寶劍」，故舊儀因言之。正義按：其蛇大，理須別求是劍斬之。三尺劍者，常佩之劍。括地志云：「斬蛇溝源出徐州豐縣中平地，故老云高祖斬蛇處，至縣西十五里入泡水也。」

〔七〕索隱謂斬蛇分爲兩段也。

〔八〕集解應劭曰：「秦襄公自以居西戎，主少昊之神，作西畤，祠白帝。至獻公時櫟陽雨金，以爲瑞，又作畦畤，祠白帝。少昊，金德也。赤帝堯後，謂漢也。殺之者，明漢當滅秦也。秦自謂水，漢初自謂土，皆失之。至光武乃改定。」索隱按：太康地理志云「時在櫟陽故城內。其時如畦，故曰畦畤」。畦音户圭反。應注云「秦自謂水」者，按秦文公獲黑龍，命河爲德水是也。又按：春秋合誠圖云「水神哭，子褒敗」。宋均以爲高祖斬白蛇而神母哭，則此母水精也。此皆謬說。又注云「至光武乃改」者，謂改漢爲火德，秦爲金德，與雨金及赤帝子之理合也。

〔九〕集解徐廣曰：「一作『苦』。」索隱漢書作「苦」，謂欲困苦辱之。一本或作「笞」。說文云：「笞，擊也。」

〔一〇〕索隱包愷、劉伯莊音古孝反。

〔一一〕集解應劭曰：「負，恃也。」索隱晉灼云：「自恃斬蛇事。」

秦始皇帝常曰「東南有天子氣」，於是因東游以厭之。〔一〕高祖卽自疑，亡匿，隱於芒、碭山澤巖石之閒。〔二〕呂后與人俱求，常得之。高祖怪問之。呂后曰：「季所居上常有雲氣，〔三〕故從往常得季。」高祖心喜。沛中子弟或聞之，多欲附者矣。

〔一〕索隱 厭音一涉反，又一冉反。廣雅云：「厭，鎮也。」

〔二〕集解 徐廣曰：「芒，今臨淮縣也。碭縣在梁。」駰案：應劭曰「二縣之界有山澤之固，故隱於其閒也」。正義 括地志云：「宋州碭山縣在州東一百五十里，本漢碭縣也。碭山在縣東。」

〔三〕正義 京房易(兆)〔飛〕候云：「何以知賢人隱？(顔)師(古)曰：『四方常有大雲，五色具而不雨，其下有賢人隱矣。』」故呂后望雲氣而得之。

秦二世元年〔一〕秋，陳勝等起蘄，〔二〕至陳而王，號爲「張楚」。諸郡縣皆多殺其長吏以應陳涉。沛令恐，欲以沛應涉。掾、主吏蕭何、曹參〔三〕乃曰：「君爲秦吏，今欲背之，率沛子弟，恐不聽。願君召諸亡在外者，可得數百人，因劫衆，〔四〕衆不敢不聽。」乃令樊噲召劉季。劉季之衆已數十百人矣。〔五〕

〔一〕集解 徐廣曰：「高祖時年四十八。」索隱 應劭云：「始皇欲以一至萬，示不相襲。始者一，故至子稱二世。」崔浩云：「二世，始皇子胡亥。」又按：善文稱隱士云「趙高爲二世殺十七兄而立今王」，則二世是第十八子也。

〔二〕索隱 蘄，縣名，屬沛。音機，又音旂。

〔三〕索隱 按：漢書蕭、曹傳，參爲獄掾，何爲主吏也。

〔四〕索隱 説文云「以力脅之云劫」也。

〔五〕索隱 漢書作「數百人」。劉伯莊云「言數十人或至百人」，則是百人已下也。

於是樊噲從劉季來。沛令後悔，恐其有變，乃閉城城守，欲誅蕭、曹。蕭、曹恐，踰城保劉季。〔一〕劉季乃書帛射城上，謂沛父老曰：「天下苦秦久矣。今父老雖爲沛令守，諸侯並起，今屠沛。〔二〕沛令共誅令，擇子弟可立者立之，以應諸侯，則家室完。不然，父子俱屠，無爲也。」父老乃率子弟共殺沛令，開城門迎劉季，欲以爲沛令。劉季曰：「天下方擾，諸侯並起，今置將不善，壹敗塗地。〔三〕吾非敢自愛，恐能薄，〔四〕不能完父兄子弟。此大事，願更相推擇可者。」蕭、曹等皆文吏，自愛，恐事不就，後秦種族其家，盡讓劉季。諸父老皆曰：「平生所聞劉季諸珍怪，當貴，且卜筮之，莫如劉季最吉。」於是劉季數讓。衆莫敢爲，乃立季爲沛公。〔五〕祠黃帝，祭蚩尤於沛庭，〔六〕而釁鼓〔七〕旗，幟皆赤。〔八〕由所殺蛇白帝子，殺者赤帝子，故上赤。於是少年豪吏如蕭、曹、樊噲等皆爲收沛子弟二三千人，攻胡陵、〔九〕方與，〔一〇〕還守豐。

〔一〕集解 韋昭曰：「以爲保障。」

〔二〕索隱 按：范曄云「剋城多所誅殺，故云屠也」。

〔三〕索隱 言一朝破敗，使肝腦塗地。

〔四〕正義 能，才能也。高祖謙言材能薄劣，不能完全其衆。能者，獸，形色似熊，足似鹿。爲物堅中而強力，人之有賢才者，皆謂之能也。

〔五〕集解 徐廣曰：「九月也。」駰案：漢書音義曰「舊楚僭稱王，其縣宰爲公。陳涉爲楚王，沛公起應涉，故從楚制稱曰公」。

〔六〕集解 應劭曰：「左傳曰黃帝戰於阪泉，以定天下。蚩尤好五兵，故祠祭之求福祥也。」瓚曰：「管仲云『割盧山交而出水，金從之出，蚩尤受之以作劍戟』。」索隱 按：管子云「葛盧之山，發而出金」，今注引「發」作「交」及「割」，皆誤也。

〔七〕集解 應劭曰：「釁，祭也。殺牲以血塗鼓曰釁。」瓚曰：「案禮記及大戴禮有釁廟之禮，皆無祭事。」索隱 説文云：「釁，血祭也。」司馬法曰：「血于鼙鼓者，神戎器也。」顏師古曰：「凡殺牲以血祭者，皆名爲釁。」臣瓚以爲「皆無祭事」，非也。又古人新成鐘鼎，亦必釁之。應劭云：「釁呼爲釁。」馬融注周禮灼龜之兆云：「謂其象似玉、瓦、原之釁墆，是用名之。」此説皆非。墆音火稼反。

〔八〕索隱 墨翟云：「幟，帛長丈五，廣半幅。」字詁云：「幟，標也。」字林云：「熊旗五斿，謂與士卒爲期於其下，故曰旗也。」幟，或作「識」，或作「志」。嵇康音試。蕭該音熾。

〔九〕索隱 鄧展曰：「縣名，屬山陽，章帝改曰胡陸。」

〔一〇〕集解 鄭德曰：「音房豫，屬山陽郡。」索隱 鄭玄曰「屬山陽」也。

秦二世二年，陳涉之將周章〔一〕軍西至戲〔二〕而還。〔三〕燕、趙、齊、魏皆自立爲王。〔四〕項氏起吳。秦泗川監平〔五〕將兵圍豐，二日，出與戰，破之。命雍齒守豐，引兵之薛。泗川守壯〔六〕敗於薛，走至戚，〔七〕沛公左司馬得泗川守壯，殺之。〔八〕沛公還軍亢父，〔九〕至方

與，(周市來攻方與)未戰。陳王使魏人周市略地。周市使人謂雍齒曰：「豐，故梁徙也。〔一〇〕今魏地已定者數十城。齒今下魏，魏以齒爲侯守豐。不下，且屠豐。」雍齒雅不欲屬沛公，〔一一〕及魏招之，卽反爲魏守豐。沛公引兵攻豐，不能取。沛公病，還之沛。沛公怨雍齒與豐子弟叛之，聞東陽甯君、秦嘉〔一二〕立景駒爲假王，在留，〔一三〕乃往從之，欲請兵以攻豐。是時秦將章邯從陳，別將司馬𡰖〔一四〕將兵北定楚地，屠相，至碭。〔一五〕東陽甯君、沛公引兵西，與戰蕭西，〔一六〕不利。還收兵聚留，引兵攻碭，三日乃取碭。因收碭兵，得五六千人。攻下邑，〔一七〕拔之。〔一八〕還軍豐。聞項梁在薛，〔一九〕從騎百餘往見之。〔二〇〕項梁益沛公卒五千人，五大夫將十人。〔二一〕沛公還，引兵攻豐。〔二二〕

〔一〕索隱 應劭云：「章字文，陳人。」

〔二〕索隱 文穎云：「在新豐東二十里戲亭北。」孟康云：「水名也。」又述征記云：「戲水自驪山馮公谷北流，歷戲亭，東入渭。」按：今其水東惟有戲驛存。

〔三〕索隱 爲章邯所破而還。邯音酣。

〔四〕索隱 按：漢書高紀，二世二年八月，武臣自立爲趙王，田儋自立爲齊王，韓廣自立爲燕王，魏咎自立爲魏王也。

〔五〕集解 文穎曰：「泗川，今沛郡也，高祖更名沛。秦時御史監郡，若今刺史。平，名也。」索隱 如淳云：「秦并天下爲三十六郡，置守、尉、監，故此有『監平』，下有『守壯』，則平、壯皆名也。」

〔一六〕集解 如淳曰：「壯，名也。」

〔一七〕集解 如淳曰：「戚音將毒反。」索隱 晉灼云：「東海縣也。」鄭德、包愷並如字讀。李登音千笠反。正義 括地志云：「沂州臨沂縣有漢戚縣故城。地理志云臨沂縣屬東海郡。」

〔一八〕索隱 顏師古云「得，司馬之名」，非也。按：後云「左司馬曹無傷」，自此已下更不見替易處，蓋是左司馬無傷得泗川守壯而殺之耳。

〔一九〕集解 鄭德曰：「亢音人相亢答，父音甫。屬任城郡。」索隱 舊音剛。劉伯莊、包愷並同音苦浪反。正義 音剛，又苦浪反。括地志云：「亢父，縣也，沛公屯軍於此也。」

〔二〇〕集解 文穎曰：「梁惠王孫假爲秦所滅，轉東徙於豐，故曰『豐，梁徙』。」

〔二一〕集解 服虔曰：「雅，故也。」蘇林曰：「雅，素也。」

〔二二〕集解 文穎曰：「秦嘉，東陽郡人也，爲甯縣君。」瓚曰：「陳勝傳曰『廣陵人秦嘉』，然則嘉非東陽人也。秦嘉初起兵於郯，號曰大司馬，又不爲甯縣君。東陽甯君自一人，秦嘉又自一人。」索隱 臣瓚以爲二人。按：下文直云「東陽甯君」，又別言「秦嘉」，明臣瓚之說爲得。顏師古以甯是姓，君者，時人號曰君耳。

〔二三〕索隱 韋昭云：「今彭城留縣也。」正義 括地志云：「留城在徐州沛縣東南五十里，即張良所封處。」

〔二四〕集解 如淳曰：「從陳涉將也。涉在陳，其將相別在他許，皆稱陳。𡰥，章邯司馬。」索隱 謂章邯從陳別將，將兵向他處，而遣司馬𡰥將領兵士，北定楚地，故如淳云「𡰥，章邯司馬」也。孔文祥亦曰「邯別遣𡰥屠相」。又一說云「從謂追逐之，言章邯討逐陳別將，而司馬𡰥別將兵北定楚」，亦通。

〔二五〕索隱 韋昭云：「相，沛縣。」應劭曰：「碭屬梁國。」蘇林音唐，又音宕。正義 括地志云：「故相城在徐州符離

縣西北九十里。碭在宋州東一百五十里。」

〔二六〕索隱 韋昭云：「蕭，沛之縣名，謂在蕭縣之西也。」

〔二七〕索隱 韋昭云：「縣名，屬梁國。」

〔二八〕索隱 按：范曄云「得城爲拔」是也。

〔二九〕正義 今徐州滕縣，故薛城也。

〔三〇〕集解 徐廣曰：「三月。」

〔三一〕集解 蘇林曰：「五大夫，第九爵也。以五大夫爲將，凡十人也。」

〔三二〕集解 徐廣曰：「表云『拔之，雍齒奔魏』。」

從項梁月餘，項羽已拔襄城〔一〕還。項梁盡召別將居薛。聞陳王定死，因立楚後懷王孫心爲楚王，治盱台。〔二〕項梁號武信君。居數月，北攻亢父，救東阿，〔三〕破秦軍。齊軍歸，楚獨追北，〔四〕使沛公、項羽別攻城陽，〔五〕屠之。軍濮陽之東，〔六〕與秦軍戰，破之。

〔一〕索隱 韋昭云：「潁川縣。」正義 襄城，許州縣。

〔二〕索隱 韋昭云：「臨淮縣。音吁夷。」正義 楚縣也。

〔三〕索隱 韋昭云：「東郡之縣名。」正義 濟州縣也。

〔四〕集解 服虔曰：「師敗曰北。」

〔五〕索隱 按地理志屬濟陰。

〔六〕索隱 韋昭云：「東郡之縣名。」正義 濮陽故城在濮州西八十六里，本漢濮陽縣。

秦軍復振，〔一〕守濮陽，環水。〔二〕楚軍去而攻定陶，〔三〕定陶未下。沛公與項羽西略地至雍丘之下，〔四〕與秦軍戰，大破之，斬李由。還攻外黃，〔五〕外黃未下。

〔一〕集解 李奇曰：「振，整也。」如淳曰「振，起也。收敗卒自振迅而復起也。」

〔二〕集解 文穎曰：「決水以自環守爲固也。」張晏曰：「依河水以自環繞作壘。」正義 按：二說皆通。其濮陽縣北臨黃河，言秦軍北阻黃河，南鑿溝引黃河水環繞作壁壘爲固，楚軍乃去。

〔三〕索隱 按：地理志濟陰之縣也。

〔四〕索隱 韋昭云：「故杞國，今陳留之縣。」

〔五〕索隱 韋昭云：「上陳留縣。」正義 在雍丘東。

項梁再破秦軍，有驕色。宋義〔一〕諫，不聽。秦益章邯兵，夜銜枚擊項梁，〔二〕大破之定陶，項梁死。沛公與項羽方攻陳留，聞項梁死，引兵與呂將軍俱東。呂臣軍彭城東，項羽軍彭城西，沛公軍碭。

〔一〕索隱 荀悅漢紀云「故楚令尹宋義」，當別有所出也。

〔二〕集解 周禮有銜枚氏。鄭玄曰「銜枚，止言語囂讙也。枚狀如箸，橫銜之，繣結於項者」。繣音獲。

章邯已破項梁軍，則以爲楚地兵不足憂，乃渡河，北擊趙，大破之。當是之時，趙歇〔一〕

爲王，秦將王離圍之鉅鹿城，此所謂河北之軍也。

〔一〕索隱 蘇林音如字。鄭德音「遏絶」之「遏」。徐廣音烏轄反。今依字讀之也。

秦二世三年，楚懷王見項梁軍破，恐，徙盱台都彭城，并呂臣、項羽軍自將之。以沛公爲碭郡長，〔一〕封爲武安侯，將碭郡兵。封項羽爲長安侯，號爲魯公。呂臣爲司徒，其父呂青爲令尹。〔二〕

〔一〕正義 括地志云：「宋州本秦碭郡。」蘇林云：「長如郡守。」韋昭云：「秦名曰守，是時改曰長。」

〔二〕索隱 按表，青封信陽侯。正義 應劭云：「天子曰師尹，諸侯曰令尹。時去六國近，故置令尹。」臣瓚曰：「諸侯之卿，唯楚稱令尹，其餘國不稱。時立楚之後，故置官司皆如楚舊也。」

趙數請救，懷王乃以宋義爲上將軍，項羽爲次將，范增爲末將，北救趙。令沛公西略地入關。與諸將約，先入定關中者王之。〔一〕

〔一〕索隱 韋昭云：「函谷、武關也。」又三輔舊事云：「西以散關爲界，東以函谷爲界，二關之中謂之關中。」

當是時，秦兵彊，常乘勝逐北，諸將莫利先入關。獨項羽怨秦破項梁軍，奮，〔一〕願與沛公西入關。懷王諸老將皆曰：「項羽爲人僄悍猾賊。〔二〕項羽嘗攻襄城，襄城無遺類，〔三〕皆阬之，諸所過無不殘滅。且楚數進取，〔四〕前陳王、〔五〕項梁皆敗。不如更遣長者扶義而西，〔六〕

告諭秦父兄。秦父兄苦其主久矣，今誠得長者往，毋侵暴，宜可下。今項羽僄悍，今〔七〕不可遣。獨沛公素寬大長者，可遣。」卒不許項羽，而遣沛公西略地，收陳王、項梁散卒。乃道碭〔八〕至成陽，與杠里〔九〕秦軍夾壁，破(魏)〔秦〕二軍。楚軍出兵擊王離，大破之。〔一〇〕

〔一〕索隱 韋昭云：「憤激也。」

〔二〕索隱 說文云：「僄，疾也；悍，勇也。」方言云：「僄，輕也。」劉音匹妙反。猾賊，漢書作「禍賊」也。

〔三〕集解 徐廣曰：「遺，一作『噍』。噍，食也，音在妙反。」駰案：如淳曰「類無復有活而噍食者也。青州俗言無孑遺爲無噍類」。

〔四〕集解 如淳曰：「楚謂陳涉也。數進取，多所攻取。」

〔五〕集解 漢書音義曰：「陳涉也。」

〔六〕正義 遣長者扶持仁義而西，告諭秦長少，令降下也。

〔七〕集解 徐廣曰：「一無此字。」

〔八〕集解 漢書音義曰：「道由碭也。」

〔九〕集解 漢書音義曰：「二縣名。」索隱 成陽在濟陰，韋昭云「在潁川」，非也。服虔云：「杠里，縣名。」如淳云：「秦軍所別屯地名也。」

〔一〇〕集解 徐廣曰：「表云三年十月，攻破東郡尉及王離軍於成武南。」

沛公引兵西，遇彭越昌邑，〔一〕因與俱攻秦軍，戰不利。還至栗，〔二〕遇剛武侯，〔三〕奪其

軍，可四千餘人，并之。與魏將皇欣、魏申徒武蒲之軍〔四〕并攻昌邑，昌邑未拔。西過高陽。〔五〕酈食其〔六〕(謂)〔爲〕監門，曰：「諸將過此者多，吾視沛公大人長者。」乃求見說沛公。沛公方踞牀，使兩女子洗足。酈生不拜，長揖，曰：「足下必欲誅無道秦，不宜踞見長者。」於是沛公起，攝衣謝之，延上坐。食其說沛公襲陳留，〔七〕得秦積粟。乃以酈食其爲廣野君，〔八〕酈商爲將，將陳留兵，與偕攻開封，〔九〕開封未拔。西與秦將楊熊戰白馬，〔一〇〕又戰曲遇〔一一〕東，大破之。楊熊走之滎陽，〔一二〕二世使使者斬以徇。〔一三〕南攻潁陽，屠之。因張良遂略韓地轘轅。〔一四〕

〔一〕正義 地理志云昌邑縣屬山陽。括地志云：「在曹州成武縣東北三十二里，有梁丘故城是也。」

〔二〕索隱 韋昭云：「縣名，屬沛。」

〔三〕集解 應劭曰：「楚懷王將也。」漢書音義曰：「功臣表云棘蒲剛侯陳武。武，一姓柴。『剛武侯』宜爲『剛侯武』，魏將也。」瓚曰：「功臣表柴武以將軍起薛，別救東阿，至霸上，入漢中，非懷王將也，又非魏將也，例未稱謚。」正義 顏師古云：「史失其名姓，唯識其爵號，不知誰也，不當改爲『剛侯武』。應氏以爲懷王將，又云魏將，無據矣。」表六年三月封。孟、顏二人說是。

〔四〕正義 並魏將也。欣字或作「新」，音許斤反。蒲，漢書作「滿」，並通也。

〔五〕集解 文穎曰：「聚邑名也，屬陳留圉縣。」瓚曰：「陳留傳曰在雍丘西南。」

〔六〕集解 鄭德曰：「音歷異基。」

〔七〕集解 漢書音義曰：「春秋傳曰輕行無鐘鼓曰襲。」

〔八〕索隱 韋昭云：「在山陽。」

〔九〕索隱 韋昭云：「河南縣。」

〔一〇〕索隱 韋昭云：「東郡縣。」正義 括地志云：「白馬故城在滑州衞南縣西南二十四里。戴延之西征記云白馬城，故衞之漕邑。」

〔一一〕索隱 徐廣云「在中牟」。韋昭云「志不載」。司馬彪郡國志中牟有曲遇聚也。

〔一二〕索隱 韋昭云：「故衞地，河南縣也。」

〔一三〕集解 徐廣曰：「四月。」

〔一四〕集解 文穎曰：「河南新鄭南至潁川南北，皆韓地也。以良累世相韓，故因之。」瓚曰：「轘轅，險道名，在緱氏東南。」索隱 按：十三州志云河南緱氏縣，以山爲名。一云轘轅凡九十二曲，是險道也。

當是時，趙別將司馬卬方欲渡河入關，沛公乃北攻平陰，〔一〕絕河津。南，戰雒陽東，軍不利，還至陽城，〔二〕收軍中馬騎，與南陽守齮〔三〕戰犨東，〔四〕破之。略南陽郡，南陽守齮走，保城守宛。〔五〕沛公引兵過而西。張良諫曰：「沛公雖欲急入關，秦兵尚衆，距險。今不下宛，宛從後擊，彊秦在前，此危道也。」於是沛公乃夜引兵從他道還，更旗幟，黎明，〔六〕圍宛城三帀。〔七〕南陽守欲自剄。其舍人陳恢曰：「死未晚也。」乃踰城見沛公，曰：「臣聞足下約，先入咸陽者王之。今足下留守宛。宛，大郡之都也，連城數十，人民衆，積蓄多，吏人自

以爲降必死，故皆堅守乘城。〔八〕今足下盡日止攻，士死傷者必多；引兵去宛，宛必隨足下後：足下前則失咸陽之約，後又有彊宛之患。爲足下計，莫若約降，封其守，因使止守，引其甲卒與之西。諸城未下者，聞聲爭開門而待，足下通行無所累。」沛公曰：「善。」〔九〕乃以宛守爲殷侯，〔一〇〕封陳恢千户。引兵西，無不下者。至丹水，〔一一〕高武侯鰓、〔一二〕襄侯王陵降西陵。〔一三〕還攻胡陽，〔一四〕遇番君別將梅鋗，與皆，降析、酈。〔一五〕遣魏人甯昌使秦，使者未來。是時章邯已以軍降項羽於趙矣。

〔一〕集解 地理志河南有平陰縣，今河陰是也。

〔二〕正義 今洛州，夏禹所都。

〔三〕索隱 音蟣。許慎以爲側齧也。

〔四〕集解 地理志南陽有犨縣。

〔五〕正義 守音狩。宛，於元反。括地志云：「南陽縣故城在宛大城之南隅，其西南有二面，皆故宛城。」

〔六〕索隱 音犂。黎猶比也，謂比至天明也。漢書作「遲」，音值。值，待也，謂待天明，皆言早意也。

〔七〕索隱 按：楚漢春秋曰「上南攻宛，匿旌旗，人銜枚，馬束舌，雞未鳴，圍宛城三帀」也。

〔八〕索隱 李奇曰：「乘，守也。」韋昭曰：「乘，登也。」

〔九〕集解 徐廣曰：「七月也。」

〔一〇〕索隱 韋昭曰：「在河內。」

〔一〕索隱 韋昭曰：「在河內。」 正義 括地志云：「故丹城在鄧州內鄉縣西南百三十里，南去丹水二百步。」汲冢紀年云后稷放帝子丹朱于丹水是也。輿地志云秦爲丹水縣也。地理志云丹水縣屬弘農郡。抱朴子云「丹水出丹魚，先夏至十日，夜伺之，魚浮水側，光照如火，網而取之，割其血以塗足，可以步行水上，長居川中不溺」。

〔二〕集解 蘇林曰：「鰓音『魚鰓』之『鰓』。」晉灼曰：「功臣表戚鰓也。」

〔三〕集解 韋昭曰：「漢封王陵爲安國侯，初起兵時在南陽，南陽有穰縣，疑『襄』當爲『穰』，而無『禾』，字省耳。今『邵公』或作『召』字，此類多矣。」瓚曰：「時韓成封穰侯，江夏有襄，是陵所封。」 索隱 按：王陵封安國侯，是定天下爲丞相時封耳。此言襄侯，當如臣瓚解，蓋初封江夏之襄也。

〔四〕集解 一云「陵」。 索隱 韋昭曰：「南陽縣。」

〔五〕集解 如淳曰：「持益反。」 索隱 鄒誕生音錫。酈音歷，蘇林、如淳音擲。析屬弘農，酈屬南陽，出地理志。而左傳云析一名白羽。顔師古云「析，今內鄉縣。酈，今菊潭縣」。

初，項羽與宋義北救趙，及項羽殺宋義，代爲上將軍，諸將黥布皆屬，破秦將王離軍，降章邯，諸侯皆附。及趙高已殺二世，使人來，欲約分王關中。沛公以爲詐，乃用張良計，使酈生、陸賈往説秦將，啗以利，因襲攻武關，〔一〕破之。又與秦軍戰於藍田南，益張疑兵旗幟，諸所過毋得掠鹵，〔二〕秦人憙，秦軍解，因大破之。又戰其北，大破之。乘勝，遂破之。

〔一〕索隱 左傳云楚司馬起（晉所）〔豐析〕以臨上雒，謂晉人曰「將通於少習」，杜預以爲商縣武關也。又太康地理志武關當冠軍縣西，峣關在武關西也。

〔二〕集解 應劭曰：「鹵與『虜』同。」

漢元年十月，〔一〕沛公兵遂先諸侯至霸上。〔二〕秦王子嬰素車白馬，係頸以組，封皇帝璽符節，〔三〕降軹道旁。〔四〕諸將或言誅秦王。〔五〕沛公曰：「始懷王遣我，固以能寬容；且人已服降，又殺之，不祥。」乃以秦王屬吏，〔六〕遂西入咸陽。欲止宮休舍，〔七〕樊噲、張良諫，乃封秦重寶財物府庫，還軍霸上。召諸縣父老豪桀曰：「父老苦秦苛法久矣，誹謗者族，〔八〕偶語者弃市。〔九〕吾與諸侯約，先入關者王之，吾當王關中。與父老約，法三章耳：〔一〇〕殺人者死，傷人及盜抵罪。〔一一〕餘悉除去秦法。諸吏人皆案堵如故。〔一二〕凡吾所以來，爲父老除害，非有所侵暴，無恐！且吾所以還軍霸上，待諸侯至而定約束耳。」乃使人與秦吏行縣鄉邑，告諭之。秦人大喜，爭持牛羊酒食獻饗軍士。沛公又讓不受，曰：「倉粟多，非乏，不欲費人。」人又益喜，唯恐沛公不爲秦王。

〔一〕集解 如淳曰：「張蒼傳云以高祖十月至霸上，故因秦以十月爲歲首。」 正義 沛公乙未年十月至霸上。項羽封十八諸侯，沛公封漢王，後劉項五年戰鬭，漢遂滅楚，天下歸漢，故卻書初至霸上之月。

〔二〕正義 故霸陵在雍州萬年縣東北二十五里。漢霸陵，文帝之陵邑也，東南去霸陵十里。地理志云：「霸陵故芷陽，文帝更名。」三秦記云：「霸城，秦穆公築爲宮，因名霸城。漢於此置霸陵。」廟記云：「霸城，漢文帝築。沛公入關，遂至霸上，即此也。」

〔三〕索隱 韋昭云：「天子印稱璽，又獨以玉。符，發兵符也。節，使者所擁也。」説文云：「符，信也。漢制以竹，長六寸，分而相合。」釋名云：「節爲號令賞罰之節也。」又節毛上下相重，取象竹節。」又漢官儀云：「子嬰上始皇璽，因服御之，代代傳受，號曰『漢傳國璽』也。」 正義 按：天子有六璽，皇帝行璽、皇帝之璽、皇帝信璽、天子行璽、天子之璽、天子信璽。皇帝信璽凡事皆用之，璽令施行；天子信璽以遷拜封王侯；天子之璽以發兵。皆以武都紫泥封，青囊白素裹，兩端無縫。三秦記云紫泥水在今成州。輿地志云漢封詔璽用紫泥，則此水之泥也。

〔四〕索隱 軹音只。漢宮殿疏云軹道亭東去霸城觀四里，觀東去霸水百步。蘇林云在長安東十三里也。 正義 軹音紙。括地志云：「軹道在雍州萬年縣東北十六里苑中。」

〔五〕索隱 楚漢春秋曰：「樊噲請殺之。」

〔六〕正義 屬，之欲反。屬，付也。

〔七〕正義 休，息也。言欲居止宮殿中而息也。

〔八〕索隱 劉伯莊、樂彥同音方未反。

〔九〕集解 應劭曰：「秦禁民聚語。偶，對也。」瓚曰：「始皇本紀曰『偶語詩書者弃市』。」 索隱 按：禮云「刑人於市，與衆弃之」，故今律謂絞刑爲「弃市」是也。

〔一〇〕索隱 殺人，傷人及盜。

〔一一〕集解 應劭曰：「抵，至也，又當也。除秦酷政，但至於罪也。」李斐曰：「傷人有曲直，盜臧有多少，罪名不可豫定，故凡言抵罪，未知抵何罪也。」張晏曰：「秦法，一人犯罪，舉家及鄰伍坐之，今但當其身坐，合於康誥『父子兄弟罪不相及』也。」 索隱 韋昭云：「抵，當也。謂使各當其罪。」今按：秦法有三族之刑，漢但約法三章耳，殺人

者死，傷人及盜使之抵罪，餘並不論其辜，以言省刑也。則抵訓爲至，殺人以外，唯傷人及盜使至罪名耳。

〔一二〕集解 應劭曰：「案，案次第；堵，牆堵也。」

或説沛公〔一〕曰：「秦富十倍天下，地形彊。今聞章邯降項羽，項羽乃號爲雍王，王關中。今則來，沛公恐不得有此。可急使兵守函谷關，〔二〕無內諸侯軍，稍徵關中兵以自益，距之。」沛公然其計，從之。十一月中，項羽果率諸侯兵西，欲入關，關門閉。聞沛公已定關中，大怒，使黥布等攻破函谷關。十二月中，遂至戲。〔三〕沛公左司馬曹無傷聞項王怒，欲攻沛公，使人言項羽曰：「沛公欲王關中，令子嬰爲相，珍寶盡有之。」欲以求封。〔四〕亞父勸項羽擊沛公。〔五〕方饗士，旦日合戰。是時項羽兵四十萬，號百萬。沛公兵十萬，號二十萬，力不敵。會項伯欲活張良，夜往見良，因以文諭項羽，〔六〕項羽乃止。沛公從百餘騎，驅之鴻門，〔七〕見謝項羽。項羽曰：「此沛公左司馬曹無傷言之。不然，籍何以生此！」沛公以樊噲、張良故，得解歸。歸，立誅曹無傷。

〔一〕索隱 按：楚漢春秋云解先生云「遣守函谷，無內項王」，而張良系家云「鯫生説我」，則鯫生是小生，即解生。

〔二〕正義 顔師古曰：「今桃林南有洪溜澗，古函谷也。其水北流入河，西岸猶有舊關餘跡。」西征記云：「道形如函也。其水山原壁立數十仞，谷中容一車。」

〔三〕正義 許宜反。

〔四〕正義曹無傷欲就項羽求封。
〔五〕索隱范增也。項羽得范增，號曰亞父，言尊之亞於父。猶管仲，齊謂仲父。父並音甫也。
〔六〕正義項羽本紀云項伯曰「沛公不先破關中，公豈敢入乎？今人有大功，擊之不義」。此以文諭之。
〔七〕索隱按：姚察云在新豐古城東，未至戲水，道南有斷原，南北洞門是也。

項羽遂西，屠燒咸陽秦宮室，所過無不殘破。秦人大失望，然恐，不敢不服耳。

項羽使人還報懷王。懷王曰：「如約。」項羽怨懷王不肯令與沛公俱西入關，而北救趙，後天下約。〔一〕乃曰：「懷王者，吾家項梁所立耳，非有功伐，何以得主約！本定天下，諸將及籍也。」乃詳尊懷王爲義帝，實不用其命。

〔一〕正義懷王初約先入咸陽者王之，令羽北救趙，故失約在後也。

正月，〔一〕項羽自立爲西楚霸王，王梁、楚地九郡，都彭城。負約，更立沛公爲漢王，〔二〕王巴、蜀、漢中，〔三〕都南鄭。三分關中，立秦三將：章邯爲雍王，〔四〕都廢丘；司馬欣爲塞王，〔五〕都櫟陽；〔六〕董翳爲翟王，〔七〕都高奴。楚將瑕丘申陽爲河南王，〔八〕都洛陽。趙將司馬卬爲殷王，〔九〕都朝歌。趙王歇徙王代。趙相張耳爲常山王，都襄國。當陽〔一〇〕君黥布爲九江王，都六。〔一一〕懷王柱國共敖爲臨江王，〔一二〕都江陵。番君吳芮爲衡山王，都邾。〔一三〕燕將

臧荼爲燕王，都薊。故燕王韓廣徙王遼東。廣不聽，臧荼攻殺之無終。封成安君陳餘河閒三縣，居南皮。封梅鋗十萬户。

〔一〕正義崔浩云：「史官以正月紀四時，故書正月也。」荀悅云：「先春後正月也。」顏師古云：「凡此諸月號，皆太初正曆之後記事者追改之，非當時本稱也。以十月爲歲首，卽以十月爲正月。今此正月，當時謂之四月也。他皆放此。」
〔二〕正義梁州本漢中郡，以漢水爲名。
〔三〕集解徐廣曰：「三十二縣。」
〔四〕正義以岐州雍縣爲名。
〔五〕正義塞，先代反。韋昭云：「在長安東，名桃林塞。」按：桃林塞今華州潼關也。顏師古云「取河華之固爲阨塞耳，非桃林」。
〔六〕索隱因葬太上皇，改曰萬年。
〔七〕正義文穎云：「本上郡，秦所置，項羽以董翳爲王，更名曰翟也。」
〔八〕正義在黃河之南，故曰河南，卽今河南府。
〔九〕正義以商帝盤庚國殷中之地，改商爲殷，在相州安陽縣，卽北冢殷墟，南去朝歌百三十六里，故號殷王，都朝歌。
〔一〇〕索隱韋昭云：「南郡縣名。」
〔一一〕索隱地理志云六縣屬六安國。

〔一二〕正義孟康云「本南郡，改爲臨江國」是也。
〔一三〕索隱太康地理志云：「楚滅邾，遷其人於江南，因名縣也。」

四月，兵罷戲下，〔一〕諸侯各就國。漢王之國，項王使卒三萬人從，楚與諸侯之慕從者數萬人，從杜南〔二〕入蝕中。〔三〕去輒燒絶棧道，〔四〕以備諸侯盜兵襲之，亦示項羽無東意。至南鄭，諸將及士卒多道亡歸，士卒皆歌思東歸。韓信說漢王曰：〔五〕「項羽王諸將之有功者，而王獨居南鄭，是遷也。〔六〕軍吏士卒皆山東之人也，日夜跂而望歸，〔七〕及其鋒而用之，可以有大功。天下已定，人皆自寧，不可復用。不如決策東鄉，爭權天下。」

〔一〕正義戲音麾。許慎注淮南子云：「戲，大旗也。」
〔二〕正義韋昭云：「杜，今陵邑。」括地志云：「杜陵故城在雍州萬年縣東南十五里。漢杜陵縣，宣帝陵邑也，北去宣帝陵五里。廟記云故杜伯國。」
〔三〕集解李奇曰：「蝕音力，在杜南。」如淳曰：「蝕，入漢中道川谷名。」索隱李奇音力，孟康音食。王劭按：說文作「鐍」，器名也。地形似器，故名之。音力也。
〔四〕索隱按系家，是用張良計也。棧道，閣道也。音士諫反。包愷音士版反。崔浩云：「險絶之處，傍鑿山巖，而施版梁爲閣。」
〔五〕集解徐廣曰：「韓王信，非淮陰侯信也。」
〔六〕集解韋昭曰：「若有罪見遷徙。」

〔七〕正義跂音丘賜反。說文云：「跂，舉踵也。」司馬彪云：「跂，望也。」

項羽出關，使人徙義帝。曰：「古之帝者地方千里，必居上游。」〔一〕乃使使徙義帝長沙郴縣，趣義帝行，〔二〕羣臣稍倍叛之，乃陰令衡山王、臨江王擊之，殺義帝江南。項羽怨田榮，立齊將田都爲齊王。田榮怒，因自立爲齊王，殺田都而反楚；予彭越將軍印，令反梁地。楚令蕭公角擊彭越，彭越大破之。陳餘怨項羽之弗王己也，令夏說說〔三〕田榮，請兵擊張耳。齊予陳餘兵，擊破常山王張耳，張耳亡歸漢。迎趙王歇於代，復立爲趙王。趙王因立陳餘爲代王。項羽大怒，北擊齊。

〔一〕正義音流。
〔二〕正義趣音促。
〔三〕正義上音悅，下音稅。

八月，漢王用韓信之計，從故道〔一〕還，襲雍王章邯。邯迎擊漢陳倉，〔二〕雍兵敗，還走；止戰好時，〔三〕又復敗，走廢丘。漢王遂定雍地。東至咸陽，引兵圍雍王廢丘，〔四〕而遣諸將略定隴西、北地、上郡。令將軍薛歐、〔五〕王吸〔六〕出武關，〔七〕因王陵兵南陽，〔八〕以迎太公、呂后於沛。楚聞之，發兵距之陽夏，〔八〕不得前。令故吳令鄭昌爲韓王，距漢兵。

〔一〕集解地理志武都有故道縣。
〔二〕正義今岐州縣也。

〔三〕集解孟康曰：「畤音止，神靈之所在也，縣名，屬右扶風。」
〔四〕索隱按荀悅漢紀，令樊噲圍之。
〔五〕集解音惡后反。索隱按表，歐以舍人從，爲將軍，封廣平侯也。
〔六〕索隱按表，吸以中涓從，爲將軍，封清陽侯。
〔七〕集解如淳曰：「王陵亦聚黨數千人，居南陽。」正義括地志云：「王陵故城在商州上洛陽南三十一里。荆州記云昔漢高祖入秦，王陵起兵丹水以應之。此城王陵所築，因名。」
〔八〕索隱韋昭云：「縣名，屬淮陽，後屬陳。夏音更雅反。」

二年，漢王東略地，塞王欣、翟王翳、河南王申陽皆降。韓王昌不聽，使韓信擊破之。於是置隴西、北地、上郡、渭南、〔一〕河上、〔二〕中地郡；〔三〕關外置河南郡。〔四〕更立韓太尉信爲韓王。諸將以萬人若以一郡降者，封萬户。繕治河上塞。〔五〕諸故秦苑囿園池，皆令人得田之。正月，虜雍王弟章平。大赦罪人。

〔一〕集解徐廣曰：「後曰京兆。」
〔二〕集解徐廣曰：「馮翊。」
〔三〕集解徐廣曰：「扶風。」
〔四〕集解徐廣曰：「十月，漢王至陝。」

〔五〕集解晉灼曰：「晁錯傳秦時北攻胡，築河上塞。」

漢王之出關至陝，撫關外父老，還，張耳來見，漢王厚遇之。

二月，令除秦社稷，更立漢社稷。

三月，漢王從臨晉渡，魏王豹將兵從。下河內，虜殷王，置河內郡。南渡平陰津，至雒陽。新城〔一〕三老董公遮説漢王〔二〕以義帝死故。漢王聞之，袒而大哭。〔三〕遂爲義帝發喪，臨三日。發使者告諸侯曰：「天下共立義帝，北面事之。今項羽放殺義帝於江南，大逆無道。寡人親爲發喪，諸侯皆縞素。悉發關內兵，收三河士，〔四〕南浮江漢以下，〔五〕願從諸侯王擊楚之殺義帝者。」

〔一〕正義括地志云：「洛州伊闕縣在州南七十里，本漢新城也。隋文帝改新城爲伊闕，取伊闕山爲名也。」
〔二〕正義百官表云：「十里一亭，亭有長。十亭一鄉，鄉有三老，三老掌教化。」皆秦制也。又樂產云：「橫道自言曰遮。」楚漢春秋云：「董公八十二，遂封爲成侯。」
〔三〕集解如淳曰：「袒亦如禮袒踊。」
〔四〕集解韋昭曰：「河南、河東、河內。」
〔五〕正義南收三河士，發關內兵，從雍州入子午道，至漢中，歷漢水而下，從是東行，至徐州，擊楚。

是時項王北擊齊，田榮與戰城陽。田榮敗，走平原，〔一〕平原民殺之。齊皆降楚。楚因焚燒其城郭，係虜其子女。齊人叛之。田榮弟橫立榮子廣爲齊王，齊王反楚城陽。項羽雖聞漢東，既已連齊兵，欲遂破之而擊漢。漢王以故得劫五諸侯兵，遂入彭城。項羽聞之，乃引兵去齊，從魯〔二〕出胡陵，〔三〕至蕭，〔四〕與漢大戰彭城靈壁東〔五〕睢水上，大破漢軍，多殺士卒，睢水爲之不流。乃取漢王父母妻子於沛，置之軍中以爲質。當是時，諸侯見楚彊漢敗，還皆去漢復爲楚。塞王欣亡入楚。

〔一〕正義德州平原縣是。
〔二〕正義兗州曲阜也。
〔三〕正義地理志云胡陵在山陽郡。
〔四〕正義徐州蕭縣。
〔五〕正義在徐州符離縣西北九十里。

呂后兄周呂侯爲漢將兵，居下邑。〔一〕漢王從之，稍收士卒，軍碭。漢王乃西過梁地，至虞。〔二〕使謁者隨何之九江王布所，曰：「公能令布舉兵叛楚，項羽必留擊之。得留數月，吾取天下必矣。」隨何往説九江王布，布果背楚。楚使龍且往擊之。

〔一〕集解徐廣曰：「在梁。」
〔二〕集解徐廣曰：「在梁。」

漢王之敗彭城而西，行使人求家室，家室亦亡，不相得。敗後乃獨得孝惠，六月，立爲太子，大赦罪人。令太子守櫟陽，諸侯子在關中者皆集櫟陽爲衞。引水灌廢丘，廢丘降，章邯自殺。更名廢丘爲槐里。於是令祠官祀天地四方上帝山川，以時祀之。興關內卒乘塞。〔一〕

〔一〕集解李奇曰：「乘，守也。」

是時九江王布與龍且戰，不勝，與隨何閒行歸漢。漢王稍收士卒，與諸將及關中卒益出，是以兵大振滎陽，破楚京、索閒。

三年，魏王豹謁歸視親疾，至卽絕河津，反爲楚。漢王使酈生説豹，豹不聽。漢王遣將軍韓信擊，大破之，虜豹。遂定魏地，置三郡，曰河東、〔一〕太原、〔二〕上黨。〔三〕漢王乃令張耳與韓信遂東下井陘擊趙，斬陳餘、趙王歇。其明年，立張耳爲趙王。

〔一〕正義今蒲州也。
〔二〕正義今并州。
〔三〕正義今潞州。

漢王軍滎陽南，築甬道〔一〕屬之河，以取敖倉。〔二〕與項羽相距歲餘。項羽數侵奪漢甬

道，漢軍乏食，遂圍漢王。漢王請和，割滎陽以西者爲漢。項王不聽。漢王患之，乃用陳平之計，予陳平金四萬斤，以閒疏楚君臣。於是項羽乃疑亞父。亞父是時勸項羽遂下滎陽，及其見疑，乃怒，辭老，願賜骸骨歸卒伍，未至彭城而死。

〔一〕正義 甬音勇。韋昭云：「起土築牆，中閒爲道。」應劭云：「恐敵抄輜重，故築垣牆如街巷。」

〔二〕正義 孟康云：「敖，地名，在滎陽西北，山上臨河有大倉。」太康地理志云：「秦建敖倉於成皋。」

漢軍絕食，乃夜出女子東門二千餘人，被甲，楚因四面擊之。將軍紀信乃乘王駕，詐爲漢王，誑楚，楚皆呼萬歲，之城東觀，以故漢王得與數十騎出西門遁。令御史大夫周苛、魏豹、樅公守滎陽。諸將卒不能從者，盡在城中。周苛、樅公相謂曰：「反國之王，難與守城。」因殺魏豹。〔一〕

〔一〕集解 徐廣曰：「案月表，三年七月，王出滎陽。八月，殺魏豹。而又云四年三月，周苛死。四月，魏豹死。二者不同。項羽殺紀信、周苛、樅公，皆是三年中。」

漢王之出滎陽入關，收兵欲復東。袁生說漢王曰：「漢與楚相距滎陽數歲，漢常困。願君王出武關，項羽必引兵南走，王深壁，令滎陽成皋閒且得休。使韓信等輯河北趙地，連燕齊，君王乃復走滎陽，未晚也。如此，則楚所備者多，力分，漢得休，復與之戰，破楚必矣。」漢王從其計，出軍宛葉閒，〔一〕與黥布行收兵。

〔一〕正義 宛，於元反。葉，式涉反。宛，鄧州縣也。葉，汝州縣。水經注云：「本楚惠王封諸梁子兼，號曰葉城，即子高之故邑也。」

項羽聞漢王在宛，果引兵南。漢王堅壁不與戰。是時彭越渡睢水，與項聲、薛公戰下邳，彭越大破楚軍。項羽乃引兵東擊彭越。漢王亦引兵北軍成皋。項羽已破走彭越，聞漢王復軍成皋，乃復引兵西，拔滎陽，誅周苛、樅公，而虜韓王信，遂圍成皋。

漢王跳，〔一〕獨與滕公〔二〕共車出成皋玉門，〔三〕北渡河，馳宿脩武。自稱使者，晨馳入張耳、韓信壁，而奪之軍。乃使張耳北益收兵趙地，使韓信東擊齊。漢王得韓信軍，則復振。引兵臨河，南饗軍小脩武南，〔四〕欲復戰。郎中鄭忠乃說止漢王，使高壘深塹，勿與戰。漢王聽其計，使盧綰、〔五〕劉賈將卒二萬人，騎數百，渡白馬津，〔六〕入楚地，與彭越復擊破楚軍燕郭西，〔七〕遂復下梁地十餘城。

〔一〕集解 徐廣曰：「音逃。」索隱 如淳曰：「跳，走也。」晉灼按：劉澤傳「跳驅至長安」。說文音徒調反。通俗文云「超通爲跳」。

〔二〕索隱 夏侯嬰爲滕令，故曰滕公也。

〔三〕集解 徐廣曰：「項羽紀云北門名玉門。」

〔四〕集解 晉灼曰：「在大脩武城東。」

〔五〕集解 蘇林曰：「綰音以繩綰結物之『綰』。」

〔六〕索隱 即黎陽津也。南界東郡白馬縣。

〔七〕索隱 故南燕國也。在東郡，秦以爲縣。

淮陰已受命東，未渡平原。漢王使酈生往說齊王田廣，廣叛楚，與漢和，共擊項羽。韓信用蒯通計，遂襲破齊。齊王烹酈生，東走高密。項羽聞韓信已舉河北兵破齊、趙，且欲擊楚，則使龍且、周蘭〔一〕往擊之。韓信與戰，騎將灌嬰擊，大破楚軍，殺龍且。齊王廣犇彭越。當此時，彭越將兵居梁地，往來苦楚兵，絕其糧食。

〔一〕集解 徐廣曰：「一作『簡』。」

四年，項羽乃謂海春侯大司馬曹咎曰：「謹守成皋。若漢挑戰，〔一〕慎勿與戰，無令得東而已。我十五日必定梁地，復從將軍。」乃行擊陳留、外黃、睢陽，下之。漢果數挑楚軍，楚軍不出，使人辱之五六日，大司馬怒，度兵汜水。〔二〕士卒半渡，漢擊之，大破楚軍，盡得楚國金玉貨賂。大司馬咎、長史欣皆自剄汜水上。項羽至睢陽，聞海春侯破，乃引兵還。漢軍方圍鍾離眜於滎陽東，項羽至，盡走險阻。

〔一〕正義 挑，田弔反。下同。

〔二〕正義 汜音祀，在成皋故城東。

韓信已破齊，使人言曰：「齊邊楚，〔一〕權輕，不爲假王，恐不能安齊。」漢王欲攻之。留侯曰：「不如因而立之，使自爲守。」乃遣張良操印綬立韓信爲齊王。〔二〕

〔一〕集解 文穎曰：「邊，近也。」

〔二〕集解 徐廣曰：「三月。」

項羽聞龍且軍破，則恐，使盱台人武涉往說韓信。韓信不聽。

楚漢久相持未決，丁壯苦軍旅，老弱罷轉饟。漢王項羽相與臨廣武之閒而語。項羽欲與漢王獨身挑戰。漢王數項羽曰：「始與項羽俱受命懷王，曰先入定關中者王之，項羽負約，〔一〕王我於蜀漢，罪一。項羽矯殺卿子冠軍而自尊，罪二。〔二〕項羽已救趙，當還報，而擅劫諸侯兵入關，罪三。懷王約入秦無暴掠，項羽燒秦宮室，掘始皇帝冢，私收其財物，罪四。又彊殺秦降王子嬰，罪五。詐阬秦子弟新安二十萬，王其將，罪六。項羽皆王諸將善地，〔三〕而徙逐故主，〔四〕令臣下爭叛逆，罪七。項羽出逐義帝彭城，自都之，奪韓王地，并王梁楚，多自予，罪八。項羽使人陰弒義帝江南，罪九。夫爲人臣而弒其主，殺已降，爲政不平，主約不信，天下所不容，大逆無道，罪十也。吾以義兵從諸侯誅殘賊，使刑餘罪人擊殺項羽，何苦乃與公挑戰！」項羽大怒，伏弩射中漢王。漢王傷匈，乃捫足〔五〕曰：「虜中吾指！」漢

中華書局

王病創臥，張良彊請漢王起行勞軍，以安士卒，毋令楚乘勝於漢。漢王出行軍，〔六〕病甚，〔七〕因馳入成皋。

〔一〕索隱 負音佩也。
〔二〕集解 徐廣曰：「卿，一作『慶』。」索隱 韋昭云：「宋義之號。」如淳曰：「卿者，大夫之尊；子者，子男之爵；冠軍，人之首也。尊宋義，故加此號。」
〔三〕索隱 謂章邯等。
〔四〕索隱 謂田市、趙歇、韓廣之屬。
〔五〕索隱 捫，摸也。中匈而捫足者，蓋以矢初中痛悶，不知所在故爾。或者中匈而捫足，權以安士卒之心也。
〔六〕正義 行，寒孟反。
〔七〕索隱 按：三輔故事曰「楚漢相距於京索閒六年，身被大創十二，矢石通中過者有四」。言漢王病創也。

病愈，西入關，至櫟陽，存問父老，置酒，梟故塞王欣頭櫟陽市。〔一〕留四日，復如軍，軍廣武。關中兵益出。

〔一〕索隱 梟，縣首於木也。欣自剄於氾水上，令梟之於櫟陽者，以舊都，故梟以示之也。

當此時，彭越將兵居梁地，往來苦楚兵，絶其糧食。田橫往從之。項羽數擊彭越等，齊王信又進擊楚。項羽恐，乃與漢王約，中分天下，割鴻溝而西者爲漢，鴻溝而東者爲楚。〔一〕

項王歸漢王父母妻子，軍中皆呼萬歲，乃歸而別去。

〔一〕索隱 應劭云：「在滎陽東南三十里，蓋引河東南入淮泗也。」張華云：「一渠東南流，經浚儀，是始皇所鑿，引河灌大梁，謂之鴻溝。一渠東經陽武南，爲官渡水。」北征記云中牟臺下臨汴水，是爲官渡水也。

項羽解而東歸。漢王欲引而西歸，用留侯、陳平計，乃進兵追項羽，至陽夏南止軍，與齊王信、建成侯彭越期會而擊楚軍。至固陵，不會。楚擊漢軍，大破之。漢王復入壁，深塹而守之。用張良計，於是韓信、彭越皆往。及劉賈入楚地，圍壽春，〔一〕漢王敗固陵，〔二〕乃使使者召大司馬周殷舉九江兵而迎(之)〔三〕武王，行屠城父，〔四〕隨(何)劉賈、齊梁諸侯皆大會垓下。〔五〕立武王布爲淮南王。

〔一〕正義 今壽州。
〔二〕集解 晉灼曰：「卽固始。」
〔三〕集解 徐廣曰：「周殷以兵隨劉賈。」
〔四〕正義 父音甫，今亳州縣。
〔五〕集解 徐廣曰：「七月。」

五年，高祖與諸侯兵共擊楚軍，與項羽決勝垓下。淮陰侯將三十萬自當之，孔將軍居左，費將軍居右，皇帝在後，絳侯、柴將軍在皇帝後。項羽之卒可十萬。淮陰先合，不利，卻。孔將軍、費將軍縱，〔一〕楚兵不利，淮陰侯復乘之，〔二〕大敗垓下。項羽卒聞漢軍之楚歌，〔三〕以爲漢盡得楚地，項羽乃敗而走，是以兵大敗。使騎將灌嬰追殺項羽東城，〔四〕斬首八萬，遂略定楚地。魯爲楚堅守不下。漢王引諸侯兵北，示魯父老項羽頭，魯乃降。遂以魯公號葬項羽穀城。還至定陶，馳入齊王壁，奪其軍。

〔一〕正義 二人韓信將也。縱兵擊項羽也。以「縱」字爲絶句。孔將軍，蓼侯孔熙。費將軍，費侯陳賀也。
〔二〕正義 復，扶富反。乘猶登也，進也。
〔三〕索隱 應劭云：「今雞鳴歌也。」顏遊秦云：「楚歌猶吳謳也。」按：高祖令戚夫人楚舞，自爲楚歌，是楚人之歌聲也。
〔四〕集解 徐廣曰：「十二月。」

正月，諸侯及將相相與共請尊漢王爲皇帝。漢王曰：「吾聞帝賢者有也，空言虛語，非所守也，吾不敢當帝位。」羣臣皆曰：「大王起微細，誅暴逆，平定四海，有功者輒裂地而封爲王侯。大王不尊號，皆疑不信。臣等以死守之。」漢王三讓，不得已，曰：「諸君必以爲便，便國家。」甲午，〔一〕乃卽皇帝位氾水之陽。〔二〕

〔一〕集解 徐廣曰：「二月甲午。」
〔二〕集解 蔡邕曰：「上古天子稱皇，其次稱帝，其次稱王。秦承三王之末，爲漢驅除，自以德兼三皇、五帝，故并以爲

號。漢高祖受命，功德宜之，因而不改。」正義 氾音敷劍反。括地志云：「高祖卽位壇在曹州濟陰縣界。張晏曰『氾水在濟陰界，取其氾愛弘大而潤下』。」

皇帝曰義帝無後。齊王韓信習楚風俗，徙爲楚王，都下邳。〔一〕立建成侯彭越爲梁王，都定陶。〔二〕故韓王信爲韓王，都陽翟。〔三〕徙衡山王吳芮爲長沙王，都臨湘。〔四〕番君之將梅鋗有功，從入武關，故德番君。淮南王布、燕王臧荼、趙王敖皆如故。

〔一〕正義 音被悲反，泗州下邳縣是，楚王韓信之都。
〔二〕正義 曹州濟陰縣城是，梁王彭越之都。
〔三〕正義 洛州陽翟縣是，韓王信之都。
〔四〕正義 括地志云：「潭州長沙縣，本漢臨湘縣，長沙王吳芮都之。芮墓在長沙縣北四里。」

天下大定。高祖都雒陽，諸侯皆臣屬。故臨江王驩〔一〕爲項羽叛漢，令盧綰、劉賈圍之，不下。數月而降，殺之雒陽。

〔一〕集解 徐廣曰：「一作『尉』。」

五月，兵皆罷歸家。諸侯子在關中者復之十二歲，其歸者復之六歲，食之〔一〕一歲。

〔一〕正義 食音寺。

高祖置酒雒陽南宮。〔一〕高祖曰：「列侯諸將無敢隱朕，皆言其情。吾所以有天下者

何？」項氏之所以失天下者何？」高起、王陵對曰：〔三〕「陛下慢而侮人，項羽仁而愛人。然陛下使人攻城略地，所降下者因以予之，與天下同利也。項羽妒賢嫉能，有功者害之，賢者疑之，戰勝而不予人功，得地而不予人利，此所以失天下也。」高祖曰：「公知其一，未知其二。夫運籌策帷帳之中，決勝於千里之外，吾不如子房。鎮國家，撫百姓，給餽饟，不絕糧道，吾不如蕭何。連百萬之軍，戰必勝，攻必取，吾不如韓信。此三者，皆人傑也，吾能用之，此吾所以取天下也。項羽有一范增而不能用，此其所以爲我擒也。」

〔一〕正義 括地志云：「南宮在雒州雒陽縣東北二十六里洛陽故城中。輿地志云秦時已有南北宮。」

〔二〕集解 孟康曰：「姓高，名起。」瓚曰：「漢帝年紀高帝時有信平侯臣陵、都武侯臣起。魏相丙吉奏事高帝時奏事有將軍臣陵、臣起。」

高祖欲長都雒陽，齊人劉敬說，及留侯勸上入都關中，高祖是日駕，入都關中。六月，大赦天下。

十月，燕王臧荼反，攻下代地。高祖自將擊之，得燕王臧荼。即立太尉盧綰爲燕王。使丞相噲將兵攻代。

其秋，利幾反，〔一〕高祖自將兵擊之，利幾走。利幾者，項氏之將。項氏敗，利幾爲陳公，不隨項羽，亡降高祖，高祖侯之潁川。高祖至雒陽，舉通侯籍召之，〔二〕而利幾恐，故反。

〔一〕正義 幾音機。姓名也。項羽之將，爲陳縣令，降漢。高帝徵諸侯，利幾恐，故反。

〔二〕集解 如淳曰：「得在通侯之籍。」

六年，高祖五日一朝太公，如家人父子禮。太公家令說太公曰：「天無二日，土無二王。今高祖雖子，人主也；太公雖父，人臣也。柰何令人主拜人臣！如此，則威重不行。」後高祖朝，太公擁篲，〔一〕迎門卻行。高祖大驚，下扶太公。太公曰：「帝，人主也，柰何以我亂天下法！」於是高祖乃尊太公爲太上皇。〔二〕心善家令言，〔三〕賜金五百斤。

〔一〕集解 李奇曰：「爲恭也，如今卒持帚者也。」

〔二〕集解 蔡邕曰：「不言帝，非天子也。」索隱 按：蔡邕云「不言帝，非天子也」。又按：本紀秦始皇追尊莊襄王爲太上皇，已有故事矣。蓋太上者，無上也。皇者德大於帝，欲尊其父，故號曰太上皇也。

〔三〕索隱 顏氏按：荀悅云「故雖天子必有尊也，無父猶設三老，況其存乎？家令之言過矣」。晉劉寶云「善其發悟己心，因得尊崇父號也」。

十二月，人有上變事告楚王信謀反，上問左右，左右爭欲擊之。用陳平計，乃僞遊雲夢，〔一〕會諸侯於陳，楚王信迎，即因執之。是日，大赦天下。田肯〔二〕賀，因說高祖曰：「陛下得韓信，又治秦中。〔三〕秦，形勝之國，〔四〕帶河山之險，縣隔千里，持戟百萬，秦得百二焉。〔五〕地埶便利，其以下兵於諸侯，譬猶居高屋之上建瓴水也。〔六〕夫齊，東有琅邪、即墨之饒，南有泰山之固，西有濁河之限，〔七〕北有勃海之利。〔八〕地方二千里，持戟百萬，縣隔千里之外，〔九〕齊得十二焉。〔一〇〕故此東西秦也。非親子弟，莫可使王齊矣。」高祖曰：「善。」賜黃金五百斤。

〔一〕集解 韋昭曰：「在南郡華容縣。」

〔二〕索隱 漢紀及漢書作「宵」，劉顯云相傳作「肯」也。

〔三〕集解 如淳曰：「時山東人謂關中爲秦中。」

〔四〕集解 張晏曰：「秦地帶山河，得形勢之勝便者。」索隱 韋昭云：「地形險固，故能勝人也。」

〔五〕集解 應劭曰：「河山之險，與諸侯相縣隔，地絕千里，所以能禽諸侯者，得天下之利百二也。」李斐曰：「河山之險，由地勢高，順流而下易，故天下於秦懸隔千里，持戟百萬，秦得百二焉。」蘇林曰：「得百中之二焉。秦地險固，二萬人足當諸侯百萬人也。」索隱 服虔云：「謂函谷關去長安千里爲縣隔。」按：文以河山險固形勝，其勢如隔千里也。蘇林曰：「百二，百中之二，二十萬人也。」虞喜云：「百二者，得百之二。言諸侯持戟百萬，秦地險固，一倍於天下，故云得百二焉，言倍之也，蓋言秦兵當二百萬也。『齊得十二』亦如之，故爲東西秦，言勢相敵，但立文相避，故云十二。言餘諸侯十萬，齊地形勝亦倍於他國，當二十萬人也。」

〔六〕集解 如淳曰：「瓴，盛水瓶也。居高屋之上而幡瓴水，言其向下之勢易也。建音蹇。」晉灼曰：「許慎曰瓴，罋似瓶者。」

〔七〕集解 晉灼曰：「齊西有平原。河水東北過高唐，高唐即平原也。孟津號黃河故曰濁河。」

〔八〕索隱 崔浩云：「勃，旁跌也。旁跌出者，橫在濟北，故齊都賦云海旁出爲勃，名曰勃海郡。」

〔九〕索隱 以言齊境闊不啻千里，故云「之外」也。

〔一〇〕集解 應劭曰：「齊得十之二，故齊湣王稱東帝。後復歸之，卒爲秦所滅者，利鈍之勢異也。」李斐曰：「齊有山河之限，地方二千里，是與天下縣隔也。設有持戟百萬之衆，齊得十中之二焉。百萬十分之二，亦二十萬也，但文相避耳。故言東西秦，其勢亦敵也。」蘇林曰：「十二，得十中之二，二十萬人當百萬。言齊雖固，不如秦二萬乃當百萬。」

後十餘日，封韓信爲淮陰侯，分其地爲二國。高祖曰將軍劉賈數有功，以爲荊王，〔一〕王淮東。弟交爲楚王，王淮西。子肥爲齊王，王七十餘城，民能齊言者皆屬齊。〔二〕乃論功，與諸列侯剖符行封。徙韓王信太原。〔三〕

〔一〕索隱 乃王吳地，在淮東也。姚察按：虞喜云「總言吳，別言荊者，以山命國也。今西南有荊山，在陽羨界。賈封吳地而號荊王，指取此義」。太康地理志陽羨縣本名荊溪。

〔二〕集解 漢書音義曰：「此言時民流移，故使齊言者還齊也。」正義 按：言齊國形勝次於秦中，故封子肥七十餘城，近齊城邑，能齊言者咸割屬齊。親子，故大其都也。孟說恐非。

〔三〕索隱 信初都陽翟也。

七年，匈奴攻韓王信馬邑，〔一〕信因與謀反太原。白土〔二〕曼丘臣、王黃立故趙將趙利

中華書局

爲王以反，高祖自往擊之。會天寒，士卒墮指者什二三，遂至平城。〔一〕匈奴圍我平城，七日而後罷去。令樊噲止定代地。立兄劉仲爲代王。

〔一〕正義搜神記云：「昔秦人築城於武周塞以備胡，城將成而崩者數矣。有馬馳走，周旋反覆，父老異之，因依以築城，乃不崩，遂名馬邑。」括地志云：「朔州城，漢鴈門，卽馬邑縣城也。攻韓信於馬邑，卽此城。」

〔二〕集解徐廣曰：「在上郡。」

〔三〕正義括地志云：「朔州定襄縣，本漢平城縣。縣東北三十里有白登山，山上有臺，名曰白登臺。漢書匈奴傳云（踢）〔冒〕頓圍高帝於白登七日，卽此也。服虔云『白登，臺名，去平城七里』。李穆叔趙記云『平城東七里有土山，高百餘尺，方十餘里』。亦謂此也。」

二月，高祖自平城過趙、雒陽，至長安。長樂宮成，丞相已下徙治長安。〔一〕

〔一〕索隱按：漢儀注高祖六年，更名咸陽曰長安。三輔舊事扶風渭城，本咸陽地，高帝爲新城，七年屬長安也。

八年，高祖東擊韓王信餘反寇於東垣。〔一〕

〔一〕集解地理志：東垣，高帝更名曰眞定。

蕭丞相營作未央宮，〔一〕立東闕、北闕、〔二〕前殿、武庫、太倉。高祖還，見宮闕壯甚，怒，謂蕭何曰：「天下匈匈苦戰數歲，成敗未可知，是何治宮室過度也？」蕭何曰：「天下方未定，故可因遂就宮室。且夫天子以四海爲家，非壯麗無以重威，且無令後世有以加也。」高祖乃說。

〔一〕正義括地志云：「未央宮在雍州長安縣西北十里長安故城中。」顏師古云：「未央殿雖南嚮，而當上書奏事謁見之徒皆詣北闕，公車司馬亦在北焉。是則以北闕爲正門，而又有東門、東闕，至於西南兩面，無門闕矣。蕭何初立未央宮，以厭勝之術理宜然乎？」按：北闕爲正者，蓋象秦作前殿，渡渭水屬之咸陽，以象天極閣道絕漢抵營室。

〔二〕集解關中記曰：「東有蒼龍闕，北有玄武闕。玄武所謂北闕。」索隱東闕名蒼龍，北闕名玄武，無西南二闕者，蓋蕭何以厭勝之法故不立也。說文云「闕，門觀也」。高三十丈。秦家舊處皆在渭北，而立東闕北闕，蓋取其便也。

高祖之東垣，過柏人，〔一〕趙相貫高等謀弒高祖，高祖心動，因不留。代王劉仲弃國亡，自歸雒陽，廢以爲合陽侯。〔二〕

〔一〕正義括地志云：「柏人故城在邢州柏人縣西北十二里。漢柏人屬趙國。」

〔二〕正義括地志云：「郃陽故城在同州河西縣三里。魏文侯十七年，攻秦至鄭而還築，在郃水之陽也。」

九年，趙相貫高等事發覺，夷三族。廢趙王敖爲宣平侯。是歲，徙貴族楚昭、屈、景、懷、齊田氏關中。

未央宮成。高祖大朝諸侯羣臣，置酒未央前殿。高祖奉玉巵，〔一〕起爲太上皇壽，曰：「始大人常以臣無賴，〔二〕不能治產業，不如仲力。今某之業所就孰與仲多？」殿上羣臣皆呼萬歲，大笑爲樂。

〔一〕集解應劭曰：「鄉飲酒禮器也，受四升。」

〔二〕集解晉灼曰：「許愼曰『賴，利也』。無利入於家也。或曰江淮之閒謂小兒多詐狡猾爲『無賴』。」

十年十月，淮南王黥布、梁王彭越、燕王盧綰、荆王劉賈、楚王劉交、齊王劉肥、長沙王吳芮皆來朝長樂宮。〔一〕春夏無事。

〔一〕正義括地志云：「秦櫟陽故宮在雍州櫟陽縣北三十五里，秦獻公所造。三輔黃圖云高祖都長安，未有宮室，居櫟陽宮也。」

七月，太上皇崩櫟陽宮。楚王、梁王皆來送葬。〔一〕赦櫟陽囚。更命酈邑曰新豐。〔二〕

〔一〕集解漢書云：「葬萬年。」

〔二〕正義酈邑，酈音力知反。括地志云：「新豐故城在雍州新豐縣西南四里，漢新豐宮也。太上皇時悽愴不樂，高祖竊因左右問故，答以平生所好皆屠販少年，酤酒賣餅，鬭雞蹴踘，以此爲歡，今皆無此，故不樂。高祖乃作新豐，徙諸故人實之。太上皇乃悅。」按：前于酈邑築城寺，徙其民實之，未改其名，太上皇崩後，命曰新豐。

八月，趙相國陳豨〔一〕反代地。上曰：「豨嘗爲吾使，甚有信。代地吾所急也，故封豨爲列侯，〔二〕以相國守代，今乃與王黃等劫掠代地！代地吏民非有罪也，其赦代吏民。」九月，上自東往擊之。至邯鄲，上喜曰：「豨不南據邯鄲而阻漳水，吾知其無能爲也。」聞豨將皆故賈人也，上曰：「吾知所以與之。」乃多以金啗豨將，豨將多降者。

〔一〕集解鄧展曰：「東海人名豬曰豨。」

〔二〕集解徐廣曰：「豨攻定臧荼有功，封陽夏侯。」

十一年，高祖在邯鄲誅豨等未畢，豨將侯敞將萬餘人游行，王黃軍曲逆，〔一〕張春渡河〔二〕擊聊城。〔三〕漢使將軍郭蒙與齊將擊，大破之。太尉周勃〔四〕道太原入，〔五〕定代地。至馬邑，馬邑不下，卽攻殘之。

〔一〕集解文穎曰：「今中山蒲陰是。」

〔二〕正義陳豨將也。又劉伯莊云「彼時聊城在黃河之東，王莽時乾，今濁河西北也」。今在博州西北。深丘道里記云「王莽元城人，居近河側，祖父墳墓爲水所衝，引河入深川，此王莽河因枯也」。

〔三〕集解徐廣曰：「在平原。」正義括地志云：「故聊城在博州聊城縣西二十里。春秋時齊之西界。聊，攝也。戰國時亦爲齊地。秦漢皆爲東郡之聊城也。」

〔四〕集解漢書百官表曰：「太尉，秦官。」應劭曰：「自上安下曰尉，武官悉以爲稱。」

〔五〕集解韋昭曰：「道猶從。」

豨將趙利守東垣，高祖攻之，不下。月餘，卒罵高祖，高祖怒。城降，令出罵者斬之，不

駡者原之。於是乃分趙山北，立子恆以爲代王，都晉陽。〔一〕

〔一〕集解如淳曰：「文紀言都中都。又文帝過太原，復晉陽、中都二歲，似遷都於中都也。」

春，淮陰侯韓信謀反關中，夷三族。

夏，梁王彭越謀反，廢遷蜀；復欲反，遂夷三族。立子恢爲梁王，子友爲淮陽王。

秋七月，淮南王黥布反，東并荆王劉賈地，北渡淮，楚王交走入薛。高祖自往擊之。立子長爲淮南王。

十二年，十月，高祖已擊布軍會甀，〔一〕布走，令別將追之。

〔一〕集解徐廣曰：「在蘄縣西。」駰案：漢書音義曰「會音儈保，邑名。甀音直僞反」。索隱上音鱠，下音丈僞反，地名也。漢書作「缶」，音作保，非也。

高祖還歸，過沛，留。置酒沛宮，〔一〕悉召故人父老子弟縱酒，發沛中兒得百二十人，教之歌。酒酣，〔二〕高祖擊筑，〔三〕自爲歌詩曰：「大風起兮雲飛揚，威加海內兮歸故鄉，安得猛士兮守四方！」令兒皆和習之。高祖乃起舞，慷慨傷懷，泣數行下。謂沛父兄曰：「游子悲故鄉。吾雖都關中，萬歲後吾魂魄猶樂思沛。且朕自沛公以誅暴逆，遂有天下，其以沛〔四〕爲朕湯沐邑，復其民，世世無有所與。」沛父兄諸母故人日樂飲極驩，道舊故爲笑樂。十餘

日，高祖欲去，沛父兄固請留高祖。高祖曰：「吾人衆多，父兄不能給。」乃去。沛中空縣皆之邑西獻。〔五〕高祖復留止，張〔六〕飲三日。沛父兄皆頓首曰：「沛幸得復，豐未復，唯陛下哀憐之。」高祖曰：「豐吾所生長，極不忘耳，吾特爲其以雍齒故反我爲魏。」沛父兄固請，乃并復豐，比沛。於是拜沛侯劉濞〔七〕爲吳王。

〔一〕正義括地志云：「沛宮故地在徐州沛縣東南二十里一步。」

〔二〕集解應劭曰：「不醒不醉曰酣。一曰酣，洽也。」

〔三〕集解韋昭曰：「筑，古樂，有弦，擊之不鼓。」正義音竹。應劭云：「狀似瑟而大，頭安弦，以竹擊之，故名曰筑。」顏師古云：「今筑形似瑟而小，細項。」

〔四〕集解風俗通義曰：「漢書注，沛人語初發聲皆言『其』。其者，楚言也。高祖始登帝位，教令言『其』，後以爲常耳。」

〔五〕集解如淳曰：「獻牛酒。」

〔六〕集解張晏曰：「張，帷帳。」正義音張亮反。

〔七〕集解服虔曰：「濞音帔。」

漢將別擊布軍洮水南北，〔一〕皆大破之，追得斬布鄱陽。

〔一〕集解徐廣曰：「洮音道，在江淮閒。」

樊噲別將兵定代，斬陳豨當城。〔一〕

〔一〕索隱代之縣名也。正義括地志云：「當城在朔州定襄縣界。土地十三州記云『當城在高柳東八十里。縣當常山，故曰當城』。」

十一月，高祖自布軍至長安。十二月，高祖曰：「秦始皇帝、楚隱王〔一〕陳涉、魏安釐王、〔二〕齊緡王、〔三〕趙悼襄王〔四〕皆絕無後，予守冢各十家，秦皇帝二十家，魏公子無忌五家。」赦代地吏民爲陳豨、趙利所劫掠者，皆赦之。陳豨降將言豨反時，燕王盧綰使人之豨所，與陰謀。上使辟陽侯迎綰，〔五〕綰稱病。辟陽侯歸，具言綰反有端矣。二月，使樊噲、周勃將兵擊燕王綰。赦燕吏民與反者。立皇子建爲燕王。

〔一〕索隱系家作「幽王」，名擇，負芻之兄。

〔二〕索隱史闕名。昭王之子，王假之祖也。

〔三〕索隱名地，宣王子，王建祖。

〔四〕索隱名偃，孝成王丹之子，幽王遷之父也。

〔五〕正義審食其也。括地志云：「辟陽故城在冀州信都縣西三十五里，漢舊縣。」

高祖擊布時，爲流矢所中，行道病。病甚，呂后迎良醫。醫入見，高祖問醫。醫曰：「病可治。」於是高祖嫚駡之曰：「吾以布衣提三尺劍取天下，此非天命乎？命乃在天，雖扁鵲何益！」遂不使治病，賜金五十斤罷之。已而呂后問：「陛下百歲後，蕭相國即死，令誰代

之？」上曰：「曹參可。」問其次，上曰：「王陵可。然陵少戇，陳平可以助之。陳平智有餘，然難以獨任。周勃重厚少文，然安劉氏者必勃也，可令爲太尉。」呂后復問其次，上曰：「此後亦非而所知也。」

盧綰與數千騎居塞下候伺，幸上病愈自入謝。

四月甲辰，高祖崩長樂宮。〔一〕四日不發喪。呂后與審食其謀曰：「諸將與帝爲編户民，今北面爲臣，此常怏怏，今乃事少主，非盡族是，天下不安。」人或聞之，語酈將軍。〔二〕酈將軍往見審食其，曰：「吾聞帝已崩，四日不發喪，欲誅諸將。誠如此，天下危矣。陳平、灌嬰將十萬守滎陽，樊噲、周勃將二十萬定燕、代，此聞帝崩，諸將皆誅，必連兵還鄉以攻關中。大臣內叛，諸侯外反，亡可翹足而待也。」審食其入言之，乃以丁未發喪，大赦天下。

〔一〕集解皇甫謐曰：「高祖以秦昭王五十一年生，至漢十二年，年六十二。」

〔二〕集解漢書曰酈商。

盧綰聞高祖崩，遂亡入匈奴。

丙寅，葬。〔一〕己巳，立太子，〔二〕至太上皇廟。〔三〕羣臣皆曰：「高祖起微細，撥亂世反之正，平定天下，爲漢太祖，功最高。」上尊號爲高皇帝。太子襲號爲皇帝，孝惠帝也。令郡國諸侯各立高祖廟，以歲時祠。

〔一〕集解徐廣曰五月。

〔二〕正義丙寅葬，後四日至己巳，卽立太子爲帝。有本脱「己」字者，妄引漢書云「巳下」者，非。

〔三〕正義三輔黄圖云：「太上皇廟在長安城香室南，馮翊府北。」括地志云：「漢太上皇廟在雍州長安縣西北長安故城中酒池之北，高帝廟北。高帝廟亦在故城中也。」

及孝惠五年，思高祖之悲樂沛，以沛宫爲高祖原廟。〔一〕高祖所教歌兒百二十人，皆令爲吹樂，後有缺，輒補之。

〔一〕集解徐廣曰：「光武紀云『上幸豐，祠高祖於原廟』。」駰案：謂「原」者，再也。先既已立廟，今又再立，故謂之原廟。

高帝八男：長庶齊悼惠王肥；次孝惠，吕后子；次戚夫人子趙隱王如意；次代王恆，已立爲孝文帝，薄太后子；次梁王恢，吕太后時徙爲趙共王；次淮陽王友，吕太后時徙爲趙幽王；次淮南厲王長；次燕王建。

太史公曰：夏之政忠。忠之敝，小人以野，〔一〕故殷人承之以敬。敬之敝，小人以鬼，〔二〕故周人承之以文。文之敝，小人以僿，〔三〕故救僿莫若以忠。〔四〕三王之道若循環，終而復

始。周秦之閒，可謂文敝矣。秦政不改，反酷刑法，豈不繆乎？故漢興，承敝易變，使人不倦，得天統矣。朝以十月。車服黄屋左纛。葬長陵。〔五〕

〔一〕集解鄭玄曰：「忠，質厚也。野，少禮節也。」

〔二〕集解鄭玄曰：「多威儀，如事鬼神。」

〔三〕集解徐廣曰：「一作『薄』。」駰案：史記音隱曰「僿音西志反」。鄭玄曰「文，尊卑之差也。薄，苟習文法，無悃誠也」。索隱鄭音先代反，鄒本作「薄」，音扶各反，本一作「僿」，而徐廣云一作「薄」，是本亙不同也。然此語本出子思子，見今禮表記，作「薄」，故鄭玄注云「文，尊卑之差也。薄，苟習文法，不悃誠也」。裴又引音隱云「僿音先志反」，僿塞聲相近故也。蓋僿猶薄之義也。

〔四〕集解鄭玄曰：「復反始。」

〔五〕集解皇甫謐曰：「長陵山東西廣百二十步，高十三丈，在渭水北，去長安城三十五里。」正義括地志云：「長陵在雍州咸陽縣東三十里。」

【索隱述贊】高祖初起，始自徒中。言從泗上，卽號沛公。嘯命豪傑，奮發材雄。彤雲鬱碭，素靈告豐。龍變星聚，蛇分徑空。項氏主命，負約弃功。王我巴蜀，實憤于衷。三秦既北，五兵遂東。汜水卽位，咸陽築宫。威加四海，還歌大風。

史記卷九

吕太后本紀第九

吕太后者，〔一〕高祖微時妃也，〔二〕生孝惠帝、〔三〕女魯元太后。及高祖爲漢王，得定陶戚姬，〔四〕愛幸，生趙隱王如意。孝惠爲人仁弱，高祖以爲不類我，常欲廢太子，立戚姬子如意，如意類我。戚姬幸，常從上之關東，日夜啼泣，欲立其子代太子。吕后年長，常留守，希見上，益疏。如意立爲趙王後，幾代〔五〕太子者數矣，賴大臣〔六〕争之，及留侯策，〔七〕太子得毋廢。

〔一〕集解徐廣曰：「吕后父吕公，漢元年爲臨泗侯，四年卒，高后元年追謚曰吕宣王。」

〔二〕集解漢書音義曰：「諱雉。」索隱諱雉，字娥姁也。

〔三〕集解漢書音義曰：「諱盈。」

〔四〕集解如淳曰：「姬音怡，衆妾之總稱也。漢官儀曰『姬妾數百』。」蘇林曰：「清河國有妃里，而題門作『姬』。」瓚曰：「漢秩禄令及茂陵書姬，内官也，秩比二千石，位次倢伃下，在七子、八子之上。」索隱如淳音怡，非也。茂陵書曰「姬是内官」，是矣。然官號及婦人通稱姬者，姬，周之姓，所以左傳稱伯姬、叔姬，以言天子之宗女，貴於

他姓，故遂以姬爲婦人美號。故詩曰「雖有姬姜，不弃顦顇」是也。

〔五〕索隱上其紀反，又音祈也。

〔六〕索隱張良、叔孫通等。

〔七〕索隱令太子卑詞安車，以迎四皓也。

吕后爲人剛毅，佐高祖定天下，所誅大臣多吕后力。吕后兄二人，皆爲將。長兄周吕侯〔一〕死事，封其子吕台〔二〕爲酈侯，〔三〕子産爲交侯；〔四〕次兄吕釋之爲建成侯。〔五〕

〔一〕集解徐廣曰：「名澤，高祖八年卒，謚令武侯，追謚曰悼武王。」

〔二〕索隱鄭氏、鄒誕並音怡，蘇林音胎。

〔三〕集解徐廣曰：「酈，一作『鄜』。」

〔四〕集解徐廣曰：「台弟也。」

〔五〕集解徐廣曰：「惠帝二年卒，謚康王。」

高祖十二年四月甲辰，崩長樂宫，太子襲號爲帝。是時高祖八子：長男肥，孝惠兄也，異母，〔一〕肥爲齊王；餘皆孝惠弟，戚姬子如意爲趙王，薄夫人子恆爲代王，諸姬子子恢爲梁王，子友爲淮陽王，子長爲淮南王，子建爲燕王。高祖弟交爲楚王，兄子濞爲吴王。非劉氏功臣番君吴芮子臣爲長沙王。

〔一〕索隱母曰曹姬也。

呂后最怨戚夫人及其子趙王，迺令永巷〔一〕囚戚夫人，而召趙王。使者三反，趙相建平侯周昌謂使者曰：「高帝屬臣趙王，趙王年少。竊聞太后怨戚夫人，欲召趙王并誅之，臣不敢遣王。王且亦病，不能奉詔。」呂后大怒，迺使人召趙相。趙相徵至長安，迺使人復召趙王。王來，未到。孝惠帝慈仁，知太后怒，自迎趙王霸上，與入宮，自挾與趙王起居飲食。太后欲殺之，不得閒。孝惠元年十二月，帝晨出射。趙王少，不能蚤起。太后聞其獨居，使人持酖飲之。〔二〕犂明，孝惠還，〔三〕趙王已死。於是迺徙淮陽王友為趙王。夏，詔賜酈侯父追謚為令武侯。〔四〕太后遂斷戚夫人手足，去眼，煇耳，飲瘖藥，使居廁中，命曰「人彘」。居數日，迺召孝惠帝觀人彘。孝惠見，問，迺知其戚夫人，迺大哭，因病，歲餘不能起。使人請太后曰：「此非人所為。臣為太后子，終不能治天下。」孝惠以此日飲為淫樂，不聽政，故有病也。

〔一〕集解 如淳曰：「列女傳云周宣王姜后脫簪珥待罪永巷，後改為掖庭。」索隱 永巷，別宮名，有長巷，故名之也。後改為掖庭。按：韋昭云以為在掖門內，故謂之掖庭也。

〔二〕集解 應劭曰：「酖鳥食蝮，以其羽畫酒中，飲之立死。」

〔三〕集解 徐廣曰：「犂猶比也。諸言犂明者，將明之時。」

〔四〕索隱 令音齡。

二年，楚元王、齊悼惠王皆來朝。十月，孝惠與齊王燕飲太后前，孝惠以為齊王兄，置上坐，如家人之禮。太后怒，迺令酌兩卮酖，置前，令齊王起為壽。齊王起，孝惠亦起，取卮欲俱為壽。太后迺恐，自起泛〔一〕孝惠卮。齊王怪之，因不敢飲，詳醉去。問，知其酖，齊王恐，自以為不得脫長安，憂。齊內史士〔二〕說王曰：「太后獨有孝惠與魯元公主。〔三〕今王有七十餘城，而公主迺食數城。王誠以一郡上太后，為公主湯沐邑，太后必喜，王必無憂。」於是齊王迺上城陽之郡，尊公主為王太后。〔四〕呂后喜，許之。迺置酒齊邸，〔五〕樂飲，罷，歸齊王。三年，方築長安城，四年就半，五年六年城就。〔六〕諸侯來會。十月朝賀。

〔一〕索隱 音捧泛也。

〔二〕集解 徐廣曰：「一作『出』。」

〔三〕集解 如淳曰：「公羊傳曰『天子嫁女於諸侯，必使諸侯同姓者主之』，故謂之公主。百官表列侯所食曰國，皇后、公主所食曰邑，諸侯王女曰公主。」蘇林曰：「公，五等尊爵也。春秋聽臣子以稱君父，婦人稱主，有『主孟啗我』之比，故云公主。」瓚曰：「天子之女雖食湯沐之邑，不君其民。」索隱 啗音徒濫反。按：主是謂里克妻，即優施之語，事見國語。孟者，且也，言且啗我物，我教汝婦事夫之道。此即婦人稱主之意耳。比音必二反。

〔四〕集解 如淳曰：「張敖子偃為魯王，故公主得為太后。」

〔五〕正義 漢法，諸侯各起邸第於京師。

〔六〕索隱 按：漢宮闕疏「四年築東面，五年築北面」。漢舊儀「城方六十三里，經緯各十二里」。三輔舊事云「城形似北斗」也。

七年秋八月戊寅，孝惠帝崩。〔一〕發喪，太后哭，泣不下。留侯子張辟彊為侍中，〔二〕年十五，謂丞相曰：「太后獨有孝惠，今崩，哭不悲，君知其解乎？」〔三〕丞相曰：「何解？」辟彊曰：「帝毋壯子，〔四〕太后畏君等。君今請拜呂台、呂產、呂祿為將，將兵居南北軍，及諸呂皆入宮，居中用事，如此則太后心安，君等幸得脫禍矣。」丞相迺如辟彊計。太后說，其哭迺哀。呂氏權由此起。迺大赦天下。九月辛丑，葬。〔五〕太子即位為帝，謁高廟。元年，號令一出太后。

〔一〕集解 皇甫謐曰：「帝以秦始皇三十七年生，崩時年二十三。」

〔二〕集解 應劭曰：「入侍天子，故曰侍中。」

〔三〕正義 解，紀賣反。言哭解惰，有所思也。又音戶賣反。解，節解也。又紀買反，謂解說也。

〔四〕正義 毋音無。

〔五〕集解 漢書云：「葬安陵。」皇覽曰：「山高三十二丈，廣袤百二十步，居地六十畝。」皇甫謐曰：「去長陵十里，在長安北三十五里。」

太后稱制，議欲立諸呂為王，問右丞相王陵。王陵曰：「高帝刑白馬盟曰『非劉氏而王，天下共擊之』。今王呂氏，非約也。」太后不說。問左丞相陳平、絳侯周勃。勃等對曰：「高帝定天下，王子弟，今太后稱制，王昆弟諸呂，無所不可。」太后喜，罷朝。王陵讓陳平、絳侯曰：「始與高帝啑血盟，〔一〕諸君不在邪？今高帝崩，太后女主，欲王呂氏，諸君從欲阿意背約，何面目見高帝地下？」陳平、絳侯曰：「於今面折廷爭，臣不如君；夫全社稷，定劉氏之後，君亦不如臣。」王陵無以應之。十一月，太后欲廢王陵，乃拜為帝太傅，〔二〕奪之相權。王陵遂病免歸。迺以左丞相平為右丞相，以辟陽侯〔三〕審食其為左丞相。左丞相不治事，令監宮中，如郎中令。食其故得幸太后，常用事，公卿皆因而決事。迺追尊酈侯父為悼武王，欲以王諸呂為漸。

〔一〕索隱 啑，鄒音使接反。又云或作「唼」，音丁牒反。

〔二〕集解 應劭曰：「古官。傅者，覆也。」瓚曰：「大戴禮云『傅之德義』。」

〔三〕索隱 按：韋昭云信都之縣名。

四月，太后欲侯諸呂，迺先封高祖之功臣郎中令無擇〔一〕為博城侯。〔二〕魯元公主薨，賜謚為魯元太后。子偃為魯王。魯王父，宣平侯張敖也。封齊悼惠王子章為朱虛侯，〔三〕

以呂祿女妻之。齊丞相壽爲平定侯。〔四〕少府延爲梧侯。〔五〕乃封呂種爲沛侯，〔六〕呂平爲扶柳侯，〔七〕張買爲南宮侯。〔八〕

〔一〕集解 徐廣曰：「姓馮。」
〔二〕正義 括地志云：「兗州博城，本漢博城縣城。」
〔三〕索隱 虛音墟，琅邪縣也。 正義 括地志云：「朱虛故城在青州臨朐縣東六十里，漢朱虛也。十三州志云丹朱遊故虛，故云朱虛也。」虛猶丘也，朱猶丹也。
〔四〕集解 徐廣曰：「姓齊。」
〔五〕集解 徐廣曰：「姓陽成也。延以軍匠起，作宮築城也。」
〔六〕集解 徐廣曰：「釋之之子也。」 正義 括地志云：「徐州沛縣古城也。」
〔七〕集解 徐廣曰：「呂后姊子也。母字長姁。」 正義 括地志云：「扶柳故城在冀州信都縣西三十里，漢扶柳縣也。有澤，澤中多柳，故曰扶柳。」
〔八〕集解 徐廣曰：「其父越人，爲高祖騎將。」

太后欲王呂氏，先立孝惠後宮子彊爲淮陽王，〔一〕子不疑爲常山王，〔二〕子山爲襄城侯，〔三〕子朝爲軹侯，〔四〕子武爲壺關侯。太后風大臣，大臣請立酈侯呂台爲呂王，〔五〕太后許之。建成康侯釋之卒，嗣子有罪，廢，立其弟呂祿〔六〕爲胡陵侯，〔七〕續康侯後。二年，常山王薨，以其弟襄城侯山爲常山王，更名義。十一月，呂王台薨，謚爲肅王，太子嘉代立爲

王。三年，無事。〔八〕四年，封呂嬃爲臨光侯，呂他爲俞侯，〔九〕呂更始爲贅其侯，〔一〇〕呂忿爲呂城侯，〔一一〕及諸侯丞相五人。〔一二〕

〔一〕集解 韋昭曰：「今陳留郡。」
〔二〕正義 括地志云：「常山故城在恆州真定縣南八里，本漢東垣邑也。」
〔三〕索隱 按：下文更名義，又改名弘農。漢書襄城侯唯云名弘，蓋史省文耳。按志，襄城屬潁川也。
〔四〕索隱 按：韋昭云河內有軹縣，音紙也。 正義 括地志云：「故軹城在懷州濟源縣東南十三里，七國時魏邑。」
〔五〕正義 初呂台爲呂王，後呂產王梁，更名梁曰呂。
〔六〕集解 徐廣曰：「釋之少子。」
〔七〕正義 胡陵，縣名，屬山陽，章帝改曰胡陸。
〔八〕集解 漢書云：「秋，星晝見。」
〔九〕索隱 他音陁。俞音輸。 正義 括地志云：「故鄃城在德州平原縣西南三十里，本漢鄃縣，呂他邑也。」
〔一〇〕集解 徐廣曰：「表云呂后昆弟子淮陽丞相呂勝爲贅其侯。」 索隱 按表作「臨淮」也。
〔一一〕正義 括地志云：「故呂城在鄧州南陽縣西三十里，呂尚先祖封。」
〔一二〕集解 徐廣曰：「中邑侯朱通、山都侯王恬開、松茲侯徐厲、滕侯呂更始、醴陵侯越。」

宣平侯女爲孝惠皇后時，無子，詳爲有身，取美人子名之，〔一〕殺其母，立所名子爲太子。孝惠崩，太子立爲帝。帝壯，或聞其母死，非真皇后子，迺出言曰：「后安能殺吾母而名我？我未壯，壯即爲變。」太后聞而患之，恐其爲亂，迺幽之永巷中，言帝病甚，左右莫得見。太后曰：「凡有天下治爲萬民命〔二〕者，蓋之如天，容之如地，上有歡心以安百姓，百姓欣然以事其上，歡欣交通而天下治。今皇帝病久不已，迺失惑惛亂，不能繼嗣奉宗廟祭祀，不可屬天下，其代之。」羣臣皆頓首言：「皇太后爲天下齊民計所以安宗廟社稷甚深，羣臣頓首奉詔。」帝廢位，太后幽殺之。五月丙辰，立常山王義爲帝，更名曰弘。不稱元年者，以太后制天下事也。以軹侯朝爲常山王。置太尉官，絳侯勃爲太尉。五年八月，淮陽王薨，以弟壺關侯武爲淮陽王。六年十月，太后曰呂王嘉居處驕恣，廢之，以肅王台弟呂產爲呂王。夏，赦天下。封齊悼惠王子興居爲東牟侯。〔三〕

〔一〕正義 劉伯莊云：「諸美人元幸呂氏，懷身而入宮生子。」
〔二〕集解 徐廣曰：「一無此字。」
〔三〕索隱 韋昭云：「東萊縣。」

七年正月，太后召趙王友。友以諸呂女爲后，弗愛，愛他姬，諸呂女妒，怒去，讒之於太后，誣以罪過，曰「呂氏安得王！太后百歲後，吾必擊之」。太后怒，以故召趙王。趙王至，置邸不見，令衞圍守之，弗與食。其羣臣或竊饋，輒捕論之。趙王餓，乃歌曰：「諸呂用事兮劉

氏危，迫脅王侯兮彊授我妃。我妃既妒兮誣我以惡，讒女亂國兮上曾不寤。我無忠臣兮何故弃國？自決中野兮蒼天舉直！〔一〕于嗟不可悔兮寧蚤自財。爲王而餓死兮誰者憐之！呂氏絕理兮託天報仇。」丁丑，趙王幽死，以民禮葬之長安民冢次。

〔一〕集解 徐廣曰：「舉，一作『與』。」

己丑，日食，晝晦。太后惡之，心不樂，乃謂左右曰：「此爲我也。」

二月，徙梁王恢爲趙王。呂王產徙爲梁王，梁王不之國，爲帝太傅。立皇子平昌侯太爲呂王。更名梁曰呂，呂曰濟川。太后女弟呂嬃〔一〕有女爲營陵侯劉澤妻，澤爲大將軍。太后王諸呂，恐即崩後劉將軍爲害，迺以劉澤爲琅邪王，以慰其心。

〔一〕索隱 韋昭云：「樊噲妻，封林光侯。」

梁王恢之徙王趙，心懷不樂。太后以呂產女爲趙王后。王后從官皆諸呂，擅權，微伺趙王，趙王不得自恣。王有所愛姬，王后使人酖殺之。王乃爲歌詩四章，令樂人歌之。王悲，六月即自殺。太后聞之，以爲王用婦人弃宗廟禮，廢其嗣。

宣平侯張敖卒，以子偃爲魯王，敖賜謚爲魯元王。

秋，太后使使告代王，欲徙王趙。代王謝，願守代邊。

太傅產、丞相平等言，武信侯呂祿〔一〕上侯，位次第一，〔二〕請立爲趙王。太后許之，追

尊禄父康侯爲趙昭王。九月，燕靈王建薨，有美人子，太后使人殺之，無後，國除。八年十月，立呂肅王子東平侯呂通爲燕王，封通弟呂莊爲東平侯。

〔一〕集解 徐廣曰：「呂后兄子也。前封胡陵侯，蓋號曰武信。」

〔二〕集解 如淳曰：「功大者位在上，功臣侯表有第一第二之次也。」

三月中，呂后祓，還〔一〕過軹道，見物如蒼犬，據〔二〕高后掖，忽弗復見。卜之，云趙王如意爲祟。高后遂病掖傷。

〔一〕正義 祓，芳弗反，又音廢。後同。

〔二〕集解 徐廣曰：「音戟。」

高后爲外孫魯元王偃年少，蚤失父母，孤弱，迺封張敖前姬兩子，侈爲新都侯，壽爲樂昌侯，〔一〕以輔魯元王偃。及封中大謁者張釋爲建陵侯，〔二〕呂榮爲祝茲侯。〔三〕諸中宦者令丞皆爲關內侯，食邑五百户。〔四〕

〔一〕集解 徐廣曰：「食細陽之池陽鄉。」

〔二〕集解 徐廣曰：「一云張釋卿。」駰案：如淳曰「百官表『謁者掌賓贊受事』，灌嬰爲中謁者。後常以奄人爲之，諸官加『中』者多奄人也」。

〔三〕集解 徐廣曰：「呂后昆弟子。」

〔四〕集解 如淳曰：「列侯出關就國，關內侯但爵其身，有加異者，與關內之邑，食其租稅也。」風俗通義曰『秦時六國未平，將帥皆家關中，故稱關內侯』。」

七月中，高后病甚，迺令趙王呂禄爲上將軍，軍北軍；呂王產居南軍。呂太后誡產、禄曰：「高帝已定天下，與大臣約，曰『非劉氏王者，天下共擊之』。今呂氏王，大臣弗平。我即崩，帝年少，大臣恐爲變。必據兵衛宮，慎毋送喪，毋爲人所制。」辛巳，高后崩，遺詔賜諸侯王各千金，〔一〕將相列侯郎吏皆以秩賜金。大赦天下。以呂王產爲相國，以呂禄女爲帝后。

〔一〕集解 蔡邕曰：「皇子封爲王者，其實古諸侯也。加號稱王，故謂之諸侯王。王子弟封爲侯者，謂之諸侯。」

高后已葬，〔一〕以左丞相審食其爲帝太傅。

〔一〕集解 皇甫謐曰：「合葬長陵。」皇覽曰：「高帝、呂后，山各一所也。」

朱虛侯劉章有氣力，東牟侯興居其弟也，皆齊哀王弟，居長安。當是時，諸呂用事擅權，欲爲亂，畏高帝故大臣絳、灌等，未敢發。朱虛侯婦，呂禄女，陰知其謀。恐見誅，迺陰令人告其兄齊王，欲令發兵西，誅諸呂而立。朱虛侯欲從中與大臣爲應。齊王欲發兵，其相弗聽。八月丙午，齊王欲使人誅相，相召平迺反，舉兵欲圍王，王因殺其相，遂發兵東，詐奪琅邪王兵，并將之而西。語在齊王語中。

齊王迺遺諸侯王書曰：「高帝平定天下，王諸子弟，悼惠王王齊。悼惠王薨，孝惠帝使留侯良立臣爲齊王。孝惠崩，高后用事，春秋高，聽諸呂，擅廢帝更立，又比殺三趙王，〔一〕滅梁、趙、燕以王諸呂，分齊爲四。忠臣進諫，上惑亂弗聽。今高后崩，而帝春秋富，未能治天下，固恃大臣諸侯。而諸呂又擅自尊官，聚兵嚴威，劫列侯忠臣，矯制以令天下，宗廟所以危。寡人率兵入誅不當爲王者。」漢聞之，相國呂產等迺遣潁陰侯灌嬰將兵擊之。灌嬰至滎陽，迺謀曰：「諸呂權兵關中，欲危劉氏而自立。今我破齊還報，此益呂氏之資也。」迺留屯滎陽，使使諭齊王及諸侯，與連和，以待呂氏變，共誅之。齊王聞之，迺還兵西界待約。

〔一〕索隱 比音如字。比猶頻也。趙隱王如意，趙幽王友，趙王恢，是三趙王也。

呂禄、呂產欲發亂關中，內憚絳侯、朱虛等，外畏齊、楚兵，又恐灌嬰畔之，欲待灌嬰兵與齊合而發，猶豫未決。〔一〕當是時，濟川王太、淮陽王武、常山王朝名爲少帝弟，及魯元王呂后外孫，皆年少未之國，居長安。趙王禄、梁王產各將兵居南北軍，皆呂氏之人。列侯羣臣莫自堅其命。

〔一〕索隱 猶，鄒音以獸反。與音預，又作「豫」。崔浩云「猶，蝯類也。卬鼻，長尾，性多疑」。又說文云「猶，獸名，多疑」，故比之也。按：狐性亦多疑，度冰而聽水聲，故云「狐疑」也。今解者又引老子「與兮若冬涉川，猶兮若畏四鄰」，故以爲「猶與」是常語。且按狐聽冰，而此云「若冬涉川」，則與是狐類不疑。「猶兮若畏四鄰」，則猶定是獸，自不保同類，故云「畏四鄰」也。

太尉絳侯勃不得入軍中主兵。曲周侯酈商老病，其子寄與呂禄善。絳侯迺與丞相陳平謀，使人劫酈商，令其子寄往紿說呂禄曰：「高帝與呂后共定天下，劉氏所立九王，〔一〕呂氏所立三王，〔二〕皆大臣之議，事已布告諸侯，諸侯皆以爲宜。今太后崩，帝少，而足下佩趙王印，不急之國守藩，迺爲上將，將兵留此，爲大臣諸侯所疑。足下何不歸將印，以兵屬太尉？請梁王歸相國印，與大臣盟而之國，齊兵必罷，大臣得安，足下高枕而王千里，此萬世之利也。」呂禄信然其計，欲歸將印，以兵屬太尉。使人報呂產及諸呂老人，或以爲便，或曰不便，計猶豫未有所決。呂禄信酈寄，時與出游獵。過其姑呂嬃，嬃大怒，曰：「若爲將而弃軍，呂氏今無處矣。」〔三〕迺悉出珠玉寶器散堂下，曰：「毋爲他人守也。」

〔一〕索隱 吳，楚，齊，淮南，琅邪，代，常山王朝，淮陽王武，濟川王太，是九也。

〔二〕索隱 梁王產、趙王禄、燕王通也。

〔三〕索隱 顏師古以爲言見誅滅，無處所也。

左丞相食其免。

八月庚申旦，平陽侯窋行御史大夫事，見相國產計事。郎中令賈壽使從齊來，因數產曰：「王不蚤之國，今雖欲行，尚可得邪？」具以灌嬰與齊楚合從，欲誅諸呂告產，迺趣產急入宮。平陽侯頗聞其語，迺馳告丞相、太尉。太尉欲入北軍，不得入。襄平侯通尚符節，〔一〕迺令持節矯內太尉北軍。太尉復令酈寄與典客劉揭〔二〕先說呂祿曰：「帝使太尉守北軍，欲足下之國，急歸將印辭去，不然，禍且起。」呂祿以爲酈兄〔三〕不欺己，遂解印屬典客，而以兵授太尉。太尉將之入軍門，行令軍中曰：「爲呂氏右襢，爲劉氏左襢。」軍中皆左襢爲劉氏。太尉行至，將軍呂祿亦已解上將印去，太尉遂將北軍。

〔一〕集解徐廣曰：「姓紀。」張晏曰：「紀信子也。尚，主也。今符節令。」索隱張晏云：「紀信子。」又晉灼云：「信被楚燒死，不見有後。按功臣表襄平侯紀通，父成以將軍定三秦，死事，子侯。」則通非信子，張說誤矣。

〔二〕集解漢書百官表曰：「典客，秦官也，掌諸侯、歸義蠻夷也。」

〔三〕集解徐廣曰：「音況，字也。名寄。」

然尚有南軍。平陽侯聞之，以呂產謀告丞相平，丞相平迺召朱虛侯佐太尉。太尉令朱虛侯監軍門。令平陽侯告衛尉：「毋入相國產殿門。」呂產不知呂祿已去北軍，迺入未央宮，欲爲亂，殿門弗得入，裴回往來。平陽侯恐弗勝，馳語太尉。太尉尚恐不勝諸呂，未敢訟言

誅之，〔一〕迺遣朱虛侯謂曰：「急入宮衛帝。」朱虛侯請卒，太尉予卒千餘人。入未央宮門，遂見產廷中。日餔時，遂擊產。產走。天風大起，以故其從官亂，莫敢鬭。逐產，殺之郎中府吏廁中。〔二〕

〔一〕集解徐廣曰：「訟，一作『公』。」駰按：韋昭曰「訟猶公也」。索隱按：韋昭以訟爲公，徐廣又云一作「公」，蓋公爲得。然公言猶明言也。又解者云訟，誦說也。

〔二〕集解如淳曰：「百官表郎中令掌宮殿門戶，故其府在宮中，後轉爲光祿勳也。」

朱虛侯已殺產，帝命謁者持節勞朱虛侯。朱虛侯欲奪節信，謁者不肯，朱虛侯則從與載，因節信馳走，斬長樂衛尉呂更始。還，馳入北軍，報太尉。太尉起，拜賀朱虛侯曰：「所患獨呂產，今已誅，天下定矣。」遂遣人分部悉捕諸呂男女，無少長皆斬之。辛酉，捕斬呂祿，而笞殺呂嬃。使人誅燕王呂通，而廢魯王偃。壬戌，以帝太傅食其復爲左丞相。戊辰，徙濟川王王梁，立趙幽王子遂爲趙王。遣朱虛侯章以誅諸呂氏事告齊王，令罷兵。灌嬰兵亦罷滎陽而歸。

諸大臣相與陰謀曰：「少帝及梁、淮陽、常山王，皆非真孝惠子也。呂后以計詐名他人子，殺其母，養後宮，令孝惠子之，立以爲後，及諸王，以彊呂氏。今皆已夷滅諸呂，而置所立，即長用事，吾屬無類矣。不如視諸王最賢者立之。」或言「齊悼惠王高帝長子，今其適子爲齊王，推本言之，高帝適長孫，可立也」。大臣皆曰：「呂氏以外家惡而幾危宗廟，亂功臣。今齊王母家駟（鈞），駟鈞，惡人也，即立齊王，則復爲呂氏。」欲立淮南王，以爲少，母家又惡。迺曰：「代王方今高帝見子，最長，仁孝寬厚。太后家薄氏謹良。且立長故順，以仁孝聞於天下，便。」迺相與共陰使人召代王。代王使人辭謝。再反，然後乘六乘傳。〔一〕後九月〔二〕晦日己酉，至長安，舍代邸。大臣皆往謁，奉天子璽上代王，共尊立爲天子。代王數讓，羣臣固請，然後聽。

〔一〕集解張晏曰：「備漢朝有變，欲馳還也。或曰傳車六乘。」

〔二〕集解文穎曰：「即閏九月也。時律曆廢，不知閏，謂之『後九月』也。以十月爲歲首，至九月則歲終，後九月則閏月。」

東牟侯興居曰：「誅呂氏吾無功，請得除宮。」迺與太僕汝陰侯滕公入宮，前謂少帝曰：「足下非劉氏，不當立。」乃顧麾左右執戟者掊兵罷去。〔一〕有數人不肯去兵，宦者令張澤諭告，亦去兵。滕公迺召乘輿車載少帝出。〔二〕少帝曰：「欲將我安之乎？」滕公曰：「出就舍。」舍少府。迺奉天子法駕，〔三〕迎代王於邸。報曰：「宮謹除。」代王即夕入未央宮。有謁者十人持戟衛端門，曰：「天子在也，足下何爲者而入？」代王迺謂太尉。太尉往諭，謁者十人皆

掊兵而去。代王遂入而聽政。夜，有司分部誅滅梁、淮陽、常山王及少帝於邸。

〔一〕集解徐廣曰：「掊音仆。」

〔二〕集解蔡邕曰：「律曰『敢盜乘輿服御物』。天子至尊，不敢渫瀆言之，故託於乘輿也。乘猶載也，輿猶車也。天子以天下爲家，不以京師宮室爲常處，則當乘車輿以行天下，故羣臣託乘輿以言之也，故或謂之『車駕』。」

〔三〕集解蔡邕曰：「天子有大駕、小駕、法駕。法駕上所乘，曰金根車，駕六馬，有五時副車，皆駕四馬，侍中參乘，屬車三十六乘。」

代王立爲天子。二十三年崩，謚爲孝文皇帝。

太史公曰：孝惠皇帝、高后之時，黎民得離戰國之苦，君臣俱欲休息乎無爲，故惠帝垂拱，高后女主稱制，政不出房戶，天下晏然。刑罰罕用，罪人是希。民務稼穡，衣食滋殖。

【索隱述贊】高祖猶微，呂氏作妃。及正軒掖，潛用福威。志懷安忍，性挾猜疑。置鴆齊悼，殘彘戚姬。孝惠崩殞，其哭不悲。諸呂用事，天下示私。大臣葅醢，支孽芟夷。禍盈斯驗，蒼狗爲菑。

史記卷十

孝文本紀第十

孝文皇帝，〔一〕高祖中子也。高祖十一年春，已破陳豨軍，定代地，立爲代王，都中都。〔二〕太后薄氏子。卽位十七年，高后八年七月，高后崩。九月，諸呂呂產等欲爲亂，以危劉氏，大臣共誅之，謀召立代王，事在呂后語中。

〔一〕集解漢書音義曰：「諱恆。」

〔二〕正義括地志云：「中都故城在汾州平遥縣西南十二里，秦屬太原郡也。」

丞相陳平、太尉周勃等使人迎代王。代王問左右郎中令張武等。張武等議曰：「漢大臣皆故高帝時大將，習兵，多謀詐，此其屬意非止此也，特畏高帝、呂太后威耳。今已誅諸呂，新啑血〔一〕京師，〔二〕此以迎大王爲名，實不可信。願大王稱疾毋往，以觀其變。」中尉宋昌進曰：〔三〕「羣臣之議皆非也。夫秦失其政，諸侯豪桀並起，人人自以爲得之者以萬數，然卒踐天子之位者，劉氏也，天下絕望，一矣。高帝封王子弟，地犬牙相制，〔四〕此所謂盤石之

宗也，〔五〕天下服其彊，二矣。漢興，除秦苛政，約法令，施德惠，人人自安，難動搖，三矣。夫以呂太后之嚴，立諸呂爲三王，擅權專制，然而太尉以一節入北軍，〔六〕一呼士皆左袒，爲劉氏，叛諸呂，卒以滅之。此乃天授，非人力也。今大臣雖欲爲變，百姓弗爲使，其黨寧能專一邪？方今內有朱虛、東牟之親，外畏吳、楚、淮南、琅邪、齊、代之彊。方今高帝子獨淮南王與大王，大王又長，賢聖仁孝，聞於天下，故大臣因天下之心而欲迎立大王，大王勿疑也。」代王報太后計之，猶與未定。卜之龜，卦兆得大橫。〔七〕占曰：「大橫庚庚，余爲天王，夏啓以光。」〔八〕代王曰：「寡人固已爲王矣，又何王？」卜人曰：「所謂天王者乃天子。」於是代王乃遣太后弟薄昭往見絳侯，絳侯等具爲昭言所以迎立王意。薄昭還報曰：「信矣，毋可疑者。」代王乃笑謂宋昌曰：「果如公言。」乃命宋昌參乘，張武等六人乘傳詣長安。至高陵休止，〔九〕而使宋昌先馳之長安觀變。

〔一〕索隱啑，漢書作「喋」，音跕，丁牒反。漢書陳湯杜業皆言喋血，無盟歃事。廣雅云「蹀，履也」，謂履涉之。

〔二〕集解公羊傳曰：「京，大；師，衆也。天子之居，必以衆大之辭言也。」

〔三〕索隱東觀漢記宋楊傳宋義後有宋昌。又會稽典錄昌，宋義孫也。

〔四〕索隱言封子弟境土交接，若犬之牙不正相當而相銜入也。

〔五〕索隱言其固如盤石。此語見太公六韜也。

〔六〕索隱卽紀通所矯帝之節。

〔七〕集解應劭曰：「以荆灼龜，文正橫。」

〔八〕集解服虔曰：「庚庚，橫貌也。」李奇曰：「庚庚，其繇文也。」張晏曰：「橫（行）〔謂〕無思不服。庚，更也。言去諸侯而卽帝位也。先是五帝官天下，老則禪賢，至啓始傳父爵，乃能光治先君之基業。文帝亦襲父迹，言似夏啓者也。」索隱荀悅云：「大橫，龜兆橫理也。」按：庚庚猶「更更」，言以諸侯更帝位也。荀悅云「繇，抽也，所以抽出吉凶之情也」。杜預云「繇，兆辭也，音胄也」。按：漢書蓋寬饒云「五帝官天下，三王家天下，官以傳賢人，家以傳子孫」。官猶公也，謂不私也。

〔九〕正義括地志云：「高陵故城在雍州高陵縣西南一里，本名横橋，架渭水上。三輔舊事云秦於渭南有興樂宮，渭北有咸陽宮。秦昭王欲通二宮之閒，造横橋，長三百八十步，橋北（京）〔壘〕石水中，舊有忖留神象。此神曾與魯班語，班令其出，留曰『我貌醜，卿善圖物容，不出』。班於是拱手與語曰『出頭見我』。留乃出首。班以脚畫地，忖留覺之，便没水。故置其像於水上，唯有腰以上。魏太祖馬見而驚，命移下之。」

昌至渭橋，〔一〕丞相以下皆迎。宋昌還報。代王馳至渭橋，羣臣拜謁稱臣。代王下車拜。太尉勃進曰：「願請閒言。」〔二〕宋昌曰：「所言公，公言之。所言私，王者不受私。」太尉乃跪上天子璽符。代王謝曰：「至代邸而議之。」〔三〕遂馳入代邸。羣臣從至。丞相陳平、太尉周勃、大將軍陳武、御史大夫張蒼、宗正劉郢、〔四〕朱虛侯劉章、東牟侯劉興居、典客劉揭皆再拜言曰：「子弘等皆非孝惠帝子，不當奉宗廟。臣謹請（與）陰安侯〔五〕列侯頃王后〔六〕

與琅邪王、宗室、大臣、列侯、吏二千石議曰：『大王高帝長子，宜爲高帝嗣。』願大王卽天子位。」代王曰：「奉高帝宗廟，重事也。寡人不佞，不足以稱宗廟。願請楚王計宜者，〔七〕寡人不敢當。」羣臣皆伏固請。代王西鄉讓者三，南鄉讓者再。〔八〕丞相平等皆曰：「臣伏計之，大王奉高帝宗廟最宜稱，雖天下諸侯萬民以爲宜。臣等爲宗廟社稷計，不敢忽。願大王幸聽臣等。臣謹奉天子璽符再拜上。」代王曰：「宗室將相王列侯以爲莫宜寡人，寡人不敢辭。」遂卽天子位。

〔一〕集解蘇林曰：「在長安北三里。」索隱三輔故事：「咸陽宮在渭北，興樂宮在渭南，秦昭王通兩宮之閒，作渭橋，長三百八十步。」又關中記云石柱以北屬扶風，石柱以南屬京兆也。

〔二〕索隱包愷音閑，言欲向空閑處語。顏師古云：「閒，容也，猶言中閒。請容暇之頃，當有所陳，不欲卽公論也。」

〔三〕索隱說文：「邸，屬國舍。」

〔四〕集解漢書百官表曰：「宗正，秦官。」應劭曰：「周成王時，彤伯入爲宗正。」

〔五〕集解蘇林曰：「高帝兄伯妻羮頡侯信母，丘嫂也。」

〔六〕集解徐廣曰：「代頃王劉仲之妻。」駰按：蘇林曰「仲子濞爲吳王，故追謚爲頃王」也。如淳曰「頃王后封陰安侯，時呂嬃爲林光侯，蕭何夫人亦爲酇侯」。又宗室表此時無陰安，知其爲頃王后也。索隱按：蘇林、徐廣、韋昭以爲二人封號，而樂產引如淳，以頃王后別封陰安侯，與漢祠令相會。今以陰安是別人封爵，非也。頃王后是代王后，文帝之伯母。代王降爲郃陽侯，故云「列侯頃王后」。韋昭曰「陰安屬魏郡」也。

〔七〕集解蘇林曰：「楚王名交，高帝弟。」索隱楚王交，高帝弟，最尊。言更請楚王計宜者，故下云「皆爲宜」也。

〔八〕集解如淳曰：「讓羣臣也。或曰賓主位東西面，君臣位南北面，故西向坐，三讓不受，羣臣猶稱宜，乃更迴坐示變，即君位之漸也。」

羣臣以禮次侍。乃使太僕嬰與東牟侯興居清宮，〔一〕奉天子法駕，〔二〕迎于代邸。皇帝即日夕入未央宮。乃夜拜宋昌爲衞將軍，鎮撫南北軍。以張武爲郎中令，行殿中。還坐前殿。於是夜下詔書曰：「閒者諸呂用事擅權，謀爲大逆，欲以危劉氏宗廟，賴將相列侯宗室大臣誅之，皆伏其辜。朕初即位，其赦天下，賜民爵一級，女子百户牛酒，〔三〕酺五日。」〔四〕

〔一〕集解應劭曰：「舊典，天子行幸所至，必遣靜宮令先案行清靜殿中，以虞非常。」索隱按：漢儀云「皇帝起居，索室清宮而後行」。

〔二〕索隱漢官儀云：「天子鹵簿有大駕、法駕。大駕公卿奉引，大將軍參乘，屬車八十一乘。法駕公卿不在鹵簿中，惟京兆尹、執金吾、長安令奉引，侍中參乘，屬車三十六乘也。」

〔三〕集解蘇林曰：「男賜爵，女子賜牛酒。」索隱按：封禪書云「百户牛一頭，酒十石」。樂產云「婦人無夫或無子不霑爵，故賜之也」。

〔四〕集解文穎曰：「漢律三人已上無故羣飲，罰金四兩。今詔橫賜得令會聚飲食五日。」索隱說文云「酺，王者布德，大飲酒也」。出錢爲醵，出食爲酺。又按：趙武靈王滅中山，酺五日，是其所起也。

孝文皇帝元年十月庚戌，徙立故琅邪王澤爲燕王。

辛亥，皇帝即阼，〔一〕謁高廟。右丞相平徙爲左丞相，〔二〕太尉勃爲右丞相，大將軍灌嬰爲太尉。諸呂所奪齊楚故地，皆復與之。

〔一〕正義主人階也。

〔二〕正義此時尚右。

壬子，遣車騎將軍薄昭迎皇太后于代。皇帝曰：「呂產自置爲相國，呂祿爲上將軍，擅矯遣灌將軍嬰將兵擊齊，欲代劉氏，嬰留滎陽弗擊，與諸侯合謀以誅呂氏。呂產欲爲不善，丞相陳平與太尉周勃謀奪呂產等軍。朱虛侯劉章首先捕呂產等。太尉身率襄平侯通持節承詔入北軍。典客劉揭身奪趙王呂祿印。益封太尉勃萬户，賜金五千斤。丞相陳平、灌將軍嬰邑各三千户，金二千斤。朱虛侯劉章、襄平侯通、東牟侯劉興居邑各二千户，金千斤。〔一〕封典客揭爲陽信侯，〔二〕賜金千斤。」

〔一〕集解徐廣曰：「十一月辛丑。」

〔二〕索隱韋昭云勃海縣。正義括地志云：「陽信故城在滄州無棣縣東南三十里，漢陽信縣。」

十二月，上曰：「法者，治之正也，所以禁暴而率善人也。今犯法已論，而使毋罪之父母妻子同產坐之，及爲收帑，朕甚不取。其議之。」有司皆曰：「民不能自治，故爲法以禁之。

相坐坐收，所以累其心，使重犯法，所從來遠矣。如故便。」上曰：「朕聞法正則民慤，罪當則民從。且夫牧民而導之善者，吏也。其既不能導，又以不正之法罪之，是反害於民爲暴者也。何以禁之？朕未見其便，其孰計之。」有司皆曰：「陛下加大惠，德甚盛，非臣等所及也。請奉詔書，除收帑諸相坐律令。」〔一〕

〔一〕集解應劭曰：「帑，子也。秦法一人有罪，并坐其家室。今除此律。」

正月，有司言曰：「蚤建太子，所以尊宗廟。請立太子。」上曰：「朕既不德，上帝神明未歆享，天下人民未有嗛志。〔一〕今縱不能博求天下賢聖有德之人而禪天下焉，而曰豫建太子，是重吾不德也。謂天下何？〔二〕其安之。」〔三〕有司曰：「豫建太子，所以重宗廟社稷，不忘天下也。」上曰：「楚王，季父也，春秋高，閱天下之義理多矣，〔四〕明於國家之大體。吳王於朕，兄也，惠仁以好德。淮南王，弟也，秉德以陪朕。〔五〕豈爲不豫哉！諸侯王宗室昆弟有功臣，多賢及有德義者，若舉有德以陪朕之不能終，是社稷之靈，天下之福也。今不選舉焉，而曰必子，人其以朕爲忘賢有德者而專於子，非所以憂天下也。朕甚不取也。」有司皆固請曰：「古者殷周有國，治安皆千餘歲，古之有天下者莫長焉，用此道也。〔六〕立嗣必子，所從來遠矣。高帝親率士大夫，始平天下，建諸侯，爲帝者太祖。諸侯王及列侯始受國者皆亦爲其國祖。子孫繼嗣，世世弗絕，天下之大義也，故高帝設之以撫海內。今釋宜建而更

選於諸侯及宗室，非高帝之志也。更議不宜。〔七〕子某最長，純厚慈仁，請建以爲太子。」上乃許之。因賜天下民當代父後者爵各一級。〔八〕封將軍薄昭爲軹侯。〔九〕

〔一〕索隱按：嗛者，（不）滿之意也。未有嗛志，言天下皆志不滿也。漢書作「慊志」，安也。

〔二〕索隱言何以謂於天下也。

〔三〕索隱其，發聲也。安者，徐也。言徐徐且待也。

〔四〕集解如淳曰：「閱，猶言多所更歷也。」

〔五〕集解文穎曰：「陪，輔也。」

〔六〕索隱言古之有天下者，無長於立子，故云「莫長焉」。用此道者，用殷周立子之道，故安治千有餘歲也。

〔七〕索隱言不宜更別議也。

〔八〕集解韋昭曰：「文帝以立子爲後，不欲獨饗其福，故賜天下爲父後者爵。」

〔九〕集解徐廣曰：「正月乙巳也。」

三月，有司請立皇后。薄太后曰：「諸侯皆同姓，立太子母爲皇后。」〔一〕皇后姓竇氏。上爲立后故，賜天下鰥寡孤獨窮困及年八十已上孤兒九歲已下布帛米肉各有數。上從代來，初即位，施德惠天下，填撫諸侯四夷皆洽驩，乃循從代來功臣。上曰：「方大臣之誅諸呂迎朕，朕狐疑，皆止朕，唯中尉宋昌勸朕，朕以得保奉宗廟。已尊昌爲衞將軍，其封昌爲壯武侯。〔二〕諸從朕六人，官皆至九卿。」〔三〕

〔一〕索隱謂帝之子爲諸侯王，皆同姓。姓，生也。言皆同母生，故立太子母也。

〔二〕集解徐廣曰：「四月辛亥封，封三十四年，景帝中四年奪侯，國除。」索隱韋昭云膠東縣。正義括地志云：「壯武故城在萊州卽墨縣西六十里，古萊夷國，有漢壯武縣故城。」

〔三〕正義漢置九卿，一曰太常，二曰光祿，三曰衞尉，四曰太僕，五曰廷尉，六曰大鴻臚，七曰宗正，八曰大司農，九曰少府，是爲九卿也。

上曰：「列侯從高帝入蜀、漢中者六十八人皆益封各三百户，故吏二千石以上從高帝潁川守尊等十人食邑六百户，淮陽守申徒嘉等十人五百户，衞尉定等十人四百户。封淮南王舅父趙兼爲周陽侯，〔一〕齊王舅父駟鈞爲清郭侯。」〔二〕秋，封故常山丞相蔡兼爲樊侯。〔三〕

〔一〕正義括地志云：「周陽故城在絳州聞喜縣東二十九里。」

〔二〕集解如淳曰：「邑名，六國時齊有清郭君。清音靜。」索隱按表，駟鈞封鄔侯。不同者，蓋後徙封於鄔。鄔屬鉅鹿郡。

〔三〕索隱韋昭云：「樊，東平之縣。」正義括地志云：「漢樊縣城在兗州瑕丘西南二十五里。地理志云樊縣古樊國，仲山甫所封。」

人或說右丞相曰：「君本誅諸呂，迎代王，今又矜其功，受上賞，處尊位，禍且及身。」右丞相勃乃謝病免罷，左丞相平專爲丞相。〔一〕

〔一〕集解徐廣曰：「八月中。」

二年十月，丞相平卒，復以絳侯勃爲丞相。上曰：「朕聞古者諸侯建國千餘(歲)，各守其地，以時入貢，民不勞苦，上下驩欣，靡有遺德。今列侯多居長安，邑遠，吏卒給輸費苦，而列侯亦無由教馴其民。〔一〕其令列侯之國，爲吏及詔所止者，遣太子。」〔二〕

〔一〕正義馴，古「訓」字。

〔二〕集解張晏曰：「爲吏，謂以卿大夫爲兼官者。詔所止，特以恩愛見留者。」

十一月晦，日有食之。〔一〕十二月望，日又食。〔二〕上曰：「朕聞之，天生蒸民，爲之置君以養治之。人主不德，布政不均，則天示之以菑，以誡不治。乃十一月晦，日有食之，適見于天，菑孰大焉！朕獲保宗廟，以微眇之身託于兆民君王之上，天下治亂，在朕一人，唯二三執政猶吾股肱也。朕下不能理育羣生，上以累三光之明，其不德大矣。令至，其悉思朕之過失，及知見思之所不及，匄以告朕。及舉賢良方正能直言極諫者，以匡朕之不逮。因各飭其任職，務省繇費以便民。朕既不能遠德，故憪然念外人之有非，〔三〕是以設備未息。今縱不能罷邊屯戍，而又飭兵厚衞，其罷衞將軍軍。太僕見馬遺財足，〔四〕餘皆以給傳置。」〔五〕

〔一〕正義按：說文云日蝕則朔，月蝕則望。而云晦日食之，恐曆錯誤。

〔二〕集解徐廣曰：「此云望日又食。按：漢書及五行志無此日食文也。一本作『月食』，然史書不紀月食。」

〔三〕集解漢書音義曰：「憪然猶介然也。非，姦非也。」索隱蘇林云「憪，寢視不安之貌」，蓋近其意。餘說皆疏。憪音下板反。

〔四〕索隱遺猶留也。財，古字與「纔」同。言太僕見在之馬，今留纔足充事而已也。

〔五〕索隱按：廣雅云「置，驛也」。續漢書云「驛馬三十里一置」。故樂産亦云傳置一也。言乘傳者以傳次受名，乘置者以馬取匹。傳音丁戀反。如淳云「律，四馬高足爲傳置，四馬中足爲馳置，下足爲乘置，一馬二馬爲軺置，如置急者乘一馬曰乘也」。

正月，上曰：「農，天下之本，其開籍田，〔一〕朕親率耕，以給宗廟粢盛。」〔二〕

〔一〕集解應劭曰：「古者天子耕籍田千畝，爲天下先。籍者，帝王典籍之常。」韋昭曰：「籍，借也。借民力以治之，以奉宗廟，且以勸率天下，使務農也。」瓚曰：「景帝詔曰『朕親耕，后親桑，爲天下先』。本以躬親爲義，不得以假借爲稱也。籍，蹈籍也。」

〔二〕集解應劭曰：「黍稷曰粢，在器中曰盛。」

三月，有司請立皇子爲諸侯王。上曰：「趙幽王幽死，朕甚憐之，已立其長子遂爲趙王。遂弟辟彊及齊悼惠王子朱虛侯章、東牟侯興居有功，可王。」乃立趙幽王少子辟彊爲河閒王，以齊劇郡立朱虛侯爲城陽王，立東牟侯爲濟北王，皇子武爲代王，子參爲太原王，子揖爲梁王。

上曰：「古之治天下，朝有進善之旌，〔一〕誹謗之木，〔二〕所以通治道而來諫者。今法有

誹謗妖言之罪，是使衆臣不敢盡情，而上無由聞過失也。將何以來遠方之賢良？其除之。民或祝詛上以相約結而後相謾，〔三〕吏以爲大逆，其有他言，而吏又以爲誹謗。此細民之愚無知抵死，朕甚不取。自今以來，有犯此者勿聽治。」

〔一〕集解應劭曰：「旌，幡也。堯設之五達之道，令民進善也。」如淳曰：「欲有進善者，立於旌下言之。」

〔二〕集解服虔曰：「堯作之，橋梁交午柱頭。」應劭曰：「橋梁邊板，所以書政治之愆失也。至秦去之，今乃復施也。」索隱按：尸子云「堯立誹謗之木」。誹音非，亦音沸。韋昭云「慮政有闕失，使書於木，此堯時然也，後代因以爲飾。今宮外橋梁頭四植木是也」。鄭玄注禮云「一縱一橫爲午，謂以木貫表柱四出，卽今之華表」。崔浩以爲木貫表柱四出名「桓」，陳楚俗桓聲近和，又云「和表」，則「華」與「和」又相訛耳。

〔三〕集解漢書音義曰：「民相結共祝詛上也。謾者，而後謾而止之，不舉祝詛也。」索隱韋昭云：「謾，相抵讕也。」說文云：「謾，欺也。」謂初相約共行祝，後相欺誑，中道而止之也。

九月，初與郡國守相爲銅虎符、竹使符。〔一〕

〔一〕集解應劭曰：「銅虎符第一至第五，國家當發兵，遣使者至郡合符，符合乃聽受之。竹使符皆以竹箭五枚，長五寸，鐫刻篆書，第一至第五。」張晏曰：「符以代古之珪璋，從簡易也。」索隱漢舊儀銅虎符發兵，長六寸。竹使符出入徵發。說文云分符而合之。小顏云「右留京師，左與之」。古今注云「銅虎符銀錯書之」。張晏云「銅取其同心也」。

三年十月丁酉晦，日有食之。十一月，上曰：「前日(計)〔詔〕遣列侯之國，或辭未行。丞

相朕之所重，其爲朕率列侯之國。」絳侯勃免丞相就國，以太尉潁陰侯嬰爲丞相。罷太尉官，屬丞相。四月，城陽王章薨。淮南王長與從者魏敬殺辟陽侯審食其。

五月，匈奴入北地，居河南爲寇。帝初幸甘泉。〔一〕六月，帝曰：「漢與匈奴約爲昆弟，毋使害邊境，所以輸遺匈奴甚厚。今右賢王離其國，將衆居河南降地，非常故，往來近塞，捕殺吏卒，驅保塞蠻夷，令不得居其故，陵轢邊吏，入盜，甚敖無道，非約也。其發邊吏騎八萬五千詣高奴，遣丞相潁陰侯灌嬰擊匈奴。」匈奴去，發中尉〔二〕材官屬衞將軍軍長安。

〔一〕集解蔡邕曰：「天子車駕所至，民臣以爲僥倖，故曰幸。至見令長三老官屬，親臨軒，作樂，賜食帛越巾刀佩帶，民爵有級數，或賜田租之半，故因是謂之幸。」索隱應劭云：「宮名，在雲陽。一名林光。」臣瓚云：「甘泉，山名。林光，秦離宮名。」又顧氏按：邢承宗西征賦注云「甘泉，水名」。今按：蓋因地有甘泉以名山，則山水皆通也。宮名謬爾。

〔二〕集解漢書百官表曰：「中尉，秦官。」

辛卯，帝自甘泉之高奴，因幸太原，見故羣臣，皆賜之。舉功行賞，諸民里賜牛酒。復晉陽〔一〕中都民三歲。留游太原十餘日。

〔一〕正義故城在汾州平遥縣西南十三里。

濟北王興居聞帝之代，欲往擊胡，乃反，發兵欲襲滎陽。於是詔罷丞相兵，遣棘蒲侯陳

武爲大將軍，將十萬往擊之。祁侯賀〔一〕爲將軍，軍滎陽。七月辛亥，帝自太原至長安。迺詔有司曰：「濟北王背德反上，詿誤吏民，爲大逆。濟北吏民兵未至先自定，及以軍地邑降者，皆赦之，復官爵。與王興居去來，亦赦之。」〔二〕八月，破濟北軍，虜其王。赦濟北諸吏民與王反者。

〔一〕集解徐廣曰：「姓繒，以文帝十一年卒，謚曰敬。」索隱漢書音義祁音遲。賀姓繒。繒，古國，夏同姓也。正義括地志云：「并州祁縣城，晉大夫祁奚之邑。」

〔二〕集解徐廣曰：「乍去乍來也。」駰案：張晏曰「雖始與興居反，今降，赦之」。

六年，有司言淮南王長廢先帝法，不聽天子詔，居處毋度，出入擬於天子，擅爲法令，與棘蒲侯太子奇謀反，遣人使閩越及匈奴，發其兵，欲以危宗廟社稷。羣臣議，皆曰「長當弃市」。帝不忍致法於王，赦其罪，廢勿王。羣臣請處王蜀嚴道、邛都，〔一〕帝許之。長未到處所，行病死，上憐之。後十六年，追尊淮南王長謚爲厲王，立其子三人爲淮南王、〔二〕衡山王、〔三〕廬江王。〔四〕

〔一〕集解徐廣曰：「漢書或作『郪』字，或直云『邛僰』。邛都乃本是西南夷，爾時未通，嚴道有邛僰山。」正義邛，其恭反。括地志云：「嚴道今爲縣，即邛州所理縣也。縣有蠻夷曰道，故曰嚴道。邛都縣本邛都國，漢爲縣，今嶲州也。西南夷傳云『滇池以北君長以十數，邛都最大』是也。」按：羣臣請處淮南王長蜀之嚴道，不爾，更遠邛都西有邛僰山也。邛僰山在雅州滎經縣界。滎經，武德年閒置，本秦嚴道地。華陽國志云：「邛筰山故邛人、筰人界也。山巖峭峻，曲回九折乃至，上下有凝冰。按即王尊登者也。今從九折西南行至嶲州，山多雨少晴，俗呼名爲漏天。」

〔二〕索隱名安，阜陵侯也。

〔三〕索隱名勃，安陽侯也。

〔四〕索隱名賜，周陽侯也。

十三年夏，上曰：「蓋聞天道禍自怨起而福繇德興。百官之非，宜由朕躬。今祕祝之官移過于下，〔一〕以彰吾之不德，朕甚不取。其除之。」

〔一〕集解應劭曰：「祕祝之官移過于下，國家諱之，故曰祕。」

五月，齊太倉令淳于公〔一〕有罪當刑，詔獄逮徙繫長安。太倉公無男，有女五人。太倉公將行會逮，罵其女曰：「生子不生男，有緩急非有益也！」其少女緹縈〔二〕自傷泣，乃隨其父至長安，上書曰：「妾父爲吏，齊中皆稱其廉平，今坐法當刑。妾傷夫死者不可復生，刑者不可復屬，雖復欲改過自新，其道無由也。妾願没入爲官婢，贖父刑罪，使得自新。」書奏天子，天子憐悲其意，乃下詔曰：「蓋聞有虞氏之時，畫衣冠異章服以爲僇，〔三〕而民不犯。何則？至治也。今法有肉刑三，〔四〕而姦不止，其咎安在？非乃朕德薄而教不明歟？吾甚自

愧。故夫馴道不純而愚民陷焉。詩曰『愷悌君子，民之父母』。今人有過，教未施而刑加焉，或欲改行爲善而道毋由也。朕甚憐之。夫刑至斷支體，刻肌膚，終身不息，何其楚痛而不德也，豈稱爲民父母之意哉！其除肉刑。」

〔一〕索隱名意，爲齊太倉令，故謂之倉公也。

〔二〕索隱緹音啼。鄒氏音體，非。

〔三〕正義晉書刑法志云：「三皇設言而民不違，五帝畫衣冠而民知禁。犯黥者皁其巾，犯劓者丹其服，犯臏者墨其體，犯宮者雜其屨，大辟之罪，殊刑之極，布其衣裾而無領緣，投之於市，與衆弃之。」

〔四〕集解李奇曰：「約法三章無肉刑，文帝則有肉刑。」孟康曰：「黥劓二，左右趾合一，凡三。」索隱韋昭云：「斷趾、黥、劓之屬。」崔浩漢律序云：「文帝除肉刑而宮不易。」張斐注云：「以淫亂人族序，故不易之也。」

上曰：「農，天下之本，務莫大焉。今勤身從事而有租稅之賦，是爲本末者毋以異，〔一〕其於勸農之道未備。其除田之租稅。」

〔一〕集解李奇曰：「本，農也。末，賈也。言農與賈俱出租無異也，故除田租。」

十四年冬，匈奴謀入邊爲寇，攻朝那塞，殺北地都尉卬。〔一〕上乃遣三將軍軍隴西、北地、上郡，中尉周舍爲衞將軍，郎中令張武爲車騎將軍，軍渭北，車千乘，騎卒十萬。帝親自勞軍，勒兵申教令，賜軍吏卒。帝欲自將擊匈奴，羣臣諫，皆不聽。皇太后固要帝，〔二〕帝乃

止。於是以東陽侯張相如爲大將軍，成侯赤〔三〕爲內史，欒布爲將軍，擊匈奴。匈奴遁走。

〔一〕【集解】徐廣曰：「姓孫。封其子單爲缾侯。匈奴所殺。」
〔二〕【集解】如淳曰：「必不得自征也。」
〔三〕【集解】徐廣曰：「姓董也。」

春，上曰：「朕獲執犧牲珪幣以事上帝宗廟，十四年于今，歷日(縣)〔緜〕長，以不敏不明而久撫臨天下，朕甚自愧。其廣增諸祀墠場珪幣。昔先王遠施不求其報，望祀不祈其福，右賢左戚，〔一〕先民後己，至明之極也。今吾聞祠官祝釐，〔二〕皆歸福朕躬，不爲百姓，朕甚愧之。夫以朕不德，而躬享獨美其福，百姓不與焉，是重吾不德。其令祠官致敬，毋有所祈。」

〔一〕【集解】韋昭曰：「右猶高，左猶下也。」【索隱】劉德云：「先賢後親也。」
〔二〕【集解】如淳曰：「釐，福也。賈誼傳『受釐坐宣室』。」【索隱】音禧，福也。

是時北平侯張蒼爲丞相，方明律曆。魯人公孫臣上書陳終始傳五德事，〔一〕言方今土德時，土德應黃龍見，當改正朔服色制度。天子下其事與丞相議。丞相推以爲今水德，始明正十月上黑事，以爲其言非是，請罷之。

〔一〕【索隱】五行之德，帝王相承傳易，終而復始，故云「終始傳五德之事」。傳音轉也。

十五年，黃龍見成紀，〔一〕天子乃復召魯公孫臣，以爲博士，申明土德事。於是上乃下詔曰：「有異物之神見于成紀，無害於民，歲以有年。朕親郊祀上帝諸神。禮官議，毋諱以勞朕。」〔二〕有司禮官皆曰：「古者天子夏躬親禮祀上帝於郊，故曰郊。」於是天子始幸雍，郊見五帝，以孟夏四月答禮焉。趙人新垣平以望氣見，因說上設立渭陽五廟。〔三〕欲出周鼎，當有玉英見。〔四〕

〔一〕【集解】韋昭曰：「成紀縣屬天水。」
〔二〕【集解】漢書音義曰：「言無所諱，勿以朕爲勞。」
〔三〕【集解】韋昭曰：「在渭城。」
〔四〕【集解】瑞應圖云：「玉英，五常並修則見。」

十六年，上親郊見渭陽五帝廟，亦以夏答禮而尚赤。

十七年，得玉杯，〔一〕刻曰「人主延壽」。於是天子始更爲元年，〔二〕令天下大酺。其歲，新垣平事覺，夷三族。

〔一〕【集解】應劭曰：「新垣平詐令人獻之。」
〔二〕【索隱】按：秦本紀惠文王十四年更爲元年。又汲冢竹書魏惠王亦有後元，當取法於此。又按：封禪書以新垣平候日再中，故改元也。

後二年，上曰：「朕既不明，不能遠德，是以使方外之國或不寧息。夫四荒之外不安其生，〔一〕封畿之內勤勞不處，二者之咎，皆自於朕之德薄而不能遠達也。閒者累年，匈奴並暴邊境，多殺吏民，邊臣兵吏又不能諭吾內志，以重吾不德也。夫久結難連兵，中外之國將何以自寧？今朕夙興夜寐，勤勞天下，憂苦萬民，爲之怛惕不安，未嘗一日忘於心，故遣使者冠蓋相望，結軼於道，〔二〕以諭朕意於單于。今單于反古之道，計社稷之安，便萬民之利，親與朕俱弃細過，偕之大道，結兄弟之義，以全天下元元之民。〔三〕和親已定，始于今年。」

〔一〕【索隱】顧胤按：爾雅孤竹、北户、西王母、日下謂之四荒也。
〔二〕【集解】韋昭曰：「使車往還，故轍如結也。」相如曰『結軌還轅』。」【索隱】鄒氏軼音逸，又音轍。漢書作「轍」。顧氏按：司馬彪云「結謂車轍回旋錯結之也」。
〔三〕【索隱】戰國策云：「制海內，子元元，非兵不可。」高誘注云：「元元，善也。」又按：姚察云「古者謂人云善，言善人也。因善爲元，故云黎元。其言元元者，非一人也」。顧野王又云「元元猶喁喁，可憐愛貌」。未安其說，聊記異也。

後六年冬，匈奴三萬人入上郡，三萬人入雲中。以中大夫令勉〔一〕爲車騎將軍，軍飛狐；〔二〕故楚相蘇意爲將軍，軍句注；〔三〕將軍張武屯北地；河內守周亞夫爲將軍，居細柳；〔四〕宗正劉禮爲將軍，居霸上；祝茲侯〔五〕軍棘門：〔六〕以備胡。數月，胡人去，亦罷。

〔一〕【集解】徐廣曰：「衞尉改名也。」駰案：漢書百官表景帝初改衞尉爲中大夫令，非此年也。【索隱】裴駰按：表景帝改衞尉爲中大夫令，則中大夫令是官號，勉其名。後此官改爲光祿勳。虞世南以此稱中大夫令，是史家追書耳。顏遊秦以令是姓，勉是名，爲中大夫。據風俗通，令姓令尹子文之後也。
〔二〕【集解】如淳曰：「在代郡。」蘇林曰：「在上黨。」
〔三〕【集解】應劭曰：「山險名也，在鴈門陰館。」【索隱】句，伏儼音俱，包愷音鉤。
〔四〕【集解】徐廣曰：「在長安西。」駰按：如淳曰「長安圖細柳倉在渭北，近石徼」。張揖曰「在昆明池南，今有柳市是也」。【索隱】按：三輔故事細柳在直城門外阿房宮西北維。又匈奴傳云「長安西細柳」，則如淳云在渭北，非也。
〔五〕【集解】徐廣曰：「表作松茲侯，姓徐，名悍。」
〔六〕【集解】徐廣曰：「在渭北。」駰案：孟康曰「在長安北，秦時宮門也。」如淳曰「三輔黃圖棘門在橫門外」。

天下旱，蝗。帝加惠：令諸侯毋入貢，弛山澤，〔一〕減諸服御狗馬，損郎吏員，發倉庾〔二〕以振貧民，民得賣爵。〔三〕

〔一〕【集解】韋昭曰：「弛，廢也。廢其常禁以利民。」
〔二〕【集解】應劭曰：「水漕倉曰庾。」胡公曰：「在邑曰倉，在野曰庾。」【索隱】郭璞注三蒼云：「庾，倉無屋也。」胡公名廣，後漢太尉，作漢官解詁也。
〔三〕【索隱】崔浩云：「富人欲爵，貧人欲錢，故聽買賣也。」

孝文帝從代來，即位二十三年，宮室苑囿狗馬服御無所增益，有不便，輒弛以利民。嘗欲作露臺，〔一〕召匠計之，直百金。上曰：「百金中民十家之產，吾奉先帝宮室，常恐羞之，何以臺爲！」上常衣綈衣，〔二〕所幸慎夫人，令衣不得曳地，幃帳不得文繡，以示敦朴，爲天下先。治霸陵皆以瓦器，不得以金銀銅錫爲飾，不治墳，欲爲省，毋煩民。南越王尉佗自立爲武帝，然上召貴尉佗兄弟，以德報之，佗遂去帝稱臣。與匈奴和親，匈奴背約入盜，然令邊備守，不發兵深入，惡煩苦百姓。吳王詐病不朝，就賜几杖。羣臣如袁盎等稱說雖切，常假借用之。〔三〕羣臣如張武等受賂遺金錢，覺，上乃發御府金錢賜之，以愧其心，弗下吏。專務以德化民，是以海內殷富，興於禮義。

〔一〕集解 徐廣曰：「露，一作『靈』。」 索隱 顧氏按：新豐南驪山上猶有臺之舊址也。

〔二〕集解 如淳曰：「賈誼云『身衣皁綈』。」

〔三〕集解 蘇林曰：「假音休假。借音以物借人。」

後七年六月己亥，帝崩於未央宮。〔一〕遺詔曰：「朕聞蓋天下萬物之萌生，靡不有死。死者天地之理，物之自然者，奚可甚哀。當今之時，世咸嘉生而惡死，厚葬以破業，重服以傷

生，吾甚不取。且朕既不德，無以佐百姓；今崩，又使重服久臨，以離寒暑之數，哀人之父子，傷長幼之志，損其飲食，絕鬼神之祭祀，以重吾不德也，謂天下何！朕獲保宗廟，以眇眇之身託于天下君王之上，二十有餘年矣。賴天地之靈，社稷之福，方內安寧，〔二〕靡有兵革。〔三〕朕既不敏，常畏過行，以羞先帝之遺德；維年之久長，懼于不終。今乃幸以天年，得復供養于高廟，朕之不明與嘉之，〔四〕其奚哀悲之有！其令天下吏民，令到出臨三日，皆釋服。毋禁取婦嫁女祠祀飲酒食肉者。自當給喪事服臨者，皆無踐。〔五〕絰帶無過三寸，毋布車及兵器，〔六〕毋發民男女哭臨宮殿。宮殿中當臨者，皆以旦夕各十五舉聲，禮畢罷。非旦夕臨時，禁毋得擅哭。已下，〔七〕服大紅十五日，小紅十四日，纖七日，釋服。〔八〕佗不在令中者，皆以此令比率從事。布告天下，使明知朕意。霸陵山川因其故，〔九〕毋有所改。歸夫人以下至少使。」〔一〇〕令中尉亞夫爲車騎將軍，屬國悍〔一一〕爲將屯將軍，〔一二〕郎中令武爲復土將軍，〔一三〕發近縣見卒萬六千人，發內史卒萬五千人，〔一四〕藏郭穿復土屬將軍武。

〔一〕集解 徐廣曰：「年四十七。」

〔二〕集解 瓚曰：「方，四方也。內，中也。猶云中外也。」

〔三〕集解 徐廣曰：「一云『方內安，兵革息』。」

〔四〕集解 如淳曰：「與，發聲也。得卒天年已善矣。」

〔五〕集解 服虔曰：「踐，翦也。謂無斬衰也。」孟康曰：「踐，跣也。」晉灼曰：「漢語作『跣』。跣，徒跣也。」 索隱 漢語是書名，荀爽所作也。

〔六〕集解 應劭曰：「無以布衣車及兵器也。」服虔曰：「不施輕車介士也。」

〔七〕索隱 謂柩已下於壙。

〔八〕集解 服虔曰：「當言大功、小功布也。纖，細布衣也。」應劭曰：「紅者，中祥大祥以紅爲領緣也。纖者，禫也。凡三十六日而釋服。」 索隱 劉德云：「紅亦功也。男功非一，故以『工力』爲字。而女工唯在於絲，故以『糸工』爲字。三十六日，以日易月故也。」

〔九〕集解 應劭曰：「因山爲藏，不復起墳，山下川流不遏絕也。就其水名以爲陵號。」 索隱 霸是水名。水徑於山，亦曰霸山，即芷陽地也。

〔一〇〕集解 應劭曰：「夫人以下有美人、良人、八子、七子、長使、少使，凡七輩，皆遣歸家，重絕人類也。」

〔一一〕集解 徐廣曰：「姓徐。」駰按：漢書百官表「典屬國，秦官，掌蠻夷降者」。

〔一二〕集解 李奇曰：「馮奉世爲右將軍，以將屯將軍爲名，此監主諸屯也。」

〔一三〕集解 如淳曰：「主穿壙填瘞事者。」 索隱 復音伏。謂穿壙出土，下棺已而填之，即以爲墳，故云復土。復，反還也。又音福。

〔一四〕索隱 按：百官表云內史掌理京師之官也。景帝更名京兆尹也。

乙巳，〔一〕羣臣皆頓首上尊號曰孝文皇帝。

〔一〕集解 漢書云：「乙巳葬霸陵。」皇甫謐曰：「霸陵去長安七十里。」

太子即位于高廟。丁未，襲號曰皇帝。

孝景皇帝元年十月，制詔御史：「蓋聞古者祖有功而宗有德，〔一〕制禮樂各有由。聞歌者，所以發德也；舞者，所以明功也。高廟酎，〔二〕奏武德、文始、五行之舞。〔三〕孝惠廟酎，奏文始、五行之舞。孝文皇帝臨天下，通關梁，不異遠方。〔四〕除誹謗，去肉刑，賞賜長老，收恤孤獨，以育羣生。減嗜欲，不受獻，〔五〕不私其利也。罪人不帑，〔六〕不誅無罪。除（肉）〔宮〕刑，出美人，重絕人之世。朕既不敏，不能識。此皆上古之所不及，而孝文皇帝親行之。德厚侔天地，〔七〕利澤施四海，靡不獲福焉。明象乎日月，而廟樂不稱，朕甚懼焉。其爲孝文皇帝廟爲昭德之舞，〔八〕以明休德。然后祖宗之功德著於竹帛，施于萬世，永永無窮，朕甚嘉之。其與丞相、列侯、中二千石、禮官具爲禮儀奏。」丞相臣嘉等言：「陛下永思孝道，立昭德之舞以明孝文皇帝之盛德，皆臣嘉等愚所不及。臣謹議：世功莫大於高皇帝，德莫盛於孝文皇帝，高皇廟宜爲帝者太祖之廟，孝文皇帝廟宜爲帝者太宗之廟。天子宜世世獻祖宗之廟。郡國諸侯宜各爲孝文皇帝立太宗之廟。諸侯王列侯使者侍祠天子，歲獻祖宗之廟。〔九〕請著之竹帛，宣布天下。」制曰：「可。」

〔一〕集解 應劭曰：「始取天下者爲祖，高帝稱高祖是也。始治天下者爲宗，文帝稱太宗是也。」

〔二〕集解張晏曰：「正月旦作酒，八月成，名曰酎。酎之言純也。至武帝時，因八月嘗酎會諸侯廟中，出金助祭，所謂『酎金』也。」

〔三〕集解孟康曰：「武德，高祖所作也。文始，舜舞也。五行，周舞也。武德者，其舞人執干戚。文始舞執羽籥。五行舞冠冕，衣服法五行色。見禮樂志。」索隱應劭云：「禮樂志文始舞本舜韶舞，高祖更名文始，示不相襲。五行舞本周武舞，秦始皇更名五行舞。按：今言『奏武德、文始、五行之舞』者，其樂總象武王樂，言高祖以武定天下也。卽示不相襲，其作樂之始，先奏文始，以羽籥衣文繡居先；次卽奏五行，五行卽武舞，執干戚而衣有五行之色也。」

〔四〕集解張晏曰：「孝文十二年，除關，不用傳令，遠近若一。」

〔五〕集解徐廣曰：「減，一作『滅』。」

〔六〕集解蘇林曰：「刑不及妻子。」

〔七〕集解李奇曰：「侔，齊等。」

〔八〕集解文穎曰：「景帝采高祖武德舞作昭德舞，舞之於文帝廟，見禮樂志。」

〔九〕集解張晏曰：「王及列侯歲時遣使詣京師，侍祠助祭也。」如淳曰：「若光武廟在章陵，南陽太守稱使者往祭是也。不使侯王祭者，諸侯不得祖天子也。凡臨祭祀宗廟，皆爲侍祭。」

太史公曰：孔子言「必世然後仁。〔一〕善人之治國百年，亦可以勝殘去殺」。〔二〕誠哉是言！漢興，至孝文四十有餘載，德至盛也。廩廩鄉改正服封禪矣，謙讓未成於今。嗚呼，豈不仁哉！

孝文本紀第十　四三七

史記卷十　四三八

〔一〕集解孔安國曰：「三十年曰世。如有受命王者，必三十年仁政乃成。」

〔二〕集解王肅曰：「勝殘暴之人，使不爲惡。去殺，不用殺也。」

【索隱述贊】孝文在代，兆遇大橫。宋昌建册，絳侯奉迎。南面而讓，天下歸誠。務農先籍，布德偃兵。除帑削謗，政簡刑清。綈衣率俗，露臺罷營。法寬張武，獄恤緹縈。霸陵如故，千年頌聲。

史記卷十一

孝景本紀第十一

孝景皇帝者，〔一〕孝文之中子也。母竇太后。孝文在代時，前后有三男，及竇太后得幸，前后死，及三子更死，故孝景得立。

〔一〕集解漢書音義曰：「諱啓。」正義謚法曰：「繇義而濟曰景。」

元年四月乙卯，赦天下。乙巳，賜民爵一級。五月，除田半租。爲孝文立太宗廟。令羣臣無朝賀。匈奴入代，與約和親。

二年春，封故相國蕭何孫係爲武陵侯。〔一〕男子二十而得傅。〔二〕四月壬午，孝文太后崩。〔三〕廣川、長沙王皆之國。〔四〕丞相申屠嘉卒。八月，以御史大夫開封侯陶青爲丞相。彗星出東北。秋，衡山雨雹，〔五〕大者五寸，深者二尺。熒惑逆行，守北辰。月出北辰間。歲星逆行天廷中。置南陵及內史祋祤爲縣。〔六〕

孝景本紀第十一　四三九

史記卷十一　四四〇

〔一〕集解（徐廣曰：「漢書亦作『係』。鄒誕生本作『傒』，音奚。又按：漢書功臣表及蕭何傳皆云孫嘉，疑其人有二名。）索隱漢書亦作「係」，鄒誕生本作「傒」。又按：漢書功臣表及蕭何傳皆云封何孫嘉，疑其人有二名也。

〔二〕索隱音附。荀悅云：「傅，正卒也。」小顏云舊法二十三而傅，今改也。

〔三〕索隱薄太后也。亦葬芷陽西，曰少陵也。

〔四〕索隱廣川王彭祖、長沙王發皆景帝子，遣就國也。

〔五〕正義雨，于付反。

〔六〕集解徐廣曰：「地理志云文帝七年置。」駰按：地理志、百官表南陵縣文帝置也。分內史爲左右，及祋祤爲縣，皆景帝二年，不得皆如徐所云。索隱鄒誕生祋音都會反，又音丁活反。祤音羽，又音詡。

三年正月乙巳，赦天下。長星出西方。天火〔一〕燔雒陽東宮大殿城室。〔二〕吳王濞、〔三〕楚王戊、〔四〕趙王遂、〔五〕膠西王卬、〔六〕濟南王辟光、〔七〕菑川王賢、〔八〕膠東王雄渠〔九〕反，發兵西鄉。天子爲誅晁錯，遣袁盎諭告，不止，遂西圍梁。〔一〇〕上乃遣大將軍竇嬰、太尉周亞夫將兵誅之。六月乙亥，赦亡軍及楚元王子蓺等〔一一〕與謀反者。封大將軍竇嬰爲魏其侯。〔一二〕立楚元王子平陸侯禮〔一三〕爲楚王。立皇子端爲膠西王，子勝爲中山王。徙濟北王志〔一四〕爲菑川王，淮陽王餘〔一五〕爲魯王，〔一六〕汝南王非〔一七〕爲江都王。〔一八〕齊王將廬、〔一九〕燕王嘉〔二〇〕

皆薨。〔二〕

〔一〕集解徐廣曰：「漢志無。」

〔二〕集解徐廣曰：「雒，一作『淮』。」　索隱雒陽漢書作「淮陽」。災，故徙王於魯也。

〔三〕正義音匹備反。高祖兄仲子，故漢高祖十二年封，三十三年反。年表云都吳，其實在江都也。

〔四〕正義高祖弟楚王交孫，嗣二十一年反，都彭城。

〔五〕正義高祖孫，幽王友子，嗣二十六年反，都邯鄲。

〔六〕正義卬，五郎反。高祖孫，齊悼惠王子，故平昌侯，十年反，都密州高密縣。

〔七〕正義辟音璧。高祖孫，齊悼惠王子，故（初）〔扐〕侯，立十一年反。括地志云：「濟南故城在淄川長山縣西北三十里。」

〔八〕正義高祖孫，齊悼惠王子，故武城侯，立十一年反，都劇。括地志云：「菑州縣也。故劇城在青州壽光縣南三十一里，故紀國。」

〔九〕正義高祖孫，齊悼惠王子，故白石侯，立十一年反，都卽墨。括地志云：「卽墨故城在密州膠水縣東南六十里，卽膠東國也。」

〔一〇〕正義梁孝王都睢陽，今宋州。

〔一一〕正義蓺，魚曳反。字亦作「藝」，音同。

〔一二〕正義地理志云魏其屬琅邪。

〔一三〕索隱韋昭云：「平陸，西河縣。瀆卽向之從曾祖王父也。」　正義應劭云：「平陸，西河縣。」

〔一四〕正義濟，子禮反。濟北國今濟州盧縣，卽濟北王所都。

〔一五〕正義淮陽國今陳州。

〔一六〕正義魯今兗州曲阜縣。

〔一七〕正義汝南國今豫州。

〔一八〕正義江都國今揚州也。吳王濞所都，反，誅，景帝改爲江都國，封皇子非也。

〔一九〕索隱悼惠王之孫，齊王襄之子。盧，漢書作「閭」。　正義齊國，青州臨淄也。將廬，齊悼惠王之孫，襄王之子，年表云。

〔二〇〕索隱劉澤之子。

〔二一〕集解徐廣曰：「表云五年薨。」

四年夏，立太子。立皇子徹爲膠東王。六月甲戌，赦天下。後九月，更以（弋）〔易〕陽爲陽陵。〔一〕復置津關，用傳出入。〔二〕冬，以趙國爲邯鄲郡。〔三〕

〔一〕正義括地志云：「漢景帝陵也，在雍州咸陽縣東三十里。」按：豫作壽陵也。

〔二〕集解應劭曰：「文帝十二年，除關，無用傳，至此復置傳，以七國新反，備非常也。」張晏曰：「傳，信也，若今過所也。」如淳曰：「傳音『檄傳』之『傳』，兩行書繒帛，分持其一，出入關，合之乃得過，謂之傳。」　索隱傳音丁戀反。如今之過所。

〔三〕集解地理志趙國景帝以爲邯鄲郡。

五年三月，作陽陵、〔一〕渭橋。五月，募徙陽陵，予錢二十萬。江都大暴風從西方來，壞城十二丈。丁卯，封長公主子蟜爲隆慮侯。〔二〕徙廣川王爲趙王。

〔一〕索隱景帝豫作壽陵也。按：趙系家趙肅侯十五年起壽陵，後代遂因之也。

〔二〕索隱音林閭。避殤帝諱改之。

六年春，封中尉（趙）綰爲建陵侯，〔一〕江都丞相嘉〔二〕爲建平侯，隴西太守渾邪爲平曲侯，〔三〕趙丞相嘉〔四〕爲江陵侯，故將軍布爲鄃侯。梁楚二王皆薨。後九月，伐馳道樹，殖蘭池。〔五〕

〔一〕正義括地志云：「建陵故縣在沂州承縣界。」

〔二〕集解徐廣曰：「姓程。」

〔三〕正義括地志云：「平曲縣故城在瀛州文安縣北七十里。」

〔四〕集解徐廣曰：「姓蘇。」

〔五〕集解徐廣曰：「殖，一作『填』。」　正義按：馳道，天子道，秦始皇作之，三丈而樹。

七年冬，廢栗太子爲臨江王。〔一〕十（二）〔一〕月晦，日有食之。春，免徒隸作陽陵者。丞相青免。二月乙巳，以太尉條侯〔二〕周亞夫爲丞相。四月乙巳，立膠東王太后爲皇后。〔三〕丁巳，立膠東王爲太子。名徹。

〔一〕正義臨江，忠州縣。雖王臨江而都江陵。

〔二〕正義條，田彫反。字亦作「蓨」，音同。

〔三〕索隱按系家，太后槐里人，父仲。兄信，封蓋侯。后故金氏妻女弟姁兒也。

中元年，封故御史大夫周苛〔一〕孫平〔二〕爲繩侯，故御史大夫周昌（子）〔孫〕左車爲安陽侯。四月乙巳，赦天下，賜爵一級。除禁錮。地動。衡山、原都雨雹，大者尺八寸。

〔一〕索隱周昌之兄。

〔二〕集解徐廣曰：「一作『應』。」

中二年二月，匈奴入燕，遂不和親。三月，召臨江王來，卽死中尉府中。夏，立皇子越爲廣川王，子寄爲膠東王。封四侯。〔一〕九月甲戌，日食。

〔一〕集解文穎曰：「楚相張尚，太傅趙夷吾，趙相建德，內史王悍。此四人各諫其王，無使反，不聽，皆殺之，故封其子。」　索隱韋昭云：「張尚子當居，趙夷吾子周，建德子橫，王悍子弃也。」

中三年冬，罷諸侯御史中丞。春，匈奴王二人率其徒來降，皆封爲列侯。〔一〕立皇子方乘爲清河王。三月，彗星出西北。丞相周亞夫(死)〔免〕，以御史大夫桃侯劉舍爲丞相。四月，地動。九月戊戌晦，日食。軍東都門外。〔二〕

〔一〕正義漢書表云中三年，安陵侯子軍、桓侯賜、遒侯陸彊、容城侯徐盧、易侯僕黥、范陽侯代、翕侯邯鄲七人，以匈奴王降，皆封爲列侯。按：紀言二人者是匈奴二王爲首降。

〔二〕集解按：三輔黄圖東出北頭第一門曰宣平門，外曰東都門。索隱按：三輔黄圖云東出北第一門曰宣平門，外曰東都門。

中四年三月，置德陽宮。〔一〕大蝗。秋，赦徒作陽陵者。

〔一〕集解瓚曰：「是景帝廟也，帝自作之，諱不言廟，故言宮。西京故事云景帝廟爲德陽宮。」

中五年夏，立皇子舜爲常山王。封十侯。〔一〕六月丁巳，赦天下，賜爵一級。天下大潦。更命諸侯丞相曰相。秋，地動。

〔一〕正義惠景閒年表云亞谷侯盧他之、隆盧侯陳蟜、乘氏侯劉買、桓邑侯劉明、蓋侯王信。按：其五人是中元五年封，餘檢不獲。中元三年，匈奴王二人降，封爲列侯。惠景閒表云匈奴王降爲侯者有七人，疑其五人是十侯之數。

中六年二月己卯，行幸雍，郊見五帝。三月，雨雹。四月，梁孝王、〔一〕城陽共王、〔二〕汝南王皆薨。立梁孝王子明爲濟川王，〔三〕子彭離爲濟東王，〔四〕子定爲山陽王，〔五〕子不識爲濟陰王。〔六〕梁分爲五。封四侯。更命廷尉爲大理，將作少府爲將作大匠，主爵中尉爲都尉，〔七〕長信詹事〔八〕爲長信少府，〔九〕將行爲大長秋，〔一〇〕大行爲行人，〔一一〕奉常爲太常，〔一二〕典客爲大行，〔一三〕治粟内史爲大農。〔一四〕以大内爲二千石，〔一五〕置左右内官，屬大内。〔一六〕七月辛亥，日食。八月，匈奴入上郡。

〔一〕正義都睢陽，今宋州。

〔二〕正義城陽，今濮州雷澤縣，古城陽也。共音恭。謚法「嚴敬故事曰恭」。

〔三〕正義表云分梁置也。

〔四〕正義表云分梁置也。

〔五〕正義地理志云景帝中六年別爲山陽國，屬兗州。

〔六〕正義地理志云景帝中六年別爲濟陰國，屬兗州。按：今曹州是也。

〔七〕集解漢書百官表曰：「主爵中尉，秦官，掌列侯。」

〔八〕集解漢書百官表曰：「詹事，秦官，掌皇后太子家。」應劭曰：「詹，省也，給也。」瓚曰：「茂陵書詹事秩二千石。」

〔九〕集解張晏曰：「以太后所居宮爲名。長信宮則曰長信少府，長樂宮則曰長樂少府。」

〔一〇〕集解漢書百官表曰：「將行，秦官。」應劭曰：「長秋，皇后卿。」

〔一一〕集解服虔曰：「天子死未有謚，稱大行。」晉灼曰：「禮有大行、小行，主謚官，故以此名之。」如淳曰：「不反之辭也。」瓚曰：「大行是官名，掌九儀之制，以賓諸侯。」索隱按：鄭玄曰「命者五，謂公、侯、伯、子、男，爵者四，孤、卿、大夫、士，是九也」。

〔一二〕集解漢書百官表曰：「奉常，秦官，掌宗廟禮儀。」

〔一三〕索隱韋昭云：「大行，官名，秦時云典客，景帝初改云大行，後更名大鴻臚，武帝因而不改，故漢書景紀有大鴻臚。百官表又云武帝改名大鴻臚。鴻，聲也。臚，附皮。以言其掌四夷賓客，若皮臚之在外附於身也。復有大行令，故諸侯薨，大鴻臚奏謚，列侯薨，則大行奏誄。」按：此大行令卽鴻臚之屬官也。

〔一四〕集解漢書百官表曰：「治粟内史，秦官，掌穀貨也。」

〔一五〕集解韋昭曰：「大内，京師府藏。」

〔一六〕索隱主天子之私財物曰少内。少内屬大内也。

後元年冬，更命中大夫令爲衞尉。〔一〕三月丁酉，赦天下，賜爵一級，中二千石、諸侯相爵右庶長。四月，大酺。五月丙戌，〔二〕地動，其蚤食時復動。上庸地動二十二日，壞城垣。七月乙巳，日食。丞相劉舍免。八月壬辰，以御史大夫綰〔三〕爲丞相，封爲建陵侯。

〔一〕正義漢書百官表云：「衞尉，秦官，掌宮闕門衞屯兵。景帝初，更命中大夫令，後元年，復爲衞尉。」

〔二〕集解徐廣曰：「丙，一作『甲』。」

〔三〕索隱姓衞也。

後二年正月，地一日三動。郅將軍擊匈奴。〔一〕酺五日。令内史郡不得食馬粟，没入縣官。令徒隸衣七緵布。〔二〕止馬舂。〔三〕爲歲不登，禁天下食不造歲。省列侯遣之國。〔四〕三月，匈奴入鴈門。十月，租長陵田。大旱。衡山國、河東、雲中郡〔五〕民疫。

〔一〕正義郅，真栗反。郅都傳云匈奴刻木爲郅都而射，不中。

〔二〕索隱七緵，蓋今七升布，言其粗，故令衣之也。正義衣，於既反。緵，祖工反。緵，八十縷也，與布相似。七升布用五百六十縷。

〔三〕索隱止人爲馬舂粟，爲歲不登故也。

〔四〕集解晉灼曰：「文紀遣列侯之國，今又省之。」

〔五〕正義衡山國，今衡州。河東，今蒲州。雲中郡，今勝州。

後三年十月，日月皆(食)赤五日。十二月晦，雷。〔一〕日如紫。五星逆行守太微。月貫天廷中。〔二〕正月甲寅，皇太子冠。甲子，孝景皇帝崩。〔三〕遺詔賜諸侯王以下至民爲父後爵一級，天下户百錢。出宮人歸其家，復無所與。太子卽位，是爲孝武皇帝。〔四〕三月，封皇太后弟蚡〔五〕爲武安侯，弟勝爲周陽侯。置陽陵。

〔一〕集解徐廣曰：「一作『雷』字，又作『圖』字，實所未詳。」

〔二〕索隱天廷卽龍星右角也。按：石氏星傳曰「龍在左角曰天田，右角曰天廷」。
〔三〕集解皇甫謐曰：「帝以孝惠七年生，年四十八。」
〔四〕集解漢書云：「二月癸酉，帝葬陽陵。」皇甫謐曰：「陽陵山方百二十步，高十四丈，去長安四十五里。」
〔五〕集解蘇林曰：「蚡音鼢。」索隱蚡音扶粉反。按：外戚世家皇太后母臧氏初嬪王氏，生子信而寡，更嫁長陵田氏，生蚡及勝也。

太史公曰：漢興，孝文施大德，天下懷安。至孝景，不復憂異姓，而鼂錯刻削諸侯，遂使七國俱起，合從而西鄉，以諸侯太盛，而錯爲之不以漸也。及主父偃言之，而諸侯以弱，卒以安。〔一〕安危之機，豈不以謀哉？

〔一〕索隱主父偃上言，今天子下推恩之令，令諸侯各得分邑其子弟，於是遂弱，卒以安也。

【索隱述贊】景帝卽位，因脩靜默。勉人於農，率下以德。制度斯創，禮法可則。一朝吴楚，乍起凶慝。提局成釁，拒輪致惑。鼂錯雖誅，梁城未克。條侯出將，追奔逐北。坐見梟剫，立翦牟賊。如何太尉，後卒下獄。惜哉明君，斯功不録！

史記卷十二

孝武本紀第十二

集解太史公自序曰「作今上本紀」，又其述事皆云「今上」，「今天子」，或有言「孝武帝」者，悉後人所定也。張晏曰：「武紀，褚先生補作也。褚先生名少孫，漢博士也。」索隱按：褚先生補史記，合集武帝事以編年，今止取封禪書補之，信其才之薄也。又張晏云「褚先生潁川人，仕元成閒」。韋稜云「褚顗家傳褚少孫，梁相褚大弟之孫，宣帝代爲博士，寓居于沛，事大儒王式，號爲『先生』，續太史公書」。阮孝緒亦以爲然也。

孝武皇帝者，〔一〕孝景中子也。〔二〕母曰王太后。孝景四年，以皇子爲膠東王。孝景七年，栗太子廢爲臨江王，以膠東王爲太子。孝景十六年崩，太子卽位，爲孝武皇帝。〔三〕孝武皇帝初卽位，尤敬鬼神之祀。

〔一〕集解漢書音義曰：「諱徹。」索隱裴駰云：「太史公自序云『作今上本紀』，又其序事皆云『今上』，『今天子』，今或言『孝武皇帝』者，悉後人所定也。」正義謚法云：「克定禍亂曰武。」
〔二〕索隱按：景十三王傳廣川王已上皆是武帝兄，自河閒王德以至廣川，凡有八人，則武帝第九也。
〔三〕集解張晏曰：「武帝以景帝元年生，七歲爲太子，爲太子十歲而景帝崩，時年十六矣。」

元年，漢興已六十餘歲矣，〔一〕天下乂安，〔二〕薦紳〔三〕之屬皆望天子封禪改正度也。而上鄉儒術，招賢良，趙綰、王臧等以文學爲公卿，欲議古立明堂城南，〔四〕以朝諸侯。草巡狩封禪改曆服色事未就。會竇太后治黄老言，不好儒術，使人微得趙綰等姦利事，〔五〕召案綰、臧，綰、臧自殺，〔六〕諸所興爲者皆廢。

〔一〕集解徐廣曰：「六十七年，歲在辛丑。」
〔二〕正義乂音魚廢反。
〔三〕索隱上音搢。搢，挺也。言挺笏於紳帶之閒，事出禮內則。今作「薦」者，古字假借耳。漢書作「縉紳」，臣瓚云「縉，赤白色」，非也。
〔四〕索隱城南，長安城南門外也。案：關中記云明堂在長安城門外，杜門之西也。
〔五〕集解徐廣曰：「纖微伺察之。」
〔六〕正義漢書孝武帝二年，御史大夫趙綰坐請無奏事太皇太后，及郎中令王臧皆下獄，自殺。應劭云：「王臧儒者，欲立明堂、辟雍，太后素好黄老術，非薄五經，因故絶奏事太后，太后怒，故令殺。」

後六年，竇太后崩。其明年，上徵文學之士公孫弘等。

明年，上初至雍，郊見五時。〔一〕後常三歲一郊。是時上求神君，〔二〕舍之上林中蹏氏觀。〔三〕神君者，長陵女子，以子死悲哀，故見神於先後宛若。〔四〕宛若祠之其室，民多往祠。

平原君〔三〕往祠，其後子孫以尊顯。及武帝卽位，則厚禮置祠之內中，聞其言，不見其人云。

〔一〕正義 時音止。括地志云：「漢五帝畤在岐州雍縣南。孟康云畤者神靈之所止。」案：五畤者鄜畤、密畤、吳陽畤、北畤。先是文公作鄜畤，祭白帝；秦宣公作密畤，祭青帝；秦靈公作吳陽上畤、下畤，祭赤帝、黃帝；漢高祖作北畤，祭黑帝：是五畤也。

〔二〕正義 漢武帝故事云：「起柏梁臺以處神君，長陵女子也。先是嫁爲人妻，生一男，數歲死，女子悼痛之，歲中亦死，而靈，宛若祠之，遂聞言宛若爲生，民人多往請福，說家人小事有驗。平原君亦事之，至後子孫尊貴。及上卽位，太后延於宮中祭之，聞其言，不見其人。至是神君求出局，營柏梁臺舍之。初，霍去病微時，自禱神君，及見其形，自脩飾，欲與去病交接，去病不肯，謂神君曰：『吾以神君精絜，故齋戒祈福，今欲婬，此非也。』自絕不復往。神君慙之，乃去也。」

〔三〕集解 徐廣曰：「蹏音蹄。」索隱 徐廣音蹄，鄒誕音斯，又音蹄，觀名也。

〔四〕集解 孟康曰：「產乳而死。兄弟妻相謂『先後』。宛若，字。」索隱 先後，鄒誕音二字並去聲，卽今妯娌也。孟康以兄弟妻相謂也。韋昭云先謂姒，後謂娣也。宛音冤。

〔五〕集解 徐廣曰：「武帝外祖母也。」駰案：蔡邕曰「異姓婦人以恩澤封者曰君，儀比長公主」。索隱 案：徐云武帝外祖母，則是臧兒也。

是時而李少君亦以祠竈、〔一〕穀道、〔二〕卻老方見上，上尊之。少君者，故深澤侯〔三〕入以主方。〔四〕匿其年及所生長，常自謂七十，能使物，卻老。〔五〕其游以方徧諸侯。無妻子。人聞

其能使物及不死，更饋遺之，常餘金錢帛衣食。人皆以爲不治產業而饒給，又不知其何所人，愈信，爭事之。少君資好方，善爲巧發奇中。〔六〕嘗從武安侯〔七〕飲，坐中有年九十餘老人，少君乃言與其大父游射處，老人爲兒時從其大父行，識其處，一坐盡驚。少君見上，上有故銅器，問少君。少君曰：「此器齊桓公十年陳於柏寢。」〔八〕已而案其刻，果齊桓公器。一宮盡駭，以少君爲神，數百歲人也。

〔一〕索隱 如淳云：「祠竈可以致福。」案：禮竈者，老婦之祭，盛於盆，尊於瓶。說文周禮以竈祠祝融。淮南子炎帝作火官，死爲竈神。司馬彪注莊子云髻，竈神也，如美女，衣赤。李弘範音詰也。

〔二〕集解 李奇曰：「食穀道引。或曰辟穀不食之道。」

〔三〕集解 徐廣曰：「姓趙，景帝時絕封。」

〔四〕集解 徐廣曰：「進納於天子而主方。一云侯人主方。」駰案：如淳曰「侯家人主方藥者也」。

〔五〕集解 如淳曰：「物，鬼物也。」瓚曰：「物，藥物也。」

〔六〕集解 如淳曰：「時時發言有所中也。」

〔七〕索隱 服虔云：「田蚡也。」韋昭云：「武安屬魏郡也。」

〔八〕集解 服虔曰：「地名，有臺也。」瓚曰：「晏子書柏寢，臺名也。」正義 括地志云：「柏寢臺在青州千乘縣東北二十一里。韓子云景公與晏子遊於少海，登柏寢之臺而望其國。公曰：『美哉堂乎，後代孰將有此？』晏子云：『其田氏乎？』公曰：『寡人有國而田氏家，奈何？』對曰：『奪之，則近賢遠不肖，治其煩亂，輕其刑罰，振窮乏，恤孤寡，行恩惠，崇節儉，雖十田氏其如堂何！』卽此也。」

少君言於上曰：「祠竈則致物，致物而丹沙可化爲黃金，黃金成以爲飲食器則益壽，益壽而海中蓬萊僊者可見，見之以封禪則不死，黃帝是也。臣嘗游海上，見安期生，〔一〕食臣棗，大如瓜。安期生僊者，通蓬萊中，合則見人，不合則隱。」於是天子始親祠竈，而遣方士入海求蓬萊安期生之屬，而事化丹沙諸藥齊爲黃金〔二〕矣。

〔一〕索隱 服虔曰：「古之真人。」案：列仙傳云安期生，琅邪人，賣藥東海邊，時人皆言千歲也。正義 列仙傳云：「安期生，琅邪阜鄉亭人也。賣藥海邊。秦始皇請語三夜，賜金數千萬，出，於阜鄉亭，皆置去，留書，以赤玉舄一量爲報，曰『後千歲求我於蓬萊山下』。」

〔二〕索隱 齊音劑。

居久之，李少君病死。〔一〕天子以爲化去不死也，而使黃錘〔二〕史寬舒〔三〕受其方。求蓬萊安期生莫能得，而海上燕齊怪迂之方士多相效，更言神事矣。

〔一〕正義 漢書起居云：「李少君將去，武帝夢與共登嵩高山，半道，有使乘龍時從雲中云『太一請少君』，帝謂左右『將舍我去矣』。數月而少君病死。又發棺看，唯衣冠在也。」

〔二〕集解 韋昭曰：「人姓名。」正義 音直僞反。

〔三〕集解 漢書音義曰：「二人皆方士。」正義 姓史，名寬舒。

亳人薄誘忌〔一〕奏祠泰一方，曰：「天神貴者泰一，〔二〕泰一佐曰五帝。〔三〕古者天子以春秋祭泰一東南郊，用太牢具，七日，〔四〕爲壇開八通之鬼道。」於是天子令太祝立其祠長安東南郊，常奉祠如忌方。其後人有上書，言「古者天子三年一用太牢具祠神三一：天一，地一，泰一」。天子許之，令太祝領祠之忌泰一壇上，如其方。後人復有上書，言「古者天子常以春秋解祠，祠黃帝用一梟破鏡；〔五〕冥羊〔六〕用羊；祠馬行〔七〕用一青牡馬；泰一、臯山山君、地長〔八〕用牛；武夷君〔九〕用乾魚；陰陽使者〔一〇〕以一牛」。令祠官領之如其方，而祠於忌泰一壇旁。

〔一〕集解 徐廣曰：「一云亳人謬忌也。」索隱 亳，山陽縣名。姓謬，名忌，居亳，故下稱薄忌。此文則衍「薄」字，而「謬」又誤作「誘」矣。

〔二〕索隱 天神貴者太一。案：樂汁徵圖云「紫微宮北極天一太一」。宋均以爲天一、太一，北極之別名。春秋緯「紫宮，天皇曜魄寶之所理也」。

〔三〕索隱 其佐曰五帝。河圖云蒼帝神名靈威仰之屬也。正義 五帝，五天帝也。國語云「蒼帝靈威仰，赤帝赤熛怒，白帝白招矩，黑帝叶光紀，黃帝含樞紐」。尚書帝命驗云「蒼帝名靈威仰，赤帝名文祖，黃帝名神斗，白帝名顯紀，黑帝名玄矩」。佐者，謂配祭也。

〔四〕集解 徐廣曰：「一云日一太牢具，十日。」

〔五〕集解 孟康曰：「梟，鳥名，食母。破鏡，獸名，食父。黃帝欲絕其類，使百物祠皆用之。破鏡如貙而虎眼。或云

直用破鏡。」如淳曰：「漢使東郡送梟，五月五日爲梟羹以賜百官。以惡鳥，故食之。」

〔六〕集解 服虔曰：「神名也。」

〔七〕正義 神名也。

〔八〕正義 丁丈反。三並神名。

〔九〕正義 神名。

〔一〇〕集解 漢書音義曰：「陰陽之神也。」

其後，天子苑有白鹿，以其皮爲幣，〔一〕以發瑞應，造白金焉。〔二〕

〔一〕索隱 案：食貨志皮幣以白鹿皮方尺，緣以繢，以薦璧，得以黄金一斤代之。又漢律皮幣率鹿皮方尺，直黄金一斤。

〔二〕索隱 案：食貨志白金三品，各有差也。正義 白金三品，武帝所鑄也。如淳曰：「雜鑄銀錫爲白金也。」平準書云：「造銀錫爲白金。以爲天用莫如龍，地用莫如馬，人用莫如龜，故曰白金三品。其一曰重八兩，圜之，其文龍，名曰白選，直三千；二曰重差小，方之，其文馬，直五百；三曰復小，隋之，其文龜，直三百。」錢譜云：「白金第一，其形圓如錢，肉好圓，文爲一龍。白銀第二，其形方小長，肉好亦小長，好上下文爲二馬。白銀第三，其形似龜，肉好小，是文爲龜甲也。」

其明年，郊雍，獲一角獸，若麃然。〔一〕有司曰：「陛下肅祗郊祀，上帝報享，錫一角獸，

蓋麟云。」〔二〕於是以薦五畤，畤加一牛以燎。〔三〕賜諸侯白金，以風符應合于天地。〔四〕

〔一〕集解 韋昭曰：「楚人謂麖爲麃。」索隱 麃音步交反。韋昭曰「體若麕而一角，春秋所謂『有麕而角』是也。楚人謂麖爲麃」。又周書王會云麃者若鹿。爾雅云麖，大鹿也，牛尾一角。郭璞云漢武獲一角獸若麃，謂之麟是也。

〔二〕正義 漢書終軍傳云「從上雍，獲白麟」。一角戴肉，設武備而不爲害，所以爲仁。

〔三〕正義 力召反，焚也。

〔四〕集解 晉灼曰：「符瑞也。」瓚曰：「風示諸侯以此符瑞之應。」

於是濟北王以爲天子且封禪，乃上書獻泰山及其旁邑。天子受之，更以他縣償之。常山王有辠，遷，天子封其弟於真定，以續先王祀，而以常山爲郡。然后五嶽皆在天子之郡。

其明年，齊人少翁〔一〕以鬼神方見上。上有所幸王夫人，〔二〕夫人卒，少翁以方術蓋夜致王夫人及竈鬼之貌云，天子自帷中望見焉。於是乃拜少翁爲文成將軍，賞賜甚多，以客禮禮之。文成言曰：「上卽欲與神通，宫室被服不象神，神物不至。」乃作畫雲氣車，及各以勝日〔三〕駕車辟惡鬼。又作甘泉宫，中爲臺室，畫天、地、泰一諸神，而置祭具以致天神。居歲餘，其方益衰，神不至。乃爲帛書以飯牛，〔四〕詳弗知也，言此牛腹中有奇。殺而視之，得書，書言甚怪，天子疑之。有識其手書，問之人，果(爲)〔僞〕書。於是誅文成將軍〔五〕而隱之。

〔一〕正義 漢武故事云少翁年二百歲，色如童子。

〔二〕集解 徐廣曰：「齊懷王閎之母也。」駰案：桓譚新論云武帝有所愛幸姬王夫人，窈窕好容，質性嫕佞。正義 漢書作「李夫人」。

〔三〕集解 漢書音義曰：「如火勝金，用丙與丁日，不用庚辛。」

〔四〕正義 飯，房晚反。書絹帛上爲怪言語，以飼牛。

〔五〕正義 漢武故事云：「文成誅月餘，有使者藉貨關東還，逢之於漕亭，還見言之，上乃疑，發其棺，無所見，唯有竹筒一枚，捕驗閒無蹤跡也。」

其後則又作栢梁、〔一〕銅柱、承露僊人掌〔二〕之屬矣。

〔一〕索隱 服虔云：「用梁百頭。」按：今字皆作「柏」。三輔故事云「臺高二十丈，用香栢爲殿，香聞十里」。

〔二〕集解 蘇林曰：「仙人以手掌擎盤承甘露也。」索隱 三輔故事曰「建章宫承露盤高三十丈，大七圍，以銅爲之。上有仙人掌承露，和玉屑飲之」。故張衡賦曰「立脩莖之仙掌，承雲表之清露」是也。

文成死明年，天子病鼎湖〔一〕甚，巫醫無所不致，(至)不愈。游水發根〔二〕乃言曰：「上郡有巫，病而鬼下之。」上召置祠之甘泉。及病，使人問神君。〔三〕神君言曰：「天子毋憂病。病少愈，强與我會甘泉。」於是病愈，遂幸甘泉，病良已。〔四〕大赦天下，置壽宫神君。〔五〕神君最貴者(大夫)〔太一〕，其佐曰大禁、司命之屬，皆從之。非可得見，聞其音，與人言等。時去時來，來則風肅然也。居室帷中。時晝言，然常以夜。天子祓，然后入。〔六〕因巫爲主人，關

飲食。所欲者言行下。〔七〕又置壽宫、北宫，〔八〕張羽旗，設供具，以禮神君。神君所言，上使人受書其言，命之曰「畫法」。〔九〕其所語，世俗之所知也，毋絶殊者，而天子獨喜。其事祕，世莫知也。

〔一〕集解 晉灼曰：「在湖縣。」韋昭曰：「地名，近宜春。」索隱 案：鼎湖，縣名，屬京兆，後屬弘農。昔黄帝採首山銅鑄鼎於湖，曰鼎湖，卽今之湖城縣也。韋昭(云)以爲近宜春，亦甚疏也。

〔二〕集解 服虔曰：「游水，縣名。發根，人名姓。」晉灼曰：「地理志游水，水名，在臨淮淮浦也。」索隱 顔師古以游水姓，發根名。蓋或因水爲姓。服虔亦曰發根，人姓字。或曰發樹根者也。

〔三〕集解 韋昭曰：「卽病巫之神。」

〔四〕集解 孟康曰：「良已，善已，謂愈也。」

〔五〕集解 服虔曰：「立此便宫也。」瓚曰：「宫，奉神之宫也。楚辭曰『蹇將澹兮壽宫』。」

〔六〕集解 漢書音義曰：「祟絮，自祓除然後入。」

〔七〕集解 李奇曰：「神所欲言，上輒爲下之。」

〔八〕正義 括地志云：「壽宫、北宫皆在雍州長安縣西北三十里長安故城中。漢書云武帝壽宫以處神君。」

〔九〕集解 漢書音義曰：「或云策畫之法也。」正義 畫音獲。案：畫一之法。

其後三年，有司言元宜以天瑞命，不宜以一二數。〔一〕一元曰建元，二元以長星曰元光，

三元以郊得一角獸曰元狩云。〔二〕

〔一〕集解 蘇林曰：「得黃龍鳳皇諸瑞，以名年。」 正義 孝景以前即位，以一二數年至其終。武帝即位，初有年號，改元以建元爲始。

〔二〕集解 徐廣曰：「案諸紀元光後有元朔，元朔後得元狩。」

其明年冬，天子郊雍，議曰：「今上帝朕親郊，而后土毋祀，則禮不答也。」有司與太史公，〔一〕祠官寬舒等議：「天地牲角繭栗。今陛下親祀后土，后土宜於澤中圜丘爲五壇，壇一黃犢太牢具，已祠盡瘞，而從祠衣上黃。」於是天子遂東，始立后土祠汾陰脽上，〔二〕如寬舒等議。上親望拜，如上帝禮。禮畢，天子遂至滎陽而還。過雒陽，下詔曰：「三代邈絕，遠矣難存。其以三十里地封周後爲周子南君，以奉先王祀焉。」是歲，天子始巡郡縣，侵尋於泰山矣。〔三〕

〔一〕集解 韋昭曰：「說者以談爲太史公，失之矣。史記稱遷爲太史公者，是外孫楊惲所稱。」 索隱 韋昭云談，司馬遷之父也，說者以談爲太史公，失之矣。史記多稱太史公，遷外孫楊惲稱之也。姚察按：遷傳亦以談爲太史公，非惲所加。又按：虞喜志林云「古者主天官皆上公，自周至漢，其職轉卑，然朝會坐位猶居公上，尊天之道，其官屬仍以舊名，尊而稱公，公名當起於此」。故如淳云「太史公位在丞相上，天下郡國計書先上太史公，副上丞相」，其義是也。而桓譚新論以爲太史公造書，書成示東方朔，朔爲平定，因署其下。太史公者，皆朔所加之者也。

〔二〕集解 徐廣曰：「元鼎四年時也。」駰案：蘇林曰「脽音誰」。如淳曰「河之東岸特堆堀，長四五里，廣二里餘，高十餘丈。汾陰縣在脽之上，后土祠在縣西。汾在脽之北，西流與河合也」。 索隱 脽，丘。音誰。漢舊儀作「葵丘」者，蓋河東人呼「誰」與「葵」同故耳。

〔三〕集解 晉灼曰：「遂往之意也。」 索隱 侵尋即浸淫也。故晉灼云「遂往之意也」。小顏云「浸淫漸染之義」。蓋尋淫聲相近，假借用耳。師古叔父游秦亦解漢書，故稱師古爲「小顏」也。

其春，樂成侯〔一〕上書言欒大。欒大，膠東宮人，〔二〕故嘗與文成將軍同師，已而爲膠東王尚方。而樂成侯姊爲康王后，〔三〕毋子。康王死，他姬子立爲王。而康后有淫行，與王不相中(得)，相危以法。康后聞文成已死，而欲自媚於上，乃遣欒大因樂成侯求見言方。天子既誅文成，後悔恨其早死，惜其方不盡，及見欒大，大悅。大爲人長美，言多方略，而敢爲大言，處之不疑。大言曰：「臣嘗往來海中，見安期、羨門〔四〕之屬。顧以爲臣賤，不信臣。又以爲康王諸侯耳，不足予方。臣數言康王，康王又不用臣。臣之師曰：『黃金可成，而河決可塞，不死之藥可得，僊人可致也。』臣恐效文成，則方士皆掩口，惡敢言方哉！」上曰：「文成食馬肝死耳。子誠能脩其方，我何愛乎！」大曰：「臣師非有求人，人者求之。陛下必欲致之，則貴其使者，令有親屬，以客禮待之，勿卑，使各佩其信印，乃可使通言於神人。神人尚肯邪不邪。致尊其使，然后可致也。」於是上使先驗小方，鬬旗，〔五〕旗自相觸擊。

〔一〕集解 徐廣曰：「姓丁，名義。後與欒大俱誅也。」 索隱 韋昭云：「河閒縣。」按：郊祀志樂成侯登，而徐廣據表姓丁名義，未詳。

〔二〕集解 服虔曰：「王家人。」

〔三〕集解 孟康曰：「膠東王后也。」

〔四〕索隱 韋昭云：「仙人。」應劭云：「名子喬。」

〔五〕正義 音其。文本或作「棊」。說文云：「棊，博棊也。」高誘注淮南子云：「取雞血與針磨擣之，以和磁石，用塗棊頭曝乾之，置局上，即相拒不止也。」

是時上方憂河決，而黃金不就，〔一〕乃拜大爲五利將軍。居月餘，得四金印，佩天士將軍、地士將軍、大通將軍、天道將軍印。制詔御史：「昔禹疏九江，決四瀆。閒者河溢皋陸，隄繇不息。〔二〕朕臨天下二十有八年，天若遺朕士而大通焉。〔三〕乾稱『蜚龍』，『鴻漸于般』，〔四〕意庶幾與焉。其以二千户封地士將軍大爲樂通侯。」〔五〕賜列侯甲第，〔六〕僮千人。乘輿斥車馬〔七〕帷帳器物以充其家。又以衞長公主妻之，〔八〕齎金萬斤，更名其邑曰當利公主。〔九〕天子親如五利之第。使者存問所給，連屬於道。自大主〔一〇〕將相以下，皆置酒其家，獻遺之。於是天子又刻玉印曰「天道將軍」，使使衣羽衣，夜立白茅上，五利將軍亦衣羽衣，立白茅上受印，以示弗臣也。而佩「天道」者，且爲天子道天神也。於是五利常夜祠其家，欲以下神。神未至而百鬼集矣，然頗能使之。其後治裝行，東入海，求其師云。大見數月，佩

六印，貴振天下，而海上燕齊之閒，莫不搤捥〔一一〕而自言有禁方，能神僊矣。

〔一〕正義 鍊丹砂鉛錫爲黃金不就。

〔二〕正義 顏師古云：「皋，水旁地也。廣平曰陸。言水大汎溢，自皋及陸，而築作堤，傜役甚多，不暇休息。」

〔三〕集解 韋昭曰：「言欒大能通天意，故封樂通。」 索隱 韋昭云：「言大能通天意，故封之樂通。」樂通在臨淮高平縣也。

〔四〕集解 駰案：漢書音義曰「般，水涯堆也。漸，進也」。武帝云得欒大如鴻進于般，一舉千里，得道若飛龍在天。

〔五〕集解 韋昭曰：「樂通，臨淮高平也。」

〔六〕集解 漢書音義曰：「有甲乙第次，故曰第。」

〔七〕集解 漢書音義曰：「或云斥不用也。」韋昭曰：「嘗在服御。」 索隱 孟康云「斥不用之車馬」是也。

〔八〕集解 孟康曰：「衞太子妹。」如淳曰：「衞太子姊也。」蔡邕曰：「帝女曰公主，儀比諸侯。姊妹曰長公主，儀比諸侯王。」駰案：此帝女也，而云長公主，未詳。

〔九〕集解 地理志云東萊有當利縣。

〔一〇〕集解 徐廣曰：「武帝姑也。」駰案：韋昭曰「竇太后之女也」。

〔一一〕集解 服虔曰：「滿手曰搤。」瓚曰：「搤，執持也。」

其夏六月中，汾陰巫錦〔一〕爲民祠魏脽后土營旁，〔二〕見地如鉤狀，掊視〔三〕得鼎。鼎大異於衆鼎，文鏤毋款識，〔四〕怪之，言吏。吏告河東太守勝，勝以聞。天子使使驗問巫錦得

鼎無姦詐，乃以禮祠，迎鼎至甘泉，從行，上薦之。〔五〕至中山，〔六〕晏温，〔七〕有黄雲蓋焉。有麃過，上自射之，因以祭云。〔八〕至長安，公卿大夫皆議請尊寶鼎。天子曰：「閒者河溢，歲數不登，故巡祭后土，祈爲百姓育穀。今年豐廡未有報，鼎曷爲出哉？」有司皆曰：「聞昔大帝興神鼎一，〔九〕一者一統，天地萬物所繫終也。黄帝作寶鼎三，象天地人也。禹收九牧之金，鑄九鼎，皆嘗鬺亨〔一〇〕上帝鬼神。〔一一〕遭聖則興，〔一二〕遷于夏商。周德衰，宋之社亡，〔一三〕鼎乃淪伏而不見。頌云『自堂徂基，〔一四〕自羊徂牛；〔一五〕鼐鼎及鼒，〔一六〕不虞不鶩，〔一七〕胡考之休』。今鼎至甘泉，光潤龍變，承休無疆。合兹中山，有黄白雲降〔一八〕蓋，若獸爲符，〔一九〕路弓乘矢，〔二〇〕集獲壇下，報祠大饗。〔二一〕惟受命而帝者心知其意〔二二〕而合德焉。鼎宜見於祖禰，藏於帝廷，以合明應。」制曰：「可。」

〔一〕集解 應劭曰：「錦，巫名。」

〔二〕集解 應劭曰：「魏，故魏國也。脽，若丘之類。」

〔三〕索隱 説文：「掊，抱也。」音步溝切。

〔四〕集解 韋昭曰：「款，刻也。」 索隱 韋昭云：「款，刻也。」按：識猶表識也。

〔五〕集解 如淳曰：「以鼎從行，上至甘泉，將薦之於天也。」

〔六〕集解 徐廣曰：「河渠書鑿涇水自中山西。」 索隱 此山在馮翊谷口縣西，近九嵕山，土人呼爲中山。河渠書韓使水工鄭國説秦鑿涇水自中山西，即此山。

〔七〕集解 如淳曰：「三輔謂日出清濟爲晏。晏而温也。」 索隱 如淳云：「三輔俗謂日出清濟爲晏。晏而温，故曰晏温。」許慎注淮南子云：「晏，無雲也。」

〔八〕集解 徐廣曰：「上言從行薦之，或曰祭鼎(乎)〔也〕。」

〔九〕索隱 顔師古以大帝即太昊伏犧氏，以在黄帝之前故也。

〔一〇〕集解 徐廣曰：「亨，煮也。鬺音觴。皆嘗以亨牲牢而祭祀也。」 索隱 言鼎以亨牲而饗嘗也。「鬺」字又作「觴」字，音殤。漢書郊祀志云鼎空足曰鬲，以象三德。鬲音歷。謂足中不實者名之也。

〔一一〕集解 服虔曰：「以祭祀上帝。或曰嘗亨酌也。」

〔一二〕正義 遭，逢也。鼎雖淪泗水，逢聖興起，故出汾陰，西至甘泉也。

〔一三〕正義 社主民也。社以石爲之。宋社即亳社也。周武王伐紂，乃立亳社，以爲監戒，覆上棧下，不使通天地陰陽之氣。周禮衰，國將危亡，故宋之社爲亡殷復也。

〔一四〕正義 此以下至「胡考之休」是周頌絲衣之詩。自堂，從内往外。基，門内塾也。鄭玄云：「門側之堂謂之塾。繹禮輕，使士升堂，視壺濯及籩豆之屬，降往於塾。牲自羊徂牛，告充已，乃舉鼎告絜，禮之次也。」

〔一五〕正義 自堂往塾，先視羊，後及牛也。毛萇云：「先小後大也。」

〔一六〕集解 韋昭曰：「爾雅曰鼎絶大謂之鼐，圜奄上謂之鼒。」

〔一七〕索隱 毛傳云：「虞，譁也。」姚氏案：何承天云「虞」當爲「吴」，音洪霸反。又説文以「吴，一曰大言也」。此作「虞」者，與吴聲相近，故假借也。或者本文借此「虞」爲歡娱字故也。

〔一八〕集解 韋昭曰：「與中山所見黄雲之氣合也。」

〔一九〕集解 服虔曰：「雲若獸，在車蓋也。」晉灼曰：「蓋，辭也。或云符謂瑞應也。」

〔二〇〕集解 韋昭曰：「路，大也。四矢爲乘。」

〔二一〕集解 徐廣曰：「一云大報享祠也。」

〔二二〕集解 服虔曰：「高祖受命知之也，宜見鼎於其廟。」

入海求蓬萊者，〔一〕言蓬萊不遠，而不能至者，殆不見其氣。上乃遣望氣佐候其氣云。

〔一〕正義 蓬萊、方丈、瀛洲，勃海中三神山也。

其秋，上幸雍，〔一〕且郊。或曰「五帝，泰一之佐也，宜立泰一而上親郊之」。上疑未定。齊人公孫卿曰：「今年得寶鼎，其冬辛巳朔旦冬至，與黄帝時等。」卿有札書曰：「黄帝得寶鼎宛(侯)〔朐〕，問於鬼臾區。〔二〕區對曰：『(黄)帝得寶鼎神筴，是歲己酉朔旦冬至，得天之紀，終而復始。』於是黄帝迎日推筴，後率二十歲〔三〕得朔旦冬至，凡二十推，三百八十年，黄帝僊登于天。」卿因所忠欲奏之。所忠視其書不經，疑其妄書，謝曰：「寶鼎事已決矣，尚何以爲！」卿因嬖人奏之。上大説，召問卿。對曰：「受此書申功，〔四〕申功已死。」上曰：「申功何人也？」卿曰：「申功，齊人也。與安期生通，受黄帝言，無書，獨有此鼎書。曰『漢興復當黄帝之時』。漢之聖者在高祖之孫且曾孫也。寶鼎出而與神通，封禪。封禪七十二王，〔五〕唯黄帝得上泰山封』。申功曰：『漢主亦當上封，上封則能僊登天矣。黄帝時萬諸侯，而神靈之封

居七千。〔六〕天下名山八，而三在蠻夷，五在中國。中國華山、首山、太室、泰山、東萊，此五山黄帝之所常遊，與神會。黄帝且戰且學僊。患百姓非其道，乃斷斬非鬼神者。百餘歲然後得與神通。黄帝郊雍上帝，宿三月。鬼臾區號大鴻，死葬雍，故鴻冢是也。〔七〕其後黄帝接萬靈明廷。明廷者，甘泉也。所謂寒〔八〕門者，谷口也。〔九〕黄帝采首山銅，鑄鼎於荆山下。〔一〇〕鼎既成，有龍垂胡頿〔一一〕下迎黄帝。黄帝上騎，羣臣後宮從上龍七十餘人，龍乃上去。餘小臣不得上，乃悉持龍頿，龍頿拔，墮〔一二〕黄帝之弓。百姓仰望黄帝既上天，乃抱其弓與龍胡頿號，〔一三〕故後世因名其處曰鼎湖，〔一四〕其弓曰烏號。』」於是天子曰：「嗟乎！吾誠得如黄帝，吾視去妻子如脱躧耳。」乃拜卿爲郎，東使候神於太室。

〔一〕索隱 上雍，以雍地形高，故云上。

〔二〕集解 漢書音義曰：「區，黄帝時人。」 索隱 鄭氏云：「黄帝佐也。」李奇曰：「黄帝時諸侯。本作『申區』者，非；藝文志作『鬼容區』者也。」

〔三〕正義 率音律，又音類，又所律反，三音並通。後皆放此也。

〔四〕集解 封禪書「功」字作「公」。

〔五〕正義 河圖云：「王者封太山，禪梁父，易姓登祟，有七十二君也。」

〔六〕集解 應劭曰：「黄帝時諸侯會封禪者七千人。」李奇曰：「説仙道得封者七千國。」張晏曰：「神靈之封謂山川之守。」

〔七〕集解蘇林曰：「今雍有鴻冢。」
〔八〕集解徐廣曰：「一作『塞』。」
〔九〕集解漢書音義曰：「黃帝仙於塞門也。」索隱服虔云：「黃帝所仙之處也。」小顏云：「谷，中山之谷口，漢時爲縣，今呼爲治谷，去甘泉八十里。盛夏凜然，故曰寒門谷口也。」
〔一〇〕集解晉灼曰：「地理志首山屬河東蒲阪，荊山在馮翊懷德縣。」
〔一一〕索隱顏師古云：「胡謂項下垂肉也；顩，其毛也。故童謠曰『何當爲君鼓龍胡』是也。」
〔一二〕正義徒果反。
〔一三〕正義户高反，下同。
〔一四〕正義括地志云：「湖水原出虢州湖城縣南三十五里夸父山，北流入河，即鼎湖也。」

上遂郊雍，至隴西，西登空桐，〔一〕幸甘泉。令祠官寬舒等具泰一祠壇，壇放薄忌泰一壇，壇三垓。〔二〕五帝壇環居其下，各如其方，黃帝西南，除八通鬼道。〔三〕泰一所用，如雍一畤物，而加醴棗脯之屬，殺一貍牛以爲俎豆牢具。而五帝獨有俎豆〔四〕醴進。〔五〕其下四方地，爲餟食〔六〕羣神從者及北斗云。已祠，胙餘皆燎之。其牛色白，鹿居其中，彘在鹿中，水而洎之。〔七〕祭日以牛，祭月以羊彘特。〔八〕泰一祝宰則衣紫及繡。五帝各如其色，日赤，月白。

〔一〕正義空桐山在原州平高縣西一百里。
〔二〕集解徐廣曰：「垓，次也。」駰案：李奇曰「垓，重也。三重壇也」。索隱垓，重也。言爲三重壇也。鄒氏云一

作「陔」，言壇階三重。
〔三〕集解韋昭曰：「神位在未，黃帝從土位。」
〔四〕集解服虔曰：「無貍牛醴之屬。」
〔五〕集解音進。漢書作「進」。顏師古云：「具俎豆酒醴而進之。一曰進謂雜物之具，所以加禮也。」
〔六〕索隱餟音竹芮反。謂聯綴而祭之。漢志作「腏」，古字通。說文云：「餟，祭酹。」正義劉伯莊云：「謂繞壇設諸神祭座相連綴也。」
〔七〕集解徐廣曰：「洎音居器反，肉汁也。」駰案：晉灼曰「此說合牲物燎之也」。正義劉伯莊云：「以大羹和祭食燎之。」案：以鹿內牛中，以彘內鹿中。水，玄酒也。
〔八〕索隱特，一牲也。言若牛若羊若彘，止一特也。

十一月辛巳朔旦冬至，昧爽，天子始郊拜泰一。朝朝日，夕夕月，〔一〕則揖；而見泰一如雍禮。其贊饗曰：「天始以寶鼎神筴授皇帝，朔而又朔，終而復始，皇帝敬拜見焉。」而衣上黃。其祠列火滿壇，壇旁亨炊具。有司云「祠上有光焉」。公卿言「皇帝始郊見泰一雲陽，〔二〕有司奉瑄玉〔三〕嘉牲薦饗。〔四〕是夜有美光，及晝，黃氣上屬天」。太史公、祠官寬舒等曰：「神靈之休，祐福兆祥，宜因此地光域〔五〕立泰畤壇以明應。令太祝領，（祀）〔秋〕及臘閒祠。三歲天子一郊見。」

〔一〕集解應劭曰：「天子春朝日，秋夕月，拜日東門之外，朝日以朝，夕月以夕。」瓚曰：「漢儀郊泰一時，皇帝平旦出竹宮，東向揖日，其夕西向揖月。便用郊日，不用春秋也。」
〔二〕正義括地志云：「漢雲陽宮在雍州雲陽縣北八十一里。有通天臺，即黃帝以來祭天圜丘之處。武帝以五月避暑，八月乃還也。」
〔三〕集解孟康曰：「璧大六寸謂之瑄。」索隱音宣。璧大六寸也。
〔四〕正義漢舊儀云：「祭天養牛五歲至二千斤。」
〔五〕集解徐廣曰：「地，一作『夜』。」

其秋，爲伐南越，告禱泰一，以牡〔一〕荊畫幡〔二〕日月北斗登龍，以象天一三星，爲泰一鋒，〔三〕名曰「靈旗」。〔四〕爲兵禱，〔五〕則太史奉以指所伐國。〔六〕而五利將軍使不敢入海，之泰山祠。上使人微隨驗，實無所見。五利妄言見其師，其方盡，多不讎。上乃誅五利。〔七〕

〔一〕集解徐廣曰：「一作『牝』。」
〔二〕集解如淳曰：「荊之無子者，皆以潔齊之道也。」晉灼曰：「牡荊，節閒不相當者。」韋昭曰：「以牡荊爲柄者也。」
〔三〕集解徐廣曰：「天官書曰天極星明者，泰一常居也。斗口三星曰天一。」駰案：晉灼曰「畫一星在後，三星在前爲太一鋒也」。
〔四〕正義李奇云：「畫旗樹泰一壇上，名靈旗，畫日月北斗登龍等。」
〔五〕正義禱，于偶反。
〔六〕正義韋昭云：「牡，剛也。荊，強。」按：用牡荊指伐國，取其剛爲稱，故畫此旗指之。

〔七〕正義漢武故事云：「東方朔言欒大無狀，上發怒，乃斬之。」

其冬，公孫卿候神河南，見僊人跡緱氏城上，有物若雉，往來城上。天子親幸緱氏城視跡。問卿：「得毋效文成、五利乎？」卿曰：「僊者非有求人主，人主求之。其道非少寬假，神不來。言神事，事如迂誕，〔一〕積以歲乃可致。」於是郡國各除道，繕治宮觀名山神祠所，以望幸矣。

〔一〕正義迂音于。誕音但。迂，遠也。誕，大也。

其年，既滅南越，上有嬖臣李延年以好音見。上善之，下公卿議，曰：「民閒祠尚有鼓舞之樂，今郊祠而無樂，豈稱乎？」公卿曰：「古者祀天地皆有樂，而神祇可得而禮。」或曰：「泰帝使素女〔一〕鼓五十弦瑟，悲，帝禁不止，故破其瑟爲二十五弦。」於是塞南越，禱祠泰一、后土，始用樂舞，益召歌兒，作二十五弦〔二〕及箜篌瑟〔三〕自此起。

〔一〕索隱亦謂太昊也。正義泰帝謂太昊伏羲氏。
〔二〕集解徐廣曰：「瑟也。」
〔三〕集解徐廣曰：「應劭云武帝令樂人侯調始造箜篌。」索隱應劭云：「武帝始令樂人侯調作，聲均均然，命曰箜篌。侯，其姓也。」

其來年冬，上議曰：「古者先振兵澤旅，〔一〕然後封禪。」乃遂北巡朔方，勒兵十餘萬，還

祭黄帝冢橋山，澤兵須如。〔一〕上曰：「吾聞黄帝不死，今有冢，何也？」或對曰：「黄帝已僊上天，羣臣葬其衣冠。」既至甘泉，爲且〔三〕用事泰山，〔四〕先類祠泰一。

〔一〕集解徐廣曰：「古『釋』字作『澤』。」
〔二〕集解李奇曰：「地名也。」
〔三〕正義爲，于僞反。將爲封禪也。
〔四〕正義道書福地記云：「泰山高四千九百丈二尺，周迴二千里。」

自得寶鼎，上與公卿諸生議封禪。〔一〕封禪用希曠絶，莫知其儀禮，而羣儒采封禪尚書、周官、王制之望祀射牛〔二〕事。齊人丁公年九十餘，曰：「封者，合不死之名也。秦皇帝不得上封。陛下必欲上，稍上即無風雨，遂上封矣。」上於是乃令諸儒習射牛，草封禪儀。〔三〕數年，至且行。天子既聞公孫卿及方士之言，黄帝以上封禪，皆致怪物與神通，欲放黄帝以嘗接神僊人蓬萊士，高世比德於九皇，〔四〕而頗采儒術以文之。羣儒既以不能辯明封禪事，又牽拘於詩書古文而不敢騁。上爲封祠器示羣儒，羣儒或曰「不與古同」，徐偃又曰「太常諸生行禮不如魯善」，周霸屬圖封事，〔五〕於是上絀偃、霸，盡罷諸儒弗用。

〔一〕正義白虎通云：「王者易姓而起，天下太平，功成封禪，以告太平。禪梁父之趾，廣厚也。刻石紀號，著己之功績。天以高爲尊，地以厚爲德，故增泰山之高以報天，禪梁父之趾以報地。封者，附廣之；禪者，將以功相傳

授之。」

〔二〕集解蘇林曰：「當祭廟，射其牲以除不祥。」瓚曰：「射牛，示親殺也。」索隱天子射牛，示親祭也。事見國語。
〔三〕索隱儀見應劭漢官儀也。
〔四〕集解張晏曰：「三皇之前有人皇，九首。」韋昭曰：「上古人皇者九人也。」
〔五〕集解服虔曰：「屬，會也。會諸儒圖封事。」

三月，遂東幸緱氏，禮登中嶽〔一〕太室。〔二〕從官在山下聞若有言「萬歲」云。〔三〕問上，上不言；問下，下不言。於是以三百户封太室奉祠，命曰崇高邑。〔四〕東上泰山，山之草木葉未生，乃令人上石立之泰山顛。

〔一〕集解文穎曰：「嵩高山也，在潁川陽城縣。」
〔二〕集解韋昭曰：「嵩高山有太室、少室之山，山有石室，故以名之。」
〔三〕正義漢儀注云：「有稱萬歲，可十萬人聲。」
〔四〕正義顔師古云：「以崇奉嵩高山，故謂之崇高也。」

上遂東巡海上，行禮祠八神。〔一〕齊人之上疏言神怪奇方者以萬數，然無驗者。乃益發船，令言海中神山者數千人求蓬萊神人。公孫卿持節常先行候名山，至東萊，言夜見一人，長數丈，就之則不見，見其跡甚大，類禽獸云。羣臣有言見一老父牽狗，言「吾欲見巨公」，〔二〕已忽不見。上既見大跡，未信，及羣臣有言老父，則大以爲僊人也。宿留〔三〕海上，與方士傳車及閒使求僊人以千數。

〔一〕集解文穎曰：「武帝登泰山，祭太一，并祭名山於泰壇，西南開除八通鬼道，故言八神也。一曰八方之神。」索隱用事八神。案：韋昭云「八神謂天、地、陰、陽、日、月、星辰主、四時主之屬」。今案郊祀志，一曰天主，祠天齊；二曰地主，祠太山、梁父；三曰兵主，祠蚩尤；四曰陰主，祠三山；五曰陽主，祠之罘；六曰月主，祠東萊山；七曰日主，祠盛山；八曰四時主，祠琅邪也。
〔二〕索隱漢書音義曰：「巨公謂武帝。」
〔三〕索隱音秀溜。宿留，遲待之意。若依字讀，則言宿而留，亦是有所待，並通也。

四月，還至奉高。上念諸儒及方士言封禪人人殊，不經，難施行。天子至梁父，禮祠地主。乙卯，令侍中儒者皮弁薦紳，射牛行事。封泰山下東方，如郊祠泰一之禮。封廣丈二尺，高九尺，其下則有玉牒書，書祕。禮畢，天子獨與侍中奉車子侯〔一〕上泰山，亦有封。其事皆禁。明日，下陰道。丙辰，禪泰山下阯東北肅然山，〔二〕如祭后土禮。天子皆親拜見，衣上黄而盡用樂焉。江淮閒一茅三脊〔三〕爲神藉。五色土益雜封。縱遠方奇獸蜚禽及白雉諸物，頗以加祠。兕旄牛犀象之屬弗用。皆至泰山然后去。封禪祠，其夜若有光，晝有白雲起封中。

〔一〕集解漢書百官表曰：「奉車都尉掌乘輿車，武帝初置。」韋昭曰：「子侯，霍去病之子也。」

〔二〕集解服虔曰：「肅然，山名，在梁父。」
〔三〕集解孟康曰「所謂靈茅也。」

天子從封禪還，坐明堂，〔一〕羣臣更上壽。於是制詔御史：「朕以眇眇之身承至尊，兢兢焉懼弗任。維德菲薄，不明于禮樂。脩祀泰一，若有象景光，屑如有望，〔二〕依依震於怪物，欲止不敢，遂登封泰山，至於梁父，而后禪肅然。自新，嘉與士大夫更始，賜民百户牛一酒十石，加年八十孤寡布帛二匹。復博、奉高、蛇丘、〔三〕歷城，毋出今年租税。其赦天下，如乙卯赦令。行所過毋有復作。事在二年前，皆勿聽治。」又下詔曰：「古者天子五載一巡狩，用事泰山，諸侯有朝宿地。其令諸侯各治邸泰山下。」〔四〕

〔一〕集解漢書音義曰：「天子初封泰山，山東北阯古時有明堂處，則此所坐者。明年秋，乃作明堂。」
〔二〕集解瓚曰：「聞呼萬歲者三。」
〔三〕集解鄭玄曰：「蛇音移。」
〔四〕正義諸侯各於太山朝宿地起第，准擬天子用事太山而居止。

天子既已封禪泰山，無風雨菑，而方士更言蓬萊諸神山若將可得，於是上欣然庶幾遇之，乃復東至海上望，冀遇蓬萊焉。奉車子侯暴病，一日死。上乃遂去，並海上，北至碣石，巡自遼西，歷北邊至九原。五月，返至甘泉。〔一〕有司言寶鼎出爲元鼎，以今年爲元封元年。

〔一〕集解漢書音義曰：「周萬八千里也。」

其秋，有星茀于東井。〔一〕後十餘日，有星茀于三能。〔二〕望氣王朔言：「候獨見其星出如瓠，〔三〕食頃復入焉。」有司言曰：「陛下建漢家封禪，天其報德星云。」

〔一〕集解韋昭曰：「秦分野也。後衞太子兵亂。茀音佩。」

〔二〕集解韋昭曰：「三能，三公。後連坐誅之。」

〔三〕索隱見星出如瓠。案：郊祀志云「填星出如瓠」，故顏師古以德星卽鎮星也。今按：此紀唯言德星，則德星，歲星也。歲星所在有福，故曰德星也。

其來年冬，郊雍五帝，還，拜祝祠泰一。贊饗曰：「德星昭衍，厥維休祥。壽星仍出，〔一〕淵耀光明。信星昭見，〔二〕皇帝敬拜泰〔三〕祝之饗。」

〔一〕索隱壽星，南極老人星也，見則天下理安，故言之也。

〔二〕索隱信星，鎮星也。信屬土，土曰鎮星，則漢志爲德星也。

〔三〕集解徐廣曰：「一無此字。」

其春，公孫卿言見神人東萊山，若云「見天子」。天子於是幸緱氏城，拜卿爲中大夫。遂至東萊，宿留之數日，毋所見，見大人跡。復遣方士求神怪采芝藥以千數。是歲旱。於是天子既出毋名，乃禱萬里沙，〔一〕過祠泰山。〔二〕還至瓠子，〔三〕自臨塞決河，〔四〕留二日，沈祠

而去。〔五〕使二卿將卒塞決河，河徙二渠，復禹之故跡焉。

〔一〕集解應劭曰：「萬里沙，神祠也，在東萊曲城。」孟康曰：「沙徑三百餘里。」

〔二〕集解鄧展曰：「泰山自東復有小泰山。」瓚曰：「卽今之泰山。」

〔三〕集解服虔曰：「瓠子，隄名。」蘇林曰：「在甄城以南，濮陽以北，廣百步，深五丈所。」瓚曰：「所決河名。」索隱瓠子，決河名。蘇林曰：「在甄城南，濮陽北，廣百步，深五丈。」

〔四〕索隱按：河渠書武帝自臨塞決河，將軍已下皆負薪也。

〔五〕索隱按：沈白馬祭河決，於是作瓠子歌，見河渠書。

是時既滅南越，越人勇之〔一〕乃言「越人俗信鬼，而其祠皆見鬼，數有效。昔東甌王敬鬼，壽至百六十歲。後世謾怠，故衰耗」。乃令越巫立越祝祠，安臺無壇，亦祠天神上帝百鬼，而以雞卜。〔二〕上信之，越祠雞卜始用焉。

〔一〕集解韋昭曰：「越地人名也。」

〔二〕集解漢書音義曰：「持雞骨卜，如鼠卜。」正義雞卜法用雞一，狗一，生，祝願訖，卽殺雞狗煮熟，又祭，獨取雞兩眼，骨上自有孔裂，似人物形則吉，不足則凶。今嶺南猶此法也。

公孫卿曰：「僊人可見，而上往常遽，以故不見。今陛下可爲觀，如緱氏城，〔一〕置脯棗，神人宜可致。且僊人好樓居。」於是上令長安則作蜚廉桂觀，〔二〕甘泉則作益延壽觀，使卿持節設具而候神人。乃作通天臺，〔三〕置祠具其下，將招來神僊之屬。於是甘泉更置前殿，始廣諸宮室。〔四〕夏，有芝生殿防內中。〔五〕天子爲塞河，興通天臺，若有光云，〔六〕乃下詔曰：「甘泉防生芝九莖，〔七〕赦天下，毋有復作。」

〔一〕集解韋昭曰：「如猶比也。」

〔二〕集解應劭曰：「飛廉神禽，能致風氣。」晉灼曰：「身如鹿，頭如雀，有角而蛇尾，文如豹文也。」

〔三〕集解徐廣曰：「在甘泉。」索隱漢書作通天臺於甘泉宮。案：漢書舊儀臺高三十丈，去長安二百里，望見長安城也。

〔四〕索隱姚氏案：「楊雄云甘泉本因秦離宮，既奢泰，武帝增通天臺、迎風宮，近則有洪崖、儲胥，遠則石闕、封巒、鳷鵲、露寒、棠梨等觀，又有高華、溫德觀、曾成宮、白虎、走狗、天梯、瑶臺、仙人、弩法、相思觀。」

〔五〕集解徐廣曰：「元封二年也。」索隱芝生殿房中。案：生芝九莖，於是作芝房歌。

〔六〕集解李奇曰：「爲此作事而有光應。」瓚曰：「作通天臺也。」

〔七〕集解應劭曰：「芝，芝草也，其葉相連。」如淳曰：「瑞應圖云王者敬事耆老，不失舊故，則芝草生。」

其明年，伐朝鮮。夏，旱。公孫卿曰：「黃帝時封則天旱，乾封〔一〕三年。」上乃下詔曰：「天旱，意乾封乎？其令天下尊祠靈星焉。」〔二〕

〔一〕集解蘇林曰：「天旱欲使封土乾燥。」如淳曰：「但祭不立尸爲乾封。」正義乾音干。蘇林云：「天旱欲使封土乾燥也。」顏師古云：「三歲不雨，暴所封之土令乾。」鄭氏云：「但祭不立尸爲乾封。」

〔二〕正義靈星卽龍星也。張晏云：「龍星左角曰天田，則農祥也，見而祭之。」

其明年，上郊雍，通回中道，巡之。〔一〕春，至鳴澤，〔二〕從西河歸。

〔一〕集解徐廣曰：「在扶風汧縣。」

〔二〕集解服虔曰：「鳴澤，澤名也，在涿郡遒縣北界。」

其明年冬，上巡南郡，〔一〕至江陵而東。登禮潛之天柱山，號曰南嶽。〔二〕浮江，自尋陽出樅陽，〔三〕過彭蠡，祀其名山川。北至琅邪，並海上。四月中，至奉高脩封焉。

〔一〕集解徐廣曰：「元封五年。」

〔二〕集解應劭曰：「潛縣屬廬江。南嶽，霍山也。」文穎曰：「天柱山在潛縣南，有祠。」

〔三〕集解地理志廬江有樅陽縣。

初，天子封泰山，泰山東北阯古時有明堂處，處險不敞。上欲治明堂奉高旁，未曉其制度。濟南人公王帶〔一〕上黃帝時明堂圖。明堂圖中有一殿，四面無壁，以茅蓋，通水，圜宮垣爲複道，上有樓，從西南入，命曰昆侖，〔二〕天子從之入，以拜祠上帝焉。於是上令奉高作明堂汶上，〔三〕如帶圖。及五年脩封，則祠泰一、五帝於明堂上坐，令高皇帝祠坐對之。祠后土於下房，以二十太牢。天子從昆侖道入，始拜明堂如郊禮。禮畢，燎堂下。而上又上

泰山，有祕祠其顛。而泰山下祠五帝，各如其方，黃帝并赤帝，而有司侍祠焉。泰山上舉火，下悉應之。

〔一〕索隱王，或作「肅」。公王，姓；帶，名。姚氏按：風俗通齊滑王臣有公王丹，其後也，音語録反。三輔決録云杜陵有王氏，音肅。說文以爲從王，音「畜牧」之「畜」。今讀公王與決録音同。然二姓單複有異，單姓者肅，後漢司徒王況是其後也。

〔二〕索隱王帶明堂圖中爲複道，有樓從西南入，名其道曰崑崙。言其似崑崙山之五城十二樓，故名之也。

〔三〕集解徐廣曰：「在元封二年秋。」

其後二歲，十一月甲子朔旦冬至，推曆者以本統。天子親至泰山，以十一月甲子朔旦冬至日祠上帝明堂，〔一〕每脩封禪。其贊饗曰：「天增授皇帝泰元神筴，周而復始。〔二〕皇帝敬拜泰一。」東至海上，考入海及方士求神者，莫驗，然益遣，冀遇之。

〔一〕集解徐廣曰：「常五年一脩耳。今適二年，故但祀明堂。」

〔二〕索隱案：贊饗之辭言天授皇帝泰元神筴，周而復始。又案：上黃帝得寶鼎神筴，則太古上皇創曆之號，故此云太元神筴，周而復始也。

十一月乙酉，〔一〕柏梁烖。十二月甲午朔，上親禪高里，〔二〕祠后土。臨渤海，將以望祠蓬萊之屬，冀至殊庭焉。〔三〕

〔一〕集解徐廣曰：「二十二日也。」

〔二〕集解伏儼曰：「山名，在泰山下。」

〔三〕集解漢書音義曰：「蓬萊庭。」索隱冀，漢書作「幾」。幾，近也；冀，望也，亦通。服虔曰：「蓬萊中仙人。殊庭者，異也。言入仙人異域也。」

上還，以柏梁烖故，朝受計甘泉。〔一〕公孫卿曰：「黃帝就青靈臺，十二日燒，〔二〕黃帝乃治明庭。明庭，甘泉也。」方士多言古帝王有都甘泉者。其後天子又朝諸侯甘泉，甘泉作諸侯邸。勇之乃曰：「越俗有火烖，復起屋必以大，用勝服之。」於是作建章宮，〔三〕度爲千門萬户。前殿度高未央。其東則鳳闕，高二十餘丈。〔四〕其西則唐中，〔五〕數十里虎圈。〔六〕其北治大池，漸臺〔七〕高二十餘丈，名曰泰液〔八〕池，中有蓬萊、方丈、瀛洲、壺梁，象海中神山龜魚之屬。〔九〕其南有玉堂、〔一〇〕璧門、大鳥之屬。乃立神明臺、〔一一〕井幹樓，〔一二〕度五十餘丈，輦道相屬焉。

〔一〕正義顏胤云：「柏梁被燒，故受記故之物於甘泉也。」顏師古曰：「受郡國計簿也。」

〔二〕集解徐廣曰：「日，一作『月』。」

〔三〕正義括地志曰：「建章宮在雍州長安縣西二十里長安故城西。」

〔四〕索隱三輔黃圖云「武帝營建章，起鳳闕，高三十五丈」。關中記「一名別風，言別四方之風」。西京賦曰「閶闔之內，別風嶕嶢」是也。三輔故事云「北有圜闕，高二十丈，上有銅鳳皇，故曰鳳闕也」。

〔五〕索隱如淳云：「詩云『中唐有甓』。鄭玄曰『唐，堂庭也』。爾雅以廟中路謂之唐。西京賦曰『前開唐中，彌望廣象』是也。」

〔六〕正義圈，其遠反。括地志云：「虎圈今在長安城中西偏也。」

〔七〕正義顏師古云：「漸，浸也。臺在池中，爲水所浸，故曰漸臺。」按：王莽死此臺也。

〔八〕正義臣瓚云：「泰液言象陰陽津液以作池也。」

〔九〕索隱三輔故事云：「殿北海池北岸有石魚，長二丈，廣五尺，西岸有石龜二枚，各長六尺。」

〔一〇〕索隱其南則玉堂。漢武故事「玉堂基與未央前殿等，去地十二丈」。

〔一一〕索隱漢宮闕疏云：「臺高五十丈，上有九宮，常置九天道士百人也。」

〔一二〕索隱關中記「宮北有井幹臺，高五十丈，積木爲樓」。言築累萬木，轉相交架，如井幹。司馬彪注莊子云「井幹，井闌也」。又崔譔云「井以四邊爲幹，猶築牆之有楨幹」。又諸本多作「幹」，一本作「榦」。音〔韓〕。說文云「幹，井橋」。

夏，漢改曆，以正月爲歲首，而色上黃，官名〔一〕更印章以五字，〔二〕因爲太初元年。是歲，西伐大宛。蝗大起。丁夫人、〔三〕雒陽虞初等以方祠詛匈奴、大宛焉。

〔一〕集解徐廣曰：「一無『名』字。」

〔二〕集解張晏曰：「漢據土德，土數五，故用五爲印文也。若丞相曰『丞相之印章』，諸卿及守相印文不足五字者，以『之』足也。」

〔三〕集解韋昭曰：「丁，姓；夫人，名也。」

其明年，有司言雍五時無牢熟具，芬芳不備。乃命祠官進時犢牢具，五色食所勝，〔一〕而以木禺馬〔二〕代駒焉。獨五帝用駒，行親郊用駒。及諸名山川用駒者，悉以木禺馬代。行過，乃用駒。他禮如故。

〔一〕集解孟康曰：「若火勝金，則祠赤帝以白牡。」

〔二〕索隱木耦馬。一音偶。孟云「寓寄龍形于木」。又姚氏云「寓，叚也。以言叚木龍馬一匹，非寄生龍馬形於木也」。

其明年，東巡海上，考神僊之屬，未有驗者。方士有言「黃帝時爲五城十二樓，〔一〕以候神人於執期，〔二〕命曰迎年」。〔三〕上許作之如方，名曰明年。上親禮祠上帝，衣上黃焉。

〔一〕集解應劭曰：「崑崙玄圃五城十二樓，此仙人之所常居也。」

〔二〕集解漢書音義曰：「執期，地名也。」

〔三〕正義顏師古云：「迎年，若言祈年。」

公王帶曰：「黃帝時雖封泰山，然風后、封鉅、〔一〕岐伯〔二〕令黃帝封東泰山，〔三〕禪凡山〔四〕合符，然後不死焉。」天子既令設祠具，至東泰山，東泰山卑小，不稱其聲，乃令祠官禮之，而不封禪焉。其後令帶奉祠候神物。夏，遂還泰山，脩五年之禮如前，而加禪祠石閭。石閭者，在泰山下阯南方，方士多言此僊人之閭也，故上親禪焉。

二十四史

〔一〕集解應劭曰：「封鉅，黃帝師。」
〔二〕正義張揖云：「岐伯，黃帝太醫。」
〔三〕集解徐廣曰：「在琅邪朱虛縣，汶水所出。」
〔四〕集解徐廣曰：「凡山亦在朱虛。」

其後五年，復至泰山脩封，〔一〕還過祭常山。

〔一〕集解徐廣曰：「天漢三年。李陵以天漢二年敗也。」

今天子所興祠，泰一、后土，三年親郊祠，建漢家封禪，五年一脩封。薄忌泰一及三一、冥羊、馬行、赤星，五，寬舒之祠官〔一〕以歲時致禮。凡六祠，〔二〕皆太祝領之。至如八神諸神，明年、凡山他名祠，行過則祀，去則已。方士所興祠，各自主，其人終則已，祠官弗主。他祠皆如其故。今上封禪，其後十二歲而還，徧於五嶽、四瀆矣。而方士之候祠神人，入海求蓬萊，終無有驗。而公孫卿之候神者，猶以大人跡爲解，無其效。天子益怠厭方士之怪迂語矣，然終羈縻弗絕，冀遇其真。自此之後，方士言祠神者彌衆，然其效可睹矣。〔三〕

〔一〕集解李奇曰：「祀名也。」索隱赤星即上靈星祠也。靈星，龍左角，其色赤，故曰赤星。五者，太一也，三一也，冥羊也，馬行也，赤星也。凡五，並祠官寬舒領之。
〔二〕索隱謂五者之外有正太一后土祠，故六也。

〔三〕集解徐廣曰：「猶今人云『其事已可知矣』，皆不信之耳。又數本皆無『可』字。」

太史公曰：余從巡祭天地諸神名山川而封禪焉。入壽宮侍祠神語，究觀方士祠官之言，於是退而論次自古以來用事於鬼神者，具見其表裏。後有君子，得以覽焉。至若俎豆珪幣之詳，獻酬之禮，則有司存焉。

【索隱述贊】孝武纂極，四海承平。志尚奢麗，尤敬神明。壇開八道，接通五城。朝親五利，夕拜文成。祭非祀典，巡乖卜征。登嵩勒岱，望景傳聲。迎年祀日，改曆定正。疲秏中土，事彼邊兵。日不暇給，人無聊生。俯觀嬴政，幾欲齊衡。

史記卷十三

三代世表第一

索隱應劭云：「表者，録其事而見之。」案：禮有表記，而鄭玄云「表，明也」。謂事微而不著，須表明也，故言表也。正義言代者，以五帝久古，傳記少見，夏殷以來，乃有尚書略有年月，比於五帝事迹易明，故舉三代爲首表。表者，明也。明言事儀。

太史公曰：五帝、三代之記，〔一〕尚矣。〔二〕自殷以前諸侯不可得而譜，〔三〕周以來乃頗可著。孔子因史文次春秋，紀元年，正時日月，蓋其詳哉。至於序尚書則略，無年月；或頗有，然多闕，不可録。故疑則傳疑，蓋其慎也。

〔一〕索隱案：此表依帝繫及系本。其實敍五帝、三代，而篇唯名三代系表者，以三代代系長遠，宜以名篇；且三代皆出自五帝，故敍三代要從五帝而起也。
〔二〕索隱劉氏云：「尚猶久古也。『尚矣』之文元出大戴禮，彼文云『黃帝尚矣』。」
〔三〕正義譜，布也，列其事也。

余讀諜〔一〕記，黃帝以來皆有年數。稽其曆譜諜終始五德之傳，〔二〕古文咸不同，乖異。夫子之弗論次其年月，豈虛哉！於是以五帝繫諜、尚書〔三〕集世紀黃帝以來訖共和爲世表。

〔一〕索隱音牒。牒者，紀系謚之書也。下云「稽諸曆諜」，謂歷代之譜。
〔二〕索隱音轉。謂帝王更王，以金木水火土之五德傳次相承，終而復始，故云終始五德之傳也。
〔三〕索隱案：大戴禮有五帝德及帝繫篇，蓋太史公取此二篇之諜及尚書，集而紀黃帝以來爲系表也。

帝王世國號	
	黃帝號有熊。
顓頊屬	黃帝生昌意。
俈屬	黃帝生玄囂。索隱案：宋衷曰：「太史公書玄囂青陽是爲少昊，繼黃帝立者。蓋少昊金德王，非五運之次，故敍五帝
堯屬	黃帝生玄囂。
舜屬	黃帝生昌意。
夏屬	黃帝生昌意。
殷屬	黃帝生玄囂。
周屬	黃帝生玄囂。

中華書局

		「不數之耳。」					
帝顓頊，黃帝孫。起黃帝，至顓頊三世，〔號高陽。〕	昌意生顓頊。顓頊爲高陽氏。	玄囂生蟜極。	玄囂生蟜極。	昌意生顓頊。顓頊生窮蟬。[索隱]系本作「窮係」。宋衷云：「一云窮係，謚也。」	昌意生顓頊。	玄囂生蟜極。蟜極生高辛。	玄囂生蟜極。蟜極生高辛。
帝嚳，黃帝曾孫。起黃帝，至帝嚳四世。號高辛。		蟜極生高辛，爲帝嚳。[索隱]黃帝曾孫。	蟜極生高辛。高辛生放勛。	窮蟬生敬康。敬康生句望。		高辛生禼。	高辛生后稷，爲周祖。
帝堯。起黃帝，至嚳子五世。號唐。			放勛爲堯。	句望生蟜牛。蟜牛生瞽叟。		禼爲殷祖。	后稷生不窋。

帝舜，黃帝玄孫之玄孫，號虞。				瞽叟生重華，是爲帝舜。	顓頊生鯀。鯀生文命。[索隱]案：漢書律曆志顓頊五代而生鯀，此及帝系皆云顓頊生鯀，是古史闕其代系也。	禼生昭明。	不窋生鞠。
帝禹，黃帝耳孫，號夏。					文命，是爲禹。	昭明生相土。	鞠生公劉。
帝啓，伐有扈，作甘誓。						相土生昌若。	公劉生慶節。
帝太康						昌若生曹圉。曹圉生冥。	慶節生皇僕。皇僕生差弗。

帝仲康，太康弟。						冥生振。	差弗生毁渝。毁渝生公非。
帝相						振生微。微生報丁。	公非生高圉。高圉生亞圉。
帝少康						報丁生報乙。報乙生報丙。	亞圉生公祖類。
帝予[索隱]音直呂反，亦作「宁」。[正義]相爲過澆所滅，后緡歸有仍，生少康。其子予復						報丙生主壬。主壬生主癸。	公祖類生太王亶父。

禹績。							
帝槐[索隱]音回，一音傀。系本作「芬」也。						主癸生天乙，是爲殷湯。	亶父生季歷。季歷生文王昌。益易卦。
帝芒[索隱]音亡，一作「荒」。							文王昌生武王發。
帝泄[索隱]音薛也。							
帝不降							
帝扃[索隱]古熒切。不降弟。							

帝廑索隱其靳反，又音勤。

帝孔甲，不降子。好鬼神，淫亂不好德，二龍去。

帝皋索隱宋衷云：「墓在崤南陵。」

帝發索隱帝皋子也。系本云：「帝皋生發及履癸。履癸一名桀。」

帝履癸，是爲桀。從禹至桀十七世。從黃帝至桀二十世。

殷湯代夏氏。從黃帝至湯十七世。

帝外丙，湯太子。太丁蚤卒，故立次弟外丙。

帝仲壬，外丙弟。

帝太甲，故太子太丁子。淫，伊尹放之桐宮。三年，悔過自責，伊尹乃迎之復位。

帝沃丁。伊尹卒。

帝太庚，沃丁弟。

帝小甲，太庚弟。索隱案：殷本紀及系本皆云小甲，太庚子。殷道衰，諸侯或不至。

帝雍己，小甲弟。

帝太戊，雍己弟。以桑穀生，稱中宗。

帝中丁

帝外壬，中丁弟。

帝河亶甲，外壬弟。

帝祖乙

帝祖辛

帝沃甲，【索隱】系本云開甲。祖辛弟。

帝祖丁，祖辛子。

帝南庚，沃甲子。

帝陽甲，祖丁子。

帝盤庚，陽甲弟。徙河南。

帝小辛，盤庚弟。

帝小乙，小辛弟。

帝武丁。雉升鼎耳雊。得傅說。稱高宗。

帝祖庚

帝甲，祖庚弟。淫。【集解】徐廣曰：「一云『淫德，殷衰。』」

帝廩辛【索隱】或作「馮辛」。系本作「祖辛」，誤也。案：上祖乙已生祖辛，故知非也。

帝庚丁，廩辛弟。殷徙河北。

帝武乙。慢

神震死。

帝太丁

帝乙。殷益衰。

帝辛，是爲紂。弑。從湯至紂二十九世。從黃帝至紂四十六世。

周武王代殷。從黃帝至武王十九世。

成王誦。索隱 或作「庸」，非。	魯周公旦，武王弟。初封。	齊太公尚，文王、武王師。初封。	晉唐叔虞，武王子。初封。	秦惡來，助紂。父飛廉，有力。	楚熊繹。繹父鬻熊，事文王。初封。	宋微子啓，紂庶兄。初封。	衛康叔，武王弟。初封。	陳胡公滿，舜之後。初封。	蔡叔度，武王弟。初封。	曹叔振鐸，武王弟。初封。	燕召公奭，周同姓。初封。
康王釗。索隱 古堯反，又音招。刑錯四十餘年。	魯公伯禽	丁公呂伋	晉侯燮	女防	熊乂	微仲，啓弟。	康伯 索隱 康叔子，王孫牟父也。	申公	蔡仲		九世至惠侯。
昭王瑕。索隱 音遐。宋衷云：「昭王南伐楚，辛由靡爲	考公	乙公	武侯	旁皋	熊黮 索隱 吐感反，又徒感	宋公	孝伯	相公	蔡伯	太伯	

右，涉漢中流而隕，由靡承王，遂卒不復。周乃侯其後于西翟也。」南巡不返。不赴，諱之。					反，又杜滅反。鄒氏又作點音。						
穆王滿。作甫刑。荒服不至。	煬公，考公弟。	癸公	成侯	大几	熊勝	丁公	嗣伯	孝公	宮侯	仲君	
恭王伊扈	幽公	哀公	厲侯	大駱	熊煬	湣公，丁公弟。	疌伯 索隱 音捷。	慎公	厲侯	宮伯	
懿王堅。周道衰，詩人	魏公 索隱	胡公	靖侯	非子	熊渠	煬公，湣公	湣伯	幽公	武侯	孝伯	

作刺。	系本作「微公」，名弗其。					弟。					
孝王方，懿王弟。	厲公	獻公 弒胡公。		秦侯	熊無康	厲公	貞伯	釐公		夷伯	
夷王燮，懿王子。	獻公，厲公弟。	武公		公伯	熊鷙紅	釐公	頃侯				
厲王胡。以惡聞（遇）〔過〕亂，出奔，遂死于彘。	真公			秦仲	熊延，紅弟。		釐侯				

共和，索隱 周召二公共相王室，故曰共和。皇甫謐云「共伯和干王位」，以共國，伯爵，和其名也。干王位，言篡也。與史遷之說不同，蓋異說耳。二伯行政。	武公，真公弟。				熊勇						

張夫子問褚先生曰：〔一〕「詩言契、后稷皆無父而生。今案諸傳記咸言有父，父皆黃帝子也，〔二〕得無與詩謬乎？」

〔一〕索隱 褚先生名少孫，元成閒爲博士。張夫子，未詳也。

〔二〕索隱 案：上契及后稷皆帝嚳子，此云「黃帝子」者，謂是黃帝之子孫耳。案：嚳是黃帝曾孫，而契、弃是玄孫，故云也。

褚先生曰：「不然。詩言契生於卵，后稷人迹者，欲見其有天命精誠之意耳。鬼神不能自成，須人而生，柰何無父而生乎！一言有父，一言無父，信以傳信，疑以傳疑，故兩言之。堯知契、稷皆賢人，天之所生，故封之契七十里，後十餘世至湯，王天下。堯知后稷子孫之後王也，故益封之百里，其後世且千歲，至文王而有天下。詩傳曰：『湯之先爲契，無父而生。契母與姊妹浴於玄丘水，有燕銜卵墮之，契母得，故含之，誤吞之，卽生契。〔一〕契生而賢，堯立爲司徒，姓之曰子氏。子者茲；茲，益大也。詩人美而頌之曰「殷社〔二〕芒芒，天命玄鳥，降而生商」。商者質，殷號也。文王之先爲后稷，后稷亦無父而生。后稷母爲姜嫄，〔三〕出見大人蹟而履踐之，知於身，則生后稷。姜嫄以爲無父，賤而弃之道中，牛羊避不踐也。抱之山中，〔四〕山者養之。又捐之大澤，鳥覆席食之。姜嫄怪之，於是知其天子，乃取長之。堯知其賢才，立以爲大農，姓之曰姬氏。姬者，本也。詩人美而頌之曰「厥初生民」，深修益成，而道后稷之始也。』孔子曰：『昔者堯命契爲子氏，爲有湯也。命后稷爲姬氏，爲有文王也。大王命季歷，明天瑞也。太伯之吳，遂生源也。』〔五〕天命難言，非聖人莫能見。舜、禹、契、后稷皆黃帝子孫也。黃帝策天命而治天下，德澤深後世，故其子孫皆復立爲天子，是天之報有德也。人不知，以爲氾從布衣匹夫起耳。夫布衣匹夫安能無

故而起王天下乎？其有天命然。」

〔一〕索隱有娀氏女曰簡狄，浴於玄丘水，出詩緯。殷本紀云玄鳥翔水遺卵，娀簡狄取而吞之也。

〔二〕集解詩云「土」。

〔三〕索隱有邰氏之女也。韋昭云「姜，姓；嫄，字也」。

〔四〕集解抱，普茅反。索隱抱，普交反，又如字。

〔五〕索隱言太伯之讓季歷居吳不反者，欲使傳文王、武王撥亂反正，成周道，遂天下生生之源本也。

「黃帝後世何王天下之久遠邪？」

曰：「傳云天下之君王爲萬夫之黔首請贖民之命者帝，有福萬世。黃帝是也。五政明則修禮義，因天時舉兵征伐而利者王，有福千世。蜀王，黃帝後世也，〔一〕至今在漢西南五千里，常來朝降，輸獻於漢，非以其先之有德，澤流後世邪？行道德豈可以忽乎哉！人君王者舉而觀之。漢大將軍霍子孟名光者，亦黃帝後世也。〔二〕此可爲博聞遠見者言，固難爲淺聞者說也。何以言之？古諸侯以國爲姓。霍者，國名也。武王封弟叔處於霍，後世晉獻公滅霍公，後世爲庶民，往來居平陽。平陽在河東，河東晉地，分爲衞國。以詩言之，亦可爲周世。周起后稷，后稷無父而生。以三代世傳言之，后稷有父名高辛；高辛，黃帝曾孫。黃帝終始傳曰：〔三〕『漢興百有餘年，有人不短不長，出(自)〔白〕燕之鄉，〔四〕持天下之政，時有嬰兒主，〔五〕卻行車。』〔六〕霍將軍者，本居平陽(自)〔白〕燕。臣爲郎時，與方士考功〔七〕會旗亭下，〔八〕爲臣言。豈不偉哉！」〔九〕

〔一〕索隱案：系本蜀無姓，相承云黃帝後。且黃帝二十五子，分封賜姓，或於蠻夷，蓋當然也。蜀王本紀云朱提有男子杜宇從天而下，自稱望帝，亦蜀王也。則杜姓出唐杜氏，蓋陸終氏之胤，亦黃帝之後也。正義譜記普云蜀之先肇於人皇之際。黃帝與子昌意娶蜀山氏女，生帝俈，立，封其支庶於蜀，歷虞夏商。周衰，先稱王者蠶叢，國破，子孫居姚、巂等處。

〔二〕索隱案：系本云霍國，真姓後。周武王封其弟叔處於霍。是姬姓亦黃帝後。

〔三〕索隱蓋謂五行讖緯之說，若今之童謠言。

〔四〕正義一作「白彘」。案：霍光，平陽人。平陽今晉州霍邑，本秦時霍伯國，漢爲彘縣，後漢改彘曰永安，隋又改爲霍邑。遍檢記傳，無「白燕」之名，疑「白彘」是鄉之名。

〔五〕索隱謂昭帝也。

〔六〕索隱言霍光持政擅權，逼帝令如卻行車，使不前也。

〔七〕正義謂年老爲方士最功也。

〔八〕集解西京賦曰：「旗亭五里。」薛綜曰：「旗亭，市樓也。立旗於上，故取名焉。」

〔九〕索隱褚先生蓋腐儒也。設主客，引詩傳，云契、弃無父，及據帝系皆帝嚳之子，是也。而末引蜀王、霍光，竟欲證何事？而言之不經，蕪穢正史，輒云「豈不偉哉」，一何誣也！

【索隱述贊】高辛之胤，大啓禎祥。脩己吞意，石紐興王。天命玄鳥，簡狄生商。姜嫄履跡，祚流岐昌。俱膺曆運，互有興亡。風餘周召，刑措成康。出彘之後，諸侯日彊。

史記卷十四

十二諸侯年表第二

[索隱]案：篇言十二，實敍十三者，賤夷狄不數吳，又霸在後故也。不數而敍之者，闔閭霸盟上國故也。

太史公讀春秋曆譜諜，[一]至周厲王，未嘗不廢書而歎也。曰：嗚呼，師摯見之矣！[二]紂爲象箸[三]而箕子唏。[四]周道缺，詩人本之衽席，關雎作。仁義陵遲，鹿鳴刺焉。及至厲王，以惡聞其過，[五]公卿懼誅而禍作，厲王遂奔于彘，[六]亂自京師始，而共和行政焉。是後或力政，彊乘弱，興師不請天子。然挾王室之義，[七]以討伐爲會盟主，政由五伯，[八]諸侯恣行，[九]淫侈不軌，賊臣篡子滋起矣。齊、晉、秦、楚其在成周微甚，封或百里或五十里。晉阻三河，齊負東海，楚介江淮，[一〇]秦因雍州之固，四海迭興，更爲伯主，文武所褒大封，皆威而服焉。是以孔子明王道，干七十餘君，莫能用，故西觀周室，論史記舊聞，興於魯而次春秋，上記隱，下至哀之獲麟，約其辭文，去其煩重，[一一]以制義法，王道備，人事浹。七十子之徒口受其傳指，[一二]爲有所刺譏褒諱挹損之文辭不可以書見也。魯君子左丘明懼弟子人

人異端，各安其意，失其真，故因孔子史記具論其語，成左氏春秋。鐸椒爲楚威王傅，[一三]爲王不能盡觀春秋，采取成敗，卒四十章，爲鐸氏微。趙孝成王時，其相虞卿上采春秋，下觀近勢，亦著八篇，爲虞氏春秋。[一四]呂不韋者，秦莊襄王相，亦上觀尚古，刪拾春秋，集六國時事，以爲八覽、六論、十二紀，爲呂氏春秋。及如荀卿、孟子、公孫固、韓非[一五]之徒，各往往捃摭春秋之文以著書，不可勝紀。漢相張蒼曆譜五德，[一六]上大夫董仲舒推春秋義，頗著文焉。[一七]

[一][索隱]案：劉杳云「三代系表旁行邪上，並放周譜」。譜起周代。藝文志有古帝王譜。又自古爲春秋學者，有年曆、譜諜之説，故杜元凱作春秋長曆及公子譜。蓋因於舊説，故太史公得讀焉」也。

[二][集解]鄭玄曰：「師摯，太師之名。周道衰微，鄭衛之音作，正樂廢而失節，魯太師摯識關雎之聲，首理其亂也。」

[三][索隱]鄭氏及劉氏皆音直慮反，即筯也。今案：箕子云「爲象箸者必爲玉桮」，則箸者是櫡也，音治略反。

[四][索隱]唏，嗚歎聲，音許既反。又音希，希亦聲餘，故記曰「夫子曰嘻其甚也」，亦歔音也。

[五][索隱]惡，烏故反。過，古卧反。故國語云「厲王止謗，道路以目」是也。

[六][索隱]彘，地名，在河東，後爲永安縣也。

[七][索隱]挾音協也。

[八][索隱]伯音霸。五霸者，齊桓公、晉文公、秦穆公、宋襄公、楚莊王也。

[九][索隱]下孟反。

[一〇][索隱]介音界，言楚以江淮爲界。一云介者夾也。

[一一][索隱]文去重。去，羌呂反。重，逐龍反。言約史記脩春秋，去其重文也。

[一二][索隱]傳音逐宣反。

[一三][索隱]鐸椒所撰。名鐸氏微者，春秋有微婉之詞故也。

[一四][正義]案：其文八篇，藝文志云十五篇，虞卿撰。

[一五][索隱]荀況、孟軻、韓非皆著書，自稱「子」。宋有公孫固，無所述。此固，齊人韓固，傳詩者。

[一六][索隱]案：張蒼著終始五德傳也。

[一七][索隱]作春秋繁露是。

太史公曰：儒者斷其義，馳説者騁其辭，不務綜其終始；曆人取其年月，數家[一]隆於神運，[二]譜諜獨記世謚，其辭略，欲一觀[三]諸要難。[四]於是譜十二諸侯，自共和訖孔子，表見春秋、國語學者所譏盛衰大指著于篇，爲成學治古文者[五]要刪焉。[六]

[一][索隱]上音疏具反，謂陰陽術數之家也。

[二][集解]徐廣曰：「一作『通』也。」

[三][索隱]壹觀。音官。

[四][索隱]下奴丹反。

[五][集解]徐廣曰：「一云『治國聞者』也。」

[六][索隱]爲成學治文者要刪焉。言表見春秋國語，本爲成學之人欲覽其要，故刪爲此篇焉。

公元前 841

	庚申
周	共和元年 [集解]徐廣曰：「自共和元年，歲在庚申，訖敬王四十三年，凡三百六十五年。」共和在春秋前
魯	真公濞 [索隱]系本作「慎公摯」。鄒誕本作「慎公嗥」。真公，伯禽之玄孫。十五年，一云十四年
齊	武公壽 [索隱]太公五代孫，獻公子也。宋衷曰：「武公十年，宣王大臣共行政，號曰共和。十四年，宣王
晉	靖侯宜臼 [索隱]唐叔五代孫，厲侯之子也。宋衷曰：「唐叔已下五代無年紀。」十八年
秦	秦仲 [索隱]非子曾孫，公伯之子。宣王命爲大夫，誅西戎也。四年
楚	熊勇 [索隱]楚，羋姓，粥熊之後，因氏熊。熊勇，熊延之子，熊繹十一代孫。七年
宋	釐公 [索隱]微仲六代孫，厲公之子也。十八年
衛	釐侯 [索隱]唐叔七代孫，頃侯之子。頃侯賂周，始命爲侯。十四年
陳	幽公寧 [索隱]胡公五代孫。十四年
蔡	武侯 [索隱]蔡仲五代孫也。二十三年
曹	夷伯 [索隱]名喜，振鐸六代孫也。二十四年
鄭	
燕	惠侯 [索隱]召公奭九世孫也。立三十八年。二十四年
吳	

周	一百一十九年。」索隱宣王少，周召二公共相王室，故曰共和。宣王，厲王之子也。徐氏云：「元年至敬王四十三年，凡三百六十五年。共和在
魯	即位。」 十年
齊	
晉	
秦	
楚	
宋	
衞	
陳	
蔡	
曹	
鄭	
燕	
吳	

周	春秋前一百一十九年」也。厲王子居召公宮，是爲宣王。王少，大臣共和行政。
魯	
齊	
晉	
秦	
楚	
宋	
衞	
陳	
蔡	
曹	
鄭	
燕	
吳	

	840	839	838	837	836	835	834
				甲子			
周	二	三	四	五	六	七	八
魯	十六	十七	十八	十九	二十	二十一	二十二
齊	十一	十二	十三	十四	十五	十六	十七
晉	晉釐侯司徒元年	二	三	四	五	六	七
秦	五	六	七	八	九	十	十一
楚	八	九	十	楚熊嚴元年	二	三	四
宋	十九	二十	二十一	二十二	二十三	二十四	二十五
衞	十五	十六	十七	十八	十九	二十	二十一
陳	十五	十六	十七	十八	十九	二十	二十一
蔡	二十四	二十五	二十六	蔡夷侯元年	二	三	四
曹	二十五	二十六	二十七	二十八	二十九	三十	曹幽伯彊
鄭							
燕	二十五	二十六	二十七	二十八	二十九	三十	三十一
吳							

		833	832	831	830
周		九	十	十一	十二
魯		二十三	二十四	二十五	二十六
齊		十八	十九	二十	二十一
晉		八	九	十	十一
秦		十二	十三	十四	十五
楚		五	六	七	八
宋		二十六	二十七	二十八	宋惠公覸元年 索隱覸音閑。又音下板反。
衞		二十二	二十三	二十四	二十五
陳		二十二	二十三	陳釐公孝元年	二
蔡		五	六	七	八
曹	元年	二	三	四	五
鄭					
燕		三十二	三十三	三十四	三十五
吳					

	829	828	827
			甲戌
周	十三	十四 宣王即位，共和罷。[索隱]二相還政，宣王稱元年也。	宣王元年
魯	二十七	二十八	二十九
齊	二十二	二十三	二十四
晉	十二	十三	十四
秦	十六	十七	十八
楚	九	十	楚熊霜元年
宋	二	三	四
衛	二十六	二十七	二十八
陳	三	四	五
蔡	九	十	十一
曹	六	七	八
鄭			
燕	三十六	三十七	三十八
吳			

	826	825
周	二	三
魯	三十	魯武公敖元年
齊	二十五	二十六
晉	十五	十六
秦	十九	二十
楚	二	三
宋	五	六
衛	二十九	三十
陳	六	七
蔡	十二	十三
曹	九	曹戴伯鮮元年
鄭		
燕	燕釐侯莊[索隱]徐廣云一無「莊」字。案：燕失年紀及名，此言「莊」者，衍字也。元年	二
吳		

	824	823	822	821
周	四	五	六	七
魯	二	三	四	五
齊	齊厲公無忌元年	二	三	四
晉	十七	十八	晉獻侯籍元年	二
秦	二十一	二十二	二十三	秦莊公其[索隱]其，名也。案：秦之先公並不記名，
楚	四	五	六	楚熊徇元年
宋	七	八	九	十
衛	三十一	三十二	三十三	三十四
陳	八	九	十	十一
蔡	十四	十五	十六	十七
曹	二	三	四	五
鄭				
燕	三	四	五	六
吳				

	(821)	820	819	818	817	816	815	814
					甲申			
周		八	九	十	十一	十二	十三	十四
魯		六	七	八	九	十	魯懿公戲元年	二
齊		五	六	七	八	九	齊文公赤元年	二
晉		三	四	五	六	七	八	九
秦	恐其非名。元年	二	三	四	五	六	七	八
楚		二	三	四	五	六	七	八
宋		十一	十二	十三	十四	十五	十六	十七
衛		三十五	三十六	三十七	三十八	三十九	四十	四十一
陳		十二	十三	十四	十五	十六	十七	十八
蔡		十八	十九	二十	二十一	二十二	二十三	二十四
曹		六	七	八	九	十	十一	十二
鄭								
燕		七	八	九	十	十一	十二	十三
吳								

811	812	813
十七	十六	十五
五	四	三
五	四	三
穆侯弗生[索隱]晉穆公生。案：系家名費生，或作「潰生」。系本名弗生，則生是穆公名。	十一	十
十一	十	九
十一	十	九
二十	十九	十八
二	衛武公和元年	四十二
二十一	二十	十九
二十七	二十六	二十五
十五	十四	十三
十六	十五	十四

	808	809	810	
周	二十	十九	十八	
魯	八	七	六	
齊	八	七	六	
晉	四 取齊	三	二	元年
秦	十四	十三	十二	
楚	十四	十三	十二	
宋	二十三	二十二	二十一	
衛	五	四	三	
陳	二十四	二十三	二十二	
蔡	二	蔡釐侯所事[索隱]蔡釐侯所。案：系家釐侯名所事。元年	二十八	
曹	十八	十七	十六	
鄭				
燕	十九	十八	十七	
吳				

806	807	
	甲午	
二十二	二十一	
魯孝公稱元年伯御立為君，稱為諸公子云。伯御，武公孫。	九	
十	九	
六	五	女為夫人。
十六	十五	
十六	十五	
二十五	二十四	
七	六	
二十六	二十五	
四	三	
二十	十九	
鄭桓公友[索隱]宣王母弟。宣王二十二年封之鄭，立三十六年，與幽王俱死犬戎之難也。元		
二十一	二十	

	803	804	805	
周	二十五	二十四	二十三	
魯	四	三	二	
齊	齊成公說	十二	十一	
晉	九	八	七 以伐條生太子仇。	
秦	十九	十八	十七	
楚	十九	十八	十七	
宋	二十八	二十七	二十六	
衛	十	九	八	
陳	二十九	二十八	二十七	
蔡	七	六	五	
曹	二十三	二十二	二十一	
鄭	四	三	二	年始封。周宣王母弟。
燕	二十四	二十三	二十二	
吳				

		802
周		二十六
魯		五
齊	[索隱]系家「說」作「脫」。元年	二
晉		十 以千畝戰。生仇。弟成師。二子名反，君子譏之。後亂。
秦		二十
楚		二十
宋		二十九
衞		十一
陳		三十
蔡		八
曹		二十四
鄭		五
燕		二十五
吳		

	801	800		799	798	797	796
						甲辰	
周	二十七	二十八		二十九	三十	三十一	三十二
魯	六	七		八	九	十	十一 周宣王誅
齊	三	四		五	六	七	八
晉	十一	十二		十三	十四	十五	十六
秦	二十一	二十二		二十三	二十四	二十五	二十六
楚	二十一	二十二		楚熊鄂元年	二	三	四
宋	三十	三十一	宋惠公薨。	宋戴公立。元年	二	三	四
衞	十二	十三		十四	十五	十六	十七
陳	三十一	三十二		三十三	三十四	三十五	三十六
蔡	九	十		十一	十二	十三	十四
曹	二十五	二十六		二十七	二十八	二十九	三十
鄭	六	七		八	九	十	十一
燕	二十六	二十七		二十八	二十九	三十	三十一
吳							

		795	794
周		三十三	三十四
魯	伯御，立其弟稱，是爲孝公。	十二	十三
齊		九	齊莊公贖[索隱]劉氏音
晉		十七	十八
秦		二十七	二十八
楚		五	六
宋		五	六
衞		十八	十九
陳		陳武公靈元年	二
蔡		十五	十六
曹		曹惠(公)伯雉[索隱]一作「兕」。元年	二
鄭		十二	十三
燕		三十二	三十三
吳			

		793	792	791	790
周		三十五	三十六	三十七	三十八
魯		十四	十五	十六	十七
齊	神欲反。系家及系本並作「購」。元年	二	三	四	五
晉		十九	二十	二十一	二十二
秦		二十九	三十	三十一	三十二
楚		七	八	九	楚若敖[索隱]熊鄂子熊儀也，號若敖
宋		七	八	九	十
衞		二十	二十一	二十二	二十三
陳		三	四	五	六
蔡		十七	十八	十九	二十
曹		三	四	五	六
鄭		十四	十五	十六	十七
燕		三十四	三十五	三十六	燕頃侯元年
吳					

		789	788	787	786	785	784	783	782	781
				甲寅						
周		三十九	四十	四十一	四十二	四十三	四十四	四十五	四十六	幽王元年
魯		十八	十九	二十	二十一	二十二	二十三	二十四	二十五	二十六
齊		六	七	八	九	十	十一	十二	十三	十四
晉		二十三	二十四	二十五	二十六	二十七 穆侯卒,弟殤叔自立,太子仇出奔。	晉殤叔元年	二	三	四 仇攻殺殤叔,立爲文侯。
秦		三十三	三十四	三十五	三十六	三十七	三十八	三十九	四十	四十一
楚	也。元年	二	三	四	五	六	七	八	九	十
宋		十一	十二	十三	十四	十五	十六	十七	十八	十九
衛		二十四	二十五	二十六	二十七	二十八	二十九	三十	三十一	三十二
陳		七	八	九	十	十一	十二	十三	十四	十五
蔡		二十一	二十二	二十三	二十四	二十五	二十六	二十七	二十八	二十九
曹		七	八	九	十	十一	十二	十三	十四	十五
鄭		十八	十九	二十	二十一	二十二	二十三	二十四	二十五	二十六
燕		二	三	四	五	六	七	八	九	十
吳										

	780	779	778	777	776	775	774	773	772	771	770
				甲子							
周	二 三川震。	三 王取褒姒。	四	五	六	七	八	九	十	十一 幽王爲犬戎所殺。	平王元年 東徙雒邑。
魯	二十七	二十八	二十九	三十	三十一	三十二	三十三	三十四	三十五	三十六	三十七
齊	十五	十六	十七	十八	十九	二十	二十一	二十二	二十三	二十四	二十五
晉	晉文侯仇元年	二	三	四	五	六	七	八	九	十	十一
秦	四十二	四十三	四十四	秦襄公元年	二	三	四	五	六	七 始列爲諸侯。	八 初立西畤,祠白帝。
楚	十一	十二	十三	十四	十五	十六	十七	十八	十九	二十	二十一
宋	二十	二十一	二十二	二十三	二十四	二十五	二十六	二十七	二十八	二十九	三十
衛	三十三	三十四	三十五	三十六	三十七	三十八	三十九	四十	四十一	四十二	四十三
陳	陳夷公說元年	二	三	陳平公燮元年	二	三	四	五	六	七	八
蔡	三十	三十一	三十二	三十三	三十四	三十五	三十六	三十七	三十八	三十九	四十
曹	十六	十七	十八	十九	二十	二十一	二十二	二十三	二十四	二十五	二十六
鄭	二十七	二十八	二十九	三十	三十一	三十二	三十三	三十四	三十五	三十六 以幽王故,爲犬戎所殺。	鄭武公滑突〔索隱〕滑,一作
燕	十一	十二	十三	十四	十五	十六	十七	十八	十九	二十	二十一
吳											

	（前頁續）	769	768
周		二	三
魯		三十八	魯惠公弗湼元年 [索隱]魯惠公弗生。系家作「弗湟」，系本作「弗皇」。
齊		二十六	二十七
晉		十二	十三
秦		九	十
楚		二十二	二十三
宋		三十一	三十二
衛		四十四	四十五
陳		九	十
蔡		四十一	四十二
曹		二十七	二十八
鄭	「掘」，並音胡忽反。元年	二	三
燕		二十二	二十三
吳			

	767 甲戌	766	765	764
周	四	五	六	七
魯	二	三	四	五
齊	二十八	二十九	三十	三十一
晉	十四	十五	十六	十七
秦	十一	十二 伐戎至岐而死。	秦文公元年	二
楚	二十四	二十五	二十六	二十七
宋	三十三	三十四	宋武公司空元年	二
衛	四十六	四十七	四十八	四十九
陳	十一	十二	十三	十四
蔡	四十三	四十四	四十五	四十六
曹	二十九	三十	三十一	三十二
鄭	四	五	六	七
燕	二十四	燕哀侯元年	二	燕鄭侯元年
吳				

	763
周	八
魯	六
齊	三十二
晉	十八
秦	三
楚	楚霄敖 [索隱]楚甯敖。案：系家若敖子熊坎立，是爲霄敖，此作「甯敖」，恐是「霄」字訛變爲「甯」也。劉伯莊但隨字而音，更不分析。
宋	三
衛	五十
陳	十五
蔡	四十七
曹	三十三
鄭	八
燕	二
吳	

	（前頁續）	762	761	760	759	758	757 甲申
周		九	十	十一	十二	十三	十四
魯		七	八	九	十	十一	十二
齊		三十三	三十四	三十五	三十六	三十七	三十八
晉		十九	二十	二十一	二十二	二十三	二十四
秦		四	五	六	七	八	九
楚	元年	二	三	四	五	六	楚蚡
宋		四	五	六	七	八	九
衛		五十一	五十二	五十三	五十四	五十五	衛莊
陳		十六	十七	十八	十九	二十	二十一
蔡		四十八	蔡共侯興元年	二	蔡戴侯元年	二	三
曹		三十四	三十五	三十六	曹穆公元年	二	三
鄭		九	十 娶申侯女武姜。	十一	十二	十三	十四
燕		三	四	五	六	七	八
吳							

		756	755
周		十五	十六
魯		十三	十四
齊		三十九	四十
晉		二十五	二十六
秦		十　作鄜時。	十一
楚	冒[索隱]鄒氏云「蚡」一作「粉」，音僨。冒音亡報反，又音默也。元年	二	三
宋		十	十一
衛	公楊元年	二	三
陳		二十二	二十三
蔡		四	五
曹		曹桓公終生元年	二
鄭	生莊公寤生。	十五	十六
燕		九	十
吳			

	754	753	752	751	750
周	十七	十八	十九	二十	二十一
魯	十五	十六	十七	十八	十九
齊	四十一	四十二	四十三	四十四	四十五
晉	二十七	二十八	二十九	三十	三十一
秦	十二	十三	十四	十五	十六
楚	四	五	六	七	八
宋	十二	十三	十四	十五	十六
衛	四	五	六	七	八
陳	陳文公圉元年　生桓公鮑、厲公他。他母蔡女。	二	三	四	五
蔡	六	七	八	九	十
曹	三	四	五	六	七
鄭	十七　生大叔段，母欲立段，公不聽。	十八	十九	二十	二十一
燕	十一	十二	十三	十四	十五
吳					

	749	748	747	746	745
			甲午		
周	二十二	二十三	二十四	二十五	二十六
魯	二十	二十一	二十二	二十三	二十四
齊	四十六	四十七	四十八	四十九	五十
晉	三十二	三十三	三十四	三十五	晉昭侯元
秦	十七	十八	十九　作祠陳寶。	二十	二十一
楚	九	十	十一	十二	十三
宋	十七	十八　生魯桓公母。	宋宣公力元年	二	三
衛	九	十	十一	十二	十三
陳	六	七	八	九	十　文公
蔡	蔡宣侯楷論元年	二	三	四	五
曹	八	九	十	十一	十二
鄭	二十二	二十三	二十四	二十五	二十六
燕	十六	十七	十八	十九	二十
吳					

周	
魯	
齊	
晉	年封季(弟)〔父〕成師于曲沃，曲沃大於國，君子譏曰：「晉人亂自曲
秦	
楚	
宋	
衛	
陳	卒。
蔡	
曹	
鄭	
燕	
吳	

		744	743	742	741
周		二十七	二十八	二十九	三十
魯		二十五	二十六	二十七	二十八
齊		五十一	五十二	五十三	五十四
晉	沃治矣。」	二	三	四	五
秦		二十二	二十三	二十四	二十五
楚		十四	十五	十六	十七
宋		四	五	六	七
衛		十四	十五	十六	十七 愛妾
陳		陳桓公元年	二	三	四
蔡		六	七	八	九
曹		十三	十四	十五	十六
鄭		二十七	鄭莊公寤生元年。祭仲相。	二	三
燕		二十一	二十二	二十三	二十四
吳					

		740	739
周		三十一	三十二
魯		二十九	三十
齊		五十五	五十六
晉		六	潘父殺昭侯，納成師，不克。昭侯子立，是爲
秦		二十六	二十七
楚		武王立。	二
宋		八	九
衛	子州吁，州吁好兵。	十六	十九
陳		五	六
蔡		十	十一
曹		十七	十八
鄭		四	五
燕		二十五	二十六
吳			

		738	737
			甲辰
周		三十三	三十四
魯		三十一	三十二
齊		五十七	五十八
晉	孝侯。[索隱]昭侯，文侯之子。系家云晉大臣潘父殺昭侯，迎曲沃桓叔，晉人攻之，立昭侯子平，是爲孝侯也。	二	三
秦		二十八	二十九
楚		三	四
宋		十	十一
衛		二十	二十一
陳		七	八
蔡		十二	十三
曹		十九	二十
鄭		六	七
燕		二十七	二十八
吳			

	736	735	734	733
周	三十五	三十六	三十七	三十八
魯	三十三	三十四	三十五	三十六
齊	五十九	六十	六十一	六十二
晉	四	五	六	七
秦	三十	三十一	三十二	三十三
楚	五	六	七	八
宋	十二	十三	十四	十五
衛	二十二	二十三 夫人無子，桓公立。	衛桓公完元年	二 弟州吁驕，
陳	九	十	十一	十二
蔡	十四	十五	十六	十七
曹	二十一	二十二	二十三	二十四
鄭	八	九	十	十一
燕	二十九	三十	三十一	三十二
吳				

		732	731	730
周		三十九	四十	四十一
魯		三十七	三十八	三十九
齊		六十三	六十四	齊釐公祿
晉		八	九 曲沃桓叔成師卒,子代立,爲莊伯。	十
秦		三十四	三十五	三十六
楚		九	十	十一
宋		十六	十七	十八
衛	桓黜之,出奔。	三	四	五
陳		十三	十四	十五
蔡		十八	十九	二十
曹		二十五	二十六	二十七
鄭		十二	十三	十四
燕		三十三	三十四	三十五
吳				

		729	728
周		四十二	四十三
魯		四十	四十一
齊	父元年	二 同母弟夷仲年生公孫毋知也。	三
晉		十一	十二
秦		三十七	三十八
楚		十二	十三
宋		十九 公卒,命立弟和,爲穆公。	宋穆公和元年
衛		六	七
陳		十六	十七
蔡		二十一	二十二
曹		二十八	二十九
鄭		十五	十六
燕		三十六	燕穆侯元年
吳			

	727	726	725	724
	甲寅			
周	四十四	四十五	四十六	四十七
魯	四十二	四十三	四十四	四十五
齊	四	五	六	七
晉	十三	十四	十五	十六 曲沃莊伯殺孝侯,晉人立孝侯子郤爲鄂侯。
秦	三十九	四十	四十一	四十二
楚	十四	十五	十六	十七
宋	二	三	四	五
衛	八	九	十	十一
陳	十八	十九	二十	二十一
蔡	二十三	二十四	二十五	二十六
曹	三十	三十一	三十二	三十三
鄭	十七	十八	十九	二十
燕	二	三	四	五
吳				

	723	722
周	四十八	四十九
魯	四十六	魯隱
齊	八	九
晉	晉鄂侯郤元年。曲沃強於晉。[索隱]有本「郤」作「都」者,誤也。鄂,邑;郤,其名。孝侯子也。	二
秦	四十三	四十四
楚	十八	十九
宋	六	七
衛	十二	十三
陳	二十二	二十三
蔡	二十七	二十八
曹	三十四	三十五
鄭	二十一	二十二
燕	六	七
吳		

		721	720	719
周		五十	五十一	桓王
魯	公息姑〔索隱〕魯隱公息。系家名息，系本名息姑也。元年〔集解〕徐廣曰：「春秋隱元年，歲在己未。」母聲子。	二	三 二月，日蝕。	四
齊		十	十一	十二
晉		三	四	五
秦		四十五	四十六	四十七
楚		二十	二十一	二十二
宋		八	九 公屬孔父立殤公。馮奔鄭。	宋殤
衛		十四	十五	十六
陳		二十四	二十五	二十六
蔡		二十九	三十	三十一
曹		三十六	三十七	三十八
鄭	段作亂，奔。	二十三 公悔，思母不見，穿地相見。	二十四 侵周，取禾。	二十五
燕		八	九	十
吳				

		718	717	716	715
			甲子		
周	元年	二 使虢公伐晉之曲沃。	三	四	五
魯		五 公觀魚于棠，君子譏之。	六 鄭人來渝平。	七	八 易許田，君
齊		十三	十四	十五	十六
晉		六 鄂侯卒。曲沃莊伯復攻晉。立鄂侯子光，爲哀侯。	晉哀侯光元年	二 莊伯卒，子稱立，爲武公。	三
秦		四十八	四十九	五十	秦寧公元年
楚		二十三	二十四	二十五	二十六
宋	公與夷元年	二 鄭伐我。我伐鄭。	三	四	五
衛	州吁弒公自立。	衛宣公晉元年。共立之。討州吁。	二	三	四
陳	衛石碏來告，故執州吁。	二十七	二十八	二十九	三十
蔡		三十二	三十三	三十四	三十五
曹		三十九	四十	四十一	四十二
鄭		二十六	二十七 始朝王，王不禮。	二十八	二十九 與魯祊，易
燕		十一	十二	十三	十四
吳					

		714	713	712	711
周		六	七	八	九
魯	子譏之。	九 三月,大雨,雹,電。	十	十一 大夫翬請殺桓公,求爲相,公不聽,即殺公。	魯桓公允【索隱】一作「兀,」五忽反。徐廣云一作「軌」。元年。母宋武公女,生手文爲魯夫人。
齊		十七	十八	十九	二十
晉		四	五	六	七
秦		二	三	四	五
楚		二十七	二十八	二十九	三十
宋		六	七 諸侯敗我。我師與衛人伐鄭。	八	九
衛		五	六	七	八
陳		三十一	三十二	三十三	三十四
蔡		蔡桓侯封人元年	二	三	四
曹		四十三	四十四	四十五	四十六
鄭	許田。	三十	三十一	三十二	三十三 以璧加魯,易許田。
燕		十五	十六	十七	十八
吳					

	710	709
周	十	十一
魯	二 宋賂以鼎,入於太廟,君子譏之。	三 翬迎女,齊侯送
齊	二十一	二十二
晉	八	晉小子元年
秦	六	七
楚	三十一	三十二
宋	華督見孔父妻好,悅之。華督殺孔父,及殺殤公。宋公馮元年。華督爲相。	二
衛	九	十
陳	三十五	三十六
蔡	五	六
曹	四十七	四十八
鄭	三十四	三十五
燕	燕宣侯元年	二
吳		

		708	707	706
			甲戌	
周		十二	十三 伐鄭。	十四
魯	女，君子譏之。	四	五	六
齊		二十三	二十四	二十五 山戎伐我。
晉		二	三	曲沃武公殺小子。周伐曲沃，立晉哀侯弟湣〔索隱〕音旻。爲晉侯。晉侯湣元年
秦		八	九	十
楚		三十三	三十四	三十五 侵隨，隨爲善政，得止。
宋		三	四	五
衛		十一	十二	十三
陳		三十七	三十八 弟他〔索隱〕音徒何反。陳大夫五父，後立爲厲公。殺太子免。代立，國亂，再赴。	陳厲公他元年
蔡		七	八	九
曹		四十九	五十	五十一
鄭		三十六	三十七 伐周，傷王。	三十八 太子忽救齊，齊將妻之。
燕		三	四	五
吳				

	705	704	703	702	701	700
周	十五	十六	十七	十八	十九	二十
魯	七	八	九	十	十一	十二
齊	二十六	二十七	二十八	二十九	三十	三十一
晉	二	三	四	五	六	七
秦	十一	十二	秦出(公)〔子〕元年	二	三	四
楚	三十六	三十七 伐隨，弗拔，但盟，罷兵。	三十八	三十九	四十	四十一
宋	六	七	八	九	十 執祭仲。	十一
衛	十四	十五	十六	十七	十八 太子伋弟壽爭死。	十九
陳	二 生敬仲完。周史卜完後世王齊。	三	四	五	六	七
蔡	十	十一	十二	十三	十四	十五
曹	五十二	五十三	五十四	五十五	曹莊公射姑元年	二
鄭	三十九	四十	四十一	四十二	四十三	鄭厲
燕	六	七	八	九	十	十一
吳						

	699	698
	二十一	二十二
	十三	十四
	三十二 釐公令毋知秩服如太子。	三十三
	八	九
	五	六 三父殺出子，立其兄
	四十二	四十三
	十二	十三
	衛惠公朔元年	二
公淫蔡，蔡殺公。	陳莊公林元年，桓公子。	二
	十六	十七
	三	四
公突元年	二	三 諸侯伐我，報宋故。
	十二	十三

		697	696
		甲申	
周		二十三	莊王元年。生子穨。
魯		十五 天王求車，非禮。	十六 公會(晉)〔曹〕，
齊		齊襄公諸兒元年。貶毋知秩服，毋知怨。	二
晉		十	十一
秦	武公。	秦武公元年。伐彭，至華山。	二
楚		四十四	四十五
宋		十四	十五
衛		三 朔奔齊，立黔牟。	衛黔牟元年
陳		三	四
蔡		十八	十九
曹		五	六
鄭		四 祭仲立忽，公出居櫟。	鄭昭公忽元年 忽母
燕		燕桓(公)〔侯〕元年	二
吳			

	695	694
	二 有(兄)弟〔克〕。	三
謀伐鄭。	十七 日食，不書日，官失之。	十八 公與夫人如齊，齊侯通焉，
	三	四 殺魯桓公，誅彭生。
	十二	十三
	三	四
	四十六	四十七
	十六	十七
	二	三
	五	六
	二十	蔡哀侯獻舞元年
	七	八
鄧女，祭仲取之。	二 渠彌殺昭公。	鄭子亹元年。齊殺子亹，昭公
	三	四

		693
周		四 周公欲殺王而立子克，王誅周公，克奔燕。
魯	使彭生殺公於車上。	魯莊公同元年
齊		五
晉		十四
秦		五
楚		四十八
宋		十八
衛		四
陳		七
蔡		二
曹		九
鄭	弟。	鄭子嬰元年。子亹之弟。
燕		五
吳		

	692	691	690	689	688	687 甲午	686	685	684
周	五	六	七	八	九	十	十一	十二	十三
魯	二	三	四	五 與齊伐衞，納惠公。	六	七 星隕如雨，與雨偕。	八 子糾來奔，與管仲俱避毋知亂。	九 魯欲與糾入，後小白，齊距魯，使生致管仲。	十 齊伐我，爲
齊	六	七	八 伐紀，去其都邑。	九	十	十一	十二 毋知殺君自立。	齊桓公小白元年，春，齊殺毋知。	二
晉	十五	十六	十七	十八	十九	二十	二十一	二十二	二十三
秦	六	七	八	九	十	十一	十二	十三	十四
楚	四十九	五十	五十一 王伐隨，告夫人心動，王卒軍中。	楚文王貲元年，始都郢。	二 伐申，過鄧，鄧甥曰楚可取，鄧侯不許。	三	四	五	六 息夫人，陳
宋	十九	宋湣公捷元年	二	三	四	五	六	七	八
衞	五	六	七	八	九	十 齊立惠公，黔牟奔周。	衞惠公朔復入。十四年	十五	十六
陳	陳宣公杵臼元年。杵臼，莊公弟。	二	三	四	五	六	七	八	九
蔡	三	四	五	六	七	八	九	十	十一 楚虜我侯。
曹	十	十一	十二	十三	十四	十五	十六	十七	十八
鄭	二	三	四	五	六	七	八	九	十
燕	六	七	燕莊公元年	二	三	四	五	六	七
吳									

		683
周		十四
魯	糾故。	十一 臧文仲弔宋水。
齊		三
晉		二十四
秦		十五
楚	女，過蔡，蔡不禮，惡之。楚伐蔡，獲哀侯以歸。	七
宋		九 宋大水，公自罪。魯使臧文仲來
衛		十七
陳		十
蔡		十二
曹		十九
鄭		十一
燕		八

		682	681	680
周		十五	釐王元年	二
魯		十二	十三 曹沫劫桓公，反所亡地。	十四
齊		四	五 與魯人會柯。	六
晉		二十五	二十六	二十七
秦		十六	十七	十八
楚		八	九	十
宋	弔。	十 萬殺君，仇牧有義。	宋桓公御說元年。莊公子。	二
衛		十八	十九	二十
陳		十一	十二	十三
蔡		十三	十四	十五
曹		二十	二十一	二十二
鄭		十二	十三	十四
燕		九	十	十一
吳				

	679	678
周	三	四
魯	十五	十六
齊	七 始霸，會諸侯于鄄。	八
晉	二十八 曲沃武公滅晉侯緡，以寶獻周，周命武公爲晉君，并其地。	晉武公稱并晉，
秦	十九	二十 葬雍，初以
楚	十一	十二 伐鄧，滅之。
宋	三	四
衛	二十一	二十二
陳	十四	十五
蔡	十六	十七
曹	二十三	二十四
鄭	鄭厲公元年。厲公亡後十七歲復入。	二 諸侯伐我。
燕	十二	十三

		677
		甲辰
周		五
魯		十七
齊		九
晉	已立三十八年，不更元，因其元年。	三十九 武公卒，子詭諸立，爲獻公。
秦	人從死。	秦德公元年。武公弟。
楚		十三
宋		五
衛		二十三
陳		十六
蔡		十八
曹		二十五
鄭		三
燕		十四
吳		

	676	675	674	673	672	671	670
周	惠王元年。取陳后。	二。燕、衛伐王，王奔溫，立子穨。	三	四。誅穨，入惠王。	五。太子母早死。惠后生叔帶。	六	七
魯	十八	十九	二十	二十一	二十二	二十三。公如齊觀社。	二十四
齊	十	十一	十二	十三	十四。陳完自陳來奔，田常始此也。[正義]齊桓公十四年，陳宣公二十一年，周惠王之五年。	十五	十六
晉	晉獻公詭諸元年	二	三	四	五。伐驪戎，得姬。	六	七
秦	二。初作伏，祠社，磔狗邑四門。	秦宣公元年	二	三	四。作密時。	五	六
楚	楚堵敖艱元年。[集解]徐廣曰：一作「勤」。[索隱]楚杜敖。艱音獻。系家作「莊敖」，劉音壯，此作「杜敖」。劉氏云亦作「堵」。堵、杜聲相近，與系家乖，不詳其由也。	二	三	四	五。弟惲殺堵敖自立。	楚成王惲元年	二
宋	六	七。取衛女。文公弟。	八	九	十	十一	十二
衛	二十四	二十五	二十六	二十七	二十八	二十九	三十
陳	十七	十八	十九	二十	二十一。厲公子完奔齊。	二十二	二十三
蔡	十九	二十	蔡穆侯肸元年	二	三	四	五
曹	二十六	二十七	二十八	二十九	三十	三十一	曹釐公夷元年
鄭	四	五	六	七。救周亂，入王。	鄭文公捷元年	二	三
燕	十五	十六。伐王，王奔溫，立子穨。	十七。鄭執我仲父。	十八	十九	二十	二十一
吳							

	669	668	667	666	665	664	663	662	661	660
			甲寅							
周	八	九	十 賜齊侯命。	十一	十二	十三	十四	十五	十六	十七
魯	二十五	二十六	二十七	二十八	二十九	三十	三十一	三十二 莊公弟叔牙鴆死。慶父弒子般。季友奔陳，立湣公。	魯湣公開元年	二 慶父
齊	十七	十八	十九	二十	二十一	二十二	二十三 伐山戎，爲燕也。	二十四	二十五	二十六
晉	八 盡殺故晉侯羣公子。	九 始城絳都。	十	十一	十二 太子	十三 申生居曲沃，重耳居蒲城，夷吾居屈。驪姬故。	十四	十五	十六 (伐)〔滅〕魏、(取)〔耿〕、霍。始封趙夙耿，畢萬魏，始此。	十七 申生
秦	七	八	九	十	十一	十二	秦成公元年	二	三	四
楚	三	四	五	六	七	八	九	十	十一	十二
宋	十三	十四	十五	十六	十七	十八	十九	二十	二十一	二十二
衛	三十一	衛懿公赤元年	二	三	四	五	六	七	八	翟伐我。公
陳	二十四	二十五	二十六	二十七	二十八	二十九	三十	三十一	三十二	三十三
蔡	六	七	八	九	十	十一	十二	十三	十四	十五
曹	二	三	四	五	六	七	八	九	曹昭公元年	二
鄭	四	五	六	七	八	九	十	十一	十二	十三
燕	二十二	二十三	二十四	二十五	二十六	二十七	二十八	二十九	三十	三十一
吳										

	659	658	657	656	655	654
			甲子			
周	十八	十九	二十	二十一	二十二	二十三
魯	魯釐 殺湣公。季友自陳立申，爲釐公。殺慶父。公申元年，哀姜喪自齊至。	二	三	四	五	六
齊	二十七 殺女弟魯莊公夫人，淫故。	二十八 爲衞築楚丘。救戎狄伐。	二十九 與蔡姬共舟，蕩公，公怒，歸蔡姬。	三十 率諸侯伐蔡，蔡潰，遂伐楚，責包茅貢。	三十一	三十二 率諸侯伐鄭。
晉	十八 將軍，君子知其廢。	十九 荀息以幣假道于虞以伐虢，滅下陽。	二十	二十一 申生以驪姬讒自殺。重耳奔蒲，夷吾奔屈。	二十二 滅虞、虢。重耳奔狄。	二十三 夷吾奔梁。
秦	秦穆 公任好元年	二	三	四 迎婦于晉。	五	六
楚	十三	十四	十五	十六 齊伐我，至陘，使屈完盟。	十七	十八 伐許，許君肉袒謝，楚從之。
宋	二十三	二十四	二十五	二十六	二十七	二十八
衞	衞文 好鶴，士不戰，滅我國。國怨，惠公亂，滅其後，更立黔牟弟。衞戴公元年 公燬元年，戴公弟也。	二 齊桓公率諸侯爲我城楚丘。	三	四	五	六
陳	三十四	三十五	三十六	三十七	三十八	三十九
蔡	十六	十七	十八 以女故，齊伐我。	十九	二十	二十一
曹	三	四	五	六	七	八
鄭	十四	十五	十六	十七	十八	十九
燕	三十二	三十三	燕襄公元年	二	三	四
吳						

	653	652	651	650
周	二十四	二十五 襄王立，畏太叔。[集解]徐廣曰：「皇甫謐云二十四年惠王崩。」	襄王元年 諸侯立王。	二
魯	七	八	九 齊率我伐晉亂，至高梁還。	十
齊	三十三	三十四	三十五 夏，會諸侯于葵丘。天子使宰孔賜胙，命無拜。	三十六 使隰朋立晉惠公。
晉	二十四	二十五 伐翟，以重耳故。	二十六 公卒，立奚齊，里克殺之。及卓子。立夷吾。	晉惠公夷吾元年 誅里克，倍秦約。
秦	七	八	九 夷吾使郤芮賂，求入。	十 丕鄭子豹亡來。
楚	十九	二十	二十一	二十二
宋	二十九	三十 公疾，太子兹父讓兄目夷賢，公不聽。	三十一 公薨，未葬，齊桓會葵丘。	宋襄公兹父元年 目夷相。
衛	七	八	九	十
陳	四十	四十一	四十二	四十三
蔡	二十二	二十三	二十四	二十五
曹	九	曹共公元年	二	三
鄭	二十	二十一	二十二	二十三
燕	五	六	七	八
吳				

	649	648	647 甲戌
周	三 戎伐我，太叔帶召之。欲誅叔帶，叔帶奔齊。	四	五
魯	十一	十二	十三
齊	三十七	三十八 使管仲平戎于周，欲以上卿禮，讓，受下卿。	三十九 使仲孫請王，言叔帶，王怒。
晉	二	三	四 饑，請粟，秦與我。
秦	十一 救王伐戎，戎去。	十二	十三 丕豹欲無與，公不聽，輸晉粟，起雍至絳。
楚	二十三 伐黄。	二十四	二十五
宋	二	三	四
衛	十一	十二	十三
陳	四十四	四十五	陳穆公款元年
蔡	二十六	二十七	二十八
曹	四	五	六
鄭	二十四 有妾夢天與之蘭，生穆公蘭。	二十五	二十六
燕	九	十	十一
吳			

	646	645	644
	六	七	八
	十四	十五 五月,日有食之。不書,史官失之。	十六
	四十	四十一	四十二 王以
	五 秦饑,請粟,晉倍之。	六 秦虜惠公,復立之。	七 重耳
	十四	十五 以盜食善馬士得破晉。	十六 爲河
	二十六 滅六、英。	二十七	二十八
	五	六	七 隕五
	十四	十五	十六
	二	三	四
	二十九	蔡莊侯甲午元年	二
	七	八	九
	二十七	二十八	二十九
	十二	十三	十四

	643	642	641
周	九	十	十一
魯	十七	十八	十九
齊	四十三 戎寇告齊,齊徵諸侯戍周。	齊孝公昭元年	二
晉	八 聞管仲死,去翟之齊。	九	十
秦	十七 東置官司。	十八	十九 滅梁。梁好
楚	二十九	三十	三十一
宋	八 石。六鷁退飛,過我都。	九	十
衛	十七	十八	十九
陳	五	六	七
蔡	三	四	五
曹	十	十一	十二
鄭	三十	三十一	三十二
燕	十五	十六	十七
吳			

	640	639
	十二	十三
	二十	二十一
	三	四
	十一	十二
	二十 城,【索隱】上去聲。不居,民罷,【索隱】音皮。相驚,故亡。	二十一
	三十二	三十三 執宋襄公,復歸之。
	十一	十二 召楚盟。
	二十	二十一
	八	九
	六	七
	十三	十四
	三十三	三十四
	十八	十九

	638	637
		甲申
周	十四 叔帶復歸於周。	十五
魯	二十二	二十三
齊	五 歸王弟帶。	六
晉	十三 太子圉質【索隱】晉惠公夷吾之子也。圉音禦。質音致,又如字也。秦亡歸。	十四
秦	二十二	二十三
楚	三十四	三十五
宋	十三 泓之戰,楚敗公。【索隱】穀梁傳戰於泓水之上。系家云十三年宋師大敗,公傷股。	十四
衛	二十二	二十三
陳	十	十一
蔡	八	九
曹	十五	十六
鄭	三十五 君如楚,宋伐我。	三十六
燕	二十	二十一
吳		

		636	635
周		十六　王奔汜。【索隱】凡、似兩音。汜，鄭地也。	十七　晉納王。
魯		二十四	二十五
齊	伐宋，以其不同盟。	七	八
晉	圉立，爲懷公。	晉文公元年。誅子圉。魏武子爲魏大夫，趙衰爲原大夫。咎犯曰：「求霸莫如內王。」	二
秦	迎重耳於楚，厚禮之，妻之女。重耳願歸。	二十四　以兵送重耳。	二十五　欲內王，軍河上。
楚	重耳過，厚禮之。	三十六	三十七
宋	公疾死泓戰。	宋成公王臣元年	二
衛	重耳從齊過，無禮。	二十四	二十五
陳		十二	十三
蔡		十	十一
曹	重耳過，無禮，僖負羈私善。	十七	十八
鄭	重耳過，無禮，叔詹諫。	三十七	三十八
燕		二十二	二十三
吳			

	634	633	632
周	十八	十九	二十　王狩河陽。
魯	二十六	二十七	二十八　公如踐土會朝。
齊	九	十　孝公薨，弟潘因衛公子開方殺孝公子，立潘。	齊昭公潘元年。會晉敗楚，朝周王。
晉	三　宋服。	四　救宋，報曹、衛恥。	五　侵曹，伐衛，取五鹿，執曹伯。諸侯敗楚而朝河陽，周命賜公土地。
秦	二十六	二十七	二十八　會晉伐楚朝周。
楚	三十八	三十九　使子玉伐宋。	四十　晉敗子玉于城濮。
宋	三　倍楚親晉。	四　楚伐我，我告急於晉。	五　晉救我，楚兵去。
衛	衛成公鄭元年	二	三　晉伐我，取五鹿。公出奔，立公子瑕。會晉朝，復歸。(晉)
陳	十四	十五	十六　會晉伐楚，朝周王。
蔡	十二	十三	十四　會晉伐楚，朝周王。
曹	十九	二十	二十一　晉伐我，執我公，復歸之。
鄭	三十九	四十	四十一
燕	二十四	二十五	二十六
吳			

	631	630	629
周	二十一	二十二	二十三
魯	二十九	三十	三十一
齊	二	三	四
晉	六	七 聽周歸衛成公。與秦圍鄭。	八
秦	二十九	三十 圍鄭，有言即去。	三十一
楚	四十一	四十二	四十三
宋	六	七	八
衛	四 晉以衛與宋。	五 周入成公，復衛。	六
陳	陳共公朔元年	二	三
蔡	十五	十六	十七
曹	二十二	二十三	二十四
鄭	四十二	四十三 秦、晉圍我，以晉故。	四十四
燕	二十七	二十八	二十九
吳			

〔衛〕。

	628	627
		甲午
周	二十四	二十五
魯	三十二	三十三 僖公薨。
齊	五	六 狄侵我。
晉	九 文公薨。	晉襄公驩元年。破秦于殽。
秦	三十二 將襲鄭，蹇叔曰不可。	三十三 襲鄭，晉敗我殽。
楚	四十四	四十五
宋	九	十
衛	七	八
陳	四	五
蔡	十八	十九
曹	二十五	二十六
鄭	四十五 文公薨。	鄭穆公蘭元年。秦襲我，弦高詐之。
燕	三十	三十一
吳		

	626
周	二十六
魯	魯文公興元年
齊	七
晉	二 伐衛，衛伐我。
秦	三十四 敗殽將亡歸，公復其官。
楚	四十六 王欲殺太子立職，太子恐，與傅潘崇殺王。王欲食熊蹯死，不聽。自立爲王。
宋	十一
衛	九 晉伐我，我伐晉。
陳	六
蔡	二十
曹	二十七
鄭	二
燕	三十二
吳	

	625	624
周	二十七	二十八
魯	二	三 公如晉。
齊	八	九
晉	三 秦報我殽，敗于汪。	四 秦伐我，取王官，
秦	三十五 伐晉報殽，敗我于汪。	三十六 以孟明等伐晉，
楚	楚穆王商臣元年。以其太子宅賜崇，爲相。	二 晉伐我。
宋	十二	十三
衛	十	十一
陳	七	八
蔡	二十一	二十二
曹	二十八	二十九
鄭	三	四
燕	三十三	三十四
吳		

	623		622	
	二十九		三十	
	四		五	
	十		十一	
我不出。	五	伐秦，圍邧、[索隱]阮音。新城。	六	趙成子、欒貞子、霍伯、臼季
晉不敢出。	三十七	晉伐我，圍邧、新城。	三十八	
	三	滅江。	四	滅六、蓼。
	十四		十五	
	十二	公如晉。	十三	
	九		十	
	二十三		二十四	
	三十		三十一	
	五		六	
	三十五		三十六	

		621	
周		三十一	
魯		六	
齊		十二	
晉	皆卒。[索隱]趙成子名衰。欒貞子名枝。霍伯，先且居也，封之霍。臼季，胥臣也。四大夫皆此年卒。	七	公卒。
秦		三十九	繆公
楚		五	
宋		十六	
衛		十四	
陳		十一	
蔡		二十五	
曹		三十二	
鄭		七	
燕		三十七	
吳			

	620	
	三十二	
	七	
	十三	
趙盾爲太子少，欲更立君，恐誅，遂立太子爲靈公。		晉靈公夷皋[索隱]
薨。葬殉以人，從死者百七十人，君子譏之，故不言卒。		秦康公罃[索隱]音乙耕
	六	
	十七	公孫固殺成公。
	十五	
	十二	
	二十六	
	三十三	
	八	
	三十八	

		619	
周		三十三	襄王崩。
魯		八	王使衛來求金以葬，
齊		十四	
晉	晉靈公錫。音亦。系家及左傳名夷皋，此蓋誤也。元年 趙盾專政。	二	秦伐我，取武城，報令
秦	反。元年	二	
楚		七	
宋			宋昭公杵臼元年襄公
衛		十六	
陳		十三	
蔡		二十七	
曹		三十四	
鄭		九	
燕		三十九	
吳			

周	
魯	非禮。
齊	
晉	狐之戰。
秦	
楚	
宋	之子。〔集解〕徐廣曰:「一云成公少子。」〔索隱〕宋昭公杵臼,襄公少子,非也。案:徐廣云「一曰成公少子」,與系家同,是也。
衛	
陳	
蔡	
曹	
鄭	
燕	
吳	

	618	617
		甲辰
周	頃王元年	二
魯	九	十
齊	十五	十六
晉	三　率諸侯救鄭。	四　伐秦,拔少梁。秦取我北徵。〔索隱〕音澄,蓋今之澄城也。
秦	三	四　晉伐我,取少梁。我伐晉,取北徵。
楚	八　伐鄭,以其服晉。	九
宋	二	三
衛	十七	十八
陳	十四	十五
蔡	二十八	二十九
曹	三十五	曹文公壽元年
鄭	十　楚伐我。	十一
燕	四十	燕桓公元年
吳		

	616	615
周	三	四
魯	十一　敗長翟于鹹而歸,得長翟。	十二
齊	十七	十八
晉	五	六　秦取我羈馬。與秦戰河曲,秦師遁。
秦	五	六　伐晉,取羈馬。怒,與我大戰河曲。
楚	十	十一
宋	四　敗長翟長丘。	五
衛	十九	二十
陳	十六	十七
蔡	三十	三十一
曹	二	三
鄭	十二	十三
燕	二	三
吳		

	614	613
周	五	六　頃王崩。公卿爭政,故不赴。
魯	十三	十四　彗星入北斗,周史曰「七年,宋、齊、晉君死。」
齊	十九	二十　昭公卒。弟商人殺太子自立,是爲懿公。
晉	七　得隨會。	八　趙盾以車八百乘納捷菑,平王室。
秦	七　晉詐得隨會。	八
楚	十二	楚莊王侶元年
宋	六	七
衛	二十一	二十二
陳	十八	陳靈公平國元年
蔡	三十二	三十三
曹	四	五
鄭	十四	十五
燕	四	五
吳		

	612	611	610	609	608	607 甲寅
周	匡王元年	二	三	四	五	六 匡王崩。
魯	十五 六月辛丑，日蝕，齊伐我。	十六	十七 齊伐我。	十八 襄仲殺嫡，立庶子爲宣公。	魯宣公倭元年 魯立宣公，不正，公室卑。	二
齊	齊懿公商人元年	二 不得民心。	三 伐魯。	四 公刖邴歜父而奪閻職妻，二人共殺公，立桓公子惠公。	齊惠公元元年 取魯濟西之田。	二 王子成父敗長翟。
晉	九 我入蔡。	十	十一 率諸侯平宋。	十二	十三 趙盾救陳、宋，伐鄭。	十四 趙穿殺靈公，趙盾使穿迎公子黑臀于周，立之。
秦	九	十	十一	十二	秦共公和元年	二
楚	二	三 滅庸。	四	五	六 伐宋、陳，以倍我服晉故。	七
宋	八	九 襄夫人使衛伯殺昭公。弟鮑立。	宋文公鮑元年 昭公弟。晉率諸侯平我。	二	三 楚、鄭伐我，以我倍楚故也。	四 華元以羊羹故陷於鄭。
衛	二十三	二十四	二十五	二十六	二十七	二十八
陳	二	三	四	五	六	七
蔡	三十四 晉伐我。莊侯薨。	蔡文侯申元年	二	三	四	五
曹	六 齊入我郛。	七	八	九	十	十一
鄭	十六	十七	十八	十九	二十 與楚侵陳，遂侵宋。晉使趙盾伐我，以倍晉故。	二十一 與宋師戰，獲華元。
燕	六	七	八	九	十	十一
吳						

		606	605	604
周		定王元年	二	三
魯		三	四	五
齊		三	四	五
晉	趙氏賜公族。	晉成公黑臀元年 伐鄭。	二	三 中行桓子荀林父救鄭，伐陳。
秦		三	四	五
楚		八 伐陸渾，至雒，問鼎輕重。	九 若敖氏爲亂，滅之。伐鄭。	十
宋		五 贖華元，亡歸。圍曹。	六	七
衛		二十九	三十	三十一
陳		八	九	十 楚伐鄭，與我平。晉中行桓子距楚，救鄭，伐我。
蔡		六	七	八
曹		十二 宋圍我。	十三	十四
鄭		二十二 華元亡歸。	鄭靈公夷元年 公子歸生以黿故殺靈公。	鄭襄公堅元年 靈公庶弟。楚伐我，晉來救。
燕		十二	十三	十四
吳				

	603	602	601	600	599
周	四	五	六	七	八
魯	六	七	八 七月，日蝕。	九	十 四月，日蝕。
齊	六	七	八	九	十 公卒。崔杼
晉	四 與衛侵陳。	五	六 與魯伐秦，獲秦諜，殺之絳市，六日而蘇。	七 使桓子伐楚。以諸侯師伐陳救鄭。成公薨。	晉景公據元年
秦	秦桓公元年	二	三 晉伐我，獲諜。	四	五
楚	十一	十二	十三 伐陳，滅舒蓼。	十四 伐鄭，晉郤缺救鄭，敗我。	十五
宋	八	九	十	十一	十二
衛	三十二 與晉侵陳。	三十三	三十四	三十五	衛穆公遬元年
陳	十一 晉、衛侵我。	十二	十三 楚伐我。	十四	十五 夏徵舒以
蔡	九	十	十一	十二	十三
曹	十五	十六	十七	十八	十九
鄭	二	三	四	五 楚伐我，晉來救，敗楚師。	六 晉、宋、楚伐
燕	十五	十六	燕宣公元年	二	三
吳					

	（續）	598
周		九
魯		十一
齊	有寵,高、國逐之,奔衛。	齊頃公無野元年
晉	與宋伐鄭。	二
秦		六
楚		十六 率諸侯誅陳夏徵舒,立陳靈公子午。
宋		十三
衛	齊（高國）〔崔杼〕來奔。	二
陳	其母辱,殺靈公。	陳成公午元年 靈公太子。
蔡		十四
曹		二十
鄭	我。	七
燕		四
吳		

	597	596	595
	甲子		
周	十	十一	十二
魯	十二	十三	十四
齊	二	三	四
晉	三 救鄭,爲楚所敗河上。	四	五 伐鄭。
秦	七	八	九
楚	十七 圍鄭,鄭伯肉袒謝,釋之。	十八	十九 圍宋,爲殺使者。
宋	十四 伐陳。	十五	十六 殺楚使者,楚圍我。
衛	三	四	五
陳	二	三	四
蔡	十五	十六	十七
曹	二十一	二十二	二十三 文公薨。
鄭	八 楚圍我,我卑辭以解。	九	十 晉伐我。
燕	五	六	七
吳			

	594	593	592
周	十三	十四	十五
魯	十五 初稅畝。	十六	十七 日蝕。
齊	五	六	七 晉使
晉	六 救宋,執解揚,有使節。秦伐我。	七 隨會滅赤翟。	八 使郤
秦	十	十一	十二
楚	二十 圍宋。五月,華元告子反以誠,楚罷。	二十一	二十二
宋	十七 華元告楚,楚去。	十八	十九
衛	六	七	八
陳	五	六	七
蔡	十八	十九	二十 文侯
曹	曹宣公廬元年	二	三
鄭	十一 佐楚伐宋,執解揚。	十二	十三
燕	八	九	十
吳			

	（續）	591	590
周		十六	十七
魯		十八 宣公薨。	魯成公黑
齊	郤克來齊,婦人笑之,克怒,歸去。	八 晉伐敗我。	九
晉	克使齊,婦人笑之,克怒歸。	九 伐齊,質子彊,兵罷。	十
秦		十三	十四
楚		二十三 莊王薨。	楚共王審
宋		二十	二十一
衛		九	十
陳		八	九
蔡	薨。	蔡景侯固元年	二
曹		四	五
鄭		十四	十五
燕		十一	十二
吳			

		589	
周		十六	
魯	肱元年，春，齊取我隆。	二	與晉伐齊，齊歸我汶陽，竊與楚盟。
齊		十	晉郤克敗公於鞌，虜逢丑父。
晉		十一	與魯、曹敗齊。
秦		十五	
楚	元年	二	秋，申公巫臣竊徵舒母奔晉，以爲邢大夫。冬，伐
宋		二十二	
衛		十一	穆公薨。與諸侯敗齊，反侵地。楚伐我。
陳		十	
蔡		三	
曹		六	
鄭		十六	
燕		十三	
吳			

		588		587 甲戌	
周		十九		二十	
魯		三	會晉、宋、衛、曹伐鄭。	四	公如晉，晉不敬，
齊		十一	頃公如晉，欲王晉，晉不敢受。	十二	
晉		十二	始置六卿。率諸侯伐鄭。	十三	魯公來，不敬。
秦		十六		十七	
楚	衛、魯，救齊。	三		四	子反救鄭。
宋			宋共公瑕元年	二	
衛			衛定公臧元年	二	
陳		十一		十二	
蔡		四		五	
曹		七	伐鄭。	八	
鄭		十七	晉率諸侯伐我。	十八	晉欒書取我氾。
燕		十四		十五	
吳					

		586		585	
周		二十一	定王崩。		簡王元年
魯	公欲倍晉合於楚。	五		六	
齊		十三		十四	
晉		十四	梁山崩。伯宗隱其人而用其言。	十五	使欒書救
秦		十八		十九	
楚		五	伐鄭，倍我故也。鄭悼公來訟。	六	
宋		三		四	
衛		三		四	
陳		十三		十四	
蔡		六		七	晉侵我。
曹		九		十	
鄭	[索隱]取氾。音凡。襄公薨。		鄭悼公費元年。公如楚訟。	二	悼公薨。楚
燕			燕昭公元年	二	
吳					吳壽夢元年

		584	
周		二	
魯		七	
齊		十五	
晉	鄭，遂侵蔡。	十六	以巫臣始通於吳而謀楚。
秦		二十	
楚		七	伐鄭。
宋		五	
衛		五	
陳		十五	
蔡		八	
曹		十一	
鄭	伐我，晉使欒書來救。		鄭成公睔元年。[索隱]古困反。悼公弟也。楚伐我。
燕		三	
吳		二	巫臣來，謀伐楚。

	583	582	581
周	三	四	五
魯	八	九	十 公如晉送
齊	十六	十七 頃公薨。	齊靈公環元年
晉	十七 復趙武田邑。侵蔡。	十八 執鄭成公，伐鄭。秦伐我。	十九
秦	二十一	二十二 伐晉。	二十三
楚	八	九 救鄭。冬，與晉成。	十
宋	六	七	八
衛	六	七	八
陳	十六	十七	十八
蔡	九 晉伐我。	十	十一
曹	十二	十三	十四
鄭	二	三 與楚盟。公如晉，執公伐我。	四 晉率諸侯
燕	四	五	六
吳	三	四	五

		580	579	578
周		六	七	八
魯	葬，諱之。	十一	十二	十三 會晉伐秦。
齊		二	三	四 伐秦。
晉		晉厲公壽曼元年	二	三 伐秦，至涇，
秦		二十四 與晉侯夾河盟，歸，倍盟。	二十五	二十六 晉率諸侯
楚		十一	十二	十三
宋		九	十	十一 晉率我伐
衛		九	十	十一
陳		十九	二十	二十一
蔡		十二	十三	十四
曹		十五	十六	十七 晉率我伐
鄭	伐我。	五	六	七 〔晉率我〕伐
燕		七	八	九
吳		六	七	八

		577	576
		甲申	
周		九	十
魯		十四	十五 始與吳通，會鍾離。
齊		五	六
晉	敗之，獲其將成差。	四	五 三郤讒伯宗，殺之，伯宗好直諫。
秦	伐我。	二十七	秦景公元年
楚		十四	十五 許畏鄭，請徙葉。
宋	秦。	十二	十三 （宋）華元奔晉，復還。
衛		十二 定公薨。	衛獻公衎元年
陳		二十二	二十三
蔡		十五	十六
曹	秦。	曹成公負芻元年	二 晉執我公以歸。
鄭	秦。	八	九
燕		十	十一
吳		九	十 與魯會鍾離。

	575	574	573
周	十一	十二	十三
魯	十六 宣伯告晉，欲殺季文子，文子得以義脫。	十七	十八
齊	七	八	九
晉	六 敗楚鄢陵。	七	八
秦	二	三	四
楚	十六 救鄭，不利。子反醉，軍敗，殺子反歸。	十七	十八
宋	宋平公成元年	二	三
衛	二	三	四
陳	二十四	二十五	二十六
蔡	十七	十八	十九
曹	三	四	五
鄭	十 倍晉盟楚，晉伐我，楚來救。	十一	十二
燕	十二	十三 昭公薨。	燕武
吳	十一	十二	十三

	573（續）	572	572（續）	571	570
周		十四 簡王崩。		靈王元年 生有髭。	二
魯	成公薨。	魯襄公午元年 圍宋彭城。		二 會晉城虎牢。	三
齊		十 (我不救鄭) 晉伐我,使	太子光質於晉。	十一	十二 (伐吳)
晉	欒書、中行偃殺厲公,立襄公〔曾〕孫,爲悼公。	晉悼公元年 圍宋彭城。		二 率諸侯伐鄭,城虎牢。	三 魏絳辱楊干。
秦		五		六	七
楚	爲魚石伐宋彭城。	十九 侵宋,救鄭。		二十	二十一 使子重伐吳,至
宋	楚伐彭城,封魚石。	四 楚侵我,取犬丘。晉誅魚石,	歸我彭城。	五	六
衛		五 圍宋彭城。		六	七
陳		二十七		二十八	二十九 倍楚盟,楚侵我。
蔡		二十		二十一	二十二
曹		六		七	八
鄭	與楚伐宋。	十三 晉伐敗我,兵次洧上,楚來	救。	十四 成公薨。晉率諸侯伐我。	鄭釐公惲元年
燕	公元年	二		三	四
吳		十四		十五	十六 楚伐我。

	570（續）	569	568	567	566	565
				甲午		
周		三	四	五	六	七
魯		四 公如晉。	五 季文子卒。	六	七	八 公如晉。
齊		十三	十四	十五	十六	十七
晉		四 魏絳說和戎、狄,狄朝晉。	五	六	七	八
秦		八	九	十	十一	十二
楚	衡山。使何忌侵陳。	二十二 伐陳。	二十三 伐陳。	二十四	二十五 圍陳。	二十六 伐鄭。
宋		七	八	九	十	十一
衛		八	九	十	十一	十二
陳		三十 楚伐我。成公薨。	陳哀公弱元年	二	三 楚圍我,爲公亡歸。	四
蔡		二十三	二十四	二十五	二十六	二十七 鄭侵我。
曹		九	十	十一	十二	十三
鄭		二	三	四	五 子駟使賊夜殺釐公,詐以病卒赴諸侯。	鄭簡公(喜)〔嘉〕元年
燕		五	六	七	八	九
吳		十七	十八	十九	二十	二十一

	564	563	562	561	560	559	558
周	八	九　王叔奔晉。	十	十一	十二	十三	十四
魯	九　與晉伐鄭，會河上，問公年十二，可冠，冠於衛。	十　楚、鄭侵我西鄙。	十一　三桓分爲三軍，各將軍。	十二　公如晉。	十三	十四　日蝕。	十五　日蝕。齊伐
齊	十八　與晉伐鄭。	十九　令太子光、高厚會諸侯鍾離。	二十	二十一	二十二	二十三　衛獻公來奔。	二十四　伐魯。
晉	九　率齊、魯、宋、衛、曹伐鄭。秦伐我。	十　率諸侯伐鄭。荀罃伐秦。	十一　率諸侯伐鄭，秦敗我櫟。公曰「吾用魏絳九合諸侯，」賜之樂。	十二	十三	十四　率諸侯大夫伐秦，敗棫林。【索隱】棫音域。	十五　悼公薨。
秦	十三　伐晉，楚爲我援。	十四　晉伐我。	十五　我使庶長鮑伐晉救鄭，敗之櫟。	十六	十七	十八　晉諸侯大夫伐我，敗棫林。	十九
楚	二十七　伐鄭，師于武城，爲秦。	二十八　使子囊救鄭。	二十九　(鄭晉伐我)〔與鄭伐宋〕。	三十	三十一　吳伐我，敗之。共王薨。	楚康王昭【索隱】楚康王略。系家名招。元年共王太子出奔吳。	二
宋	十二　晉率我伐鄭。	十三　鄭伐我，衛來救。	十四　楚、鄭伐我。	十五	十六	十七	十八
衛	十三　晉率我伐鄭。師曹鞭公幸妾。	十四　救宋。	十五　(救)〔伐〕鄭。(敗晉師櫟)	十六	十七	十八　孫文子攻公，公奔齊，立定公弟狄。	衛殤公狄元年
陳	五	六	七	八	九	十	十一
蔡	二十八	二十九	三十	三十一	三十二	三十三	三十四
曹	十四　晉率我伐鄭。	十五	十六	十七	十八	十九	二十
鄭	（釐公子。）二　誅子駟。晉率諸侯伐我，我與盟。楚怒，伐我。	三　晉率諸侯伐我，楚來救。子孔作亂，子產攻之。	四　與楚伐宋，晉率諸侯伐我，秦來救。	五	六	七	八
燕	十	十一	十二	十三	十四	十五	十六
吳	二十二	二十三	二十四	二十五　壽夢卒。	吳諸樊元年。楚敗我。	二　季子讓位。楚伐我。	三

	557	556
	甲辰	
	十五	十六
我。	十六 齊伐我。地震。齊復伐我北鄙。	十七
	二十五 伐魯。	二十六
	晉平公彪元年。(伐)〔我〕敗楚于湛坂。[索隱]地名也。湛音視林反。	二
	二十	二十一
	三 晉伐我，敗湛坂。	四
	十九	二十
定公弟。	二	三
	十二	十三
	三十五	三十六
	二十一	二十二
	九	十
	十七	十八
	四	五

		555	554
周		十七	十八
魯	齊伐我北鄙。	十八 與晉伐齊。	十九
齊	伐魯。	二十七 晉圍臨淄。晏嬰。	二十八 廢光，立子
晉		三 率魯、宋、鄭、衛圍齊，大破之。	四 與衛伐齊。
秦		二十二	二十三
楚		五 伐鄭。	六
宋	伐陳。	二十一 晉率我伐齊。	二十二
衛	伐曹。	四	五 晉率我伐
陳	宋伐我。	十四	十五
蔡		三十七	三十八
曹	(伐衛)〔衛伐〕我。	二十三 成公薨。	曹武公勝元年
鄭		十一 晉率我圍齊。楚伐我。	十二 子產爲卿。
燕		十九 武公薨。	燕文公元年
吳		六	七

	553	552
	十九	二十
	二十 日蝕。	二十一 公如晉。日再蝕。
牙爲太子。光與崔杼殺牙自立。晉、衛伐我。	齊莊公元年	二
	五	六 魯襄公來。殺羊
	二十四	二十五
	七	八
	二十三	二十四
齊。	六	七
	十六	十七
	三十九	四十
	二	三
	十三	十四
	二	三
	八	九

		551
周		二十一
魯		二十二 孔子生。
齊		三 晉欒逞[索隱]欒逞，晉大夫欒盈，此音如字也。來奔，晏嬰曰「不如歸之。」
晉	舌虎。	七 欒逞奔齊。
秦		二十六
楚		九
宋		二十五
衛		八
陳		十八
蔡		四十一
曹		四
鄭		十五
燕		四
吳		十

	550	549
周	二十二	二十三
魯	二十三	二十四 侵齊。日再蝕。
齊	四 欲遣欒逞入曲沃伐晉，取朝歌。	五 畏晉通楚，晏子謀。
晉	八	九
秦	二十七	二十八
楚	十	十一 與齊通。率陳、蔡伐鄭救齊。
宋	二十六	二十七
衛	九 齊伐我。	十
陳	十九	二十 楚率我伐鄭。
蔡	四十二	四十三 楚率我伐鄭。
曹	五	六
鄭	十六	十七 (子產曰) 范宣子爲政。請伐我陳。
燕	五	六
吳	十一	十二

	548	547
		甲寅
周	二十四	二十五
魯	二十五 齊伐我北鄙，以報孝伯之師。	二十六
齊	六 晉伐我，報朝歌。崔杼以莊公通其妻，殺之，立其弟，爲景公。	齊景公杵
晉	十 伐齊至高唐，報太行之役。	十一 誅衛
秦	二十九 公如晉，盟不結。	三十
楚	十二 吳伐我，以報舟師之役，射殺吳王。	十三 率陳、
宋	二十八	二十九
衛	十一	十二 齊、晉
陳	二十一 鄭伐我。	二十二 楚率
蔡	四十四	四十五
曹	七	八
鄭	十八 伐陳，入陳。	十九 楚率
燕	燕懿公元年	二
吳	十三 諸樊伐楚，迫巢門，傷射以薨。	吳餘祭元

		546	545
周		二十六	二十七
魯		二十七 日蝕。	二十八 公如楚，葬
齊	臼元年如晉，請歸衛獻公。	二 慶封欲專，誅崔杼氏，自殺。	三 冬，鮑、高、欒
晉	殤公，復入獻公。	十二	十三
秦		三十一	三十二
楚	蔡伐鄭。	十四	十五 康王薨。
宋		三十	三十一
衛	殺殤公，復內獻公。	衛獻公衎後元年	二
陳	我伐鄭。	二十三	二十四
蔡		四十六	四十七
曹		九	十
鄭	陳、蔡伐我。	二十	二十一
燕		三	四 懿公薨。
吳	年	二	三 齊慶封來

		544
周		景王元年
魯	康王。	二十九 吳季札來觀周樂，盡知樂所爲。
齊	氏謀慶封，發兵攻慶封，慶封奔吳。	四 吳季札來，使與晏嬰歡。
晉		十四 吳季札來，曰：「晉政卒歸韓、魏、趙。」
秦		三十三
楚		楚熊郟敖元年
宋		三十二
衛		三
陳		二十五
蔡		四十八
曹		十一
鄭		二十二 吳季札謂子產曰：「政將歸
燕		燕惠公元年齊高止來奔。
吳	奔。	四 守門閽殺餘祭。季札使諸侯。

		543
周		二
魯		三十
齊		五
晉		十五
秦		三十四
楚		二
宋		三十三
衛		衛襄公惡元年
陳		二十六
蔡		四十九 爲太子取楚女，公通焉，太子殺公自立。
曹		十二
鄭	子，子以禮，幸脫於戹矣。」	二十三 諸公子爭寵相殺，〔又欲殺〕子產，子成止之。
燕		二
吳		五

	542	541	540
周	三	四	五
魯	三十一 襄公薨。	魯昭公稠元年 昭公年十九，有童心。	二 公如
齊	六	七	八 （齊）
晉	十六	十七 秦后子來奔。	十八 齊田
秦	三十五	三十六 公弟后子奔晉，車千乘。	三十七
楚	三 王季父圍爲令尹。	四 令尹圍殺郟敖，自立爲靈王。	楚靈王圍
宋	三十四	三十五	三十六
衛	二	三	四
陳	二十七	二十八	二十九
蔡	蔡靈侯班元年	二	三
曹	十三	十四	十五
鄭	二十四	二十五	二十六
燕	三	四	五
吳	六	七	八

		539
周		六
魯	晉，至河，晉謝還之。	三
齊	田無宇送女。	九 晏嬰使晉，見叔向，曰：「齊政歸田氏。」叔向曰：「晉公室
晉	無宇來送女。	十九
秦		三十八
楚	元年 共王子，肘玉。	二
宋		三十七
衛		五
陳		三十
蔡		四
曹		十六
鄭		二十七 夏，如晉。冬，如楚。
燕		六 公欲殺公卿立幸臣，公卿誅幸臣，公恐，出奔齊。
吳		九

		538	537 甲子
周		七	八
魯		四 稱病不會楚。	五
齊	卑。」	十	十一
晉		二十	二十一
秦		三十九	四十
楚		三 夏，合諸侯宋地，盟。伐吳朱方，誅慶封。冬，報我，取三城。	四
宋		三十八	三十九
衛		六 稱病不會楚。	七
陳		三十一	三十二
蔡		五	六
曹		十七 稱病不會楚。	十八
鄭		二十八 子產曰：「三國不會。」	二十九
燕		七	八
吳		十 楚誅慶封。	十一

	537（續）	536	535
周		九	十
魯		六	七 季武子卒。日蝕。
齊		十二 公如晉，請伐燕，入其君。	十三 入燕君。
晉	秦后子歸秦。	二十二 齊景公來，請伐燕，入其君。	二十三 入燕君。
秦	公卒。后子自晉歸。	秦哀公元年	二
楚	率諸侯伐吳。	五 伐吳，次乾谿。	六 執芋尹亡人入章華。
宋		四十	四十一
衞		八	九 夫人姜氏無子。
陳		三十三	三十四
蔡		七	八
曹		十九	二十
鄭		三十	三十一
燕		九 齊伐我。	燕悼公元年 惠公歸至卒。
吳	楚率諸侯伐我。	十二 楚伐我，次乾谿。	十三

	534	533
周	十一	十二
魯	八 公如楚，楚留之。賀章華臺。	九
齊	十四	十五
晉	二十四	二十五
秦	三	四
楚	七 就章華臺，內亡人實之。滅陳。	八 弟棄疾將兵定陳。
宋	四十二	四十三
衞	衞靈公元年	二
陳	三十五 弟招作亂，哀公自殺。	陳惠公吳元年 哀公孫也。楚來定我。
蔡	九	十
曹	二十一	二十二
鄭	三十二	三十三
燕	二	三
吳	十四	十五

	532	531
周	十三	十四
魯	十 (四月日蝕)	十一
齊	十六	十七
晉	二十六 春，有星出婺女。(十)〔七〕月，公薨。	晉昭公夷元年
秦	五	六
楚	九	十 醉殺蔡侯，使棄疾圍之。棄疾居之，爲蔡侯。
宋	四十四 平公薨。	宋元公佐元年
衞	三	四
陳	二	三
蔡	十一	十二 靈侯如楚，楚殺之，使棄疾居之，爲蔡侯。
曹	二十三	二十四
鄭	三十四	三十五
燕	四	五
吳	十六	十七

	530
周	十五
魯	十二 朝晉至河，晉謝之歸。
齊	十八 公如晉。
晉	二
秦	七
楚	十一 王伐徐以恐吳，次乾谿。民罷於役，怨王。
宋	二
衞	五 公如晉，朝嗣君。
陳	四
蔡	蔡侯廬元年 景侯子。
曹	二十五
鄭	三十六 公如晉。
燕	六
吳	吳餘昧【索隱】音秣。元年

	529	528	527	526
			甲戌	
周	十六	十七	十八 后太子卒。	十九
魯	十三	十四	十五 日蝕。公如晉，晉留之葬公，恥之。	十六
齊	十九	二十	二十一	二十二
晉	三	四	五	六 公卒。六卿彊，公室卑矣。
秦	八	九	十	十一
楚	十二 棄疾作亂，自立，靈王自殺。復陳、蔡。	楚平王居元年。共王子，抱玉。	二 王爲太子取秦女，好，自取之。	三
宋	三	四	五	六
衛	六	七	八	九
陳	五 楚平王復陳，立惠公。	六	七	八
蔡	二 楚平王復我，立景侯子廬。〔集解〕徐廣曰：「一本『景侯子盧』。」	三	四	五
曹	二十六	二十七	曹平公須元年	二
鄭	鄭定公寧元年	二	三	四
燕	七	燕共公元年	二	三
吳	二	三	四	吳僚元年

	525	524	523	522
周	二十	二十一	二十二	二十三
魯	十七 五月朔，日蝕。彗星見辰。	十八	十九 地震。	二十 齊景公與晏子狩，入魯問禮。
齊	二十三	二十四	二十五	二十六 獵魯界，因入魯。
晉	晉頃公去疾元年	二	三	四
秦	十二	十三	十四	十五
楚	四 與吳戰。	五	六	七 誅伍奢、尚，太子建奔宋，伍胥奔吳。
宋	七	八 火。	九	十 公毋信詐殺〔諸〕公子。楚太子建來奔，見亂，之鄭。
衛	十	十一 火。	十二	十三
陳	九	十 火。	十一	十二
蔡	六	七	八	九 平侯薨。靈侯孫東國殺平侯子而自立。
曹	三	四 平公薨。	曹悼公午元年	二
鄭	五 火，欲禳之，子產曰：「不如脩德。」	六 火。	七	八 楚太子建從宋來奔。
燕	四	五 共公薨。	燕平公元年	二
吳	二 與楚戰。	三	四	五 伍員來奔。

	521	520	519	518
周	二十四	二十五	敬王元年	二
魯	二十一 公如晉，至河，晉謝之，歸。日蝕。	二十二 日蝕。	二十三 地震。	二十四 鸛鵒來巢。
齊	二十七	二十八	二十九	三十
晉	五	六 周室亂，公平亂，立敬王。	七	八
秦	十六	十七	十八	十九
楚	八 蔡侯來奔。	九	十 吳伐敗我。	十一 吳卑梁人爭桑，伐取我鍾離。
宋	十一	十二	十三	十四
衛	十四	十五	十六	十七
陳	十三	十四	十五 吳敗我兵，取胡、沈。	十六
蔡	蔡悼侯東國元年奔楚。	二	三	蔡昭侯申元年悼侯弟。
曹	三	四	五	六
鄭	九	十	十一 楚建作亂，殺之。	十二 公如晉，請內王。
燕	三	四	五	六
吳	六	七	八 公子光敗楚。	九

	517	516	515	514
	甲申			
周	三	四	五	六
魯	二十五 公欲誅季氏，三桓氏攻公，公出居鄆。[索隱]音運。	二十六 齊取我鄆以處公。	二十七	二十八
齊	三十一	三十二 彗星見。晏子曰：「田氏有德於齊，可畏。」	三十三	三十四
晉	九	十 知櫟、趙鞅內王於王城。	十一	十二
秦	二十	二十一	二十二	二十三
楚	十二	十三 欲立子西，子西不肯。秦女子立，爲昭王。	楚昭王珍元年誅無忌以說衆。	二
宋	十五	宋景公頭曼[索隱]音萬。元年	二	三
衛	十八	十九	二十	二十一
陳	十七	十八	十九	二十
蔡	二	三	四	五
曹	七	八	九	曹襄
鄭	十三	十四	十五	十六
燕	七	八	九	十
吳	十	十一	十二 公子光使專諸殺僚，自立。	吳闔

		513
周		七
魯	公如晉,求入,晉弗聽,處之乾侯。	二十九 公自乾侯如鄆。齊侯曰
齊		三十五
晉	六卿誅公族,分其邑。各使其子爲大夫。	十三
秦		二十四
楚		三
宋		四
衛		二十二
陳		二十一
蔡		六
曹	公元年[集解]徐廣曰:「一作『聲』。」	二
鄭		鄭獻公蠆元年
燕		十一
吳	閭元年	二

		512	511
周		八	九
魯	「主君」,公恥之,復之乾侯。	三十	三十一
齊		三十六	三十七
晉		十四 頃公薨。	晉定
秦		二十五	二十六
楚		四 吳三公子來奔,封以扞吳。	五
宋		五	六
衛		二十三	二十四
陳		二十二	二十三
蔡		七	八
曹		三	四
鄭		二	三
燕		十二	十三
吳		三 三公子奔楚。	四

		510	509
周		十 晉使諸侯爲我築城。	十一
魯	日蝕。	三十二 公卒乾侯。	魯定公宋元年 昭公喪自乾侯
齊		三十八	三十九
晉	公午元年	二 率諸侯爲周築城。	三
秦		二十七	二十八
楚	吳伐我六、潛。	六	七 囊瓦[索隱]囊瓦,楚大夫子常也。子
宋		七	八
衛		二十五	二十六
陳		二十四	二十五
蔡		九	十 朝楚,以裘故留。
曹		五 平公弟通弒襄公自立。	曹隱公元年
鄭		四	五
燕		十四	十五
吳	伐楚六、潛。	五	六 楚伐我,迎擊,敗之,取楚之

		508	507 甲午
周		十二	十三
魯	至。	二	三
齊		四十	四十一
晉		四	五
秦		二十九	三十
楚	囊之孫。伐吳,敗我豫章。蔡侯來朝。	八	九 蔡昭侯留三歲,得裘,故歸。
宋		九	十
衛		二十七	二十八
陳		二十六	二十七
蔡		十一	十二 與子常裘,得歸,如晉,請伐
曹		二	三
鄭		六	七
燕		十六	十七
吳	居巢。	七	八

	506	505	504	503
周	十四 與晉率諸侯侵楚。	十五	十六 王子朝之徒作亂故，王奔晉。	十七 劉子迎王，晉入王。
魯	四	五 陽虎執季桓子，與盟，釋之。日蝕。	六	七 齊伐我。
齊	四十二	四十三	四十四	四十五 侵衛。伐魯。
晉	六 周與我率諸侯侵楚。	七	八	九 入周敬王。
秦	三十一 楚包胥請救。	三十二	三十三	三十四
楚	十 吳、蔡伐我，入郢，昭王亡。伍子胥鞭平王墓。	十一 秦救至，吳去，昭王復入。	十二 吳伐我番，楚恐，徙鄀。[索隱]都都，音若。	十三
宋	十一	十二	十三	十四
衛	二十九 與蔡爭長。	三十	三十一	三十二 齊侵我。
陳	二十八	陳懷公柳元年	二	三
蔡	十三 與衛爭長。楚侵我，吳與我伐楚，〔入〕郢。	十四	十五	十六
曹	四	曹靖公路元年	二	三
鄭	八	九	十 魯侵我。	十一
燕	十八	十九	燕簡公元年	二
吳	九 與蔡伐楚，入郢。	十	十一 伐楚，取番。	十二

	502	501	500
周	十八	十九	二十
魯	八 陽虎欲伐三桓，三桓攻陽虎，虎奔陽關。	九 伐陽虎，虎奔齊。	十 公會齊侯於夾谷。[索隱]司馬彪郡國志在祝其縣西南。孔子相。齊歸我地。
齊	四十六 魯伐我。我伐魯。	四十七 囚陽虎，虎奔晉。	四十八
晉	十 伐衛。	十一 陽虎來奔。	十二
秦	三十五	三十六 哀公薨。	秦惠公元年。彗星見。
楚	十四 子西爲民泣，民亦泣，蔡昭侯恐。	十五	十六
宋	十五	十六 陽虎來奔。	十七
衛	三十三 晉、魯侵伐我。	三十四	三十五
陳	四 公如吳，吳留之，因死吳。	陳湣公越元年	二
蔡	十七	十八	十九
曹	四 靖公薨。	曹伯陽元年	二
鄭	十二	十三 獻公薨。	鄭聲公勝元年。鄭益弱。
燕	三	四	五
吳	十三 陳懷公來，留之，死於吳。	十四	十五

	499	498
周	二十一	二十二
魯	十一	十二 齊來歸女
齊	四十九	五十 遺魯女樂。
晉	十三	十四
秦	二 生躁公、〔索隱〕音竈，秦惠之子。懷公、簡公。	三
楚	十七	十八
宋	十八	十九
衛	三十六	三十七 伐曹。
陳	三	四
蔡	二十	二十一
曹	三 國人有夢衆君子立社宮，謀亡曹，振鐸請待公孫彊，許之。	四 衛伐我。
鄭	二	三
燕	六	七
吳	十六	十七

	497 甲辰	496
周	二十三	二十四
魯	十三 樂，季桓子受之，孔子行。	十四
齊	五十一	五十二
晉	十五 趙鞅伐范、中行。	十六
秦	四	五
楚	十九	二十
宋	二十	二十一
衛	三十八 孔子來，祿之如魯。	三十九 太子蒯聵
陳	五	六 孔子來。
蔡	二十二	二十三
曹	五	六 公孫彊好
鄭	四	五 子產卒。
燕	八	九
吳	十八	十九 伐越，敗我，

		495	494
周		二十五	二十六
魯		十五 定公薨。日蝕。	魯哀公將元年
齊		五十三	五十四 伐晉。
晉		十七	十八 趙鞅圍范、中行
秦		六	七
楚		二十一 滅胡。以吳敗我，倍之。	二十二 率諸侯圍蔡。
宋		二十二 鄭伐我。	二十三
衛	出奔。	四十	四十一 伐晉。
陳		七	八 吳伐我。
蔡		二十四	二十五 楚伐我，以吳怨
曹	射，獻鴈，君使爲司城，夢者子行。	七	八
鄭		六 伐宋。	七
燕		十	十一
吳	傷闔閭指，以死。	吳王夫差元年	二 伐越。

		493
周		二十七
魯		二
齊		五十五 輸范、中行氏粟。
晉	朝歌。齊、衛伐我。	十九 趙鞅圍范、中行，鄭來救，我敗之。
秦		八
楚		二十三
宋		二十四
衛		四十二 靈公薨。蒯聵子輒立。晉納太子蒯聵于戚。
陳		九
蔡	故。	二十六 畏楚，私召吳人，乞遷于州來，州來近吳。
曹		九
鄭		八 救范、中行氏，與趙鞅戰於鐵，敗我師。
燕		十二
吳		三

	492	491	490	489
周	二十八	二十九	三十	三十一
魯	三 地震。	四	五	六
齊	五十六	五十七 乞救范氏。	五十八 景公薨。立嬖姬子爲太子。	齊晏孺子元年。田乞詐立陽生,殺孺子。
晉	二十	二十一 趙鞅拔邯鄲、柏人,有之。	二十二 趙鞅敗范、中行,中行奔齊。伐衛。	二十三
秦	九	十 惠公薨。	秦悼公元年	二
楚	二十四	二十五	二十六	二十七 救陳,王死城父。
宋	二十五 孔子過宋,桓魋惡之。	二十六	二十七	二十八 伐曹。
衛	衛出公輒元年	二	三 晉伐我,救范氏故。	四
陳	十	十一	十二	十三 吳伐我,楚來救。
蔡	二十七	二十八 大夫共誅昭侯。	蔡成侯朔元年	二
曹	十 宋伐我。	十一	十二	十三 宋伐我。
鄭	九	十	十一	十二
燕	燕獻公元年	二	三	四
吳	四	五	六	七 伐陳。

	488	487	486	485
		甲寅		
周	三十二	三十三	三十四	三十五
魯	七 公會吳王于繒。吳徵百牢,季康子使子貢謝之。	八 吳爲邾伐我,至城下,盟而去。齊取我三邑。	九	十 與吳伐齊。
齊	齊悼公陽生元年	二 伐魯,取三邑。	三	四 吳、魯伐我。
晉	二十四 侵衛。	二十五	二十六	二十七 使趙鞅伐
秦	三	四	五	六
楚	楚惠王章元年	二 子西召建子勝於吳,爲白公。	三 伐陳,陳與吳故。	四 伐陳。
宋	二十九 侵鄭,圍曹。	三十 曹倍我,我滅之。	三十一 鄭圍我,敗之于雍丘。	三十二 伐鄭。
衛	五 晉侵我。	六	七	八 孔子自陳
陳	十四	十五	十六 倍楚,與吳成。	十七
蔡	三	四	五	六
曹	十四 宋圍我,鄭救我。	十五 宋滅曹,虜伯陽。		
鄭	十三	十四	十五 圍宋,敗我師雍丘,伐我。	十六
燕	五	六	七	八
吳	八 魯會我繒。	九 伐魯。	十	十一 與魯伐齊

		484
周		三十六
魯		十一 齊伐我。冉有言，故迎孔子，孔子
齊	（齊）鮑子殺悼公，齊人立其子壬，爲簡公。	齊簡公元年 魯與吳敗我。
晉	齊。	二十八
秦		七
楚		五
宋		三十三
衛	來。	九 孔子歸魯。
陳		十八
蔡		七
曹		
鄭		十七
燕		九
吳	救陳。[索隱]捄陳。上音救。誅五員。	十二 與魯敗齊。

		483
周		三十七
魯	歸。	十二 與吳會橐皋。[索隱]橐音託。皋音高。縣名，在壽春也。用田賦。
齊		二
晉		二十九
秦		八
楚		六 白公勝數請子西伐鄭，以父怨故。
宋		三十四
衛		十 公如晉，與吳會橐皋。
陳		十九
蔡		八
曹		
鄭		十六 宋伐我。
燕		十
吳		十三 與魯會橐皋。

	482	481
周	三十八	三十九
魯	十三 與吳會黃池。	十四 西狩獲麟。衛出公來奔。
齊	三	四 田常殺簡公，立其弟驁，[索隱]五高反，平公也。爲平
晉	三十 與吳會黃池，爭長。	三十一
秦	九	十
楚	七 伐陳。	八
宋	三十五 鄭敗我師。	三十六
衛	十一	十二 父蒯聵入，輒出亡。
陳	二十	二十一
蔡	九	十
曹		
鄭	十九 敗宋師。	二十
燕	十一	十二
吳	十四 與晉會黃池。	十五

		480
周		四十
魯		十五 子服景伯使齊，子貢爲介，齊歸我侵地。
齊	公，常相之，專國權。	齊平公驁元年 景公（子）〔孫〕也。齊自是稱田氏。
晉		三十二
秦		十一
楚		九
宋		三十七 熒惑守心，子韋曰「善」。
衛		衛莊公蒯聵元年
陳		二十二
蔡		十一
曹		
鄭		二十一
燕		十三
吳		十六

	479	478	477
			甲子
周	四十一	四十二	四十三 敬王崩。[集解]徐廣曰：「歲在甲子。」
魯	十六 孔子卒。	十七	十八 二十七卒。
齊	二	三	四 二十五卒。
晉	三十三	三十四	三十五 三十七卒。
秦	十二	十三	十四 卒，子厲〔共〕公立。
楚	十 白公勝殺令尹子西、子綦，攻惠王。葉公攻白公，白公自殺。惠王復國。	十一	十二 五十七卒。
宋	三十八	三十九	四十 六十四卒。
衛	二	三 莊公辱戎州人，戎州人與趙簡子攻莊公，莊公出奔。	衛君起元年。石傅逐起。[索隱]石傅逐君起。傅音圖，亦作「專」，音數。出，輒復入。
陳	二十三 楚滅陳，殺湣公。		
蔡	十二	十三	十四 十九卒。
曹			
鄭	二十二	二十三	二十四 三十八卒。
燕	十四	十五	十六 二十八卒。
吳	十七	十八 越敗我。	十九 二十三卒。[索隱]二十三年滅。

【索隱述贊】太史表次，抑有條理。起自共和，終於孔子。十二諸侯，各編年紀。興亡繼及，盛衰臧否。惡不掩過，善必揚美。絕筆獲麟，義取同耻。

史記卷十五

六國年表第三

〔索隱〕六國，魏、韓、趙、楚、燕、齊，并秦凡七國，號曰「七雄」。

太史公讀秦記，〔一〕至犬戎敗幽王，周東徙洛邑，秦襄公始封爲諸侯，作西畤用事上帝，僭端見矣。禮曰：「天子祭天地，諸侯祭其域內名山大川。」今秦雜戎翟之俗，先暴戾，後仁義，位在藩臣而臚於郊祀，〔二〕君子懼焉。及文公踰隴，攘夷狄，尊陳寶，營岐雍之閒，而穆公脩政，東竟至河，則與齊桓、晉文中國侯伯侔矣。是後陪臣執政，大夫世祿，六卿擅晉權，征伐會盟，威重於諸侯。及田常殺簡公而相齊國，諸侯晏然弗討，海內爭於戰功矣。三國終之卒分晉，田和亦滅齊而有之，六國之盛自此始。務在彊兵并敵，謀詐用而從衡短長之說起。矯稱蠭出，誓盟不信，雖置質剖符猶不能約束也。秦始小國僻遠，諸夏賓之，比於戎翟，至獻公之後常雄諸侯。論秦之德義不如魯衞之暴戾者，量秦之兵不如三晉之彊也，然卒并天下，非必險固便形埶利也，蓋若天所助焉。

〔一〕〔索隱〕即秦國之史記也，故下云「秦燒詩書，諸侯史記尤甚。獨有秦記，又不載日月」是也。

〔二〕〔索隱〕案：臚字訓陳也，出爾雅文。以言秦是諸侯而陳天子郊祀，實僭也，猶季氏旅於泰山然。〔正義〕〔臚作〕「臚」，音旅，祭名。又旅，陳也。

或曰「東方物所始生，西方物之成孰」。夫作事者必於東南，收功實者常於西北。故禹興於西羌，〔一〕湯起於亳，〔二〕周之王也以豐鎬伐殷，秦之帝用雍州興，漢之興自蜀漢。

〔一〕〔集解〕皇甫謐曰：「孟子稱禹生石紐，西夷人也。傳曰『禹生自西羌』是也。」〔正義〕禹生於茂州汶川縣，本冄駹國，皆西羌。

〔二〕〔集解〕徐廣曰：「京兆杜縣有亳亭。」

秦既得意，燒天下詩書，諸侯史記尤甚，爲其有所刺譏也。詩書所以復見者，多藏人家，而史記獨藏周室，以故滅。惜哉，惜哉！獨有秦記，又不載日月，其文略不具。然戰國之權變亦有可頗采者，何必上古。秦取天下多暴，然世異變，成功大。〔一〕傳曰「法後王」，何也？以其近己而俗變相類，議卑而易行也。〔二〕學者牽於所聞，見秦在帝位日淺，不察其終始，因舉而笑之，〔三〕不敢道，此與以耳食無異。〔四〕悲夫！

〔一〕〔索隱〕以言人君制法，當隨時代之異而變易其政，則其成功大。

〔二〕〔正義〕易，以豉反。後王，近代之王。法與己連接世俗之變及相類也，故議卑淺而易識行耳。

〔三〕〔索隱〕舉猶皆也。

〔四〕〔索隱〕案：言俗學淺識，舉而笑秦，此猶耳食不能知味也。

余於是因秦記，踵春秋之後，起周元王，〔一〕表六國時事，訖二世，凡二百七十年，著諸所聞興壞之端。後有君子，以覽觀焉。

〔一〕〔索隱〕案：此表起周元王元年，春秋迄元王八年。

	公元前 476	475	474
周	周元王元年。〔集解〕徐廣曰：「乙丑。」皇甫謐曰：「元年癸酉，二十八年庚子崩。」〔索隱〕元王名仁，系本名赤，敬王子。八年崩，子定王介立也。	二	三
秦	秦厲共公元年。〔索隱〕悼公子。三十四年卒，子躁公立。	二 蜀人來賂。	三
魏	魏獻子 衞出公輒後元年。〔索隱〕二十一年，季父黔逐出公而自立，曰悼公也。	晉定公卒。〔索隱〕系本定公名午。	晉出公錯元年。〔索隱〕系本名鑿。
韓	韓宣子		
趙	趙簡子〔索隱〕案：系家簡子名鞅，文子武之孫，景叔成之子也。四十二〔索隱〕案：簡子以頃公九年在位，頃公十四年卒而定公立，定公明年三十七年卒，是四十二爲簡子在位之年。又至出公十七年卒，在位六十年也。	四十三	四十四
楚	楚惠王章十三年〔集解〕徐廣曰：「亦魯哀公十九年。」〔索隱〕五十七年卒。 吳伐我。	十四 越圍吳，吳怨。	十五
燕	燕獻公十七年〔索隱〕二十八年卒。	十八	十九
齊	齊平公驁五年〔索隱〕二十五年卒。已上當並元王元年。	六	七 越人始來。

	473	472	471
周	四	五	六
秦	四	五 楚人來賂。	六 義渠來賂。(緜)〔緜〕諸乞援。集解音義曰：「援一作『爰』。」
趙	四十五	四十六	四十七
楚	十六 越滅吳。	十七 蔡景侯卒。索隱案：「景」字誤，合作「成侯」。徐廣不辨，即言「或作『成』」。案：景侯即成侯之高祖父也。	十八 蔡聲侯元年。索隱名産，成侯之子。
燕	二十	二十一	二十二
齊	八	九 晉知伯瑤來伐我。	十

	470	469	468
周	七	八	定王元年 集解徐廣曰：「癸酉，左傳盡此。」皇甫謐曰：「貞定王元年癸亥，十年壬申崩。」索隱名介。二十八年崩。
秦	七 彗星見。	八	九
魏	衞(莊)〔出〕公飲，大夫不解(履)〔襪〕，公怒，即攻公，公奔宋。		
趙	四十八	四十九	五十
楚	十九 王子英奔秦。	二十	二十一
燕	二十三	二十四	二十五
齊	十一	十二	十三

	467	466
周	二	三
秦	十 庶長將兵拔魏城。集解音義「拔一作『捕』。」彗星見。	十一
趙	五十一	五十二
楚	二十二 魯哀公卒。索隱系本名蔣。	二十三 魯悼公元年。三桓勝，魯如小侯。索隱魯悼公，系本名寧。
燕	二十六	二十七
齊	十四	十五

	465	464	463
周	四	五	六
秦	十二	十三	十四 晉人、楚人來賂。
韓		知伯伐鄭，駟桓子如齊求救。	鄭聲公卒。索隱聲公名勝，獻公子也。三十七年卒，子哀公易
趙	五十三	五十四 知伯謂簡子，欲廢太子襄子，襄子怨知伯。	五十五
楚	二十四	二十五	二十六
燕	二十八	燕孝公元年	二
齊	十六	十七 救鄭，晉師去。中行文子謂田常：「乃今知所以亡。」	十八

	(續)	462	461	460	459	458	457	456
周		七	八	九	十	十一	十二	十三
秦		十五	十六 塹阿旁。伐大荔。補龐戲城。	十七	十八	十九	二十 公將師與緜諸戰。	二十一
魏								晉哀公忌元年。正義表云晉出公錯十八年，晉哀公忌二年，晉懿公驕立十七年而卒。世本云昭公生桓子雍，雍生忌，忌生懿公驕。世家云晉出公十七年，晉哀公驕十八年，而無懿公。案：出公道死，智伯乃立昭公曾孫驕爲晉君，是爲哀公。哀公大父雍，晉昭公少子，號戴子，生忌。忌善智伯，欲并晉，未敢，乃立忌子驕爲君。據三處不同，未知孰是。
韓	立。八年殺，弟丑立爲共公。	鄭哀公元年。						
趙		五十六	五十七	五十八	五十九	六十	襄子索隱名無恤。三卿(叛)〔敗〕智伯晉陽，分其地，始有三晉也。元年，未除服，登夏屋，誘代王，以金斗殺代王。封伯魯子周爲代成君。	二
楚		二十七	二十八	二十九	三十	三十一	三十二 蔡聲侯卒。索隱子元侯立。	三十三 蔡元侯元年。
燕		三	四	五	六	七	八	九
齊		十九	二十	二十一	二十二	二十三	二十四	二十五

	455	454	453
周	十四	十五	十六
秦	二十二	二十三	二十四
魏	衞悼公黚元年。		魏桓子敗智
韓			韓康子敗智
趙	三	四 與智伯分范、中行地。	五 襄子敗智伯
楚	三十四	三十五	三十六
燕	十	十一	十二
齊	齊宣公就匝元年集解本作「積」。索隱積，平公子，立五十一年，子康公貸立。	二	三

		452	451
		十七	十八
		二十五 晉大夫智開率其邑來奔。	二十六 左庶長城南鄭。
	伯于晉陽。索隱桓子名駒。		
	伯于晉陽。索隱康子名虎。		
	晉陽，與魏、韓三分其地。	六	七
		三十七	三十八
		十三	十四
		四	五 宋景公卒。集解徐廣曰：「案左傳景公死至此九十九年。」索隱案：系家景公元公子，名頭曼，已見十二諸

		450
周		十九
秦		二十七
魏		衛敬公元
韓		
趙		八
楚		三十九 蔡侯齊元
燕		十五
齊	侯表。徐廣云「案左傳景公卒至此九十九年」，謬矣。景公立六十四年卒，公子特殺太子自立，號昭公，與前昭公杵臼又歷五君，相去略九十年，故誤也。昭公立四十七年，悼公購立。	六 宋昭公元

		449	448	447	446	445
		二十	二十一	二十二	二十三	二十四
		二十八 越人來迎女。	二十九 晉大夫智寬率其邑人來奔。	三十	三十一	三十二
	年。索隱悼公黔之子也。					
		九	十	十一	十二	十三
	年。	四十	四十一	四十二 楚滅蔡。	四十三	四十四 滅杞。杞，夏之
		燕成公元年	二	三	四	五
	年。	七	八	九	十	十一

		444	443	442	441	440
周		二十五	二十六	二十七	二十八	考王元年 集解徐廣曰：「辛丑。」
秦		三十三 伐義渠，虜其王。	三十四 日蝕，晝晦。星見。	秦躁公元年	二 南鄭反。	三
魏						
韓						
趙		十四	十五	十六	十七	十八
楚	後。	四十五	四十六	四十七	四十八	四十九
燕		六	七	八	九	十
齊		十二	十三	十四	十五	十六

	439	438	437	436	435	434	433	432
周	二	三	四	五	六	七	八	九
秦	四	五	六	七	八 六月,雨雪。日、月蝕。	九	十	十一
魏			晉幽公柳元年。服韓、魏。					
韓								
趙	十九	二十	二十一	二十二	二十三	二十四	二十五	二十六
楚	五十	五十一	五十二	五十三	五十四	五十五	五十六	五十七
燕	十一	十二	十三	十四	十五	十六	燕湣公元年	二
齊	十七	十八	十九	二十	二十一	二十二	二十三	二十四

	431	430	429	428	427
周	十	十一	十二	十三	十四
秦	十二	十三 義渠伐秦,侵至渭陽。	十四	秦懷公元年。生靈公。	二
魏	衞昭公元年。				
韓					
趙	二十七	二十八	二十九	三十	三十一
楚	楚簡王仲元年。滅莒。	二	三 魯悼公卒。	四 魯元公元年。	五
燕	三	四	五	六	七
齊	二十五	二十六	二十七	二十八	二十九

	426	425	424	423
周	十五	威烈王元年。［集解］徐廣曰:「丙辰。」［索隱］名午,考王子。	二	三
秦	三	四 庶長鼂殺懷公。太子蚤死,大臣立太子之子,爲靈公。	秦靈公元年。生獻公。	二
魏		衞悼公亹元年。	魏文侯斯元年。［索隱］生武侯擊也。	二
韓			韓武子元年。［索隱］武子啓章生景侯虔。	二 鄭幽公元
趙	三十二	三十三 襄子卒。	趙桓子元年。［索隱］桓子嘉,襄子弟也。元年卒,明年國人共立襄子子獻侯浣也。	趙獻侯元年
楚	六	七	八	九
燕	八	九	十	十一
齊	三十	三十一	三十二	三十三

		422	421	420	419
周		四	五	六	七
秦		三 作上下畤。	四	五	六
魏		三	四	五 魏誅晉幽公,立其弟止。	六 晉烈公止元年。
韓	年。韓殺之。	三 鄭立幽公子,爲繻公,元年。	四	五	六
趙		二	三	四	五
楚		十	十一	十二	十三
燕		十二	十三	十四	十五
齊		三十四	三十五	三十六	三十七

		418	417	416
周		八	九	十
秦		七 與魏戰少梁。	八 城塹河瀕。初以君主妻河。【索隱】謂初以此年取他女爲君主，君主猶公主也。妻河，謂嫁之河伯，故魏俗猶爲河伯取婦，蓋其遺風。殊異其事，故云「初」。	九
魏	魏城少梁。	七	八 復城少梁。	九
韓		七	八	九
趙		六	七	八
楚		十四	十五	十六
燕		十六	十七	十八
齊		三十八	三十九	四十

	415	414
周	十一	十二
秦	十 補龐，城籍姑。靈公卒，立其季父悼子，是爲簡公。【索隱】案：龐及籍姑皆城邑之名。補者，脩也，謂脩龐而城籍姑也。	秦簡公元年
魏	十	十一 衛慎公元年。
韓	十	十一
趙	九	十 中山武公初立。【集解】徐廣
楚	十七	十八
燕	十九	二十
齊	四十一	四十二

		413	412	411
周		十三	十四	十五
秦		二 與晉戰，敗鄭下。	三	四
魏		十二	十三 公子擊圍繁龐，出其民。	十四
韓		十二	十三	十四
趙	曰：「周定王之孫，西周桓公之子。」	十一	十二	十三 城平邑。
楚		十九	二十	二十一
燕		二十一	二十二	二十三
齊		四十三 伐晉，毀黄城，圍陽狐。	四十四 伐魯、莒及安陽。	四十五 伐魯，取都。【集解】徐廣曰：「世家云取一城。」

	410	409	408
周	十六	十七	十八
秦	五 日蝕。	六 初令吏帶劍。	七 塹洛，城重泉。初租禾。
魏	十五	十六 伐秦，築臨晉、元里。	十七 擊(宋)〔守〕中山。伐秦至鄭，還築洛陰、合陽。【集解】徐廣曰：「一云擊宋中山，置合陽。世家云攻秦，至鄭而還，築雒陰、合陽。」
韓	十五	十六	韓景侯虔元年 伐鄭，取雍丘。鄭城京。
趙	十四	十五	趙烈侯籍元年 魏使太子伐中山。
楚	二十二	二十三	二十四 簡王卒。
燕	二十四	二十五	二十六
齊	四十六	四十七	四十八 取魯郕。

	周	秦	魏	韓	趙	楚	燕	齊
407	十九	八	十八 文侯受經子夏。過段干木之閭常式。	二 鄭敗韓于負黍。	二	楚聲王當元年 魯穆公元年。	二十七	四十九 與鄭會于西城。伐衛，取毌丘。[索隱]音館。
406	二十	九	十九	三	三	二	二十八	五十
405	二十一	十	二十 卜相，李克、翟璜爭。	四	四	三	二十九	五十一 田會以廩丘反。
404	二十二	十一	二十一	五	五	四	三十	齊康公貸元年
403	二十三 九鼎震。	十二	二十二 初爲侯。	六 初爲侯。	六 初爲侯。	五 魏、韓、趙始列爲諸侯。	三十一	二 宋悼公元年。
402	二十四	十三	二十三	七	七	六	燕釐公元年	三

	周	秦	魏	韓	趙	楚	燕	齊
402					烈侯好音，欲賜歌者田，徐越侍以仁義，乃止。	盜殺聲王。		
401	安王元年 [集解]徐廣曰:「庚辰。」	十四 伐魏，至陽狐。	二十四 秦伐我，至陽狐。	八	八	楚悼王類元年	二	四
400	二	十五	二十五 太子罃生。	九 鄭圍陽翟。	九	二 三晉來伐我，至(桑)〔乘〕丘。	三	五
399	三 王子定奔晉。	秦惠公元年 [索隱]簡公子，史無名。	二十六 虢山崩，壅河。	韓烈侯元年 [索隱]名取。系本作「武侯」也。	趙武公元年	三 歸榆關于鄭。	四	六

	周	秦	魏	韓	趙	楚	燕	齊
398	四	二	二十七	二 鄭殺其相駟子陽。	二	四 敗鄭師，圍鄭。鄭人殺子陽。	五	七
397	五	三 日蝕。	二十八	三 (鄭人殺君) 三月，盜殺韓相俠累。[集解]徐廣曰:「一作『法其』。」	三	五	六	八
396	六	四	二十九	四 鄭相子陽之徒殺其君繻公。	四	六	七	九
395	七	五	三十	五	五	七	八	十

	周	秦	魏	韓	趙	楚	燕	齊
395		伐(綿)〔緜〕諸。		鄭康公元年。				宋休公元年。
394	八	六	三十一	六 救魯。鄭負黍反。	六	八	九	十一 伐魯，取最。
393	九	七	三十二 伐鄭，城酸棗。	七	七	九 伐韓，取負黍。	十	十二
392	十	八	三十三 晉孝公傾元年。	八	八	十	十一	十三
391	十一	九 伐韓宜陽，取六邑。	三十四	九 秦伐宜陽，取六邑。	九	十一	十二	十四

	390	389	388	387	386
周	十二	十三	十四	十五	十六
秦	十 與晉戰武城。縣陝。	十一 太子生。	十二	十三 蜀取我南鄭。	秦出公元年 [索隱]惠公子。
魏	三十五 齊伐取襄陵。	三十六 秦侵陰晉。	三十七	三十八	魏武侯 [索隱]名擊。 元年 襲邯鄲，敗焉。
韓	十	十一	十二	十三	韓文侯元年
趙	十	十一	十二	十三	趙敬侯元年 武公子朝作亂，奔魏。
楚	十二	十三	十四	十五	十六
燕	十三	十四	十五	十六	十七
齊	十五 魯敗我平陸。	十六 與晉、衞會濁澤。	十七	十八	十九 田常曾孫田和始列爲諸侯。遷康公海上，食一城。

		385	384	383
周		十七	十八	十九
秦		二 庶長改迎靈公太子，立爲獻公。誅出公。	秦獻公元年 [索隱]名師隰，靈公太子。	二 城櫟陽。
魏		二 城安邑、王垣。	三	四
韓		二 伐鄭，取陽城。伐宋，到彭城，執宋君。	三	四
趙		二	三	四 魏敗我兔臺。[索隱]兔，土故反。字亦作「菟」。
楚		十七	十八	十九
燕		十八	十九	二十
齊	[索隱]和，田常曾孫，二年，亦號太公。	二十 伐魯，破之。田和卒。	二十一 田和子桓公午立。	二十二

	382	381	380	379	378
周	二十	二十一	二十二	二十三	二十四
秦	三 日蝕，晝晦。	四 孝公生。	五	六 初縣蒲、藍田、善明氏。	七
魏	五	六	七 伐齊，至桑丘。	八	九 翟敗我澮。伐
韓	五	六	七 伐齊，至桑丘。鄭敗晉。	八	九 伐齊，至靈丘。
趙	五	六	七 伐齊，至桑丘。	八 襲衞，不克。	九 伐齊，至靈丘。
楚	二十	二十一	楚肅王臧元年	二	三
燕	二十一	二十二	二十三	二十四	二十五
齊	二十三	二十四	二十五 伐燕，取桑丘。	二十六 康公卒，田氏遂并齊而有之。太公望之後絶祀。	齊威王因(齊)元年

		377	376	375	374
周		二十五	二十六	烈王元年 [集解]徐廣曰：「丙午。」	二
秦		八	九	十 日蝕。	十一
魏	齊，至靈丘。	十 晉靜公俱酒元年。	十一 魏、韓、趙滅晉，絶無後。	十二	十三
韓		十	韓哀侯元年 分晉國。	二 滅鄭。康公二十年滅，無後。	三
趙		十	十一 分晉國。	十二	趙成侯元年
楚		四 蜀伐我兹方。	五 魯共公元年。	六	七
燕		二十六	二十七	二十八	二十九
齊	自田常至威王，威王始以齊彊天下。	二	三 三晉滅其君。	四	五

	（前頁續）	373	372
周		三	四
秦	縣櫟陽。	十二	十三
魏		十四	十五 衛聲公元年。敗趙北藺。
韓		四	五
趙		二	三 伐衛，取都鄙七十三。魏敗我藺。
楚		八	九
燕		三十 敗齊林孤。	燕桓公元年
齊		六 魯伐入陽關。晉伐到鱄陵。〔索隱〕劉氏鱄音屬沇反，又音專。	七 宋辟公元年。〔索隱〕辟音壁。辟公名辟兵，生剔成。案：宋後微弱，君薨未必有謚，辟兵其名也，猶剔成

	371	370	369	368
周	五	六 〔集解〕徐廣曰：「齊威王朝周。」	七	顯王元年〔集解〕徐廣曰：「癸丑。」
秦	十四	十五	十六 民大疫。日蝕。	十七 櫟陽雨金，四月至八月。
魏	十六 伐楚，取魯陽。	惠王元年	二 敗韓馬陵。	三 齊伐我觀。
韓	六 韓嚴殺其君。	莊侯元年〔索隱〕系家作「懿侯」，系本無。	二 魏敗我馬陵。	三
趙	四	五 伐齊于甄。魏敗我懷。	六 敗魏涿澤，圍惠王。	七 侵齊，至長城。
楚	十 魏取我魯陽。	十一	楚宣王良夫元年	二
燕	二	三	四	五
齊	然也。八	九 趙伐我甄。	十 宋剔成元年。	十一 伐魏，取觀。趙侵我長城。

	367	366	365	364
周	二	三	四	五 賀秦。
秦	十八	十九 敗韓、魏洛陰。	二十	二十一 章蟜〔集解〕徐廣曰：「一云『車騎』。」與晉戰石門，〔集解〕徐廣曰：「一作『阿』。」斬首六萬，天子賀。
魏	四	五 與韓會宅陽。城武都。	六 伐宋，取儀臺。	七
韓	四	五	六	七
趙	八	九	十	十一
楚	三	四	五	六
燕	六	七	八	九
齊	十二	十三	十四	十五

	363	362	361	360	359
周	六	七	八	九 致胙于秦。〔集解〕徐廣曰：「紀年東周惠公傑薨。」	十
秦	二十二	二十三 與魏戰少梁，虜其太子。	秦孝公元年 彗星見西方。	二 天子致胙。	三
魏	八	九 與秦戰少梁，虜我太子。	十 取趙皮牢。衛成侯元年。	十一	十二
韓	八	九 魏敗我于澮。大雨三月。	十	十一	十二
趙	十二	十三 魏敗我于澮。	十四	十五	十六
楚	七	八	九	十	十一
燕	十	十一	燕文公元年	二	三
齊	十六	十七	十八	十九	二十

		358	357	356	355
周		十一	十二	十三	十四
秦		四	五	六	七
魏	星晝墮，有聲。	十三	十四 與趙會鄗。	十五 魯、衛、宋、鄭侯來。集解徐廣曰：「紀年一曰『魯共侯來朝。邯鄲成侯會燕成侯平安邑』」	十六
韓		韓昭侯元年。秦敗我西山。	二 宋取我黃池。魏取我朱。	三	四
趙		十七	十八 趙孟如齊。	十九 與燕會（河）〔阿〕。與齊、宋會平陸。	二十
楚		十二	十三 君尹黑迎女秦。	十四	十五
燕		四	五	六	七
齊		二十一 鄒忌以鼓琴見威王。	二十二 封鄒忌爲成侯。	二十三 與趙會平陸。	二十四

		354	353	352
周		十五	十六	十七
秦	與魏王會杜平。	八 與魏戰元里，斬首七千，取少梁。	九	十 衛公孫鞅爲大良造，伐安邑，降之。
魏	與秦孝公會杜平。侵宋黃池，宋復取之。	十七 與秦戰元里，秦取我少梁。	十八 邯鄲降。齊敗我桂陵。	十九 諸侯圍我襄陵。築長城，塞固陽。
韓		五	六 伐東周，取陵觀、廩丘。	七
趙		二十一 魏圍我邯鄲。	二十二 魏拔邯鄲。	二十三
楚		十六	十七	十八 魯康公元年。
燕		八	九	十
齊	與魏會田於郊。	二十五	二十六 敗魏桂陵。	二十七

	351	350	349
周	十八	十九	二十
秦	十一 城商塞。衛鞅圍固陽，降之。	十二 初（取）〔聚〕小邑爲三十一縣，令。爲田開阡陌。	十三 初爲縣，有秩史。
魏	二十 歸趙邯鄲。	二十一 與秦遇彤。索隱彤，地名，賜商君，死彤地，劉氏云「阡陌道」，非也。	二十二
韓	八 申不害相。	九	十 韓姬弒其君悼公。索隱姬，一作「玘」，同音怡，韓之大夫姓名。案：韓無悼公，所未詳也。
趙	二十四 魏歸邯鄲，與魏盟漳水上。	二十五	趙肅侯元年。索隱名語。
楚	十九	二十	二十一
燕	十一	十二	十三
齊	二十八	二十九	三十

	348	347	346	345	344	343
周	二十一	二十二	二十三	二十四	二十五 諸侯會。	二十六
秦	十四 初爲賦。	十五	十六	十七	十八	十九
魏	二十三	二十四	二十五	二十六	二十七 丹封名會。丹，魏大臣。	二十八
韓	十一 昭侯如秦。	十二	十三	十四	十五	十六
趙	二	三 公子范襲邯鄲，不勝，死。	四	五	六	七
楚	二十二	二十三	二十四	二十五	二十六	二十七
燕	十四	十五	十六	十七	十八	十九
齊	三十一	三十二	三十三 殺其大夫牟辛。	三十四	三十五 田忌襲齊，不勝。	三十六

		342	341
周	致伯秦。	二十七	二十八
秦	城武城。從東方牡丘來歸。天子致伯。	二十 諸侯畢賀。會諸侯于澤。[集解]徐廣曰：「紀年作『逢澤』。」朝天子。	二十一 馬生人。
魏		二十九 中山君爲相。	三十 齊虜我太子申，殺將軍龐涓。
韓		十七	十八
趙		八	九
楚	魯景公偃元年。	二十八	二十九
燕		三十	三十一
齊		齊宣王辟彊元年	二 敗魏馬陵。田忌、田嬰、田肦將，孫子爲師。[集解]徐廣曰：「楚世家云田肦者，齊之將，而

		340	339	338
周		二十九	三十	三十一
秦		二十二 封大良造商鞅。	二十三 與晉戰岸門。	二十四 （秦）大荔圍合陽。孝公薨。商君反，死彤地。
魏		三十一 秦商君伐我，虜我公子卬。	三十二 公子赫爲太子。	三十三 衛鞅亡歸我，我恐，弗內。
韓		十九	二十	二十一
趙		十	十一	十二
楚		三十	楚威王熊商元年	二
燕		三十二	三十三	三十四
齊	齊世家不說田肦，或者是時三人皆出征乎？」	三 與趙會，伐魏。	四	五

	337	336	335	334
周	三十二	三十三 賀秦。	三十四	三十五
秦	秦惠文王元年楚、韓、趙、蜀人來。	二 天子賀。行錢。宋太丘社亡。	三 王冠。拔韓宜陽。	四 天子致文武胙。魏夫人來。
魏	三十四	三十五 孟子來，王問利國，對曰：「君不可言利。」	三十六	魏襄王元年 與諸侯會徐州，以相王。
韓	二十二 申不害卒。	二十三	二十四 秦拔我宜陽。	二十五 旱。作高門，屈宜臼曰：「昭
趙	十三	十四	十五	十六
楚	三	四	五	六
燕	二十五	二十六	二十七	二十八 蘇秦說燕。
齊	六	七 與魏會平阿南。	八 與魏會于甄。	九 與魏會徐州，諸侯相王。

		333	332	331
周		三十六	三十七	三十八
秦		五 徐晉人犀首爲大良造。	六 魏以陰晉爲和，命曰寧秦。[集解]徐廣曰：「今之華陰。」	七 義渠內亂，庶長操將兵定之。
魏		二 秦敗我彫陰。	三 伐趙。衛平侯元年。	四
韓	侯不出此門。」	二十六 高門成，昭侯卒，不出此門。	韓宣惠王元年	二
趙		十七	十八 齊、魏伐我，我決河水浸之。	十九
楚		七 圍齊于徐州。	八	九
燕		二十九	燕易王元年	二
齊		十 楚圍我徐州。	十一 與魏伐趙。	十二

	330	329	328	327
周	三十九	四十	四十一	四十二
秦	八 魏入(少梁)河西地于秦。	九 度河，取汾陰、皮氏。圍焦，降之。與魏會應。	十 張儀相。公子桑圍蒲陽，降之。魏納上郡。	十一 義渠君爲臣。歸魏焦、曲沃。
魏	五 與秦河西地少梁。秦圍我焦、曲沃。	六 與秦會應。秦取汾陰、皮氏。	七 入上郡于秦。	八 秦歸我焦、曲沃。
韓	三	四	五	六
趙	二十	二十一	二十二	二十三
楚	十	十一 魏敗我陘山。	楚懷王槐元年	二
燕	三	四	五	六
齊	十三	十四	十五 宋君偃元年。	十六

	326	325	324	323	322
周	四十三	四十四	四十五	四十六	四十七
秦	十二 初臘。會龍門。	十三 四月戊午，君爲王。	相張儀將兵取陝。初更元年	二 相張儀與齊、楚會齧桑。	三 張儀免相，相
魏	九	十	十一 衛嗣君元年。	十二	十三 秦取曲沃。平
韓	七	八 魏敗我韓舉。	九	十 君爲王。	十一
趙	二十四	趙武靈王元年 魏敗我趙護。	二 城鄗。	三	四 與韓會區鼠。
楚	三	四	五	六 敗魏襄陵。	七
燕	七	八	九	十 君爲王。	十一
齊	十七	十八	十九	齊湣王地元年	二

	(322)	321	320	319	318
周		四十八	慎靚王元年 [集解]徐廣曰：「辛丑。」	二	三
秦	魏。	四	五 王北遊戎地，至河上。	六	七 五國共擊秦，不勝而還。
魏	周女化爲丈夫。	十四	十五	十六	魏哀王元年 擊秦不勝。
韓		十二	十三	十四 秦來擊我，取鄢。	十五 擊秦不勝。
趙		五 取韓女爲夫人。	六	七	八 擊秦不勝。
楚		八	九	十 城廣陵。	十一 擊秦不勝。
燕		十二	燕王噲元年	二	三 擊秦不勝。
齊		三 封田嬰於薛。	四 迎婦于秦。	五	六 宋自立爲王。

	317	316	315	314
周	四	五	六	周赧王元年 [集解]徐廣曰：「丁未。」
秦	八 與韓、趙戰，斬首八萬。張儀復相。	九 擊蜀，滅之。取趙中都、西陽。(安邑)	十	十一 侵義渠，得二十五城。
魏	二 齊敗我觀澤。	三	四	五 秦拔我曲沃，歸其人。走犀
韓	十六 秦敗我脩魚，得(韓)將軍申差。	十七	十八	十九
趙	九 與韓、魏擊秦。齊敗我觀澤。	十 秦取我中都、西陽。(安邑)	十一 秦敗我將軍英。	十二 [集解]徐廣曰：「紀年云立燕公子
楚	十二	十三	十四	十五 魯平公元年。
燕	四	五 君讓其臣子之國，顧爲臣。	六	七 君噲及太子相子之皆死。
齊	七 敗魏、趙觀澤。	八	九	十

		313	312	311
周	索隱 赧音尼簡反。宋衷曰：「赧，謚也。」皇甫謚云名誕也。	二	三	四
秦		十二 樗里子擊藺陽，虜趙將。公子繇通封蜀。索隱 繇音由。秦之公子。	十三 庶長章擊楚，斬首八萬。	十四 蜀相殺蜀侯。
魏	首岸門。	六 秦來立公子政爲太子。與秦王會臨晉。	七 擊齊，虜聲子於濮。與秦擊燕。	八 圍衛。
韓		二十	二十一 (秦)〔我〕助(我)〔秦〕攻楚，圍景座。	韓襄王元年
趙	職。」	十三 秦拔我藺，虜將趙莊。	十四	十五
楚		十六 張儀來相。	十七 秦敗我將屈匄。索隱 匄音蓋。楚大夫。	十八
燕		八	九 燕人共立公子平。	燕昭王元年
齊		十一	十二	十三

	310	309	308	307
周	五	六	七	八
秦	秦武王元年 誅蜀相壯。張儀、魏章皆(死于)〔出之〕魏。	二 初置丞相，樗里子、甘茂爲丞相。	三	四
魏	九 與秦會臨晉。	十 張儀死。	十一 與秦會應。集解 徐廣曰：「在潁川父城。」	十二
韓	二	三	四 與秦會臨晉。秦擊我宜陽。	五
趙	十六 吳廣入女，生子何，立爲惠王后。	十七	十八	十九
楚	十九	二十	二十一	二十二
燕	二	三	四	五
齊	十四	十五	十六	十七

		306	305	304	303
周		九	十	十一	十二
秦	拔宜陽城，斬首六萬。涉河，城武遂。	秦昭(襄)王元年	二 彗星見。桑君爲亂，誅。	三	四 彗星見。
魏	太子往朝秦。	十三 秦擊皮氏，未拔而解。	十四 秦武王后來歸。	十五	十六 秦拔我蒲坂、
韓	秦拔我宜陽，斬首六萬。	六 秦復與我武遂。	七	八	九 秦取武遂。
趙	初胡服。	二十	二十一	二十二	二十三
楚		二十三	二十四 秦來迎婦。	二十五 與秦王會黃棘，秦復歸我上庸。	二十六 太子質秦。
燕		六	七	八	九
齊		十八	十九	二十	二十一

		302	301	300
周		十三	十四	十五
秦		五 魏王來朝。	六 蜀反，司馬錯往誅蜀守煇，定蜀。日蝕，晝晦。伐楚。	七 樗里疾卒。擊楚，斬首三萬。
魏	晉陽、封陵。	十七 與秦會臨晉，復(歸)我蒲坂。	十八 與秦擊楚。	十九
韓		十 太子嬰與秦王會臨晉，因至咸陽而歸。	十一 秦取我穰。與秦擊楚。	十二
趙		二十四	二十五 趙攻中山。惠后卒。	二十六
楚		二十七	二十八 秦、韓、魏、齊敗我將軍唐眜於重丘。	二十九 秦取我襄城，殺景缺。
燕		十	十一	十二
齊		二十二	二十三 與秦擊楚，使公子將，大有功。	二十四 秦使涇陽君來爲質。

		299	298	297	296
周		十六	十七	十八	十九
秦	魏冄爲相。	八 楚王來，因留之。	九	十 楚懷王亡之趙，趙弗內。	十一 彗星見。復與
魏		二十 與齊王會于韓。	二十一 與齊、韓共擊秦于函谷。河、渭絕一日。	二十二	二十三
韓		十三 齊、魏王來。立咎爲太子。	十四 與齊、魏共擊秦。	十五	十六 (與齊魏擊秦)
趙		二十七	趙惠文王元年 以公子勝爲相，封平原君。	二 楚懷王亡來，弗內。	三
楚		三十 王入秦。秦取我八城。	楚頃襄王元年 秦取我十六城。	二	三 懷王卒于秦，
燕		十三	十四	十五	十六
齊		二十五 涇陽君復歸秦。薛文入相秦。	二十六 與魏、韓共擊秦。孟嘗君歸相齊。	二十七	二十八

		295	294	293
周		二十	二十一	二十二
秦	魏封陵。	十二 樓緩免。穰侯魏冄爲丞相。	十三 任鄙爲漢中守。	十四 白起擊伊闕，斬首二十四
魏		魏昭王元年 秦尉錯來擊我襄。	二 與秦戰，(解)〔我〕不利。	三 佐韓擊秦，秦敗我兵伊闕。
韓	秦與我武遂和。	韓釐王咎元年	二	三 秦敗我伊闕，〔斬首〕二十
趙		四 圍殺主父。與齊、燕共滅中山。	五	六
楚	來歸葬。	四 魯文(侯)〔公〕元年。[集解]徐廣曰：「一作『湣』。」	五	六
燕		十七	十八	十九
齊		二十九 佐趙滅中山。	三十 田甲劫王，相薛文走。	三十一

		292	291	290	289	288
周		二十三	二十四	二十五	二十六	二十七
秦	萬。	十五 魏冄免相。	十六	十七 魏入河東四百里。	十八 客卿錯擊魏，至軹，取城大小六十一。	十九 十月爲帝，十二月復爲王。
魏		四	五	六 芒卯以詐重。	七 秦擊我。取城大小六十一。	八
韓	四萬，虜將喜。	四	五 秦拔我宛城。	六 與秦武遂地方二百里。	七	八
趙		七	八	九	十	十一 秦拔我桂陽。[集解]徐廣曰：
楚		七 迎婦秦。	八	九	十	十一
燕		二十	二十一	二十二	二十三	二十四
齊		三十二	三十三	三十四	三十五	三十六 爲東帝二月，復爲王。

		287	286	285	284
周		二十八	二十九	三十	三十一
秦	任鄙卒。	二十	二十一 魏納安邑及河內。	二十二 蒙武擊齊。	二十三 尉斯離與韓、魏、燕、趙共擊
魏		九 秦拔我新垣、曲陽之城。	十 宋王死我温。	十一	十二 與秦擊齊濟西。與秦王會
韓		九	十 秦敗我兵夏山。	十一	十二 與秦擊齊濟西。與秦王會
趙	「一作『梗』。」	十二	十三	十四 與秦會中陽。	十五 取齊昔陽。
楚		十二	十三	十四 與秦會宛。	十五 取齊淮北。
燕		二十五	二十六	二十七	二十八 與秦、三晉擊齊，燕獨入至
齊		三十七	三十八 齊滅宋。	三十九 秦拔我列城九。	四十 五國共擊湣王，王走莒。

	283	282	281	280
	三十二	三十三	三十四	三十五
齊，破之。	二十四 與楚會穰。	二十五	二十六 魏冄復爲丞相。	二十七 擊趙，斬首三
西周。	十三 秦拔我安城，兵至大梁而還。	十四 大水。衞懷君元年。	十五	十六
西周。	十三	十四 與秦會兩周閒。	十五	十六
	十六	十七 秦拔我兩城。	十八 秦拔我石城。	十九 秦敗我軍，斬
	十六 與秦王會穰。	十七	十八	十九 秦擊我，與秦
臨菑，取其寶器。	二十九	三十	三十一	三十二
	齊襄王法章元年	二	三	四

		279	278	277	276
周		三十六	三十七	三十八	三十九
秦	萬。地動，壞城。	二十八	二十九 白起擊楚，拔郢，更東至竟陵，以爲南郡。	三十 白起封爲武安君。	三十一
魏		十七	十八	十九	魏安釐王元
韓		十七	十八	十九	二十
趙	首三萬。	二十 與秦會黽池，藺相如從。	二十一	二十二	二十三
楚	漢北及上庸地。	二十 秦拔鄢、西陵。	二十一 秦拔我郢，燒夷陵，王亡走陳。	二十二 秦拔我巫、黔中。	二十三
燕		三十三	燕惠王元年	二	三
齊		五 殺燕騎劫。	六	七	八

	275	274	273
	四十	四十一	四十二
	三十二	三十三	三十四 白起擊魏華陽軍，芒卯走，
年 秦拔我兩城。封弟公子無忌爲信陵君。	二 秦拔我兩城，軍大梁下，韓來救，與秦溫以和。	三 秦拔我四城，斬首四萬。	四 與秦南陽以和。
	二十一 暴鳶救魏，爲秦所敗，走開封。	二十二	二十三
	二十四	二十五	二十六
秦所拔我江旁反秦。	二十四	二十五	二十六
	四	五	六
	九	十	十一

		272	271	270
周		四十三	四十四	四十五
秦	得三晉將，斬首十五萬。	三十五	三十六	三十七
魏		五 擊燕。	六	七
韓		韓桓惠王元年	二	三 秦擊我閼與城，不拔。
趙		二十七	二十八 藺相如攻齊，至平邑。	二十九 秦（拔我）〔攻韓〕閼與。趙奢將擊秦，大敗之，賜號
楚		二十七 擊燕。魯頃公元年。	二十八	二十九
燕		七	燕武成王元年	二
齊		十二	十三	十四 秦、楚擊我剛壽。

	（續）	269	268	267	266	265
周		四十六	四十七	四十八	四十九	五十
秦		三十八	三十九	四十 太子質於魏者死，歸葬芷陽。	四十一	四十二 宣太后薨。安國君爲太子。
魏		八	九 秦拔我懷城。	十	十一 秦拔我廩丘。集解徐廣曰：「或作『邢丘』。」	十二
韓		四	五	六	七	八
趙	日馬服。	三十	三十一	三十二	三十三	趙孝成王元年 秦拔我三城。
楚		三十	三十一	三十二	三十三	三十四
燕		三	四	五	六	七 齊田單拔中陽。
齊		十五	十六	十七	十八	十九

	（續）	264	263	262	261
周		五十一	五十二	五十三	五十四
秦		四十三	四十四 （秦）攻韓，取南陽。集解徐廣曰：「一作『郡』。」	四十五 （秦）攻韓，取十城。	四十六
魏		十三	十四	十五	十六
韓		九 秦拔我陘城汾旁。	十 秦擊我太行。	十一	十二
趙	平原君相。	二	三	四	五
楚		三十五	三十六	楚考烈王元年 秦取我州。黄歇爲相。	二
燕		八	九	十	十一
齊		齊王建元年	二	三	四

	（續）	260	259	258	257	256
周		五十五	五十六	五十七	五十八	五十九 集解徐廣曰：
秦	王之南鄭。	四十七 白起破趙長平，殺卒四十五萬。	四十八	四十九	五十 王齕、鄭安平圍邯鄲，及齕還軍，拔新中。	五十一
魏		十七	十八	十九	二十 公子無忌救邯鄲，秦兵解去。	二十一 韓、魏、楚救趙
韓		十三	十四	十五	十六	十七 秦擊我陽城，
趙	使廉頗拒秦於長平。	六 使趙括代廉頗將。白起破括四十五萬。	七	八	九 秦圍我邯鄲，楚、魏救我。	十
楚		三	四	五	六 春申君救趙。	七 救趙新中。
燕		十二	十三	十四	燕孝王元年	二
齊		五	六	七	八	九

	（續）	255	254	253	252
周	「乙巳」。赧王卒。				
秦		五十二 集解徐廣曰：「丙午」。取西周。(王)王稽棄市。	五十三	五十四	五十五
魏	新中，秦兵罷。	二十二	二十三	二十四	二十五 衛元君元年。
韓	救趙新中。	十八	十九	二十	二十一
趙		十一	十二	十三	十四
楚		八 取魯，魯君封於莒。	九	十 徙於鉅陽。	十一
燕		三	燕王喜元年	二	三
齊		十	十一	十二	十三

	周	秦	魏	韓	趙	楚	燕	齊
251		五十六	二十六	二十二	十五 平原君卒。	十二 柱國景伯死。	四 伐趙，趙破我軍，殺栗腹。[索隱]人姓字，燕相也。	十四
250		秦孝文王元年 [集解]徐廣曰:「辛亥。文王后曰華陽后，生莊襄王子楚，母曰夏太后。」	二十七	二十三	十六	十三	五	十五
249		秦莊襄王楚元年 [集解]徐廣曰:「壬子。」蒙驁取成皋、滎陽。初置三	二十八	二十四 秦拔我成皋、滎陽。	十七	十四 楚滅魯，頃公遷卞，爲家人，絕祀。	六	十六

	周	秦	魏	韓	趙	楚	燕	齊
		川郡。呂不韋相。取東周。						
248		二 蒙驁擊趙榆次、新城、狼孟，得三十七城。日蝕。	二十九	二十五	十八	十五 春申君徙封於吳。	七	十七
247		三 王齮擊上黨。[集解]徐廣曰:「齮，一作『齕』。」初置太原郡。魏公子無忌率五國卻我	三十 無忌率五國兵敗秦軍河外。	二十六 秦拔我上黨。	十九	十六	八	十八

	秦	魏	韓	趙	楚	燕	齊
	軍河外，蒙驁解去。						
246	始皇帝元年 [集解]徐廣曰:「乙卯。」擊取晉陽，作鄭國渠。	三十一	二十七	二十 秦拔我晉陽。	十七	九	十九
245	二	三十二	二十八	二十一	十八	十	二十
244	三 蒙驁擊韓，取十三城。王齮死。	三十三	二十九 秦拔我十三城。	趙悼襄王偃元年	十九	十一	二十一
243	四 七月，蝗蔽天下。百姓納粟千石，拜爵一級。	三十四 信陵君死。	三十	二 太子從質秦歸。	二十	十二 趙拔我武遂、方城。	二十二
242	五 蒙驁取魏酸棗二十城。初置東郡。	魏景湣王元年 秦拔我二十	三十一	三 趙相、魏相會(魯)柯，盟。	二十一	十三 劇辛死於趙。	二十三

	秦	魏	韓	趙	楚	燕	齊
		城。					
241	六 五國共擊秦。	二 秦拔我朝歌。衛從濮陽徙野王。	三十二	四	二十二 王東徙壽春，命曰郢。	十四	二十四
240	七 彗星見北方西方。夏太后薨。蒙驁死。	三 秦拔我汲。	三十三	五	二十三	十五	二十五
239	八 嫪毐封長信侯。	四	三十四	六	二十四	十六	二十六
238	九 彗星見，竟天。嫪毐爲亂，遷其舍人于蜀。彗星復見。	五 秦拔我垣、蒲陽、衍。	韓王安元年	七	二十五 李園殺春申君。	十七	二十七

年	秦	魏	韓	趙	楚	燕	齊
237	十 相國呂不韋免。齊、趙來，置酒。太后入咸陽。大索。	六	二	八 入秦，置酒。	楚幽王悼元年	十八	二十八 入秦，置酒。
236	十一 呂不韋之河南。王翦擊鄴、閼與，取九城。	七	三	九 秦拔我閼與、鄴，取九城。	二	十九	二十九
235	十二 發四郡兵助魏擊楚。呂不韋卒。復嫪毐舍人遷蜀者。	八 秦助我擊楚。	四	趙王遷元年 [集解]徐廣曰：「幽愍元年。」	三 秦、魏擊我。	二十	三十
234	十三 桓齮擊平陽，殺趙扈輒，斬首十萬，因東擊趙。王之河南。彗星見。	九	五	二 秦拔我平陽，敗扈輒，[索隱]扈輒，趙將，漢別有扈輒也。斬首十萬。	四	二十一	三十一

年	秦	魏	韓	趙	楚	燕	齊
233	十四 桓齮定平陽、武城、宜安。韓使非來，我殺非。韓王請爲臣。	十	六	三 秦拔我宜安。	五	二十二	三十二
232	十五 興軍至鄴。軍至太原。取狼孟。	十一	七	四 秦拔我狼孟、鄱吾，[索隱]鄱音婆，又音盤，縣名，在常山。軍鄴。	六	二十三 太子丹質於秦，亡來歸。	三十三
231	十六 置麗邑。發卒受韓南陽。	十二 獻城秦。	八 秦來受地。	五 地大動。	七	二十四	三十四
230	十七 內史(勝)〔騰〕擊得韓王	十三	九 秦虜王安，秦	六	八	二十五	三十五

年	秦	魏	韓	趙	楚	燕	齊
	安，盡取其地，置潁川郡。華陽太后薨。		滅韓。				
229	十八	十四 衞君角元年。		七	九	二十六	三十六
228	十九 王翦拔趙，虜王遷(之)邯鄲。帝太后薨。	十五		八 秦王翦虜王遷邯鄲。公子嘉自立爲代王。	十 幽王卒，弟郝立，爲哀王。三月，負芻殺哀王。	二十七	三十七
227	二十 燕太子使荊軻刺王，覺之。王翦將擊燕。	魏王假元年		代王嘉元年	楚王負芻元年 負芻，哀王庶兄。	二十八 太子丹使荊軻刺秦王，秦伐我。	三十八

年	秦	魏	韓	趙	楚	燕	齊
226	二十一 王賁擊楚。	二		二	二 秦大破我，取十城。	二十九 秦拔我薊，得太子丹。王徙遼東。	三十九
225	二十二 王賁擊魏，得其王假，盡取其地。	三 秦虜王假。		三	三	三十	四十
224	二十三 王翦、蒙武擊破楚軍，殺其將項燕。			四	四 秦破我將項燕。	三十一	四十一
223	二十四 王翦、蒙武破楚，虜其王負芻。			五	五 秦虜王負芻。秦滅楚。	三十二	四十二

222 二十五 王賁擊燕，虜王喜。又擊得代王嘉。五月，天下大酺。

六 秦將王賁虜王嘉，秦滅趙。

三十三 秦虜王喜，拔遼東，秦滅燕。

四十三

221 二十六 王賁擊齊，虜王建。初并天下，立爲皇帝。

四十四 秦虜王建。秦滅齊。

220 二十七 更命河爲「德水」。爲金人十二。命民曰「黔首」。同天下書。分爲三十六郡。

219 二十八 爲阿房宮。之衡山。治馳道。帝之琅邪，道南郡入。爲太極廟。賜户三十，爵一級。

218 二十九 郡縣大索十日。帝之琅邪，道上黨入。

217 三十

216 三十一 更命臘曰「嘉平」。賜黔首里六石米二羊，以嘉平。大索二十日。

215 三十二 帝之碣石，道上郡入。

214 三十三 遣諸逋亡及賈人贅壻略取陸梁，爲桂林、南海、象郡，以適戍。西北取戎爲（四）〔三〕十四縣。

築長城河上，蒙恬將三十萬。

〔集解〕徐廣曰：「一云四十四縣是也。又云二十四縣。」

213 三十四 適治獄不直者築長城（及）〔取〕南方越地。覆獄故失。

212 三十五 爲直道，道九原，通甘泉。

211 三十六 徙民於北河、榆中，耐徙三處，〔集解〕徐廣曰：「一作『家』。」拜爵一級。石晝下東郡，有文言「地分」。

210 三十七 十月，帝之會稽、琅邪，還至沙丘崩。子胡亥立，爲二世皇帝。殺蒙恬。道九原入。復行錢。

209 二世元年 十月戊寅，大赦罪人。十一月，爲兔園。十二月，就阿房宮。其九月，郡縣皆反。楚兵至戲，章邯擊卻之。出衞君角爲庶人。

208 二 將軍章邯、長史司馬欣、都尉董翳追楚兵至河。誅丞相斯、去疾，將軍馮劫。

207 三 趙高反，二世自殺，高立二世兄子嬰。子嬰立，刺殺高，夷三族。諸侯入秦，嬰降，爲項羽所殺。尋誅羽，天下屬漢。

【索隱述贊】春秋之後，王室益卑。楚彊南服，秦霸西垂。三卿分晉，八代與媯。遞主盟會，互爲雄雌。二周前滅，六國後墮。壯哉嬴氏，吞并若斯。

史記

漢 司馬遷 撰
宋 裴駰 集解
唐 司馬貞 索隱
唐 張守節 正義

第三册

卷一六至卷二二（表）

中華書局

中華書局

史記卷十六

秦楚之際月表第四

[索隱]張晏曰：「時天下未定，參錯變易，不可以年記，故列其月。」今案：秦楚之際，擾攘僭篡，運數又促，故以月紀事名表也。

太史公讀秦楚之際，曰：初作難，發於陳涉；虐戾滅秦，自項氏；撥亂誅暴，平定海內，卒踐帝祚，成於漢家。五年之閒，號令三嬗，〔一〕自生民以來，未始有受命若斯之亟〔二〕也。

〔一〕[集解]音善。[索隱]古「禪」字，音市戰反。三嬗，謂陳涉、項氏、漢高祖也。

〔二〕[索隱]音己力反。亟訓急也。

昔虞、夏之興，積善累功數十年，德洽百姓，攝行政事，考之于天，〔一〕然後在位。湯、武之王，乃由契、后稷脩仁行義十餘世，不期而會孟津八百諸侯，猶以爲未可，其後乃放弒。〔二〕秦起襄公，章於文、繆，獻、孝之後，稍以蠶食六國，百有餘載，至始皇乃能并冠帶之倫。以德若彼，〔三〕用力如此，〔四〕蓋一統若斯之難也。

〔一〕[集解]韋昭曰：「謂舜受禪，在璇璣玉衡以齊七政。」

〔二〕[索隱]後乃放殺。殺音弒，謂湯放桀，武王討紂也。

〔三〕[索隱]卽契、后稷及秦襄公、文公、穆公也。

〔四〕[索隱]謂湯、武及始皇。

秦既稱帝，患兵革不休，以有諸侯也，於是無尺土之封，墮壞名城，銷鋒鏑，〔一〕鉏豪桀，維萬世〔二〕之安。然王跡之興，起於閭巷，合從討伐，軼於三代，鄉秦之禁，適足以資賢者〔三〕爲驅除難耳。故憤發其所爲天下雄，〔四〕安在無土不王。〔五〕此乃傳之所謂大聖乎？〔六〕豈非天哉，豈非天哉！非大聖孰能當此受命而帝者乎？

〔一〕[集解]徐廣曰：「一作『鍉』。」[索隱]鏑音的。注「鍉」字亦音的。案：秦銷鋒鏑，作金人十二，以弱天下之兵也。

〔二〕[索隱]維訓度，謂計度令萬代安也。

〔三〕[索隱]鄉秦之禁適足資賢者。鄉音向，許亮反。謂秦前時之禁兵及不封樹諸侯，適足以資後之賢者，卽高帝也。言驅除患難耳。

〔四〕[索隱]指漢高祖。

〔五〕[集解]白虎通曰：「聖人無土不王，使舜不遭堯，當如夫子老於闕里也。」

〔六〕[索隱]言高祖起布衣，卒傳之天位，實所謂大聖。

公元前 209

秦	二世元年 [集解]徐廣曰：「壬辰。」[正義]七月，陳涉起陳。八月，武臣起趙。九月，項梁起吳，田儋起齊，沛公初起，韓廣起燕，十二月，魏咎起魏，陳王立之。二年六月，韓成起韓，項梁立
楚	
項	
趙	
齊	
漢	
燕	
魏	
韓	

	之也。								
七月		楚隱王陳涉起兵入秦。[索隱]二月，葛嬰立襄彊，涉之二月也。至戲，葛嬰殺彊。五月，周文死。六月，陳涉死。然涉起凡六月，當二世元年十二月也。							
八月		二 葛嬰爲涉		武臣始至邯鄲，自立					

		徇九江，立襄彊爲楚王。		爲趙王，始。[索隱]凡四月，爲李良所殺，當二世元年八月也。					
九月	楚兵至戲。	三 周文兵至戲，敗。而（陳）〔葛〕嬰聞涉王，卽殺彊。	項梁號武信君。[索隱]二世元年九月立，至二年九月，章邯殺梁於定陶。	二	齊王田儋始。儋，狄人。諸田宗彊。從弟榮，榮弟橫。[索隱]二世二年六月，章邯殺儋。儋立十月死。齊立田假。二世二年八月，田榮立儋子市爲王。項羽又立市爲膠東王，封田都爲臨淄王，安爲濟北王。田榮殺田市、田安，自立爲王。羽擊榮，平	沛公初起。[索隱]凡十四月，懷王封沛公爲武安侯，將碭郡兵。	韓廣爲趙略地至薊，自立爲燕王始。[索隱]二世三年十月，（破）〔使〕臧荼救趙，封荼爲燕王，徙廣封遼東王，後臧荼殺韓廣。	魏王咎始。咎在陳，不得歸國。[集解]徐廣曰：「魏咎、曹咎字皆作『咎』，音白。」[索隱]四月，咎自陳歸，立。二年六月，咎自殺。九月，弟豹自立，都平	

208

					原人殺之。田橫立榮子廣爲王也。			陽。後豹歸漢，尋叛，韓信虜豹。	
二年 十月		四 誅葛嬰。	二	三	二 儋之起，殺狄令，自王。	二 擊胡陵、方與，破秦監軍。	二	二	
十一月		五 周文死。	三	四 李良殺武臣，張耳、陳餘走。	三	三 殺泗水守。[集解]徐廣曰：「泗水屬東海。」拔薛西。周市東略地豐沛閒。	三	三 齊、趙共立周市，市不肯，曰「必立魏咎」云。	
十二月		六 陳涉死。	四	四	四	四 雍齒叛沛公，以豐降魏。沛公還攻豐，不能	四	四 咎自陳歸，立。	

						下。			
端月	[索隱]二世二年正月也。秦諱正，故云端月也。	楚王景駒始，秦嘉立之。[索隱]八月，項梁殺之。	五 涉將召平矯拜項梁爲楚柱國，急西擊秦。	趙王歇始，張耳、陳餘立之。[索隱]張耳、陳餘，項羽立爲代王。後漢滅歇，立張耳也。	五 讓景駒以擅自王不請我。	五 沛公聞景駒王在留，往從，與擊秦軍碭西。[集解]徐廣曰：「一作『蕭』。」	五	五 章邯已破涉，圍咎臨濟。	
二月		二 嘉爲上將軍。	六 梁渡江，陳嬰、黥布皆屬。	二	六 景駒使公孫慶讓齊，誅慶。	六 攻下碭，收得兵六千，與故凡九千人。	六	六	

三月	三	七	三	七	七 攻拔下邑，遂擊豐，豐不拔。聞項梁兵衆，往請擊豐。	七	七	
四月	四	八 梁擊殺景駒、秦嘉，遂入薛，兵十餘萬衆。	四	八	八 沛公如薛見項梁，梁益沛公卒五千，擊豐，拔之。雍齒奔魏。	八	八 臨濟急，周市如齊、楚請救。	
五月		九	五	九	九	九	九	
六月 [索隱]二世二年六月也。	楚懷王始，都盱台，故懷王孫，梁立之。[索隱]故懷	十 梁求楚懷王孫，得之民閒，立爲楚王。	六	十 儋救臨濟，章邯殺田儋。榮走東阿。	十 沛公如薛，共立楚懷王。	十	十 咎自殺，臨濟降秦。	韓王成始。[索隱]韓王成立，項羽更王之，不使就封，數月殺之，立鄭昌爲韓

	王之孫名心也。項梁之起，諸侯尊爲義帝，項羽徙而殺之。							王，降漢。漢封韓信爲王。
七月	二 陳嬰爲柱國。	十一 天大雨，三月不見星。	七	齊立田假爲王，秦急圍東阿。	十一 沛公與項羽北救東阿，破秦軍濮陽，東屠城陽。	十一	咎弟豹走東阿。	二
八月	三	十二 救東阿，破秦軍，乘勝至定陶，項梁有驕色。	八	楚救榮，得解歸，逐田假，立儋子市爲齊王，始。	十二 沛公與項羽西略地，斬三川守李由於雍丘。	十二		三
九月	四 徙都彭城。	十三 章邯破殺	九	二 田假走楚，楚趣	十三 沛公聞項梁死，還軍，	十三	魏豹自立爲魏王，都	四

207

		項梁於定陶，項羽恐，還軍彭城。		齊救趙。田榮以假故，不肯，謂「楚殺假乃出兵。」項羽怒田榮。	從懷王，軍於碭。		平陽，始。	
後九月 [集解]徐廣曰：「應閏建酉。」	五 拜宋義爲上將軍。	懷王封項羽於魯，爲次將，屬宋義，北救趙。	十 秦軍圍歇鉅鹿，陳餘出(救)〔收〕兵。	三	十四 懷王封沛公爲武安侯，將碭郡兵西，約先至咸陽王之。	十四	二	五
三年十月	六	二	十一 章邯破邯	四 齊將田都叛榮，	十五 攻破東郡尉及王離	十五 使將臧荼	三	六

			鄲，徙其民於河內。	往助項羽救趙。	軍於成武南。	救趙。		
十一月	七 拜籍上將軍。	三 羽矯殺宋義，將其兵渡河救鉅鹿。	十二	五	十六	十六	四	七
十二月	八	四 大破秦軍鉅鹿下，諸侯將皆屬項羽。	十三 楚救至，秦圍解。	六 故齊王建孫田安下濟北，從項羽救趙。	十七 (救趙) 至栗，得皇訢、武蒲軍。與秦軍戰，破之。	十七	五 豹救趙。	八
端月	九	五 虜秦將王離。	十四 張耳怒陳餘，棄將印	七	十八	十八	六	九

	二月	三月	四月
	十	十一	十二
	六 攻破章邯，章邯軍卻。	七	八 楚急攻章邯，章邯恐，使長史欣歸秦請兵，趙高讓之。
去。	十五	十六	十七
	八	九	十
	十九 得彭越軍昌邑，襲陳留。用酈食其策，軍得積粟。	二十 攻開封，破秦將楊熊，熊走滎陽，秦斬熊以徇。	二十一 攻潁陽，略韓地，北絕河津。
	十九	二十	二十一
	七	八	九
	十	十一	十二

五月	六月	七月
二年一月	二	三
九 趙高欲誅欣，欣恐，亡走，告章邯謀叛秦。	十 章邯與楚約降，未定，項羽許而擊之。	十一 項羽與章邯期殷虛，章邯等已降，與盟，以
十八	十九	二十
十一	十二	十三
二十二	二十三 攻南陽守齮，破之陽城郭東。[集解]徐廣曰：「陽城在南陽。」	二十四 降下南陽，封其守齮。
二十二	二十三	二十四
十	十一	十二
十三	十四	十五 申陽下河南，降楚。

206

	八月 趙高殺二世。	九月 子嬰爲王。	十月 [集解]徐廣曰：「歲在乙未。」
	四	五	六
邯爲雍王。	十二 以秦降都尉翳、長史欣爲上將，將秦降軍。	十三	十四 項羽將諸侯兵四十餘萬，行略地，西至於河南。
	二十一 趙王歇留國。陳餘亡居南皮。	二十二	二十三 張耳從楚西入秦。
	十四	十五	十六
	二十五 攻武關，破之。	二十六 攻下嶢及藍田。以留侯策，不戰皆降。	二十七 漢元年，秦王子嬰降。沛公入破咸陽，平秦，還軍霸上，待諸侯約。
	二十五	二十六	二十七
	十三	十四	十五 從項羽略地，遂入關。
	十六	十七	十八

[索隱]高祖至霸上，稱元年。徐廣云歲在乙未。	十一月
	七
	十五 羽詐阬殺秦降卒二十萬人於新安。
	二十四
	十七
	二十八 沛公出令三章，秦民大悅。
	二十八
	十六
	十九

十二月	
二十六	分楚爲四。〔索隱〕西楚、衡山、臨江、九江也。
十六	至關中，誅秦王子嬰，屠燒咸陽。分天下，立諸侯。
二十五	分趙爲代國。
十八	項羽怨榮，（殺之）分齊爲三國。〔索隱〕臨淄、濟北、膠東。
二十九	與項羽有郄，見之戲下，講解。羽倍約，分關中爲四國。〔索隱〕漢、雍、塞、翟。
二十九	臧荼從入，分燕爲二國。〔索隱〕燕、遼東也。
十七	分魏爲殷國。
二十	分韓爲河南國。

九	義帝元年，諸侯尊懷王爲義帝。〔索隱〕項羽徙之於郴，至十月，項籍使九江王布殺義帝，漢王爲舉哀也。
十七	項籍自立爲西楚霸王。
	分爲衡山。
	分爲臨江。
	分爲九江。
二十六	更名爲常山。
	分爲代。
十九	更名爲臨菑。
	分爲濟北。
	分爲膠東。
正月	〔索隱〕高祖及十二諸侯受封之月，漢書異姓王表云「一月」，故應劭云：「諸侯王始受封之月，十三王同時稱一月。以非元正，故云一月。」高祖十
	分關中爲雍。
	分關中爲塞。
	分關中爲翟。
三十	燕
	分爲遼東。
十八	更爲西魏。
	分爲殷。
二十一	韓
	分爲河南。

	二	徙都江南郴。
		西楚主伯，項籍始，爲天下主命，立十八王。
		王吳芮始，故番君。
		王共敖始，故楚柱國。
		王英布始，故楚將。
		王張耳始，故楚將。〔索隱〕故趙相。
	二十七	〔索隱〕趙歇前爲趙王已二十六月，今徙王代之二月，故云二十七月。其膠東王市之前爲齊王十九月，韓廣、魏豹、韓成五人並
		王田都始，故齊將。
		王田安始，故齊將。
	二十	王田市始，故齊王。
月至霸上，改元，至此月漢四月」。分關中爲漢。	二月	〔索隱〕應劭云：「諸王始都國之月，十三王同時稱「二月」。」漢王始，故沛公。
		王章邯始，故秦將。
		王司馬欣始，故秦將。〔索隱〕故秦長史。
		王董翳始，故秦將。〔索隱〕故秦都尉。
		王臧荼始，故燕將。
	三十一	王韓廣始，故燕王。
	十九	王魏豹始，故魏王。
		王司馬卬始，故趙將。
	二十二	王韓成始，故韓將。〔索隱〕故韓王。
		王申陽始，故楚將。

	三	
	二	都彭城。
	二	都邾。
	二	都江陵。
	二	都六。
	二	都襄國。
先爲王已經多月，故因舊月而數也。王趙歇始，故趙王。	二十八	都代。
	二	都臨菑。
	二	都博陽。
	二十一	都即墨。
	三月	都南鄭。
	二	都廢丘。
	二	都櫟陽。
	二	都高奴。
	二	都薊。
	三十二	都無終。
	二十	都平陽。索隱豹從漢又叛，韓信虜之。漢四年，周苛殺豹也。
	二	都朝歌。
	二十三	都陽翟。索隱姚氏云:「韓成是項梁所立，不與十七國封。此云十八王，並項羽所命，不細區別。」又高紀云項羽
	二	都洛陽。

四		五		六		七	
三	諸侯罷戲下兵，皆之國。	四		五		六	
三		四		五		六	
三		四		五		六	
三		四		五		六	
三		四		五		六	
二十九		三十		三十一		三十二	
三		四	田榮擊都，都降楚。		齊王田榮始，故齊相。	二	
三		四		五		六	田榮屬齊。
二十二		二十三		二十四	田榮擊殺市。		
四月		五月		六月		七月	
三		四		五		六	
三		四		五		六	
三		四		五		六	
三		四		五		六	
三十三		三十四		三十五		三十六	
二十一		二十二		二十三		二十四	
三		四		五		六	
二十四	與成至彭城，廢爲侯，又殺之。是不令就國，當以陽翟爲都而不之國。	二十五		二十六		二十七	項羽
三		四		五		六	

205

	八	九	十 項羽滅義帝。		
	七	八	九	十	十一
	七	八	九	十	十一
	七	八	九	十	十一
	七	八	九	十	十一
	七	八	九 耳降漢。		歇以陳餘
	三十三	三十四	三十五 歇復王趙。	三十六	三十七
	三	四	五	六	七
擊殺安。	屬齊。				
	八月	九月	十月 王至陝。[集解]徐廣曰：「弘農陝縣。」	十一月	十二月
	七 邯守廢丘，漢圍之。	八	九	十 漢拔我隴西。	十一
	七 欣降漢，國除。	屬漢，爲渭南、河上郡。			
	七 翳降漢，國除。	屬漢，爲上郡。			
	七	八	九	十	十一
	三十七 臧荼擊廣無終，滅之。	屬燕。			
	二十五	二十六	二十七	二十八	二十九
	七	八	九	十	十一
誅成。	韓王鄭昌始，項羽立之。	二	三	韓王信始，漢立之。	二
	七	八	九	屬漢，爲河南郡。	

	十二	二年一月	二	三 項羽
	十二	二年一月	二	三
	十二	十三	十四	十五
	十二	二年一月	二	三
爲代王，（號）〔故〕成安君。	二	三	四	五
	三十八	三十九	四十	四十一
	八 項籍擊榮，走平原，平原民殺之。	項籍立故齊王田假爲齊王。	二 田榮弟橫反城陽，擊假，假走楚，楚殺假。	齊王
	正月	二月	三月 王擊殷。	四月 王伐
	十二 漢拔我北地。	二年一月	二	三
	十二	二年一月	二	三
	三十	三十一	三十二 降漢。（爲廢王）	三十三 從漢
	十二	十三	十四 降漢，卬廢。	爲河
	三	四	五	六 從漢

以兵三萬破漢兵五十六萬。	四	五
	四	五
	十六	十七
	四	五
	六	七
	四十二	四十三
田廣始。廣，榮子，橫立之。	二	三
楚至彭城，壞走。	五月 王走滎陽。	六月 王入關，立太子。復如滎陽。
	四	五 漢殺邯廢丘。
	四	五
伐楚。	三十四 豹歸，叛漢。	三十五
內郡，屬漢。		
伐楚。	七	八

六	七	八	九
六	七	八	九
十八	十九	二十	二十一
六	七	八	九
八	九	十	十一
四十四	四十五	四十六	四十七
四	五	六	七
七月	八月	九月	後九月 [集解]徐廣
屬漢，爲隴西、北地、中地郡。			
六	七	八	九
三十六	三十七	三十八 漢將信虜豹。	屬漢，爲河東、上黨郡。
九	十	十一	十二

	十	十一	十二
	十	十一	十二
	二十二	二十三	二十四
	十	十一	十二
	十二 漢將韓信斬陳餘。	屬漢，爲太原郡。	
	四十八 漢滅歇。	屬漢，爲郡。	
	八	九	十
曰：「應閏建巳。」	三年十月	十一月	十二月
	十	十一	十二
	二年一月	二	三

	三年一月	二	三	四	五	六
	三年一月	二	三	四	五	六
	二十五	二十六	二十七	二十八	二十九	三十
布身降漢，地屬項籍。						
	十一	十二	十三	十四	十五	十六
	正月	二月	三月	四月 楚圍王滎陽。	五月	六月
	三年一月	二	三	四	五	六
	四	五	六	七	八	九

七	八
七	八
三十一 王敖薨。	臨江王驩 [索隱]共敖之子，漢虜
十七	十八
七月 王出滎陽。[集解]徐廣曰：「項羽、高紀七月出滎陽。」	八月 周苛、樅公殺魏豹。
七	八
十	十一

	九	十	十一 漢將韓信破殺龍且。
	九	十	十一
之，亦在四年十二月。始，敖子。	二	三	四
			趙王張耳始，漢立之。
	十九	二十	二十一 漢將韓信擊殺廣。
	九月	四年 十月	十一月
	九	十	十一
	十二	三年 一月	二

十二	四年 一月	二	三 漢御史周苛入楚，
十二	四年 一月	二	三
五	六	七	八
二	三	四	五
屬漢，爲郡。		齊王韓信始，漢立之。	二
十二月	正月	二月 立信王齊。	三月 周苛入楚。
十二	四年 一月	二	三
三	四	五	六

〔死〕。	四	五
	四	五
	九	十
	六	七
	三	四
	四月 王出滎陽。豹死。[集解]徐廣曰：「項羽紀曰王出成皋。」	五月
	四	五
	七	八

六	七	八	九	十
六	七	八	九	十
十一	十二	十三	十四	十五
	淮南王英布始,漢立之。	二	三	四
八	九	十	十一	十二
五	六	七	八	九
六月	七月 立布爲淮南王。	八月	九月 太公、呂后歸自楚。	五年 十月
六	七	八	九	十
九	十	十一	十二	四年 一月

十一	十二 誅籍。索隱 漢誅項籍在四年十二月。	齊王韓信徙楚王。
十一	十二	十三 徙王長沙。
十六	十七 漢虜驩。	屬漢,爲南郡。
五	六	七 淮南國
三年 一月	二	三 趙國
十	十一	十二 徙王楚,屬漢,爲四郡。
十一月	十二月	正月 索隱 漢王更號皇帝,即位
十一	十二	五年 一月 燕國
		復置梁國。
二	三	四 韓王信徙王代,都馬
		分臨江爲長沙國。

	二
	屬淮南國。
	八
	四
於定陶也。殺項籍,天下平,諸侯臣屬漢。	二月 甲午,王更號,即皇帝位於定陶。
	二
	梁王彭越始。
邑。	五
	衡山王吳芮爲長沙王。索隱

	三	四	五	六	七
	九	十	十一	十二	三年 一月
	五	六	七	八	九 耳薨,謚景王。
	三月	四月	五月	六月 帝入關。	七月
	三	四	五	六	七
	二	三	四	五	六
	六	七	八	九	十
吳芮始,改封也。	二	三	四	五	六 薨,謚文王。

八	九 王得故項羽將鍾離眛，斬之以聞。	十
三	三	四
趙王張敖（立）〔始〕，耳子。	二	三
八月 帝自將誅燕。	九月	後九月 集解徐廣曰：「應閏建寅。」
八	九 反漢，虜荼。索隱虜臧荼。漢書作四年九月，誤也。	燕王盧綰始，漢太尉。
七	八	九
十一	十二	五年一月
長沙成王臣始，芮子。	二	三

【索隱述贊】秦失其鹿，羣雄競逐。狐鳴楚祠，龍興沛谷。武臣自王，魏豹必復。田儋據齊，英布居六。項王主命，義帝見戮。以月繫年，道悠運速。淘淘天下，瞻烏誰屋？真人霸上，卒享天禄。

史記卷十七

漢興以來諸侯王年表第五

索隱 應劭云：「雖名爲王，其實如古之諸侯。」

太史公曰：殷以前尚矣。周封五等：公，侯，伯，子，男。然封伯禽、康叔於魯、衞，地各四百里，親親之義，褒有德也；太公於齊，兼五侯地，尊勤勞也。武王、成、康所封數百，而同姓五十五，〔一〕地上不過百里，下三十里，以輔衞王室。管、蔡、康叔、曹、鄭，或過或損。厲、幽之後，王室缺，侯伯彊國興焉，天子微，弗能正。非德不純，形勢弱也。〔二〕

〔一〕索隱 案：漢書封國八百，同姓五十餘。顧氏據左傳魏子謂成鱄云「武王克商，光有天下，兄弟之國十有五人，姬姓之國四十人」是也。

〔二〕索隱 純，善也，亦云純一。言周王非德不純一，形勢弱也。

漢興，序二等。〔一〕高祖末年，非劉氏而王者，若無功上所不置〔二〕而侯者，天下共誅之。高祖子弟同姓爲王者九國，〔三〕唯獨長沙異姓，而功臣侯者百有餘人。自鴈門、太原以東至

遼陽，〔四〕爲燕、代國；常山以南，大行左轉，度河、濟，阿、甄以東薄海，爲齊、趙國；自陳以西，南至九疑，東帶江、淮、穀、泗，〔五〕薄會稽，爲梁、楚、淮南、長沙國：皆外接於胡、越。而內地北距山以東盡諸侯地，大者或五六郡，連城數十，置百官宮觀，僭於天子。漢獨有三河、東郡、潁川、南陽，自江陵以西至蜀，北自雲中至隴西，與內史〔六〕凡十五郡，而公主列侯頗食邑其中。何者？天下初定，骨肉同姓少，故廣彊庶孽，以鎮撫四海，用承衞天子也。

〔一〕集解 韋昭曰：「漢封功臣，大者王，小者侯也。」

〔二〕集解 徐廣曰：「一云『非有功上所置』。」

〔三〕集解 徐廣曰：「齊、楚、荆、淮南、燕、趙、梁、代、淮陽。」索隱 徐氏九國不數吳，蓋以荆絶乃封吳故也。仍以淮陽爲九。今案：下文所列有十國者，以長沙異姓，故言九國也。

〔四〕集解 韋昭曰：「遼東遼陽縣。」

〔五〕集解 徐廣曰：「穀水在沛。」

〔六〕正義 京兆也。

漢定百年之閒，親屬益疏，諸侯或驕奢，忕邪臣〔一〕計謀爲淫亂，大者叛逆，小者不軌于法，以危其命，殞身亡國。天子觀於上古，然後加惠，使諸侯得推恩分子弟〔二〕國邑，故齊分爲七，〔三〕趙分爲六，〔四〕梁分爲五，〔五〕淮南分三，〔六〕及天子支庶子爲王，王子支庶爲侯，百

有餘焉。吳楚時，前後諸侯或以適削地，〔七〕是以燕、代無北邊郡，吳、淮南、長沙無南邊郡，〔八〕齊、趙、梁、楚支郡名山陂海咸納於漢。諸侯稍微，大國不過十餘城，小侯不過數十里，上足以奉貢職，下足以供養祭祀，以蕃輔京師。而漢郡八九十，形錯諸侯閒，犬牙相臨，〔九〕秉其阸塞地利，彊本幹，弱枝葉之勢，尊卑明而萬事各得其所矣。

〔一〕[索隱]忕音誓。忕訓習。言習於邪臣之謀計，故爾雅云「忕猶狃」也。狃亦訓習。

〔二〕[索隱]案：武帝用主父偃言而下推恩之令也。

〔三〕[集解]徐廣曰：「城陽、濟北、濟南、菑川、膠西、膠東，是分爲七。」

〔四〕[集解]徐廣曰：「河閒、廣川、中山、常山、清河。」

〔五〕[集解]徐廣曰：「濟陰、濟川、濟東、山陽也。」

〔六〕[集解]徐廣曰：「廬江、衡山。」

〔七〕[索隱]適音宅。或作「過」。

〔八〕[集解]如淳曰：「長沙之南更置郡，燕、代以北更置緣邊郡，其所有饒利兵馬器械，三國皆失之也。」[正義]景帝時，漢境北至燕、代，燕、代之北未列爲郡。吳、長沙之國，南至嶺南；嶺南、越未平，亦無南邊郡。

〔九〕[索隱]錯音七各反。錯謂交錯。相衡如犬牙，故云犬牙相制，言犬牙參差也。

臣遷謹記高祖以來至太初諸侯，譜其下益損之時，令後世得覽。形勢雖彊，要之以仁義爲本。

國	高祖元年
楚	[索隱]高祖五年，封韓信。六年，王弟交也。
齊	[索隱]四年，封韓信。六年，封子肥。
荊	[索隱]六年，封劉賈。十一年，賈爲英布所殺。其年，立吳國，封兄子濞也。
淮南	[索隱]四年，封英布。十一年反，誅。立子長。
燕	[索隱]五年，封盧綰。十一年，亡人匈奴。十二年，立子建也。
趙	[索隱]四年，封張耳。其年薨。明年，子敖立。八年，廢爲宣平侯。九年，立子如意也。
梁	[索隱]五年，封彭越。十一年反，誅。十二年，立子恢。
淮陽	[索隱]十一年，封子友。後二年，爲郡。高后元年，復爲國，封惠帝子彊。
代	[索隱]二年，封韓王信。五年，降匈奴。十一年，立子恆也。
長沙	[索隱]五年，吳芮薨。六年，子成王臣立。

國	205 二	204 三	203 四
楚	都彭城。		
齊	都臨菑。		初王信元年。故
荊	都吳。		
淮南	都壽春。		十月乙丑，初王
燕	都薊。		
趙	都邯鄲。		初王張耳元年。
梁	都淮陽。		
淮陽	都陳。		
代	十一月，初王韓信元年。都馬邑。[集解]徐廣曰：本紀及表高祖起五年始徙信。故韓王孫。	二	三
長沙			

	202 五
	齊王信徙爲楚王元年。
相國	二 徙楚。
(武王)英布元年。	二
	〔後〕九月壬子，初王盧綰
薨。	王敖元年，敖，耳子。
	初王彭越元年。
	四 降匈奴，國除爲郡。
	二月乙未，初王文王吳

		201 六
楚	反，廢。	正月丙午，初王交元年，交
齊		正月甲子，初王悼惠王肥
荊		正月丙午，初王劉賈元年。
淮南		三
燕	元年。	二
趙		二
梁		二
淮陽		
代		
長沙	芮元年，薨。	成王臣元年。

	200 七	199 八	198 九
高祖弟。	二	三	四 來朝。
元年，肥，高祖子。	二	三	四 來朝。
	二	三	四
	四	五	六 來朝。
	三	四	五
	三	四	廢。初王隱王如
	三	四	五 來朝。
	二	三	四

		197 十
楚		五 來朝。
齊		五 來朝。
荊		五 來朝。
淮南		七 來朝，反，誅。
燕		六 來朝。
趙	意元年，如意，高祖子。	二
梁		六 來朝，反，誅。
淮陽		
代		復置代，都中都。
長沙		五 來朝。

195 十二

楚 七

齊 七

吳 更爲吳國。十月辛丑，初王濞元年。濞，

淮南 二

燕 (三)〔二〕月甲午，初王靈王建元年。建，

趙 四 死。

梁 二

淮陽 三

代 三

長沙 七

196 十一

六

六

六 爲英布所殺，國除爲郡。

十 二月庚午，初王厲王長元年。長，高祖子。集解徐廣曰：「一云十月亡入於匈奴。」

七

三

二月丙午，初王恢元年。恢，高祖子。

三月丙寅，初王友元年。友，高祖子。(徙趙)

正月丙子，初王元年。

六

193 二

楚 九 來朝。

齊 九 來朝。

吳 三

淮南 四

燕 三

趙 二 友元年，是爲幽王。

梁 四

淮陽

代 四

長沙 哀王回元年

194 孝惠元年

八

八

二 高祖兄仲子，故沛侯。

三 高祖子。

二 淮陽王徙於趙，名

三

爲郡。

三

八

二十四史

中華書局

	192 三	191 四	190 五	189 六	188 七
楚	十	十一 來朝。	十二	十三	十四 來朝。
魯					初置魯國。
齊	十	十一 來朝。	十二	十三 薨。	哀王襄元年
吳	四	五	六 來朝。	七	八 來朝。
淮南	五	六 來朝。	七	八	九 來朝。
燕	四	五	六 來朝。	七	八 來朝。
趙	三	四 來朝。	五	六	七 來朝。
常山					初置常山國。
梁	五	六	七	八	九 來朝。
呂					初置呂國。
淮陽					復置淮陽國。
代	五	六	七	八	九
長沙	二	三	四	五	六

	187 高后元年
楚	十五
魯	四月(元)〔初〕王張偃元年。偃，高后外孫，
齊	二
吳	九
淮南	十
燕	九
趙	八
常山	四月辛卯，哀王不疑元年。薨。
梁	十
呂	四月辛卯，呂王台元年。薨。
淮陽	四月辛卯，初王懷王強元年。強，惠帝
代	十
長沙	七

		186 二
楚		十六
魯	故趙王敖子。	二
齊		三
吳		十
淮南		十一
燕		十
趙		九
常山		七月癸巳，初王義元年。(皇子)
梁		十一
呂		十一月癸亥，呂王嘉元年。
淮陽	子。	二
代		十一
長沙		恭王右元年

楚	
魯	
齊	
吳	
淮南	
燕	
趙	
常山	哀王弟。義，孝惠子，故襄城侯，〔後〕立爲帝。
梁	
呂	嘉，肅王子。
淮陽	
代	
長沙	

	185	184
	三	四
楚	十七	十八
魯	三	四
齊	四 朝來。	五
吳	十一	十二
淮南	十二	十三
燕	十一	十二
趙	十	十一
常山	二	五月丙辰，初王朝元年。朝，惠帝子，故軹侯。[索隱]軹音章是反。軹縣在河內。後文帝以封舅薄昭。
梁	十二	十三
呂	二	三
淮陽	三	四
代	十二	十三
長沙	二 朝來。	三

	183	182
	五	六
楚	十九	二十
魯	五	六
齊	六	七
琅邪		初置琅邪國。
吳	十三	十四
淮南	十四 朝來。	十五
燕	十三	十四
趙	十二	十三
常山	二	三
梁	十四	十五
呂	四	嘉廢。七月丙辰，呂產元年。產，肅王弟，故洨侯。[索隱]洨音交。洨水所出，縣名，在沛。又音□也。
淮陽	五 無嗣。	初王武元年。武，孝惠帝子，故壺關侯。
代	十四	十五
長沙	四	五

181	七
楚	二十一
魯	七
齊	八
琅邪	王澤元年。故營陵侯。[索隱]營陵，縣名，屬北海。
吳	十五
淮南	十六
燕	十五 絶。
趙	（十四 楚呂產徙梁元年）
常山	四
梁	（十六）徙王趙，自殺。呂王產元年。
呂	呂產徙王梁。（七）〔二〕月丁巳，王太元年。惠帝子。[索隱]呂太，故昌平侯。縣名，屬上谷也。
淮陽	二
代	十六
長沙	六

180	八
楚	二十二
魯	八
齊	九
琅邪	二
吳	十六
淮南	十七
燕	十月辛丑，初王呂通元年。肅王子，故東平侯。九月誅，國除。[索隱]東平，縣，屬梁國。
趙	初王呂祿元年。呂后兄子，胡陵侯。誅，國除。[索隱]胡陵，縣名，屬山陽也。
常山	五 非子，誅，國除爲郡。
梁	二 有罪，誅，爲郡。
呂	二
淮陽	三 武，誅，國除。
代	十七
長沙	七

179	孝文（前）元年
楚	二十三
魯	九 廢爲侯。
齊	十 薨。
城陽	初置城陽郡。
濟北	初置濟北。
瑯邪	三 徙燕。
吳	十七
淮南	十八
燕	十月庚戌，琅邪王澤
趙	十月庚戌，趙王遂元
河間	分爲河間，都樂成。
太原	初置太原，都晉陽。
梁	復置梁國。
代	十八 爲文帝。
長沙	八

國	（前年續）	178 二
楚		夷王郢元年
齊		文王則元年
城陽		二月乙卯，景王章元年。章，悼惠王子，故朱虛侯。【索隱】朱虛，縣名。
濟北		二月乙卯，王興居元年。興居，悼惠王子，故東牟侯。【索隱】縣名。
		國除爲郡。
吳		十六
淮南		十九
燕	徙燕，元年，是爲敬王。	二　薨。
趙	年。幽王子。	二
河間		二月乙卯，初王文王辟彊元年。辟彊，趙幽王子。【索隱】辟音璧。
太原		二月乙卯，初王參元年。參，文帝子。
梁		二月乙卯，初王懷王勝元年。勝，文帝子。
淮陽		
代		二月乙卯，初王武元年。武，文帝子。
長沙		九

國	（前年續）	177 三	176 四	175 五
楚		二	三	四　薨。
齊		二	三	四
城陽	屬琅邪。	二	共王喜元年	二
濟北	屬東萊。	爲郡。		
吳		十九　來朝。	二十	二十一
淮南		二十　來朝。	二十一	二十二
燕		康王嘉元年	二	三
趙		三	四	五
河間		二	三	四
太原		二	三　更爲代王。	
梁		二	三	四
淮陽		復置淮陽國。	代王武徙淮陽，三年。	四
代		二　徙淮陽。	三　太原王參更號爲代王，三年，實居太原，是爲孝王。	四
長沙		靖王著元年	二	三

	174 六	173 七	172 八	171 九	170 十	169 十一
楚	王戊元年	二	三	四	五	六
齊	五	六	七 來朝。	八	九	十
城陽	三	四	五	六 來朝。	七	八 徙淮
吳	二十二	二十三	二十四	二十五	二十六	二十七
淮南	二十三 王無道，遷蜀，死雍，爲郡。					
燕	四	五	六 來朝。	七	八	九
趙	六	七 來朝。	八	九	十	十一
河間	五	六	七 來朝。	八	九	十
梁	五	六 來朝。	七	八	九	十 來朝。
淮陽	五	六 來朝。	七	八 來朝。	九	十 來朝。
代	五	六 來朝。	七	八	九	十 來朝。
長沙	四	五	六	七	八 來朝。	九

		168 十二		167 十三	166 十四	165 十五
楚		七		八 來朝。	九	十
衡山						初置衡山。
齊		十一 來朝。		十二	十三	十四 薨，無後。
城陽	南。爲郡，屬齊。					復置城陽國。
濟北						復置濟北國。
濟南						分爲濟南國。
菑川						分爲菑川，都
膠西						分爲膠西，都
膠東						分爲膠東，都
吳		二十八		二十九	三十	三十一
淮南		城陽王喜徙淮南元年		二	三	四 徙城陽。
燕		十		十一	十二 來朝。	十三 來朝。
趙		十二 來朝。		十三	十四	十五
河間		十一 來朝。		十二	十三 薨。	哀王福元年。
廬江						初置廬江國。
梁	薨，無後。	十一 淮陽王武徙梁，是年爲	孝王。	十二	十三	十四 來朝。
	徙梁，爲郡。					
代		十一		十二	十三	十四
長沙		十		十一	十二	十三

	163 後元年	164 十六	（前）
楚	十二	十一	
衡山	二	四月丙寅，王勃元年。淮南厲王子，故安陽侯。	
齊	二、	四月丙寅，孝王將閭元年。齊悼惠王子，故陽虛侯。	
城陽	十四	淮南王喜徙城陽十二年。	
濟北	二	四月丙寅，初王志元年。齊悼惠王子，故安都侯。	
濟南	二	四月丙寅，初王辟光元年。齊悼惠王子，故扐侯。	
菑川	二	四月丙寅，初王賢元年。齊悼惠王子，故武城侯。	劇。
膠西	二	四月丙寅，初王卬元年。齊悼惠王子，故平昌侯。	宛。[集解]徐廣曰：「樂安有宛縣。」
膠東	二	四月丙寅，初王雄渠元年。齊悼惠王子，故白石侯。	即墨。
吳	三十三	三十二	
淮南	二	四月丙寅，王安元年。淮南厲王子，故阜陵侯。	
燕	十五	十四	
趙	十七	十六	
			薨，無後，國除爲郡。
廬江	二	四月丙寅，王賜元年。淮南厲王子，故周陽侯。	
梁	十六	十五	
代	十六	十五	
長沙	十五	十四	

	156 孝景	157 七	158 六	159 五	160 四	161 三	162 二
楚	十九	十八	十七	十六 來朝。	十五	十四	十三
魯							
衡山	九	八	七	六	五	四	三
齊	九	八	七	六	五	四 來朝。	三
城陽	二十一	二十	十九	十八 來朝。	十七	十六	十五
濟北	九	八	七	六	五 來朝。	四 來朝。	三
濟南	九	八	七	六 來朝。	五	四 來朝。	三
菑川	九	八	七	六	五	四	三
膠西	九	八	七	六 來朝。	五	四	三
膠東	九	八	七	六	五	四	三
吳	四十	三十九	三十八	三十七	三十六	三十五	三十四
淮南	九	八	七 來朝。	六	五	四	三
燕	二十二	二十一	二十	十九	十八 來朝。	十七	十六
趙	二十四	二十三	二十二	二十一	二十 來朝。	十九	十八
河間	復置						
廣川	初置						
廬江	九	八	七	六	五	四	三
梁	二十三	二十二	二十一 來朝。	二十	十九	十八 來朝。	十七
臨江	初置						
汝南	初置						
淮陽	（初）						
代	六	五	四	三	二	恭王登元年	十七 薨。
長沙	復置	二十一 來朝。薨，無後，國除。	二十 來朝。	十九	十八	十七	十六

國	(前)元年	155 二	154 三
楚		二十 來朝。	二十一 反，誅。
魯		分楚復置魯國。	六 月乙亥，淮陽王徙魯元年。是爲恭王。
衡山		十	十一
齊		十	十一
城陽		二十二	二十三
濟北		十 來朝。	十一 徙菑川。
濟南		十	十一 反，誅。爲郡。
菑川		十	十一 反，誅。濟北王志徙菑川，十一年。是爲懿王。
膠西		十	十一 反，誅。六月乙亥，于王端元年。景帝子。【索隱】謚法能優其德曰于。
膠東		十	十一 反，誅。
吳		四十一	四十二 反，誅。
淮南		十	十一
燕		二十三	二十四
趙		二十五 來朝。	二十六 反，誅。爲郡。
河間	河間國。	三月甲寅，初王獻王德元年。景帝子。	二 來朝。
廣川	廣川，都信都。	三月甲寅，王彭祖元年。景帝子。	二 來朝。
中山		初置中山，都盧奴。	六 月乙亥，靖王勝元年。景帝子。
廬江		十	十一
梁		二十四 來朝。	二十五 來朝。
臨江	臨江，都江(都)〔陵〕。	三月甲寅，初王閼于元年。景帝子。【索隱】閼音遏。	二
汝南	汝南國。	三月甲寅，初王非元年。景帝子。	二
淮陽	〔復〕置淮陽國。	三月甲寅，初王餘元年。景帝子。	徙魯。爲郡。
代		七	八
長沙	長沙國。	三月甲寅，定王發元年。景帝子。	二

國	153 四 四月己巳，立太子。
楚	文王禮元年。王元子，故平陸侯。
魯	二 來朝。
衡山	十二 徙濟北。廬江王賜徙衡山(王)元年。
齊	懿王壽元年。
城陽	二十四
濟北	衡山王勃徙濟北，十二年。是爲貞王。
菑川	十二
膠西	二
膠東	四月己巳，初王元年。是爲孝武帝。
江都	初置江都。六月乙亥，汝南王非爲江
淮南	十二
燕	二十五
趙	
河間	三
廣川	三
中山	二
廬江	十二 徙衡山，國除爲郡。
梁	二十六
臨江	三 薨，無後，國除爲郡。
汝南	三 徙江都。
代	九
長沙	三

都王元年。是爲易王。索隱謚法好更故舊爲易也。

	152 五
楚	二
魯	三
衡山	二
齊	二 來朝。
城陽	二十五
濟北	十三 薨。
菑川	十三
膠西	三
膠東	二
江都	二
淮南	十三 來朝。
燕	二十六 薨。
趙	廣川王彭祖徙趙，四年。是爲敬肅王。
河間	四
廣川	四 徙趙，國除爲信都郡。
中山	三
梁	二十七
臨江	
代	十
長沙	四

151 六	150 七 十一月乙丑，太子廢
三 來朝。薨。	安王道元年
四	五
三	四
三	四
二十六	二十七
武王胡元年	二
十四	十五
四	五
三	四月丁巳，爲太子。
三	四
十四	十五
王定國元年	二
五	六
五	六
四	五 來朝。
二十八	二十九 來朝。
復置臨江國。	十一月乙丑，初王閔王榮
十一	十二
五 來朝。	六 來朝。

		149 中元年	148 二
楚		二 來朝。	三
魯		六 來朝。	七
衡山		五	六
齊		五	六
城陽		二十八	二十九 來
濟北		三	四
菑川		十六 來朝。	十七 來
膠西		六 來朝。	七
膠東		復置膠東國。	四月
江都		五	六
淮南		十六	十七
燕		三	四
趙		七	八 來
河間		七	八 來
廣川		復置廣川國。	四月
中山		六	七
清河			初置
梁		三十	三十一 來
臨江	元年。景帝太子，廢。	二	三
代		十三	十四
長沙		七	八

		147	
		三	
楚		四	
魯		八	
衡山		七 來朝。	
齊		七	
城陽	朝。	三十	
濟北		五	
菑川	朝。	十六	
膠西		八	
膠東	乙巳，初王康王寄元年。景帝子。	二	
江都		七	
淮南		十六	
燕		五 來朝。	
趙	朝。	九	
河閒	朝。	九	
廣川	乙巳，惠王越元年。景帝子。	二	
中山		八	
清河	清河，都(濟)〔清〕陽。	三月丁	巳，哀王乘元年。景帝子。
常山			
梁	朝。	三十二	
濟川			
濟東		四 坐侵	廟壖垣爲宮，自殺。國除，爲南郡。[索隱]壖音
山陽			
濟陰			
代		十五 來朝。	
長沙		九	

		146	145	144	
		四	五	六	
楚		五	六 來朝。	七	
魯		九	十	十一	
衡山		八	九	十	
齊		八	九	十	
城陽		三十一	三十二	三十三 薨。	
濟北		六	七	八	
菑川		十九	二十	二十一	
膠西		九	十	十一	
膠東		三	四 來朝。	五	
江都		八	九	十	
淮南		十九 來朝。	二十	二十一	
燕		六	七	八	
趙		十	十一	十二	
河閒		十	十一	十二	
廣川		三	四	五	
中山		九 來朝。	十	十一	
清河		二	三	四	
常山		復置常山國。	(三)〔四〕月丁	二	巳，初王憲王舜元年。孝景子。
梁		三十三	三十四	三十五 來朝。	
濟川			分爲濟川	五月丙	國。
濟東	儒 反。垣， 境 之 壖， 也。 緣 壖 廟 外 壖。 邊		分爲濟東	五月丙	國。
山陽			分爲山陽	五月丙	國。
濟陰			分爲濟陰	五月丙	國。
代		十六	十七	十八	
長沙		十 來朝。	十一 來朝。	十二	

		143 後元年
楚		八
魯		十二
衡山		十一
齊		十一
城陽		頃王延元
濟北		九
菑川		二十二 來朝。
膠西		十二
膠東		六
江都		十一
淮南		二十二
燕		九 來朝。
趙		十三 來朝。
河間		十三 來朝。
廣川		六
中山		十二
清河		五
常山		三
梁	薨。	恭王買元
濟川	戌，初王明元年。梁孝王子。	二
濟東	戌，初王彭離元年。梁孝王子。	二
山陽	戌，初王定元年。梁孝王子。	二
濟陰	戌，初王不識元年。梁孝王子。	二 薨，無後，
代		十九
長沙		十三

		142 二	141 三
楚		九	十
魯		十三	十四
衡山		十二	十三
齊		十二 來朝。	十三
城陽	年 [索隱]頃音傾。城陽王子。	二	三
濟北		十 來朝。	十一
菑川		二十三	二十四
膠西		十三	十四
膠東		七	八 來朝。
江都		十二	十三
淮南		二十三	二十四
燕		十 來朝。	十一
趙		十四	十五
河間		十四	十五
廣川		七	八
中山		十三	十四
清河		六	七
常山		四	五
梁	年。孝王子。	二	三
濟川		三	四
濟東		三	四
山陽		三	四
濟陰	國除。		
代		二十	二十一
長沙		十四	十五

漢興以來諸侯王年表第五

	140 孝武建元元年	139 二	138 三
楚	十一	十二 來朝。	十三
魯	十五	十六 來朝。	十七
衡山	十四	十五	十六
齊	十四	十五	十六
城陽	四	五	六
濟北	十二	十三	十四
菑川	二十五	二十六	二十七
膠西	十五	十六	十七
膠東	九	十	十一
江都	十四	十五	十六
淮南	二十五	二十六 來朝。	二十七
燕	十二	十三	十四
趙	十六	十七	十八
河間	十六	十七	十八
廣川	九	十	十一
中山	十五	十六	十七 來朝。
清河	八	九 來朝。	十
常山	六	七	八
梁	四	五	六
濟川	五	六	七 明殺中傅。
濟東	五	六	七
山陽	五	六	七
濟陰			
代	二十二	二十三	二十四 來朝。
長沙	十六	十七	十八 來朝。

史記卷十七

		137 四
楚		十四
魯		十八
衡山		十七
齊		十七
城陽		七
濟北		十五
菑川		二十八
膠西		十八
膠東		十二
江都		十七 來朝。
淮南		二十八
燕		十五
趙		十九
河間		十九
廣川		十二
中山		十八
清河		十一
常山		九 來朝。
梁		七 薨。
濟川	廢遷房陵。[集解]徐廣曰：「一作『太傅』。」	爲郡。
濟東		八
山陽		八
代		二十五
長沙		十九

	136 五	135 六	134 元光元年
楚	十五	十六	十七
魯	十九	二十	二十一
衡山	十八	十九	二十
齊	十八	十九	二十
城陽	八	九	十 來朝。
濟北	十六	十七	十八
菑川	二十九	三十	三十一
膠西	十九	二十 來朝。	二十一
膠東	十三	十四	十五 來朝。
江都	十八	十九	二十
淮南	二十九	三十	三十一
燕	十六	十七	十八 來朝。
趙	二十	二十一 來朝。	二十二
河間	二十	二十一	二十二
廣川	繆王元年 【集解】徐廣曰:「齊立四十五年,以征和元年乙丑有罪,病死,謚曰繆。」【索隱】廣川惠王子。謚法名與實乖曰繆。	二	三
中山	十九	二十	二十一
	十二 薨,無後,國除爲郡。		
常山	十	十一	十二
梁	平王襄元年	二	三
濟東	九	十	十一
	九 薨,無後,國除爲郡。		
代	二十六	二十七	二十八
長沙	二十	二十一	二十二

	133 二	132 三	131 四	130 五	129 六	128 元朔元年
楚	十八 來朝。	十九 來朝。	二十	二十一	二十二 薨。	襄王注元年
魯	二十二	二十三	二十四	二十五	二十六 薨。	安王光元年
衡山	二十一	二十二	二十三	二十四	二十五	二十六
齊	二十一	二十二 卒。	厲王次昌元年	二	三	四
城陽	十一	十二	十三	十四 來朝。	十五	十六
濟北	十九	二十	二十一	二十二	二十三	二十四 來朝。
菑川	三十二	三十三	三十四	三十五 薨。	靖王建元年	二
膠西	二十二	二十三	二十四	二十五	二十六	二十七
膠東	十六	十七	十八	十九	二十	二十一
江都	二十一	二十二	二十三	二十四	二十五	二十六
淮南	三十二	三十三	三十四	三十五	三十六	三十七
燕	十九	二十	二十一	二十二	二十三	二十四 坐禽獸
趙	二十三	二十四	二十五	二十六	二十七 來朝。	二十八
河間	二十三	二十四	二十五	二十六 來朝。	恭王不害元年	二
廣川	四	五	六	七	八	九
中山	二十二 來朝。	二十三 來朝。	二十四	二十五	二十六	二十七
常山	十三	十四	十五	十六	十七	十八
梁	四	五	六	七	八	九
濟東	十二	十三	十四 來朝。	十五	十六	十七
代	二十九	王義元年	二	三	四	五
長沙	二十三 來朝。	二十四 來朝。	二十五	二十六	二十七	康王庸元年

	127
	二
	二
	二
	二十七
	五 薨，無後，國除爲郡。
	十七
	二十五
	三
	二十八
	二十二
	王建元年
	三十八
行自殺，國除爲郡。	
	二十九
	三
	十
	二十八
	十九
	十 來朝。
	十八
	六
	二

	126	125	124
	三	四	五
楚	三	四 來朝。	五
魯	三	四	五
衡山	二十八	二十九	三十
城陽	十八	十九	二十
濟北	二十六	二十七	二十八
菑川	四	五	六
膠西	二十九	三十	三十一
膠東	二十三	二十四	二十五 來朝。
江都	二	三	四
淮南	三十九	四十	四十一 安有罪，削
趙	三十	三十一	三十二
河間	四 薨。	剛王堪元年	二
廣川	十一	十二	十三
中山	二十九 來朝。	三十	三十一
常山	二十	二十一	二十二 來朝。
梁	十一	十二	十三
濟東	十九	二十 來朝。	二十一
代	七	八	九
長沙	三	四	五

	123	122	121
	六	元狩元年	二
	六	七	八
	六	七	八 來
	三十一	三十二 反，自殺，國除。	
	二十一 來朝。	二十二	二十三
	二十九	三十	三十一
	七	八	九
	三十二	三十三	三十四
	二十六	二十七	二十八
	五	六	七 反，
國二縣。	四十二	四十三 反，自殺。	置六
	三十三	三十四 來朝。	三十五
	三	四	五
	十四 來朝。	十五	十六
	三十二	三十三	三十四
	二十三	二十四	二十五
	十四	十五	十六
	二十二	二十三	二十四
	十	十一	十二 來
	六	七	八 來

楚	
魯	朝。
衡山	
城陽	
濟北	
菑川	
膠西	
膠東	
江都	自殺，國除爲廣陵郡。
六安	安國，以故陳爲都。七月丙子。【集解】徐廣曰:
趙	
河間	
廣川	
中山	
常山	
梁	
濟東	
代	朝。
長沙	朝。

	121
六安	二 云王子。初王恭王慶元年。膠東王子。

	120 三	119 四	118 五
楚	九	十 來朝。	十二
魯	九	十	十二
齊			復置齊國。
城陽	二十四	二十五	二十六 來朝。薨。
濟北	三十二 來朝。	三十三	三十四
菑川	十	十一	十二 來朝。
膠西	三十五	三十六	三十七
膠東	哀王賢元年	二	三
廣陵			更爲廣陵國。
六安	二	三	四
燕			復置燕國。
趙	三十六	三十七	三十八
河間	六	七	八
廣川	十七	十八	十九
中山	三十五 來朝。	三十六	三十七
常山	二十六	二十七	二十八
梁	十七	十八	十九
濟東	二十五	二十六 來朝。	二十七
代	十三	十四	十五
長沙	九	十	十一

	117 六
楚	十二
魯	十二
齊	四月乙巳，初王懷王閎元年。武帝子。
城陽	敬王義元年
濟北	三十五
菑川	十三
膠西	三十八
膠東	四
廣陵	四月乙巳，初王胥元年。武帝子。
六安	五
燕	四月乙巳，初王剌王旦元年。武帝子。〔索隱〕
趙	三十九
河間	九 來朝。
廣川	二十
中山	三十八
常山	二十九 來朝。
梁	二十
濟東	二十八
代	十六
長沙	十二

	116 元鼎元年	
楚	十三	
魯	十三	
泗水		
齊	二	
城陽	二	
濟北	三十六	
菑川	十四	
膠西	三十九	
膠東	五	
廣陵	二	
六安	六	
燕	二	諡法：暴慢無親曰剌。
趙	四十	
河間	十	
廣川	二十一 來朝。	
中山	三十九	
清河		
常山	三十	
梁	二十一	
濟東	二十九 剽攻殺人，遷上庸，國爲大	
代	十七	
長沙	十三	

	115	114
	二	三
	十四 薨。	節王純元年
	十四 來朝。	十五
		初置泗水，都郯。集解徐廣曰：「泗水
	三	四
	三	四
	三十七	三十八
	十五	十六
	四十	四十一
	六	七
	三	四
	七	八
	三	四
	四十一	四十二
	十一	十二 薨。
	二十二	二十三
	四十	四十一 來朝。
		復置清河國。
	三十一	三十二 薨，子爲王。
	二十二	二十三
河郡。		
	十八 來朝。	十九 徙清河。爲太原郡。
	十四	十五 來朝。

	113	
	四	
楚	二	
魯	十六	
泗水	思王商元年。集解徐廣曰：「一云勤王商元年。」	屬東海。」
齊	五	
城陽	五	
濟北	三十九	
菑川	十七	
膠西	四十二	
膠東	八	
廣陵	五	
六安	九	
燕	五	
趙	四十三	
河間	頃王授元年	
廣川	二十四	
中山	四十二 薨。	
清河	二十 代王義徙清河年。是爲剛	
真定	更爲真定國。頃王平元年。常山	
梁	二十四	
長沙	十六	

	112	
	五	
	三	
	十七	
	二	商，常山憲王子。
	六	
	六	
	四十	
	十八	
	四十三	
	九	
	六	
	十	
	六	
	四十四	
	二	
	二十五 來朝。	
	哀王昌元年。即年薨。	
	二十一	王。
	二	憲王子。
	二十五	
	十七	

	111
	六
楚	四
魯	十八
泗水	三
齊	七
城陽	七
濟北	四十一 來朝。
菑川	十九
膠西	四十四
膠東	十
廣陵	七
六安	十一 來朝。
燕	七
趙	四十五
河間	三
廣川	二十六
中山	康王昆侈元年。索隱按：蕭該云謚法好樂怠政曰康。漢書作「糠」。
清河	二十二
真定	三
梁	二十六
長沙	十八

		110	109	108	107	106
		元封元年	二	三	四	五
楚		五	六	七	八	九
魯		十九	二十	二十一 來朝。	二十二	二十三 朝泰山。
泗水		四	五	六	七	八
		八 薨，無後，國除爲郡。				
城陽		八 來朝。	九 薨。	慧王武元年	二	三
濟北		四十二	四十三	四十四	四十五	四十六 朝泰山。
菑川		二十	頃王遺元年 [索隱]濟南王辟光之孫也。	二	三	四
膠西		四十五	四十六	四十七 薨，無後，國除。		
膠東		十一	十二	十三	十四	戴王通平元年
廣陵		八	九	十	十一	十二
六安		十二	十三	十四	十五	十六
燕		八	九	十	十一	十二
趙		四十六	四十七	四十八	四十九	五十
河間		四	五	六	七	八
廣川		二十七	二十八	二十九	三十	三十一
中山	昆侈，名。	二	三	四	五	六
清河		二十三	二十四	二十五 來朝。	二十六	二十七
真定		四 來朝。	五	六	七	八
梁		二十七	二十八	二十九	三十	三十一
長沙		十九	二十	二十一	二十二	二十三

	105	104	103
	六	太初元年	二
楚	十	十一	十二
魯	二十四	二十五	二十六
泗水	九	十 薨。	哀王安世元年。即戴王賀元年。安世子。[索隱]廣川
城陽	四	五	六
濟北	四十七	四十八	四十九
菑川	五	六	七
膠東	二	三	四
廣陵	十三	十四	十五
六安	十七	十八 來朝。	十九
燕	十三	十四	十五
趙	五十一	五十二	五十三
河間	九	十	十一
廣川	三十二	三十三	三十四
中山	七	八	九 來朝。
清河	二十八	二十九	三十
真定	九 來朝。	十	十一
梁	三十二	三十三	三十四
長沙	二十四	二十五	二十六

	102	101
	三	四
	十三	十四
	二十七	二十八
惠王子也。	二	三
	七(薨)	(荒王賀元年)
	五十	五十一
	八	九
	五	六
	十六	十七
	二十	二十一
	十六	十七
	五十四	五十五
	十二	十三
	三十五	三十六
	十	十一
	三十一	三十二
	十二	十三
	三十五	三十六 來朝。
	二十七	二十八 來朝。

徐廣曰：孝武太始二年，廣陵、中山、真定王來朝。孝宣本始元年，趙來朝。二年，廣川來朝。四年，清河來朝。孝宣地節元年，梁來朝。二年，河閒來朝。三年，濟北分平原、太山二郡。

【索隱述贊】漢有天下，爰覽興亡。始誓河岳，言峻寵章。淮陰就楚，彭越封梁。荆燕懿戚，齊趙棣棠。犬牙相制，麟趾有光。降及文景，代有英王。魯恭、梁孝，濟北、城陽。仁賢足紀，忠烈斯彰。

史記卷十八

高祖功臣侯者年表第六

正義 高祖初定天下，表明有功之臣而侯之，若蕭、曹等。

太史公曰：古者人臣功有五品，以德立宗廟定社稷曰勳，以言曰勞，用力曰功，明其等曰伐，積日曰閱。封爵之誓曰：「使河如帶，泰山若厲。〔一〕國以永寧，爰及苗裔。」始未嘗不欲固其根本，而枝葉稍陵夷衰微也。

〔一〕集解 應劭曰：「封爵之誓，國家欲使功臣傳祚無窮。帶，衣帶也；厲，砥石也。河當何時如衣帶，山當何時如厲石，言如帶厲，國乃絕耳。」

余讀高祖侯功臣，察其首封，所以失之者，曰：異哉所聞！書曰「協和萬國」，遷于夏商，或數千歲。蓋周封八百，幽厲之後，見於春秋。尚書有唐虞之侯伯，歷三代千有餘載，自全以蕃衛天子，豈非篤於仁義，奉上法哉？漢興，功臣受封者百有餘人。〔一〕天下初定，故大城名都散亡，户口可得而數者十二三，〔二〕是以大侯不過萬家，小者五六百户。後數

世，民咸歸鄉里，户益息，蕭、曹、絳、灌之屬或至四萬，小侯自倍，〔三〕富厚如之。子孫驕溢，忘其先，淫嬖。至太初百年之閒，見侯五，〔四〕餘皆坐法隕命亡國，秏矣。罔亦少密焉，然皆身無兢兢於當世之禁云。

〔一〕索隱 案：下文高祖功臣百三十七人；兼外戚及王子，凡一百四十三人。

〔二〕索隱 言十分纔二、三在耳。

〔三〕索隱 倍其初封時户數也。

〔四〕正義 謂平陽侯曹宗、曲周侯酈終根、陽阿侯齊仁、戴侯祕蒙、穀陵侯馮偃也。

居今之世，志古之道，所以自鏡也，〔一〕未必盡同。帝王者各殊禮而異務，要以成功爲統紀，豈可緄乎？觀所以得尊寵及所以廢辱，亦當世得失之林也，〔二〕何必舊聞？於是謹其終始，表其文，頗有所不盡本末；著其明，疑者闕之。後有君子，欲推而列之，得以覽焉。

〔一〕索隱 言居今之代，志識古之道，得以自鏡當代之存亡也。

〔二〕索隱 言觀今人臣所以得尊寵者必由忠厚，被廢辱者亦由驕淫，是言見在興廢亦當代得失之林也。

國名	正義此國名匡左行一道，咸是諸侯所封國名也。
侯功	
高祖十二	
孝惠七	
高后八	
孝文二十	三
孝景十六	
建元至元封六年三十六，太初元年盡後元二年十八。	
侯第	索隱姚氏曰：「蕭何第一，曹參二，張敖三，周勃四，樊噲五，酈商六，奚涓七，夏侯嬰八，灌嬰九，傅寬十，靳歙十一，王陵十二，陳武十三，王吸十四，薛歐十五，周昌十六，丁復十七，蟲逢十八。史記與漢表同。而楚漢春秋則不同者，陸賈記事在高祖、惠帝時。漢書是後定功臣等列，及陳平受呂后命而定，或已改邑號，故人名亦別。且高祖初定唯十八侯，呂后令陳平終竟

平陽	索隱案：漢書地理志平陽縣屬河東。
以中涓集解如淳曰：「謁主通書謁出納君命。石奮爲謁者，受陳平謁是也。春秋傳曰涓人疇，漢儀注天子有中涓，如黃門，皆中官也。」從起沛，至霸上，侯。以將軍入漢，以左丞相出征齊、魏，以右丞相爲平陽侯，萬六	
七 六年十二月甲申，懿侯曹參元年。索隱懿，謚也。	其二年爲相國。
五	
二 六年十月，靖侯窋元年。	
八十九	
四三 後四年，簡侯奇元年。	
十三十 四年，夷侯時元年。索隱夷侯時。音止，又音市。案：曹參系家作「時」，今表或作「時」。案漢書衞青傳平陽侯曹壽尚陽信公主，即此人，當是字訛。	
十六 元光五年，恭侯襄元年。	
元鼎三年，今侯宗元年。	
二 集解漢書音義曰：「曹參位第二而表在首，以前後故。」索隱漢書音義曰：「曹參位第二而表在首，蕭何位第一而表在十三者，以封先後故也。」又案：封參在六年十二月，封何在六年正月，高祖十月因秦改元，故十二月在正月前也。」漢表具記位次，而亦依封前後錄也。	以下列侯第錄，凡一百四十三人也。」

百户。

信武 【索隱】案：地理志無信武縣，當是後廢故也。	以中涓從起宛、胸，入漢，以騎都尉定三秦，擊項羽，別定江陵，侯，五千三百户。以車騎將軍攻黥布、陳豨。	六年十二月甲申，肅侯靳歙元年。【索隱】靳，姓也，音紀覲反；歙音攝，又音吸。 七	七	五 六年，夷侯亭元年。 三	十八 後三年，侯亭坐事國人過律，奪侯，國除。			十一
清陽 【索隱】漢表「清河」。地理志清陽縣屬清河郡。	以中涓從起豐，至霸上，爲騎郎將，入漢，以將軍擊項羽功，侯，三千一百户。	六年十二月甲申，定侯王吸元年。【索隱】楚漢春秋作「清陽侯王隆」。 七	七	八	七 元年，哀侯彊元年。【索隱】彊，其良反。 八年，孝侯伉元年。【索隱】伉，苦浪反。 十六	四 五年，哀侯不害元年。 十二	七 元光二年，侯不害薨，無後，國除。	十四

汝陰 【索隱】汝陰縣屬汝南。凡縣名皆據地理志，不言者，從省文也。	以令史從降沛，爲太僕，常奉車，爲滕公，竟定天下，入漢中，全孝惠、魯元，侯，六千九百户。常爲太僕。	六年十二月甲申，文侯夏侯嬰元年。 七	七	八	八 九年，夷侯竈元年。 七 十六年，恭侯賜元年。 八	十六	七 元光二年，侯頗元年。 十九 元鼎二年，侯頗坐尚公主，與父御婢姦罪，自殺，國除。	八
陽陵 【索隱】陽陵縣屬馮翊。楚漢春秋作「陰陵」。	以舍人從起橫陽，至霸上，爲(魏)〔騎〕將，入漢，定三秦，屬淮陰，定齊，爲齊丞相，侯，二千六百户。	六年十二月甲申，景侯傅寬元年。 七	五 六年，(隨)頃侯靖元年。 二	八	十四 十五年，恭侯則元年。 九	三 前四年，侯偃元年。 十三	十八 元狩元年，偃坐與淮南王謀反，國除。	十

廣嚴 【索隱】晉書地道記，廣縣在東莞。嚴，謚也。下又云「壯」，班馬二史並誤也。	以中涓從起沛，至霸上，爲連敖，入漢，以騎將定燕、趙，得將軍，侯，二千二百户。	六年十二月甲申，壯侯召歐元年。【索隱】歐，烏后反。 七	七	八	一 九 二年，戴侯勝元年。 十一年，恭侯嘉元年。至後七年，嘉薨，無後，國除。 十三			二十八
廣平 【索隱】縣名，屬臨淮。	以舍人從起豐，至霸上，爲郎中，入漢，以將軍擊項羽、鍾離眛功，侯，四千五百户。	六年十二月甲申，敬侯薛歐元年。 七	七	元年，靖侯山元年。 八	十八 後三年，侯澤元年。 五	八 中二年，有罪，絕。 中五年，復封節侯澤元年。 平棘 五	十五 其十年，爲丞相。 元朔四年，侯穰元年。元狩元年，穰受淮南王財物，稱臣，在赦前，詔問謾罪，國除。 三	十五

博陽 【索隱】博陽縣在汝南。	以舍人從起碭，以刺客將，入漢，以都尉擊項羽滎陽，絕甬道，擊殺追卒功，侯。	六年十二月甲申，壯侯陳濞元年。【索隱】楚漢春秋名濆。 七	七	八	十八 後三年，侯始元年。 五	四 前五年，侯始有罪，國除。 中五年，復封始。【索隱】塞在桃 塞 二		十九

						林也　後元年，始有罪，國除。		
曲逆 [索隱]縣名，屬中山，章帝改曰蒲陰也。	以故楚都尉，漢王二年初從修武，爲都尉，遷爲護軍中尉；出六奇計，定天下，侯，五千户。	七　六年十二月甲申，獻侯陳平元年。	七　其五年，爲左丞相。	八　其元年，徙爲右丞相；後專爲丞相，相孝文二年。	二　二　三年，恭侯買元年。十九　五年，簡侯悝元年。	四　十二　五年，侯何元年。	十　元光五年，侯何坐略人妻，棄市，國除。	四十七
堂邑 [索隱]縣名，屬臨淮也。	以自定東陽，爲將，屬項梁，爲楚柱國。四歲，項羽死，屬漢，定豫章、	七　六年十二月甲申，安侯陳嬰元年。	七	四　四　五年，恭侯祿元	二　二十一　三年，夷侯午元年。	十六	十一　元光六年，季須　十三　元鼎元年，侯須	八十六

	浙江，都浙，自立爲王壯息，侯，千八百户。復相楚元王十一年。 [索隱]案：漢表作「定浙江都浙自立爲王壯息，侯。玄孫融，以公主子改封隆慮。」音林廬也。			年。			元年。　坐母長公主卒，未除服，姦，兄弟爭財，當死，自殺，國除。	
周呂 [索隱]應劭云：「周，呂國也。」案：「周」及	以呂后兄初起以客從，入漢爲侯。還定三秦，將兵先入碭。漢王之解彭城，往從	三　六年正月丙戌，令武　四　九年，子台封酈侯元	七					

「呂」皆國名。濟陰有呂都縣。	之，復發兵佐高祖定天下，功侯。	侯呂澤元年。 [索隱]鄜音歷。　年。 [索隱]令武，謚也。一云「令，邑；武，謚也。」又改封令，令，縣名，在滎陽，出晉地道記。 一作「鄜」，音敫，皆縣名。						
建成 [索隱]縣	以呂后兄初起以客從，擊三秦。	七　六年正月丙	二　三年，	五　胡陵 七　元〔八〕				

名，屬沛郡。	漢王入漢，而釋之還豐沛，奉衛呂宣王、太上皇。天下已平，封釋之爲建成侯。 [索隱]呂宣王，呂公謚也。	戌，康侯釋之元年。	侯則元年。有罪。	年，五月丙寅，封則弟大中大夫呂祿元年。 〔七〕年，祿爲趙王，國除。追尊康侯爲昭王。祿以趙王謀爲不善，大臣誅祿，遂滅呂。				

留 【索隱】韋昭云：「留，今在彭城。」	以廄將從起下邳，以韓申徒下韓國，言上張旗志，秦王恐，降，解上與項羽之郄，爲漢王請漢中地，常計謀平天下，侯，萬户。	七 六年正月丙午，文成侯張良。【索隱】漢表「文平」。案良傳諡「文成」也。元年。	七	二 六 三年，不疑元年。	四 五年，侯不疑坐與門大夫謀殺故楚內史，當死，贖爲城旦，國除。			六十二
射陽 【索隱】縣名，屬臨淮。射，一作「貰」。	兵初起，與諸侯共擊秦，爲楚左令尹，漢王與項羽有郄於鴻門，項伯纏解難，以破羽纏嘗有功，封射陽侯。	七 六年正月丙午，侯項纏元年。賜姓劉氏。【索隱】項伯也。	二 三年，侯纏卒。嗣子睢有罪，國除。					

酇 【索隱】酇音贊，縣名，在沛。劉氏云「以何子祿嗣，無後，國除；呂后封何夫人於南陽酇」，恐非也。	以客初起從入漢，爲丞相，備守蜀及關中，給軍食，佐上定諸侯，爲法令，立宗廟，侯，八千户。	七 六年正月丙午，文終侯蕭何元年。元年，爲丞相；九年，爲相國。	二 五 三年，哀侯祿元年。	一 七 二年，懿侯同元年。同，祿弟。	十九 一 三 筑陽 元年，同有罪，封何小子延元年。【索隱】筑音逐，縣名。 後四年，煬侯遺元年。 後五年，侯則元年。	一 七 八 有罪。 武陽 前二年，封煬侯弟幽侯嘉元年。 中二年，侯勝元年。	十三 三 十 元朔二年，侯勝坐不敬，絕。 元狩三年，封何〔曾〕孫恭侯慶元年。 元狩六年，侯壽成元年。 元封四年，壽成爲太常，犧牲不如令，國除。	一

曲周 【索隱】縣名，屬廣平。堅紹封，	以將軍從起岐，攻長社以南，別定漢中及蜀，定三秦，擊項羽，侯，四千八百户。	七 六年正月丙午，景侯酈商元年。	七	八	二十三 元年，侯寄元年。	九 七 有罪。 繆 中三年，封商他子靖侯堅元年。	九 五 十一 八 二十 元光四年，康侯遂元年。 元朔三年，侯宗元年。 元鼎二年，侯終根元年。 後元二年，侯終根坐咒詛，誅，國除。	六

絳 【索隱】縣名，屬河東。子亞夫爲條侯。	以中涓從起沛，至霸上，爲侯。定三秦，食邑，爲將軍。入漢，定隴西，擊項羽，守嶢關，定泗水、東海。八千一百户。	七 六年正月丙午，武侯周勃元年。	七	八 其四年爲太尉。	十一 六 六 元年，爲右丞相，三年，免。復爲丞相。 十二年，侯勝之元年。 條 後二年，封勃子亞夫元年。	十三 三 其三年，爲太尉；七(年，)爲丞相。有罪，國除。 平曲 後元年，封勃子恭侯堅元年。	十六 十二 元朔五年，侯建德元年。 元鼎五年，侯建德坐酎金，國除。	四

舞陽 [索隱]縣名，屬潁川。	以舍人起沛，從至霸上，爲侯。入漢，定三秦，爲將軍，擊項籍，再益封。從破燕，執韓信，侯，五千户。	六年正月丙午，武侯樊噲元年。其七年，爲將軍、相國三月。 七	六 七年，侯伉元年。呂須子。 一	坐呂氏誅，族。 八	元年，封樊噲子荒侯市人元年。 二十三	六 七年，侯它廣元年。 中(五)〔六〕年，侯它廣非市人子，國除。 六		五
潁陰 [索隱]縣名，屬潁川。	以中涓從起碭，至霸上，爲昌文君。入漢，定三秦，食邑。以車騎將軍屬淮陰，定齊、淮南及下邑，殺項籍，侯，五千户。	六年正月丙午，懿侯灌嬰元年。 七	七	八	四 其一，爲太尉；三，爲丞相。 五年，平侯何元年。 十九	九 中三年，侯彊元年。 七	六 有罪，絶。 元光二年，封嬰孫賢爲臨汝侯。侯賢元年。 九 元朔五年，侯賢行賕罪，國除。	九
汾陰 [索隱]縣名，屬河東。	初起以職志擊破秦，入漢，出關，以內史堅守敖倉，以御史大夫定諸侯，比清陽侯，二千八百户。[索隱]如淳云：「職志，官名，主幡旗。」	六年正月丙午，悼侯周昌元年。 七	三 建平 四年，哀侯開方元年。 四	八	四 前五年，侯意元年。 有罪，絶。 十三	安陽 中二年，封昌孫左車。 八	建元元年，有罪，國除。	十六

梁鄒 [索隱]縣名，屬濟南。	兵初起，以謁者從擊破秦，入漢，以將軍擊定諸侯功，比博陽侯，二千八百户。	六年正月丙午，孝侯武儒元年。[索隱]漢表「儒」作「虎」。 七	四 五年，侯最元年。 三	八	二十三	十六	六 元光元年，頃侯嬰齊元年。 三 元光四年，侯山柎元年。[索隱]柎音夫也。 二十 元鼎五年，侯山柎坐酎金，國除。	二十
成 [索隱]縣名，屬涿郡。	兵初起，以舍人從擊秦，爲都尉；入漢，定三秦。出關，以將軍定諸侯功，比厭次侯，二千八百户。	六年正月丙午，敬侯董渫元年。[索隱]渫音息列反。子赤，封節氏侯。 七	元年，康侯赤元年。 七	八	二十三	六 節氏 有罪，絶。 中五年，復封康侯赤元年。[索隱]節氏，縣名。 五	三 建元四年，恭侯(霸)〔罷〕軍元年。 五 元光三年，侯朝元年。 十三 元狩三年，侯朝爲濟南太守，	二十五

與成陽王女通，不敬，國除。

蓼 [索隱]縣名，屬六安。

以執盾前元年從起碭，以左司馬入漢，爲將軍，三以都尉擊項羽，屬韓信，功侯。[索隱]即漢五年圍羽垓下，淮陰侯將四十萬自當之，孔將軍居左，費將軍居右是也。費將軍即下費侯陳賀也。

六年正月丙午，侯孔藂元年。[索隱]姚氏案：孔子家語云「子武生子魚及子文，文生冣，字子產。」說文以「冣」爲「積聚」字，此作「藂」，不同。

七

七

八

九年，侯臧元年。

十五

十六

十四

元朔三年，侯臧坐爲太常，南陵橋壞，衣冠車不得度，國除。[索隱]案孔藂云「臧歷位九卿，爲御史大夫，辭曰：『臣經學，乞爲太常典禮。臣家業與安國，綱紀古訓。』武帝難違其意，遂拜太常典禮，賜如三公。臧子琳位至諸侯，琳子璜失侯爵。」此云臧國除，當是後更封其子也。

三十

費 [索隱]費音祕，一音扶未反。縣名，屬東海。

以舍人前元年從起碭，以左司馬入漢，用都尉屬韓信，擊項羽，有功，爲將軍，定會稽、浙江、湖陽，侯。

六年正月丙午，圉侯陳賀元年。[集解]徐廣曰：「圉，或作『幽』。」

七

七

八

元年，共侯常元年。

二十三

一 二年，侯偃元年。中二年，有罪，絕。

八 中六年，封賀子侯最元年。

巢四 後三年，最薨，無子，國除。

陽夏 [索隱]縣名，屬淮陰。

以特將將卒五百人，前元年從起宛、朐，至霸上，爲侯，以游擊將軍別定代，已破臧荼，封豨爲陽夏侯。[索隱]豨音虛紀反。

五

六年，正月丙午，侯陳豨元年。

十年，八月，豨以趙相國將兵守代。漢使召

		豨，豨反，以其兵與王黃等略代，自立爲(燕)〔王〕。漢殺豨靈丘。						
隆慮 索隱 縣	以卒從起碭，以連敖 索隱 徐廣	六年正月丁 七	七	八	十七 後二 六	七 中元年，侯		三十四

名，屬河內。音林閭。隆，避殤帝諱改也。	以連敖爲與客官也，入漢，以長鈹都尉 索隱 案：以長鈹爲官名。說文云「鈹者，劍刀裝也」。鈹音敷皮反。漢表作「鉟」，音丕也。擊項羽，有功，侯。	未，哀侯周竈元年。索隱 哀，漢表作「克」也。			年，侯通元年。	通有罪，國除。		
陽都 索隱 漢志闕，晉書地道記屬琅邪。	以趙將從起鄴，至霸上，爲樓煩將，入漢，定三秦，別降翟王，屬悼武王，殺龍且、彭城，爲大司馬；破羽軍葉，拜爲將	六年正月戊申，敬侯丁復元年。索隱 復音伏。 七	七	五 六年，趮侯甯元年。 三	九 十年，侯安成元年。 十四	一 二年，侯安成有罪，國除。		十七

	軍，忠臣，侯，七千八百戶。							
新陽 索隱 漢表作「陽信」。縣名，屬汝南。	以漢五年用左令尹初從，功比堂邑侯，千戶。	六年正月壬子，胡侯呂清元年。 七	三 四年，頃侯(世)〔臣〕元年。 四	八	六 七年，懷侯義元年。 二 九年，惠侯它元年。 十五	四 五年，恭侯善元年。 五 中三年，侯譚元年。 七	二十八 元鼎五年，侯譚坐酎金，國除。	八十一
東武 索隱 縣名，屬琅邪郡。	以戶衛 集解 徐廣曰：「一云『從』。」起薛，屬悼武王，破秦軍杠里，楊熊軍曲遇，入漢	六年正月戊午，貞侯郭蒙元年。 七	七	五 六年，侯它元年。 三	二十三	五 六年，侯它弃市，國除。		四十一

	爲越 集解 徐廣曰：「一作『城』。」將軍，定三秦，以都尉堅守敖倉，爲將軍，破籍軍，功侯，二千戶。							
汁方 集解 如淳曰：「汁音什。邡音方。」索隱 什邡，縣名，屬廣漢。音十方。汁，又如字。	以趙將前三年從定諸侯，侯，二千五百戶，功比平定侯。齒故沛豪，有力，與上有郤，故晚從。	六年三月戊子，肅侯雍齒元年。 七	二 三年，荒侯巨元年。 五	八	二十三	二 三年，侯野元年。 十 中六年，終侯桓元年。 四	二十八 元鼎五年，終侯桓坐酎金，國除。	五十七

棘蒲 [索隱]漢志闕。	以將軍前元年率將二千五百人起薛，別救東阿，至霸上，二歲十月入漢，擊齊歷下軍田既，功侯。	六年三月丙申，剛侯陳武元年。七	七	八	十六 後元年，侯武薨。嗣子奇反，不得置後，國除。			十三
都昌 [索隱]漢志闕。	以舍人前元年從起沛，以騎隊(卒)〔率〕先降翟王，虜章邯，功侯。	六年三月庚子，莊侯朱軫元年。七	七	元年，剛侯率元年。八	七 八年，夷侯詘元年。十六	二 元年，恭侯偃元年。五 三年，侯辟彊元年。中元年，侯辟彊薨，無		二十三

						後，國除。		
武彊 [索隱]漢志闕。	以舍人從至霸上，以騎將入漢。還擊項羽，屬丞相甯，功侯，用將軍擊黥布，侯。	六年三月庚子，莊侯莊不識元年。七	七	六 七年，簡侯嬰元年。二	十七 後二年，侯青翟元年。六	十六	二十五 元鼎二年，侯青翟坐爲丞相與長史朱買臣等逮御史大夫湯不直，國除。	三十三

貰 [索隱]縣名，屬鉅鹿。貰音世，一音時夜反。	以越户將從破秦，入漢，定三秦，以都尉擊項羽，千六百户，功比臺侯。	二 六年三月庚子，齊侯呂元年。[集解]徐廣曰：「呂，一作『台』。」[索隱]齊侯呂博國。謚法：「執心克莊曰齊」。八年，恭侯方山元年。五	七	八	二 元年，煬侯赤元年。十二年，康侯遺元年。十二	十六	十六 元朔五年，侯倩[索隱]青練反，又七淨反也。元年。元鼎元年，侯倩坐殺人弃市，國除。八	三十六
海陽 [索隱]海	以越隊將從破秦，入漢，定三秦，	六年三月庚 七	二 三年，五	四 五年，四	二十三	三 四年，中六 十		三十七

陽，亦南越縣。地理志闕。	以都尉擊項羽，侯，千八百户。	子，齊信侯搖毋餘[索隱]案：毋餘，東越之族也。元年。	哀侯招攘元年。[索隱]漢表作「昭襄」也。	康侯建元年。		哀侯省元年。年，侯省薨，無後，國除。		
南安 [索隱]縣名，屬犍爲。建安亦有此縣。	以河南將軍漢王三年降晉陽，以亞將破臧荼，侯，九百户。[索隱]亞將，漢表作「逋將」也。	六年三月庚子，莊侯宣虎元年。七	七	八	八 九年，共侯戎元年。十一 後四年，侯千秋元年。四	七 中元年，侯千秋坐傷人免。		六十三

肥如 [索隱]縣名,屬遼西。應劭云:「肥子奔燕,燕封於此。肥,國也;如,往也。因以爲縣也。」	曲城 [索隱]曲成縣,漢志闕,表在涿郡。
以魏太僕三年初從,以車騎都尉破龍且及彭城,侯,千户。	以曲城户將卒三十七人初從起碭,至霸上,爲執珪,爲二隊將,屬悼武王,入漢,定三秦,以都尉破項羽軍陳下,功侯,四千户。爲將軍,擊燕、代,拔之。
六年三月庚子,敬侯蔡寅元年。 七	六年三月庚子,圉侯蟲逢元年。[索隱]曲城圉侯蟲達。蟲音如字。楚漢春秋云「夜侯蟲達」,蓋改封也。夜縣屬東萊。又諡法:「威德彊武曰圉。」子恭侯捷封垣,故位次曰「夜侯垣」,亦誤。 七
七	七
八	八
二 十四 三年,莊侯成元年。 七 後元年,侯奴元年。	八 元年,侯捷元年。有罪,絕。 後三年,復封恭侯捷元年。 五
元年,侯奴薨,無後,國除。	十三 有罪,絕。 垣 五 中五年,復封恭侯捷元年。
	一 建元二年,侯皋柔元年。 二十五 元鼎三年,侯皋柔坐爲汝南太守知民不用赤側錢爲賦,國除。[索隱]不用赤側爲賦。案:時用赤側錢,而汝南不以爲賦也。
六十六	十八

河陽 [索隱]縣名,屬河內。	淮陰 [索隱]縣名,屬臨淮。	芒 [索隱]縣名,屬沛。
以卒前元年起碭從,以二隊將入漢,擊項羽,身得郎將處,功侯。以丞相定齊地。	兵初起,以卒從項梁,梁死屬項羽爲郎中,至咸陽,亡從入漢,爲連敖典客,蕭何言爲大將軍,別定魏、齊,爲王,徙楚,坐擅發兵,廢爲淮陰侯。[索隱]典客,漢表作「粟客」,蓋字誤。傳作「治粟都尉」,或先爲連敖典客也。	以門尉前元年初起碭,至霸上,爲武定君,入漢,還定三秦,以都尉擊項羽,侯。
六年三月庚子,莊侯陳涓元年。 七	五 六年四月,侯韓信元年。 十一年,信謀反關中,呂后誅信,夷三族,國除。	三 六年,侯昭元年。[集解]徐廣曰:「昭,一作『起』。」漢書年表云「芒侯耏跖」。[索隱]耏跖音而隻二音;耏,又音人才反。字林以多須髮曰耏。耏,姓也,左傳宋
七		
八		
三 元年,侯信元年。 四年,侯信坐不償人責過六月,奪侯,國除。		
		張 十一 孝景三年,昭以故芒侯將兵從太尉亞夫擊吳楚有 三 後元年三月,侯申元年。
		十七 元朔六年,侯申坐尚南宮公主 [索隱]南宮公主,景帝女。初,南宮侯張坐尚之,有罪,後張侯耏申尚之也。
二十九		

		有彭班。九年，侯昭有罪，國除。				功，復侯。	不敬，國除。	
故市 [索隱]縣名，屬河南。	以執盾初起，入漢，爲河上守，遷爲假相，擊項羽，侯，千户，功比平定侯。	三 六年四月癸未，侯閻澤赤元年。 四 九年，夷侯毋害元年。	七	八	十九 後四年，戴侯續元年。 四	四 孝景五年，侯穀嗣。 十二	二十八 元鼎五年，侯穀坐酎金，國除。	五十五
柳丘 [索隱]縣名，屬渤海。	以連敖從起薛，以二隊將入漢，定三秦，以都尉破項籍軍，爲將軍，侯，千户。	六年六月丁亥，齊侯戎賜元年。 七	七	四 五年，定侯安國元年。 四	二十三	三 四年，敬侯嘉成元年。 後元年，侯角嗣，有罪， 十		二十六

						國除。		
魏其 [索隱]縣名，屬琅邪。	以舍人從沛，以郎中入漢，爲周信侯，定三秦，遷爲郎中騎將，破籍東城，侯，千户。	六年六月丁亥，莊侯周定元年。 七	七	四 五年，侯閒元年。 四	二十三	二 前三年，侯閒反，國除。		四十四
祁 [索隱]縣名，屬太原。	以執盾漢王三年初起從晉陽，以連敖擊項籍，漢王敗走，賀方將軍擊楚，追騎以故不得進。漢王顧謂賀：(祁)「子留彭城，(軍)〔用〕執圭	六年六月丁亥，穀侯繒賀元年。[索隱]謚法：「行見中外曰穀」。 七	七	八	十一 十二年，頃侯湖元年。 十二	五 六年，侯它元年。 十一	八 元光二年，侯它坐從射擅罷，不敬，國除。[集解]徐廣曰：「射，一作『酎』。」	五十一

	東擊羽，急絶其近壁。」侯，千四百户。[集解]徐廣曰：「戰彭城，爲尉敗斬將。」又云：「漢王顧歎賀祁，戰彭城斬將。」							
平 [索隱]縣名，屬河南。	兵初起，以舍人從擊秦，以郎中入漢，以將軍定諸侯，守洛陽，功侯，比費侯賀，千三百户。	六 六年六月丁亥，悼侯沛嘉元年。 十二年，靖侯奴元年。 一	七	八	十五 十六年，侯執元年。 八	十一 中五年，侯執有罪，國除。		三十二
魯 [索隱]縣	以舍人從起沛，至咸陽爲郎中，	六年中，母侯 七	七	四 五年，母				七

名，屬魯國。	入漢，以將軍從定諸侯，侯，四千八百户，功比舞陽侯。死事，母代侯。[集解]徐廣曰：「漢書云魯侯涓，涓死無子，封母疵。」[索隱]涓無子，封(中)母侯疵也。	疵元年。		侯疵薨，無後，國除。				
故城 [索隱]漢表作「城父」，屬沛郡。	兵初起，以謁者從，入漢，以將軍擊諸侯，以右丞相備守淮陽，功比厭次侯，二千户。	六年中，莊侯尹恢元年。 七	二 三年，侯開方元年。 五	二 三年，侯方奪侯，爲關内侯。				二十六

任 [索隱]縣名，屬廣平。	以騎都尉漢五年從起東垣，擊燕、代，屬雍齒，有功，侯。爲車騎將軍。	六年，侯張越元年。[索隱]任侯張(成)〔戊〕。漢表作「張越」。 七	七	三 三年，侯越坐匿死罪，免爲庶人，國除。				
棘丘 [索隱]漢志棘丘地闕。	以執盾隊史前元年從起碭，破秦，以治粟內史入漢，以上郡守擊定西魏地，功，侯。	六年，侯襄元年。[索隱]襄，名也。史失姓及謚。 七	七	四 四年，侯襄奪侯，爲士伍，國除。				
阿陵 [索隱]縣名，屬涿郡。	以連敖前元年從起單父，以塞疏入漢。[集解]徐	六年七月庚寅，頃侯郭亭 七		八	三 三年，惠侯歐元年。二十二	一 八 前二年，侯 中六年，靖	南 四十一 元光六年，元鼎五年，	十七 二十七

	廣曰：「一云『塞路』，一云『以衆入漢中』。」[索隱]起單父，塞路入漢，一云「塞疏」，一云「以衆疏入漢」。案：「塞路」字誤爲「疏」。小顏云「主遮塞要路也」。	元年。				勝客元年。有罪，絕。侯延居元年。	侯則元年。侯則坐酎金，國除。	
昌武 [索隱]漢志昌武闕。	初起以舍人從，以郎中入漢，定三秦，以郎中將擊諸侯，侯，九百八十户，比魏其侯。	六年七月庚寅，靖信侯單甯元年。[索隱]單甯音善侯。 七	五 六年，夷侯如意元年。 二	八	二十三	十 中四年，康侯賈成元年。	六十 元光五年，侯得元年。元朔三年，侯得坐傷人二旬內	四 四十五

							死，弃市，國除。	
高苑 [索隱]高宛，縣名，屬千乘。	初起以舍人從，入漢，定三秦，以中尉破籍，侯，千六百户，比斥丘侯。	六年七月戊戌，制侯丙倩元年。[索隱]倩音七淨反。 七	元年，簡侯得元年。 七	八	十五 十六年，孝侯武元年。 八	十六	二 建元元年，侯信元年。建元三年，侯信坐出入屬車間，奪侯，國除。	四十一
宣曲 [索隱]漢志闕。	以卒從起留，以騎將入漢，定三秦，破籍軍滎陽，	六年七月戊戌，齊侯丁義 七	七	八	十 十一年，侯通元	十三 四 有罪，發婁 中五年，復封侯		四十三

	爲郎騎〔將〕，破鍾離昧軍固陵，侯，六百七十户。	元年。			年。	除。通元年。中六年，侯通有罪，國除。		
絳陽 [索隱]漢志闕，漢表作「終陵」也。	以越將從起留，入漢，定三秦，擊臧荼，侯，七百四十户。從攻馬邑及布。	六年七月戊戌，齊侯華無害元年。 七	七	八 三	十六 四年，恭侯勃齊元年。後四年，侯祿元年。 四	三 (前)四年，侯祿坐出界，有罪，國除。		四十六

東茅[索隱]漢志闕。一作「柔」也。	以舍人從［起］碭，至霸上，以二隊入漢，定三秦，以都尉擊項羽，破臧荼，侯。捕韓信，爲將軍，益邑千戶。	六年八月丙辰，敬侯劉釗元年。七	七	八	二 三年，侯吉元年。十三 十六年，侯吉奪爵，國除。			四十八
斥丘[索隱]縣名，屬魏郡。	以舍人從起豐，以左司馬入漢，以亞將攻籍，剋敵，爲東郡都尉，擊破籍武城，［侯］，爲漢中尉，擊布，爲斥丘侯，[集解]徐廣曰：「一云『城武』。」[索隱]破籍武城，初爲武城侯；後擊布，改封斥丘。千戶。	六年八月丙辰，懿侯唐厲元年。七	七	八	八 九年，恭侯鼂元年。十三 後六年，侯賢元年。二	十六	二十五 元鼎二年，侯尊元年。三 元鼎五年，侯尊坐酎金，國除。	四十

臺[索隱]案：臨淄郡有臺鄉縣。	以舍人從起碭，用隊率入漢，以都尉擊籍，籍死，轉擊臨江，屬將軍賈，功侯。以將軍擊燕。	六年八月甲子，定侯戴野元年。七	七	八	三 四年，侯才元年。二十	二 三年，侯才反，國除。		三十五
安國[索隱]縣名，屬中山。	以客從起豐，以廄將別定東郡、南陽，從至霸上。入漢，守豐。上東，因從戰不利，奉孝惠、魯元出(淮)［睢］水中，及堅守豐，(于)［封］雍侯，五千戶。	六年八月甲子，武侯王陵元年。定侯安國。七	其六年，爲右丞相。七	七 八年，哀侯忌元年。一	元年，終侯游元年。[集解]徐廣曰：「游，一作『昭』。」二十三	十六	建元元年三月，安侯辟方元年。二十 元狩三年，侯定元年。八 元鼎五年，侯定坐酎金，國除。	十二

樂成[索隱]漢志闕。	以中涓騎從起碭中，爲騎將，入漢，定三秦，侯。以都尉擊籍，屬灌嬰，殺龍且，更爲樂成侯，千戶。	六年八月甲子，節侯丁禮元年。七	七	八	四 五年，夷侯馬從元年。十八 後七年，武侯客元年。一	十六	二十五 元鼎二年，侯義元年。三 元鼎五年，侯義坐言五利侯不道，弃市，國除。	四十二

辟陽[索隱]縣名，屬信都。	以舍人初起，侍呂后、孝惠沛三歲十月，呂后入楚，食其從一歲，侯。	六年八月甲子，幽侯審食其元年。七	七	八	三 四年，侯平元年。二十	二 三年，侯平坐反，國除。		五十九
安平[索隱]縣名，屬涿郡。	以謁者漢王三年初從，定諸侯，有功(秋)［秩］，舉蕭何，功侯，二千戶。	六年八月甲子，敬侯諤千秋元年。七	二 孝惠三年，簡侯嘉元年。五	七 八年，頃侯應元年。一	十三 十四年，侯煬元年。十	十五 後三年，侯但元年。一	十八 元狩元年，坐與淮南王女陵通，遺淮南書稱臣盡力，弃市，國除。	六十一

蒯成〔索隱〕漢志闕，晉書地道記屬北地。案：緤封池陽，後定封蒯成。音苦壞反。小顏音普肯反。	以舍人從起沛，至霸上，侯。入漢，定三秦，食邑池陽。擊項羽軍滎陽，絶甬道，從出，度平陰，遇淮陰侯軍襄國。楚漢約分鴻溝，以緤爲信，戰不利，不敢離上，侯，三千三百户。	七 六年八月甲子，尊侯周緤元年。 十二年十月乙未，定蒯成。	七	八	五 緤薨，子昌代。有罪，絶，國除。	鄲 一 中元年，封緤子康侯應元年。〔索隱〕緤子紹封鄲。案：漢志屬沛郡，如淳引闞駰州志音多。 中二年，侯中居元年。〔索隱〕中音仲。 八	二十六 元鼎三年，居坐爲太常有罪，國除。	二十一

北平〔索隱〕縣名，屬中山。	以客從起陽武，至霸上，爲常山守，得陳餘，爲代相，徙趙相，侯。爲計相四歲，淮南相十四歲。千三百户。	六年八月丁丑，文侯張倉元年。 七	七	八	其四爲丞相。〔索隱〕爲計相也。五歲罷。 二十三	五 八 六年，康侯奉元年。 後元年，侯預元年。 三	四 建元五年，侯預坐臨諸侯喪後，不敬，國除。	六十五
高胡〔索隱〕漢志闕。	以卒從起杠里，入漢，以都尉擊籍，以都尉定燕，侯，千户。	六年中，侯陳夫乞元年。 七	七	八	四 五年，殤侯程嗣。薨，無後，國除。			八十二
厭次〔索隱〕漢志闕；晉書	以慎將前元年從起留，入漢，以都尉守廣武，功	六年中，侯元頃元年。 七	七	八	元年，侯賀 五 六年，侯賀			二十四

地道記屬平原，後乃屬樂陵國也。	侯。	〔集解〕徐廣曰：「漢書作『爰類』。」			元年。 謀反，國除。			
平皋〔索隱〕縣名，屬河內。	項它，漢六年以碭郡長初從，賜姓爲劉氏；功比戴侯彭祖，五百八十户。	七年十月癸亥，煬侯劉它元年。 六	四 五年，恭侯遠元年。 三	八	二十三	元年，節侯光元年。 十六	二十八 建元元年，侯勝元年。 元鼎五年，侯勝坐酎金，國除。	百二十一
復陽〔索隱〕縣名，屬南陽。復音伏。應	以卒從起薛，以將軍入漢，以右司馬擊項籍，侯，千户。	七年十月甲子，剛侯陳胥元年。 六	七	八	十 十一年，恭侯嘉元年。 十三	五 六年，康侯拾元年。 十一	十二 元朔元年，侯彊 元狩二年，坐父 七	四十九

劭云：「在桐柏山下，復水之陽也。」							元年。 拾非嘉子，國除。	
陽河〔索隱〕縣名，屬上黨。	以中謁者從入漢，以郎中騎從定諸侯，侯，五百户，功比高胡侯。	三 七年十月甲子，齊哀侯元年。〔索隱〕陽河齊侯卞訢；漢表作「其石」。 三 十年，侯安國元年。	七	八	二十三	十 中四年，侯午元年。中絶。 六	七 二十 埤山 元鼎四年，恭侯章元年。 三 元封元年，侯仁元年。 征和三年十月，仁與母坐祝〔索隱〕埤音 二十	八十三

							皐。詛，大逆無道，國除。	
朝陽 索隱縣名，屬南陽。	以舍人從起薛，以連敖入漢，以都尉擊項羽，後攻韓王信，侯，千户。	七年三月(丙)〔壬〕寅，齊侯華寄元年。 六	七	元年，文侯要元年。 八	十三 十四年，侯當元年。 十	十六	十三 元朔二年，侯當坐教人上書枉法罪，國除。	六十九

棘陽 索隱棘音紀力反，縣名，屬南陽。	以卒從起胡陵，入漢，以郎將迎左丞相軍以擊(諸侯)〔項籍〕，侯，千户。	七年七月丙(辰)〔申〕，莊侯索隱壯侯。杜得臣元年。 六	七	八	五 六年，質侯但元年。 十八	十六	九 元光四年，懷侯武元年。元朔五年，侯武薨，無後，國除。 七	八十一
涅陽 索隱縣名，屬南陽。	以騎士漢王二年從出關，以郎將擊斬項羽，侯，千五百户，比杜衍侯。	七年中，莊侯索隱壯侯。案：五侯斬項籍，皆謚「壯」。漢表以爲「莊」，皆避諱改作「嚴」，誤也。呂勝元年。 六	七	八	四 五年，莊侯子成實非子，不當爲侯，國除。			百四

平棘 索隱縣名，屬常山。	以客從起亢父，斬章邯所署蜀守，用燕相侯，千户。	七年中，懿侯執元年。集解徐廣曰：「漢表作『林摯』。」 六	七	七 八年，侯辟彊元年。 一	五 六年，侯辟彊有罪，〔爲〕鬼薪，國除。			六十四
羹頡	以高祖兄子從軍，擊反韓王信，爲郎中將。信母嘗有罪高祖微時，太上憐之，故封爲羹頡侯。	七年中，侯劉信元年。 六	七	元年，信有罪，削爵一級，爲關內侯。				
深澤 索隱縣名，屬中山。	以趙將漢王三年降，屬淮陰侯，定趙、齊、楚，以擊	八年十月癸丑，齊侯趙將 五	七	一 奪，絕。三年復	十四年，復 四 後二年，戴 六	三 三年， 七 更 中五 五	十六 元朔五年，夷侯胡薨，	九十八

	平城，侯，七百户。	夜元年。索隱漢表作「將夕」。		封，一年絕。	封將夜元年。 侯頭元年。	侯循元年。罪，絕。 年，封頭子夷侯胡元年。	無後，國除。	
柏至 索隱漢志闕。	以駢憐從起昌邑，以說衛入漢，以中尉擊籍，侯，千户。集解漢表師古曰：「二馬曰駢憐，謂駢兩騎爲軍翼	七年(七)〔十〕月戊辰，靖侯許溫元年。索隱漢表作「許盎」。 六	七	一 二年，有罪，絕。 三年，復封溫 六	十四 元年，簡侯祿元年。 十五年，哀侯昌元年。 九	十六	七 元光二年，共侯 十三 元狩三年，侯 元鼎二年，侯 五	五十八

	中水 [索隱] 縣名，屬涿郡。應劭云：「易、滱二水之中。」	杜衍 [索隱] 縣名，屬南陽。
也。說，讀曰稅。說衞謂軍行止舍主爲衞也。」[索隱] 姚氏[illegible]鄰堅相近，斟鄰猶比鄰也。說衞者，說稅也，稅衞謂軍行初稅之時，主爲衞也。	以郎中騎將漢王元年從起好時，以司馬擊龍且，(後)〔復〕共斬項羽，侯，千五百戶。	以郎中騎漢王三年從起下邳，屬淮陰，從灌嬰共斬項羽，侯，千七百戶。
	七年正月己酉，莊侯[索隱]壯侯。呂馬童元年。 六	七年正月己酉，莊侯王翳元年。[索隱] 漢表作「王翥」也。 六
	七	七
如故。	八	五 三 六年，共侯福元年。
	九 三 十年，夷侯假元年。 十一 十三年，共侯青肩元年。	四 七 五年，侯市臣元年。 十二 十二年，侯翕元年。
	十六	二 有罪，絕。 三 後元年，復封翳子彊侯郢人元年。[集解] 徐廣曰：「彊，一作『景』。」
侯（如安）〔安如〕元年。 福元年。 福有罪，國除	五 建元六年，靖侯德元年。 一 元光元年，侯宜成元年。 二十三 元鼎五年，侯宜成坐酎金，國除。	九 元光四年，侯定國元年。 十三 元狩四年，侯定國有罪，國除。
	百一	百二

赤泉 [索隱] 漢志闕。	栒 [索隱] 縣名，屬扶風，音荀，故周文王封其子之邑。河東亦有郇城也。	武原 [索隱] 漢志闕。	磨 [索隱] 磨，漢志闕，表作「歷」。歷縣在信都。劉氏依字讀，音天下
以郎中騎漢王二年從起杜，屬淮陰，後從灌嬰共斬項羽，侯，千九百戶。	以燕將軍漢王四年從曹咎軍，爲燕相，告燕王荼反，侯，以燕相國定盧奴，千九百戶。	漢七年，以梁將軍初從擊韓信、陳豨、黥布功，侯，二千八百戶，功比高陵。	以趙衞將軍漢王三年從起盧奴，擊項羽敖倉下，爲將軍，攻臧荼有功，侯，千戶。
七年正月己酉，莊侯楊喜元年。 六	八年十月丙辰，頃侯溫疥元年。 五	八年十二月丁未，靖侯衞胠元年。[索隱] 漢表胠作「[illegible]」，音魯，又音怯。 五	八年七月癸酉，簡侯程黑元年。 五
七	七	三 四 四年，共侯寄元年。	七
元年，奪，絕。 二年，復封。 七	八	八	二 六 三年，孝侯釐元年。
十一 十二 十二年，定侯殷元年。	五 十七 六年，文侯仁元年。 一 後七年，侯河元年。	二十三	十六 七 後元年，侯竈元年。
三 四年，侯無害元年。 六 有罪，絕。 五 臨汝 中五年，復封侯無害元年。	十 中四年，侯河有罪，國除。	三 四年，侯不害元年。 十三 後二年，侯不害坐葬過律，國除。	七 中元年，竈有罪，國除。
七 元光二年，侯無害有罪，國除。			
百三	九十一	九十三	九十二

地名多，既無定證，且依字是不決之詞，地之與邑並無「磨」，誤也。								
桌 【索隱】漢志桌縣屬山陽也。	高帝七年，爲將軍，從擊代陳豨有功，侯，六百户。	八年十二月丁未，祗侯陳錯元年。【索隱】漢表作「錯」，音楷。三倉云：「九江人名鐵曰『錯』。」 五	二 三年，懷侯嬰元年。 五	八	六 十四 七年，共侯應元年。 三 後五年，侯安元年。	十六	十三 不得，千秋父。【集解】徐廣 七 元狩二年，侯千秋元 元鼎五年，侯千秋坐 九	百三十四

							日：「千秋父以元朔元年立。」 年。 酎金，國除	
宋子 【索隱】漢志宋子縣屬鉅鹿也。	以漢三年以趙羽林將初從，擊定諸侯，功比磨侯，五百四十户。	四 八年十二月丁卯，惠侯許瘛元年。【集解】瘛音充。 一 十二年，共侯不疑元年。	七	八	九 十年，侯九元年。 十四	八 中二年，侯九坐買塞外禁物罪，國除。		九十九

		志反。【索隱】音尺制反。郭璞音胡計反。亦作「愿」，字林音巨月反。						
猗氏 【索隱】縣名，屬河東。	以舍人從起豐，入漢，以都尉擊項羽，侯，二千四百户。	八年三月丙戌，敬侯陳遬元年。【索隱】遬音速。 五	六 七年，靖侯交元年。 一	八	二十三	三 三年，頃侯差元年。薨，無後，國除。		五十
清 【索隱】縣	以弩將初起，從入漢，以都尉擊	八年三月丙 五	元年，頃侯聖 七	八	七 八年，康 十六	十六	二十 元 七 元 二 元	七十一

名，屬東郡。	項羽、代，侯，比彭侯，千户。	戌，簡侯空中元年。【集解】徐廣曰：「空，一作『窒』。」【索隱】清簡侯空中同。空，一作「窒」，窒中，姓，見風俗通。	元年。		侯鮒元年。		狩三年，恭侯石元年。 鼎四年，侯生元年。 鼎五年，侯生坐酎金，國除。	
彊 【索隱】漢志彊闕。	以客吏初起，從入漢，以都尉擊項羽、代，侯，比彭侯，千户。	三 八年三月丙戌，簡侯留勝 二 十一年，戴侯章元年。	七	八	十二 十三年，侯服元年。 二 十五年，侯服有罪，國除。			七十二

		元年。						
彭 索隱 漢表屬東海郡。	以卒從起薛,以弩將入漢,以都尉擊項羽、代,侯,千户。	八年三月丙戌,簡侯秦同元年。 五	七	八	二 三年,戴侯執元年。 二十一	二 三年,侯武元年。 後元年,侯武有罪,國除。 十二		七十
吳房 索隱 縣名,屬汝南。	以郎中騎將漢王元年從〔起〕下邽,擊陽夏,以都尉斬項羽,有功,侯,七百户。	八年三月辛(巳)〔卯〕,莊侯楊武元年。 五	七	八	十二 十三年,侯去疾元年。 十一	十四 後元年,去疾有罪,國除。		九十四
甯 索隱 漢表甯陽屬濟南也。	以舍人從起碭,入漢,以都尉擊臧荼功,侯,千户。	八年四月辛(卯)〔酉〕,莊侯魏選元年。 五	七	八	十五 十六年,恭侯連元年。 八	三 元年,侯指元年。 四年,侯指坐出國界,有罪,國除。		七十八

昌 索隱 縣名,屬琅邪。	以齊將漢王四年從淮陰侯起無鹽,定齊,擊籍及韓王信於代,侯,千户。	八年六月戊申,圉侯盧卿元年。 索隱 漢表姓「玈」,玈卽「盧」,古「玈弓」字亦然也。 五	七	八	十四 十五年,侯通元年。 九	二 三年,侯通反,國除。		百九
共 索隱 縣名,屬河內。	以齊將漢王四年從淮陰侯起臨淄,擊籍及韓王信於平城,有功,侯,千二百户。	八年六月壬子,莊侯盧罷師元年。 五	七	八	六 七年,惠侯黨元年。 八 十五年,懷侯商元年。 五 後四年,侯商薨,無後,國除。			百十四

閼氏 索隱 縣名,屬安定。	以代太尉漢王三年降,爲鴈門守,以特將平代反寇,侯,千户。 索隱 漢表太尉作「大與」。「大與」,大與爵名,音恭也。	四 八年六月壬子,節侯馮解敢元年。 十二年,恭侯它元年。薨,無後,絕。 一			十四 二年,封恭侯遺腹子文侯遺元年。 十六年,恭侯勝之元年。 八	五 前六年,侯平元年。 十一	二十八 元鼎五年,侯平坐酎金,國除。	百

安丘 索隱 安丘,縣名,屬北海也。	以卒從起方與,屬魏豹,二歲五月,以執鈹入漢,以司馬擊籍,以將軍定代,侯,三千户。	八年七月癸酉,懿侯張説元年。 索隱 音悦。 五	七	八	十二 十三年,恭侯奴元年。 十一	二 三年,敬侯執元年。 一 四年,康侯訢元年。 十三	十六 元狩元年,侯指元年。 元鼎四年,侯指坐入上林謀盜鹿,國除。 九	六十七
合陽 索隱 合陽屬馮翊。	高祖兄。兵初起,侍太公守豐,天下已平,以六年正月立仲爲代王。	八年九月丙子,侯劉仲元年。 集解 徐廣 五	二 仲子濞,爲吳王。 以子吳王故,尊					

	王。高祖八年，匈奴攻代，代王弃國亡，廢爲合陽侯。	曰「一名『嘉』。」〔索隱〕仲名嘉，高祖弟。	仲謚爲代頃侯。					
襄平〔索隱〕縣名，屬臨淮。	兵初起，紀成以將軍從擊破秦，入漢，定三秦，功（定平）〔比平定〕侯。戰好時，死事。子通襲成功，侯。	八年〔後〕九月丙午，侯紀通元年。五	七	八	二十三	九 中三年，康侯相夫元年。七	十二 元朔元年，侯夷吾元年。元封元年，夷吾薨，無後，國除。十九	
龍〔索隱〕廬江有龍舒縣，蓋其地也。	以卒從，漢王元年起霸上，以謁者擊籍，斬曹咎，侯，千户。	八年後九月己未，敬侯陳署元年。五	七	六 七年，侯堅元年。二	十六 後元年，侯堅奪侯，國除。			八十四

繁〔索隱〕地理志有繁陽。恐別有繁縣，志闕。	以趙騎將從，漢三年，從擊諸侯，侯，比吳房侯，千五百户。	九年十一月壬寅，莊侯彊瞻元年。〔索隱〕漢表作「平嚴侯張瞻」，此作「彊瞻」。四	四 五年，康侯眗獨元年。〔集解〕一云「侯惇」。三	八	二十三	三 四年，侯寄元年。六 中三年，侯安國元年。七	十八 元狩元年，安國爲人所殺，國除。	九十五
陸梁〔索隱〕陸量。如淳據始皇紀所謂「陸量地」。案今在江南也。	詔以爲列侯，自置吏，受令長沙王。	三 九年三月丙辰，侯須毋元年。十二年，共侯桑元年。一	七	八	十八 後三年，康侯慶忌元年。五	元年，侯冄元年。十六	二十八 元鼎五年，侯冄坐酎金，國除。	百三十七

		年。〔索隱〕漢表作「須無」。						
高京〔集解〕徐廣曰：「一作『景』。」〔索隱〕漢志闕。	周苛起兵，以內史從，擊破秦，爲御史大夫，入漢，圍取諸侯，堅守滎陽，功比辟陽。苛以御史大夫死事。子成爲後，襲侯。	九年四月（丙）〔戊〕寅，侯周成元年。四	七	八	二十 後五年，坐謀反，繫死，國除，絕。	繩 中元年，封成孫應元年。侯平嗣，不得元。	元狩四年，平坐爲太常不繕治園陵，不敬，國除。	六十
離〔索隱〕漢志闕。	失此侯始所起及所絕。〔索隱〕案：楚漢春秋亦闕。漢表	九年四月戊寅，鄧弱元年。						

	成帝時光祿大夫滑堪日旁占驗曰「鄧弱以長沙將兵侯」，是所起也。							
義陵〔集解〕徐廣曰：「一作『義陽』。」〔索隱〕義陽，在汝南。	以長沙柱國侯，千五百户。	九年九月丙子，侯吳程元年。三	四年，侯種元年。四	六 七年，侯種薨，無後，國除。皆失謚。				百三十四
宣平〔索隱〕楚漢春秋「南宮侯張耳」，此	兵初起，張耳誅秦，爲相，合諸侯兵鉅鹿，破秦定趙，爲常山王。陳餘反，襲耳，弃國，	九年四月，武侯張敖元年。四	七	六 信平 薨，子偃爲魯王，國除。〔集解〕徐	十五 元年，以故魯王爲南 十六年，哀侯歐元年。八	九 中三年，侯生元年。七	七 罪，絕。睢陽 十六 元光三年，十三 元鼎二年，三	

作宣平侯敖。敖，耳子。陳平錄第時，耳已薨故也。	與大臣歸漢，漢定趙，爲王。卒，子敖嗣。其臣貫高不善，廢爲侯。			廣曰：「改封信平。」	宮侯。		封偃孫侯廣元年。侯昌元年。太初三年，侯昌爲太常，乏祠，	

							國除。	
東陽 索隱縣名，屬臨淮。	高祖六年，爲中大夫，以河間守擊陳豨力戰功，侯，千三百户。	十一年十二月癸巳，武侯張相如元年。 二	七	八	十五 十六年，共侯殷元年。 五 後五年，戴侯安國元年。 三	三 四年，哀侯彊元年。 十三	建元元年，侯彊薨，無後，國除。	百十八
開封 索隱縣名，屬河南。	以右司馬漢王五年初從，以中尉擊燕，定代，侯，	一 十一年十二 十二年，夷 一	七	八	二十三	景帝時，爲 九 中三年，節 七	十 元光五年， 十八 元鼎五年，	百十五

	比共侯，二千户。	二月丙辰，閔侯陶舍元年。 侯青元年。				丞相。 侯偃元年。	侯睢元年。 侯睢坐酎金，國除。	
沛 索隱縣名，屬沛郡。	高祖兄合陽侯劉仲子，侯。	一 十一年十二月癸巳，侯劉濞元年。 十二年十月辛丑，侯濞爲吳王，國除。						
慎陽 索隱慎陽，屬汝南。	爲淮陰舍人，告淮陰侯信反，侯，二千户。	十一年十二月甲寅，侯欒 二	七	八	二十三	十二 中六年，靖 四	二十二 建元元年， 元狩五年，	百三十一

如淳曰：「音震。」闞駰云：「合作『滇陽』，永平五年，失印更刻，遂誤以『水』爲『心』。續漢書作『滇陽』也。」		說元年。 索隱漢表作「欒說」。				侯願之元年。	侯買之元年。 侯買之坐鑄白金弃市，國除。	
禾成 索隱漢志闕。	以卒漢〔二〕〔五〕年初從，以郎中擊代，斬陳豨，侯，千九百户。	十一年正月己未，孝侯公孫耳元年。 索隱漢表「耳」作「昔」。 二	七	八	四 五年，懷侯漸元年。 九 十四年，侯漸薨，無後，國除。			百十七

堂陽 〔索隱〕縣名，屬鉅鹿。	以中涓從起沛，以郎入漢，以將軍擊籍，爲惠侯。坐守滎陽降楚免，後復來，以郎擊籍，爲上黨守，擊豨，侯，八百户。	十一年正月己未，哀侯孫赤元年。二	七	元年，侯德元年。八	二十三	十二 中六年，侯德有罪，國除。		七十七
祝阿 〔索隱〕縣名，屬平原。	以客從起齧桑，以上隊將入漢，以將軍定魏太原，破井陘，屬淮陰侯，以甂度軍擊籍及攻豨，侯，八百户。	十一年正月己未，孝侯高邑元年。二	七	八	四 五年，侯成元年。十四 後三年，侯成坐事國人過律，國除。			七十四

長脩 〔索隱〕縣名，屬河東。	以漢二年用御史初從出關，以內史擊諸侯，功比須昌侯，以廷尉死事，千九百户。	十一年正月丙辰，平侯杜恬元年。〔集解〕一云「杜恪」。〔索隱〕案位次曰「信平侯」。二	二 三年，懷侯中元年。五	八	四 五年，侯喜元年。十九	八 罪，絕。陽平 中五年，復封侯相夫元年。五	三十三 元封四年，侯相夫坐爲太常與樂令無可當鄭舞人擅繇，不如令，闌出函	百八

							谷關，國除。	
江邑 〔索隱〕漢志闕。	以漢五年爲御史，用奇計徙御史大夫周昌爲趙相而(伐)〔代〕之，從擊〕陳豨，功侯，六百户。	十一年正月辛未，侯趙堯元年。二	七	元年，侯堯有罪，國除。				
營陵 〔索隱〕縣名，屬北海。	以〔漢〕三年爲郎中，擊項羽，以將軍擊陳豨，得王黃，爲侯。與高祖疏屬劉氏，世爲衞尉。萬二千户。	十一年，侯劉澤元年。二	七	五 六年，侯澤爲琅邪王，國除。				八十八

土軍 〔索隱〕包愷云：「地理志西河有土軍縣。」	高祖六年爲中地守，以廷尉擊陳豨，侯，千二百户。就國，後爲燕相。	十一年二月丁亥，武侯宣義元年。〔索隱〕案位次曰「信成侯」也。二	五 六年，孝侯莫如元年。二	八	二十三	二 三年，康侯平元年。十四	五 建元六年，侯生元年。八 元朔二年，侯生坐與人妻姦，罪，國除。	百一十二
廣阿 〔索隱〕縣名，屬鉅鹿。	以客從起沛，爲御史，守豐二歲，擊籍，爲上黨守，陳豨反，堅守，侯，千八百户。後遷御史大夫。	十一年二月丁亥，懿侯任敖元年。二	七	八	三 三年，夷侯竟元 一 四年，敬侯但元 二十	十六	四 建元五年，侯越元年。二十一 元鼎二年，侯越坐爲太常廟酒	八十九

					年。 年。		酸，不敬，國除。	
須昌 [索隱]縣名，屬東郡。	以謁者漢王元年初起漢中，雍軍塞陳，謁上，上計欲還，衍言從他道，道通，後爲河閒守，陳豨反，誅都尉相如，功侯，千四百户。	十一年二月己酉，貞侯趙衍元年。 二	七	八	十五 十六年，戴侯福元年。 後四年，侯不害元年。 四 四	四 五年，侯不害有罪，國除。		百七
臨轅 [索隱]漢志闕。	初起從爲郎，以都尉守蘄城，以中尉侯，五百户。	十一年二月乙酉，堅侯戚 二	四 五年，夷侯 三	八	二十三	三 四年，共侯忠元 十三	三 建元四年， 元鼎五年， 二十五	百十六

		鰓元年。	觸龍元年。			年。	侯賢元年。 侯賢坐酎金，國除。	
汲 [索隱]漢表作「伋」。伋與汲並縣名，屬河內。	高祖六年爲太僕，擊代豨，有功，侯，千二百户。爲趙太傅。	十一年二月己巳，終侯公上不害元年。[索隱]公上，姓；不害，名也。 二	一 二年，夷侯武元年。 六	八	十三 十四年，康侯通元年。 十	十六	一 建元二年，侯廣德元年。 九 元光五年，廣德坐妻精大逆罪，頗連廣德，弃市，國除。	百二十三

甯陵 [索隱]縣名，屬陳留。	以舍人從陳留，以郎入漢，破曹咎成皋，爲上解隨馬，〔以〕都尉擊陳豨，功侯，千户。	十一年二月辛亥，夷侯吕臣元年。 二	七	八	十 十一年，戴侯射元年。 十三	三 四年，惠侯始元年。 五年，侯始薨，無後，國除。 一		七十三
汾陽 [索隱]縣名，屬太原。	以郎中騎千人前二年從起陽夏，擊項羽，以中尉破鍾離眛，功侯。	十一年二月辛亥，侯靳彊元年。[索隱]壯侯靳彊。 二	七	二 三年，共侯解元年。 六	二十三	四 五年，康侯胡元年。絕。 十二	江鄒 十九 元鼎五年，侯石元年。	九十六 太始四年五月丁卯，侯石坐爲太常，行太

								僕事，治畜夫可年，益縱年，國除。
戴 [索隱]戴，地名，音再。應劭云：「章帝改曰考城，在故留縣也。」	以卒從起沛，以卒開沛城門，爲太公僕；以中〔廄〕令擊豨，侯，千二百户。	十一年三月癸酉，敬侯彭祖元年。[索隱]戴敬侯秋彭祖，漢表作「祕」，音轡；又韋昭音符蔑反。今檢史記諸本並作「秋」。今見有 二	七	二 三年，共侯悼元年。 六	七 八年，夷侯安國元年。 十六	十六	十六 元朔五年，侯安期元 十三 元鼎五年，侯蒙元年。 二十五 後元元年五月甲戌，	百二十六

	衍 [索隱]漢志闕。
	以漢二年爲燕令,以都尉下楚九城,堅守燕,侯,九百户。
姓秋氏。	十一年七月乙巳,簡侯翟盱[索隱]況于反。元年。 二
	七
	三 四年,祗侯山元年。 二 六年,節侯嘉元年。 三
	二十三
	十六
年。坐祝詛,無道,國除。	二 建元三年,侯不疑元年。 十 元朔元年,不疑坐挾詔書論罪,國除。
	百三十

平州 [索隱]漢志闕。晉書地道記屬巴郡。	中牟 [索隱]縣名,屬河南。
漢王四年,以燕相從擊籍,還擊荼,以故二千石將爲列侯,千户。	以卒從起沛,入漢,以郎中擊布,功侯,二千三百户。始高祖微時,有急,給高祖一
十一年八月甲辰,共侯昭涉掉尾元年。[索隱]昭涉,姓;掉尾,名也。 二	十二年十月乙未,共侯單父聖元年。[索隱]漢表作 一
七	七
八	八
一 二年,戴侯福元年。 三 五年,懷侯它人元年。 四 九年,孝侯馬童元年。 十五	七 八年,敬侯 五 十三年,戴侯 十一
十四 後二年,侯昧元年。 二	十六
二十二 元狩五年,侯昧坐行馳道中更呵馳去罪,國除。	十 元光五年,侯舜元年。 十八 元鼎五年,侯舜坐酎
百十一	百二十五

	邔 [集解]漢書音義曰:「音巨已反。」[索隱]邔,縣名,屬南郡。漢書音義音其已反。周成雜字解詁云:「邔音跽。」
馬,故得侯。	以故羣盜長〔爲〕臨江將,已而爲漢擊臨江王及諸侯,破布,功侯,千户。
「單父左車」。	十二年十月戊戌,莊侯黄極中元年。
	七
	八
繒元年。 侯終根元年。	十一 十二年,慶侯榮盛元年。 九 後五年,共侯明元年。 三
	十六
金,國除。	十六 元朔五年,侯遂元年。 八 元鼎元年,遂坐賣宅縣官故貴,國除。
	百十三

博陽 [索隱]縣名,屬彭城。	陽義 [集解]徐廣曰:「一作『羛』。」[索隱]漢表「義」作「羛」也。陽羛,縣屬丹陽。
以卒從起豐,以隊卒入漢,擊籍成皋,有功,爲將軍,布反,定吳郡,侯,千四百户。	以荆令尹漢王五年初從,擊鍾離眛及陳公利幾,破之,徙爲漢大夫,從至陳,取韓信,還爲中尉,從擊布,功侯,二千户。
十二年十(一)月辛丑,節侯周聚元年。 一	十二年十月壬寅,定侯靈常元年。 一
七	七
八	六 七年,共侯賀元年。 二
八 九年,侯遬元年。 十五	六 七年,哀侯勝元年。 十二年,侯勝薨,無後,國除。 六
十一 中五年,侯遬奪爵一級,國除。	
五十三	百十九

下相 索隱縣名，屬臨淮。	以客從起沛，用兵從擊破齊田解軍，以楚丞相堅守彭城，距布軍，功侯，二千戶。	一 十二年十月(乙)〔己〕酉，莊侯冷耳元年。	七	八	二 三年，侯慎元年。 二十一	三 三年三月，侯慎反，國除。		八十五
德 索隱漢志闕；表在濟南。	以代頃王子侯。頃王，吳王濞父也；廣，濞之弟也。	一 十二年十一月庚辰，哀侯劉廣元年。	七	二 三年，頃侯通元年。 六	二十三	五 六年，侯齕元年。 十一	二十七 元鼎四年，侯何元年。 一 元鼎五年，侯何坐酎金，國除。	百二十七
高陵 索隱高陵，縣，志屬	以騎司馬漢王元年從起廢丘，以都尉破田橫、	一 十二年十(一)〔二〕月	七	二 三年，惠侯 六	十二 十三年，侯行元 十一	三 三年，反，國除。		九十二

琅邪也。	龍且，追籍至東城，以將軍擊布，九百戶。	丁亥，圉侯王周元年。 索隱漢表作「王虞人」。		并弓元年。	年。			
期思 索隱縣名，屬汝南。	淮南王布中大夫，有郄，上書告布反，侯，二千戶。布盡殺其宗族。	一 十二年十二月癸卯，康侯賁赫元年。 索隱賁，姓，音肥，又如字。	七	八	十三 十四年，侯赫薨，無後，國除。			百三十二
穀陵 索隱漢志闕。	以卒從，前二年起柘，擊籍，定代，爲將軍，功侯。	一 十二年正月乙丑，定侯馮谿元年。 索隱表也	七	八	六 七年，共侯熊元年。 十七	二 三年，隱侯 五年，獻侯 十二	三 建元四年，侯偃元年。	百五

		「馮谿」。				卬元年。 解元年。		
戚 索隱漢志闕。晉地道記屬東海。	以都尉漢二年初起櫟陽，攻廢丘，破之，因擊項籍，別屬(丞)韓信破齊軍，攻臧荼，遷爲將軍，擊信，侯，(合)千戶。	一 十二年十二月癸卯，圉侯季必元年。 索隱案：灌嬰傳，重泉人；作「李」，誤也。	七	八	三 四年，齊侯班元年。 二十	十六	二 建元三年，侯信成元年。 元狩五年，侯信成坐爲太常，縱丞相侵神道壖，不敬，國除。 二十	九十

壯 集解徐廣曰：「一作『莊』。」 索隱徐廣云一作「莊」。漢表作「嚴」。	以楚將漢王三年降，起臨濟，以郎中擊籍、陳豨，功侯，六百戶。	一 十二年正月乙丑，敬侯許倩元年。 索隱壯敬侯許猜。猜音偲。	七	八	二十三	一 二年，共侯恢元年。 十五	一 建元二年，殤侯則元年。 九 元光五年，侯廣宗元年。 十五 元鼎元年，侯廣宗坐酎金，國除。	百十二
成陽 索隱縣	以魏郎漢王二年從起陽武，擊	一 十二年正月	七	八	十 十一年， 十三	十六	建元元年，侯	百一十

名，屬汝南。	籍，屬魏豹，豹反，屬相國彭越，以太原尉定代，侯，六百户。	乙酉，定侯意[索隱]成陽定侯奚意。元年。			侯信元年。	信罪鬼薪，國除。		
桃 [索隱]縣名，屬信都。	以客從漢王二年從起定陶，以大謁者擊布，侯，千户。爲淮陰守。項氏親也，賜姓。	十二年（二）〔三〕月丁巳，安侯劉襄元年。 一	七	奪，絕。二年，復封襄。 一 七	十年，哀侯舍元年。 九 十四	景帝時，爲丞相。 十六	建元元年，厲侯申元年。元朔二年，侯自爲元年。元鼎五年，侯自爲坐酎金， 十二 十五	百三十五

							國除。	
高梁 [索隱]漢志闕。	食其，兵起以客從擊破秦，以列侯入漢，還定諸侯，常使約和諸侯列卒兵聚，侯，功比平侯嘉；以死事，子疥襲食其功侯，九百户。	十二年三月丙寅，共侯酈疥元年。 一	七	八	二十三	十六	元光三年，侯勃元年。元狩元年，坐詐詔衡山王取金，當死，病死，國除。 八 十	六十六
紀 [索隱]漢志闕。	(信)以中涓從起豐，以騎將入漢，以將軍擊籍，後攻	十二年六月壬辰，匡侯陳 一	七	三年，夷侯 二 六	後二年，(六月) 十七 六	三年，陽反，國除。 二		八十

	盧綰，侯，七百户。	倉元年。		開元年。	侯陽元年。			
甘泉 [集解]徐廣曰：「一作『景』。」[索隱]案：志甘泉闕，疑甘泉是甘水。漢表作「景侯」也。	以車司馬漢王元年初從起高陵，屬劉賈，以都尉從軍，侯。	十二年六月壬辰，侯王竟[索隱]壯侯王競。元年。 一	七年，戴侯莫搖元年。 六 一	八	十一年，侯嫖[索隱]匹妙反。漢書作「嫖」，許孕反。說文：「嫖，悅也。」元年。 十 十三	十年，侯嫖有罪，國除。 九		百六
煮棗 [索隱]徐廣云：「在宛句。」	以越連敖從起豐，別以郎將入漢，擊諸侯，以都尉侯，九百户。	十二年六月壬辰，靖侯赤[索隱]煮棗端 一	七	八	二年，赤子康侯武元年。 二十三	中二年，侯昌元 中四年，有罪，國 八 二		七十五

		侯棘朱。漢表作「端侯革朱」，革音棘，亦作「朿」，誤也。棘，姓，蓋子成之後也。元年。				年。除。		
張 [索隱]縣名，屬廣平。	以中涓騎從起豐，以郎將入漢，從擊諸侯，七百户。	十二年六月壬辰，節侯毛澤元年。[索隱]毛澤之，亦作「釋之」也。 一	七	八	十一年，夷侯慶元年。十三年，侯舜元年。 十 二 十一	中六年，侯舜有罪，國除。 十二		七十九

鄢陵 【索隱】縣名，屬潁川。	以卒從起豐，入漢，以都尉擊籍、荼，侯，七百户。	十二年中，莊侯朱濞元年。 一	七	三 四年，恭侯慶元年。 五	六 七年，恭侯慶薨，無後，國除。			五十二
菌 【集解】徐廣曰：「一作『鹵』。」【索隱】漢志闕。菌音求隕反。徐作「鹵」，音魯。又作「鹵」。	以中涓前元年從起單父，不入關，以擊籍、布、燕王綰，得南陽，侯，二千七百户。	十二年，（六月）莊侯張平元年。 一	七	四 五年，侯勝元年。 四	三 四年，侯勝有罪，國除。			四十八

【索隱述贊】聖賢影響，風雲潛契。高祖膺籙，功臣命世。起沛入秦，憑謀仗計。紀勳書爵，河盟山誓。蕭曹輕重，絳灌權勢。咸就封國，或萌罪戾。仁賢者祀，昏虐者替。永監前修，良慙固蔕。

史記卷十九

惠景閒侯者年表第七

太史公讀列封至便侯，〔一〕曰：有以也夫！長沙王者，著令甲，稱其忠焉。〔二〕昔高祖定天下，功臣非同姓疆土而王者八國。〔三〕至孝惠時，唯獨長沙全，禪五世，〔四〕以無嗣絕，〔五〕竟無過，爲藩守職，信矣。故其澤流枝庶，毋功而侯者數人。〔六〕及孝惠訖孝景閒五十載，追修高祖時遺功臣，及從代來，吳楚之勞，諸侯子弟若肺腑，〔七〕外國歸義，封者九十有餘。咸表始終，當世仁義成功之著者也。

〔一〕【索隱】便音鞭，縣名也。吳淺所封。

〔二〕【集解】鄧展曰：「漢約，非劉氏不王。如芮王，故著令使特王。或曰以芮至忠，故著令也。」瓚曰：「漢以芮忠，故特王之；以非制，故特著令。」

〔三〕【集解】異姓國八王者，吳芮、英布、張耳、臧荼、韓王信、彭越、盧綰、韓信也。【索隱】非同姓而王者八國，齊王韓信、韓王韓信、燕王盧綰、梁王彭越、趙王張耳、淮南王英布、臨江王共敖、長沙王吳芮，凡八也。

〔四〕【索隱】禪者，傳也。案：諸侯王表，芮國至五世而絕。

〔五〕【集解】徐廣曰：「孝文後七年，靖王著，無嗣。」

〔六〕【索隱】案：此表芮子淺封便侯，傳至玄孫；又封成王臣之子爲沅陵侯，亦至曾孫。

〔七〕【索隱】柿府二音。柿，木札也；附，木皮也。以喻人主疏末之親，如木札出於木，樹皮附於樹也。詩云「如塗塗附」，注云「附，木皮」也。

國名	侯功	孝惠七	高后八	孝文二十三	孝景十六	建元至元封六年三十六	太初已後
便 【索隱】漢志縣名，屬桂陽。音鞭。	長沙王子，侯，二千户。	元年九月，頃侯吳淺元年。 七	八	二十二 後七年，恭侯信元年。 一	五 前六年，侯廣志元年。 十一	二十八 元鼎五年，侯千秋坐酎金，國除。	
軑 【集解】音大。【索隱】	長沙相，侯，七百户。	二年四月庚子，侯利倉元年。【索隱】漢書 六	二 三年，侯豨元年。 六	十五 十六年，侯彭祖元年。 八	十六	三十 元封元年，侯秩爲東海	

軑音大，縣名，在江夏也。	平都 索隱 縣名，屬東海。	右孝惠時三
	以齊將，高祖三年降，定齊，侯，千戶。	
作「軑侯朱倉」，故長沙相。	三 五年六月乙亥，孝侯劉到元年。 索隱 故齊將。已上孝惠時三人也。	
	八	
	二 三年，侯成元年。 二十一	
	十四 後二年，侯成有罪，國除。	
太守，行過不請，擅發卒兵爲衞，當斬，會赦，國除。		

扶柳 索隱 縣名，屬信都。	郟 索隱 一作「浹」，縣名，屬沛郡。
高后姊長姁子，侯。	呂后兄悼武王身佐高祖定天下，呂氏佐高祖治天下，天下大安，封武王少子產爲郟侯。
七 元年四月庚寅，侯呂平元年。 八年，侯呂平坐呂氏事誅，國除。	五 元年四月辛卯，侯 六年七月壬辰，產 八年九月，產以呂王爲漢相，謀爲不

	南宮 索隱 縣名，屬信都。	梧 索隱 縣名，屬
	以父越人爲高祖騎將，從軍，以大中大夫侯。	以軍匠從起郟，入漢，後爲少府，作長樂、未央宮，
呂產元年。 爲呂王，國除。 善。大臣誅產，遂滅諸呂。	七 元年四月丙寅，侯張買元年。 八年，侯買坐呂氏事誅，國除。	六 元年四月乙酉， 七年，敬侯 二
		二十三
		九 中三年，靖 七
		八 元光三年， 十四 元狩五年，侯戎

彭城。	平定 索隱 漢志闕。或鄉名。	
築長安城，先就，功侯，五百戶。	以卒從高祖起留，以家車吏入漢，以梟騎都尉擊項籍，得樓煩將功，用齊丞相侯。一云項涓。	
齊侯陽成延元年。 去疾元年。	八 元年四月乙酉，敬侯齊受元年。	
	一 二年，齊侯市人元年。 四 六年，恭侯應元年。 十八	
侯偃元年。	十六	
侯戎奴元年。 奴坐謀殺季父，弃市，國除。	七 元光二年，康侯延居元年。 十六 元鼎二年，侯昌元年。 二 元鼎四年，侯昌有罪，國除。	

博成 索隱 漢志闕。	以悼武王郎中，兵初起，從高祖起豐，攻雍丘，擊項籍，力戰，奉衞悼武王出滎陽，功侯。		三 元年四月乙酉，敬侯馮無擇元年。 四 四年，侯代元年。 八年，侯代坐呂氏事誅，國除。				
沛 索隱 縣名，屬沛郡。	呂后兄康侯少子，侯，奉呂宣王寢園。		七 元年四月乙酉，侯呂種元年。 一 爲不其侯。 八年，侯種坐呂氏事誅，國除。				

襄成 索隱 縣名，屬潁川。	孝惠子，侯。		一 元年四月辛卯，侯義元年。 二年，侯義爲常山王，國除。				
軹 索隱 縣名，屬河內。	孝惠子，侯。		三 元年四月辛卯，侯朝元年。 四年，侯朝爲常山王，國除。				
壺關 索隱 縣名，屬	孝惠子，侯。		四 元年四月 五年，侯武				

河內。			辛卯，侯武元年。 爲淮陽王，國除。				
沅陵 索隱 沅陵，縣，近長沙，漢志屬武陵。	長沙嗣成王子，侯。		八 元年十一月壬申，頃侯吳陽元年。	十七 後二年，頃侯福元年。 六	十一 中五年，哀侯周元年。 四 後三年，侯周薨，無後，國除。		
上邳	楚元王子，侯。		七 二年五月丙申，侯劉郢客元年。	一 二年，侯郢客爲楚王，國除。			
朱虛 索隱	齊悼惠王子，侯。		七 二年五月丙申，	一 二年，侯章爲			

縣名，屬琅邪。			侯劉章元年。	城陽王，國除。			
昌平 索隱 縣名，屬上谷。	孝惠子，侯。 索隱 實呂氏也。		三 四年二月癸未，侯太元年。 七年，太爲呂王，國除。				
贅其 索隱 縣名，屬臨淮。	呂后昆弟子，用淮陽丞相侯。		四 四年四月丙申，侯呂勝元年。 八年，侯勝坐呂氏事誅，國除。				

中邑 索隱 漢志闕。	以執矛從高祖入漢，以中尉破曹咎，用呂相侯，六百户。		四年四月丙申，(真)〔貞〕侯朱通元年。五	十七 後二年，侯悼元年。六	十五 後三年，侯悼有罪，國除。		
樂平 索隱 漢志闕。	以隊卒從高祖起沛，屬皇訢，以郎擊陳餘，用衛尉侯，六百户。		二 四年四月丙申，簡侯衛無擇元年。 六年，恭侯勝元年。三	二十三	十五 後三年，侯侈元年。一	五 建元六年，侯侈坐以買田宅不法，又請求吏罪，國除。	
山都 索隱 漢志闕。	高祖五年爲郎中柱下令，以衛將軍擊陳豨，用梁相侯。		四年四月丙申，貞侯王恬開元年。五	三 四年，惠侯中黄元年。二十	三 四年，敬侯觸龍元年。十三	二十二 元狩五年，侯當元年。八 元封元年，侯當坐與奴闌入上	

						林苑，國除。	
松兹 集解 徐廣曰：「松，一作『祝』。」 索隱 漢表作「祝」，縣名，屬廬江。	兵初起，以舍人從起沛，以郎(吏)〔中〕入漢，還，得雍王邯家屬功，用常山丞相侯。		四年四月丙申，夷侯徐厲元年。五	六 七年，康侯悼元年。十七	十二 中六年，侯偃元年。四	五 建元六年，侯偃有罪，國除。	
成陶 集解 徐廣曰：	以卒從高祖起單父，爲呂氏舍人，度呂(氏)		四年四月丙申，夷侯周信元年。五	十一 十二年，孝 十五年，侯勃有三			

「一作『陰』。」 索隱 漢表作「成陰」也，漢志闕。	〔后〕淮之功，用河南守侯，五百户。			侯勃元年。 罪，國除。			
俞 集解 如淳曰：「音輸。」 索隱 俞音輸。俞縣屬清河也。	以連敖從高祖破秦，入漢，以都尉定諸侯，功比朝陽侯。嬰死，子它襲功，用太中大夫侯。		四 四年四月丙申，侯呂它元年。 索隱 呂他，他音駞，呂嬰子也。 八年，侯它坐呂氏事誅，國除。				

滕 索隱 勝侯。一作「滕」。劉氏云作「勝」，恐誤。今案：滕縣屬沛郡，「勝」未聞。	以舍人、郎中，十二歲，以都尉屯田霸上，用楚相侯。		四 四年四月丙申，侯呂更始元年。 索隱 更始，呂氏之族。 八年，侯更始坐呂氏事誅，國除。				
醴陵 索隱 縣名，今在長沙。	以卒從，漢王二年初起櫟陽，以卒吏擊項籍，爲河內都尉，〔用〕長沙相侯，六百户。		四年四月丙申，侯越元年。五	三 四年，侯越有罪，國除。			

呂成	呂后昆弟子，侯。		四 四年四月丙申，侯呂忿元年。八年，侯忿坐呂氏事誅，國除。		
東牟 〔索隱〕縣名，屬東萊。	齊悼惠王子，侯。		三 六年四月丁酉，侯劉興居元年。	二年，侯興居爲濟北王，國除。	
錘 〔集解〕一作「鉅」。	呂肅王子，侯。		二 六年四月丁酉， 八年，侯通爲燕王，坐呂		

〔索隱〕縣名，屬東萊。			侯呂通〔索隱〕呂后兄子。元年。 氏事，國除。		
信都 〔索隱〕縣名，屬信都。	以張敖、魯元太后子侯。		一 八年四月丁酉，侯張侈元年。〔索隱〕敖子，以魯元公主封。	元年，侯侈有罪，國除。	
樂昌	以張敖、魯元太后子侯。		一 八年四月丁酉，侯張受元年。	元年，侯受有罪，國除。	

祝茲 〔索隱〕漢書作「琅邪」。	呂后昆弟子，侯。		八年四月丁酉，侯呂榮元年。坐呂氏事誅，國除。		
建陵 〔索隱〕漢表作「東海」。	以大謁者侯，宦者，多奇計。		八年四月丁酉，侯張澤元年。〔索隱〕一名釋。九月，奪侯，國除。		
東平 〔集解〕徐廣曰：「一作『康』。」〔索隱〕	以燕王呂通弟侯。		八年五月丙辰，侯呂莊元年。坐呂氏事誅，國除。		

縣名，在東平。						
右高后時三十一						
陽信 〔索隱〕表在新野，志屬勃海，恐有二縣。	高祖十二年爲郎。以典客奪趙王呂祿印，關殿門拒呂產等入，共尊立孝文，侯，二千戶。		十四 元年三月辛丑，侯劉揭元年。〔索隱〕陽信夷侯劉揭。 十五年，侯中意元年。 九	六年，侯中意有罪，國除。		
軹 〔索隱〕縣名，屬河內也。	高祖十年爲郎，從軍，十七歲爲太中大夫，迎孝文代，用車騎將		十 元年四月乙巳， 十一年，易侯戎奴元年。 十三	十六	建元二年，侯梁元年。	

	軍迎太后，侯，萬戶。薄太后弟。			侯薄昭元年。			
壯武 【索隱】縣名，屬膠東。	以家吏從高祖起山東，以都尉從（之）〔守〕滎陽，食邑。以代中尉勸代王入，驂乘至代邸，王卒爲帝，功侯，千四百戶。			二十三 元年四月辛亥，侯宋昌元年。	十一 中四年，侯昌奪侯，國除。		
清都 【集解】徐廣曰：「一作	以齊哀王舅父侯。【索隱】舅父即舅，猶姨曰姨母然也。			五 元年四月辛未，侯駟鈞元年。前六年，鈞有罪，			

『鄡』，音苦堯反。」【索隱】清郭侯駟鈞。齊封田嬰爲清郭君。漢表「鄔侯駟鈞」，鄔，太原齊縣。				國除。			
周陽 【索隱】縣名，屬上郡。	以淮南厲王舅父侯。			五 元年四月辛未，侯趙兼元年。前六年，兼有罪，			

				元年。國除。			
樊 【索隱】縣名，屬東平。	以睢陽令〔從〕高祖初起（從）阿，以韓家子還定北地，用常山相侯，千二百戶。			十四 元年六月丙寅，侯蔡兼元年。十五年，康侯客元年。【集解】徐廣曰：「客，一作『容』。」 九	九 中三年，恭侯平元年。 七	十三 元朔二年，侯辟方元年。元鼎四年，侯辟方有罪，國除。 十四	
管 【索隱】管，古國，今爲縣，屬滎陽。	齊悼惠王子，侯。			二 四年五月甲寅，恭侯劉罷軍元年。六年，侯戎奴元年。 十八	二 三年，侯戎奴反，國除。		

				【索隱】共侯劉罷軍。			
瓜丘 【索隱】斥丘。縣，在魏郡。	齊悼惠王子。			十一 四年五月甲寅，侯劉寧國元年。十五年，侯偃元年。 九	二 三年，侯偃反，國除。		
營 【索隱】表在濟南。	齊悼惠王子，侯。			十 四年五月甲寅，平侯劉信都元年。十四年，侯廣元年。 十	二 三年，侯廣反，國除。		
楊虛	齊悼惠王子，侯。			十二 四年五月甲寅 十六			

				月甲寅，恭侯劉將廬元年。［索隱］楊虛共侯劉將廬。漢書作「將閭」，齊悼惠王子，襄封，王子也。年，侯將廬爲齊王，有罪，國除。			
杁［集解］音力。［索隱］扐。縣名，	齊悼惠王子，侯。			十三 四年五月甲寅，侯劉辟光元年。十六年，侯辟光爲濟			

屬平原。音力。				南王，國除。			
安都［索隱］漢志闕。	齊悼惠王子，侯。			十三 四年五月甲寅，侯劉志元年。十六年，侯志爲濟北王，國除。			
平昌［索隱］縣名，屬平原。	齊悼惠王子，侯。			十三 四年五月甲寅，侯劉卬元年。十六年，侯卬爲膠西			

				王，國除。			
武城［索隱］漢志闕。凡闕者，或鄉名，或尋廢，故志不載。	齊悼惠王子，侯。			十三 四年五月甲寅，侯劉賢元年。十六年，侯賢爲菑川王，國除。			
白石［索隱］縣名，屬金城。	齊悼惠王子，侯。			十三 四年五月甲寅，侯劉雄渠元年。十六年，侯雄渠爲膠東王，			

				國除。			
波陵［索隱］漢志作「浾」，音泜。	以陽陵君侯。			五 七年三月甲寅，康侯魏駟元年。十二年，康侯魏駟薨，無後，國除。			
南鄓［集解］徐廣曰：「一作『朝』。」［索隱］韋昭音貞，一音	以信平君侯。			一 七年三月丙寅，侯起元年。［索隱］起，史失名也。孝文時坐後父故奪爵級，關內			

程。[索隱]李彤云：「河南有郟亭。」音頰。				其姓。 侯。			
阜陵 [索隱]縣名，屬九江。	以淮南厲王子侯。			八 八年五月丙午，侯劉安元年。 十六年，安爲淮南王，國除。			
安陽 [索隱]安陵。縣名，屬馮翊，恐別	以淮南厲王子侯。			八 八年五月丙午，侯勃 十六年，侯勃爲衡山王，國除。			

有「安陵」。				元年。			
陽周	以淮南厲王子侯。			八 八年五月丙午，侯劉賜元年。 十六年，侯賜爲廬江王，國除。			
東城 [索隱]縣名，屬九江。	以淮南厲王子侯。			七 八年五月丙午，哀侯劉良元年。 十五年，侯良薨，無後，國除。			

犂 [索隱]縣名，屬東郡。	以齊相召平子侯，千四百一十户。			十一 十年四月癸丑，頃侯召奴元年。 後五年，侯澤元年。 三	十六	十六 元朔五年，侯延元年。 元封六年，侯延坐不出持馬，斬，國除。 十九	
鉼 [索隱]縣名，屬琅邪。鉼音瓶。	以北地都尉孫卬，匈奴入北地，力戰死事，子侯。			十四年三月丁巳，侯孫單元年。 十三	前三年，侯單謀反，國除。		
弓高 [索隱]漢表在營陵。	以匈奴相國降，故韓王信孽子，侯，千二百三十七户。			十六年六月丙子，莊侯韓穨當元年。 八	前元年，侯則元年。 十六	十六 元朔五年，侯則薨，無後，國除。	

襄成 [索隱]襄城，志屬潁川。	以匈奴相國降，侯，故韓王信太子之子，侯，千四百三十二户。			七 十六年六月丙子，哀侯韓嬰元年。 後七年，侯澤之元年。 一	十六	十五 元朔四年，侯澤之坐詐病不從，不敬，國除。	
故安 [索隱]縣名，屬涿郡。	孝文元年，舉淮陽守從高祖入漢功侯，食邑五百户；用丞相侯，一千七百一十二户。			後三年四月丁巳，節侯申屠嘉元年。 五	二 前三年，恭侯蔑元年。 十四	十九 元狩二年，清安侯臾元年。 元鼎元年，臾坐爲九江太守有罪，國除。 五	
章武 [索隱]縣名，屬	以孝文后弟侯，萬一千八百六十九户。			後七年六月乙卯，景侯竇廣國元年。 一	六 前七年，恭侯完元年。 十	八 元光三年， 元狩元年，侯常 十	

勃海。				元年。		侯常坐元年。坐謀殺人未殺罪，國除。	
南皮【索隱】縣名，屬勃海。	以孝文后兄竇長君子侯，六千四百六十戶。			一 後七年六月乙卯，侯竇彭祖元年。	十六	五 建元六年，夷侯良元年。五 元光五年，侯桑林元年。十八 元鼎五年，侯桑林坐酎金罪，國除。	

右孝文時二十九

平陸【索隱】縣名，屬西河。又有東平陸，在東平。	楚元王子，侯，三千二百六十七戶。				二 元年四月乙巳，【集解】一云「乙卯」。侯劉禮元年。三年，侯禮爲楚王，國除。		
休	楚元王子，侯。				二 元年四月乙巳，侯富元年。三年，侯富以兄子戎爲楚王反，富與家屬至長安北闕		

					自歸，不能相教，上印綬。詔復王。後以平陸侯爲楚王，更封富爲紅侯。		
沈猶【索隱】漢表在高苑。	楚元王子，侯，千三百八十戶。				十六 元年四月乙巳，夷侯劉穢元年。	四 建元五年，侯受元年。十八 元狩五年，侯受坐故爲宗正聽謁不具	

						宗室，不敬，國除。	
紅【索隱】紅，休，蓋二鄉名。王莽封劉歆爲紅休侯。一云紅即虹縣也。	楚元王子，侯，千七百五十戶。				四 三年四月乙巳，莊侯富元年。【索隱】紅雅侯劉富，一云禮侯也，楚元 一 前七年，悼侯澄元年。九 中元年，敬侯發元年。【集解】發，一作「嘉」。	十五 元朔四年，侯章元年。一 元朔五年，侯章薨，無後，國除。	

					王子。案王傳，休侯富免後，封紅侯，此則並列，誤也。漢表一書而已。		
宛朐 [索隱]冤朐，縣	楚元王子，侯。				二 元年四月乙巳， 三年，侯埶		

名，屬濟陰。					侯劉埶元年。[索隱]埶音藝。 反，國除。		
魏其 [索隱]縣名，屬琅邪。	以大將軍屯滎陽，扞吳楚七國，侯，三千三百五十戶。				十四 三年六月乙巳，侯竇嬰元年。	九 建元元年爲丞相，二歲免。 元光四年，侯嬰坐爭灌夫事上書稱爲先帝詔，矯制害，弃市，國除。	

棘樂	楚元王子，侯，戶千二百一十三。				十四 三年八月壬子，敬侯劉調元年。	一 建元二年，恭侯應元年。 十一 元朔元年，侯慶元年。 十六 元鼎五年，侯慶坐酎金，國除。	
俞 [索隱]俞音輸，縣名，屬清河。	以將軍吳楚反時擊齊有功。布故彭越舍人，越反時布使齊，還已梟越，布祭哭之，當亨，出忠言，				六 六年四月丁卯，侯欒布元年。 中五年，侯布薨。	十 元狩六年，侯賁坐爲太常廟犧牲不如令，有罪，國除。[集解]一云元朔二年，侯賁元年。	

	高祖舍之。黥布反，布爲都尉，侯，戶千八百。						
建陵	以將軍擊吳楚功，用中尉侯，戶一千三百一十。				十一 六年四月丁卯，敬侯衛綰元年。	十 元光五年，侯信元年。 十六 元鼎五年，侯信坐酎金，國除。	
建平 [索隱]縣名，屬沛郡。	以將軍擊吳楚功，用江都相侯，戶三千一百五十。				十一 六年四月丁卯，哀侯程嘉元年。	七 元光二年，節侯橫元年。 一 元光三年，侯回元年。 一 元光四年，侯回薨，無後，國除。	

						元年。	
平曲 [索隱]案：漢表在高城。	以將軍擊吳楚功，用隴西太守侯，户三千二百二十。				五 六年四月己巳，侯公孫昆[索隱]漢書作「渾」。邪元年。 中四年，侯昆邪有罪，國除。太僕賀父。		
江陽 [索隱]縣，在東海也。	以將軍擊吳楚功，用趙相侯，户二千五百四十一。				四 六年四月壬申，康侯蘇嘉元年。[集解]徐廣曰：「蘇，一作『籍』。」[索隱]漢表作「蘇息」。 七 中三年，懿侯盧元年。[集解]徐廣曰：「一作『哀侯』。」	二 建元三年，侯明元年。 十六 元朔六年，侯雕元年。 十一 元鼎五年，侯雕坐酎金，國除。	
遽 [索隱]案：漢表，鄉名，在常山。	以趙相建德，王遂反，建德不聽，死事，子侯，户千九百七十。				六 中二年四月乙巳，侯橫[索隱]史失其姓。元年。 後二年，侯橫有罪，國除。		

新市 [索隱]縣名，屬鉅鹿。	以趙內史王慎，王遂反，慎不聽，死事，子侯，户一千十四。				五 中二年四月乙巳，侯王康元年。 三 後元年，殤侯始昌元年。	九 元光四年，殤侯始昌爲人所殺，國除。	
商陵 [索隱]漢表在臨淮。	以楚太傅趙夷吾，王戊反，不聽，死事，子侯，千四十五户。				八 中二年四月乙巳，侯趙周元年。	二十九 元鼎五年，侯周坐爲丞相知列侯酎金輕，下廷尉，自殺，國除。	
山陽	以楚相張尚，王戊反，尚不聽，死事，子侯，户千一百一十四。				八 中二年四月乙巳，侯張當居元年。	十六 元朔五年，侯當居坐爲太常程博士弟子故不以實，罪，國除。[集解]徐廣曰：「程，一作『澤』。」	
安陵	以匈奴王降侯，户一千五百一十七。				七 中三年十一月庚子，侯子軍元年。	五 建元六年，侯子軍薨，無後，國除。	

垣 索隱 縣名，屬河東。	以匈奴王降侯。				三 中三年十二月丁丑，侯賜元年。 六年，賜死，不得及嗣。		
遒 索隱 縣名，屬涿郡。音茲鳩反。	以匈奴王降侯，户五千五百六十九。				中三年十二月丁丑，侯隆彊 索隱 遒侯李隆彊。 元年。不得隆彊嗣。		後元年四月甲辰，侯則坐使巫齊少君祠祝詛，大逆無道，國除。集解 徐廣曰：「漢書云武後二年。」

容成 索隱 縣名，屬涿郡。	以匈奴王降侯，七百户。				七 中三年十二月丁丑，侯唯徐盧 索隱 容成侯唯徐盧。 元年。	十四 建元元年，康侯綽元年。 二十二 元朔三年，侯光元年。	十八 後二年，三月壬辰，侯光坐祠祝詛，國除。
易 索隱 縣名，屬涿郡。	以匈奴王降侯。				六 中三年十二月丁丑，侯僕黥元年。 後二年，侯僕黥薨，無嗣。		
范陽 索隱 縣名，屬涿郡。	以匈奴王降侯，户千〔一〕百九十七。				七 中三年十二月丁丑，端侯代 索隱 范陽靖侯代。 元年。	二 元光二年，懷侯德元年。 元光四年，侯德薨，無後，國除。	

翕 索隱 漢表在內黃。	以匈奴王降侯。				七 中三年十二月丁丑，侯邯鄲元年。	九 元光四年，侯邯鄲坐行來不請長信，不敬，國除。	
亞谷 索隱 一作「惡父」，漢表在河內。	以匈奴東胡王降，故燕王盧綰子侯，千五百户。				二 中五年四月丁巳，簡侯它父 索隱 簡侯他父。 元年。 三 後元年，安侯種元年。	十一 建元元年，康侯偏元年。 二十五 元光六年，侯賀元年。	十五 征和二年七月辛巳，侯賀坐太子事，國除。

隆慮 索隱 隆慮，音林閭。縣名，屬河內。	以長公主嫖子侯，户四千一百二十六。				五 中五年五月丁丑，侯蟜元年。集解 徐廣曰：「案本紀乃前五年，非中五年。」	二十四 元鼎元年，侯蟜坐母長公主薨未除服，姦，禽獸行，當死，自殺，國除。	
乘氏 索隱 縣名，屬濟陰。	以梁孝王子侯。				中五年五月丁卯，侯買元年。 中六年，侯買嗣爲梁王，國除。		

桓邑	以梁孝王子侯。				一 中五年五月丁卯，侯明元年。中六年，爲濟川王，國除。		
蓋 【索隱】漢表在勃海。	以孝景后兄侯，户二千八百九十。				中五年五月甲戌，靖侯王信元年。	二十 元狩三年，侯偃元年。八 元鼎五年，侯偃坐酎金，國除。	
塞	以御史大夫前將(軍)兵擊吳楚功侯，户千四十六。				三 後元年八月，侯直不疑元年。	建元四年，侯相如元年。十二 元朔四年，侯堅元年。十三 元鼎五年，侯堅坐酎金，國除。	
武安 【索隱】縣名，屬魏郡。	以孝景后同母弟侯，户八千二百一十四。				一 後三年三月，侯田蚡元年。	九 元光四年，侯梧元年。五 元朔三年，侯梧坐衣襜褕入宮廷中，不敬，國除。	
周陽 【索隱】縣名，屬上郡。	以孝景后同母弟侯，户六千二十六。				一 後三年三月，懿侯田勝元年。	十一 元光六年，侯彭祖元年。八 元狩二年，侯彭祖坐當歸與章侯宅不與罪，國除。	

右孝景時三十(一)

【索隱述贊】惠景之際，天下已平。諸呂構禍，吳楚連兵。條侯出討，壯武奉迎。薄竇恩澤，張趙忠貞。本枝分陰，肺腑歸誠。新市死事，建陵勳榮。咸開青社，俱受丹旌。旋窺甲令，吳便有聲。

史記卷二十

建元以來侯者年表第八

索隱 七十二國，太史公舊；餘四十五國，褚先生補也。

太史公曰：匈奴絶和親，攻當路塞；閩越擅伐，東甌請降。二夷交侵，當盛漢之隆，以此知功臣受封侔於祖考矣。何者？自詩書稱三代「戎狄是膺，荆荼是徵」，〔一〕齊桓越燕伐山戎，武靈王以區區趙服單于，秦繆用百里霸西戎，吳楚之君以諸侯役百越。況乃以中國一統，明天子在上，兼文武，席卷四海，內輯億萬之衆，豈以晏然不爲邊境征伐哉！自是後，遂出師北討彊胡，南誅勁越，將卒以次封矣。

〔一〕集解 毛詩傳曰：「膺，當也。」鄭玄曰：「徵，艾。」 索隱 荼音舒。徵音澄。

國名	侯功	元光	元朔	元狩	元鼎	元封	太初已後
翕	匈奴相降，侯。元	三					

國名	侯功	元光	元朔	元狩	元鼎	元封	太初已後
索隱 音吸。案：漢表在內黃也。	朔二年，屬車騎將軍，擊匈奴有功，益封。	四年七月壬午，侯趙信元年。	六年，侯信爲前將軍擊匈奴，遇單于兵，敗，信降匈奴，國除。				
持裝 索隱 漢表作「轅」，在南陽也。	匈奴都尉降，侯。	六年後九月丙寅，侯樂元年。索隱 音岳。	六	六	元年，侯樂死，無後，國除。		
親陽 索隱 漢表在舞(陽)〔陰〕	匈奴相降，侯。		三 二年十月癸巳，侯月氏坐 五年，侯月				

國名	侯功	元光	元朔	元狩	元鼎	元封	太初已後
也。			侯月氏元年。 亡斬，國除。				
若陽 索隱 表在平氏也。	匈奴相降，侯。		三 二年十月癸巳，侯猛元年。 五年，侯猛坐亡斬，國除。				
長平 索隱 地理志縣名，在汝南。	以元朔二年再以車騎將軍擊匈奴，取朔方、河南功侯。元朔五年，以大將軍擊匈奴，破右賢王，		二年三月丙辰，烈侯衛青元年。集解 徐廣曰：「青以元封五年薨。」 五	六	六	六	太初元年，今侯伉元年。

國名	侯功	元光	元朔	元狩	元鼎	元封	太初已後
	益封三千户。						
平陵 索隱 表在武當。	以都尉從車騎將軍青擊匈奴功侯。以元朔五年，用游擊將軍從大將軍，益封。		二年三月丙辰，侯蘇建元年。 五	六	六年，侯建爲右將軍，與翕侯信俱敗，獨身脫來歸，當斬，贖，國除。 六		
岸頭 索隱 表在皮氏。	以都尉從車騎將軍青擊匈奴功侯。元朔六年，從大將軍，益封。		二年六月壬辰，侯張次公元年。 五	元年，次公坐與淮南王女姦，及受財物罪，國除。			
平津 索隱 表在高城。	以丞相詔所襃侯。		(三)〔五〕年十一月乙丑，獻侯公孫弘元年。 四	二 三年，侯慶元年。 四	六	三 四年，侯慶坐爲山陽太守有罪，國除。	

涉安	以匈奴單于太子降侯。		一 三年四月丙子，侯於單【索隱】音丹。元年。五月，卒，無後，國除。				
昌武【索隱】表在武陽。	以匈奴王降侯。以昌武侯從驃騎將軍擊左賢王功，益封。		四年（七）〔十〕月庚申，堅侯趙安稽元年。三	六	六	一 二年，侯充國元年。五	太初元年，侯充國薨，亡後，國除。

襄城【索隱】漢表作「襄武侯乘龍」，不同也。案：韓嬰亦封襄城侯，地理志襄城在潁川，襄武在隴西也。	以匈奴相國降侯。		四年（七）〔十〕月庚申，侯無龍元年。【集解】一云「乘龍」。三	六	六	六	一 太初二年，無龍從浞野侯戰死。三年，侯病已元年。二
南奅【集解】徐廣曰：「匹孝反。」【索隱】徐廣曰：「匹	以騎將軍從大將軍青擊匈奴得王功侯。太初二年，以丞相封爲葛繹侯。		五年四月丁未，侯公孫賀元年。二	六	四 五年，賀坐酎金，國除，絕，（十）〔七〕歲。		太初二年三月丁卯，封葛繹侯。征和二年，賀子敬聲 十三

建元以來侯者年表第八

孝反。」劉氏「普教反。」張揖「奅，空也，」纂文云「奅，虛大也。」茂陵中書云「南奅侯」，此本字也。衞青傳作「窌」。說文以爲從穴，音柳宥反；從大，音疋孝反。							有罪，國除。
合騎	以護軍都尉三		二				

史記卷二十

【索隱】表在高城也。	從大將軍擊匈奴，至右賢王庭，得王功侯。元朔六年益封。		五年四月丁未，侯公孫敖元年。	二年，侯敖將兵擊匈奴，與驃騎將軍期，後，畏懦，當斬，贖爲庶人，國除。			
樂安【索隱】安樂表在昌，地理志昌縣在琅邪也。	以輕車將軍再從大將軍青擊匈奴得王功侯。		五年四月丁未，侯李蔡元年。二	四 五年，侯蔡以丞相盜孝景園神道壖地罪，自殺，國除。			
龍頟【索隱】地理志縣名，	以都尉從大將軍青擊匈奴得王功侯。元鼎六		五年四月丁未，侯韓說元 二	六	四 五年，侯說坐酎金，國絕。二	元年五月丁卯，案道侯說元年。六	十三 征和二年，子長

屬平原。[索隱]劉氏音額。崔浩音洛，又云「今河間有龍頟村，與弓高相近。」	年，以橫海將軍擊東越功，爲案道侯。[索隱]漢表以龍頟、案道爲二人封，非也。韋昭云案道屬齊也。		年。		歲復侯。		代，有罪，絕。子曾復封爲龍頟侯。
隨成[索隱]表在千乘。	以校尉三從大將軍青擊匈奴，攻農吾，先登石累，[索隱]累音壘，險阻地名。漢表作「壘」，音門。得王功侯。		五年四月乙卯，侯趙不虞元年。二	二 三年，侯不虞坐爲定襄都尉，匈奴敗太守，以聞非實，（坐）謾，[索隱]謂上聞天子狀不實，爲謾，而國除。謾音木干反。國除。			

從平[索隱]表在樂昌邑。	以校尉三從大將軍青擊匈奴，至右賢王庭，數爲鴈行上石山先登功侯。		五年四月乙卯，公孫戎奴元年。二	一 二年，侯戎奴坐爲上郡太守發兵擊匈奴，不以聞，謾，國除。			
涉軹[索隱]漢表軹在西安，無「涉」字。地理志西安在齊郡。涉軹猶從驃然，皆當時意也，故上文有涉安侯。	以校尉三從大將軍擊匈奴，至右賢王庭，得王，虜閼氏功侯。		五年四月丁未，侯李朔元年。二	元年，侯朔有罪，國除。			

宜春[索隱]志縣名，屬汝南。豫章亦有之。	以父大將軍青破右賢王功侯。		五年四月丁未，侯衛伉元年。二	六	元年，侯伉坐矯制不害，國除。		
陰安[索隱]志縣名，屬魏。	以父大將軍青破右賢王功侯。		五年四月丁未，侯衛不疑元年。二	六	四 五年，侯不疑坐酎金，國除。		
發干[索隱]志縣名，屬東郡。	以父大將軍青破右賢王功侯。		五年四月丁未，侯衛登元年。二	六	四 五年，侯登坐酎金，國除。		
博望[索隱]志	以校尉從大將軍六年擊匈奴，		六年三月甲 一	一 二年，侯騫坐			

縣名，屬南陽。	知水道，及前使絕域大夏功侯。		辰，侯張騫元年。	以將軍擊匈奴畏懦，當斬，贖，國除。			
冠軍[索隱]縣名，屬南陽。	以嫖姚校尉再從大將軍，六年從大將軍擊匈奴，斬相國功侯。元狩二年，以驃騎將軍擊匈奴，至祁連，益封；迎渾邪王，益封；擊左右賢王，益封。		六年四月壬申，景桓侯霍去病元年。一	六	元年，哀侯嬗元年。六	元年，哀侯嬗薨，無後，國除。[集解]徐廣曰：「嬗字子侯，爲武帝奉車。登封泰山，暴病死。」	
衆利[索隱]衆利，表在	以上谷太守四從大將軍，六年擊匈奴，首虜千		六年五月壬辰，侯郝賢 一	一 二年，侯賢坐爲上谷太守			

(陽城)〔城陽〕姑莫，後以封伊卽軒也。	級以上功侯。		索隱郝音呼惡反，又音釋。元年。	入戍卒財物上計謾罪，國除。			
潦 索隱表在舞陽。	以匈奴趙王降，侯。			一 元年七月壬午，悼侯趙王煖訾元年。索隱煖音況遠反。訾，卽移反。二年，煖訾死，無後，國除。			
宜冠 索隱冠	以校尉從驃騎將軍二年再出			二 二年 四年，不			

音官。表在昌也。	擊匈奴功侯。故匈奴歸義。			正月乙亥，侯高不識元年。識擊匈奴，戰軍功增首不以實，當斬，贖罪，國除。			
煇渠 索隱鄉名。案：表在魯陽。煇，上下並音徽。	以校尉從驃騎將軍二年再出擊匈奴，得王功侯。以校尉從驃騎將軍二年虜五王功，益封。故匈奴歸義。			二年二月乙丑，忠侯僕多索隱漢表作「僕朋」。此云「僕多」，與衞青傳同。元年。 五	三 四年，侯電元年。 三	六	四
從驃 索隱以	以司馬再從驃騎將軍數深入			二年五月丁丑， 五	四 五年，侯破奴	三年，侯破奴元 浞野 四	一 二年，侯破

從驃騎得封，故曰從驃。後封浞野侯。	匈奴，得兩王子騎將功侯。以匈河將軍元封三年擊樓蘭功，復侯。			侯趙破奴元年。	坐酎金，國除。	年。	奴以浚稽將軍擊匈奴，失軍，爲虜所得，國除。
下麾 索隱表在猗氏。麾音撝。	以匈奴王降侯。			二年六月乙亥，侯呼毒尼元年。 五	四 五年，煬侯伊卽軒元年。 二	六	四
漯陰 索隱表在平原。	以匈奴渾邪王將衆十萬降侯，萬戶。			二年七月壬午，定侯渾邪元年。 四	元年。魏侯蘇元年。索隱魏，謚；蘇，名。謚法「克捷行軍曰魏」也。 六	五 五年，魏侯蘇薨，無後，國除。	
煇渠	以匈奴王降侯。			四	一		

索隱韋昭云：「僕多所封則作『煇渠』，應庀所封則作『渾渠』。二者皆鄉名，在魯陽。今並作『煇』誤也。」案：漢表及傳亦作「煇」，孔文祥云「同是元狩中封，則一邑分封二人也。」				三年七月壬午，悼侯扁訾元年。索隱漢表作「悼侯應庀」。庀讀必二反。扁，必顯反。訾，子移反。	二年，侯扁訾死，無後，國除。		

其義爲得。							
河綦 [索隱]表在濟南郡。	以匈奴右王與渾邪降侯。			三年七月壬午，康侯烏犂元年。[索隱]漢書作「禽犂」。四	二 三年，餘利鞮元年。四	六	四
常樂 [索隱]表在濟南。	以匈奴大當户與渾邪降侯。			三年七月壬午，肥侯稠雕元年。[索隱]漢書衞青傳作「彫離」。四	六	六	二 太初三年，今侯廣漢元年。
符離 [索隱]縣名，屬沛郡。	以右北平太守從驃騎將軍四年擊右王，將重會期，[索隱]將重，			四年六月丁卯，侯路博德元年。三	六	六	太初元年，侯路博德有罪，國除。

	將字上屬。重者，再也。會期，言再赴期。將，去聲。重，平聲。首虜二千七百人功侯。						
壯 [索隱]表在東平。	以匈奴歸義(匈奴)因淳王從驃騎將軍四年擊左王，以少破多，捕虜二千一百人功侯。			四年六月丁卯，侯復陸支元年。三	二 三年，今侯偃元年。四	六	四
衆利 [索隱]表、志闕。	以匈奴歸義樓剸王[索隱]剸音專。從驃騎將軍四年擊右王，手自劍合功侯。			四年六月丁卯，質侯伊即軒元年。[索隱]軒，居言反。三	六	五 六年，今侯當時元年。一	四

	[索隱]手自劍，謂手刺其王而合戰，封。						
湘成 [索隱]表在陽城。	以匈奴符離王降侯。			四年六月丁卯，侯敞屠洛元年。三	四 五年，侯敞屠洛坐酎金，國除。		
義陽 [索隱]表在平氏。	以北地都尉從驃騎將軍四年擊左王，得王功侯。			四年六月丁卯，侯衞山元年。三	六	六	四
散 [索隱]表在陽城。	以匈奴都尉降侯。			四年六月丁卯，侯董荼吾[索隱]劉氏荼音大姑反，蓋誤耳。今以其 三	六	六	二 太初三年，今侯安漢元年。二

				人名余吾，余吾，匈奴水名也。元年。			
臧馬 [索隱]表在朱虛。	以匈奴王降侯。			一 四年六月丁卯，康侯延年元年。五年，侯延年死，不得置後，國除。			
周子南君 [索隱]表在長社。	以周後紹封。				四年十一月丁卯，侯姬嘉元年。三	三 四年，君買元年。三	四
樂通 [索隱][illegible]	以方術侯。				一 四年四 五年，		

昭云，「在臨淮高平。」					月乙巳，侯五利將軍欒大元年。侯大有罪，斬，國除。		
瞭 [索隱]音遼。表在舞陽。	以匈奴歸義王降侯。				一 四年六月丙午，侯次公元年。五年，侯次公坐酎金，國除。		
術陽 [索隱]述陽，表在下邳。	以南越王兄越高昌侯。				一 四年，侯建德元年。五年，侯建德有罪，國除。		

龍亢 [索隱]晉灼云「龍，闕。」左傳「齊侯圍龍」，龍，魯邑。蕭該云「廣德所封土是龍，有『亢』者誤也。」	以校尉摎（世）樂擊南越，死事，子侯。[索隱]摎，居虯反。				五年三月壬午，侯廣德元年。二	六年，侯廣德有罪誅，國除。六	
成安 [索隱]表在郟，志在陳留	以校尉韓千秋擊南越死事，子侯。				五年三月壬子，侯延年元年。二	六年，侯延年有罪，國除。六	
昆 [索隱]表	以屬國大且渠擊匈奴功侯。				五年五月戊戌，二	六	四

在鉅鹿。					（昆）侯渠復累元年。[索隱]樂彥累，力委反。顏師古音力追反。		
騏 [索隱]志屬河東，表在北屈。	以屬國騎擊匈奴，捕單于兄功侯。				五年（五）〔六〕月壬子，侯駒幾元年。[集解]一云「騎幾」。二	六	四
梁期 [索隱]志屬魏郡。	以屬國都尉五年閒出擊匈奴，得復累絺縵等功侯。				五年七月辛巳，侯任破胡元年。二	六	四
牧丘 [索隱]表	以丞相及先人萬石積德謹行				五年九月丁丑，二	六	二 三年，侯德 二

在平原。	侯。				恪侯石慶元年。		元年。
瞭 [索隱]表在下邳。初以封次公，又封畢取。	以南越將降侯。				六年三月乙酉，侯畢取元年。一	六	四
將梁 [索隱]表、志闕。	以樓船將軍擊南越，椎鋒卻敵侯。				六年三月乙酉，侯楊僕元年。一	三 四年，侯僕有罪，國除。	
安道 [索隱]表在南陽。	以南越揭陽令聞漢兵至自定降侯。				六年三月乙酉，侯揭陽令〔史〕定元年。一	六	四
隨桃 [索隱]表	以南越蒼梧王聞漢兵至降侯。				六年四月癸亥，一	六	四

在南陽。					侯趙光元年。		
湘成 索隱表在堵陽。	以南越桂林監聞漢兵破番禺，諭甌駱兵四十餘萬降侯。				一 六年五月壬申，侯監居翁元年。索隱監，官也；居，姓；翁，字。	六	四
海常 索隱表在琅邪。	以伏波司馬捕得南越王建德功侯。				一 六年七月乙酉，莊侯蘇弘元年。	六	太初元年，侯弘死，無後，國除。
北石 索隱漢表作「外石」，在濟南。	以故東越衍侯佐繇王斬餘善功侯。					六三 元年正月壬午，侯吳陽元年。	太初四年，今侯首元年。

下鄜 索隱漢表作「鄜」。	以故甌駱左將斬西于王功侯。					六 元年四月丁酉，侯左將黃同元年。索隱西南夷傳「甌駱將左黃同」，則「左」是姓，恐誤。漢表云「將黃同」，則「左將」是官不疑。	四
繚嫈 索隱繚音「繚繞」之「繚」。嫈，案字林音乙耕反。西南夷傳音聊嫈。	以故校尉從橫海將軍說擊東越功侯。					一 元年五月（乙）〔己〕卯，侯劉福元年。二年，侯福有罪，國除。	

蘖兒 索隱韋昭云：「在吳越界，今爲鄉也。」	以軍卒斬東越徇北將軍功侯。					六 元年閏月癸卯，莊侯轅終古元年。集解徐廣曰：「閏四月也。」	太初元年，終古死，無後，國除。
開陵 索隱表在臨淮。	以故東越建成侯與繇王共斬東越王餘善功侯。					六 元年閏月癸卯，侯建成元年。	
臨蔡 索隱表在河內。	以故南越郎聞漢兵破番禺，爲伏波得南越相呂嘉功侯。					六 元年閏月癸卯，侯孫都元年。	
東成 索隱表	以故東越繇王斬東越王餘善					六 元年閏月癸卯，	

在九江。	功侯，萬户。					侯居服元年。	
無錫 索隱表在會稽。	以東越將軍漢兵至弃軍降侯。					六 元年，侯多軍元年。	
涉都 索隱涉多。表在南陽。	以父弃故南海守，漢兵至以城邑降，子侯。					六三 元年中，侯嘉元年。	太初二年，侯嘉薨，無後，國除。
平州 索隱表在梁父。	以朝鮮將漢兵至降侯。					一 三年四月丁卯，侯唊元年。四年，侯唊薨，無後，國除。集解如淳曰：「唊	

						音頰。」	
荻苴 [索隱]音狄蛆。表在勃海。	以朝鮮相漢兵至圍之降侯。					四 三年四月，侯朝鮮相韓陰元年。	
澅清 [索隱]表在齊。澅音獲，水名，在齊。又音乎卦反。	以朝鮮尼谿相使人殺其王右渠來降侯。					四 三年六月丙辰，侯朝鮮尼谿相(侯)參元年。	
騠兹 [索隱]騠音啼。表在琅邪。	以小月氏若苴王[索隱]苴，子餘反。將衆降侯。					三 四年十一月丁卯侯稽谷姑[索隱]稽滑姑。元年。	太初元年，侯稽谷姑薨，無後，國除。

浩 [索隱]表、志闕。	以故中郎將將兵捕得車師王功侯。					一 四年正月甲申，侯王恢元年。 四年四月，侯恢坐使酒泉矯制害，當死，贖，國除。凡三月。	
瓡讘 [集解]徐廣曰：「在河東。瓡音胡，讘之涉反。」[索隱]縣	以小月氏王將衆千騎降侯。					二 四年正月乙酉，侯扜者[索隱]扜音烏，亦音 六年，侯勝元年。	四

名。案：表在河東，志亦同。即狐字。						汙。元年。	
幾 [索隱]音機。表在河東。	以朝鮮王子漢兵圍朝鮮降侯。					二 四年三月癸未，侯張路[索隱]韋昭云：「路，姑洛反。」歸義元年。 六年，侯張路使朝鮮，謀反，死，國除。	
涅陽 [索隱]表在齊，志屬南陽。	以朝鮮相路人，漢兵至，首先降，道死，其子侯。					三 四年三月壬寅，康侯子最元年。	二 太初二年，侯最死，無後，國除。

右太史公本表

當塗 [索隱]表在九江。	魏不害，以圉守尉捕淮陽反者公孫勇等侯。
蒲 [索隱]表在琅邪。	蘇昌，以圉尉史捕淮陽反者公孫勇等侯。
潦陽 [索隱]潦音遼。表在清河。	江德，以園廏嗇夫共捕淮陽反者公孫勇等侯。
富民 [索隱]表在蘄。	田千秋，家在長陵。以故高廟寢郎上書諫孝武曰：「子弄父兵，罪當笞。父子之怒，自古有之。蚩尤畔父，黃帝涉江。」上書至意，拜爲大鴻臚。征和四年爲丞相，封三千户。至昭帝時病死，子順代立，爲虎牙將軍，擊匈奴，不至質，誅死，國除。[集解]漢書音義曰：「質，所期處也。」

右孝武封國名

後進好事儒者褚先生曰：太史公記事盡於孝武之事，故復修記孝昭以來功臣侯者，編於左方，令後好事者得覽觀成敗長短絕世之適，得以自戒焉。當世之君子，行權合變，度時施宜，希世用事，以建功有土封侯，立名當世，豈不盛哉！觀其持滿守成之道，皆不謙讓，驕蹇争權，喜揚聲譽，知進不知退，終以殺身滅國。以三得之，〔一〕及身失之，不能傳功於後世，令恩德流子孫，豈不悲哉！夫龍雒侯曾爲前將軍，世俗順善，厚重謹信，不與政事，退讓愛人。其先起於晉六卿之世。有土君國以來，爲王侯，子孫相承不絕，歷年經世，以至于今，凡百餘歲，豈可與功臣及身失之者同日而語之哉？悲夫，後世其誡之！

〔一〕[集解]以三得之者，卽上所謂「行權合變，度時施宜，希世用事」也。

博陸	霍光，家在平陽。以兄驃騎將軍故貴。前事武帝，覺捕得侍中謀反者馬何羅等功侯，三千戶。[集解]文穎曰：「博，廣；陸，平。取其嘉名，無此縣也。食邑北海、河東。」瓚曰：「漁陽有博陸城也。」中輔幼主昭帝，爲大將軍。謹信，用事擅治，尊爲大司馬，益封邑萬戶。後事宣帝。歷事三主，天下信鄉之，益封二萬戶。子禹代立，謀反，族滅，國除。
秺 [集解]漢	金翁叔名日磾，以匈奴休屠王太子從渾邪王將衆五萬，降漢歸義，侍中，事武帝，覺捕侍中謀反者馬何羅等功侯，三千戶。中事昭帝，謹厚，益封三千戶。子弘代立，爲奉車都尉，事宣帝。

漢音義曰：「音妒。在濟陰成武，今有亭矣。」	
安陽 [索隱]表在蕩陰，志屬汝南。	上官桀，家在隴西。以善騎射從軍。稍貴，事武帝，爲左將軍。覺捕斬侍中謀反者馬何羅弟重合侯通功侯，三千戶。中事昭帝，與大將軍霍光争權，因以謀反，族滅，國除。
桑樂 [索隱]表在千乘。	上官安。以父桀爲將軍故貴，侍中，事昭帝。安女爲昭帝夫人，立爲皇后故侯，三千戶。驕蹇，與大將軍霍光争權，因以父子謀反，族滅，國除。
富平 [索隱]志屬平原。	張安世，家在杜陵。以故御史大夫張湯子武帝時給事尚書，爲尚書令。事昭帝，謹厚習事，爲光祿勳右將軍。輔政十三年，無適過，侯，三千戶。及事宣帝，代霍光爲大司馬，用事，益封萬六千戶。子延壽代立，爲太僕，侍中。
義陽	傅介子，家在北地。以從軍爲郎，爲平樂監。昭帝時，刺殺外國王，天子下詔書曰：「平樂監傅介子使外國，

[索隱]表在平氏。	殺樓蘭王，以直報怨，不煩師，有功，其以邑千三百戶封介子爲義陽侯。」子厲代立，争財相告，有罪，國除。
商利 [索隱]表在徐郡。	王山，齊人也。故爲丞相史，會騎將軍上官安謀反，山說安與俱入丞相，斬安。山以軍功爲侯，三千戶。上書願治民，爲代太守。爲人所上書言，繫獄當死，會赦，出爲庶人，國除。
建平 [索隱]表在濟陽。	杜延年。以故御史大夫杜周子給事大將軍幕府，發覺謀反者騎將軍上官安等罪，封爲侯，邑二千七百戶，拜爲太僕。元年，出爲西河太守。五鳳三年，入爲御史大夫。
弋陽 [索隱]志屬汝南。	任宮。以故上林尉捕格謀反者左將軍上官桀，殺之便門，封爲侯，二千戶。後爲太常，及行衞尉事。節儉謹信，以壽終，傳於子孫。
宜城 [索隱]表在濟陰。	燕倉。以故大將軍幕府軍吏發謀反者騎將軍上官安罪有功，封侯，邑二千戶。爲汝南太守，有能名。
宜春	王訢，家在齊。本小吏佐史，稍遷至右輔都尉。武帝數幸扶風郡，訢共置辦，拜爲右扶風。至孝昭時，代桑弘

[索隱]志屬汝南。	羊爲御史大夫。元鳳三年，代田千秋爲丞相，封二千戶。立二年，爲人所上書言暴，自殺，不殊。子代立，爲屬國都尉。
安平 [索隱]表在汝南，志屬涿郡。	楊敞，家在華陰。故給事大將軍幕府，稍遷至大司農，爲御史大夫。元鳳六年，代王訢爲丞相，封二千戶。立二年，病死。子賁代立，十三年病死。子翁君代立，爲典屬國。三歲，以季父惲故出惡言，繫獄當死，得免，爲庶人，國除。
	右孝昭時所封國名
陽平 [索隱]志屬東郡。	蔡義，家在溫。故師受韓詩，爲博士，給事大將軍幕府，爲杜城門候。入侍中，授昭帝韓詩，爲御史大夫。是時年八十，衰老，常兩人扶持乃能行。然公卿大臣議，以爲爲人主師，當以爲相。以元平元年代楊敞爲丞相，封二千戶。病死，絕無後，國除。
扶陽 [索隱]志屬沛郡，表在蕭。	韋賢，家在魯。通詩、禮、尚書，爲博士，授魯大儒，入侍中，爲昭帝師，遷爲光祿大夫、大鴻臚、長信少府。以爲人主師，本始三年代蔡義爲丞相，封扶陽侯，千八百戶。爲丞相五歲，多恩，不習吏事，免相，就第，病死。子玄成代立，爲太常。坐祠廟騎，奪爵，爲關內侯。

平陵　[索隱]表在武當。
范明友，家在隴西。以家世習外國事，使護西羌。事昭帝，拜爲度遼將軍，擊烏桓功侯，二千户。取霍光女爲妻。地節四年，與諸霍子禹等謀反，族滅，國除。

營平　[索隱]表在濟南。
趙充國。以隴西騎士從軍得官，侍中，事武帝。數將兵擊匈奴有功，爲護軍都尉，侍中，事昭帝。昭帝崩，議立宣帝，決疑定策，以安宗廟功侯，封二千五百户。

陽成　[索隱]表在濟陰，非也。且濟陰有城陽縣耳，而潁川汝南又各有陽城縣，「城」字從「土」，在「陽」之下，
田延年。以軍吏事昭帝；發覺上官桀謀反事，後留遲不得封，爲大司農。本造廢昌邑王議立宣帝，決疑定策，以安宗廟功侯，二千七百户。逢昭帝崩，方上事並急，因以盜都內錢三千萬。[集解]漢書百官表曰：「司農屬官有都內。」發覺，自殺，國除。

今此似誤，不可分別也。

平丘　[索隱]志屬陳留，表在肥城。
王遷，家在衞。[索隱]一作「衙」，音牙。地理志衙縣在馮翊。爲尚書郎，習刀筆之文。侍中，事昭帝。帝崩，立宣帝，決疑定策，以安宗廟功侯，二千户。爲光祿大夫，秩中二千石。坐受諸侯王金錢財，漏泄中事，誅死，國除。

樂成　[索隱]表在平氏，志屬南陽。
霍山。山者，大將軍光兄子也。光未死時上書曰：「臣兄驃騎將軍去病從軍有功，病死，賜謚景桓侯，絕無後，臣光願以所封東武陽邑三千五百户分與山。」天子許之，拜山爲侯。後坐謀反，族滅，國除。

冠軍　[索隱]志屬南陽。
霍雲。以大將軍兄驃騎將軍適孫爲侯。地節三年，天子下詔書曰：「驃騎將軍去病擊匈奴有功，封爲冠軍侯。薨卒，子侯代立，病死無後。春秋之義，善善及子孫，其以邑三千户封雲爲冠軍侯。」後坐謀反，族滅，國除。

平恩　[索隱]志
許廣漢，家昌邑。坐事下蠶室，獨有一女，嫁之。宣帝未立時，素與廣漢出入相通，卜相者言當大貴，以故廣漢施恩甚厚。地節三年，封爲侯，邑三千户。病死無後，國除。

屬魏郡。

昌水　[索隱]表在於陵。
田廣明。故郎，爲司馬，稍遷至南郡都尉、淮陽太守、鴻臚、左馮翊。昭帝崩，議廢昌邑王，立宣帝，決疑定策，以安宗廟。本始三年，封爲侯，邑二千三百户。爲御史大夫。後爲祁連將軍，擊匈奴，軍不至質，當死，自殺，國除。

高平　[索隱]志屬臨淮。
魏相，家在濟陰。少學易，爲府卒史，以賢良舉爲茂陵令，遷河南太守。坐賊殺不辜，繫獄，當死，會赦，免爲庶人。有詔守茂陵令，爲楊州刺史，入爲諫議大夫，復爲河南太守，遷爲大司農、御史大夫。地節三年，譖毀韋賢，代爲丞相，封千五百户。病死，長子賓代立，坐祠廟失侯。

博望　[索隱]志屬南陽。
許中翁。[集解]名舜。以平恩侯許廣漢弟封爲侯，邑二千户。亦故有私恩，爲長樂衞尉。死，子延年代立。

樂平
許翁孫。以平恩侯許廣漢少弟故爲侯，封二千户。拜爲彊弩將軍，擊破西羌，還，更拜爲大司馬、光祿勳。亦故有私恩，故得封。嗜酒好色，以早病死。子湯代立。

將陵
史子回。[集解]名曾。以宣帝大母家封爲侯，二千六百户，與平臺侯昆弟行也。子回妻宜君，故成王孫，嫉妒，絞殺侍婢四十餘人，盜斷婦人初產子臂膝以爲媚道。爲人所上書言，論弃市。子回以外家故，不失侯。

平臺　[索隱]志屬常山。
史子叔。[集解]名玄。以宣帝大母家封爲侯，二千五百户。衞太子時，史氏內一女於太子，嫁一女魯王，今見魯王亦史氏外孫也。外家有親，以故貴，數得賞賜。

樂陵　[索隱]志屬臨淮。平原亦有樂陵。
史子長。[集解]名高。以宣帝大母家貴，侍中，重厚忠信。以發覺霍氏謀反事，封三千五百户。

博成　[索隱]表在臨淮。
張章，父故潁川人，爲長安亭長。失官，之北闕上書，寄宿霍氏第舍，卧馬櫪閒，夜聞養馬奴相與語，言諸霍氏子孫欲謀反狀，因上書告反，爲侯，封三千户。

都成　[索隱]志屬潁川。
金安上，先故匈奴。以發覺故大將軍霍光子禹等謀反事有功，封侯，二千八百户。安上者，奉車都尉秺侯從羣子。行謹善，退讓以自持，欲傳功德於子孫。

平通　[索隱]表
楊惲，家在華陰，故丞相楊敞少子，任爲郎。好士，自喜知人，居衆人中常與人顏色，以故高昌侯董忠引與屏語，言霍氏謀反狀，共發覺告反，侯，二千户，爲光祿勳。到五鳳四年，作爲妖言，大逆罪，腰斬，國除。

在博陽。	
高昌 〔索隱〕志屬千乘。	董忠，父故潁川陽翟人，以習書詣長安。忠有材力，能騎射，用短兵，給事期門。〔集解〕漢書東方朔傳曰：「武帝微行，出與侍中常侍武騎及待詔隴西北地良家子能騎射者期諸殿門，故有『期門』之號。」與張章相習知，章告語忠霍禹謀反狀，忠以語常侍騎郎楊惲，共發覺告反，侯，二千户。今爲梟騎都尉，侍中。坐祠宗廟乘小車，奪百户。
爰戚	趙成。〔索隱〕漢表作「趙長平」。用發覺楚國事侯，二千三百户。地節元年，楚王與廣陵王謀反，成發覺反狀，天子推恩廣德義，下詔書曰「無治廣陵王」，廣陵不變更。後復坐祝詛滅國，自殺，國除。今帝復立子爲廣陵王。
酇	地節三年，天子下詔書曰：「朕聞漢之興，相國蕭何功第一，今絕無後，朕甚憐之，其以邑三千户封蕭何玄孫建世爲酇侯。」
平昌	王長君，〔集解〕名無故。家在趙國，常山廣望邑人也。衞太子時，嫁太子家，爲太子男史皇孫爲配，生子男，絕不聞聲問，行且四十餘歲，至今元康元年中，詔徵，立以爲侯，封五千户。宣帝舅父也。
樂昌 〔索隱〕表在汝南。	王稚君，〔集解〕名武。家在趙國，常山廣望邑人也。以宣帝舅父外家封爲侯，邑五千户。平昌侯王長君弟也。

邛成 〔索隱〕表在濟陰。	王奉光，家在房陵。以女立爲宣帝皇后，故封千五百户。言奉光初生時，夜見光其上，傳聞者以爲當貴云。後果以女故爲侯。
安遠 〔索隱〕表在慎。	鄭吉，家在會稽。以卒伍起從軍爲郎，使護將弛刑士田渠梨。會匈奴單于死，國亂，相攻，日逐王將衆來降漢，先使語吉，吉將吏卒數百人往迎之。衆頗有欲還者，斬殺其渠率，遂與俱入漢。以軍功侯，二千户。
博陽 〔索隱〕表在南頓。	邴吉，家在魯。本以治獄爲御史屬，給事大將軍幕府。常施舊恩宣帝，遷爲御史大夫，封侯，二千户。神爵二年，代魏相爲丞相。立五歲，病死。子翁孟代立，爲將軍，侍中。甘露元年，坐祠宗廟不乘大車而騎至廟門，有罪，奪爵，爲關內侯。
建成 〔索隱〕表在沛。	黄霸，家在陽夏，以役使徙雲陽。以廉吏爲河內守丞，遷爲廷尉監，行丞相長史事。坐見知夏侯勝非詔書大不敬罪，久繫獄三歲，從勝學尚書。會赦，以賢良舉爲揚州刺史，潁川太守。善化，男女異路，耕者讓畔，賜黄金百斤，秩中二千石。居潁川，入爲太子太傅，遷御史大夫。五鳳三年，代邴吉爲丞相。封千八百户。
西平 〔索隱〕表在臨淮。	于定國，家在東海。本以治獄給事爲廷尉史，稍遷御史中丞。上書諫昌邑王，遷爲光祿大夫，爲廷尉。乃師受春秋，變道行化，謹厚愛人。遷爲御史大夫，代黄霸爲丞相。

右孝宣時所封

陽平 〔索隱〕表在東郡。	王稚君，〔集解〕名傑。〔索隱〕漢表名禁。家在魏郡。故丞相史。女爲太子妃。太子立爲帝，女爲皇后，故侯，千二百户。初元以來，方盛貴用事，游宦求官於京師者多得其力，未聞其有知略廣宜於國家也。

【索隱述贊】孝武之代，天下多虞。南討甌越，北擊單于。長平鞠旅，冠軍前驅。術陽銜璧，臨蔡破禺。博陸上宰，平津巨儒。金章且佩，紫綬行紆。昭帝已後，勳寵不殊。惜哉絕筆，褚氏補諸。

史記卷二十一

建元已來王子侯者年表第九

制詔御史：「諸侯王或欲推私恩分子弟邑者，令各條上，朕且臨定其號名。」

太史公曰：盛哉，天子之德！一人有慶，天下賴之。

國名	王子號	元光	元朔	元狩	元鼎	元封	太初
茲 索隱表、志闕。	河閒獻王子。	五年正月壬子，侯劉明元年。二	二 三年，侯明坐謀反殺人，弃市，國除。集解徐廣曰：「一作『掠殺人，弃市』。」				
安成 索隱表在豫章。	長沙定王子。	六年七月乙巳，思侯劉蒼元年。一	六	六	元年，今侯自當元年。六	六	四
宜春 索隱表、志闕。	長沙定王子。	六年七月乙巳，侯劉成元年。一	六	六	四 五年，侯成坐酎金，國除。		
句容 索隱表在會稽。	長沙定王子。	六年七月乙巳，哀侯劉黨元年。一	元年，哀侯黨薨，無後，國除。				
句陵 集解徐廣曰：「一作『容陵』。」索隱表、志闕。	長沙定王子。	六年七月乙巳，侯劉福元年。一	六	六	四 五年，侯福坐酎金，國除。		
杏山 索隱表、志闕。	楚安王子。	六年後九月壬戌，侯劉成元年。一	六	六	四 五年，侯成坐酎金，國除。		
浮丘 索隱表在沛。	楚安王子。	六年後九月壬戌，侯劉不審元年。一	六	四 五年，侯霸元年。二	四 五年，侯霸坐酎金，國除。		
廣戚 索隱表、志闕。	魯共王子。		元年十(一)月丁酉，節侯劉擇元年。集解徐廣曰：「擇，一作『將』。」六	元年，侯始元年。六	四 五年，侯始坐酎金，國除。		
丹楊 索隱丹陽。表在蕪湖。	江都易王子。		元年十二月甲辰，哀侯敢元年。六	元狩元年，侯敢薨，無後，國除。			
盱台 索隱表、志闕。	江都易王子。		元年十二月甲辰，侯劉象之元年。索隱表作「蒙之」。六	六	四 五年，侯象之坐酎金，國除。		
湖孰 索隱表在丹陽。	江都易王子。		元年正月丁(亥)〔卯〕，頃侯劉胥元年。索隱表作「胥行」。六	六	四 五年，今侯聖元年。二	六	四

秩陽 索隱表作「秫陵」。	江都易王子。		元年正月丁卯，終侯劉漣元年。索隱表名纏。 六	六	三 四年，終侯漣薨，無後，國除。		
睢陵 索隱表作「淮陵」。	江都易王子。		元年正月丁卯，侯劉定國元年。 六	六	四 五年，侯定國坐酎金，國除。		
龍丘 索隱表在琅邪。	江都易王子。		二年五月乙巳，侯劉代元年。 五	六	四 五年，侯代坐酎金，國除。		
張梁 索隱表、志闕。	江都易王子。		二年五月乙巳，哀侯劉仁元年。 五	六	二 三年，今侯順元年。 四	六	四
劇	菑川懿王子。		五	六	一 五	六	四

索隱表、志闕。			二年五月乙巳，原侯劉錯元年。		二年，孝侯廣昌元年。		
壤 索隱表、志闕。	菑川懿王子。		二年五月乙巳，夷侯劉高遂。索隱劉高。元年。 五	六	元年，今侯延元年。 六	六	四
平望 索隱表、志闕。	菑川懿王子。		二年五月乙巳，夷侯劉賞元年。 五	二 三年，今侯楚人元年。 四	六	六	四
臨原 索隱表作「臨衆」。	菑川懿王子。		二年五月乙巳，敬侯劉始昌元年。 五	六	六	六	四
葛魁	菑川懿王子。		五	三 三	二		

集解徐廣曰：「葛一作『莒』。」索隱表、志闕，或鄉名。			二年五月乙巳，節侯劉寬元年。	四年，（今）侯戚元年。	三年，侯戚坐殺人，弃市，國除。		
益都 索隱表、志皆闕。	菑川懿王子。		二年五月乙巳，侯劉胡元年。 五	六	六	六	四
平酌 索隱漢表作「平的」，志屬北海。	菑川懿王子。		二年五月乙巳，戴侯劉彊元年。 五	六	元年，思侯中時元年。 六	六	四
劇魁	菑川懿王子。		五	六	六	三 三	四

索隱志屬北海。			二年五月乙巳，夷侯劉墨元年。			元年，侯昭元年。 四年，侯德元年。	
壽梁 索隱表在壽樂。	菑川懿王子。		二年五月乙巳，侯劉守元年。 五	六	四 五年，侯守坐酎金，國除。		
平度 索隱志屬東萊。	菑川懿王子。		二年五月乙巳，侯劉衍元年。 五	六	六	六	四
宜成 索隱表在平原。	菑川懿王子。		二年五月乙巳，康侯劉偃元年。 五	六	元年，侯福元年。 六	六	元年，侯福坐殺弟，弃市，國除。
臨朐	菑川懿王子。		五	六	六	六	四

索隱表 在東海。			二年五月乙巳，哀侯劉奴元年。				
雷 索隱表 在東海。	城陽共王子。		二年五月甲戌，侯劉稀元年。五	六	五 五年，侯稀坐酎金，國除。		
東莞 索隱志 屬琅邪。	城陽共王子。		三 二年五月甲戌，侯劉吉元年。五年，侯吉有痼疾，不朝，廢，國除。				
辟 索隱表	城陽共王子。		三 二年五 五年，二	六	四 五年，侯朋坐		

在東海。			月甲戌，節侯劉壯元年。侯朋元年。		酎金，國除。		
尉文 索隱表 在南郡。	趙敬肅王子。		二年六月甲午，節侯劉丙元年。五	元年，侯犢元年。六	四 五年，侯犢坐酎金，國除。		
封斯 索隱志 屬常山。	趙敬肅王子。		二年六月甲午，共侯劉胡陽元年。五	六	六	六	三 三年，今侯如意元年。二
榆丘 索隱表、志皆闕。	趙敬肅王子。		二年六月甲午，侯劉壽福元年。五	六	四 五年，侯壽福坐酎金，國除。		
襄嚵	趙敬肅王子。		五	六	四		

索隱韋昭云：「庾平縣。」嚵音仕咸反，又仕儉反。			二年六月甲午，侯劉建元年。		五年，侯建坐酎金，國除。		
邯會 索隱志 屬魏郡。	趙敬肅王子。		二年六月甲午，侯劉仁元年。五	六	六	六	四
朝 索隱凡侯不言郡縣，皆表、志闕。	趙敬肅王子。		二年六月甲午，侯劉義元年。五	六	三 三年，今侯禄元年。四	六	四
東城 索隱志 屬九江。	趙敬肅王子。		二年六月甲午，侯劉遺元年。五	六	元年，侯遺有罪，國除。		

陰城 索隱表、志闕。	趙敬肅王子。		二年六月甲午，侯劉蒼元年。五	六	六	元年，侯蒼有罪，國除。	
廣望 索隱志 屬涿郡。	中山靖王子。		二年六月甲午，侯劉安中元年。五	六	六	六	四
將梁 索隱表 在涿郡。	中山靖王子。		二年六月甲午，侯劉朝平元年。五	六	四 五年，侯朝平坐酎金，國除。		
新館 索隱表 在涿郡。	中山靖王子。		二年六月甲午，侯劉未央元年。五	六	四 五年，侯未央坐酎金，國除。		
新處 索隱表	中山靖王子。		二年六月甲午，五	六	四 五年，侯嘉坐		

在涿郡。			侯劉嘉元年。		酎金，國除。		
陘城 [索隱]表在涿郡，志屬中山。	中山靖王子。		二年六月甲午，侯劉貞元年。五	六	四 五年，侯貞坐酎金，國除。		
蒲領 [索隱]表在東海。	廣川惠王子。		三年十月癸酉，侯劉嘉元年。四				
西熊 [索隱]表、志闕。	廣川惠王子。		三年十月癸酉，侯劉明元年。四				
棗彊 [索隱]志屬清河。	廣川惠王子。		三年十月癸酉，侯劉晏元年。四				

畢梁 [索隱]表在魏郡。	廣川惠王子。		三年十月癸酉，侯劉嬰元年。四	六	六	三 四年，侯嬰有罪，國除。	
房光 [索隱]表在魏郡。	河間獻王子。		三年十月癸酉，侯劉殷元年。四	六	元年，侯殷有罪，國除。		
距陽 [索隱]表、志皆闕。	河間獻王子。		三年十月癸酉，侯劉匄元年。四	四 五年，侯渡元年。二	四 五年，侯渡有罪，國除。		
蔞（安） [索隱]蔞音力俱反。漢表「蔞節侯」，無	河間獻王子。		三年十月癸酉，侯劉邈元年。四	六	六	元年，今侯嬰元年。六	四

「安」字。節，謚也。							
阿武 [索隱]表、志皆闕。	河間獻王子。		三年十月癸酉，湣侯劉豫元年。四	六	六	六	二 三年，今侯寬元年。二
參戶 [索隱]志屬勃海。	河間獻王子。		三年十月癸酉，侯劉勉元年。四	六	六	六	四
州鄉 [索隱]志屬涿郡。	河間獻王子。		三年十月癸酉，節侯劉禁元年。四	六	六	五 六年，今侯惠元年。一	四
成平 [索隱]表在南皮。	河間獻王子。		三年十月癸酉，侯劉禮元年。四	二 三年，侯禮有罪，國除。			

廣 [索隱]表在勃海。	河間獻王子。		三年十月癸酉，侯劉順元年。四	六	四 五年，侯順坐酎金，國除。		
蓋胥 [索隱]漢表在太山，志在魏郡。	河間獻王子。		三年十月癸酉，侯劉讓元年。四	六	四 五年，侯讓坐酎金，國除。		
陪安 [索隱]表在魏郡。	濟北貞王子。		三年十月癸酉，康侯劉不害元年。四	六	一 二年，哀侯秦客元年。三年，侯秦客薨，無後國除。二		
榮簡 [集解]徐廣曰：	濟北貞王子。		三年十月癸酉，侯劉騫元年。二	三年，侯騫有罪，國除。			

一作『督節』。【索隱】漢表作「督闕」，在茌平。							
周堅 【索隱】表、志皆闕。	濟北貞王子。		三年十月癸酉，侯劉何元年。四	四 五年，侯當時元年。二	四 五年，侯當時坐酎金，國除。		
安陽 【索隱】表在平原。	濟北貞王子。		三年十月癸酉，侯劉桀元年。四	六	六	六	四
五樓 【索隱】表在泰山。	濟北貞王子。		三年十月癸酉，侯劉臒丘元年。【索隱】臒丘，舊作纓， 四	六	四 五年，侯臒丘坐酎金，國除。		

			音劬，劉氏音烏霍反。				
富 【索隱】表、志皆闕。	濟北貞王子。		三年十月癸酉，侯劉龔元年。四	六	六	六	四
陪 【索隱】倍。表在平原。	濟北貞王子。		三年十月癸酉，繆侯劉明元年。四	六	二 三年，侯邑元年。五年，侯邑坐酎金，國除。二		
叢 【集解】徐廣曰：「一作『散』。」【索隱】叢音緅。漢表作「菆」，在	濟北貞王子。		三年十月癸酉，侯劉信元年。四	六	四 五年，侯信坐酎金，國除。		

平原。今平原無敢縣，此例非一，蓋鄉名也。							
平 【索隱】志屬河南。	濟北貞王子。		三年十月癸酉，侯劉遂元年。四	元年，侯遂有罪，國除。			
羽 【索隱】志屬平原。	濟北貞王子。		三年十月癸酉，侯劉成元年。四	六	六	六	四
胡毋 【索隱】表在泰山。	濟北貞王子。【索隱】自陪安侯不害已下十一人是濟北貞王子，而漢表自安陽侯已下是濟北式王子，同是元朔三		三年十月癸酉，侯劉楚元年。四	六	四 五年，侯楚坐酎金，國除。		

	年十月封，恐因此誤也。						
離石 【索隱】表在上黨，志屬西河。	代共王子。		三年正月壬戌，侯劉綰元年。四	六	六	六	四
邵 【索隱】表在山陽。	代共王子。		三年正月壬戌，侯劉慎元年。四	六	六	六	四
利昌 【索隱】昌利。志屬齊郡。	代共王子。		三年正月壬戌，侯劉嘉元年。四	六	六	六	四
藺 【索隱】志	代共王子。		三年正月壬戌，				

屬西河。			侯劉憙元年。				
臨河 索隱志屬朔方。	代共王子。		三年正月壬戌，侯劉賢元年。				
隰成 索隱志屬西河。	代共王子。		三年正月壬戌，侯劉忠元年。				
土軍 索隱志屬西河。	代共王子。		三年正月壬戌，侯劉郢客元年。		侯郢客坐與人妻姦，弃市。		
皋狼 索隱表在臨淮。	代共王子。		三年正月壬戌，侯劉遷元年。				
千章	代共王子。						

集解徐廣曰：「一作『斥』。」索隱千章，表在平原。			三年正月壬戌，侯劉遇元年。				
博陽 索隱志屬汝南。	齊孝王子。		三年三月乙卯，康侯劉就元年。四	六	三 三年，侯終吉元年。五年，侯終吉坐酎金，國除。二		
寧陽 索隱表在濟南。	魯共王子。		三年三月乙卯，節侯劉恢元年。四	六	六	六	四
瑕丘	魯共王子。		四	六	六	六	四

索隱志屬山陽。			三年三月乙卯，節侯劉貞元年。				
公丘 索隱志屬沛郡。	魯共王子。		三年三月乙卯，夷侯劉順元年。四	六	六	六	四
郁狼 索隱韋昭云：「屬魯。」志不載。狼音盧黨反，又音郎。	魯共王子。		三年三月乙卯，侯劉騎元年。四	六	四 五年，侯騎坐酎金，國除。		
西昌	魯共王子。		三年三月乙卯，侯劉敬元年。四	六	四 五年，侯敬坐酎金，國除。		

陘城 索隱漢表作「陸地」，爲得。靖王子貞已封陘，二人不應重封。	中山靖王子。		三年三月癸酉，侯劉義元年。四	六	四 五年，侯義坐酎金，國除。		
邯平 索隱表在廣平。	趙敬肅王子。索隱趙敬肅王子四人，以異年封，故別見於此。		三年四月庚辰，侯劉順元年。四	六	四 五年，侯順坐酎金，國除。		
武始 索隱表在魏。	趙敬肅王子。索隱後立爲趙王。		三年四月庚辰，侯劉昌元年。四	六	六	六	四
象氏	趙敬肅王子。		四	六	六	三 四	四

索隱韋昭云:「在鉅鹿。」			三年四月庚辰,節侯劉賀元年。			三年,思侯安德元年。	
易 索隱一作「鄗」。志屬涿郡,表在鄗。			三年四月庚辰,安侯劉平元年。四	六	六	四 五年,今侯種元年。二	四
洛陵 索隱表作「路陵」,在南陽。	長沙定王子。		四年三月乙丑,侯劉章元年。三	一 二年,侯章有罪,國除。			
攸輿 索隱案:今長沙有攸縣,本名	長沙定王子。		四年三月乙丑,侯劉則元年。三	六	六	六	元年,侯則篡死罪,弃市,國除。

攸輿。漢表在南陽。							
茶陵 索隱表在桂陽,志屬長沙。	長沙定王子。		四年三月乙丑,侯劉欣元年。三	六	一 二年,哀侯陽元年。五	六	元年,侯陽薨,無後,國除。
建成 索隱表在豫章。	長沙定王子。		四年二月乙丑,侯劉拾元年。三	五 六年,侯拾坐不朝,不敬,國除。			
安衆 索隱志屬南陽。	長沙定王子。		四年三月乙丑,康侯劉丹元年。三	六	六	五 六年,今侯山拊元年。索隱拊音趺。一	四

葉 索隱葉音攝。縣名,屬南陽。	長沙定王子。		四年三月乙丑,康侯劉嘉元年。三	六	四 五年,侯嘉坐酎金,國除。		
利鄉	城陽共王子。		四年三月乙丑,康侯劉嬰元年。三	二 三年,侯嬰有罪,國除。			
有利 索隱表在東海。	城陽共王子。		四年三月乙丑,侯劉釘元年。三	元年,侯釘坐遺淮南書稱臣,弃市,國除。			
東平 索隱表在東海。	城陽共王子。		四年三月乙丑,侯劉慶元年。三	二 三年,侯慶坐與姊妹姦,有罪,國除。			

運平 索隱表在東海。	城陽共王子。		四年三月乙丑,侯劉訢元年。三	六	四 五年,侯訢坐酎金,國除。		
山州 索隱表、志闕。	城陽共王子。		四年三月乙丑,侯劉齒元年。三	六	四 五年,侯齒坐酎金,國除。		
海常 索隱表在琅邪。	城陽共王子。		四年三月乙丑,侯劉福元年。三	六	四 五年,侯福坐酎金,國除。		
鈞丘 索隱漢表作「騶丘」。	城陽共王子。		四年三月乙丑,侯劉憲元年。三	三 四年,今侯執德元年。三	六	六	四
南城 索隱表、	城陽共王子。		四年三月乙丑,三	六	六	六	四

志闕。			侯劉貞元年。				
廣陵 集解徐廣曰：「一作『陽』。」	城陽共王子。		四年三月乙丑，常侯劉表元年。索隱虒侯表。晉灼曰：「虒音斯。」三	四 五年，侯成元年。二	四 五年，侯成坐酎金，國除。		
莊原 索隱漢表作「杜原」。	城陽共王子。		四年三月乙丑，侯劉皐元年。三	六	四 五年，侯皐坐酎金，國除。		
臨樂 索隱韋昭云：「縣名，屬勃海。」	中山靖王子。		四年四月甲午，敦侯劉光元年。索隱謚法：「善行不怠曰敦。」三	六	六	五 六年，今侯建元年。一	四

東野 索隱表、志闕。	中山靖王子。		四年四月甲午，侯劉章元年。索隱戴侯章。三	六	六	六	四
高平 索隱表在平原。	中山靖王子。		四年四月甲午，侯劉嘉元年。三	六	四 五年，侯嘉坐酎金，國除。		
廣川	中山靖王子。		四年四月甲午，侯劉頗元年。三	六	四 五年，侯頗坐酎金，國除。		
千鍾 集解徐廣曰：「一作『重』。」索隱漢	河閒獻王子。		四年四月甲午，侯劉搖元年。集解一云「劉陰」。三	一 二年，侯陰不使人爲秋請，有罪，國除。			

表作「重侯擔」，在平原。地理志有重丘也。							
披陽 索隱蕭該披音皮，劉氏音皮彼反。志屬千乘也。	齊孝王子。		四年四月乙卯，敬侯劉燕元年。三	六	四 五年，今侯隅元年。二	六	四
定 索隱定，地名。	齊孝王子。		四年四月乙卯，敬侯劉越元年。索隱敫侯越。敫，謚也。說文云：「敫讀如躍。」三	六	三 四年，今侯德元年。三	六	四

稻 索隱志屬琅邪。	齊孝王子。		四年四月乙卯，夷侯劉定元年。三	六	二 三年，今侯都陽元年。四	六	四
山 索隱表在勃海。	齊孝王子。		四年四月乙卯，侯劉國元年。三	六	六	六	四
繁安 索隱表、志闕。	齊孝王子。		四年四月乙卯，侯劉忠元年。索隱夷侯忠。三	六	六	六	三 四年，今侯壽元年。一
柳 索隱表、志闕。	齊孝王子。		四年四月乙卯，康侯劉陽元年。三	六	三 四年，侯罷師元年。三	四 五年，今侯自爲元年。二	四
雲	齊孝王子。		三	六	五 一	六	四

〔索隱〕志屬琅邪。			四年四月乙卯，夷侯劉信元年。		六年，今侯歲發元年。		
牟平 〔集解〕徐廣曰：「一作『羊』。」〔索隱〕志屬東萊。	齊孝王子。		四年四月乙卯，共侯劉渫元年。〔索隱〕渫音薛。 三	二 三年，今侯奴元年。 四	六	六	四
柴 〔索隱〕志屬泰山。	齊孝王子。		四年四月乙卯，原侯劉代元年。 三	六	六	六	四
柏陽 〔索隱〕漢表作「暢」，在中山。	趙敬肅王子。		五年十一月辛酉，侯劉終古元年。 二	六	六	六	四

鄗 〔索隱〕漢表作「敲」，音霍。志屬常山郡。	趙敬肅王子。		五年十一月辛酉，侯劉延年元年。〔索隱〕安侯。 二	六	四 五年，侯延年坐酎金，國除。		
桑丘 〔索隱〕表在深澤。	中山靖王子。		五年十一月辛酉，節侯劉洋元年。〔索隱〕漢表名將夜。 二	六	三 四年，今侯德元年。 三	六	四
高丘 〔索隱〕表、志闕。	中山靖王子。		五年三月癸酉，哀侯劉破胡元年。 二	六	元年，侯破胡薨，無後，國除。		
柳宿	中山靖王子。		二	二 四	四		

〔索隱〕表在涿郡。			五年三月癸酉，夷侯劉蓋元年。	三年，侯蘇元年。	五年，侯蘇坐酎金，國除。		
戎丘 〔索隱〕表、志闕。	中山靖王子。		五年三月癸酉，侯劉讓元年。 二	六	四 五年，侯讓坐酎金，國除。		
樊輿 〔索隱〕表、志闕。	中山靖王子。		五年三月癸酉，節侯劉條元年。 二	六	六	六	四
曲成 〔索隱〕表在涿郡。	中山靖王子。		五年三月癸酉，侯劉萬歲元年。 二	六	四 五年，侯萬歲坐酎金，國除。		
安郭 〔索隱〕表在涿郡。	中山靖王子。		五年三月癸酉，侯劉博元年。 二	六	六	六	四

安險 〔索隱〕志屬中山。	中山靖王子。		五年三月癸酉，侯劉應元年。 二	六	四 五年，侯應坐酎金，國除。		
安遙 〔索隱〕表作「安道」。	中山靖王子。		五年三月癸酉，侯劉恢元年。 二	六	四 五年，侯恢坐酎金，國除。		
夫夷	長沙定王子。		五年三月癸酉，敬侯劉義元年。 二	六	四 五年，今侯禹元年。 六	六	四
春陵 〔索隱〕志屬南陽。	長沙定王子。		五年六月壬子，侯劉買元年。〔索隱〕節侯。 二	六	六	六	四
都梁	長沙定王子。		二	六	六	六	四

【索隱】志屬零陵。			五年六月壬子，敬侯劉遂元年。		元年，今侯係元年。		
洮陽【索隱】志屬零陵。洮音滔，又音道。	長沙定王子。		五年六月壬子，靖侯劉狗彘元年。【索隱】漢表名將燕。二	五 六年，侯狗彘薨，無後，國除。			
泉陵【索隱】志屬零陵。	長沙定王子。		五年六月壬子，節侯劉賢元年。二	六	六	六	四
終弋【索隱】表在汝南。	衡山王賜子。		六年四月丁丑，侯劉廣置元年。【索隱】廣買。一	六	四 五年，侯廣置坐酎金，國除。		

麥【索隱】表在琅邪。	城陽頃王子。			元年四月戊寅，侯劉昌元年。六	四 五年，侯昌坐酎金，國除。		
鉅合【索隱】表在平原。	城陽頃王子。			元年四月戊寅，侯劉發元年。六	四 五年，侯發坐酎金，國除。		
昌【索隱】志屬琅邪。	城陽頃王子。			元年四月戊寅，侯劉差元年。【索隱】昌侯羌。六	四 五年，侯差坐酎金，國除。		
蕢【索隱】蕢侯，音祕，又扶謂反。表在琅邪。	城陽頃王子。			元年四月戊寅，侯劉方【索隱】萬。元年。六	四 五年，侯方坐酎金，國除。		

雩殷【索隱】雩康侯澤。志屬琅邪。音呼、加二音。	城陽頃王子。			元年四月戊寅，康侯劉澤元年。六	六		
石洛【索隱】表在琅邪。	城陽頃王子。			元年四月戊寅，侯劉敬元年。【索隱】石洛侯敢。六	六	六	四
扶浸【索隱】漢表作「挾術」，在琅邪。浸音浸。	城陽頃王子。			元年四月戊寅，侯劉昆吾元年。六	六	六	四
校【索隱】音	城陽頃王子。			元年四月戊寅，六	六	六	四

劾。志闕。說者或以爲琅邪被縣，恐不然也。				侯劉霸元年。【索隱】漢表名雲。城陽頃王子十九人，漢表二十人，有挾僖侯霸，疑此表脫。			
枋【索隱】音勒。枋縣屬平原。	城陽頃王子。			元年四月戊寅，侯劉讓元年。六	六	六	四
父城【集解】徐廣曰：「一作『六城』。」【索隱】志在遼西，表在東海。	城陽頃王子。			元年四月戊寅，侯劉光元年。六	四 五年，侯光坐酎金，國除。		

庸 索隱表在琅邪。	城陽頃王子。			元年四月戊寅，侯劉譚元年。索隱漢表名餘。 六	六	六	四
翟 索隱表在東海。	城陽頃王子。			元年四月戊寅，侯劉壽元年。 六	四 五年，侯壽坐酎金，國除。		
鱣 索隱表在襄賁。賁音肥。襄賁，縣名。	城陽頃王子。			元年四月戊寅，侯劉應元年。 六	四 五年，侯應坐酎金，國除。		
彭 索隱表在東海。	城陽頃王子。			元年四月戊寅，侯劉偃元年。 六	四 五年，侯偃坐酎金，國除。		

				索隱彭侯疆。			
瓡 集解徐廣曰：「一作『報』。」索隱報侯。報，縣名，志屬北海，漢作「瓡」。瓡，節，謚也。韋昭以瓡爲諸縈反。顔師古云「即『瓠』字也。」然此作「報」，徐廣云	城陽頃王子。			元年四月戊寅，侯劉息元年。 六	六	六	四

「又作『瓡』」也。							
虛水 索隱虛音墟。志屬琅邪。	城陽頃王子。			元年四月戊寅，侯劉禹元年。 六	六	六	四
東淮 索隱表在東海。	城陽頃王子。			元年四月戊寅，侯劉類元年。 六	四 五年，侯類坐酎金，國除。		
栒 索隱栒音荀。表在東海。案志，栒在扶風，與「栒」別也。	城陽頃王子。			元年四月戊寅，侯劉買元年。索隱栒侯賢。 六	四 五年，侯買坐酎金，國除。		

涓 索隱涓，音育也。表在東海。涓水在南陽，南陽有涓陽縣，疑表非也。	城陽頃王子。			元年四月戊寅，侯劉不疑元年。 六	四 五年，侯不疑坐酎金，國除。		
陸 索隱表在壽光。	菑川靖王子。			元年四月戊寅，侯劉何元年。 六	六	六	四
廣饒 索隱志屬齊郡。	菑川靖王子。			元年十月辛卯，康侯劉國元年。 六	六	六	四
缾	菑川靖王子。			六	六	六	四

【索隱】鉼音萍。韋昭云：「古鉼邑。音蒲經反」。志屬琅邪也。				元年十月辛卯，侯劉成元年。【索隱】敬侯成。			
俞閭	菑川靖王子。			六 元年十月辛卯，侯劉不害元年。【索隱】侯無害。	六	六	四
甘井 【索隱】表在鉅鹿。	廣川穆王子。			六 元年十月乙酉，侯劉元元年。	六	六	四
襄陵 【索隱】表	廣川穆王子。			六 元年十月乙酉，	六	六	四

在鉅鹿，志屬河東。				侯劉聖元年。			
皋虞 【索隱】志屬琅邪。	膠東康王子。				三 元年五月丙午，侯劉建元年。三 四年，今侯處元年。	六	四
魏其 【索隱】志屬琅邪。	膠東康王子。				六 元年五月丙午，暢侯劉昌元年。	六	四
祝茲 【索隱】案志，松茲在廬江，亦作「祝茲」。表	膠東康王子。				四 元年五月丙午，侯劉 五年，延坐弃印綬出國，不敬，國		

在琅邪。劉氏云：「諸侯封名，史、漢表多有不同，不敢輒改」。今亦略檢表、志同異，以備多識也。					延元年。除。		

【索隱述贊】漢氏之初，矯枉過正。欲大本枝，先封同姓。建元已後，藩翰克盛。主父上言，推恩下令。長沙濟北，中山趙敬。分邑廣封，振振在詠。扞城禦侮，曄曄輝映。百足不僵，一人有慶。

史記卷二十二

漢興以來將相名臣年表第十

公元前	年	大事記 [索隱]謂誅伐、封建、薨叛。	相位 [索隱]置立丞相、太尉、三公也。	將位 [索隱]命將興師。	御史大夫位 [索隱]亞相也。
206	高皇帝元年	春，沛公爲漢王，之南鄭。秋，還定雍。	一 丞相蕭何守漢中。		御史大夫周苛守滎陽。
205	二	春，定塞、翟、魏、河南、韓、殷國。夏，伐項籍，至彭城。立太子。還據滎陽。	二 守關中。	一 太尉長安侯盧綰。	
204	三	魏豹反。使韓信別定魏，伐趙。楚圍我滎陽。	三	二	

公元前	年	大事記	相位	將位	御史大夫位
203	四	使韓信別定齊及燕，太公自楚歸，與楚界洪渠。	四	三 周苛守滎陽，死。	御史大夫汾陰侯周昌。[索隱]汾陰，縣屬河東。
202	五	冬，破楚垓下，[索隱]垓音陔，隄名，在洨縣。殺項籍。春，王踐皇帝位定陶。[索隱]在濟陰沇水之陽。入都關中。[索隱]咸陽也。東函谷，南嶢武，西散關，北蕭關。在四關之中，故曰關中。用劉敬、張良計都之也。	五 罷太尉官。	四 後九月，綰爲燕王。	
201	六	尊太公爲太上皇。[索隱]名執嘉，一名瑞。劉仲爲代王。立大市。更命咸陽曰長安。[索隱]案：上盧綰已封長安侯者，蓋當時別有長安君。	六 封爲酇侯。[索隱]音嵯，此在沛郡，後代音贊，在南陽也。張蒼爲計相。[索隱]計相，主天下書計及計吏。		

公元前	年	大事記	相位	將位	御史大夫位
200	七	長樂宮成，自櫟陽徙長安。伐匈奴，匈奴圍我平城。	七		
199	八	擊韓信反虜於趙城。貫高作亂，明年覺，誅之。匈奴攻代王，代王弃國亡，廢爲郃陽侯。[索隱]郃音合。在馮翊，劉仲封也。	八		
198	九	未央宮成，置酒前殿，太上皇輦上坐，帝奉玉卮上壽，曰：「始常以臣不如仲力，今臣功孰與仲多？」太上皇笑，殿上稱萬歲。徙齊田，楚昭、屈、景于關中。	九 遷爲相國。		御史大夫昌爲趙丞相。
197	十	太上皇崩。陳豨反代地。	十		御史大夫江邑侯趙堯。[索隱]江邑食侯趙堯。江邑，漢

公元前	年	大事記	相位	將位	御史大夫位
196	十一	誅淮陰、彭越。黥布反。	十一	周勃爲太尉。攻代。後官省。	志闕。
195	十二	冬，擊布。還過沛。夏，上崩，(置)〔葬〕長陵。	十二		
194	孝惠元年	趙隱王如意死。始作長安城西北方。除諸侯丞相爲相。	十三		
193	二	楚元王、齊悼惠王來朝。七月辛未，何薨。	十四 七月癸巳，齊相平陽侯曹參爲相國。		
192	三	初作長安城。蜀湔氐反，擊之。[索隱]湔音煎，氐音秪。蜀郡縣名。	二		

	年	大事記	相位	將位	御史大夫位
191	四	三月甲子，赦，無所復作。	三		
190	五	爲高祖立廟於沛城成，置歌兒一百二十人。	四		
		八月乙丑，參卒。			
189	六	七月，齊悼惠王薨。立太倉、西市。（八月赦齊）	一 十月（乙）〔己〕巳，安國侯王陵爲右丞相。（十月己巳）曲逆侯陳平爲左丞相。	堯抵罪。	廣阿侯任敖爲御史大夫。[集解]徐廣曰：「漢書在高后元年。」
188	七	上崩。大臣用張辟彊計，呂氏權重，以呂台爲呂王。立少帝。（己卯）〔九月辛巳〕，葬安陵。	二		
187	高后元	王孝惠諸子。置孝悌力田。	三		

	年	大事記	相位	將位	御史大夫位
			十一月甲子，徙平爲右丞相。辟陽侯審食其爲左丞相。		
186	二	十二月，呂王台薨，子嘉代立爲呂王。行八銖錢。	四 平。食其。	二	平陽侯曹窋爲御史大夫。[集解]一本在六年。[索隱]窋，竹律反。
185	三		五	三	
184	四	廢少帝，更立常山王弘爲帝。	六 置太尉官。	四 一 絳侯周勃爲太尉。	
183	五	八月，淮陽王薨，以其弟壺關侯武爲淮陽王。令戍卒歲更。	七	五 二	
182	六	以呂產爲呂王。四月丁酉，赦天下。晝昏。	八	六 三	

	年	大事記	相位	將位	御史大夫位
181	七	趙王幽死，以呂祿爲趙王。梁王徙趙，自殺。	九	七 四	
180	八	七月，高后崩。九月，誅諸呂。後九月，代王至，踐皇帝位。	十 七月辛巳，爲帝太傅。九月（丙）〔壬〕戌，復爲丞相。	八 五 隆慮侯竈[集解]徐廣曰：「姓周。」爲將軍，擊南越。	御史大夫蒼。
		後九月，食其免相。			
179	孝文元年	除收帑相坐律。立太子。賜民爵。	十一 十一月辛巳，平徙爲左丞相。太尉絳侯周勃爲右丞相。	六 勃爲相，潁陰侯灌嬰爲太尉。	
178	二	除誹謗律。皇子武爲代王，參爲太原王，（勝）〔揖〕爲梁王。	一 十一月乙亥，絳侯勃復爲丞相。	一	
		十月，丞相平薨。			

	年	大事記	相位	將位	御史大夫位
177	三	徙代王武[索隱]景帝子，後封梁。爲淮陽王。上幸太原。濟北王反。匈奴大入上郡。以地盡與太原，太原更號代。	一 十二月乙亥，太尉潁陰侯灌嬰爲丞相。	二 棘蒲侯陳武爲大將軍，擊濟北。昌侯盧卿、共侯盧罷師、甯侯遬、深澤侯將夜[集解]徐廣曰：「遬姓魏，將夜姓趙。」皆爲將軍，屬武。祁侯賀將兵屯滎陽。	
		十一月壬子，勃免相，之國。	罷太尉官。		
176	四	十二月（乙）〔己〕巳，嬰卒。	一 正月甲午，御史大夫北平侯張蒼爲丞相。	安丘侯張說爲將軍，擊胡，出代。	關中侯申屠嘉爲御史大夫。
175	五	除錢律，民得鑄錢。	二		
174	六	廢淮南王，遷嚴道，道死雍。[索隱]嚴道在蜀郡，雍在扶風。	三		

173	七	四月丙子，初置南陵。	四		
172	八	太僕汝陰侯滕公卒。[索隱] 汝陰侯夏侯嬰也，爲滕令，故曰滕公。	五		
171	九	温室鐘自鳴。以芷陽鄉爲霸陵。[索隱] 芷音止，又音昌改反。地理志有芷陽縣。名霸陵者，以霸水爲名也。	六		御史大夫敬。
170	十	諸侯王皆至長安。	七		
169	十一	上幸代。地動。	八		
168	十二	河決東郡金隄。徙淮陽王爲梁王。	九		
167	十三	除肉刑及田租税律、戍卒令。	十		

166	十四	匈奴大入蕭關，發兵擊之，及屯長安旁。	十一	成侯董赤、內史欒布、昌侯盧卿、隆慮侯竈、甯侯遬皆爲將軍，東陽侯張相如爲大將軍，皆擊匈奴。中尉周舍、郎中令張武皆爲將軍，屯長安旁。	
165	十五	黄龍見成紀。上始郊見雍五帝。	十二		
164	十六	上始（郊）見渭陽五帝。	十三		
163	後元年	新垣平詐言方士，覺，誅之。	十四		
162	二	匈奴和親。地動。八月戊辰，蒼免相。	十五 八月庚午，御史大夫申屠嘉爲丞相，封故安侯。		御史大夫青。
161	三	置谷口邑。	二		

160	四		三		
159	五	上幸雍。	四		
158	六	匈奴三萬人入上郡，二萬人入雲中。	五	以中大夫令免爲車騎將軍，軍飛狐；故楚相蘇意爲將軍，軍句注；[索隱] 並如字。句，又音鉤。將軍張武屯北地；河內守周亞夫爲將軍，軍細柳；宗正劉禮軍霸上；祝茲侯徐厲軍棘門：以備胡。數月，胡去，亦罷。	
157	七	六月己亥，孝文皇帝崩。（其年）丁未，太子立。民出臨三日，葬霸陵。	六	中尉亞夫爲車騎將軍，郎中令張武爲復土將軍，[索隱] 復音伏。屬國捍[索隱] 户幹反，亦作「悍」。徐廣	

				曰「姓徐，一名厲，即祝茲侯。」爲將屯將軍。詹事戎奴爲車騎將軍，侍太后。	
156	孝景元年	立孝文皇帝廟，郡國爲太宗廟。	七 置司徒官。		
155	二	立皇子德爲河閒王，（閼）〔閼〕爲臨江王，餘爲淮陽王，非爲汝南王，彭祖爲廣川王，發爲長沙王。四月中，孝文太后崩。嘉卒。	八 開封侯陶青爲丞相。		御史大夫錯。
154	三	吳楚七國反，發兵擊，皆破之。皇子端爲膠西王，勝爲中山王。	二	中尉條侯周亞夫[索隱] 脩侯周亞夫。脩音條。渤海有脩市縣，一作「條」。爲太尉，擊吳楚；曲周侯酈寄	

		置太尉官。	爲（大）將軍，擊趙；竇嬰爲大將軍，屯滎陽；欒布爲（大）將軍，擊齊。	
153 四	立太子。	三	二 太尉亞夫。	御史大夫蚡。
152 五	置陽陵邑。丞相北平侯張蒼卒。	四	三	
151 六	徙廣川王彭祖爲趙王。	五	四	御史大夫陽陵侯岑邁。
150 七	廢太子榮爲臨江王。四月丁巳，膠東王立爲太子。青罷相。	六月乙巳，太尉條侯亞夫爲丞相。罷太尉官。	五 遷爲丞相。	御史大夫舍。
149 中元年		二		
148 二	皇子越爲廣川王，寄爲膠東王。	三		

147 三	皇子乘爲清河王。亞夫免相。	四 御史大夫桃侯劉舍爲丞相。		御史大夫綰。
146 四	臨江王徵，自殺，葬藍田，燕數萬爲銜土置冢上。	二		
145 五	皇子舜爲常山王。	三		
144 六	梁孝王武薨。分梁爲五國，王諸子：子買爲梁王，明爲濟川王，彭離爲濟東王，定爲山陽王，不識爲濟陰王。	四		
143 後元年	五月，地動。七月乙巳，日蝕。舍免相。	五 八月壬辰，御史大夫建陵侯衞綰爲丞相。		御史大夫不疑。
142 二		二	邁卒。	

			六月丁丑，御史大夫岑	
141 三	正月甲子，孝景〔皇帝〕崩。二月丙子，太子立。	三		
140 孝武建元元年 【索隱】年之有號，始自武帝，自建元至後元凡十一號。	綰免相。	四 魏其侯竇嬰爲丞相。置太尉。	武安侯田蚡爲太尉。	御史大夫抵。【集解】漢表云牛抵。
139 二	置茂陵。嬰免相。	二月乙未，太常柏至侯許昌爲丞相。罷太尉官。蚡免太尉。		御史大夫趙綰。【索隱】代衞綰。

138 三	東甌王廣武侯望率其衆四萬餘人來降，處廬江郡。	二		
137 四		三		御史大夫青翟。【索隱】姓莊。
136 五	行三分錢。【集解】徐廣曰：「漢書云『半兩』。四分曰兩。」	四		
135 六	正月，閩越王反。孝景太后崩。【集解】徐廣曰：「景帝母竇氏。」昌免相。	五 六月癸巳，武安侯田蚡爲丞相。	青翟爲太子太傅。	御史大夫安國。
134 元光元年		二		
133 二	帝初之雍，郊見五時。	三	夏，御史大夫韓安國爲護軍將軍，衞尉李廣爲驍騎將軍，太僕公孫賀	

			爲輕車將軍，大行王恢爲將屯將軍，太中大夫李息爲材官將軍，篡單于馬邑，不合，誅恢。	
132 三	五月丙子，(決河)〔河決〕于瓠子。	四		
131 四	十二月丁亥，地動。蚡卒。	五 平棘侯薛澤爲丞相。		御史大夫歐。
130 五	十月，族灌夫家，弃魏其侯市。	二		
129 六	南夷始置郵亭。	三	太中大夫衛青爲車騎將軍，出上谷；衛尉李廣爲驍騎將軍，出鴈門；大中大夫公孫敖爲騎將	

			軍，出代；太僕公孫賀爲輕車將軍，出雲中：皆擊匈奴。	
128 元朔元年	衛夫人立爲皇后。	四	車騎將軍青出鴈門，擊匈奴。衛尉韓安國爲將屯將軍，軍代，明年，屯漁陽卒。	
127 二		五	春，車騎將軍衛青出雲中，至高闕，取河南地。	
126 三	匈奴(敗)〔殺〕代太守友。〔集解〕徐廣曰：「太守姓共，名友。」	六		御史大夫弘。
125 四	匈奴入定襄、代、上郡。	七		
124 五	匈奴(敗)〔殺〕代都尉朱英。	八 十一月乙丑，御史大夫	春，長平侯衛青爲大將軍，擊右賢。衛尉蘇建爲	

	澤免相。	公孫弘爲丞相，封平津侯。	游擊將軍，屬青。左內史李沮〔索隱〕音子如反。爲強弩將軍，太僕賀爲車騎將軍，代相李蔡爲輕車將軍，岸頭侯張次公爲將軍，大行息爲將軍：皆屬大將軍，擊匈奴。	
123 六		二	大將軍青再出定襄擊胡。合騎侯公孫敖爲中將軍，太僕賀爲左將軍，郎中令李廣爲後將軍。翕侯趙信爲前將軍，敗降匈奴。衛尉蘇建爲右將軍，敗，身脫。左內史沮爲彊弩將軍。皆屬青。	

122 元狩元年	十月中，淮南王安、衡山王賜謀反，皆自殺，國除。	三		御史大夫蔡。
121 二	匈奴入鴈門、代郡。江都王建反。膠東王子慶立爲六安王。	四 御史大夫樂安侯李蔡爲丞相。	冠軍侯霍去病爲驃騎將軍，擊胡，至祁連；合騎侯敖爲將軍，出北地；博望侯張騫、郎中令李廣爲將軍，出右北平。	御史大夫湯。
	弘卒。			
120 三	匈奴入右北平、定襄。	二		
119 四		三	大將軍青出定襄，郎中令李廣爲前將軍，太僕公孫賀爲左將軍，主爵趙食其爲右將軍，平陽侯曹襄爲後將軍：擊單于。	

118	117	116	115	114	113
五	六	元鼎元年	二	三	四
蔡坐侵園壖，【索隱】壖音而緣反，謂外垣也。自殺。	四月乙巳，皇子閎爲齊王，旦爲燕王，胥爲廣陵王。		青翟有罪，自殺。		立常山憲王子平爲真定王，商爲泗水王。六月中，河東汾陰得寶鼎。
四 太子少傅武彊侯莊青翟爲丞相。	二	三	四 太子太傅高陵侯趙周爲丞相。	二	三
			湯有罪，自殺。		
			御史大夫慶。		

112	111	110	109	108	107
五	六	元封元年	二	三	四
三月中，南越相嘉反，殺其王及漢使者。八月，周坐酎金，自殺。	十二月，東越反。				
四 九月辛巳，御史大夫石慶爲丞相，封牧丘侯。	二	三	四	五	六
衞尉路博德爲伏波將軍，出桂陽；主爵楊僕爲樓船將軍，出豫章：皆破南越。	故龍頟侯韓説爲橫海將軍，出會稽；樓船將軍楊僕出豫章；中尉王溫舒出會稽：皆破東越。		秋，樓船將軍楊僕、左將軍荀彘出遼東，擊朝鮮。		
	御史大夫式。【索隱】卜式也。	御史大夫寬。【索隱】兒寬也。			

106	105	104	103	102	101	100	99	98
五	六	太初元年	二	三	四	天漢元年	二	三
		改曆，以正月爲歲首。【索隱】始用夏正也。	正月戊(申)〔寅〕，慶卒。					
七	八	九	十 三月丁卯，太僕公孫賀爲丞相，封葛繹侯。	二	三	四	五	六
				御史大夫延廣。		御史大夫卿。【索隱】王卿也。		御史大夫周。【索隱】杜周

97	96
四	太始元年【集解】班固云：「司馬遷記事訖于天漢。」自此已後，後人所續。【索隱】裴
七	八
春，貳師將軍李廣利出朔方，至余吾水上；游擊將軍韓説出五原；因杅將軍【索隱】音于。因杅，地名。公孫敖：皆擊匈奴。	
也。	

		駰以爲自天漢已後，後人所續，即褚先生所補也。後史所記，又無異呼，故今不討論也。			
95	二		九		
94	三		十		御史大夫勝之。
93	四		十一		
92	征和元年	冬，賀坐爲蠱死。	十二		
91	二	七月壬午，太子發兵殺游擊將軍說使者江充。	三月丁巳，涿郡太守劉屈氂爲丞相，封彭城侯。		御史大夫成。

90	三	六月，劉屈氂因蠱斬。	二	春，貳師將軍李廣利出朔方，以兵降胡。重合侯莽通出酒泉，御史大夫商丘成出河西，擊匈奴。	
89	四		六月丁巳，大鴻臚田千秋爲丞相，封富民侯。		
88	後元元年		二		
87	二		三	二月己巳，光祿大夫霍光爲大將軍，博陸侯；都尉金日磾爲車騎將軍，秺侯；太僕安陽侯上官桀爲大將軍。	

86	孝昭始元元年	九月，日磾卒。	四		
85	二		五		
84	三		六		
83	四		七	三月癸酉，衛尉王莽爲左將軍，騎都尉上官安爲車騎將軍。	
82	五		八		
81	六		九		
80	元鳳元年		十	九月庚午，光祿勳張安世爲右將軍。	御史大夫訢。
79	二		十一		
78	三		十二	十二月庚寅，中郎將范明友爲度遼將軍，擊烏丸。	

77	四	三月甲戌，千秋卒。	三月乙丑，御史大夫王訢爲丞相，封富春侯。		御史大夫楊敞。
76	五	十二月庚戌，訢卒。	二		
75	六		十一月乙丑，御史大夫楊敞爲丞相，封安平侯。	九月庚寅，衛尉平陵侯范明友爲度遼將軍，擊烏丸。	
74	元平元年	敞卒。	九月戊戌，御史大夫蔡義爲丞相，封陽平侯。	四月甲申，光祿大夫龍額侯韓曾爲前將軍。五月丁酉，水衡都尉趙充國爲後將軍，右將軍張安世爲車騎將軍。	御史大夫昌水侯田廣明。
73	孝宣本		二		

公元前	年	大事記	相位	將位	御史大夫位
	始元年				
72	二		三	七月庚寅，御史大夫田廣明爲祁連將軍，龍頟侯韓曾爲後將軍，營平侯趙充國爲蒲類將軍，度遼將軍平陵侯范明友爲雲中太守，富民侯田順爲虎牙將軍：皆擊匈奴。	
71	三	三月戊子，皇后崩。六月乙丑，義薨。	六月甲辰，長信少府韋賢爲丞相，封扶陽侯。田廣明、田順擊胡還，自殺。充國奪將軍印。		御史大夫魏相。
70	四	十月乙卯，立霍后。	二		

公元前	年	大事記	相位	將位	御史大夫位
69	地節元年		三		
68	二		四 三月庚午，將軍光卒。	二月丁卯，侍中、中郎將霍禹爲右將軍。	
67	三	立太子。五月甲申，賢老，賜金百斤。	六月壬辰，御史大夫魏相爲丞相，封高平侯。	七月，安世爲大司馬、衛將軍。禹爲大司馬。	御史大夫邴吉。
66	四		二 七月壬寅，禹腰斬。		
65	元康元年		三		
64	二		四		
63	三		五		
62	四		六		

公元前	年	大事記	相位	將位	御史大夫位
			八月丙寅，安世卒。		
61	神爵元年	上郊甘泉太時、汾陰后土。	七	四月，樂成侯許延壽爲強弩將軍。後將軍充國擊羌。酒泉太守辛武賢爲破羌將軍。韓曾爲大司馬、車騎將軍。	
60	二	上郊雍五時。祋祤出寶璧玉器。			
59	三	三月，相卒。	四月戊戌，御史大夫邴吉爲丞相，封博陽侯。		御史大夫望之。
58	四		二		
57	五鳳元年		三		

公元前	年	大事記	相位	將位	御史大夫位
56	二		四 五月己丑，曾卒。	五月，延壽爲大司馬、車騎將軍。	御史大夫霸。
55	三	正月，吉卒。	三月壬申，御史大夫黃霸爲丞相，封建成侯。		御史大夫延年。
54	四		二		
53	甘露元年		三 三月丁未，延壽卒。		
52	二	赦殊死，賜高年及鰥寡孤獨帛，女子牛酒。	四		御史大夫定國。
51	三	三月己丑，霸薨。	七月丁巳，御史大夫于定國爲丞相，封西平侯。		太僕陳萬年爲御史大夫。
50	四		二		
49	黃龍元年		三	樂陵侯史子長爲大司	

	年			馬、車騎將軍。太子太傅蕭望之爲前將軍。	
48	孝元初元元年		四		
47	二		五		
46	三		六	十二月，執金吾馮奉世爲右將軍。	
45	四		七		
44	五		八	二月丁巳，平恩侯許嘉爲左將軍。	中少府貢禹爲御史大夫。十二月丁未，長信少府薛廣德爲御史大夫。
43	永光元年	十月戊寅，定國免。	九　七月，子長免，就第。	九月，衛尉平昌侯王接爲大司馬、車騎將軍。二月，廣德免。	七月，太子太傅韋玄成爲御史大夫。

42	二	三月壬戌朔，日蝕。	二月丁酉，御史大夫韋玄成爲丞相，封扶陽侯。丞相賢子。	七月，太常任千秋爲奮武將軍，擊西羌；雲中太守韓次君爲建威將軍，擊羌。後不行。	二月丁酉，右扶風鄭弘爲御史大夫。
41	三		二	右將軍平恩侯許嘉爲車騎將軍，侍中、光祿大夫樂昌侯王商爲右將軍，右將軍馮奉世爲左將軍。	
40	四		三		
39	五		四		
38	建昭元年		五		
37	二		六		光祿勳匡衡爲御史大

				弘免。	夫。
36	三	六月甲辰，玄成薨。	七月癸亥，御史大夫匡衡爲丞相，封樂安侯。		衛尉繁延壽爲御史大夫。
35	四		二		
34	五		三		
33	竟寧元年		四	六月己未，衛尉楊平侯王鳳爲大司馬、大將軍。延壽卒。	三月丙寅，太子少傅張譚爲御史大夫。
32	孝成建始元年		五		
31	二		六		
30	三		七	十月，右將軍樂昌侯王商爲光祿大夫、右將軍，	廷尉尹忠爲御史大夫。

		十二月丁丑，衡免。	八月癸丑，遣光祿勳詔嘉上印綬免，賜金二百斤。	執金吾弋陽侯任千秋爲右將軍。譚免。	
29	四		三月甲申，右將軍樂昌侯王商爲右丞相。	任千秋爲左將軍，長樂衛尉史丹爲右將軍。十月己亥，尹忠自刺殺。	少府張忠爲御史大夫。
28	河平元年		二		
27	二		三		
26	三		四	十月辛卯，史丹爲左將軍，太僕平安侯王章爲右將軍。	
25	四	四月壬寅，丞相商免。	六月丙午，諸吏散騎光祿大夫張禹爲丞相。		

24	陽朔元年		二		
23	二		三	張忠卒。	六月，太僕王音爲御史大夫。
22	三			九月甲子，御史大夫王音爲車騎將軍。	十月乙卯，光祿勳于永爲御史大夫。
21	四		七月乙丑，右將軍光祿勳平安侯王章卒。	閏月壬戌，永卒。	
20	鴻嘉元年	三月，禹卒。	四月庚辰，薛宣爲丞相。		

【索隱述贊】高祖初起，嘯命羣雄。天下未定，王我漢中。三傑既得，六奇獻功。章邯已破，蕭何築宮。周勃厚重，朱虛至忠。陳平作相，條侯總戎。丙魏立志，湯堯飾躬。天漢之後，表述非功。

漢興以來將相名臣年表第十

一一五五

史記

漢 司馬遷 撰
宋 裴駰 集解
唐 司馬貞 索隱
唐 張守節 正義

第四冊

卷二三至卷三〇（書）

中華書局

史記卷二十三

禮書第一

〔索隱〕書者，五經六籍總名也。此之八書，記國家大體。班氏謂之志，志，記也。〔正義〕天地位，日月明，四時序，陰陽和，風雨節，羣品滋茂，萬物宰制，君臣朝廷尊卑貴賤有序，咸謂之禮。五經六籍，咸謂之書。故曲禮云「道德仁義非禮不成，教訓正俗非禮不備，分爭辯訟非禮不決」云云。

太史公曰：洋洋〔一〕美德乎！宰制萬物，役使羣衆，豈人力也哉？〔二〕余至大行禮官，〔三〕觀三代損益，乃知緣人情而制禮，依人性而作儀，其所由來尚矣。

〔一〕〔索隱〕音羊。洋洋，美盛貌。鄒誕生音翔。

〔二〕〔正義〕言天地宰制萬物，役使羣品，順四時而動，咸有成功，豈藉人力營爲哉，是美善盛大衆多之德也。故孔子曰「四時行焉，百物生焉」。

〔三〕〔索隱〕大行，秦官，主禮儀。漢景帝改曰大鴻臚。鴻臚，掌九賓之儀也。

人道經緯萬端，規矩無所不貫，誘進以仁義，束縛以刑罰，故德厚者位尊，祿重者寵榮，

所以總一海內而整齊萬民也。人體安駕乘，〔一〕爲之金輿錯衡以繁其飾；〔二〕目好五色，爲之黼黻文章以表其能；耳樂鐘磬，爲之調諧八音以蕩其心；口甘五味，爲之庶羞酸鹹以致其美；〔三〕情好珍善，爲之琢磨圭璧以通其意。故大路越席，〔四〕皮弁布裳，〔五〕朱弦洞越，〔六〕大羹玄酒，〔七〕所以防其淫侈，救其彫敝。〔八〕是以君臣朝廷尊卑貴賤之序，下及黎庶車輿衣服宮室飲食嫁娶喪祭之分，事有宜適，物有節文。仲尼曰：「禘自既灌而往者，吾不欲觀之矣。」〔九〕

〔一〕〔正義〕時證反。

〔二〕〔集解〕周禮王之五路有金路。鄭玄曰：「以金飾諸末。」〔索隱〕錯鏤衡扼爲文飾也。詩曰「約軝錯衡」，毛傳云「錯衡，文衡也」。〔正義〕爲，于僞反。錯作「鎗」，七公反。

〔三〕〔集解〕周禮曰：「羞用百有二十品。」鄭玄曰：「羞出于牲及禽獸，以備其滋味，謂之庶羞。」鄭衆曰：「羞者，進也。」

〔四〕〔集解〕服虔曰：「大路，祀天車也。越席，結括草以爲席也。」王肅曰：「不緣也。」〔正義〕按：括草，蒲草。越，户括反。

〔五〕〔集解〕周禮曰：「王視朝則皮弁之服。」鄭玄曰：「皮弁之服，十五升白布衣，積素爲裳也。」〔正義〕以鹿子皮爲弁也。按：襞積素布而爲裳也。

〔六〕〔集解〕鄭玄曰：「朱弦，練朱絲弦也。越，瑟底孔。」

〔七〕〔集解〕鄭玄曰：「大羹，肉湆不調以鹽菜也。玄酒，水也。」

〔八〕〔索隱〕彫謂彫飾也。言彫飾是奢侈之弊也。

〔九〕〔集解〕孔安國曰：「禘祫之禮，爲序昭穆也，故毀廟之主及羣廟之主皆合食于太祖。灌者，酌鬱鬯，灌于太祖，以降神也。既灌之後，列尊卑，序昭穆。而魯逆祀，躋僖公，亂昭穆，故不欲觀之。」

周衰，禮廢樂壞，大小相踰，管仲之家，兼備三歸。〔一〕循法守正者見侮於世，奢溢僭差者謂之顯榮。自子夏，門人之高弟也，〔二〕猶云「出見紛華盛麗而說，入聞夫子之道而樂，二者心戰，未能自決」，而況中庸以下，漸漬於失教，被服於成俗乎？孔子曰「必也正名」，於衛所居不合。〔三〕仲尼沒後，受業之徒沈湮而不舉，或適齊、楚，或入河海，〔四〕豈不痛哉！

〔一〕〔集解〕包氏曰：「三歸，娶三姓女也。婦人謂嫁曰歸。」

〔二〕〔索隱〕言子夏是孔子門人之中高弟者，謂才優而品第高也，故論語四科有「文學子游、子夏」是。

〔三〕〔集解〕論語曰：「子路曰『衛君待子而爲政，子將奚先』？子曰『必也正名乎』！」馬融曰：「正百事之名。」

〔四〕〔正義〕論語云大師摯適齊，亞飯干適楚，鼓方叔入于河，少師陽、擊磬襄入于海。魯哀公時，禮壞樂崩，人皆去也。

至秦有天下，悉內六國禮儀，采擇其善，雖不合聖制，其尊君抑臣，朝廷濟濟，依古以來。〔一〕至于高祖，光有四海，叔孫通頗有所增益減損，大抵皆襲秦故。〔二〕自天子稱號〔三〕

下至佐僚及宮室官名，少所變改。孝文卽位，有司議欲定儀禮，孝文好道家之學，以爲繁禮飾貌，無益於治，躬化謂何耳，〔四〕故罷去之。孝景時，御史大夫鼂錯明於世務刑名，數干諫孝景曰：「諸侯藩輔，臣子一例，古今之制也。今大國專治異政，不稟京師，恐不可傳後。」孝景用其計，而六國畔逆，〔五〕以錯首名，天子誅錯以解難。〔六〕事在袁盎語中。是後官者養交安祿而已，莫敢復議。

〔一〕〔正義〕秦采擇六國禮儀，尊君抑臣，朝廷濟濟，依古以來典法行之。

〔二〕〔集解〕應劭曰：「抵，至也。」瓚曰：「抵，歸也。」〔索隱〕按：大抵猶大略也。臣瓚以抵訓爲歸，則是大略大歸，其義通也。

〔三〕〔正義〕稱，尺證反。

〔四〕〔正義〕孝文本紀云上身衣弋綈，所幸慎夫人令衣不曳地，幃帳不得文繡，治霸陵皆以瓦器。是躬化節儉，謂何嫌耳，不須繁禮飾貌也。

〔五〕〔正義〕吳、楚、趙、菑川、濟南、膠西爲六國也。齊孝王狐疑城守，三國兵圍齊，齊使路中大夫告天子，故不言七國也。

〔六〕〔正義〕上紀買反，下乃憚反。

今上卽位，招致儒術之士，令共定儀，十餘年不就。或言古者太平，萬民和喜，瑞應辨至，〔一〕乃采風俗，定制作。上聞之，制詔御史曰：「蓋受命而王，各有所由興，殊路而同歸，

謂因民而作，追俗爲制也。議者咸稱太古，百姓何望？漢亦一家之事，典法不傳，謂子孫何？化隆者閎博，治淺者褊狹，可不勉與！」乃以太初之元改正朔，〔一〕易服色，封太山，定宗廟百官之儀，以爲典常，垂之於後云。

〔一〕正義 辨音遍。

〔二〕集解 應劭曰：「初用夏正，以正月爲歲首，改年爲太初。」

禮由人起。人生有欲，欲而不得則不能無忿，忿而無度量則爭，〔一〕爭則亂。先王惡其亂，故制禮義以養人之欲，給人之求，使欲不窮於物，物不屈於欲，〔二〕二者相待而長，是禮之所起也。故禮者養也。稻粱五味，所以養口也；椒蘭芬茝，〔三〕所以養鼻也；鐘鼓管弦，所以養耳也；刻鏤文章，所以養目也；疏房牀第几席，所以養體也；〔四〕故禮者養也。

〔一〕正義 音諍。

〔二〕正義 屈，羣物反。

〔三〕索隱 音止，又昌改反。

〔四〕集解 服虔曰：「簀謂之第。」索隱 疏謂窻也。正義 疏謂窻也。第，側里反。

君子既得其養，又好其辨也。所謂辨者，貴賤有等，長少有差，貧富輕重皆有稱也。故

天子大路越席，所以養體也；〔一〕側載臭茝，所以養鼻也；〔二〕前有錯衡，所以養目也；〔三〕和鸞之聲，〔四〕步中武象，騶中韶濩，所以養耳也；〔五〕龍旂九斿，所以養信也；〔六〕寢兕〔七〕持虎，〔八〕鮫韅〔九〕彌龍，〔一〇〕所以養威也。故大路之馬，必信至教順，然後乘之，所以養安也。孰知夫（士）出死要節之所以養生也，〔一一〕孰知夫輕費用之所以養財也，〔一二〕孰知夫恭敬辭讓之所以養安也，〔一三〕孰知夫禮義文理之所以養情也。〔一四〕

〔一〕正義 謂蒲草爲席，既絜且柔，絜可以祀神，柔可以養體也。

〔二〕索隱 劉氏云：「側，特也。臭，香也。茝，香草也。言天子行，特得以香草自隨也，其餘則否。」臭爲香者，山海經云「臭如蘪蕪」，易曰「其臭如蘭」，是臭爲草之香也。今以側爲邊側，載者置也，言天子之側常置芳香於左右。

〔三〕集解 詩云：「約軧錯衡。」毛傳云：「錯衡，文衡也。」

〔四〕集解 鄭玄曰：「和、鸞，皆鈴也，所以爲車行節也。韓詩內傳曰鸞在衡，和在軾前，升車則馬動，馬動則鸞鳴，鸞鳴則和應。」服虔曰：「鸞在鑣，和在衡。續漢書輿服志曰鸞雀（立）〔在〕衡也。」正義 皇侃云：「鸞，以金爲鸞，懸鈴其中，於衡上，以爲遲疾之節，所以正威儀行舒疾也。」

〔五〕集解 鄭玄曰：「武，武王樂也。象，武舞也。韶，舜樂也。濩，湯樂也。」正義 步猶緩。緩車則和鸞之音中於武象，驟車中於韶濩也。

〔六〕集解 周禮曰：「交龍爲旂。」正義 斿音旒。

〔七〕索隱 按：以兕牛皮爲席。正義 兕音似。爾雅云兕似牛。

〔八〕索隱 持虎者，以猛獸皮文飾倚較及伏軾，故云持虎。劉氏云「畫之於旍竿及楯仗等」，以今所見爲說也。

〔九〕集解 徐廣曰：「鮫魚皮可以飾服器，音交。韅者，當馬腋之革，音呼見反。」索隱 以鮫魚皮飾韅。韅，馬腹帶也。

〔一〇〕集解 徐廣曰：「乘輿車金薄璆龍爲輿倚較，文虎伏軾，龍首銜軛。」索隱 彌亦音弭，謂金飾衡扼爲龍。此皆王者服御崇飾，所以示威武，故云「所以養威」也。此文皆出大戴禮，蓋是荀卿所說。劉氏云：「薄猶飾也。璆然，龍貌。璆音虯。」

〔一一〕索隱 言人誰知夫志士推誠守死，要立名節，仍是養生安身之本，故下云「人苟生之爲見，若者必死」，是解上意，言人苟以貪生之爲見，不能見危致命，若者必死。若猶如也，言執心爲見，如此者必刑戮及身，故云「必死」。下文皆放此也。正義 夫音扶。要音腰。孰知猶審知也。出死猶處死也。審知志士推誠處死，要立名節，若曹沫、茅焦，所以養生命也。

〔一二〕正義 費音芳味反。輕猶薄。言審知尠薄費用則能畜聚，所以養財貨也。

〔一三〕正義 言審知恭敬辭讓所以養體安身。

〔一四〕正義 言審知禮義文章道理所以養其情性。此四科，是儒者有禮義，故兩得之也。

人苟生之爲見，若者必死；〔一〕苟利之爲見，若者必害；〔二〕怠惰之爲安，若者必危；〔三〕情勝之爲安，若者必滅。〔四〕故聖人一之於禮義，則兩得之矣；一之於情性，則兩失之矣。故儒者將使人兩得之者也，墨者將使人兩失之者也。〔五〕是儒墨之分。〔六〕

〔一〕正義 苟，且；若，如此也。言平凡好生之人，且見操節之士，以禮義處死，養得其生有效，如此者必死也。

〔二〕正義 言平凡好利之人，且見利義之士，以輕省費用，養得其財有效，如此者必害身也。

〔三〕正義 惰，徒臥反。言平凡怠惰之人，且見有禮之士，以恭敬禮讓，養得安樂有效，如此者必危亡也。

〔四〕索隱 覆解上「禮義文理之所以養情也」。正義 勝音叔證反。言平凡好勝之人，且見利義之士，禮義文理，養得其情性有效，如此者必滅亡也。此四科，是墨者無禮義，故兩失之也。

〔五〕索隱 墨者不尚禮義而任儉嗇，無仁恩，故使人兩失之。易曰「悅以使人，人忘其死」是也。

〔六〕正義 分，扶問反。分猶等也。若儒等者是治辨之極，彊固之本，威行之道，功名之總，則天下歸之矣。

治辨之極也，彊固之本也，〔一〕威行之道也，〔二〕功名之總也。〔三〕王公由之，〔四〕所以一天下，臣諸侯也；弗由之，所以捐社稷也。故堅革利兵不足以爲勝，〔五〕高城深池不足以爲固，嚴令繁刑不足以爲威。由其道則行，不由其道則廢。楚人鮫革犀兕，所以爲甲，堅如金石；宛之鉅鐵〔六〕施，鑽如蠭蠆，〔七〕輕利剽遬，〔八〕卒如熛風。〔九〕然而兵殆於垂涉，唐昧死焉；〔一〇〕莊蹻起，楚分而爲四〔一一〕參。是豈無堅革利兵哉？〔一二〕其所以統之者非其道故也。汝潁以爲險，〔一三〕江漢以爲池，〔一四〕阻之以鄧林，〔一五〕緣之以方城。〔一六〕然而秦師至鄢郢，舉若振槁。〔一七〕是豈無固塞險阻哉？其所以統之者非其道故也。紂剖比干，囚箕子，爲炮格，刑殺無辜，時臣下懍然，莫必其命。〔一八〕然而周師至，而令不行乎下，不能用其民。是豈令不

嚴，刑不陖哉？其所以統之者非其道故也。

〔一〕索隱 自此已下，皆是儒分之功也。正義 固，堅固也。言國以禮義，四方欽仰，無有攻伐，故爲彊而且堅固之本也。
〔二〕正義 以禮義導天下，天下伏而歸之，故爲威行之道也。
〔三〕正義 以禮義率天下，天下咸遵之，故爲功名之總。總，合也，聚也。
〔四〕正義 言由禮義也。
〔五〕索隱 覆上「功名之總也」。
〔六〕集解 徐廣曰：「大剛曰鉅。」正義 宛城，今鄧州南陽縣城是也。音於元反。鉅，剛鐵也。
〔七〕索隱 鑽謂矛刃及矢鏃也。
〔八〕正義 上匹妙反，下音遬。剽遬，疾也。
〔九〕正義 卒，村忽反。熛，必遥反。熛風，疾也。
〔一〇〕集解 許慎曰：「垂涉，地名也。」
〔一一〕索隱 蹻音其略反，楚將之名。言其起兵亂後楚遂分爲四。按漢志，滇王，莊蹻之後也。正義 以「起」字爲絶句。或曰楚莊王苗裔也。按：括地志云「師州、黎州在京西南五千六百七十里。戰國楚威王時，莊蹻王滇，則爲滇國之地」。楚昭王徙都鄀，（莊蹻王滇）楚襄王徙都陳，楚考烈王徙都壽春，咸被秦逼，乃四分也。然昭王雖在莊蹻之前，故荀卿兼言之也。
〔一二〕索隱 參者，驗也。言驗是，楚豈無利兵哉。正義 參，七含反。言蹻、楚國豈無堅甲利兵哉，爲其不由禮義，

故衆分也。
〔一三〕正義 括地志云：「汝水源出汝州魯山縣西伏牛山，亦名猛山。汝水至豫州郾城縣名濆水。爾雅云『河有灉，汝有濆』，亦汝之別名。潁水源出洛州嵩高縣東南三十五里陽乾山，俗名潁山。地理志高陵山，汝出，東南至新蔡縣入淮；陽乾山潁水出，東至下蔡入淮也。」
〔一四〕正義 江卽岷江，從蜀入，楚在荆州南。漢江從漢中東南入江。四水爲楚之險固也。
〔一五〕集解 山海經曰：「夸父與日逐走，日入，渴，欲得飲，飲於渭河；不足，北飲大澤，未至，道渴而死。弃其杖，化爲鄧林。」騶謂鄧林後遂爲林名。索隱 按：裴氏引山海經，以爲夸父弃杖爲鄧林，其言北飲大澤，蓋非在中國也。劉氏以爲今襄州南鳳林山是古鄧祁侯之國，在楚之北境，故云阻以鄧林也。
〔一六〕正義 括地志云：「方城，房州竹山縣東南四十一里。其山頂上平，四面險峻，山南有城，長十餘里，名爲方城，卽此山也。」
〔一七〕索隱 振，動也，擊也。槁，乾葉也。正義 鄢音鄔。括地志云：「故城在襄州安養縣北三里，古鄾子之國，鄧之南鄙也。又率道縣南九里有故鄢城，漢惠帝改曰宜城也。郢城，荆州江陵縣東北六里，卽吴公子光伐楚，楚平王恐，城郢者也。又楚武王始都郢，紀南故城是也，在江陵北十五里也。」
〔一八〕索隱 言無人必保其性命。

古者之兵，戈矛弓矢而已，然而敵國不待試而詘。〔一〕城郭不集，溝池不掘，〔二〕固塞不樹，機變不張，然而國晏然不畏外而固者，無他故焉，明道而均分之，〔三〕時使而誠愛之，則下應之如景響。有不由命者，然後俟之以刑，則民知辠矣。〔四〕故刑一人而天下服。辠人不尤其上，知辠之在已也。是故刑罰省而威行如流，無他故焉，由其道故也。故由其道則行，不由其道則廢。古者帝堯之治天下也，蓋殺一人刑二人而天下治。傳曰「威厲而不試，刑措而不用」。

〔一〕集解 徐廣曰：「試，一作『誠』也。」正義 詘，丘勿反。試，用也。
〔二〕正義 求勿反，又求厥反。
〔三〕正義 分，扶問反。言明儒墨之分，使禮義均等，則下應之如影響耳。
〔四〕正義 事君以禮義，民有不由禮義者，然後待之以刑，則民知罪伏刑矣。

天地者，生之本也；先祖者，類之本也；〔一〕君師者，治之本也。無天地惡生？〔二〕無先祖惡出？無君師惡治？三者偏亡，〔三〕則無安人。故禮，上事天，下事地，尊先祖而隆君師，是禮之三本也。

〔一〕正義 類，種類也。
〔二〕正義 惡音烏。
〔三〕索隱 鄒音遍。正義 偏，疋然反。

故王者天太祖，〔一〕諸侯不敢懷，〔二〕大夫士有常宗，〔三〕所以辨貴賤。貴賤治，得之本

也。郊疇乎天子，〔四〕社至乎諸侯，〔五〕函〔六〕及士大夫，所以辨尊者事尊，卑者事卑，宜鉅者鉅，宜小者小。故有天下者事七世，有一國者事五世，有五乘之地者事三世，〔七〕有三乘之地者事二世，〔八〕有特牲而食者不得立宗廟，〔九〕所以辨積厚者流澤廣，積薄者流澤狹也。

〔一〕集解 毛詩敍曰：「文武之功起於后稷，故推以配天焉。」
〔二〕索隱 懷，思也。言諸侯不敢思以太祖配天而食也。又一解，王之子孫爲諸侯，不思祀其父祖，故禮云「諸侯不敢祖天子」，蓋與此同意。
〔三〕集解 禮記曰：「別子爲祖，繼別爲宗。百世不遷者，謂別子之後也。」
〔四〕索隱 疇，類也。天子類得郊天，餘並不合祭，今大戴禮作「郊止乎天子」是也。止或作「疇」，因誤耳。
〔五〕索隱 言天子已下至諸侯得立社。
〔六〕集解 音含。索隱 啗音含。含謂包容。諸侯已下至士大夫得祭社，故禮云「大夫成羣立社曰置社」，亦曰里社也。鄒誕生音啗徒濫反，意義亦通，但不見古文，各以意爲音耳。今按：大戴禮作「導及士大夫」，導亦通也。今此爲「啗」者，當以導與蹈同，後「足」字失「止」，唯有「口」存，故使解者穿鑿也。
〔七〕集解 鄭玄曰：「古者方十里，其中六十四井出兵車一乘，此兵法之賦。」
〔八〕集解 穀梁傳曰：「天子至于士皆有廟，天子七，諸侯五，大夫三，士二。始封之者必爲其太祖。」
〔九〕集解 禮記曰：「庶人祭於寢。」

大饗上玄尊，俎上腥魚，〔一〕先大羹，貴食飲之本也。大饗上玄尊而用薄酒，食先黍稷

而飯稻粱，祭嚌先大羹，〔二〕而飽庶羞，貴本而親用也。貴本之謂文，親用之謂理，兩者合而成文，以歸太一，是謂大隆。〔三〕故尊之上玄尊也，〔四〕俎之上腥魚也，豆之先大羹，一也。〔五〕利爵弗啐也，〔六〕成事俎弗嘗也，〔七〕三侑之弗食也，〔八〕大昏之未廢齊也，〔九〕大廟之未內尸也，始絶之未小斂，一也。〔一〇〕大路之素幬也，〔一一〕郊之麻絻，〔一二〕喪服之先散麻，一也。〔一三〕三年哭之不反也，〔一四〕清廟之歌〔一五〕一倡而三歎，〔一六〕縣一鐘尚拊膈，〔一七〕朱弦而通越，一也。〔一八〕

〔一〕集解 鄭玄曰：「大饗，祫祭先王，以腥魚爲俎實，不臑孰之也。」

〔二〕集解 鄭玄曰：「嚌，至齒。」

〔三〕索隱 貴本親用，兩者合而成文，以歸太一。太一者，天地之本也。得禮之文理，是合於太一也。隆者，盛也，高也。得禮文理，歸于太一，是禮之盛者也。

〔四〕正義 皇侃云：「玄酒，水也。上古未有酒，而始之祭但酌水用之，至晚世雖有酒，存古禮，尚用水代酒也。」

〔五〕索隱 尊之上玄尊，俎之上生魚，豆之先大羹，三者如一，皆是本，故云一也。

〔六〕集解 鄭玄曰：「啐，入口也。」索隱 按：儀禮祭畢獻，祝西面告成，是爲利爵。祭初未行無算爵，故不啐入口也。

〔七〕索隱 成事卒哭之祭，故記曰「卒哭曰成事」。既是卒哭之祭，始從吉祭，故受胙爵而不嘗俎也。

〔八〕索隱 禮，祭必立侑以勸尸食，至三飯而後止。每飯有侑一人，故有三侑。既是勸尸，故不相食也。

〔九〕索隱 廢齊，謂昏禮父親醮子而迎之前，故曲禮云「齋戒以告鬼神」，是昏禮有齊也。

〔一〇〕索隱 此五者皆禮之初始，質而未備，亦是貴本之義，故云一也。

〔一一〕集解 禮記曰：「乘素車，貴其質也。」鄭玄曰：「素車，殷輅也。」索隱 幬音稠。謂車蓋以素帷，亦質也。

〔一二〕集解 周禮曰：「王祀昊天上帝，服大裘而冕。」論語曰：「麻冕，禮也。」孔安國曰：「冕，緇布冠。古者績麻三十升布以爲之。」正義 絻音免。亦作「冕」。

〔一三〕集解 儀禮士喪禮曰：「始死，主人散帶，垂之三尺。」禮記曰：「大功已上散帶也。」索隱 大路已下，三事相似如一，故云一也。散麻取其質無文飾，亦貴本也。

〔一四〕集解 禮記曰：「斬衰之哭，若往而不反。」

〔一五〕集解 鄭玄曰：「清廟謂作樂歌清廟。」

〔一六〕集解 鄭玄曰：「倡，發歌句者。三歎，三人從歎。」

〔一七〕集解 徐廣曰：「一作『搏膈』。」索隱 縣一鍾尚拊膈。膈，懸鍾格。拊音撫。〔拊〕膈，不擊其鍾而拊其格，不取其聲，亦質也。鄒氏膈音膊，蓋依大戴禮也。而鄭禮注云搏，拊柷敔也。

〔一八〕索隱 大瑟而練朱其弦，又通其下孔，使聲濁且遲，上質而貴本，不取其聲文。自「三年」已下四事，皆不取其聲也。

凡禮始乎脫，〔一〕成乎文，〔二〕終乎稅。〔三〕故至備，情文俱盡；〔四〕其次，情文代勝；〔五〕其下，復情以歸太一。〔六〕天地以合，日月以明，四時以序，星辰以行，江河以流，萬物以昌，好惡以節，喜怒以當。以爲下則順，以爲上則明。〔七〕

〔一〕索隱 脫猶疏略也。始，初也。言禮之初尚疏略也。

〔二〕索隱 言禮成就有文飾。

〔三〕集解 徐廣曰：「一作『悅』。」索隱 音悅。言禮終卒和悅人情也。大戴禮作「終於隆」，隆謂盛也。

〔四〕集解 徐廣曰：「古『情』字或假借作『請』，諸子中多有此比。」正義 言情文俱盡，乃是禮之至備也。

〔五〕索隱 音昇，又尸證反。或文勝情，或情勝文，是情文更代相勝也。大戴禮作「迭興」也。

〔六〕索隱 言其次情文俱失，歸心渾沌天地之初，復禮之本，是歸太一也。

〔七〕正義 自「天地」以下八事，大禮之備，情文俱盡，故用爲下則順，用爲上則明也。

太史公曰：至矣哉！〔一〕立隆以爲極，而天下莫之能益損也。本末相順，〔二〕終始相應，〔三〕至文有以辨，〔四〕至察有以說。〔五〕天下從之者治，不從者亂；從之者安，不從者危。小人不能則也。〔六〕

〔一〕索隱 已下亦是太史公取荀卿禮論之意，極言禮之損益，以結禮書之論也。

〔二〕索隱 謂禮之盛，文理合以歸太一，至禮之殺，復情以歸太一。隆殺皆歸太一者，是本末相順也。

〔三〕索隱 禮始於脫略，終於稅，稅亦殺也，殺與脫略，是始終相應也。正義 應，乙陵反，當也。

〔四〕索隱 言禮之至文，能辨尊卑貴賤，故云有以辨也。

〔五〕索隱 言禮之至察，有以明隆殺損益，委曲情文，足以悅人心，故云有以說也。

〔六〕正義 小人猶庶人也。則，法也。言天下士以上至于帝王，能從禮者則治安，不能從禮者則危亂，庶人據於事，不能法禮也。

禮之貌誠〔一〕深矣，堅白同異之察，入焉而弱。〔二〕其貌誠大矣，擅作典制褊陋之說，入焉而望。〔三〕其貌誠高矣，暴慢恣睢，〔四〕輕俗以爲高之屬，入焉而隊。〔五〕故繩誠陳，〔六〕則不可欺以曲直；衡誠縣，〔七〕則不可欺以輕重；規矩誠錯，〔八〕則不可欺以方員；君子審禮，則不可欺以詐僞。〔九〕故繩者，直之至也；衡者，平之至也；規矩者，方員之至也；禮者，人道之極也。然而不法禮者不足禮，謂之無方之民；〔一〇〕法禮足禮，謂之有方之士。禮之中，能思索，〔一一〕謂之能慮；能慮勿易，〔一二〕謂之能固。能慮能固，加好之焉，聖矣。〔一三〕天者，高之極也；地者，下之極也；日月者，明之極也；無窮者，廣大之極也；聖人者，道之極也。〔一四〕

〔一〕索隱 有本作「懇誠」者，非也。

〔二〕正義 言禮之貌信深厚矣，雖有鄒子堅白同異之辯明察，入於禮義之中，自然懦弱敗壞（之禮）也。

〔三〕索隱 言擅作典制及褊陋之說。入焉，謂入禮則自嗛望知其失。正義 言禮之貌信廣大矣，雖有擅作典制褊陋之說，文辭入於禮義之中，自然成淫俗褊陋之言。

〔四〕索隱 恣睢猶毀訾也。

〔五〕索隱 言訾毀禮者自取隊滅也。正義 言禮之貌信尊高矣，雖有暴慢恣睢輕俗以爲高之屬，入於禮義之中，自然成墜落暴慢輕俗之人。

〔六〕集解 鄭玄曰：「誠猶審也。陳，設也，謂彈畫也。」

〔七〕集解鄭玄曰：「衡，稱也。縣謂錘也。」正義縣音玄。
〔八〕索隱錯，置也。規，車也。矩，曲尺也。正義錯，七故反。
〔九〕正義詐僞謂堅白同異，擅作典制，暴戾恣睢自高也。故陳繩，曲直定；懸衡，輕重分；錯規矩，方員□；審禮，詐僞自消滅矣。
〔一〇〕集解鄭玄曰：「方猶道也。」
〔一一〕索隱索，求也。
〔一二〕正義易謂輕易也。
〔一三〕正義好，火到反。言人以得禮之中，又能思審索求其禮，謂之能思慮；又不輕易其禮，謂之能堅固。能慮，能固其禮，更加好之，乃聖人矣。
〔一四〕正義道謂禮義也。言人有禮義，則爲聖人，比於天地日月，廣大之極也。

以財物爲用，以貴賤爲文，以多少爲異，以隆殺爲要。〔一〕文貌繁，情欲省，禮之隆也；文貌省，情欲繁，禮之殺也；文貌情欲相爲內外表裏，並行而雜，禮之中流也。〔二〕君子上致其隆，下盡其殺，而中處其中。〔三〕步驟馳騁廣騖不外，〔四〕是以君子之性守宮庭也。〔五〕人域是域，士君子也。〔六〕外是，民也。〔七〕於是中焉，房皇周浹，曲（直）得其次序，聖人也。〔八〕故厚者，禮之積也；大者，禮之廣也；〔九〕高者，禮之隆也；明者，禮之盡也。〔一〇〕

〔一〕索隱隆猶厚也。殺猶薄也。

〔二〕正義言文飾情用，表裏外內，合於儒墨，是得禮情之中，而流行不息也。
〔三〕正義中謂情文也。
〔四〕正義騖音務。言君子之人，上存文飾，下務減省，而合情文，處得其中，縱有戰陣殺戮邪惡，則不棄於禮義矣。三皇步，五帝驟，三王馳，五伯騖也。
〔五〕索隱言君子之性守正不慢遠行，如常守宮庭也。正義宮庭，聽朝處。喻君子心內常守禮義，若宮庭焉。
〔六〕索隱域，居也。言君子之行，非人居亦弗居也。正義處乎凡人域之中，能知禮義之域限，卽爲士及君子也。
〔七〕索隱外謂人域之外，非人所居之地。以喻禮義之外，別爲它行，卽是小人，故云外是人也。
〔八〕索隱房音旁。旁皇猶徘徊也。周浹猶周帀。言徘徊周浹，委曲得禮之序，動不失中，則是聖人之行也。
〔九〕索隱言君子聖人有厚大之德，則爲禮之所積益弘廣也，故曰「甘受和，白受采，忠信之人可以學禮，苟無忠信，則禮不虛道」。然此文皆荀卿禮論也。
〔一〇〕正義言君子內守其禮，德厚大積廣，至於高尊明禮，則是禮之終竟也。此書是褚先生取荀卿禮論兼爲之。

【索隱述贊】禮因人心，非從天下。合誠飾貌，救弊興雅。以制黎甿，以事宗社。情文可重，豐殺難假。仲尼坐樹，孫通蕝野。聖人作教，罔不由者。

史記卷二十四

樂書第二

正義天有日月星辰，地有山陵河海，歲有萬物成熟，國有聖賢宮觀周域官僚，人有言語衣服體貌端修，咸謂之樂。樂書者，猶樂記也，鄭玄云以其記樂之義也。此於別録屬樂記，蓋十一篇合爲一篇。十一篇者，有樂本，有樂論，有樂施，有樂言，有樂禮，有樂情，有樂化，有樂象，有賓牟賈，有師乙，有魏文侯。今雖合之，亦略有分焉。劉向校書，得樂書二十三篇，著於別録。今樂記惟有十一篇，其名猶存也。

太史公曰：余每讀虞書，至於君臣相敕，維是幾安，而股肱不良，萬事墮壞，未嘗不流涕也。成王作頌，推己懲艾，〔一〕悲彼家難，〔二〕可不謂戰戰恐懼，善守善終哉？〔三〕君子不爲約則修德，〔四〕滿則弃禮，佚能思初，安能惟始，沐浴膏澤而歌詠勤苦，非大德誰能如斯！傳曰「治定功成，禮樂乃興」。海內人道益深，其德益至，所樂者益異。滿而不損則溢，盈而不持則傾。凡作樂者，所以節樂。〔五〕君子以謙退爲禮，以損減爲樂，樂其如此也。以爲州異國殊，情習不同，故博采風俗，協比聲律，〔六〕以補短移化，助流政教。天子躬於明堂臨觀，

而萬民咸蕩滌邪穢，斟酌飽滿，以飾厥性。故云雅頌之音理而民正，嘄噭〔七〕之聲興而士奮，鄭衛之曲動而心淫。及其調和諧合，鳥獸盡感，而況懷五常，含好惡，自然之勢也？

〔一〕正義音刈。
〔二〕正義乃憚反。家難，謂文王囚羑里，武王伐紂。
〔三〕正義言成王作頌，悲文王戰戰恐懼，推己戒勵爲治，是善守善終也。
〔四〕正義爲，于僞反。
〔五〕正義音洛。言不樂至荒淫也。
〔六〕正義比音鼻。
〔七〕索隱上姑堯反，又音叫。下音擊。

治道虧缺而鄭音興起，封君世辟，〔一〕名顯鄰州，爭以相高。自仲尼不能與齊優遂容於魯，〔二〕雖退正樂以誘世，作五章以刺時，〔三〕猶莫之化。陵遲以至六國，流沔沈佚，遂往不返，卒於喪身滅宗，并國於秦。

〔一〕索隱辟亦君也。正義辟，并亦反。
〔二〕索隱齊人歸女樂而孔子行，言不能遂容於魯而去也。或作「遂客」，誤耳。
〔三〕索隱按：系〔家〕、家語所云孔子嗤季桓子作歌引詩曰「彼婦人之口，可以出走。彼婦人之謁，可以死敗。優哉

游哉，聊以卒歲」。是五章之刺也。

秦二世尤以爲娛。丞相李斯進諫曰：「放弃詩書，極意聲色，祖伊所以懼也；〔一〕輕積細過，恣心長夜，紂所以亡也。」趙高曰：「五帝、三王樂各殊名，示不相襲。上自朝廷，下至人民，得以接歡喜，合殷勤，非此和說不通，解澤不流，〔二〕亦各一世之化，度時之樂，何必華山之騄耳而後行遠乎？」二世然之。

〔一〕正義 祖伊諫殷紂，紂不聽。孔安國云祖己後賢臣也。

〔二〕正義 說音悅。解音蟹。言非此樂和適，亦悅樂之不通，散恩澤之事不流，各一世之化也。諫二世，故名之也。

高祖過沛詩三侯之章，〔一〕令小兒歌之。高祖崩，令沛得以四時歌儛宗廟。孝惠、孝文、孝景無所增更，於樂府習常肄舊而已。〔二〕

〔一〕索隱 按：過沛詩即大風歌也。其辭曰「大風起兮雲飛揚，威加海內兮歸故鄉，安得猛士兮守四方」是也。侯，語辭也。詩曰「侯其禕而」者是也。兮亦語辭也。沛詩有三「兮」，故云三侯也。

〔二〕正義 肄音異。

至今上即位，作十九章，〔一〕令侍中李延年次序其聲，拜爲協律都尉。通一經之士不能獨知其辭，皆集會五經家，相與共講習讀之，乃能通知其意，多爾雅之文。

〔一〕索隱 按：禮樂志安世房中樂有十九章。

漢家常以正月上辛祠太一甘泉，以昏時夜祠，到明而終。常有流星經於祠壇上。使僮男僮女七十人俱歌。春歌青陽，夏歌朱明，〔一〕秋歌西暤，〔二〕冬歌玄冥。〔三〕世多有，故不論。〔四〕

〔一〕集解 瓚曰：「爾雅云春曰青陽，夏曰朱明。」

〔二〕集解 韋昭曰：「西方少暤也。」

〔三〕正義 禮記月令云玄冥，水官也。

〔四〕索隱 言四時歌多有其詞，故此不論載。今見漢書禮樂志。

又嘗得神馬渥洼水中，〔一〕復次以爲太一之歌。歌曲曰：「太一貢兮天馬下，〔二〕霑赤汗兮沫流赭。〔三〕騁容與兮跇萬里，〔四〕今安匹兮龍爲友。」後伐大宛得千里馬，馬名蒲梢，〔五〕次作以爲歌。歌詩曰：「天馬來兮從西極，經萬里兮歸有德。承靈威兮降外國，涉流沙兮四夷服。」中尉汲黯進曰：「凡王者作樂，上以承祖宗，下以化兆民。今陛下得馬，詩以爲歌，協於宗廟，先帝百姓豈能知其音邪？」上默然不說。丞相公孫弘曰：「黯誹謗聖制，當族。」

〔一〕集解 李斐曰：「南陽新野有暴利長，當武帝時遭刑，屯田燉煌界。人數於此水旁見羣野馬中有奇異者，與凡馬異，來飲此水旁。利長先爲土人持勒靽於水旁，後馬玩習久之，代土人持勒靽，收得其馬，獻之。欲神異此馬，云從水中出。」蘇林曰：「洼音『窐曲』之『窐』也。」索隱 洼音一佳反，烏花反。蘇林音「窐曲」之「窐」，窐即窳也。

〔二〕索隱 按：禮樂志「貢」作「況」，況與貢意亦通。正義 太一，北極大星也。

〔三〕集解 應劭曰：「大宛馬汗血霑濡也，流沫如赭。」

〔四〕集解 孟康曰：「跇音逝。」如淳曰：「跇謂超踰也。」索隱 亦（作）「逝」。鄒誕生云跇，一作「世」，亦音跇。跇，超也。

〔五〕集解 應劭曰：「大宛舊有天馬種，蹋石汗血，汗從前肩髆出如血，號一日千里。」索隱 梢音史交反。又本作「騷」，亦同音。

凡音之起，由人心生也。〔一〕人心之動，物使之然也。〔二〕感於物而動，故形於聲；〔三〕聲相應，故生變；〔四〕變成方，謂之音；〔五〕比音而樂之，及干戚羽旄，謂之樂也。〔六〕樂者，音之所由生也，〔七〕其本在人心感於物也。〔八〕是故其哀心感者，其聲噍以殺；〔九〕其樂心感者，其聲嘽以緩；〔一〇〕其喜心感者，其聲發以散；〔一一〕其怒心感者，其聲麤以厲；〔一二〕其敬心感者，其聲直以廉；〔一三〕其愛心感者，其聲和以柔。〔一四〕六者非性也，〔一五〕感於物而後動，〔一六〕是故先王慎所以感之。〔一七〕故禮以導其志，樂以和其聲，政以壹其行，〔一八〕刑以防其姦。禮樂刑政，其極一也，〔一九〕所以同民心而出治道也。〔二〇〕

〔一〕正義 皇侃云：「此章有三品，故名爲樂本，備言音聲所起，故名樂本。夫樂之起，其事有二：一是人心感樂，樂聲從心而生；一是樂感人心，心隨樂聲而變也。」

〔二〕正義 物者，外境也。外有善惡來觸於心，則應觸而動，故云物使之然也。

〔三〕集解 鄭玄曰：「宮商角徵羽雜比曰音，單出曰聲，形猶見也。」王肅曰：「物，事也。謂哀樂喜怒和敬之事感人而動，見於聲。」

〔四〕集解 鄭玄曰：「樂之器，彈其宮則衆宮應，然而不足樂，是以變之使雜也。」正義 崔靈恩云：「緣五聲各自相應，不足爲樂，故變使雜，令聲音諧和也。」

〔五〕集解 鄭玄曰：「方猶文章。」正義 皇侃云：「單聲不足，故變雜五聲，使交錯成文，乃謂爲音也。」

〔六〕集解 鄭玄曰：「干，楯也；戚，斧也：武舞所執也。羽，翟羽也；旄，旄牛尾：文舞所執也。」正義 比音鼻，次也。音，五音也。言五音雖雜，猶未足爲樂，復須次比器之音及文武所執之物，共相諧會，乃是由音得名。爲樂武陰文陽，故所執有輕重異。

〔七〕正義 合音乃成樂，是樂由音而生，諸樂生起之所由也。

〔八〕正義 本猶初也。物，外境也。(言)將欲明樂隨心見，故更陳此句也。

〔九〕集解 鄭玄曰：「噍，踧也。」索隱 焦音如字。鄒誕生作「噍」，音將妙反。正義 殺，所介反。噍，踧急也。若外境痛苦，則其心哀戚，哀戚在心，故樂聲踧急而殺也。此下六者，皆人君見前境來感己而制樂音，隨心見之也。

〔一〇〕集解 鄭玄曰：「嘽，寬綽之貌。」正義 嘽，寬也。若外境可美，則其心歡樂，歡樂在心，故樂聲必隨而寬緩也。

〔一一〕集解 鄭玄曰：「發，揚也。」正義 若外境會意，其心喜悅，悅喜在心，故樂聲發揚也。

〔一二〕正義 若外境乖失，故己心怒恚，怒在心，心隨怒而發揚，故無轂硋，則樂聲麤彊而嚴厲也。
〔一三〕正義 廉，隅也。若外境尊高，故己心悚敬，悚敬在內，則樂聲直而有廉角也。
〔一四〕正義 柔，軟也。若外境憐慕，故己心愛惜，愛惜在內，則樂和柔也。
〔一五〕正義 性本靜寂，無此六事。六事之生，由應感見而動，故云非性。
〔一六〕集解 鄭玄曰：「言人聲在所見，非有常。」
〔一七〕正義 六事隨見而動，非關本性，聖人在上，制正禮以防之，故先王慎所以感之者也。
〔一八〕正義 胡孟反。
〔一九〕集解 鄭玄曰：「極，至也。」 正義 四事，防慎所感之由也。用（正）禮教導其志，用（世）〔正〕樂諧和其聲，用法律齊其行，用刑辟防其凶〔姦〕，民不復流僻，徒感防之，使同其一（敬）〔致〕，不爲非也。極，至也。
〔二〇〕集解 鄭玄曰：「此其所謂至也。」 正義 上四事功成，民同其心，俱不邪僻，故治道出也。民心所觸，有前六者不同，故聖人用後四者制之。

凡音者，生人心者也。〔一〕情動於中，故形於聲，〔二〕聲成文謂之音。〔三〕是故治世之音安以樂，其正和；〔四〕亂世之音怨以怒，其正乖；〔五〕亡國之音哀以思，其民困。〔六〕聲音之道，與正通矣。〔七〕宮爲君，〔八〕商爲臣，〔九〕角爲民，〔一〇〕徵爲事，〔一一〕羽爲物。〔一二〕五者不亂，則無惉懘之音矣。〔一三〕宮亂則荒，其君驕；〔一四〕商亂則搥，其臣壞；〔一五〕角亂則憂，其民怨；〔一六〕徵亂則哀，其事勤；〔一七〕羽亂則危，其財匱。〔一八〕五者皆亂，迭相陵，謂之慢。〔一九〕如此則國之滅亡無日矣。〔二〇〕鄭衛之音，亂世之音也，比於慢矣。〔二一〕桑間濮上之音，〔二二〕亡國之音也，其政散，其民流，誣上行私而不可止。〔二三〕

〔一〕正義 此樂本章第二段，明樂感人心也。人心即君人心也。樂音善惡由君上心之所好，故云生於人心者也。
〔二〕正義 情，君之情也。中猶心也。心既感物而動，故形見於聲也。
〔三〕正義 謂之音，清濁雖異，各見於外，成於文彩，並謂之音也。
〔四〕正義 樂音洛。言平理之世，其樂音安靜而歡樂也。正政同也。
〔五〕集解 徐廣曰：「一作『煩』。」 正義 亂世之音，民心怨怒，樂聲亦怨，由其正乖僻故。
〔六〕正義 思音四。亡國，謂將欲滅亡之國，樂音悲哀而愁思。亡國之時，民之心哀思，其樂音亦哀思，由其民困苦故也。
〔七〕集解 鄭玄曰：「言八音和否隨政也。」 正義 正和則聲音安樂，正乖則聲音怨怒，是聲音之道與正通矣。
〔八〕集解 王肅曰：「居中總四方。」 索隱 居中總四方，宮弦最大，用八十一絲，聲重而尊，故爲君。 正義 宮屬土，居中央，總四方，君之象也。
〔九〕集解 王肅曰：「秋義斷。」 索隱 商是金，金爲決斷，臣事也。弦用七十二絲，次宮，如臣次君也。
〔一〇〕集解 王肅曰：「春物並生，各以區別，民之象也。」 索隱 弦用六十四絲，聲居宮羽之中，比君爲劣，比物爲優，故云清濁中，人之象也。 正義 角屬木，以其清濁中，民之象。
〔一一〕集解 王肅曰：「夏物盛，故事多。」 索隱 徵屬夏，夏時生長，萬物皆成形體，事亦有體，故配事。弦用五十四絲。 正義 徵屬火，以其徵清，事之象也。

〔一二〕集解 王肅曰：「冬物聚。」 索隱 羽爲水，最清，物之象。王肅云「冬物聚，故爲物，弦用四十八絲」。
〔一三〕集解 鄭玄曰：「惉懘，獘敗不和之貌也。」 索隱 苫滯。又本作「惉懘」。 正義 惉，獘也。懘，敗也。君、臣、民、事、物五者各得其用，不相壞亂，則五音之響無獘敗也。
〔一四〕集解 鄭玄曰：「荒猶散。」 正義 宮亂，則其聲放散，由其君驕溢故也。
〔一五〕集解 徐廣曰：「搥，今禮作『陂』也。」 索隱 搥，鄒音都回反。徐廣曰「今禮作『陂』」，音詖也。 正義 商音亂，其聲欹邪不正，由其臣不理於官，〔官〕壞故也。
〔一六〕正義 角音亂，其聲憂愁，由政虐民怨故也。
〔一七〕正義 徵音亂，其聲哀苦，由繇役不休，其民事勤勞也。
〔一八〕正義 羽音亂，其聲傾危，由君賦重，（於）其民貧乏故也。
〔一九〕正義 迭，互也。陵，越也。五聲並不和，則君臣上下互相陵越，所以謂之爲慢也。
〔二〇〕集解 鄭玄曰：「君、臣、民、事、物也，其道亂，則其音應而亂也。」 索隱 無日猶言無復一日也。以言君臣陵慢如此，則國之滅亡朝夕可待，無復一日也。
〔二一〕集解 鄭玄曰：「比猶同。」 正義 鄭音好濫淫志，衛音促速煩志，並是亂世音，雖亂而未滅亡，故比慢也。比，必以反。
〔二二〕集解 鄭玄曰：「濮水之上，地有桑閒，在濮陽南。」 正義 昔殷紂使師延作長夜靡靡之樂，以致亡國。武王伐紂，此樂師師延將樂器投濮水而死。後晉國樂師師涓夜過此水，聞水中作此樂，因聽而寫之。既得還國，爲晉平公奏之。師曠撫之曰：「此亡國之音也，得此必於桑閒濮上乎？紂之所由亡也。」

〔二三〕正義 若用此濮上之音，其政必離散而民人流徙逃亡，緣臣誣上，各行私情，國即滅亡而不可禁止也。

凡音者，生於人心者也；〔一〕樂者，通於倫理者也。〔二〕是故知聲而不知音者，禽獸是也；知音而不知樂者，衆庶是也。唯君子爲能知樂。〔三〕是故審聲以知音，〔四〕審音以知樂，〔五〕審樂以知政，〔六〕而治道備矣。〔七〕是故不知聲者不可與言音，不知音者不可與言樂。知樂則幾於禮矣。〔八〕禮樂皆得，謂之有德。德者得也。〔九〕是故樂之隆，非極音也；〔一〇〕食饗之禮，非極味也。〔一一〕清廟之瑟，〔一二〕朱弦而疏越，〔一三〕一倡而三歎，有遺音者矣。〔一四〕大饗之禮，〔一五〕尚玄酒〔一六〕而俎腥魚，〔一七〕大羹不和，〔一八〕有遺味者矣。〔一九〕是故先王之制禮樂也，非以極口腹耳目之欲也，將以教民平好惡而反人道之正也。〔二〇〕

〔一〕正義 此樂本章第三段也。前第一段明人心感樂，第二段明樂感人心，此段聖人制正樂以應之。此段自有二重：自「凡音」至「反人道」爲一重，卻應第二段樂感人心也；又自「人（心）生而靜」至「王道備矣」爲一重，卻應第一段人心感樂也。
〔二〕集解 鄭玄曰：「倫猶類也。理，分也。」 正義 音初生自君心，形而成樂，樂成則能通於百姓，使各盡其類分，故曰通倫理者也。
〔三〕集解 鄭玄曰：「禽獸知此爲聲耳，不知其宮商之變。八音並作，克諧，曰樂。」
〔四〕正義 聲爲音本，若欲知音，當須審定其聲，然後音可知。
〔五〕正義 音爲樂本，前審定其音，然後可知樂也。

中華書局

〔六〕正義 樂爲政本，前審定其樂，然後政可知也。

〔七〕正義 前審定其本，後識其末，則爲治之道乃可備也。

〔八〕集解 鄭玄曰：「幾，近也。」 正義 禮謂治國之禮，包萬事。 萬事備具，始是禮極。 今知樂者但正君、臣、民、事、物五者之情，於禮未極，故云幾於禮也。

〔九〕集解 鄭玄曰：「聽樂而知政之得失，則能正君、臣、民、事、物之禮。」 正義 若聽樂而知禮，則是禮樂皆得；二者備具，則是有德之君也。 又言有德之人是能得禮樂之情，故云德者得也。

〔一〇〕集解 鄭玄曰：「隆猶盛也。 極猶窮也。」 正義 大樂之盛，本在移風易俗，非窮鍾鼓之音，故云非極音也。 故論語「樂云樂云，鍾鼓云乎哉」是也。

〔一一〕正義 食音嗣。 食享謂宗廟祭也。 大禮之盛，本在安上治民，非崇玉帛至味，故云非極味也。 故論語「禮云禮云，玉帛云乎哉」是也。

〔一二〕集解 鄭玄曰：「清廟謂作樂歌清廟。」王肅曰：「於清廟中所鼓之瑟。」

〔一三〕集解 鄭玄曰：「越，瑟底孔，畫疏之使聲遲。」

〔一四〕集解 鄭玄曰：「遺猶餘也。」 王肅曰：「未盡音之極。」 正義 倡音唱。 一唱謂一人始唱歌，三歎謂三人讚歎也。 樂歌此先王之道，不極音聲，故但以熟弦廣孔，少唱寡和。 此音有德，傳於無窮，是有餘音不已。 一云所重在德，本不在音，是有遺餘音，念之不忘也。

〔一五〕正義 大享卽食享也。 變「食」言「大」，崇其名故也。 不尚重味，故食言大也。 此言禮盛不(作)〔在〕至味之事。

〔一六〕正義 祫祭之禮，則列玄尊在上，五齊在下也。

〔一七〕正義 凡俎有肴生腊，(是俎)腥魚者，生魚也，俎雖有三牲而兼載生魚也。

〔一八〕正義 和，胡卧反。 大羹，肉汁也。 祫祭有肉汁爲羹，無鹽菜之芼和也。

〔一九〕正義 遺亦餘也。 此(者)〔皆〕質素之食。 禮，人主誠設之道不極滋味，故尚明水而腥魚。 此禮可重，流芳竹帛，傳之無已，有餘味。 一云禮本在德，不在甘味，故用水魚而遺味也。

〔二〇〕集解 鄭玄曰：「教之使知好惡。」 正義 好，火到反。 惡，一故反。 平，均也。 言先王制禮作樂，本是教訓澆民，平於好惡之理，故去惡歸善，不爲口腹耳目之欲，令反歸人之正道也。

人生而靜，天之性也；〔一〕感於物而動，性之頌也。〔二〕物至知知，然後好惡形焉。〔三〕好惡無節於內，知誘於外，不能反己，天理滅矣。〔四〕夫物之感人無窮，而人之好惡無節，則是物至而人化物也。〔五〕人化物也者，滅天理而窮人欲者也。〔六〕於是有悖逆詐僞之心，有淫佚作亂之事。 是故彊者脅弱，衆者暴寡，知者詐愚，勇者苦怯，疾病不養，老幼孤寡不得其所，此大亂之道也。 是故先王制禮樂，人爲之節：〔七〕衰麻哭泣，〔八〕所以節喪紀也；鍾鼓干戚，所以和安樂也；婚姻冠笄，所以別男女也；〔九〕射鄉食饗，所以正交接也。〔一〇〕禮節民心，樂和民聲，政以行之，刑以防之。 禮樂刑政四達而不悖，則王道備矣。

〔一〕正義 此第三段第二重也。 人初生未有情欲，其(情欲)至靜稟于自然，是天之性也。

〔二〕集解 徐廣曰：「頌音容。 今禮作『欲』。」 正義 其心雖靜，感於外情，因物而動，是性之貪慾也。

〔三〕集解 王肅曰：「事至，能以智知之，然後情之好惡見。」 正義 上「知」音智。

〔四〕集解 王肅曰：「內無定節，智爲物所誘於外，情從之動，而失其天性。」 正義 言好惡不自節量於心，唯知情慾誘之於外，不能反還己躬之善，則天性滅絶矣。

〔五〕集解 鄭玄曰：「隨物變化。」 正義 夫物不一，故言無窮也。若人心嗜慾無度，隨好惡不能節之，則與之而化，故云人化物。

〔六〕集解 鄭玄曰：「言無所不爲。」 正義 心隨物化，則滅天性而恣人心之欲也。

〔七〕集解 鄭玄曰：「爲作法度以遏其欲也。」王肅曰：「以人爲之節，言得其中也。」

〔八〕正義 此以下並是陳禮節人之事也。 制五服哭泣，所以紀喪事之節，而不使背死忘生也。 事死者難，故以哀哭爲前也。

〔九〕集解 鄭玄曰：「男二十而冠，女許嫁而笄。」 正義 冠音貫。 笄音雞。

〔一〇〕集解 鄭玄曰：「射鄉，大射鄉飲酒。」

樂者爲同，禮者爲異。〔一〕同則相親，異則相敬。 樂勝則流，〔二〕禮勝則離。〔三〕合情飾貌者，禮樂之事也。〔四〕禮義立，則貴賤等矣；〔五〕樂文同，則上下和矣；〔六〕好惡著，則賢不肖別矣；〔七〕刑禁暴，爵舉賢，則政均矣。〔八〕仁以愛之，義以正之，如此則民治行矣。〔九〕

〔一〕集解 鄭玄曰：「同謂協好惡也，異謂別貴賤。」 正義 此第二章名爲樂論。 其中有四段，此章論禮樂同異也。 夫樂使率土合和，是爲同也；禮使父子殊別，是爲異也。

〔二〕集解 王肅曰：「流遁不能自還。」

〔三〕集解 王肅曰：「離析而不親。」 正義 勝，式證反。 勝猶過也。 禮樂雖有同異，而又相須也。若樂過和同而無禮，則流慢，無復尊卑之敬。 若禮過殊隔無樂，則親屬離析，無復骨肉之愛也。

〔四〕集解 鄭玄曰：「欲其並行彬彬然。」 正義 樂和內，是合情也；禮檢迹，是飾貌也。

〔五〕集解 鄭玄曰：「等階級。」

〔六〕正義 文謂聲成文也。 若作樂文采諧同，則上下並和，是樂和民聲也。

〔七〕正義 好惡並去聲，又並如字。 著，張慮反。 若法律分明，善惡章著，則賢愚斯別，政化行矣。

〔八〕正義 王者(爲)用刑(則)〔以〕禁制暴慢，疏爵以舉賞賢良，則政治均平，是刑以防之矣。 既是禁暴而又言舉賢者，示刑最爲重，不宜獨行，必須賞罰兼明也。 然禮樂之用非政不行，明須四事連行也。

〔九〕正義 言禮樂刑政既均，又須仁以愛民，義以正民，如此則民順理正行矣。

樂由中出，〔一〕禮自外作。〔二〕樂由中出，故靜；〔三〕禮自外作，故文。〔四〕大樂必易，〔五〕大禮必簡。〔六〕樂至則無怨，禮至則不爭。〔七〕揖讓而治天下者，禮樂之謂也。 暴民不作，諸侯賓服，兵革不試，〔八〕五刑不用，百姓無患，天子不怒，如此則樂達矣。 合父子之親，〔九〕明長幼之序，〔一〇〕以敬四海之內。〔一一〕天子如此，則禮行矣。〔一二〕

〔一〕集解 鄭玄曰：「和在心。」 正義 此樂論第二段，謂樂功也。 出猶生也。 爲人在中，和有未足，故生此樂也。

〔二〕集解 鄭玄曰：「敬在貌。」 正義 作猶起也。 爲人在外，敬有未足故起此禮也。

〔三〕正義 樂和心，在內，故云靜。

〔四〕集解 鄭玄曰：「文猶動。」正義 禮肅人貌，貌在外，故云動。

〔五〕正義 易，以豉反。朱弦疏越是也。

〔六〕集解 鄭玄曰：「易簡，若於清廟大饗然。」正義 玄酒腥魚是也。

〔七〕集解 鄭玄曰：「至猶達也，行也。」正義 樂行主和，和達則民無復怨怒也。禮行主謙，謙達則民不爭競也。

〔八〕集解 鄭玄曰：「賓，協也。試，用也。」

〔九〕正義 前云「禮至不爭」，故致天下尊卑之序也。禮使父慈子孝，是合父子之親也，卽父事三老也。

〔一〇〕正義 長坐幼立，是明長幼之序，卽兄事五更是也。

〔一一〕正義 孝經云：「教以孝，所以敬天下之爲人父；教以弟，所以敬天下之爲人兄；教以臣，所以敬天下之爲君。」卽是敬四海之內也。

〔一二〕正義 言天子能躬行禮，則臣下必用禮，如此則禮行矣。「合父子」以下，悉自天子自身行之也。

大樂與天地同和，〔一〕大禮與天地同節。〔二〕和，故百物不失；〔三〕節，故祀天祭地。〔四〕明則有禮樂，〔五〕幽則有鬼神，〔六〕如此則四海之內合敬同愛矣。〔七〕禮者，殊事合敬者也；〔八〕樂者，異文合愛者也。〔九〕禮樂之情同，故明王以相沿也。〔一〇〕故事與時並，〔一一〕名與功偕。〔一二〕故鐘鼓管磬羽籥干戚，樂之器也；〔一三〕詘信俯仰級兆舒疾，〔一四〕樂之文也。〔一五〕簠簋俎豆制度文章，禮之器也；升降上下周旋裼襲，禮之文也。故知禮樂之情者能作，〔一六〕識禮

樂之文者能術。〔一七〕作者之謂聖，〔一八〕術者之謂明。〔一九〕明聖者，術作之謂也。

〔一〕正義 此樂論第三段，論禮與樂唯聖能識也。言天地以氣氤氳，合生萬物。大樂之理，順陰陽律呂生養萬物，是大樂與天地同和也。

〔二〕集解 鄭玄曰：「言順天地之氣與其數也。」正義 言天有日月，地有山川，高卑殊形，生用各別。大禮辯尊卑貴賤等差異別，是大禮與天地同節。

〔三〕集解 鄭玄曰：「不失其性。」正義 樂與天地同和，能生成萬物。

〔四〕集解 鄭玄曰：「成物有功報焉。」正義 禮與天地同節，有尊卑上下，報生成萬物之功。

〔五〕集解 鄭玄曰：「教人者也。」正義 明猶外也。言聖王能使樂與天地同和，禮與天地同節，又能顯明其禮樂以教人也。

〔六〕集解 鄭玄曰：「助天地成物者也。」易曰知鬼神之情狀。然則聖人精氣謂之神，賢智之精氣謂之鬼也。」正義 幽，內也。言聖王又能內敬鬼神，助天地生成萬物。

〔七〕正義 言行禮同節，故四海合敬矣。樂同和，故四海同愛矣。

〔八〕正義 尊卑貴賤之別，是殊事也。施之同以莊敬，是合敬也。

〔九〕正義 宮商錯而成文，隨事而制變，是異文；同以勸愛，是合愛也。

〔一〇〕集解 鄭玄曰：「沿猶因述也。殷因於夏，周因於殷。」正義 樂情主和，禮情主敬，致化是同。以其致化情同，故明王相因述也。

〔一一〕集解 鄭玄曰：「舉事在其時也。」王肅曰：「有其時，然後得立其事。」正義 言聖王所爲之事與所當之時並行也。若堯舜揖讓之事與淳和之時並行，湯武干戈之事與澆薄之時並行。此句明禮也。

〔一二〕集解 鄭玄曰：「爲名在（於）其功也。偕猶俱也。」王肅曰：「有功，然後得受其名。」正義 名謂樂名也。偕，俱也。功者，揖讓干戈之功也。聖王制樂之名，與所建之功俱作也。若堯、舜樂名咸池、大韶，湯、武樂名大濩、大武也。

〔一三〕正義 此陳樂事也。鐘鼓之屬是樂之器，有形質，故爲事也。

〔一四〕集解 徐廣曰：「級，今禮作『綴』。」駰案：鄭玄曰「兆其外營域」。索隱 徐廣曰：「級，今禮作『綴』。」綴舞者，酇列也。又按：下文「其舞行及遠」，「及短」，禮皆作「綴」，蓋是字之殘缺訛變耳，故此爲「級」而下又爲「及」也。然並依字讀，義亦俱通，恐違古記耳。

〔一五〕正義 文飾之事也。

〔一六〕正義 既能窮本（知末）知變，又能著誠去僞，所以能述作，故謂之聖也。

〔一七〕集解 鄭玄曰：「述謂訓其義。」正義 謂上文「屈伸俯仰」，「升降上下」也。

〔一八〕正義 堯、舜、禹、湯之屬是也。

〔一九〕正義 游、夏之屬是也。

樂者，天地之和也；禮者，天地之序也。〔一〕和，故百物皆化；序，故羣物皆別。〔二〕樂由天作，禮以地制。〔三〕過制則亂，過作則暴。〔四〕明於天地，然後能興禮樂也。〔五〕論倫無患，樂之情也；〔六〕欣喜驩愛，樂之（容）〔官〕也。〔七〕中正無邪，禮之質也；〔八〕莊敬恭順，禮之制

也。〔九〕若夫禮樂之施於金石，越於聲音，用於宗廟社稷，事于山川鬼神，則此所以與民同也。〔一〇〕

〔一〕正義 此樂論第四段也。謂禮樂之情也。樂法天地之氣，故云天地之和；禮法天地之形，故云天地之序。禮樂從天地而來，王者必明於天地，然後能興起禮樂也。

〔二〕集解 鄭玄曰：「化猶生也。別謂形體異。」

〔三〕集解 鄭玄曰：「言法天地。」正義 天用和氣化物，物從氣化，是由天作也。地有高下區分以生萬物，禮有品節殊文，是由地制也。

〔四〕集解 鄭玄曰：「過猶誤也。暴，失文、武意也。」

〔五〕正義 禮樂既不可誤，故須明天地者乃可制作也。

〔六〕集解 王肅曰：「言能合道論，中倫理而無患也。」正義 既云唯聖人識禮樂之情，此以下更說其情狀不同也。倫，類也。賀瑒云：「樂使物得類序而無害，是樂之情也。」

〔七〕正義 （容）〔官〕猶事也。賀瑒云：「八音克諧使物欣喜，此樂之事迹也。」

〔八〕集解 鄭玄曰：「質猶本。」正義 明禮情也。質，本也。禮以（心內）〔內心〕中正，無有邪僻，是禮之本。

〔九〕正義 明禮情之事也。謂容貌莊敬，謙恭謹慎，是禮之節制也。

〔一〇〕集解 王肅曰：「自天子至民人，皆貴禮之敬，樂之和，以事鬼神先祖也。」正義 言四者施用祭祀，隨世而異，則前王所不專，故又云則此所以與民同，言隨世也。

王者功成作樂，治定制禮。〔一〕其功大者其樂備，其治辨者其禮具。〔二〕干戚之舞，非備樂也；〔三〕亨孰而祀，非達禮也。〔四〕五帝殊時，不相沿樂；三王異世，不相襲禮。〔五〕樂極則憂，禮粗則偏矣。〔六〕及夫敦樂而無憂，〔七〕禮備而不偏者，其唯大聖乎？天高地下，萬物散殊，而禮制行也；〔八〕流而不息，合同而化，而樂興也。〔九〕春作夏長，仁也；秋斂冬藏，義也。仁近於樂，義近於禮。〔一〇〕樂者敦和，率神而從天；〔一一〕禮者辨宜，居鬼而從地。〔一二〕故聖人作樂以應天，作禮以配地。禮樂明備，天地官矣。〔一三〕

〔一〕集解 鄭玄曰：「功成治定同時耳，功主于王業，治主于教民。」正義 此第三章名樂禮章，言明王爲治，制禮作樂，故名樂禮章。其中有三段：一明禮樂齊，其用必對；二明禮樂法天地之事；三明天地應禮樂也。

〔二〕集解 徐廣曰：「辨，一作『別』。」駰案：鄭玄曰「辨，徧也」。正義 辨，皮勉反，又邊練反。夫禮樂必由功治，〔功治〕有小大，故禮樂應之而廣狹也。若上世民淳易化，故王者功治廣徧，是以禮樂備也。而殷、周民澆難化，故王者功治褊狹，則禮樂亦不具。

〔三〕集解 鄭玄曰：「樂以文德爲備，若咸池也。」正義 證樂不備也。干戚，（周）武〔舞〕也。樂以文德爲備，故用朱絲疏越，干戚之舞，故非備樂也。

〔四〕集解 鄭玄曰：「達猶具也。至敬不饗味而貴氣臭。」正義 解禮不具也。謂腥俎玄尊，表誠象古而已，不在芬苾孰味。是乃澆世爲之，非達禮也。

〔五〕集解 鄭玄曰：「言其有損益。」正義 庾蔚之云：「樂興於五帝，禮成於三王。樂興王者之功，禮隨世之質文。」崔靈恩云：「五帝淳澆不同，故不得相沿爲樂；三王文質之不等，故不得相襲爲禮。」

〔六〕集解 鄭玄曰：「樂，人之所好也，害在淫侉；禮，人之所勤，害在倦略。」

〔七〕集解 鄭玄曰：「敦，厚也。」

〔八〕集解 鄭玄曰：「禮爲異。」正義 天高於上，地卑於下，萬物布散殊別於其中，而大聖制禮，別異尊卑，是衆大而行，故云禮制行矣。禮以節制爲義，故云禮制。

〔九〕集解 鄭玄曰：「樂爲同。」正義 天地二氣，流行不息，合同氛氳，化生萬物。而大聖作樂，合同人心，是以象天地而起，故云樂興也。

〔一〇〕集解 鄭玄曰：「言樂法陽而生，禮法陰而成。」正義 近，其靳反。春夏生長萬物，故爲仁愛。樂主陶和萬性，故仁近於樂也。秋則殺斂，冬則蟄藏，並是義主斷割。禮爲節限，故義近於禮也。

〔一一〕集解 鄭玄曰：「敦和，樂貴同。」正義 此釋仁近樂之義。言樂之爲體，敦厚和同，因循聖人之神氣而從順於天。

〔一二〕集解 鄭玄曰：「別宜，禮尚異也。」孫炎曰：「居鬼，品處人鬼之志。」正義 此解義近禮之由。居鬼猶循神也。鬼謂先賢也。禮之爲體，尊卑殊別，各有其宜，因居先賢鬼氣而從順於地，分別禮分。

〔一三〕集解 鄭玄曰：「各得其事也。」王肅曰：「各得其位也。」

天尊地卑，君臣定矣。〔一〕高卑已陳，貴賤位矣。〔二〕動靜有常，大小殊矣。〔三〕方以類聚，物以羣分，則性命不同矣。〔四〕在天成象，在地成形，〔五〕如此則禮者天地之別也。〔六〕地氣上隮，〔七〕天氣下降，〔八〕陰陽相摩，〔九〕天地相蕩，〔一〇〕鼓之以雷霆，〔一一〕奮之以風雨，〔一二〕動之以四時，〔一三〕煖之以日月，〔一四〕而百（物）化興焉，〔一五〕如此則樂者天地之和也。〔一六〕

〔一〕正義 此樂禮章第二段也，明禮樂法天地事也。言君尊於上，臣卑於下，是象天地定矣。

〔二〕集解 鄭玄曰：「高卑謂山澤也。位矣，尊卑之位象山澤。」

〔三〕集解 鄭玄曰：「動靜，陰陽用事也。小大，萬物也。大者常存，小者隨陰陽出入。」

〔四〕集解 鄭玄曰：「方謂行蟲。物謂殖生者。性之言生也。命，生之長短。」正義 性，生也。萬物各有嗜好謂之性。命者，長短夭壽也。所祖之物既稟大小之殊，故性命夭壽不同也。

〔五〕集解 鄭玄曰：「象，光耀。形，體貌。」正義 言日月星辰之光耀，草木鳥獸之體貌也。

〔六〕正義 結禮之別也。此天地明聖，制禮殊別，是天地之分別也，亦別辨宜居鬼而從地也。

〔七〕集解 鄭玄曰：「隮，升也。」

〔八〕正義 明禮樂法天地氣也。天地二氣之升降合而生物，故樂以氣法地，弦歌聲氣升降相合，以教民也。然氣從下升，（此）〔在〕樂象氣，故從地始也。形以上尊，（故）禮象形，〔故〕從天始也。

〔九〕正義 二氣切摩而萬物生發，作樂亦令聲氣切摩，使民心生敬也。

〔一〇〕集解 鄭玄曰：「蕩，動也。」正義 天地八節蕩動也。天地化物，八節更相感動，作樂亦令八音相感動也。

〔一一〕正義 萬物雖以氣生，而物未發，故雷霆以鼓動之，如樂用鐘鼓以發節也。大雷曰霆。

〔一二〕集解 鄭玄曰：「奮，迅也。」正義 萬物皆以風雨奮迅而出，如樂用儛奮迅以象之，使發人情也。

〔一三〕正義 萬物生長，隨四時而動，如樂各逐心內所須而奏之。

〔一四〕正義 煖音喧遠反。萬物之生，必須日月煖照，如樂有蘊藉，使人宣昭也。蘊藉者，歌不直言而長言嗟歎之屬。

〔一五〕集解 鄭玄曰：「百物化生。」

〔一六〕正義 結樂之和也。如此則聖人作樂，法天地和同，是樂者天地之和也，亦是敦和率神而從天也。

化不時則不生，〔一〕男女無別則亂登，〔二〕此天地之情也。〔三〕及夫禮樂之極乎天而蟠乎地，〔四〕行乎陰陽而通乎鬼神，〔五〕窮高極遠而測深厚，〔六〕樂著太始〔七〕而禮居成物。〔八〕著不息者天也，著不動者地也。〔九〕一動一靜者，天地之閒也。〔一〇〕故聖人曰「禮云樂云」。〔一一〕

〔一〕正義 此樂禮章第三段，明天地應於禮樂也。前聖人既作禮樂，此明天地應樂也。若人主行化失時，天地應以惡氣毀物，故云化不時則不生也。

〔二〕集解 鄭玄曰：「登，成也。樂失則害物，禮失則亂人。」正義 此明天地應禮也。登，成也。若人君行禮，男女無別，則天地應而錯亂成之也。

〔三〕正義 結隨禮樂得失而應之，是天地之情也。然樂是氣化，故云害物；禮是形教，故言亂人也。

〔四〕集解 鄭玄曰：「極，至也。蟠猶委也。」索隱 音盤。鄒誕本作「播」，亦作「蟠」。

〔五〕正義 言陰陽和，四時順，以應禮樂，禮樂與鬼神並助天地而成化也。

〔六〕集解 鄭玄曰：「高遠，三辰也。深厚，山川也。言禮樂之道，上至於天，下委於地，則其閒無所不之矣。」

〔七〕集解 王肅曰：「著，明也。明太始，謂法天也。」索隱 著，明也。太始，天也。言樂能明太始是法天。

〔八〕集解 成物謂地也。居亦謂法也。索隱 言地能成萬物，故成物謂地也。居亦法也，言禮法地也。正義

著猶處也。天爲萬物之始，故曰太始。天蒼而氣化，樂亦氣化，故云處太始也。成物，地也，體盤薄長成萬物也。在地成形，禮亦形教，故云居成也。地卑，故曰居；天高，故曰著也。

〔九〕集解鄭玄曰：「著猶明白也。息謂休止也。」索隱著謂(著)明白。〔著〕運生不息者，天之功也，故易乾卦云「天行健，君子以自强不息」是。著養萬物不動者，地之德也，故易坤卦云「安貞吉」是也。正義此美禮樂配天地也。著亦處也。言樂氣化，處運生不息者，配天也。禮制尊卑定位，成養萬物，處不移動者，配地也。

〔一〇〕集解鄭玄曰：「閒謂百物也。」正義此美禮樂若分則配天地，若合則與百物齊一也。(静動而生)百物稟天動地静而生，故呼百物爲天地之閒也。

〔一一〕集解鄭玄曰：「言禮樂之法天地也。」正義引聖證此章也。言聖人云，明此一章是禮樂法天地也，故言聖人曰「禮云樂云」。樂動禮静，其並用事，如天地閒物有動静也。

昔者舜作五弦之琴，以歌南風；〔一〕夔始作樂，以賞諸侯。〔二〕故天子之爲樂也，以賞諸侯之有德者也。德盛而教尊，五穀時孰，然後賞之以樂。〔三〕故其治民勞者，其舞行級遠；〔四〕其治民佚者，其舞行級短。〔五〕故觀其舞而知其德，〔六〕聞其謚而知其行。〔七〕大章，章之也；〔八〕咸池，備也；〔九〕韶，繼也；〔一〇〕夏，大也；〔一一〕殷周之樂盡也。〔一二〕

〔一〕集解鄭玄曰：「南風，長養之風也，言父母之長養己也。其辭未聞也。」王肅曰：「南風，育養民之詩也。其辭曰『南風之薰兮，可以解吾民之慍兮』。」索隱此詩之辭出尸子及家語。正義此第四章名樂施，明禮樂前備後施布天下也。中有三段：一明施樂以賜諸侯也；二明施樂須節，既賜之，所以宜節也；三明禮樂所施，各有本意本德。世本「神農作琴」，今云舜作者，非謂舜始造也，改用五弦琴，特歌南風詩，始自舜也。五弦者，無文武二弦，唯宫商角徵羽之五弦也。南風是孝子之詩也。南風養萬物而孝子歌之，言得父母生長，如萬物得南風也。舜有孝行，故以五弦之琴歌南風詩，以教理天下之孝也。

〔二〕集解鄭玄曰：「夔欲舜與天下之君共此樂。」

〔三〕正義陳其合賞也。若諸侯孝德明盛，教令尊嚴，年穀豐稔，故天子賞樂也，天下因而法之也。

〔四〕正義行音胡郎反。級音子衞反。本，或作「綴」，音同。此明雖得樂賜，而隨功德優劣(也)〔爲〕舞位行列也。綴謂纘列也。若諸侯治民勞苦，由君德薄，王賞之以樂，則舞人少，不滿，將去纘疏遠也。

〔五〕集解王肅曰：「遠以象民行之勞，近以象民行之逸。」正義佚音逸。言若諸侯治民暇逸，由君德盛，王賞舞人多，則滿，將去纘促近也。庾蔚之云：「此爲虞夏禮也。虞猶淳，故可隨功賜樂；殷周漸澆，易生忿怨，不宜猶有優劣，是以同制。諸侯六佾，故與周禮不同也。」

〔六〕正義覩其儛位人多少，去綴近遠，卽知其君德薄厚也。

〔七〕集解鄭玄曰：「謚者行之迹。」正義行音胡孟反。制死謚隨君德，故聞死謚則知生行。此一句比擬其舞也。

〔八〕集解鄭玄曰：「堯樂名。言堯德章明。」正義既生時舞則知德，死則聞謚驗行，故更引死後聞樂則知行事解之也。大章，堯樂也。章，明也。民樂堯德大明，故名樂曰大章，後人聞大章則知堯生時德大明。上章是堯德之明，下章是後明於堯德。白虎通云「大章，大明天地之道」。

〔九〕集解鄭玄曰：「黄帝所作樂名，堯增脩而用之。咸，皆也。池之言施也，言德之無不施也。」王肅曰：「包容浸潤行化皆然，故曰備也。」

〔一〇〕集解鄭玄曰：「舜樂名。言能繼堯之德。」

〔一一〕集解鄭玄曰：「禹樂名。言禹能大堯舜之德。」

〔一二〕集解鄭玄曰：「言盡人事也。周禮曰『殷曰大濩，周曰大武』。」

天地之道，寒暑不時則疾，〔一〕風雨不節則饑。〔二〕教者，民之寒暑也，〔三〕教不時則傷世。〔四〕事者，民之風雨也，事不節則無功。〔五〕然則先王之爲樂也，以法治也，〔六〕善則行象德矣。〔七〕夫豢豕爲酒，〔八〕非以爲禍也；〔九〕而獄訟益煩，則酒之流生禍也。〔一〇〕是故先王因爲酒禮，一獻之禮，賓主百拜，〔一一〕終日飲酒而不得醉焉，此先王之所以備酒禍也。故酒食者，所以合歡也。〔一二〕

〔一〕正義此則樂施章第二段，明施樂須節也。既必須節，故引譬例。寒暑，天地之氣也。若寒暑不時，則民多疾疫也。

〔二〕正義風雨，天事也。風雨有聲形，故爲事也。若飄灑淒厲，不有時節，則穀損民饑也。

〔三〕集解鄭玄曰：「教謂樂也。」

〔四〕正義寒暑不時，既爲民疾苦；樂教不時，則傷世俗之化也。

〔五〕正義風雨不節，則民饑饉；禮事不節，則治無功也。

〔六〕集解王肅曰：「作樂所以法其治行也。」

〔七〕集解王肅曰：「君行善，卽臣下之行皆象君之德。」正義此廣樂所以須節已。言先王爲樂必以法治，治善則臣下之行皆象君之德也。

〔八〕集解鄭玄曰：「以穀食犬豕曰豢。爲，作也。」

〔九〕正義此言禮須節也。豢，養也。言前王豢犬豕及作酒之事，本以爲禮祀神祇，設賓客，和親族，禮賢能，而實非爲民作禍災也。

〔一〇〕集解鄭玄曰：「小人飲之善酗，以致獄訟。」正義此禮事也。言民得豢酒，無復節限，卒至沈酗鬬争殺傷，而刑獄益生煩多，則是酒之流害生其禍也。

〔一一〕集解鄭玄曰：「一獻，士飲酒之禮。百拜，以喻多也。」

〔一二〕正義此結節功也。既防酒禍，故飲不醉争，以特合歡適也。

樂者，所以象德也；〔一〕禮者，所以閉淫也。〔二〕是故先王有大事，必有禮以哀之；〔三〕有大福，必有禮以樂之：〔四〕哀樂之分，皆以禮終。〔五〕

〔一〕正義此樂施章第三段，明禮樂之所施各有本意，在於象德也。此言樂意也，言樂之所施於人，本有和愛之德。

〔二〕正義此言禮意也。言禮之所施於人，(大)〔本〕止邪淫過失也。

〔三〕集解鄭玄曰：「大事謂死喪。」正義民有喪則先王制衰麻哭泣之禮以節之，使其各遂哀情，是禮以哀之也。

〔四〕正義樂音洛。大福，祭祀者慶也。民慶必歌舞飲食，庶羞之禮使不過，而各遂歡樂，是有以樂之也。

〔五〕正義分，扶問反。結二事。哀樂雖反，皆用禮節，各終其分，故云皆以禮終。

樂也者，施也；禮也者，報也。[一]樂，樂其所自生，[二]而禮，反其所自始。[三]樂章德，[四]禮報情反始也。[五]所謂大路者，天子之輿也；[六]龍旂九旒，天子之旌也；[七]青黑緣者，天子之葆龜也；[八]從之以牛羊之羣，則所以贈諸侯也。[九]

[一]【集解】鄭玄曰：「言樂出而不反，而禮有往來。」【正義】施，式豉反。此第六段，樂象法章第五段，不以次第而亂升在此段，明禮樂用別也。庾蔚之云：「樂者，所以宣暢四氣，導達情性，功及物而不知其所報，即是出而不反，所以謂施也。禮者，所以通彼之意，故有往必有來，所以謂報也。」

[二]【集解】鄭玄曰：「自由也。」【正義】此廣施也。樂名所起，由民下之心所樂生，非有所報也。

[三]【正義】此廣報也。反猶報也。禮生無名，但是專耳隨時得質文之事而報之。

[四]【正義】聞名知德，若大章是也。

[五]【集解】孫炎曰：「作樂者緣民所樂於己之德，若舜之民樂其紹堯，(也)周之民樂其伐紂，而作韶、武也。制禮者本己所由得民心，殷尚質，周尚文是也。」【正義】禮報人情而制，隨質文之始也。

[六]【正義】此以下廣言禮以報爲體之事。輿，車也。大路，天子之車也。諸侯朝天子，脩其職貢，若有勳勞者，天子賜之大路也。

[七]【正義】庾蔚之云：「龍旂九旒，上公之旌。」

[八]【集解】公羊傳曰：「龜青緣。」何休曰：「緣，甲頿也。千歲之龜青頿，明乎吉凶也。」【索隱】葆與「寶」同，史記

多作此字。公羊傳「寶龜青緣」，何休以緣爲甲頿，千歲之龜青頿，明于吉凶。頿音耳占反。【正義】緣，以絹反。

[九]【集解】鄭玄曰：「贈諸侯，謂來朝將去，送之以禮也。」【正義】合結上諸事，皆是天子送諸侯禮也。言五等諸侯朝畢反去，天子贈之大路龍旂寶龜，又送之以牛羊之羣也。

樂也者，情之不可變者也；[一]禮也者，理之不可易者也。[二]樂統同，[三]禮別異，[四]禮樂之說貫乎人情矣。[五]窮本知變，樂之情也；[六]著誠去僞，禮之經也。[七]禮樂順天地之誠，[八]達神明之德，[九]降興上下之神，[一〇]而凝是精粗之體，領父子君臣之節。[一一]

[一]【正義】此第七章明樂之情，與之符達鬼神，合而不可變也。中有三段，一明禮樂情達鬼神也，二證禮樂達鬼神之事，三明識禮樂之本可尊也。前第六章明象。象必見情，故以樂主情。樂變則情變，故云情之不可變也。

[二]【集解】鄭玄曰：「理猶事也。」【正義】禮主事禮別也，故云事之不可易者也。

[三]【正義】解情不變也。統，領也。同，和合之情者也。

[四]【集解】鄭玄曰：「統同，同和合也。辨異，異尊卑之位。」【正義】解事不可易也。禮別於尊卑之事也。

[五]【正義】貫猶通也。言人情莫過於同異，而禮樂能統同辨異，故其說理能通人情。

[六]【正義】庾蔚之云：「樂能通和性分，使各不失其所，是窮自然之本也。使人不失其所守，是知變通之情也。」

[七]【正義】著，竹慮反。去，丘呂反。著，明也。經，常也。著明誠信，違去詐僞，是禮之常行也。

[八]【正義】見，胡練反。合明禮樂也。禮出於地，尊卑有序，是見地之情也。樂出於天，遠近和合，是見天之情也。

[九]【正義】達，通也。禮樂不失，則天降甘露，地出醴泉，是通於神明之德也。

[一〇]【集解】鄭玄曰：「降，下也。興猶出也。」【正義】樂六變，天神下；八變，地祇出：是興降上下之神。

[一一]【集解】鄭玄曰：「凝猶成也。精粗謂萬物大小也。領猶理治也。」

是故大人舉禮樂，則天地將爲昭焉。[一]天地欣合，陰陽相得，[二]煦嫗覆育萬物，[三]然後草木茂，區萌達，[四]羽翮奮，角觡生，[五]蟄蟲昭穌，[六]羽者嫗伏，毛者孕鬻，[七]胎生者不殰而卵生者不殈，[八]則樂之道歸焉耳。[九]

[一]【正義】爲，于僞反。昭音照。此樂情章第二段，明禮樂能通達鬼神之事。前既云能通鬼神，此明其事也。大人聖人與天地合德，故舉禮樂爲教，而天地從之大明也。

[二]【正義】欣，喜也。合猶蒸也。禮樂化行，故天氣下，地氣蒸合，陰陽交會，故相得也。論體謂之天地，論氣謂之陰陽也。

[三]【集解】鄭玄曰：「氣曰煦，體曰嫗。」

[四]【集解】鄭玄曰：「屈生曰區。」【正義】區音勾。草木據其成體之茂，區萌據其新牙，故曰達。達猶出也。曲出曰區，菽豆之屬；直出曰萌，稻稷之屬也。

[五]【集解】鄭玄曰：「無觡曰觡。」【索隱】牛羊有䚡曰角，麋鹿無䚡曰觡。【正義】觡，加客反。羽翮，鳥也。角觡，獸也。鳥獸得天地覆育煦嫗，故飛者則奮翅翮，走者則生角觡也。

[六]【集解】鄭玄曰：「昭，曉也。凡蟄蟲以發出爲曉，更息曰蘇。」【正義】蟄蟲得陰陽煦嫗，故皆出地上，如夜得曉，如死更有氣也。

[七]【集解】鄭玄曰：「孕，任也。鬻，生也。」【正義】伏，房富反。羽，鳥也。毛，獸也。二氣既交，萬物生乳，故鳥生卵嫗伏之，獸懷孕而生育之也。

[八]【集解】鄭玄曰：「內敗曰殰。殈猶裂也。」【正義】殰音讀。殈音呼覓反。胎生，獸也。卵生，鳥也。懷任在內而死曰殰，卵坼不成子曰殈。今和氣不殰殈也。

[九]【集解】孫炎曰：「樂和陰陽，故歸此也。」【正義】庾蔚之云：「一論天地二氣，萬物各得其所，乃歸於樂耳。」

樂者，非謂黃鍾大呂弦歌干揚也，[一]樂之末節也，[二]故童者舞之；[三]布筵席，陳樽俎，列籩豆，以升降爲禮者，[四]禮之末節也，[五]故有司掌之。[六]樂師辯乎聲詩，故北面而弦；[七]宗祝辯乎宗廟之禮，故後尸；[八]商祝辯乎喪禮，[九]故後主人。[一〇]是故德成而上，[一一]藝成而下；[一二]行成而先，[一三]事成而後。[一四]是故先王有上有下，有先有後，然後可以有制於天下也。[一五]

[一]【集解】鄭玄曰：「揚，鉞也。」【索隱】鄭玄曰：「干，楯也。揚，鉞也。」則揚與錫同。皇侃以揚爲舉，恐非也。【正義】此樂情章第三段，明識禮樂本者爲尊，識末者爲卑，黃鍾大呂之屬，故云非謂也。揚，舉也，謂舉楯以舞也。

[二]【正義】黃鍾已下，是樂之末節也。

中華書局

〔三〕【正義】末事易之，不足貴重，故使童子小兒儛奏之也。
〔四〕【正義】此亦明末也。用禮之本在著誠去僞，安上理民，不在鋪筵席樽俎，升降爲禮之事也。
〔五〕【正義】布筵以下，是禮之末節也。
〔六〕【集解】鄭玄曰：「言禮樂之本由人君也。禮本著誠去僞，樂本窮本知變。」【正義】有司，典禮小官也。末節事易解，不爲可重，故小官掌其事也。
〔七〕【集解】王肅曰：「但能別聲詩，不知其義，故北面而弦。」鄭玄曰：「弦謂鼓琴瑟。」【正義】此更引事證樂師曉樂者辯別聲詩。聲謂歌也。言樂師雖能別歌詩，並是末事，故北面，言坐處卑也。
〔八〕【集解】鄭玄曰：「後尸，居後贊禮儀也。此言知本者尊，知末者卑。」【正義】此禮事也。宗祝，太祝，卽有司之屬也。雖能分別正宗廟之禮，然佐於尸而非爲敬之主，爲卑，故在尸後也。
〔九〕【集解】鄭玄曰：「商祝，祝習商禮者，商人教以敬於接神。」
〔一〇〕【正義】商祝者，殷商之神祝，習商家神禮以相佐喪事，故云辯喪禮。其雖掌喪事而非發喪之主，故在主人後，言立處賤也。
〔一一〕【正義】上謂堂上也。德成謂人君禮樂德成則爲君，故居堂上，南面，尊之也。
〔一二〕【正義】下，堂下也。藝成謂樂師伎藝雖成，唯識禮樂之末，故在堂下，北面，卑之也。
〔一三〕【正義】行，胡孟反。先猶前也，尸及喪主也。行成謂尸尊而人孝，故爲行成。
〔一四〕【集解】鄭玄曰：「德，三德也。行，三行也。藝，才伎也。先謂位在上也，後謂位在下也。」【正義】事爲劣，故爲在宗、商二祝也，識尸及主人後也。

〔一五〕【集解】鄭玄曰：「言尊卑備，乃可制作以爲治。」【正義】故先王使上下前後尊卑分，乃可制禮作樂，以班於天下也。如周公六年乃爲禮也。

樂者，聖人之所樂也，〔一〕而可以善民心。其感人深，其風移俗易，故先王著其教焉。〔二〕

〔一〕【正義】此樂施章第三段後也，誤在此。「閑淫」之後，又用此章廣爲象其德，故云聖人之所以觀德也。
〔二〕【集解】鄭玄曰：「謂立司樂以下，使教國子也。」

夫人有血氣心知之性，〔一〕而無哀樂喜怒之常，〔二〕應感起物而動，〔三〕然後心術形焉。〔四〕是故志微焦衰之音作，〔五〕而民思憂；〔六〕嘽緩慢易繁文簡節之音作，〔七〕而民康樂；〔八〕粗厲猛起奮末廣賁之音作，〔九〕而民剛毅；〔一〇〕廉直經正〔一一〕莊誠之音作，而民肅敬；〔一二〕寬裕肉好〔一三〕順成和動之音作，而民慈愛；〔一四〕流辟邪散狄成滌濫之音作，〔一五〕而民淫亂。〔一六〕

〔一〕【正義】此第五章名樂言，明樂歸趣之事。中有三段：一言人心隨王之樂也，二明前王制正樂化民也，三言邪樂不可化民也。前既以施人，人必應之，言其歸趣也。此言人心隨王之樂也。夫人不生則已，既已生，必有血氣心知之性也。
〔二〕【正義】性合五常之行，有喜怒哀樂之分，但其發無常，時隨外境所觸，故亦無常也。
〔三〕【正義】解所有四事之由也。緣外物來感心，心觸感來，起動應之，故有上四事也。
〔四〕【集解】鄭玄曰：「言在所以感之也。術，所由也。形猶見也。」
〔五〕【集解】鄭玄曰：「志微，意細也。吳公子札曰『其細已甚』。」
〔六〕【正義】殺音所界反，又色例反。思音先利反。此以下皆言心樂感而應見外事也。若人君嚢脞，情志細劣，其樂音噍戚殺急，不舒緩也。音既局促，故民應之而憂也。
〔七〕【集解】鄭玄曰：「簡節少易也。」
〔八〕【正義】嘽，昌單反。易，以豉反。樂音洛。嘽，綽也。緩，和也。慢，疏也。繁，文多也。康，和；樂，安也。言人君道德綽和疏易，則樂音多文采與節奏簡略，而下民所以安。
〔九〕【集解】王肅曰：「粗厲，亢厲；猛起，發揚；奮末，浸疾；廣賁，廣大也。」
〔一〇〕【正義】粗音麁。賁，房粉反，又音墳。粗，略也。厲，嚴也。猛，剛；起，動也。末，支體也。廣，大也。賁，氣充也。言人君若性麁嚴剛動而四支奮躍，則樂充大，民應之，所以剛毅也。
〔一一〕【集解】孫炎曰：「經，法也。」【索隱】孫炎曰：「經，法也。」今禮本作「勁」。
〔一二〕【正義】經音勁。言人君廉直勁而剛正，則樂音矜嚴而誠信，民應之，所以肅敬也。
〔一三〕【集解】王肅曰：「肉好，言音之洪美。」【索隱】王肅曰：「肉好言音之洪潤。」
〔一四〕【正義】肉，仁救反。好，火到反。肉，肥也，謂音如肉之肥。言人君寬容肥好，則樂音順成而和動，民應之，所以慈愛也。
〔一五〕【集解】王肅曰：「狄成，言成而似夷狄之音也。滌，放盪；濫，僭差也。」【索隱】王肅曰：「狄成，言成而似夷狄之音也。」

〔一六〕【正義】辟，疋亦反。邪音斜。狄音惕。狄，滌，皆往來疾速也。往來速而成，故云狄成；往來疾而僭濫，故云滌濫也。言君上流淫縱僻，回邪放散，則樂音有往來速疾僭差之響，故民應之而淫亂也。心本無此六事，由隨樂而起也。

是故先王本之情性，〔一〕稽之度數，制之禮義，〔二〕合生氣之和，道五常之行，〔三〕使之陽而不散，陰而不密，〔四〕剛氣不怒，柔氣不懾，〔五〕四暢交於中而發作於外，〔六〕皆安其位而不相奪也。〔七〕然後立之學等，〔八〕廣其節奏，省其文采，〔九〕以繩德厚也。〔一〇〕類小大之稱，〔一一〕比終始之序，〔一二〕以象事行，〔一三〕使親疏貴賤長幼男女之理皆形見於樂：〔一四〕故曰「樂觀其深矣」。〔一五〕

〔一〕【正義】此樂言章第二段也。前言民隨樂變，此言先王制正樂化民也。言聖人制樂，必本人之性情也。
〔二〕【正義】稽，考也。制樂又考天地度數爲之，如律呂應十二月，八音應八風之屬也。
〔三〕【集解】鄭玄曰：「生氣，陰陽也。五常，五行也。」【正義】道音導。行，胡孟反。合，應也。
〔四〕【集解】鄭玄曰：「密之言閉也。」【正義】陽謂稟陽氣多人也。陽氣舒散，人稟陽多則奢；陰陽閉密，人稟陰多則縝密。今以樂通二者之性，皆使中和，故陽者不散，陰者不密也。
〔五〕【集解】鄭玄曰：「懾猶恐懼也。」【正義】懾，之涉反，懼也。性剛者好怒，柔者好懼。今以樂和，使各得其所，不至怒懼也。

〔六〕正義 四，陰、陽、剛、柔也。暢，通也。交，互也。中，心也。今以樂調和四事，通暢交互於中心，而行用舉動發於外，不至散密怒懾者也。
〔七〕正義 此結樂爲本情性之事也。閉陽開陰，抑剛引柔，悉使中庸，故天下安其位，無復相侵奪之也。
〔八〕集解 鄭玄曰：「等，差也。各用其材之差學之也。」正義 前用樂陶情和暢，然後乃以樂語樂舞二事教之，民各隨己性才等差而學之，以備分也。
〔九〕集解 鄭玄曰：「廣，增習之也。省猶審（習之）也。文采謂節奏合也。」
〔一〇〕集解 鄭玄曰：「繩猶度也。」王肅曰：「繩，法也。法其德厚也。」
〔一一〕集解 孫炎曰：「作樂器大小稱十二律。」索隱 類，今禮作「律」。孫炎曰「作樂器小大稱十二律」也。
〔一二〕集解 鄭玄曰：「始於宮，終於羽。」
〔一三〕集解 鄭玄曰：「宮爲君，商爲臣。」
〔一四〕正義 此結本人之情，以下緣本而教親疏。以下之理悉章著樂功，使聞者皆知而見輯睦情也。
〔一五〕正義 此引古語證觀感人之深矣。

土敝則草木不長，水煩則魚鼈不大，〔一〕氣衰則生物不育，〔二〕世亂則禮廢而樂淫。〔三〕是故其聲哀而不莊，樂而不安，〔四〕慢易以犯節，〔五〕流湎以忘本。〔六〕廣則容姦，〔七〕狹則思欲，〔八〕感滌蕩之氣而滅平和之德，〔九〕是以君子賤之也。〔一〇〕

〔一〕正義 此樂言章第三段，言邪樂不可化民。將言邪樂之由，故此前以天地爲譬，此以地爲譬也。敝猶勞熱，煩猶

數攪動也。土過勞熱，水過撓動，則草木魚鼈不長大也。
〔二〕正義 此以天譬也。氣者，天時氣也。氣若衰微，則生物不復成遂也。
〔三〕正義 此合譬也。世謂時世。亂，其禮不備，樂不節，故流淫過度。水土勞敝，則草木魚鼈不長大，如時世濁亂之禮樂，不可爲化矣。
〔四〕正義 樂音洛。此證樂淫之事也。淫樂則聲哀而無莊，故雖奏以自樂，必致傾危，非自安之道，故云樂而不安。若關雎「樂而不淫，哀而不傷」，則是有莊敬而安者也。
〔五〕正義 易，以豉反。言無莊敬〔也〕。慢易（也）無節奏，故云犯節也，即是哀而不莊也。
〔六〕正義 湎音沔。靡靡無窮，失於終止，故言忘本，即樂而不安之義也。
〔七〕正義 言淫慝禮樂，聲無節也。廣，聲緩也。容，含也。其聲緩者，則含容姦僞也。
〔八〕集解 王肅曰：「其音廣大，則容姦僞；其狹者，則使人思利欲也。」正義 狹，聲急也。其聲急者，則思欲攻之也。
〔九〕正義 感，動也。言此惡樂能動善人滌蕩之善氣，使失其所，而滅善人平和之德也。
〔一〇〕正義 君子用樂調和，是故賤於動滅平和之氣也。

凡姦聲感人而逆氣應之，〔一〕逆氣成象〔二〕而淫樂興焉。〔三〕正聲感人而順氣應之，順氣成象而和樂興焉。〔四〕倡和有應，〔五〕回邪曲直各歸其分，〔六〕而萬物之理以類相動也。〔七〕

〔一〕正義 此第六章名樂象也。本第八，失次也。明人君作樂，則天地必法象應之。中有五段：一明淫樂正樂俱能

成象；二明君子所從正樂；三明邪正皆有本，非可假僞；四證第三段有本不僞之由；五明禮樂之用。前有證，故明其用別也。今此明淫正二樂俱能成象，故先言淫樂爲習應人事也。言君奏姦聲之樂以感動人民，則天地應之而生逆亂之氣也。
〔二〕集解 鄭玄曰：「成象謂人樂習之也。」
〔三〕正義 興，生也。若逆氣流行於世而民又習之爲法，故云成象。既習亂爲法，故民之樂聲生於淫佚也。
〔四〕正義 言順氣流行，民習成法，故樂聲亦生於和也。
〔五〕正義 倡音昌尚反。和，胡卧反。君唱之，天地和之，民應之，故云唱和有應也。
〔六〕正義 分，房問反。此是有應也。回邪，不正也。曲，折也。直，不邪也。言相應和，表直影正，表曲影邪，各歸其分也。
〔七〕正義 姦聲致慝，正響招順，是以天下萬物之理，各隨君善惡，以類而相動也。

是故君子反情以和其志，〔一〕比類以成其行。〔二〕姦聲亂色不留聰明，淫樂廢禮不接於心術，惰慢邪辟之氣不設於身體，〔三〕使耳目鼻口心知百體皆由順正，以行其義。〔四〕然後發以聲音，文以琴瑟，〔五〕動以干戚，飾以羽旄，從以簫管，〔六〕奮至德之光，〔七〕動四氣之和，〔八〕以著萬物之理。〔九〕是故清明象天，廣大象地，終始象四時，周旋象風雨；〔一〇〕五色成文而不亂，八風從律而不姦，百度得數而有常；〔一一〕小大相成，〔一二〕終始相生，〔一三〕倡和清濁，代相爲經。〔一四〕故樂行而倫清，〔一五〕耳目聰明，〔一六〕血氣和平，〔一七〕移風易俗，天下皆寧。〔一八〕故

曰「樂者樂也」。〔一九〕君子樂得其道，〔二〇〕小人樂得其欲。〔二一〕以道制欲，則樂而不亂；〔二二〕以欲忘道，則惑而不樂。〔二三〕是故君子反情以和其志，〔二四〕廣樂以成其教，〔二五〕樂行而民鄉方，〔二六〕可以觀德矣。〔二七〕

〔一〕集解 鄭玄曰：「反猶本也。」正義 此樂象章第二段也，明君子從正樂也。君子，人君也。反猶本也。民下所習既從於君，故君宜本情，不使流宕，以自安和其志也。
〔二〕正義 行，胡孟反。萬物之理以類相動，故君子比於正類以成己行也。
〔三〕正義 此以下皆反情性之類事也。術，道也。既本情和志，又比類成行，故姦聲亂色不留視聽，淫樂穢禮不與心道相接，惰慢邪僻不設置己身也。聲色是事，故云聰明，而氣無形，故於身爲設也。
〔四〕正義 百體謂身體百節。既不行姦亂已下諸事，故能使諸行並由順正以行其德，美化其天下也。不留聰明於姦聲亂色，故耳目得順正也。不用心術接淫慝禮樂，故心知得順正也。不設身於邪僻，故百體得順正也。不言鼻口者，嗜不一也，亦因戒臭味順正也。
〔五〕正義 其身已正，故然後乃可制樂爲化，故用歌之音聲內發己之德，用琴瑟之響外發己之行。歌者在上，此是堂上之樂，故前明之也。
〔六〕正義 又用干戚羽旄簫管，從而播之。絲竹在下，此是堂下之樂，故後明之也。
〔七〕索隱 孫炎曰：「至德之光，天地之道也。」
〔八〕索隱 孫炎曰：「四氣之和，四時之化。」
〔九〕集解 孫炎曰：「奮，發也。至德之光，天地之道也。四氣之和，四時之化也。著猶誠也。」

〔一〇〕集解 王肅曰：「清明廣大，終始周旋，皆樂之節奏容儀發動也。」 正義 歷解樂所以能通天地。言歌聲清明，是象天氣也。廣大謂鐘鼓有形質，是象地形也。謂奏歌周而復始，如四時循環也，若樂六變九變是也。謂舞人迴旋，如風雨從天而下。

〔一一〕集解 鄭玄曰：「五[illegible]，五行也。八風從律，應節至也。百度，百刻也。言日月晝夜不失正也。」王肅曰：「至樂之極，能使然耳。」

〔一二〕正義 大小謂月晦小大相通以成歲也。賀瑒云：「十二月律互爲宮羽而相成也。」

〔一三〕正義 歲月終而更始也。賀瑒云：「五行宮商，迭相爲終始也。」

〔一四〕集解 鄭玄曰：「清謂蕤賓至應鐘也。濁謂黄鍾至仲呂也。」 正義 代，更也。經，常也。日月半歲陰陽更相爲常也，卽還相爲宮也。

〔一五〕集解 鄭玄曰：「倫謂人道也。」 正義 謂上正樂之行也，謂下事張本也，卽樂行之事也。由正樂既行，故人倫之道清也。

〔一六〕正義 不視聽姦亂，故視聽聰明。

〔一七〕正義 口鼻心知百體皆由從正，故血氣和平。

〔一八〕正義 既皆由從正以行其義，故風移俗革，天下陰陽皆安寧。移是移徙之名，易是改易之稱也。文王之國自有文王之風，桀紂之邦亦有桀紂之風。桀紂之後，文王之風被於紂民，易前之惡俗，從今之善俗。上行謂之風，下習謂之俗。

〔一九〕正義 引舊語樂名，廣證前事也。前事邪正之樂雖異，並是其人所樂，故名曰樂也。

〔二〇〕正義 雖其人所樂而名爲樂，而人心不同，故所樂有異（有異）而名通，故皆名樂。君子，堯舜也。道謂仁義，故制樂亦仁義也。

〔二一〕正義 小人，桀紂也。人欲，邪淫也。

〔二二〕正義 若君子在上，小人在下，君子樂用仁義以制小人之欲，則天下安樂而不敢爲亂也。

〔二三〕集解 鄭玄曰：「道謂仁義也，欲謂邪淫也。」 正義 若小人在上，君子在下，則小人肆縱其慾，忘正道，而天下從化，皆爲亂惑，不得安樂。

〔二四〕正義 若以道制欲則是君子，以欲忘道則爲小人，故君子之人本情脩性以和其志，不使逐欲忘道，反情以至其行也。

〔二五〕正義 內本情和志而外又廣於樂，以成其教，然後發以聲音，以著萬物之理也。

〔二六〕集解 鄭玄曰：「方猶道也。」 正義 君上內和志行，樂教流行，故民皆向君子之道，卽仁義制欲者，故樂行而倫清，以至天下安寧也。

〔二七〕正義 結樂使人知上之事，故觀知其德也。

德者，性之端也；〔一〕樂者，德之華也；〔二〕金石絲竹，樂之器也。〔三〕詩，言其志也；〔四〕歌，詠其聲也；〔五〕舞，動其容也；〔六〕三者本乎心，然後樂氣從之。〔七〕是故情深而文明，〔八〕氣盛而化神，〔九〕和順積中而英華發外，唯樂不可以爲僞。〔一〇〕

〔一〕正義 此樂象章第三段，明邪正有本，皆不可僞也。德，得理也。性之端，本也。言人稟生皆以得理爲本也。

〔二〕正義 得理於內，樂爲外，故云德華也。

〔三〕正義 歷解飾所須也。樂爲德華，若莫之能用，故須金石之器也。

〔四〕正義 前金石爲器，須用詩述申其志，志在心，不術不暢，故用詩述之也。

〔五〕正義 若直述其志，則無醞藉之美，故又長言歌詠，使聲音之美可得而聞之也。

〔六〕正義 若直詠歌未暢，故又舉手蹈足以動其形容也。

〔七〕正義 三者，志、聲、容也。樂氣，詩、歌、舞也。君子前有三德爲本乎心，後乃詩歌舞可觀，故云然後樂氣從之也。

〔八〕正義 德爲性本，故曰情深也。樂爲德華，故云文明。

〔九〕正義 歌、舞、蹈，樂氣從之，故云氣盛。天下咸寧，故曰化神也。

〔一〇〕集解 鄭玄曰：「三者，本志也，聲也，容也。言無此本於內，則不能爲樂耳。」 正義 內外符合而無有虛假，不可以爲僞也。

樂者，心之動也；〔一〕聲者，樂之象也；〔二〕文采節奏，聲之飾也。〔三〕君子動其本，〔四〕樂其象，〔五〕然後治其飾。〔六〕是故先鼓以警戒，〔七〕三步以見方，〔八〕再始以著往，〔九〕復亂以飭歸，〔一〇〕奮疾而不拔，（也）〔一一〕極幽而不隱。〔一二〕獨樂其志，不厭其道；〔一三〕備舉其道，不私其欲。〔一四〕是以情見而義立，〔一五〕樂終而德尊；〔一六〕君子以好善，小人以息過；〔一七〕故曰「生民之道，樂爲大焉」。〔一八〕

〔一〕正義 此樂象章第四段也，明證前第三段樂本之事。緣有前境可樂，而心動應之，故云樂者心之動也。

〔二〕正義 象，法也。樂舞無聲則不彰，故聲爲樂之法也。

〔三〕正義 若直有聲而無法度，故須文采節奏，聲之儀飾也。

〔四〕正義 本，德也。心之動必應德也。

〔五〕正義 德行必應法也。

〔六〕正義 飾，文采節奏也。前動心有德，次行樂有法，然後乃理其文飾也。

〔七〕集解 鄭玄曰：「將奏樂，先擊鼓以警戒衆也。」 正義 此引武王伐紂之事，證前有德後有飾也。武王聖人，是前有德也；而用此節奏，是後有飾也。先鼓者，爲武王伐紂，未戰之前，鳴皮鼓以警戒，使軍衆逆備也。今作武樂者，未奏之前鳴皮鼓以敕人使豫備具也，是明志後有事也。

〔八〕集解 鄭玄曰：「將舞必先三舉足，以見其舞之漸也。」王肅曰：「舞武樂三步爲一節者，以見伐道也。」 正義 見，胡練反。三步，足三步也。見方謂方戰也。武王伐紂，未戰之前，兵士樂奮其勇，出軍陣前三步，示勇氣方將戰也，今作樂象之。纘列畢而儛者將欲儛，先舉足三頓爲步，以表方將儛之勢也。

〔九〕集解 鄭玄曰：「武舞再更始，以明伐紂時再往也。」 正義 著，竹慮反。再始謂兩過爲始也。著，明也。文王受命十一年，而武王除喪，軍至孟津觀兵，曰「紂未可伐也」，乃還師，是一始也。至十三年，更興師伐之，是再始也。今舞武者，前成列將欲舞而不儛，是一始也。去復更來，是二過始，明象武王再往，故云再始著往也。

〔一〇〕集解 鄭玄曰：「謂鳴鐃而退，明以整歸也。」 正義 復者，伏也。飭音勑。復亂者，紂凶亂而安復之。飭歸者，武王伐紂勝，鳴金鐃整武而歸也。以去奏皮鼓，歸奏金鐃者，皮，文也，金，武也，初示文德，使紂自改之則不伐，

紂既不改，因而用兵，用兵既竟，故鳴金鐃而歸，示用已竟也。今奏武舞，初皮鼓警衆，末鳴鐃以歸，象伐紂已竟也。鐃，鐙鐸也。

〔一一〕集解 王肅曰：「舞雖奮疾而不失節，若樹木得疾風而不拔。」正義 謂舞形也。奮，迅；疾，速也。拔，傾側也。伐紂時士卒歡喜，奮迅急速，以尚威勢，猛而不傾側也。今武舞亦奮迅急而速，不傾倒象。

〔一二〕集解 鄭玄曰：「極幽謂歌也。」正義 皆謂文采節奏也。

〔一三〕集解 王肅曰：「樂能使仁人獨樂其志，不厭倦其道也。」正義 言武王諸將，人各忻悅，象武王有德，天下之志並無厭（干戈）〔仁義〕君臣之道。

〔一四〕正義 緣人人不厭，故作樂者事事法之。欲備擧武王之道耳，非爲私情之所欲也。

〔一五〕正義 不厭武王之道，其情既見，則不私其欲，義亦立也。

〔一六〕正義 爲樂之理既終，是象德之事，其德亦尊顯也。

〔一七〕正義 樂理周足，象德可尊，以此教世，何往而不可，君子聞之則好善，小人聞之則改過也。

〔一八〕正義 此引舊語，結樂道之爲大。

君子曰：禮樂不可以斯須去身。〔一〕致樂以治心，〔二〕則易直子諒之心油然生矣。〔三〕易直子諒之心生則樂，樂則安，安則久，久則天，天則神。天則不言而信，神則不怒而威。〔四〕致樂，以治心者也；〔五〕致禮，以治躬者也。〔六〕治躬則莊敬，莊敬則嚴威。〔七〕心中斯須不和

不樂，而鄙詐之心入之矣；〔八〕外貌斯須不莊不敬，而慢易之心入之矣。〔九〕故樂也者，動於內者也；禮也者，動於外者也。樂極和，禮極順。內和而外順，則民瞻其顏色而弗與争也，望其容貌而民不生易慢焉。德煇動乎內而民莫不承聽，理發乎外而民莫不承順，〔一〇〕故曰「知禮樂之道，擧而錯之天下無難矣」。〔一一〕

〔一〕正義 此第十章名爲樂化章第十，以化民，故次賓牟賈成第十也。其章中皆言樂陶化爲善也。凡四段：一明人生禮樂恆與己俱也；二明禮樂不可偏用，各有一失也；三明聖人制禮作樂之由也；四明聖人制禮作樂，天下服從。此初段，人生禮樂恆與己俱也。恆故能化，化故在前也，引君子之言以張本也。斯須，俄頃也。失之者死，故俄頃不可去身者也。

〔二〕集解 鄭玄曰：「致猶深審也。樂由中出，故治心也。」

〔三〕集解 王肅曰：「易，平易；直，正直；子諒，愛信也。」鄭玄曰：「油，新生好貌。」

〔四〕集解 鄭玄曰：「若善心生則寡於利欲，寡於利欲則樂矣。志明行成，不言而見信，如天也；不怒而見畏，如神也。」

〔五〕正義 結所由也。有威信，由於深審樂以結心之故。

〔六〕正義 前明樂治心，今明禮檢迹。若深審於禮以治身，則莊敬也。鄭玄云「禮自外作，故治身也」。

〔七〕集解 鄭玄曰：「禮自外作，故治身也。」正義 既身莊敬儼然，人望而畏之，是威嚴也。治內難見，發明樂句多；治外易觀，發明禮句少，而又結也。

〔八〕集解 鄭玄曰：「謂利欲生也。」

〔九〕集解 鄭玄曰：「易，輕易也。」

〔一〇〕集解 鄭玄曰：「德煇，顏色潤澤也。理，容貌進止也。」孫炎曰：「德煇，明惠也。理，言行也。」

〔一一〕正義 錯，七故反。引舊證民莫不承聽，莫不承順也。聖王有能詳審極致禮樂之道，擧而措之於天下，天下悉從，無難爲之事也。

樂也者，動於內者也；禮也者，動於外者也。〔一〕故禮主其謙，〔二〕樂主其盈。〔三〕禮謙而進，以進爲文；〔四〕樂盈而反，以反爲文。〔五〕禮謙而不進，則銷；樂盈而不反，則放。〔六〕故禮有報〔七〕而樂有反。〔八〕禮得其報則樂，樂得其反則安。禮之報，樂之反，其義一也。〔九〕

〔一〕正義 此樂化章第二段也。明禮樂不可偏用，各有一失，既方明所失，故前更言其所發外內不同也。動亦感觸。

〔二〕集解 鄭玄曰：「人所倦也。」王肅曰：「自謙損也。」索隱 王肅曰：「自謙愼也。」

〔三〕集解 鄭玄曰：「人所懽也。」王肅曰：「充氣志也。」

〔四〕集解 鄭玄曰：「進者謂自勉強也。文猶美也，善也。」王肅曰：「禮自減損，所以進德修業也。」

〔五〕集解 鄭玄曰：「反謂自抑止也。」王肅曰：「樂充氣志而反本也。」

〔六〕集解 鄭玄曰：「放淫於聲樂，不能止也。」

〔七〕集解 孫炎曰：「報謂禮尚往來，以勸進之。」王肅曰：「禮自減損，而以進爲報也。」

〔八〕集解 孫炎曰：「反謂曲終還更始。」索隱 孫炎曰「反謂曲終還更始」也。

〔九〕集解 鄭玄曰：「俱起立於中，不銷不放。」

夫樂者樂也，人情之所不能免也。〔一〕樂必發諸聲音，形於動靜，人道也。〔二〕聲音動靜，性術之變，盡於此矣。〔三〕故人不能無樂，樂不能無形。〔四〕形而不爲道，不能無亂。先王惡其亂，故制雅頌之聲以道之，使其聲足以樂而不流，使其文足以綸而不息，〔五〕使其曲直繁省廉肉節奏，〔六〕足以感動人之善心而已矣，不使放心邪氣得接焉，是先王立樂之方也。〔七〕是故樂在宗廟之中，君臣上下同聽之，則莫不和敬；在族長鄉里之中，長幼同聽之，則莫不和順；在閨門之內，父子兄弟同聽之，則莫不和親。故樂者，審一以定和，比物以飾節，節奏合以成文，〔八〕所以合和父子君臣，附親萬民也，是先王立樂之方也。故聽其雅頌之聲，志意得廣焉；〔九〕執其干戚，習其俯仰詘信，容貌得莊焉；行其綴兆，〔一〇〕要其節奏，〔一一〕行列得正焉，進退得齊焉。故樂者天地之齊，中和之紀，〔一二〕人情之所不能免也。

〔一〕正義 此樂化章第三段也。明聖人所以制樂，由人樂於歌舞，故聖人制樂以和樂之，故云樂者樂也。但懽樂是人所貪，貪不能自止，故云人情也。

〔二〕集解 鄭玄曰：「人道，人之所爲也。」

〔三〕集解 鄭玄曰：「不可過。」

二十四史

中華書局

〔四〕集解鄭玄曰:「形,聲音動静也。」

〔五〕集解鄭玄曰:「文,篇辭也。息,銷也。」

〔六〕集解鄭玄曰:「曲直,歌之曲折;繁省廉肉,聲之洪殺也。」

〔七〕集解鄭玄曰:「方,道也。」

〔八〕集解鄭玄曰:「審一,審其人聲也。比物謂雜金革土匏之屬以成文,五聲八音克諧,相應和也。」

〔九〕正義前云先王制之聲音,形於動静,故此證其事也。此是發於聲音也。民聽正聲,得益盛德之美,志意得廣大也。

〔10〕集解鄭玄曰:「綴,表也,所以表行列也。」

〔11〕集解鄭玄曰:「要猶會也。」

〔12〕集解鄭玄曰:「紀,總要之名。」

夫樂者,先王之所以飾喜也;〔一〕軍旅鈇鉞者,先王之所以飾怒也。故先王之喜怒皆得其齊矣。喜則天下和之,怒則暴亂者畏之。先王之道禮樂可謂盛矣。

〔一〕正義此樂化章第四段也。明樂唯聖人在上者制作,天下乃從服也。若内有喜,則外歌舞以飾之,故云先王以樂飾喜也。

魏文侯問於子夏曰:〔一〕「吾端冕而聽古樂〔二〕則唯恐臥,聽鄭衛之音則不知倦。敢問古樂之如彼,何也?新樂之如此,何也?」

〔一〕正義此章第八,明文侯問也。文侯故晉大夫畢萬之後,見子夏而問於樂也。

〔二〕集解鄭玄曰:「端,玄衣也。古樂,先王之正樂。」正義此文侯問事也。端冕謂玄冕。凡冕服,其制正幅袂二尺二寸,故稱端也。著玄冕衣與玄端同色,故曰端冕聽古樂也。此當是廟中聽樂。玄冕,祭服也。

子夏答曰:「今夫古樂,進旅而退旅,〔一〕和正以廣,〔二〕弦匏笙簧合守拊鼓,〔三〕始奏以文,止亂以武,〔四〕治亂以相,訊疾以雅。〔五〕君子於是語,於是道古,修身及家,平均天下:此古樂之發也。今夫新樂,進俯退俯,〔六〕姦聲以淫,溺而不止,〔七〕及優侏儒,〔八〕獿雜子女,不知父子。〔九〕樂終不可以語,不可以道古:此新樂之發也。〔10〕今君之所問者樂也,所好者音也。〔11〕夫樂之與音,相近而不同。」〔12〕

〔一〕集解鄭玄曰:「旅猶俱也。俱進俱退,言其齊一也。」正義子夏之答凡有三,初則舉古禮,次新樂以酬問意,又因更別説以誘引文侯,欲使更問也。此是答述古樂之情。旅,衆也。

〔二〕集解鄭玄曰:「無姦聲也。」

〔三〕集解鄭玄曰:「合,皆也。言衆皆待擊鼓乃作也。拊者,以韋爲表,裝之以穅也。」正義拊音敷武反。拊,一名相。亦奏古笙樂也。弦,琴也。匏,瓠屬也,四十六簧;笙十九至十三簧也。簧,施於匏笙之管端者也。合,會也。守,待也。拊者,皮爲之,以穅實如革囊也,用手撫之鼓也。言奏弦匏笙簧之時,若欲令堂上作樂則撫拊,堂上樂工聞撫拊乃弦歌也。若欲令堂下作樂則擊鼓,堂下樂工聞鼓乃吹管播樂也。言弦匏笙簧皆待拊爲節,故言會守拊鼓也。

〔四〕集解鄭玄曰:「文謂鼓,武謂金也。」

〔五〕集解孫炎曰:「整其亂行,節之以相;赴敵迅疾,趨之以雅。」鄭玄曰:「相即拊也,亦以節樂。雅亦樂器名,狀如漆筩,中有椎。」

〔六〕集解鄭玄曰:「俯猶曲也。言不齊一也。」正義此第二述雜樂也。俯,曲也。新樂行列不齊,進退曲也。

〔七〕集解王肅曰:「姦聲淫,使人溺而不能自止。」

〔八〕集解王肅曰:「俳優短人也。」

〔九〕集解鄭玄曰:「獿,獼猴也。言舞者如獼猴戲,亂男女尊卑也。」

〔10〕正義此結新樂答也。

〔11〕正義此第三段,誘引文侯更問前故説此句,言文侯所問乃是樂,而好鏗鎗之音,非律吕克諧之正樂也。

〔12〕集解鄭玄曰:「鏗鎗之類皆爲音,應律乃爲樂。」

文侯曰:「敢問如何?」〔一〕

〔一〕集解鄭玄曰:「欲知音樂異意。」

子夏答曰:「夫古者天地順而四時當,〔一〕民有德而五穀昌,疾疢不作而無祅祥,此之謂大當。〔二〕然後聖人作爲父子君臣以爲之紀綱,紀綱既正,天下大定,天下大定,然後正六律,和五聲,弦歌詩頌,此之謂德音,德音之謂樂。詩曰:『莫其德音,其德克明,克明克類,克長克君。王此大邦,克順克俾。〔三〕俾於文王,其德靡悔。既受帝祉,施于孫子。』此之謂也。〔四〕今君之所好者,其溺音與?」〔五〕

〔一〕正義當,丁浪反。此答古樂之由也。天地從,四時當,聖人在上故也。

〔二〕集解鄭玄曰:「當謂不失其所也。」

〔三〕集解鄭玄曰:「德正應和曰莫。照臨四方曰明。勤施無私曰類。教誨不倦曰長。慶賞刑威曰君。慈和徧服曰順。俾當爲『比』,擇善而從之曰比。」

〔四〕集解鄭玄曰:「施,延也。言文王之德皆能如此,故受天福,延及後世。」

〔五〕集解鄭玄曰:「言無文王之德,則所好非樂。」

文侯曰:「敢問溺音者何從出也?」

子夏答曰:「鄭音好濫淫志,〔一〕宋音燕女溺志,〔二〕衛音趣數煩志,〔三〕齊音驁辟驕志,四者皆淫於色而害於德,是以祭祀不用也。〔四〕詩曰:『肅雍和鳴,先祖是聽。』夫肅肅,敬也;雍雍,和也。夫敬以和,何事不行?〔五〕爲人君者,謹其所好惡而已矣。君好之則臣爲之,上行之則民從之。詩曰『誘民孔易』,此之謂也。〔六〕然後聖人作爲鞉鼓椌楬壎篪,〔七〕此六者,德音之音也。〔八〕然後鐘磬竽瑟以和之,干戚旄狄以舞之。此所以祭先王之廟也,所以獻醻酳酢也,所以官序貴賤各得其宜也,〔九〕此所以示後世有尊卑長幼序也。鐘磬鏗,

鏗以立號，〔一〇〕號以立橫，〔一一〕橫以立武。君子聽鐘聲則思武臣。石聲硜，〔一二〕硜以立別，〔一三〕別以致死。君子聽磬聲則思死封疆之臣。絲聲哀，哀以立廉，〔一四〕廉以立志。君子聽琴瑟之聲則思志義之臣。竹聲濫，〔一五〕濫以立會，會以聚衆。君子聽竽笙簫管之聲則思畜聚之臣。鼓鼙之聲讙，讙以立動，動以進衆。君子聽鼓鼙之聲則思將帥之臣。〔一六〕君子之聽音，非聽其鏗鎗而已也，彼亦有所合之也。」〔一七〕

〔一〕集解鄭玄曰：「濫，濫竊姦聲也。」正義子夏歷述四國之所由以答文侯也。
〔二〕集解王肅曰：「燕，歡悅。」
〔三〕集解孫炎曰：「趣數，音促速而數變也。」鄭玄曰：「煩，勞也。」
〔四〕集解鄭玄曰：「言四國出此溺音。」
〔五〕集解鄭玄曰：「古者樂敬且和，故無事而不用，溺音無所施。」
〔六〕集解鄭玄曰：「誘，進也。孔，甚也。言民從君之所好惡，進之於善無難也。」
〔七〕集解鄭玄曰：「椌楬謂柷敔。」索隱壎，以土爲之，大如鵝子，形似錘，吹之爲聲。篪，以竹爲之，六孔，一孔上出名翹，橫吹之，今之橫笛是也。詩云「伯氏吹壎，仲氏吹篪」是也。
〔八〕集解鄭玄曰：「六者爲本，以其聲質。」
〔九〕集解鄭玄曰：「官序貴賤，謂尊卑樂器列數有差。」
〔一〇〕集解鄭玄曰：「號令，所以警衆也。」王肅曰：「鐘聲高，故以之立號也。」

〔一一〕集解鄭玄曰：「橫，充也。謂氣作充滿。」
〔一二〕集解王肅曰：「聲果勁。」
〔一三〕集解鄭玄曰：「謂分明於節義。」
〔一四〕集解鄭玄曰：「廉，廉隅。」
〔一五〕集解王肅曰：「濫，會諸音。」
〔一六〕集解鄭玄曰：「聞讙囂則人意動作也。」
〔一七〕集解鄭玄曰：「以聲合己志。」

賓牟賈侍坐於孔子，〔一〕孔子與之言，及樂，曰：「夫武之備戒之已久，何也？」〔二〕

〔一〕正義此第九章。名賓牟賈問者，蓋孔子之問本爲牟賈而設，故云牟賈問也。
〔二〕集解鄭玄曰：「武謂周舞也。備戒，擊鼓警衆也。」正義此孔子問牟賈及樂之事，凡問有五，此其一也。備戒者，謂將欲作樂前鳴鼓警戒，使樂人各備容儀。言初欲奏樂時既已備戒，使有節奏，故令武儛者備戒已久。疑其遲久，故問之也。

答曰：「病不得其衆也。」〔一〕

〔一〕集解鄭玄曰：「病猶憂也。以不得衆心爲憂，憂其難。」正義牟賈答也。亦有五，而二答是，三答非。今答是也。言武王伐紂時憂不得衆心，故前鳴鼓戒衆，久之乃出戰也。故令舞者久久乃出，象武王憂不得衆心故也。

「永歎之，淫液之，何也？」〔一〕

〔一〕集解鄭玄曰：「永歎，淫液，歌遲之也。」正義此第二問也。

答曰：「恐不逮事也。」〔一〕

〔一〕集解鄭玄曰：「逮，及也。事，伐事也。」正義此答亦是也。言衆士望武王欲伐速，恆恐不及伐事之機，故有永歎淫液之聲。

「發揚蹈厲之已蚤，何也？」〔一〕

〔一〕集解王肅曰：「厲，疾也。備戒雖久，至其發作又疾也。」正義第三問也。發，初也。揚，舉袂也。蹈，頓足蹋地。厲，顏色勃然如戰色也。問樂舞何意發初揚袂，又蹈頓足蹋地，勃然作色，何忽如此（何）也。

答曰：「及時事也。」〔一〕

〔一〕集解鄭玄曰：「時至，武事當施也。」王肅曰：「欲令之事各及時。」正義此答非也。牟賈意言發揚蹈厲象武王一人意欲及時之事，故早爲此也。鄭亦隨賈意注之也。

「武坐致右憲左，何也？」〔一〕

〔一〕集解王肅曰：「右膝至地，左膝去地也。」正義憲音軒。第四問也。坐，跪也。致，至也。軒，起也。問舞人何忽有時而跪也。

答曰：「非武坐也。」〔一〕

〔一〕集解鄭玄曰：「言武之事無坐也。」正義此答亦非也。牟賈言武舂之士不應有坐也。

「聲淫及商，何也？」〔一〕

〔一〕集解王肅曰：「聲深淫貪商。」正義第五問也。

答曰：「非武音也。」〔一〕

〔一〕集解王肅曰：「言武王不獲已爲天下除殘，非貪商也。」正義此答又非也。

子曰：「若非武音，則何音也？」〔一〕

〔一〕正義孔子評其答武音不貪，但不知其實解理，空言其非，反問也。

答曰：「有司失其傳也。〔一〕如非有司失其傳，則武王之志荒矣。」〔二〕

〔一〕集解鄭玄曰：「有司典樂者。傳猶說也。」正義傳，直緣反。賈答言武王非有貪，是有司傳之謬妄，故有此矣。
〔二〕集解鄭玄曰：「荒，老耄也。言典樂者失其說，時人妄說也。」正義賈又云假令非傳者謬妄，則是武王末年，年志荒耄之時，故有貪商之聲也。

子曰：「唯丘之聞諸萇弘，亦若吾子之言是也。」〔一〕

〔一〕集解鄭玄曰：「萇弘，周大夫。」索隱按：大戴禮云孔子適周，訪禮於老聃，學樂於萇弘是也。正義萇音直良反。吾子，牟賈也。言我聞萇弘所言，亦如賈今所言之也。

賓牟賈起，免席而請曰：〔一〕「夫武之備戒之已久，則既聞命矣。〔二〕敢問遲之遲而又久，

何也？」〔三〕

〔一〕正義 免猶避也。前所答〔四〕〔五〕事，〔五〕〔四〕不被叩問，今疑不知前答之是非，故起所疑而問也。
〔二〕集解 孫炎曰：「問命謂言是。」
〔三〕集解 鄭玄曰：「遲之遲謂久立於綴。」

子曰：「居，吾語汝。〔一〕夫樂者，象成者也。〔二〕總干而山立，〔三〕武王之事也；〔四〕發揚蹈厲，太公之志也；〔五〕武亂皆坐，周召之治也。〔六〕且夫武，始而北出，〔七〕再成而滅商，〔八〕三成而南，〔九〕四成而南國是疆，〔一〇〕五成而分陝，周公左，召公右，〔一一〕六成復綴，以崇天子，〔一二〕夾振之而四伐，盛（振）威於中國也。〔一三〕分夾而進，〔一四〕事蚤濟也。〔一五〕久立於綴，以待諸侯之至也。〔一六〕且夫女獨未聞牧野之語乎？〔一七〕武王克殷反商，〔一八〕未及下車，〔一九〕而封黃帝之後於薊，封帝堯之後於祝，〔二〇〕封帝舜之後於陳；〔二一〕下車而封夏后氏之後於杞，〔二二〕封殷之後於宋，封王子比干之墓，〔二三〕釋箕子之囚，使之行商容而復其位。〔二四〕庶民弛政，庶士倍祿。〔二五〕濟河而西，〔二六〕馬散華山之陽〔二七〕而弗復乘；牛散桃林之野〔二八〕而不復服；〔二九〕車甲弢〔三〇〕而藏之府庫而弗復用；倒載干戈，苞之以虎皮；〔三一〕將率之士，使爲諸侯，名之曰『建櫜』；〔三二〕然後天下知武王之不復用兵也。散軍而郊射，〔三三〕左射貍首，右射騶虞，〔三四〕而貫革之射息也；〔三五〕裨冕搢笏，〔三六〕而虎賁之士稅劍也；祀乎明堂，〔三七〕而民知孝；朝覲，

然後諸侯知所以臣；耕藉，〔三八〕然後諸侯知所以敬：五者天下之大教也。食三老五更於太學，〔三九〕天子袒而割牲，執醬而饋，執爵而酳，冕而總干，〔四〇〕所以教諸侯之悌也。若此，則周道四達，禮樂交通，則夫武之遲久，不亦宜乎？」〔四一〕

〔一〕集解 鄭玄曰：「居猶安坐也。」
〔二〕集解 王肅曰：「象成功而爲樂。」
〔三〕集解 王肅曰：「總持干楯，山立不動。」
〔四〕正義 此下明應象成之事也，答所以遲也。象武王伐紂，持楯立，以待諸侯至，故云武王之事也。
〔五〕集解 王肅曰：「志在鷹揚也。」正義 答遲久已竟，而牟賈前答發揚蹈厲以爲象武王欲及時事，非也。言此是太公志耳。太公相武王伐紂，志願武王之速得，自奮其威勇以助也。
〔六〕集解 王肅曰：「武亂，武之治也。皆坐，以象安民無事也。」正義 賈前答武坐，非也，因又爲之說，言當伐紂時，士卒行伍有亂者，周召二公以治正之，使其跪敬致右軒左，以待處分，故今八佾象鬭時之亂，挨相正之，則俱跪，跪乃更起以作行列，象周召之事耳，非武舞有坐之也。
〔七〕集解 鄭玄曰：「始奏，象觀兵盟津時也。」正義 說五事既竟，而遲久之意未周，故更廣其象成之事。非答前五事，故云「且夫」也。始而北出者，謂奏樂象武王觀兵孟津之時也。王居鎬在南，紂居朝歌在河北，故儛者南來，持楯向北，尚象之也。
〔八〕集解 鄭玄曰：「成猶奏也。再奏，象克殷時。」正義 再成謂儛者再來奏時也。儛者初始前，一向北而不儛，象武王前觀孟津，不伐而反也。至再往而向北，遂奏成擊刺。

〔九〕集解 王肅曰：「誅紂已而南。」正義 儛者第三奏，往而轉向南，象武王勝紂，向南還鎬之時也。
〔一〇〕集解 王肅曰：「有南國以爲疆界。」正義 儛者第四奏，象周太平時，南方荊蠻並來歸服，爲周之疆界。
〔一一〕集解 王肅曰：「分陝東西而治。」正義 儛者至第五奏，而東西中分之，爲左右二部，象周太平後，周公、召公分職爲左右二伯之時。
〔一二〕集解 鄭玄曰：「六奏，象兵還振旅也。復綴，反位止也。」王肅曰：「以象尊崇天子。」
〔一三〕集解 王肅曰：「振威武也。四伐者，伐四方與紂同惡者。一擊一刺爲一伐也。」正義 夾音古合反。夾振，謂武王與大將（軍）夾軍而奮鐸振動士卒也。言當奏武樂時，亦兩人執鐸夾之，爲節之象也。凡四伐到一止，當伐紂時，士卒皆四伐一止也，故牧誓云「今日之事不過四伐五伐」是也。故作武樂儛者，亦以干戈伐之象也。
〔一四〕集解 徐廣曰：「一作『遲』。」
〔一五〕集解 王肅曰：「分部而並進者，欲事早成。」
〔一六〕集解 鄭玄曰：「象武王伐紂待諸侯也。」
〔一七〕集解 鄭玄曰：「欲語以作武樂之意。」正義 今衞州所理汲縣，即牧野之地也。更欲語牟賈奏武樂遲久之意，其語即下所陳是也。
〔一八〕集解 鄭玄曰：「反，當爲『及』，謂至紂都也。」
〔一九〕索隱 給，禮文作「及」，蓋聲相近而字誤耳。正義 車，戎車也。軍法，一車三人乘之，步卒七十二。牧誓云「戎車三百兩」，則二萬二千五百人也。
〔二〇〕正義 地理志云平原郡祝阿縣也。薊音計，幽州縣是也。

〔二一〕正義 陳州宛丘縣故陳城是也。
〔二二〕正義 汴州雍丘縣，故杞國。
〔二三〕集解 鄭玄曰：「積土爲封。封比干之墓，崇賢也。」
〔二四〕集解 徐廣曰：「周本紀云命召公釋箕子之囚，又曰表商容之閭。」
〔二五〕集解 鄭玄曰：「弛政，去紂時苛役。倍祿，復其紂時薄者。」
〔二六〕正義 濟，渡也。河，黃河也。武王伐紂事畢，從懷州河陽縣南渡河至洛州，從洛城而西歸鎬京也。
〔二七〕集解 鄭玄曰：「散猶放。」
〔二八〕集解 徐廣曰：「在弘農縣，今曰桃丘。」
〔二九〕正義 示無復用。服亦乘也。桃林在華山之旁，此二處並是牛馬放生地，初伐就此取之，今事竟歸之前處，故尚書武成篇序云「武王伐殷，往伐歸獸」是也。
〔三〇〕集解 徐廣曰：「音韜。」
〔三一〕集解 鄭玄曰：「包干戈以虎皮，明能以武服兵也。」
〔三二〕集解 王肅曰：「所以能櫜弓矢而不用者，將率之士力也，故建以爲諸侯，謂之建櫜也。」索隱 王肅云：「將帥能櫜弓矢而不用，故建以爲諸侯，因謂建櫜也。」
〔三三〕集解 鄭玄曰：「郊射，爲射宮於郊也。」王肅曰：「郊有學宮，可以習禮也。」
〔三四〕集解 鄭玄曰：「左，東學；右，西學也。貍首、騶虞，所歌爲節也。」
〔三五〕集解 鄭玄曰：「貫革，射穿甲革也。」

〔三六〕集解鄭玄曰：「裨冕，衣裨衣而冠冕也。裨衣，袞之屬也。搢，插也。」
〔三七〕集解鄭玄曰：「文王之廟爲明堂。」
〔三八〕集解鄭玄曰：「耕，藉，藉田也。」
〔三九〕集解鄭玄曰：「老更，互言之耳，皆老人更知三德五事者也。周名太學曰東膠。」
〔四〇〕集解鄭玄曰：「冕而總干，在舞位。」
〔四一〕集解鄭玄曰：「言武遲久，爲重禮樂也。」

子貢見師乙而問焉，〔一〕曰：「賜聞聲歌各有宜也，〔二〕如賜者宜何歌也？」

〔一〕集解鄭玄曰：「師，樂官也。乙，名也。」
〔二〕集解鄭玄曰：「氣順性。」

師乙曰：「乙，賤工也，〔一〕何足以問所宜。請誦其所聞，而吾子自執焉。〔二〕寬而靜，柔而正者宜歌頌；廣大而靜，疏達而信者宜歌大雅；恭儉而好禮者宜歌小雅；正直清廉而謙者宜歌風；肆直而慈愛者〔三〕宜歌商；溫良而能斷者宜歌齊。夫歌者，直己而陳德；〔四〕動己而天地應焉，四時和焉，星辰理焉，萬物育焉。〔五〕故商者，五帝之遺聲也，商人志之，故謂之商；齊者，三代之遺聲也，齊人志之，故謂之齊。明乎商之詩者，臨事而屢斷；〔六〕明乎齊之詩者，見利而讓也。〔七〕臨事而屢斷，勇也；見利而讓，義也。有勇有義，非歌孰能保此？故歌者，上如抗，下如隊，曲如折，止如槁木，居中矩，句中鉤，累累乎殷如貫珠。〔八〕故歌之爲言也，長言之也。〔九〕說之，故言之；言之不足，故長言之；長言之不足，故嗟歎之；嗟歎之不足，故不知手之舞之足之蹈之。」〔一〇〕子貢問樂。〔一一〕

〔一〕集解鄭玄曰：「樂人稱工也。」
〔二〕集解鄭玄曰：「執猶處也。」
〔三〕集解鄭玄曰：「肆，正也。」
〔四〕集解鄭玄曰：「各因其德歌所宜。」
〔五〕集解鄭玄曰：「育，生也。」
〔六〕集解鄭玄曰：「以其肆直。」
〔七〕集解鄭玄曰：「以其溫良而能斷。」
〔八〕集解鄭玄曰：「言歌聲之著，動人心之審，而有此事。」
〔九〕集解鄭玄曰：「長言，引其聲。」
〔一〇〕集解鄭玄曰：「手舞足蹈，歎之至。」
〔一一〕正義結此前事，恐是答子貢問之事。其樂記者，公孫尼子次撰也。爲樂記通天地，貫人情，辯政治，故細解之。以前劉向別錄篇次與鄭目錄同，而樂記篇次又不依鄭目。今此文篇次顛倒者，以褚先生升降，故今亂也。今逐舊次第隨段記之，使後略知也。以後文出褚意耳。

凡音由於人心，天之與人有以相通，如景之象形，響之應聲。故爲善者天報之以福，爲惡者天與之以殃，其自然者也。

故舜彈五弦之琴，歌南風之詩而天下治；紂爲朝歌北鄙之音，身死國亡。舜之道何弘也？紂之道何隘也？夫南風之詩者生長之音也，舜樂好之，樂與天地同意，得萬國之驩心，故天下治也。夫朝歌者不時也，北者敗也，鄙者陋也，紂樂好之，與萬國殊心，諸侯不附，百姓不親，天下畔之，故身死國亡。

而衞靈公之時，〔一〕將之晉，至於濮水之上舍。〔二〕夜半時聞鼓琴聲，問左右，皆對曰「不聞」。乃召師涓曰：「吾聞鼓琴音，問左右，皆不聞。其狀似鬼神，爲我聽而寫之。」師涓曰：「諾。」因端坐援琴，聽而寫之。明日，曰：「臣得之矣，然未習也，請宿習之。」靈公曰：「可。」因復宿。明日，報曰：「習矣。」即去之晉，見晉平公。平公置酒於施惠之臺。〔三〕酒酣，靈公曰：「今者來，聞新聲，請奏之。」平公曰：「可。」即令師涓坐師曠旁，援琴鼓之。未終，師曠撫而止之曰：「此亡國之聲也，不可遂。」平公曰：「何道出？」師曠曰：「師延所作也。與紂爲靡靡之樂，武王伐紂，師延東走，自投濮水之中，故聞此聲必於濮水之上，先聞此聲者國削。」平公曰：「寡人所好者音也，願遂聞之。」師涓鼓而終之。

〔一〕正義時衞都楚丘。楚丘故城在宋州楚丘縣北三十里，衞之楚丘邑也。

〔二〕正義括地志云：「在曹州離狐縣界，即師延投處也。」
〔三〕正義一本「虒祁之堂」。左傳云「虒祁之宮」。杜預云：「虒祁，地名也，在絳州西四十里，臨汾水也。」

平公曰：「音無此最悲乎？」師曠曰：「有。」平公曰：「可得聞乎？」師曠曰：「君德義薄，不可以聽之。」平公曰：「寡人所好者音也，願聞之。」師曠不得已，援琴而鼓之。一奏之，有玄鶴二八集乎廊門；再奏之，延頸而鳴，舒翼而舞。

平公大喜，起而爲師曠壽。反坐，問曰：「音無此最悲乎？」師曠曰：「有。昔者黃帝以大合鬼神，今君德義薄，不足以聽之，聽之將敗。」平公曰：「寡人老矣，所好者音也，願遂聞之。」師曠不得已，援琴而鼓之。一奏之，有白雲從西北起；再奏之，大風至而雨隨之，飛廊瓦，左右皆奔走。平公恐懼，伏於廊屋之閒。晉國大旱，赤地三年。

聽者或吉或凶。夫樂不可妄興也。

太史公曰：夫上古明王舉樂者，非以娛心自樂，快意恣欲，將欲爲治也。正教者皆始於音，音正而行正。故音樂者，所以動盪血脈，通流精神而和正心也。故宮動脾而和正聖，商動肺而和正義，角動肝而和正仁，徵動心而和正禮，羽動腎而和正智。故樂所以內輔正心而外異貴賤也；上以事宗廟，下以變化黎庶也。琴長八尺一寸，正度也。弦大者爲宮，而

居中央，若也。商張右傍，其餘大小相次，不失其次序，則君臣之位正矣。故聞宮音，使人溫舒而廣大；聞商音，使人方正而好義；聞角音，使人惻隱而愛人；聞徵音，使人樂善而好施；聞羽音，使人整齊而好禮。夫禮由外入，樂自內出。故君子不可須臾離禮，須臾離禮則暴慢之行窮外；不可須臾離樂，須臾離樂則姦邪之行窮內。故樂音者，君子之所養義也。夫古者，天子諸侯聽鐘磬未嘗離於庭，卿大夫聽琴瑟之音未嘗離於前，所以養行義而防淫佚也。夫淫佚生於無禮，故聖王使人耳聞雅頌之音，目視威儀之禮，足行恭敬之容，口言仁義之道。故君子終日言而邪辟無由入也。

【索隱述贊】樂之所興，在乎防欲。陶心暢志，舞手蹈足。舜曰簫韶，融稱屬續。審音知政，觀風變俗。端如貫珠，清同叩玉。洋洋盈耳，咸英餘曲。

史記卷二十五

律書第三

王者制事立法，物度軌則，壹稟於六律，〔一〕六律爲萬事根本焉。〔二〕

〔一〕索隱 按：律有十二。陽六爲律，黃鍾、太蔟、姑洗、蕤賓、夷則、無射；陰六爲呂，大呂、夾鍾、中呂、林鍾、南呂、應鍾是也。名曰律者，釋名曰「律，述也，所以述陽氣也」。律曆志云「呂，旅，助陽氣也」。案：古律用竹，又用玉，漢末以銅爲之。呂亦稱閒，故有六律、六閒之說。元閒大呂，二閒夾鍾是也。漢京房知五音六律之數，十二律之變至六十，猶八卦之變爲六十四卦也。故中呂上生執始，執始下生去滅，上下相生，終於南事，而六十律畢也。

〔二〕索隱 律曆志云「夫推曆生律，制器規圜矩方，權重衡平，準繩嘉量，探賾索隱，鉤深致遠，莫不用焉」，是萬事之根本。

其於兵械尤所重，〔一〕故云「望敵知吉凶，〔二〕聞聲效勝負」，〔三〕百王不易之道也。

〔一〕索隱 按：易稱「師出以律」，是於兵械尤重也。正義 內成曰器，外成曰械。械謂弓、矢、殳、矛、戈、戟。劉伯莊云：「吹律審聲，聽樂知政，師曠審歌，知晉楚之彊弱，故云兵家尤所重。」

〔二〕索隱 凡敵陣之上，皆有氣色，氣強則聲強，聲強則其衆勁。律者，所以通氣，故知吉凶也。正義 凡兩軍相敵，上皆有雲氣及日暈。天官書云：「暈等，力鈞；厚長大，有勝；薄短小，無勝。」故望雲氣知勝負彊弱。引舊語乃曰「故云」。

〔三〕索隱 周禮「太師執同律以聽軍聲而占其吉凶」是也。故左傳稱師曠知南風之不競，此即其類也。正義 周禮云「太師執同律以聽軍聲而詔其吉凶」，左傳云師曠知南風之不競，即其類。

武王伐紂，吹律聽聲，〔一〕推孟春以至于季冬，殺氣相并，〔二〕而音尚宮。〔三〕同聲相從，物之自然，何足怪哉？

〔一〕索隱 其事當有所出，今則未詳。

〔二〕正義 人君暴虐酷急，即常寒應。寒生北方，乃殺氣也。武王伐紂，吹律從春至冬，殺氣相并，律亦應之。故洪範咎徵云「急常寒若」是也。

〔三〕正義 兵書云：「夫戰，太師吹律，合商則戰勝，軍事張彊；角則軍擾多變，失士心；宮則軍和，主卒同心；徵則將急數怒，軍士勞；羽則兵弱少威焉。」

兵者，聖人所以討彊暴，平亂世，夷險阻，救危殆。自含(血)〔齒〕戴角之獸見犯則校，而況於人懷好惡喜怒之氣？喜則愛心生，怒則毒螫加，〔一〕情性之理也。

〔一〕正義 螫音釋。

昔黃帝有涿鹿之戰，以定火災；〔一〕顓頊有共工之陳，以平水害；〔二〕成湯有南巢之伐，以殄夏亂。〔三〕遞興遞廢，勝者用事，所受於天也。

〔一〕集解 文穎曰：「神農子孫暴虐，黃帝伐之，故以定火災。」
〔二〕集解 文穎曰：「共工，主水官也。少昊氏衰，秉政作虐，故顓頊伐之。本主水官，因爲水行也。」
〔三〕正義 南巢，今廬州巢縣是也。淮南子云：「湯伐桀，放之歷山，與末喜同舟浮江，奔南巢之山而死。」按：巢卽山名，古巢伯之國。云南巢者，在中國之南也。

自是之後，名士迭興，晉用咎犯，〔一〕而齊用王子，〔二〕吳用孫武，申明軍約，賞罰必信，卒伯諸侯，兼列邦土，雖不及三代之誥誓，然身寵君尊，當世顯揚，可不謂榮焉？豈與世儒闇於大較，〔三〕不權輕重，猥云德化，不當用兵，大至君辱失守，〔四〕小乃侵犯削弱，遂執不移等哉！故教笞不可廢於家，刑罰不可捐於國，誅伐不可偃於天下，用之有巧拙，行之有逆順耳。

〔一〕正義 狐偃也，咎季也，又云胥臣也。
〔二〕索隱 徐廣云：「王子成父。」
〔三〕索隱 大較，大法也。淳于髡曰「車不較則不勝其任」是也。較音角。
〔四〕索隱 徐廣云：「如宋襄公是也。」

夏桀、殷紂手搏豺狼，足追四馬，勇非微也；百戰克勝，諸侯懾服，權非輕也。秦二世

宿軍無用之地，〔一〕連兵於邊陲，力非弱也；結怨匈奴，絓禍於越，〔二〕勢非寡也。及其威盡勢極，閭巷之人爲敵國。咎生窮武之不知足，甘得之心不息也。

〔一〕索隱 謂常擁兵於郊野之外也。正義 謂三十萬備北(闕)〔邊〕，五十萬守五嶺也。云連兵於邊陲，卽是宿軍無用之地也。
〔二〕正義 絓，胡卦反。顧野王云：「絓者，所礙。」

高祖有天下，三邊外畔；大國之王雖稱蕃輔，臣節未盡。會高祖厭苦軍事，亦有蕭、張之謀，故偃武一休息，羈縻不備。

歷至孝文卽位，將軍陳武等議曰：「南越、朝鮮〔一〕自全秦時內屬爲臣子，後且擁兵阻陒，選蠕觀望。〔二〕高祖時天下新定，人民小安，未可復興兵。今陛下仁惠撫百姓，恩澤加海內，宜及士民樂用，征討逆黨，以一封疆。」孝文曰：「朕能任衣冠，〔三〕念不到此。會呂氏之亂，功臣宗室共不羞恥，誤居正位，常戰戰慄慄，恐事之不終。且兵凶器，雖克所願，動亦秏病，謂百姓遠方何？又先帝知勞民不可煩，故不以爲意。朕豈自謂能？今匈奴內侵，軍吏無功，邊民父子荷兵日久，〔四〕朕常爲動心傷痛，無日忘之。今未能銷距，願且堅邊設候，結和通使，休寧北陲，爲功多矣。且無議軍。」故百姓無內外之繇，得息肩於田畝，天下殷富，粟至十餘錢，鳴雞吠狗，煙火萬里，可謂和樂者乎！

〔一〕正義 潮仙二音。高驪平壤城本漢樂浪郡王險城，卽古朝鮮地，時朝鮮王滿據之也。
〔二〕集解 陒音庀寶反。還音思兗反。蠕音而兗反。索隱 蠕音軟。還蠕謂動身欲有進取之狀也。
〔三〕正義 朕音而禁反。
〔四〕正義 荷音何我反。

太史公曰：文帝時，會天下新去湯火，〔一〕人民樂業，因其欲然，能不擾亂，故百姓遂安。自年六七十翁亦未嘗至市井，游敖嬉戲如小兒狀。孔子所稱有德君子者邪！〔二〕

〔一〕索隱 謂秦亂，楚漢交兵之時，如遺墜湯火，卽書云「人墜塗炭」是也。
〔二〕索隱 論語曰「善人爲邦百年，亦可以勝殘去殺」也。

書曰「七正」，二十八舍。〔一〕律曆，天所以通五行八正之氣，〔二〕天所以成孰萬物也。舍者，日月所舍。舍者，舒氣也。

〔一〕索隱 七正，日、月、五星。七者可以正天時。又孔安國曰「七正，日月五星各異政」也。二十八宿，〔七正〕之所舍也。舍，止也。宿，次也。言日月五星運行，或舍於二十八次之分也。
〔二〕索隱 八謂八節之氣，以應八方之風。

不周風居西北，主殺生。東壁居不周風東，主辟生氣〔一〕而東之。至於營室。〔二〕營室者，主營胎〔三〕陽氣而產之。東至于危。危，垝也。〔四〕言陽氣之(危)垝，故曰危。十月也，律

中應鍾。〔五〕應鍾者，陽氣之應，不用事也。其於十二子爲亥。亥者，該也。〔六〕言陽氣藏於下，故該也。

〔一〕索隱 辟音闢。
〔二〕索隱 定星也。定中而可以作室，故曰營室。其星有室象也，故天官書主廟。此言「主營胎陽氣而產之」，是說異也。正義 天官書云「營室爲清廟，曰離宮、閣道」，是有宮室象。此言「主營胎陽氣而產之」，二說不同。
〔三〕集解 徐廣曰：「一作『含』。」
〔四〕索隱 垝音鬼毁反。
〔五〕正義 應，乙證反。白虎通云：「應者，應也，言萬物應陽而動下藏也。」漢初依秦以十月爲歲首，故起應鍾。
〔六〕索隱 按：律曆志云「該閡於亥」。正義 孟康云：「閡，藏塞也。陰雜陽氣藏塞，爲萬物作種也。」

廣莫風居北方。廣莫者，言陽氣在下，陰莫陽廣大也，故曰廣莫。東至於虛。虛者，能實能虛，言陽氣冬則宛藏於虛，〔一〕日冬至則一陰下藏，一陽上舒，故曰虛。東至于須女。〔二〕言萬物變動其所，陰陽氣未相離，尚相(如)胥〔如〕也，故曰須女。十一月也，律中黃鍾。〔三〕黃鍾者，陽氣踵黃泉而出也。其於十二子爲子。子者，滋也；滋者，言萬物滋於下也。其於十母爲壬癸。壬之爲言任也，言陽氣任養萬物於下也。癸之爲言揆也，言萬物可揆度，故曰癸。東至牽牛。牽牛者，言陽氣牽引萬物出之也。牛者，冒也，言地雖凍，能冒而生也。牛者，耕植種萬物也。東至於建星。建星者，建諸生也。十二月也，律中大呂。

大吕者。其於十二子爲丑。〔四〕

〔一〕正義 宛音蘊。

〔二〕索隱 婺女名也。

〔三〕正義 白虎通云：「黄中和之氣，言陽氣於黄泉之下動養萬物也。」

〔四〕集解 徐廣曰：「此中闕不説大吕及丑也。」 正義 案：此下闕文。或一本云「丑者，紐也。言陽氣在上未降，萬物厄紐未敢出也」。

條風居東北，主出萬物。條之言條治萬物而出之，故曰條風。南至於箕。箕者，言萬物根棋，〔一〕故曰箕。正月也，律中泰蔟。〔二〕泰蔟者，言萬物蔟生也，故曰泰蔟。其於十二子爲寅。寅言萬物始生螾然〔三〕也，故曰寅。南至於尾，言萬物始生如尾也。南至於心，言萬物始生有華心〔四〕也。南至於房。房者，言萬物門户也，至于門則出矣。

〔一〕集解 徐廣曰：「一作『横』也。」

〔二〕正義 蔟音千豆反。白虎通云：「泰者，大也。蔟者，湊也。言萬物始大湊地而出之也。」

〔三〕索隱 音引，又音以慎反。

〔四〕集解 徐廣曰：「一作『莖』。」

明庶風居東方。明庶者，明衆物盡出也。二月也，律中夾鍾。〔一〕夾鍾者，言陰陽相夾廁也。其於十二子爲卯。卯之爲言茂也，言萬物茂也。其於十母爲甲乙。甲者，言萬物剖符〔二〕甲〔三〕而出也；乙者，言萬物生軋軋也。南至于氐。〔四〕氐者，言萬物皆至也。南至於亢。亢者，言萬物亢見也。南至于角。角者，言萬物皆有枝格如角也。三月也，律中姑洗。〔五〕姑洗者，言萬物洗生。其於十二子爲辰。辰者，言萬物之蜄〔六〕也。

〔一〕正義 白虎通云：「夾，孚甲也。言萬物孚甲，種類分也。」

〔二〕集解 音孚。

〔三〕索隱 符甲猶孚甲也。

〔四〕正義 氐音丁禮反。

〔五〕正義 姑音沽。洗音先典反。白虎通云：「沽者，故也。洗者，鮮也。言萬物去故就新，莫不鮮明也。」

〔六〕集解 音之慎反。 索隱 蜄音振。或作「娠」，同音。律曆志云「振美於辰」。

清明風居東南維，主風吹萬物而西之。〔至於〕軫。軫者，言萬物益大而軫軫然。西至於翼。翼者，言萬物皆有羽翼也。四月也，律中中吕。〔一〕中吕者，言萬物盡旅而西行也。其於十二子爲巳。巳者，言陽氣之已盡也。西至于七星。七星者，陽數成於七，故曰七星。西至于張。張者，言萬物皆張也。西至于注。〔二〕注者，言萬物之始衰，陽氣下注，故曰注。五月也，律中蕤賓。〔三〕蕤賓者，言陰氣幼少，故曰蕤；痿陽不用事，故曰賓。

〔一〕正義 中音仲。白虎通云「言陽氣將極中充大也」，故復申言之也。

〔二〕索隱 音丁救反。注，咮也。天官書云「柳爲鳥咮」，則注，柳星也。

〔三〕正義 蕤音仁佳反。白虎通云：「蕤者，下也。賓者，敬也。言陽氣上極，陰氣始賓敬之也。」

景風居南方。景者，言陽氣道竟，故曰景風。其於十二子爲午。午者，陰陽交，故曰午。〔一〕其於十母爲丙丁。丙者，言陽道著明，故曰丙；丁者，言萬物之丁壯也，故曰丁。西至于弧。弧者，言萬物之吴落〔二〕且就死也。西至于狼。狼者，言萬物可度量，斷萬物，故曰狼。

〔一〕索隱 律曆志云「咢布於午」。

〔二〕集解 徐廣曰：「吴，一作『柔』。」

涼風居西南維，主地。地者，沈奪萬物氣也。〔一〕六月也，律中林鍾。〔二〕林鍾者，言萬物就死氣林林然。其於十二子爲未。未者，言萬物皆成，有滋味也。〔三〕北至於罰。罰者，言萬物氣奪可伐也。北至於參。〔四〕參言萬物可參也，故曰參。七月也，律中夷則。〔五〕夷則，言陰〔六〕氣之賊〔七〕萬物也。其於十二子爲申。申者，言陰用事，申賊萬物，〔八〕故曰申。北至於濁。〔九〕濁者，觸也，言萬物皆觸死也，故曰濁。北至於留。〔一〇〕留者，言陽氣之稽留也，故曰留。八月也，律中南吕。〔一一〕南吕者，言陽氣之旅入藏也。其於十二子爲酉。酉者，萬物之老也，〔一二〕故曰酉。

〔一〕正義 沈，一作「洗」。

〔二〕正義 白虎通云：「林者，衆也。言萬物成熟，種類多也。」

〔三〕索隱 律曆志云「昧薆於未」，其意殊也。

〔四〕正義 音所林反。

〔五〕正義 白虎通云：「夷，傷也。則，法也。言萬物始傷，被刑法也。」

〔六〕集解 徐廣曰：「一作『陽』。」

〔七〕集解 徐廣曰：「一作『則』。」

〔八〕集解 徐廣曰：「賊，一作『則』。」 索隱 律曆志「物堅於申」也。

〔九〕索隱 按：爾雅「濁謂之畢」。

〔一〇〕索隱 留即昴，毛傳亦以留爲昴。

〔一一〕正義 白虎通云：「南，任也。言陽氣尚任包，大生薺麥也。」

〔一二〕索隱 律曆志「留孰於酉」。

閶闔風居西方。閶者，倡也；闔者，藏也。言陽氣道萬物，闔黄泉也。其於十母爲庚辛。庚者，言陰氣庚萬物，故曰庚；辛者，言萬物之辛生，故曰辛。北至於胃。胃者，言陽氣就藏，皆胃胃也。北至於婁。婁者，呼萬物且内之也。北至於奎。〔一〕奎者，主毒螫殺萬物也，奎而藏之。九月也，律中無射。〔二〕無射者，陰氣盛用事，陽氣無餘也，故曰無射。其於十二子爲戌。戌者，言萬物盡滅，故曰戌。〔三〕

〔一〕集解 徐廣曰：「一作『畫』。」 索隱 按：天官書「奎爲溝瀆，婁爲聚衆，胃爲天倉」，今此說並異，及六律十母，又與漢書不同，今各是異家之說也。

〔二〕正義 音亦。白虎通云：「射，終也。言萬物隨陽而終，當復隨陰而起，無有終已。」此說六呂十干十二支與漢書不同。

〔三〕索隱 律曆志「畢入於戌」也。

律數：

九九八十一以爲宮。三分去一，五十四以爲徵。三分益一，七十二以爲商。三分去一，四十八以爲羽。三分益一，六十四以爲角。

黃鍾長八寸七分一，宮。〔一〕大呂長七寸五分三分(一)〔二〕。〔二〕太蔟長七寸(七)〔十〕分二，角。夾鍾長六寸(一)〔七〕分三分一。姑洗長六寸(七)〔十〕分四，羽。〔三〕仲呂長五寸九分三分二，徵。蕤賓長五寸六分三分(一)〔二〕。林鍾長五寸(七)〔十〕分四，角。〔四〕夷則長五寸(四分)三分二，商。南呂長四寸(七)〔十〕分八，徵。無射長四寸四分三分二。應鍾長四寸二分三分二，羽。

〔一〕索隱 黃鍾長八寸十分一宮。案：上文云「律九九八十一以爲宮」，故云長八寸十分一宮。而云黃鍾長九寸者，九分之寸也。劉歆、鄭玄等皆以爲長九寸卽十分之寸，不依此法也。云宮者，黃鍾爲律之首，宮爲五音之長，十

一月以黃鍾爲宮，則聲得其正。舊本多作「七分」，蓋誤也。

〔二〕索隱 謂十一月以黃鍾爲宮，五行相次，土生金，故以大呂爲商者，大呂所以助陽宣化也。

〔三〕索隱 亦以金生水故也。

〔四〕索隱 水生木，故爲角。不用蕤賓者，以陰氣起，陽不用事，故去之也。

生鍾分：〔一〕

子一分。〔二〕丑三分二。〔三〕寅九分八。〔四〕卯二十七分十六。辰八十一分六十四。巳二百四十三分一百二十八。午七百二十九分五百一十二。未二千一百八十七分一千二十四。申六千五百六十一分四千九十六。酉一萬九千六百八十三分八千一百九十二。戌五萬九千四十九分三萬二千七百六十八。亥十七萬七千一百四十七分六萬五千五百三十六。

〔一〕索隱 此算術生鍾律之法也。 正義 分音扶問反。

〔二〕索隱 自此已下十一辰，皆以三乘之，爲黃鍾積實之數。

〔三〕索隱 案：子律黃鍾長九寸，林鍾丑衡長六寸，以九比六，三分少一，故云丑三分二。卽是黃鍾三分去一，下生林鍾之數也。

〔四〕索隱 十二律以黃鍾爲主，黃鍾長九寸，太族長八寸，寅九分八，卽是林鍾三分益一，上生太族之義也。 正義 孟康云：「元氣始起於子。未分之時，天地人混合爲一，故子數獨一。」漢書律曆志云：「太極元氣，函三爲一，行於十二辰，始動於子，參之於丑，得三；又參於寅，得九；又參之於卯，得二十七；又參之於辰，得八十一；又參之於巳，得二百四十三；又參之於午，得七百二十九；又參之於未，得二千一百八十七；又參之於申，得六千五百六十一；又參之於酉，得萬九千六百八十三；又參之於戌，得五萬九千四十九；又參之於亥，得十七萬七千一百四十七。此陰陽合德，氣種於子，化生萬物者也。」然丑三分二，寅九分八者，並是分之餘數，而漢書不說也。

〔四〕索隱 此以丑三乘寅，寅三乘卯，得二十七。南呂爲卯，衡長五寸三分寸之一，以三約二十七得九，卽黃鍾之本數。又以三約十六得五，餘三分之一卽南呂之長，故云卯二十七分十六，亦是太蔟三分去一，下生南呂之義。已下八辰並準此。然云丑三分二，寅九分八者，皆分之餘數也。

生黃鍾術曰：以下生者，〔一〕倍其實，三其法。〔二〕以上生者，四其實，三其法。〔三〕上九，商八，羽七，角六，宮五，徵九。〔四〕置一而九三之以爲法。〔五〕實如法，得長一寸。〔六〕凡得九寸，命曰「黃鍾之宮」。故曰音始於宮，窮於角；〔七〕數始於一，終於十，成於三；氣始於冬至，周而復生。

〔一〕索隱 生鍾術曰以下生者。案：蔡邕曰「陽生陰爲下生，陰生陽爲上生。子午已東爲上生，已西爲下生」。又律曆志云「陰陽相生自黃鍾始，黃鍾(生)〔至〕太蔟，左旋八八爲五」。從子至未得八，下生林鍾是也。又自未至寅亦得八，上生太蔟。然上下相生，皆以此爲率也。

〔二〕索隱 謂黃鍾下生林鍾，黃鍾長九寸，倍其實者，二九十八，三其法者，以三爲法，約之得六，爲林鍾之長也。

〔三〕索隱 四其實者，謂林鍾上生太蔟，林鍾長六寸，以四乘六得二十四，以三約之得八，卽爲太蔟之長。

〔四〕索隱 此五聲之數亦上生三分益一，下生三分去一。宮下生徵，徵益一上生商；商下生羽，羽益一上生角。然此文似數錯，未暇研覈也。

〔五〕索隱 漢書律曆志曰：「太極元氣，函三爲一，行之於十二辰，始動於子，參之於丑得三，又參之於寅得九。」是謂因而九三之也。韋昭曰：「置一而九，以三乘之是也。」樂產云：「一氣生於子，至丑而三，是一三也。又自丑至寅爲九，皆以三乘之，是九三之也。又參之卯，得二十七；參之於辰，得八十一；又參之於巳，得二百四十三；又參之午，得七百二十九；又參於未，得二千六百八十七；又參之於申，得六千五百六十一；又參於酉，得萬九千六百八十三；又參於戌，得五萬九千四十九；又參至於亥，得十七萬七千一百四十七：謂之該數。此陰陽合德，氣鍾於子，化生萬物也。然丑三分，寅九分者，卽分之餘數也。」

〔六〕索隱 實如法得一。實謂以子一乘丑三，至亥得十七萬七千一百四十七爲實數。如法謂以上萬九千六百八十三之法除實得九，爲黃鍾之長。言「得一」者，算術設法辭也。「得」下有「長」，「一」下有「寸」者，皆衍字也。韋昭云得九寸之一也。姚氏謂得一卽黃鍾之子數。

〔七〕索隱 卽如上文宮下生徵，徵上生商，商下生羽，羽上生角，是其窮也。

神生於無，〔一〕形成於有，〔二〕形然後數，形而成聲，〔三〕故曰神使氣，氣就形。形理如類有可類。或未形而未類，或同形而同類，類而可班，類而可識。聖人知天地識之別，故從有以至未有，〔四〕以得細若氣，微若聲。〔五〕然聖人因神而存之，〔六〕雖妙必效情，核其華道者明矣。〔七〕非有聖心以乘聰明，孰能存天地之神而成形之情哉？神者，物受之而不能知(及)其

去來，〔八〕故聖人畏而欲存之。唯欲存之，神之亦存。〔九〕其欲存之者，故莫貴焉。〔一〇〕

〔一〕正義 無形爲太易氣，天地未形之時，言神本在太虛之中而無形也。
〔二〕正義 天地既分，二儀已質，萬物之形成於天地之閒，神在其中。
〔三〕正義 數謂天數也，聲謂宮、商、角、徵、羽也。言天數既形，則能成其五聲也。
〔四〕正義 從有謂萬物形質也，未有謂天地未形也。
〔五〕正義 氣謂太易之氣，聲謂五聲之聲也。
〔六〕正義 言聖人因神理其形體，尋迹至於太易之氣，故云因神而存之，上云從有以至未有是也。
〔七〕正義 妙謂微妙之性也。效猶見也。核，研核也。華道，神妙之道也。言人雖有微妙之性，必須程督己之情理，然後研核神妙之道，乃能究其形體，辨其成聲，故謂明矣。故下云「非有聖心以乘聰明，孰能存天地之神而成形之情哉」是也。
〔八〕正義 言萬物受神妙之氣，不能知覺，及神去來，亦不能識其往復也。
〔九〕正義 言聖人畏神妙之理難識，而欲常存之；唯欲常存之，故其神亦存也。
〔一〇〕正義 言平凡之人欲得精神存者，故亦莫如貴神之妙焉。

太史公曰：(故)〔在〕旋璣玉衡以齊七政，卽天地二十八宿。〔一〕十母，〔二〕十二子，〔三〕鍾律調自上古。建律運曆造日度，可據而度也。〔四〕合符節，通道德，卽從斯之謂也。

〔一〕正義 宿音息袖反，又音肅。謂東方角、亢、氐、房、心、尾、箕，南方井、鬼、柳、星、張、翼、軫，西方奎、婁、胃、昴、畢、觜、參，北方斗、牛、女、虛、危、室、壁，凡二十八宿一百二十八宿星也。
〔二〕正義 十干：甲、乙、丙、丁、戊、己、庚、辛、壬、癸。
〔三〕正義 十二支：子、丑、寅、卯、辰、巳、午、未、申、酉、戌、亥。
〔四〕正義 度音田洛反。

【索隱述贊】自昔軒后，爰命伶綸。雄雌是聽，厚薄伊均。以調氣候，以軌星辰。軍容取節，樂器斯因。自微知著，測化窮神。大哉虛受，含養生人。

史記卷二十六

曆書第四

昔自在古，曆建正作於孟春。〔一〕於時冰泮發蟄，百草奮興，秭鳺先滜。〔二〕物迺歲具，生於東，次順四時，卒于冬分。〔三〕時雞三號，卒明。〔四〕撫十二〔月〕節，卒于丑。〔五〕日月成，故明也。明者孟也，幽者幼也，幽明者雌雄也。雌雄代興，而順至正之統也。日歸于西，起明於東；月歸於東，起明于西。正不率天，又不由人，〔六〕則凡事易壞而難成矣。

〔一〕索隱 按：古曆者，謂黃帝調曆以前有上元太初曆等，皆以建寅爲正，謂之孟春也。及顓頊、夏禹亦以建寅爲正。唯黃帝及殷、周、魯並建子爲正。而秦正建亥，漢初因之。至武帝元封七年始改用太初曆，仍以周正建子爲十一月朔旦冬至，改元太初焉。今按：此文至於「十二月節」，皆出大戴禮虞史伯夷之辭也。
〔二〕集解 徐廣曰：「秭音姊，鳺音規。子鳺鳥也，一名鶗鴂。」索隱 按：徐廣云「秭音規」者，誤也，當云「秭音姊，鳺音規」，蓋遺失耳。言子鳺鳥春氣發動，則先出野澤而鳴也。又按：大戴禮作「瑞雉」，無釋，未測其旨，當是字體各有訛變耳。鶗音弟，鴂音桂。楚詞云「慮鶗鴂之先鳴，使夫百草爲之不芳」，解者以鶗鴂爲杜鵑。
〔三〕索隱 卒，子律反。分，如字。卒，盡也。言建曆起孟春，盡季冬，則一歲事具也。冬盡之後，分爲來春，故云冬分也。

〔四〕集解 徐廣曰：「卒，一作『平』，又云卒，斯也。」索隱 三號，三鳴也。言夜至雞三鳴則天曉，乃始爲正月一日，言異歲也。徐廣云卒，一作「平」，又作「斯」，於文皆便。
〔五〕正義 撫猶循也。自平明寅至雞鳴丑，凡十二辰，辰盡丑又至明朝寅，使一日一夜，故曰幽明。
〔六〕索隱 正不率天，亦不由人。此文出大戴禮，是孔子稱周太史之詞。

王者易姓受命，必愼始初，改正朔，易服色，推本天元，順承厥意。〔一〕

〔一〕索隱 言王者易姓而興，必當推本天之元氣行運所在，以定正朔，以承天意，故云承順厥意。

太史公曰：神農以前尚矣。蓋黃帝考定星曆，〔一〕建立五行，起消息，〔二〕正閏餘，〔三〕於是有天地神祇物類之官，〔四〕是謂五官。各司其序，不相亂也。民是以能有信，神是以能有明德。民神異業，敬而不瀆，故神降之嘉生，〔五〕民以物享，〔六〕災禍不生，所求不匱。

〔一〕索隱 按：系本及律曆志黃帝使羲和占日，常儀占月，臾區占星氣，伶倫造律呂，大橈作甲子，隸首作算數，容成綜此六術而著調曆也。
〔二〕正義 皇侃云：「乾者陽，生爲息；坤者陰，死爲消也。」
〔三〕集解 漢書音義曰：「以歲之餘爲閏，故曰閏餘。」正義 鄧平、落下閎云「一月之日，二十九日八十一分日之四十三」。按：計其餘分成閏，故云正閏餘也。每一歲三百六十六日餘六日，小月六日，是一歲餘十二日，大計三

十三月則一閏之耳。

〔四〕正義 應劭云：「黃帝受命有雲瑞，故以雲紀官。春官爲青雲，夏官爲縉雲，秋官爲白雲，冬官爲黑雲，中官爲黃雲。」按：黃帝置五官，各以物類名其職掌也。

〔五〕集解 應劭曰：「嘉穀也。」索隱 應劭云：「嘉穀也。」

〔六〕正義 劉伯莊云：「物，事也。人皆順事而享福也。」

少皞氏之衰也，九黎亂德，〔一〕民神雜擾，不可放物，〔二〕禍菑薦至，〔三〕莫盡其氣。顓頊受之，乃命南正重司天以屬神，命火正黎司地以屬民，〔四〕使復舊常，無相侵瀆。

〔一〕集解 漢書音義曰：「少皞時諸侯作亂者。」

〔二〕索隱 放音昉，依也。

〔三〕索隱 上音在見反，古「荐」字，假借用耳。荐，集也。

〔四〕集解 應劭曰：「黎，陰官也。火數二；二，地數也：故火正司地以屬萬民。」索隱 按：左傳重爲句芒，木正；黎爲祝融，火正。此言「南」者，劉氏以爲「南」字誤，非也。蓋重黎二人元是木火之官，兼司天地職，而天是陽，南是陽位，故木亦是陽，所以木正爲南正也；而火是地正，亦稱北正者，火數二，二地數，地陰，主北方，故火正亦稱北正：爲此故也。臣瓚以爲古文「火」字似「北」，未爲深得也。

其後三苗服九黎之德，〔一〕故二官咸廢所職，而閏餘乖次，〔二〕孟陬殄滅，〔三〕攝提無紀，曆數失序。〔四〕堯復遂重黎之後，不忘舊者，使復典之，而立羲和之官。明時正度，則陰陽

調，風雨節，茂氣至，民無夭疫。年耆禪舜，申戒文祖，〔五〕云「天之曆數在爾躬」。〔六〕舜亦以命禹。〔七〕由是觀之，王者所重也。

〔一〕正義 孔安國云：「三苗，縉雲氏之後諸侯也。」按：服，從也。言九黎之君在少皞之世作亂，今三苗之君從九黎亂德，故南北二官皆廢，使曆數失序。

〔二〕集解 漢書音義曰：「次，十二次也。史推曆失閏，則斗建與月名錯。」

〔三〕集解 漢書音義曰：「正月爲孟陬。閏餘乖錯，不與正歲相值，謂之殄滅。」索隱 按：正月爲陬。陬音鄒，又作侯反。楚詞云「攝提貞乎孟陬」。言曆數乖誤，乃使孟陬殄滅，不得其正也。

〔四〕集解 漢書音義曰：「攝提，星名，隨斗杓所指建十二月。若曆誤，春三月當指辰而指巳，是謂失序。」索隱 攝提失方。按：天官書云「攝提三星，若鼎足句之，直斗杓所指，以建時節，故曰攝提格」。格，至也。言攝提隨月建至，故云格也。

〔五〕集解 徐廣曰：「戒，一作『敕』。」正義 言於文祖之廟以申戒舜也。

〔六〕集解 何晏曰：「曆數謂列次也。」

〔七〕集解 孔安國曰：「舜亦以堯命己之辭命禹也。」

夏正以正月，殷正以十二月，周正以十一月。蓋三王之正若循環，窮則反本。天下有道，則不失紀序；無道，則正朔不行於諸侯。

幽、厲之後，周室微，陪臣執政，史不記時，君不告朔，〔一〕故疇人子弟分散，〔二〕或在諸夏，或在夷狄，是以其禨祥廢而不統。〔三〕周襄王二十六年閏三月，而春秋非之。先王之正時也，履端於始，〔四〕舉正於中，〔五〕歸邪〔六〕於終。〔七〕履端於始，序則不愆；舉正於中，民則不惑；歸邪於終，事則不悖。

〔一〕集解 鄭玄曰：「禮，人君每月告朔於廟，有祭，謂之朝享。」

〔二〕集解 如淳曰：「家業世世相傳爲疇。律，年二十三傅之疇官，各從其父學。」索隱 韋昭云：「疇，類也。」孟康云：「同類之人明曆者也。」樂彥云：「疇昔知星人。」

〔三〕集解 如淳曰：「呂氏春秋『荆人鬼而越人禨』，今之巫祝禱祠淫祀之比也。」晉灼曰：「禨音『珠璣』之『璣』。」

〔四〕集解 韋昭曰：「謂正曆必先稱端始也，若十一月朔旦冬至也。」

〔五〕集解 韋昭曰：「氣在望中，則時日昏明皆正也。」

〔六〕集解 音餘。

〔七〕集解 韋昭曰：「邪，餘分也。終，閏月也。中氣在晦則後月閏，在望是其正中也。」

其後戰國並爭，在於彊國禽敵，救急解紛而已，豈遑念斯哉！是時獨有鄒衍，明於五德之傳，〔一〕而散消息之分，以顯諸侯。而亦因秦滅六國，兵戎極煩，又升至尊之日淺，未暇遑也。而亦頗推五勝，〔二〕而自以爲獲水德之瑞，更名河曰「德水」，而正〔三〕以十月，色上黑。然曆度閏餘，未能睹其真也。

〔一〕正義 傳音竹戀反。五德，五行也。

〔二〕集解 漢書音義曰：「五行相勝，秦以周爲火，用水勝之也。」

〔三〕正義 音征。以秦始皇名諱之，故改也。

漢興，高祖曰「北時待我而起」，亦自以爲獲水德之瑞。雖明習曆及張蒼等，咸以爲然。是時天下初定，方綱紀大基，高后女主，皆未遑，故襲秦正朔服色。

至孝文時，魯人公孫臣以終始五德上書，言「漢得土德，宜更元，改正朔，易服色。當有瑞，瑞黃龍見」。事下丞相張蒼，張蒼亦學律曆，以爲非是，罷之。其後黃龍見成紀，張蒼自黜，所欲論著不成。而新垣平以望氣見，頗言正曆服色事，貴幸，後作亂，故孝文帝廢不復問。

至今上即位，招致方士唐都，分其天部；〔一〕而巴落下閎運算轉曆，〔二〕然後日辰之度與夏正同。乃改元，更官號，封泰山。因詔御史曰：「乃者，有司言星度之未定也，廣延宣問，以理星度，未能詹也。〔三〕蓋聞昔者黃帝合而不死，名察度驗，定清濁，起五部，建氣物分數。〔四〕然蓋尚矣。書缺樂弛，朕甚閔焉。朕唯未能循明也，紬績日分，〔五〕率應水德之勝。〔六〕今日順夏至，〔七〕黃鐘爲宮，林鐘爲徵，太蔟爲商，南呂爲羽，姑洗爲角。自是以後，氣復正，羽聲復清，名復正變，以至子日當冬至，則陰陽離合之道行焉。十一月甲子朔旦冬至已詹，其更以七年爲太初元年。〔八〕年名『焉逢攝提格』，〔九〕月名『畢聚』，日得甲子，夜半

朔旦冬至。」〔一〇〕

〔一〕集解 漢書音義曰：「謂分部二十八宿爲距度。」

〔二〕集解 徐廣曰：「陳術云徵士巴郡落下閎也。」索隱 姚氏案：益部耆舊傳云「閎字長公，明曉天文，隱於落下，武帝徵待詔太史，於地中轉渾天，改顓頊曆作太初曆，拜侍中不受」。

〔三〕集解 徐廣曰：「詹，一作『售』也。」索隱 按：漢書作「讐」，故徐廣云一作「售」，售即讐也。韋昭云「讐，比校也」。鄭德云「相應爲讐」也。

〔四〕集解 應劭曰：「言黃帝造曆得仙，名節會，察寒暑，致啓閉分至，定清濁，起五部。五部，金、木、水、火、土也。建氣物分數，皆敍曆之意也。」孟康曰：「合，作也。黃帝作曆，曆終復始無窮已，故曰不死。清濁，律聲之清濁也。五部，五行也。天有四時，分爲五行也。氣，二十四氣；物，萬物也。分，曆數之分也。」瓚曰：「黃帝聖德，與虛合契，升龍登仙於天，故曰合而不死。題名宿度，候察進退，謂三辰之度，吉凶之驗也。」索隱 臣瓚云：「題名宿度，候察進退，以爲吉凶之狀，依文作解爲得。」案：漢書作「名察發斂」，韋昭云「發，氣發；斂，氣斂」。又續漢書以爲道之發斂，景之長短，則發斂是日行道去極盈縮也。

〔五〕索隱 紬音宙，又如字。紬績者，女工紬緝之意，以言造曆算運者猶若女工緝而織之也。

〔六〕集解 徐廣曰：「蓋以爲應土德，土勝水。」

〔七〕索隱 按：夏至，謂夏至、冬至。

〔八〕索隱 按：改元封七年爲太初元年。然漢始以建亥爲年首，今改以建寅，故以七年爲元年。韋昭云「漢興至此百二歲」。案：律曆志云「乃以前曆上元太初四千六百一十七歲，至元封七年，復得閼逢攝提之歲，中冬十一月

甲子朔旦冬至」。

〔九〕集解 徐廣曰：「歲陰在寅，左行；歲星在丑，右行。」索隱 按：爾雅云「歲在甲曰焉逢，寅曰攝提格」，則此甲寅之年十一月甲子朔旦夜半冬至也。然此篇末亦云「寅名攝提格」，則此甲寅之歲也。又據二年名單閼，三年名執徐等，年次分明，而漢志以爲其年在丙子，當是班固用三統，與太初曆不同，故與太史公說有異。而爾雅近代之作，所記年名又不同也。左行右行，按蘇林云「歲與星行所在之次」。正義 焉音於乾反，後同。

〔一〇〕集解 文穎曰：「律居陰而治陽，曆居陽而治陰，更相治，間不容期忽。五家文悖異，推太初之元也。」索隱 聚音娵。案：虞喜云「天元之始，於十一月甲子夜半朔旦冬至，日月若連珠，俱起牽牛之初。歲，雄在閼逢，雌在攝提格。月，雄在畢，雌在訾，訾則娵訾之宿。日，雄在甲，雌則在子。此則甲寅之元，天道之首」。

曆術甲子篇〔一〕

〔一〕索隱 以十一月朔旦冬至得甲子，甲子是陽氣支干之首，故以甲子命曆術爲篇首，非謂此年歲在甲子也。

太初元年，歲名「焉逢〔一〕攝提格」，〔二〕月名「畢聚」，〔三〕日得甲子，〔四〕夜半朔旦冬至。〔五〕

〔一〕索隱 甲，歲雄也。漢書作「閼逢」，亦音焉，與此音同。

〔二〕索隱 寅，歲陰也。此依爾雅甲寅之歲，若據漢志，以爲丙子之年。

〔三〕索隱 謂月值畢及陬訾也。畢，月雄也。聚，月雌也。

〔四〕索隱 謂十一月冬至朔旦得甲子也。

〔五〕索隱 以建子爲正，故以夜半爲朔；其至與朔同日，故云夜半朔旦冬至。若建寅爲正者，則以平旦爲朔也。

正北〔一〕

〔一〕索隱 謂蔀首十一月甲子朔旦時加子爲冬至，故云「正北」也。然每歲行周天全度外餘有四分之一，以十二辰分之，冬至常居四仲，故子年在子，丑年在卯，寅年在午，卯年在酉。至後十九年章首在酉，故云「正西」。其「正南」、「正東」，並準此也。正義 黃鍾管，子時氣應稱正北，順行四(時)仲，所至爲正月一日，是歲之始，盡一章。十九年黃鍾管，應在酉則稱「正西」。他皆放此。

十二〔一〕

〔一〕索隱 歲有十二月，有閏則云十三也。

無大餘，無小餘；〔一〕

〔一〕索隱 其歲甲子朔旦，日月合於牽牛之初，餘分皆盡，故無大小餘也。正義 無大小餘者，以出閏月之歲有三百五十四日三百四十八分，除五甲三百日，餘有五十四日三百四十八分，緣未滿六十日，故置爲來年大小餘。亦爲太初元年日得甲子朔旦冬至，前年無奇日分，故無大小餘也。

無大餘，無小餘；〔一〕

〔一〕索隱 上大小餘朔之大小餘，此謂冬至大小餘。冬至亦與朔同日，並無餘分，至與朔法異，故重列之。

焉逢攝提格太初元年。〔一〕

〔一〕索隱 如漢志太初元年歲在丙子，據此，則甲寅歲也。爾雅釋天云歲陽者，甲、乙、丙、丁、戊、己、庚、辛、壬、癸十干是也。歲陰者，子、丑、寅、卯、辰、巳、午、未、申、酉、戌、亥十二支是也。歲陽在甲云焉逢，謂歲干也。歲陰在寅云攝提格，謂歲支也。

十二

大餘五十四，〔一〕小餘三百四十八；〔二〕

〔一〕索隱 歲十二月，六大六小，合三百五十四日，以六除之，五六三十，除三百日，餘五十四日，故下云「大餘者日也」。正義 月朔旦甲子日法也。

〔二〕索隱 太初曆法，一月之日，二十九日九百四十分日之四百九十九，每兩月合成五十九日，餘五十八分。今十二月合餘六箇五十八，得此數，故〔下〕云「小餘者月也」。正義 未滿日之分數也。其分每滿九百四十則成一日，即歸上，成五十五日矣。大餘五十四者，每歲除小月六日，則成三百五十四日，除五甲三百日，猶餘五十四日，爲未滿六十日，故稱「大餘五十四」也。小餘三百四十八者，其大數五十四之外更餘分三百四十八，故稱「小餘三百四十八」也。此大小餘是月朔甲子日法，以出閏月之數，一歲則有三百五十四日三百四十八分，每六十日除之，餘爲未滿六十日，故有大小餘也。此是太初元年奇日奇分也。置大餘五十四算，每年加五十四日，滿六十日除之，奇算留之；每至閏後一年加二十九算，亦滿六十日除之，奇算留之；若纔足六十日，明年云無大餘，無小餘也。又明年以置五十四算，如上法，置小餘三百四十八算，每年加三百四十八分，滿九百四十分成一日，歸上，餘算留之；若至閏後一年加八百四十七分，亦滿九百四十分成日，歸大餘，奇留之；明年以加三百四十八算，如上法也。

大餘五，〔一〕小餘八；〔二〕

〔一〕索隱 周天三百六十五度四分度之一，日行一度，去歲十一月朔在牽牛初爲冬至，今歲十一月十二日又至牽牛初爲一周，以六甲除之，六六三十六，除三百六十餘五，故云大餘五也。正義 冬至甲子日法也。

〔二〕索隱即四分之一，小餘滿三十二從大餘一，四八三十二，故云小餘八。明年又加八得十六，故下云小餘十六。次明年又加八得二十四，故下云小餘二十四。又明年加八得三十二爲滿，故下云無小餘。此並依太初法行之也。正義未滿日之分數也。其分每滿三十二則成一日，卽歸上成六日矣。大餘五者，每歲三百六十五日，除六甲三百六十日，猶餘五日，故稱大餘五(日)也。小餘八者，每歲三百六十五日四分日之一，則一日三十二分，是一歲三百六十五日八分，故稱小餘八也。此大小餘是冬至甲子日法，未出閏月之數，每六十日除之，爲未滿六十日，故有大小餘也。此是太初元年奇日奇分也。置大餘五算，每年加五算，滿六十日則除之；後年更置五算，如上法。置小餘八算，每年加八算，滿三十二分爲一日，歸大餘；後年更置八算，如上法。大餘者，日也。小餘者，日之奇分也。

端蒙單閼二年。〔一〕

〔一〕集解徐廣曰：「單閼，一作『亶安』。」索隱端蒙，乙也。爾雅作「旃蒙」。單閼，卯也，丹遏二音，又音蟬焉。二年，歲在乙卯也。正義單音丹，又音時連反。閼音烏葛反，又於連反。

閏十三

大餘四十八，小餘六百九十六；

大餘十，小餘十六；

游兆執徐三年。〔一〕

〔一〕索隱游兆，景也，爾雅作「柔兆」。執徐，辰也。三年。正義三年，丙辰歲也。

十二

大餘十二，小餘六百三；

大餘十五，小餘二十四；

彊梧大荒落四年。〔一〕

〔一〕索隱彊梧，丁也。大芒駱，巳也。四年。正義梧音語。四年，丁巳歲也。

十二

大餘七，小餘十一；

大餘二十一，無小餘；

徒維敦牂天漢元年。〔一〕

〔一〕索隱徒維，戊也。敦牂，午也。天漢元年。正義牂音作郎反。天漢元年，戊午歲也。

閏十三

大餘一，小餘三百五十九；

大餘二十六，小餘八；

祝犂協洽二年。〔一〕

〔一〕索隱祝犂，己也，爾雅作「著雍」。汁洽，未也。二年。正義二年，己未歲也。

十二

大餘二十五，小餘二百六十六；

大餘三十一，小餘十六；

商橫涒灘三年。〔一〕

〔一〕索隱商橫，庚也，爾雅作「上章」。赤奮若，丑也。天官書及爾雅申爲涒漢，丑爲赤奮若。今自太初已來計歲次與天官書不同者有四，蓋後曆術改故也。三年也。正義涒音吐魂反。灘音吐丹反。又作「涒漢」，字音與上同。三年，庚申歲也。

十二

大餘十九，小餘六百一十四；

大餘三十六，小餘二十四；

昭陽作鄂四年。〔一〕

〔一〕索隱昭陽，辛也，爾雅作「重光」。作鄂，酉也。四年。正義四年，辛酉歲也。

閏十三

大餘十四，小餘二十二；

大餘四十二，無小餘；

橫艾淹茂太始元年。〔一〕

〔一〕索隱橫艾，壬也，爾雅作「玄黓」。淹茂，戌也。太始元年。正義太始元年，壬戌歲也。

十二

大餘三十七，小餘八百六十九；

大餘四十七，小餘八；

尚章大淵獻二年。〔一〕

〔一〕索隱尚章，癸也，爾雅作「昭陽」也。困敦，亥也。天官書子爲困敦，爾雅同。二年。正義二年，癸亥歲也。

閏十三

大餘三十二，小餘二百七十七；

大餘五十二，小餘一十六；

焉逢困敦三年。〔一〕

〔一〕索隱焉逢，甲也。大淵獻，子也。天官書亥爲大淵獻，與爾雅同。三年也。正義敦音頓。三年，甲子歲也。

十二

大餘五十六，小餘一百八十四；

大餘五十七，小餘二十四；

端蒙赤奮若四年。〔一〕

〔一〕索隱端蒙，乙也。汭漢，丑也。天官書作「赤奮若」，與爾雅同。四年。已後自太始、征和已下訖篇末，其年次甲乙皆準此。並褚先生所續。正義四年，乙丑歲也。

十二

大餘五十，小餘五百三十二；

大餘三，無小餘；

游兆〔一〕攝提格征和元年。〔二〕

〔一〕集解徐廣曰：「作『游桃』。」

〔二〕正義李巡注爾雅云：「萬物承陽而起，故曰攝提格。格，起也。」孔文祥云：「以歲在寅正月出東方，爲衆星之紀，以攝提宿，故曰攝提；以其爲歲月之首，起於孟陬，故云格。〔格〕，正也。」

閏十三

大餘四十四，小餘八百八十；

大餘八，小餘八；

彊梧單閼二年。〔一〕

〔一〕正義李巡云：「言陽氣推萬物而起，故曰單閼。」單，盡；閼，止也。

十二

大餘八，小餘七百八十七；

大餘十三，小餘十六；

徒維執徐三年。〔一〕

〔一〕正義李巡云：「伏蟄之物皆敷舒而出，故云執徐也。」

十二

大餘三，小餘一百九十五；

大餘十八，小餘二十四；

祝犂大芒落四年。〔一〕

〔一〕集解芒，一作「荒」。正義姚察云：「言萬物皆熾盛而大出，霍然落之，故云荒落也。」

閏十三

大餘五十七，小餘五百四十三；

大餘二十四，無小餘；

商橫敦牂後元元年。〔一〕

〔一〕正義〔孫炎注〕爾雅云：「敦，盛也。牂，壯也。言萬物盛壯也。」

十二

大餘二十一，小餘四百五十；

大餘二十九，小餘八；

昭陽汁洽二年。〔一〕

〔一〕集解汁，一作「協」。正義李巡云：「言陰陽化生，萬物和合，故曰協洽也。」

閏十三

大餘十五，小餘七百九十八；

大餘三十四，小餘十六；

橫艾涒灘始元元年。〔一〕

〔一〕集解涒灘，一作「芮漢」。正義孫炎注爾雅云：「涒灘，萬物吐秀傾垂之貌也。」

正西

十二

大餘三十九，小餘七百五；

大餘三十九，小餘二十四；

尚章作噩二年。〔一〕

〔一〕集解噩，一作「鄂」。正義李巡云：「作鄂，萬物皆落枝起之貌也。」

十二

大餘三十四，小餘一百一十三；

大餘四十五，無小餘；

焉逢淹茂三年。〔一〕

〔一〕集解淹，一作「閹」。正義李巡云：「言萬物皆蔽冒，故曰閹茂。〔閹〕，蔽〔也〕。〔茂〕，冒也。」

閏十三

大餘二十八，小餘四百六十一；

大餘五十，小餘八；

端蒙大淵獻四年。〔一〕

〔一〕正義孫炎云：「淵獻，深也。獻萬物於天，深于藏蓋也。」

十二

大餘五十二，小餘三百六十八；

大餘五十五，小餘十六；

游兆困敦五年。〔一〕

〔一〕正義孫炎云：「困敦，混沌也。言萬物初萌，混沌於黃泉之下也。」

十二
大餘四十六，小餘七百一十六；
無大餘，小餘二十四；

彊梧赤奮若六年。〔一〕

〔一〕正義李巡云：「陽氣奮迅萬物而起，無不若其性，故曰赤奮若。赤，陽色；奮，迅也；若，順也。」

閏十三
大餘四十一，小餘一百二十四；
大餘六，無小餘；

徒維攝提格元鳳元年。
十二
大餘五，小餘三十一；
大餘十一，小餘八；

祝犂單閼二年。
十二
大餘五十九，小餘三百七十九；
大餘十六，小餘十六；

商橫執徐三年。
閏十三
大餘五十三，小餘七百二十七；
大餘二十一，小餘二十四；

昭陽大荒落四年。
十二
大餘十七，小餘六百三十四；
大餘二十七，無小餘；

橫艾敦牂五年。
閏十三
大餘十二，小餘四十二；
大餘三十二，小餘八；

尚章汁洽六年。
十二
大餘三十五，小餘八百八十九；
大餘三十七，小餘十六；

焉逢涒灘元平元年。
十二
大餘三十，小餘二百九十七；
大餘四十二，小餘二十四；

端蒙作噩本始元年。
閏十三
大餘二十四，小餘六百四十五；
大餘四十八，無小餘；

游兆閹茂二年。
十二
大餘四十八，小餘五百五十二；
大餘五十三，小餘八；

彊梧大淵獻三年。
十二
大餘四十二，小餘九百；
大餘五十八，小餘十六；

徒維困敦四年。
閏十三
大餘三十七，小餘三百八；
大餘三，小餘二十四；

祝犂赤奮若地節元年。
十二
大餘一，小餘二百一十五；
大餘九，無小餘；

商橫攝提格二年。
閏十三

大餘五十五，小餘五百六十三；
大餘十四，小餘八；
昭陽單閼三年。
正南
十二
大餘十九，小餘四百七十；
大餘十九，小餘十六；
橫艾執徐四年。
十二
大餘十三，小餘八百一十八；
大餘二十四，小餘二十四；
尚章大荒落元康元年。
閏十三
大餘八，小餘二百二十六；
大餘三十，無小餘；

焉逢敦牂二年。
十二
大餘三十二，小餘一百三十三；
大餘三十五，小餘八；
端蒙協洽三年。
十二
大餘二十六，小餘四百八十一；
大餘四十，小餘十六；
游兆涒灘四年。
閏十三
大餘二十，小餘八百二十九；
大餘四十五，小餘二十四；
彊梧作噩神雀元年。
十二
大餘四十四，小餘七百三十六；

大餘五十一，無小餘；
徒維淹茂二年。
十二
大餘三十九，小餘一百四十四；
大餘五十六，小餘八；
祝犁大淵獻三年。
閏十三
大餘三十三，小餘四百九十二；
大餘一，小餘十六；
商橫困敦四年。
十二
大餘五十七，小餘三百九十九；
大餘六，小餘二十四；
昭陽赤奮若五鳳元年。
閏十三

大餘五十一，小餘七百四十七；
大餘十二，無小餘；
橫艾攝提格二年。
十二
大餘十五，小餘六百五十四；
大餘十七，小餘八；
尚章單閼三年。
十二
大餘十，小餘六十二；
大餘二十二，小餘十六；
焉逢執徐四年。
閏十三
大餘四，小餘四百一十；
大餘二十七，小餘二十四；
端蒙大荒落甘露元年。

十二
大餘二十八，小餘三百一十七；
大餘三十三，無小餘；
游兆敦牂二年。
十二
大餘二十二，小餘六百六十五；
大餘三十八，小餘八；
彊梧協洽三年。
閏十三
大餘十七，小餘七十三；
大餘四十三，小餘十六；
徒維涒灘四年。
十二
大餘四十，小餘九百二十；
大餘四十八，小餘二十四；

祝犂作噩黃龍元年。
閏十三
大餘三十五，小餘三百二十八；
大餘五十四，無小餘；
商橫淹茂初元元年。
正東
十二
大餘五十九，小餘二百三十五；
大餘五十九，小餘八；
昭陽大淵獻二年。
十二
大餘五十三，小餘五百八十三；
大餘四，小餘十六；
橫艾困敦三年。
閏十三

大餘四十七，小餘九百三十一；
大餘九，小餘二十四；
尚章赤奮若四年。
十二
大餘十一，小餘八百三十八；
大餘十五，無小餘；
焉逢攝提格五年。
十二
大餘六，小餘二百四十六；
大餘二十，小餘八；
端蒙單閼永光元年。
閏十三
無大餘，小餘五百九十四；
大餘二十五，小餘十六；
游兆執徐二年。

十二
大餘二十四，小餘五百一；
大餘三十，小餘二十四；
彊梧大荒落三年。
十二
大餘十八，小餘八百四十九；
大餘三十六，無小餘；
徒維敦牂四年。
閏十三
大餘十三，小餘二百五十七；
大餘四十一，小餘八；
祝犂協洽五年。
十二
大餘三十七，小餘一百六十四；
大餘四十六，小餘十六；

商橫涒灘建昭元年。
閏十三
大餘三十一，小餘五百一十二；
大餘五十一，小餘二十四；
昭陽作噩二年。
十二
大餘五十五，小餘四百一十九；
大餘五十七，無小餘；
橫艾閹茂三年。
十二
大餘四十九，小餘七百六十七；
大餘二，小餘八；
尚章大淵獻四年。
閏十三
大餘四十四，小餘一百七十五；

大餘七，小餘十六；
焉逢困敦五年。
十二
大餘八，小餘八十二；
大餘十二，小餘二十四；
端蒙赤奮若竟寧元年。
十二
大餘二，小餘四百三十；
大餘十八，無小餘；
游兆攝提格建始元年。
閏十三
大餘五十六，小餘七百七十八；
大餘二十三，小餘八；
彊梧單閼二年。
十二
大餘二十，小餘六百八十五；
大餘二十八，小餘十六；
徒維執徐三年。
閏十三
大餘十五，小餘九十三；
大餘三十三，小餘二十四；
祝犂大荒落四年。

右曆書：大餘者，日也。小餘者，月也。端（旃）蒙者，年名也。支：丑名赤奮若，寅名攝提格。干：丙名游兆。正北，冬至加子時；正西，加酉時；正南，加午時；正東，加卯時。〔一〕

〔一〕正義 準前解，小餘是日之餘分也。自「右曆書」已下，小餘又非是，年名復不周備，恐褚先生沒後人所加。

【索隱述贊】曆數之興，其來尚矣。重黎是司，容成斯紀。推步天象，消息母子。五勝輪環，三正互起。孟陬貞歲，疇人順軌。敬授之方，履端爲美。

史記卷二十七

天官書第五

【索隱】案：天文有五官。官者，星官也。星座有尊卑，若人之官曹列位，故曰天官。【正義】張衡云：「文曜麗乎天，其動者有七，日月五星是也。日者，陽精之宗；月者，陰精之宗；五星，五行之精。衆星列布，體生於地，精成於天，列居錯峙，各有所屬，在野象物，在朝象官，在人象事。其以神著有五列焉，是有三十五名：一居中央，謂之北斗；四布於方各七，爲二十八舍；日月運行，曆示吉凶也。」

中宮〔一〕天極星，〔二〕其一明者，太一常居也；〔三〕旁三星三公，〔四〕或曰子屬。後句四星，〔五〕末大星正妃，〔六〕餘三星後宮之屬也。環之匡衞十二星，藩臣。皆曰紫宮。〔七〕

〔一〕【索隱】姚氏案：春秋元命包云「官之爲言宣也，宣氣立精爲神桓」。又文耀鉤曰「中宮大帝，其精北極星。含元出氣，流精生一也」。

〔二〕【索隱】案：爾雅「北極謂之北辰」。又春秋合誠圖云「北辰，其星五，在紫微中」。楊泉物理論云「北極，天之中，陽氣之北極也。極南爲太陽，極北爲太陰。日、月、五星行太陰則無光，行太陽則能照，故爲昏明寒暑之限極也」。

〔三〕【索隱】案：春秋合誠圖云「紫微，大帝室，太一之精也」。【正義】泰一，天帝之別名也。劉伯莊云：「泰一，天神之最尊貴者也。」

〔四〕【正義】三公三星在北斗杓東，又三公三星在北斗魁西，並爲太尉、司徒、司空之象，主變出陰陽，主佐機務。占以徙爲不吉，居常則安，金、火守之並爲咎也。

〔五〕【索隱】句音鉤。句，曲也。

〔六〕【索隱】案：援神契云「辰極橫，后妃四星從，端大妃光明」。又案：星經以後句四星名爲四輔，其句陳六星爲六宮，亦主六軍，與此不同也。

〔七〕【索隱】案：元命包曰「紫之言此也，宮之言中也，言天神運動，陰陽開閉，皆在此中也」。宋均又以爲十二軍，中外位各定，總謂之紫宮也。

前列直斗口〔一〕三星，隨北端兌，〔二〕若見若不，曰陰德，〔三〕或曰天一。〔四〕紫宮左三星曰天槍，〔五〕右五星曰天棓，〔六〕後六星絕漢抵營室，曰閣道。〔七〕

〔一〕【索隱】直，劉氏云如字，直，當也。又音值也。

〔二〕【索隱】隋斗端兌。隋音湯果反。劉氏云「斗，一作『北』」。案：漢書天文志作「北」。端作「耑」。兌作「銳」。銳謂星形尖銳也。

〔三〕【索隱】案：文耀鉤曰「陰德爲天下綱」。宋均以爲陰行德者，道常也。【正義】星經云：「陰德二星在紫微宮內，尚書西，主施德惠者，故贊陰德遺惠，周急賑撫。占以不明爲宜；明，新君踐極也。」又云：「陰德星，中宮女主之象。星動搖，釁起宮掖，貴嬪內妾惡之。」

〔四〕【正義】天一一星，疆閶闔外，天帝之神，主戰鬭，知人吉凶。明而有光，則陰陽和，萬物成，人主吉；不然，反是。太一一星次天一南，亦天帝之神，主使十六神，知風雨、水旱、兵革、饑饉、疾疫。占以不明及移爲災也。星經云：「天一、太一二星主王者即位，令諸立赤子而傳國位者。星不欲微；微則廢立不當其次，宗廟不享食矣。」

〔五〕【索隱】楚庚反。

〔六〕【集解】蘇林曰：「音『棓打』之『棓』。」【索隱】棓音皮，韋昭音剖。又詩緯曰：「槍三星，棓五星，在斗杓左右，主槍人棓人。」石氏星讚云「槍棓八星，備非常」也。【正義】棓，龐掌反。天棓五星在女牀東北，天子先驅，所以禦兵也。占：星不具，國兵起也。

〔七〕【索隱】絕，度也。抵，屬也。又案：樂汁圖云「閣道，北斗輔」。石氏云「閣道六星，神所乘也」。【正義】漢，天河也。直度曰絕。抵，至也。營室七星，天子之宮，亦爲玄宮，亦爲清廟，主上公，亦天子離宮別館也。王者道被草木，營室歷九象而可觀。閣道六星在王良北，飛閣之道，天子欲遊別宮之道。占：一星不見則輦路不通，動搖則宮掖之內起兵也。

北斗七星，〔一〕所謂「旋、璣、玉衡〔二〕以齊七政」。〔三〕杓攜龍角，〔四〕衡殷南斗，〔五〕魁枕參首。〔六〕用昏建者杓；〔七〕杓，自華以西南。〔八〕夜半建者衡；〔九〕衡，殷中州河、濟之閒。〔一〇〕平旦建者魁；魁，海岱以東北也。〔一一〕斗爲帝車，運于中央，〔一二〕臨制四鄉。分陰陽，建四時，均五行，移節度，定諸紀，皆繫於斗。

〔一〕【索隱】案：春秋運斗樞云「斗，第一天樞，第二旋，第三璣，第四權，第五衡，第六開陽，第七搖光。第一至第四爲

魁，第五至第七爲標，合而爲斗」。文耀鉤云「斗者，天之喉舌。玉衡屬杓，魁爲琁璣」。徐整長曆云「北斗七星，星閒相去九千里。其二陰星不見者，相去八千里也」。

〔二〕【索隱】案：尚書「旋」作「璿」。馬融云「璿，美玉也。機，渾天儀，可轉旋，故曰機。衡，其中橫筩。以璿爲機，以玉爲衡，蓋貴天象也」。鄭玄注大傳云「渾儀中筩爲旋機，外規爲玉衡」也。

〔三〕【索隱】案：尚書大傳云「七政，謂春、秋、冬、夏、天文、地理、人道，所以爲政也。人道政而萬事順成」。又馬融注尚書云「七政者，北斗七星，各有所主：第一曰正日；第二曰主月法；第三曰命火，謂熒惑也；第四曰煞土，謂填星也；第五曰伐水，謂辰星也；第六曰危木，謂歲星也；第七曰剽金，謂太白也。日、月、五星各異，故曰七政也」。

〔四〕【集解】孟康曰：「杓，北斗杓也。龍角，東方宿也。攜，連也。」【正義】案：角星爲天關，其閒天門，其內天庭，黃道所經，七耀所行。左角爲理，主刑，其南爲太陽道；右角爲將，主兵，其北爲太陰道也。蓋天之三門，故其星明大則天下太平，賢人在位；不然，反是也。

〔五〕【集解】晉灼曰：「衡，斗之中央。殷，中也。」【索隱】案：晉灼云「殷，中也」。宋均云「殷，當也」。

〔六〕【正義】枕，之禁反。衡，斗衡也。魁，斗第一星也。言北方斗，斗衡直當北之魁，枕於參星之首；北斗之杓連於龍角。南斗六星爲天廟，丞相、大宰之位，主薦賢良，授爵祿，又主兵，一曰天機。南二星，魁、天梁；中央一星，天相；北二星，天府庭也。占：斗星盛明，王道和平，爵祿行；不然，反是。參主斬刈，又爲天獄，主殺罰。其中三星橫列者，三將軍，東北曰左肩，主左將；西北曰右肩，主右將；東南曰左足，主後將；西南曰右足，主偏將；故軒轅氏占參應七將也。中央三小星曰伐，天之都尉也，主戎狄之國。不欲明；若明與參等，大臣謀亂，兵

起，夷狄內戰。七將皆明，主天下兵振；芒角張，王道缺；參失色，軍散敗；參芒角動摇，邊候有急；參左足人玉井中，及金、火守，皆爲起兵。

〔七〕索隱 用昏建中者杓。說文云「杓，斗柄」。音匹遥反，卽招摇。

〔八〕集解 孟康曰：「傳曰『斗第七星法太白主，杓，斗之尾也』。尾爲陰，又其用昏，昏陰位，在西方，故主西南。」正義 杓，東北第七星也。華，華山也。言北斗昏建用斗杓，星指寅也。杓，華山西南之地也。

〔九〕集解 徐廣曰：「第五星。」孟康曰：「假令杓昏建寅，衡夜半亦建寅。」索隱 孟康曰：「假令杓昏建寅，衡夜半亦建寅也。」

〔一〇〕正義 衡，北斗衡也。言北斗夜半建用斗衡指寅。殷，當也。斗衡黃河、濟水之閒地也。

〔一一〕集解 孟康曰：「傳曰『斗第一星法於日，主齊也』。魁，斗之首；首，陽也，又其用在明陽與明德，在東方，故主東北齊分。」正義 言北斗旦建用斗魁指寅也。海岱，代郡也。言魁星主海岱之東北地也。隨三時所指，有前三建也。

〔一二〕索隱 姚氏案：宋均曰「言是大帝乘車巡狩，故無所不紀也」。

斗魁戴匡六星〔一〕曰文昌宮：〔二〕一曰上將，二曰次將，三曰貴相，四曰司命，五曰司中，六曰司祿。〔三〕在斗魁中，貴人之牢。〔四〕魁下六星，兩兩相比者，名曰三能。〔五〕三能色齊，君臣和；不齊，爲乖戾。輔星〔六〕明近，〔七〕輔臣親彊；斥小，疏弱。〔八〕

〔一〕集解 晉灼曰：「似匡，故曰戴匡也。」

〔二〕索隱 文耀鉤曰「文昌宮爲天府」。孝經援神契云「文者精所聚，昌者揚天紀」。輔拂並居，以成天象，故曰文昌。

〔三〕索隱 春秋元命包曰：「上將建威武，次將正左右，貴相理文緒，司祿賞功進士，司命主老幼，司災主災咎也。」

〔四〕集解 孟康曰：「傳曰『天理四星在斗魁中。貴人牢名曰天理』。」索隱 在魁中，貴人牢。樂汁圖云「天理理貴人牢」。宋均曰「以理牢獄」也。正義 占：明，及其中有星，此貴人下獄也。

〔五〕集解 蘇林曰：「能音台。」索隱 魁下六星，兩兩相比，曰三台。案：漢書東方朔「願陳泰階六符」。孟康曰「泰階，三台也。台星凡六星。六符，六星之符驗也」。應劭引黃帝泰階六符經曰「泰階者，天子之三階：上階，上星爲男主，下星爲女主；中階，上星爲諸侯三公，下星爲卿大夫；下階，上星爲士，下星爲庶人。三階平，則陰陽和，風雨時；不平，則稼穡不成，冬雷夏霜，天行暴令，好興甲兵。修宮榭，廣苑囿，則上階爲之坼也」。

〔六〕集解 孟康曰：「在北斗第六星旁。」

〔七〕正義 大臣之象也。占：欲其小而明；若大而明，則臣奪君政；小而不明，則臣不任職；明大與斗合，國兵暴起；暗而遠斗，臣不死則奪；若近臣專賞，排賢用佞，則輔生角；近臣擅國符印，將謀社稷，則輔生翼；不然，則死也。

〔八〕集解 蘇林曰：「斥，遠也。」

杓端有兩星：一內爲矛，招摇；〔一〕一外爲盾，天鋒。〔二〕有句圜十五星，〔三〕屬杓，〔四〕曰賤人之牢。〔五〕其牢中星實則囚多，虛則開出。

〔一〕集解 孟康曰：「近北斗者招摇，招摇爲天矛。」晉灼曰：「更河三星，天矛、鋒、招摇，一星耳。」索隱 案：詩記曆樞云「更河中招摇爲胡兵」。宋均云「招摇星在更河內」。又樂汁圖云「更河天矛」，宋均以爲更河名天矛，則更河是星名也。

〔二〕集解 晉灼曰：「外，遠北斗也。在招摇南，一名玄戈。」正義 星經云：「梗河星爲戟劍之星，若星不見或進退不定，鋒鏑亂起，將爲邊境之患也。」

〔三〕索隱 句音鉤。圜音員。其形如連環，卽貫索星也。

〔四〕正義 屬音燭。

〔五〕索隱 案：詩記曆樞云「賤人牢，一曰天獄」。又樂汁圖云「連營，賤人牢」。宋均以爲連營，貫索也。正義 貫索九星在七公前，一曰連索，主法律，禁暴彊，故爲賤人牢也。牢口一星爲門，欲其開也。占：星悉見，則獄事繁；不見，則刑務簡；動摇，則斧鉞用；中虛，則改元；口開，則有赦；人主憂，若閉口，及星入牢中，有自繫死者。常夜候之，一星不見，有小喜；二星不見，則賜祿；三星不見，則人主德令且赦。遠十七日，近十六日。若有客星出，視其小大：大，有大赦；小，亦如之也。

天一、槍、棓、矛、盾動摇，角大，兵起。〔一〕

〔一〕集解 李奇曰：「角，芒角。」

東宮蒼龍，〔一〕房、心。〔二〕心爲明堂，〔三〕大星天王，前後星子屬。〔四〕不欲直，直則天王失計。房爲府，曰天駟。〔五〕其陰，右驂。〔六〕旁有兩星曰衿；〔七〕北一星曰舝。〔八〕東北曲十

二星曰旗。〔九〕旗中四星曰天市；〔一〇〕中六星曰市樓。市中星衆者實；其虛則秏。〔一一〕房南衆星曰騎官。

〔一〕索隱 案：文耀鉤云「東宮蒼帝，其精爲龍」也。

〔二〕索隱 案：爾雅云「大辰，房、心、尾也」。李巡曰「大辰，蒼龍宿，體最明也」。

〔三〕索隱 春秋說題辭云：「房、心爲明堂，天王布政之宮。」尚書運期授曰：「房，四表之道。」宋均云：「四星閒有三道，日、月、五星所從出入也。」

〔四〕索隱 鴻範五行傳曰：「心之大星，天王也。前星，太子；後星，庶子。」

〔五〕索隱 房爲天府，曰天駟。爾雅云：「天駟，房。」詩記曆樞云：「房爲天馬，主車駕。」宋均云：「房既近心，爲明堂，又別爲天府及天駟也。」

〔六〕正義 房星，君之位，亦主左驂，亦主良馬，故爲駟。王者恆祠之，是馬祖也。

〔七〕索隱 房有兩星曰衿。一音其炎反。元命包云：「鉤衿兩星，以閑防，神府闓舒，爲主鉤距，以備非常也。」正義 占：明而近房，天下同心。鉤、鈐、房、心之閒有客星出及疏坼者，皆地動之祥也。

〔八〕集解 徐廣曰：「音轄。」正義 說文云：「舝，車軸耑鍵也，兩相穿背也。」星經云：「鍵閉一星，在房東北，掌管籥也。」占：不居其所，則津梁不通，宮門不禁；居，則反是也。

〔九〕正義 兩旗者，左旗九星，在河鼓左也；右旗九星，在河鼓右也。皆天之鼓旗，所以爲旌表。占：欲其明大光潤，將軍吉；不然，爲兵憂；及不居其所，則津梁不通；動摇，則兵起也。

〔一〇〕正義 天市二十三星，在房、心東北，主國市聚交易之所，一曰天旗。明則市吏急，商人無利；忽然不明，反是。

市中星衆則歲實，稀則歲虛。熒惑犯，戮不忠之臣。彗星出，當徙市易都。客星入，兵大起；出之，有貴喪也。

〔二〕【正義】秏，貧無也。

左角，李；右角，將。〔一〕大角者，天王帝廷。〔二〕其兩旁各有三星，鼎足句之，曰攝提。〔三〕攝提者，直斗杓所指，以建時節，故曰「攝提格」。亢爲疏廟，〔四〕主疾。其南北兩大星，曰南門。〔五〕氐爲天根，〔六〕主疫。〔七〕

〔一〕【索隱】李卽理，理，法官也。故元命包云「左角理，物以起；右角將，帥而動」。又石氏云「左角爲天田，右角爲天門」也。

〔二〕【索隱】大角，天王帝廷。案：援神契云「大角爲坐候」。宋均云「坐，帝坐也」。【正義】大角一星，在兩攝提閒，人君之象也。占：其明盛黃潤，則天下大同也。

〔三〕【集解】晉灼曰：「如鼎之句曲。」【索隱】案：元命包云「攝提之爲言提攜也。言提斗攜角以接於下也」。【正義】攝提六星，夾大角，大臣之象，恆直斗杓所指，紀八節，察萬事者也。占：色溫溫不明而大者，人君恐；客星入之，聖人受制也。

〔四〕【索隱】元命包曰「亢四星爲廟廷」。又文耀鉤「爲疏廟」，宋均以爲疏，外也；廟，或爲朝也。【正義】聽政之所也。其占：明大，則輔臣忠，天下寧；不然，則反是也。

〔五〕【正義】南門二星，在庫樓南，天之外門。占：明則氐、羌貢；暗則諸夷叛；客星守之，外兵且至也。

〔六〕【索隱】爾雅云「天根，氐也」。孫炎以爲角、亢下繫於氐，若木之有根也。【正義】星經云：「氐四星爲路寢，聽朝

所居。其占：明大，則臣下奉度。」合誠圖云：「氐爲宿宮也。」

〔七〕【索隱】宋均云：「疫，病也。三月榆莢落，故主疾疫也。然此時物雖生，而日宿在奎，行毒氣，故有疫也。」【正義】氐、房、心三宿爲火，於辰在卯，宋之分野。

尾爲九子，〔一〕曰君臣；斥絶，不和。箕爲敖客，〔二〕曰口舌。〔三〕

〔一〕【索隱】宋均云：「屬後宮場，故得兼子。子必九者，取尾有九星也。」元命包云：「尾九星，箕四星，爲後宮之場也。」【正義】尾，箕。尾爲析木之津，於辰在寅，燕之分野。尾九星爲後宮，亦爲九子。星近心第一星爲后，次三星妃，次三星嬪，末二星妾。占：均明，大小相承，則後宮敍而多子；不然，則不；金、火守之，後宮兵起；若明暗不常，妃嫡乖亂，妾媵失序。

〔二〕【索隱】宋均云：「敖，調弄也。箕以簸揚，調弄象也。箕又受物，有去去來來，客之象也。」【正義】敖音傲。箕主八風，亦后妃之府也。移徙入河，國人相食；金、火入守，天下亂；月宿其野，爲風起。

〔三〕【索隱】詩云「維南有箕，載翕其舌」。又詩緯云「箕爲天口，主出氣」。是箕有舌，象讒言。詩曰「哆兮侈兮，成是南箕」，謂有敖客行謁請之也。

火犯守角，〔一〕則有戰。房、心，王者惡之也。〔二〕

〔一〕【索隱】案：韋昭曰「火，熒惑也」。

〔二〕【正義】熒惑犯守箕、尾，氐星自生芒角，則有戰陣之事。若熒惑守房、心，及房、心自生芒角，則王者惡之也。

南宮朱鳥，〔一〕權、衡。〔二〕衡，太微，三光之廷。〔三〕匡衞十二星，藩臣：〔四〕西，將；東，相；南四星，執法；中，端門；門左右，掖門。門內六星，諸侯。〔五〕其內五星，五帝坐。〔六〕後聚一十五星，蔚然，〔七〕曰郎位；〔八〕傍一大星，將位也。〔九〕月、五星順入，軌道，〔一〇〕司其出，所守，天子所誅也。〔一一〕其逆入，若不軌道，以所犯命之；中坐，成形，〔一二〕皆羣下從謀也。金、火尤甚。〔一三〕廷藩西有隋星五，〔一四〕曰少微，士大夫。〔一五〕權，軒轅。軒轅，黃龍體。〔一六〕前大星，女主象；旁小星，御者後宮屬。月、五星守犯者，如衡占。〔一七〕

〔一〕【正義】柳八星爲朱鳥咮，天之廚宰，主尚食，和滋味。

〔二〕【集解】孟康曰：「軒轅爲權，太微爲衡。」【索隱】案：文耀鉤云「南宮赤帝，其精爲朱鳥」。孟康曰「軒轅爲權，太微爲衡」也。【正義】權四星在軒轅尾西，主烽火，備警急。占以明爲安靜；不明，則警急；動搖芒角亦如之。衡，太微之庭也。

〔三〕【索隱】宋均曰：「太微，天帝南宮也。三光，日、月、五星也。」

〔四〕【索隱】十二星，蕃臣。春秋合誠圖曰：「太微主法式，陳星十二，以備武急也。」【正義】太微宮垣十星，在翼、軫地，天子之宮庭，五帝之坐，十二諸侯之府也。其外蕃，九卿也。南蕃中二星閒爲端門。次東第一星爲左執法，廷尉之象；第二星爲上相；第三星爲次相；第四星爲次將；第五星爲上將。端門西第一星爲右執法，御史大夫之象也；第二星爲上將；第三星爲次將；第四星爲次相；第五星爲上相。其東垣北左執法、上相兩星閒名

曰左掖門；上相兩星閒名曰東華門；上相、次相、上將、次將閒名曰太陽門。其西垣右執法、上將閒名曰右掖門；上將閒名曰西華門；次將、次相閒名曰中華門；次相兩星閒名曰太陰門。各依其名，是其職也。占與紫宮垣同也。

〔五〕【正義】內五諸侯五星，列在帝庭。其星並欲光明潤澤；若枯燥，則各於其處受其災變，大至誅戮，小至流亡；若動搖，則擅命以干主者。審其分以占之，則無惑也。又云諸侯五星在東井北河，主刺舉，戒不虞。又曰理陰陽，察得失。一曰帝師，二曰帝友，三曰三公，四曰博士，五曰太史。此五者，爲天子定疑議也。占：明大潤澤，大小齊等，則國之福；不然，則上下相猜，忠臣不用。

〔六〕【索隱】詩含神霧云五精星坐，其東蒼帝坐，神名靈威仰，精爲青龍之類是也。【正義】黃帝坐一星，在太微宮中，含樞紐之神。四星夾黃帝坐：蒼帝東方靈威仰之神；赤帝南方赤熛怒之神；白帝西方白昭矩之神；黑帝北方叶光紀之神。五帝並設，神靈集謀者也。占：五座明而光，則天子得天地之心；不然，則失位；金、火來守，入太微，若順入，軌道，司其出之所守，則爲天子所誅也；其逆入若不軌道，以所犯名之，中坐成形。

〔七〕【集解】徐廣曰：「一云『哀烏』。」

〔八〕【索隱】徐廣云：「一云『哀烏』。」案：漢書作「哀烏」，則「哀烏」「蔚然」皆星之貌狀。其星爲郎位。【正義】郎位十五星，在太微中帝坐東北。周之元士，漢之光祿、中散、諫議，此三署郎中，是今之尚書郎。占：欲其大小均耀，光潤有常，吉也。

〔九〕【索隱】案：宋均云爲羣郎之將帥是也。【正義】將，子象反。郎將一星，在郎位東北，所以爲武備，今之左右中郎將。占：大而明，角，將恣不可當也。

〔一〇〕索隱韋昭云：「謂循軌道不邪逆也。順入，從西入之也。」正義謂月、五星順入軌道，入太微庭也。

〔一一〕索隱宋均云：「司察日、月、五星所守列宿，若請官屬不去十日者，於是天子命使誅討之也。」

〔一二〕集解晉灼曰：「中坐，犯帝坐也。成形，禍福之形見也。」索隱其逆入，不軌道。宋均云：「逆入，從東入；不軌道，不由康衢而入者也。以其所犯命之者，亦謂隨所犯之位，天子命誅其人也。」正義命，名也。謂月、五星逆入，不依軌道，司察其所犯太微中帝坐，帝坐必成其刑戮，皆是羣下相從而謀上也。

〔一三〕索隱案：火主銷物而金爲兵，故尤急。然則木、水、土爲小變也。正義若金、火逆入，不軌道，犯帝坐，尤甚於月及水、土、木也。

〔一四〕集解隋音他果反。索隱宋均云「南北爲隋」。又他果反，隋爲垂下。

〔一五〕索隱春秋合誠圖云「少微，處士位」。又天官占云「少微一名處士星」也。正義廷，太微廷；藩，衞也。少微四星，在太微西，南北列：第一星，處士也；第二星，議士也；第三星，博士也；第四星，大夫也。占以明大黃潤，則賢士舉；不明，反是；月、五星犯守，處士憂，宰相易也。

〔一六〕集解孟康曰：「形如騰龍。」索隱援神契曰「軒轅十二星，后宮所居」。石氏星讚以軒轅龍體，主后妃也。正義軒轅十七星，在七星北，黃龍之體，主雷雨之神，後宮之象也。陰陽交感，激爲雷電，和爲雨，怒爲風，亂爲霧，凝爲霜，散爲露，聚爲雲氣，立爲虹蜺，離爲背璚，分爲抱珥。二十四變，皆軒轅主之。其大星，女主也；次北一星，夫人也；次北一星，妃也；其次諸星皆次妃之屬。女主南一小星，女御也；左一星，少民，后宗也；右一星，大民，太后宗也。占：欲其小黃而明，吉；大明，則爲後宮爭競；移徙，則國人流迸；東西角大張而振，后族敗；水、火、金守軒轅，女主惡也。

〔一七〕索隱宋均云：「責在后黨嬉，讒賊興，招此祥。」案：亦當天子命誅也。

東井爲水事。〔一〕其西曲星曰鉞。〔二〕鉞北，北河；南，南河；〔三〕兩河、天闕閒爲關梁。〔四〕輿鬼，鬼祠事；中白者爲質。〔五〕火守南北河，兵起，穀不登。故德成衡，觀成潢，〔六〕傷成鉞，〔七〕禍成井，〔八〕誅成質。〔九〕

〔一〕索隱元命包云：「東井八星，主水衡也。」

〔二〕正義東井八星，鉞一星，輿鬼四星，一星爲質，爲鶉首，於辰在未，皆秦之分野。一大星，黃道之所經，爲天之亭候，主水衡事，法令所取平也。王者用法平，則井星明而端列。鉞一星附井之前，主伺奢淫而斬之。占：不欲其明；明與井齊，或搖動，則天子用鉞於大臣；月宿井，有風雨之變也。

〔三〕正義南河三星，北河三星，分夾東井南北，置而爲戒。南河南戒，一曰陽門，亦曰越門；北河北戒，一曰陰門，亦爲胡門。兩戒閒，三光之常道也。占以南星不見則南道不通，北亦如之；動搖及火守，中國兵起也。又云動則胡、越爲變，或連近臣以結之。

〔四〕索隱宋均云：「兩河六星，知逆邪。言關梁之限，知邪僞也。」正義闕丘二星在南河南，天子之雙闕，諸侯之兩觀，亦象魏縣書之府。金、火守之，主兵戰闕下也。

〔五〕集解晉灼曰：「輿鬼五星，其中白者爲質。」正義輿鬼四星，主祠事，天目也，主視明察姦謀。東北星主積馬，東南星主積兵，西南星主積布帛，西北星主積金玉，隨其變占之。中一星爲積屍，一名質，主喪死祠祀。占：鬼星明大，穀成；不明，百姓散。質欲其没不明；明則兵起，大臣誅，下人死之。

〔六〕集解晉灼曰：「日、月、五星不軌道也。衡，太微廷也。觀，占也。潢，五帝車舍。」

〔七〕集解晉灼曰：「賊傷之占，先成形於鉞。」索隱案：德成衡，衡則能平物，故有德公平者，先成形於衡。觀成潢，爲帝車舍，言王者遊觀，亦先成形於潢也。傷成鉞者，傷，敗也，言王者敗德，亦先成形於鉞，以言有敗亂則有鉞誅之。然案文耀鉤則云「德成潢，敗成鉞」，其意異也。又此下文「禍成井，誅成質」，皆是東井下義。總列於此也。

〔八〕集解晉灼曰：「東井主水事，火入一星居其旁，天子且以火敗，故曰禍也。」

〔九〕集解晉灼曰：「熒惑入輿鬼、天質，占曰大臣有誅。」

柳爲鳥注，主木草。〔一〕七星，頸，爲員官，主急事。〔二〕張，素，爲廚，主觴客。〔三〕翼爲羽翮，主遠客。〔四〕

〔一〕索隱案：漢書天文志「注」作「喙」。爾雅云「鳥喙謂之柳」。孫炎云「喙，朱鳥之口，柳其星聚也」。以注爲柳星，故主草木。正義喙，丁救反，一作「注」。柳八星，星七星，張六星，爲鶉火，於辰在午，皆周之分野。柳爲朱鳥咮，天之廚宰，主尚食，和滋味。占以順明爲吉；金、火守之，國兵大起。

〔二〕索隱七星，頸，爲員宮，主急事。案：宋均云「頸，朱鳥頸也。員宮，喉也。物在喉嚨，終不久留，故主急事也」。正義七星爲頸，一名天都，主衣裳文繡，主急事。以明爲吉，暗爲凶；金、火守之，國兵大起。

〔三〕索隱素，嗉也。爾雅云「鳥張嗉」。郭璞云「嗉，鳥受食之處也」。正義張六星，六爲嗉，主天廚食飲賞賚觴客。占以明爲吉，暗爲凶。金、火守之，國兵大起。

〔四〕正義翼二十二星，軫四星，長沙一星，轄二星，合軫七星皆爲鶉尾，於辰在巳，楚之分野。翼二十二星爲天樂府，又主夷狄，亦主遠客。占：明大，禮樂興，四夷服；徙，則天子舉兵以罰亂者。

軫爲車，主風。〔一〕其旁有一小星，曰長沙，〔二〕星星不欲明；明與四星等，若五星入軫中，兵大起。〔三〕軫南衆星曰天庫樓；〔四〕庫有五車。車星角若益衆，及不具，無處車馬。

〔一〕索隱宋均云：「軫四星居中，又有二星爲左右轄，車之象也。軫與巽同位，爲風，車動行疾似之也。」正義軫四星，主冢宰輔臣，又主車騎，亦主風。占：明大，則車騎用；太白守之，天下學校散，文儒失業，兵戈大興；熒惑守之，南方有不用命之國，當發兵伐之；辰星守之，徐、泗有戮之者。

〔二〕正義長沙一星在軫中，主壽命。占：明，主長壽，子孫昌也。

〔三〕索隱宋均云：「五星主行使。使動，兵車亦動也。」

〔四〕正義天庫一星，主太白，秦也，在五車中。

西宮〔一〕咸池，〔二〕曰天五潢。五潢，五帝車舍。〔三〕火入，旱；金，兵；水，水。〔四〕中有三柱；柱不具，兵起。

〔一〕索隱文耀鉤云：「西宮白帝，其精白虎。」

〔二〕正義咸池三星，在五車中，天潢南，魚鳥之所託也。金犯守之，兵起；火守之，有災也。

〔三〕索隱案：元命包云「咸池主五穀，其星五者各有所職。咸池，言穀生於水，含秀含實，主秋垂，故一名『五帝車舍』，以車載穀而販也」。正義五車五星，三柱九星，在畢東北，天子五兵車舍也。西北大星曰天庫，主太白，

秦也。次東北曰天獄，主辰，燕、趙也。次東曰天倉，主歲，衞、魯也。次東南曰司空，主鎮，楚也。次西南曰卿，主熒惑，魏也。占：五車均明，柱皆見，則倉庫實；不見，其國絕食，兵見起。五車、三柱有變，各以其國占之。三柱入出一月，米貴三倍，期二年；出三月，貴十倍，期三年；柱出不與天倉相近，軍出，米貴，轉粟千里；柱倒出，尤甚。火入，天下旱；金入，兵；水入，水也。

〔四〕索隱 謂火、金、水入五潢，則各致此災也。案：宋均云「不言木、土者，木、土德星，於此不爲害故也」。

奎曰封豕，爲溝瀆。〔一〕婁爲聚衆。〔二〕胃爲天倉。〔三〕其南衆星曰廥積。〔四〕

〔一〕正義 奎，苦圭反，十六星。婁三星爲降婁，於辰在戌，魯之分野。奎，天之府庫，一曰天豕，亦曰封豕，主溝瀆。西南大星，所謂天豕目。占以明爲吉。星不欲團圓，團圓則兵起。暗則臣干命之咎。亦不欲開闔無常，當有白衣稱命於山谷者。五星犯奎，人主爽德，權臣擅命，不可禁者。王者宗祀不潔，則奎動搖。若餤餤有光，則近臣謀上之應，亦庶人饑饉之厄。太白守奎，胡、貊之憂，可以伐之。熒惑星守之，則有水之憂，連以三年。填星、歲星守之，中國之利，外國不利，可以興師動衆，斬斷無道。

〔二〕正義 婁三星爲苑，牧養犧牲以共祭祀，亦曰聚衆。占：動搖，則衆兵聚；金、火守之，兵起也。

〔三〕正義 胃三星，昴七星，畢八星，爲大梁，於辰在酉，趙之分野。胃主倉廩，五穀之府也。占：明則天下和平，五穀豐稔；不然，反是也。

〔四〕集解 如淳曰：「芻藁積爲廥也。」正義 芻藁六星，在天苑西，主積藁草者。不見，則牛馬暴死；火守，災起也。

昴曰髦頭，〔一〕胡星也，爲白衣會。畢曰罕車，〔二〕爲邊兵，主弋獵。其大星旁小星爲附

耳。〔三〕附耳搖動，有讒亂臣在側。昴、畢閒爲天街。〔四〕其陰，陰國；陽，陽國。〔五〕

〔一〕正義 昴七星爲髦頭，胡星，亦爲獄事。明，天下獄訟平；暗爲刑罰濫。六星明與大星等，大水且至，其兵大起；搖動若跳躍者，胡兵大起；一星不見，皆兵之憂也。

〔二〕索隱 爾雅云「濁謂之畢」。孫炎以爲掩兔之畢或呼爲濁，因名星云。正義 畢八星，曰罕車，爲邊兵，主弋獵。其大星曰天高，一曰邊將，主四夷之尉也。星明大，天下安，遠夷入貢；失色，邊亂。畢動，兵起；月宿則多雨。毛萇云「畢所以掩兔也」。

〔三〕正義 附耳一星，屬畢大星之下，次天高東南隅，主爲人主聽得失，伺愆過。星明，則中國微，邊寇警；移動，則讒佞行；入畢，國起兵。

〔四〕索隱 元命包云：「畢爲天階。」爾雅云：「大梁，昴。」孫炎云：「昴、畢之閒，日、月、五星出入要道，若津梁也。」正義 天街二星，在畢、昴閒，主國界也。街南爲華夏之國，街北爲夷狄之國。土、金守，胡兵入也。

〔五〕集解 孟康曰：「陰，西南，象坤維，河山已北國；陽，河山已南國。」

參爲白虎。〔一〕三星直者，是爲衡石。〔二〕下有三星，兌，曰罰，〔三〕爲斬艾事。其外四星，左右肩股也。小三星隅置，曰觜觿，爲虎首，主葆旅事。〔四〕其南有四星，曰天廁。〔五〕廁下一星，曰天矢。〔六〕矢黃則吉；青、白、黑，凶。其西有句曲〔七〕九星，三處羅：一曰天旗，〔八〕二曰天苑，〔九〕三曰九游。〔一〇〕其東有大星曰狼。〔一一〕狼角變色，多盜賊。下有四星曰弧，〔一二〕直狼。狼比地有大星，〔一三〕曰南極老人。〔一四〕老人見，治安；不見，兵起。常以秋分時候之于

南郊。

〔一〕正義 觜三星，參三星，外四星爲實沈，於辰在申，魏之分野，爲白虎形也。參，色林反，下同。

〔二〕集解 孟康曰：「參三星者，白虎宿中，東西直，似稱衡。」

〔三〕集解 孟康曰：「在參閒。上小下大，故曰銳。」晉灼曰：「三星少斜列，無銳形。」正義 罰，亦作「伐」。春秋運斗樞云「參伐事主斬艾」也。

〔四〕集解 如淳曰：「關中俗謂桑榆孼生爲葆。」晉灼曰：「葆，菜也。禾野生曰旅，今之飢民采旅也。」索隱 姚氏案：「宋均云葆，守也。旅猶軍旅也。言佐參伐以斬艾除凶也。」正義 觜，子思反。觿，胡規反。葆音保。觜觿爲虎首，主收斂葆旅事也。葆旅，野生之可食者。占：金、水來守，國易正，災起也。

〔五〕正義 天廁四星，在屏東，主溷也。占：色黃，吉；青與白，皆凶；不見，則人寢疾。

〔六〕正義 天矢一星，在廁南。占與天廁同也。

〔七〕正義 句音鉤。

〔八〕正義 參旗九星，在參西，天旗也，指麾遠近以從命者。王者斬伐當理，則天旗曲直順理；不然，則兵動於外，可以憂之。若明而稀，則邊寇動；不然，則不。

〔九〕正義 天苑十六星，如環狀，在畢南，天子養禽獸所。稀暗，則多死也。

〔一〇〕集解 徐廣曰：「音流。」正義 九游九星，在玉井西南，天子之兵旗，所以導軍進退，亦領州列邦。並不欲搖動，搖動則九州分散，人民失業，信命一不通，於中國憂。以金、火守之，亂起也。

〔一一〕正義 狼一星，參東南。狼爲野將，主侵掠。占：非其處，則人相食；色黃白而明，吉；赤、角，兵起；金、木、火

守，亦如之。

〔一二〕正義 弧九星，在狼東南，天之弓也。以伐叛懷遠，又主備賊盜之知姦邪者。弧矢向狼動移，多盜；明大變色，亦如之。矢不直狼，又多盜；引滿，則天下盡兵也。

〔一三〕集解 晉灼曰：「比地，近地也。」

〔一四〕正義 老人一星，在弧南，一曰南極，爲人主占壽命延長之應。常以秋分之曙見於景，春分之夕見於丁。見，國長命，故謂之壽昌，天下安寧；不見，人主憂也。

附耳入畢中，兵起。

北宮玄武，〔一〕虛、危。〔二〕危爲蓋屋；〔三〕虛爲哭泣之事。〔四〕

〔一〕索隱 文耀鉤云：「北宮黑帝，其精玄武。」正義 南斗六星，牽牛六星，並北宮玄武之宿。

〔二〕索隱 爾雅云「玄枵，虛也」。又云「北陸，虛也」。解者以陸爲道。孫炎曰「陸，中也；北方之宿中也」。正義 虛二星，危三星，爲玄枵，於辰在子，齊之分野。虛主死喪哭泣事，又爲邑居廟堂祭祀禱祝之事；亦天之冢宰，主平理天下，覆藏萬物。占：動，則有死喪哭泣之應；火守，則天子將兵；水守，則人饑饉；金守，臣下兵起。危爲宗廟祀事，主天市架屋。占：動，則有土功；火守，天下兵；水守，下謀上也。

〔三〕索隱 宋均云：「危上一星高，旁兩星隋下，似乎蓋屋也。」正義 蓋屋二星，在危南，主天子所居宮室之官也。占：金、火守入，國兵起；孛、彗尤甚。危爲架屋，蓋屋自有星，恐文誤也。

〔四〕索隱虛爲哭泣事。姚氏案荊州占，以爲其宿二星，南星主哭泣。虛中六星，不欲明，明則有大喪也。

其南有衆星，曰羽林天軍。〔一〕軍西爲壘，〔二〕或曰鉞。旁有一大星爲北落。北落若微亡，軍星動角益希，及五星犯北落，〔三〕入軍，軍起。火、金、水尤甚：火，軍憂；水，〔水〕患；木、土，軍吉。〔四〕危東六星，兩兩相比，曰司空。〔五〕

〔一〕正義羽林四十五星，三三而聚，散在壘壁南，天軍也。亦天宿衞之兵革出。不見，則天下亂；金、火、水入，軍起也。

〔二〕正義壘壁陣十二星，橫列在營室南，天軍之垣壘。占：五星入，皆兵起，將軍死也。

〔三〕正義北落師門一星，在羽林西南。天軍之門也。長安城北落門，以象此也。主非常，以候兵。占：明，則軍安；微弱，則兵起；金、火守，有兵，爲虜犯塞；土、木則吉。

〔四〕集解漢書音義曰：「木星、土星入北落，則吉也。」

〔五〕正義比音鼻。比，近也。危東兩兩相比者，是司命等星也。司空唯一星耳，又不在危東，恐「命」字誤爲「空」也。司命二星，在虛北，主喪送；司祿二星，在司命北，主官司；危二星，在司祿北，主危亡；司非二星，在危北，主愆過：皆實司之職。占：大，爲君憂；常則吉也。

營室〔一〕爲清廟，曰離宮、閣道。〔二〕漢中四星，曰天駟。〔三〕旁一星，曰王良。〔四〕王良策馬，〔五〕車騎滿野。旁有八星，絶漢，曰天潢。〔六〕天潢旁，江星。〔七〕江星動，人涉水。

〔一〕索隱元命包云：「營室十星，埏陶精類，始立紀綱，包物爲室。」又爾雅云：「營室謂之定。」郭璞云：「定，正也。

天下作宮室，皆以營室中爲正也。」

〔二〕索隱案：荊州占云「閣道，王良旗也，有六星」。

〔三〕索隱案：元命包云「漢中四星曰騎，一曰天駟也」。

〔四〕索隱春秋合誠圖云：「王良主天馬也。」正義王良五星，在奎北河中，天子奉御官也。其動策馬，則兵騎滿野；客星守之，津橋不通；金、火守入，皆兵之憂。

〔五〕正義策一星，在王良前，主天子僕也。占以動搖移在王良前，或居馬後，別爲策馬，策馬而兵動也。案：豫章周騰字叔達，南昌人，爲侍御史。桓帝當南郊，平明應出，騰仰觀，曰：「夫王者象星，今宮中星及策馬星悉不動，上明日必不出。」至四更，皇太子卒，遂止也。

〔六〕索隱元命包曰：「潢主河渠，所以度神，通四方。」宋均云：「天潢，天津也。津，湊也，故主計度也。」

〔七〕正義天江四星，在尾北，主太陰也。不欲明；明而動，水暴出；其星明大，水不禁也。

杵、臼四星，在危南。〔一〕匏瓜，〔二〕有青黑星守之，魚鹽貴。

〔一〕正義杵、臼三星，在丈人星旁，主軍糧。占：正下直臼，吉；與臼不相當，軍糧絶也。臼星在南，主舂。其占：覆則歲大饑，仰則大熟也。

〔二〕索隱案：荊州占云「匏瓜，一名天雞，在河鼓東。匏瓜明，歲則大熟也」。正義匏音白包反。匏瓜五星，在離珠北，天子果園。占：明大光潤，歲熟；不，則包果之實不登；客守，魚鹽貴也。

南斗〔一〕爲廟，其北建星。〔二〕建星者，旗也。牽牛爲犧牲。〔三〕其北河鼓。〔四〕河鼓大

星，上將；左右，左右將。〔五〕婺女，〔六〕其北織女。〔七〕織女，天女孫也。〔八〕

〔一〕正義南斗六星，在南也。

〔二〕正義建六星，在斗北，臨黃道，天之都關也。斗建之間，七耀之道，亦主旗輅。占：動搖，則人勞；不然，則不；月暈，蛟龍見，牛馬疫；月、五星犯守，大臣相謀爲，關梁不通及大水也。

〔三〕正義牽牛爲犧牲，亦爲關梁。其北二星，一曰即路，一曰聚火。又上一星，主道路；次二星，主關梁；次三星，主南越。占：明大，關梁通；不明，不通，天下牛疫死；移入漢中，天下乃亂。

〔四〕索隱爾雅云：「河鼓謂之牽牛。」孫炎曰：「河鼓之旗十二星，在牽牛北，或名河鼓爲牽牛也。」

〔五〕正義河鼓三星，在牽牛北，主軍鼓。蓋天子三將軍，中央大星大將軍，其南左星左將軍，其北右星右將軍，所以備關梁而拒難也。占：明大光潤，將軍吉；動搖差戾，亂兵起；直，將有功；曲，則將失計也。自昔傳牽牛織女七月七日相見，此星也。

〔六〕索隱務女。（爾）〔廣〕雅云「須女謂之務女」是也。一作「婺」。正義須女四星，亦婺女，天少府也。南斗、牽牛、須女皆爲星紀，於辰在丑，越之分野，而斗牛爲吳之分野也。須女，賤妾之稱，婦職之卑者，主布帛裁製嫁娶。占：水守之，萬物不成；火守，布帛貴，人多死；土守，有女喪；金守，兵起也。

〔七〕正義織女三星，在河北天紀東，天女也，主果蓏絲帛珍寶。占：王者至孝於神明，則三星俱明；不然，則暗而微，天下女工廢；明，則理；大星怒而角，布帛涌貴；不見，則兵起。晉書天文志云：「晉太史令陳卓總甘、石、巫咸三家所著星圖，大凡二百八十三官，一千四百六十四星，以爲定紀。今略其昭昭者，以備天官云。」

〔八〕集解徐廣曰：「孫，一作『名』。」索隱織女，天孫也。案：荊州占云「織女，一名天女，天子女也」。

察日、月之行〔一〕以揆歲星順逆。〔二〕曰東方木，主春，日甲乙。義失者，罰出歲星。歲星贏縮，〔三〕以其舍命國。〔四〕所在國不可伐，可以罰人。其趨舍〔五〕而前曰贏，退舍曰縮。贏，其國有兵不復；縮，其國有憂，將亡，〔六〕國傾敗。其所在，五星皆從而聚〔七〕於一舍，其下之國可以義致天下。

〔一〕正義晉灼云：「太歲在四仲，則歲行三宿；太歲在四孟四季，則歲行二宿。二八十六，三四十二，而行二十八宿，十二歲而周天。」

〔二〕索隱姚氏案：天官占云「歲星，一曰應星，一曰經星，一曰紀星」。物理論云「歲行一次，謂之歲星，則十二歲而星一周天也」。正義天官〔占〕云：「歲星者，東方木之精，蒼帝之象也。其色明而內黃，天下安寧。夫歲星欲春不動，動則農廢。歲星盈縮，所在之國不可伐，可以罰人；失次，則民多病；見，則喜。其所居國，人主有福，不可以搖動。人主怒，無光，仁道失。歲星順行，仁德加也。歲星農官，主五穀。」天文志云：「春日，甲乙；四時，春也。五常，仁；五事，貌也。人主仁虧，貌失，逆時令，傷木氣，則罰見歲星。」

〔三〕索隱案：天文志曰「凡五星早出爲贏，贏爲客；晚出爲縮，縮爲主人。五星贏縮，必有天應見杓也」。

〔四〕正義舍，所止宿也。命，名也。

〔五〕索隱趨音聚，謂促。

〔六〕正義將音子匠反。

〔七〕索隱案：漢高帝元年，五星皆聚于東井是也。據天文志，其年歲星在東井，故四星從而聚之也。

以攝提格歲：〔一〕歲陰左行在寅，歲星右轉居丑。正月，與斗、牽牛晨出東方，名曰監德。〔二〕色蒼蒼有光。其失次，有應見柳。歲早，水；晚，旱。

〔一〕索隱太歲在寅，歲星正月晨出東方。案：爾雅「歲在寅爲攝提格」。李巡云「言萬物承陽起，故曰攝提格。格，起也」。

〔二〕索隱歲星正月晨見東方之名。已下出石氏星經文，乃云「星在斗牽牛，失次見杓」也。漢書天文志則載甘氏及太初星曆，所在之宿不同也。

歲星出，東行十二度，百日而止，反逆行；逆行八度，百日，復東行。歲行三十度十六分度之七，率日行十二分度之一，十二歲而周天。出常東方，以晨；入於西方，用昏。

單閼歲：〔一〕歲陰在卯，星居子。以二月與婺女、虛、危晨出，曰降入。〔二〕大有光。其失次，有應見張。（名曰降入）其歲大水。

〔一〕索隱在卯也。歲星二月晨出東方。爾雅云「卯爲單閼」。李巡云：「陽氣推萬物而起，故曰單閼。單，盡也。閼，止也。」

〔二〕索隱即歲星二月晨見東方之名。其餘並準此。

執徐歲：〔一〕歲陰在辰，星居亥。以三月（居）與營室、東壁晨出，曰青章。青青甚章。其失次，有應見軫。（曰青章）歲早，旱；晚，水。

〔一〕索隱爾雅「辰爲執徐」。李巡云：「伏蟄之物皆敦舒而出，故曰執徐。執，蟄；徐，舒也。」

大荒駱歲：〔一〕歲陰在巳，星居戌。以四月與奎、婁（胃昴）晨出，曰跰踵。〔二〕熊熊赤色，有光。其失次，有應見亢。

〔一〕索隱爾雅云「在巳爲大荒駱」。姚氏云：「言萬物皆熾盛而大出，霍然落落，故曰荒駱也。」

〔二〕集解徐廣曰：「一曰『路嶁』。」索隱天文志作「路嶁」。字詁云嶁，今作「踵」也。正義跰，白邊反。踵，之勇反。

敦牂歲：〔一〕歲陰在午，星居酉。以五月與胃、昴、畢晨出，曰開明。〔二〕炎炎有光。〔三〕偃兵；唯利公王，不利治兵。其失次，有應見房。歲早，旱；晚，水。

〔一〕索隱爾雅云「在午爲敦牂」。孫炎云「敦，盛；牂，壯也。言萬物盛壯」。韋昭云「敦音頓」也。

〔二〕集解徐廣曰：「一曰『天津』。」索隱天文志作「啓明」。

〔三〕正義炎，鹽驗反。

叶洽歲：〔一〕歲陰在未，星居申。以六月與觜觿、〔二〕參晨出，曰長列。昭昭有光。利行兵。其失次，有應見箕。

〔一〕索隱爾雅云「在未爲叶洽」。李巡云：「陽氣欲化萬物，故曰〔協洽〕。協，和；洽，合也。」

〔二〕正義觜，子斯反。觿，胡規反。

涒灘歲：〔一〕歲陰在申，星居未。以七月與東井、輿鬼晨出，曰大音。昭昭白。其失次，有應見牽牛。

〔一〕索隱涒涒歲。爾雅云「在申爲涒灘」。李巡曰：「涒灘，物吐秀傾垂之貌也。」涒音他昆反，灘音他丹反。

作鄂歲：〔一〕歲陰在酉，星居午。以八月與柳、七星、張晨出，曰（爲）長王。作作有芒。國其昌，熟穀。其失次，有應見危。（曰大章）有旱而昌，有女喪，民疾。

〔一〕索隱爾雅「在酉爲作鄂」。李巡云「作咢，皆物芒枝起之貌」。咢音愕。今案：下文云「作鄂有芒」，則李巡解亦近得。天文志云「作詻」，音五格反，與史記及爾雅並異也。

閹茂歲：〔一〕歲陰在戌，星居巳。以九月與翼、軫晨出，曰天睢。〔二〕白色大明。其失次，有應見東壁。歲水，女喪。

〔一〕索隱爾雅云「在戌曰閹茂」。孫炎云「萬物皆蔽冒，故曰〔閹茂〕。閹，蔽；茂，冒也」。天文志作「掩茂」也。

〔二〕索隱劉氏音吁唯反也。

大淵獻歲：〔一〕歲陰在亥，星居辰。以十月與角、亢晨出，曰大章。〔二〕蒼蒼然，星若躍而陰出旦，是謂「正平」。起師旅，其率必武；其國有德，將有四海。其失次，有應見婁。

〔一〕索隱爾雅云「在亥爲大淵獻」。孫炎云：「淵，深也。大獻萬物於深，謂蓋藏之於外耳。」

〔二〕集解徐廣曰：「一曰『天皇』。」索隱徐廣云一作「天皇」。案：天文志亦作「天皇」也。

困敦歲：〔一〕歲陰在子，星居卯。以十一月與氐、房、心晨出，曰天泉。玄色甚明。江池其昌，不利起兵。其失次，有應（在）〔見〕昴。

〔一〕索隱爾雅「在子爲困敦」。孫炎云：「困敦，混沌也。言萬物初萌，混沌於黃泉之下也。」

赤奮若歲：〔一〕歲陰在丑，星居寅。以十二月與尾、箕晨出，曰天晧。〔二〕黫然〔三〕黑色甚明。其失次，有應見參。

〔一〕索隱爾雅「在丑爲赤奮若」。李巡云：「言陽氣奮迅。若，順也。」

〔二〕索隱音昊。漢志作「昊」。

〔三〕索隱於閑反。

當居不居，居之又左右搖，未當去去之，與他星會，其國凶。所居久，國有德厚。其角動，乍小乍大，若色數變，人主有憂。

其失次舍以下，進而東北，三月生天棓，〔一〕長四丈，〔二〕末兌。進而東南，三月生彗星，〔三〕長二丈，類彗。退而西北，三月生天欃，〔四〕長四丈，末兌。退而西南，三月生天槍，〔五〕長數丈，兩頭兌。謹視其所見之國，不可舉事用兵。其出如浮如沈，其國有土功；如沈如浮，其野亡。色赤而有角，其所居國昌。迎〔六〕角而戰者，不勝。星色赤黃而沈，所居野大穰。〔七〕色青白而赤灰，所居野有憂。歲星入月，其野有逐相；與太白鬬，〔八〕其野有破軍。

[一]正義 棓音蒲講反。歲星之精散而爲天槍、天棓、天衝、天猾、國皇、天欃，及登天、荆真，若天猿、天垣、蒼彗，皆以廣凶災也。天棓者，一名覺星，本類星而末銳，長四丈，出東北方、西方。其出，則天下兵争也。

[二]索隱 案天文志，此皆甘氏星經文，而志又兼載石氏，此不取。石氏名申夫，甘氏名德。

[三]正義 天彗者，一名埽星，本類星，末類彗，小者數寸長，長或竟天，而體無光，假日之光，故夕見則東指，晨見則西指，若日南北，皆隨日光而指。光芒所及爲災變，見則兵起；除舊布新，彗所指之處弱也。

[四]集解 韋昭曰：「欃音『參差』之『參』。」正義 欃，楚咸反。天欃者，在西南，長四丈，銳。京房云「天欃爲兵，赤地千里，枯骨籍籍」。天文志云天欃主兵亂也。

[五]正義 槍，楚行反。天槍者，長數丈，兩頭銳，出西南方。其見，不過三月，必有破國亂君伏死其辜。天文志云「孝文時，天槍夕出西南，占曰爲兵喪亂，其六年十一月，匈奴入上郡、雲中，漢起兵以衞京師」也。

[六]集解 徐廣曰：「一作『御』。」

[七]正義 穰，人羊反，豐熟也。

[八]集解 韋昭曰：「星相擊爲鬭。」

歲星一曰攝提，曰重華，曰應星，曰紀星。營室爲清廟，歲星廟也。

察剛氣[一]以處熒惑。[二]曰南方火，主夏，日丙、丁。禮失，罰出熒惑，熒惑失行是也。出則有兵，入則兵散。以其舍命國。(熒惑)熒惑爲勃亂，殘賊、疾、喪、饑、兵。[三]反道二舍以上，居之，三月有殃，五月受兵，七月半亡地，九月太半亡地。因與俱出入，國絶祀。居之，殃還至，雖大當小；[四]久而至，當小反大。[五]其南爲丈夫〔喪〕，北爲女子喪。[六]若角動繞環之，及乍前乍後，左右，殃益大。與他星鬭，[七]光相逮，爲害；不相逮，不害。五星皆從而聚于一舍，[八]其下國可以禮致天下。

[一]集解 徐廣曰：「剛，一作『罰』。」索隱 徐廣云剛一作「罰」。案：姚氏引廣雅「熒惑謂之執法」。天官占云「熒惑方伯象，司察妖孽」。則此文「察罰氣」爲是。

[二]索隱 春秋緯文耀鉤云：「赤帝熛怒之神，爲熒惑焉，位在南方，禮失則罰出。」晉灼云：「常以十月入太微，受制而出行列宿，司無道，出入無常。」

[三]集解 徐廣曰：「以下云『熒惑爲理，外則理兵，内則理政』。」正義 天官占云：「熒惑爲執法之星，其行無常，以其舍命國：爲殘賊，爲疾，爲喪，爲饑，爲兵。環繞句已，芒角動摇，乍前乍後，其殃逾甚。熒惑主死喪，大鴻臚之象；主甲兵，大司馬之義；伺驕奢亂孽，執法官也。其精爲風伯，惑童兒歌謡嬉戲也。」

[四]索隱 案：還音旋。旋，疾也。若熒惑反道居其舍，所致殃禍速至，則雖大反小。

[五]索隱 案：久謂行遲也。如此，禍小反大，言久腊毒也。

[六]索隱 案：宋均云「熒惑守興鬼南，爲丈夫受其咎；北，則女子受其凶也」。

[七]正義 凡五星鬭，皆爲戰鬭。兵不在外，則爲内亂。鬭謂光芒相及。

[八]正義 三星若合，是謂驚立絶行，其國外内有兵與喪，人民饑乏，改立侯王。四星若合，是爲大陽，其國兵喪暴起，君子憂，小人流。五星若合，是謂易行，有德者受慶，掩有四方；無德者受殃，乃以死亡也。

法，出東行十六舍而止；逆行二舍；六旬，復東行，自所止數十舍，十月而入西方；伏[一]行五月，出東方。其出西方曰「反明」，主命者惡之。東行急，一日行一度半。

[一]集解 晉灼曰：「伏不見。」

其行東、西、南、北疾也。兵各聚其下；用戰，順之勝，逆之敗。熒惑從太白，軍憂；離之，軍卻。出太白陰，有分軍；行其陽，有偏將戰。當其行，太白逮之，破軍殺將。[一]其入守犯太微、[二]軒轅、營室，主命惡之。心爲明堂，熒惑廟也。謹候此。

[一]索隱 宋均云：「太白宿，主軍來衝拒也。」

[二]集解 孟康曰：「犯，七寸已内光芒相及也。」韋昭曰：「自下觸之曰『犯』，居其宿曰『守』。」

曆斗之會以定填星之位。[一]曰中央土，主季夏，日戊、己，黄帝，主德，女主象也。歲填一宿，其所居國吉。未當居而居，若已去而復還，還居之，其國得土，不乃得女。若當居而不居，既已居之，又西東去，其國失土，不乃失女，不可舉事用兵。其居久，其國福厚；易，福薄。[二]

[一]索隱 曆斗之會以定鎮星之位。晉灼曰：「常以甲辰之元始建斗，歲鎮一宿，二十八歲而周天。」廣雅曰：「鎮星，

一名地侯。」文耀鉤云：「鎮，黄帝含樞紐之精，其體旋璣，中宿之分也。」

[二]集解 徐廣曰：「易猶輕速也。」

其一名曰地侯，主歲。歲行十(二)〔三〕度百十二分度之五，日行二十八分度之一，二十八歲周天。其所居，五星皆從而聚于一舍，其下之國，可〔以〕重致天下。[一]禮、德、義、殺、刑盡失，而填星乃爲之動摇。

[一]正義 重音逐隴反。言五星皆從填星，其下之國倚重而致天下，以填主土故也。

贏，爲王不寧；其縮，有軍不復。填星，其色黄，九芒，音曰黄鍾宫。其失次上二三宿曰贏，有主命不成，不乃大水。失次下二三宿曰縮，有后戚，其歲不復，不乃天裂若地動。

斗爲文太室，填星廟，天子之星也。

木星與土合，爲内亂，饑，[一]主勿用戰，敗；水則變謀而更事；火爲旱；金爲白衣會若水。金在南曰牝牡，[二]年穀熟。金在北，歲偏無。火與水合爲焠，[三]與金合爲鑠，爲喪，皆不可舉事，用兵大敗。土爲憂，主孽卿；[四]大饑，戰敗，爲北軍，[五]軍困，舉事大敗。土與水合，穰而擁閼，[六]有覆軍，[七]其國不可舉事。出，亡地；入，得地。金爲疾，爲内

兵，亡地。三星若合，其宿地國外内有兵與喪，改立公王。四星合，兵喪並起，君子憂，小人流。五星合，是爲易行，有德，受慶，改立大人，掩有四方，子孫蕃昌；無德，受殃若亡。五星皆大，其事亦大；皆小，事亦小。

〔一〕正義星經云：「凡五星，木與土合爲内亂，饑；與水合爲變謀，更事；與火合爲旱；與金合爲白衣會也。」

〔二〕索隱晉灼曰：「歲，陽也，太白，陰也，故曰牝牡也。」正義星經云：「金在南，木在北，名曰牝牡，年穀大熟；金在北，木在南，其年或有或無。」

〔三〕集解晉灼曰：「火入水，故曰焠。」索隱火與水合曰焠。案：謂火與水俱從填星合也。正義焠，患内反。星經云：「凡五星，火與水合爲焠，用兵舉事大敗；與金合爲鑠，爲喪，不可舉事，用兵從軍爲憂；離之，軍卻；與土合爲憂，主孽卿；與木合，饑，戰敗也。」

〔四〕索隱案：文耀鉤云「水土合則成鑪冶，鑪冶成則火興，火興則土之子焠，金成消鑠，消鑠則土無子輔父，無子輔父則益妖孽，故子憂」。

〔五〕正義爲北，軍北也。凡軍敗曰北。

〔六〕正義攡，於拱反。鬬，烏葛反。

〔七〕集解徐廣曰：「或云木、火、土三星若合，是謂驚立絶行。」

蚤出者爲贏，贏者爲客。晚出者爲縮，縮者爲主人。必有天應見於杓星。同舍爲合。相陵爲鬬，〔一〕七寸以内必之矣。〔二〕

〔一〕集解孟康曰：「陵，相冒占過也。」韋昭曰：「突掩爲陵。」

〔二〕索隱案，韋昭云必有禍也。

五星色白圜，爲喪旱；赤圜，則中不平，爲兵；青圜，爲憂水；黑圜，爲疾，多死；黄圜，則吉。赤角犯我城，黄角地之争，白角哭泣之聲，青角有兵憂，黑角則水。意，〔一〕行窮兵之所終。五星同色，天下偃兵，百姓寧昌。春風秋雨，冬寒夏暑，動摇常以此。

〔一〕集解徐廣曰：「一作『志』。」

填星出百二十日而逆西行，西行百二十日反東行。見三百三十日而入，入三十日復出東方。太歲在甲寅，鎮星在東壁，故在營室。

察日行以處位〔一〕太白。〔二〕曰西方，秋，（司兵月行及天矢）〔三〕日庚、辛，主殺。殺失者，罰出太白。太白失行，以其舍命國。其出行十八舍二百四十日而入。入東方，伏行十一舍百三十日；其入西方，伏行三舍十六日而出。當出不出，當入不入，是謂失舍，不有破軍，必有國君之篡。

〔一〕索隱案：太白晨出東方曰啓明，故察日行以處太白之位也。

〔二〕索隱韓詩云「太白晨出東方爲啓明，昏見西方爲長庚」。又孫炎注爾雅，以爲晨出東方高三丈，命曰啓明；昏見西方高三舍，命曰太白。正義晉灼云：「常以正月甲寅與熒惑晨出東方，二百四十日而入，入四十日又出西方，二百四十日而入，入三十五日而復出東方。出以寅、戌，入以丑、未。」天官占云：「太白者，西方金之精，白帝之子，上公、大將軍之象也。一名殷星，一名大正，一名熒星，一名官星，一名梁星，一名滅星，一名大囂，一名大衰，一名大爽。徑一百里。」天文志云：「其日庚辛；四時，秋也；五常，義也；五事，言也。人主義虧言失，逆時令，傷金氣，罰見太白。春見東方，以晨；秋見西方，以夕。」

〔三〕正義太白五芒出，早爲月蝕，晚爲天矢及彗。其精散爲天杵、天柎、伏靈、大敗、司姦、天狗、賊星、天殘、卒起星，是古曆星；若竹彗、牆星、猿星、白雚，皆以示變（之）也。

其紀上元，〔一〕以攝提格之歲，與營室晨出東方，至角而入；與營室夕出西方，至角而入；與角晨出，入畢；與角夕出，入畢；與畢晨出，入箕；與畢夕出，入箕；與箕晨出，入柳；與箕夕出，入柳；與柳晨出，入營室；與柳夕出，入營室。凡出入東西各五，爲八歲，二百二十日，〔二〕復與營室晨出東方。其大率，歲一周天。其始出東方，行遲，率日半度，一百二十日，必逆行一二舍；上極而反，東行，行日一度半，一百二十日入。其庳，近日，曰明星，柔；高，遠日，曰大囂，〔三〕剛。其始出西〔方〕，行疾，率日一度半，百二十日；上極而行遲，日半度，百二十日，旦入，必逆行一二舍而入。其庳，近日，曰大白，柔；高，遠日，曰大相，剛。出以辰、戌，入以丑、未。

〔一〕索隱案：上元是古曆之名，言用上元紀曆法，則攝提歲而太白與營室晨出東方，至角而入；與營室夕出西方，

至角而入。凡出入東西各五，爲八歲二百三十日，復與營室晨出東方。大率歲一周天也。正義其紀上元，是星古曆初起上元之法也。

〔二〕集解徐廣曰：「一云『三十二日』。」

〔三〕正義徐廣曰：「一作『變』。」

當出不出，未當入而入，天下偃兵，兵在外，入。未當出而出，當入而不入，〔天〕下起兵，有破國。其當期出也，其國昌。其出東爲東，入東爲北方；出西爲西，入西爲南方。所居久，其鄉利；（疾）〔易〕，〔一〕其鄉凶。

〔一〕集解蘇林曰：「疾過也。」

出西（逆行）至東，正西國吉。出東至西，正東國吉。其出不經天；經天，天下革政。〔一〕

〔一〕索隱孟康曰：「謂出東入西，出西入東也。太白陰星，出東當伏東，出西當伏西，過午爲經天。」又晉灼曰：「日，陽也，日出則星没。太白晝見午上爲經天。」

小以角動，兵起。始出大，後小，兵弱；出小，後大，兵强。出高，用兵深吉，淺凶；庳，淺吉，深凶。日方南金居其南，日方北金居其北，曰贏，〔一〕侯王不寧，用兵進吉退凶。日方南金居其北，日方北金居其南，曰縮，侯王有憂，用兵退吉進凶。用兵象太白：太白行疾，疾行；遲，遲行。角，敢戰。動摇躁，躁。圜以静，静。順角所指，吉；反之，皆凶。出

則出兵，入則入兵。赤角，有戰；白角，有喪；黑圜角，憂，有水事；青圜小角，憂，有木事；黃圜和角，有土事，有年。〔二〕其已出三日而復，有微入，入三日乃復盛出，是謂耎，〔三〕其下國有軍敗將北。其已入三日又復微出，出三日而復盛入，其下國有憂；師有糧食兵革，遺人用之；〔四〕卒雖衆，將爲人虜。其出西失行，外國敗；其出東失行，中國敗。其色大圜黃滜，〔五〕可爲好事；其圜大赤，兵盛不戰。

〔一〕正義鄭玄云：「方猶向也。謂晝漏半而置土圭表陰陽，審其南北也。影短於土圭謂之日南，是地於日爲近南也；長於土圭謂之日北，是地於日爲近北也。凡日影於地，千里而差一寸。」周禮云：「日南則影短多暑，日北則影長多寒。」孟康云：「金謂太白也。影，日中之影也。」
〔二〕正義太白星圓，天下和平；若芒角，有土事。有年謂豐熟也。
〔三〕集解晉灼曰：「耎，退之不進。」索隱是謂需。又作「耎」，音奴亂反。
〔四〕正義遺，唯季反。
〔五〕集解音澤。

太白白，比狼；〔一〕赤，比心；黃，比參左肩；蒼，比參右肩；黑，比奎大星。〔二〕五星皆從太白而聚乎一舍，其下之國可以兵從天下。居實，有得也；居虛，無得也。〔三〕行勝色，〔四〕色勝位，有位勝無位，有色勝無色，行得盡勝之。〔五〕出而留桑榆閒，〔六〕疾其下國。〔七〕上而

疾，未盡其日，過參天，〔八〕疾其對國。〔九〕上復下，下復上，有反將。其入月，將僇。金、木星合，光，其下戰不合，兵雖起而不鬬；合相毀，野有破軍。出西方，昏而出陰，陰兵彊；暮食出，小弱；夜半出，中弱；雞鳴出，大弱：是謂陰陷於陽。其在東方，乘明而出陽，陽兵之彊；雞鳴出，小弱；夜半出，中弱；昏出，大弱：是謂陽陷於陰。太白伏也，以出兵，兵有殃。其出卯南，南勝北方；出卯北，北勝南方；正在卯，東國利。出西北，北勝南方；出西南，南勝北方；正在西，西國勝。

〔一〕正義比，卑耳反，下同。比，類也。
〔二〕正義晉書天文志云：「凡五星有色，大小不同，各依其行而應時節。色變有類：凡青，比參左肩；赤，比心大星；黃，比參右肩；白，比狼星；黑，比奎大星。不失本色而應其四時者，吉；色害其行，凶也。」
〔三〕索隱按：實謂星所合居之宿；虛謂贏縮也。
〔四〕集解晉灼曰：「太白行得度者，勝色也。」正義勝音升剩反，下同。
〔五〕集解晉灼曰：「行應天度，唯有色得位；行盡勝之，行重而色位輕。」星經「得」字作「德」。正義晉書天文志云：「凡五星所出所直之辰，其國爲得位者，歲星以德，熒惑爲禮，鎮星有福，太白兵強，辰陰陽和。所直之辰，順其色而角者勝，其色害者敗；居實有得，居虛無得也。色勝位，行勝色，行得盡勝之。」
〔六〕集解晉灼曰：「行遲而下也。正出，舉目平正，出桑榆上者餘二千里。」
〔七〕正義疾，漢書作「病」也。
〔八〕集解晉灼曰：「三分天過其一，此在戌酉之閒。」
〔九〕集解孟康曰：「謂出東入西，出西入東。」

其與列星相犯，小戰；五星，大戰。其相犯，太白出其南，南國敗；出其北，北國敗。行疾，武；不行，文。色白五芒，出蚤爲月蝕，晚爲天夭及彗星，將發其國。出東爲德，舉事左之迎之，吉。出西爲刑，舉事右之背之，吉。反之皆凶。太白光見景，戰勝。晝見而經天，是謂爭明，彊國弱，小國彊，女主昌。

亢爲疏廟，太白廟也。太白，大臣也，其號上公。其他名殷星、太正、營星、觀星、宮星、明星、大衰、大澤、終星、大相、天浩、序星、月緯。大司馬位謹候此。

察日辰之會，〔一〕以治辰星之位。〔二〕曰北方水，太陰之精，主冬，日壬、癸。刑失者，罰出辰星，〔三〕以其宿命國。

〔一〕索隱案：下文「正四時及星辰之會」是也。正義晉灼云：「常以二月春分見奎、婁，五月夏至見東井，八月秋分見角、亢，十一月冬至見牽牛。出以辰、戌，入以丑、未，二旬而入。晨候之東方，夕候之西方也。」
〔二〕索隱案：皇甫謐曰「辰星，一名毚星，或曰鉤星」。元命包曰「北方辰星水，生物布其紀，故辰星理四時」。宋均曰「辰星正四時之位，得與北辰同名也」。
〔三〕正義天官占云：「辰星，北水之精，黑帝之子，宰相之祥也。一名細極，一名鉤星，一名毚星，一名伺祠。徑一百

里。亦偏將、廷尉象也。」天文志云：「其日壬、癸。四時，冬也；五常，智也；五事，聽也。人主智虧聽失，逆時令，傷水氣，則罰見辰星也。」

是正四時：仲春春分，夕出郊奎、婁、胃東五舍，爲齊；仲夏夏至，夕出郊東井、輿鬼、柳東七舍，爲楚；仲秋秋分，夕出郊角、亢、氐、房東四舍，爲漢；仲冬冬至，晨出郊東方，與尾、箕、斗、牽牛俱西，爲中國。其出入常以辰、戌、丑、未。

其蚤，爲月蝕；〔一〕晚，爲彗星〔二〕及天夭。其時宜效不效爲失，〔三〕追兵在外不戰。一時不出，其時不和；四時不出，天下大饑。其當效而出也，色白爲旱，黃爲五穀熟，赤爲兵，黑爲水。出東方，大而白，有兵於外，解。常在東方，其赤，中國勝；其西而赤，外國利。無兵於外而赤，兵起。其與太白俱出東方，皆赤而角，外國大敗，中國勝；其與太白俱出西方，皆赤而角，外國利。五星分天之中，積于東方，中國利；積于西方，外國用〔兵〕者利。五星皆從辰星而聚于一舍，其所舍之國可以法致天下。辰星不出，太白爲客；其出，太白爲主。出而與太白不相從，野雖有軍，不戰。出東方，太白出西方；若出西方，太白出東方，爲格，〔四〕野雖有兵不戰。失其時而出，爲當寒反溫，當溫反寒。當出不出，是謂擊卒，兵大起。其入太白中而上出，破軍殺將，客軍勝；下出，客亡地。辰星來抵太白，太白不去，將死。正旗上出，〔五〕破軍殺將，客勝；下出，客亡地。視旗所指，以命破軍。其繞環太白，若

與鬭，大戰，客勝。兔過太白，〔六〕閒可椷劍，〔七〕小戰，客勝。兔居太白前，軍罷；出太白左，小戰；摩太白，有數萬人戰，主人吏死；出太白右，去三尺，軍急約戰。青角，兵憂；黑角，水。赤行窮兵之所終。

〔一〕集解孟康曰：「辰星、月相淩不見者，則所蝕也。」索隱案：宋均云「辰星與月同精，月爲大臣，先期而出，是躁也。失則當誅，故月蝕見祥」。

〔二〕集解張晏曰：「彗，所以除舊布新。」索隱案：宋均云「辰星，陰也，彗亦陰，陰謀未成，故晚出也」。

〔三〕正義效，見也。言宜見不見，爲失罰之也。

〔四〕索隱謂辰星出西方。辰，水也。太白出東方。太白，金也。水生〔於〕金，母子不相從，故(上)〔主〕有軍不戰。今母子各出一方，故爲格。格謂不和同，故野雖有兵不戰然也。

〔五〕索隱正旗出。案：旗蓋太白芒角，似旌旗。正義旗，星名，有九星。言辰星上則破軍殺將，客勝也。

〔六〕索隱兔過太白。案：廣雅云「辰星謂之兔星」，則辰星之別名兔，或作「鑱」也。正義漢書云「辰星過太白，閒可椷劍」，明廣雅是也。

〔七〕集解蘇林曰：「椷音函。函，容也。其閒可容一劍。」索隱椷音函。函，容也。言中閒可容一劍。則函字本有咸音，故字從咸。劍，古作「劒」也。

兔七命，曰小正、辰星、天欃、安周星、細爽、能星、鉤星。〔一〕其色黃而小，出而易處，天下之文變而不善矣。兔五色，青圜憂，白圜喪，赤圜中不平，黑圜吉。赤角犯我城，黃角地

之爭，白角號泣之聲。

〔一〕索隱謂星凡有七名。命者，名也。小正，一也；辰星，二也；天兔，三也；安周星，四也；細爽，五也；能星，六也；鉤星，七也。

其出東方，行四舍四十八日，其數二十日，而反入于東方；其出西方，行四舍四十八日，其數二十日，而反入于西方。其一候之營室、角、畢、箕、柳。出房、心閒，地動。

辰星之色：春，青黃；夏，赤白；秋，青白，而歲熟；冬，黃而不明。卽變其色，其時不昌。春不見，大風，秋則不實。夏不見，有六十日之旱，月蝕。秋不見，有兵，春則不生。冬不見，陰雨六十日，有流邑，夏則不長。

角、亢、氐，兗州。房、心，豫州。尾、箕，幽州。斗，江、湖。牽牛、婺女，楊州。虛、危，青州。營室至東壁，并州。奎、婁、胃，徐州。昴、畢，冀州。觜觿、參，益州。〔一〕東井、輿鬼，雍州。柳、七星、張，三河。翼、軫，荆州。

〔一〕正義括地志云：「漢武帝置十三州，改梁州爲益州廣漢。廣漢，今益州咎縣是也。分今河內、上黨、雲中。」然案星經，益州，魏地，畢、觜、參之分，今河內、上黨、雲中是。未詳也。

七星爲員官，辰星廟，蠻夷星也。

兩軍相當，日暈；〔一〕暈等，力鈞；厚長大，有勝；薄短小，無勝。重抱大破無。抱爲和，背〔爲〕不和，爲分離相去。直爲自立，立侯王；(指暈)〔破軍〕(若曰)殺將。負且戴，有喜。圍在中，中勝；在外，外勝。青外赤中，以和相去；赤外青中，以惡相去。氣暈先至而後去，居軍勝。先至先去，前利後病；後至後去，前病後利；後至先去，前後皆病，居軍不勝。見而去，其發疾，雖勝無功。見半日以上，功大。白虹屈短，〔二〕上下兑，有者下大流血。日暈制勝，近期三十日，遠期六十日。

〔一〕集解如淳曰：「暈讀曰運。」

〔二〕集解李奇曰：「屈，或爲『尾』也。」韋昭曰：「短而直。」

其食，食所不利；復生，生所利；而食益盡，爲主位。以其直及日所宿，加以日時，用命其國也。

月行中道，〔一〕安寧和平。陰閒，多水，陰事。外北三尺，陰星。〔二〕北三尺，太陰，大水，兵。陽閒，驕恣。陽星，多暴獄。太陽，大旱喪也。〔三〕角、天門，十月爲四月，十一月爲五月，〔四〕十二月爲六月，水發，近三尺，遠五尺。犯四輔，輔臣誅。〔五〕行南北河，以陰陽言，

旱水兵喪。〔六〕

〔一〕索隱案：中道，房星之中閒也。房有四星，若人之房三閒有四表然，故曰房。南爲陽閒，北爲陰閒，則中道房星之中閒也。故房是日、月、五星之行道，然黃道亦經房、心。若月行得中道，故陰陽和平；若行陰閒，多陰事；陽閒，則人主驕恣；若歷陰星、陽星之南北太陰、太陽之道，卽有大水若兵，及大旱若喪也。

〔二〕索隱案：謂陰閒外北三尺曰陰星，又北三尺曰太陰道，則下陽星及太陽亦在陽閒之南各三尺也。

〔三〕索隱太陰，太陽，皆道也。月行近之，故有水旱兵喪也。

〔四〕索隱角閒天門。謂月行入角與天門，若十月犯之，當爲來年四月成災；十一月，則主五月也。

〔五〕索隱案：謂月犯房星也。四輔，房四星也。房以輔心，故曰四輔。

〔六〕正義南河三星，北河三星，若月行北河以陰，則水、兵；南河以陽，則旱、喪也。

月蝕歲星，〔一〕其宿地，饑若亡。熒惑也亂，填星也下犯上，太白也彊國以戰敗，辰星也女亂。(食)〔蝕〕大角，〔二〕主命者惡之；心，則爲內賊亂也；列星，其宿地憂。〔三〕

〔一〕正義孟康云：「凡星入月，見月中，爲星蝕月；月掩星，星滅，爲月蝕星也。」

〔二〕集解徐廣曰：「一云『食于大角』。」正義大角一星，在兩攝提閒，人君之象也。

〔三〕索隱謂月蝕列星二十八宿，當其分地有憂。憂謂兵及喪也。

月食始日，五月者六，六月者五，五月復六，六月者一，而五月者五，凡百一十三月而復始。〔一〕故月蝕，常也；日蝕，爲不臧也。甲、乙，四海之外，日月不占。〔二〕丙、丁，江、淮、海岱

也。戊、己，中州、河、濟也。庚、辛，華山以西。壬、癸，恆山以北。日蝕，國君；月蝕，將相當之。

〔一〕索隱 始日謂食始起之日也。依此文計，唯有一百二十一月，與元數甚爲懸校，既無太初曆術，不可得而推定。今以漢志三統曆法計，則六月者七，五月者一，又六月者一，五月者一，凡一百三十五月而復始耳。或術家各異，或傳寫錯謬，故此不同，無以明知也。

〔二〕集解 晉灼曰：「海外遠，甲乙日時不以占候。」

國皇星，〔一〕大而赤，〔二〕狀類南極。〔三〕所出，其下起兵，兵彊；其衝不利。

〔一〕正義 國皇星者，大而赤，類南極老人，去地三丈，如炬火。見則內外有兵喪之難。

〔二〕集解 孟康曰：「歲星之精散所爲也。五星之精散爲六十四變，記不盡。」

〔三〕集解 徐廣曰：「老人星也。」

昭明星，〔一〕大而白，無角，乍上乍下。〔二〕所出國，起兵，多變。

〔一〕索隱 案：春秋合誠圖云「赤帝之精，象如太白，七芒」。釋名爲筆星，氣有一枝，末銳似筆，亦曰筆星也。

〔二〕集解 孟康曰：「形如三足机，机上有九彗上向，熒惑之精。」

五殘星，〔一〕出正東東方之野。其星狀類辰星，去地可六丈。

〔一〕索隱 孟康云：「星表有青氣如暈，有毛，填星之精也。」 正義 五殘，一名五鋒，出正東東方之分野。狀類辰星，去地可六七丈。見則五分毀敗之徵，大臣誅亡之象。

大〔一〕賊星，〔二〕出正南南方之野。星去地可六丈，大而赤，數動，有光。

〔一〕集解 徐廣曰：「大，一作『六』。」

〔二〕集解 孟康曰：「形如彗，九尺，太白之精。」 正義 大賊星者，一名六賊，出正南，南方之野。星去地可六丈，大而赤，數動有光，出則禍合天下。

司危星，〔一〕出正西西方之野。星去地可六丈，大而白，類太白。

〔一〕集解 孟康曰：「星大而有尾，兩角，熒惑之精也。」 正義 司危者，出正西西方分野也。大如太白，去地可六丈，見則天子以不義失國而豪傑起。

獄漢星，〔一〕出正北北方之野。星去地可六丈，大而赤，數動，察之中青。此四野星所出，出非其方，其下有兵，衝不利。

〔一〕集解 孟康曰：「青中赤表，下有三彗縱橫，亦填星之精。」漢書天文志獄漢一名咸漢。

四填星，所出四隅，去地可四丈。

地維咸光，亦出四隅，去地可三丈，若月始出。所見，下有亂；亂者亡，有德者昌。

燭星，狀如太白，〔一〕其出也不行。見則滅。所燭者，城邑亂。

〔一〕集解 孟康曰：「星上有三彗上出，亦填星之精。」

如星非星，如雲非雲，命曰歸邪。〔一〕歸邪出，必有歸國者。

〔一〕集解 李奇曰：「邪音虵。」孟康曰：「星有兩赤彗上向，上有蓋狀如氣，下連星。」

星者，金之散氣，〔其〕本曰火。〔一〕星衆，國吉；少則凶。

〔一〕集解 孟康曰：「星，石也。」

漢者，亦金之散氣，〔一〕其本曰水。漢，星多，多水，少則旱，〔二〕其大經也。

〔一〕索隱 案：水生〔於〕金，散氣卽水氣。河圖括地象曰「河精爲天漢」也。

〔二〕集解 孟康曰：「漢，河漢也。水生於金。多，少，謂漢中星。」

天鼓，有音如雷非雷，音在地而下及地。其所往者，兵發其下。

天狗，狀如大奔星，〔一〕有聲，其下止地，類狗。所墮及，望之如火光炎炎〔二〕衝天。其下圜如數頃田處，上兌者則有黃色，千里破軍殺將。

〔一〕集解 孟康曰：「星有尾，旁有短彗，下有如狗形者，亦太白之精。」

〔二〕索隱 豔音也。

格澤星〔一〕者，如炎火之狀。黃白，起地而上。下大，上兌。其見也，不種而穫；不有土功，必有大害。

〔一〕索隱 一音鶴鐸，又音格宅。格，胡客反。

蚩尤之旗，〔一〕類彗而後曲，象旗。見則王者征伐四方。

〔一〕集解 孟康曰：「熒惑之精也。」晉灼曰：「呂氏春秋曰其色黃上白下。」

旬始，出於北斗旁，〔一〕狀如雄雞。其怒，青黑，象伏鼈。〔二〕

〔一〕集解 徐廣曰：「蚩尤也。旬，一作『營』。」

〔二〕集解 李奇曰：「怒當音帑。」晉灼曰：「帑，雌也。或曰怒則色青。」

枉矢，類大流星，虵行而倉黑，望之如有毛羽然。

長庚，如一匹布著天。〔一〕此星見，兵起。

〔一〕正義 著音直略反。

星墜至地，則石也。〔一〕河、濟之閒，時有墜星。

〔一〕正義 春秋云「星隕如雨」是也。今吳郡西鄉見有落星石，其石天下多有也。

天精而見景星。〔一〕景星者，德星也。其狀無常，常出於有道之國。

〔一〕集解 孟康曰：「精，明也。有赤方氣與青方氣相連，赤方中有兩黃星，青方中一黃星，凡三星合爲景星。」 索隱 韋昭云「精謂清朗」。漢書作「甠」，亦作「暒」。郭璞注三蒼云「暒，雨止無雲也」。 正義 景星狀如半月，生於晦朔，助月爲明。見則人君有德，明聖之慶也。

凡望雲氣，〔一〕仰而望之，三四百里；平望，在桑榆上，千餘(里)二千里；登高而望之，下屬地者三千里。雲氣有獸居上者，勝。〔二〕

〔一〕正義 春秋元命包云：「陰陽聚爲雲氣也。」釋名云：「雲猶云，衆盛也。氣猶餼然也。有聲卽無形也。」

〔二〕正義 勝音升剩反。雲雨氣相敵也。兵書云：「雲或如雄雞臨城，有城必降。」

自華以南，氣下黑上赤。嵩高、三河之郊，氣正赤。恆山之北，氣下黑上青。勃、碣、海、岱之閒，氣皆黑。江、淮之閒，氣皆白。

徒氣白。土功氣黃。車氣乍高乍下，往往而聚。騎氣卑而布。卒氣摶。〔一〕前卑而後高者，疾；前方而後高者，兑；後兑而卑者，卻。其氣平者其行徐。前高而後卑者，不止而反。氣相遇者，〔二〕卑勝高，兑勝方。氣來卑而循車通者，〔三〕不過三四日，去之五六里見。氣來高七八尺者，不過五六日，去之十餘里見。氣來高丈餘二丈者，不過三四十日，去之五六十里見。

〔一〕集解 如淳曰：「摶，專也。或曰摶，徒端反。」
〔二〕索隱 遇音偶。漢書作「禺」。
〔三〕集解 車通，車轍也。避漢武諱，故曰通。

稍雲精白者，其將悍，其士怯。其大根而前絕遠者，當戰。青白，其前低者，戰勝；其前赤而仰者，戰不勝。陣雲如立垣。杼雲類杼。〔一〕軸雲摶兩端兑。杓雲〔二〕如繩者，居前亙天，其半半天。其蛪〔三〕者類闕旗故。鉤雲句曲。〔四〕諸此雲見，以五色合占。而澤摶密，〔五〕其見動人，乃有占；兵必起，合鬬其直。

〔一〕索隱 姚氏案：兵書云「營上雲氣如織，勿與戰也」。
〔二〕索隱 杓，劉氏音時酌反。說文音丁了反。許慎注淮南云「杓，引也」。
〔三〕索隱 五結反。亦作「蜺」，音同。
〔四〕正義 句音古侯反。
〔五〕正義 崔豹古今注云：「黃帝與蚩尤戰於涿鹿之野，常有五色雲氣，金枝玉葉，止於帝上，有花蘤之象，故因作華蓋也。」京房易（兆）〔飛〕候云：「視四方常有大雲，五色具，其下賢人隱也。青雲潤澤蔽日在西北，爲舉賢良也。」

王朔所候，決於日旁。日旁雲氣，人主象。〔一〕皆如其形以占。

〔一〕正義 洛書云：「有雲象人，青衣無手，在日西，天子之氣。」

故北夷之氣如羣畜穹閭，〔一〕南夷之氣類舟船幡旗。大水處，敗軍場，破國之虛，下有積錢，〔二〕金寶之上，皆有氣，不可不察。海旁蜃氣象樓臺；廣野氣成宮闕然。雲氣各象其山川人民所聚積。〔三〕

〔一〕索隱 鄒云一作「弓閭」。天文志作「弓」字，音穹。蓋謂以氈爲閭，崇穹然。又宋均云「穹，獸名」，亦異說也。
〔二〕集解 徐廣曰：「古作『泉』字。」
〔三〕正義 淮南子云：「土地各以類生人，是故山氣多勇，澤氣多瘖，風氣多聾，林氣多躄，木氣多傴，石氣多力，險阻氣多壽，谷氣多痺，丘氣多狂，廟氣多仁，陵氣多貪，輕土多利足，重土多遲，清水音小，濁水音大，湍水人重，中土多聖人。皆象其氣，皆應其類也。」

故候息耗者，入國邑，視封疆田疇之正治，〔一〕城郭室屋門戶之潤澤，次至車服畜產精華。實息者，吉；虛耗者，凶。若煙非煙，若雲非雲，郁郁紛紛，蕭索輪囷，是謂卿雲。〔二〕卿雲（見），喜氣也。若霧〔三〕非霧，衣冠而不濡，見則其域被甲而趨。

〔一〕集解 如淳曰：「蔡邕云麻田曰疇。」
〔二〕正義 卿音慶。
〔三〕索隱 音如字，一音蒙，一音亡遘反。爾雅云「天氣下地不應曰霧」，言蒙昧不明之意也。

（天）〔夫〕雷電、蝦虹、辟歷、夜明者，陽氣之動者也，春夏則發，秋冬則藏，故候者無不司之。

天開縣物，〔一〕地動坼絕。〔二〕山崩及徙，川塞谿垘；〔三〕水澹（澤竭）地長，〔澤竭〕見象。城郭門閭，閨臬（枯槀）槀枯；宮廟邸第，人民所次。謠俗車服，觀民飲食。五穀草木，觀其所屬。倉府廄庫，四通之路。六畜禽獸，所產去就；魚鼈鳥鼠，觀其所處。鬼哭若呼，其人逢俉。化言，〔四〕誠然。

〔一〕集解 孟康曰：「謂天裂而見物象，天開示縣象。」
〔二〕正義 趙世家幽繆王遷五年，「代地動，自樂徐以西，北至平陰，臺屋牆垣太半壞，地坼東西百三十步」。

〔三〕集解 徐廣曰：「土雍曰垘，音服。」駰案：孟康曰「谿，谷也。垘，崩也」。蘇林曰「伏，流也」。
〔四〕集解 俉，迎也。伯莊曰：「音五故反。」索隱 俉音五故反。逢俉謂相逢而驚也。亦作「迕」，音同。「化」當爲「訛」，字之誤耳。

凡候歲美惡，謹候歲始。歲始或冬至日，產氣始萌。臘明日，人衆卒歲，一會飲食，發陽氣，故曰初歲。正月旦，王者歲首；立春日，四時之（卒）始也。〔一〕四始者，候之日。〔二〕

〔一〕索隱 謂立春日是去年四時之終卒，今年之始也。
〔二〕正義 謂正月旦歲之始，時之始，日之始，月之始，故云「四始」。言以四時之日候歲吉凶也。

而漢魏鮮〔一〕集臘明正月旦決八風。風從南方來，大旱；西南，小旱；西方，有兵；西北，戎菽爲，〔二〕小雨，〔三〕趣兵；〔四〕北方，爲中歲；東北，爲上歲；〔五〕東方，大水；東南，民有疾疫，歲惡。故八風各與其衝對，課多者爲勝。多勝少，久勝亟，疾勝徐。旦至食，爲麥；食至日昳，爲稷；昳至餔，爲黍；餔至下餔，爲菽；下餔至日入，爲麻。欲終日（有雨）有雲，有風，有日。〔六〕日當其時者，深而多實；無雲有風日，當其時，淺而多實；有雲風，無日，當其時，深而少實；有日，無雲，不風，當其時者稼有敗。如食頃，小敗；熟五斗米頃，大敗。則風復起，有雲，其稼復起。各以其時用雲色占種（其）所宜。其雨雪若寒，歲惡。

〔一〕集解孟康曰：「人姓名，作占候者。」

〔二〕集解孟康曰：「戎菽，胡豆也。爲，成也。」索隱戎叔爲。韋昭云「戎叔，大豆也。爲，成也」。又郭璞注爾雅亦云「戎叔，胡豆」。孟康同也。

〔三〕集解徐廣曰：「一無此上兩字。」

〔四〕索隱趣音促。謂風從西北來，則戎叔成。而又有小雨，則國兵趣起也。

〔五〕集解韋昭曰：「歲大穰。」

〔六〕正義正月旦，欲其終一日有風有日，則一歲之中五穀豐熟，無災害也。

是日光明，聽都邑人民之聲。聲宮，則歲善，吉；商，則有兵；徵，旱；羽，水；角，歲惡。

或從正月旦比數雨。〔一〕率日食一升，至七升而極；〔二〕過之，不占。數至十二日，日直其月，占水旱。〔三〕爲其環（城）〔域〕千里内占，則（其）爲天下候，竟正月。〔四〕月所離列宿，〔五〕日、風、雲，占其國。然必察太歲所在。在金，穰；水，毁；木，饑；火，旱。此其大經也。

〔一〕索隱比音鼻律反。數音疏矩反。謂以次數日以候一歲之雨，以知豐穰也。

〔二〕集解孟康曰：「正月一日雨，民有一升之食；二日雨，民有二升之食；如此至七日。」

〔三〕集解孟康曰：「月一日雨，正月水。」

〔四〕集解孟康曰：「月三十日周天，歷二十八宿，然後可占天下。」正義案：月列宿，日、風、雲有變，占其國，并太歲所在，則知其歲豐稔、水旱、饑饉也。

〔五〕索隱月離于畢。案：韋昭云「離，歷也」。

正月上甲，風從東方，宜蠶；風從西方，若旦黄雲，惡。

冬至短極，縣土炭，〔一〕炭動，鹿解角，蘭根出，泉水躍，略以知日至，要決晷景。歲星所在，五穀逢昌。其對爲衝，歲乃有殃。〔二〕

〔一〕集解孟康曰：「先冬至三日，縣土炭於衡兩端，輕重適均，冬至日陽氣至則炭重，夏至日陰氣至則土重。」晉灼曰：「蔡邕律曆記『候鍾律權土炭，冬至陽氣應黄鍾通，土炭輕而衡仰，夏至陰氣應蕤賓通，土炭重而衡低。進退先後，五日之中』。」

〔二〕正義言晷景歲星行不失次，則無災異，五穀逢其昌盛；若晷景歲星行而失舍有所衝，則歲乃有殃禍災變也。

太史公曰：自初生民以來，世主曷嘗不曆日月星辰？及至五家、〔一〕三代，紹而明之，〔二〕内冠帶，外夷狄，分中國爲十有二州，仰則觀象於天，俯則法類於地。天則有日月，地則有陰陽。天有五星，地有五行。天則有列宿，地則有州域。三光者，陰陽之精，氣本在地，而聖人統理之。

〔一〕索隱案：謂五紀，歲、月、日、星辰、曆數，各有一家顓學習之，故曰「五家」也。

〔二〕正義五家，黄帝、高陽、高辛、唐虞、堯舜也。三代，夏、殷、周也。言生民以來，何曾不曆日、月、星辰，及至五帝、三王，亦於紹繼而明天數陰陽也。

幽厲以往，尚矣。所見天變，皆國殊窟穴，家占物怪，以合時應，其文圖籍禨祥不法。〔一〕是以孔子論六經，紀異而說不書。至天道命，不傳；傳其人，不待告；〔二〕告非其人，雖言不著。〔三〕

〔一〕正義禨音機。顧野王云「禨祥，吉凶之先見也」。案：自古以來所見天變，國皆異具，所說不同，及家占物怪，用合時應者書，其文并圖籍，凶吉並不可法則。故孔子論六經，記異事而說其所應，不書變見之蹤也。

〔二〕正義待，須也。言天道性命，忽有志事，可傳授之則傳，其大指微妙，自在天性，不須深告語也。

〔三〕正義著，作慮反。著，明也。言天道性命，告非其人，雖爲言說，不得著明微妙，曉其意也。

昔之傳天數者：高辛之前，重、黎；〔一〕於唐、虞，羲、和；〔二〕有夏，昆吾；〔三〕殷商，巫咸；〔四〕周室，史佚、萇弘；〔五〕於宋，子韋；鄭則裨竈；〔六〕在齊，甘公；〔七〕楚，唐眛；〔八〕趙，尹皋；魏，石申。〔九〕

〔一〕正義左傳云蔡墨曰「少昊氏之子曰黎，爲火正，號祝融」，即火行之官，知天數。

〔二〕正義羲氏，和氏，掌天地四時之官也。

〔三〕正義昆吾，陸終之子。虞翻云「昆吾名樊，爲己姓，封昆吾」。世本云昆吾衛者也。

〔四〕正義巫咸，殷賢臣也，本吴人，冢在蘇州常熟海隅山上。子賢，亦在此也。

〔五〕正義史佚，周武王時太史尹佚也。萇弘，周靈王時大夫也。

〔六〕正義裨竈，鄭大夫也。

〔七〕集解徐廣曰：「或曰甘公名德也，本是魯人。」正義七録云楚人，戰國時作天文星占八卷。

〔八〕正義莫葛反。

〔九〕正義七録云石申，魏人，戰國時作天文八卷也。

夫天運，三十歲一小變，百年中變，五百載大變；三大變一紀，三紀而大備：此其大數也。爲國者必貴三五。〔一〕上下各千歲，然後天人之際續備。

〔一〕索隱三五謂三十歲一小變，五百歲一大變。

太史公推古天變，未有可考于今者。蓋略以春秋二百四十二年之閒，〔一〕日蝕三十六，〔二〕彗星三見，〔三〕宋襄公時星隕如雨。〔四〕天子微，諸侯力政，〔五〕五伯代興，〔六〕更爲主命。自是之後，衆暴寡，大并小。秦、楚、吴、越，夷狄也，爲彊伯。〔七〕田氏篡齊，〔八〕三家分晉，〔九〕並爲戰國。爭於攻取，兵革更起，城邑數屠，因以饑饉疾疫焦苦，臣主共憂患，其察禨祥候星氣尤急。近世十二諸侯七國相王，〔一〇〕言從衡者繼踵，而皋、唐、甘、石因時務論其書傳，故其占驗凌雜米鹽。〔一一〕

〔一〕正義謂從隱公元年至哀公十四年獲麟也。隱公十一年，桓公十八年，莊公三十二年，閔公二年，僖公三十三

年，文公十八年，宣公十八年，成公十八年，襄公三十一年，昭公三十二年，定公十五年，哀公十四年：凡二百四十二年也。

〔二〕正義 謂隱公三年二月乙巳；桓公三年七月壬辰朔，十七年十月朔；莊公十八年三月朔，二十五年六月辛未朔，二十六年十二月癸亥朔，三十年九月庚午朔；僖公五年九月戊申朔，十二年三月庚午朔，十五年五月朔；文公元年二月癸亥朔，十五年六月辛卯朔；宣公八年七月庚子朔，十年四月丙辰朔，十七年六月癸卯朔；成公十六年六月丙辰朔，十七年七月丁巳朔；襄公十四年二月乙未朔，十五年八月丁巳朔，二十年十月丙辰朔，二十一年九月庚戌朔，十月庚辰朔，二十三年二月癸酉朔，二十四年七月甲子朔，八月癸巳朔，二十七年十二月乙亥朔；昭公七年四月甲辰朔，十五年六月丁巳朔，十七年六月甲戌朔，二十一年七月壬午朔，二十二年十二月癸酉朔，二十四年五月乙未朔，三十年十二月辛亥朔；定公五年三月辛亥朔，十二年十一月丙寅朔，十五年八月庚辰朔：凡蝕三十六也。

〔三〕正義 謂文公十四年七月有星入于北斗，昭公十七年冬有星孛于大辰，哀公十三年有星孛于東方。

〔四〕正義 謂僖公十六年正月戊申朔，隕石于宋五也。

〔五〕集解 徐廣曰：「一作『征』。」

〔六〕正義 趙岐注孟子云齊桓、晉文、秦穆、宋襄、楚莊也。

〔七〕正義 秦祖非子初邑於秦，地在西戎。楚子鬻熊始封丹陽，荆蠻。吳太伯居吳，周章因封吳，號句吳。越祖少康之子初封於越，以守禹祀，地稱東越。皆戎夷之地，故言夷狄也。後秦穆、楚莊、吳闔閭、越句踐皆得封爲伯也。

〔八〕正義 周安王二十三年，齊康公卒，田和并齊而立爲齊侯。

〔九〕正義 周安王二十六年，魏武侯、韓文侯、趙敬侯共滅晉靜而三分其地。

〔10〕正義 王，于放反。謂漢孝景帝三年，吳王濞、楚王戊、趙王遂、濟南王辟光、淄川王賢、膠東王雄渠也。

〔11〕正義 淩雜，交亂也。米鹽，細碎也。言梟、唐、甘、石等因時務論其書傳中災異所記録者，故其占驗交亂細碎。其語在漢書五行志中也。

二十八舍主十二州，〔一〕斗秉兼之，所從來久矣。〔二〕秦之疆也，候在太白，占於狼、弧。〔三〕吳、楚之疆，候在熒惑，占於鳥衡。〔四〕燕、齊之疆，候在辰星，占於虛、危。〔五〕宋、鄭之疆，候在歲星，占於房、心。〔六〕晉之疆，亦候在辰星，占於參罰。〔七〕

〔一〕正義 二十八舍，謂東方角、亢、氐、房、心、尾、箕；北方斗、牛、女、虛、危、室、壁；西方奎、婁、胃、昴、畢、觜、參；南方井、鬼、柳、星、張、翼、軫。星經云：「角、亢，鄭之分野，兗州；氐、房、心，宋之分野，豫州；尾、箕，燕之分野，幽州；南斗、牽牛，吳、越之分野，揚州；須女、虛，齊之分野，青州；危、室、壁，衞之分野，并州；奎、婁，魯之分野，徐州；胃、昴，趙之分野，冀州；畢、觜、參，魏之分野，益州；東井、輿鬼，秦之分野，雍州；柳、星、張，周之分野，三河；翼、軫，楚之分野，荆州也。」

〔二〕正義 言北斗所建秉十二辰，兼十二州，二十八宿，自古所用，從來久遠矣。

〔三〕正義 太白、狼、弧，皆西方之星，故秦占候也。

〔四〕正義 熒惑、鳥衡，皆南方之星，故吳、楚之占候也。鳥衡，柳星也。一本作「注張」也。

〔五〕正義 辰星、虛、危，皆北方之星，故燕、齊占候也。

〔六〕正義 歲星、房、心，皆東方之星，故宋、鄭占候也。

〔七〕正義 辰星、參、罰，皆北方西方之星，故晉占候也。

及秦并吞三晉、燕、代，自河山以南者中國。〔一〕中國於四海內則在東南，爲陽；〔二〕陽則日、歲星、熒惑、填星；〔三〕占於街南，畢主之。〔四〕其西北則胡、貉、月氏諸衣旃裘引弓之民，爲陰；〔五〕陰則月、太白、辰星；〔六〕占於街北，昴主之。〔七〕故中國山川東北流，其維，首在隴、蜀，尾没于勃、碣。〔八〕是以秦、晉好用兵，〔九〕復占太白，太白主中國；而胡、貉數侵掠，〔10〕獨占辰星，辰星出入躁疾，常主夷狄：其大經也。此更爲客主人。〔11〕熒惑爲孛，外則理兵，內則理政。故曰「雖有明天子，必視熒惑所在」。〔12〕諸侯更彊，時菑異記，無可録者。

〔一〕正義 河，黄河也。山，華山也。從華山及黄河以南爲中國也。

〔二〕正義 爾雅云「九夷，八狄，七戎，六蠻，謂之四海之內」。中國，從河山東南爲陽也。

〔三〕正義 日，人質反。填音鎮。日，陽也。歲星屬東方，熒惑屬南方，填星屬中央，皆在南及東，爲陽也。

〔四〕正義 天街二星，主畢、昴，主國界也。街南爲華夏之國，街北爲夷狄之國，則畢星主陽。

〔五〕正義 貉音陌。氏音支。從河山西北及秦、晉爲陰也。

〔六〕正義 月，陰也。太白屬西方，辰星屬北方，皆在北及西，爲陰也。

〔七〕正義 天街星北爲夷狄之國，則昴星主之，陰也。

〔八〕正義 言中國山及川東北流行，若南山首在崑崙蔥嶺，東北行，連隴山至南山、華山，渡河東北盡碣石山。黄河首起崑崙山；渭水、岷江發源出隴山：皆東北東入勃海也。

〔九〕集解 韋昭曰：「秦晉西南維之北爲陰，猶與胡、貉引弓之民同，故好用兵。」

〔10〕正義 主猶領也，入也。星經云「太白在北，月在南，中國敗；太白在南，月在北，中國不敗也」。是胡貉數侵掠之也。

〔11〕正義 更，格行反，下同。星經云：「辰星不出，太白爲客；辰星出，太白爲主人。辰星、太白不相從，雖有軍不戰。辰星出東方，太白出西方，若辰星出西方，太白出東方，爲『格野』，雖有兵不戰；合宿乃戰。辰星入太白中五日，及入而上出，破軍殺將，客勝；不出，客亡地。視旗所指。」

〔12〕索隱 必視熒惑之所在。此據春秋緯文耀鉤，故言「故曰」。

秦始皇之時，十五年彗星四見，久者八十日，長或竟天。其後秦遂以兵滅六王，并中國，外攘四夷，死人如亂麻，因以張楚並起，三十年之閒〔一〕兵相駘藉，〔二〕不可勝數。自蚩尤以來，未嘗若斯也。

〔一〕正義 謂從秦始皇十六年起兵滅韓，至漢高祖五年滅項羽，則三十六年矣。

〔二〕集解 蘇林曰：「駘音臺，登躡也。」

項羽救鉅鹿，枉矢西流，山東遂合從諸侯，西坑秦人，誅屠咸陽。

漢之興，五星聚于東井。平城之圍，〔一〕月暈參、畢七重。〔二〕諸呂作亂，日蝕，晝晦。吳楚七國叛逆，彗星數丈，天狗過梁野；及兵起，遂伏尸流血其下。元光、元狩，蚩尤之旗

再見，長則半天。其後京師師四出，〔三〕誅夷狄者數十年，而伐胡尤甚。越之亡，熒惑守斗；〔四〕朝鮮之拔，星茀〔五〕于河戍；〔六〕兵征大宛，星茀招搖：〔七〕此其犖犖〔八〕大者。若至委曲小變，不可勝道。由是觀之，未有不先形見而應隨之者也。

〔一〕索隱漢高祖之七年。

〔二〕索隱案：天文志「其占者畢、昴閒天街也。街北，胡也。街南，中國也。昴爲匈奴；參爲趙；畢爲邊兵。是歲高祖自將兵擊匈奴，至平城，爲冒頓所圍，七日乃解」。則天象有若符契。七重，主七日也。

〔三〕正義元光元年，太中大夫衞青等伐匈奴；元狩二年，冠軍侯霍去病等擊胡；元鼎五年，衞尉路博德等破南越；及韓說破東越，并破西南夷，開十餘郡；元年，樓船將軍楊僕擊朝鮮也。

〔四〕正義南斗爲吳、越之分野。

〔五〕索隱音佩，即孛星也。

〔六〕索隱案：天文志「武帝元封之中，星孛于河戍，其占曰『南戍爲越門，北戍爲胡門』。其後漢兵擊拔朝鮮，以爲樂浪、玄菟郡。朝鮮在海中，越之象，居北方，胡之域也」。其河戍即南河、北河也。

〔七〕正義招搖一星，次北斗杓端，主胡兵也。占：角變，則兵革大行。

〔八〕索隱力角反。犖犖，大事分明也。

夫自漢之爲天數者，星則唐都，氣則王朔，占歲則魏鮮。故甘、石曆五星法，唯獨熒惑有反逆行；逆行所守，及他星逆行，日月薄蝕，〔一〕皆以爲占。

〔一〕集解孟康曰：「日月無光曰薄。京房易傳曰『日赤黃爲薄』。或曰不交而蝕曰薄。」韋昭曰：「氣往迫之爲薄，虧毀爲蝕。」

余觀史記，考行事，百年之中，五星無出而不反逆行，反逆行，嘗盛大而變色；日月薄蝕，行南北有時：此其大度也。故紫宮、〔一〕房心、〔二〕權衡、〔三〕咸池、〔四〕虛危〔五〕列宿部星，〔六〕此天之五官坐位也，爲經，不移徙，大小有差，闊狹有常。〔七〕水、火、金、木、填星，〔八〕此五星者，天之五佐，〔九〕爲（經）緯，見伏有時，〔一〇〕所過行贏縮有度。

〔一〕正義中宮也。

〔二〕正義東宮也。

〔三〕正義南宮也。

〔四〕正義西宮也。

〔五〕正義北宮也。

〔六〕正義五官列宿部內之星也。

〔七〕集解孟康曰：「闊狹，若三台星相去遠近。」

〔八〕集解徐廣曰：「木、火、土三星若合，是謂驚位絶行。」

〔九〕正義言水、火、金、木、土五星佐天行德也。

〔一〇〕正義五星行南北爲經，東西爲緯也。

日變脩德，月變省刑，星變結和。凡天變，過度乃占。國君彊大，有德者昌；弱小，飾詐者亡。太上脩德，其次脩政，其次脩救，其次脩禳，正下無之。夫常星之變希見，而三光之占亟用。日月暈適，〔一〕雲風，此天之客氣，其發見亦有大運。然其與政事俯仰，最近（大）〔天〕人之符。此五者，天之感動。爲天數者，必通三五。〔二〕終始古今，深觀時變，察其精粗，則天官備矣。

〔一〕集解徐廣曰：「適者，災變咎徵也。」李斐曰：「適，見災于天。劉向以爲日、月蝕及星逆行，非太平之常。自周衰以來，人事多亂，故天文應之遂變耳。」駰案：孟康曰「暈，日旁氣也。適，日之將食，先有黑氣之變」。

〔二〕索隱案：三謂三辰，五謂五星。

蒼帝行德，天門爲之開。〔一〕赤帝行德，天牢爲之空。〔二〕黃帝行德，天天爲之起。〔三〕風從西北來，必以庚、辛。一秋中，五至，大赦；三至，小赦。白帝行德，以正月二十日、二十一日，月暈圍，常大赦載，謂有太陽也。一日：〔四〕白帝行德，畢、昴爲之圍。圍三暮，德乃成；〔五〕不三暮，及圍不合，德不成。二日：以辰圍，不出其旬。黑帝行德，天關爲之動。〔六〕天行德，天子更立年；〔七〕不德，風雨破石。三能、三衡者，天廷也。〔八〕客星出天廷，有奇令。

〔一〕索隱案：謂王者行春令，布德澤，被天下，應靈威仰之帝，而天門爲之開，以發德化也。天門，即左右角閒也。正義爲，于僞反，下同。蒼帝，東方靈威仰之帝也。春，萬物開發，東作起，則天發其德化，天門爲之開也。

〔二〕索隱亦謂王者行德，以應火精之帝。謂舉大禮，封諸侯之地，則是赤帝行德。夏陽，主舒散，故天牢爲之空，則人主當赦宥也。正義赤帝，南方赤熛怒之帝也。夏萬物茂盛，功作大興，則天施德惠，天牢爲之空虛也。天牢六星，在北斗魁下，不對中台，主秉禁暴，亦貴人之牢也。

〔三〕正義黃帝，中央含樞紐之帝。季夏萬物盛大，則當大赦，含養羣品也。

〔四〕索隱一曰、二曰，案謂星家之異說，太史公兼記之耳。

〔五〕正義白帝，西方白招矩之帝也。秋萬物咸成，則暈圍畢、昴三暮，帝德乃成也。

〔六〕正義黑帝，北方叶光紀之帝也。冬萬物閉藏，爲之動，爲之開閉也。天關一星，在五車南，畢西北，爲天門，日、月、五星所道，主邊事，亦爲限隔內外，障絶往來，禁道之作違者。占：芒，角，有兵起；五星守之，主貴人多死也。

〔七〕索隱案：天，謂北極，紫微宮也。言王者當天心，則北辰有光耀，是行德也。北辰光耀，則天子更立年也。

〔八〕索隱上云「南宮朱鳥，權衡，衡，太微，三光之廷」，則三衡者即太微也。其謂之三者，爲日、月、五星也。然斗第六第五星亦名衡，又參三星亦名衡，然並不爲天廷也。正義晉書天文志云：「三台，主開德宣符也，所以和陰陽而理萬物也。三衡者，北斗魁四星爲璇璣，杓三星爲玉衡，人君之象，號令主也。又太微，天子宮庭也。太微爲衡，衡主平也，爲天庭理，法平辭理也。」案：言三台、三衡者，皆天帝之庭，號令舒散平理也，故言三台、三衡。言若有客星出三台、三衡之廷，必有奇異教令也。

中華書局

【索隱述贊】在天成象，有同影響。觀文察變，其來自往。天官既書，太史攸掌。雲物必記，星辰可仰。盈縮匪僭，應驗無爽。至哉玄監，云誰欲謁！

史記卷二十八

封禪書第六

正義此泰山上築土爲壇以祭天，報天之功，故曰封。此泰山下小山上除地，報地之功，故曰禪。言禪者，神之也。白虎通云：「或曰封者，金泥銀繩，或曰石泥金繩，封之印璽也。」五經通義云：「易姓而王，致太平，必封泰山，禪梁父，（荷）〔何〕？天命以爲王，使理羣生，告太平於天，報羣神之功。」

自古受命帝王，曷嘗不封禪？蓋有無其應而用事者矣，未有睹符瑞見而不臻乎泰山者也。雖受命而功不至，至梁父矣而德不洽，洽矣而日有不暇給，是以即事用希。傳曰：「三年不爲禮，禮必廢；三年不爲樂，樂必壞。」每世之隆，則封禪答焉，及衰而息。厥曠遠者千有餘載，近者數百載，故其儀闕然堙滅，其詳不可得而記聞云。

尚書曰，舜在璇璣玉衡，以齊七政。遂類于上帝，禋于六宗，望山川，徧羣神。輯五瑞，擇吉月日，見四嶽諸牧，還瑞。〔一〕歲二月，東巡狩，至于岱宗。岱宗，泰山也。〔二〕柴，望秩于

山川。遂覲東后。東后者，諸侯也。合時月正日，同律度量衡，修五禮，五玉三帛二生一死贄。五月，巡狩至南嶽。南嶽，衡山也。〔三〕八月，巡狩至西嶽。西嶽，華山也。〔四〕十一月，巡狩至北嶽。北嶽，恆山也。〔五〕皆如岱宗之禮。中嶽，嵩高也。〔六〕五載一巡狩。

〔一〕集解徐廣曰：「還，一作『班』。」

〔二〕正義括地志云：「泰山，一曰岱宗，東岳也，在兗州博城縣西北三十里。周禮云兗州鎮曰岱宗。」

〔三〕正義括地志云：「衡山，一名峋嶁山，在衡州湘潭縣西四十里。」

〔四〕正義括地志云：「華山在華州華陰縣南八里，古文以爲敦物。周禮云豫州鎮曰華山。」

〔五〕正義括地志云：「恆山在定州恆陽縣西北百四十里。周禮云并州鎮曰恆山。」

〔六〕索隱獨不言「至」者，蓋以天子所都也。正義括地志云：「嵩山，亦名曰太室，亦名曰外方也。在洛州陽城縣西北二十三里。」

禹遵之。後十四世，至帝孔甲，淫德好神，神瀆，二龍去之。〔一〕其後三世，湯伐桀，欲遷夏社，不可，作夏社。後八世，至帝太戊，有桑穀生於廷，一暮大拱，懼。伊陟曰：〔二〕「妖不勝德。」太戊修德，桑穀死。伊陟贊巫咸，巫咸之興自此始。〔三〕後十四世，帝武丁得傅說爲相，殷復興焉，稱高宗。有雉〔四〕登鼎耳雊，武丁懼。祖己曰：「修德。」武丁從之，位以永寧。後五世，帝武乙慢神而震死。〔五〕後三世，帝紂淫亂，武王伐之。由此觀之，始未嘗不肅

祇，後稍怠慢也。

〔一〕索隱 如淳按：國語「二龍漦于夏庭」是也。

〔二〕集解 徐廣曰：「陟，古作『敕』。」

〔三〕索隱 案尚書，巫咸殷臣名，伊陟贊告巫咸。今此云「巫咸之興自此始」，則以巫咸爲巫覡。然楚詞亦以巫咸主神。蓋太史公以巫咸是殷臣，以巫接神事，太戊使禳桑穀之災，所以伊陟贊巫咸，故云巫咸之興自此始也。

〔四〕集解 徐廣曰：「一作『鷂』，音嬌。」

〔五〕索隱 謂武乙射天，後獵於河渭而震死也。

周官曰，冬日至，祀天於南郊，迎長日之至；夏日至，祭地祇。皆用樂舞，而神乃可得而禮也。天子祭天下名山大川，五嶽視三公，四瀆視諸侯，諸侯祭其疆內名山大川。四瀆者，江、河、淮、濟也。天子曰明堂、辟雍，〔一〕諸侯曰泮宮。〔二〕

〔一〕集解 韋昭曰：「水外四周圓如辟雍，蓋以節觀者也。」

〔二〕集解 張晏曰：「制度半於天子之辟雍。」索隱 按：服虔云「天子水帀，爲辟雍。諸侯水不帀，至半，爲泮宮」。禮統又云「半有水，半有宮」是也。

周公既相成王，郊祀后稷以配天，〔一〕宗祀文王於明堂以配上帝。〔二〕自禹興而修社祀，后稷稼穡，故有稷祠，郊社所從來尚矣。

〔一〕集解 王肅曰：「配天，於南郊祀之。」

〔二〕集解 鄭玄曰：「上帝者，天之別名也。神無二主，故異其處，避后稷也。」

自周克殷後十四世，世益衰，禮樂廢，諸侯恣行，而幽王爲犬戎所敗，〔一〕周東徙雒邑。秦襄公攻戎救周，始列爲諸侯。〔二〕秦襄公既侯，居西垂，〔三〕自以爲主少皞之神，作西畤，祠白帝，其牲用騮駒〔四〕黃牛羝羊各一云。〔五〕其後十六年，秦文公東獵汧渭之閒，卜居之而吉。〔六〕文公夢黃蛇自天下屬地，其口止於鄜衍。〔七〕文公問史敦，敦曰：「此上帝之徵，君其祠之。」於是作鄜畤，用三牲郊祭白帝焉。

〔一〕集解 徐廣曰：「犬，一作『畎』。」

〔二〕正義 秦襄公，周平王元年封也。

〔三〕正義 漢隴西郡西縣也。今在秦州上邽縣西南九十里也。

〔四〕索隱 赤馬黑鬣曰騮也。

〔五〕索隱 詩傳云：「羝，牡羊。」

〔六〕索隱 按：地理志汧水出汧縣西北入渭。皇甫謐云「文公徙都汧」者也。正義 括地志云：「郿縣故城在岐州郿縣東北十五里，即此城也。」

〔七〕集解 李奇曰：「鄜音孚。山阪曰衍。」索隱 鄜，地名，後爲縣，屬馮翊。衍者，鄭衆注周禮云「下平曰衍」；又李奇三輔記云「三輔謂山阪閒爲衍」也。

自未作鄜畤也，而雍旁故有吳陽武畤，〔一〕雍東有好畤，皆廢無祠。或曰：「自古以雍州積高，神明之隩，故立畤郊上帝，諸神祠皆聚云。蓋黃帝時嘗用事，雖晚周亦郊焉。」其語不經見，縉紳者〔二〕不道。

〔一〕集解 李奇曰：「於旁有吳陽地。」

〔二〕集解 李奇曰：「縉，插也，插笏於紳。紳，大帶。」索隱 姚氏云「縉，當作『搢』」。鄭衆注周禮云「縉讀爲『薦』，謂薦之於紳帶之閒」。今按：鄭意以縉爲薦，則薦亦是進，進而置於紳帶之閒，故史記亦多作「薦」字也。

作鄜畤後九年，文公獲若石云，〔一〕于陳倉北阪城祠之。〔二〕其神或歲不至，或歲數來，來也常以夜，光輝若流星，從東南來集于祠城，則若雄雞，其聲殷云，野雞夜雊。〔三〕以一牢祠，命曰陳寶。〔四〕

〔一〕集解 蘇林曰：「質如石也。」服虔曰：「在北，或曰在陳倉北。」索隱 蘇林云：「質如石，似肺。」

〔二〕正義 三秦記云：「太白山西有陳倉山，山有石雞，與山雞不別。趙高燒山，山雞飛去，而石雞不去，晨鳴山頭，聲聞三里。或言是玉雞。」括地志云：「陳倉山在今岐州陳倉縣南。」又云：「寶雞神祠在漢陳倉縣故城中，今陳倉縣東。石雞在陳倉山上。」祠在陳倉城，故言獲若石于陳倉北阪城祠之。

〔三〕集解 如淳曰：「野雞，雉也。呂后名雉，故曰野雞。」瓚曰：「殷，聲也。云，足句之詞。」

〔四〕集解 瓚曰：「陳倉縣有寶夫人祠，或一歲二歲與葉君合。葉君神來時，天爲之殷殷雷鳴，雉爲之雊也。在長安正西五百里。」韋昭曰：「在陳倉縣。寶而祠之，故曰陳寶。」索隱 案：列異傳云「陳倉人得異物以獻之，道遇

二童子，云：『此名爲媦，在地下食死人腦。』媦乃言云：『彼二童子名陳寶，得雄者王，得雌者伯。』乃逐童子，化爲雉。秦穆公大獵，果獲其雌，爲立祠。祭，有光，雷電之聲。雄止南陽，有赤光長十餘丈，來入陳倉祠中」。所以代俗謂之寶夫人祠，抑有由也。葉，縣名，在南陽。葉君即雄雉之神，故時與寶夫人神合也。

作鄜畤後七十八年，秦德公既立，卜居雍，「後子孫飲馬於河」，遂都雍。雍之諸祠自此興。用三百牢於鄜畤。〔一〕作伏祠。〔二〕磔狗邑四門，以禦蠱菑。〔三〕

〔一〕索隱 案秦本紀，德公元年以犧三百祠鄜畤。今案：「百」當爲「白」，秦君西祀少昊時牲尚白。秦，諸侯也，雖奢侈，祭郊本特牲，不可用三百牢以祭天，蓋字誤耳。

〔二〕索隱 案：服虔云「周時無伏，磔犬以禦災，秦始作之」。漢舊儀云「伏者，萬鬼行日，故閉不干求也」，故東觀漢記「和帝初令伏閉晝日」是也。又曆忌釋曰「伏者何？金氣伏藏之名。四時代謝，皆以相生。而春木代水，水生木也。夏火代木，木生火也。冬水代金，金生水也。至秋，則以金代火，金畏於火，故至庚日必伏。庚者，金日也」。

〔三〕索隱 案：左傳云「皿蟲爲蠱」，梟磔之鬼亦爲蠱。故月令云「大儺，旁磔」，注云「磔，禳也。厲鬼爲蠱，將出害人，旁磔於四方之門」。故此亦磔狗邑四門也。風俗通云「殺犬磔禳也」。

德公立二年卒。其後（六）〔四〕年，秦宣公作密畤於渭南，祭青帝。

其後十四年，秦繆公立，病卧五日不寤；寤，乃言夢見上帝，上帝命繆公平晉亂。史書而記藏之府。而後世皆曰秦繆公上天。

秦繆公即位九年，齊桓公既霸，會諸侯於葵丘，〔一〕而欲封禪。管仲曰：〔二〕「古者封泰山禪梁父者〔三〕七十二家，〔四〕而夷吾所記者十有二焉。昔無懷氏〔五〕封泰山，禪云云；〔六〕虙羲封泰山，禪云云；神農封泰山，禪云云；炎帝〔七〕封泰山，禪云云；黃帝封泰山，禪亭亭；〔八〕顓頊封泰山，禪云云；帝俈封泰山，禪云云；堯封泰山，禪云云；舜封泰山，禪云云；禹封泰山，禪會稽；〔九〕湯封泰山，禪云云；周成王封泰山，禪社首：〔一〇〕皆受命然後得封禪。」桓公曰：「寡人北伐山戎，〔一一〕過孤竹；〔一二〕西伐大夏，涉流沙，束馬懸車，上卑耳之山；〔一三〕南伐至召陵，〔一四〕登熊耳山〔一五〕以望江漢。兵車之會三，〔一六〕而乘車之會六，〔一七〕九合諸侯，一匡天下，諸侯莫違我。昔三代受命，亦何以異乎？」於是管仲睹桓公不可窮以辭，因設之以事，曰：「古之封禪，鄗上之黍，北里之禾，〔一八〕所以爲盛；江淮之閒，一茅三脊，〔一九〕所以爲藉也。東海致比目之魚，〔二〇〕西海致比翼之鳥，〔二一〕然后物有不召而自至者十有五焉。今鳳皇麒麟不來，嘉穀不生，而蓬蒿藜莠茂，鴟梟數至，而欲封禪，毋乃不可乎？」於是桓公乃止。是歲，秦繆公內晉君夷吾。其後三置晉國之君，〔二二〕平其亂，繆公立三十九年而卒。

〔一〕正義括地志云：「葵丘在曹州考城縣東南一里五十步郭內，即桓公所會處也。」

〔二〕索隱案：今管子書其封禪篇亡。

〔三〕正義括地志云：「梁父山在兗州泗水縣北八十里。」

〔四〕正義韓詩外傳云：「孔子升泰山，觀易姓而王可得而數者七十餘人，不得而數者萬數也。」案：管仲所記自無懷氏以下十二家，其六十家無紀録也。

〔五〕集解服虔曰：「古之王者，在伏羲前，見莊子。」

〔六〕集解李奇曰：「云云山在梁父東。」索隱晉灼云：「山在蒙陰縣故城東北，下有云云亭也。」正義括地志云：「云云山在兗州博城縣西南三十里也。」

〔七〕索隱鄧展云「神農後子孫亦稱炎帝而登封者」，律曆志「黃帝與炎帝戰於阪泉」，豈黃帝與神農身戰乎？皇甫謐云炎帝傳位八代也。

〔八〕集解徐廣曰：「在鉅平。」駰案：服虔曰「亭亭山在牟陰」。索隱應邵云「在鉅平北十餘里」。服虔云「在牟陰」，非也。正義括地志云：「亭亭山在兗州博城縣西南三十里也。」

〔九〕索隱晉灼云「本名茅山」。吳越春秋云「禹巡天下，登茅山，羣臣乃大會計，更名茅山爲會稽」。亦曰苗山也。正義括地志云：「會稽山一名衡山，在越州會稽縣東南一十二里也。」

〔一〇〕集解應劭曰：「山名，在博縣。」晉灼曰：「在鉅平南十三里。」

〔一一〕索隱服虔云：「蓋今鮮卑是。」

〔一二〕正義括地志云：「孤竹故城在平州盧龍縣南一十里，殷時孤竹國也。」

〔一三〕集解韋昭曰：「將上山，纏束其馬，懸鉤其車也。卑耳即齊語所謂『辟耳』。」索隱案：山名，在河東大陽。卑讀如字也。齊語，即春秋外傳國語之書也。辟音僻。賈逵云「山險也」。

〔一四〕正義召音邵。括地志云：「召陵故城在豫州郾城縣東四十五里也。」

〔一五〕索隱登熊耳。案：荆州記耒陽、益陽二縣東北有熊耳，東西各一峯，狀如熊耳，因以爲名。齊桓公並登之。或示弘農熊耳，下云「望江漢」，知非也。

〔一六〕索隱案左傳，三，謂魯莊十三年會北杏，平宋亂；僖四年侵蔡，遂伐楚；六年伐鄭，圍新城是也。

〔一七〕索隱據左氏傳云，謂莊十四年會于鄄，十五年又會鄄，十六年盟于幽，僖五年會于首止，八年盟于洮，九年會葵丘也。

〔一八〕集解應劭曰：「鄗上，山也。鄗音臛。」蘇林曰：「鄗上、北里皆地名。」索隱韋昭云：「設以不可得之物。」鄗音霍。應劭云：「光武改高邑曰鄗。」姚氏云：「鄗縣屬常山。」一云鄗上，山名。

〔一九〕集解孟康曰：「所謂靈茅也。」

〔二〇〕集解韋昭曰：「各有一目，不比不行，其名曰鰈。」索隱鰈音荅。郭璞云：「如牛脾，身薄，細鱗，紫黑色，只一眼，兩片合乃得行，今江東呼爲王餘，亦曰版魚。」

〔二一〕集解韋昭曰：「各有一翼，不比不飛，其名曰鶼鶼。」索隱案：山海經云「崇吾之山有鳥，狀如鳧，一翼一目，相得乃飛，名云蠻」。郭璞注爾雅亦作「鶼鶼」。

〔二二〕索隱三置晉君。案：謂惠公、懷公、文公也。

其後百有餘年，而孔子論述六蓺，傳略言易姓而王，封泰山禪乎梁父者七十餘王矣，

其俎豆之禮不章，蓋難言之。或問禘之說，孔子曰：「不知。知禘之說，其於天下也視其掌。」〔一〕詩云紂在位，文王受命，政不及泰山。武王克殷二年，天下未寧而崩。爰周德之洽維成王，成王之封禪則近之矣。及後陪臣執政，季氏旅於泰山，仲尼譏之。〔二〕

〔一〕集解孔安國曰：「爲魯諱也。」包氏曰：「孔子謂或人言知禘之說者，於天下之事如指視以掌中之物，言其易了。」

〔二〕集解馬融曰：「旅，祭名。禮，諸侯祭山川在封內者。陪臣祭泰山，非禮也。」

是時萇弘以方事周靈王，諸侯莫朝周，周力少，萇弘乃明鬼神事，設射貍首。貍首者，諸侯之不來者。〔一〕依物怪欲以致諸侯。諸侯不從，而晉人執殺萇弘。〔二〕周人之言方怪者自萇弘。

〔一〕集解徐廣曰：「貍，一名『不來』。」

〔二〕集解皇覽曰：「萇弘冢在河南洛陽東北山上。」

其後百餘年，秦靈公作吳陽上畤，〔一〕祭黃帝；〔二〕作下畤，祭炎帝。

〔一〕索隱吳陽，地名，蓋在岳之南。又上云「雍旁有故吳陽武畤」，今蓋因武畤又作上、下畤以祭黃帝、炎帝。

〔二〕集解徐廣曰：「凡距作密畤二百五十年。」

後四十八年，周太史儋〔一〕見秦獻公曰：「秦始與周合，合而離，五百歲當復合，〔二〕合十

七年而霸王出焉。」〔三〕櫟陽雨金，秦獻公自以爲得金瑞，故作畦畤櫟陽而祀白帝。〔四〕

〔一〕索隱 音丁甘反。孟康云即老子也。韋昭案年表，儋在孔子後百餘年，非老耼也。

〔二〕索隱 案：大顏歷評諸家，而云周平王封襄公爲諸侯，至昭王五十二年西周君獻邑，凡五百一十六年爲合，亦舉全數。

〔三〕索隱 合十七年伯王出。自昭王滅周之後至始皇元年誅嫪毐，正一十七年。孟康云：「謂周封秦爲別，秦并周爲合。此襄公爲霸，始皇爲王也。」正義 王，于放反。秦周俱黃帝之後，至非子末別封，是合也。合而離者，謂非子末年，周封非子爲附庸，邑之秦，是離也。五百歲當復合者，謂從非子邑秦後二十九君，至秦孝公二年五百歲，周顯王致文武胙於秦孝公，復與之親，是復合也。十七年霸王出焉者，謂從秦孝公三年至十九年，周顯王致伯於秦孝公，是霸出也；至惠王稱王，王者出焉。然五百歲者，非子生秦侯已下二十八君，至孝公二年，合四百八十六年，兼非子邑秦之後十四年，則五百歲矣。諸家解皆非也。

〔四〕集解 晉灼曰：「漢注在隴西西縣人先祠山下，形如種韭畦，畦各一土封。」索隱 漢舊儀云：「祭人先於隴西西縣人先山，山上皆有土人，山下有畤，埒如菜畦，畤中各有一土封，故云畤。」三蒼云：「畤，埒也。」

其後百二十歲而秦滅周，〔一〕周之九鼎入于秦。或曰宋太丘社亡，〔二〕而鼎沒于泗水彭城下。

〔一〕集解 徐廣曰：「去太史儋言時百二十年。」

〔二〕集解 爾雅曰：「右陵太丘。」索隱 應劭云：「亡，淪入地也。」案：亡，社主亡也。爾雅云「右陵太丘」。郭璞

云「宋有太丘」。

其後百一十五年而秦并天下。

秦始皇既并天下而帝，或曰：「黃帝得土德，黃龍地螾見。〔一〕夏得木德，青龍止於郊，草木暢茂。殷得金德，銀自山溢。〔二〕周得火德，有赤烏之符。〔三〕今秦變周，水德之時。昔秦文公出獵，獲黑龍，此其水德之瑞。」於是秦更命河曰「德水」，以冬十月爲年首，色上黑，度以六爲名，〔四〕音上大呂，事統上法。〔五〕

〔一〕集解 應劭曰：「螾，丘蚓也。黃帝土德，故地見其神。蚓大五六圍，長十餘丈。」韋昭曰：「黃者地色，螾亦地物，故以爲瑞。」

〔二〕集解 蘇林曰：「流出也。」索隱 出呂氏春秋。音引。

〔三〕索隱 中候及呂氏春秋皆云「有火自天止于王屋，流爲赤烏，五至，以穀俱來」。

〔四〕正義 張晏云：「水，北方，黑。水終數六，故以方六寸爲符，六尺爲步。」

〔五〕集解 服虔曰：「政尚法令也。」瓚曰：「水陰，陰主刑殺，故尚法。」

即帝位三年，東巡郡縣，祠騶嶧山，〔一〕頌秦功業。於是徵從齊魯之儒生博士七十人，至乎泰山下。諸儒生或議曰：「古者封禪爲蒲車，〔二〕惡傷山之土石草木；埽地而祭，席用葅稭，〔三〕言其易遵也。」始皇聞此議各乖異，難施用，由此絀儒生。而遂除車道，上自泰山陽至巔，立石頌秦始皇帝德，明其得封也。從陰道下，禪於梁父。其禮頗采太祝之祀雍上帝所用，而封藏皆祕之，世不得而記也。

〔一〕索隱 騶縣之嶧山。騶縣本邾國，魯穆公改作「鄒」。從征記北巖有秦始皇所勒銘。

〔二〕索隱 謂蒲裹車輪，惡傷草木。

〔三〕集解 應劭曰：「稭，禾稾也。去其皮以爲席。」如淳曰：「葅讀曰租。稭讀曰戛。」晉灼曰：「葅，藉也。」索隱 上音租，下音戛。周禮「祭祀供茅葅」。說文云：「葅，茅藉也。稭，禾稾去其皮，祭天以此。」

始皇之上泰山，中阪遇暴風雨，休於大樹下。諸儒生既絀，不得與用於封事之禮，聞始皇遇風雨，則譏之。

於是始皇遂東遊海上，行禮祠名山大川及八神，求僊人羨門之屬。八神將自古而有之，或曰太公以來作之。齊所以爲齊，以天齊也。〔一〕其祀絕莫知起時。八神：一曰天主，〔二〕祠天齊。天齊淵〔三〕水，居臨菑南郊山下者。〔四〕二曰地主，祠泰山梁父。蓋天好陰，祠之必於高山之下，小山之上，命曰「畤」；〔五〕地貴陽，祭之必於澤中圜丘云。三曰兵主，祠蚩尤。蚩尤在東平陸監鄉，〔六〕齊之西境也。四曰陰主，祠三山。〔七〕五曰陽主，祠之罘。〔八〕六曰月主，祠之萊山。〔九〕皆在齊北，並勃海。七曰日主，祠成山。成山斗入海，〔一〇〕最居齊東北隅，以迎日出云。八曰四時主，祠琅邪。〔一一〕琅邪在齊東方，蓋歲之所始。皆各

用一牢具祠，而巫祝所損益，珪幣雜異焉。

〔一〕集解 蘇林曰：「當天中央齊。」

〔二〕索隱 謂主祠天。

〔三〕索隱 顧氏案：解道彪齊記云「臨菑城南有天齊泉，五泉並出，有異於常，言如天之腹齊也」。

〔四〕索隱 下下者。小顏云：「下下謂最下也。」

〔五〕集解 徐廣曰：「一云『之下（上）畤命曰畤』。」索隱 此之「一云」，與漢書郊祀志文同也。

〔六〕集解 徐廣曰：「屬東平郡。」索隱 監音闞。韋昭云：「縣名，屬東平。」皇覽云：「蚩尤冢在東平郡壽張縣闞鄉城中。」

〔七〕索隱 小顏以爲下所謂三神山。顧氏案：地理志東萊曲成有參山，即此三山也，非海中三神山也。

〔八〕正義 括地志云：「之罘山在萊州文登縣西北九十里。」

〔九〕集解 韋昭曰：「在東萊長廣縣。」

〔一〇〕集解 韋昭曰：「成山在東萊不夜，斗入海。不夜，古縣名。」索隱 不夜，縣名，屬東萊。案：解道彪齊記云「不夜城蓋古有日夜出見於境，故萊子立城以不夜爲名」。斗入海，謂斗絕曲入海也。

〔一一〕索隱 案：山海經云「琅邪臺在勃海閒」。案：是山如臺。地理志琅邪縣有四時祠也。

自齊威、宣〔一〕之時，騶子之徒〔二〕論著終始五德之運，〔三〕及秦帝而齊人奏之，故始皇采用之。而宋毋忌、〔四〕正伯僑、〔五〕充尚、〔六〕羨門高〔七〕最後皆燕人，〔八〕爲方僊道，〔九〕形

解銷化，〔一〇〕依於鬼神之事。騶衍以陰陽主運〔一一〕顯於諸侯，而燕齊海上之方士傳其術不能通，然則怪迂阿諛苟合之徒自此興，不可勝數也。

〔一〕【索隱】威王、宣王也。
〔二〕【集解】韋昭曰：「名衍。」
〔三〕【集解】如淳曰：「今其書有五德終始。五德各以所勝爲行。秦謂周爲火德，滅火者水，故自謂水德。」
〔四〕【索隱】案：樂産引老子戒經云「月中仙人宋無忌」。白澤圖云「火之精曰宋無忌」。蓋其人火仙也。
〔五〕【索隱】樂産案：馬相如云「正伯僑，古仙人」。顧氏案：裴秀冀州記云「緱山仙人廟者，昔有王喬，犍爲武陽人，爲柏人令，於此得仙，非王子喬也」。
〔六〕【索隱】無别所見。
〔七〕【索隱】案：秦始皇求羨門子高是也。
〔八〕【索隱】案：最後猶言甚後也。服虔説止有四人，是也。小顏云自宋無忌至最後凡五人，劉伯莊亦同此説，非也。
〔九〕【集解】韋昭曰：「皆慕古人名效神仙者。」
〔一〇〕【集解】服虔曰：「尸解也。」張晏曰：「人老而解去，故骨如變化也。今山中有龍骨，世人謂之龍解骨化去也。」
〔一一〕【集解】如淳曰：「今其書有主運。五行相次轉用事，隨方面爲服。」【索隱】案：主運是鄒子書篇名也。

自威、宣、燕昭使人入海求蓬萊、方丈、瀛洲。此三神山者，其傅在勃海中，〔一〕去人不

遠；患且至，則船風引而去。蓋嘗有至者，諸僊人及不死之藥皆在焉。其物禽獸盡白，而黄金銀爲宫闕。未至，望之如雲；及到，三神山反居水下。臨之，風輒引去，終莫能至云。世主莫不甘心焉。〔二〕及至秦始皇并天下，至海上，則方士言之不可勝數。始皇自以爲至海上而恐不及矣，使人乃齎童男女入海求之。船交海中，皆以風爲解，〔三〕曰未能至，望見之焉。其明年，始皇復游海上，至琅邪，過恆山，從上黨歸。後三年，游碣石，考入海方士，〔四〕從上郡歸。後五年，始皇南至湘山，遂登會稽，並海上，冀遇海中三神山之奇藥。不得，還至沙丘崩。〔五〕

〔一〕【集解】服虔曰：「傅音附。或曰其傅書云爾。」瓚曰：「世人相傳之。」
〔二〕【索隱】謂心甘羨也。
〔三〕【索隱】顧野王云：「皆自解説，遇風不至也。」
〔四〕【集解】服虔曰：「疑詐，故考之。」瓚曰：「考校其虚實也。」
〔五〕【正義】括地志云：「沙丘臺在邢州平鄉東北三十里。」

二世元年，東巡碣石，並海南，歷泰山，至會稽，皆禮祠之，而刻勒始皇所立石書旁，以章始皇之功德。〔一〕其秋，諸侯畔秦。三年而二世弑死。

〔一〕【索隱】小顏云：「今諸山皆有始皇所刻石及胡亥重刻，其文具存也。」

始皇封禪之後十二歲，秦亡。諸儒生疾秦焚詩書，誅僇文學，百姓怨其法，天下畔之，皆譌曰：「始皇上泰山，爲暴風雨所擊，不得封禪。」此豈所謂無其德而用事者邪？〔一〕

〔一〕【索隱】即封禪書序云「蓋有無其應而用事者矣」。此當有所本，太史公再引以爲説。

昔三代之（君）〔居〕皆在河洛之閒，〔一〕故嵩高爲中嶽，而四嶽各如其方，四瀆咸在山東。至秦稱帝，都咸陽，則五嶽、四瀆皆并在東方。自五帝以至秦，軼興軼衰，名山大川或在諸侯，或在天子，其禮損益世殊，不可勝記。及秦并天下，令祠官所常奉天地名山大川鬼神可得而序也。

〔一〕【正義】世本云：「夏禹都陽城，避商均也。又都平陽，或在安邑，或在晉陽。」帝王世紀云：「殷湯都亳，在梁，又都偃師，至盤庚徙河北，又徙偃師也。周文、武都酆、鄗，至平王徙都河南。」案：三代之居皆在河洛之閒也。

於是自殽以東，〔一〕名山五，大川祠二。曰太室。太室，嵩高也。恆山，泰山，會稽，湘山。〔二〕水曰濟，曰淮。〔三〕春以脯酒爲歲〔四〕祠，因泮凍，〔五〕秋涸凍，〔六〕冬塞〔七〕禱祠。其牲用牛犢各一，牢具珪幣各異。

〔一〕【索隱】案：殽即崤山。杜預云「崤在弘農澠池縣西南」，即今之崤山是也。亦音豪。
〔二〕【索隱】相山。地理志在長沙。

〔三〕【索隱】案：風俗通云「濟廟在臨邑，淮廟在平氏也」。
〔四〕【索隱】爲，于僞反。
〔五〕【集解】服虔曰：「解凍。」
〔六〕【索隱】案：字林「涸，竭也，下各反」。小顏云「涸，讀與『沍』同。沍，凝也，下故反。春則解，秋則凝」。
〔七〕【索隱】先代反，與「賽」同。賽，今報神福也。

自華以西，名山七，名川四。曰華山，〔一〕薄山。薄山者，衰山也。〔二〕岳山，〔三〕岐山，〔四〕吳岳，〔五〕鴻冢，〔六〕瀆山。瀆山，蜀之汶山。〔七〕水曰河，祠臨晉；〔八〕沔，祠漢中；〔九〕湫淵，祠朝那；〔一〇〕江水，祠蜀。〔一一〕亦春秋泮涸禱塞，如東方名山川；而牲牛犢牢具珪幣各異。而四大冢〔一二〕鴻、岐、吳、岳，皆有嘗禾。〔一三〕

〔一〕【正義】括地志云：「華山在華州華陰縣南八里，古文以爲敦物也。注云『華、嶽本一山，當河水過而行，河神巨靈手盪脚蹋，開而爲兩，今脚跡在東首陽下，手掌在華山，今呼爲仙掌，河流於二山之閒也』。開山圖云巨靈胡者，徧得神仙之道，能造山川，出江河也』。」
〔二〕【集解】徐廣曰：「蒲阪縣有襄山，或字誤也。」【索隱】薄山者，襄山也。應劭云「在潼關北十餘里」。穆天子傳云「自河首襄山」。酈元〔注〕水經云「薄山統目與襄山不殊，在今芮城北，與中條山相連」。是薄、襄一山也。【正義】薄音白落反。衰音色眉反。括地志云：「薄山亦名衰山，一名寸棘山，一名渠山，一名雷首山，一名獨頭山，一名首陽山，一名吳山，一名條山，在陝州芮縣城北十里。」此山西起雷山，東至吳阪，凡十名，以州縣分之，多在

蒲州。今史文云「自華以西」，未詳也。
〔三〕集解徐廣曰：「武功縣有大壺山，又有岳山。」
〔四〕索隱地理志在美陽縣西北也。
〔五〕集解徐廣曰：「在汧也。」索隱徐廣云在汧。
〔六〕索隱黃帝臣大鴻葬雍，鴻冢蓋因大鴻葬爲名也。
〔七〕索隱地理志蜀郡湔氐道，瀆山在西。郭璞注云「山在汶陽郡廣陽縣，一名瀆山也」。
〔八〕索隱韋昭云：「馮翊縣。」地理志臨晉有河水祠。正義即同州馮翊縣，本漢臨晉縣，故大荔，秦獲之更名。括地志云「大河祠在同州朝邑縣南三十里。山海經云『冰夷，人面，乘兩龍也』。太公金匱云『馮脩也』。龍魚河圖云『河伯姓呂，名公子，夫人姓馮名夷。河伯，字也。華陰潼鄉隄首人水死，化爲河伯』。應劭云『夷，馮夷，乃水仙也』。」
〔九〕索隱水經云「沔水出武都沮縣」，注云「東南注漢。謂漢水」，故祠之漢中。樂產云「漢女，漢神也」。
〔10〕集解蘇林曰：「湫淵在安定朝那縣，方四十里，停不流，冬夏不增減，不生草木。音將蓼反。」索隱湫音子小反，又子由反，卽龍之所處也。正義括地志云：「朝那湫祠在原州平高縣東南二十里。湫谷水源出寧州安定縣。」
〔11〕索隱案：風俗通云「江出嶓山，嶓山廟在江都」。地理志江都有江水祠。蓋漢初祠之於源，後祠之於委也。又廣雅云「江神謂之奇相」。江記云「帝女也，卒爲江神」。華陽國志云「蜀守李冰於彭門闕立江神祠三所」。漢舊儀云「祭四瀆用三正牲，沈圭，有車馬紺蓋也」。正義括地志云：「江瀆祠在益州成都縣南八里。秦并天下，江

水祠蜀。」
〔12〕索隱案：謂四山爲大冢也。又爾雅云「山頂曰冢」，蓋亦因鴻冢而爲號也。
〔13〕集解孟康曰：「以新穀祭。」

陳寶節來祠。〔一〕其河加有嘗醪。此皆在雍州之域，近天子之都，故加車一乘，駵駒四。

〔一〕集解服虔曰：「陳寶神應節來也。」

霸、產、〔一〕長水、〔二〕灃、〔三〕澇、〔四〕涇、渭皆非大川，以近咸陽，盡得比山川祠，而無諸加。〔五〕

〔一〕正義括地志云：「灞水，古滋水也，亦名藍谷水，卽秦嶺水之下流，在雍州藍田縣。滻水卽荆溪狗枷之下流也，在雍州萬年縣。」
〔二〕索隱案：百官表有長水校尉。沈約宋書云「營近長水，因以爲名」。水經云「長水出白鹿原」，今之荆溪水是也。
〔三〕索隱十三州記：「灃水出鄠縣南。」正義括地志云：「灃水源在雍州長安縣西南山灃谷。」
〔四〕集解徐廣曰：「音勞。」駰案：漢書音義「水名，在鄠縣界」。
〔五〕集解韋昭曰：「無車駵之屬。」

汧、洛、〔一〕二淵，〔二〕鳴澤、〔三〕蒲山、嶽壻山之屬，〔四〕爲小山川，亦皆歲禱塞泮涸祠，禮不必同。

〔一〕正義括地志云：「汧水源出隴州汧源縣西南汧山，東入渭。洛水源出慶州洛源縣白於山，南流入渭。」又云：「洛水，商州洛南縣西冢嶺山，東北流入河。」案：有二洛水，未知祠何者。
〔二〕正義地理志云二川源在慶州華池縣西子午嶺東，二川合，因名也。
〔三〕索隱案：服虔云「鳴澤，澤名，在涿郡遒縣也」。正義括地志云：「鳴澤在幽州范陽縣西十五里。」案：遒縣在易州淶水縣北一里，故遒城是也。澤在遒南。
〔四〕集解徐廣曰：「壻音先許反。」

而雍有日、月、參、辰、〔一〕南北斗、熒惑、太白、歲星、填星、〔辰星〕、二十八宿、風伯、雨師、四海、九臣、十四臣、〔二〕諸布、〔三〕諸嚴、諸逑〔四〕之屬，百有餘廟。西亦有數十祠。〔五〕於湖〔六〕有周天子祠。於下邽有天神。灃、滈有昭明、〔七〕天子辟池。〔八〕於（社）〔杜〕、亳〔九〕有三社主之祠、壽星祠；〔10〕而雍菅廟亦有杜主。〔11〕杜主，故周之右將軍，〔12〕其在秦中，最小鬼之神者。〔13〕各以歲時奉祠。

〔一〕索隱案：漢舊儀云「祭參、辰星於池陽谷口，夾道左右爲壇也」。
〔二〕集解晉灼曰：「自此以下星至天淵玉女，凡二十六，小神不說。」索隱九臣，十四臣，並不見其名數所出，故昔賢不論之也。
〔三〕索隱案：爾雅「祭星曰布」，或諸布是祭星之處。
〔四〕索隱逑亦未詳，漢書作「遂」。
〔五〕索隱西卽隴西之西縣，秦之舊都，故有祠焉。

〔六〕索隱地理志湖縣屬京兆，有周天子祠二所。
〔七〕索隱案：樂產引河圖云「熒惑星散爲昭明」。
〔八〕索隱樂產云未聞。顧氏以爲璧池卽滈池，所謂「華陰平舒道逢使者，持璧以遺滈池君」，故曰璧池。今謂天子辟池，卽周天子辟雍之地。故周文王都酆，武王都滈，既立靈臺，則亦有辟雍耳。張衡亦以辟池爲雍。
〔九〕集解韋昭曰：「亳音薄，湯所都。」瓚曰：「濟陰薄縣是。」索隱徐廣云：「京兆杜縣有亳亭，則『社』字誤，合作『於杜亳』。且據文列於下皆是地邑，則杜是縣。」案：秦寧公與亳王戰，亳王奔戎，遂滅湯社。皇甫謐亦云「周桓王時自有亳王號湯，非殷也」。而臣瓚以亳爲成湯之邑，故云在濟陰，非也。案：謂杜、亳二邑有三社主之祠也。
〔10〕索隱壽星，蓋南極老人星也，見則天下理安，故祠之以祈福壽。正義角、亢在辰爲壽星。三月之時，萬物始生建，於春氣布養，各盡其性，不罹災夭，故壽。
〔11〕集解李奇曰：「菅，茅也。」
〔12〕索隱案：地理志杜陵，故杜伯國，有杜主祠四。墨子云「周宣王殺杜伯不以罪，後宣王田於圃，見杜伯執弓矢射，宣王伏弢而死也」。正義括地志云：「杜祠，雍州長安縣西南二十五里。」
〔13〕索隱謂其鬼雖小，而有神靈。

唯雍四時〔一〕上帝爲尊，其光景動人民唯陳寶。故雍四時，春以爲歲禱，因泮凍，秋涸凍，冬塞祠，五月嘗駒，及四仲之月（祠若）月祠，〔若〕陳寶節來一祠。春夏用騂，秋冬用駵。時駒四匹，木禺龍〔二〕欒車〔三〕一駟，木禺車馬一駟，各如其帝色。黃犢羔各四，珪幣各有

數，皆生瘞埋，無俎豆之具。〔四〕三年一郊。秦以冬十月爲歲首，故常以十月上宿郊見，〔五〕通權火，〔六〕拜於咸陽之旁，而衣上白，其用如經祠云。〔七〕西畤、畦畤，祠如其故，上不親往。

〔一〕索隱雍有五畤而言四者，顔氏以爲兼下文「上帝」爲五，非也。案：四畤，據秦舊而言也。正義括地志云：「鄜畤、吳陽上下畤是。言秦用四時祠上帝，青、黄、赤、白最尊貴之也。」

〔二〕集解漢書音義曰：「禺，寄也，寄生龍形於木也。」索隱禺，一音寓，寄也。寄龍形於木，寓（鳥）馬亦然。一音偶，亦謂偶其形於木也。

〔三〕索隱謂車有鈴，鈴乃有樂和之節，故取名也。

〔四〕正義豆以木爲之，受四升，高尺二寸，漆其中。大夫以上赤雲氣畫，諸侯加象飾口足，天子以玉飾之也。

〔五〕集解李奇曰：「宿猶齋戒也。」

〔六〕集解張晏曰：「權火，烽火也，狀若井絜皋矣。其法類稱，故謂之權。欲令光明遠照通祀所也。漢祠五畤於雍，五里一烽火。」如淳曰：「權，舉也。」索隱權，如字，解如張晏。一音爟，周禮有司爟。爟，火官，非也。

〔七〕集解服虔曰：「經，常也。」

諸此祠皆太祝常主，以歲時奉祠之。至如他名山川諸鬼及八神之屬，上過則祠，去則已。郡縣遠方神祠者，民各自奉祠，不領於天子之祝官。祝官有祕祝，卽有菑祥，輒祝祠移過於下。〔一〕

〔一〕正義謂有災祥，輒令祝官祠祭，移其咎惡於衆官及百姓也。

漢興，高祖之微時，嘗殺大蛇。有物曰：「蛇，白帝子也，而殺者赤帝子。」高祖初起，禱豐枌榆社。〔一〕徇沛，爲沛公，則祠蚩尤，釁鼓旗。遂以十月至灞上，與諸侯平咸陽，立爲漢王。因以十月爲年首，而色上赤。

〔一〕集解張晏曰：「枌，白榆也。社在豐東北十五里。或曰枌榆，鄉名，高祖里社也。」

二年，東擊項籍而還入關，問：「故秦時上帝祠何帝也？」對曰：「四帝，有白、青、黄、赤帝之祠。」高祖曰：「吾聞天有五帝，而有四，何也？」莫知其說。於是高祖曰：「吾知之矣，乃待我而具五也。」乃立黑帝祠，命曰北畤。有司進祠，上不親往。悉召故秦祝官，復置太祝、太宰，如其故儀禮。因令縣爲公社。〔一〕下詔曰：「吾甚重祠而敬祭。今上帝之祭及山川諸神當祠者，各以其時禮祠之如故。」〔二〕

〔一〕集解李奇曰：「猶官社。」

〔二〕集解徐廣曰：「高祖本紀曰『二年六月，令祠官祀天地四方上帝山川，以時祀也』。」

後四歲，天下已定，詔御史，令豐謹治枌榆社，常以四時春以羊彘祠之。令祝官立蚩尤之祠於長安。長安置祠祝官、女巫。其梁巫，祠天、地、天社、天水、房中、堂上〔一〕之屬；晉巫，祠五帝、東君、雲中〔君〕、〔二〕司命、巫社、巫祠、族人、先炊之屬；〔三〕秦巫，祠社主、〔四〕巫保、族纍〔五〕之屬；荆巫，祠堂下、巫先、〔六〕司命、〔七〕施糜〔八〕之屬；九天巫，祠九天：〔九〕皆以歲時祠宮中。其河巫祠河於臨晉，而南山巫祠南山秦中。秦中者，二世皇帝。〔一〇〕各有時（月）〔日〕。

〔一〕索隱案：禮樂志有安世房中歌，皆謂祭時室中堂上歌先祖功德也。

〔二〕索隱廣雅曰：「東君，日也。」王逸注楚詞「雲中，雲也」。東君、雲中亦見歸藏易也。

〔三〕正義先炊，古炊母神也。

〔四〕索隱社主，卽上文三社主也。

〔五〕索隱二神名。纍，力追反。

〔六〕集解應劭曰：「先人所在之國，及有靈施化民人，又貴，悉置祠巫祝，博求神靈之意。」文穎曰：「巫，掌神之位次者也。范氏世仕於晉，故祠祝有晉巫。范會支庶留秦爲劉氏，故有秦巫。劉氏隨魏都大梁，故有梁巫。後徙豐，豐屬荆，故有荆巫。」索隱巫先謂古巫之先有靈者，蓋巫咸之類也。

〔七〕索隱案：周禮「以槱燎祠司命」。鄭衆云「司命，文昌四星也」。

〔八〕索隱鄭氏云：「主施糜粥之神。」

〔九〕索隱案：孝武本紀云「立九天廟於甘泉」。三輔故事云「胡巫事九天於神明臺」。淮南子云「中央曰鈞天，東方曰蒼天，東北旻天，北方玄天，西北幽天，西方晧天，西南朱天，南方炎天，東南陽天」也。正義太玄經云一中天，二羨天，三徒天，四罰更天，五晬天，六郭天，七咸天，八治天，九成天也。

〔一〇〕集解張晏曰：「子產云匹夫匹婦強死者，魂魄能依人爲厲也。」

其後二歲，或曰周興而邑邰，立后稷之祠，至今血食天下。〔一〕於是高祖制詔御史：「其令郡國縣立靈星祠，〔二〕常以歲時祠以牛。」

〔一〕正義顔師古云：「祭有牲牢，故言血食遍於天下。」

〔二〕集解張晏曰：「龍星左角曰天田，則農祥也，晨見而祭。」正義漢舊儀云：「五年，脩復周家舊祠，祀后稷於東南，爲民祈農報厥功。夏則龍星見而始雩。龍星左角爲天田，右角爲天庭。天田爲司馬，教人種百穀爲稷。靈者，神也。辰之神爲靈星，故以壬辰日祠靈星於東南，金勝爲土相也。」廟記云：「靈星祠在長安城東十里。」

高祖十年春，有司請令縣常以春（三）〔二〕月及（時）臘祠社稷以羊豕，民里社各自財以祠。制曰：「可。」

其後十八年，孝文帝卽位。卽位十三年，下詔曰：「今祕祝移過于下，朕甚不取。自今除之。」

始名山大川在諸侯，諸侯祝各自奉祠，天子官不領。及齊、淮南國廢，〔一〕令太祝盡以歲時致禮如故。

〔一〕正義齊有泰山，淮南有天柱山，二山初天子祝官不領，遂廢其祀，令諸侯奉祠。今令太祝盡以歲時致禮，如秦

故儀。

是歲，制曰：「朕即位十三年于今，賴宗廟之靈，社稷之福，方內艾安，民人靡疾。閒者比年登，朕之不德，何以饗此？皆上帝諸神之賜也。蓋聞古者饗其德必報其功，欲有增諸神祠。有司議增雍五畤路車各一乘，駕被具；〔一〕西畤畦畤禺車各一乘，禺馬四匹，駕被具；其河、湫、漢水〔二〕加玉各二；〔三〕及諸祠，各增廣壇場，珪幣俎豆以差加之。而祝釐者歸福於朕，百姓不與焉。自今祝致敬，毋有所祈。」

〔一〕正義 顏師古云：「駕車被馬之飾皆具。」

〔二〕正義 河，湫，黃河及湫泉。

〔三〕正義 言二水祭時各加玉璧二枚。

魯人公孫臣上書曰：「始秦得水德，今漢受之，推終始傳，則漢當土德，土德之應黃龍見。宜改正朔，易服色，色上黃。」是時丞相張蒼好律曆，以爲漢乃水德之始，故河決金隄，〔一〕其符也。〔二〕年始冬十月，色外黑內赤，〔三〕與德相應。如公孫臣言，非也。罷之。後三歲，黃龍見成紀。〔四〕文帝乃召公孫臣，拜爲博士，與諸生草改曆服色事。其夏，下詔曰：「異物之神見于成紀，無害於民，歲以有年。朕祈郊上帝諸神，禮官議，無諱以勞朕。」有司皆曰：「古者天子夏親郊，祀上帝於郊，故曰郊。」於是夏四月，文帝始郊見雍五畤祠，衣皆

上赤。

〔一〕集解 漢書音義曰：「在東郡界。」

〔二〕索隱 謂河決乃水德之符應也。

〔三〕集解 服虔曰：「十月陰氣在外，故外黑；陽氣尚伏在地，故內赤。」

〔四〕集解 徐廣曰：「在文帝十五年春。」正義 案：成紀今秦州縣也。

其明年，趙人新垣平以望氣見上，言「長安東北有神氣，成五采，若人冠絻焉。或曰東北神明之舍，西方神明之墓也。〔一〕天瑞下，宜立祠上帝，以合符應」。於是作渭陽五帝廟，同宇，〔二〕帝一殿，面各五門，各如其帝色。祠所用及儀亦如雍五畤。

〔一〕集解 張晏曰：「神明，日也。日出東北，舍謂陽谷；日沒於西，墓謂濛谷也。」

〔二〕集解 韋昭曰：「宇謂上同下異，禮所謂『複廟重屋』也。」瓚曰：「一營宇之中立五廟。」正義 括地志云：「渭陽五帝廟在雍州咸陽縣東三十里。宮殿疏云『五帝廟一宇五殿也』。」按：一宇之內而設五帝，各依其方帝別爲一殿，而門各如帝色也。

夏四月，文帝親拜霸渭之會，〔一〕以郊見渭陽五帝。五帝廟南臨渭，北穿蒲池溝水，〔二〕權火舉而祠，若光煇然屬天焉。於是貴平上大夫，賜累千金。而使博士諸生刺六經中作王制，〔三〕謀議巡狩封禪事。

〔一〕集解 如淳曰：「二水之會。」正義 渭陽五廟在二水之合北岸。

〔二〕正義 顏師古云「蒲池，爲池而種蒲也。蒲字或作『滿』，言其水滿」，恐顏說非。按：括地志云「渭北咸陽縣有蘭池，始皇逢盜蘭池者也」。言穿溝引渭水入蘭池也。疑「蘭」字誤作「蒲」，重更錯失。

〔三〕索隱 小顏云「刺謂采取之也」。劉向七錄云文帝所造書有本制、兵制、服制篇。刺音七賜反。

文帝出長門，〔一〕若見五人於道北，遂因其直北立五帝壇，〔二〕祠以五牢具。

〔一〕集解 徐廣曰：「在霸陵。」駰按：如淳曰「亭名」。索隱 徐云「在霸陵」也。正義 括地志云：「久長門故亭在雍州萬年縣東北苑中，後館陶公主長門園，武帝以長門名宮，即此。」

〔二〕集解 孟康曰：「直，值也。值其立處以作壇。」

其明年，新垣平使人持玉杯，上書闕下獻之。平言上曰：「闕下有寶玉氣來者。」已視之，果有獻玉杯者，刻曰「人主延壽」。平又言「臣候日再中」。〔一〕居頃之，日卻復中。於是始更以十七年爲元年，令天下大酺。

〔一〕索隱 晉灼云：「淮南子云『魯陽公與韓構，戰酣日暮，援戈麾之，日爲卻三舍』。豈其然乎？」

平言曰：「周鼎亡在泗水中，今河溢通泗，臣望東北汾陰直有金寶氣，意周鼎其出乎？兆見不迎則不至。」於是上使使治廟汾陰南，臨河，欲祠出周鼎。〔一〕

人有上書告新垣平所言氣神事皆詐也。下平吏治，誅夷新垣平。自是之後，文帝怠於改正朔服色神明之事，而渭陽、長門五帝使祠官領，以時致禮，不往焉。

〔一〕集解 徐廣曰：「後三十七年，鼎出汾陰。」

明年，匈奴數入邊，興兵守禦。後歲少不登。

數年而孝景即位。十六年，祠官各以歲時祠如故，無有所興，至今天子。〔一〕

〔一〕集解 自此後武帝事，褚先生取爲武帝本紀，注解已在第十二卷，今直載徐義。

今天子初即位，尤敬鬼神之祀。

元年，漢興已六十餘歲矣，天下艾安，搢紳之屬皆望天子封禪改正度也，而上鄉儒術，招賢良，趙綰、王臧等以文學爲公卿，欲議古立明堂城南，以朝諸侯。草巡狩封禪改曆服色事未就。會竇太后治黃老言，不好儒術，使人微伺得趙綰等姦利事，召案綰、臧，綰、臧自殺，諸所興爲皆廢。

後六年，竇太后崩。其明年，徵文學之士公孫弘等。

明年，今上初至雍，郊見五畤。後常三歲一郊。〔一〕是時上求神君，舍之上林中蹏氏觀。神君者，長陵女子，以子死，見神於先後宛若。宛若祠之其室，民多往祠。平原君往祠，其後子孫以尊顯。及今上即位，則厚禮置祠之內中。聞其言，不見其人云。

〔一〕索隱 案：漢舊儀云「元年祭天，二年祭地，三年祭五畤。三歲一遍，皇帝自行也」。

是時李少君亦以祠竈、穀道、卻老方見上，上尊之。少君者，故深澤侯〔一〕舍人，主方。匿其年及其生長，常自謂七十，能使物，卻老。其游以方徧諸侯。無妻子。人聞其能使物及不死，更饋遺之，常餘金錢衣食。人皆以爲不治生業而饒給，又不知其何所人，愈信，爭事之。少君資好方，善爲巧發奇中。嘗從武安侯〔二〕飲，坐中有九十餘老人，少君乃言與其大父游射處，老人爲兒時從其大父，識其處，一坐盡驚。少君見上，上有故銅器，問少君。少君曰：「此器齊桓公十年陳於柏寢。」〔三〕已而案其刻，果齊桓公器。一宮盡駭，以爲少君神，數百歲人也。

〔一〕索隱 案表，深澤侯趙將夕，孫夷侯胡紹封。

〔二〕索隱 案：是田蚡也。

〔三〕索隱 案：韓子云「齊景公與晏子遊於少海，登柏寢之臺而望其國」。

少君言上曰：「祠竈則致物，致物而丹沙可化爲黃金，黃金成以爲飲食器則益壽，益壽而海中蓬萊僊者乃可見，見之以封禪則不死，黃帝是也。臣嘗游海上，見安期生，安期生食巨棗，〔一〕大如瓜。安期生僊者，通蓬萊中，合則見人，不合則隱。」於是天子始親祠竈，遣方士入海求蓬萊安期生之屬，而事化丹沙諸藥齊爲黃金矣。

〔一〕索隱 案：包愷云「巨，或作『臣』」。

居久之，李少君病死。天子以爲化去不死，而使黃錘〔一〕史寬舒受其方。求蓬萊安期生莫能得，而海上燕齊怪迂之方士多更來言神事矣。

〔一〕集解 徐廣曰：「錘音才恚反。錘縣、黃縣皆在東萊。」

亳人謬忌奏祠太一方，曰：「天神貴者太一，〔一〕太一佐曰五帝。古者天子以春秋祭太一東南郊，用太牢，七日，爲壇開八通之鬼道。」〔二〕於是天子令太祝立其祠長安東南郊，常奉祠如忌方。其後人有上書，言「古者天子三年壹用太牢祠神三一：天一、地一、太一」。天子許之，令太祝領祠之於忌太一壇上，如其方。後人復有上書，言「古者天子常以春解祠，〔三〕祠黃帝用一梟破鏡；冥羊用羊祠；馬行用一青牡馬；太一、澤山君地長〔四〕用牛；武夷君用乾魚；〔五〕陰陽使者以一牛」。令祠官領之如其方，而祠於忌太一壇旁。

〔一〕索隱 樂汁徵圖曰：「天宮，紫微。北極，天一、太一。」宋均云：「天一、太一，北極神之別名。」春秋佐助期曰：「紫宮，天皇曜魄寶之所理也。」石氏云：「天一、太一各一星，在紫宮門外，立承事天皇大帝。」

〔二〕索隱 開八通鬼道。案：司馬彪續漢書祭祀志云「壇有八陛，通道以爲門」。又三輔黃圖云「上帝壇八觚，神道八通，廣三十步」。

〔三〕索隱 謂祠祭以解殃咎，求福祥也。

〔四〕集解 徐廣曰：「澤，一作『皋』。」索隱 此則人上書言古天子祭太一。太一，天神也。澤山，本紀作「皋山」。皋山君地長，謂祭地於皋山。同用太牢，故云「用牛」。蓋是異代之法也。

〔五〕索隱 顧氏案：地理志云建安有武夷山，溪有仙人葬處，即漢書所謂武夷君。是時既用越巫勇之，疑即此神。今案：其祀用乾魚，不饗牲牢，或如顧說也。

其後，天子苑有白鹿，以其皮爲幣，以發瑞應，造白金〔一〕焉。

〔一〕索隱 案：樂產云「謂龍、馬、龜」。

其明年，郊雍，〔一〕獲一角獸，若麃然。有司曰：「陛下肅祗郊祀，上帝報享，錫一角獸，蓋麟云。」於是以薦五畤，畤加一牛以燎。錫諸侯白金，風符應合于天也。

〔一〕集解 徐廣曰：「武帝立已十九年。」

於是濟北王以爲天子且封禪，乃上書獻太山及其旁邑，天子以他縣償之。常山王有罪，遷，天子封其弟於真定，以續先王祀，〔一〕而以常山爲郡，然後五岳皆在天子之（邦）〔郡〕。

〔一〕集解 徐廣曰：「元鼎四年時。」

其明年，齊人少翁以鬼神方見上。上有所幸王夫人，〔一〕夫人卒，少翁以方蓋夜致王夫人及竈鬼之貌云，天子自帷中望見焉。於是乃拜少翁爲文成將軍，賞賜甚多，以客禮禮之。

文成言曰：「上卽欲與神通，宮室被服非象神，神物不至。」乃作畫雲氣車，及各以勝日〔二〕駕車辟惡鬼。又作甘泉宮，中爲臺室，畫天、地、太一諸鬼神，而置祭具以致天神。居歲餘，其方益衰，神不至。乃爲帛書以飯牛，詳不知，言曰此牛腹中有奇。殺視得書，書言甚怪。天子識其手書，問其人，果是僞書，於是誅文成將軍，隱之。

〔一〕集解 徐廣曰：「外戚傳曰趙之王夫人幸，有子，封爲齊王。」

〔二〕索隱 案：樂產云「謂畫青車以甲乙，畫赤車丙丁，畫玄車壬癸，畫白車庚辛，畫黃車戊己。將有水事則乘黃車，故下云『駕車辟惡鬼』是也」。

其後則又作柏梁、銅柱、〔一〕承露仙人掌之屬矣。

〔一〕集解 徐廣曰：「元鼎二年時。」

文成死明年，天子病鼎湖〔一〕甚，巫醫無所不致，不愈。游水發根言上郡有巫，病而鬼神下之。上召置祠之甘泉。及病，使人問神君。神君言曰：「天子無憂病。病少愈，彊與我會甘泉。」於是病愈，遂起，幸甘泉，病良已。大赦，置壽宮神君。壽宮神君最貴者太一，其佐曰大禁、司命之屬，皆從之。非可得見，聞其言，言與人音等。時去時來，來則風肅然。居室帷中。時晝言，然常以夜。天子祓，然後入。因巫爲主人，關飲食。所以言，行下。又置壽宮、北宮，張羽旗，設供具，以禮神君。神君所言，上使人受書其言，命之曰「畫法」。其所

語，世俗之所知也，無絕殊者，而天子心獨喜。其事祕，世莫知也。

〔一〕索隱案：三輔黃圖「鼎湖，宮名，在藍田」。韋昭云「地名，近宜春」。案：湖本屬京兆，後分屬弘農，恐非鼎湖之處也。

其後三年，有司言元宜以天瑞命，不宜以一二數。一元曰「建」，二元以長星曰「光」，三元以郊得一角獸曰「狩」云。

其明年冬，天子郊雍，議曰：「今上帝朕親郊，而后土無祀，則禮不答也。」有司與太史公、祠官寬舒議：「天地牲角繭栗。今陛下親祠后土，后土宜於澤中圜丘爲五壇，壇一黃犢太牢具，已祠盡瘞，而從祠衣上黃。」於是天子遂東，始立后土〔一〕祠汾陰脽丘，如寬舒等議。上親望拜，如上帝禮。禮畢，天子遂至滎陽而還。過雒陽，下詔曰：「三代邈絕，遠矣難存。其以三十里地封周後爲周子南君，以奉其先祀焉。」是歲，天子始巡郡縣，侵尋於泰山矣。

〔一〕集解徐廣曰：「元鼎四年。」

其春，樂成侯上書言欒大。欒大，膠東宮人，故嘗與文成將軍同師，已而爲膠東王尚

方。而樂成侯姊爲康王后，〔一〕無子。康王死，他姬子立爲王。〔二〕而康后有淫行，與王不相中，〔三〕相危以法。康后聞文成已死，而欲自媚於上，乃遣欒大因樂成侯求見言方。天子既誅文成，後悔其蚤死，惜其方不盡，及見欒大，大說。大爲人長美，言多方略，而敢爲大言，處之不疑。大言曰：「臣常往來海中，見安期、羨門之屬。顧以臣爲賤，不信臣。又以爲康王諸侯耳，不足與方。臣數言康王，康王又不用臣。臣之師曰：『黃金可成，而河決可塞，不死之藥可得，僊人可致也。』然臣恐效文成，則方士皆奄口，惡敢言方哉！」上曰：「文成食馬肝死耳。〔四〕子誠能脩其方，我何愛乎！」〔五〕大曰：「臣師非有求人，人者求之。陛下必欲致之，則貴其使者，令有親屬，以客禮待之，勿卑，使各佩其信印，乃可使通言於神人。神人尚肯邪不邪。致尊其使，然後可致也。」於是上使驗小方，鬭棊，棊自相觸擊。〔六〕

〔一〕索隱康王名寄也。

〔二〕集解徐廣曰：「以元狩二年薨。」

〔三〕索隱案：三蒼云「中，得也」。

〔四〕索隱案：論衡云「氣熱而毒盛，故食走馬肝殺人」。儒林傳云「食肉無食馬肝」是也。

〔五〕索隱上語欒大，言子誠能脩文成方，我更何所愛惜乎！謂不恡金寶及祿位也。

〔六〕索隱顧氏案：萬畢術云「取雞血雜磨鍼鐵杵，和磁石棊頭，置局上，卽自相抵擊也」。

是時上方憂河決，而黃金不就，乃拜大爲五利將軍。居月餘，得四印，〔一〕佩天士將軍、地士將軍、大通將軍印。制詔御史：「昔禹疏九江，決四瀆。閒者河溢皋陸，隄繇不息。朕臨天下二十有八年，〔二〕天若遺朕士而大通焉。乾稱『蜚龍』，『鴻漸于般』，朕意庶幾與焉。其以二千戶封地士將軍大爲樂通侯。」賜列侯甲第，僮千人。乘轝斥車馬帷幄器物以充其家。又以衞長公主妻之，〔三〕齎金萬斤，更命其邑曰當利公主。〔四〕天子親如五利之第。使者存問供給，相屬於道。自大主〔五〕將相以下，皆置酒其家，獻遺之。於是天子又刻玉印曰「天道將軍」，使使衣羽衣，夜立白茅上，五利將軍亦衣羽衣，夜立白茅上受印，以示不臣也。而佩「天道」者，且爲天子道天神也。於是五利常夜祠其家，欲以下神。神未至而百鬼集矣，然頗能使之。其後裝治行，東入海，求其師云。大見數月，佩六印，〔六〕貴震天下，而海上燕齊之閒，莫不搤捥而自言有禁方，能神僊矣。

〔一〕索隱謂五利將軍、天士將軍、地士將軍、大通將軍爲四也。

〔二〕集解徐廣曰：「元鼎四年也。」

〔三〕索隱案：衞子夫之子曰衞太子，女曰衞長公主。是衞后長女，故曰長公主，非如帝姊曰長公主之例。

〔四〕索隱案：地理志東萊有當利縣。

〔五〕集解徐廣曰：「武帝姑。」

〔六〕索隱更加樂通侯及天道將軍印，爲六印。

其夏六月中，汾陰巫錦爲民祠魏脽后土營旁，見地如鉤狀，掊視得鼎。鼎大異於衆鼎，文鏤無款識，怪之，言吏。吏告河東太守勝，勝以聞。天子使使驗問巫得鼎無姦詐，乃以禮祠，迎鼎至甘泉，從行，上薦之。至中山，〔一〕曣𣅻，有黃雲蓋焉。有麃過，上自射之，因以祭云。〔二〕至長安，公卿大夫皆議請尊寶鼎。天子曰：「閒者河溢，歲數不登，故巡祭后土，祈爲百姓育穀。今歲豐廡未報，鼎曷爲出哉？」有司皆曰：「聞昔泰帝〔三〕興神鼎一，一者壹統，天地萬物所繫終也。黃帝作寶鼎三，象天地人。禹收九牧之金，鑄九鼎。皆嘗亨鬺〔四〕上帝鬼神。遭聖則興，鼎遷于夏商。周德衰，宋之社亡，鼎乃淪沒，伏而不見。頌云『自堂徂基，自羊徂牛；鼐鼎及鼒，不吳不驁，胡考之休』。今鼎至甘泉，光潤龍變，承休無疆。合茲中山，〔五〕有黃白雲降蓋，若獸爲符，路弓乘矢，集獲壇下，報祠大享。〔六〕唯受命而帝者心知其意而合德焉。鼎宜見於祖禰，藏於帝廷，以合明應。」制曰：「可。」

〔一〕集解徐廣曰：「河渠書曰鑿涇水自中山西。」

〔二〕集解徐廣曰：「上言『從行，上薦之』，或者祭鼎也。」

〔三〕索隱案：孔文祥云「泰帝，太昊也」。

〔四〕集解徐廣曰：「亨，煮也。鬺音殤。皆嘗以亨牲牢而祭祀。」

〔五〕集解徐廣曰：「關中亦復有中山也，非魯中山。」

〔六〕集解徐廣曰：「一云『大報祠享』。」

入海求蓬萊者，言蓬萊不遠，而不能至者，殆不見其氣。上乃遣望氣佐候其氣云。

其秋，上幸雍，且郊。或曰「五帝，太一之佐也，宜立太一而上親郊之」。上疑未定。齊人公孫卿曰：「今年得寶鼎，其冬辛巳朔旦冬至，與黃帝時等。」卿有札書曰：「黃帝得寶鼎宛朐，問於鬼臾區。鬼臾區對曰：『（黃）帝得寶鼎神策，是歲己酉朔旦冬至，得天之紀，終而復始。』於是黃帝迎日推策，後率二十歲復朔旦冬至，凡二十推，三百八十年，黃帝僊登于天。」卿因所忠欲奏之。所忠視其書不經，疑其妄書，謝曰：「寶鼎事已決矣，尚何以爲！」卿因嬖人奏之。上大說，乃召問卿。對曰：「受此書申公，申公已死。」上曰：「申公何人也？」卿曰：「申公，齊人。與安期生通，受黃帝言，無書，獨有此鼎書。曰『漢興復當黃帝之時』。曰『漢之聖者在高祖之孫且曾孫也。寶鼎出而與神通，封禪。封禪七十二王，唯黃帝得上泰山封』。申公曰：『漢主亦當上封，上封則能僊登天矣。黃帝時萬諸侯，而神靈之封居七千。〔一〕天下名山八，而三在蠻夷，五在中國。中國華山、首山、太室、泰山、東萊，此五山黃帝之所常游，與神會。黃帝且戰且學僊。患百姓非其道者，乃斷斬非鬼神者。〔二〕百餘歲然後得與神通。黃帝郊雍上帝，宿三月。鬼臾區號大鴻，死葬雍，故鴻冢是也。其

後黃帝接萬靈明廷。明廷者，甘泉也。所謂寒〔三〕門者，谷口也。黃帝采首山銅，鑄鼎於荆山下。鼎既成，有龍垂胡頿〔四〕下迎黃帝。黃帝上騎，羣臣後宮從上者七十餘人，龍乃上去。餘小臣不得上，乃悉持龍頿，龍頿拔，墮，墮黃帝之弓。百姓仰望黃帝既上天，乃抱其弓與胡頿號，故後世因名其處曰鼎湖，其弓曰烏號。』」於是天子曰：「嗟乎！吾誠得如黃帝，吾視去妻子如脫躧耳。」乃拜卿爲郎，東使候神於太室。

〔一〕索隱韋昭云：「黃帝時萬國，其以脩神靈得封者七千國，或爲七十國。」樂產云：「以舜爲神明之後，封嬀滿於陳之類是也。」顧氏案：國語仲尼云「山川之守，足以紀綱天下者，其守爲神。汪芒氏之君，守封禺之山也」。

〔二〕索隱謂有非毁鬼神之人，乃斷理而誅斬之。

〔三〕集解徐廣曰：「一作『塞』。」

〔四〕索隱說文曰：「胡，牛垂頷也。」釋名云「胡，在咽下垂」者，即所謂嚨胡也。

上遂郊雍，至隴西，西登崆峒，幸甘泉。令祠官寬舒等具太一祠壇，祠壇放薄忌太一壇，壇三垓。〔一〕五帝壇環居其下，各如其方，黃帝西南，除八通鬼道。太一，其所用如雍一時物，而加醴棗脯之屬，殺一貍牛以爲俎豆牢具。而五帝獨有俎豆醴進。其下四方地，爲餟食羣神從者及北斗云。已祠，胙餘皆燎之。其牛色白，鹿居其中，彘在鹿中，水而洎之。〔二〕祭日以牛，祭月以羊彘特。〔三〕太一祝宰則衣紫及繡。五帝各如其色，日赤，月白。

〔一〕集解徐廣曰：「垓，次也。」

〔二〕集解徐廣曰：「洎，一作『酒』。灌水於釜中曰洎，音冀。」

〔三〕索隱案：樂產云「祭日以太牢，月以少牢。特，不用牝也」。小顏云「牛羊若彘止一牲，故云特也」。

十一月辛巳朔旦冬至，昧爽，天子始郊拜太一。朝朝日，夕夕月，則揖；而見太一如雍郊禮。其贊饗曰：〔一〕「天始以寶鼎神策授皇帝，朔而又朔，終而復始，皇帝敬拜見焉。」而衣上黃。其祠列火滿壇，壇旁亨炊具。有司云「祠上有光焉」。公卿言「皇帝始郊見太一雲陽，有司奉瑄玉嘉牲薦饗。是夜有美光，及晝，黃氣上屬天」。太史公、祠官寬舒等曰：「神靈之休，祐福兆祥，宜因此地光域立太畤壇以明應。令太祝領，秋及臘閒祠。三歲天子一郊見。」

〔一〕索隱案：顧氏云「饗，祀祠也」。漢舊儀云「贊饗一人，秩六百石」也。

其秋，爲伐南越，告禱太一。以牡荆畫幡日月北斗登龍，以象太一三星，爲太一鋒，〔一〕命曰「靈旗」。爲兵禱，則太史奉以指所伐國。而五利將軍使不敢入海，之泰山祠。上使人隨驗，實毋所見。五利妄言見其師，其方盡，多不讎。〔二〕上乃誅五利。

〔一〕集解徐廣曰：「天宮書曰天極星明者，太一常居也。斗口三星曰天一。」

〔二〕索隱案：鄭德云「相應爲讎，謂其言語不相應，無驗也」。

其冬，公孫卿候神河南，言見僊人跡緱氏城上，有物如雉，往來城上。天子親幸緱氏城視跡。問卿：「得毋效文成、五利乎？」卿曰：「僊者非有求人主，人主者求之。其道非少寬假，神不來。言神事，事如迂誕，積以歲乃可致也。」於是郡國各除道，繕治宮觀名山神祠所，以望幸(也)〔矣〕。

其春，既滅南越，上有嬖臣李延年以好音見。上善之，下公卿議，曰：「民閒祠尚有鼓舞樂，今郊祀而無樂，豈稱乎？」公卿曰：「古者祠天地皆有樂，而神祇可得而禮。」或曰：「太帝使素女鼓五十弦瑟，悲，帝禁不止，故破其瑟爲二十五弦。」於是塞南越，禱祠太一、后土，始用樂舞，益召歌兒，作二十五弦〔一〕及空侯〔二〕琴瑟自此起。

〔一〕集解徐廣曰：「瑟。」

〔二〕集解徐廣曰：「應劭云武帝令樂人侯調始造此器。」

其來年冬，上議曰：「古者先振兵澤旅，〔一〕然后封禪。」乃遂北巡朔方，勒兵十餘萬，還祭黃帝冢橋山，釋兵須如。〔二〕上曰：「吾聞黃帝不死，今有冢，何也？」或對曰：「黃帝已僊上天，羣臣葬其衣冠。」既至甘泉，爲且用事泰山，先類祠太一。

〔一〕集解徐廣曰：「古釋字作『澤』。」

〔三〕集解徐廣曰：「須，一作『涼』。」

自得寶鼎，上與公卿諸生議封禪。封禪用希曠絶，莫知其儀禮，而羣儒采封禪尚書、周官、王制之望祀射牛事。齊人丁公年九十餘，曰：「封禪者，合不死之名也。秦皇帝不得上封。陛下必欲上，稍上即無風雨，遂上封矣。」上於是乃令諸儒習射牛，草封禪儀。數年，至且行。天子既聞公孫卿及方士之言，黄帝以上封禪，皆致怪物與神通，欲放黄帝以上接神僊人蓬萊士，高世比德於九皇，而頗采儒術以文之。羣儒既已不能辨明封禪事，又牽拘於詩書古文而不能騁。上爲封禪祠器示羣儒，羣儒或曰「不與古同」，徐偃又曰「太常諸生行禮不如魯善」，周霸屬圖封禪事，於是上絀偃、霸，而盡罷諸儒不用。

三月，遂東幸緱氏，禮登中嶽太室。從官在山下聞若有言「萬歲」云。問上，上不言；問下，下不言。於是以三百户封太室奉祠，命曰崇高邑。東上泰山，泰山之草木葉未生，乃令人上石立之泰山巔。

上遂東巡海上，行禮祠八神。齊人之上疏言神怪奇方者以萬數，然無驗者。乃益發船，令言海中神山者數千人求蓬萊神人。公孫卿持節常先行候名山，至東萊，言夜見大人，長數丈，就之則不見，見其跡甚大，類禽獸云。羣臣有言見一老父牽狗，言「吾欲見巨公」，已忽不見。上即見大跡，未信，及羣臣有言老父，則大以爲僊人也。宿留海上，予方士傳車及閒使求僊人以千數。

四月，還至奉高。上念諸儒及方士言封禪人人殊，不經，難施行。天子至梁父，禮祠地主。乙卯，令侍中儒者皮弁薦紳，射牛行事。封泰山下東方，如郊祠太一之禮。封廣丈二尺，高九尺，其下則有玉牒書，書祕。禮畢，天子獨與侍中奉車子侯上泰山，亦有封。其事皆禁。明日，下陰道。丙辰，禪泰山下阯東北肅然山，如祭后土禮。天子皆親拜見，衣上黄而盡用樂焉。江淮閒一茅三脊爲神藉。五色土益雜封。縱遠方奇獸蜚禽及白雉諸物，頗以加禮。兕牛犀象之屬不用。皆至泰山祭后土。封禪祠；其夜若有光，晝有白雲起封中。

天子從禪還，坐明堂，羣臣更上壽。於是制詔御史：「朕以眇眇之身承至尊，兢兢焉懼不任。維德菲薄，不明于禮樂。脩祠太一，若有象景光，屑如有望，震於怪物，欲止不敢，遂登封太山，至于梁父，而後禪肅然。自新，嘉與士大夫更始，賜民百户牛一酒十石，加年八十孤寡布帛二匹。復博、奉高、蛇丘、歷城，無出今年租税。其大赦天下，如乙卯赦令。行所過毋有復作。事在二年前，皆勿聽治。」又下詔曰：「古者天子五載一巡狩，用事泰山，諸侯有朝宿地。其令諸侯各治邸泰山下。」

天子既已封泰山，無風雨災，而方士更言蓬萊諸神若將可得，於是上欣然庶幾遇之，乃復東至海上望，冀遇蓬萊焉。奉車子侯暴病，一日死。〔一〕上乃遂去，並海上，北至碣石，巡自遼西，歷北邊至九原。五月，反至甘泉。有司言寶鼎出爲元鼎，以今年爲元封元年。

〔一〕索隱新論云：「武帝出璽印石，財有朕兆，子侯則沒印，帝畏惡，故殺之。」風俗通亦云然。顧胤按：武帝集帝與子侯家語云「道士皆言子侯得仙，不足悲」。此說是也。

其秋，有星茀于東井。後十餘日，有星茀于三能。望氣王朔言：「候獨見填星〔一〕出如瓜，食頃復入焉。」有司皆曰：「陛下建漢家封禪，天其報德星云。」

〔一〕索隱樂產、包愷並作「旗星」。旗星即德星也。符瑞圖云「旗星之極，芒豔如旗」。本亦作「旗」也。

其來年冬，郊雍五帝。還，拜祝祠太一。贊饗曰：「德星昭衍，厥維休祥。壽星仍出，淵耀光明。信星昭見，皇帝敬拜太祝之享。」

其春，公孫卿言見神人東萊山，若云「欲見天子」。天子於是幸緱氏城，拜卿爲中大夫。遂至東萊，宿留之數日，無所見，見大人跡云。復遣方士求神怪采芝藥以千數。是歲旱。於是天子既出無名，乃禱萬里沙，過祠泰山。還至瓠子，自臨塞決河，留二日，沈祠而去。使二卿將卒塞決河，徙二渠，復禹之故跡焉。

是時既滅兩越，越人勇之乃言「越人俗鬼，而其祠皆見鬼，數有效。昔東甌王敬鬼，壽

百六十歲。後世怠慢，故衰耗」。乃令越巫立越祝祠，安臺無壇，亦祠天神上帝百鬼，而以雞卜。上信之，越祠雞卜始用。

公孫卿曰：「仙人可見，而上往常遽，以故不見。今陛下可爲觀，如緱城，〔一〕置脯棗，神人宜可致也。且僊人好樓居。」於是上令長安則作蜚廉桂觀，甘泉則作益延壽觀，〔二〕使卿持節設具而候神人。乃作通天莖臺，〔三〕置祠具其下，將招來僊神人之屬。於是甘泉更置前殿，始廣諸宮室。夏，有芝生殿房內中。〔四〕天子爲塞河，興通天臺，若見有光云，乃下詔：「甘泉房中生芝九莖，赦天下，毋有復作。」

〔一〕集解徐廣曰：「一云『如緱氏城』。」

〔二〕索隱小顏以爲作益壽、延壽二館。案：漢武故事云「作延壽觀，高三十丈」。

〔三〕集解徐廣曰：「在甘泉。」索隱案：漢書並無「莖」字，疑衍也。

〔四〕集解徐廣曰：「元封二年。」

其明年，伐朝鮮。夏，旱。公孫卿曰：「黄帝時封則天旱，乾封三年。」上乃下詔曰：「天旱，意乾封乎？其令天下尊祠靈星焉。」

其明年，上郊雍，通回中道，巡之。春，至鳴澤，從西河歸。

其明年冬，上巡南郡，〔一〕至江陵而東。登禮灊之天柱山，號曰南岳。浮江，自尋陽出

縱陽，過彭蠡，禮其名山川。北至琅邪，並海上。四月中，至奉高脩封焉。

〔一〕集解徐廣曰：「元封五年。」

初，天子封泰山，泰山東北阯古時有明堂處，處險不敞。上欲治明堂奉高旁，未曉其制度。濟南人公玊帶上黃帝時明堂圖。明堂圖中有一殿，四面無壁，以茅蓋，通水，圜宮垣爲複道，上有樓，從西南入，命曰昆侖，天子從之入，以拜祠上帝焉。於是上令奉高作明堂汶上，〔一〕如帶圖。及五年脩封，則祠太一、五帝於明堂上坐，令高皇帝祠坐對之。祠后土於下房，以二十太牢。天子從昆侖道入，始拜明堂如郊禮。禮畢，燎堂下。而上又上泰山，自有祕祠其巔。而泰山下祠五帝，各如其方，黃帝并赤帝，而有司侍祠焉。山上舉火，下悉應之。

〔一〕集解徐廣曰：「在元封二年秋。」

其後二歲，十一月甲子朔旦冬至，推曆者以本統。天子親至泰山，以十一月甲子朔旦冬至日祠上帝明堂，毋脩封禪。〔一〕其贊饗曰：「天增授皇帝太元神策，周而復始。皇帝敬拜太一。」東至海上，考入海及方士求神者，莫驗，然益遣，冀遇之。

〔一〕集解徐廣曰：「常五年一脩耳，今適二年，故但祠於明堂。」

十一月乙酉，柏梁栽。十二月甲午朔，上親禪高里，祠后土。臨勃海，將以望祀蓬萊之屬，冀至殊廷焉。

上還，以柏梁栽故，朝受計甘泉。公孫卿曰：「黃帝就青靈臺，十二日燒，黃帝乃治明廷。明廷，甘泉也。」方士多言古帝王有都甘泉者。其後天子又朝諸侯甘泉，甘泉作諸侯邸。勇之乃曰：「越俗有火栽，復起屋必以大，用勝服之。」於是作建章宮，度爲千門萬户。前殿度高未央。其東則鳳闕，高二十餘丈。其西則唐中，數十里虎圈。其北治大池，漸臺高二十餘丈，命曰太液池，中有蓬萊、方丈、瀛洲、壺梁，象海中神山龜魚之屬。其南有玉堂、璧門、大鳥之屬。乃立神明臺、井幹樓，度五十丈，輦道相屬焉。

夏，漢改曆，以正月爲歲首，而色上黃，官名更印章以五字，爲太初元年。是歲，西伐大宛。蝗大起。丁夫人、雒陽虞初等以方祠詛匈奴、大宛焉。

其明年，有司上言雍五畤無牢熟具，芬芳不備。乃令祠官進畤犢牢具，色食所勝，而以木禺馬代駒焉。獨五月嘗駒，行親郊用駒。及諸名山川用駒者，悉以木禺馬代。行過，乃用駒。他禮如故。

其明年，東巡海上，考神僊之屬，未有驗者。方士有言「黃帝時爲五城十二樓，以候神人於執期，命曰迎年」。上許作之如方，命曰明年。上親禮祠上帝焉。

公玊帶曰：「黃帝時雖封泰山，然風后、封巨、岐伯令黃帝封東泰山，禪凡山，〔一〕合符，然后不死焉。」天子既令設祠具，至東泰山，〔東〕泰山卑小，不稱其聲，乃令祠官禮之，而不封禪焉。其後令帶奉祠候神物。夏，遂還泰山，脩五年之禮如前，而加以禪祠石閭。石閭者，在泰山下阯南方，方士多言此僊人之閭也，故上親禪焉。

〔一〕集解徐廣曰：「一作『丸』。」

其後五年，復至泰山脩封。〔一〕還過祭恆山。

〔一〕集解徐廣曰：「天漢三年。」

今天子所興祠，太一、后土，三年親郊祠，建漢家封禪，五年一脩封。薄忌太一及三一、冥羊、馬行、赤星，五，寬舒之祠官〔一〕以歲時致禮。凡六祠，皆太祝領之。至如八神諸神，明年、凡山他名祠，行過則祠，行去則已。方士所興祠，各自主，其人終則已，祠官不主。他祠皆如其故。今上封禪，其後十二歲而還，徧於五岳、四瀆矣。而方士之候祠神人，入海求蓬萊，終無有驗。而公孫卿之候神者，猶以大人之跡爲解，無有效。天子益怠厭方士之怪迂語矣，然羈縻不絕，冀遇其真。自此之後，方士言神祠者彌衆，然其效可睹矣。

〔一〕索隱案：郊祀志云「祠官寬舒議祠后土爲五壇」，故謂之「五寬舒祠官」也。

太史公曰：余從巡祭天地諸神名山川而封禪焉。入壽宮侍祠神語，究觀方士祠官之意，於是退而論次自古以來用事於鬼神者，具見其表裏。後有君子，得以覽焉。若至俎豆珪幣之詳，獻酬之禮，則有司存。

【索隱述贊】禮載「升中」，書稱「肆類」。古今盛典，皇王能事。登封報天，降禪除地。飛英騰實，金泥石記。漢承遺緒，斯道不墜。仙閭、肅然，揚休勒誌。

史記卷二十九

河渠書第七

夏書曰：禹抑洪水十三年，過家不入門。〔一〕陸行載車，水行載舟，泥行蹈毳，山行卽橋。〔二〕以別九州，隨山浚川，任土作貢。通九道，陂九澤，〔三〕度九山。〔四〕然河菑衍溢，害中國也尤甚。唯是爲務。故道河自積石歷龍門，〔五〕南到華陰，〔六〕東下砥柱，〔七〕及孟津、〔八〕雒汭，至于大邳。〔九〕於是禹以爲河所從來者高，水湍悍，〔一〇〕難以行平地，數爲敗，乃廝二渠以引其河。〔一一〕北載之高地，過降水，〔一二〕至于大陸，〔一三〕播爲九河，〔一四〕同爲逆河，入于勃海。〔一五〕九川既疏，九澤既灑，諸夏艾安，功施于三代。

〔一〕索隱 抑音憶。抑者，遏也。洪水滔天，故禹遏之，不令害人也。漢書溝洫志作「堙」。堙，抑，皆塞也。

〔二〕集解 徐廣曰：「橋，近遙反。一作『檋』。檋，直轅車也，音己足反。尸子曰『山行乘樏』。音力追反。又曰『行塗以楯，行險以撮，行沙以軌』。又曰『乘風車』。音去喬反。」索隱 毳字亦作「橇」，同音昌芮反。注以撮，子芮反，又子絶反，與蕝音同。

〔三〕正義 顏師古云：「通九州之道，及障遏其澤也。」

〔四〕正義 度，田洛反。釋名云「山者，産也」。治水以志九州山澤所生物産，言於地所宜，商而度之，以制貢賦也。

〔五〕正義 在同州韓城縣北五十里，爲鑿廣八十步。

〔六〕正義 華陰縣也。魏之陰晉，秦惠文王更名寧秦，漢高帝改曰華陰也。

〔七〕正義 底柱山俗名三門山，在硤石縣東北五十里，在河之中也。

〔八〕正義 在洛州河陽縣南門外也。

〔九〕正義 孔安國云：「山再成曰邳。」按：在衞州黎陽縣南七里是也。

〔一〇〕集解 韋昭曰：「湍，疾；悍，强也。」

〔一一〕集解 漢書音義曰：「廝，分也。二渠，其一出貝丘西南二折者也，其一則漯川。」索隱 廝，漢書作「灑」，史記舊本亦作「灑」，字從水。按：韋昭云「疏決爲灑」，字音疏跬反。廝，卽分其流泄其怒是也。又按：二渠，其一卽漯川，其二王莽時遂空也。

〔一二〕正義 降水源出潞州屯留縣西南方山東北。

〔一三〕正義 大陸澤在邢州及趙州界，一名廣河澤，一名鉅鹿澤也。

〔一四〕正義 言過降水及大陸水之口，至冀州分爲九河。

〔一五〕集解 瓚曰：「禹貢云『夾右碣石入于海』，然則河口之入海乃在碣石也。武帝元光二年，河徙東郡，更注勃海。禹之時不注勃海也。」

自是之後，滎陽下引河東南爲鴻溝，〔一〕以通宋、鄭、陳、蔡、曹、衞，與濟、汝、淮、泗會。于楚，西方則通渠漢水、雲夢之野，東方則通（鴻）溝江淮之閒。於吳，則通渠三江、五湖。〔二〕於齊，則通菑濟之閒。於蜀，蜀守冰〔三〕鑿離碓，〔四〕辟沫水之害，〔五〕穿二江成都之中。〔六〕此渠皆可行舟，有餘則用溉浸，百姓饗其利。至于所過，往往引其水益用溉田疇之渠，以萬億計，然莫足數也。

〔一〕索隱 楚漢中分之界，文穎云卽今官渡水也。蓋爲二渠：一南經陽武，爲官渡水；一東經大梁城，卽鴻溝，今之汴河是也。

〔二〕集解 韋昭曰：「五湖，湖名耳，實一湖，今太湖是也，在吳西南。」索隱 三江，按地理志北江從會稽毗陵縣北東入海，中江從丹陽蕪湖縣東北至會稽陽羨縣東入海，南江從會稽吳縣南東入海，故禹貢有北江、中江也。五湖者，郭璞江賦云具區、洮滆、彭蠡、青草、洞庭是也。又云太湖周五百里，故曰五湖。

〔三〕集解 漢書曰：「冰姓李。」

〔四〕集解 晉灼曰：「古『堆』字也。」

〔五〕索隱 辟音避。沫音末。按：說文云「沫水出蜀西南徼外，與青衣合，東南入江」也。

〔六〕正義 括地志云：「大江一名汶江，一名管橋水，一名清江，亦名水江，西南自溫江縣界流來。」又云：「郫江一名成都江，一名市橋江，亦名中日江，亦曰內江，西北自新繁縣界流來。二江並在益州成都縣界。任豫益州記云

『二江者，郫江、流江也』。風俗通云『秦昭王使李冰爲蜀守，開成都縣兩江，溉田萬頃。神須取女二人以爲婦，冰自以女與神爲婚，徑至祠勸神酒，酒杯澹澹，因厲聲責之，因忽不見。良久，有兩蒼牛鬭於江岸，有閒，輒還，流汗謂官屬曰：「吾鬭疲極，不當相助耶？南向腰中正白者，我綬也。」主簿刺殺北面者，江神遂死』。華陽國志云『蜀時濯錦流江中，則鮮明也』。」

西門豹引漳水溉鄴，〔一〕以富魏之河內。

〔一〕正義 括地志云：「漳水一名濁漳水，源出潞州長子縣西力黄山。地理志云濁漳水在長子鹿谷山，東至鄴，入清漳。」按：力黄、鹿谷二山，北鹿也。鄴，相州之縣也。

而韓聞秦之好興事，欲罷之，毋令東伐，〔一〕乃使水工鄭國〔二〕閒說秦，令鑿涇水自中山西邸瓠口爲渠，〔三〕並北山東注洛〔四〕三百餘里，欲以溉田。中作而覺，秦欲殺鄭國。鄭國曰：「始臣爲閒，然渠成亦秦之利也。」〔五〕秦以爲然，卒使就渠。渠就，用注填閼之水，溉澤鹵之地四萬餘頃，〔六〕收皆畝一鍾。於是關中爲沃野，無凶年，秦以富彊，卒并諸侯，因命曰鄭國渠。

〔一〕集解 如淳曰：「欲罷勞之，息秦伐韓之計。」

〔二〕集解 韋昭曰：「鄭國能治水，故曰水工。」

〔三〕索隱 小顏云「中音仲，卽今九嵏山之東仲山是也。邸，至也」。瓠口卽谷口，乃郊祀志所謂「寒門谷口」是也。正義 括地志云：「中山一名仲山，在雍州雲陽縣西十五里。又與池陽相近，故曰「田於何所，池陽谷口」也。

云焦穫藪，亦名瓠，在涇陽北城外也。」邸，至也。至渠首起雲陽縣西南二十五里，今枯也。

〔四〕集解 徐廣曰：「出馮翊懷德縣。」

〔五〕索隱 溝洫志鄭國云「臣爲韓延數歲之命，爲秦建萬代之功」是也。

〔六〕索隱 漑音古代反。澤，一作「舄」，音昔，又並音尺。本或作「斥」，則如字讀之。

漢興三十九年，孝文時河決酸棗，東潰金隄，〔一〕於是東郡大興卒塞之。

〔一〕正義 括地志云：「金隄一名千里隄，在白馬縣東五里。」

其後四十有餘年，今天子元光之中，而河決於瓠子，東南注鉅野，〔一〕通於淮、泗。於是天子使汲黯、鄭當時興人徒塞之，輒復壞。是時武安侯田蚡爲丞相，其奉邑食鄃。〔二〕鄃居河北，河決而南則鄃無水菑，邑收多。蚡言於上曰：「江河之決皆天事，未易以人力爲彊塞，塞之未必應天。」而望氣用數者亦以爲然。於是天子久之不事復塞也。

〔一〕正義 括地志云：「鄆州鉅野縣東北大澤是。」

〔二〕索隱 音輸。韋昭云「清河縣也」。正義 貝州縣也。

是時鄭當時爲大農，言曰：「異時關東漕粟從渭中上，度六月而罷，而漕水道九百餘里，時有難處。引渭穿渠起長安，並南山下，至河三百餘里，徑，易漕，度可令三月罷；而渠下

民田萬餘頃，又可得以漑田：此損漕省卒，而益肥關中之地，得穀。」天子以爲然，令齊人水工徐伯表，〔一〕悉發卒〔二〕數萬人穿漕渠，三歲而通。通，以漕，大便利。其後漕稍多，而渠下之民頗得以漑田矣。

〔一〕索隱 舊說，徐伯表水工姓名也。小顏以爲表者，巡行穿渠之處而表記之，若今豎標，表不是名也。

〔二〕集解 徐廣曰：「一云『悉衆』。」

其後河東守番係〔一〕言：「漕從山東西，〔二〕歲百餘萬石，更砥柱之限，敗亡甚多，而亦煩費。穿渠引汾〔三〕漑皮氏、汾陰下，〔四〕引河漑汾陰、蒲坂下，度可得五千頃。五千頃故盡河壖弃地，〔五〕民茭牧其中耳，〔六〕今漑田之，度可得穀二百萬石以上。穀從渭上，與關中無異，而砥柱之東可無復漕。」天子以爲然，發卒數萬人作渠田。數歲，河移徙，渠不利，則田者不能償種。久之，河東渠田廢，予越人，令少府以爲稍入。〔七〕

〔一〕索隱 上音婆，又音潘。按：詩小雅云「番維司徒」，番，氏也。下音系也。

〔二〕索隱 按：謂從山東運漕而西入關也。

〔三〕正義 括地志云：「汾水源出嵐州靜樂縣北百三十里管涔山北，東南流，入并州，即西南流，入至絳州、蒲州入河也。」

〔四〕正義 括地志云：「皮氏故城在絳州龍門縣西百三十步。自秦、漢、魏、晉，皮氏縣皆治此。汾陰故城俗名殷湯城，在蒲汾陰縣北九里，漢汾陰縣是也。」

〔五〕集解 韋昭曰：「壖音而緣反。謂緣河邊地也。」索隱 又音人兗反。

〔六〕索隱 茭，乾草也。謂人收茭及牧畜於中也。

〔七〕集解 如淳曰：「時越人有徙者，以田與之，其租稅入少府。」索隱 其田既薄，越人徙居者習水利，故與之，而稍少其稅，入之于少府。

其後人有上書欲通褒斜道〔一〕及漕事，下御史大夫張湯。湯問其事，因言：「抵蜀從故道，〔二〕故道多阪，回遠。今穿褒斜道，少阪，近四百里；而褒水通沔，斜水通渭，皆可以行船漕。漕從南陽〔三〕上沔入褒，褒之絕水至斜，閒百餘里，以車轉，從斜下下渭。如此，漢中之穀可致，山東從沔無限，〔四〕便於砥柱之漕。且褒斜材木竹箭之饒，擬於巴蜀。」天子以爲然，拜湯子卬爲漢中守，發數萬人作褒斜道五百餘里。道果便近，而水湍石，〔五〕不可漕。

〔一〕集解 韋昭曰：「褒中縣也。斜，谷名，音邪。」瓚曰：「褒、斜，二水名。」正義 括地志云：「褒谷在梁州褒城縣北五十里。斜水源出褒城縣西北九十八里衙嶺山，與褒水同源而派流。漢書溝洫志云『褒水通沔，斜水通渭，皆以行船』是也。」按：褒城即褒中縣也。

〔二〕正義 括地志云：「鳳州兩當縣，本漢故道縣也，在州西五十里。」

〔三〕正義 南陽縣即今鄧州也。

〔四〕正義 無限，言多也。山東，謂河南之東，山南之東及江南、淮南，皆經砥柱（主）〔上〕運，今並從沔，便於三門之

漕也。

〔五〕集解 徐廣曰：「湍，一本作『淺』。」

其後莊熊羆言：「臨晉〔一〕民願穿洛以漑重泉〔二〕以東萬餘頃故鹵地。誠得水，可令畝十石。」於是爲發卒萬餘人穿渠，自徵〔三〕引洛水至商顏山下。〔四〕岸善崩，〔五〕乃鑿井，深者四十餘丈。往往爲井，井下相通行水。水穨以絕商顏，〔六〕東至山嶺十餘里閒。井渠之生自此始。穿渠得龍骨，〔七〕故名曰龍首渠。作之十餘歲，渠頗通，猶未得其饒。

〔一〕正義 括地志云：「同州本臨晉城也。一名大荔城，亦曰馮翊城。」

〔二〕正義 洛，漆沮水也。括地志云：「重泉故城在同州蒲城縣東南四十五里，在同州西北亦四十五里。」

〔三〕集解 應劭曰：「徵在馮翊。」索隱 音懲，縣名也。小顏云即今之澄城也。

〔四〕集解 服虔曰：「顏音崖。或曰商顏，山名也。」索隱 顏音崖，又如字。商顏，山名也。

〔五〕集解 如淳曰：「洛水岸。」正義 言商原之崖岸，土性疏，故善崩毀也。

〔六〕集解 瓚曰：「下流曰穨。」

〔七〕正義 括地志云：「伏龍祠在同州馮翊縣西北四十里。故老云漢時自徵穿渠引洛，得龍骨，其後立祠，因以伏龍爲名。今祠頗有靈驗也。」

自河決瓠子後二十餘歲，歲因以數不登，而梁楚之地尤甚。天子既封禪巡祭山川，其明年，旱，乾封少雨。天子乃使汲仁、郭昌發卒數萬人塞瓠子決。於是天子已用事萬里

沙，〔一〕則還自臨決河，沈白馬玉璧于河，令羣臣從官自將軍已下皆負薪寘決河。是時東郡燒草，以故薪柴少，而下淇園之竹〔二〕以爲楗。〔三〕

〔一〕正義括地志云：「萬里沙在華州鄭縣東北二十里也。」

〔二〕集解晉灼曰：「衞之苑也。多竹篠。」

〔三〕集解如淳曰：「樹竹塞水決之口，稍稍布插接樹之，水稍弱，補令密，謂之楗。以草塞其裏，乃以土填之；有石，以石爲之。音建。」索隱楗音其免反。楗者，樹於水中，稍下竹及土石也。

天子既臨河決，悼功之不成，乃作歌曰：「瓠子決兮將柰何？皓皓旰旰兮閭殫爲河！〔一〕殫爲河兮地不得寧，功無已時兮吾山平。〔二〕吾山平兮鉅野溢，〔三〕魚沸鬱兮柏冬日。〔四〕延道弛兮離常流，〔五〕蛟龍騁兮方遠遊。歸舊川兮神哉沛，〔六〕不封禪兮安知外！爲我謂河伯兮何不仁，泛濫不止兮愁吾人？齧桑浮兮淮、泗滿，〔七〕久不反兮水維緩。」一曰：「河湯湯兮激潺湲，北渡污兮浚流難。搴長茭兮沈美玉，〔八〕河伯許兮薪不屬。〔九〕薪不屬兮衞人罪，燒蕭條兮噫乎何以禦水！穨林竹兮楗石菑，〔一〇〕宣房塞兮萬福來。」於是卒塞瓠子，築宮其上，名曰宣房宮。而道河北行二渠，復禹舊迹，而梁、楚之地復寧，無水災。

〔一〕集解如淳曰：「殫，盡也。」駰謂州閭盡爲河。

〔二〕集解徐廣曰：「東郡東阿有魚山，或者是乎？」駰按：如淳曰「恐水漸山使平也」。韋昭曰「鑿山以填河也」。

〔三〕集解如淳曰：「瓠子決，灌鉅野澤使溢也。」

〔四〕集解徐廣曰：「柏猶迫也。冬日行天邊，若與水相連矣。」駰按：漢書音義曰「鉅野滿溢，則衆魚沸鬱而滋長也。迫冬日乃止」。

〔五〕集解徐廣曰：「延，一作『正』。」駰按：晉灼曰「言河道皆弛壞也」。索隱言河之決，由其源道延長弛溢，故使其道皆離常流。故晉灼云「言河道皆弛壞」。

〔六〕集解瓚曰：「水還舊道，則羣害消除，神祐滂沛。」

〔七〕集解張晏曰：「齧桑，地名也。」如淳曰：「邑名，爲水所浮漂。」

〔八〕集解如淳曰：「搴，取也。茭，草也，音郊。一曰茭，竿也。取長竿樹之，用著石閒，以塞決河。」瓚曰：「竹葦絙謂之茭，下所以引致土石者也。」索隱搴音己免反。茭音交，竹葦絙也。一作「茇」，音廢，鄒氏又音緋也。

〔九〕集解如淳曰：「旱燒，故薪不足。」

〔一〇〕集解如淳曰：「河決，楗不能禁，故言菑。」韋昭曰：「楗，柱也。木立死曰菑。」

自是之後，用事者爭言水利。朔方、西河、河西、酒泉皆引河及川谷以溉田；而關中輔渠、靈軹〔一〕引堵水；〔二〕汝南、九江引淮；東海引鉅定；〔三〕泰山下引汶水：皆穿渠爲溉田，各萬餘頃。佗小渠披山通道者，不可勝言。然其著者在宣房。

〔一〕集解如淳曰：「地理志盩厔有靈軹渠。」索隱按：溝洫志兒寬爲左內史，奏請穿六輔渠。小顏云「今尚謂之輔渠，亦曰六渠也」。

〔二〕集解徐廣曰：「一作『諸川』。」

〔三〕集解瓚曰：「鉅定，澤名。」

太史公曰：余南登廬山，觀禹疏九江，遂至于會稽太湟，〔一〕上姑蘇，望五湖；東闚洛汭、大邳，迎河，行淮、泗、濟、漯洛渠；西瞻蜀之岷山及離碓；北自龍門至于朔方。曰：甚哉，水之爲利害也！余從負薪塞宣房，悲瓠子之詩而作河渠書。〔二〕

〔一〕集解徐廣曰：「一作『濕』。」

〔二〕集解徐廣曰：「溝洫志行田二百畝，分賦田與一夫二百畝，以田惡，故更歲耕之。」

【索隱述贊】水之利害，自古而然。禹疏溝洫，隨山濬川。爰洎後世，非無聖賢。鴻溝既劃，龍骨斯穿。填閼攸墾，黎蒸有年。宣房在詠，梁楚獲全。

中華書局

史記卷三十

平準書第八

【集解】漢書百官表曰大司農屬官有平準令。【索隱】大司農屬官有平準令丞者，以均天下郡國轉販，貴則賣之，賤則買之，貴賤相權輸，歸于京都，故命曰「平準」。

漢興，接秦之弊，丈夫從軍旅，老弱轉糧饟，作業劇而財匱，自天子不能具鈞駟，〔一〕而將相或乘牛車，齊民無藏蓋。〔二〕於是爲秦錢重難用，〔三〕更令民鑄錢，〔四〕一黃金一斤，〔五〕約法省禁。而不軌逐利之民，蓄積餘業以稽市物，物踊騰糶，〔六〕米至石萬錢，馬一匹則百金。〔七〕

〔一〕【索隱】天子駕駟馬，其色宜齊同。今言國家貧，天子不能具鈞色之駟馬。漢書作「醇駟」，「醇」與「純」同，純一色也。或作「騂」，非也。

〔二〕【集解】如淳曰：「齊等無有貴賤，故謂之齊民。若今言『平民』矣。」晉灼曰：「中國被教之民也。」蘇林曰：「無物可蓋藏也。」

〔三〕【索隱】顧氏按：古今注云「秦錢半兩，徑一寸二分，重十二銖」。

〔四〕【集解】漢書食貨志曰：「鑄榆莢錢。」【索隱】食貨志云「鑄莢錢」。按：古今注云榆莢錢重三銖，錢譜云文爲「漢興」也。

〔五〕【索隱】按：如淳云「時以錢爲貨，黃金一斤直萬錢」，非也。又臣瓚下注云「秦以一溢爲一金，漢以一斤爲一金」，是其義也。

〔六〕【集解】李奇曰：「稽，貯滯也。」如淳曰：「稽，考也。考校市物價，貴賤有時。」晉灼曰：「踴，甚也。言計市物賤而豫益稸之也。物貴而出賣，故使物甚騰也。」【索隱】李奇云「稽，貯滯」。韋昭云「稽，留待也」。稽字當如李韋二釋。晉灼及馬融訓稽爲計及考，於義爲疏。漢書『糶』字作『躍』。」如淳云「踊騰猶低昂也。低昂者，乍賤乍貴也」。今按：漢書「糶」字作「躍」者，謂物踊貴而價起，有如物之騰躍而起也。然糶者出賣之名，故食貨志云「大熟則上糶三而舍一」是也。

〔七〕【集解】瓚曰：「秦以一溢爲一金，漢以一斤爲一金。」

天下已平，高祖乃令賈人不得衣絲乘車，重租稅以困辱之。孝惠、高后時，爲天下初定，復弛商賈之律，然市井之子孫亦不得仕宦爲吏。量吏祿，度官用，以賦於民。而山川園池市井〔一〕租稅之入，自天子以至于封君湯沐邑，皆各爲私奉養焉，不領於天下之經費。〔二〕漕轉山東粟，以給中都官，〔三〕歲不過數十萬石。

〔一〕【正義】古人未有市，（及井）若朝聚井汲水，便將貨物於井邊貨賣，故言市井也。

〔二〕【索隱】按：經訓常。言封君已下皆以湯沐邑爲私奉養，故不領入天子之常稅，爲一年之費也。

〔三〕【索隱】按：中都猶都內也，皆天子之倉府。以給中都官者，即今太倉以畜官儲是也。

至孝文時，莢錢益多，輕，〔一〕乃更鑄四銖錢，其文爲「半兩」，令民縱得自鑄錢。故吳，諸侯也，以即山鑄錢，〔二〕富埒天子，〔三〕其後卒以叛逆。鄧通，大夫也，以鑄錢財過王者。故吳、鄧氏錢布天下，而鑄錢之禁生焉。

〔一〕【集解】如淳曰：「如榆莢也。」

〔二〕【索隱】按：即訓就。就山鑄錢，故下文云「銅山」是也。一解，即山，山名也。

〔三〕【集解】徐廣曰：「埒者，際畔。言鄰接相次也。」駰按：孟康曰「富與天子等而微減也。或曰埒，等也」。

匈奴數侵盜北邊，屯戍者多，邊粟不足給食當食者。於是募民能輸及轉粟於邊者拜爵，爵得至大庶長。〔一〕

〔一〕【索隱】按：漢書食貨志云文帝用晁錯言，「令人入粟邊六百石，爵上造；稍增至四千石，爲五大夫；萬二千石，爲大庶長；各以多少爲差」。

孝景時，上郡以西旱，亦復修賣爵令，而賤其價以招民；及徒復作，得輸粟縣官以除罪。益造苑馬以廣用，〔一〕而宮室列觀輿馬益增修矣。

〔一〕【索隱】謂增益苑囿，造廄而養馬以廣用，則馬是軍國之用也。

至今上卽位數歲，漢興七十餘年之閒，國家無事，非遇水旱之災，民則人給家足，都鄙廩庾皆滿，而府庫餘貨財。京師之錢累巨萬，〔一〕貫朽而不可校。〔二〕太倉之粟陳陳相因，充溢露積於外，至腐敗不可食。衆庶街巷有馬，阡陌之閒成羣，而乘字牝者儐而不得聚會。〔三〕守閭閻者食粱肉，爲吏者長子孫，〔四〕居官者以爲姓號。〔五〕故人人自愛而重犯法，先行義而後絀恥辱焉。當此之時，網疏而民富，役財驕溢，或至兼并豪黨之徒，以武斷於鄉曲。〔六〕宗室有土公卿大夫以下，爭于奢侈，室廬輿服僭于上，無限度。物盛而衰，固其變也。

〔一〕【集解】韋昭曰：「巨萬，今萬萬。」

〔二〕【集解】如淳曰：「校，數也。」

〔三〕【集解】漢書音義曰：「皆乘父馬，有牝馬閒其閒則相踶齧，故斥不得出會同。」

〔四〕【集解】如淳曰：「時無事，吏不數轉，至于子孫長大而不轉職任。」

〔五〕【集解】如淳曰：「倉氏、庾氏是也。」【索隱】注「倉氏庾氏」，按出食貨志。

〔六〕【索隱】謂鄉曲豪富無官位，而以威勢主斷曲直，故曰武斷也。

自是之後，嚴助、朱買臣等招來東甌，〔一〕事兩越，〔二〕江淮之閒蕭然煩費矣。唐蒙、司

馬相如開路西南夷，鑿山通道千餘里，以廣巴蜀，巴蜀之民罷焉。彭吴[三]賈滅朝鮮，[四]置滄海之郡，則燕齊之閒靡然發動。及王恢設謀馬邑，匈奴絕和親，侵擾北邊，兵連而不解，天下苦其勞，而干戈日滋。行者齎，居者送，中外騷擾而相奉，百姓抏獘[五]以巧法，財賂衰秏而不贍。人物者補官，出貨者除罪，選舉陵遲，廉恥相冒，武力進用，法嚴令具。興利之臣自此始也。[六]

[一]正義 烏侯反。今台州永寧是也。

[二]正義 南越及閩越。南越，今廣州南海也。閩越，今建州建安也。

[三]索隱 人姓名。

[四]索隱 彭吴始開其道而滅之也。

[五]索隱 按：三蒼音五官反。鄒氏又五亂反。按：抏者，秏也，消秏之名。言百姓貧獘，故行巧抵之法也。

[六]集解 韋昭曰：「桑弘羊、孔僅之屬。」

其後漢將歲以數萬騎出擊胡，及車騎將軍衞青取匈奴河南地，[一]築朔方。[二]當是時，漢通西南夷道，作者數萬人，千里負擔饋糧，率十餘鍾致一石，[三]散幣於邛僰[四]以集之。數歲道不通，蠻夷因以數攻，吏發兵誅之。[五]悉巴蜀租賦不足以更之，[六]乃募豪民田南夷，入粟縣官，而內受錢於都內。[七]東至滄海之郡，人徒之費擬於南夷。又興十萬餘人築

衞朔方，轉漕[八]甚遼遠，自山東咸被其勞，費數十百巨萬，府庫益虛。乃募民能入奴婢得以終身復，爲郎增秩，及入羊爲郎，始於此。

[一]正義 謂靈、夏三州地，取在元朔二年。

[二]正義 今夏州也。括地志云：「夏州，秦上郡，漢分置朔方郡，魏不改，隋置夏州也。」

[三]集解 漢書音義曰：「鍾六石四斗。」

[四]索隱 應劭云：「臨邛屬蜀，僰屬犍爲。」

[五]索隱 吏發興誅之。謂發軍興以誅之也。

[六]集解 韋昭曰：「更，續也。或曰更，償也。」

[七]集解 服虔曰：「入穀於外縣，受錢於內府也。」

[八]索隱 按：說文云「漕，水轉穀也」。一云車運曰轉，水運曰漕也。

其後四年，[一]而漢遣大將將六將軍，軍十餘萬，擊右賢王，獲首虜萬五千級。明年，大將軍將六將軍仍再出擊胡，得首虜萬九千級。捕斬首虜之士受賜黃金二十餘萬斤，虜數萬人皆得厚賞，衣食仰給縣官；而漢軍之士馬死者十餘萬，兵甲之財轉漕之費不與焉。於是大農陳藏錢[二]經秏，賦稅既竭，猶不足以奉戰士。有司言：「天子曰『朕聞五帝之教不相復而治，禹湯之法不同道而王，所由殊路，而建德一也。北邊未安，朕甚悼之。日者，大將軍攻匈奴，斬首虜萬九千級，留蹛無所食。[三]議令民得買爵及贖禁錮免減罪』。請置賞官，命曰武功爵。[四]級十七萬，凡直三十餘萬金。[五]諸買武功爵官首者試補吏，先除；[六]千夫如五大夫；[七]其有罪又減二等；爵得至樂卿：[八]以顯軍功。」軍功多用越等，大者封侯卿大夫，小者郎吏。吏道雜而多端，則官職秏廢。

[一]集解 徐廣曰：「元朔五年也。」

[二]集解 韋昭曰：「陳，久也。」

[三]索隱 留蹛無所食。蹛音滯，謂貯也。韋昭音滯，謂積也。又按：古今字詁「蹛」今「滯」字，則蹛與滯同。按：謂富人貯滯積穀，則貧者無所食也。

[四]集解 瓚曰：「茂陵中書有武功爵：一級曰造士，二級曰閑輿衞，三級曰良士，四級曰元戎士，五級曰官首，六級曰秉鐸，七級曰千夫，八級曰樂卿，九級曰執戎，十級曰左庶長，十一級曰軍衞。此武帝所制以寵軍功。」

[五]索隱 大顏云「一金，萬錢也。計十一級，級十七萬，合百八十七萬金」。而此云「三十餘萬金」，其數必有誤者。顧氏按：［或］解云初一級十七萬，自此已上每級加二萬，至十一級，合成三十七萬也。

[六]索隱 官首，武功爵第五也，位稍高，故得試爲吏，先除用也。

[七]索隱 千夫，武功爵第七；五大夫，二十爵第九也。言千夫爵秩比於五大夫二十爵第九，故楊僕以千夫爲吏是也。

[八]集解 徐廣曰：「爵名也。」駰案：漢書音義曰「十爵左庶長以上至十八爵爲大庶長也，名樂卿。樂卿者，朝位從九卿，加『樂』者，別正卿。又十九爵爲樂公，食公卿祿而無職也」。索隱 按：此言武功置爵惟得至於樂卿也。臣瓚所引茂陵書，蓋後人記其爵失次耳。今注稱十爵至十八庶長爲樂卿，十九至二十爲樂公，乃以舊二十

爵釋武功爵，蓋亦臆說，非也。大顏亦以爲然。

自公孫弘以春秋之義繩臣下取漢相，張湯用峻文決理爲廷尉，於是見知之法生，[一]而廢格沮誹[二]窮治之獄用矣。其明年，淮南、衡山、江都王謀反迹見，而公卿尋端治之，竟其黨與，而坐死者數萬人，長吏益慘急而法令明察。

[一]集解 張晏曰：「吏見知不舉劾爲故縱。」

[二]集解 如淳曰：「廢格天子文法，使不行也。誹謂非上所行，若顏異反脣之比也。」索隱 格音閣，亦如字。沮音才緒反。誹音非。按：謂廢格天子之命而不行，及沮敗誹謗之者，皆被窮治，故云廢格沮誹之獄用矣。

當是之時，招尊方正賢良文學之士，或至公卿大夫。公孫弘以漢相，布被，食不重味，爲天下先。然無益於俗，稍騖於功利矣。

其明年，驃騎仍再出擊胡，獲首四萬。其秋，渾邪王率數萬之衆來降，於是漢發車二萬乘迎之。既至，受賞，賜及有功之士。是歲費凡百餘巨萬。

初，先是往十餘歲河決觀，[一]梁楚之地固已數困，而緣河之郡隄塞河，輒決壞，費不可勝計。其後番係欲省底柱之漕，穿汾、河渠以爲溉田，作者數萬人；鄭當時爲渭漕渠回遠，鑿直渠自長安至華陰，作者數萬人；朔方亦穿渠，作者數萬人：各歷二三期，功未就，

費亦各巨萬十數。

〔一〕集解 徐廣曰：「覵，縣名也。屬東郡，光武改曰衛，公國。」

天子爲伐胡，盛養馬，馬之來食長安者數萬匹，卒牽掌者關中不足，乃調旁近郡。而胡降者皆衣食縣官，縣官不給，天子乃損膳，解乘輿駟，出御府禁藏以贍之。

其明年，山東被水菑，民多飢乏，於是天子遣使者虛郡國倉廥〔一〕以振貧民。猶不足，又募豪富人相貸假。尚不能相救，乃徙貧民於關以西，及充朔方以南新秦中，〔二〕七十餘萬口，衣食皆仰給縣官。數歲，假予產業，使者分部護之，冠蓋相望。其費以億計，不可勝數。

〔一〕集解 徐廣曰：「音膾。」
〔二〕集解 服虔曰：「地名，在北方千里。」如淳曰：「長安已北，朔方已南。」瓚曰：「秦逐匈奴以收河南地，徙民以實之，謂之新秦。今以地空，故復徙民以實之。」

於是縣官大空，而富商大賈或蹛財役貧，〔一〕轉轂百數，〔二〕廢居〔三〕居邑，〔四〕封君皆低首仰給。〔五〕冶鑄煮鹽，財或累萬金，而不佐國家之急，黎民重困。於是天子與公卿議，更錢造幣以贍用，而摧浮淫并兼之徒。是時禁苑有白鹿而少府多銀錫。自孝文更造四銖錢，至是歲四十餘年，從建元以來，用少，縣官往往即多銅山而鑄錢，民亦閒盜鑄錢，不可勝數。錢

益多而輕，〔六〕物益少而貴。〔七〕有司言曰：「古者皮幣，諸侯以聘享。金有三等，黃金爲上，白金爲中，赤金爲下。〔八〕今半兩錢法重四銖，〔九〕而姦或盜摩錢裏取鋊，〔一〇〕錢益輕薄而物貴，則遠方用幣煩費不省。」乃以白鹿皮方尺，緣以藻繢，〔一一〕爲皮幣，直四十萬。王侯宗室朝覲聘享，必以皮幣薦璧，然後得行。

〔一〕集解 漢書音義曰：「蹛，停也。一曰貯也。」索隱 蕭該按：字林云「貯，塵也，音佇」。此謂居積停滯塵久也。或作「貯」，子貢發貯鬻財是也。
〔二〕集解 李奇曰：「車也。」
〔三〕集解 徐廣曰：「廢居者，貯畜之名也。有所廢，有所畜，言其乘時射利也。」索隱 劉氏云：「廢，出賣；居，停蓄也。」是出賣於居者爲廢，故徐氏云「有所廢，有所畜」是也。
〔四〕集解 駰按：服虔曰「居穀於邑也」。如淳曰「居賤物於邑中，以待貴也」。索隱 服虔云「居穀於邑中」是也。
〔五〕集解 晉灼曰：「低音抵距。」服虔曰：「仰給於商賈。」索隱 按：服虔云「仰給於商賈」，是也。而劉伯莊以爲「封君及大商皆低首營私以自給，不佐天子」，非也。
〔六〕集解 如淳曰：「磨錢取鋊故也。」瓚曰：「鑄錢者多，故錢輕。輕亦賤也。」
〔七〕集解 如淳曰：「但鑄作錢，不作餘物。」
〔八〕集解 漢書音義曰：「白金，銀也。赤金，丹陽銅也。」索隱 說文云：「銅，赤金也。」注云「丹陽銅」者，神異經云西方金山有丹陽銅也。
〔九〕集解 韋昭曰：「文爲半兩，實重四銖。」
〔一〇〕集解 徐廣曰：「音容。」呂靜曰：「冶器法謂之鋊。」
〔一一〕集解 徐廣曰：「藻，一作『紫』也。」

又造銀錫爲白金。〔一〕以爲天用莫如龍，〔二〕地用莫如馬，〔三〕人用莫如龜，〔四〕故白金三品：其一曰重八兩，圜之，其文龍，〔五〕名曰「白選」，〔六〕直三千；〔七〕二曰以重差小，方之，〔八〕其文馬，〔九〕直五百；三曰復小，撱之，〔一〇〕其文龜，〔一一〕直三百。令縣官銷半兩錢，更鑄三銖錢，文如其重。盜鑄諸金錢罪皆死，而吏民之盜鑄白金者不可勝數。

〔一〕集解 如淳曰：「雜鑄銀錫爲白金也。」
〔二〕索隱 易云行天莫如龍也。
〔三〕索隱 易云行地莫如馬也。
〔四〕索隱 禮曰「諸侯以龜爲寶」也。
〔五〕索隱 顧氏案：錢譜「其文爲龍，隱起，肉好皆圜，文又作雲霞之象」。
〔六〕索隱 名白選。蘇林曰：「選音『選擇』之『選』。」包愷及劉氏音息戀反。尚書大傳云：「夏后氏不殺不刑，死罪罰二千饌。」馬融云：「饌，六兩。」漢書作「撰」，音同。
〔七〕索隱 晉灼按：黃圖直三千二百。
〔八〕索隱 謂以八兩差爲三品，此重六兩，下小隋重四兩也。云「以重差小」者，謂半兩爲重，故差小重六兩，而其形方也。

〔九〕索隱 錢譜：「肉好皆方，隱起馬形。肉好之下又是連珠文也。」
〔一〇〕索隱 復小隋之。湯果反。爾雅注「隋者，狹長也」。謂長而方，去四角也。
〔一一〕索隱 錢譜：「肉圓好方，爲隱起龜甲文。」

於是以東郭咸陽、〔一〕孔僅爲大農丞，領鹽鐵事；桑弘羊以計算用事，侍中。咸陽，齊之大煮鹽，孔僅，南陽大冶，皆致生累千金，故鄭當時進言之。弘羊，雒陽賈人子，以心計，年十三侍中。故三人言利事析秋豪矣。〔二〕

〔一〕索隱 東郭，姓；咸陽，名也。按：風俗通東郭牙，齊大夫，咸陽其後也。
〔二〕索隱 按：言百物毫芒至秋皆美細。今言弘羊等三人言利事纖悉，能分析其秋毫也。

法既益嚴，吏多廢免。兵革數動，民多買復及五大夫，徵發之士益鮮。於是除千夫五大夫爲吏，不欲者出馬；故吏皆（通）適令伐棘上林，〔一〕作昆明池。〔二〕

〔一〕集解 韋昭曰：「欲令出馬，無馬者令伐棘。」索隱 故吏皆適伐棘。謂故吏先免者，皆適令伐棘上林，不謂無馬者。韋說非也。
〔二〕索隱 按：黃圖云「昆明池周四十里，以習水戰」。又荀悅云「昆明子居滇河中，故習水戰以伐之也」。

其明年，大將軍、驃騎大出擊胡，〔一〕得首虜八九萬級，賞賜五十萬金，漢軍馬死者十餘萬匹，轉漕車甲之費不與焉。是時財匱，戰士頗不得祿矣。

〔一〕集解徐廣曰：「元狩四年也。」

有司言三銖錢輕，易姦詐，乃更請諸郡國鑄五銖錢，周郭其下，令不可磨取鋊焉。

大農上鹽鐵丞孔僅、咸陽言：「山海，天地之藏也，皆宜屬少府，〔一〕陛下不私，以屬大農佐賦。願募民自給費，因官器作煑鹽，官與牢盆。〔二〕浮食奇民〔三〕欲擅管〔四〕山海之貨，以致富羡，〔五〕役利細民。其沮事之議，〔六〕不可勝聽。敢私鑄鐵器煑鹽者，釱左趾，〔七〕沒入其器物。郡不出鐵者，置小鐵官，〔八〕便屬在所縣。」使孔僅、東郭咸陽乘傳舉行天下鹽鐵，作官府，除故鹽鐵家富者爲吏。吏道益雜，不選，而多賈人矣。

〔一〕索隱韋昭云：「天子私所給賜經用也。公用屬大司農也。」

〔二〕集解如淳曰：「牢，廩食也。古者名廩爲牢也。盆者，煮鹽之盆也。」索隱予牢盆。按：蘇林云「牢，價直也。今代人言『雇手牢盆』」。晉灼云蘇說是。樂產云「牢乃盆名」，其說異。

〔三〕索隱奇，包愷音羇。諸侯也，非農工之儔，故言奇也。

〔四〕集解張晏曰：「若人執倉庫之管籥。或曰管，固。」索隱擅筦。音管。上音善。

〔五〕索隱弋戰反。羡，饒也，與「衍」同義。

〔六〕索隱沮，止也。僅等言山海之藏宜屬大農，奇人欲擅利，必有沮止之議，此不可聽許也。

〔七〕集解史記音隱曰：「釱音徒計反。」韋昭曰：「釱，以鐵爲之，著左趾以代刖也。」索隱按：三蒼云「釱，踏腳鉗也」。字林徒計反。張斐漢晉律序云「狀如跟衣，著（足）〔左〕足下，重六斤，以代臏，至魏武改以代刖也」。

〔八〕集解鄧展曰：「鑄故鐵。」

商賈以幣之變，多積貨逐利。於是公卿言：「郡國頗被菑害，貧民無產業者，募徙廣饒之地。陛下損膳省用，出禁錢以振元元，寬貸賦，而民不齊出於南畝，〔一〕商賈滋衆。貧者畜積無有，皆仰縣官。異時〔二〕算軺車〔三〕賈人緡錢〔四〕皆有差，請算如故。諸賈人末作貰貸賣買，居邑稽諸物，〔五〕及商以取利者，雖無市籍，各以其物自占，〔六〕率緡錢二千而一算。〔七〕諸作有租及鑄，〔八〕率緡錢四千一算。非吏比者三老、北邊騎士，〔九〕軺車以一算；商賈人軺車二算；〔一〇〕船五丈以上一算。匿不自占，占不悉，〔一一〕戍邊一歲，沒入緡錢。有能告者，以其半畀之。賈人有市籍者，及其家屬，皆無得籍名田，以便農。〔一二〕敢犯令，沒入田僮。」〔一三〕

〔一〕集解李奇曰：「齊，皆也。」

〔二〕索隱異時猶昔時也。

〔三〕索隱說文云：「軺，小車也。」傅子云：「漢代賤乘軺，今則貴之。」言算軺車者，有軺車使出稅一算二算也。

〔四〕集解李斐曰：「緡，絲也，以貫錢也。一貫千錢，出二十算也。詩云『維絲伊緡』。」如淳曰：「胡公名錢爲緡者，詩云『氓之蚩蚩，抱布貿絲』，故謂之緡也。」索隱緡音旻。緡者，絲繩以貫錢者。千錢出二十算也。

〔五〕索隱稽者，停也，留也，卽上文所謂「廢居居邑」也。

〔六〕索隱按：郭璞云「占，自隱度也」。謂各自隱度其財物多少，爲文簿送之官也。若不盡，皆沒入於官。音之贍反。

〔七〕集解瓚曰：「此緡錢爲是儲緡錢也，故隨其用所施，施於利重者其算亦多。」

〔八〕集解如淳曰：「以手力所作而賣之。」

〔九〕集解如淳曰：「非吏而得與吏比者，官謂三老、北邊騎士也。樓船令邊郡選富者爲車騎士。」

〔一〇〕集解如淳曰：「商賈有軺車，使出二算，重其賦也。」

〔一一〕索隱悉，盡也，具也。若通家財不周悉盡者，罰戍邊一歲。

〔一二〕索隱謂賈人有市籍，不許以名占田也。

〔一三〕索隱若賈人更占田，則沒其田及僮僕，皆入之於官也。

天子乃思卜式之言，召拜式爲中郎，爵左庶長，賜田十頃，布告天下，使明知之。

初，卜式者，河南人也，以田畜爲事。親死，式有少弟，弟壯，式脫身出分，獨取畜羊百餘，田宅財物盡予弟。式入山牧十餘歲，羊致千餘頭，買田宅。而其弟盡破其業，式輒復分予弟者數矣。是時漢方數使將擊匈奴，卜式上書，願輸家之半縣官助邊。天子使使問式：「欲官乎？」式曰：「臣少牧，不習仕宦，不願也。」使問曰：「家豈有冤，欲言事乎？」式曰：「臣生與人無分爭。式邑人貧者貸之，不善者教順之，所居人皆從式，式何故見冤於人！無所欲言也。」使者曰：「苟如此，子何欲而然？」式曰：「天子誅匈奴，愚以爲賢者宜死節於邊，有財者宜輸委，如此而匈奴可滅也。」使者具其言入以聞。天子以語丞相弘。弘曰：

「此非人情。不軌之臣，不可以爲化而亂法，願陛下勿許。」於是上久不報式，數歲，乃罷式。式歸，復田牧。歲餘，會軍數出，渾邪王等降，縣官費衆，倉府空。其明年，貧民大徙，皆仰給縣官，無以盡贍。卜式持錢二十萬予河南守，以給徙民。河南上富人助貧人者籍，天子見卜式名，識之，曰「是固前而欲輸其家半助邊」，乃賜式外繇四百人。〔一〕式又盡復予縣官。是時富豪皆爭匿財，唯式尤欲輸之助費。天子於是以式終長者，故尊顯以風百姓。

〔一〕集解漢書音義曰：「外繇謂戍邊也。一人出三百錢，謂之過更。式歲得十二萬錢也。一說，在繇役之外得復除四百人。」

初，式不願爲郎。上曰：「吾有羊上林中，欲令子牧之。」式乃拜爲郎，布衣屩而牧羊。〔一〕歲餘，羊肥息。上過見其羊，善之。式曰：「非獨羊也，治民亦猶是也。以時起居；惡者輒斥去，毋令敗羣。」上以式爲奇，拜爲緱氏令試之，緱氏便之。遷爲成皋令，將漕最。上以爲式朴忠，拜爲齊王太傅。

〔一〕集解韋昭曰：「屩，草屝。」

而孔僅之使天下鑄作器，三年中拜爲大農，列於九卿。〔一〕而桑弘羊爲大農丞，筦諸會計事，稍稍置均輸以通貨物矣。〔二〕

〔一〕集解 徐廣曰：「元鼎二年，時丙寅歲也。」

〔二〕集解 孟康曰：「謂諸當所輸於官者，皆令輸其土地所饒，平其所在時價，官更於他處賣之，輸者既便而官有利。漢書百官表大司農屬官有均輸令。」

始令吏得入穀補官，郎至六百石。

自造白金五銖錢後五歲，赦吏民之坐盜鑄金錢死者數十萬人。其不發覺相殺者，不可勝計。赦自出者百餘萬人。然不能半自出，天下大抵無慮皆鑄金錢矣。〔一〕犯者衆，吏不能盡誅取，於是遣博士褚大、徐偃等分曹循行郡國，〔二〕舉兼并之徒守相爲（吏）〔利〕者。而御史大夫張湯方隆貴用事，減宣、杜周等爲中丞，義縱、尹齊、王溫舒等用慘急刻深爲九卿，而直指夏蘭之屬始出矣。

〔一〕索隱 抵音氐。抵，歸也。劉氏云「大抵猶大略也」。案：大抵無慮者，謂言大略歸於鑄錢，更無他事從慮。

〔二〕集解 服虔曰：「分曹職案行。」

而大農顏異誅。〔一〕初，異爲濟南亭長，以廉直稍遷至九卿。上與張湯既造白鹿皮幣，問異。異曰：「今王侯朝賀以蒼璧，直數千，而其皮薦反四十萬，本末不相稱。」天子不說。張湯又與異有卻，及有人告異以它議，事下張湯治異。異與客語，客語初令下有不便者，〔二〕

異不應，微反脣。湯奏當異九卿見令不便，不入言而腹誹，論死。自是之後，有腹誹之法（以此）〔比〕，而公卿大夫多謟諛取容矣。

〔一〕集解 徐廣曰：「元狩四年，時壬戌歲也。」

〔二〕集解 李奇曰：「異與客語，道詔令初下，有不便處也。」

天子既下緡錢令而尊卜式，百姓終莫分財佐縣官，於是（楊可）告緡錢縱矣。

郡國多姦鑄錢，〔一〕錢多輕，而公卿請令京師鑄鍾官赤側，〔二〕一當五，賦官用非赤側不得行。〔三〕白金稍賤，民不寶用，縣官以令禁之，無益。歲餘，白金終廢不行。

〔一〕索隱 謂多姦巧，雜以鉛錫也。

〔二〕集解 如淳曰：「以赤銅爲其郭也。今錢見有赤側者，不知作法云何。」索隱 鍾官掌鑄赤側之錢。韋昭云「側，邊也」，故晉灼云「以赤銅爲郭。今錢見有赤側者」。

〔三〕集解 漢書音義曰：「俗所謂紫紺錢也」。

是歲也，張湯死〔一〕而民不思。〔二〕

〔一〕集解 徐廣曰：「元鼎二年。」

〔二〕索隱 樂產云：「諸所廢興，附上困下，皆自湯，故人不思之也。」

其後二歲，赤側錢賤，民巧法用之，不便，又廢。於是悉禁郡國無鑄錢，專令上林三官鑄。〔一〕錢既多，而令天下非三官錢不得行，諸郡國所前鑄錢皆廢銷之，輸其銅三官。而民之鑄錢益少，計其費不能相當，唯真工大姦乃盜爲之。

〔一〕集解 漢書百官表：「水衡都尉，武帝元鼎二年初置，掌上林苑，屬官有上林均輸、鍾官、辨銅令。」然則上林三官，其是此三令乎？

卜式相齊，而楊可告緡徧天下，〔一〕中家以上大抵皆遇告。杜周治之，獄少反者。〔二〕乃分遣御史廷尉正監分曹往，〔三〕即治郡國緡錢，得民財物以億計，奴婢以千萬數，田大縣數百頃，小縣百餘頃，宅亦如之。於是商賈中家以上大率破，民偷甘食好衣，不事畜藏之產業，而縣官有鹽鐵緡錢之故，用益饒矣。

〔一〕集解 瓚曰：「商賈居積及伎巧之家，非桑農所生出，謂之緡。茂陵中書有緡田奴婢是也。」索隱 姓楊，名可。如淳云：「告緡者，令楊可告占緡之不盡者也。」

〔二〕集解 如淳曰：「治匿緡之罪，其獄少有反者。」索隱 反音番。反謂反使從輕也。案：劉德爲京兆尹，每行縣，多所平反是也。

〔三〕索隱 如淳云：「曹，輩也。謂分曹輩而出爲使也。」

益廣關，置左右輔。〔一〕

〔一〕集解 徐廣曰：「元鼎三年，丁卯歲，徙函谷關於新安東界。」

初，大農筦鹽鐵官布多，〔一〕置水衡，欲以主鹽鐵；及楊可告緡錢，上林財物衆，乃令水衡主上林。上林既充滿，益廣。是時越欲與漢用船戰逐，〔二〕乃大修昆明池，列觀環之。治樓船，高十餘丈，旗幟加其上，甚壯。〔三〕於是天子感之，乃作柏梁臺，高數十丈。宮室之修，由此日麗。

〔一〕索隱 布謂泉布。

〔二〕集解 韋昭曰：「戰鬭馳逐也。」

〔三〕索隱 蓋始穿昆明池，欲與滇王戰，今乃更大修之，將與南越呂嘉戰逐，故作樓船，於是楊僕有將軍之號。又下云「因南方樓船卒二十餘萬擊南越」也。昆明池有豫章館。豫章，地名，以言將出軍於豫章也。

乃分緡錢諸官，而水衡、少府、大農、太僕各置農官，往往即郡縣比沒入田〔一〕田之。其沒入奴婢，分諸苑養狗馬禽獸，及與諸官。諸官益雜置多，〔二〕徒奴婢衆，而下河漕度四百萬石，〔三〕及官自糴乃足。〔四〕

〔一〕索隱 比昔所沒入之田也。

〔二〕集解 如淳曰：「水衡、少府、太僕、司農皆有農官，是爲多。」

〔三〕索隱 樂產云：「度猶運也。」

〔四〕索隱 按：謂天子所給廩食者多，故官自糴乃足也。

所忠〔一〕言：「世家子弟〔二〕富人或鬬雞走狗馬，弋獵博戲，亂齊民。」〔三〕乃徵諸犯令，相引數千人，命曰「株送徒」。入財者得補郎，郎選衰矣。〔四〕

〔一〕索隱人姓名。服虔云「掌故官，取書於司馬相如者，封禪書公孫卿因所忠言寶鼎是也」。唯姚察獨以爲「所忠」，非也。

〔二〕集解如淳曰：「世世有祿秩家。」

〔三〕索隱晉灼云：「中國被教整齊之人也。」

〔四〕集解應劭曰：「株，根本也。送，引也。」如淳曰：「株，根蔕也。諸坐博戲事決爲徒者，能入錢得補郎也。或曰，先至者爲根。」索隱李奇云：「先至者爲魁株。」應劭云：「株，根本也。送，當作『選』。選，引也。」應、李二音是。先至之人令之相引，似若得其株本，則枝葉自窮，故曰「株送徒」。又文穎曰：「凡鬬雞勝者爲株。」傳云：「陽溝之雞，三歲爲株。」今則鬬雞走馬者用之。因其鬬雞本勝時名，故云株送徒者也。

是時山東被河菑，及歲不登數年，人或相食，方一二千里。天子憐之，詔曰：「江南火耕水耨，〔一〕令飢民得流就食江淮閒，欲留，留處。」遣使冠蓋相屬於道，護之，下巴蜀粟以振之。

〔一〕集解應劭曰：「燒草，下水種稻，草與稻並生，高七八寸，因悉芟去，復下水灌之，草死，獨稻長，所謂火耕水耨也。」

其明年，天子始巡郡國。東度河，河東守不意行至，不辨，自殺。行西踰隴，隴西守以行往卒，〔一〕天子從官不得食，隴西守自殺。於是上北出蕭關，從數萬騎，獵新秦中，以勒邊兵而歸。新秦中或千里無亭徼，〔二〕於是誅北地太守以下，而令民得畜牧邊縣，〔三〕官假馬母，三歲而歸，及息什一，以除告緡，用充仞新秦中。〔四〕

〔一〕集解漢書音義曰：「踰，度也。卒，倉卒也。」

〔二〕集解如淳曰：「徼，亦卒求盜之屬也。」晉灼曰：「徼，塞也。」瓚曰：「既無亭候，又不徼循，無衞邊之備也。」

〔三〕集解漢書音義曰：「令民得畜牧於邊縣也。」瓚曰：「先是，新秦中千里無民，畏寇不敢畜牧，令設亭徼，故民得畜牧也。」

〔四〕集解李奇曰：「邊有官馬，今令民能畜官母馬者，滿三歲歸之也。及有蕃息，與當出緡算者，皆復令居新秦中，又充仞之也。謂與民母馬，令得爲馬種；令十母馬還官一駒，此爲息什一也。」瓚曰：「前以邊用不足，故設告緡之令，設亭徼，邊民無警，皆得田牧。新秦中已充，故除告緡，不復取於民也。」

既得寶鼎，立后土、太一祠，〔一〕公卿議封禪事，而天下郡國皆豫治道橋，繕故宮，及當馳道縣，縣治官儲，設供具，而望以待幸。

〔一〕集解徐廣曰：「元鼎四年立后土，五年立泰畤。」

其明年，南越反，西羌侵邊爲桀。於是天子爲山東不贍，赦天下〔因〕，因南方樓船卒二十餘萬人擊南越，數萬人發三河以西騎擊西羌，又數萬人度河築令居。〔一〕初置張掖、酒泉郡，〔二〕而上郡、朔方、西河、河西開田官，斥塞卒〔三〕六十萬人戍田之。中國繕道餽糧，遠者三千，近者千餘里，皆仰給大農。邊兵不足，乃發武庫工官兵器以贍之。車騎馬乏絕，縣官錢少，買馬難得，乃著令，令封君以下至三百石以上吏，以差出牝馬天下亭，亭有畜牸馬，歲課息。

〔一〕索隱令音零，姚氏音連。韋昭云：「金城縣。」

〔二〕集解徐廣曰：「元鼎六年。」

〔三〕集解如淳曰：「塞候斥卒。」

齊相卜式上書曰：「臣聞主憂臣辱。南越反，臣願父子與齊習船者往死之。」天子下詔曰：「卜式雖躬耕牧，不以爲利，有餘輒助縣官之用。今天下不幸有急，而式奮願父子死之，雖未戰，可謂義形於內。賜爵關內侯，金六十斤，田十頃。」布告天下，天下莫應。列侯以百數，〔一〕皆莫求從軍擊羌、越。至酎，少府省金，〔二〕而列侯坐酎金失侯者百餘人。〔三〕乃拜式爲御史大夫。〔四〕

〔一〕索隱劉氏言其多以百而數，故坐酎金失侯者一百六人。

〔二〕集解如淳曰：「省視諸侯金有輕有重也。或曰，至嘗酎飲宗廟時，少府視其金多少也。」

〔三〕集解如淳曰：「漢儀注王子爲侯，侯歲以户口酎黄金於漢廟，皇帝臨受獻金以助祭。大祀日飲酎，飲酎受金。金少不如斤兩，色惡，王削縣，侯免國。」

〔四〕集解徐廣曰：「元鼎六年。」

式既在位，見郡國多不便縣官作鹽鐵，鐵器苦惡，〔一〕賈貴，或彊令民賣買之。而船有算，商者少，物貴，乃因孔僅言船算事。上由是不悅卜式。

〔一〕集解瓚曰：「謂作鐵器，民患苦其不好。」索隱器苦惡。苦音（苦）楛（反），言苦其器惡而買賣也。言器苦窳不好。凡病之器云苦。窳音庾，語見本紀。苦如字讀亦通也。

漢連兵三歲，誅羌，滅南越，番禺以西至蜀南者置初郡十七，〔一〕且以其故俗治，毋賦稅。南陽、漢中以往郡，各以地比給初郡〔二〕吏卒奉〔三〕食幣物，傳車馬被具。而初郡時時小反，殺吏，漢發南方吏卒往誅之，閒歲萬餘人，費皆仰給大農。大農以均輸調鹽鐵助賦，故能贍之。然兵所過縣，爲以訾給毋乏而已，不敢言擅賦法矣。〔四〕

〔一〕集解徐廣曰：「南越爲九郡。」駰案：晉灼曰「元鼎六年，定越地，以爲南海、蒼梧、鬱林、合浦、交阯、九真、日南、珠崖、儋耳郡；定西南夷，以爲武都、牂柯、越巂、沈犂、汶山郡；及地理志、西南夷傳所置犍爲、零陵、益州郡，凡十七也」。

〔二〕索隱比音鼻。謂南陽、漢中已往之郡，各以其地比近給初郡。初郡，即西南夷初所置之郡。

〔三〕索隱扶用反，包氏同。

〔四〕集解徐廣曰：「擅，一作『經』。經，常也。惟取用足耳，不暇顧經常法則也。」

其明年，元封元年，卜式貶秩爲太子太傅。而桑弘羊爲治粟都尉，領大農，盡代僅筦天下鹽鐵。弘羊以諸官各自市，相與争，物故騰躍，而天下賦輸或不償其僦費，〔一〕乃請置大農部丞數十人，分部主郡國，各往往縣置均輸鹽鐵官，令遠方各以其物貴時商賈所轉販者爲賦，而相灌輸。置平準于京師，都受天下委輸。召工官治車諸器，皆仰給大農。大農之諸官盡籠天下之貨物，貴卽賣之，賤則買之。如此，富商大賈無所牟大利，〔二〕則反本，而萬物不得騰踊。故抑天下物，名曰「平準」。天子以爲然，許之。於是天子北至朔方，東到太山，巡海上，並北邊以歸。所過賞賜，用帛百餘萬匹，錢金以巨萬計，皆取足大農。

〔一〕索隱不償其僦。服虔云：「雇載云僦，言所輸物不足償其雇載之費也。僦音子就反。」

〔二〕集解如淳曰：「牟，取也。」

弘羊又請令吏得入粟補官，及罪人贖罪。令民能入粟甘泉各有差，以復終身，不告緡。他郡各輸急處，〔一〕而諸農各致粟，山東漕益歲六百萬石。一歲之中，太倉、甘泉倉滿。邊餘穀諸物均輸帛五百萬匹。民不益賦而天下用饒。於是弘羊賜爵左庶長，黄金再百斤焉。

〔一〕索隱謂他郡能入粟，輸所在急要之處也。

是歲小旱，上令官求雨。卜式言曰：「縣官當食租衣税而已，今弘羊令吏坐市列肆，〔一〕販物求利。亨弘羊，天乃雨。」

〔一〕索隱坐市列。謂吏坐市肆行列之中。

太史公曰：農工商交易之路通，而龜貝金錢刀布之幣興焉。所從來久遠，自高辛氏之前尚矣，靡得而記云。故書道唐虞之際，詩述殷周之世，安寧則長庠序，先本絀末，以禮義防于利；事變多故而亦反是。是以物盛則衰，時極而轉，〔一〕一質一文，終始之變也。禹貢九州，各因其土地所宜，人民所多少而納職焉。湯武承弊易變，使民不倦，各兢兢所以爲治，而稍陵遲衰微。齊桓公用管仲之謀，通輕重之權，〔二〕徼山海之業，以朝諸侯，用區區之齊顯成霸名。魏用李克，盡地力，爲彊君。自是之後，天下争於戰國，貴詐力而賤仁義，先富有而後推讓。故庶人之富者或累巨萬，而貧者或不厭糟糠；有國彊者或并羣小以臣諸侯，而弱國或絶祀而滅世。以至於秦，卒并海内。虞夏之幣，金爲三品，〔三〕或黄，或白，或赤；或錢，或布，〔四〕或刀，〔五〕或龜貝。〔六〕及至秦，中一國之幣爲（三）〔二〕等，黄金以溢名，〔七〕爲上幣；銅錢識曰半兩，重如其文，爲下幣。而珠玉、龜貝、銀錫之屬爲器飾寶藏，不爲幣。然各隨時而輕重無常。於是外攘夷狄，内興功業，海内之士力耕不足糧饟，女子紡績不足衣服。古者嘗竭天下之資財以奉其上，猶自以爲不足也。無異故云，事勢之流，相激使然，曷足怪焉。

〔一〕集解徐廣曰：「時，一作『衰』。」

〔二〕集解管子有輕重之法。

〔三〕索隱卽下「或黄，或赤、白」。黄，黄金也；白，白銀也；赤，赤銅也：並見食貨志。

〔四〕集解如淳曰：「布於民閒也。」

〔五〕集解如淳曰：「名錢爲刀者，以其利於民也。」

〔六〕索隱按：錢本名泉，言貨之流如泉也，故周有泉府之官。及景王乃鑄大錢。布者，言貨流布，故周禮有二夫之布。食貨志貨布首長八分，足支八分。刀者，錢也。食貨志有契刀、錯刀，形如刀，長二寸，直五千。以其形如刀，故曰刀，以其利於人也。又古者貨貝寶龜，食貨志有十朋五貝，皆用爲貨，其各有多少，元龜直十貝，故直二千一百六十，已下各有差也。

〔七〕集解孟康曰：「二十兩爲溢。」

【索隱述贊】平準之立，通貨天下。既入縣官，或振華夏。其名刀布，其文龍馬。增算告緡，裒多益寡。弘羊心計，卜式長者。都内充殷，取贍郊野。

史記

漢　司馬遷　撰
宋　裴駰　集解
唐　司馬貞　索隱
唐　張守節　正義

第五冊

卷三一至卷四二（世家）

中華書局

史記卷三十一

吳太伯世家第一

【索隱】系家者，記諸侯本系也，言其下及子孫常有國。故孟子曰「陳仲子，齊之系家」。又董仲舒曰「王者封諸侯，非官之也，得以代爲家也」。

吳太伯，〔一〕太伯弟仲雍，〔二〕皆周太王之子，而王季歷之兄也。季歷賢，而有聖子昌，太王欲立季歷以及昌，於是太伯、仲雍二人乃犇荊蠻，文身斷髮，示不可用，〔三〕以避季歷。季歷果立，是爲王季，而昌爲文王。太伯之犇荊蠻，自號句吳。〔四〕荊蠻義之，從而歸之千餘家，立爲吳太伯。

〔一〕【集解】韋昭曰：「後武王追封爲吳伯，故曰吳太伯。」【索隱】國語曰「黃池之會，晉定公使謂吳王夫差曰『夫命圭有命，固曰吳伯，不曰吳王』」，是吳本伯爵也。范甯解論語曰「太者，善大之稱；伯者，長也。周太王之元子故曰太伯」。稱仲雍、季歷，皆以字配名，則伯亦是字，又是爵，但其名史籍先闕耳。【正義】吳，國號也。太伯居梅里，在常州無錫縣東南六十里。至十九世孫壽夢居之，號句吳。壽夢卒，諸樊南徙吳。至二十一代孫光，使子胥築闔閭城都之，今蘇州也。

〔二〕【索隱】伯、仲、季是兄弟次第之字。若表德之字，意義與名相符，則系本曰「吳孰哉居蕃離」，宋忠曰「孰哉，仲雍字。蕃離，今吳之餘暨也」。解者云雍是孰食，故曰雍字孰哉也。

〔三〕【集解】應劭曰：「常在水中，故斷其髮，文其身，以象龍子，故不見傷害。」【正義】江熙云：「太伯少弟季歷生文王昌，有聖德，太伯知其必有天下，故欲傳國於季歷。以太王病，託採藥於吳越，不反。太王薨而季歷立，一讓也；季歷薨而文王立，二讓也；文王薨而武王立，遂有天下，三讓也。又釋云：『太王病，託採藥，生不事之以禮，一讓也；太王薨而不反，使季歷主喪，不葬之以禮，二讓也；斷髮文身，示不可用，使歷主祭祀，不祭之以禮，三讓也。』」

〔四〕【集解】宋忠曰：「句吳，太伯始所居地名。」【索隱】荊者，楚之舊號，以州而言之曰荊。蠻者，閩也，南夷之名；蠻亦稱越。此言自號句吳，吳名起於太伯，明以前未有吳號。地在楚越之界，故稱荊蠻。顏師古注漢書，以吳言「句」者，夷語之發聲，猶言「於越」耳。此言「號句吳」，當如顏解。而注引宋忠以爲地名者，系本居篇曰「孰哉居蕃離，孰姑徙句吳」，宋氏見史記有「太伯自號句吳」之文，遂彌縫解彼云是太伯始所居地名。裴氏引之，恐非其義。蕃離既有其地，句吳何總不知真實？吳人不聞別有城邑曾名句吳，則系本之文或難依信。吳地記曰：「泰伯居梅里，在闔閭城北五十里許。」

太伯卒，〔一〕無子，弟仲雍立，是爲吳仲雍。仲雍卒，〔二〕子季簡立。季簡卒，子叔達立。叔達卒，子周章立。是時周武王克殷，求太伯、仲雍之後，得周章。周章已君吳，因而封之。乃封周章弟虞仲於周之北故夏虛，〔三〕是爲虞仲，〔四〕列爲諸侯。

中華書局

〔一〕集解皇覽曰：「太伯冢在吳縣北梅里聚，去城十里。」
〔二〕索隱吳地記曰：「仲雍冢在吳郡常孰縣西海虞山上，與言偃冢並列。」
〔三〕集解徐廣曰：「在河東大陽縣。」
〔四〕索隱夏都安邑，虞仲都大陽之虞城，在安邑南，故曰夏虛。左傳曰「太伯、虞仲，太王之昭」，則虞仲是太王之子必也。又論語稱「虞仲、夷逸隱居放言」，是仲雍稱虞仲。今周章之弟亦稱虞仲者，蓋周章之弟字仲，始封於虞，故曰虞仲。則仲雍本字仲，而爲虞之始祖，故後代亦稱虞仲，所以祖與孫同號也。

周章卒，子熊遂立。熊遂卒，子柯相立。〔一〕柯相卒，子彊鳩夷立。彊鳩夷卒，子餘橋疑吾立。〔二〕餘橋疑吾卒，子柯盧立。柯盧卒，子周繇立。〔三〕周繇卒，子屈羽立。〔四〕屈羽卒，子夷吾立。夷吾卒，子禽處立。禽處卒，子轉立。〔五〕轉卒，子頗高立。〔六〕頗高卒，子句卑立。〔七〕是時晉獻公滅周北虞公，以開晉伐虢也。〔八〕句卑卒，子去齊立。去齊卒，子壽夢立。〔九〕壽夢立而吳始益大，稱王。

〔一〕正義柯音歌。相音相匠反。
〔二〕正義橋音蹻驕反。
〔三〕正義繇音遙，又音由。
〔四〕正義屈，居勿反。
〔五〕索隱譙周古史考云「柯轉」。

〔六〕索隱古史考作「頗夢」。
〔七〕索隱古史考云「畢軫」。
〔八〕索隱春秋經僖公五年「冬，晉人執虞公」。左氏二年傳曰「晉荀息請以屈產之乘與垂棘之璧假道伐虢，宮之奇諫，不聽。虞公許之，且請先伐之，遂伐虢，滅下陽」。五年傳曰「晉侯復假道伐虢，宮之奇諫，不聽。以其族行，曰『虞不臘矣』。八月甲午，晉侯圍上陽。冬十有二月，滅虢。師還，遂襲虞滅之」也。
〔九〕正義夢，莫公反。

自太伯作吳，五世而武王克殷，封其後爲二：其一虞，在中國；其一吳，在夷蠻。十二世而晉滅中國之虞。中國之虞滅二世，而夷蠻之吳興。〔一〕大凡從太伯至壽夢十九世。〔二〕

〔一〕正義中國之虞滅後二世，合七十一年，至壽夢而興大，稱王。
〔二〕索隱壽夢是仲雍十九代孫也。

王壽夢二年，〔一〕楚之亡大夫申公巫臣怨楚將子反而奔晉，自晉使吳，教吳用兵乘車，令其子爲吳行人，〔二〕吳於是始通於中國。吳伐楚。十六年，楚共王伐吳，至衡山。〔三〕

〔一〕索隱自壽夢已下始有其年，春秋唯記卒年。計二年當成七年也。
〔二〕集解服虔曰：「行人，掌國賓客之禮籍，以待四方之使，賓大客，受小客之幣辭。」索隱左傳魯成二年曰「巫臣使齊，及鄭，使介反幣，而以夏姬行，遂奔晉」。七年傳曰「子重、子反殺巫臣之族而分其室，巫臣遺二子書曰『余必使爾罷於奔命以死』。巫臣使於吳，吳子壽夢悅之，乃通吳于晉，教吳乘車，教之戰陣，教之叛楚，寘其子狐庸焉，使爲行人。吳始伐楚，伐巢，伐徐。馬陵之會，吳入州來，子重、子反於是乎一歲七奔命」是。
〔三〕集解杜預曰：「吳興烏程縣南也。」索隱春秋經襄三年「楚公子嬰齊帥師伏吳」，左傳曰「楚子重伐吳，爲簡之師，克鳩茲，至于衡山」也。

二十五年，王壽夢卒。〔一〕壽夢有子四人，長曰諸樊，〔二〕次曰餘祭，次曰餘眛，〔三〕次曰季札。〔四〕季札賢，而壽夢欲立之，季札讓不可，於是乃立長子諸樊，攝行事當國。

〔一〕索隱襄十二年經曰「秋九月，吳子乘卒」。左傳曰壽夢。計從成六年至此，正二十五年。系本曰「吳孰姑徙句吳」。宋忠曰「孰姑，壽夢也」。代謂祝夢乘諸也。壽孰音相近，姑之言諸也，毛詩傳讀「姑」爲「諸」，知孰姑壽夢是一人，又名乘也。
〔二〕索隱春秋經書「吳子遏」，左傳稱「諸樊」，蓋遏是其名，諸樊是其號。公羊傳「遏」作「謁」。
〔三〕索隱左傳曰「閽戕戴吳」。杜預曰「戴吳，餘祭也」。又襄二十八年左傳，齊慶封奔吳，句餘與之朱方。杜預曰「句餘，吳子夷末也」。計餘祭以襄二十九年卒，則二十八年賜慶封邑，不得是夷末。且句餘餘祭或謂是一人，夷末惟史記、公羊作「餘眛」，左氏及穀梁並爲「餘祭」。夷末、句餘音字各異，不得爲一，或杜氏誤耳。正義祭，側界反。眛，莫葛反。
〔四〕索隱公羊傳曰：「謁也，餘祭也，夷末也，與季子同母者四人。季子弱而才，兄弟皆愛之，同欲以爲君，兄弟遞相爲君，而致國乎季子。故謁也死，餘祭也立；餘祭也死，夷末也立；夷末也死，則國宜之季子，季子使而亡焉。僚者長庶也，即之。闔閭曰：『將從先君之命與，則國宜之季子也；如不從君之命，則宜立者我也。僚惡得爲君

乎？』於是使專諸刺僚。」史記壽夢四子，亦約公羊文，但以僚爲餘眛子爲異耳。左氏其文不明，服虔用公羊，杜預依史記及吳越春秋。下注徐廣引系本曰「夷眛及僚，夷眛生光」，檢系本今無此語。然按左狐庸對趙文子，謂「夷末甚德而度，其天所啓也，必此君之子孫實終之」。若以僚爲末子，不應此言。又光言「我王嗣」，則光是夷眛子，且明是庶子。

王諸樊元年，〔一〕諸樊已除喪，讓位季札。季札謝曰：「曹宣公之卒也，諸侯與曹人不義曹君，〔二〕將立子臧，子臧去之，以成曹君，〔三〕君子曰〔四〕『能守節矣』。君義嗣，〔五〕誰敢干君！有國，非吾節也。札雖不材，願附於子臧之義。」吳人固立季札，季札棄其室而耕，乃舍之。〔六〕秋，吳伐楚，楚敗我師。四年，晉平公初立。〔七〕

〔一〕集解世本曰「諸樊徙吳」也。
〔二〕集解服虔曰：「宣公，曹伯盧也，以魯成公十三年會晉侯伐秦，卒于師。曹君，公子負芻也。負芻在國，聞宣公卒，殺太子而自立，故曰不義之也。」
〔三〕集解服虔曰：「子臧，負芻庶兄。」索隱成十三年左傳曰：「曹宣公卒于師。曹人使公子負芻守，使公子欣時逆喪。秋，負芻殺其太子而自立。」杜預曰：「皆宣公庶子也。負芻，成公也。欣時，子臧也。」十五年傳曰：「會于戚，討曹成公也，執而歸諸京師。諸侯將見子臧於王而立之。子臧曰：『前志有之，曰聖達節，杜預曰：聖人應天命，不拘常禮也。次守節，杜預曰：謂賢者也。下失節。杜預曰：愚者，妄動也。爲君，非吾節也。雖不能聖，敢失守乎？』遂逃奔宋。」

[四]索隱 君子者，左丘明所爲史評仲尼之詞，指仲尼爲君子也。

[五]集解 王肅曰：「義，宜也。嫡子嗣國，得禮之宜。」杜預曰：「諸樊嫡子，故曰義嗣。」

[六]索隱 「諸樊元年已除喪」至「乃舍之」，皆襄十四年左氏傳文。 正義 舍音捨。

[七]索隱 左傳襄十六年春「葬晉悼公，平公卽位」是也。

十三年，王諸樊卒。[一]有命授弟餘祭，欲傳以次，必致國於季札而止，以稱先王壽夢之意，且嘉季札之義，兄弟皆欲致國，令以漸至焉。季札封於延陵，[二]故號曰延陵季子。

[一]索隱 春秋經襄二十五年：「十有二月，吳子遏伐楚，門于巢，卒。」左傳曰：「吳子諸樊伐楚，以報舟師之役，門于巢。巢牛臣曰：『吳王勇而輕，若啓之，將親門，我獲射之，必殪。是君也死，疆其少安。』從之。吳子門焉，牛臣隱於短牆以射之，卒。」

[二]索隱 襄三十一年左傳趙文子問於屈狐庸曰「延州來季子其果立乎」，杜預曰「延州來，季札邑也」。昭二十七年左傳曰「吳子使延州來季子聘于上國」，杜預曰「季子本封延陵，後復封州來，故曰延州來」。成七年左傳曰「吳入州來」，杜預曰「州來，楚邑，淮南下蔡縣是」。昭十三年傳「吳伐州來」，二十三年傳「吳滅州來」。則州來本爲楚邑，吳光伐滅，遂以封季子也。地理志云會稽毗陵縣，季札所居。太康地理志曰「故延陵邑，季札所居，栗頭有季札祠」。地理志沛郡下蔡縣云，古州來國，爲楚所滅，後吳取之，至夫差，遷昭侯於此。公羊傳曰「季子去之延陵，終身不入吳國」，何休曰「不入吳朝廷也」。此云「封於延陵」，謂因而賜之以菜邑。而杜預春秋釋例土地名則云「延州來，闕」，不知何故而爲此言也。

王餘祭三年，齊相慶封有罪，自齊來犇吳。吳予慶封朱方之縣，[一]以爲奉邑，以女妻之，富於在齊。

[一]集解 吳地記曰：「朱方，秦改曰丹徒。」

四年，吳使季札聘於魯，[一]請觀周樂。[二]爲歌周南、召南。[三]曰：「美哉，始基之矣，[四]猶未也。[五]然勤而不怨。」[六]歌邶、鄘、衞。[七]曰：「美哉，淵乎，憂而不困者也。[八]吾聞衞康叔、武公之德如是，是其衞風乎？」[九]歌王。[一〇]曰：「美哉，思而不懼，其周之東乎？」[一一]歌鄭。[一二]曰：「其細已甚，民不堪也，是其先亡乎？」[一三]歌齊。曰：「美哉，泱泱乎大風也哉。[一四]表東海者，其太公乎？[一五]國未可量也。」[一六]歌豳。曰：「美哉，蕩蕩乎，樂而不淫，[一七]其周公之東乎？」[一八]歌秦。曰：「此之謂夏聲。夫能夏則大，大之至也，其周之舊乎？」[一九]歌魏。曰：「美哉，渢渢乎，[二〇]大而寬，[二一]儉而易，行以德輔，此則盟主也。」[二二]歌唐。曰：「思深哉，其有陶唐氏之遺風乎？不然，何憂之遠也？[二三]非令德之後，誰能若是！」[二四]歌陳。曰：「國無主，其能久乎？」[二五]自鄶以下，無譏焉。[二六]歌小雅。[二七]曰：「美哉，思而不貳，[二八]怨而不言，[二九]其周德之衰乎？[三〇]猶有先王之遺民也。」[三一]歌大雅。[三二]曰：「廣哉，熙熙乎，[三三]曲而有直體，[三四]其文王之德乎？」歌頌。[三五]曰：「至矣哉，[三六]直而不倨，[三七]曲而不詘，[三八]近而不偪，[三九]遠而不攜，[四〇]遷而不淫，[四一]復而不厭，[四二]哀而不愁，[四三]樂而不荒，[四四]用而不匱，[四五]廣而不宣，[四六]施而不費，[四七]取而不貪，[四八]處而不底，[四九]行而不流。[五〇]五聲和，八風平，[五一]節有度，守有序，[五二]盛德之所同也。」[五三]見舞象箾、南籥者，[五四]曰：「美哉，猶有感。」[五五]見舞大武，[五六]曰：「美哉，周之盛也其若此乎？」見舞韶護者，[五七]曰：「聖人之弘也，[五八]猶有慙德，聖人之難也！」[五九]見舞大夏，[六〇]曰：「美哉，勤而不德！[六一]非禹其誰能及之？」見舞招箾，[六二]曰：「德至矣哉，大矣，[六三]如天之無不燾也，[六四]如地之無不載也，雖甚盛德，無以加矣。觀止矣，若有他樂，吾不敢觀。」[六五]

[一]集解 在春秋魯襄公二十九年。

[二]集解 服虔曰：「周樂，魯所受四代之樂也。」杜預曰：「魯以周公故，有天子禮樂。」

[三]集解 杜預曰：「此皆各依其本國歌所常用聲曲。」

[四]集解 王肅曰：「言始造王基也。」

[五]集解 賈逵曰：「言未有雅、頌之成功也。」杜預曰：「猶有商紂，未盡善也。」

[六]集解 杜預曰：「未能安樂，然其音不怨怒。」

[七]集解 杜預曰：「武王伐紂，分其地爲三監。三監叛，周公滅之，并三監之地，更封康叔，故三國盡被康叔之化。」

[八]集解 賈逵曰：「淵，深也。」杜預曰：「亡國之音哀以思，其民困。衞康叔、武公德化深遠，雖遭宣公淫亂，懿公滅亡，民猶秉義，不至於困。」

[九]集解 賈逵曰：「康叔遭管叔、蔡叔之難，武公罹幽王、褒姒之憂，故曰康叔、武公之德如是。」杜預曰：「康叔，武公，皆衞之令德君也。聽聲以爲别，故有疑言。」

[一〇]集解 服虔曰：「王室當在雅，衰微而列在風，故國人猶尊之，故稱王，猶春秋之王人也。」杜預曰：「王，黍離也。」

[一一]集解 服虔曰：「平王東遷雒邑。」杜預曰：「宗周殞滅，故憂思；猶有先王之遺風，故不懼也。」 正義 思音肆。

[一二]集解 賈逵曰：「鄭風，東鄭是。」

[一三]集解 服虔曰：「其風細弱已甚，攝於大國之閒，無遠慮持久之風，故曰民不堪，將先亡也。」

[一四]集解 服虔曰：「泱泱，舒緩深遠，有大和之意。其詩風刺，辭約而義微，體疏而不切，故曰大風。」索隱 泱，於良反。泱泱猶汪汪洋洋，美盛貌也。杜預曰「弘大之聲」也。

[一五]集解 王肅曰：「言爲東海之表式。」

[一六]集解 服虔曰：「國之興衰，世數長短，未可量也。」杜預曰：「言其或將復興。」

[一七]集解 賈逵曰：「蕩然無憂，自樂而不荒淫也。」

[一八]集解 杜預曰：「周公遭管蔡之變，東征，爲成王陳后稷先公不敢荒淫，以成王業，故言其周公東乎。」

[一九]集解 杜預曰：「秦仲始有車馬禮樂，去戎狄之音而有諸夏之聲，故謂之夏聲。及襄公佐周平王東遷而受其故地，故曰周之舊也。」

[二〇]索隱 渢音馮，又音泛。杜預曰：「中庸之聲。」

[二一]索隱 左傳作「大而婉」。杜預曰：「婉，約也。大而約，則儉節易行。」寬字宜讀爲「婉」也。

〔三三〕集解徐廣曰：「盟，一作『明』。」駰案：賈逵曰「其志大，直而有曲體，歸中和中庸之德，難成而實易行。故曰以德輔此，則盟主也」。杜預曰「惜其國小而無明君」。索隱注引徐廣曰「盟，一作『明』」。按：左傳亦作「明」，此以聽聲知政，言其明聽耳，非盟會也。

〔三四〕集解杜預曰：「晉本唐國，故有堯之遺風。憂深思遠，情發於聲也。」

〔三五〕集解杜預曰：「淫聲放蕩，無所畏忌，故曰國無主。」

〔三六〕集解服虔曰：「鄶以下，及曹風也。其國小，無所刺譏。」

〔三七〕集解杜預曰：「小雅，小正，亦樂歌之章。」

〔三八〕集解杜預曰：「思文武之德，無貳叛之心也。」

〔三九〕集解王肅曰：「非不能言，畏罪咎也。」

〔三〇〕集解杜預曰：「衰，小也。」

〔三一〕集解杜預曰：「謂有殷王餘俗，故未大衰。」

〔三二〕集解杜預曰：「大雅，陳文王之德，以正天下。」

〔三三〕集解杜預曰：「熙熙，和樂聲。」

〔三四〕集解杜預曰：「論其聲。」

〔三五〕集解杜預曰：「頌者，以其成功告於神明。」

〔三五〕集解賈逵曰：「言道備至也。」

〔三六〕集解杜預曰：「倨，傲也。」

〔三七〕集解杜預曰：「詘，撓也。」

〔三八〕集解杜預曰：「謙，退也。」

〔三九〕集解杜預曰：「攜，貳也。」

〔四〇〕集解服虔曰：「遷，徙也。文王徙酆，武王居鄗。」杜預曰：「淫，過蕩也。」

〔四一〕集解杜預曰：「常日新也。」

〔四二〕集解杜預曰：「知命也。」

〔四三〕集解杜預曰：「節之以禮也。」

〔四四〕集解杜預曰：「德弘大。」

〔四五〕集解杜預曰：「不自顯也。」

〔四六〕集解杜預曰：「因民所利而利之。」

〔四七〕集解杜預曰：「義然後取。」

〔四八〕集解杜預曰：「守之以道。」

〔四九〕集解杜預曰：「制之以義。」

〔五〇〕集解杜預曰：「宮、商、角、徵、羽謂之五聲。八方之氣謂之八風。」

〔五一〕集解杜預曰：「八音克諧，節有度也。無相奪倫，守有序也。」

〔五二〕集解杜預曰：「頌有殷、魯，故曰盛德之所同。」

〔五三〕集解賈逵曰：「象，文王之樂武象也。箾，舞曲也。南籥，以籥舞也。」索隱箾音朔，又素交反。

〔五四〕集解服虔曰：「憾，恨也。恨不及己以伐紂而致太平也。」索隱感讀爲「憾」，字省耳，胡暗反。

〔五五〕集解賈逵曰：「大武，周公所作武王樂也。」

〔五六〕集解賈逵曰：「韶護，殷成湯樂大護也。」

〔五七〕集解賈逵曰：「弘，大也。」

〔五八〕集解服虔曰：「慙於始伐而無聖佐，故曰聖人之難也。」

〔五九〕集解賈逵曰：「夏禹之樂大夏也。」

〔六〇〕集解服虔曰：「禹勤其身以治水土也。」

〔六一〕集解服虔曰：「有虞氏之樂大韶也。」索隱「韶」「箾」二字體變耳。

〔六二〕集解服虔曰：「至，帝王之道極於韶也，盡美盡善也。」

〔六三〕集解賈逵曰：「燾，覆也。」

〔六四〕集解服虔曰：「周用六代之樂，堯曰咸池，黃帝曰雲門。魯受四代，下周二等，故不舞其二。季札知之，故曰有他樂吾不敢請。」

去魯，遂使齊。說晏平仲曰：「子速納邑與政。〔一〕無邑無政，乃免於難。齊國之政將有所歸；未得所歸，難未息也。」故晏子因陳桓子以納政與邑，是以免於欒高之難。〔二〕

〔一〕集解服虔曰：「入邑與政職於公，不與國家之事。」

〔二〕集解難在魯昭公八年。正義難，乃憚反。在魯昭公八年。欒施、高彊二氏作難，陳桓子和之乃解也。

去齊，使於鄭。見子產，如舊交。謂子產曰：「鄭之執政侈，難將至矣，政必及子。子爲政，慎以禮。〔一〕不然，鄭國將敗。」去鄭，適衞。說蘧瑗、史狗、史鰌、公子荊、公叔發、公子朝曰：「衞多君子，未有患也。」

〔一〕集解服虔曰：「禮，所以經國家，利社稷也。」

自衞如晉，將舍於宿，〔一〕聞鍾聲，〔二〕曰：「異哉！吾聞之，辯而不德，必加於戮。〔三〕夫子獲罪於君以在此，〔四〕懼猶不足，而又可以畔乎？〔五〕夫子之在此，猶燕之巢于幕也。〔六〕君在殯而可以樂乎？」〔七〕遂去之。文子聞之，終身不聽琴瑟。〔八〕

〔一〕集解左傳曰：「將宿於戚。」索隱注引左傳曰「將宿於戚」。按：太史公欲自爲一家，事雖出左氏，文則隨義而換。既以「舍」字替「宿」，遂誤下「宿」字替於「戚」。戚既是邑名，理應不易。今宜讀宿爲「戚」。戚，衞邑，孫文子舊所食地。

〔二〕集解服虔曰：「孫文子鼓鍾作樂也。」

〔三〕集解服虔曰：「辯若鬬辯也。夫以辯爭，不以德居之，必加於刑戮也。」

〔四〕集解賈逵曰：「夫子，孫文子也。獲罪，出獻公，以戚畔也。」

〔五〕索隱左傳曰「而又何樂」。此「畔」字宜讀曰「樂」。樂謂所聞鍾聲也，畔非其義也。

〔六〕集解王肅曰：「言至危也。」

〔七〕集解賈逵曰：「衞君獻公棺在殯未葬。」

〔八〕集解服虔曰：「聞義而改也。琴瑟不聽，況於鐘鼓乎？」

適晉，說趙文子、〔一〕韓宣子、〔二〕魏獻子〔三〕曰：「晉國其萃於三家乎！」〔四〕將去，謂叔向曰：「吾子勉之！君侈而多良，大夫皆富，政將在三家。〔五〕吾子直，〔六〕必思自免於難。」

〔一〕索隱名武也。
〔二〕索隱名起也。
〔三〕索隱名鍾舒也。正義世本云名秦。
〔四〕集解服虔曰：「言晉國之祚將集於三家。」
〔五〕集解杜預曰：「富必厚施，故政在三家也。」
〔六〕集解服虔曰：「直，不能曲撓以從衆。」

季札之初使，北過徐君。徐君好季札劍，口弗敢言。季札心知之，為使上國，未獻。還至徐，徐君已死，於是乃解其寶劍，繫之徐君冢樹而去。〔一〕從者曰：「徐君已死，尚誰予乎？」季子曰：「不然。始吾心已許之，豈以死倍吾心哉！」

〔一〕正義括地志云：「徐君廟在泗州徐城縣西南一里，即延陵季子挂劍之徐君也。」

七年，楚公子圍弒其王夾敖而代立，是為靈王。〔一〕十年，楚靈王會諸侯而以伐吳之朱

方，以誅齊慶封。吳亦攻楚，取三邑而去。〔二〕十一年，楚伐吳，至雩婁。〔三〕十二年，楚復來伐，次於乾谿，〔四〕楚師敗走。

〔一〕索隱春秋經襄二十五年，吳子遏卒；二十九年，閽殺吳子餘祭；昭十五年，吳子夷末卒。是餘祭在位四年，餘眛在位十七年。系家倒錯二王之年，此七年正是餘眛之三年。昭元年經曰「冬十有一月，楚子麇卒」。左傳曰「楚公子圍將聘于鄭，未出竟，聞王有疾而還。入問王疾，縊而殺之，孫卿曰：以冠纓絞之。遂殺其子幕及平夏。葬王于郟，謂之郟敖」也。
〔二〕集解左傳曰：「吳伐楚，入棘、櫟、麻，以報朱方之役。」索隱杜預注彼云「皆楚東鄙邑也。譙國酇縣東北有棘亭，汝陰新蔡縣東北有櫟亭」。按：解者以麻即襄城縣故麻城是也。
〔三〕集解服虔曰：「雩婁，楚之東邑。」索隱昭五年左傳曰「楚子使沈尹射待命于巢，薳啓强待命於雩婁」。今直言至雩婁，略耳。
〔四〕集解杜預曰：「乾谿在譙國城父縣南，楚東境。」

十七年，王餘祭卒，〔一〕弟餘眛立。王餘眛二年，楚公子弃疾弒其君靈王代立焉。〔二〕

〔一〕索隱春秋襄二十九年經曰「閽殺吳子餘祭」。左傳曰「吳人伐越，獲俘焉，以為閽，使守舟。吳子餘祭觀舟，閽以刀殺之」。公羊傳曰「近刑人則輕死之道」是也。
〔二〕索隱據春秋，即眛之十五年也。昭十三年經曰「夏四月，楚公子比自晉歸于楚，弒其君虔于乾谿，楚公子棄疾殺公子比」。左傳具載，以詞繁不録。公子比，棄疾，皆靈王弟也。比即子干也。靈王，公子圍也，即位後易名為虔。棄疾即位後易名熊居，是為平王。史記以平王遂有楚國，故曰「棄疾弒君」；春秋以子干已為王，故曰「比殺君」，彼此各有意義也。

四年，王餘眛卒，欲授弟季札。季札讓，逃去。於是吳人曰：「先王有命，兄卒弟代立，必致季子。季子今逃位，則王餘眛後立。今卒，其子當代。」乃立王餘眛之子僚為王。〔一〕

〔一〕集解吳越春秋曰「王僚，夷眛子」，與史記同。索隱此文以為餘眛子，公羊傳以為壽夢庶子也。

王僚二年，〔一〕公子光伐楚，〔二〕敗而亡王舟。光懼，襲楚，復得王舟而還。〔三〕

〔一〕索隱計僚元年當昭十六年。比二年，公子光亡王舟，事在昭十七年左傳。
〔二〕集解徐廣曰：「世本云夷眛生光。」
〔三〕集解左傳曰舟名「餘皇」。

五年，楚之亡臣伍子胥來犇，公子光客之。〔一〕公子光者，王諸樊之子也。〔二〕常以為「吾父兄弟四人，當傳至季子。季子即不受國，光父先立。即不傳季子，光當立」。陰納賢士，欲以襲王僚。

〔一〕索隱左傳昭二十年曰：「伍員如吳，言伐楚之利於州于。杜預曰：州于，吳子僚也。公子光曰：『是宗為戮，而欲反其讎，不可從也。』員曰：『彼將有他志，余姑為之求士，而鄙以待之。』乃見鱄設諸焉，而耕於鄙。」是謂客禮以接待也。

〔二〕索隱此文以為諸樊子，系本以為夷眛子。

八年，吳使公子光伐楚，敗楚師，迎楚故太子建母於居巢以歸。因北伐，敗陳、蔡之師。九年，公子光伐楚，拔居巢、鍾離。〔一〕初，楚邊邑卑梁氏之處女與吳邊邑之女爭桑，〔二〕二女家怒相滅，兩國邊邑長聞之，怒而相攻，滅吳之邊邑。吳王怒，故遂伐楚，取兩都而去。〔三〕

〔一〕集解服虔曰：「鍾離，州來西邑也。」索隱昭二十四年經曰：「冬，吳滅巢。」左傳曰：「楚子為舟師以略吳疆。沈尹戌曰：『此行也，楚必亡邑。不撫人而勞之，吳不動而速之。』吳人踵楚，邊人不備，遂滅巢及鍾離乃還也。」地理志居巢屬廬江，鍾離屬九江。應劭曰「鍾離子之國也」。
〔二〕索隱左傳無其事。
〔三〕正義兩都即鍾離、居巢。

伍子胥之初犇吳，說吳王僚以伐楚之利。公子光曰：「胥之父兄為僇於楚，欲自報其仇耳。未見其利。」於是伍員知光有他志，〔一〕乃求勇士專諸，〔二〕見之光。光喜，乃客伍子胥。子胥退而耕於野，以待專諸之事。〔三〕

〔一〕集解服虔曰：「欲取國。」
〔二〕集解賈逵曰：「吳勇士。」索隱專或作「剸」。左傳作「鱄設諸」。刺客傳曰「諸，棠邑人也」。正義吳越春秋云：「專諸，豐邑人。伍子胥初亡楚如吳時，遇之於途，專諸方與人鬬，甚不可當，其妻呼，還。子胥怪而問其狀。專諸曰：『夫屈一人之下，必申萬人之上。』胥因而相之，雄貌，深目，侈口，熊背，知其勇士。」

〔二一〕[索隱] 依左傳即上五年「公子光客之」是也。事合記於五年，不應略彼而更具於此也。

十二年冬，楚平王卒。〔一〕十三年春，吳欲因楚喪而伐之，〔二〕使公子蓋餘、燭庸〔三〕以兵圍楚之六、灊。〔四〕使季札於晉，以觀諸侯之變。〔五〕楚發兵絕吳兵後，吳兵不得還。於是吳公子光曰：「此時不可失也。」〔六〕告專諸曰：「不索何獲！〔七〕我真王嗣，當立，吾欲求之。季子雖至，不吾廢也。」〔八〕專諸曰：「王僚可殺也。母老子弱，〔九〕而兩公子將兵攻楚，楚絕其路。方今吳外困於楚，而內空無骨鯁之臣，是無柰我何。」光曰：「我身，子之身也。」〔一〇〕四月丙子，〔一一〕光伏甲士於窟室，〔一二〕而謁王僚飲。〔一三〕王僚使兵陳於道，自王宮至光之家，門階戶席，皆王僚之親也，人夾持鈹。〔一四〕公子光詳爲〔一五〕足疾，入于窟室，〔一六〕使專諸置匕首〔一七〕於炙魚之中以進食。〔一八〕手匕首刺王僚，鈹交於匈，〔一九〕遂弒王僚。公子光竟代立爲王，是爲吳王闔廬。闔廬乃以專諸子爲卿。

〔一〕[索隱] 昭二十六年春秋經書「楚子居卒」是也。按十二諸侯年表及左傳，合在僚十一年。

〔二〕[索隱] 據表及左氏傳止合有十二年，事並見昭二十七年左傳也。

〔三〕[集解] 賈逵曰：「二公子皆吳王僚之弟。」 [索隱] 春秋作「掩餘」，史記並作「蓋餘」，義同而字異。或者謂太史公被腐刑，不欲言「掩」也。賈逵及杜預及刺客傳皆云「二公子，王僚母弟」。而昭二十三年左傳曰「光帥右，掩餘帥左」，杜注彼則云「掩餘，吳王壽夢子」。又系族譜亦云「二公子並壽夢子」。若依公羊，僚爲壽夢子，則與系族譜合也。

〔四〕[集解] 杜預曰：「灊在廬江六縣西南。」

〔五〕[集解] 服虔曰：「察彊弱。」

〔六〕[集解] 賈逵曰：「時，言可殺王時也。」

〔七〕[集解] 服虔曰：「不索當何時得也。」

〔八〕[集解] 王肅曰：「聘晉還至也。」

〔九〕[集解] 服虔曰：「母老子弱，專諸託其母子於光也。」王肅曰：「專諸言王母老子弱也。」 [索隱] 依王肅解，與史記同，於理無失。服虔、杜預見左傳下文云「我，爾身也，以其子爲卿」，遂強解「是無若我何」猶言「我無若是何」，語不近情，過爲迂回，非也。

〔一〇〕[集解] 服虔曰：「言我身猶爾身也。」

〔一一〕[索隱] 春秋經唯言「夏四月」，左傳亦無「丙子」，當別有按據，不知出何書也。

〔一二〕[集解] 杜預曰：「掘地爲室也。」

〔一三〕[索隱] 謁，請也。本或作「請」也。

〔一四〕[集解] 音披。 [索隱] 音披。劉逵注吳都賦「鈹，兩刃小刀」。

〔一五〕[索隱] 上音陽，下如字。左傳曰「光僞足疾」，詳即僞也。或讀此「爲」字音「僞」，非也。豈詳僞重言邪？

〔一六〕[集解] 杜預曰：「恐難作，王黨殺己，素避之也。」

〔一七〕[索隱] 劉氏曰：「匕首，短劍也。」按：鹽鐵論以爲長尺八寸。通俗文云「其頭類匕，故曰匕首也」。

〔一八〕[集解] 服虔曰：「全魚炙也。」

〔一九〕[集解] 賈逵曰：「交專諸匈也。」

季子至，曰：「苟先君無廢祀，民人無廢主，社稷有奉，乃吾君也。吾敢誰怨乎？哀死事生，以待天命。〔一〕非我生亂，立者從之，先人之道也。」〔二〕復命，哭僚墓，〔三〕復位而待。〔四〕吳公子燭庸、蓋餘二人將兵遇圍於楚者，聞公子光弒王僚自立，乃以其兵降楚，楚封之於舒。〔五〕

〔一〕[集解] 服虔曰：「待其天命之終也。」

〔二〕[集解] 杜預曰：「吳自諸樊以下，兄弟相傳而不立適，是亂由先人起也。季子自知力不能討光，故云。」

〔三〕[集解] 服虔曰：「復命於僚，哭其墓也。」 [正義] 復音伏，下同。

〔四〕[集解] 杜預曰：「復本位，待光命。」

〔五〕[索隱] 左傳昭二十七年曰「掩餘奔徐，燭庸奔鍾吾」。三十年經曰「吳滅徐，徐子奔楚」。左傳曰「吳子使徐人執掩餘，使鍾吾人執燭庸。二公子奔楚，楚子大封而定其徙」。無封舒之事，當是「舒」「徐」字亂，又且疏略也。

吳王闔廬元年，舉伍子胥爲行人而與謀國事。楚誅伯州犂，其孫伯嚭亡奔吳，〔一〕吳以爲大夫。

〔一〕[集解] 徐廣曰：「伯嚭，州犂孫也。史記與吳越春秋同。嚭音披美反。」

三年，吳王闔廬與子胥、伯嚭將兵伐楚，拔舒，殺吳亡將二公子。光謀欲入郢，將軍孫武曰：「民勞，未可，待之。」〔一〕四年，伐楚，取六與灊。五年，伐越，敗之。六年，楚使子常囊瓦伐吳。〔二〕迎而擊之，大敗楚軍於豫章，取楚之居巢而還。〔三〕

〔一〕[索隱] 左傳此年有子胥對耳，無孫武事也。

〔二〕[正義] 左傳云「楚囊瓦爲令尹」，杜預云「子囊之孫子常」。

〔三〕[索隱] 左傳定二年，當爲七年。

九年，吳王闔廬請伍子胥、孫武曰：「始子之言郢未可入，今果如何？」〔一〕二子對曰：「楚將子常貪，而唐、蔡皆怨之。王必欲大伐，必得唐、蔡乃可。」闔廬從之，悉興師，與唐、蔡西伐楚，至於漢水。楚亦發兵拒吳，夾水陳。〔二〕吳王闔廬弟夫槩〔三〕欲戰，闔廬弗許。夫槩曰：「王已屬臣兵，兵以利爲上，尚何待焉？」遂以其部五千人襲冒楚，楚兵大敗，走。於是吳王遂縱兵追之。比至郢，〔四〕五戰，楚五敗。楚昭王亡出郢，奔鄖。〔五〕鄖公弟欲弒昭王，〔六〕昭王與鄖公犇隨。〔七〕而吳兵遂入郢。子胥、伯嚭鞭平王之尸〔八〕以報父讎。

〔一〕[索隱] 言今欲果敢伐楚可否也。

〔二〕[正義] 音陣。

〔三〕[正義] 音古代反。

〔四〕索隱定四年「戰于柏舉，吳入郢」是也。

〔五〕集解服虔曰：「郢，楚縣。」

〔六〕正義左傳云鄖公辛之弟懷也。

〔七〕集解服虔曰：「隨，楚與國也。」

〔八〕索隱左氏無此事。

十年春，越聞吳王之在郢，國空，乃伐吳。吳使別兵擊越。楚告急秦，秦遣兵救楚擊吳，吳師敗。闔廬弟夫槩見秦越交敗吳，吳王留楚不去，夫槩亡歸吳而自立爲吳王。闔廬聞之，乃引兵歸，攻夫槩。夫槩敗奔楚。楚昭王乃得以九月復入郢，而封夫槩於堂谿，爲堂谿氏。〔一〕十一年，吳王使太子夫差伐楚，取番。楚恐而去郢徙鄀。〔二〕

〔一〕集解司馬彪曰：「汝南吳房有堂谿亭。」索隱案地理志而知。正義括地志云：「豫州吳房縣在州西北九十里。應劭云『吳王闔閭弟夫槩奔楚，封之於堂谿氏。本房子國，以封吳，故曰吳房』。」

〔二〕集解服虔曰：「鄀，楚邑。」索隱定六年左傳「四月己丑，吳太子終纍敗楚舟師」。杜預曰「闔廬子，夫差兄」。此以爲夫差，當謂名異而一人耳。左傳又曰「獲潘子臣、小惟子及大夫七人，楚於是乎遷郢於鄀」。此言番，番音潘，楚邑名，子臣卽其邑之大夫也。

十五年，孔子相魯。〔一〕

〔一〕索隱定十年左傳曰「夏，公會齊侯于祝其，實夾谷，孔丘相。犂彌言於齊侯曰『孔丘知禮而無勇』」是也。杜預

以爲「相會儀也」，而史遷孔子系家云「攝行相事」。案：左氏「孔丘以公退，曰『士兵之』，又使茲無還揖對」，是攝國相也。

十九年夏，吳伐越，越王句踐迎擊之檇李。〔一〕越使死士挑戰，〔二〕三行造吳師，呼，自剄。〔三〕吳師觀之，越因伐吳，敗之姑蘇，〔四〕傷吳王闔廬指，軍卻七里。吳王病傷而死。〔五〕闔廬使立太子夫差，謂曰：「爾而忘句踐殺汝父乎？」對曰：〔六〕「不敢！」三年，乃報越。

〔一〕集解賈逵曰：「檇李，越地。」杜預曰：「吳郡嘉興縣南有檇李城也。」檇音醉。

〔二〕集解徐廣曰：「死，一作『亶』，越世家亦然，或者以爲人名氏乎？」駰案：賈逵曰「死士，死罪人也」。鄭衆曰「死士，欲以死報恩者也」。杜預曰「敢死之士也」。正義挑音田鳥反。

〔三〕集解左傳曰：「使罪人三行，屬劍於頸。」正義行，胡郎反。造，千到反。呼，火故反。剄，堅鼎反。

〔四〕集解越絕書曰：「闔廬起姑蘇臺，三年聚材，五年乃成，高見三百里。」索隱姑蘇，臺名，在吳縣西三十里。左傳定十四年曰「越子大敗之，靈姑浮以戈擊闔廬，闔廬傷將指，還，卒於陘，去檇李七里」。杜預以爲檇李在嘉興縣南。靈姑浮，越大夫也。

〔五〕集解越絕書曰：「闔廬冢在吳縣昌門外，名曰虎丘。下池廣六十步，水深一丈五尺，桐棺三重，澒池六尺，玉鳧之流扁諸之劍三千，方員之口三千，槃郢、魚腸之劍在焉。卒十餘萬人治之，取土臨湖。葬之三日，白虎居其上，故號曰虎丘。」索隱澒，胡貢反。以水銀爲池。

〔六〕索隱此以爲闔廬謂夫差，夫差對闔廬。若左氏傳，則云「對曰」者，夫差對所使之人也。

王夫差元年，〔一〕以大夫伯嚭爲太宰。〔二〕習戰射，常以報越爲志。二年，吳王悉精兵以伐越，敗之夫椒，〔三〕報姑蘇也。越王句踐乃以甲兵五千人棲於會稽，〔四〕使大夫種〔五〕因吳太宰嚭而行成，〔六〕請委國爲臣妾。吳王將許之，伍子胥諫曰：「昔有過氏〔七〕殺斟灌以伐斟尋，〔八〕滅夏后帝相。〔九〕帝相之妃后緡方娠，〔一〇〕逃於有仍〔一一〕而生少康。〔一二〕少康爲有仍牧正。〔一三〕有過又欲殺少康，少康奔有虞。〔一四〕有虞思夏德，於是妻之以二女而邑之於綸，〔一五〕有田一成，有衆一旅。〔一六〕後遂收夏衆，撫其官職。〔一七〕使人誘之，〔一八〕遂滅有過氏，復禹之績，祀夏配天，〔一九〕不失舊物。〔二〇〕今吳不如有過之彊，而句踐大於少康。今不因此而滅之，又將寬之，不亦難乎！且句踐爲人能辛苦，今不滅，後必悔之。」吳王不聽，聽太宰嚭，卒許越平，與盟而罷兵去。

〔一〕集解越絕書曰：「太伯到夫差二十六代且千歲。」索隱史記太伯至壽夢十九代，諸樊已下六王，唯二十五代。

〔二〕索隱案：左傳定四年伯嚭爲太宰，當闔廬九年，非夫差代也。

〔三〕集解賈逵曰：「夫椒，越地。」杜預曰：「太湖中椒山也。」索隱賈逵云越地，蓋近得之。然其地闕，不知所在。杜預以爲太湖中椒山，非戰所。夫椒與椒山不得爲一。且夫差以報越爲志，又伐越，當至越地，何乃不離吳

境，近在太湖中？又案：越語云「敗五湖也」。

〔四〕集解賈逵曰：「會稽，山名。」索隱鳥所止宿曰棲。越爲吳敗，依託於山林，故以鳥棲爲喻。左傳作「保」，國語作「棲」。

〔五〕索隱大夫，官也；種，名也。吳越春秋以爲種姓文。而劉氏云「姓大夫」，非也。

〔六〕集解服虔曰：「行成，求成也。」正義國語云：「越飾美女八人納太宰嚭，曰：『子苟然，放越之罪。』」

〔七〕集解賈逵曰：「過，國名也。」索隱過音戈。寒浞之子澆所封國也，猗姓國。晉地道記曰：「東萊掖縣有過鄉，北有過城，古過國也。」

〔八〕集解斟灌，斟尋，夏同姓也。夏后相依斟灌而國，故曰殺夏后相也。索隱斟灌、斟尋夏同姓，賈氏據系本而知也。案：地理志北海壽光縣，應劭曰「古斟灌亭是也」。平壽縣，復云「古北㪷尋，禹後，今㪷城是也」。然「㪷」與「斟」同。

〔九〕集解服虔曰：「夏后相，啓之孫。」

〔一〇〕集解賈逵曰：「緡，有仍之姓也。」杜預曰：「娠，懷身也。」

〔一一〕集解賈逵曰：「有仍，國名，后緡之家。」索隱未知其國所在。春秋經桓五年「天王使仍叔之子來聘」，穀梁經傳並作「任叔」。仍任聲相近，或是一地，猶甫呂、虢郭之類。案：地理志東平有任縣，蓋古仍國。

〔一二〕集解服虔曰：「后緡遺腹子。」

〔一三〕集解王肅曰：「牧正，牧官之長也。」

〔一四〕集解賈逵曰：「有虞，帝舜之後。」杜預曰：「梁國虞縣。」

〔一五〕集解賈逵曰：「綸，虞邑。」
〔一六〕集解賈逵曰：「方十里爲成。五百人爲旅。」
〔一七〕集解服虔曰：「因此基業，稍收取夏遺民餘衆，撫修夏之故官憲典。」
〔一八〕索隱左傳云：「使女艾諜澆，遂滅過、戈。」杜預曰：「諜，候也。」
〔一九〕集解服虔曰：「以鯀配天也。」
〔二〇〕集解賈逵曰：「物，職也。」杜預曰「物，事也」。

七年，吳王夫差聞齊景公死而大臣爭寵，新君弱，乃興師北伐齊。子胥諫曰：「越王句踐食不重味，衣不重采，弔死問疾，且欲有所用其衆。此人不死，必爲吳患。今越在腹心疾而王不先，而務齊，不亦謬乎！」吳王不聽，遂北伐齊，敗齊師於艾陵。〔一〕至繒，〔二〕召魯哀公而徵百牢。〔三〕季康子使子貢以周禮說太宰嚭，乃得止。因留略地於齊魯之南。九年，爲騶伐魯，〔四〕至，與魯盟乃去。十年，因伐齊而歸。十一年，復北伐齊。〔五〕

〔一〕集解杜預曰：「艾陵，齊地。」索隱七年，魯哀公之六年也。左傳此年無伐齊事，哀十一年敗齊艾陵爾。
〔二〕集解杜預曰：「琅邪繒縣。」
〔三〕集解賈逵曰：「周禮，王合諸侯享禮十有二牢，上公九牢，侯伯七牢，子男五牢。」索隱事在哀七年。是年當夫差八年，不應上連七年。案：左傳曰「子服景伯對，不聽，乃與之」，非謂季康子使子貢說，得不用百牢。太宰嚭自別召康子，乃使子貢辭之耳。

〔四〕索隱左傳「騶」作「邾」，聲相近自亂耳。杜預注左傳亦曰「邾，今魯國騶縣是也」。騶，宜音邾。
〔五〕索隱依左氏合作十一年、十二年也。

越王句踐率其衆以朝吳，厚獻遺之，吳王喜。唯子胥懼，曰：「是弃吳也。」〔一〕諫曰：「越在腹心，今得志於齊，猶石田，無所用。〔二〕且盤庚之誥有顛越勿遺，〔三〕商之以興。」〔四〕吳王不聽，使子胥於齊，子胥屬其子於齊鮑氏，〔五〕還報吳王。吳王聞之，大怒，賜子胥屬鏤〔六〕之劍以死。將死，曰：「樹吾墓上以梓，〔七〕令可爲器。抉吾眼置之吳東門，〔八〕以觀越之滅吳也。」

〔一〕索隱左氏作「豢吳」。豢，養也。
〔二〕集解王肅曰：「石田不可耕。」
〔三〕集解服虔曰：「顛，隕也；越，墜也。顛越無道，則割絕無遺也。」索隱左傳曰：「其顛越不共，則劓殄無遺育，無俾易種于茲邑，是商所以興也，今君易之。」此則艾陵戰時也。
〔四〕集解徐廣曰：「一本作『盤庚之誥有顛之越之，商之以興』。子胥傳『誥曰有顛越商之興』。」
〔五〕集解服虔曰：「鮑氏，齊大夫。」索隱左傳直曰「使於齊」，杜預曰「私使人至齊屬其子」。案：左傳又曰「反役，王聞之」，明非子胥自使也。
〔六〕集解服虔曰：「屬鏤，劍名。賜使自刎。」索隱劍名，見越絕書。正義屬音燭。鏤音力于反。
〔七〕索隱左傳云：「樹吾墓檟，檟可材也，吳其亡乎！」梓檟相類，因變文也。

〔八〕索隱抉，烏穴反。此國語文，彼以「抉」爲「辟」。又云「以手抉之」。王愔曰：「孤不使大夫得有見。」乃盛以鴟夷，投之江也」。正義吳俗傳云「子胥亡後，越從松江北開渠至橫山東北，築城伐吳。子胥乃與越軍夢，令從東南入破吳。越王即移向三江口岸立壇，殺白馬祭子胥，杯動酒盡，越乃開渠。子胥作濤，盪羅城東，開入滅吳。至今猶號曰示浦，門曰鱛䱕」。是從東門入滅吳也。

齊鮑氏弒齊悼公。〔一〕吳王聞之，哭於軍門外三日，〔二〕乃從海上攻齊。〔三〕齊人敗吳，吳王乃引兵歸。

〔一〕索隱公名陽生。左傳哀十年曰「吳伐齊南鄙，齊人殺悼公」，不言鮑氏。又鮑牧以哀八年爲悼公所殺，今言鮑氏，蓋其宗黨爾。且此伐在艾陵戰之前年，今記於後，亦爲顛倒錯亂也。
〔二〕集解服虔曰：「諸侯相臨之禮。」
〔三〕集解徐廣曰：「上，一作『中』。」

十三年，吳召魯、衞之君會於橐皋。〔一〕

〔一〕集解服虔曰：「橐皋，地名也。」杜預曰：「在淮南逡遒縣東南。」索隱哀十二年左傳曰：「公會吳于橐皋。衞侯會吳于鄖。」此并言會衞橐皋者，案左傳「吳徵會于衞。初，衞殺吳行人，懼，謀於子羽。子羽曰『不如止也』。子木曰『往也』」。以本不欲赴會，故魯以夏會衞，及秋乃會。太史公以其本名於橐皋，故不言鄖。鄖，發陽也，廣陵縣東南有發繇口。橐音他各反。逡遒，上七巡反，下酒尤反。

十四年春，吳王北會諸侯於黃池，〔一〕欲霸中國以全周室。六月（戊）〔丙〕子，越王句踐

伐吳。乙酉，越五千人與吳戰。丙戌，虜吳太子友。丁亥，入吳。吳人告敗於王夫差，夫差惡其聞也。〔二〕或泄其語，吳王怒，斬七人於幕下。〔三〕七月辛丑，吳王與晉定公爭長。吳王曰：「於周室我爲長。」〔四〕晉定公曰：「於姬姓我爲伯。」〔五〕趙鞅怒，將伐吳，乃長晉定公。〔六〕吳王已盟，與晉別，欲伐宋。太宰嚭曰：「可勝而不能居也。」乃引兵歸國。國亡太子，內空，王居外久，士皆罷敝，於是乃使厚幣以與越平。

〔一〕集解杜預曰：「陳留封丘縣南有黃亭，近濟水。」
〔二〕集解賈逵曰：「惡其聞諸侯。」
〔三〕集解服虔曰：「以絕口。」
〔四〕集解杜預曰：「吳爲太伯後，故爲長。」
〔五〕集解杜預曰：「爲侯伯。」
〔六〕集解徐廣曰：「黃池之盟，吳先歃，晉次之，與外傳同。」駰案：賈逵曰「外傳曰『吳先歃，晉亞之』。先敍晉，晉有信，又所以外吳」。索隱此依左傳文。案：左傳「趙鞅呼司馬寅曰：『建鼓整列，二臣死之，長幼必可知也。』是趙鞅怒。司馬寅請姑視之，反曰：『肉食者無墨，今吳王有墨，國其勝乎？』杜預曰：墨，氣色下也，國爲敵所勝。又曰：『太子死乎？且夷德輕，不忍久，請少待之。』乃先晉人」，是也。徐、賈所云據國語，不與左傳合，非也。左氏魯襄公代晉、楚爲會，先書晉，晉有信耳。外傳即國語也，書有二名也。外吳者，吳夷，賤之，不許同中國，故言外也。

十五年，齊田常殺簡公。

十八年，越益彊。越王句踐率兵(使)〔復〕伐敗吳師於笠澤。楚滅陳。

二十年，越王句踐復伐吳。〔一〕二十一年，遂圍吳。二十三年十一月丁卯，越敗吳。越王句踐欲遷吳王夫差於甬東，〔二〕予百家居之。吳王曰：「孤老矣，不能事君王也。吾悔不用子胥之言，自令陷此。」遂自剄死。〔三〕越王滅吳，誅太宰嚭，以爲不忠，而歸。

〔一〕索隱 哀十九年左傳曰：「越人侵楚，以誤吳也。」杜預曰：「誤吳，使不爲備也。」無伐吳事。

〔二〕集解 賈逵曰：「甬東，越東鄙，甬江東也。」韋昭曰：「句章，東海口外州也。」索隱 國語曰甬句東，越地，會稽句章縣東海中州也。案：今鄮縣是也。

〔三〕集解 越絕書曰：「夫差冢在猶亭西卑猶位，越王使干戈人一堁土以葬之。近太湖，去縣五十七里。」索隱 左傳「乃縊，越人以歸」也。猶亭，亭名。「卑猶位」三字共爲地名，吳地記曰「徐枕山，一名卑猶山」是。堁音路禾反，小竹籠，以盛土。

太史公曰：孔子言「太伯可謂至德矣，三以天下讓，民無得而稱焉」。〔一〕余讀春秋古文，乃知中國之虞與荊蠻句吳兄弟也。延陵季子之仁心，慕義無窮，見微而知清濁。嗚呼，又何其閎覽博物君子也！〔二〕

〔一〕集解 王肅曰：「太伯弟季歷賢，又生聖子昌，昌必有天下，故太伯以天下三讓於王季。其讓隱，故無得而稱言之者，所以爲至德也。」

〔二〕集解 皇覽曰：「延陵季子冢在毗陵縣暨陽鄉，至今吏民皆祀之。」

【索隱述贊】太伯作吳，高讓雄圖。周章受國，別封於虞。壽夢初霸，始用兵車。三子遞立，延陵不居。光既篡位，是稱闔閭。王僚見殺，賊由專諸。夫差輕越，取敗姑蘇。甬東之恥，空慙伍胥。

史記卷三十二

齊太公世家第二

太公望呂尚者，東海上人。〔一〕其先祖嘗爲四嶽，佐禹平水土甚有功。虞夏之際封於呂，〔二〕或封於申，〔三〕姓姜氏。夏商之時，申、呂或封枝庶子孫，或爲庶人，尚其後苗裔也。本姓姜氏，從其封姓，故曰呂尚。

正義 括地志云：「天齊池在青州臨淄縣東南十五里。封禪書云『齊之所以爲齊者，以天齊也』。」

〔一〕集解 呂氏春秋曰：「東夷之士。」索隱 譙周曰：「姓姜，名牙。炎帝之裔，伯夷之後，掌四岳有功，封之於呂，子孫從其封姓，尚其後也。」按：後文王得之渭濱，云「吾先君太公望子久矣」，故號太公望。蓋牙是字，尚是其名，後武王號爲師尚父也。

〔二〕集解 徐廣曰：「呂在南陽宛縣西。」

〔三〕索隱 地理志申在南陽宛縣，申伯國也。呂亦在宛縣之西也。

呂尚蓋嘗窮困，年老矣，〔一〕以漁釣奸周西伯。〔二〕西伯將出獵，卜之，曰「所獲非龍非

彲，〔三〕非虎非羆；所獲霸王之輔」。於是周西伯獵，果遇太公於渭之陽，與語大說，曰：「自吾先君太公曰『當有聖人適周，周以興』。子真是邪？吾太公望子久矣。」故號之曰「太公望」，載與俱歸，立爲師。

〔一〕索隱 譙周曰：「呂望嘗屠牛於朝歌，賣飲於孟津。」

〔二〕正義 奸音干。括地志云：「茲泉水源出岐州岐山縣西南凡谷。呂氏春秋云『太公釣於茲泉，遇文王』。酈元云『磻磎中有泉，謂之茲泉。泉水潭積，自成淵渚，卽太公釣處，今人謂之凡谷。石壁深高，幽篁邃密，林澤秀阻，人跡罕及。東南隅有石室，蓋太公所居也。水次有磻石可釣處，卽太公垂釣之所。其投竿跪餌，兩膝遺跡猶存，是有磻磎之稱也。其水清泠神異，北流十二里注于渭』。說苑云『呂望年七十釣于渭渚，三日三夜魚無食者，望卽忿，脫其衣冠。上有農人者，古之異人，謂望曰：「子姑復釣，必細其綸，芳其餌，徐徐而投，無令魚駭。」望如其言，初下得鮒，次得鯉。刺魚腹得書，書文曰「呂望封於齊」。望知其異』。」

〔三〕集解 徐廣曰：「勑知反。」索隱 徐廣音勑知反，徐本亦作「螭」字。

或曰，太公博聞，嘗事紂。紂無道，去之。游說諸侯，無所遇，而卒西歸周西伯。或曰，呂尚處士，隱海濱。周西伯拘羑里，散宜生、閎夭素知而招呂尚。呂尚亦曰「吾聞西伯賢，又善養老，盍往焉」。三人者爲西伯求美女奇物，獻之於紂，以贖西伯。西伯得以出，反國。言呂尚所以事周雖異，然要之爲文武師。

周西伯昌之脫羑里歸，與呂尚陰謀修德以傾商政，其事多兵權與奇計，〔一〕故後世之

言兵及周之陰權皆宗太公爲本謀。周西伯政平，及斷虞芮之訟，而詩人稱西伯受命曰文王。伐崇、密須、〔二〕犬夷，大作豐邑。天下三分，其二歸周者，太公之謀計居多。

〔一〕正義 六韜云：「武王問太公曰：『律之音聲，可以知三軍之消息乎？』太公曰：『深哉王之問也！夫律管十二，其要有五：宮、商、角、徵、羽，此其正聲也，萬代不易。五行之神，道之常也，可以知敵。金、木、水、火、土，各以其勝攻之。其法，以天清静無陰雲風雨，夜半遣輕騎往，至敵人之壘九百步，偏持律管橫耳大呼驚之，有聲應管，其來甚微。角管聲應，當以白虎；徵管聲應，當以玄武；商管聲應，當以句陳；五管盡不應，無有商聲，當以青龍：此五行之府，佐勝之徵，（陰）〔成〕敗之機也。』」

〔二〕索隱 按：郡國志在東郡廩丘縣北，今曰顧城。密須，姞姓，在河南密縣東，故密城是也。與安定姬姓密國別也。

文王崩，武王卽位。九年，欲修文王業，東伐以觀諸侯集否。師行，師尚父〔一〕左杖黃鉞，右把白旄以誓，曰：「蒼兕蒼兕，〔二〕總爾衆庶，與爾舟楫，後至者斬！」遂至盟津。諸侯不期而會者八百諸侯。諸侯皆曰：「紂可伐也。」武王曰：「未可。」還師，與太公作此太誓。

〔一〕集解 劉向別錄曰：「師之，尚之，父之，故曰師尚父。父亦男子之美號也。」

〔二〕索隱 亦有本作「蒼雉」。按：馬融曰「蒼兕，主舟楫官名」。又王充曰「蒼兕者，水獸，九頭」。今誓衆，令急濟，故言蒼兕以懼之。然此文上下並今文泰誓也。

居二年，紂殺王子比干，囚箕子。武王將伐紂，卜，龜兆不吉，風雨暴至。羣公盡懼，唯

太公彊之勸武王，武王於是遂行。十一年〔一〕正月甲子，誓於牧野，伐商紂。紂師敗績。紂反走，登鹿臺，遂追斬紂。明日，武王立于社，羣公奉明水，〔二〕衞康叔封布采席，〔三〕師尚父牽牲，史佚策祝，以告神討紂之罪。散鹿臺之錢，發鉅橋之粟，以振貧民。封比干墓，釋箕子囚。遷九鼎，脩周政，與天下更始。師尚父謀居多。

〔一〕集解 徐廣曰：「一作『三年』。」

〔二〕索隱 周本紀毛叔鄭奉明水也。

〔三〕索隱 周本紀衞康叔封布茲。茲是席，故此亦云采席也。

於是武王已平商而王天下，封師尚父於齊營丘。〔一〕東就國，道宿行遲。逆旅之人曰：「吾聞時難得而易失。客寢甚安，殆非就國者也。」太公聞之，夜衣而行，犂明至國。〔二〕萊侯來伐，與之爭營丘。營丘邊萊。萊人，夷也，會紂之亂而周初定，未能集遠方，是以與太公爭國。

〔一〕正義 括地志云：「營丘在青州臨淄北百步外城中。」

〔二〕索隱 犂音里奚反。犂猶比也。一云犂猶遲也。

太公至國，脩政，因其俗，簡其禮，通商工之業，便魚鹽之利，而人民多歸齊，齊爲大國。及周成王少時，管蔡作亂，淮夷〔一〕畔周，乃使召康公〔二〕命太公曰：「東至海，西至河，南至

穆陵，北至無棣，〔三〕五侯九伯，實得征之。」〔四〕齊由此得征伐，爲大國。都營丘。

〔一〕正義 孔安國云：「淮浦之夷，徐州之戎。」

〔二〕集解 服虔曰召公奭。

〔三〕集解 服虔曰：「是皆太公始受封土地疆境所至也。」索隱 舊說穆陵在會稽，非也。按：今淮南有故穆陵門，是楚之境。無棣在遼西孤竹。服虔以爲太公受封境界所至，不然也，蓋言其征伐所至之域也。

〔四〕集解 杜預曰：「五等諸侯，九州之伯，皆得征討其罪也。」

蓋太公之卒百有餘年，〔一〕子丁公呂伋〔二〕立。丁公卒，子乙公得立。乙公卒，子癸公慈母〔三〕立。癸公卒，子哀公不辰〔四〕立。

〔一〕集解 禮記曰：「太公封於營丘，比及五世，皆反葬於周。」皇覽曰：「呂尚冢在臨菑縣城南，去縣十里。」鄭玄曰：「太公受封，留爲太師，死葬於周。五世之後乃葬齊。」

〔二〕集解 徐廣曰：「一作『及』。」正義 謚法述義不克曰丁。

〔三〕索隱 系本作「庿公慈母」。譙周亦曰「祭公慈母」也。

〔四〕索隱 系本作「不臣」。譙周亦作「不辰」。宋忠曰：「哀公荒淫田游，國史作還詩以刺之也。」

哀公時，紀侯譖之周，周烹哀公〔一〕而立其弟靜，是爲胡公。〔二〕胡公徙都薄姑，〔三〕而當周夷王之時。

〔一〕集解 徐廣曰周夷王。

〔二〕正義 謚法彌年壽考曰胡。

〔三〕正義 括地志云：「薄姑城在青州博昌縣東北六十里。」

哀公之同母少弟山怨胡公，乃與其黨率營丘人襲攻殺胡公而自立，〔一〕是爲獻公。獻公元年，盡逐胡公子，因徙薄姑都，治臨菑。

〔一〕索隱 宋忠曰：「其黨周馬繻人將胡公於貝水殺之，而山自立也。」

九年，獻公卒，子武公壽立。武公九年，周厲王出奔，居彘。〔一〕十年，王室亂，大臣行政，號曰「共和」。二十四年，周宣王初立。

〔一〕正義 直厲反。括地志云：「晉州霍邑縣也。」鄭玄云：「霍山在彘，本秦時霍伯國。」

二十六年，武公卒，子厲公無忌立。厲公暴虐，故胡公子復入齊，齊人欲立之，乃與攻殺厲公。胡公子亦戰死。齊人乃立厲公子赤爲君，是爲文公，而誅殺厲公者七十人。

文公十二年卒，子成公脫〔一〕立。成公九年卒，子莊公購立。

〔一〕索隱 系本及譙周皆作「説」。

莊公二十四年，犬戎殺幽王，周東徙雒。秦始列爲諸侯。五十六年，晉弒其君昭侯。六十四年，莊公卒，子釐公祿甫立。

釐公九年，魯隱公初立。十九年，魯桓公弒其兄隱公而自立爲君。

二十五年，北戎伐齊。鄭使太子忽來救齊，齊欲妻之。忽曰：「鄭小齊大，非我敵。」遂辭之。

三十二年，釐公同母弟夷仲年死。其子曰公孫無知，釐公愛之，令其秩服奉養比太子。

三十三年，釐公卒，太子諸兒立，是爲襄公。

襄公元年，始爲太子時，嘗與無知鬬，及立，絀無知秩服，無知怨。

四年，魯桓公與夫人如齊。齊襄公故嘗私通魯夫人。魯夫人者，襄公女弟也，自釐公時嫁爲魯桓公婦，及桓公來而襄公復通焉。魯桓公知之，怒夫人，夫人以告齊襄公。齊襄公與魯君飲，醉之，使力士彭生抱上魯君車，因拉殺魯桓公，〔一〕桓公下車則死矣。魯人以爲讓，〔二〕而齊襄公殺彭生以謝魯。

〔一〕集解公羊傳曰：「搚幹而殺之。」何休曰：「搚，折聲也。」正義拉音力合反。

〔二〕索隱讓猶責也。

八年，伐紀，紀遷去其邑。〔一〕

〔一〕集解徐廣曰：「年表云去其都邑。」索隱按：春秋莊四年「紀侯大去其國」，左傳云「違齊難」是也。

十二年，初，襄公使連稱、管至父戍葵丘，〔一〕瓜時而往，及瓜而代。〔二〕往戍一歲，卒瓜時而公弗爲發代。或爲請代，公弗許。故此二人怒，因公孫無知謀作亂。連稱有從妹在公宮，無寵，〔三〕使之閒襄公，〔四〕曰「事成以女爲無知夫人」。冬十二月，襄公游姑棼，〔五〕遂獵沛丘。〔六〕見彘，從者曰「彭生」。〔七〕公怒，射之，彘人立而啼。公懼，墜車傷足，失屨。反而鞭主屨者茀〔八〕三百。茀出宮。而無知、連稱、管至父等聞公傷，乃遂率其衆襲宮。逢主屨茀，茀曰：「且無入驚宮，驚宮未易入也。」無知弗信，茀示之創，〔九〕乃信之。待宮外，令茀先入。茀先入，卽匿襄公戶閒。良久，無知等恐，遂入宮。茀反與宮中及公之幸臣攻無知等，不勝，皆死。無知入宮，求公不得。或見人足於戶閒，發視，乃襄公，遂弒之，而無知自立爲齊君。

〔一〕集解賈逵曰：「連稱、管至父皆齊大夫。」杜預曰：「臨淄縣西有地名葵丘。」索隱杜預曰「臨淄西有地名葵丘」。又桓三十五年會諸侯於葵丘，當魯僖公九年，杜預曰「陳留外黃縣東有葵丘」。不同者，蓋葵丘有兩處，杜意以戍葵丘當不遠出齊境，故引臨淄縣西之葵丘。若三十五年會諸侯於葵丘，杜氏又以不合在本國，故引外黃東葵丘爲注，所以不同爾。

〔二〕集解服虔曰：「瓜時，七月。及瓜謂後年瓜時。」

〔三〕集解服虔曰：「爲妾在宮也。」

〔四〕集解王肅曰：「伺公之閒隙。」

〔五〕集解賈逵曰：「齊地也。」正義音扶云反。

〔六〕集解杜預曰：「樂安博昌縣南有地名貝丘。」索隱左傳作「貝丘」也。正義左傳云「齊襄公田于貝丘，墜車傷足」，卽此也。

〔七〕集解服虔曰：「公見彘，從者乃見彭生，鬼改形爲豕也。」

〔八〕正義非佛反，下同。茀，主屨者也。

〔九〕正義音瘡。

桓公元年春，齊君無知游於雍林。〔一〕雍林人嘗有怨無知，及其往游，雍林人襲殺無知，告齊大夫曰：「無知弒襄公自立，臣謹行誅。唯大夫更立公子之當立者，唯命是聽。」

〔一〕集解賈逵曰：「渠丘大夫也。」索隱亦有本作「雍廩」。賈逵曰「渠丘大夫」。左傳云「雍廩殺無知」，杜預曰「雍廩，齊大夫」。此云「游雍林，雍林人嘗有怨無知，遂襲殺之」，蓋以雍林爲邑名，其地有人殺無知。賈言「渠丘大夫」者，渠丘邑名，雍林爲渠丘大夫也。

初，襄公之醉殺魯桓公，通其夫人，殺誅數不當，淫於婦人，數欺大臣，羣弟恐禍及，故次弟糾奔魯。其母魯女也。管仲、召忽傅之。次弟小白奔莒，鮑叔傅之。小白母，衞女也，有寵於釐公。小白自少好善大夫高傒。〔一〕及雍林人殺無知，議立君，高、國先陰召小白於莒。魯聞無知死，亦發兵送公子糾，而使管仲別將兵遮莒道，射中小白帶鉤。小白詳死，管

仲使人馳報魯。魯送糾者行益遲，六日至齊，則小白已入，高傒立之，是爲桓公。

〔一〕集解賈逵曰：「齊正卿高敬仲也。」正義傒音奚。

桓公之中鉤，詳死以誤管仲，已而載温車中馳行，亦有高、國內應，故得先入立，發兵距魯。秋，與魯戰于乾時，〔一〕魯兵敗走，齊兵掩絕魯歸道。齊遺魯書曰：「子糾兄弟，弗忍誅，請魯自殺之。召忽、管仲讎也，請得而甘心醢之。不然，將圍魯。」魯人患之，遂殺子糾于笙瀆。〔二〕召忽自殺，管仲請囚。桓公之立，發兵攻魯，心欲殺管仲。鮑叔牙曰：「臣幸得從君，君竟以立。君之尊，臣無以增君。君將治齊，卽高傒與叔牙足也。君且欲霸王，非管夷吾不可。夷吾所居國國重，不可失也。」於是桓公從之。乃詳爲召管仲欲甘心，實欲用之。管仲知之，故請往。鮑叔牙迎受管仲，及堂阜而脫桎梏，〔三〕齋祓而見桓公。桓公厚禮以爲大夫，任政。

〔一〕集解杜預曰：「乾時，齊地也。時水在樂安界，岐流，旱則涸竭，故曰乾時。」

〔二〕集解賈逵曰：「魯地句瀆也。」索隱賈逵云「魯地句瀆」。又按：鄒誕生本作「莘瀆」，莘笙聲相近。笙如字，瀆音豆。論語作「溝瀆」，蓋後代聲轉而字異，故諸文不同也。

〔三〕集解賈逵曰：「堂阜，魯北境。」杜預曰：「堂阜，齊地。東莞蒙陰縣西北有夷吾亭，或曰鮑叔解夷吾縛於此，因以爲名也。」

桓公既得管仲，與鮑叔、隰朋、〔一〕高傒修齊國政，連五家之兵，〔二〕設輕重魚鹽之利，〔三〕以贍貧窮，祿賢能，齊人皆說。

〔一〕集解徐廣曰：「或作『崩』也。」

〔二〕集解國語曰：「管子制國五家爲軌，十軌爲里，四里爲連，十連爲鄉，以爲軍令。」

〔三〕索隱按：管子有理人輕重之法七篇。輕重謂錢也。又有捕魚、煮鹽法也。

二年，伐滅郯，〔一〕郯子奔莒。初，桓公亡時，過郯，郯無禮，故伐之。

〔一〕集解徐廣曰：「一作『譚』。」索隱據春秋，魯莊十年「齊師滅譚」是也。杜預曰「譚國在濟南平陵縣西南」。然此郯乃東海郯縣，蓋亦不當作「譚」字也。

五年，伐魯，魯將師敗。魯莊公請獻遂邑以平，〔一〕桓公許，與魯會柯而盟。〔二〕魯將盟，曹沫以匕首劫桓公於壇上，〔三〕曰：「反魯之侵地！」桓公許之。已而曹沫去匕首，北面就臣位。桓公後悔，欲無與魯地而殺曹沫。管仲曰：「夫劫許之而倍信殺之，〔四〕愈一小快耳，而弃信於諸侯，失天下之援，不可。」於是遂與曹沫三敗所亡地於魯。諸侯聞之，皆信齊而欲附焉。七年，諸侯會桓公於甄，〔五〕而桓公於是始霸焉。

〔一〕集解杜預曰：「遂在濟北蛇丘縣東北。」

〔二〕集解杜預曰：「此柯今濟北東阿，齊之阿邑，猶祝柯今爲祝阿。」

〔三〕集解何休曰：「土基三尺，階三等，曰壇。會必有壇者，爲升降揖讓，稱先君以相接也。」

〔四〕集解徐廣曰：「一云已許之而背信殺劫也。」

〔五〕集解杜預曰：「甄，衞地，今東郡甄城也。」

十四年，陳厲公子完，〔一〕號敬仲，來奔齊。齊桓公欲以爲卿，讓；於是以爲工正。〔二〕田成子常之祖也。

〔一〕正義音桓。

〔二〕集解賈逵曰：「掌百工。」

二十三年，山戎伐燕，〔一〕燕告急於齊。齊桓公救燕，遂伐山戎，至于孤竹而還。燕莊公遂送桓公入齊境。桓公曰：「非天子，諸侯相送不出境，吾不可以無禮於燕。」於是分溝割燕君所至與燕，命燕君復修召公之政，納貢于周，如成康之時。諸侯聞之，皆從齊。

〔一〕集解服虔曰：「山戎，北狄，蓋今鮮卑也。」何休曰：「山戎者，戎中之別名也。」

二十七年，魯湣公母曰哀姜，桓公女弟也。哀姜淫於魯公子慶父，慶父弑湣公，哀姜欲立慶父，魯人更立釐公。〔一〕桓公召哀姜，殺之。

〔一〕集解徐廣曰：「史記『僖』字皆作『釐』。」

二十八年，衞文公有狄亂，告急於齊。齊率諸侯城楚丘〔一〕而立衞君。

〔一〕集解賈逵曰：「衞地也。」索隱杜預曰：「不言城衞，衞未遷。」楚丘在濟陰城武縣南，即今之衞南縣。

二十九年，桓公與夫人蔡姬戲船中。蔡姬習水，蕩公，〔一〕公懼，止之，不止，出船，怒，歸蔡姬，弗絕。蔡亦怒，嫁其女。桓公聞而怒，興師往伐。

〔一〕集解賈逵曰：「蕩，搖也。」

三十年春，齊桓公率諸侯伐蔡，蔡潰。〔一〕遂伐楚。楚成王興師問曰：「何故涉吾地？」管仲對曰：「昔召康公命我先君太公曰：『五侯九伯，若實征之，以夾輔周室。』〔二〕賜我先君履，〔三〕東至海，西至河，南至穆陵，北至無棣。楚貢包茅不入，王祭不具，〔四〕是以來責。昭王南征不復，是以來問。」〔五〕楚王曰：「貢之不入，有之，寡人罪也，敢不共乎！昭王之出不復，君其問之水濱。」〔六〕齊師進次于陘。〔七〕夏，楚王使屈完將兵扞齊，齊師退次召陵。〔八〕桓公矜屈完以其衆。屈完曰：「君以道則可；若不，則楚方城以爲城，〔九〕江、漢以爲溝，君安能進乎？」乃與屈完盟而去。過陳，陳袁濤塗詐齊，令出東方，覺。秋，齊伐陳。〔一〇〕是歲，晉殺太子申生。

〔一〕集解服虔曰：「民逃其上曰潰也。」

〔二〕集解左傳曰：「周公、太公股肱周室，夾輔成王也。」

〔三〕集解杜預曰：「所踐履之界。」

〔四〕集解賈逵曰：「包茅，菁茅包匭之也，以供祭祀。」杜預曰：「尚書『包匭菁茅』，茅之爲異未審。」

〔五〕集解服虔曰：「周昭王南巡狩，涉漢未濟，船解而溺昭王，王室諱之，不以赴，諸侯不知其故，故桓公以爲辭責問楚也。」索隱宋衷云：「昭王南伐楚，辛由靡爲右，涉漢中流而隕，由靡逐王，遂卒不復，周乃侯其後于西翟。」

〔六〕集解杜預曰：「昭王時漢非楚境，故不受罪。」

〔七〕集解杜預曰：「陘，楚地，潁川召陵縣南有陘亭。」左傳曰：「凡師一宿爲舍，再宿爲信，過信爲次。」

〔八〕集解杜預曰：「召陵，潁川縣。」

〔九〕集解服虔曰：「方城山在漢南。」韋昭曰：「方城，楚北之阨塞。」杜預曰「方城山在南陽葉縣南」是也。索隱按：地理志葉縣南有長城，號曰方城，則杜預、韋昭說爲得，而服氏云在漢南，未知有何憑據。

〔一〇〕集解左傳曰：「討不忠也。」

三十五年夏，會諸侯于葵丘。〔一〕周襄王使宰孔賜桓公文武胙、彤弓矢、大路，〔二〕命無拜。桓公欲許之，管仲曰「不可」，乃下拜受賜。〔三〕秋，復會諸侯於葵丘，益有驕色。周使宰孔會。諸侯頗有叛者。〔四〕晉侯病，後，遇宰孔。宰孔曰：「齊侯驕矣，弟無行。」從之。是歲，晉獻公卒，里克殺奚齊、卓子，〔五〕秦穆公以夫人入公子夷吾爲晉君。桓公於是討晉亂，至高梁，〔六〕使隰朋立晉君，還。

〔一〕集解杜預曰：「陳留外黄縣東有葵丘也。」

〔二〕集解賈逵曰：「大路，諸侯朝服之車，謂之金路。」

〔三〕集解韋昭曰：「下堂拜賜也。」

〔四〕集解公羊傳曰：「葵丘之會，桓公震而矜之，叛者九國。」
〔五〕集解徐廣曰：「史記『卓』多作『悼』。」正義卓，丑角反。
〔六〕集解服虔曰：「晉地也。」杜預曰：「在平陽縣西南。」

是時周室微，唯齊、楚、秦、晉爲彊。晉初與會，〔一〕獻公死，國內亂。秦穆公辟遠，不與中國會盟。楚成王初收荆蠻有之，夷狄自置。唯獨齊爲中國會盟，而桓公能宣其德，故諸侯賓會。於是桓公稱曰：「寡人南伐至召陵，望熊山；北伐山戎、離枝、孤竹；〔二〕西伐大夏，涉流沙；〔三〕束馬懸車登太行，至卑耳山〔四〕而還。諸侯莫違寡人。寡人兵車之會三，〔五〕乘車之會六，〔六〕九合諸侯，一匡天下。〔七〕昔三代受命，有何以異於此乎？吾欲封泰山，禪梁父。」管仲固諫，不聽；乃說桓公以遠方珍怪物至乃得封，桓公乃止。

〔一〕正義與音預，下同。
〔二〕集解地理志曰令支縣有孤竹城，疑離枝即令支也，令離聲相近。應劭曰：「令音鈴。」鈴離聲亦相近。管子亦作「離」字。索隱離枝音零支，又音令祇，又如字。離枝，孤竹，皆古國名。秦以離枝爲縣，故地理志遼西令支縣有孤竹城。爾雅曰「孤竹、北户、西王母、日下謂之四荒」也。
〔三〕正義大夏，并州晉陽是也。
〔四〕正義卑音壁。劉伯莊及韋昭並如字。
〔五〕正義左傳云魯莊十三年，會北杏以平宋亂；僖四年，侵蔡，遂伐楚；六年，伐鄭，圍新城也。

〔六〕正義左傳云魯莊十四年，會于鄄；十五年，又會鄄；十六年，同盟于幽；僖五年，會首止；八年，盟于洮；九年，會葵丘是也。
〔七〕正義匡，正也。一匡天下，謂定襄王爲太子之位也。

三十八年，周襄王弟帶與戎、翟合謀伐周，齊使管仲平戎於周。周欲以上卿禮管仲，管仲頓首曰：「臣陪臣，安敢！」三讓，乃受下卿禮以見。三十九年，周襄王弟帶來奔齊。齊使仲孫請王，爲帶謝。襄王怒，弗聽。

四十一年，秦穆公虜晉惠公，復歸之。是歲，管仲、隰朋皆卒。〔一〕管仲病，桓公問曰：「羣臣誰可相者？」管仲曰：「知臣莫如君。」公曰：「易牙如何？」〔二〕對曰：「殺子以適君，非人情，不可。」公曰：「開方如何？」對曰：「倍親以適君，非人情，難近。」〔三〕公曰：「豎刀如何？」〔四〕對曰：「自宮以適君，非人情，難親。」管仲死，而桓公不用管仲言，卒近用三子，三子專權。

〔一〕正義括地志云：「管仲冢在青州臨淄縣南二十一里牛山上，與桓公冢連。隰朋墓在青州臨淄縣東北七里也。」
〔二〕正義即雍巫也。賈逵云：「雍巫，雍人名巫，易牙也。」
〔三〕集解管仲曰：「衞公子開方去其千乘之太子而臣事君也。」
〔四〕正義刀，鳥條反。顏師古云：「豎刀、易牙皆齊桓公臣。管仲有病，桓公往問之，曰：『將何以教寡人？』管仲曰：『願君遠易牙、豎刀。』公曰：『易牙烹其子以快寡人，尚可疑邪？』對曰：『人之情非不愛其子也，其子之忍，又將何愛於君！』公曰：『豎刀自宮以近寡人，猶尚疑邪？』對曰：『人之情非不愛其身也，其身之忍，又將何有於君！』公曰：『諾。』管仲遂盡逐之，而公食不甘心不怡者三年。公曰：『仲父不已過乎？』於是皆即召反。明年，公有病，易牙、豎刀相與作亂，塞宮門，築高牆，不通人。有一婦人踰垣入至公所。公曰：『我欲食。』婦人曰：『吾無所得。』公曰：『我欲飲。』婦人曰：『吾無所得。』公曰：『何故？』曰：『易牙、豎刀相與作亂，塞宮門，築高牆，不通人，故無所得。』公慨然歎，涕出，曰：『嗟乎，聖人所見豈不遠哉！若死者有知，我將何面目見仲父乎？』蒙衣袂而死乎壽宮。蟲流於户，蓋以楊門之扇，二月不葬也。」

四十二年，戎伐周，周告急於齊，齊令諸侯各發卒戍周。是歲，晉公子重耳來，桓公妻之。

四十三年。初，齊桓公之夫人三：曰王姬、徐姬、〔一〕蔡姬，皆無子。桓公好內，〔二〕多內寵，如夫人者六人，長衞姬，生無詭；〔三〕少衞姬，生惠公元；鄭姬，生孝公昭；葛嬴，生昭公潘；密姬，生懿公商人；宋華子，〔四〕生公子雍。桓公與管仲屬孝公於宋襄公，以爲太子。雍巫〔五〕有寵於衞共姬，因宦者豎刀以厚獻於桓公，亦有寵，桓公許之立無詭。〔六〕管仲卒，五公子皆求立。冬十月乙亥，齊桓公卒。易牙入，與豎刀因內寵殺羣吏，〔七〕而立公子無詭爲君。太子昭奔宋。

〔一〕索隱按：系本徐，嬴姓。禮，婦人稱國及姓，今此言「徐姬」者，然姬是衆妾之總稱，故漢祿秩令云「姬妾數百」。

婦人亦總稱姬，姬亦未必盡是姓也。
〔二〕集解服虔曰：「內，婦官也。」
〔三〕索隱左傳作「無虧」也。
〔四〕集解賈逵曰：「宋華氏之女，子姓。」
〔五〕集解賈逵曰：「雍巫，雍人，名巫，易牙字。」索隱賈逵以雍巫爲易牙，未知何據。按：管子有棠巫，恐與雍巫是一人也。
〔六〕集解杜預曰：「易牙既有寵於公，爲長衞姬請立。」
〔七〕集解服虔曰：「內寵如夫人者六人。羣吏，諸大夫也。」杜預曰：「內寵，內官之有權寵者。」

桓公病，五公子各樹黨爭立。及桓公卒，遂相攻，以故宮中空，莫敢棺。〔一〕桓公尸在牀上六十七日，尸蟲出于户。十二月乙亥，無詭立，乃棺赴。辛巳夜，斂殯。〔二〕

〔一〕正義音古患反。
〔二〕集解徐廣曰：「斂，一作『臨』也。」

桓公十有餘子，要其後立者五人：無詭立三月死，無謚；次孝公；次昭公；次懿公；次惠公。孝公元年三月，宋襄公率諸侯兵送齊太子昭而伐齊。齊人恐，殺其君無詭。齊人將立太子昭，四公子之徒攻太子，太子走宋，宋遂與齊人四公子戰。五月，宋敗齊四公子師而立太子昭，是爲齊孝公。宋以桓公與管仲屬之太子，故來征之。以亂故，八月乃葬齊桓

公。[一]

[一]集解皇覽曰：「桓公冢在臨菑城南七里所菑水南。」正義括地志云：「齊桓公墓在臨菑縣南二十一里牛山上，亦名鼎足山，一名牛首堈，一所二墳。晉永嘉末，人發之，初得版，次得水銀池，有氣不得入，經數日，乃牽犬入中，得金蠶數十薄，珠襦、玉匣、繒綵、軍器不可勝數。又以人殉葬，骸骨狼藉也。」

六年春，齊伐宋，以其不同盟于齊也。[一]夏，宋襄公卒。七年，晉文公立。

[一]集解服虔曰：「魯僖公十九年，諸侯盟于齊，以無忘桓公之德。宋襄公欲行霸道，不與盟，故伐之。」

十年，孝公卒，孝公弟潘因衛公子開方殺孝公子而立潘，是爲昭公。昭公，桓公子也，其母曰葛嬴。

昭公元年，晉文公敗楚於城濮，[一]而會諸侯踐土，朝周，天子使晉稱伯。[二]六年，翟侵齊。晉文公卒。秦兵敗於殽。十二年，秦穆公卒。

[一]正義賈逵云：「衛地也。」
[二]正義音霸。

十九年五月，昭公卒，子舍立爲齊君。舍之母無寵於昭公，國人莫畏。昭公之弟商人以桓公死争立而不得，陰交賢士，附愛百姓，百姓説。及昭公卒，子舍立，孤弱，即與衆十月即墓上弒齊君舍，而商人自立，是爲懿公。懿公，桓公子也，其母曰密姬。

懿公四年春，初，懿公爲公子時，與丙戎[一]之父獵，争獲不勝，及即位，斷丙戎父足，[二]而使丙戎僕。[三]庸職之妻好，[四]公内之宫，使庸職驂乘。五月，懿公游於申池，[五]二人浴，戲。職曰：「斷足子！」戎曰：「奪妻者！」二人俱病此言，乃怨。謀與公游竹中，二人弒懿公車上，弃竹中而亡去。

[一]索隱左傳「丙」作「邴」，邴歜也。
[二]正義左傳云「乃掘而刖之」，杜預云「斷其尸足也」。
[三]集解賈逵曰：「僕，御也。」
[四]索隱左傳作「閻職」，此言「庸職」。不同者，傳所云「閻」，姓；「職」，名也。此言「庸職」，庸非姓，蓋謂受顧織之妻，史意不同，字則異耳。正義國語及左傳作「閻職」。
[五]集解杜預曰：「齊南城西門名申門。齊城無池，唯此門左右有池，疑此是也。」左思齊都賦注曰：「申池，海濱齊藪也。」

懿公之立，驕，民不附。齊人廢其子而迎公子元於衛，立之，是爲惠公。惠公，桓公子也。其母衛女，曰少衛姬，避齊亂，故在衛。

惠公二年，長翟來，[一]王子城父攻殺之，[二]埋之於北門。晉趙穿弒其君靈公。

[一]集解穀梁傳曰：「身横九畝，斷其首而載之，眉見於軾。」
[二]集解賈逵曰：「王子城父，齊大夫。」

十年，惠公卒，子頃公無野立。[一]初，崔杼有寵於惠公，惠公卒，高、國畏其偪也，逐之，崔杼奔衛。

[一]正義頃音傾。

頃公元年，楚莊王彊，伐陳；二年，圍鄭，鄭伯降，已復國鄭伯。

六年春，晉使郤克於齊，齊使夫人帷中而觀之。郤克上，夫人笑之。郤克曰：「不是報，不復涉河！」歸，請伐齊，晉侯弗許。齊使至晉，郤克執齊使者四人河内，殺之。八年，晉伐齊，齊以公子彊質晉，晉兵去。十年春，齊伐魯、衛。魯、衛大夫如晉請師，皆因郤克。[一]晉使郤克以車八百乘[二]爲中軍將，士燮將上軍，欒書將下軍，以救魯、衛，伐齊。六月壬申，與齊侯兵合靡笄下。[三]癸酉，陳于鞌。[四]逢丑父[五]爲齊頃公右。頃公曰：「馳之，破晉軍會食。」射傷郤克，流血至履。克欲還入壁，其御曰：「我始入，再傷，不敢言疾，恐懼士卒，願子忍之。」遂復戰。戰，齊急，丑父恐齊侯得，乃易處，頃公爲右，車絓於木而止。[六]晉小將韓厥伏齊侯車前，曰「寡君使臣救魯、衛」，戲之。丑父使頃公下取飲，[七]因得亡，脱去，入其軍。晉郤克欲殺丑父。丑父曰：「代君死而見僇，後人臣無忠其君者矣。」克舍之，丑父遂得亡歸齊。於是晉軍追齊至馬陵。[八]齊侯請以寶器謝，[九]不聽；必得笑克者蕭桐叔子，[一〇]令齊東畝。[一一]對曰：「叔子，齊君母。齊君母亦猶晉君母，子安置之？且子以義伐而

以暴爲後，其可乎？」於是乃許，令反魯、衛之侵地。[一二]

[一]索隱成二年左傳魯臧宣叔、衛孫桓子如晉，皆主於郤克是。
[二]集解賈逵曰：「八百乘，六萬人。」
[三]集解徐廣曰：「靡，一作『摩』。」賈逵曰：「靡笄，山名也。」索隱靡，如字。靡笄，山名，在濟南，與代地磨笄山不同。
[四]集解服虔曰：「鞌，齊地名也。」
[五]集解賈逵曰：「齊大夫。」
[六]正義絓，胡卦反。止也，有所礙也。
[七]正義左傳云「及華泉，驂絓於木而止。丑父使公下，如華泉取飲。鄭周父御佐車，宛茷爲右，載齊侯獲免」也。
[八]集解徐廣曰：「一作『陘』。」駰案：賈逵曰「馬陘，齊地也」。
[九]集解左傳曰：「賂以紀甗、玉磬也。」
[一〇]集解杜預曰：「桐叔，蕭君之字，齊侯外祖父。子，女也。難斥言其母，故遠言之。」賈逵曰：「蕭，附庸，子姓。」
[一一]集解服虔曰：「欲令齊隴畝東行。」索隱壟畝東行，則晉車馬東向齊行易也。
[一二]正義左傳云晉師及齊國，使齊人歸我汶陽之田也。

十一年，晉初置六卿，賞鞌之功。齊頃公朝晉，欲尊王晉景公，[一]晉景公不敢受，乃歸。歸而頃公弛苑囿，薄賦斂，振孤問疾，虚積聚以救民，民亦大説。厚禮諸侯。竟頃公

卒，百姓附，諸侯不犯。

〔一〕索隱 王劭按：張衡曰「禮，諸侯朝天子執玉，既授而反之。若諸侯自相朝，則不授玉」。齊頃公戰敗朝晉而授玉，是欲尊晉侯爲王，太史公探其旨而言。今按：此文不云「授玉」，王氏之説復何所依，聊記異耳。

十七年，頃公卒，〔一〕子靈公環立。

〔一〕集解 皇覽曰：「頃公冢近吕尚冢。」

靈公九年，晉欒書弑其君厲公。十年，晉悼公伐齊，齊令公子光質晉。十九年，立子光爲太子，高厚傅之，令會諸侯盟於鍾離。〔一〕二十七年，晉使中行獻子伐齊。〔二〕齊師敗，靈公走入臨菑。晏嬰止靈公，靈公弗從。曰：「君亦無勇矣！」晉兵遂圍臨菑，臨菑城守不敢出，晉焚郭中而去。

〔一〕正義 括地志云：「鍾離故城在沂州承縣界。」

〔二〕索隱 荀偃祖林父代爲中行，後改姓爲中行氏。獻子名偃。

二十八年，初，靈公取魯女，生子光，以爲太子。仲姬，戎姬。戎姬嬖，仲姬生子牙，屬之戎姬。戎姬請以爲太子，公許之。仲姬曰：「不可。光之立，列於諸侯矣，〔一〕今無故廢之，君必悔之。」公曰：「在我耳。」遂東太子光，〔二〕使高厚傅牙爲太子。靈公疾，崔杼迎故太子光而立之，是爲莊公。莊公殺戎姬。五月壬辰，靈公卒，莊公即位，執太子牙於句竇之丘，殺之。八月，崔杼殺高厚。晉聞齊亂，伐齊，至高唐。〔三〕

〔一〕集解 服虔曰：「數從諸侯征伐盟會。」

〔二〕集解 賈逵曰：「徙之東垂也。」

〔三〕集解 杜預曰：「高唐在祝阿縣西北。」

莊公三年，晉大夫欒盈〔一〕奔齊，莊公厚客待之。晏嬰、田文子諫，公弗聽。四年，齊莊公使欒盈閒入晉曲沃〔二〕爲内應，以兵隨之，上太行，入孟門。〔三〕欒盈敗，齊兵還，取朝歌。〔四〕

〔一〕集解 徐廣曰：「史記多作『逞』。」

〔二〕集解 賈逵曰：「欒盈之邑。」

〔三〕集解 賈逵曰：「孟門、太行皆晉山隘也。」 索隱 孟門山在朝歌東北。太行山在河内温縣西。

〔四〕集解 賈逵曰：「晉邑。」

六年，初，棠公妻好，〔一〕棠公死，崔杼取之。莊公通之，數如崔氏，以崔杼之冠賜人。侍者曰：「不可。」崔杼怒，因其伐晉，欲與晉合謀襲齊而不得閒。莊公嘗笞宦者賈舉，賈舉復侍，爲崔杼閒公〔二〕以報怨。五月，莒子朝齊，齊以甲戌饗之。崔杼稱病不視事。乙亥，公問崔杼病，遂從崔杼妻。崔杼妻入室，與崔杼自閉户不出，公擁柱而歌。〔三〕宦者賈舉遮公從官而入，閉門，崔杼之徒持兵從中起。公登臺而請解，不許；請盟，不許；請自殺於廟，不許。皆曰：「君之臣杼疾病，不能聽命。〔四〕近於公宫。〔五〕陪臣爭趣有淫者，〔六〕不知二命。」〔七〕公踰牆，射中公股，公反墜，遂弑之。晏嬰立崔杼門外，〔八〕曰：「君爲社稷死則死之，爲社稷亡則亡之。〔九〕若爲己死己亡，非其私暱，誰敢任之！」〔一〇〕門開而入，枕公尸而哭，三踊而出。人謂崔杼：「必殺之。」崔杼曰：「民之望也，舍之得民。」〔一一〕

〔一〕集解 賈逵曰：「棠公，齊棠邑大夫。」

〔二〕集解 服虔曰：「伺公閒隙。」 正義 閒音閑，又如字。

〔三〕集解 服虔曰：「公以爲姜氏不知己在外，故歌以命之也。一曰公自知見欺，恐不得出，故歌以自悔。」

〔四〕集解 服虔曰：「言不能親聽公命。」

〔五〕集解 服虔曰：「崔杼之宫近公宫，淫者或詐稱公。」

〔六〕集解 徐廣曰：「爭，一作『扞』。」 索隱 左傳作「扞趣」。此爲「爭趣」者，是太史公變左氏之文。言陪臣但爭趣投有淫者耳，更不知他命也。

〔七〕集解 杜預曰：「言得淫人，受崔子命討之，不知他命也。」

〔八〕集解 賈逵曰：「聞難而來。」

〔九〕集解 服虔曰：「謂以公義爲社稷死亡也。如是者，臣亦隨之死亡。」

〔一〇〕集解 服虔曰：「言君自以己之私欲取死亡之禍，則私近之臣所當任也。」杜預曰：「私暱，所親愛也。非所親愛，無爲當其禍也。」

〔一一〕集解 服虔曰：「置之，所以得人心。」

丁丑，崔杼立莊公異母弟杵臼，〔一〕是爲景公。景公母，魯叔孫宣伯女也。景公立，以崔杼爲右相，慶封爲左相。二相恐亂起，乃與國人盟曰：「不與崔慶者死！」晏子仰天曰：「嬰所不獲，唯忠於君利社稷者是從！」不肯盟。慶封欲殺晏子，崔杼曰：「忠臣也，舍之。」齊太史書曰「崔杼弑莊公」，崔杼殺之。其弟復書，崔杼復殺之。少弟復書，崔杼乃舍之。

〔一〕集解 徐廣曰：「史記多作『箸臼』。」

景公元年，初，崔杼生子成及彊，其母死，取東郭女，生明。東郭女使其前夫子無咎與其弟偃〔一〕相崔氏。成有罪，〔二〕二相急治之，立明爲太子。成請老於崔（杼），崔杼許之，二相弗聽，曰：「崔，宗邑，不可。」〔三〕成、彊怒，告慶封。〔四〕慶封與崔杼有郤，欲其敗也。成、彊殺無咎、偃於崔杼家，家皆奔亡。崔杼怒，無人，使一宦者御，見慶封。慶封曰：「請爲子誅之。」使崔杼仇盧蒲嫳〔五〕攻崔氏，殺成、彊，盡滅崔氏，崔杼婦自殺。崔杼毋歸，〔六〕亦自殺。慶封爲相國，專權。

〔一〕正義杜預云：「東郭偃，東郭姜之弟也。」
〔二〕正義左傳云成有疾而廢之。杜預云有惡疾也。
〔三〕集解杜預曰：「濟南東朝陽縣西北有崔氏城也。」
〔四〕正義左傳云成彊告慶封曰：「夫子身亦子所知也，唯無咎與偃是從，父兄莫能進矣。恐害夫子，敢以告。」慶封曰：「苟利夫子，必去之，難吾助汝。」乃殺東郭偃、棠無咎於崔氏朝也。其妻及崔杼皆縊死，崔明奔魯。
〔五〕集解賈逵曰：「嬖，齊大夫慶封之屬。」
〔六〕索隱毋音無也。

三年十月，慶封出獵。初，慶封已殺崔杼，益驕，嗜酒好獵，不聽政令。慶舍用政，〔一〕已有内郤。田文子謂桓子曰：「亂將作。」田、鮑、高、欒氏相與謀慶氏。慶舍發甲圍慶封宫，四家徒共擊破之。慶封還，不得入，奔魯。齊人讓魯，封奔吴。吴與之朱方，聚其族而居之，富於在齊。其秋，齊人徙葬莊公，僇崔杼尸於市以説衆。

〔一〕集解服虔曰：「舍，慶封之子也。生傳其職政與子。」

九年，景公使晏嬰之晉，與叔向私語曰：「齊政卒歸田氏。田氏雖無大德，以公權私，有德於民，民愛之。」十二年，景公如晉，見平公，欲與伐燕。十八年，公復如晉，見昭公。二十六年，獵魯郊，因入魯，與晏嬰俱問魯禮。三十一年，魯昭公辟季氏難，奔齊。齊欲以千

社封之，〔一〕子家止昭公，昭公乃請齊伐魯，取鄆〔二〕以居昭公。

〔一〕集解賈逵曰：「二十五家爲一社。千社，二萬五千家也。」
〔二〕正義鄆，鄆城也。

三十二年，彗星見。景公坐柏寢，嘆曰：「堂堂！誰有此乎？」〔一〕羣臣皆泣，晏子笑，公怒。晏子曰：「臣笑羣臣諛甚。」景公曰：「彗星出東北，當齊分野，寡人以爲憂。」晏子曰：「君高臺深池，賦斂如弗得，刑罰恐弗勝，茀星〔二〕將出，彗星〔三〕何懼乎？」公曰：「可禳否？」晏子曰：「使神可祝而來，〔四〕亦可禳而去也。百姓苦怨以萬數，而君令一人禳之，安能勝衆口乎？」是時景公好治宫室，聚狗馬，奢侈，厚賦重刑，故晏子以此諫之。

〔一〕集解服虔曰：「景公自恐德薄不能久享齊國，故曰『誰有此』也。」
〔二〕正義茀音佩。謂客星侵近邊側欲相害。
〔三〕正義彗，息歲反。若帚形，見，其境有亂也。
〔四〕正義祝音章受反。

四十二年，吴王闔閭伐楚，入郢。

四十七年，魯陽虎攻其君，不勝，奔齊，請齊伐魯。鮑子諫景公，乃囚陽虎。陽虎得亡，奔晉。

四十八年，與魯定公好會夾谷。〔一〕犂鉏〔二〕曰：「孔丘知禮而怯，請令萊人爲樂，〔三〕因執魯君，可得志。」景公害孔丘相魯，懼其霸，故從犂鉏之計。方會，進萊樂，孔子歷階上，使有司執萊人斬之，以禮讓景公。景公慙，乃歸魯侵地以謝，而罷去。是歲，晏嬰卒。

〔一〕集解服虔曰：「東海祝其縣是也。」
〔二〕索隱且，卽餘反。卽犂彌也。
〔三〕集解杜預曰：「萊人，齊所滅萊夷。」

五十五年，范、中行反其君於晉，晉攻之急，來請粟。田乞欲爲亂，樹黨於逆臣，説景公曰：「范、中行數有德於齊，不可不救。」乃使乞救而輸之粟。

五十八年夏，景公夫人燕姬適子死。景公寵妾芮姬生子荼，〔一〕荼少，其母賤，無行，諸大夫恐其爲嗣，乃言願擇諸子長賢者爲太子。景公老，惡言嗣事，又愛荼母，欲立之，憚發之口，乃謂諸大夫曰：「爲樂耳，國何患無君乎？」秋，景公病，命國惠子、高昭子〔二〕立少子荼爲太子，逐羣公子，遷之萊。〔三〕景公卒，〔四〕太子荼立，是爲晏孺子。冬，未葬，而羣公子畏誅，皆出亡。荼諸異母兄公子壽、〔五〕駒、黔〔六〕奔衞，〔七〕公子駔、〔八〕陽生奔魯。〔九〕萊人歌之曰：「景公死乎弗與埋，三軍事乎弗與謀，〔一〇〕師乎師乎，胡黨之乎？」〔一一〕

〔一〕索隱左傳曰「鬻姒之子荼嬖」，則荼母姓姒。此作「芮姬」，不同也。譙周依左氏作「鬻姒」，鄒誕生本作「芮姁」。姁音五句反。
〔二〕集解杜預曰：「惠子，國夏也。昭子，高張也。」
〔三〕集解服虔曰：「萊，齊東鄙邑。」
〔四〕集解皇覽曰：「景公冢與桓公冢同處。」
〔五〕索隱一作「嘉」。
〔六〕正義三公子。
〔七〕集解徐廣曰：「一云『壽、黔奔衞』。」索隱三人奔衞。
〔八〕索隱左傳作「鉏」。
〔九〕索隱二人奔魯，凡五公子也。
〔一〇〕集解服虔曰：「萊人見五公子遠遷鄙邑，不得與景公葬埋之事及國三軍之謀，故愍而歌。」杜預曰：「稱謚，蓋葬後而爲此歌，哀羣公子失所也。」
〔一一〕集解服虔曰：「師，衆也。黨，所也。言公子徒衆何所適也。」

晏孺子元年春，田乞僞事高、國者，每朝，乞驂乘，言曰：「子得君，大夫皆自危，欲謀作亂。」又謂諸大夫曰：「高昭子可畏，及未發，先之。」大夫從之。六月，田乞、鮑牧乃與大夫以兵入公宫，攻高昭子。昭子聞之，與國惠子救公。公師敗，田乞之徒追之，國惠子奔莒，

遂反殺高昭子。晏圉奔魯。〔一〕八月，齊秉意兹。〔二〕田乞敗二相，乃使人之魯召公子陽生。陽生至齊，私匿田乞家。十月戊子，田乞請諸大夫曰：「常之母有魚菽之祭，〔三〕幸來會飲。」會飲，田乞盛陽生槖中，置坐中央，發槖出陽生，曰：「此乃齊君矣！」大夫皆伏謁。將與大夫盟而立之，鮑牧醉，乞誣大夫曰：「吾與鮑牧謀共立陽生。」鮑牧怒曰：「子忘景公之命乎？」諸大夫相視欲悔，陽生前，頓首曰：「可則立之，否則已。」鮑牧恐禍起，乃復曰：「皆景公子也，何爲不可！」乃與盟，立陽生，是爲悼公。悼公入宮，使人遷晏孺子於駘，〔四〕殺之幕下，而逐孺子母芮子。芮子故賤而孺子少，故無權，國人輕之。

〔一〕集解 賈逵曰：「圉，晏嬰之子。」

〔二〕集解 徐廣曰：「左傳八月，齊邴意兹奔魯。」

〔三〕集解 何休曰：「齊俗，婦人首祭事。言魚豆者，示薄陋無所有也。」

〔四〕集解 賈逵曰：「齊邑。」

悼公元年，齊伐魯，取讙、闡。〔一〕初，陽生亡在魯，季康子以其妹妻之。及歸卽位，使迎之。季姬與季魴侯通，〔二〕言其情，魯弗敢與，故齊伐魯，竟迎季姬。季姬嬖，齊復歸魯侵地。

〔一〕集解 杜預曰：「闡在東平剛縣北。」 索隱 二邑名。讙在今博城縣西南。杜預曰：「闡在東平剛縣北。」

〔二〕集解 杜預曰：「魴侯，康子叔父也。」

鮑子與悼公有郤，不善。四年，吳、魯伐齊南方。鮑子弒悼公，赴于吳。吳王夫差哭於軍門外三日，將從海入討齊。齊人敗之，吳師乃去。晉趙鞅伐齊，至賴而去。〔一〕齊人共立悼公子壬，是爲簡公。〔二〕

〔一〕集解 服虔曰：「賴，齊邑。」

〔二〕集解 徐廣曰：「年表云簡公壬者，景公之子也。」

簡公四年春，初，簡公與父陽生俱在魯也，監止有寵焉。〔一〕及卽位，使爲政。田成子憚之，驟顧於朝。〔二〕御鞅〔三〕言簡公曰：「田、監不可並也，君其擇焉。」〔四〕弗聽。子我夕，〔五〕田逆殺人，逢之，〔六〕遂捕以入。〔七〕田氏方睦，〔八〕使囚病而遺守囚者酒，〔九〕醉而殺守者，得亡。子我盟諸田於陳宗。〔一〇〕初，田豹欲爲子我臣，〔一一〕使公孫言豹，〔一二〕豹有喪而止。後卒以爲臣，〔一三〕幸於子我。子我謂曰：「吾盡逐田氏而立女，可乎？」對曰：「我遠田氏矣。〔一四〕且其違者不過數人，〔一五〕何盡逐焉！」遂告田氏。子行曰：「彼得君，弗先，必禍子。」〔一六〕子行舍於公宮。〔一七〕

〔一〕集解 賈逵曰：「闞止，子我也。」 索隱 監，左傳作「闞」，音苦濫反。闞在東平須昌縣東南也。

〔二〕集解 杜預曰：「心不安，故數顧也。」

〔三〕集解 賈逵曰：「鞅，齊大夫也。」 索隱 鞅，名也，爲僕御之官，故曰御鞅，亦田氏之族。按：系本陳桓子無字產子亹，亹產子獻，獻產鞅也。

〔四〕集解 杜預曰：「擇用一人也。」

〔五〕集解 服虔曰：「夕省事。」

〔六〕集解 服虔曰：「子我將往夕省事於君，而逢逆之殺人也。」杜預曰：「逆，子行。陳氏宗。」

〔七〕集解 杜預曰：「執逆人至於朝也。」

〔八〕集解 服虔曰：「陳常方欲謀有齊國，故和其宗族。」

〔九〕集解 服虔曰：「使陳逆詐病而遺也。」

〔一〇〕集解 服虔曰：「子我見陳逆得生出，而恐爲陳氏所怨，故與盟而請和也。陳宗，宗長之家。」

〔一一〕集解 賈逵曰：「豹，陳氏族也。」

〔一二〕集解 賈逵曰：「公孫，齊大夫也。」杜預曰：「言，介達之意。」

〔一三〕集解 杜預曰：「終喪也。」

〔一四〕集解 服虔曰：「言我與陳氏宗疏遠也。」

〔一五〕集解 服虔曰：「違者，不從子我者。」

〔一六〕集解 服虔曰：「彼謂闞止也。子謂陳常也。」

〔一七〕集解 服虔曰：「止於公宮，爲陳氏作內閒也。」

夏五月壬申，成子兄弟四乘如公。〔一〕子我在幄，〔二〕出迎之，遂入，閉門。〔三〕宦者禦之，〔四〕子行殺宦者。〔五〕公與婦人飲酒於檀臺，〔六〕成子遷諸寢。〔七〕公執戈將擊之，〔八〕太史子餘〔九〕曰：「非不利也，將除害也。」〔一〇〕成子出舍于庫，〔一一〕聞公猶怒，將出，〔一二〕曰：「何所無君！」子行拔劍曰：「需，事之賊也。〔一三〕誰非田宗？〔一四〕所不殺子者有如田宗。」〔一五〕乃止。子我歸，屬徒〔一六〕攻闈與大門，〔一七〕皆弗勝，乃出。田氏追之。豐丘人執子我以告，〔一八〕殺之郭關。〔一九〕成子將殺大陸子方，〔二〇〕田逆請而免之。以公命取車於道，〔二一〕出雍門。〔二二〕田豹與之車，弗受，曰：「逆爲余請，豹與余車，余有私焉。事子我而有私於其讎，何以見魯、衞之士？」〔二三〕

〔一〕集解 服虔曰：「成子兄弟八人，二人共一乘，故曰四乘。」 索隱 服虔曰：「成子兄弟八人，二人共乘一車，故四乘。」按系本，陳僖子乞產成子常、簡子齒、宣子其夷、穆子安、廩丘子(尚)豎兹、芒子盈、惠子得，凡七人。杜預又取昭子莊以充八人之數。按系本，昭子是桓子之子，成子之叔父，又不名莊，彊相證會，言四乘有八人耳。今按：田完系家云田常兄弟四人如公宮，與此事同。今此唯稱四乘，不云人數，知四乘謂兄弟四人乘車而入，非二人共車也。然其昆弟三人不見者，蓋時或不在，不同入公宮，不可彊以四乘爲八人，添叔父爲兄弟之數。服、杜殊失也。

〔二〕集解 杜預曰：「幄，帳也，聽政之處也。」

〔三〕集解 服虔曰：「成子兄弟見子我出，遂突入，反閉門，子我不得復入。」

〔四〕集解服虔曰：「闞豎以兵禦陳氏。」
〔五〕集解服虔曰：「舍於公宮，故得殺之。」
〔六〕集解服虔曰：「當陳氏入時，飲酒於此臺。」
〔七〕集解服虔曰：「欲徙公令居寢也。」
〔八〕集解杜預曰：「疑其作亂也。」
〔九〕集解服虔曰：「齊大夫。」
〔一〇〕集解杜預曰：「言將爲公除害也。」
〔一一〕集解杜預曰：「以公怒故也。」
〔一二〕集解服虔曰：「出奔也。」
〔一三〕集解杜預曰：「言需疑則害事。」
〔一四〕集解杜預曰：「言陳氏宗族衆多。」
〔一五〕集解杜預曰：「言子若欲出，我必殺子，明如陳宗。」
〔一六〕集解服虔曰：「會徒衆。」
〔一七〕集解宮中之門曰闈。大門，公門也。
〔一八〕集解賈逵曰：「豐丘，陳氏邑也。」
〔一九〕集解服虔曰：「齊闞名。」
〔二〇〕集解服虔曰：「子方，子我黨，大夫東郭賈也。」

〔二一〕集解杜預曰：「子方取道中行人車。」
〔二二〕集解杜預曰：「齊城門。」
〔二三〕集解服虔曰：「子方將欲奔魯、衞也。」左傳曰：「東郭賈奔衞。」

庚辰，田常執簡公于徐州。〔一〕公曰：「余蚤從御鞅言，不及此。」甲午，田常弑簡公于徐州。田常乃立簡公弟驁，〔二〕是爲平公。平公卽位，田常相之，專齊之政，割齊安平以東爲田氏封邑。〔三〕

〔一〕集解春秋作「舒州」。賈逵曰：「陳氏邑也。」索隱徐音舒，其字從人。左氏作「舒」，舒，陳氏邑。説文作「郐」，郐在薛縣。
〔二〕索隱系本及譙周皆作「敬」，蓋誤也。
〔三〕集解徐廣曰：「年表云平公之時，齊自是稱田氏。」索隱安平，齊邑。按：地理志涿郡有安平縣也。

平公八年，越滅吴。二十五年卒，子宣公積立。

宣公五十一年卒，子康公貸立。田會反廩丘。〔一〕

〔一〕索隱田會，齊大夫。廩，邑名，東郡有廩丘縣也。

康公二年，韓、魏、趙始列爲諸侯。十九年，田常曾孫田和始爲諸侯，遷康公海濱。

二十六年，康公卒，呂氏遂絶其祀。田氏卒有齊國，爲齊威王，彊於天下。

太史公曰：吾適齊，自泰山屬之琅邪，北被于海，膏壤二千里，其民闊達多匿知，其天性也。以太公之聖，建國本，桓公之盛，修善政，以爲諸侯會盟，稱伯，不亦宜乎？洋洋哉，固大國之風也！

【索隱述贊】太公佐周，實秉陰謀。既表東海，乃居營丘。小白致霸，九合諸侯。及溺内寵，釁鍾蟲流。莊公失德，崔杼作仇。陳氏專政，厚貨輕收。悼、簡遘禍，田、闞非儔。渢渢餘烈，一變何由？

史記卷三十三

魯周公世家第三

周公旦者，周武王弟也。〔一〕自文王在時，旦爲子孝，〔二〕篤仁，異於羣子。及武王卽位，旦常輔翼武王，用事居多。武王九年，東伐至盟津，周公輔行。十一年，伐紂，至牧野，〔三〕周公佐武王，作牧誓。破殷，入商宮。已殺紂，周公把大鉞，召公把小鉞，以夾武王，釁社，告紂之罪于天，及殷民。釋箕子之囚。封紂子武庚祿父，使管叔、蔡叔傅之，以續殷祀。徧封功臣同姓戚者。封周公旦於少昊之虛曲阜，〔四〕是爲魯公。周公不就封，留佐武王。

〔一〕集解 譙周曰：「以太王所居周地爲其采邑，故謂周公。」索隱 周，地名，在岐山之陽，本太王所居，後以爲周公之菜邑，故曰周公。卽今之扶風雍東北故周城是也。謚曰周文公，見國語。

〔二〕索隱 鄒誕本「孝」作「敬」也。

〔三〕正義 衞州卽牧野之地，東北去朝歌七十三里。

〔四〕正義 括地志云：「兗州曲阜縣外城卽魯公伯禽所築也。」

武王克殷二年，天下未集，武王有疾，不豫，羣臣懼，太公、召公乃繆卜。〔一〕周公曰：「未可以戚我先王。」〔二〕周公於是乃自以爲質，設三壇，周公北面立，戴璧秉圭，〔三〕告于太王、王季、文王。〔四〕史策祝曰：〔五〕「惟爾元孫王發，勤勞阻疾。〔六〕若爾三王是有負子之責於天，以旦代王發之身。〔七〕旦巧能，多材多藝，能事鬼神。〔八〕乃王發不如旦多材多藝，不能事鬼神。乃命于帝庭，敷佑四方，〔九〕用能定汝子孫于下地，四方之民罔不敬畏。〔一〇〕無墜天之降葆命，我先王亦永有所依歸。〔一一〕今我其卽命於元龜，〔一二〕爾之許我，我以其璧與圭歸，以俟爾命。〔一三〕爾不許我，我乃屏璧與圭。」〔一四〕周公已令史策告太王、王季、文王，欲代武王發，於是乃卽三王而卜。卜人皆曰吉，發書視之，信吉。〔一五〕周公喜，開籥，乃見書遇吉。〔一六〕周公入賀武王曰：「王其無害。旦新受命三王，維長終是圖。〔一七〕茲道能念予一人。」〔一八〕周公藏其策金縢匱中，〔一九〕誡守者勿敢言。明日，武王有瘳。

〔一〕集解 徐廣曰：「古書『穆』字多作『繆』。」

〔二〕集解 孔安國曰：「戚，近也。未可以死近先王也。」鄭玄曰：「二公欲就文王廟卜。戚，憂也。未可憂怖我先王也。」

〔三〕集解 孔安國曰：「璧以禮神，圭以爲贄。」

〔四〕集解 孔安國曰：「告謂祝辭。」

〔五〕集解 孔安國曰：「史爲策書祝(祠)〔詞〕也。」鄭玄曰：「策，周公所作，謂簡書也。祝者讀此簡書，以告三王。」

〔六〕集解 徐廣曰：「阻，一作『淹』。」

〔七〕集解 孔安國曰：「大子之責，謂疾不可救也。不可救于天，則當以旦代之。死生有命，不可請代，聖人敘臣子之心以垂世教。」索隱 尚書「負」爲「丕」，今此爲「負」者，謂三王負於上天之責，故我當代之。鄭玄亦曰「丕」讀曰「負」。

〔八〕集解 孔安國曰：「言可以代武王之意。」

〔九〕集解 馬融曰：「武王受命於天帝之庭，布其道以佑助四方。」

〔一〇〕集解 孔安國曰：「言武王用受命帝庭之故，能定先人子孫於天下，四方之民無不敬畏也。」

〔一一〕集解 孔安國曰：「言不救，則墜天寶命也；救之，則先王長有所依歸矣。」鄭玄曰：「降，下也。寶猶神也。有所依歸，爲宗廟之主也。」正義 墜，直類反。

〔一二〕集解 孔安國曰：「就受三王之命於元龜，卜知吉凶者也。」馬融曰：「元龜，大龜也。」

〔一三〕集解 孔安國曰：「許謂疾瘳。待命，當以事神也。」馬融曰：「待汝命。武王當愈，我當死也。」

〔一四〕集解 孔安國曰：「不許，不愈也。屏，藏。言不得事神。」

〔一五〕集解 孔安國曰：「占兆書也。」

〔一六〕集解 王肅曰：「籥，藏占兆書管也。」

〔一七〕集解 孔安國曰：「我新受三王命，武王維長終是謀周之道。」

〔一八〕集解 馬融曰：「一人，天子也。」鄭玄曰：「茲，此也。」

〔一九〕集解 孔安國曰：「藏之於匱，緘之以金，不欲人開也。」

其後武王既崩，成王少，在強葆之中。〔一〕周公恐天下聞武王崩而畔，周公乃踐阼代成王攝行政當國。管叔及其羣弟流言於國曰：「周公將不利於成王。」〔二〕周公乃告太公望、召公奭曰：「我之所以弗辟〔三〕而攝行政者，恐天下畔周，無以告我先王太王、王季、文王。三王之憂勞天下久矣，於今而后成。武王蚤終，成王少，將以成周，我所以爲之若此。」於是卒相成王，而使其子伯禽代就封於魯。周公戒伯禽曰：「我文王之子，武王之弟，成王之叔父，我於天下亦不賤矣。然我一沐三捉髮，一飯三吐哺，起以待士，猶恐失天下之賢人。子之魯，愼無以國驕人。」

〔一〕索隱 強葆卽「襁褓」，古字少，假借用之。正義 強闊八寸，長八尺，用約小兒於背而負行。葆，小兒被也。

〔二〕集解 孔安國曰：「放言於國，以誣周公，以惑成王也。」

〔三〕正義 音避。

管、蔡、武庚等果率淮夷而反。周公乃奉成王命，興師東伐，作大誥。遂誅管叔，殺武庚，放蔡叔。收殷餘民，以封康叔於衞，封微子於宋，以奉殷祀。寧淮夷東土，二年而畢定。諸侯咸服宗周。

天降祉福，唐叔得禾，異母同穎，〔一〕獻之成王，成王命唐叔以餽周公於東土，作餽禾。

周公既受命禾，嘉天子命，〔二〕作嘉禾。東土以集，周公歸報成王，乃爲詩貽王，命之曰鴟鴞。〔三〕王亦未敢訓周公。〔四〕

〔一〕集解徐廣曰：「一作『穗』。穎卽穗也。」索隱尚書曰「異畝」，此「母」義並通。鄒誕本同。

〔二〕集解徐廣曰：「嘉，一作『魯』，今書序作『旅』也。」索隱徐廣云一作「魯」，「魯」字誤也。今書序作「旅」。史記嘉天子命，於文亦得，何須作「嘉旅」？

〔三〕集解毛詩序曰：「成王未知周公之志，公乃爲詩以遺王，名之曰鴟鴞。」毛傳曰：「鴟鴞，鸋鴂也。」

〔四〕集解徐廣曰：「訓，一作『誚』。」索隱按：尚書作「誚」。誚，讓也。此作「訓」，字誤耳，義無所通。徐氏合定其本，何須云一作「誚」也！

成王七年二月乙未，王朝步自周，至豐，〔一〕使太保召公先之雒相土。〔二〕其三月，周公往營成周雒邑，〔三〕卜居焉，曰吉，遂國之。

〔一〕集解馬融曰：「周，鎬京也。豐，文王廟所在。朝者，舉事上朝，將卽土中易都，大事，故告文王、武王廟。」鄭玄曰：「步，行也，堂下謂之步。豐、鎬異邑，而言步者，告武王廟卽行，出廟入廟，不以爲遠，爲父恭也。」索隱豐，文王所作邑。後武王都鎬，於豐立文王廟。按：豐在鄠縣東，臨豐水，東去鎬二十五里也。

〔二〕集解鄭玄曰：「相，視也。」

〔三〕集解公羊傳曰：「成周者何？東周也。」何休曰：「名爲成周者，周道始成，王所都也。」

成王長，能聽政。於是周公乃還政於成王，成王臨朝。周公之代成王治，南面倍依以

朝諸侯。〔一〕及七年後，還政成王，北面就臣位，匔匔如畏然。〔二〕

〔一〕集解禮記曰：「周公朝諸侯于明堂之位，天子負斧依，南向而立。」鄭玄曰：「周公攝王位，以明堂之禮儀朝諸侯也。不於宗廟，避王也。天子，周公也。負之言倍也。斧依，爲斧文屏風於戶牖之閒，周公於前立也。」

〔二〕集解徐廣曰：「匔匔，謹敬貌也。見三蒼，音窮窮。一本作『夔夔』也。」

初，成王少時，病，周公乃自揃其蚤沈之河，以祝於神曰：「王少未有識，奸神命者乃旦也。」亦藏其策於府。成王病有瘳。及成王用事，人或譖周公，周公奔楚。〔一〕成王發府，見周公禱書，乃泣，反周公。

〔一〕索隱經典無文，其事或別有所出。而譙周云「秦既燔書，時人欲言金縢之事，失其本末，乃云『成王少時病，周公禱河欲代王死，藏祝策于府。成王用事，人讒周公，周公奔楚。成王發府見策，乃迎周公』」，又與蒙恬傳同，事或然也。

周公歸，恐成王壯，治有所淫佚，乃作多士，作毋逸。毋逸稱：「爲人父母，爲業至長久，子孫驕奢忘之，以亡其家，爲人子可不慎乎！故昔在殷王中宗，嚴恭敬畏天命，自度〔一〕治民，震懼不敢荒寧，〔二〕故中宗饗國七十五年。其在高宗，〔三〕久勞于外，爲與小人，〔四〕作其卽位，乃有亮闇，三年不言，〔五〕言乃讙，〔六〕不敢荒寧，密靖殷國，〔七〕至于小大無怨，〔八〕故高宗饗國五十五年。〔九〕其在祖甲，〔一〇〕不義惟王，久爲小人〔一一〕于外，知小人之依，能保施小民，不侮鰥寡，〔一二〕故祖甲饗國三十三年。」〔一三〕多士稱曰：「自湯至于帝乙，無不率祀明德，帝無不配天者。〔一四〕在今後嗣王紂，誕淫厥佚，不顧天及民之從也。〔一五〕其民皆可誅。」（周多士）「文王日中昃不暇食，饗國五十年。」作此以誡成王。

〔一〕集解孔安國曰：「用法度也。」

〔二〕集解馬融曰：「知民之勞苦，不敢荒廢自安也。」

〔三〕正義武丁也。

〔四〕集解孔安國曰：「父小乙使之久居人閒，勞是稼穡，與小人出入同事也。」馬融曰：「武丁爲太子時，其父小乙使行役，有所勞役於外，與小人從事，知小人艱難勞苦也。」鄭玄曰：「爲父小乙將師役於外也。」

〔五〕集解孔安國曰：「武丁起其卽王位，則小乙死，乃有信嘿，三年不言，言孝行著也。」鄭玄曰：「楣謂之梁，闇謂廬也。」

〔六〕集解鄭玄曰：「讙，喜悅也。言乃喜悅，則臣民望其言久矣。」

〔七〕集解馬融曰：「密，安也。」

〔八〕集解孔安國曰：「小大之政，民無怨者，言無非也。」

〔九〕集解尚書云五十九年。

〔一〇〕集解孔安國、王肅曰：「祖甲，湯孫太甲也。」馬融、鄭玄曰：「祖甲，武丁子帝甲也。」索隱孔安國以爲湯孫太甲，馬融、鄭玄以爲武丁子帝甲。按：紀年太甲唯得十二年，此云祖甲享國三十三年，知祖甲是帝甲明矣。

〔一一〕集解孔安國曰：「爲王不義，久爲小人之行，伊尹放之桐宮。」馬融曰：「祖甲有兄祖庚，而祖甲賢，武丁欲立之，祖甲以王廢長立少不義，逃亡民閒，故曰『不義惟王，久爲小人』也。武丁死，祖庚立。祖庚死，祖甲立。」

〔一二〕集解孔安國曰：「小人之所依，依仁政也，故能安順於衆民，不敢侮慢惸獨也。」

〔一三〕集解王肅曰：「先中宗後祖甲，先盛德後有過也。」

〔一四〕集解孔安國曰：「無敢失天道者，故無不配天也。」

〔一五〕集解徐廣曰：「一作『敬之』也。」駰案：馬融曰「紂大淫樂其逸，無所能顧念於天施顯道於民而敬之也」。

成王在豐，天下已安，周之官政未次序，於是周公作周官，官別其宜。作立政，〔一〕以便百姓。百姓說。

〔一〕集解孔安國曰：「周公既致政成王，恐其怠忽，故以君臣立政爲戒也。」

周公在豐，病，將沒，曰：「必葬我成周，〔一〕以明吾不敢離成王。」周公既卒，成王亦讓，葬周公於畢，〔二〕從文王，以明予小子不敢臣周公也。

〔一〕集解徐廣曰：「衞世家云管叔欲襲成周，然則或說尚書者不以成周爲洛陽乎？諸侯年表敍曰『齊、晉、楚、秦，其在成周，微之甚也』。」

〔二〕正義括地志云：「周公墓在雍州咸陽北十三里畢原上。」

周公卒後，秋未穫，暴風雷（雨），禾盡偃，大木盡拔。周國大恐。成王與大夫朝服以開金縢書，〔一〕王乃得周公所自以爲功代武王之說。〔二〕二公及王乃問史百執事，〔三〕史百執事

曰:「信有,昔周公命我勿敢言。」成王執書以泣,〔四〕曰:「自今後其無繆卜乎!〔五〕昔周公勤勞王家,惟予幼人弗及知。今天動威以彰周公之德,惟朕小子其迎,我國家禮亦宜之。」〔六〕王出郊,天乃雨,反風,禾盡起。〔七〕二公命國人,凡大木所偃,盡起而築之。〔八〕歲則大孰。於是成王乃命魯得郊〔九〕祭文王。〔一〇〕魯有天子禮樂者,以褒周公之德也。

〔一〕索隱 據尚書,武王崩後有此雷風之異。今此言周公卒後更有暴風之變,始開金縢之書,當不然也。蓋由史遷不見古文尚書,故說乖誤。

〔二〕集解 徐廣曰:「一作『簡』。」駰案:孔安國曰「所藏請命策書本也」。

〔三〕集解 孔安國曰:「二公倡王啓之,故先見書也。史百執事皆從周公請命者。」鄭玄曰:「問者,問審然否也。」

〔四〕集解 鄭玄曰:「泣者,傷周公忠孝如是而無知之者。」

〔五〕集解 孔安國曰:「本欲敬卜吉凶,今天意可知,故止。」

〔六〕集解 王肅曰:「亦宜褒有德也。」正義 孔安國云:「周公以成王未寤,故留東未還。成王改過自新,遣使者逆之,亦國家禮有德之宜也。」王、孔二說非也。按:言成王以開金縢之書,知天風雷以彰周公之德,故成王亦設郊天之禮以迎,我國家先祖配食之禮亦當宜之,故成王出郊,天乃雨反風也。

〔七〕集解 孔安國曰:「郊,以玉幣謝天也。天即反風起禾,明郊之是也。」馬融曰:「反風,風還反也。」

〔八〕集解 徐廣曰:「築,拾也。」駰案:馬融曰「禾爲木所偃者,起其木,拾其下禾,乃無所失亡也」。

〔九〕集解 禮記曰:「魯君祀帝于郊,配以后稷,天子之禮。」

〔一〇〕集解 禮記曰:「諸侯不得祖天子。」鄭玄曰:「魯以周公之故,立文王之廟也。」

周公卒,子伯禽固已前受封,是爲魯公。〔一〕魯公伯禽之初受封之魯,三年而後報政周公。周公曰:「何遲也?」伯禽曰:「變其俗,革其禮,喪三年然後除之,故遲。」太公亦封於齊,五月而報政周公。周公曰:「何疾也?」曰:「吾簡其君臣禮,從其俗爲也。」及後聞伯禽報政遲,乃歎曰:「嗚呼,魯後世其北面事齊矣!夫政不簡不易,民不有近;平易近民,民必歸之。」〔二〕

〔一〕索隱 周公元子就封於魯,次子留相王室,代爲周公。其餘食小國者六人,凡、蔣、邢、茅、胙、祭也。

〔二〕集解 徐廣曰:「一本云『政不簡不行,不行不樂,不樂則不平易;平易近民,民必歸之』。又一本云『夫民不簡不易;有近乎簡易,民必歸之』。」索隱 言爲政簡易者,民必附近之。近謂親近也。

伯禽即位之後,有管、蔡等反也,淮夷、徐戎亦並興反。〔一〕於是伯禽率師伐之於肸,作肸誓,〔二〕曰:「陳爾甲冑,無敢不善。無敢傷牿。〔三〕馬牛其風,臣妾逋逃,〔四〕勿敢越逐,敬〔五〕復之。〔六〕無敢寇攘,踰牆垣。〔七〕魯人三郊三隧,〔八〕峙爾芻茭、糗糧、楨榦,〔九〕無敢不逮。我甲戌築而征徐戎,〔一〇〕無敢不及,有大刑。」〔一一〕作此肸誓,遂平徐戎,定魯。

〔一〕集解 孔安國曰:「淮浦之夷,徐州之戎,並起爲寇。」

〔二〕集解 徐廣曰:「肸,一作『鮮』,一作『獮』。」駰案:尚書作「粊」。孔安國曰「魯東郊之地名也」。索隱 尚書作「費誓」。徐廣云一作「鮮」,一作「獮」。按:尚書大傳見作「鮮誓」,鮮誓卽肸誓,古今字異,義亦變也。鮮,獮也。言於肸地誓衆,因行獮田之禮,以取鮮獸而祭,故字或作「鮮」,或作「獮」。孔安國云「費,魯東郊地名」,卽魯卿季氏之費邑地也。

〔三〕正義 古毒反。牿,牛馬牢也。令臣無傷其牢,恐牛馬逸。

〔四〕集解 鄭玄曰:「風,走逸。臣妾,廝役之屬也。」

〔五〕集解 徐廣曰:「一作『振』。」

〔六〕集解 孔安國曰:「勿敢弃越壘伍而求逐也。衆人有得佚馬牛,逃臣妾,皆敬還。」

〔七〕集解 鄭玄曰:「寇,劫取也。因其失亡曰『攘』。」

〔八〕集解 王肅曰:「邑外曰郊,郊外曰隧。不言四者,東郊留守,故言三也。」

〔九〕集解 孔安國曰:「皆當儲峙汝糧,使足食;多積芻茭,供軍牛馬。」馬融曰:「楨、榦皆築具,楨在前,榦在兩旁。」正義 糗,去九反。楨音貞。

〔一〇〕集解 孔安國曰:「甲戌日當築攻敵壘距堙之屬。」

〔一一〕集解 馬融曰:「大刑,死刑。」

魯公伯禽卒,〔一〕子考公酋立。〔二〕考公四年卒,立弟熙,〔三〕是謂煬公。煬公築茅闕門。〔四〕六年卒,子幽公宰立。〔五〕幽公十四年,幽公弟𣳚殺幽公而自立,是爲魏公。〔六〕魏公

五十年卒,子厲公擢立。〔七〕厲公三十七年卒,魯人立其弟具,是爲獻公。獻公三十二年卒,〔八〕子真公濞立。〔九〕

〔一〕集解 徐廣曰:「皇甫謐云伯禽以成王元年封,四十六年,康王十六年卒。」

〔二〕索隱 系本作「就」,鄒誕本作「遒」。

〔三〕索隱 一作「怡」。考公弟。

〔四〕集解 徐廣曰:「一作『第』,又作『夷』。世本曰『煬公徙魯』。宋忠曰『今魯國』。」

〔五〕索隱 系本名圉。

〔六〕集解 徐廣曰:「世本作『微公』。」索隱 系本「𣳚」作「弗」,音沸。「魏」作「微」。且古書多用魏字作微,則太史公意亦不殊也。

〔七〕索隱 系本作「翟」,音持角反。

〔八〕集解 徐廣曰:「劉歆云五十年。皇甫謐云三十六年。」

〔九〕索隱 真音慎,本亦多作「慎公」。按:衛亦有真侯,可通也。濞,系本作「摯」,或作「鼻」,音匹位反。鄒誕本作「慎公嗥」。

真公十四年,周厲王無道,出奔彘,共和行政。二十九年,周宣王卽位。三十年,真公卒,弟敖立,是爲武公。

武公九年春，武公與長子括，少子戲，〔一〕西朝周宣王。宣王愛戲，欲立戲爲魯太子。周之樊仲山父諫宣王曰：「廢長立少，不順；不順，必犯王命；犯王命，必誅之：故出令不可不順也。令之不行，政之不立；〔二〕行而不順，民將弃上。〔三〕夫下事上，少事長，所以爲順。今天子建諸侯，立其少，是教民逆也。〔四〕若魯從之，諸侯效之，王命將有所壅；〔五〕若弗從而誅之，是自誅王命也。〔六〕誅之亦失，不誅亦失，〔七〕王其圖之。」宣王弗聽，卒立戲爲魯太子。夏，武公歸而卒，〔八〕戲立，是爲懿公。

〔一〕正義 許義反，又音許宜反，後同。
〔二〕集解 韋昭曰：「令不行則政不立。」
〔三〕集解 韋昭曰：「使長事少，故民將弃上。」
〔四〕集解 唐固曰：「言不教之順而教之逆。」
〔五〕集解 韋昭曰：「言先王立長之命將壅塞不行也。」
〔六〕集解 韋昭曰：「先王之命立長，今魯亦立長，若誅之，是自誅王命。」
〔七〕集解 韋昭曰：「誅之，誅王命；不誅，則王命廢。」
〔八〕集解 徐廣曰：「劉歆云立二年。」

懿公九年，懿公兄括之子伯御〔一〕與魯人攻弒懿公，而立伯御爲君。伯御卽位十一年，

周宣王伐魯，殺其君伯御，而問魯公子能道順諸侯者，〔二〕以爲魯後。樊穆仲曰：〔三〕「魯懿公弟稱，〔四〕肅恭明神，敬事耆老；賦事行刑，必問於遺訓而咨於固實；〔五〕不干所問，不犯所（知）〔咨〕。」宣王曰：「然，能訓治其民矣。」乃立稱於夷宮，〔六〕是爲孝公。自是後，諸侯多畔王命。

〔一〕正義 御，我嫁反，下同。
〔二〕集解 徐廣曰：「順，一作『訓』。」 正義 道音導。順音訓。
〔三〕集解 韋昭曰：「穆仲，仲山父之謚也。猶魯叔孫穆子謂之穆叔也。」
〔四〕正義 尺證反。
〔五〕集解 徐廣曰：「固，一作『故』。」韋昭曰：「故實，故事之是者。」
〔六〕集解 韋昭曰：「夷宮者，宣王祖父夷王之廟。古者爵命必於祖廟。」

孝公二十五年，諸侯畔周，犬戎殺幽王。秦始列爲諸侯。

二十七年，孝公卒，子弗湟立，〔一〕是爲惠公。

〔一〕集解 徐廣曰：「表云弗生也。」 索隱 系本作「弗皇」。年表作「弗生」。

惠公三十年，晉人弒其君昭侯。四十五年，晉人又弒其君孝侯。

四十六年，惠公卒，長庶子息〔一〕攝當國，行君事，是爲隱公。初，惠公適夫人無子，〔二〕

公賤妾聲子生子息。息長，爲娶於宋。宋女至而好，惠公奪而自妻之。〔三〕生子允。〔四〕登宋女爲夫人，以允爲太子。及惠公卒，爲允少故，魯人共令息攝政，不言卽位。

〔一〕索隱 隱公也。系本隱公名息姑。
〔二〕正義 適音的。
〔三〕索隱 左傳宋武公生仲子，仲子手中有「爲魯夫人」文，故歸魯，生桓公。今此云惠公奪息婦而自妻。又經傳不言惠公無道，左傳文見分明，不知太史公何據而爲此說。譙周亦深不信然。
〔四〕集解 徐廣曰：「一作『軌』。」 索隱 系本亦作「軌」也。

隱公五年，觀漁於棠。〔一〕八年，與鄭易天子之太山之邑祊及許田，君子譏之。〔二〕

〔一〕集解 賈逵曰：「棠，魯地。陳漁而觀之。」杜預曰：「高平方與縣北有武棠亭，魯侯觀漁臺也。」
〔二〕集解 穀梁傳曰：「祊者，鄭伯之所受命於天子而祭泰山之邑也。許田乃魯之朝宿之邑。天子在上，諸侯不得以地相與。」

十一年冬，公子揮諂謂隱公曰：「百姓便君，君其遂立。吾請爲君殺子允，君以我爲相。」〔一〕隱公曰：「有先君命。吾爲允少，故攝代。今允長矣，吾方營菟裘之地而老焉，〔二〕以授子允政。」揮懼子允聞而反誅之，乃反譖隱公於子允曰：「隱公欲遂立，去子，子其圖之。請爲子殺隱公。」子允許諾。十一月，隱公祭鍾巫，〔三〕齊于社圃，〔四〕館于蔿氏。〔五〕揮使人弒隱公于蔿氏，而立子允爲君，是爲桓公。

〔一〕集解 左傳曰：「羽父請殺桓公，將以求太宰也。」
〔二〕集解 服虔曰：「菟裘，魯邑也。營菟裘以作宮室，欲居之以終老也。」杜預曰：「菟裘在泰山梁父縣南。」
〔三〕集解 賈逵曰：「鍾巫，祭名也。」
〔四〕集解 杜預曰：「社圃，園名。」
〔五〕集解 服虔曰：「館，舍也。蔿氏，魯大夫。」

桓公元年，鄭以璧易天子之許田。〔一〕二年，以宋之賂鼎入於太廟，君子譏之。〔二〕

〔一〕集解 麋信曰：「鄭以祊不足當許田，故復加璧。」
〔二〕集解 穀梁傳曰：「桓公內殺其君，外成人之亂，受賂而退，以事其祖，非禮也。」公羊傳曰：「周公廟曰太廟。」

三年，使揮迎婦于齊爲夫人。六年，夫人生子，與桓公同日，故名曰同。同長，爲太子。

十六年，會于曹，伐鄭，入厲公。

十八年春，公將有行，〔一〕遂與夫人如齊。申繻諫止，〔二〕公不聽，遂如齊。齊襄公通桓公夫人。公怒夫人，夫人以告齊侯。夏四月丙子，齊襄公饗公，〔三〕公醉，使公子彭生抱魯桓公，因命彭生摺其脅，公死于車。魯人告于齊曰：「寡君畏君之威，不敢寧居，來脩好禮。禮成而不反，無所歸咎，請得彭生以除醜於諸侯。」齊人殺彭生以說魯。立太子同，是爲莊公。莊公母夫人因留齊，不敢歸魯。

〔一〕集解 杜預曰：「始議行事也。」
〔二〕集解 賈逵曰：「申繻，魯大夫。」
〔三〕集解 服虔曰：「爲公設享讌之禮。」

莊公五年冬，伐衛，内衛惠公。

八年，齊公子糾來奔。九年，魯欲内子糾於齊，後桓公，桓公發兵擊魯，魯急，殺子糾。召忽死。齊告魯生致管仲。魯人施伯曰：〔一〕「齊欲得管仲，非殺之也，將用之，用之則爲魯患。不如殺，以其屍〔二〕與之。」莊公不聽，遂囚管仲與齊。齊人相管仲。

〔一〕正義 世本云：「施伯，魯惠公孫。」
〔二〕索隱 本亦作「死」字也。

十三年，魯莊公與曹沫會齊桓公於柯，曹沫劫齊桓公，求魯侵地，已盟而釋桓公。桓公欲背約，管仲諫，卒歸魯侵地。十五年，齊桓公始霸。二十三年，莊公如齊觀社。〔一〕

〔一〕集解 韋昭曰：「齊因祀社，蒐軍實以示軍容，公往觀之。」

三十二年，初，莊公築臺臨黨氏，〔一〕見孟女，〔二〕説而愛之，許立爲夫人，割臂以盟。〔三〕孟女生子斑。斑長，説梁氏女，〔四〕往觀。圉人犖自牆外與梁氏女戲。〔五〕斑怒，鞭犖。莊公

聞之，曰：「犖有力焉，遂殺之，是未可鞭而置也。」斑未得殺。會莊公有疾。莊公有三弟，長曰慶父，次曰叔牙，次曰季友。莊公取齊女爲夫人曰哀姜。哀姜無子。哀姜娣〔六〕曰叔姜，生子開。莊公無適嗣，愛孟女，欲立其子斑。莊公病，而問嗣於弟叔牙。叔牙曰：「一繼一及，魯之常也。〔七〕慶父在，可爲嗣，君何憂？」莊公患叔牙欲立慶父，退而問季友。季友曰：「請以死立斑也。」莊公曰：「曩者叔牙欲立慶父，柰何？」季友以莊公命命牙待於鍼巫氏，〔八〕使鍼季劫飲叔牙以鴆，〔九〕曰：「飲此則有後奉祀；不然，死且無後。」牙遂飲鴆而死，魯立其子爲叔孫氏。〔一〇〕八月癸亥，莊公卒，季友竟立子斑爲君，如莊公命。侍喪，舍于黨氏。〔一一〕

〔一〕集解 賈逵曰：「黨氏，魯大夫，任姓。」
〔二〕集解 賈逵曰：「黨氏之女。」 索隱 卽左傳云孟任。黨氏二女。孟，長也；任，字也，非姓耳。
〔三〕集解 服虔曰：「割其臂以與公盟。」
〔四〕集解 杜預曰：「梁氏，魯大夫也。」
〔五〕集解 服虔曰：「圉人，掌養馬者，犖其名也。」 正義 犖，力角反。
〔六〕正義 田戾反。
〔七〕集解 何休曰：「父死子繼，兄死弟及。」
〔八〕集解 杜預曰：「鍼巫氏，魯大夫也。」
〔九〕集解 服虔曰：「鴆鳥，一曰運日鳥。」
〔一〇〕集解 杜預曰：「不以罪誅，故得立後，世繼其禄也。」
〔一一〕正義 未至公宫，止於舅氏。

先時慶父與哀姜私通，欲立哀姜娣子開。及莊公卒而季友立斑，十月己未，慶父使圉人犖殺魯公子斑於黨氏。季友犇陳。〔一〕慶父竟立莊公子開，是爲湣公。〔二〕

〔一〕集解 服虔曰：「季友内知慶父之情，力不能誅，故避其難出奔。」
〔二〕索隱 系本名啓，今此作「開」，避漢景帝諱耳。春秋作「閔公」也。

湣公二年，慶父與哀姜通益甚。哀姜與慶父謀殺湣公而立慶父。慶父使卜齮襲殺湣公於武闈。〔一〕季友聞之，自陳與湣公弟申如邾，請魯求内之。魯人欲誅慶父。慶父恐，奔莒。於是季友奉子申入，立之，是爲釐公。〔二〕釐公亦莊公少子。哀姜恐，奔邾。季友以賂如莒求慶父，慶父歸，使人殺慶父，慶父請奔，弗聽，乃使大夫奚斯行哭而往。慶父聞奚斯音，乃自殺。齊桓公聞哀姜與慶父亂以危魯，乃召之邾而殺之，以其屍歸，戮之魯。魯釐公請而葬之。

〔一〕集解 賈逵曰：「卜齮，魯大夫也。宫中之門謂之闈。」 正義 齮，魚綺反。闈音韋。
〔二〕索隱 湣公弟名申，成季相之，魯國以理，於是魯人爲僖公作魯頌。

季友母陳女，故亡在陳，陳故佐送季友及子申。季友之將生也，父魯桓公使人卜之，

曰：「男也，其名曰『友』，閒于兩社，爲公室輔。〔一〕季友亡，則魯不昌。」及生，有文在掌曰「友」，遂以名之，號爲成季。其後爲季氏，慶父後爲孟氏也。

〔一〕集解 賈逵曰：「兩社，周社、亳社也。兩社之閒，朝廷執政之臣所在。」

釐公元年，以汶陽鄪封季友。〔一〕季友爲相。

〔一〕集解 賈逵曰：「汶陽，鄪，魯二邑。」杜預曰：「汶陽，汶水北地也。汶水出泰山萊蕪縣。」 索隱 「鄪」或作「費」，同音祕。按：費在汶水之北，則「汶陽」非邑。賈言二邑，非也。地理志東海費縣，班固云「魯季氏邑」。蓋尚書費誓卽其地。

九年，晉里克殺其君奚齊、卓子。〔一〕齊桓公率釐公討晉亂，至高梁〔二〕而還，立晉惠公。十七年，齊桓公卒。二十四年，晉文公卽位。

〔一〕集解 徐廣曰：「卓，一作『悼』。」
〔二〕索隱 晉地，在平陽縣西北。

三十三年，釐公卒，子興立，是爲文公。

文公元年，楚太子商臣弑其父成王，代立。三年，文公朝晉襄公。

十一年十月甲午，魯敗翟于鹹，〔一〕獲長翟喬如，富父終甥舂其喉，以戈殺之，〔二〕埋其首於子駒之門，〔三〕以命宣伯。〔四〕

〔一〕集解服虔曰：「魯地也。」

〔二〕集解服虔曰：「富父終甥，魯大夫也。舂猶衝。」

〔三〕集解賈逵曰：「子駒，魯郭門名。」

〔四〕集解服虔曰：「宣伯，叔孫得臣子喬如也。得臣獲喬如以名其子，使後世旌識其功。」

初，宋武公之世，鄋瞞伐宋，〔一〕司徒皇父帥師禦之，以敗翟于長丘，〔二〕獲長翟緣斯。〔三〕晉之滅路，〔四〕獲喬如弟棼如。齊惠公二年，鄋瞞伐齊，齊王子城父獲其弟榮如，埋其首於北門。〔五〕衞人獲其季弟簡如。〔六〕鄋瞞由是遂亡。〔七〕

〔一〕集解服虔曰：「武公，周平王時，在春秋前二十五年。鄋瞞，長翟國名。」正義鄋作「廋」音，所劉反。瞞，莫寒反。

〔二〕集解杜預曰：「宋地名。」

〔三〕集解賈逵曰：「喬如之祖。」

〔四〕集解在魯宣公十五年。

〔五〕集解按年表，齊惠公二年，魯宣公之二年。

〔六〕集解服虔曰：「獲與喬如同時。」

〔七〕集解杜預曰：「長翟之種絕。」

十五年，季文子使於晉。

十八年二月，文公卒。文公有二妃：長妃齊女爲哀姜，〔一〕生子惡及視；次妃敬嬴，嬖愛，生子俀。〔二〕俀私事襄仲，〔三〕襄仲欲立之，叔仲曰不可。〔四〕襄仲請齊惠公，惠公新立，欲親魯，許之。冬十月，襄仲殺子惡及視而立俀，是爲宣公。哀姜歸齊，哭而過市，曰：「天乎！襄仲爲不道，殺適〔五〕立庶！」市人皆哭，魯人謂之「哀姜」。魯由此公室卑，三桓彊。〔六〕

〔一〕索隱此「哀」非謚，蓋以哭而過市，國人哀之，謂之「哀姜」，故生稱「哀」，與上桓夫人別也。

〔二〕集解徐廣曰：「一作『倭』。」索隱倭音人唯反，一作「俀」，音同。

〔三〕集解服虔曰：「襄仲，公子遂。」

〔四〕集解服虔曰：「叔仲惠伯。」

〔五〕正義音的。

〔六〕集解服虔曰：「三桓，魯桓公之族仲孫、叔孫、季孫。」

宣公俀十二年，楚莊王彊，圍鄭。鄭伯降，復國之。

十八年，宣公卒，子成公黑肱立，〔一〕是爲成公。季文子曰：「使我殺適立庶失大援者，襄仲。」〔二〕襄仲立宣公，公孫歸父有寵。〔三〕宣公欲去三桓，與晉謀伐三桓。會宣公卒，季文子怨之，歸父奔齊。

〔一〕集解徐廣曰：「肱，一作『股』。」

〔二〕集解服虔曰：「援，助也。仲殺適立庶，國政無常，鄰國非之，是失大援助也。」杜預曰：「襄仲立宣公，南通於楚既不固，又不能堅事齊、晉，故云失大援。」

〔三〕集解服虔曰：「歸父，襄仲之子。」

成公二年春，齊伐取我隆。〔一〕夏，公與晉郤克敗齊頃公於鞌，齊復歸我侵地。四年，成公如晉，晉景公不敬魯。魯欲背晉合於楚，或諫，乃不。十年，成公如晉。晉景公卒，因留成公送葬，魯諱之。〔二〕十五年，始與吳王壽夢會鍾離。〔三〕

〔一〕集解左傳作「龍」。杜預曰：「魯邑，在泰山博縣西南。」

〔二〕索隱經不書其葬，唯言「公如晉」，是諱之。

〔三〕正義括地志云：「鍾離國故城在濠州鍾離縣東五里。」

十六年，宣伯告晉，欲誅季文子。〔一〕文子有義，晉人弗許。

十八年，成公卒，子午立，是爲襄公。是時襄公三歲也。

〔一〕集解服虔曰：「宣伯，叔孫喬如。」

襄公元年，晉立悼公。往年冬，晉欒書弒其君厲公。四年，襄公朝晉。

五年，季文子卒。家無衣帛之妾，廄無食粟之馬，府無金玉，以相三君。〔一〕君子曰：「季文子廉忠矣。」

〔一〕索隱宣公，成公，襄公。

九年，與晉伐鄭。晉悼公冠襄公於衞，〔一〕季武子從，相行禮。

〔一〕集解左傳曰：「冠于成公之廟，假鍾磬焉，禮也。」

十一年，三桓氏分爲三軍。〔一〕

〔一〕集解韋昭曰：「周禮，天子六軍，諸侯大國三軍。魯，伯禽之封，舊有三軍，其後削弱，二軍而已。季武子欲專公室，故益中軍，以爲三軍，三家各征其一。」索隱征謂起徒役也。武子爲三軍，故一卿主一軍之征賦也。

十二年，朝晉。十六年，晉平公卽位。二十一年，朝晉平公。

二十二年，孔丘生。〔一〕

〔一〕正義生在周靈王二十一年，魯襄二十二年，晉平七年，吳諸樊十年。

二十五年，齊崔杼弒其君莊公，立其弟景公。

二十九年，吳延陵季子使魯，問周樂，盡知其意，魯人敬焉。

三十一年六月，襄公卒。其九月，太子卒。〔一〕魯人立齊歸之子裯爲君，〔二〕是爲昭公。

〔一〕集解左傳曰：「毁也。」索隱左傳云胡女敬歸之子子野立，三月卒。

〔三〕集解徐廣曰：「裯，一作『袑』。」服虔曰：「胡，歸姓之國也。齊，謚也。」索隱系本作「稠」。又徐廣云一作「袑」，音紹也。

昭公年十九，猶有童心。〔一〕穆叔不欲立，〔二〕曰：「太子死，有母弟可立，不卽立長。〔三〕年鈞擇賢，義鈞則卜之。〔四〕今裯非適嗣，且又居喪意不在戚而有喜色，若果立，必爲季氏憂。」季武子弗聽，卒立之。比及葬，三易衰。〔五〕君子曰：「是不終也。」

〔一〕集解服虔曰：「言無成人之志，而有童子之心。」

〔二〕索隱魯大夫叔孫豹也，宣伯喬如之弟。

〔三〕集解服虔曰：「無母弟，則立庶子之長。」

〔四〕集解杜預曰：「先人事，後卜筮。義鈞謂賢等。」

〔五〕集解杜預曰：「言其嬉戲無度。」

昭公三年，朝晉至河，晉平公謝還之，魯恥焉。四年，楚靈王會諸侯於申，昭公稱病不往。七年，季武子卒。八年，楚靈王就章華臺，召昭公。昭公往賀，〔一〕賜昭公寶器；已而悔，復詐取之。〔二〕十二年，朝晉至河，晉平公謝還之。十三年，楚公子弃疾弒其君靈王，代立。十五年，朝晉，晉留之葬晉昭公，魯恥之。二十年，齊景公與晏子狩竟，因入魯問禮。〔三〕二十一年，朝晉至河，晉謝還之。

〔一〕集解春秋云：「七年三月，公如楚。」

〔二〕集解左傳曰：「好以大屈。」服虔曰：「大屈，寶金，可以爲劍。一曰大屈，弓名。魯連書曰『楚子享魯侯于章華，與之大曲之弓，既而悔之』。大屈，殆所謂大曲之弓。」

〔三〕索隱齊系家亦然。左傳無其事。

二十五年春，鸜鵒來巢。〔一〕師己曰：「文成之世童謠曰〔二〕『鸜鵒來巢，公在乾侯。鸜鵒入處，公在外野』。」

〔一〕集解周禮曰：「鸜鵒不踰濟。」公羊傳曰：「非中國之禽也，宜穴而巢。」穀梁傳曰：「來者，來中國也。」

〔二〕集解賈逵曰：「師己，魯大夫也。文成，魯文公、成公。」

季氏與郈氏〔一〕鬬雞，〔二〕季氏芥雞羽，〔三〕郈氏金距。〔四〕季平子怒而侵郈氏，〔五〕郈昭伯亦怒平子。〔六〕臧昭伯之弟會〔七〕僞讒臧氏，匿季氏，臧昭伯囚季氏人。季平子怒，囚臧氏老。〔八〕臧、郈氏以難告昭公。昭公九月戊戌伐季氏，遂入。平子登臺請曰：「君以讒不察臣罪，誅之，請遷沂上。」弗許。〔九〕請囚於鄪，弗許。〔一〇〕請以五乘亡，弗許。〔一一〕子家駒〔一二〕曰：「君其許之。政自季氏久矣，爲徒者衆，衆將合謀。」弗聽。郈氏曰：「必殺之。」叔孫氏之臣戾〔一三〕謂其衆曰：「無季氏與有，孰利？」皆曰：「無季氏是無叔孫氏。」戾曰：「然，救季氏！」遂敗公師。孟懿子〔一四〕聞叔孫氏勝，亦殺郈昭伯。郈昭伯爲公使，故孟氏得之。三家共伐公，公遂奔。己亥，公至于齊。齊景公曰：「請致千社待君。」子家曰：「弃周公之業而臣於齊，可乎？」乃止。子家曰：「齊景公無信，不如早之晉。」弗從。叔孫見公還，見平子，平子頓首。初欲迎昭公，孟孫、季孫後悔，乃止。

〔一〕集解徐廣曰：「郈，一本作『厚』。世本亦然。」

〔二〕集解杜預曰：「季平子、郈昭伯二家相近，故鬬雞。」

〔三〕集解服虔曰：「擣芥子播其雞羽，可以坌郈氏雞目。」杜預曰：「或云以膠沙播之爲介雞。」

〔四〕集解服虔曰：「以金鍇距。」

〔五〕集解服虔曰：「怒其不下己也，侵郈氏之宮地以自益。」

〔六〕索隱按系本，昭伯名惡，魯孝公之後，稱厚氏也。

〔七〕集解賈逵曰：「昭伯，臧孫賜也。」索隱系本臧會，臧頃伯也，宣叔許之孫，與昭伯賜爲從父昆弟也。

〔八〕集解服虔曰：「老，臧氏家之大臣。」

〔九〕集解杜預曰：「魯城南自有沂水，平子欲出城待罪也。大沂水出蓋縣，南入泗水。」

〔一〇〕集解服虔曰：「鄪，季氏邑。」

〔一一〕集解服虔曰：「言五乘，自省約以出。」

〔一二〕索隱魯大夫仲孫氏之族，名駒，謚懿伯也。

〔一三〕集解左傳曰鬷戾。

〔一四〕集解賈逵曰：「懿子，仲孫何忌。」

二十六年春，齊伐魯，取鄆〔一〕而居昭公焉。夏，齊景公將內公，令無受魯賂。申豐、汝賈〔二〕許齊臣高齕、子將〔三〕粟五千庾。〔四〕子將言於齊侯曰：「羣臣不能事魯君，有異焉。〔五〕宋元公爲魯如晉，求內之，道卒。〔六〕叔孫昭子〔七〕求內其君，無病而死。不知天弃魯乎？抑魯君有罪于鬼神也？願君且待。」齊景公從之。

〔一〕集解賈逵曰：「魯邑。」

〔二〕集解賈逵曰：「申豐、汝賈，魯大夫。」

〔三〕索隱一本「子將」上有「貨」字。子將卽梁丘據也。齕音紇，子將家臣也。左傳「子將」作「子猶」。

〔四〕集解賈逵曰：「十六斗爲庾。五千庾，八萬斗。」

〔五〕集解服虔曰：「異猶怪也。」

〔六〕集解春秋曰：「宋公佐卒于曲棘。」

〔七〕索隱名婼，卽穆叔子。

二十八年，昭公如晉，求入。季平子私於晉六卿，六卿受季氏賂，諫晉君，晉君乃止，居昭公乾侯。〔一〕二十九年，昭公如鄆。齊景公使人賜昭公書，自謂「主君」。〔二〕昭公恥之，怒而去乾侯。三十一年，晉欲內昭公，召季平子。平子布衣跣行，〔三〕因六卿謝罪。六卿爲言曰：「晉欲內昭公，衆不從。」晉人止。三十二年，昭公卒於乾侯。魯人共立昭公弟宋爲

君，是爲定公。

〔一〕集解杜預曰：「乾侯在魏郡斥丘縣，晉竟內邑。」
〔二〕集解服虔曰：「大夫稱『主』。比公於大夫，故稱『主君』。」
〔三〕集解王肅曰：「示褒戚。」

定公立，趙簡子問史墨〔一〕曰：「季氏亡乎？」史墨對曰：「不亡。季友有大功於魯，受鄪爲上卿，至于文子、武子，世增其業。魯文公卒，東門遂〔二〕殺適立庶，魯君於是失國政。政在季氏，於今四君矣。民不知君，何以得國！是以爲君愼器與名，不可以假人。」〔三〕

〔一〕集解服虔曰：「史墨，晉史蔡墨。」
〔二〕集解服虔曰：「東門遂，襄仲也。居東門，故稱東門遂。」索隱系本作「述」，鄒誕本作「秫」。又系本遂産子家歸父及昭子子嬰也。
〔三〕集解杜預曰：「器，車服；名，爵號。」

定公五年，季平子卒。陽虎私怒，囚季桓子，與盟，乃捨之。七年，齊伐我，取鄆，以爲魯陽虎邑以從政。八年，陽虎欲盡殺三桓適，而更立其所善庶子以代之；載季桓子將殺之，桓子詐而得脫。三桓共攻陽虎，陽虎居陽關。〔一〕九年，魯伐陽虎，陽虎奔齊，已而奔晉

趙氏。〔二〕

〔一〕集解服虔曰：「陽關，魯邑。」
〔二〕正義左傳云仲尼曰：「趙氏其世有亂乎？」杜預云：「受亂人故。」

十年，定公與齊景公會於夾谷，孔子行相事。齊欲襲魯君，孔子以禮歷階，誅齊淫樂，齊侯懼，乃止，歸魯侵地而謝過。十二年，使仲由毀三桓城，〔一〕收其甲兵。孟氏不肯墮城，〔二〕伐之，不克而止。季桓子受齊女樂，孔子去。〔三〕

〔一〕集解服虔曰：「仲由，子路。」
〔二〕集解杜預曰：「墮，毀。」
〔三〕集解孔安國曰：「桓子使定公受齊女樂，君臣相與觀之，廢朝禮三日。」

十五年，定公卒，子將立，是爲哀公。〔一〕

〔一〕索隱系本「將」作「蔣」也。

哀公五年，齊景公卒。六年，齊田乞弒其君孺子。

七年，吳王夫差彊，伐齊，至繒，徵百牢於魯。季康子使子貢說吳王及太宰嚭，以禮詘之。吳王曰：「我文身，不足責禮。」乃止。

八年，吳爲鄒伐魯，至城下，盟而去。齊伐我，取三邑。十年，伐齊南邊。十一年，齊伐魯。季氏用冄有有功，思孔子，孔子自衞歸魯。

十四年，齊田常弒其君簡公於徐州。孔子請伐之，哀公不聽。十五年，使子服景伯、子貢爲介，適齊，齊歸我侵地。田常初相，欲親諸侯。

十六年，孔子卒。

二十二年，越王句踐滅吳王夫差。

二十七年春，季康子卒。夏，哀公患三桓，將欲因諸侯以劫之，三桓亦患公作難，故君臣多閒。〔一〕公游于陵阪，〔二〕遇孟武伯於街，〔三〕曰：「請問余及死乎？」〔四〕對曰：「不知也。」公欲以越伐三桓。八月，哀公如陘氏。〔五〕三桓攻公，公奔于衞，去如鄒，遂如越。國人迎哀公復歸，卒于有山氏。〔六〕子寧立，是爲悼公。

〔一〕集解賈逵曰：「閒，隙也。」
〔二〕集解服虔曰：「陵阪，地名。」
〔三〕索隱有本作「衞」者，非也。左傳「於孟氏之衢」。
〔四〕集解杜預曰：「問己可得以壽死不？」
〔五〕集解杜預曰：「陘氏卽有山氏。」

〔六〕集解徐廣曰：「皇甫謐云哀公元甲辰，終庚午。」

悼公之時，三桓勝，魯如小侯，卑於三桓之家。

十三年，三晉滅智伯，分其地有之。

三十七年，悼公卒，〔一〕子嘉立，是爲元公。元公二十一年卒，〔二〕子顯立，是爲穆公。〔三〕穆公三十三年卒，〔四〕子奮立，是爲共公。共公二十二年卒，〔五〕子屯立，是爲康公。〔六〕康公九年卒，〔七〕子匽立，是爲景公。〔八〕景公二十九年卒，〔九〕子叔立，是爲平公。〔一〇〕是時六國皆稱王。

〔一〕集解徐廣曰：「一本云悼公卽位三十年，乃於秦惠王卒，楚懷王死年合。又自悼公以下盡與劉歆曆譜合，而反違年表，未詳何故。皇甫謐云悼公四十年，元辛未，終庚戌。」
〔二〕集解徐廣曰：「皇甫謐云元辛亥，終辛未。」
〔三〕索隱系本「顯」作「不衍」。
〔四〕集解徐廣曰：「皇甫謐云元壬申，終甲辰。」
〔五〕集解徐廣曰：「皇甫謐云元乙巳，終丙寅。」
〔六〕索隱屯音竹倫反。
〔七〕集解徐廣曰：「皇甫謐云元丁卯，終乙亥。」

〔八〕索隱 匽音偃。
〔九〕集解 徐廣曰：「皇甫謐云元丙子，終甲辰。」
〔一〇〕索隱 系本「叔」作「旅」。

平公十二年，秦惠王卒。二十〔二〕年，平公卒，〔一〕子賈立，是爲文公。〔二〕文公〔七〕〔元〕年，楚懷王死于秦。二十三年，文公卒，〔三〕子讎立，是爲頃公。

〔一〕集解 徐廣曰：「皇甫謐云元乙巳，終甲子。」
〔二〕索隱 系本作「湣公」。鄒誕本亦同，仍云「系家或作『文公』」。
〔三〕集解 徐廣曰：「皇甫謐云元乙丑，終丁亥。」

頃公二年，秦拔楚之郢，〔一〕楚頃王東徙于陳。十九年，楚伐我，取徐州。〔二〕二十四年，楚考烈王伐滅魯。頃公亡，遷於下邑，〔三〕爲家人，魯絕祀。頃公卒于柯。〔四〕

〔一〕集解 徐廣曰：「年表云文公十八年，秦拔郢，楚走陳。」
〔二〕集解 徐廣曰：「徐州在魯東，今薛縣。」索隱 按：說文「郐，邾之下邑，在魯東」。又郡國志曰「魯國薛縣，六國時曰徐州」。又紀年云「梁惠王三十一年，下邳遷于薛，故名曰徐州」。則「徐」與「郐」並音舒也。
〔三〕集解 徐廣曰：「下，一作『卞』。」索隱 下邑謂國外之小邑。或有本作「卞邑」，然魯有卞邑，所以惑也。
〔四〕集解 徐廣曰：「皇甫謐云元戊子，終辛亥。」索隱 按：春秋「齊伐魯柯而盟」，杜預云「柯，齊邑，今濟北東阿也」。

魯起周公至頃公，凡三十四世。

太史公曰：余聞孔子稱曰「甚矣魯道之衰也！洙泗之閒齗齗如也」。〔一〕觀慶父及叔牙閔公之際，何其亂也？隱桓之事；襄仲殺適立庶；三家北面爲臣，親攻昭公，昭公以奔。至其揖讓之禮則從矣，而行事何其戾也？

〔一〕集解 徐廣曰：「漢書地理志云『魯濱洙泗之閒，其民涉渡，幼者扶老者而代其任。俗既薄，長者不自安，與幼者相讓，故曰齗齗如也』。齗，魚斤反，東州語也。蓋幼者患苦長者，長者忿愧自守，故齗齗爭辭，所以爲道衰也。」索隱 齗音魚斤反，讀如論語「誾誾如也」。言魯道雖微，而洙泗之閒尚誾誾如也。鄒誕生亦音銀。又作「斷斷」，如尚書讀，則斷斷是專一之義。徐廣又引地理志音五艱反，云齗齗是鬬爭之貌。故繁欽遂行賦云「涉洙泗而飲馬兮，恥少長之齗齗」是也。今按：下文云「至于揖讓之禮則從矣」，魯尚有揖讓之風，如論語音誾爲得之也。

【索隱述贊】武王既沒，成王幼孤。周公攝政，負扆據圖。及還臣列，北面匔如。元子封魯，少昊之墟。夾輔王室，系職不渝。降及孝公，穆仲致辭。隱能讓國，春秋之初。丘明執簡，褒貶備書。

史記卷三十四

燕召公世家第四

召公奭與周同姓，姓姬氏。〔一〕周武王之滅紂，封召公於北燕。〔二〕

〔一〕集解 譙周曰：「周之支族，食邑於召，謂之召公。」索隱 召者，畿内菜地。奭始食於召，故曰召公。或說者以爲文王受命，取岐周故墟周、召地分爵二公，故詩有周召二南，言皆在岐山之陽，故言南也。後武王封之北燕，在今幽州薊縣故城是也。亦以元子就封，而次子留周室代爲召公。至宣王時，召穆公虎其後也。
〔二〕集解 世本曰：「居北燕。」宋忠曰：「有南燕，故云北燕。」

其在成王時，召公爲三公：自陝以西，召公主之；自陝以東，周公主之。〔一〕成王既幼，周公攝政，當國踐祚，召公疑之，作君奭。〔二〕君奭不說周公。〔三〕周公乃稱「湯時有伊尹，假于皇天；〔四〕在太戊時，則有若伊陟、臣扈，假于上帝，巫咸治王家；〔五〕在祖乙時，則有若巫賢；〔六〕在武丁時，則有若甘般：〔七〕率維兹有陳，保乂有殷」。〔八〕於是召公乃說。

〔一〕集解 何休曰：「陝者，蓋今弘農陝縣是也。」

〔二〕集解 孔安國曰：「尊之曰君，陳古以告之，故以名篇。」
〔三〕集解 馬融曰：「召公以周公既攝政致太平，功配文、武，不宜復列在臣位，故不說，以爲周公苟貪寵也。」
〔四〕集解 孔安國曰：「伊摯佐湯，功至大天，謂致太平也。」鄭玄曰：「皇天，北極天帝也。」
〔五〕集解 孔安國曰：「伊陟、臣扈率伊尹之職，使其君不隕祖業，故至天之功不隕。巫咸治王家，言其不及二臣。」馬融曰：「道至于上帝，謂奉天時也。」鄭玄曰：「上帝，太微中其所統也。」
〔六〕集解 孔安國曰：「時賢臣有如此巫賢也。賢，咸子；巫，氏也。」
〔七〕集解 孔安國曰：「高宗即位，甘般佐之。後有傅說。」
〔八〕集解 徐廣曰：「一無此九字。」駰案：王肅曰「循此數臣，有陳列之功，安治有殷也」。

召公之治西方，甚得兆民和。召公巡行鄉邑，有棠樹，〔一〕決獄政事其下，自侯伯至庶人各得其所，無失職者。召公卒，而民人思召公之政，懷棠樹不敢伐，哥詠之，作甘棠之詩。

〔一〕正義 今之棠梨樹也。括地志云：「召伯廟在洛州壽安縣西北五里。召伯聽訟甘棠之下，周人思之，不伐其樹，後人懷其德，因立廟，有棠在九曲城東阜上。」

自召公已下九世至惠侯。〔一〕燕惠侯當周厲王奔彘，共和之時。

〔一〕索隱 並國史先失也。又自惠侯已下皆無名，亦不言屬，惟昭王父子有名，蓋在戰國時旁見他說耳。燕四十二代有二惠侯，二釐侯，二宣侯，三桓侯，二文侯，蓋國史微失本謚，故重耳。

惠侯卒，子釐侯立。〔一〕是歲，周宣王初即位。釐侯二十一年，鄭桓公初封於鄭。三十六年，釐侯卒，子頃侯立。

〔一〕正義 釐音僖。

頃侯二十年，周幽王淫亂，爲犬戎所弒。秦始列爲諸侯。

二十四年，頃侯卒，子哀侯立。哀侯二年卒，子鄭侯立。〔一〕鄭侯三十六年卒，子繆侯立。

〔一〕索隱 按：謚法無鄭，鄭或是名。

繆侯七年，而魯隱公元年也。十八年卒，子宣侯立。〔一〕宣侯十三年卒，子桓侯立。〔二〕桓侯七年卒，〔三〕子莊公立。

〔一〕索隱 譙周曰：「系本謂燕自宣侯已上皆父子相傳無及，故系家桓侯已下並不言屬，以其難明故也。」按：今系本無燕代系，宋忠依太史公書以補其闕，尋徐廣作音尚引系本，蓋近代始散佚耳。

〔二〕集解 徐廣曰：「古史考曰世家自宣侯已下不説其屬，以其難明故也。」

〔三〕集解 世本曰：「桓侯徙臨易。」宋忠曰：「今河閒易縣是也。」

莊公十二年，齊桓公始霸。十六年，與宋、衞共伐周惠王，惠王出奔溫，立惠王弟穨爲

周王。〔一〕十七年，鄭執燕仲父而內惠王于周。二十七年，山戎來侵我，齊桓公救燕，遂北伐山戎而還。燕君送齊桓公出境，桓公因割燕所至地予燕，〔二〕使燕共貢天子，如成周時職；使燕復修召公之法。三十三年卒，子襄公立。

〔一〕集解 譙周曰：「按春秋傳，燕與子穨逐周惠王者，乃南燕姞姓也。世家以爲北燕，失之。」索隱 譙周云據左氏燕與衞伐周惠王乃是南燕姞姓，而系家以爲北燕伯，故著史考云「此燕是姞姓」。今檢左氏莊十九年「衞師、燕師伐周」，二十年傳云「執燕仲父」，三十年「齊伐山戎」，傳曰「謀山戎，以其病燕故也」。據傳文及此記，元是北燕不疑。杜君妄説仲父是南燕伯，爲伐周故。且燕、衞俱是姬姓，故有伐周納王之事；若是姞燕與衞伐周，則鄭何以獨伐燕而不伐衞乎？

〔二〕正義 予音與。括地志云：「燕留故城在滄州長蘆縣東北十七里，即齊桓公分溝割燕君所至地與燕，因築此城，故名燕留。」

襄公二十六年，晉文公爲踐土之會，稱伯。三十一年，秦師敗于殽。三十七年，秦穆公卒。四十年，襄公卒，桓公立。

桓公十六年卒，〔一〕宣公立。宣公十五年卒，昭公立。昭公十三年卒，武公立。是歲晉滅三郤大夫。

〔一〕索隱 譙周云系家襄伯生宣伯，無桓公。今檢史記，並有「桓公立十六年」，又宋忠據此史補系家亦有桓公，是允南所見本異，則是燕有二桓公也。

武公十九年卒，文公立。文公六年卒，懿公立。懿公元年，齊崔杼弒其君莊公。四年卒，子惠公立。

惠公元年，齊高止來奔。六年，惠公多寵姬，公欲去諸大夫而立寵姬宋，大夫共誅姬宋，〔一〕惠公懼，奔齊。四年，齊高偃如晉，請共伐燕，入其君。晉平公許，與齊伐燕，入惠公。惠公至燕而死。〔二〕燕立悼公。

〔一〕索隱 宋，其名也，或作「宗」。劉氏云「其父兄爲執政，故諸大夫共滅之」。

〔二〕索隱 春秋昭三年「北燕伯款奔齊」，至六年，又云「齊伐北燕」，一與此文合。左傳無納款之文，而云「將納簡公，晏子曰『燕君不入矣』，齊遂受賂而還」。事與此乖，而又以款爲簡公。簡公去惠公已五代，則與春秋經傳不相協，未可强言也。

悼公七年卒，共公立。共公五年卒，平公立。晉公室卑，六卿始彊大。平公十八年，吳王闔閭破楚入郢。十七年卒，簡公立。簡公十二年卒，獻公立。〔一〕晉趙鞅圍范、中行於朝歌。獻公十二年，齊田常弒其君簡公。十四年，孔子卒。二十八年，獻公卒，孝公立。

〔一〕索隱 王劭按紀年，簡公後次孝公無獻公。然紀年之書多是僞謬，聊記異耳。

孝公十二年，韓、魏、趙滅知伯，分其地，〔一〕三晉彊。

〔一〕索隱 按紀年，智伯滅在成公二年也。

十五年，孝公卒，成公立。成公十六年卒，〔一〕湣公立。湣公三十一年卒，釐公立。〔二〕是歲，三晉列爲諸侯。〔三〕

〔一〕索隱 按紀年，成公名載。

〔二〕索隱 年表作「釐侯莊」。徐廣云一無「莊」字。按：燕失年紀及其君名，表言「莊」者，衍字也。

〔三〕索隱 按紀年作「文公二十四年卒，簡公立，十三年而三晉命邑爲諸侯」，與此不同。

釐公三十年，伐敗齊于林營。〔一〕釐公卒，〔二〕桓公立。桓公十一年卒，文公立。〔三〕是歲，秦獻公卒。秦益彊。

〔一〕索隱 林營，地名。一云林，地名，於林地立營，故曰林營也。

〔二〕索隱 紀年作「簡公四十五年卒」，妄也。

〔三〕索隱 系本已上文公爲閔公，則「湣」與「閔」同，而上懿公之父謚文公。按：上簡公生獻公，則此當是釐，但紀年又誤耳。

文公十九年，齊威王卒。二十八年，蘇秦始來見，説文公。文公予車馬金帛以至趙，趙肅侯用之。因約六國，爲從長。〔一〕秦惠王以其女爲燕太子婦。

〔一〕正義 從，足從反。長，丁丈反。

二十九年，文公卒，太子立，是爲易王。

易王初立，齊宣王因燕喪伐我，取十城；蘇秦説齊，使復歸燕十城。十年，燕君爲

王。[一]蘇秦與燕文公夫人私通，懼誅，乃說王使齊爲反閒，欲以亂齊。[二]易王立十二年卒，子燕噲立。

[一]索隱 君卽易王也。言君初以十年卽稱王也。上言易王者，易，謚也，後追書謚耳。

[二]集解 孫子兵法曰：「反閒者，因敵閒而用之者也。凡軍之所欲擊，城之所欲攻，人之所欲殺，必先知其守將、左右謁者、門者、舍人之姓名，令吾閒必索敵閒之來閒我者，因而利導舍之，故反閒可得用也。」正義 使音所吏反。閒音紀莧反。

燕噲既立，齊人殺蘇秦。蘇秦之在燕，與其相子之爲婚，而蘇代與子之交。及蘇秦死，而齊宣王復用蘇代。燕噲三年，與楚、三晉攻秦，不勝而還。子之相燕，貴重，主斷。蘇代爲齊使於燕，[一]燕王問曰：「齊王奚如？」對曰：「必不霸。」燕王曰：「何也？」對曰：「不信其臣。」蘇代欲以激燕王以尊子之也。於是燕王大信子之。子之因遺蘇代百金，[二]而聽其所使。

[一]索隱 按：戰國策曰「子之用蘇代侍質子於齊，齊使代報燕」是也。

[二]正義 瓚云：「秦以一溢爲一金。」孟康云：「二十四兩曰溢。」

鹿毛壽[一]謂燕王：「不如以國讓相子之。人之謂堯賢者，以其讓天下於許由，許由不

受，有讓天下之名而實不失天下。今王以國讓於子之，子之必不敢受，是王與堯同行也。」燕王因屬國於子之，子之大重。[二]或曰：「禹薦益，已[三]而以啓人爲吏。[四]及老，而以啓人爲不足任乎天下，傳之於益。已而啓與交黨攻益，奪之。天下謂禹名傳天下於益，已而實令啓自取之。今王言屬國於子之，而吏無非太子人者，[五]是名屬子之而實太子用事也。」王因收印自三百石吏已上而效之子之。[六]子之南面行王事，而噲老不聽政，顧爲臣，[七]國事皆決於子之。

[一]集解 徐廣曰：「一作『厝毛』。」又曰：「甘陵縣本名厝。」索隱 春秋後語亦作「厝毛壽」，又韓子作「潘壽」。

[二]索隱 大重謂尊貴也。

[三]索隱 按：以「已」配「益」，則「益已」是伯益，而經傳無其文，未知所由。或曰已，語終辭。

[四]索隱 人猶臣也。謂以啓臣爲益吏。

[五]索隱 此「人」亦訓臣也。

[六]索隱 鄭玄云：「效，呈也。」以印呈與子之。

[七]索隱 顧猶反也。言噲反爲子之臣也。有本作「願」者，非。

三年，國大亂，百姓恫恐。[一]將軍市被[二]與太子平謀，將攻子之。諸將謂齊湣王曰：「因而赴之，破燕必矣。」齊王因令人謂燕太子平曰：「寡人聞太子之義，將廢私而立公，飭君臣之義，[三]明父子之位。寡人之國小，不足以爲先後。[四]雖然，則唯太子所以令之。」太子因要黨聚衆，將軍市被圍公宮，攻子之，不克。將軍市被及百姓反攻太子平，將軍市被死，以徇。因搆難數月，死者數萬，衆人恫恐，百姓離志。孟軻謂齊王曰：「今伐燕，此文、武之時，不可失也。」[五]王因令章子[六]將五都之兵，[七]以因北地之衆以伐燕。[八]士卒不戰，城門不閉，燕君噲死，齊大勝。燕子之亡[九]二年，而燕人共立太子平，是爲燕昭王。[一〇]

[一]索隱 恫音通，痛也。恐，懼也。

[二]正義 人姓名。

[三]正義 飭音敕。

[四]正義 先後並去聲。

[五]索隱 謂如武王成文王之業伐紂之時，然此語與孟子不同也。

[六]集解 章子，齊人，見孟子。索隱 按：孟子云「章子，齊人」。

[七]索隱 五都卽齊也。按：臨淄是五都之一也。

[八]索隱 北地卽齊之北邊也。

[九]集解 徐廣曰：「年表云君噲及太子相子之皆死。」駰案：汲冢紀年曰「齊人禽子之而醢其身也」。

[一〇]集解 徐廣曰：「噲立七年而死，其九年燕人共立太子平。」索隱 按：上文太子平謀攻子之，而年表又云君噲及太子相子之皆死，紀年又云子之殺公子平，今此文云「立太子平，是爲燕昭王」，則年表、紀年爲謬也。而趙系

家云武靈王聞燕亂，召公子職於韓，立以爲燕王，使樂池送之，裴駰亦以此系家無趙送公子職之事，當是遙立職而送之，事竟不就，則昭王名平，非職明矣。進退參詳，是年表既誤，而紀年因之而妄說耳。

燕昭王於破燕之後卽位，卑身厚幣以招賢者。謂郭隗曰：「齊因孤之國亂而襲破燕，孤極知燕小力少，不足以報。然誠得賢士以共國，以雪先王之恥，孤之願也。先生視可者，得身事之。」郭隗曰：「王必欲致士，先從隗始。況賢於隗者，豈遠千里哉！」於是昭王爲隗改築宮而師事之。樂毅自魏往，鄒衍自齊往，劇辛自趙往，士爭趨燕。燕王弔死問孤，與百姓同甘苦。

二十八年，燕國殷富，士卒樂軼輕戰，於是遂以樂毅爲上將軍，與秦、楚、三晉合謀以伐齊。齊兵敗，湣王出亡於外。燕兵獨追北，入至臨淄，盡取齊寶，燒其宮室宗廟。齊城之不下者，獨唯聊、莒、卽墨，[一]其餘皆屬燕，六歲。

[一]索隱 按：餘篇及戰國策並無「聊」字。

昭王三十三年卒，子惠王立。

惠王爲太子時，與樂毅有隙；及卽位，疑毅，使騎劫代將。樂毅亡走趙。齊田單以卽墨擊敗燕軍，騎劫死，燕兵引歸，齊悉復得其故城。湣王死于莒，乃立其子爲襄王。

惠王七年卒。[一]韓、魏、楚共伐燕。燕武成王立。

〔一〕索隱按：趙系家惠文王二十八年，燕相成安君公孫操弒其王，樂資以爲卽惠王也。徐廣按年表，是年燕武成王元年，武成卽惠王子，則惠王爲成安君弒明矣。此不言者，燕遠，諱不告，或太史公之說疏也。

武成王七年，齊田單伐我，拔中陽。十三年，秦敗趙於長平四十餘萬。十四年，武成王卒，子孝王立。

孝王元年，秦圍邯鄲者解去。三年卒，子今王喜立。〔一〕

〔一〕索隱今王猶今上也。有作「令」者，非也，按謚法無令也。

今王喜四年，秦昭王卒。燕王命相栗腹約歡趙，以五百金爲趙王酒。還報燕王曰：「趙王壯者皆死長平，其孤未壯，可伐也。」王召昌國君樂閒問之。對曰：「趙四戰之國，〔一〕其民習兵，不可伐。」王曰：「吾以五而伐一。」〔二〕對曰：「不可。」燕王怒，羣臣皆以爲可。卒起二軍，車二千乘，栗腹將而攻鄗，〔三〕卿秦攻代。〔四〕唯獨大夫將渠〔五〕謂燕王曰：「與人通關約交，以五百金飲人之王，使者報而反攻之，不祥，兵無成功。」燕王不聽，自將偏軍隨之。將渠引燕王綬止之曰：「王必無自往，往無成功。」王蹵之以足。將渠泣曰：「臣非以自爲，爲王也！」燕軍至宋子，〔六〕趙使廉頗將，擊破栗腹於鄗。〔樂乘〕破卿秦（樂乘）於代。樂閒奔趙。廉頗逐之五百餘里，圍其國。燕人請和，趙人不許，必令將渠以

處和。〔七〕趙聽將渠，解燕圍。

〔一〕正義趙東鄰燕，西接秦境，南錯韓、魏，北連胡、貊，故言「四戰」。
〔二〕索隱謂以五人而伐一人。
〔三〕集解徐廣曰：「在常山，今日高邑。」索隱鄗氏音火各反，一音昊。
〔四〕索隱戰國策曰「廉頗以二十萬遇栗腹於鄗，樂乘以五萬遇爰秦於代，燕人大敗」，不同也。正義今代州也。
戰國策云「廉頗以二十萬遇栗腹於鄗，樂乘以五萬遇慶秦於代，燕人大敗」，與此不同也。
〔五〕索隱人名姓也。一云上「卿秦」及此「將渠」者：卿，將，皆官也；秦，渠，名也。國史變文而書，遂失姓也。戰國策云「爰秦」，爰是姓也，卿是其官耳。
〔六〕集解徐廣曰：「屬鉅鹿。」
〔七〕集解以將渠爲相。索隱謂欲令將渠處之使和也。

六年，秦滅東（西）周，置三川郡。七年，秦拔趙榆次三十七城，秦置大原郡。九年，秦王政初卽位。十年，趙使廉頗將攻繁陽，〔一〕拔之。趙孝成王卒，悼襄王立。使樂乘代廉頗，廉頗不聽，攻樂乘，樂乘走，廉頗奔大梁。十二年，趙使李牧攻燕，拔武遂、〔二〕方城。〔三〕劇辛故居趙，與龐煖善，〔四〕已而亡走燕。燕見趙數困于秦，而廉頗去，令龐煖將也，欲因趙獘攻之。問劇辛，辛曰：「龐煖易與耳。」燕使劇辛將擊趙，趙使龐煖擊之，取燕軍二萬，殺劇辛。秦拔魏二十城，置東郡。十九年，秦拔趙之鄴〔五〕九城。趙悼襄王卒。二十三年，太子丹質於秦，亡歸燕。二十五年，秦虜滅韓王安，置潁川郡。二十七年，秦虜趙王遷，滅趙。趙公子嘉自立爲代王。

〔一〕集解徐廣曰：「屬魏郡。」
〔二〕集解徐廣曰：「屬河閒。」
〔三〕集解徐廣曰：「屬涿，有督亢亭。」
〔四〕索隱煖音況遠反。
〔五〕正義卽相州鄴縣也。

燕見秦且滅六國，秦兵臨易水，〔一〕禍且至燕。太子丹陰養壯士二十人，使荊軻獻督亢地圖於秦，〔二〕因襲刺秦王。秦王覺，殺軻，使將軍王翦擊燕。二十九年，秦攻拔我薊，燕王亡，徙居遼東，斬丹以獻秦。三十年，秦滅魏。

〔一〕集解徐廣曰：「出涿郡故安也。」
〔二〕索隱徐廣云：「涿有督亢亭。」地理志屬廣陽。然督亢之田在燕東，甚良沃，欲獻秦，故畫其圖而獻焉。

三十三年，秦拔遼東，虜燕王喜，卒滅燕。是歲，秦將王賁〔一〕亦虜代王嘉。

〔一〕正義賁音奔，王翦子。

太史公曰：召公奭可謂仁矣！甘棠且思之，況其人乎？燕（北）〔外〕迫蠻貉，內措齊、

晉，〔一〕崎嶇彊國之閒，最爲弱小，幾滅者數矣。然社稷血食者八九百歲，於姬姓獨後亡，豈非召公之烈邪！

〔一〕索隱措，交雜也。又作「錯」，劉氏云爭陌反。

【索隱述贊】召伯作相，分陝而治。人惠其德，甘棠是思。莊送霸主，惠羅寵姬。文公從趙，蘇秦騁辭。易王初立，齊宜我欺。燕噲無道，禪位子之。昭王待士，思報臨菑。督亢不就，卒見芟夷。

二十四史

中華書局

史記卷三十五

管蔡世家第五

管叔鮮、〔一〕蔡叔度者，周文王子而武王弟也。武王同母兄弟十人。母曰太姒，〔二〕文王正妃也。其長子曰伯邑考，次曰武王發，次曰管叔鮮，次曰周公旦，次曰蔡叔度，次曰曹叔振鐸，次曰成叔武，〔三〕次曰霍叔處，〔四〕次曰康叔封，〔五〕次曰冄季載。〔六〕冄季載最少。同母昆弟十人，〔七〕唯發、旦賢，左右輔文王，〔八〕故文王舍伯邑考而以發爲太子。及文王崩而發立，是爲武王。伯邑考既已前卒矣。

〔一〕正義 音仙。括地志云：「鄭州管城縣，今州外城即管國城也，是叔鮮所封國也。」

〔二〕正義 國語云：「杞、繒二國，姒姓，夏禹之後，太姒之家。太姒，文王之妃，武王之母。」列女傳云：「太姒者，武王之母，禹後姒氏之女也。在郃之陽，在渭之涘。仁而明道，文王嘉之，親迎于渭，造舟爲梁。及入，太姒思媚太姜、太任，旦夕勤勞，以進婦道。太姒號曰文母。文王理外，文母治內。太姒生十男，教誨自少及長，未嘗見邪僻之事，言常以正道持之也。」

〔三〕正義 括地志云：「在濮州雷澤縣東南九十一里，漢郕陽縣。古郕伯，姬姓之國，其後遷於成之陽。」

〔四〕正義 處，昌汝反。括地志云：「晉州霍邑縣本漢彘縣也。鄭玄注周禮云霍山在彘，本春秋時霍伯國地。」

〔五〕索隱 孔安國曰：「康，畿內國名，地闕。叔，字也。封，叔名。」

〔六〕索隱 冄，國也。載，名也。季，字也。冄，或作「那」。按：國語曰冄由鄭姬。賈逵曰「文王子聃季之國」也。莊十八年「楚武王克權，遷於那處」。杜預云「那處，楚地。南郡編縣有那口城」。聃與那皆音奴甘反。正義 冄音奴甘反。或作「那」，音同。冄，國名也。季載，人名也。伯邑考最長，所以加「伯」。諸中子咸言「叔」，以載最少，故言季載。

〔七〕集解 徐廣曰：「文王之子爲侯者十有六國。」

〔八〕正義 左右並去聲。

武王已克殷紂，平天下，封功臣昆弟。於是封叔鮮於管，〔一〕封叔度於蔡：〔二〕二人相紂子武庚祿父，治殷遺民。封叔旦於魯而相周，爲周公。封叔振鐸於曹，封叔武於成，〔三〕封叔處於霍。〔四〕康叔封、冄季載皆少，未得封。

〔一〕集解 杜預曰：「管在滎陽京縣東北。」

〔二〕集解 世本曰：「居上蔡。」

〔三〕索隱 按：春秋隱五年「衞師入郕」。杜預曰「東平剛父縣有郕鄉」。後漢郡國志以爲成本國。又地理志廩丘縣南有成故城。應劭云「武王封弟季載於成」，是古之成邑，應仲遠誤云季載封耳。

〔四〕索隱 春秋閔元年晉滅霍。地理志河東彘縣，霍太山在東北，是霍叔之所封。

武王既崩，成王少，周公旦專王室。管叔、蔡叔疑周公之爲不利於成王，乃挾武庚以作亂。周公旦承成王命伐誅武庚，殺管叔，而放蔡叔，遷之，與車十乘，徒七十人從。而分殷餘民爲二：其一封微子啓於宋，以續殷祀；其一封康叔爲衞君，是爲衞康叔。封季載於冄。冄季、康叔皆有馴行，〔一〕於是周公舉康叔爲周司寇，冄季爲周司空，〔二〕以佐成王治，皆有令名於天下。

〔一〕索隱 如字，音巡。馴，善也。

〔二〕索隱 事見定四年左傳。

蔡叔度既遷而死。其子曰胡，胡乃改行，率德馴善。周公聞之，而舉胡以爲魯卿士，〔一〕魯國治。於是周公言於成王，復封胡於蔡，〔二〕以奉蔡叔之祀，是爲蔡仲。餘五叔皆就國，〔三〕無爲天子吏者。

〔一〕索隱 按：尚書云蔡仲克庸祗德，周公以爲卿士，叔卒，乃命諸王，封之蔡，元無仕魯之文。又伯禽居魯乃是七年致政之後，此言乃説居攝政之初，未知史遷何憑而有斯言也。

〔二〕集解 宋忠曰：「胡徙居新蔡。」

〔三〕索隱 管叔、蔡叔、成叔、曹叔、霍叔。

蔡仲卒，子蔡伯荒立。蔡伯荒卒，子宮侯立。宮侯卒，子厲侯立。厲侯卒，子武侯立。武侯之時，周厲王失國，奔彘，共和行政，諸侯多叛周。

武侯卒，子夷侯立。夷侯十一年，周宣王即位。二十八年，夷侯卒，子釐侯所事立。

釐侯三十九年，周幽王爲犬戎所殺，周室卑而東徙。秦始得列爲諸侯。〔一〕

〔一〕正義 周幽王爲犬戎所殺，平王東徙洛邑，秦襄公以兵救，因送平王至洛，故平王封襄公。

四十八年，釐侯卒，子共侯興立。共侯二年卒，子戴侯立。戴侯十年卒，子宣侯措父立。

宣侯二十八年，魯隱公初立。三十五年，宣侯卒，子桓侯封人立。桓侯三年，魯弒其君隱公。二十年，桓侯卒，弟哀侯獻舞立。

哀侯十一年，初，哀侯娶陳，息侯亦娶陳。〔一〕息夫人將歸，過蔡，蔡侯不敬。息侯怒，請楚文王：「來伐我，我求救於蔡，蔡必來，楚因擊之，可以有功。」楚文王從之，虜蔡哀侯以歸。哀侯留九歲，死於楚。凡立二十年卒。蔡人立其子肸，是爲繆侯。

〔一〕集解 杜預曰：「息國，汝南新息縣。」

繆侯以其女弟爲齊桓公夫人。十八年，齊桓公與蔡女戲船中，夫人蕩舟，桓公止之，不

止，公怒，歸蔡女而不絕也。蔡侯怒，嫁其弟。〔一〕齊桓公怒，伐蔡；蔡潰，遂虜繆侯，南至楚邵陵。已而諸侯爲蔡謝齊，齊侯歸蔡侯。二十九年，繆侯卒，子莊侯甲午立。

〔一〕索隱 弟，女弟，卽蕩舟之姬。

莊侯三年，齊桓公卒。十四年，晉文公敗楚於城濮。二十年，楚太子商臣弒其父成王代立。二十五年，秦穆公卒。三十三年，楚莊王卽位。三十四年，莊侯卒，子文侯申立。

文侯十四年，楚莊王伐陳，殺夏徵舒。十五年，楚圍鄭，鄭降楚，楚復醳之。〔一〕二十年，文侯卒，子景侯固立。

〔一〕正義 醳音釋。

景侯元年，楚莊王卒。四十九年，景侯爲太子般娶婦於楚，而景侯通焉。太子弒景侯而自立，是爲靈侯。

靈侯二年，楚公子圍弒其王郟敖而自立，爲靈王。〔一〕九年，陳司徒招〔二〕弒其君哀公。楚使公子弃疾滅陳而有之。十二年，楚靈王以靈侯弒其父，誘蔡靈侯于申，〔三〕伏甲飲之，醉而殺之，刑其士卒七十人。令公子弃疾圍蔡。十一月，滅蔡，使弃疾爲蔡公。〔四〕

〔一〕正義 郟，紀洽反。敖，五高反。

〔二〕索隱 或作「昭」，或作「韶」，並時遥反。

〔三〕正義 故申城在鄧州。

〔四〕正義 蔡之大夫也。

楚滅蔡三歲，楚公子弃疾弒其君靈王代立，爲平王。平王乃求蔡景侯少子廬，立之，是爲平侯。〔一〕是年，楚亦復立陳。楚平王初立，欲親諸侯，故復立陳、蔡後。〔二〕

〔一〕集解 宋忠曰：「平侯徙下蔡。」 索隱 今系本無者，近脫耳。

〔二〕集解 世本曰：「平侯者，靈侯般之孫，太子友之子。」

平侯九年卒，靈侯般之孫東國攻平侯子而自立，是爲悼侯。悼侯父曰隱太子友。隱太子友者，靈侯之太子，平侯立而殺隱太子，故平侯卒而隱太子之子東國攻平侯子而代立，是爲悼侯。悼侯三年卒，弟昭侯申立。

昭侯十年，朝楚昭王，持美裘二，獻其一於昭王而自衣其一。楚相子常欲之，不與。子常讒蔡侯，留之楚三年。蔡侯知之，乃獻其裘於子常；子常受之，乃言歸蔡侯。蔡侯歸而之晉，請與晉伐楚。

十三年春，與衞靈公會邵陵。蔡侯私於周萇弘以求長於衞；〔一〕衞使史鰌言康叔之功德，乃長衞。夏，爲晉滅沈，〔二〕楚怒，攻蔡。蔡昭侯使其子爲質於吳，〔三〕以共伐楚。冬，與吳王闔閭遂破楚入郢。蔡怨子常，子常恐，奔鄭。十四年，吳去而楚昭王復國。十六年，楚令尹爲其民泣以謀蔡，蔡昭侯懼。二十六年，孔子如蔡。楚昭王伐蔡，蔡恐，告急於吳。吳爲蔡遠，約遷以自近，易以相救；昭侯私許，不與大夫計。吳人來救蔡，因遷蔡于州來。〔四〕二十八年，昭侯將朝于吳，大夫恐其復遷，乃令賊利殺昭侯；〔五〕已而誅賊利以解過，而立昭侯子朔，是爲成侯。〔六〕

〔一〕集解 服虔曰：「載書使蔡在衞上。」

〔二〕集解 杜預曰：「汝南平輿縣北有沈亭。」

〔三〕正義 質音致。

〔四〕索隱 州來在淮南下蔡縣。

〔五〕索隱 案：利，賊名也。

〔六〕集解 徐廣曰：「或作『景』。」

成侯四年，宋滅曹。十年，齊田常弒其君簡公。十三年，楚滅陳。十九年，成侯卒，子聲侯產立。聲侯十五年卒，子元侯立。元侯六年卒，子侯齊立。

侯齊四年，楚惠王滅蔡，蔡侯齊亡，蔡遂絕祀。後陳滅三十三年。〔一〕

〔一〕索隱 魯哀十七年楚滅陳，其楚滅蔡絕其祀，又在滅陳之後三十三年，卽在春秋後二十三年。

伯邑考，其後不知所封。武王發，其後爲周，有本紀言。管叔鮮作亂誅死，無後。周公旦，其後爲魯，有世家言。蔡叔度，其後爲蔡，有世家言。曹叔振鐸，其後爲曹，有世家言。成叔武，其後世無所見。霍叔處，其後晉獻公時滅霍。康叔封，其後爲衞，有世家言。冄季載，其後世無所見。

太史公曰：管蔡作亂，無足載者。然周武王崩，成王少，天下既疑，賴同母之弟成叔、冄季之屬十人爲輔拂，是以諸侯卒宗周，故附之世家言。

曹叔振鐸者，〔一〕周武王弟也。武王已克殷紂，封叔振鐸於曹。〔二〕

〔一〕索隱 按：上文「叔振鐸，其後爲曹，有系家言」，則曹亦合題系家，今附管蔡之末而不出題者，蓋以曹微小而少事迹，因附管蔡之末，不別題篇爾。且又管叔雖無後，仍是蔡、曹之兄，故題管、蔡而略曹也。

〔二〕集解 宋忠曰濟陰定陶縣。

叔振鐸卒，子太伯脾立。太伯卒，子仲君平立。仲君平卒，子宮伯侯立。宮伯侯卒，子孝伯雲立。孝伯雲卒，子夷伯喜立。

夷伯二十三年，周厲王奔于彘。

三十年卒，弟幽伯彊立。幽伯九年，弟蘇殺幽伯代立，是爲戴伯。戴伯元年，周宣王已立三歲。三十年，戴伯卒，子惠伯兕立。〔一〕

〔一〕集解 孫檢曰：「兕音徐子反。曹惠伯或名雉，或名弟，或復名弟兕也。」索隱 按：年表作「惠公伯雉」，注引孫檢，未詳何代，或云齊人，亦恐其人不注史記。今以王儉七志、阮孝緒七録並無，又不知是裴駰所録否？

惠伯二十五年，周幽王爲犬戎所殺，因東徙，益卑，諸侯畔之。秦始列爲諸侯。

三十六年，惠伯卒，子石甫立，其弟武殺之代立，是爲繆公。繆公三年卒，子桓公終生立。〔一〕

〔一〕集解 孫檢云：「一作『終湦』。湦音生。」

桓公三十五年，魯隱公立。四十五年，魯弑其君隱公。四十六年，宋華父督弑其君殤公，及孔父。五十五年，桓公卒，子莊公夕姑〔一〕立。

〔一〕索隱 上音亦。即射姑也，同音亦。

莊公二十三年，齊桓公始霸。

三十一年，莊公卒，子釐公夷立。釐公九年卒，子昭公班立。昭公六年，齊桓公敗蔡，

遂至楚召陵。九年，昭公卒，子共公襄立。

共公十六年，初，晉公子重耳其亡過曹，曹君無禮，欲觀其騈脅。〔一〕釐負羈〔二〕諫，不聽，私善於重耳。二十一年，晉文公重耳伐曹，虜共公以歸，令軍毋入釐負羈之宗族閭。或説晉文公曰：「昔齊桓公會諸侯，復異姓；今君囚曹君，滅同姓，何以令於諸侯？」晉乃復歸共公。

〔一〕集解 韋昭曰：「騈者，并幹也。」正義 騈，白邊反。脅，許業反。

〔二〕正義 釐音僖，曹大夫。

二十五年，晉文公卒。三十五年，共公卒，子文公壽立。文公二十三年卒，子宣公彊立。〔一〕宣公十七年卒，弟成公負芻立。

〔一〕索隱 按左傳，宣公名廬。

成公三年，晉厲公伐曹，虜成公以歸，已復釋之。〔一〕五年，晉欒書、中行偃使程滑弑其君厲公。二十三年，成公卒，子武公勝立。武公二十六年，楚公子弃疾弑其君靈王代立。

二十七年，武公卒，子平公（頃）〔須〕立。平公四年卒，子悼公午立。是歲，宋、衛、陳、鄭皆火。

〔一〕索隱 按：左傳成十五年，晉厲公執負芻，歸于京師。晉立宣公弟子臧，子臧曰「聖達節，次守節，下失節。爲君非吾節也」。遂逃奔宋。曹人請于晉。晉人謂子臧「反國，吾歸而君」。子臧反，晉於是歸負芻。

悼公八年，宋景公立。九年，悼公朝于宋，宋囚之；曹立其弟野，是爲聲公。悼公死於宋，歸葬。

聲公五年，平公弟通弑聲公代立，是爲隱公。〔一〕隱公四年，聲公弟露弑隱公代立，是爲靖公。靖公四年卒，子伯陽立。

〔一〕索隱 按：譙周云春秋無其事。今檢系本及春秋，悼伯卒，弟露立，謚靖公，實無聲公、隱公，蓋是彼文自疏也。

伯陽三年，國人有夢衆君子立于社宫，〔一〕謀欲亡曹；曹叔振鐸止之，請待公孫彊，許之。旦，求之曹，無此人。夢者戒其子曰：「我亡，爾聞公孫彊爲政，必去曹，無離曹禍。」〔二〕及伯陽即位，好田弋之事。六年，曹野人公孫彊亦好田弋，獲白鴈而獻之，且言田弋之説，因訪政事。伯陽大説之，有寵，使爲司城以聽政。夢者之子乃亡去。

〔一〕集解 賈逵曰：「社宫，社也。」鄭衆曰：「社宫，中有室屋者。」

〔二〕索隱 離即罹。罹，被也。

公孫彊言霸説於曹伯。十四年，曹伯從之，乃背晉干宋。〔一〕宋景公伐之，晉人不救。十五年，宋滅曹，執曹伯陽及公孫彊以歸而殺之。曹遂絶其祀。

〔一〕集解 賈逵曰：「以小加大。」索隱 干謂犯也。言曹因弃晉而犯宋，遂致滅也。裴氏引賈逵注云「以小加大」者，加，陵也，小即曹也，大謂晉及宋也。

太史公曰：〔一〕余尋曹共公之不用僖負羈，乃乘軒者三百人，〔二〕知唯德之不建。及振鐸之夢，豈不欲引曹之祀者哉？如公孫彊不脩厥政，叔鐸之祀忽諸。〔三〕

〔一〕索隱 檢諸本或無此論。

〔二〕正義 晉世家云：「晉師入曹，數之，以其不用僖負羈言，而美女乘軒三百人也。」

〔三〕正義 至如公孫彊不脩霸道之政，而伯陽之子立，叔鐸猶尚饗祭祀，豈合忽絶之哉。

【索隱述贊】武王之弟，管、蔡及霍。周公居相，流言是作。狼跋致艱，鴟鴞討惡。胡能改行，克復其爵。獻舞執楚，遇息禮薄。穆侯虜齊，蕩舟乖謔。曹共輕晉，負羈先覺。伯陽夢社，祚傾振鐸。

史記卷三十六

陳杞世家第六

陳胡公滿者，虞帝舜之後也。昔舜爲庶人時，堯妻之二女，居于嬀汭，其後因爲氏姓，姓嬀氏。舜已崩，傳禹天下，而舜子商均爲封國。〔一〕夏后之時，或失或續。〔二〕至于周武王克殷紂，乃復求舜後，〔三〕得嬀滿，封之於陳，〔四〕以奉帝舜祀，是爲胡公。

〔一〕索隱按：商均所封虞，即今之梁國虞城是也。

〔二〕索隱按：夏代猶封虞思、虞遂是也。

〔三〕索隱遏父爲周陶正。遏父，遂之後。陶正，官名。生滿。

〔四〕索隱左傳曰：「武王以元女太姬配虞胡公而封之陳，以備三恪。」

胡公卒，子申公犀侯立。申公卒，弟相公皋羊立。相公卒，立申公子突，是爲孝公。孝公卒，子慎公圉戎立。慎公當周厲王時。慎公卒，子幽公寧立。

幽公十二年，周厲王奔于彘。

二十三年，幽公卒，子釐公孝立。釐公六年，周宣王即位。三十六年，釐公卒，子武公靈立。武公十五年卒，子夷公說立。是歲，周幽王即位。夷公三年卒，弟平公燮立。〔一〕平公七年，周幽王爲犬戎所殺，周東徙。秦始列爲諸侯。

〔一〕正義燮，先牒反。

二十三年，平公卒，子文公圉立。

文公元年，取蔡女，生子佗。〔一〕十年，文公卒，長子桓公鮑立。

〔一〕正義徒何反。

桓公二十三年，魯隱公初立。二十六年，衛殺其君州吁。三十三年，魯弒其君隱公。

三十八年正月甲戌己丑，桓公鮑卒。〔一〕桓公弟佗，其母蔡女，故蔡人爲佗殺五父及桓公太子免而立佗，〔二〕是爲厲公。桓公病而亂作，國人分散，故再赴。〔三〕

〔一〕索隱陳亂，故再赴其日。正義甲戌、己丑凡十六日。

〔二〕集解譙周曰：「春秋傳謂佗即五父，世家與傳違。」索隱譙周曰「春秋傳謂他即五父，與此違」者，此以他爲厲公，太子免弟躍爲利公，而左傳以厲公名躍。他立未踰年，無謚，故「蔡人殺陳他」。又莊二十二年傳云「陳厲公，蔡出也，故蔡人殺五父而立之」。則他與五父俱爲蔡人所殺，其事不異，是一人明矣。史記既以他爲厲公，遂以躍爲利公。尋厲利聲相近，遂誤以他爲厲公，五父爲別人，是太史公錯耳。班固又以厲公躍爲桓公弟，又誤。

〔三〕集解徐廣曰：「班氏云厲公躍者，桓公之弟也。」

厲公二年，生子敬仲完。周太史過陳，陳厲公使以周易筮之，卦得觀之否：〔一〕「是爲觀國之光，利用賓于王。〔二〕此其代陳有國乎？不在此，其在異國？〔三〕非此其身，在其子孫。〔四〕若在異國，必姜姓。〔五〕姜姓，太嶽之後。〔六〕物莫能兩大，陳衰，此其昌乎？」〔七〕

〔一〕集解賈逵曰：「坤下巽上觀，坤下乾上否，觀爻在六四，變而之否。」

〔二〕集解杜預曰：「此周易觀卦六四爻辭也。易之爲書，六爻皆有變象，又有互體，聖人隨其義而論之。」

〔三〕正義六四變，內卦爲中國，外卦爲異國。

〔四〕正義內卦爲身，外卦爲子孫。變在外，故知在子孫也。

〔五〕正義六四變，此爻是辛未，觀上體巽，未爲羊，巽爲女，女乘羊，故爲姜。姜，齊姓，故知在齊。

〔六〕集解杜預曰：「姜姓之先爲堯四嶽。」

〔七〕正義周敬王四十一年，楚惠王殺陳滑公。齊簡公，周敬王三十九年被田常殺之。

厲公取蔡女，蔡女與蔡人亂，厲公數如蔡淫。七年，厲公所殺桓公太子免之三弟，長曰躍，中曰林，少曰杵臼，共令蔡人誘厲公以好女，與蔡人共殺厲公〔一〕而立躍，是爲利公。利公者，桓公子也。利公立五月卒，立中弟林，是爲莊公。莊公七年卒，少弟杵臼立，是爲宣公。

〔一〕集解公羊傳曰：「淫于蔡，蔡人殺之。」

宣公三年，楚武王卒，楚始彊。十七年，周惠王娶陳女爲后。

二十一年，宣公後有嬖姬生子款，欲立之，乃殺其太子禦寇。禦寇素愛厲公子完，完懼禍及己，乃奔齊。齊桓公欲使陳完爲卿，完曰：「羈旅之臣，〔一〕幸得免負檐，君之惠也，不敢當高位。」桓公使爲工正。〔二〕齊懿仲欲妻陳敬仲，卜之，占曰：「是謂鳳皇于飛，和鳴鏘鏘。〔三〕有嬀之後，將育于姜。〔四〕五世其昌，並于正卿。〔五〕八世之後，莫之與京。」〔六〕

〔一〕集解賈逵曰：「羈，寄；旅，客也。」

〔二〕正義周禮云冬官爲考工，主作器械。

〔三〕集解杜預曰：「雄曰鳳，雌曰皇。雄雌俱飛，相和而鳴，鏘鏘然也。猶敬仲夫妻有聲譽。」

〔四〕集解杜預曰：「嬀，陳姓。姜，齊姓。」

〔五〕集解服虔曰：「言完後五世與卿並列。」

〔六〕集解賈逵曰：「京，大也。」正義按：陳敬仲八代孫，田常之子襄子磐也。而杜以常爲八代者，以桓子無宇生武子開，與釐子乞皆相繼事齊，故以常爲八代。

三十七年，齊桓公伐蔡，蔡敗；南侵楚，至召陵，還過陳。陳大夫轅濤塗惡其過陳，詐齊令出東道。東道惡，桓公怒，執陳轅濤塗。是歲，晉獻公殺其太子申生。

四十五年，宣公卒，子款立，是爲穆公。穆公五年，齊桓公卒。十六年，晉文公敗楚師

干城濮。是歲，穆公卒，子共公朔立。共公六年，楚太子商臣弒其父成王代立，是爲穆王。十一年，秦穆公卒。十八年，共公卒，子靈公平國立。

靈公元年，[一]楚莊王卽位。六年，楚伐陳。十年，陳及楚平。

[一]正義 謚法云「亂而不損曰靈」。

十四年，靈公與其大夫孔寧、儀行父皆通於夏姬，[一]衷其衣以戲於朝。[二]泄冶諫曰：「君臣淫亂，民何效焉？」靈公以告二子，二子請殺泄冶，公弗禁，遂殺泄冶。[三]十五年，靈公與二子飲於夏氏。公戲二子曰：「徵舒似汝。」二子曰：「亦似公。」[四]徵舒怒。靈公罷酒出，徵舒伏弩廄門射殺靈公。[五]孔寧、儀行父皆奔楚，靈公太子午奔晉。徵舒自立爲陳侯。徵舒，故陳大夫也。夏姬，御叔之妻，舒之母也。

[一]正義 列女傳云：「陳女夏姬者，陳大夫夏徵舒之母，御叔之妻也，三爲王后，七爲夫人，公侯爭之，莫不迷惑失意。」杜預云：「夏姬，鄭穆公女，陳大夫御叔之妻。」左傳云：「殺御叔，弒靈侯，戮夏南，出孔、儀，喪陳國。」

[二]集解 左傳曰：「衷其衵服。」穀梁傳曰：「或衣其衣，或中其襦。」

[三]集解 春秋曰：「陳殺其大夫泄冶。」

[四]集解 杜預曰：「靈公卽位十五年，徵舒已爲卿，年大，無嫌是公子也。蓋以夏姬淫放，故謂其子多似以爲戲也。」

[五]集解 左傳曰：「公出自其廄。」

成公元年冬，楚莊王爲夏徵舒殺靈公，率諸侯伐陳。謂陳曰：「無驚，吾誅徵舒而已。」已誅徵舒，因縣陳而有之，羣臣畢賀。申叔時使於齊來還，獨不賀。[一]莊王問其故，對曰：「鄙語有之，牽牛徑人田，田主奪之牛。徑則有罪矣，奪之牛，不亦甚乎？今王以徵舒爲賊弒君，故徵兵諸侯，以義伐之，已而取之，以利其地，則後何以令於天下！是以不賀。」莊王曰：「善。」乃迎陳靈公太子午於晉而立之，復君陳如故，是爲成公。孔子讀史記至楚復陳，曰：「賢哉楚莊王！輕千乘之國而重一言。」[二]

[一]集解 賈逵曰：「叔時，楚大夫。」

[二]索隱 謂申叔時之語。正義 家語云：「孔子讀史記至楚復陳，喟然曰：『賢哉楚莊王！輕千乘之國而重一言之信。非申叔時之忠，弗能建其義，非楚莊王之賢，不能受其訓也。』」

二十八年，楚莊王卒。二十九年，陳倍楚盟。三十年，楚共王伐陳。是歲，成公卒，子哀公弱立。楚以陳喪，罷兵去。

哀公三年，楚圍陳，復釋之。二十八年，楚公子圍弒其君郟敖自立，爲靈王。

三十四年，初，哀公娶鄭，長姬生悼太子師，少姬生偃。[一]二嬖妾，長妾生留，少妾生勝。留有寵哀公，哀公屬之其弟司徒招。哀公病，三月，招殺悼太子，立留爲太子。哀公怒，欲誅招，招發兵圍守哀公，哀公自經殺。[二]招卒立留爲陳君。四月，陳使使赴楚。楚靈王聞陳亂，乃殺陳使者，[三]使公子弃疾發兵伐陳，陳君留奔鄭。九月，楚圍陳。十一月，滅陳。使弃疾爲陳公。

[一]索隱 按：昭八年經云「陳侯之弟招殺陳世子偃師」。左傳「陳哀公元妃鄭姬生悼太子偃師」。今此云兩姬，又分偃師爲二人，亦恐此非。

[二]集解 徐廣曰：「三十五年時。」

[三]索隱 卽司徒招也。一作「若」也。

招之殺悼太子也，太子之子名吳，出奔晉。晉平公問太史趙曰：「陳遂亡乎？」對曰：「陳，顓頊之族。[一]陳氏得政於齊，乃卒亡。[二]自幕至于瞽瞍，無違命。[三]舜重之以明德。至於遂，[四]世世守之。及胡公，周賜之姓，[五]使祀虞帝。且盛德之後，必百世祀。虞之世未也，其在齊乎？」

[一]集解 服虔曰：「陳祖虞舜，舜出顓頊，故爲顓頊之族。」

[二]集解 賈逵曰：「物莫能兩盛。」

[三]集解 賈逵曰：「幕，舜後虞思也。至于瞽瞍，無聞違天命以廢絕者。」鄭衆曰：「幕，舜之先也。」駰案國語，賈義爲長。索隱 按：賈逵以幕爲虞思，非也。左傳言自幕至瞽瞍，知幕在瞽瞍之前，必非虞思明矣。

[四]集解 杜預曰：「遂，舜後。蓋殷之興，存舜之後而封遂，言舜德乃至於遂也。」索隱 重音持用反。按：杜預

以爲舜有明德，乃至遂有國，義亦然也。且文云「自幕至瞽瞍，無違命，舜重之以明德」，是言舜有明德爲天子也。乃云殷封遂，代守之，亦舜德也。按：系本云「陳，舜後」。宋忠云「虞思之後，箕伯、直柄中衰，殷湯封遂於陳以祀舜」。

[五]集解 杜預曰：「胡公滿，遂之後也。事周武王，賜姓曰嬀，封之陳。」

楚靈王滅陳五歲，楚公子弃疾弒靈王代立，是爲平王。平王初立，欲得和諸侯，乃求故陳悼太子師之子吳，立爲陳侯，是爲惠公。惠公立，探續哀公卒時年而爲元，空籍五歲矣。[一]

[一]索隱 惠公探取哀公死楚，陳滅之後年爲元年，故今空籍五歲矣。一云籍，借也，謂借失國之後年爲五年。

十年，陳火。十五年，吳王僚使公子光伐陳，取胡、沈而去。[一]二十八年，吳王闔閭與子胥敗楚入郢。是年，惠公卒，子懷公柳立。

[一]索隱 系本云「胡，歸姓；沈，姬姓」。沈國在汝南平輿，胡亦在汝南。

懷公元年，吳破楚，在郢，召陳侯。陳侯欲往，大夫曰：「吳新得意；楚王雖亡，與陳有故，不可倍。」懷公乃以疾謝吳。四年，吳復召懷公。懷公恐，如吳。吳怒其前不往，留之，因卒吳。陳乃立懷公之子越，是爲湣公。[一]

〔一〕索隱按左傳，湣公名周，是史官記不同。

湣公六年，孔子適陳。吴王夫差伐陳，取三邑而去。十三年，吴復來伐陳，陳告急楚，楚昭王來救，軍於城父，吴師去。是年，楚昭王卒於城父。時孔子在陳。〔一〕十五年，宋滅曹。十六年，吴王夫差伐齊，敗之艾陵，使人召陳侯。陳侯恐，如吴。楚伐陳。二十一年，齊田常弒其君簡公。二十三年，楚之白公勝殺令尹子西、子綦，襲惠王。葉公攻敗白公，白公自殺。

〔一〕索隱按：孔子以魯定公十四年適陳，當陳湣公之六年，上文説是。此十三年，孔子仍在陳，凡經八年，何其久也？

二十四年，楚惠王復國，以兵北伐，殺陳湣公，遂滅陳而有之。是歲，孔子卒。

杞東樓公者，夏后禹之後苗裔也。〔一〕殷時或封或絶。周武王克殷紂，求禹之後，得東樓公，封之於杞，〔二〕以奉夏后氏祀。

〔一〕索隱杞，國名也，東樓公號謚也。不名者，史先失耳。宋忠曰「杞，今陳留雍丘縣」。故地理志云雍丘縣，故杞國，周武王封禹後爲東樓公是也。蓋周封杞而居雍丘，至春秋時杞已遷東國，故左氏隱四年傳云「莒人伐杞，取牟婁」。牟婁，曹東邑也。僖十四年傳云「杞遷緣陵」。地理志北海有營陵，淳于公之縣。臣瓚云「即春秋緣陵，淳于公所都之邑」。又州，國名，杞後改國曰州而稱淳于公，故春秋桓五年經云「州公如曹」，傳曰「淳于公如曹」是

也。然杞後代又稱子者，以微小又僻居東夷，故襄二十九年經稱「杞子來盟」，傳曰「書曰子，賤之」是也。

〔二〕集解宋忠曰：「杞，今陳留雍丘縣也。」

東樓公生西樓公，西樓公生題公，題公生謀〔一〕娶公。〔二〕謀娶公當周厲王時。謀娶公生武公。武公立四十七年卒，子靖公立。靖公二十三年卒，子共公立。共公八年卒，子德公立。〔三〕德公十八年卒，弟桓公姑容立。〔四〕桓公十七年卒，子孝公匄〔五〕立。孝公十七年卒，弟文公益姑立。文公十四年卒，弟平公鬱〔六〕立。平公十八年卒，子悼公成立。悼公十二年卒，子隱公乞立。七月，隱公弟遂弒隱公自立，是爲釐公。釐公十九年卒，子湣公維立。湣公十五年，楚惠王滅陳。十六年，湣公弟閼路弒湣公代立，是爲哀公。〔七〕哀公立十年卒，湣公子敕立，〔八〕是爲出公。出公十二年卒，子簡公春立。立一年，楚惠王之四十四年，滅杞。杞後陳亡三十四年。

〔一〕集解徐廣曰：「謀，一作『謨』。」索隱注一作「謀」，音牒。

〔二〕索隱娶音子臾反。

〔三〕集解徐廣曰：「世本曰惠公。」索隱系本及譙周並作「惠公」，又云惠公生成公及桓公，是此系家脱成公一代，故云「弟桓公姑容立」，非也。且成公又見春秋經傳，故左傳莊二十五年云杞成公娶魯女，有婚姻之好。至僖二十二年卒，始赴而書，左傳云成公也，未同盟，故不書名。是杞有成公，必當如譙周所説。

〔四〕集解徐廣曰：「世本曰惠公立十八年，生成公及桓公；成公立十八年；桓公立十七年。」

〔五〕索隱音蓋。匄，名。

〔六〕索隱一作「郁釐」，譙周云名郁來，蓋「鬱」「郁」，「釐」「來」並聲相近，遂不同耳。

〔七〕索隱閼音遏。哀公殺兄湣公而立，謚哀。譙周云謚懿也。

〔八〕集解徐廣曰：「敕，一作『遬』。」

杞小微，其事不足稱述。

舜之後，周武王封之陳，至楚惠王滅之，有世家言。禹之後，周武王封之杞，楚惠王滅之，有世家言。契之後爲殷，殷有本紀言。殷破，周封其後於宋，齊湣王滅之，有世家言。后稷之後爲周，秦昭王滅之，有本紀言。皋陶之後，或封英、六，〔一〕楚穆王滅之，無譜。伯夷之後，至周武王復封於齊，曰太公望，陳氏滅之，有世家言。伯翳之後，至周平王時封爲秦，項羽滅之，有本紀言。〔二〕垂、益、夔、龍，其後不知所封，不見也。右十一人者，皆唐虞之際名有功德臣也；其五人之後皆至帝王，〔三〕餘乃爲顯諸侯。滕、薛、騶，夏、殷、周之閒封也，小，不足齒列，弗論也。〔四〕

〔一〕索隱蓼、六，本或作英、六，皆通。然蓼、六皆咎繇之後也。據系本，二國皆偃姓，故春秋文五年左傳云楚人滅六，臧文仲聞六與蓼滅，曰「皋陶、庭堅不祀忽諸」。杜預曰「蓼與六皆咎繇後」。地理志云六，故國，皋陶後，偃姓，爲楚所滅。又僖十七年「齊人徐人伐英氏」。杜預又曰「英、六皆皋陶後，國名」。是有英、蓼，實未能詳。或

者英後改號曰蓼也。

〔二〕索隱秦祖伯翳，解者以翳益，則一人，今言十一人，敍伯翳而又別言垂、益，則是二人也。且按舜本紀敍十人，無翳而有彭祖，彭祖亦墳典不載，未知太史公意如何，恐多是誤。然據秦本紀敍翳之功，云「佐舜馴調鳥獸」，與舜典「命益作虞，若予上下草木鳥獸」文同，則爲一人必矣，今未詳其所由也。

〔三〕索隱舜，禹身爲帝王，其稷、契及翳則後代皆爲帝王也。

〔四〕索隱滕不知本封，蓋軒轅氏子有滕姓，是其祖也。後周封文王子錯叔繡於滕，故宋忠云「今沛國公丘是滕國也」。薛，奚仲之後，任姓，蓋夏、殷所封，故春秋有滕侯、薛侯。郲，曹姓之國，陸終氏之子會人之後。郲國，今魯國騶縣是也。然三國微小，春秋時亦預會盟，蓋史缺無可敍列也。

周武王時，侯伯尚千餘人。及幽、厲之後，諸侯力攻相并。江、黄、〔一〕胡、沈之屬，不可勝數，故弗采著于傳(上)〔云〕。

〔一〕索隱按系本，江、黄二國並嬴姓。又地理志江國在汝南安陽縣。

太史公曰：舜之德可謂至矣！禪位於夏，而後世血食者歷三代。及楚滅陳，而田常得政於齊，卒爲建國，百世不絶，苗裔茲茲，有土者不乏焉。至禹，於周則杞，微甚，不足數也。楚惠王滅杞，其後越王句踐興。

【索隱述贊】盛德之祀，必及百世。舜、禹餘烈，陳、杞是繼。嬀滿受封，東樓纂系。闕路纂逆，夏姬淫嬖。二國衰微，或興或替。前并後虜，皆亡楚惠。句踐勃興，田和吞噬。蟬聯血食，豈其苗裔？

史記卷三十七

衛康叔世家第七

衛康叔〔一〕名封，周武王同母少弟也。其次尚有冄季，冄季最少。

〔一〕索隱康，畿内國名。宋忠曰：「康叔從康徙封衛，衛卽殷墟定昌之地。畿内之康，不知所在。」

武王已克殷紂，復以殷餘民封紂子武庚祿父，比諸侯，以奉其先祀勿絶。爲武庚未集，〔一〕恐其有賊心，武王乃令其弟管叔、蔡叔傅相武庚祿父，以和其民。武王既崩，成王少。周公旦代成王治，當國。管叔、蔡叔疑周公，乃與武庚祿父作亂，欲攻成周。〔二〕周公旦以成王命興師伐殷，殺武庚祿父、管叔，放蔡叔，以武庚殷餘民封康叔爲衛君，居河、淇閒故商墟。〔三〕

〔一〕索隱集猶和也。

〔二〕索隱成周，洛陽。其時周公相成王，營洛邑，猶居西周鎬京。管、蔡欲搆難，先攻成周，於是周公東居洛邑，伐管、蔡。

〔三〕索隱宋忠曰：「今定昌也。」

周公旦懼康叔齒少，乃申告康叔曰：「必求殷之賢人君子長者，問其先殷所以興，所以亡，而務愛民。」告以紂所以亡者以淫於酒，酒之失，婦人是用，故紂之亂自此始。爲梓材，〔一〕示君子可法則。故謂之康誥、酒誥、梓材以命之。康叔之國，既以此命，能和集其民，民大說。

〔一〕正義若梓人爲材，君子觀爲法則也。梓，匠人也。

成王長，用事，舉康叔爲周司寇，賜衛寶祭器，〔一〕以章有德。

〔一〕集解左傳曰：「分康叔以大路、大旂、少帛、綪茷、旃旌、大呂。」賈逵曰：「大路，全路也。少帛，雜帛也。綪茷，大赤也。通帛爲旃，析羽爲旌。大呂，鍾名。」鄭衆曰：「綪茷，旃名也。」

康叔卒，子康伯代立。〔一〕康伯卒，子考伯立。考伯卒，子嗣伯立。嗣伯卒，子㨗〔二〕伯立。〔三〕㨗伯卒，子靖伯立。靖伯卒，子貞伯立。〔四〕貞伯卒，子頃侯立。

〔一〕索隱系本康伯名髡。宋忠曰：「卽王孫牟也，事周康王爲大夫。」按：左傳所稱王孫牟父是也。牟髡聲相近，故不同耳。譙周古史考無康伯，而云子牟伯立，蓋以不宜父子俱謚康，故因其名云牟伯也。

〔二〕集解史記音隱曰：「音捷。」

〔三〕索隱系本作「摯伯」。

〔四〕索隱系本作「箕伯」。

頃侯厚賂周夷王，夷王命衞爲侯。〔一〕頃侯立十二年卒，子釐侯立。

〔一〕索隱按：康誥稱命爾侯于東土，又云「孟侯，朕其弟，小子封」，則康叔初封已爲侯也。比子康伯即稱伯者，謂方伯之伯耳，非至子即降爵爲伯也。故孔安國曰「孟，長也。五侯之長，謂方伯」。方伯，州牧也，故五代孫祖恆爲方伯耳。至頃侯德衰，不監諸侯，乃從本爵而稱侯，非是至子即削爵，及頃侯賂夷王而稱侯也。

釐侯十三年，周厲王出犇于彘，共和行政焉。二十八年，周宣王立。

四十二年，釐侯卒，太子共伯餘立爲君。共伯弟和有寵於釐侯，多予之賂；和以其賂賂士，以襲攻共伯於墓上，共伯入釐侯羨〔一〕自殺。衞人因葬之釐侯旁，謚曰共伯，而立和爲衞侯，是爲武公。〔二〕

〔一〕索隱音延。延，墓道。又音以戰反。恭伯名餘也。

〔二〕索隱和殺恭伯代立，此說蓋非也。按：季札美康叔、武公之德。又國語稱武公年九十五矣，猶箴誡於國，恭恪于朝，倚几有誦，至于沒身，謂之叡聖。又詩著衞世子恭伯蚤卒，不云被殺。若武公殺兄而立，豈可以爲訓而形之于國史乎？蓋太史公採雜說而爲此記耳。

武公即位，修康叔之政，百姓和集。四十二年，犬戎殺周幽王，武公將兵往佐周平戎，甚有功，周平王命武公爲公。五十五年，卒，子莊公揚立。

莊公五年，取齊女爲夫人，好而無子。又取陳女爲夫人，生子，蚤死。陳女女弟亦幸於莊公，而生子完。〔一〕完母死，莊公令夫人齊女子之，〔二〕立爲太子。莊公有寵妾，生子州吁。十八年，州吁長，好兵，莊公使將。石碏諫莊公曰：〔三〕「庶子好兵，使將，亂自此起。」不聽。二十三年，莊公卒，太子完立，是爲桓公。

〔一〕索隱女弟，戴嬀也。子桓公完爲州吁所殺，戴嬀歸陳，詩燕燕于飛之篇是。

〔二〕索隱子之，謂養之爲子也。齊女即莊姜也。詩碩人篇美之是也。

〔三〕集解賈逵曰：「石碏，衞上卿。」

桓公二年，弟州吁驕奢，桓公絀之，州吁出犇。十三年，鄭伯弟段攻其兄，不勝，亡，而州吁求與之友。十六年，州吁收聚衞亡人以襲殺桓公，州吁自立爲衞君。爲鄭伯弟段欲伐鄭，請宋、陳、蔡與俱，三國皆許州吁。州吁新立，好兵，弑桓公，衞人皆不愛。石碏乃因桓公母家於陳，詳爲善州吁。至鄭郊，石碏與陳侯共謀，使右宰醜進食，因殺州吁于濮，〔一〕而迎桓公弟晉於邢而立之，〔二〕是爲宣公。

〔一〕集解服虔曰：「右宰醜，衞大夫。濮，陳地。」索隱賈逵曰：「濮，陳地。」按：濮水首受河，又受汴，汴亦受河，東北至離狐分爲二，俱東北至鉅野入濟。則濮在曹衞之閒，賈言陳地，非也。若據地理志陳留封丘縣濮水受泲，當言陳留水也。

〔二〕集解賈逵曰：「邢，周公之胤，姬姓國。」

宣公七年，魯弑其君隱公。九年，宋督弑其君殤公，及孔父。十年，晉曲沃莊伯弑其君哀侯。

十八年，初，宣公愛夫人夷姜，夷姜生子伋，以爲太子，而令右公子傅之。右公子爲太子取齊女，未入室，而宣公見所欲爲太子婦者好，說而自取之，更爲太子取他女。宣公得齊女，生子壽、子朔，令左公子傅之。〔一〕太子伋母死，宣公正夫人與朔共讒惡太子伋。宣公自以其奪太子妻也，心惡太子，欲廢之。及聞其惡，大怒，乃使太子伋於齊而令盜遮界上殺之，〔二〕與太子白旄，而告界盜見持白旄者殺之。且行，子朔之兄壽，太子異母弟也，知朔之惡太子而君欲殺之，乃謂太子曰：「界盜見太子白旄，即殺太子，太子可毋行。」太子曰：「逆父命求生，不可。」遂行。壽見太子不止，乃盜其白旄而先馳至界。界盜見其驗，即殺之。壽已死，而太子伋又至，謂盜曰：「所當殺乃我也。」盜并殺太子伋，以報宣公。宣公乃以子朔爲太子。十九年，宣公卒，太子朔立，是爲惠公。

〔一〕集解杜預曰：「左右媵之子，因以爲號。」

〔二〕正義左傳云衞宣公使太子伋之齊，「使盜待諸莘，將殺之」。杜預云「莘，衞地」。

左右公子不平朔之立也，惠公四年，左右公子怨惠公之讒殺前太子伋而代立，乃作亂，

攻惠公，立太子伋之弟黔牟爲君，惠公犇齊。

衞君黔牟立八年，齊襄公率諸侯奉王命共伐衞，納衞惠公，誅左右公子。衞君黔牟犇于周，惠公復立。惠公立三年出亡，亡八年復入，與前通年凡十三年矣。

二十五年，惠公怨周之容舍黔牟，與燕伐周。周惠王犇溫，衞、燕立惠王弟穨爲王。二十九年，鄭復納惠王。三十一年，惠公卒，子懿公赤立。

懿公即位，好鶴，〔一〕淫樂奢侈。九年，翟伐衞，衞懿公欲發兵，兵或畔。大臣言曰：「君好鶴，鶴可令擊翟。」翟於是遂入，殺懿公。

〔一〕正義括地志云：「故鶴城在滑州匡城縣西南十五里。左傳云『衞懿公好鶴，〔鶴〕有乘軒者。狄伐衞，公欲戰，國人受甲者皆曰「使鶴，鶴實有祿位，余焉能戰」』。俗傳懿公養鶴於此城，因名也。」

懿公之立也，百姓大臣皆不服。自懿公父惠公朔之讒殺太子伋代立至於懿公，常欲敗之，卒滅惠公之後而更立黔牟之弟昭伯頑之子申爲君，是爲戴公。

戴公申元年卒。齊桓公以衞數亂，乃率諸侯伐翟，爲衞築楚丘，〔一〕立戴公弟燬爲衞君，〔二〕是爲文公。文公以亂故犇齊，齊人入之。

〔一〕正義括地志云：「城武縣有楚丘亭。」

〔二〕集解賈誼書曰：「衞侯朝於周，周行人問其名，答曰衞侯辟疆，周行人還之，曰啓疆辟疆，天子之號，諸侯弗

得用。衛侯更其名曰燬，然後受之。」【正義】燬音毁。

初，翟殺懿公也，衛人憐之，思復立宣公前死太子伋之後，伋子又死，而代伋死者子壽又無子。太子伋同母弟二人：其一曰黔牟，黔牟嘗代惠公爲君，八年復去；其二曰昭伯。昭伯、黔牟皆已前死，故立昭伯子申爲戴公。戴公卒，復立其弟燬爲文公。

文公初立，輕賦平罪，〔一〕身自勞，與百姓同苦，以收衛民。

〔一〕【索隱】輕賦稅，平斷刑也。平，或作「卒」。卒謂士卒也。罪字連下讀，蓋亦一家之義耳。

十六年，晉公子重耳過，無禮。十七年，齊桓公卒。二十五年，文公卒，子成公鄭立。

成公三年，晉欲假道於衛救宋，成公不許。晉更從南河度，〔一〕救宋。徵師於衛，衛大夫欲許，成公不肯。大夫元咺攻成公，成公出犇。〔二〕晉文公重耳伐衛，分其地予宋，討前過無禮及不救宋患也。衛成公遂出犇陳。〔三〕二歲，如周求入，與晉文公會。晉使人鴆衛成公，成公私於周主鴆，令薄，得不死。〔四〕已而周爲請晉文公，卒入之衛，而誅元咺，衛君瑕出犇。〔五〕七年，晉文公卒。十二年，成公朝晉襄公。十四年，秦穆公卒。二十六年，齊邴歜弒其君懿公。〔六〕三十五年，成公卒，〔七〕子穆公遫立。〔八〕

〔一〕【集解】服虔曰：「南河，濟南之東南流河也。」杜預曰：「從汲郡南度，出衛南。」

〔二〕【索隱】犇楚。【正義】咺，況遠反。

〔三〕【索隱】按：左傳「衛侯聞楚師敗，懼，出奔楚，遂適陳」是。

〔四〕【索隱】按：私謂賂之也。

〔五〕【索隱】是元咺所立者，成公入而殺之，故僖三十年經云「衛殺其大夫元咺及公子瑕」。此言「奔」，非也。

〔六〕【索隱】邴歜與左氏同，而齊系家作「邴戎」者，蓋邴歜掌御戎車，故號邴戎。邴音丙。歜亦作「歇」。

〔七〕【集解】世本曰：「成公徙濮陽。」宋忠曰：「濮陽，帝丘，地名。」

〔八〕【正義】遫音速。

穆公二年，楚莊王伐陳，殺夏徵舒。三年，楚莊王圍鄭，鄭降，復釋之。十一年，孫良夫救魯伐齊，復得侵地。穆公卒，子定公臧立。定公十二年卒，子獻公衎立。

獻公十三年，公令師曹教宮妾鼓琴，〔一〕妾不善，曹笞之。妾以幸惡曹於公，公亦笞曹三百。十八年，獻公戒孫文子、甯惠子食，皆往。日旰不召，〔二〕而去射鴻於囿。二子從之，〔三〕公不釋射服與之言。〔四〕二子怒，如宿。〔五〕孫文子子數侍公飲，〔六〕使師曹歌巧言之卒章。〔七〕師曹又怒公之嘗笞三百，乃歌之，欲以怒孫文子，報衛獻公。文子語蘧伯玉，伯玉曰：「臣不知也。」〔八〕遂攻出獻公。獻公犇齊，齊置衛獻公於聚邑。孫文子、甯惠子共立定公弟秋〔九〕爲衛君，是爲殤公。

〔一〕【集解】賈逵曰：「師曹，樂人。」

〔二〕【集解】服虔曰：「孫文子，林父也。甯惠子，甯殖也。敕戒二子，欲共晏食，皆服朝衣待命。旰，晏也。」

〔三〕【集解】服虔曰：「從公於囿。」

〔四〕【集解】左傳曰：「不釋皮冠。」

〔五〕【集解】服虔曰：「孫文子邑也。」【索隱】左傳作「戚」，此亦音戚也。

〔六〕【集解】左傳曰文子子卽孫蒯也。

〔七〕【集解】杜預曰：「巧言，詩小雅也。其卒章曰：『彼何人斯？居河之麋。無拳無勇，職爲亂階。』公欲以譬文子居河上而爲亂。」

〔八〕【集解】賈逵曰：「伯玉，衛大夫。」

〔九〕【集解】徐廣曰：「班氏云獻公弟焱。」【索隱】左傳作「剽」，古今人表作「焱」，蓋音相亂，字易改耳。音方遥反，又匹妙反。

殤公秋立，封孫文子林父於宿。十二年，甯喜與孫林父争寵相惡，殤公使甯喜攻孫林父。林父犇晉，復求入故衛獻公。獻公在齊，齊景公聞之，與衛獻公如晉求入。晉爲伐衛，誘與盟。衛殤公會晉平公，平公執殤公與甯喜而復入衛獻公。獻公亡在外十二年而入。

獻公後元年，誅甯喜。

三年，吴延陵季子使過衛，見蘧伯玉、史鰌，曰：「衛多君子，其國無故。」過宿，孫林父

爲擊磬，曰：「不樂，音大悲，使衛亂乃此矣。」是年，獻公卒，子襄公惡立。

襄公六年，楚靈王會諸侯，襄公稱病不往。

九年，襄公卒。初，襄公有賤妾，幸之，有身，夢有人謂曰：「我康叔也，令若子必有衛，名而子曰『元』。」妾怪之，問孔成子。〔一〕成子曰：「康叔者，衛祖也。」及生子，男也，以告襄公。襄公曰：「天所置也。」名之曰元。襄公夫人無子，於是乃立元爲嗣，是爲靈公。

〔一〕【集解】服虔曰：「衛卿孔烝鉏。」

靈公五年，朝晉昭公。六年，楚公子弃疾弒靈王自立，爲平王。十一年，火。

三十八年，孔子來，禄之如魯。後有隙，孔子去。後復來。

三十九年，太子蒯聵與靈公夫人南子有惡，〔一〕欲殺南子。蒯聵與其徒戲陽遬謀，朝，使殺夫人。〔二〕戲陽後悔，不果。蒯聵數目之，夫人覺之，懼，呼曰：〔三〕「太子欲殺我！」靈公怒，太子蒯聵犇宋，已而之晉趙氏。

〔一〕【集解】賈逵曰：「南子，宋女。」

〔二〕【集解】賈逵曰：「戲陽遬，太子家臣。」【正義】戲音羲。

〔三〕正義呼，火故反。

四十二年春，靈公游于郊，令子郢僕。〔一〕郢，靈公少子也，字子南。靈公怨太子出犇，謂郢曰：「我將立若爲後。」郢對曰：「郢不足以辱社稷，君更圖之。」〔二〕夏，靈公卒，夫人命子郢爲太子，曰：「此靈公命也。」郢曰：「亡人太子蒯聵之子輒在也，不敢當。」於是衛乃以輒爲君，是爲出公。

〔一〕集解賈逵曰：「僕，御也。」

〔二〕集解服虔曰：「郢自謂己無德，不足立，以污辱社稷。」

六月乙酉，趙簡子欲入蒯聵，乃令陽虎詐命衛十餘人衰絰歸，〔一〕簡子送蒯聵。衛人聞之，發兵擊蒯聵。蒯聵不得入，入宿而保，衛人亦罷兵。

〔一〕集解服虔曰：「衰絰，爲若從衛來迎太子也。」

出公輒四年，齊田乞弒其君孺子。八年，齊鮑子弒其君悼公。

孔子自陳入衛。九年，孔文子問兵於仲尼，仲尼不對。其後魯迎仲尼，仲尼反魯。

十二年，初，孔圉文子取太子蒯聵之姊，生悝。孔氏之豎渾良夫美好，孔文子卒，良夫通於悝母。太子在宿，悝母使良夫於太子。太子與良夫言曰：「苟能入我國，報子以乘軒，免子三死，毋所與。」〔一〕與之盟，許以悝母爲妻。閏月，良夫與太子入，舍孔氏之外圃。〔二〕

昏，二人蒙衣而乘，〔三〕宦者羅御，如孔氏。孔氏之老欒甯問之，〔四〕稱姻妾以告。〔五〕遂入，適伯姬氏。〔六〕既食，悝母杖戈而先，〔七〕太子與五人介，輿猳從之。〔八〕伯姬劫悝於廁，彊盟之，遂劫以登臺。〔九〕欒甯將飲酒，炙未熟，聞亂，使告仲由。〔一〇〕召護駕乘車，〔一一〕行爵食炙，〔一二〕奉出公輒犇魯。〔一三〕

〔一〕集解杜預曰：「軒，大夫車也。三死，死罪三。」正義杜預云：「三罪，紫衣、袒裘、帶劍也。紫衣，君服也。熱，故偏袒，不敬也。衛侯求令名者與之食焉，太子請使良夫，良夫紫衣狐裘，不釋劍而食，太子使牽退，數之罪而殺之。

〔二〕集解服虔曰：「圃，園。」

〔三〕集解服虔曰：「二人謂良夫、太子。蒙衣，爲婦人之服，以巾蒙其頭而共乘也。」

〔四〕集解服虔曰：「家臣稱老。問其姓名。」

〔五〕集解賈逵曰：「婚姻家妾也。」

〔六〕集解服虔曰：「入孔氏家，適伯姬所居。」

〔七〕集解服虔曰：「先至孔悝所。」

〔八〕集解賈逵曰：「介，被甲也。輿猳豚，欲以盟故也。」

〔九〕集解服虔曰：「於衛臺上召衛羣臣。」

〔一〇〕集解服虔曰：「季路爲孔氏邑宰，故告之。」

〔一一〕集解服虔曰：「召護，衛大夫。駕乘車，不駕兵車也，言無距父之意。」

〔一二〕集解服虔曰：「欒甯使召季路，乃行爵食炙。」

〔一三〕集解服虔曰：「召護奉衛侯。」

仲由將入，遇子羔將出，〔一〕曰：「門已閉矣。」子路曰：「吾姑至矣。」〔二〕子羔曰：「不及，莫踐其難。」〔三〕子路曰：「食焉不辟其難。」〔四〕子羔遂出。子路入，及門，公孫敢闔門，曰：「毋入爲也！」〔五〕子路曰：「是公孫也？求利而逃其難。由不然，利其祿，必救其患。」有使者出，子路乃得入。曰：「太子焉用孔悝？雖殺之，必或繼之。」〔六〕且曰：「太子無勇。若燔臺，必舍孔叔。」太子聞之，懼，下石乞、盂黶敵子路，〔七〕以戈擊之，割纓。子路曰：「君子死，冠不免。」〔八〕結纓而死。〔九〕孔子聞衛亂，曰：「嗟乎！柴也其來乎？由也其死矣。」孔悝竟立太子蒯聵，是爲莊公。

〔一〕集解賈逵曰：「子羔，衛大夫高柴，孔子弟子也。將出，犇。」

〔二〕集解杜預曰：「且欲至門。」

〔三〕集解賈逵曰：「言家臣憂不及國，不得踐履其難。」鄭衆曰：「是時輒已出，不及事，不當踐其難。子羔言不及，以爲季路欲死國也。」

〔四〕集解服虔曰：「言食悝之祿，欲救悝之難，此明其不死國也。」

〔五〕集解服虔曰：「公孫敢，衛大夫。言輒已出，無爲復入。」

〔六〕集解王肅曰：「必有繼續其後攻太子。」

〔七〕集解服虔曰：「二子，蒯聵之臣。敵，當也。」正義燔音煩。舍音捨。黶音乙減反。

〔八〕集解服虔曰：「不使冠在地。」

〔九〕正義纓，冠緌也。

莊公蒯聵者，出公父也，居外，怨大夫莫迎立。元年卽位，欲盡誅大臣，曰：「寡人居外久矣，子亦嘗聞之乎？」羣臣欲作亂，乃止。

二年，魯孔丘卒。

三年，莊公上城，見戎州。〔一〕曰：「戎虜何爲是？」戎州病之。十月，戎州告趙簡子，簡子圍衛。十一月，莊公出犇，〔二〕衛人立公子斑師爲衛君。〔三〕齊伐衛，虜斑師，更立公子起爲衛君。〔四〕

〔一〕集解賈逵曰：「戎州，戎人之邑。」索隱左傳曰「戎州人攻之」是也。隱二年「公會戎于潛」，杜預云「陳留濟陽縣東南有戎城」。濟陽與衛相近，故莊公登臺望見戎州。又七年云「戎伐凡伯于楚丘」，是戎近衛。

〔二〕索隱按：左傳，莊公本由晉趙氏納之，立而背晉，晉伐衛，衛人出莊公，立公子般師。晉師退，莊公復入，般師出奔。初，公登城見戎州己氏之妻髮美，髡之以爲夫人髢。又欲翦戎州，兼逐石圃，故石圃攻莊公。莊公懼，踰北牆折股，入己氏，己氏殺之。今系家不言莊公復入及死己氏，直云出奔，亦其疏也。又左傳云衛復立般師，齊伐衛，立公子起，執般師。明年，衛石圃逐其君起，起奔齊，出公輒復歸。是左氏詳而系家略也。

[三]集解左傳曰：「斑師，襄公之孫。」
[四]集解服虔曰：「起，靈公子。」

衛君起元年，衛石曼尃逐其君起，[一]起犇齊。衛出公輒自齊復歸立。初，出公立十二年亡，亡在外四年復入。出公後元年，賞從亡者。立二十一年卒，[二]出公季父黔攻出公子而自立，是爲悼公。

[一]索隱左傳作「石圃」，此作「摶」，音圃，又音徒和反。摶，或作「尃」。諸本或無「曼」字。
[二]索隱按：出公初立十二年，亡在外四年，復入九年卒，是立二十一年。自卽位至卒，凡經二十五年而卒于越。

悼公五年卒，[一]子敬公弗立。[二]敬公十九年卒，子昭公糾立。[三]是時三晉彊，衛如小侯，屬之。[四]

[一]索隱按：紀年云「四年卒于越」。系本名虔。
[二]集解世本云敬公費也。索隱系本「弗」作「費」。
[三]索隱系本云敬公生穖公舟，非也。
[四]正義屬趙也。

昭公六年，公子亹[一]弒之代立，是爲懷公。懷公十一年，公子穨弒懷公而代立，是爲慎公。慎公父，公子適；[二]適父，敬公也。慎公四十二年卒，子聲公訓立。[三]聲公十一年

卒，子成侯遬[四]立。

[一]正義音尾。
[二]索隱音的。按：系本「適」作「虔」。虔，悼公也。
[三]索隱訓亦作「馴」，同休運反。系本作「聖公馳」。
[四]索隱音速。系本作「不逝」。按：上穆公已名遬，不可成侯更名則系本是。

成侯十一年，公孫鞅入秦。[一]十六年，衛更貶號曰侯。

[一]索隱按：秦本紀云孝公元年鞅入秦，又按年表，成侯與秦孝公同年，然則「十一年」當爲「元年」，字誤耳。

二十九年，成侯卒，子平侯立。平侯八年卒，子嗣君立。[一]

[一]索隱按：樂資據紀年，以嗣君卽孝襄侯也。

嗣君五年，更貶號曰君，獨有濮陽。

四十二年卒，子懷君立。懷君三十一年，朝魏，魏囚殺懷君。魏更立嗣君弟，是爲元君。元君爲魏壻，故魏立之。[一]元君十四年，秦拔魏東地，[二]秦初置東郡，更徙衛野王縣，[三]而并濮陽爲東郡。二十五年，元君卒，子君角立。[四]

[一]集解徐廣曰：「班氏云元君者，懷君之弟。」
[二]索隱魏都大梁，濮陽、黎陽並是魏之東地，故立郡名東郡也。
[三]索隱按年表，元君十一年秦置東郡，十三年衛徙野王，與此不同也。
[四]集解年表云元君十一年秦置東郡，十二年徙野王，二十三年卒。

君角九年，秦并天下，立爲始皇帝。二十一年，二世廢君角爲庶人，衛絶祀。

太史公曰：余讀世家言，至於宣公之太子以婦見誅，弟壽爭死以相讓，此與晉太子申生不敢明驪姬之過同，俱惡傷父之志。然卒死亡，何其悲也！或父子相殺，兄弟相滅，亦獨何哉？

【索隱述贊】司寇受封，梓材有作。成錫厥器，康加其爵。暨武能脩，從文始約。詩美歸燕，傳矜石碏。皮冠射鴻，乘軒使鶴。宣縱淫嬖，釁生伋、朔。蒯聵得罪，出公行惡。衛祚日衰，失於君角。

史記卷三十八

宋微子世家第八

微子開者，〔一〕殷帝乙之首子而帝紂之庶兄也。〔二〕紂既立，不明，淫亂於政，微子數諫，紂不聽。及祖伊以周西伯昌之修德，滅阢國，〔三〕懼禍至，以告紂。紂曰：「我生不有命在天乎？是何能爲！」於是微子度紂終不可諫，欲死之，及去，未能自決，乃問於太師、少師〔四〕曰：「殷不有治政，不治四方。〔五〕我祖遂陳於上，〔六〕紂沈湎於酒，婦人是用，亂敗湯德於下。〔七〕殷既小大好草竊姦宄，〔八〕卿士師師非度，〔九〕皆有罪辜，乃無維獲，〔一〇〕小民乃並興，相爲敵讎。〔一一〕今殷其典喪！若涉水無津涯。〔一二〕殷遂喪，越至于今。」〔一三〕曰：「太師，少師，我其發出往？〔一四〕吾家保于喪？〔一五〕今女無故告〔一七〕予，顛躋，如之何其？」〔一八〕太師若曰：「王子，天篤下菑亡殷國，〔一九〕乃毋畏畏，不用老長。〔二〇〕今殷民乃陋淫神祇之祀。〔二一〕今誠得治國，國治身死不恨。爲死，終不得治，不如去。」遂亡。

〔一〕集解孔安國曰：「微，畿內國名。子，爵也。爲紂卿士。」索隱按：尚書微子之命篇云命微子啓代殷後，今

此名開者，避漢景帝諱也。

〔二〕索隱按：尚書亦以爲殷王元子而是紂之兄。按：呂氏春秋云生微子時母猶爲妾，及爲妃而生紂。故微子爲紂同母庶兄。

〔三〕集解徐廣曰：「阢音耆。」索隱阢音耆，耆卽黎也。鄒誕本云「鬐音黎」。孔安國云「黎在上黨東北，卽今之黎亭是也」。

〔四〕集解孔安國曰：「太師，三公，箕子也。少師，孤卿，比干也。」

〔五〕集解孔安國曰：「言殷不有治政四方之事，將必亡也。」

〔六〕集解馬融曰：「我祖，湯也。」孔安國曰：「言湯遂其功，陳力於上世也。」

〔七〕集解馬融曰：「下，下世也。」

〔八〕集解孔安國曰：「草野盜竊，又爲姦宄於外內。」

〔九〕集解馬融曰：「非但小人學爲姦宄，卿士已下轉相師效，爲非法度。」

〔一〇〕集解鄭玄曰：「獲，得也。羣臣皆有是罪，其爵祿又無常得之者。言屢相攻奪。」

〔一一〕集解孔安國曰：「卿士既亂，而小民各起，共爲敵讎。言不和同。」

〔一二〕集解徐廣曰：「一作『陟水無舟航』，言危也。」駰謂典，國典也。索隱尚書「典」作「淪」，篆字變易，其義亦殊。徐廣曰「典，國典也」。喪音息浪反。

〔一三〕集解馬融曰：「越，於也。於是至矣，於今到矣。」

〔一四〕集解馬融曰：「重呼告之。」

〔一五〕集解鄭玄曰：「發，起也。紂禍敗如此，我其起作出往也。」索隱往，尚書作「狂」，蓋亦今文尚書意異耳。

〔一六〕集解徐廣曰：「一云『於是家保』。」駰案：馬融曰「卿大夫稱家」。

〔一七〕集解王肅曰：「無意告我也，是微子求教誨也。」

〔一八〕集解馬融曰：「躋猶墜也。恐顛墜於非義，當如之何也。」鄭玄曰：「其，語助也。齊魯之閒聲如『姬』。記曰『何居』。」

〔一九〕集解孔安國曰：「微子，帝乙子，故曰『王子』。天生紂爲亂，是下菑也。」鄭玄曰：「少師不答，志在必死。」正義菑音災。

〔二〇〕集解孔安國曰：「上不畏天菑，下不畏賢人，違戾耆老之長，不用其教。」

〔二一〕集解徐廣曰：「一云『今殷民侵神犧』，又一云『陋淫侵神祇』。」駰案：馬融曰「天曰神，地曰祇」。索隱陋淫，尚書作「攘竊」。劉氏云「陋淫猶輕褻也」。

箕子者，〔一〕紂親戚也。〔二〕紂始爲象箸，〔三〕箕子歎曰：「彼爲象箸，必爲玉桮；爲桮，則必思遠方珍怪之物而御之矣。輿馬宮室之漸自此始，不可振也。」紂爲淫泆，箕子諫，不聽。人或曰：「可以去矣。」箕子曰：「爲人臣諫不聽而去，是彰君之惡而自說於民，吾不忍爲也。」乃被髮詳狂而爲奴。遂隱而鼓琴以自悲，故傳之曰箕子操。〔四〕

〔一〕集解馬融曰：「箕，國名也。子，爵也。」

〔二〕索隱箕，國；子，爵也。司馬彪曰「箕子名胥餘」。馬融、王肅以箕子爲紂之諸父。服虔、杜預以爲紂之庶兄。杜預云「梁國蒙縣有箕子冢」。

〔三〕索隱箸音持略反。按：下云「爲象箸必爲玉杯」，杯箸事相近，周禮六尊有犧、象、著、壺、泰、山。著尊者，著地無足是也。劉氏音直廬反，則杯箸亦食用之物，亦並通。

〔四〕集解風俗通義曰：「其道閉塞憂愁而作者，命其曲曰操。操者，言遇菑遭害，困厄窮迫，雖怨恨失意，猶守禮義，不懼不懾，樂道而不改其操也。」

王子比干者，亦紂之親戚也。見箕子諫不聽而爲奴，則曰：「君有過而不以死爭，則百姓何辜！」乃直言諫紂。紂怒曰：「吾聞聖人之心有七竅，信有諸乎？」乃遂殺王子比干，刳視其心。

微子曰：「父子有骨肉，而臣主以義屬。故父有過，子三諫不聽，則隨而號之；人臣三諫不聽，則其義可以去矣。」於是太師、少師乃勸微子去，遂行。〔一〕

〔一〕集解時比干已死，而云少師者似誤。

周武王伐紂克殷，微子乃持其祭器造於軍門，肉袒面縛，〔一〕左牽羊，右把茅，膝行而前以告。於是武王乃釋微子，復其位如故。

〔一〕索隱肉袒者，袒而露肉也。面縛者，縛手于背而面向前也。劉氏云「面卽背也」，義亦稍迂。

武王封紂子武庚祿父以續殷祀，使管叔、蔡叔傅相之。

武王既克殷，訪問箕子。

武王曰：「於乎！維天陰定下民，相和其居，〔一〕我不知其常倫所序。」〔二〕

〔一〕集解孔安國曰：「天不言而默定下民，助合其居，使有常生之資也。」

〔二〕集解孔安國曰：「言我不知天所以定民之常道理次序，問何由。」

箕子對曰：「在昔鯀陻鴻水，汨陳其五行，〔一〕帝乃震怒，不從鴻範九等，常倫所斁。〔二〕鯀則殛死，禹乃嗣興。〔三〕天乃錫禹鴻範九等，常倫所序。〔四〕

〔一〕集解孔安國曰：「陻，塞；汨，亂也。治水失道，是亂陳五行。」

〔二〕集解徐廣曰：「一作『釋』。」駰案：鄭玄曰「帝，天也。天以鯀如是，乃震動其威怒，不與天道大法九類，言王所問所由敗也」。

〔三〕集解鄭玄曰：「春秋傳曰『舜之誅也殛鯀，其舉也興禹』。」

〔四〕集解孔安國曰：「天與禹，洛出書也。神龜負文而出，列於背，有數至于九，禹遂因而第之，以成九類。」

「初一曰五行；二曰五事；三曰八政；四曰五紀；五曰皇極；六曰三德；七曰稽疑；八曰庶徵；九曰嚮用五福，畏用六極。〔一〕

〔一〕集解馬融曰：「言天所以畏懼人用六極。」

「五行：一曰水，二曰火，三曰木，四曰金，五曰土。〔一〕水曰潤下，火曰炎上，〔二〕木曰曲直，〔三〕金曰從革，〔四〕土曰稼穡。〔五〕潤下作鹹，〔六〕炎上作苦，〔七〕曲直作酸，〔八〕從革作辛，〔九〕稼穡作甘。〔10〕

〔一〕集解鄭玄曰：「此數本諸陰陽所生之次也。」

〔二〕集解孔安國曰：「言其自然之常性也。」

〔三〕集解孔安國曰：「木可揉使曲直也。」

〔四〕集解馬融曰：「金之性從人而更，可銷鑠。」

〔五〕集解王肅曰：「種之曰稼，斂之曰穡。」

〔六〕集解孔安國曰：「水鹵所生。」

〔七〕集解孔安國曰：「焦氣之味。」

〔八〕集解孔安國曰：「木實之性。」

〔九〕集解孔安國曰：「金氣之味。」

〔10〕集解孔安國曰：「甘味生於百穀。五行以下，箕子所陳。」

「五事：一曰貌，二曰言，三曰視，四曰聽，五曰思。貌曰恭，言曰從，〔一〕視曰明，聽曰聰，思曰睿。〔二〕恭作肅，從作治，〔三〕明作智，聰作謀，〔四〕睿作聖。〔五〕

〔一〕集解馬融曰：「發言當使可從。」

〔二〕集解馬融曰：「睿，通也。」

〔三〕集解馬融曰：「出令而從，所以爲治也。」

〔四〕集解孔安國曰：「所謀必成審也。」馬融曰：「上聰則下進其謀。」

〔五〕集解孔安國曰：「於事無不通，謂之聖。」

「八政：一曰食，二曰貨，三曰祀，四曰司空，〔一〕五曰司徒，〔二〕六曰司寇，〔三〕七曰賓，〔四〕八曰師。〔五〕

〔一〕集解馬融曰：「司空，掌營城郭，主空土以居民。」

〔二〕集解孔安國曰：「主徒衆，教以禮義。」

〔三〕集解馬融曰：「主誅寇害。」

〔四〕集解鄭玄曰：「掌諸侯朝覲之官。」

〔五〕集解鄭玄曰：「掌軍旅之官。」

「五紀：一曰歲，二曰月，三曰日，四曰星辰，〔一〕五曰曆數。〔二〕

〔一〕集解馬融曰：「星，二十八宿。辰，日月之所會也。」鄭玄曰：「星，五星也。」

〔二〕集解孔安國曰：「曆數，節氣之度。以爲曆數，敬授民時。」

「皇極：皇建其有極，〔一〕斂時五福，用傅錫其庶民，〔二〕維時其庶民于女極，〔三〕錫女保極。〔四〕凡厥庶民，毋有淫朋，人毋有比德，維皇作極。〔五〕凡厥庶民，有猷有爲有守，女則

念之。〔六〕不協于極，不離于咎，皇則受之。〔七〕而安而色，曰予所好德，女則錫之福。〔八〕時人斯其維皇之極。〔九〕毋侮鰥寡而畏高明。〔10〕人之有能有爲，使羞其行，而國其昌。〔11〕凡厥正人，既富方穀。〔12〕女不能使有好于而家，時人斯其辜。〔13〕于其毋好，女雖錫之福，其作女用咎。〔14〕毋偏毋頗，遵王之義。〔15〕毋有作好，遵王之道。〔16〕毋有作惡，遵王之路。毋偏毋黨，王道蕩蕩。〔17〕毋黨毋偏，王道平平。〔18〕毋反毋側，王道正直。〔19〕會其有極，〔20〕歸其有極。〔21〕曰王極之傅言，〔22〕是夷是訓，于帝其順。〔23〕凡厥庶民，極之傅言，〔24〕是順是行，〔25〕以近天子之光。〔26〕曰天子作民父母，以爲天下王。〔27〕

〔一〕集解孔安國曰：「太中之道，大立其有中，謂行九疇之義。」

〔二〕集解馬融曰：「當斂是五福之道，用布與衆民。」

〔三〕集解馬融曰：「以其能斂是五福，故衆民於汝取中正以歸心也。」

〔四〕集解鄭玄曰：「又賜女以守中之道。」

〔五〕集解孔安國曰：「民有善則無淫過朋黨之惡，比周之德，惟天下皆大爲中正也。」

〔六〕集解馬融曰：「凡其衆民有謀有爲，有所執守，當思念其行有所趣舍也。」

〔七〕集解孔安國曰：「凡民之行雖不合於中，而不罹於咎惡，皆可進用大法受之。」

〔八〕集解孔安國曰：「女當安女顏色，以謙下人。人曰我所好者德也，女則與之爵祿。」

〔九〕集解孔安國曰：「不合于中之人，女與之福，則是人此其惟大之中，言可勉進也。」

〔一〇〕集解馬融曰：「高明顯寵者，不枉法畏之。」

〔一一〕集解王肅曰：「使進其行，任之以政，則國爲之昌。」

〔一二〕集解孔安國曰：「正直之人，既當爵禄富之，又當以善道接之。」

〔一三〕集解孔安國曰：「不能使正人有好於國家，則是人斯其詐取罪而去也。」

〔一四〕集解鄭玄曰：「無好於女家之人，雖錫之以爵禄，其動作爲女用惡。」謂爲天子結怨於民。

〔一五〕集解孔安國曰：「偏，不平。頗，不正。言當循先王正義以治民。」

〔一六〕集解馬融曰：「好，私好也。」

〔一七〕集解孔安國曰：「言開辟也。」鄭玄曰：「黨，朋黨。」

〔一八〕集解孔安國曰：「言辨治也。」

〔一九〕集解馬融曰：「反，反道也。側，傾側也。」

〔二〇〕集解鄭玄曰：「謂君也當會聚有中之人以爲臣也。」

〔二一〕集解鄭玄曰：「謂臣也當就有中之君而事之。」

〔二二〕集解馬融曰：「王者當盡極行之，使臣下布陳其言。」

〔二三〕集解馬融曰：「是大中而常行之，用是教訓天下，於天爲順也。」

〔二四〕集解馬融曰：「亦盡極敷陳其言於上也。」

〔二五〕集解王肅曰：「民納言於上而得中者，則順而行之。」

〔二六〕集解王肅曰：「近猶益也。順行民言，所以益天子之光。」

〔二七〕集解王肅曰：「政教務中，民善是用，所以爲民父母，而爲天下所歸往。」

「三德：一曰正直，〔一〕二曰剛克，三曰柔克。〔二〕平康正直，〔三〕彊不友剛克，〔四〕內友柔克，〔五〕沈漸剛克，〔六〕高明柔克。〔七〕維辟作福，維辟作威，維辟玉食。〔八〕臣無有作福作威玉食。臣有作福作威玉食，其害于而家，凶于而國，人用側頗辟，民用僭忒。〔九〕

〔一〕集解鄭玄曰：「中平之人。」

〔二〕集解鄭玄曰：「克，能也。剛而能柔，柔而能剛，寬猛相濟，以成治立功。」

〔三〕集解孔安國曰：「世平安，用正直治之。」

〔四〕集解孔安國曰：「友，順也。世彊禦不順，以剛能治之。」

〔五〕集解孔安國曰：「世和順，以柔能治之也。」索隱內，當爲「燮」。燮，和也。

〔六〕集解馬融曰：「沈，陰也。潛，伏也。陰伏之謀，謂賊臣亂子非一朝一夕之漸，君親無將，將而誅。」索隱尚書作「沈潛」，此作「漸」字，其義當依馬注。

〔七〕集解馬融曰：「高明君子，亦以德懷也。」

〔八〕集解馬融曰：「辟，君也。不言王者，關諸侯也。」鄭玄曰：「作福，專爵賞也。作威，專刑罰也。玉食，備珍美也。」

〔九〕集解孔安國曰：「在位不端平，則下民僭差。」

「稽疑：擇建立卜筮人。〔一〕乃命卜筮，曰雨，曰濟，曰涕，〔二〕曰霧，〔三〕曰克，曰貞，曰悔，

凡七。卜五，占之用二，衍貣。〔四〕立時人爲卜筮，〔五〕三人占則從二人之言。〔六〕女則有大疑，謀及女心，謀及卿士，謀及庶人，謀及卜筮。〔七〕女則從，龜從，筮從，卿士從，庶民從，是之謂大同，〔八〕而身其康彊，而子孫其逢吉。〔九〕女則從，龜從，筮從，卿士逆，庶民逆，吉。卿士從，龜從，筮從，女則逆，庶民逆，吉。庶民從，龜從，筮從，女則逆，卿士逆，吉。〔一〇〕女則從，龜從，筮逆，卿士逆，庶民逆，作內吉，作外凶。〔一一〕龜筮共違于人，用靜吉，用作凶。〔一二〕

〔一〕集解孔安國曰：「龜曰卜，蓍曰筮。考正疑事，當選擇知卜筮人而建立之。」

〔二〕集解尚書作「圛」。索隱涕音亦，尚書作「圛」。孔安國云「氣駱驛亦連續」。今此文作「涕」，是涕泣亦相連之狀也。

〔三〕集解徐廣曰：「一曰『涙』，曰『被』。」索隱霧音蒙，然「蒙」與「霧」亦通。徐廣所見本「涕」作「涙」，「蒙」作「被」，義通而字變。

〔四〕集解鄭玄曰：「卜五占之用，謂雨、濟、圛、霧、克也。二衍貣，謂貞、悔也。將立卜筮人，乃先命名兆卦而分別之。兆卦之名凡七，龜用五，易用二。審此道者，乃立之也。雨者，兆之體，氣如雨然也。濟者，如雨止之雲氣在上者也。圛者，色澤而光明也。霧者，氣不釋，鬱冥冥也。克者，如祲氣之色相犯也。內卦曰貞，貞，正也。外卦曰悔，悔之言晦也，晦猶終也。卦象多變，故言『衍貣』也。」

〔五〕集解鄭玄曰：「立是能分別兆卦之名者，以爲卜筮人。」

〔六〕集解鄭玄曰：「從其多者。蓍龜之道幽微難明，慎之深。」

〔七〕集解孔安國曰：「先盡謀慮，然後卜筮以決之。」

〔八〕集解孔安國曰：「大同於吉。」

〔九〕集解孔安國曰：「動不違衆，故後世遇吉也。」

〔一〇〕集解鄭玄曰：「此三者皆從多，故爲吉。」

〔一一〕集解鄭玄曰：「此逆者多，以故舉事於境內則吉，境外則凶。」

〔一二〕集解孔安國曰：「安以守常則吉，動則凶。」鄭玄曰：「龜筮皆與人謀相違，人雖三從，猶不可以舉事。」

「庶徵：曰雨，曰陽，曰奧，曰寒，曰風，曰時。〔一〕五者來備，各以其序，庶草繁廡。〔二〕一極備，凶。一極亡，凶。〔三〕曰休徵：〔四〕曰肅，時雨若；〔五〕曰治，時暘若；〔六〕曰知，時奧若；〔七〕曰謀，時寒若；〔八〕曰聖，時風若。〔九〕曰咎徵：〔一〇〕曰狂，常雨若；〔一一〕曰僭，常暘若；〔一二〕曰舒，常奧若；〔一三〕曰急，常寒若；〔一四〕曰霧，常風若。〔一五〕王眚維歲，〔一六〕卿士維月，〔一七〕師尹維日。〔一八〕歲月日時毋易，〔一九〕百穀用成，治用明，〔二〇〕畯民用章，家用平康。〔二一〕日月歲時既易，百穀用不成，治用昏不明，畯民用微，家用不寧。庶民維星，〔二二〕星有好風，星有好雨。〔二三〕日月之行，有冬有夏。〔二四〕月之從星，則以風雨。〔二五〕

〔一〕集解孔安國曰：「雨以潤物，陽以乾物，煖以長物，寒以成物，風以動物。五者各以時，所以爲衆驗。」

〔二〕集解孔安國曰：「言五者備至，各以次序，則衆草木繁廡滋豐也。」

〔三〕集解孔安國曰：「一者備極過甚則凶，一者極無不至亦凶，謂其不時失敍之謂也。」

〔四〕集解孔安國曰：「敘美行之驗。」
〔五〕集解孔安國曰：「君行敬，則時雨順之。」
〔六〕集解孔安國曰：「君政治，則時暘順之。」
〔七〕集解孔安國曰：「君昭晢，則時燠順之。」
〔八〕集解孔安國曰：「君能謀，則時寒順之。」
〔九〕集解孔安國曰：「君能通理，則時風順之。」
〔一〇〕集解孔安國曰：「敘惡行之驗也。」
〔一一〕集解孔安國曰：「君行狂妄，則常雨順之。」
〔一二〕集解孔安國曰：「君行僭差，則常暘順之。」
〔一三〕集解孔安國曰：「君臣逸豫，則常燠順之。」索隱舒，依字讀。按：下有「曰急」也。
〔一四〕集解孔安國曰：「沿行急，則常寒順之。」
〔一五〕集解孔安國曰：「君行霧闇，則常風順之。」
〔一六〕集解馬融曰：「言王者所眚職，如歲兼四時也。」
〔一七〕集解孔安國曰：「卿士各有所掌，如月之有別。」
〔一八〕集解孔安國曰：「衆正官之吏分治其職，如日之有歲月也。」
〔一九〕集解孔安國曰：「各順常。」
〔二〇〕集解孔安國曰：「歲月無易，則百穀成；君臣無易，則正治明。」

〔二一〕集解孔安國曰：「賢臣顯用，國家平寧。」
〔二二〕集解孔安國曰：「星，民象，故衆民惟若星也。」
〔二三〕集解馬融曰：「箕星好風，畢星好雨。」
〔二四〕集解孔安國曰：「日月之行，冬夏各有常度。」
〔二五〕集解孔安國曰：「月經于箕則多風，離于畢則多雨。政教失常，以從民欲，亦所以亂。」

「五福：一曰壽，二曰富，三曰康寧，〔一〕四曰攸好德，〔二〕五曰考終命。〔三〕六極：一曰凶短折，〔四〕二曰疾，三曰憂，四曰貧，五曰惡，〔五〕六曰弱。」〔六〕

〔一〕集解鄭玄曰：「康寧，平安。」
〔二〕集解孔安國曰：「所好者德，福之道。」
〔三〕集解孔安國曰：「各成其短長之命以自終，不橫夭。」
〔四〕集解鄭玄曰：「未齔曰凶，未冠曰短，未婚曰折。」索隱未齔，未毀齒也。音楚忕反。
〔五〕集解孔安國曰：「惡，醜陋也。」
〔六〕集解鄭玄曰：「愚懦不壯毅曰弱。」

於是武王乃封箕子於朝鮮〔一〕而不臣也。

〔一〕索隱潮仙二音。地因水爲名也。

其後箕子朝周，過故殷虛，感宮室毀壞，生禾黍，箕子傷之，欲哭則不可，欲泣爲其近婦人，〔一〕乃作麥秀之詩以歌詠之。其詩曰：「麥秀漸漸兮，禾黍油油。〔二〕彼狡僮兮，不與我好兮！」所謂狡童者，紂也。殷民聞之，皆爲流涕。〔三〕

〔一〕索隱婦人之性多涕泣。
〔二〕索隱漸漸，麥芒之狀，音子廉反，又依字讀。油油者，禾黍之苗光悅貌。
〔三〕集解杜預曰：「梁國蒙縣有箕子冢。」

武王崩，成王少，周公旦代行政當國。管、蔡疑之，乃與武庚作亂，欲襲成王、周公。〔一〕周公既承成王命誅武庚，殺管叔，放蔡叔，乃命微子開代殷後，奉其先祀，作微子之命以申之，國于宋。〔二〕微子故能仁賢，乃代武庚，故殷之餘民甚戴愛之。

〔一〕集解徐廣曰：「一云『欲襲成周』。」
〔二〕集解世本曰：「宋更曰睢陽。」

微子開卒，立其弟衍，是爲微仲。〔一〕微仲卒，子宋公稽立。〔二〕宋公稽卒，子丁公申立。丁公申卒，子湣公共立。湣公共卒，弟煬公熙立。煬公卽位，湣公子鮒祀弒煬公而自立，〔三〕曰「我當立」，是爲厲公。厲公卒，子釐公舉立。

〔一〕集解禮記曰：「微子舍其孫腯而立衍也。」鄭玄曰：「微子適子死，立其弟衍，殷禮也。」索隱按：家語微子

弟仲思名衍，一名泄，嗣微子爲宋公。雖遷爵易位，而班級不過其故，故以舊官爲稱。故二微雖爲宋公，猶稱微，至于稽乃稱宋公也。
〔二〕索隱譙周云：「未謚，故名之。」
〔三〕集解徐廣曰：「鮒，一作『魴』。」索隱徐云一本作「魴」，譙周亦作「魴祀」，據左氏，卽湣公庶子也。弒煬公，欲立太子弗父何，何讓不受。

釐公十七年，周厲王出奔彘。

二十八年，釐公卒，子惠公覸立。〔一〕惠公四年，周宣王卽位。三十年，惠公卒，子哀公立。哀公元年卒，子戴公立。

〔一〕集解吕忱曰：「覸音古莧反。」

戴公二十九年，周幽王爲犬戎所殺，秦始列爲諸侯。

三十四年，戴公卒，子武公司空立。武公生女爲魯惠公夫人，生魯桓公。十八年，武公卒，子宣公力立。

宣公有太子與夷。十九年，宣公病，讓其弟和，曰：「父死子繼，兄死弟及，天下通義也。我其立和。」和亦三讓而受之。宣公卒，弟和立，是爲穆公。

穆公九年，病，召大司馬孔父謂曰：「先君宣公舍太子與夷而立我，我不敢忘。我死，必立與夷也。」孔父曰：「羣臣皆願立公子馮。」穆公曰：「毋立馮，吾不可以負宣公。」於是穆公使馮出居于鄭。八月庚辰，穆公卒，兄宣公子與夷立，是爲殤公。君子聞之，曰：「宋宣公可謂知人矣，立其弟以成義，然卒其子復享之。」

殤公元年，衞公子州吁弒其君完自立，欲得諸侯，使告於宋曰：「馮在鄭，必爲亂，可與我伐之。」宋許之，與伐鄭，至東門而還。二年，鄭伐宋，以報東門之役。其後諸侯數來侵伐。

九年，大司馬孔父嘉妻好，出，道遇太宰華督，〔一〕督說，目而觀之。〔二〕督利孔父妻，乃使人宣言國中曰：「殤公卽位十年耳，而十一戰，〔三〕民苦不堪，皆孔父爲之，我且殺孔父以寧民。」是歲，魯弒其君隱公。十年，華督攻殺孔父，取其妻。殤公怒，遂弒殤公，而迎穆公子馮於鄭而立之，是爲莊公。

〔一〕集解服虔曰：「戴公之孫。」

〔二〕集解服虔曰：「目者，極視精不轉也。」

〔三〕集解賈逵曰：「一戰，伐鄭，圍其東門；二戰，取其禾；三戰，取邾田；四戰，邾鄭伐宋，入其郛；五戰，伐鄭，圍

長葛；六戰，鄭以王命伐宋；七戰，魯敗宋師于菅；八戰，宋、衞入鄭；九戰，伐戴；十戰，鄭入宋；十一戰，鄭伯以虢師大敗宋。」

莊公元年，華督爲相。九年，執鄭之祭仲，要以立突爲鄭君。祭仲許，竟立突。十九年，莊公卒，子湣公捷立。

湣公七年，齊桓公卽位。九年，宋水，魯使臧文仲往弔水。〔一〕湣公自罪曰：「寡人以不能事鬼神，政不脩，故水。」臧文仲善此言。此言乃公子子魚教湣公也。

〔一〕集解賈逵曰：「問凶曰弔。」

十年夏，宋伐魯，戰於乘丘，〔一〕魯生虜宋南宮萬。〔二〕宋人請萬，萬歸宋。十一年秋，湣公與南宮萬獵，因博爭行，湣公怒，辱之，曰：「始吾敬若；今若，魯虜也。」萬有力，病此言，遂以局殺湣公于蒙澤。〔三〕大夫仇牧聞之，以兵造公門。萬搏牧，牧齒著門闔死。〔四〕因殺太宰華督，乃更立公子游爲君。諸公子犇蕭，公子禦說犇亳。〔五〕萬弟南宮牛將兵圍亳。冬，蕭及宋之諸公子共擊殺南宮牛，弒宋新君游而立湣公弟禦說，是爲桓公。宋萬犇陳。宋人請以賂陳。陳人使婦人飲之醇酒，〔六〕以革裹之，歸宋。〔七〕宋人醢萬也。〔八〕

〔一〕集解徐廣曰：「乘，一作『滕』。」駰案：杜預曰「乘丘，魯地。」

〔二〕集解賈逵曰：「南宮，氏；萬，名。宋卿。」

〔三〕集解賈逵曰：「蒙澤，宋澤名也。」杜預曰：「宋地，梁國有蒙縣。」

〔四〕集解何休曰：「闔，門扇。」

〔五〕集解服虔曰：「蕭、亳，宋邑也。」杜預曰：「今沛國有蕭縣，蒙縣西北有亳城也。」

〔六〕集解服虔曰：「宋萬多力，勇不可執，故先使婦人誘而飲之酒，醉而縛之。」

〔七〕集解左傳曰：「以犀革裹之。」

〔八〕集解服虔曰：「醢，肉醬。」

桓公二年，諸侯伐宋，至郊而去。三年，齊桓公始霸。二十三年，迎衞公子燬於齊，立之，是爲衞文公。文公女弟爲桓公夫人。秦穆公卽位。三十年，桓公病，太子茲甫讓其庶兄目夷爲嗣。桓公義太子意，竟不聽。三十一年春，桓公卒，太子茲甫立，是爲襄公。以其庶兄目夷爲相。未葬，而齊桓公會諸侯于葵丘，襄公往會。

襄公七年，宋地霣星如雨，與雨偕下；〔一〕六鶂退蜚，〔二〕風疾也。〔三〕

〔一〕集解左傳曰：「隕石于宋五，隕星也。」索隱按：僖十六年左傳「霣石于宋五，霣星也。六鶂退飛，過宋都」。是當宋襄公之時。訪内史叔興曰「吉凶焉在」？對曰「君將得諸侯而不終」也。然莊七年傳又云「恆星不見，夜中星霣如雨，與雨偕也」。且與雨偕下，自在別年，不與霣石退鶂之事同。此史以霣石爲霣星，遂連恆星不見之時

與雨偕爲文，故與左傳小不同也。

〔二〕集解公羊傳曰：「視之則六，察之則鶂，徐察之則退飛。」

〔三〕集解賈逵曰：「風起於遠，至宋都高而疾，故鶂逢風卻退。」

八年，齊桓公卒，宋欲爲盟會。十二年春，宋襄公爲鹿上之盟，〔一〕以求諸侯於楚，楚人許之。公子目夷諫曰：「小國爭盟，禍也。」不聽。秋，諸侯會宋公盟于盂。〔二〕目夷曰：「禍其在此乎？君欲已甚，何以堪之！」於是楚執宋襄公以伐宋。冬，會于亳，以釋宋公。子魚曰：「禍猶未也。」十三年夏，宋伐鄭。子魚曰：「禍在此矣。」秋，楚伐宋以救鄭。襄公將戰，子魚諫曰：「天之弃商久矣，不可。」冬，十一月，襄公與楚成王戰于泓。〔三〕楚人未濟，目夷曰：「彼衆我寡，及其未濟擊之。」公不聽。已濟未陳，又曰：「可擊。」公曰：「待其已陳。」陳成，宋人擊之。宋師大敗，襄公傷股。國人皆怨公。公曰：「君子不困人於阸，不鼓不成列。」〔四〕子魚曰：「兵以勝爲功，何常言與！〔五〕必如公言，卽奴事之耳，又何戰爲？」

〔一〕集解杜預曰：「鹿上，宋地。汝陰有原鹿縣。」索隱按：汝陰原鹿其地在楚，僖二十一年「宋人、楚人、齊人盟於鹿上」是也。然襄公始求諸侯於楚，楚纔許之，計未合至女陰鹿上。今濟陰乘氏縣北有鹿城，蓋此地也。

〔二〕集解杜預曰：「盂，宋地。」

〔三〕集解穀梁傳曰：「戰于泓水之上。」

〔四〕集解何休曰：「軍法，以鼓戰，以金止，不鼓不戰也。不成列，未成陳。」

〔五〕集解徐廣曰：「一云『尚何言與』。」

楚成王已救鄭，鄭享之；去而取鄭二姬以歸。〔一〕叔瞻曰：「成王無禮，〔二〕其不没乎？爲禮卒於無別，有以知其不遂霸也。」

〔一〕索隱謂鄭夫人芈氏、姜氏之女。既是鄭女，故云「二姬」。

〔二〕正義謂取鄭二姬也。

是年，晉公子重耳過宋，襄公以傷於楚，欲得晉援，厚禮重耳以馬二十乘。〔一〕

〔一〕集解服虔曰：「八十匹。」

十四年夏，襄公病傷於泓而竟卒，〔一〕子成公王臣立。

〔一〕索隱按：春秋戰于泓在僖二十三年，重耳過宋及襄公卒在二十四年。今此文以重耳過與傷泓共歲，故云「是年」。又重耳過與宋襄公卒共是一歲，則不合更云「十四年」。是進退俱不合於左氏，蓋太史公之疏耳。

成公元年，晉文公卽位。三年，倍楚盟親晉，以有德於文公也。四年，楚成王伐宋，宋告急於晉。五年，晉文公救宋，楚兵去。九年，晉文公卒。十一年，楚太子商臣弑其父成王代立。十六年，秦穆公卒。

十七年，成公卒。〔一〕成公弟禦殺太子及大司馬公孫固〔二〕而自立爲君。宋人共殺君禦而立成公少子杵臼，〔三〕是爲昭公。

〔一〕正義年表云公孫固殺成公。

〔二〕正義世本云：「宋莊公孫名固，爲大司馬。」

〔三〕正義年表云宋昭元年。杵臼，襄公之子。徐廣曰：「一云成公少子。」

昭公四年，宋敗長翟緣斯於長丘。〔一〕七年，楚莊王卽位。

〔一〕集解魯世家云宋武公之世，獲緣斯於長丘。今云此時，未詳。索隱徐廣曰「魯系家云宋武公之代，獲緣斯於長丘，今云此時未詳」者，春秋文公十一年，魯敗翟于鹹，獲長狄緣斯於長丘，齊系家惠公二年，長翟來，王子城父攻殺之，此並取左傳之説，載於諸國系家，今考其年歲亦頗相協。而魯系家云武公，此云昭公，蓋此「昭」當爲「武」，然前代雖已有武公，此杵臼當亦謚武也。若將不然，豈下五系公子特爲君，又合謚昭乎？

九年，昭公無道，國人不附。昭公弟鮑革〔一〕賢而下士。先，襄公夫人欲通於公子鮑，不可，〔二〕乃助之施於國，〔三〕因大夫華元爲右師。〔四〕昭公出獵，夫人王姬使衞伯攻殺昭公杵臼。弟鮑革立，是爲文公。

〔一〕集解徐廣曰：「一無『革』字。」

〔二〕集解服虔曰：「襄公夫人，周襄王之姊王姬也。不可，鮑不肯也。」

〔三〕正義施，貳是反。襄夫人助公子鮑布施恩惠於國人也。

〔四〕正義公子鮑因華元請，得爲右師。華元，戴公五代孫，華督之曾孫也。

文公元年，晉率諸侯伐宋，責以弑君。聞文公定立，乃去。二年，昭公子因文公母弟須與武、繆、戴、莊、桓之族爲亂，文公盡誅之，出武、繆之族。〔一〕

〔一〕集解賈逵曰：「出，逐也。」

四年春，（鄭）〔楚〕命（楚）〔鄭〕伐宋。宋使華元將，鄭敗宋，囚華元。華元之將戰，殺羊以食士，其御羊羹不及，〔一〕故怨，馳入鄭軍，故宋師敗，得囚華元。宋以兵車百乘文馬四百匹〔二〕贖華元。未盡入，華元亡歸宋。

〔一〕集解左傳曰御羊斟也。

〔二〕集解賈逵曰：「文，貍文也。」王肅曰：「文馬，畫馬也。」正義按：文馬者，裝飾其馬。四百匹，用牽車百乘，遺鄭贖華元也。又云文馬赤鬣縞身，目如黃金。

十四年，楚莊王圍鄭。鄭伯降楚，楚復釋之。

十六年，楚使過宋，宋有前仇，執楚使。九月，楚莊王圍宋。十七年，楚以圍宋五月不解，宋城中急，無食，華元乃夜私見楚將子反。子反告莊王。王問：「城中何如？」曰：「析骨而炊，〔一〕易子而食。」莊王曰：「誠哉言！我軍亦有二日糧。」以信故，遂罷兵去。

〔一〕集解何休曰：「析破人骨也。」

二十二年，文公卒，子共公瑕立。始厚葬。君子譏華元不臣矣。

共公（元）〔十〕年，華元善楚將子重，又善晉將欒書，兩盟晉楚。十三年，共公卒。華元爲右師，魚石爲左師。司馬唐山攻殺太子肥，欲殺華元，華元犇晉，魚石止之，至河乃還，〔一〕誅唐山。乃立共公少子成，是爲平公。〔二〕

〔一〕集解皇覽曰：「華元冢在陳留小黄縣城北。」

〔二〕集解左傳曰魚石犇楚。

平公三年，楚共王拔宋之彭城，以封宋左師魚石。四年，諸侯共誅魚石，而歸彭城於宋。三十五年，楚公子圍弑其君自立，爲靈王。四十四年，平公卒，子元公佐立。

元公三年，楚公子弃疾弑靈王，自立爲平王。八年，宋火。十年，元公毋信，詐殺諸公子，大夫華、向氏作亂。楚平王太子建來犇，見諸華氏相攻亂，建去如鄭。十五年，元公爲魯昭公避季氏居外，爲之求入魯，行道卒，子景公頭曼〔一〕立。

〔一〕索隱音萬。

景公十六年，魯陽虎來犇，已復去。二十五年，孔子過宋，宋司馬桓魋惡之，欲殺孔子，孔子微服去。三十年，曹倍宋，又倍晉，宋伐曹，晉不救，遂滅曹有之。〔一〕三十六年，齊田常

弑簡公。

〔一〕正義宋景公滅曹在魯哀公八年，周敬王三十三年也。

三十七年，楚惠王滅陳。熒惑守心。心，宋之分野也。景公憂之。司星子韋曰：「可移於相。」景公曰：「相，吾之股肱。」曰：「可移於民。」景公曰：「君者待民。」曰：「可移於歲。」景公曰：「歲饑民困，吾誰爲君！」子韋曰：「天高聽卑。君有君人之言三，熒惑宜有動。」於是候之，果徙三度。

六十四年，景公卒。宋公子特〔一〕攻殺太子而自立，是爲昭公。〔二〕昭公者，元公之曾庶孫也。昭公父公孫糾，糾父公子褍秦，〔三〕褍秦即元公少子也。景公殺昭公父糾，〔四〕故昭公怨殺太子而自立。

〔一〕索隱昭公也。左傳作「德」。

〔二〕索隱按左傳，景公無子，取元公庶曾孫公孫周之子德及啓畜于公宮。及景公卒，先立啓，後立德，是爲昭公。與此全乖，未知太史公據何而爲此說。

〔三〕集解徐廣曰：「褍音端。」

〔四〕索隱左傳名周。

昭公四十七年卒，子悼公購由立。〔一〕悼公八年卒，〔二〕子休公田立。休公田二十三年卒，子辟公辟兵立。〔三〕辟公三年卒，子剔成立。〔四〕剔成四十一年，剔成弟偃攻襲剔成，剔成敗奔齊，偃自立爲宋君。

〔一〕集解年表云四十九年。

〔二〕索隱按紀年爲十八年。索隱購音古候反。

〔三〕集解徐廣曰：「一云『辟公兵』。」索隱按：紀年作「桓侯璧兵」，則璧兵謚桓也。又莊子云「桓侯行，未出城門，其前驅呼辟，蒙人止之，後爲狂也」。司馬彪云「呼辟，使人避道。蒙人以桓侯名辟，而前驅呼『辟』，故爲狂也」。

〔四〕集解年表云剔成君也。索隱王劭按：紀年云宋易城盱廢其君辟而自立也。

君偃十一年，自立爲王。〔一〕東敗齊，取五城；南敗楚，取地三百里；西敗魏軍，乃與齊、魏爲敵國。盛血以韋囊，縣而射之，命曰「射天」。淫於酒、婦人。羣臣諫者輒射之。於是諸侯皆曰「桀宋」。〔二〕「宋其復爲紂所爲，不可不誅」。告齊伐宋。王偃立四十七年，齊湣王與魏、楚伐宋，殺王偃，遂滅宋而三分其地。〔三〕

〔一〕索隱戰國策、呂氏春秋皆以偃謚曰康王也。

〔二〕索隱晉太康地記言其似桀也。

〔三〕集解年表云偃立四十三年。

太史公曰：孔子稱「微子去之，箕子爲之奴，比干諫而死，殷有三仁焉」。〔一〕春秋譏宋之亂自宣公廢太子而立弟，〔二〕國以不寧者十世。〔三〕襄公之時，修行仁義，欲爲盟主。其大夫正考父美之，故追道契、湯、高宗，殷所以興，作商頌。〔四〕襄公既敗於泓，而君子或以爲多，〔五〕傷中國闕禮義，褒之也，〔六〕宋襄之有禮讓也。

〔一〕集解何晏曰：「仁者愛人。三人行異而同稱仁者，何也？以其俱在憂亂寧民也。」夏侯玄曰：「微子，仁之窮也；箕子、比干，智之窮也。故或盡材而止，或盡心而留，皆其極也。致極，斯君子之事矣。是以三仁不同，而其歸一揆也。」

〔二〕集解公羊傳曰：「君子大居正。宋之禍宣公爲之也。」

〔三〕索隱按：春秋公羊有此說，左氏則無譏焉。

〔四〕集解韓詩商頌章句亦美襄公。索隱按：裴駰引韓詩商頌章句亦美襄公，非也。今按：毛詩商頌序云正考父於周之太師「得商頌十二篇，以那爲首」。國語亦同此說。今五篇存，皆是商家祭祀樂章，非考父追作也。又考父佐戴、武、宣，則在襄公前且百許歲，安得述而美之？斯謬說耳。

〔五〕集解公羊傳曰：「君子大其不鼓不成列，臨大事而不忘大禮，有君而無臣，以爲雖文王之戰亦不過此也。」

〔六〕索隱襄公臨大事不忘大禮，而君子或以爲多，且傷中國之亂，闕禮義之舉，遂不嘉宋襄之盛德，故太史公褒而述之，故云褒之也。

【索隱述贊】殷有三仁，微、箕紂親。一囚一去，不顧其身。頌美有客，書稱作賓。卒傳家嗣，或敍彝倫。微仲之後，世載忠勤。穆亦能讓，實爲知人。傷泓之役，有君無臣。偃號「桀宋」，天之棄殷。

史記卷三十九

晉世家第九

晉唐叔虞者，〔一〕周武王子而成王弟。初，武王與叔虞母會時，〔二〕夢天謂武王曰：「余命女生子，名虞，余與之唐。」及生子，文在其手曰「虞」，故遂因命之曰虞。

〔一〕索隱 按：太叔以夢及手文而名曰虞，至成王誅唐之後，因戲削桐而封之。叔，字也，故曰唐叔虞。而唐有晉水，至子燮改其國號曰晉侯。然晉初封於唐，故稱晉唐叔虞也。且唐本堯後，封在夏墟，而都於鄂。鄂，今在大夏是也。及成王滅唐之後，乃分徙之於許、郢之閒，故春秋有唐成公是也，卽今之唐州也。

〔二〕集解 左傳曰：「邑姜方娠太叔。」服虔曰：「邑姜，武王后，齊太公女也。」

武王崩，成王立，唐有亂，〔一〕周公誅滅唐。成王與叔虞戲，削桐葉爲珪以與叔虞，曰：「以此封若。」史佚因請擇日立叔虞。成王曰：「吾與之戲耳。」史佚曰：「天子無戲言。言則史書之，禮成之，樂歌之。」於是遂封叔虞於唐。唐在河、汾之東，方百里，故曰唐叔虞。〔二〕姓姬氏，字子于。

〔一〕正義 括地志云：「故唐城在絳州翼城縣西二十里，卽堯裔子所封。春秋云夏孔甲時，有堯苗裔劉累者，以豢龍事孔甲，夏后嘉之，賜氏御龍，以更豕韋之後。龍一雌死，潛醢之以食夏后；既而使求之，懼而遷於魯縣。夏后（召孟）〔蓋〕別封劉累之孫于大夏之墟爲侯。至周成王時，唐人作亂，成王滅之，而封大叔，更遷唐人子孫于杜，謂之杜伯，卽范匄所云『在周爲唐杜氏』。按：魯縣汝州魯山縣是。今隨州棗陽縣東南一百五十里上唐鄉故城卽〔是〕。後子孫徙於唐。」

〔二〕集解 世本曰：「居鄂」。宋忠曰：「鄂地今在大夏。」正義 括地志云：「故鄂城在慈州昌寧縣東二里。」按：與絳州夏縣相近。禹都安邑，故城在縣東北十五里，故云「在大夏」也。然封于河、汾二水之東，方百里，正合在晉州平陽縣，不合在鄂，未詳也。

唐叔子燮，是爲晉侯。〔一〕晉侯子寧族，〔二〕是爲武侯。武侯之子服人，是爲成侯。成侯子福，〔三〕是爲厲侯。厲侯之子宜臼，是爲靖侯。靖侯已來，年紀可推。自唐叔至靖侯五世，無其年數。

〔一〕正義 燮，先牒反。括地志云：「故唐城在并州晉陽縣北二里。城記云堯築也。〔徐才〕宗國都城記云『唐叔虞之子燮父徙居晉水傍。今并理故唐城。唐者，卽燮父所徙之處，其城南半入州城，中削爲坊，城牆北半見在』。毛詩譜云『叔虞子燮父以堯墟南有晉水，改曰晉侯』。」

〔二〕索隱 系本作「曼期」，譙周作「曼旗」也。

〔三〕索隱 系本作「輻」字。

靖侯十七年，周厲王迷惑暴虐，國人作亂，厲王出奔于彘，大臣行政，故曰「共和」。〔一〕

〔一〕正義 厲王奔彘，周、召和其百姓行政，號曰「共和」。

十八年，靖侯卒，子釐侯司徒立。釐侯十四年，周宣王初立。十八年，釐侯卒，子獻侯籍〔一〕立。獻侯十一年卒，子穆侯費王〔二〕立。

〔一〕索隱 系本及譙周皆作「蘇」。

〔二〕索隱 鄒誕本作「弗生」，或作「潰王」，並音祕。

穆侯四年，取齊女姜氏爲夫人。七年，伐條。生太子仇。〔一〕十年，伐千畝，有功。〔二〕生少子，名曰成師。〔三〕晉人師服曰：〔四〕「異哉，君之命子也！太子曰仇，仇者讎也。少子曰成師，成師大號，成之者也。名，自命也；物，自定也。今適庶名反逆，此後晉其能毋亂乎？」

〔一〕集解 杜預曰：「條，晉地。」

〔二〕集解 杜預曰：「西河介休縣南有地名千畝。」

〔三〕集解 杜預曰：「意取能成其衆也。」

〔四〕集解 賈逵曰：「晉大夫。」

二十七年，穆侯卒，弟殤叔自立，太子仇出奔。殤叔三年，周宣王崩。四年，穆侯太子

仇率其徒襲殤叔而立，是爲文侯。

文侯十年，周幽王無道，犬戎殺幽王，周東徙。而秦襄公始列爲諸侯。

三十五年，文侯仇卒，子昭侯伯立。

昭侯元年，封文侯弟成師于曲沃。〔一〕曲沃邑大於翼。翼，晉君都邑也。〔二〕成師封曲沃，號爲桓叔。靖侯庶孫欒賓〔三〕相桓叔。桓叔是時年五十八矣，好德，晉國之衆皆附焉。君子曰：「晉之亂其在曲沃矣。末大於本而得民心，不亂何待！」

〔一〕索隱 河東之縣名，漢武帝改曰聞喜也。

〔二〕索隱 翼本晉都也，自孝侯已下一號翼侯，平陽絳邑縣東翼城是也。

〔三〕正義 世本云欒叔賓父也。

七年，晉大臣潘父弒其君昭侯而迎曲沃桓叔。桓叔欲入晉，晉人發兵攻桓叔。桓叔敗，還歸曲沃。晉人共立昭侯子平爲君，是爲孝侯。誅潘父。

孝侯八年，曲沃桓叔卒，子鱓〔一〕代桓叔，是爲曲沃莊伯。孝侯十五年，曲沃莊伯弒其君晉孝侯于翼。晉人攻曲沃莊伯，莊伯復入曲沃。晉人復立孝侯子郄〔二〕爲君，是爲鄂侯。

〔一〕索隱 音時戰反。又音善，又音陁。

〔二〕索隱 系本作「郄」，而他本亦有作「都」。正義 音丘戟反。

鄂侯二年，魯隱公初立。

鄂侯六年卒。曲沃莊伯聞晉鄂侯卒，乃興兵伐晉。周平王使虢公將兵伐曲沃莊伯，莊伯走保曲沃。晉人共立鄂侯子光，是爲哀侯。

哀侯二年曲沃莊伯卒，子稱代莊伯立，〔一〕是爲曲沃武公。哀侯六年，魯弒其君隱公。哀侯八年，晉侵陘廷。〔二〕陘廷與曲沃武公謀，九年，伐晉于汾旁，〔三〕虜哀侯。晉人乃立哀侯子小子爲君，是爲小子侯。〔四〕

〔一〕【正義】稱，尺證反。

〔二〕【集解】賈逵曰：「翼南鄙邑名。」

〔三〕【正義】白郎反。汾水之旁。

〔四〕【集解】禮記曰：「天子未除喪曰余小子，生名之，死亦名之。」鄭玄曰：「晉有小子侯，是取之天子也。」

小子元年，曲沃武公使韓萬殺所虜晉哀侯。〔一〕曲沃益彊，晉無如之何。

〔一〕【集解】賈逵曰：「韓萬，曲沃桓叔之子，莊伯弟。」

晉小子之四年，曲沃武公誘召晉小子殺之。周桓王使虢仲〔一〕伐曲沃武公，武公入于曲沃，乃立晉哀侯弟緡爲晉侯。

〔一〕【正義】馬融云：「周武王克商，封文王異母弟虢仲於夏陽。」

晉侯緡四年，宋執鄭祭仲而立突爲鄭君。晉侯十九年，齊人管至父弒其君襄公。

晉侯二十八年，齊桓公始霸。曲沃武公伐晉侯緡，滅之，盡以其寶器賂獻于周釐王。釐王命曲沃武公爲晉君，列爲諸侯，於是盡併晉地而有之。

曲沃武公已即位三十七年矣，更號曰晉武公。晉武公始都晉國，前即位曲沃，通年三十八年。

武公稱者，先晉穆侯曾孫也，〔一〕曲沃桓叔孫也。桓叔者，始封曲沃。武公，莊伯子也。自桓叔初封曲沃以至武公滅晉也，凡六十七歲，而卒代晉爲諸侯。武公代晉二歲，卒。與曲沃通年，即位凡三十九年而卒。子獻公詭諸立。

〔一〕【索隱】晉有兩穆侯，言先，以別後也。

獻公元年，周惠王弟穨攻惠王，惠王出奔，居鄭之櫟邑。〔一〕

〔一〕【索隱】櫟，鄭邑，今河南陽翟是也。故鄭之十邑有櫟有華也。

五年，伐驪戎，得驪姬、〔一〕驪姬弟，俱愛幸之。

〔一〕【集解】韋昭曰：「西戎之别在驪山也。」

八年，士蔿説公〔一〕曰：「故晉之羣公子多，不誅，亂且起。」乃使盡殺諸公子，而城聚都之，〔二〕命曰絳，始都絳。〔三〕九年，晉羣公子既亡奔虢，虢以其故再伐晉，弗克。十年，晉欲伐虢，士蔿曰：「且待其亂。」

〔一〕【集解】賈逵曰：「士蔿，晉大夫。」

〔二〕【集解】賈逵曰：「聚，晉邑。」

〔三〕【索隱】春秋莊二十六年傳「士蔿城絳」是也。杜預曰「今平陽絳邑縣」。應劭曰「絳水出西南」也。

十二年，驪姬生奚齊。獻公有意廢太子，乃曰：「曲沃吾先祖宗廟所在，而蒲邊秦，屈邊翟，〔一〕不使諸子居之，我懼焉。」於是使太子申生居曲沃，公子重耳居蒲，公子夷吾居屈。獻公與驪姬子奚齊居絳。晉國以此知太子不立也。太子申生，其母齊桓公女也，曰齊姜，早死。申生同母女弟爲秦穆公夫人。重耳母，翟之狐氏女也。夷吾母，重耳母女弟也。獻公子八人，而太子申生、重耳、夷吾皆有賢行。及得驪姬，乃遠此三子。

〔一〕【集解】韋昭曰：「蒲，今蒲阪；屈，北屈：皆在河東。」杜預曰：「蒲，今平陽蒲子縣是也。」

十六年，晉獻公作二軍。〔一〕公將上軍，太子申生將下軍，趙夙御戎，畢萬爲右，伐滅霍，滅魏，滅耿。〔二〕還，爲太子城曲沃，賜趙夙耿，賜畢萬魏，以爲大夫。士蔿曰：「太子不得立矣。分之都城，〔三〕而位以卿，〔四〕先爲之極，〔五〕又安得立！不如逃之，無使罪至。爲吳太

伯，不亦可乎，〔六〕猶有令名。」〔七〕太子不從。卜偃曰：「畢萬之後必大。〔八〕萬，盈數也；魏，大名也。〔九〕以是始賞，天開之矣。〔一〇〕天子曰兆民，諸侯曰萬民，今命之大，以從盈數，其必有衆。」〔一一〕初，畢萬卜仕於晉國，遇屯之比。〔一二〕辛廖占之曰：「吉。〔一三〕屯固比入，吉孰大焉。〔一四〕其後必蕃昌。」

〔一〕【集解】左傳曰王使虢公命曲沃伯以一軍，爲晉侯。今始爲二軍。

〔二〕【集解】服虔曰：「三國皆姬姓，魏在晉之蒲阪河東也。」杜預曰：「平陽皮氏縣東南有耿鄉，永安縣東北有霍太山也。」【索隱】按：永安縣西南汾水西有霍城，古霍國；有霍水，出霍太山。地理志河東河北縣，古魏國。地記亦以爲然。服虔云在蒲阪，非也。地記又曰皮氏縣汾水南耿城，是故耿國也。

〔三〕【集解】服虔曰：「邑有先君之主曰都。」

〔四〕【集解】賈逵曰：「謂將下軍也。」

〔五〕【集解】服虔曰：「言其祿位極盡於此也。」

〔六〕【集解】王肅曰：「太伯知天命在王季，奔吳不反。」

〔七〕【集解】王肅曰：「雖去猶可有令名，何與其坐而及禍也。」

〔八〕【集解】賈逵曰：「卜偃，晉掌卜大夫郭偃。」

〔九〕【集解】服虔曰：「數從一至萬爲滿。魏喻巍，巍，高大也。」

〔一〇〕【集解】服虔曰：「以魏賞畢萬，是爲天開其福。」

〔二〕集解杜預曰：「以魏從萬，有衆多之象。」
〔三〕集解賈逵曰：「震下坎上屯，坤下坎上比。屯初九變之比。」
〔四〕集解杜預曰：「屯，險難也，所以爲堅固。比，親密，所以得入。」

十七年，晉侯使太子申生伐東山。〔一〕里克諫獻公曰：〔二〕「太子奉冢祀社稷之粢盛，以朝夕視君膳者也，〔三〕故曰冢子。君行則守，有守則從，〔四〕從曰撫軍，〔五〕守曰監國，古之制也。夫率師，專行謀也；〔六〕誓軍旅，〔七〕君與國政之所圖也：〔八〕非太子之事也。師在制命而已，〔九〕稟命則不威，專命則不孝，故君之嗣適不可以帥師。君失其官，〔一〇〕率師不威，將安用之？」〔一一〕公曰：「寡人有子，未知其太子誰立。」里克不對而退，見太子。太子曰：「吾其廢乎？」里克曰：「太子勉之！教以軍旅，〔一二〕不共是懼，何故廢乎？且子懼不孝，毋懼不得立。〔一三〕修己而不責人，則免於難。」太子帥師，公衣之偏衣，〔一四〕佩之金玦。〔一五〕里克謝病，不從太子。太子遂伐東山。

〔一〕集解賈逵曰：「東山，赤狄別種。」
〔二〕集解服虔曰：「里克，晉卿里季也。」
〔三〕集解服虔曰：「廚膳飲食。」
〔四〕集解服虔曰：「有代太子守則從之。」

〔五〕集解服虔曰：「助君撫循軍士。」
〔六〕集解杜預曰：「率師者必專謀軍事。」
〔七〕集解杜預曰：「宣號令。」
〔八〕集解賈逵曰：「國政，正卿也。」
〔九〕集解杜預曰：「命，將軍所制。」
〔一〇〕集解杜預曰：「太子統師，是失其官也。」
〔一一〕集解杜預曰：「專命則不孝，是爲師必不威也。」
〔一二〕集解賈逵曰：「將下軍。」
〔一三〕集解服虔曰：「不得立己也。」
〔一四〕集解服虔曰：「偏裻之衣，偏異色，駮不純，裻在中，左右異，故曰偏衣。」杜預曰：「偏衣左右異色，其半似公服。」韋昭曰：「偏，半也。分身之半以授太子。」正義上「衣」去聲，下「衣」如字。
〔一五〕集解服虔曰：「以金爲玦也。」韋昭曰：「金玦，兵要也。」正義玦音決。

十九年，獻公曰：「始吾先君莊伯、武公之誅晉亂，而虢常助晉伐我，〔一〕又匿晉亡公子，果爲亂。弗誅，後遺子孫憂。」乃使荀息以屈産之乘〔二〕假道於虞。虞假道，遂伐虢，〔三〕取其下陽以歸。〔四〕

〔一〕正義言虢助晉伐曲沃也。

〔二〕集解何休曰：「屈産，出名馬之地。乘，備駟也。」
〔三〕集解賈逵曰：「虞在晉南，虢在虞南。」
〔四〕集解服虔曰：「下陽，虢邑也，在大陽東北三十里。穀梁傳曰下陽，虞、虢之塞邑。」

獻公私謂驪姬曰：「吾欲廢太子，以奚齊代之。」驪姬泣曰：「太子之立，諸侯皆已知之，而數將兵，百姓附之，柰何以賤妾之故廢適立庶？君必行之，妾自殺也。」驪姬詳譽太子，而陰令人譖惡太子，而欲立其子。

二十一年，驪姬謂太子曰：「君夢見齊姜，太子速祭曲沃，〔一〕歸釐於君。」太子於是祭其母齊姜於曲沃，上其薦胙於獻公。獻公時出獵，置胙於宮中。驪姬使人置毒藥胙中。居二日，〔二〕獻公從獵來還，宰人上胙獻公，獻公欲饗之。驪姬從旁止之，曰：「胙所從來遠，宜試之。」祭地，地墳；〔三〕與犬，犬死；與小臣，小臣死。〔四〕驪姬泣曰：「太子何忍也！其父而欲弒代之，況他人乎？且君老矣，旦暮之人，曾不能待而欲弒之！」謂獻公曰：「太子所以然者，不過以妾及奚齊之故。妾願子母辟之他國，若早自殺，毋徒使母子爲太子所魚肉也。始君欲廢之，妾猶恨之；至於今，妾殊自失於此。」〔五〕太子聞之，奔新城。〔六〕獻公怒，乃誅其傅杜原款。或謂太子曰：「爲此藥者乃驪姬也，太子何不自辭明之？」太子曰：「吾君老矣，非驪姬，寢不安，食不甘。即辭之，君且怒之。不可。」或謂太子曰：「可奔他國。」

太子曰：「被此惡名以出，人誰内我？我自殺耳。」十二月戊申，申生自殺於新城。〔七〕

〔一〕集解服虔曰：「齊姜廟所在。」
〔二〕索隱左傳云「六日」，不同。
〔三〕集解韋昭曰：「將飲先祭，示有先也。墳，起也。」
〔四〕集解韋昭曰：「小臣，官名，掌陰事，今閹士也。」
〔五〕索隱太子之行如此，妾前見君欲廢而恨之，今乃自以恨爲失也。
〔六〕集解韋昭曰：「新城，曲沃也，新爲太子城。」
〔七〕索隱國語云：「申生乃雉經於新城廟。」韋昭云：「曲沃也，新爲太子城，故曰新城。」

此時重耳、夷吾來朝。人或告驪姬曰：「二公子怨驪姬譖殺太子。」驪姬恐，因譖二公子：「申生之藥胙，二公子知之。」二子聞之，恐，重耳走蒲，夷吾走屈，保其城，自備守。初，獻公使士蔿爲〔一〕二公子築蒲、屈城，弗就。夷吾以告公，公怒士蔿。士蔿謝曰：「邊城少寇，安用之？」退而歌曰：「狐裘蒙茸，一國三公，吾誰適從！」〔二〕卒就城。及申生死，二子亦歸保其城。

〔一〕正義蔿，爲詭反。爲，於僞反。
〔二〕集解服虔曰：「蒙茸以言亂貌。三公言君與二公子。將敵，故不知所從。」

二十二年，獻公怒二子不辭而去，果有謀矣，乃使兵伐蒲。蒲人之宦者勃鞮〔一〕命重耳

促自殺。重耳踰垣，宦者追斬其衣袪。〔一〕重耳遂奔翟。使人伐屈，屈城守，不可下。

〔一〕[正義]勃，白没反。鞮，都提反。韋昭云：「伯楚，寺人披之字也，於文公時爲勃鞮也。」

〔二〕[集解]服虔曰：「袪，袂也。」

是歲也，晉復假道於虞以伐虢。虞之大夫宮之奇諫虞君曰：「晉不可假道也，是且滅虞。」虞君曰：「晉我同姓，不宜伐我。」宮之奇曰：「太伯、虞仲，太王之子也，太伯亡去，是以不嗣。虢仲、虢叔，王季之子也，爲文王卿士，其記勳在王室，藏於盟府。〔一〕將虢是滅，何愛於虞？且虞之親能親於桓、莊之族乎？桓、莊之族何罪，盡滅之。虞之與虢，脣之與齒，脣亡則齒寒。」虞公不聽，遂許晉。宮之奇以其族去虞。其冬，晉滅虢，虢公醜奔周。〔二〕還，襲滅虞，虜虞公及其大夫井伯百里奚〔三〕以媵秦穆姬，〔四〕而修虞祀。〔五〕荀息牽曩所遺虞屈産之乘馬奉之獻公，獻公笑曰：「馬則吾馬，齒亦老矣！」〔六〕

〔一〕[集解]杜預曰：「盟府，司盟之官也。」

〔二〕[集解]皇覽曰：「虢公冢在河内溫縣郭東，濟水南大冢是也。其城南有虢公臺。」

〔三〕[正義]南雍州記云：「百里奚宋井伯，宛人也。」

〔四〕[集解]杜預曰：「穆姬，獻公女。送女曰媵，以屈辱之。」

〔五〕[集解]服虔曰：「虞所祭祀，命祀也。」

〔六〕[集解]公羊傳曰：「蓋戲之也。」何休曰：「以馬齒戲喻荀息之年老也。」

二十三年，獻公遂發賈華等伐屈，〔一〕屈潰。〔二〕夷吾將奔翟。冀芮曰：「不可，〔三〕重耳已在矣，今往，晉必移兵伐翟，翟畏晉，禍且及。不如走梁，梁近於秦，秦彊，吾君百歲後可以求入焉。」遂奔梁。二十五年，晉伐翟，翟以重耳故，亦擊晉於齧桑，〔四〕晉兵解而去。

〔一〕[集解]賈逵曰：「賈華，晉右行大夫。」

〔二〕[正義]民逃其上曰潰。

〔三〕[集解]韋昭曰：「冀芮，晉大夫。」

〔四〕[集解]左傳作「采桑」，服虔曰「翟地」。[索隱]裴氏云左傳作「采桑」。按：今平陽曲南七十里河水有采桑津，是晉境。服虔云翟地，亦頗相近。然字作「齧桑」，齧桑衞地，恐非也。

當此時，晉彊，西有河西，與秦接境，北邊翟，東至河内。〔一〕

〔一〕[索隱]河内，河曲也。内音汭。

驪姬弟生悼子。〔一〕

〔一〕[索隱]左傳作「卓子」，音恥角反。弟，女弟也。

二十六年夏，齊桓公大會諸侯於葵丘。〔一〕晉獻公病，行後，未至，逢周之宰孔。宰孔曰：「齊桓公益驕，不務德而務遠略，諸侯弗平。君弟毋會，〔二〕毋如晉何。」獻公亦病，復還歸。病甚，乃謂荀息曰：「吾以奚齊爲後，年少，諸大臣不服，恐亂起，子能立之乎？」荀息曰：「能。」獻公曰：「何以爲驗？」對曰：「使死者復生，〔三〕生者不慙，〔四〕爲之驗。」於是遂屬奚齊於荀息。荀息爲相，主國政。秋九月，獻公卒。里克、邳鄭欲内重耳，以三公子之徒作亂，〔五〕謂荀息曰：「三怨將起，秦、晉輔之，子將何如？」荀息曰：「吾不可負先君言。」十月，里克殺奚齊於喪次，獻公未葬也。荀息將死之，或曰不如立奚齊弟悼子而傅之，荀息立悼子而葬獻公。十一月，里克弒悼子於朝，〔六〕荀息死之。君子曰：「詩所謂『白珪之玷，猶可磨也，斯言之玷，不可爲也』，〔七〕其荀息之謂乎！不負其言。」初，獻公將伐驪戎，卜曰「齒牙爲禍」。〔八〕及破驪戎，獲驪姬，愛之，竟以亂晉。

〔一〕[正義]在曹州考城縣東南一里。

〔二〕[索隱]弟，但也。

〔三〕[索隱]謂荀息受公命而立奚齊，雖復身死，不背生時之命，是死者復生也。

〔四〕[索隱]言生者見荀息不背君命而死，不爲之羞慙也。

〔五〕[集解]賈逵曰：「邳鄭，晉大夫。三公子，申生、重耳、夷吾也。」

〔六〕[集解]列女傳曰：「鞭殺驪姬於市。」

〔七〕[集解]杜預曰：「詩大雅，言此言之玷難治甚於白珪。」

〔八〕[集解]韋昭曰：「齒牙，謂兆端左右釁坼有似齒牙，中有縱畫，以象讒言之爲害也。」

里克等已殺奚齊、悼子，使人迎公子重耳於翟，〔一〕欲立之。重耳謝曰：「負父之命〔二〕

出奔，父死不得脩人子之禮侍喪，重耳何敢入！大夫其更立他子。」還報里克，里克使迎夷吾於梁。夷吾欲往，呂省、〔三〕郤芮〔四〕曰：「内猶有公子可立者而外求，難信。計非之秦，輔彊國之威以入，恐危。」乃使郤芮厚賂秦，約曰：「即得入，請以晉河西之地與秦。」及遺里克書曰：「誠得立，請遂封子於汾陽之邑。」〔五〕秦繆公乃發兵送夷吾於晉。齊桓公聞晉内亂，亦率諸侯如晉。秦兵與夷吾亦至晉，齊乃使隰朋會秦俱入夷吾，立爲晉君，是爲惠公。齊桓公至晉之高梁而還歸。

〔一〕[正義]國語云：「里克及邳鄭使屠岸夷告公子重耳於翟曰：『國亂民擾，得國在亂，治民在擾，子盍入乎？』」

〔二〕[正義]負音佩。

〔三〕[正義]省音眚。杜預曰：「姓瑕呂，名飴甥，字子金。」

〔四〕[正義]郤成子，即冀芮。

〔五〕[集解]賈逵曰：「汾，水名。汾陽，晉地也。」[索隱]按：國語「命里克汾陽之田百萬，命邳鄭以負蔡之田七十萬」。今此不言，亦其疏略也。

惠公夷吾元年，使邳鄭謝秦曰：「始夷吾以河西地許君，今幸得入立。大臣曰：『地者先君之地，君亡在外，何以得擅許秦者？』寡人爭之弗能得，故謝秦。」亦不與里克汾陽邑，而

奪之權。四月，周襄王使周公忌父〔一〕會齊、秦大夫共禮晉惠公。惠公以重耳在外，畏里克爲變，賜里克死。謂曰：「微里子寡人不得立。雖然，子亦殺二君一大夫，〔二〕爲子君者不亦難乎？」里克對曰：「不有所廢，君何以興？欲誅之，其無辭乎？乃言爲此！臣聞命矣。」遂伏劍而死。於是邳鄭使謝秦未還，故不及難。

〔一〕集解賈逵曰：「周卿士。」

〔二〕集解服虔曰：「奚齊、悼子、荀息也。」

晉君改葬恭太子申生。〔一〕秋，狐突之下國，〔二〕遇申生，申生與載而告之〔三〕曰：「夷吾無禮，余得請於帝，〔四〕將以晉與秦，秦將祀余。」狐突對曰：「臣聞神不食非其宗，君其祀毋乃絕乎？君其圖之。」申生曰：「諾，吾將復請帝。後十日，〔五〕新城西偏將有巫者見我焉。」〔六〕許之，遂不見。〔七〕及期而往，復見，申生告之曰：「帝許罰有罪矣，弊於韓。」〔八〕兒乃謠曰：「恭太子更葬矣，〔九〕後十四年，晉亦不昌，昌乃在兄。」

〔一〕集解韋昭曰：「獻公時申生葬不如禮，故改葬之。」

〔二〕集解服虔曰：「晉所滅國以爲下邑。一曰曲沃有宗廟，故謂之國；在絳下，故曰下國也。」

〔三〕集解杜預曰：「忽如夢而相見。狐突本爲申生御，故復使登車。」

〔四〕集解服虔曰：「帝，天帝。請罰有罪。」

〔五〕集解左傳曰：「七日。」

〔六〕集解杜預曰：「將因巫以見。」

〔七〕集解杜預曰：「狐突許其言，申生之象亦沒。」

〔八〕集解賈逵曰：「弊，敗也。韓，晉韓原。」

〔九〕索隱更，作也。更喪謂改喪。言後十四年晉不昌。

邳鄭使秦，聞里克誅，乃說秦繆公曰：「呂省、〔一〕郤稱、冀芮實爲不從。〔二〕若重賂與謀，出晉君，入重耳，事必就。」秦繆公許之，使人與歸報晉，厚賂三子。三子曰：「幣厚言甘，此必邳鄭賣我於秦。」遂殺邳鄭及里克、邳鄭之黨七輿大夫。〔三〕邳鄭子豹奔秦，言伐晉，繆公弗聽。

〔一〕索隱左傳作「呂甥」。

〔二〕集解杜預曰：「三子，晉大夫。不從，不與秦賂也。」索隱呂省、郤稱、冀芮三子，晉大夫。

〔三〕集解韋昭曰：「七輿，申生下軍之衆大夫也。」杜預曰：「侯伯七命，副車七乘。」

惠公之立，倍秦地及里克，誅七輿大夫，國人不附。二年，周使召公過〔一〕禮晉惠公，惠公禮倨，〔二〕召公譏之。

〔一〕集解韋昭曰：「召武公，爲王卿士。」

〔二〕索隱謂受玉惰也。事見僖十一年。

四年，晉饑，乞糴於秦。繆公問百里奚，〔一〕百里奚曰：「天菑流行，國家代有，救菑恤鄰，國之道也。與之。」邳鄭子豹曰：「伐之。」繆公曰：「其君是惡，其民何罪！」卒與粟，自雍屬絳。

〔一〕集解服虔曰：「秦大夫。」

五年，秦饑，請糴於晉。晉君謀之，慶鄭曰：〔一〕「以秦得立，已而倍其地約。晉饑而秦貸我，今秦饑請糴，與之何疑？而謀之！」虢射曰：〔二〕「往年天以晉賜秦，秦弗知取而貸我。今天以秦賜晉，晉其可以逆天乎？遂伐之。」惠公用虢射謀，不與秦粟，而發兵且伐秦。秦大怒，亦發兵伐晉。

〔一〕集解杜預曰：「慶鄭，晉大夫。」

〔二〕集解服虔曰：「虢射，惠公舅。」

六年春，秦繆公將兵伐晉。晉惠公謂慶鄭曰：「秦師深矣，〔一〕柰何？」鄭曰：「秦內君，君倍其賂；晉饑秦輸粟，秦饑而晉倍之，乃欲因其饑伐之：其深不亦宜乎！」晉卜御右，慶鄭皆吉。公曰：「鄭不孫。」〔二〕乃更令步陽御戎，家僕徒爲右，〔三〕進兵。九月壬戌，秦繆公、晉惠公合戰韓原。〔四〕惠公馬鷙不行，〔五〕秦兵至，公窘，召慶鄭爲御。鄭曰：「不用卜，敗不亦當乎！」遂去。更令梁繇靡御，〔六〕虢射爲右，輅秦繆公。〔七〕繆公壯士冒敗晉軍，晉軍敗，

遂失秦繆公，反獲晉公以歸。秦將以祀上帝。晉君姊爲繆公夫人，衰絰涕泣。公曰：「得晉侯將以爲樂，今乃如此。且吾聞箕子見唐叔之初封，曰『其後必當大矣』，晉庸可滅乎！」乃與晉侯盟王城〔八〕而許之歸。晉侯亦使呂省等報國人曰：「孤雖得歸，毋面目見社稷，卜日立子圉。」晉人聞之，皆哭。秦繆公問呂省：「晉國和乎？」對曰：「不和。小人懼失君亡親，〔九〕不憚立子圉，曰『必報讎，寧事戎、狄』。〔一〇〕其君子則愛君而知罪，以待秦命，曰『必報德』。有此二故，不和。」於是秦繆公更舍晉惠公，餽之七牢。〔一一〕十一月，歸晉侯。晉侯至國，誅慶鄭，修政教。謀曰：「重耳在外，諸侯多利內之。」欲使人殺重耳於狄。重耳聞之，如齊。

〔一〕集解韋昭曰：「深，入境。一曰深猶重。」

〔二〕集解服虔曰：「孫，順。」

〔三〕集解服虔曰：「二子，晉大夫也。」

〔四〕索隱在馮翊夏陽北二十里，今之韓城縣是。

〔五〕索隱鷙音竹二反。謂馬重而陷之於泥。

〔六〕正義韋昭云：「梁由靡，大夫也。」

〔七〕集解服虔曰：「輅，迎也。」索隱輅音五稼反。鄭誕音五額反。

〔八〕集解杜預曰：「馮翊臨晉縣東有王城。」

〔九〕正義 君，惠公也。親，父母也。言懼失君國亂，恐亡父母，不憚立子圉也。
〔一〇〕正義 小人言立子圉爲君之後，必報秦。終不事秦，寧事戎、狄耳。
〔一一〕正義 餽音匱。一牛一羊一豕爲一牢。

八年，使太子圉質秦。〔一〕初，惠公亡在梁，梁伯以其女妻之，生一男一女。梁伯卜之，男爲人臣，女爲人妾，故名男爲圉，女爲妾。〔二〕

〔一〕正義 質音致。
〔二〕集解 服虔曰：「圉人掌養馬臣之賤者。不聘曰妾。」

十年，秦滅梁。梁伯好土功，治城溝，〔一〕民力罷，怨，〔二〕其衆數相驚，曰「秦寇至」，民恐惑，秦竟滅之。

〔一〕集解 賈逵曰：「溝，塹也。」
〔二〕正義 罷音皮。

十三年，晉惠公病，內有數子。太子圉曰：「吾母家在梁，梁今秦滅之，我外輕於秦而內無援於國。君卽不起，病大夫輕，更立他公子。」乃謀與其妻俱亡歸。秦女曰：「子一國太子，辱在此。秦使婢子侍，〔一〕以固子之心。子亡矣，我不從子，亦不敢言。」子圉遂亡歸晉。十四年九月，惠公卒，太子圉立，是爲懷公。

〔一〕集解 服虔曰：「曲禮曰『世婦以下自稱婢子』。婢子，婦人之卑稱。」

子圉之亡，秦怨之，乃求公子重耳，欲內之。子圉之立，畏秦之伐也，乃令國中諸從重耳亡者與期，期盡不到者盡滅其家。狐突之子毛及偃從重耳在秦，弗肯召。懷公怒，囚狐突。突曰：「臣子事重耳有年數矣，今召之，是教之反君也，何以教之？」懷公卒殺狐突。秦繆公乃發兵送內重耳，使人告欒、郤之黨〔一〕爲內應，殺懷公於高梁，入重耳。重耳立，是爲文公。

〔一〕正義 欒枝、郤縠之屬也。

晉文公重耳，晉獻公之子也。自少好士，年十七，有賢士五人：曰趙衰；狐偃咎犯，文公舅也；賈佗；先軫；魏武子。自獻公爲太子時，重耳固已成人矣。獻公卽位，重耳年二十一。獻公十三年，以驪姬故，重耳備蒲城守秦。獻公二十一年，獻公殺太子申生，驪姬讒之，恐，不辭獻公而守蒲城。獻公二十二年，獻公使宦者履鞮〔一〕趣殺重耳。重耳踰垣，宦者逐斬其衣袪。重耳遂奔狄。狄，其母國也。是時重耳年四十三。從此五士，其餘不名者數十人，至狄。

〔一〕索隱 卽左傳之勃鞮，亦曰寺人披也。

狄伐咎如，〔一〕得二女：以長女妻重耳，生伯鯈、〔二〕叔劉；以少女妻趙衰，生盾。〔三〕居狄五歲而晉獻公卒，里克已殺奚齊、悼子，乃使人迎，欲立重耳。重耳畏殺，因固謝，不敢入。已而晉更迎其弟夷吾立之，是爲惠公。惠公七年，畏重耳，乃使宦者履鞮與壯士欲殺重耳。重耳聞之，乃謀趙衰等曰：「始吾奔狄，非以爲可用與，〔四〕以近易通，故且休足。休足久矣，固願徙之大國。夫齊桓公好善，志在霸王，收恤諸侯。今聞管仲、隰朋死，此亦欲得賢佐，盍往乎？」於是遂行。重耳謂其妻曰：「待我二十五年不來，乃嫁。」其妻笑曰：「犂二十五年，〔五〕吾冢上柏大矣。〔六〕雖然，妾待子。」重耳居狄凡十二年而去。

〔一〕集解 賈逵曰：「赤狄之別，隗姓。」索隱 赤狄之別種也，隗姓也。咎音高。鄒誕本作「困如」，又云或作「囚」。
〔二〕正義 直留反。
〔三〕索隱 左傳云伐廧咎如，獲其二女，以叔隗妻趙衰，生盾；公子取季隗，生伯鯈、叔劉。則叔隗長而季隗少，乃不同也。
〔四〕索隱 與音余。諸本或爲「興」。興，起也。非翟可用興起，故奔之也。
〔五〕索隱 犂猶比也。
〔六〕正義 杜預云：「言將死入木也，不復成嫁也。」

過衞，衞文公不禮。去，過五鹿，〔一〕飢而從野人乞食，野人盛土器中進之。重耳怒。

趙衰曰：「土者，有土也，君其拜受之。」

〔一〕集解 賈逵曰：「衞地。」杜預曰：「今衞縣西北有地名五鹿，陽平元城縣東亦有五鹿。」

至齊，齊桓公厚禮，而以宗女妻之，有馬二十乘，重耳安之。重耳至齊二歲而桓公卒，會豎刀等爲內亂，齊孝公之立，諸侯兵數至。留齊凡五歲。重耳愛齊女，毋去心。趙衰、咎犯乃於桑下謀行。齊女侍者在桑上聞之，以告其主。其主乃殺侍者，〔一〕勸重耳趣行。重耳曰：「人生安樂，孰知其他！必死於此，〔二〕不能去。」齊女曰：「子一國公子，窮而來此，數士者以子爲命。子不疾反國，報勞臣，而懷女德，竊爲子羞之。且不求，何時得功？」乃與趙衰等謀，醉重耳，載以行。行遠而覺，重耳大怒，引戈欲殺咎犯。咎犯曰：「殺臣成子，偃之願也。」重耳曰：「事不成，我食舅氏之肉。」咎犯曰：「事不成，犯肉腥臊，何足食！」乃止，遂行。

〔一〕集解 服虔曰：「懼孝公怒，故殺之以滅口。」
〔二〕集解 徐廣曰：「一云『人生一世，必死於此』。」

過曹，曹共公不禮，欲觀重耳駢脅。曹大夫釐負羈曰：「晉公子賢，又同姓，窮來過我，柰何不禮！」共公不從其謀。負羈乃私遺重耳食，置璧其下。重耳受其食，還其璧。去，過宋。宋襄公新困兵於楚，傷於泓，聞重耳賢，乃以國禮禮於重耳。〔一〕宋司馬公孫

固善於咎犯，曰：「宋小國新困，不足以求入，更之大國。」乃去。

〔一〕索隱 以國君之禮禮之也。

過鄭，鄭文公弗禮。鄭叔瞻諫其君曰：「晉公子賢，而其從者皆國相，且又同姓。鄭之出自厲王，而晉之出自武王。」鄭君曰：「諸侯亡公子過此者衆，安可盡禮！」叔瞻曰：「君不禮，不如殺之，且後爲國患。」鄭君不聽。

重耳去之楚，楚成王以適諸侯禮待之，〔一〕重耳謝不敢當。趙衰曰：「子亡在外十餘年，小國輕子，況大國乎？今楚大國而固遇子，子其毋讓，此天開子也。」遂以客禮見之。成王厚遇重耳，重耳甚卑。成王曰：「子卽反國，何以報寡人？」重耳曰：「羽毛齒角玉帛，君王所餘，未知所以報。」王曰：「雖然，何以報不穀？」重耳曰：「卽不得已，與君王以兵車會平原廣澤，請辟王三舍。」〔二〕楚將子玉怒曰：「王遇晉公子至厚，今重耳言不孫，請殺之。」成王曰：「晉公子賢而困於外久，從者皆國器，此天所置，庸可殺乎？且言何以易之！」〔三〕居楚數月，而晉太子圉亡秦，秦怨之；聞重耳在楚，乃召之。成王曰：「楚遠，更數國乃至晉。秦晉接境，秦君賢，子其勉行！」厚送重耳。

〔一〕索隱 適音敵。
〔二〕集解 賈逵曰：「司馬法『從遯不過三舍』。三舍，九十里也。」

〔三〕索隱 子玉請殺重耳，楚成王不許，言人出言不可輕易之。

重耳至秦，繆公以宗女五人妻重耳，故子圉妻與往。重耳不欲受，司空季子〔一〕曰：「其國且伐，況其故妻乎！且受以結秦親而求入，子乃拘小禮，忘大醜乎！」遂受。繆公大歡，與重耳飲。趙衰歌黍苗詩。〔二〕繆公曰：「知子欲急反國矣。」趙衰與重耳下，再拜曰：「孤臣之仰君，如百穀之望時雨。」是時晉惠公十四年秋。惠公以九月卒，子圉立。十一月，葬惠公。十二月，晉國大夫欒、郤等聞重耳在秦，皆陰來勸重耳、趙衰等反國，爲內應甚衆。於是秦繆公乃發兵與重耳歸晉。晉聞秦兵來，亦發兵拒之。然皆陰知公子重耳入也。唯惠公之故貴臣呂、郤之屬〔三〕不欲立重耳。重耳出亡凡十九歲而得入，時年六十二矣，晉人多附焉。

〔一〕集解 服虔曰：「胥臣臼季也。」
〔二〕集解 韋昭曰：「詩云『芃芃黍苗，陰雨膏之』。」
〔三〕正義 呂甥，郤芮也。

文公元年春，秦送重耳至河。咎犯曰：「臣從君周旋天下，過亦多矣。臣猶知之，況於君乎？請從此去矣。」重耳曰：「若反國，所不與子犯共者，河伯視之！」〔一〕乃投璧河中，以與子犯盟。是時介子推從，在船中，乃笑曰：「天實開公子，而子犯以爲己功而要市於君，固

足羞也。吾不忍與同位。」乃自隱渡河。秦兵圍令狐，晉軍於廬柳。〔二〕二月辛丑，咎犯與秦晉大夫盟於郇。〔三〕壬寅，重耳入於晉師。丙午，入於曲沃。丁未，朝於武宮，〔四〕卽位爲晉君，是爲文公。羣臣皆往。懷公圉奔高梁。戊申，使人殺懷公。

〔一〕索隱 視猶見也。
〔二〕集解 韋昭曰：「廬柳，晉地也。」
〔三〕集解 杜預曰：「解縣西北有郇城。」索隱 音荀，卽文王之子所封。又音環。
〔四〕集解 賈逵曰：「文公之祖武公廟也。」

懷公故大臣呂省、郤芮本不附文公，文公立，恐誅，乃欲與其徒謀燒公宮，殺文公。文公不知。始嘗欲殺文公宦者履鞮知其謀，欲以告文公，解前罪，求見文公。文公不見，使人讓曰：「蒲城之事，女斬予袪。其後我從狄君獵，女爲惠公來求殺我。惠公與女期三日至，而女一日至，何速也？女其念之。」宦者曰：「臣刀鋸之餘，不敢以二心事君倍主，故得罪於君。君已反國，其毋蒲、翟乎？且管仲射鉤，桓公以霸。今刑餘之人以事告而君不見，禍又且及矣。」於是見之，遂以呂、郤等告文公。文公欲召呂、郤，呂、郤等黨多，文公恐初入國，國人賣己，乃爲微行，會秦繆公於王城，〔一〕國人莫知。三月己丑，呂、郤等果反，焚公宮，不得文公。文公之衞徒與戰，呂、郤等引兵欲奔，秦繆公誘呂、郤等，殺之河上，晉國復

而文公得歸。夏，迎夫人於秦，秦所與文公妻者卒爲夫人。秦送三千人爲衞，以備晉亂。

〔一〕索隱 杜預云：「馮翊臨晉縣東有故王城，今名武鄉城。」

文公修政，施惠百姓。賞從亡者及功臣，大者封邑，小者尊爵。未盡行賞，周襄王以弟帶難出居鄭地，來告急晉。晉初定，欲發兵，恐他亂起，是以賞從亡未至隱者介子推。推亦不言祿，祿亦不及。推曰：「獻公子九人，唯君在矣。惠、懷無親，外內棄之；天未絕晉，必將有主，主晉祀者，非君而誰？天實開之，二三子以爲己力，不亦誣乎？竊人之財，猶曰是盜，況貪天之功以爲己力乎？下冒其罪，上賞其姦，上下相蒙，〔一〕難與處矣！」其母曰：「盍亦求之，以死誰懟？」推曰：「尤而效之，罪有甚焉。且出怨言，不食其祿。」母曰：「亦使知之，若何？」對曰：「言，身之文也；身欲隱，安用文之？文之，是求顯也。」其母曰：「能如此乎？與女偕隱。」至死不復見。

〔一〕集解 服虔曰：「蒙，欺也。」

介子推從者憐之，乃懸書宮門曰：「龍欲上天，五蛇爲輔。〔一〕龍已升雲，四蛇各入其宇，一蛇獨怨，終不見處所。」文公出，見其書，曰：「此介子推也。吾方憂王室，未圖其功。」使人召之，則亡。遂求所在，聞其入緜上山中，〔二〕於是文公環緜上山中而封之，以爲介推田，〔三〕號曰介山，「以記吾過，且旌善人」。〔四〕

〔一〕索隱 龍喻重耳。五蛇即五臣，狐偃、趙衰、魏武子、司空季子及子推也。舊云五臣有先軫、顛頡，今恐二人非其數。
〔二〕集解 賈逵曰：「緜上，晉地。」杜預曰：「西河介休縣南有地名緜上。」
〔三〕集解 徐廣曰：「一作『國』。」
〔四〕集解 賈逵曰：「旌，表也。」

從亡賤臣壺叔曰：「君三行賞，賞不及臣，敢請罪。」文公報曰：「夫導我以仁義，防我以德惠，此受上賞。輔我以行，卒以成立，此受次賞。矢石之難，汗馬之勞，此復受次賞。若以力事我而無補吾缺者，此〔復〕受次賞。三賞之後，故且及子。」晉人聞之，皆說。

二年春，秦軍河上，〔一〕將入王。趙衰曰：「求霸莫如入王尊周。周晉同姓，晉不先入王，後秦入之，毋以令于天下。方今尊王，晉之資也。」三月甲辰，晉乃發兵至陽樊，〔二〕圍溫，入襄王于周。四月，殺王弟帶。周襄王賜晉河內陽樊之地。

〔一〕索隱 晉地也。
〔二〕集解 服虔曰：「陽樊，周地。陽，邑名也，樊仲山之所居，故曰陽樊。」

四年，楚成王及諸侯圍宋，宋公孫固如晉告急。先軫曰：「報施定霸，於今在矣。」〔一〕狐

偃曰：「楚新得曹而初婚於衞，若伐曹、衞，楚必救之，則宋免矣。」於是晉作三軍。〔二〕趙衰舉郤縠將中軍，郤臻佐之；使狐偃將上軍，狐毛佐之，命趙衰爲卿；欒枝將下軍，〔三〕先軫佐之；荀林父御戎，魏犨爲右：〔四〕往伐。冬十二月，晉兵先下山東，而以原封趙衰。〔五〕

〔一〕集解 杜預曰：「報宋贈馬之施。」
〔二〕集解 王肅曰：「始復成國之禮，半周軍也。」
〔三〕集解 賈逵曰：「欒枝，欒賓之孫。」
〔四〕正義 犨，昌由反，又音受。
〔五〕集解 杜預曰：「河內沁水縣西北有原城。」

五年春，晉文公欲伐曹，假道於衞，衞人弗許。還自河南度，侵曹，伐衞。正月，取五鹿。二月，晉侯、齊侯盟于斂盂。〔一〕衞侯請盟晉，晉人不許。衞侯欲與楚，國人不欲，故出其君以說晉。衞侯居襄牛，〔二〕公子買守衞。楚救衞，不卒。〔三〕晉侯圍曹。三月丙午，晉師入曹，數之以其不用釐負羈言，而用美女乘軒者三百人也。令軍毋入僖負羈宗家以報德。楚圍宋，宋復告急晉。文公欲救則攻楚，爲楚嘗有德，不欲伐也；欲釋宋，宋又嘗有德於晉：患之。〔四〕先軫曰：「執曹伯，分曹、衞地以與宋，楚急曹、衞，其勢宜釋宋。」〔五〕於是文公從之，而楚成王乃引兵歸。

〔一〕集解 杜預曰：「衞地也。」
〔二〕集解 服虔曰：「衞地也。」
〔三〕集解 徐廣曰：「一作『勝』。」
〔四〕索隱 晉若攻楚，則傷楚子送其入秦之德；又欲釋宋不救，乃虧宋公贈馬之惠。進退有難，是以患之。
〔五〕索隱 楚初得曹，又新婚於衞，今晉執曹伯而分曹、衞之地與宋，則楚急曹、衞，其勢宜釋宋。

楚將子玉曰：「王遇晉至厚，今知楚急曹、衞而故伐之，是輕王。」王曰：「晉侯亡在外十九年，困日久矣，果得反國，險阸盡知之，能用其民，天之所開，不可當。」子玉請曰：「非敢必有功，願以閒執讒慝之口也。」〔一〕楚王怒，少與之兵。於是子玉使宛春告晉：〔二〕「請復衞侯而封曹，臣亦釋宋。」咎犯曰：「子玉無禮矣，君取一，臣取二，勿許。」〔三〕先軫曰：「定人之謂禮。楚一言定三國，子一言而亡之，我則毋禮。不許楚，是棄宋也。不如私許曹、衞以誘之，執宛春以怒楚，〔四〕既戰而後圖之。」〔五〕晉侯乃囚宛春於衞，且私許復曹、衞。曹、衞告絕於楚。楚得臣怒，〔六〕擊晉師，晉師退。軍吏曰：「爲何退？」文公曰：「昔在楚，約退三舍，可倍乎！」楚師欲去，得臣不肯。四月戊辰，宋公、〔七〕齊將、〔八〕秦將〔九〕與晉侯次城濮。〔一〇〕己巳，與楚兵合戰，楚兵敗，得臣收餘兵去。甲午，晉師還至衡雍，〔一一〕作王宮于踐土。〔一二〕

〔一〕集解 服虔曰：「子玉非敢求有大功，但欲執蔿賈讒慝之口，謂子玉過三百乘不能入也。」杜預曰：「執猶塞也。」
〔二〕集解 賈逵曰：「宛春，楚大夫。」
〔三〕集解 韋昭曰：「君，文公也。臣，子玉也。一謂釋宋圍，二謂復曹、衞。」
〔四〕集解 韋昭曰：「怒楚，令必戰。」
〔五〕集解 杜預曰：「須勝負決乃定計。」
〔六〕集解 得臣即子玉。
〔七〕索隱 成公王臣。
〔八〕索隱 國歸父。
〔九〕索隱 小子憖也。
〔一〇〕集解 賈逵曰：「衞地也。」
〔一一〕集解 杜預曰：「衡雍，鄭地，今滎陽卷縣也。」
〔一二〕集解 服虔曰：「既敗楚師，襄王自往臨踐土，賜命晉侯，晉侯聞而爲之作宮。」索隱 杜預云踐土，鄭地。然據此文，晉師還至衡雍，衡雍在河南也。故劉氏云踐土在河南。下文踐土在河北，今元城縣西有踐土驛，義或然也。

初，鄭助楚，楚敗，懼，使人請盟晉侯。晉侯與鄭伯盟。

五月丁未，獻楚俘於周，〔一〕駟介百乘，徒兵千。〔二〕天子使王子虎命晉侯爲伯，〔三〕賜大輅，彤弓矢百，玈弓矢千，〔四〕秬鬯一卣，珪瓚，〔五〕虎賁三百人。〔六〕晉侯三辭，然后稽首受

之。[七]周作晉文侯命：「王若曰：父義和，[八]丕顯文、武，能慎明德，[九]昭登於上，布聞在下，[一〇]維時上帝集厥命于文、武。[一一]恤朕身，繼予一人永其在位。」[一二]於是晉文公稱伯。癸亥，王子虎盟諸侯於王庭。[一三]

[一]正義 俘音孚，囚也。

[二]集解 服虔曰：「駟介，駟馬被甲也。徒兵，步卒也。」

[三]集解 賈逵曰：「王子虎，周大夫。」

[四]集解 賈逵曰：「大輅，金輅。彤弓，赤；玈弓，黑也。諸侯賜弓矢，然後征伐。」正義 彤，徒冬反。玈音盧。

[五]集解 賈逵曰：「秬，黑黍；鬯，香酒也。所以降神。卣，器名。諸侯賜珪瓚，然後爲鬯。」

[六]集解 賈逵曰：「天子卒曰虎賁。」

[七]集解 賈逵曰：「稽首首至地。」

[八]集解 孔安國曰：「同姓，故稱曰父。」馬融曰：「王順曰，父能以義和我諸侯。」索隱 按：尚書文侯之命是平王命晉文侯仇之語，今此文乃襄王命文公重耳之事，代數懸隔，勳策全乖。太史公雖復彌縫左氏，而系家頗亦時有疏謬。裴氏集解亦引孔、馬之注，而都不言時代乖角，何習迷而同醉也？然計平王至襄王爲七代，仇至重耳爲十一代而十三侯。又平王元年至魯僖二十八年，當襄二十年，爲一百三十餘歲矣，學者頗合討論之。而劉伯莊以爲蓋天子命晉同此一辭，尤非也。

[九]集解 孔安國曰：「文王、武王能詳慎顯用明德。」

[一〇]集解 馬融曰：「昭，明也。上謂天，下謂人。」

[一一]集解 孔安國曰：「惟以是故集成其王命，德流子孫。」

[一二]集解 孔安國曰：「當憂念我身，則我一人長安王位。」

[一三]集解 服虔曰：「王庭，踐土也。」索隱 服氏知王庭是踐土者，據二十八年五月「公會晉侯，盟于踐土」，又此上文「四月甲午，作王宮于踐土」。王庭卽王宮也。

晉焚楚軍，火數日不息，文公歎。左右曰：「勝楚而君猶憂，何？」文公曰：「吾聞能戰勝安者唯聖人，是以懼。且子玉猶在，庸可喜乎！」子玉之敗而歸，楚成王怒其不用其言，貪與晉戰，讓責子玉，子玉自殺。晉文公曰：「我擊其外，楚誅其內，內外相應。」於是乃喜。

六月，晉人復入衞侯。壬午，晉侯度河北歸國。行賞，狐偃爲首。或曰：「城濮之事，先軫之謀。」文公曰：「城濮之事，偃說我毋失信。先軫曰『軍事勝爲右』，吾用之以勝。然此一時之說，偃言萬世之功，柰何以一時之利而加萬世功乎？是以先之。」

冬，晉侯會諸侯於温，欲率之朝周。力未能，恐其有畔者，乃使人言周襄王狩于河陽。壬申，遂率諸侯朝王於踐土。[一]孔子讀史記至文公，曰「諸侯無召王」、「王狩河陽」者，春秋諱之也。

[一]索隱 按：左氏傳「五月，盟于踐土」；「冬，會諸侯于温，天王狩于河陽」；「壬申，公朝于王所」。此文亦說冬朝于王，當合於河陽温地，不合取五月踐土之文。

丁丑，諸侯圍許。曹伯臣或說晉侯曰：「齊桓公合諸侯而國異姓，今君爲會而滅同姓。曹，叔振鐸之後；晉，唐叔之後。合諸侯而滅兄弟，非禮。」晉侯說，復曹伯。

於是晉始作三行。[一]荀林父將中行，先縠將右行，[二]先蔑將左行。[三]

[一]集解 服虔曰：「辟天子六軍，故謂之三行。」

[二]索隱 左傳屠擊將右行，與此異。

[三]集解 杜預曰：「三行無佐，疑大夫帥也。」索隱 據左傳，荀林父並是卿，而云「大夫帥」者，非也。不置佐者，當避天子也。或新置三行，官未備耳。

七年，晉文公、秦繆公共圍鄭，以其無禮於文公亡過時，及城濮時鄭助楚也。圍鄭，欲得叔瞻。叔瞻聞之，自殺。鄭持叔瞻告晉。晉曰：「必得鄭君而甘心焉。」鄭恐，乃閒令使[一]謂秦繆公曰：「亡鄭厚晉，於晉得矣，而秦未爲利。君何不解鄭，得爲東道交？」[二]秦伯說，罷兵。晉亦罷兵。

[一]索隱 使謂燭之武。

[二]索隱 交猶好也。諸本及左傳皆作「主」。

九年冬，晉文公卒，子襄公歡立。是歲鄭伯亦卒。

鄭人或賣其國於秦，[一]秦繆公發兵往襲鄭。十二月，秦兵過我郊。襄公元年春，秦師過周，無禮，王孫滿譏之。兵至滑，鄭賈人弦高將市于周，遇之，以十二牛勞秦師。秦師驚而還，滅滑而去。

[一]正義 左傳云秦、晉伐鄭，燭之武說秦，師罷。令杞子、逢孫、楊孫三大夫戍鄭。杞子自鄭使告於秦曰：「鄭人使我掌其北門之管，若潛師以來，國可得也。」

晉先軫曰：「秦伯不用蹇叔，反其衆心，此可擊。」欒枝曰：「未報先君施於秦，擊之，不可。」先軫曰：「秦侮吾孤，伐吾同姓，何德之報？」遂擊之。襄公墨衰絰。[一]四月，敗秦師于殽，虜秦三將孟明視、西乞秫、白乙丙以歸。遂墨以葬文公。[二]文公夫人秦女，謂襄公曰：「秦欲得其三將戮之。」公許，遣之。先軫聞之，謂襄公曰：「患生矣。」軫乃追秦將。秦將渡河，已在船中，頓首謝，卒不反。

[一]集解 賈逵曰：「墨，變凶。」杜預曰：「以凶服從戎，故墨之。」

[二]集解 服虔曰：「非禮也。」杜預曰：「記禮所由變也。」

後三年，秦果使孟明伐晉，報殽之敗，取晉汪以歸。[一]四年，秦繆公大興兵伐我，度河，取王官，[二]封殽尸而去。晉恐，不敢出，遂城守。五年，晉伐秦，取新城，[三]報王官役也。

[一]索隱 按：左傳文二年，秦孟明視伐晉，報殽之役，無取晉汪之事。又其年冬，晉先且居等伐秦，取汪、彭衙而

還。則汪是秦邑，止可晉伐秦取之，豈得秦伐晉而取汪也？或者晉先取之秦，今伐晉而收汪，是汪從晉來，故云取晉汪而歸也。彭衙在郃陽北，汪不知所在。

〔二〕正義 括地志云：「王官故城在同州澄城縣西北六十里。」左傳文公三年，秦伐晉，取王官，卽此。先言度河，史文顛倒耳。

〔三〕集解 服虔曰：「秦邑，新所作城也。」

六年，趙衰成子、欒貞子、咎季子犯、霍伯皆卒。〔一〕趙盾代趙衰執政。

〔一〕集解 賈逵曰：「欒貞子，欒枝也。霍伯，先且居也。」

七年八月，襄公卒。太子夷皋少。晉人以難故，〔一〕欲立長君。趙盾曰：「立襄公弟雍。好善而長，先君愛之；且近於秦，秦故好也。立善則固，事長則順，奉愛則孝，結舊好則安。」賈季曰：「不如其弟樂。辰嬴嬖於二君，〔二〕立其子，民必安之。」趙盾曰：「辰嬴賤，班在九人下，〔三〕其子何震之有！〔四〕且爲二君嬖，淫也。爲先君子，〔五〕不能求大而出在小國，僻也。母淫子僻，無威；〔六〕陳小而遠，無援：將何可乎！」使士會如秦迎公子雍。賈季亦使人召公子樂於陳。趙盾廢賈季，以其殺陽處父。〔七〕十月，葬襄公。十一月，賈季奔翟。是歲，秦繆公亦卒。

〔一〕集解 服虔曰：「晉國數有患難。」

〔二〕集解 服虔曰：「辰嬴，懷嬴也。二君，懷公、文公。」

〔三〕集解 服虔曰：「班，次也。」

〔四〕集解 賈逵曰：「震，威也。」

〔五〕正義 樂，文公子也。

〔六〕正義 僻，匹亦反。言樂僻陋在陳，而遠無援也。

〔七〕集解 案：左傳，此時賈他爲太師，陽處父爲太傅。

靈公元年四月，秦康公曰：「昔文公之入也無衞，故有呂、郤之患。」乃多與公子雍衞。太子母繆嬴日夜抱太子以號泣於朝，曰：「先君何罪？其嗣亦何罪？舍適而外求君，將安置此？」〔一〕出朝，則抱以適趙盾所，頓首曰：「先君奉此子而屬之子，曰『此子材，吾受其賜；不材，吾怨子』。〔二〕今君卒，言猶在耳，〔三〕而弃之，若何？」趙盾與諸大夫皆患繆嬴，且畏誅，乃背所迎而立太子夷皋，是爲靈公。發兵以距秦送公子雍者。趙盾爲將，往擊秦，敗之令狐。先蔑、隨會亡奔秦。秋，齊、宋、衞、鄭、曹、許君皆會趙盾，盟於扈，〔四〕以靈公初立故也。

〔一〕集解 服虔曰：「此，太子。」

〔二〕集解 王肅曰：「怨其教導不至也。」

〔三〕集解 杜預曰：「在宣子之耳。」

〔四〕集解 杜預曰：「鄭地。滎陽卷縣西北有扈亭。」

四年，伐秦，取少梁。秦亦取晉之郩。〔一〕六年，秦康公伐晉，取羈馬。晉侯怒，使趙盾、趙穿、郤缺擊秦，大戰河曲，趙穿最有功。七年，晉六卿患隨會之在秦，常爲晉亂，乃詳令魏壽餘反晉降秦。秦使隨會之魏，因執會以歸晉。

〔一〕集解 徐廣曰：「年表云北徵也。」索隱 徐云年表曰徵。然按左傳，文十年春，晉人伐秦，取少梁。夏，秦伯伐晉，取北徵，北徵卽年表之徵。今云郩者，字誤也。徵音懲，亦馮翊之縣名。

八年，周頃王崩，公卿爭權，故不赴。〔一〕晉使趙盾以車八百乘平周亂而立匡王。〔二〕是年，楚莊王初卽位。十二年，齊人弒其君懿公。

〔一〕索隱 按：春秋魯文十二年「頃王崩，周公閱與王孫蘇爭政，故不赴」是也。

〔二〕索隱 文十四年傳又云「晉趙盾以諸侯之師八百乘納捷菑于邾，不克，乃還」。而「周公閱與王孫蘇訟于晉，趙宣子平王室而復之」。則以車八百乘，自是宣子納邾捷菑，不關王室之事，但文相連耳，多恐是誤也。

十四年，靈公壯，侈，厚斂以彫牆。〔一〕從臺上彈人，觀其避丸也。宰夫胹熊蹯不熟，〔二〕靈公怒，殺宰夫，使婦人持其屍出弃之，過朝。趙盾、隨會前數諫，不聽；已又見死人手，二人前諫。隨會先諫，不聽。靈公患之，使鉏麑刺趙盾。〔三〕盾閨門開，居處節，鉏麑退，歎曰：「殺忠臣，弃君命，罪一也。」遂觸樹而死。〔四〕

〔一〕集解 賈逵曰：「彫，畫也。」

〔二〕集解 服虔曰：「蹯，熊掌，其肉難熟。」正義 胹音而。蹯音樊。

〔三〕集解 賈逵曰：「鉏麑，晉力士。」正義 鉏音鋤。麑音迷。

〔四〕集解 杜預曰：「趙盾庭樹也。」

初，盾常田首山，〔一〕見桑下有餓人。餓人，示眯明也。〔二〕盾與之食，食其半。問其故，曰：「宦三年，〔三〕未知母之存不，願遺母。」盾義之，益與之飯肉。已而爲晉宰夫，趙盾弗復知也。九月，晉靈公飲趙盾酒，伏甲將攻盾。公宰示眯明知之，恐盾醉不能起，而進曰：「君賜臣，觴三行〔四〕可以罷。」欲以去趙盾，令先，毋及難。盾既去，靈公伏士未會，先縱〔五〕齧狗名敖。〔六〕明爲盾搏殺狗。盾曰：「弃人用狗，雖猛何爲。」然不知明之爲陰德也。已而靈公縱伏士出逐趙盾，示眯明反擊靈公之伏士，伏士不能進，而竟脫盾。盾問其故，曰：「我桑下餓人。」問其名，弗告。〔七〕明亦因亡去。

〔一〕集解 徐廣曰：「蒲阪縣有雷首山。」

〔二〕索隱 鄒誕云示眯爲祁彌也，卽左傳之提彌明也。提音市移反，劉氏亦音祁爲時移反，則祁提二字同音也。而此史記作「示」者，示卽周禮古本「地神曰祇」，皆作「示」字。「鄒」爲「祁」者，蓋由祇提音相近，字遂變爲「祁」也。眯音米移反。以「眯」爲「彌」，亦音相近耳。又左氏桑下餓人是靈輒也。其示眯明，是嗾獒者也，其人鬬而死。今合二人爲一人，非也。

〔三〕集解服虔曰：「宧，宧學事也。」
〔四〕索隱如字。
〔五〕索隱縱，足用反。又本作「嗾」，又作「蹴」，同素后反。
〔六〕集解何休曰：「犬四尺曰獒。」
〔七〕集解服虔曰：「不望報。」

盾遂奔，未出晉境。乙丑，盾昆弟將軍趙穿襲殺靈公於桃園〔一〕而迎趙盾。趙盾素貴，得民和；靈公少，侈，民不附，故爲弒易。〔二〕盾復位。晉太史董狐書曰「趙盾弒其君」，以視於朝。盾曰：「弒者趙穿，我無罪。」太史曰：「子爲正卿，而亡不出境，反不誅國亂，非子而誰？」孔子聞之，曰：「董狐，古之良史也，書法不隱。〔三〕宣子，良大夫也，爲法受惡。〔四〕惜也，出疆乃免。」〔五〕

〔一〕集解虞翻曰：「園名也。」
〔二〕索隱以豉反。
〔三〕集解杜預曰：「不隱盾之罪。」
〔四〕集解服虔曰：「聞義則服。」杜預曰：「善其爲法受屈也。」正義爲，于僞反。
〔五〕集解杜預曰：「越境則君臣之義絕，可以不討賊也。」

趙盾使趙穿迎襄公弟黑臀于周而立之，是爲成公。

成公者，文公少子，其母周女也。壬申，朝于武宮。

成公元年，賜趙氏爲公族。〔一〕伐鄭，鄭倍晉故也。三年，鄭伯初立，附晉而弃楚。楚怒，伐鄭，晉往救之。

〔一〕集解服虔曰：「公族大夫也。」

六年，伐秦，虜秦將赤。〔一〕

〔一〕索隱赤即斥，謂斥候之人也。按：宣八年左傳「晉伐秦，獲秦諜，殺諸絳市」。蓋彼諜即此赤也。晉成公六年爲魯宣八年，正同，故知然。

七年，成公與楚莊王爭彊，會諸侯于扈。陳畏楚，不會。晉使中行桓子〔一〕伐陳，因救鄭，與楚戰，敗楚師。是年，成公卒，子景公據立。

〔一〕索隱荀林父也。

景公元年春，陳大夫夏徵舒弒其君靈公。二年，楚莊王伐陳，誅徵舒。

三年，楚莊王圍鄭，鄭告急晉。晉使荀林父將中軍，隨會將上軍，趙朔將下軍，郤克、欒書、先縠、韓厥、鞏朔佐之。六月，至河。聞楚已服鄭，鄭伯肉袒與盟而去，荀林父欲還。先縠曰：「凡來救鄭，不至不可，將率離心。」卒度河。楚已服鄭，欲飲馬于河爲名而去。楚與晉軍大戰。鄭新附楚，畏之，反助楚攻晉。晉軍敗，走河，爭度，船中人指甚衆。楚虜我將智罃。歸而林父曰：「臣爲督將，軍敗當誅，請死。」景公欲許之。隨會曰：「昔文公之與楚戰城濮，成王歸殺子玉，而文公乃喜。今楚已敗我師，又誅其將，是助楚殺仇也。」乃止。

四年，先縠以首計而敗晉軍河上，恐誅，乃奔翟，與翟謀伐晉。晉覺，乃族縠。縠，先軫子也。

五年，伐鄭，爲助楚故也。是時楚莊王彊，以挫晉兵河上也。

六年，楚伐宋，宋來告急晉，晉欲救之，伯宗謀曰：〔一〕「楚，天方開之，不可當。」乃使解揚紿爲救宋。〔二〕鄭人執與楚，楚厚賜，使反其言，令宋急下。解揚紿許之，卒致晉君言。楚欲殺之，或諫，乃歸解揚。

〔一〕集解賈逵曰：「伯宗，晉大夫。」
〔二〕集解服虔曰：「解揚，晉大夫。」

七年，晉使隨會滅赤狄。

八年，使郤克於齊。齊頃公母從樓上觀而笑之。所以然者，郤克僂，而魯使蹇，衞使眇，故齊亦令人如之以導客。郤克怒，歸至河上，曰：「不報齊者，河伯視之！」至國，請君，欲

伐齊。景公問知其故，曰：「子之怨，安足以煩國！」弗聽。魏文子請老休，辟郤克，克執政。

九年，楚莊王卒。晉伐齊，齊使太子彊爲質於晉，晉兵罷。

十一年春，齊伐魯，取隆。〔一〕魯告急衞，衞與魯皆因郤克告急於晉。晉乃使郤克、欒書、韓厥以兵車八百乘與魯、衞共伐齊。夏，與頃公戰於鞌，傷困頃公。頃公乃與其右易位，下取飲，以得脱去。齊師敗走，晉追北至齊。頃公獻寶器以求平，不聽。郤克曰：「必得蕭桐姪子〔二〕爲質。」齊使曰：「蕭桐姪子，頃公母；頃公母猶晉君母，柰何必得之？不義，請復戰。」晉乃許與平而去。

〔一〕索隱劉氏云「隆即龍也，魯北有龍山」。又此年當魯成二年，經書「齊侯伐我北鄙」，傳曰「圍龍」。又鄒誕及別本作「俱」字，俱當作「鄆」。文十二年「季孫行父帥師城諸及鄆」，注曰「俱即鄆也，字變耳」。地理志云在東莞縣東也。
〔二〕索隱左傳作「叔子」。

楚申公巫臣盜夏姬以奔晉，晉以巫臣爲邢大夫。〔一〕

〔一〕集解賈逵曰：「邢，晉邑。」

十二年冬，齊頃公如晉，欲上尊晉景公爲王，景公讓不敢。晉始作六（卿）〔軍〕，〔一〕韓厥、鞏朔、趙穿、荀騅、〔二〕趙括、趙旃皆爲卿。智罃自楚歸。

〔一〕集解賈逵曰：「初作六軍，僭王也。」

〔二〕索隱音佳。謚文子。

十三年，魯成公朝晉，晉弗敬，魯怒去，倍晉。晉伐鄭，取汜。十四年，梁山崩。〔一〕問伯宗，伯宗以爲不足怪也。〔二〕

〔一〕集解公羊傳曰：「梁山，河上山。」杜預曰：「在馮翊夏陽縣北也。」

〔二〕集解徐廣曰：「年表云伯宗隱其人，用其言。」

十六年，楚將子反怨巫臣，滅其族。巫臣怒，遺子反書曰：「必令子罷於奔命！」乃請使吴，令其子爲吴行人，教吴乘車用兵。吴晉始通，約伐楚。

十七年，誅趙同、趙括，族滅之。韓厥曰：「趙衰、趙盾之功豈可忘乎？柰何絶祀！」乃復令趙庶子武爲趙後，復與之邑。

十九年夏，景公病，立其太子壽曼爲君，是爲厲公。後月餘，景公卒。

厲公元年，初立，欲和諸侯，與秦桓公夾河而盟。歸而秦倍盟，與翟謀伐晉。三年，使呂相讓秦，〔一〕因與諸侯伐秦。至涇，敗秦於麻隧，虜其將成差。

〔一〕集解賈逵曰：「呂相，晉大夫。」

五年，三郤讒伯宗，殺之。〔一〕伯宗以好直諫得此禍，國人以是不附厲公。

〔一〕集解賈逵曰：「三郤，郤錡、郤犨、郤至也。」

六年春，鄭倍晉與楚盟，晉怒。欒書曰：「不可以當吾世而失諸侯。」乃發兵。厲公自將，五月度河。聞楚兵來救，范文子請公欲還。郤至曰：「發兵誅逆，見彊辟之，無以令諸侯。」遂與戰。癸巳，射中楚共王目，楚兵敗於鄢陵。〔一〕子反收餘兵，拊循欲復戰，晉患之。共王召子反，其侍者豎陽穀進酒，子反醉，不能見。王怒，讓子反，子反死。王遂引兵歸。晉由此威諸侯，欲以令天下求霸。

〔一〕集解徐廣曰：「鄢，一作『焉』。」服虔曰：「鄢陵，鄭之東南地也。」索隱鄢音偃，又於連反。

厲公多外嬖姬，歸，欲盡去羣大夫而立諸姬兄弟。寵姬兄曰胥童，嘗與郤至有怨，及欒書又怨郤至不用其計而遂敗楚，〔二〕乃使人閒謝楚。楚來詐厲公曰：「鄢陵之戰，實至召楚，欲作亂，內子周立之。會與國不具，是以事不成。」厲公告欒書。欒書曰：「其殆有矣！願公試使人之周〔三〕微考之。」果使郤至於周。欒書又使公子周見郤至，郤至不知見賣也。厲公驗之，信然，遂怨郤至，欲殺之。八年，厲公獵，與姬飲，郤至殺豕奉進，宦者奪之。〔三〕郤至射殺宦者。公怒，曰：「季子欺予！」〔四〕將誅三郤，未發也。郤錡欲攻公，曰：「我雖死，公亦病矣。」郤至曰：「信不反君，智不害民，勇不作亂。失此三者，誰與我？我死耳！」十二月壬午，公令胥童以兵八百人襲攻殺三郤。胥童因以劫欒書、中行偃于朝，曰：「不殺二子，患必及公。」公曰：「一旦殺三卿，寡人不忍益也。」對曰：「人將忍君。」〔五〕公弗聽，謝欒書等以誅郤氏罪：「大夫復位。」二子頓首曰：「幸甚幸甚！」公使胥童爲卿。閏月乙卯，厲公游匠驪氏，〔六〕欒書、中行偃以其黨襲捕厲公，囚之，殺胥童，而使人迎公子周〔七〕于周而立之，是爲悼公。

〔一〕集解左傳曰：「欒書欲待楚師退而擊之，郤至云『楚有六閒，不可失也』。」

〔二〕集解虞翻曰：「周京師。」

〔三〕索隱宦者孟張也。

〔四〕集解杜預曰：「公反以爲郤至奪豕也。」

〔五〕集解杜預曰：「人，謂書、偃。」

〔六〕集解賈逵曰：「匠驪氏，晉外嬖大夫在翼者。」

〔七〕集解徐廣曰：「一作『糾』。」

悼公元年正月庚申，欒書、中行偃弒厲公，葬之〔一〕以一乘車。〔二〕厲公囚六日死，死十日庚午，智罃迎公子周來，至絳，刑雞與大夫盟而立之，是爲悼公。辛巳，朝武宮。二月乙酉，卽位。

〔一〕集解左傳曰：「葬之于翼東門之外也。」

〔二〕集解杜預曰：「言不以君禮葬也。諸侯葬車七乘。」

悼公周者，其大父捷，晉襄公少子也，不得立，號爲桓叔，桓叔最愛。桓叔生惠伯談，談生悼公周。周之立，年十四矣。悼公曰：「大父、父皆不得立而辟難於周，客死焉。寡人自以疏遠，毋幾爲君。〔一〕今大夫不忘文、襄之意而惠立桓叔之後，賴宗廟大夫之靈，得奉晉祀，豈敢不戰戰乎？大夫其亦佐寡人！」於是逐不臣者七人，修舊功，施德惠，收文公入時功臣後。秋，伐鄭。鄭師敗，遂至陳。

〔一〕索隱幾音冀，謂望也。

三年，晉會諸侯。〔一〕悼公問羣臣可用者，祁傒舉解狐。解狐，傒之仇。復問，舉其子祁午。君子曰：「祁傒可謂不黨矣！外舉不隱仇，內舉不隱子。」方會諸侯，悼公弟楊干亂行，〔二〕魏絳戮其僕。〔三〕悼公怒，或諫公，公卒賢絳，任之政，使和戎，戎大親附。十一年，悼公曰：「自吾用魏絳，九合諸侯，〔四〕和戎、翟，魏子之力也。」賜之樂，三讓乃受之。冬，秦取我櫟。〔五〕

〔一〕索隱於鷄澤也。

〔二〕集解賈逵曰：「行，陳也。」

〔三〕集解 賈逵曰：「僕，御也。」

〔四〕集解 服虔曰：「九合：一謂會于戚，二會城棣救陳，三會于鄬，四會于邢丘，五同盟于戲，六會于柤，七戍鄭虎牢，八同盟于亳城北，九會于蕭魚。」

〔五〕索隱 音歷。釋例云在河北，地闕。

十四年，晉使六卿率諸侯伐秦，度涇，大敗秦軍，至棫林而去。

十五年，悼公問治國於師曠。師曠曰：「惟仁義爲本。」冬，悼公卒，子平公彪立。

平公元年，伐齊，齊靈公與戰靡下，〔一〕齊師敗走。晏嬰曰：「君亦毋勇，何不止戰？」遂去。晉追，遂圍臨菑，盡燒屠其郭中。東至膠，南至沂，齊皆城守，晉乃引兵歸。

〔一〕集解 徐廣曰：「靡，一作『歷』。」索隱 劉氏靡音眉綺反，即靡笄也。

六年，魯襄公朝晉。晉欒逞有罪，奔齊。八年，齊莊公微遣欒逞於曲沃，以兵隨之。齊兵上太行，欒逞從曲沃中反，襲入絳。絳不戒，平公欲自殺，范獻子止公，以其徒擊逞，逞敗走曲沃。曲沃攻逞，逞死，遂滅欒氏宗。逞者，欒書孫也。〔一〕其入絳，與魏氏謀。齊莊公聞逞敗，乃還，取晉之朝歌去，以報臨菑之役也。

〔一〕集解 左傳「逞」作「盈」。

十年，齊崔杼弒其君莊公。晉因齊亂，伐敗齊於高唐去，報太行之役也。

十四年，吳延陵季子來使，與趙文子、韓宣子、魏獻子語，曰：「晉國之政，卒歸此三家矣。」

十九年，齊使晏嬰如晉，與叔嚮語。叔嚮曰：「晉，季世也。公厚賦爲臺池而不恤政，政在私門，其可久乎！」晏子然之。

二十二年，伐燕。二十六年，平公卒，子昭公夷立。

昭公六年卒。六卿彊，〔一〕公室卑。子頃公去疾立。

〔一〕索隱 韓、趙、魏、范、中行及智氏爲六卿。後韓、趙、魏爲三卿，而分晉政，故曰三晉。

頃公六年，周景王崩，王子爭立。晉六卿平王室亂，立敬王。

九年，魯季氏逐其君昭公，昭公居乾侯。十一年，衞、宋使使請晉納魯君。季平子私賂范獻子，獻子受之，乃謂晉君曰：「季氏無罪。」不果入魯君。

十二年，晉之宗家祁傒孫，叔嚮子，相惡於君。六卿欲弱公室，乃遂以法盡滅其族，而分其邑爲十縣，各令其子爲大夫。晉益弱，六卿皆大。

十四年，頃公卒，子定公午立。

定公十一年，魯陽虎奔晉，趙鞅簡子舍之。十二年，孔子相魯。

十五年，趙鞅使邯鄲大夫午，不信，欲殺午，午與中行寅、〔一〕范吉射〔二〕親攻趙鞅，鞅走保晉陽。定公圍晉陽。荀櫟、韓不信、魏侈與范、中行爲仇，乃移兵伐范、中行。范、中行反，晉君擊之，敗范、中行。范、中行走朝歌，保之。韓、魏爲趙鞅謝晉君，乃赦趙鞅，復位。

二十二年，晉敗范、中行氏，二子奔齊。

〔一〕索隱 寅，荀偃之孫也。

〔二〕索隱 音亦。范獻子，士鞅之子。

三十年，定公與吳王夫差會黃池，爭長，趙鞅時從，卒長吳。〔一〕

〔一〕集解 徐廣曰：「吳世家說黃池之盟云『趙鞅怒，將戰，吳乃長晉定公』。左氏傳云『乃先晉人』，外傳云『吳公先歃，晉公次之』。」

三十一年，齊田常弒其君簡公，而立簡公弟驁爲平公。三十三年，孔子卒。

三十七年，定公卒，子出公鑿立。

出公十七年，〔一〕知伯與趙、韓、魏共分范、中行地以爲邑。出公怒，告齊、魯，欲以伐四

卿。〔二〕四卿恐，遂反攻出公。出公奔齊，道死。故知伯乃立昭公曾孫驕爲晉君，是爲哀公。〔三〕

〔一〕集解 徐廣曰：「年表云出公立十八年。或云二十年。」

〔二〕索隱 時趙、魏、韓共滅范氏及中行氏，而分其地，猶有智氏與三晉，故曰「四卿」也。

〔三〕索隱 按：趙系家云驕是爲懿公。又年表云出公十八年，次哀公忌二年，次懿公驕十七年。紀年又云出公二十三年奔楚，乃立昭公之孫，是爲敬公。系本亦云昭公生桓子雍，雍生忌，忌生懿公驕。然晉、趙系家及年表各各不同，何況紀年之說也！

哀公大父雍，晉昭公少子也，號爲戴子。〔一〕戴子生忌。忌善知伯，蚤死，故知伯欲盡并晉，未敢，乃立忌子驕爲君。當是時，晉國政皆決知伯，晉哀公不得有所制。知伯遂有范、中行地，最彊。

〔一〕集解 徐廣曰：「世本作『相子雍』，注云戴子。」

哀公四年，趙襄子、韓康子、魏桓子共殺知伯，盡并其地。〔一〕

〔一〕索隱 如紀年之說，此乃出公二十二年事。

十八年，哀公卒，子幽公柳立。

幽公之時，晉畏，反朝韓、趙、魏之君。〔一〕獨有絳、曲沃，餘皆入三晉。

〔一〕索隱 畏，懼也。爲衰弱故，反朝韓、趙、魏也。宋忠引此注系本，而「畏」字爲「衰」。

中華書局

十五年，魏文侯初立。〔一〕十八年，幽公淫婦人，夜竊出邑中，盜殺幽公。〔二〕魏文侯以兵誅晉亂，立幽公子止，是爲烈公。〔三〕

〔一〕索隱 按紀年，魏文侯初立在敬公十八年。

〔二〕索隱 紀年云夫人秦嬴賊公於高寢之上。

〔三〕索隱 系本云幽公生烈公止。又年表云魏誅幽公，立其弟止。

烈公十九年，周威烈王賜趙、韓、魏皆命爲諸侯。

二十七年，烈公卒，子孝公頎立。〔一〕孝公九年，魏武侯初立，襲邯鄲，不勝而去。十七年，孝公卒，〔二〕子靜公俱酒立。〔三〕是歲，齊威王元年也。

〔一〕索隱 系本云孝公傾。紀年以孝公爲桓公，故韓子有「晉桓侯」。

〔二〕索隱 紀年云桓公二十年趙成侯、韓共侯遷桓公於屯留。已後更無晉事。

〔三〕索隱 系本云靜公俱。

靜公二年，魏武侯、韓哀侯、趙敬侯滅晉後而三分其地。〔一〕靜公遷爲家人，晉絕不祀。

〔一〕索隱 按：紀年魏武侯以桓公十九年卒，韓哀侯、趙敬侯並以桓公十五年卒。又趙系家烈侯十六年與韓分晉，封晉君端氏，其後十年，肅侯遷晉君於屯留。不同也。

太史公曰：晉文公，古所謂明君也，亡居外十九年，至困約，及即位而行賞，尚忘介子推，況驕主乎？靈公既弒，其後成、景致嚴，至厲大刻，大夫懼誅，禍作。悼公以後日衰，六卿專權。故君道之御其臣下，固不易哉！

【索隱述贊】天命叔虞，卒封於唐。桐珪既削，河、汾是荒。文侯雖嗣，曲沃日彊。未知本末，祚傾桓莊。獻公昏惑，太子罹殃。重耳致霸，朝周河陽。靈既喪德，厲亦無防。四卿侵侮，晉祚遽亡。

史記卷四十

楚世家第十

楚之先祖出自帝顓頊高陽。高陽者，黄帝之孫，昌意之子也。高陽生稱，〔一〕稱生卷章，卷章生重黎。〔二〕重黎爲帝嚳高辛居火正，〔三〕甚有功，能光融天下，帝嚳命曰祝融。〔四〕共工氏作亂，帝嚳使重黎誅之而不盡。帝乃以庚寅日誅重黎，而以其弟吳回爲重黎後，復居火正，爲祝融。

〔一〕正義 尺證反。

〔二〕集解 徐廣曰：「世本云老童生重黎及吳回。」譙周曰：「老童即卷章。」索隱 卷章名老童，故系本云「老童生重黎」。重氏、黎氏二官代司天地，重爲木正，黎爲火正。案：左氏傳少昊氏之子曰重，顓頊氏之子曰黎。今以重黎爲一人，仍是顓頊之子孫者，劉氏云「少昊氏之後曰重，顓頊氏之後曰重黎，對彼重則單稱黎，若自言當家則稱重黎。故楚及司馬氏皆重黎之後，非關少昊之重」。愚謂此解爲當。

〔三〕索隱 此重黎爲火正，彼少昊氏之後重自爲木正，知此重黎即彼之黎也。

〔四〕集解 虞翻曰：「祝，大；融，明也。」韋昭曰：「祝，始也。」

吳回生陸終。陸終生子六人，坼剖而產焉。〔一〕其長一曰昆吾；〔二〕二曰參胡；〔三〕三曰彭祖；〔四〕四曰會人；〔五〕五曰曹姓；〔六〕六曰季連，羋姓，楚其後也。〔七〕昆吾氏，夏之時嘗爲侯伯，桀之時湯滅之。彭祖氏，殷之時嘗爲侯伯，殷之末世滅彭祖氏。季連生附沮，〔八〕附沮生穴熊。其後中微，或在中國，或在蠻夷，弗能紀其世。

〔一〕集解 干寶曰：「先儒學士多疑此事。譙允南通才達學，精核數理者也，作古史考，以爲作者妄記，廢而不論。余亦尤其生之異也。然按六子之世，子孫有國，升降六代，數千年間，迭至霸王，天將興之，必有尤物乎？若夫前志所傳，修己背坼而生禹，簡狄胸剖而生契，歷代久遠，莫足相證。近魏黄初五年，汝南屈雍妻王氏生男兒從右胳下水腹上出，而平和自若，數月創合，母子無恙，斯蓋近事之信也。以今況古，固知注記者之不妄也。天地云爲，陰陽變化，安可守之一端，概以常理乎？詩云『不坼不副，無災無害』。原詩人之旨，明古之婦人嘗有坼副而產者矣。又有因產而遇災害者，故美其無害也。」索隱 系本云：「陸終娶鬼方氏妹，曰女嬇。」

〔二〕集解 虞翻曰：「昆吾名樊，爲己姓，封昆吾。」世本曰：「昆吾者，衛是也。」索隱 長曰昆吾。系本云：「其一曰樊，是爲昆吾。」又曰：「昆吾者，衛是。」宋忠曰：「昆吾，國名，己姓所出。」左傳曰：「衛侯夢見披髮登昆吾之觀。」按：今濮陽城中有昆吾臺。正義 括地志云：「濮陽縣，古昆吾國也。昆吾故城在縣西三十里，臺在縣西百步，即昆吾墟也。」

〔三〕集解 世本曰：「參胡者，韓是也。」索隱 系本云：「二曰惠連，是爲參胡。參胡者，韓是。」宋忠曰：「參胡，國名，斟姓，無後。」

〔四〕集解虞翻曰：「名翦，爲彭姓，封於大彭。」世本曰：「彭祖者，彭城是也。」索隱系本云：「三曰籛鏗，是爲彭祖。彭祖者，彭城是。」虞翻云：「名翦，爲彭姓，封於大彭。」正義括地志云：「彭城，古彭祖國也。外傳云殷末滅彭祖國也。虞翻云名翦。神仙傳云彭祖諱鏗，帝顓頊之玄孫，至殷末年已七百六十七歲而不衰老，遂往流沙之西，非壽終也。」

〔五〕集解世本曰：「會人者，鄭是也。」索隱系本云：「四曰求言，是爲鄶人。鄶人者，鄭是。」宋忠曰：「求言，名也。妘姓所出，鄶國也。」正義括地志云：「故鄶城在鄭州新鄭縣東北二十二里。毛詩譜云『昔高辛之土，祝融之墟，歷唐至周，重黎之後妘姓處其地，是爲鄶國，爲鄭武公所滅也』。」

〔六〕集解世本曰：「曹姓者，邾是也。」索隱系本云：「五曰安，是爲曹姓。曹姓，邾是。」宋忠曰：「安，名也。曹姓者，諸曹所出。」正義括地志云：「故邾國在黄州黄岡縣東南百二十一里，史記云邾子，曹姓也。」

〔七〕索隱系本云：「六曰季連，是爲芈姓。季連者，楚是。」宋忠曰：「季連，名也。芈姓所出，楚之先。」芈音彌是反。芈，羊聲也。

〔八〕集解孫檢曰：「一作『祖』。」索隱沮音才敍反。

周文王之時，季連之苗裔曰鬻熊。鬻熊子事文王，蚤卒。其子曰熊麗。熊麗生熊狂，熊狂生熊繹。

熊繹當周成王之時，舉文、武勤勞之後嗣，而封熊繹於楚蠻，封以子男之田，姓芈氏，居丹陽。〔一〕楚子熊繹與魯公伯禽、衛康叔子牟、晉侯燮、齊太公子呂伋俱事成王。

〔一〕集解徐廣曰：「在南郡枝江縣。」正義潁容（云）傳例云：「楚居丹陽，今枝江縣故城是也。」括地志云：「歸州巴東縣東南四里歸故城，楚子熊繹之始國也。又熊繹墓在歸州秭歸縣。輿地志云秭歸縣東有丹陽城，周迴八里，熊繹始封也。」

熊繹生熊艾，熊艾生熊䵣，〔一〕熊䵣生熊勝。熊勝以弟熊楊〔二〕爲後。熊楊生熊渠。

〔一〕索隱一作「黮」，音土感反。䵣音怛，與「亶」同字，亦作「亶」。

〔二〕索隱鄒誕本作「熊錫」。一作「煬」。

熊渠生子三人。當周夷王之時，王室微，諸侯或不朝，相伐。熊渠甚得江漢閒民和，乃興兵伐庸、〔一〕楊粵，〔二〕至于鄂。〔三〕熊渠曰：「我蠻夷也，不與中國之號謚。」乃立其長子康爲句亶王，〔四〕中子紅爲鄂王，〔五〕少子執疵爲越章王，〔六〕皆在江上楚蠻之地。及周厲王之時，暴虐，熊渠畏其伐楚，亦去其王。

〔一〕集解杜預曰：「庸，今上庸縣。」正義括地志云：「房州竹山縣，本漢上庸縣，古之庸國。昔周武王伐紂，庸蠻在焉。」

〔二〕索隱有本作「楊雩」，音吁，地名也。今音越。譙周亦作「楊越」。

〔三〕正義五各反。劉伯莊云：「地名，在楚之西，後徙楚，今東鄂州是也。」括地志云：「鄧州向城縣南二十里西鄂故城是楚西鄂。」

〔四〕集解張瑩曰：「今江陵也。」索隱系本「康」作「庸」，「亶」作「祖」。地理志云江陵，南郡之縣也。楚文王自丹陽徙都之。

〔五〕集解九州記曰：「鄂，今武昌。」索隱有本作「藝經」二字，音摯紅，從下文熊摯紅讀也。古史考及鄒氏、劉氏等音無藝經，恐非也。正義括地志云：「武昌縣，鄂王舊都。今鄂王神卽熊渠子之神也。」

〔六〕索隱系本無執字，越作「就」。

後爲熊毋康，〔一〕毋康蚤死。熊渠卒，子熊摯紅立。〔二〕摯紅卒，其弟弒而代立，曰熊延。〔三〕熊延生熊勇。

〔一〕集解徐廣曰：「卽渠之長子。」

〔二〕索隱如此史意卽上鄂王紅也。譙周以爲「熊渠卒，子熊翔立；卒，長子摯有疾，少子熊延立」。此云「摯紅卒，其弟殺而自立，曰熊延」。欲會此代系，則翔亦毋康之弟，元嗣熊渠者。毋康既蚤亡，摯紅立而被延殺，故史考言「摯有疾」，而此言「弒」也。正義卽上鄂王紅也。

〔三〕正義譙周言「摯有疾」，此言「弒」，未詳。宋均注樂緯云：「熊渠嫡嗣曰熊摯，有惡疾，不得爲後，別居於夔，爲楚附庸，後王命曰夔子也。」

熊勇六年，而周人作亂，攻厲王，厲王出奔彘。熊勇十年，卒，弟熊嚴爲後。

熊嚴十年，卒。有子四人，長子伯霜，中子仲雪，次子叔堪，〔一〕少子季徇。〔二〕熊嚴卒，長子伯霜代立，是爲熊霜。

〔一〕索隱一作「湛」。

〔二〕索隱旬俊反。

熊霜元年，周宣王初立。熊霜六年，卒，三弟爭立。仲雪死；叔堪亡，避難於濮；〔一〕而少弟季徇立，是爲熊徇。熊徇十六年，鄭桓公初封於鄭。二十二年，熊徇卒，子熊咢〔二〕立。熊咢九年，卒，子熊儀立，是爲若敖。

〔一〕集解杜預曰：「建寧郡南有濮夷。」正義按：建寧，晉郡，在蜀南，與蠻相近。劉伯莊云：「濮在楚西南。」孔安國云：「庸、濮在漢之南。」按：成公元年「楚地千里」，孔說是也。

〔二〕索隱噩音鄂，亦作「咢」。

若敖二十年，周幽王爲犬戎所弒，周東徙，而秦襄公始列爲諸侯。

二十七年，若敖卒，子熊坎〔一〕立，是爲霄敖。霄敖六年，卒，子熊眴立，〔二〕是爲蚡冒。〔三〕蚡冒十三年，晉始亂，以曲沃之故。蚡冒十七年，卒。蚡冒弟熊通弒蚡冒子而代立，是爲楚武王。

〔一〕索隱苦感反。一作「菌」，又作「欽」。

〔二〕集解徐廣曰：「眴音舜。」索隱徐音舜。按：玉篇在口部，顧氏云「楚之先，卽蚡冒也」。劉音舜，其近代本卽有字從目者。劉舜音，非。

〔三〕索隱 古本「蚡」作「黔」，音憤。冒音亡北反，或亡報反。

武王十七年，晉之曲沃莊伯弒主國晉孝侯。十九年，鄭伯弟段作亂。二十一年，鄭侵天子之田。二十三年，衞弒其君桓公。二十九年，魯弒其君隱公。三十一年，宋太宰華督弒其君殤公。

三十五年，楚伐隨。〔一〕隨曰：「我無罪。」楚曰：「我蠻夷也。今諸侯皆爲叛相侵，或相殺。我有敝甲，欲以觀中國之政，請王室尊吾號。」隨人爲之周，請尊楚，王室不聽，還報楚。三十七年，楚熊通怒曰：「吾先鬻熊，文王之師也，蚤終。成王舉我先公，乃以子男田令居楚，蠻夷皆率服，而王不加位，我自尊耳。」乃自立，爲武王，與隨人盟而去。於是始開濮地而有之。

〔一〕集解 賈逵曰：「隨，姬姓也。」杜預曰：「隨國今義陽隨縣。」正義 括地志云：「隨州外城古隨國地。」世本云：「楚武王墓在豫州新息。隨，姬姓也。武王卒師中而兵罷。」括地志云「上蔡縣東北五十里」是也。

五十一年，周召隨侯，數以立楚爲王。楚怒，以隨背己，伐隨。武王卒師中而兵罷。〔一〕子文王熊貲立，始都郢。〔二〕

〔一〕集解 皇覽曰：「楚武王冢在汝南郡鮦陽縣葛陂鄉城東北，民謂之楚王岑。漢永平中，葛陵城北祝里社下於土中得銅鼎，而名曰『楚武王』，由是知楚武王之冢。民傳言，秦、項、赤眉之時欲發之，輒頽壞填壓，不得發也。」

正義 有本注「葛陂鄉」作「葛陵鄉」者，誤也。地理志云新蔡縣西北六十里有葛陂鄉，卽費長房投竹成龍之陂，因爲鄉名也。

〔二〕正義 括地志云：「紀南故城在荊州江陵縣北五十里。杜預云國都於郢，今南郡江陵縣北紀南城是也。」括地志云：「又至平王，更城郢，在江陵縣東北六里，故郢城是也。」

文王二年，伐申過鄧，〔一〕鄧人曰「楚王易取」，鄧侯不許也。〔二〕六年，伐蔡，〔三〕虜蔡哀侯以歸，已而釋之。楚彊，陵江漢閒小國，小國皆畏之。十一年，齊桓公始霸，楚亦始大。

〔一〕正義 括地志云：「故申城在鄧州南陽縣北三十里。晉太康地志云周宣王舅所封。故鄧城在襄州安養縣北二十里。春秋之鄧國，莊十六年楚文王滅之。」

〔二〕集解 服虔云：「鄧，曼姓。」

〔三〕正義 豫州上蔡縣在州北七十里，古蔡國也。縣外城，蔡國城也。

十二年，伐鄧，滅之。十三年，卒，子熊囏立，〔一〕是爲莊敖。〔二〕莊敖五年，欲殺其弟熊惲，〔三〕惲奔隨，與隨襲弒莊敖代立，是爲成王。

〔一〕集解 史記音隱云：「囏，古『艱』字。」

〔二〕索隱 上音側狀反。

〔三〕索隱 惲音紆粉反。左傳作「頵」，紆貧反。

成王惲元年，初卽位，布德施惠，結舊好於諸侯。使人獻天子，天子賜胙，曰：「鎮爾南方夷越之亂，無侵中國。」於是楚地千里。

十六年，齊桓公以兵侵楚，至陘山。〔一〕楚成王使將軍屈完〔二〕以兵禦之，與桓公盟。桓公數以周之賦不入王室，楚許之，乃去。

〔一〕正義 杜預云：「陘，楚地。潁川召陵縣南有陘亭。」括地志云：「陘山在鄭州西南一百一十里，卽此山也。」

〔二〕正義 屈，曲勿反。完音桓，楚族也。

十八年，成王以兵北伐許，〔一〕許君肉袒謝，乃釋之。二十二年，伐黃。〔二〕二十六年，滅英。〔三〕

〔一〕集解 地理志曰潁川許昌縣，故許國也。

〔二〕索隱 汝南弋陽縣，故黃國。正義 括地志云：「黃國故城，漢弋陽縣也。秦時黃都，嬴姓，在光州定城縣四十里也。」

〔三〕集解 徐廣曰：「年表及他本皆作『英』，一本作『黄』。」正義 英國在淮南，蓋蓼國也，不知改名時也。

三十三年，宋襄公欲爲盟會，召楚。楚王怒曰：「召我，我將好往襲辱之。」遂行，至盂，〔一〕遂執辱宋公，已而歸之。三十四年，鄭文公南朝楚。楚成王北伐宋，敗之泓，射傷宋

襄公，襄公遂病創死。

〔一〕正義 音于，宋地也。

三十五年，晉公子重耳過楚，成王以諸侯客禮饗，而厚送之於秦。

三十九年，魯僖公來請兵以伐齊，楚使申侯將兵伐齊，取穀，〔一〕置齊桓公子雍焉。齊桓公七子皆奔楚，楚盡以爲上大夫。滅夔，夔不祀祝融、鬻熊故也。〔二〕

〔一〕集解 杜預曰：「濟北穀城縣。」正義 括地志云：「穀在濟州東阿縣東二十六里。」

〔二〕集解 服虔曰：「夔，楚熊渠之孫，熊摯之後。夔在巫山之陽，秭歸鄉是也。」索隱 譙周作「滅歸」，歸卽夔之地名歸鄉也。

夏，伐宋，宋告急於晉，晉救宋，成王罷歸。將軍子玉請戰，成王曰：「重耳亡居外久，卒得反國，天之所開，不可當。」子玉固請，乃與之少師而去。晉果敗子玉於城濮。成王怒，誅子玉。

四十六年，初，成王將以商臣爲太子，語令尹子上。子上曰：「君之齒未也，〔一〕而又多內寵，絀乃亂也。楚國之舉常在少者。〔二〕且商臣蠭目而豺聲，忍人也，〔三〕不可立也。」王不聽，立之。後又欲立子職〔四〕而絀太子商臣。商臣聞而未審也，告其傅潘崇曰：「何以得其實？」崇曰：「饗王之寵姬〔五〕江芈〔六〕而勿敬也。」商臣從之。江芈怒曰：「宜乎王之欲殺

若而立職也。」商臣告潘崇曰：「信矣。」崇曰：「能事之乎？」〔七〕曰：「不能。」「能亡去乎？」曰：「不能。」「能行大事乎？」〔八〕曰：「能。」冬十月，商臣以宮衛兵圍成王。成王請食熊蹯而死，〔九〕不聽。丁未，成王自絞殺。商臣代立，是爲穆王。

〔一〕集解杜預曰：「齒，年也。言尚少。」
〔二〕集解賈逵曰：「舉，立也。」
〔三〕集解服虔曰：「言忍爲不義。」
〔四〕集解賈逵曰：「職，商臣庶弟也。」
〔五〕集解姬，當作「妹」。
〔六〕正義非，亡爾反。
〔七〕集解服虔曰：「若立職，子能事之？」
〔八〕集解服虔曰：「謂弒君。」
〔九〕集解杜預曰：「熊掌難熟，冀久將有外救之也。」

穆王立，以其太子宮予潘崇，使爲太師，掌國事。穆王三年，滅江。〔一〕四年，滅六、蓼。六、蓼，皋陶之後。〔二〕八年，伐陳。十二年，卒。子莊王侶立。

〔一〕集解杜預曰：「江國在汝南安陽縣。」
〔二〕集解杜預曰：「六國，今廬江六縣。蓼國，今安豐蓼縣。」

莊王卽位三年，不出號令，日夜爲樂，令國中曰：「有敢諫者死無赦！」伍舉入諫。莊王左抱鄭姬，右抱越女，坐鍾鼓之閒。伍舉曰：「願有進。」隱〔一〕曰：「有鳥在於阜，三年不蜚不鳴，是何鳥也？」莊王曰：「三年不蜚，蜚將沖天；三年不鳴，鳴將驚人。舉退矣，吾知之矣。」居數月，淫益甚。大夫蘇從乃入諫。王曰：「若不聞令乎？」對曰：「殺身以明君，臣之願也。」於是乃罷淫樂，聽政，所誅者數百人，所進者數百人，任伍舉、蘇從以政，國人大說。是歲滅庸。〔二〕六年，伐宋，獲五百乘。

〔一〕集解隱謂隱藏其意。
〔二〕正義今房州竹山縣是也。

八年，伐陸渾戎，〔一〕遂至洛，觀兵於周郊。〔二〕周定王使王孫滿勞楚王。〔三〕楚王問鼎小大輕重，〔四〕對曰：「在德不在鼎。」莊王曰：「子無阻九鼎！楚國折鉤之喙，〔五〕足以爲九鼎。」王孫滿曰：「嗚呼！君王其忘之乎？昔虞夏之盛，遠方皆至，貢金九牧，〔六〕鑄鼎象物，〔七〕百物而爲之備，使民知神姦。〔八〕桀有亂德，鼎遷於殷，載祀六百。〔九〕殷紂暴虐，鼎遷於周。德之休明，雖小必重；〔一〇〕其姦回昏亂，雖大必輕。〔一一〕昔成王定鼎于郟鄏，〔一二〕卜世三十，卜年七百，天所命也。周德雖衰，天命未改。鼎之輕重，未可問也。」楚王乃歸。

〔一〕集解服虔曰：「陸渾戎在洛西南。」正義允姓之戎徙居陸渾。
〔二〕集解服虔曰：「觀兵，陳兵示周也。」
〔三〕集解服虔曰：「以郊勞禮迎之也。」
〔四〕集解杜預曰：「示欲偪周取天下。」
〔五〕正義喙，許衞反。凡戟有鉤。喙，鉤口之尖也。言楚國戟之鉤口尖有折者，足以爲鼎，言鼎之易得也。
〔六〕集解服虔曰：「使九州之牧貢金。」
〔七〕集解賈逵曰：「象所圖物著之於鼎。」
〔八〕集解杜預曰：「圖鬼神百物之形，使民逆備之也。」
〔九〕集解賈逵曰：「載，辭也。祀，年也。商曰祀。」王肅曰：「載祀者，猶言年也。」
〔一〇〕集解杜預曰：「不可遷。」
〔一一〕集解杜預曰：「言可移。」
〔一二〕集解杜預曰：「郟鄏今河南也，河南縣西有郟鄏陌。武王遷之，成王定之。」索隱按周書，郟，雒北山名，音甲。鄏謂田厚鄏，故以名焉。

九年，相若敖氏。〔一〕人或讒之王，恐誅，反攻王，王擊滅若敖氏之族。十三年，滅舒。〔二〕

〔一〕集解左傳曰子越椒。
〔二〕集解杜預曰：「廬江六縣東有舒城也。」

十六年，伐陳，殺夏徵舒。徵舒弒其君，故誅之也。已破陳，卽縣之。羣臣皆賀，申叔

時使齊來，不賀。王問，對曰：「鄙語曰，牽牛徑人田，田主取其牛。徑者則不直矣，取之牛不亦甚乎？且王以陳之亂而率諸侯伐之，以義伐之而貪其縣，亦何以復令於天下！」莊王乃復國陳後。

十七年春，楚莊王圍鄭，三月克之。入自皇門，〔一〕鄭伯肉袒牽羊以逆，〔二〕曰：「孤不天，不能事君，君用懷怒，以及敝邑，孤之罪也。敢不惟命是聽！賓之南海，若以臣妾賜諸侯，亦惟命是聽。若君不忘厲、宣、桓、武，〔三〕不絕其社稷，使改事君，孤之願也，非所敢望也。敢布腹心。」楚羣臣曰：「王勿許。」莊王曰：「其君能下人，必能信用其民，庸可絕乎！」莊王自手旗，左右麾軍，引兵去三十里而舍，遂許之平。〔四〕潘尫入盟，子良出質。〔五〕夏六月，晉救鄭，與楚戰，大敗晉師河上，遂至衡雍而歸。

〔一〕集解賈逵曰：「鄭城門。」何休曰：「郭門也。」
〔二〕集解賈逵曰：「肉袒牽羊，示服爲臣隸也。」
〔三〕集解杜預曰：「周厲王、宣王，鄭之所自出也。鄭桓公、武公，始封之賢君也。」
〔四〕集解杜預曰：「退一舍而禮鄭。」
〔五〕集解潘尫，楚大夫。子良，鄭伯弟。

二十年，圍宋，以殺楚使也。〔一〕圍宋五月，城中食盡，易子而食，析骨而炊。宋華元出

告以情。莊王曰：「君子哉！」遂罷兵去。

〔一〕索隱左傳宣十四年「楚子使申舟聘于齊，曰：『無假道于宋。』華元曰：『過我而不假道，鄙我也，鄙我，亡也；殺其使者必伐我，伐我亦亡也：亡一也。』乃殺之。楚子聞之，投袂而起。九月，圍宋」是也。

二十三年，莊王卒，子共王審立。

共王十六年，晉伐鄭。鄭告急，共王救鄭。與晉兵戰鄢陵，晉敗楚，射中共王目。共王召將軍子反。子反嗜酒，從者豎陽穀進酒，醉。王怒，射殺子反，遂罷兵歸。

三十一年，共王卒，子康王招立。康王立十五年卒，子員〔一〕立，是爲郟敖。

〔一〕索隱音雲。左傳作「麇」。

康王寵弟公子圍、〔一〕子比、子晳、弃疾。郟敖三年，以其季父康王弟公子圍爲令尹，主兵事。四年，圍使鄭，道聞王疾而還。十二月己酉，圍入問王疾，絞而弒之，〔二〕遂殺其子莫及平夏。使使赴於鄭。伍舉問曰：「誰爲後？」〔三〕對曰：「寡大夫圍。」伍舉更曰：「共王之子圍爲長。」〔四〕子比奔晉，而圍立，是爲靈王。

〔一〕集解徐廣曰：「史記多作『回』。」

〔二〕集解荀卿曰：「以冠纓絞之。」左傳曰：「葬王于郟，謂之郟敖。」

〔三〕集解服虔曰：「問來赴者。」

〔四〕集解杜預曰：「伍舉更赴辭，使從禮告終稱嗣，不以篡弒赴諸侯。」

靈王三年六月，楚使使告晉，欲會諸侯。諸侯皆會楚于申。伍舉曰：「昔夏啓有鈞臺之饗，〔一〕商湯有景亳之命，周武王有盟津之誓，成王有岐陽之蒐，〔二〕康王有豐宮之朝，〔三〕穆王有塗山之會，齊桓有召陵之師，晉文有踐土之盟，君其何用？」靈王曰：「用桓公。」〔四〕時鄭子產在焉。於是晉、宋、魯、衞不往。靈王已盟，有驕色。伍舉曰：「桀爲有仍之會，有緡叛之。〔五〕紂爲黎山之會，東夷叛之。〔六〕幽王爲太室之盟，戎、翟叛之。〔七〕君其慎終！」

〔一〕集解杜預曰：「河南陽翟縣南有鈞臺坡。」

〔二〕集解賈逵曰：「岐山之陽。」

〔三〕集解服虔曰：「豐宮，成王廟所在也。」杜預曰：「豐在始平鄠縣東，有靈臺，康王於是朝諸侯。」

〔四〕集解杜預曰：「用會召陵之禮也。」

〔五〕集解賈逵曰：「仍，緡，國名也。」

〔六〕集解服虔曰：「黎，東夷國名也，子姓。」

〔七〕集解杜預曰：「太室，中嶽也。」

七月，楚以諸侯兵伐吳，圍朱方。八月，克之，囚慶封，滅其族。以封徇，曰：「無效齊慶封弒其君而弱其孤，以盟諸大夫！」〔一〕封反曰：「莫如楚共王庶子圍弒其君兄之子員而代之立！」〔二〕於是靈王使（弃）疾殺之。

〔一〕集解杜預曰：「齊崔杼弒其君，慶封其黨，故以弒君之罪責之也。」

〔二〕集解穀梁傳曰：「軍人粲然皆笑。」

七年，就章華臺，〔一〕下令內亡人實之。

〔一〕集解杜預曰：「南郡華容縣有臺，在城內。」

八年，使公子弃疾將兵滅陳。十年，召蔡侯，醉而殺之。使弃疾定蔡，因爲陳蔡公。

十一年，伐徐以恐吳。〔一〕靈王次於乾谿以待之。王曰：「齊、晉、魯、衞，其封皆受寶器，我獨不。今吾使使周求鼎以爲分，其予我乎？」〔二〕析父對曰：「其予君王哉！〔三〕昔我先王熊繹辟在荊山，蓽露藍蔞〔四〕以處草莽，跋涉山林〔五〕以事天子，唯是桃弧棘矢以共王事。〔六〕齊，王舅也；〔七〕晉及魯、衞，王母弟也：楚是以無分而彼皆有。周今與四國服事君王，將惟命是從，豈敢愛鼎？」靈王曰：「昔我皇祖伯父昆吾舊許是宅，〔八〕今鄭人貪其田，不我予，今我求之，其予我乎？」對曰：「周不愛鼎，鄭安敢愛田？」靈王曰：「昔諸侯遠我而畏晉，今吾大城陳、蔡、不羹，〔九〕賦皆千乘，諸侯畏我乎？」對曰：「畏哉！」靈王喜曰：「析父善言古事焉。」〔一〇〕

〔一〕集解左傳曰使蕩侯等圍徐。

〔二〕集解服虔曰：「有功德，受分器。」

〔三〕集解賈逵曰：「析父，楚大夫。」索隱據左氏此是右尹子革之詞，史蓋誤也。

〔四〕集解徐廣曰：「蓽，一作『暴』。」駰案：服虔曰「蓽露，柴車素木輅也。藍蔞，言衣敝壞，其蔞藍藍然也」。

〔五〕集解服虔曰：「草行曰跋，水行曰涉。」

〔六〕集解服虔曰：「桃弧棘矢所以禦其災，言楚地山林無所出也。」

〔七〕集解服虔曰：「齊呂伋，成王之舅。」

〔八〕集解服虔曰：「陸終氏六子，長曰昆吾，少曰季連。季連，楚之祖，故謂昆吾爲伯父也。昆吾曾居許地，故曰舊許是宅。」

〔九〕集解韋昭曰：「二國，楚別都也。潁川定陵有東不羹，襄城有西不羹。」正義括地志云：「不羹故城在許州襄城縣東三十里。地理志云此乃西不羹者也。」

〔一〇〕正義左傳昭十二年，析父謂子革曰：「吾子楚國之望也，今與王言如響，國其若之何？」杜預曰：「譏其順王心如響應聲也。」按：此對王言是子革之辭，太史公云析父，誤也。析父時爲王僕，見子革對，故歎也。

十二年春，楚靈王樂乾谿，不能去也。國人苦役。初，靈王會兵於申，僇越大夫常壽過，〔一〕殺蔡大夫觀起。〔二〕起子從亡在吳，〔三〕乃勸吳王伐楚，爲閒越大夫常壽過而作亂，爲吳閒。使矯公子弃疾命召公子比於晉，至蔡，與吳、越兵欲襲蔡。令公子比見弃疾，與盟

於鄧。〔四〕遂入殺靈王太子祿，立子比爲王，公子子晳爲令尹，弃疾爲司馬。先除王宮，觀從從師于乾谿，令楚衆曰：「國有王矣。先歸，復爵邑田室。後者遷之。」楚衆皆潰，去靈王而歸。

〔一〕索隱 僇，辱也。

〔二〕索隱 覲音宮。覲，姓；起，名。

〔三〕索隱 從音才松反。

〔四〕集解 杜預曰：「潁川邵陵縣西有鄧城。」 正義 括地志云：「故鄧城在豫州郾城縣東三十五里。」按：在古召陵縣西十里也。

靈王聞太子祿之死也，自投車下，而曰：「人之愛子亦如是乎？」侍者曰：「甚是。」王曰：「余殺人之子多矣，能無及此乎？」右尹曰：〔一〕「請待於郊以聽國人。」〔二〕王曰：「衆怒不可犯。」曰：「且入大縣而乞師於諸侯。」王曰：「皆叛矣。」又曰：「且奔諸侯以聽大國之慮。」王曰：「大福不再，祇取辱耳。」於是王乘舟將欲入鄢。〔三〕右尹度王不用其計，懼俱死，亦去王亡。

〔一〕集解 左傳曰右尹子革。

〔二〕集解 服虔曰：「聽國人欲爲誰。」

〔三〕集解 服虔曰：「鄢，楚別都也。」杜預曰：「襄陽宜城縣。」 正義 音偃。括地志云：「故鄢城在襄州安養縣北三

里，在襄州北五里，南去荊州二百五十里。」按：「王自夏口從漢水上入鄢也。」左傳云「王沿夏將欲入鄢」是也。括地志云：「鄢水源出襄州義清縣西界託仗山。」水經云蠻水即鄢水是也。」

靈王於是獨傍偟山中，野人莫敢入王。王行遇其故鋗人，〔一〕謂曰：「爲我求食，我已不食三日矣。」鋗人曰：「新王下法，有敢饟王從王者，罪及三族，且又無所得食。」王因枕其股而卧。鋗人又以土自代，逃去。王覺而弗見，遂飢弗能起。芋尹申無宇之子申亥曰：「吾父再犯王命，〔二〕王弗誅，恩孰大焉！」乃求王，遇王飢於釐澤，奉之以歸。夏五月癸丑，王死申亥家，〔三〕申亥以二女從死，并葬之。

〔一〕集解 韋昭曰：「今之中涓也。」

〔二〕集解 服虔曰：「斷王旌，執人於章華之宮。」

〔三〕正義 左傳云「夏五月癸亥，王縊于芋尹申亥」是也。

是時楚國雖已立比爲王，畏靈王復來，又不聞靈王死，故觀從謂初王比曰：「不殺弃疾，雖得國猶受禍。」王曰：「余不忍。」從曰：「人將忍王。」王不聽，乃去。弃疾歸。國人每夜驚，曰：「靈王入矣！」乙卯夜，弃疾使船人從江上走呼曰：「靈王至矣！」國人愈驚。又使曼成然告初王比及令尹子晳曰：「王至矣！國人將殺君，司馬將至矣！〔一〕君蚤自圖，無取辱焉。衆怒如水火，不可救也。」初王及子晳遂自殺。丙辰，弃疾卽位爲王，改名熊居，是爲

平王。

〔一〕集解 杜預曰：「司馬謂弃疾。」

平王以詐弑兩王而自立，恐國人及諸侯叛之，乃施惠百姓。復陳蔡之地而立其後如故，歸鄭之侵地。存恤國中，修政教。吴以楚亂故，獲五率以歸。〔一〕平王謂觀從：「恣爾所欲。」欲爲卜尹，王許之。〔二〕

〔一〕集解 服虔曰：「五率，蕩侯、潘子、司馬督、囂尹午、陵尹喜。」

〔二〕集解 賈逵曰：「卜尹，卜師，大夫官。」

初，共王有寵子五人，無適立，乃望祭羣神，請神決之，使主社稷，而陰與巴姬〔一〕埋璧於室內，〔二〕召五公子齋而入。康王跨之，〔三〕靈王肘加之，子比、子晳皆遠之。平王幼，抱其上而拜，壓紐。故康王以長立，至其子失之；圍爲靈王，及身而弑；子比爲王十餘日，子晳不得立，又俱誅。四子皆絶無後。唯獨弃疾後立，爲平王，竟續楚祀，如其神符。

〔一〕集解 賈逵曰：「共王妾。」

〔二〕正義 左傳云：「埋璧於太室之庭。」杜預曰：「太室，祖廟也。」

〔三〕集解 服虔曰：「兩足各跨璧一邊。」杜預曰：「過其上。」

初，子比自晉歸，韓宣子問叔向曰：「子比其濟乎？」對曰：「不就。」宣子曰：「同惡相求，如市賈焉，〔一〕何爲不就？」對曰：「無與同好，誰與同惡？〔二〕取國有五難：有寵無人，一也；〔三〕有人無主，二也；〔四〕有主無謀，三也；〔五〕有謀而無民，四也；〔六〕有民而無德，五也。〔七〕子比在晉十三年矣，晉、楚之從不聞通者，可謂無人矣；〔八〕族盡親叛，可謂無主矣；〔九〕無釁而動，可謂無謀矣；〔一〇〕爲羈終世，可謂無民矣；〔一一〕亡無愛徵，可謂無德矣。〔一二〕王虐而不忌，〔一三〕子比涉五難以弑君，誰能濟之！有楚國者，其弃疾乎？君陳、蔡，方城外屬焉。〔一四〕苛慝不作，盜賊伏隱，私欲不違，〔一五〕民無怨心。先神命之，國民信之。芈姓有亂，必季實立，楚之常也。子比之官，則右尹也；數其貴寵，則庶子也；以神所命，則又遠之；民無懷焉，將何以立？」宣子曰：「齊桓、晉文不亦是乎？」〔一六〕對曰：「齊桓，衛姬之子也，有寵於釐公。有鮑叔牙、賓須無、隰朋以爲輔，有莒、衛以爲外主，〔一七〕有高、國以爲內主。〔一八〕從善如流，〔一九〕施惠不倦。有國，不亦宜乎？昔我文公，狐季姬之子也，有寵於獻公。好學不倦。生十七年，有士五人，有先大夫子餘、子犯以爲腹心，〔二〇〕有魏犫、賈佗以爲股肱，有齊、宋、秦、楚以爲外主，〔二一〕有欒、郤、狐、先以爲內主。〔二二〕亡十九年，守志彌篤。惠、懷弃民，〔二三〕民從而與之。〔二四〕故文公有國，不亦宜乎？子比無施於民，無援於外，去晉，晉不送；歸楚，楚不迎。何以有國！」子比果不終焉，卒立者弃疾，〔二五〕如叔向言也。

〔一〕集解 服虔曰：「謂國人共惡靈王者，如市賈之人求利也。」
〔二〕集解 服虔曰：「言無黨於內，當與誰共同好惡。」
〔三〕集解 杜預曰：「寵須賢人而固。」
〔四〕集解 杜預曰：「雖有賢人，當須內主爲應。」
〔五〕集解 杜預曰：「謀，策謀也。」
〔六〕集解 杜預曰：「民，衆也。」
〔七〕集解 杜預曰：「四者既備，當以德成之。」
〔八〕集解 杜預曰：「晉、楚之士從子比游，皆非達人。」
〔九〕集解 杜預曰：「無親族在楚。」
〔一〇〕集解 服虔曰：「言靈王尚在，而妄動取國，故謂無謀。」
〔一一〕集解 杜預曰：「終身羈客在於晉，是無民。」
〔一二〕集解 杜預曰：「楚人無愛念者。」
〔一三〕集解 杜預曰：「靈王暴虐，無所畏忌，將自亡。」
〔一四〕正義 方城山在許州葉縣西十八里也。
〔一五〕集解 服虔曰：「不以私欲違民心。」
〔一六〕集解 服虔曰：「皆庶子而出奔。」
〔一七〕集解 賈逵曰：「齊桓出奔莒，自莒先入，衞人助之。」

〔一八〕集解 服虔曰：「國子，高子，皆齊之正卿。」
〔一九〕集解 服虔曰：「言其疾。」
〔二〇〕集解 賈逵曰：「子餘，趙衰。」
〔二一〕集解 賈逵曰：「齊以女妻之，宋贈之馬，楚享以九獻，秦送内之。」
〔二二〕集解 賈逵曰：「四姓，晉大夫。」 正義 杜預云：「謂欒枝、郤穀、狐突、先軫也。」
〔二三〕集解 服虔曰：「皆弃民不恤。」
〔二四〕正義 以惠、懷弃民，故民相從而歸心於文公。
〔二五〕正義 左傳云：「獲神，一也；有民，二也；令德，三也；寵貴，四也；居常，五也。有五利以去五難，誰能害之」杜預云：「獲神，當璧拜也；有民，民信也；令德，無苛慝也；寵貴，妃子也；居常，弃疾季也。」

平王二年，使費無忌〔一〕如秦爲太子建取婦。〔二〕婦好，來，未至，無忌先歸，說平王曰：「秦女好，可自娶，爲太子更求。」平王聽之，卒自娶秦女，生熊珍。更爲太子娶。是時伍奢爲太子太傅，無忌爲少傅。無忌無寵於太子，常讒惡太子建。建時年十五矣，其母蔡女也，無寵於王，王稍益疏外建也。

〔一〕集解 服虔曰：「楚大夫。」 索隱 左傳作「無極」，極忌聲相近。
〔二〕正義 左傳云：「楚子之在蔡也，郹陽之女奔之，生太子建。」杜預云：「郹，蔡邑也。」郹，古覓反。

六年，使太子建居城父，守邊。〔一〕無忌又日夜讒太子建於王曰：「自無忌入秦女，太子怨，亦不能無望於王，王少自備焉。且太子居城父，擅兵，外交諸侯，且欲入矣。」平王召其傅伍奢責之。伍奢知無忌讒，乃曰：「王柰何以小臣疏骨肉？」無忌曰：「今不制，後悔也。」於是王遂囚伍奢。（而召其二子而告以免父死） 乃令司馬奮揚召太子建，欲誅之。太子聞之，亡奔宋。

〔一〕集解 服虔曰：「城父，楚北境邑。」杜預曰：「襄城城父縣。」 正義 父音甫。括地志云：「城父故城在許州葉縣東北四十五里，卽杜預云襄城城父縣也。又許州襄城縣東四十里亦有父城故城一所，服虔云『城父，楚北境』，乃是父城之名，非建所守。杜預云（言）成父，又誤也。傳及酈元水經注云『楚大城城父，使太子建居之』，卽十三州志云太子建所居城父，謂今亳州城父縣也。」按：今亳州見有城父縣，是建所守者也。地理志云潁川有父城縣，沛郡有城父縣，此二名別耳。

無忌曰：「伍奢有二子，不殺者爲楚國患。盍以免其父召之，必至。」於是王使使謂奢：「能致二子則生，不能將死。」奢曰：「尚至，胥不至。」王曰：「何也？」奢曰：「尚之爲人，廉，死節，慈孝而仁，聞召而免父，必至，不顧其死。胥之爲人，智而好謀，勇而矜功，知來必死，必不來。然爲楚國憂者必此子。」於是王使人召之，曰：「來，吾免爾父。」伍尚謂伍胥曰：「聞父免而莫奔，不孝也；父戮莫報，無謀也；度能任事，知也。子其行矣，我其歸死。」伍尚遂歸。伍胥彎弓屬矢，出見使者，曰：「父有罪，何以召其子爲？」將射，使者還走，遂

出奔吳。伍奢聞之，曰：「胥亡，楚國危哉。」楚人遂殺伍奢及尚。

十年，楚太子建母在居巢，〔一〕開吳。吳使公子光伐楚，遂敗陳、蔡，取太子建母而去。楚恐，城郢。〔二〕初，吳之邊邑卑梁〔三〕與楚邊邑鍾離小童爭桑，兩家交怒相攻，滅卑梁人。卑梁大夫怒，發邑兵攻鍾離。楚王聞之怒，發國兵滅卑梁。吳王聞之大怒，亦發兵，使公子光因建母家攻楚，遂滅鍾離、居巢。楚乃恐而城郢。〔四〕

〔一〕正義 廬州巢縣是也。
〔二〕正義 在江陵縣東北六里，已解於前。按：傳城郢在昭公二十三年，下重言城郢。杜預云「楚用子囊遺言以築郢城矣，今畏吳，復修以自固也。」
〔三〕正義 卑梁邑近鍾離也。
〔四〕索隱 去年已城郢，今又重言。據左氏昭二十三年城郢，二十四年無重城郢之文，是史記誤也。

十三年，平王卒。將軍子常曰：「太子珍少，且其母乃前太子建所當娶也。」欲立令尹子西。子西，平王之庶弟也，有義。子西曰：「國有常法，更立則亂，言之則致誅。」乃立太子珍，是爲昭王。

昭王元年，楚衆不說費無忌，以其讒亡太子建，殺伍奢子父與郤宛。宛之宗姓伯氏子

嚭及子胥皆奔吳，吳兵數侵楚，楚人怨無忌甚。楚令尹子常〔一〕誅無忌以說衆，衆乃喜。

〔一〕正義 名瓦。左傳云囊瓦伐吳。

四年，吳三公子〔一〕奔楚，楚封之以扞吳。五年，吳伐取楚之六、潛。〔二〕七年，楚使子常伐吳，吳大敗楚於豫章。〔三〕

〔一〕索隱 昭三十年，二公子奔楚，公子掩餘奔徐，公子燭庸奔鍾離。此言三公子，非也。

〔二〕正義 故六城在壽州安豐縣南百三十二里，偃姓，皋陶之後所封也。潛城，楚之潛邑，在霍山縣東二百步。

〔三〕正義 今洪州也。

十年冬，吳王闔閭、伍子胥、伯嚭與唐、蔡俱伐楚，楚大敗，吳兵遂入郢，辱平王之墓，以伍子胥故也。吳兵之來，楚使子常以兵迎之，夾漢水陣。吳伐敗子常，子常亡奔鄭。楚兵走，吳乘勝逐之，五戰及郢。己卯，昭王出奔。庚辰，吳人入郢。〔一〕

〔一〕集解 春秋云十一月庚辰。

昭王亡也至雲夢。雲夢不知其王也，射傷王。王走鄖。〔一〕鄖公之弟懷曰：「平王殺吾父，〔二〕今我殺其子，不亦可乎？」鄖公止之，然恐其弒昭王，乃與王出奔隨。〔三〕吳王聞昭王往，卽進擊隨，謂隨人曰：「周之子孫封於江漢之閒者，楚盡滅之。」欲殺昭王。王從臣子綦乃深匿王，自以爲王，謂隨人曰：「以我予吳。」隨人卜予吳，不吉，乃謝吳王曰：「昭王亡，不在隨。」吳請入自索之，隨不聽，吳亦罷去。

〔一〕正義 走音奏。鄖音云。括地志云：「安州安陸縣城，本春秋時鄖國城也。」

〔二〕集解 服虔曰：「父曼成然。」正義 成然立平王，貪求無厭，平王殺之。

〔三〕正義 括地志云：「隨州城外古隨國城。隨，姬姓也。」又云：「楚昭王城在隨州縣北七里。左傳云吳師入郢，王奔隨，隨人處之公宮之北，卽此城是也。」

昭王之出郢也，使申鮑胥〔一〕請救於秦。秦以車五百乘救楚，楚亦收餘散兵，與秦擊吳。十一年六月，敗吳於稷。〔二〕會吳王弟夫概見吳王兵傷敗，乃亡歸，自立爲王。闔閭聞之，引兵去楚，歸擊夫概。夫概敗，奔楚，楚封之堂谿，〔三〕號爲堂谿氏。

〔一〕集解 服虔曰：「楚大夫王孫包胥。」

〔二〕集解 賈逵曰：「楚地也。」

〔三〕正義 （地理）〔括地〕志云：「堂谿故城在豫州郾城縣西八十有五里也。」

楚昭王滅唐。〔一〕九月，歸入郢。十二年，吳復伐楚，取番。〔二〕楚恐，去郢，北徙都鄀。〔三〕

〔一〕集解 杜預曰：「義陽安昌縣東南上唐鄉。」正義 括地志云：「上唐鄉故城在隨州棗陽縣東南百五十里，古之唐國也。世本云唐，姬姓之國。」

〔二〕正義 片寒反，又音婆。括地志云：「饒州鄱陽縣，春秋時爲楚東境，秦爲番縣，屬九江郡，漢爲鄱陽縣也。」

〔三〕正義 音若。括地志云：「楚昭王故城在襄州樂鄉縣東北三十二里，在故都城東五里，卽楚國故昭王徙都鄀城也。」

十六年，孔子相魯。二十年，楚滅頓，〔一〕滅胡。〔二〕二十一年，吳王闔閭伐越。越王句踐射傷吳王，遂死。吳由此怨越而不西伐楚。

〔一〕集解 地理志曰：「汝南南頓縣，故頓子國。」正義 括地志云：「陳州南頓縣，故頓子國。應劭云古頓子國，姬姓也，逼於陳，後南徙，故曰南頓也。」

〔二〕集解 杜預曰：「汝南縣西北胡城。」正義 括地志云：「故胡城在豫州郾城縣界。」

二十七年春，吳伐陳，楚昭王救之，軍城父。十月，昭王病於軍中，有赤雲如鳥，夾日而蜚。〔一〕昭王問周太史，太史曰：「是害於楚王，然可移於將相。」將相聞是言，乃請自以身禱於神。昭王曰：「將相，孤之股肱也，今移禍，庸去是身乎！」弗聽。卜而河爲祟，大夫請禱河。昭王曰：「自吾先王受封，望不過江、漢，〔二〕而河非所獲罪也。」止不許。孔子在陳，聞是言，曰：「楚昭王通大道矣。其不失國，宜哉！」

〔一〕集解 杜預曰：「雲在楚上，惟楚見之。」

〔二〕集解 服虔曰：「謂所受王命，祀其國中山川爲望。」正義 按：江，荊州南大江也，漢，江也，二水楚境內也。河，黃河，非楚境也。

昭王病甚，乃召諸公子大夫曰：「孤不佞，再辱楚國之師，今乃得以天壽終，孤之幸也。」

讓其弟公子申爲王，不可。又讓次弟公子結，亦不可。乃又讓次弟公子閭，五讓，乃後許爲王。將戰，庚寅，昭王卒於軍中。子閭曰：「王病甚，舍其子讓羣臣，臣所以許王，以廣王意也。今君王卒，臣豈敢忘君王之意乎！」乃與子西、子綦謀，伏師閉〔一〕塗，迎越女之子章立之，〔二〕是爲惠王。然後罷兵歸，葬昭王。

〔一〕集解 徐廣曰：「一作『壁』。」

〔二〕集解 服虔曰：「閉塗，不通外使也。越女，昭王之妾。」索隱 閉塗卽擯塗也，故下云惠王後卽罷兵歸葬。服虔說非。正義 左傳云「謀潛師閉塗」。按：潛師，密發往迎也；閉塗，防斷外寇也。爲昭王薨於軍，嗣子未定，恐有鄰國及諸公子之變，故伏師閉塗，迎越女之子章立爲惠王也。

惠王二年，子西召故平王太子建之子勝於吳，以爲巢大夫，號曰白公。〔一〕白公好兵而下士，欲報仇。六年，白公請兵令尹子西伐鄭。初，白公父建亡在鄭，鄭殺之，白公亡走吳，子西復召之，故以此怨鄭，欲伐之。子西許而未爲發兵。八年，晉伐鄭，鄭告急楚，楚使子西救鄭，受賂而去。白公勝怒，乃遂與勇力死士石乞等襲殺令尹子西、子綦於朝，因劫惠王，置之高府，〔二〕欲弒之。惠王從者屈固負王亡走昭王夫人宮。〔三〕白公自立爲王。月餘，會葉公來救楚，楚惠王之徒與共攻白公，殺之。惠王乃復位。是歲也，〔四〕滅陳而縣之。

〔一〕【集解】徐廣曰：「伍子胥傳曰使勝守楚之邊邑鄢。」駰案：服虔曰「白，邑名。楚邑大夫皆稱公」。杜預曰「汝陰褒信縣西南有白亭」。【正義】巢，今廬州居巢縣也。括地志云：「白亭在豫州褒信東南三十二里。褒信本漢鄳縣之地，後漢分鄳置褒信縣，在今褒信縣東七十七里。」

〔二〕【集解】賈逵曰：「高府，府名也。」杜預曰：「楚別府。」

〔三〕【集解】服虔曰：「昭王夫人，惠王母，越女也。」

〔四〕【集解】徐廣曰：「惠王之十年。」

十三年，吳王夫差彊，陵齊、晉，來伐楚。十六年，越滅吳。〔一〕四十二年，楚滅蔡。〔二〕四十四年，楚滅杞。〔三〕與秦平。是時越已滅吳而不能正江、淮北；〔四〕楚東侵，廣地至泗上。

〔一〕【正義】表云越滅吳在元王四年。

〔二〕【正義】周定王二十二年。

〔三〕【正義】周定王二十四年。

〔四〕【正義】正，長也。江、淮北謂廣陵縣，徐、泗等州是也。

五十七年，惠王卒，子簡王中立。〔一〕

〔一〕【正義】中音仲。

簡王元年，北伐滅莒。〔一〕八年，魏文侯、韓武子、趙桓子始列爲諸侯。

〔一〕【正義】括地志云：「密州莒縣，故國也。」言「北伐」者，莒在徐、泗之北。

二十四年，簡王卒，子聲王當立。〔一〕聲王六年，盜殺聲王，子悼王熊疑立。悼王二年，三晉來伐楚，至乘丘而還。〔二〕四年，楚伐周。鄭殺子陽。九年，伐韓，取負黍。十一年，三晉伐楚，敗我大梁、榆關。〔三〕楚厚賂秦，與之平。二十一年，悼王卒，子肅王臧立。

〔一〕【正義】謚法云「不生其國曰聲」也。

〔二〕【集解】徐廣曰：「年表三年歸榆關于鄭。」【正義】年表云：「三晉公子伐我，至乘丘，誤也，已解在年表中。（地理志）〔括地志〕云「乘丘故城在兗州瑕丘縣西北三十五里」是也。

〔三〕【索隱】此榆關當在大梁之西也。

肅王四年，蜀伐楚，取茲方。〔一〕於是楚爲扞關以距之。〔二〕十年，魏取我魯陽。〔三〕十一年，肅王卒，無子，立其弟熊良夫，是爲宣王。

〔一〕【索隱】地名，今闕。【正義】古今地名云：「荆州松滋縣古鳩茲地，即楚茲方是也。」

〔二〕【集解】李熊說公孫述曰：「東守巴郡，距扞關之口。」【索隱】按：郡國志巴郡魚復縣有扞關。

〔三〕【集解】地理志云南陽有魯陽縣。【正義】括地志云：「汝州魯山本漢魯陽縣也。古魯縣以古魯山爲名也。」

宣王六年，周天子賀秦獻公。秦始復彊，而三晉益大，魏惠王、齊威王尤彊。三十年，秦封衞鞅於商，南侵楚。是年，宣王卒，子威王熊商立。

威王六年，周顯王致文武胙於秦惠王。

七年，齊孟嘗君父田嬰欺楚，楚威王伐齊，敗之於徐州，〔一〕而令齊必逐田嬰。田嬰恐，張丑偽謂楚王曰：「王所以戰勝於徐州者，田盼子不用也。〔二〕盼子者，有功於國，而百姓爲之用。嬰子弗善而用申紀。申紀者，大臣不附，百姓不爲用，故王勝之也。今王逐嬰子，嬰子逐，盼子必用矣。復搏其士卒以與王遇，〔三〕必不便於王矣。」楚王因弗逐也。

〔一〕【集解】徐廣曰：「時楚已滅越而伐齊也。」齊說越，令攻楚，故云齊欺楚。

〔二〕【索隱】盼子，嬰之同族。

〔三〕【索隱】搏音膞，亦有作「附」讀。戰國策作「整」。

十一年，威王卒，子懷王熊槐立。魏聞楚喪，伐楚，取我陘山。〔一〕

〔一〕【正義】括地志云：「陘山在鄭州新鄭縣西南三十里。」

懷王元年，張儀始相秦惠王。四年，秦惠王初稱王。

六年，楚使柱國昭陽將兵而攻魏，破之於襄陵，〔一〕得八邑。〔二〕又移兵而攻齊，齊王患之。〔三〕陳軫適爲秦使齊，齊王曰：「爲之柰何？」陳軫曰：「王勿憂，請令罷之。」即往見昭

陽軍中，曰：「願聞楚國之法，破軍殺將者何以貴之？」昭陽曰：「其官爲上柱國，封上爵執珪。」陳軫曰：「其有貴於此者乎？」昭陽曰：「令尹。」陳軫曰：「今君已爲令尹矣，此國冠之上。〔四〕臣請得譬之。人有遺其舍人一卮酒者，舍人相謂曰：『數人飲此，不足以徧，請遂畫地爲蛇，蛇先成者獨飲之。』一人曰：『吾蛇先成。』舉酒而起，曰：『吾能爲之足。』及其爲之足，而後成人奪之酒而飲之，曰：『蛇固無足，今爲之足，是非蛇也。』今君相楚而攻魏，破軍殺將，功莫大焉，冠之上不可以加矣。今又移兵而攻齊，攻齊勝之，官爵不加於此；攻之不勝，身死爵奪，有毀於楚：此爲蛇爲足之說也。不若引兵而去以德齊，此持滿之術也。」昭陽曰：「善。」引兵而去。

〔一〕【索隱】縣名，在河東。

〔二〕【索隱】古本作「八邑」，今亦作「八城」。

〔三〕【集解】徐廣曰：「懷王六年，昭陽移和而攻齊。」軍門曰和。

〔四〕【索隱】冠音官。令尹乃尹中最尊，故以國爲言，猶如卿子冠軍然。

燕、韓君初稱王。秦使張儀與楚、齊、魏相會，盟齧桑。〔一〕

〔一〕【正義】徐廣曰：「在梁與彭城之閒也。」

十一年，蘇秦約從山東六國共攻秦，楚懷王爲從長。至函谷關，秦出兵擊六國，六國兵

中華書局

皆引而歸，齊獨後。十二年，齊湣王伐敗趙、魏軍，秦亦伐敗韓，與齊爭長。

十六年，秦欲伐齊，而楚與齊從親，秦惠王患之，乃宣言張儀免相，使張儀南見楚王，謂楚王曰：「敝邑之王所甚說者無先大王，雖儀之所甚願爲門闌之廝者亦無先大王。敝邑之王所甚憎者無先齊王，雖儀之所甚憎者亦無先齊王。而大王和之，〔一〕是以敝邑之王不得事王，而令儀亦不得爲門闌之廝也。王爲儀閉關而絶齊，今使使者從儀西取故秦所分楚商於之地方六百里，〔二〕如是則齊弱矣。是北弱齊，西德於秦，私商於以爲富，此一計而三利俱至也。」懷王大悦，乃置相璽於張儀，日與置酒，宣言「吾復得吾商於之地」。羣臣皆賀，而陳軫獨弔。懷王曰：「何故？」陳軫對曰：「秦之所爲重王者，以王之有齊也。今地未可得而齊交先絶，是楚孤也。夫秦又何重孤國哉，必輕楚矣。且先出地而後絶齊，則秦計不爲。先絶齊而後責地，則必見欺於張儀。見欺於張儀，則王必怨之。怨之，是西起秦患，北絶齊交。西起秦患，北絶齊交，則兩國之兵必至。〔三〕臣故弔。」楚王弗聽，因使一將軍西受封地。

〔一〕索隱 和謂楚與齊相和親。

〔二〕集解 商於之地在今順陽郡南鄉、丹水二縣，有商城在於中，故謂之商於。索隱 商於在今愼陽。案：地理志丹水及商屬弘農，今言順陽者，是魏晉始分置順陽郡，商城、丹水俱隸之。

〔三〕索隱 兩國，韓、魏也。

張儀至秦，詳醉墜車，稱病不出三月，地不可得。楚王曰：「儀以吾絶齊爲尚薄邪？」乃使勇士宋遺北辱齊王。齊王大怒，折楚符而合於秦。秦齊交合，張儀乃起朝，謂楚將軍曰：「子何不受地？從某至某，廣袤六里。」楚將軍曰：「臣之所以見命者六百里，不聞六里。」即以歸報懷王。懷王大怒，興師將伐秦。陳軫又曰：「伐秦非計也。不如因賂之一名都，與之伐齊，是我亡於秦，〔一〕取償於齊也，吾國尚可全。今王已絶於齊而責欺於秦，是吾合秦齊之交而來天下之兵也，國必大傷矣。」楚王不聽，遂絶和於秦，發兵西攻秦。秦亦發兵擊之。

〔一〕索隱 謂失商於之地。

十七年春，與秦戰丹陽，〔一〕秦大敗我軍，斬甲士八萬，虜我大將軍屈匄、裨將軍逢侯丑等七十餘人，遂取漢中之郡。楚懷王大怒，乃悉國兵復襲秦，戰於藍田，〔二〕大敗楚軍。韓、魏聞楚之困，乃南襲楚，至於鄧。楚聞，乃引兵歸。

〔一〕索隱 此丹陽在漢中。

〔二〕正義 藍田在雍州東南八十里，從藍田關入藍田縣。

十八年，秦使使約復與楚親，分漢中之半以和楚。楚王曰：「願得張儀，不願得地。」張儀聞之，請之楚。秦王曰：「楚且甘心於子，柰何？」張儀曰：「臣善其左右靳尚，靳尚又能得事於楚王幸姬鄭袖，袖所言無不從者。且儀以前使負楚以商於之約，今秦楚大戰，有惡，臣非面自謝楚不解。且大王在，楚不宜敢取儀。誠殺儀以便國，臣之願也。」儀遂使楚。

至，懷王不見，因而囚張儀，欲殺之。儀私於靳尚，靳尚爲請懷王曰：「拘張儀，秦王必怒。天下見楚無秦，必輕王矣。」又謂夫人鄭袖曰：「秦王甚愛張儀，而王欲殺之，今將以上庸之地六縣賂楚，以美人聘楚王，以宮中善歌者爲之媵。楚王重地，秦女必貴，而夫人必斥矣。夫人不若言而出之。」鄭袖卒言張儀於王而出之。儀出，懷王因善遇儀，儀因説楚王以叛從約而與秦合親，約婚姻。張儀已去，屈原使從齊來，諫王曰：「何不誅張儀？」懷王悔，使人追儀，弗及。是歲，秦惠王卒。

二十(六)年，齊湣王欲爲從長，〔一〕惡楚之與秦合，乃使使遺楚王書曰：「寡人患楚之不察於尊名也。今秦惠王死，武王立，張儀走魏，樗里疾、公孫衍用，而楚事秦。夫樗里疾善乎韓，而公孫衍善乎魏；楚必事秦，韓、魏恐，必因二人求合於秦，則燕、趙亦宜事秦。四國爭事秦，則楚爲郡縣矣。王何不與寡人并力收韓、魏、燕、趙，與爲從而尊周室，以案兵息民，令於天下？莫敢不樂聽，則王名成矣。王率諸侯並伐，破秦必矣。王取武關、蜀、漢之地，〔二〕私吴、越之富而擅江海之利，韓、魏割上黨，西薄函谷，則楚之彊百萬也。且王欺於張儀，亡

地漢中，兵銼藍田，天下莫不代王懷怒。今乃欲先事秦！願大王孰計之。」

〔一〕索隱 按：下文始言二十四年，又更有二十六年，則此錯。云二十六年，衍字也，當是二十年事。又徐廣推校二十年取武遂，二十三年歸武遂，則此必二十年、二十一年事乎？

〔二〕正義 武關在商州東一百八十里商洛縣界。蜀，巴蜀；漢中，郡也。

楚王業已欲和於秦，見齊王書，猶豫不決，下其議羣臣。羣臣或言和秦，或曰聽齊。昭雎〔一〕曰：「王雖東取地於越，不足以刷恥；必且取地於秦，而後足以刷恥於諸侯。王不如深善齊、韓以重樗里疾，如是則王得韓、齊之重以求地矣。秦破韓宜陽，〔二〕而韓猶復事秦者，以先王墓在平陽，〔三〕而秦之武遂去之七十里，〔四〕以故尤畏秦。不然，秦攻三川，〔五〕趙攻上黨，楚攻河外，韓必亡。楚之救韓，不能使韓不亡，然存韓者楚也。韓已得武遂於秦，以河山爲塞，〔六〕所報德莫如楚厚，臣以爲其事王必疾。齊之所信於韓者，以韓公子眛爲齊相也。〔七〕韓已得武遂於秦，王甚善之，使之以齊、韓重樗里疾，疾得齊、韓之重，其主弗敢弃疾也。今又益之以楚之重，樗里子必言秦，復與楚之侵地矣。」於是懷王許之，竟不合秦，而合齊以善韓。〔八〕

〔一〕索隱 七余反。

〔二〕索隱 弘農之縣，在澠池西南。

〔三〕索隱 非堯都也。
〔四〕索隱 亦非河閒之縣，則韓之平陽，秦之武遂，並當在宜陽左右。
〔五〕正義 三川，洛州也。
〔六〕正義 河，蒲州西黃河也。 山，韓西境也。
〔七〕正義 眛，莫葛反，後同。
〔八〕集解 徐廣曰：「懷王之二十二年，秦拔宜陽，取武遂；二十三年，秦復歸韓武遂，然則已非二十年事矣。」

二十四年，倍齊而合秦。秦昭王初立，乃厚賂於楚。楚往迎婦。二十五年，懷王入與秦昭王盟，約於黃棘。秦復與楚上庸。二十六年，齊、韓、魏爲楚負其從親而合於秦，三國共伐楚。楚使太子入質於秦而請救。秦乃遣客卿通將兵救楚，三國引兵去。

二十七年，秦大夫有私與楚太子鬭，楚太子殺之而亡歸。二十八年，秦乃與齊、韓、魏共攻楚，殺楚將唐眛，取我重丘而去。二十九年，秦復攻楚，大破楚，楚軍死者二萬，殺我將軍景缺。懷王恐，乃使太子爲質於齊以求平。三十年，秦復伐楚，取八城。秦昭王遺楚王書曰：「始寡人與王約爲弟兄，盟于黃棘，太子爲質，至驩也。太子陵殺寡人之重臣，不謝而亡去，寡人誠不勝怒，使兵侵君王之邊。今聞君王乃令太子質於齊以求平。寡人與楚接境壤界，故爲婚姻，〔一〕所從相親久矣。而今秦楚不驩，則無以令諸侯。寡人願與君王會武關，

面相約，結盟而去，寡人之願也。敢以聞下執事。」楚懷王見秦王書，患之。欲往，恐見欺；無往，恐秦怒。昭雎曰：「王毋行，而發兵自守耳。秦虎狼，不可信，有并諸侯之心。」懷王子子蘭勸王行，曰：「柰何絕秦之驩心！」於是往會秦昭王。昭王詐令一將軍伏兵武關，號爲秦王。楚王至，則閉武關，遂與西至咸陽，〔二〕朝章臺，如蕃臣，不與亢禮。楚懷王大怒，悔不用昭子言。秦因留楚王，要以割巫、黔中之郡。楚王欲盟，秦欲先得地。楚王怒曰：「秦詐我而又彊要我以地！」不復許秦。秦因留之。

〔一〕正義 壻之父爲姻，婦之父爲婚，婦之父母壻之父母相謂爲婚姻，兩壻相謂爲婭。
〔二〕索隱 右扶風渭城縣，故咸陽城也，在水北山南，故曰咸陽。咸，皆也。

楚大臣患之，乃相與謀曰：「吾王在秦不得還，要以割地，而太子爲質於齊，齊、秦合謀，則楚無國矣。」乃欲立懷王子在國者。昭雎曰：「王與太子俱困於諸侯，而今又倍王命而立其庶子，不宜。」乃詐赴於齊，齊湣王謂其相曰：「不若留太子以求楚之淮北。」相曰：「不可，郢中立王，是吾抱空質而行不義於天下也。」或曰：「不然。郢中立王，因與其新王市曰『予我下東國，吾爲王殺太子，不然，將與三國共立之』，然則東國必可得矣。」齊王卒用其相計而歸楚太子。太子橫至，立爲王，是爲頃襄王。乃告于秦曰：「賴社稷神靈，國有王矣。」

頃襄王橫元年，秦要懷王不可得地，楚立王以應秦，秦昭王怒，發兵出武關攻楚，大敗楚軍，斬首五萬，取析十五城而去。〔一〕二年，楚懷王亡逃歸，秦覺之，遮楚道，懷王恐，乃從閒道走趙以求歸。趙主父〔二〕在代，其子惠王初立，行王事，恐，不敢入楚王。楚王欲走魏，秦追至，遂與秦使復之秦。懷王遂發病。頃襄王三年，懷王卒于秦，秦歸其喪于楚。楚人皆憐之，如悲親戚。諸侯由是不直秦。秦楚絕。

〔一〕集解 徐廣曰：「年表云取十六城，既取析，又并取左右十五城也。」駰按：地理志弘農有析縣。正義 括地志云：「鄧州內鄉縣城本楚析邑，一名丑，漢置析縣，因析水爲名也。」
〔二〕索隱 主字亦或作「王」。

六年，秦使白起伐韓於伊闕，〔一〕大勝，斬首二十四萬。秦乃遺楚王書曰：「楚倍秦，秦且率諸侯伐楚，爭一旦之命。願王之飭士卒，得一樂戰。」楚頃襄王患之，乃謀復與秦平。七年，楚迎婦於秦，秦楚復平。

〔一〕正義 括地志云：「伊闕山在洛州南十九里也。」

十一年，齊秦各自稱爲帝；月餘，復歸帝爲王。

十四年，楚頃襄王與秦昭王好會于宛，結和親。十五年，楚王與秦、三晉、燕共伐齊，取

淮北。十六年，與秦昭王好會於鄢。其秋，復與秦王會穰。

十八年，楚人有好以弱弓微繳加歸鴈之上者，頃襄王聞，召而問之。對曰：「小臣之好射鶀鴈，〔一〕羅鸗，〔二〕小矢之發也，何足爲大王道也。且稱楚之大，因大王之賢，所弋非直此也。昔者三王以弋道德，五霸以弋戰國。故秦、魏、燕、趙者，鶀鴈也；齊、魯、韓、衛者，青首也；〔三〕騶、費、〔四〕郯、邳者，羅鸗也。外其餘則不足射者。見鳥六雙，〔五〕以王何取？王何不以聖人爲弓，以勇士爲繳，時張而射之？此六雙者，可得而囊載也。其樂非特朝昔之樂也，〔六〕其獲非特鳧鴈之實也。王朝張弓而射魏之大梁之南，加其右臂而徑屬之於韓，則中國之路絕而上蔡之郡壞矣。還〔七〕射〔八〕圉之東，〔九〕解魏左肘〔一〇〕而外擊定陶，則魏之東外弃而大宋、方與二郡者舉矣。〔一一〕且魏斷二臂，顛越矣；膺擊郯國，大梁可得而有也。王綪繳蘭臺，〔一二〕飲馬西河，定魏大梁，此一發之樂也。若王之於弋誠好而不厭，則出寶弓，碆新繳，〔一三〕射噣鳥於東海，還蓋長城以爲防，〔一四〕朝射東莒，〔一五〕夕發浿丘，〔一六〕夜加即墨，顧據午道，〔一七〕則長城之東收而太山之北舉矣。〔一八〕西結境於趙〔一九〕而北達於燕，〔二〇〕三國布翄，〔二一〕則從不待約而可成也。北遊目於燕之遼東而南登望於越之會稽，此再發之樂也。若夫泗上十二諸侯，左縈而右拂之，可一旦而盡也。今秦破韓以爲長憂，得列城而不敢守也；伐魏而無功，擊趙而顧病，〔二二〕則秦魏之勇力屈矣，楚之故地漢中、析、酈可得而復有也。王

出寶弓，碆新繳，涉鄳塞，〔二三〕而待秦之倦也，山東、河內〔二四〕可得而一也。勞民休衆，南面稱王矣。故曰秦爲大鳥，負海內而處，東面而立，左臂據趙之西南，右臂傅楚鄢郢，膺擊韓魏，〔二五〕垂頭中國，〔二六〕處既形便，勢有地利，奮翼鼓翅，方三千里，則秦未可得獨招而夜射也。」欲以激怒襄王，故對以此言。襄王因召與語，遂言曰：「夫先王爲秦所欺而客死於外，怨莫大焉。今以匹夫有怨，尚有報萬乘，白公、子胥是也。今楚之地方五千里，帶甲百萬，猶足以踊躍中野也，而坐受困，臣竊爲大王弗取也。」於是頃襄王遣使於諸侯，復爲從，欲以伐秦。秦聞之，發兵來伐楚。

〔一〕索隱 騏音其，小鴈也。

〔二〕集解 徐廣曰：「呂靜曰鶩，野鳥也。音龍。」 索隱 呂靜音聾，鄳亦音盧動反，劉音龍。鶩，小鳥。

〔三〕索隱 亦小鳧，有青首者。

〔四〕索隱 鄳袛二音。

〔五〕索隱 以喻下文秦趙等十二國，故云「六雙」。

〔六〕索隱 昔猶夕也。

〔七〕索隱 音患，謂繞也。

〔八〕索隱 音石。

〔九〕正義 圉音語。城在汴州雍丘縣東。

〔一〇〕索隱 解音紀買反。

〔一一〕正義 言王朝張弓射魏大梁、汴州之南，卽加大梁之右臂；連韓、鄭，則河北中國之路向東南斷絕，則韓上蔡之郡自破壞矣。復遶射雍丘圉城之東，便解散魏左肘宋州，而外擊曹定陶，及魏東之外解弃，則宋、方與兩郡並擧。

〔一二〕集解 徐廣曰：「繒，檠也，音爭。蘭，一作『簡』。」 正義 鄭玄云：「繒，屈也，江沔之閒謂之檠，收繩索繒也。」按：繳，絲繩，繫弋射鳥也。若膺擊鄭，圍大梁已了，乃收弋繳於蘭臺。蘭臺，桓山之別名也。

〔一三〕集解 徐廣曰：「以石傅弋繳曰碆。碆音波。」 索隱 碆作「磻」，音播。傅音附。

〔一四〕集解 徐廣曰：「噣，一作『獨』。還音宦。蓋，一作『益』。益縣在樂安，蓋縣在泰山。濟北盧縣有長城，東至海也。」 索隱 噣音晝，謂大鳥之有鉤喙者，以比齊也。還音患，謂遶也。蓋者，覆也。言射者環遶蓋覆，使無飛走之路，因以長城爲防也。徐以蓋爲益縣，非也。長城當在濟南。 正義 太山郡記云：「太山西北有長城，緣河徑太山千餘里，至琅邪臺入海。」齊記云：「齊宣王乘山嶺之上築長城，東至海，西至濟州千餘里，以備楚。」括地志云：「長城西北起濟州平陰縣，緣河歷太山北岡上，經濟州淄川，卽西南兗州博城縣北，東至密州琅邪臺入海。」蘇代記云齊有長城巨防，足以爲塞也。」

〔一五〕正義 括地志云：「密州莒縣，故莒子國。」地理志云周武王封少昊之後嬴姓於莒，始都計斤，春秋時徙居莒也。」

〔一六〕集解 徐廣曰：「在清河。」 正義 括地志云：「淏丘，丘名也，在青州臨淄縣西北二十五里也。」

〔一七〕索隱 顧，反也。午道當在齊西界。一從一橫爲午道，亦未詳其處。 正義 劉伯莊云「齊西界」。按：蓋在博州之西境也。

〔一八〕正義 言從濟州長城東至海，太山之北，黃河之南，盡擧收於楚。

〔一九〕正義 言得齊地約結於趙，爲境界，定從約也。

〔二〇〕索隱 北，一作「杜」。杜者，寬大之名。言齊晉既伏，收燕不難也。 正義 北達，言四通無所滯礙。言燕無山河之限也。

〔二一〕集解 徐廣曰：「音翅。一作『屬』。」 索隱 亦作「翅」，同式豉反。三國，齊、趙、燕也。

〔二二〕索隱 顧猶反也。

〔二三〕集解 徐廣曰：「或以爲『冥』，今江夏。一作『黽』。」 正義 括地志云：「故鄳城在陝州河北縣東十里，虞邑也。杜預云河東大陽有鄳城是也。」徐言江夏，亦誤也。

〔二四〕正義 謂華山之東，懷州河內之郡。

〔二五〕索隱 謂韓、魏當秦之前，故云「膺擊」。俗本作「鷹」，非。

〔二六〕索隱 垂頭猶申頸也。言欲吞山東。

楚欲與齊韓連和伐秦，因欲圖周。周王赧使武公〔一〕謂楚相昭子曰：「三國以兵割周郊地以便輸，而南器以尊楚，臣以爲不然。夫弑共主，臣世君，〔二〕大國不親；以衆脅寡，小國不附。大國不親，小國不附，不可以致名實。名實不得，不足以傷民。夫有圖周之聲，非所以爲號也。」昭子曰：「乃圖周則無之。雖然，周何故不可圖也？」對曰：「軍不五不攻，城不十不圍。夫一周爲二十晉，〔三〕公之所知也。韓嘗以二十萬之衆辱於晉之城下，鋭士死，中士傷，而晉不拔。公之無百韓以圖周，此天下之所知也。夫怨結於兩周以塞騶魯之心，〔四〕交絕於齊，〔五〕聲失天下，其爲事危矣。夫危兩周以厚三川，〔六〕方城之外必爲韓弱矣。〔七〕何以知其然也？西周之地，絕長補短，不過百里。名爲天下共主，裂其地不足以肥國，得其衆不足以勁兵。雖無攻之，名爲弑君。然而好事之君，喜攻之臣，發號用兵，未嘗不以周爲終始。是何也？見祭器在焉，欲器之至而忘弑君之亂。今韓以器之在楚，臣恐天下以器讎楚也。臣請譬之。夫虎肉臊，其兵利身，〔八〕人猶攻之也。若使澤中之麋蒙虎之皮，人之攻之必萬於虎矣。〔九〕裂楚之地，足以肥國；詘楚之名，足以尊主。今子將以欲誅殘天下之共主，居三代之傳器，〔一〇〕吞三翮六翼，〔一一〕以高世主，非貪而何？周書曰『欲起無先』，故器南則兵至矣。」於是楚計輟不行。

〔一〕集解 徐廣曰：「定王之曾孫，而西周惠公之子。」

〔二〕索隱 共主，世君，俱是周自謂也。共主，言周爲天下共所宗主也；世君，言周室代代君於天下。

〔三〕正義 言周王之國，其地雖小，諸侯尊之，故敵二十晉也。

〔四〕索隱 騶魯有禮義之國，今楚欲結怨兩周而奪九鼎，是塞鄒魯之心。

〔五〕正義 楚本與齊韓和伐秦，因欲圖周，齊不與圖周，故齊交絕於楚。

〔六〕正義 三川，兩周之地，韓多有之，言厚韓也。

〔七〕正義 方城之外，許州葉縣東北也。言楚取兩周，則韓彊，必弱楚方城之外也。

〔八〕索隱 謂虎以爪牙爲兵，而自利於防身也。

〔九〕索隱 攻易而利大也。 正義 野澤之麋蒙衣虎皮，人之攻取必萬倍於虎也。 譬楚伐周收祭器，其猶麋蒙虎皮矣。

〔一〇〕索隱 謂九鼎也。

〔一一〕索隱 翮，亦作「翮」，同音歷。 三翮六翼，亦謂九鼎也。 空足曰翮。 六翼即六耳，翼近耳旁，事具小爾雅。

十九年，秦伐楚，楚軍敗，割上庸、漢北地予秦。〔一〕二十年，秦將白起拔我西陵。〔二〕二十一年，秦將白起遂拔我郢，燒先王墓夷陵。〔三〕楚襄王兵散，遂不復戰，東北保於陳城。二十二年，秦復拔我巫、黔中郡。

〔一〕正義 謂割房、金、均三州及漢水之北與秦。

〔二〕集解 徐廣曰：「屬江夏。」 正義 括地志云：「西陵故城在黄州黄山西二里。」

〔三〕集解 徐廣曰：「年表云拔郢，燒夷陵。」 索隱 夷陵，陵名，後爲縣，屬南郡。 正義 括地志云：「峽州夷陵縣是也。 在荆州西。 應劭云夷山在西北。」

二十三年，襄王乃收東地兵，得十餘萬，復西取秦所拔我江旁十五邑以爲郡，距秦。二十七年，使三萬人助三晉伐燕。 復與秦平，而入太子爲質於秦。 楚使左徒侍太子於秦。

三十六年，頃襄王病，太子亡歸。 秋，頃襄王卒， 太子熊元〔一〕代立， 是爲考烈王。 考烈王以左徒爲令尹，封以吳，號春申君。

〔一〕索隱 系本作「完」。

考烈王元年，納州于秦以平。〔一〕是時楚益弱。

〔一〕集解 徐廣曰：「南郡有州陵縣。」

六年，秦圍邯鄲，趙告急楚，楚遣將軍景陽救趙。 七年，至新中。〔一〕 秦兵去。〔二〕 十二年，秦昭王卒， 楚王使春申君弔祠于秦。 十六年， 秦莊襄王卒， 秦王趙政立。 二十二年，與諸侯共伐秦，不利而去。 楚東徙都壽春，〔三〕命曰郢。

〔一〕索隱 按：趙地無名新中者，「中」字誤。 鉅鹿有新市，「中」當爲「市」。 正義 新中，相州安陽縣也。 七國時魏寧新中邑，秦莊襄王拔之，更名安陽也。

〔二〕集解 徐廣曰：「年表云六年春申君救趙，十年徙於鉅陽。」

〔三〕正義 壽春在南壽州，壽春縣是也。

二十五年，考烈王卒，子幽王悍立。 李園殺春申君。 幽王三年，秦、魏伐楚。 秦相呂不韋卒。 九年，秦滅韓。 十年，幽王卒，同母弟猶代立，是爲哀王。 哀王立二月餘， 哀王庶兄負芻之徒襲殺哀王而立負芻爲王。 是歲，秦虜趙王遷。

王負芻元年，燕太子丹使荆軻刺秦王。 二年，秦使將軍伐楚，大破楚軍，亡十餘城。 三年，秦滅魏。 四年，秦將王翦破我軍於蘄，〔一〕而殺將軍項燕。

〔一〕索隱 機祈二音。

五年，秦將王翦、蒙武遂破楚國，虜楚王負芻，滅楚名爲(楚)郡云。〔一〕

〔一〕集解 孫檢曰：「秦虜楚王負芻，滅去楚名，以楚地爲三郡。」 索隱 裴注頻引孫檢，不知其人本末，蓋齊人也。

太史公曰：楚靈王方會諸侯於申，誅齊慶封，作章華臺，求周九鼎之時， 志小天下； 及餓死于申亥之家，爲天下笑。 操行之不得，悲夫！ 勢之於人也，可不慎與？ 弃疾以亂立，嬖淫秦女，甚乎哉，幾〔一〕再亡國！

〔一〕索隱 音祈。

【索隱述贊】鬻熊之嗣，周封於楚。 僻在荆蠻，蓽路藍縷。 及通而霸，僭號曰武。 文既伐申，成亦赦許。 子圉簒嫡，商臣殺父。 天禍未悔，憑姦自怙。 昭困奔亡，懷迫囚虜。 頃襄、考烈，祚衰南土。

史記卷四十一

越王句踐世家第十一

越王句踐，其先禹之苗裔，〔一〕而夏后帝少康之庶子也。封於會稽，以奉守禹之祀。文身斷髮，披草萊而邑焉。後二十餘世，至於允常。〔二〕允常之時，與吳王闔廬戰而相怨伐。允常卒，子句踐立，是爲越王。

〔一〕〔正義〕吳越春秋云：「禹周行天下，還歸大越，登茅山以朝四方羣臣，封有功，爵有德，崩而葬焉。至少康，恐禹迹宗廟祭祀之絶，乃封其庶子於越，號曰無餘。」賀循會稽記云：「少康，其少子號曰於越，越國之稱始此。」越絶記云：「無餘都，會稽山南故越城是也。」

〔二〕〔正義〕輿地志云：「越侯傳國三十餘葉，歷殷至周敬王時，有越侯夫譚，子曰允常，拓土始大，稱王，春秋貶爲子，號爲於越。」杜注云：「於，語發聲也。」

元年，吳王闔廬聞允常死，乃興師伐越。越王句踐使死士挑戰，三行，至吳陳，呼而自剄。吳師觀之，越因襲擊吳師，吳師敗於檇李，〔一〕射傷吳王闔廬。闔廬且死，告其子夫差

曰：「必毋忘越。」

〔一〕〔集解〕杜預曰：「吳郡嘉興縣南有檇李城。」〔索隱〕事在左傳魯定公十四年。

三年，句踐聞吳王夫差日夜勒兵，且以報越，越欲先吳未發往伐之。范蠡諫曰：「不可。臣聞兵者凶器也，戰者逆德也，争者事之末也。陰謀逆德，好用凶器，試身於所末，上帝禁之，行者不利。」越王曰：「吾已決之矣。」遂興師。吳王聞之，悉發精兵擊越，敗之夫椒。〔一〕越王乃以餘兵五千人保棲於會稽。〔二〕吳王追而圍之。

〔一〕〔集解〕杜預曰：「夫椒在吳郡吳縣，太湖中椒山是也。」〔索隱〕夫音符。椒音焦，本又作「湫」，音酒小反。賈逵云地名。國語云敗之五湖，則杜預云在椒山爲非。事具哀公元年。

〔二〕〔集解〕杜預曰：「上會稽山也。」〔索隱〕鄒誕云：「保山曰棲，猶鳥棲於木以避害也，故六韜曰『軍處山之高者則曰棲』。」

越王謂范蠡曰：「〔一〕「以不聽子故至於此，爲之柰何？」蠡對曰：「持滿者與天，〔二〕定傾者與人，〔三〕節事者以地。〔四〕卑辭厚禮以遺之，不許，而身與之市。」〔五〕句踐曰：「諾。」乃令大夫種行成於吳，〔六〕膝行頓首曰：「君王亡臣句踐使陪臣種敢告下執事：句踐請爲臣，妻爲妾。」吳王將許之。子胥言於吳王曰：「天以越賜吳，勿許也。」種還，以報句踐。句踐欲殺妻子，燔寶器，觸戰以死。種止句踐曰：「夫吳太宰嚭貪，可誘以利，請閒行〔七〕言之。」於

是句踐乃以美女寶器令種閒獻吳太宰嚭。〔八〕嚭受，乃見大夫種於吳王。種頓首言曰：「願大王赦句踐之罪，盡入其寶器。不幸不赦，句踐將盡殺其妻子，燔其寶器，悉五千人觸戰，必有當也。」〔九〕嚭因說吳王曰：「越以服爲臣，若將赦之，此國之利也。」吳王將許之。子胥進諫曰：「今不滅越，後必悔之。句踐賢君，種、蠡良臣，若反國，將爲亂。」吳王弗聽，卒赦越，罷兵而歸。

〔一〕〔正義〕會稽典録云：「范蠡字少伯，越之上將軍也。本是楚宛三户人，佯狂倜儻負俗。文種爲宛令，遣吏謁奉。吏還曰：『范蠡本國狂人，生有此病。』種笑曰：『吾聞士有賢俊之姿，必有佯狂之譏，内懷獨見之明，外有不知之毁，此固非二三子之所知也。』駕車而往，蠡避之。後知種之必來謁，謂兄嫂曰：『今日有客，願假衣冠。』有頃種至，抵掌而談，旁人觀者聳聽之矣。」

〔二〕〔集解〕韋昭曰：「與天，法天也。天道盈而不溢。」〔索隱〕與天，天與也。言持滿不溢，與天同道，故天與之。

〔三〕〔集解〕虞翻曰：「人道尚謙卑以自牧。」〔索隱〕人主有定傾之功，故人與之也。

〔四〕〔集解〕韋昭曰：「時不至，不可彊生；事不究，不可彊成。」〔索隱〕國語「以」作「與」，此作「以」，亦與義也。言地能財成萬物，人主宜節用以法地，故地與之。韋昭等解恐非。

〔五〕〔集解〕韋昭曰：「市，利也。謂委管籥屬國家，以身隨之。」〔正義〕卑作言辭，厚遺珍寶。不許平，越王身往事之，如市買貨易以利。此是定傾危之計。

〔六〕〔索隱〕大夫，官；種，名也。一曰大夫姓，猶司馬、司徒之比，蓋非也。成者，平也，求和於吳也。〔正義〕吳越

春秋云：「大夫種姓文名種，字子禽。荆平王時爲宛令，之三户之里，范蠡從犬竇蹲而吠之，從吏恐文種慙，令人引衣而鄣之。文種曰：『無鄣也。吾聞犬之所吠者人，今吾到此，有聖人之氣，行而求之，來至於此。且人身而犬吠者，謂我是人也。』乃下車拜，蠡不爲禮。」

〔七〕〔索隱〕閒音紀閑反。閒行猶微行。

〔八〕〔索隱〕國語云：「越飾美女二人，使大夫種遺太宰嚭。」

〔九〕〔索隱〕言悉五千人觸戰，或有能當吳兵者，故國語作「耦」，耦亦相當對之名。又下云「無乃傷君王之所愛乎」，是有當則相傷也。

句踐之困會稽也，喟然嘆曰：「吾終於此乎？」種曰：「湯繫夏臺，文王囚羑里，晉重耳犇翟，齊小白犇莒，其卒王霸。由是觀之，何遽不爲福乎？」

吳既赦越，越王句踐反國，乃苦身焦思，置膽於坐，坐臥即仰膽，飲食亦嘗膽也。曰：「女忘會稽之耻邪？」身自耕作，夫人自織，食不加肉，衣不重采，折節下賢人，厚遇賓客，振貧弔死，〔一〕與百姓同其勞。欲使范蠡治國政，蠡對曰：「兵甲之事，種不如蠡；填〔二〕撫國家，親附百姓，蠡不如種。」於是舉國政屬大夫種，而使范蠡與大夫柘稽〔三〕行成，爲質於吳。二歲而吳歸蠡。

〔一〕〔集解〕徐廣曰：「弔，一作『葬』。」

〔二〕〔索隱〕鎮音。

〔三〕索隱 越大夫也。國語作「諸稽郢」。

句踐自會稽歸七年，拊循其士民，欲用以報吳。大夫逢同〔一〕諫曰：「國新流亡，今乃復殷給，繕飾備利，吳必懼，懼則難必至。且鷙鳥之擊也，必匿其形。今夫吳兵加齊、晉，怨深於楚、越，名高天下，實害周室，德少而功多，必淫自矜。爲越計，莫若結齊，親楚，附晉，以厚吳。吳之志廣，必輕戰。是我連其權，三國伐之，越承其弊，可克也。」句踐曰：「善。」

〔一〕索隱 逢，姓；同，名。故楚有逢伯。

居二年，吳王將伐齊。子胥諫曰：「未可。臣聞句踐食不重味，與百姓同苦樂。此人不死，必爲國患。吳有越，腹心之疾，齊與吳，疥瘲〔一〕也。願王釋齊先越。」吳王弗聽，遂伐齊，敗之艾陵，〔二〕虜齊高、國〔三〕以歸。讓子胥。子胥曰：「王毋喜！」王怒，子胥欲自殺，王聞而止之。越大夫種曰：「臣觀吳王政驕矣，請試嘗之貸粟，以卜其事。」請貸，吳王欲與，子胥諫勿與，王遂與之，越乃私喜。子胥言曰：「王不聽諫，後三年吳其墟乎！」太宰嚭聞之，乃數與子胥爭越議，因讒子胥曰：「伍員貌忠而實忍人，其父兄不顧，安能顧王？王前欲伐齊，員彊諫，已而有功，用是反怨王。王不備伍員，員必爲亂。」與逢同共謀，讒之王。王始不從，乃使子胥於齊，聞其託子於鮑氏，王乃大怒，曰：「伍員果欺寡人！」役反，使人賜子胥屬鏤劍以自殺。子胥大笑曰：「我令而父霸，〔四〕我又立若，〔五〕若初欲分吳國半予我，

我不受，已，今若反以讒誅我。嗟乎，嗟乎，一人固不能獨立！」報使者曰：「必取吾眼置吳東門，以觀越兵入也！」〔六〕於是吳任嚭政。

〔一〕索隱 疥瘲音介匙。

〔二〕索隱 在魯哀十一年。

〔三〕索隱 國惠子、高昭子。

〔四〕索隱 而，汝也。父，闔廬也。

〔五〕索隱 若亦汝也。

〔六〕索隱 國語云吳王慍曰「孤不使大夫得見」，乃盛以鴟夷，投之于江也。

居三年，句踐召范蠡曰：「吳已殺子胥，導諛者衆，可乎？」對曰：「未可。」

至明年春，吳王北會諸侯於黃池，〔一〕吳國精兵從王，惟獨老弱與太子留守。〔二〕句踐復問范蠡，蠡曰「可矣」。乃發習流二千人，〔三〕教士四萬人，〔四〕君子六千人，〔五〕諸御千人，〔六〕伐吳。吳師敗，遂殺吳太子。吳告急於王，王方會諸侯於黃池，懼天下聞之，乃祕之。吳王已盟黃池，乃使人厚禮以請成越。越自度亦未能滅吳，乃與吳平。

〔一〕索隱 在哀十三年。

〔二〕索隱 據左氏傳，太子名友。

〔三〕索隱 虞書云「流宥五刑」。按：流放之罪人，使之習戰，任爲卒伍，故有二千人。正義 謂先慣習流利戰陣死者二千人也。

〔四〕索隱 謂常所教練之兵也。故孔子曰「以不教民戰，是謂弃之」是也。

〔五〕集解 韋昭曰：「君子，王所親近有志行者，猶吳所謂『賢良』，齊所謂『士』也。」虞翻曰：「言君養之如子。」索隱 君子謂君所子養有恩惠者。又按：左氏「楚沈尹戌帥都君子以濟師」，杜預曰「都君子謂都邑之士有復除者」。國語「王以私卒君子六千人」。

〔六〕索隱 諸御謂諸理事之官在軍有職掌者。

其後四年，越復伐吳。吳士民罷弊，輕銳盡死於齊、晉。而越大破吳，因而留圍之三年，吳師敗，越遂復棲吳王於姑蘇之山。吳王使公孫雄〔一〕肉袒膝行而前，請成越王曰：「孤臣夫差敢布腹心，異日嘗得罪於會稽，夫差不敢逆命，得與君王成以歸。今君王舉玉趾而誅孤臣，孤臣惟命是聽，意者亦欲如會稽之赦孤臣之罪乎？」句踐不忍，欲許之。范蠡曰：「會稽之事，天以越賜吳，吳不取。今天以吳賜越，越其可逆天乎？且夫君王蚤朝晏罷，非爲吳邪？謀之二十二年，一旦而弃之，可乎？且夫天與弗取，反受其咎。『伐柯者其則不遠』，君忘會稽之戹乎？」句踐曰：「吾欲聽子言，吾不忍其使者。」范蠡乃鼓進兵，曰：「王已屬政於執事，〔二〕使者去，不者且得罪。」〔三〕吳使者泣而去。句踐憐之，乃使人謂吳王曰：「吾置王甬東，君百家。」〔四〕吳王謝曰：「吾老矣，不能事君王！」遂自殺。乃蔽其面，〔五〕曰：

「吾無面以見子胥也！」越王乃葬吳王而誅太宰嚭。

〔一〕集解 虞翻曰：「吳大夫。」

〔二〕集解 虞翻曰：「執事，蠡自謂也。」

〔三〕集解 虞翻曰：「我爲子得罪。」索隱 虞翻注蓋依國語之文，今望此文，謂使者宜速去，不且得罪於越，義亦通。

〔四〕集解 杜預曰：「甬東，會稽句章縣東海中洲也。」索隱 國語云「與之夫婦三百」是也。

〔五〕正義 今之面衣是其遺象也。越絕云：「吳王曰『聞命矣！以三寸帛幎吾兩目。使死者有知，吾慙見伍子胥、公孫聖；以爲無知，吾恥生者』。越王則解綬以幎其目，遂伏劍而死。」幎音覓。顧野王云大巾覆也。

句踐已平吳，乃以兵北渡淮，與齊、晉諸侯會於徐州，致貢於周。周元王使人賜句踐胙，命爲伯。句踐已去，渡淮南，以淮上地與楚，〔一〕歸吳所侵宋地於宋，與魯泗東方百里。當是時，越兵橫行於江、淮東，諸侯畢賀，號稱霸王。〔二〕

〔一〕集解 楚世家曰：「越滅吳而不能正江、淮北。楚東侵廣地至泗上。」

〔二〕索隱 越在蠻夷，少康之後，地遠國小，春秋之初未通上國，國史既微，略無世系，故紀年稱爲「於粤子」。據此文，句踐平吳之後，周元王始命爲伯，後遂僭而稱王也。

范蠡遂去，自齊遺大夫種書曰：「蜚鳥盡，良弓藏；狡兔死，走狗烹。〔一〕越王爲人長頸鳥喙，可與共患難，不可與共樂。子何不去？」種見書，稱病不朝。人或讒種且作亂，越

王乃賜種劍曰：「子教寡人伐吳七術，〔二〕寡人用其三而敗吳，其四在子，子爲我從先王試之。」種遂自殺。

〔一〕集解 徐廣曰：「狡，一作『郊』。」

〔二〕正義 越絕云：「九術：一曰尊天事鬼；二曰重財幣以遺其君；三曰貴糴粟槀以空其邦；四曰遺之好美以熒其志；五曰遺之巧匠，使起宮室高臺，以盡其財，以疲其力；六曰貴其諛臣，使之易伐；七曰彊其諫臣，使之自殺；八曰邦家富而備器利；九曰堅甲利兵以承其弊。」

句踐卒，〔一〕子王鼫與立。〔二〕王鼫與卒，子王不壽立。王不壽卒，〔三〕子王翁立。王翁卒，〔四〕子王翳立。王翳卒，子王之侯立。〔五〕王之侯卒，子王無彊立。〔六〕

〔一〕索隱 紀年云：「晉出公十年十一月，於粵子句踐卒，是爲菼執。」

〔二〕索隱 鼫音石。與音餘。按：紀年云「於粵子句踐卒，是菼執。次鹿郢立，六年卒」。樂資云「越語謂鹿郢爲鼫與也」。

〔三〕索隱 紀年云：「不壽立十年見殺，是爲盲姑。次朱句立。」

〔四〕索隱 紀年於粵子朱句三十四年滅滕，三十五年滅郯，三十七年朱句卒。

〔五〕索隱 紀年云：「翳三十三年遷于吳，三十六年七月太子諸咎弑其君翳，十月粵殺諸咎。粵滑，吳人立子錯枝爲君。明年，大夫寺區定粵亂，立無余之。十二年，寺區弟忠弑其君莽安，次無顓立。無顓八年薨，是爲菼蠋卯。」

故莊子云「越人三弑其君，子搜患之，逃乎丹穴，不肯出，越人薰之以艾，乘以王輿」。樂資云「號曰無顓」。蓋無顓後乃次無彊也，則王之侯即無余之也。

〔六〕索隱 蓋無顓之弟也。音其良反。

王無彊時，越興師北伐齊，西伐楚，與中國爭彊。當楚威王之時，越北伐齊，齊威王使人說越王曰：「越不伐楚，大不王，小不伯。圖越之所爲不伐楚者，爲不得晉也。韓、魏固不攻楚。韓之攻楚，覆其軍，殺其將，則葉、陽翟危；〔一〕魏亦覆其軍，殺其將，則陳、上蔡不安。〔二〕故二晉之事越也，〔三〕不至於覆軍殺將，馬汗之力不效。〔四〕所重於得晉者何也？」〔五〕越王曰：「所求於晉者，不至頓刃接兵，而況于攻城圍邑乎？〔六〕願魏以聚大梁之下，願齊之試兵南陽〔七〕莒地，以聚常、郯之境，〔八〕則方城之外不南，〔九〕淮、泗之閒不東，商、於、析、酈、〔一〇〕宗胡之地，〔一一〕夏路以左，〔一二〕不足以備秦，江南、泗上不足以待越矣。〔一三〕則齊、秦、韓、魏得志於楚也，是二晉不戰而分地，不耕而穫之。不此之爲，而頓刃於河山之閒以爲齊秦用，所待者如此其失計，柰何其以此王也！」齊使者曰：「幸也越之不亡也！吾不貴其用智之如目，見豪毛而不見其睫也。今王知晉之失計，而不自知越之過，是目論也。〔一四〕王所待於晉者，非有馬汗之力也，又非可與合軍連和也，將待之以分楚衆也。今楚衆已分，何待於晉？」越王曰：「柰何？」曰：「楚三大夫張九軍，北圍曲沃、於中，〔一五〕以至無假之關者〔一六〕三千七百里，〔一七〕景翠之軍北聚魯、齊、南陽，分有大此者乎？〔一八〕且王之所求者，鬬晉楚也；晉楚不鬬，越兵不起，是知二五而不知十也。此時不攻楚，臣以是知越大不王，小不伯。復讎、龐、〔一九〕長沙，〔二〇〕楚之粟也；竟澤陵，楚之材也。越窺兵通無假之關，〔二一〕此四邑者不上貢事於郢矣。〔二二〕臣聞之，圖王不王，其敝可以伯。然而不伯者，王道失也。故願大王之轉攻楚也。」

〔一〕正義 葉，式涉反，今許州葉縣。陽翟，河南陽翟縣也。二邑此時屬韓，與楚犬牙交境，韓若伐楚，恐二邑爲楚所危。

〔二〕正義 陳，今陳州也。上蔡，今豫州上蔡縣也。二邑此時屬魏，與楚犬牙交境，魏若伐楚，恐二國爲楚所危也。

〔三〕正義 言韓、魏與楚鄰，今令越合於二晉而伐楚。

〔四〕集解 徐廣曰：「效猶見也。」

〔五〕正義 從「不至」已下此是齊使者重難越王。

〔六〕正義 頓刃，築營壘也。接兵，戰也。越王言韓魏之事越，猶不至頓刃接兵，而況更有攻城圍邑，韓、魏始服乎？言畏秦、齊而故事越也。

〔七〕索隱 此南陽在齊之南界，莒之西。

〔八〕索隱 常，邑名，蓋田文所封邑。郯，故郯國。二邑皆齊之南地。

〔九〕正義 方城山在許州葉縣西南十八里。外謂許州、豫州等。言魏兵在大梁之下，楚方城之兵不得南伐越也。

〔一〇〕索隱 四邑並屬南陽，楚之西南也。正義 酈音擲。括地志云：「商洛縣則古商國城也。荆州圖副云『鄧州內鄉縣東七里於村，即於中地也』。」括地志又云：「鄧州內鄉縣楚邑也。故酈縣在鄧州新城縣西北三十里。」按：商、於、析、酈在商、鄧二州界，縣邑也。

〔一一〕集解 徐廣曰：「胡國，今之汝陰。」索隱 宗胡，邑名。胡姓之宗，因以名邑。杜預云「汝陰縣北有故胡城」是。

〔一二〕集解 徐廣曰：「蓋謂江夏之夏。」索隱 徐氏以爲江夏，非也。劉氏云「楚適諸夏，路出方城，人向北行，以西爲左，故云夏路以左」，其意爲得也。正義 括地志云：「故長城在鄧州內鄉縣東七十五里，南入穰縣，北連翼望山，無土之處累石爲固。楚襄王控霸南土，爭強中國，多築列城於北方，以適華夏，號爲方城。」按：此說劉氏爲得，云邑徙衆少，不足備秦嶢、武二關之道也。

〔一三〕正義 江南，洪、饒等州，春秋時爲楚東境也。泗上，徐州，春秋時楚北境也。二境並與越鄰，言不足當伐越。

〔一四〕索隱 言越王知晉之失，不自覺越之過，猶人眼能見豪毛而自不見其睫，故謂之「目論」也。

〔一五〕集解 徐廣曰：「一作『北面曲沃』。」正義 括地志云：「曲沃故城在陝縣西三十二里。於中在鄧州內鄉縣東七里。」爾時曲沃屬魏，於中屬秦，二地相近，故楚圍之。

〔一六〕集解 徐廣曰：「無，一作『西』。」

〔一七〕正義 按：無假之關當在江南長沙之西北也。言從曲沃、於中西至漢中、巴、巫、黔中千餘里，皆備秦、晉也。

〔一八〕正義 魯，兗州也。齊，密州莒縣邑南至泗上也。南陽，鄧州也，時屬韓也。言楚又備此三國也，分散有大此者乎？

〔一九〕集解 徐廣曰：「一作『寵』。」

〔二〇〕索隱 劉氏云「復者發語之聲」，非也。言發語聲者，文勢然也，則是脫「況」字耳。讎當作「犨」，犨，邑名，字訛

耳。則犨、龐、長沙是三邑也。下云「竟澤陵」，當爲「竟陵澤」。言竟陵之山澤出材木，故楚有七澤，蓋其一也。合上文爲四邑也。正義 復，扶富反。

〔三〕集解 徐廣曰：「無，一作『西』。」

〔三〕正義 言今越北欲鬬晉楚，南復讎敵楚之四邑，龐、長沙、竟陵澤也。龐、長沙出粟之地，竟陵澤出材木之地，此邑近長沙潭、衡之境，越若窺兵西通無假之關，則四邑不得北上貢於楚之郢都矣。戰國時永、郴、衡、潭、岳、鄂、江、洪、饒並是東南境，屬楚也。袁、吉、虔、撫、歙、宣並越西境，屬越也。

於是越遂釋齊而伐楚。楚威王興兵而伐之，大敗越，殺王無彊，盡取故吳地至浙江，北破齊於徐州。〔一〕而越以此散，諸族子爭立，或爲王，或爲君，濱於江南海上，〔二〕服朝於楚。

〔一〕集解 徐廣曰：「周顯王之四十六年。」索隱 按：紀年粵子無顓薨後十年，楚伐徐州，無楚敗越殺無彊之語，是無彊爲無顓之後，紀年不得録也。

〔二〕正義 今台州臨海縣是也。

後七世，至閩君搖，佐諸侯平秦。漢高帝復以搖爲越王，以奉越後。東越，閩君，皆其後也。

范蠡〔一〕事越王句踐，既苦身勠力，與句踐深謀二十餘年，竟滅吳，報會稽之恥，北渡兵於淮以臨齊、晉，號令中國，以尊周室，句踐以霸，而范蠡稱上將軍。還反國，范蠡以爲大名之下，難以久居，且句踐爲人可與同患，難與處安，爲書辭句踐曰：「臣聞主憂臣勞，主辱臣死。昔者君王辱於會稽，所以不死，爲此事也。今既以雪恥，臣請從會稽之誅。」句踐曰：「孤將與子分國而有之。不然，將加誅于子。」范蠡曰：「君行令，臣行意。」乃裝其輕寶珠玉，自與其私徒屬乘舟浮海以行，終不反。於是句踐表會稽山以爲范蠡奉邑。〔二〕

〔一〕集解 太史公素王妙論曰：「蠡本南陽人。」列仙傳云：「蠡，徐人。」正義 吳越春秋云：「蠡字少伯，乃楚宛三户人也。」越絕云：「在越爲范蠡，在齊爲鴟夷子皮，在陶爲朱公。」又云：「居楚曰范伯。謂大夫種曰：『三王則三皇之苗裔也，五伯乃五帝之末世也。天運曆紀，千歲一至，黄帝之元，執辰破巳，霸王之氣，見於地户。伍子胥以是挾弓矢干吳王。』於是要大夫種入吳。此時馮同相與共戒之：『伍子胥在，自餘不能關其詞。』蠡曰：『吳越之邦同風共俗，地户之位非吳則越。彼爲彼，我爲我。』乃入越，越王常與言，盡日方去。」

〔二〕索隱 國語云「乃環會稽三百里以爲范蠡之地」。奉音扶用反。

范蠡浮海出齊，變姓名，自謂鴟夷子皮，〔一〕耕于海畔，苦身戮力，父子治產。居無幾何，致產數十萬。齊人聞其賢，以爲相。范蠡喟然嘆曰：「居家則致千金，居官則至卿相，此布衣之極也。久受尊名，不祥。」乃歸相印，盡散其財，以分與知友鄉黨，而懷其重寶，閒行以去，止于陶，〔二〕以爲此天下之中，交易有無之路通，爲生可以致富矣。於是自謂陶朱公。復約要父子耕畜，廢居，候時轉物，逐什一之利。居無何，則致貲累巨萬。〔三〕天下稱陶朱公。

〔一〕索隱 范蠡自謂也。蓋以吳王殺子胥而盛以鴟夷，今蠡自以有罪，故爲號也。韋昭曰「鴟夷，革囊也」。或曰生牛皮也。

〔二〕集解 徐廣曰：「今之濟陰定陶。」正義 括地志云：「陶山在濟州平陰縣東三十五里。」止此山之陽也，今山南五里猶有朱公冢。

〔三〕集解 徐廣曰：「萬萬也。」

朱公居陶，生少子。少子及壯，而朱公中男殺人，囚於楚。朱公曰：「殺人而死，職也。然吾聞千金之子不死於市。」告其少子往視之。乃裝黄金千溢，置褐器中，載以一牛車。且遣其少子，朱公長男固請欲行，朱公不聽。長男曰：「家有長子曰家督，今弟有罪，大人不遣，乃遣少弟，是吾不肖。」欲自殺。其母爲言曰：「今遣少子，未必能生中子也，而先空亡長男，柰何？」朱公不得已而遣長子，爲一封書遺故所善莊生。〔一〕曰：「至則進千金于莊生所，聽其所爲，慎無與爭事。」長男既行，亦自私齎數百金。

〔一〕索隱 據其時代，非莊周也。然驗其行事，非子休而誰能信任於楚王乎？正義 年表云周元王四年越滅吳，范蠡遂去齊，歸定陶，後遺莊生金。莊周與魏惠王、（周元王）〔齊宣王〕同時，從周元王四年至齊宣王元年一百三十年，此莊生非莊子。

至楚，莊生家負郭，披藜藋到門，居甚貧。然長男發書進千金，如其父言。莊生曰：「可疾去矣，慎毋留！卽弟出，勿問所以然。」長男既去，不過莊生而私留，以其私齎獻遺楚國貴人用事者。

莊生雖居窮閻，然以廉直聞於國，自楚王以下皆師尊之。及朱公進金，非有意受也，欲以成事後復歸之以爲信耳。故金至，謂其婦曰：「此朱公之金。有如病不宿誡，後復歸，勿動。」而朱公長男不知其意，以爲殊無短長也。

莊生閒時入見楚王，言「某星宿某，此則害於楚」。楚王素信莊生，曰：「今爲柰何？」莊生曰：「獨以德爲可以除之。」楚王曰：「生休矣，寡人將行之。」王乃使使者封三錢之府。〔一〕楚貴人驚告朱公長男曰：「王且赦。」曰：「何以也？」曰：「每王且赦，常封三錢之府。昨暮王使使封之。」〔二〕朱公長男以爲赦，弟固當出也，重千金虛弃莊生，無所爲也，乃復見莊生。莊生驚曰：「若不去邪？」長男曰：「固未也。初爲事弟，弟今議自赦，故辭生去。」莊生知其意欲復得其金，曰：「若自入室取金。」長男卽自入室取金持去，獨自歡幸。

〔一〕集解 國語曰：「周景王時將鑄大錢。」賈逵説云：「虞、夏、商、周金幣三等，或赤，或白，或黄。黄爲上幣，銅鐵爲下幣。」韋昭曰：「錢者，金幣之名，所以貿買物，通財用也。」單穆公云：「古者有母權子，子權母而行，然則三品之來，古而然矣。」駰謂楚之三錢，賈韋之説近之。

〔三〕集解或曰「王且赦，常封三錢之府」者，錢幣至重，慮人或逆知有赦，盜竊之，所以封錢府，備盜竊也。漢靈帝時，河內張成能候風角，知將有赦，教子殺人，捕得七日赦出，此其類也。

莊生羞爲兒子所賣，乃入見楚王曰：「臣前言某星事，王言欲以修德報之。今臣出，道路皆言陶之富人朱公之子殺人囚楚，其家多持金錢賂王左右，故王非能恤楚國而赦，乃以朱公子故也。」楚王大怒曰：「寡人雖不德耳，柰何以朱公之子故而施惠乎！」令論殺朱公子，明日遂下赦令。朱公長男竟持其弟喪歸。

至，其母及邑人盡哀之，唯朱公獨笑，曰：「吾固知必殺其弟也！彼非不愛其弟，顧有所不能忍者也。是少與我俱，見苦，爲生難，故重弃財。至如少弟者，生而見我富，乘堅驅良逐狡兔，〔一〕豈知財所從來，故輕弃之，非所惜吝。前日吾所爲欲遣少子，固爲其能弃財故也。而長者不能，故卒以殺其弟，事之理也，無足悲者。吾日夜固以望其喪之來也。」

〔一〕集解徐廣曰：「狡，一作『郊』。」

故范蠡三徙，成名於天下，非苟去而已，所止必成名。卒老死于陶，故世傳曰陶朱公。〔一〕

〔一〕集解張華曰：「陶朱公冢在南郡華容縣西，樹碑云是越之范蠡也。」正義盛弘之荆州記云：「荆州華容縣西有陶朱公冢，樹碑云是越范蠡。范蠡本宛三户人，與文種俱入越，吴亡後，自適齊而終。陶朱公登仙，未聞葬此所由。」括地志云陶朱公冢也。又云：「濟州平陰縣東三十里陶山南五里有陶公冢。并止於陶山之陽。」按：葬處有二，未詳其處。

太史公曰：禹之功大矣，漸九川，〔一〕定九州，至于今諸夏艾安。及苗裔句踐，苦身焦思，終滅彊吴，北觀兵中國，以尊周室，號稱霸王。〔二〕句踐可不謂賢哉！蓋有禹之遺烈焉。范蠡三遷皆有榮名，名垂後世。臣主若此，欲毋顯得乎！

〔一〕集解徐廣曰：「漸者亦引進通導之意也，字或宜然。」

〔二〕集解徐廣曰：「一作『主』。」

【索隱述贊】越祖少康，至于允常。其子始霸，與吴争彊。檇李之役，闔閭見傷。會稽之恥，句踐欲當。種誘以利，蠡悉其良。折節下士，致膽思嘗。卒復讎寇，遂殄大邦。後不量力，滅於無彊。

史記卷四十二

鄭世家第十二

鄭桓公友者，周厲王少子而宣王庶弟也。〔一〕宣王立二十二年，友初封于鄭。〔二〕封三十三歲，百姓皆便愛之。幽王以爲司徒。〔三〕和集周民，周民皆說，河雒之閒，人便思之。爲司徒一歲，幽王以襃后故，王室治多邪，諸侯或畔之。於是桓公問太史伯〔四〕曰：「王室多故，予安逃死乎？」太史伯對曰：「獨雒之東土，河濟之南可居。」公曰：「何以？」對曰：「地近虢、鄶，〔五〕虢、鄶之君貪而好利，〔六〕百姓不附。今公爲司徒，民皆愛公，公誠請居之，虢、鄶之君見公方用事，輕分公地。公誠居之，虢、鄶之民皆公之民也。」公曰：「吾欲南之江上，何如？」對曰：「昔祝融爲高辛氏火正，其功大矣，而其於周未有興者，楚其後也。周衰，楚必興。興，非鄭之利也。」公曰：「吾欲居西方，何如？」〔七〕對曰：「其民貪而好利，難久居。」公曰：「周衰，何國興者？」對曰：「齊、秦、晉、楚乎？夫齊，姜姓，伯夷之後也，伯夷佐堯典禮。秦，嬴姓，伯翳之後也，伯翳佐舜懷柔百物。及楚之先，皆嘗有功於天下。而

周武王克紂後，成王封叔虞于唐，〔八〕其地阻險，以此有德與周衰並，亦必興矣。」桓公曰：「善。」於是卒言王，東徙其民雒東，而虢、鄶果獻十邑，〔九〕竟國之。〔一〇〕

〔一〕集解徐廣曰：「年表云母弟。」

〔二〕索隱鄭，縣名，屬京兆。秦武公十一年「初縣杜、鄭」是也。又系本云「桓公居棫林，徙拾」。宋忠云「棫林與拾皆舊地名」，是封桓公乃名爲鄭耳。至秦之縣鄭，蓋是鄭武公東徙新鄭之後，其舊鄭乃是故都，故秦始縣之。

〔三〕集解韋昭曰：「幽王八年爲司徒。」索隱韋昭據國語以幽王八年爲司徒也。

〔四〕集解虞翻曰：「周太史。」

〔五〕集解徐廣曰：「虢在成皋，鄶在密縣。」駰案：虞翻曰「虢，姬姓，東虢也。鄶，妘姓」。正義括地志云：「洛州汜水縣，古東虢叔之國，東虢君也。」又云：「故鄶城在鄭州新鄭縣東北三十二里。」

〔六〕索隱鄭語云「虢叔恃勢，鄶仲恃險，皆有驕侈，又加之以貪冒」是也。虢叔，文王弟。鄶，妘姓之國也。

〔七〕索隱國語曰：「公曰『謝西之九州何如』。」韋昭云「謝，申伯之國。謝西有九州。二千五百家爲州」。其說蓋異此。

〔八〕集解徐廣曰：「晉世家曰唐叔虞，姓姬氏，字子于。」索隱唐者，古國，堯之後，其君曰叔虞。何以知然者？據此系家下文云「唐人之季代曰唐叔虞」。當武王邑姜方動大叔，夢天命而子曰虞，與之唐。及生有文在手曰『虞』，遂以名之。及成王滅唐而國太叔，故因以稱唐叔虞」。杜預亦曰「取唐君之名」是也。

〔九〕集解虞翻曰：「十邑謂虢、鄶、鄢、蔽、補、丹、依、畴、歷、莘也。」索隱國語云：「太史伯曰『若克二邑，鄢、蔽、補、丹、依、畴、歷、莘君之土也』。」虞翻注皆依國語爲說。

〔一〇〕集解韋昭曰：「後武公竟取十邑地而居之，今河南新鄭也。」

二歲，犬戎殺幽王於驪山下，并殺桓公。鄭人共立其子掘突，〔一〕是爲武公。〔二〕

〔一〕正義上求勿反，下户骨反。

〔二〕索隱譙周云「名突滑」，皆非也。蓋古史失其名，太史公循舊失而妄記之耳。何以知其然者？按下文其孫昭公名忽，厲公名突，豈有孫與祖同名乎？當是舊史雜記昭厲忽突之名，遂誤以掘突爲武公之字耳。

武公十年，娶申侯女〔一〕爲夫人，曰武姜。生太子寤生，生之難，及生，夫人弗愛。後生少子叔段，段生易，夫人愛之。〔二〕二十七年，武公疾。夫人請公，欲立段爲太子，公弗聽。是歲，武公卒，寤生立，是爲莊公。

〔一〕正義括地志云：「故申城在鄧州南陽縣北三十里。左傳云鄭武公取於申也。」

〔二〕集解徐廣曰：「年表云十四年生寤生，十七年生太叔段。」

莊公元年，封弟段於京，〔一〕號太叔。祭仲曰：「京大於國，非所以封庶也。」莊公曰：「武姜欲之，我弗敢奪也。」段至京，繕治甲兵，與其母武姜謀襲鄭。二十二年，段果襲鄭，武姜爲內應。莊公發兵伐段，段走。伐京，京人畔段，段出走鄢。〔二〕鄢潰，段出奔共。〔三〕於是莊公遷其母武姜於城潁，〔四〕誓言曰：「不至黄泉，〔五〕毋相見也。」居歲餘，已悔思母。潁谷之

考叔〔六〕有獻於公，公賜食。考叔曰：「臣有母，請君食賜臣母。」莊公曰：「我甚思母，惡負盟，柰何？」考叔曰：「穿地至黄泉，則相見矣。」於是遂從之，見母。

〔一〕集解賈逵曰：「京，鄭都邑。」杜預曰：「今滎陽京縣。」

〔二〕正義鄔音烏古反。今新鄭縣南鄔頭有村，多萬家。舊作「鄢」，音偃。杜預云：「鄢，今鄢陵也。」

〔三〕集解賈逵曰：「共，國名也。」杜預曰：「今汲郡共縣也。」正義按：今衛州共城縣是也。

〔四〕集解賈逵曰：「鄭地。」正義疑許州臨潁縣是也。

〔五〕集解服虔曰：「天玄地黄，泉在地中，故言黄泉。」

〔六〕集解賈逵曰：「潁谷，鄭地。」正義括地志云：「潁水源出洛州嵩高縣東南三十里陽乾山，今俗名潁山泉。源出山之東谷。其側有古人居處，俗名爲潁墟，故老云是潁考叔故居，即酈元注水經所謂潁谷也。」

二十四年，宋繆公卒，公子馮奔鄭。鄭侵周地，取禾。〔一〕二十五年，衛州吁弒其君桓公自立，與宋伐鄭，以馮故也。二十七年，始朝周桓王。桓王怒其取禾，弗禮也。〔二〕二十九年，莊公怒周弗禮，與魯易祊、許田。〔三〕三十三年，宋殺孔父。三十七年，莊公不朝周，周桓王率陳、蔡、虢、衛伐鄭。莊公與祭仲、〔四〕高渠彌〔五〕發兵自救，王師大敗。祝聸〔六〕射中王臂。祝聸請從之，鄭伯止之，曰：「犯長且難之，況敢陵天子乎？」乃止。夜令祭仲問王疾。

〔一〕索隱隱三年左傳「鄭武公、莊公爲平王卿士。王貳于虢，及王崩，周人將畀虢公政。夏四月，鄭祭足帥師取溫之麥，秋又取成周之禾」是。

〔二〕索隱杜預曰：「桓王即位，周鄭交惡，至是始朝，故言始也。」左傳又曰：「周桓公言於王曰『我周之東遷，晉鄭焉依。善鄭以勸來者，猶懼不蔇，況不禮焉，鄭不來矣』。」

〔三〕索隱許田，近許之田，魯朝宿之邑。祊者，鄭所受助祭太山之湯沐邑。鄭以天子不能巡守，故以祊易許田，各從其近。

〔四〕索隱左傳稱祭仲足，蓋祭是邑，其人名仲字仲足，故傳云祭封人仲足是也。此繻葛之戰在魯桓公五年。

〔五〕索隱一作「彌」，一作「眯」，並名卑反。

〔六〕索隱左傳作「祝聃」。

三十八年，北戎伐齊，齊使求救，鄭遣太子忽將兵救齊。齊釐公欲妻之，忽謝曰：「我小國，非齊敵也。」時祭仲與俱，勸使取之，曰：「君多內寵，〔一〕太子無大援將不立，三公子皆君也。」所謂三公子者，太子忽，其弟突，次弟子亹也。〔二〕

〔一〕集解服虔曰：「言庶子有寵者多。」

〔二〕索隱此文則數太子忽及突 子亹爲三，而杜預云不數太子，以子突、子亹、子儀爲三，蓋得之。

四十三年，鄭莊公卒。初，祭仲甚有寵於莊公，莊公使爲卿；公使娶鄧女，生太子忽，故祭仲立之，是爲昭公。

莊公又娶宋雍氏女，〔一〕生厲公突。雍氏有寵於宋。〔二〕宋莊公聞祭仲之立忽，乃使人誘召祭仲而執之，曰：「不立突，將死。」亦執突以求賂焉。祭仲許宋，與宋盟。以突歸，立

之。昭公忽聞祭仲以宋要立其弟突，九月(辛)〔丁〕亥，忽出奔衛。己亥，突至鄭，立，是爲厲公。

〔一〕集解賈逵曰：「雍氏，黄帝之孫，姞姓之後，爲宋大夫。」

〔二〕集解服虔曰：「爲宋正卿，故曰有寵。」

厲公四年，祭仲專國政。厲公患之，陰使其壻雍糾欲殺祭仲。〔一〕糾妻，祭仲女也，知之，謂其母曰：「父與夫孰親？」母曰：「父一而已，人盡夫也。」〔二〕女乃告祭仲，祭仲反殺雍糾，戮之於市。厲公無柰祭仲何，怒糾曰：「謀及婦人，死固宜哉！」夏，厲公出居邊邑櫟。〔三〕祭仲迎昭公忽，六月乙亥，復入鄭，即位。

〔一〕集解賈逵曰：「雍糾，鄭大夫。」

〔二〕集解杜預曰：「婦人在室則天父，出則天夫。女以爲疑，故母以所生爲本解之。」

〔三〕集解宋忠曰：「今潁川陽翟縣。」索隱按：櫟音歷，即鄭初得十邑之歷也。

秋，鄭厲公突因櫟人殺其大夫單伯，〔一〕遂居之。諸侯聞厲公出奔，伐鄭，弗克而去。宋頗予厲公兵，自守於櫟，鄭以故亦不伐櫟。

〔一〕集解杜預曰：「鄭守櫟大夫也。」索隱依左傳作「檀伯」。檀伯，鄭守櫟大夫，事在桓十五年。此文誤爲「單伯」者，蓋亦有所因也。按魯莊公十四年，厲公自櫟侵鄭，事與周單伯會齊師伐宋相連，故誤耳。

昭公二年，自昭公爲太子時，父莊公欲以高渠彌爲卿，太子忽惡之，莊公弗聽，卒用渠彌爲卿。及昭公卽位，懼其殺己，冬十月辛卯，渠彌與昭公出獵，射殺昭公於野。祭仲與渠彌不敢入厲公，乃更立昭公弟子亹爲君，是爲子亹也，無謚號。

子亹元年七月，齊襄公會諸侯於首止，[一]鄭子亹往會，高渠彌相，從，祭仲稱疾不行。所以然者，子亹自齊襄公爲公子之時，嘗會鬬，相仇，及會諸侯，祭仲請子亹無行。子亹曰：「齊彊，而厲公居櫟，卽不往，是率諸侯伐我，内厲公。我不如往，往何遽必辱，且又何至是！」卒行。於是祭仲恐齊并殺之，故稱疾。子亹至，不謝齊侯，齊侯怒，遂伏甲而殺子亹。高渠彌亡歸，[二]歸與祭仲謀，召子亹弟公子嬰於陳而立之，是爲鄭子。[三]是歲，齊襄公使彭生醉拉殺魯桓公。

[一]集解服虔曰：「首止，近鄭之地。」杜預曰：「首止，衞地。陳留襄邑縣東南有首鄉。」

[二]索隱左氏云轘高渠彌。

[三]索隱左傳以鄭子名子儀，此云嬰，蓋別有所見。

鄭子八年，齊人管至父等作亂，弒其君襄公。十二年，宋人長萬弒其君湣公。鄭祭仲死。

十四年，故鄭亡厲公突在櫟者使人誘劫鄭大夫甫假，[一]要以求入。假曰：「舍我，我爲

君殺鄭子而入君。」厲公與盟，乃舍之。六月甲子，假殺鄭子及其二子而迎厲公突，突自櫟復入卽位。初，内蛇與外蛇鬬於鄭南門中，内蛇死。居六年，厲公果復入。入而讓其伯父原[二]曰：「我亡國外居，伯父無意入我，亦甚矣。」原曰：「事君無二心，人臣之職也。原知罪矣。」遂自殺。厲公於是謂甫假曰：「子之事君有二心矣。」遂誅之。假曰：「重德不報，誠然哉！」

[一]索隱左傳作「傅瑕」。此本多假借，亦依字讀。

[二]索隱左傳謂之原繁。

厲公突後元年，齊桓公始霸。

五年，燕、衞與周惠王弟穨伐王，[一]王出奔溫，立弟穨爲王。六年，惠王告急鄭，厲公發兵擊周王子穨，弗勝，於是與周惠王歸，王居于櫟。七年春，鄭厲公與虢叔襲殺王子穨而入惠王于周。

[一]索隱惠王，莊王孫，僖王子。子穨，莊王之妾王姚所生。事在莊十九年。

秋，厲公卒，子文公踕[一]立。厲公初立四歲，亡居櫟，居櫟十七歲，復入，立七歲，與亡凡二十八年。

[一]索隱音在接反。系本云文公徙鄭。宋忠云卽新鄭。

文公十七年，齊桓公以兵破蔡，遂伐楚，至召陵。

二十四年，文公之賤妾曰燕姞，[一]夢天與之蘭，[二]曰：「余爲伯鯈。余，爾祖也。[三]以是爲而子，[四]蘭有國香。」以夢告文公，文公幸之，而予之草蘭爲符。遂生子，名曰蘭。

[一]集解賈逵曰：「姞，南燕姓。」

[二]集解賈逵曰：「香草也。」

[三]集解賈逵曰：「伯鯈，南燕祖。」

[四]集解王肅曰：「以是蘭也爲汝子之名。」

三十六年，晉公子重耳過，文公弗禮。文公弟叔詹曰：「重耳賢，且又同姓，窮而過君，不可無禮。」文公曰：「諸侯亡公子過者多矣，安能盡禮之！」詹曰：「君如弗禮，遂殺之；弗殺，使卽反國，爲鄭憂矣。」文公弗聽。

三十七年春，晉公子重耳反國，立，是爲文公。秋，鄭入滑，滑聽命，已而反與衞，於是鄭伐滑。[一]周襄王使伯犕[二]請滑。鄭文公怨惠王之亡在櫟，而文公父厲公入之，而惠王不賜厲公爵祿，[三]又怨襄王之與衞滑，故不聽襄王請而囚伯犕。王怒，與翟人伐鄭，弗克。冬，翟攻伐襄王，襄王出奔鄭，鄭文公居王于氾。三十八年，晉文公入襄王成周。

[一]索隱僖二十四年左傳「鄭公子士泄、堵俞彌帥師伐滑」。

[二]索隱音服。左傳「王使伯服、游孫伯如鄭請滑」。杜預云「二子周大夫」。知伯犕卽伯服也。

[三]索隱此言爵祿，與左氏說異。左傳云「鄭伯享王，王以后之鞶鑑與之。虢公請器，王予之爵」。則爵酒器，是太史公與丘明說別也。

四十一年，助楚擊晉。自晉文公之過無禮，故背晉助楚。四十三年，晉文公與秦穆公共圍鄭，討其助楚攻晉者，及文公過時之無禮也。初，鄭文公有三夫人，寵子五人，皆以罪蚤死。公怒，溉[一]逐羣公子。子蘭奔晉，從晉文公圍鄭。時蘭事晉文公甚謹，愛幸之，乃私於晉，以求入鄭爲太子。晉於是欲得叔詹爲僇。鄭文公恐，不敢謂叔詹言。詹聞，言於鄭君曰：「臣謂君，君不聽臣，晉卒爲患。然晉所以圍鄭，以詹，詹死而赦鄭國，詹之願也。」乃自殺。鄭人以詹尸與晉。晉文公曰：「必欲一見鄭君，辱之而去。」鄭人患之，乃使人私於秦曰：「破鄭益晉，非秦之利也。」秦兵罷。晉文公欲入蘭爲太子，以告鄭。鄭大夫石癸曰：「吾聞姞姓乃后稷之元妃，[二]其後當有興者。子蘭母，其後也。且夫人子盡已死，餘庶子無如蘭賢。今圍急，晉以爲請，利孰大焉！」遂許晉，與盟，而卒立子蘭爲太子，晉兵乃罷去。

[一]集解徐廣曰：「一作『瑕』。」索隱音旣。左傳作「瑕」。

〔二〕集解杜預曰：「姞姓之女，爲后稷妃。」

四十五年，文公卒，子蘭立，是爲繆公。

繆公元年春，秦繆公使三將將兵欲襲鄭，至滑，逢鄭賈人弦高詐以十二牛勞軍，故秦兵不至而還，晉敗之於崤。初，往年鄭文公之卒也，鄭司城繒賀以鄭情賣之，秦兵故來。三年，鄭發兵從晉伐秦，敗秦兵於汪。

往年〔一〕楚太子商臣弑其父成王代立。二十一年，與宋華元伐鄭。華元殺羊食士，不與其御羊斟，怒以馳鄭，鄭囚華元。宋贖華元，元亦亡去。晉使趙穿以兵伐鄭。

〔一〕集解徐廣曰：「繆公之二年。」

二十二年，鄭繆公卒，子夷立，是爲靈公。

靈公元年春，楚獻黿於靈公。子家、子公將朝靈公，〔一〕子公之食指動，〔二〕謂子家曰：「佗日指動，必食異物。」及入，見靈公進黿羹，子公笑曰：「果然！」靈公問其笑故，具告靈公。靈公召之，獨弗予羹。子公怒，染其指，〔三〕嘗之而出。公怒，欲殺子公。子公與子家謀先。夏，弑靈公。鄭人欲立靈公弟去疾，去疾讓曰：「必以賢，則去疾不肖；必以順，則公子

堅長。」堅者，靈公庶弟，〔四〕去疾之兄也。於是乃立子堅，是爲襄公。

〔一〕集解賈逵曰：「二子鄭卿也。」

〔二〕集解服虔曰：「第二指。」

〔三〕集解左傳曰：「染指於鼎。」

〔四〕集解徐廣曰：「年表云靈公庶兄。」

襄公立，將盡去繆氏。繆氏者，殺靈公，子公之族家也。去疾曰：「必去繆氏，我將去之。」乃止。皆以爲大夫。

襄公元年，楚怒鄭受宋賂縱華元，伐鄭。鄭背楚，與晉親。五年，楚復伐鄭，晉來救之。六年，子家卒，國人復逐其族，以其弑靈公也。

七年，鄭與晉盟鄢陵。八年，楚莊王以鄭與晉盟，來伐，圍鄭三月，鄭以城降楚。楚王入自皇門，鄭襄公肉袒掔羊以迎，曰：「孤不能事邊邑，使君王懷怒以及弊邑，孤之罪也。敢不惟命是聽。君王遷之江南，及以賜諸侯，亦惟命是聽。若君王不忘厲、宣王，桓、武公，哀不忍絶其社稷，錫不毛之地，〔一〕使復得改事君王，孤之願也，然非所敢望也。敢布腹心，惟命是聽。」莊王爲卻三十里而後舍。楚羣臣曰：「自郢至此，士大夫亦久勞矣。今得國舍之，何如？」莊王曰：「所爲伐，伐不服也。今已服，尚何求乎？」卒去。晉聞楚之伐鄭，發兵救鄭。其來持兩端，故遲，比至河，楚兵已去。晉將率或欲渡，或欲還，卒渡河。莊王聞，還擊晉。鄭反助楚，大破晉軍於河上。十年，晉來伐鄭，以其反晉而親楚也。

〔一〕集解何休曰：「磽埆不生五穀曰不毛。謙不敢求肥饒。」

十一年，楚莊王伐宋，宋告急于晉。晉景公欲發兵救宋，伯宗諫晉君曰：「天方開楚，未可伐也。」乃求壯士得霍人解揚，字子虎，誆楚，令宋毋降。過鄭，鄭與楚親，乃執解揚而獻楚。楚王厚賜與約，使反其言，令宋趣降，三要乃許。於是楚登解揚樓車，〔一〕令呼宋。遂負楚約而致其晉君命曰：「晉方悉國兵以救宋，宋雖急，慎毋降楚，晉兵今至矣！」楚莊王大怒，將殺之。解揚曰：「君能制命爲義，臣能承命爲信。受吾君命以出，有死無隕。」〔二〕莊王曰：「若之許我，已而背之，其信安在？」解揚曰：「所以許王，欲以成吾君命也。」將死，顧謂楚軍曰：「爲人臣無忘盡忠得死者！」楚王諸弟皆諫王赦之，於是赦解揚使歸。晉爵之爲上卿。

〔一〕集解服虔曰：「樓車所以窺望敵軍，兵法所謂『雲梯』也。」杜預曰：「樓車，車上望櫓也。」

〔二〕集解服虔曰：「隕，墜也。」

十八年，襄公卒，子悼公濆〔一〕立。

〔一〕索隱劉音祕。鄒本一作「沸」，一作「弗」。左傳作「費」，音扶味反。

悼公元年，鄦公〔一〕惡鄭於楚，悼公使弟睔〔二〕於楚自訟。訟不直，楚囚睔。於是鄭悼公來與晉平，遂親。睔私於楚子反，子反言歸睔於鄭。

〔一〕集解徐廣曰：「鄦音許。許公，靈公也。」

〔二〕索隱公遜反。

二年，楚伐鄭，晉兵來救。是歲，悼公卒，立其弟睔，是爲成公。

成公三年，楚共王曰「鄭成公孤有德焉」，使人來與盟。成公私與盟。秋，成公朝晉，晉曰「鄭私平於楚」，執之。使欒書伐鄭。四年春，鄭患晉圍，公子如乃立成公庶兄繻〔一〕爲君。其四月，晉聞鄭立君，乃歸成公。鄭人聞成公歸，亦殺君繻。迎成公。晉兵去。

〔一〕索隱音須。鄒氏云：「一作『繻』，音訓。」

十年，背晉盟，盟於楚。晉厲公怒，發兵伐鄭。楚共王救鄭。晉楚戰鄢陵，楚兵敗，晉射傷楚共王目，俱罷而去。十三年，晉悼公伐鄭，兵於洧上。〔一〕鄭城守，晉亦去。

〔一〕集解服虔曰：「洧，水名。」正義括地志云：「洧水在鄭州新鄭縣北三里，古新鄭城南。韓詩外傳云『鄭俗，二月桃花水出時，會於溱、洧水上，以自祓除』。」按：在古城城南，與溱水合。

十四年，成公卒，子惲〔一〕立。是爲釐公。

〔一〕索隱紆粉反。左傳作「髡頑」。

釐公五年，鄭相子駟朝釐公，釐公不禮。子駟怒，使廚人藥殺釐公，〔一〕赴諸侯曰「釐公暴病卒」。立釐公子嘉，嘉時年五歲，是爲簡公。

〔一〕集解徐廣曰：「年表云子駟使賊夜弒僖公。」

簡公元年，諸公子謀欲誅相子駟，子駟覺之，反盡誅諸公子。二年，晉伐鄭，鄭與盟，晉去。冬，又與楚盟。子駟畏誅，故兩親晉、楚。三年，相子駟欲自立爲君，公子子孔使尉止殺相子駟而代之。子孔又欲自立。子產曰：「子駟爲不可，誅之，今又效之，是亂無時息也。」於是子孔從之而相鄭簡公。

四年，晉怒鄭與楚盟，伐鄭，鄭與盟。楚共王救鄭，敗晉兵。簡公欲與晉平，楚又囚鄭使者。

十二年，簡公怒相子孔專國權，誅之，而以子產爲卿。十九年，簡公如晉請衞君還，而封子產以六邑。〔一〕子產讓，受其三邑。二十二年，吳使延陵季子於鄭，見子產如舊交，謂子產曰：「鄭之執政者侈，難將至，政將及子。子爲政，必以禮；不然，鄭將敗。」子產厚遇季

子。二十三年，諸公子爭寵相殺，又欲殺子產。公子或諫曰：「子產仁人，鄭所以存者子產也，勿殺！」乃止。

〔一〕集解服虔曰：「四井爲邑。」

二十五年，鄭使子產於晉，問平公疾。平公曰：「卜而曰實沈、臺駘爲祟，史官莫知，敢問？」對曰：「高辛氏有二子，長曰閼伯，季曰實沈，居曠林，〔一〕不相能也，日操干戈以相征伐。后帝弗臧，〔二〕遷閼伯于商丘，主辰，〔三〕商人是因，故辰爲商星。〔四〕遷實沈于大夏，主參，〔五〕唐人是因，服事夏、商，〔六〕其季世曰唐叔虞。〔七〕當武王邑姜方娠大叔，夢帝謂己：〔八〕『余命而子曰虞，〔九〕乃與之唐，屬之參而蕃育其子孫。』及生有文在其掌曰『虞』，遂以命之。及成王滅唐而國大叔焉。故參爲晉星。〔一〇〕由是觀之，則實沈，參神也。昔金天氏有裔子曰昧，爲玄冥師，〔一一〕生允格、臺駘。〔一二〕臺駘能業其官，〔一三〕宣汾、洮，〔一四〕障大澤，〔一五〕以處太原。〔一六〕帝用嘉之，國之汾川。〔一七〕沈、姒、蓐、黃實守其祀。〔一八〕今晉主汾川而滅之。〔一九〕由是觀之，則臺駘，汾、洮神也。然是二者不害君身。山川之神，則水旱之菑禜之；〔二〇〕日月星辰之神，則雪霜風雨不時禜之；若君疾，飲食哀樂女色所生也。」平公及叔嚮曰：「善，博物君子也！」厚爲之禮於子產。

〔一〕集解賈逵曰：「曠，大也。」

〔二〕集解賈逵曰：「后帝，堯也。臧，善也。」

〔三〕集解賈逵曰：「商丘在漳南。」杜預曰：「商丘，宋地。」服虔曰：「辰，大火，主祀也。」

〔四〕集解服虔曰：「商人，契之先，湯之始祖相土封閼伯之故地，因其故國而代之。」

〔五〕集解服虔曰：「大夏在汾澮之閒，主祀參星。」杜預曰：「大夏，今晉陽縣。」

〔六〕集解賈逵曰：「唐人謂陶唐氏之胤劉累事夏孔甲，封於大夏，因實沈之國，子孫服事夏、商也。」正義括地志云：「故唐城在絳州翼城縣西二十里。徐才宗國都城記云『唐國，帝堯之裔子所封。春秋云「夏孔甲時有堯苗胄劉累者，以豢龍事孔甲，夏后嘉之，賜曰御龍氏，以更豕韋之後。龍一雌死，潛醢之以食夏后。既而使求之，懼而遷于魯縣」。夏后蓋別封劉累之後于夏之墟，爲唐侯。至周成王時，唐人作亂，成王滅之而封太叔，遷唐人子孫于杜，謂之杜伯，范氏所云在周爲唐杜氏也』。地記云『唐氏在大夏之墟，屬河東安縣。今在絳城西北一百里有唐城者，以爲唐舊國』。」然則叔虞之封卽此地也。

〔七〕集解杜預曰：「唐人之季世，其君曰叔虞。」

〔八〕集解賈逵曰：「帝，天也。己，武王也。」

〔九〕集解杜預曰：「取唐君之名。」

〔一〇〕集解賈逵曰：「晉主祀參，參爲晉星。」

〔一一〕集解服虔曰：「金天，少皞也。玄冥，水官也。師，長也。昧爲水官之長。」

〔一二〕集解服虔曰：「允格，臺駘，兄弟也。」

〔一三〕集解服虔曰：「脩昧之職。」

〔一四〕集解賈逵曰：「宣猶通也。汾、洮，二水名。」

〔一五〕集解服虔曰：「陂障其水也。」

〔一六〕集解服虔曰：「太原，汾水名。」杜預曰：「太原，晉陽也，臺駘之所居者。」

〔一七〕集解服虔曰：「帝顓頊也。」

〔一八〕集解賈逵曰：「四國臺駘之後也。」

〔一九〕集解賈逵曰：「滅四國。」

〔二〇〕集解服虔曰：「禜爲營，攢用幣也。若有水旱，則禜祭山川之神以祈福也。」

二十七年夏，鄭簡公朝晉。冬，畏楚靈王之彊，又朝楚，子產從。二十八年，鄭君病，使子產會諸侯，與楚靈王盟於申，誅齊慶封。

三十六年，簡公卒，子定公寧立。秋，定公朝晉昭公。

定公元年，楚公子弃疾弒其君靈王而自立，爲平王。欲行德諸侯，歸靈王所侵鄭地于鄭。

四年，晉昭公卒，其六卿彊，公室卑。子產謂韓宣子曰：「爲政必以德，毋忘所以立。」

六年，鄭火，公欲禳之。子產曰：「不如修德。」

八年，楚太子建來奔。十年，太子建與晉謀襲鄭。鄭殺建，建子勝奔吳。

十一年，定公如晉。晉與鄭謀，誅周亂臣，入敬王于周。〔一〕

〔一〕索隱王避弟子朝之亂出居狄泉，在昭二十三年；至二十六年，晉、鄭入之。經曰「天王入于成周」是也。

十三年，定公卒，子獻公蠆立。獻公十三年卒，子聲公勝立。當是時，晉六卿彊，侵奪鄭，鄭遂弱。

聲公五年，鄭相子產卒，〔一〕鄭人皆哭泣，悲之如亡親戚。子產者，鄭成公少子也。爲人仁愛人，事君忠厚。孔子嘗過鄭，與子產如兄弟云。及聞子產死，孔子爲泣曰：「古之遺愛也！」〔二〕

〔一〕正義括地志云：「子產墓在新鄭縣西南三十五里。酈元注水經云『子產墓在潩水上，累石爲方墳，墳東北向鄭城，杜預云言不忘本也』。」

〔二〕集解賈逵曰：「愛，惠也。」杜預曰：「子產見愛，有古人遺風也。」

八年，晉范、中行氏反晉，告急於鄭，鄭救之。晉伐鄭，敗鄭軍於鐵。〔一〕

〔一〕集解杜預曰：「戚城南鐵丘。」正義括地志云：「鐵丘在滑州衛南縣東南十五里。」

十四年，宋景公滅曹。二十年，齊田常弒其君簡公，而常相於齊。二十二年，楚惠王滅陳。孔子卒。

三十六年，晉知伯伐鄭，取九邑。

三十七年，聲公卒，子哀公易立。〔一〕哀公八年，鄭人弒哀公而立聲公弟丑，是爲共公。共公三年，三晉滅知伯。三十一年，共公卒，子幽公已立。幽公元年，韓武子伐鄭，殺幽公。鄭人立幽公弟駘，是爲繻公。〔二〕

〔一〕集解年表云三十八年。

〔二〕集解年表云鄭立幽公子駘繻。或作「繚」。

繻公十五年，韓景侯伐鄭，取雍丘。鄭城京。

十六年，鄭伐韓，敗韓兵於負黍。〔一〕二十年，韓、趙、魏列爲諸侯。二十三年，鄭圍韓之陽翟。

〔一〕集解徐廣曰：「在陽城。」正義括地志云：「負黍亭在洛州陽城縣西南三十五里，故周邑也。」

二十五年，鄭君殺其相子陽。二十七年，子陽之黨共弒繻公駘而立幽公弟乙爲君，是爲鄭君。〔一〕

〔一〕集解徐廣云：「一本云『立幽公弟乙陽爲君，是爲康公』。六國年表云立幽公子駘，又以鄭君陽爲鄭康公乙。班固云『鄭康公乙爲韓所滅』。」

鄭君乙立二年，鄭負黍反，復歸韓。十一年，韓伐鄭，取陽城。

二十一年，韓哀侯滅鄭，并其國。

太史公曰：語有之，「以權利合者，權利盡而交疏」，甫瑕是也。甫瑕雖以劫殺鄭子內厲公，厲公終背而殺之，此與晉之里克何異？守節如荀息，身死而不能存奚齊。變所從來，亦多故矣！

【索隱述贊】厲王之子，得封於鄭。代職司徒，緇衣在詠。虢、鄶獻邑，祭祝專命。莊既犯王，厲亦奔命。居櫟克入，夢蘭毓慶。伯服生囚，叔瞻尸聘。釐、簡之後，公室不競。負黍雖還，韓哀日盛。

史記

漢　司馬遷　撰
宋　裴　駰　集解
唐　司馬貞　索隱
唐　張守節　正義

第　六　冊

卷四三至卷六〇（世家）

中華書局

史記卷四十三

趙世家第十三

趙氏之先，與秦共祖。至中衍，〔一〕爲帝大戊御。其後世蜚廉有子二人，而命其一子曰惡來，事紂，爲周所殺，其後爲秦。惡來弟曰季勝，其後爲趙。

〔一〕正義中音仲。

季勝生孟增。孟增幸於周成王，是爲宅皋狼。〔一〕皋狼生衡父，衡父生造父。造父幸於周繆王。造父取驥之乘匹，〔二〕與桃林〔三〕盜驪、驊騮、綠耳，獻之繆王。繆王使造父御，西巡狩，見西王母，〔四〕樂之忘歸。而徐偃王反，〔五〕繆王日馳千里馬，攻徐偃王，〔六〕大破之。乃賜造父以趙城，〔七〕由此爲趙氏。

〔一〕集解徐廣曰：「或云皋狼地名，在西河。」索隱按：如此説，是名孟增號宅皋狼。而徐廣云「或曰皋狼地名，在西河」。按地理志，皋狼是西河郡之縣名，蓋孟增幸於周成王，成王居之於皋狼，故云皋狼。

〔二〕索隱言造父取八駿，品其色，齊其力，使馴調也。並四曰乘，並兩曰匹。正義乘，食證反。並四曰乘，兩曰

匹。取八駿品其力，使均馴。

〔三〕正義括地志云：「桃林在陝州桃林縣，西至潼關，皆爲桃林塞地。山海經云夸父之山，北有林焉，名曰桃林，廣闊三百里，中多馬，造父於此得驊騮、騄耳之乘獻周穆王也。」

〔四〕索隱穆天子傳曰「穆王與西王母觴於瑤池之上，作歌」，是樂而忘歸也。譙周不信此事，而云「余常聞之，代以東西陰陽所出入，宗其神，謂之王父母。或曰地名，在西域，有何見乎」。

〔五〕正義括地志云：「大徐城在泗州徐城縣北三十里，古之徐國也。博物志云『徐君宮人娠，生卵，以爲不祥，弃於水濱。孤獨母有犬名鵠倉，銜所弃卵以歸，覆煖之，遂成小兒，生偃王。故宮人聞之，更收養之。及長，襲爲徐君。後鵠倉臨死生角而九尾，實黃龍也。鵠倉或名后倉也』。」

〔六〕索隱譙周曰：「徐偃王與楚文王同時，去周穆王遠矣。且王者行有周衛，豈聞亂而獨長驅日行千里乎？」並言此事非實也。

〔七〕正義晉州趙城縣即造父邑也。

自造父已下六世至奄父，曰公仲，周宣王時伐戎，爲御。及千畝戰，〔一〕奄父脱宣王。奄父生叔帶。叔帶之時，周幽王無道，去周如晉，事晉文侯，始建趙氏于晉國。

〔一〕正義括地志云：「千畝原在晉州岳陽縣北九十里也。」

自叔帶以下，趙宗益興，五世而（生）〔至〕趙夙。

趙夙，晉獻公之十六年伐霍、魏、耿，而趙夙爲將伐霍。霍公求犇齊。〔一〕晉大旱，卜之，曰「霍太山爲祟」。使趙夙召霍君於齊，復之，以奉霍太山之祀，晉復穰。晉獻公賜趙夙耿。〔二〕

〔一〕集解 徐廣曰：「求，一作『來』。」

〔二〕索隱 杜預曰：「耿，今河東皮氏縣耿鄉是。」

夙生共孟，當魯閔公之元年也。共孟生趙衰，字子餘。〔一〕

〔一〕索隱 系本云公明生共孟及趙夙，夙生成季衰，衰生宣孟盾。左傳云衰，趙夙弟。而此系家云共孟生衰，譙周亦以此爲誤耳。

趙衰卜事晉獻公及諸公子，莫吉；卜事公子重耳，吉，卽事重耳。重耳以驪姬之亂亡奔翟，趙衰從。翟伐廧咎如，得二女，翟以其少女妻重耳，長女妻趙衰而生盾。初，重耳在晉時，趙衰妻亦生趙同、趙括、趙嬰齊。趙衰從重耳出亡，凡十九年，得反國。重耳爲晉文公，趙衰爲原大夫，居原，任國政。〔一〕文公所以反國及霸，多趙衰計策。語在晉事中。

〔一〕索隱 系本云：「成季徙原。」宋忠云：「今鴈門原平縣也。」正義 括地志云：「原平故城，漢原平縣也，在代州崞縣南三十五里。」崞音郭。按：宋忠說非也。括地志云：「故原城在懷州濟原縣西北二里。左傳云襄王以原賜晉文公，原不服，文公伐原以示信，原降，以趙衰爲原大夫，卽此也。原本周畿內邑也。」

趙衰既反晉，晉之妻固要迎翟妻，而以其子盾爲適嗣，晉妻三子皆下事之。晉襄公之六年，而趙衰卒，謚爲成季。

趙盾代成季任國政二年而晉襄公卒，太子夷臯年少。盾爲國多難，欲立襄公弟雍。雍時在秦，使使迎之。太子母〔一〕日夜啼泣，頓首謂趙盾曰：「先君何罪，釋其適子而更求君？」趙盾患之，恐其宗與大夫襲誅之，迺遂立太子，是爲靈公，發兵距所迎襄公弟於秦者。靈公既立，趙盾益專國政。

〔一〕索隱 穆嬴也。

靈公立十四年，益驕。趙盾驟諫，靈公弗聽。及食熊蹯，胹不熟，殺宰人，持其尸出，趙盾見之。靈公由此懼，欲殺盾。盾素仁愛人，嘗所食桑下餓人反扞救盾，盾以得亡。未出境，而趙穿弒靈公而立襄公弟黑臀，是爲成公。趙盾復反，任國政。君子譏盾「爲正卿，亡不出境，反不討賊」，故太史書曰「趙盾弒其君」。晉景公〔一〕時而趙盾卒，謚爲宣孟，子朔嗣。

〔一〕索隱 成公之子，名據。

趙朔，晉景公之三年，朔爲晉將下軍救鄭，與楚莊王戰河上。朔娶晉成公姊爲夫人。

晉景公之三年，大夫屠岸賈欲誅趙氏。〔一〕初，趙盾在時，夢見叔帶持要而哭，甚悲；已而笑，拊手且歌。盾卜之，兆絕而後好。趙史援占之，曰：「此夢甚惡，非君之身，乃君之子，然亦君之咎。至孫，趙將世益衰。」屠岸賈者，始有寵於靈公，及至於景公而賈爲司寇，將作難，乃治靈公之賊以致趙盾，徧告諸將曰：「盾雖不知，猶爲賊首。以臣弒君，子孫在朝，何以懲辠？請誅之。」韓厥曰：「靈公遇賊，趙盾在外，吾先君以爲無罪，故不誅。今諸君將誅其後，是非先君之意而今妄誅。妄誅謂之亂。臣有大事而君不聞，是無君也。」屠岸賈不聽。韓厥告趙朔趣亡。朔不肯，曰：「子必不絕趙祀，朔死不恨。」韓厥許諾，稱疾不出。賈不請而擅與諸將攻趙氏於下宮，殺趙朔、趙同、趙括、趙嬰齊，皆滅其族。

〔一〕集解 徐廣曰：「按年表，救鄭及誅滅，皆景公三年。」

趙朔妻成公姊，有遺腹，走公宮匿。趙朔客曰公孫杵臼，杵臼謂朔友人程嬰曰：「胡不死？」程嬰曰：「朔之婦有遺腹，若幸而男，吾奉之；卽女也，吾徐死耳。」居無何，而朔婦免身，生男。屠岸賈聞之，索於宮中。夫人置兒絝中，祝曰：「趙宗滅乎，若號；卽不滅，若無聲。」及索，兒竟無聲。已脫，程嬰謂公孫杵臼曰：「今一索不得，後必且復索之，柰何？」

公孫杵臼曰：「立孤與死孰難？」程嬰曰：「死易，立孤難耳。」公孫杵臼曰：「趙氏先君遇子厚，子彊爲其難者，吾爲其易者，請先死。」乃二人謀取他人嬰兒負之，衣以文葆，〔一〕匿山中。程嬰出，謬謂諸將軍曰：「嬰不肖，不能立趙孤。誰能與我千金，吾告趙氏孤處。」諸將皆喜，許之，發師隨程嬰攻公孫杵臼。杵臼謬曰：「小人哉程嬰！昔下宮之難不能死，與我謀匿趙氏孤兒，今又賣我。縱不能立，而忍賣之乎！」抱兒呼曰：「天乎天乎！趙氏孤兒何罪？請活之，獨殺杵臼可也。」諸將不許，遂殺杵臼與孤兒。諸將以爲趙氏孤兒良已死，皆喜。然趙氏真孤乃反在，程嬰卒與俱匿山中。

〔一〕集解 徐廣曰：「小兒被曰葆。」

居十五年，晉景公疾，卜之，大業之後不遂者爲祟。景公問韓厥，厥知趙孤在，乃曰：「大業之後在晉絕祀者，其趙氏乎？夫自中衍者皆嬴姓也。中衍人面鳥噣，降佐殷帝大戊，及周天子，皆有明德。下及幽厲無道，而叔帶去周適晉，事先君文侯，至于成公，世有立功，未嘗絕祀。今吾君獨滅趙宗，國人哀之，故見龜策。唯君圖之。」景公問：「趙尚有後子孫乎？」韓厥具以實告。於是景公乃與韓厥謀立趙孤兒，召而匿之宮中。諸將入問疾，景公因韓厥之衆以脅諸將而見趙孤。趙孤名曰武。諸將不得已，乃曰：「昔下宮之難，屠岸賈爲之，矯以君命，并命羣臣。非然，孰敢作難！微君之疾，羣臣固且請立趙後。今君有命，羣

臣之願也。」於是召趙武、程嬰徧拜諸將，遂反與程嬰、趙武攻屠岸賈，滅其族。復與趙武田邑如故。〔一〕

〔一〕集解 徐廣曰：「推次，晉復與趙武田邑，是景公之十七年也。而乃是春秋成公八年經書『晉殺其大夫趙同、趙括』，左傳於此說立趙武事者，注云『終說之耳，非此年也』。」

及趙武冠，爲成人，程嬰乃辭諸大夫，謂趙武曰：「昔下宮之難，皆能死。我非不能死，我思立趙氏之後。今趙武既立，爲成人，復故位，我將下報趙宣孟與公孫杵臼。」趙武啼泣頓首固請，曰：「武願苦筋骨以報子至死，而子忍去我死乎！」程嬰曰：「不可。彼以我爲能成事，故先我死；今我不報，是以我事爲不成。」遂自殺。趙武服齊衰三年，爲之祭邑，春秋祠之，世世勿絶。〔一〕

〔一〕集解 新序曰：「程嬰、公孫杵臼可謂信友厚士矣。嬰之自殺下報，亦過矣。」正義 今河東趙氏祠先人，猶別舒一座祭二士矣。

趙氏復位十一年，而晉厲公殺其大夫三郤。欒書畏及，乃遂弒其君厲公，更立襄公曾孫周，〔一〕是爲悼公。晉由此大夫稍彊。

〔一〕集解 徐廣曰：「年表云襄公孫也。」索隱 晉系家襄公少子，名周。

趙武續趙宗二十七年，晉平公立。平公十二年，而趙武爲正卿。十三年，吳延陵季子使於晉，曰：「晉國之政卒歸於趙武子、韓宣子、魏獻子之後矣。」趙武死，謚爲文子。

文子生景叔。〔一〕景叔之時，齊景公使晏嬰於晉，〔二〕晏嬰與晉叔向語。嬰曰：「齊之政後卒歸田氏。」叔向亦曰：「晉國之政將歸六卿。六卿侈矣，而吾君不能恤也。」

〔一〕索隱 系本云：「景叔名成。」

〔二〕集解 徐廣曰：「平公之十九年。」

趙景叔卒，生趙鞅，是爲簡子。

趙簡子在位，晉頃公之九年，簡子將合諸侯戍于周。其明年，入周敬王于周，辟弟子朝之故也。

晉頃公之十二年，六卿以法誅公族祁氏、羊舌氏，分其邑爲十縣，六卿各令其族爲之大夫。晉公室由此益弱。

後十三年，魯賊臣陽虎來奔，趙簡子受賂，厚遇之。

趙簡子疾，五日不知人，大夫皆懼。醫扁鵲視之，出，董安于問。〔一〕扁鵲曰：「血脈治也，而何怪！在昔秦繆公嘗如此，七日而寤。寤之日，告公孫支與子輿〔二〕曰：『我之帝所甚樂。吾所以久者，適有學也。帝告我：「晉國將大亂，五世不安；其後將霸，未老而死；霸者之子且令而國男女無別。」』公孫支書而藏之，秦讖於是出矣。獻公之亂，文公之霸，而襄公敗秦師於殽而歸縱淫，此子之所聞。今主君之疾與之同，不出三日疾必閒，閒必有言也。」

〔一〕集解 韋昭曰：「安于，簡子家臣。」

〔二〕索隱 二子，秦大夫公孫支、子桑也。

居二日半，簡子寤。語大夫曰：「我之帝所甚樂，與百神游於鈞天，廣樂九奏萬舞，不類三代之樂，其聲動人心。有一熊欲來援我，帝命我射之，中熊，熊死。又有一羆來，我又射之，中羆，羆死。帝甚喜，賜我二笥，皆有副。吾見兒在帝側，帝屬我一翟犬，曰：『及而子之壯也，以賜之。』帝告我：『晉國且世衰，七世而亡，〔一〕嬴姓將大敗周人於范魁之西，〔二〕而亦不能有也。今余思虞舜之勳，適余將以其胄女孟姚配而七世之孫。』」〔三〕董安于受言而書藏之。以扁鵲言告簡子，簡子賜扁鵲田四萬畝。

〔一〕正義 謂晉定公、出公、哀公、幽公、烈公、孝公、静公爲七世。静公二年，爲三晉所滅。據此及年表，簡子疾在定公十一年。

〔二〕索隱 范魁，地名，不知所在，蓋趙地。正義 嬴，趙姓也。周人謂衞也。晉亡之後，趙成侯三年伐衞，取都鄙

七十三是也。賈逵云「小阜曰魁」也。

〔三〕索隱 即姪嬴，吳廣之女。姚，姓；孟，字也。七代孫，武靈王也。

他日，簡子出，有人當道，辟之不去，從者怒，將刃之。當道者曰：「吾欲有謁於主君。」從者以聞。簡子召之，曰：「譆，吾有所見子晰也。」〔一〕當道者曰：「屏左右，願有謁。」簡子屏人。當道者曰：「主君之疾，臣在帝側。」簡子曰：「然，有之。子之見我，我何爲？」當道者曰：「帝令主君射熊與羆，皆死。」簡子曰：「是，且何也？」當道者曰：「晉國且有大難，主君首之。帝令主君滅二卿，夫熊與羆皆其祖也。」〔二〕簡子曰：「帝賜我二笥皆有副，何也？」〔三〕當道者曰：「主君之子將克二國於翟，皆子姓也。」〔四〕簡子曰：「吾見兒在帝側，帝屬我一翟犬，曰『及而子之長以賜之』。夫兒何謂以賜翟犬？」當道者曰：「兒，主君之子也。翟犬者，代之先也。主君之子且必有代。及主君之後嗣，且有革政而胡服，〔五〕并二國於翟。」〔六〕簡子問其姓而延之以官。當道者曰：「臣野人，致帝命耳。」遂不見。簡子書藏之府。

〔一〕索隱 簡子見當道者，乃寤曰：「譆，是吾前夢所見，知其名曰子晰者。」

〔二〕正義 范氏、中行氏之祖也。

〔三〕正義 副謂皆子姓也。

〔四〕正義 謂代及智氏也。

〔五〕正義 今時服也，廢除裘裳也。

〔六〕正義 武靈王略中山地至寧葭，西略胡地至樓煩、楡中是也。

異日，姑布子卿〔一〕見簡子，簡子偏召諸子相之。子卿曰：「無爲將軍者。」簡子曰：「趙氏其滅乎？」子卿曰：「吾嘗見一子於路，殆君之子也。」簡子召子毋卹。毋卹至，則子卿起曰：「此真將軍矣！」簡子曰：「此其母賤，翟婢也，奚道貴哉？」子卿曰：「天所授，雖賤必貴。」自是之後，簡子盡召諸子與語，毋卹最賢。簡子乃告諸子曰：「吾藏寶符於常山上，先得者賞。」諸子馳之常山上，求，無所得。毋卹還，曰：「已得符矣。」簡子曰：「奏之。」毋卹曰：「從常山上臨代，代可取也。」〔二〕簡子於是知毋卹果賢，乃廢太子伯魯，而以毋卹爲太子。

〔一〕集解 司馬彪曰：「姑布，姓；子卿，字。」

〔二〕正義 地道記云：「恆山在上曲陽縣西北百四十里。北行四百五十里得恆山岌，號飛狐口，北則代郡也。」

後二年，晉定公之十四年，范、中行作亂。明年春，簡子謂邯鄲大夫午曰：「歸我衞士五百家，吾將置之晉陽。」〔一〕午許諾，歸而其父兄不聽，〔二〕倍言。趙鞅捕午，囚之晉陽。乃告

邯鄲人曰：「我私有誅午也，諸君欲誰立？」〔三〕遂殺午。趙稷、涉賓以邯鄲反。〔四〕晉君使籍秦〔五〕圍邯鄲。荀寅、范吉射〔六〕與午善，〔七〕不肯助秦而謀作亂，董安于知之。十月，范、中行氏〔八〕伐趙鞅，鞅奔晉陽，晉人圍之。范吉射、荀寅仇人魏襄等謀逐荀寅，以梁嬰父代之，〔九〕逐吉射，以范皋繹代之。〔一〇〕荀櫟〔一一〕言於晉侯曰：「君命大臣，始亂者死。今三臣始亂〔一二〕而獨逐鞅，用刑不均，請皆逐之。」十一月，荀櫟、韓不佞、〔一三〕魏哆〔一四〕奉公命以伐范、中行氏，不克。范、中行氏反伐公，公擊之，范、中行敗走。丁未，二子〔一五〕奔朝歌。韓、魏以趙氏爲請。〔一六〕十二月辛未，趙鞅入絳，盟于公宮。其明年，知伯文子謂趙鞅曰：「范、中行雖信爲亂，安于發之，是安于與謀也。晉國有法，始亂者死。夫二子已伏罪而安于獨在。」趙鞅患之。安于曰：「臣死，趙氏定，晉國寧，吾死晚矣。」遂自殺。趙氏以告知伯，然後趙氏寧。

〔一〕集解 服虔曰：「往年趙鞅圍衞，衞人恐懼，故貢五百家，鞅置之邯鄲，又欲更徙於晉陽。」

〔二〕集解 服虔曰：「午之諸父兄及邯鄲中長老。」

〔三〕集解 杜預曰：「午，趙鞅同族，別封邯鄲，故使邯鄲人更立午宗親也。」

〔四〕集解 服虔曰：「稷，午子。」

〔五〕集解 左傳曰籍秦此時爲上軍司馬。 索隱 據系本，晉大夫籍游之孫，籍談之子。

〔六〕索隱 范氏，晉大夫隰叔之子，士蔿之後。蔿生成伯缺，缺生武子會，會生文叔燮，燮生宣叔匃，匃生獻子鞅，鞅生吉射。

〔七〕集解 左傳曰：「午，荀寅之甥。荀寅，范吉射之姻。」

〔八〕索隱 系本云：「晉大夫逝遨生桓伯林父，林父生宣伯庚宿，庚宿生獻伯偃，偃生穆伯吳，吳生寅。本姓荀，自荀偃將中軍，晉改中軍曰中行，因氏焉。元與智伯同祖逝遨，故智氏亦稱荀。」正義 按：會食邑於范，因爲范氏。又中行寅本姓荀，自荀偃將中軍爲中行，因號中行氏。元與智氏同承襲逝遨，姓荀氏。

〔九〕集解 賈逵曰：「梁嬰父，晉大夫也。」

〔一〇〕集解 服虔曰：「范氏之側室子。」

〔一一〕集解 服虔曰：「荀櫟，智文子。」索隱 系本云：「逝遨生莊子首，首生武子罃，罃生莊子朔，朔生悼子盈，盈生文子櫟，櫟生宣子申，申生智伯瑶。」

〔一二〕集解 賈逵曰：「范、中行、趙也。」

〔一三〕索隱 韓簡子。

〔一四〕索隱 魏簡子。系本名取。

〔一五〕索隱 范吉射、荀寅也。

〔一六〕集解 服虔曰：「以其罪輕於荀、范也。」正義 按：趙鞅被范、中行伐，乃奔晉陽，以其罪輕，故韓、魏爲請晉君而得入絳。

孔子聞趙簡子不請晉君而執邯鄲午，保晉陽，故書春秋曰「趙鞅以晉陽畔」。

趙簡子有臣曰周舍，好直諫。周舍死，簡子每聽朝，常不悅，大夫請皋。簡子曰：「大夫無罪。吾聞千羊之皮不如一狐之腋。諸大夫朝，徒聞唯唯，不聞周舍之鄂鄂，是以憂也。」〔一〕簡子由此能附趙邑而懷晉人。

〔一〕集解 韓詩外傳曰：「周舍立於門下三日三夜，簡子使問之曰：『子欲見寡人何事？』對曰：『願爲鄂鄂之臣，墨筆操牘，從君之過，而日有所記，月有所成，歲有所效也。』」

晉定公十八年，趙簡子圍范、中行于朝歌，中行文子〔一〕奔邯鄲。明年，衞靈公卒。簡子與陽虎送衞太子蒯聵于衞，衞不內，居戚。〔二〕

〔一〕索隱 荀寅也。

〔二〕正義 括地志云：「故戚城在相州澶水縣東三十里。杜預云『戚，衞邑，在頓丘〔衞〕縣西有戚城』是也。」

晉定公二十一年，簡子拔邯鄲，中行文子奔柏人。簡子又圍柏人，中行文子、范昭子〔一〕遂奔齊。趙竟有邯鄲、柏人。范、中行餘邑入于晉。趙名晉卿，實專晉權，奉邑侔於諸侯。

〔一〕索隱 范吉射也。

晉定公三十年，定公與吳王夫差爭長於黃池，趙簡子從晉定公，卒長吳。定公三十七

年卒，而簡子除三年之喪，期而已。是歲，越王句踐滅吳。

晉出公十一年，知伯伐鄭。趙簡子疾，使太子毋卹將而圍鄭。知伯醉，以酒灌擊毋卹。毋卹羣臣請死之。毋卹曰：「君所以置毋卹，爲能忍詢。」然亦慍知伯。知伯歸，因謂簡子，使廢毋卹，簡子不聽。毋卹由此怨知伯。

晉出公十七年，簡子卒，〔一〕太子毋卹代立，是爲襄子。

〔一〕集解 張華曰：「趙簡子冢在臨水界，二冢併，上氣成樓閣。」

趙襄子元年，越圍吳。〔一〕襄子降喪食，使楚隆問吳王。〔二〕

〔一〕正義 年表及（趙）〔越〕世家、（云）左傳越滅吳在簡子三十五年，已在襄子元年前十五年矣，何得更有越圍吳之事？從此以下至「問吳王」是三十年事，文（說）〔脫〕誤在此耳。

〔二〕正義 左傳云哀公二十年，簡子死，襄子嗣立，以越圍吳故，降父之祭饌，而使楚隆慰問王，爲哀公十三年，簡子在黃池之役，與吳王質言曰「好惡同之」，故減祭饌及問吳王也。而趙世家及六國年表云此年晉定公卒，簡子除三年之喪，服朞而已。按：簡子死及使吳年月皆誤，與左傳文不同。

襄子姊前爲代王夫人。簡子既葬，未除服，北登夏屋，〔一〕請代王。使廚人操銅枓〔二〕以食代王及從者，行斟，陰令宰人各〔三〕以枓擊殺代王及從官，遂興兵平代地。其姊聞之，

泣而呼天，摩笄自殺。代人憐之，所死地名之爲摩笄之山。〔四〕遂以代封伯魯子周爲代成君。伯魯者，襄子兄，故太子。太子蚤死，故封其子。

〔一〕集解 徐廣曰：「山在廣武。」正義 括地志云：「夏屋山一名賈屋山，今名賈母山，在代州鴈門縣東北三十五里。夏屋與句注山相接，蓋北方之險，亦天下之阻路，所以分別內外也。」

〔二〕正義 音斗。其形方，有柄，取斟水器。說文云勺也。

〔三〕集解 徐廣曰：「一作『雜』。」

〔四〕正義 笄，今簪也。括地志云：「摩笄山一名磨笄山，亦名爲（鳴雞）〔雞鳴〕山，在蔚州飛狐縣東北百五十里。魏土地記云『代郡東南二十五里有馬頭山。趙襄子既殺代王，使人迎其婦。代王夫人曰：「以弟慢夫，非仁也；以夫怨弟，非義也。」磨笄自刺而死。使者遂亦自殺』。」

襄子立四年，知伯與趙、韓、魏盡分其范、中行故地。晉出公怒，告齊、魯，欲以伐四卿。四卿恐，遂共攻出公。出公奔齊，道死。知伯乃立昭公曾孫驕，是爲晉懿公。〔一〕知伯益驕。請地韓、魏，韓、魏與之。請地趙，趙不與，以其圍鄭之辱。知伯怒，遂率韓、魏攻趙。趙襄子懼，乃奔保晉陽。

〔一〕索隱 或作「哀公」。其大父名雍，即昭公少子，號戴子也。

原過從，後，至於王澤，〔一〕見三人，自帶以上可見，自帶以下不可見。與原過竹二節，莫通。曰：「爲我以是遺趙毋卹。」原過既至，以告襄子。襄子齊三日，親自剖竹，有朱書曰：

「趙毋卹，余霍泰山〔二〕山陽侯天使也。三月丙戌，余將使女反滅知氏。女亦立我百邑，余將賜女林胡之地。至于後世，且有伉王，赤黑，龍面而鳥噣，鬢麋髭頿，大膺大胸，脩下而馮，左衽界乘，〔三〕奄有河宗，〔四〕至于休溷諸貉，〔五〕南伐晉別，〔六〕北滅黑姑。」〔七〕襄子再拜，受三神之令。

〔一〕正義 括地志云：「王澤在絳州正平縣南七里也。」

〔二〕集解 徐廣曰：「在河東永安縣。」

〔三〕集解 徐廣曰：「脩，或作『隨』。界，一作『介』。」

〔四〕正義 穆天子傳云：「河宗之子孫（則）〔鄘〕柏絮。」按：蓋在龍門河之上流，嵐、勝二州之地也。

〔五〕正義 音陌。自河宗、休溷諸貉，乃戎狄之地也。

〔六〕正義 越南伐晉之別邑，謂韓、魏之邑也。

〔七〕正義 亦戎國。

三國攻晉陽，歲餘，引汾水灌其城，城不浸者三版。〔一〕城中懸釜而炊，易子而食。羣臣皆有外心，禮益慢，唯高共〔二〕不敢失禮。襄子懼，乃夜使相張孟同〔三〕私於韓、魏。韓、魏與合謀，以三月丙戌，三國反滅知氏，共分其地。於是襄子行賞，高共爲上。張孟同曰：「晉陽之難，唯共無功。」襄子曰：「方晉陽急，羣臣皆懈，惟共不敢失人臣禮，是以先之。」於是趙北有代，南并知氏，彊於韓、魏。遂祠三神於百邑，使原過主霍泰山祠祀。〔四〕

〔一〕正義 何休云：「八尺曰版。」

〔二〕集解 徐廣曰：「一作『赫』。」

〔三〕索隱 按：戰國策作「張孟談」。談者，史遷之父名，遷例改爲「同」。

〔四〕正義 括地志云：「三神祠今名原過祠，今在霍山側也。」

其後娶空同氏，〔一〕生五子。襄子爲伯魯之不立也，不肯立子，且必欲傳位與伯魯子代成君。成君先死，乃取代成君子浣立爲太子。〔二〕襄子立三十三年卒，浣立，是爲獻侯。

〔一〕正義 括地志云：「崆峒山在肅州福祿縣東南六十里，古西戎地。又原州平高縣西百里亦有崆峒山，即黃帝問廣成子道處。」俱是西戎地，未知孰是。

〔二〕索隱 代成君名周，伯魯之子。系本云代成君子起即襄子之子，不云伯魯，非也。

獻侯少即位，治中牟。〔一〕

〔一〕集解 地理志曰河南中牟縣，趙獻侯自耿徙此。瓚曰：「中牟在春秋之時是鄭之疆內也，及三卿分晉，則在魏之邦土也。趙界自漳水以北，不及此。春秋傳曰『衞侯如晉過中牟』，按中牟非衞適晉之次也。汲郡古文曰『齊師伐趙東鄙，圍中牟』，此中牟不在趙之東也。按中牟當漯水之北。」索隱 此趙中牟在河北，非鄭之中牟。正義 按：五鹿在魏州元城縣東十二里，鄴即相州蕩陰縣西五十八里，有牟山，蓋中牟邑在此山側也。

襄子弟桓子〔一〕逐獻侯，自立於代，一年卒。國人曰桓子立非襄子意，乃共殺其子而

復迎立獻侯。

〔一〕索隱系本云襄子子桓子，與此不同。

十年，中山武公初立。〔一〕十三年，城平邑。〔二〕十五年，獻侯卒，子烈侯籍立。

〔一〕集解徐廣曰：「西周桓公之子。桓公者，孝王弟而定王子。」索隱按：中山，古鮮虞國，姬姓也。系本云中山武公居顧，桓公徙靈壽，爲趙武靈王所滅，不言誰之子孫。徐廣云西周桓公之子，亦無所據，蓋未能得其實耳。

〔二〕集解地理志曰代郡有平邑縣。

烈侯元年，魏文侯伐中山，使太子擊守之。六年，魏、韓、趙皆相立爲諸侯，追尊獻子爲獻侯。

烈侯好音，謂相國公仲連曰：「寡人有愛，可以貴之乎？」公仲曰：「富之可，貴之則否。」烈侯曰：「然。夫鄭歌者槍、石二人，〔一〕吾賜之田，人萬畝。」公仲曰：「諾。」不與。居一月，烈侯從代來，問歌者田。公仲曰：「求，未有可者。」有頃，烈侯復問。公仲終不與，乃稱疾不朝。番吾君〔二〕自代來，謂公仲曰：「君實好善，而未知所持。今公仲相趙，於今四年，亦有進士乎？」公仲曰：「未也。」番吾君曰：「牛畜、荀欣、徐越皆可。」公仲乃進三人。及朝，烈侯復問：「歌者田何如？」公仲曰：「方使擇其善者。」牛畜侍烈侯以仁義，約以王道，烈侯逌然。〔三〕明日，荀欣侍以選練舉賢，任官使能。明日，徐越侍以節財儉用，察度

功德。所與無不充，君說。烈侯使使謂相國曰：「歌者之田且止。」官牛畜爲師，荀欣爲中尉，徐越爲內史，〔四〕賜相國衣二襲。〔五〕

〔一〕索隱槍，七羊反。槍與石二人名。

〔二〕集解徐廣曰：「番音盤。常山有番吾縣。」正義括地志云：「番吾故城在恆州房山縣東二十里。」番蒲古今音異耳。

〔三〕正義逌音由，古字與「攸」同。言牛畜以仁義約以王道，故止歌者田。攸攸，氣行貌，寬緩也。

〔四〕正義漢書百官公卿表云：「（少府）內史，周官，秦因之，掌治京師。」

〔五〕集解單複具爲一襲。

九年，烈侯卒，弟武公立。〔一〕武公十三年卒，趙復立烈侯太子章，是爲敬侯。是歲，魏文侯卒。

〔一〕索隱譙周云：「系本及說趙語者並無其事，蓋別有所據。」

敬侯元年，武公子朝作亂，不克，出奔魏。趙始都邯鄲。

二年，敗齊于靈丘。〔一〕三年，救魏于廩丘，大敗齊人。四年，魏敗我兔臺。築剛平〔二〕以侵衞。五年，齊、魏爲衞攻趙，取我剛平。六年，借兵於楚伐魏，取棘蒲。〔三〕八年，拔魏黃城。〔四〕九年，伐齊。齊伐燕，趙救燕。十年，與中山戰于房子。〔五〕

〔一〕集解地理志曰代郡有靈丘縣。

〔二〕正義兔臺、剛平並在河北。

〔三〕正義今趙州平棘縣，古棘蒲邑。

〔四〕集解杜預曰：「陳留外黃縣東有黃城。」正義括地志云：「故黃城在魏州冠氏縣南十里，因黃溝爲名。」按：陳留外黃城非隨所別也。

〔五〕正義趙州房子縣是。

十一年，魏、韓、趙共滅晉，分其地。伐中山，又戰於中人。〔一〕十二年，敬侯卒，子成侯種立。

〔一〕集解徐廣曰：「中山唐縣有中人亭。」正義括地志云：「中山故城一名中人亭，在定州唐縣東北四十一里，春秋時鮮虞國之中人邑也。」

成侯元年，公子勝與成侯爭立，爲亂。二年六月，雨雪。三年，太戊午〔一〕爲相。伐衞，取鄉邑七十三。魏敗我藺。〔二〕四年，與秦戰高安，〔三〕敗之。五年，伐齊于鄄。〔四〕魏敗我懷。攻鄭，敗之，以與韓，韓與我長子。〔五〕六年，中山築長城。伐魏，敗涿澤，〔六〕圍魏惠王。七年，侵齊，至長城。〔七〕與韓攻周。八年，與韓分周以爲兩。〔八〕九年，與齊戰阿下。〔九〕十年，攻衞，取甄。十一年，秦攻魏，趙救之石阿。〔一〇〕十二年，秦攻魏少梁，〔一一〕趙救之。十三年，秦獻公使庶長國伐魏少梁，虜其太子、痤。魏敗我澮，取皮牢。〔一二〕成侯與韓昭侯遇上

黨。十四年，與韓攻秦。十五年，助魏攻齊。

〔一〕集解徐廣曰：「戊，一作『成』。」

〔二〕正義地理志云屬西河郡也。

〔三〕正義蓋在河東。

〔四〕正義濮州鄄城縣是也。

〔五〕集解地理志曰上黨有長子縣。

〔六〕正義涿音濁。徐廣云長杜有濁澤，非也。括地志云：「濁水源出蒲州解縣東北平地。」爾時魏都安邑，韓、趙伐魏，豈河南至長杜也？解縣濁水近於魏都，當是也。

〔七〕正義齊長城西頭在濟州平陰縣。太山記云：「太山西北有長城，緣河經太山千餘里，瑯邪入海。」括地志云：「所侵處在密州南三十里。」

〔八〕集解徐廣曰：「顯王二年。周紀無此。」正義括地志云：「史記周顯二年，西周惠公封少子班於鞏，爲東周。其子武公爲秦所滅。郭緣生述征記云鞏縣本周鞏伯邑。」

〔九〕集解徐廣曰：「戰，一作『會』也。」正義阿，東阿也，今濟州東阿縣也。

〔一〇〕正義蓋在石、隰等州界也。

〔一一〕正義少梁故城在同州韓城縣南二十二里，古少梁國也。

〔一二〕集解徐廣曰：「魏年表曰取趙皮牢。」正義括地志云：「澮水縣在絳州翼城縣東南二十五里。」按：皮牢當在澮之側。

十六年，與韓、魏分晉，封晉君以端氏。〔一〕

〔一〕集解徐廣曰：「在平陽。」正義端氏，澤州縣也。

十七年，成侯與魏惠王遇葛孽。〔一〕十九年，與齊、宋會平陸，〔二〕與燕會阿。〔三〕二十年，魏獻榮椽，因以爲檀臺。〔四〕二十一年，魏圍我邯鄲。二十二年，魏惠王拔我邯鄲，齊亦敗魏於桂陵。〔五〕二十四年，魏歸我邯鄲，與魏盟漳水上。秦攻我藺。二十五年，成侯卒。公子緤與太子肅侯〔六〕爭立，緤敗，亡奔韓。

〔一〕集解徐廣曰：「在馬丘。年表曰十八年趙孟如齊。」

〔二〕正義兗州縣也。平陸城（與）即古厥國。

〔三〕正義括地志云：「故葛城一名依城，又名西阿城，在瀛州高陽縣西北五十里。以徐、（兗）〔滱〕二水並過其西，又徂經其北。曲曰阿，以齊有東阿，故曰西阿城。地理志云瀛州屬河間，趙分也。」按：燕會趙即此地。

〔四〕集解徐廣曰：「襄國縣有檀臺。」索隱劉氏云「榮椽蓋地名，其中有一高處，可以爲臺」，非也。按：榮椽是良材，可爲椽，斲飾有光榮，所以魏獻之，故趙因用之以爲檀臺。正義鄭玄云：「榮，屋翼也。」說文云：「椽，榱也。屋梠之兩頭起者爲榮也。」括地志云：「檀臺在洺州臨洺縣北二里。」

〔五〕正義括地志云：「故桂城在曹州乘氏縣東北二十一里，故老云此即桂陵也。」

〔六〕索隱系本云名語。

肅侯元年，奪晉君端氏，徙處屯留。〔一〕二年，與魏惠王遇於陰晉。〔二〕三年，公子范襲邯

鄲，不勝而死。四年，朝天子。六年，攻齊，拔高唐。七年，公子刻攻魏首垣。〔三〕十一年，秦孝公使商君伐魏，虜其將公子卬。趙伐魏。十二年，秦孝公卒，商君死。十五年，起壽陵。〔四〕魏惠王卒。

〔一〕正義括地志云：「屯留故城在潞州長子縣東北三十里，本漢屯留縣城也。」

〔二〕正義地理志云華陰縣，魏之陰晉，秦惠文王更名寧秦，高帝更名華陰。今屬華州。

〔三〕正義蓋在河北也。

〔四〕正義徐廣云：「在常山。」

十六年，肅侯游大陵，〔一〕出於鹿門，〔二〕大戊午扣馬〔三〕曰：「耕事方急，一日不作，百日不食。」肅侯下車謝。

〔一〕集解徐廣曰：「太原有大陵縣，亦曰陸。」正義括地志云：「大陵城在并州文水縣北十三里，漢大陵縣城。」

〔二〕正義并州盂縣西有白鹿泓，源出白鹿山南渚，蓋鹿門在北山水之側也。

〔三〕集解呂忱曰：「扣，牽馬。」

十七年，圍魏黃，不克。〔一〕築長城。〔二〕

〔一〕集解地理志曰山陽有黃縣。正義黃城在魏州，前拔之，卻爲魏，今趙圍之矣。

〔二〕正義劉伯莊云「蓋從雲中以北至代」。按：趙長城從蔚州北西至嵐州北，盡趙界。又疑此長城在（潭）〔漳〕水之北，趙南界。

十八年，齊、魏伐我，我決河水灌之，兵去。二十二年，張儀相秦。趙疵與秦戰，敗，秦殺疵河西，取我藺、離石。二十三年，韓舉〔一〕與齊、魏戰，死于桑丘。〔二〕

〔一〕集解徐廣曰：「韓將。」

〔二〕集解地理志云泰山有桑丘縣。正義括地志云：「桑丘城在易州遂城縣界。」或云在泰山，非也。此時齊伐燕桑丘，三晉皆來救之，不得在泰山（有）〔之〕桑丘縣，此說甚誤也。

二十四年，肅侯卒。秦、楚、燕、齊、魏出銳師各萬人來會葬。子武靈王立。〔一〕

〔一〕索隱名雍。

武靈王元年，〔一〕陽文君趙豹相。梁襄王與太子嗣，韓宣王與太子倉來朝信宮。〔二〕武靈王少，未能聽政，博聞師三人，左右司過三人。及聽政，先問先王貴臣肥義，加其秩；國三老年八十，月致其禮。

〔一〕集解徐廣曰：「年表云魏敗我趙護。」

〔二〕正義在洺州臨洺縣也。

三年，城鄗。四年，與韓會于區鼠。〔一〕五年，娶韓女爲夫人。

〔一〕正義蓋在河北。

八年，韓擊秦，不勝而去。五國相王，趙獨否，曰：「無其實，敢處其名乎！」令國人謂己曰「君」。

九年，與韓、魏共擊秦，秦敗我，斬首八萬級。齊敗我觀澤。〔一〕十年，秦取我中都及西陽。〔二〕齊破燕。燕相子之爲君，君反爲臣。十一年，王召公子職於韓，立以爲燕王，〔三〕使樂池送之。〔四〕十三年，秦拔我藺，虜將軍趙莊。〔五〕楚、魏王來，過邯鄲。十四年，趙何攻魏。

〔一〕正義括地志云：「觀澤故城在魏州頓丘縣東十八里也。」

〔二〕集解徐廣曰：「年表云『秦取中都、西陽、安邑』。十一年，秦敗我將軍英」。太原有中都縣，西河有中陽縣。」

〔三〕集解徐廣曰：「紀年亦云爾。」

〔四〕集解按燕世家，子之死後，燕人共立太子平，是爲燕昭王，無趙送公子職爲燕王之事，當是趙聞燕亂，遙立職爲燕王，雖使樂池送之，竟不能就。索隱燕系家無其事，蓋是疏也。今此云「使樂池送之」，必是憑舊史爲說。且紀年之書，其說又同，則裴駰之解得其旨矣。

〔五〕正義本一作「𦬆」，音疋婢反。

十六年，秦惠王卒。王遊大陵。他日，王夢見處女鼓琴而歌詩曰：「美人熒熒兮，顏若苕之榮。〔一〕命乎命乎，曾無我嬴！」〔二〕異日，王飲酒樂，數言所夢，想見其狀。吳廣聞之，因夫人而內其女娃嬴。〔三〕孟姚也。〔四〕孟姚甚有寵於王，是爲惠后。

〔一〕集解綦毋邃曰：「陵苕之草其華紫。」正義苕音條。毛詩疏云：「苕，饒也。幽州謂之翹饒。蔓似登豆而細，

葉似蒺藜而青，其華細緑色，可生食，味如小豆藿也。」又本草經云：「陵苕生下溼水中，七八月生，華紫，草可以染帛，煮沐頭，髮即黑也。」

〔三〕集解 綦毋邃曰：「言有命禄，生遇其時，人莫知己貴盛盈滿也。」正義 按：命，名也。嬴，姓嬴也。言世衆名其美好，曾無我好嬴也。重言「名乎」者，以談說衆也。

〔三〕集解 方言曰：「娃，美也。吳有館娃之宫。」

〔四〕集解 徐廣曰：「古史考云内其女曰娃。」索隱 孟姚，吳廣女也。廣，舜之後，故上文云「余思虞舜之勳」，故命其胄女孟姚以配而七代之孫」是已。然舜後封虞，在河東大陽山西上虞城是，亦曰吳城。虞吳音相近，故舜後亦姓吳，非獨太伯、虞仲之裔。

十七年，王出九門，〔一〕爲野臺，〔二〕以望齊、中山之境。

〔一〕集解 徐廣曰：「在常山。」正義 本戰國時趙邑。戰國策云：「本有宫室而居，趙武靈王改爲九門。」

〔二〕集解 徐廣曰：「野，一作『望』。」正義 括地志云：「野臺一名義臺，在定州新樂縣西南六十三里。」

十八年，秦武王與孟説舉龍文赤鼎，絶臏〔一〕而死。趙王使代相趙固迎公子稷於燕，送歸，立爲秦王，是爲昭王。

〔一〕集解 徐廣曰：「一作『絶脈』。音亡丁反。」

十九年春正月，大朝信宫。召肥義與議天下，五日而畢。王北略中山之地，至於房

子，〔一〕遂之代，北至無窮，西至河，登黄華之上。〔二〕召樓緩謀曰：「我先王因世之變，以長南藩之地，屬阻漳、滏之險，立長城，又取藺、郭狼，敗林人〔三〕於荏，而功未遂。今中山在我腹心，北有燕，〔四〕東有胡，〔五〕西有林胡、樓煩、秦、韓之邊，〔六〕而無彊兵之救，是亡社稷，奈何？夫有高世之名，必有遺俗之累。吾欲胡服。」樓緩曰：「善。」羣臣皆不欲。

〔一〕正義 趙州縣也。

〔二〕正義 黄華蓋西河側之山名也。

〔三〕正義 即林胡也。

〔四〕正義 地理志云趙分晉，北有信都、中山，又得涿郡之高陽、鄚州鄉；東有清河、河閒，又得渤海郡東平舒等七縣。在河以北，故言「北有燕」。

〔五〕正義 趙東有瀛州之東北。營州之境即東胡、烏丸之地。服虔云：「東胡，烏丸之先，後爲鮮卑也。」

〔六〕正義 林胡、樓煩即嵐、勝之北也。嵐、勝以南石州、離石、藺等，七國時趙邊邑也。秦隔河也。晉、洺、潞、澤等州皆七國時韓地，爲並趙西境也。

於是肥義侍，王曰：「簡、襄主之烈，計胡、翟之利。爲人臣者，寵有孝弟長幼順明之節，通有補民益主之業，〔一〕此兩者臣之分也。今吾欲繼襄主之跡，開於胡、翟之鄉，而卒世不見也。〔二〕爲敵弱，〔三〕用力少而功多，可以毋盡百姓之勞，而序往古之勳。〔四〕夫有高世之功者，負遺俗之累；〔五〕有獨智之慮者，任驁民之怨。〔六〕今吾將胡服騎射以教百姓，而世必議寡人，奈何？」肥義曰：「臣聞疑事無功，疑行無名。王既定負遺俗之慮，殆無顧天下之議矣。夫論至德者不和於俗，成大功者不謀於衆。昔者舜舞有苗，禹袒裸國，非以養欲而樂志也，務以論德而約功也。愚者闇成事，智者覩未形，則王何疑焉。」王曰：「吾不疑胡服也，吾恐天下笑我也。狂夫之樂，智者哀焉；愚者所笑，賢者察焉。世有順我者，胡服之功未可知也。雖驅世以笑我，胡地中山吾必有之。」於是遂胡服矣。

〔一〕正義 寵，貴寵也。通，達理也。凡爲人臣，有孝弟長幼順明之節制者，得貴寵也；有補民益主之功業者，爲達理也。

〔二〕正義 卒，子律反，盡也。言盡世閒不見補民益主之忠臣也。

〔三〕正義 我爲胡服，敵人必困弱也。

〔四〕正義 厚，重也。往古謂趙簡子、襄子也。

〔五〕正義 負，留也。言古周公、孔子留衣冠禮義之俗，今變爲胡服，是負留風俗之譴累也。

〔六〕正義 言世有獨計智之思慮者，必任隱逸敖慢之民怨望也。

使王緤告公子成曰：「寡人胡服，將以朝也，亦欲叔服之。家聽於親而國聽於君，古今之公行也。子不反親，臣不逆君，兄弟之通義也。〔一〕今寡人作教易服而叔不服，吾恐天下議之也。制國有常，利民爲本；從政有經，令行爲上。明德先論於賤，而行政先信於貴。今胡服之意，非以養欲而樂志也；事有所止而功有所出，〔二〕事成功立，然後善也。今寡人

恐叔之逆從政之經，以輔叔之議。且寡人聞之，事利國者行無邪，因貴戚者名不累，故願慕公叔之義，以成胡服之功。使緤謁之叔，〔三〕請服焉。」公子成再拜稽首曰：「臣固聞王之胡服也。臣不佞，寢疾，未能趨走以滋進也。王命之，臣敢對，因竭其愚忠。曰：臣聞中國者，蓋聰明徇智之所居也，〔四〕萬物財用之所聚也，賢聖之所教也，仁義之所施也，詩書禮樂之所用也，異敏技能之所試也，遠方之所觀赴也，蠻夷之所義行也。今王舍此而襲遠方之服，變古之教，易古之道，逆人之心，而怫學者，離中國，故臣願王圖之也。」使者以報。王曰：「吾固聞叔之疾也，我將自往請之。」

〔一〕集解 徐廣曰：「兄弟，一作『元夷』。元，始也；夷，平也。」

〔二〕正義 鄭玄云：「止，至也。爲人君止於仁，爲人臣止於敬，爲人子止於孝，爲人父止於慈，與國人交止於信。」按：出猶成也。

〔三〕索隱 爲句。

〔四〕集解 徐廣曰：「五帝本紀云幼而徇齊。」

王遂往之公子成家，因自請之，曰：「夫服者，所以便用也；禮者，所以便事也。聖人觀鄉而順宜，因事而制禮，所以利其民而厚其國也。夫翦髮文身，錯臂左衽，〔一〕甌越之民也。〔二〕黑齒雕題，〔三〕卻冠秫絀，〔四〕大吳之國也。故禮服莫同，其便一也。鄉異而用變，事

異而禮易。是以聖人果可以利其國，不一其用；果可以便其事，不同其禮。儒者一師而俗異，中國同禮而教離，況於山谷之便乎？故去就之變，智者不能一；遠近之服，賢聖不能同。窮鄉多異，曲學多辯。不知而不疑，異於己而不非者，公焉而衆求盡善也。今叔之所言者俗也，吾所言者所以制俗也。吾國東有河、薄洛之水，〔五〕與齊、中山同之，〔六〕無舟楫之用。自常山以至代、上黨，〔七〕東有燕、東胡之境，而西有樓煩、秦、韓之邊，今無騎射之備。故寡人無舟楫之用，夾水居之民，將何以守河、薄洛之水；變服騎射，以備燕、三胡、〔八〕秦、韓之邊。且昔者簡主不塞晉陽以及上黨，而襄主并戎取代以攘諸胡，此愚智所明也。先時中山負齊之彊兵，侵暴吾地，係累〔九〕吾民，引水圍鄗，微社稷之神靈，則鄗幾於不守也。先王醜之，而怨未能報也。今騎射之備，近可以便上黨之形，而遠可以報中山之怨。而叔順中國之俗以逆簡、襄之意，惡變服之名以忘鄗事之醜，非寡人之所望也。」公子成再拜稽首曰：「臣愚，不達於王之義，敢道世俗之聞，臣之辠也。今王將繼簡、襄之意以順先王之志，臣敢不聽命乎！」再拜稽首。乃賜胡服。明日，服而朝。於是始出胡服令也。

〔一〕索隱 錯臂亦文身，謂以丹青錯畫其臂。孔衍作「右臂左衽」，謂右袒其臂也。

〔二〕索隱 劉氏云：「今珠崖、儋耳謂之甌人，是有甌越。」正義 按：屬南越，故言甌越也。輿地志云「交阯，周時爲駱越，秦時曰西甌，文身斷髮避龍」。則西甌駱又在番吾之西。南越及甌駱皆芈姓也。世本云「越，芈姓也，與楚同祖」是也。

〔三〕集解 劉逵曰：「以草染齒，用白作黑。」鄭玄曰：「雕文謂刻其肌，以青丹涅之。」

〔四〕集解 徐廣曰：「戰國策作『秫縫』，絀亦縫紩之別名也。秫者，綦鍼也。古字多假借，故作『秫絀』耳。此蓋言其女功鍼縷之麤拙也。又一本作『鮭冠黎緤』也。」

〔五〕集解 徐廣曰：「安平經縣西有漳水，津名薄洛津。」正義 按：安平縣屬定州也。

〔六〕正義 爾時齊與中山相親，中山、趙共薄洛水，故言「與齊、中山同之」，須有舟楫之備。

〔七〕集解 徐廣曰：「一云『自常山以下，代、上黨以東』。」

〔八〕索隱 林胡，樓煩，東胡，是三胡也。

〔九〕正義 上音計，下力追反。

趙文、趙造、周袑、〔一〕趙俊皆諫止王毋胡服，如故法便。王曰：「先王不同俗，何古之法？帝王不相襲，何禮之循？虙戲、神農教而不誅，黃帝、堯、舜誅而不怒。及至三王，隨時制法，因事制禮。法度制令各順其宜，衣服器械各便其用。故禮也不必一道，而便國不必古。聖人之興也不相襲而王，夏、殷之衰也不易禮而滅。然則反古未可非，而循禮未足多也。且服奇者志淫，則是鄒、魯無奇行也；〔二〕俗辟者民易，則是吳、越無秀士也。〔三〕且聖人利身謂之服，便事謂之禮。夫進退之節，衣服之制者，所以齊常民也，非所以論賢者也。故齊民與俗流，賢者與變俱。故諺曰『以書御者不盡馬之情，以古制今者不達事之變』。循法之功，不足以高世；法古之學，不足以制今。子不及也。」遂胡服招騎射。

〔一〕集解 徐廣曰：「戰國策作『紹』。袑音紹。」

〔二〕索隱 按：鄒、魯好長纓，是奇服，非其志皆淫僻也，而有孔門顏、冉之屬，豈是無奇行哉！

〔三〕索隱 言方俗僻處山谷，而人皆改易不通大化，則是吳、越無秀士，何得有延州來及大夫種之屬哉！

二十年，王略中山地，至寧葭；〔一〕西略胡地，至榆中。〔二〕林胡王獻馬。歸，使樓緩之秦，仇液之韓，王賁之楚，富丁之魏，趙爵之齊。代相趙固主胡，致其兵。

〔一〕索隱 一作「蔓葭」，縣名，在中山。

〔二〕正義 勝州北河北岸也。

二十一年，攻中山。趙袑爲右軍，許鈞爲左軍，公子章爲中軍，王并將之。牛翦將車騎，趙希并將胡、代。趙與之陘，〔一〕合軍曲陽，〔二〕攻取丹丘、〔三〕華陽、〔四〕鴟之塞。〔五〕王軍取鄗、石邑、〔六〕封龍、〔七〕東垣。中山獻四邑和，王許之，罷兵。二十三年，攻中山。二十五年，惠后卒。〔八〕使周袑胡服傅王子何。二十六年，復攻中山，攘地北至燕、代，西至雲中、九原。

〔一〕集解 徐廣曰：「一作『陸』，又作『陘』。或宜言『趙與之陘』。陘者山絶之名。常山有井陘，中山有苦陘，上黨有閼與。」正義 與音與。陘音荆。陘，陘山也，在并州陘縣東南十八里。然趙希并將代、趙之兵，與諸軍向井陘之側，共出定州上曲陽縣，合軍攻取丹丘、華陽、鴟上之關。

〔二〕集解 徐廣曰：「上曲陽在常山，下曲陽在鉅鹿。」正義 括地志云：「上曲陽故城在定州曲陽縣西五里。」按：合軍曲陽，即上曲陽也，以在常山郡也。

〔三〕正義 蓋邢州丹丘縣也。

〔四〕集解 徐廣曰：「華，一作『爽』。」正義 括地志云：「北岳有五別名，一曰蘭臺府，二曰列女宮，三曰華陽臺，四曰紫臺，五曰太一宮。」按：北岳恆山在定州恆陽縣北百四十里。

〔五〕集解 徐廣曰：「鴟，一作『鴻』。」正義 上昌之反，下先代反。徐廣曰「鴟，一作『鴻』」，鴻上故關今名汝城，在定州唐縣東北六十里，本晉鴻上關城也。又有鴻上水，源出唐縣北葛洪山，接北岳恆山，與鴻上塞皆在定州。然一本作「鳴」字，誤也。

〔六〕集解 徐廣曰：「在常山。」正義 括地志云：「石邑故城在恆州鹿泉縣南三十五里，六國時舊邑。」

〔七〕正義 括地志云：「封龍山一名飛龍山，在恆州鹿泉縣南四十五里。邑因山爲名。」

〔八〕索隱 按：謂武靈王之前后，太子章之母，惠文王之嫡母也。惠后卒後，吳娃始當正室，至孝成二年稱「惠文后卒」是也。而下文又云「孟姚卒後，何寵衰，欲并立」，亦誤也。

二十七年五月戊申，大朝於東宮，傳國，立王子何以爲王。王廟見禮畢，出臨朝。大夫悉爲臣，肥義爲相國，并傅王。是爲惠文王。惠文王，惠后吳娃子也。武靈王自號爲主父。

主父欲令子主治國，而身胡服將士大夫西北略胡地，而欲從雲中、九原直南襲秦，於是

詐自爲使者入秦。秦昭王不知，已而怪其狀甚偉，非人臣之度，使人逐之，而主父馳已脫關矣。審問之，乃主父也。秦人大驚。主父所以入秦者，欲自略地形，因觀秦王之爲人也。

惠文王〔一〕二年，主父行新地，遂出代，西遇樓煩王於西河而致其兵。

〔一〕集解 徐廣曰：「元年，以公子勝爲相，封平原。」

三年，滅中山，遷其王於膚施。〔一〕起靈壽，〔二〕北地方從，代道大通。還歸，行賞，大赦，置酒酺五日，封長子章爲代安陽君。〔三〕章素侈，心不服其弟所立。主父又使田不禮相章也。

〔一〕集解 徐廣曰：「在上郡。」正義 今延州膚施縣也。
〔二〕集解 徐廣曰：「在常山。」
〔三〕正義 括地志云：「東安陽故城在朔州定襄縣界。地志云東安陽縣屬代郡。」

李兌謂肥義曰：「公子章彊壯而志驕，黨衆而欲大，殆有私乎？田不禮之爲人也，忍殺而驕。二人相得，必有謀陰賊起，一出身徼幸。夫小人有欲，輕慮淺謀，徒見其利而不顧其害，同類相推，俱入禍門。以吾觀之，必不久矣。子任重而勢大，亂之所始，禍之所集也，子必先患。仁者愛萬物而智者備禍於未形，不仁不智，何以爲國？子奚不稱疾毋出，傳政於公子成？毋爲怨府，毋爲禍梯。」肥義曰：「不可。昔者主父以王屬義也，曰：『毋變而度，

毋異而慮，堅守一心，以歿而世。』義再拜受命而籍之。〔一〕今畏不禮之難而忘吾籍，變孰大焉。進受嚴命，退而不全，負孰甚焉。變負之臣，不容於刑。諺曰『死者復生，生者不愧』。〔二〕吾言已在前矣，吾欲全吾言，安得全吾身！且夫貞臣也難至而節見，忠臣也累至而行明。子則有賜而忠我矣，雖然，吾有語在前者也，終不敢失。」李兌曰：「諾，子勉之矣！吾見子已今年耳。」涕泣而出。李兌數見公子成，以備田不禮之事。

〔一〕索隱 籍，録也。謂當時即記録，書之於籍。
〔二〕正義 肥義報李兌云：必盡〔力〕傅何爲王，不可懼章及田不禮而生異心。使死者復更變生，并見在生者（並見）傅王無變，令我不愧之，若荀息也。

異日肥義謂信期〔一〕曰：「公子與田不禮甚可憂也。其於義也聲善而實惡，此爲人也不子不臣。吾聞之也，姦臣在朝，國之殘也；讒臣在中，主之蠹也。此人貪而欲大，內得主而外爲暴。矯令爲慢，以擅一旦之命，不難爲也，禍且逮國。今吾憂之，夜而忘寐，飢而忘食。盜賊出入不可不備。自今以來，若有召王者必見吾面，我將先以身當之，無故而王乃入。」信期曰：「善哉，吾得聞此也！」

〔一〕索隱 即下文高信也。正義 上音申也。

四年，朝羣臣，安陽君亦來朝。主父令王聽朝，而自從旁觀窺羣臣宗室之禮。見其長子章傫然也，反北面爲臣，詘於其弟，心憐之，於是乃欲分趙而王章於代，計未決而輟。

主父及王游沙丘，異宮，〔一〕公子章即以其徒與田不禮作亂，詐以主父令召王。肥義先入，殺之。高信即與王戰。公子成與李兌自國至，乃起四邑之兵入距難，殺公子章及田不禮，滅其黨賊而定王室。公子成爲相，號安平君，李兌爲司寇。公子章之敗，往走主父，主父開之，〔二〕成、兌因圍主父宮。公子章死，公子成、李兌謀曰：「以章故圍主父，即解兵，吾屬夷矣。」乃遂圍主父。令宮中人「後出者夷」，宮中人悉出。主父欲出不得，又不得食，探爵鷇而食之，〔三〕三月餘而餓死沙丘宮。〔四〕主父定死，乃發喪赴諸侯。

〔一〕正義 在邢州平鄉縣東北二十里（矣）也。
〔二〕索隱 開謂開門而納之。俗本亦作「閒」字者，非也。譙周及孔衍皆作「閉之」，閉謂藏之也。正義 謂不責其反叛之罪，容其入宮藏也。
〔三〕集解 綦毋邃曰：「鷇，爵子也。」索隱 按：曹大家云「鷇，雀子也。生受哺者謂之鷇」。
〔四〕集解 應劭曰：「武靈王葬代郡靈丘縣。」正義 括地志云：「趙武靈王墓在蔚州靈丘縣東三十里。」應說是也。

是時王少，成、兌專政，畏誅，故圍主父。主父初以長子章爲太子，後得吳娃，愛之，爲

不出者數歲，生子何，乃廢太子章而立何爲王。吳娃死，愛弛，憐故太子，欲兩王之，猶豫未決，故亂起，以至父子俱死，爲天下笑，豈不痛乎！〔一〕

〔一〕集解 徐廣曰：「或無此十四字。」

（主父死惠文王立立）五年，與燕鄚、易。〔一〕八年，城南行唐。〔二〕九年，趙梁將，與齊合軍攻韓，至魯關下。〔三〕及十年，秦自置爲西帝。十一年，董叔與魏氏伐宋，得河陽於魏。秦取梗陽。〔四〕十二年，趙梁將攻齊。十三年，韓徐爲將，攻齊。公主死。〔五〕十四年，相國樂毅將趙、秦、韓、魏、燕攻齊，〔六〕取靈丘。〔七〕與秦會中陽。〔八〕十五年，燕昭王來見。趙與韓、魏、秦共擊齊，齊王敗走，燕獨深入，取臨菑。

〔一〕集解 徐廣曰：「皆屬涿郡。鄚音莫。」
〔二〕集解 徐廣曰：「在常山。」正義 行，寒庚反。括地志云：「行唐縣屬冀州。」爲南行唐築城。
〔三〕正義 劉伯莊云：「蓋在南陽魯陽關。」按：汝州魯山縣，古穀陽縣。
〔四〕集解 杜預曰：「太原晉陽縣南梗陽城也。」索隱 地理志云太原榆次有梗陽鄉。與杜預所據小別也。正義 括地志云：「梗陽故城在并州清源縣南百二十步，分晉陽縣置，本漢榆次縣地，春秋晉大夫祁氏邑也。」
〔五〕索隱 蓋吳娃女，惠文王之姊。
〔六〕索隱 按年表及韓魏等系家，五國攻齊在明年，然此下文十五年重擊齊，是此文爲得，蓋此年同伐齊耳。

〔七〕正義 蔚(丘)〔州〕縣也。

〔八〕正義 括地志云：「中陽故縣在汾州隰城縣南十里，漢中陽縣也。」

十六年，秦復與趙數擊齊，齊人患之。蘇厲爲齊遺趙王書曰：

臣聞古之賢君，其德行非布於海內也，教順非洽於民人也，祭祀時享非數常於鬼神也。甘露降，時雨至，年穀豐孰，民不疾疫，衆人善之，然而賢主圖之。

今足下之賢行功力，非數加於秦也；怨毒積怒，非素深於齊也。秦趙與國，以彊徵兵於韓，秦誠愛趙乎？其實憎齊乎？物之甚者，賢主察之。秦非愛趙而憎齊也，欲亡韓而吞二周，故以齊餤天下。恐事之不合，故出兵以劫魏、趙。恐天下畏己也，故出質以爲信。恐天下亟反也，故徵兵於韓以威之。聲以德與國，〔一〕實而伐空韓，臣以秦計爲必出於此。夫物固有勢異而患同者，楚久伐而中山亡，今齊久伐而韓必亡。破齊，王與六國分其利也。亡韓，秦獨擅之。收二周，西取祭器，秦獨私之。賦田計功，王之獲利孰與秦多？

〔一〕索隱 與國，趙也。秦趙今爲與國，秦徵兵於韓，帥之共趙伐齊，以威聲和趙，是以德與國也。

說士之計曰：「韓亡三川，〔一〕魏亡晉國，〔二〕市朝未變而禍已及矣。」燕盡齊之北地，去沙丘、鉅鹿斂三百里，〔三〕韓之上黨去邯鄲百里，燕、秦謀王之河山，閒三百里而通矣。秦之上郡〔四〕近挺關，至於榆中者千五百里，秦以三郡攻王之上黨，〔五〕羊腸之西，〔六〕句注之南，〔七〕非王有已。踰句注，斬常山而守之，三百里而通於燕，代馬胡犬不東下，〔八〕昆山之玉不出，此三寶者亦非王有已。王久伐齊，從彊秦攻韓，其禍必至於此。願王孰慮之。

〔一〕正義 河南之地，兩川之閒。

〔二〕正義 河北之地，安邑、河內。

〔三〕正義 沙丘，邢州也。鉅鹿，冀州也。齊北界，貝州也。斂，減也。言破齊滅韓之後，燕之南界，秦之東界，相去減三百里，趙國在中閒也。

〔四〕正義 鄜、延等州也。

〔五〕正義 秦上黨郡今澤、潞、儀、沁等四州之地，兼相州之半，韓總有之。至七國時，趙得儀、沁二州之地，韓猶有潞州及澤州之半，半屬趙、魏。沁州在羊腸坂之西，儀、并、代三州在句注山之南。秦以三郡攻趙之澤、潞，則句注之南趙無地。然秦始皇置上黨郡，此言之者，太史公卻引前書也。他皆倣此。

〔六〕正義 太行山坂道名，南屬懷州，北屬澤州。

〔七〕正義 句注山在代州西北也。

〔八〕正義 言秦踰句注山，斬常山而守之，西北代馬胡犬不東入趙，沙州崑山之玉亦不出至趙矣。郭璞云：「胡地野犬似狐而小。」

且齊之所以伐者，以事王也；〔一〕天下屬行，〔二〕以謀王也。燕秦之約成而兵出有日矣。五國三分王之地，〔三〕齊倍五國之約而殉王之患，〔四〕西兵以禁彊秦，秦廢帝請服，〔五〕反高平、根柔於魏，〔六〕反巠分、〔七〕先俞於趙。〔八〕齊之事王，宜爲上佼，〔九〕而今乃抵辠，〔10〕臣恐天下後事王者之不敢自必也。願王孰計之也。

〔一〕正義 以趙王爲事也，而秦必伐之也。

〔二〕正義 上音燭，下胡郎反。言秦欲令齊稱帝，與約五國共滅趙，三分趙地。

〔三〕正義 謂秦、齊、韓、魏、燕三分趙之地也。

〔四〕正義 齊王以身從趙王之患也。

〔五〕正義 言秦齊相約，欲更重稱帝，故言「廢帝」也。

〔六〕集解 徐廣曰：「紀年云魏哀王四年改陽曰河雍，向曰高平。根柔，一作『棉柔』，一作『平柔』。」正義 返，還也。括地志云：「高平故城在懷州河陽縣西四十里。紀年云魏哀王改向曰高平也。」根柔未詳。兩邑，魏地也。

〔七〕集解 徐廣曰：「一作『王公』。巠音胡鼎反。」正義 巠音邢。分字誤，當作「山」字耳。括地志云：「句注山一名西陘山，在代州鴈門縣西北四十里。」

〔八〕集解 徐廣曰：「爾雅曰西俞，鴈門是。」正義 俞音戍。郭注云：「西隃即鴈門山也。」按：西先聲相近，蓋陘山、西隃二山之地並在代州鴈門縣，皆趙地也。

〔九〕索隱 佼猶行也。

〔10〕正義 謂共秦伐齊也。

今王毋與天下攻齊，天下必以王爲義。齊抱社稷而厚事王，天下必盡重王義。王以天下善秦，秦暴，王以天下禁之，是一世之名寵制於王也。

於是趙乃輟，謝秦不擊齊。

王與燕王遇。廉頗將，攻齊昔陽，〔一〕取之。〔二〕

〔一〕正義 括地志云：「昔陽故城一名陽城，在并州樂平縣東。春秋釋地名云『昔陽，肥國所都也。樂平城沾縣東〔有〕昔陽城。肥國，白狄別種也。樂平縣城，漢沾縣城也』。」

〔二〕集解 杜預曰：「樂平沾縣有昔陽城。」

十七年，樂毅將趙師攻魏伯陽。〔一〕而秦怨趙不與己擊齊，伐趙，拔我兩城。十八年，秦拔我石城。〔二〕王再之衞東陽，決河水，〔三〕伐魏氏。大潦，漳水出。魏冄來相趙。十九年，秦(敗)〔取〕我二城。趙與魏伯陽。趙奢將，攻齊麥丘，取之。

〔一〕正義 括地志云：「伯陽故城一名邯會城，在相州鄴縣西五十五里，七國時魏邑，漢邯會城。」

〔二〕集解 地理志云右北平有石城縣。正義 括地志云：「石城在相州林慮縣西南九十里。」疑相州石城是。

〔三〕正義 括地志云：「東陽故城在貝州歷亭縣界。」按：東陽先屬衞，今屬趙。河歷貝州南，東北流，過河南岸即魏地也。故言王再之衞東陽伐魏氏也。

二十年，廉頗將，攻齊。王與秦昭王遇西河外。〔一〕

〔一〕集解徐廣曰：「年表云與秦會澠池。」

二十一年，趙徙漳水武平西。〔一〕二十二年，大疫。置公子丹爲太子。

〔一〕正義括地志云：「武平亭今名渭城，在瀛州文安縣北七十二里。」按：二十七年又徙漳水武平南。

二十三年，樓昌將，攻魏幾，〔一〕不能取。十二月，廉頗將，攻幾，取之。二十四年，廉頗將，攻魏房子，〔二〕拔之，因城而還。又攻安陽，取之。二十五年，燕周〔三〕將，攻昌城、〔四〕高唐，取之。與魏共擊秦。秦將白起破我華陽，〔五〕得一將軍。二十六年，取東胡歐代地。〔六〕

〔一〕正義音祈。傳云伐齊幾，幾拔之。又戰國策云秦敗閼與，及攻魏幾。按：幾邑或屬齊，或屬魏，當在相潞之閒也。

〔二〕集解徐廣曰：「屬常山。」

〔三〕索隱趙人，爲趙將。

〔四〕集解徐廣曰：「屬齊郡。」　正義括地志云：「故昌城在淄州淄川縣東北四十里也。」

〔五〕正義括地志云：「故華陽城在鄭州管城縣南四十里。司馬彪云華陽亭在今洛州密縣。」是時魏、韓、趙聚兵於華陽，西攻秦。

〔六〕正義今營州也。　索隱東胡叛趙，驅略代地人衆以叛，故取之也。

二十七年，徙漳水武平南。封趙豹爲平陽君。〔一〕河水出，大潦。

〔一〕集解戰國策曰趙豹，平陽君，惠文王母弟。

二十八年，藺相如伐齊，至平邑。〔一〕罷城北九門大城。〔二〕燕將成安君公孫操弒其

王。〔三〕二十九年，秦、韓相攻，而圍閼與。〔四〕趙使趙奢將，擊秦，大破秦軍閼與下，賜號爲馬服君。〔五〕

〔一〕正義括地志云：「平邑故城在魏州昌樂縣東北四十里也。」

〔二〕正義恆州九門縣城。

〔三〕集解徐廣曰：「年表云是燕武成王元年。」　索隱按：樂資云其王即惠王。

〔四〕正義上於連反，下音預。括地志云：「閼與，聚落，今名烏蘇城，在潞州銅鞮縣西北二十里。又儀州和順縣城，亦云韓閼與邑。二所未詳。又有閼與山在洛州武安縣西五十里，蓋是也。」

〔五〕正義因馬服山爲號也，虞喜志林云「馬，兵之首也。號曰馬服者，言能服馬也」。括地志云：「馬服山，邯鄲縣西北十里也。」

三十三年，惠文王卒，太子丹立，是爲孝成王。

孝成王元年，〔一〕秦伐我，拔三城。趙王新立，太后用事，秦急攻之。趙氏求救於齊，齊曰：「必以長安君〔二〕爲質，兵乃出。」太后不肯，大臣彊諫。太后明謂左右曰：「復言長安君爲質者，老婦必唾其面。」左師觸龍言願見太后，太后盛氣而胥之。入，〔三〕徐趨而坐，自謝曰：「老臣病足，曾不能疾走，不得見久矣。竊自恕，而恐太后體之有所苦也，故願望見太后。」太后曰：「老婦恃輦而行耳。」〔四〕曰：「食得毋衰乎？」曰：「恃粥耳。」曰：「老臣閒者殊不欲食，乃彊步，日三四里，少益嗜食，和於身也。」太后曰：「老婦不能。」太后不和之色少解。左師公曰：「老臣賤息舒祺最少，不肖，而臣衰，竊憐愛之，願得補黑衣之缺以衛王宮，昧死以聞。」太后曰：「敬諾。年幾何矣？」對曰：「十五歲矣。雖少，願及未填溝壑而託之。」太后曰：「丈夫亦愛憐少子乎？」對曰：「甚於婦人。」太后笑曰：「婦人異甚。」對曰：「老臣竊以爲媼之愛燕后賢於長安君。」太后曰：「君過矣，不若長安君之甚。」左師公曰：「父母愛子，則爲之計深遠。媼之送燕后也，持其踵，爲之泣，念其遠也，亦哀之矣。已行，非不思也，祭祀則祝之曰『必勿使反』，豈非計長久，爲子孫相繼爲王也哉？」太后曰：「然。」左師公曰：「今三世以前，至於趙主之子孫爲侯者，其繼有在者乎？」曰：「無有。」曰：「微獨趙，諸侯有在者乎？」曰：「老婦不聞也。」曰：「此其近者禍及其身，遠者及其子孫。豈人主之子侯則不善哉？位尊而無功，奉厚而無勞，而挾重器多也。今媼尊長安君之位，而封之以膏腴之地，多與之重器，而不及今令有功於國，一旦山陵崩，長安君何以自託於趙？老臣以媼爲長安君之計短也，故以爲愛之不若燕后。」太后曰：「諾，恣君之所使之。」於是爲長安君約車百乘，質於齊，齊兵乃出。

〔一〕集解徐廣曰：「平原君相也。」

〔二〕索隱孔衍云：「惠文后之少子也。趙亦有長安，今其地闕。」　正義長安君者，以長安善，故名也。

〔三〕集解胥猶須也。穀梁傳曰：「胥其出也。」

〔四〕索隱按：束晳云「趙惠文王子何者，吳廣之甥，娃嬴之子也」。如系家計之，則武靈王十六年夢吳娃而納之，至二十七年王薨，及惠文王三十三年卒，孝成王元年遣長安君質於齊，若娃年二十入王宮，至此亦年六十左側，亦可稱老。而束廣微言太后纔三十有奇者，誤也。

子義聞之，〔一〕曰：「人主之子，骨肉之親也，猶不能持無功之尊，無勞之奉，而守金玉之重也，而況於予乎？」

〔一〕索隱子義，趙之賢人。

齊安平君〔一〕田單將趙師而攻燕中陽，〔二〕拔之。又攻韓注人，〔三〕拔之。二年，惠文后卒。田單爲相。

〔一〕正義括地志云：「安平城在青州臨淄縣東十九里，古紀之酅邑也。」

〔二〕集解徐廣曰：「一作『人』。」　正義燕無中陽。括地志云：「中山故城一名中人亭，在定州唐縣東北四十一里，爾時屬燕國也。」

〔三〕正義邑名也。括地志云「注城在汝州梁縣西十五里」，蓋是其地也。

四年，王夢衣偏裻之衣，〔一〕乘飛龍上天，不至而墜，見金玉之積如山。明日，王召筮史敢占之，曰：「夢衣偏裻之衣者，殘也。乘飛龍上天不至而墜者，有氣而無實也。見金玉之

積如山者，憂也。」

〔一〕正義杜預云：「偏，左右異色。裻在中，左右異，故曰偏。」按：裻，衣背縫也。

後三日，韓氏上黨守馮亭使者至，曰：「韓不能守上黨，入之於秦。其吏民皆安爲趙，不欲爲秦。有城市邑十七，願再拜入之趙，財王所以賜吏民。」王大喜，召平陽君豹告之曰：「馮亭入城市邑十七，受之何如？」對曰：「聖人甚禍無故之利。」王曰：「人懷吾德，何謂無故乎？」對曰：「夫秦蠶食韓氏地，中絕不令相通，固自以爲坐而受上黨之地也。韓氏所以不入於秦者，欲嫁其禍於趙也。秦服其勞而趙受其利，雖彊大不能得之於小弱，小弱顧能得之於彊大乎？豈可謂非無故之利哉！且夫秦以牛田之〔一〕水通糧〔二〕蠶食，上乘倍戰者，〔三〕裂上國之地，〔四〕其政行，不可與爲難，必勿受也。」王曰：「今發百萬之軍而攻，踰年歷歲未得一城也。今以城市邑十七幣吾國，〔五〕此大利也。」

〔一〕集解徐廣曰：「一無此字。」正義秦蠶食韓氏，國中斷不通。夫牛耕田種穀，至秋則收之，成熟之義也。言秦伐韓上黨，勝有日矣，若牛田之必冀收穫矣。

〔二〕正義秦從渭水漕糧東入河、洛，軍擊韓上黨也。

〔三〕正義乘，承證反。蠶食桑葉，漸進必盡也。司馬法云：「百畝爲夫，夫三爲屋，屋三爲井，井十爲通，通十爲成。成出革車一乘，七十二人也。」上乘，天下第一也。倍戰，力攻也。韓國四戰之地，軍士慣習，倍於餘國。

〔四〕正義上國，秦地也。言韓上黨之地以列爲秦國之地，其政已行，趙不可與秦作難，必莫受馮亭十七邑也。

〔五〕正義馮亭將十七邑入趙，若幣帛之見遺，此大利也。

趙豹出，王召平原君與趙禹而告之。對曰：「發百萬之軍而攻，踰歲未得一城，今坐受城市邑十七，此大利，不可失也。」王曰：「善。」乃令趙勝受地，告馮亭曰：「敝國使者臣勝，敝國君使勝致命，以萬户都三封太守，〔一〕千户都三封縣令，皆世世爲侯，吏民皆益爵三級，吏民能相安，皆賜之六金。」馮亭垂涕不見使者，曰：「吾不處三不義也：爲主守地，不能死固，不義一矣；入之秦，不聽主令，不義二矣；賣主地而食之，不義三矣。」趙遂發兵取上黨。〔二〕廉頗將軍軍長平。〔三〕

〔一〕正義爾時未合言太守，至漢景帝始加太守，此言「太」，衍字也。

〔二〕集解漢書馮奉世傳曰：「趙封亭爲華陵君，與趙將括距秦，戰死於長平，宗族由是分散，或在趙。在趙者，爲官師將，官師將子爲代相。及秦滅六國，而馮亭之後馮無擇、馮去疾、馮劫皆爲秦將相焉。漢興，馮唐即代相之子也。」上黨記云：「馮亭冢在壺關城西五里。」

〔三〕正義括地志云：「長平故城在澤州高平縣西二十一里，即白起敗括於長平處。」

七（年）〔月〕，廉頗免而趙括代將。秦人圍趙括，趙括以軍降，卒四十餘萬皆阬之。王悔不聽趙豹之計，故有長平之禍焉。

王還，不聽秦，秦圍邯鄲。〔一〕武垣令〔二〕傅豹、王容、蘇射率燕衆反燕地。〔三〕趙以靈丘〔四〕封楚相春申君。

〔一〕集解徐廣曰：「在九年。」

〔二〕集解徐廣曰：「河間有武垣縣，本屬涿郡。」正義括地志云：「武垣故城今瀛州城是也。」

〔三〕正義武垣此時屬趙，與燕接境，故云率燕衆反燕地也。

〔四〕正義括地志云：「靈丘，蔚州理縣也。」

八年，平原君如楚請救。還，楚來救，及魏公子無忌亦來救，〔一〕秦圍邯鄲乃解。

〔一〕正義魏公子傳云「趙王以鄗爲公子湯沐邑」。年表云「九年公子無忌救邯鄲」。圍在九年，其文錯誤。

十年，燕攻昌壯，〔一〕五月拔之。趙將樂乘、慶舍攻秦信梁軍，破之。〔二〕太子死。〔三〕而秦攻西周，拔之。徒父祺〔四〕出。〔五〕十一年，城元氏，〔六〕縣上原。武陽君鄭安平死，〔七〕收其地。十二年，邯鄲廥燒。〔八〕十四年，平原君趙勝死。〔九〕

〔一〕集解徐廣曰：「一作『社』。」正義壯字誤，當作「城」。括地志云：「昌城故城在冀州信都縣西北五里。」此時屬趙，故攻之也。

〔二〕集解徐廣曰：「年表云新中軍也。」索隱信梁，秦將也。正義信梁蓋王齕號也。秦本紀云「昭襄王五十年王齕從唐拔寧新中，寧新中更名安陽」，今相州理縣也。年表云「韓、魏、楚救趙新中軍，秦兵罷」是也。

〔三〕集解徐廣曰：「是年周赧王卒，或者『太子』云『天子』乎？」索隱趙之太子也，史失名。

〔四〕索隱趙大夫，名祺。

〔五〕正義趙見秦拔西周，故令徒父祺將兵出境也。

〔六〕集解地理志常山有元氏縣。正義元氏，趙州縣也。

〔七〕集解徐廣曰：「故秦將降趙也。」

〔八〕集解徐廣曰：「廥，廄之名，音膾也。」索隱廥，積芻稾之處，爲火所燒也。

〔九〕索隱按年表在十五年也。

十五年，以尉文封相國廉頗爲信平君。〔一〕燕王令丞相栗腹約驩，以五百金爲趙王酒，還歸，報燕王曰：「趙氏壯者皆死長平，其孤未壯，可伐也。」王召昌國君樂閒而問之。對曰：「趙，四戰之國也，其民習兵，伐之不可。」王曰：「吾以衆伐寡，二而伐一，可乎？」對曰：「不可。」王曰：「吾即以五而伐一，可乎？」對曰：「不可。」燕王大怒。羣臣皆以爲可。燕卒起二軍，車二千乘，栗腹將而攻鄗，卿秦將而攻代。〔二〕廉頗爲趙將，破殺栗腹，虜卿秦、樂閒。〔三〕

〔一〕索隱尉文蓋地名。或曰，尉，官；文，名。謂以尉文所食之地以封廉頗也。古文質略，文省耳。正義尉文蓋蔚州地也。信平，廉頗號也，言篤信而平和也。

〔二〕索隱二人皆燕將姓名。

〔三〕正義三人皆燕將（姓）也。

十六年，廉頗圍燕。以樂乘爲武襄君。〔一〕十七年，假相大將武襄君攻燕，圍其國。十

八年，延陵鈞〔二〕率師從相國信平君助魏攻燕。秦拔我榆次三十七城。〔三〕十九年，趙與燕易土：〔四〕以龍兌、〔五〕汾門、〔六〕臨樂〔七〕與燕；燕以葛、武陽、〔八〕平舒〔九〕與趙。

〔一〕正義 褰，舉也，上也。言樂乘功最高也。

〔二〕集解 徐廣曰：「代郡有延陵縣。」

〔三〕集解 徐廣曰：「在太原。」

〔四〕索隱 音亦。謂與燕換易縣也。

〔五〕正義 括地志云：「北新城故城在易州遂城縣西南二十里。按：遂城縣西南二十五里有龍山，邢子勵趙記云『龍山有四麓，各有一穴，大如車輪，春風出東，秋風出西，夏風出南，冬風出北，不相奪倫』。按蓋謂龍兌也。」

〔六〕集解 徐廣曰：「在北新城。」 正義 括地志云：「易州永樂縣有徐水，出廣昌嶺，三源奇發，同瀉一澗，流至北平縣東南，歷石門中，俗謂之龍門，水經其間，奔激南出，觸石成井。」蓋汾字誤也，遂城及永樂、〔固〕安、新城縣地也。

〔七〕集解 徐廣曰：「方城有臨鄉。」 正義 括地志云：「臨鄉故城在幽州固安南十七里也。」

〔八〕集解 徐廣曰：「葛城在高陽。」 正義 括地志云：「故葛城又名西河城，在瀛州高陽縣西北五十里。」

〔九〕集解 徐廣曰：「平舒在代郡。」 正義 括地志云：「平舒故城在蔚州靈丘縣北九十三里也。」

二十年，秦王政初立。秦拔我晉陽。

二十一年，孝成王卒。廉頗將，攻繁陽，〔一〕取之。使樂乘代之，廉頗攻樂乘，樂乘走，

廉頗亡入魏。子偃立，是爲悼襄王。

〔一〕集解 徐廣曰：「在頓丘。」 正義 括地志云：「繁陽故城在相州內黃縣東北二十七里。應劭云『繁水之北，故曰繁陽也』。」

悼襄王元年，大備〔一〕魏。欲通平邑、中牟之道，不成。〔二〕

〔一〕集解 徐廣曰：「一作『脩』。」 正義 謂行大備之禮也。

〔二〕正義 平邑在魏州昌樂縣東北三十里。相州湯陰縣西五十八里有牟山。按：（中）牟山之側，時二邑皆屬魏，欲渡黃河作道相通，遂不成也。

二年，李牧將，攻燕，拔武遂、方城。〔一〕秦召春平君，因而留之。泄鈞〔二〕爲之謂文信侯曰：「春平君者，趙王甚愛之而郎中妬之，故相與謀曰『春平君入秦，秦必留之』，故相與謀而內之秦也。今君留之，是絕趙而郎中之計中也。君不如遣春平君而留平都。〔三〕春平君者言行信於王，王必厚割趙而贖平都。」文信侯曰：「善。」因遣之。〔四〕城韓皋。

〔一〕集解 徐廣曰：「武遂屬安平。」 正義 括地志云：「易州遂城，戰國時武遂城也。方城故在幽州固安縣南十七里。」時二邑屬燕，趙使李牧拔之也。

〔二〕正義 人姓名也。

〔三〕正義 （輿地理志）〔括地志〕云：「平都縣在今新興郡，與陽周縣相近也。」

〔四〕集解 徐廣曰：「年表云太子從質秦歸。」 正義 按：太子即春平君也。

三年，龐煖將，攻燕，禽其將劇辛。四年，龐煖將趙、楚、魏、燕之銳師，攻秦蕞，〔一〕不拔；移攻齊，取饒安。〔二〕五年，傅抵〔三〕將，居平邑；慶舍將東陽〔四〕河外師，守河梁。〔五〕六年，封長安君以饒。〔六〕魏與趙鄴。

〔一〕集解 徐廣曰：「在新豐。」

〔二〕集解 徐廣曰：「在渤海。又云饒屬北海，安屬平原。」 正義 饒安，滄州縣也，七國時屬齊，戰國時屬趙。

〔三〕正義 上音付，下音邸。趙將姓名。

〔四〕正義 屬貝州，在河北岸也。

〔五〕正義 河外，河南岸魏州地也。河梁，橋也。

〔六〕正義 即饒陽也。瀛州饒陽縣東二十里饒陽故城，漢縣也，明長安君是號也。

九年，趙攻燕，取貍、陽城。〔一〕兵未罷，秦攻鄴，拔之。〔二〕悼襄王卒，子幽繆王遷立。

〔一〕正義 按：燕無貍陽，疑「貍」字誤，當作「漁陽」，故城在檀州密雲縣南十八里，燕漁陽郡城也。按趙東界至瀛州，則檀州在北，趙攻燕取漁陽城也。

〔二〕集解 徐廣曰：「今饒陽在河間。又年表曰拔閼與、鄴九城。」

幽繆王遷元年，〔一〕城柏人。二年，秦攻武城，〔二〕扈輒率師救之，軍敗，死焉。

〔一〕集解 徐廣曰：「又云『湣王』。世本云孝成王丹生悼襄王偃，偃生今王遷。年表及史考趙遷皆無謚。」 索隱 徐廣云王遷無謚，今惟此獨稱幽繆王者，蓋秦滅趙之後，人臣竊追謚之，太史公或別有所見而記之也。

〔二〕集解 徐廣曰：「年表云秦拔我平陽。」

三年，秦攻赤麗、宜安，〔一〕李牧率師與戰肥下，〔二〕卻之。封牧爲武安君。四年，秦攻番吾，〔三〕李牧與之戰，卻之。

〔一〕正義 括地志云：「宜安故城在恆州稾城縣西南二十里也。」

〔二〕正義 括地志云：「肥纍故城在恆州稾城縣西七里，春秋時肥子國，白狄別種也。」

〔三〕正義 上音婆，又音盤，又作「蒲」。括地志云：「蒲吾城在恆州房山縣東二十里也。」

五年，代地大動，自樂徐以西，〔一〕北至平陰，〔二〕臺屋牆垣太半壞，地坼東西百三十步。〔三〕六年，大饑，民譌言曰：「趙爲號，秦爲笑。以爲不信，視地之生毛。」

〔一〕集解 徐廣曰：「徐，一作『除』。」

〔二〕正義 樂徐在晉州，平陰在汾也。

〔三〕正義 其坼溝見在，亦在晉、汾二州之界也。

七年，秦人攻趙，趙大將李牧、將軍司馬尚將，擊之。李牧誅，司馬尚免，趙怱及齊將顏聚代之。趙怱軍破，顏聚亡去。以王遷降。〔一〕

〔一〕集解 淮南子云：「趙王遷流於房陵，思故鄉，作爲山水之謳，聞之者莫不流涕。」 正義 括地志云：「趙王遷墓

在房州房陵縣西九里也。」

八年十月，邯鄲爲秦。

太史公曰：吾聞馮王孫曰：「趙王遷，其母倡也，〔一〕嬖於悼襄王。悼襄王廢適子嘉而立遷。遷素無行，信讒，故誅其良將李牧，用郭開。」豈不繆哉！秦既虜遷，趙之亡大夫共立嘉爲王，王代六歲，秦進兵破嘉，遂滅趙以爲郡。

〔一〕集解徐廣曰：「列女傳曰邯鄲之倡。」

【索隱述贊】趙氏之系，與秦同祖。周穆平徐，乃封造父。帶始事晉，夙初有土。岸賈矯誅，韓厥立武。寶符臨代，卒居伯魯。簡夢翟犬，靈歌處女。胡服雖強，建立非所。頗、牧不用，王遷囚虜。

史記卷四十四

魏世家第十四

魏之先，畢公高之後也。畢公高與周同姓。〔一〕武王之伐紂，而高封於畢，〔二〕於是爲畢姓。其後絶封，爲庶人，或在中國，或在夷狄。其苗裔曰畢萬，事晉獻公。

〔一〕索隱左傳富辰説文王之子十六國有畢、原、豐、郇，言畢公是文王之子。此云與周同姓，似不用左氏之説。馬融亦云畢、毛，文王庶子。

〔二〕集解杜預曰：「畢在長安縣西北。」正義括地志云：「畢原在雍州萬年縣西南二十八里。」

獻公之十六年，趙夙爲御，畢萬爲右，以伐霍、耿、魏，滅之。以耿封趙夙，以魏封畢萬，〔一〕爲大夫。卜偃曰：〔二〕「畢萬之後必大矣。萬，滿數也；魏，大名也。以是始賞，天開之矣。天子曰兆民，諸侯曰萬民。今命之大，以從滿數，其必有衆。」初，畢萬卜事晉，遇屯之比。辛廖占之，曰：「吉。屯固比入，吉孰大焉，其必蕃昌。」

〔一〕正義魏城在陝州芮城縣北五里。鄭玄詩譜云：「魏，姬姓之國，武王伐紂而封焉。」

〔二〕索隱晉掌卜大夫郭偃也。

畢萬封十一年，晉獻公卒，四子爭更立，晉亂。而畢萬之世彌大，從其國名爲魏氏。生武子。〔一〕魏武子以魏諸子事晉公子重耳。晉獻公之二十一年，武子從重耳出亡。十九年反，重耳立爲晉文公，而令魏武子襲魏氏之後封，列爲大夫，治於魏。生悼子。

〔一〕索隱左傳武子名犨。系本云「畢萬生芒季，芒季生武仲州」。州與犨聲相近，字異耳，代亦不同。

魏悼子徙治霍。〔一〕生魏絳。〔二〕

〔一〕索隱系本云「武仲生莊子絳」，無悼子。又系本居篇曰「魏武子居魏，悼子徙霍」。宋忠曰「霍，今河東彘縣也」。則是有悼子，系本卿大夫代自脱耳。然魏，今河北魏縣是也。正義晉州霍邑縣，漢彘縣也，後漢改曰永安，隋改曰霍邑，本春秋時霍伯國也。

〔二〕索隱謚昭子。系本云「莊子」，文錯也。居篇又曰「昭子徙安邑」，亦與此文同也。

魏絳事晉悼公。悼公三年，會諸侯。悼公弟楊干亂行，魏絳僇辱楊干。〔一〕悼公怒曰：「合諸侯以爲榮，今辱吾弟！」將誅魏絳。或説悼公，悼公止。卒任魏絳政，使和戎、翟，戎、翟親附。悼公之十一年，曰：「自吾用魏絳，八年之中，九合諸侯，戎、翟和，子之力也。」賜之樂，三讓，然後受之。徙治安邑。〔二〕魏絳卒，謚爲昭子。〔三〕生魏嬴。嬴生魏獻子。〔四〕

〔一〕索隱左傳曰僇楊干之僕。

〔二〕正義安邑在絳州夏縣安邑故城是。

〔三〕集解徐廣曰：「世本曰莊子。」

〔四〕索隱系本云「獻子名荼。荼，莊子之子」。無魏嬴。

獻子事晉昭公。昭公卒而六卿彊，公室卑。

晉頃公之十二年，韓宣子老，魏獻子爲國政。晉宗室祁氏、羊舌氏相惡，六卿誅之，盡取其邑爲十縣，六卿各令其子爲之大夫。獻子與趙簡子、〔一〕中行文子、〔二〕范獻子〔三〕並爲晉卿。

〔一〕索隱趙鞅。

〔二〕索隱荀寅。

〔三〕索隱范吉射。

其後十四歲而孔子相魯。後四歲，趙簡子以晉陽之亂也，而與韓、魏共攻范、中行氏。魏獻子生魏侈。〔一〕魏侈與趙鞅共攻范、中行氏。

〔一〕索隱侈，他本亦作「哆」，蓋「哆」字誤，而代數錯也。按系本「獻子生簡子取，取生襄子多」，而左傳云「魏曼多」是也。則侈是襄子，中閒少簡子一代。

魏侈之孫曰魏桓子，〔一〕與韓康子、〔二〕趙襄子〔三〕共伐滅知伯，〔四〕分其地。

〔一〕索隱系本云：「襄子生桓子駒。」

〔二〕索隱名虔。

〔三〕索隱名無恤。

〔四〕索隱智伯，智瑶也，本姓荀，亦曰荀瑶。正義知音智。括地志云：「故智城在蒲州虞鄉縣西北四十里。古今地名云解縣有智城，蓋謂此也。」

桓子之孫曰文侯都。〔一〕魏文侯元年，秦靈公之元年也。與韓武子、〔二〕趙桓子、周威王同時。

〔一〕集解徐廣曰：「世本曰斯也。」索隱系本云「桓子生文侯斯」，其傳云「孺子瘨是魏駒之子」，與此系代亦不同也。

〔二〕索隱系本「武子名啓章，康子子」。

六年，城少梁。十三年，使子擊圍繁、龐，出其民。十六年，伐秦，築臨晉元里。

十七年，伐中山，使子擊守之，趙倉唐傅之。子擊逢文侯之師田子方於朝歌，引車避，下謁。田子方不爲禮。子擊因問曰：「富貴者驕人乎？且貧賤者驕人乎？」子方曰：「亦貧賤者驕人耳。夫諸侯而驕人則失其國，大夫而驕人則失其家。貧賤者，行不合，言不用，則去之楚、越，若脱躧然，柰何其同之哉！」子擊不懌而去。西攻秦，至鄭而還，築雒陰、合陽。〔一〕

〔一〕正義雒，漆沮水也，城在水南。郃陽，郃水之北。括地志云：「郃陽故城在同州河西縣南三里。雒陰在同州西也。」

二十二年，魏、趙、韓列爲諸侯。

二十四年，秦伐我，至陽狐。〔一〕

〔一〕正義括地志云：「陽狐郭在魏州元城縣東北三十里也。」

二十五年，子擊生子罃。〔一〕

〔一〕索隱乙耕反。擊，武侯也。罃，惠王也。

文侯受子夏經藝，客段干木，過其閭，未嘗不軾也。〔一〕秦嘗欲伐魏，或曰：「魏君賢人是禮，國人稱仁，上下和合，未可圖也。」文侯由此得譽於諸侯。

〔一〕正義過，光卧反。文侯軾干木閭也。皇甫謐高士傳云：「木，晉人也，守道不仕。魏文侯欲見，造其門，干木踰牆避之。文侯以客禮待之，出過其閭而軾。其僕曰：『君何軾？』曰：『段干木賢者也，不趣勢利，懷君子之道，隱處窮巷，聲馳千里，吾安得勿軾！干木先乎德，寡人先乎勢；干木富乎義，寡人富乎財。勢不若德貴，財不若義高。』又請爲相，不肯。後卑己固請見，與語，文侯立倦不敢息。」淮南子云：「段干木，晉之大駔，而爲文侯師。」呂氏春秋云：「魏文侯見段干木，立倦而不敢息。及見翟璜，踞於堂而與之言。翟璜不悅。文侯曰：『段干木，官之則不肯，禄之則不受。今汝欲官則相至，欲禄則上卿至，既受吾賞，又責吾禮，無乃難乎？』」

任西門豹守鄴，而河内〔一〕稱治。

〔一〕索隱按：大河在鄴東，故名鄴爲河内。正義古帝王之都多在河東、河北，故呼河北爲河内，河南爲河外。

又云河從龍門南至華陰，東至衞州，折東北入海，曲繞冀州，故言河内云也。

魏文侯謂李克曰：「先生嘗教寡人曰『家貧則思良妻，國亂則思良相』。今所置非成則璜，〔一〕二子何如？」李克對曰：「臣聞之，卑不謀尊，疏不謀戚。臣在闕門之外，不敢當命。」文侯曰：「先生臨事勿讓。」李克曰：「君不察故也。居視其所親，富視其所與，達視其所舉，窮視其所不爲，貧視其所不取，五者足以定之矣，何待克哉！」文侯曰：「先生就舍，寡人之相定矣。」李克趨而出，過翟璜之家。翟璜曰：「今者聞君召先生而卜相，果誰爲之？」李克曰：「魏成子爲相矣。」翟璜忿然作色曰：「以耳目之所覩記，臣何負於魏成子？西河之守，臣之所進也。君内以鄴爲憂，臣進西門豹。君謀欲伐中山，臣進樂羊。中山以拔，無使守之，臣進先生。君之子無傅，臣進屈侯鮒。臣何以負於魏成子！」李克曰：「且子之言克於子之君者，豈將比周以求大官哉？君問而置相『非成則璜，二子何如』？克對曰：『君不察故也。居視其所親，富視其所與，達視其所舉，窮視其所不爲，貧視其所不取，五者足以定之矣，何待克哉！』是以知魏成子之爲相也。且子安得與魏成子比乎？魏成子以食禄千鍾，什九在外，什一在内，是以東得卜子夏、田子方、段干木。此三人者，君皆師之。子之所進五人者，君皆臣之。子惡得與魏成子比也？」翟璜逡巡再拜曰：「璜，鄙人也，失對，願卒爲弟子。」

〔一〕集解徐廣曰：「文侯弟名成。」

二十六年，虢山崩，壅河。〔一〕

〔一〕集解徐廣曰在陝。駰案：地理志曰弘農陝縣故虢國。北虢在大陽，東虢在滎陽。正義括地志云：「虢山在陝州陝縣西二里，臨黃河。今臨河有岡阜，似是穨山之餘也。」

三十二年，伐鄭。城酸棗。敗秦于注。〔一〕三十五年，齊伐取我襄陵。〔二〕三十六年，秦侵我陰晉。〔三〕

〔一〕集解司馬彪曰：「河南梁縣有注城也。」正義括地志云：「注城在汝州梁縣西十五里。注，或作『鑄』也。」

〔二〕集解徐廣曰：「今在南平陽縣也。」

〔三〕集解徐廣曰：「今之華陰。」索隱按：年表作「齊侵陰晉」。秦本紀云「惠王六年，魏納陰晉，更名曰寧秦」。徐氏云「今之華陰也」。

三十八年，伐秦，敗我武下，得其將識。〔一〕是歲，文侯卒，〔二〕子擊立，是爲武侯。

〔一〕索隱識，將名也。武下，魏地。正義括地志云：「故武城一名武平城，在華州鄭縣東十三里。」

〔二〕索隱三十八年卒。紀年云五十年卒。

魏武侯元年，趙敬侯初立，〔一〕公子朔爲亂，不勝，奔魏，與魏襲邯鄲，魏敗而去。

〔一〕索隱按：紀年魏武侯之元年當趙烈侯之十四年，不同也。又系本敬侯名章。

二年，城安邑、王垣。〔一〕

〔一〕集解徐廣曰：「垣縣有王屋山也。」索隱按：紀年十四年城洛陽及安邑、王垣。徐廣云「垣縣有王屋山，故曰王垣」。正義括地志云：「故城漢垣縣，本魏王垣也，在絳州垣縣西北二十里也。」

七年，伐齊，至桑丘。〔一〕九年，翟敗我于澮。〔二〕使吳起伐齊，至靈丘。〔三〕齊威王初立。〔四〕

〔一〕正義年表云「齊伐燕，取桑丘」，故魏救燕伐齊，至桑丘也。括地志云：「桑丘故城俗名敬城，在易州遂城縣界也。」

〔二〕索隱古外反。于澮，於澮水之側。正義括地志云：「澮高山又云澮山，在絳州翼城縣東北二十五里，澮水出此山也。」

〔三〕正義靈丘，蔚州縣也。時屬齊，故三晉伐之也。

〔四〕索隱按紀年，齊幽公之十八年而威王立。

十一年，與韓、趙三分晉地，滅其後。

十三年，秦獻公縣櫟陽。十五年，敗趙北藺。〔一〕

〔一〕正義在石州，趙之西北。屬趙，故云趙北藺也。

十六年，伐楚，取魯陽。〔一〕武侯卒，〔二〕子罃立，是爲惠王。

〔一〕正義今汝州魯山縣也。

〔二〕索隱按紀年，武侯二十六年卒。

惠王元年，初，武侯卒也，子罃與公中緩〔一〕爭爲太子。公孫頎〔二〕自宋入趙，自趙入韓，謂韓懿侯〔三〕曰：「魏罃與公中緩爭爲太子，〔四〕君亦聞之乎？今魏罃得王錯，〔五〕挾上黨，固半國也。因而除之，〔六〕破魏必矣，不可失也。」懿侯說，乃與趙成侯〔七〕合軍并兵以伐魏，戰于濁澤，〔八〕魏氏大敗，魏君圍。趙謂韓曰：「除魏君，立公中緩，割地而退，我且利。」韓曰：「不可。殺魏君，人必曰暴；割地而退，人必曰貪。不如兩分之。魏分爲兩，不彊於宋、衛，則我終無魏之患矣。」趙不聽。韓不說，以其少卒夜去。惠王之所以身不死，國不分者，二家謀不和也。若從一家之謀，則魏必分矣。故曰「君終無適子，其國可破也」。〔九〕

〔一〕正義中音仲。

〔二〕索隱音祈。

〔三〕索隱哀侯之子。

〔四〕索隱按：紀年「武侯元年封公子緩。趙侯種、韓懿侯伐我，取蔡，而惠王伐趙，圍濁陽。七年，公子緩如邯鄲以作難」，是說此事矣。

〔五〕集解徐廣曰：「汲冢紀年惠王二年，魏大夫王錯出奔韓也。」

〔六〕集解徐廣曰：「除，一作『倍』。」正義按：除，除魏罃及王錯也。

〔七〕索隱系本云：「成侯名種。」

〔八〕集解徐廣曰：「長社有濁澤。」

〔九〕索隱此蓋古人之言及俗說，故云「故曰」。

二年，魏敗韓于馬陵，敗趙于懷。三年，齊敗我觀。〔一〕五年，與韓會宅陽。〔二〕城武堵。爲秦所敗。〔三〕六年，伐取宋儀臺。〔四〕九年，伐敗韓于澮。與秦戰少梁，虜我將公孫痤，〔五〕取龐。秦獻公卒，子孝公立。

〔一〕集解徐廣曰：「齊世家云獻觀以和齊。年表曰伐魏取觀。今之衛縣也。」索隱田完系家云：「敗魏於濁澤而圍惠王，惠王請獻觀以和解。」正義觀音館。魏州觀城縣，古之觀國。國語注「觀國，夏啓子太康第五弟之所封也，夏衰，滅之矣。」

〔二〕正義括地志云：「宅陽故城一名北宅，在鄭州滎陽縣東南十七里也。」

〔三〕集解徐廣曰：「秦年表曰敗韓、魏洛陰。」

〔四〕集解徐廣曰：「一作『義臺』。」索隱按：年表作「義臺」，然義臺見莊子，司馬彪亦曰臺名，郭象云義臺，靈臺。

〔五〕集解徐廣曰：「年表云虜我太子也。」

十年，伐取趙皮牢。彗星見。十二年，星晝墜，有聲。

十四年，與趙會鄗。十五年，魯、衛、宋、鄭君來朝。〔一〕十六年，與秦孝公會（社）〔杜〕平。

侵宋黄池，宋復取之。

〔一〕索隱按：紀年魯恭侯、宋桓侯、衞成侯、鄭釐侯來朝，皆在十四年，是也。鄭釐侯者，韓昭侯也。韓哀侯滅鄭而徙都之，改號曰鄭。

十七年，與秦戰元里，秦取我少梁。圍趙邯鄲。十八年，拔邯鄲。趙請救于齊，齊使田忌、孫臏救趙，敗魏桂陵。

十九年，諸侯圍我襄陵。築長城，塞固陽。〔一〕

〔一〕正義塞，先代反。括地志云：「榆陽縣，漢舊縣也，在銀州銀城縣界。」按：魏築長城，自鄭濱洛，北達銀州，至勝州固陽縣爲塞也。固陽有連山，東至黄河，西南至夏、會等州。榆音固矣。

二十年，歸趙邯鄲，與盟漳水上。〔一〕二十一年，與秦會彤。趙成侯卒。〔二〕二十八年，齊威王卒。中山君相魏。〔三〕

〔一〕正義邯鄲，洺州縣也。漳，水名。漳水源出洺州武安縣三門山也。

〔二〕集解徐廣曰：「年表云二十七年，丹封名會。丹，魏大臣也。」

〔三〕索隱按：魏文侯滅中山，其弟守之，後尋復國，至是始令相魏。其中山後又爲趙所滅。

三十年，魏伐趙，〔一〕趙告急齊。齊宣王用孫子計，救趙擊魏。魏遂大興師，使龐涓將，而令太子申爲上將軍。過外黄，外黄徐子〔二〕謂太子曰：

「可得聞乎？」客曰：「固願效之。」曰：「太子自將攻齊，大勝并莒，〔三〕則富不過有魏，貴不益爲王。若戰不勝齊，則萬世無魏矣。此臣之百戰百勝之術也。」太子曰：「諾，請必從公之言而還矣。」客曰：「太子雖欲還，不得矣。彼勸太子戰攻，欲啜汁者衆。〔四〕太子雖欲還，恐不得矣。」太子因欲還，其御曰：「將出而還，與北同。」太子果與齊人戰，敗於馬陵。〔五〕齊虜魏太子申，殺將軍涓，軍遂大破。

〔一〕正義孫臏傳云「魏與趙攻韓，韓告急齊」，此文誤耳。魏伐趙，趙請救齊，齊使孫臏救趙，敗魏桂陵，乃在十八年也。

〔二〕集解劉向別録曰：「徐子，外黄人也。」外黄時屬宋。正義括地志云：「故囷城有南北二城，在汴州雍丘縣界，本屬外黄，即太子申見徐子之地也。」

〔三〕正義莒，密州縣也，在齊東南。言從西破齊，并至莒地，則齊土盡矣。

〔四〕正義啜，穿悦反。汁，之入反。冀功勳者衆也。

〔五〕集解徐廣曰：「在元城。」索隱徐廣曰：「在元城。」按：紀年二十八年，與齊田朌戰于馬陵；上二年，魏敗韓馬陵；十八年，趙又敗魏桂陵。桂陵與馬陵異處。正義虞喜志林云：「馬陵在濮州鄄城縣東北六十里，有陵，澗谷深峻，可以置伏。」按：龐涓敗即此也。徐説馬陵在魏州元城縣東南一里，龐涓敗非此地也。田完世家云「宣王二年，魏伐趙，趙與韓親，共擊魏，趙不利，戰於南梁。韓氏請於齊，齊使田忌、田嬰將，孫子爲師，救韓、趙，以擊魏，大破之馬陵」。按：南梁在汝州。又此傳云「太子爲上將軍，過外黄」。又孫臏傳云「魏與趙攻韓，韓告急齊，齊使田忌將而往，直走大梁。魏將龐涓聞之，去韓而歸齊，軍已過而西矣」。按：孫子減竈退軍，三日行至馬陵，遂殺龐涓，虜魏太子申，大破魏軍，當如虞喜之説，從汴州外黄退至濮州東北六十里是也。然趙、韓共擊魏，戰困於南梁，韓急，請救於齊，齊師走大梁，敗魏馬陵，豈合更渡河北，至魏州元城哉？徐説定非也。

三十一年，秦、趙、齊共伐我，〔一〕秦將商君詐我將軍公子卬而襲奪其軍，破之。秦用商君，東地至河，而齊、趙數破我，安邑近秦，於是徙治大梁。〔二〕以公子赫爲太子。

〔一〕索隱按：紀年「二十九年五月，齊田朌伐我東鄙。九月，秦衞鞅伐我西鄙。十月，邯鄲伐我北鄙。王攻衞鞅，我師敗績」是也。然言二十九年，不同。

〔二〕集解徐廣曰：「今浚儀。」駰案：汲冢紀年曰「梁惠成王九年四月甲寅，徙都大梁」也。索隱紀年以爲惠王九年，蓋誤也。正義陳留風俗傳云「魏之都也，畢萬十葉徙大梁」。按：今汴州浚儀也。

三十三年，秦孝公卒，商君亡秦歸魏，魏怒，不入。三十五年，與齊宣王會平阿南。〔一〕

〔一〕集解地理志沛郡有平阿縣也。

惠王數被於軍旅，卑禮厚幣以招賢者。鄒衍、淳于髡、孟軻皆至梁。梁惠王曰：「寡人不佞，兵三折於外，太子虜，上將死，國以空虚，以羞先君宗廟社稷，寡人甚醜之。叟不遠千里，〔一〕辱幸至獘邑之廷，將何以利吾國？」孟軻曰：「君不可以言利若是。夫君欲利則大夫欲利，大夫欲利則庶人欲利，上下争利，國則危矣。爲人君，仁義而已矣，何以利爲！」

〔一〕集解劉熙曰：「叟，長老之稱，依皓首之言。」

三十六年，復與齊王會甄。是歲，惠王卒，〔一〕子襄王立。〔二〕

〔一〕索隱按紀年，惠成王三十六年改元稱一年，未卒也。

〔二〕索隱系本襄王名嗣。

襄王元年，與諸侯會徐州，〔一〕相王也。追尊父惠王爲王。〔二〕

〔一〕集解徐廣曰：「今薛縣。」

〔二〕集解徐廣曰：「二年，伐趙。」

五年，秦敗我龍賈軍四萬五千于雕陰，〔一〕圍我焦、曲沃。〔二〕予秦河西之地。〔三〕

〔一〕集解徐廣曰：「在上郡。」正義括地志云：「彫陰故縣在鄜州洛交縣北三十里，彫陰故城是也。」

〔二〕正義括地志云：「故焦城在陝縣東北百步古虢城中東北隅，周同姓也。曲沃有城，在陝縣西南三十二里。按：今有曲沃店也。」

〔三〕正義自華州北至同州，並魏河北之地，盡入秦也。

六年，與秦會應。〔一〕秦取我汾陰、皮氏、焦。〔二〕魏伐楚，敗之陘山。〔三〕七年，魏盡入上郡于秦。〔四〕秦降我蒲陽。〔五〕八年，秦歸我焦、曲沃。

〔一〕集解徐廣曰：「潁川父城有應鄉也。」正義應，乙陵反。括地志云：「故應城，故應鄉也，在汝州魯山縣東三十里。」

〔二〕正義括地志云：「汾陰故城在蒲州汾陰縣北九里。皮氏故城在絳州龍門縣西一百八十步也。」

〔三〕集解徐廣曰：「在密縣。」正義括地志云：「陘山在鄭州新鄭縣西南三十里。」

〔四〕正義括地志云：「上郡故城在綏州上縣東南五十里，秦魏之上郡地也。」按：丹、鄜、延、綏等州，北至固陽，並上郡地。魏築長城界秦，自華州鄭縣已北，濱洛至慶州洛源縣白於山，即東北至勝州固陽縣，東至河西上郡之地，盡入於秦。

〔五〕正義在隰州，隰川縣蒲邑故城是也。

十二年，楚敗我襄陵。諸侯執政與秦相張儀會齧桑。〔一〕十三年，張儀相魏。魏有女子化爲丈夫。秦取我曲沃、平周。〔二〕

〔一〕集解徐廣曰：「在梁與彭城之閒。」

〔二〕正義絳州桐鄉縣，晉曲沃邑。十三州志云：「古平周縣在汾州介休縣西五十里也。」

十六年，襄王卒，子哀王立。〔一〕張儀復歸秦。

〔一〕集解荀勗曰：「和嶠云『紀年起自黄帝，終於魏之今王』。今王者，魏惠成王子。案太史公書惠成王但言惠王，惠王子曰襄王，襄王子曰哀王。惠王三十六年卒，襄王立十六年卒，并惠、襄爲五十二年。今案古文，惠成王立三十六年，改元稱一年，改元後十七年卒。太史公書爲誤分惠、成之世，以爲二王之年數也。世本惠王生襄王而無哀王，然則今王者魏襄王也。」索隱按：系本襄王生昭王，無哀王，蓋脱一代耳。而紀年説惠成王三十六年，又稱後元一十七年卒。今此文分惠王之歷以爲二王之年，又有哀王，凡二十三年，紀事甚明，蓋無足疑。而孔衍叙魏語亦有哀王。蓋紀年之作失哀王之代，故分襄王之年爲惠王後元，即以襄王之年包哀王之代耳。

哀王元年，五國共攻秦，〔一〕不勝而去。

〔一〕正義韓、魏、楚、趙、燕也。

二年，齊敗我觀津。〔一〕五年，秦使樗里子〔二〕伐取我曲沃，走犀首〔三〕岸門。〔四〕六年，秦（求）〔來〕立公子政〔五〕爲太子。與秦會臨晉。七年，攻齊。〔六〕與秦伐燕。

〔一〕正義括地志云：「觀津城在冀州棗陽縣東南二十五里。」本趙邑，今屬魏也。

〔二〕索隱秦昭王弟疾居樗里，因號焉。

〔三〕索隱犀首，官名，即公孫衍。

〔四〕集解徐廣曰：「潁陰有岸亭。」索隱徐廣云「潁陰有岸門亭」，劉氏云「河東皮氏縣有岸頭亭」也。正義括地志云：「岸門在許州長社縣西北十八里，今名西武亭。」

〔五〕索隱魏公子也。

〔六〕集解徐廣曰：「年表云擊齊，虜聲子於濮也。」

八年，伐衞，拔列城二。〔一〕衞君患之。如耳〔二〕見衞君曰：「請罷魏兵，免成陵君可乎？」衞君曰：「先生果能，孤請世世以衞事先生。」如耳見成陵君曰：「昔者魏伐趙，斷羊腸，拔閼與，〔三〕約斬趙，趙分而爲二，所以不亡者，魏爲從主也。今衞已迫亡，將西請事於秦。與其以秦醳衞，不如以魏醳衞，〔四〕衞之德魏必終無窮。」成陵君曰：「諾。」如耳見魏王曰：「臣有謁於衞。衞故周室之別也，其稱小國，多寶器。今國迫於難而寶器不出者，其心以爲攻衞醳衞不以王爲主，故寶器雖出必不入於王也。臣竊料之，先言醳衞者必受衞者也。」如耳出，成陵君入，以其言見魏王。魏王聽其説，罷其兵，免成陵君，終身不見。

〔一〕索隱紀年云：「八年，翟章伐衞。」

〔二〕正義魏大夫姓名也。

〔三〕集解徐廣曰：「在上黨。」正義閼，於連反。與音預。羊腸阪道在太行山上，南口懷州，北口潞州。閼與故城在潞州及儀州。若斷羊腸，拔閼與，北連恆州，則趙國東西斷而爲二也。

〔四〕正義醳音釋。

九年，與秦王會臨晉。張儀、魏章〔一〕皆歸于魏。魏相田需死，楚害張儀、犀首、薛公。〔二〕楚相昭魚〔三〕謂蘇代曰：「田需死，吾恐張儀、犀首、薛公有一人相魏者也。」代曰：「然相者欲誰而君便之？」昭魚曰：「吾欲太子之自相也。」〔四〕代曰：「請爲君北，必相之。」昭魚曰：「柰何？」對曰：「君其爲梁王，代請説君。」昭魚曰：「柰何？」對曰：「代也從楚來，昭魚甚憂，曰：『田需死，吾恐張儀、犀首、薛公有一人相魏者也。』代曰：『梁王，長主也，必不相張儀。張儀相，必右秦而左魏。犀首相，必右韓而左魏。薛公相，必右齊而左魏。梁王，長主也，必不便也。』王曰：『然則寡人孰相？』代曰：『莫若太子之自相。太子之自相，是三人者皆以太子爲非常相也，皆將務以其國事魏，欲得丞相璽也。以魏之彊，而三萬乘之國輔之，魏必安矣。故曰莫若太子之自相也。』」遂北見梁王，以此告之。太子果相魏。

〔一〕索隱章爲魏將，後又相秦。

〔二〕索隱田文也。

〔三〕索隱昭奚恤也。

〔四〕索隱太子即襄王也。

十年，張儀死。十一年，與秦武王會應。十二年，太子朝於秦。秦來伐我皮氏，未拔而解。十四年，秦來歸武王后。十六年，秦拔我蒲反、陽晉、封陵。〔一〕十七年，與秦會臨晉。秦予我蒲反。十八年，與秦伐楚。〔二〕二十一年，與齊、韓共敗秦軍函谷。〔三〕

〔一〕索隱紀年作「晉陽、封谷」。正義陽晉當作「晉陽」也，史文誤。括地志云：「晉陽故城今名晉城，在蒲州虞鄉縣西三十五里。」表云「魏哀王十六年秦拔我杜陽、晉陽」，即此城也。封陵亦在蒲州。按陽晉故城在曹州，解在蘇秦傳也。

〔二〕集解徐廣曰：「二十年，與齊王會于韓。」

〔三〕集解徐廣曰：「河、渭絶一日。」

二十三年，秦復予我河外及封陵爲和。哀王卒，〔一〕子昭王立。〔二〕

〔一〕索隱按：汲冢紀年終於哀王二十年，昭王三年喪畢，始稱元年耳。

〔三〕索隱 系本昭王名遬。

昭王元年，秦拔我襄城。二年，與秦戰，我不利。三年，佐韓攻秦，秦將白起敗我軍伊闕二十四萬。六年，予秦河東地方四百里。芒卯以詐重。〔一〕七年，秦拔我城大小六十一。八年，秦昭王爲西帝，齊湣王爲東帝，月餘，皆復稱王歸帝。九年，秦拔我新垣、曲陽之城。〔二〕

〔一〕索隱 謂卯以智詐見重於魏。

〔二〕正義 （年表及）括地志云：「曲陽故城在懷州濟源縣西十里。」新垣近曲陽，未詳端的所之處也。

十年，齊滅宋，宋王死我溫。十二年，與秦、趙、韓、燕共伐齊，敗之濟西，湣王出亡。燕獨入臨菑。與秦王會西周。〔一〕

〔一〕正義 即王城也，今河南郡城也。

十三年，秦拔我安城。〔一〕兵到大梁，去。〔二〕十八年，秦拔郢，楚王徙陳。

〔一〕正義 括地志云：「安城故城，豫州汝陵縣東南七十一里。」

〔二〕集解 徐廣曰：「十四年大水。」

十九年，昭王卒，子安釐王立。〔一〕

〔一〕索隱 系本安僖王名圉。

安釐王元年，秦拔我兩城。二年，又拔我二城，軍大梁下，韓來救，予秦溫以和。三年，秦拔我四城，斬首四萬。四年，秦破我及韓、趙，殺十五萬人，走我將芒卯。魏將段干子請予秦南陽〔一〕以和。蘇代謂魏王曰：「欲璽者段干子也，欲地者秦也。今王使欲地者制璽，使欲璽者制地，魏氏地不盡則不知已。且夫以地事秦，譬猶抱薪救火，薪不盡，火不滅。」王曰：「是則然也。雖然，事始已行，不可更矣。」對曰：「王獨不見夫博之所以貴梟者，便則食，不便則止矣。今王曰『事始已行，不可更』，是何王之用智不如用梟也？」〔二〕

〔一〕集解 徐廣曰：「在脩武。」

〔二〕正義 博頭有刻爲梟鳥形者，擲得梟者合食其子，若不便則爲餘行也。

九年，秦拔我懷。十年，秦太子外質於魏死。十一年，秦拔我郪丘。〔一〕

〔一〕集解 徐廣曰：「郪丘，一作『廩丘』，又作『邢丘』。郪丘今爲宋公縣。」索隱 郪，七絲反，又音妻。正義 郪，七私反，又音妻。地理志云汝南郡新郪縣。應劭曰：「秦伐魏，取郪丘，漢興爲新郪，章帝封殷後，更名宋也。」

秦昭王謂左右曰：「今時韓、魏與始孰彊？」對曰：「不如始彊。」王曰：「今時如耳、魏齊與孟嘗、芒卯孰賢？」對曰：「不如。」王曰：「以孟嘗、芒卯之賢，率彊韓、魏以攻秦，猶無柰寡人何也。今以無能之如耳、魏齊而率弱韓、魏以伐秦，其無柰寡人何亦明矣。」左右皆曰：「甚然。」中旗馮琴〔一〕而對曰：「王之料天下過矣。當晉六卿之時，知氏最彊，滅范、中行，又率韓、魏之兵以圍趙襄子於晉陽，決晉水以灌晉陽之城，〔二〕不湛者三版。知伯行水，魏桓子御，韓康子爲參乘。知伯曰：『吾始不知水之可以亡人之國也，乃今知之。』汾水可以灌安邑，〔三〕絳水可以灌平陽。〔四〕魏桓子肘韓康子，韓康子履魏桓子，肘足接於車上，而知氏地分，身死國亡，爲天下笑。今秦兵雖彊，不能過知氏；韓、魏雖弱，尚賢其在晉陽之下也。此方其用肘足之時也，願王之勿易也！」〔五〕於是秦王恐。

〔一〕索隱 按：戰國策作「推琴」者，春秋後語作「伏琴」，而韓子作「推瑟」，說苑作「伏瑟」，文各不同。

〔二〕正義 括地志云：「晉水源出并州晉陽縣西懸壅山。山海經云懸壅之山，晉水出焉，東南流注汾水。昔趙襄子保晉陽，智氏防山以水灌之，不没者三版。其瀆乘高西注入晉陽城，以周溉灌，東南出城注於汾陽也。」

〔三〕正義 安邑在絳州夏縣，本魏都。汾水東北歷安邑西南入河也。

〔四〕正義 平陽，晉州，本韓都也。括地志云：「絳水一名白水，今名弗泉，源出絳山。飛泉奮湧，揚波北注，縣流積壑二十許丈，望之極爲奇觀矣。」按：引此灌平陽城也。

〔五〕索隱 易音以豉反。

齊、楚相約而攻魏，魏使人求救於秦，冠蓋相望也，而秦救不至。魏人有唐雎〔一〕者，

年九十餘矣，謂魏王曰：「老臣請西說秦王，令兵先臣出。」魏王再拜，遂約車而遣之。唐雎到，入見秦王。秦王曰：「丈人芒然乃遠至此，甚苦矣！夫魏之來求救數矣，寡人知魏之急已。」唐雎對曰：「大王已知魏之急而救不發者，臣竊以爲用策之臣無任矣。夫魏，一萬乘之國也，然所以西面而事秦，稱東藩，受冠帶，祠春秋者，以秦之彊足以爲與也。〔二〕今齊、楚之兵已合於魏郊矣，而秦救不發，亦將賴其未急也。使之大急，彼且割地而約從，王尚何救焉？必待其急而救之，是失一東藩之魏而彊二敵之齊、楚，則王何利焉？」於是秦昭王遽爲發兵救魏。魏氏復定。

〔一〕索隱 七餘反。

〔二〕索隱 與謂許與爲親而結和也。

趙使人謂魏王曰：「爲我殺范痤，吾請獻七十里之地。」魏王曰：「諾。」使吏捕之，圍而未殺。痤因上屋騎危，〔一〕謂使者曰：「與其以死痤市，不如以生痤市。有如痤死，趙不予王地，則王將柰何？故不若與先定割地，然後殺痤。」魏王曰：「善。」痤因上書信陵君曰：「痤，故魏之免相也，趙以地殺痤而魏王聽之，有如彊秦亦將襲趙之欲，則君且柰何？」信陵君言於王而出之。

〔一〕集解 危，棟上也。索隱 上音奇。危，棟上也。禮云「中屋履危」。蓋昇屋以避兵。

魏王以秦救之故，欲親秦而伐韓，以求故地。无忌謂魏王曰：

秦與戎翟同俗，有虎狼之心，貪戾好利無信，不識禮義德行。苟有利焉，不顧親戚兄弟，若禽獸耳，此天下之所識也，非有所施厚積德也。故太后母也，而以憂死；穰侯舅也，功莫大焉，而竟逐之；兩弟無罪，而再奪之國。此於親戚若此，而況於仇讎之國乎？今王與秦共伐韓而益近秦患，臣甚惑之。而王不識則不明，羣臣莫以聞則不忠。

今韓氏以一女子奉一弱主，內有大亂，外交彊秦魏之兵，王以爲不亡乎？韓亡，秦有鄭地，與大梁鄰，〔一〕王以爲安乎？王欲得故地，今負彊秦之親，王以爲利乎？

〔一〕索隱 戰國策「鄰」作「鄰」字爲得。

秦非無事之國也，韓亡之後必將更事，更事必就易與利，就易與利必不伐楚與趙矣。是何也？夫越山踰河，絶韓上黨而攻彊趙，是復閼與之事，〔一〕秦必不爲也。若道河內，倍鄴、朝歌，絶漳滏水，與趙兵決於邯鄲之郊，是知伯之禍也，秦又不敢。伐楚，道涉谷，〔二〕行三千里〔三〕而攻冥阸之塞，〔四〕所行甚遠，所攻甚難，〔五〕秦又不爲也。若道河外，倍大梁，〔六〕右（蔡左）〔上蔡〕、召陵，〔七〕與楚兵決於陳郊，秦又不敢。故曰秦必不伐楚與趙矣，又不攻衞與齊矣。〔八〕

〔一〕索隱 復音扶富反。謂前年秦韓相攻閼與，而趙奢破秦軍。

〔二〕索隱 道猶行也。涉谷是往楚之險路。從秦向楚有兩道，涉谷是西道，河內是東道。

〔三〕正義 劉伯莊云：「秦兵向楚有兩道，涉谷是西道，河外是東道。從褒斜入梁州，卽東南至申州攻石城山，險阸之塞也。」

〔四〕集解 孫檢曰：「楚之險塞也。」徐廣曰：「或以爲今江夏鄳縣。」正義 冥音盲。括地志云：「石城山在申州鍾山縣東南二十一里。魏攻冥阸卽此，山上有故石城。注水經云『或言在鄳』，指此山也。呂氏春秋云『九塞』，此其一也。」

〔五〕索隱 攻，亦作「致」。戰國策見作「致軍」，言致軍糧難也。

〔六〕正義 從河外出函谷關，歷同州南至鄭州，東向陳州，則背大梁也。

〔七〕集解 徐廣曰：「一無『左』字。」正義 上蔡縣在豫州北七十里，邵陵故城亦在豫州郾城縣東四十五里，並在陳州西。從汴州南行向陳州之西郊，則上蔡、邵陵正南面，向東皆身之右，定無「左」字也。

〔八〕正義 衞、齊皆在韓、趙、魏之東，故秦不伐也。

夫韓亡之後，兵出之日，非魏無攻已。秦固有懷、茅、〔一〕邢丘，〔二〕城〔三〕垝津〔四〕以臨河內，河內共、汲〔五〕必危；有鄭地，〔六〕得垣雍，〔七〕決熒澤水灌大梁，大梁必亡。王之使者出過而惡安陵氏於秦，〔八〕秦之欲誅之久矣。秦葉陽、昆陽與舞陽鄰，〔九〕聽使〔一〇〕者之惡之，隨安陵氏而亡之，〔一一〕繞舞陽之北，以東臨許，南國必危，〔一二〕國無害(已)〔乎〕？

〔一〕集解 徐廣曰：「在脩武軹縣，有茅亭。」正義 茅，卯包反。懷州武陟縣西十一里故懷城，本周邑，後屬晉。左傳云周與鄭人蘇忿生十二邑，其一曰攢茅。括地志云「在懷州獲嘉縣東北二十五里」也。獲嘉，古脩武也。

〔二〕集解 徐廣曰：「在平皋。」正義 括地志云：「平皋故城在懷州武德縣東南二十里，本邢丘邑也，以其在河之皋地也。」

〔三〕索隱 按：戰國策云邢丘、安城，此少「安」字耳。

〔四〕索隱 在河北。垝音九毁反。正義 垝音詭。字誤，當作「延」。括地志云：「延津故俗字名臨津，故城在衞州清淇縣西南二十六里。杜預云『汲郡城南有延津』是也。」

〔五〕集解 徐廣曰：「汲縣屬河內。」索隱 汲，亦作「波」。波及汲皆縣名，俱屬河內。

〔六〕集解 徐廣曰：「成皋、滎陽亦屬鄭。」

〔七〕集解 徐廣曰：「垣雍城在卷縣，卷縣屬魏也。卷縣又有長城，經陽武到密者也。」正義 雍，於用反。括地志云：「故城在鄭州原武縣西北七里。」釋例：「地名卷縣，理或垣城也。」言韓亡之後，秦有鄭地，得垣雍城，從熒澤決溝歷雍灌大梁是也。

〔八〕集解 徐廣曰：「召陵有安陵鄉，征羌有安陵亭也。」正義 括地志云：「鄢陵縣西北十五里。李奇云六國時爲安陵也。」言魏王使者出向秦云，共伐韓以成過失，而更惡安陵氏於秦，今伐之，重非也。

〔九〕正義 括地志云：「葉陽今許州葉縣也。昆陽故城在許州葉縣北二十五里。舞陽故城在葉縣東十里。」此時葉陽、昆陽屬秦，舞陽屬魏也。

〔一〇〕索隱 上平聲，下去聲。

〔一一〕正義 隨猶聽也。無忌說言使者惡安陵氏，亦聽秦亡安陵氏。然繞舞陽之北以東臨許，許必危矣。秦有許地，魏國可無害。

〔一二〕正義 南國，今許州許昌縣南西四十里許昌故城是也。此時屬韓，在魏之南，故言南國。括地志云：「周時爲許國，武王伐紂所封。地理志云潁川許縣古許國，姜姓，四岳之後，文叔所封，二十四君，爲楚所滅。」三卿背晉，其地屬韓。

夫憎韓不愛安陵氏可也，夫不患秦之不愛南國非也。異日者，秦在河西晉，國去梁千里，〔一〕有河山以闌之，有周韓以閒之。從林鄉軍〔二〕以至于今，秦七攻魏，五入囿中，〔三〕邊城盡拔，文臺墮，〔四〕垂都焚，〔五〕林木伐，麋鹿盡，而國繼以圍。又長驅梁北，東至陶衞之郊，〔六〕北至平監。〔七〕所亡於秦者，山南山北，〔八〕河外河內，〔九〕大縣數十，〔一〇〕名都數百。〔一一〕秦乃在河西晉，去梁千里，而禍若是矣。又況於使秦無韓，有鄭地，無河山而闌之，無周韓而閒之，去大梁百里，禍必由此矣。

〔一〕集解 徐廣曰：「魏國之界千里。又云河南梁縣有注城。」正義 河西，同州也。晉國都絳州，魏都安邑，皆在河東，去大梁有千里也。

〔二〕集解 徐廣曰：「林鄉在宛縣。」索隱 劉氏云「林，地名，蓋春秋時鄭地之棐林，在大梁之西北」。徐廣云在宛陵也。正義 括地志云：「宛陵故城在鄭州新鄭縣東北三十八里，本鄭舊縣也。」按劉徐二說，是其地也。

〔三〕集解徐廣曰：「一作『城』也。」索隱圃即圃田。圃田，鄭藪，屬魏。徐廣云一作「城」。而戰國策作「國中」。正義括地志云：「圃田澤在鄭州管城縣東三里。周禮云豫州藪曰圃田也。」

〔四〕索隱文臺，臺名。列士傳曰「隱陵君施酒文臺」也。正義墮，許規反。括地志云：「文臺在曹州冤句縣西北六十五里也。」

〔五〕集解徐廣曰：「一云『魏山都焚』。句陽有垂亭。」索隱垂，地名。有廟曰都。並魏邑名。

〔六〕正義陶，曹州定陶也。衞即宋州楚丘縣，衞文公都之，秦兵歷取其郊也。

〔七〕集解徐廣曰：「平縣屬河南。平，或作『乎』字。史記齊闞止作『監』字。闞在東平須昌縣。」

〔八〕正義山，華山也。華山之東南，七國時鄧州屬韓，汝州屬魏。華山之北，同、華、銀、綏並魏地也。

〔九〕正義河外謂華州以東至虢、陝，河內謂蒲州以東至懷、衞也。

〔一〇〕集解徐廣曰：「一作『百』。」

〔一一〕集解徐廣曰：「一作『十』。」

異日者，從之不成也，〔一〕楚、魏疑而韓不可得也。今韓受兵三年，秦橈之以講，〔二〕識亡不聽，〔三〕投質於趙，請爲天下鴈行頓刃，楚、趙必集兵，皆識秦之欲無窮也，非盡亡天下之國而臣海內，必不休矣。是故臣願以從事王，〔四〕王速受楚趙之約，（趙）〔而〕挾韓之質〔五〕以存韓，而求故地，韓必效之。〔六〕此士民不勞而故地得，其功多於與秦共伐韓，而又與彊秦鄰之禍也。

〔一〕索隱從音足松反。

〔二〕索隱橈音尼孝反。謂韓被秦之兵，橈擾已經三年，云欲講說與韓和。

〔三〕索隱識猶知也。故戰國策云「韓知亡猶不聽」也。戰國策亦然。

〔四〕索隱從音足松反。從事，言合從事王也。

〔五〕索隱言韓以質子入趙，則趙挾韓質而親韓也。

〔六〕索隱效猶致也，謂致故地於趙也。正義無忌令魏王速受楚、趙之從。趙、楚挾持韓之質以存韓，而魏以求地，韓必效之，勝於與秦伐韓又與秦鄰之禍殃也。

夫存韓安魏而利天下，此亦王之天時已。通韓上黨於共、甯，〔一〕使道安成，〔二〕出入賦之，是魏重質韓以其上黨也。今有其賦，足以富國。韓必德魏愛魏重魏畏魏，韓必不敢反魏，是韓則魏之縣也。魏得韓以爲縣，衞、大梁、河外必安矣。今不存韓，二周、安陵必危，楚、趙大破，衞、齊甚畏，天下西鄉而馳秦入朝而爲臣不久矣。

〔一〕集解徐廣曰：「朝歌有甯鄉。」正義共，衞州共城縣。甯，懷州脩武縣，本殷之甯邑。韓詩外傳云「武王伐紂，勒兵於甯，故曰脩武」。今魏開通共甯之道，使韓上黨得直路而行也。

〔二〕正義括地志云：「故安城在鄭州原武縣東南二十里。」時屬魏也。

二十年，秦圍邯鄲，信陵君無忌矯奪將軍晉鄙兵以救趙，〔一〕趙得全。無忌因留趙。二十六年，秦昭王卒。

〔一〕正義括地志云：「魏德故城一名晉鄙城，在衞縣西北五十里，即公子無忌矯奪晉鄙兵，故名魏德城也。」

三十年，無忌歸魏，率五國兵攻秦，敗之河外，走蒙驁。魏太子增質於秦，秦怒，欲因魏太子增。或爲增謂秦王〔一〕曰：「公孫喜〔二〕固謂魏相曰『請以魏疾擊秦，秦王怒，必囚增。魏王又怒，擊秦，秦必傷』。今王囚增，是喜之計中也。故不若貴增而合魏，以疑之於齊、韓。」秦乃止增。

〔一〕索隱按：戰國策作「蘇秦爲公子增謂秦王」。

〔二〕索隱戰國策作「公孫衍」。

三十一年，秦王政初立。

三十四年，安釐王卒，太子增立，是爲景湣王。〔一〕信陵君無忌卒。

〔一〕索隱系本云：「安釐王生景湣王午。」

景湣王元年，秦拔我二十城，以爲秦東郡。二年，秦拔我朝歌。衞徙野王。〔一〕三年，秦拔我汲。五年，秦拔我垣、蒲陽、衍。〔二〕十五年，景湣王卒，子王假立。

〔一〕集解徐廣曰：「衞從濮陽徙野王。」

〔二〕集解徐廣曰：「十二年獻城秦。」正義括地志云：「故垣地本魏王垣也，在絳州垣縣西北二十里。蒲邑故城在隰州隰川縣南四十五里。」在蒲水之北，故曰蒲陽。衍，地名，在鄭州。

王假元年，燕太子丹使荆軻刺秦王，秦王覺之。〔一〕

〔一〕集解徐廣曰：「二年，新鄭反。」

三年，秦灌大梁，虜王假，〔一〕遂滅魏以爲郡縣。

〔一〕集解列女傳曰：「秦殺假。」

太史公曰：吾適故大梁之墟，墟中人曰：「秦之破梁，引河溝而灌大梁，三月城壞，王請降，遂滅魏。」說者皆曰魏以不用信陵君故，國削弱至於亡，余以爲不然。天方令秦平海內，其業未成，魏雖得阿衡之佐，曷益乎？〔一〕

〔一〕索隱按：譙周曰「以予所聞，所謂天之亡者，有賢而不用也，如用之，何有亡哉？使紂用三仁，周不能王，況秦虎狼乎」？

【索隱述贊】畢公之苗，因國爲姓。大名始賞，盈數自正。胤裔繁昌，系載忠正。楊干就戮，智氏奔命。文始建侯，武實彊盛。大梁東徙，長安北偵。卯既無功，卬亦外聘。王假削弱，虜於秦政。

史記卷四十五

韓世家第十五

韓之先與周同姓，[一]姓姬氏。其後苗裔事晉，得封於韓原，[二]曰韓武子。武子後三世[三]有韓厥，從封姓爲韓氏。

[一]索隱 按：左氏傳云「邗、晉、應、韓，武之穆」，是武王之子，故詩稱「韓侯出祖」，是有韓而先滅。今據此文，云「其後苗裔事晉，封于韓原，曰韓武子」，則武子本是韓侯之後，晉又封之於韓原，卽今之馮翊韓城是也。然按系本及左傳舊說，皆謂韓萬是曲沃桓叔之子，卽是晉之支庶。又國語叔向謂韓宣子能修武子之德，起再拜謝曰「自桓叔已下，嘉吾子之賜」，亦言桓叔是韓之祖也。今以韓侯之後別有桓叔，非關曲沃之桓叔，如此則與太史公之意亦有違。

[二]正義 括地志云：「韓原在同州韓城縣西南八里。又韓城在縣南十八里，故古韓國也。古今地名云韓武子食菜於韓原故城也。」

[三]索隱 系本云：「萬生賕伯，賕伯生定伯簡，簡生輿，輿生獻子厥。」

韓厥，晉景公之三年，晉司寇屠岸賈將作亂，誅靈公之賊趙盾。趙盾已死矣，欲誅其子

趙朔。韓厥止賈，賈不聽。厥告趙朔令亡。朔曰：「子必能不絕趙祀，死不恨矣。」韓厥許之。及賈誅趙氏，厥稱疾不出。程嬰、公孫杵臼之藏趙孤趙武也，厥知之。

景公十一年，厥與郤克將兵八百乘伐齊，敗齊頃公于鞍，[一]獲逢丑父。於是晉作六卿，而韓厥在一卿之位，號爲獻子。

[一]正義 音安。括地志云：「故鞍城今俗名馬鞍城，在濟州平陰縣十里。」

晉景公十七年，病，卜，大業之不遂者爲祟。韓厥稱趙成季之功，今後無祀，以感景公。景公問曰：「尚有世乎？」厥於是言趙武，而復與故趙氏田邑，續趙氏祀。

晉悼公之(十)〔七〕年，韓獻子老。獻子卒，子宣子代。宣子徙居州。[一]

[一]索隱 宣子名起。州，今在河內是也。正義 括地志云：「懷州武德縣本周司寇蘇忿生之州邑也。」

晉平公十四年，吳季札使晉，曰：「晉國之政卒歸於韓、魏、趙矣。」晉頃公十二年，韓宣子與趙、魏共分祁氏、羊舌氏十縣。晉定公十五年，宣子與趙簡子侵伐范、中行氏。宣子卒，子貞子代立。貞子徙居平陽。[一]

[一]索隱 系本作「平子」，名須，宣子子也。又云「景子居平陽」。平陽在山西。宋忠曰「今河東平陽縣」。正義 平陽，晉州城是。

貞子卒，子簡子代。[一]簡子卒，子莊子代。莊子卒，子康子[二]代。康子與趙襄子、魏桓子共敗知伯，分其地，地益大，大於諸侯。

[一]集解 徐廣曰：「史記多無簡子、莊子，而云貞子生康子。班氏亦同。」索隱 徐廣云：「史記多無簡子、莊子，而云貞子生康子。班氏亦同。」按：系本有簡子，名不信；莊子，名庚。趙系家亦有簡子，名不佞。

[二]索隱 名虎。

康子卒，子武子[一]代。武子二年，伐鄭，殺其君幽公。十六年，武子卒，子景侯立。[二]

[一]索隱 名啓章。

[二]索隱 紀年及系本皆作「景子」，名處。

景侯虔元年，伐鄭，取雍丘。二年，鄭敗我負黍。

六年，與趙、魏俱得列爲諸侯。

九年，鄭圍我陽翟。景侯卒，子列侯取立。[一]

[一]索隱 系本作「武侯」。

列侯三年，聶政殺韓相俠累。[一]九年，秦伐我宜陽，取六邑。十三年，列侯卒，子文侯立。[二]是歲魏文侯卒。

[一]集解 徐廣曰：「六年救魯也。」索隱 戰國策作「殺韓傀」，高誘曰「韓傀，俠侯累也」。

[二]索隱 按：紀年無文侯，系本無列侯。

文侯二年，伐鄭，取陽城。伐宋，到彭城，執宋君。七年，伐齊，至桑丘。鄭反晉。九年，伐齊，至靈丘。[一]十年，文侯卒，子哀侯立。

[一]正義 靈丘，蔚州縣也，此時屬燕也。

哀侯元年，與趙、魏分晉國。二年，滅鄭，因徙都鄭。[一]

[一]索隱 按：紀年魏武侯二十一年，韓滅鄭，哀侯入于鄭。二十二年，晉桓公邑哀侯于鄭。是韓既徙都，因改號曰鄭，故戰國策謂韓惠王曰鄭惠王，猶魏徙大梁稱梁王然也。

六年，韓嚴弒其君哀侯，而子懿侯立。[一]

[一]索隱 按：年表懿侯作「莊侯」。又紀年云「晉桓公邑哀侯于鄭，韓山堅賊其君哀侯而立韓若山」。若山卽懿侯也，則韓嚴爲韓山堅也。而戰國策又有韓仲子，名遂，又恐是韓嚴也。

懿侯二年，魏敗我馬陵。[一]五年，與魏惠王會宅陽。[二]九年，魏敗我澮。[三]十二年，懿侯卒，子昭侯立。

[一]正義 在魏州元城縣東南一里。

[二]正義 在鄭州也。

[三]集解 徐廣曰：「大雨三月也。」正義 澮，古外反，在陵州澮水之上也。

昭侯元年，秦敗我西山。二年，宋取我黃池。[一]魏取朱。六年，伐東周，[二]取陵觀、邢丘。

〔一〕集解 徐廣曰：「在平丘。」

〔二〕正義 河南鞏縣。

八年，申不害相韓，脩術行道，國內以治，諸侯不來侵伐。

十年，韓姬弒其君悼公。〔一〕十一年，昭侯如秦。二十二年，申不害死。二十四年，秦來拔我宜陽。

〔一〕索隱 紀年「姬」亦作「玘」，並音羊之反。姬是韓大夫，而王邵亦云不知悼公何君也。

二十五年，旱，作高門。屈宜臼〔一〕曰：「昭侯不出此門。何也？不時。吾所謂時者，非時日也，人固有利不利時。昭侯嘗利矣，不作高門。往年秦拔宜陽，今年旱，昭侯不以此時卹民之急，而顧益奢，此謂『時絀舉贏』。」〔二〕二十六年，高門成，昭侯卒，〔三〕果不出此門。子宣惠王立。

〔一〕集解 許慎曰：「屈宜臼，楚大夫，在魏也。」

〔二〕集解 徐廣曰：「時衰耗而作奢侈。」

〔三〕索隱 按：紀年「鄭昭侯武薨，次威侯立。威侯七年，與邯鄲圍襄陵。五月，梁惠王會威侯于巫沙。十月，鄭宣王朝梁」，不見威侯之卒。下敗韓舉在威侯八年，而此系家即以爲宣惠王之年。又上有殺悼公，悼公又不知是誰之謚。則韓微小，國史失代系，故此文及系本不同，蓋亦不可復考。

宣惠王五年，張儀相秦。八年，魏敗我將韓舉。〔一〕十一年，君號爲王。與趙會區鼠。

十四年，秦伐敗我鄢。〔二〕

〔一〕索隱 韓舉則是韓將不疑，而紀年云韓舉，趙將，蓋舉先爲趙將，後入韓。又紀年云其敗當韓威王八年，是不同也。

〔二〕集解 徐廣曰：「潁川鄢陵縣。音於乾反。」 正義 今許州鄢陵縣西北十五里有鄢陵故城是也。

十六年，秦敗我脩魚，〔一〕虜得韓將鰒、申差於濁澤。〔二〕韓氏急，公仲〔三〕謂韓王曰：「與國非可恃也。今秦之欲伐楚久矣，王不如因張儀爲和於秦，賂以一名都，具甲，與之南伐楚，此以一易二之計也。」〔四〕韓王曰：「善。」乃警公仲之行，〔五〕將西購於秦。〔六〕楚王聞之大恐，召陳軫告之。陳軫曰：「秦之欲伐楚久矣，今又得韓之名都一而具甲，秦韓并兵而伐楚，此秦所禱祀而求也。今已得之矣，楚國必伐矣。王聽臣爲之警四境之內，起師言救韓，命戰車滿道路，發信臣，多其車，重其幣，使信王之救己也。縱韓不能聽我，韓必德王也，〔七〕必不爲鴈行以來，〔八〕是秦韓不和也，兵雖至，楚不大病也。爲能聽我絶和於秦，秦必大怒，以厚怨韓。韓之南交楚，必輕秦；輕秦，其應秦必不敬：是因秦、韓之兵而免楚國之患也。」楚王曰：「善。」乃警四境之內，興師言救韓。命戰車滿道路，發信臣，多其車，重其幣。謂韓王曰：「不穀國雖小，已悉發之矣。願大國遂肆志於秦，不穀將以楚殉韓。」〔九〕韓王聞之大說，乃止公仲之行。〔一〇〕公仲曰：「不可。夫以實伐我者秦也，以虛名救我者楚也。王恃楚之虛名，而輕絶彊秦之敵，王必爲天下大笑。且楚韓非兄弟之國也，又非素約而謀伐秦也。已有伐形，因發兵言救韓，此必陳軫之謀也。且王已使人報於秦矣，今不行，是欺秦也。夫輕欺彊秦而信楚之謀臣，恐王必悔之。」韓王不聽，遂絶於秦。秦因大怒，益甲伐韓，大戰，楚救不至韓。十九年，大破我岸門。〔一〕太子倉質於秦以和。

〔一〕索隱 地名。

〔二〕集解 徐廣曰：「一云鯁、申差。長社有濁澤。」 索隱 鰒、申差，二將。鰒音瘦，亦作「鯁」。 正義 按：濁澤者蓋誤，當作「觀澤」。年表云「秦惠文王更元八年，與韓戰，斬首八萬。韓宣惠王十六年，秦敗我脩魚，得將軍申差。魏哀王二年，齊敗我觀澤。趙武靈王九年，與韓、魏擊秦。齊湣王七年，敗魏、趙觀澤」，濁澤定誤矣。徐廣又云「濁澤在長社」，不曉錯誤之甚。括地志云「觀澤在魏州頓丘縣東十八里」。

〔三〕索隱 韓相國，名侈。

〔四〕索隱 一，謂名都也。二，謂使不伐韓而又與之伐楚也。

〔五〕索隱 警，戒也。戰國策作「衞」。

〔六〕索隱 戰國策作「講」。講亦謀議，與購求意通。

〔七〕索隱 言韓王信楚之救，雖不能聽待楚救至，折入於秦，猶德於楚也。

〔八〕索隱 言韓以楚必救己，已雖隨秦來戰，猶德於王，故不爲鴈行而來，言不同心旅進也。

〔九〕索隱 殉，從死也。言以死助韓。

〔一〇〕索隱 止不令西之秦。

〔一一〕集解 徐廣曰：「潁陰有岸亭。」 正義 括地志云：「岸門在許州長社縣西北十八里，今名西武亭矣。」

二十一年，〔一〕與秦共攻楚，〔二〕敗楚將屈丐，斬首八萬於丹陽。〔三〕是歲，宣惠王卒，太子倉立，是爲襄王。〔四〕

〔一〕集解 徐廣曰：「周王赧之三年也。」

〔二〕集解 徐廣曰：「圍景痤也。」

〔三〕索隱 故楚都，在今均州。 正義 左傳〔釋〕例云：「楚居丹陽，今枝江縣故城是也。」

〔四〕集解 徐廣曰：「一云周赧王六年，韓襄哀王三年，張儀死。赧王九年，襄哀王六年，秦昭王立。」

襄王四年，與秦武王會臨晉。其秋，秦使甘茂攻我宜陽。五年，秦拔我宜陽，〔一〕斬首六萬。秦武王卒。六年，秦復與我武遂。九年，秦復取我武遂。十年，太子嬰朝秦而歸。〔二〕十一年，秦伐我，取穰。〔三〕與秦伐楚，敗楚將唐眛。

〔一〕正義 括地志云：「故韓城一名宜陽城，在洛州福昌縣東十四里，韓宜陽城也。」

〔二〕集解 徐廣曰：「與秦會臨晉，因至咸陽而還。」

〔三〕正義 穰，人羊反，鄧州縣也。郭仲產南雍州記云：「楚之別邑。秦初侵楚，封公子悝爲穰侯。後屬韓，秦昭王取之也。」

十二年，太子嬰死。公子咎、公子蟣蝨爭爲太子。時蟣蝨質於楚。蘇代謂韓咎曰：「蟣蝨亡在楚，楚王欲内之甚。今楚兵十餘萬在方城之外，〔一〕公何不令楚王築萬室之都雍氏之旁，〔二〕韓必起兵以救之，公必將矣。公因以韓楚之兵奉蟣蝨而内之，其聽公必矣，必以楚韓封公也。」韓咎從其計。

〔一〕索隱方城，楚之北境。之外，北境之北也。正義括地志云：「方城山在許州葉縣西南十八里。左傳云楚大夫屈完對齊侯曰『楚國方城以爲城』，杜注云『方城山在南陽葉縣南』。」

〔二〕集解徐廣曰：「在陽翟。」正義括地志云：「故雍氏城在洛州陽翟縣二十五里。故老云黄帝臣雍父作杵臼也。」

楚圍雍氏，〔一〕韓求救於秦。秦未爲發，使公孫眛入韓。公仲曰：「子以秦爲且救韓乎？」對曰：「秦王之言曰『請道南鄭、藍田，〔二〕出兵於楚以待公』，殆不合矣。」〔三〕公仲曰：「子以爲果乎？」對曰：「秦王必祖張儀之故智。〔四〕楚威王攻梁也，張儀謂秦王曰：『與楚攻魏，魏折而入於楚，韓固其與國也，是秦孤也。不如出兵以到之，〔五〕魏楚大戰，秦取西河之外以歸。』今其狀陽言與韓，其實陰善楚。公待秦而到，必輕與楚戰。楚陰得秦之不用也，必易與公相支也。〔六〕公戰而勝楚，遂與公乘楚，施三川而歸。〔七〕公戰不勝楚，楚塞三川守之，〔八〕公不能救也。竊爲公患之。司馬庚〔九〕三反於郢，甘茂與昭魚〔一〇〕遇於商於，其言收璽，〔一一〕實類有約也。」公仲恐，曰：「然則柰何？」曰：「公必先韓而後秦，先身而後張儀。〔一二〕

公不如亟以國合於齊楚，齊楚必委國於公。公之所惡者張儀也，〔一三〕其實猶不無秦也。」於是楚解雍氏圍。〔一四〕

〔一〕集解徐廣曰：「秦本紀惠王後元十三年，周赧王三年，楚懷王十七年，齊湣王十二年，皆云『楚圍雍氏』。紀年於此亦説『楚景翠圍雍氏。韓宣王卒，秦助韓共敗楚屈丐』。又云『齊、宋圍煮棗』。皆與史記年表及田完世家符同。然則此卷所云『襄王十二年，韓咎從其計』以上，是楚後圍雍氏，赧王之十五年事也。又説『楚圍雍氏』以下，是楚前圍雍氏，赧王之三年事。」

〔二〕正義南鄭，梁州縣。藍田，雍州縣。秦王言或出雍州西南至鄭，或出雍州東南歷藍田出嶢關，俱繞楚北境以待韓使而東救雍氏。如此遲緩，近不合於楚矣。

〔三〕索隱殆不合於南鄭。

〔四〕集解徐廣曰：「祖者，宗之習之謂也。故智，猶前時謀計也。」

〔五〕索隱到，欺也，猶俗云「張到」。然戰國策作「勁」，勁，強也。

〔六〕索隱言楚陰知秦，不爲公用，亦必易爲公相支拒也。

〔七〕正義施猶設也。三川，周天子都也。言韓戰勝楚，則秦與韓駕御於楚，卽於天子之都，張設救韓之功，行霸王之迹，加威諸侯，乃歸咸陽是也。

〔八〕正義楚乃塞南河四關守之，韓不能救三川。

〔九〕集解徐廣曰：「一作『唐』。」

〔一〇〕集解徐廣曰：「楚相國。」索隱戰國策謂之昭獻。

〔一一〕索隱劉氏云「詐言昭魚來秦，欲得秦官之印璽」。收卽取之義也。

〔一二〕正義先以身存韓之計，而後知張儀爲秦到魏之計，不如急以國合於齊楚。

〔一三〕正義惡，烏故反。公孫眛言公仲所惡者張儀到魏之計，雖以國合於齊楚，其實猶不輕欺無秦也。

〔一四〕集解徐廣曰：「甘茂傳云『楚懷王以兵圍韓雍氏，韓使公仲告急於秦，秦昭王新立，不肯救。甘茂爲韓言之，乃下師於殽以救韓也』。又云『周赧王十五年，韓襄王十二年，秦擊楚，斬首二萬，敗楚襄城，殺景缺』。周本紀赧王八年之後云『楚圍雍氏』，此當韓襄王十二年，魏哀王十九年。紀年於此亦説『楚入雍氏，楚人敗』。然爾時張儀已死十年矣。」正義自此已上十二年，並是楚後圍雍氏，赧王之十五年一段事也。前注徐廣云「『楚圍雍氏』之下，是楚前圍雍氏，赧王三年事」，徐説非也。徐見下文云「先身而後張儀」及「公之所惡者張儀也」，言張儀尚存，楚又兩度圍雍氏，故生此前後之見，甚誤也。然是公孫眛卻述張儀時事，説韓相公仲耳。

蘇代又謂秦太后弟芈戎〔一〕曰：「公叔伯嬰恐秦楚之内蟣蝨也，〔二〕公何不爲韓求質子於楚？〔三〕楚王聽入質子於韓，〔四〕則公叔伯嬰知秦楚之不以蟣蝨爲事，必以韓合於秦楚。秦楚挾韓以窘魏，魏氏不敢合於齊，是齊孤也。公又爲秦求質子於楚，〔五〕楚不聽，怨結於韓。韓挾齊魏以圍楚，楚必重公。〔六〕公挾秦楚之重以積德於韓，公叔伯嬰必以國待公。」於是蟣蝨竟不得歸韓。〔七〕韓立咎爲太子。齊、魏王來。〔八〕

〔一〕集解徐廣曰：「號新城君。」索隱芈，姓；戎，名。秦宣太后弟，號新城君。

〔二〕索隱按戰國策，公叔伯嬰與蟣蝨及公子咎並是襄王子。然伯嬰卽太子嬰，嬰前死，故咎與蟣蝨又爭立。此取

戰國策説，伯嬰未立之先亦與蟣蝨爭立，故事重而文倒也。

〔三〕索隱令韓求楚，更以別人爲質，以替蟣蝨也。正義爲，于僞反。後同。

〔四〕索隱質子，蟣蝨也。正義質子，蟣蝨。蘇代令芈戎爲韓求蟣蝨入於韓，楚不聽。公叔伯嬰知秦楚不以蟣蝨爲事，必以韓合於秦楚。「楚王聽入質子於韓」，當云「楚王不聽入質子於韓」，承前脱「不」字耳。次下云「知秦楚不以蟣蝨爲事」，重明脱「不」字。

〔五〕索隱令芈戎教秦，於楚索韓所送質子，令入之於秦也。

〔六〕正義言韓合齊魏以圍楚，楚必尊重芈戎以求秦救矣。

〔七〕正義自此已前蘇代數計皆不成，故韓竟立咎爲太子也。

〔八〕正義蘇代爲韓立計，故得齊、魏王來。

十四年，與齊、魏王共擊秦，至函谷而軍焉。十六年，秦與我河外及武遂。襄王卒，太子咎立，是爲釐王。

釐王三年，使公孫喜率周、魏攻秦。秦敗我二十四萬，虜喜伊闕。五年，秦拔我宛。〔一〕六年，與秦武遂地二百里。〔二〕十年，秦敗我師于夏山。十二年，與秦昭王會西周而佐秦攻齊。齊敗，湣王出亡。十四年，與秦會兩周閒。二十一年，使暴鳶〔三〕救魏，爲秦所敗，鳶走開封。

[一]正義 宛，於元反。宛，鄭州縣也，時屬韓也。

[二]正義 此武遂及上武遂皆宜陽近地。

[三]正義 音捐。韓將姓名。

二十三年，趙、魏攻我華陽。[一]韓告急於秦，秦不救。韓相國謂陳筮[二]曰：「事急，願公雖病，爲一宿之行。」陳筮見穰侯。穰侯曰：「事急乎？故使公來。」陳筮曰：「未急也。」穰侯怒曰：「是可以爲公之主使乎？夫冠蓋相望，告敝邑甚急，公來言未急，何也？」陳筮曰：「彼韓急則將變而佗從，以未急，故復來耳。」穰侯曰：「公無見王，請今發兵救韓。」八日而至，敗趙、魏於華陽之下。是歲，釐王卒，子桓惠王立。

[一]正義 司馬彪云：「華陽，山名，在密縣。」鄭州管城縣南四十里。

[二]集解 徐廣曰：「一作『筌』。」索隱 徐廣云一作「筌」。戰國策作「田苓」。

桓惠王元年，伐燕。九年，秦拔我陘，城汾旁。[一]十年，秦擊我於太行，[二]我上黨郡守以上黨郡降趙。十四年，秦拔趙上黨，[三]殺馬服子卒四十餘萬於長平。十七年，秦拔我陽城、負黍。[四]二十二年，秦昭王卒。二十四年，秦拔我城皋、滎陽。二十六年，秦悉拔我上黨。二十九年，秦拔我十三城。

[一]正義 陘音刑。秦拔陘城於汾水之旁。陘故城在絳州曲沃縣西北二十里汾水之旁也。

[二]正義 太行山在懷州河內縣北二十五里也。

[三]正義 韓上黨也。從太行山西北澤、潞等州是也。

[四]集解 徐廣曰：「負黍在陽城。」正義 古今地名云：「負黍在洛州陽城西三十七里也。」

三十四年，桓惠王卒，子王安立。

王安五年，秦攻韓，韓急，使韓非使秦，秦留非，因殺之。九年，秦虜王安，盡入其地，爲潁川郡。韓遂亡。[一]

[一]正義 亡在秦始皇帝十七年。

太史公曰：韓厥之感晉景公，紹趙孤之子武，以成程嬰、公孫杵臼之義，此天下之陰德也。韓氏之功，於晉未覩其大者也。然與趙、魏終爲諸侯十餘世，宜乎哉！

【索隱述贊】韓氏之先，實宗周武。事微國小，春秋無語。後裔事晉，韓原是處。趙孤克立，智伯可取。既徙平陽，又侵負黍。景趙俱侯，惠（文）〔又〕僭主。秦敗脩魚，魏會區鼠。韓非雖使，不禁狼虎。

史記卷四十六

田敬仲完世家第十六

陳完者，陳厲公他[一]之子也。完生，周太史過陳，陳厲公使卜完，卦得觀之否：「是爲觀國之光，利用賓于王。此其代陳有國乎？不在此而在異國乎？非此其身也，在其子孫。若在異國，必姜姓。姜姓，四嶽之後。[二]物莫能兩大，陳衰，此其昌乎？」[三]

[一]索隱 他音徒何反。此系家以他爲厲公，而左傳厲公名躍，陳系家又有利公躍，利卽厲也，是厲公名躍。蓋他是厲公之兄，立未踰年，無謚。今此云「厲公他」，非也。他一名五父，故經云「蔡人殺陳他」，傳又云「蔡人殺五父」是也。

[二]正義 杜預云：「姜姓之先，爲堯四嶽也。」

[三]正義 陳滑公，周敬王四十一年爲楚惠王所滅。齊簡公，周敬王三十九年被田常所殺。

厲公者，陳文公少子也，其母蔡女。文公卒，厲公兄鮑立，是爲桓公。桓公與他異母。及桓公病，蔡人爲他殺桓公鮑及太子免而立他，爲厲公。厲公既立，娶蔡女。蔡女淫於蔡

人，數歸，厲公亦數如蔡。桓公之少子林怨厲公殺其父與兄，乃令蔡人誘厲公而殺之。林自立，是爲莊公。故陳完不得立，爲陳大夫。厲公之殺，以淫出國，故春秋曰「蔡人殺陳他」，罪之也。

莊公卒，立弟杵臼，是爲宣公。宣公〔二〕十一年，殺其太子禦寇。禦寇與完相愛，恐禍及己，完故奔齊。齊桓公欲使爲卿，辭曰：「羈旅之臣幸得免負檐，君之惠也，不敢當高位。」桓公使爲工正。[一]齊懿仲欲妻完，卜之，占曰：「是謂鳳皇于蜚，和鳴鏘鏘。有媯之後，將育于姜。五世其昌，並于正卿。八世之後，莫之與京。」卒妻完。完之奔齊，齊桓公立十四年矣。

[一]正義 工巧之長，若將作大匠。

完卒，謚爲敬仲。仲生穉孟夷。[一]敬仲之如齊，以陳字爲田氏。[二]

[一]索隱 系本作「夷孟思」。蓋穉是名，孟夷字也。

[二]集解 徐廣曰：「應劭云始食采地於田，由是改姓田氏。」索隱 據如此云，敬仲奔齊，以陳田二字聲相近，遂以爲田氏。應劭云「始食菜於田」，則田是地名，未詳其處。正義 案：敬仲既奔齊，不欲稱本國故號，故改陳字爲田氏。

田穉孟夷生湣孟莊，[一]田湣孟莊生文子須無。田文子事齊莊公。

中華書局

〔一〕集解 徐廣曰：「一作『芒』。」索隱 系本作「閔孟克」。芒，昌改反。

晉之大夫欒逞〔一〕作亂於晉，來奔齊，齊莊公厚客之。晏嬰與田文子諫，莊公弗聽。

文子卒，生桓子無宇。田桓子無宇有力，事齊莊公，甚有寵。

〔一〕索隱 音盈。史記多作「逞」字。

無宇卒，生武子開與釐子乞。〔一〕田釐子乞事齊景公爲大夫，其收賦稅於民以小斗受之，其（粟）〔稟〕予民以大斗，行陰德於民，而景公弗禁。由此田氏得齊衆心，宗族益彊，民思田氏。晏子數諫景公，景公弗聽。已而使於晉，與叔向私語曰：「齊國之政其卒歸於田氏矣。」

〔一〕正義 釐音僖。

晏嬰卒後，范、中行氏反晉。晉攻之急，范、中行請粟於齊。田乞欲爲亂，樹黨於諸侯，乃說景公曰：「范、中行數有德於齊，齊不可不救。」齊使田乞救之而輸之粟。

景公太子死，後有寵姬曰芮子，〔一〕生子荼。〔二〕景公病，命其相國惠子〔三〕與高昭子〔四〕以子荼爲太子。景公卒，兩相高、國立荼，是爲晏孺子。而田乞不說，欲立景公他子陽生。陽生素與乞歡。晏孺子之立也，陽生奔魯。田乞僞事高昭子、國惠子者，每朝代參乘，言

曰：「始諸大夫不欲立孺子。孺子既立，君相之，大夫皆自危，謀作亂。」又紿大夫曰：「高昭子可畏也，及未發先之。」諸大夫從之。田乞、鮑牧與大夫以兵入公室，攻高昭子。昭子聞之，與國惠子救公。公師敗。田乞之衆追國惠子，惠子奔莒，遂返殺高昭子。晏（孺子）〔圉〕奔魯。

〔一〕集解 徐廣曰：「一作『粥子』。」

〔二〕索隱 音舒。又如字。

〔三〕索隱 名夏。

〔四〕索隱 名張。

田乞使人之魯，迎陽生。陽生至齊，匿田乞家。請諸大夫曰：「常之母有魚菽之祭，幸而來會飲。」會飲田氏。田乞盛陽生橐中，〔一〕置坐中央。發橐，出陽生，曰：「此乃齊君矣。」大夫皆伏謁。將盟立之，田乞誣曰：「吾與鮑牧謀共立陽生也。」鮑牧怒曰：「大夫忘景公之命乎？」諸大夫欲悔，陽生乃頓首曰：「可則立之，不可則已。」鮑牧恐禍及己，乃復曰：「皆景公之子，何爲不可！」遂立陽生於田乞之家，是爲悼公。乃使人遷晏孺子於駘，〔二〕而殺孺子荼。悼公既立，田乞爲相，專齊政。

〔一〕索隱 橐音託。橐中謂皮橐之中。

〔二〕正義 音臺，又音台。賈逵云：「齊地也。」

四年，田乞卒，子常代立，是爲田成子。

鮑牧與齊悼公有郄，弒悼公。齊人共立其子壬，是爲簡公。田常成子與監止〔一〕俱爲左右相，相簡公。田常心害監止，監止幸於簡公，權弗能去。於是田常復脩釐子之政，以大斗出貸，以小斗收。齊人歌之曰：「嫗乎采芑，歸乎田成子！」〔二〕齊大夫朝，御鞅〔三〕諫簡公曰：「田、監不可並也，君其擇焉。」君弗聽。

〔一〕集解 監，一作「闞」。索隱 上音如字，又音苦濫反。監，姓也。名止。

〔二〕索隱 言嫗之采芑菜皆歸入於田成子，以刺齊國之政將歸陳。

〔三〕索隱 御，官也；鞅，名也。亦田氏之族。

子我者，監止之宗人也，〔一〕常與田氏有郤。田氏疏族田豹事子我有寵。子我曰：「吾欲盡滅田氏適，以豹代田氏宗。」豹曰：「臣於田氏疏矣。」不聽。已而豹謂田氏曰：「子我將誅田氏，田氏弗先，禍及矣。」子我舍公宮，田常兄弟四人乘如公宮，欲殺子我。子我閉門。簡公與婦人飲檀臺，〔二〕將欲擊田常。太史子餘曰：「田常非敢爲亂，將除害。」簡公乃止。田常出，聞簡公怒，恐誅，將出亡。田子行曰：「需，事之賊也。」〔三〕田常於是擊子我。

子我率其徒攻田氏，不勝，出亡。田氏之徒追殺子我及監止。

〔一〕索隱 案：齊系家云「子我夕」，賈逵云「即監止也」。尋其文意，當是監止。今云「宗人」，蓋太史誤也。

〔二〕正義 在青州臨淄縣東北一里。

〔三〕索隱 需音須。需者，疑也。疑必致難，故云事之賊也。

簡公出奔，田氏之徒追執簡公于徐州。〔一〕簡公曰：「蚤從御鞅之言，不及此難。」田氏之徒恐簡公復立而誅己，遂殺簡公。簡公立四年而殺。於是田常立簡公弟驁，是爲平公。平公即位，田常爲相。

〔一〕索隱 徐音舒。徐州，齊邑，薛縣是也，非九州之徐。正義 齊之西北界上地名，在勃海郡東平縣也。

田常既殺簡公，懼諸侯共誅己，乃盡歸魯、衛侵地，西約晉、韓、魏、趙氏，南通吳、越之使，脩功行賞，親於百姓，以故齊復定。

田常言於齊平公曰：「德施人之所欲，君其行之；刑罰人之所惡，臣請行之。」行之五年，齊國之政皆歸田常。田常於是盡誅鮑、晏、監止及公族之彊者，而割齊自安平以東〔一〕至琅邪，自爲封邑。〔二〕封邑大於平公之所食。

〔一〕集解 徐廣曰：「安平在北海。」索隱 案：司馬彪郡國志「北海東安平，六國時曰安平」，則徐廣云在北海是。正義 括地志云：「安平城在青州臨淄縣東十九里，古紀國之酅邑。」青州即北海郡也。

〔二〕正義琅邪，沂州也。從安平已東，萊、登、沂、密等州皆自爲田常封邑也。

田常乃選齊國中女子長七尺以上爲後宮，後宮以百數，而使賓客舍人出入後宮者不禁。及田常卒，有七十餘男。〔一〕

〔一〕索隱案：鮑昱云「陳成子有數十婦，生男百餘人」，與此亦異。然譙允南案春秋，陳恆爲人，雖志大負殺君之名，至於行事亦脩整，故能自保，固非苟爲禽獸之行。夫成事在德，雖有姦子七十，祇以長亂，事豈然哉？言其非實也。

田常卒，子襄子盤〔一〕代立，相齊。常謚爲成子。

〔一〕集解徐廣曰：「盤，一作『塈』。」索隱徐廣云一作「塈」。音許既反。系本作「班」。

田襄子既相齊宣公，三晉殺知伯，〔一〕分其地。襄子使其兄弟宗人盡爲齊都邑大夫，與三晉通使，且以有齊國。

〔一〕集解徐廣曰：「宣公之三年時也。」

襄子卒，子莊子白〔一〕立。田莊子相齊宣公。宣公四十三年，伐晉，毀黃城，圍陽狐。〔二〕明年，伐魯、葛及安陵。〔三〕明年，取魯之一城。

〔一〕索隱系本名伯。

〔二〕正義括地志云：「故黃城在魏州冠氏縣南十里。陽狐郭在魏州元城縣東北三十二里也。」

〔三〕正義括地志云：「故魯城在許昌縣南四十里，本魯朝宿邑。長葛故城在許州長葛縣北十三里，鄭之葛邑也。鄢

陵故城在許州鄢陵縣西北十五里。李奇云六國時爲安陵也。」

莊子卒，子太公和立。〔一〕田太公相齊宣公。宣公四十八年，取魯之郕。〔二〕明年，宣公與鄭人會西城。伐衞，取毌丘。〔三〕宣公五十一年卒，田會自廩丘反。〔四〕

〔一〕索隱案：紀年「齊宣公十五年，田莊子卒。明年，立田悼子。悼子卒，乃次立田和」。是莊子後有悼子。蓋立年無幾，所以作系本及記史者不得録也。而莊周及鬼谷子亦云「田成子殺齊君，十二代而有齊國」。今據系本、系家，自成子至王建之滅，唯祇十代；若如紀年，則悼子及侯剡即有十二代，乃與莊子、鬼谷説同，明紀年亦非妄。

〔二〕正義音城。括地志云：「故郕城在兗州泗水縣西北五十里。」説文云「郕，魯孟氏邑」是也。

〔三〕索隱毌音貫，古國名，衞之邑。今作「毋」者，字殘缺耳。正義括地志云：「故貫城卽古貫國，今名蒙澤城，在曹州濟陰縣南五十六里也。」

〔四〕索隱紀年「宣公五十一年，公孫會以廩丘叛於趙。十二月，宣公薨」。於周正爲明年二月。

宣公卒，子康公貸立。〔一〕貸立十四年，淫於酒、婦人，不聽政。太公乃遷康公於海上，食一城，以奉其先祀。明年，魯敗齊平陸。〔二〕

〔一〕集解徐廣曰：「十一年，伐魯，取最。」索隱貸音土代反。最音祖外反。

〔二〕集解徐廣曰東平平陸。正義兗州縣也。

三年，太公與魏文侯會濁澤，〔一〕求爲諸侯。魏文侯乃使使言周天子及諸侯，請立齊相田和爲諸侯。周天子許之。康公之十九年，田和立爲齊侯，列於周室，紀元年。

〔一〕集解徐廣曰：「康公之十六年。」索隱徐廣云「康公十六年」，蓋依年表爲説，而不省此上文「貸立十四年」，又云「明年會平陸」，「又三年會濁澤」，則是十八年，表及此注並誤也。

齊侯太公和立二年，和卒，〔一〕子桓公午立。〔二〕桓公午五年，秦、魏攻韓，韓求救於齊。齊桓公召大臣而謀〔三〕曰：「蚤救之孰與晚救之？」騶忌曰：「不若勿救。」段干朋〔四〕曰：「不救，則韓且折而入於魏，不若救之。」田臣思〔五〕曰：「過矣君之謀也！秦、魏攻韓，楚、趙必救之，是天以燕予齊也。」桓公曰：「善。」乃陰告韓使者而遣之。韓自以爲得齊之救，因與秦、魏戰。楚、趙聞之，果起兵而救之。齊因起兵襲燕國，取桑丘。〔六〕

〔一〕集解徐廣曰：「伐魯，破之。」

〔二〕索隱紀年「齊康公五年，田侯午生。二十二年，田侯剡立。後十年，齊田午弒其君及孺子喜而爲公」。春秋後傳亦云「田午弒田侯及其孺子喜而兼齊，是爲桓侯」。與此系家不同也。

〔三〕索隱謂騶忌、段干朋。如戰國策威王二十六年邯鄲之役有此謀臣耳。又南梁之難在宣王二年，有騶子、田忌、孫臏之謀。戰國策又有張田。其辭前後交互，是記史者所取各異，故不同耳。

〔四〕索隱段干，姓；朋，名也。戰國策作「段干綸」。

〔五〕索隱戰國策作「田期思」，紀年謂之徐州子期，蓋卽田忌也。

〔六〕正義括地志云：「桑丘故城俗名敬城，在易州遂城縣。」爾時齊伐燕桑丘，魏、趙來救之。魏、趙世家並云「伐齊

至桑丘」，皆是易州。

六年，救衞。桓公卒，〔一〕子威王因齊立。是歲，故齊康公卒，絶無後，奉邑皆入田氏。

〔一〕索隱案紀年，梁惠王十二年當齊桓公十八年，後威王始見，則桓公十九年而卒，與此不同。

齊威王元年，三晉因齊喪來伐我靈丘。〔一〕三年，三晉滅晉後而分其地。六年，魯伐我，入陽關。〔二〕晉伐我，至博陵。〔三〕七年，衞伐我，取薛陵。九年，趙伐我，取甄。〔四〕

〔一〕正義靈丘，河東蔚州縣。案：靈丘此時屬齊，三晉因喪伐之。韓、魏、趙世家云「伐齊至靈丘」，皆是蔚州。

〔二〕集解徐廣曰：「在鉅平。」正義括地志云：「魯陽關故城在兗州博城縣南二十九里，西臨汶水也。」

〔三〕正義在濟州西界也。

〔四〕正義音絹。卽濮州甄城縣也。

威王初卽位以來，不治，委政卿大夫，九年之閒，諸侯並伐，國人不治。於是威王召卽墨大夫而語之曰：「自子之居卽墨也，〔一〕毀言日至。然吾使人視卽墨，田野闢，民人給，官無留事，東方以寧。是子不事吾左右以求譽也。」封之萬家。召阿大夫語曰：「自子之守阿，譽言日聞。然使使視阿，田野不闢，民貧苦。昔日趙攻甄，子弗能救。衞取薛陵，子弗知。是子以幣厚吾左右以求譽也。」是日，烹阿大夫，及左右嘗譽者皆并烹之。遂起兵西擊趙、衞，敗魏於濁澤而圍惠王。惠王請獻觀以和解，趙人歸我長城。於是齊國震懼，人人不敢

飾非，務盡其誠。齊國大治。諸侯聞之，莫敢致兵於齊二十餘年。

〔一〕正義 萊州膠水縣南六十里即墨故城是也。

騶忌子以鼓琴見威王，威王説而舍之右室。須臾，王鼓琴，騶忌子推户入曰：「善哉鼓琴！」王勃然不説，去琴按劍曰：「夫子見容未察，何以知其善也？」騶忌子曰：「夫大弦濁以春温者，君也；小弦廉折以清者，相也；〔一〕攫〔二〕之深，醳〔三〕之愉者，〔四〕政令也；鈞諧以鳴，大小相益，回邪而不相害者，四時也：吾是以知其善也。」王曰：「善語音。」騶忌子曰：「何獨語音，夫治國家而弭人民皆在其中。」王又勃然不説曰：「若夫語五音之紀，信未有如夫子者也。若夫治國家而弭人民，又何爲乎絲桐之閒？」騶忌子曰：「夫大弦濁以春温者，君也；小弦廉折以清者，相也；攫之深而舍之愉者，政令也；鈞諧以鳴，大小相益，回邪而不相害者，四時也。夫復而不亂者，所以治昌也；連而徑者，所以存亡也：故曰琴音調而天下治。夫治國家而弭人民者，無若乎五音者。」王曰：「善。」

〔一〕集解 琴操曰：「大弦者，君也，寬和而温。小弦者，臣也，清廉而不亂。」索隱 大弦濁以温者君也。案：春秋後語「温」字作「春」，春氣温，義亦相通也。蔡邕曰：「凡弦以緩急爲清濁。琴，緊其弦則清，緩其弦則濁。」

〔二〕集解 徐廣曰：「以爪持弦也。攫音己足反。」

〔三〕集解 徐廣曰：「一作『舒』。」

〔四〕索隱 醳音釋，與下文舍字並同。愉音舒也。

騶忌子見三月而受相印。淳于髡見之曰：「善説哉！髡有愚志，願陳諸前。」騶忌子曰：「謹受教。」淳于髡曰：「得全全昌，〔一〕失全全亡。」騶忌子曰：「謹受令，請謹毋離前。」〔二〕淳于髡曰：「狶膏棘軸，所以爲滑也，然而不能運方穿。」〔三〕騶忌子曰：「謹受令，請謹事左右。」淳于髡曰：「弓膠昔幹，〔四〕所以爲合也，然而不能傅合疏罅。」〔五〕騶忌子曰：「謹受令，請謹自附於萬民。」淳于髡曰：「狐裘雖敝，不可補以黄狗之皮。」騶忌子曰：「謹受令，請謹擇君子，毋雜小人其閒。」淳于髡曰：「大車不較，〔六〕不能載其常任；琴瑟不較，不能成其五音。」騶忌子曰：「謹受令，請謹脩法律而督姦吏。」淳于髡説畢，趨出，至門，而面其僕曰：「是人者，吾語之微言五，其應我若響之應聲，是人必封不久矣。」〔七〕居朞年，封以下邳，號曰成侯。

〔一〕索隱 案：得全，謂人臣事君之禮全具無失，故云得全也。全昌者，謂若無失則身名獲昌，故云全昌也。

〔二〕索隱 謂佩服此言，常無離心目之前。

〔三〕索隱 狶膏，豬脂也。棘軸，以棘木爲車軸，至滑而堅也。然而穿孔若方，則不能運轉，言逆理反經也。故下忌曰「請謹事左右」，言每事須順從。

〔四〕集解 徐廣曰：「一作『乾』。」索隱 音孤捍反。昔，久舊也。幹，弓幹也。徐廣又曰一作「乾」。考工記作「枅幹」，則枅昔音相近。言作弓之法，以膠被昔幹而納諸檠中，則是以勢令合耳。

〔五〕索隱 傅音附。罅音五嫁反。以言膠幹可以勢暫合，而久亦不能常傅合於疏罅隙縫。以言人臣自宜彌縫得所，豈待拘以禮制法式哉。故下云「請自附於萬人」是也。

〔六〕索隱 較者，校量也。言有常制，若大車不較，則車不能載常任，琴不能成五音也。

〔七〕集解 新序曰：「齊稷下先生喜議政事。騶忌既爲齊相，稷下先生淳于髡之屬七十二人皆輕騶忌，以爲設以微辭，騶忌必不能及，乃相與俱往見騶忌。淳于髡之徒禮倨，騶忌之禮卑。淳于髡等稱辭，騶忌知之如應響，淳于髡等辭詘而去，騶忌之禮倨，淳于髡之禮卑。故所以尚干將、莫邪者，貴其立斷也。所以尚騏驥者，爲其立至也。必且歷日曠久，則系氂能挈石，駑馬亦能致遠。是以聰明捷敏，人之美材也。」

威王二十三年，與趙王會平陸。二十四年，與魏王會田於郊。魏王問曰：「王亦有寶乎？」威王曰：「無有。」〔一〕梁王曰：「若寡人國小也，尚有徑寸之珠照車前後各十二乘者十枚，柰何以萬乘之國而無寶乎？」威王曰：「寡人之所以爲寶與王異。吾臣有檀子者，〔二〕使守南城，則楚人不敢爲寇東取，泗上十二諸侯〔三〕皆來朝。吾臣有朌子者，使守高唐，則趙人不敢東漁於河。吾吏有黔夫者，使守徐州，則燕人祭北門，趙人祭西門，〔四〕徙而從者七千餘家。吾臣有種首者，使備盜賊，則道不拾遺。將以照千里，豈特十二乘哉！」梁惠王慙，不懌而去。

〔一〕索隱 案：韓嬰詩外傳以爲齊宣王，其説異也。

〔二〕索隱 檀子，齊臣。檀，姓；子，美稱，大夫皆稱子。朌子，田朌也。黔夫及種首皆臣名。事悉具戰國策也。

〔三〕索隱 邾、莒、宋、魯之比。

〔四〕集解 賈逵曰：「齊之北門西門也。言燕、趙之人畏見侵伐，故祭以求福。」

二十六年，魏惠王圍邯鄲，趙求救於齊。齊威王召大臣而謀曰：「救趙孰與勿救？」騶忌子曰：「不如勿救。」段干朋曰：「不救則不義，且不利。」威王曰：「何也？」對曰：「夫魏氏并邯鄲，其於齊何利哉？且夫救趙而軍其郊，是趙不伐而魏全也。故不如南攻襄陵〔一〕以獘魏，邯鄲拔而乘魏之獘。」威王從其計。

〔一〕正義 襄陵故城在兗州鄒縣也。

其後成侯騶忌與田忌不善，公孫閱〔一〕謂成侯忌曰：「公何不謀伐魏，田忌必將。戰勝有功，則公之謀中也；戰不勝，非前死則後北，而命在公矣。」於是成侯言威王，使田忌南攻襄陵。十月，邯鄲拔，齊因起兵擊魏，大敗之桂陵。〔二〕於是齊最彊於諸侯，自稱爲王，以令天下。

〔一〕索隱 戰國策作「公孫閈」。

〔三〕索隱在威王二十六年。正義在曹州乘氏縣東北二十一里。

三十三年，殺其大夫牟辛。〔一〕

〔一〕集解徐廣曰：「一作『夫人』。」索隱牟辛，大夫姓字也。徐廣曰一作「夫人」。案：年表亦作「夫人」。王劭案紀年云「齊桓公十一年殺其君母。宣王八年殺王后」。然則夫人之字，或如紀年之說。

三十五年，公孫閱又謂成侯忌曰：「公何不令人操十金卜於市，曰『我田忌之人也。吾三戰而三勝，聲威天下。欲爲大事，亦吉乎不吉乎』？」卜者出，因令人捕爲之卜者，驗其辭於王之所。田忌聞之，因率其徒襲攻臨淄，求成侯，不勝而犇。〔一〕

〔一〕索隱案：戰國策田忌前敗魏於馬陵，因被構，不得入齊，非是居齊歷十年乃出奔也。是時齊都臨淄，且孟嘗列傳云「田忌襲齊之邊邑」，其言爲得，卽與系家不同也。

三十六年，威王卒，子宣王辟彊立。

宣王元年，秦用商鞅。周致伯於秦孝公。

二年，魏伐趙。趙與韓親，共擊魏。趙不利，戰於南梁。〔一〕宣王召田忌復故位。韓氏請救於齊。宣王召大臣而謀曰：「蚤救孰與晚救？」騶忌子曰：「不如勿救。」田忌曰：「弗救，則韓且折而入於魏，不如蚤救之。」〔二〕孫子〔三〕曰：「夫韓、魏之兵未弊而救之，是吾代韓

受魏之兵，顧反聽命於韓也。且魏有破國之志，韓見亡，必東面而愬於齊矣。吾因深結韓之親而晚承魏之弊，則可重利而得尊名也。」宣王曰：「善。」乃陰告韓之使者而遣之。韓因恃齊，五戰不勝，而東委國於齊。齊因起兵，使田忌、田嬰將，〔四〕孫子爲（帥）〔師〕，救韓、趙以擊魏，大敗之馬陵，〔五〕殺其將龐涓，虜魏太子申。其後三晉之王皆因田嬰朝齊王於博望，〔六〕盟而去。〔七〕

〔一〕索隱晉太康地記曰：「戰國謂梁爲南梁者，別之於大梁、少梁也。」正義括地志云：「故梁在汝州西南二百步。晉太康地記云『戰國時謂南梁者，別之於大梁、少梁也』。古蠻子邑也。」

〔二〕索隱案：紀年威王十四年，田朌伐梁，戰馬陵。戰國策南梁之難，有張田對曰「蚤救之」。此云騶忌者，王劭云「此時騶忌死已四年，又齊威時未稱王，故戰國策謂之田侯。今此以田侯爲宣王，又橫稱騶忌，皆謬矣」。

〔三〕索隱孫臏也。

〔四〕集解徐廣曰：「嬰，一作『朌』。」

〔五〕索隱在宣王二年。

〔六〕正義括地志云：「博望故城在鄧州向城縣東南四十五里。」

〔七〕集解徐廣曰：「表曰三年，與趙會博望伐魏。」

七年，與魏王會平阿南。〔一〕明年，復會甄。魏惠王卒。〔二〕明年，與魏襄王會徐州，諸侯相王也。十年，楚圍我徐州。十一年，與魏伐趙，趙決河水灌齊、魏，兵罷。十八年，秦惠王稱王。

〔一〕正義沛郡平阿縣也。

〔二〕索隱明年，梁惠王卒。案紀年，梁惠王乃是齊湣王爲東帝，秦昭王爲西帝時。此時梁惠王改元稱一年，未卒也。而系家以其後卽爲魏襄王之年，又以此文當齊宣王時，實所不能詳考。

宣王喜文學游說之士，自如騶衍、淳于髡、〔一〕田駢、〔二〕接予、〔三〕慎到、〔四〕環淵〔五〕之徒七十六人，皆賜列第，爲上大夫，不治而議論。是以齊稷下學士復盛，且數百千人。〔六〕

〔一〕正義贅聓，齊之稷下先生也。

〔二〕正義白眠反。藝文志云田駢，齊人，遊稷下，號天口駢，作田子二十五篇也。

〔三〕正義齊人。藝文志云接予二篇，在道家流。

〔四〕正義趙人，戰國時處士。藝文志作慎子四十二篇也。

〔五〕正義楚人。孟子傳云環淵著書上下篇也。

〔六〕集解劉向別錄曰：「齊有稷門，城門也。談說之士期會於稷下也。」索隱劉向別錄曰「齊有稷門，齊城門也。談說之士期會於其下」。齊地記曰「齊城西門側，系水左右有講室，趾往往存焉」。蓋因側系水出，故曰稷門，古側稷音相近耳。又虞喜曰「齊有稷山，立館其下以待游士」，亦異說也。春秋傳曰「莒子如齊，盟于稷門」。

十九年，宣王卒，子湣王地〔一〕立。

〔一〕索隱系本名遂。

湣王元年，秦使張儀與諸侯執政會于齧桑。三年，封田嬰於薛。四年，迎婦于秦。七年，與宋攻魏，敗之觀澤。

十二年，攻魏。楚圍雍氏，〔一〕秦敗屈丐。蘇代謂田軫曰：「臣願有謁於公，其爲事甚完，使楚利公，成爲福，不成亦爲福。今者臣立於門，客有言曰魏王謂韓馮、〔二〕張儀曰：『煑棗將拔，〔三〕齊兵又進，子來救寡人則可矣；不救寡人，寡人弗能拔。』〔四〕此特轉辭也。秦、韓之兵毋東，旬餘，則魏氏轉韓從秦，秦逐張儀，〔五〕交臂而事齊楚，此公之事成也。」田軫曰：「柰何使無東？」對曰：「韓馮之救魏之辭，必不謂韓王曰『馮以爲魏』，必曰『馮將以秦韓之兵東卻齊宋，馮因摶〔六〕三國之兵，乘屈丐之弊，〔七〕南割於楚，故地必盡得之矣』。張儀救魏之辭，必不謂秦王曰『儀以爲魏』，必曰『儀且以秦韓之兵東距齊宋，儀將摶三國之兵，乘屈丐之弊，南割於楚，名存亡國，實伐三川〔八〕而歸，此王業也』。公令楚王〔九〕與韓氏地，使秦制和，謂秦王曰『請與韓地，而王以施三川，〔一〇〕韓氏之兵不用而得地於楚』。韓馮之東兵之辭且謂秦何？曰『秦兵不用而得三川，伐楚韓以窘魏，魏氏不敢東，是孤齊也』。張儀之東兵之辭且謂何？曰『秦韓欲地而兵有案，聲威發於魏，魏氏之欲不失齊楚者有資矣』。魏氏轉秦韓爭事齊楚，楚王欲而無與地，〔一一〕公令秦韓之兵不用而得地，有一大德

也。〔一二〕秦韓之王劫於韓馮、張儀而東兵以徇服魏，公常執左券〔一三〕以責於秦韓，此其善於公而惡張子多資矣。」〔一四〕

〔一〕集解徐廣曰：「在陽翟，屬韓。」

〔二〕集解徐廣曰：「韓之公仲侈也。」

〔三〕集解徐廣曰：「在濟陰宛朐。」

〔四〕索隱能猶勝也。言不勝其拔，故聽齊拔之耳。

〔五〕索隱逐，隨也。

〔六〕集解徐廣曰：「音專。專猶并合制領之謂也。」索隱摶音團，團謂握領也。徐作「專」，亦通。

〔七〕正義屈丐，楚將，爲秦所敗，今更欲乘之。

〔八〕索隱韓也。

〔九〕索隱公謂陳軫。

〔一〇〕正義施，張設也。言秦王於天子都張設迫脅也。

〔一一〕集解徐廣曰：「楚王欲得魏來事己，而不欲與韓地也。」

〔一二〕正義蘇代謂陳軫，今秦韓之兵不戰伐而得地，陳軫於秦韓豈不有大恩德。

〔一三〕索隱券，要也。左，不正也。言我以右執其左而責之。

〔一四〕正義左券下，右券上也。蘇代説陳軫以上券令秦韓不用兵得地，而以券責秦韓卻韓馮、張儀以徇服魏，故秦韓善陳軫而惡張儀多取矣。

十三年，秦惠王卒。二十三年，與秦擊敗楚於重丘。〔一〕二十四年，秦使涇陽君質於齊。二十五年，歸涇陽君于秦。孟嘗君薛文入秦，即相秦。文亡去。二十六年，〔二〕齊與韓魏共攻秦，至函谷軍焉。二十八年，秦與韓河外以和，兵罷。二十九年，趙殺其主父。齊佐趙滅中山。〔三〕

〔一〕集解徐廣曰：「表曰與秦擊楚，使公子將，大有功。」

〔二〕集解徐廣曰：「孟嘗君爲相。」

〔三〕集解徐廣曰：「三十年，田甲劫王，相薛文走。」

三十六年，王爲東帝，秦昭王爲西帝。蘇代自燕來，入齊，見於章華東門。〔一〕齊王曰：「嘻，善，子來！秦使魏冄致帝，子以爲何如？」對曰：「王之問臣也卒，而患之所從來微，願王受之而勿備稱也。秦稱之，天下安之，王乃稱之，無後也。且讓爭帝名，無傷也。秦稱之，天下惡之，王因勿稱，以收天下，此大資也。且天下立兩帝，王以天下爲尊齊乎？尊秦乎？」王曰：「尊秦。」曰：「釋帝，天下愛齊乎？愛秦乎？」王曰：「愛齊而憎秦。」曰：「兩帝立約伐趙，孰與伐桀宋之利？」〔二〕王曰：「伐桀宋利。」對曰：「夫約鈞，然與秦爲帝而天下獨尊秦而輕齊，釋帝則天下愛齊而憎秦，伐趙不如伐桀宋之利，故願王明釋帝以收天下，倍約賓秦，無爭重，而王以其閒舉宋。夫有宋，衞之陽地危；〔三〕有濟西，趙之阿東國危；〔四〕有淮北，楚之東國危；〔五〕有陶、平陸，梁門不開。〔六〕釋帝而貸之以伐桀宋之事，國重而名尊，燕楚所以形服，天下莫敢不聽，此湯武之舉也。敬秦以爲名，而後使天下憎之，此所謂以卑爲尊者也。願王孰慮之。」於是齊去帝復爲王，秦亦去帝位。

〔一〕集解左思齊都賦注曰：「齊小城北門也。」而此言東門，不知爲是一門非邪？正義括地志云：「齊城章華之東有閭門、武鹿門也。」

〔二〕集解宋世家云：「宋王偃，諸侯皆曰桀宋也。」

〔三〕集解陽地，濮陽之地。正義案：衞此時河南獨有濮陽也。

〔四〕正義阿，東阿也。爾時屬趙，故云東國危。

〔五〕正義淮北，徐、泗也。東國謂下相、僮、取慮也。

〔六〕正義陶，定陶，今曹州也。平陸，兗州縣也，縣在大梁東界。

三十八年，伐宋。秦昭王怒曰：「吾愛宋與愛新城、陽晉同。〔一〕韓聶與吾友也，而攻吾所愛，何也？」蘇代爲齊謂秦王曰：「韓聶之攻宋，所以爲王也。齊彊，輔之以宋，楚魏必恐，恐必西事秦，是王不煩一兵，不傷一士，無事而割安邑也，〔二〕此韓聶之所禱於王也。」秦王曰：「吾患齊之難知。一從一衡，其説何也？」對曰：「天下國令齊可知乎？齊以攻宋，

其知事秦以萬乘之國自輔，不西事秦則宋治不安。〔三〕中國白頭游敖之士皆積智欲離齊秦之交，伏式結軼〔四〕西馳者，未有一人言善齊者也，伏式結軼東馳者，未有一人言善秦者也。何則？皆不欲齊秦之合也。何晉楚之智而齊秦之愚也！晉楚合必議齊秦，齊秦合必圖晉楚，請以此決事。」秦王曰：「諾。」於是齊遂伐宋，宋王出亡，死於溫。〔五〕齊南割楚之淮北，西侵三晉，欲以并周室，爲天子。泗上諸侯鄒魯之君皆稱臣，諸侯恐懼。

〔一〕正義括地志云：「新城故城在宋州宋城縣界。陽晉故城在曹州乘氏縣西北三十七里。」

〔二〕正義年表云秦昭王二十一年，魏納安邑及河內。

〔三〕索隱戰國策作「宋地不安」。

〔四〕索隱軼音姪。軼者，車轍也，言車轍往還如結也。戰國策作「結靷」。

〔五〕正義懷州有溫城。

三十九年，秦來伐，拔我列城九。

四十年，燕、秦、楚、三晉合謀，各出鋭師以伐，敗我濟西。〔一〕王解而卻。燕將樂毅遂入臨淄，盡取齊之寶藏器。湣王出亡，之衞。衞君辟宮舍之，稱臣而共具。湣王不遜，衞人侵之。湣王去，走鄒、魯，有驕色，鄒、魯君弗內，遂走莒。楚使淖齒〔二〕將兵救齊，因相齊湣王。淖齒遂殺湣王而與燕共分齊之侵地鹵器。〔三〕

〔一〕集解徐廣曰："案其餘諸傳無楚伐齊事。年表云楚取淮北。"
〔二〕索隱淖音女教反。
〔三〕正義鹵掠齊寶器也。

湣王之遇殺，其子法章變名姓爲莒太史敫〔一〕家庸。太史敫女奇法章狀貌，以爲非恆人，憐而常竊衣食之，而與私通焉。淖齒既以去莒，莒中人及齊亡臣相聚求湣王子，欲立之。法章懼其誅己也，久之，乃敢自言"我湣王子也"。於是莒人共立法章，是爲襄王。以保莒城而布告齊國中："王已立在莒矣。"

〔一〕集解徐廣曰："音躍，一音皎。"

襄王既立，立太史氏女爲王后，是爲君王后，生子建。太史敫曰："女不取媒因自嫁，非吾種也，汙吾世。"終身不覩君王后。君王后賢，不以不覩故失人子之禮。

襄王在莒五年，田單以即墨攻破燕軍，迎襄王於莒，入臨菑。齊故地盡復屬齊。齊封田單爲安平君。〔一〕

〔一〕正義安平城在青州臨淄縣東十九里，古紀之酅邑也。

十四年，秦擊我剛壽。十九年，襄王卒，子建立。

王建立六年，秦攻趙，齊楚救之。秦計曰："齊楚救趙，親則退兵，不親遂攻之。"趙無食，請粟於齊，齊不聽。周子〔一〕曰："不如聽之以退秦兵，不聽則秦兵不卻，是秦之計中而齊楚之計過也。且趙之於齊楚，扞蔽也，〔二〕猶齒之有脣也，脣亡則齒寒。今日亡趙，明日患及齊楚。且救趙之務，宜若奉漏甕沃焦釜也。夫救趙，高義也；卻秦兵，顯名也。義救亡國，威卻彊秦之兵，不務爲此而務愛粟，爲國計者過矣。"齊王弗聽。秦破趙於長平四十餘萬，遂圍邯鄲。

〔一〕索隱蓋齊之謀臣，史失名也。戰國策以"周子"爲"蘇秦"，而"楚"字皆作"燕"，然此時蘇秦死已久矣。
〔二〕正義此時秦伐趙上黨欲克，無意伐齊、楚，故言趙之於齊、楚爲扞蔽也。

十六年，秦滅周。君王后卒。二十三年，秦置東郡。二十八年，王入朝秦，秦王政置酒咸陽。三十五年，秦滅韓。三十七年，秦滅趙。三十八年，燕使荊軻刺秦王，秦王覺，殺軻。明年，秦破燕，燕王亡走遼東。明年，秦滅魏，秦兵次於歷下。四十二年，秦滅楚。明年，虜代王嘉，滅燕王喜。

四十四年，秦兵擊齊。齊王聽相后勝計，不戰，以兵降秦。秦虜王建，遷之共。〔一〕遂滅齊爲郡。天下壹并於秦，秦王政立號爲皇帝。始，君王后賢，事秦謹，與諸侯信，齊亦東邊海上，秦日夜攻三晉、燕、楚，五國各自救於秦，以故王建立四十餘年不受兵。君王后死，后勝相齊，多受秦間金，多使賓客入秦，秦又多予金，客皆爲反間，勸王去從朝秦，不脩攻戰之備，不助五國攻秦，秦以故得滅五國。五國已亡，秦兵卒入臨淄，民莫敢格者。王建遂降，遷於共。故齊人怨王建不蚤與諸侯合從攻秦，聽姦臣賓客以亡其國，歌之曰："松耶柏耶？住建共者客耶？"〔二〕疾建用客之不詳也。〔三〕

〔一〕集解地理志河內有共縣。正義今衞州共城縣也。
〔二〕集解徐廣曰："戰國策云秦處建於共松柏閒也。"索隱耶音邪。謂是建客邪，客說建住言遂乃失策，今建遷共。共，今在河內也。
〔三〕索隱謂不詳審用客，不知其善否也。

太史公曰：蓋孔子晚而喜易。易之爲術，幽明遠矣，非通人達才孰能注意焉！故周太史之卦田敬仲完，占至十世之後；及完奔齊，懿仲卜之亦云。田乞及常所以比犯二君，〔一〕專齊國之政，非必事勢之漸然也，蓋若遵厭兆祥云。

〔一〕索隱比如字，又頻律反。二君即悼公、簡公也。僖子廢晏孺子，鮑牧以乞故殺悼公，而成子又殺簡公，故云田氏比犯二君也。

【索隱述贊】田完避難，奔于大姜；始辭羈旅，終然鳳皇。物莫兩盛，代五其昌。二君比犯，三晉争強。和始擅命，威遂稱王。祭急燕、趙，弟列康、莊。秦假東帝，莒立法章。王建失國，松柏蒼蒼。

史記卷四十七

孔子世家第十七

〔一〕索隱 孔子非有諸侯之位，而亦稱系家者，以是聖人爲教化之主，又代有賢哲，故稱系家焉。正義 孔子無侯伯之位，而稱世家者，太史公以孔子布衣傳十餘世，學者宗之，自天子王侯，中國言六藝者宗於夫子，可謂至聖，故爲世家。

孔子生魯昌平鄉陬邑。〔一〕其先宋人也，曰孔防叔。〔二〕防叔生伯夏，伯夏生叔梁紇。〔三〕紇與顏氏女野合而生孔子，〔四〕禱於尼丘得孔子。魯襄公二十二年而孔子生。〔五〕生而首上圩頂，〔六〕故因名曰丘云。字仲尼，姓孔氏。

〔一〕集解 徐廣曰：「陬音騶。孔安國曰『陬，孔子父叔梁紇所治邑』。」索隱 陬是邑名，昌平，鄉號。孔子居魯之鄒邑昌平鄉之闕里也。正義 括地志云：「故鄒城在兗州泗水縣東南六十里。昌平山在泗水縣南六十里。孔子生昌平鄉，蓋鄉取山爲名。故闕里在泗水縣南五十里。輿地志云鄒城西界闕里有尼丘山。」按：今尼丘山在兗州鄒城，闕里卽此也。括地志云：「兗州曲阜縣魯城西南三里有闕里，中有孔子宅，宅中有廟。伍緝之從征記云闕里背洙面泗，卽此也。」按：夫子生在鄒，長徙曲阜，仍號闕里。

〔二〕索隱 家語：「孔子，宋微子之後。宋襄公生弗父何，以讓弟厲公。弗父何生宋父周，周生世子勝，勝生正考父，考父生孔父嘉，五世親盡，別爲公族，姓孔氏。孔父生子木金父，金父生睪夷。睪夷生防叔，畏華氏之逼而奔魯，故孔氏爲魯人也。」

〔三〕正義 括地志云：「叔梁紇廟亦名尼丘山祠，在兗州泗水縣五十里尼丘山東趾。地理志云魯縣有尼丘山，有叔梁紇廟。」

〔四〕索隱 家語云「梁紇娶魯之施氏，生九女。其妾生孟皮，孟皮病足，乃求婚於顏氏徵在，從父命爲婚」。其文甚明。今此云「野合」者，蓋謂梁紇老而徵在少，非當壯室初笄之禮，故云野合，謂不合禮儀。故論語云「野哉由也」，又「先進於禮樂，野人也」，皆言野者是不合禮耳。正義 男八月生齒，八歲毀齒，二八十六陽道通，八八六十四陽道絕。女七月生齒，七歲毀齒，二七十四陰道通，七七四十九陰道絕。婚姻過此者，皆爲野合。故家語云「梁紇娶魯施氏女，生九女，乃求婚於顏氏，顏氏有三女，小女徵在」。據此，婚過六十四矣。

〔五〕索隱 公羊傳「襄公二十一年十有一月庚子，孔子生」。今以爲二十二年，蓋以周正十一月屬明年，故誤也。後序孔子卒，云七十二歲，每少一歲也。

〔六〕索隱 圩音烏。頂音鼎。圩頂言頂上窳也，故孔子頂如反宇。反宇者，若屋宇之反，中低而四傍高也 正義 括地志云：「女陵山在曲阜縣南二十八里。干寶三日紀云『徵在生孔子空桑之地，今名空竇，在魯南山之空竇中。無水，當祭時灑掃以告，輒有清泉自石門出，足以周用，祭訖泉枯。今俗名女陵山』。」

丘生而叔梁紇死，〔一〕葬於防山。〔二〕防山在魯東，由是孔子疑其父墓處，母諱之也。〔三〕孔子爲兒嬉戲，常陳俎豆，〔四〕設禮容。孔子母死，乃殯五父之衢，〔五〕蓋其愼也。〔六〕郰

人〔七〕輓父之母誨孔子父墓，然後往合葬於防焉。

〔一〕索隱 家語云生三歲而梁紇死。

〔二〕正義 括地志云：「防山在兗州曲阜縣東二十五里。禮記云孔子母合葬於防也。」

〔三〕索隱 謂孔子少孤，不的知父墳處，非謂不知其塋地。徵在笄年適於梁紇，無幾而老死，是少寡，蓋以爲嫌，不從送葬，故不知墳處，遂不告耳，非諱之也。

〔四〕正義 俎豆以木爲之，受四升，高尺二寸。大夫以上赤雲氣，諸侯加象飾足，天子玉飾也。

〔五〕正義 括地志云：「五父衢在兗州曲阜縣西南二里，魯城內衢道也。」

〔六〕集解 徐廣曰：「魯縣有闕里，孔子所居也。又有五父之衢也。」索隱 謂孔子不知父墓，乃且殯其母於五父之衢，是其謹愼也。正義 愼謂以紼引棺就殯所也。

〔七〕正義 上音鄒。

孔子要絰，〔一〕季氏饗士，孔子與往。〔二〕陽虎絀曰：「季氏饗士，非敢饗子也。」孔子由是退。

〔一〕索隱 家語「孔子之母喪，既練而見」，不非之也。今此謂孔子實要絰與饗，爲陽虎所絀，亦近誣矣。一作「要經」。要經猶帶經也，故劉氏云嗜學之意是也。

〔二〕正義 與音預。季氏爲饌飲魯文學之士，孔子與迎而往，陽虎以孔子少，故折之也。

孔子年十七，魯大夫孟釐子病且死，〔一〕誡其嗣懿子曰：「孔丘，聖人之後，〔二〕滅於

宋。〔三〕其祖弗父何始有宋而嗣讓厲公。〔四〕及正考父佐戴、武、宣公，〔五〕三命茲益恭，故鼎銘云：〔六〕『一命而僂，再命而傴，三命而俯，〔七〕循牆而走，〔八〕亦莫敢余侮。〔九〕饘於是，粥於是，以餬余口。』〔一〇〕其恭如是。吾聞聖人之後，雖不當世，必有達者。〔一一〕今孔丘年少好禮，其達者歟？吾卽沒，若必師之。」及釐子卒，懿子與魯人南宮敬叔〔一二〕往學禮焉。是歲，季武子卒，平子代立。

〔一〕索隱 昭公七年左傳云「孟僖子病不能相禮，乃講學之，及其將死，召大夫」云云。按：謂病者，不能禮爲病，非疾困之謂也。至二十四年僖子卒，賈逵云「仲尼時年三十五矣」。是此文誤也。

〔二〕集解 服虔曰：「聖人謂商湯。」

〔三〕集解 杜預曰：「孔子六世祖孔父嘉爲宋華督所殺，其子奔魯也。」

〔四〕集解 杜預曰：「弗父何，孔父嘉之高祖，宋愍公之長子，厲公之兄也。何嫡嗣，當立，以讓厲公也。」

〔五〕集解 服虔曰：「正考父，弗父何之曾孫。」

〔六〕集解 杜預曰：「三命，上卿也。考父廟之鼎。」

〔七〕集解 服虔曰：「僂，傴，俯，皆恭敬之貌也。」

〔八〕集解 杜預曰：「言不敢安行。」

〔九〕集解 杜預曰：「其恭如是，人亦不敢侮慢。」

〔一〇〕集解 杜預曰：「於是鼎中爲饘粥。饘粥，餬屬。言至儉也。」

〔二〕集解 王肅曰：「謂若弗父何，殷湯之後，而不繼世爲宋君也。」杜預曰：「聖人之後，有明德而不當大位，謂正考父。」

〔三〕索隱 左傳及系本，敬叔與懿子皆孟僖子之子，不應更言「魯人」，亦太史公之疏耳。

孔子貧且賤。及長，嘗爲季氏史，〔一〕料量平；嘗爲司職吏而畜蕃息。由是爲司空。已而去魯，斥乎齊，逐乎宋、衞，困於陳蔡之閒，於是反魯。孔子長九尺有六寸，人皆謂之「長人」而異之。魯復善待，由是反魯。

〔一〕索隱 有本作「委吏」。按：趙岐曰「委吏，主委積倉庫之吏」。

魯南宮敬叔言魯君曰：「請與孔子適周。」〔一〕魯君與之一乘車，兩馬，一豎子俱，適周問禮，蓋見老子云。辭去，而老子送之曰：「吾聞富貴者送人以財，〔二〕仁人者送人以言。吾不能富貴，竊仁人之號，〔三〕送子以言，曰：『聰明深察而近於死者，好議人者也。博辯廣大危其身者，發人之惡者也。爲人子者毋以有己，〔四〕爲人臣者毋以有己。』」〔五〕孔子自周反于魯，弟子稍益進焉。

〔一〕索隱 莊子云「孔子年五十一，南見老聃」。蓋系家亦依此爲說而不究其旨，遂俱誤也。何者？孔子適周，豈訪禮之時卽在十七耶？且孔子見老聃，云「甚矣道之難行也」，此非十七之人語也，乃既仕之後言耳。

〔二〕索隱 莊周「財」作「軒」。

〔三〕集解 王肅曰：「謙言竊仁者之名。」

〔四〕集解 王肅曰：「身父母之有。」索隱 家語作「無以有己爲人子者」。

〔五〕索隱 家語作「無以惡己爲人臣者」。王肅云：「言聽則仕，不用則去，保身全行，臣之節也。」

是時也，晉平公淫，六卿擅權，東伐諸侯；楚靈王兵彊，陵轢中國；齊大而近於魯。魯小弱，附於楚則晉怒；附於晉則楚來伐；不備於齊，齊師侵魯。

魯昭公之二十年，而孔子蓋年三十矣。齊景公與晏嬰來適魯，景公問孔子曰：「昔秦穆公國小處辟，其霸何也？」對曰：「秦，國雖小，其志大；處雖辟，行中正。身舉五羖，〔一〕爵之大夫，起纍紲之中，〔二〕與語三日，授之以政。以此取之，雖王可也，其霸小矣。」景公說。

〔一〕正義 百里奚也。

〔二〕索隱 家語無此一句。孟子以爲「不然」之言也。

孔子年三十五，而季平子與郈昭伯以鬬雞故〔一〕得罪魯昭公，昭公率師擊平子，平子與孟氏、叔孫氏三家共攻昭公，昭公師敗，奔於齊，齊處昭公乾侯。〔二〕其後頃之，魯亂。孔子適齊，爲高昭子家臣，欲以通乎景公。與齊太師語樂，聞韶音，學之，三月不知肉味，〔三〕齊人稱之。

〔一〕正義 郈音后。括地志云：「鬬雞臺二所，相去十五步，在兗州曲阜縣東南三里魯城中。」左傳昭二十五年，季氏與郈昭伯鬬雞，季氏芥雞翼，郈氏爲金距之處。

〔二〕正義 相州成安縣東南三十里斥丘故城，本春秋時乾侯之邑。

〔三〕集解 周氏曰：「孔子在齊，聞習韶樂之盛美，故忘於肉味也。」索隱 按論語，子語魯太師樂，非齊太師也。又「子在齊聞韶，三月不知肉味」，無「學之」文。今此合論語齊、魯兩文而爲此言，恐失事實。

景公問政孔子，孔子曰：「君君，臣臣，父父，子子。」〔一〕景公曰：「善哉！信如君不君，臣不臣，父不父，子不子，雖有粟，吾豈得而食諸！」〔二〕他日又復問政於孔子，孔子曰：「政在節財。」景公說，將欲以尼谿田封孔子。〔三〕晏嬰進曰：「夫儒者滑稽而不可軌法；倨傲自順，不可以爲下；崇喪遂哀，破產厚葬，不可以爲俗；游說乞貸，不可以爲國。自大賢之息，周室既衰，禮樂缺有閒。〔四〕今孔子盛容飾，繁登降之禮，趨詳之節，累世不能殫其學，當年不能究其禮。君欲用之以移齊俗，非所以先細民也。」後，景公敬見孔子，不問其禮。異日，景公止孔子曰：「奉子以季氏，〔五〕吾不能。」以季孟之閒待之。〔六〕齊大夫欲害孔子，孔子聞之。景公曰：「吾老矣，弗能用也。」孔子遂行，反乎魯。

〔一〕集解 孔安國曰：「當此之時，陳恆制齊，君不君，臣不臣，故以此對也。」

〔二〕集解 孔安國曰：「言將危也。陳氏果滅齊。」

〔三〕索隱 此說出晏子及墨子，其文微異。

〔四〕索隱 息者，生也。言上古大賢生則有禮樂，至周室微而始缺有閒也。

〔五〕索隱 劉氏奉音扶用反，非也。今奉音如字，謂奉待孔子如魯季氏之職，故下文云「以季孟之閒待之」也。

〔六〕集解 孔安國曰：「魯三卿，季氏爲上卿，最貴；孟氏爲下卿，不用事。言待之以二者之閒也。」

孔子年四十二，魯昭公卒於乾侯，定公立。定公立五年，夏，季平子卒，桓子嗣立。季桓子穿井得土缶，中若羊，〔一〕問仲尼云「得狗」。〔二〕仲尼曰：「以丘所聞，羊也。丘聞之，木石之怪夔、罔閬，〔三〕水之怪龍、罔象，〔四〕土之怪墳羊。」〔五〕

〔一〕集解 韋昭曰：「羊，生羊也，故謂之怪也。」索隱 家語云「桓子穿井於費，得物如土缶，其中有羊焉」是也。

〔二〕集解 韋昭曰：「獲羊而言狗者，以孔子博物，測之。」

〔三〕集解 韋昭曰：「木石謂山也。或云夔，一足，越人謂之山繅也。或言獨足魍魎，山精，好學人聲而迷惑人也。」索隱 夔音逵。閬音兩。家語作「魍魎」。繅音騷。然山繅獨一足是山神名，故謂之夔。夔，一足獸，狀如人也。

〔四〕集解 韋昭曰：「龍，神獸也，非常見，故曰怪。或云『罔象食人，一名沐腫』。」索隱 沐腫音木踵。

〔五〕集解 唐固曰：「墳羊，雌雄未成者也。」

吳伐越，墮會稽，〔一〕得骨節專車。〔二〕吳使使問仲尼：「骨何者最大？」仲尼曰：「禹致羣

神於會稽山，〔三〕防風氏後至，禹殺而戮之，〔四〕其節專車，此爲大矣。」吳客曰：「誰爲神？」仲尼曰：「山川之神足以綱紀天下，其守爲神，〔五〕社稷爲公侯，〔六〕皆屬於王者。」客曰：「防風何守？」仲尼曰：「汪罔氏之君守封、禺之山，〔七〕爲釐姓。〔八〕在虞、夏、商爲汪罔，於周爲長翟，今謂之大人。」〔九〕客曰：「人長幾何？」仲尼曰：「僬僥氏〔一〇〕三尺，短之至也。長者不過十之，數之極也。」〔一一〕於是吳客曰：「善哉聖人！」

〔一〕集解王肅曰：「墮，毀也。」索隱隳會稽。會稽，山名，越之所都。隳，毀也。吳伐越在魯哀元年。
〔二〕集解韋昭曰：「骨一節，其長專車。專，擅也。」
〔三〕集解韋昭曰：「羣神謂主山川之君爲羣神之主，故謂之神也。」
〔四〕集解韋昭曰：「防風氏違命後至，故禹殺之。陳尸爲戮。」
〔五〕集解王肅曰：「守山川之祀者爲神，謂諸侯也。」韋昭曰：「足以綱紀天下，謂名山大川能興雲致雨以利天下也。」
〔六〕集解王肅曰：「但守社稷無山川之祀者，直爲公侯而已。」
〔七〕集解韋昭曰：「封，封山；禺，禺山：在吳郡永安縣。」駰案：晉太康元年改永安爲武康縣，今屬吳興郡。
〔八〕索隱釐音僖。家語云姓漆，蓋誤。系本無漆姓。
〔九〕集解王肅曰：「周之初及當孔子之時，其名異也。」
〔一〇〕集解韋昭曰：「僬僥，西南蠻之別名也。」正義按：括地志「在大秦國（北）〔南〕也」。

〔一一〕集解王肅曰：「十之，謂三丈也，數極於此也。」

桓子嬖臣曰仲梁懷，與陽虎有隙。陽虎欲逐懷，公山不狃〔一〕止之。其秋，懷益驕，陽虎執懷。桓子怒，陽虎因囚桓子，與盟而醳之。〔二〕陽虎由此益輕季氏。季氏亦僭於公室，陪臣執國政，是以魯自大夫以下皆僭離於正道。故孔子不仕，退而脩詩書禮樂，弟子彌衆，至自遠方，莫不受業焉。

〔一〕集解孔安國曰：「不狃爲季氏宰。」索隱狃音女久反。鄒氏云一作「蹂」。論語作「弗擾」。
〔二〕正義醳音釋。

定公八年，公山不狃不得意於季氏，因陽虎爲亂，欲廢三桓之適，〔一〕更立其庶孽陽虎素所善者，遂執季桓子。桓子詐之，得脫。定公九年，陽虎不勝，奔于齊。是時孔子年五十。

〔一〕正義適音嫡。

公山不狃以費畔季氏，使人召孔子。孔子循道彌久，温温無所試，莫能己用，曰：「蓋周文武起豐鎬而王，今費雖小，儻庶幾乎！」〔一〕欲往。子路不說，止孔子。孔子曰：「夫召我者豈徒哉？如用我，其爲東周乎！」〔二〕然亦卒不行。

〔一〕索隱檢家語及孔氏之書，並無此言，故桓譚亦以爲誣也。
〔二〕集解何晏曰：「興周道於東方，故曰東周也。」

其後定公以孔子爲中都宰，一年，四方皆則之。〔一〕由中都宰爲司空，由司空爲大司寇。

〔一〕索隱家語作「西方」。王肅云：「魯國近東，故西方諸侯皆取法則焉。」

定公十年春，及齊平。〔一〕夏，齊大夫黎鉏言於景公曰：「魯用孔丘，其勢危齊。」乃使使告魯爲好會，會於夾谷。〔二〕魯定公且以乘車好往。孔子攝相事，曰：「臣聞有文事者必有武備，有武事者必有文備。古者諸侯出疆，必具官以從。請具左右司馬。」定公曰：「諾。」具左右司馬。會齊侯夾谷，爲壇位，土階三等，以會遇之禮相見，〔三〕揖讓而登。獻酬之禮畢，齊有司趨而進曰：「請奏四方之樂。」景公曰：「諾。」於是旍旄羽袚矛戟劍撥鼓譟而至。〔四〕孔子趨而進，歷階〔五〕而登，不盡一等，舉袂而言曰：「吾兩君爲好會，夷狄之樂何爲於此！請命有司！」有司卻之，不去，則左右視晏子與景公。景公心怍，麾而去之。有頃，齊有司趨而進曰：「請奏宮中之樂。」景公曰：「諾。」優倡侏儒爲戲而前。孔子趨而進，歷階而登，不盡一等，曰：「匹夫而營惑〔六〕諸侯者罪當誅！請命有司！」有司加法焉，手足異處。景公懼而動，知義不若，歸而大恐，告其羣臣曰：「魯以君子之道輔其君，而子獨以夷狄之道教

寡人，使得罪於魯君，爲之柰何？」有司進對曰：「君子有過則謝以質，小人有過則謝以文。君若悼之，則謝以質。」於是齊侯乃歸所侵魯之鄆、汶陽、龜陰之田以謝過。〔七〕

〔一〕索隱及，與也。平，成也。謂與齊和好，故云平。
〔二〕集解徐廣曰：「司馬彪云今在祝其縣也。」
〔三〕集解王肅曰：「會遇之禮，禮之簡略也。」
〔四〕索隱家語作「萊人以兵鼓譟劫定公」。袚音弗，謂舞者所執，故周禮樂有袚舞。撥音伐，謂大楯也。
〔五〕索隱謂歷階級也。故王肅云「歷階，登階不聚足」。
〔六〕索隱謂經營而惑亂也。家語作「熒侮」。
〔七〕集解服虔曰：「三田，汶陽田也。龜，山名。陰之田，得其田不得其山也。」杜預曰：「太山博縣北有龜山。」索隱左傳「鄆、讙及龜陰之田」，則三田皆在汶陽也。正義鄆，今鄆州鄆城縣，在兗州龔丘縣東北五十四里。故謝城在龔丘縣東七十里。齊歸侵魯龜陰之田以謝魯，魯築城於此，以旌孔子之功，因名謝城。

定公十三年夏，孔子言於定公曰：「臣無藏甲，大夫毋百雉之城。」〔一〕使仲由爲季氏宰，將墮三都。〔二〕於是叔孫氏先墮郈。〔三〕季氏將墮費，公山不狃、叔孫輒率費人襲魯。公與三子入于季氏之宮，〔四〕登武子之臺。費人攻之，弗克，入及公側。〔五〕孔子命申句須、樂頎下伐之，〔六〕費人北。國人追之，敗諸姑蔑。〔七〕二子奔齊，遂墮費。將墮成，〔八〕公斂處父〔九〕謂孟孫曰：「墮成，齊人必至于北門。且成，孟氏之保鄣，無成是無孟氏也。我將弗墮。」十

二月，公圍成，弗克。

〔一〕集解王肅曰：「高丈長丈曰堵，三堵曰雉。」
〔二〕集解服虔曰：「三都，三家之邑也。」
〔三〕集解杜預曰：「東平無鹽縣東南郈鄉亭。」正義括地志云：「郈亭在鄆州宿城縣東三十二里。」
〔四〕集解服虔曰：「三子，季孫、孟孫、叔孫也。」
〔五〕集解服虔曰：「人有入及公之臺側。」
〔六〕集解服虔曰：「申句須、樂頎，魯大夫。」
〔七〕集解杜預曰：「魯國卞縣南有姑蔑城。」正義括地志云：「姑蔑故城在兗州泗水縣東四十五里。」按：泗水縣本漢卞縣地。
〔八〕集解杜預曰：「泰山鉅平縣東南有成城也。」正義括地志云：「故郕城在兗州泗水縣西北五十里。」
〔九〕集解服虔曰：「成宰也。」

定公十四年，孔子年五十六，由大司寇行攝相事，有喜色。門人曰：「聞君子禍至不懼，福至不喜。」孔子曰：「有是言也。不曰『樂其以貴下人』乎？」於是誅魯大夫亂政者少正卯。與聞國政三月，粥羔豚者弗飾賈；男女行者別於塗；塗不拾遺；四方之客至乎邑者不求有司，〔一〕皆予之以歸。〔二〕

〔一〕集解王肅曰：「有司常供其職，客求而有在也。」

〔二〕索隱家語作「皆如歸」。

齊人聞而懼，曰：「孔子爲政必霸，霸則吾地近焉，我之爲先并矣。盍致地焉？」黎鉏曰：「請先嘗沮之；沮之而不可則致地，庸遲乎！」於是選齊國中女子好者八十人，皆衣文衣而舞康樂，〔一〕文馬三十駟，遺魯君。陳女樂文馬於魯城南高門外。季桓子微服往觀再三，將受，乃語魯君爲周道游，〔二〕往觀終日，怠於政事。子路曰：「夫子可以行矣。」孔子曰：「魯今且郊，如致膰乎大夫，〔三〕則吾猶可以止。」桓子卒受齊女樂，三日不聽政；郊，又不致膰俎於大夫。孔子遂行，宿乎屯。〔四〕而師己送，曰：「夫子則非罪。」孔子曰：「吾歌可夫？」歌曰：「彼婦之口，可以出走；彼婦之謁，可以死敗。〔五〕蓋優哉游哉，維以卒歲！」〔六〕師己反，桓子曰：「孔子亦何言？」師己以實告。桓子喟然歎曰：「夫子罪我以羣婢故也夫！」

〔一〕索隱家語作「容璣」。王肅云：「舞曲名也。」
〔二〕索隱謂請魯君爲周偏道路游行，因出觀齊之女樂。
〔三〕集解王肅曰：「膰，祭肉。」
〔四〕集解屯在魯之南也。索隱地名。
〔五〕集解王肅曰：「言婦人之口請謁，足以憂使人死敗，故可以出走也。」
〔六〕集解王肅曰：「言仕不遇也，故且優游以終歲。」

孔子遂適衞，主於子路妻兄顏濁鄒家。〔一〕衞靈公問孔子：「居魯得祿幾何？」對曰：「奉粟六萬。」衞人亦致粟六萬。〔二〕居頃之，或譖孔子於衞靈公。靈公使公孫余假一出一入。〔三〕孔子恐獲罪焉，居十月，去衞。

〔一〕索隱孟子曰「孔子於衞主顏讎由，彌子之妻與子路之妻，兄弟也」。今此云濁鄒是子路之妻兄，所說不同。
〔二〕索隱若六萬石似太多，當是六萬斗，亦與漢之秩祿不同。正義六萬小斗，計當今二千石也。周之斗升斤兩皆用小也。
〔三〕索隱謂以兵仗出入，以脅夫子也。

將適陳，過匡，〔一〕顏刻爲僕，以其策指之曰：「昔吾入此，由彼缺也。」〔二〕匡人聞之，以爲魯之陽虎。陽虎嘗暴匡人，匡人於是遂止孔子。〔三〕孔子狀類陽虎，拘焉五日。顏淵後，〔四〕子曰：「吾以汝爲死矣。」顏淵曰：「子在，回何敢死！」〔五〕匡人拘孔子益急，弟子懼。孔子曰：「文王既沒，文不在茲乎？〔六〕天之將喪斯文也，後死者不得與于斯文也。〔七〕天之未喪斯文也，匡人其如予何！」〔八〕孔子使從者爲甯武子臣於衞，然後得去。〔九〕

〔一〕正義故匡城在滑州匡城縣西南十里。
〔二〕索隱謂昔所被攻缺破之處也。正義琴操云：「孔子到匡郭外，顏淵舉策指匡穿垣曰：『往與陽貨正從此入。』

匡人聞其言，告君曰：『往者陽貨今復來。』乃率衆圍孔子數日，乃和琴而歌，音曲甚哀，有暴風擊軍士僵仆，於是匡人有知孔子聖人，自解也。」
〔三〕索隱匡，宋邑也。家語云匡人簡子以甲士圍夫子。
〔四〕集解孔安國曰：「言與孔子相失，故在後也。」
〔五〕集解包氏曰：「言夫子在，己無所致死也。」
〔六〕集解孔安國曰：「茲，此也。言文王雖已沒，其文見在此。此，自謂其身也。」
〔七〕集解孔安國曰：「文王既沒，故孔子自謂後死也。言天將喪此文者，本不當使我知之；今使我知之，未欲喪之也。」
〔八〕集解馬融曰：「如予何猶言『柰我何』也。天未喪此文，則我當傳之，匡人欲柰我何！言不能違天以害己。」
〔九〕索隱家語「子路彈劍而歌，孔子和之，曲三終，匡人解圍而去」。今此取論語「文王既沒」之文，及從者臣甯武子然後得去。蓋夫子再戹匡人，或設辭以解圍，或彈劍而釋難。今此合論語、家語之文以爲一事，故彼此文交互耳。

去卽過蒲。〔一〕月餘，反乎衞，主蘧伯玉家。靈公夫人有南子者，使人謂孔子曰：「四方之君子不辱欲與寡君爲兄弟者，必見寡小君。寡小君願見。」孔子辭謝，不得已而見之。夫人在絺帷中。孔子入門，北面稽首。夫人自帷中再拜，環珮玉聲璆然。〔二〕孔子曰：「吾鄉爲弗見，見之禮答焉。」〔三〕子路不說。孔子矢之曰：「予所不者，天厭之！天厭之！」〔四〕居

衞月餘，靈公與夫人同車，宦者雍渠參乘，出，使孔子爲次乘，招搖市過之。〔五〕孔子曰：「吾未見好德如好色者也。」〔六〕於是醜之，去衞，過曹。是歲，魯定公卒。

〔一〕集解 徐廣曰：「長垣縣有匡城、蒲鄉。」 正義 括地志云：「故蒲城在滑州匡城縣北十五里。匡城本漢長垣縣。」

〔二〕正義 璆音虯。

〔三〕索隱 上「見」如字。下「見」音賢徧反，去聲。言我不爲相見之禮現而答之。

〔四〕集解 欒肇曰：「見南子者，時不獲已，猶文王之拘羑里也。天厭之者，言我之否屈乃天命所厭也。」蔡謨曰：「矢，陳也。夫子爲子路陳天命也。」

〔五〕集解 徐廣曰：「招搖，翺翔也。」 索隱 家語作「遊過市」。

〔六〕集解 何晏曰：「疾時薄於德，厚於色，故發此言也。」李充曰：「使好德如好色，則弃邪而反正矣。」

孔子去曹適宋，〔一〕與弟子習禮大樹下。宋司馬桓魋欲殺孔子，拔其樹。孔子去。弟子曰：「可以速矣。」孔子曰：「天生德於予，桓魋其如予何！」〔二〕

〔一〕集解 徐廣曰：「年表定公十三年，孔子至衞；十四年，至陳；哀公三年，孔子過宋。」

〔二〕集解 包氏曰：「天生德者，謂授以聖性，德合天地，吉無不利，故曰其如予何。」

孔子適鄭，與弟子相失，孔子獨立郭東門。鄭人或謂子貢曰：〔一〕「東門有人，其顙似堯，〔二〕其項類皋陶，其肩類子產，然自要以下不及禹三寸，纍纍若喪家之狗。」〔三〕子貢以實告孔子。孔子欣然笑曰：「形狀，末也。而謂似喪家之狗，然哉！然哉！」

〔一〕索隱 家語姑布子卿謂子貢曰。

〔二〕索隱 家語云「河目而隆顙，其顙似堯」。

〔三〕集解 王肅曰：「喪家之狗。主人哀荒，不見飲食，故纍然而不得意。孔子生於亂世，道不得行，故纍然不得志之貌也。」韓詩外傳曰『喪家之狗，既斂而椁，有席而祭，顧望無人』也。」

孔子遂至陳，主於司城貞子家。歲餘，吳王夫差伐陳，取三邑而去。趙鞅伐朝歌。楚圍蔡，蔡遷于吳。吳敗越王句踐會稽。

有隼集于陳廷而死，楛矢貫之，石砮，矢長尺有咫。〔一〕陳湣公使使問仲尼。〔二〕仲尼曰：「隼來遠矣，此肅慎之矢也。〔三〕昔武王克商，通道九夷百蠻，〔四〕使各以其方賄來貢，〔五〕使無忘職業。於是肅慎貢楛矢石砮，長尺有咫。先王欲昭其令德，以肅慎矢分大姬，〔六〕配虞胡公而封諸陳。分同姓以珍玉，展親；〔七〕分異姓以遠方職，使無忘服。〔八〕故分陳以肅慎矢。」試求之故府，果得之。〔九〕

〔一〕集解 韋昭曰：「隼，鷙鳥，今之鶚也。楛，木名。砮，鏃也，以石爲之。八寸曰咫。楛矢貫之，墜而死。」 正義 隼音筍。毛詩義疏：「鷂，齊人謂之擊征，或謂之題肩，或曰省鷹，春化爲布穀。此屬數種皆爲隼。」

〔二〕索隱 家語、國語皆作「陳惠公」，非也。按：惠公以魯昭元年立，定四年卒。又按系家，湣公（十）六年孔子適陳，十三年亦在陳，則此湣公爲是。

〔三〕正義 肅慎國記云：「肅慎，其地在夫餘國東北，（河）〔可〕六十日行。其弓四尺，强勁弩射四百步，今之靺鞨國方有此矣。」

〔四〕集解 王肅曰：「九夷，東方夷有九種也。百蠻，夷狄之百種。」

〔五〕集解 王肅曰：「各以其方面所有之財賄而來貢。」

〔六〕集解 韋昭曰：「大姬，武王元女也。」

〔七〕集解 韋昭曰：「展，重也。玉謂若夏后氏之璜。」

〔八〕集解 王肅曰：「使無忘服從於王也。」

〔九〕集解 韋昭曰：「故府，舊府也。」

孔子居陳三歲，會晉楚爭彊，更伐陳，及吳侵陳，陳常被寇。孔子曰：「歸與歸與！吾黨之小子狂簡，進取不忘其初。」於是孔子去陳。

過蒲，會公叔氏以蒲畔，蒲人止孔子。弟子有公良孺者，以私車五乘從孔子。其爲人長賢，有勇力，謂曰：「吾昔從夫子遇難於匡，今又遇難於此，命也已。吾與夫子再罹難，寧鬬而死。」鬬甚疾。蒲人懼，〔一〕謂孔子曰：「苟毋適衞，吾出子。」與之盟，出孔子東門。孔子遂適衞。子貢曰：「盟可負邪？」孔子曰：「要盟也，神不聽。」

〔一〕索隱 家語云「我寧鬬死，挺劍而合衆，將與之戰，蒲人懼」是也。

衞靈公聞孔子來，喜，郊迎。問曰：「蒲可伐乎？」對曰：「可。」靈公曰：「吾大夫以爲

不可。今蒲，衞之所以待晉楚也，〔一〕以衞伐之，無乃不可乎？」孔子曰：「其男子有死之志，〔二〕婦人有保西河之志。〔三〕吾所伐者不過四五人。」〔四〕靈公曰：「善。」然不伐蒲。

〔一〕正義 衞在濮州，蒲在滑州，在衞西也。韓魏及楚從西向東伐，先在蒲，後及衞。

〔二〕集解 王肅曰：「公叔氏欲以蒲適他國，而男子欲死之，不樂適他。」

〔三〕集解 王肅曰：「婦人恐懼，欲保西河，無戰意也。」 索隱 此西河在衞地，非魏之西河也。

〔四〕集解 王肅曰：「本與公叔同畔者。」

靈公老，怠於政，不用孔子。孔子喟然歎曰：「苟有用我者，朞月而已，三年有成。」〔一〕孔子行。

〔一〕集解 孔安國曰：「言誠有用我於政事者，朞年而可以行其政教，必三年乃有成也。」

佛肸爲中牟宰。〔一〕趙簡子攻范、中行，伐中牟。佛肸畔，使人召孔子。孔子欲往。子路曰：「由聞諸夫子，『其身親爲不善者，君子不入也』。〔二〕今佛肸親以中牟畔，子欲往，如之何？」孔子曰：「有是言也。不曰堅乎，磨而不磷；不曰白乎，涅而不淄。〔三〕我豈匏瓜也哉，焉能繫而不食？」〔四〕

〔一〕集解 孔安國曰：「晉大夫趙簡子之邑宰。」 索隱 此河北之中牟，蓋在漢陽西。

〔二〕集解孔安國曰：「不入其國。」

〔三〕集解孔安國曰：「磷，薄也。涅，可以染皁者也。言至堅者磨之而不薄，至白者染之於涅中而不黑，君子雖在濁亂，不能汙也。」

〔四〕集解何晏曰：「言匏瓜得繫一處者，不食故也。吾自食物當東西南北，不得如不食之物繫滯一處。」

孔子擊磬。有荷蕢而過門者，曰：「有心哉，擊磬乎！〔一〕硜硜乎，莫己知也夫而已矣！」〔二〕

〔一〕集解何晏曰：「蕢，草器也。有心謂契契然也。」

〔二〕集解何晏曰：「此硜硜，信己而已，言亦無益也。」

孔子學鼓琴師襄子，〔一〕十日不進。師襄子曰：「可以益矣。」孔子曰：「丘已習其曲矣，未得其數也。」有閒，曰：「已習其數，可以益矣。」孔子曰：「丘未得其志也。」有閒，曰：「已習其志，可以益矣。」孔子曰：「丘未得其爲人也。」有閒，（曰）有所穆然深思焉，有所怡然高望而遠志焉。曰：「丘得其爲人，黯然而黑，〔二〕幾然而長，〔三〕眼如望羊，〔四〕如王四國，非文王其誰能爲此也！」師襄子辟席再拜，曰：「師蓋云文王操也。」

〔一〕索隱家語師襄子曰「吾雖以擊磬爲官，然能於琴」。蓋師襄子魯人，論語謂之「擊磬襄」是也。

〔二〕集解王肅曰：「黯，黑貌。」

〔三〕集解徐廣曰：「詩云『頎而長兮』。」索隱「幾」與注「頎」，並音祈，家語無此四字。

〔四〕集解王肅曰：「望羊，望羊視也。」索隱王肅云：「望羊，望羊視也。」

孔子既不得用於衞，將西見趙簡子。至於河而聞竇鳴犢、舜華〔一〕之死也，臨河而歎曰：「美哉水，洋洋乎！丘之不濟此，命也夫！」子貢趨而進曰：「敢問何謂也？」孔子曰：「竇鳴犢、舜華，晉國之賢大夫也。趙簡子未得志之時，須此兩人而後從政；及其已得志，殺之乃從政。丘聞之也，刳胎殺夭則麒麟不至郊，竭澤涸漁則蛟龍不合陰陽，〔二〕覆巢毀卵則鳳皇不翔。何則？君子諱傷其類也。夫鳥獸之於不義也尚知辟之，而況乎丘哉！」乃還息乎陬鄉，作爲陬操〔三〕以哀之。而反乎衞，入主蘧伯玉家。

〔一〕集解徐廣曰：「或作『鳴鐸竇犨』，又作『竇犨鳴犢、舜華也』。」索隱家語云「聞趙簡子殺竇犨鳴犢及舜華」，國語云「鳴鐸竇犨」，則竇犨字鳴犢，聲轉字異，或作「鳴鐸」。慶華當作「舜華」，諸說皆同。

〔二〕索隱有角曰蛟龍。龍能興雲致雨，調和陰陽之氣。

〔三〕集解王肅曰：「陬操，琴曲名也。」索隱此陬鄉非魯之陬邑。家語云作「槃操」也。

他日，靈公問兵陳。〔一〕孔子曰：「俎豆之事則嘗聞之，軍旅之事未之學也。」〔二〕明日，與孔子語，見蜚鴈，仰視之，色不在孔子。孔子遂行，〔三〕復如陳。

〔一〕集解孔安國曰：「軍陳行列之法。」

〔二〕集解鄭玄曰：「萬二千人爲軍，五百人爲旅。軍旅末事，本未立不可教以末也。」

〔三〕索隱此魯哀二年也。

夏，衞靈公卒，立孫輒，是爲衞出公。六月，趙鞅內太子蒯聵于戚。陽虎使太子絻，八人衰絰，僞自衞迎者，哭而入，遂居焉。冬，蔡遷于州來。是歲魯哀公三年，而孔子年六十矣。齊助衞圍戚，以衞太子蒯聵在故也。

夏，魯桓釐廟燔，南宮敬叔救火。孔子在陳，聞之，曰：「災必於桓釐廟乎？」〔一〕已而果然。

〔一〕集解服虔曰：「桓釐當毀，而魯事非禮之廟，故孔子聞有火災，知其加桓僖也。」

秋，季桓子病，輦而見魯城，喟然歎曰：「昔此國幾興矣，以吾獲罪於孔子，故不興也。」顧謂其嗣康子曰：「我即死，若必相魯；相魯，必召仲尼。」後數日，桓子卒，康子代立。已葬，欲召仲尼。公之魚曰：「昔吾先君用之不終，終爲諸侯笑。今又用之，不能終，是再爲諸侯笑。」康子曰：「則誰召而可？」曰：「必召冉求。」於是使使召冉求。冉求將行，孔子曰：「魯人召求，非小用之，將大用之也。」是日，孔子曰：「歸乎歸乎！〔一〕吾黨之小子狂簡，斐然成章，吾不知所以裁之。」〔二〕子贛知孔子思歸，送冉求，因誡曰「即用，以孔子爲招」云。

〔一〕索隱此系家再有「歸與」之辭者，前辭出孟子，此辭見論語，蓋止是一稱「歸與」，二書各記之，今前後再引，亦失之也。

〔二〕集解孔安國曰：「簡，大也。孔子在陳思歸欲去，曰『吾黨之小子狂者進取於大道，妄穿鑿以成章，不知所以裁制，當歸以裁耳』。」

冉求既去，明年，孔子自陳遷于蔡。蔡昭公將如吳，吳召之也。前昭公欺其臣遷州來，後將往，大夫懼復遷，公孫翩射殺昭公。〔一〕楚侵蔡。秋，齊景公卒。〔二〕

〔一〕集解徐廣曰：「哀公四年也。」

〔二〕集解徐廣曰：「哀公五年也。」

明年，孔子自蔡如葉。葉公問政，孔子曰：「政在來遠附邇。」他日，葉公問孔子於子路，子路不對。〔一〕孔子聞之，曰：「由，爾何不對曰『其爲人也，學道不倦，誨人不厭，發憤忘食，樂以忘憂，不知老之將至』云爾。」

〔一〕集解孔安國曰：「葉公名諸梁，楚大夫，食菜於葉，僭稱公。不對，未知所以對也。」

去葉，反于蔡。長沮、桀溺耦而耕，孔子以爲隱者，使子路問津焉。〔一〕長沮曰：「彼執輿者爲誰？」子路曰：「爲孔丘。」曰：「是魯孔丘與？」曰：「然。」曰：「是知津矣。」〔二〕桀溺曰：「子爲誰？」曰：「爲仲由。」曰：「子，孔丘之徒與？」曰：「然。」桀溺曰：「悠悠

者天下皆是也，而誰以易之？〔三〕且與其從辟人之士，豈若從辟世之士哉！」〔四〕耰而不輟。〔五〕子路以告孔子，孔子憮然〔六〕曰：「鳥獸不可與同羣。〔七〕天下有道，丘不與易也。」〔八〕

〔一〕集解鄭玄曰：「耜廣五寸，二耜爲耦。津，濟渡處也。」正義括地志云：「黄城山俗名菜山，在許州葉縣西南二十五里。聖賢冢墓記云黄城山卽長沮、桀溺所耕處。下有東流，則子路問津處也。」

〔二〕集解馬融曰：「言數周流，自知津處。」

〔三〕集解孔安國曰：「悠悠者，周流之貌也。言當今天下治亂同，空舍此適彼，故曰『誰以易之』。」

〔四〕集解何晏曰：「士有辟人之法，有辟世之法。長沮、桀溺謂孔子爲士，從辟人之法者也；己之爲士，則從辟世之法也。」

〔五〕集解鄭玄曰：「耰，覆種也。輟，止也。覆種不止，不以津告也。」

〔六〕集解何晏曰：「爲其不達己意而非己。」

〔七〕集解孔安國曰：「隱於山林是同羣。」

〔八〕集解何晏曰：「凡天下有道者，丘皆不與易也，己大而人小故也。」

他日，子路行，遇荷蓧丈人，〔一〕曰：「子見夫子乎？」丈人曰：「四體不勤，五穀不分，孰爲夫子！」〔二〕植其杖而芸。〔三〕子路以告，孔子曰：「隱者也。」復往，則亡。〔四〕

〔一〕集解包氏曰：「丈人，老者。蓧，草器名也。」

〔二〕集解包氏曰：「丈人曰不勤勞四體，分植五穀，誰爲夫子而索也。」

〔三〕集解孔安國曰：「植，倚也。除草曰芸。」

〔四〕集解孔安國曰：「子路反至其家，丈人出行不在。」

孔子遷于蔡三歲，吴伐陳。楚救陳，〔一〕軍于城父。聞孔子在陳蔡之閒，楚使人聘孔子。孔子將往拜禮，陳蔡大夫謀曰：「孔子賢者，所刺譏皆中諸侯之疾。今者久留陳蔡之閒，諸大夫所設行皆非仲尼之意。今楚，大國也，來聘孔子。孔子用於楚，則陳蔡用事大夫危矣。」於是乃相與發徒役圍孔子於野。不得行，絶糧。從者病，莫能興。〔二〕孔子講誦弦歌不衰。子路慍見曰：「君子亦有窮乎？」孔子曰：「君子固窮，小人窮斯濫矣。」〔三〕

〔一〕集解徐廣曰：「哀公四年也。」

〔二〕集解孔安國曰：「興，起也。」

〔三〕集解何晏曰：「濫，溢也。君子固亦有窮時，但不如小人窮則濫溢爲非。」

子貢色作。孔子曰：「賜，爾以予爲多學而識之者與？」曰：「然。〔一〕非與？」〔二〕孔子曰：「非也。予一以貫之。」〔三〕

〔一〕集解孔安國曰：「然謂多學而識之。」

〔二〕集解孔安國曰：「問今不然耶。」

〔三〕集解何晏曰：「善有元，事有會，天下殊塗而同歸，百慮而一致。知其元則衆善舉也，故不待學，以一知之。」

孔子知弟子有慍心，乃召子路而問曰：「詩云『匪兕匪虎，率彼曠野』。〔一〕吾道非邪？吾何爲於此？」子路曰：「意者吾未仁邪？人之不我信也。〔二〕意者吾未知邪？人之不我行也。」〔三〕孔子曰：「有是乎！由，譬使仁者而必信，安有伯夷、叔齊？〔四〕使知者而必行，安有王子比干？」〔五〕

〔一〕集解王肅曰：「率，循也。言非兕虎而循曠野也。」

〔二〕集解王肅曰：「言人不信吾，豈以未仁故乎？」

〔三〕集解王肅曰：「言人不使通行而困窮者，豈以吾未智乎？」

〔四〕正義言仁者必使四方信之，安有伯夷、叔齊餓死乎？

〔五〕正義言智者必使處事通行，安有王子比干剖心哉？

子路出，子貢入見。孔子曰：「賜，詩云『匪兕匪虎，率彼曠野』。吾道非邪？吾何爲於此？」子貢曰：「夫子之道至大也，故天下莫能容夫子。夫子蓋少貶焉？」孔子曰：「賜，良農能稼而不能爲穡，〔一〕良工能巧而不能爲順。〔二〕君子能脩其道，綱而紀之，統而理之，而不能爲容。今爾不脩爾道而求爲容。賜，而志不遠矣！」

〔一〕集解王肅曰：「種之爲稼，斂之爲穡。言良農能善種之，未必能斂穫之。」

〔二〕集解王肅曰：「言良工能巧而已，不能每順人之意。」

子貢出，顔回入見。孔子曰：「回，詩云『匪兕匪虎，率彼曠野』。吾道非邪？吾何爲於此？」顔回曰：「夫子之道至大，故天下莫能容。雖然，夫子推而行之，不容何病，不容然後見君子！夫道之不脩也，是吾醜也。夫道既已大脩而不用，是有國者之醜也。不容何病，不容然後見君子！」孔子欣然而笑曰：「有是哉顔氏之子！使爾多財，吾爲爾宰。」〔一〕

〔一〕集解王肅曰：「宰，主財者也。爲汝主財，言志之同也。」

於是使子貢至楚。楚昭王興師迎孔子，然後得免。

昭王將以書社地七百里〔一〕封孔子。楚令尹子西曰：「王之使使諸侯有如子貢者乎？」曰無有。「王之輔相有如顔回者乎？」曰無有。「王之將率有如子路者乎？」曰無有。「王之官尹有如宰予者乎？」曰無有。「且楚之祖封於周，號爲子男五十里。今孔丘述三五之法，明周召之業，王若用之，則楚安得世世堂堂方數千里乎？夫文王在豐，武王在鎬，百里之君卒王天下。今孔丘得據土壤，賢弟子爲佐，非楚之福也。」昭王乃止。其秋，楚昭王卒于城父。

〔一〕集解服虔曰：「書，籍也。」索隱古者二十五家爲里，里則各立社，則書社者，書其社之人名於籍。蓋以七百里書社之人封孔子也，故下冄求云「雖累千社而夫子不利」是也。

楚狂接輿歌而過孔子，〔一〕曰：「鳳兮鳳兮，何德之衰！〔二〕往者不可諫兮，〔三〕來者猶可追也！〔四〕已而已而，今之從政者殆而！」〔五〕孔子下，欲與之言。〔六〕趨而去，弗得與之言。

〔一〕集解孔安國曰：「接輿，楚人也。佯狂而來歌，欲以感切孔子也。」

〔二〕集解孔安國曰：「比孔子於鳳鳥，待聖君乃見。非孔子周行求合，故曰『衰』也。」

〔三〕集解孔安國曰：「已往所行，不可復諫止也。」

〔四〕集解孔安國曰：「自今已來，可追自止，避亂隱居。」

〔五〕集解孔安國曰：「言『已而』者，言世亂已甚，不可復治也。再言之者，傷之深也。」

〔六〕集解包氏曰：「下，下車也。」

於是孔子自楚反乎衞。是歲也，孔子年六十三，而魯哀公六年也。

其明年，吳與魯會繒，徵百牢。〔一〕太宰嚭召季康子。康子使子貢往，然後得已。

〔一〕索隱此哀七年時也。百牢，牢具一百也。周禮上公九牢，侯伯七牢，子男五牢。今吳徵百牢，夷不識禮故也。子貢對以周禮，而後吳亡是徵也。正義括地志云：「故鄫城在沂州承縣。地理志云繒縣屬東海郡也。」

孔子曰：「魯衞之政，兄弟也。」〔一〕是時，衞君輒父不得立，在外，諸侯數以爲讓。而孔子弟子多仕於衞，衞君欲得孔子爲政。子路曰：「衞君待子而爲政，子將奚先？」〔二〕孔子曰：「必也正名乎！」〔三〕子路曰：「有是哉，子之迂也！何其正也？」〔四〕孔子曰：「野哉由

也！〔五〕夫名不正則言不順，言不順則事不成，事不成則禮樂不興，禮樂不興則刑罰不中，〔六〕刑罰不中則民無所錯手足矣。夫君子爲之必可名，言之必可行。〔七〕君子於其言，無所苟而已矣。」

〔一〕集解包氏曰：「周公、康叔既爲兄弟，康叔睦於周公，其國之政亦如兄弟也。」

〔二〕集解包氏曰：「問往將何所先行。」

〔三〕集解馬融曰：「正百事之名也。」

〔四〕集解包氏曰：「迂猶遠也。言孔子之言遠於事也。」

〔五〕集解孔安國曰：「野，不達也。」

〔六〕集解孔安國曰：「禮以安上，樂以移風。二者不行，則有淫刑濫罰也。」

〔七〕集解王肅曰：「所名之事，必可得明言；所言之事，必可得遵行者。」

其明年，冄有爲季氏將師，與齊戰於郎，克之。〔一〕季康子曰：「子之於軍旅，學之乎？性之乎？」冄有曰：「學之於孔子。」季康子曰：「孔子何如人哉？」對曰：「用之有名；播之百姓，質諸鬼神而無憾。求之至於此道，雖累千社，夫子不利也。」康子曰：「我欲召之，可乎？」對曰：「欲召之，則毋以小人固之，則可矣。」而衞孔文子〔二〕將攻太叔，〔三〕問策於仲尼。仲尼辭不知，退而命載而行，曰：「鳥能擇木，木豈能擇鳥乎！」〔四〕文子固止。會季康子逐公華、公賓、公林，以幣迎孔子，孔子歸魯。

〔一〕集解徐廣曰：「此哀公十一年也，去吳會繒已四年矣。年表哀公十年，孔子自陳至衞也。」索隱徐說去會四年，是也。按：左傳及此文，孔子是時在衞歸魯，不見有在陳之文，在陳當哀公之初，蓋年表誤爾。正義括地志云：「郎亭在徐州滕縣西五十三里。」

〔二〕集解服虔曰：「文子，衞卿也。」

〔三〕集解左傳曰太叔名疾。

〔四〕集解服虔曰：「鳥喻己，木以喻所之之國。」

孔子之去魯凡十四歲而反乎魯。〔一〕

〔一〕索隱前文孔子以定公十四年去魯，計至此十三年。魯系家云定公十二年孔子去魯，則首尾計十五年矣。

魯哀公問政，對曰：「政在選臣。」季康子問政，曰：「舉直錯諸枉，〔一〕則枉者直。」康子患盜，孔子曰：「苟子之不欲，雖賞之不竊。」〔二〕然魯終不能用孔子，孔子亦不求仕。

〔一〕集解包氏曰：「錯，置也。舉正直之人用之，廢置邪枉之人。」索隱論語「季康子問政，子曰『政者，正也』」。又「哀公問曰『何爲則人服』？子曰『舉直錯諸枉則人服』」。今此初論康子問政，未合以孔子荅哀公使人服，蓋太史公撮略論語爲文而失事實。

〔二〕集解孔安國曰：「欲，情慾也。言民化於上，不從其所令，從其所好也。」

孔子之時，周室微而禮樂廢，詩書缺。追迹三代之禮，序書傳，上紀唐虞之際，下至秦

繆，編次其事。曰：「夏禮吾能言之，杞不足徵也。殷禮吾能言之，宋不足徵也。〔一〕足，則吾能徵之矣。」觀殷夏所損益，曰：「後雖百世可知也，〔二〕以一文一質。周監二代，郁郁乎文哉。吾從周。」〔三〕故書傳、禮記自孔氏。

〔一〕集解包氏曰：「徵，成也。杞宋二國，夏殷之後也。夏殷之禮吾能說之，杞宋之君不足以成也。」

〔二〕集解何晏曰：「物類相召，勢數相生，其變有常，故可預知者也。」

〔三〕集解孔安國曰：「監，視也。言周文章備於二代，當從之也。」

孔子語魯大師：「樂其可知也。始作翕如，〔一〕縱之純如，〔二〕皦如，〔三〕繹如也，以成。」〔四〕「吾自衞反魯，然後樂正，雅頌各得其所。」〔五〕

〔一〕集解何晏曰：「太師，樂官名也。五音始奏，翕如盛也。」

〔二〕集解何晏曰：「言五音既發放縱盡，其聲純和諧也。」

〔三〕集解何晏曰：「言其音節明。」

〔四〕集解何晏曰：「縱之以純如，皦如，繹如，言樂始於翕如而成於三者也。」

〔五〕集解鄭玄曰：「反魯，魯哀公十一年冬。是時道衰樂廢，孔子來還，乃正之，故雅頌各得其所。」

古者詩三千餘篇，及至孔子，去其重，〔一〕取可施於禮義，上采契后稷，中述殷周之盛，至幽厲之缺，始於衽席，故曰「關雎之亂以爲風始，〔二〕鹿鳴爲小雅始，〔三〕文王爲大雅始，〔四〕清廟爲頌始」。〔五〕三百五篇孔子皆弦歌之，以求合韶武雅頌之音。禮樂自此可得而

述，以備王道，成六藝。

〔一〕正義 去，丘呂反。重，逐龍反。

〔二〕正義 亂，理也。詩小序云：「關雎，后妃之德也，風之始也，所以風天下而正夫婦也。」毛萇云：「關關，和聲。雎鳩，王雎也，鳥摯而有別。后妃悅樂君子之德，無不和諧，又不淫色，慎固幽深，若雎鳩之有別，然後可以風化天下。夫婦有別則父子親，父子親則君臣敬，君臣敬則朝廷正，朝廷正則王化成也。」按：王雎，金口鶚也。

〔三〕正義 小序云：「鹿鳴，宴羣臣嘉賓也。既飲食之，又實幣帛筐篚以將其厚意，然後忠臣嘉賓得盡其心矣。」毛萇云：「鹿得苹，呦呦鳴而相呼，懇誠發乎中，以興嘉樂賓客，當有懇誠相招呼以成禮也。」

〔四〕正義 小序云：「文王，文王受命作周。」鄭玄云：「文王初爲西伯，有功於民，其德著見於天，故天命之以爲王，使君天下。」

〔五〕正義 小序云：「清廟，祀文王也。周公既成雒邑，朝諸侯，率以祀文王焉。」毛萇云：「清廟者，祭有清明之德者之宮也。謂祭文王，天德清明，文王象焉，故祭之而歌此詩也。」

孔子晚而喜易，序〔一〕彖、〔二〕繫、〔三〕象、〔四〕說卦、〔五〕文言。〔六〕讀易，韋編三絕。曰：「假我數年，若是，我於易則彬彬矣。」

〔一〕正義 序，易序卦也。夫子作十翼，謂上彖、下彖、上象、下象、上繫、下繫、文言、序卦、說卦、雜卦也。易正義曰：「文王既繇六十四卦分爲上下篇，先後之次，其理不易。孔子就上下二經，各序其相次之義。」

〔二〕正義 吐亂反。上彖，卦下辭；下彖，爻卦下辭。易正義曰：「夫子所作，統論一卦之義，或說其卦德，或說其卦義，

或說其卦名。莊氏云『彖，斷也，言斷定一卦之義』也。」

〔三〕正義 如字，又音系。易正義云：「繫辭者，聖人繫屬此辭於爻卦之下。分爲上下篇者，以簡編重大，是以分之。」又言「繫辭者，取綱系之義」也。

〔四〕正義 上象，卦辭；下象，爻辭。易正義云：「萬物之體自然，各有形象，聖人設卦以寫萬物之象，今夫子釋此卦之象也。」

〔五〕正義 易正義云：「說卦者，陳說八卦德業變化法象所爲也。」

〔六〕正義 易正義云：「夫子贊明易道，申說義理，釋乾坤二卦經文之言，故稱文言。」又：「雜卦者，六十四卦以爲義，於序卦之外，別言聖人之興，因時而作，隨其事宜，不必相因襲，當有損益。」又云：「雜揉衆卦，錯綜其義，或以同相類，或以異相明。」按：史不出雜卦，故附之。

孔子以詩書禮樂教，弟子蓋三千焉，身通六藝者七十有二人。如顏濁鄒之徒，〔一〕頗受業者甚衆。

〔一〕正義 濁音卓。鄒音聚。顏濁鄒，非七十(七)〔二〕人數也。

孔子以四教：文，行，忠，信。〔一〕絕四：毋意，〔二〕毋必，〔三〕毋固，〔四〕毋我。〔五〕所慎：齊，戰，疾。〔六〕子罕言利與命與仁。〔七〕不憤不啓，舉一隅不以三隅反，則弗復也。〔八〕

〔一〕集解 何晏曰：「四者有形質，可舉以教。」

〔二〕集解 何晏曰：「以道爲度，故不任意也。」

〔三〕集解 何晏曰：「用之則行，舍之則藏，故無專必。」

〔四〕集解 何晏曰：「無可無不可，故無固行也。」

〔五〕集解 何晏曰：「述古而不自作，處羣萃而不自異，唯道是從，故不有其身。」

〔六〕集解 何晏曰：「此三者人所不能慎，而夫子慎也。」

〔七〕集解 何晏曰：「罕者，希也。利者，義之和也。命者，天之命也。仁者，行之盛也。寡能及之，故希言之。」

〔八〕集解 鄭玄曰：「孔子與人言，必待其人心憤憤，口悱悱，乃後啓發爲說之，如此則識思之深也。說則舉一端以語之，其人不思其類，則不重教也。」

其於鄉黨，恂恂〔一〕似不能言者。其於宗廟朝廷，辯辯〔二〕言，唯謹爾。〔三〕朝，與上大夫言，誾誾如也；〔四〕與下大夫言，侃侃如也。〔五〕

〔一〕集解 王肅曰：「恂恂，溫恭貌也。」 索隱 有本作「逡逡」，音七旬反。

〔二〕索隱 論語作「便便」。

〔三〕集解 鄭玄曰：「唯辯而謹敬也。」

〔四〕集解 孔安國曰：「中正之貌也。」

〔五〕集解 孔安國曰：「和樂貌。」

入公門，鞠躬如也；趨進，翼如也。〔一〕君召使儐，〔二〕色勃如也。〔三〕君命召，不俟駕行

矣。〔四〕

〔一〕集解 孔安國曰：「言端好也。」

〔二〕集解 鄭玄曰：「有賓客，使迎之也。」

〔三〕集解 孔安國曰：「必變色。」

〔四〕集解 鄭玄曰：「急趨君命也，行出而車駕隨之。」

魚餒，肉敗，割不正，不食。〔一〕席不正，不坐。食於有喪者之側，未嘗飽也。

〔一〕集解 孔安國曰：「魚敗曰餒也。」

是日哭，則不歌。見齊衰、瞽者，雖童子必變。〔一〕

〔一〕集解 包氏曰：「瞽，盲。」

「三人行，必得我師。」〔一〕「德之不脩，學之不講，聞義不能徙，不善不能改，是吾憂也。」〔二〕使人歌，善，則使復之，然後和之。〔三〕

〔一〕集解 何晏曰：「言我三人行，本無賢愚，擇善而從之，不善而改之，無常師。」

〔二〕集解 孔安國曰：「夫子常以此四者爲憂也。」

〔三〕集解 何晏曰：「樂其善，故使重歌而自和也。」

子不語：怪，力，亂，神。〔一〕

〔一〕集解 王肅曰：「怪，怪異也。力謂若奡盪舟，烏獲舉千鈞之屬也。亂謂臣弒君，子弒父也。神謂鬼神之事。或

無益於教化，或所不忍言也。」李充曰：「力不由理，斯怪力也。神不由正，斯亂神也。怪力，亂神，有興於邪，無益於教，故不言也。」

子貢曰：「夫子之文章，可得聞也。〔一〕夫子言天道與性命，弗可得聞也已。」〔二〕顏淵喟然歎曰：「仰之彌高，鑽之彌堅。〔三〕瞻之在前，忽焉在後。〔四〕夫子循循然善誘人，〔五〕博我以文，約我以禮，欲罷不能。既竭我才，如有所立，卓爾。雖欲從之，蔑由也已。」〔六〕達巷黨人（童子）曰：「大哉孔子，博學而無所成名。」〔七〕子聞之曰：「我何執？執御乎？執射乎？我執御矣。」〔八〕牢曰：「子云『不試，故藝』。」〔九〕

〔一〕集解 何晏曰：「章，明。文，彩。形質著見，可以耳目循也。」

〔二〕集解 何晏曰：「性者，人之所受以生也。天道者，元亨日新之道。深微，故不可得而聞之。」

〔三〕集解 何晏曰：「言不可窮盡。」

〔四〕集解 何晏曰：「言忽怳不可爲形象。」

〔五〕集解 何晏曰：「循循，次序貌也。誘，進也。言夫子正以此道進勸人學有次序也。」

〔六〕集解 孔安國曰：「言夫子既以文章開博我，又以禮節節約我，使我欲罷不能。已竭吾才矣，其有所立，則卓然不可及。言己雖蒙夫子之善誘，猶不能及夫子所立也。」

〔七〕集解 鄭玄曰：「達巷者，黨名。五百家爲黨。此黨之人美孔子博學道藝，不成一名而已。」

〔八〕集解 鄭玄曰：「聞人美之，承以謙也。吾執御者，欲明六藝之卑。」

〔九〕集解 鄭玄曰：「牢者，弟子子牢也。試，用也。言孔子自云我不見用故多伎藝也。」

魯哀公十四年春，狩大野。〔一〕叔孫氏車子鉏商獲獸，〔二〕以爲不祥。仲尼視之，曰：「麟也。」取之。〔三〕曰：「河不出圖，雒不出書，吾已矣夫！」〔四〕顏淵死，孔子曰：「天喪予！」〔五〕及西狩見麟，曰：「吾道窮矣！」〔六〕喟然歎曰：「莫知我夫！」子貢曰：「何爲莫知子？」〔七〕子曰：「不怨天，不尤人，〔八〕下學而上達，〔九〕知我者其天乎！」〔一〇〕

〔一〕集解 服虔曰：「大野，藪名，魯田圃之常處，蓋今鉅野是也。」正義 括地志云：「獲麟堆在鄆州鉅野縣東十二里。春秋哀十四年經云『西狩獲麟』。國都城記云『鉅野故城東十里澤中有土臺，廣輪四五十步，俗云獲麟堆，去魯城可三百餘里』。」

〔二〕集解 服虔曰：「車子，微者也；鉏商，名也。」索隱 春秋傳及家語並云「車子鉏商」，而服虔以「子」爲姓，非也。今以車子爲主車車士，微者之人也。人微故略其姓，則「子」非姓也。

〔三〕集解 服虔曰：「麟非時所常見，故怪之，以爲不祥也。仲尼名之曰『麟』，然後魯人乃取之也。明麟爲仲尼至也。」

〔四〕集解 孔安國曰：「聖人受命，則河出圖，今無此瑞。吾已矣夫者，〔傷〕不得見〔也〕。河圖，八卦是也。」

〔五〕集解 何休曰：「予，我也。天生顏淵爲夫子輔佐，死者是天將亡夫子之證者也。」

〔六〕集解 何休曰：「麟者，太平之獸，聖人之類也。時得而死，此天亦告夫子將殁之證，故云爾。」

〔七〕集解 何晏曰：「子貢怪夫子言何爲莫知己，故問之。」

〔八〕集解 馬融曰：「孔子不用於世，而不怨天不知己，亦不尤人。」

〔九〕集解 孔安國曰：「下學人事，上達天命。」

〔一〇〕集解 何晏曰：「聖人與天地合其德，故曰唯天知己。」

「不降其志，不辱其身，伯夷、叔齊乎！」〔一〕謂「柳下惠、少連降志辱身矣」。謂「虞仲、夷逸隱居放言，〔二〕行中清，廢中權」。〔三〕「我則異於是，無可無不可。」〔四〕

〔一〕集解 鄭玄曰：「言其直己之心，不入庸君之朝。」

〔二〕集解 包氏曰：「放，置也。置不復言世務也。」

〔三〕集解 馬融曰：「清，純絜也。遭世亂，自廢弃以免患，合於權也。」

〔四〕集解 馬融曰：「亦不必進，亦不必退，唯義所在。」

子曰：「弗乎弗乎，君子病没世而名不稱焉。吾道不行矣，吾何以自見於後世哉？」乃因史記作春秋，上至隱公，下訖哀公十四年，十二公。據魯，親周，〔一〕故殷，運之三代。〔二〕約其文辭而指博。故吳楚之君自稱王，而春秋貶之曰「子」；踐土之會實召周天子，而春秋諱之曰「天王狩於河陽」：推此類以繩當世。貶損之義，後有王者舉而開之。春秋之義行，則天下亂臣賊子懼焉。

〔一〕索隱 言夫子修春秋，以魯爲主，故云據魯。親周，蓋孔子之時周雖微，而親周王者，以見天下之有宗主也。

〔二〕正義 殷，中也。又中運夏、殷、周之事也。

孔子在位聽訟，文辭有可與人共者，弗獨有也。至於爲春秋，筆則筆，削則削，子夏之徒不能贊一辭。弟子受春秋，孔子曰：「後世知丘者以春秋，而罪丘者亦以春秋。」〔一〕

〔一〕集解 劉熙曰：「知者，行堯舜之道者也。罪者，在王公之位，見貶絶者。」

明歲，子路死於衞。孔子病，子貢請見。孔子方負杖逍遥於門，曰：「賜，汝來何其晚也？」孔子因歎，歌曰：「太山壞乎！〔一〕梁柱摧乎！哲人萎乎！」〔二〕因以涕下。謂子貢曰：「天下無道久矣，莫能宗予。〔三〕夏人殯於東階，周人於西階，殷人兩柱閒。昨暮予夢坐奠兩柱之閒，予始殷人也。」後七日卒。〔四〕

〔一〕集解 鄭玄曰：「太山，衆山所仰。」

〔二〕集解 王肅曰：「萎，頓也。」

〔三〕集解 王肅曰：「傷道之不行也。」

〔四〕集解 鄭玄曰：「明聖人知命也。」正義 括地志云：「漢封夫子十二代孫忠爲褒成侯；生光，爲丞相，封侯；平帝封孔霸孫莽二千户爲褒成侯；後漢封十七代孫志爲褒成侯；魏封二十二代孫羨爲崇聖侯；晉封二十三代孫震爲奉聖亭侯；後魏封二十七代孫爲崇聖大夫，孝文帝又封三十一代孫珍爲崇聖侯，高齊改封珍爲恭聖侯，周武帝改封鄒國公，隋文帝仍舊封鄒國公，煬帝改爲紹聖侯；皇唐給復二千户，封孔子裔孫孔德倫爲褒聖侯也。」

孔子年七十三，以魯哀公十六年四月己丑卒。〔一〕

〔一〕索隱 若孔子以魯襄二十一年生，至哀十六年爲七十三；若襄二十二年生，則孔子年七十二。經傳生年不定，致使孔子壽數不明。

哀公誄之曰：「旻天不弔，不憖遺一老，〔一〕俾屏余一人以在位，煢煢余在疚。〔二〕嗚呼哀哉！尼父，毋自律！」〔三〕子貢曰：「君其不没於魯乎！夫子之言曰：『禮失則昏，名失則愆。失志爲昏，失所爲愆。』〔四〕生不能用，死而誄之，非禮也。稱『余一人』，非名也。」〔五〕

〔一〕集解 王肅曰：「弔，善也。憖，且也。一老謂孔子也。」

〔二〕集解 王肅曰：「疚，病也。」

〔三〕集解 王肅曰：「父，丈夫之顯稱也。律，法也。言毋以自爲法也。」

〔四〕索隱 失禮爲昏，失所爲愆。左傳及家語皆云「失志爲昏，失禮爲愆」，與此不同也。

〔五〕集解 服虔曰：「天子自謂『一人』，非諸侯所當名也。」

孔子葬魯城北泗上，〔一〕弟子皆服三年。三年心喪畢，相訣而去，〔二〕則哭，各復盡哀；或復留。唯子贛廬於冢上，〔三〕凡六年，然後去。弟子及魯人往從冢而家者百有餘室，因命曰孔里。魯世世相傳以歲時奉祠孔子冢，而諸儒亦講禮鄉飲大射於孔子冢。孔子冢大一頃。故所居堂、弟子内，後世因廟，藏孔子衣冠琴車書，〔四〕至于漢二百餘年不絶。高皇帝

過魯，以太牢祠焉。諸侯卿相至，常先謁然後從政。

〔一〕集解 皇覽曰：「孔子冢去城一里。冢塋百畝，冢南北廣十步，東西十三步，高一丈二尺。冢前以瓴甓爲祠壇，方六尺，與地平。本無祠堂。冢塋中樹以百數，皆異種，魯人世世無能名其樹者。民傳言『孔子弟子異國人，各持其方樹來種之』。其樹柞、枌、雒離、安貴、五味、毚檀之樹。孔子塋中不生荆棘及刺人草。」索隱 雒離，各離二音，又音落藜。藜是草名也。安貴，香名，出西域。五味，藥草也。毚音讒。毚檀，檀樹之别種。

〔二〕索隱 訣音決。訣者，别也。

〔三〕索隱 按：家語無「上」字。且禮云「適墓不登隴」，豈合廬於冢上乎？蓋「上」者，亦是邊側之義。

〔四〕索隱 謂孔子所居之堂，其弟子之中，孔子没後，後代因廟，藏夫子平生衣冠琴書於壽堂中。

孔子生鯉，字伯魚。〔一〕伯魚年五十，先孔子死。〔二〕

〔一〕索隱 按：家語孔子年十九，娶於宋之并官氏之女，一歲而生伯魚。伯魚之生，魯昭公使人遺之鯉魚。夫子榮君之賜，因以名其子也。

〔二〕集解 皇覽曰：「伯魚冢在孔子冢東，與孔子並，大小相望也。」

伯魚生伋，字子思，年六十二。嘗困於宋。子思作中庸。〔一〕

〔一〕集解 皇覽曰：「子思冢在孔子冢南，大小相望。」

子思生白，字子上，年四十七。子上生求，字子家，年四十五。子家生箕，字子京，年四

十六。子京生穿，字子高，年五十一。子高生子慎，年五十七，嘗爲魏相。

子慎生鮒，年五十七，爲陳王涉博士，死於陳下。

鮒弟子襄，年五十七。嘗爲孝惠皇帝博士，遷爲長沙太守。長九尺六寸。

子襄生忠，年五十七。忠生武，武生延年及安國。安國爲今皇帝博士，至臨淮太守，蚤卒。安國生卬，卬生驩。

太史公曰：詩有之：「高山仰止，景行行止。」雖不能至，然心鄉往之。余讀孔氏書，想見其爲人。適魯，觀仲尼廟堂車服禮器，諸生以時習禮其家，余祗迴留之不能去云。〔一〕天下君王至于賢人衆矣，當時則榮，没則已焉。孔子布衣，傳十餘世，學者宗之。自天子王侯，中國言六藝者折中於夫子，〔二〕可謂至聖矣！

〔一〕索隱 祗，敬也。言祗敬遲回不能去之。有本亦作「低回」，義亦通。

〔二〕索隱 離騷云「明五帝以折中」。王師叔云「折中，正也」。宋均云「折，斷也。中，當也」。按：言欲折斷其物而用之，與度相中當，故以言其折中也。

【索隱述贊】孔子之胄，出于商國。弗父能讓，正考銘勒。防叔來奔，鄒人掎足。尼丘誕聖，闕里生德。七十升堂，四方取則。卯誅兩觀，攝相夾谷。歌鳳遽衰，泣麟何促！九流仰鏡，萬古欽躅。

史記卷四十八

陳涉世家第十八

索隱 按：勝立數月而死，無後，亦稱「系家」者，以其所遣王侯將相竟滅秦，以其首事也。

陳勝者，陽城人也，〔一〕字涉。吳廣者，陽夏人也，〔二〕字叔。陳涉少時，嘗與人傭耕，〔三〕輟耕之壟上，悵恨久之，曰：「苟富貴，無相忘。」庸者笑而應曰：「若爲庸耕，何富貴也？」陳涉太息曰：「嗟乎，燕雀安知鴻鵠之志哉！」〔四〕

〔一〕索隱 韋昭云屬潁川，地理志云屬汝南。不同者，按郡縣之名隨代分割。蓋陽城舊屬汝南，（史遷云）今爲汝陰，後又分隸潁川，韋昭據以爲說，故其不同。他皆放此。正義 即河南陽城縣也。

〔二〕索隱 夏音賈。韋昭云：「淮陽縣，後屬陳。」正義 括地志云：「陳州太康縣，本漢陽夏縣也。」

〔三〕索隱 廣雅云：「傭，役也。」按：謂役力而受雇直也。

〔四〕索隱 尸子云「鴻鵠之鷇，羽翼未合，而有四海之心」是也。按：鴻鵠是一鳥，若鳳皇然，非謂鴻鴈與黃鵠也。鵠音户酷反。

二世元年七月，發閭左〔一〕適戍漁陽，〔二〕九百人屯大澤鄉。〔三〕陳勝、吳廣皆次當行，爲屯長。會天大雨，道不通，度已失期。失期，法皆斬。陳勝、吳廣乃謀曰：「今亡亦死，舉大計亦死，等死，死國可乎？」〔四〕陳勝曰：「天下苦秦久矣。吾聞二世少子也，〔五〕不當立，當立者乃公子扶蘇。扶蘇以數諫故，上使外將兵。今或聞無罪，二世殺之。百姓多聞其賢，未知其死也。〔六〕項燕爲楚將，數有功，愛士卒，楚人憐之。或以爲死，或以爲亡。今誠以吾衆詐自稱公子扶蘇、項燕，爲天下唱，〔七〕宜多應者。」吳廣以爲然。乃行卜。〔八〕卜者知其指意，曰：「足下事皆成，有功。然足下卜之鬼乎！」〔九〕陳勝、吳廣喜，念鬼，〔一〇〕曰：「此教我先威衆耳。」乃丹書帛曰「陳勝王」，置人所罾魚腹中。〔一一〕卒買魚烹食，得魚腹中書，固以怪之矣。又閒令〔一二〕吳廣之次所旁叢祠中，〔一三〕夜篝火，〔一四〕狐鳴呼曰「大楚興，陳勝王」。卒皆夜驚恐。旦日，卒中往往語，皆指目陳勝。

〔一〕索隱 閭左謂居閭里之左也。秦時復除者居閭左。今力役凡在閭左者盡發之也。又云，凡居以富強爲右，貧弱爲左。秦役戍多，富者役盡，兼取貧弱者也。

〔二〕索隱 適音直革反，又音磔。故漢書有七科適。戍者，屯兵而守也。地理志漁陽縣名，在漁陽郡也。正義 括地志云：「漁陽故城在檀州密雲縣南十八里，在漁水之陽也。」

〔三〕集解 徐廣曰：「在沛郡蘄縣。」

〔四〕索隱 謂欲經營圖國，假使不成而敗，猶愈爲戍卒而死也。

〔五〕索隱 姚氏按：隱士遺章邯書云「李斯爲二世廢十七兄而立今王」，則二世是始皇第十八子也。

〔六〕索隱 如淳云「扶蘇自殺，故人不知其死」。或以爲不知何坐而死，故天下寃二世殺之，其意亦得。今宜依文而解，直是扶蘇爲二世所殺，而百姓未知，故欲詐自稱之也。

〔七〕索隱 漢書作「倡」，倡謂先也。說文云：「倡，首也。」

〔八〕索隱 行者，先也。一云行，往也。

〔九〕集解 蘇林曰：「狐鳴祠中則是也。」瓚曰：「假託鬼神以威衆也，故勝、廣曰『此教我威衆也』。」索隱 裴注引蘇林、臣瓚義亦當矣。而李奇又云「卜者戒曰『所卜事雖成，當死爲鬼』，惡指斥言之，而勝失其旨，反依鬼神起怪」，蓋亦得本旨也。

〔一〇〕索隱 念者，思也。謂思念欲假鬼神事耳。

〔一一〕集解 漢書音義曰：「罾音曾。」文穎曰：「罾，魚網也。」

〔一二〕索隱 服虔云「閒音『中閒』之『閒』」。鄭氏云「閒謂竊令人行也」。孔文祥又云「竊伺閒隙，不欲令衆知之也」。

〔一三〕集解 張晏曰：「戍人所止處也。叢，鬼所憑焉。」索隱 次，師所次舍處也。墨子云「建國必擇木之修茂者以爲叢位」。高誘注戰國策云「叢祠，神祠也。叢，樹也」。

〔一四〕集解 徐廣曰：「或作『帶』也。篝者，籠也，音溝。」索隱 篝音溝。漢書作「搆」。郭璞云：「篝，籠也。」

吳廣素愛人，士卒多爲用者。將尉〔一〕醉，廣故數言欲亡，忿恚尉，令辱之，以激怒其衆。尉果笞廣。尉劍挺，〔二〕廣起，奪而殺尉。陳勝佐之，并殺兩尉。召令徒屬曰：「公等遇雨，皆已失期，失期當斬。藉弟令毋斬，〔三〕而戍死者固十六七。且壯士不死卽已，死卽舉大名耳，〔四〕王侯將相寧有種乎！」徒屬皆曰：「敬受命。」乃詐稱公子扶蘇、項燕，從民欲也。袒右，稱大楚。爲壇而盟，祭以尉首。陳勝自立爲將軍，吳廣爲都尉。攻大澤鄉，收而攻蘄。〔五〕蘄下，〔六〕乃令符離〔七〕人葛嬰將兵徇蘄〔八〕以東。攻銍、酇、苦、柘、譙皆下之。〔九〕行收兵。比至陳，〔一〇〕車六七百乘，騎千餘，卒數萬人。攻陳，〔一一〕陳守令皆不在，〔一二〕獨守丞與戰譙門中。〔一三〕弗勝，守丞死，乃入據陳。數日，號令召三老、豪傑與皆來會計事。三老、豪傑皆曰：「將軍身被堅執鋭，伐無道，誅暴秦，復立楚國之社稷，功宜爲王。」陳涉乃立爲王，號爲張楚。〔一四〕

〔一〕索隱 官也。漢舊儀「大縣二人，其尉將屯九百人」，故云將尉也。

〔二〕集解 徐廣曰：「挺猶脱也。」索隱 徐廣云「挺，奪也」。按：奪卽脱也。說文云「挺，拔也」。案：謂尉拔劍而廣因奪之，故得殺尉。

〔三〕集解 服虔曰：「藉，假也。弟，次弟也。」應劭曰：「藉，吏士名藉也。今失期當斬，就使藉弟幸得不斬，戍死者固十六七。此激怒其衆也。」蘇林曰：「弟，且也。」索隱 蘇林云「藉第，假借。且令失期不斬，則戍死者固十七八」。然第一音「次第」之「第」。又小顏云「弟，但也」；劉氏云「藉音子夜反」；應劭讀如字，云「藉，吏士之名藉也」。各以意言，蘇說爲近之也。

〔四〕索隱大名謂大名稱也。
〔五〕索隱音機，又音祈，縣名，屬沛郡。
〔六〕索隱下，降也。謂以兵臨而即降也。
〔七〕索隱韋昭云：「屬沛郡。」
〔八〕索隱李奇云：「徇，略也。音辭峻反。」
〔九〕集解徐廣曰：「苦、柘屬陳，餘皆在沛也。」
〔一〇〕索隱地理志陳縣屬淮陽。
〔一一〕正義今陳州城也。本楚襄王築，古陳國城也。
〔一二〕索隱張晏云「郡守及令皆不在」，非也。按：地理志云秦三十六郡並無陳郡，則陳止是縣。言守令，則守非官也，與下守丞同也，則「皆」字是衍字。
〔一三〕索隱蓋謂陳縣之城門，一名麗譙，故曰譙門中，非上譙縣之門也。譙縣守已下訖故也。
〔一四〕索隱按：李奇云「欲張大楚國，故稱張楚也」。

當此時，諸郡縣苦秦吏者，皆刑其長吏，殺之以應陳涉。乃以吳叔爲假王，監諸將以西擊滎陽。令陳人武臣、張耳、陳餘徇趙地，令汝陰人鄧宗徇九江郡。當此時，楚兵數千人爲聚者，不可勝數。

葛嬰至東城，〔一〕立襄彊爲楚王。嬰後聞陳王已立，因殺襄彊，還報。至陳，陳王誅殺葛嬰。陳王令魏人周市北徇魏地。吳廣圍滎陽。李由爲三川守，〔二〕守滎陽，吳叔弗能下。陳王徵國之豪傑與計，以上蔡人房君蔡賜爲上柱國。〔三〕

〔一〕索隱地理志屬九江。正義括地志云：「東城故城在濠州定遠縣東南五十里也。」
〔二〕索隱三川，今洛陽也。地有伊、洛、河，故曰三川。秦曰三川，漢曰河南郡。李由，李斯子也。
〔三〕集解漢書音義曰：「房君，官號也，姓蔡，名賜。」瓚曰：「房邑君也。」索隱房，邑也。爵之於房，號曰房君，蔡賜其姓名。晉灼按張耳傳，言「相國房君」者，蓋誤耳。涉始號楚，因楚有柱國之官，故以官蔡賜。蓋其時草創，亦未置相國之官也。正義豫州吳房縣，本房子國，是所封也。

周文，陳之賢人也，〔一〕嘗爲項燕軍視日，〔二〕事春申君，自言習兵，陳王與之將軍印，西擊秦。行收兵至關，車千乘，卒數十萬，至戲，軍焉。〔三〕秦令少府章邯免酈山徒、人奴產子生，〔四〕悉發以擊楚大軍，盡敗之。周文敗，走出關，止次曹陽〔五〕二三月。章邯追敗之，復走次澠池〔六〕十餘日。章邯擊，大破之。周文自剄，〔七〕軍遂不戰。

〔一〕集解文穎曰：「即周章。」
〔二〕集解如淳曰：「視日時吉凶舉動之占也。司馬季主爲日者。」
〔三〕正義即京東戲亭也。
〔四〕集解服虔曰：「家人之產奴也。」索隱按：漢書無「生」字，小顏云「猶今言家產奴也」。
〔五〕索隱晉灼云：「亭名也，在弘農東十二里。」小顏云「曹水之陽也。其水出陝縣西南峴頭山，北流入河。魏武帝謂之好陽」也。正義括地志云：「曹陽故亭亦名好陽亭，在陝州桃林縣東南十四里。崔浩云『曹陽，阬名，自南出，北通於河』。按：魏武帝改曰好陽也。」
〔六〕正義澠池，河南府縣是也。
〔七〕集解徐廣曰：「十一月也。」索隱越系家「句踐使罪人三行，屬劍於頸，曰『不敢逃刑』，乃自剄」。郭璞注三蒼，以爲剄，刺也。

武臣到邯鄲，自立爲趙王，陳餘爲大將軍，張耳、召騷爲左右丞相。陳王怒，捕繫武臣等家室，欲誅之。柱國曰：「秦未亡而誅趙王將相家屬，此生一秦也。不如因而立之。」陳王乃遣使者賀趙，而徙繫武臣等家屬宮中，而封耳子張敖爲成都君，〔一〕趣趙兵〔二〕亟入關。〔三〕趙王將相相與謀曰：「王王趙，非楚意也。楚已誅秦，必加兵於趙。計莫如毋西兵，使使北徇燕地以自廣也。趙南據大河，北有燕、代，楚雖勝秦，不敢制趙。若楚不勝秦，必重趙。趙乘秦之弊，可以得志於天下。」趙王以爲然，因不西兵，而遣故上谷卒史韓廣將兵北徇燕地。

〔一〕正義成都，蜀郡縣，涉遥封之。
〔二〕索隱上音促。促謂催促也。

〔三〕索隱亟音棘。亟，急也。

燕故貴人豪傑謂韓廣曰：「楚已立王，趙又已立王。燕雖小，亦萬乘之國也，願將軍立爲燕王。」韓廣曰：「廣母在趙，不可。」燕人曰：「趙方西憂秦，南憂楚，其力不能禁我。且以楚之彊，不敢害趙王將相之家，趙獨安敢害將軍之家！」韓廣以爲然，乃自立爲燕王。居數月，趙奉燕王母及家屬歸之燕。

當此之時，諸將之徇地者，不可勝數。周市北徇地至狄，〔一〕狄人田儋殺狄令，自立爲齊王，以齊反，擊周市。市軍散，還至魏地，欲立魏後故甯陵〔二〕君咎爲魏王。〔三〕時咎在陳王所，不得之魏。魏地已定，欲相與立周市爲魏王，周市不肯。使者五反，陳王乃立甯陵君咎爲魏王，遣之國。周市卒爲相。

〔一〕集解徐廣曰：「今之臨濟。」
〔二〕索隱晉灼云「今在梁國也」。按：今梁國有寧陵縣是也，字轉異耳。正義括地志云：「宋州寧陵縣城，古甯陵城也。」
〔三〕集解應劭曰：「魏之諸公子，名咎。欲立六國後以樹黨。」

將軍田臧等相與謀曰：「周章軍已破矣，秦兵旦暮至，我圍滎陽城弗能下，秦軍至，必大敗。不如少遺兵，〔一〕足以守(熒)〔滎〕陽，悉精兵迎秦軍。今假王驕，不知兵權，不可與計，

非誅之，事恐敗。」因相與矯王令以誅吳叔，獻其首於陳王。陳王使使賜田臧楚令尹印，使爲上將。田臧乃使諸將李歸等守滎陽城，自以精兵西迎秦軍於敖倉。與戰，田臧死，軍破。章邯進兵擊李歸等滎陽下，破之，李歸等死。

〔一〕索隱 按：遺謂留餘也。

陽城人鄧說〔一〕將兵居郟，〔二〕章邯別將擊破之，鄧說軍散走陳。銍人伍徐〔三〕將兵居許，〔四〕章邯擊破之，伍徐軍皆散走陳。陳王誅鄧說。

〔一〕索隱 地理志陽城縣屬潁川。說音悅，凡人名皆音悅。

〔二〕索隱 音談。小顏云「東海之縣名」，非也。按：章邯軍此時未至東海，此郯別是地名。或恐「郯」當作「郟」，郟是郟鄏之地，或見下有東海郯，故誤。正義 屬海州，疑「郯」當作「郟」，音紀洽反。郟即春秋時郟地，楚郟敖葬之，今汝州郟城縣是。鄧悦是陽城人，陽城河南府縣，與郟城縣相近，又走陳，蓋「郟」字誤作「郯」耳。

〔三〕集解 徐廣曰：「一作『逢』。」索隱 地理志銍，縣名，屬沛。伍徐，漢書作「伍逢」也。

〔四〕正義 括地志云：「許州許昌縣，本漢許縣。地理志云許縣故國，姜姓，四岳之後，大叔所封，二十四君，爲楚所滅，漢以爲縣。魏文帝即位，改許曰許昌也。」

陳王初立時，陵人秦嘉、〔一〕銍人董緤、符離人朱雞石、取慮〔二〕人鄭布、徐人丁疾等皆特起，將兵圍東海〔三〕守慶於郯。陳王聞，乃使武平君畔爲將軍，〔四〕監郯下軍。秦嘉不受

命，嘉自立爲大司馬，惡屬武平君。告軍吏曰：「武平君年少，不知兵事，勿聽！」因矯以王命殺武平君畔。

〔一〕集解 地理志泗水國有陵縣也。

〔二〕索隱 地理志縣名，屬臨淮。音秋閭二音。取，又音子臾反。

〔三〕正義 今海州。

〔四〕集解 張晏曰：「畔，名也。」

章邯已破伍徐，擊陳，柱國房君死。章邯又進兵擊陳西張賀軍。陳王出監戰，軍破，張賀死。

臘月，〔一〕陳王之汝陰，還至下城父，〔二〕其御莊賈殺以降秦。陳勝葬碭，〔三〕謚曰隱王。

〔一〕集解 張晏曰：「秦之臘月，夏之九月。」瓚曰：「建丑之月也。」史記表『二世二年十月，誅葛嬰，十一月，周文死，十二月，陳涉死』是也。」索隱 臣瓚云：「建丑之月也。」顏游秦云：「按是謂之臘月也。」宗懍荆楚記云：「臘節在十二月，故因

〔二〕索隱 按：舊以陳王從汝陰還至城父縣，因降之，故云「還至下城父」。又顧氏按郡國志，山桑縣有下城父聚，在城父縣東，下讀如字。其說爲得之。

〔三〕正義 音唐。今宋州碭山縣是。

陳王故涓人將軍呂臣〔一〕爲倉頭軍，〔二〕起新陽，〔三〕攻陳下之，殺莊賈，復以陳爲楚。〔四〕

〔一〕集解 應劭曰：「涓人，如謁者。將軍姓呂名臣也。」晉灼曰：「呂氏春秋『荆柱國莊伯令謁者駕，令涓人取冠』。」索隱 涓音公玄反。服虔云：「給涓通也，如今謁者。」

〔二〕索隱 韋昭云：「軍皆著青幘。」

〔三〕集解 徐廣曰：「在汝南也。」正義 括地志云：「新陽故城在豫州真陽縣西南四十二里，漢新陽縣城。應劭云在新水之陽也。」

〔四〕索隱 爲，如字讀。謂又以陳地爲楚國。

初，陳王至陳，令銍人宋留將兵定南陽，入武關。留已徇南陽，聞陳王死，南陽復爲秦。宋留不能入武關，乃東至新蔡，遇秦軍，宋留以軍降秦。秦傳留至咸陽，車裂留以徇。

秦嘉等聞陳王軍破出走，乃立景駒爲楚王，〔一〕引兵之方與，〔二〕欲擊秦軍定陶下。〔三〕使公孫慶使齊王，欲與并力俱進。齊王曰：「聞陳王戰敗，不知其死生，楚安得不請而立王！」公孫慶曰：「齊不請楚而立王，楚何故請齊而立王！且楚首事，當令於天下。」田儋誅殺公孫慶。

〔一〕集解 徐廣曰：「正月，嘉爲上將軍。」

〔二〕正義 房預二音。方與，兗州縣也。

〔三〕正義 今曹州也。

秦左右校〔一〕復攻陳，下之。呂將軍走，收兵復聚。鄱盜〔二〕當陽君黥布之兵相收，復擊秦左右校，破之青波，〔三〕復以陳爲楚。會項梁立懷王孫心爲楚王。

〔一〕索隱 按：即左右校尉軍也。

〔二〕集解 鄱音婆。英布居江中爲羣盜，陳勝之起，布歸番君吳芮，故謂之「鄱盜」者也。

〔三〕集解 漢書音義曰：「地名也。」

陳勝王凡六月。已爲王，王陳。其故人嘗與庸耕者聞之，之陳，扣宮門曰：「吾欲見涉。」宮門令欲縛之。自辯數，〔一〕乃置，不肯爲通。陳王出，遮道而呼涉。陳王聞之，乃召見，載與俱歸。入宮，見殿屋帷帳，客曰：「夥頤！涉之爲王〔二〕沈沈者！」〔三〕楚人謂多爲夥，故天下傳之，夥涉爲王，由陳涉始。客出入愈益發舒，言陳王故情。或說陳王曰：「客愚無知，顓妄言，輕威。」陳王斬之。諸陳王故人皆自引去，由是無親陳王者。〔四〕陳王以朱房爲中正，胡武爲司過，主司羣臣。諸將徇地，至，令之不是者，繫而罪之，以苛察爲忠。其所不善

者，弗下吏，輒自治之。〔五〕陳王信用之。諸將以其故不親附。此其所以敗也。

〔一〕集解晉灼曰：「數音『朋友數，斯疏矣』。」索隱一音疏主反。謂自辯説，數與涉有故舊事驗也。又音朔。數謂自辯往數與涉有故。此數猶「朋友數」之「數」也。

〔二〕索隱服虔云：「楚人謂多爲夥。」按：又言「頤」者，助聲之辭也。謂涉爲王，宮殿帷帳庶物夥多，驚而偉之，故稱夥頤也。

〔三〕集解應劭曰：「沈沈，宮室深邃之貌也。沈音長含反。」索隱應劭以爲沈沈，宮室深邃貌，故音長含反。而劉伯莊以「沈沈」猶「談談」，謂故人呼爲「沈沈」者，猶俗云「談談漢」是。

〔四〕索隱顧氏引孔叢子云：「陳勝爲王，妻之父兄往焉。勝以衆賓待之。妻父怒云：『怙強而傲長者，不能久焉。』不辭而去。」是其事類也。

〔五〕索隱謂朱房、胡武等以素所不善者，即自驗問，不往下吏。

陳勝雖已死，其所置遣侯王將相竟亡秦，由涉首事也。高祖時爲陳涉置守家三十家碭，至今血食。

褚先生曰：〔一〕地形險阻，所以爲固也；兵革刑法，所以爲治也。猶未足恃也。夫先王以仁義爲本，而以固塞文法爲枝葉，豈不然哉！吾聞賈生之稱曰：

〔一〕集解徐廣曰：「一作『太史公』。」駰案：班固奏事云「太史遷取賈誼過秦上下篇以爲秦始皇本紀、陳涉世家下

贊文」，然則言「褚先生」者，非也。索隱徐廣與裴駰據所見別本及班彪奏事，皆云合作「太史公」。今據此是褚先生述史記，加此贊首「地形險阻」數句，然後始稱賈生之言，因即改太史公之目，而自題己位號也。已下義並已見始皇之本紀訖。

「秦孝公據殽函之固，〔一〕擁雍州之地，君臣固守，以窺周室。有席卷天下，包舉宇內，囊括四海之意，并吞八荒之心。當是時也，商君佐之，內立法度，務耕織，修守戰之備，外連衡而鬬諸侯。於是秦人拱手而取西河之外。

〔一〕集解韋昭曰：「殽謂二殽。函，函谷關也。」

「孝公既沒，惠文王、武王、昭王蒙故業，因遺策，南取漢中，西舉巴蜀，東割膏腴之地，收要害之郡。諸侯恐懼，會盟而謀弱秦。不愛珍器重寶肥饒之地，以致天下之士。合從締交，相與爲一。當此之時，齊有孟嘗，趙有平原，楚有春申，魏有信陵：此四君者，皆明知而忠信，寬厚而愛人，尊賢而重士。約從連衡，兼韓、魏、燕、趙、宋、衞、中山之衆。於是六國之士有甯越、徐尚、蘇秦、杜赫之屬爲之謀，齊明、周冣、〔一〕陳軫、邵滑、〔二〕樓緩、翟景、蘇厲、樂毅之徒通其意，吳起、孫臏、帶他、兒良、王廖、田忌、廉頗、趙奢之倫制其兵。嘗以什倍之地，百萬之師，仰關而攻秦。〔三〕秦人開關而延敵，九國之師〔四〕遁逃而不敢進。秦無亡矢遺鏃之費，而天下固已困矣。於是從散約敗，爭割地而賂秦。秦有餘力而制其弊，追亡逐北，伏尸百萬，流血漂櫓，〔五〕因利乘便，宰割天下，分裂山河，彊國請服，弱國入朝。

〔一〕正義音聚。

〔二〕正義邵，作「昭」。

〔三〕索隱仰字亦作「卬」，並音仰。謂秦地形高，故並仰向關門而攻秦。有作「叩」字，非也。

〔四〕索隱九國者，謂六國之外，更有宋、衞、中山。

〔五〕索隱説文云：「櫓，大楯也。」

「施及孝文王、莊襄王，享國之日淺，國家無事。

「及至始皇，奮六世之餘烈，振長策而御宇內，吞二周而亡諸侯，履至尊而制六合，執敲朴〔一〕以鞭笞天下，威振四海。南取百越之地，以爲桂林、象郡，百越之君俛首係頸，委命下吏。乃使蒙恬北築長城而守藩籬，卻匈奴七百餘里，胡人不敢南下而牧馬，士亦不敢貫弓〔二〕而報怨。於是廢先王之道，燔百家之言，以愚黔首。墮名城，殺豪俊，收天下之兵聚之咸陽，銷鋒鍉，〔三〕鑄以爲金人十二，〔四〕以弱天下之民。然後踐華爲城，因河爲池，據億丈之城，臨不測之谿以爲固。良將勁弩，守要害之處，信臣精卒，陳利兵而誰何。〔五〕天下已定，始皇之心，自以爲關中之固，金城千里，子孫帝王萬世之

業也。

〔一〕索隱臣瓚云：「短曰敲，長曰朴。」

〔二〕索隱貫音烏還反，又如字。貫謂上弦也。

〔三〕集解徐廣曰：「一作『鏑』。」

〔四〕索隱各重千石，坐高二丈，號曰「翁仲」。

〔五〕索隱音呵，亦「何」字，猶今巡更問何誰。

「始皇既沒，餘威振於殊俗。然而陳涉甕牖繩樞之子，甿隸之人，〔一〕而遷徙之徒也。材能不及中人，非有仲尼、墨翟之賢，陶朱、猗頓之富也。躡足行伍之閒，俛仰仟佰之中，〔二〕率罷散之卒，將數百之衆，轉而攻秦。斬木爲兵，揭竿爲旗，天下雲會響應，贏糧而景從，山東豪俊遂並起而亡秦族矣。

〔一〕集解徐廣曰：「田民曰甿。音亡更反。」

〔二〕索隱仟佰謂千人百人之長也，音千百。漢書作「阡陌」，如淳云「時皆僻屈在阡陌之中」。陌音貊。

「且天下非小弱也；雍州之地，殽函之固自若也。陳涉之位，非尊於齊、楚、燕、趙、韓、魏、宋、衞、中山之君也；鉏耰棘矜，〔一〕非銛於句戟長鎩也；適戍之衆，非儔於九國之師也；深謀遠慮，行軍用兵之道，非及鄉時之士也。〔二〕然而成敗異變，功業相反

也。嘗試使山東之國與陳涉度長絜大，〔三〕比權量力，則不可同年而語矣。然而秦以區區之地，致萬乘之權，抑八州而朝同列，〔四〕百有餘年矣。然後以六合爲家，殽函爲宮。一夫作難而七廟墮，身死人手，爲天下笑者，何也？仁義不施，〔五〕而攻守之勢異也。」

〔一〕索隱 鉏耰謂鉏木也。論語曰「耰而不輟」是也。棘，戟也。矜，戟柄也，音勤。

〔二〕索隱 鄉音香亮反。鄉時猶往時也。蓋謂孟嘗、信陵、蘇秦、陳軫之比也。

〔三〕索隱 絜音下結反。謂如結束知其大小也。

〔四〕索隱 謂秦強而抑八州使朝己也。漢書作「招八州」，亦通也。

〔五〕索隱 式豉反。言秦虎狼之國，其仁義不施及於天下，故亡也。

【索隱述贊】天下匈匈，海內乏主，掎鹿爭捷，瞻烏爰處。陳勝首事，厥號張楚。鬼怪是憑，鴻鵠自許。葛嬰東下，周文西拒。始親朱房，又任胡武。夥頤見殺，腹心不與。莊賈何人，反噬城父！

史記卷四十九

外戚世家第十九

索隱 外戚，紀后妃也，后族亦代有封爵故也。漢書則編之列傳之中。王隱則謂之爲紀，而在列傳之首也。

自古受命帝王及繼體守文之君，〔一〕非獨內德茂也，蓋亦有外戚之助焉。〔二〕夏之興也以塗山，〔三〕而桀之放也以末喜。〔四〕殷之興也以有娀，〔五〕紂之殺也嬖妲己。〔六〕周之興也以姜原〔七〕及大任，〔八〕而幽王之禽也淫於襃姒。〔九〕故易基乾坤，詩始關雎，書美釐降，春秋譏不親迎。〔一〇〕夫婦之際，人道之大倫也。禮之用，唯婚姻爲兢兢。夫樂調而四時和，陰陽之變，萬物之統也。〔一一〕可不慎與？人能弘道，無如命何。甚哉，妃匹之愛，〔一二〕君不能得之於臣，〔一三〕父不能得之於子，況卑下乎！既驩合矣，或不能成子姓；〔一四〕能成子姓矣，或不能要其終：〔一五〕豈非命也哉？孔子罕稱命，蓋難言之也。非通幽明之變，惡能〔一六〕識乎性命哉？

〔一〕索隱 按：繼體謂非創業之主，而是嫡子繼先帝之正體而立者也。守文猶守法也，謂非受命創制之君，但守先

帝法度爲之主耳。

〔二〕索隱 按：謂非獨君德於內茂盛，而亦有賢后妃外戚之親以助教化。

〔三〕索隱 韋昭云：「塗山，國名，禹所娶，在今九江。」應劭云：「九江當塗有禹墟。」大戴云「禹娶塗山氏之女，謂之憍，憍產啓」。」

〔四〕索隱 國語「桀伐有施，有施人以妹喜女焉」，韋昭云「有施氏女，姓喜」。

〔五〕索隱 韋昭云：「契母簡狄，有娀國女。音嵩。」

〔六〕索隱 國語「殷辛伐有蘇氏，有蘇氏以妲己女焉」。按：有蘇，國也。己，姓也。妲，字也。包愷云「妲音丁達反」。

〔七〕索隱 系本云：「帝嚳上妃有邰氏之女，曰姜原。」鄭玄箋詩云：「姜姓，嫄名，履大人跡而生后稷。」

〔八〕索隱 按：大任，文王之母，故詩云「摯仲氏任」，毛（詩）〔傳〕云「摯國任姓之中女也」。

〔九〕索隱 國語曰：「幽王伐有襃，有襃人以襃姒女焉。」按：襃是國名，姒是其姓，即龍漦之子，襃人育而以女於幽王也。然此文自「夏之興」至「襃姒」皆是魏如耳之母詞，見國語及列女傳。

〔一〇〕索隱 按：公羊「紀裂繻來逆女，何以書？譏也，譏不親迎也」。

〔一一〕索隱 以言若樂聲調，能令四時和，而陰陽變，則能生萬物，是陰陽即夫婦也。夫婦道和而能化生萬物。萬物，人爲之本，故云「萬物之統」。

〔一二〕索隱 妃音配，又如字。

〔一三〕索隱 以言夫婦親愛之情，雖君父之尊而不奪臣子所好愛，使移其本意，是不能得也。故曰「匹夫不可奪志」是也。

〔四〕索隱按：鄭玄注禮記云「姓者，生也。子姓，謂衆孫也」。按即趙飛燕等是也。
〔五〕索隱按：謂有始不能要其終也。以言雖有子姓而意不能要終，如栗姬、衞后等皆是也。
〔六〕索隱上音烏。惡猶於何也。

太史公曰：秦以前尚略矣，其詳靡得而記焉。漢興，呂娥姁〔一〕爲高祖正后，男爲太子。及晚節色衰愛弛，而戚夫人有寵，〔二〕其子如意幾代太子者數矣。及高祖崩，呂后夷戚氏，誅趙王，而高祖後宮唯獨無寵疏遠者得無恙。〔三〕

〔一〕集解徐廣曰：「姁音況羽反。呂后姊字長姁也。」索隱呂后字，音況羽反。按：漢書呂后名雉。
〔二〕索隱漢書云得定陶戚姬。
〔三〕索隱爾雅云「恙，憂也」。一說，古者野居露宿，恙，噬人蟲也，故人相恤云「得無恙乎」。

呂后長女爲宣平侯張敖妻，敖女爲孝惠皇后。〔一〕呂太后以重親故，欲其生子萬方，終無子，詐取後宮人子爲子。及孝惠帝崩，天下初定未久，繼嗣不明。於是貴外家，王諸呂以爲輔，而以呂祿女爲少帝后，欲連固根本牢甚，然無益也。

〔一〕索隱按：皇甫謐云名嫣。

高后崩，合葬長陵。〔一〕祿、產等懼誅，謀作亂。大臣征之，天誘其統，〔二〕卒滅呂氏。唯獨置孝惠皇后居北宮。〔三〕迎立代王，是爲孝文帝，奉漢宗廟。此豈非天邪？非天命孰能當之？

〔一〕集解關中記曰：「高祖陵在西，呂后陵在東。漢帝后同塋，則爲合葬，不合陵也。諸陵皆如此。
〔二〕集解徐廣曰：「一作『衷』。」
〔三〕索隱按：宮在未央北，故曰北宮。正義括地志云：「北宮在雍州長安縣西北十三里，與桂宮相近，在長安故城中。」

薄太后，父吳人，姓薄氏，秦時與故魏王宗家女魏媼通，〔一〕生薄姬，而薄父死山陰，因葬焉。〔二〕

〔一〕索隱媼音烏老反。然媼是婦人之老者通號，故趙太后自稱媼，及王媼、劉媼之屬是也。
〔二〕索隱顧氏按冢墓記，在會稽縣，縣西北檝山上今猶有兆域。檝音莊洽反。正義括地志云：「檝山在越州會稽縣西北三里，一名稷山。」檝音莊洽反。

及諸侯畔秦，魏豹立爲魏王，而魏媼內其女於魏宮。媼之許負所相，相薄姬，云當生天子。是時項羽方與漢王相距滎陽，天下未有所定。豹初與漢擊楚，及聞許負言，心獨喜，因背漢而畔，中立，更與楚連和。漢使曹參等擊虜魏王豹，以其國爲郡，而薄姬輸織室。豹已死，漢王入織室，見薄姬有色，詔內後宮，歲餘不得幸。始姬少時，與管夫人、趙子兒相愛，約曰：「先貴無相忘。」已而管夫人、趙子兒先幸漢王。漢王坐河南宮成皋臺，〔一〕此兩美人相與笑薄姬初時約。漢王聞之，問其故，兩人具以實告漢王。漢王心慘然，憐薄姬，是日召而幸之。薄姬曰：「昨暮夜妾夢蒼龍據吾腹。」高帝曰：「此貴徵也，吾爲女遂成之。」一幸生男，是爲代王。其後薄姬希見高祖。

〔一〕索隱按：是河南宮之成皋臺，漢書作「成皋靈臺」。西征記云「武牢城內有高祖殿，西南有武庫」。正義括地志云：「洛州汜水縣，古東虢州，故鄭之制邑，漢之成皋縣也。」

高祖崩，諸御幸姬戚夫人之屬，呂太后怒，皆幽之，不得出宮。而薄姬以希見故，得出，從子之代，爲代王太后。太后弟薄昭從如代。

代王立十七年，高后崩。大臣議立後，疾外家呂氏彊，皆稱薄氏仁善，故迎代王，立爲孝文皇帝，而太后改號曰皇太后，弟薄昭封爲軹侯。〔一〕

〔一〕索隱按地理志，軹縣在河內，恐地遠非其封也。按：長安東有軹道亭，或當是所封也。

薄太后母亦前死，葬櫟陽北。於是乃追尊薄父爲靈文侯，會稽郡置園邑三百家，長丞已下吏奉守冢，寢廟上食祠如法。而櫟陽北亦置靈文侯夫人園，如靈文侯園儀。薄太后以爲母家魏王後，早失父母，其奉薄太后諸魏有力者，於是召復魏氏，（及尊）賞賜各以親疏受之。薄氏侯者凡一人。

薄太后後文帝二年，以孝景帝前二年崩，葬南陵。〔一〕以呂后會葬長陵，故特自起陵，近孝文皇帝霸陵。〔二〕

〔一〕索隱按：廟記云「在霸陵南十里，故謂南陵」。按：今在長安東滻水東原上，名曰少陵。在霸陵西南，故曰「東望吾子，西望吾夫」是也。正義括地志云：「南陵故縣在雍州萬年縣東南二十四里。漢南陵縣，本薄太后陵邑。陵在東北，去縣六里。」
〔二〕集解徐廣曰：「霸陵縣有軹道亭。」

竇太后，〔一〕趙之清河觀津人也。〔二〕呂太后時，竇姬以良家子入宮侍太后。太后出宮人以賜諸王，各五人，竇姬與在行中。竇姬家在清河，欲如趙近家，請其主遣宦者吏：〔三〕「必置我籍趙之伍中。」宦者忘之，誤置其籍代伍中。籍奏，詔可，當行。竇姬涕泣，怨其宦者，不欲往，相彊，乃肯行。至代，代王獨幸竇姬，生女嫖，〔四〕後生兩男。而代王王后生四男。先代王未入立爲帝而王后卒。及代王立爲帝，而王后所生四男更病死。孝文帝立數月，公卿請立太子，而竇姬長男最長，立爲太子。立竇姬爲皇后，女嫖爲長公主。其明年，立少子武爲代王，已而又徙梁，是爲梁孝王。

〔一〕索隱按：皇甫謐云名猗房。
〔二〕正義在冀州棗強縣東北二十五里。
〔三〕正義謂宦者爲吏，主發遣宮人也。
〔四〕索隱音疋消反。

人。

竇皇后親蚤卒，葬觀津。〔一〕於是薄太后乃詔有司，追尊竇后父爲安成侯，母曰安成夫人。令清河置園邑二百家，長丞奉守，比靈文園法。

〔一〕索隱按：摯虞注決録云「竇太后父少遭秦亂，隱身漁釣，墜泉而死。景帝立，太后遣使者填父所墜淵，起大墳於觀津城南，人聞號曰竇氏青山也」。

竇皇后兄竇長君，〔一〕弟曰竇廣國，字少君。〔二〕少君年四五歲時，家貧，爲人所略賣，其家不知其處。傳十餘家，至宜陽，爲其主人山作炭，(寒)〔暮〕卧岸下百餘人，岸崩，盡壓殺卧者，少君獨得脱，不死。自卜數日當爲侯，從其家之長安。〔三〕聞竇皇后新立，家在觀津，姓竇氏。廣國去時雖小，識其縣名及姓，又常與其姊採桑墮，用爲符信，上書自陳。竇皇后言之於文帝，召見，問之，具言其故，果是。又復問他何以爲驗？對曰：「姊去我西時，與我決於傳舍中，〔四〕丐沐沐我，〔五〕請食飯我，乃去。」於是竇后持之而泣，泣涕交横下。侍御左右皆伏地泣，助皇后悲哀。乃厚賜田宅金錢，封公昆弟，家於長安。〔六〕

〔一〕索隱按：決録云建字長君。
〔二〕正義括地志云：「竇少君墓在冀州武邑縣東南二十七里。」
〔三〕索隱謂從逐其宜陽之主人家，而皆往長安也。
〔四〕索隱決者，别也。傳音轉。傳舍謂郵亭傳置之舍。蓋竇后初入宮時，别其弟於傳舍之中也。
〔五〕索隱丐音蓋。丐者，乞也。沐，米潘也。謂后乞潘爲弟沐。
〔六〕索隱按：公亦祖也，謂皇后同祖之昆弟，如竇嬰即皇后之兄子之比，亦得家於長安。故劉氏云「公昆弟謂廣國等」。

絳侯、灌將軍等曰：「吾屬不死，命乃且縣此兩人。兩人所出微，不可不爲擇師傅賓客，又復效呂氏大事也。」於是乃選長者士之有節行者與居。竇長君、少君由此爲退讓君子，不敢以尊貴驕人。

竇皇后病，失明。文帝幸邯鄲慎夫人、尹姬，皆毋子。孝文帝崩，孝景帝立，乃封廣國爲章武侯。〔一〕長君前死，封其子彭祖爲南皮侯。〔二〕吴楚反時，竇太后從昆弟子竇嬰，任俠自喜，將兵，以軍功爲魏其侯。〔三〕竇氏凡三人爲侯。

〔一〕索隱地理志縣名，屬勃海。正義括地志云：「滄州魯城縣。」
〔二〕索隱地理志縣名，屬勃海。正義括地志云：「故南皮城在滄州南皮縣北四里，漢南皮縣也。」
〔三〕索隱地理志縣名，屬琅邪。

竇太后好黄帝、老子言，帝及太子諸竇不得不讀黄帝、老子，尊其術。

竇太后後孝景帝六歲（建元六年）崩，〔一〕合葬霸陵。遺詔盡以東宮金錢財物賜長公主嫖。

〔一〕索隱是當武帝建元六年，此文是也。而漢書作「元光」，誤。

王太后，〔一〕槐里人，〔二〕母曰臧兒。臧兒者，故燕王臧荼孫也。臧兒嫁爲槐里王仲妻，生男曰信，與兩女。〔三〕而仲死，臧兒更嫁長陵田氏，生男蚡、勝。臧兒長女嫁爲金王孫婦，生一女矣，而臧兒卜筮之，曰兩女皆當貴。因欲奇兩女，〔四〕乃奪金氏。金氏怒，不肯予決，乃内之太子宮。太子幸愛之，生三女一男。男方在身時，王美人夢日入其懷。以告太子，太子曰：「此貴徵也。」未生而孝文帝崩，孝景帝即位，王夫人生男。〔五〕

〔一〕索隱按：皇甫謐云名娡。音志。
〔二〕索隱按：地理志右扶風槐里，本名廢丘。正義括地志云：「犬丘故城一名槐里，亦曰廢丘，城在雍州始平縣東南十里也。」
〔三〕索隱即后及兒姁也。
〔四〕索隱奇者，異之也。漢書作「倚」。倚者，依也。

〔五〕索隱即武帝也。漢武故事云「帝以乙酉年七月七日生於猗蘭殿」。

先是臧兒又入其少女兒姁，〔一〕兒姁生四男。〔二〕

〔一〕索隱況羽反。
〔二〕索隱謂廣川王越、膠東王寄、清河王乘、常山王舜也。

景帝爲太子時，薄太后以薄氏女爲妃。及景帝立，立妃曰薄皇后。皇后毋子，毋寵。薄太后崩，廢薄皇后。

景帝長男榮，其母栗姬。栗姬，齊人也。立榮爲太子。長公主嫖有女，欲予爲妃。栗姬妒，而景帝諸美人皆因長公主見景帝，得貴幸，皆過栗姬，〔一〕栗姬日怨怒，謝長公主，不許。長公主欲予王夫人，王夫人許之。長公主怒，而日讒栗姬短於景帝曰：「栗姬與諸貴夫人幸姬會，常使侍者祝唾其背，挾邪媚道。」景帝以故望之。〔二〕

〔一〕索隱過音戈。謂踰之。
〔二〕索隱望猶責望，謂恨之也。

景帝嘗體不安，心不樂，屬諸子爲王者於栗姬，曰：「百歲後，善視之。」栗姬怒，不肯應，言不遜。景帝恚，心嗛之而未發也。〔一〕

〔一〕索隱嗛音銜。銜謂恨也。

長公主日譽王夫人男之美，景帝亦賢之，又有曩者所夢日符，計未有所定。王夫人知帝望栗姬，因怒未解，陰使人趣大臣立栗姬爲皇后。大行奏事〔一〕畢，曰：「『子以母貴，母以子貴』，〔二〕今太子母無號，宜立爲皇后。」景帝怒曰：「是而所宜言邪！」遂案誅大行，而廢太子爲臨江王。栗姬愈恚恨，不得見，以憂死。卒立王夫人爲皇后，其男爲太子，封皇后兄信爲蓋侯。〔三〕

〔一〕索隱大行，禮官。行音衡。

〔二〕索隱此皆公羊傳文。

〔三〕索隱地理志蓋縣屬太山。

景帝崩，太子襲號爲皇帝。尊皇太后母臧兒爲平原君。〔一〕封田蚡爲武安侯，〔二〕勝爲周陽侯。〔三〕

〔一〕正義德州縣也。

〔二〕索隱地理志縣名，屬魏郡。正義括地志云：「武安故城在洺州武安縣西南七里，六國時趙邑，漢武安縣城也。」

〔三〕索隱地理志縣名，屬上郡。正義括地志云：「周陽故城在絳州聞喜縣東二十九里也。」

景帝十三男，一男爲帝，十二男皆爲王。而兒姁早卒，其四子皆爲王。王太后長女號

曰平陽公主，〔一〕次爲南宮公主，〔二〕次爲林慮公主。〔三〕

〔一〕正義括地志云：「平陽故城即晉州城西面，今平陽故城東面也。城記云堯築也。」

〔二〕正義南宮，冀州縣也。

〔三〕索隱縣名，屬河內。本名隆慮，避殤帝諱，改名林慮。慮音廬。正義林慮，相州縣也。

蓋侯信好酒。田蚡、勝貪，巧於文辭。王仲蚤死，葬槐里，追尊爲共侯，置園邑二百家。及平原君卒，從田氏葬長陵，置園比共侯園。而王太后後孝景帝十六歲，以元朔四年崩，合葬陽陵。〔一〕王太后家凡三人爲侯。

〔一〕正義括地志云：「陽陵在雍州咸陽縣東四十里。」

衛皇后字子夫，生微矣。蓋其家號曰衛氏，〔一〕出平陽侯邑。〔二〕子夫爲平陽主謳者。武帝初即位，數歲無子。平陽主求諸良家子女十餘人，飾置家。武帝祓〔三〕霸上還，因過平陽主。主見所侍美人，上弗說。既飲，謳者進，上望見，獨說衛子夫。是日，武帝起更衣，子夫侍尚衣軒中，得幸。〔四〕上還坐，驩甚，賜平陽主金千斤。主因奏子夫奉送入宮。子夫上車，平陽主拊其背曰：「行矣，彊飯，勉之！即貴，無相忘。」入宮歲餘，竟不復幸。武帝擇宮人不中用者，斥出歸之。衛子夫得見，涕泣請出。上憐之，復幸，遂有身，尊寵日隆。召其兄衛長君、弟青爲侍中。而子夫後大幸，有寵，凡生三女〔五〕一男。男名據。〔六〕

〔一〕正義衛青傳云：「父鄭季爲吏，給事平陽侯家，與侯妾衛媼通，生青，故冒衛氏。」

〔二〕集解徐廣曰：「平陽侯曹壽尚平陽公主。」

〔三〕集解徐廣曰：「三月上巳，臨水祓除謂之禊。呂后本紀亦云『三月祓還過軹道』。蓋與『游』字相似，故或定之也。」索隱蘇林音廢，今亦音拂，謂祓禊之，游水自潔，故曰祓除。

〔四〕正義尚，主也。於主衣車中得幸也。

〔五〕索隱按：謂諸邑、石邑及衛長公主後封當利公主是。

〔六〕索隱即戾太子也。

初，上爲太子時，娶長公主女爲妃。立爲帝，妃立爲皇后，姓陳氏，〔一〕無子。上之得爲嗣，大長公主有力焉，〔二〕以故陳皇后驕貴。聞衛子夫大幸，恚，幾死者數矣。上愈怒。陳皇后挾婦人媚道，其事頗覺，於是廢陳皇后，〔三〕而立衛子夫爲皇后。

〔一〕索隱漢武故事云「后名阿嬌」，即長公主嫖女也。曾祖父嬰，堂邑侯，傳至父午，尚長公主，生后。

〔二〕集解徐廣曰：「即景帝姊嫖也。」

〔三〕索隱按：漢書云「女子楚服等坐爲皇后咒詛，大逆無道，相連誅者三百人」，乃廢后居長門宮。故司馬相如賦云「陳皇后別在長門宮，怨悶悲思，奉黃金百斤爲相如取酒，乃爲作頌以奏，皇后復親幸」。作頌信有之也，復親幸之恐非實也。

陳皇后母大長公主，景帝姊也，數讓武帝姊平陽公主曰：「帝非我不得立，已而弃捐吾女，壹何不自喜而倍本乎！」平陽公主曰：「用無子故廢耳。」陳皇后求子，與醫錢凡九千萬，然竟無子。

衛子夫已立爲皇后，先是衛長君死，乃以衛青爲將軍，擊胡有功，封爲長平侯。〔一〕青三子在襁褓中，皆封爲列侯。及衛皇后所謂姊衛少兒，少兒生子霍去病，以軍功封冠軍侯，〔二〕號驃騎將軍。青號大將軍。立衛皇后子據爲太子。衛氏枝屬以軍功起家，五人爲侯。

〔一〕索隱地理志縣名，屬汝南。

〔二〕索隱子夫姊少兒之子去病封也。地理志冠軍屬河陽。

及衛后色衰，趙之王夫人〔一〕幸，有子，爲齊王。

〔一〕索隱生齊王閎。

王夫人蚤卒。而中山李夫人〔一〕有寵，有男一人，爲昌邑王。〔二〕

〔一〕索隱生昌邑哀王髆。

〔二〕正義名賀。

李夫人蚤卒，〔一〕其兄李延年以音幸，號協律。協律者，故倡也。兄弟皆坐姦，族。是時其長兄廣利爲貳師將軍，伐大宛，不及誅，還，而上既夷李氏，後憐其家，乃封爲海西

侯。〔二〕

〔一〕索隱李延年之女弟。漢書云「帝悼之，李少翁致其形，帝爲作賦」。此史記以爲王夫人最寵，武帝悼惜。新論亦同史記爲王夫人。

〔二〕正義漢武帝令李廣利征大宛，國近西海，故號海西侯也。

他姬子二人爲燕王、廣陵王。〔一〕其母無寵，以憂死。

〔一〕索隱漢書云李姬生廣陵王胥、燕王旦也。

及李夫人卒，則有尹婕妤之屬，更有寵。然皆以倡見，非王侯有土之士女，不可以配人主也。

褚先生曰：〔一〕臣爲郎時，問習漢家故事者鍾離生。曰：王太后在民閒時所生(子)女者，〔二〕父爲金王孫。王孫已死，景帝崩後，武帝已立，王太后獨在。而韓王孫名嫣素得幸武帝，承閒白言太后有女在長陵也。武帝曰：「何不蚤言！」乃使使往先視之，在其家。武帝乃自往迎取之。蹕道，先驅旄騎出橫城門，〔三〕乘輿馳至長陵。當小市西入里，里門閉，暴開門，乘輿直入此里，通至金氏門外止，使武騎圍其宅，爲其亡走，身自往取不得也。卽使左右羣臣入呼求之。家人驚恐，女亡匿內中牀下。扶持出

門，令拜謁。武帝下車泣曰：「嚄！〔四〕大姊，何藏之深也！」詔副車載之，迴車馳還，而直入長樂宮。行詔門著引籍，〔五〕通到謁太后。太后曰：「帝倦矣，何從來？」帝曰：「今者至長陵得臣姊，與俱來。」顧曰：「謁太后！」太后曰：「女某邪？」曰：「是也。」太后爲下泣，女亦伏地泣。武帝奉酒前爲壽，奉錢千萬，奴婢三百人，公田百頃，甲第，以賜姊。太后謝曰：「爲帝費焉。」於是召平陽主、南宮主、林慮主三人俱來謁見姊，因號曰脩成君。有子男一人，女一人。男號爲脩成子仲，〔六〕女爲諸侯王王后。〔七〕此二子非劉氏，以故太后憐之。脩成子仲驕恣，陵折吏民，皆患苦之。

〔一〕正義疑此元成之閒褚少孫續之也。

〔二〕集解徐廣曰：「名俗。」正義按：後封修成君者。

〔三〕集解如淳曰：「橫音光。三輔黃圖云北面西頭門。」正義括地志云：「渭橋本名橫橋，架渭水上，在雍州咸陽縣東南二十二里。」按：此橋對門也。

〔四〕索隱烏百反。蓋驚怪之辭耳。正義嚄，嘖，失聲驚愕貌也。

〔五〕正義武帝道上詔令通名狀於門使，引入至太后所。

〔六〕索隱金氏甥，修成君之子也。而名仲者，又與大外祖王氏同字，恐非也。

〔七〕集解徐廣曰：「嫁爲淮南王安太子妃也。」

衞子夫立爲皇后，后弟衞青字仲卿，以大將軍封爲長平侯。四子，長子伉爲侯世子，侯世子常侍中，貴幸。其三弟皆封爲侯，各千三百户，一曰陰安侯，〔一〕二曰發干侯，〔二〕三曰宜春侯，〔三〕貴震天下。天下歌之曰：「生男無喜，生女無怒，獨不見衞子夫霸天下！」

〔一〕索隱名不疑。地理志縣名，屬魏郡。正義括地志云：「陰安故城在魏州頓丘縣北六十里也。」

〔二〕索隱名登。地理志縣名，屬東郡。正義括地志云：「發干故城在博州堂邑縣西南二十三里。」

〔三〕索隱名伉。地理志宜春，縣名，屬汝南。正義括地志云：「宜春故城在豫州汝陽縣西六十七里。」

是時平陽主寡居，當用列侯尚主。主與左右議長安中列侯可爲夫者，皆言大將軍可。主笑曰：「此出吾家，常使令騎從我出入耳，柰何用爲夫乎？」左右侍御者曰：「今大將軍姊爲皇后，三子爲侯，富貴振動天下，主何以易之乎？」於是主乃許之。言之皇后，令白之武帝，乃詔衞將軍尚平陽公主焉。

褚先生曰：丈夫龍變。傳曰：「蛇化爲龍，不變其文；家化爲國，不變其姓。」丈夫當時富貴，百惡滅除，光耀榮華，貧賤之時何足累之哉！

武帝時，幸夫人尹婕妤。〔一〕邢夫人號娙娥，〔二〕衆人謂之「娙何」。娙何秩比中二

千石，〔三〕容華秩比二千石，〔四〕婕妤秩比列侯。常從婕妤遷爲皇后。

〔一〕索隱韋昭云「婕，承；好，助也」。一云「美好也」。聲類云幸也，字亦從女。漢書儀云「皇后爲婕好下輿，禮比丞相也」。

〔二〕索隱服虔云：「娙音近妍」。徐廣音五耕反。鄒誕生音莖。字林音五經反。說文云「娙，長也，好也」。許慎云「秦晉之閒謂好爲娙」。又方言曰「美貌謂之娥」。漢舊儀云「娙娥秩比將軍、御史大夫」。

〔三〕索隱按：崔浩云「中猶滿也。漢制九卿已上秩一歲滿二千斛」。又漢官儀云「中二千石俸月百八十斛」。

〔四〕索隱按：二千石是郡守之秩。漢官儀云「其俸月百二十斛」。又有真二千石者，如淳云「諸侯王相在郡守上，秩真二千石」。漢律真二千石俸月二萬。按是二萬斗也，則二萬斗亦是二千石也。崔浩云「列卿已上秩石皆正二千石」。按此則是真二千石也。其云中二千石，亦不滿二千，蓋千八九百耳。此崔氏之說，今兼引而解之。

尹夫人與邢夫人同時並幸，有詔不得相見。尹夫人自請武帝，願望見邢夫人，帝許之。卽令他夫人飾，從御者數十人，爲邢夫人來前。尹夫人前見之，曰：「此非邢夫人身也。」帝曰：「何以言之？」對曰：「視其身貌形狀，不足以當人主矣。」於是帝乃詔使邢夫人衣故衣，獨身來前。尹夫人望見之，曰：「此真是也。」於是乃低頭俛而泣，自痛其不如也。諺曰：「美女入室，惡女之仇。」

褚先生曰：浴不必江海，要之去垢；馬不必騏驥，要之善走；士不必賢世，要之知道；女不必貴種，要之貞好。傳曰：「女無美惡，入室見妒；士無賢不肖，入朝見嫉。」

美女者，惡女之仇。豈不然哉！

鉤弋夫人〔一〕姓趙氏，〔二〕河閒人也。得幸武帝，生子一人，昭帝是也。武帝年七十，乃生昭帝。昭帝立時，年五歲耳。〔三〕

〔一〕索隱按：夫人姓趙，河閒人。漢書云「武帝過河閒，望氣者言此有奇女，天子乃使使召之。女兩手皆拳，上自披之，手卽時伸。由是幸，號曰拳夫人。後居鉤弋宮，號曰鉤弋夫人」。列仙傳云「發手得一玉鉤，故號焉」。漢武故事云「宮在直城門南」。廟記云「宮有千門萬户，不可記名也」。正義括地志云：「鉤弋宮在長安城中，門名堯母門也。」

〔二〕索隱按漢書，昭帝卽位，追尊太后父趙父爲順成侯。

〔三〕集解徐廣曰：「武帝崩年正七十，昭帝年八歲耳。」索隱按：徐廣依漢書，以武帝年七十崩，崩時昭帝年八歲。此褚先生之記。漢書云「元始三年，昭帝生」，誤也。按：元始當爲太始。

衞太子廢後，未復立太子。而燕王旦上書，願歸國入宿衞。武帝怒，立斬其使者於北闕。

上居甘泉宮，召畫工圖畫周公負成王也。於是左右羣臣知武帝意欲立少子也。後數日，帝譴責鉤弋夫人。夫人脱簪珥叩頭。帝曰：「引持去，送掖庭獄！」夫人還顧，

外戚世家第十九　一九八五

史記卷四十九　一九八六

帝曰：「趣行，女不得活！」夫人死雲陽宮。〔一〕時暴風揚塵，百姓感傷。使者夜持棺往葬之，〔二〕封識其處。

〔一〕索隱按：三輔故事云「葬甘泉宮南。後昭帝起雲陵，邑三千户」。漢武故事云「既殯，香聞十里，上疑非常人，發棺視之，無尸，衣履存焉」。正義括地志云：「雲陽宮，秦之甘泉宮，在雍州雲陽縣西北八十里。秦始皇作甘泉宮，去長安三百里，黄帝以來祭圜丘處也。」

〔二〕正義括地志云：「雲陽陵，漢鉤弋夫人陵也，在雲陽縣西北五十八里。孝武帝鉤弋趙婕妤，昭帝之母，齊人，姓趙。少好清静，六年卧病，右手捲，飲食少。望氣者云『東北有貴人』，推而得之。召到，姿色甚佳。武帝持其手伸之，得玉鉤。後生昭帝。武帝末年殺夫人，殯之而尸香一日。昭帝更葬之，棺但存絲履也。宮記云『武帝思之，爲起通靈臺於甘泉，常有一青鳥集臺上往來，至宣帝時乃止』。」

其後帝閒居，問左右曰：「人言云何？」左右對曰：「人言且立其子，何去其母乎？」帝曰：「然。是非兒曹愚人所知也。往古國家所以亂也，由主少母壯也。女主獨居驕蹇，淫亂自恣，莫能禁也。女不聞呂后邪？」故諸爲武帝生子者，無男女，其母無不譴死，豈可謂非賢聖哉！昭然遠見，爲後世計慮，固非淺聞愚儒之所及也。謚爲「武」，豈虛哉！

【索隱述贊】禮貴夫婦，易敍乾坤。配陽成化，比月居尊。河洲降淑，天曜垂軒。德著任、姒，慶流娥、媓。逮我炎曆，斯道克存。呂權大寶，竇喜玄言。自兹已降，立嬖以恩。内無常主，後嗣不繁。

史記卷五十

楚元王世家第二十

楚元王劉交者，〔一〕高祖之同母〔二〕少弟也，字游。

〔一〕正義年表云都彭城。

〔二〕集解徐廣曰：「一作『父』。」索隱按：漢書作「同父」。言同父者，以明異母也。

高祖兄弟四人，長兄伯，伯蚤卒。始高祖微時，嘗辟事，時時與賓客過巨嫂食。〔一〕嫂厭叔，叔與客來，嫂詳爲羹盡，櫟釜，〔二〕賓客以故去。已而視釜中尚有羹，高祖由此怨其嫂。及高祖爲帝，封昆弟，而伯子獨不得封。太上皇以爲言，高祖曰：「某非忘封之也，爲其母不長者耳。」於是乃封其子信爲羹頡侯。〔三〕而王次兄仲於代。〔四〕

〔一〕集解徐廣曰：「漢書云丘嫂也。」索隱漢書作「丘」。應劭云「丘，姓也」。孟康云「丘，空也。兄亡，空有嫂也」。今此作「巨」，巨，大也，謂長嫂也。劉氏云「巨，一作『丘』」。

〔二〕索隱櫟音歷。謂以杓歷釜旁，使爲聲。漢書作「轑」，音勞。

楚元王世家第二十　一九八七

史記卷五十　一九八八

〔三〕集解徐廣曰：「羹頡侯以高祖七年封，封十三年，高后元年，有罪，削爵一級，爲關内侯。」索隱羹頡，爵號耳，非縣邑名，以其櫟釜故也。正義括地志云：「羹頡山在嬀州懷戎縣東南十五里。」按：高祖取其山名爲侯號者，怨故也。

〔四〕集解徐廣曰：「次兄名喜，字仲，以六年立爲代王，其年罷。卒謚頃王。有子曰濞。」

高祖六年，已禽楚王韓信於陳，乃以弟交爲楚王，都彭城。〔一〕卽位二十三年卒，子夷王郢立。〔二〕夷王四年卒，子王戊立。

〔一〕索隱漢書云楚王王薛郡、東海、彭城三十六縣也。

〔二〕索隱漢書名郢客。

王戊立二十年，冬，坐爲薄太后服私姦，〔一〕削東海郡。春，戊與吴王合謀反，其相張尚、太傅趙夷吾諫，不聽。戊則殺尚、夷吾，起兵與吴西攻梁，破棘壁。〔二〕至昌邑南，〔三〕與漢將周亞夫戰。漢絶吴楚糧道，士卒飢，吴王走，楚王戊自殺，軍遂降漢。

〔一〕索隱漢書云「私姦服舍中」。姚察云「姦於服舍，非必宮中」。又按：集注服虔云「私姦中人」。蓋以罪重，故至削郡也。

〔二〕正義括地志云：「大棘故城在宋州寧陵縣西七十里，卽梁棘壁。」

〔三〕正義括地志云「有梁丘故城在曹州成武縣東北三十二里」也。

漢已平吴楚，孝景帝欲以德侯子續吴，〔一〕以元王子禮續楚。竇太后曰：「吴王，老人

也，宜爲宗室順善。今乃首率七國，紛亂天下，柰何續其後！」不許吴，許立楚後。是時禮爲漢宗正。乃拜禮爲楚王，奉元王宗廟，是爲楚文王。

〔一〕集解徐廣曰：「德侯名廣，吴王濞之弟也。其父曰仲。」

文王立三年卒，子安王道立。安王二十二年卒，子襄王注立。襄王立十四年卒，子王純代立。王純立，地節二年，中人上書告楚王謀反，王自殺，國除，入漢爲彭城郡。〔一〕

〔一〕集解徐廣曰：「純立十七年卒，謚節王。子延壽立，十九年死。」索隱按：太史公唯記王純爲國人告反，國除。蓋延壽後更封，至十九年又謀反誅死，故不同也。正義漢書云王純嗣十六年，子延壽嗣，與趙何齊謀反，延壽自殺，立三十二年國除。與此不同。地節是宣帝年號，去天漢四年二十九年，仍隔昭帝世。言到地節二年以下者，蓋褚先生誤也。

趙王劉遂者，〔一〕其父高祖中子，名友，謚曰「幽」。幽王以憂死，故爲「幽」。高后王吕禄於趙，一歲而高后崩。大臣誅諸吕吕禄等，乃立幽王子遂爲趙王。

〔一〕正義年表云都邯鄲。

孝文帝即位二年，立遂弟辟彊，〔一〕取趙之河閒郡爲河閒王，〔二〕（以）〔是〕爲文王。立十三年卒，子哀王福立。一年卒，無子，絶後，國除，入于漢。

〔一〕索隱音璧强二音，又音闢疆。

〔二〕正義河閒，今瀛州也。

遂既王趙二十六年，孝景帝時坐鼂錯以適削趙王常山之郡。吴楚反，趙王遂與合謀起兵。其相建德、〔一〕内史王悍諫，不聽。遂燒殺建德、王悍，發兵屯其西界，欲待吴與俱西。北使匈奴，與連和攻漢。漢使曲周侯酈寄擊之。趙王遂還，城守邯鄲，相距七月。吴楚敗於梁，不能西。匈奴聞之，亦止，不肯入漢邊。欒布自破齊還，乃并兵引水灌趙城。趙城壞，趙王自殺，邯鄲遂降。〔二〕趙幽王絶後。

〔一〕索隱建德，其相名，史先失姓也。

〔二〕正義邯鄲，洺州縣也。

太史公曰：國之將興，必有禎祥，君子用而小人退。國之將亡，賢人隱，亂臣貴。使楚王戊毋刑申公，〔一〕遵其言，趙任防與先生，〔二〕豈有篡殺之謀，爲天下僇哉？賢人乎，賢人乎！非質有其内，惡能用之哉？甚矣，「安危在出令，存亡在所任」，誠哉是言也！

〔一〕索隱漢書申公名培，王戊胥靡之。

〔二〕集解趙堯傳曰：「趙人防與公也。」索隱此及漢書雖不見趙不用防與公，蓋當時猶知事迹，或别有所見，故太史公明引以結其贊。

【索隱述贊】漢封同姓，楚有令名。既滅韓信，王於彭城。穆生置醴，韋孟作程。王戊弃德，與吴連兵。太后命禮，爲楚罪輕。文襄繼立，世挺才英。如何趙遂，代殞厥聲！興亡之兆，所任宜明。

史記卷五十一

荆燕世家第二十一

荆王劉賈者，〔一〕諸劉，不知其何屬〔二〕初起時。漢王元年，還定三秦，劉賈爲將軍，定塞地，〔三〕從東擊項籍。

〔一〕正義 年表云都吴也。

〔二〕集解 漢書賈，高帝從父兄。索隱 按：注引漢書，云賈，高祖從父兄，則班固或別有所見也。

〔三〕索隱 賈將兵定塞地，塞卽桃林之塞。

漢四年，漢王之敗成皋，北渡河，得張耳、韓信軍，軍脩武，深溝高壘，使劉賈將二萬人，騎數百，渡白馬津入楚地，〔一〕燒其積聚，以破其業，無以給項王軍食。已而楚兵擊劉賈，賈輒壁不肯與戰，而與彭越相保。

〔一〕正義 括地志云：「黎陽，一名白馬津，在滑州白馬縣北三十里。」按：賈從此津南過入楚地也。

漢五年，漢王追項籍至固陵，〔一〕使劉賈南渡淮圍壽春。〔二〕還至，使人閒招楚大司馬周

殷。周殷反楚，佐劉賈舉九江，迎武王黥布兵，皆會垓下，共擊項籍。漢王因使劉賈將九江兵，與太尉盧綰西南擊臨江王共尉。〔三〕共尉已死，以臨江爲南郡。〔四〕

〔一〕集解 徐廣曰：「在陽夏。」正義 括地志云：「固陵，陵名。在陳州宛丘縣西北四十二里。

〔二〕正義 今壽州壽春縣是也。

〔三〕索隱 共敖之子。

〔四〕正義 今荆州也。

漢六年春，會諸侯於陳，〔一〕廢楚王信，囚之，分其地爲二國。當是時也，高祖子幼，昆弟少，又不賢，欲王同姓以鎮天下，乃詔曰：「將軍劉賈有功，及擇子弟可以爲王者。」羣臣皆曰：「立劉賈爲荆王，王淮東五十二城；〔二〕高祖弟交爲楚王，王淮西三十六城。」〔三〕因立子肥爲齊王。始王昆弟劉氏也。

〔一〕正義 今陳州也。

〔二〕索隱 按：表云劉賈都吴。又漢書以東陽郡封賈。東陽卽臨淮，故云淮東也。正義 括地志云西北四十里，蓋此縣是也。

〔三〕正義 淮以西徐、泗、濠等州也。

高祖十一年秋，淮南王黥布反，東擊荆。荆王賈與戰，不勝，走富陵，〔一〕爲布軍所殺。高祖自擊破布。十二年，立沛侯劉濞爲吴王，王故荆地。

〔一〕索隱 地理志縣名，屬臨淮。正義 括地志云：「富陵故城在楚州盱眙縣東北六十里。」

燕王劉澤者，諸劉遠屬也。〔一〕高帝三年，澤爲郎中。高帝十一年，澤以將軍擊陳豨，得王黄，爲營陵侯。〔二〕

〔一〕集解 漢書曰：「澤，高祖從祖昆弟。」索隱 按：注引漢書云高祖從祖昆弟。又楚漢春秋田子春說張卿云「劉澤，宗家也」。按言「宗家」，似疏遠矣。然則班固言「從祖昆弟」，當別有所見矣。

〔二〕索隱 地理志縣名，在北海。正義 括地志云：「營陵故城在青州北海縣南三十里。」

高后時，齊人田生〔一〕游乏資，以畫干營陵侯澤。〔二〕澤大說之，用金二百斤爲田生壽。田生已得金，卽歸齊。二年，澤使人謂田生曰：「弗與矣。」〔三〕田生如長安，不見澤，而假大宅，令其子求事呂后所幸大謁者張子卿。〔四〕居數月，田生子請張卿臨，親脩具。張卿許往。田生盛帷帳共具，譬如列侯。張卿驚。酒酣，乃屏人說張卿曰：「臣觀諸侯王邸弟百餘，皆高祖一切功臣。〔五〕今呂氏雅故本推轂高帝就天下，〔六〕功至大，又親戚太后之重。太后春秋長，諸呂弱，太后欲立呂産爲（呂）王，王代。太后又重發之，〔七〕恐大臣不聽。今卿最幸，大臣所敬，何不風大臣以聞太后，太后必喜。諸呂已王，萬户侯亦卿之有。〔八〕太后心欲之，

而卿爲内臣，不急發，恐禍及身矣。」張卿大然之，乃風大臣語太后。太后朝，因問大臣。大臣請立呂産爲呂王。太后賜張卿千斤金，張卿以其半與田生。田生弗受，因說之曰：「呂産王也，諸大臣未大服。今營陵侯澤，諸劉，爲大將軍，獨此尚觖望。〔九〕今卿言太后，列十餘縣王之，彼得王，喜去，諸呂王益固矣。」張卿入言，太后然之。乃以營陵侯劉澤爲琅邪王。琅邪王乃與田生之國。田生勸澤急行，毋留。出關，太后果使人追止之，已出，卽還。

〔一〕集解 晉灼曰：「楚漢春秋田子春。」

〔二〕集解 服虔曰：「以計畫干之也。」文穎曰：「以工畫得寵也。」索隱 畫，一音「計畫」之「畫」，又音「圖畫」之「畫」，兩家義並通也。

〔三〕集解 孟康曰：「與，黨與。言不復與我爲與也。」文穎曰：「不得與汝相知。」

〔四〕集解 徐廣曰：「名澤。」駰案：如淳曰閹人也。

〔五〕索隱 按：此一切猶一例，同時也，非如他一切訓權時也。

〔六〕集解 如淳曰：「呂公知高祖相貴，以女妻之，推轂使爲長者。」瓚曰：「謂諸呂共推轂高祖征伐成帝業。雅，正意也。」索隱 按：雅訓素也。謂呂氏素心奉推高祖取天下，若人推轂欲前進塗然也，此略同臣瓚之意也。推音昌誰反。

〔七〕集解 文穎曰：「欲發之，恐大臣不聽。」鄧展曰：「重難發事。」

〔八〕正義 高后紀云封張卿爲建陵侯。

〔九〕索隱 觖音決，又音企。

及太后崩，琅邪王澤乃曰：「帝少，諸呂用事，劉氏孤弱。」乃引兵與齊王合謀西，〔一〕欲誅諸呂。至梁，聞漢遣灌將軍屯滎陽，澤還兵備西界，遂跳驅至長安。〔二〕代王亦從代至。諸將相與琅邪王共立代王爲天子。天子乃徙澤爲燕王，乃復以琅邪予齊，復故地。〔三〕

〔一〕集解 漢書音義曰：「澤至齊，爲齊王所劫，不得去。乃說王，求詣京師，齊具車送之。不爲本與齊合謀也。」 索隱 按：漢書齊王傳云使祝午劫琅邪王至齊，因留琅邪王不得反國。澤乃說求入關，齊乃送之。與此文不同者，劉氏以爲燕、齊兩史各言其主立功之迹，太史公聞疑傳疑，遂各記之，則所謂實錄。

〔二〕集解 漢書音義曰：「跳驅，馳至長安也。」 索隱 跳，他彫反，脱獨去也。又音條，謂疾去也。

〔三〕集解 李奇曰：「本齊地，分以王澤，今復與齊也。」

澤王燕二年，薨，謚爲敬王。傳子嘉，爲康王。

至孫定國，與父康王姬姦，生子男一人。奪弟妻爲姬。與子女三人姦。定國有所欲誅殺臣肥如令郢人，〔一〕郢人等告定國，定國使謁者以他法劾捕格殺郢人以滅口。至元朔元年，郢人昆弟復上書具言定國陰事，以此發覺。詔下公卿，皆議曰：「定國禽獸行，亂人倫，逆天，當誅。」上許之。定國自殺，國除爲郡。

〔一〕集解 如淳曰：「定國自欲有所殺餘臣，肥如令郢人以告之。」 索隱 按：如淳意以肥如亦臣名，令郢人以告定國也。小顏以爲定國欲有所誅殺餘臣，而肥如令郢人乃告定國也。然按地理志，肥如在遼西也。

太史公曰：荊王王也，由漢初定，天下未集，故劉賈雖屬疏，然以策爲王，填江淮之閒。劉澤之王，權激呂氏，〔一〕然劉澤卒南面稱孤者三世。事發相重，〔二〕豈不爲偉乎！〔三〕

〔一〕索隱 按：謂田子春欲王劉澤，先使張卿說封呂產，乃恐以大臣觖望，澤卒得王，故爲權激諸呂也。

〔二〕集解 晉灼曰：「澤以金與田生以事張卿，張卿言之呂后，而劉澤得王，故曰『事發相重』。或曰事起於相重也。」 索隱 按：謂先發呂氏令重，我亦得其功，是事發相重也。

〔三〕索隱 偉者盛也，蓋盛其能激發也。

【索隱述贊】劉賈初從，首定三秦。既渡白馬，遂圍壽春。始迎黥布，絶閒周殷。賞功胙士，與楚爲鄰。營陵始爵，勳由擊陳。田生遊說，受賜千斤。權激諸呂，事發禜身。徙封傳嗣，亡於郢人。

史記卷五十二

齊悼惠王世家第二十二

齊悼惠王〔一〕劉肥者，高祖長庶男也。其母外婦也，曰曹氏。高祖六年，立肥爲齊王，食七十城，諸民能齊言者皆予齊王。〔二〕

〔一〕正義 年表云都臨淄。

〔二〕索隱 謂其語音及名物異於楚魏。一云此時人多流亡，故使齊言者皆還齊王。

齊王，孝惠帝兄也。孝惠帝二年，齊王入朝。惠帝與齊王燕飲，亢禮如家人。〔一〕呂太后怒，且誅齊王。齊王懼不得脱，乃用其内史勳計，獻城陽郡，〔二〕以爲魯元公主湯沐邑。呂太后喜，乃得辭就國。

〔一〕索隱 謂齊王是兄，不爲君臣禮，而乃亢敵如家人兄弟之禮，故太后怒。

〔二〕正義 括地志云：「濮州雷澤縣，本漢城陽縣。」按：後爲郡也。

悼惠王卽位十三年，以惠帝六年卒。子襄立，是爲哀王。

哀王元年，孝惠帝崩，呂太后稱制，天下事皆決於高后。二年，高后立其兄子酈侯〔一〕呂台〔二〕爲呂王，割齊之濟南郡〔三〕爲呂王奉邑。

〔一〕集解 徐廣曰：「酈，一作『鄜』。」 索隱 二字並音孚。鄜，縣名，在馮翊。酈縣在南陽。 正義 按：酈音呈益反。括地志云「故酈城在鄧州新城縣西北四十里」，蓋此縣是也。

〔二〕索隱 音胎。呂后兄子也。

〔三〕正義 括地志云：「濟南故城在淄州長山縣西北二十五里。」

哀王三年，其弟章入宿衞於漢，呂太后封爲朱虚侯，〔一〕以呂祿女妻之。後四年，封章弟興居爲東牟侯，〔二〕皆宿衞長安中。

〔一〕索隱 地理志縣名，屬琅邪。

〔二〕索隱 地理志縣名，屬東萊。

哀王八年，高后割齊琅邪郡〔一〕立營陵侯劉澤爲琅邪王。

〔一〕正義 今沂州也。

其明年，趙王友入朝，幽死于邸。三趙王皆廢。高后立諸呂爲三王，〔一〕擅權用事。

〔一〕集解 徐廣曰：「燕、趙、梁。」

朱虚侯年二十，有氣力，忿劉氏不得職。嘗入侍高后燕飲，高后令朱虚侯劉章爲酒吏。

章自請曰：「臣，將種也，請得以軍法行酒。」高后曰：「可。」酒酣，章進飲歌舞。已而曰：「請爲太后言耕田歌。」高后兒子畜之，笑曰：「顧而父知田耳。若生〔一〕而爲王子，安知田乎？」章曰：「臣知之。」太后曰：「試爲我言田。」章曰：「深耕穊種，立苗欲疏；非其種者，鉏而去之。」呂后默然。頃之，諸呂有一人醉，亡酒，章追，拔劍斬之而還，報曰：「有亡酒一人，臣謹行法斬之。」太后左右皆大驚。業已許其軍法，無以罪也。因罷。自是之後，諸呂憚朱虛侯，雖大臣皆依朱虛侯，劉氏爲益彊。

〔一〕索隱 顧猶念也。而及若皆訓汝。

其明年，高后崩。趙王呂祿爲上將軍，呂王產爲相國，皆居長安中，聚兵以威大臣，欲爲亂。朱虛侯章以呂祿女爲婦，知其謀，乃使人陰出告其兄齊王，欲令發兵西，朱虛侯、東牟侯爲內應，以誅諸呂，因立齊王爲帝。

齊王既聞此計，乃與其舅父駟鈞、〔一〕郎中令祝午、中尉魏勃陰謀發兵。齊相召平〔二〕聞之，乃發卒衞王宮。魏勃給召平曰：「王欲發兵，非有漢虎符驗也。而相君圍王，固善。勃請爲君將兵衞衞王。」召平信之，乃使魏勃將兵圍王宮。勃既將兵，使圍相府。召平曰：「嗟乎！道家之言『當斷不斷，反受其亂』，乃是也。」遂自殺。於是齊王以駟鈞爲相，魏勃爲將軍，祝午爲內史，悉發國中兵。使祝午東詐琅邪王曰：「呂氏作亂，齊王發兵欲西誅之。

齊王自以兒子，年少，不習兵革之事，願舉國委大王。大王自高帝將也，習戰事。齊王不敢離兵，〔三〕使臣請大王幸之臨菑見齊王計事，并將齊兵以西平關中之亂。」琅邪王信之，以爲然，(西)〔迺〕馳見齊王。齊王與魏勃等因留琅邪王，而使祝午盡發琅邪國而并將其兵。

〔一〕索隱 按：舅謂舅父，猶姨稱姨母。

〔二〕索隱 按：廣陵人召平與東陵侯召平及此召平皆似別人也。功臣表平子奴以父功封黎侯也。

〔三〕索隱 按：服虔云「不敢離其兵而到琅邪」也。

琅邪王劉澤既見欺，不得反國，乃說齊王曰：「齊悼惠王高皇帝長子，推本言之，而大王高皇帝適長孫也，當立。今諸大臣狐疑未有所定，而澤於劉氏最爲長年，大臣固待澤決計。今大王留臣無爲也，不如使我入關計事。」齊王以爲然，乃益具車送琅邪王。

琅邪王既行，齊遂舉兵西攻呂國之濟南。於是齊哀王遺諸侯王書曰：「高帝平定天下，王諸子弟，悼惠王於齊。悼惠王薨，惠帝使留侯張良立臣爲齊王。惠帝崩，高后用事，春秋高，聽諸呂擅廢高帝所立，又殺三趙王，〔一〕滅梁、燕、趙〔二〕以王諸呂，分齊國爲四。〔三〕忠臣進諫，上惑亂不聽。今高后崩，皇帝春秋富，〔四〕未能治天下，固恃大臣諸(將)〔侯〕。今諸呂又擅自尊官，聚兵嚴威，劫列侯忠臣，矯制以令天下，宗廟所以危。今寡人率兵入誅不當爲王者。」

〔一〕正義 隱王如意、幽王友、梁王恢徙王趙，並高祖子也。

〔二〕正義 梁王恢，燕王建，梁王恢徙趙，分滅無後也。

〔三〕索隱 謂濟南、琅邪、城陽并齊爲四也。正義 琅邪郡封劉澤，濟南郡以爲呂王奉邑，城陽爲魯元公主湯沐邑也。

〔四〕索隱 按：小顏云「言年幼也，比之於財，方未匱竭，故謂之富」也。

漢聞齊發兵而西，相國呂產乃遣大將軍灌嬰東擊之。灌嬰至滎陽，乃謀曰：「諸呂將兵居關中，欲危劉氏而自立。我今破齊還報，是益呂氏資也。」乃留兵屯滎陽，使使喻齊王及諸侯，與連和，以待呂氏之變而共誅之。齊王聞之，乃西取其故濟南郡，亦屯兵於齊西界以待約。

呂祿、呂產欲作亂關中，朱虛侯與太尉勃、丞相平等誅之。朱虛侯首先斬呂產，於是太尉勃等乃得盡誅諸呂。而琅邪王亦從齊至長安。

大臣議欲立齊王，而琅邪王及大臣曰：「齊王母家駟鈞，惡戾，虎而冠者也。〔一〕方以呂氏故幾亂天下，今又立齊王，是欲復爲呂氏也。代王母家薄氏，君子長者；且代王又親高帝子，於今見在，且最爲長。以子則順，以善人則大臣安。」於是大臣乃謀迎立代王，而遣朱

虛侯以誅呂氏事告齊王，令罷兵。

〔一〕集解 張晏曰：「言鈞惡戾，如虎而著冠。」

灌嬰在滎陽，聞魏勃本教齊王反，既誅呂氏，罷齊兵，使使召責問魏勃。勃曰：「失火之家，豈暇先言大人而後救火乎！」〔一〕因退立，股戰而栗，恐不能言者，終無他語。灌將軍熟視笑曰：「人謂魏勃勇，妄庸人耳，〔二〕何能爲乎！」乃罷魏勃。〔三〕魏勃父以善鼓琴見秦皇帝。及魏勃少時，欲求見齊相曹參，家貧無以自通，乃常獨早夜埽齊相舍人門外。相舍人怪之，以爲物，〔四〕而伺之，得勃。勃曰：「願見相君，無因，故爲子埽，欲以求見。」於是舍人見勃曹參，因以爲舍人。一爲參御，言事，參以爲賢，言之齊悼惠王。悼惠王召見，則拜爲內史。始，悼惠王得自置二千石。及悼惠王卒而哀王立，勃用事，重於齊相。

〔一〕索隱 此蓋舊俗之言，謂救火之急，不暇先啓家長也。亦猶國家有難，不暇待詔命也。

〔二〕索隱 按：妄庸謂凡妄庸劣之人也。

〔三〕索隱 罷謂不罪而放遣之。

〔四〕索隱 姚氏云：「物，怪物。」

王既罷兵歸，而代王來立，是爲孝文帝。

孝文帝元年，盡以高后時所割齊之城陽、琅邪、濟南郡復與齊，而徙琅邪王王燕，益封

朱虛侯、東牟侯各二千户。

是歲，齊哀王卒，太子(側)〔則〕立，是爲文王。

齊文王元年，漢以齊之城陽郡立朱虛侯爲城陽王，以齊濟北郡〔一〕立東牟侯爲濟北王。

〔一〕正義今濟州，濟北王所都。

二年，濟北王反，漢誅殺之，地入于漢。

後二年，孝文帝盡封齊悼惠王子罷軍等七人〔一〕皆爲列侯。

〔一〕正義罷音不。

齊文王立十四年卒，無子，國除，地入于漢。

後一歲，孝文帝以所封悼惠王子分齊爲王，齊孝王將閭以悼惠王子楊虛侯爲齊王。故齊別郡盡以王悼惠王子：子志爲濟北王，子辟光爲濟南王，子賢爲菑川王，子卬爲膠西王，子雄渠爲膠東王，與城陽、齊凡七王。〔一〕

〔一〕索隱謂將閭爲齊王；志爲濟北王；卬，膠西王；辟光，濟南王；賢，菑川王；章，城陽王；雄渠，膠東王。

齊孝王十一年，吳王濞、楚王戊反，興兵西，告諸侯曰「將誅漢賊臣鼂錯以安宗廟」。膠西、膠東、菑川、濟南皆擅發兵應吳楚。欲與齊，齊孝王狐疑，城守不聽，三國兵共圍齊。〔一〕齊王使路中大夫〔二〕告於天子。天子復令路中大夫還告齊王：「善堅守，吾兵今破吳楚矣。」路中大夫至，三國兵圍臨菑數重，無從入。三國將劫與路中大夫盟，曰：「若反言漢已破矣，齊趣下三國，不且見屠。」路中大夫既許之，至城下，望見齊王，曰：「漢已發兵百萬，使太尉周亞夫擊破吳楚，方引兵救齊，齊必堅守無下！」三國將誅路中大夫。

〔一〕集解張晏曰：「膠西、菑川、濟南也。」

〔二〕集解張晏曰：「姓路，爲中大夫。」索隱按：路姓，爲中大夫官，史失其名，故言姓及官。顧氏按路氏譜中大夫名卬也。卬，五剛反。

齊初圍急，陰與三國通謀，約未定，會聞路中大夫從漢來，喜，及其大臣乃復勸王毋下三國。居無何，漢將欒布、平陽侯〔一〕等兵至齊，擊破三國兵，解齊圍。已而復聞齊初與三國有謀，將欲移兵伐齊。齊孝王懼，乃飲藥自殺。景帝聞之，以爲齊首善，以迫劫有謀，非其罪也，乃立孝王太子壽爲齊王，是爲懿王，續齊後。而膠西、膠東、濟南、菑川王咸誅滅，地入于漢。徙濟北王王菑川。齊懿王立二十二年卒，子次景立，是爲厲王。

〔一〕索隱按表是簡侯曹奇也。

齊厲王，其母曰紀太后。太后取其弟紀氏女爲厲王后。王不愛紀氏女。太后欲其家重寵，〔一〕令其長女紀翁主〔二〕入王宮，正其後宮，毋令得近王，欲令愛紀氏女。王因與其姊翁主姦。

〔一〕索隱重，直龍反。謂欲世寵貴於王宮也。

〔二〕索隱按：如淳云「諸王女云翁主。稱其母姓，故謂之紀翁主」。

齊有宦者徐甲，入事漢皇太后。〔一〕皇太后有愛女曰脩成君，脩成君非劉氏，〔二〕太后憐之。脩成君有女名娥，太后欲嫁之於諸侯，宦者甲乃請使齊，必令王上書請娥。皇太后喜，使甲之齊。是時齊人主父偃知甲之使齊以取后事，亦因謂甲：「卽事成，幸言偃女願得充王後宮。」甲既至齊，風以此事。紀太后大怒，曰：「王有后，後宮具備。且甲，齊貧人，急〔三〕乃爲宦者，入事漢，無補益，乃欲亂吾王家！且主父偃何爲者？乃欲以女充後宮！」徐甲大窮，還報皇太后曰：「王已願尚娥，然有一害，恐如燕王。」燕王者，與其子昆弟姦，新坐以死，亡國，故以燕感太后。太后曰：「無復言嫁女齊事。」事浸潯(不得)聞於天子。主父偃由此亦與齊有郤。

〔一〕索隱謂王太后，武帝母也。

〔二〕集解張晏曰：「王太后前嫁金氏所生。」

〔三〕集解徐廣曰：「一作『及』。」

主父偃方幸於天子，用事，因言：「齊臨菑十萬户，市租千金，〔一〕人衆殷富，巨於長安，此非天子親弟愛子不得王此。今齊王於親屬益疏。」乃從容言：「呂太后時齊欲反，吳楚時孝王幾爲亂。今聞齊王與其姊亂。」於是天子乃拜主父偃爲齊相，且正其事。主父偃既至齊，乃急治王後宮宦者爲王通於姊翁主所者，令其辭證皆引王。王年少，懼大罪爲吏所執誅，乃飲藥自殺。絕無後。

〔一〕索隱市租謂所賣之物出稅，日得千金，言齊人衆而且富也。

是時趙王懼主父偃一出廢齊，恐其漸疏骨肉，乃上書言偃受金及輕重之短。〔一〕天子亦既囚偃。公孫弘言：「齊王以憂死毋後，國入漢，非誅偃無以塞天下之望。」遂誅偃。

〔一〕索隱謂偃挾齊不娶女之恨，因言齊之短，爲輕重之辭，謂言臨菑富及吳、楚、孝王時事是也。

齊厲王立五年死，毋後，國入于漢。

齊悼惠王後尚有二國，城陽及菑川。菑川地比齊。天子憐齊，爲悼惠王冢園在郡，割臨菑東環悼惠王冢園邑盡以予菑川，以奉悼惠王祭祀。

城陽景王章，〔一〕齊悼惠王子，以朱虛侯與大臣共誅諸呂，而章身首先斬相國呂王產於未央宮。孝文帝既立，益封章二千户，賜金千斤。孝文二年，以齊之城陽郡立章爲城陽王。立二年卒，子喜立，是爲共王。

〔一〕正義年表云都莒也。

共王八年，徙王淮南。〔二〕四年，復還王城陽。凡三十三年卒，子（建）延立，是爲頃王。

〔一〕索隱按：當孝文帝之十二年也。正義年表云都陳也。

頃王二十（八）〔六〕年卒，子義立，是爲敬王。敬王九年卒，子武立，是爲惠王。惠王十一年卒，子順立，是爲荒王。荒王四十六年卒，子恢立，〔一〕是爲戴王。戴王八年卒，子景立，至建始三年，〔二〕十五歲，卒。

〔一〕集解徐廣曰：「甘露二年。」

〔二〕正義建始，成帝年號。從建始四年上至天漢四年，六十七矣，蓋褚先生次之。

濟北王興居，〔一〕齊悼惠王子，以東牟侯助大臣誅諸呂，功少。及文帝從代來，興居曰：「請與太僕嬰入清宮。」廢少帝，共與大臣尊立孝文帝。

〔一〕正義都濟州也。

孝文帝二年，以齊之濟北郡立興居爲濟北王，與城陽王俱立。立二年，反。始大臣誅呂氏時，朱虛侯功尤大，許盡以趙地王朱虛侯，盡以梁地王東牟侯。及孝文帝立，聞朱虛、東牟之初欲立齊王，故絀其功。及二年，王諸子，乃割齊二郡以王章、興居。章、興居自以失職奪功。章死，而興居聞匈奴大入漢，漢多發兵，使丞相灌嬰擊之，文帝親幸太原，以爲天子自擊胡，遂發兵反於濟北。天子聞之，罷丞相及行兵，皆歸長安。使棘蒲侯柴將軍〔一〕擊破虜濟北王，王自殺，地入于漢，爲郡。

〔一〕集解張晏曰：「柴武。」

後十（二）〔三〕年，文帝十六年，復以齊悼惠王子安都侯〔一〕志爲濟北王。十一年，吳楚反時，志堅守，不與諸侯合謀。吳楚已平，徙志王菑川。

〔一〕索隱地理志安都闕。正義安都故城在瀛州高陽縣西南三十九里。

濟南王辟光，〔一〕齊悼惠王子，以勒侯〔二〕孝文十六年爲濟南王。十一年，與吳楚反。漢擊破，殺辟光，以濟南爲郡，地入于漢。

〔一〕正義辟音璧。都濟南郡。

〔二〕索隱勒，漢書作「朸」，並音力。地理志縣名，屬平原也。

菑川王賢，〔一〕齊悼惠王子，以武城侯〔二〕文帝十六年爲菑川王。十一年，與吳楚反，漢擊破，殺賢。

〔一〕正義年表云淄川王都劇。故城在青州壽光縣西三十一里。

〔二〕索隱地理志縣名，屬平原。正義貝州縣。

天子因徙濟北王志王菑川。志亦齊悼惠王子，以安都侯王濟北。菑川王反，毋後，乃徙濟北王王菑川。凡立三十五年卒，謚爲懿王。子建代立，是爲靖王。二十年卒，子遺代立，是爲頃王。三十六年卒，子終古立，是爲思王。二十八年卒，子尚立，是爲孝王。五年卒，子横立，至建始〔一〕三年，十一歲，卒。

〔一〕正義亦褚少孫次之。

膠西王卬，〔一〕齊悼惠王子，以昌平侯〔二〕文帝十六年爲膠西王。十一年，與吳楚反。漢擊破，殺卬，地入于漢，爲膠西郡。

〔一〕正義卬，五郎反。年表云都高苑。括地志云：「高苑故城在淄州長山縣北四里。」

〔二〕正義括地志云：「昌平故城在幽州東南六十里也。」

膠東王雄渠，〔一〕齊悼惠王子，以白石侯〔二〕文帝十六年爲膠東王。十一年，與吳楚反，漢擊破，殺雄渠，地入于漢，爲膠東郡。

〔一〕正義年表云都卽墨。按：卽墨故城在萊州膠東縣南六十里。

〔二〕索隱地理志縣名，屬金城。正義白石古城在德州安德縣北二十里。

太史公曰：諸侯大國無過齊悼惠王。以海内初定，子弟少，激秦之無尺土封，故大封同姓，以填萬民之心。及後分裂，固其理也。

【索隱述贊】漢矯秦制，樹屏自彊。表海大國，悉封齊王。呂后肆怒，乃獻城陽。哀王嗣立，其力不量。朱虛仕漢，功大策長。東牟受賞，稱亂貽殃。膠東、濟北，雄渠、辟光。齊雖七國，忠孝者昌。

史記卷五十三

蕭相國世家第二十三

蕭相國何者，沛豐人也。〔一〕以文無害〔二〕爲沛主吏掾。〔三〕

〔一〕索隱 按：春秋緯「蕭何感昴精而生，典獄制律」。

〔二〕集解 漢書音義曰：「文無害，有文無所枉害也。律有無害都吏，如今言公平吏。一曰，無害者如言『無比』，陳留閒語也。」 索隱 按：裴注已列數家，今更引二說。應劭云「雖爲文吏，而不刻害也」。韋昭云「爲有文理，無傷害也」。

〔三〕索隱 漢書云「何爲主吏」。主吏，功曹也。又云「何爲沛掾」，是何爲功曹掾也。

高祖爲布衣時，何數以吏事護高祖。〔一〕高祖爲亭長，常左右之。高祖以吏繇咸陽，吏皆送奉錢三，何獨以五。〔二〕

〔一〕索隱 說文云：「護，救視也。」

〔二〕集解 李奇曰：「或三百，或五百也。」 索隱 奉音扶用反。謂資俸之。如字讀，謂奉送之也。錢三，謂他人三百，何獨五百也。劉氏云：「時錢有重者一當百，故有送錢三者。」

秦御史監郡者與從事，常辨之。〔一〕何乃給泗水卒史〔二〕事，第一。〔三〕秦御史欲入言徵何，何固請，得毋行。

〔一〕集解 張晏曰：「何與共事修辨明，何素有方略也。」蘇林曰：「辟何與從事也。秦時無刺史，以御史監郡。」 索隱 按：何與御史從事常辨明，言稱職也。故張晏曰「何與共事修辨明，何素有方略」是也。

〔二〕集解 徐廣曰：「沛縣有泗水亭。又秦以沛爲泗水郡。」駰按：文穎曰「何爲泗水郡卒史」。 索隱 如淳按：律，郡卒史書佐各十人也。卒，祖忽反。

〔三〕索隱 按：謂課最居第一也。

及高祖起爲沛公，何常爲丞督事。〔一〕沛公至咸陽，諸將皆爭走〔二〕金帛財物之府分之，何獨先入收秦丞相御史律令圖書藏之。沛公爲漢王，以何爲丞相。項王與諸侯屠燒咸陽而去。漢王所以具知天下阸塞，戶口多少，彊弱之處，民所疾苦者，以何具得秦圖書也。何進言韓信，漢王以信爲大將軍。語在淮陰侯事中。

〔一〕索隱 謂高祖起沛，令何爲丞，常監督庶事也。

〔二〕索隱 音奏。奏者，趣向之。

漢王引兵東定三秦，何以丞相留收巴蜀，填撫諭告，使給軍食。漢二年，漢王與諸侯擊楚，何守關中，侍太子，治櫟陽。爲法令約束，立宗廟社稷宮室縣邑，輒奏上，可，許以從事；卽不及奏上，輒以便宜施行，上來以聞。〔一〕關中事計戶口轉漕〔二〕給軍，漢王數失軍遁去，何常興關中卒，輒補缺。上以此專屬任何關中事。

〔一〕集解 應劭曰：「上來還，乃以所爲聞之。」

〔二〕索隱 轉，劉氏音張戀反。漕，水運也。

漢三年，漢王與項羽相距京索之閒，上數使使勞苦丞相。鮑生謂丞相曰：「王暴衣露蓋，數使使勞苦君者，有疑君心也。爲君計，莫若遣君子孫昆弟能勝兵者悉詣軍所，上必益信君。」於是何從其計，漢王大說。

漢五年，既殺項羽，定天下，論功行封。羣臣爭功，歲餘功不決。高祖以蕭何功最盛，封爲酇侯，〔一〕所食邑多。功臣皆曰：「臣等身被堅執銳，多者百餘戰，少者數十合，攻城略地，大小各有差。今蕭何未嘗有汗馬之勞，徒持文墨議論，不戰，顧反居臣等上，何也？」高帝曰：「諸君知獵乎？」曰：「知之。」「知獵狗乎？」曰：「知之。」高帝曰：「夫獵，追殺獸兔者狗也，而發蹤指示獸處者人也。今諸君徒能得走獸耳，功狗也。至如蕭何，發蹤指示，功人也。且諸君獨以身隨我，多者兩三人。今蕭何舉宗數十人皆隨我，功不可忘也。」羣

臣皆莫敢言。

〔一〕集解 文穎曰：「音贊。」瓚曰：「今南鄉酇縣也。孫檢曰『有二縣，音字多亂。其屬沛郡者音嵯，屬南陽者音讚』。按茂陵書，蕭何國在南陽，宜呼讚。今多呼嵯，嵯舊字作『䣜』，今皆作『酇』，所由亂也。」 索隱 鄒氏云：「屬沛郡音嵯，屬南陽音贊。」又臣瓚按茂陵書：「蕭何國在南陽，則字當音贊，今多呼爲嵯也。」注：「瓚曰今南鄉酇縣。」顧氏云：「南鄉，郡名也。太康地理志云『魏武帝建安中分南陽立南鄉郡，晉武帝又曰順陽郡也』。」

列侯畢已受封，及奏位次，皆曰：「平陽侯曹參身被七十創，攻城略地，功最多，宜第一。」上已橈〔一〕功臣，多封蕭何，至位次未有以復難之，然心欲何第一。關內侯鄂君〔二〕進曰：「羣臣議皆誤。夫曹參雖有野戰略地之功，此特一時之事。夫上與楚相距五歲，常失軍亡衆，逃身遁者數矣。然蕭何常從關中遣軍補其處，非上所詔令召，而數萬衆會上之乏絕者數矣。夫漢與楚相守滎陽數年，軍無見糧，蕭何轉漕關中，給食不乏。陛下雖數亡山東，蕭何常全關中以待陛下，此萬世之功也。今雖亡曹參等百數，何缺於漢？漢得之不必待以全。柰何欲以一旦之功而加萬世之功哉！蕭何第一，曹參次之。」高祖曰：「善。」於是乃令蕭何〔第一〕，賜帶劍履上殿，入朝不趨。

〔一〕集解 應劭曰：「橈，屈也。」 索隱 音女教反。

〔二〕索隱 按功臣表，鄂君卽鄂千秋，封安平侯。

上曰：「吾聞進賢受上賞。蕭何功雖高，得鄂君乃益明。」於是因鄂君故所食關内侯邑封爲安平侯。〔一〕是日，悉封何父子兄弟十餘人，皆有食邑。乃益封何二千户，以帝嘗繇咸陽時何送我獨贏奉錢二也。〔二〕

〔一〕集解徐廣曰：「以謁者從定諸侯有功，秩舉蕭何功，故因侯二千户。封九年卒。至玄孫但，坐與淮南王安通，弃市，國除。」正義括地志云：「澤州安平縣，本漢安平縣。」

〔二〕索隱謂人皆三，何獨五，所以爲贏二也。音盈。

漢十一年，陳豨反，高祖自將，至邯鄲。未罷，淮陰侯謀反關中，吕后用蕭何計，誅淮陰侯，語在淮陰事中。上已聞淮陰侯誅，使使拜丞相何爲相國，益封五千户，令卒五百人一都尉爲相國衞。諸君皆賀，召平獨弔。召平者，故秦東陵侯。秦破，爲布衣，貧，種瓜於長安城東，瓜美，故世俗謂之「東陵瓜」，從召平以爲名也。召平謂相國曰：「禍自此始矣。上暴露於外而君守於中，非被矢石之事而益君封置衞者，以今者淮陰侯新反於中，疑君心矣。夫置衞衞君，非以寵君也。願君讓封勿受，悉以家私財佐軍，則上心説。」相國從其計，高帝乃大喜。

漢十二年秋，黥布反，上自將擊之，數使使問相國何爲。相國爲上在軍，乃拊循勉力百姓，悉以所有佐軍，如陳豨時。客有説相國曰：「君滅族不久矣。夫君位爲相國，功第一，可復加哉？然君初入關中，得百姓心，十餘年矣，皆附君，常復孳孳得民和。上所爲數問君者，畏君傾動關中。今君胡不多買田地，賤貰貸〔一〕以自汙？上心乃安。」於是相國從其計，上乃大説。

〔一〕正義貰音世，又食夜反，賒也。下天得反。

上罷布軍歸，民道遮行上書，言相國賤彊買民田宅數千萬。上至，相國謁。上笑曰：「夫相國乃利民！」〔一〕民所上書皆以與相國，曰：「君自謝民。」相國因爲民請曰：「長安地狹，上林中多空地，弃，願令民得入田，毋收稾爲禽獸食。」〔二〕上大怒曰：「相國多受賈人財物，乃爲請吾苑！」乃下相國廷尉，械繫之。數日，王衞尉侍，〔三〕前問曰：「相國何大罪，陛下繫之暴也？」上曰：「吾聞李斯相秦皇帝，有善歸主，有惡自與。今相國多受賈豎金而爲民請吾苑，以自媚於民，故繫治之。」王衞尉曰：「夫職事苟有便於民而請之，真宰相事，陛下奈何乃疑相國受賈人錢乎！且陛下距楚數歲，陳豨、黥布反，陛下自將而往，當是時，相國守關中，摇足則關以西非陛下有也。相國不以此時爲利，今乃利賈人之金乎？且秦以不聞其過亡天下，李斯之分過，〔四〕又何足法哉。陛下何疑宰相之淺也。」〔五〕高帝不懌。是日，使使持節赦出相國。相國年老，素恭謹，入，徒跣謝。高帝曰：「相國休矣！相國爲民請苑，吾不許，我不過爲桀紂主，而相國爲賢相。吾故繫相國，欲令百姓聞吾過也。」

〔一〕索隱謂相國取人田宅以爲利，故云「乃利人」也。所以令相國自謝之。

〔二〕索隱苗子還種田人，留稾入官。

〔三〕集解如淳曰：「百官公卿表衞尉王氏，無名字。」

〔四〕索隱按：上文李斯歸惡而自予，是分過。

〔五〕集解韋昭曰：「用意淺。」

何素不與曹參相能，及何病，孝惠自臨視相國病，因問曰：「君即百歲後，誰可代君者？」對曰：「知臣莫如主。」孝惠曰：「曹參何如？」何頓首曰：「帝得之矣！臣死不恨矣！」

何置田宅必居窮處，爲家不治垣屋。曰：「後世賢，師吾儉；不賢，毋爲勢家所奪。」孝惠二年，相國何卒，〔一〕謚爲文終侯。〔二〕

〔一〕集解東觀漢記云：「蕭何墓在長陵東司馬門道北百步。」正義括地志云：「蕭何墓在雍州咸陽縣東北三十七里。」

後嗣以罪失侯者四世，絶，天子輒復求何後，封續酇侯，功臣莫得比焉。

〔二〕集解徐廣曰：「功臣表蕭何以客初起從也。」

太史公曰：蕭相國何於秦時爲刀筆吏，録録未有奇節。〔一〕及漢興，依日月之末光，何謹守管籥，因民之疾(奉)〔秦〕法，順流與之更始。淮陰、黥布等皆以誅滅，而何之勳爛焉。位冠羣臣，聲施後世，與閎夭、散宜生等争烈矣。

〔一〕索隱録音禄。

【索隱述贊】蕭何爲吏，文而無害。及佐興王，舉宗從沛。關中既守，轉輪是賴。漢軍屢疲，秦兵必會。約法可久，收圖可大。指獸發蹤，其功實最。政稱畫一，居乃非泰。繼絶寵勸，式旌礪帶。

史記卷五十四

曹相國世家第二十四

平陽侯〔一〕曹參者，沛人也。〔二〕秦時爲沛獄掾，而蕭何爲主吏，居縣爲豪吏矣。

〔一〕【正義】晉州城卽平陽故城也。

〔二〕【集解】張華曰：「曹參字敬伯。」【索隱】地理志平陽縣屬河東。又按春秋緯及博物志，並云參字敬伯。【正義】按：沛，今徐州縣也。

高祖爲沛公而初起也，參以中涓從。〔一〕將擊胡陵、方與，〔二〕攻秦監公軍，〔三〕大破之。東下薛，擊泗水守軍薛郭西。復攻胡陵，取之。徙守方與。方與反爲魏，擊之。〔四〕豐反爲魏，〔五〕攻之。賜爵七大夫。擊秦司馬㚙〔六〕軍碭東，破之，取碭、狐父、〔七〕祁善置。〔八〕又攻下邑以西，至虞，〔九〕擊章邯車騎。攻爰戚〔一〇〕及亢父，〔一一〕先登。遷爲五大夫。北救阿，〔一二〕擊章邯軍，陷陳，追至濮陽。攻定陶，取臨濟。〔一三〕南救雍丘，擊李由軍，破之，殺李由，虜秦候一人。秦將章邯破殺項梁也，沛公與項羽引而東。楚懷王以沛公爲碭郡長，將碭郡兵。

於是乃封參爲執帛，〔一四〕號曰建成君。〔一五〕遷爲戚公，〔一六〕屬碭郡。

〔一〕【集解】漢書音義曰：「中涓如中謁者。」【索隱】涓音古玄反。

〔二〕【索隱】地理志二縣皆屬山陽郡。【正義】胡陵，縣名，在方與之南。方音房，與音預，兗州縣也。

〔三〕【集解】漢書音義曰：「監，御史監郡者；公，名。秦一郡置守、尉、監三人。」【索隱】按注，公者監之名，然本紀泗川監名平，則平是名，公爲相尊之稱也。

〔四〕【正義】曹參擊方與。

〔五〕【索隱】時雍齒守豐，爲魏反沛公。

〔六〕【正義】音夷。

〔七〕【集解】徐廣曰：「伍被曰『吳濞敗於狐父』。」【索隱】地理志碭屬梁國。狐父，地名，在梁碭之閒。徐氏引伍被云「吳濞敗於狐父」，是吳與梁相拒而敗處。【正義】括地志云：「狐父亭在宋州碭山縣東南三十里。」

〔八〕【集解】文穎曰：「善置，置名也。」晉灼曰：「祁音坻。」孫檢曰『漢謂驛曰置。善，名也』。」【索隱】按：司馬彪郡國志穀熟有祁亭。劉氏音遲，又如字。善置，置名，漢謂驛爲置。【正義】括地志云：「故祁城在宋州下邑縣東北四十九里，漢祁城縣也。」言取碭、狐父及祁縣之善置。

〔九〕【索隱】地理志下邑、虞皆屬梁國。【正義】宋州下邑縣在州東百一十里。漢下邑城，今碭山縣是。虞城縣在州北五十里，古虞國，商均所封。

〔一〇〕【集解】徐廣曰：「宣帝時有爰戚侯。」【索隱】蘇林云「縣名，屬山陽」。按功臣表，爰戚侯趙成。【正義】音寂。劉音七歷反。今在兗州南，近亢父縣。

〔一一〕【索隱】地理志縣名，屬東平。【正義】括地志：「亢父故城在兗州任城縣南五十一里。」

〔一二〕【索隱】按：阿卽東阿也。時章邯圍田榮於東阿也。【正義】今濟州東阿也。

〔一三〕【正義】淄州高苑縣西北二里有狄故城，安帝改曰臨濟。

〔一四〕【集解】張晏曰：「孤卿也。或曰楚官名。」

〔一五〕【索隱】地理志建成縣屬沛郡。

〔一六〕【索隱】謂遷參爲戚令。【正義】卽爰戚縣也，是時屬沛郡。

其後從攻東郡尉軍，破之成武南。〔一〕擊王離軍成陽南，〔二〕復攻之杠里，大破之。追北，西至開封，擊趙賁〔三〕軍，破之，圍趙賁開封城中。西擊秦將楊熊軍於曲遇，〔四〕破之，虜秦司馬及御史各一人。遷爲執珪。〔五〕從攻陽武，〔六〕下轘轅、緱氏，〔七〕絶河津，〔八〕還擊趙賁軍尸北，破之。〔九〕從南攻犨，與南陽守齮戰陽城郭東，〔一〇〕陷陳，〔一一〕取宛，虜齮，盡定南陽郡。從西攻武關、嶢關，〔一二〕取之。前攻秦軍藍田南，〔一三〕又夜擊其北，秦軍大破，遂至咸陽，滅秦。

〔一〕【索隱】地理志成武縣屬山陽。

〔二〕【索隱】地理志縣名，在濟陰。成，地名。周武王封弟季載於成，其後代遷於成之陽，故曰成陽。【正義】成陽故城，濮州雷澤縣是。史記云武王封弟季載於成。其後遷於成之陽，故曰成陽也。

〔三〕【索隱】音奔。

〔四〕【集解】徐廣曰：「在中牟。」【索隱】曲，丘禹反。遇，牛凶反。【正義】曲，丘羽反。遇，牛恭反。司馬彪郡國志云「中牟有曲遇聚」。按：中牟，鄭州縣也。

〔五〕【集解】張晏曰：「侯伯執珪以朝，位比之。」如淳曰：「呂氏春秋『得伍員者位執珪』。古爵名。」

〔六〕【正義】括地志云：「陽武故城在鄭州陽武縣東北十八里，漢𨻶武縣城也。」

〔七〕【索隱】地理志陽武、緱氏二縣屬河南。轘轅，道名，在緱氏南。【正義】緱氏，洛州縣也。括地志云：「轘轅故關在洛州緱氏縣東南四十里。十三州志云轘轅道凡十二曲，是險道。」

〔八〕【正義】津，濟渡處。括地志云：「平陰故津在洛州洛陽縣東北五十里。」

〔九〕【集解】徐廣曰：「尸在偃師。」孟康曰：「尸鄉北。」【正義】破趙賁軍於尸鄉之北也。括地志云：「尸鄉亭在洛州偃師縣，在洛州東南也。」

〔一〇〕【集解】應劭曰：「今赭陽。」【索隱】徐廣云「陽城在南陽」，應劭云「今赭陽」。赭陽是南陽之縣。

〔一一〕【正義】陷南陽守於陽城郭東也。

〔一二〕【正義】括地志云：「故武關在商州商洛縣東九十里。藍田關在雍州藍田縣東南九十里，卽秦嶢關也。」

〔一三〕【正義】雍州藍田縣在州東南八十里，因藍田山爲名。

項羽至，以沛公爲漢王。漢王封參爲建成侯。從至漢中，〔一〕遷爲將軍。從還定三秦，初攻下辯、故道、〔二〕雍、斄。〔三〕擊章平軍於好畤南，〔四〕破之，圍好畤，取壤鄉。〔五〕擊三秦軍壤東及高櫟，〔六〕破之。復圍章平，章平出好畤走。因擊趙賁、內史保軍，破之。東取咸陽，更

名曰新城。〔七〕參將兵守景陵〔八〕二十日，三秦使章平等攻參，參出擊，大破之。賜食邑於寧秦。〔九〕參以將軍引兵圍章邯於廢丘。〔一〇〕以中尉從漢王出臨晉關。〔一一〕至河內，下脩武，〔一二〕渡圍津，〔一三〕東擊龍且、項他定陶，破之。東取碭、蕭、彭城。〔一四〕擊項籍軍，漢軍大敗走。參以中尉圍取雍丘。王武反於〔外〕黃，〔一五〕程處反於燕，〔一六〕往擊，盡破之。柱天侯反於衍氏，〔一七〕又進破取衍氏。擊羽嬰於昆陽，追至葉。還攻武彊，〔一八〕因至滎陽。參自漢中爲將軍中尉，從〔一九〕擊諸侯及項羽，敗，還至滎陽，凡二歲。

〔一〕正義 梁州本漢中郡。

〔二〕索隱 地理志二縣名，皆屬武都。辯音皮莧反。正義 括地志云：「成州同谷縣，本漢下辯道。」又云：「鳳州兩當縣，本漢故道縣，在州西五十里。」

〔三〕索隱 地理志二縣名，屬右扶風。斄音胎。正義 斄作「邰」，音胎。括地志云：「故雍縣南七里。故斄城一名武功，縣西南二十二里，古邰國也。」

〔四〕正義 括地志云：「好畤城在雍州好畤縣東南十三里。」

〔五〕集解 文穎曰：「地名。」

〔六〕索隱 櫟音歷。按：文穎云「壤鄉、高櫟皆地名也」。然盡在右扶風，今其地闕也。正義 音歷。皆村邑名。壤鄉，今在雍州武功縣東南一十餘里高壤坊，是高櫟近壤鄉也。

〔七〕索隱 按：漢書高帝元年咸陽名新城，武帝改名曰渭城。

〔八〕集解 漢書音義曰：「縣名也。」

〔九〕集解 蘇林曰：「今華陰。」

〔一〇〕正義 周曰犬丘，秦更名廢丘，漢更名槐里，今故城在雍州始平縣東南十里。

〔一一〕正義 即蒲津關也，在臨晉縣。故言臨晉關，今在同州也。

〔一二〕正義 今懷州獲嘉縣，古脩武也。

〔一三〕集解 徐廣曰：「東郡白馬有圍津。」索隱 顧氏按：水經注白馬津有韋鄉、韋津城。「圍」與「韋」同，古今字變爾。正義 括地志云：「黎陽津一名白馬津，在滑州白馬縣北三十里。帝王世紀云『白馬縣南有韋城，故豕韋國也』。續漢書郡國志云『白馬縣有韋城』。」

〔一四〕正義 徐州二縣。

〔一五〕集解 徐廣曰：「內黃縣有黃澤。」

〔一六〕集解 徐廣曰：「東郡燕縣。」駰案：漢書音義曰「皆漢將」。

〔一七〕索隱 天柱侯不知其誰封。衍氏，魏邑。地理志云天柱在廬江灊縣。

〔一八〕集解 瓚曰：「武彊城在陽武。」正義 括地志云：「武彊故城在鄭州管城縣東北三十一里。」

〔一九〕索隱 才用反。

高祖（三）〔二〕年，拜爲假左丞相，入屯兵關中。月餘，魏王豹反，以假左丞相別與韓信東攻魏將軍孫遬〔一〕軍東張，〔二〕大破之。因攻安邑，得魏將王襄。擊魏王於曲陽，〔三〕追至武垣，〔四〕生得魏王豹。取平陽，〔五〕得魏王母妻子，盡定魏地，凡五十二城。賜食邑平陽。因從韓信擊趙相國夏說軍於鄔東，〔六〕大破之，斬夏說。韓信與故常山王張耳引兵下井陘，擊成安君，而令參還圍趙別將戚將軍於鄔城中。戚將軍出走，追斬之。乃引兵詣敖倉漢王之所。韓信已破趙，爲相國，東擊齊。參以右丞相屬韓信，攻破齊歷下軍，遂取臨菑。還定濟北郡，攻著、漯陰、平原、鬲、盧。〔七〕已而從韓信擊龍且軍於上假密，〔八〕大破之，斬龍且，虜其將軍周蘭。定齊，凡得七十餘縣。得故齊王田廣相田光，其守相許章，及故齊膠東將軍田既。韓信爲齊王，引兵詣陳，與漢王共破項羽，而參留平齊未服者。

〔一〕索隱 音速。

〔二〕集解 徐廣曰：「張者，地名。功臣表有張侯毛澤之。」駰按：蘇林曰屬河東。正義 括地志云：「張陽故城一名東張城，在蒲州虞鄉縣西北四十里。」

〔三〕正義 括地志云：「上曲陽，定州恆陽縣是。下曲陽在定州鼓城縣西五里。」

〔四〕集解 徐廣曰：「河東有垣縣。」正義 括地志云：「武垣縣，今瀛州城是。地理志云武垣縣屬涿郡也。」

〔五〕正義 晉州城是。

〔六〕集解 徐廣曰：「鄔縣在太原。音烏古反。」索隱 地理志鄔，太原縣名。音烏古反。

〔七〕索隱 地理志著縣屬濟南，盧縣屬泰山，漯陰、平原、鬲三縣屬平原。漯音吐答反。正義 括地志云：「平原故城在德州平原縣東南十里。故鬲城在德州安德縣西北十五里。」盧縣，今濟州理縣是也。

〔八〕集解 文穎曰：「或以爲高密。」索隱 漢書亦作「假密」。按：下定齊七十縣，則上假密非高密，亦是齊地，今闕。

項籍已死，天下定，漢王爲皇帝，韓信徙爲楚王，齊爲郡。參歸漢相印。高帝以長子肥爲齊王，而以參爲齊相國。以高祖六年賜爵列侯，與諸侯剖符，世世勿絕。食邑平陽萬六百三十戶，號曰平陽侯，除前所食邑。

以齊相國擊陳豨將張春軍，破之。黥布反，參以齊相國從悼惠王將兵車騎十二萬人，與高祖會擊黥布軍，大破之。南至蘄，還定竹邑、相、蕭、留。〔一〕

〔一〕索隱 地理志蘄、竹邑、相、蕭四縣屬沛。韋昭云「留今屬彭城」，則漢初亦屬沛也。正義 括地志云：「徐州符離縣城，漢竹邑城也。李奇云『今竹邑也』。故相城在符離縣西北九十里。輿地志云『宋共公自睢陽徙相子城，又還睢陽』。蕭，徐州縣，古蕭叔國城也。故留城在徐州沛縣東南五十里，張良所封。」

參功：凡下二國，縣一百二十二；得王二人，相三人，將軍六人，大莫敖、〔一〕郡守、司馬、侯、御史各一人。

〔一〕集解 漢書音義曰：「楚之卿號。」

孝惠帝元年，除諸侯相國法，更以參爲齊丞相。參之相齊，齊七十城。天下初定，悼惠

王富於春秋，參盡召長老諸生，問所以安集百姓，如齊故（俗）諸儒以百數，言人人殊，參未知所定。聞膠西有蓋公，善治黃老言，使人厚幣請之。既見蓋公，蓋公爲言治道貴清靜而民自定，推此類具言之。參於是避正堂，舍蓋公焉。其治要用黃老術，故相齊九年，齊國安集，大稱賢相。

惠帝二年，蕭何卒。參聞之，告舍人趣治行，「吾將入相」。居無何，使者果召參。參去，屬其後相曰：「以齊獄市爲寄，慎勿擾也。」後相曰：「治無大於此者乎？」參曰：「不然。夫獄市者，所以并容也，今君擾之，姦人安所容也？吾是以先之。」〔一〕

〔一〕集解漢書音義曰：「夫獄市兼受善惡，若窮極，姦人無所容竄；姦人無所容竄，久且爲亂。秦人極刑而天下畔，孝武峻法而獄繁，此其效也。老子曰『我無爲而民自化，我好靜而民自正』。參欲以道化其本，不欲擾其末。」

參始微時，與蕭何善；及爲將相，有郤。至何且死，所推賢唯參。參代何爲漢相國，舉事無所變更，一遵蕭何約束。

擇郡國吏木詘於文辭，重厚長者，卽召除爲丞相史。吏之言文刻深，欲務聲名者，輒斥去之。日夜飲醇酒。卿大夫已下吏及賓客見參不事事，〔一〕來者皆欲有言。至者，參輒飲以醇酒，閒之，欲有所言，復飲之，醉而後去，終莫得開說，〔二〕以爲常。

〔一〕集解如淳曰：「不事丞相之事。」

〔二〕集解如淳曰：「開謂有所啓白。」

相舍後園近吏舍，吏舍日飲歌呼。從吏惡之，無如之何，乃請參游園中，聞吏醉歌呼，從吏幸相國召按之。乃反取酒張坐飲，亦歌呼與相應和。

參見人之有細過，專掩匿覆蓋之，府中無事。

參子窋〔一〕爲中大夫。惠帝怪相國不治事，以爲「豈少朕與」？〔二〕乃謂窋曰：「若歸，試私從容問而父曰：『高帝新弃羣臣，帝富於春秋，君爲相，日飲，無所請事，何以憂天下乎？』然無言吾告若也。」〔三〕窋既洗沐歸，閒侍，自從其所諫參。參怒，而笞窋二百，曰：「趣入侍，天下事非若所當言也。」至朝時，惠帝讓參曰：「與窋胡治乎？〔四〕乃者我使諫君也。」參免冠謝曰：「陛下自察聖武孰與高帝？」上曰：「朕乃安敢望先帝乎！」曰：「陛下觀臣能孰與蕭何賢？」上曰：「君似不及也。」參曰：「陛下言之是也。且高帝與蕭何定天下，法令既明，今陛下垂拱，參等守職，遵而勿失，不亦可乎？」惠帝曰：「善。君休矣！」

〔一〕索隱音張律反。

〔二〕索隱按：少者不足之詞，故胡亥亦云「丞相豈少我哉」。蓋帝以丞相豈不是嫌少於我哉。小顏以爲「我年少」，非也。

〔三〕索隱謂惠帝語窋，無得言我告汝令諫汝父，當自云是己意也。

〔四〕集解如淳曰：「猶言用窋爲治。」索隱按：胡，何也，言語參「何爲治窋」也。

參爲漢相國，出入三年。卒，謚懿侯。子窋代侯。百姓歌之曰：「蕭何爲法，顜若畫一；〔一〕曹參代之，守而勿失。載其清淨，民以寧一。」

〔一〕集解徐廣曰：「顜音古項反，一音較。」索隱顜，漢書作「講」，故文穎云「講，一作『較』」。按：訓直，又訓明，言法明直若畫一也。觀音講，亦作「顜」。小顏云「講，和也。畫一，言其法整齊也」。

平陽侯窋，高后時爲御史大夫。孝文帝立，免爲侯。立二十九年卒，謚爲靜侯。子奇代侯，立七年卒，謚爲簡侯。子時代侯。時尚平陽公主，生子襄。時病癘，歸國。立二十三年卒，謚夷侯。子襄代侯。襄尚衞長公主，生子宗。立十六年卒，謚爲共侯。子宗代侯。征和二年中，宗坐太子死，國除。

太史公曰：曹相國參攻城野戰之功所以能多若此者，以與淮陰侯俱。及信已滅，而列侯成功，唯獨參擅其名。參爲漢相國，清靜極言合道。然百姓離秦之酷後，參與休息無爲，故天下俱稱其美矣。

【索隱述贊】曹參初起，爲沛豪吏。始從中涓，先圍善置。執珪執帛，攻城略地。衍氏既誅，昆陽失位。北禽夏說，東討田溉。剖符定封，功無與二。市獄勿擾，清淨不事。尚主平陽，代享其利。

史記卷五十五

留侯世家第二十五

留侯〔一〕張良者，〔二〕其先韓人也。〔三〕大父開地，〔四〕相韓昭侯、宣惠王、襄哀王。父平，相釐王、悼惠王。〔五〕悼惠王二十三年，平卒。卒二十歲，秦滅韓。良年少，未宦事韓。韓破，良家僮三百人，弟死不葬，悉以家財求客刺秦王，爲韓報仇，以大父、父五世相韓故。〔六〕

〔一〕索隱韋昭云「留，今屬彭城」。按：良求封留，以始見高祖於留故也。正義括地志云：「故留城在徐州沛縣東南五十五里。今城内有張良廟也。」

〔二〕索隱漢書云字子房。按：王符、皇甫謐並以良爲韓之公族，姬姓也。秦索賊急，乃改姓名。而韓先有張去疾及張譴，恐非良之先代。

〔三〕索隱良既歷代相韓，故知其先韓人。顧氏按：後漢書云「張良出於城父」，城父縣屬潁川也。正義括地志云：「城父在汝州郟城縣東三十里，韓（里）〔地〕也。」

〔四〕集解應劭曰：「大父，祖父。開地，名。」

〔五〕索隱韓系家及系本並作桓惠王。

〔六〕索隱謂大父及父相韓五王，故云五代。

良嘗學禮淮陽。〔一〕東見倉海君。〔二〕得力士，爲鐵椎重百二十斤。秦皇帝東游，良與客狙〔三〕擊秦皇帝博浪沙中，〔四〕誤中副車。〔五〕秦皇帝大怒，大索天下，求賊甚急，爲張良故也。良乃更名姓，亡匿下邳。

〔一〕正義今陳州也。

〔二〕集解如淳曰：「秦郡縣無倉海。或曰東夷君長。」索隱姚察以武帝時東夷穢君降，爲倉海郡，或因以名，蓋得其近也。正義漢書武帝紀云「〔元朔〕元年，東夷穢君南閭等降，爲倉海郡，今貊穢國」，得之。太史公修史時已降爲郡，自書之。括地志云：「穢貊在高麗南，新羅北，東至大海西。」

〔三〕集解服虔曰：「狙，伺候也。」應劭曰：「狙，七預反，伺也。」徐廣曰：「伺候也，音千恕反。」索隱按：應劭云「狙，伺也」。一曰狙，伏伺也，音七豫反。謂狙之伺物，必伏而候之，故今云「狙候」是也。

〔四〕索隱服虔云「地在陽武南」。按：今浚儀西北四十里有博浪城。正義晉地理記云「鄭陽武縣有博浪沙」。按：今當官道也。

〔五〕索隱按：漢官儀天子屬車三十六乘。屬車即副車，而奉車郎御而從後。

良嘗閒從容〔一〕步游下邳〔二〕圯上，〔三〕有一老父，衣褐，至良所，直墮其履圯下，〔四〕顧謂良曰：「孺子，下取履！」良鄂然，欲毆之。〔五〕爲其老，彊忍，下取履。父曰：「履我！」良業爲取履，因長跪履之。〔六〕父以足受，笑而去。良殊大驚，隨目之。父去里所，復還，〔七〕曰：「孺子可教矣。後五日平明，與我會此。」良因怪之，跪曰：「諾。」五日平明，良往。父已先在，怒曰：「與老人期，後，何也？」去，曰：「後五日早會。」五日雞鳴，良往。父又先在，復怒曰：「後，何也？」去，曰：「後五日復早來。」五日，良夜未半往。有頃，父亦來，喜曰：「當如是。」出一編書，〔八〕曰：「讀此則爲王者師矣。後十年興。十三年孺子見我濟北，穀城山下黄石即我矣。」〔九〕遂去，無他言，不復見。旦日視其書，乃太公兵法也。〔一〇〕良因異之，常習誦讀之。

〔一〕索隱訾訓經也。閒，閑字也。從容，閒暇也。從容謂從任其容止，不矜莊也。

〔二〕索隱邳，被眉反。按：地理志下邳縣屬東海。又云邳在薛，後徙此。有上邳，故此曰下邳也。

〔三〕集解徐廣曰：「圯，橋也，東楚謂之圯。音怡。」索隱李奇云「下邳人謂橋爲圯，音怡」。文穎曰「沂水上橋也」。應劭云「沂水之上也」。姚察見史記本有作土旁者，乃引今會稽東湖大橋名爲靈圯。圯亦音夷，理或然也。

〔四〕索隱崔浩云「直猶故也」，亦恐不然。直言正也，謂至良所正墮其履也。

〔五〕集解徐廣曰：「一云『良怒，欲罵之』。」索隱毆音烏后反。

〔六〕索隱業猶本先也。謂良心先已爲取履，故遂跪而履之。

〔七〕集解徐廣曰：「一曰『爲其老，强忍，下取履，因進之。父以足受，笑而去。良殊大驚。父去里所，復還』。」

〔八〕集解徐廣曰：「編，一作『篇』。」

〔九〕正義括地志云：「穀城山一名黄山，在濟州東阿縣東。濟州，故濟北郡。孔文祥云『黄石公（狀）〔狀〕，鬚眉皆白，（狀）杖丹藜，履赤舄』。」

〔一〇〕正義七録云：「太公兵法一袠三卷。太公，姜子牙，周文王師，封齊侯也。」

居下邳，爲任俠。項伯常殺人，從良匿。

後十年，陳涉等起兵，良亦聚少年百餘人。景駒自立爲楚假王，在留。良欲往從之，道遇沛公。沛公將數千人，略地下邳西，遂屬焉。沛公拜良爲廄將。〔一〕良數以太公兵法説沛公，沛公善之，常用其策。良爲他人言，皆不省。良曰：「沛公殆天授。」〔二〕故遂從之，不去見景駒。

〔一〕集解漢書音義曰：「官名。」

〔二〕索隱殆訓近也。

及沛公之薛，見項梁。項梁立楚懷王。良乃説項梁曰：「君已立楚後，而韓諸公子横陽君成賢，可立爲王，益樹黨。」項梁使良求韓成，立以爲韓王。以良爲韓申徒，〔一〕與韓王將千餘人西略韓地，得數城，秦輒復取之，往來爲游兵潁川。

〔一〕集解徐廣曰：「即司徒耳，但語音訛轉，故字亦隨改。」

沛公之從雒陽南出轘轅，良引兵從沛公，下韓十餘城，擊破楊熊軍。沛公乃令韓王成留守陽翟，與良俱南，攻下宛，西入武關。沛公欲以兵二萬人擊秦嶢下軍，〔一〕良說曰：「秦兵尚彊，未可輕。臣聞其將屠者子，賈豎易動以利。願沛公且留壁，使人先行，爲五萬人具食，〔二〕益爲張旗幟〔三〕諸山上，爲疑兵，令酈食其持重寶啗秦將。」秦將果畔，欲連和俱西襲咸陽，沛公欲聽之。良曰：「此獨其將欲叛耳，恐士卒不從。不從必危，不如因其解〔四〕擊之。」沛公乃引兵擊秦軍，大破之。（遂）〔逐〕北至藍田，再戰，秦兵竟敗。遂至咸陽，秦王子嬰降沛公。

〔一〕集解徐廣曰：「嶢音堯。」

〔二〕集解徐廣曰：「五，一作『百』。」

〔三〕索隱音其試二音。

〔四〕索隱謂卒將離心而懈怠。

沛公入秦宮，宮室帷帳狗馬重寶婦女以千數，意欲留居之。樊噲諫沛公出舍，沛公不聽。〔一〕良曰：「夫秦爲無道，故沛公得至此。夫爲天下除殘賊，宜縞素爲資。〔二〕今始入秦，即安其樂，此所謂『助桀爲虐』。且『忠言逆耳利於行，毒藥苦口利於病』，〔三〕願沛公聽樊噲言。」沛公乃還軍霸上。

〔一〕集解徐廣曰：「一本『噲諫曰：「沛公欲有天下邪？將欲爲富家翁邪？」沛公曰：「吾欲有天下。」噲曰：「今臣從入秦宮，所觀宮室帷帳珠玉重寶鍾鼓之飾，奇物不可勝極，入其後宮，美人婦女以千數，此皆秦所以亡天下也。願沛公急還霸上，無留宮中。」沛公不聽』。」

〔二〕集解晉灼曰：「資，藉也。欲沛公反秦奢泰，服儉素以爲藉也。」

〔三〕索隱按：此語見孔子家語。

項羽至鴻門下，欲擊沛公，項伯乃夜馳入沛公軍，私見張良，欲與俱去。良曰：「臣爲韓王送沛公，今事有急，亡去不義。」乃具以語沛公。沛公大驚，曰：「爲將柰何？」良曰：「沛公誠欲倍項羽邪？」沛公曰：「鯫生〔一〕教我距關無內諸侯，秦地可盡王，故聽之。」良曰：「沛公自度能卻項羽乎？」沛公默然良久，曰：「固不能也。今爲柰何？」良乃固要項伯。項伯見沛公。沛公與飲爲壽，結賓婚。令項伯具言沛公不敢倍項羽，所以距關者，備他盜也。及見項羽後解，語在項羽事中。

〔一〕集解徐廣曰：「呂靜曰鯫，魚也，音此垢反。」索隱呂靜云「鯫，魚也，謂小魚也，音此垢反」。臣瓚按：楚漢春秋鯫生本姓（解）〔鯫〕。

漢元年正月，沛公爲漢王，王巴蜀。漢王賜良金百溢，珠二斗，良具以獻項伯。漢王亦因令良厚遺項伯，使請漢中地。〔一〕項王乃許之，遂得漢中地。漢王之國，良送至褒中，〔二〕遣良歸韓。良因說漢王曰：「王何不燒絕所過棧道，示天下無還心，以固項王意。」乃使良還。行，燒絕棧道。

〔一〕集解如淳曰：「本但與巴蜀，故請漢中地。」

〔二〕正義括地志云：「褒谷在梁州褒城縣北五十里南中山。昔秦欲伐蜀，路無由入，乃刻石爲牛五頭，置金於後，僞言此牛能屎金，以遺蜀。蜀侯貪，信之，乃令五丁共引牛，塹山堙谷，致之成都。秦遂尋道伐之，因號曰石牛道。蜀賦以石門在漢中之西，褒中之北是。」又云：「斜水源出褒城縣西北衙嶺山，與褒水同源而流派。漢書溝洫志云褒水通沔，斜水通渭，皆以行船。」

良至韓，韓王成以良從漢王故，項王不遣成之國，從與俱東。良說項王曰：「漢王燒絕棧道，無還心矣。」乃以齊王田榮反書告項王。項王以此無西憂漢心，而發兵北擊齊。

項王竟不肯遣韓王，乃以爲侯，又殺之彭城。良亡，閒行歸漢王，漢王亦已還定三秦矣。復以良爲成信侯，從東擊楚。至彭城，漢敗而還。至下邑，漢王下馬踞鞍而問曰：「吾欲捐關以東等弃之，誰可與共功者？」良進曰：「九江王黥布，楚梟將，與項王有郄；彭越與齊王田榮反梁地：此兩人可急使。而漢王之將獨韓信可屬大事，當一面。即欲捐之，捐之此三人，則楚可破也。」漢王乃遣隨何說九江王布，而使人連彭越。及魏王豹反，使韓信將兵擊之，因舉燕、代、齊、趙。然卒破楚者，此三人力也。

張良多病，未嘗特將也，常爲畫策臣，時時從漢王。

漢三年，項羽急圍漢王滎陽，漢王恐憂，與酈食其謀橈楚權。食其曰：「昔湯伐桀，封其後於杞。武王伐紂，封其後於宋。今秦失德弃義，侵伐諸侯社稷，滅六國之後，使無立錐之地。陛下誠能復立六國後世，畢已受印，此其君臣百姓必皆戴陛下之德，莫不鄉風慕義，願爲臣妾。德義已行，陛下南鄉稱霸，楚必斂衽而朝。」漢王曰：「善。趣刻印，先生因行佩之矣。」

食其未行，張良從外來謁。漢王方食，曰：「子房前！客有爲我計橈楚權者。」具以酈生語告，曰：「於子房何如？」良曰：「誰爲陛下畫此計者？陛下事去矣。」漢王曰：「何哉？」張良對曰：「臣請藉前箸爲大王籌之。」〔一〕曰：「昔者湯伐桀而封其後於杞者，度能制桀之死命也。今陛下能制項籍之死命乎？」曰：「未能也。」「其不可一也。武王伐紂封其後於宋者，度能得紂之頭也。今陛下能得項籍之頭乎？」曰：「未能也。」「其不可二也。武王入殷，表商容之閭，〔二〕釋箕子之拘，〔三〕封比干之墓。今陛下能封聖人之墓，表賢者之閭，式智者之門乎？」曰：「未能也。」「其不可三也。發鉅橋之粟，散鹿臺之錢，以賜貧窮。今陛下能散府庫以賜貧窮乎？」曰：「未能也。」「其不可四矣。殷事已畢，偃革爲軒，〔四〕

倒置干戈，覆以虎皮，以示天下不復用兵。今陛下能偃武行文，不復用兵乎？」曰：「未能也。」「其不可五矣。休馬華山之陽，示以無所爲。今陛下能休馬無所用乎？」曰：「未能也。」「其不可六矣。放牛桃林之陰，〔三〕以示不復輸積。今陛下能放牛不復輸積乎？」曰：「未能也。」「其不可七矣。且天下游士離其親戚，弃墳墓，去故舊，從陛下游者，徒欲日夜望咫尺之地。今復六國，立韓、魏、燕、趙、齊、楚之後，天下游士各歸事其主，從其親戚，反其故舊墳墓，陛下與誰取天下乎？其不可八矣。且夫楚唯無彊，六國立者復橈而從之，〔六〕陛下焉得而臣之？誠用客之謀，陛下事去矣。」漢王輟食吐哺，罵曰：「豎儒，幾敗而公事！」〔七〕令趣銷印。

〔一〕集解張晏曰：「求借所食之箸用指畫也。或曰前世湯武箸明之事，以籌度今時之不若也。」

〔二〕索隱按：崔浩云「表者，標榜其里門也」。商容，紂時賢人也。韓詩外傳曰「商容執羽籥馮於馬徒，欲以化紂而不能，遂去，伏於太行山。武王欲以爲三公，固辭不受」。餘解在商紀。

〔三〕集解徐廣曰：「釋，一作『式』。拘，一作『囚』。」

〔四〕集解如淳曰：「革者，革車也；軒者，赤轂乘軒也。偃武備而治禮樂也。」索隱蘇林云：「革者，兵車也；軒者，朱軒皮軒也。謂廢兵車而用乘車也。」說文云：「軒，曲周屏車。」

〔五〕索隱按：晉灼云「在弘農閿鄉南谷中」。應劭：十三州記「弘農有桃丘聚，古桃林也」。山海經云「夸父之山，北有桃林，廣三百里」也。

〔六〕集解漢書音義曰：「唯當使楚無彊，彊則六國弱從之。」索隱按：荀悅漢紀說此事云「獨可使楚無彊，若彊，則六國屈橈而從之」。又韋昭云「今無彊楚者，言六國立必復屈橈從楚」。是二說意同也。

〔七〕索隱高祖罵酈生爲豎儒，謂此儒生豎子耳。幾音祈。幾者，殆近也。而公，高祖自謂也。漢書作「乃公」，乃亦汝也。

漢四年，韓信破齊而欲自立爲齊王，漢王怒。張良說漢王，漢王使良授齊王信印，語在淮陰事中。

其秋，漢王追楚至陽夏南，戰不利而壁固陵，諸侯期不至。良說漢王，漢王用其計，諸侯皆至。語在項籍事中。

漢六年正月，封功臣。良未嘗有戰鬭功，高帝曰：「運籌策帷帳中，決勝千里外，子房功也。自擇齊三萬户。」良曰：「始臣起下邳，與上會留，此天以臣授陛下。陛下用臣計，幸而時中，臣願封留足矣，不敢當三萬户。」乃封張良爲留侯，與蕭何等俱封。

(六年)上已封大功臣二十餘人，其餘日夜争功不決，未得行封。上在雒陽南宮，從復道〔一〕望見諸將往往相與坐沙中語。上曰：「此何語？」留侯曰：「陛下不知乎？此謀反耳。」上曰：「天下屬安定，何故反乎？」留侯曰：「陛下起布衣，以此屬取天下，今陛下爲天子，而所封皆蕭、曹故人所親愛，而所誅者皆生平所仇怨。今軍吏計功，以天下不足徧封，此屬畏陛下不能盡封，恐又見疑平生〔二〕過失及誅，故卽相聚謀反耳。」上乃憂曰：「爲之柰何？」留侯曰：「上平生所憎，羣臣所共知，誰最甚者？」上曰：「雍齒與我故，〔三〕數嘗窘辱我。我欲殺之，爲其功多，故不忍。」留侯曰：「今急先封雍齒以示羣臣，羣臣見雍齒封，則人人自堅矣。」於是上乃置酒，封雍齒爲什方侯，〔四〕而急趣丞相、御史定功行封。羣臣罷酒，皆喜曰：「雍齒尚爲侯，我屬無患矣。」

〔一〕集解如淳曰：「復音複。上下有道，故謂之復道。」韋昭曰：「閣道。」

〔二〕集解徐廣曰：「多作『生平』。」

〔三〕集解漢書音義曰：「未起時有故怨。」

〔四〕索隱地理志縣名，屬廣漢。什音十。正義括地志云：「雍齒城在益州什邡縣南四十步。漢什邡縣，漢初封雍齒爲侯國。」

劉敬說高帝曰：「都關中。」上疑之。左右大臣皆山東人，多勸上都雒陽：「雒陽東有成皋，西有殽黽，倍河，向伊雒，其固亦足恃。」留侯曰：「雒陽雖有此固，其中小，不過數百

里，田地薄，四面受敵，此非用武之國也。夫關中左殽函，〔一〕右隴蜀，〔二〕沃野千里，南有巴蜀之饒，北有胡苑之利，〔三〕阻三面而守，獨以一面東制諸侯。諸侯安定，河渭漕輓天下，西給京師；諸侯有變，順流而下，足以委輸。此所謂金城千里，天府之國也，〔四〕劉敬說是也。」於是高帝卽日駕，西都關中。〔五〕

〔一〕正義殽，二殽山也，在洛州永寧縣西北二十八里。函谷關在陝州桃林縣西南十二里。

〔二〕正義隴山南連蜀之岷山，故云右隴蜀也。

〔三〕索隱崔浩云：「苑馬牧外接胡地，馬生於胡，故云胡苑之利。」正義博物志云「北有胡苑之塞」。按：上郡、北地之北與胡接，可以牧養禽獸，又多致胡馬，故謂胡苑之利也。

〔四〕索隱按：此言「謂」者，皆是依憑古語。言秦有四塞之國，如金城也。故淮南子云「雖有金城，非粟不守」。又蘇秦說秦惠王云「秦地勢形便，所謂天府」。是所憑也。

〔五〕索隱按：周禮「二曰詢國遷」，乃爲大事。高祖卽日西遷者，蓋謂其日卽定計耳，非卽日遂行也。

留侯從入關。留侯性多病，卽道引不食穀，〔一〕杜門不出歲餘。

〔一〕集解漢書音義曰：「服辟穀之藥，而静居行氣。」

上欲廢太子，立戚夫人子趙王如意。大臣多諫争，未能得堅決者也。吕后恐，不知所爲。人或謂吕后曰：「留侯善畫計筴，上信用之。」吕后乃使建成侯吕澤劫留侯，曰：「君常

爲上謀臣，今上欲易太子，君安得高枕而臥乎？」留侯曰：「始上數在困急之中，幸用臣筴。今天下安定，以愛欲易太子，骨肉之閒，雖臣等百餘人何益。」呂澤彊要曰：「爲我畫計。」留侯曰：「此難以口舌爭也。顧上有不能致者，天下有四人。〔一〕四人者年老矣，皆以爲上慢侮人，故逃匿山中，義不爲漢臣。然上高此四人。今公誠能無愛金玉璧帛，令太子爲書，卑辭安車，因使辯士固請，宜來。來，以爲客，時時從入朝，令上見之，則必異而問之。問之，上知此四人賢，則一助也。」於是呂后令呂澤使人奉太子書，卑辭厚禮，迎此四人。四人至，客建成侯所。

〔一〕索隱 四人，四皓也，謂東園公、綺里季、夏黃公、角里先生。按：陳留志云「園公姓庾，字宣明，居園中，因以爲號。夏黃公姓崔名廣，字少通，齊人，隱居夏里修道，故號曰夏黃公。角里先生，河內軹人，太伯之後，姓周名術，字元道，京師號曰霸上先生，一曰角里先生」。又孔安國祕記作「祿里」。此皆王劭據崔氏、周氏系譜及陶元亮四八目而爲此說。

漢十一年，黥布反，上病，欲使太子將，往擊之。四人相謂曰：「凡來者，將以存太子。太子將兵，事危矣。」乃說建成侯曰：「太子將兵，有功則位不益太子；無功還，則從此受禍矣。且太子所與俱諸將，皆嘗與上定天下梟將也，今使太子將之，此無異使羊將狼也，皆不肯爲盡力，其無功必矣。臣聞『母愛者子抱』，〔一〕今戚夫人日夜侍御，趙王如意常抱居前，

上曰『終不使不肖子居愛子之上』，明乎其代太子位必矣。君何不急請呂后承閒爲上泣言：『黥布，天下猛將也，善用兵，今諸將皆陛下故等夷，〔二〕乃令太子將此屬，無異使羊將狼，莫肯爲用，且使布聞之，則鼓行而西耳。〔三〕上雖病，彊載輜車，臥而護之，諸將不敢不盡力。上雖苦，爲妻子自彊。』」於是呂澤立夜見呂后，呂后承閒爲上泣涕而言，如四人意。上曰：「吾惟豎子固不足遣，而公自行耳。」於是上自將兵而東，羣臣居守，皆送至灞上。留侯病，自彊起，至曲郵，〔四〕見上曰：「臣宜從，病甚。楚人剽疾，願上無與楚人爭鋒。」因說上曰：「令太子爲將軍，監關中兵。」上曰：「子房雖病，彊臥而傅太子。」是時叔孫通爲太傅，留侯行少傅事。

〔一〕索隱 此語出韓子。
〔二〕集解 徐廣曰：「夷猶儕也。」索隱 如淳云：「等夷，言等輩。」
〔三〕集解 晉灼曰：「鼓行而西，言無所畏也。」
〔四〕集解 司馬彪曰：「長安縣東有曲郵聚。」索隱 郵音尤。按：司馬彪漢書郡國志長安有曲郵聚。今在新豐西，俗謂之郵頭。漢書舊儀云「五里一郵，郵人居閒，相去二里半」。按：郵乃今之候也。

漢十二年，上從擊破布軍歸，疾益甚，愈欲易太子。留侯諫，不聽，因疾不視事。叔孫太傅稱說引古今，以死爭太子。上詳許之，猶欲易之。及燕，置酒，太子侍。四人從太子，年皆八十有餘，鬚眉皓白，衣冠甚偉。上怪之，問曰：「彼何爲者？」四人前對，各言名姓，曰東園公，角里先生，綺里季，夏黃公。上乃大驚，曰：「吾求公數歲，公辟逃我，今公何自從吾兒游乎？」四人皆曰：「陛下輕士善罵，臣等義不受辱，故恐而亡匿。竊聞太子爲人仁孝，恭敬愛士，天下莫不延頸欲爲太子死者，故臣等來耳。」上曰：「煩公幸卒調護太子。」〔一〕

〔一〕集解 如淳曰：「調護猶營護也。」

四人爲壽已畢，趨去。上目送之，召戚夫人指示四人者曰：「我欲易之，彼四人輔之，羽翼已成，難動矣。呂后真而主矣。」戚夫人泣，上曰：「爲我楚舞，吾爲若楚歌。」歌曰：「鴻鵠高飛，一舉千里。羽翮已就，橫絕四海。橫絕四海，當可柰何！雖有矰繳，〔一〕尚安所施！」歌數闋，〔二〕戚夫人噓唏流涕，上起去，罷酒。竟不易太子者，留侯本招此四人之力也。

〔一〕集解 韋昭曰：「繳，弋射也。其矢曰矰。」索隱 馬融注周禮云：「矰者，繳繫短矢謂之矰。」一說云矰，一弦，可以仰高射，故云矰也。
〔二〕索隱 音曲穴反，謂曲終也。說文曰：「闋，事已閉門也。」

留侯從上擊代，出奇計馬邑下，〔一〕及立蕭何相國，〔二〕所與上從容言天下事甚衆，非天

下所以存亡，故不著。留侯乃稱曰：「家世相韓，及韓滅，不愛萬金之資，爲韓報讎彊秦，天下振動。今以三寸舌〔三〕爲帝者師，封萬戶，位列侯，此布衣之極，於良足矣。願弃人閒事，欲從赤松子〔四〕游耳。」乃學辟〔五〕穀，道引輕身。〔六〕會高帝崩，呂后德留侯，乃彊食之，曰：「人生一世閒，如白駒過隙，何至自苦如此乎！」留侯不得已，彊聽而食。

〔一〕集解 徐廣曰：「一云『出奇計下馬邑』。」
〔二〕集解 漢書音義曰：「何時未爲相國，良勸高祖立之。」
〔三〕索隱 春秋緯云：「舌在口，長三寸，象斗玉衡。」
〔四〕索隱 列仙傳：「神農時雨師也，能入火自燒，崑崙山上隨風雨上下也。」
〔五〕索隱 賓亦反。
〔六〕集解 徐廣曰：「一云『乃學道引，欲輕舉』也。」

後八年卒，謚爲文成侯。子不疑代侯。〔一〕

〔一〕集解 徐廣曰：「文成侯立十六年卒，子不疑代立。十年，坐與門大夫吉謀殺故楚內史，當死，贖爲城旦，國除。」

子房始所見下邳圯上老父與太公書者，後十三年從高帝過濟北，果見穀城山下黃石，取而葆祠之。〔一〕留侯死，并葬黃石（冢）。〔二〕每上冢伏臘，祠黃石。

〔一〕集解 徐廣曰：「史記珍寶字皆作『葆』。」
〔二〕正義 括地志云：「漢張良墓在徐州沛縣東六十五里，與留城相近也。」

留侯不疑，孝文帝五年坐不敬，國除。

太史公曰：學者多言無鬼神，然言有物。〔一〕至如留侯所見老父予書，亦可怪矣。〔二〕高祖離困者數矣，而留侯常有功力焉，豈可謂非天乎？上曰：「夫運籌筴帷帳之中，決勝千里外，吾不如子房。」余以爲其人計魁梧奇偉，〔三〕至見其圖，狀貌如婦人好女。蓋孔子曰：「以貌取人，失之子羽。」〔四〕留侯亦云。

〔一〕索隱 按：物謂精怪及藥物也。

〔二〕索隱 按：詩緯云「風后，黄帝師，又化爲老子，以書授張良」。亦異說。

〔三〕集解 應劭曰：「魁梧，丘虛壯大之意。」索隱 蘇林云「梧音忤」。蕭該云「今讀爲吾，非也」。小顏云「言其可驚悟」。

〔四〕索隱 子羽，澹臺滅明字也。仲尼弟子傳云「狀貌甚惡」。又韓子云「子羽有君子之容，而行不稱其貌」，與史記文相反。

【索隱述贊】留侯倜儻，志懷憤惋。五代相韓，一朝歸漢。進履宜假，運籌神算。橫陽既立，申徒作扞。灞上扶危，固陵靜亂。人稱三傑，辯推八難。赤松願游，白駒難絆。嗟彼雄略，曾非魁岸。

史記卷五十六

陳丞相世家第二十六

陳丞相平者，陽武户牖鄉人也。〔一〕少時家貧，好讀書，有田三十畝，獨與兄伯居。伯常耕田，縱平使游學。平爲人長〔大〕美色。人或謂陳平曰：「貧何食而肥若是？」其嫂嫉平之不視家生產，曰：「亦食糠覈耳。〔二〕有叔如此，不如無有。」伯聞之，逐其婦而弃之。

〔一〕集解 徐廣曰：「陽武屬魏地。户牖，今爲東昏縣，屬陳留。」索隱 徐廣云「陽武屬魏」，而地理志屬河南郡，蓋後陽武分屬梁國耳。徐又云「户牖，今爲東昏縣，屬陳留」，與漢書地理志同。按：是秦時户牖鄉屬陽武，至漢以户牖爲東昏縣，隸陳留郡也。正義 陳留風俗傳云：「東昏縣，衛地，故陽武之户牖鄉也。」括地志云：「東昏故城在汴州陳留縣東北九十里。」

〔二〕集解 徐廣曰：「覈音核。」駰案：孟康曰「麥糠中不破者也」。晉灼曰「覈音紇，京師謂麄屑爲紇頭」。

及平長，可娶妻，富人莫肯與者，貧者平亦恥之。久之，户牖富人有張負，〔一〕張負女孫五嫁而夫輒死，人莫敢娶。平欲得之。邑中有喪，平貧，侍喪，以先往後罷爲助。張負既見

之喪所，獨視偉平，平亦以故後去。負隨平至其家，家乃負郭〔二〕窮巷，以獘席爲門，然門外多有長者車轍。〔三〕張負歸，謂其子仲曰：「吾欲以女孫予陳平。」張仲曰：「平貧不事事，一縣中盡笑其所爲，獨柰何予女乎？」負曰：「人固有好美如陳平而長貧賤者乎？」卒與女。爲平貧，乃假貸幣以聘，予酒肉之資以内婦。負誡其孫曰：「毋以貧故，事人不謹。事兄伯如事父，事嫂如母。」〔四〕平既娶張氏女，齎用益饒，游道日廣。

〔一〕索隱 按：負是婦人老宿之稱，猶「武負」之類也。然此張負既稱富人，或恐是丈夫爾。

〔二〕索隱 高誘注戰國策云「負背郭居也」。

〔三〕索隱 一作「軌」。按：言長者所乘安車，與載運之車軌轍或别。

〔四〕集解 兄伯已逐其婦，此嫂疑後娶也。

里中社，平爲宰，〔一〕分肉食甚均。父老曰：「善，陳孺子之爲宰！」平曰：「嗟乎，使平得宰天下，亦如是肉矣！」

〔一〕索隱 其里名庫上里。知者，據蔡邕陳留東昏庫上里社碑云「惟斯庫里，古陽武之牖鄉」。陳平由此社宰，遂相高祖也。

陳涉起而王陳，使周市略定魏地，立魏咎爲魏王，與秦軍相攻於臨濟。陳平固已前謝

其兄伯，〔一〕從少年往事魏王咎於臨濟。魏王以爲太僕。說魏王不聽，人或讒之，陳平亡去。

〔一〕集解漢書音義曰：「謝語其兄往事魏。」

久之，項羽略地至河上，陳平往歸之，從入破秦，賜平爵卿。〔一〕項羽之東王彭城也，漢王還定三秦而東，殷王反楚。項羽乃以平爲信武君，將魏王咎客在楚者以往，擊降殷王而還。項王使項悍拜平爲都尉，賜金二十溢。居無何，漢王攻下殷（王）。項王怒，將誅定殷者將吏。陳平懼誅，乃封其金與印，使使歸項王，而平身閒行杖劍亡。渡河，船人見其美丈夫獨行，疑其亡將，要中當有金玉寶器，目之，欲殺平。平恐，乃解衣臝而佐刺船。船人知其無有，乃止。

〔一〕集解張晏曰：「禮秩如卿，不治事。」

平遂至修武降漢，〔一〕因魏無知求見漢王，〔二〕漢王召入。是時萬石君奮爲漢王中涓，〔三〕受平謁，入見平。平等七人俱進，賜食。王曰：「罷，就舍矣。」平曰：「臣爲事來，所言不可以過今日。」於是漢王與語而說之，問曰：「子之居楚何官？」曰：「爲都尉。」是日乃拜平爲都尉，使爲參乘，典護軍。諸將盡讙，〔四〕曰：「大王一日得楚之亡卒，未知其高下，而卽與同載，反使監護軍長者！」漢王聞之，愈益幸平。遂與東伐項王。至彭城，爲楚所敗。

引而還，收散兵至滎陽，以平爲亞將，屬於韓王信，軍廣武。

〔一〕集解徐廣曰：「漢二年。」
〔二〕索隱漢書張敞與朱邑書云「陳平須魏倩而後進」，孟康云卽無知也。
〔三〕集解徐廣曰：「亦曰涓人。」
〔四〕索隱讙，譁也。音懽，又音喧。漢書作「皆怨」。

絳侯、灌嬰等咸讒陳平曰：「平雖美丈夫，如冠玉耳，其中未必有也。〔一〕臣聞平居家時，盜其嫂；事魏不容，亡歸楚；歸楚不中，又亡歸漢。今日大王尊官之，令護軍。臣聞平受諸將金，金多者得善處，金少者得惡處。平，反覆亂臣也，願王察之。」漢王疑之，召讓魏無知。無知曰：「臣所言者，能也；陛下所問者，行也。今有尾生、孝己之行〔二〕而無益處於勝負之數，陛下何暇用之乎？楚漢相距，臣進奇謀之士，顧其計誠足以利國家不耳。且盜嫂受金又何足疑乎？」漢王召讓平曰：「先生事魏不中，遂事楚而去，今又從吾游，信者固多心乎？」平曰：「臣事魏王，魏王不能用臣說，故去事項王。項王不能信人，其所任愛，非諸項卽妻之昆弟，雖有奇士不能用，平乃去楚。聞漢王之能用人，故歸大王。臣臝身來，不受金無以爲資。誠臣計畫有可采者，（顧）〔願〕大王用之；使無可用者，金具在，請封輸官，得請骸骨。」漢王乃謝，厚賜，拜爲護軍中尉，盡護諸將。諸將乃不敢復言。

〔一〕集解漢書音義曰：「飾冠以玉，光好外見，中非所有。」
〔二〕集解如淳曰：「孝己，高宗之子，有孝行。」

其後，楚急攻，絕漢甬道，圍漢王於滎陽城。久之，漢王患之，請割滎陽以西以和。項王不聽。漢王謂陳平曰：「天下紛紛，何時定乎？」陳平曰：「項王爲人，恭敬愛人，士之廉節好禮者多歸之。至於行功爵邑，重之，士亦以此不附。今大王慢而少禮，士廉節者不來；然大王能饒人以爵邑，士之頑鈍〔一〕嗜利無恥者亦多歸漢。誠各去其兩短，襲其兩長，天下指麾則定矣。然大王恣侮人，不能得廉節之士。顧楚有可亂者，彼項王骨鯁之臣亞父、鍾離眛、龍且、周殷之屬，不過數人耳。大王誠能出捐數萬斤金，行反閒，閒其君臣，以疑其心，項王爲人意忌信讒，必內相誅。漢因舉兵而攻之，破楚必矣。」漢王以爲然，乃出黃金四萬斤，與陳平，恣所爲，不問其出入。

〔一〕集解如淳曰：「猶無廉隅。」

陳平既多以金縱反閒於楚軍，宣言諸將鍾離眛等爲項王將，功多矣，然而終不得裂地而王，欲與漢爲一，以滅項氏而分王其地。項羽果意不信鍾離眛等。項王既疑之，使使至漢。漢王爲太牢具，舉進。見楚使，卽詳驚曰：「吾以爲亞父使，乃項王使！」復持去，更以

惡草具〔一〕進楚使。楚使歸，具以報項王。項王果大疑亞父。亞父欲急攻下滎陽城，項王不信，不肯聽。亞父聞項王疑之，乃怒曰：「天下事大定矣，君王自爲之！願請骸骨歸！」歸未至彭城，疽發背而死。陳平乃夜出女子二千人滎陽城東門，楚因擊之，陳平乃與漢王從城西門夜出去。遂入關，收散兵復東。

〔一〕集解漢書音義曰：「草，粗也。」索隱戰國策云「食馮煖以草具」。如淳云「藁草芻惡之具也」。

其明年，淮陰侯破齊，自立爲齊王，使使言之漢王。漢王大怒而罵，陳平躡漢王。〔一〕漢王亦悟，乃厚遇齊使，使張子房卒立信爲齊王。封平以户牖鄉。用其奇計策，卒滅楚。常以護軍中尉從定燕王臧荼。

〔一〕集解漢書音義曰：「躡謂躡漢王足。」

漢六年，人有上書告楚王韓信反。高帝問諸將，諸將曰：「亟發兵阬豎子耳。」高帝默然。問陳平，平固辭謝，曰：「諸將云何？」上具告之。陳平曰：「人之上書言信反，有知之者乎？」曰：「未有。」曰：「信知之乎？」曰：「不知。」陳平曰：「陛下精兵孰與楚？」上曰：「不能過。」平曰：「陛下將用兵有能過韓信者乎？」上曰：「莫及也。」平曰：「今兵不如楚精，而將不能及，而舉兵攻之，是趣之戰也，竊爲陛下危之。」上曰：「爲之柰何？」平曰：

「古者天子巡狩，會諸侯。南方有雲夢，陛下弟出僞游雲夢，〔一〕會諸侯於陳。陳，楚之西界，〔二〕信聞天子以好出游，其勢必無事而郊迎謁。謁，而陛下因禽之，此特一力士之事耳。」高帝以爲然，乃發使告諸侯會陳，「吾將南游雲夢」。上因隨以行。行未至陳，楚王信果郊迎道中。高帝豫具武士，見信至，即執縛之，載後車。信呼曰：「天下已定，我固當烹！」高帝顧謂信曰：「若毋聲！而反，明矣！」武士反接之。〔三〕遂會諸侯于陳，盡定楚地。還至雒陽，赦信以爲淮陰侯，而與功臣剖符定封。

〔一〕索隱蘇林云「弟，且也」。小顏云「但也」。

〔二〕正義陳，今陳州也。韓信都彭城，號楚王，故陳州爲楚西界也。

〔三〕集解漢書音義曰：「反縛兩手。」

於是與平剖符，世世勿絶，爲户牖侯。平辭曰：「此非臣之功也。」上曰：「吾用先生謀計，戰勝剋敵，非功而何？」平曰：「非魏無知臣安得進？」上曰：「若子可謂不背本矣。」乃復賞魏無知。其明年，以護軍中尉從攻反者韓王信於代。卒至平城，爲匈奴所圍，七日不得食。高帝用陳平奇計，使單于閼氏，〔一〕圍以得開。高帝既出，其計祕，世莫得聞。〔二〕

〔一〕集解蘇林曰：「閼氏音焉支，如漢皇后。」

〔二〕集解桓譚新論：「或云：『陳平爲高帝解平城之圍，則言其事祕，世莫得而聞也。此以工妙踔善，故藏隱不傳焉。

子能權知斯事否？』吾應之曰：『此策乃反薄陋拙惡，故隱而不泄。高帝見圍七日，而陳平往説閼氏，閼氏言於單于而出之，以是知其所用説之事矣。彼陳平必言漢有好麗美女，爲道其容貌天下無有，今困急，已馳使歸迎取，欲進與單于，單于見此人必大好愛之，愛之則閼氏日以遠疏，不如及其未到，令漢得脱去，去，亦不持女來矣。閼氏婦女，有妒媢之性，必憎惡而事去之。此説簡而要，及得其用，則欲使神怪，故隱匿不泄也。』劉子駿聞吾言，乃立稱善焉。」按：漢書音義應劭説此事大旨與桓論略同，不知是應全取桓論，或別有所聞乎？今覩桓論似本無説。

高帝南過曲逆，〔一〕上其城，望見其屋室甚大，曰：「壯哉縣！吾行天下，獨見洛陽與是耳。」顧問御史曰：「曲逆户口幾何？」對曰：「始秦時三萬餘户，閒者兵數起，多亡匿，今見五千户。」於是乃詔御史，更以陳平爲曲逆侯，盡食之，除前所食户牖。

〔一〕集解地理志縣屬中山也。索隱章帝醜其名，改云蒲陰也。

其後常以護軍中尉從攻陳豨及黥布。凡六出奇計，輒益邑，凡六益封。奇計或頗祕，世莫能聞也。

高帝從破布軍還，病創，徐行至長安。燕王盧綰反，上使樊噲以相國將兵攻之。既行，人有短惡噲者。高帝怒曰：「噲見吾病，乃冀我死也。」用陳平謀而召絳侯周勃受詔牀下，曰：「陳平亟馳傳載勃代噲將，平至軍中即斬噲頭！」二人既受詔，馳傳未至軍，行計之曰：「樊噲，帝之故人也，功多，且又乃吕后弟吕嬃之夫，有親且貴，帝以忿怒故，欲斬之，則恐後悔。寧囚而致上，上自誅之。」未至軍，爲壇，以節召樊噲。噲受詔，即反接載檻車，傳詣長安，而令絳侯勃代將，將兵定燕反縣。

平行聞高帝崩，平恐吕太后及吕嬃讒怒，乃馳傳先去。逢使者詔平與灌嬰屯於滎陽。平受詔，立復馳至宫，哭甚哀，因奏事喪前。吕太后哀之，曰：「君勞，出休矣。」平畏讒之就，因固請得宿衛中。太后乃以爲郎中令，曰：「傅教孝惠。」〔一〕是後吕嬃讒乃不得行。樊噲至，則赦復爵邑。

〔一〕集解如淳曰：「傅相之傅也。」

孝惠帝六年，相國曹參卒，以安國侯王陵爲右丞相，〔一〕陳平爲左丞相。

〔一〕集解徐廣曰：「王陵以客從起豐，以廄將別守豐，上東，因從戰，不利，奉孝惠、魯元出睢水中，封爲雍侯。高帝（八）〔六〕年，定食安國。二十一年卒，謚武侯。至玄孫，坐酎金，國除。」

王陵者，故沛人，始爲縣豪，高祖微時，兄事陵。陵少文，任氣，好直言。及高祖起沛，入至咸陽，陵亦自聚黨數千人，居南陽，不肯從沛公。及漢王之還攻項籍，陵乃以兵屬漢。項羽取陵母置軍中，陵使至，則東鄉坐陵母，欲以招陵。陵母既私送使者，泣曰：「爲老妾語

陵，謹事漢王。漢王，長者也，無以老妾故，持二心。妾以死送使者。」遂伏劍而死。項王怒，烹陵母。陵卒從漢王定天下。以善雍齒，雍齒，高帝之仇，而陵本無意從高帝，以故晚封，爲安國侯。

安國侯既爲右丞相，二歲，孝惠帝崩。高后欲立諸吕爲王，問王陵，王陵曰：「不可。」問陳平，陳平曰：「可。」吕太后怒，乃詳遷陵爲帝太傅，實不用陵。陵怒，謝疾免，杜門竟不朝請，七年而卒。

陵之免丞相，吕太后乃徙平爲右丞相，以辟陽侯審食其爲左丞相。左丞相不治，常給事於中。〔一〕

〔一〕集解孟康曰：「不立治處，使止宫中也。」

食其亦沛人。漢王之敗彭城，西，楚取太上皇、吕后爲質，食其以舍人侍吕后。其後從破項籍爲侯，幸於吕太后。及爲相，居中，百官皆因決事。

吕嬃常以前陳平爲高帝謀執樊噲，數讒曰：「陳平爲相非治事，日飲醇酒，戲婦女。」陳平聞，日益甚。吕太后聞之，私獨喜。面質吕嬃於陳平曰：「鄙語曰『兒婦人口不可用』，顧君與我何如耳。無畏吕嬃之讒也。」

呂太后立諸呂爲王，陳平僞聽之。及呂太后崩，平與太尉勃合謀，卒誅諸呂，立孝文皇帝，陳平本謀也。審食其免相。〔一〕

〔一〕集解徐廣曰：「審食其初以舍人起，侍呂后、孝惠帝於沛，又從在楚。封二十五年，文帝三年死，子平代。代二十二年，景帝三年，坐謀反，國除。一本云『食其免後三歲，爲淮南王所殺。文帝令其子平嗣侯。菑川王反，辟陽近菑川，平降之，國除』。」

孝文帝立，以爲太尉勃親以兵誅呂氏，功多；陳平欲讓勃尊位，乃謝病。孝文帝初立，怪平病，問之。平曰：「高祖時，勃功不如臣平。及誅諸呂，臣功亦不如勃。願以右丞相讓勃。」於是孝文帝乃以絳侯勃爲右丞相，位次第一；平徙爲左丞相，位次第二。賜平金千斤，益封三千户。

居頃之，孝文皇帝既益明習國家事，朝而問右丞相勃曰：「天下一歲決獄幾何？」勃謝曰：「不知。」問：「天下一歲錢穀出入幾何？」勃又謝不知，汗出沾背，愧不能對。於是上亦問左丞相平。平曰：「有主者。」上曰：「主者謂誰？」平曰：「陛下即問決獄，責廷尉；問錢穀，責治粟内史。」上曰：「苟各有主者，而君所主者何事也？」平謝曰：「主臣！〔一〕陛下不知其駑下，使待罪宰相。宰相者，上佐天子理陰陽，順四時，下育萬物之宜，外鎮撫四

夷諸侯，内親附百姓，使卿大夫各得任其職焉。」孝文帝乃稱善。右丞相大慙，出而讓陳平曰：「君獨不素教我對！」陳平笑曰：「君居其位，不知其任邪？且陛下即問長安中盜賊數，〔二〕君欲彊對邪？」於是絳侯自知其能不如平遠矣。居頃之，絳侯謝病請免相，陳平專爲一丞相。

〔一〕集解張晏曰：「若今人謝曰『惶恐』也。馬融龍虎賦曰『勇怯見之，莫不主臣』。」孟康曰：「主臣，主羣臣也，若今言人主也。」韋昭曰：「言主臣道，不敢欺也。」索隱蘇林與孟康同，既古人所未了，故並存兩解。

〔二〕集解漢書音義曰：「頭數也。」

孝文帝二年，丞相陳平卒，謚爲獻侯。子共侯買代侯。二年卒，子簡侯恢代侯。二十三年卒，子何代侯。二十三年，何坐略人妻，弃市，國除。

始陳平曰：「我多陰謀，是道家之所禁。吾世即廢，亦已矣，終不能復起，以吾多陰禍也。」然其後曾孫陳掌以衛氏親貴戚，願得續封陳氏，然終不得。〔一〕

〔一〕集解徐廣曰：「陳掌者，衛青之子壻。」

太史公曰：陳丞相平少時，本好黄帝、老子之術。方其割肉俎上之時，其意固已遠矣。傾側擾攘楚魏之閒，卒歸高帝。常出奇計，救紛糾之難，振國家之患。及呂后時，事多故矣，然平竟自脱，定宗廟，以榮名終，稱賢相，豈不善始善終哉！非知謀孰能當此者乎？

【索隱述贊】曲逆窮巷，門多長者。宰肉先均，佐喪後罷。魏楚更用，腹心難假。弃印封金，刺船露躶。閒行歸漢，委質麾下。滎陽計全，平城圍解。推陵讓勃，裒多益寡。應變合權，克定宗社。

史記卷五十七

絳侯周勃世家第二十七

絳侯周勃者，沛人也。其先卷人，〔一〕徙沛。勃以織薄曲爲生，〔二〕常爲人吹簫給喪事，〔三〕材官引彊。〔四〕

〔一〕集解徐廣曰：「卷縣在滎陽。」索隱韋昭云屬河南，地理志亦然。然則後置滎陽郡，而卷隸焉。音丘玄反，字林音丘權反。正義括地志云：「故卷城在鄭州原武縣西北七里。」釋例地名云：「卷縣所理垣雍城也。」

〔二〕集解蘇林曰：「薄，一名曲。月令曰『具曲植』。」索隱謂勃本以織蠶薄爲生業也。韋昭云「北方謂薄爲曲」。許慎注淮南云「曲，葦薄也」。郭璞注方言云「植，懸曲柱也」。音直吏反。

〔三〕集解如淳曰：「以樂喪家，若俳優。」瓚曰：「吹簫以樂喪賓，若樂人也。」索隱左傳「歌虞殯」，猶今挽歌類也。歌者或有簫管。

〔四〕集解漢書音義曰：「能引彊弓官，如今挽彊司馬也。」索隱晉灼云「申屠嘉爲材官蹶張」。

高祖之爲沛公初起，勃以中涓從攻胡陵，下方與。方與反，與戰，卻適。攻豐。擊秦軍碭東。還軍留及蕭。復攻碭，破之。下下邑，先登。賜爵五大夫。攻蒙、虞，〔一〕取之。擊

章邯車騎，殿。〔二〕定魏地。攻爰戚、東緡，〔三〕以往至栗，〔四〕取之。攻齧桑，〔五〕先登。擊秦軍阿下，〔六〕破之。追至濮陽，下甄城。攻都關、〔七〕定陶，襲取宛朐，〔八〕得單父〔九〕令。夜襲取臨濟，攻張，〔一〇〕以前至卷，破之。擊李由軍雍丘下。攻開封，先至城下爲多。〔一一〕後章邯破殺項梁，沛公與項羽引兵東如碭。自初起沛還至碭，一歲二月。〔一二〕楚懷王封沛公號安武侯，爲碭郡長。沛公拜勃爲虎賁令，〔一三〕以令從沛公定魏地。攻東郡尉於城武，破之。擊王離軍，破之。攻長社，先登。攻潁陽、緱氏，〔一四〕絕河津。〔一五〕擊趙賁軍尸北。〔一六〕南攻南陽守齮，破武關、嶢關。破秦軍於藍田，至咸陽，滅秦。

〔一〕索隱二縣名。地理志屬梁國。

〔二〕集解服虔曰：「略得殿兵也。」如淳曰：「殿，不進也。」瓚曰：「在軍後曰殿。」孫檢曰：「一說上功曰最，下功曰殿，戰功曰多。周勃事中有此三品，與諸將俱計功則曰殿最，獨捷則曰多。多義見周禮。故此云『擊章邯車騎，殿』，又云『先至城下爲多』，又云『攻槐里、好畤，最』是也。」索隱孫檢說是。

〔三〕集解徐廣曰：「屬山陽。」索隱小顏音昬，非也。地理志山陽有東緡縣，音旻。然則尸臚之爲東緡，音昬是。屬陳留者音昬，屬山陽者音旻也。正義緡，眉貧反。括地志云：「東緡故城，漢縣也，在兗州金鄉縣界。」

〔四〕正義括地志云屬沛郡也。

〔五〕索隱徐氏云在梁、彭城閒。

〔六〕索隱謂東阿之下也。

〔七〕索隱地理志縣名，屬山陽。

〔八〕正義冤劬二音，今曹州縣，在州西四十七里。

〔九〕正義善甫二音，宋州縣也。

〔一〇〕集解漢書音義曰：「攻壽張。」索隱地理志東郡壽良縣，光武改曰壽張。

〔一一〕集解文穎曰：「勃士卒至者多。」如淳曰：「周禮『戰功曰多』。」

〔一二〕索隱謂初起沛及還至碭，得一歲又更二月也。

〔一三〕集解徐廣曰：「一云『句盾令』。」索隱漢書云「襄賁令」。賁音肥，縣名，屬東海。徐廣又云「句盾令」，所見本各別也。

〔一四〕正義緱音勾。洛州縣。

〔一五〕正義即古平陰津，在洛州洛陽縣東北五十里。

〔一六〕索隱賁音肥，人姓名也。尸即尸鄉，今偃師也。北謂尸鄉之北。

項羽至，以沛公爲漢王。漢王賜勃爵爲威武侯。〔一〕從入漢中，拜爲將軍。還定三秦，至秦，賜食邑懷德。〔二〕攻槐里、好畤，〔三〕最。〔四〕擊趙賁、內史保於咸陽，最。北攻漆。〔五〕擊章平、姚卬軍。〔六〕西定汧。〔七〕還下郿、頻陽。〔八〕圍章邯廢丘。〔九〕破西丞。〔一〇〕擊盜巴軍，破之。〔一一〕攻上邽。〔一二〕東守嶢關。轉擊項籍。攻曲逆，最。還守敖倉，追項籍。籍已死，因東定楚地泗（川）〔水〕、東海郡，凡得二十二縣。還守雒陽、櫟陽，賜與潁（陽）〔陰〕侯共食鍾離。〔一三〕以將軍從高帝擊反者燕王臧荼，破之易下。〔一四〕所將卒當馳道〔一五〕爲多。賜爵列侯，剖符世世勿絕。食絳〔一六〕八千一百八十戶，號絳侯。

〔一〕索隱或是封號，未必縣名也。

〔二〕正義括地志云：「懷德故城在同州朝邑縣西南四十三里。」

〔三〕索隱地理志二縣屬右扶風。

〔四〕集解如淳曰：「於將率之中功爲最。」

〔五〕索隱地理志漆縣在右扶風。正義今豳州新平縣，古漆縣也。

〔六〕索隱卬音五郎反，平下將。

〔七〕正義口肩反。今隴州汧源縣，本漢汧縣地也。

〔八〕索隱地理志郿屬右扶風，頻陽屬左馮翊也。正義郿音眉。括地志云：「郿縣故城在岐州郿縣東北十五里，頻陽故城在宜州土門縣南三里。」今土門縣併入同官縣，屬雍州，宜州廢也。

〔九〕索隱地理志「槐里，周曰犬丘，懿王都之，秦更名廢丘，高祖三年更名槐里」。而此云槐里者，據後而書之。又云廢丘者，以章邯本都廢丘而亡，亦據舊書之。

〔一〇〕集解徐廣曰：「天水有西縣。」正義括地志云：「西縣故城在秦州上邽縣西南九十里，本漢西縣地。」破西縣丞。

〔一一〕集解如淳曰：「章邯將。」

〔一二〕正義音圭。秦州縣也。

〔三〕索隱 地理志縣名，屬九江，古鍾離子國。 正義 括地志云：「潁陰故城在陳州南頓縣西北。鍾離故城在濠州鍾離縣東北五里。」
〔四〕索隱 荼，如字讀。 易，水名，因以爲縣，在涿郡。 謂破荼軍於易水之下，言近水也。 正義 括地志云：「易縣故城在幽州歸義縣東南十五里，燕桓侯所徙都臨易是也。」
〔五〕索隱 小顏以當高祖所行之道。 或以馳道爲秦之馳道，故賈山傳云「秦爲馳道，東窮燕、齊」也。
〔六〕正義 括地志云：「絳邑城，漢絳縣，在絳州曲沃縣南二里。 或以爲秦之舊馳道也。」

以將軍從高帝擊反韓王信於代，降下霍人。〔一〕以前至武泉，〔二〕擊胡騎，破之武泉北。轉攻韓信軍銅鞮，〔三〕破之。還，降太原六城。〔四〕擊韓信胡騎晉陽下，破之，下晉陽。後擊韓信軍於硰石，〔五〕破之，追北八十里。還攻樓煩〔六〕三城，因擊胡騎平城下，〔七〕所將卒當馳道爲多。勃遷爲太尉。

〔一〕索隱 蕭該云：「左傳『以偪陽子歸納諸霍人』，杜預云晉邑也。字或作『靃』。」 正義 霍音瑣，又音蘇寡反。顏師古云：「音山寡反。」按：「霍」字當作「葰」，地理志云葰人，縣，屬太原郡。 括地志云：「葰人故城在代州繁畤縣界，漢葰人縣也。」按：樊噲列傳作「霍人」，其音亦同。
〔二〕集解 徐廣曰：「屬雲中。」 正義 括地志云：「武泉故城在朔州北二百二十里。」
〔三〕正義 括地志云：「銅鞮故城在潞州銅鞮縣東十五里，州西六十五里，在并州東南也。」
〔四〕正義 并州縣。 從銅鞮還并，降六城也。

〔五〕集解 應劭曰：「硰音沙。 或曰地名。」 索隱 晉灼音赤座反。 正義 按：在樓煩縣西北。
〔六〕正義 地理志云在鴈門郡，括地志云在并州崞縣界。
〔七〕正義 地理志云在鴈門郡。 括地志云：「朔州定襄，本漢平城縣。」

擊陳豨，屠馬邑。所將卒斬豨將軍乘馬絺。〔一〕擊韓信、陳豨、趙利軍於樓煩，破之。得豨將宋最、鴈門守圂。〔二〕因轉攻得雲中守遬、〔三〕丞相箕肆、將勳。〔四〕定鴈門郡十七縣，雲中郡十二縣。因復擊豨靈丘，〔五〕破之，斬豨，得豨丞相程縱、將軍陳武、都尉高肆。定代郡九縣。

〔一〕集解 徐廣曰：「姓乘馬。」 索隱 絺，名也。 乘音始證反。
〔二〕索隱 圂，守之名，音胡困反。
〔三〕索隱 音速。 正義 括地志云：「雲中故城在勝州榆林縣東北四十里，秦雲中郡。」
〔四〕集解 徐廣曰：「箕，一作『冀』。 勳，一作『專』，一作『轉』。」 索隱 劉氏肆音如字，包愷音以四反。漢書「勳」亦作「博」字，並誤耳。
〔五〕索隱 地理志縣名，屬代郡。 正義 括地志云：「靈丘故城在蔚州靈丘縣東十里，漢縣也。」

燕王盧綰反，勃以相國代樊噲將，擊下薊，得綰大將抵、丞相偃、守陘、〔一〕太尉弱、御史大夫施，屠渾都。〔二〕破綰軍上蘭，〔三〕復擊破綰軍沮陽。〔四〕追至長城，〔五〕定上谷十二縣，右北平十六縣，遼西、遼東二十九縣，漁陽二十二縣。最從高帝〔六〕得相國一人，丞相二人，將軍、二千石各三人；別破軍二，下城三，定郡五，縣七十九，得丞相、大將各一人。

〔一〕集解 張晏曰：「盧綰郡守，陘其名。」
〔二〕集解 徐廣曰：「在上谷。」 索隱 施，名也。 屠，滅之也。 地理志渾都縣屬上谷。一云，御史大夫姓施屠，名渾都。 正義 括地志云：「幽州昌平縣，本漢渾都縣。」
〔三〕正義 括地志云「嬀州懷戎縣東北有馬蘭谿水」，恐是也。
〔四〕集解 徐廣曰：「在上谷。」駰案：服虔曰沮音阻。 索隱 按：地理志沮陽縣屬上谷。 正義 括地志云：「上谷郡故城在嬀州懷戎縣東北百二十里。 燕上谷，秦因不改，漢爲沮陽縣。」
〔五〕正義 卽馬邑長城，亦名燕長城，在嬀州北，今是。
〔六〕索隱 最，都凡也。 謂總舉其從高祖攻戰克獲之數也。

勃爲人木彊敦厚，高帝以爲可屬大事。勃不好文學，每召諸生說士，東鄉坐而責之：〔一〕「趣爲我語。」其椎少文如此。〔二〕

〔一〕集解 如淳曰：「勃自東鄉坐，責諸生說士，不以賓主之禮。」
〔二〕集解 瓚曰：「令直言，勿稱經書也。」韋昭曰：「椎不橈曲，直至如椎。」 索隱 大顏云：「俗謂愚爲鈍椎，音直追反。」今按：椎如字讀之。 謂勃召說士東向而坐，責之云「趣爲我語」，其質樸之性，以斯推之，其少文皆如此。

勃既定燕而歸，高祖已崩矣，以列侯事孝惠帝。孝惠帝六年，置太尉官，〔一〕以勃爲太尉。

十歲，高后崩。呂祿以趙王爲漢上將軍，呂產以呂王爲漢相國，秉漢權，欲危劉氏。勃爲太尉，不得入軍門。陳平爲丞相，不得任事。於是勃與平謀，卒誅諸呂而立孝文皇帝。其語在呂后、孝文事中。

〔一〕集解 徐廣曰：「功臣表及將相表皆高后四年始置太尉。」 正義 下云「以勃爲太尉。十歲高后崩」。按：孝惠六年〔至〕高后八年崩，是十年耳。 而功臣表及將相表云高后四年置太尉官，未詳。

文帝既立，以勃爲右丞相，賜金五千斤，食邑萬户。居月餘，人或說勃曰：「君既誅諸呂，立代王，威震天下，而君受厚賞，處尊位，以寵，久之卽禍及身矣。」勃懼，亦自危，乃謝請歸相印。上許之。歲餘，丞相平卒，上復以勃爲丞相。十餘月，上曰：「前日吾詔列侯就國，或未能行，丞相吾所重，其率先之。」乃免相就國。

歲餘，每河東守尉行縣至絳，絳侯勃自畏恐誅，常被甲，令家人持兵以見之。其後人有上書告勃欲反，〔一〕下廷尉。廷尉下其事長安，逮捕勃治之。勃恐，不知置辭。吏稍侵辱之。勃以千金與獄吏，獄吏乃書牘背示之，〔二〕曰「以公主爲證」。公主者，孝文帝女也，勃太子勝之尚之，〔三〕故獄吏教引爲證。勃之益封受賜，盡以予薄昭。及繫急，薄昭爲言薄太后，太后亦以爲無反事。文帝朝，太后以冒絮提文帝，〔四〕曰：「絳侯綰皇帝璽，〔五〕將兵於北軍，不以此時反，今居一小縣，顧欲反邪！」文帝既見絳侯獄辭，乃謝曰：「吏（事）方驗而出

之。」於是使持節赦絳侯，復爵邑。絳侯既出，曰：「吾嘗將百萬軍，然安知獄吏之貴乎！」

〔一〕集解徐廣曰：「文帝四年時。」

〔二〕集解李奇曰：「吏所執簿。」韋昭曰：「牘版。」索隱簿即牘也。故魏志「秦宓以簿擊頰」，則亦簡牘之類也。

〔三〕集解韋昭曰：「尚，奉也。不敢言娶。」

〔四〕集解徐廣曰：「提音弟。」駰案：應劭曰「陌額絮也」。如淳曰「太后恚怒，遭得左右物提之也」。晉灼曰「巴蜀異物志謂頭上巾爲冒絮」。索隱服虔云「綸絮也」。提音弟，又音啼」，非也。蕭該音底。提者，擲也，蕭音爲得。恚者，嗔也。遭者，逢也。謂太后嗔，乃逢冒絮，因以提帝。陌音「蠻貊」之「貊」。方言云「幧巾，南楚之間云『陌額』」也。

〔五〕集解應劭曰：「言勃誅諸呂，廢少帝，手貫璽時尚不反，況今更有異乎？」

絳侯復就國。孝文帝十一年卒，謚爲武侯。子勝之代侯。六歲，尚公主，不相中，〔一〕坐殺人，國除。絕一歲，文帝乃擇絳侯勃子賢者河內守亞夫，封爲條侯，〔二〕續絳侯後。

〔一〕集解如淳曰：「猶言不相合當。」

〔二〕集解徐廣曰：「表皆作『脩』字。」駰案：服虔曰「脩音條」。索隱地理志條縣屬渤海郡。正義括地志云：「故蓨城俗名南條城，在德州蓨縣南十二里，漢縣。」

條侯亞夫自未侯爲河內守時，許負相之，〔一〕曰：「君後三歲而侯。侯八歲爲將相，持國

秉，〔二〕貴重矣，於人臣無兩。其後九歲而君餓死。」亞夫笑曰：「臣之兄已代父侯矣，有如卒，子當代，亞夫何說侯乎？然既已貴如負言，又何說餓死？指示我。」許負指其口曰：「有從理入口，〔三〕此餓死法也。」居三歲，其兄絳侯勝之有罪，孝文帝擇絳侯子賢者，皆推亞夫，乃封亞夫爲條侯，續絳侯後。

〔一〕索隱應劭云：「負，河內溫人，老嫗也。」姚氏按：楚漢春秋高祖封負爲鳴雌亭侯，是知婦人亦有封邑。

〔二〕索隱音柄。

〔三〕索隱從音子容反。從理，横理。

文帝之後六年，匈奴大入邊。乃以宗正劉禮爲將軍，軍霸上；〔一〕祝茲侯徐厲爲將軍，軍棘門；〔二〕以河內守亞夫爲將軍，軍細柳：〔三〕以備胡。上自勞軍。至霸上及棘門軍，直馳入，將以下騎送迎。已而之細柳軍，軍士吏被甲，銳兵刃，彀弓弩，持滿。〔四〕天子先驅至，不得入。先驅曰：「天子且至！」軍門都尉曰：「將軍令曰『軍中聞將軍令，不聞天子之詔』。」〔五〕居無何，上至，又不得入。於是上乃使使持節詔將軍：「吾欲入勞軍。」亞夫乃傳言開壁門。壁門士吏謂從屬車騎曰：「將軍約，軍中不得驅馳。」於是天子乃按轡徐行。至營，將軍亞夫持兵揖曰：「介胄之士不拜，請以軍禮見。」〔六〕天子爲動，改容式車。〔七〕使人稱謝：「皇帝敬勞將軍。」成禮而去。既出軍門，羣臣皆驚。文帝曰：「嗟乎，此真將軍矣！曩者霸上、棘門軍，若兒戲耳，其將固可襲而虜也。至於亞夫，可得而犯邪！」稱善者久之。月餘，三軍皆罷。乃拜亞夫爲中尉。〔八〕

〔一〕正義廟記云：「霸陵即霸上。」按：霸陵城在雍州萬年縣東北二十五里。

〔二〕正義孟康云：「秦時宮也。」括地志云：「棘門在渭北十餘里，秦王門名也。」

〔三〕正義括地志云：「細柳倉在雍州咸陽縣西南二十里也。」

〔四〕索隱彀者，張也。

〔五〕索隱六韜云：「軍中之事，不聞君命。」

〔六〕集解應劭曰：「禮『介者不拜』。」索隱應劭云：「左傳『晉郤克三肅使者而退』，杜預注『肅，若今撎』。鄭衆注周禮『肅拜』云『但俯下手，今時撎是』。」

〔七〕索隱軾者，車前横木。若上有敬，則俯身而憑之。

〔八〕正義漢書百官表云：「中尉，秦官，掌徼巡京師。武帝太初元年，更名執金吾。」應劭云：「吾者，禦也。掌執金吾以禦非常。」顏師古云：「金吾，鳥名，主辟不祥。天子出行，職主先導，以備非常，故執此鳥之象，因以名官也。」

孝文且崩時，誡太子曰：「即有緩急，周亞夫真可任將兵。」文帝崩，拜亞夫爲車騎將軍。

孝景三年，吳楚反。亞夫以中尉爲太尉，〔一〕東擊吳楚。因自請上曰：「楚兵剽輕，〔二〕難與争鋒。願以梁委之，〔三〕絕其糧道，乃可制。」上許之。

〔一〕正義漢書百官表云：「太尉，秦官，掌武〔事〕」。元狩四年置大將軍大司馬。」即今十二衛大將軍及兵部尚書也。

〔二〕索隱漢書亞夫至淮陽，問鄧都尉，爲畫此計，亞夫從之。今此云「自請」者，蓋此亦闕疑而傳疑，漢史得其實也。剽音疋妙反。輕讀從去聲。

〔三〕索隱謂以梁委之於吳，使吳兵不得過也。亦有作餧音，亦通。

太尉既會兵滎陽，吳方攻梁，梁急，請救。太尉引兵東北走昌邑，深壁而守。梁日使使請太尉，太尉守便宜，不肯往。梁上書言景帝，景帝使使詔救梁。太尉不奉詔，堅壁不出，而使輕騎兵弓高侯等〔一〕絕吳楚兵後食道。吳兵乏糧，飢，數欲挑戰，終不出。夜，軍中驚，內相攻擊擾亂，至於太尉帳下。太尉終臥不起。頃之，復定。後吳奔壁東南陬，〔二〕太尉使備西北。已而其精兵果奔西北，不得入。吳兵既餓，乃引而去。太尉出精兵追擊，大破之。吳王濞弃其軍，而與壯士數千人亡走，保於江南丹徒。〔三〕漢兵因乘勝，遂盡虜之，降其兵，購吳王千金。月餘，越人斬吳王頭以告。〔四〕凡相攻守三月，而吳楚破平。於是諸將乃以太尉計謀爲是。由此梁孝王與太尉有郤。

〔一〕索隱韓頹當也。正義弓高，滄州縣也。

〔二〕集解如淳曰：「隤，隅也。」索隱音子侯反。

〔三〕索隱地理志縣屬會稽。正義括地志云：「丹徒故城在潤州丹徒縣東南十八里，漢丹徒縣也。晉太康地志云『吳王濞反，走丹徒，越人殺之於此城南』。徐州記云『秦使赭衣鑿其地，因謂之丹徒。鑿處今在故縣西北六里。丹徒峴東南連亙，盤紆屈曲，有象龍形，故秦鑿絕頂，闊百餘步，又夾阬龍首，以毀其形。阬之所在，即今龍、月二湖，悉成田也』。」

〔四〕正義越人即丹徒人。越滅吳，丹徒地屬楚。秦滅楚後，置三十六郡，丹徒縣屬會稽郡，故以丹徒爲越人也。

歸，復置太尉官。五歲，遷爲丞相，景帝甚重之。景帝廢栗太子，丞相固爭之，不得。景帝由此疏之。而梁孝王每朝，常與太后言條侯之短。

竇太后曰：「皇后兄王信可侯也。」景帝讓曰：「始南皮、章武侯〔一〕先帝不侯，及臣即位乃侯之。信未得封也。」竇太后曰：「人主各以時行耳。〔二〕自竇長君在時，竟不得侯，死後乃（封）其子彭祖顧得侯。〔三〕吾甚恨之。帝趣侯信也！」景帝曰：「請得與丞相議之。」丞相議之，亞夫曰：「高皇帝約『非劉氏不得王，非有功不得侯。不如約，天下共擊之』。今信雖皇后兄，無功，侯之，非約也。」景帝默然而止。

〔一〕集解瓚曰：「南皮，竇彭祖，太后兄子。章武侯，太后弟廣國。」

〔二〕索隱謂人主各當其時而行事，不必一一相法也。正義人主作「人生」。

〔三〕索隱許慎注淮南子云：「顧，反也。」

其後匈奴王〔唯〕徐盧等五人降，景帝欲侯之以勸後。丞相亞夫曰：「彼背其主降陛下，陛下侯之，則何以責人臣不守節者乎？」景帝曰：「丞相議不可用。」乃悉封〔唯〕徐盧等爲列侯。〔一〕亞夫因謝病。景帝中三年，以病免相。

〔一〕索隱功臣表唯徐盧封容城侯。

頃之，景帝居禁中，召條侯，賜食。獨置大胾，〔一〕無切肉，又不置櫡。條侯心不平，顧謂尚席取櫡。〔二〕景帝視而笑曰：「此不足君所乎？」〔三〕條侯免冠謝。上起，條侯因趨出。景帝以目送之，曰：「此怏怏者非少主臣也！」

〔一〕集解韋昭曰：「胾，大臠也。音側吏反。」索隱臠音李轉反。謂肉臠也。

〔二〕集解應劭曰：「尚席，主席者。」索隱顧氏按輿服雜事云「六尚，尚席，掌武帳帷幔也」。櫡音筯。漢書作「箸」。箸者，食所用也。留侯云「借前箸以籌之」。禮曰「羹之有菜者用梜」。梜亦箸之類，故鄭玄云「今人謂箸爲梜」是也。

〔三〕集解孟康曰：「設胾無筯者，此非不足滿於君所乎？嫌恨之。」如淳曰：「非故不足君之食具也，偶失之。」索隱言不設箸者，此蓋非我意，於君有不足乎？故如淳云「非故不足君之食具，偶失之耳」。蓋當然也，所以帝視而笑也。若本不爲足，當別有辭，未必爲之笑也。孟康、晉灼雖探古人之情，亦未必能得其實。顧氏亦同孟氏之說，又引魏武賜荀彧虛器，各記異說也。

居無何，條侯子爲父買工官尚方〔一〕甲楯五百被〔二〕可以葬者。取庸苦之，不予錢。庸知其盜買縣官器，〔三〕怒而上變告子，事連汙條侯。〔四〕書既聞上，上下吏。吏簿責條侯，〔五〕條侯不對。景帝罵之曰：「吾不用也。」〔六〕召詣廷尉。〔七〕廷尉責曰：「君侯欲反邪？」亞夫曰：「臣所買器，乃葬器也，何謂反邪？」吏曰：「君侯縱不反地上，即欲反地下耳。」吏侵之益急。初，吏捕條侯，條侯欲自殺，夫人止之，以故不得死，遂入廷尉。因不食五日，嘔血而死。國除。

〔一〕集解徐廣曰：「一作『西』。」索隱工官即尚方之工，所作物屬尚方，故云工官尚方。

〔二〕集解徐廣曰：「音拔。」駰案：如淳曰「工官，官名也」。張晏曰「被，具也。五百具甲楯」。

〔三〕索隱縣官謂天子也。所以謂國家爲縣官者，夏（家）〔官〕王畿內縣即國都也。王者官天下，故曰縣官也。

〔四〕索隱汙音烏故反。

〔五〕集解如淳曰：「簿問責其情。」

〔六〕集解孟康曰：「不用汝對，欲殺之也。」如淳曰：「恐獄吏畏其復用事，不敢折辱。」索隱孟康、如淳已備兩解，大顏以孟說爲得。而姚察又別一解，云「帝責此吏不得亞夫直辭，以爲不足任用，故召亞夫別詣廷尉，使責問」。

〔七〕正義景帝見條侯不對簿，因責罵之曰：「吾不任用汝也。」故召詣廷尉，使重推劾耳。餘說皆非也。

絕一歲，景帝乃更封絳侯勃他子堅爲平曲侯，續絳侯後。十九年卒，謚爲共侯。子建德代侯，十三年，爲太子太傅。坐酎金不善，元鼎五年，有罪，國除。〔一〕

〔一〕集解徐廣曰：「諸列侯坐酎金失侯者，皆在元鼎五年，但此辭句如有顛倒。」索隱既云「坐酎金不善」，復云「元鼎五年有罪國除」，似重有罪，故云顛倒。而漢書云「爲太子太傅，坐酎金免官。後有罪，國除」，其文又錯也。按：表坐免官，至元鼎五年坐酎金又失侯，所以二史記之各有不同也。

條侯果餓死。死後，景帝乃封王信爲蓋侯。

太史公曰：絳侯周勃始爲布衣時，鄙樸人也，才能不過凡庸。及從高祖定天下，在將相位，諸呂欲作亂，勃匡國家難，復之乎正。雖伊尹、周公，何以加哉！亞夫之用兵，持威重，執堅刃，穰苴曷有加焉！足己而不學，〔一〕守節不遜，〔二〕終以窮困。悲夫！

〔一〕索隱亞夫自以己之智謀足，而〔不〕虛己（不）學古人，所以不體權變，而動有違忤。

〔二〕索隱守節謂爭栗太子，不封王信、〔唯〕徐盧等，不遜謂顧尚席取箸，不對制獄是也。

【索隱述贊】絳侯佐漢，質厚敦篤。始擊碭東，亦圍尸北。所攻必取，所討咸克。陳豨伏誅，臧荼破國。事居送往，推功伏德。列侯還第，太尉下獄。繼相條侯，紹封平曲。惜哉賢將，父子代辱！

史記卷五十八

梁孝王世家第二十八

梁孝王武者，孝文皇帝子也，而與孝景帝同母。母，竇太后也。

孝文帝凡四男：長子曰太子，是爲孝景帝；次子武；次子參；次子勝。〔一〕孝文帝即位二年，以武爲代王，〔二〕以參爲太原王，〔三〕以勝爲梁王。〔四〕二歲，徙代王爲淮陽王。〔五〕以代盡與太原王，號曰代王。參立十七年，孝文後二年卒，謚爲孝王。子登嗣立，是爲代共王。立二十九年，元光二年卒。子義立，是爲代王。十九年，漢廣關，以常山爲限，而徙代王王清河。〔六〕清河王徙以元鼎三年也。

〔一〕正義 漢書「勝」作「揖」。又云「諸姬生代孝王參、梁懷王揖」。言諸姬者，衆妾卑賤，史不書姓，故云諸姬也。

〔二〕集解 徐廣曰：「都中都。」正義 括地志云：「中都故城在汾州平遙縣西十二里。」

〔三〕集解 徐廣曰：「都晉陽。」正義 括地志云：「并州太原地名大明城，即古晉陽城。智伯與韓魏攻趙襄子於晉陽，即此城是也。」

〔四〕集解 徐廣曰：「都睢陽。」索隱 漢書梁王名揖，蓋是矣。按：景帝子中山靖王名勝，是史記誤耳。正義 括地志云：「宋州宋城縣在州南二里外城中，本漢之睢陽縣也。漢文帝封子武於大梁，以其卑溼，徙睢陽，故改曰梁也。」

〔五〕集解 徐廣曰：「都陳。」正義 即古陳國城也。

〔六〕集解 徐廣曰：「都清陽。」正義 括地志云：「清陽故城在貝州清陽縣西北八里也。」

初，武爲淮陽王十年，而梁王勝卒，謚爲梁懷王。懷王最少子，愛幸異於他子。其明年，徙淮陽王武爲梁王。梁王之初王梁，孝文帝之十二年也。梁王自初王通歷已十一年矣。〔一〕

〔一〕索隱 謂自文帝二年初封代，後徙淮陽，又徙梁，通數文帝二年至十二年徙梁爲十一年也。

梁王十四年，入朝。十七年，十八年，比年入朝，留，其明年，乃之國。二十一年，入朝。二十二年，孝文帝崩。二十四年，入朝。二十五年，復入朝。是時上未置太子也。上與梁王燕飲，嘗從容言曰：「千秋萬歲後傳於王。」王辭謝。雖知非至言，然心內喜。太后亦然。

其春，吳楚齊趙七國反。吳楚先擊梁棘壁，〔一〕殺數萬人。梁孝王城守睢陽，而使韓安國、張羽等爲大將軍，以距吳楚。吳楚以梁爲限，不敢過而西，與太尉亞夫等相距三月。吳楚破，而梁所破殺虜略與漢中分。〔二〕明年，漢立太子。其後梁最親，有功，又爲大國，居天下膏腴地。地北界泰山，西至高陽，〔三〕四十餘城，皆多大縣。

〔一〕集解 文穎曰：「地名。」索隱 按：左傳宣公二年，宋華元戰于大棘。杜預云在襄邑東南，蓋即棘壁是也。正義 括地志云：「大棘故城在宋州寧陵縣西南七十里。」

〔二〕集解 漢書音義曰：「梁所虜吳楚之捷，略與漢等。」

〔三〕集解 徐廣曰：「在陳留圉縣。」駰案：司馬彪曰「圉有高陽亭」也。索隱 圉縣屬陳留。高陽，鄉名也。注引司馬彪者，出續漢書郡國志也。

孝王，竇太后少子也，愛之，賞賜不可勝道。於是孝王築東苑，〔一〕方三百餘里。〔二〕廣睢陽城七十里。〔三〕大治宮室，爲複道，自宮連屬於平臺三十餘里。〔四〕得賜天子旌旗，出從千乘萬騎。〔五〕東西馳獵，擬於天子。出言趩，入言警。〔六〕招延四方豪桀，自山以東游說之士莫不畢至。齊人羊勝、公孫詭、鄒陽之屬。公孫詭多奇邪計，〔七〕初見王，賜千金，官至中尉，梁號之曰公孫將軍。梁多作兵器弩弓矛數十萬，而府庫金錢且百巨萬，〔八〕珠玉寶器多於京師。

〔一〕索隱 築謂建也。白虎通云：「苑所以東者何？蓋以東方生物故也。」

〔二〕索隱 蓋言其奢，非實辭。或者梁國封域之方。正義 括地志云：「兔園在宋州宋城縣東南十里。葛洪西京雜記云『梁孝王苑中有落猨巖、栖龍岫、鴈池、鶴洲、鳧島。諸宮觀相連，奇果佳樹，瑰禽異獸，靡不畢備』。俗人言梁孝王竹園也。」

〔三〕索隱 蘇林云：「廣其徑也。」太康地理記云：「城方十三里，梁孝王築之。鼓倡節杵而後下和之者，稱睢陽曲。今踵以爲故，所以樂家有睢陽曲，蓋采其遺音也。」

〔四〕集解 徐廣曰：「睢陽有平臺里。」駰案：如淳曰「在梁東北，離宮所在也」。晉灼曰「或說在城中東北角」。索隱 如淳云「在梁東北，離宮所在」者，按今城東二十里臨新河，有故臺址，不甚高，俗云平臺，又一名脩竹苑。西京雜記云「有落猨巖、鳧洲、鴈渚，連亙七十餘里」是也。

〔五〕索隱 漢官儀曰：「天子法駕三十六乘，大駕八十一乘，皆備千乘萬騎而出也。」

〔六〕索隱 漢舊儀云：「皇帝輦動稱警，出殿則傳蹕，止人清道。」言出入者，互文耳，入亦有蹕。

〔七〕索隱 周禮「有奇衺之人」，鄭玄云「奇衺，譎怪非常也」。奇音紀宜反，邪音斜也。

〔八〕索隱 如淳云：「巨亦大，與大百萬同也。」韋昭云：「大百萬，今萬萬。」

二十九年十月，梁孝王入朝。景帝使使持節乘輿駟馬，迎梁王於關下。〔一〕既朝，上疏因留。以太后親故，王入則侍景帝同輦，出則同車游獵，射禽獸上林中。梁之侍中、郎、謁者著籍引出入〔二〕天子殿門，與漢宦官無異。

〔一〕集解 鄧展曰：「但將駟馬往。」瓚曰：「稱乘輿駟馬，則車馬皆往，言不駕六馬耳。天子副車駕駟馬。」

〔二〕正義 著，竹略反。籍謂名簿也，若今通引出入門也。

十一月，上廢栗太子，竇太后心欲以孝王爲後嗣。大臣及袁盎等有所關說於景帝，〔一〕竇太后義格，〔二〕亦遂不復言以梁王爲嗣事由此。以事祕，世莫知。乃辭歸國。

〔一〕索隱袁盎云「漢家法周道立子」，是有所關涉之說於帝也。一云關者，隔也。引事而關隔，其說不得行也。
〔二〕集解如淳曰：「跂閣不得下。」索隱張晏云「格，止也」。服虔云「格謂格閣不行」。蘇林音閣。周成雜字「跂閣也」。通俗文云「高置立跂棚云跂閣」。字林音紀，又音詭也。

其夏四月，上立膠東王爲太子。梁王怨袁盎及議臣，乃與羊勝、公孫詭之屬陰使人刺殺袁盎及他議臣十餘人。逐其賊，未得也。於是天子意梁王，〔一〕逐賊，果梁使之。乃遣使冠蓋相望於道，覆按梁，捕公孫詭、羊勝。公孫詭、羊勝匿王後宮。使者責二千石急，梁相軒丘豹〔二〕及內史韓安國進諫王，王乃令勝、詭皆自殺，出之。上由此怨望於梁王。梁王恐，乃使韓安國因長公主謝罪太后，然后得釋。

〔一〕索隱謂意疑梁刺之。
〔二〕正義姓軒丘，名豹也。

上怒稍解，因上書請朝。既至關，茅蘭〔一〕說王，使乘布車，〔二〕從兩騎入，匿於長公主園。漢使使迎王，王已入關，車騎盡居外，不知王處。太后泣曰：「帝殺吾子！」景帝憂恐。於是梁王伏斧質於闕下，謝罪，然後太后、景帝大喜，相泣，復如故。悉召王從官入關。然景帝益疏王，不同車輦矣。

〔一〕集解漢書音義曰：「茅蘭，孝王臣。」

〔二〕集解張晏曰：「布車，降服，自比喪人。」

三十五年冬，復朝。上疏欲留，上弗許。歸國，意忽忽不樂。北獵良山，〔一〕有獻牛，足出背上，〔二〕孝王惡之。六月中，病熱，六日卒，謚曰孝王。〔三〕

〔一〕索隱漢書作「梁山」。述征記云「良山際清水」。今壽張縣南有良山，服虔云是此山也。正義括地志云「梁山在鄆州壽張縣南三十五里」，卽獵處也。
〔二〕索隱張晏云：「足當處下，所以輔身也；今出背上，象孝王背朝以干上也。北者，陰也。又在梁山，明爲梁也。牛者，丑之畜，衡在六月。北方數六，故六月六日薨也。」
〔三〕索隱述征記：「碭有梁孝王之冢。」

孝王慈孝，每聞太后病，口不能食，居不安寢，常欲留長安侍太后。太后亦愛之。及聞梁王薨，竇太后哭極哀，不食，曰：「帝果殺吾子！」景帝哀懼，不知所爲。與長公主計之，乃分梁爲五國，〔一〕盡立孝王男五人爲王，女五人皆食湯沐邑。於是奏之太后，太后乃說，爲帝加壹飡。

〔一〕索隱長子買，梁共王。子明，濟川王。子彭離，濟東王。子定，山陽王。子不識，濟陰王。

梁孝王長子買爲梁王，是爲共王；子明爲濟川王；子彭離爲濟東王；子定爲山陽王；子不識爲濟陰王。

孝王未死時，財以巨萬計，不可勝數。及死，藏府餘黃金尚四十餘萬斤，他財物稱是。

梁共王三年，景帝崩。共王立七年卒，子襄立，是爲平王。

梁平王襄〔一〕十四年，母曰陳太后。共王母曰李太后。李太后，親平王之大母也。而平王之后姓任，曰任王后。任王后甚有寵於平王襄。初，孝王在時，有罍樽，〔二〕直千金。孝王誡後世，善保罍樽，無得以與人。任王后聞而欲得罍樽。平王大母李太后曰：「先王有命，無得以罍樽與人。他物雖百巨萬，猶自恣也。」任王后絕欲得之。平王襄直使人開府取罍樽，賜任王后。李太后大怒，漢使者來，欲自言，平王襄及任王后遮止，閉門，李太后與爭門，措指，〔三〕遂不得見漢使者。李太后亦私與食官長及郎中尹霸等士通亂，〔四〕而王與任王后以此使人風止李太后，李太后內有淫行，亦已。後病薨。病時，任后未嘗請病；薨，又不持喪。

〔一〕索隱漢書作「讓」。
〔二〕集解鄭德曰：「上蓋刻爲雲雷象。」索隱應劭曰：「詩云『酌彼金罍』。罍者，畫雲雷之象以金飾之。」
〔三〕集解晉灼曰：「許愼云『措，置』。字借以爲笮。」索隱措音迮，側格反。漢書王陵傳「迫迮前隊」，皆作此字。

說文云「笮，迫也」。謂爲門扇所笮。
〔四〕正義張先生舊本有「士」字，先生疑是衍字，又不敢除，故以朱大點其字中心。今按：食官長及郎中尹霸等是士人，太后與通亂，其義亦通矣。

元朔中，睢陽人類犴反者，〔一〕人有辱其父，而與淮陽太守客出同車。太守客出下車，類犴反殺其仇於車上而去。淮陽太守怒，以讓梁二千石。二千石以下求反甚急，執反親戚。反知國陰事，乃上變事，具告知王與大母爭樽狀。時丞相以下見知之，欲以傷梁長吏，其書聞天子。天子下吏驗問，有之。公卿請廢襄爲庶人。天子曰：「李太后有淫行，而梁王襄無良師傅，故陷不義。」乃削梁八城，梟任王后首于市。梁餘尚有十城。襄立三十九年卒，謚爲平王。子無傷立爲梁王也。

〔一〕索隱韋昭云「犴音岸」。按：類犴反，人姓名也。反字或作「友」。

濟川王明者，梁孝王子，以桓邑侯〔一〕孝景中六年爲濟川王。七歲，坐射殺其中尉，漢有司請誅，天子弗忍誅，廢明爲庶人，遷房陵，地入于漢爲郡。

〔一〕索隱地理志桓邑闕。

濟東王彭離者，梁孝王子，以孝景中六年爲濟東王。二十九年，彭離驕悍，無人君禮，

昏暮私與其奴、亡命少年數十人行剽殺人，取財物以爲好。〔一〕所殺發覺者百餘人，國皆知之，莫敢夜行。所殺者子上書言。漢有司請誅，上不忍，廢以爲庶人，遷上庸，地入于漢，爲大河郡。

〔一〕集解如淳曰：「以是爲好喜之事。」

山陽哀王定者，梁孝王子，以孝景中六年爲山陽王。九年卒，無子，國除，地入于漢，爲山陽郡。

濟陰哀王不識者，梁孝王子，以孝景中六年爲濟陰王。一歲卒，無子，國除，地入于漢，爲濟陰郡。

太史公曰：梁孝王雖以親愛之故，王膏腴之地，然會漢家隆盛，百姓殷富，故能植其財貨，廣宮室，車服擬於天子。然亦僭矣。

褚先生曰：臣爲郎時，聞之於宮殿中老郎吏好事者稱道之也。竊以爲令梁孝王怨望，欲爲不善者，事從中生。今太后，女主也，以愛少子故，欲令梁王爲太子。大臣不時正言其不可狀，阿意治小，私說意以受賞賜，非忠臣也。齊如魏其侯竇嬰之正言

也，〔一〕何以有後禍？景帝與王燕見，侍太后飲，景帝曰：「千秋萬歲之後傳王。」太后喜說。竇嬰在前，據地言曰：「漢法之約，傳子適孫，今帝何以得傳弟，擅亂高帝約乎！」於是景帝默然無聲。太后意不說。

〔一〕索隱竇嬰、袁盎皆言如周家立子，不合立弟。

故成王與小弱弟立樹下，取一桐葉以與之，曰：「吾用封汝。」周公聞之，進見曰：「天王封弟，甚善。」成王曰：「吾直與戲耳。」周公曰：「人主無過舉，不當有戲言，言之必行之。」於是乃封小弟以應縣。〔一〕是後成王沒齒不敢有戲言，言必行之。孝經曰：「非法不言，非道不行。」此聖人之法言也。今主上不宜出好言於梁王。梁王上有太后之重，驕蹇日久，數聞景帝好言，千秋萬世之後傳王，而實不行。

〔一〕索隱此說與晉系家不同，事與封叔虞同，彼云封唐，此云封應，應亦成王之弟，或別有所見，故不同。正義括地志云：「故應城，故應鄉也，在汝州魯山縣東四十里。」呂氏春秋云「成王戲削桐葉爲圭，以封叔虞」，非應侯也。又汲冢古文云殷時已有應國，非成王所造也。

又諸侯王朝見天子，漢法凡當四見耳。始到，入小見；到正月朔旦，奉皮薦璧玉賀正月，法見；後三日，爲王置酒，賜金錢財物；後二日，復入小見，辭去。凡留長安不過二十日。小見者，燕見於禁門內，飲於省中，非士人所得入也。今梁王西朝，因留，且半歲。入與人主同輦，出與同車。示風以大言而實不與，令出怨言，謀畔逆，乃隨而憂之，不亦遠乎！非大賢人，不知退讓。今漢之儀法，朝見賀正月者，常一王與四侯俱朝見，十餘歲一至。今梁王常比年入朝見，久留。鄙語曰「驕子不孝」，非惡言也。故諸侯王當爲置良師傅，相忠言之士，如汲黯、韓長孺等，敢直言極諫，安得有患害！

蓋聞梁王西入朝，謁竇太后，燕見，與景帝俱侍坐於太后前，語言私說。太后謂帝曰：「吾聞殷道親親，周道尊尊，〔一〕其義一也。安車大駕，用梁孝王爲寄。」景帝跪席舉身曰：「諾。」罷酒出，帝召袁盎諸大臣通經術者曰：「太后言如是，何謂也？」皆對曰：「太后意欲立梁王爲帝太子。」帝問其狀，袁盎等曰：「殷道親親者，立弟。周道尊尊者，立子。殷道質，質者法天，親其所親，故立弟。周道文，文者法地，尊者敬也，敬其本始，故立長子。周道，太子死，立適孫。殷道，太子死，立其弟。」帝曰：「於公何如？」皆對曰：「方今漢家法周，周道不得立弟，當立子。故春秋所以非宋宣公。宋宣公死，不立子而與弟。弟受國死，復反之與兄之子。弟之子爭之，以爲我當代父後，即刺殺兄子。以故國亂，禍不絕。故春秋曰『君子大居正，宋之禍宣公爲之』。臣請見太后白之。」袁盎等入見太后：「太后言欲立梁王，梁王即終，欲誰立？」太后曰：「吾復立帝子。」袁盎等以宋宣公不立正，生禍，禍亂後五世不絕，小不忍害大義狀報太

后。太后乃解說，即使梁王歸就國。而梁王聞其義出於袁盎諸大臣所，怨望，使人來殺袁盎。袁盎顧之曰：「我所謂袁將軍者也，公得毋誤乎？」刺者曰：「是矣！」刺之，置其劍，劍著身。視其劍，新治。問長安中削厲工，工曰：「梁郎某子〔二〕來治此劍。」以此知而發覺之，發使者捕逐之。獨梁王所欲殺大臣十餘人，文吏窮本之，謀反端頗見。太后不食，日夜泣不止。景帝甚憂之，問公卿大臣，大臣以爲遣經術吏往治之，乃可解。於是遣田叔、呂季主往治之。此二人皆通經術，知大禮。來還，至霸昌廄，〔三〕取火悉燒梁之反辭，但空手來對景帝。景帝曰：「何如？」對曰：「言梁王不知也。造爲之者，獨其幸臣羊勝、公孫詭之屬爲之耳。謹以伏誅死，梁王無恙也。」景帝喜說，曰：「急趨謁太后。」太后聞之，立起坐湌，氣平復。故曰，不通經術知古今之大禮，不可以爲三公及左右近臣。少見之人，如從管中闚天也。

〔一〕索隱殷人尚質，親親，謂親其弟而授之。周人尚文，尊尊，謂尊祖之正體。故立其子，尊其祖也。

〔二〕索隱謂梁國之郎，是孝王官屬。某子，史失其姓名也。

〔三〕正義括地志云：「漢霸昌廄在雍州萬年縣東北三十八里。」

【索隱述贊】文帝少子，徙封於梁。太后鍾愛，廣築睢陽。旌旂警蹕，勢擬天王。功扞吳楚，計醜孫羊。竇嬰正議，袁盎劫傷。漢窮梁獄，冠蓋相望。禍成驕子，致此猖狂。雖分五國，卒亦不昌。

史記卷五十九

五宗世家第二十九

索隱景帝子十四人，一武帝，餘十三人爲王，漢書謂之「景十三王」。此名「五宗」者，十三人爲王，其母五人，同母者爲宗也。

孝景皇帝子凡十三人爲王，而母五人，同母者爲宗親。栗姬子曰榮、德、閼于。〔一〕程姬子曰餘、非、端。賈夫人子曰彭祖、勝。唐姬子曰發。王夫人兒姁〔二〕子曰越、寄、乘、舜。

〔一〕索隱閼音遏。漢書無「于」字。

〔二〕索隱況羽反。兒姁，夫人名也。王皇后之妹也。

河閒獻王德，〔一〕以孝景帝前二年用皇子爲河閒王。好儒學，被服造次必於儒者。山東諸儒多從之游。

〔一〕索隱漢書云「大行令奏：諡法曰聰明睿智曰獻」。

二十六年卒，〔一〕子共王不害立。四年卒，子剛王基代立。十二年卒，子頃王授代立。〔二〕

〔一〕集解漢名臣奏：「杜業奏曰『河閒獻王經術通明，積德累行，天下雄俊衆儒皆歸之。孝武帝時，獻王朝，被服造次必於仁義。問以五策，獻王輒對無窮。孝武帝艴然難之，謂獻王曰：「湯以七十里，文王百里，王其勉之。」王知其意，歸即縱酒聽樂，因以終』。」索隱注「問以五策」。按：漢書詔策問三十餘事。「被服造次」。按：小顏云「被服，言常居處其中也；造次，謂所向所行皆法於儒者」。

〔二〕索隱漢書云授諡頃，音傾也。

臨江哀王閼于，以孝景帝前二年用皇子爲臨江王。三年卒，無後，國除爲郡。

臨江閔王榮，以孝景前四年爲皇太子，四歲廢，用故太子爲臨江王。

四年，坐侵廟壖垣〔一〕爲宮，上徵榮。榮行，祖於江陵北門。〔二〕既已上車，軸折車廢。江陵父老流涕竊言曰：「吾王不反矣！」榮至，詣中尉府簿。中尉郅都責訊王，王恐，自殺。葬藍田。燕數萬銜土置冢上，百姓憐之。

〔一〕索隱服虔云「宮外之餘地」。顧野王云「牆外行馬內田」。音人椽反，又音軟，又音奴亂反。壖垣，牆外之短垣也。

〔二〕索隱按：祖者行神，行而祭之，故曰祖也。風俗通云「共工氏之子曰修，好遠遊，故祀爲祖神」。又崔浩云「黃帝之子累祖，好遠遊而死於道，因以爲行神」，亦不知其何據。蓋見其謂之祖，因以爲累祖，非也。據帝系及本紀皆言累祖黃帝妃，無爲行神之由也。又聘禮云「出祖釋軷，祭酒脯」而已。按：今祭禮，以軷壤土爲壇於道，則用黃羝或用狗，以其血釁左輪也。正義荆州圖副云：「漢臨江閔王榮始都江陵城，坐侵廟壖地爲宮，被徵，出城北門而車軸折。父老共流涕曰：『吾王不反矣！』既而爲郅都所訊，懼而縊死。自此後北門存而不啓，蓋爲榮不以道終也。」

榮最長，〔一〕死無後，國除，地入于漢，爲南郡。

〔一〕正義顏師古云：「榮實最長，而傳居二王後者，以其從太子廢後乃爲王也。」

右三國本王皆栗姬之子也。

魯共王餘，以孝景前二年用皇子爲淮陽王。二年，吳楚反破後，以孝景前三年徙爲魯王。好治宮室苑囿狗馬。季年好音，不喜辭辯。爲人吃。

二十六年卒，子光代爲王。初好音輿馬；晚節嗇，〔一〕惟恐不足於財。

〔一〕正義晚節猶言末年時。嗇，貪悋也。

江都易王非，〔一〕以孝景前二年用皇子爲汝南王。吳楚反時，非年十五，有材力，上書願擊吳。景帝賜非將軍印，擊吳。吳已破，二歲，徙爲江都王，治吳故國，以軍功賜天子旌旗。元光五年，匈奴大入漢爲賊，非上書願擊匈奴，上不許。非好氣力，治宮觀，招四方豪桀，驕奢甚。

〔一〕索隱按：諡法「好更故舊曰易」也。

立二十六年卒，子建立爲王。七年自殺。淮南、衡山謀反時，建頗聞其謀。自以爲國近淮南，恐一日發，爲所并，即陰作兵器，而時佩其父所賜將軍印，載天子旗以出。易王死未葬，建有所說易王寵美人淖姬，〔一〕夜使人迎與姦服舍中。及淮南事發，治黨與頗及江都王建。建恐，因使人多持金錢，事絕其獄。而又信巫祝，使人禱祠妄言。建又盡與其姊弟姦。〔二〕事既聞，漢公卿請捕治建。天子不忍，使大臣即訊王。王服所犯，遂自殺。國除，地入于漢，爲廣陵郡。

〔一〕集解蘇林曰：「淖音泥淖」。索隱鄭氏音卓，蘇林音「泥淖」之「淖」，女教反。淖，姓也，齊有淖齒是。又漢書云「建召易王所愛淖姬等十人，與姦服舍中」。正義淖，女孝反。

〔二〕索隱漢書云建女弟徵臣爲蓋侯子婦，以易王喪來歸，建復與姦也。

膠西于王端，〔一〕以孝景前三年吴楚七國反破後，端用皇子爲膠西王。端爲人賊戾，又陰痿，〔二〕一近婦人，病之數月。而有愛幸少年爲郎。爲郎者頃之與後宮亂，端禽滅之，及殺其子母。數犯上法，漢公卿數請誅端，天子爲兄弟之故不忍，而端所爲滋甚。有司再請削其國，去太半。端心愠，遂爲無訾省。〔三〕府庫壞漏盡，腐財物以巨萬計，終不得收徙。令吏毋得收租賦。端皆去衞，〔四〕封其宮門，從一門出游。數變名姓，爲布衣，之他郡國。

〔一〕索隱 按：廣周書謚法云「能優其德曰于」。

〔二〕正義 委危反。不能御婦人。

〔三〕集解 蘇林曰：「爲無所訾録，無所省録。」正義 顔師古云：「訾，財也。省，視也。言不能視録貲財。」

〔四〕索隱 謂不置宿衞人。

相、二千石往者，奉漢法以治，端輒求其罪告之，無罪者詐藥殺之。所以設詐究變，〔一〕彊足以距諫，智足以飾非。相、二千石從王治，則漢繩以法。故膠西小國，而所殺傷二千石甚衆。

〔一〕索隱 究者，窮也。故郭璞云「究謂窮盡也」。

立四十七年，卒，竟無男代後，國除，地入于漢，爲膠西郡。

右三國本王皆程姬之子也。

趙王彭祖，以孝景前二年用皇子爲廣川王。趙王遂反破後，彭祖王廣川。四年，徙爲趙王。十五年，孝景帝崩。彭祖爲人巧佞卑諂，足恭而心刻深。〔一〕好法律，持詭辯以中人。〔二〕彭祖多内寵姬及子孫。相、二千石欲奉漢法以治，則害於王家。是以每相、二千石至，彭祖衣皁布衣，自行迎，除二千石舍，〔三〕多設疑事以作動之，得二千石失言，中忌諱，輒書之。二千石欲治者，則以此迫劫；不聽，乃上書告，及汙以姦利事。彭祖立五十餘年，相、二千石無能滿二歲，輒以罪去，大者死，小者刑，以故二千石莫敢治。而趙王擅權，使使卽縣爲賈人榷會，〔四〕入多於國經租税。〔五〕以是趙王家多金錢，然所賜姬諸子，亦盡之矣。彭祖取故江都易王寵姬王建所盜與姦淖姬者爲姬，甚愛之。

〔一〕索隱 謂刻害深，無仁恩也。

〔二〕索隱 謂詭詐之辯，以中傷於人。

〔三〕索隱 謂彭祖自爲二千石埽除其舍，以迎之也。

〔四〕集解 韋昭曰：「平會兩家買賣之賈也。榷者，禁他家，獨王家得爲之。」索隱 榷音角。獨言榷，謂酤榷也。會音儈，古外反。謂爲賈人專榷買賣之賈，儈以取利，若今之和市矣。韋昭則訓榷爲平，其注解爲得。

〔五〕索隱 經者，常也。謂王家人多於國家常納之租税也。

彭祖不好治宮室、禨祥，〔一〕好爲吏事。上書願督國中盜賊。常夜從走卒行徼〔二〕邯鄲中。諸使過客以彭祖險陂，莫敢留邯鄲。

〔一〕集解 服虔曰：「求福也。」索隱 按：埤蒼云「禨，祅祥也」。列子云「荆人鬼，越人禨」。謂楚信鬼神而越信禨祥也。

〔二〕索隱 上下孟反，下工弔反。徼是郊外之路，謂巡徼而伺察境界。

其太子丹與其女及同産姊姦，與其客江充有郤。充告丹，丹以故廢。趙更立太子。

中山靖王勝，以孝景前三年用皇子爲中山王。十四年，孝景帝崩。勝爲人樂酒〔一〕好内，有子枝屬百二十餘人。常與兄趙王相非，曰：「兄爲王，專代吏治事。王者當日聽音樂聲色。」趙王亦非之，曰：「中山王徒日淫，不佐天子拊循百姓，何以稱爲藩臣！」

〔一〕正義 樂，五教反。

立四十二年卒，〔一〕子哀王昌立。一年卒，子昆侈代爲中山王。〔二〕

〔一〕索隱 按：漢書建元三年，濟川、中山王等來朝，聞樂而泣。天子問其故，王對以大臣内讒，肺腑日疏，其言甚雄壯，詞切而理文。天子加親親之好。可謂漢之英藩矣。

〔二〕索隱 漢書昆侈謚康王，子頃王輔嗣，至孫國除也。

右二國本王皆賈夫人之子也。

長沙定王發，發之母唐姬，故程姬侍者。景帝召程姬，程姬有所辟，不願進，〔一〕而飾侍者唐兒使夜進。上醉不知，以爲程姬而幸之，遂有身。已乃覺非程姬也。及生子，因命曰發。以孝景前二年用皇子爲長沙王。以其母微，無寵，故王卑溼貧國。〔二〕

〔一〕索隱 姚氏按：釋名云「天子諸侯羣妾以次進御，有月事者止不御，更不口説，故以丹注面目旳旳爲識，令女史見之」。王粲神女賦以爲「脱袿裳，免簪笄，施玄旳，結羽釵」。旳卽釋名所云也。説文云「姅，女污也」。漢律云「見姅變，不得侍祠」。姅音半。

〔二〕集解 應劭曰：「景帝後二年，諸王來朝，有詔更前稱壽歌舞。定王但張袖小舉手。左右笑其拙，上怪問之，對曰：『臣國小地狹，不足迴旋。』帝以武陵、零陵、桂陽屬焉。」

立二十七年卒，子康王庸立。二十八年，卒，子鮒鮈立〔一〕爲長沙王。

〔一〕集解 服虔曰：「鮈音拘。」

右一國本王唐姬之子也。

廣川惠王越，以孝景中二年用皇子爲廣川王。十二年卒，子齊立爲王。〔一〕齊有幸臣桑距。已而有罪，欲誅距，距亡，王因禽其宗族。距怨王，乃上書告王齊與同産姦。自是之後，王齊數上書告言漢公卿及幸臣所忠等。〔二〕

〔一〕索隱 漢書齊謚繆王。謚法「傷人蔽賢曰繆」。

〔二〕索隱 按：漢書「又告中尉蔡彭祖」。子去嗣，坐暴虐勃亂，國除也。正義 所忠，姓名。

膠東康王寄，以孝景中二年用皇子爲膠東王。二十八年卒。淮南王謀反時，寄微聞其事，私作樓車鏃矢〔一〕戰守備，候淮南之起。及吏治淮南之事，辭出之。〔二〕寄於上最親，〔三〕意傷之，發病而死，不敢置後，於是上(問)〔聞〕。寄有長子者名賢，母無寵；少子名慶，母愛幸，寄常欲立之，爲不次，因有過，遂無言。上憐之，乃以賢爲膠東王奉康王嗣，而封慶於故衡山地，爲六安王。

〔一〕集解 應劭曰：「樓車，所以窺看敵國營壘之虛實也。」索隱 左傳云「登樓車以窺宋人」，謂看敵國營壘之虛實也。李巡注爾雅「金鏃，以金爲箭鏑」。鏃，字林音子木反。

〔二〕集解 如淳曰：「窮治其辭，出此事。」

〔三〕集解 徐廣曰：「其母武帝母妹。」正義 寄母王夫人卽王皇后之妹，於上爲從母，故寄於諸兄弟最爲親愛也。

膠東王賢立十四年卒，謚爲哀王。子慶爲王。〔一〕

〔一〕集解 徐廣曰：「他本亦作『慶』字，惟一本作『建』。不宜得與叔父同名，相承之誤。」

六安王慶，以元狩二年用膠東康王子爲六安王。

清河哀王乘，以孝景中三年用皇子爲清河王。十二年卒，無後，國除，地入于漢，爲清河郡。

常山憲王舜，以孝景中五年用皇子爲常山王。舜最親，景帝少子，驕怠多淫，數犯禁，上常寬釋之。立三十二年卒，太子勃代立爲王。

初，憲王舜有所不愛姬生長男棁。〔一〕棁以母無寵故，亦不得幸於王。王后脩生太子勃。王內多，所幸姬生子平、子商，王后希得幸。及憲王病甚，諸幸姬常侍病，故王后亦以妒媢〔二〕不常侍病，輒歸舍。醫進藥，太子勃不自嘗藥，又不宿留侍病。及王薨，王后、太子乃至。憲王雅不以長子棁爲人數，及薨，又不分與財物。郎或說太子、王后，令諸子與長子棁共分財物，太子、王后不聽。太子代立，又不收恤棁。棁怨王后、太子。漢使者視憲王喪，棁自言憲王病時，王后、太子不侍，及薨，六日出舍，〔三〕太子勃私姦，飲酒，博戲，擊筑，與女子載馳，環城過市，入牢視囚。天子遣大行騫〔四〕驗王后及問王勃，請逮勃所與姦諸證左，王又匿之。吏求捕，勃大急，使人致擊笞掠，擅出漢所疑囚者。有司請誅憲王后脩及王勃。上以脩素無行，使棁陷之罪，勃無良師傅，不忍誅。有司請廢王后脩，徙王勃以家屬處房陵，上許之。

〔一〕集解 蘇林曰：「音奪。」索隱 鄒氏一音之悅反。蘇林音奪。許慎說解字林云「他活反，字從木也」。

〔二〕索隱 媢音亡報反。鄒氏本作「媚」。郭璞注三蒼云「媢，丈夫妒也」。又云妒女爲媢。

〔三〕集解 如淳曰：「服舍也。」

〔四〕索隱 按：謂是張騫。

勃王數月，遷于房陵，國絕。月餘，天子爲最親，乃詔有司曰：「常山憲王蚤夭，后妾不和，適孽誣争，陷于不義以滅國，朕甚閔焉。其封憲王子平三萬户，爲真定王；封子商三萬户，爲泗水王。」〔一〕

〔一〕正義 泗水，海州。

真定王平，元鼎四年用常山憲王子爲真定王。

泗水思王商，以元鼎四年用常山憲王子爲泗水王。十一年卒，子哀王安世立。十一年卒，無子。於是上憐泗水王絕，乃立安世弟賀爲泗水王。

右四國本王皆王夫人兒姁子也。其後漢益封其支子爲六安王、泗水王二國。凡兒姁子孫，於今爲六王。

太史公曰：高祖時諸侯皆賦，〔一〕得自除內史以下，漢獨爲置丞相，黄金印。諸侯自除御史、廷尉正、博士，擬於天子。自吳楚反後，五宗王世，漢爲置二千石，去「丞相」曰「相」，銀印。諸侯獨得食租稅，奪之權。其後諸侯貧者或乘牛車也。

〔一〕集解 徐廣曰：「國所出有皆入于王也。」

【索隱述贊】景十三子，五宗親睦。栗姬既廢，臨江折軸。閼于早薨，河閒儒服。餘好宮苑，端事馳逐。江都有才，中山禔福。長沙地小，膠東造鏃。仁賢者代，浡亂者族。兒姁四王，分封爲六。

史記卷六十

三王世家第三十

「大司馬臣去病〔一〕昧死再拜上疏皇帝陛下：陛下過聽，使臣去病待罪行閒。宜專邊塞之思慮，暴骸中野無以報，乃敢惟他議以干用事者，誠見陛下憂勞天下，哀憐百姓以自忘，虧膳貶樂，損郎員。皇子賴天，能勝衣趨拜，至今無號位師傅官。陛下恭讓不恤，羣臣私望，不敢越職而言。臣竊不勝犬馬心，昧死願陛下詔有司，因盛夏吉時定皇子位。〔二〕唯陛下幸察。臣去病昧死再拜以聞皇帝陛下。」三月乙亥，御史臣光守尚書令奏未央宮。制曰：「下御史。」

〔一〕索隱 霍去病也。

〔二〕索隱 按：明堂月令云「季夏月，可以封諸侯，立大官」是也。

六年三月戊申朔，乙亥，御史臣光，守尚書令丞非，〔一〕下御史書到，言：「丞相臣青翟、〔二〕御史大夫臣湯、〔三〕太常臣充、〔四〕大行令臣息、〔五〕太子少傅臣安〔六〕行宗正事昧死

上言：大司馬去病上疏曰：『陛下過聽，使臣去病待罪行閒。宜專邊塞之思慮，暴骸中野無以報，乃敢惟他議以干用事者，誠見陛下憂勞天下，哀憐百姓以自忘，虧膳貶樂，損郎員。皇子賴天，能勝衣趨拜，至今無號位師傅官。陛下恭讓不恤，羣臣私望，不敢越職而言。臣竊不勝犬馬心，昧死願陛下詔有司，因盛夏吉時定皇子位。唯願陛下幸察。』制曰『下御史』。臣謹與中二千石、二千石臣賀等〔七〕議：古者裂地立國，並建諸侯以承天子，所以尊宗廟重社稷也。今臣去病上疏，不忘其職，因以宣恩，乃道天子卑讓自貶以勞天下，慮皇子未有號位。臣青翟、臣湯等宜奉義遵職，愚憧而不逮事。方今盛夏吉時，臣青翟、臣湯等昧死請立皇子臣閎、〔八〕臣旦、臣胥爲諸侯王。昧死請所立國名。」

〔一〕索隱 按：奏狀有尚書令官位，而史先闕其名耳。丞非者，或尚書左右丞，非其名也。

〔二〕索隱 莊青翟也。

〔三〕索隱 張湯。

〔四〕索隱 蓋趙充也。

〔五〕索隱 李息。

〔六〕索隱 任安也。

〔七〕正義 公孫賀。

〔八〕集解 徐廣曰：「一作『關』。」

制曰：「蓋聞周封八百，姬姓並列，或子、男、附庸。禮『支子不祭』。云並建諸侯所以重社稷，朕無聞焉。且天非爲君生民也。〔一〕朕之不德，海内未洽，乃以未教成者彊君連城，即股肱何勸？〔二〕其更議以列侯家之。」

〔一〕索隱 左傳曰「天生蒸民，立君以司牧之」，是言生人爲立君長司牧之耳，非天爲君而生人也。

〔二〕集解 徐廣曰：「一作『敦』，一作『勖』，一作『覩』也。」 索隱 謂皇子等並未習教義也。皇子未習教義，而彊使爲諸侯王，以君連城之人，則大臣何有所勸？

三月丙子，奏未央宮。「丞相臣青翟、御史大夫臣湯昧死言：臣謹與列侯臣嬰齊、中二千石二千石臣賀、諫大夫博士臣安等議曰：伏聞周封八百，姬姓並列，奉承天子。康叔以祖考顯，而伯禽以周公立，咸爲建國諸侯，以相傅爲輔。百官奉憲，各遵其職，而國統備矣。竊以爲並建諸侯所以重社稷者，四海諸侯各以其職奉貢祭。支子不得奉祭宗祖，禮也。封建使守藩國，帝王所以扶德施化。陛下奉承天統，明開聖緒，尊賢顯功，興滅繼絶。續蕭文終之後于酇，〔一〕褒厲羣臣平津侯等。〔二〕昭六親之序，明天施之屬，使諸侯王封君得推私恩分子弟户邑，錫號尊建百有餘國。〔三〕而家皇子爲列侯，則尊卑相踰，〔四〕列位失序，不可以垂統於萬世。臣請立臣閎、〔五〕臣旦、〔六〕臣胥〔七〕爲諸侯王。」三月丙子，奏未央宮。

〔一〕索隱 蕭何謚文終也。按：蕭何初封沛之酇，音贊。後其子續封南陽之酇，音嵯。

〔二〕索隱 公孫弘封平津侯。平津，高成之鄉名。 正義 公孫弘所封平津鄉，在滄州鹽山南四十二里也。

〔三〕索隱 謂武帝廣推恩之詔，分王諸侯王子弟，故有百餘國。

〔四〕索隱 謂諸侯王子已爲列侯，而今又家皇子爲列侯，是尊卑相踰越矣。

〔五〕索隱 齊王也，王夫人子。

〔六〕索隱 燕王也。漢書云李姬子。

〔七〕索隱 廣陵王也。

制曰：「康叔親屬有十而獨尊者，褒有德也。周公祭天命郊，故魯有白牡、騂剛之牲。〔一〕羣公不毛，〔二〕賢不肖差也。『高山仰之，景行嚮之』，朕甚慕焉。所以抑未成，家以列侯可。」

〔一〕集解 公羊傳曰：「魯祭周公，牲用白牡，魯公用騂剛。」何休曰：「白牡，殷牲也。騂剛，赤脊，周牲也。」

〔二〕集解 何休曰：「不毛，不純色也。」

四月戊寅，奏未央宮。「丞相臣青翟、御史大夫臣湯昧死言：臣青翟等與列侯、吏二千石、諫大夫、博士臣慶等議：昧死奏請立皇子爲諸侯王。制曰：『康叔親屬有十而獨尊者，褒有德也。周公祭天命郊，故魯有白牡、騂剛之牲。羣公不毛，賢不肖差也。「高山仰之，景行嚮之」，朕甚慕焉。所以抑未成，家以列侯可。』臣青翟、臣湯、博士臣將行等伏聞康叔親屬有十，武王繼體，周公輔成王，其八人皆以祖考之尊建爲大國。康叔之年幼，周公在三公之位，而伯禽據國於魯，蓋爵命之時，未至成人。康叔後扞禄父之難，伯禽殄淮夷之亂。昔

五帝異制，周爵五等，春秋三等，〔一〕皆因時而序尊卑。高皇帝撥亂世反諸正，〔二〕昭至德，定海內，封建諸侯，爵位二等。〔三〕皇子或在襁緥而立爲諸侯王，奉承天子，爲萬世法則，不可易。陛下躬親仁義，體行聖德，表裏文武。顯慈孝之行，廣賢能之路。內褒有德，外討彊暴。極臨北海，〔四〕西（湊）〔溱〕月氏，〔五〕匈奴、西域，舉國奉師。輿械之費，不賦於民。虛御府之藏以賞元戎，〔六〕開禁倉以振貧窮，減戍卒之半。百蠻之君，靡不鄉風，承流稱意。遠方殊俗，重譯而朝，澤及方外。故珍獸至，嘉穀興，天應甚彰。今諸侯支子封至諸侯王，〔七〕而家皇子爲列侯，〔八〕臣青翟、臣湯等竊伏孰計之，皆以爲尊卑失序，使天下失望，不可。臣請立臣閎、臣旦、臣胥爲諸侯王。」四月癸未，奏未央宮，留中不下。

〔一〕集解鄭玄曰：「春秋變周之文，從殷之質，合伯、子、男以爲一，則殷爵三等者，公、侯、伯也。」

〔二〕索隱春秋公羊傳文。

〔三〕索隱謂王與列侯。

〔四〕正義匈奴傳云霍去病伐匈奴，北臨翰海。

〔五〕正義溱音臻。氏音支。至月氏。月氏，西戎國名，在蔥嶺之西也。

〔六〕集解詩云：「元戎十乘，以先啓行。」韓嬰章句曰：「元戎，大戎，謂兵車也。車有大戎十乘，謂車緩輪，馬被甲，衡扼之上盡有劍戟，名曰陷軍之車，所以冒突先啓敵家之行伍也。」毛傳曰：「夏后氏曰鉤車，先正也。殷曰寅車，先疾也。周曰元戎，先良也。」

〔七〕索隱謂立膠東王子慶爲六安王，常山王子平爲真定王，子商爲泗水王是也。

〔八〕索隱時諸王稱「國」，列侯稱「家」也，故云「家皇子」爲尊卑失序。

「丞相臣青翟、太僕臣賀、行御史大夫事太常臣充、太子少傅臣安行宗正事昧死言：臣青翟等前奏大司馬臣去病上疏言，皇子未有號位，臣謹與御史大夫臣湯、中二千石、二千石、諫大夫、博士臣慶等昧死請立皇子臣閎等爲諸侯王。陛下讓文武，躬自切，及皇子未教。羣臣之議，儒者稱其術，或誖其心。陛下固辭弗許，家皇子爲列侯。臣青翟等竊與列侯臣壽成〔一〕等二十七人議，皆曰以爲尊卑失序。高皇帝建天下，爲漢太祖，王子孫，廣支輔。先帝法則弗改，所以宣至尊也。臣請令史官擇吉日，具禮儀上，御史奏輿地圖，〔二〕他皆如前故事。」制曰：「可。」

〔一〕集解徐廣曰：「蕭何之玄孫酇侯壽成，後爲太常也。」

〔二〕索隱謂地爲「輿」者，天地有覆載之德，故謂天爲「蓋」，謂地爲「輿」，故地圖稱「輿地圖」。疑自古有此名，非始漢也。

四月丙申，奏未央宮。「太僕臣賀行御史大夫事昧死言：太常臣充言卜入四月二十八日乙巳，可立諸侯王。臣昧死奏輿地圖，請所立國名。禮儀別奏。臣昧死請。」

制曰：「立皇子閎爲齊王，旦爲燕王，胥爲廣陵王。」

四月丁酉，奏未央宮。六年〔一〕四月戊寅朔，癸卯，御史大夫湯下丞相，丞相下中二千石，二千石下郡太守、諸侯相，丞書從事下當用者。如律令。

〔一〕集解徐廣曰：「一云元狩。」

「維六年四月乙巳，皇帝使御史大夫湯廟立子閎爲齊王。曰：於戲，小子閎，〔一〕受茲青社！〔二〕朕承祖考，維稽古建爾國家，封于東土，世爲漢藩輔。於戲念哉！恭朕之詔，惟命不于常。人之好德，克明顯光。義之不圖，俾君子怠。〔三〕悉爾心，允執其中，天祿永終。厥有愆不臧，乃凶于而國，害于爾躬。於戲，保國艾民，可不敬與！王其戒之。」〔四〕

〔一〕索隱此封齊王策文也。又按武帝集，此三王策皆武帝手製。於戲音嗚呼。戲或音羲。

〔二〕集解張晏曰：「王者以五色土爲太社，封四方諸侯，各以其方色土與之，苴以白茅，歸以立社。」索隱蔡邕獨斷云：「皇子封爲王，受天子太社之土，若封東方諸侯，則割青土，藉以白茅，授之以立社，謂之『茅土』。」齊在東方，故云青社。

〔三〕索隱謂若不圖於義，則君子懈怠，無歸附心。

〔四〕集解徐廣曰：「立八年，無後，絕。」

右齊王策。

「維六年四月乙巳，皇帝使御史大夫湯廟立子旦爲燕王。曰：於戲，小子旦，受茲玄社！朕承祖考，維稽古，〔一〕建爾國家，封于北土，世爲漢藩輔。於戲！葷粥氏虐老獸心，〔二〕侵犯寇盜，加以姦巧邊萌。〔三〕於戲！朕命將率徂征厥罪，萬夫長，千夫長，三十有二君皆來，〔四〕降期奔師。〔五〕葷粥徙域，〔六〕北州以綏。〔七〕悉爾心，毋作怨，毋俷德，〔八〕毋乃廢備。〔九〕非教士不得從徵。〔一〇〕於戲，保國艾民，可不敬與！王其戒之。」〔一一〕

〔一〕索隱褚先生解云：「維者，度也。稽者，當也。言當順古道也。」魏高貴鄉公云：「稽，同也。古，天也。謂堯能同天。」

〔二〕索隱按：匈奴傳曰「其國貴壯賤老，壯者食肥美，老者食其餘」，是虐老也。

〔三〕索隱邊甿。韋昭云：「甿，民也。」三倉云：「邊人云甿。」

〔四〕集解張晏曰：「時所獲三十二帥也。」

〔五〕集解如淳曰：「偃其旗鼓而來降。」索隱漢書「君」作「帥」，「期」作「旗」。而服虔云以三十二軍中之將，下旗去之也。如淳云即昆邪王偃旗鼓降時也。若如此意，則三十二君非軍將，蓋戎狄酋帥時有三十二君來降也。

〔六〕集解張晏曰：「匈奴徙東也。」

〔七〕集解臣瓚曰：「綏，安也。」

〔八〕集解徐廣曰：「俷，一作『非』。」索隱無非德。蘇林云：「非，廢也。本亦作『俷』，俷，敗也。」孔文祥云：「非，

薄也。」漢書作「棐」。正義偲音符味反。

〔九〕索隱褚先生解云：「言無乏武備，常備匈奴也。」

〔一〇〕集解張晏曰：「士不素習，不應召。」索隱韋昭云：「士非素教習，不得從軍徵發。故孔子曰『不教人戰，是謂弃之』是也。」褚先生解云：「非習禮義，不得在其側也。」

〔一一〕集解徐廣曰：「立三十年，自殺，國除。」

右燕王策。

「維六年四月乙巳，皇帝使御史大夫湯廟立子胥爲廣陵王。曰：於戲，小子胥，受茲赤社！朕承祖考，維稽古建爾國家，封于南土，世爲漢藩輔。古人有言曰：『大江之南，〔一〕五湖之閒，〔二〕其人輕心。楊州保疆，〔三〕三代要服，不及以政。』於戲！悉爾心，戰戰兢兢，乃惠乃順，毋侗好軼，毋邇宵人，〔四〕維法維則。書云『臣不作威，不作福』，靡有後羞。於戲，保國艾民，可不敬與！王其戒之。」〔五〕

〔一〕正義謂京口南至荆州以南也。

〔二〕索隱按：五湖者，具區、洮滆、彭蠡、青草、洞庭是也。或曰太湖五百里，故曰五湖也。

〔三〕集解徐廣曰：「一作『壃』。」駰案：李奇曰「保，恃也」。

〔四〕集解應劭曰：「無好逸游之事，邇近小人。」張晏曰：「侗音同。」索隱侗音同。褚先生解云：「無好軼樂馳騁戈獵。邇，近也。宵人，小人也。」鄒氏宵音謏，謏亦小人也。或作「佞人」。

〔五〕集解徐廣曰：「立六十四年，自殺。」

右廣陵王策。

太史公曰：古人有言曰「愛之欲其富，親之欲其貴」。故王者壃土建國，封立子弟，所以襃親親，序骨肉，尊先祖，貴支體，廣同姓於天下也。是以形勢彊而王室安。自古至今，所由來久矣。非有異也，故弗論箸也。燕齊之事，無足采者。然封立三王，天子恭讓，羣臣守義，文辭爛然，甚可觀也，是以附之世家。

褚先生曰：臣幸得以文學爲侍郎，好覽觀太史公之列傳。傳中稱三王世家文辭可觀，求其世家終不能得。竊從長老好故事者取其封策書，編列其事而傳之，令後世得觀賢主之指意。

蓋聞孝武帝之時，同日而俱拜三子爲王：封一子於齊，一子於廣陵，一子於燕。各因子才力智能，及土地之剛柔，人民之輕重，爲作策以申戒之。謂王：「世爲漢藩輔，保國治民，可不敬與！王其戒之。」夫賢主所作，固非淺聞者所能知，非博聞彊記君子者所不能究竟其意。至其次序分絕，文字之上下，簡之參差長短，皆有意，人莫之能知。謹論次其真草詔書，編于左方，令覽者自通其意而解說之。

王夫人者，趙人也，與衞夫人並幸武帝，而生子閎。閎且立爲王時，其母病，武帝自臨問之。曰：「子當爲王，欲安所置之？」王夫人曰：「陛下在，妾又何等可言者。」帝曰：「雖然，意所欲，欲於何所王之？」王夫人曰：「願置之雒陽。」武帝曰：「雒陽有武庫敖倉，天下衝阸，漢國之大都也。先帝以來，無子王於雒陽者。去雒陽，餘盡可。」王夫人不應。武帝曰：「關東之國無大於齊者。齊東負海而城郭大，古時獨臨菑中十萬户，天下膏腴地莫盛於齊者矣。」王夫人以手擊頭，謝曰：「幸甚。」王夫人死而帝痛之，使使者拜之曰：「皇帝謹使使太中大夫明奉璧一，賜夫人爲齊王太后。」子閎王齊，年少，無有子，立，不幸早死，國絕，爲郡。天下稱齊不宜王云。

所謂「受此土」者，諸侯王始封者必受土於天子之社，歸立之以爲國社，以歲時祠之。春秋大傳曰：「天子之國有泰社。東方青，南方赤，西方白，北方黑，上方黃。」故將封於東方者取青土，封於南方者取赤土，封於西方者取白土，封於北方者取黑土，封於上方者取黃土。各取其色物，裹以白茅，封以爲社。此始受封於天子者也。此之爲主土。主土者，立社而奉之也。「朕承祖考」，祖者先也，考者父也。「維稽古」，維者度也，念也，稽者當也，當順古之道也。

齊地多變詐，不習於禮義，故戒之曰「恭朕之詔，唯命不可爲常。人之好德，能明顯光。不圖於義，使君子怠慢。悉若心，信執其中，天祿長終。有過不善，乃凶于而國，而害于若身」。齊王之國，左右維持以禮義，不幸中年早夭。然全身無過，如其策意。

傳曰「青采出於藍，而質青於藍」者，教使然也。遠哉賢主，昭然獨見：誡齊王以慎內；誡燕王以無作怨，無俷德；〔一〕誡廣陵王以慎外，無作威與福。

〔一〕索隱本亦作「肥」。案：上策云「作非德」，下云「勿使王背德也」，則肥當音扶味反，亦音匪。

夫廣陵在吳越之地，其民精而輕，故誡之曰「江湖之閒，其人輕心。楊州葆疆，三代之時，迫要使從中國俗服，不大及以政教，以意御之而已。無侗好佚，無邇宵人，維法是則。無長好佚樂馳騁弋獵淫康，而近小人。常念法度，則無羞辱矣」。三江、五湖有魚鹽之利，銅山之富，天下所仰。故誡之曰「臣不作福」者，勿使行財幣，厚賞賜，以立聲譽，爲四方所歸也。又曰「臣不作威」者，勿使因輕以倍義也。

會孝武帝崩，孝昭帝初立，先朝廣陵王胥，厚賞賜金錢財幣，直三千餘萬，益地百里，邑萬户。

會昭帝崩，宣帝初立，緣恩行義，以本始元年中，裂漢地，盡以封廣陵王胥四子：一子爲朝陽侯；[一] 一子爲平曲侯；[二] 一子爲南利侯；[三] 最愛少子弘，立以爲高密王。[四]

[一] 正義 括地志云：「朝陽故城在鄧州穰縣南八十里。應劭云在朝水之陽也。」
[二] 正義 地理志云平曲縣屬東海郡。又云在瀛州文安縣北七十里。
[三] 正義 括地志云：「南利故城在豫州上蔡縣東八十五里。」
[四] 正義 括地志云：「高密故城在密州高密縣西南四十里。」

其後胥果作威福，通楚王使者。楚王宣言曰：「我先元王，高帝少弟也，封三十二城。今地邑益少，我欲與廣陵王共發兵云。〔立〕廣陵王爲上，我復王楚三十二城，如元王時。」事發覺，公卿有司請行罰誅。天子以骨肉之故，不忍致法於胥，下詔書無治廣陵王，獨誅首惡楚王。傳曰「蓬生麻中，不扶自直；[一]白沙在泥中，與之皆黑」者，土地教化使之然也。其後胥復祝詛謀反，自殺，國除。

[一] 索隱 已下並見荀卿子。

燕土墝埆，北迫匈奴，其人民勇而少慮，故誡之曰「葷粥氏無有孝行而禽獸心，以竊盜侵犯邊民。朕詔將軍往征其罪，萬夫長，千夫長，三十有二君皆來，降旗奔師。葷

粥徙域遠處，北州以安矣」。「悉若心，無作怨」者，勿使從俗以怨望也。「無俷德」者，勿使〈上〉〔王〕背德也。「無廢備」者，無乏武備，常備匈奴也。「非教士不得從徵」者，言非習禮義不得在於側也。

會武帝年老長，而太子不幸薨，未有所立，而旦使來上書，請身入宿衞於長安。孝武見其書，擊地，怒曰：「生子當置之齊魯禮義之鄉，乃置之燕趙，果有爭心，不讓之端見矣。」於是使使卽斬其使者於闕下。

會武帝崩，昭帝初立，旦果作怨而望大臣。自以長子當立，與齊王子劉澤等謀爲叛逆，出言曰：「我安得弟在者！[一] 今立者乃大將軍子也。」欲發兵。事發覺，當誅。昭帝緣恩寬忍，抑案不揚。公卿使大臣請，遣宗正與太中大夫公户滿意、御史二人，偕往使燕，風喻之。[二]到燕，各異日，更見責王。宗正者，主宗室諸劉屬籍，先見王，爲列陳道昭帝實武帝子狀。侍御史乃復見王，責之以正法，問：「王欲發兵罪名明白，當坐之。漢家有正法，王犯纖介小罪過，卽行法直斷耳，安能寬王。」驚動以文法。王意益下，心恐。公户滿意習於經術，最後見王，稱引古今通義，國家大禮，文章爾雅。[三] 謂王曰：「古者天子必內有異姓大夫，所以正骨肉也；外有同姓大夫，所以正異族也。[四]周公輔成王，誅其兩弟，故治。武帝在時，尚能寬王。今昭帝始立，年幼，富於

春秋，未臨政，委任大臣。古者誅罰不阿親戚，故天下治。方今大臣輔政，奉法直行，無敢所阿，恐不能寬王。王可自謹，無自令身死國滅，爲天下笑。」於是燕王旦乃恐懼服罪，叩頭謝過。大臣欲和合骨肉，難傷之以法。

[一] 索隱 案：昭帝，鉤弋夫人所生，武帝崩時，年纔七八歲耳。胥、旦早封在外，實合有疑。然武帝春秋高，惑於內寵，誅太子而立童孺，能不使胥、旦疑怨。亦由權臣輔政，貪立幼主之利，遂得鉤弋子當陽。斯實父德不弘，遂令子道不順。然犬各吠非其主，太中、宗正，人臣之職，又亦當如此。
[二] 索隱 宗正，官名，必以宗室有德者爲之，不知時何人。公户姓，滿意名，爲太中大夫。是使二人，又有侍御史二人，皆往使治燕王也。
[三] 索隱 爾，近也；雅，正也。其書於「正」字義訓爲近，故云爾雅。相承云周公作以教成王，又云子夏作之以解詩書也。
[四] 索隱 按：內云有異姓大夫以正骨肉，蓋錯也。「內」合言「同姓」，宗正是也。「外」合言「異姓」，太中大夫是也。

其後旦復與左將軍上官桀等謀反，宣言曰「我次太子，太子不在，我當立，大臣共抑我」云云。大將軍光輔政，與公卿大臣議曰：「燕王旦不改過悔正，行惡不變。」於是脩法直斷，行罰誅。旦自殺，國除，如其策指。有司請誅旦妻子。孝昭以骨肉之親，不忍致法，寬赦旦妻子，免爲庶人。傳曰「蘭根與白芷，漸之滫中，[一]君子不近，庶人不服」者，所以漸然也。

[一] 集解 徐廣曰：「滫者，淅米汁也。音先糾反。」 索隱 白芷，香草也，音止，又音昌改反。漸音子潛反。漸，漬也。滫讀如禮「滫溲」之「滫」，謂洗也，音思酒反。 正義 言雖香草，以米汁漬之，無復香氣。君子不欲附近，庶人不服者，爲漸漬然也。以旦謀叛，君子庶人皆不附近。

宣帝初立，推恩宣德，以本始元年中盡復封燕王旦兩子：一子爲安定侯；[一]立燕故太子建爲廣陽王，[二]以奉燕王祭祀。

[一] 正義 漢表在鉅鹿郡。
[二] 正義 括地志云：「廣陽故城今在幽州良鄉縣東北三十七里。」

【索隱述贊】三王封系，舊史爛然。褚氏後補，册書存焉。去病建議，青翟上言。天子沖挹，志在急賢。太常具禮，請立齊燕，閎國負海，旦社惟玄。宵人不邇，葷粥遠邊。明哉監戒，式防厥愆。

史記

漢　司馬遷　撰
宋　裴　駰　集解
唐　司馬貞　索隱
唐　張守節　正義

第七册

卷六一至卷八〇（傳）

中華書局

史記卷六十一

伯夷列傳第一

索隱列傳者，謂敍列人臣事跡，令可傳於後世，故曰列傳。　正義其人行跡可序列，故云列傳。

夫學者載籍極博，猶考信於六蓺。詩書雖缺，〔一〕然虞夏之文可知也。〔二〕堯將遜位，讓於虞舜，舜禹之閒，岳牧咸薦，乃試之於位，典職數十年，〔三〕功用既興，然後授政。示天下重器，〔四〕王者大統，傳天下若斯之難也。而說者曰堯讓天下於許由，〔五〕許由不受，恥之逃隱。及夏之時，有卞隨、務光者。此何以稱焉？〔六〕太史公曰：余登箕山，〔七〕其上蓋有許由冢云。孔子序列古之仁聖賢人，如吳太伯、伯夷之倫詳矣。余以所聞由、光〔八〕義至高，〔九〕其文辭不少概見，何哉？〔一〇〕

〔一〕索隱按：孔子系家稱古詩三千餘篇，孔子删三百五篇爲詩，今亡五篇。又書緯稱孔子求得黃帝玄孫帝魁之書，迄秦穆公，凡三千三百三十篇，乃删以一百篇爲尚書，十八篇爲中候。今百篇之內見亡四十二篇，是詩書又有缺亡者也。

〔二〕索隱按：尚書有堯典、舜典、大禹謨，備言虞夏禪讓之事，故云「虞夏之文可知也」。

〔三〕正義舜禹皆典職事二十餘年，然後踐帝位。

〔四〕索隱言天下者是王者之重器，故莊子云「天下大器」是也。則大器亦重器也。

〔五〕正義皇甫謐高士傳云：「許由字武仲。堯聞致天下而讓焉，乃退而遁於中嶽潁水之陽，箕山之下隱。堯又召爲九州長，由不欲聞之，洗耳於潁水濱。時有巢父牽犢欲飲之，見由洗耳，問其故。對曰：『堯欲召我爲九州長，惡聞其聲，是故洗耳。』巢父曰：『子若處高岸深谷，人道不通，誰能見子？子故浮游，欲聞求其名譽。汚吾犢口。』牽犢上流飲之。許由歿，葬此山，亦名許由山。」在洛州陽城縣南十三里。

〔六〕索隱按：「說者」謂諸子雜記也。然堯讓於許由，及夏時有卞隨、務光等，殷湯讓之天下，並不受而逃，事具莊周讓王篇。　正義經史唯稱伯夷、叔齊，不及許由、卞隨、務光者，不少概見，何以哉？故言「何以稱焉」，爲不稱說之也。

〔七〕索隱蓋楊惲、東方朔見其文稱「余」，而加「太史公曰」也。

〔八〕索隱謂太史公聞莊周所說許由、務光等。

〔九〕索隱謂堯讓天下於許由，由遂逃箕山，洗耳於潁水；卞隨自投於桐水；務光負石自沈於盧水：是義至高。

〔一〇〕索隱按：概是梗概，謂略也。蓋以由、光義至高，而詩書之文辭遂不少梗概載見，何以如此哉？是太史公疑說者之言或非實也。　正義概，古代反。

孔子曰：「伯夷、叔齊，不念舊惡，怨是用希。」「求仁得仁，又何怨乎？」余悲伯夷之意，睹軼詩可異焉。〔一一〕其傳曰：

伯夷、叔齊，孤竹君之二子也。〔一〕父欲立叔齊，及父卒，叔齊讓伯夷。伯夷曰：「父命也。」遂逃去。叔齊亦不肯立而逃之。國人立其中子。於是伯夷、叔齊聞西伯昌善養老，盍往歸焉。〔二〕及至，西伯卒，武王載木主，號爲文王，東伐紂。伯夷、叔齊叩馬而諫曰：「父死不葬，爰及干戈，可謂孝乎？以臣弒君，可謂仁乎？」左右欲兵之。太公曰：「此義人也。」扶而去之。武王已平殷亂，天下宗周，而伯夷、叔齊恥之，義不食周粟，隱於首陽山，〔四〕采薇而食之。〔五〕及餓且死，作歌。其辭曰：「登彼西山兮，〔六〕采其薇矣。以暴易暴兮，不知其非矣。〔七〕神農、虞、夏忽焉沒兮，我安適歸矣？〔八〕于嗟徂兮，命之衰矣！」〔九〕遂餓死於首陽山。

由此觀之，怨邪非邪？〔一〇〕

〔一〕索隱 謂悲其兄弟相讓，又義不食周粟而餓死。睹音覩。軼音逸。謂見逸詩之文，即下采薇之詩是也。不編入三百篇，故云逸詩也。可異焉者，按論語云「求仁得仁，又何怨乎」。今其詩云「我安適歸矣，于嗟徂兮，命之衰矣」。是怨詞也，故云可異焉。

〔二〕索隱 按：「其傳」蓋韓詩外傳及呂氏春秋也。其傳云孤竹君，是殷湯三月丙寅日所封。相傳至夷、齊之父，名初，字子朝。伯夷名允，字公信。叔齊名致，字公達。解者云夷，齊，謚也；伯，仲，又其長少之字。按：地理志孤竹城在遼西令支縣。應劭云伯夷之國也。其君姓墨胎氏。正義 本前注「丙寅」作「殷湯正月三日丙寅」。括地志云：「孤竹古城在盧龍縣南十二里，殷時諸侯孤竹國也。」

〔三〕索隱 劉氏云：「盍者，疑辭。蓋謂其年老歸就西伯也。」

〔四〕集解 馬融曰：「首陽山在河東蒲阪華山之北，河曲之中。」正義 曹大家注幽通賦云：「夷齊餓於首陽山，在隴西首。」又戴延之西征記云：「洛陽東北首陽山有夷齊祠。」今在偃師縣西北。又孟子云：「夷、齊避紂，居北海之濱。」首陽山，說文云首陽山在遼西。史傳及諸書，夷、齊餓於首陽凡五所，各有案據，先後不詳。莊子云：「伯夷、叔齊西至岐陽，見周武王伐殷，曰：『吾聞古之士，遭治世不避其任，遇亂世不爲苟存。今天下闇，周德衰，其並乎周以塗吾身也，不若避之以絜吾行。』二子北至于首陽之山，遂飢餓而死。」又下詩「登彼西山」，是今清源縣首陽山，在岐陽西北，明即夷、齊餓死處也。

〔五〕索隱 薇，蕨也。爾雅云：「蕨，虌也。」正義 陸璣毛詩草木疏云：「薇，山菜也。莖葉皆似小豆，蔓生，其味亦如小豆藿，可作羹，亦可生食也。」

〔六〕索隱 按：西山即首陽山也。

〔七〕索隱 謂以武王之暴臣易殷紂之暴主，而不自知其非矣。

〔八〕索隱 言羲、農、虞、夏敦樸禪讓之道，超忽久矣，終沒矣。今逢此君臣爭奪，故我安適歸矣。

〔九〕索隱 于嗟，嗟歎之辭也。徂者，往也，死也。言己今日餓死，亦是運命衰薄，不遇大道之時，至幽憂而餓死。

〔一〇〕索隱 太史公言己觀此詩之情，夷、齊之行似是有所怨邪？又疑其云非是怨邪？

或曰：「天道無親，常與善人。」若伯夷、叔齊，可謂善人者非邪？〔一〕積仁絜行如此而餓死！且七十子之徒，仲尼獨薦顏淵爲好學。然回也屢空，糟糠不厭，〔二〕而卒蚤夭。天之報施善人，其何如哉？盜蹠日殺不辜，〔三〕肝人之肉，〔四〕暴戾恣睢，〔五〕聚黨數千人橫行天下，竟以壽終。〔六〕是遵何德哉？〔七〕此其尤大彰明較著者也。〔八〕若至近世，操行不軌，專犯忌諱，而終身逸樂，〔九〕富厚累世不絕。或擇地而蹈之，〔一〇〕時然後出言，〔一一〕行不由徑，〔一二〕非公正不發憤，而遇禍災者，不可勝數也。〔一三〕余甚惑焉，儻所謂天道，是邪非邪？〔一四〕

〔一〕索隱 又敍論云若夷、齊之行如此，可謂善人者邪，又非善人者邪，亦疑也。

〔二〕索隱 厭者，飫也，不厭謂不飽也。糟糠，貧者之所餐也，故曰「糟糠之妻」是也。然顏生簞食瓢飲，亦未見「糟糠」之文也。

〔三〕索隱 「蹠」及注作「跖」，並音之石反。按：盜蹠，柳下惠之弟，亦見莊子，爲篇名。正義 按：蹠者，黃帝時大盜之名。以柳下惠弟爲天下大盜，故世放古，號之盜蹠。

〔四〕索隱 劉氏云「謂取人肉爲生肝」，非也。按：莊子云「跖方休卒太山之陽，膾人肝而餔之」。

〔五〕索隱 暴戾謂兇暴而惡戾也。鄒誕生恣音資，睢音千餘反。劉氏恣音如字，睢音休季反。恣睢謂恣行爲睢惡之貌也。正義 睢，仰白目，怒貌也。言盜蹠兇暴，惡戾，恣性，怒白目也。

〔六〕集解 皇覽曰：「盜跖冢在河東大陽，臨河曲，直弘農華陰縣潼鄉。」按：盜跖即柳下惠弟也。索隱 直音如字。直者，當也。或音值，非也。潼音同。按：潼，水名，因爲鄉，今之潼津關是，亦爲縣也。正義 括地志云：「盜跖冢在陝州河北縣西二十里。河北縣本漢大陽縣也。又今齊州平陵縣有盜跖冢，未詳也。」

〔七〕索隱 言盜蹠無道，橫行天下，竟以壽終，是其人遵行何德而致此哉？

〔八〕索隱 按：較，明也。言伯夷有德而餓死，盜蹠暴戾而壽終，是賢不遇而惡道長，尤大著明之證也。

〔九〕索隱 謂若魯桓、楚靈、晉獻、齊襄之比皆是。

〔一〇〕索隱 謂不仕暗君，不飲盜泉，褰足高山之頂，竄跡滄海之濱是也。正義 謂北郭駱、鮑焦等是也。

〔一一〕索隱 按：論語「夫子時然後言」。

〔一二〕索隱 按：論語澹臺滅明之行也。

〔一三〕索隱 謂人臣之節，非公正之事不感激發憤。或出忠言，或致身命，而卒遇禍災者，不可勝數。謂龍逢、比干、屈平、伍胥之屬是也。

〔一四〕索隱 太史公惑於不軌而逸樂，公正而遇災害，爲天道之非而又是邪？深惑之也。蓋天道玄遠，聰聽暫遺，或窮通數會，不由行事，所以行善未必福，行惡未必禍，故先達皆猶昧之也。正義 儻音他蕩反。儻，未定之詞也。爲天道不敢昀言是非，故云儻也。

子曰「道不同不相爲謀」，亦各從其志也。〔一〕故曰「富貴如可求，雖執鞭之士，吾亦爲之。〔二〕如不可求，從吾所好」。〔三〕「歲寒，然後知松柏之後凋」。〔四〕舉世混濁，清士乃見。〔五〕豈以其重若彼，其輕若此哉？〔六〕

〔一〕正義 太史公引孔子之言證前事也。言天道人道不同，一任其運遇，亦各從其志意也。

〔二〕集解 鄭玄曰：「富貴不可求而得之，當脩德以得之。若於道可求而得之者，雖執鞭賤職，我亦爲之。」

〔三〕集解 孔安國曰：「所好者古人之道。」

〔四〕集解何晏曰：「大寒之歲，衆木皆死，然後松柏少凋傷；平歲衆木亦有不死者，故須歲寒然後別之。喻凡人處治世，亦能自脩整，與君子同，在濁世然後知君子之正不苟容也。」

〔五〕索隱老子曰「國家昏亂，始有忠臣」，是舉代混濁，則士之清絜者乃彰見，故上文「歲寒然後知松柏之後彫」，先爲此言張本也。正義言天下泯亂，清絜之士不撓，不苟合於盜跖也。

〔六〕索隱按：謂伯夷讓德之重若彼，而采薇餓死之輕若此。又一解云，操行不軌，富厚累代，是其重若彼；公正發憤而遇禍災，是其輕若此也。正義重謂盜跖等也。輕謂夷、齊、由、光等也。

「君子疾沒世而名不稱焉。」〔一〕賈子曰：〔二〕「貪夫徇財，〔三〕烈士徇名，夸者死權，〔四〕衆庶馮生。」〔五〕「同明相照，〔六〕同類相求。」〔七〕「雲從龍，風從虎，〔八〕聖人作而萬物覩。」〔九〕伯夷、叔齊雖賢，得夫子而名益彰。〔一〇〕顏淵雖篤學，附驥尾而行益顯。〔一一〕巖穴之士，趣舍有時若此，類名堙滅而不稱，悲夫！〔一二〕閭巷之人，欲砥行立名者，〔一三〕非附青雲之士，惡能施于後世哉？

〔一〕索隱自此已下，雖論伯夷得夫子而名彰，顏回附驥尾而行著，蓋亦欲微見己之著撰不已，亦是疾沒世而名不稱焉，故引賈子「貪夫徇財，烈士徇名」是也。又引「同明相照，同類相求」，「雲從龍，風從虎」者，言物各以類相求。故太史公言己亦是操行廉直而不用於代，卒陷非罪，與伯夷相類，故寄此而發論也。正義君子疾沒世後懼名堙滅而不稱，若夷、齊、顏回絜行立名，後代稱述，亦太史公欲漸見己立名著述之美也。

〔二〕索隱賈子，賈誼也。誼作鵩鳥賦云然，故太史公引之而稱「賈子」也。

〔三〕正義徇，才迅反。徇，求也。瓚云：「以身從物曰徇。」

〔四〕索隱言貪權勢以矜夸者，至死不休，故云「死權」也。

〔五〕索隱馮者，恃也，音凴。言衆庶之情，蓋恃矜其生也。鄒誕本作「每生」。每者，冒也，即貪冒之義。正義太史公引賈子譬作史記，若貪夫徇〔財，烈士徇〕名，夸者死權，衆庶馮生，乃成其史記。

〔六〕索隱已下並易繫辭文也。

〔七〕正義天欲雨而柱礎潤，謂同德者相應。

〔八〕集解王肅曰：「龍舉而景雲屬，虎嘯而谷風興。」張璠曰：「猶言龍從雲，虎從風也。」

〔九〕集解馬融曰：「作，起也。」索隱按：又引此句者，謂聖人起而居位，則萬物之情皆得覩見，故已今日又得著書言世情之輕重也。正義此有識也。聖人有養生之德，萬物有長育之情，故相感應也。此以上至「同明相照」是周易乾象辭也。太史公引此等得感者，欲見述作之意，令萬物有睹也。孔子歿後五百歲而已當之，故作史記，使萬物見覩之也。太史公序傳云：「先人有言：『自周公卒五百歲而有孔子，孔子卒後至於今五百歲，有能紹名世，正易傳，繼春秋，本詩書禮樂之際，意在斯乎！』小子何敢讓焉。」作述六經云：「易著天地陰陽四時五行，故長於變。禮經紀人倫，故長於行。書記先王之事，故長於政。詩記山川谿谷禽獸草木牝牡雌雄，故長於風。樂樂所以立，故長於和。春秋辨是非，故長於治人。是故禮以節人，樂以發和，書以道事，詩以達意，易以道化，春秋以道義。撥亂世反之正，莫近於春秋。」按：述作而萬物睹見。

〔一〇〕正義伯夷、叔齊雖有賢行，得夫子稱揚而名益彰著。萬物雖有生養之性，得太史公作述而世事益睹見。

〔一一〕索隱按：蒼蠅附驥尾而致千里，以譬顏回因孔子而名彰也。

〔一二〕正義趣音趨。舍音捨。趣，向也。捨，廢也。言隱處之士，時有附驥尾而名曉達；若堙滅不稱數者，亦可悲痛。

〔一三〕正義砥音旨。礪行脩德在鄉閭者，若不託貴大之士，何得封侯爵賞而名留後代也？

【索隱述贊】天道平分，與善徒云。賢而餓死，盜且聚羣。吉凶倚伏，報施糾紛。子罕言命，得自前聞。嗟彼素士，不附青雲！

史記卷六十二

管晏列傳第二

管仲夷吾者，潁上人也。〔一〕少時常與鮑叔牙游，鮑叔知其賢。管仲貧困，常欺鮑叔，〔二〕鮑叔終善遇之，不以爲言。已而鮑叔事齊公子小白，管仲事公子糾。及小白立，爲桓公，公子糾死，管仲囚焉。鮑叔遂進管仲。〔三〕管仲既用，任政於齊，〔四〕齊桓公以霸，九合諸侯，一匡天下，管仲之謀也。

〔一〕索隱 潁，水名。地理志潁水出陽城。漢有潁陽、臨潁二縣，今亦有潁上縣。正義 韋昭云：「夷吾，姬姓之後，管嚴之子敬仲也。」

〔二〕索隱 呂氏春秋：「管仲與鮑叔同賈南陽，及分財利，而管仲嘗欺鮑叔，多自取。鮑叔知其有母而貧，不以爲貪也。」

〔三〕正義 齊世家云：「鮑叔牙曰：『君將治齊，則高傒與叔牙足矣。君且欲霸王，非管夷吾不可。夷吾所居國國重，不可失也。』於是桓公從之。」韋昭云：「鮑叔，齊大夫，姒姓之後，鮑叔之子叔牙也。」

〔四〕正義 管子云：「相齊以九惠之教，一曰老，二曰慈，三曰孤，四曰疾，五曰獨，六曰病，七曰通，八曰賑，九曰絕也。」

管仲曰：「吾始困時，嘗與鮑叔賈，〔一〕分財利多自與，鮑叔不以我爲貪，知我貧也。吾

嘗爲鮑叔謀事而更窮困，鮑叔不以我爲愚，知時有利不利也。吾嘗三仕三見逐於君，鮑叔不以我爲不肖，知我不遭時也。吾嘗三戰三走，鮑叔不以我爲怯，知我有老母也。公子糾敗，召忽死之，吾幽囚受辱，鮑叔不以我爲無恥，知我不羞小節而恥功名不顯于天下也。生我者父母，知我者鮑子也。」

〔一〕正義 音古。

鮑叔既進管仲，以身下之。子孫世祿於齊，有封邑者十餘世，〔一〕常爲名大夫。天下不多管仲之賢而多鮑叔能知人也。

〔一〕索隱 按：系本云「莊仲山產敬仲夷吾，夷吾產武子鳴，鳴產桓子啓方，啓方產成子孺，孺產莊子盧，盧產悼子其夷，其夷產襄子武，武產景子耐涉，耐涉產微，凡十代」。系譜同。

管仲既任政相齊，〔一〕以區區之齊在海濱，〔二〕通貨積財，富國彊兵，與俗同好惡。故其稱曰：〔三〕「倉廩實而知禮節，衣食足而知榮辱，上服度則六親固。〔四〕四維不張，國乃滅亡。〔五〕下令如流水之原，令順民心。」故論卑而易行。〔六〕俗之所欲，因而予之；俗之所否，因而去之。

〔一〕正義 國語云：「齊桓公使鮑叔爲相，辭曰：『臣之不若夷吾者五：寬和惠民，不若也；治國家不失其柄，不若也；忠惠可結於百姓，不若也；制禮義可法於四方，不若也；執枹鼓立於軍門，使百姓皆加勇，不若也。』」

〔二〕正義 齊國東濱海也。

〔三〕索隱 是夷吾著書所稱管子者，其書有此言，故略舉其要。

〔四〕正義 上之服御物有制度，則六親堅固也。六親謂外祖父母一，父母二，姊妹三，妻兄弟之子四，從母之子五，女之子六也。王弼云「父、母、兄、弟、妻、子也」。

〔五〕集解 管子曰：「四維，一曰禮，二曰義，三曰廉，四曰恥。」

〔六〕正義 言爲政令卑下鮮少，而百姓易作行也。

其爲政也，善因禍而爲福，轉敗而爲功。貴輕重，〔一〕慎權衡。〔二〕桓公實怒少姬，〔三〕南襲蔡，管仲因而伐楚，責包茅不入貢於周室。桓公實北征山戎，而管仲因而令燕修召公之政。於柯之會，〔四〕桓公欲背曹沬之約，〔五〕管仲因而信之，〔六〕諸侯由是歸齊。故曰：「知與之爲取，政之寶也。」〔七〕

〔一〕索隱 輕重謂錢也。今管子有輕重篇。

〔二〕正義 輕重謂恥辱也，權衡謂得失也。有恥辱甚貴重之，有得失甚戒慎之。」

〔三〕索隱 按：謂怒蕩舟之姬，歸而未絕，蔡人嫁之。

〔四〕正義 今齊州東阿也。

〔五〕索隱 沬音昧，亦音末。左傳作「曹劌」。正義 沬，莫葛反。

〔六〕正義 以劫許之，歸魯侵地。

〔七〕索隱 老子曰「將欲取之，必固與之」，是知此爲政之所寶也。

管仲富擬於公室，有三歸、反坫，〔一〕齊人不以爲侈。管仲卒，〔二〕齊國遵其政，常彊於諸侯。後百餘年而有晏子焉。

〔一〕正義 三歸，三姓女也。婦人謂嫁曰歸。

〔二〕正義 括地志云：「管仲冢在青州臨淄縣南二十一里牛山之阿。說苑云『齊桓公使管仲治國，管仲對曰：「賤不能臨貴。」桓公以爲上卿，而國不治，曰：「何故？」管仲對曰：「貧不能使富。」桓公賜之齊市租，而國不治。桓公曰：「何故？」對曰：「疏不能制近。」桓公立以爲仲父，齊國大安，而遂霸天下』。孔子曰：『管仲之賢而不得此三權者，亦不能使其君南面而稱伯。』」

晏平仲嬰者，萊之夷維人也。〔一〕事齊靈公、莊公、景公，〔二〕以節儉力行重於齊。既相齊，食不重肉，妾不衣帛。其在朝，君語及之，即危言；〔三〕語不及之，即危行。〔四〕國有道，即順命；無道，即衡命。〔五〕以此三世顯名於諸侯。

〔一〕集解 劉向別錄曰：「萊者，今東萊地也。」索隱 名嬰，平謚，仲字。父桓子名弱也。正義 晏氏齊記云齊城三百里有夷安，即晏平仲之邑。漢爲夷安縣，屬高密國。應劭云故萊夷維邑。

〔二〕索隱 按：系家及系本靈公名環，莊公名光，景公名杵臼也。

〔三〕正義謂己謙讓，非云功能。

〔四〕正義行，下孟反。謂君不知己，增脩業行，畏責及也。

〔五〕正義衡，秤也。謂國無道則制秤量之，可行卽行。

越石父賢，在縲紲中。〔一〕晏子出，遭之塗，解左驂贖之，載歸。弗謝，入閨。久之，越石父請絕。晏子懼然，〔二〕攝衣冠謝曰：「嬰雖不仁，免子於戹，何子求絕之速也？」石父曰：「不然。吾聞君子詘於不知己而信於知己者。〔三〕方吾在縲紲中，彼不知我也。夫子既已感寤而贖我，是知己；知己而無禮，固不如在縲紲之中。」晏子於是延入爲上客。

〔一〕正義縲音力追反。縲，黑索也。紲，繫也。晏子春秋云：「晏子之晉，至中牟，覩弊冠反裘負薪，息於途側。晏子問曰：『何者？』對曰：『我石父也。苟免飢凍，爲人臣僕。』晏子解左驂贖之，載與俱歸。」按：與此文小異也。

〔二〕正義懼，牀縛反。

〔三〕索隱信讀曰申，古周禮皆然也。申於知己謂以彼知我而我志獲申。

晏子爲齊相，出，其御之妻從門閒而闚其夫。其夫爲相御，擁大蓋，策駟馬，意氣揚揚，甚自得也。既而歸，其妻請去。夫問其故。妻曰：「晏子長不滿六尺，身相齊國，名顯諸侯。今者妾觀其出，志念深矣，常有以自下者。今子長八尺，乃爲人僕御，然子之意自以爲足，妾是以求去也。」其後夫自抑損。晏子怪而問之，御以實對。晏子薦以爲大夫。〔一〕

〔一〕集解皇覽曰：「晏子冢在臨菑城南菑水南桓公冢西北。」正義注皇覽云：「晏子冢在臨淄城南淄水南桓公冢

西北。」括地志云：「齊桓公墓在青州臨淄縣東南二十三里鼎足上。」又云：「齊晏嬰冢在齊子城北門外。晏子云『吾生近市，死豈易吾志』。乃葬故宅後，人名曰清節里。」按：恐皇覽誤，乃管仲冢也。

太史公曰：吾讀管氏牧民、山高、乘馬、輕重、九府，〔一〕及晏子春秋，〔二〕詳哉其言之也。既見其著書，欲觀其行事，故次其傳。至其書，世多有之，是以不論，論其軼事。〔三〕

〔一〕集解劉向別錄曰：「九府書民閒無有。山高一名形勢。」索隱皆管氏所著書篇名也。按：九府，蓋錢之府藏，其書論鑄錢之輕重，故云輕重九府。餘如別錄之說。正義七略云管子十八篇，在法家。

〔二〕索隱按：嬰所著書名晏子春秋。今其書有七篇，故下云「其書世多有」也。正義七略云晏子春秋七篇，在儒家。

〔三〕正義軼音逸。

管仲，世所謂賢臣，然孔子小之。豈以爲周道衰微，桓公既賢，而不勉之至王，乃稱霸哉？〔一〕語曰「將順其美，匡救其惡，故上下能相親也」。〔二〕豈管仲之謂乎？

〔一〕正義言管仲世所謂賢臣，孔子所以小之者，蓋以爲周道衰，桓公賢主，管仲何不勸勉輔弼至於帝王，乃自稱霸主哉？故孔子小之云。蓋爲前疑夫子小管仲爲此。

〔二〕正義言管仲相齊，順百姓之美，匡救國家之惡，令君臣百姓相親者，是管之能也。

方晏子伏莊公尸哭之，成禮然後去，〔一〕豈所謂「見義不爲無勇」者邪？至其諫說，犯君之顏，此所謂「進思盡忠，退思補過」者哉！假令晏子而在，余雖爲之執鞭，所忻慕焉。〔二〕

〔一〕索隱按：左傳崔杼弒莊公，晏嬰入，枕莊公尸股而哭之，成禮而出，崔杼欲殺之是也。

〔二〕索隱太史公之羨慕仰企平仲之行，假令晏生在世，己雖與之爲僕隸，爲之執鞭，亦所忻慕。其好賢樂善如此。賢哉良史，可以示人臣之炯戒也。

【索隱述贊】夷吾成霸，平仲稱賢。粟乃實廩，豆不掩肩。轉禍爲福，危言獲全。孔賴左衽，史忻執鞭。成禮而去，人望存焉。

史記卷六十三

老子韓非列傳第三

老子者，〔一〕楚苦縣厲鄉曲仁里人也，〔二〕姓李氏，〔三〕名耳，字聃，〔四〕周守藏室之史也。〔五〕

〔一〕正義朱韜玉札及神仙傳云：「老子，楚國苦縣瀨鄉曲仁里人。姓李，名耳，字伯陽，一名重耳，外字聃。身長八尺八寸，黃色美眉，長耳大目，廣額疏齒，方口厚脣，額有三五達理，日角月懸，鼻有雙柱，耳有三門，足蹈二五，手把十文。周時人，李母八十一年而生。」又玄妙內篇云：「李母懷胎八十一載，逍遙李樹下，迺割左腋而生。」又云：「玄妙玉女夢流星入口而有娠，七十二年而生老子。」又上元經云：「李母晝夜見五色珠，大如彈丸，自天下，因吞之，即有娠。」張君相云：「老子者是號，非名。老，考也。子，孳也。考教衆理，達成聖孳，乃孳生萬物，善化濟物無遺也。」

〔二〕集解地理志曰苦縣屬陳國。索隱按：地理志苦縣屬陳國者，誤也。苦縣本屬陳，春秋時楚滅陳，而苦又屬楚，故云楚苦縣。至高帝十一年，立淮陽國，陳縣、苦縣皆屬焉。裴氏所引不明，見苦縣在陳縣下，因云苦屬陳。今檢地理志，苦實屬淮陽郡。苦音怙。正義按年表云淮陽國，景帝三年廢。至天漢脩史之時，楚節王

純都彭城，相近。疑苦此時屬楚國，故太史公書之。括地志云：「苦縣在亳州谷陽縣界。有老子宅及廟，廟中有九井尚存，在今亳州真源縣也。」厲音賴。晉太康地記云：「苦縣城東有瀨鄉祠，老子所生地也。」

〔三〕索隱按：葛玄曰「李氏女所生，因母姓也」。又云「生而指李樹，因以爲姓」。

〔四〕索隱按：許慎云「聃，耳曼也」。故名耳，字聃。有本字伯陽，非正也。然老子號伯陽父，此傳不稱也。正義聃，耳漫無輪也。神仙傳云：「外字曰聃。」按：字，號也。疑老子耳漫無輪，故世號曰聃。

〔五〕索隱按：藏室史，周藏書室之史也。又張蒼傳「老子爲柱下史」，蓋卽藏室之柱下，因以爲官名。正義藏，在浪反。

孔子適周，將問禮於老子。〔一〕老子曰：「子所言者，其人與骨皆已朽矣，獨其言在耳。且君子得其時則駕，不得其時則蓬累而行。〔二〕吾聞之，良賈深藏若虛，君子盛德，容貌若愚。〔三〕去子之驕氣與多欲，態色與淫志，〔四〕是皆無益於子之身。吾所以告子，若是而已。」孔子去，謂弟子曰：「鳥，吾知其能飛；魚，吾知其能游；獸，吾知其能走。走者可以爲罔，游者可以爲綸，飛者可以爲矰。至於龍吾不能知，其乘風雲而上天。吾今日見老子，其猶龍邪！」

〔一〕索隱大戴記亦云然。

〔二〕索隱劉氏云：「蓬累猶扶持也。累音六水反。說者云頭戴物，兩手扶之而行，謂之蓬累也。」按：蓬者，蓋也；累者，隨也。以言若得明君則駕車服冕，不遭時則自覆蓋相攜隨而去耳。正義蓬，沙磧上轉蓬也。累，轉行貌也。言君子得明主則駕車而事，不遭時則若蓬轉流移而行，可止則止也。蓬，其狀若皤蒿，細葉，蔓生於沙漠中，風吹則根斷，隨風轉移也。皤蒿，江東呼爲斜蒿云。

〔三〕索隱良賈謂善貨賣之人。賈音古。深藏謂隱其寶貨，不令人見，故云「若虛」。而君子之人，身有盛德，其容貌謙退有若愚魯之人然。嵇康高士傳亦載此語，文則小異，云「良賈深藏，外形若虛；君子盛德，容貌若不足」也。

〔四〕正義恣態之容色與淫欲之志皆無益於夫子，須去除也。

老子脩道德，其學以自隱無名爲務。居周久之，見周之衰，迺遂去。至關，關令尹喜曰：「子將隱矣，彊爲我著書。」於是老子迺著書上下篇，〔一〕言道德之意五千餘言而去，莫知其所終。〔二〕

〔一〕索隱李尤函谷關銘云「尹喜要老子留作二篇」，而崔浩以尹喜又爲散關令是也。正義抱朴子云：「老子西遊，遇關令尹喜於散關，爲喜著道德經一卷，謂之老子。」或以爲函谷關。括地志云：「散關在岐州陳倉縣東南五十二里。函谷關在陝州桃林縣西南十二里。」彊，其兩反。爲，于僞反。

〔二〕集解列仙傳曰：「關令尹喜者，周大夫也。善內學星宿，服精華，隱德行仁，時人莫知。老子西遊，喜先見其氣，知真人當過，候物色而迹之，果得老子。老子亦知其奇，爲著書。與老子俱之流沙之西，服巨勝實，莫知其所終。亦著書九篇，名關令子。」索隱列仙傳是劉向所記。物色而迹之，謂視其氣物有異色而尋迹之。又按：列仙傳「老子西遊，關令尹喜望見有紫氣浮關，而老子果乘青牛而過也」。

或曰：老萊子亦楚人也，〔一〕著書十五篇，言道家之用，與孔子同時云。

〔一〕正義太史公疑老子或是老萊子，故書之。列仙傳云：「老萊子，楚人。當時世亂，逃世耕於蒙山之陽，莞葭爲牆，蓬蒿爲室，杖木爲牀，蓍艾爲席，菹芰爲食，墾山播種五穀。楚王至門迎之，遂去，至於江南而止。曰：『鳥獸之解毛可績而衣，其遺粒足食也。』」

蓋老子百有六十餘歲，或言二百餘歲，〔一〕以其脩道而養壽也。

〔一〕索隱此前古好事者據外傳，以老子生年至孔子時，故百六十歲。或言二百餘歲者，即以周太史儋爲老子，故二百餘歲也。正義蓋，或，皆疑辭也。世不旳知，故言「蓋」及「或」也。玉清云老子以周平王時見衰，於是去。孔子世家云孔子問禮於老子在周景王時，孔子蓋年三十也，去平王十二王。此傳云儋卽老子也，秦獻公與烈王同時，去平王二十一王。說者不一，不可知也。故葛仙公序云「老子體于自然，生乎大始之先，起乎無因，經歷天地終始，不可稱載」。

自孔子死之後百二十九年，〔一〕而史記周太史儋見秦獻公曰：「始秦與周合，合五百歲而離，離七十歲而霸王者出焉。」〔二〕或曰儋卽老子，或曰非也，世莫知其然否。老子，隱君子也。

〔一〕集解徐廣曰：「實百一十九年。」

〔二〕索隱按：周秦二本紀並云「始周與秦國合而別，別五百載又合，合七十歲而霸王者出」。然與此傳離合正反，尋其意義，亦並不相違也。

老子之子名宗，宗爲魏將，封於段干。〔一〕宗子注，〔二〕注子宮，宮玄孫假，〔三〕假仕於漢

孝文帝。而假之子解爲膠西王卬太傅，因家于齊焉。

〔一〕集解 此云封於段干，段干應是魏邑名也。而魏世家有段干木、段干子，田完世家有段干朋，疑此三人是姓段干也。本蓋因邑爲姓，左傳所謂「邑亦如之」是也。風俗通氏姓注云姓段，名干木，恐或失之矣。天下自别有段姓，何必段干木邪！

〔二〕索隱 音鑄。正義 之樹反。

〔三〕索隱 音古雅反。正義 作「瑕」，音霞。

世之學老子者則絀儒學，〔一〕儒學亦絀老子。「道不同不相爲謀」，豈謂是邪？李耳無爲自化，清静自正。〔二〕

〔一〕索隱 按：絀音黜。黜，退而後之也。

〔二〕索隱 此太史公因其行事，於當篇之末結以此言，亦是贊也。按：老子曰「我無爲而民自化，我好静而民自正」，此是昔人所評老聃之德，故太史公於此引以記之。正義 此都結老子之教也。言無所造爲而自化，清淨不撓而民自歸正也。

莊子者，蒙人也，〔一〕名周。周嘗爲蒙漆園吏，〔二〕與梁惠王、齊宣王同時。其學無所不闚，然其要本歸於老子之言。故其著書十餘萬言，大抵率寓言也。〔三〕作漁父、盜跖、胠

篋，〔四〕以詆訿孔子之徒，〔五〕以明老子之術。畏累虚、亢桑子之屬，皆空語無事實。〔六〕然善屬書離辭，〔七〕指事類情，用剽剥儒、墨，〔八〕雖當世宿學不能自解免也。其言洸洋自恣以適己，〔九〕故自王公大人不能器之。

〔一〕集解 地理志蒙縣屬梁國。索隱 地理志蒙縣屬梁國。劉向别録云宋之蒙人也。正義 郭緣生述征記云蒙縣，莊周之本邑也。

〔二〕正義 括地志云：「漆園故城在曹州冤句縣北十七里。」此云莊周爲漆園吏，即此。按：其城古屬蒙縣。

〔三〕索隱 大抵猶言大略也。其書十餘萬言，率皆立主客，使之相對語，故云「偶言」。又音寓，寓，寄也。故别録云「作人姓名，使相與語，是寄辭於其人，故莊子有寓言篇」。正義 率音律。寓音遇。率猶類也。寓，寄也。

〔四〕索隱 胠篋猶言開篋也。胠音袪，亦音去。篋音去劫反。正義 胠音丘魚反。篋音苦頰反。胠，開也。篋，箱類也。此莊子三篇名，皆誣毁自古聖君、賢臣、孔子之徒，營求名譽，咸以喪身，非抱素任真之道也。

〔五〕索隱 詆，訐也。詆音邸。訿音紫。謂詆訐毁訾孔子也。

〔六〕索隱 按：莊子「畏累虚」，篇名也，即老聃弟子畏累。鄒氏畏音於鬼反，累音壘。劉氏畏音烏罪反，累路罪反。郭象云「今東萊也」。亢音庚。亢桑子，王劭本作「庚桑」。司馬彪云「庚桑，楚人姓名也」。正義 莊子云：「庚桑楚者，老子弟子，北居畏累之山。」成瑛云：「山在魯，亦云在深州。」此篇寄庚桑楚以明至人之德，衞生之經，若槁木無情，死灰無心，禍福不至，惡有人災。言莊子雜篇庚桑楚已下，皆空設言語，無有實事也。

〔七〕正義 屬音燭。離辭猶分析其辭句也。

〔八〕正義 剽，疋妙反。剽猶攻擊也。

〔九〕索隱 洸洋音汪羊二音，又音晃養。亦有本作「瀁」字。正義 洋音翔。己音紀。

楚威王聞莊周賢，〔一〕使使厚幣迎之，許以爲相。莊周笑謂楚使者曰：「千金，重利；卿相，尊位也。子獨不見郊祭之犧牛乎？養食之數歲，衣以文繡，以入大廟。當是之時，雖欲爲孤豚，豈可得乎？〔二〕子亟去，〔三〕無汚我。〔四〕我寧游戲汚瀆〔五〕之中自快，無爲有國者所羈，終身不仕，以快吾志焉。」〔六〕

〔一〕正義 威王當周顯王三十年。

〔二〕索隱 孤者，小也，特也。願爲小豚不可得也。正義 不羣也。豚，小豬。臨宰時，願爲孤小豚不可得也。

〔三〕索隱 音棘。亟猶急也。

〔四〕索隱 汚音烏故反。

〔五〕索隱 音烏瀆二音。汚瀆，潢汚之小渠瀆也。

〔六〕正義 莊子云：「莊子釣於濮水之上，楚王使大夫往，曰：『願以境内累。』莊子持竿不顧，曰：『吾聞楚有神龜，死二千歲矣，巾笥藏之廟堂之上。此龜寧死爲留骨而貴乎？寧生曳尾泥中乎？』大夫曰：『寧曳尾塗中。』莊子曰：『往矣，吾將曳尾於塗中。』」與此傳不同也。

申不害者，京人也，〔一〕故鄭之賤臣。學術以干韓昭侯，〔二〕昭侯用爲相。内脩政教，外應諸侯，十五年。終申子之身，國治兵彊，無侵韓者。〔三〕

〔一〕索隱 申子名不害。按：别録云「京，今河南京縣是也」。正義 括地志云：「京縣故城在鄭州滎陽縣東南二十里，鄭之京邑也。」

〔二〕索隱 按：術即刑名之法術也。

〔三〕索隱 王劭按：紀年云「韓昭侯之世，兵寇屢交」，異乎此言矣。

申子之學本於黄老而主刑名。著書二篇，號曰申子。〔一〕

〔一〕集解 劉向别録曰：「今民間所有上下二篇，中書六篇，皆合二篇，已備，過太史公所記。」索隱 今人間有上下二篇，又有中書六篇，其篇中之言，皆合上下二篇，是書已備，過於太史公所記也。正義 阮孝緒七略云申子三卷也。

韓非者，〔一〕韓之諸公子也。喜刑名法術之學，〔二〕而其歸本於黄老。〔三〕非爲人口吃，〔四〕不能道説，而善著書。與李斯俱事荀卿，〔五〕斯自以爲不如非。

〔一〕正義 阮孝緒七略云：「韓子二十卷。」韓世家云：「王安五年，非使秦。九年，虜王安，韓遂亡。」

〔二〕集解 新序曰：「申子之書言人主當執術無刑，因循以督責臣下，其責深刻，故號曰『術』。商鞅所爲書號曰『法』。

皆曰『刑名』，故號曰『刑名法術之書』。」【索隱】著書三十餘篇，號曰韓子。

〔三〕【索隱】按：劉氏云「黃老之法不尚繁華，清簡無爲，君臣自正。韓非之論詆駁浮淫，法制無私，而名實相稱。故曰『歸於黃老』。」斯未爲得其本旨。今按：韓子書有解老、喻老二篇，是大抵亦崇黃老之學耳。

〔四〕【正義】音訖。

〔五〕【正義】孫卿子二十二卷。名況，趙人，楚蘭陵令。避漢宣帝諱，改姓孫也。

非見韓之削弱，數以書諫韓王，〔一〕韓王不能用。於是韓非疾治國不務脩明其法制，執勢以御其臣下，富國彊兵而以求人任賢，反舉浮淫之蠹而加之於功實之上。以爲儒者用文亂法，而俠者以武犯禁。寬則寵名譽之人，急則用介冑之士。〔二〕今者所養非所用，〔三〕所用非所養。〔四〕悲廉直不容於邪枉之臣，〔五〕觀往者得失之變，〔六〕故作孤憤、五蠹、內外儲、說林、說難十餘萬言。〔七〕

〔一〕【索隱】韓王安也。

〔二〕【正義】介，甲也。冑，兜鍪也。

〔三〕【索隱】言非疾時君以祿養其臣者，乃皆安祿養交之臣，非勇悍忠鯁及折衝禦侮之人也。

〔四〕【索隱】又言人主今臨事任用，並非常所祿養之士，故難可盡其死力也。

〔五〕【索隱】又悲姦邪諂諛之臣不容廉直之士。

〔六〕【正義】韓非見王安不用忠良，今國消弱，故觀往古有國之君，則得失之變異，而作韓子二十卷。

〔七〕【索隱】此皆非所著書篇名也。孤憤，憤孤直不容於時也。五蠹，蠹政之事有五也。內外儲，按韓子有內儲、外儲篇，內儲言明君執術以制臣下，制之在己，故曰「內」也；外儲言明君觀聽臣下之言行，以斷其賞罰，賞罰在彼，故曰「外」也。儲畜二事，所謂明君也。說林者，廣說諸事，其多若林，故曰「說林」也。今韓子有說林上下二篇。說難者，說前人行事與己不同而詰難之，故其書有說難篇。

然韓非知說之難，爲說難書甚具，終死於秦，不能自脫。

說難曰：〔一〕

〔一〕【索隱】說音稅。難音奴干反。言游說之道爲難，故曰說難。其書詞甚高，故特載之。然此篇亦與韓子微異，煩省小大不同。劉伯莊亦申其意，粗釋其微文幽旨，故有劉說也。

凡說之難，非吾知之有以說之難也；〔一〕又非吾辯之難能明吾意之難也；〔二〕又非吾敢橫失能盡之難也。〔三〕凡說之難，在知所說之心，可以吾說當之。〔四〕

〔一〕【正義】凡說難識情理，不當人主之心，恐犯逆鱗。說之難知，故言非吾知之有以說之乃爲難。

〔二〕【正義】能分明吾意以說之，亦又未爲難也，尚非甚難。

〔三〕【索隱】按：韓子「橫失」作「橫佚」。劉氏云：「吾之所言，無橫無失，陳辭發策，能盡說情，此雖是難，尚非難也。」【正義】橫，擴孟反。又非吾敢有橫失，詞理能盡說己之情，此雖是難，尚非極難。

〔四〕【索隱】劉氏云：「開說之難，正在於此也。」按：所說之心者，謂人君之心也。言以人臣疏末射尊重之意，貴賤隔絕，旨趣難知，自非高識，莫近幾會，故曰「說之難」也。乃須審明人主之意，必以我說合其情，故云「吾說當之」，說也。【正義】前者三說並未爲難，凡說之難者，正在於此。言深辨知前人意，可以吾說當之，闇與前人心會，說則行，乃是難矣。

所說出於爲名高者也，〔一〕而說之以厚利，則見下節而遇卑賤，必弃遠矣。〔二〕所說出於厚利者也，而說之以名高，則見無心而遠事情，必不收矣。〔三〕所說實爲厚利而顯爲名高者也，〔四〕而說之以名高，則陽收其身而實疏之；若說之以厚利，則陰用其言而顯弃其身。〔五〕此之不可不知也。

〔一〕【索隱】按：謂所說之主，中心本出欲立高名者也。故劉氏云「稽古羲黃，祖述堯舜」是也。

〔二〕【索隱】謂人主欲立高名，說臣乃陳厚利，是其見下節也。既不會高情，故遇卑賤必被遠斥矣。

〔三〕【索隱】亦謂所說之君，出意本規厚利，而說臣乃陳名高之節，則是說者無心，遠於我之事情，必不見收用也。故劉氏云「若秦孝公志於彊國，而商鞅說以帝王，故怒而不用」。

〔四〕【索隱】按：韓子「實」字作「隱」。按：顯者，陽也。謂其君實爲厚利，而詳作欲爲名高之節也。【正義】前人必欲厚利，詐慕名高，則陽收其說，實疏遠之。

〔五〕【索隱】謂若下文云鄭武公陰欲伐胡，而關其思極論深計，雖知說當，終遭顯戮是也。【正義】前人好利厚，詐慕名高，說之以厚利，則陰用說者之言而顯不收其身。說士不可不察。

夫事以密成，語以泄敗。未必其身泄之也，而語及其所匿之事，〔一〕如是者身危。

貴人有過端，而說者明言善議以推其惡者，則身危。〔二〕周澤未渥也而語極知，說行而有功則德亡，〔三〕說不行而有敗則見疑，如是者身危。〔四〕夫貴人得計而欲自以爲功，說者與知焉，則身危。〔五〕彼顯有所出事，迺自以爲也故，說者與知焉，則身危。〔六〕彊之以其所必不爲，〔七〕止之以其所不能已者，身危。〔八〕故曰：與之論大人，則以爲閒己；〔九〕與之論細人，則以爲粥權。〔一〇〕論其所愛，則以爲借資；〔一一〕論其所憎，則以爲嘗己。〔一二〕徑省其辭，則不知而屈之；〔一三〕汎濫博文，則多而久之。〔一四〕順事陳意，則曰怯懦而不盡；〔一五〕慮事廣肆，則曰草野而倨侮。〔一六〕此說之難，不可不知也。

〔一〕【正義】事多相類，語言或說其相類之事，前人覺悟，便成漏泄，故身危也。

〔二〕【正義】人主有過失之端緒，而引美善之議以推人主之惡，則身危。

〔三〕【索隱】按：謂人臣事上，其道未合，至周之恩未霑渥於下，而輒吐誠極言，其說有功則其德亦亡。亡，無也。韓子作「則見忘」，然「見忘」勝於「德亡」也。【正義】渥，霑濡也。人臣事君未滿周至之恩澤，而說事當理，事行有功，君不以爲恩德，故德亡。

〔四〕【索隱】又若說不行而有敗則見疑，如是者身危。是恩意未深，輒評時政，不爲所信，更致嫌疑，若下文所云鄰父以牆壞有盜，卻爲見疑，卽其類也。【正義】說事不行，或行有敗壞，則必致危殆，若此者身危也。

〔五〕【正義】與音預。人主先得其計己功，說者知前發其蹤跡，身必危亡。

〔六〕【索隱】謂人主明有所出事乃自以爲功，而說者與知，是則以爲閒，故身危也。【正義】人主明所出事，乃以有所

誉爲，説者預知其計，而説者身亡危。

〔七〕索隱 劉氏云：「若項羽必欲衣錦東歸，而説者彊述關中，違旨忤情，自招誅滅也。」 正義 彊，其兩反。 人主必不欲有爲，而説者彊令爲之。

〔八〕索隱 劉氏云：「若漢景帝決廢栗太子，而周亞夫強欲止之，竟不從其言，後遂下獄是也。」 正義 人主已誉爲，而説者彊止之者，身危。

〔九〕正義 閒音紀莧反。 説彼大人之短，以爲竊己之事情，乃爲刺譏閒也。

〔10〕索隱 按：韓非子「粥權」作「賣重」。 謂薦彼細微之人，言堪大用，則疑其挾詐而賣我之權也。 正義 粥音育。 劉伯莊云：「論則疑其挾詐賣己之權。」

〔11〕正義 説人主愛行，人主以爲借己之資籍也。

〔12〕正義 論説人主所憎惡，人主則以爲嘗試於己也。

〔13〕索隱 按：謂人主意在文華，而説者但徑捷省略其辭，則以説者爲無知而見屈辱也。 正義 省，山景反。

〔14〕索隱 按：謂人主志在簡要，而説者務於浮辭汎濫，博涉文華，則君上嫌其多迂誕，文而無當者也。 正義 汎濫，浮辭也。 博文，廣言句也。 言浮説廣陳，必多詞理，時乃永久，人主疲倦。

〔15〕正義 懦音乃亂反。 説者陳言順人主之意，則或怯懦而不盡事情也。

〔16〕正義 草野猶鄙陋也。 廣陳言詞，多有鄙陋，乃成倨傲侮慢。

凡説之務，在知飾所説之所敬，〔一〕而滅其所醜。〔二〕彼自知其計，則毋以其失窮

之；〔三〕自勇其斷，則毋以其敵怒之；〔四〕自多其力，則毋以其難概之。〔五〕規異事與同計，譽異人與同行者，則以飾之無傷也。〔六〕有與同失者，則明飾其無失也。〔七〕大忠無所拂悟，〔八〕辭言無所擊排，〔九〕迺後申其辯知焉。此所以親近不疑，〔10〕知盡之難也。〔11〕得曠日彌久，〔12〕而周澤既渥，〔13〕深計而不疑，交争而不罪，迺明計利害以致其功，直指是非以飾其身，以此相持，此説之成也。〔14〕

〔一〕索隱 按：所説謂所説之主也。 飾其所敬者，説士當知人主之所敬，而時以言辭文飾之。

〔二〕索隱 醜謂人主若有所避諱而醜之，遊説者當滅其事端而不言也。

〔三〕正義 前人自知其失誤，説士無以失誤窮極之，乃爲詘上也。

〔四〕索隱 按：謂人主自勇其斷，説士無以己意而攻閒之，是以卑下之謀自敵於上，以致譴怒也。 正義 斷音端亂反。 劉伯莊云：「貴人斷甲爲是，説者以乙破之，乙之理難同，怒以下敵上也。」

〔五〕索隱 按：概猶格也。 劉氏云：「秦昭王決欲攻趙，白起苦説其難，遂己之心，拒格君上，故致杜郵之僇也。」 正義 概，古代反。

〔六〕正義 劉伯莊云：「貴人與甲同計，與乙同行者，説士陳言無傷甲乙也。」

〔七〕索隱 按：上文言人主規事譽人，與某人同計同行，今説者之詞不得傷於同計同行之人，仍可文飾其類也。 又若人主與同失者，而説者則可以明飾其無失也。 正義 人主與甲同失，説者文飾甲之無失。

〔八〕索隱 拂音佛。 言大忠之人，志在匡君於善，君初不從，則且退止，待君之説而又幾諫，卽不拂悟於君也。

〔九〕正義 拂悟當爲「咈忤」，古字假借耳。 咈，違也。 忤，逆也。

〔10〕索隱 謂大忠説諫之辭，本欲歸於安人興化，而無別有所擊射排擯。 按：韓子作「擊摩」也。

〔11〕正義 言大忠之事，擬安民興化，事在匡弼。 君初亦不擊排，乃後周澤霑濡，君臣道合，乃敢辯智説焉。 此所以親近而不見疑，是知盡之難。

〔12〕集解 徐廣曰：「知，一作『得』。 難，一作『辭』。」 索隱 謂人臣盡知事上之道難也。 按：徐廣曰「知，一作『得』，難，一作『辭』」。 今按韓子作「得盡之辭」也。 正義 言説士知談説之難也，爲能盡此談説之道，得當人主之心，君臣相合，乃是知盡之難也。

〔13〕索隱 謂君臣道合，曠日已久，是誠著於君也。

〔14〕索隱 謂君之渥澤周浹於臣，魚水相須，鹽梅相和也。

〔15〕正義 夫知盡之難，則君臣道合，故得曠日彌久。 而周澤既渥，深計而君不疑，與君交争而不罪，而得明計國之利害以致其功，直指是非，任爵祿於身，以此君臣相執持，此説之成也。

伊尹爲庖，〔一〕百里奚爲虜，〔二〕皆所由干其上也。故此二子者，皆聖人也，猶不能無役身而涉世如此其汙也，〔三〕則非能仕之所設也。〔四〕

〔一〕正義 殷本紀云「乃爲有莘氏媵臣，負鼎俎，以滋味説湯致王道」是也。

〔二〕正義 晉世家云獻滅虞公，及大夫百里以媵秦穆姬也。

〔三〕正義 汙音烏故反。 庖虜是汙。

〔四〕索隱 按：韓子作「非能士之所恥也」。

宋有富人，天雨牆壞。其子曰「不築且有盜」，其鄰人之父亦云，暮而果大亡其財，其家甚知其子而疑鄰人之父。〔一〕昔者鄭武公欲伐胡，〔二〕迺以其子妻之。因問羣臣曰：「吾欲用兵，誰可伐者？」關其思曰：「胡可伐。」迺戮關其思，曰：「胡，兄弟之國也，子言伐之，何也？」胡君聞之，以鄭爲親己而不備鄭。鄭人襲胡，取之。此二説者，其知皆當矣，〔三〕然而甚者爲戮，薄者見疑。非知之難也，處知則難矣。

〔一〕正義 其子鄰父説皆當矣，而切見疑，非處知則難乎！

〔二〕正義 世本云：「胡，歸姓也。」括地志云：「胡城在豫州郾城縣界。」

〔三〕正義 當，當浪反。

昔者彌子瑕見愛於衞君。衞國之法，竊駕君車者罪至刖。既而彌子之母病，人聞，往夜告之，彌子矯駕君車而出。君聞之而賢之曰：「孝哉，爲母之故而犯刖罪！」與君游果園，彌子食桃而甘，不盡而奉君。君曰：「愛我哉，忘其口而念我！」及彌子色衰而愛弛，得罪於君。君曰：「是嘗矯駕吾車，又嘗食我以其餘桃。」故彌子之行未變於初也，前見賢而後獲罪者，愛憎之至變也。故有愛於主，則知當而加親；見憎於主，則罪當而加疏。故諫説之士不可不察愛憎之主而後説之矣。

夫龍之爲蟲也，〔一〕可擾狎而騎也。然其喉下有逆鱗徑尺，人有嬰之，則必殺人。人主亦有逆鱗，說之者能無嬰人主之逆鱗，則幾矣。〔二〕

〔一〕正義 龍，蟲類也。故言「龍之爲蟲」。

〔二〕索隱 按：幾，庶也。謂庶幾於善諫說也。 正義 說者能不犯人主逆鱗，則庶幾矣。

人或傳其書至秦。秦王見孤憤、五蠹之書，曰：「嗟乎，寡人得見此人與之游，死不恨矣！」李斯曰：「此韓非之所著書也。」秦因急攻韓。韓王始不用非，及急，迺遣非使秦。秦王悅之，未信用。李斯、姚賈害之，毀之曰：「韓非，韓之諸公子也。今王欲并諸侯，非終爲韓不爲秦，此人之情也。今王不用，久留而歸之，此自遺患也，不如以過法誅之。」秦王以爲然，下吏治非。李斯使人遺非藥，使自殺。韓非欲自陳，不得見。秦王後悔之，使人赦之，非已死矣。〔一〕

〔一〕集解 戰國策曰：「秦王封姚賈千户，以爲上卿。韓非短之曰：『賈，梁監門子，盜於梁，臣於趙而逐。取世監門子梁大盜趙逐臣與同社稷之計，非所以勵羣臣也。』王召賈問之，賈答云云，迺誅韓非也。」

申子、韓子皆著書，傳於後世，學者多有。余獨悲韓子爲說難而不能自脫耳。

太史公曰：老子所貴道，虛無，因應變化於無爲，故著書辭稱微妙難識。莊子散道德，放論，要亦歸之自然。申子卑卑，〔一〕施之於名實。韓子引繩墨，切事情，明是非，其極慘礉〔二〕少恩。皆原於道德之意，而老子深遠矣。

〔一〕集解 自勉勵之意也。 索隱 劉氏云：「卑卑，自勉勵之意也。」

〔二〕集解 礉，胡革反。用法慘急而鞠礉深刻。 索隱 慘，七感反。礉，胡革反。按：謂用法慘急而鞠礉深刻也。

【索隱述贊】伯陽立教，清淨無爲。道尊東魯，迹竄西垂。莊蒙栩栩，申害卑卑。刑名有術，說難極知。悲彼周防，終亡李斯。

史記卷六十四

司馬穰苴列傳第四

司馬穰苴者，〔一〕田完之苗裔也。齊景公時，晉伐阿、甄，〔二〕而燕侵河上，〔三〕齊師敗績。景公患之。晏嬰乃薦田穰苴曰：「穰苴雖田氏庶孽，然其人文能附衆，武能威敵，願君試之。」景公召穰苴，與語兵事，大說之，以爲將軍，〔四〕將兵扞燕晉之師。穰苴曰：「臣素卑賤，君擢之閭伍之中，加之大夫之上，士卒未附，百姓不信，人微權輕，願得君之寵臣，國之所尊，以監軍，乃可。」於是景公許之，使莊賈往。穰苴既辭，與莊賈約曰：「旦日日中會於軍門。」〔五〕穰苴先馳至軍，立表下漏〔六〕待賈。賈素驕貴，以爲將己之軍而己爲監，不甚急；〔七〕親戚左右送之，留飲。日中而賈不至。穰苴則仆表決漏，〔八〕入，行軍勒兵，申明約束。約束既定，夕時，莊賈乃至。穰苴曰：「何後期爲？」賈謝曰：「不佞大夫親戚送之，故留。」穰苴曰：「將受命之日則忘其家，臨軍約束則忘其親，援枹〔九〕鼓之急則忘其身。今敵國深侵，邦內騷動，士卒暴露於境，君寢不安席，食不甘味，百姓之命皆懸於君，何謂相送

乎！」召軍正問曰：「軍法期而後至者云何？」對曰：「當斬。」莊賈懼，使人馳報景公，請救。既往，未及反，於是遂斬莊賈以徇三軍。三軍之士皆振慄。久之，景公遣使者持節赦賈，馳入軍中。穰苴曰：「將在軍，君令有所不受。」〔一〇〕問軍正曰：「馳三軍法何？」正曰：「當斬。」使者大懼。穰苴曰：「君之使不可殺之。」乃斬其僕，車之左駙，馬之左驂，〔一一〕以徇三軍。〔一二〕遣使者還報，然後行。士卒次舍井竈飲食問疾醫藥，身自拊循之。悉取將軍之資糧享士卒，身與士卒平分糧食，最比〔一三〕其羸弱者。三日而後勒兵。病者皆求行，爭奮出爲之赴戰。晉師聞之，爲罷去。燕師聞之，度水而解。〔一四〕於是追擊之，遂取所亡封內故境而引兵歸。未至國，釋兵旅，解約束，誓盟而後入邑。景公與諸大夫郊迎，勞師成禮，然後反歸寢。既見穰苴，尊爲大司馬。田氏日以益尊於齊。

〔一〕索隱 按：穰苴，名，田氏之族，爲大司馬，故曰司馬穰苴。 正義 穰音若羊反。苴音子徐反。田穰苴爲司馬官，主兵。

〔二〕索隱 按：阿、甄皆齊邑。晉太康地記曰「阿即東阿也」。地理志云甄城縣屬濟陰也。

〔三〕正義 河上，黃河南岸地，即滄德二州北界。

〔四〕索隱 謂命之爲將，以將軍也。將音即匠反。遂以將軍爲官名。故尸子曰「十萬之師，無將軍則亂」。六國時有其官。

〔五〕索隱 按：旦日謂明日。日中時期會於軍門也。

〔六〕索隱按：立表謂立木爲表以視日景，下漏謂下漏水以知刻數也。
〔七〕正義己音紀。監，甲暫反。
〔八〕索隱仆音赴。按：仆者，臥其表也。決漏謂決去壺中漏水。以賈失期，過日中故也。
〔九〕索隱上音袁，下音孚。正義援，作「操」。枹音孚，謂鼓挺也。
〔一〇〕集解魏武帝曰：「苟便於事，不拘君命。」
〔一一〕索隱按：謂斬其使者之僕，及車之左駙。駙，當作「軵」，並音附，謂車循外立木，承重較之材。又斬其馬之左驂，以御者在左故也。正義軵音附。劉伯莊云：「駙者，箱外之立木，承重校者。」
〔一二〕正義徇，行示也。
〔一三〕正義比音（鼻）必耳反。
〔一四〕正義度黃河水北去而解。

已而大夫鮑氏、高、國之屬害之，譖於景公。景公退穰苴，苴發疾而死。田乞、田豹之徒〔一〕由此怨高、國等。其後及田常殺簡公，盡滅高子、國子之族。至常曾孫和，因自立，爲齊威王，〔二〕用兵行威，大放穰苴之法，〔三〕而諸侯朝齊。

〔一〕索隱田乞，田僖子也。豹亦僖子之族。
〔二〕索隱按：此文誤也，當云田和自立，至其孫，因號爲齊威王。故系家云田和自立，號太公，其孫因齊，號爲威王。

〔三〕正義放，方往反。

齊威王使大夫追論古者司馬兵法而附穰苴於其中，因號曰司馬穰苴兵法。

太史公曰：余讀司馬兵法，閎廓深遠，雖三代征伐，未能竟其義，如其文也，亦少褒矣。〔一〕若夫穰苴，區區爲小國行師，何暇及司馬兵法之揖讓乎？世既多司馬兵法，以故不論，著穰苴之列傳焉。

〔一〕索隱按：謂司馬法說行兵，揖讓有三代之法，而齊區區小國，又當戰國之時，故云「亦少褒矣」。

【索隱述贊】燕侵河上，齊師敗績。嬰薦穰苴，武能威敵。斬賈以徇，三軍驚惕。我卒既彊，彼寇退壁。法行司馬，實賴宗戚。

史記卷六十五

孫子吳起列傳第五

孫子武者，齊人也。〔一〕以兵法見於吳王闔廬。闔廬曰：「子之十三篇，〔二〕吾盡觀之矣，可以小試勒兵乎？」對曰：「可。」闔廬曰：「可試以婦人乎？」曰：「可。」於是許之，出宮中美女，得百八十人。孫子分爲二隊，以王之寵姬二人各爲隊長，〔三〕皆令持戟。令之曰：「汝知而心與左右手背乎？」婦人曰：「知之。」孫子曰：「前，則視心；左，視左手；右，視右手；後，即視背。」婦人曰：「諾。」約束既布，乃設鈇鉞，即三令五申之。於是鼓之右，婦人大笑。孫子曰：「約束不明，申令不熟，將之罪也。」復三令五申而鼓之左，婦人復大笑。孫子曰：「約束不明，申令不熟，將之罪也；既已明而不如法者，吏士之罪也。」乃欲斬左右隊長。吳王從臺上觀，見且斬愛姬，大駭。趣使使〔四〕下令曰：「寡人已知將軍能用兵矣。寡人非此二姬，食不甘味，願勿斬也。」孫子曰：「臣既已受命爲將，將在軍，君命有所不受。」遂斬隊長二人以徇。用其次爲隊長，於是復鼓之。婦人左右前後跪起皆中規矩繩墨，

無敢出聲。於是孫子使使報王曰：「兵既整齊，王可試下觀之，唯王所欲用之，雖赴水火猶可也。」吳王曰：「將軍罷休就舍，寡人不願下觀。」孫子曰：「王徒好其言，不能用其實。」於是闔廬知孫子能用兵，卒以爲將。西破彊楚，入郢，北威齊晉，顯名諸侯，孫子與有力焉。

〔一〕正義魏武帝云：「孫子者，齊人。事於吳王闔閭，爲吳將，作兵法十三篇。」
〔二〕正義七録云孫子兵法三卷。案：十三篇爲上卷。又有中下二卷。
〔三〕索隱上音徒對反。下音竹兩反。
〔四〕索隱趣音促，謂急也。下「使」音色吏反。

孫武既死，〔一〕後百餘歲有孫臏。臏生阿鄄之閒，臏亦孫武之後世子孫也。孫臏嘗與龐涓〔二〕俱學兵法。龐涓既事魏，得爲惠王將軍，而自以爲能不及孫臏，乃陰使召孫臏。臏至，龐涓恐其賢於己，疾之，則以法刑斷其兩足而黥之，欲隱勿見。

〔一〕集解越絶書曰：「吳縣巫門外大冢，孫武冢也，去縣十里。」索隱按：越絶書云是子貢所著，恐非也。其書多記吳越亡後土地，或後人所錄。正義七録云越絶十六卷，或云伍子胥撰。
〔二〕索隱臏，頻忍反。龐，皮江反。涓，古玄反。

齊使者如梁，〔一〕孫臏以刑徒陰見，說齊使。齊使以爲奇，竊載與之齊。齊將田忌善而客待之。忌數與齊諸公子馳逐重射。孫子見其馬足不甚相遠，馬有上、中、下輩。於是孫

子謂田忌曰：「君弟重射，〔二〕臣能令君勝。」田忌信然之，與王及諸公子逐射千金。〔三〕及臨質，〔四〕孫子曰：「今以君之下駟與彼上駟，取君上駟與彼中駟，取君中駟與彼下駟。」既馳三輩畢，而田忌一不勝而再勝，卒得王千金。於是忌進孫子於威王。威王問兵法，遂以爲師。

〔一〕正義 今汴州。
〔二〕索隱 弟，但也。重射謂好射也。
〔三〕正義 射音石。隨逐而射賭千金。
〔四〕索隱 按：質猶對也。將欲對射之時也。一云質謂堋，非也。

其後魏伐趙，趙急，請救於齊。齊威王欲將孫臏，臏辭謝曰：「刑餘之人不可。」於是乃以田忌爲將，而孫子爲師，居輜車中，坐爲計謀。田忌欲引兵之趙，孫子曰：「夫解雜亂紛糾者〔一〕不控捲，〔二〕救鬬者不搏撠，〔三〕批亢擣虛，〔四〕形格勢禁，則自爲解耳。〔五〕今梁趙相攻，輕兵鋭卒必竭於外，老弱罷於內。君不若引兵疾走大梁，據其街路，衝其方虛，彼必釋趙而自救。是我一舉解趙之圍而收獘於魏也。」〔六〕田忌從之，魏果去邯鄲，與齊戰於桂陵，大破梁軍。

〔一〕索隱 按：謂事之雜亂紛糾擊挐也。

〔二〕索隱 按：謂解雜亂紛糾者，當善以手解之，不可控捲而擊之。捲卽拳也。劉氏云「控，綜；捲，縮」，非也。
〔三〕索隱 博戟二音。按：謂救鬬者當善擣解之，無以手助相搏撠，則其怒益熾矣。按：撠，以手撠刺人。
〔四〕索隱 批音白結反。亢音苦浪反。按：批者，相排批也。音白滅反。亢者，敵人相亢拒也。擣者，擊也，衝也。虛者，空也。按：謂前人相亢，必須批之。彼兵若虛，則衝擣之。欲令擊梁之虛也。此當是古語，故孫子以言之也。
〔五〕索隱 謂若批其相亢，擊擣彼虛，則是事形相格而其勢自禁止，則彼自爲解兵也。
〔六〕索隱 謂齊今引兵據大梁之衝，是衝其方虛之時，梁必釋趙而自救，是一舉釋趙而斃魏。

後十三歲，〔一〕魏與趙攻韓，韓告急於齊。齊使田忌將而往，直走大梁。魏將龐涓聞之，去韓而歸，齊軍既已過而西矣。孫子謂田忌曰：「彼三晉之兵素悍勇而輕齊，齊號爲怯，善戰者因其勢而利導之。兵法，百里而趣利者蹶上將，〔二〕五十里而趣利者軍半至。使齊軍入魏地爲十萬竈，明日爲五萬竈，又明日爲三萬竈。」龐涓行三日，大喜，曰：「我固知齊軍怯，入吾地三日，士卒亡者過半矣。」乃弃其步軍，與其輕鋭倍日并行逐之。孫子度其行，暮當至馬陵。馬陵道陝，而旁多阻隘，可伏兵，乃斫大樹白而書之曰「龐涓死于此樹之下」。於是令齊軍善射者萬弩，夾道而伏，期曰「暮見火舉而俱發」。龐涓果夜至斫木下，見白書，乃鑽火燭之。讀其書未畢，齊軍萬弩俱發，魏軍大亂相失。龐涓自知智窮兵敗，乃自剄，曰：「遂成豎子之名！」〔三〕齊因乘勝盡破其軍，虜魏太子申以歸。孫臏以此名顯天下，世傳其兵法。

〔一〕索隱 王劭〔按〕：紀年云「梁惠王十七年，齊田忌敗梁于桂陵，至二十七年十二月，齊田肦敗梁於馬陵」，計相去無十三歲。
〔二〕集解 魏武帝曰：「蹶猶挫也。」索隱 蹶音巨月反。劉氏云：「蹶猶斃也。」
〔三〕索隱 豎子謂孫臏。

吳起者，衞人也，好用兵。嘗學於曾子，事魯君。齊人攻魯，魯欲將吳起，吳起取齊女爲妻，而魯疑之。吳起於是欲就名，遂殺其妻，以明不與齊也。魯卒以爲將。將而攻齊，大破之。

魯人或惡吳起曰：「起之爲人，猜忍人也。其少時，家累千金，游仕不遂，遂破其家。鄉黨笑之，吳起殺其謗己者三十餘人，而東出衞郭門。與其母訣，齧臂而盟曰：『起不爲卿相，不復入衞。』遂事曾子。居頃之，其母死，起終不歸。曾子薄之，而與起絕。起乃之魯，學兵法以事魯君。魯君疑之，起殺妻以求將。夫魯小國，而有戰勝之名，則諸侯圖魯矣。且魯衞兄弟之國也，而君用起，則是弃衞。」魯君疑之，謝吳起。

吳起於是聞魏文侯賢，欲事之。文侯問李克曰：「吳起何如人哉？」李克曰：「起貪而好色，〔一〕然用兵司馬穰苴不能過也。」於是魏文侯以爲將，擊秦，拔五城。

〔一〕索隱 按：王劭云：「此李克言吳起貪。下文云『魏文侯知起廉，盡能得士心』，又公叔之僕稱起『爲人節廉』，豈前貪而後廉，何言之相反也？」今按：李克言起貪者，起本家累千金，破產求仕，非實貪也；蓋言貪者，是貪榮名耳，故母死不赴，殺妻將魯是也。或者起未委質於魏，猶有貪迹，及其見用，則盡廉能，亦何異乎陳平之爲人也。

起之爲將，與士卒最下者同衣食。卧不設席，行不騎乘，親裹贏糧，與士卒分勞苦。卒有病疽者，起爲吮之。〔一〕卒母聞而哭之。人曰：「子卒也，而將軍自吮其疽，何哭爲。」母曰：「非然也。往年吳公吮其父，其父戰不旋踵，遂死於敵。吳公今又吮其子，妾不知其死所矣。是以哭之。」

〔一〕索隱 吮，鄒氏音弋軟反，又才軟反。

文侯以吳起善用兵，廉平，盡能得士心，乃以爲西河守，以拒秦、韓。

魏文侯既卒，起事其子武侯。武侯浮西河而下，中流，顧而謂吳起曰：「美哉乎山河之固，此魏國之寶也！」起對曰：「在德不在險。昔三苗氏左洞庭，右彭蠡，德義不修，禹滅之。夏桀之居，左河濟，右泰華，伊闕在其南，羊腸在其北，〔一〕修政不仁，湯放之。殷紂之

國，左孟門，〔三〕右太行，常山在其北，大河經其南，修政不德，武王殺之。由此觀之，在德不在險。若君不修德，舟中之人盡爲敵國也。」〔三〕武侯曰：「善。」

〔一〕集解 瓚曰：「今河南城爲直之。」皇甫謐曰：「壺關有羊腸阪，在太原晉陽西北九十里。」

〔二〕索隱 劉氏按：紂都朝歌，今孟山在其西。今言左，則東邊別有孟門也。

〔三〕集解 楊子法言曰：「美哉言乎！使起之用兵每若斯，則太公何以加諸！」

(即封)吳起爲西河守，甚有聲名。魏置相，相田文。〔一〕吳起不悅，謂田文曰：「請與子論功，可乎？」田文曰：「可。」起曰：「將三軍，使士卒樂死，敵國不敢謀，子孰與起？」文曰：「不如子。」起曰：「治百官，親萬民，實府庫，子孰與起？」文曰：「不如子。」起曰：「守西河而秦兵不敢東鄉，韓趙賓從，子孰與起？」文曰：「不如子。」起曰：「此三者，子皆出吾下，而位加吾上，何也？」文曰：「主少國疑，大臣未附，百姓不信，方是之時，屬之於子乎？屬之於我乎？」起默然良久，曰：「屬之子矣。」文曰：「此乃吾所以居子之上也。」吳起乃自知弗如田文。

〔一〕索隱 按：呂氏春秋作「商文」。

田文既死，公叔爲相，〔一〕尚魏公主，而害吳起。公叔之僕曰：「起易去也。」公叔曰：「柰何？」其僕曰：「吳起爲人節廉而自喜名也。君因先與武侯言曰：『夫吳起賢人也，而侯之

國小，又與彊秦壤界，臣竊恐起之無留心也。』武侯即曰：『柰何？』君因謂武侯曰：『試延以公主，起有留心則必受之，無留心則必辭矣。以此卜之。』君因召吳起而與歸，即令公主怒而輕君。吳起見公主之賤君也，則必辭。」於是吳起見公主之賤魏相，果辭魏武侯。武侯疑之而弗信也。吳起懼得罪，遂去，即之楚。

〔一〕索隱 韓之公族。

楚悼王素聞起賢，至則相楚。明法審令，捐不急之官，廢公族疏遠者，以撫養戰鬬之士。要在彊兵，破馳說之言從横者。於是南平百越；北并陳蔡，卻三晉；西伐秦。諸侯患楚之彊。故楚之貴戚盡欲害吳起。及悼王死，宗室大臣作亂而攻吳起，吳起走之王尸而伏之。擊起之徒因射刺吳起，并中悼王。〔一〕悼王既葬，太子立，〔二〕乃使令尹盡誅射吳起而并中王尸者。坐射起而夷宗死者七十餘家。

〔一〕索隱 楚系家悼王名疑也。

〔二〕索隱 肅王臧也。

太史公曰：世俗所稱師旅，皆道孫子十三篇，吳起兵法，世多有，故弗論，論其行事所施設者。語曰：「能行之者未必能言，能言之者未必能行。」孫子籌策龐涓明矣，然不能蚤救患於被刑。吳起說武侯以形勢不如德，然行之於楚，以刻暴少恩亡其軀。悲夫！

【索隱述贊】孫子兵法，一十三篇。美人既斬，良將得焉。其孫臏脚，籌策龐涓。吳起相魏，西河稱賢，慘礉事楚，死後留權。

史記卷六十六

伍子胥列傳第六

伍子胥者，楚人也，名員。員父曰伍奢。員兄曰伍尚。其先曰伍舉，以直諫事楚莊王，〔一〕有顯，故其後世有名於楚。

〔一〕索隱按：舉直諫，見左氏、楚系家。

楚平王有太子名曰建，使伍奢爲太傅，費無忌〔一〕爲少傅。無忌不忠於太子建。平王使無忌爲太子取婦於秦，秦女好，無忌馳歸報平王曰：「秦女絶美，王可自取，而更爲太子取婦。」平王遂自取秦女而絶愛幸之，生子軫。更爲太子取婦。

〔一〕索隱按：左傳作「費無極」。

無忌既以秦女自媚於平王，因去太子而事平王。恐一旦平王卒而太子立，殺己，乃因讒太子建。建母，蔡女也，無寵於平王。平王稍益疏建，使建守城父，〔一〕備邊兵。

〔一〕集解地理志潁川有城父縣。索隱本陳邑，楚伐陳而有之。地理志潁川有城父縣。

頃之，無忌又日夜言太子短於王曰：「太子以秦女之故，不能無怨望，願王少自備也。自太子居城父，將兵，外交諸侯，且欲入爲亂矣。」平王乃召其太傅伍奢考問之。伍奢知無忌讒太子於平王，因曰：「王獨柰何以讒賊小臣疏骨肉之親乎？」無忌曰：「王今不制，其事成矣。王且見禽。」於是平王怒，囚伍奢，而使城父司馬奮揚〔一〕往殺太子。行未至，奮揚使人先告太子：「太子急去，不然將誅。」太子建亡奔宋。

〔一〕索隱城父司馬之姓名也。

無忌言於平王曰：「伍奢有二子，皆賢，不誅且爲楚憂。可以其父質而召之，不然且爲楚患。」王使使謂伍奢曰：「能致汝二子則生，不能則死。」伍奢曰：「尚爲人仁，呼必來。員爲人剛戾忍訽，〔一〕能成大事，彼見來之并禽，其勢必不來。」王不聽，使人召二子曰：「來，吾生汝父；不來，今殺奢也。」伍尚欲往，員曰：「楚之召我兄弟，非欲以生我父也，恐有脱者後生患，故以父爲質，詐召二子。二子到，則父子俱死。何益父之死？往而令讎不得報耳。不如奔他國，借力以雪父之恥，俱滅，無爲也。」伍尚曰：「我知往終不能全父命。然恨父召我以求生而不往，後不能雪恥，終爲天下笑耳。」謂員：「可去矣！汝能報殺父之讎，我將歸死。」尚既就執，使者捕伍胥。伍胥貫弓〔二〕執矢嚮使者，使者不敢進，伍胥遂亡。聞太子建之在宋，往從之。奢聞子胥之亡也，曰：「楚國君臣且苦兵矣。」伍尚至楚，楚并殺奢與尚也。

〔一〕集解音火候反。索隱鄒氏云：「一作『詬』，罵也，音逅。」劉氏音火候反。

〔二〕集解貫，烏還反。索隱劉氏音貫爲彎，又音古患反。貫謂滿張弓。

伍胥既至宋，宋有華氏之亂，〔一〕乃與太子建俱奔於鄭。鄭人甚善之。太子建又適晉，晉頃公曰：「太子既善鄭，鄭信太子。太子能爲我内應，而我攻其外，滅鄭必矣。滅鄭而封太子。」太子乃還鄭。事未會，會自私欲殺其從者，從者知其謀，乃告之於鄭。鄭定公與子産誅殺太子建。建有子名勝。伍胥懼，乃與勝俱奔吳。到昭關，〔二〕昭關欲執之。伍胥遂與勝獨身步走，幾不得脱。追者在後。至江，江上有一漁父乘船，知伍胥之急，乃渡伍胥。伍胥既渡，解其劍曰：「此劍直百金，以與父。」父曰：「楚國之法，得伍胥者賜粟五萬石，爵執珪，豈徒百金劍邪！」不受。伍胥未至吳而疾，止中道，乞食。〔三〕至於吳，吳王僚方用事，公子光爲將。伍胥乃因公子光以求見吳王。

〔一〕索隱春秋昭二十年，宋華亥、向寧、華定與君争而出奔是也。

〔二〕索隱其關在江西，乃吳楚之境也。

〔三〕集解張勃曰：「子胥乞食處在丹陽溧陽縣。」索隱按：張勃，晉人，吳鴻臚儼之子也，作吳録，裴氏注引之是

也。溧音栗，水名也。

久之，楚平王以其邊邑鍾離與吳邊邑卑梁氏俱蠶，兩女子争桑相攻，乃大怒，至於兩國舉兵相伐。吳使公子光伐楚，拔其鍾離、居巢而歸。〔一〕伍子胥説吳王僚曰：「楚可破也。願復遣公子光。」公子光謂吳王曰：「彼伍胥父兄爲戮於楚，而勸王伐楚者，欲以自報其讎耳。伐楚未可破也。」伍胥知公子光有内志，欲殺王而自立，未可説以外事，乃進專諸〔二〕於公子光，退而與太子建之子勝耕於野。

〔一〕索隱二邑，楚縣也。按：鍾離縣在六安，古鍾離子之國，系本謂之「終犂」，嬴姓之國。居巢亦國也。桀奔南巢，其國蓋遠。尚書序「巢伯來朝」，蓋因居之於淮南楚地也。

〔二〕索隱左傳謂之「專設諸」。

五年而楚平王卒。初，平王所奪太子建秦女生子軫，及平王卒，軫竟立爲後，是爲昭王。吳王僚因楚喪，使二公子將兵往襲楚。楚發兵絶吳兵之後，不得歸。吳國内空，而公子光乃令專諸襲刺吳王僚而自立，是爲吳王闔廬。闔廬既立，得志，乃召伍員以爲行人，而與謀國事。

楚誅其大臣郤宛、伯州犂，伯州犂之孫伯嚭亡奔吳，〔一〕吳亦以嚭爲大夫。前王僚所遣

二公子將兵〔二〕伐楚者，道絕不得歸。後聞闔廬弒王僚自立，遂以其兵降楚，楚封之於舒。闔廬立三年，乃興師與伍胥、伯嚭伐楚，拔舒，遂禽故吳反二將軍。因欲至郢，將軍孫武曰：「民勞，未可，且待之。」乃歸。

〔一〕集解徐廣曰：「伯州犂者，晉伯宗之子也。伯州犂之子曰郤宛，郤宛之子曰伯嚭。宛亦姓伯，又別氏郤。楚世家云殺郤宛，宛之宗姓伯氏子曰嚭。吳世家云楚誅伯州犂，其孫伯嚭奔吳也。」索隱按：州犂，伯宗子也。郤宛，州犂子。伯嚭，郤宛子。嚭音喜。伯氏別姓郤。

〔二〕索隱公子燭庸及蓋餘也。

四年，吳伐楚，取六與灊。〔一〕五年，伐越，敗之。六年，楚昭王使公子囊瓦〔二〕將兵伐吳。吳使伍員迎擊，大破楚軍於豫章，〔三〕取楚之居巢。

〔一〕集解六，古國，皋陶之後所封。灊縣有天柱山。索隱六，古國也，皋陶之後所封。灊縣有天柱山。

〔二〕集解案：左傳楚公子貞字子囊，其孫名瓦，字子常。此言公子，又兼稱囊瓦，誤也。索隱按：左氏楚公子貞字子囊，其孫名瓦，字子常。此言公子，又兼稱囊瓦，蓋誤。

〔三〕集解豫章在江南。索隱按：杜預云「昔豫章在江北，蓋分後徙之於江南也」。

九年，吳王闔廬謂子胥、孫武曰：「始子言郢未可入，今果何如？」二子對曰：「楚將囊瓦貪，而唐、蔡皆怨之。王必欲大伐之，必先得唐、蔡乃可。」闔廬聽之，悉興師與唐、蔡伐

楚，與楚夾漢水而陳。吳王之弟夫概〔一〕將兵請從，王不聽，遂以其屬五千人擊楚將子常。〔二〕子常敗走，奔鄭。於是吳乘勝而前，五戰，遂至郢。〔三〕己卯，楚昭王出奔。庚辰，吳王入郢。

〔一〕索隱古賚反。

〔二〕集解子常，公孫瓦。索隱公孫瓦也。

〔三〕集解郢，楚都。索隱郢，楚都也。音以正反，又一音以井反。

昭王出亡，入雲夢；盜擊王，王走鄖。〔一〕鄖公弟懷曰：「平王殺我父，我殺其子，不亦可乎！」鄖公恐其弟殺王，與王奔隨。〔二〕吳兵圍隨，謂隨人曰：「周之子孫在漢川者，楚盡滅之。」隨人欲殺王，王子綦匿王，己自爲王以當之。隨人卜與王於吳，不吉，乃謝吳不與王。

〔一〕集解音云，國名。索隱奏雲二音。走，向也。鄖，國名。

〔二〕正義今有楚昭王故城，昭王奔隨之處，宮之北城即是。

始伍員與申包胥爲交，員之亡也，謂包胥曰：「我必覆楚。」包胥曰：「我必存之。」及吳兵入郢，伍子胥求昭王。既不得，乃掘楚平王墓，出其尸，鞭之三百，然後已。申包胥亡於山中，使人謂子胥曰：「子之報讎，其以甚乎！吾聞之，人衆者勝天，天定亦能破人。〔一〕今子故平王之臣，親北面而事之，今至於僇死人，此豈其無天道之極乎！」伍子胥曰：「爲我謝

申包胥曰，吾日莫途遠，吾故倒行而逆施之。」〔二〕於是申包胥走秦告急，求救於秦。秦不許。包胥立於秦廷，晝夜哭，七日七夜不絕其聲。秦哀公憐之，曰：「楚雖無道，有臣若是，可無存乎！」乃遣車五百乘救楚擊吳。六月，敗吳兵於稷。〔三〕會吳王久留楚求昭王，而闔廬弟夫概乃亡歸，自立爲王。闔廬聞之，乃釋楚而歸，擊其弟夫概。夫概敗走，遂奔楚。楚昭王見吳有內亂，乃復入郢。封夫概於堂谿，〔四〕爲堂谿氏。楚復與吳戰，敗吳，吳王乃歸。

〔一〕正義申包胥言聞人衆者雖一時凶暴勝天，及天降其凶，亦破於彊暴之人。

〔二〕索隱按：倒音丁老反。施音如字。子胥言志在復讎，常恐且死，不遂本心，今幸而報，豈論理乎！譬如人行，前途尚遠，而日勢已莫，其在顛倒疾行，逆理施事，何得責吾順理乎！

〔三〕集解稷丘，地名，在郊外。索隱按：左傳作「稷丘」。杜預云「稷丘，地名，在郊外」。

〔四〕集解徐廣曰：「在慎縣。」駰案：地理志汝南有吳房縣。應劭曰「夫概奔楚，封於堂谿，本房子國，以封吳，故曰吳房」，然則不得在慎縣也。正義案：今豫州吳房縣在州西北九十里。

後二歲，闔廬使太子夫差將兵伐楚，取番。〔一〕楚懼吳復大來，乃去郢，徙於鄀。〔二〕當是時，吳以伍子胥、孫武之謀，西破彊楚，北威齊晉，南服越人。

〔一〕集解音普寒反，又音婆。索隱音普寒反，又音婆。蓋鄱陽也。

〔二〕集解楚地，音若。索隱音若。鄀，楚地，今鄾。

其後四年，孔子相魯。

後五年，伐越。越王句踐迎擊，敗吳於姑蘇，傷闔廬指，〔一〕軍卻。闔廬病創〔二〕將死，謂太子夫差曰：「爾忘句踐殺爾父乎？」夫差對曰：「不敢忘。」是夕，闔廬死。夫差既立爲王，以伯嚭爲太宰，習戰射。二年後伐越，敗越於夫湫。〔三〕越王句踐乃以餘兵五千人棲於會稽之上，〔四〕使大夫種〔五〕厚幣遺吳太宰嚭以請和，求委國爲臣妾。吳王將許之。伍子胥諫曰：「越王爲人能辛苦。今王不滅，後必悔之。」吳王不聽，用太宰嚭計，與越平。

〔一〕正義姑蘇當作「檇李」，乃文誤也。左傳云「戰檇李，傷將指，卒於陘」是也。解在吳世家。

〔二〕集解楚良反。索隱音瘡。

〔三〕集解音椒。索隱音椒，又如字。正義太湖中椒山也。解在吳世家。

〔四〕正義土地名，在越州會稽縣東南十二里。

〔五〕索隱劉氏云「大夫姓，種名」，非也。按：今吳南有文種墉，則種姓文，爲大夫官也。正義高誘云：「大夫種，姓文氏，字子禽，楚之郢人。」

其後五年，而吳王聞齊景公死而大臣爭寵，新君弱，乃興師北伐齊。伍子胥諫曰：「句踐食不重味，弔死問疾，且欲有所用之也。此人不死，必爲吳患。今吳之有越，猶人之有腹

心疾也。而王不先越而乃務齊，不亦謬乎！」吳王不聽，伐齊，大敗齊師於艾陵，[一]遂威鄒魯之君以歸。[二]益疏子胥之謀。

[一]正義 括地志云：「艾山在兗州博城縣南百六十里，本齊博邑。」

[二]正義 鄒君居兗州鄒縣。魯，曲阜縣。

其後四年，吳王將北伐齊，越王句踐用子貢之謀，乃率其衆以助吳，而重寶以獻遺太宰嚭。太宰嚭既數受越賂，其愛信越殊甚，日夜為言於吳王。吳王信用嚭之計。伍子胥諫曰：「夫越，腹心之病，今信其浮辭詐偽而貪齊。破齊，譬猶石田，無所用之。且盤庚之誥曰『有顛越不恭，劓殄滅之，俾無遺育，無使易種于茲邑』。此商之所以興。願王釋齊而先越；若不然，後將悔之無及。」而吳王不聽，使子胥於齊。子胥臨行，謂其子曰：「吾數諫王，王不用，吾今見吳之亡矣。汝與吳俱亡，無益也。」乃屬其子於齊鮑牧，而還報吳。

吳太宰嚭既與子胥有隙，因讒曰：「子胥為人剛暴，少恩，猜賊，其怨望恐為深禍也。前日王欲伐齊，子胥以為不可，王卒伐之而有大功。子胥恥其計謀不用，乃反怨望。而今王又復伐齊，子胥專愎[一]彊諫，沮[二]毀用事，徒幸吳之敗以自勝其計謀耳。今王自行，悉國中武力以伐齊，而子胥諫不用，因輟謝，詳病不行。王不可不備，此起禍不難。且嚭使人微伺之，其使於齊也，乃屬其子於齊之鮑氏。夫為人臣，內不得意，外倚諸侯，自以為先王之謀臣，今不見用，常鞅鞅怨望。願王早圖之。」吳王曰：「微子之言，吾亦疑之。」乃使使賜伍子胥屬鏤[三]之劍，曰：「子以此死。」伍子胥仰天歎曰：「嗟乎！讒臣嚭為亂矣，王乃反誅我。我令若父霸。自若未立時，諸公子爭立，我以死爭之於先王，幾不得立。[四]若既得立，欲分吳國予我，我顧不敢望也。然今若聽諛臣言以殺長者。」乃告其舍人曰：「必樹吾墓上以梓，令可以為器；[五]而抉[六]吾眼縣吳東門之上，[七]以觀越寇之入滅吳也。」乃自剄死。吳王聞之大怒，乃取子胥尸盛以鴟夷革，[八]浮之江中。[九]吳人憐之，為立祠於江上，[一〇]因命曰胥山。[一一]

[一]索隱 皮逼反。

[二]集解 自呂反。

[三]集解 錄于反。

[四]正義 幾音祈。

[五]正義 器謂棺也，以吳必亡也。左傳云：「樹吾墓檟，檟可材也，吳其亡乎！」

[六]索隱 烏穴反。抉亦決也。

[七]正義 東門，鱛門，謂鯆門也，今名葑門。鱛音普姑反。鯆音覆浮反。越軍開示浦，子胥濤盪羅城，開此門，有鱛鯆隨濤入，故以名門。顧野王云「鱛魚一名江豚，欲風則涌」也。

[八]集解 應劭曰：「取馬革為鴟夷。鴟夷，榼形。」正義 盛音成。榼，古曷反。

[九]集解 徐廣曰：「魯哀公十一年。」正義 案：年表云吳王夫差十一年也。

[一〇]正義 吳地記曰：「越軍於蘇州東南三十里三江口，又向下三里，臨江北岸立壇，殺白馬祭子胥，杯動酒盡，後因立廟於此江上。今其側有浦名上壇浦。至晉會稽太守麋豹，移廟吳郭東門內道南，今廟見在。」

[一一]集解 張晏曰：「胥山在太湖邊，去江不遠百里，故云江上。」正義 吳地記云：「胥山，太湖邊胥湖東岸山，西臨胥湖，山有古丞胥二王廟。」按：其廟不干子胥事，太史誤矣，張注又非。

吳王既誅伍子胥，遂伐齊。齊鮑氏殺其君悼公而立陽生。吳王欲討其賊，不勝而去。其後二年，吳王召魯衞之君會之橐皋。[一]其明年，因北大會諸侯於黃池，[二]以令周室。越王句踐襲殺吳太子，[三]破吳兵。吳王聞之，乃歸，使使厚幣與越平。後九年，越王句踐遂滅吳，殺王夫差；而誅太宰嚭，以不忠於其君，而外受重賂，與己比[四]周也。

[一]索隱 音拓皋二音。杜預云：「地名，在淮南逡遒縣東南。」正義 橐皋故縣在廬州巢縣西北五十六里。

[二]正義 在汴州封丘縣南七里。

[三]索隱 左傳太子名友。

[四]正義 紀鼻二音。

伍子胥初所與俱亡故楚太子建之子勝者，在於吳。吳王夫差之時，楚惠王欲召勝歸楚。葉公[一]諫曰：「勝好勇而陰求死士，殆有私乎！」惠王不聽。遂召勝，使居楚之邊邑鄢，[二]號為白公。[三]白公歸楚三年而吳誅子胥。

[一]正義 上式涉反。杜預云：「子高，沈諸梁。」

[二]集解 徐廣曰：「潁川鄢陵是。」正義 鄢音偃。括地志云：「故鄢城在豫州郾城縣南五里，與褒信白亭相近。」

[三]集解 徐廣曰：「汝南褒信縣有白亭。」正義 括地志云：「白亭在豫州褒信縣南四十二里，又許州扶溝縣北四十五里北又有白亭也。」

白公勝既歸楚，怨鄭之殺其父，乃陰養死士求報鄭。歸楚五年，請伐鄭，楚令尹子西許之。兵未發而晉伐鄭，鄭請救於楚。楚使子西往救，與盟而還。白公勝怒曰：「非鄭之仇，乃子西也。」勝自礪劍，人問曰：[一]「何以為？」勝曰：「欲以殺子西。」子西聞之，笑曰：「勝如卵耳，何能為也。」

[一]索隱 左傳作「子期之子平見曰『王孫何自礪也』」。

其後四歲，白公勝與石乞襲殺楚令尹子西、司馬子綦[一]於朝。石乞曰：「不殺王，不可。」乃劫(之)王如高府。[二]石乞從者屈固[三]負楚惠王亡走昭夫人之宮。[四]葉公聞白公為亂，率其國人攻白公。白公之徒敗，亡走山中，自殺。[五]而虜石乞，而問白公尸處，不言將亨。石乞曰：「事成為卿，不成而亨，固其職也。」終不肯告其尸處。遂亨石乞，而求惠王

復立之。

〔一〕索隱左傳作「子期」也。
〔二〕索隱杜預云：「楚之別府也。」
〔三〕集解徐廣曰：「一作『惠王從者屈固』。楚世家亦云『王從者』。」索隱按：徐廣曰一作「惠王從者屈固」，蓋此本爲得。而左傳云「石乞尹門，圉公陽穴宮，負王以如昭夫人之宮」，則公陽是楚之大夫，王之從者也。
〔四〕索隱昭王夫人卽惠王母，越女也。
〔五〕正義左傳云白公奔而縊。

太史公曰：怨毒之於人甚矣哉！王者尚不能行之於臣下，況同列乎！向令伍子胥從奢俱死，何異螻蟻。弃小義，雪大恥，名垂於後世，悲夫！方子胥窘於江上，〔一〕道乞食，志豈嘗須臾忘郢邪？故隱忍就功名，非烈丈夫孰能致此哉？白公如不自立爲君者，其功謀亦不可勝道者哉！

〔一〕索隱窘音求殞反。

【索隱述贊】讒人罔極，交亂四國。嗟彼伍氏，被茲凶慝！員獨忍詬，志復冤毒。霸吳起師，伐楚逐北。鞭尸雪恥，抉眼弃德。

史記卷六十七

仲尼弟子列傳第七

孔子曰「受業身通者七十有七人」，〔一〕皆異能之士也。德行：顏淵，閔子騫，冉伯牛，仲弓。政事：冉有，季路。言語：宰我，子貢。〔二〕文學：子游，子夏。師也辟，〔三〕參也魯，〔四〕柴也愚，〔五〕由也喭，〔六〕回也屢空。賜不受命而貨殖焉，億則屢中。〔七〕

〔一〕索隱孔子家語亦有七十七人，唯文翁孔廟圖作七十二人。
〔二〕索隱論語一曰德行，二曰言語，三曰政事，四曰文學。今此文政事在言語上，是其記有異也。
〔三〕集解馬融曰：「子張才過人，失於邪辟文過。」正義音癖。
〔四〕集解孔安國曰：「魯，鈍也。曾子遲鈍。」
〔五〕集解何晏曰：「愚直之愚。」
〔六〕集解鄭玄曰：「子路之行，失於吸喭。」索隱論語先言柴，次參，次師，次由。今此傳序之亦與論語不同，不得輒言其誤也。正義吸音畔。喭音岸。
〔七〕集解何晏曰：「言回庶幾於聖道，雖數空匱而樂在其中。賜不受教命，唯財貨是殖，億度是非。蓋美回所以勵

賜也。一曰屢猶每也，空猶虛中也。以聖人之善道，教數子之庶幾，猶不至於知道者，各內有此害也。其於庶幾每能虛中者唯回，懷道深遠。不虛心不能知道。子貢無數子之病，然亦不知道者，雖不窮理而幸中，雖非天命而偶富，亦所以不虛心也。」

孔子之所嚴事：於周則老子；於衞，蘧伯玉；〔一〕於齊，晏平仲；〔二〕於楚，老萊子；〔三〕於鄭，子產；於魯，孟公綽。數稱臧文仲、柳下惠、〔四〕銅鞮〔五〕伯華、介山子然，孔子皆後之，不並世。〔六〕

〔一〕集解外寬而內直，自設於隱括之中，直己而不直人，汲汲於仁，以善自終，蓋蘧伯玉之行。索隱按：大戴禮又云「外寬而內直，自娛於隱括之中，直己而不直人，汲汲于仁，以善存亡，蓋蘧伯玉之行也」。
〔二〕集解君擇臣而使之，臣擇君而事之，有道順命，無道衡命，蓋晏平仲之行也。索隱大戴記曰：「君擇臣而使之，臣擇君而事之，有道順命，無道衡命，蓋晏平仲之行也。」
〔三〕索隱大戴記又云：「德恭而行信，終日言不在悔尤之內，貧而樂也，蓋老萊子之行也。」
〔四〕集解孝恭慈仁，允德圖義，約貨去怨，蓋柳下惠之行。索隱大戴記又云：「孝恭慈仁，允德圖義，約貨亡怨，蓋柳下惠之行也。」
〔五〕索隱地理志縣名，屬上黨。正義鞮，丁奚反。按：銅鞮，潞州縣。
〔六〕集解大戴禮曰：「孔子云『國家有道，其言足以興，國家無道，其默足以容，蓋銅鞮伯華之所行。觀於四方，不忘其親，苟思其親，不盡其樂，蓋介山子然之行也』。」說苑曰：「孔子歎曰『銅鞮伯華無死，天下有定矣』。」晉太

康地記云：「銅鞮，晉大夫羊舌赤之邑，世號赤曰銅鞮伯華。」索隱按：自臧文仲已下，孔子皆後之，不並代。其所嚴事，自老子及公綽已上，皆孔子同時人也。按：戴德撰禮，號曰大戴禮，合八十五篇，其四十七篇亡，見今存者有三十八篇。今裴氏所引在衛將軍篇。孔子稱祁奚對晉平公之辭，唯舉銅鞮、介山二人行耳。家語又云：「不克不忌，不念舊怨，蓋伯夷、叔齊之行。思天而敬人，服義而行信，蓋趙文子之行。事君不愛其死，謀身不遺其友，蓋隨武子之行。」

顏回者，魯人也，字子淵。少孔子三十歲。〔一〕

〔一〕正義少，戌妙反。

顏淵問仁，孔子曰：「克己復禮，天下歸仁焉。」〔一〕

〔一〕集解馬融曰：「克己，約身也。」孔安國曰：「復，反也。身能反禮，則爲仁矣。」

孔子曰：「賢哉回也！〔二〕一簞食，一瓢飲，〔三〕在陋巷，人不堪其憂，回也不改其樂。」〔三〕「回也如愚；〔四〕退而省其私，亦足以發，回也不愚。」〔五〕「用之則行，捨之則藏，唯我與爾有是夫！」〔六〕

〔一〕集解衛瓘曰：「非大賢樂道，不能若此，故以稱之。」索隱衛瓘字伯玉，晉太保，亦注論語，故裴引之。

〔二〕集解孔安國曰：「簞，笥也。」

〔三〕集解孔安國曰：「顏回樂道，雖簞食在陋巷，不改其所樂也。」

〔四〕集解孔安國曰：「於孔子之言，默而識之，如愚也。」

〔五〕集解孔安國曰：「察其退還與二三子說釋道義，發明大體，知其不愚。」

〔六〕集解孔安國曰：「言可行則行，可止則止，唯我與顏回同也。」欒肇曰：「用己而後行，不假隱以自高，不屈道以要名，時人無知其實者，唯我與爾有是行。」正義肇字永初，高平人，晉尚書郎，作論語疑釋十卷，論語駮二卷。

回年二十九，髮盡白，蚤死。〔一〕孔子哭之慟，曰：「自吾有回，門人益親。」〔二〕魯哀公問：「弟子孰爲好學？」孔子對曰：「有顏回者好學，不遷怒，不貳過。不幸短命死矣，今也則亡。」〔三〕

〔一〕索隱按：家語亦云「年二十九而髮白，三十二而死」。王肅云「此久遠之書，年數錯誤，未可詳也。校其年，則顏回死時，孔子年六十一。然則伯魚年五十先孔子卒時，孔子且七十也。今此爲顏回先伯魚死，而論語曰顏回死，顏路請子之車，孔子曰『鯉也死，有棺而無槨』，或爲設事之辭」。按：顏回死在伯魚之前，故以論語爲設詞。

〔二〕集解王肅曰：「顏回爲孔子胥附之友，能使門人日親孔子。」

〔三〕集解何晏曰：「凡人任情，喜怒違理。顏回任道，怒不過分。遷者移也，怒當其理，不移易也。不貳過者，有不善未嘗復行。」

閔損字子騫。〔一〕少孔子十五歲。

〔一〕集解鄭玄曰：「孔子弟子目録云魯人。」索隱家語亦云「魯人。少孔子十五歲」。

孔子曰：「孝哉閔子騫！人不閒於其父母昆弟之言。」〔二〕不仕大夫，不食汙君之祿。〔三〕「如有復我者，〔三〕必在汶上矣。」〔四〕

〔一〕集解陳羣曰：「言子騫上事父母，下順兄弟，動靜盡善，故人不得有非閒之言。」

〔二〕索隱論語季氏使閔子騫爲費宰，子騫曰「善爲我辭焉」，是不仕大夫，不食汙君之祿也。

〔三〕集解孔安國曰：「復我者，重來召我。」

〔四〕集解孔安國曰：「去之汶水上，欲北如齊。」

冉耕字伯牛。〔一〕孔子以爲有德行。

〔一〕集解鄭玄曰魯人。索隱按：家語云魯人。

伯牛有惡疾，孔子往問之，自牖執其手，〔一〕曰：「命也夫！斯人也而有斯疾，命也夫！」〔二〕

〔一〕集解包氏曰：「牛有惡疾，不欲見人，孔子從牖執其手。」

〔二〕集解包氏曰：「再言之者，痛之甚也。」

冉雍字仲弓。〔一〕

〔一〕集解鄭玄曰：「魯人。」索隱家語云：「伯牛之宗族，少孔子二十九歲。」

仲弓問政，孔子曰：「出門如見大賓，使民如承大祭。〔一〕在邦無怨，在家無怨。」〔二〕

〔一〕集解孔安國曰：「莫尚乎敬。」

〔二〕集解包氏曰：「在邦爲諸侯，在家爲卿大夫。」

孔子以仲弓爲有德行，曰：「雍也可使南面。」〔一〕

〔一〕集解包氏曰：「可使南面，言任諸侯之治。」

仲弓父，賤人。孔子曰：「犂牛之子騂且角，雖欲勿用，山川其舍諸？」〔一〕

〔一〕集解何晏曰：「犂，雜文。騂，赤色也，角者，角周正，中犧牲，雖欲以其所生犂而不用，山川寧肯舍之乎？言父雖不善，不害於子之美。」

冉求字子有，〔一〕少孔子二十九歲。爲季氏宰。

〔一〕集解鄭玄曰：「魯人。」

季康子問孔子曰：「冉求仁乎？」曰：「千室之邑，百乘之家，〔一〕求也可使治其賦。仁則吾不知也。」〔二〕復問：「子路仁乎？」孔子對曰：「如求。」

〔一〕集解孔安國曰：「千室，卿大夫之邑。卿大夫稱家。諸侯千乘，大夫故曰百乘。」

〔二〕集解孔安國曰：「賦，兵賦也。仁道至大，不可全名也。」

求問曰：「聞斯行諸？」〔一〕子曰：「有父兄在，如之何其聞斯行之！」〔二〕子華怪之，「敢問問同而答異？」孔子曰：「求也退，故進之。由也兼人，故退之。」〔三〕

〔一〕集解包氏曰：「賑窮救乏之事也。」

〔二〕集解孔安國曰：「當白父兄，不可自專。」

〔三〕集解鄭玄曰：「言冉有性謙退，子路務在勝尚人，各因其人之失而正之。」

仲由字子路，卞人也。〔一〕少孔子九歲。

〔一〕集解徐廣曰：「尸子曰子路，卞之野人。」索隱家語一字季路，亦云是卞人也。

子路性鄙，好勇力，志伉直，冠雄雞，佩豭豚，〔一〕陵暴孔子。孔子設禮稍誘子路，子路後儒服委質，〔二〕因門人請爲弟子。

〔一〕集解冠以雄雞，佩以豭豚。二物皆勇，子路好勇，故冠帶之。

〔二〕索隱按：服虔注左氏云「古者始仕，必先書其名於策，委死之質於君，然後爲臣，示必死節於其君也」。

子路問政，孔子曰：「先之，勞之。」〔一〕請益。曰：「無倦。」〔二〕

〔一〕集解孔安國曰：「先導之以德，使民信之，然後勞之。易曰『悅以使民，民忘其勞』。」

〔二〕集解孔安國曰：「子路嫌其少，故請益。曰『無倦』者，行此上事無倦則可。」

子路問：「君子尚勇乎？」孔子曰：「義之爲上。君子好勇而無義則亂，〔一〕小人好勇而無義則盜。」

〔一〕集解李充曰：「既稱君子，不職爲亂階也。若君親失道，國家昏亂，其於赴患致命而不知正顧義者，則亦陷乎爲亂而受不義之責也。」索隱按：充字弘度，晉中書侍郎，亦作論語解。

子路有聞，未之能行，唯恐有聞。〔一〕

〔一〕集解孔安國曰：「前所聞未及行，故恐復有聞不得並行。」

孔子曰：「片言可以折獄者，其由也與！」〔一〕「由也好勇過我，無所取材。」〔二〕「若由也，不得其死然。」〔三〕「衣敝緼袍〔四〕與衣狐貉者立而不恥者，其由也與！」「由也升堂矣，未入於室也。」〔五〕

〔一〕集解孔安國曰：「片猶偏也。聽訟必須兩辭以定是非，偏信一言折獄者，唯子路可也。」

〔二〕集解欒肇曰：「適用曰材，好勇過我用，故云『無所取』。」索隱按：肇字永初，晉尚書郎，作論語義也。

〔三〕集解孔安國曰：「不得以壽終也。」

〔四〕集解孔安國曰：「緼，枲著也。」

〔五〕集解馬融曰：「升我堂矣，未入於室耳。」

季康子問：「仲由仁乎？」孔子曰：「千乘之國可使治其賦，不知其仁。」

子路喜從游，遇長沮、桀溺、荷蓧丈人。

子路爲季氏宰，季孫問曰：「子路可謂大臣與？」孔子曰：「可謂具臣矣。」〔一〕

〔一〕集解孔安國曰：「言備臣數而已。」

子路爲蒲大夫，〔一〕辭孔子。孔子曰：「蒲多壯士，又難治。然吾語汝：恭以敬，可以執勇；〔二〕寬以正，可以比衆；〔三〕恭正以靜，可以報上。」

〔一〕索隱蒲，衞邑，子路爲之宰也。

〔二〕集解言恭謹謙敬，勇猛不能害，故曰「執」也。

〔三〕集解音鼻。言寬大清正，衆必歸近之。

初，衞靈公有寵姬曰南子。靈公太子蕢聵得過南子，懼誅出奔。及靈公卒而夫人欲立公子郢。郢不肯，曰：「亡人太子之子輒在。」於是衞立輒爲君，是爲出公。出公立十二年，其父蕢聵居外，不得入。子路爲衞大夫孔悝之邑宰。〔一〕蕢聵乃與孔悝作亂，謀入孔悝家，遂與其徒襲攻出公。出公奔魯，而蕢聵入立，是爲莊公。方孔悝作亂，〔二〕子路在外，聞之而馳往。遇子羔出衞城門，謂子路曰：「出公去矣，而門已閉，子可還矣，毋空受其禍。」子路曰：「食其食者不避其難。」子羔卒去。有使者入城，城門開，子路隨而入。造蕢聵，蕢聵與孔悝登臺。子路曰：「君焉用孔悝？請得而殺之。」蕢聵弗聽。於是子路欲燔臺，蕢聵懼，乃下石乞、壺黶攻子路，擊斷子路之纓。子路曰：「君子死而冠不免。」遂結纓而死。

〔一〕索隱按：服虔云「爲孔悝之邑宰」。

〔二〕索隱按：左傳蒯聵入孔悝家，悝母伯姬劫悝於廁，強與之盟而立蒯聵，非悝本心自作亂也。

孔子聞衞亂，曰：「嗟乎，由死矣！」已而果死。故孔子曰：「自吾得由，惡言不聞於耳。」〔一〕是時子貢爲魯使於齊。〔二〕

〔一〕集解王肅曰：「子路爲孔子侍衞，故侮慢之人不敢有惡言，是以惡言不聞於孔子耳。」

〔二〕索隱按：左傳子貢爲魯使齊在哀十五年，蓋此文誤也。

宰予字子我。〔一〕利口辯辭。既受業，問：「三年之喪不已久乎？君子三年不爲禮，禮必壞；三年不爲樂，樂必崩。舊穀既沒，新穀既升，鑽燧改火，期可已矣。」〔二〕子曰：「於汝安乎？」曰：「安。」「汝安則爲之。君子居喪，食旨不甘，聞樂不樂，故弗爲也。」〔三〕宰我出，子曰：「予之不仁也！子生三年然後免於父母之懷。〔四〕夫三年之喪，天下之通義也。」〔五〕

〔一〕集解鄭玄曰魯人。索隱家語亦云魯人。

〔二〕集解馬融曰：「周書月令有更火之文。春取榆柳之火，夏取棗杏之火，季夏取桑柘之火，秋取柞楢之火，冬取槐檀之火。一年之中，鑽火各異木，故曰『改火』。」

〔三〕集解孔安國曰：「旨，美也。責其無仁於親，故言『汝安則爲之』。」

〔四〕集解馬融曰：「生未三歲，爲父母所懷抱也。」

〔五〕集解孔安國曰：「自天子達於庶人。」

宰予晝寢。子曰：「朽木不可雕也，〔一〕糞土之牆不可杇也。」〔二〕

〔一〕集解包氏曰：「朽，腐也。雕，雕琢刻畫。」

〔二〕集解王肅曰：「杇，墁也。二者喻雖施功猶不成也。」

宰我問五帝之德，子曰：「予非其人也。」〔一〕

〔一〕集解王肅曰：「言不足以明五帝之德也。」

宰我爲臨菑大夫，〔一〕與田常作亂，以夷其族，孔子恥之。〔二〕

〔一〕索隱按：謂仕齊。齊都臨淄，故云「爲臨淄大夫」也。

〔二〕索隱按：左氏傳無宰我與田常作亂之文，然有闞止字子我，而因争寵，遂爲陳恆所殺。恐字與宰予相涉，因誤云然。

端沐〔一〕賜，衞人，字子貢。少孔子三十一歲。

〔一〕索隱家語作「木」。

子貢利口巧辭，孔子常黜其辯。問曰：「汝與回也孰愈？」〔一〕對曰：「賜也何敢望回！回也聞一以知十，賜也聞一以知二。」

〔一〕集解孔安國曰：「愈猶勝也。」

子貢既已受業，問曰：「賜何人也？」孔子曰：「汝器也。」〔一〕曰：「何器也？」曰：「瑚璉也。」〔二〕

〔一〕集解孔安國曰：「言汝器用之人。」

〔二〕集解包氏曰：「瑚璉，黍稷器。夏曰瑚，殷曰璉，周曰簠簋，宗廟之貴器。」

陳子禽問子貢曰：「仲尼焉學？」子貢曰：「文武之道未墜於地，在人，賢者識其大者，不賢者識其小者，莫不有文武之道。夫子焉不學，〔一〕而亦何常師之有！」〔二〕又問曰：「孔子適是國必聞其政。求之與？抑與之與？」〔三〕子貢曰：「夫子温良恭儉讓以得之。夫子之求之也，其諸異乎人之求之也。」〔四〕

〔一〕集解孔安國曰：「文武之道未墜落於地，賢與不賢各有所識，夫子無所不從學。」

〔二〕集解孔安國曰：「無所不從學，故無常師。」

〔三〕集解鄭玄曰：「怪孔子所至之邦必與聞國政，求而得之邪？抑人君自願與之爲治者？」

〔四〕集解鄭玄曰：「言夫子行此五德而得之，與人求之異，明人君自與之。」

子貢問曰：「富而無驕，貧而無諂，何如？」孔子曰：「可也；〔一〕不如貧而樂道，富而好禮。」〔二〕

〔一〕集解孔安國曰：「未足多也。」

〔二〕集解鄭玄曰：「樂謂志於道，不以貧爲憂苦也。」

田常欲作亂於齊，憚高、國、鮑、晏，故移其兵欲以伐魯。孔子聞之，謂門弟子曰：「夫魯，墳墓所處，父母之國，國危如此，二三子何爲莫出？」子路請出，孔子止之。子張、子石〔一〕請行，孔子弗許。子貢請行，孔子許之。

〔一〕索隱公孫龍也。

遂行，至齊，説田常曰：「君之伐魯過矣。夫魯，難伐之國，其城薄以卑，其地狹以泄，〔一〕其君愚而不仁，大臣僞而無用，其士民又惡甲兵之事，此不可與戰。君不如伐吴。夫吴，城高以厚，地廣以深，甲堅以新，士選以飽，重器精兵盡在其中，又使明大夫守之，此易伐也。」田常忿然作色曰：「子之所難，人之所易；子之所易，人之所難。而以教常，何也？」子貢曰：「臣聞之，憂在内者攻彊，憂在外者攻弱。今君憂在内。吾聞君三封而三不成者，大臣有不聽者也。今君破魯以廣齊，戰勝以驕主，破國以尊臣，〔二〕而君之功不與焉，則交日疏於主。是君上驕主心，下恣羣臣，求以成大事，難矣。夫上驕則恣，臣驕則争，是君上與主有郤，下與大臣交争也。如此，則君之立於齊危矣。故曰不如伐吴。伐吴不勝，民人外死，大臣内空，是君上無彊臣之敵，下無民人之過，孤主制齊者唯君也。」田常曰：「善。雖然，吾兵業已加魯矣，去而之吴，大臣疑我，柰何？」子貢曰：「君按兵無伐，臣請往使吴王，令

之救魯而伐齊，君因以兵迎之。」田常許之，使子貢南見吴王。

〔一〕索隱按：越絶書其「泄」字作「淺」。

〔二〕集解王肅曰：「鮑、晏等帥師，若破國則臣尊矣。」

説曰：「臣聞之，王者不絶世，霸者無彊敵，千鈞之重加銖兩而移。今以萬乘之齊而私千乘之魯，與吴争彊，竊爲王危之。且夫救魯，顯名也；伐齊，大利也。以撫泗上諸侯，誅暴齊以服彊晉，利莫大焉。名存亡魯，實困彊齊，智者不疑也。」吴王曰：「善。雖然，吾嘗與越戰，棲之會稽。越王苦身養士，有報我心。子待我伐越而聽子。」子貢曰：「越之勁不過魯，吴之彊不過齊，王置齊而伐越，則齊已平魯矣。且王方以存亡繼絶爲名，夫伐小越而畏彊齊，非勇也。夫勇者不避難，仁者不窮約，智者不失時，王者不絶世，以立其義。今存越示諸侯以仁，救魯伐齊，威加晉國，諸侯必相率而朝吴，霸業成矣。且王必惡越，〔一〕臣請東見越王，令出兵以從，此實空越，名從諸侯以伐也。」吴王大説，乃使子貢之越。

〔一〕索隱惡猶畏惡也。

越王除道郊迎，身御至舍而問曰：「此蠻夷之國，大夫何以儼然辱而臨之？」子貢曰：「今者吾説吴王以救魯伐齊，其志欲之而畏越，曰『待我伐越乃可』。如此，破越必矣。且夫無報人之志而令人疑之，拙也；有報人之志，使人知之，殆也；事未發而先聞，危也。三者

舉事之大患。」句踐頓首再拜曰：「孤嘗不料力，乃與吳戰，困於會稽，痛入於骨髓，日夜焦脣乾舌，徒欲與吳王接踵而死，孤之願也。」遂問子貢。子貢曰：「吳王爲人猛暴，羣臣不堪；國家敝以數戰，士卒弗忍；百姓怨上，大臣內變；子胥以諫死，〔一〕太宰嚭用事，順君之過以安其私：是殘國之治也。今王誠發士卒佐之以徼〔二〕其志，〔三〕重寶以說其心，卑辭以尊其禮，其伐齊必也。彼戰不勝，王之福矣。戰勝，必以兵臨晉，臣請北見晉君，令共攻之，弱吳必矣。其銳兵盡於齊，重甲困於晉，而王制其敝，此滅吳必矣。」越王大說，許諾。送子貢金百鎰，劍一，良矛二。子貢不受，遂行。

〔一〕索隱 王劭按：家語、越絕並無此五字。是時子胥未死。

〔二〕集解 結堯反。

〔三〕集解 王肅曰：「激射其志。」

報吳王曰：「臣敬以大王之言告越王，越王大恐，曰：『孤不幸，少失先人，內不自量，抵罪於吳，軍敗身辱，棲于會稽，國爲虛莽，〔一〕賴大王之賜，使得奉俎豆而修祭祀，死不敢忘，何謀之敢慮！』」後五日，越使大夫種頓首言於吳王曰：「東海役臣孤句踐使者臣種，敢修下吏問於左右。今竊聞大王將興大義，誅彊救弱，困暴齊而撫周室，請悉起境內士卒三千人，孤請自被堅執銳，以先受矢石。因越賤臣種奉先人藏器，甲二十領，鈇屈盧之矛，〔二〕步光之劍，以賀軍吏。」吳王大說，以告子貢曰：「越王欲身從寡人伐齊，可乎？」子貢曰：「不可。夫空人之國，悉人之衆，又從其君，不義。君受其幣，許其師，而辭其君。」吳王許諾，乃謝越王。於是吳王乃遂發九郡兵伐齊。

〔一〕集解 虛音墟。莽，莫朗反。

〔二〕索隱 鈇音膚，斧也。劉氏云一本無此字。索隱 有本作「鍊」，恐誤也。屈盧，矛名。

子貢因去之晉，謂晉君曰：「臣聞之，慮不先定不可以應卒，〔一〕兵不先辨不可以勝敵。今夫齊與吳將戰，彼戰而不勝，越亂之必矣；與齊戰而勝，必以其兵臨晉。」晉君大恐，曰：「爲之柰何？」子貢曰：「修兵休卒以待之。」晉君許諾。

〔一〕索隱 按：卒謂急卒也。言計慮不先定，不可以應卒有非常之事。

子貢去而之魯。吳王果與齊人戰於艾陵，〔一〕大破齊師，獲七將軍之兵而不歸，果以兵臨晉，與晉人相遇黃池〔二〕之上。吳晉爭彊。晉人擊之，大敗吳師。越王聞之，涉江襲吳，去城七里而軍。吳王聞之，去晉而歸，與越戰於五湖。三戰不勝，城門不守，越遂圍王宮，殺夫差而戮其相。〔三〕破吳三年，東向而霸。

〔一〕索隱 按：左傳在哀十一年。

〔二〕索隱 左傳黃池之會在哀十三年。越入吳，吳與越平也。

〔三〕索隱 按：左傳越滅吳在哀二十二年，則事並懸隔數年。蓋此文欲終說其事，故其辭相連。

故子貢一出，存魯，亂齊，破吳，彊晉而霸越。子貢一使，使勢相破，十年之中，五國各有變。〔一〕

〔一〕索隱 按：左傳謂魯、齊、晉、吳、越也，故云「子貢出，存魯，亂齊，破吳，彊晉而霸越」。

子貢好廢舉，與時轉貨貲。〔一〕喜揚人之美，不能匿人之過。常相魯衞，家累千金，卒終于齊。

〔一〕集解 廢舉謂停貯也。與時謂逐時也。夫物賤則買而停貯，值貴卽逐時轉易，貨賣取資利也。索隱 按：家語「貨」作「化」。王肅云：「廢舉謂買賤賣貴也，轉化謂隨時轉貨以殖其資也。」劉氏云：「廢謂物貴而賣之，舉謂物賤而收買之，轉貨謂轉貴收賤也。」

言偃，吳人，〔一〕字子游。少孔子四十五歲。

〔一〕索隱 家語云魯人。按：偃仕魯爲武城宰耳。今吳郡有言偃冢，蓋吳郡人爲是也。

子游既已受業，爲武城宰。〔一〕孔子過，聞弦歌之聲。孔子莞爾而笑〔二〕曰：「割雞焉用牛刀？」〔三〕子游曰：「昔者偃聞諸夫子曰，君子學道則愛人，小人學道則易使。」〔四〕孔子曰：「二三子，〔五〕偃之言是也。前言戲之耳。」〔六〕孔子以爲子游習於文學。

〔一〕正義 括地志云：「在兗州，卽南城也。輿地志云南武城縣，魯武城邑，子游爲宰者也，在泰山郡。」

〔二〕集解 何晏曰：「莞爾，小笑貌。」

〔三〕集解 孔安國曰：「言治小何須用大道。」

〔四〕集解 孔安國曰：「道謂禮樂也。樂以和人，人和則易使。」

〔五〕集解 孔安國曰：「從行者。」

〔六〕集解 孔安國曰：「戲以治小而用大。」

卜商〔一〕字子夏。少孔子四十四歲。

〔一〕集解 家語云衞人。鄭玄曰溫國卜商。索隱 按：家語云衞人，鄭玄云溫國人，不同者，溫國今河內溫縣，元屬衞故。

子夏問：「『巧笑倩兮，美目盼兮，素以爲絢兮』，何謂也？」〔一〕子曰：「繪事後素。」〔二〕曰：「禮後乎？」〔三〕孔子曰：「商始可與言詩已矣。」〔四〕

〔一〕集解 馬融曰：「倩，笑貌。盼，動目貌。絢，文貌。此上二句在衞風碩人之二章，其下一句逸詩。」

〔二〕集解 鄭玄曰：「繪，畫文也。凡畫繪先布衆色，然後以素分布其閒以成其文，喻美女雖有倩盼美質，亦須禮以成也。」

〔三〕集解何晏曰：「孔言繢事後素，子夏聞而解知以素喻禮，故曰『禮後乎』。」

〔四〕集解包氏曰：「能發明我意，可與言詩矣。」

子貢問：「師與商孰賢？」子曰：「師也過，商也不及。」〔一〕「然則師愈與？」曰：「過猶不及。」

〔一〕集解孔安國曰：「言俱不得中。」

子謂子夏曰：「汝爲君子儒，無爲小人儒。」〔一〕

〔一〕集解何晏曰：「君子之儒將以明道，小人爲儒則矜其名。」

孔子既沒，子夏居西河〔一〕教授，爲魏文侯師。〔二〕其子死，哭之失明。

〔一〕索隱在河東郡之西界，蓋近龍門。劉氏云：「今同州河西縣有子夏石室學堂也。」正義西河郡，今汾州也。爾雅云：「兩河閒曰冀州。」禮記云：「自東河至於西河。」河東故號龍門河爲西河，漢因爲西河郡，汾州也，子夏所教處。括地志云：「謁泉山一名隱泉山，在汾州隰城縣北四十里。注水經云『其山崖壁五，崖半有一石室，去地五十丈，頂上平地十許頃。隨國集記云此爲子夏石室，退老西河居此』。有卜商神祠，今見在。」

〔二〕索隱按：子夏文學著於四科，序詩，傳易。又孔子以春秋屬商。又傳禮，著在禮志。而此史並不論，空記論語小事，亦其疏也。正義文侯都安邑。孔子卒後，子夏教於西河之上，文侯師事之，咨問國政焉。

顓孫師，陳人，〔一〕字子張。少孔子四十八歲。

〔一〕索隱鄭玄目錄陽城人。陽城，縣名，屬陳郡。

子張問干祿，〔一〕孔子曰：「多聞闕疑，慎言其餘，則寡尤；〔二〕多見闕殆，慎行其餘，則寡悔。〔三〕言寡尤，行寡悔，祿在其中矣。」〔四〕

〔一〕集解鄭玄曰：「干，求也。祿，祿位也。」

〔二〕集解包氏曰：「尤，過也。疑則闕之，其餘不疑，猶慎言之，則少過。」

〔三〕集解包氏曰：「殆，危也。所見危者，闕而不行，則少悔。」

〔四〕集解鄭玄曰：「言行如此，雖不得祿，得祿之道。」

他日從在陳蔡閒，困，問行。孔子曰：「言忠信，行篤敬，雖蠻貊之國行也；言不忠信，行不篤敬，雖州里行乎哉！〔一〕立則見其參於前也，在輿則見其倚於衡，夫然後行。」〔二〕子張書諸紳。〔三〕

〔一〕集解鄭玄曰：「二千五百家爲州，五家爲鄰，五鄰爲里。行乎哉，言不可行。」

〔二〕集解包氏曰：「衡，軛也。言思念忠信，立則常想見，參然在前；在輿則若倚於車軛。」

〔三〕集解孔安國曰：「紳，大帶也。」

子張問：「士何如斯可謂之達矣？」孔子曰：「何哉，爾所謂達者？」子張對曰：「在國必聞，在家必聞。」〔一〕孔子曰：「是聞也，非達也。夫達者，質直而好義，察言而觀色，慮以下人，〔二〕在國及家必達。〔三〕夫聞也者，色取仁而行違，居之不疑，〔四〕在國及家必聞。」〔五〕

〔一〕集解鄭玄曰：「言士之所在，皆能有名譽。」

〔二〕集解馬融曰：「常有謙退之志，察言語，觀顏色，知其所欲，其念慮常欲下於人。」

〔三〕集解馬融曰：「謙尊而光，卑而不可踰。」

〔四〕集解馬融曰：「此言佞人也。佞人假仁者之色，行之則違；安居其僞而不自疑。」

〔五〕集解馬融曰：「佞人黨多。」

曾參，南武城人，〔一〕字子輿。少孔子四十六歲。

〔一〕索隱按：武城屬魯。當時魯更有北武城，故言南也。正義括地志云：「南武城在兗州，子游爲宰者。地理志云定襄有武城，清河有武城，故此云南武城也。」

孔子以爲能通孝道，〔一〕故授之業。作孝經。死於魯。

〔一〕正義韓詩外傳云：「曾子曰：『吾嘗仕爲吏，祿不過鍾釜，尚猶欣欣而喜者，非以爲多也，樂道養親也。親沒之後，吾嘗南游於越，得尊官，堂高九仞，榱提三尺，轉轂百乘，然猶北向而泣者，非爲賤也，悲不見吾親也。』」

澹臺滅明，〔一〕武城人，〔二〕字子羽。少孔子三十九歲。

〔一〕集解包氏曰：「澹臺，姓；滅明，名。」正義括地志云：「延津在滑州靈昌縣東七里。注水經云『黃河水至此爲之延津。昔澹臺子羽齎千金之璧渡河，陽侯波起，兩蛟夾舟。子羽曰：「吾可以義求，不可以威劫。」操劍斬

蛟。蛟死，乃投璧於河，三投而輒躍出，乃毀璧而去，亦無怪意。』即此津也。」

〔二〕正義括地志云亦在兗州。

狀貌甚惡。欲事孔子，孔子以爲材薄。既已受業，退而修行，行不由徑，非公事不見卿大夫。〔一〕

〔一〕集解包氏曰：「言其公且方。」

南游至江，〔一〕從弟子三百人，設取予去就，名施乎諸侯。孔子聞之，曰：「吾以言取人，失之宰予；以貌取人，失之子羽。」〔二〕

〔一〕索隱按：今吳國東南有澹臺湖，即其遺迹所在。

〔二〕索隱按：家語「子羽有君子之容，而行不勝其貌」。而上文云「滅明狀貌甚惡」，則以子羽形陋也。今此孔子云「以貌取人，失之子羽」，與家語正相反。正義按：澹子羽墓在兗州鄒城縣。

宓不齊字子賤。〔一〕少孔子三十歲。〔二〕

〔一〕集解孔安國曰魯人。正義顏氏家訓云：「兗州永昌郡城，舊單父縣地也。東門有子賤碑，漢世所立，乃云濟南伏生即子賤之後，是『虙』之與『伏』古來通，字誤爲『宓』，較可明矣。虙字從『虍』，音呼；宓從『宀』。音縣。下俱爲『必』，世傳寫誤也。」

〔二〕索隱家語云「魯人，字子賤，少孔子四十九歲」。此云「三十」，不同。

孔子謂「子賤君子哉！魯無君子，斯焉取斯？」〔一〕

〔一〕集解包氏曰：「如魯無君子，子賤安得此行而學？」

子賤爲單父宰，〔二〕反命於孔子，曰：「此國有賢不齊者五人，〔三〕教不齊所以治者。」孔子曰：「惜哉不齊所治者小，所治者大則庶幾矣。」

〔二〕正義宋州縣也。說苑云：「宓子賤理單父，彈琴，身不下堂，單父理。巫馬期以星出，以星入，而單父亦理。巫馬期問其故。宓子賤曰：『我之謂任人，子之謂任力。任力者勞，任人者逸。』」

〔三〕索隱按：家語云「不齊所父事者三人，所兄事者五人，所友者十一人」，不同也。

原憲〔一〕字子思。

〔一〕集解鄭玄曰魯人。索隱鄭玄云魯人。家語云：「宋人。少孔子三十六歲。」

子思問恥。孔子曰：「國有道，穀。〔二〕國無道，穀，恥也。」〔三〕

〔二〕集解孔安國曰：「穀，祿也。邦有道，當食祿。」

〔三〕集解孔安國曰：「君無道而在其朝，食其祿，是恥辱也。」

子思曰：「克伐怨欲不行焉，可以爲仁乎？」〔一〕孔子曰：「可以爲難矣，仁則吾弗知

也。」〔二〕

〔一〕集解馬融曰：「克，好勝人也。伐，自伐其功。怨，忌也。欲，貪欲也。」

〔二〕集解包氏曰：「四者行之難，未足以爲仁。」

孔子卒，原憲遂亡在草澤中。〔一〕子貢相衞，而結駟連騎，排藜藿入窮閻，過謝原憲。憲攝敝衣冠見子貢。子貢恥之，曰：「夫子豈病乎？」原憲曰：「吾聞之，無財者謂之貧，學道而不能行者謂之病。若憲，貧也，非病也。」子貢慙，不懌而去，終身恥其言之過也。

〔一〕索隱家語云：「隱居衞。」

公治長，齊人，字子長。〔一〕

〔一〕索隱家語云：「魯人，名萇，字子長。」范甯云：「字子芝。」

孔子曰：「長可妻也，雖在累紲之中，〔二〕非其罪也。」以其子妻之。〔三〕

〔二〕集解孔安國曰：「累，黑索也。紲，攣也。所以拘罪人。」

〔三〕集解張華曰：「公治長墓在城陽姑幕城東南五里所，墓極高。」

南宮括字子容。〔一〕

〔一〕集解孔安國曰：「容，魯人」。索隱家語作「南宮縚」。按：其人是孟僖子之子仲孫閱也，蓋居南宮因姓焉。

問孔子曰：「羿善射，奡盪舟，〔一〕俱不得其死然；禹稷躬稼而有天下？」孔子弗答。〔二〕容出，孔子曰：「君子哉若人！上德哉若人！」〔三〕「國有道，不廢；〔四〕國無道，免於刑戮。」三復「白珪之玷」，〔五〕以其兄之子妻之。

〔一〕集解孔安國曰：「羿，有窮之君，篡夏后位，其徒寒浞殺之，因其室而生奡。奡多力，能陸地行舟，爲夏后少康所殺。」正義羿音詣。盪，大浪反。

〔二〕集解馬融曰：「禹盡力於溝洫，稷播百穀，故曰『躬稼』也。禹及其身，稷及後世，皆王。括意欲以禹稷比孔子，孔子謙，故不答。」

〔三〕集解孔安國曰：「賤不義而貴有德，故曰君子。」

〔四〕集解孔安國曰：「不廢，言見用。」

〔五〕集解孔安國曰：「詩云『白珪之玷，尚可磨也；斯言之玷，不可爲也』。南容讀詩至此，三反之，是其心敬慎於言。」

公皙哀字季次。〔一〕

〔一〕集解孔子家語云齊人。索隱家語作「公皙克」。

孔子曰：「天下無行，多爲家臣，仕於都；唯季次未嘗仕。」〔一〕

〔一〕索隱家語云：「未嘗屈節爲人臣，故子特賞歎之。」亦見游俠傳也。

曾蒧〔一〕字皙。〔二〕

〔一〕集解音點。索隱音點，又音其炎反。

〔二〕集解孔安國曰：「皙，曾參父。」索隱家語云：「曾點字子皙，曾參之父。」

侍孔子，孔子曰：「言爾志。」蒧曰：「春服既成，冠者五六人，童子六七人，浴乎沂，風乎舞雩，詠而歸。」〔一〕孔子喟爾歎曰：「吾與蒧也！」〔二〕

〔一〕集解徐廣曰：「一作『饋』。」駰案：包氏曰「暮春者，季春三月也。春服既成，衣單袷之時，我欲得冠者五六人，童子六七人，浴於沂水之上，風涼於舞雩之下，歌詠先王之道，歸於夫子之門」。

〔二〕集解周氏曰：「善蒧之獨知時也。」

顏無繇〔一〕字路。路者，顏回父，〔二〕父子嘗各異時事孔子。

〔一〕集解音遙。正義繇音由。

〔二〕索隱家語云「顏由字路，回之父也。孔子始教於闕里而受學焉。少孔子六歲」，故此傳云「父子異時事孔子」，故易稱「顏氏之子」者，是父子俱學孔門也。

顏回死，顏路貧，請孔子車以葬。〔一〕孔子曰：「材不材，亦各言其子也。鯉也死，有棺而無椁，吾不徒行以爲之椁，以吾從大夫之後，不可以徒行。」〔二〕

〔一〕集解 孔安國曰：「簣以作椁。」
〔二〕集解 孔安國曰：「鯉，孔子子伯魚。孔子時爲大夫，言從大夫之後，不可徒行，謙辭也。」

商瞿，〔一〕魯人，字子木。〔二〕少孔子二十九歲。

〔一〕正義 具俱反。
〔二〕索隱 家語云：「瞿年三十八無子，母欲更娶室。孔子曰『瞿過四十當有五丈夫子』，果然。瞿謂梁鱣勿娶，『吾恐子或晚生，非妻之過也』。」

孔子傳易於瞿，瞿傳楚人馯〔一〕臂子弘，〔二〕弘傳江東人矯〔三〕子庸疵，〔四〕疵傳燕人周子家豎，〔五〕豎傳淳于人光子乘羽，〔六〕羽傳齊人田子莊何，〔七〕何傳東武人〔八〕王子中同，〔九〕同傳菑川人楊何。〔一〇〕何元朔中以治易爲漢中大夫。

〔一〕集解 徐廣曰：「音寒。」
〔二〕索隱 馯，徐廣音韓，鄒誕生音汗。按：儒林傳、荀卿子及漢書皆云馯臂字子弓，今此獨作「弘」，蓋誤耳。應劭云子弓是子夏門人。正義 馯音汗。顏師古云：「馯，姓也。」漢書及荀卿子皆云字子弓，此作「弘」，蓋誤也。應劭云：「子弓，子夏門人。」
〔三〕集解 音橋。
〔四〕集解 自移反。索隱 儒林傳及系本皆作「蟜」。疵音自移反。疵字或作「庇」。蟜是姓，疵，名也，字子肩。然

蟜姓，魯莊公族也，禮記「蟜固見季武子」。蓋魯人，史儒林傳皆云魯人，獨此云江東人，蓋亦誤耳。儒林傳云馯臂，江東人；橋疵，楚人也。
〔五〕索隱 周豎字子家，有本作「林」。正義 漢書作「橋庇」，云魯人。顏師古云橋庇字子庸。
〔六〕索隱 淳于，縣名，在北海。光羽字子乘。正義 豎音時與反。周豎字子家，漢書作「周醜」也。
〔七〕索隱 田何字子莊。正義 光乘字羽。括地志云：「淳于，國〔名〕，在密州安丘縣東三十里，古之州國，周武王封淳于國。」
〔八〕集解 徐廣曰：「屬琅邪。」
〔九〕索隱 王同字子中。正義 儒林傳云：「田何字子莊。」
〔一〇〕索隱 自商瞿傳易至楊何，凡八代相傳。正義 括地志云：「東武縣今密州諸城縣是也。」漢〔書〕作「王同字子仲」。儒林傳何字叔元。正義 漢書云字叔元。按：商瞿至楊何凡八代。

高柴字子羔。〔一〕少孔子三十歲。

〔一〕集解 鄭玄曰衞人。索隱 鄭玄云衞人。家語「齊人，高氏之別族。長不盈六尺，狀貌甚惡」。此傳作「五尺」，誤也。正義 家語云齊人。

子羔長不盈五尺，受業孔子，孔子以爲愚。

子路使子羔爲費郈宰，〔一〕孔子曰：「賊夫人之子！」〔二〕子路曰：「有民人焉，有社稷焉，何必讀書然後爲學！」〔三〕孔子曰：「是故惡夫佞者。」〔四〕

〔一〕正義 括地志云：「鄆州宿縣二十三里郈亭。」
〔二〕集解 包氏曰：「子羔學未孰習而使爲政，所以賊害人。」
〔三〕集解 孔安國曰：「言治人事神，於是而習，亦學也。」
〔四〕集解 孔安國曰：「疾其以給應，遂己非而不知窮也。」

漆彫開字子開。〔一〕

〔一〕集解 鄭玄曰魯人也。索隱 鄭玄云魯人。家語云：「蔡人，字子若，少孔子十一歲。」又曰：「習尚書，不樂仕。孔子曰『可以仕矣』。對曰『吾斯之未能信』。」王肅云：「未得用斯書之意，故曰『未能信』也。」正義 家語云：「蔡人，字子若，少孔子十一歲。習尚書，不樂仕。」

孔子使開仕，對曰：「吾斯之未能信。」〔一〕孔子說。〔二〕

〔一〕集解 孔安國曰：「仕進之道。未能信者，未能究習。」
〔二〕集解 鄭玄曰：「善其志道深。」

公伯繚字子周。〔一〕

〔一〕集解 馬融曰魯人。索隱 馬融云魯人。家語無公伯繚而有申繚子周。而譙周云「疑公伯繚是讒愬之人，孔子不責，而云『其如命何』，非弟子之流也」。今亦列比在七十二賢之數，蓋太史公誤。且「繚」亦作「遼」也。

正義 家語有申繚子周。古史考云：「疑公伯僚是讒愬之人，孔子不責，而云命。非弟子之流也。」

周愬子路於季孫，子服景伯以告孔子，曰：「夫子固有惑志，〔一〕繚也吾力猶能肆諸市朝。」〔二〕孔子曰：「道之將行，命也；道之將廢，命也。公伯繚其如命何！」

〔一〕集解 孔安國曰：「季孫信讒，恚子路也。」
〔二〕集解 鄭玄曰：「吾勢猶能辨子路之無罪於季孫，使人誅僚而肆之也。有罪既刑，陳其尸曰肆。」

司馬耕字子牛。〔一〕

〔一〕集解 孔安國曰宋人。索隱 家語云「宋人，字子牛」，孔安國亦云「宋人，弟安子曰司馬犂」也。牛是桓魋之弟，以魋爲宋司馬，故牛遂以司馬爲氏也。

牛多言而躁。問仁於孔子，孔子曰：「仁者其言也訒。」〔一〕曰：「其言也訒，斯可謂之仁乎？」子曰：「爲之難，言之得無訒乎！」〔二〕

〔一〕集解 孔安國曰：「訒，難也。」
〔二〕集解 孔安國曰：「行仁難，言仁亦不得不訒也。」

問君子，子曰：「君子不憂不懼。」〔一〕曰：「不憂不懼，斯可謂之君子乎？」子曰：「內省不

疚，夫何憂何懼！」〔二〕

〔一〕集解孔安國曰：「牛兄桓魋將爲亂，牛自宋來學，常憂懼，故孔子解之也。」

〔二〕集解包氏曰：「疚，病。自省無罪惡，無可憂懼。」

樊須字子遲。〔一〕少孔子三十六歲。

〔一〕集解鄭玄曰齊人。索隱家語云魯人也。正義家語云魯人。

樊遲請學稼，孔子曰：「吾不如老農。」請學圃，曰：「吾不如老圃。」〔一〕樊遲出，孔子曰：「小人哉樊須也！上好禮，則民莫敢不敬；上好義，則民莫敢不服；上好信，則民莫敢不用情。〔二〕夫如是，則四方之民襁負其子而至矣，焉用稼！」〔三〕

〔一〕集解馬融曰：「樹五穀曰稼，樹菜蔬曰圃。」

〔二〕集解孔安國曰：「情，實也。言民化上各以實應。」

〔三〕集解包氏曰：「禮義與信足以成德，何用學稼以教民乎！負子之器曰襁。」

樊遲問仁，子曰：「愛人。」問智，曰：「知人。」

有若〔一〕少孔子四十三歲。〔二〕有若曰：「禮之用，和爲貴，先王之道斯爲美。小大由之，有所不行；知和而和，不以禮節之，亦不可行也。」〔三〕「信近於義，言可復也；〔四〕恭近於禮，遠恥辱也；〔五〕因不失其親，亦可宗也。」〔六〕

〔一〕集解鄭玄曰魯人。

〔二〕索隱家語云：「魯人，字子有，少孔子三十三歲。」今此傳云「四十二歲」，不知傳誤，又所見不同也？正義家語云「魯人，字有，少孔子三十三歲」，不同。

〔三〕集解馬融曰：「人知禮貴和，而每事從和，不以禮爲節，亦不可以行也。」

〔四〕集解何晏曰：「復猶覆也。義不必信，信非義也。以其言可覆，故曰近義。」

〔五〕集解何晏曰：「恭不合禮，非禮也。以其能遠恥辱，故曰近禮。」

〔六〕集解孔安國曰：「因，親也。言所親不失其親，亦可宗敬。」

孔子既没，弟子思慕，有若狀似孔子，弟子相與共立爲師，師之如夫子時也。他日，弟子進問曰：「昔夫子當行，使弟子持雨具，已而果雨。弟子問曰：『夫子何以知之？』夫子曰：『詩不云乎？「月離于畢，俾滂沱矣。」〔一〕昨暮月不宿畢乎？』他日，月宿畢，竟不雨。商瞿年長無子，其母爲取室。〔二〕孔子使之齊，瞿母請之。孔子曰：『無憂，瞿年四十後當有五丈夫子。』〔三〕已而果然。敢問夫子何以知此？」有若默然無以應。弟子起曰：「有子避之，此非子之座也！」

〔一〕集解毛傳曰：「畢，噣也。月離陰星則雨。」

〔二〕正義家語云：「瞿年三十八無子，母欲更娶室。孔子曰：『瞿年過四十當有五丈夫子。』果然。」中備云：「魯人商瞿使向齊國，瞿年四十，今後使行遠路，畏慮，恐絶無子。夫子正月與瞿母筮，告曰：『後有五丈夫子。』子貢曰：『何以知？』子曰：『卦遇大畜，艮之二世。九二甲寅木爲世，六五景子水爲應。世生外象生象來爻生互内象，艮別子，應有五子，一子短命。』顔回云：『何以知之？』『内象是本子，一艮變爲二醜三陽爻五，於是五子，一子短命。』『何以知短命？』『他以故也。』」

〔三〕集解五男也。索隱謂五男也。

公西赤字子華。〔一〕少孔子四十二歲。

〔一〕集解鄭玄曰魯人。

子華使於齊，冉有爲其母請粟。孔子曰：「與之釜。」〔二〕請益，曰：「與之庾。」〔三〕冉子與之粟五秉。〔四〕孔子曰：「赤之適齊也，乘肥馬，衣輕裘。吾聞君子周急不繼富。」〔五〕

〔二〕集解馬融曰：「六斗四升曰釜。」

〔三〕集解包氏曰：「十六斗曰庾。」

〔四〕集解馬融曰：「十六斛曰秉，五秉合八十斛。」

〔五〕集解鄭玄曰：「非冉有與之太多。」

巫馬施字子旗。〔一〕少孔子三十歲。

〔一〕集解鄭玄曰魯人。索隱鄭玄云魯人。家語云：「陳人，字子期。」正義音其。

陳司敗〔一〕問孔子曰：「魯昭公知禮乎？」孔子曰：「知禮。」退而揖巫馬旗曰：「吾聞君子不黨，君子亦黨乎？魯君娶吳女爲夫人，命之爲孟子。孟子姓姬，諱稱同姓，故謂之孟子。魯君而知禮，孰不知禮！」〔二〕施以告孔子，孔子曰：「丘也幸，苟有過，人必知之。臣不可言君親之惡，爲諱者，禮也。」〔三〕

〔一〕集解孔安國曰：「司敗，官名，陳大夫也。」

〔二〕集解孔安國曰：「相助匿非曰黨。禮同姓不婚，而君娶之。當稱『吳姬』，諱曰『孟子』。」

〔三〕集解孔安國曰：「以司敗之言告也。諱國惡，禮也。聖人之道弘，故受之爲過也。」

梁鱣〔一〕字叔魚。〔二〕少孔子二十九歲。

〔一〕集解一作「鯉」。

〔二〕集解孔子家語曰齊人。索隱家語云齊人，字叔魚也。

顔幸字子柳。〔一〕少孔子四十六歲。〔二〕

〔一〕集解鄭玄曰魯人。
〔二〕索隱家語云：「顏幸，字柳。」按：禮記有顏柳，或此人。

〔二〕索隱家語云「少三十六歲」，與鄭玄同。

冉孺字子魯，〔一〕少孔子五十歲。

〔一〕集解一作「曾」。索隱家語字子魯，魯人。作「冉儒」。

曹卹字子循。少孔子五十歲。〔一〕

〔一〕索隱曹卹少孔子五十歲。家語同。

伯虔字子析，〔一〕少孔子五十歲。

〔一〕索隱伯虔字子析。家語作「伯處字子晳」，皆轉寫字誤，未知適從。正義家語云「子晳」。

公孫龍字子石。〔一〕少孔子五十三歲。

〔一〕集解鄭玄曰楚人。索隱家語或作「寵」，又云「礱」，七十子圖非「礱」也。按：字子石，則「礱」或非謬。鄭玄云楚人，家語衞人。然莊子所云「堅白之談」，則其人也。正義家語云衞人，孟子云趙人，莊子云「堅白

之談」也。

自子石已右三十五人，顯有年名及受業聞見于書傳。其四十有二人，無年及不見書傳者紀于左：〔一〕

〔一〕索隱按：家語此例唯有三十七人。其公良孺、秦商、顏亥、叔仲會四人，家語有事迹，史記闕。然自公伯遼、秦冉、鄡單三人，家語不載，而別有琴牢、陳亢、縣亶當此三人數，皆互有也。如文翁圖所記，又有林放、蘧伯玉、申根、申堂，俱是後人以所見增益，於今殆不可考。

冉季字子產。〔一〕

〔一〕集解鄭玄曰魯人。索隱家語冉季字產。正義家語云冉季字子產。

公祖句茲字子之。〔一〕

〔一〕索隱句音鉤。正義句音鉤。

秦祖字子南。〔一〕

〔一〕集解鄭玄曰秦人。索隱家語字子南。

漆雕哆〔一〕字子斂。〔二〕

〔一〕集解音赤者反。索隱赤者反。家語字子斂。
〔二〕集解鄭玄曰魯人。

顏高字子驕。〔一〕

〔一〕索隱家語名產。孔子在衞，南子招夫子爲次過市，時產爲御也。正義孔子在衞，南子招夫子爲次乘過市，顏高爲御。

漆雕徒父。〔一〕

〔一〕索隱家語字固也。

壤駟赤字子徒。〔一〕

〔一〕集解鄭玄曰秦人。索隱家語字子徒者。

商澤。〔一〕

〔一〕集解家語曰字子季。索隱家語字季。

石作蜀字子明。〔一〕

〔一〕索隱家語同。

任不齊字選。〔一〕

〔一〕集解鄭玄曰楚人。索隱家語字子選也。

公良孺字子正。〔一〕

〔一〕集解鄭玄曰：「陳人，賢而有勇。」索隱家語作「良儒」。陳人，字子正，賢而有勇。孔子周遊，常以家車五乘從孔子遊。家語在三十五人之中。亦見系家，在三十二人不見，蓋傳之數亦誤也。鄒誕本作「公襄儒」。

正義孔子周游，常以家車五乘從孔子。孔子世家亦云語在三十五人中，今在四十二人數，恐太史公誤也。

后處字子里。〔一〕

〔一〕集解鄭玄曰齊人。索隱家語同也。

秦冄字開。〔一〕

〔一〕正義家語無此人。王肅家語此等惟三十七人，其公良孺、秦商、顏亥、仲叔會四人，家語有事迹，而史記闕。公伯寮、秦冄、鄡單，家語不載，而別有琴牢、陳亢、縣亶三人。

公夏首字乘。〔一〕

〔一〕集解鄭玄曰魯人。索隱家語同也。

奚容箴字子晳。〔一〕

〔一〕索隱家語同也。正義衞人。

公肩定字子中。〔一〕

〔一〕集解鄭玄曰魯人。或曰晉人。索隱家語同也。

顏祖字襄。〔一〕

〔一〕索隱家語無此人也。正義魯人。

鄡〔一〕單〔二〕字子家。〔三〕

〔一〕集解苦堯反。

〔二〕集解音善。

〔三〕集解徐廣曰：「一云『鄡單』。鉅鹿有鄡縣，太原有鄔縣。」索隱鄡音苦堯反，單音善，則單名。徐廣云「一作『鄔單』，鉅鹿有鄡縣，太原有鄔縣」。家語無此人也。

句井疆。〔一〕

〔一〕集解鄭玄曰衞人。正義句作「鉤」。

罕父黑字子索。〔一〕

〔一〕集解家語曰：「罕父黑字索。」索隱家語作「罕父黑字索」。

秦商字子丕。〔一〕

〔一〕集解鄭玄曰楚人。索隱家語：「魯人，字丕慈。少孔子四歲。其父堇，與孔子父紇俱以力聞也。」正義家語云：「魯人，字丕茲。」

申黨字周。〔一〕

〔一〕索隱家語有申繚，字周。論語有申棖。鄭玄云「申棖，魯人，弟子也」。蓋申堂是棖不疑，以棖堂聲相近。上又有公伯繚，亦字周。家語則無伯繚，是史記述伯繚一人者也。正義魯人。

顏之僕字叔。〔一〕

〔一〕集解鄭玄曰魯人。索隱家語並同。

榮旂字子祈。〔一〕

〔一〕索隱家語榮祈字子顏也。

縣成字子祺。〔一〕

〔一〕集解鄭玄曰魯人。索隱家語作「子謀」也。正義縣音玄。

左人郢字行。〔一〕

〔一〕集解鄭玄曰魯人。索隱家語同也。

燕伋字思。〔一〕

〔一〕索隱家語同也。

鄭國字子徒。〔一〕

〔一〕索隱家語薛邦字徒，史記作「國」而家語稱「邦」者，蓋避漢祖諱而改。「鄭」與「薛」，字誤也。正義家語云薛邦字徒，史記作「國」者，避高祖諱。「薛」字與「鄭」字誤耳。

秦非字子之。〔一〕

〔一〕集解鄭玄曰魯人。

施之常字子恆。

顏噲字子聲。〔一〕

〔一〕集解鄭玄曰魯人。

步叔乘字子車。〔一〕

〔一〕集解鄭玄曰齊人。

原亢籍。〔一〕

〔一〕集解家語曰：「名亢，字籍。」索隱家語名亢字籍。正義亢，作「亢」，仁勇反。

樂欬字子聲。〔一〕

〔一〕索隱家語同也。正義魯人。

廉絜字庸。〔一〕

〔一〕集解鄭玄曰衞人。索隱家語同也。

叔仲會字子期。〔一〕

〔一〕集解鄭玄曰晉人。索隱鄭玄云晉人。家語「魯人。少孔子五十四歲。與孔璇年相比，二孺子俱執筆迭侍於夫子，孟武伯見而故之」是也。

顏何字冉。〔一〕

〔一〕集解鄭玄曰魯人。索隱家語字稱。

狄黑字晳。〔一〕

〔一〕索隱家語同。

邦巽字子斂。〔一〕

〔一〕集解鄭玄曰魯人。索隱家語「巽」作「選」，字子斂。文翁圖作「國選」，蓋亦避漢諱改之。劉氏作「邽巽」，音圭，所見各異。

孔忠。〔一〕

〔一〕集解家語曰：「忠字子蔑，孔子兄之子。」索隱家語云「忠字子蔑，孔子兄之子」也。

公西輿如字子上。〔一〕

〔一〕索隱家語同。

公西葴字子上。〔一〕

〔一〕集解鄭玄曰魯人。索隱公西葴字子上，家語子上作「子尚」也。

太史公曰：學者多稱七十子之徒，譽者或過其實，毀者或損其真，鈞之未覩厥容貌，則論言弟子籍，出孔氏古文近是。余以弟子名姓文字悉取論語弟子問并次爲篇，疑者闕焉。

【索隱述贊】教興闕里，道在郰鄉。異能就列，秀士升堂。依仁遊藝，合志同方。將師宮尹，俎豆琳瑯。惜哉不霸，空臣素王！

史記卷六十八

商君列傳第八

商君者,[一]衞之諸庶孽公子也,名鞅,姓公孫氏,其祖本姬姓也。鞅少好刑名之學,事魏相公叔座[二]爲中庶子。[三]公叔座知其賢,未及進。會座病,魏惠王親往問病,[四]曰:「公叔病有如不可諱,將柰社稷何?」公叔曰:「座之中庶子[五]公孫鞅,年雖少,有奇才,願王舉國而聽之。」王嘿然。王且去,座屏人言曰:「王卽不聽用鞅,必殺之,無令出境。」王許諾而去。公叔座召鞅謝曰:「今者王問可以爲相者,我言若,王色不許我。我方先君後臣,因謂王卽弗用鞅,當殺之。王許我。汝可疾去矣,且見禽。」鞅曰:「彼王不能用君之言任臣,又安能用君之言殺臣乎?」卒不去。惠王既去,而謂左右曰:「公叔病甚,悲乎,欲令寡人以國聽公孫鞅也,豈不悖哉!」[六]

[一][正義]秦封於商,故號商君。

[二][索隱]公叔,氏;座,名也。座音在戈反。

[三][索隱]官名也。魏已置之,非自秦也。周禮夏官謂之「諸子」,禮記文王世子謂之「庶子」,掌公族也。

[四][索隱]卽魏侯之子,名罃,後徙大梁而稱梁也。

[五][索隱]戰國策云衞庶子也。

[六][索隱]疾重而悖亂也。[正義]悖音背。

公叔既死,公孫鞅聞秦孝公下令國中求賢者,將修繆公之業,東復侵地,迺遂西入秦,因孝公寵臣景監[一]以求見孝公。孝公既見衞鞅,語事良久,孝公時時睡,弗聽。罷而孝公怒景監曰:「子之客妄人耳,安足用邪!」景監以讓衞鞅。衞鞅曰:「吾說公以帝道,其志不開悟矣。」後五日,復求見鞅。鞅復見孝公,益愈,然而未中旨。罷而孝公復讓景監,景監亦讓鞅。鞅曰:「吾說公以王道而未入也。請復見鞅。」鞅復見孝公,孝公善之而未用也。罷而去。孝公謂景監曰:「汝客善,可與語矣。」鞅曰:「吾說公以霸道,其意欲用之矣。誠復見我,我知之矣。」衞鞅復見孝公。公與語,不自知厀之前於席也。語數日不厭。景監曰:「子何以中吾君?吾君之驩甚也。」鞅曰:「吾說君[二]以帝王之道比三代,[三]而君曰:『久遠,吾不能待。且賢君者,各及其身顯名天下,安能邑邑待數十百年以成帝王乎?』故吾以彊國之術說君,君大說[四]之耳。然亦難以比德於殷周矣。」

[一][索隱]景姓,楚之族也。監音去聲平聲並通。

[二][索隱]音稅,下同。

[三][索隱]比三。比者,頻也。謂頻三見孝公,言帝王之道也。比音必耳反。[正義]比,必寐反。說者以五帝三王之事比至孝公,以三代帝王之道方興。孝公曰「太久遠,吾不能」。

[四][索隱]音悅。

孝公既用衞鞅,鞅欲變法,恐天下議己。衞鞅曰:「疑行無名,疑事無功。且夫有高人之行者,固見非於世;[一]有獨知之慮者,必見敖於民。[二]愚者闇於成事,知者見於未萌。民不可與慮始而可與樂成。論至德者不和於俗,成大功者不謀於衆。是以聖人苟可以彊國,不法其故;[三]苟可以利民,不循其禮。」孝公曰:「善。」甘龍曰:[四]「不然。聖人不易民而教,知者不變法而治。因民而教,不勞而成功;緣法而治者,吏習而民安之。」衞鞅曰:「龍之所言,世俗之言也。常人安於故俗,學者溺於所聞。以此兩者居官守法可也,非所與論於法之外也。三代不同禮而王,五伯不同法而霸。智者作法,愚者制焉;賢者更禮,不肖者拘焉。」[五]杜摯曰:「利不百,不變法;功不十,不易器。法古無過,循禮無邪。」衞鞅曰:「治世不一道,便國不法古。故湯武不循古而王,[六]夏殷不易禮而亡。[七]反古者不可非,而循禮者不足多。」孝公曰:「善。」以衞鞅爲左庶長,卒定變法之令。

[一][索隱]商君書「非」作「負」。

[二][索隱]商君書作「必見驁於人」也。[正義]敖,五到反。

[三][索隱]言救弊爲政之術,所爲苟可以彊國,則不必要須法於故事也。

[四][索隱]孝公之臣,甘姓,龍名也。甘氏出春秋時甘昭公王子帶後。

[五][索隱]言賢智之人作法更禮,而愚不肖者不明變通,而輒拘制不使之行,斯亦信然矣。

[六][索隱]商君書作「脩古」。

[七][索隱]指殷紂、夏桀也。

令民爲什伍,[一]而相牧司連坐。[二]不告姦者腰斬,告姦者與斬敵首同賞,[三]匿姦者與降敵同罰。[四]民有二男以上不分異者,倍其賦。[五]有軍功者,各以率[六]受上爵;爲私鬬者,各以輕重被刑大小。僇力本業,耕織致粟帛多者復其身。事末利及怠而貧者,舉以爲收孥。[七]宗室非有軍功論,不得爲屬籍。[八]明尊卑爵秩等級,各以差次名田宅,臣妾衣服以家次。[九]有功者顯榮,無功者雖富無所芬華。

[一][索隱]劉氏云:「五家爲保,十保相連。」[正義]或爲十保,或爲五保。

[二][索隱]牧司謂相糾發也。一家有罪而九家連舉發,若不糾舉,則十家連坐。恐變令不行,故設重禁。

[三][索隱]案:謂告姦一人則得爵一級,故云「與斬敵首同賞」也。

[四][索隱]案律,降敵者誅其身,沒其家,今匿姦者,言當與之同罰也。

〔五〕正義 民有二男不別爲活者，一人出兩課。
〔六〕集解 音律。
〔七〕索隱 末謂工商也。蓋農桑爲本，故上云「本業耕織」也。怠者，懈也。周禮謂之「疲民」。以言懈怠不事事之人而貧者，則糾舉而收錄其妻子，沒爲官奴婢，蓋其法特重於古也。
〔八〕索隱 謂宗室若無軍功，則不得入屬籍。謂除其籍，則雖無功不及爵秩也。
〔九〕索隱 謂各隨其家爵秩之班次，亦不使僭侈踰等也。

令既具，未布，恐民之不信，已乃立三丈之木於國都市南門，募民有能徙置北門者予十金。民怪之，莫敢徙。復曰「能徙者予五十金」。有一人徙之，輒予五十金，以明不欺。卒下令。

令行於民朞年，秦民之國都言初令〔一〕之不便者以千數。於是太子犯法。衛鞅曰：「法之不行，自上犯之。」將法太子。太子，君嗣也，不可施刑，刑其傅公子虔，黥其師公孫賈。明日，秦人皆趨令。〔二〕行之十年，秦民大說，道不拾遺，山無盜賊，家給人足。民勇於公戰，怯於私鬬，鄉邑大治。秦民初言令不便者有來言令便者，衛鞅曰「此皆亂化之民也」，盡遷之於邊城。其後民莫敢議令。

〔一〕索隱 謂鞅新變之法令爲「初令」。
〔二〕索隱 趨音七踰反。趨者，向也，附也。

於是以鞅爲大良造。〔一〕將兵圍魏安邑，降之。居三年，作爲築冀闕〔二〕宮庭於咸陽，秦自雍徙都之。而令民父子兄弟同室內息者爲禁。而集小（都）鄉邑聚爲縣，置令、丞，凡三十一縣。爲田開阡陌封疆，〔三〕而賦稅平。平斗桶〔四〕權衡丈尺。行之四年，公子虔復犯約，劓之。居五年，秦人富彊，天子致胙〔五〕於孝公，諸侯畢賀。

〔一〕索隱 即大上造也，秦之第十六爵名也。今云「良造」者，或後變其名耳。
〔二〕索隱 冀闕即魏闕也。冀，記也。出列教令，當記於此門闕。
〔三〕正義 南北曰阡，東西曰陌。按：謂驛塍也。疆音疆。封，聚土也；疆，界也：謂界上封記也。
〔四〕集解 鄭玄曰：「音勇，今之斛也。」索隱 音統，量器名。
〔五〕正義 音左故反。

其明年，齊敗魏兵於馬陵，虜其太子申，殺將軍龐涓。其明年，衛鞅說孝公曰：「秦之與魏，譬若人之有腹心疾，非魏并秦，秦即并魏。何者？魏居領阸之西，〔一〕都安邑，與秦界河而獨擅山東之利。利則西侵秦，病則東收地。今以君之賢聖，國賴以盛。而魏往年大破於齊，諸侯畔之，可因此時伐魏。魏不支秦，必東徙。東徙，秦據河山之固，東鄉以制諸侯，此帝王之業也。」孝公以爲然，使衛鞅將而伐魏。魏使公子卬將而擊之。軍既相距，衛鞅遺魏將公子卬書曰：「吾始與公子驩，今俱爲兩國將，不忍相攻，可與公子面相見，盟，樂飲而罷兵，以安秦魏。」魏公子卬以爲然。會盟已，飲，而衛鞅伏甲士而襲虜魏公子卬，因攻其軍，盡破之以歸秦。魏惠王兵數破於齊秦，國內空，日以削，恐，乃使使割河西之地獻於秦以和。而魏遂去安邑，徙都大梁。〔二〕梁惠王曰：「寡人恨不用公叔座之言也。」衛鞅既破魏還，秦封之於、商〔三〕十五邑，號爲商君。

〔一〕索隱 蓋卽安邑之東，山領險阨之地，卽今蒲州之中條已東，連汾、晉之嶮嶝也。正義 從蒲州安邑徙汴州浚儀也。
〔二〕索隱 紀年曰「梁惠王二十九年，秦衛鞅伐梁西鄙」，則徙大梁在惠王之二十九年也。
〔三〕集解 徐廣曰：「弘農商縣也。」索隱 於、商，二縣名，在弘農。紀年云秦封衛鞅在惠王三十年，與此文合。正義 於、商在鄧州內鄉縣東七里，古於邑也。商洛縣在商州東八十九里，本商邑，周之商國。案：十五邑近此（三）〔二〕邑。

商君相秦十年，〔一〕宗室貴戚多怨望者。趙良見商君。商君曰：「鞅之得見也，從孟蘭皋，〔二〕今鞅請得交，可乎？」趙良曰：「僕弗敢願也。孔丘有言曰：『推賢而戴者進，聚不肖而王者退。』僕不肖，故不敢受命。僕聞之曰：『非其位而居之曰貪位，非其名而有之曰貪名。』僕聽君之義，則恐僕貪位貪名也。故不敢聞命。」商君曰：「子不說吾治秦與？」〔三〕趙良曰：「反聽之謂聰，內視之謂明，自勝之謂彊。〔四〕虞舜有言曰：『自卑也尚矣。』君不若

道虞舜之道，無爲問僕矣。」商君曰：「始秦戎翟之教，父子無別，同室而居。今我更制其教，而爲其男女之別，大築冀闕，營如魯衛矣。子觀我治秦也，孰與五羖大夫賢？」趙良曰：「千羊之皮，不如一狐之掖；千人之諾諾，不如一士之諤諤。武王諤諤以昌，殷紂墨墨以亡。〔五〕君若不非武王乎，則僕請終日正言而無誅，可乎？」商君曰：「語有之矣，貌言華也，至言實也，苦言藥也，甘言疾也。夫子果肯終日正言，鞅之藥也。鞅將事子，子又何辭焉！」趙良曰：「夫五羖大夫，荊之鄙人也。〔六〕聞秦繆公之賢而願望見，行而無資，自粥於秦客，被褐食牛。期年，繆公知之，舉之牛口之下，而加之百姓之上，秦國莫敢望焉。相秦六七年，而東伐鄭，三置晉國之君，〔七〕一救荊國之禍。〔八〕發教封內，而巴人致貢；施德諸侯，而八戎來服。由余聞之，款關請見。〔九〕五羖大夫之相秦也，勞不坐乘，暑不張蓋，行於國中，不從車乘，不操干戈，功名藏於府庫，德行施於後世。五羖大夫死，秦國男女流涕，〔一〇〕童子不歌謠，舂者不相杵。〔一一〕此五羖大夫之德也。今君之見秦王也，因嬖人景監以爲主，非所以爲名也。相秦不以百姓爲事，而大築冀闕，非所以爲功也。刑黥太子之師傅，殘傷民以駿刑，是積怨畜禍也。教之化民也深於命，〔一二〕民之效上也捷於令。〔一三〕今君又左建外易，非所以爲教也。〔一四〕君又南面而稱寡人，日繩秦之貴公子。詩曰：『相鼠有體，人而無禮；人而無禮，何不遄死。』以詩觀之，非所以爲壽也。公子虔杜門不出已八年矣，

君又殺祝懽而黥公孫賈。詩曰：『得人者興，失人者崩。』此數事者，非所以得人也。君之出也，後車十數，從車載甲，多力而駢脅者爲驂乘，持矛而操闟〔一五〕戟者〔一六〕旁車而趨。此一物不具，君固不出。書曰：『恃德者昌，恃力者亡。』〔一七〕君之危若朝露，尚將欲延年益壽乎？則何不歸十五都，〔一八〕灌園於鄙，勸秦王顯巖穴之士，養老存孤，敬父兄，序有功，尊有德，可以少安。君尚將貪商於之富，寵秦國之教，畜百姓之怨，秦王一旦捐賓客而不立朝，秦國之所以收君者，豈其微哉？〔一九〕亡可翹足而待。」商君弗從。

〔一〕索隱 戰國策云孝公行商君法十八年而死，與此文不同者，案此直云相秦十年耳，而戰國策乃云行商君法十八年，蓋連其未作相之年耳。

〔二〕索隱 孟蘭皋，人姓名也。言鞅前因蘭皋得與趙良相見也。

〔三〕索隱 說音悅。與音予。

〔四〕索隱 謂守謙敬之人是爲自勝，若是者乃爲彊。若爭名得勝，此非彊之道。

〔五〕正義 以殷紂比商君。

〔六〕正義 百里奚，南陽宛人。屬楚，故云荆。

〔七〕索隱 謂立晉惠公、懷公、文公也。

〔八〕索隱 案（六國）〔十二諸侯〕年表，穆公二十八年會晉，救楚，朝周是也。

〔九〕集解 韋昭曰：「款，叩也。」

〔一〇〕正義 音體。

〔一一〕集解 鄭玄曰：「相謂送杵聲，以聲音自勸也。」

〔一二〕索隱 劉氏云：「教謂商鞅之令也，命謂秦君之命也。言人畏鞅甚於秦君。」

〔一三〕索隱 上謂鞅之處分。令謂秦君之令。

〔一四〕索隱 左建謂以左道建立威權也。外易謂在外革易君命也。

〔一五〕集解 所及反。

〔一六〕集解 徐廣曰：「一作『㦸』。屈盧之勁矛，干將之雄戟。」索隱 闟，亦作「鈒」，同所及反。鄒誕音吐臈反。㦸音遼。屈音九勿反。按：屈盧、干將並古良匠造矛戟者名。正義 顧野王云：「鋋也。」方言云：「矛，吳、揚、江、淮、南楚、五湖之間謂之鋋。其柄謂之矜。」釋名云：「戟，格也。旁有格。」

〔一七〕索隱 此是周書之言，孔子所刪之餘。

〔一八〕索隱 衞鞅所封商於二縣以爲國，其中凡有十五都，故趙良勸令歸之。正義 公孫鞅封商於十五邑，故云「十五都」。

〔一九〕索隱 謂鞅於秦無仁恩，故秦國之所以將收錄鞅者其效甚明，故云「豈其微哉」。

後五月而秦孝公卒，太子立。公子虔之徒告商君欲反，發吏捕商君。商君亡至關下，欲舍客舍。客人不知其是商君也，曰：「商君之法，舍人無驗者坐之。」商君喟然歎曰：「嗟乎，爲法之敝一至此哉！」去之魏。魏人怨其欺公子卬而破魏師，弗受。商君欲之他國。魏人曰：「商君，秦之賊。秦彊而賊入魏，弗歸，不可。」遂內秦。商君既復入秦，走商邑，〔一〕與其徒屬發邑兵北出擊鄭。〔二〕秦發兵攻商君，殺之於鄭黽池。〔三〕秦惠王車裂商君以徇，曰：「莫如商鞅反者！」遂滅商君之家。

〔一〕索隱 走音奏。走，向也。

〔二〕集解 徐廣曰：「京兆鄭縣也。」索隱 地理志京兆有鄭縣。秦本紀云「初縣杜、鄭」，按其地是鄭桓公友之所封。

〔三〕集解 徐廣曰：「黽，或作『彭』。」索隱 鄭黽池者，時黽池屬鄭故也。而徐廣云「黽或作彭」者，按鹽鐵論云「商君困於彭池」故也。黽音亡忍反。正義 黽池去鄭三百里，蓋秦兵至鄭破商邑兵，而商君東走至黽，乃擒殺之。

太史公曰：商君，其天資刻薄人也。〔一〕跡其欲干孝公以帝王術，挾持浮說，非其質矣。〔二〕且所因由嬖臣，及得用，刑公子虔，欺魏將卬，不師趙良之言，亦足發明商君之少恩矣。余嘗讀商君開塞耕戰書，與其人行事相類。〔三〕卒受惡名於秦，有以也夫！〔四〕

〔一〕索隱 謂天資其人爲刻薄之行。刻謂用刑深刻；薄謂弃仁義，不悃誠也。

〔二〕索隱 說音如字。浮說卽虛說也。謂鞅得用，刑政深刻，又欺魏將，是其天資自有狙詐，則初爲孝公論帝王之

術，是浮說耳，非本性也。

〔三〕索隱 按商君書，開謂刑嚴峻則政化開，塞謂布恩賞則政化塞，其意本於嚴刑少恩。又爲田開阡陌，及言斬敵首賜爵，是耕戰書也。

〔四〕集解 新序論曰：「秦孝公保崤函之固，以廣雍州之地，東并河西，北收上郡，國富兵彊，長雄諸侯，周室歸籍，四方來賀，爲戰國霸君，秦遂以彊，六世而并諸侯，亦皆商君之謀也。夫商君極身無二慮，盡公不顧私，使民內急耕織之業以富國，外重戰伐之賞以勸戎士，法令必行，內不阿貴寵，外不偏疏遠，是以令行而禁止，法出而姦息。故雖書云『無偏無黨』，詩云『周道如砥，其直如矢』，司馬法之勵戎士，周后稷之勸農業，無以易此。此所以并諸侯也。故孫卿曰：『四世有勝，非幸也，數也。』然無信，諸侯畏而不親。夫霸君若齊桓、晉文者，桓不倍柯之盟，文不負原之期，而諸侯畏其彊而親信之，存亡繼絕，四方歸之，此管仲、舅犯之謀也。今商君倍公子卬之舊恩，弃交魏之明信，詐取三軍之衆，故諸侯畏其彊而不親信也。藉使孝公遇齊桓、晉文，得諸侯之統將，合諸侯之君，驅天下之兵以伐秦，秦則亡矣。天下無桓文之君，故秦得以兼諸侯。衞鞅始自以爲知霸王之德，原其事不諭也。昔周召施善政，及其死也，後世思之，『蔽芾甘棠』之詩是也。嘗舍於樹下，後世思其德不忍伐其樹，況害其身乎！管仲奪伯氏邑三百户，無怨言。今衞鞅內刻刀鋸之刑，外深鈇鉞之誅，步過六尺者有罰，弃灰於道者被刑，一日臨渭而論囚七百餘人，渭水盡赤，號哭之聲動於天地，畜怨積讎比於丘山，所逃莫之隱，所歸莫之容，身死車裂，滅族無姓，其去霸王之佐亦遠矣。然惠王殺之亦非也，可輔而用也。使衞鞅施寬平之法，加之以恩，申之以信，庶幾霸者之佐哉！」索隱 新序是劉歆所撰，其中論商君，故裴氏引之。藉音胙，字合作「胙」，誤爲「藉」耳。按：本紀「周歸文武胙於孝公者」是也。說苑云「秦法，弃灰於道者刑」，是其事也。

【索隱述贊】衞鞅入秦，景監是因。王道不用，霸術見親。政必改革，禮豈因循。既欺魏將，亦怨秦人。如何作法，逆旅不賓！

商君列傳第八

史記卷六十九

蘇秦列傳第九

蘇秦者，東周雒陽人也。〔一〕東事師於齊，而習之於鬼谷先生。〔二〕

〔一〕索隱蘇秦字季子，蓋蘇忿生之後，己姓也。譙周云：「秦兄弟五人，秦最少。兄代，代弟厲及辟、鵠，並爲游說之士。」此下云「秦弟代，代弟厲」也。正義戰國策云：「蘇秦，雒陽乘軒里人也。」藝文志云蘇子三十一篇，在縱橫流。敬王以子朝之亂從王城東遷雒陽故城，乃號東周，以王城爲西周。

〔二〕集解徐廣曰：「潁川陽城有鬼谷，蓋是其人所居，因爲號。」駰案：風俗通義曰「鬼谷先生，六國時從橫家」。索隱按：鬼谷，地名也。扶風池陽、潁川陽城並有鬼谷墟，蓋是其人所居，因爲號。又樂壹注鬼谷子書云「蘇秦欲神祕其道，故假名鬼谷」。

出游數歲，大困而歸。〔一〕兄弟嫂妹妻妾竊皆笑之，曰：「周人之俗，治產業，力工商，逐什二以爲務。今子釋本而事口舌，困，不亦宜乎！」蘇秦聞之而慙，自傷，乃閉室不出，出其書徧觀〔二〕之。曰：「夫士業已屈首受書，〔三〕而不能以取尊榮，雖多亦奚以爲！」於是得

周書陰符，伏而讀之。期年，以出揣摩，〔四〕曰：「此可以說當世之君矣。」求說周顯王。顯王左右素習知蘇秦，皆少之。〔五〕弗信。

〔一〕索隱按：戰國策此語在說秦王之後。

〔二〕索隱音遍官二音。按：謂盡觀覽其書也。

〔三〕索隱按：謂士之立操。業者，素也，本也。言本已屈首低頭，受書於師也。

〔四〕集解戰國策曰：「乃發書，陳篋數十，得太公陰符之謀，伏而誦之，簡練以爲揣摩。讀書欲睡，引錐自刺其股，血流至踵。曰『安有說人主不能出其金玉錦繡，取卿相之尊者乎？』期年，揣摩成。」鬼谷子有揣摩篇也。索隱戰國策云「得太公陰符之謀」，則陰符是太公之兵符也。揣音初委反，摩音姥何反。鄒誕本作「揣靡」，靡讀亦爲摩。王劭云「揣情、摩意是鬼谷之二章名，非爲一篇也」。高誘曰「揣，定也。摩，合也。定諸侯使讎其術，以成六國之從也」。江邃曰「揣人主之情，摩而近之」，其意當矣。

〔五〕索隱謂王之左右素慣習知秦浮說，多不中當世，而以爲蘇秦智識淺，故云「少之」。劉氏云：「少謂輕之也。」

乃西至秦。秦孝公卒。說惠王曰：「秦四塞之國，被山帶渭，東有關河，〔一〕西有漢中，南有巴蜀，北有代馬，〔二〕此天府也。〔三〕以秦士民之衆，兵法之教，可以吞天下，稱帝而治。」秦王曰：「毛羽未成，不可以高蜚，文理未明，不可以并兼。」方誅商鞅，疾辯士，弗用。

〔一〕正義東有黃河，有函谷、蒲津、龍門、合河等關；南山及武關、嶢關；西有大隴山及隴山關、大震、烏蘭等關；北有黃河南塞：是四塞之國，被山帶渭（又）〔以〕爲界。地里。江（渭）〔謂〕岷江，〔西從〕渭州隴山之西南流入蜀，

東至荊陽入海也。河謂黄河，從同州小積石山東北流，至勝州卽南流，至華州又東北流，經魏、滄等州入海。各是萬里已下。

〔二〕索隱按：謂代郡馬邑也。地理志代郡又有馬城縣。一云代馬，謂代郡兼有胡馬之利。

〔三〕索隱按：周禮春官有天府。鄭玄曰：「府，物所藏。言天，尊此所藏若天府然。」

乃東之趙。趙肅侯令其弟成爲相，號奉陽君。奉陽君弗說之。

去游燕，歲餘而後得見。說燕文侯〔一〕曰：「燕東有朝鮮、〔二〕遼東，北有林胡、樓煩，〔三〕西有雲中、九原，〔四〕南有嘑沱、易水，〔五〕地方二千餘里，帶甲數十萬，車六百乘，騎六千匹，粟支數年。〔六〕南有碣石、〔七〕鴈門之饒，〔八〕北有棗栗之利，民雖不佃作而足於棗栗矣。此所謂天府者也。

〔一〕索隱說音稅，下並同。燕文侯，史失名。

〔二〕索隱潮仙二音，水名。

〔三〕索隱地理志樓煩屬鴈門郡。正義二胡國名，朔、嵐已北。

〔四〕索隱按：地理志雲中、九原二郡名。秦曰九原，漢武帝改曰五原郡。正義二郡並在勝州也。雲中郡城在榆林縣東北四十里。九原郡城在榆林縣西界。

〔五〕集解周禮曰：「正北曰并州，其川嘑沱。」鄭玄曰：「嘑沱出鹵城。」索隱按：滹沲，水名，并州之川也，音呼沱。又地理志鹵城，縣名，屬代郡。滹沲河自縣東至參合，又東至文安入海也。正義嘑沱出代州繁時縣，東

南流經五臺山北，東南流過定州，流入海。易水出易州易縣，東流過幽州歸義縣，東與呼沱河合也。

〔六〕索隱按：戰國策「車七百乘，粟支十年」。

〔七〕索隱（戰國策）碣石山在常山九門縣。地理志大碣石山在右北平驪城縣西南。

〔八〕正義鴈門山在代，燕西門。

「夫安樂無事，不見覆軍殺將，無過燕者。大王知其所以然乎？夫燕之所以不犯寇被甲兵者，以趙之爲蔽其南也。秦趙五戰，秦再勝而趙三勝。秦趙相斃，而王以全燕制其後，此燕之所以不犯寇也。且夫秦之攻燕也，踰雲中、九原，過代、上谷，彌地數千里，雖得燕城，秦計固不能守也。秦之不能害燕亦明矣。今趙之攻燕也，發號出令，不至十日而數十萬之軍軍於東垣矣。〔一〕渡嘑沱，涉易水，不至四五日而距國都矣。故曰秦之攻燕也，戰於千里之外；趙之攻燕也，戰於百里之內。夫不憂百里之患而重千里之外，計無過於此者。是故願大王與趙從親，天下爲一，則燕國必無患矣。

〔一〕索隱地理志高帝改曰真定也。正義趙之東邑，在恆州真定縣南八里，故常山城是也。

文侯曰：「子言則可，然吾國小，西迫彊趙，〔一〕南近齊，〔二〕齊、趙彊國也。子必欲合從以安燕，寡人請以國從。」

〔一〕正義貝、冀、深、趙四州，七國時屬趙，卽燕西界。

〔二〕正義河北博、滄、德三州，齊地北境，與燕相接，隔黄河。

於是資蘇秦車馬金帛以至趙。而奉陽君已死，卽因說趙肅侯〔一〕曰：「天下卿相人臣及布衣之士，皆高賢君之行義，皆願奉教陳忠於前之日久矣。〔二〕雖然，奉陽君妬而君不任事，是以賓客游士莫敢自盡於前者。今奉陽君捐館舍，君乃今復與士民相親也，臣故敢進其愚慮。

〔一〕索隱按：世本云肅侯名言。

〔二〕正義奉，符用反。

「竊爲君計者，莫若安民無事，且無庸有事於民也。安民之本，在於擇交，擇交而得則民安，擇交而不得則民終身不安。請言外患：齊秦爲兩敵而民不得安，倚秦攻齊而民不得安，倚齊攻秦而民不得安。故夫謀人之主，伐人之國，常苦出辭斷絶人之交也。願君慎勿出於口。請別白黑，所以異陰陽而已矣。〔一〕君誠能聽臣，燕必致旃裘狗馬之地，齊必致魚鹽之海，楚必致橘柚之園，韓、魏、中山皆可使致湯沐之奉，而貴戚父兄皆可以受封侯。夫割地包利，五伯之所以覆軍禽將而求也；封侯貴戚，湯武之所以放弑而争也。今君高拱而兩有之，此臣之所以爲君願也。

〔一〕索隱按：戰國策云「請屏左右，白言所以異陰陽」，其說異此。然言別白黑者，蘇秦言已今論趙國之利，必使分

明，有如白黑分別，陰陽殊異也。

「今大王與秦，則秦必弱韓、魏；與齊，則齊必弱楚、魏。〔一〕魏弱則割河外，韓弱則效宜陽，宜陽效則上郡絶，〔二〕河外割則道不通，〔三〕楚弱則無援。此三策者，不可不孰計也。

〔一〕正義楚東淮泗之上，與齊接境。

〔二〕正義宜陽卽韓城也，在洛州西，韓大郡也。上郡在同州西北。言韓弱，與秦宜陽城，則上郡路絶矣。

〔三〕正義河外，同、華等地也。言魏弱，與秦河外地，則道路不通上郡矣。華山記云：「此山分秦晉之境，晉之西鄙則曰陰晉，秦之東邑則曰寧秦。」

「夫秦下軹道，〔一〕則南陽危；〔二〕劫韓包周，〔三〕則趙氏自操兵；〔四〕據衞取卷，〔五〕則齊必入朝秦。秦欲已得乎山東，則必舉兵而嚮趙矣。秦甲渡河踰漳，據番吾，〔六〕則兵必戰於邯鄲之下矣。此臣之所爲君患也。

〔一〕正義軹音止。故亭在雍州萬年縣東北十六里苑中。

〔二〕正義南陽，懷州河南也，七國時屬韓。言秦兵下軹道，從東渭橋歷北道過蒲津攻韓，卽南陽危矣。

〔三〕正義周都洛陽，秦若劫取韓南陽，是包裹周都也。趙邯鄲危，故須起兵自守。

〔四〕索隱戰國策作「自銷鑠」。

〔五〕集解丘權反。索隱地理志卷縣屬河南。按：戰國策云「取淇」。正義衞地濮陽也。卷城在鄭州武原縣西北七里。言秦守衞得卷，則齊必來朝秦。

〔六〕集解徐廣曰：「常山有蒲吾縣。」索隱按：徐氏所引，據地理志云然也。正義番音婆，又音蒲，又音盤。疑古番吾公邑也。括地志云：「蒲吾故城在鎮州常山縣東二十里。」漳水在潞州。言秦兵渡河，歷南陽，入羊腸，經澤、潞，渡漳水，守蒲吾城，則與趙戰於都城下矣。

「當今之時，山東之建國莫彊於趙。趙地方二千餘里，帶甲數十萬，車千乘，騎萬匹，粟支數年。西有常山，〔一〕南有河漳，〔二〕東有清河，〔三〕北有燕國。〔四〕燕固弱國，不足畏也。秦之所害於天下者莫如趙，然而秦不敢舉兵伐趙者，何也？畏韓、魏之議其後也。然則韓、魏，趙之南蔽也。秦之攻韓、魏也，無有名山大川之限，稍蠶食之，傅〔五〕國都而止。韓、魏不能支秦，必入臣於秦。秦無韓、魏之規，則禍必中於趙矣。此臣之所爲君患也。

〔一〕正義在鎮州西。

〔二〕正義「河」字一作「清」，即漳河也，在潞州。地理志濁漳出長子鹿谷山，東至鄴，入清漳。

〔三〕正義清河，今貝州也。

〔四〕正義然三家分晉，趙得晉陽，襄子又伐戎取代。既云「西有常山者」，趙都邯鄲近北燕也。

〔五〕集解音附。

「臣聞堯無三夫之分，舜無咫尺之地，以有天下；禹無百人之聚，以王諸侯；湯武之士不過三千，車不過三百乘，卒不過三萬，立爲天子：誠得其道也。是故明主外料其敵之彊弱，內度其士卒賢不肖，不待兩軍相當而勝敗存亡之機固已形於胸中矣，豈揜於衆人之言而以冥冥決事哉！

「臣竊以天下之地圖案之，諸侯之地五倍於秦，料度諸侯之卒十倍於秦，六國爲一，并力西鄉而攻秦，秦必破矣。今西面而事之，見臣於秦。夫破人之與破於人也，〔一〕臣人之與臣於人也，〔二〕豈可同日而論哉！

〔一〕正義破人謂破前敵也。破於人，爲被前敵破。

〔二〕索隱按：臣人謂己爲彼臣也。臣於人者，謂我爲主，使彼臣己也。正義臣人謂己得人爲臣。臣於人謂己事他人。

「夫衡人者，〔一〕皆欲割諸侯之地以予秦。秦成，則高臺榭，美宮室，聽竽瑟之音，前有樓闕軒轅，〔二〕後有長姣〔三〕美人，國被秦患而不與其憂。是故夫衡人日夜務以秦權恐愒諸侯〔四〕以求割地，故願大王孰計之也。

〔一〕索隱按：衡人即游說從橫之士也。東西爲橫，南北爲從。秦地形東西橫長，故張儀相秦，爲秦連橫。正義衡音橫。謂爲秦人。

〔二〕索隱戰國策云「前有軒轅」。又史記俗本亦有作「軒冕」者，非本文也。

〔三〕索隱音交。說文云：「姣，美也。」

〔四〕集解愒音呼曷反。索隱恐，起拱反。愒，許曷反。謂相恐脅也。鄒氏愒音憩，其意疏。

「臣聞明主絶疑去讒，屏流言之迹，塞朋黨之門，故尊主廣地彊兵之計臣得陳忠於前矣。故竊爲大王計，莫如一韓、魏、齊、楚、燕、趙以從親，以畔秦。令天下之將相會於洹水之上，〔一〕通質，〔二〕刳白馬而盟。要約曰：『秦攻楚，齊、魏各出鋭師以佐之，韓絶其糧道，〔三〕趙涉河漳，〔四〕燕守常山之北。秦攻韓魏，〔五〕則楚絶其後，〔六〕齊出鋭師而佐之，趙涉河漳，燕守雲中。秦攻齊，則楚絶其後，韓守城皋，〔七〕魏塞其道，〔八〕趙涉河漳、博關，〔九〕燕出鋭師以佐之。秦攻燕，則趙守常山，楚軍武關，齊涉勃海，〔一〇〕韓、魏皆出鋭師以佐之。秦攻趙，則韓軍宜陽，楚軍武關，魏軍河外，〔一一〕齊涉清河，〔一二〕燕出鋭師以佐之。諸侯有不如約者，以五國之兵共伐之。』六國從親以賓秦，〔一三〕則秦甲必不敢出於函谷以害山東矣。如此，則霸王之業成矣。」

〔一〕集解徐廣曰：「洹水出汲郡林慮縣。」

〔二〕索隱音如字，又音躓。以言通其交質之情。

〔三〕索隱謂擁兵於殽關之外，又守宜陽也。

〔四〕索隱謂趙亦涉河漳而西，欲與韓作援，以阻秦軍。

〔五〕正義謂道蒲津之東攻之。

〔六〕索隱謂出兵武關，以絶秦兵之後。

〔七〕正義在洛州汜水縣。

〔八〕索隱按：其道即河內之道。戰國策「其」作「午」。

〔九〕集解徐廣曰：「齊威王六年，晉伐齊到博陵。東郡有博平縣。

〔一〇〕正義齊從滄州渡河至瀛州。

〔一一〕索隱河外謂陝及曲沃等處也。正義謂同、華州。

〔一二〕正義齊從貝州過河而西。

〔一三〕索隱謂六國之軍共爲合從相親，獨以秦爲賓而共伐之。

趙王曰：「寡人年少，立國日淺，未嘗得聞社稷之長計也。今上客有意存天下，安諸侯，寡人敬以國從。」乃飾車百乘，黃金千溢，〔一〕白璧百雙，錦繡千純，〔二〕以約諸侯。

〔一〕索隱戰國策作「萬溢」。一溢爲一金，則二十兩曰一溢，爲米二升。鄭玄以一溢爲二十四分之一，其說異也。

〔二〕集解純，匹端名。周禮曰：「純帛不過五兩。」索隱音淳。裴氏云「純，端疋名」。高誘注戰國策音屯。屯，束也。又禮鄉射云「某賢於某若干純」。純，數也，音旋。

是時周天子致文武之胙於秦惠王。惠王使犀首攻魏，禽將龍賈，取魏之雕陰，〔一〕且欲東兵。蘇秦恐秦兵之至趙也，乃激怒張儀，入之于秦。

〔一〕索隱魏地也。劉氏曰「在龍門河之西北」。按：地理志雕陰屬上郡。正義在鄜州洛交縣北三十四里。

於是說韓宣王〔一〕曰：「韓北有鞏、成皋〔二〕之固，西有宜陽、商阪之塞，〔三〕東有宛、穰、〔四〕洧水，〔五〕南有陘山，〔六〕地方九百餘里，帶甲數十萬，天下之彊弓勁弩皆從韓出。谿子、〔七〕少府時力、距來者，〔八〕皆射六百步之外。韓卒超足而射，〔九〕百發不暇止，遠者括蔽

洞胸，近者鏑弇心。韓卒之劍戟皆出於冥山、〔一〇〕棠谿、〔一一〕墨陽、〔一二〕合賻、〔一三〕鄧師、〔一四〕宛馮、〔一五〕龍淵、太阿，〔一六〕皆陸斷牛馬，水截鵠鴈，當敵則斬，堅甲鐵幕，〔一七〕革抉〔一八〕㕹芮，〔一九〕無不畢具。以韓卒之勇，被堅甲，蹠勁弩，帶利劍，一人當百，不足言也。夫以韓之勁與大王之賢，乃西面事秦，交臂而服，羞社稷而爲天下笑，無大於此者矣。是故願大王孰計之。

〔一〕索隱按：世本韓宣王，昭侯之子也。

〔二〕索隱二邑本屬東周，後爲韓邑。地理志二縣並屬河南。

〔三〕集解徐廣曰：「商，一作『常』。」索隱劉氏云「蓋在商洛之閒，適秦楚之險塞」是也。正義宜陽在洛州福昌縣東十四里。商阪卽商山也，在商洛縣南一里，亦曰楚山，武關在焉。

〔四〕集解宛，於袁反。索隱地理志宛、穰二縣名，並屬南陽。

〔五〕集解洧，于鬼反。索隱音于軌反，水名，出南方。正義在新鄭東南，流入潁。

〔六〕集解徐廣曰：「召陵有陘亭。密縣有陘山。」正義在新鄭西南三十里。

〔七〕集解許愼云：「南方谿子蠻夷柘弩，皆善材。」索隱按：許愼注淮南子，以爲南方谿子蠻出柘弩及竹弩。

〔八〕集解韓有谿子弩，又有少府所造二種之弩。案：時力者，謂作之得時，力倍於常，故名時力也。距來者，謂弩埶勁利，足以距來敵也。索隱韓又有少府所造時力、距來二種之弩。按：時力者，謂作之得時則力倍於常，故有時力也。距來者，謂以弩埶勁利，足以距於來敵也。其名並見淮南子。

〔九〕索隱按：超足謂超騰用埶，蓋起足蹋之而射也，故下云「蹠勁弩」是也。正義超足，齊足也。夫欲放弩，皆

坐，舉足踏弩，兩手引揍機，然始發之。

〔一〇〕集解徐廣曰：「莊子云南行至郢，北面而不見冥山。」駰案：司馬彪曰「冥山在朔州北」。索隱莊子云「南行至郢，北面而不見冥山」。司馬彪云「冥山在朔州北」。郭象云「冥山在乎太極」。李軌云「在韓國」。

〔一一〕集解徐廣曰：「汝南吳房有棠谿亭。」索隱地理志棠谿亭在汝南吳房縣。正義故城在豫州偃城縣西八十里。鹽鐵論云「有棠谿之劍」是。

〔一二〕集解淮南子曰：「墨陽之莫邪也。」索隱淮南子云「服劍者貴於剡利，而不期於墨陽莫邪」，則墨陽匠名也。

〔一三〕集解音附。徐廣曰：「一作『伯』。」索隱按：戰國策作「合伯」，春秋後語作「合相」。

〔一四〕索隱鄧國有工鑄劍，而師名焉。

〔一五〕集解徐廣曰：「滎陽有馮池。」索隱徐廣云「滎陽有馮池」，謂宛人於馮池鑄劍，故號宛馮。

〔一六〕集解吳越春秋曰：「楚王召風胡子而告之曰：『寡人聞吳有干將，越有歐冶，寡人欲因子請此二人作劍，可乎？』風胡子曰：『可。』乃往見二人，作劍，一曰龍淵，二曰太阿。」索隱按：吳越春秋楚王令風胡子請吳干將、越歐冶作劍二，其一曰龍泉，二曰太阿。又太康地記曰「汝南西平有龍泉水，可以淬刀劍，特堅利，故有龍泉之劍，楚之寶劍也。以特堅利，故有堅白之論云：『黃，所以爲堅也；白，所以爲利也。』齊辨之曰：『白，所以爲不堅；黃，所以爲不利也。』故天下之寶劍韓爲衆，一曰棠谿，二曰墨陽，三曰合伯，四曰鄧師，五曰宛馮，六曰龍泉，七曰太阿，八曰莫邪，九曰干將也」。然干將、莫邪匠名也，其劍皆出西平縣，今有鐵官令一，別領户，是古鑄劍之地也。

〔一七〕集解徐廣曰：「陽城出鐵。」索隱按：戰國策云「當敵則斬甲盾鞮鍪鐵幕」也。鄒誕幕一作「陌」。劉云：「謂以鐵爲臂脛之衣。言其劍利，能斬之也。」

〔一八〕集解徐廣曰：「一作『決』。」索隱音決。謂以革爲射決。決，射韝也。

〔一九〕集解㕹音伐。索隱㕹與「瞂」同，音伐，謂楯也。芮音如字，謂繫楯之綬也。正義方言云：「盾，自關東謂之瞂，關西謂之盾。」

「大王事秦，秦必求宜陽、成皋。今茲效之，〔一〕明年又復求割地。與則無地以給之，不與則弃前功而受後禍。且大王之地有盡而秦之求無已，以有盡之地而逆無已之求，此所謂市怨結禍者也，不戰而地已削矣。臣聞鄙諺曰：『寧爲雞口，無爲牛後。』〔二〕今西面交臂而臣事秦，何異於牛後乎？夫以大王之賢，挾彊韓之兵，而有牛後之名，臣竊爲大王羞之。」

〔一〕索隱按：鄭玄注禮云「效猶呈也，見也」。

〔二〕索隱按：戰國策云「寧爲雞尸，不爲牛從」。延篤注云「尸，雞中主也。從謂牛子也。言寧爲雞中之主，不爲牛之從後也」。正義雞口雖小，猶進食；牛後雖大，乃出糞也。

於是韓王勃然作色，攘臂瞋目，按劍仰天太息〔一〕曰：「寡人雖不肖，必不能事秦。今主君〔二〕詔以趙王之教，敬奉社稷以從。」

〔一〕索隱太息謂久蓄氣而大吁也。

〔二〕索隱指蘇秦也。禮，卿大夫稱主。今嘉蘇子合從諸侯，褒而美之，故稱曰主。

又說魏襄王〔一〕曰：「大王之地，南有鴻溝、〔二〕陳、汝南、許、郾、〔三〕昆陽、召陵、舞陽、新

都、新郪，〔四〕東有淮、潁、〔五〕煑棗、〔六〕無胥，〔七〕西有長城之界，北有河外、〔八〕卷、衍、酸棗，〔九〕地方千里。地名雖小，然而田舍廬廡之數，曾無所芻牧。人民之衆，車馬之多，日夜行不絕，輷輷殷殷，〔一〇〕若有三軍之衆。臣竊量大王之國不下楚。然衡人怵王〔一一〕交彊虎狼之秦以侵天下，卒有秦患，〔一二〕不顧其禍。夫挾彊秦之勢以內劫其主，罪無過此者。魏，天下之彊國也；王，天下之賢王也。今乃有意西面而事秦，稱東藩，築帝宮，〔一三〕受冠帶，〔一四〕祠春秋，〔一五〕臣竊爲大王恥之。

〔一〕索隱世本惠王子名嗣。

〔二〕集解徐廣曰：「在滎陽。」

〔三〕集解徐廣曰：「在潁川。於幰切。」索隱音偃，又於建反。戰國策作「鄢」。按：地理志潁川有許、郾二縣，又有傿陵縣，故所稱惑也。傿音焉。正義陳、汝南，今汝州、豫州縣也。

〔四〕集解地理志潁川有昆陽、舞陽縣，汝南有新郪縣，南陽有新都縣。索隱地理志昆陽、舞陽屬潁川，召陵、新郪屬汝南。按：新郪卽郪丘，章帝以封殷後於宋。新都屬南陽。按：戰國策直云新郪，無「新都」二字。正義召陵在豫州，舞陽在許州。

〔五〕正義淮陽、潁川二郡。

〔六〕集解徐廣曰：「在宛句。」正義在宛朐。按：宛朐，曹州縣也。

〔七〕索隱按：其地闕。

〔八〕【正義】謂河南地。

〔九〕【集解】徐廣曰：「滎陽卷縣有長城，經陽武到密。衍，地名。」【索隱】徐廣云「滎陽卷縣有長城」，蓋據地險爲說也。【正義】卷在鄭州原武縣北七里。酸棗在滑州。衍，徐云地名。

〔一〇〕【正義】輷，麾宏反。殷音隱。

〔一一〕【正義】衡音横。怵音卹。

〔一二〕【正義】卒音息忽反。

〔一三〕【索隱】謂爲秦築宫，備其巡狩而舍之，故謂之「帝宫」。

〔一四〕【索隱】謂冠帶制度皆受秦法。

〔一五〕【索隱】言春秋貢奉，以助秦祭祀。

「臣聞越王句踐戰敝卒三千人，禽夫差於干遂；〔一〕武王卒三千人，革車三百乘，制紂於牧野：〔二〕豈其士卒衆哉，誠能奮其威也。今竊聞大王之卒，武士二十萬，〔三〕蒼頭二十萬，〔四〕奮擊二十萬，廝徒十萬，〔五〕車六百乘，騎五千匹。此其過越王句踐、武王遠矣，今乃聽於羣臣之說而欲臣事秦。夫事秦必割地以效實，〔六〕故兵未用而國已虧矣。凡羣臣之言事秦者，皆姦人，非忠臣也。夫爲人臣，割其主之地以求外交，偷取一時之功而不顧其後，破公家而成私門，外挾彊秦之勢以内劫其主，以求割地，願大王孰察之。

〔一〕【索隱】按：干遂，地名，不知所在。然按干是水旁之高地，故有「江干」「河干」是也。又左思吴都賦云「長干延

屬」，是干爲江旁之地。遂者，道也。於干有道，因爲地名。【正義】在蘇州吴縣西北四十餘里萬安山西南一里太湖。夫差敗於姑蘇，禽於干遂，相去四十餘里。

〔二〕【正義】今衛州城是也。周武王伐紂於牧野，築之。

〔三〕【集解】漢書刑法志曰：「魏氏武卒衣三屬之甲，操十二石之弩，負矢五十，置戈其上，冠胄帶劍，贏三日之糧，日中而趨百里，中試則復其户，利其田宅。」【索隱】衣音意。屬音燭。按：三屬謂甲衣也。覆髆，一也；甲裳，二也；脛衣，三也。甲之有裳，見左傳也。贏音盈。謂齎糗糧。中音竹仲反。謂其筋力能負重，所以得中試也。復音福。謂中試之人，國家當優復，賜之上田宅，故云「利其田宅」也。

〔四〕【索隱】謂以青巾裹頭，以異於衆。荀卿「魏有蒼頭二十萬」是也。

〔五〕【索隱】廝音斯。謂廝養之卒。斯，養馬之賤者，今起爲之卒。【正義】廝音斯。謂炊烹供養雜役。

〔六〕【索隱】謂割地獻秦，以效己之誠實。

「周書曰：『緜緜不絶，蔓蔓柰何？豪氂不伐，將用斧柯。』前慮不定，後有大患，將柰之何？大王誠能聽臣，六國從親，專心并力壹意，則必無彊秦之患。故敝邑趙王使臣效愚計，〔一〕奉明約，在大王之詔詔之。」

〔一〕【索隱】此「效」猶呈也，見也。

魏王曰：「寡人不肖，未嘗得聞明教。今主君以趙王之詔詔之，敬以國從。」

因東說齊宣王〔一〕曰：「齊南有泰山，東有琅邪，西有清河，〔二〕北有勃海，此所謂四塞之國也。齊地方二千餘里，帶甲數十萬，粟如丘山。三軍之良，五家之兵，〔三〕進如鋒矢，〔四〕戰如雷霆，解如風雨。即有軍役，未嘗倍泰山，絶清河，涉勃海也。〔五〕臨菑之中七萬户，臣竊度之，不下户三男子，三七二十一萬，不待發於遠縣，而臨菑之卒固已二十一萬矣。臨菑甚富而實，其民無不吹竽鼓瑟，彈琴擊筑，〔六〕鬭雞走狗，六博〔七〕蹋鞠〔八〕者。臨菑之塗，車轂擊，人肩摩，連衽成帷，舉袂成幕，揮汗成雨，家殷人足，志高氣揚。夫以大王之賢與齊之彊，天下莫能當。今乃西面而事秦，臣竊爲大王羞之。

〔一〕【索隱】世本名辟彊，威王之子也。

〔二〕【正義】即貝州。

〔三〕【索隱】按：高誘注戰國策云「五家即五國也」。

〔四〕【索隱】按：戰國策作「疾如錐矢」。高誘曰「錐矢，小矢，喻徑疾也」。吕氏春秋曰「所貴錐矢者，爲應聲而至」。【正義】齊軍之進，若鋒芒之刀，良弓之矢，用之有進而無退。

〔五〕【正義】言臨淄自足也。絶，涉，皆度也。勃海，滄州也。齊有軍役，不用度河取二部。

〔六〕【正義】筑似琴而大，頭圓，五弦，擊之不鼓。

〔七〕【索隱】按：王逸注楚詞云「博，著也。行六棊，故曰六博」。

〔八〕【集解】劉向别録曰：「蹵鞠者，傳言黄帝所作，或曰起戰國之時。蹋鞠，兵勢也，所以練武士，知有材也，皆因嬉戲而講練之。」蹋，徒獵反。鞠，求六反。【索隱】上徒臘反，下居六反。别録注云：「蹴踘，促六反。蹴亦蹋也。」

崔豹云：「起黄帝時，習兵之埶。」

「且夫韓、魏之所以重畏秦者，爲與秦接境壤界也。兵出而相當，不出十日而戰勝存亡之機決矣。韓、魏戰而勝秦，則兵半折，四境不守；戰而不勝，則國已危亡隨其後。是故韓、魏之所以重與秦戰，而輕爲之臣也。今秦之攻齊則不然。倍韓、魏之地，過衛陽晉之道，〔一〕徑乎亢父之險，〔二〕車不得方軌，〔三〕騎不得比行，百人守險，千人不敢過也。秦雖欲深入，則狼顧，〔四〕恐韓、魏之議其後也。是故恫疑〔五〕虚猲，〔六〕驕矜而不敢進，〔七〕則秦之不能害齊亦明矣。

〔一〕【集解】徐廣曰：「魏哀王十六年，秦拔魏蒲坂、陽晉、封陵。」【索隱】按：陽晉，魏邑也。魏系家「哀王十六年，秦拔魏蒲阪、陽晉、封陵」是也。劉氏云「陽晉，地名，蓋適齊之道，衛國之西南也」。【正義】言秦伐齊，背韓、魏地而與齊戰。徐說陽晉非也，乃是晉陽耳。衛地曹、濮等州也。杜預云「曹，衛下邑也」。陽晉故城在曹州乘氏縣西北三十七里。

〔二〕【索隱】亢音剛，又苦浪反。地理志縣名，屬梁國也。【正義】故縣在兗州任城縣南五十一里。

〔三〕【正義】言不得兩車並行。

〔四〕【正義】狼性怯，走常還顧。

〔五〕【索隱】上音通，一音洞。恐懼也。

〔六〕【集解】呼葛反。【索隱】猲，本一作「喝」，並呼葛反。高誘曰：「虚猲，喘息懼貌也。」劉氏云：「秦自疑懼，不敢

進兵，虛作恐怯之詞，以脅韓、魏也。」

〔七〕正義 言秦雖至亢父，猶恐懼狼顧，虛作喝罵，驕溢矜誇，不敢進伐齊明矣。

「夫不深料秦之無柰齊何，而欲西面而事之，是羣臣之計過也。今無臣事秦之名而有彊國之實，臣是故願大王少留意計之。」

齊王曰：「寡人不敏，僻遠守海，窮道東境之國也，未嘗得聞餘教。今足下以趙王詔詔之，敬以國從。」

乃西南說楚威王〔一〕曰：「楚，天下之彊國也；王，天下之賢王也。西有黔中、〔二〕巫郡，〔三〕東有夏州、〔四〕海陽，〔五〕南有洞庭、〔六〕蒼梧，〔七〕北有陘塞、郇陽，〔八〕地方五千餘里，帶甲百萬，車千乘，騎萬匹，粟支十年。此霸王之資也。夫以楚之彊與王之賢，天下莫能當也。今乃欲西面而事秦，則諸侯莫不西面而朝於章臺之下矣。

〔一〕索隱 威王名商，宣王之子。

〔二〕集解 徐廣曰：「今之武陵也。」正義 今朗州，楚黔中郡，其故城在辰州西二十里，皆盤瓠後也。

〔三〕集解 徐廣曰：「巫郡者，南郡之西界。」正義 巫郡，夔州巫山縣是。

〔四〕集解 徐廣曰：「楚考烈王元年，秦取夏州。」駰案：左傳「楚莊王伐陳，鄉取一人焉以歸，謂之夏州」。而注者不說夏州所在。車胤撰桓溫集云：「夏口城上數里有洲，名夏州。」「東有夏州」謂此也。索隱 裴駰據左氏及車胤說夏州，其文甚明，而劉伯莊以爲夏州侯之本國，亦未爲得也。正義 大江中州也。夏水口在荊州江陵縣

東南二十五里。

〔五〕索隱 按：地理志無海陽。劉氏云「楚之東境」。

〔六〕索隱 今之青草湖是也，在岳州界也。

〔七〕索隱 地名。地理志有蒼梧郡。正義 蒼梧山在道州南。

〔八〕集解 徐廣曰：「春秋曰『遂伐楚，次于陘』。楚威王十一年，魏敗楚陘山。析縣有鈞水，或者郇陽今之順陽乎？一本『北有汾、陘之塞』也。」索隱 陘山在楚北境，威王十一年，魏敗楚陘山是也。郇音荀。北有郇陽，其地當在汝南、潁川之界。檢地理志及太康地記，北境並無郇邑。郇邑在河東，晉地。計郇陽當是新陽，聲相近字變耳。汝南有新陽縣，應劭云「在新水之陽」，猶豳邑變爲栒，亦當然也。徐氏云「郇陽當是慎陽」，蓋其疏也。正義 陘山在鄭州新鄭縣西南三十里。順陽故城在鄭州穰縣西百四十里。

「秦之所害莫如楚，楚彊則秦弱，秦彊則楚弱，其勢不兩立。故爲大王計，莫如從親以孤秦。大王不從〔親〕，秦必起兩軍，一軍出武關，一軍下黔中，則鄢郢動矣。〔一〕

〔一〕集解 徐廣曰：「今南郡宜城。」正義 鄢鄉故城在襄州率道縣南九里。安郢城在荊州江陵縣東北六里。秦兵出武關，則臨鄢矣；兵下黔中，則臨郢矣。

「臣聞治之其未亂也，爲之其未有也。患至而后憂之，則無及已。故願大王蚤孰計之。

「大王誠能聽臣，臣請令山東之國奉四時之獻，以承大王之明詔，委社稷，奉宗廟，練士厲兵，在大王之所用之。大王誠能用臣之愚計，則韓、魏、齊、燕、趙、衞之妙音美人必充後宮，燕、代橐駝良馬必實外廄。故從合則楚王，衡成則秦帝。今釋霸王之業，而有事人之名，臣竊爲大王不取也。

「夫秦，虎狼之國也，有吞天下之心。秦，天下之仇讎也。衡人皆欲割諸侯之地以事秦，此所謂養仇而奉讎者也。夫爲人臣，割其主之地以外交彊虎狼之秦，以侵天下，卒有秦患，不顧其禍。夫外挾彊秦之威以內劫其主，以求割地，大逆不忠，無過此者。故從親則諸侯割地以事楚，衡合則楚割地以事秦，此兩策者相去遠矣，二者大王何居焉？故敝邑趙王使臣效愚計，奉明約，在大王詔之。」

楚王曰：「寡人之國西與秦接境，秦有舉巴蜀并漢中之心。秦，虎狼之國，不可親也。而韓、魏迫於秦患，不可與深謀，與深謀恐反人以入於秦，故謀未發而國已危矣。寡人自料以楚當秦，不見勝也；內與羣臣謀，不足恃也。寡人卧不安席，食不甘味，心搖搖然如縣旌而無所終薄。〔一〕今主君欲一天下，收諸侯，存危國，寡人謹奉社稷以從。」

〔一〕集解 白洛反。

於是六國從合而并力焉。蘇秦爲從約長，并相六國。

北報趙王，乃行過雒陽，車騎輜重，諸侯各發使送之甚衆，疑於王者。〔一〕周顯王聞之恐

懼，除道，使人郊勞。〔二〕蘇秦之昆弟妻嫂側目不敢仰視，俯伏侍取食。蘇秦笑謂其嫂曰：「何前倨而後恭也？」嫂委蛇蒲服，〔三〕以面掩地而謝曰：「見季子位高金多也。」〔四〕蘇秦喟然歎曰：「此一人之身，富貴則親戚畏懼之，貧賤則輕易之，況衆人乎！且使我有雒陽負郭田二頃，〔五〕吾豈能佩六國相印乎！」於是散千金以賜宗族朋友。初，蘇秦之燕，貸人百錢爲資，及得富貴，以百金償之。徧報諸所嘗見德者。其從者有一人獨未得報，乃前自言。蘇秦曰：「我非忘子。子之與我至燕，再三欲去我易水之上，方是時，我困，故望子深，是以後子。子今亦得矣。」

〔一〕索隱 疑作「擬」讀。

〔二〕集解 儀禮曰：「賓至近郊，君使卿朝服用束帛勞。」

〔三〕索隱 委蛇謂以面掩地而進，若蛇行也。蒲服即匍匐，並音蒲仆。

〔四〕集解 譙周曰：「蘇秦字季子。」索隱 按：其嫂呼小叔爲季子耳，未必即其字。允南卽以爲字，未之得也。

〔五〕索隱 負者，背也，枕也。近城之地，沃潤流澤，最爲膏腴，故曰「負郭」也。

蘇秦既約六國從親，歸趙，趙肅侯封爲武安君，乃投從約書於秦。〔一〕秦兵不敢闚函谷關十五年。

〔一〕索隱 乃設從約書。案：諸本作「投」。言設者，謂宣布其從約六國之事以告於秦。若作「投」，亦爲易解。

其後秦使犀首欺齊、魏，與共伐趙，欲敗從約。齊、魏伐趙，趙王讓蘇秦。蘇秦恐，請使燕，必報齊。蘇秦去趙[一]而從約皆解。

[一]集解徐廣曰：「自初說燕至此三年。」

秦惠王以其女爲燕太子婦。是歲，文侯卒，太子立，是爲燕易王。易王初立，齊宣王因燕喪伐燕，取十城。易王謂蘇秦曰：「往日先生至燕，而先王資先生見趙，遂約六國從。今齊先伐趙，次至燕，以先生之故爲天下笑，先生能爲燕得侵地乎？」蘇秦大慙，曰：「請爲王取之。」

蘇秦見齊王，再拜，俯而慶，仰而弔。[一]齊王曰：「是何慶弔相隨之速也？」蘇秦曰：「臣聞飢人所以飢而不食烏喙者，[二]爲其愈充腹而與餓死同患也。[三]今燕雖弱小，即秦王之少壻也。大王利其十城而長與彊秦爲仇。今使弱燕爲鴈行而彊秦敝其後，以招天下之精兵，是食烏喙之類也。」齊王愀然變色[四]曰：「然則柰何？」蘇秦曰：「臣聞古之善制事者，轉禍爲福，因敗爲功。大王誠能聽臣計，即歸燕之十城。燕無故而得十城，必喜；秦王知以己之故而歸燕之十城，亦必喜。此所謂弃仇讎而得石交者也。夫燕、秦俱事齊，則大王號令天下，莫敢不聽。是王以虛辭附秦，以十城取天下。此霸王之業也。」王曰：「善。」於

是乃歸燕之十城。

[一]索隱劉氏云：「當時慶弔應有其詞，但史家不録耳。」

[二]集解本草經曰：「烏頭，一名烏喙。」索隱烏喙，音卓，又音許穢反。今之毒藥烏頭是。正義廣雅云：「蘛奚，毒附子也。一歲爲烏喙，三歲爲附子，四歲爲烏頭，五歲爲天雄。」

[三]索隱劉氏以愈猶暫，非也。謂食烏頭爲其暫愈飢而充腹，少時毒發而死，亦與飢死同患也。

[四]索隱愀音自酋反，又七小反。

人有毁蘇秦者曰：「左右賣國反覆之臣也，將作亂。」蘇秦恐得罪，歸，而燕王不復官也。蘇秦見燕王曰：「臣，東周之鄙人也，無有分寸之功，而王親拜之於廟而禮之於廷。今臣爲王卻齊之兵而(攻)得十城，宜以益親。今來而王不官臣者，人必有以不信傷臣於王者。臣之不信，王之福也。臣聞忠信者，所以自爲也；進取者，所以爲人也。且臣之說齊王，曾非欺之也。臣弃老母於東周，固去自爲而行進取也。今有孝如曾參，廉如伯夷，信如尾生。得此三人者以事大王，何若？」王曰：「足矣。」蘇秦曰：「孝如曾參，義不離其親一宿於外，王又安能使之步行千里而事弱燕之危王哉？廉如伯夷，義不爲孤竹君之嗣，不肯爲武王臣，不受封侯而餓死首陽山下。有廉如此，王又安能使之步行千里而行進取於齊哉？信如

尾生，與女子期於梁下，女子不來，水至不去，抱柱而死。有信如此，王又安能使之步行千里卻齊之彊兵哉？臣所謂以忠信得罪於上者也。」燕王曰：「若不忠信耳，豈有以忠信而得罪者乎？」蘇秦曰：「不然。臣聞客有遠爲吏而其妻私於人者，其夫將來，其私者憂之，妻曰『勿憂，吾已作藥酒待之矣』。居三日，其夫果至，妻使妾舉藥酒進之。妾欲言酒之有藥，則恐其逐主母也，欲勿言乎，則恐其殺主父也。於是乎詳僵而弃酒。[一]主父大怒，笞之五十。故妾一僵而覆酒，上存主父，下存主母，然而不免於笞，惡在乎忠信之無罪也夫？臣之過，不幸而類是乎！」燕王曰：「先生復就故官。」益厚遇之。

[一]索隱詳音羊。詳，詐也。僵，仆也，音薑。

易王母，文侯夫人也，與蘇秦私通。燕王知之，而事之加厚。蘇秦恐誅，乃說燕王曰：「臣居燕不能使燕重，而在齊則燕必重。」燕王曰：「唯先生之所爲。」於是蘇秦詳爲得罪於燕而亡走齊，齊宣王以爲客卿。[一]

[一]集解徐廣曰：「燕易王之十年時。」

齊宣王卒，湣王卽位，說湣王厚葬以明孝，高宮室大苑囿以明得意，欲破敝齊而爲燕。燕易王卒，[一]燕噲立爲王。其後齊大夫多與蘇秦爭寵者，而使人刺蘇秦，不死，殊而走。[二]齊王使人求賊，不得。蘇秦且死，乃謂齊王曰：「臣卽死，車裂臣以徇於市，曰『蘇秦爲燕作

亂於齊』，如此則臣之賊必得矣。」於是如其言，而殺蘇秦者果自出，齊王因而誅之。燕聞之曰：「甚矣，齊之爲蘇生[三]報仇也！」

[一]集解徐廣曰：「易王十二年卒。」

[二]集解風俗通義稱漢令「蠻夷戎狄有罪當殊」。殊者，死也，與誅同指。而此云「不死，殊而走」者，蘇秦時雖不卽死，然是死創，故云「殊」。

[三]集解徐廣曰：「一作『先』。」

蘇秦既死，其事大泄。齊後聞之，乃恨怒燕。燕甚恐。蘇秦之弟曰代，代弟蘇厲，見兄遂，亦皆學。及蘇秦死，代乃求見燕王，欲襲故事。曰：「臣，東周之鄙人也。竊聞大王義甚高，鄙人不敏，釋鉏耨而干大王。至於邯鄲，所見者絀於所聞於東周，臣竊負其志。及至燕廷，觀王之羣臣下吏，王，天下之明王也。」燕王曰：「子所謂明王者何如也？」對曰：「臣聞明王務聞其過，不欲聞其善，臣請謁王之過。夫齊、趙者，燕之仇讎也；楚、魏者，燕之援國也。今王奉仇讎以伐援國，非所以利燕也。王自慮之，此則計過，無以聞者，非忠臣也。」王曰：「夫齊者固寡人之讎，所欲伐也，直患國敝力不足也。子能以燕伐齊，則寡人舉國委子。」對曰：「凡天下戰國七，燕處弱焉。獨戰則不能，有所附則無不重。南附楚，楚重；西

附秦,秦重;中附韓、魏,韓、魏重。且苟所附之國重,此必使王重矣。〔一〕今夫齊,長主,〔二〕而自用也。南攻楚五年,畜聚竭;西困秦三年,士卒罷敝;北與燕人戰,覆三軍,得二將。〔三〕然而以其餘兵南面舉五千乘之大宋,〔四〕而包十二諸侯。此其君欲得,其民力竭,惡足取乎!且臣聞之,數戰則民勞,久師則兵敝矣。」燕王曰:「吾聞齊有清濟、濁河〔五〕可以爲固,長城、鉅防〔六〕足以爲塞,誠有之乎?」對曰:「天時不與,雖有清濟、濁河,惡足以爲固!民力罷敝,雖有長城、鉅防,惡足以爲塞!且異日濟西不師,〔七〕所以備趙也;河北不師,〔八〕所以備燕也。今濟西河北盡已役矣,封内敝矣。夫驕君必好利,而亡國之臣必貪於財。王誠能無羞從子母弟〔九〕以爲質,〔一〇〕寶珠玉帛以事左右,彼將有德燕而輕亡宋,則齊可亡已。」燕王曰:「吾終以子受命於天矣。」燕乃使一子質於齊。而蘇厲因燕質子而求見齊王。齊王怨蘇秦,欲囚蘇厲。燕質子爲謝,已遂委質爲齊臣。〔一一〕

〔一〕正義言附諸國,諸國重燕而燕尊重。

〔二〕索隱按:謂齊王年長也。或作「齊彊」,故言長主」。

〔三〕集解徐廣曰:「齊覆三軍而燕失二將。」索隱按:徐廣云「齊覆三軍而燕失二將」。又戰國策云「獲二將」,亦謂燕之二將,是燕之失也。

〔四〕正義齊表云「齊湣王三十八年滅宋」,乃當赧王二十九年。此說乃燕噲之時,當周慎王之時,齊〔滅〕宋在前三

十餘年,恐文誤矣。

〔五〕正義濟、漯二水上承黄河,並淄、青之北流入海。黄河又一源從洛、魏二州界北流入海,亦齊西北界。

〔六〕集解徐廣曰:「濟北盧縣有防門,又有長城東至海。」正義長城西頭在濟州平陰縣界。竹書紀年云:「梁惠王二十年,齊閔王築防以爲長城。」太山記云:「太山西有長城,緣河經太山,餘一千里,至琅邪臺入海。」

〔七〕正義濟州已西也。

〔八〕正義謂滄、博等州,在漯河之北。

〔九〕索隱戰國策「從」作「寵」。

〔一〇〕正義音致。

〔一一〕正義質,真栗反。

燕相子之與蘇代婚,而欲得燕權,乃使蘇代侍質子於齊。齊使代報燕,燕王噲問曰:「齊王其霸乎?」曰:「不能。」曰:「何也?」曰:「不信其臣。」於是燕王專任子之,已而讓位,燕大亂。齊伐燕,殺王噲、子之。〔一〕燕立昭王,而蘇代、蘇厲遂不敢入燕,皆終歸齊,齊善待之。

〔一〕集解徐廣曰:「是周赧王之元年時也。」

蘇代過魏,魏爲燕執代。齊使人謂魏王曰:「齊請以宋地封涇陽君,〔一〕秦必不受。秦非不利有齊而得宋地也,〔二〕不信齊王與蘇子也。今齊魏不和如此其甚,則齊不欺秦。秦信齊,齊秦合,涇陽君有宋地,非魏之利也。故王不如東蘇子,秦必疑齊而不信蘇子矣。齊秦不合,天下無變,伐齊之形成矣。」於是出蘇代。代之宋,宋善待之。

〔一〕正義涇陽君,秦王弟,名悝也。涇陽,雍州縣也。齊蘇子告秦共伐宋以封涇陽君,然齊假設此策以救蘇代。

〔二〕正義齊言秦相親共伐宋,秦得宋地,又得齊事秦,不信齊及蘇代,恐爲不成也。

齊伐宋,宋急,蘇代乃遺燕昭王書曰:〔一〕

〔一〕正義此書爲宋說燕,令莫助齊、梁。

夫列在萬乘而寄質於齊,〔一〕名卑而權輕;奉萬乘助齊伐宋,民勞而實費;夫破宋,殘楚淮北,肥大齊,讎彊而國害:此三者皆國之大敗也。然且王行之者,將以取信於齊也。齊加不信於王,而忌燕愈甚,是王之計過矣。夫以宋加之淮北,彊萬乘之國也,而齊并之,是益一齊也。〔二〕北夷方七百里,〔三〕加之以魯、衛,彊萬乘之國也,而齊并之,是益二齊也。夫一齊之彊,燕猶狼顧而不能支,今以三齊臨燕,其禍必大矣。

〔一〕正義燕前有一子質於齊。

〔二〕正義更以淮北之地加於齊都,是彊萬乘之國而齊總并之,是益一齊。

〔三〕索隱謂山戎、北狄附齊者。正義齊桓公伐山戎,令支,斬孤竹而南歸海濱,諸侯莫不來服。

雖然,智者舉事,因禍爲福,轉敗爲功。齊紫,敗素也,〔一〕而賈十倍;〔二〕越王句踐棲於會稽,復殘彊吴而霸天下:此皆因禍爲福,轉敗爲功者也。

〔一〕集解徐廣曰:「取敗素染以爲紫。」正義齊君好紫,故齊俗尚之。取惡素帛染爲紫,其價十倍貴於餘。喻齊雖有大名,而國中以困弊也。韓子云:「齊桓公好服紫,一國盡服紫,當時十素不得一紫,公患之。管仲曰:『君欲止之,何不試勿衣也?』公謂左右曰:『惡紫臭。』公語三日,境内莫有衣紫者。」

〔二〕索隱按:謂紫色價貴於帛十倍,而本是敗素。以喻齊雖有大名,而其國中困斃也。

今王若欲因禍爲福,轉敗爲功,則莫若挑霸齊而尊之,〔一〕使使盟於周室,焚秦符,曰〔二〕「其大上計,破秦;其次,必長賓之」。〔三〕秦挾賓以待破,秦王必患之。秦五世伐諸侯,今爲齊下,秦王之志苟得窮齊,不憚以國爲功。然則王何不使辯士以此言說秦王曰:「燕、趙破宋肥齊,尊之爲之下者,燕、趙非利之也。燕、趙不利而勢爲之者,以不信秦王也。然則王何不使可信者接收燕、趙,令涇陽君、高陵君〔四〕先於燕、趙?秦有變,因以爲質,則燕、趙信秦。秦爲西帝,燕爲北帝,趙爲中帝,立三帝以令於天下。韓、魏不聽則秦伐之,齊不聽則燕、趙伐之,天下孰敢不聽?天下服聽,因驅韓、魏以伐齊,曰『必反宋地,歸楚淮北』。反宋地,歸楚淮北,燕、趙之所利也;並立三帝,燕、趙之所願也。夫實得所利,尊得所願,燕、趙弃齊如脱躧矣。今不收燕、趙,齊霸必成。

諸侯贊齊而王不從，是國伐也；諸侯贊齊而王從之，是名卑也。今收燕、趙，國安而名尊；不收燕、趙，國危而名卑。夫去尊安而取危卑，智者不爲也。」秦王聞若說，必若刺心然。則王何不使辯士以此若言說秦？秦必取，齊必伐矣。

〔一〕正義 挑，田鳥反，執持也。
〔二〕正義 符，徵兆也。
〔三〕索隱 長音如字。賓爲「擯」。正義 大好上計策，破秦；次計，長擯弃關西。
〔四〕集解 徐廣曰馮翊高陵縣。索隱 二人，秦王母弟也。高陵君名顯。涇陽君名悝。

夫取秦，厚交也；代齊，正利也。尊厚交，務正利，聖王之事也。

燕昭王善其書，曰：「先人嘗有德蘇氏，子之之亂而蘇氏去燕。燕欲報仇於齊，非蘇氏莫可。」乃召蘇代，復善待之，與謀伐齊。竟破齊，湣王出走。

久之，秦召燕王，燕王欲往，蘇代約燕王曰：「楚得枳〔一〕而國亡，〔二〕齊得宋而國亡，〔三〕齊、楚不得以有枳、宋而事秦者，何也？則有功者，秦之深讎也。秦取天下，非行義也，暴也。秦之行暴，正告天下。〔四〕

〔一〕集解 徐廣曰：「巴郡有枳縣。」正義 枳，支是反，今涪州城。在秦，枳縣在江南。

〔二〕集解 徐廣曰：「燕昭王三十三年，秦拔楚鄢、西陵。」正義 按：西陵在黄州。
〔三〕正義 年表云齊湣王三十八年，滅宋。四十年，五國共擊湣王，王走莒。
〔四〕索隱 正告謂顯然而告天下也。

「告楚曰：『蜀地之甲，乘船浮於汶，〔一〕乘夏水〔二〕而下江，五日而至郢。漢中之甲，乘船出於巴，〔三〕乘夏水而下漢，四日而至五渚。〔四〕寡人積甲宛東下隨，〔五〕智者不及謀，勇士不及怒，寡人如射隼矣。〔六〕王乃欲待天下之攻函谷，不亦遠乎！』楚王爲是故，十七年事秦。

〔一〕集解 眉貧反。索隱 音旻。卽江所出之岷山也。
〔二〕索隱 夏音暇。謂夏潦之水盛長時也。
〔三〕索隱 巴，水名，與漢水近。正義 巴嶺山在梁州南一百九十里。周地志云：「南渡老子水，登巴嶺山。南回（記）大江。此南是古巴國，因以名山。」
〔四〕集解 戰國策曰「秦與荆人戰，大破荆，襲郢，取洞庭、五渚」。然則五渚在洞庭。索隱 按：五渚，五處洲渚也。劉氏以爲宛鄧之閒，臨漢水，不得在洞庭。或說五渚卽五湖，益與劉說不同也。
〔五〕索隱 宛縣之東而下隨邑。
〔六〕索隱 按：易曰「射隼于高墉之上，獲之，無不利」。秦王言我今伐楚，必當捷獲也。正義 隼若今之鶻。

「秦正告韓曰：『我起乎少曲，〔一〕一日而斷大行。〔二〕我起乎宜陽而觸平陽，〔三〕二日而莫不盡繇。〔四〕我離兩周而觸鄭，五日而國舉。』〔五〕韓氏以爲然，故事秦。

〔一〕索隱 地名，近宜陽也。正義 在懷州河陽縣西北，解在范睢傳。
〔二〕正義 太行山羊腸阪道，北過韓上黨也。
〔三〕正義 宜陽、平陽皆韓大都也，隔河也。
〔四〕索隱 音摇。摇，動也。
〔五〕索隱 離，如字。謂屯兵以櫂二周也，而乃觸擊于鄭，故五日國舉。舉猶拔也。正義 離，歷也。歷二周而東觸新鄭州，韓國都拔矣。

「秦正告魏曰：『我舉安邑，塞女戟，〔一〕韓氏太原卷。〔二〕我下軹，道南陽，封冀，〔三〕包兩周。〔四〕乘夏水，浮輕舟，彊弩在前，錟〔五〕戈在後，決滎口，魏無大梁；〔六〕決白馬之口，魏無外黄、濟陽；〔七〕決宿胥之口，〔八〕魏無虛、頓丘。〔九〕陸攻則擊河内，水攻則滅大梁。』魏氏以爲然，故事秦。

〔一〕索隱 女戟，地名，蓋在太行山之西。
〔二〕索隱 劉氏卷音軌免反也。按：「舉安邑，塞女戟，及至韓氏之韓國宜陽也。太原者，魏地不至太原，亦無別名太原者，蓋「太」衍字也。原當爲「京」。京及卷皆屬滎陽，是魏境。又下軹道是河内軹縣，言「道」者，亦衍字。徐廣云「霸陵有軹道亭」，非魏之境，其疏謬如此。正義 卷，軌免反。劉伯莊云：「太原當爲太行。卷猶斷絶。」
〔三〕集解 徐廣曰：「霸陵有軹道亭，河東皮氏有冀亭也。」索隱 按：魏之南陽卽河内也。封，封陵也。冀，冀邑。

皆在魏境，故徐廣云「河東皮氏縣有冀亭」。
〔四〕集解 徐廣曰：「張儀曰『下河東，取成皋』也。」正義 兩周，王城及鞏。
〔五〕集解 徐廣曰：「由冄反。」正義 劉伯莊云：「音四廉反，利也。」
〔六〕索隱 滎澤之口與今汴河口通，其水深，可以灌大梁，故云「無大梁」也。
〔七〕索隱 白馬河津在東郡，決其流以灌外黄及濟陽。正義 故黄城在曹州考城縣東二十四里。濟陽故城在曹州宛朐縣西南三十五里。
〔八〕集解 徐廣曰：「紀年云魏救山塞集胥口。」索隱 按：紀年作「胥」，蓋亦津之名，今其地不知所在也。正義 淇水出衞州淇縣界之淇口，東至黎陽入河。魏志云：「武帝於清淇口東因宿胥故瀆開白溝，道清淇二水入焉。」
〔九〕集解 徐廣曰：「秦始皇五年，取魏酸棗、燕虛、長平。」索隱 虛，邑名，地與酸棗相近。正義 虛謂殷墟，今相州所理是。頓丘故城在魏州頓丘縣東北二十里。括地志云：「二國地時屬魏。」

「秦欲攻安邑，恐齊救之，則以宋委於齊。曰：『宋王無道，爲木人以（寫）〔象〕寡人，射其面。寡人地絶兵遠，不能攻也。王苟能破宋有之，寡人如自得之。』已得安邑，塞女戟，因以破宋爲齊罪。〔一〕

〔一〕索隱 秦令齊滅宋，仍以破宋爲齊之罪名。

「秦欲攻韓，恐天下救之，則以齊委於天下。曰：『齊王四與寡人約，四欺寡人，必率天下以攻寡人者三。有齊無秦，有秦無齊，必伐之，必亡之。』已得宜陽、少曲，致藺、〔離〕石，

因以破齊爲天下罪。

「秦欲攻魏重楚，〔一〕則以南陽委於楚。曰：〔二〕『寡人固與韓且絶矣。殘均陵，塞鄳阸，〔三〕苟利於楚，寡人如自有之。』魏弃與國而合於秦，因以塞鄳阸爲楚罪。

〔一〕索隱 重猶附也，尊也。正義 畏楚救魏。

〔二〕正義 南陽鄧州地，本韓地也。韓先事秦，今楚取南陽，故言「與韓且絶矣」。

〔三〕集解 鄳音盲。徐廣曰：「鄳，江夏鄳縣。均，一作『灼』。」索隱 均陵在南陽，蓋今之均州。黽音盲，縣名，在江夏。正義 均州故城在隨州西南五十里，蓋均陵也。又申州羅山縣本漢鄳縣。申州有平清關，蓋古鄳縣之阸塞。

「兵困於林中，〔一〕重燕、趙，以膠東委於燕，以濟西委於趙。已得講於魏，〔二〕至公子延，〔三〕因犀首屬行〔四〕而攻趙。

〔一〕集解 徐廣曰：「河南苑陵有林鄉。」

〔二〕索隱 講，和也，解也。秦與魏和也。

〔三〕索隱 至當爲「質」，謂以公子延爲質也。

〔四〕索隱 犀首、公孫衍本魏將，因之以屬軍行。行音胡郎反，謂連兵相續也。

「兵傷於譙石，而遇敗於陽馬，〔一〕而重魏，則以葉、蔡委於魏。已得講於趙，則劫魏，〔魏〕不爲割。困則使太后弟穰侯爲和，嬴則兼欺舅與母。〔二〕

〔一〕索隱 按：譙石、陽馬並趙地名，非縣邑也。

〔二〕索隱 按：嬴猶勝也。舅，穰侯魏冄也。母，太后也。

「適燕者〔一〕曰『以膠東』，適趙者曰『以濟西』，適魏者曰『以葉、蔡』，適楚者曰『以塞鄳阸』，適齊者曰『以宋』。此必令言如循環，用兵如刺蜚，母不能制，舅不能約。

〔一〕索隱 適音宅。適者，責也。下同。

「龍賈之戰，〔一〕岸門之戰，〔二〕封陵之戰，〔三〕高商之戰，〔四〕趙莊之戰，〔五〕秦之所殺三晉之民數百萬，今其生者皆死秦之孤也。西河之外，上雒之地，三川晉國之禍，三晉之半，秦禍如此其大也。〔六〕而燕、趙之秦者，〔七〕皆以争事秦説其主，此臣之所大患也。」

〔一〕集解 魏襄王五年，秦敗我龍賈軍。

〔二〕集解 韓宣惠王十九年，秦大破我岸門。

〔三〕集解 魏哀王十六年，秦敗我封陵。

〔四〕集解 此戰事不見。

〔五〕集解 趙肅侯二十二年，趙莊與秦戰敗，秦殺趙莊河西。

〔六〕索隱 以言西河之外，上雒之地及三川晉國，皆是秦與魏戰之處，秦兵禍敗我三晉之半，是秦禍如此其大者乎。

〔七〕索隱 燕、趙之人往秦者，謂游説之士也。

燕昭王不行。蘇代復重於燕。

燕使約諸侯從親如蘇秦時，或從或不，而天下由此宗蘇氏之從約。代、厲皆以壽死，名顯諸侯。

太史公曰：蘇秦兄弟三人，〔一〕皆游説諸侯以顯名，其術長於權變。而蘇秦被反閒以死，天下共笑之，諱學其術。然世言蘇秦多異，異時事有類之者皆附之蘇秦。夫蘇秦起閭閻，連六國從親，此其智有過人者。吾故列其行事，次其時序，毋令獨蒙惡聲焉。

〔一〕索隱 按：譙允南以爲蘇氏兄弟五人，更有蘇辟、蘇鵠，典略亦同其説。按：蘇氏譜云然。

【索隱述贊】季子周人，師事鬼谷。揣摩既就，陰符伏讀。合從離衡，佩印者六。天王除道，家人扶服。賢哉代、厲，繼榮黨族。

史記卷七十

張儀列傳第十

張儀者，魏人也。〔一〕始嘗與蘇秦俱事鬼谷先生，學術，蘇秦自以不及張儀。

〔一〕集解呂氏春秋曰：「儀，魏氏餘子。」索隱按：晉有大夫張老，又河東有張城，張氏爲魏人必也。而呂覽以爲魏氏餘子，則蓋魏之支庶也。又書略説餘子謂庶子也。正義左傳晉有公族、餘子、公行。杜預云：「皆官卿之嫡爲公族大夫。餘子，嫡子之母弟也。公行，庶子掌公戎行也。」藝文志云張子十篇，在縱橫流。

張儀已學而游説〔一〕諸侯。嘗從楚相飲，已而楚相亡璧，門下意張儀，曰：「儀貧無行，必此盜相君之璧。」共執張儀，掠笞數百，不服，醳〔二〕之。其妻曰：「嘻！〔三〕子毋讀書游説，安得此辱乎？」張儀謂其妻曰：「視吾舌尚在不？」其妻笑曰：「舌在也。」儀曰：「足矣。」

〔一〕索隱音稅。
〔二〕集解音釋。索隱古釋字。
〔三〕索隱音僖。鄭玄曰：「嘻，悲恨之聲。」

蘇秦已説趙王而得相約從親，〔一〕然恐秦之攻諸侯，敗約後負，念莫可使用於秦者，乃使人微感張儀曰：「子始與蘇秦善，今秦已當路，子何不往游，以求通子之願？」張儀於是之趙，上謁求見蘇秦。蘇秦乃誡門下人不爲通，又使不得去者數日。已而見之，坐之堂下，賜僕妾之食。因而數讓之〔二〕曰：「以子之材能，乃自令困辱至此。吾寧不能言而富貴子，子不足收也。」謝去之。張儀之來也，自以爲故人，求益，反見辱，怒，念諸侯莫可事，獨秦能苦趙，乃遂入秦。

〔一〕索隱從音足容反。
〔二〕索隱按：謂數設詞而讓之。讓亦責也。數音朔。

蘇秦已而告其舍人曰：「張儀，天下賢士，吾殆弗如也。今吾幸先用，而能用秦柄者，獨張儀可耳。然貧，無因以進。吾恐其樂小利而不遂，故召辱之，以激其意。子爲我陰奉之。」乃言趙王，發金幣車馬，使人微隨張儀，與同宿舍，稍稍近就之，奉以車馬金錢，所欲用，爲取給，而弗告。張儀遂得以見秦惠王。惠王以爲客卿，與謀伐諸侯。

蘇秦之舍人乃辭去。張儀曰：「賴子得顯，方且報德，何故去也？」舍人曰：「臣非知君，知君乃蘇君。蘇君憂秦伐趙敗從約，以爲非君莫能得秦柄，故感怒君，使臣陰奉給君資，盡蘇君之計謀。今君已用，請歸報。」張儀曰：「嗟乎，此在吾術中而不悟，吾不及蘇君明矣！吾又新用，安能謀趙乎？爲吾謝蘇君，蘇君之時，儀何敢言。且蘇君在，儀寧渠能乎！」〔一〕張儀既相秦，爲文檄〔二〕告楚相曰：「始吾從若飲，〔三〕我不盜而璧，若笞我。若善守汝國，我顧且盜而城！」

〔一〕集解渠音詎。索隱渠音詎，古字少，假借耳。
〔二〕集解徐廣曰：「一作『尺一之檄』。」索隱按：徐廣云一作「丈二檄」。王劭按春秋後語云「丈二尺檄」。許慎云「檄，二尺書」。
〔三〕索隱若者，汝也。下文而亦訓汝。

苴蜀相攻擊，〔一〕各來告急於秦。秦惠王欲發兵以伐蜀，以爲道險狹難至，而韓又來侵秦，秦惠王欲先伐韓，後伐蜀，恐不利，欲先伐蜀，恐韓襲秦之敝，猶豫未能決。司馬錯〔二〕與張儀爭論於惠王之前，司馬錯欲伐蜀，張儀曰：「不如伐韓。」王曰：「請聞其説。」

〔一〕集解徐廣曰：「譙周曰益州『天苴』讀爲『包黎』之『包』，音與『巴』相近，以爲今之巴郡。」索隱苴音巴。謂巴、蜀之夷自相攻擊也。今字作「苴」者，按巴苴是草名，今論巴，遂誤作「苴」也。或巴人、巴郡本因芭苴得名，所以其字遂以「苴」爲「巴」也。注「益州天苴讀爲芭黎」，天苴即巴苴也。譙周，蜀人也，知「天苴」之音讀爲「芭黎」之「芭」。按：芭黎即織木葺爲葦籬也，今江南亦謂葦籬曰芭籬也。正義華陽國志云：「昔蜀王封其弟于漢中，號曰苴侯，因命之邑曰葭萌。苴侯與巴王爲好，巴與蜀爲讎，故蜀王怒，伐苴。苴奔巴，求救於秦。秦遣張儀從子午道伐蜀。〔蜀〕王自葭萌禦之，敗績，走至武陽，爲秦軍所害。秦遂滅蜀，因取苴與巴焉。」括地志云：「苴侯都葭萌，今利州益昌縣五十里葭萌故城是。蜀侯都益州巴子城，在合州石鏡縣南五里，故墊江縣也。巴子都江州，在都之北，又峽州界也。」

〔二〕索隱七各反，又七故反，二音。

儀曰：「親魏善楚，下兵三川，塞什谷之口，〔一〕當屯留之道，〔二〕魏絕南陽，〔三〕楚臨南鄭，〔四〕秦攻新城、〔五〕宜陽，〔六〕以臨二周之郊，誅周王之罪，侵楚、魏之地。周自知不能救，九鼎寶器必出。據九鼎，案圖籍，挾天子以令於天下，天下莫敢不聽，此王業也。今夫蜀，西僻之國而戎翟之倫也，敝兵勞衆不足以成名，得其地不足以爲利。臣聞爭名者於朝，爭利者於市。今三川、周室，天下之朝市也，而王不爭焉，顧爭於戎翟，去王業遠矣。」〔七〕

〔一〕集解徐廣曰：「一作『尋』，成皋鞏縣有尋口。」索隱一本作「尋谷」，尋什聲相近，故其名惑也。戰國策云「轘轅、緱氏之口」，亦其地相近也。正義括地志云：「溫泉水即尋，源出洛州鞏縣西南四十里。注水經云鄩城水出北山鄩溪。又有故鄩城，在鞏縣西南五十八里。」按：洛州緱氏縣東南四十里，與鄩溪相近之地。
〔二〕正義屯留，潞州縣也。道即太行羊腸阪道也。
〔三〕正義南陽，懷州也。是當屯留之道，令魏絕斷壞羊腸、韓上黨之路也。
〔四〕正義是塞什谷之口也。令楚兵臨鄭南，塞轘轅鄩口，斷韓南陽之兵也。
〔五〕索隱此新城當在河南伊闕之左右。

〔六〕正義洛州福昌縣也。

〔七〕索隱去王遠矣。王音于放反。

司馬錯曰：「不然。臣聞之，欲富國者務廣其地，欲彊兵者務富其民，欲王者務博其德，三資者備而王隨之矣。今王地小民貧，故臣願先從事於易。夫蜀，西僻之國也，而戎翟之長也，有桀紂之亂。以秦攻之，譬如使豺狼逐羣羊。得其地足以廣國，取其財足以富民〔一〕繕兵，不傷衆而彼已服焉。〔二〕拔一國而天下不以爲暴，利盡西海〔三〕而天下不以爲貪，是我一舉而名實附也，〔四〕而又有禁暴止亂之名。今攻韓，劫天子，惡名也，而未必利也，又有不義之名，而攻天下所不欲，危矣。臣請謁其故：〔五〕周，天下之宗室也；齊，韓之與國也。周自知失九鼎，韓自知亡三川，〔六〕將二國并力合謀，以因乎齊、趙而求解乎楚、魏，以鼎與楚，以地與魏，王弗能止也。此臣之所謂危也。不如伐蜀完。」

〔一〕索隱遇其財。戰國策「遇」作「得」。

〔二〕正義繕音膳，同「饍」，具食也。

〔三〕索隱西海謂蜀川也。海者珍藏所聚生，猶謂秦中爲「陸海」然也。其實西亦有海也。正義海之言晦也，西夷晦昧無知，故言海也。言利盡西方羌戎。

〔四〕索隱按：名謂傳其德也，實謂土地財寶。

〔五〕索隱謁者，告也，陳也。故，謂陳不宜伐之端由也。

〔六〕正義韓自知亡三川，故與周并力合謀也。

惠王曰：「善，寡人請聽子。」卒起兵伐蜀，十月，取之，〔一〕遂定蜀，〔二〕貶蜀王更號爲侯，而使陳莊相蜀。蜀既屬秦，秦以益彊，富厚，輕諸侯。

〔一〕索隱六國年表在惠王二十二年十月也。

〔二〕正義表云秦惠王後元年十月，擊滅之。

秦惠王十年，使公子華〔一〕與張儀圍蒲陽，〔二〕降之。儀因言秦復與魏，而使公子繇質於魏。儀因說魏王曰：「秦王之遇魏甚厚，魏不可以無禮。」魏因入上郡、少梁，謝秦惠王。惠王乃以張儀爲相，更名少梁曰夏陽。〔三〕

〔一〕集解徐廣曰：「一作『革』。」

〔二〕索隱魏邑名也。正義在隰州隰川縣，蒲邑故城是也。

〔三〕集解徐廣曰：「夏陽在梁山龍門。」索隱音下。夏，山名也，亦曰大夏，是蜀所都。正義少梁城，同州韓城縣南二十三里。夏陽城在縣南二十里。梁山在縣東南十九里。龍門山在縣北五十里。

儀相秦四歲，立惠王爲王。〔一〕居一歲，爲秦將，取陝。築上郡塞。

〔一〕正義表云惠王之十三年，周顯王之三十四年也。

其後二年，使與齊、楚之相會齧桑。東還而免相，相魏以爲秦，欲令魏先事秦而諸侯效之。魏王不肯聽儀。秦王怒，伐取魏之曲沃、平周，復陰厚張儀益甚。張儀慙，無以歸報。留魏四歲而魏襄王卒，哀王立。張儀復說哀王，哀王不聽。於是張儀陰令秦伐魏。魏與秦戰，敗。

明年，齊又來敗魏於觀津。〔一〕秦復欲攻魏，先敗韓申差軍，斬首八萬，諸侯震恐。而張儀復說魏王曰：「魏地方不至千里，卒不過三十萬。地四平，諸侯四通輻湊，無名山大川之限。從鄭至梁二百餘里，車馳人走，不待力而至。梁南與楚境，西與韓境，北與趙境，東與齊境，卒戍四方，守亭鄣者不下十萬。梁之地勢，固戰場也。梁南與楚而不與齊，則齊攻其東；東與齊而不與趙，則趙攻其北；不合於韓，則韓攻其西；不親於楚，則楚攻其南：此所謂四分五裂之道也。

〔一〕集解觀音貫。

「且夫諸侯之爲從者，將以安社稷尊主彊兵顯名也。今從者一天下，約爲昆弟，刑白馬以盟洹水之上，〔一〕以相堅也。而親昆弟同父母，尚有爭錢財，而欲恃詐僞反覆蘇秦之餘謀，其不可成亦明矣。

〔一〕集解洹音桓。

「大王不事秦，秦下兵攻河外，〔一〕據卷、衍、〔燕〕、酸棗，〔二〕劫衞取陽晉，〔三〕則趙不

南，趙不南而梁不北，梁不北則從道絕，從道絕則大王之國欲毋危不可得也。秦折韓而攻梁，〔四〕韓怯於秦，秦韓爲一，梁之亡可立而須也。此臣之所爲大王患也。

〔一〕索隱河之西，即曲沃、平周之邑等。正義河外即卷、衍、燕、酸棗。

〔二〕集解卷，丘權反。衍，以善反。索隱卷縣在河南。衍，地名。正義卷、衍屬鄭州；燕，滑州胙城縣；酸棗屬滑州：皆黃河南岸地。

〔三〕正義故城在曹州乘氏縣西北三十七里。

〔四〕索隱戰國策「折」作「挾」也。

「爲大王計，莫如事秦。事秦則楚、韓必不敢動；無楚、韓之患，則大王高枕而臥，〔一〕國必無憂矣。

〔一〕正義枕，針鴆反。

「且夫秦之所欲弱者莫如楚，而能弱楚者莫如梁。楚雖有富大之名而實空虛；其卒雖多，然而輕走易北，不能堅戰。悉梁之兵南面而伐楚，勝之必矣。割楚而益梁，虧楚而適秦，嫁禍安國，此善事也。大王不聽臣，秦下甲士而東伐，雖欲事秦，不可得矣。

「且夫從人多奮辭而少可信，說一諸侯而成封侯，是故天下之游談士莫不日夜搤腕瞋目切齒以言從之便，以說人主。人主賢其辯而牽其說，豈得無眩哉。

「臣聞之，積羽沈舟，羣輕折軸，衆口鑠金，積毀銷骨，故願大王審定計議，且賜骸骨辟魏。」

哀王於是乃倍從約而因儀請成於秦。張儀歸，復相秦。三歲而魏復背秦爲從。秦攻魏，取曲沃。明年，魏復事秦。

秦欲伐齊，齊楚從親，於是張儀往相楚。楚懷王聞張儀來，虛上舍而自館之。曰：「此僻陋之國，子何以教之？」儀說楚王曰：「大王誠能聽臣，閉關絕約於齊，臣請獻商於之地六百里，〔一〕使秦女得爲大王箕帚之妾，秦楚娶婦嫁女，長爲兄弟之國。此北弱齊而西益秦也，計無便此者。」楚王大說而許之。羣臣皆賀，陳軫獨弔之。楚王怒曰：「寡人不興師發兵得六百里地，羣臣皆賀，子獨弔，何也？」陳軫對曰：「不然，以臣觀之，商於之地不可得而齊秦合，齊秦合則患必至矣。」楚王曰：「有說乎？」陳軫對曰：「夫秦之所以重楚者，以其有齊也。今閉關絕約於齊，則楚孤。秦奚貪夫孤國，而與之商於之地六百里？張儀至秦，必負王，是北絕齊交，西生患於秦也，而兩國之兵必俱至。善爲王計者，不若陰合而陽絕於齊，使人隨張儀。苟與吾地，絕齊未晚也；不與吾地，陰合謀計也。」楚王曰：「願陳子閉口毋復言，以待寡人得地。」乃以相印授張儀，厚賂之。於是遂閉關絕約於齊，使一將軍

隨張儀。

〔一〕索隱 劉氏云：「商即今之商州，有古商城，其西二百餘里有古於城。」

張儀至秦，詳失綏墮車，〔一〕不朝三月。楚王聞之，曰：「儀以寡人絕齊未甚邪？」乃使勇士至宋，借宋之符，北罵齊王。齊王大怒，折節而下秦。秦齊之交合，張儀乃朝，謂楚使者曰：「臣有奉邑六里，願以獻大王左右。」楚使者曰：「臣受令於王，以商於之地六百里，不聞六里。」還報楚王，楚王大怒，發兵而攻秦。陳軫曰：「軫可發口言乎？攻之不如割地反以賂秦，與之并兵而攻齊，是我出地於秦，取償於齊也，王國尚可存。」楚王不聽，卒發兵而使將軍屈匄擊秦。秦齊共攻楚，斬首八萬，殺屈匄，遂取丹陽、〔二〕漢中之地。〔三〕楚又復益發兵而襲秦，至藍田，大戰，楚大敗，於是楚割兩城以與秦平。

〔一〕正義 詳音羊。

〔二〕集解 徐廣曰：「在枝江。」

〔三〕正義 今梁州也，在漢水北。

秦要楚〔一〕欲得黔中地，欲以武關外〔二〕易之。楚王曰：「不願易地，願得張儀而獻黔中地。」秦王欲遣之，口弗忍言。張儀乃請行。惠王曰：「彼楚王怒子之負以商於之地，是且甘心於子。」張儀曰：「秦彊楚弱，臣善靳尚，尚得事楚夫人鄭袖，袖所言皆從。且臣奉王之節使楚，楚何敢加誅。假令誅臣而爲秦得黔中之地，臣之上願。」遂使楚。楚懷王至則囚張儀，將殺之。靳尚謂鄭袖曰：「子亦知子之賤於王乎？」鄭袖曰：「何也？」靳尚曰：「秦王甚愛張儀而不欲出之，〔三〕今將以上庸之地六縣〔四〕賂楚，以美人聘楚，以宮中善歌謳者爲媵。楚王重地尊秦，秦女必貴而夫人斥矣。不若爲言而出之。」於是鄭袖日夜言懷王曰：「人臣各爲其主用。今地未入秦，秦使張儀來，至重王。王未有禮而殺張儀，秦必大怒攻楚。妾請子母俱遷江南，毋爲秦所魚肉也。」懷王後悔，赦張儀，厚禮之如故。

〔一〕正義 要音腰也。

〔二〕正義 即商於之地。

〔三〕索隱 按：「不」字當作「必」。時張儀爲楚所囚，故必欲出之也。正義 秦王不欲出張儀使楚，若欲自行，今秦欲以上庸地及美人贖儀。

〔四〕正義 今房州也。

張儀既出，未去，聞蘇秦死，〔一〕乃說楚王曰：「秦地半天下，兵敵四國，被險帶河，四塞以爲固。虎賁之士百餘萬，車千乘，騎萬匹，積粟如丘山。法令既明，士卒安難樂死，主明以嚴，將智以武，雖無出甲，席卷常山之險，必折天下之脊，〔二〕天下有後服者先亡。且夫爲從者，無以異於驅羣羊而攻猛虎，虎之與羊不格明矣。今王不與猛虎而與羣羊，臣竊以爲

大王之計過也。

〔一〕索隱 按：此時當秦惠王之後元十四年。

〔二〕索隱 按：常山於天下在北，有若人之背脊也。正義 古之帝王多都河北、河東故也。

「凡天下彊國，非秦而楚，非楚而秦，兩國交爭，其勢不兩立。大王不與秦，秦下甲據宜陽，韓之上地不通。下河東，取成皋，韓必入臣，梁則從風而動。秦攻楚之西，韓、梁攻其北，社稷安得毋危？

「且夫從者聚羣弱而攻至彊，不料敵而輕戰，國貧而數舉兵，危亡之術也。臣聞之，兵不如者勿與挑戰，〔一〕粟不如者勿與持久。夫從人飾辯虛辭，高主之節，言其利不言其害，卒有秦禍，〔二〕無及爲已。是故願大王之孰計之。

〔一〕正義 挑，田鳥反。

〔二〕正義 卒，麁勿反。

「秦西有巴蜀，大船積粟，起於汶山，〔一〕浮江已下，至楚三千餘里。舫船〔二〕載卒，一舫載五十人與三月之食，下水而浮，一日行三百餘里，里數雖多，然而不費牛馬之力，不至十日而距扞關。〔三〕扞關驚，則從境以東盡城守矣，黔中、巫郡非王之有。秦舉甲出武關，南面而伐，則北地絕。〔四〕秦兵之攻楚也，危難在三月之內，而楚待諸侯之救，在半歲之外，此

其勢不相及也。夫(待)〔恃〕弱國之救，忘彊秦之禍，此臣所以爲大王患也。

〔一〕正義 汶音泯。

〔二〕索隱 枋船。枋音方，謂並兩船也。亦音舫。

〔三〕集解 徐廣曰：「巴郡魚復縣有扞水關。」索隱 扞關在楚之西界。復音伏。按：地理志巴郡有魚復縣。正義 在硤州巴山縣界。

〔四〕正義 楚之北境斷絶。

「大王嘗與吳人戰，五戰而三勝，陣卒盡矣；偏守新城，〔一〕存民苦矣。臣聞功大者易危，而民敝者怨上。夫守易危之功而逆彊秦之心，臣竊爲大王危之。

〔一〕索隱 偏，匹連反。此云「新城」，當在吳楚之閒。正義 新攻得之城，未詳所在。

「且夫秦之所以不出兵函谷十五年以攻齊、趙者，陰謀有合〔一〕天下之心。楚嘗與秦構難，戰於漢中，〔二〕楚人不勝，列侯執珪死者七十餘人，遂亡漢中。楚王大怒，興兵襲秦，戰於藍田。此所謂兩虎相搏〔三〕者也。夫秦楚相敝而韓魏以全制其後，計無危於此者矣。願大王孰計之。

〔一〕集解 徐廣曰：「一作『吞』。」

〔二〕索隱 其地在秦南山之南，楚之西北，漢水之北，名曰漢中。

〔三〕集解 徐廣曰：「或音『戟』。」

「秦下甲攻衞陽晉，必大關天下之匈。〔一〕大王悉起兵以攻宋，不至數月而宋可舉，舉宋而東指，則泗上十二諸侯〔二〕盡王之有也。

〔一〕集解 徐廣曰：「關，一作『開』。」索隱 攻衞陽晉，大關天下胷。夫以常山爲天下脊，則此衞及陽晉當天下胷，蓋其地是秦、晉、齊、楚之交道也。以言秦兵據陽晉，是大關天下胷，則他國不得動也。

〔二〕索隱 謂邊近泗水之側，當戰國之時有十二諸侯，宋、魯、邾、莒之比也。

「凡天下而以信約從親相堅者蘇秦，封武安君，相燕，即陰與燕王謀伐破齊而分其地；乃詳有罪出走入齊，齊王因受而相之；居二年而覺，齊王大怒，車裂蘇秦於市。夫以一詐僞之蘇秦，而欲經營天下，混一諸侯，〔一〕其不可成亦明矣。

〔一〕索隱 混，本作「棍」，同胡本反。

「今秦與楚接境壤界，固形親之國也。大王誠能聽臣，臣請使秦太子入質於楚，楚太子入質於秦，請以秦女爲大王箕帚之妾，效萬室之都以爲湯沐之邑，長爲昆弟之國，終身無相攻伐。臣以爲計無便於此者。」

於是楚王已得張儀而重出黔中地與秦，欲許之。屈原曰：「前大王見欺於張儀，張儀至，臣以爲大王烹之；今縱弗忍殺之，又聽其邪說，不可。」懷王曰：「許儀而得黔中，美利也。後而倍之，不可。」故卒許張儀，與秦親。

張儀去楚，因遂之韓，說韓王曰：「韓地險惡山居，五穀所生，非菽而麥，民之食大抵(飯)菽〔飯〕藿羹。一歲不收，民不饜糟糠。地不過九百里，無二歲之食。料大王之卒，悉之不過三十萬，而廝徒負養〔一〕在其中矣。除守徼亭鄣塞，見卒不過二十萬而已矣。秦帶甲百餘萬，車千乘，騎萬匹，虎賁之士跿跔科頭〔二〕貫頤〔三〕奮戟者，〔四〕至不可勝計。秦馬之良，戎兵之衆，探前趹後〔五〕蹄閒三尋〔六〕騰者，不可勝數。山東之士被甲蒙胄以會戰，秦人捐甲徒裼〔七〕以趨敵，左挈人頭，右挾生虜。夫秦卒與山東之卒，猶孟賁之與怯夫；以重力相壓，猶烏獲之與嬰兒。夫戰孟賁、烏獲之士以攻不服之弱國，無異垂千鈞之重於鳥卵之上，必無幸矣。

〔一〕索隱 廝音斯，謂褋役之賤者。負養謂負檐以給養公家，亦賤人也。

〔二〕集解 跿跔音徒俱，跳躍也。又云偏舉一足曰跿跔。科頭謂不著兜鍪入敵。索隱 跿跔音徒俱二音。跔又音劬。劉氏云「謂跳躍也」。又韻集云「偏舉一足曰跿跔」。戰國策曰「虎摯之士跿跔」。科頭謂不著兜鍪。

〔三〕索隱 謂兩手捧頤而直入敵，言其勇也。

〔四〕集解 言執戟奮怒而入陳也。索隱 謂又有執戟者奮怒而趨入陣。

〔五〕索隱 謂馬前足探向前，後足趹於後。趹音烏穴反。趹謂後足抉地，言馬之走執疾也。

〔六〕索隱 按：七尺曰尋。言馬走之疾，前後蹄閒一擲過三尋也。

〔七〕索隱 徒者，徒跣也。裼，袒也，謂袒而見肉也。

「夫羣臣諸侯不料地之寡，而聽從人之甘言好辭，比周以相飾也，皆奮曰『聽吾計可以彊霸天下』。夫不顧社稷之長利而聽須臾之說，詿誤人主，無過此者。

「大王不事秦，秦下甲據宜陽，斷韓之上地，東取成皋、滎陽，則鴻臺之宮、桑林之苑〔一〕非王之有也。夫塞成皋，絶上地，則王之國分矣。先事秦則安，不事秦則危。夫造禍而求其福報，計淺而怨深，逆秦而順楚，雖欲毋亡，不可得也。

〔一〕集解 徐廣曰：「桑，一作『栗』。」索隱 按：此皆韓之宮苑，亦見戰國策。

「故爲大王計，莫如爲秦。〔一〕秦之所欲莫如弱楚，而能弱楚者莫如韓。非以韓能彊於楚也，其地勢然也。今王西面而事秦以攻楚，秦王必喜。夫攻楚以利其地，轉禍而說秦，計無便於此者。」

〔一〕集解 爲，于僞反。

韓王聽儀計。張儀歸報，秦惠王封儀五邑，號曰武信君。使張儀東說齊湣王曰：「天下彊國無過齊者，大臣父兄殷衆富樂。然而爲大王計者，皆爲一時之說，不顧百世之利。從人說大王者，必曰『齊西有彊趙，南有韓與梁。齊，負海之國也，地廣民衆，兵彊士勇，雖有百秦，將無柰齊何』。大王賢其說而不計其實。夫從人朋黨比周，莫不以從爲可。臣聞之，

齊與魯三戰而魯三勝，國以危亡隨其後，雖有戰勝之名，而有亡國之實。是何也？齊大而魯小也。今秦之與齊也，猶齊之與魯也。秦趙戰於河漳之上，再戰而趙再勝秦；戰於番吾〔一〕之下，再戰又勝秦。四戰之後，趙之亡卒數十萬，邯鄲僅存，雖有戰勝之名而國已破矣。是何也？秦彊而趙弱。

〔一〕索隱 上音盤，又音婆，趙之邑也。

「今秦楚嫁女娶婦，爲昆弟之國。韓獻宜陽，梁效河外，〔一〕趙入朝澠〔二〕池，割河閒〔三〕以事秦。大王不事秦，秦驅韓梁攻齊之南地，悉趙兵渡清河，指博關，〔四〕臨菑、即墨非王之有也。國一日見攻，雖欲事秦，不可得也。是故願大王孰計之也。」

〔一〕索隱 按：河外，河之南邑，若曲沃、平周等也。正義 謂同、華州地也。
〔二〕集解 緜善反。
〔三〕索隱 謂河漳之閒邑，皆割以事秦耳。正義 河閒，瀛州縣。
〔四〕正義 博關在博州。趙兵從貝州度黃河，指博關，則漯河南臨淄、即墨危矣。

齊王曰：「齊僻陋，隱居東海之上，未嘗聞社稷之長利也。」乃許張儀。

張儀去，西說趙王曰：「敝邑秦王使使臣效愚計於大王。大王收率天下以賓秦，秦兵不敢出函谷關十五年。大王之威行於山東，敝邑恐懼懾伏，繕甲厲兵，飾車騎，〔一〕習馳射，力

田積粟，守四封之內，愁居懾處，不敢動搖，唯大王有意督過之也。〔二〕

〔一〕正義 飾音勅。
〔二〕索隱 督者，正其事而責之，督過，是深責其過也。

「今以大王之力，舉巴蜀，并漢中，包兩周，遷九鼎，守白馬之津。秦雖僻遠，然而心忿含怒之日久矣。今秦有敝甲凋兵，軍於澠池，願渡河踰漳，據番吾，會邯鄲之下，願以甲子合戰，以正殷紂之事，敬使使臣先聞左右。

「凡大王之所信爲從者恃蘇秦。蘇秦熒惑諸侯，以是爲非，以非爲是，欲反齊國，而自令車裂於市。夫天下之不可一亦明矣。今楚與秦爲昆弟之國，而韓梁稱爲東藩之臣，齊獻魚鹽之地，此斷趙之右臂也。夫斷右臂而與人鬭，失其黨而孤居，求欲毋危，豈可得乎？

「今秦發三將軍：其一軍塞午道，〔一〕告齊使興師渡清河，軍於邯鄲之東；一軍成皋，驅韓梁軍於河外；〔二〕一軍軍於澠池。約四國爲一以攻趙，趙〔服〕〔破〕，必四分其地。是故不敢匿意隱情，先以聞於左右。臣竊爲大王計，莫如與秦王遇於澠池，面相見而口相結，請案兵無攻。願大王之定計。」

〔一〕索隱 此午道當在趙之東，齊之西也。午道，地名也。鄭玄云「一縱一橫爲午」，謂交道也。
〔二〕正義 河外謂鄭、滑州，北臨河。

趙王曰：「先王之時，奉陽君專權擅勢，蔽欺先王，獨擅綰事，寡人居屬師傅，不與國謀計。先王弃羣臣，寡人年幼，奉祀之日新，心固竊疑焉，以爲一從不事秦，非國之長利也。乃且願變心易慮，割地謝前過以事秦。方將約車趨行，〔一〕適聞使者之明詔。」趙王許張儀，張儀乃去。

〔一〕正義 趨音趣。

北之燕，說燕昭王曰：「大王之所親莫如趙。昔趙襄子嘗以其姊爲代王妻，欲并代，約與代王遇於句注之塞。〔一〕乃令工人作爲金斗，長其尾，〔二〕令可以擊人。與代王飲，陰告廚人曰：『即酒酣樂，進熱啜，〔三〕反斗以擊之。』〔四〕於是酒酣樂，進熱啜，廚人進斟，因反斗以擊代王，殺之，王腦塗地。其姊聞之，因摩笄以自刺，故至今有摩笄之山。〔五〕代王之亡，天下莫不聞。

〔一〕正義 句注山在代州也。上音勾。
〔二〕索隱 斗音主。凡方者爲斗，若安長柄，則名爲枓，音主。尾即斗之柄，其形若刀也。
〔三〕索隱 音昌悅反。按：謂熱而啜之，是羹也。於下云「廚人進斟」，斟謂羹勺，故因名羹曰斟。左氏「羊羹不斟」是也。
〔四〕正義 反即倒斗柄擊也。

〔五〕集解 笄，婦人之首飾，如今象牙擿。正義 笄，今簪也。摩笄山在蔚州飛狐縣東北百五十里。

「夫趙王之很戾無親，大王之所明見，且以趙王爲可親乎？趙興兵攻燕，再圍燕都而劫大王，大王割十城以謝。今趙王已入朝澠池，效河閒以事秦。今大王不事秦，秦下甲雲中、九原，驅趙而攻燕，則易水、長城〔一〕非大王之有也。

〔一〕正義 並在易州界。

「且今時趙之於秦猶郡縣也，不敢妄舉師以攻伐。今王事秦，秦王必喜，趙不敢妄動，是西有彊秦之援，而南無齊趙之患，是故願大王孰計之。」

燕王曰：「寡人蠻夷僻處，雖大男子裁〔一〕如嬰兒，言不足以采正計。今上客幸教之，請西面而事秦，獻恆山之尾〔二〕五城。」燕王聽儀。儀歸報，未至咸陽而秦惠王卒，武王立。武王自爲太子時不說張儀，及即位，羣臣多讒張儀曰：「無信，左右賣國以取容。秦必復用之，恐爲天下笑。」諸侯聞張儀有郤武王，皆畔衡，復合從。

〔一〕集解 音在。
〔二〕索隱 尾猶末也。謂獻恆山城以與秦。

秦武王元年，羣臣日夜惡張儀未已，而齊讓又至。張儀懼誅，乃因謂秦武王曰：「儀有愚計，願效之。」王曰：「柰何？」對曰：「爲秦社稷計者，東方有大變，然後王可以多割得地也。今聞齊王甚憎儀，儀之所在，必興師伐之。故儀願乞其不肖之身之梁，齊必興師而伐梁。梁齊之兵連於城下而不能相去，王以其閒伐韓，入三川，出兵函谷而毋伐，以臨周，祭器必出。〔一〕挾天子，按圖籍，此王業也。」秦王以爲然，乃具革車三十乘，入儀之梁。齊果興師伐之。梁哀王恐。張儀曰：「王勿患也，請令罷齊兵。」乃使其舍人馮喜〔二〕之楚，借使之齊，謂齊王曰：「王甚憎張儀；雖然，亦厚矣王之託儀於秦也！」齊王曰：「寡人憎儀，儀之所在，必興師伐之，何以託儀？」對曰：「是乃王之託儀也。夫儀之出也，固與秦王約曰：『爲王計者，東方有大變，然後王可以多割得地。今齊王甚憎儀，儀之所在，必興師伐之。故儀願乞其不肖之身之梁，齊必興師伐之。齊梁之兵連於城下而不能相去，王以其閒伐韓，入三川，出兵函谷而無伐，以臨周，祭器必出。挾天子，案圖籍，此王業也。』秦王以爲然，故具革車三十乘而入之梁也。今儀入梁，王果伐之，是王內罷國而外伐與國，〔三〕廣鄰敵以內自臨，而信儀於秦王也。此臣之所謂『託儀』也。」齊王曰：「善。」乃使解兵。

〔一〕索隱　凡王者大祭祀必陳設文物軒車彝器等，因謂此等爲祭器也。

〔二〕索隱　此與戰國策同。舊本作「憙」者，誤也。

〔三〕索隱　謂齊之伐梁也。梁之與齊，先相許與約從爲鄰，故云與國也。

張儀相魏一歲，卒〔一〕於魏也。

〔一〕索隱　年表張儀以安僖王十年卒。紀年云梁安僖王九年五月卒。

陳軫者，游說之士。與張儀俱事秦惠王，皆貴重，爭寵。張儀惡陳軫於秦王曰：「軫重幣輕使秦楚之閒，將爲國交也。今楚不加善於秦而善軫者，軫自爲厚而爲王薄也。且軫欲去秦而之楚，王胡不聽乎？」王謂陳軫曰：「吾聞子欲去秦之楚，有之乎？」軫曰：「然。」王曰：「儀之言果信矣。」軫曰：「非獨儀知之也，行道之士盡知之矣。昔子胥忠於其君而天下爭以爲臣，曾參孝於其親而天下願以爲子。故賣僕妾不出閭巷而售者，良僕妾也；出婦嫁於鄉曲者，良婦也。今軫不忠其君，楚亦何以軫爲忠乎？忠且見弃，軫不之楚何歸乎？」王以其言爲然，遂善待之。

居秦期年，秦惠王終相張儀，而陳軫奔楚。楚未之重也，而使陳軫使於秦。過梁，欲見犀首。犀首謝弗見。軫曰：「吾爲事來，〔一〕公不見軫，軫將行，不得待異日。」犀首見之。

陳軫曰：「公何好飲也？」犀首曰：「無事也。」曰：「吾請令公厭事〔二〕可乎？」曰：「柰何？」曰：「田需〔三〕約諸侯從親，楚王疑之，未信也。公謂於王曰：『臣與燕、趙之王有故，數使人來，曰「無事何不相見」，願謁行於王。』王雖許公，公請毋多車，以車三十乘，可陳之於庭，明言之燕、趙。」燕、趙客聞之，馳車告其王，使人迎犀首。楚王聞之大怒，曰：「田需與寡人約，而犀首之燕、趙，是欺我也。」怒而不聽其事。齊聞犀首之北，使人以事委焉。犀首遂行，三國相事皆斷於犀首。軫遂至秦。

〔一〕索隱　軫語犀首，言我故來，欲有教汝之事，何不相見。

〔二〕索隱　上一豔反。厭者，飽也，謂欲令其多事也。

〔三〕索隱　需時爲魏相也。

韓魏相攻，期年不解。秦惠王欲救之，問於左右。左右或曰救之便，或曰勿救便，惠王未能爲之決。陳軫適至秦，惠王曰：「子去寡人之楚，亦思寡人不？」陳軫對曰：「王聞夫越人莊舄乎？」王曰：「不聞。」曰：「越人莊舄仕楚執珪，有頃而病。楚王曰：『舄故越之鄙細人也，今仕楚執珪，貴富矣，亦思越不？』中謝〔一〕對曰：『凡人之思故，在其病也。彼思越則越聲，不思越則楚聲。』使人往聽之，猶尚越聲也。今臣雖弃逐之楚，豈能無秦聲哉！」惠王曰：「善。今韓魏相攻，期年不解，或謂寡人救之便，或曰勿救便，〔二〕寡人不能

決，願子爲子主計〔三〕之餘，爲寡人計之。」陳軫對曰：「亦嘗有以夫卞莊子〔四〕刺虎聞於王者乎？莊子欲刺虎，館豎子止之，曰：『兩虎方且食牛，食甘必爭，爭則必鬬，鬬則大者傷，小者死，從傷而刺之，一舉必有雙虎之名。』卞莊子以爲然，立須之。有頃，兩虎果鬬，大者傷，小者死。莊子從傷者而刺之，一舉果有雙虎之功。今韓魏相攻，期年不解，是必大國傷，小國亡，從傷而伐之，一舉必有兩實。此猶莊子刺虎之類也。臣主與王何異也。」〔五〕惠王曰：「善。」卒弗救。大國果傷，小國亡，秦興兵而伐，大剋之。此陳軫之計也。

〔一〕索隱　蓋謂侍御之官。

〔二〕索隱　此蓋張儀等之計策。

〔三〕索隱　子指陳軫也。子主謂楚王。

〔四〕索隱　館莊子。謂逆旅舍其人字莊子者，或作「卞莊子」也。

〔五〕索隱　臣主，爲軫之主楚王也。王，秦惠王。以言我主與王俱宜待韓、魏之斃而擊之，亦無異也。

犀首者，魏之陰晉人也，〔一〕名衍，姓公孫氏。與張儀不善。

〔一〕集解　司馬彪曰：「犀首，魏官名，若今虎牙將軍。」

張儀爲秦之魏，魏王相張儀。犀首弗利，故令人謂韓公叔曰：「張儀已合秦魏矣，其言曰〔一〕『魏攻南陽，秦攻三川』。魏王所以貴張子者，欲得韓地也。且韓之南陽已舉矣，子何不少委焉以爲衍功，則秦魏之交可錯矣。〔二〕然則魏必圖秦而弃儀，收韓而相衍。」公叔以爲便，因委之犀首以爲功。果相魏。張儀去。〔三〕

〔一〕正義 此張儀合秦魏之辭也。
〔二〕索隱 錯音措。按：錯，停止也。
〔三〕集解 徐廣曰：「復相秦。」

義渠君朝於魏。犀首聞張儀復相秦，害之。犀首乃謂義渠君曰：「道遠不得復過，〔一〕請謁事情。」〔二〕曰：「中國無事，〔三〕秦得燒掇焚杅〔四〕君之國；有事，〔五〕秦將輕使重幣事君之國。」〔六〕其後五國伐秦。〔七〕會陳軫謂秦王曰：「義渠君者，蠻夷之賢君也，不如賂之以撫其志。」秦王曰：「善。」乃以文繡千純，〔八〕婦女百人遺義渠君。義渠君致羣臣而謀曰：「此公孫衍所謂邪？」〔九〕乃起兵襲秦，大敗秦人李伯之下。〔一〇〕

〔一〕索隱 音戈。言義渠道遠，今日已後，不復得更過相見。
〔二〕索隱 謂欲以秦之緩急告語之也。
〔三〕索隱 按：謂山東諸侯齊、魏之大國等。正義 中國謂關東六國。無事，不共攻秦。

〔四〕集解 徐廣曰：「一孤切。」索隱 掇音都活反，謂焚燒而侵掠。焚杅音煩烏二音。按：焚揉而牽制也。戰國策云「秦且燒焫君之國」，是說其事也。
〔五〕索隱 謂山東諸國共伐秦也。
〔六〕索隱 謂秦求親義渠君也。正義 有事謂六國攻秦。秦若被攻伐，則必輕使重幣，事義渠之國，欲令相助。犀首此言，令義渠君勿援秦也。
〔七〕索隱 按：表秦惠王後元七年，楚、魏、齊、韓、趙五國共攻秦，是其事也。
〔八〕索隱 凡絲緜布帛等一段爲一純。純音屯。
〔九〕索隱 按：謂上文犀首云「（君之國）有事，秦將輕使重幣事君之國」，故云「衍之所謂」，因起兵襲秦以傷張儀也。
〔一〇〕索隱 入李伯之下。謂義渠破秦而收軍，而入於李伯之下，則李伯人名或邑號。戰國策「伯」作「帛」。

張儀已卒之後，犀首入相秦。嘗佩五國之相印，爲約長。〔一〕

〔一〕索隱 佩五國之印，爲約長。犀首後相五國，或從或横，常爲約長。

太史公曰：三晉多權變之士，夫言從衡彊秦者大抵皆三晉之人也。夫張儀之行事甚於蘇秦，然世惡蘇秦者，以其先死，而儀振暴〔一〕其短以扶其說，〔二〕成其衡道。〔三〕要之，此兩人真傾危之士哉！

〔一〕索隱 下音步卜反。振謂振揚而暴露其短。
〔二〕索隱 按：扶謂說彼之非，成我之是，扶會己之說辭。
〔三〕索隱 張儀說六國，使連衡而事秦，故云「成其衡道」。然山東地形從長，蘇秦相六國，令從親而賓秦也。關西地形衡長，張儀相六國，令破其從而連秦之衡，故謂張儀爲連横矣。

【索隱述贊】儀未遭時，頻被困辱。及相秦惠，先韓後蜀。連衡齊魏，傾危誑惑。陳軫挾權，犀首騁欲。如何三晉，繼有斯德。

史記卷七十一

樗里子甘茂列傳第十一

樗里子者，名疾，秦惠王之弟也，〔一〕與惠王異母。母，韓女也。樗里子滑稽多智，〔二〕秦人號曰「智囊」。

〔一〕【索隱】按：樗，木名也，音攄。高誘曰「其里有大樗樹，故曰樗里」。然疾居渭南陰鄉之樗里，故號曰樗里子。又按：紀年則謂之「褚里疾」也。

〔二〕【索隱】滑音骨。稽音雞。鄒誕解云「滑，亂也。稽，同也。謂辨捷之人，言非若是，言是若非，謂能亂同異也」。一云滑稽，酒器，可轉注吐酒不已。以言俳優之人出口成章，詞不窮竭，如滑稽之吐酒不已也。【正義】滑讀爲淈，水流自出。稽，計也。言其智計宣吐如泉，流出無盡，故楊雄酒賦云「鴟夷滑稽，腹大如壺」是也。顏師古云：「滑稽，轉利之稱也。滑，亂也。稽，礙也。其變無留也。」一說稽，考也，言其滑亂不可考較。

秦惠王八年，爵樗里子右更，〔一〕使將而伐曲沃，〔二〕盡出其人，〔三〕取其城，地入秦。秦惠王二十五年，使樗里子爲將伐趙，虜趙將軍莊豹，拔藺。〔四〕明年，助魏章攻楚，敗楚將屈

丐，取漢中地。秦封樗里子，號爲嚴君。〔五〕

〔一〕【索隱】按：右更，秦之第十四爵名也。

〔二〕【正義】故城在陝州〔陝〕縣西南三十二里也。

〔三〕【索隱】按：年表云十一年拔魏曲沃，歸其人。又秦本紀惠文王後元八年，五國共圍秦，使庶長疾與戰脩魚，斬首八萬。十一年，樗里疾攻魏焦，降之。則焦與曲沃同在十一年明矣。而傳云「八年拔之」，不同。王劭按：本紀、年表及此傳，三處記秦伐國並不同，又與紀年不合，今亦殆不可考。

〔四〕【正義】藺縣在石州。

〔五〕【索隱】按：嚴君是爵邑之號，當是封之嚴道。

秦惠王卒，太子武王立，逐張儀、魏章，而以樗里子、甘茂爲左右丞相。秦使甘茂攻韓，拔宜陽。使樗里子以車百乘入周。周以卒迎之，意甚敬。楚王怒，讓周，以其重秦客。游騰〔一〕爲周說楚王曰：「知伯之伐仇猶，遺之廣車，〔二〕因隨之以兵，仇猶遂亡。何則？無備故也。齊桓公伐蔡，號曰誅楚，其實襲蔡。今秦，虎狼之國，使樗里子以車百乘入周，周以仇猶、蔡觀焉，故使長戟居前，彊弩在後，名曰衞疾，〔三〕而實囚之。且夫周豈能無憂其社稷哉？恐一旦亡國以憂大王。」楚王乃悅。

〔一〕【索隱】游，姓；騰，名也。

〔二〕【集解】許慎曰：「仇猶，夷狄之國。」戰國策曰：「智伯欲伐仇猶，遺之大鍾，載以廣車。」周禮曰：「廣車之萃。」鄭

玄曰：「廣車，橫陳之車。」【索隱】戰國策云「智伯欲伐仇猶，遺之大鍾，載以廣車」。以「仇猶」爲「厹由」。韓子作「仇由」。地理志臨淮有厹猶縣也。【正義】括地志云：「并州盂縣外城俗名原仇山，亦名仇猶，夷狄之國也。韓子云『智伯欲伐仇猶國，道險難不通，乃鑄大鍾遺之，載以廣車。仇猶大悅，除塗內之。赤章曼支諫曰：「不可，此小所以事大，而今大以遣小，卒必隨，不可。」不聽，遂內之。曼支因斷轂而馳。至十九日而仇猶亡也』。」

〔三〕【正義】防衞樗里子。

秦武王卒，昭王立，樗里子又益尊重。

昭王元年，樗里子將伐蒲。〔一〕蒲守恐，請胡衍。〔二〕胡衍爲蒲謂樗里子曰：「公之攻蒲，爲秦乎？爲魏乎？爲魏則善矣，爲秦則不爲賴矣。〔三〕夫衞之所以爲衞者，以蒲也。〔四〕今伐蒲入於魏，衞必折而從之。〔五〕魏亡西河之外〔六〕而無以取者，兵弱也。今并衞於魏，魏必彊。魏彊之日，西河之外必危矣。且秦王將觀公之事，害秦而利魏，王必罪公。」樗里子曰：「柰何？」胡衍曰：「公釋蒲勿攻，臣試爲公入言之，以德衞君。」樗里子曰：「善。」胡衍入蒲，謂其守曰：「樗里子知蒲之病矣，其言曰必拔蒲。衍能令釋蒲勿攻。」蒲守恐，因再拜曰：「願以請。」因效金三百斤，曰：「秦兵苟退，請必言子於衞君，使子爲南面。」故胡衍受金於蒲以自貴於衞。於是遂解蒲而去。還擊皮氏，〔七〕皮氏未降，又去。

〔一〕【索隱】按：紀年云「樗里疾圍蒲不克，而秦惠王薨」，事與此合。【正義】蒲故城在滑州匡城縣北十五里，即子

路作宰地。

〔二〕【索隱】人姓名也。

〔三〕【集解】賴，利也。

〔四〕【正義】蒲是衞國之鄣衞。

〔五〕【索隱】戰國策云「今蒲入於秦，衞必折而入於魏」，與此文相反。

〔六〕【正義】謂同、華等州。

〔七〕【正義】故城在絳州龍門縣西百四十步，魏邑。

昭王七年，樗里子卒，葬于渭南章臺之東。〔一〕曰：「後百歲，是當有天子之宮夾我墓。」樗里子疾室在於昭王廟西渭南陰鄉樗里，故俗謂之樗里子。至漢興，長樂宮在其東，未央宮在其西，〔二〕武庫正直其墓。〔三〕秦人諺曰：「力則任鄙，智則樗里。」

〔一〕【索隱】按黃圖，在漢長安故城西。

〔二〕【正義】漢長樂宮在長安縣西北十五里，未央在縣西北十四里，皆在長安故城中也。

〔三〕【索隱】直如字讀，直猶當也。

甘茂者，下蔡人也。〔一〕事下蔡史舉先生，〔二〕學百家之術。因張儀、樗里子而求見秦惠

王。王見而說之，使將，而佐魏章略定漢中地。

〔一〕索隱 地理志下蔡縣屬汝南也。 正義 今潁州縣，卽州來國。

〔二〕索隱 戰國策及韓子皆云史舉，上蔡監門。

惠王卒，武王立。張儀、魏章去，東之魏。蜀侯煇、相壯反，〔一〕秦使甘茂定蜀。還，而以甘茂爲左丞相，以樗里子爲右丞相。

〔一〕索隱 煇音暉，又音胡昆反。秦之公子，封蜀也。華陽國志作「暉」。壯音側狀反。姓陳也。

秦武王三年，謂甘茂曰：「寡人欲容車通三川，以窺周室，而寡人死不朽矣。」甘茂曰：「請之魏，約以伐韓，而令向壽〔一〕輔行。」甘茂至，謂向壽曰：「子歸，言之於王曰『魏聽臣矣，然願王勿伐』。事成，盡以爲子功。」向壽歸，以告王，王迎甘茂於息壤。〔二〕甘茂至，王問其故。對曰：「宜陽，大縣也，上黨、南陽積之久矣。〔三〕名曰縣，其實郡也。今王倍數險，〔四〕行千里攻之，難。昔曾參之處費，〔五〕魯人有與曾參同姓名者殺人，人告其母曰『曾參殺人』，其母織自若也。頃之，一人又告之曰『曾參殺人』，其母尚織自若也。頃又一人告之曰『曾參殺人』，其母投杼下機，踰牆而走。夫以曾參之賢與其母信之也，三人疑之，其母懼焉。今臣之賢不若曾參，王之信臣又不如曾參之母信曾參也，疑臣者非特三人，臣恐大王之投杼也。始張儀西并巴蜀之地，北開西河之外，南取上庸，天下不以多張子而以賢

先王。魏文侯令樂羊將而攻中山，三年而拔之。樂羊返而論功，文侯示之謗書一篋。樂羊再拜稽首曰：『此非臣之功也，主君之力也。』今臣，羈旅之臣也。樗里子、公孫奭〔六〕二人者挾韓而議之，王必聽之，是王欺魏王而臣受公仲侈〔七〕之怨也。」王曰：「寡人不聽也，請與子盟。」卒使丞相甘茂將兵伐宜陽。五月而不拔，樗里子、公孫奭果争之。武王召甘茂，欲罷兵。甘茂曰：「息壤在彼。」〔八〕王曰：「有之。」因大悉起兵，使甘茂擊之。斬首六萬，遂拔宜陽。韓襄王使公仲侈入謝，與秦平。

〔一〕正義 餉受二音，人姓名。

〔二〕索隱 按：山海經、啓筮云「昔伯鮌竊帝之息壤以堙洪水」，或是此也。 正義 秦邑。

〔三〕索隱 謂上黨、南陽並積貯日久矣。 正義 韓之北三郡積貯在河南宜陽縣之日久矣。

〔四〕索隱 數音率腴反。 正義 謂函谷及三崤、五谷。

〔五〕集解 音祕。

〔六〕索隱 按：戰國策作「公孫衍」。 正義 音釋。

〔七〕集解 徐廣曰：「一作『馮』。」

〔八〕正義 甘茂歸至息壤，與秦王盟，恐後樗里子、公孫奭伐韓，今二子果争之。武王召茂欲罷兵，故甘茂云息壤在彼邑也。

武王竟至周，而卒於周。其弟立，爲昭王。〔一〕王母宣太后，楚女也。楚懷王怨前秦敗楚於丹陽而韓不救，乃以兵圍韓雍氏。〔二〕韓使公仲侈告急於秦。秦昭王新立，太后楚人，不肯救。公仲因甘茂，茂爲韓言於秦昭王曰：「公仲方有得秦救，故敢扞楚也。今雍氏圍，秦師不下殽，公仲且仰首而不朝，公叔且以國南合於楚。楚、韓爲一，魏氏不敢不聽，然則伐秦之形成矣。不識坐而待伐孰與伐人之利？」秦王曰：「善。」乃下師於殽以救韓。楚兵去。

〔一〕索隱 按：趙系家昭王名稷。系本云名側也。

〔二〕索隱 按：秦惠王二十六年，楚圍雍氏，至昭王七年，又圍雍氏，韓求救於秦，是再圍也。劉氏云「此是前圍雍氏，當赧王之三年」。戰國策及紀年與此並不同。 正義 故城在洛州洛陽縣東北二十里。

秦使向壽平宜陽，而使樗里子、甘茂伐魏皮氏。向壽者，宣太后外族也，而與昭王少相長，故任用。向壽如楚，〔一〕楚聞秦之貴向壽，而厚事向壽。向壽爲秦守宜陽，將以伐韓。韓公仲使蘇代謂向壽曰：「禽困覆車。〔二〕公破韓，辱公仲，公仲收國復事秦，自以爲必可以封。〔三〕今公與楚解口地，〔四〕封小令尹以杜陽。〔五〕秦楚合，復攻韓，韓必亡。韓亡，公仲且躬率其私徒以閼〔六〕於秦。〔七〕願公孰慮之也。」向壽曰：「吾合秦楚非以當韓也，子爲壽謁

之公仲，〔八〕曰秦韓之交可合也。」蘇代對曰：「願有謁於公。〔九〕人曰貴其所以貴者貴。王之愛習公也，不如公孫奭；其智能公也，不如甘茂。今二人者皆不得親於秦事，而公獨與王主斷於國者何？彼有以失之也。〔一〇〕公孫奭黨於韓，而甘茂黨於魏，故王不信也。今秦楚争彊而公黨於楚，是與公孫奭、甘茂同道也，公何以異之？〔一一〕人皆言楚之善變也，而公必亡之，是自爲責也。〔一二〕公不如與王謀其變也，善韓以備楚，〔一三〕如此則無患矣。韓氏必先以國從公孫奭而後委國於甘茂。韓，公之讎也。〔一四〕今公言善韓以備楚，是外舉不僻讎也。」向壽曰：「然，吾甚欲韓合。」對曰：「甘茂許公仲以武遂，〔一五〕反宜陽之民，〔一六〕今公徒收之，甚難。」〔一七〕向壽曰：「然則柰何？武遂終不可得也？」對曰：「公奚不以秦爲韓求潁川於楚？〔一八〕此韓之寄地也。公求而得之，是令行於楚而以其地德韓也。公求而不得，是韓楚之怨不解〔一九〕而交走秦也。〔二〇〕秦楚争彊，而公徐過楚〔二一〕以收韓，此利於秦。」〔二二〕向壽曰：「柰何？」對曰：「此善事也。甘茂欲以魏取齊，公孫奭欲以韓取齊。今公取宜陽以爲功，收楚韓以安之，而誅齊魏之罪，〔二三〕是以公孫奭、甘茂無事也。」

〔一〕集解 徐廣曰：「如，一作『和』。」

〔二〕集解 譬禽獸得困急，猶能抵觸傾覆人車。

〔三〕正義 公仲自以爲必可得秦封。

〔四〕索隱解口，秦地名，近韓，今將與楚也。正義上紀買反。公，向壽也。解口猶開口得言。向壽於秦開口，則楚人必得封地也。

〔五〕索隱又封楚之小令尹以杜陽。杜陽亦秦地，今以封楚令尹，是秦楚合也。

〔六〕集解音烏曷反。

〔七〕正義公仲恐韓亡，欲將私徒往宜陽鬬向壽也。

〔八〕正義子，蘇代也。向壽恐，令蘇代謁報公仲，云「秦韓交可合」。

〔九〕正義公，向壽也。言向壽亦黨於楚，與公孫奭、甘茂黨韓、魏同也。

〔一〇〕索隱彼，公孫奭及甘茂也。有以失之，謂不見委任，情有所失。正義言秦王雖愛習公孫奭、甘茂，秦事不親委者，爲黨韓、魏也。今國事獨與向壽主斷者，不知壽黨於楚以事秦王者，以失之也。

〔一一〕正義蘇氏云：「向壽與公孫奭、甘茂皆有黨，言無異也。」又一云改異黨楚之意。

〔一二〕正義楚善變改，不可信。若變改，向壽必亡敗，是自爲責。

〔一三〕正義令秦親韓而備楚之變改，則向壽無患矣。

〔一四〕正義韓氏必先委二人，故韓爲向壽之讎。

〔一五〕集解徐廣曰：「秦昭王元年予韓武遂。」

〔一六〕正義武遂，宜陽，本韓邑也，秦伐取之。今欲還韓，令其民得反歸居之。

〔一七〕正義蘇代言甘茂許公仲以武遂，又歸宜陽之民，今向壽徙擬收之，甚難事也。

〔一八〕正義潁川，許州也。楚侵韓潁川，蘇代令向壽以秦威重爲韓就楚求索潁川，是親向壽。

〔一九〕集解已買反。

〔二〇〕索隱韓楚怨不解，二國交走向秦也。

〔二一〕集解徐廣曰：「過，一作『適』。」

〔二二〕正義若二國皆事秦，公則漸說楚之過失以收韓，此利於秦也。

〔二三〕正義言公孫奭、甘茂皆欲以秦挾韓魏而取齊，今向壽取宜陽爲功，收楚韓安以事秦，而責齊魏之罪，是公孫奭、甘茂不得同合韓魏於秦以伐齊也。

甘茂竟言秦昭王，以武遂復歸之韓。〔一〕向壽、公孫奭爭之，不能得。向壽、公孫奭由此怨，讒甘茂。茂懼，輟伐魏蒲阪，亡去。〔二〕樗里子與魏講，罷兵。〔三〕

〔一〕正義年表云秦昭王元年予韓武遂也。

〔二〕集解徐廣曰：「昭王元年，擊魏皮氏，未拔，去。」

〔三〕索隱鄒氏云：「講讀曰媾。媾猶和也。」

甘茂之亡秦奔齊，逢蘇代。代爲齊使於秦。甘茂曰：「臣得罪於秦，懼而遯逃，無所容跡。臣聞貧人女與富人女會績，貧人女曰：『我無以買燭，而子之燭光幸有餘，子可分我餘光，無損子明而得一斯便焉。』今臣困而君方使秦而當路矣。茂之妻子在焉，願君以餘光振之。」蘇代許諾。遂致使於秦。已，因說秦王曰：「甘茂，非常士也。其居於秦，累世重矣。自殽塞〔一〕及至鬼谷，〔二〕其地形險易皆明知之。彼以齊約韓魏反以圖秦，非秦之利

也。」秦王曰：「然則柰何？」蘇代曰：「王不若重其贄，厚其祿以迎之，使彼來則置之鬼谷，〔三〕終身勿出。」秦王曰：「善。」卽賜之上卿，以相印迎之於齊。甘茂不往。蘇代謂齊湣王曰：「夫甘茂，賢人也。今秦賜之上卿，以相印迎之。甘茂德王之賜，好爲王臣，故辭而不往。今王何以禮之？」齊王曰：「善。」卽位之上卿而處之。〔四〕秦因復甘茂之家〔五〕以市於齊。

〔一〕正義三殽在洛州永寧縣西北。

〔二〕集解徐廣曰：「在陽城。」

〔三〕索隱案：徐廣云在陽城。劉氏云此鬼谷在關內雲陽，是矣。正義劉伯莊云：「此鬼谷，關內雲陽，非陽城者也。」案：陽城鬼谷時屬韓，秦不得言置之。

〔四〕索隱案：處猶留也。

〔五〕正義復音福。

齊使甘茂於楚，楚懷王新與秦合婚而驩。〔一〕而秦聞甘茂在楚，使人謂楚王曰：「願送甘茂於秦。」楚王問於范蜎〔二〕曰：「寡人欲置相於秦，孰可？」對曰：「臣不足以識之。」楚王曰：「寡人欲相甘茂，可乎？」對曰：「不可。夫史舉，下蔡之監門也，大不爲事君，小不爲家室，以苟賤不廉聞於世，甘茂事之順焉。故惠王之明，武王之察，張儀之辯，而甘茂事之，取十官而無罪。茂誠賢者也，然不可相於秦。夫秦之有賢相，非楚國之利也。且王前嘗用召滑於越，〔三〕而內行章義之難，〔四〕越國亂，故楚南塞厲門〔五〕而郡江東。〔六〕計王之功所以能如此者，越國亂而楚治也。今王知用諸越而忘用諸秦，臣以王爲鉅過矣。然則王若欲置相於秦，則莫若向壽者可。夫向壽之於秦王，親也，少與之同衣，長與之同車，以聽事。王必相向壽於秦，則楚國之利也。」於是使使請秦相向壽於秦。秦卒相向壽。而甘茂竟不得復入秦，卒於魏。

〔一〕集解徐廣曰：「昭王二年時迎婦於楚。」

〔二〕集解徐廣曰：「一作『蠉』。」索隱音休緣反，又休軟反。蠉，休緣反。戰國策云作「蝝」也。正義許緣反。

〔三〕集解徐廣曰：「滑，一作『涓』。」

〔四〕集解徐廣曰：「一云『內句章昧之難』。」索隱謂召滑內心猜詐，外則佯章恩義，而卒包藏禍心，搆難於楚也。注「一云內句章、昧之難」。案：戰國策云「納章句之難」。

〔五〕集解徐廣曰：「一作『瀨湖』。」正義劉伯莊云：「厲門，度嶺南之要路。」

〔六〕正義吳越之城皆爲楚之都邑。

甘茂有孫曰甘羅。

甘羅者，甘茂孫也。茂既死後，甘羅年十二，事秦相文信侯呂不韋。〔一〕

〔一〕索隱 戰國策云甘羅事呂不韋爲庶子。

秦始皇帝使剛成君蔡澤於燕，三年而燕王喜使太子丹入質於秦。秦使張唐往相燕，欲與燕共伐趙以廣河閒之地。張唐謂文信侯曰：「臣嘗爲秦昭王伐趙，趙怨臣，曰：『得唐者與百里之地。』今之燕必經趙，臣不可以行。」文信侯不快，未有以彊也。甘羅曰：「君侯何不快之甚也？」文信侯曰：「吾令剛成君蔡澤事燕三年，燕太子丹已入質矣，吾自請張卿〔一〕相燕而不肯行。」甘羅曰：「臣請行之。」文信侯叱曰：「去！我身自請之而不肯，女焉能行之？」〔二〕甘羅曰：「大項橐〔三〕生七歲爲孔子師。今臣生十二歲於茲矣，君其試臣，何遽叱乎？」於是甘羅見張卿曰：「卿之功孰與武安君？」卿曰：「武安君南挫彊楚，北威燕、趙，戰勝攻取，破城墮邑，不知其數，臣之功不如也。」甘羅曰：「應侯〔四〕之用於秦也，孰與文信侯專？」張卿曰：「應侯不如文信侯專。」甘羅曰：「卿明知其不如文信侯專與？」曰：「知之。」甘羅曰：「應侯欲攻趙，武安君難之，去咸陽七里而立死於杜郵。今文信侯自請卿相燕而不肯行，臣不知卿所死處矣。」張唐曰：「請因孺子行。」令裝治行。

〔一〕索隱 卽張唐也。卿，字也。

〔二〕正義 女音汝。焉，乙連反。

〔三〕索隱 音託。尊其道德，故云「大項橐」。

〔四〕索隱 范睢。

行有日，甘羅謂文信侯曰：「借臣車五乘，請爲張唐先報趙。」文信侯乃入言之於始皇曰：「昔甘茂之孫甘羅，年少耳，然名家之子孫，諸侯皆聞之。今者張唐欲稱疾不肯行，甘羅說而行之。今願先報趙，請許遣之。」始皇召見，使甘羅於趙。趙襄王郊迎甘羅。甘羅說趙王曰：「王聞燕太子丹入質秦歟？」曰：「聞之。」曰：「聞張唐相燕歟？」曰：「聞之。」「燕太子丹入秦者，燕不欺秦也。張唐相燕者，秦不欺燕也。燕、秦不相欺者，伐趙，危矣。燕、秦不相欺無異故，欲攻趙而廣河閒。王不如齎臣五城〔一〕以廣河閒，請歸燕太子，與彊趙攻弱燕。」趙王立自割五城以廣河閒。秦歸燕太子。趙攻燕，得上谷三十城，〔二〕令秦有十一。〔三〕

〔一〕索隱 齎音側奚反，一音賚。並謂割五城與臣也。

〔二〕索隱 戰國策云得三十六縣。 正義 上谷，今嬀州也，在幽州西北。

〔三〕索隱 謂以十一城與秦也。

甘羅還報秦，乃封甘羅以爲上卿，復以始甘茂田宅賜之。

太史公曰：樗里子以骨肉重，固其理，而秦人稱其智，故頗采焉。甘茂起下蔡閭閻，顯名諸侯，重彊齊楚。〔一〕甘羅年少，然出一奇計，聲稱後世。雖非篤行之君子，然亦戰國之策士也。方秦之彊時，天下尤趨謀詐哉。

〔一〕集解 徐廣曰：「恐或疑此當云『見重彊齊』，誤脫一字。」 正義 甘茂爲彊齊楚所重。

【索隱述贊】嚴君名疾，厥號「智囊」。既親且重，稱兵外攘。甘茂並相，初佐魏章。始推向壽，乃攻宜陽。甘羅妙歲，卒起張唐。

史記卷七十二

穰侯列傳第十二

穰侯魏冄者，秦昭王母宣太后弟也。〔一〕其先楚人，姓芈氏。〔二〕

〔一〕索隱宣太后之異父長弟也，姓魏，名冄，封之穰。地理志穰縣在南陽。宣太后者，惠王之妃，姓芈氏，曰芈八子者是也。

〔二〕正義芈，亡爾反。

秦武王卒，無子，立其弟爲昭王。昭王母故號爲芈八子，及昭王卽位，芈八子號爲宣太后。宣太后非武王母。武王母號曰惠文后，先武王死。〔一〕宣太后二弟：其異父長弟曰穰侯，姓魏氏，名冄；同父弟曰芈戎，爲華陽君。〔二〕而昭王同母弟曰高陵君、〔三〕涇陽君。〔四〕而魏冄最賢，自惠王、武王時任職用事。武王卒，諸弟爭立，唯魏冄力爲能立昭王。昭王卽位，以冄爲將軍，衞咸陽。誅季君之亂，〔五〕而逐武王后出之魏，昭王諸兄弟不善者皆滅之，威振秦國。昭王少，宣太后自治，任魏冄爲政。

〔一〕索隱秦本紀云：「昭王二年，庶長壯與大臣公子爲逆，皆誅，及惠文后皆不得良死。」又按：紀年云「秦內亂，殺其太后及公子雍、公子壯」是也。

〔二〕索隱華陽，韓地，後屬秦。芈戎後又號新城君。正義司馬彪云：「華陽，亭名，在洛州密縣。」又故華城在鄭州管城縣南三十里，卽此。

〔三〕索隱名顯。

〔四〕索隱名悝。

〔五〕集解徐廣曰：「年表曰季君爲亂，誅。本紀曰庶長壯與大臣公子謀反，伏誅。」索隱按：季君卽公子壯，僭立而號曰季君。穰侯力能立昭王，爲將軍，衞咸陽，誅季君及惠文后，故本紀言「伏誅」。又云「及惠文后皆不得良死」，蓋謂惠文后時黨公子壯，欲立之，及壯誅而太后憂死，故云「不得良死」，亦史諱之也。又逐武王后出之魏，亦事勢然也。

昭王七年，樗里子死，而使涇陽君質於齊。趙人樓緩來相秦，趙不利，乃使仇液〔一〕之秦，請以魏冄爲秦相。仇液將行，其客宋公〔二〕謂液曰：「秦不聽公，樓緩必怨公。公不若謂樓緩曰『請爲公毋急秦』。秦王見趙請相魏冄之不急，且不聽公。公言而事不成，以德樓子；事成，魏冄故德公矣。」於是仇液從之。而秦果免樓緩而魏冄相秦。

〔一〕索隱戰國策作「仇郝」，蓋是一人而記別也。正義音亦，姓名。

〔二〕索隱戰國策作「宋交」。

欲誅呂禮，禮出奔齊。昭王十四年，魏冄舉白起，使代向壽將而攻韓、魏，敗之伊闕，斬首二十四萬，虜魏將公孫喜。明年，又取楚之宛、葉。魏冄謝病免相，以客卿壽燭爲相。其明年，燭免，復相冄，乃封魏冄於穰，復益封陶，〔一〕號曰穰侯。

〔一〕集解徐廣曰：「一作『陰』。」索隱陶卽定陶也。徐廣云作「陰」，陶陰字本易惑也。王劭按：定陶見有魏冄冢，作「陰」，誤也。

穰侯封四歲，爲秦將攻魏。魏獻河東方四百里。拔魏之河內，取城大小六十餘。昭王十九年，秦稱西帝，齊稱東帝。月餘，呂禮來，而齊、秦各復歸帝爲王。魏冄復相秦，六歲而免。免二歲，復相秦。四歲，而使白起拔楚之郢，秦置南郡。乃封白起爲武安君。白起者，穰侯之所任舉也，相善。於是穰侯之富，富於王室。

昭王三十二年，穰侯爲相國，將兵攻魏，走芒卯，〔一〕入北宅，〔二〕遂圍大梁。梁大夫須賈說穰侯曰：「臣聞魏之長吏謂魏王曰：『昔梁惠王伐趙，戰勝三梁，〔三〕拔邯鄲；趙氏不割，而邯鄲復歸。齊人攻衞，拔故國，殺子良；〔四〕衞人不割，而故地復反。衞、趙之所以國全兵勁而地不并於諸侯者，以其能忍難而重出地也。宋、中山數伐割地，而國隨以亡。臣以

爲衞、趙可法，而宋、中山可爲戒也。秦，貪戾之國也，而毋親。蠶食魏氏，又盡晉國，〔五〕戰勝暴子，〔六〕割八縣，地未畢入，兵復出矣。夫秦何厭之有哉！今又走芒卯，入北宅，此非敢攻梁也，且劫王以求多割地。王必勿聽也。今王背楚、趙而講秦，〔七〕楚、趙怒而去王，與王爭事秦，秦必受之。秦挾楚、趙之兵以復攻梁，則國求無亡不可得也。願王之必無講也。王若欲講，少割而有質；不然，必見欺。』〔八〕此臣之所聞於魏也，〔九〕願君（王）之以是慮事也。周書曰『惟命不于常』，此言幸之不可數也。夫戰勝暴子，割八縣，此非兵力之精也，又非計之工也，天幸爲多矣。今又走芒卯，入北宅，以攻大梁，是以天幸自爲常也，智者不然。臣聞魏氏悉其百縣勝甲以上戍大梁，臣以爲不下三十萬。以三十萬之衆守梁七仞之城，〔一〇〕臣以爲湯、武復生，不易攻也。夫輕背楚、趙之兵，陵七仞之城，戰三十萬之衆，而志必舉之，臣以爲自天地始分以至于今，未嘗有者也。攻而不拔，秦兵必罷，陶邑必亡，〔一一〕則前功必弃矣。今魏氏方疑，可以少割收也。〔一二〕願君逮楚、趙之兵未至於梁，亟以少割收魏。魏方疑而得以少割爲利，必欲之，則君得所欲矣。楚、趙怒於魏之先己也，必爭事秦，從以此散，〔一三〕而君後擇焉。且君之得地豈必以兵哉！割晉國，秦兵不攻，而魏必效絳安邑。又爲陶開兩道，〔一四〕幾盡故宋，〔一五〕衞必效單父。秦兵可全，而君制之，何索而不得，何爲而不成！願君熟慮之而無行危。」〔一六〕穰侯曰：「善。」乃罷梁圍。〔一七〕

〔一〕集解 上莫卬反。下陌飽反。

〔二〕集解 徐廣曰：「魏惠王五年，與韓會宅陽。」 正義 竹書云：「宅陽，一名北宅。」括地志云：「宅陽故城在鄭州滎陽縣西南十七里。」

〔三〕集解 徐廣曰：「田完世家云魏伐趙，趙不利，戰於南梁。」 索隱 三梁即南梁也。

〔四〕索隱 衞之故國，蓋楚丘也。下文「故地」，亦同謂楚丘也。戰國策「衞」字皆作「燕」，「子良」作「子之」，恐非也。

〔五〕索隱 河東、河西、河内並是魏地，即故晉國。今言秦蠶食魏氏，盡晉國之地也。

〔六〕集解 徐廣曰：「韓將暴鳶。」

〔七〕索隱 講，和也。

〔八〕索隱 謂與秦欲講，少割地而求秦質子；恐不然必被秦欺也。

〔九〕索隱 須賈說穰侯，言魏人謂梁王若少割地而求秦質，必是欺我，即聞魏見欺於秦也。

〔一〇〕集解 爾雅曰：「四尺謂之仞，倍仞謂之尋。」

〔一一〕索隱 「陶」一作「魏」。言秦前攻得魏之城邑，秦罷則亡而還於魏也。 正義 定陶近大梁，穰侯攻梁兵疲，定陶必爲魏伐。

〔一二〕索隱 賈引魏人之說不許王講于秦，是言魏氏方疑，可以少割地而收魏也。

〔一三〕索隱 楚、趙怒魏之與秦講，皆爭事秦，是東方從國於是解散也，故云「從以此散」。 正義 從，足松反。

〔一四〕索隱 穰侯封陶，魏效絳與安邑，是得河東地。言從秦適陶，開河西、河東之兩道。 正義 穰故封定陶，故宋及單父是陶之南道也，魏之安邑及絳是陶北道。

〔一五〕索隱 上音祈。此時宋已滅，是秦將盡得宋地也。

〔一六〕索隱 言莫行圍梁之危事。

〔一七〕正義 表云魏安釐王二年，秦軍大梁城，韓來救，與秦溫以和也。

明年，魏背秦，與齊從親。秦使穰侯伐魏，斬首四萬，走魏將暴鳶，得魏三縣。穰侯益封。

明年，穰侯與白起客卿胡陽復攻趙、韓、魏，破芒卯於華陽下，斬首十萬，取魏之卷、〔一〕蔡陽、長社，趙氏觀津。且與趙觀津，益趙以兵，伐齊。〔二〕齊襄王懼，使蘇代爲齊陰遺穰侯書曰：「臣聞往來者言曰『秦將益趙甲四萬以伐齊』，臣竊必之〔三〕敝邑之王曰〔四〕『秦王明而熟於計，穰侯智而習於事，必不益趙甲四萬以伐齊』。是何也？夫三晉之相與也，秦之深讎也。百相背也，百相欺也，不爲不信，不爲無行。今破齊以肥趙。趙，秦之深讎，不利於秦。此一也。秦之謀者，必曰『破齊，獘晉、楚，〔五〕而後制晉、楚之勝』。夫齊，罷國也，以天下攻齊，如以千鈞之弩決潰癰也，必死，安能獘晉、楚？此二也。秦少出兵，則晉、楚不信也；多出兵，則晉、楚爲制於秦。齊恐，不走秦，必走晉、楚。此三也。秦割齊以啖晉、楚，晉、楚案之以兵，秦反受敵。此四也。是晉、楚以秦謀齊，以齊謀秦也，何晉、楚之智而秦、齊之愚？此五也。故得安邑以善事之，亦必無患矣。秦有安邑，韓氏必無上黨矣。取天下之腸胃，與出兵而懼其不反也，孰利？臣故曰秦王明而熟於計，穰侯智而習於事，必不益趙甲四萬以伐齊矣。」於是穰侯不行，引兵而歸。

〔一〕集解 丘權反。

〔二〕索隱 既得觀津，仍令趙伐齊，而秦又以兵益助趙也。

〔三〕索隱 告齊王，言秦必定不益兵以助趙。 正義 臣，蘇代也。必知秦與趙甲四萬以伐齊。

〔四〕正義 謂齊王也。

〔五〕正義 今晉、楚伐齊，晉、楚之國亦獘敗。

昭王三十六年，相國穰侯言客卿竈，欲伐齊取剛、壽，〔一〕以廣其陶邑。於是魏人范睢自謂張祿先生，譏穰侯之伐齊，乃越三晉以攻齊也，以此時奸說秦昭王。昭王於是用范睢。范睢言宣太后專制，穰侯擅權於諸侯，涇陽君、高陵君之屬太侈，富於王室。於是秦昭王悟，乃免相國，令涇陽之屬皆出關，就封邑。穰侯出關，輜車千乘有餘。

〔一〕集解 徐廣曰：「濟北有剛縣。」 正義 故剛城在兗州龔丘縣界。壽張，鄆州縣也。

穰侯卒於陶，而因葬焉。秦復收陶爲郡。

太史公曰：穰侯，昭王親舅也。而秦所以東益地，弱諸侯，嘗稱帝於天下，天下皆西鄉稽首者，穰侯之功也。及其貴極富溢，一夫開說，身折勢奪而以憂死，況於羈旅之臣乎？

【索隱述贊】穰侯智識，應變無方。内倚太后，外輔昭王。四登相位，再列封疆。摧齊撓楚，破魏圍梁。一夫開說，憂憤而亡。

史記卷七十三

白起王翦列傳第十三

白起者，郿人也。〔一〕善用兵，事秦昭王。昭王十三年，而白起爲左庶長，將而擊韓之新城。〔二〕是歲，穰侯相秦，舉任鄙以爲漢中守。其明年，白起爲左更，攻韓、魏於伊闕，〔三〕斬首二十四萬，又虜其將公孫喜，拔五城。起遷爲國尉。〔四〕涉河取韓安邑以東，到乾〔五〕河。〔六〕明年，白起爲大良造。攻魏，拔之，取城小大六十一。明年，起與客卿錯攻垣城，〔七〕拔之。後五年，白起攻趙，拔光狼城。〔八〕後七年，白起攻楚，拔鄢、鄧五城。〔九〕其明年，攻楚，拔郢，燒夷陵，〔一〇〕遂東至竟陵。〔一一〕楚王亡去郢，東走徙陳。秦以郢爲南郡。白起遷爲武安君。武安君因取楚，定巫、黔中郡。昭王三十四年，白起攻魏，拔華陽，走芒卯，而虜三晉將，斬首十三萬。與趙將賈偃戰，沈其卒二萬人於河中。昭王四十三年，白起攻韓陘城，〔一二〕拔五城，斬首五萬。四十四年，白起攻南陽太行道，絕之。〔一三〕

〔一〕【正義】郿音眉，岐州縣。

〔二〕【索隱】在河南也。【正義】今洛州伊闕。

〔三〕【正義】今洛州南十九里伊闕山，號曰龍門是也。

〔四〕【正義】言太尉。

〔五〕【集解】徐廣曰：「音干。」

〔六〕【集解】郭璞曰：「今河東聞喜縣東北有乾河口，因名乾河里，但有故溝處，無復水也。」【索隱】魏以安邑入秦，然安邑以東至乾河皆韓故地，故云取韓安邑。

〔七〕【集解】徐廣曰：「河東垣縣。」

〔八〕【索隱】地理志不載光狼城，蓋屬趙國。【正義】光狼故城在澤州高平縣西二十五里也。

〔九〕【集解】徐廣曰：「昭王二十八年。」【正義】鄢鄧二邑在襄州。

〔一〇〕【正義】夷陵，今峽州郭下縣。

〔一一〕【正義】故城在郢州長壽縣南百五十里，今復州亦是其地也。

〔一二〕【正義】陘庭故城在曲沃縣西北二十里，在絳州東北三十五里也。

〔一三〕【集解】徐廣曰：「此南陽，河內脩武是也。」【正義】案：南陽屬韓，秦攻之，則韓太行羊腸道絕矣。

四十五年，伐韓之野王。〔一〕野王降秦，上黨道絕。其守馮亭與民謀曰：「鄭道已絕，〔二〕韓必不可得爲民。秦兵日進，韓不能應，不如以上黨歸趙。趙若受我，秦怒，必攻趙。趙被兵，必親韓。韓趙爲一，則可以當秦。」因使人報趙。趙孝成王與平陽君、〔三〕平原君計之。平陽君曰：「不如勿受。受之，禍大於所得。」平原君曰：「無故得一郡，受之便。」趙受之，因封馮亭爲華陽君。〔四〕

〔一〕【索隱】地理志野王縣屬河內，在太行東南。孟康曰「古邘國也」。

〔二〕【集解】徐廣曰：「河南新鄭，韓之國都是也。」【索隱】鄭國卽韓之都，在河南。秦伐野王，是上黨歸韓之道絕也。

〔三〕【索隱】平陽君未詳何人。

〔四〕【正義】常山一名華陽，解在趙世家。

四十六年，秦攻韓緱氏、藺，〔一〕拔之。

〔一〕【集解】徐廣曰：「屬潁川。」【索隱】今其地闕。西河別有藺縣也。【正義】按：檢諸地記，潁川無藺。括地志云：「洛州嵩縣本夏之綸國也，在緱氏東南六十里。」地理志云：「綸氏屬潁川郡。」按：既攻緱氏、藺，二邑合相近，恐綸藺聲相似，字隨音而轉作「藺」。

四十七年，秦使左庶長王齕〔一〕攻韓，取上黨。上黨民走趙。趙軍長平，〔二〕以按據上黨民。〔三〕四月，齕因攻趙。趙使廉頗將。趙軍士卒犯秦斥兵，〔四〕秦斥兵斬趙裨將茄。〔五〕六月，陷趙軍，取二鄣四尉。〔六〕七月，趙軍築壘壁而守之。秦又攻其壘，取二尉，敗其陣，〔七〕奪西壘壁。〔八〕廉頗堅壁以待秦，秦數挑戰，〔九〕趙兵不出。趙王數以爲讓。而秦相應侯又

使人行千金於趙爲反閒，〔一〇〕曰：「秦之所惡，獨畏馬服子趙括將耳，廉頗易與，且降矣。」趙王既怒廉頗軍多失亡，軍數敗，又反堅壁不敢戰，而又聞秦反閒之言，因使趙括代廉頗將以擊秦。秦聞馬服子將，乃陰使武安君白起爲上將軍，而王齕爲尉裨將，令軍中有敢泄武安君將者斬。趙括至，則出兵擊秦軍。秦軍詳敗而走，〔一一〕張二奇兵以劫之。趙軍逐勝，追造秦壁。〔一二〕壁堅拒不得入，而秦奇兵二萬五千人絕趙軍後，又一軍五千騎絕趙壁閒，趙軍分而爲二，糧道絕。而秦出輕兵擊之。趙戰不利，因築壁堅守，〔一三〕以待救至。秦王聞趙食道絕，王自之河內，〔一四〕賜民爵各一級，發年十五以上悉詣長平，〔一五〕遮絕趙救及糧食。

〔一〕【集解】音紇。

〔二〕【集解】徐廣曰：「在泫氏。」【索隱】地理志泫氏今在上黨郡也。【正義】長平故城在澤州高平縣西二十一里也。

〔三〕【索隱】謂屯兵長平，以據援上黨。

〔四〕【索隱】謂犯秦之斥候兵也。

〔五〕【索隱】音加，裨將名也。

〔六〕【索隱】鄣，堡城。尉，官也。【正義】括地志云：「趙鄣故城一名都尉城，今名趙東城，在澤州高平縣西二十五里。又有故穀城。此二城卽二鄣也。」

〔七〕【集解】徐廣曰：「一作『乘』。」

〔八〕【正義】趙西壘在澤州高平縣北六里是也。卽廉頗堅壁以待秦，王齕奪趙西壘壁者。

〔九〕正義數音朔。挑，田鳥反。
〔一〇〕正義紀莧反。
〔一一〕正義詳音羊。
〔一二〕正義秦壁一名秦壘，今亦名秦長壘。
〔一三〕正義趙壁今名趙東壘，亦名趙東長壘，在澤州高平縣北五里，即趙括築壁敗處。
〔一四〕正義時已屬秦，故發其兵。
〔一五〕索隱時已屬秦，故發其兵。

至九月，趙卒不得食四十六日，皆內陰相殺食。來攻秦壘，欲出。為四隊，四五復之，不能出。其將軍趙括出銳卒自搏戰，秦軍射殺趙括。括軍敗，卒四十萬人降武安君。武安君計曰：「前秦已拔上黨，上黨民不樂為秦而歸趙。趙卒反覆，非盡殺之，恐為亂。」乃挾詐而盡阬殺之，遺其小者二百四十人歸趙。前後斬首虜四十五萬人。趙人大震。

四十八年十月，秦復定上黨郡。〔一〕秦分軍為二：王齕攻皮牢，〔二〕拔之；司馬梗定太原。〔三〕韓、趙恐，使蘇代厚幣說秦相應侯曰：「武安君禽馬服子乎？」曰：「然。」又曰：「即圍邯鄲乎？」曰：「然。」「趙亡則秦王王矣，武安君為三公。武安君所為秦戰勝攻取者七十餘城，南定鄢、郢、漢中，〔四〕北禽趙括之軍，雖周、召、呂望之功不益於此矣。今趙亡，秦王王，則武安君必為三公，君能為之下乎？雖無欲為之下，固不得已矣。秦嘗攻韓，圍邢

丘，〔五〕困上黨，上黨之民皆反為趙，天下不樂為秦民之日久矣。今亡趙，北地入燕，東地入齊，南地入韓、魏，則君之所得民亡幾何人。〔六〕故不如因而割之，〔七〕無以為武安君功也。」於是應侯言於秦王曰：「秦兵勞，請許韓、趙之割地以和，且休士卒。」王聽之，割韓垣雍、〔八〕趙六城以和。正月，皆罷兵。武安君聞之，由是與應侯有隙。

〔一〕索隱秦前攻趙已破上黨，今迴兵復定其郡，其餘城猶屬趙也。
〔二〕正義故城在絳州龍門縣西一里。
〔三〕正義太原，趙地，秦定取也。
〔四〕正義鄢在襄州率道縣南九里。郢在荊州江陵縣東六里。漢中，今梁州之地。
〔五〕集解徐廣曰：「平皋有邢丘。」正義邢丘，今懷州武德縣東南二十里平皋縣城是也。
〔六〕集解徐廣曰：「亡音無也。」
〔七〕正義因白起之攻，割取韓、趙之地。
〔八〕集解徐廣曰：「卷縣有垣雍城。」正義釋地名云：「卷縣所理垣雍城。」按：今在鄭州原武縣西北七里也。

其九月，秦復發兵，使五大夫王陵攻趙邯鄲。是時武安君病，不任行。〔一〕四十九年正月，陵攻邯鄲，少利，秦益發兵佐陵。陵兵亡五校。武安君病愈，秦王欲使武安君代陵將。武安君言曰：「邯鄲實未易攻也。且諸侯救日至，彼諸侯怨秦之日久矣。今秦雖破長平軍，而秦卒死者過半，國內空。遠絕河山而爭人國都，趙應其內，諸侯攻其外，破秦軍必矣。不可。」秦王自命，不行，乃使應侯請之，武安君終辭不肯行，遂稱病。

〔一〕正義任，人針反，堪也。

秦王使王齕代陵將，八九月圍邯鄲，不能拔。楚使春申君及魏公子將兵數十萬攻秦軍，秦軍多失亡。武安君言曰：「秦不聽臣計，今如何矣！」秦王聞之，怒，彊起武安君，〔一〕武安君遂稱病篤。應侯請之，不起。於是免武安君為士伍，遷之陰密。〔二〕武安君病，未能行。居三月，諸侯攻秦軍急，秦軍數卻，使者日至。秦王乃使人遣白起，不得留咸陽中。武安君既行，出咸陽西門十里，至杜郵。〔三〕秦昭王與應侯群臣議曰：「白起之遷，其意尚怏怏不服，有餘言。」秦王乃使使者賜之劍，自裁。武安君引劍將自剄，曰：「我何罪于天而至此哉？」良久，曰：「我固當死。長平之戰，趙卒降者數十萬人，我詐而盡阬之，是足以死。」遂自殺。武安君之死也，以秦昭王五十年十一月。死而非其罪，秦人憐之，鄉邑皆祭祀焉。〔四〕

〔一〕正義彊，其兩反。
〔二〕集解徐廣曰：「屬安定。」正義故城在涇州鶉觚縣，城西即古陰密國，密康公國也。
〔三〕索隱按：故咸陽城在渭北。杜郵，今在咸陽城中。正義說文云「郵，境上行舍」，道路所經過。今咸陽縣

城，本秦之郵也，在雍州西北三十五里。
〔四〕集解何晏曰：「白起之降趙卒，詐而阬其四十萬，豈徒酷暴之謂乎！後亦難以重得志矣。向使眾人皆豫知降之必死，則張虛捲猶可畏也，況於四十萬被堅執銳哉！天下見降秦之將頭顱似山，歸秦之眾骸積成丘，則後日之戰，死當死耳，何眾肯服，何城肯下乎？是為雖能裁四十萬之命而適足以彊天下之戰，欲以要一朝之功而乃更堅諸侯之守，故兵進而自伐其勢，軍勝而還喪其計。何者？設使趙眾復合，馬服更生，則後日之戰必非前日之對也，況今皆使天下為後日乎！其所以終不敢復加兵於邯鄲者，非但憂平原君之補袒，患諸侯之捄至也，徒諱之而不言耳。若不悟而不諱，則毋所以遠智也，可謂善戰而拙勝。長平之事，秦民之十五以上者皆荷戟而向趙矣，秦王又親自賜民爵於河內。夫以秦之彊，而十五以上死傷過半者，此為破趙之功小，傷秦之敗大，又何以稱奇哉！若後之役戍不豫其論者，則秦眾多矣，降者可致也；必不可致者，本自當戰殺，不當受降詐也。戰殺雖難，降殺雖易，然降殺之為害，禍大於劇戰也。」索隱捲音拳。袒音濁莧反，字亦作「綻」。捄音救。

王翦者，頻陽東鄉人也。〔一〕少而好兵，事秦始皇。始皇十一年，翦將攻趙閼與，〔二〕破之，拔九城。十八年，翦將攻趙。歲餘，遂拔趙，趙王降，盡定趙地為郡。明年，燕使荊軻為賊於秦，秦王使王翦攻燕。燕王喜走遼東，翦遂定燕薊而還。〔三〕秦使翦子王賁擊荊，〔四〕荊兵敗。還擊魏，魏王降，遂定魏地。

〔一〕索隱 地理志頻陽縣屬左馮翊，應劭曰「在頻水之陽也」。 正義 故城在雍州東同官縣界也。
〔二〕正義 音頁。
〔三〕正義 薊音計。
〔四〕集解 徐廣曰：「秦諱『楚』，故云荆也。」 索隱 賁音奔。

秦始皇既滅三晉，走燕王，而數破荆師。秦將李信者，年少壯勇，嘗以兵數千逐燕太子丹至於衍水中，卒破得丹，始皇以爲賢勇。於是始皇問李信：「吾欲攻取荆，於將軍度用幾何人而足？」李信曰：「不過用二十萬人。」始皇問王翦，王翦曰：「非六十萬人不可。」始皇曰：「王將軍老矣，何怯也！李將軍果勢壯勇，〔一〕其言是也。」遂使李信及蒙恬將二十萬南伐荆。王翦言不用，因謝病，歸老於頻陽。李信攻平與，〔二〕蒙恬攻寢，〔三〕大破荆軍。信又攻鄢郢，破之，於是引兵而西，與蒙恬會城父。〔四〕荆人因隨之，三日三夜不頓舍，大破李信軍，入兩壁，殺七都尉，秦軍走。

〔一〕集解 徐廣曰：「勢，一作『新』『斷』。」
〔二〕集解 音余。 正義 在預東北五十四里。
〔三〕集解 徐廣曰：「今固始寢丘。」 索隱 徐廣云固始寢丘。固始，縣，屬淮陽。寢丘，地名也。
〔四〕索隱 在汝南，即應鄉。 正義 言引兵而會城父，則是汝州郟城縣東父城者也。括地志云：「汝州郟城縣東四

十里有父城故城，即服虔云城父楚北境者也。又許州葉縣東北四十五里亦有父城故城，即杜預云襄城城父縣者也。此二城，父城之名耳，服虔城父是誤也。左傳及注水經云『楚大城城父，使太子建居之』。十三州志云『太子建所居城父，謂今亳州城父是也』。此三家之説，是城父之名。地理志云潁川父城縣，沛郡城父縣。據縣屬郡，其名自分。古先儒多惑，故使其名錯亂。」

始皇聞之，大怒，自馳如頻陽，見謝王翦曰：「寡人以不用將軍計，李信果辱秦軍。今聞荆兵日進而西，將軍雖病，獨忍弃寡人乎！」王翦謝曰：「老臣罷病悖亂，〔一〕唯大王更擇賢將。」始皇謝曰：「已矣，將軍勿復言！」王翦曰：「大王必不得已用臣，非六十萬人不可。」始皇曰：「爲聽將軍計耳。」於是王翦將兵六十萬人，始皇自送至灞上。王翦行，請美田宅園池甚衆。始皇曰：「將軍行矣，何憂貧乎？」王翦曰：「爲大王將，有功終不得封侯，故及大王之嚮臣，臣亦及時以請園池爲子孫業耳。」始皇大笑。王翦既至關，使使還請善田者五輩。〔二〕或曰：「將軍之乞貸，亦已甚矣。」王翦曰：「不然。夫秦王怚〔三〕而不信人。〔四〕今空秦國甲士而專委於我，〔五〕我不多請田宅爲子孫業以自堅，顧令秦王坐而疑我邪？」

〔一〕正義 罷音皮。悖音背。
〔二〕集解 徐廣曰：「善，一作『蓄』。」 索隱 謂使者五度請也。
〔三〕集解 音麄。
〔四〕集解 徐廣曰：「怚，一作『粗』。」

〔五〕集解 徐廣曰：「專亦作『摶』，又作『剸』。」

王翦果代李信擊荆。荆聞王翦益軍而來，乃悉國中兵以拒秦。王翦至，堅壁而守之，不肯戰。荆兵數出挑戰，終不出。王翦日休士洗沐，而善飲食撫循之，親與士卒同食。久之，王翦使人問軍中戲乎？對曰：「方投石超距。」〔一〕於是王翦曰：「士卒可用矣。」荆數挑戰而秦不出，乃引而東。翦因舉兵追之，令壯士擊，大破荆軍。至蘄南，〔二〕殺其將軍項燕，荆兵遂敗走。秦因乘勝略定荆地城邑。歲餘，虜荆王負芻，竟平荆地爲郡縣。因南征百越之君。而王翦子王賁，與李信破定燕、齊地。

〔一〕集解 徐廣曰：「超，一作『拔』。」漢書云『甘延壽投石拔距，絶於等倫』。張晏曰『范蠡兵法飛石重十二斤，爲機發行三百步。延壽有力，能以手投之。拔距，超距也』。」 索隱 超距猶跳躍也。
〔二〕正義 徐州縣也。

秦始皇二十六年，盡并天下，王氏、蒙氏功爲多，名施於後世。

秦二世之時，王翦及其子賁皆已死，而又滅蒙氏。陳勝之反秦，秦使王翦之孫王離擊趙，圍趙王及張耳鉅鹿城。〔一〕或曰：「王離，秦之名將也。今將彊秦之兵，攻新造之趙，舉之必矣。」客曰：「不然。夫爲將三世者必敗。必敗者何也？必其所殺伐多矣，其後受其不

祥。今王離已三世將矣。」居無何，項羽救趙，擊秦軍，果虜王離，王離軍遂降諸侯。

〔一〕正義 今邢州平鄉縣城本秦鉅鹿郡城也。

太史公曰：鄙語云「尺有所短，寸有所長」。白起料敵合變，出奇無窮，聲震天下，然不能救患於應侯。王翦爲秦將，夷六國，當是時，翦爲宿將，始皇師之，然不能輔秦建德，固其根本，偷合取容，以至圽身。〔一〕及孫王離爲項羽所虜，不亦宜乎！彼各有所短也。

〔一〕集解 徐廣曰：「圽音没。」

【索隱述贊】白起、王翦，俱善用兵。遞爲秦將，拔齊破荆。趙任馬服，長平遂阬。楚陷李信，霸上卒行。賁、離繼出，三代無名。

史記卷七十四

孟子荀卿列傳第十四

〔索隱〕按：序傳孟嘗君第十四，而此傳爲第十五，蓋後人差降之矣。

太史公曰：余讀孟子書，至梁惠王問「何以利吾國」，未嘗不廢書而歎也。曰：嗟乎，利誠亂之始也！夫子罕言利者，常防其原也。故曰「放於利而行，多怨」。自天子至於庶人，好利之獘何以異哉！

孟軻，騶人也。〔一〕受業子思之門人。〔二〕道既通，游事齊宣王，宣王不能用。適梁，梁惠王不果所言，則見以爲迂遠而闊於事情。當是之時，秦用商君，富國彊兵；楚、魏用吳起，戰勝弱敵；齊威王、宣王用孫子、田忌之徒，而諸侯東面朝齊。天下方務於合從連衡，以攻伐爲賢，而孟軻乃述唐、虞、三代之德，是以所如者不合。退而與萬章之徒〔三〕序詩書，述仲尼之意，作孟子七篇。其後有騶子之屬。

〔一〕〔索隱〕軻音苦何反，又苦賀反。鄒，魯地名。又云「邾」，邾人徙鄒故也。〔正義〕軻字子輿，爲齊卿。鄒，兗州縣。

〔二〕〔索隱〕王劭以「人」爲衍字，則以軻親受業孔伋之門也。今言「門人」者，乃受業於子思之弟子也。

〔三〕〔索隱〕孟子有萬章、公明高等，蓋並軻之門人也。萬，姓；章，名。

齊有三騶子。其前騶忌，以鼓琴干威王，因及國政，封爲成侯而受相印，先孟子。

其次騶衍，後孟子。騶衍睹有國者益淫侈，不能尚德，若大雅整之於身，施及黎庶矣。乃深觀陰陽消息而作怪迂之變，終始、大聖之篇十餘萬言。其語閎大不經，必先驗小物，推而大之，至於無垠。先序今以上至黃帝，學者所共術，大並世盛衰，〔一〕因載其禨祥度制，推而遠之，至天地未生，窈冥不可考而原也。先列中國名山大川，通谷禽獸，水土所殖，物類所珍，因而推之，及海外人之所不能睹。稱引天地剖判以來，五德轉移，治各有宜，而符應若茲。以爲儒者所謂中國者，於天下乃八十一分居其一分耳。〔二〕中國名曰赤縣神州。赤縣神州內自有九州，禹之序九州是也，不得爲州數。中國外如赤縣神州者九，乃所謂九州也。於是有裨海環之，〔三〕人民禽獸莫能相通者，如一區中者，乃爲一州。如此者九，乃有大瀛海環其外，天地之際焉。其術皆此類也。然要其歸，必止乎仁義節儉，君臣上下六親之施始也濫耳。〔四〕王公大人初見其術，懼然顧化，〔五〕其後不能行之。

〔一〕〔集解〕並，蒲浪反。〔索隱〕言其大體隨代盛衰，觀時而說事。

〔二〕〔索隱〕桓寬、王充並以衍之所言迂怪虛妄，干惑六國之君，因納其異說，所謂「匹夫而營惑諸侯」者是也。

〔三〕〔索隱〕裨音脾。裨海，小海也。九州之外，更有大瀛海，故知此裨是小海也。且將有裨將，裨是小義也。

〔四〕〔索隱〕濫即濫觴，是江源之初始，故此文意以濫爲初也。謂衍之術言君臣上下六親之際，行事之所施所始，皆可爲後代之宗本，故云濫耳。

〔五〕〔索隱〕懼音劬。謂衍之術皆動人心，見者莫不懼然駐想，又內心留顧而已化之，謂欲從其術也。按：化者，是易常聞而貴異術也。

是以騶子重於齊。適梁，惠王郊迎，執賓主之禮。適趙，平原君側行撇席。〔一〕如燕，昭王擁彗先驅，〔二〕請列弟子之座而受業，築碣石宮，〔三〕身親往師之。作主運。〔四〕其游諸侯見尊禮如此，豈與仲尼菜色陳蔡，孟軻困於齊梁同乎哉！〔五〕故武王以仁義伐紂而王，伯夷餓不食周粟；衞靈公問陳，而孔子不答；梁惠王謀欲攻趙，孟軻稱大王去邠。〔六〕此豈有意阿世俗苟合而已哉！持方枘欲內圜鑿，其能入乎？〔七〕或曰，伊尹負鼎而勉湯以王，百里奚飯牛車下而繆公用霸，作先合，然後引之大道。騶衍其言雖不軌，儻亦有牛鼎之意乎？〔八〕

〔一〕〔索隱〕按：字林曰「襒音疋結反」。韋昭曰「敷蔑反」。張揖三蒼訓詁云「襒，拂也」。謂側而行，以衣襒席爲敬，不敢正坐當賓主之禮也」。

〔二〕〔索隱〕按：彗，帚也。謂爲之埽地，以衣袂擁帚而卻行，恐塵埃之及長者，所以爲敬也。

〔三〕〔正義〕碣石宮在幽州薊縣西三十里寧臺之東。

〔四〕〔索隱〕按：劉向別錄云鄒子書有主運篇。

〔五〕〔索隱〕按：仲尼、孟子法先王之道，行仁義之化，且菜色困窮；而鄒衍執詭怪營惑諸侯，其見禮重如此，可爲長太息哉。

〔六〕〔索隱〕今按：孟子「太王去邠」是軻對滕文公語，今云梁惠王謀攻趙，與孟子不同。

〔七〕〔索隱〕按：方枘是筍也，圜鑿是孔也。謂工人斲木，以方筍而內之圜孔，不可入也。故楚詞云「以方枘而內圜鑿，吾固知其鉏鋙而不入」是也。謂戰國之時，仲尼、孟軻以仁義干世主，猶方枘圜鑿然。

〔八〕〔索隱〕按：呂氏春秋云「函牛之鼎不可以烹雞」，是牛鼎言衍之術迂大，儻若大用之，是有牛鼎之意。而譙周亦云「觀太史公此論，是其愛奇之甚」。

自騶衍與齊之稷下先生，〔一〕如淳于髡、慎到、環淵、〔二〕接子、〔三〕田駢、〔四〕騶奭之徒，〔五〕各著書言治亂之事，以干世主，豈可勝道哉！

〔一〕〔索隱〕稷下，齊之城門也。或云稷下，山名。謂齊之學士集於稷門之下。

〔二〕〔索隱〕按：劉向別錄「環」作姓也。

〔三〕〔索隱〕古著書人之稱號。

〔四〕〔索隱〕步堅、步經反二音。

〔五〕〔正義〕慎子十卷，在法家，則戰國時處士。接子二篇。田子二十五篇，齊人，游稷下，號「天口」。接、田二人，道

家。騶奭十二篇，陰陽家。

淳于髡，齊人也。博聞彊記，學無所主。其諫說，慕晏嬰之爲人也，然而承意觀色爲務。客有見髡於梁惠王，惠王屏左右，獨坐而再見之，終無言也。惠王怪之，以讓客曰：「子之稱淳于先生，管、晏不及，及見寡人，寡人未有得也。豈寡人不足爲言邪？何故哉？」客以謂髡。髡曰：「固也。吾前見王，王志在驅逐；後復見王，王志在音聲：吾是以默然。」客具以報王，王大駭，曰：「嗟乎，淳于先生誠聖人也！前淳于先生之來，人有獻善馬者，寡人未及視，會先生至。後先生之來，人有獻謳者，未及試，亦會先生來。寡人雖屏人，然私心在彼，有之。」〔一〕後淳于髡見，壹語連三日三夜無倦。惠王欲以卿相位待之，髡因謝去。於是送以安車駕駟，束帛加璧，黃金百鎰。終身不仕。

〔一〕索隱 謂私心實在彼馬與謳也。有之，謂我實有此二事也。

慎到，趙人。田駢、接子，齊人。環淵，楚人。皆學黃老道德之術，因發明序其指意。故慎到著十二論，〔一〕環淵著上下篇，而田駢、接子皆有所論焉。

〔一〕集解 徐廣曰：「今慎子，劉向所定，有四十一篇。」

騶奭者，齊諸騶子，亦頗采騶衍之術以紀文。

於是齊王嘉之，自如淳于髡以下，皆命曰列大夫，爲開第康莊之衢，〔一〕高門大屋，尊寵

之。覽天下諸侯賓客，言齊能致天下賢士也。

〔一〕集解 爾雅曰：「四達謂之衢，五達謂之康，六達謂之莊。」

荀卿，趙人。〔一〕年五十始來游學於齊。騶衍之術迂大而閎辯；奭也文具難施；淳于髡久與處，時有得善言。故齊人頌曰：「談天衍，雕龍奭，炙轂〔二〕過髡。」〔三〕田駢之屬皆已死。齊襄王時，〔四〕而荀卿最爲老師。齊尚脩列大夫之缺，而荀卿三爲祭酒焉。〔五〕齊人或讒荀卿，荀卿乃適楚，而春申君以爲蘭陵令。〔六〕春申君死而荀卿廢，因家蘭陵。李斯嘗爲弟子，已而相秦。荀卿嫉濁世之政，亡國亂君相屬，不遂大道而營於巫祝，信禨祥，鄙儒小拘，如莊周等又猾稽亂俗，於是推儒、墨、道德之行事興壞，序列著數萬言而卒。因葬蘭陵。

〔一〕索隱 名況。卿者，時人相尊而號爲卿也。仕齊爲祭酒，仕楚爲蘭陵令。後亦謂之孫卿子者，避漢宣帝諱改也。

〔二〕集解 徐廣曰：「一作『亂諣』。」

〔三〕集解 劉向別錄曰：「騶衍之所言五德終始，天地廣大，盡言天事，故曰『談天』。騶奭脩衍之文，飾若雕鏤龍文，故曰『雕龍』。」別錄曰「過」字作「輠」。輠者，車之盛膏器也。炙之雖盡，猶有餘流者。言淳于髡智不盡如炙輠也。左思齊都賦注曰「言其多智難盡，如炙膏過之有潤澤也」。索隱 按：劉向別錄「過」字作「輠」。輠，車之盛膏器也。炙之雖盡，猶有餘津，言髡智不盡如炙輠也。按：劉氏云「轂，衍字也」。今按：文稱「炙轂過」，則過是器名，音如字讀，謂盛脂之器名過。「過」與「鍋」字相近，蓋即脂器也。轂即車轂，過爲潤轂之物，則「轂」非衍字矣。

〔四〕索隱 按襄王名法章，湣王子，莒人所立者。

〔五〕索隱 按：禮食必祭先，飲酒亦然，必以席中之尊者一人當祭耳，後因以爲官名，故吳王濞爲劉氏祭酒是也。而卿三爲祭酒者，謂荀卿出入前後三度處列大夫康莊之位，而皆爲其所尊，故云「三爲祭酒」也。

〔六〕正義 蘭陵，縣，屬東海郡，今沂州承縣有蘭陵山。

而趙亦有公孫龍〔一〕爲堅白同異之辯，〔二〕劇子之言；〔三〕魏有李悝，盡地力之教；〔四〕楚有尸子、長盧；〔五〕阿之吁子焉。〔六〕自如孟子至于吁子，世多有其書，故不論其傳云。

〔一〕索隱 按：即仲尼弟子名也。此云趙人，弟子傳作衞人，鄭玄云楚人，各不能知其真也。又下文云「並孔子同時，或曰在其後」，所以知非別人也。

〔二〕集解 晉太康地記云：「汝南西平縣有龍淵水可用淬刀劍，特堅利，故有堅白之論，云『黃，所以爲堅也；白，所以爲利也』。或辯之曰『白，所以爲不堅；黃，所以爲不利』。」正義 藝文志公孫龍子十四篇，顏師古云即爲堅白之辯。按平原君傳，騶衍同時。括地志云「西平縣，豫州西北百四十里，有龍淵水」也。

〔三〕集解 徐廣曰：「按應劭氏姓注直云『處子』也。」索隱 按：著書之人姓劇氏而稱子也，前史不記其名也，故趙有劇孟及劇辛也。

〔四〕正義 藝文志：「李子三十二篇。李悝相魏文侯，富國彊兵。」

〔五〕集解 劉向別錄曰：「楚有尸子，疑謂其在蜀。今按尸子書，晉人也，名佼，秦相衞鞅客也。衞鞅商君謀事畫計，立法理民，未嘗不與佼規之也。商君被刑，佼恐并誅，乃亡逃入蜀。自爲造此二十篇書，凡六萬餘言。卒，因葬蜀。」索隱 按：尸子名佼，音絞，晉人，事具別錄。長盧，未詳。正義 長盧九篇，楚人。

〔六〕集解 徐廣曰：「阿者，今之東阿。」索隱 阿，齊之東阿也。吁音芋。別錄作「芊子」，今「吁」亦如字也。正義 按：東齊州也。藝文志云「吁子十八篇，名嬰，齊人，七十子之後」。顏師古云音弭。按：是齊人，阿又屬齊，恐顏公誤也。

蓋墨翟，宋之大夫，善守禦，爲節用。〔一〕或曰並孔子時，或曰在其後。〔二〕

〔一〕集解 墨子曰：「公輸般爲雲梯之械成，將以攻宋。墨子聞之，至於郢，見公輸般。墨子解帶爲城，以牒爲械。公輸般九設攻城之機變，墨子九距之。公輸般之攻械盡，墨子之守固有餘。公輸般詘，而言曰：『吾知所以距子矣，吾不言。』墨子亦曰：『吾知子之所以距我者，吾不言。』楚王問其故。墨子曰：『公輸子之意不過欲殺臣，殺臣，宋莫能守，可攻也。然臣之弟子禽滑釐等三百人已持臣守國之器在宋城上而待楚寇矣，雖殺臣，不能絕也。』楚王曰：『善哉，吾請無攻宋城矣！』」索隱 注「爲雲梯之械」者，按梯者，構木瞰高也；雲者，言其昇高入雲，故曰雲梯。械者，器也。謂攻城之樓櫓也。注「墨子解帶爲城」者，謂墨子爲術，解身上革帶以爲城也。注「以牒爲械」者，按牒者，小木札也；械者，樓櫓等也。注「公輸般之攻械盡」者，劉氏云「械謂飛梯、撞車、飛石車弩之具」。詘音丘勿反。謂般技已盡，墨守有餘。禽滑釐者，墨子弟子之姓字也。釐音里。

〔二〕索隱 按：別錄云「今按墨子書有文子，文子即子夏之弟子，問於墨子」。如此，則墨子在七十子之後也。

【索隱述贊】六國之末，戰勝相雄。軻游齊、魏，其說不通。退而著述，稱吾道窮。蘭陵事楚，騶衍談空。康莊雖列，莫見收功。

史記卷七十五

孟嘗君列傳第十五

孟嘗君名文，姓田氏。文之父曰靖郭君田嬰。田嬰者，齊威王少子而齊宣王庶弟也。[一]田嬰自威王時任職用事，與成侯鄒忌及田忌將而救韓伐魏。成侯與田忌爭寵，成侯賣田忌。田忌懼，襲齊之邊邑，不勝，亡走。會威王卒，宣王立，知成侯賣田忌，乃復召田忌以爲將。宣王二年，田忌與孫臏、田嬰俱伐魏，敗之馬陵，虜魏太子申而殺魏將龐涓。[二]宣王七年，田嬰使於韓、魏，韓、魏服於齊。嬰與韓昭侯、魏惠王會齊宣王東阿南，[三]盟而去。[四]明年，復與梁惠王會甄。[五]是歲，梁惠王卒。宣王九年，田嬰相齊。齊宣王與魏襄王會徐州而相王也。[六]楚威王聞之，怒田嬰。明年，楚伐敗齊師於徐州，而使人逐田嬰。田嬰使張丑說楚威王，威王乃止。田嬰相齊十一年，宣王卒，湣王即位。即位三年，而封田嬰於薛。[七]

[一]索隱按：戰國策及諸書並無此言，蓋諸田之別子也，故戰國策每稱「嬰子」、「朌子」，高誘注云「田朌」、「田嬰」

也。王劭又按：戰國策云「齊貌辯謂宣王曰：『王方爲太子時，辯謂靖郭君，不若廢太子，更立郊師。靖郭君不忍。』宣王太息曰：『寡人少，殊不知。』」以此言之，嬰非宣王弟明也。

[二]索隱紀年當梁惠王二十八年，至三十六年改爲後元也。

[三]正義東阿，濟州縣也。

[四]索隱紀年當惠王之後元十一年。彼文作「平阿」。又云「十三年會齊威王于鄄」，與此明年齊宣王與梁惠王會鄄文同。但齊之威宣二王，文舛互並不同。

[五]集解音絹。

[六]正義紀年云梁惠王三十年，下邳遷于薛，改名徐州。

[七]索隱紀年以爲梁惠王後元十三年四月，齊威王封田嬰于薛。十月，齊城薛。十四年，薛子嬰來朝。十五年，齊威王薨，嬰初封彭城。皆與此文異也。正義薛故城在今徐州滕縣南四十四里也。

初，田嬰有子四十餘人，其賤妾有子名文，文以五月五日生。嬰告其母曰：「勿舉也。」其母竊舉生之。[一]及長，其母因兄弟而見其子文於田嬰。田嬰怒其母曰：「吾令若去此子，而敢生之，何也？」文頓首，因曰：「君所以不舉五月子者，何故？」嬰曰：「五月子者，長與户齊，將不利其父母。」[二]文曰：「人生受命於天乎？將受命於户邪？」嬰默然。文曰：「必受命於天，君何憂焉。必受命於户，則可高其户耳，誰能至者！」嬰曰：「子休矣。」

[一]索隱按：上「舉」謂初誕而舉之，下「舉」謂浴而乳之。生謂長養之也。

[二]索隱按：風俗通云「俗說五月五日生子，男害父，女害母」。

久之，文承閒問其父嬰曰：「子之子爲何？」曰：「爲孫。」「孫之孫爲何？」曰：「爲玄孫。」「玄孫之孫爲何？」曰：「不能知也。」[一]文曰：「君用事相齊，至今三王矣，齊不加廣而君私家富累萬金，門下不見一賢者。文聞將門必有將，相門必有相。今君後宮蹈綺縠而士不得(短)[裋]褐，[二]僕妾餘粱肉而士不厭糟糠。今君又尚厚積餘藏，欲以遺所不知何人，[三]而忘公家之事日損，文竊怪之。」於是嬰迺禮文，使主家待賓客。賓客日進，名聲聞於諸侯。諸侯皆使人請薛公田嬰以文爲太子，嬰許之。嬰卒，謚爲靖郭君。[四]而文果代立於薛，是爲孟嘗君。

[一]索隱按：爾雅云「玄孫之子爲來孫，來孫之子爲昆孫，昆孫之子爲仍孫，仍孫之子爲雲孫」。又有耳孫，亦是玄孫之子，不同也。

[二]索隱(短)[裋]亦音豎。豎褐，謂褐衣而豎裁之，以其省而便事也。

[三]索隱遺音唯季反。猶言不知欲遺與何人也。

[四]集解皇覽曰：「靖郭君冢在魯國薛城中東南陬。」索隱按：謂死後別號之曰「靖郭」耳，則「靖郭」或封邑號，故漢齊王舅父駟鈞封靖郭侯是也。陬音鄒，亦音緅。陬者，城隅也。

孟嘗君在薛，招致諸侯賓客及亡人有罪者，皆歸孟嘗君。孟嘗君舍業厚遇之，[一]以故

傾天下之士。食客數千人，無貴賤一與文等。孟嘗君待客坐語，而屏風後常有侍史，主記君所與客語，問親戚居處。客去，孟嘗君已使使存問，獻遺其親戚。孟嘗君曾待客夜食，有一人蔽火光。客怒，以飯不等，輟食辭去。孟嘗君起，自持其飯比之。客慚，自剄。士以此多歸孟嘗君。孟嘗君客無所擇，皆善遇之。人人各自以爲孟嘗君親己。

[一]索隱按：舍業者，捨弃其家産而厚事賓客也。劉氏云「舍音赦。謂爲之築舍立居業也」。

秦昭王聞其賢，乃先使涇陽君爲質於齊，以求見孟嘗君。孟嘗君將入秦，賓客莫欲其行，諫，不聽。蘇代謂曰：「今旦代從外來，見木禺人與土禺人相與語。[一]木禺人曰：『天雨，子將敗矣。』土禺人曰：『我生於土，敗則歸土。今天雨，流子而行，未知所止息也。』今秦，虎狼之國也，而君欲往，如有不得還，君得無爲土禺人所笑乎？」孟嘗君乃止。

[一]索隱音偶，又音寓。謂以土木爲之偶，類於人也。蘇代以土偶比涇陽君，木偶比孟嘗君也。

齊湣王二十五年，復卒使孟嘗君入秦，昭王即以孟嘗君爲秦相。人或說秦昭王曰：「孟嘗君賢，而又齊族也，今相秦，必先齊而後秦，秦其危矣。」於是秦昭王乃止。囚孟嘗君，謀欲殺之。孟嘗君使人抵昭王幸姬求解。[一]幸姬曰：「妾願得君狐白裘。」[二]此時孟嘗君有一狐白裘，直千金，天下無雙，入秦獻之昭王，更無他裘。孟嘗君患之，徧問客，莫能對。最

下坐有能爲狗盜者，曰：「臣能得狐白裘。」乃夜爲狗，以入秦宮臧中，〔三〕取所獻狐白裘至，以獻秦王幸姬。幸姬爲言昭王，昭王釋孟嘗君。孟嘗君得出，卽馳去，更封傳，變名姓以出關。〔四〕夜半至函谷關。〔五〕秦昭王後悔出孟嘗君，求之已去，卽使人馳傳逐之。孟嘗君至關，關法雞鳴而出客，孟嘗君恐追至，客之居下坐者有能爲雞鳴，而雞齊鳴，遂發傳出。出如食頃，秦追果至關，已後孟嘗君出，乃還。始孟嘗君列此二人於賓客，賓客盡羞之，及孟嘗君有秦難，卒此二人拔之。自是之後，客皆服。

〔一〕索隱 抵音丁禮反。按：抵謂觸冒而求之也。
〔二〕集解 韋昭曰：「以狐之白毛爲裘。謂集狐腋之毛，言美而難得者。」
〔三〕正義 臧，在浪反。
〔四〕索隱 更者，改也。改前封傳而易姓名，不言是孟嘗之名。封傳猶今之驛券。
〔五〕正義 關在陝州桃林縣西南十三里。

孟嘗君過趙，趙平原君客之。趙人聞孟嘗君賢，出觀之，皆笑曰：「始以薛公爲魁然也，今視之，乃眇小丈夫耳。」孟嘗君聞之，怒。客與俱者下，斫擊殺數百人，遂滅一縣以去。

齊湣王不自得，〔一〕以其遣孟嘗君。孟嘗君至，則以爲齊相，任政。

〔一〕索隱 不自德。是愍王遣孟嘗君，自言已無德也。

孟嘗君怨秦，將以齊爲韓、魏攻楚，因與韓、魏攻秦，〔一〕而借兵食於西周。蘇代爲西周謂曰：〔二〕「君以齊爲韓、魏攻楚九年，取宛、葉以北以彊韓、魏，〔三〕今復攻秦以益之。韓、魏南無楚憂，西無秦患，則齊危矣。韓、魏必輕齊畏秦，臣爲君危之。君不如令敝邑深合於秦，而君無攻，又無借兵食。君臨函谷而無攻，令敝邑以君之情謂秦昭王曰『薛公必不破秦以彊韓、魏。其攻秦也，欲王之令楚王割東國以與齊，〔四〕而秦出楚懷王以爲和』。君令敝邑以此惠秦，秦得無破而以東國自免也，秦必欲之。楚王得出，必德齊。齊得東國益彊，而薛世世無患矣。秦不大弱，而處三晉之西，三晉必重齊。」薛公曰：「善。」因令韓、魏賀秦，使三國無攻，而不借兵食於西周矣。是時，楚懷王入秦，秦留之，故欲必出之。秦不果出楚懷王。

〔一〕集解 徐廣曰：「年表曰韓、魏、齊共擊秦軍於函谷。」
〔二〕索隱 戰國策作「韓慶爲西周謂薛公」。
〔三〕正義 宛在鄧州，葉在許州。二縣以北舊屬楚，二國共没以入韓、魏。
〔四〕正義 東國，齊、徐夷。

孟嘗君相齊，其舍人魏子〔一〕爲孟嘗君收邑入，〔二〕三反而不致一入。孟嘗君問之，對曰：「有賢者，竊假與之，以故不致入。」孟嘗君怒而退魏子。居數年，人或毀孟嘗君於齊湣王曰：「孟嘗君將爲亂。」及田甲劫湣王，湣王意疑孟嘗君，孟嘗君迺奔。〔三〕魏子所與粟賢者聞之，乃上書言孟嘗君不作亂，請以身爲盟，遂自剄宮門以明孟嘗君。湣王乃驚，而蹤跡驗問，孟嘗君果無反謀，乃復召孟嘗君。孟嘗君因謝病，歸老於薛。湣王許之。

〔一〕索隱 舍人官微，記姓而略其名，故云魏子。
〔二〕索隱 收其國之租稅也。
〔三〕集解 徐廣曰：「湣王三十四年，田甲劫王，薛文走。」

其後，秦亡將呂禮相齊，欲困蘇代。代乃謂孟嘗君曰：「周最於齊，至厚也，〔一〕而齊王逐之，而聽親弗〔二〕相呂禮者，欲取秦也。齊、秦合，則親弗與呂禮重矣。有用，齊、秦必輕君。君不如急北兵，趨趙以和秦、魏，收周最以厚行，且反齊王之信，〔三〕又禁天下之變。〔四〕齊無秦，則天下集齊，親弗必走，則齊王孰與爲其國也！」於是孟嘗君從其計，而呂禮嫉害於孟嘗君。

〔一〕正義 周最，周之公子。
〔二〕集解 親弗，人姓名。索隱 親，姓；弗，名也。戰國策作「祝弗」，蓋「祝」爲得之。

〔三〕索隱 周最本厚於齊，今欲逐之而相秦之亡將。蘇代謂孟嘗君，令齊收周最以自厚其行，又且得反齊王之有信，以不逐周最也。
〔四〕索隱 變謂齊、秦合則親弗、呂禮用，用則秦、齊輕孟嘗也。

孟嘗君懼，乃遺秦相穰侯魏冄書曰：「吾聞秦欲以呂禮收齊，齊，天下之彊國也，子必輕矣。齊秦相取以臨三晉，呂禮必并相矣，是子通齊以重呂禮也。若齊免於天下之兵，其讎子必深矣。子不如勸秦王伐齊。齊破，吾請以所得封子。齊破，秦畏晉之彊，秦必重子以取晉。晉國敝於齊而畏秦，晉必重子以取秦。是子破齊以爲功，挾晉以爲重；是子破齊定封，秦、晉交重子。若齊不破，呂禮復用，子必大窮。」於是穰侯言於秦昭王伐齊，而呂禮亡。

後齊湣王滅宋，益驕，欲去孟嘗君。孟嘗君恐，迺如魏。魏昭王以爲相，西合於秦、趙，與燕共伐破齊。齊湣王亡在莒，遂死焉。齊襄王立，而孟嘗君中立於諸侯，無所屬。齊襄王新立，畏孟嘗君，與連和，復親薛公。文卒，謚爲孟嘗君。〔一〕諸子争立，而齊魏共滅薛。孟嘗絕嗣無後也。

〔一〕集解 皇覽曰：「孟嘗君冢在魯國薛城中向門東。向門，出北邊門也。」詩云「居常與許」，鄭玄曰「『常』或作『嘗』，在薛之南」。孟嘗邑于薛城也。索隱 按：孟嘗襲父封薛，而號曰孟嘗君，此云謚，非也。孟，字也；嘗，邑

名。詩云「居常與許」，鄭箋云「『常』或作『嘗』，嘗邑在薛之旁」是也。【正義】括地志云：「孟嘗君墓在徐州滕縣五十二里。卒在齊襄王之時也。」

初，馮驩〔一〕聞孟嘗君好客，躡蹻而見之。〔二〕孟嘗君曰：「先生遠辱，何以教文也？」馮驩曰：「聞君好士，以貧身歸於君。」孟嘗君置傳舍十日，〔三〕孟嘗君問傳舍長曰：「客何所爲？」答曰：「馮先生甚貧，猶有一劍耳，又蒯緱。〔四〕彈其劍而歌曰『長鋏歸來乎，食無魚』。」孟嘗君遷之幸舍，食有魚矣。五日，又問傳舍長。答曰：「客復彈劍而歌曰『長鋏歸來乎，出無輿』。」孟嘗君遷之代舍，出入乘輿車矣。五日，孟嘗君復問傳舍長。舍長答曰：「先生又嘗彈劍而歌曰『長鋏歸來乎，無以爲家』。」孟嘗君不悅。

〔一〕【集解】音歡。復作「煖」，音許袁反。【索隱】音歡。字或作「諼」，音況遠反。

〔二〕【索隱】蹻音腳。字亦作「繑」，又作「屩」，亦作「𧞣」。

〔三〕【索隱】傳音逐緣反。按：傳舍、幸舍及代舍，並當上、中、下三等之客所舍之名耳。

〔四〕【集解】蒯音苦怪反。茅之類，可爲繩。言其劍把無物可裝，以小繩纏之也。緱音侯，亦作「候」，謂把劍之處。【索隱】蒯，草名，音「蒯聵」之「蒯」。緱音侯，字亦作「候」，謂把劍之物。言其劍無物可裝，但以蒯繩纏之，故云「蒯緱」。

居朞年，馮驩無所言。孟嘗君時相齊，封萬户於薛。其食客三千人，邑入不足以奉

客，〔一〕使人出錢於薛。歲餘不入，貸錢者多不能與其息，〔二〕客奉將不給。孟嘗君憂之，問左右：「何人可使收債於薛者？」傳舍長曰：「代舍客馮公形容狀貌甚辯，長者，無他伎〔三〕能，宜可令收債。」孟嘗君乃進馮驩而請之曰：「賓客不知文不肖，幸臨文者三千餘人，邑入不足以奉賓客，故出息錢於薛。薛歲不入，民頗不與其息。今客食恐不給，願先生責之。」馮驩曰：「諾。」辭行，至薛，召取孟嘗君錢者皆會，得息錢十萬。迺多釀酒，買肥牛，召諸取錢者，能與息者皆來，不能與息者亦來，皆持取錢之券書合之。齊爲會，日殺牛置酒。酒酣，乃持券如前合之，能與息者，與爲期；貧不能與息者，取其券而燒之。曰：「孟嘗君所以貸錢者，爲民之無者以爲本業也；所以求息者，爲無以奉客也。今富給者以要期，貧窮者燔券書以捐之。諸君彊飲食。有君如此，豈可負哉！」坐者皆起，再拜。

〔一〕【正義】奉，符用反。

〔二〕【索隱】按：與猶還也。息猶利也。

〔三〕【集解】亦作「技」。

孟嘗君聞馮驩燒券書，怒而使使召驩。驩至，孟嘗君曰：「文食客三千人，故貸錢於薛。文奉邑少，〔一〕而民尚多不以時與其息，客食恐不足，故請先生收責之。聞先生得錢，卽以多具牛酒而燒券書，何？」馮驩曰：「然。不多具牛酒卽不能畢會，無以知其有餘不足。有

餘者，爲要期。不足者，雖守而責之十年，息愈多，急，卽以逃亡自捐之。若急，終無以償，上則爲君好利不愛士民，下則有離上抵負之名，非所以厲士民彰君聲也。焚無用虛債之券，捐不可得之虛計，令薛民親君而彰君之善聲也，君有何疑焉！」孟嘗君乃拊手而謝之。

〔一〕【索隱】言文之奉邑少，故令出息於薛。

齊王惑於秦、楚之毁，以爲孟嘗君名高其主而擅齊國之權，遂廢孟嘗君。諸客見孟嘗君廢，皆去。馮驩曰：「借臣車一乘，可以入秦者，必令君重於國而奉邑益廣，可乎？」孟嘗君乃約車幣而遣之。馮驩乃西說秦王曰：「天下之游士馮軾結靷西入秦者，無不欲彊秦而弱齊；馮軾結靷東入齊者，無不欲彊齊而弱秦。此雄雌之國也，勢不兩立爲雄，雄者得天下矣。」秦王跽而問之曰：「何以使秦無爲雌而可？」馮驩曰：「王亦知齊之廢孟嘗君乎？」秦王曰：「聞之。」馮驩曰：「使齊重於天下者，孟嘗君也。今齊王以毁廢之，其心怨，必背齊；背齊入秦，則齊國之情，人事之誠，盡委之秦，齊地可得也，豈直爲雄也！君急使使載幣陰迎孟嘗君，不可失時也。如有齊覺悟，復用孟嘗君，則雌雄之所在未可知也。」秦王大悅，迺遣車十乘黄金百鎰以迎孟嘗君。馮驩辭以先行，至齊，說齊王曰：「天下之游士馮軾結靷東入齊者，無不欲彊齊而弱秦者；馮軾結靷西入秦者，無不欲彊秦而弱齊者。夫秦齊雄雌之國，秦彊則齊弱矣，此勢不兩雄。今臣竊聞秦遣使車十乘載黄金百鎰以迎孟嘗君。

孟嘗君不西則已，西入相秦則天下歸之，秦爲雄而齊爲雌，雌則臨淄、卽墨危矣。王何不先秦使之未到，復孟嘗君，而益與之邑以謝之？孟嘗君必喜而受之。秦雖彊國，豈可以請人相而迎之哉！折秦之謀，而絕其霸彊之略。」齊王曰：「善。」乃使人至境候秦使。秦使車適入齊境，使還馳告之，王召孟嘗君而復其相位，而與其故邑之地，又益以千户。秦之使者聞孟嘗君復相齊，還車而去矣。

自齊王毁廢孟嘗君，諸客皆去。後召而復之，馮驩迎之。未到，孟嘗君太息歎曰：「文常好客，遇客無所敢失，食客三千有餘人，先生所知也。客見文一日廢，皆背文而去，莫顧文者。今賴先生得復其位，客亦有何面目復見文乎？如復見文者，必唾其面而大辱之。」馮驩結轡下拜。孟嘗君下車接之，曰：「先生爲客謝乎？」馮驩曰：「非爲客謝也，爲君之言失。夫物有必至，事有固然，君知之乎？」孟嘗君曰：「愚不知所謂也。」曰：「生者必有死，物之必至也；富貴多士，貧賤寡友，事之固然也。君獨不見夫(朝)趣市〔朝〕者乎？〔一〕明旦，側肩爭門而入；日暮之後，過市朝者掉臂而不顧。〔二〕非好朝而惡暮，所期物忘其中。〔三〕今君失位，賓客皆去，不足以怨士而徒絕賓客之路。願君遇客如故。」孟嘗君再拜曰：「敬從命矣。聞先生之言，敢不奉教焉。」

〔一〕【索隱】趣音娶。趣，向也。

〔二〕索隱 過音光臥反。朝音潮。謂市之行位有如朝列，因言市朝耳。

〔三〕索隱 按：期物謂入市心中所期之物利，故平明側肩争門而入，今日暮，所期忘其中。忘者，無也。其中，市朝之中。言日暮物盡，故掉臂不顧也。

太史公曰：吾嘗過薛，其俗閭里率多暴桀子弟，與鄒、魯殊。問其故，曰：「孟嘗君招致天下任俠，姦人入薛中蓋六萬餘家矣。」世之傳孟嘗君好客自喜，名不虛矣。

【索隱述贊】靖郭之子，威王之孫。既彊其國，實高其門。好客喜士，見重平原。雞鳴狗盜，魏子、馮煖。如何承睫，薛縣徒存！

史記卷七十六

平原君虞卿列傳第十六

平原君趙勝者，〔一〕趙之諸公子也。〔二〕諸子中勝最賢，喜賓客，賓客蓋至者數千人。平原君相趙惠文王及孝成王，三去相，三復位，封於東武城。〔三〕

〔一〕正義 勝，式證反。

〔二〕集解 徐廣曰：「魏公子傳曰趙惠文王弟。」

〔三〕集解 徐廣曰：「屬清河。」正義 今貝州武城縣也。

平原君家樓臨民家。民家有躄者，槃散〔一〕行汲。平原君美人居樓上，臨見，大笑之。明日，躄者至平原君門，請曰：「臣聞君之喜士，士不遠千里而至者，以君能貴士而賤妾也。臣不幸有罷癃之病，〔二〕而君之後宮臨而笑臣，臣願得笑臣者頭。」平原君笑應曰：「諾。」躄者去，平原君笑曰：「觀此豎子，乃欲以一笑之故殺吾美人，不亦甚乎！」終不殺。居歲餘，賓客門下舍人稍稍引去者過半。平原君怪之，曰：「勝所以待諸君者未嘗敢失禮，而去者何

多也？」門下一人前對曰：「以君之不殺笑躄者，以君為愛色而賤士，士即去耳。」於是平原君乃斬笑躄者美人頭，自造門進躄者，因謝焉。其後門下乃復稍稍來。是時齊有孟嘗，魏有信陵，楚有春申，故爭相傾以待士。〔三〕

〔一〕集解 亦作「跚」。索隱 躄音璧。散音先寒反，亦作「跚」，同音。正義 躄，跛也。

〔二〕集解 徐廣曰：「癃音隆。癃，病也。」索隱 罷音皮。癃音呂宫反。罷癃謂背疾，言腰曲而背隆高也。

〔三〕集解 徐廣曰：「待，一作『得』。」

秦之圍邯鄲，〔一〕趙使平原君求救，合從於楚，約與食客門下有勇力文武備具者二十人偕。平原君曰：「使文能取勝，則善矣。文不能取勝，則歃血於華屋之下，必得定從而還。士不外索，取於食客門下足矣。」得十九人，餘無可取者，無以滿二十人。門下有毛遂者，前，自贊於平原君曰：「遂聞君將合從於楚，約與食客門下二十人偕，不外索。今少一人，願君即以遂備員而行矣。」平原君曰：「先生處勝之門下幾年於此矣？」毛遂曰：「三年於此矣。」平原君曰：「夫賢士之處世也，譬若錐之處囊中，其末立見。今先生處勝之門下三年於此矣，左右未有所稱誦，勝未有所聞，是先生無所有也。先生不能，先生留。」毛遂曰：「臣乃今日請處囊中耳。使遂蚤得處囊中，乃穎脫而出，〔二〕非特其末見而已。」平原君竟

與毛遂偕。十九人相與目笑之而未廢也。〔三〕

〔一〕正義趙惠文王九年，秦昭王十五年。
〔二〕索隱按：鄭玄曰「穎，環也」。脱音吐活反。
〔三〕索隱按：鄭玄曰「皆目視而輕笑之，未能即廢弃之也」。

毛遂比至楚，與十九人論議，十九人皆服。平原君與楚合從，言其利害，日出而言之，日中不決。十九人謂毛遂曰：「先生上。」毛遂按劍歷階而上，謂平原君曰：「從之利害，兩言而決耳。今日出而言從，日中不決，何也？」楚王謂平原君曰：「客何爲者也？」平原君曰：「是勝之舍人也。」楚王叱曰：「胡不下！吾乃與而君言，汝何爲者也！」毛遂按劍而前曰：「王之所以叱遂者，以楚國之衆也。今十步之內，王不得恃楚國之衆也，王之命縣於遂手。吾君在前，叱者何也？且遂聞湯以七十里之地王天下，文王以百里之壤而臣諸侯，豈其士卒衆多哉，誠能據其勢而奮其威。今楚地方五千里，持戟百萬，此霸王之資也。以楚之彊，天下弗能當。白起，小豎子耳，率數萬之衆，興師以與楚戰，一戰而舉鄢郢，再戰而燒夷陵，三戰而辱王之先人。此百世之怨而趙之所羞，而王弗知惡焉。〔一〕合從者爲楚，非爲趙也。吾君在前，叱者何也？」楚王曰：「唯唯，誠若先生之言，謹奉社稷而以從。」毛遂曰：「從定乎？」楚王曰：「定矣。」毛遂謂楚王之左右曰：「取雞狗馬之血來。」〔二〕毛遂奉銅槃〔三〕而跪進之楚王曰：「王當歃血而定從，次者吾君，次者遂。」遂定從於殿上。毛遂左手持槃血而右手招十九人曰：「公相與歃此血於堂下。〔四〕公等録録，〔五〕所謂因人成事者也。」

〔一〕正義惡，烏故反。
〔二〕索隱按：盟之所用牲貴賤不同，天子用牛及馬，諸侯用犬及豭，大夫已下用雞。今此總言盟之用血，故云「取雞狗馬之血來」耳。
〔三〕索隱奉，敷奉反。若周禮則用珠盤也。
〔四〕索隱唼此血。音所甲反。
〔五〕集解音禄。索隱音禄。按：王劭云「録，借字耳」。又説文云「録録，隨從之貌」。

平原君已定從而歸，歸至於趙，曰：「勝不敢復相士。勝相士多者千人，寡者百數，自以爲不失天下之士，今乃於毛先生而失之也。毛先生一至楚，而使趙重於九鼎大呂。〔一〕毛先生以三寸之舌，彊於百萬之師。勝不敢復相士。」遂以爲上客。

〔一〕索隱九鼎大呂，國之寶器。言毛遂至楚，使趙重於九鼎大呂，言爲天下所重也。正義大呂，周廟大鐘。

平原君既返趙，楚使春申君將兵赴救趙，魏信陵君亦矯奪晉鄙軍往救趙，皆未至。秦急圍邯鄲，邯鄲急，且降，平原君甚患之。邯鄲傳舍吏子李同〔一〕説平原君曰：「君不憂趙亡邪？」平原君曰：「趙亡則勝爲虜，何爲不憂乎？」李同曰：「邯鄲之民，炊骨易子而食，可謂急矣，而君之後宮以百數，婢妾被綺縠，餘粱肉，而民褐衣不完，糟糠不厭。民困兵盡，或剡木爲矛矢，而君器物鍾磬自若。使秦破趙，君安得有此？使趙得全，君何患無有？今君誠能令夫人以下編於士卒之閒，分功而作，家之所有盡散以饗士，士方其危苦之時，易德耳。」〔二〕於是平原君從之，得敢死之士三千人。李同遂與三千人赴秦軍，秦軍爲之卻三十里。亦會楚、魏救至，秦兵遂罷，邯鄲復存。李同戰死，封其父爲李侯。〔三〕

〔一〕正義名談，太史公諱改也。
〔二〕正義言士方危苦之時，易有恩德。
〔三〕集解徐廣曰：「河內成皋有李城。」正義懷州温縣，本李城也，李同父所封。隋煬帝從故温城移縣於此。

虞卿欲以信陵君之存邯鄲爲平原君請封。公孫龍聞之，夜駕見平原君曰：「龍聞虞卿欲以信陵君之存邯鄲爲君請封，有之乎？」平原君曰：「然。」龍曰：「此甚不可。且王舉君而相趙者，非以君之智能爲趙國無有也。割東武城而封君者，非以君爲有功也，而以國人無勳，乃以君爲親戚故也。君受相印不辭無能，割地不言無功者，亦自以爲親戚故也。今信陵君存邯鄲而請封，是親戚受城而國人計功也。〔一〕此甚不可。且虞卿操其兩權，事成，操右券以責；〔二〕事不成，以虛名德君。君必勿聽也。」平原君遂不聽虞卿。

〔一〕集解徐廣曰：「一本『是親戚受城而以國許人』。」
〔二〕索隱言虞卿論平原君取封事成，則操其右券以責其報德也。

平原君以趙孝成王十五年卒。〔一〕子孫代，後竟與趙俱亡。

〔一〕索隱按：六國年表及世家並云十四年卒，與此不同。

平原君厚待公孫龍。公孫龍善爲堅白之辯，及鄒衍過趙〔一〕言至道，乃絀公孫龍。〔二〕

〔一〕索隱過音戈。
〔二〕集解劉向别録曰：「齊使鄒衍過趙，平原君見公孫龍及其徒綦毋子之屬，論『白馬非馬』之辯，以問鄒子。鄒子曰：『不可。彼天下之辯有五勝三至，而辭正爲下。辯者，别殊類使不相害，序異端使不相亂，杼意通指，明其所謂，使人與知焉，不務相迷也。故勝者不失其所守，不勝者得其所求。若是，故辯可爲也。及至煩文以相假，飾辭以相惇，巧譬以相移，引人聲使不得及其意。如此，害大道。夫繳紛爭言而競後息，不能無害君子。』坐皆稱善。」索隱杼音墅。杼者，舒也。繳音叫。謂繳繞紛亂，爭言而競後息，不能無害也。

虞卿者，游説之士也。躡蹻檐簦〔一〕説趙孝成王。一見，賜黄金百鎰，白璧一雙；再見，爲趙上卿，故號爲虞卿。〔二〕

中華書局

〔一〕集解徐廣曰：「蹻，草履也。簦，長柄笠，音登。笠有柄者謂之簦。」索隱蹻，亦作「屩」，音脚。徐廣云：「屩，草履也。」

〔二〕集解譙周曰：「食邑於虞。」索隱趙之虞在河東大陽縣，今之虞鄉縣是也。

秦趙戰於長平，趙不勝，亡一都尉。趙王召樓昌與虞卿曰：「軍戰不勝，尉復死，〔一〕寡人使束甲而趨之，何如？」樓昌曰：「無益也，不如發重使爲媾。」〔二〕虞卿曰：「昌言媾者，以爲不媾軍必破也。而制媾者在秦。且王之論秦也，欲破趙之軍乎，不邪？」王曰：「秦不遺餘力矣，必且欲破趙軍。」虞卿曰：「王聽臣，發使出重寶以附楚、魏，楚、魏欲得王之重寶，必內吾使。趙使入楚、魏，秦必疑天下之合從，且必恐。如此，則媾乃可爲也。」趙王不聽，與平陽君爲媾，發鄭朱入秦。秦內之。趙王召虞卿曰：「寡人使平陽君爲媾於秦，秦已內鄭朱矣，卿以爲奚如？」虞卿對曰：「王不得媾，軍必破矣。天下賀戰勝者皆在秦矣。鄭朱，貴人也，入秦，秦王與應侯必顯重以示天下。楚、魏以趙爲媾，必不救王。秦知天下不救王，則媾不可得成也。」應侯果顯鄭朱以示天下賀戰勝者，終不肯媾。長平大敗，遂圍邯鄲，爲天下笑。

〔一〕集解徐廣曰：「復，一作『係』。」

〔二〕集解古后反。求和曰媾。索隱古候反。按：求和曰媾。媾亦講，講亦和也。

秦既解邯鄲圍，而趙王入朝，使趙郝〔一〕約事於秦，割六縣而媾。虞卿謂趙王曰：「秦之攻王也，倦而歸乎？王以其力尚能進，愛王而弗攻乎？」王曰：「秦之攻我也，不遺餘力矣，必以倦而歸也。」虞卿曰：「秦以其力攻其所不能取，倦而歸，王又以其力之所不能取以送之，是助秦自攻也。來年秦復攻王，王無救矣。」王以虞卿之言告趙郝。趙郝曰：「虞卿誠能盡秦力之所至乎？誠知秦力之所不能進，此彈丸之地弗予，令秦來年復攻王，王得無割其內而媾乎？」王曰：「請聽子割矣，子能必使來年秦之不復攻我乎？」趙郝對曰：「此非臣之所敢任也。他日三晉之交於秦，相善也。今秦善韓、魏而攻王，王之所以事秦必不如韓、魏也。今臣爲足下解負親之攻，〔二〕開關通幣，齊交韓、魏，至來年而王獨取攻於秦，此王之所以事秦必在韓、魏之後也。此非臣之所敢任也。」

〔一〕集解音釋。徐廣曰：「一作『赦』。」索隱音釋。

〔二〕索隱言爲足下解其負檐，而親自攻之也。

王以告虞卿。虞卿對曰：「郝言『不媾，來年秦復攻王，王得無割其內而媾乎』。今媾，郝又以不能必秦之不復攻也。今雖割六城，何益！來年復攻，又割其力之所不能取而媾，此自盡之術也，不如無媾。秦雖善攻，不能取六縣；趙雖不能守，終不失六城。秦倦而歸，兵必罷。我以六城收天下以攻罷秦，是我失之於天下而取償於秦也。吾國尚利，孰與坐而割地，自弱以彊秦哉？今郝曰『秦善韓、魏而攻趙者，必（以爲韓魏不救趙也而王之軍必孤有以）王之事秦不如韓、魏也』，是使王歲以六城事秦也，卽坐而城盡。來年秦復求割地，王將與之乎？弗與，是弃前功而挑秦禍也；與之，則無地而給之。語曰『彊者善攻，弱者不能守』。今坐而聽秦，秦兵不獘而多得地，是彊秦而弱趙也。以益彊之秦而割愈弱之趙，其計故不止矣。且王之地有盡而秦之求無已，以有盡之地而給無已之求，其勢必無趙矣。」

趙王計未定，樓緩從秦來，趙王與樓緩計之，曰：「予秦地（何）如毋予，孰吉？」緩辭讓曰：「此非臣之所能知也。」王曰：「雖然，試言公之私。」〔一〕樓緩對曰：「王亦聞夫公甫文伯母乎？〔二〕公甫文伯仕於魯，病死，女子爲自殺於房中者二人。其母聞之，弗哭也。其相室曰：〔三〕『焉有子死而弗哭者乎？』其母曰：『孔子，賢人也，逐於魯，而是人不隨也。今死而婦人爲之自殺者二人，若是者必其於長者薄而於婦人厚也。』故從母言之，是爲賢母；從妻言之，是必不免爲妒妻。故其言一也，言者異則人心變矣。今臣新從秦來而言勿予，則非計也；言予之，恐王以臣爲爲秦也：故不敢對。使臣得爲大王計，不如予之。」王曰：「諾。」

〔一〕索隱按：私謂私心也。

〔二〕正義季康子從祖母。文伯名歜，康子從父昆弟。

〔三〕正義謂傅姆之類也。

虞卿聞之，入見王曰：「此飾說也，王眘〔一〕勿予！」樓緩聞之，往見王。王又以虞卿之言告樓緩。樓緩對曰：「不然。虞卿得其一，不得其二。夫秦趙構難而天下皆說，何也？曰『吾且因彊而乘弱矣』。今趙兵困於秦，天下之賀戰勝者則必盡在於秦矣。故不如亟割地爲和，以疑天下而慰秦之心。不然，天下將因秦之（彊）怒，乘趙之獘，瓜分之。趙且亡，何秦之圖乎？故曰虞卿得其一，不得其二。願王以此決之，勿復計也。」

〔一〕集解徐廣曰：「音愼。」

虞卿聞之，往見王曰：「危哉樓子之所以爲秦者，是愈疑天下，而何慰秦之心哉？獨不言其示天下弱乎？且臣言勿予者，非固勿予而已也。秦索六城於王，而王以六城賂齊。齊，秦之深讎也，得王之六城，并力西擊秦，齊之聽王，不待辭之畢也。則是王失之於齊而取償於秦也。而齊、趙之深讎可以報矣，而示天下有能爲也。王以此發聲，兵未窺於境，臣見秦之重賂至趙而反媾於王也。從秦爲媾，韓、魏聞之，必盡重王；重王，必出重寶以先於王。則是王一舉而結三國之親，而與秦易道也。」〔一〕趙王曰：「善。」則使虞卿東見齊王，與之謀秦。虞卿未返，秦使者已在趙矣。樓緩聞之，亡去。趙於是封虞卿以一城。

〔一〕正義前取秦攻，今得賂，是易道也。易音亦。

居頃之，而魏請爲從。趙孝成王召虞卿謀。過平原君，[一]平原君曰：「願卿之論從也。」虞卿入見王。王曰：「魏請爲從。」對曰：「魏過。」[二]王曰：「寡人固未之許。」對曰：「王過。」王曰：「魏請從，卿曰魏過，寡人未之許，又曰寡人過，然則從終不可乎？」對曰：「臣聞小國之與大國從事也，有利則大國受其福，有敗則小國受其禍。今魏以小國請其禍，而王以大國辭其福，臣故曰王過，魏亦過。竊以爲從便。」王曰：「善。」乃合魏爲從。

[一]索隱 過音戈。
[二]集解 光卧反。

虞卿既以魏齊之故，不重萬户侯卿相之印，與魏齊閒行，卒去趙，困於梁。魏齊已死，不得意，乃著書，[一]上採春秋，下觀近世，曰節義、稱號、揣摩、政謀，凡八篇。以刺譏國家得失，世傳之曰虞氏春秋。[二]

[一]索隱 魏齊，魏相，與應侯有仇，秦求之急，乃抵虞卿。卿弃相印，乃與齊閒行亡歸梁，以託信陵君。信陵君疑未決，齊自殺。故虞卿失相，乃窮愁而著書也。
[二]正義 藝文志云十五篇。

太史公曰：平原君，翩翩濁世之佳公子也，然未睹大體。鄙語曰「利令智昏」，平原君貪馮亭邪說，使趙陷長平兵四十餘萬衆，邯鄲幾亡。[一]虞卿料事揣情，爲趙畫策，何其工也！及不忍魏齊，卒困於大梁，庸夫且知其不可，況賢人乎？然虞卿非窮愁，亦不能著書以自見於後世云。

[一]集解 譙周曰：「長平之陷，乃趙王信間易將之咎，何怨平原受馮亭哉？」

【索隱述贊】翩翩公子，天下奇器。笑姬從戮，義士增氣。兵解李同，盟定毛遂。虞卿躡蹻，受賞料事。及困魏齊，著書見意。

史記卷七十七

魏公子列傳第十七

魏公子無忌者，魏昭王少子而魏安釐王異母弟也。昭王薨，安釐王即位，封公子爲信陵君。[一]是時范雎亡魏相秦，以怨魏齊故，秦兵圍大梁，破魏華陽下軍，走芒卯。魏王及公子患之。

[一]索隱 按：地理志無信陵，或是鄉邑名也。

公子爲人仁而下士，士無賢不肖皆謙而禮交之，不敢以其富貴驕士。士以此方數千里争往歸之，致食客三千人。當是時，諸侯以公子賢，多客，不敢加兵謀魏十餘年。

公子與魏王博，而北境傳舉烽，言「趙寇至，且入界」。[一]魏王釋博，欲召大臣謀。公子止王曰：「趙王田獵耳，非爲寇也。」[二]復博如故。王恐，心不在博。居頃，復從北方來傳言曰：「趙王獵耳，非爲寇也。」魏王大驚，曰：「公子何以知之？」公子曰：「臣之客有能深得趙王陰事[三]者，趙王所爲，客輒以報臣，臣以此知之。」是後魏王畏公子之賢能，不敢任公子以國政。

[一]集解 文穎曰：「作高木櫓，櫓上作桔槔，桔槔頭兜零，以薪置其中，謂之烽。常低之，有寇即火然舉之以相告。」
[二]正義 爲，于僞反。
[三]索隱 按：譙周作「探得趙王陰事」。

魏有隱士曰侯嬴，[一]年七十，家貧，爲大梁夷門監者。公子聞之，往請，欲厚遺之。不肯受，曰：「臣脩身絜行數十年，終不以監門困故而受公子財。」公子於是乃置酒大會賓客。坐定，公子從車騎，虚左，自迎夷門侯生。侯生攝敝衣冠，直上載公子上坐，不讓，欲以觀公子。公子執轡愈恭。侯生又謂公子曰：「臣有客在市屠中，願枉車騎過之。」公子引車入市，侯生下見其客朱亥，俾倪，[二]故久立與其客語，微察公子。公子顔色愈和。當是時，魏將相宗室賓客滿堂，待公子舉酒。市人皆觀公子執轡。從騎皆竊罵侯生。侯生視公子色終不變，乃謝客就車。至家，公子引侯生坐上坐，徧贊賓客，[三]賓客皆驚。酒酣，公子起，爲壽侯生前。侯生因謂公子曰：「今日嬴之爲公子亦足矣。[四]嬴乃夷門抱關者也，而公子親枉車騎，自迎嬴於衆人廣坐之中，不宜有所過，今公子故過之。然嬴欲就公子之名，故久立公子車騎市中，過客以觀公子，公子愈恭。市人皆以嬴爲小人，而以公子爲長者能下士

也。」於是罷酒，侯生遂爲上客。

〔一〕索隱 音盈。又曹植音「羸瘦」之「羸」。

〔二〕索隱 上音浦計反，下音五計反。鄒誕云又上音疋未反，下音五弟反。 正義 不正視也。

〔三〕索隱 徧音遍。贊者，告也。謂以侯生遍告賓客。

〔四〕集解 徐廣曰：「爲，一作『羞』。」

侯生謂公子曰：「臣所過屠者朱亥，此子賢者，世莫能知，故隱屠閒耳。」公子往數請之，朱亥故不復謝，公子怪之。

魏安釐王二十年，秦昭王已破趙長平軍，又進兵圍邯鄲。公子姊爲趙惠文王弟平原君夫人，數遺魏王及公子書，請救於魏。魏王使將軍晉鄙〔一〕將十萬衆救趙。秦王使使者告魏王曰：「吾攻趙旦暮且下，而諸侯敢救者，已拔趙，必移兵先擊之。」魏王恐，使人止晉鄙，留軍壁鄴，名爲救趙，實持兩端以觀望。平原君使者冠蓋相屬於魏，讓魏公子曰：「勝所以自附爲婚姻者，以公子之高義，爲能急人之困。今邯鄲旦暮降秦而魏救不至，安在公子能急人之困也！且公子縱輕勝，弃之降秦，獨不憐公子姊邪？」公子患之，數請魏王，及賓客辯士說王萬端。魏王畏秦，終不聽公子。公子自度終不能得之於王，計不獨生而令趙亡，乃請賓客，約車騎百餘乘，欲以客往赴秦軍，與趙俱死。

〔一〕索隱 魏將姓名也。

行過夷門，見侯生，具告所以欲死秦軍狀。辭決而行，侯生曰：「公子勉之矣，老臣不能從。」公子行數里，心不快，曰：「吾所以待侯生者備矣，天下莫不聞，今吾且死而侯生曾無一言半辭送我，我豈有所失哉？」復引車還，問侯生。侯生笑曰：「臣固知公子之還也。」曰：「公子喜士，名聞天下。今有難，無他端而欲赴秦軍，譬若以肉投餒虎，何功之有哉？尚安事客？然公子遇臣厚，公子往而臣不送，以是知公子恨之復返也。」公子再拜，因問。侯生乃屏人閒語，〔一〕曰：「嬴聞晉鄙之兵符常在王卧内，而如姬最幸，出入王卧内，力能竊之。嬴聞如姬父爲人所殺，如姬資之三年，〔二〕自王以下欲求報其父仇，莫能得。如姬爲公子泣，公子使客斬其仇頭，敬進如姬。如姬之欲爲公子死，無所辭，顧未有路耳。公子誠一開口請如姬，如姬必許諾，則得虎符奪晉鄙軍，北救趙而西卻秦，此五霸之伐也。」公子從其計，請如姬。如姬果盜晉鄙兵符與公子。

〔一〕索隱 閒音閑。〔閒〕語謂靜語也。

〔二〕索隱 舊解資之三年謂服齊衰也。今案：資者，畜也。謂欲爲父復讎之資畜於心已得三年矣。

公子行，侯生曰：「將在外，主令有所不受，以便國家。公子卽合符，而晉鄙不授公子兵而復請之，事必危矣。臣客屠者朱亥可與俱，此人力士。晉鄙聽，大善；不聽，可使擊之。」

於是公子泣。侯生曰：「公子畏死邪？何泣也？」公子曰：「晉鄙嚄唶〔一〕宿將，往恐不聽，必當殺之，是以泣耳，豈畏死哉？」於是公子請朱亥。朱亥笑曰：「臣迺市井鼓刀屠者，而公子親數存之，所以不報謝者，以爲小禮無所用。今公子有急，此乃臣效命之秋也。」遂與公子俱。公子過謝侯生。侯生曰：「臣宜從，老不能。請數公子行日，以至晉鄙軍之日，北鄉自剄，以送公子。」公子遂行。

〔一〕集解 上音烏百反，下音莊白反。 索隱 上烏白反，下争格反。案：嚄唶謂多詞句也。 正義 聲類云：「嚄，大笑。唶，大呼。」

至鄴，矯魏王令代晉鄙。晉鄙合符，疑之，舉手視公子曰：「今吾擁十萬之衆，屯於境上，國之重任，今單車來代之，何如哉？」欲無聽。朱亥袖四十斤鐵椎，椎殺晉鄙，公子遂將晉鄙軍。勒兵下令軍中曰：「父子俱在軍中，父歸；兄弟俱在軍中，兄歸；獨子無兄弟，歸養。」得選兵八萬人，進兵擊秦軍。秦軍解去，遂救邯鄲，存趙。趙王及平原君自迎公子於界，平原君負韊矢〔一〕爲公子先引。趙王再拜曰：「自古賢人未有及公子者也。」當此之時，平原君不敢自比於人。公子與侯生決，至軍，侯生果北鄉自剄。

〔一〕集解 呂忱曰：「韊盛弩矢。」 索隱 韊音蘭。謂以盛矢，如今之胡簏而短也。呂姓，忱名，作字林者。言韊盛弩矢之器。

魏王怒公子之盜其兵符，矯殺晉鄙，公子亦自知也。已卻秦存趙，使將將其軍歸魏，而公子獨與客留趙。趙孝成王德公子之矯奪晉鄙兵而存趙，乃與平原君計，以五城封公子。公子聞之，意驕矜而有自功之色。客有說公子曰：「物有不可忘，或有不可不忘。夫人有德於公子，公子不可忘也；公子有德於人，願公子忘之也。且矯魏王令，奪晉鄙兵以救趙，於趙則有功矣，於魏則未爲忠臣也。公子乃自驕而功之，竊爲公子不取也。」於是公子立自責，似若無所容者。趙王埽除自迎，執主人之禮，引公子就西階。公子側行辭讓，從東階上。〔一〕自言辠過，以負於魏，〔二〕無功於趙。趙王侍酒至暮，口不忍獻五城，以公子退讓也。公子竟留趙。趙王以鄗〔三〕爲公子湯沐邑，魏亦復以信陵奉公子。公子留趙。

〔一〕集解 禮記曰：「主人就東階，客就西階。客若降等，則就主人之階。」

〔二〕索隱 負音佩。

〔三〕索隱 音臛，趙邑名，屬常山。

公子聞趙有處士毛公藏於博徒，薛公藏於賣漿家，〔一〕公子欲見兩人，兩人自匿不肯見公子。公子聞所在，乃閒步往從此兩人游，甚歡。平原君聞之，謂其夫人曰：「始吾聞夫人弟公子天下無雙，今吾聞之，乃妄從博徒賣漿者游，公子妄人耳。」夫人以告公子。公子乃

謝夫人去，曰：「始吾聞平原君賢，故負魏王而救趙，以稱平原君。平原君之游，徒豪舉耳，[二]不求士也。無忌自在大梁時，常聞此兩人賢，至趙，恐不得見。以無忌從之游，尚恐其不我欲也，今平原君乃以爲羞，其不足從游。」乃裝爲去。夫人具以語平原君。平原君乃免冠謝，固留公子。平原君門下聞之，半去平原君歸公子，天下士復往歸公子，公子傾平原君客。

[一]集解 徐廣曰：「槳，一作『醪』。」索隱 按：別錄云「槳，或作『醪』字」。

[二]索隱 謂豪者舉之。舉亦音據也。

公子留趙十年不歸。秦聞公子在趙，日夜出兵東伐魏。魏王患之，使使往請公子。公子恐其怒之，乃誡門下：「有敢爲魏王使通者，死。」賓客皆背魏之趙，莫敢勸公子歸。毛公、薛公[一]兩人往見公子曰：「公子所以重於趙，名聞諸侯者，徒以有魏也。今秦攻魏，魏急而公子不恤，使秦破大梁而夷先王之宗廟，公子當何面目立天下乎？」語未及卒，公子立變色，告車趣駕歸救魏。

[一]索隱 史不記其名。

魏王見公子，相與泣，而以上將軍印授公子，公子遂將。魏安釐王三十年，公子使使遍

告諸侯。諸侯聞公子將，各遣將將兵救魏。公子率五國之兵破秦軍於河外，走蒙驁。遂乘勝逐秦軍至函谷關，抑秦兵，[一]秦兵不敢出。當是時，公子威振天下，諸侯之客進兵法，公子皆名之，[二]故世俗稱魏公子兵法。[三]

[一]索隱 抑音億。按：抑謂以兵壓之。

[二]索隱 言公子所得進兵法而必稱其名，以言其恕也。

[三]集解 劉歆七略有魏公子兵法二十一篇，圖七卷。

秦王患之，乃行金萬斤於魏，求晉鄙客，令毀公子於魏王曰：「公子亡在外十年矣，今爲魏將，諸侯將皆屬，諸侯徒聞魏公子，不聞魏王。公子亦欲因此時定南面而王，諸侯畏公子之威，方欲共立之。」秦數使反閒，僞賀公子得立爲魏王未也。魏王日聞其毀，不能不信，後果使人代公子將。公子自知再以毀廢，乃謝病不朝，與賓客爲長夜飲，飲醇酒，多近婦女。日夜爲樂飲者四歲，竟病酒而卒。其歲，魏安釐王亦薨。

秦聞公子死，使蒙驁攻魏，拔二十城，初置東郡。其後秦稍蠶食魏，十八歲而虜魏王，[一]屠大梁。

[一]索隱 魏王名假。

高祖始微少時，數聞公子賢。及即天子位，每過大梁，常祠公子。高祖十二年，從擊黥布還，爲公子置守冢五家，世世歲以四時奉祠公子。

太史公曰：吾過大梁之墟，求問其所謂夷門。夷門者，城之東門也。天下諸公子亦有喜士者矣，然信陵君之接巖穴隱者，不恥下交，有以也。名冠諸侯，不虛耳。高祖每過之而令民奉祠不絕也。

【索隱述贊】信陵下士，鄰國相傾。以公子故，不敢加兵。頗知朱亥，盡禮侯嬴。遂卻晉鄙，終辭趙城。毛、薛見重，萬古希聲。

史記卷七十八

春申君列傳第十八

春申君者，楚人也，名歇，姓黄氏。游學博聞，事楚頃襄王。〔一〕頃襄王以歇爲辯，使於秦。秦昭王使白起攻韓、魏，敗之於華陽，禽魏將芒卯，韓、魏服而事秦。秦昭王方令白起與韓、魏共伐楚，未行，而楚使黄歇適至於秦，聞秦之計。當是之時，秦已前使白起攻楚，取巫、黔中之郡，拔鄢郢，東至竟陵，〔二〕楚頃襄王東徙治於陳縣。〔三〕黄歇見楚懷王之爲秦所誘而入朝，遂見欺，留死於秦。頃襄王，其子也，秦輕之，恐壹舉兵而滅楚。歇乃上書説秦昭王曰：

〔一〕索隱 名横，考烈王完之父。
〔二〕正義 竟陵屬江夏郡也。
〔三〕正義 今陳州也。

天下莫彊於秦、楚。今聞大王欲伐楚，此猶兩虎相與鬭。兩虎相與鬭而駑犬受其

弊，〔一〕不如善楚。臣請言其説：臣聞物至則反，冬夏是也；〔二〕致至則危，〔三〕累棊是也。今大國之地，偏天下有其二垂，〔四〕此從生民已來，萬乘之地未嘗有也。先帝文王、莊王之身，三世不妄接地於齊，以絶從親之要。〔五〕今王使盛橋守事於韓，〔六〕盛橋以其地入秦，是王不用甲，不信威，〔七〕而得百里之地。王可謂能矣。王又舉甲而攻魏，杜大梁之門，舉河内，拔燕、酸棗、虚、〔八〕桃，入邢，〔九〕魏之兵雲翔而不敢捄。王之功亦多矣。王休甲息衆，二年而後復之；又并蒲、衍、首、垣，〔一〇〕以臨仁、平丘，〔一一〕黄、濟陽嬰城〔一二〕而魏氏服；王又割濮磨之北，〔一三〕注齊秦之要，絶楚趙之脊，〔一四〕天下五合六聚而不敢救。王之威亦單矣。〔一五〕

〔一〕索隱 按：謂兩虎鬭乃受獘於駑犬也。劉氏云受猶承也。
〔二〕正義 至，極也，極則反也。冬至，陰之極；夏至，陽之極。
〔三〕集解 徐廣曰：「致，或作『安』。」
〔四〕正義 言極東西。
〔五〕索隱 音腰。以言山東從，韓、魏是其腰。
〔六〕索隱 按：秦使盛橋守事於韓，亦如楚使召滑相趙然也，並内行章義之難。
〔七〕索隱 信音申。
〔八〕集解 徐廣曰：「秦始皇五年，取酸棗、燕、虚。蘇代曰『決宿胥之口，魏無虚、頓丘』。」
〔九〕集解 徐廣曰：「燕縣有桃城，平皐有邢丘。」正義 邢丘在懷州武德縣東南二十里。
〔一〇〕集解 徐廣曰：「蘇秦云『北有河外、卷、衍』。長垣縣有蒲鄉。」索隱 此蒲在衞之長垣蒲鄉也。衍在河南，與卷相近。首蓋牛首，垣即長垣，非河東之垣也。垣音圓。
〔一一〕集解 徐廣曰：「屬陳留。」索隱 仁及平丘二縣名。謂以兵臨此二縣，則黄及濟陽等自嬰城而守也。按：地理志平丘屬陳留，今不知所在。
〔一二〕集解 徐廣曰：「蘇代云『決白馬之口，魏無黄、濟陽』。」正義 故黄城在曹州考城縣東。濟陽故城在曹州宛句縣西南。嬰城，未詳。
〔一三〕集解 徐廣曰：「濮水北於鉅野入濟。」索隱 地名，蓋地近濮也。
〔一四〕正義 劉伯莊云：「言秦得魏地，楚趙之〔絶〕從〔絶〕。」
〔一五〕集解 徐廣曰：「單，亦作『殫』。」索隱 單音丹。單者，盡也。言王之威盡行矣。

王若能持功守威，絀攻取之心而肥仁義之地，使無後患，三王不足四，五伯不足六也。王若負人徒之衆，仗兵革之彊，乘毁魏之威，而欲以力臣天下之主，臣恐其有後患也。詩曰「靡不有初，鮮克有終」。易曰「狐涉水，濡其尾」。〔一〕此言始之易，終之難也。何以知其然也？昔智氏見伐趙之利而不知榆次之禍，〔二〕吴見伐齊之便而不知干隧之敗。〔三〕此二國者，非無大功也，没利於前而易患於後也。〔四〕吴之信越也，從而伐齊，〔五〕既勝齊人於艾陵，〔六〕還爲越王禽三渚之浦。〔七〕智氏之信韓、魏也，從而伐

趙，攻晉陽城，〔八〕勝有日矣，韓、魏叛之，殺智伯瑶於鑿臺之下。〔九〕今王妒楚之不毁也，而忘毁楚之彊韓、魏也，臣爲王慮而不取也。

〔一〕正義 言狐惜其尾，每涉水，舉尾不令濕，比至極困，則濡之。譬不可力臣之。
〔二〕索隱 智伯敗於榆次也。地理志屬太原，有梗陽鄉。正義 榆次，并州縣也。注水經云：「榆次縣南洞渦水側有鑿臺。」
〔三〕索隱 干隧，吴之敗處，地名。干，水邊也。隧，道路也。正義 干隧，吴地名也。出萬安山西南一里太湖，即吴王夫差自剄處，在蘇州西北四十里。
〔四〕索隱 謂智伯及吴王没伐趙及伐齊之利於前，而自易其患於後。後即榆次、干隧之難也。
〔五〕索隱 從音絶用反。劉氏云：「從猶領也。」
〔六〕正義 艾山在兖州博縣南六十里也。
〔七〕集解 戰國策曰「三江之浦」。正義 吴俗傳云：「越軍得子胥夢，從東入伐吴，越王即從三江北岸立壇，殺白馬祭子胥，杯動酒盡，乃開渠曰示浦，入破吴王於姑蘇，敗干隧也。」
〔八〕正義 并州城。
〔九〕集解 徐廣曰：「鑿臺在榆次。」

詩曰「大武遠宅而不涉」。〔一〕從此觀之，楚國，援也；鄰國，敵也。詩云「趯趯毚兔，遇犬獲之」。〔二〕他人有心，余忖度之」。今王中道而信韓、魏之善王也，此正吴之

信越也。臣聞之，敵不可假，時不可失。臣恐韓、魏卑辭除患而實欲欺大國也。[三]何則？王無重世之德[四]於韓、魏，而有累世之怨焉。夫韓、魏父子兄弟接踵而死於秦者將十世矣。本國殘，社稷壞，宗廟毀。刳腹絶腸，折頸摺頤，[五]首身分離，暴骸骨於草澤，頭顱僵仆，相望於境，父子老弱係脰束手爲羣虜者相及於路。鬼神孤傷，無所血食。人民不聊生，族類離散，流亡爲僕妾者，盈滿海内矣。故韓、魏之不亡，秦社稷之憂也，今王資之與攻楚，不亦過乎！

[一]正義 言大軍不遠跋涉攻伐。

[二]集解 韓嬰章句曰：「趯趯，往來貌。獲，得也。言趯趯之毚兔。謂狡兔數往來逃匿其跡，有時遇犬得之。」毛傳曰：「毚兔，狡兔也。」鄭玄曰：「遇犬，犬之馴者，謂田犬。」索隱「趯」作「躍」。躍，天歷反。毚音讒。

[三]索隱 大國謂秦也。

[四]索隱 重世猶累世也。

[五]集解 徐廣曰：「一作『頰』。」索隱 上音拉，下音夷。

且王攻楚將惡出兵？[一]王將借路於仇讎之韓、魏乎？兵出之日而王憂其不返也，是王以兵資於仇讎之韓、魏也。王若不借路於仇讎之韓、魏，必攻隨水右壤。隨水右壤，此皆廣川大水，山林谿谷，不食之地也，[二]王雖有之，不爲得地。是王有毀楚之

名而無得地之實也。

[一]正義 惡音烏。

[二]索隱 楚都陳，隨水之右壤蓋在隨之西，即今鄧州之西，其地多山林者矣。

且王攻楚之日，四國必悉起兵以應王。秦、楚之兵構而不離，魏氏將出而攻留、方與、銍、湖陵、碭、蕭、相，故宋必盡。[一]齊人南面攻楚，泗上必舉。[二]此皆平原四達，膏腴之地，而使獨攻。[三]王破楚以肥韓、魏於中國而勁齊。韓、魏之彊，足以校於秦。[四]齊南以泗水爲境，東負海，北倚河，而無後患，天下之國莫彊於齊、魏，齊、魏得地葆利而詳事下吏，一年之後，爲帝未能，其於禁王之爲帝有餘矣。[五]

[一]正義 徐州西，宋州東，兖州南，並故宋地。

[二]正義 此時徐、泗屬齊也。

[三]索隱 若秦楚構兵不休，則魏盡故宋，齊取泗上，是使齊魏獨攻伐而得其利也。

[四]索隱 校音教。謂足以與秦爲敵也。一云校者，報也，言力能報秦。

[五]索隱 言齊一年之後，未即能爲帝，而能禁秦爲帝有餘力矣。然「禁」字作「楚」者，誤也。

夫以王壤土之博，人徒之衆，兵革之彊，壹舉事而樹怨於楚，遲令[一]韓、魏歸帝重於齊，是王失計也。[二]臣爲王慮，莫若善楚。秦、楚合而爲一以臨韓，韓必斂手。王施以東山之險，帶以曲河之利，韓必爲關内之侯。若是而王以十萬戍鄭，梁氏寒心，許、鄢陵嬰城，而上蔡、召陵不往來也，如此而魏亦關内侯矣。王壹善楚，而關内兩萬乘之主注地於齊，[三]齊右壤可拱手而取也。[四]王之地一經兩海，[五]要約天下，是燕、趙無齊、楚，齊、楚無燕、趙也。然後危動燕、趙，直摇齊、楚，此四國者不待痛而服矣。

[一]集解 徐廣曰：「遲，一作『還』。」索隱 遲音值。值猶乃也。令音力呈反。

[二]索隱 謂韓、魏重齊，令歸帝號，此秦之計失。

[三]索隱 注謂以兵裁之也。

[四]正義 右壤謂濟州之南北也。

[五]索隱 謂西海至東海皆是秦地。正義 廣言横度中國東西也。

昭王曰：「善。」於是乃止白起而謝韓、魏。發使賂楚，約爲與國。

黄歇受約歸楚，楚使歇與太子完入質於秦，秦留之數年。楚頃襄王病，太子不得歸。而楚太子與秦相應侯善，於是黄歇乃説應侯曰：「相國誠善楚太子乎？」應侯曰：「然。」歇曰：「今楚王恐不起疾，秦不如歸其太子。太子得立，其事秦必重而德相國無窮，是親與國

而得儲萬乘也。若不歸，則咸陽一布衣耳；楚更立太子，必不事秦。夫失與國而絶萬乘之和，非計也。願相國孰慮之。」應侯以聞秦王。秦王曰：「令楚太子之傅先往問楚王之疾，返而後圖之。」黄歇爲楚太子計曰：「秦之留太子也，欲以求利也。今太子力未能有以利秦也，歇憂之甚。而陽文君子二人在中，王若卒大命，太子不在，陽文君子必立爲後，太子不得奉宗廟矣。不如亡秦，與使者俱出；臣請止，以死當之。」楚太子因變衣服爲楚使者御以出關，而黄歇守舍，常爲謝病。度太子已遠，秦不能追，歇乃自言秦昭王曰：「楚太子已歸，出遠矣。歇當死，願賜死。」昭王大怒，欲聽其自殺也。應侯曰：「歇爲人臣，出身以徇其主，太子立，必用歇，故不如無罪而歸之，以親楚。」秦因遣黄歇。

歇至楚三月，楚頃襄王卒，[一]太子完立，是爲考烈王。考烈王元年，以黄歇爲相，封爲春申君，[二]賜淮北地十二縣。後十五歲，黄歇言之楚王曰：「淮北地邊齊，其事急，請以爲郡便。」因并獻淮北十二縣，請封於江東。考烈王許之。春申君因城故吴墟，[三]以自爲都邑。

[一]集解 徐廣曰：「三十六年。」

[二]正義 然四君封邑檢皆不獲，唯平原有地，又非趙境，並蓋號謚，而孟嘗是謚。

[三]正義 墟音虚。（闔閭）今蘇州也。〔闔閭〕於城内小城西北别築城居之，今圮毁也。又大内北瀆，四從五横，至

今猶存。又改破楚門爲昌門。

春申君既相楚，是時齊有孟嘗君，趙有平原君，魏有信陵君，方爭下士，招致賓客，以相傾奪，輔國持權。

春申君爲楚相四年，秦破趙之長平軍四十餘萬。五年，圍邯鄲。邯鄲告急於楚，楚使春申君將兵往救之，秦兵亦去，春申君歸。春申君相楚八年，爲楚北伐滅魯，〔一〕以荀卿爲蘭陵令。當是時，楚復彊。

〔一〕索隱 按：年表云八年取魯，封魯君於莒，十四年而滅也。

趙平原君使人於春申君，春申君舍之於上舍。趙使欲夸楚，爲瑇瑁簪，刀劍室以珠玉飾之，請命春申君客。春申君客三千餘人，其上客皆躡珠履以見趙使，趙使大慚。

春申君相十四年，秦莊襄王立，以呂不韋爲相，封爲文信侯。取東周。

春申君相二十二年，諸侯患秦攻伐無已時，乃相與合從，西伐秦，〔一〕而楚王爲從長，春申君用事。至函谷關，秦出兵攻，諸侯兵皆敗走。楚考烈王以咎春申君，春申君以此益疏。

〔一〕集解 徐廣曰：「始皇六年。」

客有觀津人朱英，〔一〕謂春申君曰：「人皆以楚爲彊而君用之弱，其於英不然。先君時

善秦二十年而不攻楚，何也？秦踰黽隘之塞而攻楚，〔二〕不便；假道於兩周，背韓、魏而攻楚，不可。今則不然，魏旦暮亡，不能愛許、鄢陵，其許魏割以與秦。秦兵去陳百六十里，〔三〕臣之所觀者，見秦、楚之日鬭也。」楚於是去陳徙壽春；而秦徙衞野王，作置東郡。〔四〕春申君由此就封於吳，行相事。

〔一〕正義 觀音館。今魏州觀城縣也。

〔二〕正義 黽隘之塞在申州。黽音盲也。

〔三〕集解 徐廣曰：「在許東南。」

〔四〕正義 濮、滑州兼河北置東郡。濮州本衞都，而徙野王也。

楚考烈王無子，春申君患之，求婦人宜子者進之，甚衆，卒無子。趙人李園持其女弟，欲進之楚王，聞其不宜子，恐久毋寵。李園求事春申君爲舍人，已而謁歸，故失期。還謁，春申君問之狀，對曰：「齊王使使求臣之女弟，與其使者飲，故失期。」春申君曰：「娉入乎？」對曰：「未也。」春申君曰：「可得見乎？」曰：「可。」於是李園乃進其女弟，即幸於春申君。知其有身，李園乃與其女弟謀。園女弟承閒以説春申君曰：「楚王之貴幸君，雖兄弟不如也。今君相楚二十餘年，而王無子，即百歲後將更立兄弟，則楚更立君後，亦各貴其故所親，君又安得長有寵乎？非徒然也，君貴用事久，多失禮於王兄弟，兄弟誠立，禍且及身，何以保相印江東之封乎？今妾自知有身矣，而人莫知。妾幸君未久，誠以君之重而進妾於楚王，王必幸妾；妾賴天有子男，則是君之子爲王也，楚國盡可得，孰與身臨不測之罪乎？」春申君大然之，乃出李園女弟，謹舍，而言之楚王。楚王召入幸之，遂生子男，立爲太子，以李園女弟爲王后。楚王貴李園，園用事。

李園既入其女弟，立爲王后，子爲太子，恐春申君語泄而益驕，陰養死士，欲殺春申君以滅口，而國人頗有知之者。

春申君相二十五年，楚考烈王病。朱英謂春申君曰：「世有毋望之福，〔一〕又有毋望之禍。〔二〕今君處毋望之世，〔三〕事毋望之主，〔四〕安可以無毋望之人乎？」〔五〕春申君曰：「何謂毋望之福？」曰：「君相楚二十餘年矣，雖名相國，實楚王也。今楚王病，旦暮且卒，而君相少主，因而代立當國，如伊尹、周公，王長而反政，不即遂南面稱孤而有楚國？此所謂毋望之福也。」春申君曰：「何謂毋望之禍？」曰：「李園不治國而君之仇也，〔六〕不爲兵而養死士之日久矣，楚王卒，李園必先入據權而殺君以滅口。此所謂毋望之禍也。」春申君曰：「何謂毋望之人？」對曰：「君置臣郎中，楚王卒，李園必先入，臣爲君殺李園。此所謂毋望之人也。」春申君曰：「足下置之。李園，弱人也，僕又善之，且又何至此！」朱英〔七〕知言不

用，恐禍及身，乃亡去。

〔一〕正義 無望謂不望而忽至也。

〔二〕索隱 周易有无妄卦，其義殊也。

〔三〕正義 謂生死無常。

〔四〕正義 謂喜怒不節也。

〔五〕正義 謂吉凶忽（爲）〔焉〕。

〔六〕索隱 言園是春申之仇也。戰國策作「君之舅也」，謂爲王之舅，意異也。

〔七〕索隱 朱亥。即上之朱英也。作「亥」者，史因趙有朱亥誤也。

後十七日，楚考烈王卒，李園果先入，伏死士於棘門之內。〔一〕春申君入棘門，園死士俠刺春申君，斬其頭，投之棘門外。〔二〕於是遂使吏盡滅春申君之家。而李園女弟初幸春申君有身而入之王所生子者遂立，是爲楚幽王。〔三〕

〔一〕正義 壽州城門。

〔二〕正義 楚考烈王二十五年，秦始皇九年。

〔三〕索隱 按：楚捍有母弟猶，猶有庶兄負芻及昌平君，是楚君完非無子，而上文云考烈王無子，誤也。

是歲也，秦始皇帝立九年矣。嫪毐亦爲亂於秦，覺，夷其三族，而呂不韋廢。

太史公曰：吾適楚，觀春申君故城，宮室盛矣哉！初，春申君之說秦昭王，及出身遣楚太子歸，何其智之明也！後制於李園，旄矣。〔一〕語曰：「當斷不斷，反受其亂。」春申君失朱英之謂邪？

〔一〕集解徐廣曰：「旄音耄。」

【索隱述贊】黃歇辯智，權略秦、楚。太子獲歸，身作宰輔。珠炫趙客，邑開吳士。烈王寡胤，李園獻女。無妄成災，朱英徒語。

史記卷七十九

范雎蔡澤列傳第十九

范雎者，魏人也，字叔。游說諸侯，欲事魏王，家貧無以自資，乃先事魏中大夫〔一〕須賈。〔二〕

〔一〕索隱按：漢書百官表中大夫，秦官。此魏有中大夫，蓋古官也。

〔二〕索隱須，姓；賈，名也。須氏蓋密須之後。

須賈爲魏昭王〔一〕使於齊，范雎從。留數月，未得報。齊襄王〔二〕聞雎辯口，乃使人賜雎金十斤及牛酒，雎辭謝不敢受。須賈知之，大怒，以爲雎持魏國陰事告齊，故得此饋，令雎受其牛酒，還其金。既歸，心怒雎，以告魏相。魏相，魏之諸公子，曰魏齊。魏齊大怒，使舍人笞擊雎，折脅摺齒。〔三〕雎詳死，即卷以簀，〔四〕置廁中。賓客飲者醉，更溺雎，〔五〕故僇辱以懲後，令無妄言者。雎從簀中謂守者曰：「公能出我，我必厚謝公。」守者乃請出弃簀中死人。魏齊醉，曰：「可矣。」范雎得出。後魏齊悔，復召求之。魏人鄭安平聞之，乃遂操

范雎亡，伏匿，更名姓曰張祿。

〔一〕索隱按：系本昭王名遫，襄王之子也。

〔二〕索隱名法章。

〔三〕索隱摺音力答反。謂打折其脅而又拉折其齒也。

〔四〕索隱簀謂葦荻之薄也，用之以裹屍也。

〔五〕索隱更音羹。溺即溲也。溺音年弔反。溲音所留反。正義溺，古「尿」字。

當此時，秦昭王使謁者王稽於魏。鄭安平詐爲卒，侍王稽。〔一〕王稽問：「魏有賢人可與俱西游者乎？」鄭安平曰：「臣里中有張祿先生，欲見君，言天下事。其人有仇，不敢晝見。」王稽曰：「夜與俱來。」鄭安平夜與張祿見王稽。語未究，王稽知范雎賢，謂曰：「先生待我於三亭之南。」〔二〕與私約而去。

〔一〕正義卒，祖律反。

〔二〕索隱按：三亭，亭名，在魏境之邊，道亭也，今無其處。一云魏之郊境，總有三亭，皆祖餞之處。與期三亭之南，蓋送餞已畢，無人處。正義括地志云：「三亭岡在汴州尉氏縣西南三十七里。」按：三亭岡在山部中名也，蓋「岡」字誤爲「南」。

王稽辭魏去，過載范雎入秦。至湖，〔一〕望見車騎從西來。范雎曰：「彼來者爲誰？」王

稽曰：「秦相穰侯東行縣邑。」范雎曰：「吾聞穰侯專秦權，惡內諸侯客，〔三〕此恐辱我，我寧且匿車中。」有頃，穰侯果至，勞王稽，因立車而語曰：「關東有何變？」曰：「無有。」又謂王稽曰：「謁君得無與諸侯客子俱來乎？無益，徒亂人國耳。」王稽曰：「不敢。」卽別去。范雎曰：「吾聞穰侯智士也，其見事遲，鄉者疑車中有人，忘索之。」〔三〕於是范雎下車走，曰：「此必悔之。」行十餘里，果使騎還索車中，無客，乃已。王稽遂與范雎入咸陽。

〔一〕索隱 按：地理志京兆有湖縣，本名胡，武帝更名湖，卽今湖城縣也。正義 今虢州湖城縣也。

〔二〕索隱 内音納，亦如字。內者亦猶入也。

〔三〕索隱 索猶搜也。音栅，又先格反。

已報使，因言曰：「魏有張祿先生，天下辯士也。曰『秦王之國危於累卵，〔一〕得臣則安。然不可以書傳也』。臣故載來。」秦王弗信，使舍食草具。〔二〕待命歲餘。

〔一〕正義 按：說苑云「晉靈公造九層之臺，費用千金，謂左右曰：『敢有諫者斬。』荀息聞之，上書求見。靈公張弩持矢見之。曰：『臣不敢諫也。臣能累十二博棊，加九雞子其上。』公曰：『子爲寡人作之。』荀息正顏色，定志意，以棊子置下，加九雞子其上。左右懼慴息，靈公氣息不續。公曰：『危哉，危哉！』荀息曰：『此殆不危也，復有危於此者。』公曰：『願見之。』荀息曰：『九層之臺三年不成，男不耕，女不織，國用空虛，鄰國謀議將興，社稷亡滅，君欲何望？』靈公曰：『寡人之過也乃至於此！』卽壞九層臺也。」

〔二〕索隱 謂亦舍之，而食以下客之具。然草具謂麤食草萊之饌具。

當是時，昭王已立三十六年。南拔楚之鄢郢，楚懷王幽死於秦。秦東破齊。湣王嘗稱帝，後去之。數困三晉。厭天下辯士，無所信。

穰侯，華陽君，〔一〕昭王母宣太后之弟也；而涇陽君、高陵君皆昭王同母弟也。穰侯相，三人者更將，有封邑，以太后故，私家富重於王室。及穰侯爲秦將，且欲越韓、魏而伐齊綱壽，欲以廣其陶封。范雎乃上書曰：

〔一〕集解 徐廣曰：「華，一作『葉』。」索隱 穰侯謂魏冄，宣太后之異父弟。穰，縣，在南陽。華陽君，芈戎，宣太后之同父弟，亦號爲新城君是也。

臣聞明主立政，〔一〕有功者不得不賞，有能者不得不官，勞大者其祿厚，功多者其爵尊，能治衆者其官大。故無能者不敢當職焉，有能者亦不得蔽隱。使以臣之言爲可，願行而益利其道；以臣之言爲不可，久留臣無爲也。語曰：「庸主賞所愛而罰所惡；明主則不然，賞必加於有功，而刑必斷於有罪。」今臣之胸不足以當椹質，〔二〕而要不足以待斧鉞，豈敢以疑事嘗試於王哉！雖以臣爲賤人而輕辱，獨不重任臣者之無反復於王邪？

〔一〕索隱 按：戰國策「立」作「莅」也。

〔二〕索隱 椹音陟林反。按：椹者，莝椹也。質者，斲刃也。腰斬者當椹質也。

且臣聞周有砥砨，宋有結綠，梁有縣藜，〔一〕楚有和朴，〔二〕此四寶者，土之所生，良工之所失也，而爲天下名器。然則聖王之所弃者，獨不足以厚國家乎？

〔一〕集解 薛綜曰：「縣藜一曰美玉。」

〔二〕正義 縣音玄。劉伯莊云珍玉朴也。

臣聞善厚家者取之於國，善厚國者取之於諸侯。天下有明主則諸侯不得擅厚者，何也？爲其割榮也。〔一〕良醫知病人之死生，而聖主明於成敗之事，利則行之，害則舍之，疑則少嘗之，雖舜禹復生，弗能改已。語之至者，臣不敢載之於書，其淺者又不足聽也。意者臣愚而不概〔二〕於王心邪？亡其言〔三〕臣者賤而不可用乎？自非然者，臣願得少賜游觀之閒，望見顏色。一語無效，請伏斧質。

〔一〕索隱 割榮卽上之擅厚，謂擅權也。

〔二〕集解 徐廣曰：「一作『溉』，音同。」索隱 按：戰國策「概」作「關」，謂關涉於王心也。徐注「音同」，非也。

〔三〕索隱 亡猶輕蔑也。

於是秦昭王大說，乃謝王稽，使以傳車〔一〕召范雎。

〔一〕集解 徐廣曰：「一云『使持車』。」索隱「使持車」，戰國策之文也。

於是范雎乃得見於離宮，〔一〕詳爲不知永巷而入其中。〔二〕王來而宦者怒，逐之，曰：「王至！」范雎繆爲曰：「秦安得王？秦獨有太后、穰侯耳。」欲以感怒昭王。昭王至，聞其與宦者爭言，遂延迎，謝曰：「寡人宜以身受命久矣，會義渠之事急，寡人旦暮自請太后；今義渠之事已，寡人乃得受命。竊閔然不敏，〔三〕敬執賓主之禮。」范雎辭讓。是日觀范雎之見者，羣臣莫不洒然〔四〕變色易容者。

〔一〕正義 長安故城本秦離宮，在雍州長安北十三里也。

〔二〕正義 永巷，宮中獄也。

〔三〕索隱 鄒誕本作「惛然」，音昏。又云一作「閔」，音敏。閔猶昏闇也。

〔四〕集解 徐廣曰：「洒，先典反。」索隱 鄭玄曰「灑然，肅敬之貌」也。

秦王屏左右，宮中虛無人。秦王跽〔一〕而請曰：「先生何以幸教寡人？」范雎曰：「唯唯。」有閒，秦王復跽而請曰：「先生何以幸教寡人？」范雎曰：「唯唯。」若是者三。秦王跽曰：「先生卒不幸教寡人邪？」范雎曰：「非敢然也。臣聞昔者呂尚之遇文王也，身爲漁父而釣於渭濱耳。若是者，交疏也。已說而立爲太師，載與俱歸者，其言深也。故文王遂收功於呂尚而卒王天下。鄉使文王疏呂尚而不與深言，是周無天子之德，而文武無與成其王業也。今臣羈旅之臣也，交疏於王，而所願陳者皆匡君之事，處人骨肉之閒，願效愚忠

而未知王之心也。此所以王三問而不敢對者也。臣非有畏而不敢言也。臣知今日言之於前而明日伏誅於後，然臣不敢避也。大王信行臣之言，死不足以爲臣患，亡不足以爲臣憂，漆身爲厲〔二〕被髮爲狂不足以爲臣恥。且以五帝之聖焉而死，三王之仁焉而死，五伯之賢焉而死，烏獲、任鄙之力焉而死，成荆〔三〕孟賁、〔四〕王慶忌、〔五〕夏育之勇焉而死。〔六〕死者，人之所必不免也。處必然之勢，可以少有補於秦，此臣之所大願也，臣又何患哉！伍子胥橐載而出昭關，夜行晝伏，至於陵水，〔七〕無以餬其口，厀行蒲伏，稽首肉袒，鼓腹吹篪，〔八〕乞食於吳市，卒興吳國，闔閭爲伯。使臣得盡謀如伍子胥，加之以幽囚，終身不復見，是臣之說行也，臣又何憂？箕子、接輿漆身爲厲，被髮爲狂，無益於主。假使臣得同行於箕子，可以有補於所賢之主，是臣之大榮也，臣有何恥？臣之所恐者，獨恐臣死之後，天下見臣之盡忠而身死，因以是杜口裹足，莫肯鄉秦耳。足下上畏太后之嚴，下惑於姦臣之態，〔九〕居深宮之中，不離阿保之手，終身迷惑，無與昭姦。〔一〇〕大者宗廟滅覆，小者身以孤危，此臣之所恐耳。若夫窮辱之事，死亡之患，臣不敢畏也。臣死而秦治，是臣死賢於生。」秦王跽曰：「先生是何言也！夫秦國辟遠，寡人愚不肖，先生乃幸辱至於此，是天以寡人慁先生〔一一〕而存先王之宗廟也。寡人得受命於先生，是天所以幸先王，而不弃其孤也。先生柰何而言若是！事無小大，上及太后，下至大臣，願先生悉以教寡人，無疑寡人也。」范睢拜，秦王亦拜。

〔一〕索隱 音其紀反。跽者，長跪，兩膝枝地。

〔二〕索隱 音賴，癩病也。言漆塗身，生瘡如病癩。

〔三〕集解 徐廣曰：「一作『羌』。」

〔四〕集解 許慎曰：「成荆，古勇士。孟賁，衞人。」

〔五〕集解 吳越春秋曰：「吳王僚子慶忌。」

〔六〕集解 漢書音義曰：「或云夏育，衞人，力舉千鈞。」

〔七〕索隱 劉氏云：「陵水即栗水也。」按：陵栗聲相近，故惑也。

〔八〕集解 徐廣曰：「一作『篪』。」

〔九〕索隱 按：態謂姦臣諂詐之志也。

〔一〇〕正義 昭，明也。無與明其姦惡。

〔一一〕集解 徐廣曰：「亂先生也。音溷。」索隱 慁及注「溷」字並胡困反。慁猶汨亂之意。

范睢曰：「大王之國，四塞以爲固，北有甘泉、谷口，〔一〕南帶涇、渭，右隴、蜀，左關、阪，奮擊百萬，戰車千乘，利則出攻，不利則入守，此王者之地也。民怯於私鬭而勇於公戰，此王者之民也。王并此二者而有之。夫以秦卒之勇，車騎之衆，以治諸侯，譬若施韓盧而搏蹇兔也，〔二〕霸王之業可致也，而羣臣莫當其位。至今閉關十五年，不敢窺兵於山東者，是

穰侯爲秦謀不忠，而大王之計有所失也。」秦王跽曰：「寡人願聞失計。」

〔一〕正義 括地志云：「甘泉山一名鼓原，俗名磨石嶺，在雍州雲陽縣西北九十里。關中記云『甘泉宮在甘泉山上，年代永久，無復甘泉之名，失其實也。宮北云有連山，土人爲磨石嶺』。郊祀志公孫卿言黃帝得仙寒門，寒門者，谷口也。按：九嵏山西謂之谷口，卽古寒門也。在雍州醴泉縣東北四十里。」

〔二〕索隱 戰國策云：「韓盧者，天下之壯犬也。」是韓呼盧爲犬，謂施韓盧而搏蹇兔，以喻秦彊，言取諸侯之易。

然左右多竊聽者，范睢恐，未敢言內，先言外事，以觀秦王之俯仰。因進曰：「夫穰侯越韓、魏而攻齊綱、壽，非計也。少出師則不足以傷齊，多出師則害於秦。臣意王之計，欲少出師而悉韓、魏之兵也，則不義矣。今見與國之不親也，越人之國而攻，可乎？其於計疏矣。且昔齊湣王南攻楚，破軍殺將，再辟地千里，〔一〕而齊尺寸之地無得焉者，豈不欲得地哉，形勢不能有也。諸侯見齊之罷獘，君臣之不和也，興兵而伐齊，大破之。士辱兵頓，皆咎其王，曰：『誰爲此計者乎？』王曰：『文子爲之。』〔二〕大臣作亂，文子出走。故齊所以大破者，以其伐楚而肥韓、魏也。此所謂借賊兵〔三〕而齎盜糧者也。〔四〕王不如遠交而近攻，得寸則王之寸也，得尺亦王之尺也。今釋此而遠攻，不亦繆乎！且昔者中山之國地方五百里，趙獨吞之，功成名立而利附焉，天下莫之能害也。今夫韓、魏，中國之處而天下之樞也，王其欲霸，必親中國以爲天下樞，以威楚、趙。楚彊則附趙，趙彊則附楚，楚、趙皆附，齊必懼矣。齊懼，必卑辭重幣以事秦。齊附而韓、魏因可虜也。」昭王曰：「吾欲親魏久矣，而魏多變之國也，寡人不能親。請問親魏柰何？」對曰：「王卑詞重幣以事之；不可，則割地而賂之；不可，因舉兵而伐之。」王曰：「寡人敬聞命矣。」乃拜范睢爲客卿，謀兵事。卒聽范睢謀，使五大夫綰伐魏，拔懷。〔五〕後二歲，拔邢丘。

〔一〕正義 辟，（尺）〔疋〕亦反。

〔二〕索隱 謂田文，卽孟嘗君也。猶戰國策謂田盼、田嬰爲盼子、嬰子然也。

〔三〕索隱 借音子夜反。一作「籍」，音亦同。

〔四〕索隱 齎音側奚反。言爲盜齎糧也。

〔五〕集解 徐廣曰：「昭王三十九年。」

客卿范睢復說昭王曰：「秦韓之地形，相錯如繡。秦之有韓也，譬如木之有蠹也，〔一〕人之有心腹之病也。天下無變則已，天下有變，其爲秦患者孰大於韓乎？王不如收韓。」昭王曰：「吾固欲收韓，韓不聽，爲之柰何？」對曰：「韓安得無聽乎？王下兵而攻滎陽，則鞏、成皋之道不通；〔二〕北斷太行之道，則上黨之師不下。〔三〕王一興兵而攻滎陽，則其國斷而爲三。〔四〕夫韓見必亡，安得不聽乎？若韓聽，而霸事因可慮矣。」王曰：「善。」且欲發使於韓。

〔一〕正義 音妬，(石)〔蝕〕柱蠹。

〔二〕正義 言宜陽、陝、虢之師不得下相救。

〔三〕正義 言澤、潞之師不得下太行相救。

〔四〕正義 新鄭已南一，宜陽二，澤、潞三。

范雎日益親，復說用數年矣，因請閒說曰：「〔一〕臣居山東時，聞齊之有田文，不聞其有王也；聞秦之有太后、穰侯、華陽、高陵、涇陽，不聞其有王也。夫擅國之謂王，能利害之謂王，制殺生之威之謂王。今太后擅行不顧，穰侯出使不報，華陽、涇陽等擊斷無諱，〔二〕高陵進退不請。四貴備而國不危者，未之有也。爲此四貴者下，乃所謂無王也。然則權安得不傾，令安得從王出乎？臣聞善治國者，乃內固其威而外重其權。穰侯使者操王之重，決制於諸侯，剖符於天下，政適〔三〕伐國，莫敢不聽。戰勝攻取則利歸於陶，國獘御於諸侯；〔四〕戰敗則結怨於百姓，而禍歸於社稷。詩曰『木實繁者披其枝，〔五〕披其枝者傷其心；大其都者危其國，尊其臣者卑其主』。崔杼、淖齒管齊，〔六〕射王股，擢王筋，〔七〕縣之於廟梁，宿昔而死。李兌管趙，囚主父於沙丘，〔八〕百日而餓死。今臣聞秦太后、穰侯用事，高陵、華陽、涇陽佐之，卒無秦王，此亦淖齒、李兌之類也。且夫三代所以亡國者，君專授政，縱酒馳騁

弋獵，不聽政事。其所授者，妒賢嫉能，御下蔽上，以成其私，不爲主計，而主不覺悟，故失其國。今自有秩以上至諸大吏，下及王左右，無非相國之人者。見王獨立於朝，臣竊爲王恐，萬世之後，有秦國者非王子孫也。」昭王聞之大懼，曰：「善。」於是廢太后，逐穰侯、高陵、華陽、涇陽君於關外。秦王乃拜范雎爲相。收穰侯之印，使歸陶，因使縣官給車牛以徙，千乘有餘。到關，關閱其寶器，寶器珍怪多於王室。

〔一〕正義 閒音閑。

〔二〕集解 諱，畏也。 索隱 無諱猶無畏也。

〔三〕集解 徐廣曰：「音征敵。」

〔四〕索隱 按：獘者，斷也。御，制也。言穰侯執權，以制御主斷於諸侯也。

〔五〕正義 披音片被反。

〔六〕索隱 淖，姓也，音泥教反，漢有淖姬是也。高誘曰「管，典也」。言二人典齊權而行弒逆也。 正義 淖齒，楚人，齊湣王臣。

〔七〕索隱 按：言「射王股」，誤也。崔杼射莊公之股，淖齒擢湣王之筋，是說二君事也。

〔八〕正義 沙丘臺在邢州平鄉縣東北三十里。

秦封范雎以應，〔一〕號爲應侯。當是時，秦昭王四十一年也。

〔一〕索隱 封范雎於應。案：劉氏云「河東臨晉縣有應亭」，則秦地有應也。又案：本紀以應爲太后養地，解者云

「在潁川之應鄉」，未知孰是。 正義 括地志云：「故應城，古應鄉，在汝州魯山縣東四十里也。」

范雎既相秦，秦號曰張祿，而魏不知，以爲范雎已死久矣。魏聞秦且東伐韓、魏，魏使須賈於秦。范雎聞之，爲微行，敝衣閒步之邸，〔一〕見須賈。須賈見之而驚曰：「范叔固無恙乎！」范雎曰：「然。」須賈笑曰：「范叔有說於秦邪？」曰：「不也。雎前日得過於魏相，故亡逃至此，安敢說乎！」須賈曰：「今叔何事？」范雎曰：「臣爲人庸賃。」須賈意哀之，留與坐飲食，曰：「范叔一寒如此哉！」乃取其一綈袍以賜之。〔二〕須賈因問曰：「秦相張君，公知之乎？吾聞幸於王，天下之事皆決於相君。今吾事之去留在張君。孺子〔三〕豈有客習於相君者哉？」范雎曰：「主人翁習知之。唯雎亦得謁，雎請爲見君於張君。」須賈曰：「吾馬病，車軸折，非大車駟馬，吾固不出。」范雎曰：「願爲君借大車駟馬於主人翁。」

〔一〕正義 劉云「諸國客館」。

〔二〕索隱 按：綈，厚繒也，音啼，蓋今之絁也。 正義 今之麤袍。

〔三〕索隱 劉氏云：「蓋謂雎爲小子也。」

范雎歸取大車駟馬，爲須賈御之，入秦相府。府中望見，有識者皆避匿。須賈怪之。至相舍門，謂須賈曰：「待我，我爲君先入通於相君。」須賈待門下，持車良久，問門下曰：「范

叔不出，何也？」門下曰：「無范叔。」須賈曰：「鄉者與我載而入者。」門下曰：「乃吾相張君也。」須賈大驚，自知見賣，乃肉袒厀行，因門下人謝罪。於是范雎盛帷帳，侍者甚衆，見之。須賈頓首言死罪，曰：「賈不意君能自致於青雲之上，賈不敢復讀天下之書，不敢復與天下之事。賈有湯鑊之罪，請自屏於胡貉之地，唯君死生之！」范雎曰：「汝罪有幾？」曰：「擢賈之髮以續賈之罪，尚未足。」范雎曰：「汝罪有三耳。昔者楚昭王時而申包胥爲楚卻吳軍，楚王封之以荆五千户，包胥辭不受，爲丘墓之寄於荆也。今雎之先人丘墓亦在魏，公前以雎爲有外心於齊而惡雎於魏齊，公之罪一也。當魏齊辱我於廁中，公不止，罪二也。更醉而溺我，公其何忍乎？罪三矣。然公之所以得無死者，以綈袍戀戀，有故人之意，故釋公。」乃謝罷。入言之昭王，罷歸須賈。

須賈辭於范雎，范雎大供具，盡請諸侯使，與坐堂上，食飲甚設。而坐須賈於堂下，置莝豆其前，令兩黥徒夾而馬食之。數曰：「爲我告魏王，急持魏齊頭來！不然者，我且屠大梁。」須賈歸，以告魏齊。魏齊恐，亡走趙，匿平原君所。

范雎既相，王稽謂范雎曰：「事有不可知者三，有不可柰何者亦三。宮車一日晏駕，〔一〕是事之不可知者一也。君卒然捐館舍，是事之不可知者二也。使臣卒然填溝壑，是事之不可知者三也。宮車一日晏駕，君雖恨於臣，無可柰何。君卒然捐館舍，君雖恨於臣，亦無可

奈何。使臣卒然填溝壑，君雖恨於臣，亦無可奈何。」范雎不懌，乃入言於王曰：「非王稽之忠，莫能內臣於函谷關；非大王之賢聖，莫能貴臣。今臣官至於相，爵在列侯，王稽之官尚止於謁者，非其內臣之意也。」昭王召王稽，拜爲河東守，三歲不上計。〔一〕又任鄭安平，昭王以爲將軍。范雎於是散家財物，盡以報所嘗困戹者。一飯之德必償，睚眦之怨必報。〔二〕

〔一〕集解應劭曰：「天子當晨起早作，如方崩殞，故稱晏駕。」韋昭曰：「凡初崩爲『晏駕』者，臣子之心猶謂宮車當駕而晚出。」

〔二〕集解司馬彪曰：「凡郡掌治民，進賢，勸功，決訟，檢姦。常以春行所至縣，勸民農桑，振救乏絕；秋冬遣無害吏案訊問諸囚，平其罪法，論課殿最；歲盡遣吏上計。」

〔三〕索隱睚音崖賣反，眦音士賣反。又音崖債二音。睚眦謂相嗔而怒目切齒。

范雎相秦二年，秦昭王之四十二年，東伐韓少曲、〔一〕高平，拔之。〔二〕

〔一〕集解徐廣曰：「蘇代曰『起少曲，一日而斷大行』。」索隱按：蘇云「起少曲，一日而斷太行」，故劉氏以爲蓋在太行西南。

〔二〕正義括地志云：「南韓王故城在懷州河陽縣西北四十里。俗謂之韓王城，非也。春秋時周桓王以與鄭。紀年云『鄭侯使辰歸晉陽向，更名高平，拔之』。則少曲當與高平相近。」

秦昭王聞魏齊在平原君所，欲爲范雎必報其仇，乃詳爲好書遺平原君曰：「寡人聞君之高義，願與君爲布衣之友，君幸過寡人，寡人願與君爲十日之飲。」平原君畏秦，且以爲然，

而入秦見昭王。昭王與平原君飲數日，昭王謂平原君曰：「昔周文王得呂尚以爲太公，齊桓公得管夷吾以爲仲父，今范君亦寡人之叔父也。范君之仇在君之家，願使人歸取其頭來；不然，吾不出君於關。」平原君曰：「貴而爲交者，爲賤也；富而爲交者，爲貧也。〔一〕夫魏齊者，勝之友也，在，固不出也，今又不在臣所。」昭王乃遺趙王書曰：「王之弟在秦，范君之仇魏齊在平原君之家。王使人疾持其頭來；不然，吾舉兵而伐趙，又不出王之弟於關。」趙孝成王乃發卒圍平原君家，急，魏齊夜亡出，見趙相虞卿。虞卿度趙王終不可說，乃解其相印，與魏齊亡，閒行，念諸侯莫可以急抵者，乃復走大梁，欲因信陵君以走楚。信陵君聞之，畏秦，猶豫未肯見，曰：「虞卿何如人也？」時侯嬴在旁，曰：「人固未易知，知人亦未易也。夫虞卿躡屩檐簦，一見趙王，賜白璧一雙，黃金百鎰；再見，拜爲上卿；三見，卒受相印，封萬戶侯。當此之時，天下爭知之。夫魏齊窮困過虞卿，虞卿不敢重爵祿之尊，解相印，捐萬戶侯而閒行。急士之窮而歸公子，公子曰『何如人』。人固不易知，知人亦未易也！」信陵君大慙，駕如野迎之。魏齊聞信陵君之初難見之，怒而自剄。趙王聞之，卒取其頭予秦。秦昭王乃出平原君歸趙。

〔一〕索隱上「爲」音如字，下「爲」音于僞反。以言富貴而結交情深者，爲有貧賤之時，不可忘之也。

昭王四十三年，秦攻韓汾陘，〔一〕拔之，因城河上〔二〕廣武。

〔一〕索隱陘音刑。陘蓋在韓之西界，與汾相近也。正義按：陘庭故城在絳州曲沃縣西北二十里汾水之陽。

〔二〕索隱劉氏云：「此河上蓋近河之地，本屬韓，今秦得而城。」

後五年，昭王用應侯謀，縱反閒賣趙，趙以其故，令馬服子〔一〕代廉頗〔二〕將。秦大破趙於長平，遂圍邯鄲。已而與武安君白起有隙，言而殺之。〔三〕任鄭安平，使擊趙。鄭安平爲趙所圍，急，以兵二萬人降趙。應侯席稾請罪。秦之法，任人而所任不善者，各以其罪罪之。於是應侯罪當收三族。秦昭王恐傷應侯之意，乃下令國中：「有敢言鄭安平事者，以其罪罪之。」而加賜相國應侯食物日益厚，以順適其意。後二歲，王稽爲河東守，與諸侯通，坐法誅。〔四〕而應侯日益以不懌。

〔一〕索隱趙括之號也。故虞喜志林云「馬，兵之首也。號曰『馬服』者，言能服馬也」。

〔二〕索隱鄗氏音匹波反。

〔三〕集解徐廣曰：「在五十年。」索隱注徐云五十年，據秦本紀及年表而知之也。

〔四〕集解徐廣曰：「五十二年。」

昭王臨朝歎息，應侯進曰：「臣聞『主憂臣辱，主辱臣死』。今大王中朝而憂，臣敢請其

罪。」昭王曰：「吾聞楚之鐵劍利而倡優拙。〔一〕夫鐵劍利則士勇，倡優拙則思慮遠。夫以遠思慮而御勇士，吾恐楚之圖秦也。夫物不素具，不可以應卒，今武安君既死，而鄭安平等畔，內無良將而外多敵國，吾是以憂。」欲以激勵應侯。〔二〕應侯懼，不知所出。蔡澤聞之，往入秦也。

〔一〕正義論士能善卒不戰。

〔二〕索隱激音擊。

蔡澤者，燕人也。游學干諸侯〔一〕小大甚衆，不遇。而從唐舉相，〔二〕曰：「吾聞先生相李兌，曰『百日之內持國秉』，有之乎？」〔三〕曰：「有之。」曰：「若臣者何如？」唐舉孰視而笑曰：「先生曷鼻，巨肩，〔四〕魋顏，蹙齃，〔五〕膝攣。〔六〕吾聞聖人不相，殆先生乎？」蔡澤知唐舉戲之，乃曰：「富貴吾所自有，吾所不知者壽也，願聞之。」唐舉曰：「先生之壽，從今以往者四十三歲。」蔡澤笑謝而去，謂其御者曰：「吾持粱刺齒肥，〔七〕躍馬疾驅，懷黃金之印，結紫綬於要，揖讓人主之前，食肉富貴，四十三年足矣。」去之趙，見逐。之〔八〕韓、魏，遇奪釜鬲〔九〕於塗。聞應侯任鄭安平、王稽皆負重罪於秦，應侯內慙，蔡澤乃西入秦。

〔一〕正義不待禮曰干。

〔二〕集解荀卿曰：「梁有唐舉。」索隱荀卿書作「唐莒」。

〔三〕索隱按：左傳「國子實執齊秉」，服虔曰「秉，權柄也」。

〔四〕集解徐廣曰：「曷，一作『偈』。偈，一作『仰』。巨，一作『渠』。」索隱曷鼻謂鼻如蝎蟲也；巨肩謂肩巨於項也；蓋項低而肩竪。偈音其例反。

〔五〕索隱（上）魋音徒回反。魋顔謂顔貌魋回，若魋梧然也。齃音烏曷反。蹙齃謂鼻蹙眉。

〔六〕集解攣，兩膝曲也。徐廣曰：「一作『率』。」索隱謂兩膝又攣曲也。

〔七〕集解持粱，作飯也。刺齒二字當作「齧」，又作「齕」也。索隱持粱謂作粱米飯而持其器以食也。按：刺齒二字字誤，當爲「齧」字也。齧肥謂食肥肉也。

〔八〕集解之，一作「入」。

〔九〕集解爾雅曰：「款足者謂之鬲。」郭璞曰：「鼎曲脚。」索隱父歷二音。款者，空也。空足是曲足，云見爾雅，郭氏云「鼎曲脚」也。按：以款訓曲，故云「曲脚」也。

將見昭王，使人宣言以感怒應侯曰：「燕客蔡澤，天下雄俊弘辯智士也。彼一見秦王，秦王必困君而奪君之位。」應侯聞，曰：「五帝三代之事，百家之說，吾既知之，衆口之辯，吾皆摧之，是惡能困我而奪我位乎？」使人召蔡澤。蔡澤入，則揖應侯。應侯固不快，及見之，又倨，應侯因讓之曰：「子嘗宣言欲代我相秦，寧有之乎？」對曰：「然。」應侯曰：「請聞其說。」蔡澤曰：「吁，君何見之晚也！夫四時之序，成功者去。夫人生百體堅彊，手足便利，

耳目聰明而心聖智，豈非士之願與？」應侯曰：「然。」蔡澤曰：「質仁秉義，行道施德，得志於天下，天下懷樂敬愛而尊慕之，皆願以爲君王，豈不辯智之期與？」應侯曰：「然。」蔡澤復曰：「富貴顯榮，成理萬物，使各得其所；性命壽長，終其天年而不夭傷；天下繼其統，守其業，傳之無窮；名實純粹，澤流千里，〔一〕世世稱之而無絕，與天地終始：豈道德之符而聖人所謂吉祥善事者與？」應侯曰：「然。」

〔一〕集解徐廣曰：「一本無此字。」

蔡澤曰：「若夫秦之商君，楚之吳起，越之大夫種，其卒然亦可願與？」應侯知蔡澤之欲困己以說，〔一〕復謬曰：「何爲不可？夫公孫鞅之事孝公也，極身無貳慮，盡公而不顧私；設刀鋸以禁姦邪，信賞罰以致治；披腹心，示情素，蒙怨咎，欺舊友，奪魏公子卬，安秦社稷，利百姓，卒爲秦禽將破敵，攘地千里。吳起之事悼王也，使私不得害公，讒不得蔽忠，言不取苟合，行不取苟容，不爲危易行，行義不辟難，〔二〕然爲霸主強國，不辭禍凶。大夫種之事越王也，主雖困辱，悉忠而不解，主雖絕亡，盡能而弗離，成功而弗矜，貴富而不驕怠。若此三子者，固義之至也，忠之節也。是故君子以義死難，視死如歸；生而辱不如死而榮。士固有殺身以成名，唯義之所在，雖死無所恨。何爲不可哉？」

〔一〕集解式紬反。

〔二〕集解徐廣曰：「一云『不困毁訾』。」

蔡澤曰：「主聖臣賢，天下之盛福也；君明臣直，國之福也；父慈子孝，夫信妻貞，家之福也。故比干忠而不能存殷，子胥智而不能完吳，申生孝而晉國亂。是皆有忠臣孝子，而國家滅亂者，何也？無明君賢父以聽之，故天下以其君父爲僇辱而憐其臣子。〔一〕今商君、吳起、大夫種之爲人臣，是也；其君，非也。故世稱三子致功而不見德，豈慕不遇世死乎？夫待死而後可以立忠成名，是微子不足仁，孔子不足聖，管仲不足大也。夫人之立功，豈不期於成全邪？身與名俱全者，上也。名可法而身死者，其次也。名在僇辱而身全者，下也。」於是應侯稱善。

〔一〕索隱言以比干、子胥、申生皆以至忠孝而見誅放，故天下言爲其君父之所僇而憐其臣子也。

蔡澤少得閒，因曰：「夫商君、吳起、大夫種，其爲人臣盡忠致功則可願矣，閎夭事文王，周公輔成王也，豈不亦忠聖乎？以君臣論之，商君、吳起、大夫種其可願孰與閎夭、周公哉？」應侯曰：「商君、吳起、大夫種弗若也。」蔡澤曰：「然則君之主慈仁任忠，惇厚舊故，其賢智與有道之士爲膠漆，義不倍功臣，孰與秦孝公、楚悼王、越王乎？」應侯曰：「未知何如也。」蔡澤曰：「今主親忠臣，不過秦孝公、楚悼王、越王，君之設智，能爲主安危修政，治亂彊兵，批患折難，〔一〕廣地殖穀，富國足家，彊主，尊社稷，顯宗廟，天下莫敢欺犯其主，主

之威蓋震海內，功彰萬里之外，聲名光輝傳於千世，君孰與商君、吳起、大夫種？」應侯曰：「不若。」蔡澤曰：「今主之親忠臣不忘舊故不若孝公、悼王、句踐，而君之功績愛信親幸又不若商君、吳起、大夫種，然而君之祿位貴盛，私家之富過於三子，而身不退者，恐患之甚於三子，竊爲君危之。語曰『日中則移，月滿則虧』。物盛則衰，天地之常數也。進退盈縮，與時變化，聖人之常道也。故『國有道則仕，國無道則隱』。聖人曰『飛龍在天，利見大人』。『不義而富且貴，於我如浮雲』。今君之怨已讎而德已報，意欲至矣，而無變計，竊爲君不取也。且夫翠、鵠、犀、象，其處勢非不遠死也，而所以死者，惑於餌也。蘇秦、智伯之智，非不足以辟辱遠死也，而所以死者，惑於貪利不止也。是以聖人制禮節欲，取於民有度，使之以時，用之有止，故志不溢，行不驕，常與道俱而不失，故天下承而不絕。昔者齊桓公九合諸侯，一匡天下，至於葵丘之會，有驕矜之志，畔者九國。吳王夫差兵無敵於天下，勇彊以輕諸侯，陵齊晉，故遂以殺身亡國。夏育、太史噭〔二〕叱呼〔三〕駭三軍，然而身死於庸夫。〔四〕此皆乘至盛而不返道理，不居卑退處儉約之患也。夫商君爲秦孝公明法令，禁姦本，尊爵必賞，有罪必罰，平權衡，正度量，調輕重，決裂阡陌，以靜生民之業而一其俗，勸民耕農利土，一室無二事，力田稸積，習戰陳之事，是以兵動而地廣，兵休而國富，故秦無敵於天下，立威諸侯，成秦國之業。功已成矣，而遂以車裂。楚地方數千里，持戟百萬，白起率數萬之師以與

楚戰，一戰舉鄢郢以燒夷陵，再戰南并蜀漢。又越韓、魏而攻彊趙，北阬馬服，誅屠四十餘萬之衆，盡之于長平之下，流血成川，沸聲若靁，遂入圍邯鄲，使秦有帝業。楚、趙天下之彊國而秦之仇敵也，自是之後，楚、趙皆懾伏不敢攻秦者，白起之勢也。身所服者七十餘城，功已成矣，而遂賜劍死於杜郵。吳起爲楚悼王立法，卑減大臣之威重，罷無能，廢無用，損不急之官，塞私門之請，一楚國之俗，禁游客之民，精耕戰之士，南收楊越，北并陳、蔡，破橫散從，使馳說之士無所開其口，禁朋黨以勵百姓，定楚國之政，兵震天下，威服諸侯。功已成矣，而卒枝解。大夫種爲越王深謀遠計，免會稽之危，以亡爲存，因辱爲榮，墾草入邑，〔五〕辟地殖穀，率四方之士，專上下之力，輔句踐之賢，報夫差之讎，卒擒勁吳，令越成霸。功已彰而信矣，句踐終負而殺之。此四子者，功成不去，禍至於此。此所謂信而不能詘，〔六〕往而不能返者也。范蠡知之，超然辟世，長爲陶朱公。君獨不觀夫博者乎？或欲大投，或欲分功，〔七〕此皆君之所明知也。今君相秦，計不下席，謀不出廊廟，坐制諸侯，利施三川，以實宜陽，〔八〕決羊腸之險，塞太行之道，又斬范、中行之塗，六國不得合從，棧道千里，通於蜀漢，使天下皆畏秦，秦之欲得矣，君之功極矣，此亦秦之分功之時也。如是而不退，則商君、白公、〔九〕吳起、大夫種是也。吾聞之，『鑒於水者見面之容，鑒於人者知吉與凶』。書曰『成功之下，不可久處』。四子之禍，君何居焉？君何不以此時歸相印，讓賢者而授之，退而

巖居川觀，必有伯夷之廉，長爲應侯，世世稱孤，而有許由、延陵季子之讓，喬松之壽，孰與以禍終哉？卽君何居焉？忍不能自離，疑不能自決，必有四子之禍矣。易曰『亢龍有悔』，此言上而不能下，信而不能詘，往而不能自返者也。願君孰計之！」應侯曰：「善。吾聞『欲而不知(止)〔足〕，失其所以欲；有而不知(足)〔止〕，失其所以有』。先生幸教，睢敬受命。」於是乃延入坐，爲上客。

〔一〕索隱批，白結反，又音豐雞反。批患謂擊而御之。折音之列反。
〔二〕索隱二人勇者，夏育、賁育也。噭音皎。
〔三〕集解徐廣曰：「呼，一作『唶』。」正義呼，火故反。
〔四〕索隱按：高誘云「夏育爲田搏所殺」。然太史噭未知爲誰所殺，恐非齊襄王時太史也。
〔五〕索隱劉氏云：「入猶充也。謂招攜離散，充滿城邑也。」
〔六〕索隱信音申。詘音屈。謂志已展而不退。
〔七〕集解班固弈指曰：「博縣於投，不必在行。」駰謂投，投瓊也。索隱言夫博弈，或欲大投其瓊以致勝，或欲分功者，謂覩其勢弱，則投地而分功以遠救也，事具小爾雅也。按：方言云「所以投博謂之枰」。音平，局也。
〔八〕正義施猶展也，言伐得三川之地。以實宜陽，言展開三川，實宜陽。
〔九〕集解徐廣曰：「白起。」

後數日，入朝，言於秦昭王曰：「客新有從山東來者曰蔡澤，其人辯士，明於三王之事，五伯之業，世俗之變，足以寄秦國之政。臣之見人甚衆，莫及，臣不如也。臣敢以聞。」秦昭王召見，與語，大說之，拜爲客卿。應侯因謝病請歸相印。昭王彊起應侯，應侯遂稱病篤。范睢免相，昭王新說蔡澤計畫，遂拜爲秦相，東收周室。

蔡澤相秦數月，人或惡之，懼誅，乃謝病歸相印，號爲綱成君。居秦十餘年，事昭王、孝文王、莊襄王。卒事始皇帝，爲秦使於燕，三年而燕使太子丹入質於秦。

太史公曰：韓子稱「長袖善舞，多錢善賈」，信哉是言也！范睢、蔡澤世所謂一切辯士，然游說諸侯至白首無所遇者，非計策之拙，所爲說力少也。及二人羈旅入秦，繼踵取卿相，垂功於天下者，固彊弱之勢異也。然士亦有偶合，賢者多如此二子，不得盡意，豈可勝道哉！然二子不困戹，惡能激乎？〔一〕

〔一〕索隱二子，范睢、蔡澤也。睢厄於魏齊，折脅摺齒；澤困於趙，被逐弃鬲是也。惡音烏，激音擊也。

【索隱述贊】應侯始困，託載而西。說行計立，貴平寵稽。倚秦市趙，卒報魏齊。綱成辯智，范睢招攜。勢利傾奪，一言成蹊。

史記卷八十

樂毅列傳第二十

樂毅者，其先祖曰樂羊。樂羊爲魏文侯將，伐取中山，〔一〕魏文侯封樂羊以靈壽。〔二〕樂羊死，葬於靈壽，其後子孫因家焉。中山復國，至趙武靈王時復滅中山，〔三〕而樂氏後有樂毅。

〔一〕正義今定州。

〔二〕集解徐廣曰：「屬常山。」索隱地理志常山有靈壽縣，中山桓公所都也。正義今鎮州靈壽。

〔三〕索隱中山，魏雖滅之，尚不絶祀，故後更復國，至趙武靈王又滅之也。

樂毅賢，好兵，趙人舉之。及武靈王有沙丘之亂，〔一〕乃去趙適魏。聞燕昭王以子之之亂而齊大敗燕，燕昭王怨齊，未嘗一日而忘報齊也。燕國小，辟遠，力不能制，於是屈身下士，先禮郭隗〔二〕以招賢者。樂毅於是爲魏昭王使於燕，燕王以客禮待之。樂毅辭讓，遂委質爲臣，燕昭王以爲亞卿，久之。

〔一〕集解徐廣曰：「趙有沙丘宮，近鉅鹿。」

〔二〕正義說苑云：「燕昭王問於隗曰：『寡人地狹民寡，齊人取薊八城，匈奴驅馳樓煩之下。以孤之不肖，得承宗廟，恐社稷危，存之有道乎？』隗曰：『帝者之臣，其名臣，其實師；王者之臣，其名臣，其實友；霸者之臣，其名臣，其實僕；危困國之臣，其名臣，其實虜。今王將自東面目指氣使以求臣，則厮役之才至矣；南面聽朝，不失揖讓之理以求臣，則人臣之才至矣；北面等禮，不乘之以勢以求臣，則朋友之才至矣；西面逡巡以求臣，則師傅之才至矣。誠欲與王霸同道，隗請爲天下之士開路。』於是常置隗爲上客。」

當是時，齊湣王彊，南敗楚相唐眛〔一〕於重丘，〔二〕西摧三晉於觀津，〔三〕遂與三晉擊秦，助趙滅中山，破宋，廣地千餘里。與秦昭王爭重爲帝，已而復歸之。諸侯皆欲背秦而服於齊。湣王自矜，百姓弗堪。於是燕昭王問伐齊之事。樂毅對曰：「齊，霸國之餘業也，地大人衆，未易獨攻也。王必欲伐之，莫如與趙及楚、魏。」於是使樂毅約趙惠文王，別使連楚、魏，令趙嚪說秦〔四〕以伐齊之利。諸侯害齊湣王之驕暴，皆爭合從與燕伐齊。樂毅還報，燕昭王悉起兵，使樂毅爲上將軍，趙惠文王以相國印授樂毅。樂毅於是并護〔五〕趙、楚、韓、魏、燕之兵以伐齊，破之濟西。諸侯兵罷歸，而燕軍樂毅獨追，至于臨菑。齊湣王之敗濟西，亡走，保於莒。樂毅獨留徇齊，齊皆城守。樂毅攻入臨菑，盡取齊寶財物祭器輸之燕。燕昭王大說，親至濟上勞軍，行賞饗士，封樂毅於昌國，〔六〕號爲昌國君。於是燕昭王收齊鹵獲以歸，而使樂毅復以兵平齊城之不下者。

〔一〕索隱莫葛反。

〔二〕索隱地理志縣名，屬平原。正義在冀州城武縣界。

〔三〕索隱地理志觀津，縣名，屬信都，漢初屬清河也。正義在冀州武邑縣東南二十五里。

〔四〕集解徐廣曰：「嚪，進說之意。」索隱嚪音田濫反，字與「啗」字同也。

〔五〕索隱護謂總領之也。

〔六〕集解徐廣曰：「屬齊。」索隱地理志縣名，屬齊郡。正義故昌城在淄州淄川縣東北四十里也。

樂毅留徇齊五歲，下齊七十餘城，皆爲郡縣以屬燕，唯獨莒、即墨未服。〔一〕會燕昭王死，子立爲燕惠王。惠王自爲太子時嘗不快於樂毅，及即位，齊之田單聞之，乃縱反閒於燕，曰：「齊城不下者兩城耳。然所以不早拔者，聞樂毅與燕新王有隙，欲連兵且留齊，南面而王齊。齊之所患，唯恐他將之來。」於是燕惠王固已疑樂毅，得齊反閒，乃使騎劫〔二〕代將，而召樂毅。樂毅知燕惠王之不善代之，畏誅，遂西降趙。趙封樂毅於觀津，號曰望諸君。〔三〕尊寵樂毅以警動於燕、齊。

〔一〕正義即墨今萊州。

〔二〕索隱燕將姓名也。

〔三〕索隱望諸，澤名，在齊。蓋趙有之，故號焉。戰國策「望」作「藍」也。

齊田單後與騎劫戰，果設詐誑燕軍，遂破騎劫於即墨下，而轉戰逐燕，北至河上，〔一〕盡復得齊城，而迎襄王於莒，入于臨菑。

〔一〕正義滄德二州之北河。

燕惠王後悔使騎劫代樂毅，以故破軍亡將失齊；又怨樂毅之降趙，恐趙用樂毅而乘燕之獘以伐燕。燕惠王乃使人讓樂毅，且謝之曰：「先王舉國而委將軍，將軍爲燕破齊，報先王之讎，天下莫不震動，寡人豈敢一日而忘將軍之功哉！會先王弃羣臣，寡人新即位，左右誤寡人。寡人之使騎劫代將軍，爲將軍久暴露於外，故召將軍且休，計事。將軍過聽，以與寡人有隙，遂捐燕歸趙。將軍自爲計則可矣，而亦何以報先王之所以遇將軍之意乎？」樂毅報遺燕惠王書曰：

臣不佞，不能奉承王命，以順左右之心，恐傷先王之明，有害足下之義，故遁逃走趙。今足下使人數之以罪，臣恐侍御者不察先王之所以畜幸臣之理，又不白臣之所以事先王之心，故敢以書對。

臣聞賢聖之君不以祿私親，其功多者賞之，其能當者處之。故察能而授官者，成功之君也；論行而結交者，立名之士也。臣竊觀先王之舉也，見有高世主之心，〔一〕故假節於魏，以身得察於燕。先王過舉，廁之賓客之中，立之羣臣之上，不謀父兄，〔二〕以爲亞卿。臣竊不自知，自以爲奉令承教，可幸無罪，故受令而不辭。

〔一〕正義 樂毅見燕昭王有自高尊世上人主之心，故假魏節使燕。
〔二〕正義 杜預云：「父兄，同姓羣臣也。」

先王命之曰：「我有積怨深怒於齊，不量輕弱，而欲以齊爲事。」臣曰：「夫齊，霸國之餘業而最勝之遺事也。練於兵甲，習於戰攻。王若欲伐之，必與天下圖之。與天下圖之，莫若結於趙。且又淮北、宋地，楚魏之所欲也，趙若許而約，四國攻之，齊可大破也。」先王以爲然，具符節南使臣於趙。顧反命，起兵擊齊。以天之道，先王之靈，河北之地隨先王而舉之濟上。〔一〕濟上之軍受命擊齊，大敗齊人。輕卒銳兵，長驅至國。齊王遁而走莒，僅以身免；珠玉財寶車甲珍器盡收入于燕。齊器設於寧臺，〔二〕大呂陳於元英，〔三〕故鼎反乎磿室，〔四〕薊丘之植植於汶篁，〔五〕自五伯已來，功未有及先王者也。先王以爲慊於志，〔六〕故裂地而封之，使得比小國諸侯。臣竊不自知，自以爲奉命承教，可幸無罪，是以受命不辭。

〔一〕正義 濟上在濟水之上。
〔二〕索隱 燕臺也。正義 括地志云：「燕元英、磿室二宮，皆燕宮，在幽州薊縣西四里寧臺之下。」
〔三〕索隱 大呂，齊鍾名。元英，燕宮殿名也。
〔四〕集解 徐廣曰：「磿，歷也。」索隱 燕鼎前輸於齊，今反入於磿室。磿室亦宮名，戰國策作「歷室」也。正義 括地志云：「歷室，燕宮名也。」高誘云：「燕噲亂，齊伐燕，殺噲，得鼎，今反歸燕故鼎。」
〔五〕集解 徐廣曰：「竹田曰篁。謂燕之疆界移於齊之汶水。」索隱 薊丘，燕所都之地也。言燕之薊丘所植，皆植齊王汶上之竹也。徐注非也。正義 幽州薊地西北隅有薊丘。又汶水源出兗州博城縣東北原山，西南入泲。
〔六〕索隱 按：慊音苦簟反。作「嗛」，嗛者，常慊然而不愜其志也。

臣聞賢聖之君，功立而不廢，故著於春秋；蚤知之士，名成而不毀，故稱於後世。若先王之報怨雪恥，夷萬乘之彊國，收八百歲之蓄積，及至棄羣臣之日，餘教未衰，執政任事之臣，脩法令，慎庶孽，施及乎萌隸，皆可以教後世。

臣聞之，善作者不必善成，善始者不必善終。昔伍子胥說聽於闔閭，而吳王遠迹至郢；夫差弗是也，賜之鴟夷而浮之江。吳王不寤先論之可以立功，故沈子胥而不悔；子胥不蚤見主之不同量，是以至於入江而不化。〔一〕

〔一〕索隱 言子胥懷恨，故雖投江而神不化，猶爲波濤之神也。

夫免身立功，以明先王之迹，臣之上計也。離毀辱之誹謗，〔一〕墮先王之名，〔二〕臣之所大恐也。臨不測之罪，以幸爲利，義之所不敢出也。〔三〕

〔一〕索隱 誹音方味反。
〔二〕索隱 墮音許規反。
〔三〕索隱 謂既臨不測之罪，以幸免爲利，今我仍義先王之恩，雖身託外國，而心亦不敢出也。

臣聞古之君子，交絕不出惡聲；〔一〕忠臣去國，不絜其名。〔二〕臣雖不佞，〔三〕數奉教於君子矣。〔四〕恐侍御者之親左右之說，不察疏遠之行，故敢獻書以聞，唯君王之留意焉。〔五〕

〔一〕正義 言君子之人，交絕不說己長而談彼短。
〔二〕索隱 言忠臣去離本國，不自絜其名，云己無罪，故禮曰「大夫去其國，不說人以無罪」是也。正義 言不絜己名行而咎於君，若箕子不忍言殷惡是也。
〔三〕索隱 不佞猶不才也。
〔四〕索隱 上「數」音朔。言我已數經奉教令於君子。君子即識禮之人。謂己在外，猶云己罪，不說王之有非，故下云「不察疏遠之行」，斯亦忠臣之節也。
〔五〕集解 夏侯玄曰：「觀樂生遺燕惠王書，其殆庶乎知機合道，以禮始終者與！又其喻昭王曰：『伊尹放太甲而不疑，太甲受放而不怨，是存大業於至公而以天下爲心者也。』夫欲極道德之量，務以天下爲心者，必致其主於盛

隆，合其趣於先王，苟君臣同符，則大業定矣。于斯時也，樂生之志，千載一遇。夫千載一遇之世，亦將行千載一隆之道，豈其局迹當時，止於兼并而已哉！夫兼并者，非樂生之所屑；彊燕而廢道，又非樂生之所求。不屑苟利，心無近事，不求小成，斯意兼天下者也。則舉齊之事，所以運其機而動四海也。夫討齊以明燕王之義，此兵不興於爲利矣。圍城而害不加於百姓，此仁心著於遐邇矣。舉國不謀其功，除暴不以威力，此至德全於天下矣。邁全德以率列國，則幾於湯武之事矣。樂生方恢大綱以縱二城，收民明信以待其獘，將使即墨、莒人顧仇其上，願釋干戈賴我，猶親善守之，智無所施之。然則求仁得仁，即墨大夫之義；仕窮則徙，微子適周之道。開彌廣之路，以待田單之徒；長容善之風，以申齊士之志。使夫忠者遂節，勇者義著，昭之東海，屬之華裔，我澤如春，民應如草，道光宇宙，賢智託心，鄰國傾慕，四海延頸，思戴燕主，仰望風聲，二城必從，則王業隆矣。雖淹留於兩邑，乃致速於天下也。不幸之變，世所不圖，敗於垂成，時運固然。若乃逼之以威，劫之以兵，攻取之事，求欲速之功，使燕齊之士流血於二城之下，奓殺傷之殘以示四海之人，是縱暴易亂以成其私，鄰國望之，其猶豺虎。既大墮稱兵之義，而喪濟溺之仁，且虧齊士之節，廢廉善之風，掩宏通之度，弃王德之隆，雖二城幾於可拔，霸王之事逝其遠矣。然則燕雖兼齊，其與世主何以殊哉？其與鄰國何以相傾？樂生豈不知拔二城之速了哉，顧城拔而業乖也。豈不慮不速之致變哉，顧業乖與變同。繇是觀之，樂生之不屠二城，未可量也。」

於是燕王復以樂毅子樂閒〔一〕爲昌國君；而樂毅往來復通燕，燕、趙以爲客卿。樂毅卒於趙。〔二〕

〔一〕索隱 音紀閑反，樂毅之子也。
〔二〕集解 張華曰：「望諸君冢在邯鄲西數里。」

樂閒居燕三十餘年，燕王喜用其相栗腹之計，〔一〕欲攻趙，而問昌國君樂閒。樂閒曰：「趙，四戰之國也，〔二〕其民習兵，伐之不可。」燕王不聽，遂伐趙。趙使廉頗擊之，大破栗腹之軍於鄗，禽栗腹、樂乘。樂乘者，樂閒之宗也。於是樂閒奔趙，趙遂圍燕。燕重割地以與趙和，趙乃解而去。

〔一〕索隱栗，姓；腹，名也。漢有栗姬。

〔二〕索隱言趙數距四方之敵，故云「四戰之國」。正義東鄰燕、齊，西邊秦、樓煩，南界韓、魏，北迫匈奴。

燕王恨不用樂閒，樂閒既在趙，乃遺樂閒書曰：「紂之時，箕子不用，犯諫不怠，以冀其聽；商容不達，身祇辱焉，以冀其變。及民志不入，獄囚自出，〔一〕然後二子退隱。故紂負桀暴之累，二子不失忠聖之名。何者？其憂患之盡矣。今寡人雖愚，不若紂之暴也；燕民雖亂，不若殷民之甚也。室有語，不相盡以告鄰里。〔二〕二者，寡人不爲君取也。」〔三〕

〔一〕索隱民志不入謂國亂而人離心向外，故云「不入」。又獄囚自出，是政亂而士師不爲守法也。

〔二〕正義言家室有忿爭不決，必告鄰里，今故以書相告也。

〔三〕正義二者，謂燕君未如紂，燕民未如殷民。復相告子反燕以疑君民之惡，是寡人不爲君取之。

樂閒、樂乘怨燕不聽其計，二人卒留趙。趙封樂乘爲武襄君。〔一〕

〔一〕索隱樂乘，樂毅之宗人也。

其明年，樂乘、廉頗爲趙圍燕，燕重禮以和，乃解。後五歲，趙孝成王卒。襄王使樂乘代廉頗。廉頗攻樂乘，樂乘走，廉頗亡入魏。其後十六年而秦滅趙。

其後二十餘年，高帝過趙，問：「樂毅有後世乎？」對曰：「有樂叔。」高帝封之樂卿，〔一〕號曰華成君。華成君，樂毅之孫也。而樂氏之族有樂瑕公、樂臣公，〔二〕趙且爲秦所滅，亡之齊高密。樂臣公善修黃帝、老子之言，顯聞於齊，稱賢師。

〔一〕集解徐廣曰：「在北新城。」正義地理志云信都有樂鄉縣。

〔二〕集解一作「巨公」。

太史公曰：始齊之蒯通及主父偃讀樂毅之報燕王書，未嘗不廢書而泣也。樂臣公學黃帝、老子，其本師號曰河上丈人，不知其所出。河上丈人教安期生，安期生教毛翕公，毛翕公教樂瑕公，樂瑕公教樂臣公，〔一〕樂臣公教蓋公。〔二〕蓋公教於齊高密、膠西，爲曹相國師。

〔一〕索隱本亦作「巨公」也。

〔二〕索隱蓋音古闔反。蓋公，史不記名。

【索隱述贊】昌國忠讜，人臣所無。連兵五國，濟西爲墟。燕王受閒，空聞報書。義士慷慨，明君軾閭。閒、乘繼將，芳規不渝。

二十四史

史記

漢 司馬遷 撰
宋 裴駰 集解
唐 司馬貞 索隱
唐 張守節 正義

第八册

卷八一至卷一〇一（傳）

中華書局

史記卷八十一

廉頗藺相如列傳第二十一

廉頗者，趙之良將也。趙惠文王十六年，廉頗爲趙將伐齊，大破之，取陽晉，〔一〕拜爲上卿，以勇氣聞於諸侯。藺相如者，趙人也，爲趙宦者令繆賢舍人。

〔一〕索隱按：陽晉，衞地，後屬齊，今趙取之。司馬彪郡國志曰今衞國陽晉城是也。有本作「晉陽」，非也。晉陽在太原，雖亦趙地，非齊所取。正義故城在今曹州乘氏縣西北四十七里也。

趙惠文王時，得楚和氏璧。秦昭王聞之，使人遺趙王書，願以十五城請易璧。趙王與大將軍廉頗諸大臣謀：欲予秦，秦城恐不可得，徒見欺；欲勿予，即患秦兵之來。計未定，求人可使報秦者，未得。宦者令繆賢曰：「臣舍人藺相如可使。」王問：「何以知之？」對曰：「臣嘗有罪，竊計欲亡走燕，臣舍人相如止臣，曰：『君何以知燕王？』臣語曰：『臣嘗從大王與燕王會境上，燕王私握臣手，曰「願結友」。以此知之，故欲往。』相如謂臣曰：『夫趙彊而燕弱，而君幸於趙王，故燕王欲結於君。今君乃亡趙走燕，燕畏趙，其勢必不敢留君，而

束君歸趙矣。君不如肉袒伏斧質請罪，則幸得脫矣。』臣從其計，大王亦幸赦臣。臣竊以爲其人勇士，有智謀，宜可使。」於是王召見，問藺相如曰：「秦王以十五城請易寡人之璧，可予不？」相如曰：「秦彊而趙弱，不可不許。」王曰：「取吾璧，不予我城，柰何？」相如曰：「秦以城求璧而趙不許，曲在趙。趙予璧而秦不予趙城，曲在秦。均之二策，寧許以負秦曲。」王曰：「誰可使者？」相如曰：「王必無人，臣願奉璧往使。城入趙而璧留秦；城不入，臣請完璧歸趙。」趙王於是遂遣相如奉璧西入秦。

秦王坐章臺見相如，相如奉璧奏秦王。秦王大喜，傳以示美人及左右，左右皆呼萬歲。相如視秦王無意償趙城，乃前曰：「璧有瑕，請指示王。」王授璧，相如因持璧卻立，倚柱，怒髮上衝冠，謂秦王曰：「大王欲得璧，使人發書至趙王，趙王悉召羣臣議，皆曰『秦貪，負其彊，以空言求璧，償城恐不可得』。議不欲予秦璧。臣以爲布衣之交尚不相欺，況大國乎！且以一璧之故逆彊秦之驩，不可。於是趙王乃齋戒五日，使臣奉璧，拜送書於庭。何者？嚴大國之威以修敬也。今臣至，大王見臣列觀，禮節甚倨；得璧，傳之美人，以戲弄臣。臣觀大王無意償趙王城邑，故臣復取璧。大王必欲急臣，臣頭今與璧俱碎於柱矣！」相如持其璧睨柱，欲以擊柱。秦王恐其破璧，乃辭謝固請，召有司案圖，指從此以往十五都予趙。相如度秦王特以詐詳爲予趙城，實不可得，乃謂秦王曰：「和氏璧，天下所共傳寶也，趙王

中華書局

恐，不敢不獻。趙王送璧時，齋戒五日，今大王亦宜齋戒五日，設九賓於廷，〔一〕臣乃敢上璧。」秦王度之，終不可彊奪，遂許齋五日，舍相如廣成傳。〔二〕相如度秦王雖齋，決負約不償城，乃使其從者衣褐，懷其璧，從徑道亡，歸璧于趙。

〔一〕集解韋昭曰：「九賓則周禮九儀。」索隱周禮大行人別九賓，謂九服之賓客也。列士傳云設九牢也。

正義劉伯莊云：「九賓者，周王備之禮，天子臨軒，九服同會。秦、趙何得九賓？但亦陳設車輅文物耳。」

〔二〕索隱廣成是傳舍之名。傳音張戀反。

秦王齋五日後，乃設九賓禮於廷，引趙使者藺相如。相如至，謂秦王曰：「秦自繆公以來二十餘君，未嘗有堅明約束者也。臣誠恐見欺於王而負趙，故令人持璧歸，閒至趙矣。且秦彊而趙弱，大王遣一介之使至趙，趙立奉璧來。今以秦之彊而先割十五都予趙，趙豈敢留璧而得罪於大王乎？臣知欺大王之罪當誅，臣請就湯鑊，唯大王與羣臣孰計議之。」秦王與羣臣相視而嘻。〔一〕左右或欲引相如去，秦王因曰：「今殺相如，終不能得璧也，而絕秦趙之驩，不如因而厚遇之，使歸趙，趙王豈以一璧之故欺秦邪！」卒廷見相如，畢禮而歸之。

〔一〕索隱音希。乃驚而怒之辭也。

相如既歸，趙王以爲賢大夫使不辱於諸侯，拜相如爲上大夫。秦亦不以城予趙，趙亦終不予秦璧。

其後秦伐趙，拔石城。〔一〕明年，復攻趙，殺二萬人。

〔一〕集解徐廣曰：「惠文王十八年。」索隱劉氏云蓋謂石邑。正義故石城在相州林慮縣南九十里也。

秦王使使者告趙王，欲與王爲好會於西河外澠池。〔一〕趙王畏秦，欲毋行。廉頗、藺相如計曰：「王不行，示趙弱且怯也。」趙王遂行，相如從。廉頗送至境，與王訣曰：「王行，度道里會遇之禮畢，還，不過三十日。三十日不還，則請立太子爲王，以絕秦望。」王許之，遂與秦王會澠池。〔二〕秦王飲酒酣，曰：「寡人竊聞趙王好音，請奏瑟。」趙王鼓瑟。秦御史前書曰「某年月日，秦王與趙王會飲，令趙王鼓瑟」。藺相如前曰：「趙王竊聞秦王善爲秦聲，請奏盆缻秦王，以相娛樂。」〔三〕秦王怒，不許。於是相如前進缻，因跪請秦王。秦王不肯擊缻。相如曰：「五步之內，相如請得以頸血濺大王矣！」〔四〕左右欲刃相如，相如張目叱之，左右皆靡。於是秦王不懌，爲一擊缻。相如顧召趙御史書曰「某年月日，秦王爲趙王擊缻」。秦之羣臣曰：「請以趙十五城爲秦王壽」。藺相如亦曰：「請以秦之咸陽爲趙王壽。」秦王竟酒，終不能加勝於趙。趙亦盛設兵以待秦，秦不敢動。

〔一〕索隱在西河之南，故云「外」。案：表在趙惠文王二十年也。

〔二〕集解徐廣曰：「二十年。」

〔三〕集解風俗通義曰：「缶者，瓦器，所以盛酒漿，秦人鼓之以節歌也。」索隱缻音缶。正義缻音缻。

〔四〕正義濺音贊。

既罷歸國，以相如功大，拜爲上卿，位在廉頗之右。〔一〕廉頗曰：「我爲趙將，有攻城野戰之大功，而藺相如徒以口舌爲勞，而位居我上，且相如素賤人，吾羞，不忍爲之下。」宣言曰：「我見相如，必辱之。」相如聞，不肯與會。相如每朝時，常稱病，不欲與廉頗爭列。已而相如出，望見廉頗，相如引車避匿。於是舍人相與諫曰：「臣所以去親戚而事君者，徒慕君之高義也。今君與廉頗同列，廉君宣惡言而君畏匿之，恐懼殊甚，且庸人尚羞之，況於將相乎！臣等不肖，請辭去。」藺相如固止之，曰：「公之視廉將軍孰與秦王？」曰：「不若也。」相如曰：「夫以秦王之威，而相如廷叱之，辱其羣臣，相如雖駑，獨畏廉將軍哉？顧吾念之，彊秦之所以不敢加兵於趙者，徒以吾兩人在也。今兩虎共鬬，其勢不俱生。吾所以爲此者，以先國家之急而後私讎也。」廉頗聞之，肉袒負荊，〔二〕因賓客至藺相如門謝罪。曰：「鄙賤之人，不知將軍寬之至此也。」卒相與驩，爲刎頸之交。〔三〕

〔一〕索隱王劭按：董勛答禮曰「職高者名録在上，於人爲右；職卑者名録在下，於人爲左，是以謂下遷爲左。」

正義秦漢以前用右爲上。

〔二〕索隱肉袒者，謂袒衣而露肉也。負荊者，荊，楚也，可以爲鞭。

〔三〕索隱崔浩云：「言要齊生死而刎頸無悔也。」

是歲，廉頗東攻齊，破其一軍。居二年，廉頗復伐齊幾，拔之。〔一〕後三年，廉頗攻魏之防陵、〔二〕安陽，拔之。後四年，藺相如將而攻齊，至平邑而罷。〔三〕其明年，趙奢破秦軍閼與下。

〔一〕集解徐廣曰：「幾，邑名也。」案：趙世家惠文王二十三年，頗將攻魏之幾邑，取之，而齊世家及年表無「伐齊幾，拔之」事，疑幾是邑名，而或屬齊或屬魏耳。田單在齊，不得至於拔也。索隱世家云惠文王二十三年，頗將攻魏之幾邑，取之，與此列傳合。戰國策云秦敗閼與及攻魏幾。幾亦屬魏。而裴駰引齊世家及年表無「伐齊拔幾」之事，疑其幾是故邑，或屬齊、魏故耳。正義幾音祈。在相潞之閒。

〔二〕集解徐廣曰：「一作『房子』。」索隱案：防陵在楚之西，屬漢中郡。魏有房子，蓋「陵」字誤也。正義城在相州安陽縣南二十里，因防水爲名。

〔三〕正義故城在魏州昌樂縣東北三十里。

趙奢者，趙之田部吏也。收租稅而平原君家不肯出租，奢以法治之，殺平原君用事者九人。平原君怒，將殺奢。奢因說曰：「君於趙爲貴公子，今縱君家而不奉公則法削，法削則國弱，國弱則諸侯加兵，諸侯加兵是無趙也，君安得有此富乎？以君之貴，奉公如法則上

下平，上下平則國彊，國彊則趙固，而君爲貴戚，豈輕於天下邪？」平原君以爲賢，言之於王。王用之治國賦，國賦大平，民富而府庫實。

秦伐韓，軍於閼與。王召廉頗而問曰：「可救不？」對曰：「道遠險狹，難救。」又召樂乘而問焉，樂乘對如廉頗言。又召問趙奢，奢對曰：「其道遠險狹，譬之猶兩鼠鬭於穴中，將勇者勝。」王乃令趙奢將，救之。

兵去邯鄲三十里，而令軍中曰：「有以軍事諫者死。」秦軍軍武安西，〔一〕秦軍鼓譟勒兵，武安屋瓦盡振。軍中候有一人言急救武安，趙奢立斬之。堅壁，留二十八日不行，復益增壘。秦閒來入，趙奢善食而遣之。閒以報秦將，秦將大喜曰：「夫去國三十里〔二〕而軍不行，乃增壘，閼與非趙地也。」趙奢既已遣秦閒，乃卷甲而趨之，二日一夜至，令善射者去閼與五十里而軍。軍壘成，秦人聞之，悉甲而至。軍士許歷請以軍事諫，趙奢曰：「內之。」許歷曰：「秦人不意趙師至此，其來氣盛，將軍必厚集其陣以待之。不然，必敗。」趙奢曰：「請受令。」許歷曰：「請就鈇質之誅。」趙奢曰：「胥後令〔三〕邯鄲。」許歷復請諫，〔四〕曰：「先據北山上者勝，〔五〕後至者敗。」趙奢許諾，卽發萬人趨之。秦兵後至，爭山不得上，趙奢縱兵擊之，大破秦軍。秦軍解而走，遂解閼與之圍而歸。

〔一〕集解徐廣曰：「屬魏郡，在邯鄲西。」

〔二〕正義國謂邯鄲，趙之都也。

〔三〕索隱案：「胥」「須」古人通用。今者「胥後令」，謂「胥」爲「須」，須者，待也，待後令。謂許歷之言更不擬誅之，故更待後令也。正義胥猶須也。軍去城都三十里而不行，未有計過險狹，恐人諫令急救武安，乃出此令。今垂戰須得謀策，不用前令，故云「須後令」也。

〔四〕索隱按：「邯鄲」二字當爲「欲戰」，謂臨戰之時，許歷復諫也。王粲詩云「許歷爲完士，一言猶敗秦」，是言趙奢用其計，遂破秦軍也。江遂曰「漢令稱完而不髡曰耐，是完士未免從軍也」。

〔五〕正義閼與山在洛州武安縣西南五十里，趙奢拒秦軍於閼與，卽此山也。案：括地志云「言拒秦軍在此山」，疑其太近洛州。既去邯鄲三十里而軍，又云趨之二日一夜，至閼與五十里而軍壘成，據今洛州去潞州三百里閒而隔相州，恐潞州閼與聚城是所拒據處。

趙惠文王賜奢號爲馬服君，以許歷爲國尉。趙奢於是與廉頗、藺相如同位。

後四年，趙惠文王卒，子孝成王立。七年，秦與趙兵相距長平，時趙奢已死，〔一〕而藺相如病篤，趙使廉頗將攻秦，秦數敗趙軍，趙軍固壁不戰。秦數挑戰，廉頗不肯。趙王信秦之閒。秦之閒言曰：「秦之所惡，獨畏馬服君趙奢之子趙括爲將耳。」趙王因以括爲將，代廉頗。藺相如曰：「王以名使括，若膠柱而鼓瑟耳。括徒能讀其父書傳，不知合變也。」趙王不聽，遂將之。

〔一〕集解張華曰：「趙奢冢在邯鄲界西山上，謂之馬服山。」

趙括自少時學兵法，言兵事，以天下莫能當。嘗與其父奢言兵事，奢不能難，然不謂善。括母問奢其故，奢曰：「兵，死地也，而括易言之。使趙不將括卽已，若必將之，破趙軍者必括也。」及括將行，其母上書言於王曰：「括不可使將。」王曰：「何以？」對曰：「始妾事其父，時爲將，身所奉飯飲而進食者以十數，〔一〕所友者以百數，大王及宗室所賞賜者盡以予軍吏士大夫，受命之日，不問家事。今括一旦爲將，東向而朝，軍吏無敢仰視之者，王所賜金帛，歸藏於家，而日視便利田宅可買者買之。王以爲何如其父？父子異心，願王勿遣。」王曰：「母置之，吾已決矣。」括母因曰：「王終遣之，卽有如不稱，妾得無隨坐乎？」王許諾。

〔一〕正義奉音捧。

趙括既代廉頗，悉更約束，易置軍吏。秦將白起聞之，縱奇兵，詳敗走，而絕其糧道，分斷其軍爲二，士卒離心。四十餘日，軍餓，趙括出銳卒自博戰，秦軍射殺趙括。括軍敗，數十萬之衆遂降秦，秦悉阬之。趙前後所亡凡四十五萬。明年，秦兵遂圍邯鄲，歲餘，幾不得脫。賴楚、魏諸侯來救，迺得解邯鄲之圍。趙王亦以括母先言，竟不誅也。

自邯鄲圍解五年，而燕用栗腹之謀，曰「趙壯者盡於長平，其孤未壯」，舉兵擊趙。趙使

廉頗將，擊，大破燕軍於鄗，殺栗腹，遂圍燕。燕割五城請和，乃聽之。趙以尉文〔一〕封廉頗爲信平君，〔二〕爲假相國。

〔一〕集解徐廣曰：「邑名也。」

〔二〕索隱信平，號也。徐廣云：「尉文，邑名。」按：漢書表有「尉文節侯」，云在南郡。蓋尉，官也；文，名也。謂取尉文所食之邑復以封頗，而後號爲信平君。

廉頗之免長平歸也，失勢之時，故客盡去。及復用爲將，客又復至。廉頗曰：「客退矣！」客曰：「吁！君何見之晚也？夫天下以市道交，君有勢，我則從君，君無勢則去，此固其理也，有何怨乎？」居六年，趙使廉頗伐魏之繁陽，〔一〕拔之。

〔一〕集解徐廣曰：「屬魏郡。」正義在相州內黃縣東北也。

趙孝成王卒，子悼襄王立，使樂乘代廉頗。廉頗怒，攻樂乘，樂乘走。廉頗遂奔魏之大梁。其明年，趙乃以李牧爲將而攻燕，拔武遂、方城。〔一〕

〔一〕索隱按：地理志武遂屬河閒國，方城屬廣陽也。正義武遂，易州遂城也。方城，幽州固安縣南十里。

廉頗居梁久之，魏不能信用。趙以數困於秦兵，趙王思復得廉頗，廉頗亦思復用於趙。趙王使使者視廉頗尚可用否。廉頗之仇郭開多與使者金，令毀之。趙使者既見廉頗，廉頗爲之一飯斗米，肉十斤，被甲上馬，以示尚可用。趙使還報王曰：「廉將軍雖老，尚善飯，然

與臣坐，頃之三遺矢矣。」〔一〕趙王以爲老，遂不召。

〔一〕索隱 謂數起便也。矢，一作「屎」。

楚聞廉頗在魏，陰使人迎之。廉頗一爲楚將，無功，曰：「我思用趙人。」廉頗卒死于壽春。〔一〕

〔一〕正義 廉頗墓在壽州壽春縣北四里。藺相如墓在邯鄲西南六里。

李牧者，趙之北邊良將也。常居代鴈門，備匈奴。〔一〕以便宜置吏，市租皆輸入莫府，〔二〕爲士卒費。日擊數牛饗士，習射騎，謹烽火，多閒諜，〔三〕厚遇戰士。爲約曰：「匈奴即入盜，急入收保，有敢捕虜者斬。」匈奴每入，烽火謹，輒入收保，不敢戰。如是數歲，亦不亡失。然匈奴以李牧爲怯，雖趙邊兵亦以爲吾將怯。趙王讓李牧，李牧如故。趙王怒，召之，使他人代將。

〔一〕正義 今鴈門縣在代地，故云代鴈門也。

〔二〕集解 如淳曰：「將軍征行無常處，所在爲治，故言『莫府』。莫，大也。」索隱 按：注如淳解「莫，大也」云云。又崔浩云「古者出征爲將帥，軍還則罷，理無常處，以幕帟爲府署，故曰『莫府』」。則「莫」當作「幕」，字之訛耳。

〔三〕索隱 上紀莧反，下音牒。

歲餘，匈奴每來，出戰。出戰，數不利，失亡多，邊不得田畜。〔一〕復請李牧。牧杜門不出，固稱疾。趙王乃復彊起使將兵。牧曰：「王必用臣，臣如前，乃敢奉令。」王許之。

〔一〕正義 許六反。

李牧至，如故約。匈奴數歲無所得。終以爲怯。邊士日得賞賜而不用，皆願一戰。於是乃具選車得千三百乘，選騎得萬三千匹，百金之士五萬人，〔一〕彀者十萬人，〔二〕悉勒習戰。大縱畜牧，人民滿野。匈奴小入，詳北不勝，以數千人委之。〔三〕單于聞之，大率衆來入。李牧多爲奇陳，張左右翼擊之，大破殺匈奴十餘萬騎。滅襜襤，〔四〕破東胡，降林胡，單于奔走。其後十餘歲，匈奴不敢近趙邊城。

〔一〕集解 管子曰：「能破敵擒將者賞百金。」

〔二〕索隱 彀音古候反。彀謂能射也。

〔三〕索隱 委謂弃之，恣其殺略也。

〔四〕集解 襜，都甘反。襤，路談反。徐廣曰：「一作『臨』。」駰又案：如淳曰「胡名也，在代北」。索隱 上音都甘反，下音路甘反。如淳云「胡名也」。

趙悼襄王元年，廉頗既亡入魏，趙使李牧攻燕，拔武遂、方城。居二年，龐煖破燕軍，〔一〕殺劇辛。〔二〕後七年，秦破殺趙將扈輒〔三〕於武遂，〔四〕斬首十萬。趙乃以李牧爲大將軍，擊秦軍於宜安，〔五〕大破秦軍，走秦將桓齮。〔六〕封李牧爲武安君。居三年，秦攻番吾，〔七〕李牧擊破秦軍，南距韓、魏。

〔一〕索隱 按：煖即馮煖也。龐音皮江反。煖音況遠反，亦音喧。

〔二〕索隱 本趙人，仕燕者。

〔三〕索隱 扈，氏；輒，名。漢張耳時別有扈輒。

〔四〕索隱 按：劉氏云「武遂本韓地，在趙西，恐非地理志河閒武遂也」。

〔五〕正義 在恒州槀城縣西南二十里。

〔六〕索隱 音蟻。

〔七〕索隱 縣名。地理志在常山。音婆，又音盤。正義 在相州房山縣東二十里也。

趙王遷七年，秦使王翦攻趙，趙使李牧、司馬尚禦之。秦多與趙王寵臣郭開金，爲反閒，言李牧、司馬尚欲反。趙王乃使趙蔥及齊將顏聚代李牧。李牧不受命，趙使人微捕得李牧，斬之。廢司馬尚。後三月，王翦因急擊趙，大破殺趙蔥，虜趙王遷及其將顏聚，遂滅趙。

太史公曰：知死必勇，非死者難也，處死者難。方藺相如引璧睨柱，及叱秦王左右，勢

不過誅，然士或怯懦〔一〕而不敢發。相如一奮其氣，威信敵國，〔二〕退而讓頗，名重太山，其處智勇，可謂兼之矣！

〔一〕集解 徐廣曰：「一作『掘懦』。」

〔二〕索隱 信音伸。

【索隱述贊】清飈凜凜，壯氣熊熊。各竭誠義，遞爲雌雄。和璧聘返，澠池好通。負荊知懼，屈節推工。安邊定策，頗、牧之功。

中華書局

史記卷八十二

田單列傳第二十二

田單者，〔一〕齊諸田疏屬也。湣王時，單爲臨菑市掾，不見知。及燕使樂毅伐破齊，齊湣王出奔，已而保莒城。燕師長驅平齊，而田單走安平，〔二〕令其宗人盡斷其車軸末〔三〕而傅鐵籠。〔四〕已而燕軍攻安平，城壞，齊人走，爭塗，以轊折車敗，〔五〕爲燕所虜，唯田單宗人以鐵籠故得脱，東保卽墨。燕既盡降齊城，唯獨莒、卽墨不下。燕軍聞齊王在莒，并兵攻之。淖齒〔六〕既殺湣王於莒，因堅守，距燕軍，數年不下。燕引兵東圍卽墨，卽墨大夫出與戰，敗死。城中相與推田單，曰：「安平之戰，田單宗人以鐵籠得全，習兵。」立以爲將軍，以卽墨距燕。

〔一〕【索隱】單音丹。

〔二〕【集解】徐廣曰：「今之東安平也，在青州臨菑縣東十九里。古紀之酅邑，齊改爲安平，秦滅齊，改爲東安平縣，屬齊郡，以定州有安平，故加『東』字。」【索隱】按：地理志東安平屬淄川國也。

〔三〕【索隱】斷音都緩反。斷其軸，恐長相撥也。以鐵裹軸頭，堅而易進也。

〔四〕【集解】徐廣曰：「傅音附。」【索隱】傅音附。按：截其軸與轂齊，以鐵鍱附軸末，施轄於鐵中以制轂也。又方言曰「車轊，齊謂之籠」。郭璞云「車軸也」。

〔五〕【集解】徐廣曰：「轊，車軸頭也。音衛。」

〔六〕【集解】徐廣曰：「多作『悼齒』也。」

頃之，燕昭王卒，惠王立，與樂毅有隙。田單聞之，乃縱反閒於燕，宣言曰：「齊王已死，城之不拔者二耳。樂毅畏誅而不敢歸，以伐齊爲名，實欲連兵南面而王齊。齊人未附，故且緩攻卽墨以待其事。齊人所懼，唯恐他將之來，卽墨殘矣。」燕王以爲然，使騎劫代樂毅。樂毅因歸趙，燕人士卒忿。而田單乃令城中人食必祭其先祖於庭，飛鳥悉翔舞城中下食。燕人怪之。田單因宣言曰：「神來下教我。」乃令城中人曰：「當有神人爲我師。」有一卒曰：「臣可以爲師乎？」因反走。田單乃起，引還，東鄉坐，師事之。卒曰：「臣欺君，誠無能也。」田單曰：「子勿言也！」因師之。每出約束，必稱神師。乃宣言曰：「吾唯懼燕軍之劓所得齊卒，置之前行，〔一〕與我戰，卽墨敗矣。」燕人聞之，如其言。城中人見齊諸降者盡劓，皆怒，堅守，唯恐見得。單又縱反閒曰：「吾懼燕人掘吾城外冢墓，僇先人，可爲寒心。」燕軍盡掘壟墓，燒死人。卽墨人從城上望見，皆涕泣，俱欲出戰，怒自十倍。

〔一〕【正義】胡郎反。

田單知士卒之可用，乃身操版插，〔一〕與士卒分功，妻妾編於行伍之閒，盡散飲食饗士。令甲卒皆伏，使老弱女子乘城，遣使約降於燕，燕軍皆呼萬歲。田單又收民金，得千溢，令卽墨富豪遺燕將，曰：「卽墨卽降，願無虜掠吾族家妻妾，令安堵。」燕將大喜，許之。燕軍由此益懈。

〔一〕【索隱】操音七高反。插音初洽反。【正義】古之軍行，常負版插也。

田單乃收城中得千餘牛，爲絳繒衣，畫以五彩龍文，束兵刃於其角，而灌脂束葦於尾，燒其端。鑿城數十穴，夜縱牛，壯士五千人隨其後。牛尾熱，怒而奔燕軍，燕軍夜大驚。牛尾炬火光明炫燿，燕軍視之皆龍文，所觸盡死傷。五千人因銜枚擊之，而城中鼓譟從之，老弱皆擊銅器爲聲，聲動天地。燕軍大駭，敗走。齊人遂夷殺其將騎劫。燕軍擾亂奔走，齊人追亡逐北，所過城邑皆畔燕而歸田單，兵日益多，乘勝，燕日敗亡，卒至河上，〔一〕而齊七十餘城皆復爲齊。乃迎襄王於莒，入臨菑而聽政。

〔一〕【索隱】河上卽齊之北界，近河東，齊之舊地。

襄王封田單，號曰安平君。〔一〕

〔一〕【索隱】以單初起安平，故以爲號。

太史公曰：兵以正合，以奇勝。〔一〕善之者，〔二〕出奇無窮。〔三〕奇正還相生，〔四〕如環之無端。〔五〕夫始如處女，〔六〕適人開户；〔七〕後如脱兔，適不及距：〔八〕其田單之謂邪！

〔一〕【集解】魏武帝曰：「先出合戰爲正，後出爲奇也。正者當敵，奇兵擊不備。」【集解】按：奇謂權詐也。注引魏武，蓋亦軍令也。

〔二〕【索隱】兵不厭詐，故云「善之」。

〔三〕【索隱】謂權變多也。

〔四〕【正義】猶當合也。言正兵當陣，張左右翼掩其不備，則奇正合敗敵也。

〔五〕【索隱】言用兵之術，或用正法，或用奇計，使前敵不可測量，如尋環中不知端際也。

〔六〕【索隱】言兵之始，如處女之軟弱也。

〔七〕【集解】徐廣曰：「適音敵。」【索隱】適音敵。若我如處女之弱，則敵人輕侮，開户不爲備也。【正義】敵人謂燕軍也。言燕軍被田單反閒，易將及劓卒燒壟墓，而令齊卒甚怒，是敵人爲單開門户也。

〔八〕【集解】魏武帝曰：「如女示弱，脱兔往疾也。」【索隱】言克敵之後，卷甲而趨，如兔之得脱而走疾也。敵不及距者，若脱兔忽過，而敵忘其所距也。

初，淖齒之殺湣王也，莒人求湣王子法章，得之太史嬓之家，〔一〕爲人灌園。嬓女憐而

善遇之。後法章私以情告女，女遂與通。及莒人共立法章爲齊王，以莒距燕，而太史氏女遂爲后，所謂「君王后」也。

〔一〕正義 嬓音皎。

燕之初入齊，聞畫邑人王蠋賢，〔一〕令軍中曰「環畫邑三十里無入」，以王蠋之故。已而使人謂蠋曰：「齊人多高子之義，吾以子爲將，封子萬家。」蠋固謝。燕人曰：「子不聽，吾引三軍而屠畫邑。」王蠋曰：「忠臣不事二君，貞女不更二夫。齊王不聽吾諫，故退而耕於野。國既破亡，吾不能存；今又劫之以兵爲君將，是助桀爲暴也。與其生而無義，固不如烹！」遂經其頸〔二〕於樹枝，自奮絶脰而死。〔三〕齊亡大夫聞之，曰：「王蠋，布衣也，義不北面於燕，況在位食祿者乎！」乃相聚如莒，求諸子，立爲襄王。

〔一〕集解 劉熙曰：「齊西南近邑。畫音獲。」索隱 畫，一音獲，又音胡卦反。劉熙云「齊西南近邑」。蠋音燭，又音歜。正義 括地志云：「戟里城在臨淄西北三十里，春秋時棘邑，又云澅邑。」蠋所居即此邑，因澅水爲名也。

〔二〕索隱 按：經猶繫也。

〔三〕索隱 何休云：「脰，頸，齊語也。音豆。」

【索隱述贊】軍法以正，實尚奇兵。斷軸自免，反閒先行。羣鳥或衆，五牛揚旌。卒破騎劫，皆復齊城。襄王嗣位，乃封安平。

史記卷八十三

魯仲連鄒陽列傳第二十三

魯仲連者，齊人也。好奇偉俶儻之畫策，〔一〕而不肯仕宦任職，好持高節。游於趙。

〔一〕索隱 按：廣雅云「俶儻，卓異也」。正義 俶，天歷反。魯仲連子云：「齊辯士田巴，服狙丘，議稷下，毀五帝，罪三王，服五伯，離堅白，合同異，一日服千人。有徐劫者，其弟子曰魯仲連，年十二，號『千里駒』，往請田巴曰：『臣聞堂上不奮，郊草不芸，白刃交前，不救流矢，急不暇緩也。今楚軍南陽，趙伐高唐，燕人十萬，聊城不去，國亡在旦夕，先生奈之何？若不能者，先生之言有似梟鳴，出城而人惡之。願先生勿復言。』田巴曰：『謹聞命矣。』巴謂徐劫曰：『先生乃飛兔也，豈直千里駒！』巴終身不談。」

趙孝成王時，而秦王使白起破趙長平之軍前後四十餘萬，秦兵遂東圍邯鄲。趙王恐，諸侯之救兵莫敢擊秦軍。魏安釐王使將軍晉鄙救趙，畏秦，止於蕩陰不進。〔一〕魏王使客將軍新垣衍〔二〕閒入邯鄲，因平原君謂趙王曰：「秦所爲急圍趙者，前與齊湣王爭彊爲帝，已而復歸帝；今齊（湣王）已益弱，方今唯秦雄天下，此非必貪邯鄲，其意欲復求爲帝。趙誠發使

尊秦昭王爲帝，秦必喜，罷兵去。」平原君猶預未有所決。

〔一〕集解 地理志河内有蕩陰縣。正義 蕩，天郎反，相州縣。

〔二〕索隱 新垣，姓；衍，名也。爲梁將。故漢有新垣平。

此時魯仲連適游趙，會秦圍趙，聞魏將欲令趙尊秦爲帝，乃見平原君曰：「事將柰何？」平原君曰：「勝也何敢言事！前亡四十萬之衆於外，今又内圍邯鄲而不能去。魏王使客將軍新垣衍令趙帝秦，〔一〕今其人在是。勝也何敢言事！」魯仲連曰：「吾始以君爲天下之賢公子也，吾乃今然後知君非天下之賢公子也。梁客新垣衍安在？吾請爲君責而歸之。」平原君曰：「勝請爲紹介〔二〕而見之於先生。」平原君遂見新垣衍曰：「東國有魯仲連先生者，今其人在此，勝請爲紹介，交之於將軍。」新垣衍曰：「吾聞魯仲連先生，齊國之高士也。衍，人臣也，使事有職，吾不願見魯仲連先生。」平原君曰：「勝既已泄之矣。」新垣衍許諾。

〔一〕索隱 新垣衍欲令趙尊秦爲帝也。

〔二〕集解 郭璞曰：「紹介，相佑助者。」索隱 按：紹介猶媒介也。且禮，賓至必因介以傳辭。紹者，繼也。介不一人，故禮云「介紹而傳命」是也。

魯連見新垣衍而無言。新垣衍曰：「吾視居此圍城之中者，皆有求於平原君者也；今吾觀先生之玉貌，非有求於平原君者也，曷爲久居此圍城之中而不去？」魯仲連曰：「世以

中華書局

鮑焦爲無從頌而死者，皆非也。〔一〕衆人不知，則爲一身。〔二〕彼秦者，弃禮義而上首功之國也，〔三〕權使其士，虜使其民。〔四〕彼卽肆然而爲帝，〔五〕過〔六〕而爲政於天下，〔七〕則連有蹈東海而死耳，吾不忍爲之民也。〔八〕所爲見將軍者，欲以助趙也。」

〔一〕集解 鮑焦，周之介士也。見莊子。 索隱 從頌者，從容也。世人見鮑焦之死，皆以爲不能自寬容而取死，此言非也。 正義 韓詩外傳云：「姓鮑，名焦，周時隱者也。飾行非世，廉潔而守，荷擔採樵，拾橡充食，故無子胤，不臣天子，不友諸侯。子貢遇之，謂之曰：『吾聞非其政者不履其地，汙其君者不受其利。今子履其地，食其利，其可乎？』鮑焦曰：『吾聞廉士重進而輕退，賢人易愧而輕死。』遂抱木立枯焉。」按：魯仲連留趙不去者，非爲一身。

〔二〕索隱 言衆人不識鮑焦之意，焦以恥居濁世而避之，非是自爲一身而憂死。事見莊子也。

〔三〕集解 譙周曰：「秦用衞鞅計，制爵二十等，以戰獲首級者計而受爵。是以秦人每戰勝，老弱婦人皆死，計功賞至萬數。天下謂之『上首功之國』，皆以惡之也。」 索隱 秦法，斬首多爲上功。謂斬一人首賜爵一級，故謂秦爲「首功之國」也。

〔四〕索隱 言秦人以權詐使其戰士，以怒虜使其人。言無恩以恤下。

〔五〕索隱 肆然猶肆志也。

〔六〕正義 至「過」字爲絕句。肆然其志意也。言秦得肆志爲帝，恐有烹醢納筦，偏行天子之禮。過，失也。

〔七〕索隱 謂以過惡而爲政也。

〔八〕正義 若趙、魏帝秦，得行政教於天下，魯連蹈東海而溺死，不忍爲秦百姓。

新垣衍曰：「先生助之將柰何？」魯連曰：「吾將使梁及燕助之，齊、楚則固助之矣。」新垣衍曰：「燕則吾請以從矣；若乃梁者，則吾乃梁人也，先生惡能使梁助之？」魯連曰：「梁未睹秦稱帝之害故耳。使梁睹秦稱帝之害，則必助趙矣。」

新垣衍曰：「秦稱帝之害何如？」魯連曰：「昔者齊威王嘗爲仁義矣，率天下諸侯而朝周。周貧且微，諸侯莫朝，而齊獨朝之。居歲餘，周烈王崩，〔一〕齊後往，周怒，赴於齊〔二〕曰：『天崩地坼，天子下席。〔三〕東藩之臣因齊後至，則斮。』〔四〕齊威王勃然怒曰：『叱嗟，而母婢也！』〔五〕卒爲天下笑。故生則朝周，死則叱之，誠不忍其求也。彼天子固然，其無足怪。」

〔一〕集解 徐廣曰：「烈王十年崩，威王之七年。」 正義 周本紀及年表云烈王七年崩，齊威王十年也，與徐不同。

〔二〕正義 鄭玄云：「赴，告也。」今文「赴」作「訃」。

〔三〕索隱 按：謂烈王太子安王驕也。下席，言其寢苫居廬。

〔四〕集解 公羊傳曰：「欺三軍者其法斮。」何休曰：「斮，斬也。」

〔五〕正義 罵烈王后也。

新垣衍曰：「先生獨不見夫僕乎？十人而從一人者，寧力不勝而智不若邪？畏之也。」〔一〕魯仲連曰：「嗚呼！梁之比於秦若僕邪？」新垣衍曰：「然。」魯仲連曰：「吾將使秦王烹醢梁王。」新垣衍怏然不悅，曰：〔二〕「噫嘻，〔三〕亦太甚矣先生之言也！先生又惡能使秦王烹醢梁王？」魯仲連曰：「固也，吾將言之。昔者九侯、鄂侯，〔四〕文王，紂之三公也。九侯有子而好，獻之於紂，紂以爲惡，醢九侯。鄂侯爭之彊，辯之疾，故脯鄂侯。文王聞之，喟然而歎，故拘之牖里之庫百日，〔五〕欲令之死。曷爲與人俱稱王，卒就脯醢之地？齊湣王之魯，夷維子〔六〕爲執策而從，謂魯人曰：『子將何以待吾君？』魯人曰：『吾將以十太牢待子之君。』夷維子曰：『子安取禮而來〔待〕吾君？彼吾君者，天子也。天子巡狩，諸侯辟舍，〔七〕納筦籥，〔八〕攝衽抱机，〔九〕視膳於堂下，天子已食，乃退而聽朝也。』魯人投其籥，不果納。〔一〇〕不得入於魯，將之薛，〔一一〕假途於鄒。當是時，鄒君死，湣王欲入弔，夷維子謂鄒之孤曰：『天子弔，主人必將倍殯棺，設北面於南方，然後天子南面弔也。』〔一二〕鄒之羣臣曰：『必若此，吾將伏劍而死。』固不敢入於鄒。鄒、魯之臣，生則不得事養，死則不得賻襚，〔一三〕然且欲行天子之禮於鄒、魯，鄒、魯之臣不果納。〔一四〕今秦萬乘之國也，梁亦萬乘之國也。俱據萬乘之國，各有稱王之名，睹其一戰而勝，欲從而帝之，是使三晉之大臣不如鄒、魯之僕妾也。且秦無已而帝，則且變易諸侯之大臣。彼將奪其所不肖而與其所賢，奪其所憎而與其所愛。彼又將使其子女讒妾爲諸侯妃姬，處梁之宮。梁王安得晏然而已乎？而將軍又何以得故寵乎？」

〔一〕索隱 言僕夫十人而從一人者，寧是力不勝，亦非智不如，正是畏懼其主耳。

〔二〕正義 怏，於尚反。

〔三〕索隱 上音依。噫者，不平之聲。下音僖。嘻者，驚恨之聲。

〔四〕集解 徐廣曰：「鄴縣有九侯城。九，一作『鬼』。鄂，一作『邘』。」 正義 九侯城在相州滏陽縣西南五十里。

〔五〕正義 相州蕩陰縣北九里有羑城。

〔六〕索隱 按：維，東萊之邑，其居夷也，號夷維子。故晏子爲萊之夷維人是也。 正義 密州高密縣，古夷安城。應劭云「故萊夷維邑也」。蓋因邑爲姓。子者，男子之美號。又云子，爵也。

〔七〕索隱 辟音避。避正寢。案：禮「天子適諸侯，必舍(於)〔其〕祖廟」。

〔八〕索隱 音管藥。

〔九〕索隱 音紀。 正義 衽音而甚反。

〔一〇〕索隱 謂閫內門不入齊君。 正義 籥卽鑰匙也。投鑰匙於地。

〔一一〕正義 薛侯故城在徐州滕縣界也。

〔一二〕索隱 倍音佩。謂主人不在殯東，將背其殯棺立西階上，北面哭，是背也。天子乃於阼階上，南面而弔之也。

〔一三〕正義 衣服曰襚，貨財曰賻，皆助生送死之禮。

〔一四〕索隱 謂時君弱臣彊，故鄒、魯君生時臣並不得盡事養，死亦不得行賻襚之禮。然齊欲行天子禮於鄒、魯，鄒、魯之臣皆不果納之，是猶秉禮而存大體。

於是新垣衍起，再拜謝曰：「始以先生爲庸人，吾乃今日知先生爲天下之士也。吾請

出，不敢復言帝秦。」秦將聞之，爲卻軍五十里。適會魏公子無忌奪晉鄙軍以救趙，擊秦軍，秦軍遂引而去。

於是平原君欲封魯連，魯連辭讓(使)者三，終不肯受。平原君乃置酒，酒酣起前，以千金爲魯連壽。魯連笑曰：「所貴於天下之士者，爲人排患釋難解紛亂而無取也。即有取者，是商賈之事也，而連不忍爲也。」遂辭平原君而去，終身不復見。

其後二十餘年，燕將攻下聊城，〔一〕聊城人或讒之燕，燕將懼誅，因保守聊城，不敢歸。齊田單攻聊城〔二〕歲餘，士卒多死而聊城不下。魯連乃爲書，約之矢以射城中，遺燕將。書曰：

〔一〕【正義】今博州縣也。

〔二〕【集解】徐廣曰：「案年表，田單攻聊城在長平後十餘年也。」【索隱】按：徐廣據年表，以爲田單攻聊城在長平後十餘年耳，言「三十餘年」，誤也。

吾聞之，智者不倍時而弃利，勇士不卻死而滅名，〔一〕忠臣不先身而後君。今公行一朝之忿，不顧燕王之無臣，非忠也；殺身亡聊城，而威不信於齊，非勇也；功敗名滅，後世無稱焉，非智也。三者世主不臣，說士不載，故智者不再計，勇士不怯死。今

死生榮辱，貴賤尊卑，此時不再至，願公詳計而無與俗同。

〔一〕【索隱】卻死猶避死也。

且楚攻齊之南陽，〔一〕魏攻平陸，〔二〕而齊無南面之心，以爲亡南陽之害小，不如得濟北之利大，〔三〕故定計審處之。今秦人下兵，魏不敢東面；衡秦之勢成，〔四〕楚國之形危；齊弃南陽，〔五〕斷右壤，〔六〕定濟北，〔七〕計猶且爲之也。且夫齊之必決於聊城，公勿再計。今楚魏交退於齊，而燕救不至。〔八〕以全齊之兵，無天下之規，與聊城共據期年之敝，則臣見公之不能得也。且燕國大亂，君臣失計，上下迷惑，栗腹以十萬之衆五折於外，〔九〕以萬乘之國被圍於趙，壤削主困，爲天下僇笑。國敝而禍多，民無所歸心。今公又以敝聊之民距全齊之兵，是墨翟之守也。〔一〇〕食人炊骨，士無反外之心，是孫臏之兵也。〔一一〕能見於天下。雖然，爲公計者，不如全車甲以報於燕。車甲全而歸燕，燕王必喜；身全而歸於國，士民如見父母，交游攘臂而議於世，功業可明。上輔孤主以制羣臣，下養百姓以資說士，〔一二〕矯國更俗，〔一三〕功名可立也。亡意亦捐燕弃世，東游於齊乎？〔一四〕裂地定封，富比乎陶、衞，〔一五〕世世稱孤，與齊久存，又一計也。此兩計者，顯名厚實也，願公詳計而審處一焉。

〔一〕【索隱】即齊之淮北、泗上之地也。

〔二〕【索隱】平陸，邑名，在西界。【正義】兗州縣也。

〔三〕【索隱】即聊城之地也。【正義】言齊無南面攻楚、魏之心，以爲南陽、平陸之害小，不如聊城之利大，言必攻之也。

〔四〕【索隱】此時秦與齊和，故云「衡秦之勢成」也。

〔五〕【索隱】弃楚所攻之泗上也。

〔六〕【索隱】又斷絕魏之所攻齊右壤之地平陸是也。言右壤斷弃而不救也。

〔七〕【索隱】志在攻聊城而定濟北也。

〔八〕【索隱】按：交者，俱也。前時楚攻南陽，魏攻平陸，今二國之兵俱退，而燕救又不至，是勢危也。

〔九〕【集解】徐廣曰：「此事去長平十年。」

〔一〇〕【正義】如墨翟守宋，卻楚軍。

〔一一〕【正義】言孫臏能撫士卒，士卒無二心也。

〔一二〕【索隱】言既養百姓，又資說士，終擬強國也。劉氏云讀「說士」爲「銳士」，意雖亦便，不如依字。

〔一三〕【索隱】欲令燕將歸燕，矯正國事，改更獘俗也。

〔一四〕【索隱】亡音無。言若必無還燕意，則捐燕而東游於齊乎。

〔一五〕【索隱】按：延篤注戰國策云「陶，陶朱公也；衞，衞公子荆」，非也。王劭云「魏冄封陶，商君姓衞」。富比陶、衞，謂此也。

且吾聞之，規小節者不能成榮名，惡小恥者不能立大功。昔者管夷吾射桓公中

其鉤，篡也；遺公子糾不能死，怯也；〔一〕束縛桎梏，辱也。若此三行者，世主不臣而鄉里不通。鄉使管子幽囚而不出，身死而不反於齊，則亦名不免爲辱人賤行矣。臧獲且羞與之同名矣，〔二〕況世俗乎！故管子不恥身在縲紲之中而恥天下之不治，不恥不死公子糾而恥威之不信於諸侯，故兼三行之過而爲五霸首，〔三〕名高天下而光燭鄰國。曹子〔四〕爲魯將，三戰三北，而亡地五百里。鄉使曹子計不反顧，議不還踵，刎頸而死，則亦名不免爲敗軍禽將矣。曹子弃三北之恥，而退與魯君計。桓公朝天下，會諸侯，曹子以一劍之任，枝桓公之心〔五〕於壇坫之上，顏色不變，辭氣不悖，三戰之所亡一朝而復之，天下震動，諸侯驚駭，威加吳、越。若此二士者，非不能成小廉而行小節也，以爲殺身亡軀，絕世滅後，功名不立，非智也。故去感忿之怨，立終身之名；弃忿悁之節，〔六〕定累世之功。是以業與三王争流，而名與天壤相獘也。願公擇一而行之。

〔一〕【索隱】遺，弃也。謂弃子糾而事小白也。【正義】管仲傅子糾而魯殺之，不能隨子糾死，是怯懦畏死。

〔二〕【集解】方言曰：「荆、淮、海、岱、燕、齊之閒罵奴曰臧，罵婢曰獲。」

〔三〕【正義】按：齊桓最初得周襄王賜文武胙、彤弓矢、大輅，故爲五伯首也。

〔四〕【索隱】魯將曹昧是也。

〔五〕【索隱】按：枝猶擬也。

中華書局

〔六〕正義 忿，敷粉反。悁，於緣反。

燕將見魯連書，泣三日，猶豫不能自決。欲歸燕，已有隙，恐誅；欲降齊，所殺虜於齊甚衆，恐已降而後見辱。喟然歎曰：「與人刃我，寧自刃。」乃自殺。聊城亂，田單遂屠聊城。歸而言魯連，欲爵之。魯連逃隱於海上，曰：「吾與富貴而詘於人，寧貧賤而輕世肆志焉。」〔一〕

〔一〕索隱 肆猶放也。

鄒陽者，齊人也。游於梁，與故吳人莊忌夫子、〔一〕淮陰枚生〔二〕之徒交。上書而介於羊勝、公孫詭之閒。〔三〕勝等嫉鄒陽，惡之梁孝王。孝王怒，下之吏，將欲殺之。鄒陽客游，以讒見禽，恐死而負累，〔四〕乃從獄中上書曰：

〔一〕索隱 忌，會稽人，姓莊氏，字夫子。後避漢明帝諱，改姓曰嚴。
〔二〕索隱 名乘，字叔，其子皋，漢書並有傳。蓋以銜枚氏而得姓也。
〔三〕索隱 言鄒陽上書自達，而游於二人之閒，或往彼，或往此。介者，言有隔於其閒，故杜預曰「介猶閒也」。
〔四〕正義 諸不以罪爲累。

臣聞忠無不報，信不見疑，臣常以爲然，徒虛語耳。昔者荆軻慕燕丹之義，白虹貫日，太子畏之；〔一〕衞先生爲秦畫長平之事，太白蝕昴，而昭王疑之。〔二〕夫精變天地而信不喻兩主，豈不哀哉！今臣盡忠竭誠，畢議願知，〔三〕左右不明，〔四〕卒從吏訊，爲世所疑，是使荆軻、衞先生復起，而燕、秦不悟也。願大王孰察之。

〔一〕集解 應劭曰：「燕太子丹質於秦，始皇遇之無禮，丹亡去，故厚養荆軻，令西刺秦王。精誠感天，白虹爲之貫日也。」如淳曰：「白虹，兵象。日爲君。」烈士傳曰：「荆軻發後，太子自相氣，見虹貫日不徹，曰：『吾事不成矣。』後聞軻死，事不立，曰：『吾知其然也。』」索隱 烈士傳曰：「荆軻發後，太子自相氣，見虹貫日不徹，曰『吾事不成』。後聞軻死，事不就，曰『吾知其然』。」是畏也。又王劭云「軻將入秦，待其客未發，太子丹疑其畏懼，故曰畏之」，其解不如見虹貫日不徹也。戰國策又云聶政刺韓傀，亦曰「白虹貫日」也。
〔二〕集解 蘇林曰：「白起爲秦伐趙，破長平軍，欲遂滅趙，遣衞先生說昭王益兵糧，乃爲應侯所害，事用不成。其精誠上達於天，故太白爲之蝕昴。昴，趙地分野。將有兵，故太白食昴。食，干歷之也。」如淳曰：「太白乃天之將軍也。」索隱 服虔云：「衞先生，秦人。白起攻趙軍於長平，遣衞先生說昭王請益兵糧，爲穰侯所害，事不成。精誠感天，故太白食昴。昴，趙分也。」如淳云：「太白主西方，秦在西，敗趙之兆也。食謂干歷之也。」又王充云：「夫言白虹貫日，太白食昴，實也。言荆軻之謀，衞先生之策，感動皇天而貫日食昴，是虛也。」
〔三〕集解 張晏曰：「盡其計議，願王知之也。」
〔四〕索隱 言左右之不明，不欲斥王。

昔卞和獻寶，楚王刖之；〔一〕李斯竭忠，胡亥極刑。是以箕子詳狂，〔二〕接輿辟世，〔三〕恐遭此患也。願大王孰察卞和、李斯之意，而後楚王、胡亥之聽，〔四〕無使臣爲箕子、接輿所笑。臣聞比干剖心，子胥鴟夷，〔五〕臣始不信，乃今知之。願大王孰察，少加憐焉。

〔一〕集解 應劭曰：「卞和得玉璞，獻之武王。武王示玉人，玉人曰『石也』。刖右足。武王沒，復獻文王，玉人復曰『石也』。刖其左足。至成王時，卞和抱璞哭于郊，乃使玉尹攻之，果得寶玉。」索隱 楚人卞和得玉璞事見國語及呂氏春秋。案世家，楚武王名熊通。文王名貲，武王子也。成王，文王子也，名惲。
〔二〕索隱 詳音陽。謂詐爲狂也。司馬彪曰「箕子名胥餘」是也。
〔三〕集解 張晏曰：「楚賢人，詳狂避世也。」索隱 張晏曰「楚賢人」。高士傳曰「楚人陸通，字接輿」是也。
〔四〕索隱 謂以楚王、胡亥之聽爲謬，故後之而不用。後猶下也。
〔五〕索隱 按：韋昭云「以皮作鴟鳥形，名曰『鴟夷』。鴟夷，皮榼也」。服虔曰「用馬革作囊也，以裹尸，投之于江」。

諺曰：「有白頭如新，〔一〕傾蓋如故。」〔二〕何則？知與不知也。〔三〕故昔樊於期逃秦之燕，藉荆軻首以奉丹之事；〔四〕王奢去齊之魏，臨城自剄以卻齊而存魏。〔五〕夫王奢、樊於期非新於齊、秦而故於燕、魏也，所以去二國死兩君者，行合於志而慕義無窮也。是以蘇秦不信於天下，而爲燕尾生；〔六〕白圭戰亡六城，爲魏取中山。〔七〕何則？誠有

以相知也。蘇秦相燕，燕人惡之於王，王按劍而怒，食以駃騠；〔八〕白圭顯於中山，中山人惡之魏文侯，文侯投之以夜光之璧。何則？兩主二臣，剖心坼肝相信，豈移於浮辭哉！

〔一〕索隱 案：服虔云「人不相知，自初交至白頭，猶如新也」。
〔二〕索隱 服虔云：「如吳札、鄭僑也。」按：家語「孔子遇程子於途，傾蓋而語」。又志林云「傾蓋者，道行相遇，軿車對語，兩蓋相切，小欹之，故曰傾也」。
〔三〕集解 桓譚新論曰：「言內有以相知與否，不在新故也。」
〔四〕索隱 藉音子夜反。韋昭云：「謂於期逃秦之燕，以頭與軻，使入秦以示信也。」
〔五〕集解 漢書音義曰：「王奢，齊人也，亡至魏。其後齊伐魏，奢登城謂齊將曰：『今君之來，不過以奢之故也。夫義不苟生以爲魏累。』遂自剄也。」
〔六〕索隱 服虔云：「蘇秦於齊不出其信，於燕則出尾生之信。」韋昭云：「尾生守信而死者。」案：言蘇秦於燕獨守信如尾生，故云「爲燕之尾生」也。
〔七〕集解 張晏曰：「白圭爲中山將，亡六城，君欲殺之，亡入魏，文侯厚遇之，還拔中山。」索隱 案：事見戰國策及呂氏春秋也。
〔八〕集解 漢書音義曰：「駃騠，駿馬也，生七日而超其母。敬重蘇秦，雖有讒謗，而更膳以珍奇之味。」索隱 案：字林云「決嗁二音，北狄之良馬也，馬父羸母」。正義 食音寺。駃騠音決蹄。北狄良馬也。

中華書局

故女無美惡，入宮見妒；士無賢不肖，入朝見嫉。昔者司馬喜髕脚於宋，卒相中山；〔一〕范睢摺脅折齒〔二〕於魏，卒爲應侯。此二人者，皆信必然之畫，捐朋黨之私，挾孤獨之位，故不能自免於嫉妒之人也。是以申徒狄自沈於河，〔三〕徐衍負石入海。〔四〕不容於世，義不苟取，比周於朝，以移主上之心。故百里奚乞食於路，繆公委之以政；甯戚飯牛車下，而桓公任之以國。〔五〕此二人者，豈借宦於朝，假譽於左右，然後二主用之哉？感於心，合於行，親於膠漆，昆弟不能離，豈惑於衆口哉？故偏聽生姦，獨任成亂。昔者魯聽季孫之說而逐孔子，〔六〕宋信子罕之計而囚墨翟。〔七〕夫以孔、墨之辯，不能自免於讒諛，而二國以危。何則？衆口鑠金，〔八〕積毀銷骨也。〔九〕是以秦用戎人由余而霸中國，齊用越人蒙而彊威、宣。〔一〇〕此二國，豈拘於俗，牽於世，繫阿偏之辭哉？公聽並觀，垂名當世。〔一一〕故意合則胡越爲昆弟，由余、越人蒙是矣；不合，則骨肉出逐不收，朱、象、管、蔡是矣。今人主誠能用齊、秦之義，後宋、魯之聽，則五伯不足稱，三王易爲也。

〔一〕集解晉灼曰：「司馬喜三相中山。」蘇林曰：「六國時人，被此刑也。」索隱事見戰國策及呂氏春秋。蘇林云：「六國時人，相中山也。」

〔二〕索隱案：應侯傳作「折脅摺齒」是也。說文「拉，摧也」，音力答反。

〔三〕集解漢書音義曰：「殷之末世人。」索隱申屠狄。按：莊子「申屠狄諫而不用，負石自投河」。韋昭云「六國時人」。漢書云自沈於雍河，服虔曰雍州之河，又新序作「抱甕自沈於河」，不同也。

〔四〕集解列士傳曰：「周之末世人。」索隱亦見莊子。張晏曰「負石欲沈」。

〔五〕集解應劭曰：「齊桓公夜出迎客，而甯戚疾擊其牛角商歌曰：『南山矸，白石爛，生不遭堯與舜禪。短布單衣適至骭，從昏飯牛薄夜半，長夜曼曼何時旦？』公召與語，說之，以爲大夫。」索隱事見呂氏春秋。商歌謂爲商聲而歌也，或云商旅人歌也，二說並通。矸音公彈反。矸者，白淨貌也。顧野王又作岸音也。禪音膳，如字讀，協韻失之故也。埤蒼云「骭，脛也」。字林音下諫反。

〔六〕索隱論語「齊人歸女樂，季桓子受之，三日不朝，孔子行」也。

〔七〕索隱案左氏，司城子罕姓樂名喜，乃宋之賢臣也。漢書作「子冄」。不知子冄是何人。文穎曰「子冄，子罕也」。又按：荀卿傳云「墨翟，孔子時人，或云在孔子後」。又襄二十九年左傳「宋饑，子罕請出粟」。按：時孔子適八歲，則墨翟與子罕不得相輩，或以子冄爲是也。

〔八〕索隱案：國語云「衆心成城，衆口鑠金」。賈逵云「鑠，消也。衆口所惡，雖金亦爲之消亡」。又風俗通云「或說有美金於此，衆人或共詆訿，言其不純金，賣者欲其必售，因取鍛燒以見其真，是爲衆口鑠金也」。

〔九〕索隱大顏云：「讒人積久譖毀，則父兄伯叔自相誅戮，骨肉爲之消滅也。」

〔一〇〕索隱越人蒙未見所出。漢書作「子臧」。又張晏云「子臧，越人」。或蒙之字也。

〔一一〕索隱小顏云：「公聽，言不私；並觀，所見齊同也。」

是以聖王覺寤，捐子之之心，〔一〕而能不說於田常之賢；〔二〕封比干之後，修孕婦之墓，〔三〕故功業復就於天下。何則？欲善無厭也。夫晉文公親其讎，彊霸諸侯；齊桓公用其仇，而一匡天下。〔四〕何則，慈仁慇勤，誠加於心，不可以虛辭借也。

〔一〕集解徐廣曰：「燕王讓國於其大臣子之也。」

〔二〕集解應劭曰：「田常事齊簡公，簡公說之，而殺簡公。使人君去此心，則國家安全也。」

〔三〕集解應劭曰：「紂刳姙者，觀其胎產也。」索隱案：比干之後，後謂子也，不見其文。尚書封比干之墓，又惟云刳剔孕婦，則武王雖反商政，亦未必修孕婦之墓也。

〔四〕集解謂晉寺人勃鞮、齊管仲也。

至夫秦用商鞅之法，東弱韓、魏，兵彊天下，而卒車裂之；越用大夫種之謀，禽勁吳，霸中國，而卒誅其身。是以孫叔敖三去相而不悔，〔一〕於陵子仲辭三公爲人灌園。〔二〕今人主誠能去驕傲之心，懷可報之意，披心腹，見情素，墮肝膽，施德厚，終與之窮達，無愛於士，則桀之狗可使吠堯，〔三〕而蹠之客可使刺由；〔四〕況因萬乘之權，假聖王之資乎？然則荊軻之湛七族，〔五〕要離之燒妻子，〔六〕豈足道哉！

〔一〕索隱案：三得相不喜，知其才之自得也；三去相不悔，知非己之罪也。

〔二〕集解列士傳曰：「楚於陵子仲，楚王欲以爲相，而不許，爲人灌園。」索隱案：孟子云陳仲子，齊陳氏之族。兄爲齊卿，仲子以爲不義，乃適楚，居于於陵，自謂於陵子仲。楚王聘以爲相，子仲遂夫妻相與逃，爲人灌園。烈士傳云字子終。

〔三〕集解韋昭曰：「言恩厚無不使也。」索隱及下「蹠之客可使刺由」，此並見戰國策。服虔云仲由也。應劭云許由也。

〔四〕集解應劭曰：「蹠之客爲其人使刺由。由，許由也。蹠，盜蹠也。」

〔五〕集解應劭曰：「荊軻爲燕刺秦始皇，不成而死，其族坐之湛沒。吳王闔閭欲殺王子慶忌，要離詐以罪亡，令吳王燔其妻子，要離走見慶忌，以劍刺之。」張晏曰：「七族，上至曾祖，下至曾孫。」索隱湛音沈。張晏云「七族，上至曾祖，下至元孫」。又一說云，父之族，一也；姑之子，二也；姊妹之子，三也；女子之子，四也；母之族，五也；從子，六也；及妻父母凡七。

〔六〕索隱事見呂氏春秋。

臣聞明月之珠，夜光之璧，以闇投人於道路，人無不按劍相眄者。何則？無因而至前也。蟠木根柢，輪囷〔一〕離詭，〔二〕而爲萬乘器者。何則？以左右先爲之容也。〔三〕故無因至前，雖出隨侯之珠，夜光之璧，猶結怨而不見德。故有人先談，則以枯木朽株樹功而不忘。今夫天下布衣窮居之士，身在貧賤，雖蒙堯、舜之術，〔四〕挾伊、管之辯，懷龍逢、比干之意，欲盡忠當世之君，而素無根柢之容，雖竭精思，欲開忠信，輔人主之治，則人主必有按劍相眄之跡，是使布衣不得爲枯木朽株之資也。

〔一〕索隱孟康云：「蟠結之木也。」晉灼云：「槃柢，木根也。」

〔二〕集解張晏曰：「根柢，下本也。輪囷離詭，委曲槃戾也。」

〔三〕索隱 謂左右先加雕刻，是爲之容飾也。

〔四〕索隱 案：言雖蒙被堯、舜之道。

是以聖王制世御俗，獨化於陶鈞之上，〔一〕而不牽於卑亂之語，不奪於衆多之口。故秦皇帝任中庶子蒙嘉之言，以信荆軻之説，而匕首竊發；〔二〕周文王獵涇、渭，載呂尚而歸，以王天下。故秦信左右而殺，周用烏集而王。〔三〕何則？以其能越攣拘之語，馳域外之議，獨觀於昭曠之道也。

〔一〕集解 漢書音義曰：「陶家名模下圓轉者爲鈞，以其能制器爲大小，比之於天。」 索隱 張晏云：「陶，冶；鈞，範也。作器，下所轉者名鈞。」韋昭曰：「陶，燒瓦之竈。鈞，木長七尺，有絃，所以調爲器具也。」崔浩云：「以鈞制器萬殊，故如造化也。」

〔二〕索隱 案：通俗文云「其頭類匕，故曰匕首，短而便用也」。

〔三〕集解 漢書音義曰：「太公望塗覯卒遇，共成王功，若烏鳥之暴集也。」 索隱 韋昭云：「呂尚適周，如烏之集。」

今人主沈於諂諛之辭，牽於帷裳之制，〔一〕使不羈之士與牛驥同皁，〔二〕此鮑焦所以忿於世而不留富貴之樂也。〔三〕

〔一〕集解 漢書音義曰：「言爲左右便辟侍帷裳臣妾所見牽制。」

〔二〕集解 漢書音義曰：「食牛馬器，以木作，如槽也。」 索隱 案：言駿足不可羈絆，以比逸才之人。應劭云「皁，櫪也」。韋昭云「皁，養馬之官，下士也」。案：養馬之官，其衣皁也。又郭璞云「皁，養馬器也」。 正義 顔云：

「不羈，言才識高遠，不可羈係。皁，在早反。方言云『梁、宋、齊、楚、燕之閒謂櫪曰皁』。」

〔三〕集解 如淳曰：「莊子云鮑焦飾行非世，抱木而死。」 索隱 晉灼云：「列士傳鮑焦怨世不用己，採蔬於道。子貢難曰：『非其代而採其蔬，此焦之有哉？』弃其蔬，乃立枯洛水之上。」案：此事見莊子及説苑、韓詩外傳，小有不同耳。

臣聞盛飾入朝者不以利汙義，砥厲名號者不以欲傷行，故縣名勝母〔一〕而曾子不入，〔二〕邑號朝歌而墨子回車。〔三〕今欲使天下寥廓之士，攝於威重之權，主於位勢之貴，故回面〔四〕汙行以事諂諛之人而求親近於左右，則士伏死堀穴巖（巖）〔藪〕之中耳，〔五〕安肯有盡忠信而趨闕下者哉！

〔一〕集解 漢書云里名勝母也。 正義 鹽鐵論皆云里名，尸子及此傳云縣名，未詳也。

〔二〕索隱 按：淮南子及鹽鐵論並云里名勝母，曾子不入，蓋以名不順故也。尸子以爲孔子至勝母縣，暮而不宿，則不同也。

〔三〕集解 晉灼曰：「朝歌者，不時也。」 正義 朝歌，今衞州縣也。

〔四〕索隱 杜預云：「回，邪也。」

〔五〕集解 詩云：「節彼南山，維石巖巖。」

書奏梁孝王，孝王使人出之，卒爲上客。

太史公曰：魯連其指意雖不合大義，然余多其在布衣之位，蕩然肆志，不詘於諸侯，談説於當世，折卿相之權。鄒陽辭雖不遜，然其比物連類，有足悲者，亦可謂抗直不橈矣，吾是以附之列傳焉。

【索隱述贊】魯連達士，高才遠致。釋難解紛，辭祿肆志。齊將挫辯，燕軍沮氣。鄒子遇讒，見詆獄吏。慷慨獻説，時王所器。

史記卷八十四

屈原賈生列傳第二十四

屈原者，名平，楚之同姓也。〔一〕爲楚懷王左徒。〔二〕博聞彊志，明於治亂，嫻〔三〕於辭令。入則與王圖議國事，以出號令；出則接遇賓客，應對諸侯。王甚任之。

〔一〕正義屈、景、昭皆楚之族。王逸云：「楚王始都是，生子瑕，受屈爲卿，因以爲氏。」
〔二〕正義蓋今(在)左右拾遺之類。
〔三〕集解史記音隱曰：「音閑。」

上官大夫與之同列，爭寵而心害其能。懷王使屈原造爲憲令，屈平屬草稾〔一〕未定。上官大夫見而欲奪之，〔二〕屈平不與，因讒之曰：「王使屈平爲令，衆莫不知，每一令出，平伐其功，(曰)以爲『非我莫能爲』也。」王怒而疏屈平。

〔一〕索隱屬音燭。草稾謂創制憲令之本也。漢書作「草具」，崔浩謂發始造端也。
〔二〕正義王逸云上官靳尚。

屈平疾王聽之不聰也，讒諂之蔽明也，邪曲之害公也，方正之不容也，故憂愁幽思而作離騷。〔一〕離騷者，猶離憂也。夫天者，人之始也；父母者，人之本也。人窮則反本，故勞苦倦極，未嘗不呼天也；疾痛慘怛，〔二〕未嘗不呼父母也。屈平正道直行，〔三〕竭忠盡智以事其君，讒人閒之，可謂窮矣。信而見疑，忠而被謗，能無怨乎？屈平之作離騷，蓋自怨生也。國風好色而不淫，小雅怨誹而不亂。〔四〕若離騷者，可謂兼之矣。上稱帝嚳，下道齊桓，中述湯武，以刺世事。明道德之廣崇，治亂之條貫，靡不畢見。其文約，其辭微，其志絜，其行廉，其稱文小而其指極大，舉類邇而見義遠。其志絜，故其稱物芳。其行廉，故死而不容。自疏濯淖〔五〕汙泥〔六〕之中，蟬蛻於濁穢，〔七〕以浮游塵埃之外，不獲世之滋垢，皭然〔八〕泥而不滓者也。〔九〕推此志也，雖與日月爭光可也。〔一〇〕

〔一〕索隱慅，亦作「騷」。按：楚詞「慅」作「騷」，音素刀反。應劭云「離，遭也；騷，憂也」。又離騷序云「離，別也；騷，愁也」。
〔二〕正義上七感反，下丁達反。慘，毒也。怛，痛也。
〔三〕正義寒孟反。
〔四〕正義誹，方畏反。
〔五〕索隱上音濁，下音鬧。
〔六〕索隱上音烏故反，下音奴計反。
〔七〕正義蛻音稅，去皮也，又他卧反。
〔八〕集解徐廣曰：「皭，疏淨之貌。」索隱皭音自若反。徐廣云「疏淨之貌」。
〔九〕索隱泥亦音涅，滓亦音淄，又並如字。
〔一〇〕正義言屈平之仕濁世，去其汙垢，在塵埃之外。推此志意，雖與日月爭其光明，斯亦可矣。

屈平既絀，其後秦欲伐齊，齊與楚從親，〔一〕惠王患之，乃令張儀詳去秦，厚幣委質事楚，曰：「秦甚憎齊，齊與楚從親，楚誠能絶齊，秦願獻商、於之地六百里。」楚懷王貪而信張儀，遂絶齊，使使如秦受地。張儀詐之曰：「儀與王約六里，不聞六百里。」楚使怒去，歸告懷王。懷王怒，大興師伐秦。秦發兵擊之，大破楚師於丹、淅，〔二〕斬首八萬，虜楚將屈匄，〔三〕遂取楚之漢中地。〔四〕懷王乃悉發國中兵以深入擊秦，戰於藍田。魏聞之，襲楚至鄧。〔五〕楚兵懼，自秦歸。而齊竟怒不救楚，楚大困。

〔一〕正義上足松反。
〔二〕索隱二水名。謂於丹水之北，淅水之南。丹水、淅水皆縣名，在弘農，所謂丹陽、淅。正義丹陽，今枝江故城。
〔三〕索隱屈，姓。匄，名，音蓋也。
〔四〕索隱徐廣曰：「楚懷王十六年，張儀來相；十七年，秦敗屈匄。」正義梁州。

〔五〕索隱按：此鄧在漢水之北，故鄧侯城也。

明年，秦割漢中地與楚以和。楚王曰：「不願得地，願得張儀而甘心焉。」張儀聞，乃曰：「以一儀而當漢中地，臣請往如楚。」如楚，又因厚幣用事者臣靳尚，而設詭辯於懷王之寵姬鄭袖。懷王竟聽鄭袖，復釋去張儀。是時屈平既疏，不復在位，使於齊，顧反，諫懷王曰：「何不殺張儀？」懷王悔，追張儀不及。〔一〕

〔一〕索隱按：張儀傳無此語也。

其後諸侯共擊楚，大破之，殺其將唐眛。〔一〕

〔一〕集解徐廣曰：「二十八年敗唐眛也。」正義眛，莫葛反。

時秦昭王與楚婚，欲與懷王會。懷王欲行，屈平曰：「秦虎狼之國，不可信，不如毋行。」〔一〕懷王稚子子蘭勸王行：「柰何絶秦歡！」懷王卒行。入武關，秦伏兵絶其後，因留懷王，〔二〕以求割地。懷王怒，不聽。亡走趙，趙不內。復之秦，竟死於秦而歸葬。

〔一〕索隱按：楚世家昭睢有此言，蓋二人同諫王，故彼此各隨録之也。
〔二〕集解徐廣曰：「三十年入秦。」

長子頃襄王立，〔一〕以其弟子蘭爲令尹。楚人既咎子蘭以勸懷王入秦而不反也。

〔一〕索隱名橫。

屈平既嫉之，雖放流，睠顧楚國，繫心懷王，不忘欲反，冀幸君之一悟，俗之一改也。其存君興國而欲反覆之，一篇之中三致志焉。然終無可柰何，故不可以反，卒以此見懷王之終不悟也。人君無愚智賢不肖，〔一〕莫不欲求忠以自爲，舉賢以自佐，然亡國破家相隨屬，而聖君治國累世而不見者，其所謂忠者不忠，而所謂賢者不賢也。懷王以不知忠臣之分，故內惑於鄭袖，外欺於張儀，疏屈平而信上官大夫、令尹子蘭。兵挫地削，亡其六郡，身客死於秦，爲天下笑。此不知人之禍也。易曰：「井泄不食，〔二〕爲我心惻，〔三〕可以汲。〔四〕王明，並受其福。」〔五〕王之不明，豈足福哉！〔六〕

〔一〕索隱 此已下太史公傷懷王之不任賢，信讒而不能反國之論也。
〔二〕集解 向秀曰：「泄者，浚治去泥濁也。」 索隱 向秀字子期，晉人，注易。
〔三〕集解 張璠曰：「可爲惻然，傷道未行也。」 索隱 張璠亦晉人，注易也。
〔四〕索隱 按：京房易章句言「我道可汲而用也」。
〔五〕集解 易象曰：「求王明受福也。」 索隱 按：京房章句曰「上有明王，汲我道而用之，天下並受其福，故曰『王明並受其福』也」。
〔六〕集解 徐廣曰：「一云『不足福』。」 正義 言楚王不明忠臣，豈足受福，故屈原懷沙自沉。

令尹子蘭聞之大怒，卒使上官大夫短屈原於頃襄王，頃襄王怒而遷之。〔一〕

〔一〕集解 離騷序曰：「遷於江南。」

屈原至於江濱，被髮行吟澤畔。顏色憔悴，形容枯槁。漁父〔一〕見而問之曰：「子非三閭大夫歟？〔二〕何故而至此？」屈原曰：「舉世混濁而我獨清，衆人皆醉而我獨醒，是以見放。」漁父曰：「夫聖人者，不凝滯於物而能與世推移。舉世混濁，何不隨其流〔三〕而揚其波？衆人皆醉，何不餔其糟而啜其醨？何故懷瑾握瑜〔四〕而自令見放爲？」屈原曰：「吾聞之，新沐者必彈冠，新浴者必振衣，人又誰能以身之察察，〔五〕受物之汶汶者乎！〔六〕寧赴常流〔七〕而葬乎江魚腹中耳，又安能以皓皓之白而蒙世俗之温蠖乎！」〔八〕

〔一〕索隱 音甫。
〔二〕集解 離騷序曰：「三閭之職，掌王族三姓，曰昭、屈、景，序其譜屬，率其賢良，以厲國士。」
〔三〕索隱 按：楚詞作「滑其泥」。
〔四〕索隱 按：楚詞此「懷瑾握瑜」作「深思高舉」也。
〔五〕集解 王逸曰：「己静絜。」
〔六〕集解 王逸曰：「蒙垢汚。」 索隱 汶汶者，音閔。汶汶猶昏暗也。
〔七〕索隱 常流猶長流也。
〔八〕索隱 蠖音烏廓反。温蠖猶惛憒。楚詞作「蒙世之塵埃哉」。

乃作懷沙之賦。〔一〕其辭曰：

〔一〕索隱 按：楚詞九懷曰「懷沙礫以自沈」，此其義也。

陶陶孟夏兮，草木莽莽。〔一〕傷懷永哀兮，汩徂南土。〔二〕眴兮窈窈，〔三〕孔静幽墨。〔四〕冤結紆軫兮，離愍之長鞠；〔五〕撫情効志兮，俛詘以自抑。

〔一〕集解 王逸曰：「陶陶，盛陽貌。莽莽，盛茂貌。」 索隱 音姥。 正義 莫古反。
〔二〕集解 王逸曰：「汩，行貌。」 索隱 王師叔曰：「汩，行貌也。」方言曰：「謂疾行也。」
〔三〕集解 徐廣曰：「眴，眩也。」 索隱 眴音舜。徐氏云：「眴音眩。窈音烏鳥反。」
〔四〕集解 王逸曰：「孔，甚也。墨，無聲也。」 正義 孔，甚。墨，無聲。言江南山高澤深，視之眴；野甚清淨，漠無人聲。
〔五〕集解 王逸曰：「鞠，窮。紆，屈也。軫，痛也。愍，病也。」 索隱 離滘。滘，病。鞠，窮。

刓方以爲圜兮，常度未替；〔一〕易初本由兮，君子所鄙。〔二〕章畫職墨兮，前度未改；〔三〕內直質重兮，大人所盛。〔四〕巧匠不斲兮，孰察其揆正？玄文幽處兮，矇謂之不章；〔五〕離婁微睇兮，瞽以爲無明。〔六〕變白而爲黑兮，倒上以爲下。〔七〕鳳皇在笯兮，〔八〕雞雉翔舞。〔九〕同糅玉石兮，一槩而相量。〔一〇〕夫黨人之鄙妒兮，羌不知吾所臧。〔一一〕

〔一〕集解 王逸曰：「刓，削；度，法；替，廢也。言人刓削方木，欲以爲圓，其常法度尚未廢也。」 索隱 刓音五官反。謂刻刓方木以爲圓，其常法度尚未廢。

〔二〕集解 王逸曰：「由，道也。」 正義 本，常也。鄙，恥也。言人遭世不道，變易初行，遠離光道，君子所鄙。
〔三〕集解 王逸曰：「章，明也。度，法也。言工明於所畫，念其繩墨，修前人之法，不易其道，則曲木直而惡木好。」 索隱 章，明也。畫，計畫也。楚詞「職」作「志」。志，念也。餘如注所解。
〔四〕集解 王逸曰：「言人質性敦厚，心志正直，行無過失，則大人君子所盛美也。」
〔五〕集解 王逸曰：「玄，黑也。矇，盲者也。詩云『矇瞍奏公』。章，明也。」
〔六〕集解 王逸曰：「離婁，古明視者也。瞽，盲也。」 正義 睇，田帝反，眄也。
〔七〕索隱 音户。
〔八〕集解 徐廣曰：「笯，一作『郊』。」駰案：王逸曰「笯，籠落也」。 索隱 笯音奴，又女加反。徐云一作「郊」。按：籠落謂藤蘿之相籠絡。 正義 應瑞圖云：「黄帝問天老曰：『鳳鳥何如？』天老曰：『鴻前而麟後，蛇頸而魚尾，龍文而龜身，燕鴿而鷄喙，首戴德，頸揭義，背負仁，心入信，翼俟順，足履正，尾繫武，小音金，大音鼓，延頸奮翼，五色備舉。』」
〔九〕索隱 楚詞「雉」作「鶩」。
〔一〇〕集解 王逸曰：「忠佞不異。」
〔一一〕集解 王逸曰：「莫昭我之善意。」 索隱 按：王師叔云「羌，楚人語辭」。言卿何爲也。 正義 羌音彊。

任重載盛兮，陷滯而不濟；〔一〕懷瑾握瑜兮，窮不得余所示。〔二〕邑犬羣吠兮，吠所怪也；誹駿疑桀兮，固庸態也。〔三〕文質疏內兮，衆不知吾之異采；〔四〕材樸委積兮，莫知余之所有。重仁襲義兮，謹厚以爲豐；〔五〕重華不可牾兮，〔六〕孰知余之從容！古

固有不並兮，豈知其故也？〔七〕湯禹久遠兮，邈不可慕也。懲違改忿兮，抑心而自彊；離湣而不遷兮，願志之有象。〔八〕進路北次兮，〔九〕日昧昧其將暮；含憂虞哀兮，〔一〇〕限之以大故。〔一一〕

〔一〕集解王逸曰：「言己才力盛壯，可任用重載，而身陷没沈滯，不得成其本志也。」

〔二〕集解王逸曰：「示，語也。」

〔三〕集解王逸曰：「千人才爲俊，一國高爲桀也。庸，厮賤之人也。」索隱按：尹文子云「千人曰俊，萬人曰桀」。今乃誹俊疑傑，固是庸人之態也。

〔四〕集解徐廣曰：「異，一作『臭』。」駰案：王逸曰「采，文采也」。

〔五〕集解王逸曰：「重，累也。襲，及也。」

〔六〕集解王逸曰：「牾，逢也。」索隱楚詞「牾」作「遻」，並吳故反。王師叔云「牾，逢也」。

〔七〕索隱楚詞作「莫知其何故」。

〔八〕集解王逸曰：「象，法也。」

〔九〕正義北次將就。

〔一〇〕索隱楚詞作「舒憂娱哀」。娱音虞。娱者，樂也。

〔一一〕集解王逸曰：「娱，樂也。大故謂死亡也。」

亂曰：〔一〕浩浩沅、湘兮，〔二〕分流汨兮。〔三〕脩路幽拂兮，〔四〕道遠忽兮。曾唫恆悲兮，永歎慨兮。世既莫吾知兮，人心不可謂兮。〔五〕懷情抱質兮，獨無匹兮。伯樂既歿兮，驥將焉程兮？〔六〕人生稟命兮，各有所錯兮。〔七〕定心廣志，餘何畏懼兮？〔八〕曾傷爰哀，永歎喟兮。〔九〕世溷不吾知，心不可謂兮。知死不可讓兮，願勿愛兮。明以告君子兮，吾將以爲類兮。〔一〇〕

〔一〕索隱王師叔曰：「亂者，理也。所以發理辭指，撮總其要，而重理前意也。」

〔二〕索隱二水名。按：地理志湘水出零陵陽海山，北入江。沅即湘之後流也。正義說文云：「沅水出牂柯，東北流入江。湘水出零陵縣陽海山，北入江。」按：二水皆經岳州而入大江也。

〔三〕集解王逸曰：「汨，流也。」

〔四〕索隱楚詞作「幽蔽」也。

〔五〕集解王逸曰：「謂猶說也。」索隱楚詞無「曾唫」已下二十一字。

〔六〕集解王逸曰：「程，量也。」

〔七〕集解王逸曰：「錯，安也。」

〔八〕索隱楚詞「餘」並作「余」。

〔九〕集解王逸曰：「喟，息也。」

〔一〇〕集解王逸曰：「類，法也。」正義按：類，例也。以爲忠臣不事亂君之例。

於是懷石遂自(投)〔沈〕汨羅以死。〔一〕

〔一〕集解應劭曰：「汨水在羅，故曰汨羅也。」索隱汨水在羅，故曰汨羅。地理志長沙有羅縣，羅子之所徙。荆州記「羅縣北帶汨水」。汨音覓也。正義故羅縣城在岳州湘陰縣東北六十里。春秋時羅子國，秦置長沙郡而爲縣也。按：縣北有汨水及屈原廟。續齊諧記云：「屈原以五月五日投汨羅而死，楚人哀之，每於此日以竹筒貯米投水祭之。漢建武中，長沙區回白日忽見一人，自稱三閭大夫。謂回曰：『聞君常見祭，甚善。但常年所遺，並爲蛟龍所竊，今若有惠，可以練樹葉塞上，以五色絲轉縛之，此物蛟龍所憚。』回依其言。世人五月五日作糉，并帶五色絲及練葉，皆汨羅之遺風。」

屈原既死之後，楚有宋玉、唐勒、景差〔一〕之徒者，皆好辭而以賦見稱；然皆祖屈原之從容辭令，終莫敢直諫。其後楚日以削，數十年竟爲秦所滅。

〔一〕集解徐廣曰：「或作『慶』。」索隱按：楊子法言及漢書古今人表皆作「景瑳」，今作「差」是字省耳。又按：徐、裴、鄒三家皆無音，是讀如字也。

自屈原沈汨羅後百有餘年，漢有賈生，爲長沙王太傅，過湘水，投書以弔屈原。

賈生名誼，〔一〕雒陽人也。年十八，以能誦詩屬書聞於郡中。吳廷尉爲河南守，聞其秀才，〔二〕召置門下，甚幸愛。孝文皇帝初立，聞河南守吳公〔三〕治平爲天下第一，故與李斯同邑而常學事焉，乃徵爲廷尉。廷尉乃言賈生年少，頗通諸子百家之書。文帝召以爲博士。

〔一〕索隱名義。漢書並作「誼」也。

〔二〕正義顏云：「秀，美也。」應劭云：「避光武諱改『茂才』也。」

〔三〕索隱按：吳，姓也。史失名，故稱公。

是時賈生年二十餘，最爲少。每詔令議下，諸老先生不能言，賈生盡爲之對，人人各如其意所欲出。諸生於是乃以爲能不及也。孝文帝說之，超遷，一歲中至太中大夫。

賈生以爲漢興至孝文二十餘年，天下和洽，而固當改正朔，易服色，法制度，定官名，興禮樂，乃悉草具其事儀法，色尚黃，數用五，〔一〕爲官名，悉更秦之法。孝文帝初即位，謙讓未遑也。諸律令所更定，及列侯悉就國，其說皆自賈生發之。於是天子議以爲賈生任公卿之位。絳、灌、東陽侯、馮敬之屬盡害之，〔二〕乃短賈生曰：「雒陽之人，年少初學，專欲擅權，紛亂諸事。」於是天子後亦疏之，不用其議，乃以賈生爲長沙王太傅。

〔一〕正義漢文帝時黃龍見成紀，故改爲土也。

〔二〕正義絳，周勃；灌，灌嬰也。東陽侯，張相如。馮敬時爲御史大夫。

賈生既辭往行，聞長沙卑溼，自以壽不得長，又以適去，〔一〕意不自得。及渡湘水，爲賦以弔屈原。其辭曰：

〔一〕集解徐廣曰：「適，竹革反。」韋昭曰：「謫，譴也。」索隱韋昭云：「適，譴也。」字林云：「丈戹反。」

共承嘉惠兮，〔一〕俟罪長沙。側聞屈原兮，自沈汨羅。造託〔二〕湘流兮，敬弔先生。遭世罔極兮，乃隕厥身。嗚呼哀哉，逢時不祥！鸞鳳伏竄兮，〔三〕鴟梟翱翔。闒茸尊顯兮，〔四〕讒諛得志；賢聖逆曳兮，方正倒植。〔五〕世謂伯夷貪兮，謂盜跖廉；〔六〕莫邪爲頓兮，〔七〕鉛刀爲銛。〔八〕于嗟嚜嚜兮，生之無故！〔九〕斡弃周鼎兮寶康瓠，〔一〇〕騰駕罷牛兮驂蹇驢，〔一一〕驥垂兩耳兮服鹽車。〔一二〕章甫薦屨兮，〔一三〕漸不可久；〔一四〕嗟苦先生兮，獨離此咎！〔一五〕

〔一〕集解張晏曰：「恭，敬也。」
〔二〕索隱造音七到反。
〔三〕索隱竄音如字，又七外反。
〔四〕索隱闒音天臘反。茸音而隴反。案：應劭、胡廣云「闒茸不才之人，無六翮翱翔之用而反尊貴」。字林曰「闒茸，不肖之人」。
〔五〕索隱胡廣云：「逆曳，不得順隨道而行也。倒植，賢不肖顛倒易位也。」
〔六〕索隱案：漢書作「隨、夷溷兮跖、蹻廉」，一句皆兼兩人。隨，卞隨也。夷，伯夷也。跖，盜跖也。蹻，莊蹻也。
〔七〕集解應劭曰：「莫邪，吳大夫也，作寶劍，因以冠名。」瓚曰：「許慎曰莫邪，大戟也。」索隱應劭曰：「莫邪，吳大夫也，作寶劍，因名焉。」吳越春秋曰：「吳王使干將造劍二枚，一曰干將，二曰莫邪。」莫邪、干將，劍名也。

頓，鈍也。
〔八〕集解徐廣曰：「思廉反。」駰案：漢書音義曰「銛謂利」。索隱鉛者，錫也。銛，利也，音纖。言其暗惑也。
〔九〕集解應劭曰：「嚜嚜，不自得意。」瓚曰：「生謂屈原也。」
〔一〇〕集解如淳曰：「斡，轉也。爾雅曰『康瓠謂之甈』，大瓠也。」應劭曰：「康，容也。」斡音筦。筦，轉也。一曰康，空也。」索隱斡，轉也，烏活反。爾雅云「康瓠謂之甈」。甈音丘列反。李巡云「康謂大瓠也」。康，空也。晉灼云「斡，古『管』字也」。
〔一一〕正義罷音皮。
〔一二〕索隱戰國策曰：「夫驥服鹽車上太山中阪，遷延負轅不能上，伯樂下車哭之也。」
〔一三〕集解應劭曰：「章甫，殷冠也。」
〔一四〕集解劉向別錄曰：「因以自論自恨也。」
〔一五〕集解應劭曰：「嗟，咨嗟。苦，勞苦。言屈原遇此難也。」

訊曰：〔一〕已矣，國其莫我知，獨堙鬱兮〔二〕其誰語？鳳漂漂其高遰〔三〕兮，夫固自縮而遠去。〔四〕襲九淵之神龍兮，〔五〕沕〔六〕深潛以自珍。〔七〕彌融爚〔八〕以隱處兮，〔九〕夫豈從螘與蛭螾？〔一〇〕所貴聖人之神德兮，遠濁世而自藏。使騏驥可得係羈兮，豈云異夫犬羊！〔一一〕般紛紛其離此尤兮，〔一二〕亦夫子之辜也！〔一三〕瞝九州〔一四〕而相君兮，何必懷此都也？鳳皇翔于千仞之上兮，覽惪煇而下之；〔一五〕見細德之險（微）〔徵〕兮，搖增翮〔一六〕逝而去之。〔一七〕彼尋常之汙瀆兮，〔一八〕豈能容吞舟之魚！橫江湖之鱣鱏兮，〔一九〕固將制於蟻螻。〔二〇〕

〔一〕集解李奇曰：「訊，告也。」張晏曰：「訊，離騷下章亂辭也。」索隱誶曰。李奇曰：「誶，告也，音信。」張晏曰：「訊，離騷下章許亂也。」劉伯莊音素對反。訊猶宣也，重宣其意。周成、師古音碎也。
〔二〕索隱漢書作「壹鬱」，意亦通。
〔三〕索隱音逝也。
〔四〕索隱縮，漢書作「引」也。
〔五〕集解鄧展曰：「襲，重也。」或曰襲，覆也，猶言深也。索隱襲，復也。莊子曰「千金之珠必在九重之淵，而驪龍頷下」，故云「九淵之神龍」也。
〔六〕集解徐廣曰：「亡筆反。」
〔七〕集解徐廣曰：「沕，潛藏也。」索隱張晏曰：「沕，潛藏也。音密，又音勿也。」
〔八〕集解徐廣曰：「一云『偭獱獺』。」
〔九〕集解徐廣曰：「一本云『彌蝎爚以隱處』也。」索隱漢書作「偭蟂獺」，徐廣又一本作「彌蝎爚以隱處」，蓋總三本不同也。案：蘇林云「偭音面」。應劭云「偭，背也。蟂獺，水蟲，害魚者。以言背惡從善也」。郭璞注爾雅云「似兔，江東謂之魚鴳」。正義顧野王云：「彌，遠也。融，明也。爚，光也。」沒深藏以自珍，彌遠明光以隱處也。
〔一〇〕集解漢書「螘」字作「蝦」。韋昭曰：「蝦，蝦蟇也。蛭，水蟲。螾，丘螾也。」索隱螘音蟻。漢書作「蝦」。言

偭然絕於蟂獺，況從蝦與蛭螾也。蛭音質。螾音引也。正義言寧投水合神龍，豈陸葬從蟻與蛭蚓。
〔一一〕正義使騏驥可得係縛羈絆，則與犬羊無異。責屈原不去濁世以藏隱。騏文如綦也。驥，千里馬。
〔一二〕集解蘇林曰：「般音盤。」孟康曰：「般音班。」或曰盤桓不去，紛紛構讒意也。索隱般音班，又音盤，槃桓也。紛紛猶藉藉，構讒之意也。尤謂怨咎也。
〔一三〕索隱漢書「辜」作「故」。夫子謂屈原也。李奇曰：「亦夫子不如麟鳳翔逝之故，罹此咎也。」
〔一四〕索隱瞝，丑知反，謂歷觀也。漢書作「歷九州」。
〔一五〕索隱案：言鳳皇翔，見人君有德乃下。故禮曰「德煇動乎內」是也。
〔一六〕集解徐廣曰：「一云『遥增擊』也。」
〔一七〕正義搖，動也。增，加也。言見細德之人，又有險難微起，則合加動羽翮，遠逝而去之。
〔一八〕集解應劭曰：「八尺曰尋，倍尋曰常。」索隱音烏獨二音。汙，潢汙；瀆，小渠也。
〔一九〕集解如淳曰：「大魚也。」瓚曰：「鱏魚無鱗，口近腹下。」
〔二〇〕索隱莊子云庚桑楚謂弟子曰「吞舟之魚，蕩而失水，則螻蟻能制之」。戰國策齊人說靖郭君亦同。案：以此喻小國暗主不容忠臣，而爲讒賊小臣之所見害。

賈生爲長沙王太傅〔一〕三年，有鴞飛入賈生舍，止于坐隅。楚人命鴞曰「服」。〔二〕賈生既以適居長沙，長沙卑溼，自以爲壽不得長，傷悼之，乃爲賦以自廣。〔三〕其辭曰：

〔一〕索隱爲長沙傅。案：誼爲傅是吳芮之玄孫產襲長沙王之時也，非景帝之子長沙王發也。荊州記「長沙城西北隅有賈誼宅及誼石牀在矣」。正義漢文帝年表云吳芮之玄孫差襲長沙王也。傅爲長沙靖王差之二年也。括

地志云：「吳芮故城在潭州長沙縣東南三百里。賈誼宅在縣南三十步。湘水記云『誼宅中有一井，誼所穿，極小而深，上斂下大，其狀如壺。傍有一局脚石牀，容一人坐，形流古制，相承云誼所坐』。」

〔二〕【集解】晉灼曰：「異物志有山鴞，體有文色，土俗因形名之曰服。不能遠飛，行不出域。」【索隱】案：鄧展云「似鵠而大」。晉灼云「巴蜀異物志有鳥〔如〕小雞，體有文色，土俗因形名之曰服。不能遠飛，行不出域」。荊州記云「巫縣有鳥如雌雞，其名爲鴞，楚人謂之服」。吳録云「服，黑色，鳴自呼」。

〔三〕【索隱】案：姚氏云「廣猶寬也」。

單閼之歲兮，〔一〕四月孟夏，庚子日施兮，服集予舍，〔二〕止于坐隅，貌甚閒暇。異物來集兮，私怪其故，發書占之兮，筴言其度。〔三〕曰「野鳥入處兮，主人將去」。請問于服兮：〔四〕「予去何之？吉乎告我，凶言其菑。〔五〕淹數之度兮，語予其期。」〔六〕服乃歎息，舉首奮翼，口不能言，請對以意。〔七〕

〔一〕【集解】徐廣曰：「歲在卯曰單閼。文帝六年歲在丁卯。」【索隱】爾雅云「歲在卯曰單閼」。李巡云「單閼，起也，陽氣推萬物而起，故曰單閼」。孫炎本作「蟬焉」。蟬猶伸也。【正義】閼，烏葛反。

〔二〕【集解】徐廣曰：「施，一作『斜』。」【索隱】施音移。施猶西斜也。漢書作「斜」也。

〔三〕【索隱】漢書作「讖」。案：說文云「讖，驗言也」。今此「筴」蓋雜筴辭云然。【正義】發策數之書，占其度驗。

〔四〕【索隱】于，於也。漢書本有作「子服」者，小顏云「子，加美辭也」。

〔五〕【正義】音災。

〔六〕【集解】徐廣曰：「數，速也。」

〔七〕【索隱】協音臆也。【正義】協韻音憶。

萬物變化兮，固無休息。斡流而遷兮，〔一〕或推而還。形氣轉續兮，變化而嬗。〔二〕沕穆無窮兮，〔三〕胡可勝言！禍兮福所倚，〔四〕福兮禍所伏；〔五〕憂喜聚門兮，吉凶同域。〔六〕彼吳彊大兮，夫差以敗；越棲會稽兮，句踐霸世。斯游遂成兮，卒被五刑；〔七〕傅說胥靡兮，〔八〕乃相武丁。夫禍之與福兮，何異糾纆。〔九〕命不可說兮，孰知其極？水激則旱兮，矢激則遠。〔一〇〕萬物回薄兮，振蕩相轉。雲蒸雨降兮，錯繆相紛。大專槃物兮，〔一一〕坱軋無垠。〔一二〕天不可與慮兮，〔一三〕道不可與謀。遲數有命兮，惡識其時？

〔一〕【索隱】斡音烏活反。斡，轉也。

〔二〕【集解】服虔曰：「嬗音如蟬，謂變蛻也。」或曰蟬蔓相連也。【索隱】韋昭云：「而，如也。如蟬之蛻化也。」蘇林云：「嬗音蟬，謂其相傳與也。」

〔三〕【索隱】漢書「無窮」作「無閒」。沕音密，又音昧。沕穆，深微之貌。以言其理深微，不可盡言也。【正義】沕音勿。

〔四〕【正義】於蟻反，依也。

〔五〕【索隱】此老子之言。然「禍」字古作「旤」。案：倚者，立身也。伏，下身也。以言禍福遞來，猶如倚伏也。

〔六〕【正義】言禍福相因，吉凶不定。

〔七〕【集解】韋昭曰：「斯，李斯也。」

〔八〕【集解】徐廣曰：「腐刑也。」【索隱】徐廣云：「胥靡，腐刑也。」晉灼云：「胥，相也。靡，隨也。古者相隨坐輕刑之名。」墨子云「傅說衣褐帶索，傭築於傅巖」。傅巖在河東太陽縣。又夏靖書云「猗氏六十里黃河西岸吳阪下，便得隱穴，是說所潛身處也」。

〔九〕【集解】應劭曰：「福禍相爲表裏，如糾纆繩索相附會也。」瓚曰：「糾，絞也。纆，索也。」【索隱】韋昭云：「纆，徽也。」又通俗文云：「合繩曰糾。」字林云：「纆，三合繩也，音墨。」糾音九。

〔一〇〕【索隱】此乃淮南子及鶡冠子文也。彼作「水激則悍」，而呂氏春秋作「疾」，以言水激疾則去疾，不能浸潤；矢激疾則去遠也。說文「旱」與「悍」同音，以言水矢流飛，本以無礙爲通利，今遇物觸之，則激怒，更勁疾而遠悍，猶人或因禍致福，倚伏無常也。

〔一一〕【集解】漢書「專」字作「鈞」。如淳曰：「陶者作器於鈞上，此以造化爲大鈞。」【索隱】漢書云「大鈞播物」，此「專」讀曰「鈞」。槃猶轉也，與播義同。如淳云：「陶者作器於鈞上，以造化爲大鈞也。」虞喜志林云：「大鈞造化之神，鈞陶萬物，品授羣形者也。」案：上鄒陽傳注云「陶家名模下圓轉者爲鈞，言其能制器大小，以比之於天」。

〔一二〕【集解】應劭曰：「其氣坱軋，非有限齊也。」坱音若。央軋音若乙。【索隱】坱圠無垠。應劭云：「其氣坱圠，非有限齊也。」案：無垠謂無有際畔也。說文云「垠，圻也」。郭璞注方言云「坱圠者，不測也」。王逸注楚詞云「坱圠，雲霧氣昧也」。【正義】坱，烏郎反。軋，於黠反。

〔一三〕【索隱】與音預也。

且夫天地爲鑪兮，造化爲工；〔一〕陰陽爲炭兮，萬物爲銅。〔二〕合散消息兮，安有常則；〔三〕千變萬化兮，未始有極。〔四〕忽然爲人兮，何足控摶；〔五〕化爲異物兮，〔六〕又何足患！〔七〕小知自私兮，賤彼貴我；〔八〕通人大觀兮，物無不可。〔九〕貪夫徇財兮，烈士徇名；〔一〇〕夸者死權兮，〔一一〕品庶馮生。〔一二〕怵迫之徒兮，或趨西東；〔一三〕大人不曲兮，〔一四〕億變齊同。拘士繫俗兮，攌如囚拘；〔一五〕至人遺物兮，獨與道俱。〔一六〕衆人或或兮，好惡積意；〔一七〕真人淡漠兮，獨與道息。〔一八〕釋知遺形兮，超然自喪；〔一九〕寥廓忽荒兮，與道翱翔。乘流則逝兮，得坻則止；〔二〇〕縱軀委命兮，不私與己。其生若浮兮，其死若休；〔二一〕澹乎若深淵之靜，氾乎若不繫之舟。〔二二〕不以生故自寶兮，〔二三〕養空而浮；〔二四〕德人無累兮，〔二五〕知命不憂。細故蔕薊兮，何足以疑！〔二六〕

〔一〕【索隱】此莊子文。

〔二〕【索隱】既以陶冶喻造化，故以陰陽爲炭，萬物爲銅也。

〔三〕【索隱】莊子云：「人之生也，氣之聚也，聚則爲生，散則爲死。」

〔四〕【索隱】莊子云：「人之形千變萬化，未始有極。」

〔五〕【集解】如淳曰：「控，引也。控摶，玩弄愛生之意也。」【索隱】按：控，引也。摶音徒端反。控摶謂引持而自玩弄，貴生之意也。又本作「控揣」。揣音初委反，又音丁果反。揣者，量也。故晉灼云「或然爲人，言此生甚輕耳，何足引物量度己年命之長短而愛惜乎」。

〔六〕【索隱】謂死而形化爲鬼，是爲異物也。

〔七〕索隱 協音壞。

〔八〕索隱 莊子云「以物觀之，自貴而相賤」是也。

〔九〕索隱 莊子云「物固有所然，物固有所可，無物不然，無物不可」也。

〔一〇〕集解 應劭曰：「徇，營也。」瓚曰：「以身從物曰徇。」 索隱 此語亦出莊子。臣瓚云「亡身從物謂之殉」也。

〔一一〕集解 應劭曰：「夸，毗也。好營死於權利。」瓚曰：「夸，奢也。莊子曰『權勢不尤，則夸者不悲』也。」 索隱 言好夸毗者死於權利，是言貪權勢以自矜夸者，至死不休也。按：犍爲舍人注爾雅云「夸毗，卑身屈己也」。曹大家云「體柔人之夸毗也」。尤，甚也。言勢不甚用，則夸毗者可悲也。

〔一二〕集解 孟康曰：「馮，貪也。」 索隱 漢書作「每生」，音謀在反。孟康云「每者，貪也」。服虔云「每，念生也」。鄒誕本亦作「每」，言唯念生而已。今此作「馮」，馮亦持念之意也。然案方言「每」字合從手旁，每音莫改反也。 正義 馮音憑。

〔一三〕集解 孟康曰：「怵，爲利所誘怵也。迫，迫貧賤，東西趨利也。」 索隱 漢書亦有作「私東」。應劭云：「仕諸侯爲私。時天子居長安，諸王悉在關東，羣小怵然，內迫私家，樂仕諸侯，故云『怵迫私東』也。」李奇曰：「『私』多作『西』者，言東西趨利也，」怵音黜。又言怵者，誘也。

〔一四〕索隱 張揖云：「德無不包，靈府弘曠，故名『大人』也。」

〔一五〕集解 徐廣曰：「攌音華板反，又音睆。」 索隱 攌音和板反。說文云「攌，大木柵也」。漢書作「僒」，音去隕反。

〔一六〕索隱 莊子云：「古之至人先存諸己，後存諸人。」張揖云：「體盡於聖，德美之極，謂之至人。」

〔一七〕集解 李奇曰：「或或，東西也。所好所惡，積之萬億也。」瓚曰：「言衆懷抱好惡，積之心意。」 正義 按：意，合韻音億。

〔一八〕索隱 莊子云：「古之真人，不知悅生，不知惡死，不以心捐道，不以人助天。」呂氏春秋曰：「精氣日新，邪氣盡去，反其天年，謂之真人也。」

〔一九〕集解 服虔曰：「絕聖弃知而忘其身也。」 索隱 按：釋智謂絕聖弃智也。遺形者，「形故可使如槁木」是也。自喪者，謂「心若死灰」也。莊周云「今者吾喪我，汝知之乎」？

〔二〇〕集解 徐廣曰：「坻，一作『抵』。」駰案：張晏曰「坻，水中小洲也」。 索隱 漢書「坻」作「抵」。按：周易坎「九二，有險」，言君子見險則止。

〔二一〕索隱 莊子云「勞我以生，休我以死」也。

〔二二〕索隱 出莊子也。

〔二三〕索隱 鄧展云：「自寶，自貴也。」

〔二四〕集解 漢書音義曰：「如舟之空也。」 索隱 言體道之人，但養空性而心若浮舟也。

〔二五〕索隱 按：德人謂上德之人，心中無物累，是得道之士也。

〔二六〕集解 韋昭曰：「蔕音士介反。」 索隱 葪音介。漢書作「介」。張揖云：「遰介，鯁刺也。以言細微事故不足遰介我心，故云『何足以疑』也。」 正義 蔕，忍邁反。葪，加邁反。

後歲餘，賈生徵見。孝文帝方受釐，〔一〕坐宣室。〔二〕上因感鬼神事，而問鬼神之本。賈生因具道所以然之狀。至夜半，文帝前席。既罷，曰：「吾久不見賈生，自以爲過之，今不及也。」居頃之，拜賈生爲梁懷王太傅。〔三〕梁懷王，文帝之少子，愛，而好書，故令賈生傅之。

〔一〕集解 徐廣曰：「祭祀福胙也。」駰案：如淳曰「漢唯祭天地五畤，皇帝不自行，祠還致福」。釐音僖。

〔二〕集解 蘇林曰：「未央前正室。」 索隱 三輔故事云：「宣室在未央殿北。」應劭云：「釐，祭餘肉也。音僖。」

〔三〕索隱 梁懷王名揖，文帝子。

文帝復封淮南厲王子四人皆爲列侯。賈生諫，以爲患之興自此起矣。賈生數上疏，言諸侯或連數郡，非古之制，可稍削之。文帝不聽。

居數年，懷王騎，墮馬而死，〔一〕無後。賈生自傷爲傅無狀，哭泣歲餘，亦死。賈生之死時年三十三矣。及孝文崩，孝武皇帝立，舉賈生之孫二人至郡守，而賈嘉最好學，世其家，與余通書。至孝昭時，列爲九卿。

〔一〕集解 徐廣曰：「文帝十一年。」

太史公曰：余讀離騷、天問、招魂、哀郢，悲其志。適長沙，觀屈原所自沈淵，〔一〕未嘗不垂涕，想見其爲人。及見賈生弔之，又怪屈原以彼其材，游諸侯，何國不容，而自令若是。讀服鳥賦，同死生，輕去就，又爽〔二〕然自失矣。

〔一〕索隱 按：荆州記云「長沙羅縣，北帶汨水。去縣四十里是原自沈處，北岸有廟也」。

〔二〕集解 徐廣曰：「一本作『爽』。」

【索隱述贊】屈平行正，以事懷王。瑾瑜比潔，日月争光。忠而見放，讒者益章。賦騷見志，懷沙自傷。百年之後，空悲弔湘。

史記卷八十五

呂不韋列傳第二十五

呂不韋者，陽翟〔一〕大賈〔二〕人也。往來販賤賣貴，〔三〕家累千金。

〔一〕索隱音狄，俗又音宅。地理志縣名，屬潁川。按：戰國策以不韋爲濮陽人，又記其事迹亦多，與此傳不同。班固雖云太史公採戰國策，然爲此傳當別有所聞見，故不全依彼說。或者劉向定戰國策時，以己異聞改彼書，遂令不與史記合也。正義陽翟，今河南府縣。

〔二〕索隱音古。鄭玄注周禮云「行曰商，處曰賈」。

〔三〕集解徐廣曰：「一本云『陽翟大賈也，往來賤買貴賣』也。」索隱王劭賣音作育。案：育賣義同，今依義。

秦昭王四十年，太子死。其四十二年，以其次子安國君〔一〕爲太子。安國君有子二十餘人。安國君有所甚愛姬，立以爲正夫人，號曰華陽夫人。華陽夫人無子。安國君中男名子楚，〔二〕子楚母曰夏姬，毋愛。子楚爲秦質〔三〕子於趙。秦數攻趙，趙不甚禮子楚。

〔一〕索隱名柱，後立，是爲孝文王也。

〔二〕索隱即莊襄王也。戰國策曰本名異人，後從趙還，不韋使以楚服見，王后悅之，曰「吾楚人也而子字之」，乃變其名曰子楚也。

〔三〕索隱舊音致，今讀依此。穀梁傳曰「交質不及二伯」。左傳曰「信不由中，質無益也」。

子楚，秦諸庶孽孫，〔一〕質於諸侯，車乘進用〔二〕不饒，居處困，不得意。呂不韋賈邯鄲，見而憐之，曰「此奇貨可居」。〔三〕乃往見子楚，說曰：「吾能大子之門。」子楚笑曰：「且自大君之門，而乃大吾門！」呂不韋曰：「子不知也，吾門待子門而大。」子楚心知所謂，乃引與坐，深語。〔四〕呂不韋曰：「秦王老矣，安國君得爲太子。竊聞安國君愛幸華陽夫人，華陽夫人無子，能立適嗣者〔五〕獨華陽夫人耳。今子兄弟二十餘人，子又居中，不甚見幸，久質諸侯。即大王薨，安國君立爲王，則子毋幾得與長子〔六〕及諸子旦暮在前者爭爲太子矣。」子楚曰：「然。爲之柰何？」呂不韋曰：「子貧，客於此，非有以奉獻於親及結賓客也。不韋雖貧，請以千金爲子西游，事安國君及華陽夫人，立子爲適嗣。」子楚乃頓首曰：「必如君策，請得分秦國與君共之。」

〔一〕索隱韓王信傳亦曰「韓信，襄王孽孫」。張晏曰「孺子曰孽子」。何休注公羊「孽，賤子也。以非嫡正，故曰孽」。

〔二〕索隱按：下文云「以五百金爲進用」，宜依小顏讀爲「費」，音才刃反。進者，財也，古字假借之也。

〔三〕集解以子楚方財貨也。正義戰國策云：「濮陽人呂不韋賈邯鄲，見秦質子異人，謂其父曰：『耕田之利幾倍？』曰：『十倍。』『珠玉之贏幾倍？』曰：『百倍。』『立主定國之贏幾倍？』曰：『無數。』不韋曰：『今力田疾作，不得煖衣飽食；今定國立君，澤可遺後世，願往事之。』秦子異人質於趙，處於廊城，故往說之。乃說秦王后弟陽泉君曰：『君之罪至死，君知之乎？君門下無不居高官尊位，太子門下無貴者，而駿馬盈外廄，美女充後庭。王之春秋高矣，一日山陵崩，太子用事，君危於累卵，而不壽於朝生。今有計可以使君富千萬，寧於太山，必無危亡之患矣。』陽泉君曰：『請聞其說。』不韋曰：『王年高矣，王后無子。子傒有承國之業，士倉又輔之。王一日山陵崩，子傒立，士倉用事，王后之門必生蓬蒿。子楚異人，賢材也，棄在於趙，無母，引領西望，欲一得歸。王后誠請而立之，是異人無國有國，王后無子有子。』陽泉君曰：『諾。』入說王后，爲請於趙而歸之。」

〔四〕索隱謂既解不韋所言之意，遂與密謀深語也。

〔五〕正義適音嫡。

〔六〕索隱毋音無。幾音冀。幾，望也。左傳曰「日月以幾」。戰國策曰「子傒承國之業」。高誘注云「子傒，秦太子異人之異母兄弟也」。正義言子楚無望得爲太子。

呂不韋乃以五百金與子楚，爲進用，結賓客；而復以五百金買奇物玩好，自奉而西游秦，求見華陽夫人姊，而皆以其物獻華陽夫人。因言子楚賢智，結諸侯賓客徧天下，常曰「楚也以夫人爲天，日夜泣思太子及夫人」。夫人大喜。不韋因使其姊說夫人〔一〕曰：「吾聞之，以色事人者，色衰而愛弛。今夫人事太子，甚愛而無子，不以此時蚤自結於諸子中賢孝者，舉立以爲適而子之，〔二〕夫在則重尊，夫百歲之後，所子者爲王，終不失勢，此所謂一言而萬

世之利也。不以繁華時樹本，即色衰愛弛後，雖欲開一語，尚可得乎？今子楚賢，而自知中男也，次不得爲適，其母又不得幸，自附夫人，夫人誠以此時拔以爲適，夫人則竟世有寵於秦矣。」華陽夫人以爲然，承太子閒，從容〔三〕言子楚質於趙者絶賢，來往者皆稱譽之。乃因涕泣曰：「妾幸得充後宮，不幸無子，願得子楚立以爲適嗣，以託妾身。」安國君許之，乃與夫人刻玉符，約以爲適嗣。安國君及夫人因厚餽遺子楚，而請呂不韋傅之，子楚以此名譽益盛於諸侯。

〔一〕索隱戰國策作「說秦王后弟陽泉君」也。

〔二〕索隱以此爲一句。子謂養之爲子也。然欲分「立以爲適」作上句，而「子之夫在則尊重」作下句，意亦通。

〔三〕索隱閒音閑。從音七恭反。

呂不韋取邯鄲諸姬絶好善舞〔一〕者與居，知有身。子楚從不韋飲，見而說之，因起爲壽，請之。呂不韋怒，念業已破家爲子楚，欲以釣奇，〔二〕乃遂獻其姬。姬自匿有身，至大期時，〔三〕生子政。子楚遂立姬爲夫人。

〔一〕索隱言其姿容絶美而又善舞也。

〔二〕索隱釣者，以取魚喻也。奇即上云「此奇貨可居」也。

〔三〕集解徐廣曰：「期，十二月也。」索隱徐廣云「十二月也」。譙周云「人十月生，此過二月，故云『大期』」，蓋當然也。既云自匿有娠，則生政固當踰常期也。

秦昭王五十年，使王齮圍邯鄲，急，趙欲殺子楚。子楚與呂不韋謀，行金六百斤予守者吏，得脱，亡赴秦軍，遂以得歸。趙欲殺子楚妻子，子楚夫人趙豪家女也，得匿，以故母子竟得活。秦昭王五十六年，薨，太子安國君立爲王，華陽夫人爲王后，子楚爲太子。趙亦奉子楚夫人及子政歸秦。

秦王立一年，薨，謚爲孝文王。太子子楚代立，是爲莊襄王。莊襄王所母〔一〕華陽后爲華陽太后，真母夏姬尊以爲夏太后。莊襄王元年，以呂不韋爲丞相，〔二〕封爲文信侯，食河南雒陽〔三〕十萬户。

〔一〕索隱劉氏本作「所生母」，「生」衍字也。今檢諸本並無「生」字。

〔二〕索隱下文「尊爲相國」。案：百官表曰「皆秦官，金印紫綬，掌承天子助理萬機。秦置左右，高帝置一，後又更名相國，哀帝時更名大司徒」。

〔三〕索隱戰國策曰「食藍田十二縣」。而秦本紀莊襄王元年初置三川郡，地理志高祖更名河南。此秦代而曰「河南」者，史記後作，據漢郡而言之耳。

莊襄王即位三年，薨，太子政立爲王，〔一〕尊呂不韋爲相國，號稱「仲父」。〔二〕秦王年少，

太后時時竊私通呂不韋。不韋家僮萬人。

〔一〕集解徐廣曰：「時年十三。」

〔二〕正義仲，中也，次父也。蓋效齊桓公以管仲爲仲父。

當是時，魏有信陵君，〔一〕楚有春申君，趙有平原君，齊有孟嘗君，〔二〕皆下士喜賓客以相傾。呂不韋以秦之彊，羞不如，亦招致士，厚遇之，至食客三千人。是時諸侯多辯士，如荀卿之徒，著書布天下。呂不韋乃使其客人人著所聞，集論以爲八覽、六論、十二紀，二十餘萬言。〔三〕以爲備天地萬物古今之事，號曰呂氏春秋。布咸陽〔四〕市門，懸千金其上，延諸侯游士賓客有能增損一字者予千金。

〔一〕正義年表云秦昭王五十六年，平原君卒；始皇四年，信陵君死；始皇九年，李園殺春申君。孟嘗君當秦昭王二十四年已後而卒，最早。

〔二〕索隱按：王劭云「孟嘗、春申死已久」。據表及傳，孟嘗、平原死稍在前。信陵將五國兵攻秦河外，正當在莊襄王時，不韋已爲相。又春申與不韋並時，各相向十餘年，不得言死之久矣。

〔三〕索隱八覽者，有始、孝行、慎大、先識、審分、審應、離俗、時君也。六論者，開春、慎行、貴直、不苟、以順、士容也。十二紀者，記十二月也，其書有孟春等紀。二十餘萬言，二十六卷也。

〔四〕索隱地理志右扶風渭城縣，故咸陽，高帝更名新城，景帝更名渭城。案：咸訓皆，其地在渭水之北，北阪之南，水北曰陽，山南亦曰陽，皆在二者之陽也。

始皇帝益壯，太后淫不止。呂不韋恐覺禍及己，乃私求大陰人嫪毐以爲舍人，時縱倡樂，使毐以其陰關桐輪而行，〔一〕令太后聞之，以啗太后。太后聞，果欲私得之。呂不韋乃進嫪毐，詐令人以腐罪〔二〕告之。不韋又陰謂太后曰：「可事詐腐，則得給事中。」太后乃陰厚賜主腐者吏，詐論之，拔其鬚眉爲宦者，遂得侍太后。太后私與通，絕愛之。有身，太后恐人知之，詐卜當避時，徙宫居雍。〔三〕嫪毐常從，賞賜甚厚，事皆決於嫪毐。嫪毐家僮數千人，諸客求宦爲嫪毐舍人千餘人。

〔一〕正義以桐木爲小車輪。

〔二〕正義腐音輔，謂宮刑胥靡也。

〔三〕正義雍故城在岐雍縣南七里，有秦都大鄭宫。

始皇七年，莊襄王母夏太后薨。孝文王后曰華陽太后，與孝文王會葬壽陵。〔一〕夏太后子莊襄王葬芷陽，〔二〕故夏太后獨別葬杜東，〔三〕曰「東望吾子，西望吾夫。後百年，旁當有萬家邑」。〔四〕

〔一〕正義秦孝文王陵在雍州萬年縣東北二十五里。

〔二〕索隱芷音止。地理志京兆霸陵縣故芷陽。案：在長安東也。正義秦莊襄陵在雍州新豐縣西南三十五里。始皇在北，故俗亦謂之「見子陵」。

〔三〕索隱杜原之東也。正義夏太后陵在萬年縣東南二十五里。

〔四〕索隱按：宣帝元康元年起杜陵。漢舊儀武、昭、宣三陵皆三萬户，計去此一百六十餘年也。

始皇九年，有告嫪毐實非宦者，常與太后私亂，生子二人，皆匿之。與太后謀曰「王即薨，以子爲後」。〔一〕於是秦王下吏治，具得情實，事連相國呂不韋。九月，夷嫪毐三族，殺太后所生兩子，而遂遷太后於雍。〔二〕諸嫪毐舍人皆沒其家而遷之蜀。〔三〕王欲誅相國，爲其奉先王功大，及賓客辯士爲游説者衆，王不忍致法。

〔一〕集解説苑曰：「毐與侍中左右貴臣博弈飲酒，醉，争言而鬭，瞋目大叱曰：『吾乃皇帝假父也，窶人子何敢乃與我亢！』所與鬭者走，行白始皇。」索隱劉氏窶音其矩反。今俗本多作「屨」字，蓋相承錯耳，不近詞義。今按：説苑作「窶子」，言輕諸侍中，以爲窮窶家之子也。

〔二〕索隱按：説苑云遷太后棫陽宫。地理志雍縣有棫陽宫，秦昭王所起也。

〔三〕索隱家謂家産資物，並沒入官，人口則遷之蜀也。

秦王十年十月，免相國呂不韋。及齊人茅焦説秦王，秦王乃迎太后於雍，歸復咸陽，〔一〕

而出文信侯就國河南。

〔一〕集解徐廣曰：「人南宮。」

歲餘，諸侯賓客使者相望於道，請文信侯。秦王恐其爲變，乃賜文信侯書曰：「君何功於秦？秦封君河南，食十萬户。君何親於秦？號稱仲父。其與家屬徙處蜀！」呂不韋自度稍侵，恐誅，乃飲酖而死。〔一〕秦王所加怒呂不韋、嫪毐皆已死，乃皆復歸嫪毐舍人遷蜀者。

〔一〕集解徐廣曰：「十二年。」駰案：皇覽曰「呂不韋冢在河南洛陽北邙道西大冢是也。民傳言呂母冢。不韋妻先葬，故其冢名『呂母』也」。

始皇十九年，太后薨，謚爲帝太后，〔一〕與莊襄王會葬茝陽。〔二〕

〔一〕索隱王劭云「秦不用謚法，此蓋號耳」，其義亦當然也。始皇稱皇帝之後，故其母號爲帝太后，豈謂諡列生時之行乎！

〔二〕集解徐廣曰：「一作『芷陽』。」

太史公曰：不韋及嫪毐貴，封號文信侯。〔一〕人之告嫪毐，毐聞之。秦王驗左右，未發。上之雍郊，毐恐禍起，乃與黨謀，矯太后璽發卒以反蘄年宮。〔二〕發吏攻毐，毐敗亡走，追斬

之好時，〔三〕遂滅其宗。而呂不韋由此絀矣。孔子之所謂「聞」者，其呂子乎？〔四〕

〔一〕索隱按：文信侯，不韋封也。嫪毐封長信侯。上文已言不韋封，此贊中言嫪毐得寵貴由不韋耳，今此合作「長信侯」也。

〔二〕正義蘄年宮在岐州城西故城内。

〔三〕索隱地理志扶風有好時縣也。

〔四〕集解論語曰：「夫聞也者，色取仁而行違，居之不疑，在邦必聞，在家必聞。」馬融曰：「此言佞人也。」

【索隱述贊】不韋釣奇，委質子楚。華陽立嗣，邯鄲獻女。及封河南，乃號仲父。徙蜀懲謗，懸金作語。籌策既成，富貴斯取。

史記卷八十六

刺客列傳第二十六

曹沫者，魯人也，〔一〕以勇力事魯莊公。莊公好力。曹沫爲魯將，與齊戰，三敗北。魯莊公懼，乃獻遂邑之地以和。〔二〕猶復以爲將。

〔一〕索隱沫音亡葛反。左傳、穀梁並作「曹劌」，然則沫宜音劌，沫劌聲相近而字異耳。此作「曹沫」，事約公羊爲說，然彼無其名，直云「曹子」而已。且左傳魯莊十年，戰于長勺，用曹劌謀敗齊，而無劫桓公之事。十三年盟于柯，公羊始論曹子。穀梁此年惟云「曹劌之盟，信齊侯也」，又記不具行事之時。

〔二〕索隱左傳「齊人滅遂」，杜預云「遂國在濟北蛇丘縣東北也」。正義故城在兗州龔丘縣西北七十六里也。

齊桓公許與魯會于柯而盟。〔一〕桓公與莊公既盟於壇上，曹沫執匕首劫齊桓公，〔二〕桓公左右莫敢動，而問曰：「子將何欲？」〔三〕曹沫曰：「齊强魯弱，而大國侵魯亦甚矣。今魯城壞卽壓齊境，〔四〕君其圖之。」桓公乃許盡歸魯之侵地。既已言，曹沫投其匕首，下壇，北面就羣臣之位，顔色不變，辭令如故。桓公怒，欲倍其約。〔五〕管仲曰：「不可。夫貪小利以自

快，棄信於諸侯，失天下之援，不如與之。」於是桓公乃遂割魯侵地，曹沫三戰所亡地盡復予魯。

〔一〕索隱杜預云：「濟北東阿，齊之柯邑，猶祝柯今爲祝阿也。」

〔二〕索隱匕音比。劉氏云「短劍也」。鹽鐵論以爲長尺八寸，其頭類匕，故云「匕首」也。

〔三〕索隱公羊傳曰：「管子進曰：『君何求？』」何休注云：「桓公卒不能應，管仲進爲言之也。」

〔四〕索隱齊魯鄰接，今齊數侵魯，魯之城壞，卽壓近齊之境也。

〔五〕索隱倍音佩也。

其後百六十有七年而吳有專諸之事。〔一〕

〔一〕索隱「專」字亦作「剸」，音同。左傳作「鱄設諸」。

專諸者，吳堂邑人也。〔一〕伍子胥之亡楚而如吳也，知專諸之能。伍子胥既見吳王僚，說以伐楚之利。吳公子光曰：「彼伍員父兄皆死於楚而員言伐楚，欲自爲報私讎也，非能爲吳。」吳王乃止。伍子胥知公子光之欲殺吳王僚，乃曰：「彼光將有内志，未可說以外事。」〔二〕乃進專諸於公子光。

〔一〕索隱地理志臨淮有堂邑縣。

〔二〕索隱言其將有内難弒君之志，且對外事生文。吳世家曰「知光有他志」。

中華書局

光之父曰吳王諸樊。諸樊弟三人：次曰餘祭，〔一〕次曰夷眛，〔二〕次曰季子札。諸樊知季子札賢而不立太子，以次傳三弟，欲卒致國于季子札。諸樊既死，傳餘祭。餘祭死，傳夷眛。夷眛死，當傳季子札；季子札逃不肯立，吳人乃立夷眛之子僚爲王。公子光曰：「使以兄弟次邪，季子當立；必以子乎，則光真適嗣，當立。」故嘗陰養謀臣以求立。

〔一〕【索隱】祭音側界反。

〔二〕【索隱】亡葛反。公羊作「餘末」。

光既得專諸，善客待之。九年而楚平王死。〔一〕春，吳王僚欲因楚喪，使其二弟公子蓋餘、屬庸〔二〕將兵圍楚之灊；〔三〕使延陵季子於晉，以觀諸侯之變。楚發兵絶吳將蓋餘、屬庸路，吳兵不得還。於是公子光謂專諸曰：「此時不可失，不求何獲！且光真王嗣，當立，季子雖來，不吾廢也。」專諸曰：「王僚可殺也。母老子弱，而兩弟將兵伐楚，楚絶其後。方今吳外困於楚，而內空無骨鯁之臣，是無如我何。」〔四〕公子光頓首曰：「光之身，子之身也。」

〔一〕【索隱】春秋昭二十六年「楚子居卒」是也。吳世家云「十二年」，此云「九年」，並誤。據表及左傳合在僚之十一年也。

〔二〕【索隱】屬音燭。二子，僚之弟也。左傳作掩餘、屬庸。掩蓋義同，屬燭字相亂耳。

〔三〕【索隱】事在魯昭二十七年。地理志廬江有灊縣，天柱山在南。音潛。杜預左傳注云「灊，楚邑，在廬江六縣西南

也」。【正義】灊故城在壽州霍山縣東二百步。

〔四〕【索隱】左傳直云「王可殺也，母老子弱，是無若我何」。則是專設諸度僚可殺，言其少援救，故云「無柰我何」。太史公採其意，且據上文，因復加以兩弟將兵外困之辭。而服虔、杜預見左氏下文云「我爾身也」，「以其子爲卿」，遂彊解「是無如我何」猶言「我無若是，謂專諸欲以老弱託光」，義非允愜。王肅之說，亦依史記也。

四月丙子，〔一〕光伏甲士〔二〕於窟室中，〔三〕而具酒請王僚。王僚使兵陳自宮至光之家，門戶階陛左右，皆王僚之親戚也。夾立侍，皆持長鈹。〔四〕酒既酣，公子光詳爲〔五〕足疾，入窟室中，使專諸置匕首魚炙之腹中〔六〕而進之。既至王前，專諸擘魚，因以匕首刺〔七〕王僚，王僚立死。左右亦殺專諸，王人擾亂。公子光出其伏甲以攻王僚之徒，盡滅之，遂自立爲王，是爲闔閭。闔閭乃封專諸之子以爲上卿。

〔一〕【索隱】注僚之十二年夏也，吳系家以爲十三年，非也。左氏經傳唯言「夏四月」，公羊、穀梁無傳，經更與左氏、吳系家同。此傳稱「丙子」，當有所據，不知出何書。

〔二〕【索隱】左傳曰「伏甲」，謂甲士也。下文云「出其伏甲以攻王」。

〔三〕【集解】徐廣曰：「窟，一作『空』。」

〔四〕【集解】音披。【索隱】音披，兵器也。劉逵吳都賦注「鈹，兩刃小刀」。

〔五〕【索隱】上音陽，下如字。左傳曰「光僞足疾」，此云「詳」，詳卽僞也。或讀此「爲」字音僞，非也。豈詳僞重言耶？

〔六〕【集解】徐廣曰：「炙，一作『炮』。」【正義】炙，者夜反。

〔七〕【索隱】刺音七賜反。

其後七十餘年而晉有豫讓之事。〔一〕

〔一〕【集解】徐廣曰：「闔閭元年至三晉滅智伯六十二年。豫讓一作『襄』。」

豫讓者，晉人也，〔一〕故嘗事范氏及中行氏，而無所知名。〔二〕去而事智伯，〔三〕智伯甚尊寵之。及智伯伐趙襄子，趙襄子與韓、魏合謀滅智伯，滅智伯之後而三分其地。趙襄子最怨智伯，〔四〕漆其頭以爲飲器。〔五〕豫讓遁逃山中，曰：「嗟乎！士爲知己者死，女爲說己者容。今智伯知我，我必爲報讎而死，以報智伯，則吾魂魄不愧矣。」乃變名姓爲刑人，入宮塗廁，中挾匕首，欲以刺襄子。襄子如廁，心動，執問塗廁之刑人，則豫讓，內持刀兵，曰：「欲爲智伯報仇！」左右欲誅之。襄子曰：「彼義人也，吾謹避之耳。且智伯亡無後，而其臣欲爲報仇，此天下之賢人也。」卒醳去之。〔六〕

〔一〕【索隱】案：此傳所說，皆約戰國策文。

〔二〕【索隱】案：左傳范氏謂昭子吉射也。自士會食邑於范，後因以邑爲氏。中行氏，中行文子荀寅也。自荀林父將中行後，因以官爲氏。

〔三〕【索隱】案：智伯，襄子荀瑤也。襄子，林父弟荀首之後。范、中行、智伯事已具趙系家。

〔四〕【索隱】謂初則醉以酒，後又率韓、魏水灌晉陽，城不沒者三板，故怨深也。

〔五〕【索隱】案：大宛傳曰「匈奴破月氏王，以其頭爲飲器」。裴氏注彼引韋昭云「飲器，椑榼也」。晉灼曰「飲器，虎子也」。皆非。椑榼所以盛酒耳，非用飲者。晉氏以爲褻器者，以韓子、呂氏春秋並云襄子漆智伯頭爲溲杅，故云。【正義】劉云：「酒器也，每賓會設之，示恨深也。」按：諸先儒說恐非。

〔六〕【索隱】卒，足律反。醳音釋，字亦作「釋」。

居頃之，豫讓又漆身爲厲，〔一〕吞炭爲啞，〔二〕使形狀不可知，行乞於市。其妻不識也。行見其友，其友識之，曰：「汝非豫讓邪？」曰：「我是也。」其友爲泣曰：「以子之才，委質而臣事襄子，襄子必近幸子。近幸子，乃爲所欲，〔三〕顧不易邪？〔四〕何乃殘身苦形，欲以求報襄子，不亦難乎！」豫讓曰：「既已委質臣事人，而求殺之，是懷二心以事其君也。且吾所爲者〔五〕極難耳！然所以爲此者，將以愧天下後世之爲人臣懷二心以事其君者也。」〔六〕

〔一〕【集解】音賴。【索隱】癘音賴。賴，惡瘡病也。凡漆有毒，近之多患瘡腫，若賴病然，故豫讓以漆塗身，令其若癩耳。然厲賴聲相近，古多假「厲」爲「賴」，今之「癩」字從「疒」，故楚有賴鄉，亦作「厲」字，戰國策說此亦作「厲」字。

〔二〕【索隱】啞音烏雅反。謂瘖病。戰國策云：「漆身爲厲，滅鬚去眉，以變其容，爲乞食人。其妻曰：『狀貌不似吾夫，何其音之甚相類也？』讓遂吞炭以變其音也。」

〔三〕【索隱】謂因得殺襄子。

〔四〕索隱 顧，反也。耶，不定之辭。反不易耶，言其易也。
〔五〕索隱 劉氏云：「謂今爲癘啞也。」
〔六〕索隱 言寧爲厲而自刑，不可求事襄子而行殺，則恐傷人臣之義而近賊，非忠也。

既去，頃之，襄子當出，豫讓伏於所當過之橋下。〔一〕襄子至橋，馬驚，襄子曰：「此必是豫讓也。」使人問之，果豫讓也。於是襄子乃數豫讓曰：「子不嘗事范、中行氏乎？智伯盡滅之，而子不爲報讎，而反委質臣於智伯。智伯亦已死矣，而子獨何以爲之報讎之深也？」豫讓曰：「臣事范、中行氏，范、中行氏皆衆人遇我，我故衆人報之。至於智伯，國士遇我，我故國士報之。」襄子喟然歎息而泣曰：「嗟乎豫子！子之爲智伯，名既成矣，而寡人赦子，亦已足矣。子其自爲計，寡人不復釋子！」使兵圍之。豫讓曰：「臣聞明主不掩人之美，而忠臣有死名之義。前君已寬赦臣，天下莫不稱君之賢。今日之事，臣固伏誅，然願請君之衣而擊之，焉以致報讎之意，則雖死不恨。非所敢望也，敢布腹心！」於是襄子大義之，乃使使持衣與豫讓。豫讓拔劍三躍而擊之，〔二〕曰：「吾可以下報智伯矣！」遂伏劍自殺。死之日，趙國志士聞之，皆爲涕泣。

〔一〕正義 汾橋下架水，在幷州晉陽縣東一里。
〔二〕索隱 戰國策曰：「衣盡出血。襄子迴車，車輪未周而亡。」此不言衣出血者，太史公恐涉怪妄，故略之耳。

其後四十餘年而軹有聶政之事。〔一〕

〔一〕集解 自三晉滅智伯至殺俠累，五十七年。

聶政者，軹深井里人也。〔一〕殺人避仇，與母、姊如齊，以屠爲事。

〔一〕索隱 地理志河內有軹縣。深井，軹縣之里名也。正義 在懷州濟源縣南三十里。

久之，濮陽嚴仲子〔一〕事韓哀侯，〔二〕與韓相俠累〔三〕有郤。〔四〕嚴仲子恐誅，亡去，游求人可以報俠累者。至齊，齊人或言聶政勇敢士也，避仇隱於屠者之閒。嚴仲子至門請，數反，然後具酒自暢〔五〕聶政母前。酒酣，嚴仲子奉黃金百溢，前爲聶政母壽。聶政驚怪其厚，固謝嚴仲子。嚴仲子固進，而聶政謝曰：「 幸有老母，家貧，客游以爲狗屠，可以旦夕得甘毳〔六〕以養親。親供養備，不敢當仲子之賜。」嚴仲子辟人，因爲聶政言曰：「臣有仇，而行游諸侯衆矣；然至齊，竊聞足下義甚高，故進百金者，將用爲大人麤糲之費，〔七〕得以交足下之驩，豈敢以有求望邪！」聶政曰：「臣所以降志辱身〔八〕居市井屠者，徒幸以養老母；老母在，政身未敢以許人也。」〔九〕嚴仲子固讓，聶政竟不肯受也。然嚴仲子卒備賓主之禮而去。

〔一〕索隱 高誘曰：「嚴遂，字仲子。」
〔二〕索隱 案：表聶政殺俠累在列侯三年。列侯生文侯，文侯生哀侯，凡更三代，哀侯六年爲韓嚴所殺。今言仲子事哀侯，恐非其實。且太史公聞疑傳疑，事難的據，欲使兩存，故表、傳各異。
〔三〕索隱 上古夾反，下力追反。案：戰國策俠累名傀也。
〔四〕索隱 戰國策云：「韓傀相韓，嚴遂重於君，二人相害也。嚴遂擧韓傀之過，韓傀叱之於朝，嚴遂拔劍趨之，以救解。」是有郤之由也。
〔五〕集解 徐廣曰：「一作『賜』。」索隱 徐氏云一作「賜」。案：戰國策作「觴」，近爲得也。正義 數，色吏反。
〔六〕集解 此芮反。索隱 鄒氏音脃，二義相通也。
〔七〕正義 糲猶麤米也，脫粟也。韋昭云：「古者名男子爲丈夫，尊婦嫗爲大人。漢書宣元六王傳『王遇大人益解，爲大人乞骸去』。按大人，憲王外祖母。古詩云『三日斷五疋，大人故言遲』是也。」
〔八〕索隱 言其心志與身本應高絜，今乃卑下其志，屈辱其身。論語孔子謂「柳下惠降志辱身」是也。
〔九〕索隱 禮記曰：「父母存，不許友以死。」

久之，聶政母死。既已葬，除服，聶政曰：「嗟乎！政乃市井之人，〔一〕鼓刀以屠；而嚴仲子乃諸侯之卿相也，不遠千里，枉車騎而交臣。臣之所以待之，至淺鮮矣，未有大功可以稱者，而嚴仲子奉百金爲親壽，我雖不受，然是者徒深知政也。夫賢者以感忿睚眦之意而親信窮僻之人，而政獨安得嘿然而已乎！且前日要政，政徒以老母；老母今以天年終，政將爲知己者用。」乃遂西至濮陽，見嚴仲子曰：「前日所以不許仲子者，徒以親在；今不幸而

母以天年終。仲子所欲報仇者爲誰？請得從事焉！」嚴仲子具告曰：「臣之仇韓相俠累，俠累又韓君之季父也，宗族盛多，居處兵衛甚設，臣欲使人刺之，(衆)終莫能就。今足下幸而不棄，請益其車騎壯士可爲足下輔翼者。」聶政曰：「韓之與衞，相去中閒不甚遠，〔二〕今殺人之相，相又國君之親，此其勢不可以多人，多人不能無生得失，〔三〕生得失則語泄，語泄是韓擧國而與仲子爲讎，〔四〕豈不殆哉！」遂謝車騎人徒，聶政乃辭獨行。

〔一〕正義 古者相聚汲水，有物便賣，因成市，故云「市井」。
〔二〕索隱 高誘曰：「韓都潁川陽翟，衞都東郡濮陽，故曰『閒不遠』也。」
〔三〕索隱 無生得。戰國策作「無生情」，言所將人多，或生異情，故語泄。此云「生得」，言將多人往殺俠累後，又被生擒而事泄，亦兩俱通也。
〔四〕集解 徐廣曰：「一作『難』。」索隱 徐注云一作「　」。戰國策讎周亦同。

杖劍至韓，韓相俠累方坐府上，持兵戟而衛侍者甚衆。聶政直入，上階刺殺俠累，〔一〕左右大亂。聶政大呼，所擊殺者數十人，因自皮面決眼，〔二〕自屠出腸，遂以死。

〔一〕集解 徐廣曰：「韓烈侯三年三月，盜殺韓相俠累。俠累名傀。戰國策曰『有東孟之會』，又云『聶政刺韓傀，兼中哀侯』。」索隱 戰國策曰：「政直入，上階刺韓傀，傀走而抱哀侯，聶政刺之，兼中哀侯。」高誘曰：「東孟，地名也。」
〔二〕索隱 皮面謂以刀割其面皮，欲令人不識。決眼謂出其眼睛。戰國策作「抉眼」，此「決」亦通，音烏穴反。

韓取聶政屍暴於市，〔一〕購問莫知誰子。於是韓(購)縣〔購〕之，有能言殺相俠累者予千金。久之莫知也。

〔一〕【正義】暴，蒲酷反。

政姊榮〔一〕聞人有刺殺韓相者，賊不得，國不知其名姓，暴其尸而縣之千金，乃於邑〔二〕曰：「其是吾弟與？嗟乎，嚴仲子知吾弟！」立起，如韓，之市，而死者果政也，伏尸哭極哀，曰：「是軹深井里所謂聶政者也。」市行者諸衆人皆曰：「此人暴虐吾國相，王縣購其名姓千金，夫人不聞與？何敢來識之也？」榮應之曰：「聞之。然政所以蒙汚辱自棄於市販之閒者，爲老母幸無恙，〔三〕妾未嫁也。親既以天年下世，妾已嫁夫，嚴仲子乃察舉吾弟困汚之中〔四〕而交之，澤厚矣，可奈何！士固爲知己者死，今乃以妾尚在之故，重自刑以絕從，〔五〕妾其奈何畏殁身之誅，終滅賢弟之名！」大驚韓市人。乃大呼天者三，卒於邑悲哀而死政之旁。

〔一〕【集解】一作「嫈」。【索隱】榮，其姊名也。戰國策無「榮」字。

〔二〕【索隱】劉氏云：「煩冤愁苦。」

〔三〕【索隱】爾雅云「恙，憂也」。楚詞云「還及君之無恙」。風俗通云「恙，病也。凡人相見及通書，皆云『無恙』。」又

易傳云，上古之時，草居露宿。恙，齧蟲也，善食人心，俗悉患之，故相勞云「無恙」。恙非病也。

〔四〕【索隱】案：察謂觀察有志行乃舉之。劉氏云察猶選也。

〔五〕【集解】徐廣曰：「恐其姊從坐而死。」【索隱】重音持用反。重猶復也。爲人報讎死，乃以妾故復自刑其身，令人不識也。從音蹤，古字少，假借無旁「足」，而徐氏以爲從坐，非也。劉氏亦音足松反。【正義】重，直龍反。自刑作「刑」。說文云「刑，剄也」。按：重猶愛惜也。本爲嚴仲子報仇訖，愛惜其事，不令漏泄，以絕其蹤迹。其姊妄云爲己隱，誤矣。

晉、楚、齊、衞聞之，皆曰：「非獨政能也，乃其姊亦烈女也。鄉使政誠知其姊無濡忍之志，〔一〕不重暴骸之難，〔二〕必絕險千里以列其名，姊弟俱僇於韓市者，亦未必敢以身許嚴仲子也。嚴仲子亦可謂知人能得士矣！」

〔一〕【索隱】濡，潤也。人性溼潤則能含忍，故云「濡忍」也。若勇躁則必輕死也。

〔二〕【索隱】重難並如字。重猶惜也，言不惜暴骸之爲難也。

其後二百二十餘年秦有荆軻之事。〔一〕

〔一〕【集解】徐廣曰：「聶政至荆軻百七十年爾。」【索隱】徐氏據六國年表，聶政去荆軻一百七十年，則謂此傳率略而言二百餘年，亦當時爲不能細也。【正義】按：年表從始皇二十三年至韓景侯三百七十年，若至哀侯六年，六百四十三年也。

荆軻者，衞人也。〔一〕其先乃齊人，徙於衞，衞人謂之慶卿。〔二〕而之燕，燕人謂之荆卿。

〔一〕【索隱】按：贊論稱「公孫季功、董生爲余道之」，則此傳雖約戰國策而亦別記異聞。

〔二〕【索隱】軻先齊人，齊有慶氏，則或本姓慶。春秋慶封，其後改姓賀。此下亦至衞而改姓荆。荆慶聲相近，故隨在國而異其號耳。卿者，時人尊重之號，猶如相尊美亦稱「子」然也。

荆卿好讀書擊劍，〔一〕以術說衞元君，衞元君不用。其後秦伐魏，置東郡，徙衞元君之支屬於野王。〔二〕

〔一〕【集解】呂氏劍技曰：「持短入長，倏忽從橫。」

〔二〕【正義】懷州河內縣。

荆軻嘗游過榆次，〔一〕與蓋聶論劍，〔二〕蓋聶怒而目之。荆軻出，人或言復召荆卿。蓋聶曰：「曩者吾與論劍有不稱者，吾目之；試往，是宜去，不敢留。」使使往之主人，荆卿則已駕而去榆次矣。使者還報，蓋聶曰：「固去也，吾曩者目攝之！」〔三〕

〔一〕【正義】幷州縣也。

〔二〕【索隱】蓋音古臘反。蓋，姓；聶，名。

〔三〕【索隱】攝猶整也。謂不稱己意，因怒視以攝整之也。【正義】攝猶視也。

荆軻游於邯鄲，魯句踐與荆軻博，爭道，〔一〕魯句踐怒而叱之，荆軻嘿而逃去，遂不復會。

〔一〕【索隱】魯，姓；句踐，名也。與越王同，或有意義。俗本「踐」作「賤」，非。

荆軻既至燕，愛燕之狗屠及善擊筑者高漸離。〔一〕荆軻嗜酒，日與狗屠及高漸離飲於燕市，酒酣以往，高漸離擊筑，荆軻和而歌於市中，相樂也，已而相泣，旁若無人者。荆軻雖游於酒人乎，〔二〕然其爲人沈深好書；其所游諸侯，盡與其賢豪長者相結。其之燕，燕之處士田光先生亦善待之，知其非庸人也。

〔一〕【索隱】筑似琴，有弦，用竹擊之，取以爲名。漸音如字，王義(之)音哉廉反。

〔二〕【集解】徐廣曰：「飲酒之人。」

居頃之，會燕太子丹質秦亡歸燕。燕太子丹者，故嘗質於趙，而秦王政生於趙，其少時與丹驩。及政立爲秦王，而丹質於秦。秦王之遇燕太子丹不善，故丹怨而亡歸。歸而求爲報秦王者，國小，力不能。其後秦日出兵山東以伐齊、楚、三晉，稍蠶食諸侯，且至於燕，燕君臣皆恐禍之至。太子丹患之，問其傅鞠武。〔一〕武對曰：「秦地徧天下，威脅韓、魏、趙氏，北有甘泉、谷口之固，南有涇、渭之沃，擅巴、漢之饒，右隴、蜀之山，左關、殽之險，民衆而士厲，兵革有餘。意有所出，則長城之南，易水以北，〔二〕未有所定也。奈何以見陵之怨，欲批〔三〕其逆鱗哉！」丹曰：「然則何由？」對曰：「請入圖之。」

〔一〕【索隱】上音麴，又如字，人姓名也。

〔二〕【正義】以北謂燕國也。

〔三〕集解批音白結反。索隱白結反。批謂觸擊之。

居有閒，秦將樊於期得罪於秦王，亡之燕，太子受而舍之。鞠武諫曰：「不可。夫以秦王之暴而積怒於燕，足爲寒心，〔一〕又況聞樊將軍之所在乎？是謂『委肉當餓虎之蹊』也，禍必不振矣！〔二〕雖有管、晏，不能爲之謀也。願太子疾遣樊將軍入匈奴以滅口。請西約三晉，南連齊、楚，北購於單于，〔三〕其後迺可圖也。」太子曰：「太傅之計，曠日彌久，心惛然，〔四〕恐不能須臾。且非獨於此也，夫樊將軍窮困於天下，歸身於丹，丹終不以迫於彊秦而棄所哀憐之交，置之匈奴，是固丹命卒之時也。願太傅更慮之。」鞠武曰：「夫行危欲求安，造禍而求福，計淺而怨深，連結一人之後交，不顧國家之大害，此所謂『資怨而助禍』矣。夫以鴻毛燎於爐炭之上，必無事矣。且以鵰鷙之秦，行怨暴之怒，豈足道哉！燕有田光先生，其爲人智深而勇沈，可與謀。」太子曰：「願因太傅而得交於田先生，可乎？」鞠武曰：「敬諾。」出見田先生，道「太子願圖國事於先生也」。田光曰：「敬奉教。」乃造焉。

〔一〕索隱凡人寒甚則心戰，恐懼亦戰。今以懼譬寒，言可爲心戰。

〔二〕索隱振，救也。言禍及天下，不可救之。

〔三〕索隱戰國策「購」作「講」。講，和也。今讀購與「爲燕媾」同，媾亦合也。漢、史媾講兩字常雜，今欲北與連和。陳軫傳亦曰「西購於秦」也。

〔四〕正義惛音昏。

太子逢迎，卻行爲導，跪而蔽席。〔一〕田光坐定，左右無人，太子避席而請曰：「燕秦不兩立，願先生留意也。」田光曰：「臣聞騏驥盛壯之時，一日而馳千里；至其衰老，駑馬先之。今太子聞光盛壯之時，不知臣精已消亡矣。雖然，光不敢以圖國事，所善荊卿可使也。」〔二〕太子曰：「願因先生得結交於荊卿，可乎？」田光曰：「敬諾。」即起，趨出。太子送至門，戒曰：「丹所報，先生所言者，國之大事也，願先生勿泄也！」田光俛而笑曰：「諾。」〔三〕僂行見荊卿，曰：「光與子相善，燕國莫不知。今太子聞光壯盛之時，不知吾形已不逮也，幸而教之曰『燕秦不兩立，願先生留意也』。光竊不自外，言足下於太子也，願足下過太子於宮。」荊軻曰：「謹奉教。」田光曰：「吾聞之，長者爲行，不使人疑之。今太子告光曰『所言者，國之大事也，願先生勿泄』，是太子疑光也。夫爲行而使人疑之，非節俠也。」欲自殺以激荊卿，曰：「願足下急過太子，言光已死，明不言也。」因遂自刎而死。

〔一〕集解徐廣曰：「蔽，一作『撆』，一作『拔』。」索隱蔽音疋結反。蔽猶拂也。

〔二〕正義燕丹子云：「田光答曰：『竊觀太子客無可用者：夏扶血勇之人，怒而面赤；宋意脈勇之人，怒而面青；武陽骨勇之人，怒而面白。光所知荊軻，神勇之人，怒而色不變。』」

〔三〕正義俛音俯。

荊軻遂見太子，言田光已死，致光之言。太子再拜而跪，膝行流涕，有頃而后言曰：「丹所以誡田先生毋言者，欲以成大事之謀也。今田先生以死明不言，豈丹之心哉！」荊軻坐定，太子避席頓首曰：「田先生不知丹之不肖，使得至前，敢有所道，此天之所以哀燕而不棄其孤也。〔一〕今秦有貪利之心，而欲不可足也。非盡天下之地，臣海內之王者，其意不厭。今秦已虜韓王，盡納其地。又舉兵南伐楚，北臨趙；王翦將數十萬之衆距漳、鄴，而李信出太原、雲中。趙不能支秦，必入臣，入臣則禍至燕。燕小弱，數困於兵，今計舉國不足以當秦。諸侯服秦，莫敢合從。丹之私計愚，以爲誠得天下之勇士使於秦，闚以重利；〔二〕秦王貪，〔三〕其勢必得所願矣。誠得劫秦王，使悉反諸侯侵地，若曹沫之與齊桓公，則大善矣；則不可，因而刺殺之。彼秦大將擅兵於外而內有亂，則君臣相疑，以其閒諸侯得合從，其破秦必矣。此丹之上願，而不知所委命，唯荊卿留意焉。」久之，荊軻曰：「此國之大事也，臣駑下，恐不足任使。」太子前頓首，固請毋讓，然後許諾。於是尊荊卿爲上卿，舍上舍。太子日造門下，供太牢具，異物閒進，車騎美女恣荊軻所欲，以順適其意。〔四〕

〔一〕索隱案：無父稱孤。時燕王尚在，而丹稱孤者，或記者失辭，或諸侯嫡子時亦僭稱孤也。又劉向云「丹，燕王喜之太子」。

〔二〕索隱闚，示也。言以利誘之。

〔三〕索隱絶句。

〔四〕索隱燕丹子曰「軻與太子游東宮池，軻拾瓦投鼃，太子捧金丸進之。又共乘千里馬，軻曰『千里馬肝美』，即殺馬進肝。太子與樊將軍置酒於華陽臺，出美人能鼓琴，軻曰『好手也』，斷以玉盤盛之。軻曰『太子遇軻甚厚』」是也。

久之，荊軻未有行意。秦將王翦破趙，虜趙王，盡收入其地，進兵北略地至燕南界。太子丹恐懼，乃請荊軻曰：「秦兵旦暮渡易水，則雖欲長侍足下，豈可得哉！」荊軻曰：「微太子言，臣願謁之。今行而毋信，則秦未可親也。夫樊將軍，秦王購之金千斤，邑萬家。誠得樊將軍首與燕督亢之地圖，〔一〕奉獻秦王，秦王必說見臣，臣乃得有以報。」太子曰：「樊將軍窮困來歸丹，丹不忍以己之私而傷長者之意，願足下更慮之！」

〔一〕集解徐廣曰：「方城縣有督亢亭。」駰案：劉向別錄曰「督亢，膏腴之地」。索隱地理志廣陽國有薊縣。司馬彪郡國志曰「方城有督亢亭」。正義督亢坡在幽州范陽縣東南十里。今固安縣南有督亢陌，幽州南界。

荊軻知太子不忍，乃遂私見樊於期曰：「秦之遇將軍可謂深矣，父母宗族皆爲戮沒。今聞購將軍首金千斤，邑萬家，將柰何？」於期仰天太息流涕曰：「於期每念之，常痛於骨髓，顧計不知所出耳！」荊軻曰：「今有一言可以解燕國之患，報將軍之仇者，何如？」於期乃前曰：「爲之柰何？」荊軻曰：「願得將軍之首以獻秦王，秦王必喜而見臣，臣左手把其

袖，右手揕其匈，〔一〕然則將軍之仇報而燕見陵之愧除矣。將軍豈有意乎？」樊於期偏袒搤捥〔二〕而進曰：「此臣之日夜切齒腐心也，〔三〕乃今得聞教！」遂自剄。太子聞之，馳往，伏屍而哭，極哀。既已不可柰何，乃遂盛樊於期首函封之。

〔一〕集解徐廣曰：「揕音張鴆切。一作『抗』。」索隱徐氏音丁鴆反。揕謂以劍刺其胸也。又云一作「抗」。抗音苦浪反，言抗拒也，其義非。

〔二〕集解徐廣曰：「一作『捾』。」索隱搤音烏革反。捥音烏亂反。勇者奮厲，必先以左手扼右捥也。捥，古「腕」字。

〔三〕索隱切齒，齒相磨切也。爾雅曰「治骨曰切」。腐音輔，亦爛也。猶今人事不可忍云「腐爛」然，皆奮怒之意也。

於是太子豫求天下之利匕首，得趙人徐夫人匕首，〔一〕取之百金，使工以藥焠之，〔二〕以試人，血濡縷，人無不立死者。〔三〕乃裝爲遣荆卿。燕國有勇士秦舞陽，年十三，殺人，人不敢忤視。〔四〕乃令秦舞陽爲副。荆軻有所待，欲與俱；其人居遠未來，而爲治行。頃之，未發，太子遲之，疑其改悔，乃復請曰：「日已盡矣，荆卿豈有意哉？丹請得先遣秦舞陽。」荆軻怒，叱太子曰：「何太子之遣？往而不返者，豎子也！且提一匕首入不測之彊秦，僕所以留者，待吾客與俱。今太子遲之，請辭決矣！」遂發。

〔一〕集解徐廣曰：「徐，一作『陳』。」索隱徐，姓；夫人，名。謂男子也。

〔二〕索隱焠，染也，音息潰反。謂以毒藥染劍鍔也。

〔三〕集解言以匕首試人，人血出，足以沾濡絲縷，便立死也。

〔四〕索隱忤者，逆也，五故反。不敢逆視，言人畏之甚也。

太子及賓客知其事者，皆白衣冠以送之。至易水之上，既祖，取道，〔一〕高漸離擊筑，荆軻和而歌，爲變徵之聲，〔二〕士皆垂淚涕泣。又前而爲歌曰：「風蕭蕭兮易水寒，壯士一去兮不復還！」復爲羽聲忼慨，士皆瞋目，髮盡上指冠。於是荆軻就車而去，終已不顧。

〔一〕正義易州在幽州歸義縣界。

〔二〕正義徵，知雉反。

遂至秦，持千金之資幣物，厚遺秦王寵臣中庶子蒙嘉。嘉爲先言於秦王曰：「燕王誠振怖大王之威，不敢舉兵以逆軍吏，願舉國爲內臣，比諸侯之列，給貢職如郡縣，而得奉守先王之宗廟。恐懼不敢自陳，謹斬樊於期之頭，及獻燕督亢之地圖，函封，燕王拜送于庭，使使以聞大王，唯大王命之。」秦王聞之，大喜，乃朝服，設九賓，〔一〕見燕使者咸陽宮。〔二〕荆軻奉樊於期頭函，而秦舞陽奉地圖柙，〔三〕以次進。至陛，秦舞陽色變振恐，羣臣怪之。荆軻顧笑舞陽，前謝曰：「北蕃蠻夷之鄙人，未嘗見天子，故振慴。願大王少假借之，使得畢使於前。」秦王謂軻曰：「取舞陽所持地圖。」軻既取圖奏之，秦王發圖，圖窮而匕首見。因左手把秦王之袖，而右手持匕首揕之。未至身，秦王驚，自引而起，袖絕。拔劍，劍長，操其室。〔四〕時惶急，劍堅，故不可立拔。荆軻逐秦王，秦王環柱而走。羣臣皆愕，卒起不意，盡失其度。而秦法，羣臣侍殿上者不得持尺寸之兵；諸郎中〔五〕執兵皆陳殿下，非有詔召不得上。方急時，不及召下兵，以故荆軻乃逐秦王。而卒惶急，無以擊軻，而以手共搏之。是時侍醫夏無且〔六〕以其所奉藥囊提荆軻也。〔七〕秦王方環柱走，卒惶急，不知所爲，左右乃曰：「王負劍！」〔八〕負劍，遂拔以擊荆軻，斷其左股。荆軻廢，乃引其匕首以擿秦王，〔九〕不中，中桐柱。〔一〇〕秦王復擊軻，軻被八創。軻自知事不就，倚柱而笑，箕踞以罵曰：「事所以不成者，以欲生劫之，必得約契以報太子也。」〔一一〕於是左右既前殺軻，秦王不怡者良久。已而論功，賞羣臣及當坐者各有差，而賜夏無且黃金二百溢，曰：「無且愛我，乃以藥囊提荆軻也。」

〔一〕正義劉云：「設文物大備，卽謂九賓，不得以周禮九賓義爲釋。」

〔二〕正義三輔黃圖云：「秦始兼天下，都咸陽，因北陵營宮殿，則紫宮象帝宮，渭水貫都以象天漢，橫橋南度以法牽牛也。」

〔三〕索隱户甲反。柙亦函也。

〔四〕索隱室謂鞘也。正義燕丹子云：「左手揕其胸。秦王曰：『今日之事，從子計耳。乞聽琴而死。』召姬人鼓琴，琴聲曰『羅縠單衣，可裂而絕；八尺屏風，可超而越；鹿盧之劍，可負而拔』。王於是奮袖超屏風走之。」

〔五〕索隱若今宿衞之官。

〔六〕索隱且音卽餘反。

〔七〕正義提，姪帝反。

〔八〕索隱王劭曰：「古者帶劍上長，拔之不出室，欲王推之於背，令前短易拔，故云『王負劍』。」又燕丹子稱琴聲曰「鹿盧之劍，可負而拔」是也。

〔九〕索隱擿與「擲」同，古字耳，音持益反。

〔一〇〕正義燕丹子云：「荆軻拔匕首擲秦王，決耳入銅柱，火出。」

〔一一〕集解漢鹽鐵論曰：「荆軻懷數年之謀而事不就者，尺八匕首不足恃也。秦王操於不意，列斷賁、育者，介七尺之利也。」

於是秦王大怒，益發兵詣趙，詔王翦軍以伐燕。十月而拔薊城。燕王喜、太子丹等盡率其精兵東保於遼東。秦將李信追擊燕王急，代王嘉乃遺燕王喜書曰：「秦所以尤追燕急者，以太子丹故也。今王誠殺丹獻之秦王，秦王必解，而社稷幸得血食。」其後李信追丹，丹匿衍水中，〔一〕燕王乃使使斬太子丹，欲獻之秦。秦復進兵攻之。後五年，秦卒滅燕，虜燕王喜。

〔一〕索隱水名，在遼東。

其明年，秦并天下，立號爲皇帝。於是秦逐太子丹、荆軻之客，皆亡。高漸離變名姓爲

人庸保，〔一〕匿作於宋子。〔二〕久之，作苦，聞其家堂上客擊筑，傍偟不能去。每出言曰：「彼有善有不善。」從者〔三〕以告其主，曰：「彼庸乃知音，竊言是非。」家丈人召使前擊筑，〔四〕一坐稱善，賜酒。而高漸離念久隱畏約無窮時，〔五〕乃退，出其裝匣中筑與其善衣，更容貌而前。舉坐客皆驚，下與抗禮，以爲上客。使擊筑而歌，客無不流涕而去者。宋子傳客之，〔六〕聞於秦始皇。秦始皇召見，人有識者，乃曰：「高漸離也。」秦皇帝惜其善擊筑，重赦之，乃矐其目。〔七〕使擊筑，未嘗不稱善。稍益近之，高漸離乃以鉛置筑中，〔八〕復進得近，舉筑朴〔九〕秦皇帝，不中。於是遂誅高漸離，終身不復近諸侯之人。

〔一〕索隱 欒布傳曰「賣庸於齊，爲酒家人」，漢書作「酒家保」。案：謂庸作於酒家，言可保信，故云「庸保」。鶡冠子曰「伊尹保酒」。

〔二〕集解 徐廣曰：「縣名也，今屬鉅鹿。」索隱 徐注云「縣名，屬鉅鹿」者，據地理志而知也。正義 宋子故城在趙州平棘縣北三十里。

〔三〕索隱 謂主人家之左右也。

〔四〕索隱 劉氏云：「謂主人翁也。」又韋昭云：「古者名男子爲丈夫，尊婦嫗爲丈人。故漢書宣元六王傳所云丈人，謂淮陽憲王外王母，卽張博母也。故古詩曰『三日斷五疋，丈人故言遲』是也。」

〔五〕索隱 約謂貧賤儉約。既爲庸保，常畏人，故云「畏約」。所以論語云「不可以久處約」。

〔六〕集解 徐廣曰：「互以爲客。」

〔七〕集解 矐音海各反。索隱 海各反，一音角。說者云以馬屎燻令失明。

〔八〕索隱 案：劉氏云「鉛爲挺著筑中，令重，以擊人」。

〔九〕索隱 普十反。朴，擊也。

魯句踐已聞荆軻之刺秦王，私曰：「嗟乎，惜哉其不講於刺劍之術也！〔一〕甚矣吾不知人也！曩者吾叱之，彼乃以我爲非人也！」

〔一〕索隱 案：不講謂不論習之。

太史公曰：世言荆軻，其稱太子丹之命，「天雨粟，馬生角」也，〔一〕太過。又言荆軻傷秦王，皆非也。始公孫季功、董生與夏無且游，具知其事，爲余道之如是。自曹沫至荆軻五人，此其義或成或不成，然其立意較然，〔二〕不欺其志，名垂後世，豈妄也哉！

〔一〕索隱 燕丹子曰：「丹求歸，秦王曰『烏頭白，馬生角，乃許耳』。丹乃仰天歎，烏頭卽白，馬亦生角。」風俗通及論衡皆有此說，仍云「廐門木烏生肉足」。

〔二〕索隱 較，明也。

【索隱述贊】曹沫盟柯，返魯侵地。專諸進炙，定吳篡位。彰弟哭市，報主塗廁。刎頸申冤，操袖行事。暴秦奪魄，懦夫增氣。

史記卷八十七

李斯列傳第二十七

李斯者，楚上蔡人也。〔一〕年少時，爲郡小吏，〔二〕見吏舍廁中鼠食不絜，近人犬，數驚恐之。斯入倉，觀倉中鼠，食積粟，居大廡之下，不見人犬之憂。於是李斯乃歎曰：「人之賢不肖譬如鼠矣，在所自處耳！」

〔一〕索隱 地理志汝南上蔡縣，云「古蔡國，周武王弟叔度所封，至十八代平侯徙新蔡」。二蔡皆屬汝南。後二代至昭侯，徙下蔡，屬沛，六國時爲楚地，故曰楚上蔡。

〔二〕索隱 鄉小史。劉氏云「掌鄉文書」。

乃從荀卿學帝王之術。學已成，度楚王不足事，而六國皆弱，無可爲建功者，欲西入秦。辭於荀卿曰：「斯聞得時無怠，今萬乘方爭時，游者主事。〔一〕今秦王欲吞天下，稱帝而治，此布衣馳騖之時而游說者之秋也。〔二〕處卑賤之位而計不爲者，此禽鹿視肉，人面而能彊行者耳。〔三〕故詬〔四〕莫大於卑賤，而悲莫甚於窮困。久處卑賤之位，困苦之地，非世〔五〕

而惡利，自託於無爲，此非士之情也。〔六〕故斯將西說秦王矣。」

〔一〕索隱 言萬乘爭雄之時，游說者可以立功成名，當得典主事務也。劉氏云「游歷諸侯，當見彊主以事之」，於文紆迴，非也。

〔二〕正義 言秋時萬物成熟，今爭彊時，亦說士成熟時。

〔三〕索隱 禽鹿猶禽獸也，言禽獸但知視肉而食之。莊子及蘇子曰：「人而不學，譬之視肉而食。」楊子法言曰：「人而不學，如禽何異？」言不能游說取榮貴，卽如禽獸，徒有人面而能彊行耳。

〔四〕正義 呼后反，恥辱也。

〔五〕索隱 非者，譏也。所謂處士橫議也。

〔六〕正義 言譏世富貴，惡其榮利，自託於無爲者，非士人之情，實力不能致此也。

至秦，會莊襄王卒，李斯乃求爲秦相文信侯呂不韋舍人；不韋賢之，任以爲郎。李斯因以得說，說秦王曰：「胥人者，去其幾也。〔一〕成大功者，在因瑕釁而遂忍之。〔二〕昔者秦穆公之霸，終不東幷六國者，何也？諸侯尚衆，周德未衰，故五伯迭興，更尊周室。自秦孝公以來，周室卑微，諸侯相兼，關東爲六國，秦之乘勝役諸侯，蓋六世矣。〔三〕今諸侯服秦，譬若郡縣。夫以秦之彊，大王之賢，由竈上騷除，〔四〕足以滅諸侯，成帝業，爲天下一統，此萬世之一時也。今怠而不急就，諸侯復彊，相聚約從，雖有黃帝之賢，不能幷也。」秦王乃拜斯爲長史，聽其計，陰遣謀士齎持金玉以游說諸侯。諸侯名士可下以財者，厚遺結之；不肯

者，利劍刺之。離其君臣之計，秦王乃使其良將隨其後。秦王拜斯爲客卿。

〔一〕索隱胥人猶胥吏，小人也。去猶失也。幾者，動之微。以言君子見幾而作，不俟終日；小人不識動微之會，故每失時也。劉氏解幾爲彊，非也。正義胥，相也。幾謂察也。言關東六國與秦相敵者，君臣機密，並有瑕釁，可成大功，而遂忍之也。

〔二〕索隱言因諸侯有瑕釁，則忍心而翦除，故我將說秦以并天下。

〔三〕正義秦孝公，惠文王，武王，昭王，孝文王，莊襄王。

〔四〕集解徐廣曰：「騷音埽。」索隱騷音埽。言秦欲并天下，若炊婦埽除竈上之不淨，不足爲難。

會韓人鄭國來閒秦，以作注溉渠，〔一〕已而覺。秦宗室大臣皆言秦王曰：「諸侯人來事秦者，大抵爲其主游閒於秦耳，請一切逐客。」〔二〕李斯議亦在逐中。斯乃上書曰：〔三〕

〔一〕正義鄭國渠首起雍州雲陽縣西南二十五里，自中山西邸瓠口爲渠，傍北山，東注洛，三百餘里以溉田。又曰韓苦秦兵，而使水工鄭國閒秦作注溉渠，令費人工，不東伐也。

〔二〕索隱一切猶一例，言盡逐之也。言切者，譬若利刀之割，一運斤無不斷者。解漢書者以一切爲權時義，亦未爲得也。

〔三〕正義在始皇十年。

臣聞吏議逐客，竊以爲過矣。昔繆公求士，西取由余於戎，東得百里奚於宛，〔一〕

迎蹇叔於宋，〔二〕來丕豹、公孫支於晉。〔三〕此五子者，不產於秦，而繆公用之，并國二十，遂霸西戎。〔四〕孝公用商鞅之法，移風易俗，民以殷盛，國以富彊，百姓樂用，諸侯親服，獲楚、魏之師，舉地千里，至今治彊。惠王用張儀之計，拔三川之地，西并巴、蜀，〔五〕北收上郡，〔六〕南取漢中，〔七〕包九夷，制鄢、郢，〔八〕東據成皋之險，〔九〕割膏腴之壤，遂散六國之從，使之西面事秦，功施到今。昭王得范睢，廢穰侯，逐華陽，〔一〇〕彊公室，杜私門，蠶食〔一一〕諸侯，使秦成帝業。此四君者，皆以客之功。由此觀之，客何負於秦哉！向使四君卻客而不內，疏士而不用，是使國無富利之實而秦無彊大之名也。

〔一〕索隱秦本紀云「晉獻公以百里奚爲秦穆公夫人媵於秦，奚亡走宛，楚鄙人執之」是也。正義新序云：「百里奚，楚宛人，仕於虞，虞亡入秦，號五羖大夫也。」

〔二〕索隱秦紀又云「百里奚謂穆公曰：『臣不如臣友蹇叔，蹇叔賢而代莫知。』穆公厚幣迎之，以爲上大夫」。今云「於宋」，未詳所出。正義括地志云：「蹇叔，岐州人也。時游宋，故迎之於宋。」

〔三〕索隱丕豹自晉奔秦，左氏傳有明文。公孫支，所謂子桑也，是秦大夫，而云自晉來，亦未見所出。正義括地志云：「公孫支，岐州人，游晉，後歸秦。」

〔四〕索隱秦本紀穆公用由余謀，伐戎王，益國十二，開地千里，遂霸西戎。此都言五子之功，故云「并國二十」；或易爲「十二」，誤也。

〔五〕索隱案：惠王時張儀爲相，請伐韓，下兵三川以臨二周。司馬錯請伐蜀，惠王從之，果滅蜀。儀死後，武王欲通車三川，令甘茂拔宜陽。今並云張儀者，以儀爲秦相，雖錯滅蜀，茂通三川，皆歸功於相，又三川是儀先請伐故也。

〔六〕正義惠王十年，魏納上郡十五縣。

〔七〕正義惠王十三年，攻楚漢中，取地六百里。

〔八〕索隱九夷即屬楚之夷也。地理志南郡江陵縣云「故楚郢都」，又宜城縣云「故鄢」也。正義夷謂并巴蜀，收上郡，取漢中，伐義渠、丹犂是也。九夷本東夷九種，此言者，文體然也。

〔九〕正義河南府汜水縣也。

〔一〇〕集解徐廣曰：「華，一作『葉』。」

〔一一〕索隱高誘注淮南子云：「蠶食，盡無餘也。」

今陛下致昆山之玉，〔一〕有隨、和之寶，〔二〕垂明月之珠，服太阿之劍，〔三〕乘纖離之馬，〔四〕建翠鳳之旗，樹靈鼉之鼓。〔五〕此數寶者，秦不生一焉，而陛下說之，何也？必秦國之所生然後可，則是夜光之璧不飾朝廷，犀象之器不爲玩好，鄭、衞之女不充後宮，而駿良駃騠〔六〕不實外廄，江南金錫不爲用，西蜀丹青不爲采。所以飾後宮充下陳〔七〕娛心意說耳目者，必出於秦然後可，則是宛珠之簪，傅璣之珥，〔八〕阿縞之衣，錦繡之飾〔九〕不進於前，而隨俗雅化〔一〇〕佳冶窈窕趙女不立於側也。夫擊甕叩缶〔一一〕彈箏

搏髀，而歌呼嗚嗚快耳（目）者，真秦之聲也；鄭、衞、桑閒、昭、虞、武、象者，〔一二〕異國之樂也。今弃擊甕叩缶而就鄭衞，退彈箏而取昭虞，若是者何也？快意當前，適觀而已矣。今取人則不然。不問可否，不論曲直，非秦者去，爲客者逐。然則是所重者在乎色樂珠玉，而所輕者在乎人民也。此非所以跨海內制諸侯之術也。

〔一〕正義昆岡在于闐國東北四百里，其岡出玉。

〔二〕正義括地志云：「濆山一名昆山，一名斷蛇丘，在隨州隨縣北二十五里。說苑云『昔隨侯行遇大蛇中斷，疑其靈，使人以藥封之，蛇乃能去，因號其處爲斷蛇丘。歲餘，蛇銜明珠，徑寸，絕白而有光，因號隨珠』。」卞和璧，始皇以爲傳國璽也。

〔三〕集解見蘇秦傳。索隱越絕書曰：「楚王召歐冶子、干將作鐵劍三，一曰干將，二曰莫邪，三曰太阿也。」

〔四〕集解徐廣曰：「纖離，蒲梢，皆駿馬名。」索隱皆馬名。徐氏據孫卿子而爲說。

〔五〕集解鄭玄注月令云：「鼉皮可以冒鼓。」

〔六〕索隱決提二音。周書曰「正北以駃騠爲獻」。廣雅曰「馬屬也」。郭景純注上林賦云「生三日而超其母也」。

〔七〕索隱下陳猶後列也。晏子曰「有二女，願得入身於下陳」是也。

〔八〕索隱宛音於阮反。傅音附。宛謂以珠宛轉而裝其簪。傅璣者，以璣傅著於珥。珥者，瑱也。璣是珠之不圓者。或云宛珠，隨珠也。隨在漢水之南，宛亦近漢，故云宛。傅璣者，女飾也，言女傅之珥，以璣爲之，並非秦所有物也。

〔九〕【集解】徐廣曰：「齊之東阿縣，繒帛所出。」

〔一〇〕【集解】徐廣曰：「隨俗，一作『修使』。」【索隱】謂閑雅變化而能通俗也。

〔一一〕【索隱】說文云：「甕，汲缾也。於貢反。缶，瓦器也，秦人鼓之以節樂。」缻音甫有反。

〔一二〕【集解】徐廣曰：「昭，一作『韶』。」

臣聞地廣者粟多，國大者人衆，兵彊則士勇。是以太山不讓土壤，故能成其大；河海不擇細流，故能就其深；王者不卻衆庶，故能明其德。〔一〕是以地無四方，民無異國，四時充美，鬼神降福，此五帝、三王之所以無敵也。今乃棄黔首以資敵國，〔二〕卻賓客以業諸侯，使天下之士退而不敢西向，裹足不入秦，此所謂「藉寇兵而齎盜糧」者也。〔三〕

〔一〕【索隱】管子云：「海不辭水，故能成其大；（泰）山不辭土石，故能成其高。」文子曰：「聖人不讓負薪之言，以廣其名。」

〔二〕【索隱】資猶給也。

〔三〕【索隱】藉音積夜反。齎音子奚反。說文曰：「齎，持遺也。」齎或爲「資」，義亦通。

夫物不產於秦，可寶者多；士不產於秦，而願忠者衆。今逐客以資敵國，損民以益讎，內自虛而外樹怨於諸侯，求國無危，不可得也。

秦王乃除逐客之令，復李斯官，〔一〕卒用其計謀。官至廷尉。二十餘年，竟并天下，尊主爲皇帝，以斯爲丞相。夷郡縣城，銷其兵刃，示不復用。使秦無尺土之封，不立子弟爲王、功臣爲諸侯者，使後無戰攻之患。

〔一〕【集解】新序曰：「斯在逐中，道上上諫書，達始皇，始皇使人逐至驪邑，得還。」

始皇三十四年，置酒咸陽宮，博士僕射周青臣等頌稱始皇威德。齊人淳于越進諫曰：「臣聞之，殷周之王千餘歲，封子弟功臣自爲支輔。今陛下有海內，而子弟爲匹夫，卒有田常、六卿之患，臣無輔弼，何以相救哉？事不師古而能長久者，非所聞也。今青臣等又面諛以重陛下過，〔一〕非忠臣也。」始皇下其議丞相。丞相謬其說，絀其辭，乃上書曰：「古者天下散亂，莫能相一，是以諸侯並作，語皆道古以害今，飾虛言以亂實，人善其所私學，以非上所建立。今陛下并有天下，別白黑〔二〕而定一尊；〔三〕而私學乃相與非法教之制，聞令下，即各以其私學議之，入則心非，出則巷議，非主以爲名，異趣以爲高，率羣下以造謗。如此不禁，則主勢降乎上，黨與成乎下。禁之便。臣請諸有文學詩書百家語者，蠲除去之。令到滿三十日弗去，黥爲城旦。所不去者，醫藥卜筮種樹之書。若有欲學者，以吏爲師。」始皇可其議，收去詩書百家之語以愚百姓，使天下無以古非今。明法度，定律令，皆以始皇起。同文書。〔四〕治離宮別館，周徧天下。明年，又巡狩，外攘四夷，斯皆有力焉。

〔一〕【索隱】重音逐用反。重者，再也。

〔二〕【索隱】劉氏云：「前時國異政，家殊俗，人造私語，莫辨其真，今乃分別白黑也。」

〔三〕【索隱】謂始皇并六國，定天下，海內共尊立一帝，故云。

〔四〕【正義】六國制令不同，今令同之。

斯長男由爲三川守，諸男皆尚秦公主，女悉嫁秦諸公子。三川守李由告歸咸陽，李斯置酒於家，百官長皆前爲壽，門廷車騎以千數。李斯喟然而歎曰：「嗟乎！吾聞之荀卿曰『物禁大盛』。夫斯乃上蔡布衣，閭巷之黔首，上不知其駑下，遂擢至此。當今人臣之位無居臣上者，可謂富貴極矣。物極則衰，吾未知所稅駕也！」〔一〕

〔一〕【索隱】稅駕猶解駕，言休息也。李斯言己今日富貴已極，然未知向後吉凶止泊在何處也。

始皇三十七年十月，行出游會稽，並海上，北抵琅邪。〔一〕丞相斯、中車府令趙高兼行符璽令事，皆從。始皇有二十餘子，長子扶蘇以數直諫上，上使監兵上郡，〔二〕蒙恬爲將。少子胡亥愛，請從，上許之。餘子莫從。〔三〕

〔一〕【正義】今沂州。

〔二〕【正義】上郡故城在綏州上縣東南五十里。

〔三〕【集解】辯士隱姓名，遺秦將章邯書曰「李斯爲秦王死，廢十七兄而立今王」也。然則二世是秦始皇第十八子。此書在善文中。

其年七月，始皇帝至沙丘，〔一〕病甚，令趙高爲書賜公子扶蘇曰：「以兵屬蒙恬，與喪會咸陽而葬。」書已封，未授使者，始皇崩。書及璽皆在趙高所，獨子胡亥、丞相李斯、趙高及幸宦者五六人知始皇崩，餘羣臣皆莫知也。李斯以爲上在外崩，無真太子，故祕之。置始皇居輼輬車中，〔二〕百官奏事上食如故，宦者輒從輼輬車中可諸奏事。〔三〕

〔一〕【正義】沙丘臺在邢州。

〔二〕【集解】徐廣曰：「一作『輼車』。」

〔三〕【集解】文穎曰：「輼輬車如今喪轜車也。」孟康曰：「如衣車，有窗牖，閉之則溫，開之則涼，故名之『輼輬車』也。」如淳曰：「輼輬車，其形廣大，有羽飾也。」

趙高因留所賜扶蘇璽書，而謂公子胡亥曰：「上崩，無詔封王諸子而獨賜長子書。長子至，即立爲皇帝，而子無尺寸之地，爲之柰何？」胡亥曰：「固也。吾聞之，明君知臣，明父知子。父捐命，不封諸子，何可言者！」趙高曰：「不然。方今天下之權，存亡在子與高及丞相耳，願子圖之。且夫臣人與見臣於人，制人與見制於人，豈可同日道哉！」胡亥曰：「廢

兄而立弟，是不義也；不奉父詔而畏死，是不孝也；能薄而材譾，〔一〕彊因人之功，是不能也。三者逆德，天下不服，身殆傾危，社稷不血食。」高曰：「臣聞湯、武殺其主，天下稱義焉，不爲不忠。衞君殺其父，而衞國載其德，孔子著之，不爲不孝。夫大行不小謹，盛德不辭讓，鄉曲各有宜而百官不同功。故顧小而忘大，後必有害；狐疑猶豫，後必有悔。斷而敢行，鬼神避之，後有成功。願子遂之！」胡亥喟然歎曰：「今大行未發，喪禮未終，豈宜以此事干丞相哉！」趙高曰：「時乎時乎，閒不及謀！嬴糧躍馬，唯恐後時！」

〔一〕集解史記音隱宰顯反。索隱音義云宰殄反。劉氏音將淺反，則譾亦淺義。古人語自有重輕，所以文字有異。

胡亥既然高之言，高曰：「不與丞相謀，恐事不能成，臣請爲子與丞相謀之。」高乃謂丞相斯曰：「上崩，賜長子書，與喪會咸陽而立爲嗣。書未行，今上崩，未有知者也。所賜長子書及符璽皆在胡亥所，定太子在君侯與高之口耳。事將何如？」斯曰：「安得亡國之言！此非人臣所當議也！」高曰：「君侯自料能孰與蒙恬？功高孰與蒙恬？謀遠不失孰與蒙恬？無怨於天下孰與蒙恬？長子舊而信之孰與蒙恬？」斯曰：「此五者皆不及蒙恬，而君責之何深也？」高曰：「高固內官之廝役也，幸得以刀筆之文進入秦宮，管事二十餘年，未嘗見秦免罷丞相功臣有封及二世者也，卒皆以誅亡。皇帝二十餘子，皆君之所知。長子剛

毅而武勇，信人而奮士，即位必用蒙恬爲丞相，君侯終不懷通侯之印歸於鄉里，明矣。高受詔教習胡亥，使學以法事數年矣，未嘗見過失。慈仁篤厚，輕財重士，辯於心而詘於口，盡禮敬士，秦之諸子未有及此者，可以爲嗣。君計而定之。」斯曰：「君其反位！斯奉主之詔，聽天之命，何慮之可定也？」高曰：「安可危也，危可安也。安危不定，何以貴聖？」斯曰：「斯，上蔡閭巷布衣也，上幸擢爲丞相，封爲通侯，子孫皆至尊位重祿者，故將以存亡安危屬臣也。豈可負哉！夫忠臣不避死而庶幾，〔一〕孝子不勤勞而見危，人臣各守其職而已矣。君其勿復言，將令斯得罪。」高曰：「蓋聞聖人遷徙無常，就變而從時，見末而知本，觀指而覩歸。物固有之，安得常法哉！方今天下之權命懸於胡亥，高能得志焉。且夫從外制中謂之惑，從下制上謂之賊。故秋霜降者草花落，水搖動者萬物作，〔二〕此必然之效也。君何見之晚？」斯曰：「吾聞晉易太子，〔三〕三世不安；齊桓兄弟爭位，〔四〕身死爲戮；紂殺親戚，〔五〕不聽諫者，國爲丘墟，遂危社稷：三者逆天，宗廟不血食。斯其猶人哉，〔六〕安足爲謀！」高曰：「上下合同，可以長久；中外若一，事無表裏。君聽臣之計，即長有封侯，世世稱孤，必有喬松之壽，孔、墨之智。今釋此而不從，禍及子孫，足以爲寒心。善者因禍爲福，君何處焉？」斯乃仰天而歎，垂淚太息曰：「嗟乎！獨遭亂世，既以不能死，安託命哉！」於是斯乃聽高。高乃報胡亥曰：「臣請奉太子之明命以報丞相，丞相斯敢不奉令！」

〔一〕索隱斯言忠臣之節，本不避死。言已今日亦庶幾盡忠不避死也。
〔二〕索隱水搖者，謂冰泮而水動也，是春時而萬物皆生也。
〔三〕正義謂廢申生，立奚齊也。
〔四〕正義謂小白與公子糾。
〔五〕正義謂殺比干，囚箕子。
〔六〕索隱言我今日猶是人，人道守順，豈能爲逆謀。故下云「安足與謀」。

於是乃相與謀，詐爲受始皇詔丞相，立子胡亥爲太子。更爲書賜長子扶蘇曰：「朕巡天下，禱祠名山諸神以延壽命。今扶蘇與將軍蒙恬將師數十萬以屯邊，十有餘年矣，不能進而前，士卒多秏，無尺寸之功，乃反數上書直言誹謗我所爲，以不得罷歸爲太子，日夜怨望。扶蘇爲人子不孝，其賜劍以自裁！將軍恬與扶蘇居外，不匡正，宜知其謀。爲人臣不忠，其賜死，以兵屬裨將王離。」封其書以皇帝璽，遣胡亥客奉書賜扶蘇於上郡。

使者至，發書，扶蘇泣，入內舍，欲自殺。蒙恬止扶蘇曰：「陛下居外，未立太子，使臣將三十萬衆守邊，公子爲監，此天下重任也。今一使者來，即自殺，安知其非詐？請復請，復請而後死，未暮也。」使者數趣之。扶蘇爲人仁，謂蒙恬曰：「父而賜子死，尚安復請！」即自殺。蒙恬不肯死，使者即以屬吏，繫於陽周。〔一〕

〔一〕集解徐廣曰：「屬上郡。」正義陽周，寧州羅川縣之邑也。

使者還報，胡亥、斯、高大喜。至咸陽，發喪，太子立爲二世皇帝。以趙高爲郎中令，常侍中用事。

二世燕居，乃召高與謀事，謂曰：「夫人生居世閒也，譬猶騁六驥過決隙也。吾既已臨天下矣，欲悉耳目之所好，窮心志之所樂，以安宗廟而樂萬姓，長有天下，終吾年壽，其道可乎？」高曰：「此賢主之所能行也，而昏亂主之所禁也。臣請言之，不敢避斧鉞之誅，願陛下少留意焉。夫沙丘之謀，諸公子及大臣皆疑焉，而諸公子盡帝兄，大臣又先帝之所置也。今陛下初立，此其屬意怏怏皆不服，恐爲變。且蒙恬已死，蒙毅將兵居外，臣戰戰栗栗，唯恐不終。且陛下安得爲此樂乎？」二世曰：「爲之柰何？」趙高曰：「嚴法而刻刑，令有罪者相坐誅，至收族，滅大臣而遠骨肉；貧者富之，賤者貴之。盡除去先帝之故臣，更置陛下之所親信者近之。此則陰德歸陛下，害除而姦謀塞，羣臣莫不被潤澤，蒙厚德，陛下則高枕肆志寵樂矣。計莫出於此。」二世然高之言，乃更爲法律。於是羣臣諸公子有罪，輒下高，令鞠治之。殺大臣蒙毅等，公子十二人僇死咸陽市，十公主矺死於杜，〔一〕財物入於縣官，相連坐者不可勝數。

〔一〕集解史記音隱曰：「矺音貯格反。」索隱矺音宅，與「磔」同，古今字異耳。磔謂裂其支體而殺之。

公子高欲奔，恐收族，乃上書曰：「先帝無恙時，臣入則賜食，出則乘輿。御府之衣，臣得賜之；中廄之寶馬，臣得賜之。臣當從死而不能，爲人子不孝，爲人臣不忠。不忠者無名以立於世，臣請從死，願葬酈山之足。唯上幸哀憐之。」書上，胡亥大說，召趙高而示之，曰：「此可謂急乎？」趙高曰：「人臣當憂死而不暇，何變之得謀！」胡亥可其書，賜錢十萬以葬。

法令誅罰日益刻深，羣臣人人自危，欲畔者衆。又作阿房之宮，治直〔道〕、馳道，賦斂愈重，戍傜無已。於是楚戍卒陳勝、吳廣等乃作亂，起於山東，傑俊相立，自置爲侯王，叛秦，兵至鴻門而卻。李斯數欲請閒諫，二世不許。而二世責問李斯曰：「吾有私議而有所聞於韓子也，曰『堯之有天下也，堂高三尺，采椽不斲，〔一〕茅茨不翦，雖逆旅之宿不勤於此矣。冬日鹿裘，夏日葛衣，粢糲之食，〔二〕藜藿之羹，飯土匭，〔三〕啜土鉶，〔四〕雖監門之養不觳於此矣。〔五〕禹鑿龍門，通大夏，疏九河，曲九防，〔六〕決渟水致之海，〔七〕而股無胈，〔八〕脛無毛，手足胼胝，面目黎黑，遂以死于外，葬於會稽，臣虜之勞不烈於此矣』。然則夫所貴於有天下者，豈欲苦形勞神，身處逆旅之宿，口食監門之養，手持臣虜之作哉？此不肖人之所勉也，非賢者之所務也。彼賢人之有天下也，專用天下適己而已矣，此所以貴於有天下也。夫所謂賢人者，必能安天下而治萬民，今身且不能利，將惡能治天下哉！故吾願賜志廣欲，長享

天下而無害，爲之柰何？」李斯子由爲三川守，羣盜吳廣等西略地，過去弗能禁。章邯以破逐廣等兵，使者覆案三川相屬，誚讓斯居三公位，如何令盜如此。李斯恐懼，重爵祿，不知所出，乃阿二世意，欲求容，以書對曰：

〔一〕集解 徐廣曰：「采，一名櫟。一作『柞』。」索隱 采，木名，即今之櫟木。

〔二〕索隱 粢音資。糲音郎葛反。粢者，稷也。糲者，麤粟飯也。

〔三〕集解 徐廣曰：「一作『溜』。」

〔四〕集解 音刑。

〔五〕集解 徐廣曰：「觳音學。觳，一作『轂』，推也。」索隱 觳音學。爾雅云「觳，盡也」。言監門下人飯猶不盡此。若徐氏云「一作『轂』。轂，推也」，則字宜作「較」。鄒氏音角。

〔六〕正義 謂河之九曲，別爲隄防。

〔七〕集解 徐廣曰：「致，一作『放』。」

〔八〕集解 胈，膚毳皮。

夫賢主者，必且能全道而行督責之術者也。〔一〕督責之，則臣不敢不竭能以徇其主矣。此臣主之分定，上下之義明，則天下賢不肖莫敢不盡力竭任以徇其君矣。是故主獨制於天下而無所制也。能窮樂之極矣，賢明之主也，可不察焉！

〔一〕索隱 督者，察也。察其罪，責之以刑罰也。

故申子曰「有天下而不恣睢，〔一〕命之曰以天下爲桎梏」者，〔二〕無他焉，不能督責，而顧以其身勞於天下之民，若堯、禹然，故謂之「桎梏」也。夫不能修申、韓之明術，行督責之道，專以天下自適也，而徒務苦形勞神，以身徇百姓，則是黔首之役，非畜天下者也，何足貴哉！夫以人徇己，則己貴而人賤；以己徇人，則己賤而人貴。故徇人者賤，而人所徇者貴，自古及今，未有不然者也。凡古之所爲尊賢者，爲其貴也；而所爲惡不肖者，爲其賤也。而堯、禹以身徇天下者也，因隨而尊之，則亦失所爲尊賢之心矣夫！可謂大繆矣。謂之爲「桎梏」，不亦宜乎？不能督責之過也。

〔一〕索隱 上音資二反，下音呼季反。恣睢猶放縱也。謂肆情縱恣也。

〔二〕正義 言有天下不能自縱恣督責，乃勞身於天下若堯、禹，即以天下爲桎梏於身也。

故韓子曰「慈母有敗子而嚴家無格虜」者，何也？〔一〕則能罰之加焉必也。故商君之法，刑弃灰於道者。〔二〕夫弃灰，薄罪也，而被刑，重罰也。彼唯明主爲能深督輕罪。夫罪輕且督深，而況有重罪乎？故民不敢犯也。是故韓子曰「布帛尋常，庸人不釋，〔三〕鑠金百溢，盜跖不搏」者，〔四〕非庸人之心重，尋常之利深，而盜跖之欲淺也；又不以盜跖之行，爲輕百鎰之重也。搏必隨手刑，則盜跖不搏百鎰；而罰不必行也，則庸人不釋尋常。是故城高五丈，而樓季不輕犯也；〔五〕泰山之高百仞，而跛䍧牧其

上。〔六〕夫樓季也而難五丈之限，豈跛䍧也而易百仞之高哉？峭塹之勢異也。〔七〕明主聖王之所以能久處尊位，長執重勢，而獨擅天下之利者，非有異道也，能獨斷而審督責，必深罰，故天下不敢犯也。今不務所以不犯，而事慈母之所以敗子也，則亦不察於聖人之論矣。夫不能行聖人之術，則舍爲天下役何事哉？可不哀邪！〔八〕

〔一〕索隱 格，彊扞也。虜，奴隸也。言嚴整之家本無格扞奴僕也。

〔二〕正義 弃灰於道者黥也。韓子云：「殷之法，弃灰於衢者刑。子貢以爲重，問之。仲尼曰：『灰弃於衢必燔，人必怒，怒則鬬，鬬則三族，雖刑之可也。』」

〔三〕索隱 八尺曰尋，倍尋曰常，以言其少也。庸人弗釋者，謂庸人見則取之而不釋，以其罪輕，故下云「罰不必行，則庸人弗釋尋常」是也。

〔四〕索隱 爾雅「鑠，美也」。言百溢之美金在於地，雖有盜跖之行亦不取者，爲其財多而罪重也，故下云「搏必隨手刑，盜跖不搏」也。搏猶攫也，取也。凡鳥翼擊物曰搏，足取曰攫，故人取物亦謂之搏。

〔五〕集解 許慎曰：「樓季，魏文侯之弟。」王孫子曰：「樓季之兄也。」

〔六〕集解 詩云：「䍧羊墳首。」毛傳曰：「牝曰䍧。」

〔七〕索隱 峭，峻也，高也，七笑反。塹音漸。以言峭峻則難登，故樓季難五丈之限；平塹則易涉，故跛䍧牧於泰山也。

〔八〕索隱 舍猶廢也，止也。言爲人主不能行聖人督責之術，則已廢止，何爲勤身苦心，爲天下所役，是何哉？「可不

哀邪」，言其非也。

且夫儉節仁義之人立於朝，則荒肆之樂輟矣；諫説論理之臣閒於側，則流漫之志詘矣；烈士死節之行顯於世，則淫康之虞廢矣。故明主能外此三者，而獨操主術以制聽從之臣，而修其明法，故身尊而勢重也。凡賢主者，必將能拂世磨俗，〔一〕而廢其所惡，立其所欲，故生則有尊重之勢，死則有賢明之謚也。是以明君獨斷，故權不在臣也。然後能滅仁義之塗，掩馳説之口，困烈士之行，塞聰揜明，內獨視聽，故外不可傾以仁義烈士之行，而內不可奪以諫説忿爭之辯。故能犖然獨行恣睢之心而莫之敢逆。若此然後可謂能明申、韓之術，而脩商君之法。法脩術明而天下亂者，未之聞也。故曰「王道約而易操」也。唯明主爲能行之。若此則謂督責之誠，則臣無邪，臣無邪則天下安，天下安則主嚴尊，主嚴尊則督責必，督責必則所求得，所求得則國家富，國家富則君樂豐。故督責之術設，則所欲無不得矣。羣臣百姓救過不給，何變之敢圖？若此則帝道備，而可謂能明君臣之術矣。雖申、韓復生，不能加也。

〔一〕索隱 拂音扶弗反。磨音莫何反。拂世，蓋言與代情乖戾。磨俗，言磨礪於俗使從己。

書奏，二世悅。於是行督責益嚴，稅民深者爲明吏。二世曰：「若此則可謂能督責矣。」刑者相半於道，而死人日成積於市。殺人衆者爲忠臣。二世曰：「若此則可謂能督責矣。」

初，趙高爲郎中令，所殺及報私怨衆多，恐大臣入朝奏事毀惡之，乃説二世曰：「天子所以貴者，但以聞聲，羣臣莫得見其面，故號曰『朕』。且陛下富於春秋，未必盡通諸事，〔一〕今坐朝廷，譴舉有不當者，則見短於大臣，非所以示神明於天下也。且陛下深拱禁中，與臣及侍中習法者待事，事來有以揆之。〔二〕如此則大臣不敢奏疑事，天下稱聖主矣。」二世用其計，乃不坐朝廷見大臣，居禁中。趙高常侍中用事，事皆決於趙高。

〔一〕集解 徐廣曰：「通，或宜作『照』。」

〔二〕集解 徐廣曰：「揆，一作『撥』也。」

高聞李斯以爲言，乃見丞相曰：「關東羣盜多，今上急益發繇治阿房宮，〔一〕聚狗馬無用之物。臣欲諫，爲位賤。此真君侯之事，君何不諫？」李斯曰：「固也，吾欲言之久矣。今時上不坐朝廷，上居深宮，吾有所言者，不可傳也，欲見無閒。」趙高謂曰：「君誠能諫，請爲君候上閒語君。」於是趙高待二世方燕樂，婦女居前，使人告丞相：「上方閒，可奏事。」丞相至宮門上謁，如此者三。二世怒曰：「吾常多閒日，丞相不來。吾方燕私，丞相輒來請事。丞相豈少我哉？且固我哉？」〔二〕趙高因曰：「如此殆矣！夫沙丘之謀，丞相與焉。今陛下已立爲帝，而丞相貴不益，此其意亦望裂地而王矣。且陛下不問臣，臣不敢言。丞相長男李由爲三川守，楚盜陳勝等皆丞相傍縣之子，以故楚盜公行，〔三〕過三川，城守不肯擊。高聞其文書相往來，未得其審，故未敢以聞。且丞相居外，權重於陛下。」二世以爲然。欲案丞相，恐其不審，乃使人案驗三川守與盜通狀。李斯聞之。

〔一〕索隱 房音旁，一如字。

〔二〕索隱 謂以我幼故輕我也。云「固我」者，一云以我爲短少，且固陋於我也，於義爲疏。

〔三〕集解 徐廣曰：「公，一作『訟』，音松。」

是時二世在甘泉，方作觳抵優俳之觀。〔一〕李斯不得見，因上書言趙高之短曰：「臣聞之，臣疑其君，無不危國；妾疑其夫，無不危家。今有大臣於陛下擅利擅害，與陛下無異，此甚不便。昔者司城子罕相宋，身行刑罰，以威行之，朞年遂劫其君。田常爲簡公臣，爵列無敵於國，私家之富與公家均，布惠施德，下得百姓，上得羣臣，陰取齊國，殺宰予於庭，即弒簡公於朝，遂有齊國。此天下所明知也。今高有邪佚之志，危反之行，如子罕相宋也；私家之富，若田氏之於齊也。兼行田常、子罕之逆道而劫陛下之威信，其志若韓玘爲韓安相也。〔二〕陛下不圖，臣恐其爲變也。」二世曰：「何哉？夫高，故宦人也，然不爲安肆志，不以危易心，絜行脩善，自使至此，以忠得進，以信守位，朕實賢之，而君疑之，何也？且朕少失先人，無所識知，不習治民，而君又老，恐與天下絕矣。朕非屬趙君，當誰任哉？且趙君

爲人精廉彊力，下知人情，上能適朕，君其勿疑。」李斯曰：「不然。夫高，故賤人也，無識於理，貪欲無厭，求利不止，列勢次主，求欲無窮，臣故曰殆。」二世已前信趙高，恐李斯殺之，乃私告趙高。高曰：「丞相所患者獨高，高已死，丞相即欲爲田常所爲。」於是二世曰：「其以李斯屬郎中令！」

〔一〕集解 應劭曰：「戰國之時，稍增講武之禮，以爲戲樂，用相夸示，而秦更名曰角抵。角者，角材也。抵者，相抵觸也。」文穎曰：「案：秦名此樂爲角抵，兩兩相當，角力，角伎藝射御，故曰角抵也。」駰案：觳抵即角抵也。

〔二〕索隱 玘，亦作「起」，並音怡。韓大夫弒其君悼公者。然韓無悼公，或鄭之嗣君。案表，韓玘事昭侯，昭侯已下四代至王安，其説非也。

趙高案治李斯。李斯拘執束縛，居囹圄中，仰天而歎曰：「嗟乎，悲夫！不道之君，何可爲計哉！昔者桀殺關龍逢，紂殺王子比干，吳王夫差殺伍子胥。此三臣者，豈不忠哉，然而不免於死，身死而所忠者非也。今吾智不及三子，而二世之無道過於桀、紂、夫差，吾以忠死，宜矣。且二世之治豈不亂哉！日者夷其兄弟而自立也，殺忠臣而貴賤人，作爲阿房之宮，賦斂天下。吾非不諫也，而不吾聽也。凡古聖王，飲食有節，車器有數，宮室有度，出令造事，加費而無益於民利者禁，故能長久治安。今行逆於昆弟，不顧其咎；侵殺忠臣，不思其殃；大爲宮室，厚賦天下，不愛其費：三者已行，天下不聽。今反者已有天下之半矣，而

心尚未寤也，而以趙高爲佐，吾必見寇至咸陽，麋鹿游於朝也。」

於是二世乃使高案丞相獄，治罪，責斯與子由謀反狀，皆收捕宗族賓客。趙高治斯，榜掠千餘，不勝痛，自誣服。斯所以不死者，自負其辯，有功，實無反心，幸得上書自陳，幸二世之寤而赦之。李斯乃從獄中上書曰：「臣爲丞相，治民三十餘年矣。逮秦地之陝隘。先王之時秦地不過千里，兵數十萬。臣盡薄材，謹奉法令，陰行謀臣，資之金玉，使游說諸侯，陰脩甲兵，飾政教，官鬭士，尊功臣，盛其爵祿，故終以脅韓弱魏，破燕、趙，夷齊、楚，卒兼六國，虜其王，立秦爲天子。罪一矣。地非不廣，又北逐胡、貉，南定百越，以見秦之彊。罪二矣。尊大臣，盛其爵位，以固其親。罪三矣。立社稷，脩宗廟，以明主之賢。罪四矣。更剋畫，平斗斛度量，文章布之天下，以樹秦之名。罪五矣。治馳道，興游觀，以見主之得意。罪六矣。緩刑罰，薄賦斂，以遂主得衆之心，萬民戴主，死而不忘。罪七矣。若斯之爲臣者，罪足以死固久矣。上幸盡其能力，乃得至今，願陛下察之！」書上，趙高使吏弃去不奏，曰：「囚安得上書！」

趙高使其客十餘輩詐爲御史、謁者、侍中，更往覆訊斯。斯更以其實對，輒使人復榜之。後二世使人驗斯，斯以爲如前，終不敢更言，辭服。奏當上，二世喜曰：「微趙君，幾爲丞相所賣。」及二世所使案三川之守至，則項梁已擊殺之。使者來，會丞相下吏，趙高皆

妄爲反辭。

二世二年七月，具斯五刑，論腰斬咸陽市。斯出獄，與其中子俱執，顧謂其中子曰：「吾欲與若復牽黃犬俱出上蔡東門逐狡兔，豈可得乎！」遂父子相哭，而夷三族。

李斯已死，二世拜趙高爲中丞相，事無大小輒決於高。高自知權重，乃獻鹿，謂之馬。二世問左右：「此乃鹿也？」左右皆曰「馬也」。二世驚，自以爲惑，乃召太卜，令卦之。太卜曰：「陛下春秋郊祀，奉宗廟鬼神，齋戒不明，故至于此。可依盛德而明齋戒。」於是乃入上林齋戒。日游弋獵，有行人入上林中，二世自射殺之。趙高教其女壻咸陽令閻樂劾不知何人賊殺人移上林。高乃諫二世曰：「天子無故賊殺不辜人，此上帝之禁也，鬼神不享，天且降殃，當遠避宮以禳之。」二世乃出居望夷之宮。

留三日，趙高詐詔衞士，令士皆素服持兵內鄉，入告二世曰：「山東羣盜兵大至！」二世上觀而見之，恐懼，高卽因劫令自殺。引璽而佩之，左右百官莫從；上殿，殿欲壞者三。高自知天弗與，羣臣弗許，乃召始皇弟，授之璽。〔一〕

〔一〕集解徐廣曰：「一本曰『召始皇弟子嬰，授之璽』。秦本紀云『子嬰者，二世之兄子也』。」索隱劉氏云：「『弟』字誤，當爲『孫』。子嬰，二世兄子。」

子嬰卽位，患之，乃稱疾不聽事，與宦者韓談及其子謀殺高。高上謁，請病，因召入，令韓談刺殺之，夷其三族。

子嬰立三月，沛公兵從武關入，至咸陽，羣臣百官皆畔，不適。〔一〕子嬰與妻子自係其頸以組，降軹道旁。〔二〕沛公因以屬吏。項王至而斬之。遂以亡天下。

〔一〕集解徐廣曰：「適音敵。」

〔二〕正義軹道在萬年縣東北十六里。

太史公曰：李斯以閭閻歷諸侯，入事秦，因以瑕釁，以輔始皇，卒成帝業，斯爲三公，可謂尊用矣。斯知六蓺之歸，不務明政以補主上之缺，持爵祿之重，阿順苟合，嚴威酷刑，聽高邪說，廢適立庶。諸侯已畔，斯乃欲諫爭，不亦末乎！人皆以斯極忠而被五刑死，察其本，乃與俗議之異。不然，斯之功且與周、召列矣。

【索隱述贊】鼠在所居，人固擇地。斯效智力，功立名遂。置酒咸陽，人臣極位。一夫誑惑，變易神器。國喪身誅，本同末異。

史記卷八十八

蒙恬列傳第二十八

蒙恬者，其先齊人也。恬大父蒙驁，〔一〕自齊事秦昭王，官至上卿。秦莊襄王元年，蒙驁爲秦將，伐韓，取成皋、滎陽，作置三川郡。二年，蒙驁攻趙，取三十七城。始皇三年，蒙驁攻韓，取十三城。五年，蒙驁攻魏，取二十城，作置東郡。始皇七年，蒙驁卒。驁子曰武，武子曰恬。恬嘗書獄典文學。〔二〕始皇二十三年，蒙武爲秦裨將軍，與王翦攻楚，大破之，殺項燕。二十四年，蒙武攻楚，虜楚王。蒙恬弟毅。

〔一〕索隱 音放。又鄒氏音五到反。

〔二〕索隱 謂恬嘗學獄法，遂作獄官，典文學。

始皇二十六年，蒙恬因家世得爲秦將，攻齊，大破之，拜爲内史。秦已并天下，乃使蒙恬將三十萬衆北逐戎狄，收河南。〔一〕築長城，因地形，用制險塞，起臨洮，〔二〕至遼東，〔三〕延

袤萬餘里。於是渡河，據陽山，〔四〕逶蛇而北。暴師於外十餘年，居上郡。是時蒙恬威振匈奴。始皇甚尊寵蒙氏，信任賢之。而親近蒙毅，位至上卿，出則參乘，入則御前。恬任外事而毅常爲内謀，名爲忠信，故雖諸將相莫敢與之争焉。

〔一〕正義 謂靈、勝等州。

〔二〕集解 徐廣曰：「屬隴西。」

〔三〕正義 遼東郡在遼水東，始皇築長城東至遼水，西南至海（之上）。

〔四〕集解 徐廣曰：「五原西安陽縣北有陰山。陰山在河南，陽山在河北。」

趙高者，諸趙疏遠屬也。趙高昆弟數人，皆生隱宫，〔一〕其母被刑僇，世世卑賤。秦王聞高彊力，通於獄法，舉以爲中車府令。高即私事公子胡亥，喻之決獄。高有大罪，秦王令蒙毅法治之。毅不敢阿法，當高罪死，除其宦籍。帝以高之敦於事也，〔二〕赦之，復其官爵。

〔一〕集解 徐廣曰：「爲宦者。」索隱 劉氏云：「蓋其父犯宫刑，妻子没爲官奴婢，妻後野合所生子皆承趙姓，并宫之，故云『兄弟生隱宫』。謂『隱宫』者，宦之謂也。」

〔二〕集解 徐廣曰：「敦，一作『敏』。」

始皇欲游天下，道九原，〔一〕直抵甘泉，〔二〕迺使蒙恬通道，自九原抵甘泉，塹山堙谷，千八百里。道未就。

〔一〕正義 九原郡，今勝州連谷縣是。

〔二〕正義 宫在雍州。

始皇三十七年冬，行出游會稽，並海上，〔一〕北走琅邪。〔二〕道病，使蒙毅還禱山川，未反。

〔一〕索隱 並音白浪反。

〔二〕索隱 走音奏。走猶向也。鄒氏音趨，趨亦向義，於字則乖。

始皇至沙丘崩，祕之，羣臣莫知。是時丞相李斯、公子胡亥、中車府令趙高常從。高雅得幸於胡亥，欲立之，又怨蒙毅法治之而不爲己也，因有賊心，迺與丞相李斯、公子胡亥陰謀，立胡亥爲太子。太子已立，遣使者以罪賜公子扶蘇、蒙恬死。扶蘇已死，蒙恬疑而復請之。使者以蒙恬屬吏，更置。胡亥以李斯舍人爲護軍。使者還報，胡亥已聞扶蘇死，即欲釋蒙恬。趙高恐蒙氏復貴而用事，怨之。

毅還至，趙高因爲胡亥忠計，欲以滅蒙氏，乃言曰：「臣聞先帝欲舉賢立太子久矣，而毅諫曰『不可』。若知賢而俞弗立，則是不忠而惑主也。〔一〕以臣愚意，不若誅之。」胡亥聽而繫蒙毅於代。〔二〕前已囚蒙恬於陽周。喪至咸陽，已葬，太子立爲二世皇帝，而趙高親近，日

夜毀惡蒙氏，求其罪過，舉劾之。

〔一〕索隱 俞即踰也，音臾。謂知太子賢而踰久不立，是不忠也。

〔二〕正義 今代州也。因禱山川至代而繫之。

子嬰進諫曰：「臣聞故趙王遷殺其良臣李牧而用顔聚，燕王喜陰用荆軻之謀而倍秦之約，齊王建殺其故世忠臣而用后勝之議。此三君者，皆各以變古者失其國而殃及其身。今蒙氏，秦之大臣謀士也，而主欲一旦弃去之，臣竊以爲不可。臣聞輕慮者不可以治國，獨智者不可以存君。〔一〕誅殺忠臣而立無節行之人，是内使羣臣不相信而外使鬬士之意離也，臣竊以爲不可。」

〔一〕集解 徐廣曰：「一無此字。」

胡亥不聽。而遣御史曲宫乘傳之代，〔一〕令蒙毅曰：「先主欲立太子而卿難之。今丞相以卿爲不忠，罪及其宗。朕不忍，乃賜卿死，亦甚幸矣。卿其圖之！」毅對曰：「以臣不能得先主之意，則臣少宦，順幸没世，可謂知意矣。〔二〕以臣不知太子之能，則太子獨從，周旋天下，去諸公子絶遠，臣無所疑矣。夫先主之舉用太子，數年之積也，臣乃何言之敢諫，何慮之敢謀！非敢飾辭以避死也，爲羞累先主之名，願大夫爲慮焉，使臣得死情實。且夫順成全者，道之所貴也；刑殺者，道之所卒也。昔者秦穆公殺三良而死，罪百里奚而非其罪

也，故立號曰『繆』。昭襄王殺武安君白起。楚平王殺伍奢。吴王夫差殺伍子胥。此四君者，皆爲大失，而天下非之，以其君爲不明，以是籍於諸侯。〔三〕故曰『用道治者不殺無罪，而罰不加於無辜』。唯大夫留心！」使者知胡亥之意，不聽蒙毅之言，遂殺之。

〔一〕索隱 曲，姓；宮，名。
〔二〕索隱 蒙毅言己少事始皇，順意因蒙幸，至始皇没世，可謂知上意。
〔三〕索隱 言其惡聲狼籍，布於諸國。而劉氏曰「諸侯皆記其惡於史籍」，非也。

二世又遣使者之陽周，令蒙恬曰：「君之過多矣，而卿弟毅有大罪，法及内史。」恬曰：「自吾先人，及至子孫，積功信於秦三世矣。今臣將兵三十餘萬，身雖囚繫，其勢足以倍畔，然自知必死而守義者，不敢辱先人之教，以不忘先主也。昔周成王初立，未離襁緥，周公旦負王以朝，卒定天下。及成王有病甚殆，公旦自揃其爪以沈於河，曰：『王未有識，是旦執事。有罪殃，旦受其不祥。』乃書而藏之記府，可謂信矣。及王能治國，有賊臣言：『周公旦欲爲亂久矣，王若不備，必有大事。』王乃大怒，周公旦走而奔於楚。成王觀於記府，得周公旦沈書，乃流涕曰：『孰謂周公旦欲爲亂乎！』殺言之者而反周公旦。故周書曰『必參而伍之』。〔一〕今恬之宗，世無二心，而事卒如此，是必孽臣逆亂，〔二〕内陵之道也。夫成王失而復振則卒昌；桀殺關龍逢，紂殺王子比干而不悔，身死則國亡。臣故曰過可振而諫可覺

也。〔三〕察於參伍，上聖之法也。凡臣之言，非以求免於咎也，將以諫而死，願陛下爲萬民思從道也。」使者曰：「臣受詔行法於將軍，不敢以將軍言聞於上也。」蒙恬喟然太息曰：「我何罪於天，無過而死乎？」良久，徐曰：「恬罪固當死矣。起臨洮屬之遼東，城塹萬餘里，此其中不能無絶地脈哉？此乃恬之罪也。」乃吞藥自殺。

〔一〕索隱 參謂三卿，伍即五大夫。欲參伍更議。
〔二〕集解 徐廣曰：「一作『辭』。」
〔三〕索隱 此「故曰」者，必先志有此言，蒙恬引之以成説也，今不知出何書耳。振者，救也。然語亦倒，以言前人受諫可覺，則其過乃可救。

太史公曰：吾適北邊，自直道歸，行觀蒙恬所爲秦築長城亭障，塹山堙谷，通直道，固輕百姓力矣。夫秦之初滅諸侯，天下之心未定，痍傷者未瘳，而恬爲名將，不以此時彊諫，振百姓之急，養老存孤，務修衆庶之和，而阿意興功，此其兄弟遇誅，不亦宜乎？何乃罪地脈哉？

【索隱述贊】蒙氏秦將，内史忠賢。長城首築，萬里安邊。趙高矯制，扶蘇死焉。絶地何罪？勞人是僁。呼天欲訴，三代良然。

史記卷八十九

張耳陳餘列傳第二十九

張耳者，大梁人也。〔一〕其少時，及魏公子毋忌爲客。張耳嘗亡命〔二〕游外黄。〔三〕外黄富人女甚美，嫁庸奴，亡其夫，〔四〕去抵父客。〔五〕父客素知張耳，乃謂女曰：「必欲求賢夫，從張耳。」女聽，乃卒爲請決，嫁之張耳。〔六〕張耳是時脱身游，女家厚奉給張耳，張耳以故致千里客。乃宦魏爲外黄令。名由此益賢。陳餘者，亦大梁人也，好儒術，數游趙苦陘。〔七〕富人公乘氏以其女妻之，亦知陳餘非庸人也。餘年少，父事張耳，兩人相與爲刎頸交。〔八〕

〔一〕索隱 臣瓚云：「今陳留大梁城是也。」
〔二〕索隱 晉灼曰：「命者，名也。謂脱名籍而逃。」崔浩曰：「亡，無也。命，名也。逃匿則削除名籍，故以逃爲亡命。」
〔三〕索隱 地理志屬陳留。
〔四〕集解 徐廣曰：「一云『其夫亡』也。」

〔五〕集解 如淳曰：「父時故賓客。」索隱 如淳曰：「抵，歸也，音丁禮反。」
〔六〕索隱 謂女請父客爲決絶其夫，而嫁之張耳。
〔七〕集解 張晏曰：「苦陘，漢章帝改曰漢昌。」索隱 地理志屬中山。張晏曰：「章帝醜其名，改曰漢昌。」正義 音邢。邢州唐昌縣。
〔八〕索隱 崔浩云：「言要齊生死，斷頸無悔。」

秦之滅大梁也，張耳家外黄。高祖爲布衣時，嘗數從張耳游，客數月。秦滅魏數歲，已聞此兩人魏之名士也，購求有得張耳千金，陳餘五百金。張耳、陳餘乃變名姓，俱之陳，爲里監門〔一〕以自食。兩人相對。里吏嘗有過笞陳餘，陳餘欲起，張耳躡之，〔二〕使受笞。吏去，張耳乃引陳餘之桑下而數之曰：「始吾與公言何如？今見小辱而欲死一吏乎？」陳餘然之。秦詔書購求兩人，兩人亦反用門者以令里中。〔三〕

〔一〕集解 張晏曰：「監門，里正衛也。」
〔二〕集解 徐廣曰：「一作『攝』。」
〔三〕索隱 案：門者即餘、耳也。自以其名而號令里中，詐更别求也。

陳涉起蘄，至入陳，兵數萬。張耳、陳餘上謁陳涉。涉及左右生平數聞張耳、陳餘賢，未嘗見，見即大喜。

陳中豪傑父老乃說陳涉曰：「將軍身被堅執銳，率士卒以誅暴秦，復立楚社稷，存亡繼絶，功德宜爲王。且夫監臨天下諸將，不爲王不可，願將軍立爲楚王也。」陳涉問此兩人，兩人對曰：「夫秦爲無道，破人國家，滅人社稷，絶人後世，罷百姓之力，盡百姓之財。將軍瞋目張膽，出萬死不顧一生之計，爲天下除殘也。今始至陳而王之，示天下私。願將軍毋王，急引兵而西，遣人立六國後，自爲樹黨，爲秦益敵也。敵多則力分，與衆則兵彊。如此野無交兵，縣無守城，誅暴秦，據咸陽以令諸侯。諸侯亡而得立，以德服之，如此則帝業成矣。今獨王陳，恐天下解也。」〔一〕陳涉不聽，遂立爲王。

〔一〕正義解，紀賣反。言天下諸侯見陳勝稱王王陳，皆解墮不相從也。

陳餘乃復說陳王曰：「大王舉梁、楚而西，務在入關，未及收河北也。臣嘗游趙，知其豪桀及地形，願請奇兵北略趙地。」於是陳王以故所善陳人武臣爲將軍，邵騷爲護軍，以張耳、陳餘爲左右校尉，予卒三千人，北略趙地。

武臣等從白馬渡河，〔一〕至諸縣，說其豪桀曰：〔二〕「秦爲亂政虐刑以殘賊天下，數十年矣。北有長城之役，南有五嶺之戍，〔三〕外內騷動，百姓罷敝，頭會箕斂，〔四〕以供軍費，財匱力盡，民不聊生。重之以苛法峻刑，使天下父子不相安。陳王奮臂爲天下倡始，王楚之地，方二千里，莫不響應，家自爲怒，人自爲鬬，各報其怨而攻其讎，縣殺其令丞，郡殺其守尉。

今已張大楚，王陳，使吳廣、周文將卒百萬西擊秦。於此時而不成封侯之業者，非人豪也。諸君試相與計之！夫天下同心而苦秦久矣。因天下之力而攻無道之君，報父兄之怨而成割地有土之業，此士之一時也。」豪桀皆然其言。乃行收兵，得數萬人，號武臣爲武信君。下趙十城，餘皆城守，莫肯下。

〔一〕索隱案：酈食其云「白馬之津」，白馬是津渡，其地與黎陽對岸。
〔二〕集解鄧展曰：「至河北縣說之。」
〔三〕集解漢書音義曰：「嶺有五，因以爲名，在交阯界中也。」索隱裴氏廣州記云大庾、始安、臨賀、桂陽、揭陽，斯五嶺。
〔四〕集解漢書音義曰：「家家人頭數出穀，以箕斂之。」

乃引兵東北擊范陽。范陽人蒯通說范陽令曰：〔一〕「竊聞公之將死，故弔。雖然，賀公得通而生。」范陽令曰：「何以弔之？」對曰：「秦法重，足下爲范陽令十年矣，殺人之父，孤人之子，斷人之足，黥人之首，不可勝數。然而慈父孝子莫敢傳刃〔二〕公之腹中者，畏秦法耳。今天下大亂，秦法不施，然則慈父孝子且傳刃公之腹中以成其名，此臣之所以弔公也。今諸侯畔秦矣，武信君兵且至，而君堅守范陽，少年皆爭殺君，下武信君。君急遣臣見武信君，可轉禍爲福，在今矣。」

〔一〕集解漢書曰「范陽令徐公」。
〔二〕集解徐廣曰：「傳音載。」李奇曰：「東方人以物插地皆爲傳。」

范陽令乃使蒯通見武信君曰：「足下必將戰勝然後略地，攻得然後下城，臣竊以爲過矣。誠聽臣之計，可不攻而降城，不戰而略地，傳檄而千里定，可乎？」武信君曰：「何謂也？」蒯通曰：「今范陽令宜整頓其士卒以守戰者也，怯而畏死，貪而重富貴，故欲先天下降，畏君以爲秦所置吏，誅殺如前十城也。然今范陽少年亦方殺其令，自以城距君。君何不齎臣侯印，拜范陽令，范陽令則以城下君，少年亦不敢殺其令。令范陽令乘朱輪華轂，使驅馳燕、趙郊。燕、趙郊見之，皆曰此范陽令，先下者也，即喜矣，燕、趙城可毋戰而降也。此臣之所謂傳檄而千里定者也。」武信君從其計，因使蒯通賜范陽令侯印。趙地聞之，不戰以城下者三十餘城。

至邯鄲，張耳、陳餘聞周章軍入關，至戲卻；〔一〕又聞諸將爲陳王徇地，多以讒毁得罪誅，怨陳王不用其筴不以爲將而以爲校尉。乃說武臣曰：「陳王起蘄，至陳而王，非必立六國後。將軍今以三千人下趙數十城，獨介居河北，〔二〕不王無以填之。且陳王聽讒，還報，恐不脱於禍。又不如立其兄弟；不，即立趙後。將軍毋失時，時閒不容息。」〔三〕武臣乃聽

之，遂立爲趙王。以陳餘爲大將軍，張耳爲右丞相，邵騷爲左丞相。

〔一〕集解蘇林曰：「戲，地名。卻，兵退也。」正義戲音羲。出驪山。
〔二〕集解晉灼曰：「介音戛。」瓚曰：「方言云介，特也。」
〔三〕索隱以言舉事不可失時，時幾之迅速，其閒不容一喘息頃也。

使人報陳王，陳王大怒，欲盡族武臣等家，而發兵擊趙。陳王相國房君諫曰：「秦未亡而誅武臣等家，此又生一秦也。不如因而賀之，使急引兵西擊秦。」陳王然之，從其計，徙繫武臣等家宮中，封張耳子敖爲成都君。

陳王使使者賀趙，令趣發兵西入關。張耳、陳餘說武臣曰：「王王趙，非楚意，特以計賀王。楚已滅秦，必加兵於趙。願王毋西兵，北徇燕、代，南收河内以自廣。趙南據大河，北有燕、代，楚雖勝秦，必不敢制趙。」趙王以爲然，因不西兵，而使韓廣略燕，李良略常山，張黶略上黨。

韓廣至燕，燕人因立廣爲燕王。〔一〕趙王乃與張耳、陳餘北略地燕界。趙王閒出，爲燕軍所得。燕將囚之，欲與分趙地半，乃歸王。使者往，燕輒殺之以求地。張耳、陳餘患之。有廝養卒謝其舍中曰：〔二〕「吾爲公說燕，與趙王載歸。」舍中皆笑曰：「使者往十餘輩，輒

死，若何以能得王？」乃走燕壁。燕將見之，問燕將曰：「知臣何欲？」燕將曰：「若欲得趙王耳。」曰：「君知張耳、陳餘何如人也？」燕將曰：「賢人也。」曰：「知其志何欲？」曰：「欲得其王耳。」趙養卒乃笑曰：「君未知此兩人所欲也。夫武臣、張耳、陳餘杖馬箠〔三〕下趙數十城，此亦各欲南面而王，豈欲爲卿相終己邪？夫臣與主豈可同日而道哉，顧其勢初定，未敢參分而王，且以少長先立武臣爲王，以持趙心。今趙地已服，此兩人亦欲分趙而王，時未可耳。今君乃囚趙王。此兩人名爲求趙王，實欲燕殺之，此兩人分趙自立。夫以一趙尚易燕，況以兩賢王左提右挈，而責殺王之罪，〔四〕滅燕易矣。」燕將以爲然，乃歸趙王，養卒爲御而歸。

〔一〕集解 徐廣曰：「九月也。」

〔二〕集解 如淳曰：「廝，賤者也。公羊傳曰『廝役扈養』。」韋昭曰：「析薪爲廝，炊烹爲養。」晉灼曰：「以辭相告曰謝也。」 索隱 謂其同舍中之人也。漢書作「舍人」。

〔三〕集解 張晏曰：「言其不用兵革，驅策而已也。」 索隱 杖音丈。箠音之委反。

〔四〕集解 徐廣曰：「平原君傳曰『事成執右券以責』也，券契義同耳。」

李良已定常山，還報，趙王復使良略太原。至石邑，〔一〕秦兵塞井陘，未能前。秦將詐稱二世使人遺李良書，不封，〔二〕曰：「良嘗事我得顯幸。良誠能反趙爲秦，赦良罪，貴良。」

良得書，疑不信。乃還之邯鄲，益請兵。未至，道逢趙王姊出飲，從百餘騎。李良望見，以爲王，伏謁道旁。王姊醉，不知其將，使騎謝李良。李良素貴，起，慙其從官。從官有一人曰：「天下畔秦，能者先立。且趙王素出將軍下，今女兒乃不爲將軍下車，請追殺之。」李良已得秦書，固欲反趙，未決，因此怒，遣人追殺王姊道中，乃遂將其兵襲邯鄲。邯鄲不知，竟殺武臣、邵騷。趙人多爲張耳、陳餘耳目者，以故得脱出。收其兵，得數萬人。客有説張耳曰：「兩君羇旅，而欲附趙，難；〔三〕獨立趙後，〔四〕扶以義，可就功。」乃求得趙歇，〔五〕立爲趙王，居信都。〔六〕李良進兵擊陳餘，陳餘敗李良，李良走歸章邯。

〔一〕索隱 地理志屬常山。

〔二〕集解 張晏曰：「欲其漏泄，君臣相疑。」

〔三〕索隱 案：羇旅勢弱，難以立功也。

〔四〕索隱 謂獨有立六國趙王之後。

〔五〕集解 徐廣曰：「正月也。音烏轄反。」駰案：張晏曰「趙之苗裔」。

〔六〕集解 徐廣曰：「後項羽改曰襄國。」

章邯引兵至邯鄲，皆徙其民河内，夷其城郭。張耳與趙王歇走入鉅鹿城，王離圍之。陳餘北收常山兵，得數萬人，軍鉅鹿北。章邯軍鉅鹿南棘原，築甬道屬河，餉王離。王離兵食多，急攻鉅鹿。鉅鹿城中食盡兵少，張耳數使人召前陳餘，陳餘自度兵少，不敵秦，不敢前。數月，張耳大怒，怨陳餘，使張黶、陳澤〔一〕往讓陳餘曰：「始吾與公爲刎頸交，今王與耳旦暮且死，而公擁兵數萬，不肯相救，安在其相爲死！苟必信，胡不赴秦軍俱死？且有十一二相全。」〔二〕陳餘曰：「吾度前終不能救趙，徒盡亡軍。且餘所以不俱死，欲爲趙王、張君報秦。今必俱死，如以肉委餓虎，何益？」張黶、陳澤曰：「事已急，要以俱死立信，安知後慮！」陳餘曰：「吾死顧以爲無益。必如公言。」乃使五千人令張黶、陳澤先嘗秦軍，〔三〕至皆沒。

〔一〕正義 音釋。

〔二〕正義 十中冀一兩勝秦。

〔三〕索隱 崔浩云：「嘗猶試。」

當是時，燕、齊、楚聞趙急，皆來救。張敖亦北收代兵，得萬餘人，來，皆壁餘旁，未敢擊秦。項羽兵數絶章邯甬道，王離軍乏食，項羽悉引兵渡河，遂破章邯。〔一〕章邯引兵解，諸侯軍乃敢擊圍鉅鹿秦軍，遂虜王離。涉閒自殺。卒存鉅鹿者，楚力也。

〔一〕集解 徐廣曰：「三年十二月也。」

於是趙王歇、張耳乃得出鉅鹿，謝諸侯。張耳與陳餘相見，責讓陳餘以不肯救趙，及問張黶、陳澤所在。陳餘怒曰：「張黶、陳澤以必死責臣，臣使將五千人先嘗秦軍，皆沒不出。」張耳不信，以爲殺之，數問陳餘。陳餘怒曰：「不意君之望臣深也！〔一〕豈以臣爲重去將哉？」〔二〕乃脱解印綬，推予張耳。張耳亦愕不受。陳餘起如廁。客有説張耳曰：「臣聞『天與不取，反受其咎』。〔三〕今陳將軍與君印，君不受，反天不祥。急取之！」張耳乃佩其印，收其麾下。而陳餘還，亦望張耳不讓，〔四〕遂趨出。張耳遂收其兵。陳餘獨與麾下所善數百人之河上澤中漁獵。由此陳餘、張耳遂有郤。

〔一〕索隱 望，怨責也。

〔二〕索隱 案：重訓難也。或云重，惜也。

〔三〕索隱 此辭出國語。

〔四〕正義 言陳餘如廁還，亦怨望張耳不讓其印。

趙王歇復居信都。張耳從項羽諸侯入關。漢元年二月，項羽立諸侯王，張耳雅游，〔一〕人多爲之言，項羽亦素數聞張耳賢，乃分趙立張耳爲常山王，治信都。信都更名襄國。

〔一〕集解 韋昭曰：「雅，素也。」 索隱 鄭氏云「雅，故也」。韋昭云「雅，素也」。然素亦故也。故游，言慣游從，故

多爲人所稱譽。

陳餘客多説項羽曰：「陳餘、張耳一體有功於趙。」項羽以陳餘不從入關，聞其在南皮，〔一〕卽以南皮旁三縣以封之，而徙趙王歇王代。〔二〕

〔一〕索隱地理志屬勃海。正義故城在滄州南皮縣北四里也。

〔二〕集解徐廣曰：「都代縣。」

張耳之國，陳餘愈益怒，曰：「張耳與餘功等也，今張耳王，餘獨侯，此項羽不平。」及齊王田榮畔楚，陳餘乃使夏説説〔一〕田榮曰：「項羽爲天下宰不平，盡王諸將善地，徙故王王惡地，今趙王乃居代！願王假臣兵，請以南皮爲扞蔽。」田榮欲樹黨於趙以反楚，乃遣兵從陳餘。陳餘因悉三縣兵襲常山王張耳。張耳敗走，念諸侯無可歸者，曰：「漢王與我有舊故，〔二〕而項羽又彊，立我，我欲之楚。」〔三〕甘公曰：〔四〕「漢王之入關，五星聚東井。東井者，秦分也。先至必霸。楚雖彊，後必屬漢。」故耳走漢。〔五〕漢王亦還定三秦，方圍章邯廢丘。張耳謁漢王，漢王厚遇之。

〔一〕正義上「説」音悦，下式鋭反。

〔二〕集解張晏曰：「漢王爲布衣時，嘗從張耳游。」

〔三〕集解張晏曰：「羽既彊盛，又爲所立，是以狐疑莫知所往也。」

〔四〕集解文穎曰：「善説星者甘氏也。」索隱天官書云齊甘公，藝文志云楚有甘公，齊楚不同。劉歆七略云「字逢，甘德」。志林云「甘公一名德」。

〔五〕集解徐廣曰：「二年十月也。」

陳餘已敗張耳，皆復收趙地，迎趙王於代，復爲趙王。趙王德陳餘，立以爲代王。陳餘爲趙王弱，國初定，不之國，留傅趙王，而使夏説以相國守代。

漢二年，東擊楚，使使告趙，欲與俱。陳餘曰：「漢殺張耳乃從。」於是漢王求人類張耳者斬之，持其頭遺陳餘。陳餘乃遣兵助漢。漢之敗於彭城西，陳餘亦復覺張耳不死，卽背漢。

漢三年，韓信已定魏地，遣張耳與韓信擊破趙井陘，〔一〕斬陳餘泜水上，〔二〕追殺趙王歇襄國。漢立張耳爲趙王。〔三〕漢五年，張耳薨，謚爲景王。子敖嗣立爲趙王。高祖長女魯元公主爲趙王敖后。

〔一〕集解徐廣曰：「三年十月。」

〔二〕集解徐廣曰：「在常山。音遲，一音丁禮反。」索隱徐廣音遲，蘇林音祇。晉灼音丁禮反，今俗呼此水則然。案：地理志音脂，則蘇音爲得。郭景純注山海經云「泜水出常山中丘縣」。正義在趙州贊皇縣界。

〔三〕集解徐廣曰：「四年十一月。」駰案：漢書「四年夏」。

漢七年，高祖從平城過趙，趙王朝夕袒韝蔽，〔一〕自上食，禮甚卑，有子壻禮。高祖箕踞〔二〕詈，甚慢易之。趙相貫高、趙午等年六十餘，〔三〕故張耳客也。生平爲氣，乃怒曰：「吾王孱王也！」〔四〕説王曰：「夫天下豪桀並起，能者先立。今王事高祖甚恭，而高祖無禮，請爲王殺之！」張敖齧其指〔五〕出血，曰：「君何言之誤！且先人亡國，賴高祖得復國，德流子孫，秋豪皆高祖力也。願君無復出口。」貫高、趙午等十餘人皆相謂曰：「乃吾等非也。吾王長者，不倍德。且吾等義不辱，今怨高祖辱我王，故欲殺之，何乃汙王〔六〕爲乎？令事成歸王，事敗獨身坐耳。」

〔一〕集解徐廣曰：「韝者，臂捍也。」

〔二〕索隱崔浩云：「屈膝坐，其形如箕。」

〔三〕集解徐廣曰：「田叔傳云『趙相趙午等數十人皆怒』，然則或宜言六十餘人。」

〔四〕集解孟康曰：「音如『潺湲』之『潺』。冀州人謂懦弱爲孱。」韋昭曰：「仁謹貌。」索隱案：服虔音鉏閑反，弱小貌也。小顏音仕連反。

〔五〕索隱案：小顏曰「齧指以表至誠，爲其約誓」。

〔六〕索隱蕭該音一故反。説文云：「汙，穢也。」

漢八年，上從東垣還，過趙，貫高等乃壁人柏人，〔一〕要之置廁。〔二〕上過欲宿，心動，問

曰：「縣名爲何？」曰：「柏人。」「柏人者，迫於人也！」不宿而去。

〔一〕索隱謂於柏人縣館舍壁中著人，欲爲變也。正義柏人故城在邢州柏人縣西北十二里，卽高祖宿處也。

〔二〕集解韋昭曰：「爲供置也。」索隱文穎云：「置人廁壁中，以伺高祖也。」張晏云：「鑿壁空之，令人止中也。」今按：云「置廁」者，置人於複壁中，謂之置廁，廁者隱側之處，因以爲言也。亦音側。

漢九年，貫高怨家知其謀，乃上變告之。於是上皆并逮捕趙王、貫高等。十餘人皆爭自剄，貫高獨怒罵曰：「誰令公爲之？今王實無謀，而并捕王；公等皆死，誰白王不反者！」乃轞車膠致，〔一〕與王詣長安。治張敖之罪。上乃詔趙羣臣賓客有敢從王皆族。貫高與客孟舒等十餘人，皆自髡鉗，爲王家奴，從來。貫高至，對獄，曰：「獨吾屬爲之，王實不知。」吏治榜笞數千，刺剟，〔二〕身無可擊者，終不復言。呂后數言張王以魯元公主故，不宜有此。上怒曰：「使張敖據天下，豈少而女乎！」不聽。廷尉以貫高事辭聞，上曰：「壯士！誰知者，以私問之。」〔三〕中大夫泄公曰：〔四〕「臣之邑子，素知之。此固趙國立名義不侵爲然諾者也。」上使泄公持節問之箯與前。〔五〕仰視曰：「泄公邪？」泄公勞苦如生平驩，與語，問張王果有計謀不。高曰：「人情寧不各愛其父母妻子乎？今吾三族皆以論死，豈以王易吾親哉！顧爲王實不反，獨吾等爲之。」具道本指所以爲者王不知狀。於是泄公入，具以報，上乃赦趙王。

〔一〕正義 謂其車上著板，四周如檻形，膠密不得開，送致京師也。

〔二〕集解 徐廣曰：「丁劣反。」 索隱 徐廣音丁劣反。案：掇亦刺也，漢書作「刺爇」，張晏云「爇，灼也」，說文云「燒也」。應劭云「以鐵刺之」。

〔三〕集解 瓚曰：「以私情相問。」

〔四〕正義 泄，姓也。史有泄私。

〔五〕集解 徐廣曰：「箯音鞭。」駰案：韋昭曰「輿如今輿牀，人輿以行」。 索隱 服虔云：「音編，編竹木如今峻，可以糞除也。」何休注公羊：「筍音峻。筍者，竹箯，一名編，齊、魯已北名爲筍。」郭璞三倉注云：「箯輿，土器。」

上賢貫高爲人能立然諾，使泄公具告之，曰：「張王已出。」因赦貫高。貫高喜曰：「吾王審出乎？」泄公曰：「然。」泄公曰：「上多足下，故赦足下。」貫高曰：「所以不死一身無餘者，白張王不反也。今王已出，吾責已塞，死不恨矣。且人臣有篡殺之名，何面目復事上哉！縱上不殺我，我不愧於心乎？」乃仰絕肮，遂死。〔一〕當此之時，名聞天下。

〔一〕集解 韋昭曰：「肮，咽也。」 索隱 蘇林云：「肮，頸大脈也，俗所謂胡脈，下郎反。」蕭該或音下浪反。

張敖已出，以尚魯元公主故，封爲宣平侯。〔一〕於是上賢張王諸客，以鉗奴從張王入關，無不爲諸侯相、郡守者。及孝惠、高后、文帝、孝景時，張王客子孫皆得爲二千石。

〔一〕索隱 韋昭曰：「尚，奉也。不敢言取。」崔浩云：「奉事公主。」小顏云：「尚，配也。」易曰『得尚于中行』，王弼亦以尚爲配。恐非其義也。

張敖，高后六年薨。〔一〕子偃爲魯元王。以母呂后女故，呂后封爲魯元王。〔二〕元王弱，兄弟少，乃封張敖他姬子二人：壽爲樂昌侯，〔三〕侈爲信都侯。高后崩，諸呂無道，大臣誅之，而廢魯元王及樂昌侯、信都侯。孝文帝即位，復封故魯元王偃爲南宮侯，續張氏。〔四〕

〔一〕集解 關中記曰：「張敖冢在安陵東。」 正義 魯元公主墓在咸陽縣西北二十五里，次東有張敖冢，與公主同域。又張耳墓在咸陽縣東三十三里。

〔二〕索隱 案：謂偃以其母號而封也。

〔三〕集解 徐廣曰：「漢紀張酺傳曰張敖之子壽封樂昌侯，食細陽之池陽鄉也。」

〔四〕集解 張敖謚武侯。張偃之孫有罪絕。信都侯名侈，樂昌侯名壽。

太史公曰：張耳、陳餘，世傳所稱賢者；其賓客廝役，莫非天下俊桀，所居國無不取卿相者。然張耳、陳餘始居約時，〔一〕相然信以死，豈顧問哉。〔二〕及據國爭權，卒相滅亡，何鄉者相慕用之誠，後相倍之戾也！豈非以勢利交哉？〔三〕名譽雖高，賓客雖盛，所由殆與太伯、延陵季子異矣。

〔一〕集解 漢書音義曰：「在貧賤時也。」

〔二〕索隱 按：葛洪要用字苑云「然猶爾也」。謂相和同諾者何也。謂然諾相信，雖死不顧也。

〔三〕索隱 有本作「私利交」，漢書作「勢利」，故廉頗傳云「天下以市道交，君有勢則從君，無勢則去，此固其理」是也。

【索隱述贊】張耳、陳餘，天下豪俊。忘年羈旅，刎頸相信。耳圍鉅鹿，餘兵不進。張既望深，陳乃去印。勢利傾奪，隙末成釁。

史記卷九十

魏豹彭越列傳第三十

魏豹者，故魏諸公子也。其兄魏咎，〔一〕故魏時封爲寧陵君。〔二〕秦滅魏，遷咎爲家人。陳勝之起王也，〔三〕咎往從之。陳王使魏人周市徇魏地，魏地已下，欲相與立周市爲魏王。周市曰：「天下昏亂，忠臣乃見。〔四〕今天下共畔秦，其義必立魏王後乃可。」齊、趙使車各五十乘，立周市爲魏王。市辭不受，迎魏咎於陳。五反，陳王乃遣立咎爲魏王。〔五〕

〔一〕索隱 案：彭越傳云「魏豹，魏王咎從弟，真魏後也」。
〔二〕索隱 案：晉灼云「寧陵，梁國縣也，即今寧陵是」。
〔三〕正義 王，于放反。
〔四〕索隱 老子曰「國家昏亂有忠臣」，此取以爲說也。
〔五〕集解 徐廣曰：「元年十二月也。」

章邯已破陳王，乃進兵擊魏王於臨濟。〔一〕魏王乃使周市出請救於齊、楚。齊、楚遣項

它、田巴〔二〕將兵隨市救魏。章邯遂擊破殺周市等軍，圍臨濟。咎爲其民約降。約定，咎自燒殺。

〔一〕正義 故城在淄州高苑縣北二里，本漢縣。
〔二〕索隱 案：項它，楚將；田巴，齊將也。正義 它，徒多反。

魏豹亡走楚。〔一〕楚懷王予魏豹數千人，復徇魏地。項羽已破秦，降章邯。豹下魏二十餘城。立豹爲魏王。豹引精兵從項羽入關。漢元年，項羽封諸侯，欲有梁地，乃徙魏王豹於河東，都平陽，〔二〕爲西魏王。

〔一〕集解 徐廣曰：「二年六月。」
〔二〕正義 今晉州。

漢王還定三秦，渡臨晉，〔一〕魏王豹以國屬焉，遂從擊楚於彭城。漢敗，還至滎陽，豹請歸視親病，至國，即絶河津畔漢。漢王聞魏豹反，方東憂楚，未及擊，謂酈生曰：「緩頰往説魏豹，能下之，吾以萬户封若。」酈生説豹。豹謝曰：「人生一世閒，如白駒過隙耳。〔二〕今漢王慢而侮人，罵詈諸侯羣臣如罵奴耳，非有上下禮節也，吾不忍復見也。」於是漢王遣韓信擊虜豹於河東，〔三〕傳詣滎陽，以豹國爲郡。〔四〕漢王令豹守滎陽。楚圍之急，周苛遂殺魏豹。

〔一〕正義 臨晉在同州朝邑縣界。
〔二〕索隱 莊子云「無異騏驥之馳過隙」，則謂馬也。小顏云「白駒謂日影也。隙，壁隙也」。以言速疾，若日影過壁隙也。
〔三〕集解 徐廣曰：「二年九月也。」
〔四〕集解 高祖本紀曰：「置三郡，河東、太原、上黨。」

彭越者，昌邑人也，〔一〕字仲。常漁鉅野澤中，爲羣盜。陳勝、項梁之起，少年或謂越曰：「諸豪桀相立畔秦，仲可以來，亦效之。」彭越曰：「兩龍方鬬，且待之。」

〔一〕正義 漢武更山陽爲昌邑國，有梁丘鄉。梁丘故城在曹州城武縣東北三十三里。

居歲餘，澤閒少年相聚百餘人，往從彭越，曰：「請仲爲長。」越謝曰：「臣不願與諸君。」少年彊請，乃許。與期旦日日出〔一〕會，後期者斬。旦日日出，十餘人後，後者至日中。於是越謝曰：「臣老，諸君彊以爲長。今期而多後，不可盡誅，誅最後者一人。」令校長斬之。皆笑曰：「何至是？請後不敢。」於是越乃引一人斬之，設壇祭，乃令徒屬。徒屬皆大驚，畏越，莫敢仰視。乃行略地，收諸侯散卒，得千餘人。

〔一〕索隱 旦日謂明日之朝日出時也。

沛公之從碭北〔一〕擊昌邑，彭越助之。昌邑未下，沛公引兵西。彭越亦將其衆居鉅野中，收魏散卒。項籍入關，王諸侯，還歸，彭越衆萬餘人毋所屬。漢元年秋，齊王田榮畔項王，（漢）乃使人賜彭越將軍印，使下濟陰以擊楚。楚命蕭公角〔二〕將兵擊越，越大破楚軍。漢王二年春，與魏王豹及諸侯東擊楚，彭越將其兵三萬餘人歸漢於外黄。漢王曰：「彭將軍收魏地得十餘城，欲急立魏後。今西魏王豹亦魏王咎從弟也，真魏後。」乃拜彭越爲魏相國，擅將其兵，〔三〕略定梁地。

〔一〕正義 碭音徒郎反。宋州碭山縣。
〔二〕正義 蕭縣令。楚縣令稱公；角，名。
〔三〕索隱 擅猶專也。

漢王之敗彭城解而西也，彭越皆復亡其所下城，獨將其兵北居河上。〔一〕漢王三年，彭越常往來爲漢游兵，擊楚，絶其後糧於梁地。漢四年冬，項王與漢王相距滎陽，彭越攻下睢陽、外黄十七城。〔二〕項王聞之，乃使曹咎守成皋，〔三〕自東收彭越所下城邑，皆復爲楚。〔四〕越將其兵北走穀城。〔五〕漢五年秋，項王之南走陽夏，〔六〕彭越復下昌邑旁二十餘城，得穀十餘萬斛，以給漢王食。

〔一〕正義 滑州河上。

〔二〕正義 睢陽，宋州宋城也。外黄在汴州雍丘縣東。
〔三〕正義 河南府汜水是。
〔四〕正義 爲，于僞反。
〔五〕正義 在齊州東阿縣東二十六里是。
〔六〕正義 夏，古雅反。陳州太康縣也。

漢王敗，使使召彭越并力擊楚。越曰：「魏地初定，尚畏楚，未可去。」漢王追楚，爲項籍所敗固陵。〔一〕乃謂留侯曰：「諸侯兵不從，爲之柰何？」留侯曰：「齊王信之立，非君王之意，信亦不自堅。彭越本定梁地，功多，始君王以魏豹故，拜彭越爲魏相國。今豹死毋後，且越亦欲王，而君王不蚤定。與此兩國約：卽勝楚，睢陽以北至穀城，〔二〕皆以王彭相國；從陳以東傅海，〔三〕與齊王信。齊王信家在楚，此其意欲復得故邑。君王能出捐此地許二人，二人今可致；卽不能，事未可知也。」於是漢王乃發使使彭越，如留侯策。使者至，彭越乃悉引兵會垓下，〔四〕遂破楚。（五年）項籍已死。春，立彭越爲梁王，都定陶。〔五〕

〔一〕正義 固陵，地名，在陳州宛丘縣西北三十二里。
〔二〕正義 從宋州已北至鄆州以西，曹、濮、汴、滑並與彭越。
〔三〕集解 傅音附。索隱 傅音附。正義 從陳、潁州北以東，亳、泗、徐、淮北之地，東至海，并淮南、淮陰之邑，盡與韓信。韓信又先有故齊舊地。

〔四〕正義 在亳州也。
〔五〕正義 曹州。

六年，朝陳。九年，十年，皆來朝長安。

十年秋，陳豨反代地，高帝自往擊，至邯鄲，徵兵梁王。梁王稱病，使將將兵詣邯鄲。高帝怒，使人讓梁王。梁王恐，欲自往謝。其將扈輒曰：「王始不往，見讓而往，往則爲禽矣。不如遂發兵反。」梁王不聽，稱病。梁王怒其太僕，欲斬之。太僕亡走漢，告梁王與扈輒謀反。於是上使使掩梁王，梁王不覺，捕梁王，囚之雒陽。有司治反形已具，〔一〕請論如法。上赦以爲庶人，傳處蜀青衣。〔二〕西至鄭，〔三〕逢呂后從長安來，欲之雒陽，道見彭王。彭王爲呂后泣涕，自言無罪，願處故昌邑。呂后許諾，與俱東至雒陽。呂后白上曰：「彭王壯士，今徙之蜀，此自遺患，〔四〕不如遂誅之。妾謹與俱來。」於是呂后乃令其舍人告彭越復謀反。廷尉王恬開奏請族之。上乃可，遂夷越宗族，國除。

〔一〕集解 張晏曰：「扈輒勸越反，不聽，而云『反形已見』，有司非也。」瓚曰：「扈輒勸越反，而越不誅輒，是反形已具。」
〔二〕集解 文穎曰：「青衣，縣名，在蜀。」瓚曰：「今漢嘉是也。」索隱 蘇林曰：「縣名，今爲臨邛。」瓚曰：「今漢嘉是也。」
〔三〕索隱 地理志鄭屬京兆。正義 華州。
〔四〕正義 上唯季反。

太史公曰：魏豹、彭越雖故賤，然已席卷千里，〔一〕南面稱孤，喋血〔二〕乘勝日有聞矣。懷畔逆之意，及敗，不死而虜囚，身被刑戮，何哉？中材已上且羞其行，況王者乎！彼無異故，智略絶人，獨患無身耳。得攝尺寸之柄，其雲蒸龍變，欲有所會其度，以故幽囚而不辭云。

〔一〕正義 言魏地闊千里，如席卷舒。
〔二〕集解 徐廣曰：「喋，一作『唼』。韓傳亦有『喋血』語也。」索隱 音牒。喋猶踐也。殺敵踐血而行，孝文紀「喋血京師」是也。

【索隱述贊】魏咎兄弟，因時而王。豹後屬楚，其國遂亡。仲起昌邑，歸漢外黄。往來聲援，再續軍糧。徵兵不往，葅醢何傷。

史記卷九十一

黥布列傳第三十一

黥布者，六人也，〔一〕姓英氏。〔二〕秦時爲布衣。少年，有客相之曰：「當刑而王。」及壯，坐法黥。布欣然笑曰：「人相我當刑而王，幾是乎？」〔三〕人有聞者，共俳笑之。〔四〕布已論輸麗山，〔五〕麗山之徒數十萬人，布皆與其徒長豪桀交通，迺率其曹偶，〔六〕亡之江中爲羣盜。

〔一〕索隱 地理志廬江有六縣。蘇林曰：「今爲六安也。」

〔二〕索隱 按：布本姓英。英，國名也，咎繇之後。布以少時有人相云「當刑而王」，故漢雜事云「布改姓黥，以厭當之」也。 正義 故六城在壽州安豐縣西南百三十三里。按：黥布封淮南王，都六，即此城。又春秋傳六與蓼，咎繇之後，或封於英、六，蓋英後改爲蓼也。

〔三〕集解 徐廣曰：「幾，一作『豈』。」駰謂幾，近也。 索隱 裴駰曰「臣瓚音機。幾，近也」。楚漢春秋作「豈是乎」，故徐廣云一作「豈」。劉氏作「祈」，祈者語辭也，亦通。

〔四〕索隱 謂衆共以俳優嗤笑之。

〔五〕正義 言布論決受黥竟，麗山作陵也。時會稽郡輸身徒。

〔六〕索隱 曹，輩也。偶，類也。謂徒輩之類。

陳勝之起也，布迺見番君，與其衆叛秦，聚兵數千人。番君以其女妻之。章邯之滅陳勝，破呂臣軍，布乃引兵北擊秦左右校，破之清波，引兵而東。聞項梁定江東會稽，〔一〕涉江而西。陳嬰以項氏世爲楚將，迺以兵屬項梁，渡淮南，英布、蒲將軍亦以兵屬項梁。

〔一〕正義 時會稽郡所理在吴闔閭城中。

項梁涉淮而西，擊景駒、秦嘉等，布常冠軍。項梁至薛，〔一〕聞陳王定死，迺立楚懷王。項梁號爲武信君，英布爲當陽君。〔二〕項梁敗死定陶，懷王徙都彭城，諸將英布亦皆保聚彭城。當是時，秦急圍趙，趙數使人請救。懷王使宋義爲上將，范曾爲末將，項籍爲次將，英布、蒲將軍皆爲將軍，悉屬宋義，北救趙。及項籍殺宋義於河上，懷王因立籍爲上將軍，諸將皆屬項籍。項籍使布先渡河擊秦，布數有利，籍迺悉引兵涉河從之，遂破秦軍，降章邯等。楚兵常勝，功冠諸侯。諸侯兵皆以服屬楚者，以布數以少敗衆也。

〔一〕正義 薛古城在徐州滕縣界也。

〔二〕正義 南郡當陽縣也。

項籍之引兵西至新安，〔一〕又使布等夜擊阬章邯秦卒二十餘萬人。至關，不得入，又使布等先從閒道〔二〕破關下軍，遂得入，至咸陽。布常爲軍鋒。〔三〕項王封諸將，立布爲九江王，都六。

〔一〕正義 新安故城在河南府澠池縣東二十二里。

〔二〕索隱 鄒氏云「閒猶閑也，謂私也」。今以閒音紀莧反。閒道即他道，猶若反閒之義。

〔三〕索隱 案：漢書作「楚軍前簿」，簿者鹵簿。

漢元年四月，諸侯皆罷戲下，各就國。項氏立懷王爲義帝，徙都長沙，迺陰令九江王布等行擊之。其八月，布使將擊義帝，追殺之郴縣。〔一〕

〔一〕正義 郴，丑林反。今郴州有義帝冢及祠。

漢二年，齊王田榮畔楚，項王往擊齊，徵兵九江，九江王布稱病不往，遣將將數千人行。漢之敗楚彭城，布又稱病不佐楚。項王由此怨布，數使使者誚讓〔一〕召布，布愈恐，不敢往。項王方北憂齊、趙，西患漢，所與者獨九江王，又多布材，欲親用之，以故未擊。

〔一〕集解 漢書音義曰：「誚，責也。」

漢三年，漢王擊楚，大戰彭城，不利，出梁地，至虞，〔一〕謂左右曰：〔二〕「如彼等者，無足

與計天下事。」謁者隨何進曰：「不審陛下所謂。」漢王曰：「孰能爲我使淮南，令之發兵倍楚，留項王於齊數月，我之取天下可以百全。」隨何曰：「臣請使之。」迺與二十人俱，使淮南。至，因太宰主之，〔三〕三日不得見。隨何因說太宰曰：「王之不見何，必以楚爲彊，以漢爲弱，此臣之所以爲使。使何得見，言之而是邪，是大王所欲聞也；言之而非邪，使何等二十人伏斧質淮南市，以明王倍漢而與楚也。」太宰迺言之王，王見之。隨何曰：「漢王使臣敬進書大王御者，竊怪大王與楚何親也。」淮南王曰：「寡人北鄉而臣事之。」隨何曰：「大王與項王俱列爲諸侯，北鄉而臣事之，必以楚爲彊，可以託國也。項王伐齊，身負板築，〔四〕以爲士卒先，大王宜悉淮南之衆，身自將之，爲楚軍前鋒，今迺發四千人以助楚。夫北面而臣事人者，固若是乎？夫漢王戰於彭城，項王未出齊也，大王宜騷〔五〕淮南之兵渡淮，日夜會戰彭城下，大王撫萬人之衆，無一人渡淮者，垂拱而觀其孰勝。夫託國於人者，固若是乎？大王提空名以鄉楚，而欲厚自託，臣竊爲大王不取也。然而大王不背楚者，以漢爲弱也。夫楚兵雖彊，天下負之以不義之名，〔六〕以其背盟約而殺義帝也。然而楚王恃戰勝自彊，漢王收諸侯，還守成皋、滎陽，下蜀、漢之粟，深溝壁壘，分卒守徼乘塞，〔七〕楚人還兵，閒以梁地，深入敵國八九百里，〔八〕欲戰則不得，攻城則力不能，老弱轉糧千里之外；楚兵至滎陽、成皋，漢堅守而不動，進則不得攻，退則不得解。故曰楚兵不足恃也。〔九〕使楚勝漢，

則諸侯自危懼而相救。夫楚之彊，適足以致天下之兵耳。故楚不如漢，其勢易見也。今大王不與萬全之漢而自託於危亡之楚，臣竊爲大王惑之。臣非以淮南之兵足以亡楚也。夫大王發兵而倍楚，項王必留；留數月，漢之取天下可以萬全。臣請與大王提劍而歸漢，漢王必裂地而封大王，又況淮南，淮南必大王有也。故漢王敬使使臣進愚計，願大王之留意也。」淮南王曰：「請奉命。」陰許畔楚與漢，未敢泄也。

〔一〕正義 今宋州虞城也。

〔二〕索隱 案：謂隨何。

〔三〕集解 漢書音義曰：「淮南太宰作內主也。」韋昭曰：「主，舍也。」索隱 太宰，掌膳食之官。韋昭曰「主，舍」。

〔四〕集解 李奇曰：「板，牆板也。築，杵也。」

〔五〕集解 音埽。

〔六〕索隱 負猶被也。以不義被其身。

〔七〕索隱 徼謂邊境亭鄣。以徼繞邊陲，常守之也。乘者，登也，登塞垣而守之。

〔八〕集解 張晏曰：「羽從齊還，當經梁地八九百里，迺得羽地。」索隱 案：服虔曰「梁在楚漢之中閒」。

〔九〕集解 徐廣曰：「恃，一作『罷』。言其已困，不足復苦也。」索隱 案：漢書作「罷」，音皮。

楚使者在，〔一〕方急責英布發兵，舍傳舍。隨何直入，坐楚使者上坐，曰：「九江王已歸漢，楚何以得發兵？」布愕然。楚使者起。何因說布曰：「事已搆，〔二〕可遂殺楚使者，無使

歸，而疾走漢〔三〕并力。」布曰：「如使者教，因起兵而擊之耳。」於是殺使者，因起兵而攻楚。楚使項聲、龍且攻淮南，項王留而攻下邑。〔四〕數月，龍且擊淮南，破布軍。布欲引兵走漢，恐楚王殺之，故閒行與何俱歸漢。

〔一〕集解 文穎曰：「在淮南王所。」

〔二〕索隱 按：搆訓成也。

〔三〕索隱 走音奏，向也。

〔四〕正義 宋州碭山縣。

淮南王至，〔一〕上方踞牀洗，召布入見，布(甚)大怒，悔來，欲自殺。出就舍，帳御飲食從官如漢王居，布又大喜過望。〔二〕於是迺使人入九江。楚已使項伯收九江兵，盡殺布妻子。布使者頗得故人幸臣，將衆數千人歸漢。漢益分布兵而與俱北，收兵至成皋。四年七月，立布爲淮南王，與擊項籍。

〔一〕集解 徐廣曰：「三年十二月。」

〔二〕正義 高祖以布先分爲王，恐其自尊大，故峻禮令布折服；已而美其帷帳，厚其飲食，多其從官，以悅其心：權道也。

漢五年，布使人入九江，得數縣。六年，布與劉賈入九江，誘大司馬周殷，周殷反楚，遂舉九江兵與漢擊楚，破之垓下。

項籍死，天下定，上置酒。上折隨何之功，謂何爲腐儒，爲天下安用腐儒。〔一〕隨何跪曰：「夫陛下引兵攻彭城，楚王未去齊也，陛下發步卒五萬人，騎五千，能以取淮南乎？」上曰：「不能。」隨何曰：「陛下使何與二十人使淮南，至，如陛下之意，是何之功賢於步卒五萬人騎五千也。然而陛下謂何腐儒，爲天下安用腐儒，何也？」上曰：「吾方圖子之功。」迺以隨何爲護軍中尉。布遂剖符爲淮南王，都六，九江、廬江、衡山、豫章郡皆屬布。

〔一〕索隱 腐音輔。謂之腐儒者，言如腐敗之物不任用。

七年，朝陳。八年，朝雒陽。九年，朝長安。

十一年，高后誅淮陰侯，布因心恐。夏，漢誅梁王彭越，醢之，盛其醢徧賜諸侯。至淮南，淮南王方獵，見醢，因大恐，陰令人部聚兵，候伺旁郡警急。〔一〕

〔一〕集解 張晏曰：「欲有所會。」

布所幸姬疾，請就醫，醫家與中大夫賁赫〔一〕對門，姬數如醫家，賁赫自以爲侍中，迺厚餽遺，從姬飲醫家。姬侍王，從容語次，譽赫長者也。王怒曰：「汝安從知之？」具說狀。王疑其與亂。赫恐，稱病。王愈怒，欲捕赫。赫言變事，乘傳詣長安。布使人追，不及。赫

至，上變，言布謀反有端，可先未發誅也。上讀其書，語蕭相國。相國曰：「布不宜有此，恐仇怨妄誣之。請擊赫，使人微〔二〕驗淮南王。」淮南王布見赫以罪亡，上變，固已疑其言國陰事；漢使又來，頗有所驗，遂族赫家，發兵反。反書聞，上迺赦賁赫，以爲將軍。

〔一〕集解 徐廣曰：「賁音肥。」索隱 賁音肥，人姓也。赫音虛格反。

〔二〕集解 一作「徵」。

上召諸將問曰：「布反，爲之柰何？」皆曰：「發兵擊之，阬豎子耳，何能爲乎！」汝陰侯滕公召故楚令尹問之。令尹曰：「是故當反。」滕公曰：「上裂地而王之，疏爵而貴之，〔一〕南面而立萬乘之主，其反何也？」令尹曰：「往年殺彭越，前年殺韓信，〔二〕此三人者，同功一體之人也。自疑禍及身，故反耳。」滕公言之上曰：「臣客故楚令尹薛公者，其人有籌筴之計，可問。」上迺召見問薛公。薛公對曰：「布反不足怪也。使布出於上計，山東非漢之有也；出於中計，勝敗之數未可知也；出於下計，陛下安枕而臥矣。」上曰：「何謂上計？」令尹對曰：「東取吳，〔三〕西取楚，〔四〕并齊取魯，傳檄燕、趙，固守其所，山東非漢之有也。」「何謂中計？」「東取吳，西取楚，并韓取魏，據敖庾之粟，〔五〕塞成皋之口，勝敗之數未可知也。」「何謂下計？」「東取吳，西取下蔡，〔六〕歸重於越，身歸長沙，〔七〕陛下安枕而臥，漢無事矣。」〔八〕上曰：「是計將安出？」令尹對曰：「出下計。」上曰：「何謂廢上中計而出下計？」

令尹曰：「布故麗山之徒也，自致萬乘之主，此皆爲身，不顧後爲百姓萬世慮者也，故曰出下計。」上曰：「善。」封薛公千户。〔九〕迺立皇子長爲淮南王。上遂發兵自將東擊布。

〔一〕集解漢書音義曰：「疏，分也。『禹決江疏河』是也。」索隱疏，分也。漢書曰「禹決江疏河」。尚書曰「列爵惟五，分土惟三」。按：裂地是對文，故知疏即分也。

〔二〕集解張晏曰：「往年、前年同耳，使文相避也。」

〔三〕正義荆王劉賈都吴，蘇州闔廬城也。

〔四〕正義楚王劉交都徐州下邳。

〔五〕索隱案：太康地記云「秦建敖倉於成皋」。又云「庾」，故云「敖庾」也。

〔六〕正義古州來國。

〔七〕正義今潭州。

〔八〕集解桓譚新論曰：「世有圍棊之戲，或言是兵法之類也。及爲之上者，遠棊疏張，置以會圍，因而成多，得道之勝。中者，則務相絶遮要，以争便求利，故勝負狐疑，須計數而定。下者，則守邊隅，趨作罫，以自生於小地，然亦必不如。」察薛公之言上計，云取吴、楚，并齊、魯及燕，趙者，此廣道地之謂。中計云取吴、楚，并韓、魏，塞成皋，據敖倉，此趨遮要争利者也。下計云取吴、下蔡，據長沙以臨越，此守邊隅，趨作罫者也。索隱罫音烏卦反。

〔九〕索隱劉氏云：「薛公得封千户，蓋關内侯也。」

布之初反，謂其將曰：「上老矣，厭兵，必不能來。使諸將，諸將獨患淮陰、彭越，今皆已死，餘不足畏也。」故遂反。果如薛公籌之，東擊荆，荆王劉賈走死富陵。〔一〕盡劫其兵，渡淮擊楚。楚發兵與戰徐、僮閒，〔二〕爲三軍，欲以相救爲奇。或説楚將曰：「布善用兵，民素畏之。且兵法，諸侯戰其地爲散地。〔三〕今别爲三，彼敗吾一軍，餘皆走，安能相救！」不聽。布果破其一軍，其二軍散走。

〔一〕正義故城在楚州盱眙縣東北六十里。

〔二〕集解如淳曰：「地名也。」索隱案：地理志臨淮有徐縣、僮縣。正義杜預云：「徐在下邳僮縣東。」括地志云：「大徐城在泗州徐城縣北四十里，古徐國也。」

〔三〕集解漢書音義曰：「謂散滅之地。」正義魏武帝注孫子曰：「卒戀土地，道近而易敗散。」

遂西，與上兵遇蘄西會甀。〔一〕布兵精甚，上迺壁庸城，〔二〕望布軍置陳如項籍軍，上惡之。與布相望見，遥謂布曰：「何苦而反？」布曰：「欲爲帝耳。」上怒罵之，遂大戰。布軍敗走，渡淮，數止戰，不利，與百餘人走江南。布故與番君婚，以故長沙哀王〔三〕使人紿布，僞與亡，誘走越，故信而隨之番陽。番陽人殺布兹鄉〔四〕民田舍，遂滅黥布。〔五〕

〔一〕索隱上古外反，下持瑞反。韋昭云「蘄之鄉名」。漢書作「缶」，應劭音保，（鉦）〔鉦〕下亭名。正義蘄音機。沛郡蘄城也。甀，逐瑞反。

〔二〕集解鄧展曰：「地名也。」

〔三〕集解徐廣曰：「表云成王臣，吴芮之子也。」駰案：晉灼曰「芮之孫回」。或曰是成王，非哀王也，傳誤也。索隱「哀」字誤也。是成王臣，吴芮之子也。

〔四〕索隱番陽鄡縣之鄉。

〔五〕正義英布冢在饒州鄱陽縣北百五十二里十三步。

立皇子長爲淮南王，封賁赫爲期思侯，〔一〕諸將率多以功封者。〔二〕

〔一〕正義期思故城在光州固始縣界。

〔二〕集解漢書曰：「將率封者六人。」

太史公曰：英布者，其先豈春秋所見楚滅英、六，皋陶之後哉？身被刑法，何其拔興〔一〕之暴也！項氏之所阬殺人以千萬數，而布常爲首虐。功冠諸侯，用此得王，亦不免於身爲世大僇。禍之興自愛姬殖，妒媢〔二〕生患，竟以滅國！

〔一〕索隱拔，白曷反，疾也。

〔二〕集解音冒。媢亦妒也。索隱案：王劭音冒，媢亦妒也。漢書外戚傳亦云「或結寵妾妬媢之誅」。又論衡云「妬夫媢婦」，則媢是妬之别名。今原英布之誅爲疑賁赫與其妃有亂，故至滅國，所以不得言妬媢是媢也。一云男妬曰媢。

【索隱述贊】九江初筮，當刑而王。既免徒中，聚盜江上。再雄楚卒，頻破秦將。病爲羽疑，歸受漢杖。賁赫見毀，卒致無妄。

史記卷九十二

淮陰侯列傳第三十二

淮陰侯韓信者，淮陰人也。〔一〕始爲布衣時，貧無行，不得推擇爲吏，〔二〕又不能治生商賈，常從人寄食飲，人多厭之者。常數從其下鄉〔三〕南昌亭長〔四〕寄食，數月，亭長妻患之，乃晨炊蓐食。〔五〕食時信往，不爲具食。信亦知其意，怒，竟絶去。

〔一〕正義 楚州淮陰縣也。

〔二〕集解 李奇曰：「無善行可推舉選擇。」

〔三〕集解 張晏曰：「下鄉，縣，屬淮陰也。」 索隱 案：下鄉，鄉名，屬淮陰郡。

〔四〕索隱 案：楚漢春秋作「新昌亭長」。

〔五〕集解 張晏曰：「未起而牀蓐中食。」

信釣於城下，〔一〕諸母漂，〔二〕有一母見信飢，飯信，竟漂數十日。信喜，謂漂母曰：「吾必有以重報母。」母怒曰：「大丈夫不能自食，〔三〕吾哀王孫而進食，〔四〕豈望報乎！」

〔一〕正義 淮陰城北臨淮水，昔信去下鄉而釣於此。

〔二〕集解 韋昭曰：「以水擊絮爲漂，故曰漂母。」

〔三〕正義 音寺。

〔四〕集解 蘇林曰：「如言公子也。」 索隱 劉德曰：「秦末多失國，言王孫、公子，尊之也。」蘇林亦同。張晏云「字王孫」，非也。

淮陰屠中少年有侮信者，曰：「若雖長大，好帶刀劍，中情怯耳。」衆辱之曰：「信能死，刺我；不能死，出我袴下。」〔一〕於是信孰視之，俛出袴下，蒲伏。〔二〕一市人皆笑信，以爲怯。

〔一〕集解 徐廣曰：「袴，一作『胯』。胯，股也，音同。」又云漢書作「跨」，同耳。 索隱 袴，漢書作「胯」。胯，股也，音枯化反。然尋此文作「袴」，欲依字讀，何爲不通？袴下即胯下也，亦何必須作「胯」。

〔二〕正義 俛音俯。伏，蒲北反。

及項梁渡淮，信杖劍從之，居戲下，〔一〕無所知名。項梁敗，又屬項羽，羽以爲郎中。數以策干項羽，羽不用。漢王之入蜀，信亡楚歸漢，未得知名，爲連敖。〔二〕坐法當斬，其輩十三人皆已斬，次至信，信乃仰視，適見滕公，曰：「上不欲就天下乎？何爲斬壯士！」滕公奇其言，壯其貌，釋而不斬。與語，大説之。言於上，上拜以爲治粟都尉，上未之奇也。

〔一〕集解 徐廣曰：「戲，一作『麾』。」

〔二〕集解 徐廣曰：「典客也。」 索隱 李奇云：「楚官名。」張晏云：「司馬也。」

信數與蕭何語，何奇之。至南鄭，諸將行道亡者數十人，信度何等已數言上，上不我用，即亡。何聞信亡，不及以聞，自追之。人有言上曰：「丞相何亡。」上大怒，如失左右手。居一二日，何來謁上，上且怒且喜，罵何曰：「若亡，何也？」何曰：「臣不敢亡也，臣追亡者。」上曰：「若所追者誰何？」曰：「韓信也。」上復罵曰：「諸將亡者以十數，公無所追；追信，詐也。」何曰：「諸將易得耳。至如信者，國士無雙。王必欲長王漢中，無所事信；〔一〕必欲争天下，非信無所與計事者。顧王策安所決耳。」王曰：「吾亦欲東耳，安能鬱鬱久居此乎？」何曰：「王計必欲東，能用信，信即留；不能用，信終亡耳。」王曰：「吾爲公以爲將。」何曰：「雖爲將，信必不留。」王曰：「以爲大將。」何曰：「幸甚。」於是王欲召信拜之。何曰：「王素慢無禮，今拜大將如呼小兒耳，此乃信所以去也。王必欲拜之，擇良日，齋戒，設壇場，具禮，乃可耳。」王許之。諸將皆喜，人人各自以爲得大將。至拜大將，乃韓信也，一軍皆驚。

〔一〕集解 文穎曰：「事猶業也。」張晏曰：「無事用信。」

信拜禮畢，上坐。王曰：「丞相數言將軍，將軍何以教寡人計策？」信謝，因問王曰：「今東鄉争權天下，豈非項王邪？」漢王曰：「然。」曰：「大王自料勇悍仁彊孰與項王？」漢

王默然良久，曰：「不如也。」信再拜賀曰：「惟信亦爲大王不如也。然臣嘗事之，請言項王之爲人也。項王喑噁〔一〕叱咤，〔二〕千人皆廢，〔三〕然不能任屬賢將，此特匹夫之勇耳。項王見人恭敬慈愛，言語嘔嘔，〔四〕人有疾病，涕泣分食飲，至使人有功當封爵者，印刓敝，忍不能予，〔五〕此所謂婦人之仁也。項王雖霸天下而臣諸侯，不居關中而都彭城。有背義帝之約，而以親愛王，諸侯不平。諸侯之見項王遷逐義帝置江南，亦皆歸逐其主而自王善地。項王所過無不殘滅者，天下多怨，百姓不親附，特劫於威彊耳。名雖爲霸，實失天下心。故曰其彊易弱。今大王誠能反其道：任天下武勇，何所不誅！〔六〕以天下城邑封功臣，何所不服！以義兵從思東歸之士，何所不散！〔七〕且三秦王爲秦將，將秦子弟數歲矣，所殺亡不可勝計，又欺其衆降諸侯，至新安，項王詐阬秦降卒二十餘萬，唯獨邯、欣、翳得脱，秦父兄怨此三人，痛入骨髓。今楚彊以威王此三人，秦民莫愛也。大王之入武關，秋豪無所害，〔八〕除秦苛法，與秦民約，法三章耳，秦民無不欲得大王王秦者。於諸侯之約，大王當王關中，關中民咸知之。大王失職入漢中，秦民無不恨者。今大王舉而東，三秦可傳檄而定也。」〔九〕於是漢王大喜，自以爲得信晚。遂聽信計，部署諸將所擊。

〔一〕索隱 上於金反，下烏路反。喑啞，懷怒氣。

〔二〕索隱 「咤」字或作「吒」。上昌栗反，下卓嫁反。叱咤，發怒聲。

〔三〕【集解】晉灼曰：「廢，不收也。」【索隱】孟康曰：「廢，伏也。」張晏曰：「廢，偃也。」

〔四〕【集解】音凶于反。【索隱】音吁。嘔嘔猶區區也。漢書作「姁姁」。鄧展曰「姁姁，好也」。張晏音吁。

〔五〕【集解】漢書音義曰：「不忍授。」

〔六〕【索隱】何不誅。按：劉氏云「言何所不誅也」。

〔七〕【索隱】何不散。劉氏云：「用東歸之兵擊東方之敵，此敵無不散敗也。」

〔八〕【索隱】案：豪秋乃成。又王逸注楚詞云「鋭毛爲豪，夏落秋生也」。

〔九〕【索隱】案：説文云「檄，二尺書也」。此云「傳檄」，謂爲檄書以責所伐者。

八月，漢王舉兵東出陳倉，〔一〕定三秦。漢二年，出關，〔二〕收魏、河南，韓、殷王皆降。合齊、趙共擊楚。四月，至彭城，漢兵敗散而還。信復收兵與漢王會滎陽，復擊破楚京、索之閒，以故楚兵卒不能西。

〔一〕【正義】漢王從關北出岐州陳倉縣。

〔二〕【正義】出函谷關。

漢之敗卻彭城，〔一〕塞王欣、翟王翳亡漢降楚，齊、趙亦反漢與楚和。六月，魏王豹謁歸視親疾，至國，即絶河關〔二〕反漢，與楚約和。漢王使酈生説豹，不下。其八月，以信爲左丞相，擊魏。魏王盛兵蒲坂，塞臨晉，〔三〕信乃益爲疑兵，〔四〕陳船欲度臨晉，〔五〕而伏兵從夏陽以木罌缻渡軍，〔六〕襲安邑。〔七〕魏王豹驚，引兵迎信，信遂虜豹，〔八〕定魏爲河東郡。〔九〕漢王

遣張耳與信俱，引兵東，北擊趙、代。後九月，破代兵，禽夏説閼與。〔一〇〕信之下魏破代，漢輒使人收其精兵，詣滎陽以距楚。

〔一〕【正義】兵敗散彭城而卻退。

〔二〕【索隱】按：謂今蒲津關。

〔三〕【索隱】塞音先得反。臨晉，縣名，在河東之東岸，對舊關也。

〔四〕【集解】漢書音義曰：「益張旍旗，以疑敵者。」

〔五〕【索隱】劉氏云：「陳船，地名，在舊關之西，今之朝邑是也。」案：京兆有船司空縣，不名「陳船」。陳船者，陳列船艘欲渡河也。

〔六〕【集解】徐廣曰：「缻，一作『缶』。」服虔曰：「以木押縛罌缻以渡。」韋昭曰：「以木爲器如罌缻，以渡軍。無船，且尚密也。」【正義】按：韓信詐陳列船艘於臨晉，欲渡河，即此從夏陽木押罌缻渡軍，襲安邑。臨晉，同州東朝邑界。夏陽在同州北渭城界。

〔七〕【正義】安邑故城在絳州夏縣東北十五里。

〔八〕【索隱】按：劉氏云「夏陽舊無船，豹不備之，而防臨晉耳。今安邑被襲，故豹遂降也」。

〔九〕【正義】今安邑縣故城。

〔一〇〕【集解】徐廣曰：「音余。」駰案：李奇曰「夏説，代相也」。【索隱】司馬彪郡國志上黨沾縣有閼與聚。閼音曷，又音焉。與音余，又音預。沾音他廉反。【正義】閼與聚城在潞州銅鞮縣西北二十里。

信與張耳以兵數萬，欲東下井陘擊趙。〔一〕趙王、成安君陳餘聞漢且襲之也，聚兵井陘口，〔二〕號稱二十萬。廣武君李左車説成安君曰：「聞漢將韓信涉西河，虜魏王，禽夏説，新喋血〔三〕閼與，今乃輔以張耳，議欲下趙，此乘勝而去國遠鬬，其鋒不可當。臣聞千里餽糧，士有飢色，樵蘇後爨，〔四〕師不宿飽。今井陘之道，車不得方軌，騎不得成列，行數百里，其勢糧食必在其後。願足下假臣奇兵三萬人，從閒道絶其輜重；足下深溝高壘，堅營勿與戰。彼前不得鬬，退不得還，吾奇兵絶其後，使野無所掠，不至十日，而兩將之頭可致於戲下。願君留意臣之計。否，必爲二子所禽矣。」成安君，儒者也，常稱義兵不用詐謀奇計，曰：「吾聞兵法十則圍之，倍則戰。今韓信兵號數萬，其實不過數千。能千里而襲我，亦已罷極。今如此避而不擊，後有大者，何以加之！則諸侯謂吾怯，而輕來伐我。」不聽廣武君策，廣武君策不用。

〔一〕【索隱】案：地理志常山石邑縣，井陘山在西。又穆天子傳云「至于陘山之隧，升于三道之磴」是也。

〔二〕【正義】井陘故關在并州石艾縣東十八里，即井陘口。

〔三〕【索隱】喋，舊音歃，非也。案：陳湯傳「喋血萬里之外」，如淳云「殺人血流滂沱也」。韋昭音徒協反。

〔四〕【集解】漢書音義曰：「樵，取薪也。蘇，取草也。」

韓信使人閒視，知其不用，還報，則大喜，乃敢引兵遂下。〔一〕未至井陘口三十里，止舍。夜半傳發，〔二〕選輕騎二千人，人持一赤幟，從閒道萆山而望趙軍，〔三〕誡曰：「趙見我走，必空壁逐我，若疾入趙壁，拔趙幟，立漢赤幟。」令其裨將傳飱，〔四〕曰：「今日破趙會食！」〔五〕諸將皆莫信，詳應曰：「諾。」謂軍吏曰：「趙已先據便地爲壁，且彼未見吾大將旗鼓，未肯擊前行，恐吾至阻險而還。」信乃使萬人先行，出，背水陳。〔六〕趙軍望見而大笑。平旦，信建大將之旗鼓，鼓行出井陘口，趙開壁擊之，〔七〕大戰良久。於是信、張耳詳弃鼓旗，走水上軍。水上軍開入之，復疾戰。趙果空壁爭漢鼓旗，逐韓信、張耳。韓信、張耳已入水上軍，軍皆殊死戰，不可敗。信所出奇兵二千騎，共候趙空壁逐利，則馳入趙壁，皆拔趙旗，立漢赤幟二千。趙軍已不勝，不能得信等，欲還歸壁，壁皆漢赤幟，而大驚，以爲漢皆已得趙王將矣，兵遂亂，遁走，趙將雖斬之，不能禁也。於是漢兵夾擊，大破虜趙軍，斬成安君泜水上，〔八〕禽趙王歇。

〔一〕【正義】引兵入井陘狹道，出趙。

〔二〕【集解】漢書音義曰：「傳令軍中使發。」

〔三〕【集解】如淳曰：「萆音蔽。依山自覆蔽。」【索隱】案：謂令從閒道小路向前，望見陳餘軍營即住，仍須隱山自蔽，勿令趙軍知也。萆音蔽。蔽者，蓋覆也。楚漢春秋作「卑山」，漢書作「箄山」。説文云「箄，蔽也，從竹卑聲」。

〔四〕【集解】徐廣曰：「音淦也。」

〔五〕【集解】服虔曰：「立駐傳湌食也。」如淳曰：「小飯曰湌。言破趙後乃當共飽食也。」【索隱】如淳曰：「小飯曰湌。謂立駐傳湌，待破趙乃大食也。」

〔六〕【正義】縣蔓水，一名阜將，一名回星，自井州流入井陘界，即信背水陣陷之死地，即此水也。

〔七〕【正義】恆州鹿泉縣，即六國時趙壁也。

〔八〕【集解】徐廣曰：「泜音遲。」【索隱】徐廣音遲。劉氏音脂。

信乃令軍中毋殺廣武君，有能生得者購千金。於是有縛廣武君而致戲下者，信乃解其縛，東鄉坐，西鄉對，師事之。

諸將效首虜，〔一〕(休)畢賀，因問信曰：「兵法右倍山陵，前左水澤，今者將軍令臣等反背水陳，曰破趙會食，臣等不服。然竟以勝，此何術也？」信曰：「此在兵法，顧諸君不察耳。兵法不曰『陷之死地而後生，置之亡地而後存』？且信非得素拊循士大夫也，此所謂『驅市人而戰之』，其勢非置之死地，使人人自爲戰；今予之生地，皆走，寧尚可得而用之乎！」諸將皆服曰：「善。非臣所及也。」

〔一〕【索隱】如淳曰：「效，致也。」晉灼云：「效，數也。」鄭玄注禮「效猶呈見也」。

於是信問廣武君曰：「僕欲北攻燕，東伐齊，何若而有功？」廣武君辭謝曰：「臣聞敗軍

之將，不可以言勇，亡國之大夫，不可以圖存。今臣敗亡之虜，何足以權大事乎！」信曰：「僕聞之，百里奚居虞而虞亡，在秦而秦霸，非愚於虞而智於秦也，用與不用，聽與不聽也。誠令成安君聽足下計，若信者亦已爲禽矣。以不用足下，故信得侍耳。」因固問曰：「僕委心歸計，願足下勿辭。」廣武君曰：「臣聞智者千慮，必有一失；愚者千慮，必有一得。故曰『狂夫之言，聖人擇焉』。顧恐臣計未必足用，願效愚忠。夫成安君有百戰百勝之計，一旦而失之，軍敗鄗下，〔一〕身死泜上。今將軍涉西河，〔二〕虜魏王，禽夏說閼與，一舉而下井陘，不終朝破趙二十萬衆，誅成安君。名聞海內，威震天下，農夫莫不輟耕釋耒，褕衣甘食，〔三〕傾耳以待命者。〔四〕若此，將軍之所長也。然而衆勞卒罷，其實難用。今將軍欲舉倦獘之兵，頓之燕堅城之下，欲戰恐久力不能拔，情見勢屈，曠日糧竭，而弱燕不服，齊必距境以自彊也。燕齊相持而不下，則劉項之權未有所分也。若此者，將軍所短也。臣愚，竊以爲亦過矣。故善用兵者不以短擊長，而以長擊短。」韓信曰：「然則何由？」廣武君對曰：「方今爲將軍計，莫如案甲休兵，鎮趙撫其孤，百里之內，牛酒日至，以饗士大夫醳兵，〔五〕北首燕路，〔六〕而後遣辯士奉咫尺之書，〔七〕暴其所長於燕，〔八〕燕必不敢不聽從。燕已從，使諠言者東告齊，齊必從風而服，雖有智者，亦不知爲齊計矣。如是，則天下事皆可圖也。兵固有先聲而後實者，此之謂也。」韓信曰：「善。」從其策，發使使燕，燕從風而靡。

乃遣使報漢，因請立張耳爲趙王，以鎮撫其國。漢王許之，乃立張耳爲趙王。

〔一〕【集解】李奇曰：「鄗音臛。今高邑是。」

〔二〕【索隱】此之西河當馮翊也。【正義】即同州龍門河，從夏陽度者。

〔三〕【索隱】褕，鄒氏音踰，美也。恐滅亡不久，故廢止作業而事美衣甘食，日偷苟且也，慮不圖久故也。漢書作「靡衣媮食」也。

〔四〕【集解】如淳曰：「恐滅亡不久故也。」

〔五〕【集解】魏都賦曰：「肴醳順時。」劉逵曰：「醳酒也。」【索隱】劉氏依劉逵音。醳酒謂以酒食養兵士也。案：史記古「釋」字皆如此作，豈亦謂以酒食醳兵士，故字從酉乎？

〔六〕【正義】首音狩，向也。

〔七〕【正義】咫尺，八寸。言其簡牘或長尺也。

〔八〕【正義】暴音僕。

楚數使奇兵渡河擊趙，趙王耳、韓信往來救趙，因行定趙城邑，發兵詣漢。楚方急圍漢王於滎陽，漢王南出，之宛、葉閒，〔一〕得黥布，走入成皋，楚又復急圍之。六月，漢王出成皋，東渡河，獨與滕公俱，從張耳軍脩武。至，宿傳舍。晨自稱漢使，馳入趙壁。張耳、韓信未起，即其臥內上奪其印符，以麾召諸將，易置之。信、耳起，乃知漢王來，大驚。漢王奪兩人軍，即令張耳備守趙地，拜韓信爲相國，收趙兵未發者擊齊。〔二〕

〔一〕【正義】宛在鄧州。葉在許州。

〔二〕【集解】文穎曰：「謂趙人未嘗見發者。」

信引兵東，未渡平原，〔一〕聞漢王使酈食其已說下齊，韓信欲止。范陽辯士蒯通說信曰：「將軍受詔擊齊，而漢獨發閒使下齊，寧有詔止將軍乎？何以得毋行也！且酈生一士，伏軾〔二〕掉三寸之舌，下齊七十餘城，將軍將數萬衆，歲餘乃下趙五十餘城，爲將數歲，反不如一豎儒之功乎？」於是信然之，從其計，遂渡河。齊已聽酈生，即留縱酒，罷備漢守禦。信因襲齊歷下軍，〔三〕遂至臨菑。齊王田廣以酈生賣己，乃亨之，而走高密，使使之楚請救。韓信已定臨菑，遂東追廣至高密西。楚亦使龍且將，號稱二十萬，救齊。

〔一〕【正義】懷州有平原津。

〔二〕【集解】韋昭曰：「軾，今小車中隆起者。」

〔三〕【集解】徐廣曰：「濟南歷城縣。」

齊王廣、龍且并軍與信戰，未合。人或說龍且曰：「漢兵遠鬭窮戰，其鋒不可當。齊、楚自居其地戰，兵易敗散。〔一〕不如深壁，令齊王使其信臣招所亡城，亡城聞其王在，楚來救，必反漢。漢兵二千里客居，齊城皆反之，其勢無所得食，可無戰而降也。」龍且曰：「吾平生

知韓信爲人，易與耳。且夫救齊不戰而降之，吾何功？今戰而勝之，齊之半可得，何爲止！」遂戰，與信夾濰水陳。〔二〕韓信乃夜令人爲萬餘囊，滿盛沙，壅水上流，引軍半渡，擊龍且，詳不勝，還走。龍且果喜曰：「固知信怯也。」遂追信渡水。信使人決壅囊，水大至。龍且軍大半不得渡，即急擊，殺龍且。龍且水東軍散走，齊王廣亡去。信遂追北至城陽，〔三〕皆虜楚卒。

〔一〕正義 近其室家，懷顧望也。

〔二〕集解 徐廣曰：「出東莞而東北流，至北海都昌縣入海。」索隱 濰音維。地理志濰水出琅邪箕縣東北，至都昌入海。徐廣云「出東莞而東北流入海」，蓋據水經而說，少不同耳。

〔三〕正義 城陽雷澤縣是也，在濮州東南九十一里。

漢四年，遂皆降平齊。使人言漢王曰：「齊僞詐多變，反覆之國也，南邊楚，不爲假王以鎮之，其勢不定。願爲假王便。」當是時，楚方急圍漢王於滎陽，韓信使者至，發書，〔一〕漢王大怒，罵曰：「吾困於此，旦暮望若來佐我，乃欲自立爲王！」張良、陳平躡漢王足，因附耳語曰：「漢方不利，寧能禁信之王乎？不如因而立，善遇之，使自爲守。不然，變生。」漢王亦悟，因復罵曰：「大丈夫定諸侯，即爲真王耳，何以假爲！」乃遣張良往立信爲齊王，〔二〕徵其兵擊楚。

〔一〕集解 張晏曰：「發信使者所齎書。」

〔二〕集解 徐廣曰：「四年二月。」

楚已亡龍且，項王恐，使盱眙人武涉〔一〕往說齊王信曰：「天下共苦秦久矣，相與勠力擊秦。秦已破，計功割地，分土而王之，以休士卒。今漢王復興兵而東，侵人之分，奪人之地，已破三秦，引兵出關，收諸侯之兵以東擊楚，其意非盡吞天下者不休，其不知厭足如是甚也。且漢王不可必，身居項王掌握中數矣，〔二〕項王憐而活之，然得脫，輒倍約，復擊項王，其不可親信如此。今足下雖自以與漢王爲厚交，爲之盡力用兵，終爲之所禽矣。足下所以得須臾至今者，以項王尚存也。當今二王之事，權在足下。足下右投則漢王勝，左投則項王勝。項王今日亡，則次取足下。足下與項王有故，何不反漢與楚連和，參分天下王之？今釋此時，而自必於漢以擊楚，且爲智者固若此乎！」韓信謝曰：「臣事項王，官不過郎中，位不過執戟，〔三〕言不聽，畫不用，故倍楚而歸漢。漢王授我上將軍印，予我數萬衆，解衣衣我，推食食我，言聽計用，故吾得以至於此。夫人深親信我，我倍之不祥，雖死不易。幸爲信謝項王！」

〔一〕集解 張華曰：「武涉墓在盱眙城東十五里。」

〔二〕正義 數，色庚反。

〔三〕集解 張晏曰：「郎中，宿衛執戟之人也。」

武涉已去，齊人蒯通知天下權在韓信，欲爲奇策而感動之，以相人說韓信曰：「僕嘗受相人之術。」韓信曰：「先生相人何如？」對曰：「貴賤在於骨法，憂喜在於容色，成敗在於決斷，以此參之，萬不失一。」韓信曰：「善。先生相寡人何如？」對曰：「願少閒。」信曰：「左右去矣。」通曰：「相君之面，不過封侯，又危不安。相君之背，貴乃不可言。」〔一〕韓信曰：「何謂也？」蒯通曰：「天下初發難也，俊雄豪桀建號壹呼，天下之士雲合霧集，魚鱗襍還，熛至風起。當此之時，憂在亡秦而已。今楚漢分爭，使天下無罪之人肝膽塗地，父子暴骸骨於中野，不可勝數。楚人起彭城，轉鬬逐北，至於滎陽，乘利席卷，威震天下。然兵困於京、索之閒，迫西山而不能進者，三年於此矣。漢王將數十萬之衆，距鞏、雒，阻山河之險，一日數戰，無尺寸之功，折北不救，〔二〕敗滎陽，傷成皋，〔三〕遂走宛、葉之閒，此所謂智勇俱困者也。夫銳氣挫於險塞，而糧食竭於內府，百姓罷極怨望，容容無所倚。以臣料之，其勢非天下之賢聖固不能息天下之禍。當今兩主之命縣於足下。足下爲漢則漢勝，與楚則楚勝。臣願披腹心，輸肝膽，效愚計，恐足下不能用也。誠能聽臣之計，莫若兩利而俱存之，參分天下，鼎足而居，其勢莫敢先動。夫以足下之賢聖，有甲兵之衆，據彊齊，從燕、趙，出

空虛之地而制其後，因民之欲，西鄉〔四〕爲百姓請命，〔五〕則天下風走而響應矣，孰敢不聽！割大弱彊，以立諸侯，諸侯已立，天下服聽而歸德於齊。案齊之故，有膠、泗之地，懷諸侯以德，深拱揖讓，則天下之君王相率而朝於齊矣。蓋聞天與弗取，反受其咎；時至不行，反受其殃。願足下孰慮之。」

〔一〕集解 張晏曰：「背畔則大貴。」

〔二〕集解 張晏曰：「折，衄敗也。北，奔北。」

〔三〕集解 張晏曰：「於成皋傷胷也。」臣瓚曰：「謂軍折傷。」

〔四〕正義 鄉音向。齊國在東，故曰西向也。

〔五〕正義 止楚漢之戰鬬，士卒不死亡，故云「請命」。

韓信曰：「漢王遇我甚厚，載我以其車，衣我以其衣，食我以其食。吾聞之，乘人之車者載人之患，衣人之衣者懷人之憂，食人之食者死人之事，吾豈可以鄉利倍義乎！」蒯生曰：「足下自以爲善漢王，欲建萬世之業，臣竊以爲誤矣。始常山王、成安君爲布衣時，相與爲刎頸之交，後爭張黶、陳澤之事，二人相怨。常山王背項王，奉項嬰頭而竄，逃歸於漢王。漢王借兵而東下，殺成安君泜水之南，頭足異處，卒爲天下笑。此二人相與，天下至驩也。然而卒相禽者，何也？患生於多欲而人心難測也。今足下欲行忠信以交於漢王，必不能固

中華書局

於二君之相與也,而事多大於張黶、陳澤。故臣以爲足下必漢王之不危己,亦誤矣。大夫種、范蠡存亡越,霸句踐,立功成名而身死亡。野獸已盡而獵狗亨。夫以交友言之,則不如張耳之與成安君者也;以忠信言之,則不過大夫種、范蠡之於句踐也。此二人者,足以觀矣。願足下深慮之。且臣聞勇略震主者身危,而功蓋天下者不賞。臣請言大王功略:足下涉西河,虜魏王,禽夏說,引兵下井陘,誅成安君,徇趙,脅燕,定齊,南摧楚人之兵二十萬,東殺龍且,西鄉以報,此所謂功無二於天下,而略不世出者也。今足下戴震主之威,挾不賞之功,歸楚,楚人不信;歸漢,漢人震恐:足下欲持是安歸乎?夫勢在人臣之位而有震主之威,名高天下,竊爲足下危之。」韓信謝曰:「先生且休矣,吾將念之。」

後數日,蒯通復說曰:「夫聽者事之候也,計者事之機也,聽過計失而能久安者,鮮矣。聽不失一二者,不可亂以言;計不失本末者,不可紛以辭。夫隨廝養之役者,失萬乘之權;守儋石之祿者,〔一〕闕卿相之位。故知者決之斷也,疑者事之害也,審豪氂之小計,遺天下之大數,智誠知之,決弗敢行者,百事之禍也。故曰『猛虎之猶豫,不若蜂蠆之致螫;〔二〕騏驥之跼躅,〔三〕不如駑馬之安步;孟賁之狐疑,不如庸夫之必至也;雖有舜禹之智,吟而不言,〔四〕不如瘖聾之指麾也』。此言貴能行之。夫功者難成而易敗,時者難得而易失也。時乎時,不再來。願足下詳察之。」韓信猶豫不忍倍漢,又自以爲功多,漢終不奪我齊,遂謝

蒯通。蒯通說不聽,已詳狂爲巫。〔五〕

〔一〕集解晉灼曰:「楊雄方言『海岱之閒名甖爲儋』。石,斗石也。」蘇林曰:「齊人名小甖爲儋。石,如今受鲐魚石甖,不過一二石耳。一說,一儋與一斛之餘。」索隱儋音都濫反。石,斗也。蘇林解爲近之。鲐音胎。

〔二〕正義音適。

〔三〕集解徐廣曰:「跼,一作『蹢』也。」

〔四〕索隱吟,鄒氏音拒蔭反,又音琴。

〔五〕集解徐廣曰:「一本『遂不用蒯通,蒯通曰:「夫迫於細苛者,不可與圖大事;拘於臣虜者,固無君王之意。」說不聽,因去詳狂』也。」索隱案:漢書及戰國策皆有此文。

漢王之困固陵,用張良計,召齊王信,遂將兵會垓下。項羽已破,高祖襲奪齊王軍。〔一〕漢五年正月,徙齊王信爲楚王,都下邳。

〔一〕集解徐廣曰:「以齊爲平原、千乘、東萊、齊郡。」

信至國,召所從食漂母,賜千金。〔一〕及下鄉南昌亭長,賜百錢,曰:「公,小人也,爲德不卒。」召辱己之少年令出胯下者以爲楚中尉。告諸將相曰:「此壯士也。方辱我時,我寧不能殺之邪?殺之無名,故忍而就於此。」

〔一〕集解張華曰漂母冢在泗口南岸。

項王亡將鍾離眛家在伊廬,〔一〕素與信善。項王死後,亡歸信。漢王怨眛,聞其在楚,詔楚捕眛。信初之國,行縣邑,陳兵出入。漢六年,人有上書告楚王信反。高帝以陳平計,天子巡狩會諸侯,南方有雲夢,發使告諸侯會陳:「吾將游雲夢。」實欲襲信,信弗知。高祖且至楚,信欲發兵反,自度無罪,欲謁上,恐見禽。人或說信曰:「斬眛謁上,上必喜,無患。」信見眛計事。眛曰:「漢所以不擊取楚,以眛在公所。若欲捕我以自媚於漢,吾今日死,公亦隨手亡矣。」乃罵信曰:「公非長者!」卒自剄。信持其首,謁高祖於陳。上令武士縛信,載後車。信曰:「果若人言,『狡兔死,良狗亨;〔二〕高鳥盡,良弓藏;敵國破,謀臣亡。』天下已定,我固當亨!」上曰:「人告公反。」遂械繫信。至雒陽,赦信罪,以爲淮陰侯。

〔一〕集解徐廣曰:「東海朐縣有伊廬鄉。」駰案:韋昭曰「今中廬縣」。索隱徐注出司馬彪郡國志。正義括地志云:「中廬在義清縣北二十里,本春秋時廬戎之國也,秦謂之伊廬,漢爲中廬縣。項羽之將鍾離眛冢在。」韋昭及括地志云皆說之也。

〔二〕集解張晏曰:「狡猶猾。」索隱郊兔死。郊音狡。狡,猾也。吳越春秋作「郊兔」,亦通。漢書作「狡兔」。戰國策曰「東郭逡,海內狡兔也」。

信知漢王畏惡其能,常稱病不朝從。信由此日夜怨望,居常鞅鞅,羞與絳、灌等列。信嘗過樊將軍噲,噲跪拜送迎,言稱臣,曰:「大王乃肯臨臣!」信出門,笑曰:「生乃與噲等爲伍!」上常從容與信言諸將能不,各有差。上問曰:「如我能將幾何?」信曰:「陛下不過能將十萬。」上曰:「於君何如?」曰:「臣多多而益善耳。」上笑曰:「多多益善,何爲爲我禽?」信曰:「陛下不能將兵,而善將將,此乃信之所以爲陛下禽也。且陛下所謂天授,非人力也。」

陳豨拜爲鉅鹿守,〔一〕辭於淮陰侯。淮陰侯挈其手,辟左右與之步於庭,仰天歎曰:「子可與言乎?欲與子有言也。」豨曰:「唯將軍令之。」淮陰侯曰:「公之所居,天下精兵處也;而公,陛下之信幸臣也。人言公之畔,陛下必不信;再至,陛下乃疑矣;三至,必怒而自將。吾爲公從中起,天下可圖也。」陳豨素知其能也,信之,曰:「謹奉教!」漢十年,陳豨果反。上自將而往,信病不從。陰使人至豨所,曰:「弟舉兵,吾從此助公。」信乃謀與家臣夜詐詔赦諸官徒奴,欲發以襲呂后、太子。部署已定,待豨報。其舍人〔二〕得罪於信,信囚,欲殺之。舍人弟上變,告信欲反狀於呂后。呂后欲召,恐其黨不就,乃與蕭相國謀,詐令人從上所來,言豨已得死,列侯羣臣皆賀。相國紿信曰:「雖疾,彊入賀。」信入,呂后使武士縛信,斬之長樂鍾室。〔三〕信方斬,曰:「吾悔不用蒯通之計,乃爲兒女子所詐,豈非天哉!」

遂夷信三族。

〔一〕集解徐廣曰：「表云爲趙相國，將兵守代也。」

〔二〕索隱按：晉灼曰，楚漢春秋云謝公也。姚氏案功臣表云慎陽侯樂說，淮陰舍人，告信反。未知孰是。

〔三〕正義長樂宮懸鍾之室。

高祖已從豨軍來，至，見信死，且喜且憐之，問：「信死亦何言？」呂后曰：「信言恨不用蒯通計。」高祖曰：「是齊辯士也。」乃詔齊捕蒯通。蒯通至，上曰：「若教淮陰侯反乎？」對曰：「然，臣固教之。豎子不用臣之策，故令自夷於此。如彼豎子用臣之計，陛下安得而夷之乎！」上怒曰：「亨之。」通曰：「嗟乎，冤哉亨也！」上曰：「若教韓信反，何冤？」對曰：「秦之綱絕而維弛，山東大擾，異姓並起，英俊烏集。秦失其鹿，天下共逐之，〔一〕於是高材疾足者先得焉。蹠之狗吠堯，堯非不仁，狗因吠非其主。當是時，臣唯獨知韓信，非知陛下也。且天下銳精持鋒欲爲陛下所爲者甚衆，顧力不能耳。又可盡亨之邪？」高帝曰：「置之。」乃釋通之罪。

〔一〕集解張晏曰：「以鹿喻帝位也。」

太史公曰：吾如淮陰，淮陰人爲余言，韓信雖爲布衣時，其志與衆異。其母死，貧無以

葬，然乃行營高敞地，令其旁可置萬家。余視其母冢，良然。假令韓信學道謙讓，不伐己功，不矜其能，則庶幾哉，於漢家勳可以比周、召、太公之徒，後世血食矣。不務出此，而天下已集，乃謀畔逆，夷滅宗族，不亦宜乎！

【索隱述贊】君臣一體，自古所難。相國深薦，策拜登壇。沈沙決水，拔幟傳餐。與漢漢重，歸楚楚安。三分不議，僞遊可歎。

史記卷九十三

韓信盧綰列傳第三十三

韓王信者，〔一〕故韓襄王孽孫也，〔二〕長八尺五寸。及項梁之立楚後懷王也，燕、齊、趙、魏皆已前王，唯韓無有後，故立韓諸公子橫陽君成〔三〕爲韓王，〔四〕欲以撫定韓故地。項梁敗死定陶，成犇懷王。沛公引兵擊陽城，〔五〕使張良以韓司徒〔六〕降下韓故地，得信，以爲韓將，將其兵從沛公入武關。

〔一〕集解徐廣曰：「一云『信都』。」索隱楚漢春秋云韓王信都，恐謬也。諸書不言有韓信都。案：韓王信初爲韓司徒，後訛云「申徒」，因誤以爲韓王名耳。

〔二〕集解張晏曰：「孺子爲孽。」索隱張晏云「庶子爲孽子」。何休注公羊以爲「孽，賤子，猶之伐木有孽生也」。漢書晁錯云「孽子悼惠王」是也。

〔三〕正義故橫城在宋州宋城縣西南三十里。

〔四〕集解徐廣曰：「二年六月也。都陽翟。」

〔五〕正義河南縣也。

〔六〕集解徐廣曰：「他本多作『申徒』，申與司聲相近，字由此錯亂耳。今有申徒，云是司徒之後，言司聲轉爲申。」

沛公立爲漢王，韓信從入漢中，迺說漢王曰：「項王王諸將近地，而王獨遠居此，此左遷也。士卒皆山東人，跂而望歸，〔一〕及其鋒東鄉，〔二〕可以爭天下。」漢王還定三秦，迺許信爲韓王，先拜信爲韓太尉，將兵略韓地。

〔一〕索隱跂音企，起踵也。正義跂音歧。

〔二〕集解文穎曰：「鋒銳欲東向。」索隱按：姚氏云「軍中將士氣鋒」。韋昭曰「其氣鋒銳欲東也」。

項籍之封諸王皆就國，韓王成以不從無功，不遣就國，更以爲列侯。〔一〕及聞漢遣韓信略韓地，迺令故項籍游吳時吳令鄭昌〔二〕爲韓王以距漢。漢二年，韓信略定韓十餘城。漢王至河南，韓信急擊韓王昌陽城。昌降，漢王迺立韓信爲韓王，〔三〕常將韓兵從。三年，漢王出滎陽，韓王信、周苛等守滎陽。及楚敗滎陽，信降楚，已而得亡，復歸漢，漢復立以爲韓王，竟從擊破項籍，天下定。五年春，遂與剖符爲韓王，王潁川。

〔一〕集解徐廣曰：「元年十一月，誅成。」駰案：漢書曰「封爲穰侯」。索隱地理志穰縣屬南陽。

〔二〕正義項籍在吳時，昌爲吳縣令。

〔三〕集解徐廣曰：「二年十一月。」

明年春，〔一〕上以韓信材武，所王北近鞏、洛，南迫宛、葉，東有淮陽，皆天下勁兵處，迺詔徙韓王信王太原以北，備禦胡，都晉陽。信上書曰：「國被邊，〔二〕匈奴數入，晉陽〔三〕去塞遠，請治馬邑。」〔四〕上許之，信乃徙治馬邑。秋，匈奴冒頓〔五〕大圍信，信數使使胡求和解。漢發兵救之，疑信數閒使，有二心，使人責讓信。信恐誅，因與匈奴約共攻漢，反，以馬邑降胡，擊太原。

〔一〕集解 徐廣曰：「即五年之二月。」駰案：漢書曰「六年春」。
〔二〕集解 李奇曰：「被音『被馬』之『被』也。」
〔三〕正義 并州。
〔四〕正義 朔州。
〔五〕索隱 上音墨，又音莫報反。

七年冬，上自往擊，破信軍銅鞮，〔一〕斬其將王喜。信亡走匈奴。（與）其將白土人〔二〕曼丘臣、王黃等立趙苗裔趙利爲王，復收信敗散兵，而與信及冒頓謀攻漢。匈奴使左右賢王將萬餘騎與王黃等屯廣武以南，〔三〕至晉陽，與漢兵戰，漢大破之，追至于離石，〔四〕復破之。匈奴復聚兵樓煩〔五〕西北，漢令車騎擊破匈奴。匈奴常敗走，漢乘勝追北，聞冒頓居代（上）

谷，〔六〕高皇帝居晉陽，使人視冒頓，還報曰「可擊」。上遂至平城。〔七〕上出白登，〔八〕匈奴騎圍上，上乃使人厚遺閼氏。〔九〕閼氏乃說冒頓曰：「今得漢地，猶不能居；且兩主不相戹。」居七日，胡騎稍引去。時天大霧，漢使人往來，胡不覺。護軍中尉陳平言上曰：「胡者全兵，〔一〇〕請令彊弩傅兩矢外嚮，〔一一〕徐行出圍。」入平城，漢救兵亦到，胡騎遂解去。漢亦罷兵歸。韓信爲匈奴將兵往來擊邊。

〔一〕正義 潞州縣。
〔二〕集解 張晏曰：「白土，縣名，屬上郡。」
〔三〕正義 廣武故城在代州鴈門縣界也。
〔四〕正義 石州縣。
〔五〕正義 鴈門郡樓煩縣。
〔六〕正義 今嬀州。
〔七〕正義 朔州定襄縣是也。
〔八〕集解 服虔曰：「白登，臺名，去平城七里。」如淳曰：「平城旁之高地，若丘陵也。」索隱 姚氏案：北疆記「桑乾河北有白登山，冒頓圍漢高之所，今猶有壘壁」。
〔九〕正義 閼，於連反，又音燕。氏音支。單于嫡妻號，若皇后。
〔一〇〕集解 漢書音義曰：「言唯弓矛，無雜仗也。」

〔二〕索隱 傳音附。

漢十年，信令王黃等說誤陳豨。十一年春，故韓王信復與胡騎入居參合，〔一〕距漢。漢使柴將軍擊之，〔二〕遺信書曰：「陛下寬仁，諸侯雖有畔亡，而復歸，輒復故位號，不誅也。大王所知。今王以敗亡走胡，非有大罪，急自歸！」韓王信報曰：「陛下擢僕起閭巷，南面稱孤，此僕之幸也。滎陽之事，僕不能死，囚於項籍，此一罪也。及寇攻馬邑，僕不能堅守，以城降之，此二罪也。今反爲寇將兵，與將軍爭一旦之命，此三罪也。夫種、蠡無一罪，身死亡；〔三〕今僕有三罪於陛下，而欲求活於世，此伍子胥所以僨於吳也。〔四〕今僕亡匿山谷閒，旦暮乞貸蠻夷，僕之思歸，如痿人不忘起，〔五〕盲者不忘視也，勢不可耳。」遂戰。柴將軍屠參合，斬韓王信。

〔一〕集解 蘇林曰：「代地也。」正義 故城在朔州定襄縣北。
〔二〕集解 鄧展曰：「柴奇也。」索隱 應劭云柴武，鄧展云柴奇；晉灼云奇，武之子。應劭說爲得，此時奇未爲將。
〔三〕集解 文穎曰：「大夫種、范蠡也。」
〔四〕索隱 蘇林曰：「僨音奮。」張晏曰：「僨，偃仆也。」正義 信知歸漢必死，故引子胥以爲辭。
〔五〕索隱 痿，耳誰反。舊音耳睡反，於義爲疏。張揖云「痿不能起」，哀帝紀云「帝即位痿痺」是也。

信之入匈奴，與太子俱；及至穨當城，〔一〕生子，因名曰穨當。韓太子亦生子，命曰嬰。

至孝文十四年，穨當及嬰率其衆降漢。漢封穨當爲弓高侯，〔二〕嬰爲襄城侯。〔三〕吳楚軍時，弓高侯功冠諸將。〔四〕傳子至孫，孫無子，失侯。嬰孫以不敬失侯。〔五〕穨當孽孫韓嫣，〔六〕貴幸，名富顯於當世。其弟說，再封，數稱將軍，卒爲案道侯。子代，〔七〕歲餘坐法死。後歲餘，說孫曾〔八〕拜爲龍頟侯，續說後。〔九〕

〔一〕集解 漢書音義曰：「縣名。」韋昭曰：「在匈奴地。」
〔二〕集解 地理志河閒有弓高縣也。索隱 地理志屬河閒，漢書功臣表屬營陵。
〔三〕索隱 案：服虔云「縣名。功臣表屬魏郡」。正義 滄州縣。
〔四〕集解 徐廣曰：「謚曰壯。」
〔五〕集解 徐廣曰：「表云嬰子澤之，元朔四年不敬國除。」
〔六〕集解 漢書音義曰：「音『鄢陵』之『鄢』。」索隱 音偃，又一言反，又休延反，並通。
〔七〕集解 徐廣曰：「名長君。」
〔八〕集解 徐廣曰：「長君之子也。」索隱 徐廣曰「長君之子」。案博物志，字季君也。
〔九〕索隱 頟，五格反。又作「雒」，音洛。龍頟，縣名。正義 史記表、衞青傳及漢書表云韓說，元朔五年，從大將軍有功，封龍頟侯，以酎金坐免。元封元年，擊東越有功，封桉道侯。征和二年，孫子曾復封爲龍頟侯。漢書功臣表云武後元年，說孫曾紹封龍頟侯。漢表是也。

盧綰者，豐人也，與高祖同里。盧綰親與高祖太上皇相愛，〔一〕及生男，高祖、盧綰同日生，里中持羊酒賀兩家。及高祖、盧綰壯，俱學書，又相愛也。里中嘉兩家親相愛，生子同日，壯又相愛，復賀兩家羊酒。高祖爲布衣時，有吏事辟匿，盧綰常隨出入上下。及高祖初起沛，盧綰以客從，入漢中爲將軍，常侍中。從東擊項籍，以太尉常從，出入卧內，衣被飲食賞賜，羣臣莫敢望，雖蕭曹等，特以事見禮，至其親幸，莫及盧綰。綰封爲長安侯。長安，故咸陽也。〔二〕

〔一〕集解如淳曰：「親謂父也。」

〔二〕正義秦咸陽在渭北，長安在渭南，蕭何起未央宮處也。

漢五年冬，以破項籍，迺使盧綰別將，與劉賈擊臨江王共尉，〔一〕破之。七月還，從擊燕王臧荼，臧荼降。高祖已定天下，諸侯非劉氏而王者七人。欲王盧綰，爲羣臣觖望。〔二〕及虜臧荼，迺下詔諸將相列侯，擇羣臣有功者以爲燕王。羣臣知上欲王盧綰，皆言曰：「太尉長安侯盧綰常從平定天下，功最多，可王燕。」詔許之。漢五年八月，迺立盧綰爲燕王。諸侯王得幸莫如燕王。

〔一〕集解李奇曰：「共敖子。」

〔二〕集解如淳曰：「觖音『決別』之『決』。望猶怨也。」瓚曰：「觖謂相觖而怨望也。」韋昭曰：「觖猶冀也。」索隱服虔音決。觖望猶怨望也。又音企。韋昭音冀。

漢十一年秋，陳豨反代地，高祖如邯鄲擊豨兵，燕王綰亦擊其東北。當是時，陳豨使王黃求救匈奴。燕王綰亦使其臣張勝於匈奴，言豨等軍破。張勝至胡，故燕王臧荼子衍出亡在胡，見張勝曰：「公所以重於燕者，以習胡事也。燕所以久存者，以諸侯數反，兵連不決也。今公爲燕欲急滅豨等，豨等已盡，次亦至燕，公等亦且爲虜矣。公何不令燕且緩陳豨而與胡和？事寬，得長王燕；即有漢急，可以安國。」張勝以爲然，迺私令匈奴助豨等擊燕。燕王綰疑張勝與胡反，上書請族張勝。勝還，具道所以爲者。燕王寤，迺詐論它人，脫勝家屬，使得爲匈奴閒，而陰使范齊之陳豨所，欲令久亡，〔一〕連兵勿決。

〔一〕集解晉灼曰：「使陳豨久亡畔。」

漢十二年，東擊黥布，豨常將兵居代，漢使樊噲擊斬豨。其裨將降，言燕王綰使范齊通計謀於豨所。高祖使使召盧綰，綰稱病。上又使辟陽侯審食其、御史大夫趙堯往迎燕王，因驗問左右。綰愈恐，閉匿，謂其幸臣曰：「非劉氏而王，獨我與長沙耳。往年春，漢族淮陰，夏，誅彭越，皆呂后計。今上病，屬任呂后。呂后婦人，專欲以事誅異姓王者及大功臣。」迺遂稱病不行。其左右皆亡匿。語頗泄，辟陽侯聞之，歸具報上，上益怒。又得匈奴降者，降者言張勝亡在匈奴，爲燕使。於是上曰：「盧綰果反矣！」使樊噲擊燕。燕王綰悉將其宮人家屬騎數千居長城下，候伺，幸上病愈，自入謝。四月，高祖崩，盧綰遂將其衆亡入匈奴，匈奴以爲東胡盧王。綰爲蠻夷所侵奪，常思復歸。居歲餘，死胡中。

高后時，盧綰妻子亡降漢，會高后病，不能見，舍燕邸，爲欲置酒見之。高后竟崩，不得見。盧綰妻亦病死。

孝景中六年，盧綰孫他之，〔一〕以東胡王降，〔二〕封爲亞谷侯。〔三〕

〔一〕正義他，徒何反。

〔二〕集解如淳曰：「爲東胡王來降也。」漢紀東胡，烏丸也。」

〔三〕集解徐廣曰：「亞，一作『惡』。」正義漢表在河內。

陳豨者，宛朐人也，〔一〕不知始所以得從。及高祖七年冬，韓王信反，入匈奴，上至平城還，迺封豨爲列侯，〔二〕以趙相國將監趙、代邊兵，邊兵皆屬焉。

〔一〕索隱地理志屬濟陰。下又云「梁人」，是褚先生之說異也。正義宛朐，曹州縣也。太史公云「陳豨，梁人」。按：宛朐，六國時屬梁。

〔二〕集解徐廣曰：「功臣表曰陳豨以特將將卒五百人，前元年從起宛朐，至霸上，爲侯，以游擊將軍別定代，已破臧荼，封豨爲陽夏侯。」

豨常告歸過趙，趙相周昌見豨賓客隨之者千餘乘，邯鄲官舍皆滿。豨所以待賓客布衣交，皆出客下。〔一〕豨還之代，周昌迺求入見。見上，具言豨賓客盛甚，擅兵於外數歲，恐有變。上乃令人覆案豨客居代者財物諸不法事，多連引豨。豨恐，陰令客通使王黃、曼丘臣所。〔二〕及高祖十年七月，太上皇崩，使人召豨，豨稱病甚。九月，遂與王黃等反，自立爲代王，劫略趙、代。

〔一〕正義言屈己禮之，不用富貴自尊大。

〔二〕正義二人韓王信將。

上聞，迺赦趙、代吏人爲豨所詿誤劫略者，皆赦之。上自往，至邯鄲，喜曰：「豨不南據漳水，北守邯鄲，知其無能爲也。」趙相奏斬常山守、尉，曰：「常山二十五城，豨反，亡其二十城。」上問曰：「守、尉反乎？」對曰：「不反。」上曰：「是力不足也。」赦之，復以爲常山守、尉。上問周昌曰：「趙亦有壯士可令將者乎？」對曰：「有四人。」四人謁，上謾罵曰：「豎

子能爲將乎？」四人慙伏。上封之各千户，以爲將。左右諫曰：「從入蜀、漢，伐楚，功未徧行，今此何功而封？」上曰：「非若所知！陳豨反，邯鄲以北皆豨有，吾以羽檄徵天下兵，〔一〕未有至者，今唯獨邯鄲中兵耳。吾胡愛四千户封四人，不以慰趙子弟！」皆曰：「善。」於是上曰：「陳豨將誰？」曰：「王黄、曼丘臣，皆故賈人。」上曰：「吾知之矣。」迺各以千金購黄、臣等。

〔一〕集解魏武帝奏事曰：「今邊有小警，輒露檄插羽，飛羽檄之意也。」駰案：推其言，則以鳥羽插檄書，謂之羽檄，取其急速若飛鳥也。

十一年冬，漢兵擊斬陳豨將侯敞、王黄於曲逆下，〔一〕破豨將張春於聊城，〔二〕斬首萬餘。太尉勃入定太原、代地。十二月，上自擊東垣，東垣不下，卒罵上；東垣降，卒罵者斬之，不罵者黥之。更命東垣爲真定。王黄、曼丘臣其麾下受購賞之，皆生得，以故陳豨軍遂敗。

〔一〕正義定州北平縣東南十五里蒲陰故城是也。

〔二〕正義博州縣。

上還至洛陽。上曰：「代居常山北，趙迺從山南有之，遠。」迺立子恆爲代王，〔一〕都中都，〔二〕代、鴈門皆屬代。

〔一〕集解徐廣曰：「十一年正月。」

〔二〕正義中都故城在汾州平遥縣西南十二里。

高祖十二年冬，樊噲軍卒追斬豨於靈丘。〔一〕

〔一〕正義蔚州是。

太史公曰：韓信、盧綰非素積德累善之世，徼一時權變，以詐力成功，遭漢初定，故得列地，南面稱孤。内見疑彊大，外倚蠻貊以爲援，是以日疏自危，事窮智困，卒赴匈奴，豈不哀哉！陳豨，梁人，其少時數稱慕魏公子；及將軍守邊，招致賓客而下士，名聲過實。周昌疑之，疵瑕頗起，懼禍及身，邪人進説，遂陷無道。於戲悲夫！夫計之生孰成敗於人也深矣！

【索隱述贊】韓襄遺孽，始從漢中。剖符南面，徙邑北通。穨當歸國，龍雒有功。盧綰親愛，羣臣莫同。舊燕是王，東胡計窮。

史記卷九十四

田儋列傳第三十四

田儋者，狄人也，〔一〕故齊王田氏族也。儋從弟田榮，榮弟田横，皆豪，宗彊，能得人。〔二〕

〔一〕集解徐廣曰：「今樂安臨濟縣也。」正義淄州高苑縣西北北狄故縣城。

〔二〕索隱儋子市，從弟榮，榮子廣，榮弟横，各遞爲王。榮并王三齊。

陳涉之初起王楚也，使周市略定魏地，北至狄，狄城守。田儋詳爲縛其奴，從少年之廷，欲謁殺奴。〔一〕見狄令，因擊殺令，而召豪吏子弟曰：「諸侯皆反秦自立，齊，古之建國，儋，田氏，當王。」遂自立爲齊王，〔二〕發兵以擊周市。周市軍還去，田儋因率兵東略定齊地。

〔一〕集解服虔曰：「古殺奴婢皆當告官。儋欲殺令，故詐縛奴而以謁也。」

〔二〕集解徐廣曰：「二世元年九月也。」

秦將章邯圍魏王咎於臨濟，急。魏王請救於齊，齊王田儋將兵救魏。〔一〕章邯夜銜枚擊，大破齊、魏軍，殺田儋於臨濟下。儋弟田榮收儋餘兵東走東阿。

〔一〕集解徐廣曰：「二年六月。」

齊人聞王田儋死，迺立故齊王建之弟田假爲齊王，田角爲相，田閒爲將，以距諸侯。

田榮之走東阿，章邯追圍之。項梁聞田榮之急，迺引兵擊破章邯軍東阿下。章邯走而西，項梁因追之。而田榮怒齊之立假，迺引兵歸，擊逐齊王假。假亡走楚。齊相角亡走趙；角弟田閒前求救趙，因留不敢歸。田榮乃立田儋子市爲齊王，〔一〕榮相之，田横爲將，平齊地。

〔一〕集解徐廣曰：「二年八月。」

項梁既追章邯，章邯兵益盛，項梁使使告趙、齊，發兵共擊章邯。田榮曰：「使楚殺田假，趙殺田角、田閒，迺肯出兵。」楚懷王曰：「田假與國之王，窮而歸我，殺之不義。」趙亦不殺田角、田閒以市於齊。齊曰：「蝮螫手則斬手，螫足則斬足。何者？爲害於身也。〔一〕今田假、田角、田閒於楚、趙，非直手足戚也，〔二〕何故不殺？且秦復得志於天下，則齮齕用事者墳墓矣。」〔三〕楚、趙不聽，齊亦怒，終不肯出兵。章邯果敗殺項梁，破楚兵，楚兵東走，而章邯渡河圍趙於鉅鹿。項羽往救趙，由此怨田榮。

〔一〕集解應劭曰：「蝮一名虺，螫人手足，則割去其肉，不然則致死。」索隱蝮音芳伏反。螫音腊，又音釋。

正義按：蝮，毒蛇，長一二三丈，嶺南北有之。虺長一二尺，頭腹皆一遍。說文云「虺搏三寸，首大如擘」。擘，手大指也，音步歷反。

〔二〕集解文穎曰：「言將亡身，非手足憂也。」瓚曰：「於楚、趙非手足之親。」

〔三〕集解如淳曰：「齮齕猶齚齧。」索隱齮音蟻。齕音紇。齮齕，側齒齧也。正義按：秦重得志，非但辱身，墳墓亦發掘矣，若子胥鞭荆平王墓。一云墳墓，言死也。

項羽既存趙，降章邯等，西屠咸陽，滅秦而立侯王也，迺徙齊王田市更王膠東，治卽墨。齊將田都從共救趙，因入關，故立都爲齊王，治臨淄。故齊王建孫田安，項羽方渡河救趙，田安下濟北數城，引兵降項羽，項羽立田安爲濟北王，治博陽。田榮以負項梁不肯出兵助楚、趙攻秦，故不得王；趙將陳餘亦失職，不得王：二人俱怨項王。

項王既歸，諸侯各就國，田榮使人將兵助陳餘，令反趙地，而榮亦發兵以距擊田都，田都亡走楚。田榮留齊王市，無令之膠東。市之左右曰：「項王彊暴，而王當之膠東，不就國，必危。」市懼，迺亡就國。田榮怒，追擊殺齊王市於卽墨，還攻殺濟北王安。於是田榮迺自立爲齊王，盡并三齊之地。〔一〕

〔一〕索隱田市王膠東，田都王齊，田安王濟北。

項王聞之，大怒，迺北伐齊。齊王田榮兵敗，走平原，〔一〕平原人殺榮。項王遂燒夷齊城

郭，所過者盡屠之。〔二〕齊人相聚畔之。榮弟橫，收齊散兵，得數萬人，反擊項羽於城陽。〔三〕而漢王率諸侯敗楚，入彭城。項羽聞之，迺醳齊〔四〕而歸，擊漢於彭城，因連與漢戰，相距榮陽。以故田橫復得收齊城邑，〔五〕立田榮子廣爲齊王，而橫相之，專國政，政無巨細皆斷於相。

〔一〕集解徐廣曰：「三年正月。」正義平原，德州也。

〔二〕集解徐廣曰：「立故王田假也。」

〔三〕集解徐廣曰：「假走楚，楚殺之。」正義城陽，濮州雷澤是。

〔四〕索隱此豈亦以「醳酒」之義？並古「釋」字。

〔五〕集解徐廣曰：「四月。」

橫定齊三年，漢王使酈生往説下齊王廣及其相國橫。橫以爲然，解其歷下軍。漢將韓信引兵且東擊齊。齊初使華無傷、田解軍於歷下以距漢，漢使至，迺罷守戰備，縱酒，且遣使與漢平。漢將韓信已平趙、燕，用蒯通計，度平原，襲破齊歷下軍，因入臨淄。齊王廣、相橫怒，以酈生賣己，而亨酈生。齊王廣東走高密，〔一〕相橫走博（陽），守相田光走城陽，將軍田既軍於膠東。楚使龍且救齊，齊王與合軍高密。漢將韓信與曹參破殺龍且，〔二〕虜齊王廣。漢將灌嬰追得齊守相田光。至博（陽），而橫聞齊王死，自立爲齊王，還擊嬰，嬰敗橫之軍於嬴下。〔三〕田橫亡走梁，歸彭越。彭越是時居梁地，中立，且爲漢，且爲楚。韓信已殺龍且，因令曹參進兵破殺田既於膠東，使灌嬰破殺齊將田吸於千乘。〔四〕韓信遂平齊，乞自立爲齊假王，〔五〕漢因而立之。

〔一〕集解徐廣曰：「高，一作『假』。」

〔二〕集解徐廣曰：「四年十一月。」

〔三〕集解晉灼曰：「泰山嬴縣也。」

〔四〕正義千乘故城在淄州高苑縣北二十五里。正義故嬴城在兗州博城縣東北百里。

〔五〕集解徐廣曰：「二月也。」

後歲餘，漢滅項籍，漢王立爲皇帝，以彭越爲梁王。田橫懼誅，而與其徒屬五百餘人入海，居島中。〔一〕高帝聞之，以爲田橫兄弟本定齊，齊人賢者多附焉，今在海中不收，後恐爲亂，迺使使赦田橫罪而召之。田橫因謝曰：「臣亨陛下之使酈生，今聞其弟酈商爲漢將而賢，臣恐懼，不敢奉詔，請爲庶人，守海島中。」使還報，高皇帝迺詔衞尉酈商曰：「齊王田橫卽至，人馬從者敢動摇者致族夷！」迺復使使持節具告以詔商狀，曰：「田橫來，大者王，小

者迺侯耳；不來，且舉兵加誅焉。」田橫迺與其客二人乘傳詣雒陽。〔二〕

〔一〕集解韋昭曰：「海中山曰島。」正義按：海州東海縣有島山，去岸八十里。

〔二〕集解如淳曰：「四馬下足爲乘傳。」

未至三十里，至尸鄉廄置，〔一〕橫謝使者曰：「人臣見天子當洗沐。」止留。謂其客曰：「橫始與漢王俱南面稱孤，今漢王爲天子，而橫迺爲亡虜而北面事之，其恥固已甚矣。且吾亨人之兄，與其弟並肩而事其主，縱彼畏天子之詔，不敢動我，我獨不愧於心乎？且陛下所以欲見我者，不過欲一見吾面貌耳。今陛下在洛陽，今斬吾頭，馳三十里閒，形容尚未能敗，猶可觀也。」遂自剄，令客奉其頭，〔二〕從使者馳奏之高帝。高帝曰：「嗟乎，有以也夫！起自布衣，兄弟三人更王，豈不賢乎哉！」爲之流涕，而拜其二客爲都尉，發卒二千人，以王者禮葬田橫。〔三〕

〔一〕集解應劭曰：「尸鄉在偃師。」瓚曰：「廄置，置馬以傳驛也。」

〔二〕正義奉音捧。

〔三〕正義齊田橫墓在偃師西十五里。崔豹古今注云：「薤露、蒿里，送哀歌也，出田橫門人。橫自殺，門人傷之而作悲歌，言人命如薤上露，易晞滅。至李延年乃分爲二曲，薤露送王公貴人，蒿里送士大夫庶人，使挽逝者歌之，俗呼爲挽歌。」

既葬，二客穿其冢旁孔，皆自剄，下從之。高帝聞之，迺大驚，以田橫之客皆賢。吾聞其

餘尚五百人在海中，使使召之。至則聞田橫死，亦皆自殺。於是迺知田橫兄弟能得士也。

太史公曰：甚矣蒯通之謀，亂齊驕淮陰，其卒亡此兩人！〔一〕蒯通者，善爲長短說，〔二〕論戰國之權變，爲八十一首。〔三〕通善齊人安期生，安期生嘗干項羽，項羽不能用其筴。已而項羽欲封此兩人，兩人終不肯受，亡去。田橫之高節，賓客慕義而從橫死，豈非至賢！余因而列焉。不無善畫者，莫能圖，何哉？〔四〕

〔一〕集解 韓信、田橫。

〔二〕索隱 言欲令此事長，則長說之；欲令此事短，則短說之。故戰國策亦名曰「短長書」是也。

〔三〕集解 漢書曰：「號爲雋永。」永，一作「求」。索隱 雋永，書名也。雋音松兗反。

〔四〕索隱 言天下非無善畫之人，而不知圖畫田橫及其黨慕義死節之事，何故哉？歎畫人不知畫此也。

【索隱述贊】秦項之際，天下交兵。六國樹黨，自置豪英。田儋殯寇，立市相滎。楚封王假，齊破酈生。兄弟更王，海島傳聲。

史記卷九十五

樊酈滕灌列傳第三十五

舞陽侯〔一〕樊噲〔二〕者，沛人也。〔三〕以屠狗爲事，〔四〕與高祖俱隱。

〔一〕正義 舞陽在許州葉縣東十里。

〔二〕正義 音快，又吉外反。

〔三〕正義 沛，徐州縣。

〔四〕正義 時人食狗亦與羊豕同，故噲專屠以賣之。

初從高祖起豐，攻下沛。高祖爲沛公，以噲爲舍人。從攻胡陵、方與，〔一〕還守豐，擊泗水監豐下，〔二〕破之。復東定沛，破泗水守薛西。〔三〕與司馬𡰖〔四〕戰碭東，〔五〕卻敵，斬首十五級，賜爵國大夫。〔六〕常從，沛公擊章邯軍濮陽，攻城先登，斬首二十三級，賜爵列大夫。〔七〕復常從，從攻城陽，〔八〕先登。下戶牖，〔九〕破李由軍，斬首十六級，賜上閒爵。〔一〇〕從攻圍東郡守尉於成武，〔一一〕卻敵，斬首十四級，捕虜十一人，賜爵五大夫。從擊秦軍，出亳南。〔一二〕河

閒守軍於杠里，〔一三〕破之。擊破趙賁軍開封〔一四〕北，以卻敵先登，斬侯一人，首六十八級，捕虜二十七人，賜爵卿。從攻破楊熊軍於曲遇。〔一五〕攻宛陵，〔一六〕先登，斬首八級，捕虜四十四人，賜爵封號賢成君。〔一七〕從攻長社、轘轅，〔一八〕絕河津，〔一九〕東攻秦軍於尸，〔二〇〕南攻秦軍於犨。〔二一〕破南陽守齮於陽城。東攻宛城，先登。西至酈，〔二二〕以卻敵，斬首二十四級，捕虜四十人，賜重封。〔二三〕攻武關，至霸上，斬都尉一人，首十級，捕虜百四十六人，降卒二千九百人。

〔一〕正義 房預二音。

〔二〕索隱 案：監者，秦時御史監郡也。豐下，豐縣之下也。正義 泗水，郡名。

〔三〕索隱 謂破其守於薛縣之西也。

〔四〕集解 張晏曰：「秦司馬。」正義 秦將章邯司馬𡰖。

〔五〕正義 碭，宋州縣也。

〔六〕集解 文穎曰：「即官大夫也。」正義 爵第六級也。

〔七〕集解 文穎曰：「即公大夫，爵第七。」

〔八〕集解 徐廣曰：「年表二年七月，破秦軍濮陽東，屠城陽也。」正義 按：城陽近濮陽，而漢書作「陽城」，大錯誤。

〔九〕正義 戶牖，汴州東陳留縣東北九十一里東昏故城是。

〔一〇〕集解孟康曰：「不在二十爵中，如執圭、執帛比也。」如淳曰：「閒，或作『聞』。呂氏春秋曰『魏文侯東勝齊於長城，天子賞文侯以上聞爵』。」索隱賜上聞爵。張晏云：「得徑上聞。」晉灼曰：「名通於天子也。」如淳曰「或作『上閒』」，又引呂氏春秋，當證「上閒」。「閒」音「中閒」之「閒」。

〔一一〕正義曹州縣。

〔一二〕索隱案：亳，湯所都，今河南偃師有湯亳是也。正義亳故城在宋州穀熟縣西南四十里。

〔一三〕正義地名，近城陽。

〔一四〕正義汴州縣。

〔一五〕索隱音區顒二音，邑名也。正義曲，丘雨反。遇，牛恭反。鄭州中牟縣有曲遇聚。

〔一六〕索隱地理志屬河南。正義宛陵故城在鄭州新鄭縣東北三十八里。

〔一七〕集解徐廣曰：「時賜爵有執帛、執圭，又有賜爵封而加美名以爲號也。又有功，則賜封列侯。」駰案：張晏曰「食祿比封君而無邑」。瓚曰「秦制，列侯乃有封爵也」。索隱張晏曰：「食祿比封君而無邑。」徐廣曰：「賜爵有執圭、執帛，又有爵封而加美號。」又小顏云：「楚漢之際，權設寵榮，假其位號，或得邑地，或空受爵，此例多矣。約以秦制，於義不通。」

〔一八〕正義許州理縣也。轘轅關在緱氏縣東南三十里。

〔一九〕正義古平陰津在河南府東北五十里也。

〔二〇〕正義在偃師南。

〔二一〕正義在汝州魯山縣東南。

〔二二〕正義酈音擲。在鄧州新城縣西北四十里。

〔二三〕集解張晏曰：「益祿也。」如淳曰：「正爵名也。」瓚曰：「增封也。」索隱張晏云「益祿也」。臣瓚以爲增封，義亦近是。而如淳曰正爵名，非也。小顏以爲重封者，兼二號，蓋爲得也。

項羽在戲下，欲攻沛公。沛公從百餘騎因項伯面見項羽，謝無有閉關事。項羽既饗軍士，中酒，〔一〕亞父謀欲殺沛公，令項莊拔劍舞坐中，欲擊沛公，項伯常(肩)〔屏〕蔽之。時獨沛公與張良得入坐，樊噲在營外，聞事急，乃持鐵盾入到營。營衞止噲，噲直撞入，〔二〕立帳下。〔三〕項羽目之，問爲誰。張良曰：「沛公參乘樊噲。」項羽曰：「壯士。」賜之巵酒彘肩。噲既飲酒，拔劍切肉食，盡之。項羽曰：「能復飲乎？」噲曰：「臣死且不辭，豈特巵酒乎！且沛公先入定咸陽，暴師霸上，以待大王。〔四〕大王今日至，聽小人之言，與沛公有隙，臣恐天下解，〔五〕心疑大王也。」項羽默然。沛公如廁，麾樊噲去。既出，沛公留車騎，獨騎一馬，與樊噲等四人步從，從閒道山下歸走霸上軍，而使張良謝項羽。項羽亦因遂已，無誅沛公之心矣。是日微樊噲犇入營誰讓項羽，〔六〕沛公事幾殆。〔七〕

〔一〕集解張晏曰：「酒酣也。」

〔二〕集解漢書音義曰：「撞音撞鍾。」正義撞，直江反。

〔三〕集解徐廣曰：「一本作『立帷下，瞋目而視，眥皆血出』。」

〔四〕正義時羽未爲王，史追書。

〔五〕正義紀買反。至此爲絶句。

〔六〕索隱譙音誚，責也。或才笑反，或亦作「誚」。

〔七〕正義幾音祈。

明日，項羽入屠咸陽，立沛公爲漢王。漢王賜噲爵爲列侯，號臨武侯。〔一〕遷爲郎中，從入漢中。

〔一〕正義桂陽臨武縣。

還定三秦，別擊西丞白水北，〔一〕雍輕車騎於雍南，破之。〔二〕從攻雍、斄〔三〕城，先登。擊章平軍好時，〔四〕攻城，先登陷陣，斬縣令丞各一人，首十一級，虜二十人，遷郎中騎將。從擊秦車騎壤東，〔五〕卻敵，遷爲將軍。攻趙賁，下郿、〔六〕槐里、柳中、〔七〕咸陽；灌廢丘，最。〔八〕至櫟陽，〔九〕賜食邑杜之樊鄉。〔一〇〕從攻項籍，屠煮棗。〔一一〕擊破王武、程處軍於外黃。攻鄒、魯、瑕丘、薛。〔一二〕項羽敗漢王於彭城，盡復取魯、梁地。噲還至滎陽，益食平陰二千户，〔一三〕以將軍守廣武。一歲，項羽引而東。從高祖擊項籍，下陽夏，〔一四〕虜楚周將軍卒四千人。圍項籍於陳，〔一五〕大破之。屠胡陵。〔一六〕

〔一〕集解徐廣曰：「隴西有西縣。白水在武都。」駰案：如淳曰「皆地名也」。晉灼曰「白水，今廣平魏縣也。地理志無『西丞』，似秦將名」。索隱案：西謂隴西之西縣。白水，水名，出武都，經西縣東南流。言噲擊西縣之丞在白水之北耳，徐廣等説皆非也。正義括地志云：「白馬水源出文州曲水縣西南，會經孫山下。」

〔二〕正義上「雍」於拱反。

〔三〕集解音胎。

〔四〕索隱案：雍即扶風雍縣。斄音台，即后稷所封，今之武功故斄城是。章平即章邯子也。

〔五〕索隱小顏亦以爲地名。正義壤鄉在武功縣東南二十里。

〔六〕正義岐州縣。

〔七〕索隱按：柳中即細柳，地在長安西也。

〔八〕集解李奇曰：「以水灌廢丘也。」張晏曰：「最，功第一也。」晉灼曰：「京輔治華陰，灌北也。」索隱灌謂以水灌廢丘，城陷，其功最上也。李奇曰「廢丘即槐里也。上有槐里，此又言者，疑此是小槐里」，非也。按：文云「攻趙賁，下郿、槐里、柳中、咸陽」，總言所攻陷之邑。別言以水灌廢丘，其功特最也。何者？初云槐里，稱其新名，後言功最，是重舉，不欲再見其文，故因舊稱廢丘也。

〔九〕正義雍州縣。

〔一〇〕索隱案：杜陵有樊鄉。三秦記曰「長安正南，山名秦嶺，谷名子午，一名樊川，一名御宿」。樊鄉即樊川也。

〔一一〕索隱檢地理志無「煮棗」，晉説是。功臣表有煮棗侯，云清河有煮棗城。小顏以爲「攻項籍，屠煮棗」，合在河南，

非清河之城明矣」。今案續漢書郡國志，在濟陰宛朐也。〔正義〕案：其時項羽未渡河北，冀州信都縣東北五十里煮棗非矣。

〔一三〕〔正義〕鄒，兗州縣，在州東南六十二里。魯，兗州曲阜縣。瑕丘，兗州縣。薛在徐州滕縣界。

〔一四〕〔正義〕平陰故城在濟陽東北五里。

〔一五〕〔正義〕夏音假。陳州太康縣。

〔一六〕〔正義〕陳州。

〔一七〕〔正義〕在兗州南。

項籍既死，漢王爲帝，以噲堅守戰有功，益食八百戶。從高帝攻反燕王臧荼，虜荼，定燕地。楚王韓信反，噲從至陳，取信，定楚。〔一〕更賜爵列侯，與諸侯剖符，世世勿絕，食舞陽，號爲舞陽侯，除前所食。以將軍從高祖攻反韓王信於代。自霍人以往〔二〕至雲中，〔三〕與絳侯等共定之，益食千五百戶。因擊陳豨與曼丘臣軍，〔四〕戰襄國，〔五〕破柏人，〔六〕先登，降定清河、常山凡二十七縣，殘東垣，〔七〕遷爲左丞相。破得綦毋卬、尹潘軍於無終、廣昌。〔八〕破豨別將胡人王黃軍於代南，因擊韓信軍於參合。〔九〕軍所將卒斬韓信，破豨胡騎橫谷，〔一〇〕斬將軍趙既，虜代丞相馮梁、守孫奮、大將王黃、將軍、（太卜）太僕解福〔一一〕等十人。與諸將共定代鄉邑七十三。其後燕王盧綰反，噲以相國擊盧綰，破其丞相抵薊南，〔一二〕定燕地，凡縣十八，鄉邑五十一。益食邑千三百戶，定食舞陽五千四百戶。從，斬首百七十六級，虜二百八十八人。別，破軍七，下城五，定郡六，縣五十二，得丞相一人，將軍十二人，二千石已下至三百石十一人。

〔一〕〔正義〕徐州。

〔二〕〔正義〕先累反，又蘇果反，又山寡反。杜預云「霍人，晉邑也。『霍人』當作『葰』，地理志云葰人縣屬太原郡」。括地志云：「葰人故城在代州繁時縣界也。」

〔三〕〔正義〕雲中郡縣，皆朔州善陽縣北三百八十里定襄故城是也。

〔四〕〔集解〕徐廣曰：「曼，一作『甯』字。」

〔五〕〔正義〕邢州城。

〔六〕〔正義〕邢州縣。

〔七〕〔集解〕張晏曰：「殘，有所毀也。」瓚曰：「殘謂多所殺傷也。孟子曰『賊義謂之殘』。」

〔八〕〔正義〕在蔚州飛狐縣北七里。

〔九〕〔正義〕在朔州定襄縣界。

〔一〇〕〔正義〕谷音欲。蓋在代。

〔一一〕〔正義〕人姓名。

〔一二〕〔索隱〕抵音丁禮反。抵訓至。一云抵者，丞相之名。

噲以呂后女弟呂須爲婦，生子伉，故其比諸將最親。

先黥布反時，高祖嘗病甚，惡見人，臥禁中，詔戶者無得入羣臣。羣臣絳、灌等莫敢入。十餘日，噲乃排闥直入，〔一〕大臣隨之。上獨枕一宦者臥。噲等見上流涕曰：「始陛下與臣等起豐沛，定天下，何其壯也！今天下已定，又何憊也！且陛下病甚，大臣震恐，不見臣等計事，顧獨與一宦者絕乎？且陛下獨不見趙高之事乎？」高帝笑而起。

〔一〕〔正義〕闥，宮中小門。

其後盧綰反，高帝使噲以相國擊燕。是時高帝病甚，人有惡噲黨於呂氏，卽上一日宮車晏駕，則噲欲以兵盡誅滅戚氏、趙王如意之屬。高帝聞之大怒，乃使陳平載絳侯代將，而卽軍中斬噲。陳平畏呂后，執噲詣長安。至則高祖已崩，呂后釋噲，使復爵邑。

孝惠六年，樊噲卒，謚爲武侯。子伉代侯。而伉母呂須亦爲臨光侯，高后時用事專權，大臣盡畏之。伉代侯九歲，高后崩。大臣誅諸呂、呂須媭〔一〕屬，因誅伉。舞陽侯中絕數月。孝文帝既立，乃復封噲他庶子市人爲舞陽侯，復故爵邑。市人立二十九歲卒，謚爲荒侯。子他廣代侯。六歲，侯家舍人得罪他廣，怨之，乃上書曰：「荒侯市人病不能爲人，〔二〕令其夫人與其弟亂而生他廣，他廣實非荒侯子，不當代後。」詔下吏。孝景中六年，他廣奪侯爲庶人，國除。〔三〕

〔一〕〔索隱〕音須眷二音。

〔二〕〔正義〕言不能行人道。

〔三〕〔索隱〕案：漢書平帝元始二年，封噲玄孫之子章爲舞陽侯，邑千戶。

曲周侯〔一〕酈商者，高陽人。〔二〕陳勝起時，商聚少年東西略人，得數千。沛公略地至陳留，六月餘，〔三〕商以將卒四千人屬沛公於岐。〔四〕從攻長社，先登，賜爵封信成君。從沛公攻緱氏，絕河津，破秦軍洛陽東。從攻下宛、穰，定十七縣。別將攻旬關，〔五〕定漢中。

〔一〕〔正義〕故城在（洛）〔洺〕州曲周西南十五里。

〔二〕〔索隱〕酈音歷。高陽，聚名，屬陳留。〔正義〕雍（州）〔丘〕西南聚邑人也。

〔三〕〔集解〕徐廣曰：「月表曰二世元年九月，沛公起兵；二世三年二月，襲陳留，用酈食其策。起兵至此十九月矣。食其傳曰既說高帝已，乃言其弟商，使從沛公也。」〔索隱〕事與酈生傳及年表小不同，蓋史官意異也。〔正義〕徐注非也。言商先東西略得數千人，及沛公略地至陳留，商起兵，乃六月餘得四千人，以將軍從高祖也。

〔四〕〔索隱〕此地名闕，蓋在河南陳、鄭之界。〔正義〕高紀云「酈食其說沛公襲陳留，乃以食其爲廣野君，酈商爲將，將陳留兵，與偕攻開封」。酈生傳云「沛公引兵隨之，乃下陳留，爲廣陽君。言其弟酈商，使將數千人從沛公西南

略地」。此傳云「屬沛公於岐，從攻長社」。案紀傳此說，岐當與陳留、高陽相近也。

〔三〕集解 漢書音義曰：「漢中旬陽縣。音詢。」 索隱 案：在漢中旬陽縣，旬水上之關。

項羽滅秦，立沛公爲漢王。漢王賜商爵信成君，以將軍爲隴西都尉。別將定北地、〔一〕上郡。〔二〕破雍將軍焉氏，〔三〕周類軍栒邑，〔四〕蘇駔軍於泥陽。〔五〕賜食邑武成六千户。〔六〕以隴西都尉從擊項籍軍五月，出鉅野，與鍾離眛戰，疾鬬，受梁相國印，益食邑四千户。以梁相國將從擊項羽二歲三月，攻胡陵。

〔一〕正義 寧州。
〔二〕正義 鄜州。
〔三〕集解 音支。 索隱 上音於然反，下音支。縣名，屬安定。漢書云破章邯別將。 正義 縣在涇州安定縣東四十里。
〔四〕索隱 栒邑在豳州。地理志屬右扶風。栒音荀。
〔五〕集解 徐廣曰：「駔，一作『驍』。」 索隱 北地縣名。駔者，龍馬也。 正義 故城在寧州羅川縣北三十一里。泥谷水源出羅川縣東北泥陽。源側有泉，於泥中潛流二十餘步而流入泥谷。又有泥陽湫，在縣東北四十里。
〔六〕正義 縣在華州鄭縣東十三里。

項羽既已死，漢王爲帝。其秋，燕王臧荼反，商以將軍從擊荼，戰龍脫，〔一〕先登陷陣，破荼軍易下，〔二〕卻敵，遷爲右丞相，賜爵列侯，與諸侯剖符，世世勿絕，食邑涿五千户，〔三〕

號曰涿侯。以右丞相別定上谷，〔四〕因攻代，受趙相國印。以右丞相趙相國別與絳侯等定代、鴈門，得代丞相程縱、守相郭同、將軍已下至六百石十九人。還，以將軍爲太上皇衛一歲七月。以右丞相擊陳豨，殘東垣。又以右丞相從高帝擊黥布，攻其前拒，〔五〕陷兩陳，得以破布軍，更食曲周五千一百户，除前所食。凡別破軍三，降定郡六，縣七十三，得丞相、守相、大將各一人，小將二人，二千石已下至六百石十九人。

〔一〕集解 徐廣曰：「在燕趙之界。」駰案：漢書音義曰「地名」。 索隱 孟康曰「地名」，在燕趙之界，其地闕。
〔二〕正義 易州易縣。
〔三〕正義 涿，幽州。
〔四〕正義 嬀州。
〔五〕集解 徐廣曰：「一作『和』。」駰謂拒，方陳。拒音矩。 索隱 音巨，又音矩。裴駰云「拒，方陣」。鄒氏引左傳有「左拒右拒」。徐云「一作『和』」。和，軍門也。漢書作「前垣」，小顏以爲攻其壁壘之前垣也。李奇以爲「前鋒堅敵若垣牆」，非也。

商事孝惠、高后時，商病，不治。〔一〕其子寄，字況，〔二〕與呂祿善。及高后崩，大臣欲誅諸呂，呂祿爲將軍，軍於北軍，太尉勃不得入北軍，於是乃使人劫酈商，令其子況紿呂祿，〔三〕呂祿信之，故與出游，而太尉勃乃得入據北軍，遂誅諸呂。是歲商卒，謚爲景侯。子寄代侯。天下稱酈況賣交也。〔四〕

〔一〕集解 文穎曰：「不能治官事。」
〔二〕索隱 酈寄字也。鄒氏本作「兄」，亦音況。
〔三〕索隱 紿，欺也，詐也。音待。
〔四〕集解 班固曰：「夫賣交者，謂見利而忘義也。若寄父爲功臣，而又執劫，雖摧呂祿以安社稷，誼存君親可也。」

孝景前三年，吳、楚、齊、趙反，上以寄爲將軍，圍趙城，十月不能下。得俞侯〔一〕欒布自平齊來，乃下趙城，滅趙，王自殺，除國。孝景中二年，寄欲取平原君爲夫人，〔二〕景帝怒，下寄吏，有罪，奪侯。景帝乃以商他子堅封爲繆侯，〔三〕續酈氏後。繆靖侯卒，子康侯遂成立。遂成卒，子懷侯世宗立。〔四〕世宗卒，子侯終根立，爲太常，坐法，國除。

〔一〕集解 俞音舒。 索隱 俞音歈，縣名，又音輸，在河東。
〔二〕集解 蘇林曰：「景帝王皇后母臧兒也。」
〔三〕集解 徐廣曰：「繆者，更封邑名。謚曰靖。」 索隱 繆音穆，邑也。謚曰靖侯。漢書無謚。
〔四〕集解 徐廣曰：「世，一作『他』。」

汝陰侯〔一〕夏侯嬰，沛人也。爲沛廄司御。〔二〕每送使客還，過沛泗上亭，與高祖語，未

嘗不移日也。嬰已而試補縣吏，與高祖相愛。高祖戲而傷嬰，人有告高祖。〔三〕高祖時爲亭長，重坐傷人，〔四〕告故不傷嬰，〔五〕嬰證之。後獄覆，〔六〕嬰坐高祖繫歲餘，掠笞數百，終以是脫高祖。

〔一〕正義 汝陰即今陽城。
〔二〕索隱 案：楚漢春秋云滕公爲御也。
〔三〕集解 韋昭曰：「告，白也。白高祖傷人。」
〔四〕集解 如淳曰：「爲吏傷人，其罪重也。」
〔五〕集解 鄧展曰：「律有故乞鞫。高祖自告不傷人。」 索隱 案：晉令云「獄結竟，呼囚鞫語罪狀，囚若稱枉欲乞鞫者，許之也」。
〔六〕索隱 案：韋昭曰「高帝自言不傷嬰，嬰證之，是獄辭翻覆也」。

高祖之初與徒屬欲攻沛也，嬰時以縣令史爲高祖使。〔一〕上降沛一日，〔二〕高祖爲沛公，賜嬰爵七大夫，以爲太僕。從攻胡陵，嬰與蕭何降泗水監平，〔三〕平以胡陵降，賜嬰爵五大夫。從擊秦軍碭東，攻濟陽，下户牖，破李由軍雍丘下，以兵車趣攻戰疾，賜爵執帛。常以太僕奉車從擊章邯軍東阿、濮陽下，以兵車趣攻戰疾，破之，賜爵執珪。復常奉車從擊趙賁軍開封，楊熊軍曲遇。嬰從捕虜六十八人，降卒八百五十人，得印一匱。〔四〕因復常奉車從擊秦軍雒陽東，以兵車趣攻戰疾，賜爵封轉爲滕公。〔五〕因復奉車從攻南陽，戰於藍田、芷

陽，〔六〕以兵車趣攻戰疾，至霸上。項羽至，滅秦，立沛公爲漢王。漢王賜嬰爵列侯，號昭平侯，復爲太僕，從入蜀、漢。

〔一〕正義 焉，于僞反。使，所吏反。
〔二〕正義 謂父老開城門迎高祖。
〔三〕集解 張晏曰：「胡陵，平所止縣，何嘗給之，故與降也。」
〔四〕索隱 案：說文云「匵，匣也」。謂得其時自相部署之印。
〔五〕集解 徐廣曰：「令也。」駰案：鄧展曰「今沛郡公丘」。漢書曰嬰爲滕令奉車，故號滕公。正義 滕郎公丘故城是，在徐州滕縣西南十五里。
〔六〕索隱 芷音止，地名，今霸陵也，在京兆。

還定三秦，從擊項籍。至彭城，項羽大破漢軍。漢王敗，不利，馳去。見孝惠、魯元，載之。漢王急，馬罷，虜在後，常蹶兩兒〔一〕欲弃之，嬰常收，竟載之，徐行面雍樹乃馳。〔二〕漢王怒，行欲斬嬰者十餘，卒得脫，而致孝惠、魯元於豐。

〔一〕索隱 蹶音厥，又音巨月反，一音居衞反。漢書作「蹳」，音撥。
〔二〕集解 服虔曰：「高祖欲斬之，故嬰圍樹走也。面，向樹也。」應劭曰：「古者皆立乘，嬰恐小兒墜，各置一面雍持之。樹，立也。」蘇林曰：「南(陽)〔方〕人謂抱小兒爲『雍樹』。面者，大人以面首向臨之，小兒抱大人頸似懸樹也。」索隱 蘇林與晉灼皆言南方及京師謂抱兒爲「擁樹」，今則無其言，或當時有此說。其應、服之說，蓋疎也。

漢王既至滎陽，收散兵，復振，賜嬰食祈陽。〔一〕復常奉車從擊項籍，追至陳，卒定楚，至魯，益食茲氏。〔二〕

〔一〕集解 徐廣曰：「祈，一作『沂』。」索隱 蓋鄉名也。漢書作「沂」，楚無其縣。
〔二〕索隱 縣名也。地理志屬太原。

漢王立爲帝。其秋，燕王臧荼反，嬰以太僕從擊荼。明年，從至陳，取楚王信。更食汝陰，剖符世世勿絕。以太僕從擊代，至武泉、雲中，〔一〕益食千户。因從擊韓信軍胡騎晉陽旁，大破之。追北至平城，爲胡所圍，七日不得通。高帝使使厚遺閼氏，冒頓開圍一角。高帝出欲馳，嬰固徐行，弩皆持滿外向，卒得脫。益食嬰細陽〔二〕千户。復以太僕從擊胡騎句注北，大破之。以太僕擊胡騎平城南，三陷陳，功爲多，賜所奪邑五百户。〔三〕以太僕擊陳豨、黥布軍，陷陳卻敵，益食千户，定食汝陰六千九百户，除前所食。

〔一〕索隱 地理志武泉屬雲中。正義 二縣，在朔州善陽縣界。
〔二〕索隱 地理志屬汝南。
〔三〕集解 漢書音義曰：「時有罪過奪邑者，以賜之。」

嬰自上初起沛，常爲太僕，竟高祖崩。以太僕事孝惠。孝惠帝及高后德嬰之脫孝惠、魯元於下邑之閒也，〔一〕乃賜嬰縣北第第一，曰「近我」，以尊異之。孝惠帝崩，以太僕事高后。高后崩，代王之來，嬰以太僕與東牟侯入清宮，廢少帝，以天子法駕迎代王代邸，與大臣共立爲孝文皇帝，復爲太僕。八歲卒，謚爲文侯。〔二〕子夷侯竈立，七年卒。子共侯賜立，三十一年卒。子侯頗尚平陽公主。立十九歲，元鼎二年，坐與父御婢姦罪，自殺，國除。

〔一〕正義 宋州碭山縣。
〔二〕索隱 案：姚氏云「三輔故事曰『滕文公墓在飲馬橋東大道南，俗謂之馬冢』。博物志曰『公卿送嬰葬，至東都門外，馬不行，踣地悲鳴，得石槨，有銘曰「佳城鬱鬱，三千年見白日，吁嗟滕公居此室」。乃葬之』」。

潁陰侯〔一〕灌嬰者，睢陽販繒者也。〔二〕高祖之爲沛公，略地至雍丘下，章邯敗殺項梁，而沛公還軍於碭，嬰初以中涓從擊破東郡尉於成武及秦軍於扛里，疾鬬，賜爵七大夫。從攻秦軍亳南、開封、曲遇，戰疾力，〔三〕賜爵執帛，號宣陵君。從攻陽武以西至雒陽，破秦軍尸北，北絕河津，南破南陽守齮陽城東，遂定南陽郡。西入武關，戰於藍田，疾力，至霸上，賜爵執珪，號昌文君。〔四〕

〔一〕正義 今陳州南潁縣西北十三里潁陰故城是。

〔二〕正義 睢陽，宋州宋城縣。
〔三〕集解 服虔曰：「疾攻之。」
〔四〕索隱 亦稱宣陵君，皆非爵士，加美號耳。

沛公立爲漢王，拜嬰爲郎中，從入漢中，十月，拜爲中謁者。從還定三秦，下櫟陽，降塞王。還圍章邯於廢丘，未拔。從東出臨晉關，擊降殷王，定其地。擊項羽將龍且、魏相項他軍定陶南，疾戰，破之。賜嬰爵列侯，號昌文侯，食杜平鄉。〔一〕

〔一〕索隱 謂食杜縣之平鄉。

復以中謁者從降下碭，以至彭城。項羽擊，大破漢王。漢王遁而西，嬰從還，軍於雍丘。王武、魏公申徒反，〔一〕從擊破之。攻下黄，〔二〕西收兵，軍於滎陽。楚騎來衆，漢王乃擇軍中可爲(車)騎將者，皆推故秦騎士重泉人〔三〕李必、駱甲〔四〕習騎兵，今爲校尉，可爲騎將。漢王欲拜之，必、甲曰：「臣故秦民，恐軍不信臣，臣願得大王左右善騎者傅之。」〔五〕灌嬰雖少，然數力戰，乃拜灌嬰爲中大夫，令李必、駱甲爲左右校尉，將郎中騎兵擊楚騎於滎陽東，大破之。受詔別擊楚軍後，絕其餉道，起陽武至襄邑。擊項羽之將項冠於魯下，破之，所將卒斬右司馬、騎將各一人。〔六〕擊破柘公王武，〔七〕軍於燕西，所將卒斬樓煩將五人，〔八〕連尹一人。〔九〕擊王武別將桓嬰白馬下，破之，所將卒斬都尉一人。以騎渡河南，送

漢王到雒陽，使北迎相國韓信軍於邯鄲。還至敖倉，嬰遷爲御史大夫。

〔一〕【集解】張晏曰：「秦將，降爲公，今反。」

〔二〕【正義】故城在曹州考城縣東二十四里。

〔三〕【集解】徐廣曰：「重泉屬馮翊。」【正義】故城在同州蒲城縣東南四十五里。

〔四〕【索隱】必、甲，二人名也。姚氏案：漢紀桓帝延熹三年，追錄高祖功臣李必後黃門丞李遂爲晉陽關內侯也。

〔五〕【集解】如淳曰：「傅音附。猶言隨從者。」

〔六〕【集解】張晏曰：「王右方之馬，左亦如之。」

〔七〕【集解】徐廣曰：「柘屬陳。」【索隱】案：武，柘縣令也。柘縣屬陳。【正義】柘屬淮陽國。案：滑州胙城，本南燕國也。

〔八〕【集解】李奇曰：「樓煩，縣名。其人善騎射，故以名射士爲『樓煩』，取其美稱，未必樓煩人也。」張晏曰：「樓煩，胡國名也。」

〔九〕【集解】張晏曰：「大夫，楚官。」【索隱】蘇林曰：「楚官也。」案：左傳「莫敖、連尹、宮廄尹」是。

三年，以列侯食邑杜平鄉。以御史大夫受詔將郎中騎兵東屬相國韓信，擊破齊軍於歷下，所將卒虜車騎將軍華毋傷及將吏四十六人。降下臨菑，得齊守相田光。追齊相田橫至嬴、博，破其騎，所將卒斬騎將一人，生得騎將四人。攻下嬴、博，破齊將軍田吸於千乘，所將卒斬吸。東從韓信攻龍且、留公旋於高密，〔一〕卒斬龍且，〔二〕生得右司馬、連尹各一人，

樓煩將十人，身生得亞將周蘭。

〔一〕【索隱】留，縣。令稱公，旋其名也。高密，縣名，在北海。漢書作「假密」。假密，地名，不知所在，未知孰是。【正義】留縣在沛郡。公，其令。

〔二〕【集解】文穎曰：「所將卒。」

齊地已定，韓信自立爲齊王，使嬰別將擊楚將公杲於魯北，破之。轉南，破薛郡長，身虜騎將一人。攻(博)〔傅〕陽，前至下相以東南僮、取慮、徐。〔一〕度淮，盡降其城邑，至廣陵。〔二〕項羽使項聲、薛公、郯公復定淮北。嬰度淮北，擊破項聲、郯公下邳，〔三〕斬薛公，下下邳，擊破楚騎於平陽，〔四〕遂降彭城，虜柱國項佗，降留、薛、沛、酇、蕭、相。攻苦、譙，〔五〕復得亞將周蘭。與漢王會頤鄉。〔六〕從擊項籍軍於陳下，破之，所將卒斬樓煩將二人，虜騎將八人。賜益食邑二千五百户。

〔一〕【索隱】取音秋。慮音閭。取又音趣。僮、徐是二縣，取慮是一縣名。

〔二〕【集解】漢書音義曰：「住廣陵以禦敵。」【正義】謂從下相以東南，盡降城邑，乃至廣陵，皆平定也。

〔三〕【正義】郯音談，東海縣。

〔四〕【索隱】小顏云「此平陽在東郡」。地理志太山有東平陽縣。【正義】南平陽縣城，今兗州鄒縣也，在兗州東南六十二里。案：鄒縣去徐州滕縣界四十餘里也。

〔五〕【正義】户焦二音。

〔六〕【集解】徐廣曰：「苦縣有頤鄉。」【索隱】徐廣云：「苦縣有頤鄉。」音以之反。

項籍敗垓下去也，嬰以御史大夫受詔將車騎別追項籍至東城，〔一〕破之。所將卒五人共斬項籍，皆賜爵列侯。降左右司馬各一人，卒萬二千人，盡得其軍將吏。下東城、歷陽。〔二〕渡江，破吳郡長吳下，〔三〕得吳守，遂定吳、豫章、會稽郡。還定淮北，凡五十二縣。

〔一〕【正義】縣在濠州定遠縣東南五十五里。

〔二〕【正義】和州歷陽縣，即今州城是也。

〔三〕【集解】如淳曰：「『雄長』之『長』也。」【索隱】下有郡守，此長即令也。如淳以爲雄長，非也。【正義】今蘇州也。案：如說非也。吳郡長即吳郡守也。一破吳郡長兵於吳城下而得吳郡守身也。

漢王立爲皇帝，賜益嬰邑三千户。其秋，以車騎將軍從擊破燕王臧荼。明年，從至陳，取楚王信。還，剖符，世世勿絕，食潁陰二千五百户，號曰潁陰侯。

以車騎將軍從擊反韓王信於代，至馬邑，受詔別降樓煩以北六縣，斬代左相，破胡騎於武泉北。〔一〕復從擊韓信胡騎晉陽下，所將卒斬胡白題將一人。〔二〕受詔并將燕、趙、齊、梁、楚車騎，擊破胡騎於硰石。〔三〕至平城，爲胡所圍，從還軍東垣。

〔一〕【正義】縣名，在朔州北二百二十里。

〔二〕【集解】服虔曰：「胡名也。」

〔三〕【集解】服虔曰：「硰音沙。」【索隱】服虔音沙，劉氏音千卧反。

從擊陳豨，受詔別攻豨丞相侯敞軍曲逆下，破之，卒斬敞及特將五人。〔一〕降曲逆、盧奴、上曲陽、安國、安平。〔二〕攻下東垣。

〔一〕【集解】文穎曰：「『特一』之『特』也。」

〔二〕【正義】盧奴，定州安喜縣是。曲陽，定州曲陽縣是。安平，定州安平縣。

黥布反，以車騎將軍先出，攻布別將於相，破之，斬亞將樓煩將三人。又進擊破布上柱國軍及大司馬軍。又進破布別將肥誅。〔一〕嬰身生得左司馬一人，所將卒斬其小將十人，追北至淮上。益食二千五百户。布已破，高帝歸，定令嬰食潁陰五千户，除前所食邑。凡從得二千石二人，別破軍十六，降城四十六，定國一，郡二，縣五十二，得將軍二人，柱國、相國各一人，二千石十人。

〔一〕【集解】徐廣曰：「一作『銖』。」【索隱】案：漢書作「肥銖」。

嬰自破布歸，高帝崩，嬰以列侯事孝惠帝及呂太后。太后崩，呂祿等以趙王自置爲將軍，軍長安，爲亂。齊哀王聞之，舉兵西，且入誅不當爲王者。上將軍呂祿等聞之，乃遣嬰爲大將，將軍往擊之。嬰行至滎陽，乃與絳侯等謀，因屯兵滎陽，風齊王以誅呂氏事，〔一〕齊兵止不前。絳侯等既誅諸呂，齊王罷兵歸，嬰亦罷兵自滎陽歸，與絳侯、陳平共立代王爲孝

文皇帝。孝文皇帝於是益封嬰三千户，賜黃金千斤，拜爲太尉。

〔一〕正義 凬，方凬反。

三歲，絳侯勃免相就國，嬰爲丞相，罷太尉官。是歲，匈奴大入北地、上郡，令丞相嬰將騎八萬五千往擊匈奴。匈奴去，濟北王反，詔乃罷嬰之兵。後歲餘，嬰以丞相卒，謚曰懿侯。子平侯阿代侯。二十八年卒，子彊代侯。十三年，彊有罪，絶二歲。元光三年，天子封灌嬰孫賢爲臨汝侯，續灌氏後，八歲，坐行賕有罪，國除。

太史公曰：吾適豐沛，問其遺老，觀故蕭、曹、樊噲、滕公之家，及其素，異哉所聞！方其鼓刀屠狗賣繒之時，豈自知附驥之尾，垂名漢廷，德流子孫哉？余與他廣通，爲言高祖功臣之興時若此云。〔一〕

〔一〕索隱 案：他廣，樊噲之孫，後失封。蓋嘗訝太史公序蕭、曹、樊、滕之功悉具，則從他廣而得其事，故備也。

【索隱述贊】聖賢影響，雲蒸龍變。屠狗販繒，攻城野戰。扶義西上，受封南面。酈況賣交，舞陽內援。滕灌更王，奕葉繁衍。

史記卷九十六

張丞相列傳第三十六

張丞相蒼者，陽武人也。〔一〕好書律曆。秦時爲御史，主柱下方書。〔二〕有罪，亡歸。及沛公略地過陽武，蒼以客從攻南陽。蒼坐法當斬，解衣伏質，〔三〕身長大，肥白如瓠，時王陵見而怪其美士，乃言沛公，赦勿斬。遂從西入武關，至咸陽。沛公立爲漢王，入漢中，還定三秦。陳餘擊走常山王張耳，耳歸漢，漢乃以張蒼爲常山守。從淮陰侯擊趙，蒼得陳餘。趙地已平，漢王以蒼爲代相，備邊寇。已而徙爲趙相，相趙王耳。耳卒，相趙王敖。復徙相代王。燕王臧荼反，高祖往擊之，蒼以代相從攻臧荼有功，以六年中封爲北平侯，食邑千二百户。

〔一〕索隱 案：縣名，屬陳留。正義 鄭州陽武縣也。

〔二〕集解 如淳曰：「方，版也，謂書事在版上者也。秦以上置柱下史，蒼爲御史，主其事。或曰四方文書。」索隱 周秦皆有柱下史，謂御史也。所掌及侍立恆在殿柱之下，故老子爲周柱下史。今蒼在秦代亦居斯職。方書者，

如淳以爲方板，謂小事書之於方也，或曰主四方文書也。姚氏以爲下云「明習天下圖書計籍，主郡上計」，則方爲四方文書是也。

〔三〕索隱 小顏云：「質，椹也。」

遷爲計相，〔一〕一月，更以列侯爲主計四歲。〔二〕是時蕭何爲相國，而張蒼乃自秦時爲柱下史，明習天下圖書計籍。蒼又善用算律曆，故令蒼以列侯居相府，領主郡國上計者。黥布反亡，漢立皇子長爲淮南王，而張蒼相之。十四年，遷爲御史大夫。

〔一〕集解 文穎曰：「能計，故號曰計相。」

〔二〕集解 張晏曰：「以列侯典校郡國簿書。」如淳曰：「以其所主，因以爲官號，與計相同。時所卒立，非久施也。」索隱 謂改計相之名，更名主計也。此蓋權時立號也。

周昌者，沛人也。其從兄曰周苛，秦時皆爲泗水卒史。及高祖起沛，擊破泗水守監，於是周昌、周苛自卒史從沛公，沛公以周昌爲職志，〔一〕周苛爲客。〔二〕從入關，破秦。沛公立爲漢王，以周苛爲御史大夫，周昌爲中尉。

〔一〕集解 徐廣曰：「主旗幟之屬。」索隱 官名也。職，主也。志，旗幟也。謂掌旗幟之官也。音昌志反。

〔二〕集解 張晏曰：「爲帳下賓客，不掌官。」

漢王四年，楚圍漢王滎陽急，漢王遁出去，而使周苛守滎陽城。楚破滎陽城，欲令周苛

將。苛罵曰：「若趣降漢王！不然，今爲虜矣！」項羽怒，亨周苛。〔一〕於是乃拜周昌爲御史大夫。常從擊破項籍。以六年中與蕭、曹等俱封：封周昌爲汾陰侯；周苛子周成以父死事，封爲高景侯。〔二〕

〔一〕集解徐廣曰：「四年三月也。」

〔二〕集解徐廣曰：「九年封，封三十九年，文帝後元四年謀反死，國除。」

昌爲人彊力，敢直言，自蕭、曹等皆卑下之。昌嘗燕時入奏事，〔一〕高帝方擁戚姬，昌還走，高帝逐得，騎周昌項，問曰：「我何如主也？」昌仰曰：「陛下卽桀紂之主也。」於是上笑之，然尤憚周昌。及帝欲廢太子，而立戚姬子如意爲太子，大臣固爭之，莫能得；上以留侯策卽止。而周昌廷爭之彊，上問其說，昌爲人吃，又盛怒，曰：「臣口不能言，然臣期期知其不可。〔二〕陛下雖欲廢太子，臣期期不奉詔。」上欣然而笑。既罷，呂后側耳於東箱聽，〔三〕見周昌，爲跪謝曰：「微君，太子幾廢。」〔四〕

〔一〕集解漢書音義曰：「以上燕時入奏事。」

〔二〕正義昌以口吃，每語故重言期期也。

〔三〕集解韋昭曰：「殿東堂也。」索隱韋昭曰：「殿東堂也。」小顏云：「正寢之東西室，皆號曰箱，言似箱篋之形。」

〔四〕索隱幾，鉅依反。

是後戚姬子如意爲趙王，年十歲，高祖憂卽萬歲之後不全也。趙堯年少，爲符璽御史。趙人方與公〔一〕謂御史大夫周昌曰：「君之史趙堯，年雖少，然奇才也，君必異之，是且代君之位。」周昌笑曰：「堯年少，刀筆吏耳，〔二〕何能至是乎！」居頃之，趙堯侍高祖。高祖獨心不樂，悲歌，羣臣不知上之所以然。趙堯進請問曰：「陛下所爲不樂，非爲趙王年少而戚夫人與呂后有郤邪？備萬歲之後而趙王不能自全乎？」高祖曰：「然。吾私憂之，不知所出。」〔三〕堯曰：「陛下獨宜爲趙王置貴彊相，及呂后、太子、羣臣素所敬憚乃可。」高祖曰：「然。吾念之欲如是，而羣臣誰可者？」堯曰：「御史大夫周昌，其人堅忍質直，且自呂后、太子及大臣皆素敬憚之。獨昌可。」高祖曰：「善。」於是乃召周昌，謂曰：「吾欲固煩公，公彊爲我相趙王。」〔四〕周昌泣曰：「臣初起從陛下，陛下獨柰何中道而弃之於諸侯乎？」高祖曰：「吾極知其左遷，〔五〕然吾私憂趙王，念非公無可者。公不得已彊行！」於是徙御史大夫周昌爲趙相。

〔一〕集解孟康曰：「方與，縣名；公，其號。」瓚曰：「方與縣令也。」

〔二〕正義古用簡牘，書有錯謬，以刀削之，故號曰「刀筆吏」。

〔三〕索隱謂不知其計所出也。

〔四〕正義桓譚新論云：「使周相趙，不如使取呂后家女爲妃，令戚夫人善事呂后，則如意無斃也。」

〔五〕索隱按：諸侯王表有左官之律。韋昭以爲「左猶下也，禁不得下仕於諸侯王也」。然地道尊右，右貴左賤，故謂貶秩爲「左遷」。他皆類此。

既行久之，高祖持御史大夫印弄之，曰：「誰可以爲御史大夫者？」孰視趙堯，曰：「無以易堯。」遂拜趙堯爲御史大夫。〔一〕堯亦前有軍功食邑，及以御史大夫從擊陳豨有功，封爲江邑侯。〔二〕

〔一〕集解徐廣曰：「十年也。」

〔二〕集解徐廣曰：「十一年〔封〕。」

高祖崩，呂太后使使召趙王，其相周昌令王稱疾不行。使者三反，周昌固爲不遣趙王。於是高后患之，乃使使召周昌。周昌至，謁高后，高后怒而罵周昌曰：「爾不知我之怨戚氏乎？而不遣趙王，何？」昌既徵，高后使使召趙王，趙王果來。至長安月餘，飲藥而死。周昌因謝病不朝見，三歲而死。〔一〕

〔一〕集解徐廣曰：「諡悼也。」索隱按：漢書列傳及表咸言周昌諡悼，韋昭云「或諡惠」，非也。漢書又曰「傳子至孫意，有罪，國除。景帝復封昌孫左車爲安陽侯，有罪，國除」。

後五歲，〔一〕高后聞御史大夫江邑侯趙堯高祖時定趙王如意之畫，乃抵堯罪，〔二〕以廣阿侯任敖爲御史大夫。

〔一〕正義高后之年。

〔二〕集解徐廣曰：「呂后元年，國除。」

任敖者，故沛獄吏。高祖嘗辟吏，〔一〕吏繫呂后，遇之不謹。任敖素善高祖，怒，擊傷主呂后吏。及高祖初起，敖以客從爲御史，守豐二歲。高祖立爲漢王，東擊項籍，敖遷爲上黨守。陳豨反時，敖堅守，封爲廣阿侯，食千八百户。高后時爲御史大夫。三歲免，〔二〕以平陽侯曹窋爲御史大夫。高后崩，(不)與大臣共誅呂祿等。免，以淮南相張蒼爲御史大夫。

〔一〕正義辟音避。

〔二〕集解徐廣曰：「文帝二年，任敖卒，諡懿侯。曾孫越人，元鼎二年爲太常，坐酒酸，國除。」駰案：漢書任敖孝文元年薨，徐誤也。索隱此徐氏據漢書爲說，而誤云「二年」，裴駰又引任安書證，爲得其實。正義按：史記書表云孝文二年卒，漢表又云封十九年卒，計高祖十一年封，到文帝二年則十九年矣。而漢書誤，裴氏不考，乃云徐誤，何其貳過也！

蒼與絳侯等尊立代王爲孝文皇帝。四年，丞相灌嬰卒，張蒼爲丞相。

自漢興至孝文二十餘年，會天下初定，將相公卿皆軍吏。張蒼爲計相時，緒正律曆。〔一〕以高祖十月始至霸上，因故秦時本以十月爲歲首，弗革。推五德之運，以爲漢當水德之時，尚黑如故。〔二〕吹律調樂，入之音聲，及以比定律令。〔三〕若百工，天下作程品。〔四〕至於爲丞相，卒就之，故漢家言律曆者，本之張蒼。蒼本好書，無所不觀，無所不通，而尤善律曆。〔五〕

〔一〕集解文穎曰：「緒，尋也。或曰緒，業也。」

〔二〕正義姚察云：「蒼是秦人，猶用推五勝之法，以周赤烏爲火，漢勝火以水也。」

〔三〕集解如淳曰：「比謂五音清濁各有所比也。以定十二月律之法令於樂官，使長行之。」瓚曰：「謂以比故取類，以定法律與條令也。」正義比音鼻，或音必履反，謂比方也。

〔四〕集解如淳曰：「若，順也。百工爲器物皆有尺寸斤兩，皆使得宜，此之謂順。」晉灼曰：「若，預及之辭。」索隱按：晉灼説以爲「若預及之辭」爲得也。

〔五〕集解漢書曰：「著書十八篇，言陰陽律曆事。」

張蒼德王陵。王陵者，安國侯也。及蒼貴，常父事王陵。陵死後，蒼爲丞相，洗沐，常先朝陵夫人上食，然後敢歸家。

蒼爲丞相十餘年，魯人公孫臣上書言漢土德時，其符有黃龍當見。詔下其議張蒼，張蒼以爲非是，罷之。其後黃龍見成紀，於是文帝召公孫臣以爲博士，草土德之曆制度，更元

年。張丞相由此自絀，謝病稱老。蒼任人爲中候，〔一〕大爲姦利，上以讓蒼，蒼遂病免。蒼爲丞相十五歲而免。孝景前五年，蒼卒，謚爲文侯。子康侯代，八年卒。子類〔二〕代爲侯，八年，坐臨諸侯喪後就位不敬，國除。〔三〕

〔一〕集解張晏曰：「所選保任者也。」瓚曰：「中候，官名。」

〔二〕集解徐廣曰：「一作『顃』，音瞶。」

〔三〕索隱案：漢書云傳子至孫毅有罪，國除，今此云康侯代，八年卒，子類代侯，則類即毅也，與漢書略同。

初，張蒼父長不滿五尺，及生蒼，蒼長八尺餘，爲侯、丞相。蒼子復長。〔一〕及孫類，長六尺餘，坐法失侯。蒼之免相後，老，口中無齒，乳，女子爲乳母。妻妾以百數，嘗孕者不復幸。蒼年百有餘歲而卒。

〔一〕集解漢書云長八尺。

申屠丞相嘉者，梁人，以材官蹶張〔一〕從高帝擊項籍，遷爲隊率。〔二〕從擊黥布軍，爲都尉。孝惠時，爲淮陽守。孝文帝元年，舉故吏士二千石從高皇帝者，悉以爲關內侯，食邑二

十四人，而申屠嘉食邑五百户。張蒼已爲丞相，嘉遷爲御史大夫。張蒼免相，〔三〕孝文帝欲用皇后弟竇廣國爲丞相，曰：「恐天下以吾私廣國。」廣國賢有行，故欲相之，念久之不可，而高帝時大臣又皆多死，餘見無可者，乃以御史大夫嘉爲丞相，因故邑封爲故安侯。〔四〕

〔一〕集解徐廣曰：「勇健有材力開張。」駰案：如淳曰「材官之多力，能腳蹋強弩張之，故曰蹶張。律有蹶張士」。索隱孟康云：「主張強弩。」又如淳曰：「材官之多力，能蹋強弩張之，故曰蹶張。」蹶音其月反。漢令有蹶張士百人是也。

〔二〕索隱所類反。

〔三〕集解徐廣曰：「後二年八月。」

〔四〕正義今易州界武陽城中東南隅故城是也。

嘉爲人廉直，門不受私謁。是時太中大夫鄧通方隆愛幸，賞賜累巨萬。文帝嘗燕飲通家，其寵如是。是時丞相入朝，而通居上傍，有怠慢之禮。丞相奏事畢，因言曰：「陛下愛幸臣，則富貴之；至於朝廷之禮，不可以不肅！」上曰：「君勿言，吾私之。」罷朝坐府中，嘉爲檄召鄧通詣丞相府，不來，且斬通。通恐，入言文帝。文帝曰：「汝第往，吾今使人召若。」通至丞相府，免冠，徒跣，頓首謝。嘉坐自如，故不爲禮，責曰：「夫朝廷者，高皇帝之朝廷也。通小臣，戲殿上，大不敬，當斬。吏今行斬之！」〔一〕通頓首，首盡出血，不解。文帝度

丞相已困通，使使者持節召通，而謝丞相曰：「此吾弄臣，君釋之。」鄧通既至，爲文帝泣曰：「丞相幾殺臣。」

〔一〕集解如淳曰：「嘉語其吏曰『今便行斬之』。」

嘉爲丞相五歲，孝文帝崩，孝景帝即位。二年，鼂錯爲內史，貴幸用事，諸法令多所請變更，議以謫罰侵削諸侯。而丞相嘉自絀所言不用，疾錯。錯爲內史，門東出，不便，更穿一門南出。南出者，太上皇廟堧垣。〔一〕嘉聞之，欲因此以法錯擅穿宗廟垣爲門，奏請誅錯。錯客有語錯，錯恐，夜入宮上謁，自歸景帝。〔二〕至朝，丞相奏請誅內史錯。景帝曰：「錯所穿非真廟垣，乃外堧垣，故他官居其中，〔三〕且又我使爲之，錯無罪。」罷朝，嘉謂長史曰：「吾悔不先斬錯，乃先請之，爲錯所賣。」至舍，因歐血而死。謚爲節侯。子共侯蔑代，三年卒。子侯去病代，三十一年卒。〔四〕子侯臾代，六歲，坐爲九江太守受故官送有罪，國除。

〔一〕集解服虔曰：「宮外垣也。」如淳曰：「堧音『畏愞』之『愞』。」索隱如淳音「畏懦」之「懦」，乃喚反。韋昭音而緣反。又音輭。

〔二〕正義自歸帝首露。

〔三〕索隱漢書作「宂官」，謂散官也。

〔四〕集解徐廣曰：「一本無侯去病，而云共侯蔑三十三年，子臾改封靖安侯。」

自申屠嘉死之後，景帝時開封侯陶青、桃侯劉舍爲丞相。〔一〕及今上時，柏至侯許昌、〔二〕平棘侯薛澤、〔三〕武彊侯莊青翟、〔四〕高陵侯趙周〔五〕等爲丞相。皆以列侯繼嗣，娖娖〔六〕廉謹，爲丞相備員而已，無所能發明功名有著於當世者。

〔一〕集解徐廣曰：「陶青，高祖功臣陶舍之子也，謚夷。劉舍，本項氏親也，賜姓劉氏。父襄佐高祖有功。舍謚哀侯。」

〔二〕集解徐廣曰：「高祖功臣許溫之孫，謚哀侯。」

〔三〕集解徐廣曰：「高祖功臣廣平侯薛歐之孫平棘節侯薛澤。」

〔四〕集解徐廣曰：「高祖功臣莊不識之孫。」

〔五〕集解徐廣曰：「周父夷吾爲楚王戊太傅，諫爭而死。」

〔六〕集解徐廣曰：「娖音七角反。一作『斷』，一作『齱』。」索隱娖音側角反。小顏云「持整之貌」。漢書作「齱」，齱音初角反。斷音都亂反。義如尚書「斷斷猗無他技」。

太史公曰：張蒼文學律曆，爲漢名相，而絀賈生、公孫臣等言正朔服色事而不遵，明用秦之顓頊曆，何哉？〔一〕周昌，木彊人也。〔二〕任敖以舊德用。〔三〕申屠嘉可謂剛毅守節矣，然

無術學，殆與蕭、曹、陳平異矣。

〔一〕集解張晏曰：「不考經典，專用顓頊曆，何哉？」

〔二〕正義言其質直掘強如木石焉。

〔三〕集解張晏曰：「謂傷辱呂后吏。」

孝武時丞相多甚，不記，莫錄其行起居狀略，且紀征和以來。

有車丞相，長陵人也。〔一〕卒而有韋丞相代。〔二〕韋丞相賢者，魯人也。以讀書術爲吏，至大鴻臚。有相工相之，當至丞相。有男四人，使相工相之，至第二子，其名玄成。相工曰：「此子貴，當封。」韋丞相言曰：「我卽爲丞相，有長子，是安從得之？」後竟爲丞相，病死，而長子有罪論，不得嗣，而立玄成。玄成時佯狂，不肯立，竟立之，有讓國之名。後坐騎至廟，不敬，有詔奪爵一級，爲關內侯，失列侯，得食其故國邑。韋丞相卒，有魏丞相代。

〔一〕集解名千秋。

〔二〕索隱自車千秋已下，皆褚先生等所記。然丞相傳都省略，漢書則備。

魏丞相相者，濟陰人也。以文吏至丞相。其人好武，皆令諸吏帶劍，帶劍前奏事。或有不帶劍者，當人奏事，至乃借劍而敢入奏事。其時京兆尹趙君，〔一〕丞相奏以免罪，使人執魏丞相，欲求脫罪而不聽。復使人脅恐魏丞相，以夫人賊殺侍婢事而私獨奏請驗之，發吏卒至丞相舍，捕奴婢笞擊問之，實不以兵刃殺也。而丞相司直繁君〔二〕奏京兆尹趙君迫脅丞相，誣以夫人賊殺婢，發吏卒圍捕丞相舍，不道；又得擅屏騎士事，趙京兆坐要斬。又有使掾陳平等劾中尚書，疑以獨擅劫事而坐之，大不敬，長史以下皆坐死，或下蠶室。而魏丞相竟以丞相病死。子嗣。後坐騎至廟，不敬，有詔奪爵一級，爲關內侯，失列侯，得食其故國邑。魏丞相卒，以御史大夫邴吉代。

〔一〕集解名廣漢。

〔二〕索隱繁，姓也，音婆。

邴丞相吉者，魯國人也。以讀書好法令至御史大夫。孝宣帝時，以有舊故，封爲列侯，而因爲丞相。明於事，有大智，後世稱之。以丞相病死。子顯嗣。後坐騎至廟，不敬，有詔奪爵一級，失列侯，得食故國邑。顯爲吏至太僕，坐官秏亂，身及子男有姦贓，免爲庶人。

邴丞相卒，黃丞相代。長安中有善相工田文者，與韋丞相、魏丞相、邴丞相微賤時會於客家，田文言曰：「今此三君者，皆丞相也。」其後三人竟更相代爲丞相，何見之明

也。

黃丞相霸者，淮陽人也。以讀書爲吏，至潁川太守。治潁川，以禮義條教喻告化之。犯法者，風曉令自殺。化大行，名聲聞。孝宣帝下制曰：「潁川太守霸，以宣布詔令治民，道不拾遺，男女異路，獄中無重囚。賜爵關內侯，黃金百斤。」徵爲京兆尹而至丞相，復以禮義爲治。以丞相病死。子嗣，後爲列侯。黃丞相卒，以御史大夫于定國代。于丞相已有廷尉傳，在張廷尉語中。于丞相去，御史大夫韋玄成代。

韋丞相玄成者，卽前韋丞相子也。代父，後失列侯。其人少時好讀書，明於詩、論語。爲吏至衞尉，徙爲太子太傅。御史大夫薛君免，〔一〕爲御史大夫。于丞相乞骸骨免，而爲丞相，因封故邑爲扶陽侯。數年，、死。孝元帝親臨喪，賜賞甚厚。子嗣後。其治容容隨世俗浮沈，而見謂諂巧。而相工本謂之當爲侯代父，而後失之；復自游宦而起，至丞相。父子俱爲丞相，世閒美之，豈不命哉！相工其先知之。韋丞相卒，御史大夫匡衡代。

〔一〕集解名廣德也。

丞相匡衡者，東海人也。好讀書，從博士受詩。家貧，衡傭作以給食飲。才下，數射策不中，至九，乃中丙科。其經以不中科故明習。補平原文學卒史。數年，郡不尊

敬。御史徵之，以補百石屬薦爲郎，而補博士，拜爲太子少傅，而事孝元帝。孝元好詩，而遷爲光祿勳，居殿中爲師，授教左右，而縣官坐其旁聽，甚善之，日以尊貴。御史大夫鄭弘坐事免，而匡君爲御史大夫。歲餘，韋丞相死，匡君代爲丞相，封樂安侯。以十年之閒，不出長安城門而至丞相，豈非遇時而命也哉！

太史公曰：深惟〔一〕士之游宦所以至封侯者，微甚。〔二〕然多至御史大夫卽去者。諸爲大夫而丞相次也，其心冀幸丞相物故也。〔三〕或乃陰私相毁害，欲代之。然守之日久不得，或爲之日少而得之，至於封侯，真命也夫！御史大夫鄭君守之數年不得，匡君居之未滿歲，而韋丞相死，卽代之矣，豈可以智巧得哉！多有賢聖之才，困戹不得者衆甚也。

〔一〕索隱 案：此論匡衡已來事，則後人所述也，而亦稱「史公」，其序述淺陋，一何謬也！

〔二〕集解 徐廣曰：「微，一作『徵』。」

〔三〕集解 高堂隆答魏朝訪曰：「物，無也。故，事也。言無復所能於事。」

【索隱述贊】張蒼主計，天下作程。孫臣始絀，秦曆尚行。御史亞相，相國阿衡。申屠面折，周子廷争。其他娖娖，無所發明。

史記卷九十七

酈生陸賈列傳第三十七

酈生食其者，〔一〕陳留高陽人也。〔二〕好讀書，家貧落魄，〔三〕無以爲衣食業，爲里監門吏。〔四〕然縣中賢豪不敢役，縣中皆謂之狂生。

〔一〕正義 歷異幾三音也。

〔二〕集解 徐廣曰：「今在圉縣。」索隱 案：高陽屬陳留圉縣。高陽，鄉名也，故耆舊傳云「食其，高陽鄉人」。正義 陳留風俗傳云「高陽在雍丘西南」。括地志云「圉城在汴州雍丘縣西南。食其墓在雍丘西南二十八里」。蓋謂此也。

〔三〕集解 應劭曰：「落魄，志行衰惡之貌也。」晉灼曰：「落薄，落託，義同也。」索隱 案：鄭氏云「魄音薄」。應劭云「志行衰惡之貌也」。

〔四〕正義 監音甲衫反。戰國策云齊宣謂顏斶曰：「夫監門閭里，士之賤也。」

及陳勝、項梁等起，諸將徇地過高陽者數十人，〔一〕酈生聞其將皆握齱〔二〕好苛禮〔三〕自用，不能聽大度之言，酈生乃深自藏匿。後聞沛公將兵略地陳留郊，沛公麾下騎士適酈

生里中子也，〔四〕沛公時時問邑中賢士豪俊。騎士歸，酈生見謂之曰：「吾聞沛公慢而易人，多大略，此真吾所願從游，莫爲我先。〔五〕若見沛公，謂曰『臣里中有酈生，年六十餘，長八尺，人皆謂之狂生，生自謂我非狂生』。」騎士曰：「沛公不好儒，諸客冠儒冠來者，沛公輒解其冠，溲溺〔六〕其中。與人言，常大罵。未可以儒生説也。」酈生曰：「弟言之。」騎士從容言如酈生所誡者。

〔一〕正義 徇，略也。

〔二〕集解 應劭曰：「握齱，急促之貌。」索隱 應劭曰齱音若「促」。鄒氏音篭角反。韋昭云「握齱，小節也」。

〔三〕索隱 案：苛亦作「荷」。賈逵云「苛，煩也」。小顏云「苛，細也」。

〔四〕集解 服虔曰：「食其里中子適作沛公騎士。」索隱 適食其里中子。適音釋。服虔、蘇林皆云沛公騎士適是食其里中人也。案：言適近作騎士。

〔五〕索隱 案：先謂先容，言無人爲我作紹介也。正義 爲，于僞反。

〔六〕索隱 上所由反。下乃弔反，亦如字。溲卽溺也。

沛公至高陽傳舍，〔一〕使人召酈生。酈生至，入謁，沛公方倨牀使兩女子洗足，〔二〕而見酈生。酈生入，則長揖不拜，曰：「足下欲助秦攻諸侯乎？且欲率諸侯破秦也？」沛公罵曰：「豎儒！〔三〕夫天下同苦秦久矣，故諸侯相率而攻秦，何謂助秦攻諸侯乎？」酈生曰：「必聚徒合義兵誅無道秦，不宜倨見長者。」於是沛公輟洗，起攝衣，〔四〕延酈生上坐，謝之。酈生

因言六國從橫時。沛公喜，賜酈生食，問曰：「計將安出？」酈生曰：「足下起糾合之衆，〔五〕收散亂之兵，不滿萬人，欲以徑入强秦，此所謂探虎口者也。夫陳留，天下之衝，四通五達之郊也，〔六〕今其城又多積粟。臣善其令，〔七〕請得使之，令下足下。〔八〕卽不聽，足下舉兵攻之，臣爲內應。」於是遣酈生行，沛公引兵隨之，遂下陳留。號酈食其爲廣野君。

〔一〕集解徐廣曰：「二世三年二月。」
〔二〕索隱案：欒產云「邊牀曰倨」。
〔三〕索隱案：豎者，僮僕之稱。沛公輕之，以比奴豎，故曰「豎儒」也。
〔四〕正義攝猶言斂著也。
〔五〕集解一作「烏合」，一作「瓦合」。
〔六〕集解如淳曰：「四面中央，凡五達也。」瓚曰：「四通五達，言無險阻也。」
〔七〕正義言食其與陳留縣令相善也。
〔八〕正義令力征反。下謂降之也。

酈生言其弟酈商，使將數千人從沛公西南略地。酈生常爲說客，馳使諸侯。

漢三年秋，項羽擊漢，拔滎陽，漢兵遁保鞏、洛。楚人聞淮陰侯破趙，彭越數反梁地，〔一〕則分兵救之。淮陰方東擊齊，漢王數因滎陽、成皋，計欲捐成皋以東，屯鞏、洛以拒楚。酈

生因曰：「臣聞知天之天者，王事可成；不知天之天者，王事不可成。王者以民人爲天，〔二〕而民人以食爲天。夫敖倉，天下轉輸久矣，臣聞其下迺有藏粟甚多。楚人拔滎陽，不堅守敖倉，迺引而東，令適卒〔三〕分守成皋，此乃天所以資漢也。方今楚易取而漢反郤，自奪其便，〔四〕臣竊以爲過矣。且兩雄不俱立，楚漢久相持不決，百姓騷動，海內搖蕩，農夫釋耒，工女〔五〕下機，天下之心未有所定也。願足下急復進兵，收取滎陽，據敖倉之粟，〔六〕塞成皋之險，〔七〕杜大行之道，〔八〕距蜚狐之口，〔九〕守白馬之津，以示諸侯效實形制之勢，則天下知所歸矣。方今燕、趙已定，唯齊未下。今田廣據千里之齊，田閒將二十萬之衆，軍於歷城，諸田宗彊，負海阻河濟，南近楚，人多變詐，足下雖遣數十萬師，未可以歲月破也。臣請得奉明詔說齊王，使爲漢而稱東藩。」上曰：「善。」

〔一〕索隱數音朔。
〔二〕索隱王者以人爲天。案：此語出管子。
〔三〕索隱上音直革反。案：通俗文云「罰罪云讁」，卽所謂讁戍。又音陟革反。卒，租忽反。
〔四〕索隱漢反郤自奪便。以言不取敖倉，是漢卻，自奪其便利。
〔五〕索隱謂女工工巧也。漢書作「紅」，音工。
〔六〕正義敖倉在今鄭州滎陽縣西十有五里，石門之東，北臨汴水，南帶三皇山。秦始皇時置倉於敖山上，故名之曰敖倉也。
〔七〕正義卽氾水縣山也。
〔八〕集解韋昭曰：「在河內野王北也。」
〔九〕集解如淳曰：「上黨壺關也。」駰案：蜚狐在代郡西南。正義案：蔚州飛狐縣北百五十里有秦漢故郡城，西南有山，俗號爲飛狐口也。

迺從其畫，復守敖倉，而使酈生說齊王曰：「王知天下之所歸乎？」王曰：「不知也。」曰：「王知天下之所歸，則齊國可得而有也；若不知天下之所歸，卽齊國未可得保也。」齊王曰：「天下何所歸？」曰：「歸漢。」曰：「先生何以言之？」曰：「漢王與項王戮力西面擊秦，約先入咸陽者王之。漢王先入咸陽，項王負約不與而王之漢中。項王遷殺義帝，漢王聞之，起蜀漢之兵擊三秦，出關而責義帝之處，收天下之兵，立諸侯之後。降城卽以侯其將，得賂卽以分其士，與天下同其利，豪英賢才皆樂爲之用。諸侯之兵四面而至，蜀漢之粟方船而下。〔一〕項王有倍約之名，殺義帝之負；於人之功無所記，於人之罪無所忘；戰勝而不得其賞，拔城而不得其封；非項氏莫得用事；爲人刻印，刓而不能授；〔二〕攻城得賂，積而不能賞：天下畔之，賢才怨之，而莫爲之用。故天下之士歸於漢王，可坐而策也。夫漢王發蜀漢，定三秦；涉西河之外，援上黨之兵；〔三〕下井陘，誅成安君；破北魏，〔四〕舉三十二城：此蚩尤之兵也，非人之力也，天之福也。今已據敖倉之粟，塞成皋之險，守白馬之津，杜大

行之阪，距蜚狐之口，天下後服者先亡矣。王疾先下漢王，齊國社稷可得而保也；不下漢王，危亡可立而待也。」田廣以爲然，迺聽酈生，罷歷下兵守戰備，與酈生日縱酒。

〔一〕索隱案：方船謂並舟也。戰國策「方船積粟，循江而下」也。
〔二〕集解孟康曰：「刓斷無復廉鍔也。」瓚曰：「項羽吝於爵賞，玩惜侯印，不能以封其人也。」索隱刓音五官反。案：郭象注莊子云「杌園無圭角」。漢書作「玩」，言玩惜不忍授人也。
〔三〕正義援音爰。
〔四〕索隱謂魏豹也。豹在河北故也。亦謂「西魏」，以大梁在河南故也。

淮陰侯聞酈生伏軾下齊七十餘城，迺夜度兵平原襲齊。齊王田廣聞漢兵至，以爲酈生賣己，迺曰：「汝能止漢軍，我活汝；不然，我將亨汝！」酈生曰：「舉大事不細謹，盛德不辭讓。而公不爲若更言！」齊王遂亨酈生，引兵東走。

漢十二年，曲周侯酈商以丞相將兵擊黥布有功。高祖舉列侯功臣，思酈食其。酈食其子疥〔一〕數將兵，功未當侯，上以其父故，封疥爲高梁侯。後更食武遂，嗣三世。元狩元年中，武遂侯平〔二〕坐詐詔衡山王取百斤金，當弃市，病死，國除也。

〔一〕索隱疥音界。後更封武遂三世。地理志武遂屬河閒。案：漢書作「武陽子遂」，衍文也。
〔二〕正義年表云「卒，子敎嗣。卒，子平嗣，元年有罪國除」。而漢書云「更食武陽，子遂嗣」，恐漢書誤也。

陸賈者，楚人也。〔一〕以客從高祖定天下，名爲有口辯士，居左右，常使諸侯。

〔一〕索隱 案：陳留風俗傳云「陸氏，春秋時陸渾國之後。晉侯伐之，故陸渾子奔楚。賈其後」。又陸氏譜云「齊宣公支子達食菜於陸。達生發，發生皋，適楚。賈其孫也」。

及高祖時，中國初定，尉他〔一〕平南越，因王之。高祖使陸賈賜尉他印爲南越王。陸生至，尉他魋結〔二〕箕倨見陸生。陸生因進說他曰：「足下中國人，親戚昆弟墳墓在真定。〔三〕今足下反天性，弃冠帶，欲以區區之越與天子抗衡〔四〕爲敵國，禍且及身矣。且夫秦失其政，諸侯豪桀並起，唯漢王先入關，據咸陽。項羽倍約，自立爲西楚霸王，諸侯皆屬，可謂至彊。然漢王起巴蜀，鞭笞天下，劫略諸侯，遂誅項羽滅之。五年之閒，海內平定，此非人力，天之所建也。天子聞君王王南越，不助天下誅暴逆，將相欲移兵而誅王，天子憐百姓新勞苦，故且休之，遣臣授君王印，剖符通使。君王宜郊迎，北面稱臣，迺欲以新造未集之越，屈彊於此。漢誠聞之，掘燒王先人冢，夷滅宗族，使一偏將將十萬衆臨越，則越殺王降漢，如反覆手耳。」

〔一〕索隱 趙他爲南越尉，故曰「尉他」。他音駝。

〔二〕集解 服虔曰：「魋音椎。今兵士椎頭結。」索隱 魋，直追反。結音計。謂爲髻一撮似椎而結之，故字從結。且案其「魋結」二字，依字讀之亦得。謂夷人本被髮左衽，今他同其風俗，但魋其髮而結之。

〔三〕索隱 趙地也。本名東垣，屬常山。

〔四〕索隱 案：崔浩云「抗，對也。衡，車扼上橫木也。抗衡，言兩衡相對拒，言不相避下」。

於是尉他迺蹶然〔一〕起坐，謝陸生曰：「居蠻夷中久，殊失禮義。」因問陸生曰：「我孰與蕭何、曹參、韓信賢？」陸生曰：「王似賢。」復曰：「我孰與皇帝賢？」陸生曰：「皇帝起豐沛，討暴秦，誅彊楚，爲天下興利除害，繼五帝三王之業，統理中國。中國之人以億計，地方萬里，居天下之膏腴，人衆車轝，萬物殷富，政由一家，自天地剖泮未始有也。今王衆不過數十萬，皆蠻夷，崎嶇山海閒，譬若漢一郡，王何乃比於漢！」尉他大笑曰：「吾不起中國，故王此。使我居中國，何渠不若漢？」〔二〕迺大說陸生，留與飲數月。曰：「越中無足與語，至生來，令我日聞所不聞。」賜陸生橐中裝〔三〕直千金，他送亦千金。〔四〕陸生卒拜尉他爲南越王，令稱臣奉漢約。歸報，高祖大悅，拜賈爲太中大夫。

〔一〕索隱 蘇林音厥。禮記「子夏蹶然而起」。埤蒼云「蹶，起也」。

〔二〕集解 渠音詎。索隱 渠，劉氏音詎。漢書作「遽」字，小顏以爲「有何迫促不如漢也」。

〔三〕集解 張晏曰：「珠玉之寶也。裝，裹也。」索隱 橐音托。案：如淳云以爲明月珠之屬也。又案：詩傳曰「大曰橐，小曰橐」。埤蒼云「有底曰囊，無底曰橐」。謂以寶物（以）入囊橐也。

〔四〕集解 蘇林曰：「非橐中物，故曰『他送』也。」

陸生時時前說稱詩書。高帝罵之曰：「迺公居馬上而得之，安事詩書！」陸生曰：「居馬上得之，寧可以馬上治之乎？且湯武逆取而以順守之，文武並用，長久之術也。昔者吳王夫差、智伯極武而亡；秦任刑法不變，卒滅趙氏。〔一〕鄉使秦已并天下，行仁義，法先聖，陛下安得而有之？」高帝不懌而有慙色，迺謂陸生曰：「試爲我著秦所以失天下，吾所以得之者何，及古成敗之國。」陸生迺粗述存亡之徵，凡著十二篇。每奏一篇，高帝未嘗不稱善，左右呼萬歲，號其書曰「新語」。〔二〕

〔一〕集解 趙氏，秦姓也。索隱 案：韋昭云「秦伯益後，與趙同出非廉，至造父，有功於穆王，封之趙城，由此一姓趙氏」。

〔二〕正義 七録云「新語二卷，陸賈撰」也。

孝惠帝時，呂太后用事，欲王諸呂，畏大臣有口者，陸生自度不能爭之，迺病免家居。以好畤田地善，〔一〕可以家焉。有五男，迺出所使越得橐中裝賣千金，〔二〕分其子，子二百金，令爲生產。陸生常安車駟馬，從歌舞鼓琴瑟侍者十人，寶劍直百金，謂其子曰：「與汝

約：〔三〕過汝，汝給吾人馬酒食，極欲，十日而更。所死家，得寶劍車騎侍從者。一歲中往來過他客，率不過〔四〕再三過，數見不鮮，〔五〕無久慁公爲也。」〔六〕

〔一〕正義 畤音止。雍州縣也。

〔二〕正義 漢制一金直千貫。

〔三〕集解 徐廣曰：「汝，一作『公』。」

〔四〕索隱 率音律。過音戈。

〔五〕索隱 數見音朔現。謂時時來見汝也。不鮮，言必令鮮美作食，莫令見不鮮之物也。漢書作「數擊鮮」，如淳云「新殺曰鮮」。

〔六〕集解 韋昭曰：「慁，污辱。」索隱 慁，患也。公，賈自謂也。言汝諸子無久厭患公也。

呂太后時，王諸呂，諸呂擅權，欲劫少主，危劉氏。右丞相陳平患之，力不能爭，恐禍及己，常燕居深念。陸生往請，〔一〕直入坐，而陳丞相方深念，〔二〕不時見陸生。陸生曰：「何念之深也？」陳平曰：「生揣我何念？」〔三〕陸生曰：「足下位爲上相，食三萬戶〔四〕侯，可謂極富貴無欲矣。然有憂念，不過患諸呂、少主耳。」陳平曰：「然。爲之柰何？」陸生曰：「天下安，注意相；天下危，注意將。將相和調，則士務附；士務附，〔五〕天下雖有變，卽權不分。爲社稷計，在兩君掌握耳。臣常欲謂太尉絳侯，絳侯與我戲，易吾言。君何不交驩太尉，深

相結？」爲陳平畫呂氏數事。陳平用其計，迺以五百金爲絳侯壽，厚具樂飲；太尉亦報如之。此兩人深相結，則呂氏謀益衰。陳平迺以奴婢百人，車馬五十乘，錢五百萬，遺陸生爲飲食費。陸生以此游漢廷公卿閒，名聲藉甚。〔六〕

〔一〕集解 漢書音義曰：「請，若問起居。」
〔二〕索隱 深念，深思之也。
〔三〕集解 孟康曰：「揣，度也。」韋昭曰：「揣音初委反。」
〔四〕索隱 案：陳平傳食户五千，以曲逆秦時有三萬户，恐復業至此，故稱。
〔五〕集解 徐廣曰：「務，一作『豫』。」
〔六〕集解 漢書音義曰：「言狼籍甚盛。」

及誅諸呂，立孝文帝，陸生頗有力焉。孝文帝卽位，欲使人之南越。陳丞相等乃言陸生爲太中大夫，往使尉他，令尉他去黄屋稱制，令比諸侯，皆如意旨。語在南越語中。陸生竟以壽終。

平原君朱建者，楚人也。故嘗爲淮南王黥布相，有辠去，後復事黥布。布欲反時，問平

原君，平原君非之，布不聽而聽梁父侯，遂反。〔一〕漢已誅布，聞平原君諫不與謀，〔二〕得不誅。語在黥布語中。〔三〕

〔一〕索隱 梁父侯，史失名。如淳注漢書云「遂，布臣」，非也。臣瓚曰「布用梁父侯計遂反耳」，其說是也。
〔二〕正義 與音預。
〔三〕集解 黥布列傳無此語。

平原君爲人辯有口，刻廉剛直，家於長安。行不苟合，義不取容。辟陽侯行不正，得幸呂太后。時辟陽侯欲知平原君，平原君不肯見。及平原君母死，陸生素與平原君善，過之。平原君家貧，未有以發喪，〔一〕方假貸服具，陸生令平原君發喪。陸生往見辟陽侯，賀曰：「平原君母死。」辟陽侯曰：「平原君母死，何乃賀我乎？」陸賈曰：「前日君侯欲知平原君，平原君義不知君，以其母故。〔二〕今其母死，君誠厚送喪，則彼爲君死矣。」辟陽侯乃奉百金往稅。〔三〕列侯貴人以辟陽侯故，往稅凡五百金。

〔一〕索隱 案：劉氏云謂欲葬時，須啓其殯宫，故云「發喪」也。
〔二〕集解 張晏曰：「相知當同恤災危，母在，故義不知君。」索隱 案：崔浩云「建以母在，義不以身許人也」。
〔三〕集解 韋昭曰：「衣服曰稅。稅當爲『襚』。」索隱 案：說文「稅，贈終服也」。襚音式芮反，亦音遂。

辟陽侯幸呂太后，人或毀辟陽侯於孝惠帝，孝惠帝大怒，下吏，欲誅之。呂太后慙，不可

以言。大臣多害辟陽侯行，欲遂誅之。辟陽侯急，因使人欲見平原君。平原君辭曰：「獄急，不敢見君。」迺求見孝惠幸臣閎籍孺，〔一〕說之曰：「君所以得幸帝，天下莫不聞。今辟陽侯幸太后而下吏，道路皆言君讒，欲殺之。今日辟陽侯誅，旦日太后含怒，亦誅君。何不肉袒爲辟陽侯言於帝？帝聽君出辟陽侯，太后大驩。兩主共幸君，君貴富益倍矣。」於是閎籍孺大恐，從其計，言帝，果出辟陽侯。辟陽侯之囚，欲見平原君，平原君不見辟陽侯，辟陽侯以爲倍己，大怒。及其成功出之，迺大驚。

〔一〕索隱 案：佞幸傳云高祖時有籍孺，孝惠時有閎孺。今總言「閎籍孺」，誤也。

呂太后崩，大臣誅諸呂，辟陽侯於諸呂至深，〔一〕而卒不誅。計畫所以全者，皆陸生、平原君之力也。

〔一〕集解 如淳曰：「辟陽侯與諸呂相親信也，爲罪宜誅者至深。」索隱 案：如淳說以爲宜誅，非也。小顏云辟陽侯與諸呂相知至深重，得其理也。

孝文帝時，淮南厲王殺辟陽侯，以諸呂故。文帝聞其客平原君爲計策，使吏捕欲治。聞吏至門，平原君欲自殺。諸子及吏皆曰：「事未可知，何早自殺爲？」平原君曰：「我死禍絕，不及而身矣。」遂自剄。孝文帝聞而惜之，曰：「吾無意殺之。」迺召其子，拜爲中大夫。〔一〕使匈奴，單于無禮，迺罵單于，遂死匈奴中。

〔一〕索隱 案：下文所謂與太史公善者。

初，沛公引兵過陳留，酈生踵軍門上謁曰：「高陽賤民酈食其，竊聞沛公暴露，將兵助楚討不義，敬勞從者，願得望見，口畫天下便事。」使者入通，沛公方洗，問使者曰：「何如人也？」使者對曰：「狀貌類大儒，衣儒衣，冠側注。」〔一〕沛公曰：「爲我謝之，言我方以天下爲事，未暇見儒人也。」使者出謝曰：「沛公敬謝先生，方以天下爲事，未暇見儒人也。」酈生瞋目案劍叱使者曰：「走！復入言沛公，吾高陽酒徒也，〔二〕非儒人也。」使者懼而失謁，跪拾謁，還走，復入報曰：「客，天下壯士也，叱臣，臣恐，至失謁。曰『走！復入言，而公高陽酒徒也』。」沛公遽雪足杖矛曰：「延客入！」

〔一〕集解 徐廣曰：「側注冠一名高山冠，齊王所服，以賜謁者。」
〔二〕集解 徐廣曰：「一本言『而公高陽酒徒』。」

酈生入，揖沛公曰：「足下甚苦，暴衣露冠，將兵助楚討不義，足下何不自喜也？臣願以事見，而曰『吾方以天下爲事，未暇見儒人也』。夫足下欲興天下之大事而成天下之大功，而以目皮相，恐失天下之能士。且吾度足下之智不如吾，勇又不如吾。若欲就天下而不相見，竊爲足下失之。」沛公謝曰：「鄉者聞先生之容，今見先生之意矣。」

迺延而坐之，問所以取天下者。酈生曰：「夫足下欲成大功，不如止陳留。陳留者，天下之據衝也，兵之會地也，積粟數千萬石，城守甚堅。臣素善其令，願爲足下説之。不聽臣，臣請爲足下殺之，而下陳留。足下將陳留之衆，據陳留之城，而食其積粟，招天下之從兵；從兵已成，足下横行天下，莫能有害足下者矣。」沛公曰：「敬聞命矣。」

於是酈生迺夜見陳留令，説之曰：「夫秦爲無道而天下畔之，今足下與天下從則可以成大功。今獨爲亡秦嬰城而堅守，臣竊爲足下危之。」陳留令曰：「秦法至重也，不可以妄言，妄言者無類，吾不可以應。先生所以教臣者，非臣之意也，願勿復道。」酈生留宿臥，夜半時斬陳留令首，踰城而下報沛公。沛公引兵攻城，縣令首於長竿以示城上人，曰：「趣下，而令頭已斷矣！今後下者必先斬之！」於是陳留人見令已死，遂相率而下沛公。沛公舍陳留南城門上，因其庫兵，食積粟，留出入三月，從兵以萬數，遂入破秦。

太史公曰：世之傳酈生書，多曰漢王已拔三秦，東擊項籍而引軍於鞏洛之閒，酈生被儒衣往説漢王。迺非也。自沛公未入關，與項羽別而至高陽，得酈生兄弟。余讀陸生新語書十二篇，固當世之辯士。至平原君子與余善，是以得具論之。

【索隱述贊】廣野大度，始冠側注。踵門長揖，深器重遇。説齊歷下，趣鼎何懼。陸賈使越，尉佗慑怖。相説國安，書成主悟。

史記卷九十八

傅靳蒯成列傳第三十八

陽陵侯〔一〕傅寬，以魏五大夫騎將從，爲舍人，起横陽。〔二〕從攻安陽、〔三〕杠里，擊趙賁軍於開封，及擊楊熊曲遇、〔四〕陽武，〔五〕斬首十二級，賜爵卿。從至霸上。沛公立爲漢王，漢王賜寬封號共德君。〔六〕從入漢中，遷爲右騎將。從定三秦，賜食邑雕陰。〔七〕從擊項籍，待懷，〔八〕賜爵通德侯。從擊項冠、周蘭、龍且，所將卒斬騎將一人敖下，〔九〕益食邑。

〔一〕集解地理志云馮翊陽陵縣。

〔二〕索隱按：横陽，邑名，在韓。韓公子成初封横陽君，張良立爲韓王也。正義括地志云：「故横城在宋州宋城縣西南三十里，按蓋横陽也。」

〔三〕正義後魏地形志云：「己氏有安陽城，隋改己氏爲楚丘。」今宋州楚丘縣西十里安陽故城是也。

〔四〕正義曲，丘羽反。遇，牛恭反。司馬彪郡國志云「中牟有曲遇聚」。按：鄭州中牟縣也。

〔五〕正義鄭州縣。

〔六〕索隱謂美號耳，非地邑。共音恭。

〔七〕集解徐廣曰：「屬上郡。」索隱案：孟康、徐廣云縣名，屬上郡。正義鄜州洛交縣三十里雕陰故城是也。

〔八〕集解服虔曰：「待高帝於懷。」索隱按：服虔云「待高祖於懷縣」。小顏案地理志，懷屬河内，今懷州也。

〔九〕集解徐廣曰：「敖倉之下。」

屬淮陰，〔一〕擊破齊歷下軍，擊田解。屬相國參，殘博，〔二〕益食邑。因定齊地，剖符世世勿絶，封爲陽陵侯，二千六百户，除前所食。爲齊右丞相，備齊。〔三〕五歲爲齊相國。〔四〕

〔一〕索隱張晏云：「信時爲相國，云『淮陰』者，終言之也。」

〔二〕索隱博，太山縣也。顧祕監云：「屬曹參，以殘破博縣也。」

〔三〕集解張晏曰：「時田横未降，故設屯備。」正義按：爲齊王韓信相。

〔四〕正義爲齊悼惠王劉肥相五歲也。

四月，擊陳豨，屬太尉勃，以相國代丞相噲擊豨。一月，徙爲代相國，將屯。〔一〕二歲，爲代丞相，將屯。

〔一〕集解如淳曰：「既爲相國，有警則將卒而屯守也。」案：律謂勒兵而守曰屯。索隱如淳云：「漢初諸王官屬如漢朝，故代有丞相。」案：孔文祥云「邊郡有屯兵，寬爲代相國兼領屯兵，後因置將屯將軍也」。

孝惠五年卒，謚爲景侯。子頃侯精立，二十四年卒。子共侯則立，十二年卒。子侯偃立，三十一年，坐與淮南王謀反，死，國除。

信武侯靳歙，〔一〕以中涓從，起宛朐。〔二〕攻濟陽。〔三〕破李由軍。擊秦軍亳南、開封東北，斬騎千人將一人，〔四〕首五十七級，捕虜七十三人，賜爵封號臨平君。又戰藍田北，斬車司馬二人，〔五〕騎長一人，〔六〕首二十八級，捕虜五十七人。至霸上。沛公立爲漢王，賜歙爵建武侯，遷爲騎都尉。

〔一〕索隱 歙音「翕然」之「翕」。

〔二〕正義 上於元反，下求俱反。曹州縣也。

〔三〕正義 曹州宛朐縣西南三十五里濟陽故城。

〔四〕集解 徐廣曰：「將，一作『候』。」

〔五〕集解 張晏曰：「主官車。」

〔六〕集解 張晏曰：「騎之長。」

從定三秦。別西擊章平軍於隴西，破之，定隴西六縣，所將卒斬車司馬、候各四人，騎長十二人。從東擊楚，至彭城。漢軍敗還，保雍丘，去擊反者王武等。略梁地，別將擊邢説軍〔一〕菑南，〔二〕破之，身得説都尉二人，司馬、候十二人，降吏卒四千一百八十人。破楚軍滎陽東。三年，賜食邑四千二百户。

〔一〕集解 張晏曰：「特起兵者也。説音悦。」索隱 邢，姓。説，名，音悦。

〔二〕集解 徐廣曰：「今日考城。」索隱 上音災。今爲考城，屬濟陰也。

別之河內，擊趙將賁郝軍〔一〕朝歌，破之，所將卒得騎將二人，車馬二百五十匹。從攻安陽以東，至棘蒲，下七縣。別攻破趙軍，得其將司馬二人，候四人，降吏卒二千四百人。從攻下邯鄲。別下平陽，〔二〕身斬守相，所將卒斬兵守、郡守各一人，〔三〕降鄴。從攻朝歌、邯鄲，及別擊破趙軍，降邯鄲郡六縣。〔四〕還軍敖倉，破項籍軍成皋南，擊絶楚饟道，起滎陽至襄邑。破項冠軍魯下。〔五〕略地東至繒、郯、下邳，〔六〕南至蘄、竹邑。〔七〕擊項悍濟陽下。還擊項籍陳下，破之。別定江陵，降江陵柱國、大司馬以下八人，身得江陵王，〔八〕生致之雒陽，因定南郡。從至陳，取楚王信，剖符世世勿絶，定食四千六百户，號信武侯。

〔一〕集解 上音肥，下音釋。索隱 漢書作「趙賁軍」。案：此在河北，非曹參、樊噲之所擊也。

〔二〕集解 徐廣曰：「鄴有平陽城。」正義 括地志云：「平陽故城在相州臨漳縣西二十五里。」

〔三〕集解 孟康曰：「將兵郡守。」

〔四〕集解 徐廣曰：「邯鄲，高帝改曰趙國。」

〔五〕正義 魯城之下，今兗州曲阜縣也。

〔六〕索隱 案地理志，繒屬東海。正義 今繒城在沂州丞縣。下邳，泗水縣。郯縣屬海州。

〔七〕索隱 蘄、竹，二邑名。上音機。竹即竹邑。

〔八〕索隱 案：孔文祥云「共敖子共尉」。

以騎都尉從擊代，攻韓信平城下，還軍東垣。有功，遷爲車騎將軍，并將梁、趙、齊、燕、楚車騎，別擊陳豨丞相敞，破之，〔一〕因降曲逆。從擊黥布有功，益封定食五千三百户。凡斬首九十級，虜百三十二人；別破軍十四，降城五十九，定郡、國各一，縣二十三；得王、柱國各一人，二千石以下至五百石〔二〕三十九人。

〔一〕索隱 小顏云侯敞。

〔二〕集解 徐廣曰：「一本無此五字。」

高后五年，歙卒，謚爲肅侯。子亭代侯。二十一年，坐事國人過律，〔一〕孝文後三年，奪侯，國除。

〔一〕索隱 案：劉氏云「事，役使也。謂使人違律數多也」。

蒯成侯緤者，〔一〕沛人也，姓周氏。常爲高祖參乘，以舍人從起沛。至霸上，西入蜀、漢，還定三秦，食邑池陽。〔二〕東絶甬道，從出度平陰，遇淮陰侯兵襄國，軍乍利乍不利，終無離上心。〔三〕以緤爲信武侯，食邑三千三百户。高祖十二年，以緤爲蒯成侯，除前所食邑。

〔一〕集解 服虔曰：「蒯音『菅蒯』之『蒯』。」索隱 姓周，名緤，音薛。蒯者，鄉名。案：三蒼云「蒯鄉在城父縣，音裴」。漢書作「鄘」，從崩，從邑。今書本並作「蒯」，音「菅蒯」之「蒯」，非也。蘇林音簿催反。晉灼案功臣表，屬長沙。崔浩音簿壞反。楚漢春秋作「憑成侯」，則裴憑聲相近，此得其實也。正義 括地志云：「蒯亭在河南西十四里苑中。輿地志云蒯成縣故陳倉縣之故鄉聚名也，周緤所封也。晉武帝咸寧四年，分陳倉立蒯成縣，屬始平郡也。」

〔二〕正義 雍州涇陽縣西北三里池陽故城是也。

〔三〕集解 徐廣曰：「蒯成侯，表云遇淮陰侯軍襄國，楚漢約分鴻溝，以緤爲信武侯。戰不利，不敢離上。」

上欲自擊陳豨，蒯成侯泣曰：「始秦攻破天下，未嘗自行。今上常自行，是爲無人可使者乎？」上以爲「愛我」，賜入殿門不趨，殺人不死。

至孝文五年，緤以壽終，謚爲貞侯。〔一〕子昌代侯，有罪，國除。至孝景中二年，封緤子居代侯。〔二〕至元鼎三年，居爲太常，有罪，國除。

〔一〕正義 謚爲尊侯。一作「卓」。

〔二〕集解 徐廣曰：「表云『孝景中元年，封緤子應爲鄲侯，謚康。中二年，侯居立』。沛郡有鄲縣。鄲，一作『鄆』。」索隱 鄲，蘇林音多，屬陳國。地理志云沛郡有鄲縣。案：此文云「子居」，表云「子應」，不同也。

太史公曰：陽陵侯傅寬、信武侯靳歙皆高爵，〔一〕從高祖起山東，攻項籍，誅殺名將，破

軍降城以十數，未嘗困辱，此亦天授也。蒯成侯周緤操心堅正，[二]身不見疑，上欲有所之，未嘗不垂涕，此有傷心者[三]然，可謂篤厚君子矣。

[一]集解徐廣曰：「一無『高』字。又一本『皆從高祖』。」

[二]索隱操音倉高反。

[三]集解徐廣曰：「此，一作『比』。」

【索隱述贊】陽陵、信武，結髮從漢。勳叶人謀，功實天贊。定齊破項，我軍常冠。蒯成委質，夷險不亂。主上稱忠，人臣捥腕。

史記卷九十九

劉敬叔孫通列傳第三十九

劉敬[一]者，齊人也。漢五年，戍隴西，過洛陽，高帝在焉。婁敬脫輓輅，[二]衣其羊裘，見齊人虞將軍曰：「臣願見上言便事。」虞將軍欲與之鮮衣，[三]婁敬曰：「臣衣帛，衣帛見；衣褐，衣褐見，終不敢易衣。」於是虞將軍入言上。上召入見，賜食。

[一]索隱敬本姓婁，漢書作「婁敬」。高祖曰「婁即劉也」，因姓劉耳。

[二]集解蘇林曰：「一木橫鹿車前，一人推之。」孟康曰：「輅音胡格反。輓音晚。」索隱輓者，牽也。音晚。輅者，鹿車前橫木，二人前輓，一人後推之。音胡格反。

[三]索隱上音仙。鮮衣，美服也。

已而問婁敬，婁敬說曰：「陛下都洛陽，豈欲與周室比隆哉？」上曰：「然。」婁敬曰：「陛下取天下與周室異。周之先自后稷，堯封之邰，[一]積德累善十有餘世。公劉避桀居豳。太王以狄伐故，去豳，杖馬箠居岐，[二]國人爭隨之。及文王為西伯，斷虞芮之訟，始受命，呂

望、伯夷自海濱來歸之。[三]武王伐紂，不期而會孟津之上八百諸侯，皆曰紂可伐矣，遂滅殷。成王即位，周公之屬傅相焉，迺營成周洛邑，[四]以此為天下之中也，諸侯四方納貢職，道里均矣，有德則易以王，無德則易以亡。凡居此者，欲令周務以德致人，不欲依阻險，令後世驕奢以虐民也。及周之盛時，天下和洽，四夷鄉風，慕義懷德，附離[五]而並事天子，不屯一卒，不戰一士，八夷大國之民莫不賓服，效其貢職。及周之衰也，分而為兩，[六]天下莫朝，周不能制也。非其德薄也，而形勢弱也。今陛下起豐沛，收卒三千人，以之徑往而卷蜀漢，定三秦，與項羽戰滎陽，爭成皋之口，大戰七十，小戰四十，使天下之民肝腦塗地，父子暴骨中野，不可勝數，哭泣之聲未絕，傷痍者未起，而欲比隆於成康之時，臣竊以為不侔也。且夫秦地被山帶河，四塞以為固，卒然有急，百萬之眾可具也。因秦之故，資甚美膏腴之地，此所謂天府[七]者也。陛下入關而都之，山東雖亂，秦之故地可全而有也。夫與人鬬，不搤其亢，[八]拊其背，未能全其勝也。今陛下入關而都，案秦之故地，此亦搤天下之亢而拊其背也。」

[一]正義邰音胎。雍州武功縣西南二十三里故斄城是也。說文云：「邰，炎帝之後，姜姓所封國，弃外家也。」毛萇云：「邰，姜嫄國，堯見天因邰而生后稷，故因封於邰也。」

[二]集解張晏曰：「言馬箠，示約。」

〔三〕正義呂望宅及廟在蘇州海鹽縣西也。伯夷孤竹國在平州。皆濱東海也。
〔四〕正義括地志云：「故王城一名河南城，本郟鄏，周公所築，在洛州河南縣北九里苑中東北隅。帝王紀云武王伐紂，營洛邑而定鼎焉。」按此卽營都城也。書云「乃營成周」。括地志云：「洛陽故城在洛州洛陽城東二十六里，周公所築，卽成周城也。尚書〔序〕曰『成周既成，遷殷頑民』。帝王世紀云『居邶鄘之衆』。」按：劉敬説周之美，豈言居頑民之所？以此而論，（漢書）〔書序〕非也。
〔五〕集解莊子曰「附離不以膠漆」也。索隱案：謂使離者相附也。義見莊子。
〔六〕正義公羊傳云：「東周者何？成周也。西周者何？王城也。」按：周自平王東遷，以下十二王皆都王城，至敬王乃遷都成周，王赧又居王城也。
〔七〕索隱案：戰國策蘇秦説惠王曰「大王之國，地勢形便，此所謂天府」。高誘注云「府，聚也」。
〔八〕集解張晏曰：「亢，喉嚨也。」索隱搤音戹。亢音胡朗反，一音胡剛反。蘇林以爲亢，頸大脈，俗所謂「胡脈」也。

高帝問羣臣，羣臣皆山東人，爭言周王數百年，秦二世卽亡，不如都周。上疑未能決。及留侯明言入關便，卽日車駕西都關中。〔一〕

〔一〕索隱案：謂卽日西都之計定也。

於是上曰：「本言都秦地者婁敬，『婁』者乃『劉』也。」賜姓劉氏，拜爲郎中，號爲奉春君。〔一〕

〔一〕索隱案：張晏云「春爲歲之始，以其首謀都關中，故號奉春君」。

漢七年，韓王信反，高帝自往擊之。至晉陽，聞信與匈奴欲共擊漢，上大怒，使人使匈奴。匈奴匿其壯士肥牛馬，但見老弱及羸畜。〔一〕使者十輩來，皆言匈奴可擊。上使劉敬復往使匈奴，還報曰：「兩國相擊，此宜夸矜見所長。〔二〕今臣往，徒見羸瘠〔三〕老弱，此必欲見短，伏奇兵以爭利。愚以爲匈奴不可擊也。」是時漢兵已踰句注，〔四〕二十餘萬兵已業行。上怒，罵劉敬曰：「齊虜！以口舌得官，今迺妄言沮吾軍。」〔五〕械繫敬廣武。〔六〕遂往，至平城，匈奴果出奇兵圍高帝白登，七日然後得解。高帝至廣武，赦敬，曰：「吾不用公言，以困平城。吾皆已斬前使十輩言可擊者矣。」迺封敬二千户，爲關內侯，號爲建信侯。

〔一〕正義上力爲反，下許又反。
〔二〕集解韋昭曰：「夸，張；矜，大也。」
〔三〕索隱上力爲反。瘠音稷。瘠，瘦也。漢書作「胔」，音漬。胔，肉也，恐非。
〔四〕正義句注山在代州鴈門縣西北三十里。
〔五〕索隱沮音才敍反。詩傳曰「沮，止也，壞也」。
〔六〕索隱地理志縣名，屬鴈門。正義廣武故縣在句注山南也。

高帝罷平城歸，韓王信亡入胡。當是時，冒頓爲單于，兵彊，控弦三十萬，〔一〕數苦北邊。上患之，問劉敬。劉敬曰：「天下初定，士卒罷於兵，未可以武服也。冒頓殺父代立，妻羣母，以力爲威，未可以仁義説也。獨可以計久遠子孫爲臣耳，然恐陛下不能爲。」上曰：「誠可，何爲不能！顧爲柰何？」劉敬對曰：「陛下誠能以適長公主妻之，厚奉遺之，彼知漢適女送厚，蠻夷必慕以爲閼氏，生子必爲太子，代單于。何者？貪漢重幣。陛下以歲時漢所餘彼所鮮數問遺，因使辯士風諭以禮節。冒頓在，固爲子婿；死，則外孫爲單于。豈嘗聞外孫敢與大父抗禮者哉？兵可無戰以漸臣也。若陛下不能遣長公主，而令宗室及後宮詐稱公主，彼亦知，不肯貴近，無益也。」高帝曰：「善。」欲遣長公主。呂后日夜泣，曰：「妾唯太子、一女，柰何弃之匈奴！」上竟不能遣長公主，而取家人子名爲長公主，妻單于。使劉敬往結和親約。

〔一〕集解應劭曰：「控，引也。」

劉敬從匈奴來，因言「匈奴河南白羊、樓煩王，〔一〕去長安近者七百里，輕騎一日一夜可以至秦中。秦中新破，少民，地肥饒，可益實。夫諸侯初起時，非齊諸田，楚昭、屈、景莫能

興。今陛下雖都關中，實少人。北近胡寇，東有六國之族，宗彊，一日有變，陛下亦未得高枕而卧也。臣願陛下徙齊諸田，楚昭、屈、景、燕、趙、韓、魏後，及豪桀名家居關中。無事，可以備胡；諸侯有變，亦足率以東伐。此彊本弱末之術也」。上曰：「善。」迺使劉敬徙所言關中十餘萬口。〔二〕

〔一〕集解張晏云：「白羊，匈奴國名。」索隱案：張晏云白羊，國名。二者並在河南。河南者，案在朔方之河南，舊並匈奴地也，今亦謂之新秦中。
〔二〕索隱案：小顏云「今高陵、櫟陽諸田，華陰、好畤諸景，及三輔諸屈諸懷尚多，皆此時所徙也」。

叔孫通者，〔一〕薛人也。〔二〕秦時以文學徵，待詔博士。數歲，陳勝起山東，使者以聞，二世召博士諸儒生問曰：「楚戍卒攻蘄入陳，於公如何？」博士諸生三十餘人前曰：「人臣無將，將卽反，罪死無赦。〔三〕願陛下急發兵擊之。」二世怒，作色。叔孫通前曰：「諸生言皆非也。夫天下合爲一家，毁郡縣城，鑠其兵，示天下不復用。且明主在其上，法令具於下，使人人奉職，四方輻輳，安敢有反者！此特羣盜鼠竊狗盜耳，何足置之齒牙閒。郡守尉今捕論，何足憂。」二世喜曰：「善。」盡問諸生，諸生或言反，或言盜。於是二世令御史案諸生言反

者下吏，非所宜言。諸言盜者皆罷之。迺賜叔孫通帛二十匹，衣一襲，〔四〕拜爲博士。叔孫通已出宮，反舍，諸生曰：「先生何言之諛也？」通曰：「公不知也，我幾不脫於虎口！」〔五〕迺亡去，之薛，薛已降楚矣。及項梁之薛，叔孫通從之。敗於定陶，從懷王。懷王爲義帝，徙長沙，叔孫通留事項王。漢二年，漢王從五諸侯入彭城，叔孫通降漢王。漢王敗而西，因竟從漢。

〔一〕集解晉灼曰：「楚漢春秋名何。」

〔二〕索隱按：楚漢春秋云名何。薛，縣名，屬魯國。

〔三〕集解瓚曰：「將謂逆亂也。公羊傳曰『君親無將，將而必誅』。」

〔四〕索隱案：國語謂之「一稱」。賈逵注禮記「袍必有表不單，衣必有裳，謂之一稱」。杜預云「衣單複具云稱也」。

〔五〕正義幾音祈。

叔孫通儒服，漢王憎之；迺變其服，服短衣，楚製，〔一〕漢王喜。

〔一〕索隱案：孔文祥云「短衣便事，非儒者衣服。高祖楚人，故從其俗裁製」。

叔孫通之降漢，從儒生弟子百餘人，然通無所言進，專言諸故羣盜壯士進之。弟子皆竊罵曰：「事先生數歲，幸得從降漢，今不能進臣等，專言大猾，〔一〕何也？」叔孫通聞之，迺謂曰：「漢王方蒙矢石爭天下，〔二〕諸生寧能鬬乎？故先言斬將搴旗〔三〕之士。諸生且待我，

我不忘矣。」漢王拜叔孫通爲博士，號稷嗣君。〔四〕

〔一〕索隱案：類集云「猾，狡也。音滑」。

〔二〕集解漢書音義曰：「謂發石以投人。」

〔三〕集解張晏曰：「搴，卷也。」瓚曰：「拔取曰搴。楚辭曰『朝搴阰之木蘭』。」索隱搴音起焉反，又己勉反。案：方言云「南方取物云搴」。許慎云「搴，取也」。王逸云「阰，山名」。又案：埤蒼云「山在楚，音毗」。

〔四〕集解徐廣曰：「蓋言其德業足以繼踨齊稷下之風流也。」駰案：漢書音義曰「稷嗣，邑名」。

漢五年，已并天下，諸侯共尊漢王爲皇帝於定陶，叔孫通就其儀號。高帝悉去秦苛儀法，爲簡易。羣臣飲酒爭功，醉或妄呼，拔劍擊柱，高帝患之。叔孫通知上益厭之也，說上曰：「夫儒者難與進取，可與守成。臣願徵魯諸生，與臣弟子共起朝儀。」高帝曰：「得無難乎？」叔孫通曰：「五帝異樂，三王不同禮。禮者，因時世人情爲之節文者也。故夏、殷、周之禮所因損益可知者，謂不相復也。臣願頗采古禮與秦儀雜就之。」上曰：「可試爲之，令易知，度吾所能行爲之。」

於是叔孫通使徵魯諸生三十餘人。魯有兩生不肯行，曰：「公所事者且十主，皆面諛以得親貴。今天下初定，死者未葬，傷者未起，又欲起禮樂。禮樂所由起，積德百年而後可興也。吾不忍爲公所爲。公所爲不合古，吾不行。公往矣，無汙我！」叔孫通笑曰：「若真鄙

儒也，不知時變。」

遂與所徵三十人西，及上左右爲學者與其弟子百餘人爲緜蕞〔一〕野外。習之月餘，叔孫通曰：「上可試觀。」上既觀，使行禮，曰：「吾能爲此。」迺令羣臣習肄，〔二〕會十月。

〔一〕集解徐廣曰：「表位標準。音子外反。」駰案：如淳曰「置設緜索，爲習肄處。蕞謂以茅翦樹地爲纂位。春秋傳曰『置茅蕝』也」。索隱徐音子外反。如淳云「翦茅樹地，爲纂位尊卑之次」。蘇林音纂。韋昭云「引繩爲緜，立表爲蕞。音茲會反」。按：賈逵云「束茅以表位爲蕝」。又纂文云「蕝，今之『纂』字。包愷音卽悅反。又音纂」。

〔二〕索隱肄亦習也，音異。

漢七年，長樂宮成，諸侯羣臣皆朝十月。〔一〕儀：先平明，謁者治禮，引以次入殿門，廷中陳車騎步卒衞宮，設兵張旗志。〔二〕傳言「趨」。〔三〕殿下郎中俠陛，陛數百人。功臣列侯諸將軍軍吏以次陳西方，東鄉；文官丞相以下陳東方，西鄉。大行設九賓，臚傳。〔四〕於是皇帝輦出房，〔五〕百官執職〔六〕傳警，〔七〕引諸侯王以下至吏六百石以次奉賀。自諸侯王以下莫不振恐肅敬。至禮畢，復置法酒。〔八〕諸侍坐殿上皆伏抑首，〔九〕以尊卑次起上壽。觴九行，謁者言「罷酒」。御史執法舉不如儀者輒引去。竟朝置酒，無敢讙譁失禮者。於是高帝曰：「吾迺今日知爲皇帝之貴也。」迺拜叔孫通爲太常，賜金五百斤。

〔一〕索隱小顏云「漢以十月爲正，故行朝歲之禮，史家追書十月也」。案：諸書並云十月爲歲首，不言以十月爲正

月。古今注云「羣臣始朝十月」也。

〔二〕集解徐廣曰：「一作『幟』。」

〔三〕索隱案：小顏云「傳聲教入者皆令趨。趨，疾行致敬也」。

〔四〕集解漢書音義曰：「傳從上下爲臚。」索隱漢書云「設九賓臚句傳」。蘇林云「上傳語告下爲臚，下傳語告上爲句」。臚猶行者矣。韋昭云「大行人掌賓客之禮，今謂之鴻臚也。九賓，則周禮九儀也，謂公、侯、伯、子、男、孤、卿、大夫、士也」。漢依此以爲臚傳，依次傳令上也。向秀注莊子云「從上語下爲臚」，音閭。句音九注反。

〔五〕索隱案：輿服志云「殷周以輦載軍器，職載芻豢，至秦始去其輪而輿爲尊」也。

〔六〕集解徐廣曰：「一作『幟』。」

〔七〕索隱職音幟，亦音試。傳警者，漢儀云「帝輦動，則左右侍帷幄者稱警」是也。

〔八〕集解文穎曰：「作酒令法也。」蘇林曰：「常會，須天子中起更衣，然後入置酒矣。」索隱按：文穎云「作酒法令也」。姚氏云「進酒有禮也。古人飲酒不過三爵，君臣百拜，終日宴不爲之亂也」。

〔九〕集解如淳曰：「抑屈。」

叔孫通因進曰：「諸弟子儒生隨臣久矣，與臣共爲儀，願陛下官之。」高帝悉以爲郎。叔孫通出，皆以五百斤金賜諸生。諸生迺皆喜曰：「叔孫生誠聖人也，知當世之要務。」

漢九年，高帝徙叔孫通爲太子太傅。漢十二年，高祖欲以趙王如意易太子，叔孫通諫

上曰：「昔者晉獻公以驪姬之故廢太子，立奚齊，晉國亂者數十年，爲天下笑。秦以不蚤定扶蘇，令趙高得以詐立胡亥，自使滅祀，此陛下所親見。今太子仁孝，天下皆聞之；呂后與陛下攻苦食啖，〔一〕其可背哉！陛下必欲廢適而立少，臣願先伏誅，以頸血汙地。」〔二〕高帝曰：「公罷矣，吾直戲耳。」叔孫通曰：「太子天下本，本一摇天下振動，柰何以天下爲戲！」高帝曰：「吾聽公言。」及上置酒，見留侯所招客從太子入見，上迺遂無易太子志矣。

〔一〕集解徐廣曰：「攻猶今人言擊也。啖，一作『淡』。」駰案：如淳曰「食無菜茹爲啖」。索隱案：孔文祥云「與帝共攻冒苦難，俱食淡也」。案：説文云「淡，薄味也」。音唐敢反。

〔二〕索隱楚漢春秋：「叔孫何云『臣三諫不從，請以身當之』。撫劍將自殺。上離席云『吾聽子計，不易太子』。」

高帝崩，孝惠即位，迺謂叔孫生曰：「先帝園陵寢廟，羣臣莫（能）習。」徙爲太常，定宗廟儀法。及稍定漢諸儀法，皆叔孫生爲太常所論箸也。

孝惠帝爲東朝長樂宫，〔一〕及閒往，數蹕〔二〕煩人，迺作複道，方築武庫南。〔三〕叔孫生奏事，因請閒曰：「陛下何自築複道高寢，衣冠月出游高廟？高廟，漢太祖，柰何令後世子孫乘宗廟道上行哉？」〔四〕孝惠帝大懼，曰：「急壞之。」叔孫生曰：「人主無過舉。〔五〕今已作，百姓皆知之，今壞此，則示有過舉。願陛下爲原廟渭北，衣冠月出游之，益廣多宗廟，大孝之

本也。」上迺詔有司立原廟。原廟起，以複道故。

〔一〕集解關中記曰：「長樂宫本秦之興樂宫也，漢太后常居之。」

〔二〕索隱韋昭云：「蹕，止人行也。」按：長樂、未央宫東西相去稍遠。閒往謂非時也。中閒往來，清道煩人也。

〔三〕集解韋昭曰：「閣道也。」如淳曰：「作複道，方始築武庫南。」

〔四〕集解應劭曰：「月出高帝衣冠，備法駕，名曰游衣冠。」如淳曰：「三輔黄圖高寢在高廟西，高祖衣冠藏在高寢。」月出游於高廟，其道值所作複道下，故言乘宗廟道上行。

〔五〕索隱案：謂舉動有過也。左傳云「君舉必書」。

孝惠帝曾春出游離宫，叔孫生曰：「古者有春嘗果，方今櫻桃孰，可獻，〔一〕願陛下出，因取櫻桃獻宗廟。」上迺許之。諸果獻由此興。

〔一〕索隱案：呂氏春秋「仲春羞以含桃先薦寢廟」。高誘云「進含桃也。鸎鳥所含，故曰含桃」。今之朱櫻即是也。

太史公曰：語曰「千金之裘，非一狐之腋也；臺榭之榱，非一木之枝也；三代之際，非一士之智也」。信哉！夫高祖起微細，定海内，謀計用兵，可謂盡之矣。然而劉敬脱輓輅一説，建萬世之安，智豈可專邪！叔孫通希世度務制禮，進退與時變化，卒爲漢家儒宗。「大直若詘，〔一〕道固委蛇」，〔二〕蓋謂是乎？

〔一〕索隱音屈。

〔二〕索隱音移。

【索隱述贊】厦藉衆幹，裘非一狐。委輅獻説，緜蕝陳書。皇帝始貴，車駕西都。既安太子，又和匈奴。奉春、稷嗣，其功可圖。

史記卷一百

季布欒布列傳第四十

季布者，楚人也。爲氣任俠，〔一〕有名於楚。項籍使將兵，數窘漢王。〔二〕及項羽滅，高祖購求布千金，敢有舍匿，罪及三族。季布匿濮陽周氏。周氏曰：「漢購將軍急，迹且至臣家，將軍能聽臣，臣敢獻計；即不能，願先自剄。」季布許之。迺髡鉗季布，衣褐衣，置廣柳車中，〔三〕并與其家僮數十人，之魯朱家所賣之。朱家心知是季布，迺買而置之田。誡其子曰：「田事聽此奴，必與同食。」朱家迺乘軺車〔四〕之洛陽，見汝陰侯滕公。滕公留朱家飲數日。因謂滕公曰：「季布何大罪，而上求之急也？」滕公曰：「布數爲項羽窘上，上怨之，故必欲得之。」朱家曰：「君視季布何如人也？」曰：「賢者也。」朱家曰：「臣各爲其主用，季布爲項籍用，職耳。項氏臣可盡誅邪？今上始得天下，獨以己之私怨求一人，何示天下之不廣也！且以季布之賢而漢求之急如此，此不北走胡即南走越耳。夫忌壯士以資敵國，此伍子胥所以鞭荊平王之墓也。君何不從容爲上言邪？」汝陰侯滕公心知朱家大俠，意季布匿

其所，迺許曰：「諾。」待閒，果言如朱家指。上迺赦季布。當是時，諸公皆多季布能摧剛爲柔，朱家亦以此名聞當世。季布召見，謝，上拜爲郎中。

〔一〕集解 孟康曰：「信交道曰任。」如淳曰：「相與信爲任，同是非爲俠。所謂『權行州里，力折公侯』者也。」或曰任，氣力也；俠，俜也。索隱 任，而禁反。俠音協。如淳曰「相與爲任，同是非爲俠，權行州里，力折公侯者」，其說爲近。俜音普丁反，其義難喻。

〔二〕集解 如淳曰：「窘，困也。」

〔三〕集解 服虔曰：「東郡謂廣轍車爲『柳』。」鄧展曰：「皆棺飾也。載以喪車，欲人不知也。」李奇曰：「大牛車也。車上覆爲柳。」瓚曰：「茂陵書中有廣柳車，每縣數百乘，是今運轉大車是也。」索隱 案：服虔、臣瓚所據，云東郡謂廣轍車爲廣柳車，及茂陵書稱每縣廣柳車數百乘，則凡大車任載運者，通名廣柳車，然則柳爲車通名。鄧展所說「柳皆棺飾，載以喪車，欲人不知也」，事義相協，最爲通允。故禮曰「設柳翣，爲使人勿惡也」。鄭玄注周禮云「柳，聚也，諸飾所聚也」。則是喪車稱柳，後人通謂車爲柳也。

〔四〕集解 徐廣曰：「馬車也。」索隱 案：謂輕車，一馬車也。

孝惠時，爲中郎將。單于嘗爲書嫚呂后，不遜，呂后大怒，召諸將議之。上將軍樊噲曰：「臣願得十萬衆，橫行匈奴中。」諸將皆阿呂后意，曰「然」。季布曰：「樊噲可斬也！夫高帝將兵四十餘萬衆，困於平城，今噲柰何以十萬衆橫行匈奴中，面欺！且秦以事於胡，陳

勝等起。于今創痍未瘳，噲又面諛，欲搖動天下。」是時殿上皆恐，太后罷朝，遂不復議擊匈奴事。

季布爲河東守，孝文時，人有言其賢者，孝文召，欲以爲御史大夫。復有言其勇，使酒難近。〔一〕至，留邸一月，見罷。季布因進曰：「臣無功竊寵，待罪河東。〔二〕陛下無故召臣，此人必有以臣欺陛下者；今臣至，無所受事，罷去，此人必有以毀臣者。夫陛下以一人之譽而召臣，一人之毀而去臣，臣恐天下有識聞之有以闚陛下也。」〔三〕上默然慙，良久曰：「河東吾股肱郡，故特召君耳。」布辭之官。

〔一〕索隱 使音如字。近音其靳反。因酒縱性謂之使酒，即酗酒也。

〔二〕索隱 季布言己無功能，竊承恩寵，得待罪河東。其詞典省而文也。

〔三〕集解 韋昭曰：「闚見陛下深淺也。」

楚人曹丘生，辯士，數招權顧金錢。〔一〕事貴人趙同等，〔二〕與竇長君善。季布聞之，寄書諫竇長君曰：「吾聞曹丘生非長者，勿與通。」及曹丘生歸，欲得書請季布。〔三〕竇長君曰：「季將軍不說足下，足下無往。」固請書，遂行。使人先發書，季布果大怒，待曹丘。曹丘至，即揖季布曰：「楚人諺曰『得黃金百(斤)，不如得季布一諾』，足下何以得此聲於梁楚閒

哉？且僕楚人，足下亦楚人也。僕游揚足下之名於天下，顧不重邪？何足下距僕之深也！」季布迺大說，引入，留數月，爲上客，厚送之。季布名所以益聞者，曹丘揚之也。

〔一〕集解 孟康曰：「招，求也。以金錢事權貴，而求得其形勢以自炫燿也。」文穎曰：「事權貴也。與通勢，以其所有辜較，請託金錢以自顧。」索隱 義如孟康、文穎所說。辜較音姑角。正義 言曹丘生依倚貴人，用權勢屬請，數求他人。顧錢，賞金錢也。

〔二〕集解 徐廣曰：「漢書作『趙談』，司馬遷以其父名談，故改之。」

〔三〕集解 張晏曰：「欲使竇長君爲介於布，請見。」

季布弟季心，〔一〕氣蓋關中，遇人恭謹，爲任俠，方數千里，士皆爭爲之死。嘗殺人，亡之吳，從袁絲〔二〕匿。長事袁絲，弟畜灌夫、籍福之屬。嘗爲中司馬，〔三〕中尉郅都不敢不加禮。少年多時時竊籍其名〔四〕以行。當是時，季心以勇，布以諾，著聞關中。

〔一〕集解 徐廣曰：「一作『子』。」

〔二〕索隱 盎字絲。

〔三〕集解 如淳曰：「中尉之司馬。」索隱 漢書作「中尉司馬」。

〔四〕索隱 籍音子亦反。

季布母弟丁公，〔一〕爲楚將。丁公爲項羽逐窘高祖彭城西，短兵接，高祖急，顧丁公曰：「兩賢豈相戹哉！」於是丁公引兵而還，漢王遂解去。及項王滅，丁公謁見高祖。高祖以丁公徇軍中，曰：「丁公爲項王臣不忠，使項王失天下者，迺丁公也。」遂斬丁公，曰：「使後世爲人臣者無效丁公！」

〔一〕集解 晉灼曰：「楚漢春秋云薛人，名固。」索隱 案：謂布之舅也。

欒布者，梁人也。始梁王彭越爲家人時，〔一〕嘗與布游。窮困，賃傭於齊，爲酒人保。〔二〕數歲，彭越去之巨野中爲盜，而布爲人所略賣，爲奴於燕。爲其家主報仇，燕將臧荼舉以爲都尉。臧荼後爲燕王，以布爲將。及臧荼反，漢擊燕，虜布。梁王彭越聞之，迺言上，請贖布以爲梁大夫。

〔一〕索隱 謂居家之人，無官職也。
〔二〕集解 漢書音義曰：「酒家作保傭也。可保信，故謂之保。」

使於齊，未還，漢召彭越，責以謀反，夷三族。已而梟彭越頭於雒陽下，詔曰：「有敢收

視者，輒捕之。」布從齊還，奏事彭越頭下，祠而哭之。吏捕布以聞。上召布，罵曰：「若與彭越反邪？吾禁人勿收，若獨祠而哭之，與越反明矣。趣亨〔一〕之。」方提趣〔二〕湯，布顧曰：「願一言而死。」上曰：「何言？」布曰：「方上之困於彭城，敗滎陽、成皋閒，項王所以（遂）不能〔遂〕西，徒以彭王居梁地，與漢合從苦楚也。當是之時，彭王一顧，與楚則漢破，與漢而楚破。且垓下之會，微彭王，項氏不亡。天下已定，彭王剖符受封，亦欲傳之萬世。今陛下一徵兵於梁，彭王病不行，而陛下疑以爲反，反形未見，以苛小〔三〕案誅滅之，臣恐功臣人人自危也。今彭王已死，臣生不如死，請就亨。」於是上迺釋布罪，拜爲都尉。

〔一〕索隱 上音促，下音普盲反。謂疾令赴鑊也。
〔二〕集解 徐廣曰：「一作『走』。」索隱 上音啼，下音趨。徐廣云一作「走」，走亦趨向之也。
〔三〕集解 徐廣曰：「小，一作『峭』。」

孝文時，爲燕相，至將軍。布迺稱曰：「窮困不能辱身下志，非人也；富貴不能快意，非賢也。」於是嘗有德者厚報之，有怨者必以法滅之。吳（軍）〔楚〕反時，以軍功封俞侯，〔一〕復爲燕相。燕齊之閒皆爲欒布立社，號曰欒公社。

〔一〕集解 徐廣曰：「擊齊有功也。」

景帝中五年薨。子賁嗣，爲太常，犧牲不如令，國除。

太史公曰：以項羽之氣，而季布以勇顯於楚，身屨（典）軍〔一〕搴旗者數矣，可謂壯士。然至被刑戮，爲人奴而不死，何其下也！彼必自負其材，故受辱而不羞，欲有所用其未足也，故終爲漢名將。賢者誠重其死。夫婢妾賤人感慨而自殺者，〔二〕非能勇也，其計畫無復之耳。〔三〕欒布哭彭越，趣湯如歸者，彼誠知所處，〔四〕不自重其死。雖往古烈士，何以加哉！

〔一〕集解 徐廣曰：「屨，一作『屢』，一曰『覆』。」駰案：孟康曰「屨，履蹈之也」。瓚曰「屢，數也」。索隱 身屦軍。按：徐氏云一作「覆」，按下云「搴旗」，則「覆軍」爲是，勝於「屢」之與「履」。
〔二〕集解 徐廣曰：「或作『概』字，音義同。」
〔三〕集解 徐廣曰：「復，一作『賓』。」
〔四〕集解 如淳曰：「非死者難，處死者難。」

【索隱述贊】季布、季心，有聲梁、楚。百金然諾，十萬致距。出守河東，股肱是與。欒布哭越，犯禁見虜。赴鼎非冤，誠知所處。

史記卷一百一

袁盎鼂錯列傳第四十一

袁盎[一]者，楚人也，字絲。父故爲羣盜，徙處安陵。高后時，盎嘗爲呂祿舍人。及孝文帝卽位，盎兄噲任盎爲中郎。[二]

[一]索隱音如周禮「盎齊」，烏浪反。

[二]集解如淳曰：「盎爲兄所保任，故得爲中郎。」

絳侯爲丞相，朝罷趨出，意得甚。上禮之恭，常自送之。[一]袁盎進曰：「陛下以丞相何如人？」上曰：「社稷臣。」盎曰：「絳侯所謂功臣，非社稷臣。社稷臣主在與在，[二]主亡與亡。[三]方呂后時，諸呂用事，擅相王，劉氏不絕如帶。是時絳侯爲太尉，主兵柄，弗能正。呂后崩，大臣相與共畔諸呂，太尉主兵，適會其成功，所謂功臣，非社稷臣。丞相如有驕主色。陛下謙讓，臣主失禮，竊爲陛下不取也。」後朝，上益莊，[四]丞相益畏。已而絳侯望袁盎曰：[五]「吾與而兄善，今兒廷毀我！」盎遂不謝。

[一]集解徐廣曰：「自，一作『目』。」

[二]集解如淳曰：「人主在時，與共治在時之事。」索隱按：如淳云「人主在時，與共理在時之事」也。

[三]集解如淳曰：「不以主亡而不行其政令。」索隱如淳云「不以人主亡而不行其政令」。按：如說爲得。

[四]索隱莊，嚴也。

[五]正義望，怨也。

及絳侯免相之國，國人上書告以爲反，徵繫清室，[一]宗室諸公莫敢爲言，唯袁盎明絳侯無罪。絳侯得釋，盎頗有力。絳侯乃大與盎結交。

[一]集解漢書作「請室」。應劭曰：「請室，請罪之室，若今鍾下也。」如淳曰：「請室，獄也，若古刑於甸師氏也。」

淮南厲王朝，殺辟陽侯，居處驕甚。袁盎諫曰：「諸侯大驕必生患，可適削地。」上弗用。淮南王益橫。及棘蒲侯柴武太子謀反事覺，治，連淮南王，淮南王徵，上因遷之蜀，轞車傳送。袁盎時爲中郎將，乃諫曰：「陛下素驕淮南王，弗稍禁，以至此，今又暴摧折之。淮南王爲人剛，如有遇霧露行道死，陛下竟爲以天下之大弗能容，有殺弟之名，柰何？」上弗聽，遂行之。

淮南王至雍，病死，聞，上輟食，哭甚哀。盎入，頓首請罪。上曰：「以不用公言至此。」盎曰：「上自寬，此往事，豈可悔哉！且陛下有高世之行者三，此不足以毀名。」上曰：「吾高世行三者何事？」盎曰：「陛下居代時，太后嘗病，三年，陛下不交睫，不解衣，湯藥非陛下口所嘗弗進。夫曾參以布衣猶難之，今陛下親以王者脩之，過曾參孝遠矣。夫諸呂用事，大臣專制，然陛下從代乘六乘傳馳不測之淵，[一]雖賁育之勇[二]不及陛下。陛下至代邸，西向讓天子位者再，南面讓天子位者三。夫許由一讓，而陛下五以天下讓，過許由四矣。且陛下遷淮南王，欲以苦其志，使改過，有司衞不謹，故病死。」於是上乃解，曰：「將柰何？」盎曰：「淮南王有三子，唯在陛下耳。」於是文帝立其三子皆爲王。盎由此名重朝廷。

[一]集解瓚曰：「大臣共誅諸呂，禍福尚未可知，故曰不測也。」

[二]集解孟康曰：「孟賁、夏育，皆古勇者也。」索隱賁，孟賁；育，夏育也。尸子云「孟賁水行不避蛟龍，陸行不避兕虎」。戰國策曰「夏育叱呼駭三軍，身死庸夫」。高誘曰「育爲申繻所殺」。賁音奔也。

袁盎常引大體忼慨。宦者趙同[一]以數幸，常害袁盎，袁盎患之。盎兄子種爲常侍騎，[二]持節夾乘，說盎曰：[三]「君與鬭，廷辱之，使其毀不用。」孝文帝出，趙同參乘，袁盎伏車前曰：「臣聞天子所與共六尺輿者，皆天下豪英。今漢雖乏人，陛下獨柰何與刀鋸餘人載！」於是上笑，下趙同。趙同泣下車。

[一]集解徐廣曰：「漢書作『談』字。」

[二]索隱案：漢舊儀云「持節夾乘輿車騎從者云常侍騎」。

[三]集解徐廣曰：「說，一作『謀』。」

文帝從霸陵上，欲西馳下峻阪。袁盎騎，並車擥轡。上曰：「將軍怯邪？」盎曰：「臣聞千金之子坐不垂堂，[一]百金之子不騎衡，[二]聖主不乘危而徼幸。今陛下騁六騑，[三]馳下峻山，如有馬驚車敗，陛下縱自輕，柰高廟、太后何？」上乃止。

[一]索隱案：張揖云「恐簷瓦墮中人」。或云臨堂邊垂，恐墮墜也。

[二]集解徐廣曰：「一作『行』。」駰案：服虔曰「自惜身，不騎衡」。如淳曰「騎，倚也。衡，樓殿邊欄楯也」。韋昭曰「衡，車衡」。索隱張晏云「衡木行馬也」。如淳云「騎音於岐反。衡，樓殿邊欄楯也」。韋昭云「衡，車衡也。騎音倚，謂跨之」。按：如淳之說爲長。案：纂要云「宮殿四面欄，縱者云檻，橫者云楯」也。

[三]集解如淳曰：「六馬之疾若飛。」

上幸上林，皇后、慎夫人從。其在禁中，常同席坐。及坐，郎署長布席，[一]袁盎引卻慎夫人坐。[二]慎夫人怒，不肯坐。上亦怒，起，入禁中。盎因前說曰：「臣聞尊卑有序則上下和。今陛下既已立后，慎夫人乃妾，妾主豈可與同坐哉！適所以失尊卑矣。且陛下幸之，卽厚賜之。陛下所以爲慎夫人，適所以禍之。陛下獨不見『人彘』乎？」[三]於是上乃說，召語慎夫人。慎夫人賜盎金五十斤。

[一]正義 蘇林云：「郎署，上林中直衛之署。」
[二]集解 如淳曰：「盎時爲中郎將，天子幸署，豫設供帳待之，故得卻慎夫人坐。」
[三]集解 張晏曰：「戚夫人。」

然袁盎亦以數直諫，不得久居中，調爲隴西都尉。[一]仁愛士卒，士卒皆爭爲死。遷爲齊相。徙爲吳相，辭行，種謂盎曰：「吳王驕日久，國多姦。今苟欲劾治，彼不上書告君，即利劍刺君矣。南方卑溼，君能日飲，毋何，時說王曰毋反而已。如此幸得脫。」盎用種之計，吳王厚遇盎。

[一]集解 如淳曰：「調選。」

盎告歸，道逢丞相申屠嘉，下車拜謁，丞相從車上謝袁盎。袁盎還，愧其吏，乃之丞相舍上謁，求見丞相。丞相良久而見之。盎因跪曰：「願請閒。」丞相曰：「使君所言公事，之曹與長史掾議，吾且奏之；即私邪，吾不受私語。」袁盎即跪說曰：「君爲丞相，自度孰與陳平、絳侯？」丞相曰：「吾不如。」袁盎曰：「善，君即自謂不如。夫陳平、絳侯輔翼高帝，定天下，爲將相，而誅諸呂，存劉氏；君乃爲材官蹶張，遷爲隊率，積功至淮陽守，非有奇計攻城野戰之功。且陛下從代來，每朝，郎官上書疏，未嘗不止輦受其言，言不可用置之，言可受采之，未嘗不稱善。何也？則欲以致天下賢士大夫。上日聞所不聞，明所不知，日益聖智；君今自閉鉗天下之口而日益愚。夫以聖主責愚相，君受禍不久矣。」丞相乃再拜曰：「嘉鄙野人，乃不知，將軍幸教。」引入與坐，爲上客。

盎素不好鼂錯，鼂錯所居坐，盎去；盎坐，錯亦去：兩人未嘗同堂語。及孝文帝崩，孝景帝即位，鼂錯爲御史大夫，使吏案袁盎受吳王財物，抵罪，詔赦以爲庶人。

吳楚反，聞，鼂錯謂丞史曰：[一]「夫袁盎多受吳王金錢，專爲蔽匿，言不反。今果反，欲請治盎宜知計謀。」丞史曰：「事未發，治之有絕。[二]今兵西鄉，治之何益！且袁盎不宜有謀。」[三]鼂錯猶與未決。人有告袁盎者，袁盎恐，夜見竇嬰，爲言吳所以反者，願至上前口對狀。竇嬰入言上，上乃召袁盎入見。鼂錯在前，及盎請辟人賜閒，錯去，固恨甚。袁盎具言吳所以反狀，以錯故，獨急斬錯以謝吳，吳兵乃可罷。其語具在吳事中。使袁盎爲太常，竇嬰爲大將軍。兩人素相與善。逮吳反，諸陵長者長安中賢大夫爭附兩人，車隨者日數百乘。

[一]集解 如淳曰：「百官表御史大夫有兩丞。丞史，丞及史也。」
[二]集解 如淳曰：「事未發之時治之，乃有所絕。」 索隱 案：謂有絕吳反心也。
[三]集解 如淳曰：「盎大臣，不宜有姦謀。」

及鼂錯已誅，袁盎以太常使吳。吳王欲使將，不肯。欲殺之，使一都尉以五百人圍守盎軍中。袁盎自其爲吳相時，（嘗）有從史嘗盜愛盎侍兒，[一]盎知之，弗泄，遇之如故。人有告從史，言「君知爾與侍者通」，乃亡歸。袁盎驅自追之，遂以侍者賜之，復爲從史。及袁盎使吳見守，從史適爲守盎校尉司馬，乃悉以其裝齎置二石醇醪，會天寒，士卒飢渴，飲酒醉，西南陬卒皆卧，司馬夜引袁盎起，曰：「君可以去矣，吳王期旦日斬君。」盎弗信，曰：「公何爲者？」司馬曰：「臣故爲從史盜君侍兒者。」盎乃驚謝曰：「公幸有親，[二]吾不足以累公。」司馬曰：「君弟去，臣亦且亡，辟吾親，[三]君何患！」及以刀決張，[四]道[五]從醉卒（直）隧〔直〕出。司馬與分背，袁盎解節毛懷之，[六]杖，步行七八里，明，見梁騎，騎馳去，[七]遂歸報。

[一]集解 文穎曰：「婢也。」
[二]集解 文穎曰：「言汝有親老。」
[三]集解 如淳曰：「藏匿吾親，不使遇害也。」 索隱 案：張晏云「辟，隱也。言自隱辟親，不使遇禍也」。
[四]集解 音帳。 索隱 案：帳，軍幕也。決之以出也。
[五]集解 如淳曰：「決開當所從亡者之道。」

[六]集解 如淳曰：「不欲令人見也。」
[七]集解 文穎曰：「梁騎擊吳楚者也。或曰得梁馬馳去也。」

吳楚已破，上更以元王子平陸侯禮爲楚王，袁盎爲楚相。嘗上書有所言，不用。袁盎病免居家，與閭里浮沈，相隨行，鬬雞走狗。雒陽劇孟嘗過袁盎，盎善待之。安陵富人有謂盎曰：「吾聞劇孟博徒，[一]將軍何自通之？」盎曰：「劇孟雖博徒，然母死，客送葬車千餘乘，此亦有過人者。且緩急人所有。夫一旦有急叩門，不以親爲解，[二]不以存亡爲辭，天下所望者，獨季心、劇孟耳。今公常從數騎，[三]一旦有緩急，寧足恃乎！」罵富人，弗與通。諸公聞之，皆多袁盎。

[一]集解 如淳曰：「博盪之徒。」或曰博戲之徒。
[二]集解 張晏曰：「不語云『親不聽』也。」瓚曰：「凡人之於赴難濟危，多以有父母爲解，而孟兼行之。」 索隱 案：謂不以親爲辭也。今此云解者，亦謂不以親在而自解。
[三]集解 徐廣曰：「常，一作『詳』。」

袁盎雖家居，景帝時時使人問籌策。梁王欲求爲嗣，袁盎進說，其後語塞。[一]梁王以此怨盎，曾使人刺盎。刺者至關中，問袁盎，諸君譽之皆不容口。乃見袁盎曰：「臣受梁王

金來刺君，君長者，不忍刺君。然後刺君者十餘曹，〔二〕備之！」袁盎心不樂，家又多怪，乃之棓生〔三〕所問占。還，梁刺客後曹輩果遮刺殺盎安陵郭門外。

〔一〕【索隱】按鄒氏云「塞」當作「露」，非也。案：以盎言不宜立弟之義，其後立梁王之語塞絕也。

〔二〕【集解】如淳曰：「曹，輩也。」

〔三〕【集解】徐廣曰：「棓，一作『服』。」駰案：文穎曰「棓音陪。秦時賢士，善術者」。【索隱】文穎云棓音陪。韋昭云棓，姓也。

鼂錯〔一〕者，潁川人也。學申商刑名於軹張恢先所，〔二〕與雒陽宋孟及劉禮同師。以文學爲太常掌故。〔三〕

〔一〕【索隱】上音朝，下音厝，一如字讀。案：朝氏出南陽，今西鄂晁氏，謂子朝之後也。

〔二〕【集解】徐廣曰：「先即先生。」【索隱】軹張恢生所。軹縣人張恢先生所學申商之法。

〔三〕【集解】應劭曰：「掌故，百石吏，主故事。」【索隱】服虔云「百石卒吏」。漢舊儀云「太常博士弟子試射策，中甲科補郎，中乙科補掌故」也。

錯爲人陗直刻深。〔一〕孝文帝時，天下無治尚書者，獨聞濟南伏生故秦博士，治尚書，年九十餘，老不可徵，乃詔太常使人往受之。太常遣錯受尚書伏生所。〔二〕還，因上便宜事，以

書稱說。詔以爲太子舍人、門大夫、家令。〔三〕以其辯得幸太子，太子家號曰「智囊」。數上書孝文時，言削諸侯事，及法令可更定者。書數十上，孝文不聽，然奇其材，遷爲中大夫。當是時，太子善錯計策，袁盎諸大功臣多不好錯。

〔一〕【集解】韋昭曰：「術岸高曰陗。」瓚曰：「陗峻。」【索隱】案：韋昭注本無「術」字。或云術，道路也。陗，七笑反。陗，峻也。

〔二〕【正義】衞宏詔定古文尚書序云：「徵之，老不能行，遣太常掌故鼂錯往讀之。年九十餘，不能正言，言不可曉，使其女傳言教錯。齊人語多與潁川異，錯所不知者凡十二三，略以其意屬讀而已也。」

〔三〕【集解】服虔曰：「太子稱家。」瓚曰：「茂陵書太子家令秩八百石。」

景帝卽位，以錯爲內史。錯常數請閒言事，輒聽，寵幸傾九卿，〔一〕法令多所更定。丞相申屠嘉心弗便，力未有以傷。內史府居太上廟壖中，門東出，不便，錯乃穿兩門南出，鑿廟壖垣。〔二〕丞相嘉聞，大怒，欲因此過爲奏請誅錯。錯聞之，卽夜請閒，具爲上言之。丞相奏事，因言錯擅鑿廟垣爲門，請下廷尉誅。上曰：「此非廟垣，乃壖中垣，不致於法。」丞相謝。罷朝，怒謂長史曰：「吾當先斬以聞，乃先請，爲兒所賣，固誤。」丞相遂發病死。錯以此愈貴。

〔一〕【集解】徐廣曰：「九，一作『公』。」

〔二〕【索隱】上音乃戀反。謂牆外之短垣也。又音而緣反。【正義】上，人緣反。壖者，廟內垣外游地也。

遷爲御史大夫，請諸侯之罪過，削其地，〔一〕收其枝郡。奏上，上令公卿列侯宗室集議，莫敢難，獨竇嬰爭之，由此與錯有郤。錯所更令三十章，諸侯皆諠譁疾鼂錯。錯父聞之，從潁川來，謂錯曰：「上初卽位，公爲政用事，侵削諸侯，別疏人骨肉，人口議〔二〕多怨公者，何也？」鼂錯曰：「固也。不如此，天子不尊，宗廟不安。」錯父曰：「劉氏安矣，而鼂氏危矣，吾去公歸矣！」遂飲藥死，曰：「吾不忍見禍及吾身。」死十餘日，吳楚七國果反，以誅錯爲名。及竇嬰、袁盎進說，上令鼂錯衣朝衣斬東市。

〔一〕【集解】徐廣曰：「一云言景帝曰『諸侯或連數郡，非古之制，非久長策，不便，請削之』，上令公卿云云。」

〔二〕【集解】徐廣曰：「一作『讙』。」

鼂錯已死，謁者僕射鄧公〔一〕爲校尉，擊吳楚軍爲將。還，上書言軍事，謁見上。上問曰：「道軍所來，〔二〕聞鼂錯死，吳楚罷不？」鄧公曰：「吳王爲反數十年矣，發怒削地，以誅錯爲名，其意非在錯也。且臣恐天下之士噤口，〔三〕不敢復言也！」上曰：「何哉？」鄧公曰：「夫鼂錯患諸侯彊大不可制，故請削地以尊京師，萬世之利也。計畫始行，卒受大戮，內杜忠臣

之口，外爲諸侯報仇，臣竊爲陛下不取也。」於是景帝默然良久，曰：「公言善，吾亦恨之。」乃拜鄧公爲城陽中尉。

〔一〕【正義】漢書作「鄧先」。孔文祥云名先。

〔二〕【集解】如淳曰：「道路從吳軍所來也。」瓚曰：「道，由也。」

〔三〕【索隱】上音其錦反，又音其禁反。

鄧公，成固人也，〔一〕多奇計。建元中，上招賢良，公卿言鄧公，時鄧公免，起家爲九卿。一年，復謝病免歸。其子章以脩黃老言顯於諸公閒。

〔一〕【正義】梁州成固縣也。括地志云：「成固故城在梁州成固縣東六里，漢城固城也。」

太史公曰：袁盎雖不好學，亦善傅會，仁心爲質，引義忼慨。遭孝文初立，資適逢世。〔一〕時以變易，〔二〕及吳楚一說，說雖行哉，然復不遂。好聲矜賢，竟以名敗。鼂錯爲家令時，數言事不用；後擅權，多所變更。諸侯發難，不急匡救，欲報私讎，反以亡軀。語曰「變古亂常，不死則亡」，豈錯等謂邪！

〔一〕【集解】張晏曰：「資，才也。適值其世，得騁其才。」

〔二〕【集解】張晏曰：「謂景帝立。」

【索隱述贊】袁絲公直，亦多附會。攬轡見重，卻席翳賴。朝錯建策，屢陳利害。尊主卑臣，家危國泰。悲彼二子，名立身敗！

史記

漢　司馬遷　撰
宋　裴　駰　集解
唐　司馬貞　索隱
唐　張守節　正義

第九冊

卷一〇二至卷一一七（傳）

中華書局

史記卷一百二

張釋之馮唐列傳第四十二

張廷尉釋之者，堵陽人也，〔一〕字季。有兄仲同居。以訾爲騎郎，〔二〕事孝文帝，十歲不得調，無所知名。釋之曰：「久宦減仲之產，不遂。」欲自免歸。中郎將袁盎知其賢，惜其去，乃請徙釋之補謁者。〔三〕釋之既朝畢，因前言便宜事。文帝曰：「卑之，毋甚高論，令今可施行也。」〔四〕於是釋之言秦漢之閒事，秦所以失而漢所以興者久之。文帝稱善，乃拜釋之爲謁者僕射。

〔一〕索隱韋昭堵音赭，又音如字，地名，屬南陽。正義應劭曰：「哀帝改爲順陽，水東南入蔡。」括地志云：「順陽故城在鄧州穰縣西三十里，楚之郇邑也。及蘇秦傳云『楚北有郇陽』，並謂此也。」

〔二〕集解蘇林曰：「顧錢若出穀也。」如淳曰：「漢儀注訾五百萬得爲常侍郎。」索隱訾音子移反。字苑云「貲，積財也」。

〔三〕正義百官表云「謁者，掌賓讚受事，員十七人，秩比六百石」也。

〔四〕索隱案：卑，下也。欲令且卑下其志，無甚高談論，但令依時事，無說古遠也。

釋之從行，登虎圈。〔一〕上問上林尉〔二〕諸禽獸簿，十餘問，尉左右視，盡不能對。虎圈嗇夫〔三〕從旁代尉對上所問禽獸簿甚悉，欲以觀其能口對響應無窮者。文帝曰：「吏不當若是邪？尉無賴！」〔四〕乃詔釋之拜嗇夫爲上林令。釋之久之前曰：「陛下以絳侯周勃何如人也？」上曰：「長者也。」又復問：「東陽侯張相如何如人也？」上復曰：「長者。」釋之曰：「夫絳侯、東陽侯稱爲長者，此兩人言事曾不能出口，豈斅此嗇夫諜諜〔五〕利口捷給哉！且秦以任刀筆之吏，吏爭以亟疾苛察相高，然其敝徒文具耳，〔六〕無惻隱之實。以故不聞其過，陵遲而至於二世，天下土崩。今陛下以嗇夫口辯而超遷之，臣恐天下隨風靡靡，爭爲口辯而無其實。且下之化上疾於景響，舉錯不可不審也。」文帝曰：「善。」乃止不拜嗇夫。

〔一〕正義求遠反。

〔二〕索隱漢書表上林有八丞十二尉。百官志尉秩三百石。

〔三〕正義掌虎圈。百官表有鄉嗇夫，此其類也。

〔四〕集解張晏曰：「才無可恃。」

〔五〕集解晉灼曰：「音牒。」索隱音牒。漢書作「喋喋」，口多言。

〔六〕索隱案：謂空具其文而無其實也。

上就車，召釋之參乘，徐行，問釋之秦之敝。具以質言。〔一〕至宮，上拜釋之爲公車令。

〔一〕集解如淳曰：「質，誠也。」

頃之，太子與梁王共車入朝，不下司馬門，〔一〕於是釋之追止太子、梁王無得入殿門。遂劾不下公門不敬，奏之。薄太后聞之，文帝免冠謝曰：「教兒子不謹。」薄太后乃使使承詔赦太子、梁王，然後得入。文帝由是奇釋之，拜爲中大夫。

〔一〕集解如淳曰：「宮衞令『諸出入殿門公車司馬門，乘軺傳者皆下，不如令，罰金四兩』。」

頃之，至中郎將。從行至霸陵，居北臨廁。〔一〕是時慎夫人從，上指示慎夫人新豐道，曰：「此走邯鄲道也。」〔二〕使慎夫人鼓瑟，上自倚瑟而歌，〔三〕意慘悽悲懷，顧謂羣臣曰：「嗟乎！以北山石爲槨，〔四〕用紵絮〔五〕斮陳，蕠漆其閒，〔六〕豈可動哉！」左右皆曰：「善。」釋之前進曰：「使其中有可欲者，雖錮南山猶有郄；〔七〕使其中無可欲者，雖無石槨，又何戚焉！」文帝稱善。其後拜釋之爲廷尉。

〔一〕集解李奇曰：「霸陵北頭廁近霸水，帝登其上，以遠望也。」如淳曰：「居高臨垂邊曰廁也。」蘇林曰：「廁，邊側也。」韋昭曰：「高岸夾水爲廁也。」索隱劉氏廁音初吏反。按：李奇曰「霸陵北頭廁近霸水」。蘇林曰「廁，

邊側也」。包愷音側，義亦兩通也。

〔二〕集解張晏曰：「慎夫人，邯鄲人也。」如淳曰：「走音奏，趨也。」索隱音奏。案：走猶向也。

〔三〕集解漢書音義曰：「聲氣依倚瑟也。」書曰『聲依永』。」索隱倚，於綺反。案：謂歌聲合於瑟聲，相依倚也。

〔四〕正義顏師古云：「美石出京師北山，今宜州石是。」

〔五〕索隱上張呂反，下息慮反。

〔六〕集解徐廣曰：「斮，一作『錯』。」駰案：漢書音義曰「斮絮，以漆著其閒也」。索隱斮陳絮漆其閒。斮音側略反。絮音女居反。案：斮陳絮以漆著其閒也。

〔七〕集解張晏曰：「錮，鑄也。帝北向，故云『北山』；迴顧南向，故云『南山』。」索隱案：張晏云「錮，鑄也。帝北向，故云『北山』；回顧向南，故云『南山』」。今案：大顏云「北山青石肌理密，堪爲碑槨，至今猶然。故秦本紀作阿房或作酈山石槨是也」。故帝欲北山之石爲槨，取其精牢。釋之答言，但使薄葬，冢中無可貪，雖無石槨，有何憂焉。若使厚殉，冢中有物，雖并錮南山，猶爲人所發掘也。言「南山」者，取其高厚之意，張晏殊失其旨也。

頃之，上行出中渭橋，〔一〕有一人從橋下走出，乘輿馬驚。於是使騎捕，屬之廷尉。釋之治問。曰：「縣人來，〔二〕聞蹕，匿橋下。久之，以爲行已過，即出，見乘輿車騎，即走耳。」廷尉奏當，一人犯蹕，當罰金。〔三〕文帝怒曰：「此人親驚吾馬，吾馬賴柔和，令他馬，固不敗傷我乎？而廷尉乃當之罰金！」釋之曰：「法者天子所與天下公共也。〔四〕今法如此而更重

之，是法不信於民也。且方其時，上使立誅之則已。今既下廷尉，廷尉，天下之平也，一傾而天下用法皆爲輕重，民安所措其手足？唯陛下察之。」良久，上曰：「廷尉當是也。」

〔一〕集解張晏曰：「在渭橋中路。」瓚曰：「中渭橋兩岸之中。」索隱張晏、臣瓚之說皆非也。案今渭橋有三所：一所在城西北咸陽路，曰西渭橋；一所在東北高陵道，曰東渭橋；其中渭橋在古城之北也。
〔二〕集解如淳曰：「長安縣人。」
〔三〕集解如淳曰：「乙令『蹕先至而犯者罰金四兩』。蹕，止行人。」索隱案：崔浩云「當謂處其罪也」。案：百官志云「廷尉平刑罰，奏當所應。郡國讞疑罪，皆處當以報之」也。
〔四〕索隱小顏云：「公謂不私也。」

其後有人盜高廟坐前玉環，捕得，文帝怒，下廷尉治。釋之案律盜宗廟服御物者爲奏，奏當弃市。上大怒曰：「人之無道，乃盜先帝廟器，吾屬廷尉者，欲致之族，而君以法奏之，〔一〕非吾所以共承宗廟意也。」釋之免冠頓首謝曰：「法如是足也。〔二〕且罪等，〔三〕然以逆順爲差。今盜宗廟器而族之，有如萬分之一，假令愚民取長陵一抔土，〔四〕陛下何以加其法乎？」久之，文帝與太后言之，乃許廷尉當。是時，中尉條侯周亞夫與梁相山都侯王恬開〔五〕見釋之持議平，乃結爲親友。張廷尉由此天下稱之。

〔一〕索隱案：法者，依律以斷也。
〔二〕集解徐廣曰：「足，一作『止』也。」

〔三〕集解如淳曰：「俱死罪也，盜玉環不若盜長陵土之逆也。」
〔四〕集解張晏曰：「不欲指言，故以取土譬也。」索隱抔音步侯反。案：禮運云「汙尊而抔飲」，鄭氏云「抔，手掬之，字從手」。字本或作「坏」，言一勺一杯，兩音並通。又音普迴反。坏者，塼之未燒之名也。張晏云「不欲指言，故以取土譬」者，蓋不欲言盜開長陵及說傷迫近先帝故也。
〔五〕集解徐廣曰：「一作『聞』。漢書作『啓』。啓者，景帝諱也，故或爲『開』。」

後文帝崩，景帝立，釋之恐，〔一〕稱病。欲免去，懼大誅至；欲見謝，則未知何如。用王生計，卒見謝，景帝不過也。

〔一〕索隱謂帝爲太子時，與梁王入朝，不下司馬門，釋之嘗劾，故恐也。

王生者，善爲黃老言，處士也。嘗召居廷中，三公九卿盡會立，王生老人，曰「吾韈解」，〔一〕顧謂張廷尉：「爲我結韈！」〔二〕釋之跪而結之。既已，人或謂王生曰：「獨柰何廷辱張廷尉，使跪結韈？」王生曰：「吾老且賤，自度終無益於張廷尉。張廷尉方今天下名臣，吾故聊辱廷尉，使跪結韈，欲以重之。」諸公聞之，賢王生而重張廷尉。

〔一〕正義上萬越反，下閑買反。
〔二〕索隱結音如字，又音計。

張廷尉事景帝歲餘，爲淮南王相，猶尚以前過也。久之，釋之卒。其子曰張摯，字長公，官至大夫，免。以不能取容當世，故終身不仕。〔一〕

〔一〕索隱謂性公直，不能曲屈見容於當世，故至免官不仕也。

馮唐者，其大父趙人。父徙代。漢興徙安陵。唐以孝著，爲中郎署長，〔一〕事文帝。文帝輦過，〔二〕問唐曰：「父老何自爲郎？家安在？」〔三〕唐具以實對。文帝曰：「吾居代時，吾尚食監高祛數爲我言趙將李齊之賢，戰於鉅鹿下。今吾每飯，意未嘗不在鉅鹿也。〔四〕父知之乎？」唐對曰：「尚不如廉頗、李牧之爲將也。」上曰：「何以？」唐曰：「臣大父在趙時，爲官(卒)〔率〕將，〔五〕善李牧。臣父故爲代相，善趙將李齊，知其爲人也。」上既聞廉頗、李牧爲人，良〔六〕說，而搏髀曰：「嗟乎！吾獨不得廉頗、李牧時爲吾將，吾豈憂匈奴哉！」唐曰：「主臣！〔七〕陛下雖得廉頗、李牧，弗能用也。」上怒，起入禁中。良久，召唐讓曰：「公柰何衆辱我，獨無閒處乎？」唐謝曰：「鄙人不知忌諱。」

〔一〕集解應劭曰：「此云孝子郎也。」或曰以至孝聞。索隱案：謂爲郎署之長也。
〔二〕索隱過音戈。謂文帝乘輦，會過郎署。
〔三〕索隱案：崔浩云「自，從也。帝詢唐何從爲郎」。又小顏云「年老矣，乃自爲郎，怪之也」。

〔四〕集解張晏曰：「每食念監所說李齊在鉅鹿時。」
〔五〕集解徐廣曰：「一云『官士將』。」駰案：晉灼曰「百人爲徹行，亦皆帥將也」。索隱注「百人爲徹行將帥」，案國語「百人爲徹行，行頭皆官師」。賈逵云「百人爲一隊也。官師，隊大夫也」。
〔六〕集解如淳曰：「良，善也。」
〔七〕索隱案：樂彥云「人臣進對前稱『主臣』，猶上書前云『昧死』」。案：志林云「馮唐面折萬乘，何言不懼」，主臣爲驚怖，其言益著也。又魏武謂陳琳云「卿爲本初檄，何乃言及上祖」，琳謝云「主臣」，益明主臣是驚怖也。解已見前志也。

當是之時，匈奴新大入朝𨚗，〔一〕殺北地〔二〕都尉卬。〔三〕上以胡寇爲意，乃卒復問唐曰：「公何以知吾不能用廉頗、李牧也？」唐對曰：「臣聞上古王者之遣將也，跪而推轂，曰閫以內者，〔四〕寡人制之；閫以外者，將軍制之。軍功爵賞皆決於外，歸而奏之。此非虛言也。臣大父言，李牧爲趙將居邊，軍市之租皆自用饗士，〔五〕賞賜決於外，不從中擾也。委任而責成功，故李牧乃得盡其智能，遣選車千三百乘，〔六〕彀騎萬三千，〔七〕百金之士十萬，〔八〕是以北逐單于，破東胡，〔九〕滅澹林，〔一〇〕西抑彊秦，南支韓、魏。當是之時，趙幾霸。〔一一〕其後會趙王遷立，其母倡也。〔一二〕王遷立，乃用郭開讒，卒誅李牧，〔一三〕令顏聚代之。〔一四〕是以兵破士北，爲秦所禽滅。今臣竊聞魏尚爲雲中守，〔一五〕其軍市租盡以饗士卒，〔出〕私養錢，〔一六〕五日一椎牛，〔一七〕饗賓客軍吏舍人，是以匈奴遠避，不近雲中之塞。虜曾一

入，尚率車騎擊之，所殺甚衆。夫士卒盡家人子，〔一八〕起田中從軍，安知尺籍伍符。〔一九〕終日力戰，斬首捕虜，上功莫府，〔二〇〕一言不相應，〔二一〕文吏以法繩之。其賞不行而吏奉法必用。臣愚，以爲陛下法太明，賞太輕，罰太重。且雲中守魏尚坐上功首虜差六級，陛下下之吏，削其爵，罰作之。由此言之，陛下雖得廉頗、李牧，弗能用也。〔二二〕臣誠愚，觸忌諱，死罪死罪！」文帝說。是日令馮唐持節赦魏尚，復以爲雲中守，而拜唐爲車騎都尉，主中尉及郡國車士。〔二三〕

〔一〕索隱 上音朝，早也。下音乃何反，縣名，屬安定也。正義 在原州百泉縣西北十里，漢朝那縣是也。

〔二〕正義 北地郡，今寧州也。

〔三〕索隱 案：都尉姓孫名卬。

〔四〕集解 韋昭曰：「此郭門之閫也。門中橛曰閫。」索隱 橛音其月反。正義 閫音苦本反。謂門限也。

〔五〕索隱 案：謂軍中立市，市有稅。稅卽租也。

〔六〕索隱 案：六韜書有選車之法。

〔七〕索隱 如淳云：「彀音構。彀騎，張弓之騎也。」

〔八〕集解 服虔曰：「良士直百金也。」或曰直百金，言重。索隱 晉灼云：「百金取其貴重也。」服虔曰：「良士直百金也。」劉氏云：「其功可賞百金者。」事見管子及小爾雅。

〔九〕索隱 案：崔浩云「烏丸之先也。國在匈奴之東，故云東胡也」。

〔一〇〕集解 徐廣曰：「澹，一作『檐』。」索隱 澹，丁甘反。一本作「襜襤」。

〔一一〕索隱 幾音祈。

〔一二〕索隱 按：列女傳云「邯鄲之倡」。正義 趙幽王母，樂家之女也。

〔一三〕索隱 按：開是趙之寵臣。戰國策云秦多與開金，使爲反閒。

〔一四〕索隱 冣音似喩反。漢書作「冣」。本齊將也。正義 絶庚反。

〔一五〕集解 漢書曰：「尚，槐里人也。」正義 雲中郡故城在勝州楡林縣東北三十里。

〔一六〕集解 服虔曰：「私廩假錢。」索隱 按：漢書「市肆租稅之入爲私奉養」，服虔曰「私廩假錢」是也。或云官所別廩給也。

〔一七〕索隱 椎音直追反，擊也。

〔一八〕索隱 按：謂庶人之家子也。

〔一九〕集解 如淳曰：「漢軍法曰吏卒斬首，以尺籍書下縣移郡，令人故行，不行奪勞二歲。五符亦什伍之符，約節度也。」或曰以尺簡書，故曰尺籍也。索隱 按：尺籍者，謂書其斬首之功於一尺之板。伍符者，命軍人伍伍相保，不容姦詐。注「故行不行」，案謂故命人行而身不自行，奪勞二歲也。「故」與「雇」同。

〔二〇〕索隱 按：莫訓大也。又崔浩云「古者出征無常處，以幕爲府舍，故云莫府」。「莫」當爲「幕」，古字少耳。

〔二一〕索隱 音乙陵反，謂數不同也。

〔二二〕集解 班固稱「楊子曰孝文帝親詘帝尊以信亞夫之軍，曷爲不能用頗、牧？彼將有激」。

〔二三〕集解 服虔曰：「車戰之士。」

七年，景帝立，以唐爲楚相，免。武帝立，求賢良，舉馮唐。唐時年九十餘，不能復爲官，乃以唐子馮遂爲郎。遂字王孫，亦奇士，與余善。

太史公曰：張季之言長者，守法不阿意；馮公之論將率，有味哉！有味哉！語曰「不知其人，視其友」。二君之所稱誦，可著廊廟。書曰「不偏不黨，王道蕩蕩；不黨不偏，王道便便」。〔一〕張季、馮公近之矣。

〔一〕集解 徐廣曰：「一作『辨』。」

【索隱述贊】張季未偶，見識袁盎。太子懼法，嗇夫無狀。驚馬罰金，盜環悟上。馮公白首，味哉論將。因對李齊，收功魏尚。

史記卷一百三

萬石張叔列傳第四十三

萬石君〔一〕名奮，其父趙人也，〔二〕姓石氏。趙亡，徙居溫。〔三〕高祖東擊項籍，過河內，時奮年十五，爲小吏，侍高祖。高祖與語，愛其恭敬，問曰：「若何有？」對曰：「奮獨有母，不幸失明。家貧。有姊，能鼓琴。」高祖曰：「若能從我乎？」曰：「願盡力。」於是高祖召其姊爲美人，以奮爲中涓，〔四〕受書謁，徙其家長安中戚里，〔五〕以姊爲美人故也。其官至孝文時，積功勞至大中大夫。無文學，恭謹無與比。

〔一〕正義 以父及四子皆二千石，故號奮爲萬石君。

〔二〕正義 洺州邯鄲本趙國都。

〔三〕正義 故溫城在懷州溫縣三十里，漢縣在也。

〔四〕正義 顏師古云：「中涓，官名。居中而涓絜也。」如淳云：「主通書謁出入命也。」

〔五〕索隱 小顏云：「於上有姻戚者皆居之，故名其里爲戚里。」長安記戚里在城內。

文帝時，東陽侯張相如爲太子太傅，免。選可爲傅者，皆推奮，奮爲太子太傅。及孝景即位，以爲九卿；迫近，憚之，〔一〕徙奮爲諸侯相。奮長子建，次子甲，次子乙，〔二〕次子慶，皆以馴行孝謹，〔三〕官皆至二千石。於是景帝曰：「石君及四子皆二千石，人臣尊寵乃集其門。」號奮爲萬石君。

〔一〕集解 張晏曰：「以其恭敬履度，故難之。」

〔二〕集解 徐廣曰：「一作『仁』。」正義 顏師古云：「史失其名，故云甲乙耳，非其名也。」

〔三〕集解 徐廣曰：「馴，一作『訓』。」索隱 馴音巡。

孝景帝季年，萬石君以上大夫祿歸老于家，以歲時爲朝臣。過宮門闕，萬石君必下車趨，見路馬必式焉。子孫爲小吏，來歸謁，萬石君必朝服見之，不名。子孫有過失，不譙讓，〔一〕爲便坐，〔二〕對案不食。然後諸子相責，因長老肉袒固謝罪，改之，乃許。子孫勝冠者在側，雖燕〔三〕居必冠，申申如也。僮僕訢訢如也，〔四〕唯謹。上時賜食於家，必稽首俯伏而食之，如在上前。其執喪，哀戚甚悼。子孫遵教，亦如之。萬石君家以孝謹聞乎郡國，雖齊魯諸儒質行，皆自以爲不及也。

〔一〕索隱 上才笑反。譙讓，責讓。

〔二〕索隱 上于僞反，下「便」音婢緜反。蓋謂爲之不處正室，別坐他處，故曰便坐。坐音如字。便坐，非正坐處也。故王者所居有便殿、便房，義亦然也。音婢見反，亦通也。

〔三〕索隱 燕謂閒燕之時。燕，安也。

〔四〕集解 晉灼曰：「訢，許慎曰古『欣』字。」韋昭曰：「聲和貌。」

建元二年，郎中令〔一〕王臧以文學獲罪。皇太后以爲儒者文多質少，今萬石君家不言而躬行，乃以長子建爲郎中令，少子慶爲內史。〔二〕

〔一〕正義 百官表云郎中令秦官，掌居宮殿門戶。武帝太初元年更名光祿勳也。

〔二〕正義 百官表云內史，周官，秦因之，掌治京師。景帝分置左內史。武帝太初元年，更名京兆尹，左內史名左馮翊也。

建老白首，萬石君尚無恙。建爲郎中令，每五日洗沐歸謁親，〔一〕入子舍，〔二〕竊問侍者，取親中帬廁腧，身自浣滌，〔三〕復與侍者，不敢令萬石君知，以爲常。建爲郎中令，事有可言，屏人恣言，極切；至廷見，如不能言者。是以上乃親尊禮之。

〔一〕集解 文穎曰：「郎五日一下。」正義 孔文祥云：「建爲郎中令，即光祿勳，九卿之職也。直五日一下也。」按：五日一下直，洗沐。

〔二〕索隱 案：劉氏謂小房內，非正堂也。小顏以爲諸子之舍，若今諸房也。

〔三〕集解 徐廣曰：「腧，築垣短板也，音住。廁腧謂廁溷垣牆，建隱於其側浣滌也。一讀『腧』爲『竇』，竇音豆。言建又自洗蕩廁竇。廁竇，瀉除穢惡之穴也。」呂靜曰：「楲窬，褻器也，音威豆。」駰案：蘇林曰「腧音投」。賈逵解周官，「楲，虎子也。窬，行清也」。孟康曰「廁，行清；窬，行中受糞者也。東南人謂鑿木空中如曹謂之窬」。晉灼曰「今世謂反閉小袖衫爲『侯窬（廁）』」，此最廁近身之衣也」。索隱 案：親謂父也。中帬，近身衣也。蘇林曰「腧音投，又音豆」。孟康曰「廁，行清；腧，行清中受糞函也。言建又自洗盪廁竇。竇者，洗除穢汙之穴也」。又晉灼云「今世謂反閉小袖衫爲『侯腧』，此最廁近身之衣」。而徐廣云「腧，短板，以築廁牆」，未知其義何從，恐非也。

萬石君徙居陵里。〔一〕內史慶醉歸，入外門不下車。萬石君聞之，不食。慶恐，肉袒請罪，不許。舉宗及兄建肉袒，萬石君讓曰：「內史貴人，入閭里，里中長老皆走匿，而內史坐車中自如，固當！」乃謝罷慶。慶及諸子弟入里門，趨至家。

〔一〕集解 徐廣曰：「陵，一作『鄉』。」索隱 小顏云：「陵里，里名，在茂陵，非長安之戚里也。」正義 茂陵邑中里也。茂陵故城，漢茂陵縣也，在雍州始平縣東北二十里。

萬石君以元朔五年中卒。長子郎中令建哭泣哀思，扶杖乃能行。歲餘，建亦死。諸子孫咸孝，然建最甚，甚於萬石君。

建爲郎中令，書奏事，事下，建讀之，曰：「誤書！『馬』者與尾當五，今乃四，不足一。〔一〕上譴死矣！」甚惶恐。其爲謹慎，雖他皆如是。

〔一〕集解 服虔曰：「作『馬』字下曲而五，建時上事書誤作四。」 正義 顏師古云：「『馬』字下曲者尾，并四點爲四足，凡五。」

萬石君少子慶爲太僕，御出，上問車中幾馬，慶以策數馬畢，舉手曰：「六馬。」慶於諸子中最爲簡易矣，〔一〕然猶如此。爲齊相，舉齊國皆慕其家行，不言而齊國大治，爲立石相祠。

〔一〕正義 漢書「慶爲大僕，御出，上問車中幾馬，慶以策數馬畢，舉手曰『六馬』」。按：慶於兄弟最爲簡易矣，然猶如此也。

元狩元年，上立太子，選羣臣可爲傅者，慶自沛守爲太子太傅，七歲遷爲御史大夫。

元鼎五年秋，丞相有罪，罷。〔一〕制詔御史：「萬石君先帝尊之，子孫孝，其以御史大夫慶爲丞相，封爲牧丘侯。」是時漢方南誅兩越，東擊朝鮮，北逐匈奴，西伐大宛，中國多事。天子巡狩海內，修上古神祠，封禪，興禮樂。公家用少，桑弘羊等致利，王溫舒之屬峻法，兒寬等推文學至九卿，更進用事，事不關決於丞相，丞相醇謹而已。在位九歲，無能有所匡言。嘗欲請治上近臣所忠、九卿咸〔二〕宣罪，不能服，反受其過，贖罪。

〔一〕集解 趙周坐酎金免。 索隱 案漢書而知也。

〔二〕集解 服虔曰：「音『減損』之『減』。」

元封四年中，關東流民二百萬口，無名數者四十萬，〔一〕公卿議欲請徙流民於邊以適之。上以爲丞相老謹，不能與其議，乃賜丞相告歸，而案御史大夫以下議爲請者。丞相慙不任職，乃上書曰：「慶幸得待罪丞相，罷駑無以輔治，城郭倉庫空虛，民多流亡，罪當伏斧質，上不忍致法。願歸丞相侯印，乞骸骨歸，避賢者路。」天子曰：「倉廩既空，民貧流亡，而君欲請徙之，摇蕩不安，動危之，而辭位，君欲安歸難乎？」〔二〕以書讓慶，慶甚慙，遂復視事。

〔一〕索隱 案：小顏云「無名數，若今之無户籍」。

〔二〕索隱 難音乃彈反。言欲歸於何人。

慶文深審謹，然無他大略，爲百姓言。後三歲餘，太初二年中，丞相慶卒，謚爲恬侯。慶中子德，慶愛用之，上以德爲嗣，代侯。後爲太常，坐法當死，贖免爲庶人。慶方爲丞相，諸子孫爲吏更至二千石者十三人。及慶死後，稍以罪去，孝謹益衰矣。

建陵侯〔一〕衞綰者，代大陵人也。〔二〕綰以戲車爲郎，〔三〕事文帝，功次遷爲中郎將，醇謹無他。孝景爲太子時，召上左右飲，而綰稱病不行。〔四〕文帝且崩時，屬孝景曰：「綰長者，善遇之。」及文帝崩，景帝立，歲餘不噍呵〔五〕綰，綰日以謹力。

〔一〕正義 括地志云：「漢建陵縣故城在沂州丞縣界也。」

〔二〕索隱 地理志縣名，在代。 正義 括地志云：「大陵縣城在并州文水縣北十二里。」按：代王耳時都中都，大陵屬焉，故言代大陵人也。

〔三〕集解 應劭曰：「能左右超乘也。」如淳曰：「櫟機轊之類。」 索隱 按：應劭云「能左右超乘」。案今亦有弄車之戲。櫟音歷，謂超踰之也。轊音衞，謂車軸頭也。

〔四〕集解 張晏曰：「恐文帝謂豫有二心以事太子。」

〔五〕索隱 誰何二音。誰何猶借訪也。一作「譙呵」。譙，責讓也，言不嗔責綰也。

景帝幸上林，詔中郎將參乘，還而問曰：「君知所以得參乘乎？」綰曰：「臣從車士幸得以功次遷爲中郎將，不自知也。」上問曰：「吾爲太子時召君，君不肯來，何也？」對曰：「死罪，實病！」上賜之劍。綰曰：「先帝賜臣劍凡六，劍不敢奉詔。」上曰：「劍，人之所施易，〔一〕獨至今乎？」綰曰：「具在。」上使取六劍，劍尚盛，未嘗服也。郎官有譴，常蒙其罪，不與他將爭；有功，常讓他將。上以爲廉，忠實無他腸，〔二〕乃拜綰爲河閒王太傅。吳楚反，詔綰爲將，將河閒兵擊吳楚有功，拜爲中尉。三歲，以軍功，孝景前六年中封綰爲建陵侯。

〔一〕集解 如淳曰：「施讀曰移。言劍者人之所好，故多數移易貿換之也。」 索隱 上音移，下音亦。

〔二〕索隱 小顏云：「心腸之內無他惡也。」

其明年，上廢太子，誅栗卿之屬。〔一〕上以爲綰長者，不忍，乃賜綰告歸，而使郅都治捕栗氏。既已，上立膠東王爲太子，召綰，拜爲太子太傅。久之，遷爲御史大夫。五歲，代桃侯舍〔二〕爲丞相，朝奏事如職所奏。〔三〕然自初官以至丞相，終無可言。天子以爲敦厚，可相少主，尊寵之，賞賜甚多。

〔一〕集解 蘇林曰：「栗太子舅也。」如淳曰：「栗氏親屬也，卿，其名也。」 索隱 栗姬之兄弟。蘇林云栗太子之舅也。

〔二〕正義 故桃城在滑州胙城縣東三十里，劉舍所封也。 正義 顏師古云：「太子廢爲臨江王，故誅其外家親屬也。」

〔三〕索隱 以言但守職分而已，不别有所奏議也。

爲丞相三歲，景帝崩，武帝立。建元年中，丞相以景帝疾時諸官囚多坐不辜者，而君不任職，免之。其後綰卒，子信代。坐酎金失侯。

塞侯〔一〕直不疑者，南陽人也。〔二〕爲郎，事文帝。其同舍有告歸，誤持同舍郎金去，已而金主覺，妄意不疑，〔三〕不疑謝有之，買金償。而告歸者來而歸金，而前郎亡金者大慙，以此稱爲長者。文帝稱舉，稍遷至太中大夫。〔四〕朝廷見，人或毀曰：「不疑狀貌甚美，然獨無

柰其善盜嫂〔五〕何也！」不疑聞，曰：「我乃無兄。」然終不自明也。

〔一〕正義上音先代反。古塞國，今陝州桃林縣以西至潼關，皆桃林塞地也。
〔二〕索隱案：塞，國名，今桃林之塞也。直，姓也；不疑，名也。與雋不疑同字。
〔三〕索隱謂妄疑其盜取將也。
〔四〕集解徐廣曰：「漢書云稱爲長者，稍遷至太中大夫，無『文帝稱舉』四字。」
〔五〕索隱案：小顏云盜謂私之。

吴楚反時，不疑以二千石將兵擊之。景帝後元年，拜爲御史大夫。天子修吴楚時功，乃封不疑爲塞侯。武帝建元年中，與丞相綰俱以過免。

不疑學老子言。其所臨，爲官如故，唯恐人知其爲吏跡也。不好立名稱，稱爲長者。不疑卒，子相如代。孫望，坐酎金失侯。〔一〕

〔一〕索隱漢書作彭祖，坐酎金，國除。

郎中令周文者，名仁，其先故任城人也。〔一〕以醫見。景帝爲太子時，拜爲舍人，積功稍遷，孝文帝時至太中大夫。景帝初即位，拜仁爲郎中令。

〔一〕正義任城，兖州縣也。

仁爲人陰重不泄，常衣敝補衣溺袴，〔一〕期爲不絜清，〔二〕以是得幸。景帝入卧内，於後宫祕戲，〔三〕仁常在旁。至景帝崩，仁尚爲郎中令，終無所言。上時問人，〔四〕仁曰：「上自察之。」然亦無所毁。以此景帝再自幸其家。家徙陽陵。上所賜甚多，然常讓，不敢受也。諸侯羣臣賂遺，終無所受。

〔一〕集解服虔曰：「質重不泄人之陰謀也。」張晏曰：「陰重不泄，下溼，故溺袴，是以得比宦者，出入後宫。仁有子孫，先未得此病時所生。」韋昭曰：「陰重，如今帶下病泄利。」索隱案：其解二，各有理。服虔云「周仁性質重，不泄人之陰謀也」。小顏云「陰，密也，爲性密重，不泄人言也。霍去病少言不泄，亦其類也」。其人又常衣弊補衣及溺袴，故爲不絜清之服，是以得幸入卧内也。又張晏云「陰重不泄，陰下溼，故溺袴，是以得比宦者，出入後宫也。仁有子孫者，先未得此疾病所生也」。二者未知誰得其實也。
〔二〕索隱謂心中常期不絜之服，則「期」是「故」之意也。小顏亦同。正義清，清净；期猶常也。言爲不絜净，下溼，故得入卧内後宫，比宦者。
〔三〕索隱謂後宫中戲劇所宜祕也。
〔四〕正義顔師古云：「問以他人之善惡也。」

武帝立，以爲先帝臣，重之。仁乃病免，以二千石禄歸老，子孫咸至大官矣。

御史大夫張叔者，名歐，〔一〕安丘侯説之庶子也。〔二〕孝文時以治刑名言〔三〕事太子。然歐雖治刑名家，〔四〕其人長者。景帝時尊重，常爲九卿。至武帝元朔四年，韓安國免，詔拜歐爲御史大夫。自歐爲吏，未嘗言案人，專以誠長者處官。官屬以爲長者，亦不敢大欺。上具獄事，有可卻，卻之；不可者，不得已，爲涕泣面對而封之。其愛人如此。

〔一〕集解史記音隱曰：「歐，於友反。」索隱歐音烏後反。漢書作「歐」，孟康音驅也。
〔二〕集解徐廣曰：「張説起於方與縣，從高祖以入漢也。」索隱説音悦。
〔三〕集解韋昭曰：「有刑名之書，欲令名實相副也。」索隱案：劉向別録云「申子學號曰『刑名家』者，循名以責實，其尊君卑臣，崇上抑下，合於六經也」。説者云刑名家即太史公所説六家之二也。
〔四〕正義刑，刑家也。名，名家也。在太史公自（有）傳，言治刑法及名實也。

老病篤，請免。於是天子亦策罷，以上大夫禄歸老于家。家於陽陵。子孫咸至大官矣。

太史公曰：仲尼有言曰「君子欲訥於言〔一〕而敏於行」，其萬石、建陵、張叔之謂邪？是以其教不肅而成，不嚴而治。塞侯微巧，〔二〕而周文處諂，〔三〕君子譏之，爲其近於佞也。然斯可謂篤行君子矣！

〔一〕集解徐廣曰：「『訥』字多作『詘』，音同耳。古字假借。」
〔二〕索隱功微。案：直不疑以吴楚反時爲二千石將，景帝封之，功微也。正義不疑學老子，所臨官，恐人知其爲吏跡，不好立名稱，稱爲長者，是微巧也。
〔三〕索隱周文處諂者，謂爲郎中令，陰重，得幸出入卧内也。正義上時問人，仁曰「上自察之」；上所賜，常不受；又諸侯羣臣賂遺，終無所受：此爲處諂。故君子譏此二人，爲其近於佞也。

【索隱述贊】萬石孝謹，自家形國。郎中數馬，内史匍匐。綰無他腸，塞有陰德。刑名張歐，垂涕恤獄。敏行訥言，俱嗣芳躅。

史記卷一百四

田叔列傳第四十四

田叔[一]者，趙陘城人[二]也。其先，齊田氏苗裔也。叔喜劍，學黃老術於樂巨公[三]所。叔爲人刻廉自喜，喜游諸公。[四]趙人舉之趙相趙午，午言之趙王張敖所，趙王以爲郎中。數歲，切直廉平，趙王賢之，未及遷。

[一]索隱 案下文，字少卿。
[二]索隱 陘音刑。按：縣名也，屬中山。
[三]索隱 本燕人，樂毅之後。 正義 樂，姓；巨公，名。
[四]正義 喜音許記反。諸公謂丈人行也。

會陳豨反代，[一]漢七年，高祖往誅之，過趙，趙王張敖自持案進食，禮恭甚，高祖箕踞罵之。是時趙相趙午等數十人皆怒，謂張王曰：「王事上禮備矣，今遇王如是，臣等請爲亂。」趙王齧指出血，曰：「先人失國，微陛下，臣等當蟲出。[二]公等柰何言若是！毋復出口

矣！」於是貫高等曰：「王長者，不倍德。」卒私相與謀弒上。會事發覺，[三]漢下詔捕趙王及羣臣反者。於是趙午等皆自殺，唯貫高就繫。是時漢下詔書：「趙有敢隨王者皋三族。」唯孟舒、田叔等十餘人赭衣自髡鉗，稱王家奴，隨趙王敖至長安。貫高事明白，趙王敖得出，廢爲宣平侯，乃進言田叔等十餘人。上盡召見，與語，漢廷臣毋能出其右者，上說，盡拜爲郡守、諸侯相。叔爲漢中守十餘年，會高后崩，諸呂作亂，大臣誅之，立孝文帝。

[一]集解 徐廣曰：「七年，韓王信反，高帝征之。十年，代相陳豨反。」
[二]索隱 案：謂死而蟲出也。左傳「齊桓公死，未葬，蟲流於户外」是也。
[三]集解 徐廣曰：「九年十二月捕貫高等也。」

孝文帝既立，召田叔問之曰：「公知天下長者乎？」對曰：「臣何足以知之！」上曰：「公，長者也，宜知之。」叔頓首曰：「故雲中守孟舒，長者也。」是時孟舒坐虜大入塞盜劫，雲中尤甚，免。上曰：「先帝置孟舒雲中十餘年矣，虜曾一入，孟舒不能堅守，毋故士卒戰死者數百人。長者固殺人乎？公何以言孟舒爲長者也？」叔叩頭對曰：「是乃孟舒所以爲長者也。夫貫高等謀反，上下明詔，趙有敢隨張王，罪三族。然孟舒自髡鉗，隨張王敖之所在，欲以身死之，豈自知爲雲中守哉！漢與楚相距，士卒罷敝。匈奴冒頓新服北夷，來爲邊害，孟舒知士卒罷敝，不忍出言，士爭臨城死敵，如子爲父，弟爲兄，以故死者數百人。孟舒

豈故驅戰之哉！是乃孟舒所以爲長者也。」於是上曰：「賢哉孟舒！」復召孟舒以爲雲中守。

後數歲，叔坐法失官。梁孝王使人殺故吴相袁盎，景帝召田叔案梁，具得其事，還報。景帝曰：「梁有之乎？」叔對曰：「死罪！有之。」上曰：「其事安在？」田叔曰：「上毋以梁事爲也。」上曰：「何也？」曰：「今梁王不伏誅，是漢法不行也；如其伏法，而太后食不甘味，卧不安席，此憂在陛下也。」景帝大賢之，以爲魯相。

魯相初到，民自言相，訟王取其財物百餘人。田叔取其渠率二十人，各笞五十，餘各搏二十，[一]怒之曰：「王非若主邪？何自敢言若主！」魯王聞之大慙，發中府錢，[二]使相償之。相曰：「王自奪之，使相償之，是王爲惡而相爲善也。」相毋與償之。於是王乃盡償之。

[一]索隱 搏音博。
[二]正義 王之財物所藏也。

魯王好獵，[一]相常從入苑中，[二]王輒休相就館舍，相出，常暴坐[三]待王苑外。王數使人請相休，終不休，曰：「我王暴露苑中，我獨何爲就舍！」魯王以故不大出游。

[一]正義 魯共王，景帝子，都兗州曲阜縣故魯城中。

[二]正義 括地志云：「矍相圃在兗州曲阜縣南三十里。禮記云孔子射於矍相之圃，觀者如堵牆也。」
[三]索隱 上音步卜反。

數年，叔以官卒，魯以百金祠，少子仁不受也，曰：「不以百金傷先人名。」

仁以壯健爲衞將軍[一]舍人，數從擊匈奴。衞將軍進言仁，仁爲郎中。數歲，爲二千石丞相長史，失官。其後使刺舉三河。[二]上東巡，仁奏事有辭，上說，拜爲京輔都尉。[三]月餘，上遷拜爲司直。[四]數歲，坐太子事。[五]時左丞相自將兵，[六]令司直田仁主閉守城門，坐縱太子，下吏誅死。仁發兵，長陵令車千秋上變仁，仁族死。陘城今在中山國。[七]

[一]集解 張晏曰：「衞青也。」
[二]正義 百官表云：「監御史，秦官，掌監郡，漢省，丞相遣御史分刺州，不常置也。」案：三河，河南、河東、河内也。
[三]正義 百官表云：「右扶風、左馮翊、京兆尹是爲三輔。元鼎四年，置三輔都尉。」服虔云：「皆治長安城中也。」
[四]集解 漢書百官表曰：「武帝元狩五年，初置司直，秩比二千石，掌佐丞相舉不法。」 正義 百官表云：「武帝元狩五年，初置司直，秩比二千石，掌佐丞相舉不法也。」
[五]正義 謂戾太子。
[六]集解 徐廣曰：「劉屈氂時爲丞相也。」
[七]集解 徐廣曰：「陘城，縣名也。」 正義 今定州也。

中華書局

太史公曰：孔子稱曰「居是國必聞其政」，田叔之謂乎！義不忘賢，明主之美以救過。仁與余善，余故并論之。

褚先生曰：臣爲郎時，聞之曰田仁故與任安相善。任安，滎陽人也。少孤貧困，爲人將車〔一〕之長安，留，求事爲小吏，未有因緣也，因占著名數。〔二〕武功，扶風西界小邑也，谷口蜀剗道近山。〔三〕安以爲武功小邑，無豪，易高也，〔四〕安留，代人爲求盜亭父。〔五〕後爲亭長。〔六〕邑中人民俱出獵，任安常爲人分麋鹿雉兔，部署老小當壯劇易處，衆人皆喜，曰：「無傷也，任少卿〔七〕分別平，有智略。」明日復合會，會者數百人。任少卿曰：「某子甲何爲不來乎？」諸人皆怪其見之疾也。其後除爲三老，〔八〕舉爲親民，出爲三百石長，〔九〕治民。坐上行出游共帳不辦，斥免。

〔一〕索隱 將車猶御車也。

〔二〕索隱 言卜占而自占著家口名數，隸於武功，猶今附籍然也。占音之豔反。

〔三〕正義 括地志云：「漢武功縣在渭水南，今盩厔縣西界也。駱谷關在雍州之盩厔縣西南二十里，開駱谷道以通梁州也。」按：行谷有棧道也。

〔四〕索隱 易音以豉反。言邑小無豪，易得高名也。

〔五〕集解 郭璞曰：「亭卒也。」正義 安留武功，替人爲求盜亭父也。應劭云：「舊時亭有兩卒，其一爲亭父，掌關閉掃除；一爲求盜，掌逐捕盜賊也。」

〔六〕正義 百官表云：「十里一亭，亭有長也。」

〔七〕正義 少卿，安字。

〔八〕正義 百官表云：「十亭一鄉，鄉有三老一人，掌教化也。」

〔九〕正義 百官表云：「萬户已上爲令，秩千石至六百石；減萬户爲長，秩五百石至三百石。皆有丞、尉也。」

乃爲衞將軍舍人，與田仁會，俱爲舍人，居門下，同心相愛。此二人家貧，無錢用以事將軍家監，家監使養惡齧馬。兩人同牀臥，仁竊言曰：「不知人哉家監也！」任安曰：「將軍尚不知人，何乃家監也！」衞將軍〔一〕從此兩人過平陽主，主家令兩人與騎奴同席而食，此二子拔刀列斷席別坐。主家皆怪而惡之，莫敢呵。

〔一〕正義 衞青也。

其後有詔募擇衞將軍舍人以爲郎，將軍取舍人中富給者，令具鞍馬絳衣玉具劍，欲入奏之。會賢大夫少府趙禹來過衞將軍，將軍呼所舉舍人以示趙禹。趙禹以次問之，十餘人無一人習事有智略者。趙禹曰：「吾聞之，將門之下必有將類。傳曰『不知其君視其所使，不知其子視其所友』。今有詔舉將軍舍人者，欲以觀將軍而能得賢者文武之士也。今徒取富人子上之，又無智略，如木偶人衣之綺繡耳，將柰之何？」於是趙禹悉召衞將軍舍人百餘人，以次問之，得田仁、任安，曰：「獨此兩人可耳，餘無可用者。」衞將軍見此兩人貧，意不平。趙禹去，謂兩人曰：「各自具鞍馬新絳衣。」兩人對曰：「家貧無用具也。」將軍怒曰：「今兩君家自爲貧，何爲出此言？鞅鞅如有移德於我者，何也？」〔一〕將軍不得已，上籍以聞。有詔召見衞將軍舍人，此二人前見，詔問能略，相推第也。田仁對曰：「提桴鼓立軍門，使士大夫樂死戰鬭，仁不及任安。」任安對曰：「夫決嫌疑，定是非，辯治官，使百姓無怨心，安不及仁也。」武帝大笑曰：「善。」使任安護北軍，使田仁護邊田穀於河上。此兩人立名天下。

〔一〕集解 徐廣曰：「移猶施。」

其後用任安爲益州刺史，〔一〕以田仁爲丞相長史。〔二〕

〔一〕正義 地理志云武帝改曰梁州。百官表云：「元封五年，初置部刺史，掌奉詔條察州，秩六百石，員十三。」按：若今採訪按察六條也。

〔二〕正義 百官表云：「丞相有兩長史，秩千石。」

田仁上書言：「天下郡太守多爲姦利，三河尤甚，臣請先刺舉三河。三河太守皆內倚中貴人，與三公有親屬，無所畏憚，宜先正三河以警天下姦吏。」是時河南、河內太

守皆御史大夫杜父兄子弟也，〔一〕河東太守石丞相子孫也。〔二〕是時石氏九人爲二千石，方盛貴。田仁數上書言之。杜大夫及石氏使人謝，謂田少卿曰：「吾非敢有語言也，願少卿無相誣汙也。」仁已刺三河，三河太守皆下吏誅死。仁還奏事，武帝說，以仁爲能不畏彊禦，拜仁爲丞相司直，威振天下。

〔一〕集解 杜，杜周也。

〔二〕正義 謂石慶。

其後逢太子有兵事，丞相自將兵，使司直主城門。司直以爲太子骨肉之親，父子之閒不甚欲近，去之諸陵過。是時武帝在甘泉，使御史大夫暴君〔一〕下責丞相「何爲縱太子」，丞相對言「使司直部守城門而開太子」。上書以聞，請捕繫司直。司直下吏，誅死。

〔一〕集解 徐廣曰：「暴勝之爲御史大夫。」

是時任安爲北軍使者護軍，太子立車北軍南門外，召任安，與節令發兵。安拜受節，入，閉門不出。武帝聞之，以爲任安爲詳邪，〔一〕不傅事，何也？〔二〕任安笞辱北軍錢官小吏，小吏上書言之，以爲受太子節，言「幸與我其鮮好者」。〔三〕書上聞，武帝曰：「是老吏也，見兵事起，欲坐觀成敗，見勝者欲合從之，有兩心。安有當死之罪甚衆，吾

常活之，今懷詐，有不忠之心。」下安吏，誅死。

〔一〕集解徐廣曰：「佯，或作『詳』也。」索隱詳音羊。謂詐受節不發兵，不傳會太子也。

〔二〕索隱不傳事可也。傳音附，謂不附會也。

〔三〕索隱鮮音仙。謂太子請其鮮好之兵甲也。

夫月滿則虧，物盛則衰，天地之常也。知進而不知退，久乘富貴，禍積爲祟。故范蠡之去越，辭不受官位，名傳後世，萬歲不忘，豈可及哉！後進者慎戒之。

【索隱述贊】田叔長者，重義輕生。張王既雪，漢中是榮。孟舒見廢，抗說相明。按梁以禮，相魯得情。子仁坐事，刺舉有聲。

史記卷一百五

扁鵲倉公列傳第四十五

索隱王劭云：「此醫方，宜與日者、龜策相接，不合列於此，後人誤也。」正義此傳是醫方，合與龜策、日者相次。以淳于意孝文帝時醫，奉詔問之，又爲齊太倉令，故太史公以次述之。扁鵲乃春秋時良醫，不可別序，故引爲傳首，太倉公次之也。

扁鵲者，〔一〕勃海郡鄭人也，〔二〕姓秦氏，名越人。少時爲人舍長。〔三〕舍客長桑君〔四〕過，〔五〕扁鵲獨奇之，常謹遇之。長桑君亦知扁鵲非常人也。出入十餘年，乃呼扁鵲私坐，閒與語曰：〔六〕「我有禁方，年老，欲傳與公，公毋泄。」扁鵲曰：「敬諾。」乃出其懷中藥予扁鵲：「飲是以上池之水，三十日當知物矣。」〔七〕乃悉取其禁方書盡與扁鵲。忽然不見，殆非人也。扁鵲以其言飲藥三十日，視見垣一方人。〔八〕以此視病，盡見五藏癥結，〔九〕特以診脈〔一〇〕爲名耳。爲醫或在齊，〔一一〕或在趙。在趙者名扁鵲。

〔一〕正義黃帝八十一難序云：「秦越人與軒轅時扁鵲相類，仍號之爲扁鵲。又家於盧國，因命之曰盧醫也。」

〔二〕集解徐廣曰：「『鄭』當爲『鄚』。鄚，縣名，今屬河間。」索隱案：勃海無鄭縣，當作鄚縣，音莫，今屬河間。

〔三〕索隱爲舍長。劉氏云：「守客館之帥。」正義長音丁丈反。

〔四〕索隱隱者，蓋神人。

〔五〕正義過音戈。

〔六〕正義閒音閑。

〔七〕索隱案：舊說云上池水謂水未至地，蓋承取露及竹木上水，取之以和藥，服之三十日，當見鬼物也。

〔八〕索隱方猶邊也。言能隔牆見彼邊之人，則眼通神也。

〔九〕正義五藏謂心、肺、脾、肝、腎也。六府謂大小腸、胃、膽、膀胱、三焦也。王叔和脈經云：「左手脈橫，癥在左；右手脈橫，癥在右。脈，頭大者在上，頭小者在下。兩手脈，結上部者濡，結中部者緩，結三里者豆起。陽邪來見浮洪，陰邪來見沈細，水穀來見堅實。」

〔一〇〕索隱診，鄭氏音丈忍反，劉氏音陳忍反。司馬彪云：「診，占也。」

〔一一〕正義號盧醫。今濟州盧縣。

當晉昭公時，〔一〕諸大夫彊而公族弱，趙簡子爲大夫，專國事。簡子疾，五日不知人，〔二〕大夫皆懼，於是召扁鵲。扁鵲入視病，出，董安于問扁鵲，扁鵲曰：「血脈治也，而何怪！昔秦穆公嘗如此，七日而寤。寤之日，告公孫支與子輿〔三〕曰：『我之帝所甚樂。吾所以久

者，適有所學也。〔四〕帝告我：「晉國且大亂，五世不安。其後將霸，未老而死。霸者之子且令而國男女無別。」』公孫支書而藏之，秦策於是出。夫獻公之亂，文公之霸，而襄公敗秦師於殽而歸縱淫，此子之所聞。今主君之病與之同，不出三日必閒，閒必有言也。」

〔一〕索隱 案左氏，簡子專國在定、頃二公之時，非當昭公之世。且趙系家敍此事亦在定公之初。

〔二〕索隱 案：韓子云「十日不知人」，所記異也。

〔三〕索隱 案：二子皆秦大夫。公孫支，子桑也。子輿未詳。

〔四〕索隱 適音釋。言我適來有所受教命，故云學也。

居二日半，簡子寤，語諸大夫曰：「我之帝所甚樂，與百神游於鈞天，廣樂九奏萬舞，不類三代之樂，其聲動心。有一熊欲援我，帝命我射之，中熊，熊死。有羆來，我又射之，中羆，羆死。帝甚喜，賜我二笥，皆有副。吾見兒在帝側，帝屬我一翟犬，曰：『及而子之壯也以賜之。』帝告我：『晉國且世衰，七世而亡。〔一〕嬴姓將大敗周人於范魁之西，〔二〕而亦不能有也。』」董安于受言，書而藏之。以扁鵲言告簡子，簡子賜扁鵲田四萬畝。

〔一〕正義 晉定公、出公、哀公、幽公、烈公、孝公、靜公爲七世。靜公二年，爲三晉所滅。據此及趙世家，簡子疾在定公之十一年也。

〔二〕正義 嬴，趙氏本姓也。周人謂衞也。晉亡之後，趙成侯三年，伐衞，取鄉邑七十三是也。賈逵云「小阜曰魁」也。

其後扁鵲過虢。〔一〕虢太子〔二〕死，〔三〕扁鵲至虢宮門下，問中庶子喜方者〔四〕曰：「太子何病，國中治穰過於衆事？」中庶子曰：「太子病血氣不時，交錯而不得泄，暴發於外，則爲中害。精神不能止邪氣，邪氣畜積而不得泄，是以陽緩而陰急，故暴蹷而死。」〔五〕扁鵲曰：「其死何如時？」曰：「鷄鳴至今。」曰：「收乎？」〔六〕曰：「未也，其死未能半日也。」「言臣齊勃海秦越人也，家在於鄭，未嘗得望精光侍謁於前也。聞太子不幸而死，臣能生之。」中庶子曰：「先生得無誕之乎？何以言太子可生也！臣聞上古之時，醫有俞跗，〔七〕治病不以湯液醴灑，〔八〕鑱石撟引，案扤毒熨，〔九〕一撥見病之應，因五藏之輸，〔一〇〕乃割皮解肌，訣脈結筋，搦髓腦，揲荒〔一一〕爪幕，〔一二〕湔浣〔一三〕腸胃，漱滌五藏，練精易形。先生之方能若是，則太子可生也；不能若是而欲生之，曾不可以告咳嬰之兒。」終日，扁鵲仰天歎曰：「夫子之爲方也，若以管窺天，以郄視文。越人之爲方也，不待切脈〔一四〕望色〔一五〕聽聲〔一六〕寫形，〔一七〕言病之所在。聞病之陽，論得其陰；聞病之陰，論得其陽。〔一八〕病應見於大表，不出千里，決者至衆，不可曲止也。〔一九〕子以吾言爲不誠，試入診太子，當聞其耳鳴而鼻張，〔二〇〕循其兩股以至於陰，當尚溫也。」

〔一〕正義 陝州城，古虢國。又陝州河北縣東北下陽故城，古虢，卽晉獻公滅者。又洛州氾水縣古東虢國。而未知扁鵲過何者，蓋虢至此並滅也。

〔二〕集解 傅玄曰：「虢是晉獻公時先是百二十餘年滅矣，是時焉得有虢？」索隱 案：傅玄云「虢是晉獻所滅，先此百二十餘年，此時焉得有虢」，則此云「虢太子」，非也。然案虢後改稱郭，春秋有郭公，蓋郭之太子也。

〔三〕正義 下云「色廢脈亂」，故形靜如死狀也。

〔四〕索隱 喜音許既反。喜，好也，愛也。方，方技之人也。正義 中庶子，古官號也。喜方，好方術，不書姓名也。

〔五〕索隱 蹷音厥。正義 釋名云：「蹷，氣從下蹷起上行，外及心脅也。」

〔六〕集解 收謂棺斂。

〔七〕索隱 音臾附。下又音趺。正義 臾附二音。應劭云：「黃帝時將也。」

〔八〕正義 上音禮，下山解反。

〔九〕索隱 鑱音士咸反，謂石針也。撟音九兆反，謂爲按摩之法，夭撟引身，如熊顧鳥伸也。扤音玩，亦謂按摩而玩弄身體使調也。毒熨謂毒病之處以藥物熨帖也。

〔一〇〕索隱 音束注反。正義 八十一難云：「肺之原出於太淵，心之原出於太陵，肝之原出於太衝，脾之原出於太白，腎之原出於太谿，少陰之原出於兌骨，膽之原出於丘虛，胃之原出於衝陽，三焦之原出於陽池，膀胱之原出於京骨，大腸之原出於合谷，小腸之原出於腕骨。十二經皆以輸爲原也。」按：此五藏六府之輸也。

〔一一〕集解 徐廣曰：「揲音舌。」索隱 搦音女角反。揲音舌。荒，膏荒也。

〔一二〕索隱 幕音漠。漠，病也。謂以爪決之。正義 以爪決其闌幕也。

〔一三〕正義 上子錢反，下胡管反。

〔一四〕正義 黃帝素問云：「待切脈而知病。寸口六脈，三陰三陽，皆隨春秋冬夏觀其脈之變，則知病之逆順也。」楊玄操云：「切，按也。」

〔一五〕正義 素問云：「面色青，脈當弦急；面色赤，脈當浮而短；面色黑，脈當沈浮而滑也。」

〔一六〕正義 素問云：「好哭者肺病，好歌者脾病，好妄言者心病，好呻吟者腎病，好叫呼者肝病也。」

〔一七〕正義 素問云：「欲得溫而不欲見人者藏家病，欲得寒而見人者府家病也。」

〔一八〕正義 八十一難云：「陰病行陽，陽病行陰，故令幕在陰，俞在陽。」楊玄操云：「腹爲陰，五藏幕皆在腹，故云幕皆在陰。背爲陽，五藏俞皆在背，故云俞皆在陽。內藏有病則出行於陽，陽俞在背也。外體有病則入行於陰，陰幕在腹也。」鍼法云：「從陽引陰，從陰引陽也。」

〔一九〕索隱 止，語助也。不可委曲具言。正義 言皆有應見，不可曲言病之止住所在也。

〔二〇〕正義 音漲。

中庶子聞扁鵲言，目眩然而不瞚，〔一〕舌撟然而不下，〔二〕乃以扁鵲言入報虢君。虢君聞之大驚，出見扁鵲於中闕，曰：「竊聞高義之日久矣，然未嘗得拜謁於前也。先生過小國，幸而舉之，偏國寡臣〔三〕幸甚。有先生則活，無先生則棄捐填溝壑，長終而不得反。」言未卒，因噓唏服臆，〔四〕魂精泄橫，流涕長潸，〔五〕忽忽承映，〔六〕悲不能自止，容貌變更。扁鵲曰：「若太子病，所謂『尸蹷』者也。夫以陽入陰中，動胃〔七〕繵〔八〕緣，〔九〕中經維絡，〔一〇〕別下於三焦、膀胱，〔一一〕是以陽脈下遂，〔一二〕陰脈上爭，〔一三〕會氣閉而不通，〔一四〕陰上而陽內行，下

內鼓而不起，上外絕而不爲使，上有絕陽之絡，下有破陰之紐，〔一五〕破陰絕陽，(之)色〔已〕廢〔一六〕脈亂，故形靜如死狀。太子未死也。夫以陽入陰支蘭藏者生，〔一七〕以陰入陽支蘭藏者死。凡此數事，皆五藏蹷中之時暴作也。良工取之，〔一八〕拙者疑殆。」

〔一〕索隱 眩音縣。瞚音舜。
〔二〕索隱 撟音紀兆反。撟，舉也。
〔三〕索隱 謂虢君自謙，云己是偏遠之國，寡小之臣也。
〔四〕索隱 上音皮力反，下音憶。
〔五〕集解 徐廣曰：「一云『言未卒，因涕泣交流，噓唏不能自止』也。」 索隱 潸音山。長潸謂長垂淚也。
〔六〕索隱 音接。睞卽睫也。承睞，言淚恆垂以承於睫也。
〔七〕正義 八十一難云：「脈居陰部反陽脈見者，爲陽入陰中，是陽乘陰也；脈雖時沈濇而短，此謂陽中伏陰也。脈居陽部而陰脈見者，是陰乘陽也，脈雖時沈滑而長，此謂陰中伏陽也。胃，水穀之海也。」
〔八〕索隱 音直延反。
〔九〕正義 纏音直延反。纏緣謂脈纏繞胃也。素問云「延緣落，絡脈也」，恐非此義也。
〔一〇〕集解 徐廣曰：「維，一作『結』。」 正義 八十一難云：「十二經脈，十五絡脈，陽維陰維之脈也。」
〔一一〕正義 八十一難云：「三焦者，水穀之道路，氣之所終始也。上焦在心下，下鬲在胃上口也。中焦在胃中脘，不上不下也。下焦在臍下，當膀胱上口也。膀胱者，津液之府也，溺九升九合也。」言經絡下于三焦及膀胱也。
〔一二〕集解 徐廣曰：「一作『隊』。」

〔一三〕正義 遂音直類反。素問云：「陽脈下遂難反，陰脈上爭如弦也。」
〔一四〕正義 八十一難云：「府會太倉，藏會季脅，筋會陽陵泉，髓會絕骨，血會鬲俞，骨會大杼，脈會大淵，氣會三焦，此謂八會也。」
〔一五〕正義 女九反。素問云：「紐，赤脈也。」
〔一六〕集解 徐廣曰：「一作『發』。」
〔一七〕正義 素問云：「支者順節，蘭者橫節，陰支蘭膽藏也。」
〔一八〕正義 八十一難云：「知一爲下工，知二爲中工，知三爲上工。上工者十全九，中工者十全八，下工者十全六。」呂廣云：「五藏一病輒有五，解一藏爲下工，解三藏爲中工，解五藏爲上工也。」

扁鵲乃使弟子子陽〔一〕厲鍼砥石，〔二〕以取外三陽五會。〔三〕有閒，太子蘇。乃使子豹爲五分之熨，以八減之齊〔四〕和煮之，以更〔五〕熨兩脅下。太子起坐。更適陰陽，但服湯二旬而復故。故天下盡以扁鵲爲能生死人。扁鵲曰：「越人非能生死人也，此自當生者，越人能使之起耳。」

〔一〕索隱 陽，扁鵲之弟子也。
〔二〕索隱 鍼音針。厲謂磨也。砥音脂。
〔三〕正義 素問云：「手足各有三陰三陽：太陰，少陰，厥陰；太陽，少陽，陽明也。五會謂百會、胸會、聽會、氣會、臑會也。」
〔四〕索隱 五分之熨，八減之齊。案：言五分之熨者，謂熨之令溫暖之氣入五分也。八減之齊者，謂藥之齊和所減有八。並越人當時有此方也。
〔五〕正義 格彭反。

扁鵲過齊，齊桓侯客之。〔一〕入朝見，曰：「君有疾在腠理，〔二〕不治將深。」桓侯曰：「寡人無疾。」扁鵲出，桓侯謂左右曰：「醫之好利也，欲以不疾者爲功。」後五日，扁鵲復見，曰：「君有疾在血脈，不治恐深。」桓侯曰：「寡人無疾。」扁鵲出，桓侯不悅。後五日，扁鵲復見，曰：「君有疾在腸胃閒，不治將深。」桓侯不應。扁鵲出，桓侯不悅。後五日，扁鵲復見，望見桓侯而退走。桓侯使人問其故。扁鵲曰：「疾之居腠理也，湯熨之所及也；在血脈，鍼石之所及也；其在腸胃，酒醪之所及也；其在骨髓，雖司命無柰之何。今在骨髓，臣是以無請也。」後五日，桓侯體病，使人召扁鵲，扁鵲已逃去。桓侯遂死。

〔一〕集解 傅玄曰：「是時齊無桓侯。」駰謂是齊侯田和之子桓公午也。 索隱 案：傅玄曰「是時齊無桓侯」。裴駰云「謂是齊侯田和之子桓公午也」。蓋與趙簡子頗亦相當。
〔二〕正義 上音湊，謂皮膚。

使聖人預知微，能使良醫得蚤從事，則疾可已，身可活也。人之所病，病疾多；〔一〕而醫

之所病，病道少。〔二〕故病有六不治：驕恣不論於理，一不治也；輕身重財，二不治也；衣食不能適，三不治也；陰陽幷，藏氣不定，四不治也；形羸不能服藥，五不治也；信巫不信醫，六不治也。有此一者，則重難治也。

〔一〕正義 病厭患多也，言人厭患疾病多甚也。
〔二〕集解 徐廣曰：「所病猶療病也。」

扁鵲名聞天下。過邯鄲，聞貴婦人，卽爲帶下醫；過雒陽，聞周人愛老人，卽爲耳目痹〔一〕醫；來入咸陽，聞秦人愛小兒，卽爲小兒醫：隨俗爲變。秦太醫令李醯自知伎不如扁鵲也，使人刺殺之。至今天下言脈者，由扁鵲也。

〔一〕索隱 音必二反。

太倉公者，齊太倉長，臨菑人也，姓淳于氏，名意。〔一〕少而喜醫方術。高后八年，更受師同郡元里公乘陽慶。〔二〕慶年七十餘，無子，使意盡去其故方，更悉以禁方予之，傳黃帝、扁鵲之脈書，五色診病，〔三〕知人死生，決嫌疑，定可治，及藥論，甚精。受之三年，爲人治

病，決死生多驗。然左右行游諸侯，不以家爲家，或不爲人治病，病家多怨之者。

〔一〕正義 括地志云：「淳于國城在密州安丘縣東北三十里，古之斟灌國也。春秋『州公如曹』，傳云『冬，淳于公如曹』。注水經云『淳于縣，故夏后氏之斟灌國也，周武王以封淳于公，號淳于國也』。」

〔二〕正義 百官表云公乘，第八爵也。顏師古云：「言其得乘公之車也。」

〔三〕正義 八十一難云：「五藏有色，皆見於面，亦當與寸口尺內相應也。」其面色與相應，已見前也。

文帝四年中，人上書言意，以刑罪當傳西之長安。〔一〕意有五女，隨而泣。意怒，罵曰：「生子不生男，緩急無可使者！」於是少女緹縈傷父之言，〔二〕乃隨父西。上書曰：「妾父爲吏，齊中稱其廉平，今坐法當刑。妾切痛死者不可復生而刑者不可復續，〔三〕雖欲改過自新，其道莫由，終不可得。妾願入身爲官婢，以贖父刑罪，使得改行自新也。」書聞，上悲其意，此歲中亦除肉刑法。〔四〕

〔一〕索隱 傳音竹戀反。傳，乘傳送之。

〔二〕索隱 緹音啼。縈音紆營反。

〔三〕集解 徐廣曰：「一作『贖』。」

〔四〕集解 徐廣曰：「案年表孝文十二年除肉刑。」正義 漢書刑法志云「孝文帝卽位十三年，除肉刑三」。孟康云：「黥劓二，左右趾一，凡三也。」班固詩曰：「三王德彌薄，惟後用肉刑。太倉令有罪，就遞長安城。自恨身無子，困急獨煢煢。小女痛父言，死者不可生。上書詣闕下，思古歌雞鳴。憂心摧折裂，晨風揚激聲。聖漢孝文帝，惻然感至情。百男何憒憒，不如一緹縈。」

意家居，詔召問所爲治病死生驗者幾何人也，主名爲誰。

詔問故太倉長臣意：「方伎所長，及所能治病者？〔一〕有其書無有？皆安受學？受學幾何歲？嘗有所驗，何縣里人也？何病？醫藥已，其病之狀皆何如？具悉而對。」臣意對曰：

〔一〕集解 徐廣曰：「一作『爲』，爲亦治。」

自意少時，喜醫藥，醫藥方試之多不驗者。至高后八年，〔一〕得見師臨菑元里公乘陽慶。慶年七十餘，意得見事之。謂意曰：「盡去而方書，非是也。慶有古先道遺傳黃帝、扁鵲之脈書，五色診病，知人生死，決嫌疑，定可治，及藥論書，甚精。我家給富，心愛公，欲盡以我禁方書悉教公。」臣意卽曰：「幸甚，非意之所敢望也。」臣意卽避席再拜謁，受其脈書上下經、五色診、奇咳〔二〕術、揆度陰陽外變、藥論、石神、接陰陽禁書，受讀解驗之，可一年所。明歲卽驗之，有驗，然尚未精也。要事之三年所，卽嘗已爲人治，診病決死生，有驗，精良。今慶已死十年所，臣意年盡三年，年三十九歲也。

〔一〕集解 徐廣曰：「意年三十六。」

〔二〕集解 奇音羈。咳音該。正義 八十一難云：「奇經八脈者，有陽維，有陰維，有陽蹻，有陰蹻，有衝，有督，有任，有帶之脈。凡此八者，皆不拘於經，故云奇經八脈也。」顧野王云：「胲當宊也。」又云：「胲指毛皮也。」藝文志有五音奇胲用兵二十六卷。許慎云：「胲，軍中約也。」

齊侍御史成自言病頭痛，臣意診其脈，告曰：「君之病惡，不可言也。」卽出，獨告成弟昌曰：「此病疽〔一〕也，內發於腸胃之閒，後五日當癰腫，〔二〕後八日嘔膿〔三〕死。」成之病得之飲酒且內。成卽如期死。所以知成之病者，臣意切其脈，得肝氣。肝氣濁〔四〕而靜，〔五〕此內關之病也。〔六〕脈法曰「脈長而弦，不得代四時者，〔七〕其病主在於肝。和卽經主病也，〔八〕代則絡脈有過」。〔九〕經主病和者，其病得之筋髓裏。其代絕而脈賁者，病得之酒且內。所以知其後五日而癰腫，八日嘔膿死者，切其脈時，少陽初代。代者經病，病去過人，人則去。絡脈主病，當其時，少陽初關一分，故中熱而膿未發也，及五分，則至少陽之界，〔一〇〕及八日，則嘔膿死，故上二分而膿發，至界而癰腫，盡泄而死。熱上則熏陽明，爛流絡，流絡動則脈結發，脈結發則爛解，故絡交。熱氣已上行，至頭而動，故頭痛。

〔一〕集解 七如反。

〔二〕正義 上於恭反，下之勇反。

〔三〕正義 女東反。

〔四〕集解 徐廣曰：「一作『黽』。」

〔五〕集解 徐廣曰：「一作『清』。」

〔六〕正義 八十一難云：「關遂入尺爲內關。」呂廣云：「脈從關至尺澤，名內關也。」

〔七〕正義 王叔和脈經云：「來數而中止，不能自還，因而復動者，名曰代。代者死。」素問曰：「病在心，愈在夏，甚於冬；病在脾，愈在秋，甚於春；病在肺，愈在冬，甚於夏；病在腎，愈在春，甚於夏；病在肝，愈在夏，甚於秋也。」

〔八〕正義 王叔和脈經云：「脈長而弦，病於肝也。」素問云：「得病於筋，肝之和也。」

〔九〕正義 素問云：「脈有不及，有太過，有經，有絡。和卽經主病，代則絡有過也。」八十一難云：「關之前者，陽之動也，脈當見九分而浮。過者法曰太過，減者法曰不及。遂上魚際爲溢，爲外關內格，此陰乘之脈也。關以後者，陰之動也，脈當見一寸而沈。過者法曰太過，減者法曰不及。遂入尺爲覆，爲內關外格，此陽乘之脈也。故曰覆溢，是其真藏之脈，人不病而死也。」呂廣云：「過九分，出一寸，各名太過也。不及九分，至二分或四分五分，此太過。不滿一寸，見八分或五分六分，此不及。」

〔一〇〕集解 徐廣曰：「一作『分』。下章曰『肝與心相去五分，故曰五日盡』也。」正義 王叔和脈經云：「分別三門(鏡)〔境〕界脈候所主，云從魚際至高骨，卻行一寸，其中名曰寸口；其自高骨從寸至尺，名曰尺澤，故曰尺。寸後尺前，名曰關。陽出陰入，以關爲界，陽出三分，故曰三陰三陽。陽生於尺，動於寸；陰生於寸，動於尺。寸主射上焦，出頭及皮毛，竟手。關主射中焦，腹及於腰。尺主射下焦，少腹至足也。」

齊王中子諸嬰兒小子病，召臣意診切其脈，告曰：「氣鬲病。病使人煩懣，食不下，

時嘔沫。病得之（少）〔心〕憂，數忔食飲。」〔一〕臣意即爲之作下氣湯以飲之，一日氣下，二日能食，三日即病愈。所以知小子之病者，診其脈，心氣也，濁〔二〕躁而經也，此絡陽病也。脈法曰「脈來數疾去難而不一者，病主在心」。周身熱，脈盛者，爲重陽。〔三〕重陽者，逿心主。〔四〕故煩懣食不下則絡脈有過，絡脈有過則血上出，血上出者死。此悲心所生也，病得之憂也。

〔一〕索隱 忔音疑乙反。忔者，風痺忔然不得動也。
〔二〕集解 徐廣曰：「一作『黽』，又作『猛』。」
〔三〕索隱 上音直龍反。
〔四〕集解 徐廣曰：「逿音唐。逿者，盪也。謂病盪心者，猶刺其心。」索隱 逿，依字讀。正義 八十一難云：「手心主中宮，在中部。」楊玄操云：「手心主胞絡也。自臍已上至帶鬲爲中焦也。」

齊郎中令循病，衆醫皆以爲蹷入中，而刺之。臣意診之，曰：「湧疝也，〔一〕令人不得前後溲。」〔二〕循曰：「不得前後溲三日矣。」臣意飲以火齊湯，〔三〕一飲得前〔後〕溲，再飲大溲，三飲而疾愈。病得之內。所以知循病者，切其脈時，右口氣急，〔四〕脈無五藏氣，右口〔五〕脈大而數。數者中下熱而湧，左爲下，右爲上，皆無五藏應，故曰湧疝。中熱，故溺赤也。〔六〕

〔一〕索隱 上音勇。下音訕，所諫反。鄒誕生疝音山也。
〔二〕索隱 溲音所留反。前溲謂小便。後溲，大便也。
〔三〕正義 飲，於禁反。
〔四〕集解 徐廣曰：「右，一作『有』。」正義 王叔和脈經云：「右手寸口乃氣口也。」
〔五〕正義 謂右手寸口也。
〔六〕正義 溺，徒弔反。

齊中御府長信病，臣意入診其脈，告曰：「熱病氣也。然暑汗，脈少衰，不死。」曰：「此病得之當浴流水而寒甚，已則熱。」信曰：「唯，然！〔一〕往冬時，爲王使於楚，至莒縣〔二〕陽周水，而莒橋梁頗壞，信則擥〔三〕車轅未欲渡也，馬驚，即墮，信身入水中，幾死，吏即來救信，出之水中，衣盡濡，有閒而身寒，已熱如火，至今不可以見寒。」臣意即爲之液湯火齊逐熱，一飲汗盡，再飲熱去，三飲病已。即使服藥，出入二十日，身無病者。所以知信之病者，切其脈時，并陰。脈法曰「熱病陰陽交者死」。切之不交，并陰。并陰者，脈順清而愈，其熱雖未盡，猶活也。腎氣有時閒濁，〔四〕在太陰脈口而希，是水氣也。腎固主水，故以此知之。失治一時，即轉爲寒熱。

〔一〕正義 唯，惟癸反。
〔二〕正義 莒，密州縣。
〔三〕正義 音牽。
〔四〕集解 徐廣曰：「一作『黽』。」

齊王太后病，召臣意入診脈，曰：「風癉客脬，〔一〕難於大小溲，溺赤。」臣意飲以火齊湯，一飲即前後溲，再飲病已，溺如故。病得之流汗出滫。〔二〕滫者，去衣而汗晞也。所以知齊王太后病者，臣意診其脈，切其太陰之口，溼然風氣也。脈法曰「沈之而大堅，〔三〕浮之而大緊者，〔四〕病主在腎」。腎切之而相反也，脈大而躁。大者，膀胱氣也；躁者，中有熱而溺赤。

〔一〕索隱 癉，病也，音亶。脬音普交反，字或作「胞」。正義 癉音單旱（也）〔反〕。脬亦作「胞」，膀胱也。言風癉之病客居在膀胱。
〔二〕索隱 劉氏音巡。
〔三〕正義 沈，一作「深」。王叔和脈經云：「脈大而堅，病出於腎也。」
〔四〕正義 緊音吉忍反。素問云：「脈短實而數，有似切繩，名曰緊也。」

齊章武里曹山跗病，〔一〕臣意診其脈，曰：「肺消癉也，加以寒熱。」即告其人曰：「死，不治。適其共養，此不當醫〔二〕治。」法曰「後三日而當狂，妄起行，欲走；後五日死」。即如期死。山跗病得之盛怒而以接內。所以知山跗之病者，臣意切其脈，肺氣熱也。脈法曰「不平不鼓，形槃」。〔三〕此五藏高之遠數以經病也，故切之時不平而

代。〔四〕不平者，血不居其處；代者，時參擊並至，乍躁乍大也。此兩絡脈絕，故死不治。所以加寒熱者，言其人尸奪。尸奪者，形槃；形槃者，不當關灸鑱石及飲毒藥也。臣意未往診時，齊太醫先診山跗病，灸其足少陽脈口，而飲之半夏丸，病者即泄注，腹中虛；又灸其少陰脈，是壞肝剛絕深，如是重損病者氣，以故加寒熱。所以後三日而當狂者，肝一絡連屬結絕乳下陽明，〔五〕故絡絕，開陽明脈，陽明脈傷，即當狂走。後五日死者，肝與心相去五分，故曰五日盡，盡即死矣。

〔一〕索隱 跗，方符反。
〔二〕索隱 適音釋。共音恭。案：謂山跗家適近所持財物共養我，我不敢當，以言其人不堪療也。
〔三〕集解 徐廣曰：「一作『散』。」正義 王叔和脈經云：「平謂春肝木王，其脈細而長；夏心火王，其脈洪大而散；六月脾土王，其脈大阿阿而緩；秋肺金王，其脈浮濇而短；冬腎水王，其脈沈而滑：名平脈也。」
〔四〕正義 素問云：「血氣易處曰不平，脈候動不定曰代。」
〔五〕正義 素問云：「乳下陽明，胃絡也。」

齊中尉潘滿如病少腹痛，〔一〕臣意診其脈，曰：「遺積瘕也。」〔二〕臣意即謂齊太僕臣饒、內史臣繇曰：「中尉不復自止於內，則三十日死。」後二十餘日，溲血死。病得之酒且內。所以知潘滿如病者，臣意切其脈深小弱，其卒然合〔三〕合也，是脾氣也。〔四〕右

脈口氣至緊小，〔五〕見瘕氣也。以次相乘，故三十日死。三陰俱搏者，〔六〕如法；不俱搏者，決在急期；一搏一代者，近也。故其三陰搏，溲血如前止。〔七〕

〔一〕正義 少音式妙反。王叔和脈經云：「脈急，疝瘕少腹痛也。」

〔二〕索隱 劉氏音加雅反，舊音遐，鄒氏音嫁。正義 龍魚河圖云：「犬狗魚鳥不熟食之，成瘕痛。」

〔三〕集解 徐廣曰：「一云『來然合』。」

〔四〕正義 卒音蔥忽反。卒，一本作「來」。素問云：「疾病之生，生於五藏。五藏之合，合於六府。肝合氣於膽，心合氣於小腸，脾合氣於胃，肺合氣於大腸，腎合氣於膀胱。三焦內主勞。」

〔五〕正義 上音結忍反。

〔六〕正義 如淳云：「音徒端反。」素問云：「左脈口曰少陰，少陰之前名厥陰，右脈口曰太陰，此三陰之脈也。」

〔七〕集解 徐廣曰：「前，一作『筋』也。」

陽虛侯相趙章病，召臣意。衆醫皆以爲寒中，臣意診其脈曰：「迵風。」〔一〕迵風者，飲食下嗌〔二〕而輒出不留。法曰「五日死」，而後十日乃死。病得之酒。所以知趙章之病者，臣意切其脈，脈來滑，是內風氣也。飲食下嗌而輒出不留者，法五日死，皆爲前分界法。〔三〕後十日乃死，所以過期者，其人嗜粥，故中藏實，中藏實故過期。師言曰「安穀者過期，不安穀者不及期」。

〔一〕集解 迵音洞。言洞徹入四支。索隱 下云「飲食下嗌輒出之」，是風疾洞徹五藏，故曰迵風。

〔二〕集解 音益，謂喉下也。

〔三〕正義 分，扶問反。

濟北王病，召臣意診其脈，曰：「風蹶胸滿。」卽爲藥酒，盡三石，病已。得之汗出伏地。所以知濟北王病者，臣意切其脈時，風氣也，心脈濁。〔一〕病法「過入其陽，陽氣盡而陰氣入」。陰氣入張，則寒氣上而熱氣下，故胸滿。汗出伏地者，切其脈，氣陰。陰氣者，病必入中，出及瀺水也。〔二〕

〔一〕集解 徐廣曰：「一作『眠』。」

〔二〕索隱 瀺音士咸反。正義 顧野王云：「手足液，身體汋。音常灼反。」

齊北宮司空命婦〔一〕出於〔二〕病，衆醫皆以爲風入中，病主在肺，〔三〕刺其足少陽脈。臣意診其脈，曰：「病氣疝，客於膀胱，難於前後溲，而溺赤。病見寒氣則遺溺，使人腹腫。」出於病得之欲溺不得，因以接內。所以知出於病者，切其脈大而實，其來難，是蹶陰之動也。〔四〕脈來難者，疝氣之客於膀胱也。腹之所以腫者，言蹶陰之絡結小腹也。蹶陰有過則脈結動，動則腹腫。臣意卽灸其足蹶陰之脈，左右各一所，卽不遺溺而溲清，小腹痛止。卽更爲火齊湯以飲之，三日而疝氣散，卽愈。

〔一〕集解 徐廣曰：「一作『奴』。奴蓋女奴。」

〔二〕正義 命婦名也。

〔三〕集解 徐廣曰：「一作『肝』。」

〔四〕正義 鄭〔云〕：「厥陰之脈也。」

故濟北王阿母〔一〕自言足熱而懣，臣意告曰：「熱蹶也。」則刺其足心各三所，案之無出血，病旋已。〔二〕病得之飲酒大醉。

〔一〕集解 徐廣曰：「濟，一作『齊王』。」索隱 案：是王之嬭母也。正義 服虔云：「乳母也。」鄭〔云〕：「慈己者。」

〔二〕索隱 言尋則已止也。正義 謂旋轉之閒，病則已止也。

濟北王召臣意診脈諸女子侍者，至女子豎，豎無病。臣意告永巷長曰：「豎傷脾，不可勞，法當春嘔血死。」臣意言王曰：「才人女子豎何能？」王曰：「是好爲方，多伎能，爲所是案法新，〔一〕往年市之民所，四百七十萬，曹偶四人。」〔二〕王曰：「得毋有病乎？」臣意對曰：「豎病重，在死法中。」王召視之，其顏色不變，以爲不然，不賣諸侯所。至春，豎奉劍從王之廁，王去，豎後，王令人召之，卽仆於廁，〔三〕嘔血死。病得之流汗。流汗者，(同)法病內重，毛髮而色澤，脈不衰，此亦(聞)內〔關〕之病也。

〔一〕集解 徐廣曰：「所，一作『取』。」

〔二〕索隱 案：當今之四千七百貫也。曹偶猶等輩也。索隱 謂於舊方技能生新意也。

〔三〕索隱 仆音赴，又音步北反。

齊中大夫病齲齒，〔一〕臣意灸其左大陽明脈，卽爲苦參湯，日嗽三升，出入五六日，病已。得之風，及卧開口，食而不嗽。

〔一〕正義 上丘羽反。釋名云：「齲，朽也。蟲齧之，缺朽也。」

菑川王美人懷子而不乳，〔一〕來召臣意。臣意往，飲以莨礍〔二〕藥一撮，以酒飲之，旋乳。〔三〕臣意復診其脈，而脈躁。躁者有餘病，卽飲以消石一齊，出血，血如豆比五六枚。〔四〕

〔一〕索隱 乳音人喻反。乳，生也。

〔二〕正義 浪宕二音。

〔三〕索隱 旋乳者，言迴旋卽生也。

〔四〕索隱 比音必利反。

齊丞相舍人奴從朝入宮，臣意見之食閨門外，望其色有病氣。臣意卽告宦者平。平好爲脈，學臣意所，臣意卽示之舍人奴病，告之曰：「此傷脾氣也，當至春鬲塞不通，不能食飲，法至夏泄血死。」宦者平卽往告相曰：「君之舍人奴有病，病重，死期有日。」相君曰：「卿何以知之？」曰：「君朝時入宮，君之舍人奴盡食閨門外，平與倉公立，卽

示平曰：「病如是者死。」相卽召舍人(奴)而謂之曰：「公奴有病不？」舍人曰：「奴無病，身無痛者。」至春果病，至四月，泄血死。所以知奴病者，脾氣周乘五藏，傷部而交，故傷脾之色也，望之殺然黃，[一]察之如死青之茲。衆醫不知，以爲大蟲，[二]不知傷脾。所以至春死病者，胃氣黃，黃者土氣也，土不勝木，故至春死。所以至夏死者，脈法曰「病重而脈順清者曰內關」，內關之病，人不知其所痛，心急然無苦。若加以一病，死中春；一愈順，及一時。其所以四月死者，診其人時愈順。愈順者，人尚肥也。奴之病得之流汗數出，(灸)[炙]於火而以出見大風也。

[一]集解徐廣曰：「殺音蘇葛反。」　正義殺，蘇亥反。
[二]索隱卽蚘虫也。

菑川王病，召臣意診脈，曰：「蹶上[一]爲重，頭痛身熱，使人煩懣。」[二]臣意卽以寒水拊其頭，[三]刺足陽明脈，左右各三所，病旋已。病得之沐髮未乾而臥。診如前，所以蹶，頭熱至肩。

[一]正義時掌反。蹶，逆氣上也。
[二]正義亡本反。非但有煩也。
[三]索隱拊音附，又音撫。

齊王黃姬兄黃長卿家有酒召客，召臣意。諸客坐，未上食。臣意望見王后弟宋建，告曰：「君有病，往四五日，君要脅痛不可俛仰，[一]又不得小溲。不亟治，病卽入濡腎。及其未舍五藏，急治之。病方今客腎濡，[二]此所謂『腎痺』也。」宋建曰：「然，建故有要脊痛。往四五日，天雨，黃氏諸倩[三]見建家京下方石，[四]卽弄之，建亦欲效之，效之不能起，卽復置之。暮，要脊痛，不得溺，至今不愈。」建病得之好持重。所以知建病者，臣意見其色，太陽色乾，腎部上及界要以下者枯四分所，故以往四五日知其發也。臣意卽爲柔湯使服之，十八日所而病愈。

[一]正義上音免。
[二]正義濡，溺也。病方客在腎，欲溺，腎也。
[三]集解徐廣曰：「倩者，女壻也。」駰案：方言曰「東齊之閒，壻謂之倩」。郭璞曰「言可假倩也」。　正義倩音七姓反。
[四]集解徐廣曰：「京者，倉廩之屬也。」

濟北王侍者韓女病要背痛，寒熱，衆醫皆以爲寒熱也。臣意診脈，曰：「內寒，月事不下也。」卽竄以藥，[一]旋下，病已。病得之欲男子而不可得也。所以知韓女之病者，診其脈時，切之，腎脈也，嗇而不屬。嗇而不屬者，其來難，堅，故曰月不下。肝脈弦，出左口，故曰欲男子不可得也。

[一]索隱謂以煙熏之，故云。竄音七亂反。

臨菑氾[一]里女子薄吾病甚，衆醫皆以爲寒熱篤，當死，不治。臣意診其脈，曰：「蟯瘕。」[二]蟯瘕爲病，腹大，上膚黃麤，循之戚戚然。臣意飲以芫華一撮，卽出蟯可數升，病已，三十日如故。病蟯得之於寒溼，寒溼氣宛[三]篤不發，化爲蟲。臣意所以知薄吾病者，切其脈，循其尺，[四]其尺索刺麤，而毛美奉髮，[五]是蟲氣也。其色澤者，中藏無邪氣及重病。

[一]索隱氾音凡。
[二]集解徐廣曰：「蟯音饒。」　索隱音饒穰，舊音遶遐。　正義人腹中短蟲。
[三]集解音鬱。　索隱又如字。
[四]正義王叔和云：「寸、關、尺。寸謂三分，尺謂八分。寸口在關上，尺在關下。寸、關、尺共有一寸九分也。」
[五]集解徐廣曰：「奉，一作『奏』，又作『秦』。」　索隱循音巡。案：謂手循其尺索也。刺音七賜反。麤音七胡反。言循其尺索，刺人手而麤，是婦人之病也。徐氏云奉一作「奏」，非其義也。又云一作「秦」，秦謂螓首，言髮如螓首，事蓋近也。

齊淳于司馬病，臣意切其脈，告曰：「當病迵風。迵風之狀，飲食下嗌輒後之。[一]病得之飽食而疾走。」淳于司馬曰：「我之王家食馬肝，食飽甚，見酒來，卽走去，驅疾

至舍，卽泄數十出。」臣意告曰：「爲火齊米汁飲之，七八日而當愈。」時醫秦信在旁，臣意去，信謂左右閣都尉[二]曰：「意以淳于司馬病爲何？」曰：「以爲迵風，可治。」信卽笑曰：「是不知也。淳于司馬病，法當後九日死。」卽後九日不死，其家復召臣意。臣意往問之，盡如意診。臣卽爲一火齊米汁，使服之，七八日病已。所以知之者，診其脈時，切之，盡如法。其病順，故不死。

[一]集解徐廣曰：「如廁。」
[二]索隱案：閣者，姓也，爲都尉。一云閣卽宮閣，都尉掌之，故曰閣都尉也。

齊中郎破石病，臣意診其脈，告曰：「肺傷，不治，當後十日丁亥溲血死。」卽後十一日，溲血而死。破石之病，得之墮馬僵石上。所以知破石之病者，切其脈，得肺陰氣，其來散，數道至而不一也。色又乘之。所以知其墮馬者，切之得番陰脈。[一]番陰脈入虛裏，乘肺脈。肺脈散者，固色變也乘之。所以不中期死者，師言曰「病者安穀卽過期，不安穀則不及期」。其人嗜黍，黍主肺，故過期。所以溲血者，診脈法曰「病養喜陰處者順死，養喜陽處者逆死」。其人喜自靜，不躁，又久安坐，伏几而寐，故血下泄。

[一]索隱番音芳袁反。

齊王侍醫遂病，自練五石服之。臣意往過之，遂謂意曰：「不肖有病，幸診遂也。」

臣意即診之，告曰：「公病中熱。論曰『中熱不溲者，不可服五石』。石之爲藥精悍，公服之不得數溲，亟勿服。色將發臃。」遂曰：「扁鵲曰『陰石以治陰病，陽石以治陽病』。夫藥石者有陰陽水火之齊，故中熱，即爲陰石柔齊治之；中寒，即爲陽石剛齊治之。」臣意曰：「公所論遠矣。扁鵲雖言若是，然必審診，起度量，立規矩，稱權衡，合色脈〔一〕表裏有餘不足順逆之法，參其人動静與息相應，乃可以論。論曰『陽疾處內，陰形應外者，不加悍藥及鑱石』。夫悍藥入中，則邪氣辟矣，〔二〕而宛氣愈深。〔三〕診法曰『二陰應外，一陽接內者，不可以剛藥』。剛藥入則動陽，陰病益衰，陽病益箸，邪氣流行，爲重困於俞，〔四〕忿發爲疽。」意告之後百餘日，果爲疽發乳上，入缺盆，死。〔五〕此謂論之大體也，必有經紀。拙工有一不習，文理陰陽失矣。

〔一〕【集解】徐廣曰：「合，一作『占』。」
〔二〕【索隱】辟音必亦反，猶聚也。
〔三〕【索隱】愈音庾。
〔四〕【集解】徐廣曰：「音始喻反。」
〔五〕【索隱】按：缺盆，人乳房上骨名也。

齊王故爲陽虛侯時，病甚，〔一〕衆醫皆以爲蹷。臣意診脈，以爲痺，根在右脅下，大

如覆杯，令人喘，逆氣不能食。臣意即以火齊粥且飲，六日氣下；即令更服丸藥，出入六日，病已。病得之內。診之時不能識其經解，大識其病所在。

〔一〕【集解】徐廣曰：「齊悼惠王子也，名將閭，以文帝十六年爲齊王，即位十一年卒，謚孝王。」

臣意嘗診安陽武都里成開方，開方自言以爲不病，臣意謂之病苦沓風，〔一〕三歲四支不能自用，使人瘖，〔二〕瘖即死。今聞其四支不能用，瘖而未死也。病得之數飲酒以見大風氣。所以知成開方病者，診之，其脈法奇咳言曰「藏氣相反者死」。〔三〕切之，得腎反肺，〔四〕法曰「三歲死」也。

〔一〕【索隱】沓音徒合反，風病之名也。
〔二〕【集解】徐廣曰：「一作『脊』，音才亦反。」【索隱】瘖者，失音也，讀如音。又作「厝」。厝者，置也，言使人運置其手足也。
〔三〕【集解】徐廣曰：「反，一作『及』。」
〔四〕【集解】徐廣曰：「反，一作『及』。」

安陵阪里公乘項處病，〔一〕臣意診脈，曰：「牡疝。」〔二〕牡疝在鬲下，上連肺。病得之內。臣意謂之：「慎毋爲勞力事，爲勞力事則必嘔血死。」處後蹴〔三〕踘，〔四〕要蹷寒，汗出多，即嘔血。臣意復診之，曰：「當旦日日夕死。」〔五〕即死。病得之內。所以知項處病者，切其脈得番陽。〔六〕番陽入虛裏，處旦日死。一番一絡者，〔七〕牡疝也。

〔一〕【索隱】案：公乘，官名也。項，姓；處，名。故上云倉公之師，元里公乘陽慶，亦然也。
〔二〕【索隱】上音母，下音色諫反。
〔三〕【集解】徐廣曰：「一作『蹹』。」
〔四〕【正義】上千六反，下九六反，謂打毬也。
〔五〕【索隱】案：旦日，明日也。言明日之夕死也。
〔六〕【索隱】脈病之名曰番陽者，以言陽脈之翻入虛裏也。
〔七〕【集解】徐廣曰：「絡，一作『結』。」

臣意曰：他所診期決死生及所治已病衆多，久頗忘之，不能盡識，不敢以對。

問臣意：「所診治病，病名多同而診異，或死或不死，何也？」對曰：「病名多相類，不可知，故古聖人爲之脈法，以起度量，立規矩，縣權衡，案繩墨，調陰陽，別人之脈各名之，與天地相應，參合於人，故乃別百病以異之，有數者能異之，〔一〕無數者同之。然脈法不可勝驗，診疾人以度異之，乃可別同名，命病主在所居。今臣意所診者，皆有診籍。所以別之者，臣意所受師方適成，師死，以故表籍所診，期決死生，觀所失所得者合脈法，以故至今知之。」

〔一〕【索隱】數音色住反。謂術數之人乃可異其狀也。

問臣意曰：「所期病決死生，或不應期，何故？」對曰：「此皆飲食喜怒不節，或不當飲藥，或不當鍼灸，以故不中期死也。」

問臣意：「意方能知病死生，論藥用所宜，諸侯王大臣有嘗問意者不？及文王病時，〔一〕不求意診治，何故？」對曰：「趙王、膠西王、濟南王、吳王皆使人來召臣意，臣意不敢往。文王病時，臣意家貧，欲爲人治病，誠恐吏以除拘臣意也，〔二〕故移名數，左右〔三〕不脩家生，出行游國中，問善爲方數者事之久矣，〔四〕見事數師，〔五〕悉受其要事，盡其方書意，及解論之。身居陽虛侯國，因事侯。侯入朝，臣意從之長安，以故得診安陵項處等病也。」

〔一〕【集解】徐廣曰：「齊文王也，以文帝十五年卒。」
〔二〕【集解】徐廣曰：「時諸侯得自拜除吏。」
〔三〕【正義】以名籍屬左右之人。
〔四〕【索隱】數音「術數」之「數」。
〔五〕【正義】上色庚反。

問臣意：「知文王所以得病不起之狀？」臣意對曰：「不見文王病，然竊聞文王病喘，頭痛，目不明。臣意心論之，以爲非病也。以爲肥而蓄精，身體不得搖，骨肉不相任，故喘，不當醫治。脈法曰『年二十脈氣當趨，年三十當疾步，年四十當安坐，年五十當安卧，年六十

已上氣當大董。〔一〕文王年未滿二十，方脈氣之趣也而徐之，不應天道四時。後聞醫灸之即篤，此論病之過也。臣意論之，以爲神氣爭而邪氣入，非年少所能復之也，以故死。所謂氣者，當調飲食，擇晏日，車步廣志，以適筋骨肉血脈，以瀉氣。故年二十，是謂「易貿」，〔二〕法不當砭灸，砭灸至氣逐。」

〔一〕集解徐廣曰：「董謂深藏之。一作『堇』。」索隱堇音謹。
〔二〕集解徐廣曰：「一作『賀』，又作『質』。」

問臣意：「師慶安受之？聞於齊諸侯不？」對曰：「不知慶所師受。慶家富，善爲醫，不肯爲人治病，當以此故不聞。慶又告臣意曰：『慎毋令我子孫知若學我方也。』」

問臣意：「師慶何見於意而愛意，欲悉教意方？」對曰：「臣意不聞師慶爲方善也。意所以知慶者，意少時好諸方事，臣意試其方，皆多驗，精良。臣意聞菑川唐里公孫光善爲古傳方，〔一〕臣意即往謁之。得見事之，受方化陰陽及傳語法，〔二〕臣意悉受書之。臣意欲盡受他精方，公孫光曰：『吾方盡矣，不爲愛公所。〔三〕吾身已衰，無所復事之。是吾年少所受妙方也，悉與公，毋以教人。』臣意曰：『得見事侍公前，悉得禁方，幸甚。意死不敢妄傳人。』居有閒，公孫光閒處，〔四〕臣意深論方，見言百世爲之精也。師光喜曰：『公必爲國工。吾有所善者皆疏，同產處臨菑，善爲方，吾不若，其方甚奇，非世之所聞也。吾年中時，〔五〕嘗欲受其方，楊中倩〔六〕不肯，曰「若非其人也」。胥與公往見之，〔七〕當知公喜方也。其人亦老矣，其家給富。』時者未往，會慶子男殷來獻馬，因師光奏馬王所，意以故得與殷善。光又屬意於殷曰：『意好數，〔八〕公必謹遇之，其人聖儒。』〔九〕即爲書以意屬陽慶，以故知慶。臣意事慶謹，以故愛意也。」

〔一〕索隱謂好能傳得古方也。正義謂全傳寫得古人之方書。
〔二〕集解徐廣曰：「法，一作『五』。」
〔三〕索隱言於意所，不愛惜方術也。
〔四〕正義上音閑，下昌汝反。
〔五〕索隱案：年中謂中年時也。中年亦壯年也，古人語自爾。
〔六〕索隱倩音七見反，人姓名也。
〔七〕集解徐廣曰：「胥猶言須也。」
〔八〕索隱數，色句反。謂好術數也。
〔九〕索隱言意儒德，慕聖人之道，故云聖儒也。

問臣意曰：「吏民嘗有事學意方，及畢盡得意方不？何縣里人？」對曰：「臨菑人宋邑。〔一〕邑學，臣意教以五診，〔二〕歲餘。濟北王遣太醫高期、王禹〔三〕學，臣意教以經脈高下及奇絡結，〔四〕當論俞〔五〕所居，及氣當上下出入邪〔正〕逆順，以宜鑱石，定砭灸處，歲餘。菑川王時遣太倉馬長馮信正方，臣意教以案法逆順，論藥法，定五味及和齊湯法。高永侯家丞杜信，喜脈，來學，臣意教以上下經脈五診，二歲餘。臨菑召里唐安來學，臣意教以五診上下經脈，奇咳，四時應陰陽重，未成，除爲齊王侍醫。」

〔一〕集解徐廣曰：「一作『昆』。」
〔二〕正義謂診五藏之脈。
〔三〕集解徐廣曰：「一作『鷁』。」
〔四〕正義素問云：「奇經八脈，往來舒時，一止而復來，名之曰結也。」
〔五〕正義式喻反。

問臣意：「診病決死生，能全無失乎？」臣意對曰：「意治病人，必先切其脈，乃治之。敗逆者不可治，其順者乃治之。心不精脈，所期死生視可治，時時失之，臣意不能全也。」

太史公曰：女無美惡，居宮見妒；士無賢不肖，入朝見疑。故扁鵲以其伎見殃，倉公乃匿迹自隱而當刑。緹縈通尺牘，父得以後寧。故老子曰「美好者不祥之器」，豈謂扁鵲等邪？若倉公者，可謂近之矣。

【索隱述贊】上池祕術，長桑所傳。始候趙簡，知夢鈞天。言占虢嗣，尸蹷起焉。倉公贖罪，陽慶推賢。效驗多狀，式具于篇。

正義胃大一尺五寸，徑五寸，長二尺六寸，橫尺，受水穀三斗五升，其中常留穀二斗，水一斗五升。凡人食，入於口而聚於胃中，穀熟，傳入小腸也。小腸大二寸半，徑八分分之少半，長三丈二尺，受穀二斗四升，水六升三合合之大半。回腸（小）〔大〕腸，謂受穀而傳入於大腸也。大四寸，徑一寸半，長二丈一尺，受穀一斗，水七升半。廣腸大八寸，徑二寸半，長二尺八寸，受穀九升三合八分合之一。故腸胃凡長五丈八尺四寸，合受水穀八斗七升六合八分合之一，此腸胃長短受水穀之數也。甲乙經「腸胃凡長丈六尺四寸四分」，從口至腸而數之。此徑從胃至腸而數之，故短也。肝重四斤四兩，左三葉，右四葉，凡七葉，主藏魂。肝者，幹也。於五行爲木，其體狀有枝幹也。肝之神七人，老子名曰明堂宮，蘭臺府，從官三千六百人。又云肝神六，童子三，女子三。心重十二兩，中有七孔，三毛，盛精汁三合，主藏神。心，纖也，所識纖微也。其神九，太尉公名曰絳宮，太始、南極老人、員光之身，其從官三千六百人。又爲帝王，身之王也。脾重二斤三兩，扁廣三寸，長五寸，有散膏半斤，主（裹）〔裹〕血溫五藏，主藏意。脾，裨也。在助氣，主化穀。其神云光玉女子母，其從官三千六百人也。肺重三斤三兩，六葉兩耳，凡八葉，主藏魂魄。肺，孛也。言其氣孛，故短也，鬱也。其神八人，太和君名曰玉堂宮，尚書府。其從官三千六百人。又云肺神十四：童子七，女子七也。腎有兩枚，重一斤一兩，主藏志。腎，引也。腎屬水，主引水氣，灌注諸脈也。其神六人，司徒、司空、司命、司錄、司隸校尉、尉卿也。膽在肝之短葉閒，重三兩三銖，盛精汁三合。膽，敢也。言人有膽氣而能果敢也。其神五人，太一道君居紫房宮中，其從官三千六百人也。胃重二斤十四兩，紆曲屈申，長二尺六寸，大一尺五寸，徑五寸，盛穀二斗，水一斗五升。胃，圍也。言圍受食物也。其神十二人，五元之氣，諫議大夫也。小腸重二斤十四兩，長三丈二尺，廣二寸半，徑八分分之

少半，迴積十六曲，盛穀二斗四升，水六升三合合之大半。腸，暢也。言通暢胃氣，奪去穢也。其神二人，元梁使者也。大腸重三斤十二兩，長二丈一尺，廣四寸，徑一寸半，當齊，右迴十六曲，盛穀一斗水七升半。大腸卽迴腸也。其迴曲，因以名之。其神二人，元梁使者也。膀胱重九兩二銖，縱廣九寸，盛溺九升九合。膀，橫也。胱，廣也。體短而又名胞。胞，虛空也，主以虛承水液。口廣二寸半。脣至齒長九分。齒已後至會厭，深三寸半，大容五合也。舌重十兩，長七寸，廣二寸半。舌，泄也。言可舒泄言語也。咽門重十兩，廣二寸半，至胃長一尺六寸。咽，嚥也。言咽物也。又謂之咽，主地氣。胃爲土，故云主地氣也。喉嚨重十二兩，廣二寸，長一尺二寸九節。喉嚨，空虛也。言其中空虛，可以通氣息焉。心，肺之系也，呼吸之道路。喉嚨與咽並行，其實兩異，而人多惑也。肛門重十二兩，大八寸，徑二寸太半，長二尺八寸，受穀九升三合八分合之一。肛，釭也。言其處似車釭，故曰釭門。卽廣腸之門，又名(瞋)〔䐈腸〕也。

手三陽之脈，從手至頭長五尺，五六合三丈。一手有三陽，兩手爲六陽，故云五六三丈。手三陰之脈，從手至胸中長三尺五寸，三六一丈八尺，五六三尺，合二丈一尺。兩手各有三陰，合爲六陰，故云三六一丈八尺也。足三陽之脈，從足至頭長八尺，六八合四丈八尺。兩足各有三陽，故曰六八四丈八尺也。足三陰之脈，從足至胸長六尺五寸，六六三丈六尺，五六三尺，合三丈九尺。兩足各有三陰，故云六六三丈六尺也。按：足太陰、少陰皆至舌下，厥陰至於項上。今言至胸中者，蓋據其相接之次者也。人兩足蹻脈，從足至目長七尺五寸，二七一丈四尺，二五一尺，合一丈五尺。督任脈各長四尺五寸，二四八尺，二五一尺，合九尺。凡脈長一十六丈二尺也，此所謂十二經脈長短之數也。督脈起於胲頭，上於面，至口齒縫，計此不止長四尺五

寸，當取其上極於風府而言之也。手足各十二脈，爲二十四，并督任兩蹻四脈，都合二十八脈，以應二十八宿。凡長十六丈二尺，營衞行周此數，則一度也。寸口，脈之大會，手太陰之動也。太陰者，脈之會也。肺，諸藏主，蓋主通陰陽，故十二經皆手太陰，所以決吉凶者。十二經有病，皆寸口，知其何經之動浮沈滑濇逆順，知其死生之兆也。人一呼脈行三寸，一吸脈行三寸，呼吸定息，脈行六寸。十二經，十五絡，二十七氣，皆候於寸口，隨呼吸上下。呼脈上行三寸，吸脈下行三寸，二十七氣皆逐上下行，無有息時。人一日一夜凡一萬三千五百息。脈行五十周於身，漏水下百刻。營衞行陽二十五度，行陰二十五度。度爲一周也，故五十度復會於手太陰。寸口者，五藏六府之所終始，故法於寸口也。人一息行六寸，百息六丈，千息六十丈，一萬三千五百息合爲八百一十丈。陽脈出行二十五度，陰脈入行二十五度，陰陽呼吸覆行周畢度數也。脈行身畢，卽水下百刻亦畢。謂一旦夜刻盡，天明，日出東方，脈還得寸口，當更始也。故寸口者，五藏六府之所終始也。

肺氣通於鼻，鼻和則知臭香矣。肝氣通於目，目和則知白黑矣。脾氣通於口，口和則知穀味矣。心氣通於舌，舌和則知五味矣。腎氣通於耳，耳和則聞五音矣。五藏不和，則九竅不通；六府不和，則留爲癰也。

史記卷一百六

吴王濞列傳第四十六

吴王濞〔一〕者，高帝兄劉仲之子也。〔二〕高帝已定天下七年，立劉仲爲代王。而匈奴攻代，劉仲不能堅守，弃國亡，閒行〔三〕走雒陽，自歸天子。天子爲骨肉故，不忍致法，廢以爲郃陽侯。〔四〕高帝十一年秋，淮南王英布反，東并荆地，劫其國兵，西度淮，擊楚，高帝自將往誅之。劉仲子沛侯濞年二十，有氣力，以騎將從破布軍蘄西會甀，〔五〕布走。荆王劉賈爲布所殺，無後。上患吴、會稽輕悍，無壯王以填之，〔六〕諸子少，乃立濞於沛爲吴王，〔七〕王三郡五十三城。已拜受印，高帝召濞相之，謂曰：「若狀有反相。」心獨悔，業已拜，因拊其背，〔八〕告曰：「漢後五十年東南有亂者，豈若邪？〔九〕然天下同姓爲一家也，慎無反！」濞頓首曰：「不敢。」

〔一〕索隱案：澎濞字也，音披位反。

〔二〕集解徐廣曰：「仲名喜。」

〔三〕索隱謂獨行從他道逃走。閒音紀閑反。

〔四〕索隱地理志馮翊縣名，在郃水之陽。音合。正義郃陽故城在同州河西縣南三十里。

〔五〕索隱地名也。在蘄縣之西。會音古兑反。甀音錘。

〔六〕索隱填音鎮。

〔七〕集解徐廣曰：「十二年十月辛丑。」

〔八〕索隱拊音撫。

〔九〕集解徐廣曰：「漢元年至景帝三年反，五十有三年。」駰案：應劭曰「克期五十，占者所知。若秦始皇東巡以厭氣，後劉項起東南，疑當如此耳」。如淳曰「度其貯積足用爲難，又吴楚世不賓服」。索隱案：應氏之意，以後五十年東南有亂，本是占氣者所説，高祖素聞此説，自以前難未弭，恐後災更生，故説此言，更以戒濞。如淳之説，亦合事理。

會孝惠、高后時，天下初定，郡國諸侯各務自拊循其民。吴有豫章郡銅山，〔一〕濞則招致天下亡命者(益)〔盜〕鑄錢，煮海水爲鹽，以故無賦，國用富饒。〔二〕

〔一〕集解韋昭曰：「今故鄣。」索隱案：鄣郡後改曰故鄣。或稱「豫章」爲衍字也。正義括地志云：「秦兼天下，以爲鄣郡，今湖州長城縣西南八十里故章城是也。」銅山，今宣州及潤州句容縣有，並屬章也。

〔二〕集解如淳曰：「鑄錢煮鹽，收其利以足國用，故無賦於民。」正義按：既盜鑄錢，何以收其利足國之用？吴國之民又何得無賦？如説非也。言吴國山既出銅，民多盜鑄錢，及煮海水爲鹽，以山海之利不賦之，故言無賦也。其民無賦，國用乃富饒也。

孝文時，吳太子入見，〔一〕得侍皇太子飲博。吳太子師傅皆楚人，輕悍，又素驕，博，爭道，不恭，皇太子引博局提吳太子，殺之。〔二〕於是遣其喪歸葬。至吳，吳王慍〔三〕曰：「天下同宗，死長安卽葬長安，何必來葬爲！」復遣喪之長安葬。吳王由此稍失藩臣之禮，稱病不朝。京師知其以子故稱病不朝，驗問實不病，諸吳使來，輒繫責治之。吳王恐，爲謀滋甚。及後使人爲秋請，〔四〕上復責問吳使者，使者對曰：「王實不病，漢繫治使者數輩，以故遂稱病。且夫『察見淵中魚，不祥』。〔五〕今王始詐病，及覺，見責急，愈益閉，恐上誅之，計乃無聊。唯上棄之而與更始。」於是天子乃赦吳使者歸之，而賜吳王几杖，老，不朝。吳得釋其罪，謀亦益解。然其居國以銅鹽故，百姓無賦。〔六〕卒踐更，輒與平賈。〔七〕歲時存問茂材，賞賜閭里。佗郡國吏欲來捕亡人者，訟共禁弗予。〔八〕如此者四十餘年，〔九〕以故能使其衆。

〔一〕索隱 姚氏案：楚漢春秋云「吳太子名賢，字德明」。
〔二〕索隱 提音啼，又音底，又音弟。
〔三〕正義 於問反，怨也。
〔四〕集解 應劭曰：「冬當斷獄，秋先請擇其輕重也。」孟康曰：「律，春曰朝，秋曰請，如古諸侯朝聘也。」如淳曰：「濞不得行，使人代己致請禮也。」索隱 音淨。孟說是也。應劭所云斷獄先請，不知何憑。如淳云代己致請，

亦是臆說。且文云「使人爲秋請」，謂使人爲此秋請之禮也。
〔五〕集解 張晏曰：「喻人君不當見盡下之私。」索隱 案：此語見韓子及文子。韋昭曰「知臣下陰私，使憂患生變，爲不祥。故當赦宥，使自新也」。
〔六〕索隱 按：吳國有鑄錢煮鹽之利，故百姓不別徭賦也。
〔七〕集解 漢書音義曰：「以當爲更卒，出錢三百文，謂之『過更』。自行爲卒，謂之『踐更』。吳王欲得民心，爲卒者顧其庸，隨時月與平賈，如漢桓、靈時有所興作，以少府錢借民比也。」索隱 案：漢律，卒更有三，踐更、居更、過更也。此言踐更輒與平賈者，謂爲踐更合自出錢，今王欲得人心，乃與平賈，官讎之也。正義 踐更，若今唱更、行更者也，言民自著卒。更有三品：有卒更，有踐更，有過更。古者正卒無常人，皆當迭爲之，是爲卒更。貧者欲顧更錢者，次直者出錢顧之，月二千，是爲踐更。天下人皆直戍邊三月，亦各爲更，律所謂繇戍也。雖丞相子亦在戍邊之調，不可人人自行三月戍，又行者出錢三百入官，官給戍者，是爲過更。此漢初因秦法而行之，後改爲讁，乃戍邊一歲。
〔八〕集解 徐廣曰：「訟音松。」駰按：如淳曰「訟，公也」。正義 訟音容。言其相容禁止不與也。
〔九〕正義 言四十餘年者，太史公盡言吳王一代行事也。漢書作「三十餘年」，而班固見其語在孝文之代，乃減十年，是班固不曉其理也。

鼂錯爲太子家令，得幸太子，數從容言吳過可削。數上書說孝文帝，文帝寬，不忍罰，以此吳日益橫。及孝景帝卽位，錯爲御史大夫，說上曰：「昔高帝初定天下，昆弟少，諸子弱，大封同姓，故王孽子悼惠王王齊七十餘城，庶弟元王王楚四十餘城，兄子濞王吳五十餘城：封三庶孽，分天下半。今吳王前有太子之郄，詐稱病不朝，於古法當誅，文帝弗忍，因賜几杖。德至厚，當改過自新。乃益驕溢，卽山〔一〕鑄錢，煮海水爲鹽，誘天下亡人，謀作亂。今削之亦反，不削之亦反。削之，其反亟，禍小；不削，反遲，禍大。」三年冬，楚王朝，鼂錯因言楚王戊往年爲薄太后服，私姦服舍，〔二〕請誅之。詔赦，罰削東海郡。因削吳之豫章郡、會稽郡。及前二年趙王有罪，削其河閒郡。〔三〕膠西王卬以賣爵有姦，削其六縣。

〔一〕索隱 案：卽山，山名。又卽者，就也。
〔二〕集解 服虔曰：「服舍，在喪次，而私姦宮中也。」
〔三〕索隱 案：漢書作「常山郡」也。

漢廷臣方議削吳。吳王濞恐削地無已，因以此發謀，欲舉事。念諸侯無足與計謀者，聞膠西王勇，好氣，喜兵，諸齊〔一〕皆憚畏，於是乃使中大夫應高誂〔二〕膠西王。無文書，口報曰：「吳王不肖，有宿夕之憂，不敢自外，使喻其驩心。」王曰：「何以教之？」高曰：「今者主上興於姦，飾於邪臣，好小善，聽讒賊，擅變更律令，侵奪諸侯之地，徵求滋多，誅罰良善，日以益甚。里語有之，『舓糠及米』。〔三〕吳與膠西，知名諸侯也，一時見察，恐不得安肆矣。

吳王身有內病，不能朝請二十餘年，嘗患見疑，無以自白，今脅肩累足，猶懼不見釋。竊聞大王以爵事有適，〔四〕所聞諸侯削地，罪不至此，此恐不得削地而已。」王曰：「然，有之。子將柰何？」高曰：「同惡相助，同好相留，同情相成，同欲相趨，同利相死。今吳王自以爲與大王同憂，願因時循理，棄軀以除患害於天下，億亦可乎？」王瞿然駭曰：〔五〕「寡人何敢如是？今主上雖急，固有死耳，安得不戴？」高曰：「御史大夫鼂錯，熒惑天子，侵奪諸侯，蔽忠塞賢，朝廷疾怨，諸侯皆有倍畔之意，人事極矣。彗星出，蝗蟲數起，此萬世一時，而愁勞聖人之所以起也。〔六〕故吳王欲內以鼂錯爲討，外隨大王後車，彷徉天下，所鄉者降，所指者下，天下莫敢不服。大王誠幸而許之一言，則吳王率楚王略函谷關，守滎陽敖倉之粟，距漢兵。治次舍，須大王。大王有幸而臨之，則天下可并，兩主分割，不亦可乎？」王曰：「善。」高歸報吳王，吳王猶恐其不與，乃身自爲使，使於膠西，面結之。

〔一〕集解 韋昭曰：「故爲齊分爲國者膠東、濟北之屬。」
〔二〕索隱 音徒鳥反。
〔三〕索隱 案：言舓糠盡則至米，謂削土盡則至滅國也。
〔四〕正義 張革反。
〔五〕索隱 劉氏瞿音九具反。又說文云「瞿，遠視貌」。音九縛反。

〔六〕索隱案：所謂「殷憂以啓明聖」也。

膠西羣臣或聞王謀，諫曰：「承一帝，至樂也。今大王與吳西鄉，弟令事成，兩主分爭，患乃始結。諸侯之地不足爲漢郡什二，而爲畔逆以憂太后，非長策也。」〔一〕王弗聽。遂發使約齊、菑川、膠東、濟南、濟北，皆許諾，而曰「城陽景王有義，攻諸呂，勿與，事定分之耳」。〔二〕

〔一〕集解文穎曰：「王之太后也。」
〔二〕集解徐廣曰：「爾時城陽恭王喜，景王之子。」

諸侯既新削罰，振恐，多怨鼂錯。及削吳會稽、豫章郡書至，則吳王先起兵，膠西正月丙午誅漢吏二千石以下，膠東、菑川、濟南、楚、趙亦然，遂發兵西。齊王後悔，飲藥自殺，畔約。濟北王城壞未完，其郎中令劫守其王，不得發兵。膠西爲渠率，膠東、菑川、濟南共攻圍臨菑。趙王遂亦反，陰使匈奴與連兵。

七國之發也，吳王悉其士卒，下令國中曰：「寡人年六十二，〔一〕身自將。少子年十四，亦爲士卒先。諸年上與寡人比，下與少子等者，皆發。」發二十餘萬人。南使閩越、東越，東越亦發兵從。

〔一〕集解徐廣曰：「吳王封吳四十二年矣。」

孝景帝三年正月甲子，初起兵於廣陵。〔一〕西涉淮，因并楚兵。發使遺諸侯書曰：「吳王劉濞敬問膠西王、膠東王、菑川王、濟南王、趙王、楚王、淮南王、衡山王、廬江王、故長沙王子：〔二〕幸教寡人！以漢有賊臣，無功天下，侵奪諸侯地，使吏劾繫訊治，以僇辱之爲故，〔三〕不以諸侯人君禮遇劉氏骨肉，絕先帝功臣，進任姦宄，詿亂天下，〔四〕欲危社稷。陛下多病志失，不能省察。欲舉兵誅之，謹聞教。敝國雖狹，地方三千里；人雖少，精兵可具五十萬。寡人素事南越三十餘年，其王君皆不辭分其卒以隨寡人，又可得三十餘萬。寡人雖不肖，願以身從諸王。越直〔五〕長沙者，〔六〕因王子定長沙以北，〔七〕西走蜀、漢中。〔八〕告越、〔九〕楚王、淮南三王，與寡人西面；〔一〇〕齊諸王與趙王定河閒、河內，或入臨晉關，〔一一〕或與寡人會雒陽；燕王、趙王固與胡王有約，燕王北定代、雲中，摶胡衆〔一二〕入蕭關，〔一三〕走長安，匡正天子，以安高廟。願王勉之。楚元王子、淮南三王或不沐洗十餘年，怨入骨髓，欲一有所出之久矣，寡人未得諸王之意，未敢聽。今諸王苟能存亡繼絕，振弱伐暴，以安劉氏，社稷之所願也。敝國雖貧，寡人節衣食之用，積金錢，脩兵革，聚穀食，夜以繼日，三十餘年矣。凡爲此，願諸王勉用之。能斬捕大將者，賜金五千斤，封萬户；列將，三千斤，封五千户；裨將，二千斤，封二千户；二千石，千斤，封千户；千石，五百斤，封五百户：皆爲列侯。其以軍若城邑降者，卒萬人，邑萬户，如得大將；人户五千，如得列將；人户三千，如得裨將；人户千，如得二千石；其小吏皆以差次受爵金。佗封賜皆倍軍法。〔一四〕其有故爵邑者，更益勿因。願諸王明以令士大夫，弗敢欺也。寡人金錢在天下者往往而有，非必取於吳，諸王日夜用之弗能盡。有當賜者告寡人，寡人且往遺之。敬以聞。」

〔一〕集解徐廣曰：「荆王劉賈都吳，吳王移廣陵也。」
〔二〕集解徐廣曰：「吳芮之玄孫靖王著，以文帝七年卒，無嗣，國除。」駰案：如淳曰「吳芮後四世無子，國除。庶子二人爲列侯，不得嗣王，志將不滿，故誘與之反也」。
〔三〕集解漢書音義曰：「故，事也。」正義按：專以僇辱諸侯爲事。
〔四〕正義詿音挂。
〔五〕集解音值。
〔六〕索隱服虔云：「直音值。謂其境相接也。」
〔七〕集解如淳曰：「南越直長沙者，因王子定也。」索隱案：謂南越之地與長沙地相接。值者，因長沙王子以定長沙以北也。
〔八〕正義走音奏，向也。王子，長沙王子也。南越之地對長沙之南者，其民因王子卒而鎮定長沙以北，西向蜀及漢中，咸委王子定矣。
〔九〕集解如淳曰：「告東越使定之。」
〔一〇〕正義越，東越也。又告東越、楚、淮南三王，與吳王共西面擊之。三王謂淮南、衡山、廬江也。
〔一一〕正義今蒲津關。

〔一二〕索隱摶音專。專謂專統領胡兵也。
〔一三〕正義今名隴山關，在原州平凉縣界。
〔一四〕集解服虔曰：「封賜倍漢之常法。」

七國反書聞天子，天子乃遣太尉條侯周亞夫將三十六將軍，往擊吳楚；遣曲周侯酈寄擊趙；將軍欒布擊齊；大將軍竇嬰屯滎陽，監齊趙兵。

吳楚反書聞，兵未發，竇嬰未行，言故吳相袁盎。盎時家居，詔召入見。上方與鼂錯調兵笇軍食，上問袁盎曰：「君嘗爲吳相，知吳臣田祿伯爲人乎？今吳楚反，於公何如？」對曰：「不足憂也，今破矣。」上曰：「吳王即山鑄錢，煮海水爲鹽，誘天下豪桀，白頭舉事。若此，其計不百全，豈發乎？何以言其無能爲也？」袁盎對曰：「吳有銅鹽利則有之，安得豪桀而誘之！誠令吳得豪桀，亦且輔王爲義，不反矣。吳所誘皆無賴子弟，亡命鑄錢姦人，故相率以反。」鼂錯曰：「袁盎策之善。」上問曰：「計安出？」盎對曰：「願屏左右。」上屏人，獨錯在。盎曰：「臣所言，人臣不得知也。」乃屏錯。錯趨避東廂，恨甚。上卒問盎，盎對曰：「吳楚相遺書，曰『高帝王子弟各有分地，今賊臣鼂錯擅適過諸侯，〔一〕削奪之地』。故以反爲名，西共誅鼂錯，復故地而罷。方今計獨斬鼂錯，發使赦吳楚七國，復其故削地，則兵

可無血刃而俱罷。」於是上嘿然良久，曰：「顧誠何如，吾不愛一人以謝天下。」盎曰：「臣愚計無出此，願上孰計之。」乃拜盎爲太常，〔二〕吳王弟子德侯爲宗正。〔三〕盎裝治行。後十餘日，上使中尉召錯，紿載行東市。錯衣朝衣斬東市。則遣袁盎奉宗廟，宗正輔親戚，〔四〕使告吳如盎策。至吳，吳楚兵已攻梁壁矣。宗正以親故，先入見，諭吳王使拜受詔。吳王聞袁盎來，亦知其欲説己，笑而應曰：「我已爲東帝，尚何誰拜？」不肯見盎而留之軍中，欲劫使將。盎不肯，使人圍守，且殺之，盎得夜出，步亡去，走梁軍，遂歸報。

〔一〕索隱 適音直革反，又音宅。
〔二〕正義 今盎爲太常，以示奉宗廟之指意。
〔三〕集解 徐廣曰：「名通，其父名廣。」駰案：漢書曰「吳王弟子德侯廣爲宗正」也。
〔四〕正義 以親戚之意輔漢訓諭。

條侯將乘六乘傳，〔一〕會兵滎陽。至雒陽，見劇孟，喜曰：「七國反，吾乘傳至此，不自意全。〔二〕又以爲諸侯已得劇孟，劇孟今無動。吾據滎陽，以東無足憂者。」至淮陽，問父絳侯故客鄧都尉曰：「策安出？」客曰：「吳兵鋭甚，難與争鋒。楚兵輕，〔三〕不能久。方今爲將軍計，莫若引兵東北壁昌邑，以梁委吳，吳必盡鋭攻之。將軍深溝高壘，使輕兵絕淮泗口，

塞吳饟道。彼吳梁相敝而糧食竭，乃以全彊制其罷極，破吳必矣。」條侯曰：「善。」從其策，遂堅壁昌邑南，〔四〕輕兵絕吳饟道。

〔一〕正義 上音乘，下竹戀反。
〔二〕正義 言不自意洛陽得全，及見劇孟。
〔三〕正義 遣正反。
〔四〕正義 在曹州城武縣東北四十二里也。

吳王之初發也，吳臣田祿伯爲大將軍。田祿伯曰：「兵屯聚而西，無佗奇道，難以就功。臣願得五萬人，別循江淮而上，收淮南、長沙，入武關，與大王會，此亦一奇也。」吳王太子諫曰：「王以反爲名，此兵難以藉人，藉人亦且反王，柰何？且擅兵而別，多佗利害，未可知也，〔一〕徒自損耳。」吳王卽不許田祿伯。

〔一〕集解 蘇林曰：「祿伯儻將兵降漢，自爲利己，於吳爲生患也。」

吳少將桓將軍説王曰：「吳多步兵，步兵利險；漢多車騎，車騎利平地。願大王所過城邑不下，直弃去，疾西據雒陽武庫，食敖倉粟，阻山河之險以令諸侯，雖毋入關，天下固已定矣。卽大王徐行，留下城邑，漢軍車騎至，馳入梁楚之郊，事敗矣。」吳王問諸老將，老將曰：「此少年推鋒之計可耳，安知大慮乎！」於是王不用桓將軍計。

吳王專并將其兵，未度淮，諸賓客皆得爲將、校尉、候、司馬，獨周丘不得用。周丘者，下邳人，亡命吳，酤酒無行，吳王濞薄之，弗任。周丘上謁，説王曰：「臣以無能，不得待罪行間。臣非敢求有所將，願得王一漢節，必有以報王。」王乃予之。周丘得節，夜馳入下邳。下邳時聞吳反，皆城守。至傳舍，召令。令入户，使從者以罪斬令。遂召昆弟所善豪吏告曰：「吳反兵且至，至，屠下邳不過食頃。今先下，家室必完，能者封侯矣。」出乃相告，下邳皆下。周丘一夜得三萬人，使人報吳王，遂將其兵北略城邑。比至城陽，〔一〕兵十餘萬，破城陽中尉軍。聞吳王敗走，自度無與共成功，卽引兵歸下邳。未至，疽發背死。

〔一〕正義 地理志云城陽國，故齊，漢文帝二年別爲國，屬兗州。

二月中，吳王兵既破，敗走，於是天子制詔將軍曰：「蓋聞爲善者，天報之以福；爲非者，天報之以殃。高皇帝親表功德，建立諸侯，幽王、悼惠王絕無後，孝文皇帝哀憐加惠，王幽王子遂、悼惠王子卬等，令奉其先王宗廟，爲漢藩國，德配天地，明並日月。吳王濞倍德反義，誘受天下亡命辠人，亂天下幣，〔一〕稱病不朝二十餘年，有司數請濞罪，孝文皇帝寬之，欲其改行爲善。今乃與楚王戊、趙王遂、膠西王卬、濟南王辟光、菑川王賢、膠東王雄渠約從反，爲逆無道，起兵以危宗廟，賊殺大臣及漢使者，迫劫萬民，夭殺無罪，燒殘民家，掘

其丘冢，甚爲暴虐。今卬等又重逆無道，燒宗廟，鹵御物，〔二〕朕甚痛之。朕素服避正殿，將軍其勸士大夫擊反虜。擊反虜者，深入多殺爲功，斬首捕虜比三百石以上者皆殺之，無有所置。〔三〕敢有議詔及不如詔者，皆要斬。」

〔一〕集解 如淳曰：「幣，錢也。以私錢淆亂天下錢也。」
〔二〕集解 如淳曰：「鹵，抄掠也。宗廟在郡縣之物，皆爲御物。」正義 顔師古曰：「御物，宗廟之服器也。」
〔三〕正義 置，放釋也。

初，吳王之度淮，與楚王遂西敗棘壁，〔一〕乘勝前，鋭甚。梁孝王恐，遣六將軍擊吳，又敗梁兩將，士卒皆還走梁。梁數使使報條侯求救，條侯不許。又使使惡條侯於上，上使人告條侯救梁，復守便宜不行。梁使韓安國及楚死事相弟張羽爲將軍，〔二〕乃得頗敗吳兵。吳兵欲西，梁城守堅，不敢西，卽走條侯軍，會下邑。〔三〕欲戰，條侯壁，不肯戰。吳糧絕，卒飢，數挑戰，遂夜犇條侯壁，驚東南。條侯使備西北，果從西北入。吳大敗，士卒多飢死，乃畔散。於是吳王乃與其麾下壯士數千人夜亡去，度江走丹徒，保東越。〔四〕東越兵可萬餘人，乃使人收聚亡卒。漢使人以利啗東越，〔五〕東越卽紿吳王，吳王出勞軍，卽使人鏦殺吳王，〔六〕盛其頭，〔七〕馳傳以聞。吳王子子華、子駒亡走閩越。吳王之弃其軍亡也，軍遂潰，往往稍降太尉、梁軍。楚王戊軍敗，自殺。

〔一〕正義在宋州寧陵縣西南七十里。
〔二〕集解徐廣曰：「楚相張尚諫王而死。」正義按：羽，尚弟也。
〔三〕集解徐廣曰：「屬梁國。」正義宋州碭山縣，本漢下邑縣。
〔四〕正義東越傳云：「獨東甌受漢之購，殺吳王。」丹徒，潤州也。東甌即東越也。東越將兵從吳在丹徒也。
〔五〕集解韋昭曰：「啗音徒覽反。」
〔六〕集解孟康曰：「方言『戟謂之鏦』。」索隱鏦音七江反。謂以戈刺殺之。鄒氏又音舂。亦音「從容」之「從」，謂撞殺之也。
〔七〕集解吳地記曰：「吳王濞葬武進縣南，地名相唐。」索隱張勃云「吳王濞葬丹徒縣南，其地名相唐」。今注本云「武進縣」，恐錯也。正義括地志云：「漢吳王濞冢在潤州丹徒縣東練壁聚北，今入于江。吳録云丹徒有吳王冢，在縣北，其處名爲相唐。」

三王之圍齊臨菑也，三月不能下。漢兵至，膠西、膠東、菑川王各引兵歸。膠西王乃袒跣，席稾，飲水，謝太后。王太子德曰：「漢兵遠，臣觀之已罷，可襲，願收大王餘兵擊之，擊之不勝，乃逃入海，未晚也。」王曰：「吾士卒皆已壞，不可發用。」弗聽。漢將弓高侯穨當〔一〕遺王書曰：「奉詔誅不義，降者赦其罪，復故；不降者滅之。王何處，須以從事。」王肉袒叩頭漢軍壁，謁曰：「臣卬奉法不謹，驚駭百姓，乃苦將軍遠道至于窮國，敢請菹醢之罪。」弓高侯執金鼓見之，曰：「王苦軍事，願聞王發兵狀。」王頓首膝行對曰：「今者，鼂錯

天子用事臣，變更高皇帝法令，侵奪諸侯地。卬等以爲不義，恐其敗亂天下，七國發兵，且以誅錯。今聞錯已誅，卬等謹以罷兵歸。」將軍曰：「王苟以錯不善，何不以聞？(及)〔乃〕未有詔虎符，擅發兵擊義國。以此觀之，意非欲誅錯也。」乃出詔書爲王讀之。讀之訖，曰：「王其自圖。」王曰：「如卬等死有餘罪。」遂自殺。太后、太子皆死。膠東、菑川、濟南王皆死，〔二〕國除，納于漢。酈將軍圍趙十月而下之，趙王自殺。濟北王以劫故，得不誅，徙王菑川。

〔一〕集解徐廣曰：「姓韓。」
〔二〕集解徐廣曰：「一云『自殺』。」

初，吳王首反，并將楚兵，連齊趙。正月起兵，三月皆破，獨趙後下。復置元王少子平陸侯禮爲楚王，續元王後。徙汝南王非王吳故地，爲江都王。

太史公曰：吳王之王，由父省也。〔一〕能薄賦斂，使其衆，以擅山海利。逆亂之萌，自其子興。争技發難，〔二〕卒亡其本；親越謀宗，竟以夷隕。鼂錯爲國遠慮，禍反近身。袁盎權説，初寵後辱。故古者諸侯地不過百里，山海不以封。「毋親夷狄，以疏其屬」，蓋謂吳邪？「毋爲權首，反受其咎」，豈盎、錯邪？

〔一〕集解言濞之王吳，由父代王被省封郃陽侯。省音所幸反。索隱省音所景反。省者，減也。謂父仲從代王省封郃陽侯也。
〔二〕索隱謂與太子争博爲争技也。

【索隱述贊】吳楚輕悍，王濞倍德。富因採山，釁成提局。憍矜貳志，連結七國。嬰命始監，錯誅未塞。天之悔禍，卒取奔北。

史記卷一百七

魏其武安侯列傳第四十七

魏其侯竇嬰者，孝文后從兄子也。父世觀津人。〔一〕喜賓客。孝文時，嬰爲吳相，病免。孝景初即位，爲詹事。〔二〕

〔一〕索隱 案：地理志觀津縣屬信都。以言其累葉在觀津，故云「父世」也。正義 觀津城在冀州武邑縣東南二十五里。

〔二〕正義 百官表云「詹事，秦官，掌皇后、太子家」也。

梁孝王者，孝景弟也，其母竇太后愛之。梁孝王朝，因昆弟燕飲。是時上未立太子，酒酣，從容言曰：「千秋之後傳梁王。」太后驩。竇嬰引卮酒進上，曰：「天下者，高祖天下，父子相傳，此漢之約也，上何以得擅傳梁王！」太后由此憎竇嬰。竇嬰亦薄其官，因病免。太后除竇嬰門籍，不得入朝請。〔一〕

〔一〕集解 律，諸侯春朝天子曰朝，秋曰請。正義 才性反。

孝景三年，吳楚反，上察宗室諸竇〔一〕毋如竇嬰賢，乃召嬰。嬰入見，固辭謝病不足任。太后亦慚。於是上曰：「天下方有急，王孫寧可以讓邪？」〔二〕乃拜嬰爲大將軍，賜金千斤。嬰乃言袁盎、欒布諸名將賢士在家者進之。所賜金，陳之廊廡下，軍吏過，輒令財取爲用，〔三〕金無入家者。竇嬰守滎陽，監齊趙兵。〔四〕七國兵已盡破，封嬰爲魏其侯。諸游士賓客爭歸魏其侯。孝景時每朝議大事，條侯、魏其侯，諸列侯莫敢與亢禮。

〔一〕索隱 案：謂宗室之中及諸竇之宗室也。又姚氏案：酷吏傳「周陽由，其父趙兼，以淮南王舅侯周陽，故因改氏。由以宗室任爲郎」。則似是與國有親戚屬籍者，亦得呼爲宗室也。

〔二〕集解 漢書曰：「竇嬰字王孫。」

〔三〕集解 蘇林曰：「令自裁度取爲用也。」

〔四〕正義 監音甲衫反。吳王濞傳云「竇嬰屯滎陽，監齊趙兵」也。

孝景四年，立栗太子，〔一〕使魏其侯爲太子傅。孝景七年，栗太子廢，魏其數爭不能得。魏其謝病，屏居藍田南山之下數月，諸賓客辯士說之，莫能來。梁人高遂乃說魏其曰：「能富貴將軍者，上也；能親將軍者，太后也。今將軍傅太子，太子廢而不能爭；爭不能得，又弗能死。自引謝病，擁趙女，屏閒處〔二〕而不朝。相提而論，〔三〕是自明揚主上之過。有如兩宮螫將軍，〔四〕則妻子毋類矣。」〔五〕魏其侯然之，乃遂起，朝請如故。

〔一〕正義 栗姬之子，後廢之，故書母姓也。

〔二〕正義 上音閑，下昌汝反。

〔三〕集解 徐廣曰：「提音徒抵反。」索隱 提音弟，又音啼。相提猶相抵也。論音路頓反。

〔四〕集解 張晏曰：「兩宮，太后、景帝也。螫，怒也。蠚蟲怒必螫人。又音火各反。」索隱 螫音釋。謂怒也，蠚蟲怒必螫人。又火各反。漢書作「奭」，奭即螫也。正義 兩宮，太子、景帝也。

〔五〕索隱 謂見誅滅無遺類。

桃侯免相，〔一〕竇太后數言魏其侯。孝景帝曰：「太后豈以爲臣有愛，〔二〕不相魏其？魏其者，沾沾〔三〕自喜耳，多易。〔四〕難以爲相，持重。」遂不用，用建陵侯衛綰爲丞相。

〔一〕集解 服虔曰：「劉舍也。」

〔二〕索隱 愛猶惜也。

〔三〕集解 徐廣曰：「沾，一作『怗』。又昌兼反，又當牒反。」

〔四〕集解 張晏曰：「沾沾，言自整頓也。多易，多輕易之行也。或曰沾音幨也。」索隱 沾音襜，又音當牒反。小顏音他兼反。幨音如字，又天牒反。幨音尺占反。

武安侯田蚡〔一〕者，孝景后同母弟也，生長陵。魏其已爲大將軍後，方盛，蚡爲諸郎，〔二〕未貴，往來侍酒魏其，跪起如子姓。及孝景晚節，〔三〕蚡益貴幸，爲太中大夫。蚡辯有口，學

槃盂諸書，〔四〕王太后賢之。〔五〕孝景崩，即日太子立，稱制，所鎮撫多有田蚡賓客計筴。蚡弟田勝，皆以太后弟，孝景後三年〔六〕封蚡爲武安侯，勝爲周陽侯。〔七〕

〔一〕索隱 扶粉反。如「蚡鼠」之「蚡」，音墳。

〔二〕集解 徐廣曰：「一云『諸卿』。」時人相號長老者爲『諸公』，年少者爲『諸卿』，如今人相號爲『士大夫』也。」

〔三〕索隱 按：謂晚年也。

〔四〕集解 應劭曰：「黃帝史孔甲所作銘也。凡二十九篇，書槃盂中，所爲法戒。諸書，諸子文書也。」孟康曰：「孔甲槃盂二十六篇，雜家書，兼儒、墨、名、法。」

〔五〕集解 徐廣曰：「即蚡同母姊者。」

〔六〕集解 徐廣曰：「孝景後三年即是孝武初嗣位之年也。」

〔七〕正義 絳州聞喜縣東二十里周陽故城也。

武安侯新欲用事爲相，卑下賓客，進名士家居者貴之，欲以傾魏其諸將相。建元元年，丞相綰病免，上議置丞相、太尉。籍福說武安侯曰：「魏其貴久矣，天下士素歸之。今將軍初興，未如魏其，即上以將軍爲丞相，必讓魏其。魏其爲丞相，將軍必爲太尉。太尉、丞相尊等耳，又有讓賢名。」武安侯乃微言太后風上，於是乃以魏其侯爲丞相，武安侯爲太尉。籍福賀魏其侯，因弔曰：「君侯資性喜善疾惡，方今善人譽君侯，故至丞相；然君侯且疾惡，惡人衆，亦且毀君侯。君侯能兼容，則幸久；不能，今以毀去矣。」魏其不聽。

魏其、武安俱好儒術，推轂趙綰爲御史大夫，〔一〕王臧爲郎中令。迎魯申公，欲設明堂，令列侯就國，除關，〔二〕以禮爲服制，〔三〕以興太平。舉適諸竇〔四〕宗室毋節行者，除其屬籍。時諸外家爲列侯，列侯多尚公主，皆不欲就國，以故毀日至竇太后。太后好黃老之言，而魏其、武安、趙綰、王臧等務隆推儒術，貶道家言，是以竇太后滋不說魏其等。及建元二年，御史大夫趙綰請無奏事東宮。〔五〕竇太后大怒，乃罷逐趙綰、王臧等，而免丞相、太尉，以柏至侯許昌爲丞相，武彊侯莊青翟爲御史大夫。魏其、武安由此以侯家居。

〔一〕索隱案：推轂謂自卑下之，如爲之推車轂也。

〔二〕索隱謂除關門之稅也。

〔三〕索隱案：其時禮度踰侈，多不依禮，今令吉凶服制皆法於禮也。

〔四〕索隱適音直革反。

〔五〕集解韋昭曰：「欲奪其政也。」

武安侯雖不任職，以王太后故，親幸，數言事多效，天下吏士趨勢利者，皆去魏其歸武安。武安日益橫。建元六年，竇太后崩，丞相昌、御史大夫青翟坐喪事不辦，免。以武安侯蚡爲丞相，以大司農韓安國爲御史大夫。天下士郡諸侯愈益附武安。〔一〕

〔一〕索隱按：謂仕諸郡及仕諸侯王國者，猶言仕郡國也。

武安者，貌侵，〔一〕生貴甚。〔二〕又以爲諸侯王多長，〔三〕上初卽位，富於春秋，蚡以肺腑爲京師相，〔四〕非痛折節以禮詘之，天下不肅。〔五〕當是時，丞相入奏事，坐語移日，所言皆聽。薦人或起家至二千石，權移主上。上乃曰：「君除吏已盡未？吾亦欲除吏。」嘗請考工地益宅，〔六〕上怒曰：「君何不遂取武庫！」是後乃退。嘗召客飲，坐其兄蓋侯〔七〕南鄉，自坐東鄉，以爲漢相尊，不可以兄故私橈。武安由此滋驕，治宅甲諸第。〔八〕田園極膏腴，而市買郡縣器物相屬於道。前堂羅鍾鼓，立曲旃；〔九〕後房婦女以百數。諸侯奉金玉狗馬玩好，不可勝數。

〔一〕集解韋昭曰：「侵音寑，短小也。又云醜惡也，刻确也。音核。」索隱案：服虔云「侵，短小也」。韋昭云「刻确也」。按：确音刻。又孔文祥「侵，醜惡也。音寑」。

〔二〕索隱按：小顏云「生貴謂自尊高示貴寵」，其說疏也。按：生謂蚡自生尊貴之勢特甚，故下云「又以諸侯王多長年，蚡以肺腑爲相，非痛折節以禮屈之，則天下不肅」者也。

〔三〕集解張晏曰：「多長年。」

〔四〕索隱腑音府。肺音廢。言如肝肺之相附。又云柿，木札；附，木皮也。詩云「如塗塗附」，以言如皮之附木也。正義顏師古曰：「舊解云肺附，如肝肺之相附著也。一說柿，斫木札也，喻其輕薄附著大材。」按：顏此說並是疏謬。又改「腑」爲「附」就其義，重謬矣。八十一難云：「寸口者，脈之大會，手太陰之動脈也。」呂廣云：「太陰者，肺之脈也。肺爲諸藏之主，通陰陽，故十二經脈皆會乎太陰，所以決吉凶者。十二經有病皆寸口，知其何經之動浮沈濇滑，春秋逆順，知其死生。」顧野王云：「肺腑，腹心也。」案：說田蚡爲相，若人之肺，知陰陽逆順，又爲帝之腹心親戚也。

〔五〕索隱案：痛，甚也。欲令士折節屈下於己；不然，天下不肅。或解以爲蚡欲折節下士，非也。案：下文不讓其兄蓋侯，知或說爲非也。

〔六〕集解漢書百官表曰少府有考工室。如淳曰：「官名也。」

〔七〕集解徐廣曰：「王后兄王信也。泰山有蓋縣，樂安有益縣也。」

〔八〕集解徐廣曰：「爲諸第之上也。」

〔九〕集解如淳曰：「旃旗之名。通帛曰旃。曲旃，僭也。」蘇林曰：「禮，大夫建旃。曲旃，柄上曲也。」索隱按：曲旃，旃旃柄上曲，僭禮也。通帛曰旃。說文云曲旃者，所以招士也。

魏其失竇太后，益疏不用，無勢，諸客稍稍自引而怠傲，唯灌將軍獨不失故。魏其日默默不得志，而獨厚遇灌將軍。

灌將軍夫者，潁陰人也。夫父張孟，嘗爲潁陰侯嬰舍人，得幸，因進之至二千石，故蒙灌氏姓爲灌孟。吳楚反時，潁陰侯灌何爲將軍，〔一〕屬太尉，請灌孟爲校尉。夫以千人與父俱。〔二〕灌孟年老，潁陰侯彊請之，鬱鬱不得意，故戰常陷堅，遂死吳軍中。軍法，父子俱從軍，有死事，得與喪歸。灌夫不肯隨喪歸，奮曰：〔三〕「願取吳王若將軍頭，以報父之仇。」於是灌夫被甲持戟，募軍中壯士所善願從者數十人。及出壁門，莫敢前。獨二人及從奴十數騎馳入吳軍，至吳將麾下，〔四〕所殺傷數十人。不得前，復馳還，走入漢壁，皆亡其奴，獨與一騎歸。夫身中大創十餘，適有萬金良藥，故得無死。夫創少瘳，又復請將軍曰：「吾益知吳壁中曲折，請復往。」將軍壯義之，恐亡夫，乃言太尉，太尉乃固止之。吳已破，灌夫以此名聞天下。

〔一〕索隱案：何是嬰子，漢書作「嬰」，誤也。

〔二〕集解漢書音義曰「官主千人，如候司馬」。

〔三〕集解張晏曰：「自奮勵也。」

〔四〕正義謂大將之旗。

潁陰侯言之上，上以夫爲中郎將。數月，坐法去。後家居長安，長安中諸公莫弗稱之。孝景時，至代相。孝景崩，今上初卽位，以爲淮陽天下交，勁兵處，故徙夫爲淮陽太守。建元元年，入爲太僕。二年，夫與長樂衞尉竇甫飲，輕重不得，〔一〕夫醉，搏甫。〔二〕甫，竇太后昆弟也。上恐太后誅夫，徙爲燕相。數歲，坐法去官，家居長安。

〔一〕集解晉灼曰：「飲酒輕重不得其平也。」

〔二〕索隱搏音博，謂擊也。

灌夫爲人剛直使酒，不好面諛。貴戚諸有勢在己之右，不欲加禮，必陵之；諸士在己之左，愈貧賤，尤益敬，與鈞。稠人廣衆，薦寵下輩。士亦以此多之。

夫不喜文學，好任俠，已然諾。〔一〕諸所與交通，無非豪桀大猾。家累數千萬，食客日數十百人。陂池田園，宗族賓客爲權利，横於潁川。潁川兒乃歌之曰：「潁水清，灌氏寧；潁水濁，灌氏族。」

〔一〕索隱已音以。謂已許諾，必使副其前言也。

灌夫家居雖富，然失勢，卿相侍中賓客益衰。及魏其侯失勢，亦欲倚灌夫引繩批根生平慕之後弃之者。〔一〕灌夫亦倚魏其而通列侯宗室爲名高。兩人相爲引重，〔二〕其游如父子然。相得驩甚，無厭，恨相知晚也。

〔一〕集解蘇林曰：「二人相倚，引繩直之，意批根賓客也。弃之者，不與交通。」孟康曰：「根，根括。引繩以持彈。」索隱案：劉氏云「二人相倚，事如合繩共相依引也」。批音步結反。批者，排也。漢書作「排」。排根者，蘇林云「賓客去之者不與通也」。孟康云「音根格，謂引繩排彈其根格，平生慕嬰交而弃者令不得通也」。小顏根音痕，格音下各反。䋝謂引繩，排彈繩根括以退之者也」。持彈，案漢書本作「抨彈」，音普耕反。

〔二〕集解張晏曰：「相薦達爲聲勢。」

灌夫有服，過丞相。丞相從容曰：「吾欲與仲孺過魏其侯，〔一〕會仲孺有服。」〔二〕灌夫曰：「將軍乃肯幸臨況魏其侯，夫安敢以服爲解！請語魏其侯帳具，將軍旦日蚤臨。」武安許諾。灌夫具語魏其侯如所謂武安侯。魏其與其夫人益市牛酒，夜灑埽，早帳具至旦。平明，令門下候伺。至日中，丞相不來。魏其謂灌夫曰：「丞相豈忘之哉？」灌夫不懌，曰：「夫以服請，宜往。」〔三〕乃駕，自往迎丞相。丞相特前戲許灌夫，殊無意往。及夫至門，丞相尚卧。於是夫入見，曰：「將軍昨日幸許過魏其，魏其夫妻治具，自旦至今，未敢嘗食。」武安鄂〔四〕謝曰：「吾昨日醉，忽忘與仲孺言。」乃駕往，又徐行，灌夫愈益怒。及飲酒酣，夫起舞屬丞相，〔五〕丞相不起，夫從坐上語侵之。魏其乃扶灌夫去，謝丞相。丞相卒飲至夜，極驩而去。

〔一〕集解漢書曰：「灌夫字仲孺。」

〔二〕索隱案：服謂朞功之服也。故應璩書曰「仲孺不辭同生之服」是也。

〔三〕集解徐廣曰：「一云『以服請，不宜往』。」索隱案：徐廣云「以服請，不宜往」，其説非也。正言夫請不以服爲解，蚡不宜忘，故駕自往迎也。

〔四〕集解徐廣曰：「一作『愕』。」

〔五〕索隱屬音之欲反。屬猶委也，付也。小顏云「若今之舞訖相勸也」。

丞相嘗使籍福請魏其城南田。魏其大望曰：「老僕雖弃，將軍雖貴，寧可以勢奪乎！」不許。灌夫聞，怒，罵籍福。籍福惡兩人有郄，乃謾自好謝丞相曰：「魏其老且死，易忍，且待之。」已而武安聞魏其、灌夫實怒不予田，亦怒曰：「魏其子嘗殺人，蚡活之。蚡事魏其無所不可，何愛數頃田？且灌夫何與也？吾不敢復求田。」武安由此大怨灌夫、魏其。

元光四年春，〔一〕丞相言灌夫家在潁川，横甚，民苦之。請案。上曰：「此丞相事，何請。」灌夫亦持丞相陰事，爲姦利，受淮南王金與語言。賓客居閒，遂止，俱解。

〔一〕集解徐廣曰：「疑此當是三年也。其説在後。」

夏，丞相取燕王女爲夫人，〔一〕有太后詔，召列侯宗室皆往賀。魏其侯過灌夫，欲與俱。夫謝曰：「夫數以酒失得過丞相，丞相今者又與夫有郄。」魏其曰：「事已解。」彊與俱。飲酒酣，武安起爲壽，〔二〕坐皆避席伏。已魏其侯爲壽，獨故人避席耳，餘半膝席。〔三〕灌夫不悦。起行酒，至武安，武安膝席曰：「不能滿觴。」夫怒，因嘻笑曰：「將軍貴人也，屬之！」〔四〕時武安不肯。行酒次至臨汝侯，〔五〕臨汝侯方與程不識耳語，又不避席。夫無所發怒，乃罵臨汝侯曰：「生平毁程不識不直一錢，今日長者爲壽，乃效女兒呫囁耳語！」〔六〕武安謂灌夫曰：「程李俱東西宫衛尉，〔七〕今衆辱程將軍，仲孺獨不爲李將軍地乎？」〔八〕灌夫曰：「今日斬頭陷匈，〔九〕何知程李乎！」坐乃起更衣，稍稍去。魏其侯去，麾灌夫出。武安遂怒曰：

「此吾驕灌夫罪。」乃令騎留灌夫。灌夫欲出不得。籍福起爲謝，案灌夫項令謝。夫愈怒，不肯謝。武安乃麾騎縛夫置傳舍，召長史曰：「今日召宗室，有詔。」劾灌夫罵坐不敬，繫居室。〔一〇〕遂按其前事，遣吏分曹逐捕諸灌氏支屬，皆得弃市罪。魏其侯大媿，爲資使賓客請，莫能解。〔一一〕武安吏皆爲耳目，諸灌氏皆亡匿，夫繫，遂不得告言武安陰事。

〔一〕索隱案：蚡娶燕王劉澤子康王嘉之女也。

〔二〕集解如淳曰：「上酒爲稱壽，非大行酒。」

〔三〕集解蘇林曰：「下席而膝半在席上。」如淳曰：「以膝跪席上也。」

〔四〕集解徐廣曰：「屬，一作『畢』。」索隱案：漢書作「畢」。畢，盡也。

〔五〕集解徐廣曰：「灌嬰孫，名賢也。」索隱案：漢書云臨汝侯灌賢，則賢是嬰之孫，臨汝是改封也。

〔六〕集解韋昭曰：「呫囁，附耳小語聲。」索隱女兒猶云兒女也。漢書作「女曹兒」。曹，輩也，猶言兒女輩。呫，鄒氏音蚩輒反。囁音女輒反。説文「附耳小語也」。

〔七〕集解漢書音義曰：「李廣爲東宫，程不識爲西宫。」

〔八〕集解如淳曰：「李將軍，李廣也。猶今人言爲除地也。」索隱案：小顏云「言今既毁程，令李何地自安處也」。

〔九〕索隱韋昭云：「言不避死亡也。」漢書作「穴匈」。

〔一〇〕集解如淳曰：「百官表居室爲保宫，今守宫也。」

〔一一〕集解如淳曰：「爲出貲費，使人爲夫言。」

中華書局

魏其銳身爲救灌夫。夫人諫魏其曰：「灌將軍得罪丞相，與太后家忤，寧可救邪？」魏其侯曰：「侯自我得之，自我捐之，無所恨。且終不令灌仲孺獨死，嬰獨生。」乃匿其家，〔一〕竊出上書。立召入，具言灌夫醉飽事，不足誅。上然之，賜魏其食，曰：「東朝廷辯之。」〔二〕

〔一〕集解晉灼曰：「恐其夫人復諫止也。」
〔二〕集解如淳曰：「東朝，太后朝。」

魏其之東朝，盛推灌夫之善，言其醉飽得過，乃丞相以他事誣罪之。武安又盛毀灌夫所爲橫恣，罪逆不道。魏其度不可柰何，因言丞相短。武安曰：「天下幸而安樂無事，蚡得爲肺腑，所好音樂狗馬田宅。蚡所愛倡優巧匠之屬，不如魏其、灌夫日夜招聚天下豪桀壯士與論議，腹誹而心謗，不仰視天而俯畫地，〔一〕辟倪兩宮閒，〔二〕幸天下有變，而欲有大功。〔三〕臣乃不知魏其等所爲。」於是上問朝臣：「兩人孰是？」御史大夫韓安國曰：「魏其言灌夫父死事，身荷戟馳入不測之吳軍，身被數十創，名冠三軍，此天下壯士，非有大惡，爭杯酒，不足引他過以誅也。魏其言是也。丞相亦言灌夫通姦猾，侵細民，家累巨萬，橫恣潁川，淩轢宗室，侵犯骨肉，此所謂『枝大於本，脛大於股，不折必披』，〔四〕丞相言亦是。唯明主裁之。」主爵都尉汲黯是魏其。內史鄭當時是魏其，後不敢堅對。餘皆莫敢對。上怒內史曰：「公平生數言魏其、武安長短，今日廷論，局趣效轅下駒，〔五〕吾并斬若屬矣。」即罷

起入，上食太后。太后亦已使人候伺，具以告太后。太后怒，不食，曰：「今我在也，而人皆藉吾弟，〔六〕令我百歲後，皆魚肉之矣。且帝寧能爲石人邪！〔七〕此特帝在，即錄錄，設百歲後，〔八〕是屬寧有可信者乎？」上謝曰：「俱宗室外家，〔九〕故廷辯之。不然，此一獄吏所決耳。」是時郎中令石建爲上分別言兩人事。

〔一〕集解張晏曰：「視天，占三光也。畫地，知分野所在也。畫地諭欲作反事。」
〔二〕集解徐廣曰：「辟音芳細反。倪音詣。」張晏曰：「占太后與帝吉凶之期。」索隱辟音係反。倪，五係反。埤倉云：「睥睨，邪視也。」
〔三〕集解張晏曰：「幸爲反者，當得爲大將立功也。」瓚曰：「天下有變謂天子崩，因變難之際得立大功。」
〔四〕索隱案：包愷音疋彼反。正義鋪被反。披，分析也。
〔五〕集解張晏曰：「俛頭於車轅下，隨母而已。」瓚曰：「小馬在轅下。」正義應劭云：「駒馬加著轅。局趣，纖小之貌。」按：應說爲長也。
〔六〕索隱案：晉灼云「藉，蹈也。以言蹂藉之」。
〔七〕索隱謂帝不如石人得長存也。正義顏師古云：「言徒有人形耳，不知好惡。」按：今俗云人不辨事，罵云杌杌若木人也。
〔八〕索隱案：設者，脫也。
〔九〕正義嬰，景帝從舅。蚡，太后同母弟。

武安已罷朝，出止車門，召韓御史大夫載，怒曰：「與長孺共一老禿翁，何爲首鼠兩端？」〔一〕韓御史良久謂丞相曰：「君何不自喜？〔二〕夫魏其毀君，君當免冠解印綬歸，曰『臣以肺腑幸得待罪，固非其任，魏其言皆是』。如此，上必多君有讓，不廢君。魏其必內愧，杜門齰舌自殺。〔三〕今人毀君，君亦毀人，譬如賈豎女子爭言，何其無大體也！」武安謝罪曰：「爭時急，不知出此。」

〔一〕集解漢書音義曰：「禿老翁，言嬰無官位扳援也。首鼠，一前一卻也。」索隱案：謂共治一老禿翁，指竇嬰也。服虔云「首鼠，一前一卻也」。
〔二〕集解蘇林曰：「何不自解釋爲喜樂邪？」索隱案：小顏云「何不自謙遜爲可喜之事」。音許既反。
〔三〕索隱案：說文云「齰，齧也」。音側革反。

於是上使御史簿責魏其所言灌夫，頗不讎，〔一〕欺謾。劾繫都司空。〔二〕孝景時，魏其常受遺詔，曰「事有不便，以便宜論上」。及繫，灌夫罪至族，事日急，諸公莫敢復明言於上。魏其乃使昆弟子上書言之，幸得復召見。書奏上，而案尚書大行無遺詔。〔三〕詔書獨藏魏其家，家丞封。〔四〕乃劾魏其矯先帝詔，罪當弃市。五年十月，〔五〕悉論灌夫及家屬。魏其良久乃聞，聞即恚，病痱，〔六〕不食欲死。或聞上無意殺魏其，魏其復食，治病，議定不死矣。乃有蜚語爲惡言聞上，〔七〕故以十二月晦〔八〕論弃市渭城。〔九〕

〔一〕正義讎音市周反，對也。言簿責魏其所言灌夫實潁川事，故魏其不對爲欺謾者也。
〔二〕索隱案：百官表云宗正屬官，主詔獄也。正義如淳云：「律，司空主水及罪人。」
〔三〕集解如淳曰：「大行，主諸侯官也。」索隱案：尚書無此景帝崩時大行遺詔，乃魏其家臣印封之。如淳說非也。正義天子崩曰大行也。按：尚書之中，景帝崩時無遺詔賜魏其也。百官表云諸受尚書事也。
〔四〕集解漢書音義曰：「以家臣印封遺詔。」
〔五〕集解徐廣曰：「疑非五年，亦非十月。」索隱徐氏云疑非者，案武紀四年三月蚡薨，竇嬰死在前，今云五年，故疑非也。正義漢書云元光四年冬，魏其侯嬰有罪弃市。春三月乙卯，丞相蚡薨。按，五年者，誤也。
〔六〕索隱痱音肥，又音扶味反，風病也。
〔七〕集解張晏曰：「蚡僞作飛揚誹謗之語。」
〔八〕集解徐廣曰：「疑非十二月也。」駰案：張晏曰「月晦者，春垂至也」。索隱著日月者，見春垂至，恐遇赦贖也。
〔九〕正義故咸陽也。

其春，武安侯病，〔一〕專呼服謝罪。〔二〕使巫視鬼者視之，見魏其、灌夫共守，欲殺之。竟死。子恬嗣。〔三〕元朔三年，武安侯坐衣襜褕〔四〕入宮，不敬。〔五〕

〔一〕正義其春，即四年春也。元光四年十月，灌夫弃市。十二月末，魏其弃市。至三月乙卯，田蚡薨。則三人死同在一年明矣。漢以十月爲歲首故也。秦楚之際表云「十月」，「十一月」，「十二月」，「端月」，「二月」，「三月」，至九爲終。周建

子爲正月，十一月爲正月，十二月爲二月，正月爲三月，二月爲四月，至十月爲歲終。漢初至武帝太初以前，並依秦法，以後改用夏正月，至今不改。然夫子作春秋依夏正。

〔二〕集解 漢書音義曰：「言蚡號呼謝服罪也。」

〔三〕集解 徐廣曰：「蚡疾，見魏其、灌夫鬼殺之，則其（春）〔死〕共在一春內邪？武帝本紀『四年三月乙卯，田蚡薨』，嬰死在蚡薨之前，何復云五年十二月邪？疑十二月當爲二月也。」案侯表，蚡事武帝九年而卒，元光四年侯恬之元年，建元元年訖元光三年而九年。大臣表蚡以元光四年卒，亦云嬰四年弃市，未詳此正安在。然蚡薨在嬰死後分明。

〔四〕正義 爾雅云「衣蔽前謂之襜」。郭璞云「蔽膝也」。說文、字林並謂之短衣。

〔五〕集解 徐廣曰：「表云坐衣不敬，國除。」索隱 襜，尺占反。褕音踰。謂非正朝衣，若婦人服也。表云恬坐衣不敬，國除。

淮南王安謀反覺，治。王前朝，〔一〕武安侯爲太尉，時迎王至霸上，謂王曰：「上未有太子，大王最賢，高祖孫，卽宮車晏駕，非大王立當誰哉！」淮南王大喜，厚遺金財物。上自魏其時不直武安，特爲太后故耳。〔二〕及聞淮南王金事，上曰：「使武安侯在者，族矣。」

〔一〕集解 徐廣曰：「建元二年。」

〔二〕索隱 案：武帝以魏其、灌夫事爲枉，於武安侯爲不直，特爲太后故耳。

太史公曰：魏其、武安皆以外戚重，灌夫用一時決筴而名顯。魏其之舉以吳楚，武安之貴在日月之際。然魏其誠不知時變，灌夫無術而不遜，兩人相翼，乃成禍亂。武安負貴而好權，杯酒責望，陷彼兩賢。嗚呼哀哉！遷怒及人，命亦不延。衆庶不載，竟被惡言。嗚呼哀哉！禍所從來矣！

【索隱述贊】竇嬰、田蚡，勢利相雄。咸倚外戚，或恃軍功。灌夫自喜，引重其中。意氣杯酒，睚眦兩宮。事竟不直，冤哉二公！

史記卷一百八

韓長孺列傳第四十八

御史大夫韓安國者，梁成安人也，〔一〕後徙睢陽。〔二〕嘗受韓子、雜家說於騶田生所。〔三〕事梁孝王爲中大夫。吳楚反時，孝王使安國及張羽爲將，扞〔四〕吳兵於東界。張羽力戰，安國持重，以故吳不能過梁。吳楚已破，安國、張羽名由此顯。

〔一〕集解 徐廣曰：「在汝潁之閒也。」索隱 按：徐廣云「在汝潁之閒」。漢書地理志縣名，屬陳留。正義 括地志云：「成安故城在汝州梁縣東二十三里。」地理志云成安屬潁川郡。陳留郡又有成安縣，亦屬梁，未知孰是也。

〔二〕正義 今宋州宋城。

〔三〕索隱 案：安國學韓子及雜家說於騶縣田生之所。

〔四〕索隱 上音螢，下音汗。

梁孝王，景帝母弟，竇太后愛之，令得自請置相、二千石，出入游戲，僭於天子。天子聞

之，心弗善也。太后知帝不善，乃怒梁使者，弗見，案責王所爲。韓安國爲梁使，見大長公主〔一〕而泣曰：「何梁王爲人子之孝，爲人臣之忠，而太后曾弗省也？〔二〕夫前日吳、楚、齊、趙七國反時，自關以東皆合從西鄉，惟梁最親爲艱難。梁王念太后、帝在中，〔三〕而諸侯擾亂，一言泣數行下，跪送臣等六人將兵擊卻吳楚，吳楚以故兵不敢西，而卒破亡，梁王之力也。今太后以小節苛禮〔四〕責望梁王。梁王父兄皆帝王，所見者大，故出稱蹕，入言警，車旗皆帝所賜也，卽欲以侘鄙縣，〔五〕驅馳國中，以夸諸侯，令天下盡知太后、帝愛之也。今梁使來，輒案責之。梁王恐，日夜涕泣思慕，不知所爲。何梁王之爲子孝，爲臣忠，而太后弗恤也？」大長公主具以告太后，太后喜曰：「爲言之帝。」言之，帝心乃解，而免冠謝太后曰：「兄弟不能相教，乃爲太后遺憂。」悉見梁使，厚賜之。其後梁王益親驩。太后、長公主更賜安國可直千餘金。名由此顯，結於漢。

〔一〕集解 徐廣曰：「景帝姊。」索隱 案：卽館陶公主。正義 如淳云：「景帝妹也。」

〔二〕索隱 省音仙井反。省者，察也。

〔三〕正義 謂關中也。又云京師在天下之中。

〔四〕索隱 案：謂苛細小禮以責之。

〔五〕集解 徐廣曰：「侘，一作『詑』也。」駰案：侘音丑亞反，誇也。索隱 侘音丑亞反，字如「姹」。侘者，誇也。

漢書作「婞」，音火亞反。絎音寒孟反。

其後安國坐法抵罪，蒙〔一〕獄吏田甲辱安國。安國曰：「死灰獨不復然乎？」田甲曰：「然卽溺之。」居無何，梁內史缺，漢使使者拜安國爲梁內史，起徒中爲二千石。田甲亡走。安國曰：「甲不就官，我滅而宗。」甲因肉袒謝。安國笑曰：「可溺矣！公等足與治乎？」〔二〕卒善遇之。

〔一〕集解蒙，縣名。索隱抵音丁禮反。蒙，縣名，屬梁國也。

〔二〕索隱案：謂不足與繩（持）〔治〕之。治音持也。

梁內史之缺也，孝王新得齊人公孫詭，說之，欲請以爲內史。竇太后聞，乃詔王以安國爲內史。

公孫詭、羊勝說孝王求爲帝太子及益地事，恐漢大臣不聽，乃陰使人刺漢用事謀臣。及殺故吳相袁盎，景帝遂聞詭、勝等計畫，乃遣使捕詭、勝，必得。漢使十輩至梁，相以下舉國大索，月餘不得。內史安國聞詭、勝匿孝王所，安國入見王而泣曰：「主辱臣死。〔一〕大王無良臣，故事紛紛至此。今詭、勝不得，請辭賜死。」王曰：「何至此？」安國泣數行下，

曰：「大王自度於皇帝，孰與太上皇之與高皇帝及皇帝之與臨江王親？」孝王曰：「弗如也。」安國曰：「夫太上、臨江親父子之閒，然而高帝曰『提三尺劍取天下者朕也』，故太上皇終不得制事，居于櫟陽。臨江王，適長太子也，以一言過，廢王臨江；〔二〕用宮垣事，卒自殺中尉府。何者？治天下終不以私亂公。語曰：『雖有親父，安知其不爲虎？雖有親兄，安知其不爲狼？』今大王列在諸侯，悅一邪臣〔三〕浮說，犯上禁，橈明法。天子以太后故，不忍致法於王。太后日夜涕泣，幸大王自改，而大王終不覺寤。有如太后宮車卽晏駕，大王尚誰攀乎？」語未卒，孝王泣數行下，謝安國曰：「吾今出詭、勝。」詭、勝自殺。漢使還報，梁事皆得釋，安國之力也。於是景帝、太后益重安國。孝王卒，共王卽位，安國坐法失官，居家。

〔一〕索隱此語見國語。

〔二〕集解如淳曰：「景帝嘗屬諸姬，太子母栗姬言不遜，由是廢太子，栗姬憂死。」

〔三〕索隱悅，漢書作「訹」。說文云「訹，誘也」。

建元中，武安侯田蚡爲漢太尉，親貴用事，安國以五百金物遺蚡。蚡言安國太后，天子亦素聞其賢，卽召以爲北地都尉，遷爲大司農。閩越、東越相攻，安國及大行王恢將。未至越，越殺其王降，漢兵亦罷。建元六年，武安侯爲丞相，安國爲御史大夫。

匈奴來請和親，天子下議。大行王恢，燕人也，數爲邊吏，習知胡事。議曰：「漢與匈奴和親，率不過數歲卽復倍約。不如勿許，興兵擊之。」安國曰：「千里而戰，兵不獲利。今匈奴負戎馬之足，懷禽獸之心，遷徙鳥舉，難得而制也。得其地不足以爲廣，有其衆不足以爲彊，自上古不屬爲人。〔一〕漢數千里爭利，則人馬罷，虜以全制其敝。且彊弩之極，矢不能穿魯縞；〔二〕衝風之末，力不能漂鴻毛。非初不勁，末力衰也。擊之不便，不如和親。」羣臣議者多附安國，於是上許和親。

〔一〕索隱案：晉灼云「不內屬於漢爲人」。

〔二〕集解許慎曰：「魯之縞尤薄。」

其明年，則元光元年，鴈門馬邑豪聶翁壹〔一〕因大行王恢言上曰：「匈奴初和親，親信邊，可誘以利。」陰使聶翁壹爲閒，亡入匈奴，謂單于曰：「吾能斬馬邑令丞吏，以城降，財物可盡得。」單于愛信之，以爲然，許聶翁壹。聶翁壹乃還，詐斬死罪囚，縣其頭馬邑城，示單于使者爲信。曰：「馬邑長吏已死，可急來。」於是單于穿塞將十餘萬騎，入武州塞。〔二〕

〔一〕集解張晏曰：「豪猶帥也。」索隱聶，姓也；翁壹，名也。漢書云「聶壹」。

〔二〕集解徐廣曰：「在鴈門。」索隱地理志縣名，屬鴈門。又崔浩云「今平城直西百里有武州城」是也。

當是時，漢伏兵車騎材官三十餘萬，匿馬邑旁谷中。衞尉李廣爲驍騎將軍，〔一〕太僕公孫賀爲輕車將軍，〔二〕大行王恢爲將屯將軍，〔三〕太中大夫李息爲材官將軍。〔四〕御史大夫韓安國爲護軍將軍，諸將皆屬護軍。約單于入馬邑而漢兵縱發。王恢、李息、李廣別從代主擊其輜重。〔五〕於是單于入漢長城武州塞。未至馬邑百餘里，行掠鹵，徒見畜牧於野，不見一人。單于怪之，攻烽燧，得武州尉史。欲刺問尉史。尉史曰：「漢兵數十萬伏馬邑下。」單于顧謂左右曰：「幾爲漢所賣！」〔六〕乃引兵還。出塞，曰：「吾得尉史，乃天也。」命尉史爲「天王」。塞下傳言單于已引去。漢兵追至塞，度弗及，卽罷。王恢等兵三萬，聞單于不與漢合，度往擊輜重，必與單于精兵戰，漢兵勢必敗，則以便宜罷兵，皆無功。

〔一〕集解漢書曰：「北貉燕人來致驍騎。」應劭曰：「驍，健也。」張晏曰：「驍，勇也，若六博之梟矣。」

〔二〕正義司馬續漢書云：「輕車，古之戰車。」

〔三〕正義李奇云：「監主諸屯。」

〔四〕正義臣瓚云：「材官，騎射之官。」

〔五〕正義釋名云：「輜，廁也。所載衣服雜廁其中。」

〔六〕正義幾音祈。

天子怒王恢不出擊單于輜重，擅引兵罷也。恢曰：「始約虜入馬邑城，兵與單于接，而

臣擊其輜重，可得利。今單于聞，不至而還，臣以三萬人衆不敵，禔取辱耳。〔一〕臣固知還而斬，然得完陛下士三萬人。」於是下恢廷尉。廷尉當恢逗橈，當斬。〔二〕恢私行千金丞相蚡。蚡不敢言上，而言於太后曰：「王恢首造馬邑事，今不成而誅恢，是爲匈奴報仇也。」上朝太后，太后以丞相言告上。上曰：「首爲馬邑事者，恢也，故發天下兵數十萬，從其言，爲此。且縱單于不可得，恢所部擊其輜重，猶頗可得，以慰士大夫心。今不誅恢，無以謝天下。」於是恢聞之，乃自殺。

〔一〕集解徐廣曰：「禔，一作『祇』也。」

〔二〕集解漢書音義曰：「逗，曲行避敵也；橈，顧望。軍法語也。」索隱案：劭云「逗，曲行而避敵，音豆」。又音住，住謂留止也。橈，屈弱也，女孝反。一云橈，顧望也。

安國爲人多大略，智足以當世取合，而出於忠厚焉。〔一〕貪嗜於財。所推舉皆廉士，賢於己者也。於梁舉壺遂、臧固、郅他，〔二〕皆天下名士，士亦以此稱慕之，唯天子以爲國器。安國爲御史大夫四歲餘，丞相田蚡死，安國行丞相事，奉引墮車蹇。〔三〕天子議置相，欲用安國，使使視之，蹇甚，乃更以平棘侯薛澤爲丞相。安國病免數月，蹇愈，上復以安國爲中尉。歲餘，徙爲衞尉。

〔一〕索隱案：出者，去也。言安國爲人無忠厚之行。

〔二〕索隱上音質，下徒河反。謂三人姓名也，壺遂也，臧固也，郅他也。若漢書則云「至他」，言至於他處，亦舉名士也。

〔三〕集解如淳曰：「爲天子導引而墮車，跛足。」

車騎將軍衞青擊匈奴，〔一〕出上谷，破胡蘢城。〔二〕將軍李廣爲匈奴所得，復失之；公孫敖大亡卒：皆當斬，贖爲庶人。明年，匈奴大入邊，殺遼西太守，及入鴈門，所殺略數千人。車騎將軍衞青擊之，出鴈門。衞尉安國爲材官將軍，屯於漁陽。〔三〕安國捕生虜，言匈奴遠去。卽上書言方田作時，請且罷軍屯。罷軍屯月餘，匈奴大入上谷、漁陽。安國壁乃有七百餘人，出與戰，不勝，復入壁。匈奴虜略千餘人及畜産而去。天子聞之，怒，使使責讓安國。徙安國益東，屯右北平。〔四〕是時匈奴虜言當入東方。

〔一〕集解徐廣曰：「元光六年也。」

〔二〕集解蘢音龍。索隱音龍。

〔三〕正義幽州縣。

〔四〕正義幽州漁陽縣東南七十七里北平城，卽漢右北平也。

安國始爲御史大夫及護軍，後稍斥疏，下遷；而新幸壯將軍衞青等有功，益貴。安國既疏遠，默默也；將屯又爲匈奴所欺，失亡多，甚自愧。幸得罷歸，乃益東徙屯，意忽忽不樂。數月，病歐血死。安國以元朔二年中卒。

太史公曰：余與壺遂定律曆，觀韓長孺之義，壺遂之深中隱厚。〔一〕世之言梁多長者，不虚哉！壺遂官至詹事，天子方倚以爲漢相，會遂卒。不然，壺遂之内廉行脩，斯鞠躬君子也。

〔一〕集解徐廣曰：「一云『廉正忠厚』。」

【索隱述贊】安國忠厚，初爲梁將。因事坐法，免徒起相。死灰更然，生虜失防。推賢見重，賄金貽謗。雪泣悟主，臣節可亮。

史記卷一百九

李將軍列傳第四十九

李將軍廣者，隴西成紀人也。〔一〕其先曰李信，秦時爲將，逐得燕太子丹者也。故槐里，徙成紀。廣家世世受射。〔二〕孝文帝十四年，匈奴大入蕭關，而廣以良家子〔三〕從軍擊胡，用善騎射，殺首虜多，爲漢中郎。廣從弟李蔡亦爲郎，皆爲武騎常侍，〔四〕秩八百石。嘗從行，有所衝陷折關及格猛獸，而文帝曰：「惜乎，子不遇時！如令子當高帝時，萬户侯豈足道哉！」

〔一〕正義成紀，秦州縣。

〔二〕索隱案：小顏云「世受射法」。

〔三〕索隱案：如淳云「非醫、巫、商賈、百工也」。

〔四〕索隱案：謂爲郎而補武騎常侍。

及孝景初立，廣爲隴西都尉，徙爲騎郎將。〔一〕吳楚軍時，廣爲驍騎都尉，從太尉亞夫擊

吳楚軍，取旗，顯功名昌邑下。以梁王授廣將軍印，還，賞不行。〔二〕徙爲上谷太守，匈奴日以合戰。典屬國公孫昆邪〔三〕爲上泣曰：「李廣才氣，天下無雙，自負其能，數與虜敵戰，恐亡之。」於是乃徙爲上郡太守。後廣轉爲邊郡太守，徙上郡。嘗爲隴西、北地、鴈門、代郡、雲中太守，皆以力戰爲名。

〔一〕集解張晏曰：「爲武騎郎將。」索隱小顏云：「爲騎郎將謂主騎郎也。」

〔二〕集解文穎曰：「廣爲漢將，私受梁印，故不以賞也。」

〔三〕集解昆音魂。索隱案：典屬國，官名。公孫，姓也；昆邪，名。服虔云「中國人」。包愷云「昆音魂」也。

匈奴大入上郡，天子使中貴人從廣〔一〕勒習兵擊匈奴。中貴人將騎數十縱，〔二〕見匈奴三人，與戰。三人還射，〔三〕傷中貴人，殺其騎且盡。中貴人走廣。廣曰：「是必射鵰者也。」〔四〕廣乃遂從百騎往馳三人。三人亡馬步行，行數十里。廣令其騎張左右翼，而廣身自射彼三人者，殺其二人，生得一人，果匈奴射鵰者也。已縛之上馬，望匈奴有數千騎，見廣，以爲誘騎，皆驚，上山陳。廣之百騎皆大恐，欲馳還走。廣曰：「吾去大軍數十里，今如此以百騎走，匈奴追射我立盡。今我留，匈奴必以我爲大軍〔之〕誘(之)，必不敢擊我。」廣令諸騎曰：「前！」前未到匈奴陳二里所，止，令曰：「皆下馬解鞍！」其騎曰：「虜多且近，卽有急，柰何？」廣曰：「彼虜以我爲走，今皆解鞍以示不走，用堅其意。」於是胡騎遂不敢擊。有白馬將〔五〕出護其兵，李廣上馬與十餘騎犇射殺胡白馬將，而復還至其騎中，解鞍，令士皆縱馬臥。是時會暮，胡兵終怪之，不敢擊。夜半時，胡兵亦以爲漢有伏軍於旁欲夜取之，胡皆引兵而去。平旦，李廣乃歸其大軍。大軍不知廣所之，故弗從。

〔一〕集解漢書音義曰：「内官之幸貴者。」索隱案：董巴輿服志云「黄門丞至密近，使聽察天下，謂之中貴人使者」。崔浩云「在中而貴幸，非德望，故名不見也」。

〔二〕集解徐廣曰：「放縱馳騁。」

〔三〕正義射音石。還謂轉也。

〔四〕集解文穎曰：「鵰，鳥也，故使善射者射也。」索隱案：服虔云「鵰，鶚也」。說文云「似鷲，黑色，多子」。一名鷲，以其毛作矢羽。韋昭云「鶚，一名鵰也」。

〔五〕正義其將乘白馬，而出監護也。

居久之，孝景崩，武帝立，左右以爲廣名將也，於是廣以上郡太守爲未央衞尉，而程不識亦爲長樂衞尉。程不識故與李廣俱以邊太守將軍屯。及出擊胡，而廣行無部伍行陳，〔一〕就善水草屯，舍止，人人自便，〔二〕不擊刀斗以自衞，〔三〕莫府〔四〕省約文書籍事，然亦遠斥

候，〔五〕未嘗遇害。程不識正部曲行伍營陳，擊刀斗，士吏治軍簿至明，軍不得休息，然亦未嘗遇害。不識曰：「李廣軍極簡易，然虜卒犯之，無以禁也；而其士卒亦佚樂，咸樂爲之死。我軍雖煩擾，然虜亦不得犯我。」是時漢邊郡李廣、程不識皆爲名將，然匈奴畏李廣之略，士卒亦多樂從李廣而苦程不識。程不識孝景時以數直諫爲太中大夫。爲人廉，謹於文法。

〔一〕索隱案：百官志云「將軍領軍皆有部曲。大將軍營五部，部校尉一人，部下有曲，曲有軍候一人」也。

〔二〕索隱音去聲。

〔三〕集解孟康曰：「以銅作鐎器，受一斗，晝炊飯食，夜擊持行，名曰刀斗。」索隱刀音貂。案：荀悅云「刀斗，小鈴，如宮中傳夜鈴也」。蘇林云「形如銚，以銅作之，無緣，受一斗，故云刀斗」。銚卽鈴也。埤倉云「鐎，溫器，有柄斗，似銚無緣。音焦」。

〔四〕索隱案：大顏云「凡將軍謂之莫府者，蓋兵行舍於帷帳，故稱(莫)〔幕〕府。古字通用，遂作『莫』耳」。小爾雅訓莫爲大，非也。

〔五〕索隱案：許慎注淮南子云「斥，度也。候，視也，望也」。

後漢以馬邑城誘單于，使大軍伏馬邑旁谷，而廣爲驍騎將軍，領屬護軍將軍。是時單于覺之，去，漢軍皆無功。其後四歲，廣以衞尉爲將軍，出鴈門擊匈奴。匈奴兵多，破敗廣軍，生得廣。單于素聞廣賢，令曰：「得李廣必生致之。」胡騎得廣，廣時傷病，置廣兩馬閒，絡

而盛臥廣。行十餘里，廣詳死，睨其旁有一胡兒騎善馬，廣暫騰而上胡兒馬，因推墮兒，〔一〕取其弓，鞭馬南馳數十里，復得其餘軍，因引而入塞。匈奴捕者騎數百追之，廣行取胡兒弓，射殺追騎，以故得脫。於是至漢，漢下廣吏。吏當廣所失亡多，爲虜所生得，當斬，贖爲庶人。

〔一〕集解徐廣曰：「一云『抱兒鞭馬南馳』也。」

頃之，家居數歲。廣家與故潁陰侯孫〔一〕屏野居藍田南山中射獵。嘗夜從一騎出，從人田閒飲。還至霸陵亭，霸陵尉〔二〕醉，呵止廣。廣騎曰：「故李將軍。」尉曰：「今將軍尚不得夜行，何乃故也！」止廣宿亭下。居無何，匈奴入殺遼西太守，敗韓將軍，〔三〕後韓將軍徙右北平。於是天子乃召拜廣爲右北平太守。廣即請霸陵尉與俱，至軍而斬之。

〔一〕集解（孫）灌嬰之孫，名彊。
〔二〕索隱案：百官志云「尉，大縣二人，主盜賊。凡有賊發，則推索尋案之」也。
〔三〕集解蘇林曰韓安國。

廣居右北平，匈奴聞之，號曰「漢之飛將軍」，避之數歲，不敢入右北平。

廣出獵，見草中石，以爲虎而射之，中石沒鏃，〔一〕視之石也。因復更射之，終不能復入

石矣。廣所居郡聞有虎，嘗自射之。及居右北平射虎，虎騰傷廣，廣亦竟射殺之。

〔一〕集解徐廣曰：「一作『沒羽』。」

廣廉，得賞賜輒分其麾下，飲食與士共之。終廣之身，爲二千石四十餘年，家無餘財，終不言家產事。廣爲人長，猨臂，〔一〕其善射亦天性也，雖其子孫他人學者，莫能及廣。廣訥口少言，與人居則畫地爲軍陳，射闊狹以飲。〔二〕專以射爲戲，竟死。〔三〕廣之將兵，乏絕之處，見水，士卒不盡飲，廣不近水，士卒不盡食，廣不嘗食。寬緩不苛，士以此愛樂爲用。其射，見敵急，非在數十步之內，度不中不發，發即應弦而倒。用此，其將兵數困辱，其射猛獸亦爲所傷云。

〔一〕集解如淳曰：「臂如猨，通肩。」
〔二〕集解如淳曰：「射戲求疏密，持酒以飲不勝者。」正義飲音於禁反。
〔三〕索隱謂終竟廣身至死，以爲恒也。

居頃之，石建卒，於是上召廣代建爲郎中令。元朔六年，廣復爲後將軍，從大將軍軍出定襄，擊匈奴。諸將多中首虜率，以功爲侯者，〔一〕而廣軍無功。後二歲，廣以郎中令將四千騎出右北平，博望侯張騫將萬騎與廣俱，異道。行可數百里，匈奴左賢王將四萬騎圍廣，

廣軍士皆恐，廣乃使其子敢往馳之。敢獨與數十騎馳，直貫胡騎，出其左右而還，告廣曰：「胡虜易與耳。」軍士乃安。廣爲圜陳外嚮，胡急擊之，矢下如雨。漢兵死者過半，漢矢且盡。廣乃令士持滿毋發，而廣身自以大黃〔二〕射其裨將，殺數人，胡虜益解。會日暮，吏士皆無人色，而廣意氣自如，益治軍。軍中自是服其勇也。明日，復力戰，而博望侯軍亦至，匈奴軍乃解去。漢軍罷，弗能追。是時廣軍幾沒，罷歸。漢法，博望侯留遲後期，當死，贖爲庶人。廣軍功自如，無賞。

〔一〕集解如淳曰：「中猶充也。充本法得首若干封侯。」
〔二〕集解徐廣曰：「南都賦曰『黃閒機張，善弩之名』。」駰案：鄭德曰「黃肩弩，淵中黃朱之」。孟康曰「太公六韜曰『陷堅敗強敵，用大黃連弩』」。韋昭曰「角弩色黃而體大也」。索隱案：大黃，黃閒，弩名也。故韋昭曰「角弩也，色黃體大」是也。

初，廣之從弟李蔡與廣俱事孝文帝。景帝時，蔡積功勞至二千石。孝武帝時，至代相。以元朔五年爲輕車將軍，從大將軍擊右賢王，有功中率，〔一〕封爲樂安侯。元狩二年中，代公孫弘爲丞相。蔡爲人在下中，〔二〕名聲出廣下甚遠，然廣不得爵邑，官不過九卿，而蔡爲列侯，位至三公。諸廣之軍吏及士卒或取封侯。廣嘗與望氣王朔燕語，曰：「自漢擊匈奴而廣未嘗不在其中，而諸部校尉以下，才能不及中人，然以擊胡軍功取侯者數十人，而廣不爲

後人，〔三〕然無尺寸之功以得封邑者，何也？豈吾相不當侯邪？且固命也？」朔曰：「將軍自念，豈嘗有所恨乎？」廣曰：「吾嘗爲隴西守，羌嘗反，吾誘而降，降者八百餘人，吾詐而同日殺之。至今大恨獨此耳。」朔曰：「禍莫大於殺已降，此乃將軍所以不得侯者也。」

〔一〕索隱中音丁仲反。率音律，亦音雙箠反。小顏云：「率謂軍功封賞之科，著在法令，故云中率。」
〔二〕索隱案：以九品而論，在下之中，當第八。
〔三〕索隱案：謂不在人後。

後二歲，大將軍、驃騎將軍大出擊匈奴，廣數自請行。天子以爲老，弗許；良久乃許之，以爲前將軍。是歲，元狩四年也。

廣既從大將軍青擊匈奴，既出塞，青捕虜知單于所居，乃自以精兵走之，而令廣并於右將軍軍，〔一〕出東道。東道少回遠，而大軍行水草少，其勢不屯行。〔二〕廣自請曰：「臣部爲前將軍，今大將軍乃徙令臣出東道，且臣結髮而與匈奴戰，今乃一得當單于，〔三〕臣願居前，先死單于。」大將軍青亦陰受上誡，以爲李廣老，數奇，〔四〕毋令當單于，恐不得所欲。而是時公孫敖新失侯，爲中將軍從大將軍，大將軍亦欲使敖與俱當單于，故徙前將軍廣。廣時知

之，固自辭於大將軍。大將軍不聽，令長史封書與廣之莫府，曰：「急詣部，如書。」〔五〕廣不謝大將軍而起行，意甚慍怒而就部，引兵與右將軍食其〔六〕合軍出東道。軍亡導，或失道，〔七〕後大將軍。大將軍與單于接戰，單于遁走，弗能得而還。南絕幕，〔八〕遇前將軍、右將軍。廣已見大將軍，還入軍。大將軍使長史持糒醪遺廣，因問廣、食其失道狀，青欲上書報天子軍曲折。〔九〕廣未對，大將軍使長史急責廣之幕府對簿。廣曰：「諸校尉無罪，乃我自失道。吾今自上簿。」

〔一〕集解 徐廣曰：「主爵趙食其爲右將軍。」

〔二〕集解 張晏曰：「以水草少，不可羣輩。」

〔三〕索隱 今得當單于。案：廣言自少時結髮而與匈奴戰，唯今者得與單于相當遇也。

〔四〕集解 如淳曰：「數爲匈奴所敗，奇爲不偶也。」索隱 案：服虔云「作事數不偶也」。音朔。小顏音所具反。奇，顏該音居宜反。

〔五〕正義 令廣如其文牒，急引兵徙東道也。

〔六〕索隱 音異基。案：趙將軍名也。或亦依字讀。

〔七〕索隱 謂無人導引，軍故失道也。

〔八〕正義 絕，度也。南歸度沙幕。

〔九〕正義 言委曲而行迴折，使軍後大將軍也。

至莫府，廣謂其麾下曰：「廣結髮與匈奴大小七十餘戰，今幸從大將軍出接單于兵，而大將軍又徙廣部行回遠，而又迷失道，豈非天哉！且廣年六十餘矣，終不能復對刀筆之吏。」遂引刀自剄。廣軍士大夫一軍皆哭。百姓聞之，知與不知，無老壯皆爲垂涕。而右將軍獨下吏，當死，贖爲庶人。

廣子三人，曰當戶、椒、敢，爲郎。天子與韓嫣〔一〕戲，嫣少不遜，當戶擊嫣，嫣走。於是天子以爲勇。當戶早死，拜椒爲代郡太守，皆先廣死。當戶有遺腹子名陵。廣死軍時，敢從驃騎將軍。廣死明年，李蔡以丞相坐侵孝景園壖地，〔二〕當下吏治，蔡亦自殺，不對獄，國除。李敢以校尉從驃騎將軍擊胡左賢王，力戰，奪左賢王鼓旗，斬首多，賜爵關內侯，食邑二百戶，代廣爲郎中令。頃之，怨大將軍青之恨其父，〔三〕乃擊傷大將軍，大將軍匿諱之。居無何，敢從上雍，〔四〕至甘泉宮獵。驃騎將軍去病與青有親，射殺敢。去病時方貴幸，上諱云鹿觸殺之。居歲餘，去病死。〔五〕而敢有女爲太子中人，愛幸，敢男禹有寵於太子，然好利，李氏陵遲衰微矣。

〔一〕索隱 或音偃，又音許乾反。

〔二〕索隱 壖音人絹反，又音乃段反，又音而宣反。案：壖地，神道之地也。黃圖云「陽陵闕門西出，神道四通。茂陵神道廣四十三丈」也。正義 漢書云：「詔賜冢地陽陵，當得二十畝，蔡盜取三頃，頗賣得四十餘萬，又盜取神道外壖地一畝，葬其中。當下獄，自殺。」

〔三〕索隱 小顏云：「令其父恨而死。」

〔四〕索隱 劉氏音尚。大顏云「雍地形高，故云上」。

〔五〕集解 徐廣曰：「元狩六年。」

李陵既壯，選爲建章監，監諸騎。善射，愛士卒。天子以爲李氏世將，而使將八百騎。嘗深入匈奴二千餘里，過居延〔一〕視地形，無所見虜而還。拜爲騎都尉，將丹陽楚人五千人，教射酒泉、張掖以屯衞胡。

〔一〕集解 徐廣曰：「屬張掖。」正義 括地志云：「居延海在甘州張掖縣東北六十四里。地理志云『居延澤古文以爲流沙』。甘州在京西北二千四百六十里。」

數歲，天漢二年秋，貳師將軍李廣利將三萬騎擊匈奴右賢王於祁連天山，〔一〕而使陵將其射士步兵五千人出居延北可千餘里，欲以分匈奴兵，毋令專走貳師也。陵既至期還，而單于以兵八萬圍擊陵軍。陵軍五千人，兵矢既盡，士死者過半，而所殺傷匈奴亦萬餘人。且引且戰，連鬬八日，還未到居延百餘里，匈奴遮狹絕道，陵食乏而救兵不到，虜急擊招降陵。陵曰：「無面目報陛下。」遂降匈奴。其兵盡沒，餘亡散得歸漢者四百餘人。

〔一〕集解 徐廣曰：「出燉煌至天山。」索隱 案：晉灼云「在西域，近蒲類海」。又西河舊事云「白山冬夏有雪，匈奴謂之天山也」。正義 括地志云：「祁連山在甘州張掖縣西南二百里。天山一名白山，今名初羅漫山，在伊吾縣北百二十里。伊州在京西北四千四百一十六里。」

單于既得陵，素聞其家聲，及戰又壯，乃以其女妻陵而貴之。漢聞，族陵母妻子。自是之後，李氏名敗，而隴西之士居門下者皆用爲恥焉。

太史公曰：傳曰「其身正，不令而行；其身不正，雖令不從」。其李將軍之謂也？余睹李將軍悛悛〔一〕如鄙人，口不能道辭。及死之日，天下知與不知，皆爲盡哀。彼其忠實心誠信於士大夫也？諺曰「桃李不言，下自成蹊」。〔二〕此言雖小，可以諭大也。

〔一〕索隱 音七旬反。漢書作「恂恂」，音詢。

〔二〕索隱 案：姚氏云「桃李本不能言，但以華實感物，故人不期而往，其下自成蹊徑也。以喻廣雖不能出辭，能有所感，而忠心信物故也」。

【索隱述贊】猨臂善射，實負其能。解鞍御敵，圓陣摧鋒。邊郡屢守，大軍再從。失道見斥，數奇不封。惜哉名將，天下無雙！

史記卷一百十

匈奴列傳第五十

正義 此卷或有本次平津侯後，第五十二。今第五十者，先生舊本如此，劉伯莊音亦然。若先諸傳而次四夷，則司馬、汲鄭不合在後也。

匈奴，其先祖夏后氏之苗裔也，曰淳維。〔一〕唐虞以上有山戎、〔二〕獫狁、葷粥，〔三〕居于北蠻，隨畜牧而轉移。其畜之所多則馬、牛、羊，其奇畜則橐駞、〔四〕驢、贏、〔五〕駃騠、〔六〕騊駼、〔七〕驒騱。〔八〕逐水草遷徙，毋城郭常處耕田之業，然亦各有分地。〔九〕毋文書，以言語爲約束。兒能騎羊，引弓射鳥鼠；少長〔一〇〕則射狐兔：用爲食。士力能毌弓，〔一一〕盡爲甲騎。其俗，寬則隨畜，因射獵禽獸爲生業，急則人習戰攻以侵伐，其天性也。其長兵則弓矢，短兵則刀鋋。〔一二〕利則進，不利則退，不羞遁走。苟利所在，不知禮義。自君王以下，咸食畜肉，衣其皮革，被旃裘。壯者食肥美，老者食其餘。貴壯健，賤老弱。父死，妻其後母；兄弟死，皆取其妻妻之。其俗有名不諱，而無姓字。〔一三〕

〔一〕集解 漢書音義曰：「匈奴始祖名。」索隱 張晏曰「淳維以殷時奔北邊」。又樂產括地譜云「夏桀無道，湯放之鳴條，三年而死。其子獯粥妻桀之衆妾，避居北野，隨畜移徙，中國謂之匈奴」。其言夏后苗裔，或當然也。故應劭風俗通云「殷時曰獯粥，改曰匈奴」。又服虔云「堯時曰葷粥，周曰獫狁，秦曰匈奴」。韋昭云「漢曰匈奴，葷粥其別名」。則淳維是其始祖，蓋與獯粥是一也。

〔二〕正義 左傳莊三十年「齊人伐山戎」，杜預云「山戎、北戎、無終三名也」。括地志云「幽州漁陽縣，本北戎無終子國」。

〔三〕集解 晉灼云：「堯時曰葷粥，周曰獫狁，秦曰匈奴。」

〔四〕索隱 橐他。韋昭曰：「背肉似橐，故云橐也。」包愷音託。他，或作「駞」。正義 畜，許又反。

〔五〕索隱 案：古今注云「驢牡馬牝，生贏」。正義 贏音力戈反。

〔六〕集解 徐廣曰：「北狄駿馬。」索隱 說文云「駃騠，馬父贏子也」。廣異志音決蹄也。發蒙記「刳其母腹而生」。列女傳云「生七日超其母」。

〔七〕集解 徐廣曰：「似馬而青。」索隱 案：郭璞注爾雅云「騊駼馬，青色，音淘塗」。又字林云野馬。山海經云「北海有獸，其狀如馬，其名騊駼」也。

〔八〕集解 徐廣曰：「音顚。巨虛之屬。」索隱 驒奚。韋昭驒音顚。說文「野馬屬」。徐廣云「巨虛之類」。一云青驪白鱗，文如鼉魚。鄒誕生本「奚」字作「騱」。

〔九〕索隱 上音扶糞反。

〔一〇〕索隱 上音式紹反，下音陟兩反。少長謂年稍長。

〔一一〕索隱 上音彎，如字亦通也。

〔一二〕集解 韋昭曰：「鋋形似矛，鐵柄。音時年反。」索隱 音蟬。埤蒼云「鋋，小矛鐵矜」。古今字詁云「𥎊，通作『矜』」。

〔一三〕集解 漢書曰：「單于姓攣鞮氏。」索隱 攣音六緣反。鞮音丁啼反。

夏道衰，而公劉失其稷官，〔一〕變于西戎，邑于豳。其後三百有餘歲，戎狄攻大王亶父，〔二〕亶父亡走岐下，而豳人悉從亶父而邑焉，作周。〔三〕其後百有餘歲，周西伯昌伐畎夷氏。〔四〕後十有餘年，武王伐紂而營雒邑，復居于酆鄗，放逐戎夷涇、洛之北，〔五〕以時入貢，命曰「荒服」。其後二百有餘年，周道衰，〔六〕而穆王伐犬戎，得四白狼四白鹿以歸。自是之後，荒服不至。於是周遂作甫刑之辟。穆王之後二百有餘年，周幽王用寵姬襃姒之故，與申侯有卻。〔七〕申侯怒而與犬戎共攻殺周幽王于驪山之下，〔八〕遂取周之焦穫，〔九〕而居于涇渭之閒，侵暴中國。秦襄公救周，於是周平王去酆鄗而東徙雒邑。當是之時，秦襄公伐戎至岐，始列爲諸侯。〔一〇〕是後六十有五年，而山戎〔一一〕越燕而伐齊，齊釐公與戰于齊郊。其後四十四年，而山戎伐燕。燕告急于齊，齊桓公北伐山戎，山戎走。其後二十有餘年，而戎狄至洛邑，伐周襄王，襄王奔于鄭之氾邑。〔一二〕初，周襄王欲伐鄭，故娶戎狄女爲后，與戎狄兵共伐鄭。已而黜狄后，狄后怨，而襄王後母曰惠后，有子子帶，欲立之，於是惠后與狄后、子帶爲內應，開戎狄，戎狄以故得入，破逐周襄王，而立子帶爲天子。於是戎狄或居于陸渾，〔一三〕東至於衞，侵盜暴虐中國。中國疾之，故詩人歌之曰「戎狄是應」，「薄伐獫狁，至於大原」，〔一四〕「出輿彭彭，城彼朔方」。〔一五〕周襄王既居外四年，乃使使告急于晉。晉文公初立，欲修霸業，乃興師伐逐戎翟，誅子帶，迎內周襄王，居于雒邑。

〔一〕集解 徐廣曰：「后稷之曾孫。」正義 周本紀云「不窋失其官」。此云公劉，未詳也。

〔二〕集解 徐廣曰：「公劉九世孫。」

〔三〕索隱 按：謂始作周國也。

〔四〕索隱 韋昭云：「春秋以爲犬戎。」按：畎音犬。大顏云「即昆夷也」。山海經云「黃帝生苗龍，苗龍生融吾，融吾生弄明，弄明生白犬。白犬有二牡，是爲犬戎」。說文云「赤狄本犬種，字從犬」。又山海經云「有人面獸身，名曰犬夷」。賈逵云「犬夷，戎之別種也」。

〔五〕索隱 晉灼曰：「洛水在馮翊懷德縣，東南入渭。」又案：水經云出上郡雕陰泰昌山，過華陰入渭，即漆沮水也。

〔六〕索隱 案：周紀云「懿王時，王室衰，詩人作怨刺之詩」，不能復雅也。

〔七〕正義 故申城在鄧州南陽縣北三十里，周宣王舅所封。

〔八〕集解 韋昭曰：「戎後來居此山，故號曰驪戎。」

〔九〕正義 括地志云：「焦穫亦名刳口，亦曰刳中，在雍州涇陽縣城北十數里。周有焦穫也。」

〔一〇〕正義 今岐州。高誘云「秦襄公救周有功，受周故地酆鄗，列爲諸侯」也。

〔一一〕索隱服虔云：「山戎蓋今鮮卑。」按：胡廣云「鮮卑，東胡別種」。又應奉云「秦築長城，徒役之士亡出塞外，依鮮卑山，因以爲號」。

〔一二〕索隱蘇林沮音凡。今潁川襄城是。按：春秋地名云「汜邑，襄王所居，故云襄城」也。

〔一三〕集解徐廣曰：「一爲『陸邑』。」索隱春秋左氏「秦晉遷陸渾之戎于伊川」。杜預以爲「允姓之戎居陸渾，在秦晉之閒，二國誘而徙之伊川，遂從戎號，今陸渾縣」是也。

〔一四〕集解毛詩傳曰：「言逐出之而已。」

〔一五〕集解毛詩傳曰：「彭彭，四馬貌。朔方，北方。」正義獫狁既去，北方安靜，乃築城守之。

當是之時，秦晉爲彊國。晉文公攘戎翟，居于河西圁、洛之閒，〔一〕號曰赤翟、〔二〕白翟。〔三〕秦穆公得由余，西戎八國服於秦，故自隴以西有緜諸、〔四〕緄戎、〔五〕翟、䝠之戎，〔六〕岐、梁山、涇、漆之北有義渠、〔七〕大荔、〔八〕烏氏、〔九〕朐衍之戎。〔一〇〕而晉北有林胡、〔一一〕樓煩之戎，〔一二〕燕北有東胡、山戎。〔一三〕各分散居谿谷，自有君長，往往而聚者百有餘戎，然莫能相一。

〔一〕集解徐廣曰：「圁在西河，音銀。洛在上郡、馮翊閒。」索隱西河圁、洛。晉灼音嚚。三蒼作「圁」。地理志云圁水出上郡白土縣西，東流入河。韋昭云「圁當爲『圁』」。續郡國志及太康地志並作「圁」字也。正義括地志云：「白土故城在鹽州白池東北三百九十里。」又云：「近延州、綏州、銀州，本春秋時白狄所居，七國屬魏，後入秦，秦置三十六郡。」洛，漆沮也。

〔二〕索隱案：左氏傳云「晉師滅赤狄潞氏」。杜氏以「潞，赤狄之別種也，今上黨潞縣」。又春秋地名云「今日赤涉胡」。

〔三〕索隱左氏「晉師敗狄于箕，郤缺獲白狄子」。杜氏以爲「白狄之別種，故西河郡有白部胡」。又國語云「桓公西征，攘白狄之地，遂至于西河」也。正義括地志云：「潞州本赤狄地。延、銀、綏三州白翟地。」按：文言「圁、潞之閒號赤狄」，未詳。

〔四〕索隱地理志天水有緜諸道。正義括地志云：「緜諸城，秦州秦嶺縣北五十六里。漢緜諸道，屬天水郡。」

〔五〕正義上音昆。字當作「混」。顏師古云：「混夷也。」韋昭云：「春秋以爲犬戎。」

〔六〕集解徐廣曰：「在天水。䝠音丸。」索隱地理志天水䝠道。應劭以「䝠戎邑。音桓」。正義括地志云：「䝠道故城在渭州襄武縣東南三十七里。古之䝠戎邑。漢䝠道，屬天水郡。」

〔七〕索隱韋昭云：「義渠本西戎國，有王，秦滅之。今在北地郡。」正義括地志云：「寧州、慶州，西戎，卽劉拘邑城，時爲義渠戎國，秦爲北地郡也。」

〔八〕集解徐廣曰：「後更名臨晉，在馮翊。」索隱按：秦本紀厲共公伐大荔，取其王城，後更名臨晉。故地理志云臨晉故大荔國也。正義括地志云：「同州馮翊縣及朝邑縣，本漢臨晉縣地，古大荔戎國。今朝邑縣東三十步故王城，卽大荔王城。」荔，力計反。

〔九〕集解徐廣曰：「在安定。」正義氏音支。括地志云：「烏氏故城在涇州安定縣東三十里。周之故地，後入戎，秦惠王取之，置烏氏縣也。」

〔一〇〕集解徐廣曰：「在北地。朐音詡。」索隱案：地理志朐衍，縣名，在北地。徐廣音詡。鄭氏音吁。正義括地志云：「鹽州，古戎狄居之，卽朐衍戎之地，秦北地郡也。」

〔一一〕索隱如淳云：「林胡卽儋林，爲李牧所滅也。」正義括地志云：「朔州，春秋時北地也。如淳云卽澹林也，爲李牧滅。」

〔一二〕索隱地理志樓煩，縣名，屬鴈門。應劭云「故樓煩胡地」。正義括地志云：「嵐州，樓煩胡地也。風俗通云故樓煩胡地也。」

〔一三〕集解漢書音義曰：「烏丸，或云鮮卑。」索隱服虔云：「東胡，烏丸之先，後爲鮮卑。在匈奴東，故曰東胡。」案：續漢書曰「漢初，匈奴冒頓滅其國，餘類保烏桓山，以爲號。俗隨水草，居無常處。以父之名字爲姓。父子男女悉髡頭爲輕便也」。

自是之後百有餘年，晉悼公使魏絳和戎翟，戎翟朝晉。後百有餘年，趙襄子踰句注〔一〕而破并代以臨胡貉。〔二〕其後既與韓魏共滅智伯，分晉地而有之，則趙有代、句注之北，魏有河西、上郡，以與戎界邊。其後義渠之戎築城郭以自守，而秦稍蠶食，至於惠王，遂拔義渠二十五城。惠王擊魏，魏盡入西河及上郡于秦。秦昭王時，義渠戎王與宣太后〔三〕亂，有二子。宣太后詐而殺義渠戎王於甘泉，遂起兵伐殘義渠。於是秦有隴西、北地、上郡，築長城以拒胡。而趙武靈王亦變俗胡服，習騎射，北破林胡、樓煩。築長城，〔四〕自代並〔五〕陰山〔六〕下，至高闕爲塞。〔七〕而置雲中、鴈門、代郡。其後燕有賢將秦開，爲質於胡，胡甚信之。歸

而襲破走東胡，東胡卻千餘里。與荆軻刺秦王秦舞陽者，開之孫也。燕亦築長城，自造陽〔八〕至襄平。〔九〕置上谷、漁陽、右北平、遼西、遼東郡以拒胡。當是之時，冠帶戰國七，而三國邊於匈奴。〔一〇〕其後趙將李牧時，匈奴不敢入趙邊。後秦滅六國，而始皇帝使蒙恬將十萬之衆北擊胡，悉收河南地。因河爲塞，〔一一〕築四十四縣城臨河，徙適〔一二〕戍以充之。而通直道，〔一三〕自九原至雲陽，〔一四〕因邊山險塹谿谷可繕者治之，起臨洮至遼東萬餘里。〔一五〕又度河據陽山北假中。〔一六〕

〔一〕集解音鉤，山名，在鴈門。索隱服虔云：「句音拘。」韋昭云：「山名，在陰館。」

〔二〕索隱案：貉卽濊也。音亡格反。

〔三〕集解昭王母也。索隱服虔云「昭王之母」也。

〔四〕正義括地志云：「趙武靈王長城在朔州善陽縣北。」案水經云白道長城北山上有長垣，若頹毀焉，沿谿亙嶺，東西無極，蓋趙武靈王所築也。」

〔五〕集解音傍，白浪反。

〔六〕索隱徐廣云：「五原西安陽縣北有陰山。陰山在河南，陽山〔在河〕北。並音傍，白浪反。」正義括地志云：「陰山在朔州北塞外突厥界。」

〔七〕集解徐廣曰：「在朔方。」正義地理志云朔方臨戎縣北有連山，險於長城，其山中斷，兩峯俱峻，土俗名爲高闕也。

〔八〕集解韋昭曰：「地名，在上谷。」正義按：上谷郡今嬀州。
〔九〕索隱韋昭云：「今遼東所理也。」
〔一〇〕索隱案：三國，燕、趙、秦也。
〔一一〕索隱案：太康地記「秦塞自五原北九百里，謂之造陽。東行終利貢山南，漢陽西也」。漢，一作「漁」。
〔一二〕集解音丁革反。索隱丁革反。
〔一三〕索隱蘇林云：「去長安八千里，正南北相直道也。」
〔一四〕索隱韋昭云：「九原，縣名，屬五原也。」正義括地志云：「勝州連谷縣，本秦九原郡，漢武帝更名五原。雲陽雍縣，秦之林光宮，即漢之甘泉宮在焉。」又云：「秦故道在慶州華池縣西四十五里子午山上。自九原至雲陽，千八百里。」
〔一五〕索隱韋昭云：「臨洮，隴西縣。」正義括地志云：「秦隴西郡臨洮縣，即今岷州城。本秦長城首，起岷州西十二里，延袤萬餘里，東入遼水。」
〔一六〕集解北假，北方田官。主以田假與貧人，故云北假。索隱應劭云：「北假在北地陽山北。」韋昭云：「北假，地名。」又按：漢書元紀云「北假，田官」。蘇林以爲北方田官也。主以田假與貧人，故曰北假也。正義括地志云：「漢五原郡河目縣故城在北假中。北假，地名也，在河北，今屬勝州銀城縣。漢書王莽傳云『五原北假，膏壤殖穀』也。」

當是之時，東胡彊而月氏盛。〔一〕匈奴單于〔二〕曰頭曼，〔三〕頭曼不勝秦，北徙。十餘年而蒙恬死，諸侯畔秦，中國擾亂，諸秦所徙適戍邊者皆復去，於是匈奴得寬，復稍度河南與

中國界於故塞。

〔一〕正義氏音支。括地志云：「涼、甘、肅、延、沙等州地，本月氏國。」
〔二〕集解漢書音義曰：「單于者，廣大之貌，言其象天單于然。」索隱案：漢書「單于姓攣鞮氏，其國稱之曰『撐犁孤塗單于』。而匈奴謂天爲『撐犁』，謂子爲『孤塗』，單于者，廣大之貌也。言其象天，故曰撐犁孤塗單于」。又玄晏春秋云「士安讀漢書，不詳此言，有胡奴在側，言之曰：『此胡所謂天子。』與古書所說符會也」。
〔三〕集解韋昭曰：「音瞞。」索隱音莫官反。韋昭音瞞。

單于有太子名冒頓。〔一〕後有所愛閼氏，〔二〕生少子，而單于欲廢冒頓而立少子，乃使冒頓質於月氏。冒頓既質於月氏，而頭曼急擊月氏。月氏欲殺冒頓，冒頓盜其善馬，騎之亡歸。頭曼以爲壯，令將萬騎。冒頓乃作爲鳴鏑，〔三〕習勒其騎射，令曰：「鳴鏑所射而不悉射者，斬之。」行獵鳥獸，有不射鳴鏑所射者，輒斬之。已而冒頓以鳴鏑自射其善馬，左右或不敢射者，冒頓立斬不射善馬者。居頃之，復以鳴鏑自射其愛妻，左右或頗恐，不敢射，冒頓又復斬之。居頃之，冒頓出獵，以鳴鏑射單于善馬，左右皆射之。於是冒頓知其左右皆可用。從其父單于頭曼獵，以鳴鏑射頭曼，其左右亦皆隨鳴鏑而射殺單于頭曼，遂盡誅其後母與弟及大臣不聽從者。冒頓自立爲單于。

〔一〕索隱冒音墨，又如字。
〔二〕索隱舊音於連、於曷反二音。匈奴皇后號也。習鑿齒與燕王書曰：「山下有紅藍，足下先知不？北方人探取其花染緋黃，挼取其上英鮮者作烟肢，婦人將用爲顏色。吾少時再三過見烟肢，今日始視紅藍，後當爲足下致其種。匈奴名妻作『閼支』，言其可愛如烟肢也。閼音煙。想足下先亦不作此讀漢書也。」
〔三〕集解漢書音義曰：「鏑，箭也，如今鳴箭也。」韋昭曰：「矢鏑飛則鳴。」索隱應劭云：「髐箭也。」韋昭云：「矢鏑飛則鳴。」

冒頓既立，〔一〕是時東胡彊盛，聞冒頓殺父自立，乃使使謂冒頓，欲得頭曼時有千里馬。冒頓問羣臣，羣臣皆曰：「千里馬，匈奴寶馬也，勿與。」冒頓曰：「奈何與人鄰國而愛一馬乎？」遂與之千里馬。居頃之，東胡以爲冒頓畏之，乃使使謂冒頓，欲得單于一閼氏。冒頓復問左右，左右皆怒曰：「東胡無道，乃求閼氏！請擊之。」冒頓曰：「奈何與人鄰國愛一女子乎？」遂取所愛閼氏予東胡。東胡王愈益驕，西侵。與匈奴閒，中有棄地，莫居，千餘里，各居其邊爲甌脫。〔二〕東胡使使謂冒頓曰：「匈奴所與我界甌脫外棄地，匈奴非能至也，吾欲有之。」冒頓問羣臣，羣臣或曰：「此棄地，予之亦可，勿予亦可。」於是冒頓大怒曰：「地者，國之本也，奈何予之！」諸言予之者，皆斬之。冒頓上馬，令國中有後者斬，遂東襲擊東胡。東胡初輕冒頓，不爲備。及冒頓以兵至，擊，大破滅東胡王，而虜其民人及畜產。既

歸，西擊走月氏，南并樓煩、白羊河南王。〔三〕（侵燕代）悉復收秦所使蒙恬所奪匈奴地者，與漢關故河南塞，至朝那、膚施，〔四〕遂侵燕、代。是時漢兵與項羽相距，中國罷於兵革，以故冒頓得自彊，控弦之士三十餘萬。

〔一〕集解徐廣曰：「秦二世元年壬辰歲立。」
〔二〕集解韋昭曰：「界上屯守處。」索隱服虔云「作土室以伺漢人」。又纂文曰「甌脫，土穴也」。又云是地名，故下云「生得甌脫王」。韋昭云「界上屯守處也」。甌音一侯反。脫音徒活反。正義按：境上斥候之室爲甌脫也。
〔三〕索隱如淳云：「白羊王居河南。」
〔四〕集解徐廣曰：「在上郡。」正義漢朝那故城在原州百泉縣西七十里，屬安定郡。膚施，縣，〔因〕秦（因）不改，今延州膚施縣是。

自淳維以至頭曼千有餘歲，時大時小，別散分離，尚矣，其世傳不可得而次云。然至冒頓而匈奴最彊大，盡服從北夷，而南與中國爲敵國，其世傳國官號乃可得而記云。

置左右賢王，左右谷蠡王，〔一〕左右大將，左右大都尉，左右大當户，左右骨都侯。〔二〕匈奴謂賢曰「屠耆」，〔三〕故常以太子爲左屠耆王。自如左右賢王以下至當户，大者萬騎，小者數千，凡二十四長，立號曰「萬騎」。諸大臣皆世官。呼衍氏，蘭氏，〔四〕其後有須卜氏，〔五〕

此三姓其貴種也。諸左方王將居東方，直上谷〔六〕以往者，東接穢貉、朝鮮；右方王將居西方，直上郡〔七〕以西，接月氏、氐、羌；〔八〕而單于之庭直代、雲中：〔九〕各有分地，逐水草移徙。而左右賢王、左右谷蠡王最爲大（國），左右骨都侯輔政。諸二十四長亦各自置千長、百長、什長、〔一〇〕裨小王、相封、〔一一〕都尉、當户、且渠之屬。〔一二〕

〔一〕集解 服虔曰：「谷音鹿。蠡音離。」索隱 服虔音鹿離。蠡，又音黎。

〔二〕集解 骨都，異姓大臣。索隱 按：後漢書云「骨都侯，異姓大臣」。

〔三〕集解 徐廣曰：「屠，一作『諸』。」

〔四〕正義 顏師古云：「呼衍，即今鮮卑姓呼延者也。蘭姓今亦有之。」

〔五〕集解 呼衍氏、須卜氏常與單于婚姻。須卜氏主獄訟。索隱 按：後漢書云「呼衍氏、須卜氏常與單于婚姻。須卜氏主獄訟」也。正義 後漢書云：「呼衍氏、須卜氏常與單于婚姻。」

〔六〕索隱 案：姚氏云「古字例以『直』爲『值』。值者，當也」。正義 上谷郡，今嬀州也。言匈奴東方南出，直當嬀州也。

〔七〕正義 上郡故城在涇州上縣東南五十里。言匈奴西方南直當綏州也。

〔八〕索隱 西接氐、羌。案：風俗通云「二氐，本西南夷種」。地理志武都有白馬氐」。又魚豢魏略云「漢置武都郡，排其種人，分竄山谷，或號青氐，或號白氐」。纂文云「氐亦羊稱」。說文云「羌，西方牧羊人」。續漢書云「羌，三苗姜姓之別，舜徙于三危，今河關之西南羌是也」。

〔九〕索隱 案：謂匈奴所都處爲「庭」。樂產云「單于無城郭，不知何以國之。穹廬前地若庭，故云庭」。正義 代郡城，北狄代國，秦漢代縣城也，在蔚州羌胡縣北百五十里。雲中故城，趙雲中城，秦雲中郡，在勝州榆林縣東北四十里。言匈奴之南直當代、雲中也。

〔一〇〕索隱 案：續漢書（郡國）〔百官〕志云「里有魁，人有什伍。里魁主一里百家，什主十家，伍長五家，以相檢察」。故賈誼過秦論以爲「俛起什百之中」是也。

〔一一〕集解 徐廣曰：「一作『將』。」

〔一二〕正義 且，子餘反。顏師古云：「今之沮渠姓，蓋本因此官。」

歲正月，諸長小會單于庭，祠。五月，大會蘢城，〔一〕祭其先、天地、鬼神。秋，馬肥，大會蹛林，〔二〕課校人畜〔三〕計。其法，拔刃尺者死，坐盜者沒入其家；有罪小者軋，〔四〕大者死。獄久者不過十日，一國之囚不過數人。而單于朝出營，拜日之始生，夕拜月。其坐，長左而北鄉。〔五〕日上戊己。其送死，有棺槨金銀衣裘，而無封樹喪服；〔六〕近幸臣妾從死者，多至數千百人。〔七〕舉事而候星月，月盛壯則攻戰，月虧則退兵。其攻戰，斬首虜賜一卮酒，而所得鹵獲因以予之，得人以爲奴婢。故其戰，人人自爲趣利，善爲誘兵以冒敵。故其見敵則逐利，如鳥之集；其困敗，則瓦解雲散矣。戰而扶輿死者，盡得死者家財。

〔一〕索隱 漢書作「龍城」，亦作「蘢」字。崔浩云「西方胡皆事龍神，故名大會處爲龍城」。後漢書云「匈奴俗，歲有三龍祠，祭天神」。

〔二〕集解 漢書音義曰：「匈奴秋社八月中皆會祭處。蹛音帶。」索隱 服虔云：「音帶。匈奴秋社八月中皆會祭處。」鄭氏云：「地名也。」晉灼云「李陵與蘇武書云『相競趨蹛林』」，則服虔說是也。又韋昭音多蓋反。姚氏案：李牧傳「大破匈奴，滅襜襤」，此字與韋昭音頗同，然林襤聲相近，或以「林」爲「襤」也。正義 顏師古云：「蹛者，遶林木而祭也。鮮卑之俗，自古相傳，秋祭無林木者，尚豎柳枝，衆騎馳遶三周乃止，此其遺法也。」

〔三〕正義 許又反。

〔四〕集解 漢書音義曰：「刃刻其面。」索隱 服虔云：「刀割面也，音烏八反。」鄧展云：「歷也。」如淳云：「撾，扶也。」三蒼云：「軋，輾也。」說文云：「輾，轢也。」正義 顏師古云：「軋者謂輾轢其骨節，若今之厭踝者也。」

〔五〕正義 其座北向，長者在左，以左爲尊也。

〔六〕集解 張華曰：「匈奴名冢曰逗落。」

〔七〕正義 漢書作「數十百人」。顏師古云：「或數十人，或百人。」

後北服渾庾、屈射、〔一〕丁零、〔二〕鬲昆、薪犂之國。〔三〕於是匈奴貴人大臣皆服，以冒頓單于爲賢。

〔一〕索隱 國名。射音亦，又音石。

〔二〕索隱 按：魏略云「丁零在康居北，去匈奴庭接習水七千里」。又云「匈奴北有渾窳國」。

〔三〕正義 已上五國在匈奴北。

是時漢初定中國，徙韓王信於代，都馬邑。匈奴大攻圍馬邑，韓王信降匈奴。匈奴得信，因引兵南踰句注，攻太原，至晉陽下。高帝自將兵往擊之。會冬大寒雨雪，卒之墮指者十二三，於是冒頓詳敗走，誘漢兵。漢兵逐擊冒頓，冒頓匿其精兵，見其羸弱，於是漢悉兵，多步兵，三十二萬，北逐之。高帝先至平城，〔一〕步兵未盡到，冒頓縱精兵四十萬騎圍高帝於白登，〔二〕七日，漢兵中外不得相救餉。匈奴騎，其西方盡白馬，東方盡青駹馬，〔三〕北方盡烏驪馬，〔四〕南方盡騂馬。〔五〕高帝乃使使閒厚遺閼氏，閼氏乃謂冒頓曰：「兩主不相困。今得漢地，而單于終非能居之也。且漢王亦有神，單于察之。」冒頓與韓王信之將王黃、趙利期，而黃、利兵又不來，疑其與漢有謀，亦取閼氏之言，乃解圍之一角。於是高帝令士皆持滿傅〔六〕矢外鄉，從解角直出，竟與大軍合，而冒頓遂引兵而去。漢亦引兵而罷，使劉敬結和親之約。

〔一〕集解 徐廣曰：「在鴈門。」

〔二〕正義 白登臺在白登山上，朔州定襄縣東三十里。定襄縣，漢平城縣也。

〔三〕索隱 駹音武江反。案：青駹馬，色青。正義 鄭玄云：「駹，不純也。」說文云：「駹，面顙皆白。」爾雅云黑馬面白也。

〔四〕索隱 說文云：「驪，黑色。」

〔五〕索隱案：詩傳云「赤黃曰騂」。

〔六〕索隱音附。

是後韓王信爲匈奴將，及趙利、王黃等數倍約，侵盜代、雲中。居無幾何，陳豨反，又與韓信合謀擊代。漢使樊噲往擊之，復拔代、鴈門、雲中郡縣，不出塞。是時匈奴以漢將衆往降，故冒頓常往來侵盜代地。於是漢患之，高帝乃使劉敬奉宗室女公主爲單于閼氏，歲奉匈奴絮繒酒米食物各有數，約爲昆弟以和親，冒頓乃少止。後燕王盧綰反，率其黨數千人降匈奴，往來苦上谷以東。

高祖崩，孝惠、呂太后時，漢初定，故匈奴以驕。冒頓乃爲書遺高后，妄言。高后欲擊之，〔一〕諸將曰：「以高帝賢武，然尚困於平城。」於是高后乃止，〔二〕復與匈奴和親。

〔一〕索隱案：漢書云「高后時，冒頓寖驕，乃使使遺高后書曰：『孤僨之君，生於沮澤之中，長於平野牛馬之域，數至邊境，願遊中國。陛下獨立，孤僨獨居，兩主不樂，無以自娛，願以所有，易其所無。』高后怒，欲擊之」。

〔二〕索隱案漢書，季布諫，高后乃止。

至孝文帝初立，復修和親之事。其三年五月，匈奴右賢王入居河南地，侵盜上郡葆塞蠻夷，殺略人民。於是孝文帝詔丞相灌嬰發車騎八萬五千，詣高奴，〔一〕擊右賢王。右賢王走出塞。文帝幸太原。是時濟北王反，文帝歸，罷丞相擊胡之兵。

〔一〕正義延州城本漢高奴縣舊都。

其明年，單于遺漢書曰：「天所立匈奴大單于敬問皇帝無恙。前時皇帝言和親事，稱書意，合歡。漢邊吏侵侮右賢王，右賢王不請，聽後義盧侯難氏〔一〕等計，與漢吏相距，絕二主之約，離兄弟之親。皇帝讓書再至，發使以書報，不來，漢使不至，漢以其故不和，鄰國不附。今以小吏之敗約故，罰右賢王，使之西求月氏擊之。以天之福，吏卒良，馬彊力，以夷滅月氏，盡斬殺降下之。定樓蘭、〔二〕烏孫、呼揭〔三〕及其旁二十六國，皆以爲匈奴。〔四〕諸引弓之民，并爲一家。北州已定，願寢兵休士卒養馬，除前事，復故約，以安邊民，以應始古，使少者得成其長，老者安其處，世世平樂。未得皇帝之志也，故使郎中係雩淺奉書〔五〕請，獻橐他一匹，騎馬二匹，駕二駟。〔六〕皇帝即不欲匈奴近塞，則且詔吏民遠舍。使者至，即遣之。」以六月中來至薪望之地。〔七〕書至，漢議擊與和親孰便。公卿皆曰：「單于新破月氏，乘勝，不可擊。且得匈奴地，澤鹵，〔八〕非可居也。和親甚便。」漢許之。

〔一〕集解徐廣曰：「音支。」索隱匈奴將名也。氏音支。

〔二〕集解徐廣曰：「一云『樓湟』。」正義漢書云鄯善國名樓蘭，去長安一千六百里也。

〔三〕集解音桀。索隱音傑，又音丘列反。正義揭音桀，又其例反。二國皆在瓜州西北。烏孫，戰國時居瓜州。

〔四〕索隱案：謂皆入匈奴一國。

〔五〕集解雩音火胡反。索隱係，胡計反。雩，火胡反。

〔六〕正義顏師古云：「駕，可駕車也。二駟，八匹馬也。」

〔七〕集解漢書音義曰：「塞下地名。」索隱望薪之地。服虔云：「漢界上塞下地名，今匈奴使至於此也。」

〔八〕正義上音鳥。

孝文皇帝前六年，漢遺匈奴書曰：「皇帝敬問匈奴大單于無恙。使郎中係雩淺遺朕書曰：『右賢王不請，聽後義盧侯難氏等計，絕二主之約，離兄弟之親，漢以故不和，鄰國不附。今以小吏敗約，故罰右賢王使西擊月氏，盡定之。願寢兵休士卒養馬，除前事，復故約，以安邊民，使少者得成其長，老者安其處，世世平樂。』朕甚嘉之，此古聖主之意也。漢與匈奴約爲兄弟，所以遺單于甚厚。倍約離兄弟之親者，常在匈奴。然右賢王事已在赦前，單于勿深誅。單于若稱書意，明告諸吏，使無負約，有信，敬如單于書。使者言單于自將伐國有功，甚苦兵事。服繡袷綺衣、〔一〕繡袷長襦、〔二〕錦袷袍各一，比余一，〔三〕黃金飾具帶一，〔四〕黃金胥紕一，〔五〕繡十匹，錦三十匹，赤綈、〔六〕綠繒各四十匹，使中大夫意、謁者令肩遺單于。」

〔一〕索隱案：小顏云「服者，天子所服也，以繡爲表，綺爲裏」。以賜冒頓。字林云「袷衣無絮也。音公洽反」。

〔二〕集解徐廣曰：「一本無『袷』字。」

〔三〕集解徐廣曰：「或作『疏比』也。」索隱案：漢書作「比疏一」。比音鼻。小顏云「辮髮之飾也，以金爲之」。廣雅云「比，櫛也」。蒼頡篇云「靡者爲比，麤者爲梳」。按蘇林說，今亦謂之「梳比」，或亦帶飾者也。

〔四〕集解漢書音義曰：「要中大帶。」索隱按：謂要中大帶。

〔五〕集解徐廣曰：「或作『犀毗』，而無『一』字。」索隱漢書見作「犀毗」，或無下「一」字。此作「胥」者，犀聲相近，或誤。張晏云「鮮卑郭落帶，瑞獸名也，東胡好服之」。按：戰國策云「趙武靈王賜周紹具帶黃金師比」。延篤云「胡革帶鉤也」。則此帶鉤亦名「師比」，則「胥」、「犀」與「師」並相近，而說各異耳。班固與竇憲牋云「賜犀比金頭帶」是也。

〔六〕正義音啼。索隱案：說文云「綈，厚繒也」。

後頃之，冒頓死，子稽粥立，〔一〕號曰老上單于。

〔一〕索隱稽音雞。粥音育。

老上稽粥單于初立，〔一〕孝文皇帝復遣宗室女公主爲單于閼氏，使宦者燕人中行說〔二〕傅公主。說不欲行，漢彊使之。說曰：「必我行也，爲漢患者。」中行說既至，因降單于，單于甚親幸之。

〔一〕集解徐廣曰：「一云『稽粥第二單于』，自後皆以弟別之。」

〔三〕正義行音胡郎反。中行，姓；說，名也。

初，匈奴好漢繒絮食物，中行說曰：「匈奴人衆不能當漢之一郡，然所以彊者，以衣食異，無仰於漢也。今單于變俗好漢物，漢物不過什二，則匈奴盡歸於漢矣。〔一〕其得漢繒絮，以馳草棘中，衣袴皆裂敝，以示不如旃裘之完善也。得漢食物皆去之，以示不如湩酪〔二〕之便美也。」於是說教單于左右疏記，以計課其人衆畜物。〔三〕

〔一〕集解韋昭曰：「言漢物什中之二入匈奴，匈奴則動心歸漢矣。」
〔二〕集解湩，乳汁也。音都奉反。索隱重駱。音湩酪二音。按：三蒼云「湩，乳汁也」。字林云「竹用反」。穆天子傳云「牛馬之湩，臣菟人所具」。
〔三〕正義上許又反。

漢遺單于書，牘以尺一寸，辭曰「皇帝敬問匈奴大單于無恙」，所遺物及言語云云。中行說令單于遺漢書以尺二寸牘，及印封皆令廣大長，倨傲其辭曰「天地所生日月所置匈奴大單于敬問漢皇帝無恙」，所以遺物言語亦云云。

漢使或言曰：「匈奴俗賤老。」中行說窮漢使曰：「而漢俗屯戍從軍當發者，其老親豈有不自脫溫厚肥美以齎送飲食行戍乎？」漢使曰：「然。」中行說曰：「匈奴明以戰攻為事，其老弱不能鬬，故以其肥美飲食壯健者，蓋以自為守衞，如此父子各得久相保，何以言匈奴輕老

也？」漢使曰：「匈奴父子乃同穹廬而卧。〔一〕父死，妻其後母；兄弟死，盡取其妻妻之。無冠帶之飾，闕庭之禮。」中行說曰：「匈奴之俗，人食畜肉，飲其汁，衣其皮；畜食草飲水，隨時轉移。故其急則人習騎射，寬則人樂無事，其約束輕，易行也。君臣簡易，一國之政猶一身也。父子兄弟死，取其妻妻之，惡種姓之失也。故匈奴雖亂，必立宗種。今中國雖詳〔二〕不取其父兄之妻，親屬益疏則相殺，至乃易姓，皆從此類。且禮義之敝，上下交怨望，而室屋之極，生力必屈。〔三〕夫力耕桑以求衣食，築城郭以自備，故其民急則不習戰功，緩則罷於作業。嗟土室之人，顧無多辭，令喋喋〔四〕而佔佔，〔五〕冠固何當？」〔六〕

〔一〕集解漢書音義曰：「穹廬，旃帳。」
〔二〕索隱漢書作「陽」，此亦音羊。
〔三〕索隱以言棟宇室屋之作，人盡極以營其生，至於氣力屈竭也。屈音其勿反。
〔四〕集解音諜，利口也。
〔五〕集解音昌占反，衣裳貌。
〔六〕集解言雖復著冠，固何當所益。索隱鄒展曰：「喋音牒。佔，囁耳語。」服虔曰：「口舌喋喋。」如淳曰：「言汝漢人多居室中，固自宜著冠，且不足貴也。」小顏云：「喋喋，利口也。佔佔，衣裳貌。喋音昌涉反，佔音占。言當思念，無為喋喋佔佔耳。雖自謂著冠，何所當益也。」

自是之後，漢使欲辯論者，中行說輒曰：「漢使無多言，顧漢所輸匈奴繒絮米糵，令其量中，必善美而已矣，何以為言乎？且所給備善則已；不備，苦惡，〔一〕則候秋孰，以騎馳蹂而稼穡耳。」〔二〕日夜教單于候利害處。

〔一〕集解韋昭曰：「苦，麤也。音若『靡盬』之『盬』。」
〔二〕集解徐廣曰：「蹂音而九反。」

漢孝文皇帝十四年，匈奴單于十四萬騎入朝那、蕭關，殺北地都尉卬，〔一〕虜人民畜產甚多，遂至彭陽。〔二〕使奇兵入燒回中宮，〔三〕候騎〔四〕至雍甘泉。〔五〕於是文帝以中尉周舍、郎中令張武為將軍，發車千乘，騎十萬，軍長安旁以備胡寇。而拜昌侯盧卿〔六〕為上郡將軍，甯侯魏遫為北地將軍，隆慮侯周竈為隴西將軍，東陽侯張相如為大將軍，成侯董赤〔七〕為前將軍，大發車騎往擊胡。〔八〕單于留塞內月餘乃去，漢逐出塞卽還，不能有所殺。匈奴日已驕，歲入邊，殺略人民畜產甚多，雲中、遼東最甚，至代郡萬餘人。漢患之，乃使使遺匈奴書。單于亦使當户報謝，復言和親事。

〔一〕集解徐廣曰：「姓孫。其子單，封為缾侯。白丁反。」索隱卬音五郎反。徐廣云：「姓孫，其後子單封為瓶侯。音白丁反。」

〔二〕集解徐廣曰：「在安定。」索隱出彭陽。韋昭云：「安定縣。」正義「城」字誤也。括地志云：「彭城故城在涇州臨城縣東二十里。」案：彭城在媯州，與北地郡甚遠，明非彭城也。
〔三〕索隱服虔云「在北地，武帝作宮」。始皇本紀二十七年，「登雞頭山，過回中」。武帝元封四年，通回中道。正義括地志云：「秦回中宮在岐州雍縣西四十里，卽匈奴所燒者也。」
〔四〕索隱崔浩云：「候，邏騎。」
〔五〕正義括地志云：「雲陽也。秦之林光宮，漢之甘泉，在雍州雲陽西北八十里。秦始皇作甘泉宮，去長安三百里，望見長安。秦皇帝以來祭天圜丘處。」
〔六〕索隱案：表「盧」作「旅」，古今字耳。
〔七〕正義音赫。
〔八〕集解徐廣曰：「內史欒布亦為將軍。」

孝文帝後二年，使使遺匈奴書曰：「皇帝敬問匈奴大單于無恙。使當户且居〔一〕雕渠難、〔二〕郎中韓遼遺朕馬二匹，已至，敬受。先帝制：長城以北，引弓之國，受命單于；長城以內，冠帶之室，朕亦制之。使萬民耕織射獵衣食，父子無離，臣主相安，俱無暴逆。今聞渫惡民貪降其進取之利，倍義絕約，忘萬民之命，離兩主之驩，然其事已在前矣。書曰：『二國已和親，兩主驩說，寢兵休卒養馬，世世昌樂，闟然更始。』〔三〕朕甚嘉之。聖人者日新，改作更始，使老者得息，幼者得長，各保其首領而終其天年。朕與單于俱由此道，順天恤民，

世世相傳，施之無窮，天下莫不咸便。漢與匈奴鄰國之敵，匈奴處北地，寒，殺氣早降，故詔吏遺單于秫糵金帛絲絮佗物歲有數。今天下大安，萬民熙熙，朕與單于爲之父母。朕追念前事，薄物細故，謀臣計失，皆不足以離兄弟之驩。朕聞天不頗覆，地不偏載。朕與單于皆捐往細故，俱蹈大道，墮壞前惡，以圖長久，使兩國之民若一家子。元元萬民，下及魚鼈，上及飛鳥，跂行喙息〔四〕蠕動之類，〔五〕莫不就安利而辟危殆。故來者不止，天之道也。俱去前事：朕釋逃虜民，單于無言章尼等。〔六〕朕聞古之帝王，約分明而無食言。單于留志，天下大安，和親之後，漢過不先。單于其察之。」

〔一〕索隱 漢書作「且渠」，匈奴官號。

〔二〕索隱 按：樂彥云「當戶、且渠各自一官。雕渠難爲此官也」。正義 雕渠難者，其姓名也。且，子余反。

〔三〕集解 徐廣曰：「闟音揄，安定意也。」

〔四〕索隱 案：跂音岐，又音企。言蟲豸之類，或企踵而行，或以喙而息，皆得其安也。

〔五〕索隱 按：三蒼云「蠕蠕，動貌，音軟」。淮南子云「昆蟲蠕動」。

〔六〕索隱 案：文帝云我今日並釋放彼國逃亡虜，遣之歸本國，汝單于無得更以言詞訴於章尼等，責其逃也。

單于既約和親，於是制詔御史曰：「匈奴大單于遺朕書，言和親已定，亡人不足以益衆廣地，匈奴無入塞，漢無出塞，犯(令)〔今〕約者殺之，可以久親，後無咎，俱便。朕已許之。

其布告天下，使明知之。」

後四歲，老上稽粥單于死，子軍臣立爲單于。既立，〔一〕孝文皇帝復與匈奴和親。而中行說復事之。

〔一〕集解 徐廣曰：「後元三年立。」

軍臣單于立四歲，〔一〕匈奴復絕和親，大入上郡、雲中各三萬騎，所殺略甚衆而去。於是漢使三將軍軍屯北地，代屯句注，趙屯飛狐口，緣邊亦各堅守以備胡寇。又置三將軍，軍長安西細柳、渭北棘門、霸上以備胡。胡騎入代句注邊，烽火通於甘泉、長安。數月，漢兵至邊，匈奴亦去遠塞，漢兵亦罷。後歲餘，孝文帝崩，孝景帝立，而趙王遂乃陰使人於匈奴。吳楚反，欲與趙合謀入邊。漢圍破趙，匈奴亦止。自是之後，孝景帝復與匈奴和親，通關市，給遺匈奴，遣公主，如故約。終孝景時，時小入盜邊，無大寇。

〔一〕集解 徐廣曰：「孝文後元七年崩，而二年答單于書，其閏五年。而此云『後四年』，又『立四歲』，數不容爾也。孝文後六年冬，匈奴入上郡、雲中也。」

今帝即位，明和親約束，厚遇，通關市，饒給之。匈奴自單于以下皆親漢，往來長城下。

漢使馬邑下人聶翁壹〔一〕奸蘭〔二〕出物〔三〕與匈奴交，〔四〕詳爲賣馬邑城以誘單于。單于信之，而貪馬邑財物，乃以十萬騎入武州塞。〔五〕漢伏兵三十餘萬馬邑旁，御史大夫韓安國爲護軍，護四將軍以伏單于。單于既入漢塞，未至馬邑百餘里，見畜布野而無人牧者，怪之，乃攻亭。是時鴈門尉史〔六〕行徼，見寇，葆此亭，知漢兵謀，單于得，欲殺之，〔七〕尉史乃告單于漢兵所居。單于大驚曰：「吾固疑之。」乃引兵還。出曰：「吾得尉史，天也，天使若言。」以尉史爲「天王」。漢兵約單于入馬邑而縱，單于不至，以故漢兵無所得。漢將軍王恢部出代擊胡輜重，聞單于還，兵多，不敢出。漢以恢本造兵謀而不進，斬恢。〔八〕自是之後，匈奴絕和親，攻當路塞，〔九〕往往入盜於漢邊，不可勝數。然匈奴貪，尚樂關市，嗜漢財物，漢亦尚關市不絕以中之。〔一〇〕

〔一〕索隱 按：衞青傳唯稱「聶壹」。顧氏云「壹，名也。老，故稱翁」，義或然也。

〔二〕集解 奸音干。干蘭，犯禁私出物也。

〔三〕索隱 上音干。干蘭謂犯禁私出物也。

〔四〕集解 漢書音義曰：「私出塞與匈奴交市。」

〔五〕索隱 蘇林云在鴈門也。

〔六〕索隱 如淳云：「律，近塞郡皆置尉，百里一人，士史、尉史各二人也。」

〔七〕集解 徐廣曰：「一云『乃下，具告單于』。」

〔八〕集解 韓長孺傳曰：「恢自殺。」

〔九〕索隱 蘇林云：「直當道之塞。」

〔一〇〕正義 如淳云：「得具以利中傷之。」

自馬邑軍後五年之秋，漢使四將軍各萬騎擊胡關市下。將軍衞青出上谷，至蘢城，得胡首虜七百人。公孫賀出雲中，無所得。公孫敖出代郡，爲胡所敗七千餘人。李廣出鴈門，爲胡所敗，而匈奴生得廣，廣後得亡歸。漢囚敖、廣，敖、廣贖爲庶人。其冬，匈奴數入盜邊，漁陽尤甚。漢使將軍韓安國屯漁陽備胡。其明年秋，匈奴二萬騎入漢，殺遼西太守，略二千餘人。胡又入敗漁陽太守軍千餘人，圍漢將軍安國，安國時千餘騎亦且盡，會燕救至，匈奴乃去。匈奴又入鴈門，殺略千餘人。於是漢使將軍衞青將三萬騎出鴈門，李息出代郡，擊胡。得首虜數千人。其明年，衞青復出雲中以西至隴西，擊胡之樓煩、白羊王於河南，得胡首虜數千，牛羊百餘萬。於是漢遂取河南地，築朔方，復繕故秦時蒙恬所爲塞，因河爲固。漢亦棄上谷之什辟縣造陽地以予胡。〔一〕是歲，漢之元朔二年也。

〔一〕集解 什音斗。漢書音義曰：「言縣斗辟，(西)〔曲〕近胡。」索隱 按：孟康云「縣斗辟，(西)〔曲〕近胡」也。什音斗。辟音僻。造陽即斗辟縣中地。正義 按：曲幽辟縣入匈奴界者造陽地棄與胡也。

其後冬，匈奴軍臣單于死。軍臣單于弟左谷蠡王伊稚斜〔一〕自立爲單于，攻破軍臣單于太子於單。〔二〕於單亡降漢，漢封於單爲涉安侯，數月而死。

〔一〕索隱 伊穉斜。穉音持利反。斜音士嗟反，鄒誕生音直牙反。蓋穉斜，胡人語，近得其實。

〔二〕索隱 音丹。

伊稚斜單于既立，其夏，匈奴數萬騎入殺代郡太守恭友，略千餘人。其秋，匈奴又入鴈門，殺略千餘人。其明年，匈奴又復入代郡、定襄、〔一〕上郡，各三萬騎，殺略數千人。匈奴右賢王怨漢奪之河南地而築朔方，數爲寇，盜邊，及入河南，侵擾朔方，殺略吏民甚衆。

〔一〕正義 括地志云：「定襄故城在朔州善陽縣北三百八十里。地理志定襄郡，高帝置也。」

其明年春，漢以衞青爲大將軍，將六將軍，十餘萬人，出朔方、高闕擊胡。右賢王以爲漢兵不能至，飲酒醉，漢兵出塞六七百里，夜圍右賢王。右賢王大驚，脱身逃走，諸精騎往往隨後去。漢得右賢王衆男女萬五千人，裨小王十餘人。其秋，匈奴萬騎入殺代郡都尉朱英，略千餘人。

其明年春，漢復遣大將軍衞青將六將軍，兵十餘萬騎，乃再出定襄數百里擊匈奴，得首虜前後凡萬九千餘級，而漢亦亡兩將軍，軍三千餘騎。〔一〕右將軍建得以身脱，〔二〕而前將軍

翕侯趙信兵不利，降匈奴。趙信者，故胡小王，降漢，漢封爲翕侯，以前將軍與右將軍并軍分行，〔三〕獨遇單于兵，故盡没。單于既得翕侯，以爲自次王，〔四〕用其姊妻之，與謀漢。信教單于益北絶幕，〔五〕以誘罷漢兵，徼極而取之，〔六〕無近塞。單于從其計。其明年，胡騎萬人入上谷，殺數百人。

〔一〕集解 徐廣曰：「合有三千耳。」

〔二〕正義 建，蘇武父也。

〔三〕正義 與大軍別行也。

〔四〕正義 自次者，尊重次於單于。

〔五〕集解 應劭曰：「幕，沙幕，匈奴之南界。」瓚曰：「沙土曰幕，直度曰絶。」

〔六〕索隱 按：徼，要也。謂要其疲極而取之。正義 徼音古堯反。徼，要也。要漢兵疲極則取之，無近塞居止。

其明年春，漢使驃騎將軍去病將萬騎出隴西，過焉支山〔一〕千餘里，擊匈奴，得胡首虜(騎)萬八千餘級，破得休屠王祭天金人。〔二〕其夏，驃騎將軍復與合騎侯數萬騎出隴西、北地二千里，擊匈奴。過居延，〔三〕攻祁連山，〔四〕得胡首虜三萬餘人，裨小王以下七十餘人。是時匈奴亦來入代郡、鴈門，殺略數百人。漢使博望侯及李將軍廣出右北平，擊匈奴左賢王。左賢王圍李將軍，卒可四千人，且盡，殺虜亦過當。會博望侯軍救至，李將軍得脱。漢

失亡數千人，合騎侯後驃騎將軍期，及與博望侯皆當死，贖爲庶人。

〔一〕正義 焉音烟。括地志云：「焉支山一名刪丹山，在甘州刪丹縣東南五十里。西河故事云『匈奴失祁連、焉支二山，乃歌曰：「亡我祁連山，使我六畜不蕃息；失我焉支山，使我婦女無顏色。」其愍惜乃如此』。」

〔二〕集解 漢書音義曰：「匈奴祭天處本在雲陽甘泉山下，秦奪其地，後徙之休屠王右地，故休屠有祭天金人，象祭天人也。」索隱 韋昭云：「作金人以爲祭天主。」崔浩云：「胡祭以金人爲主，今浮圖金人是也。」又漢書音義稱「金人祭天，本在雲陽甘泉山下，秦奪其地，徙之於休屠王右地，故休屠有祭天金人，象祭天人也」。事恐不然。案：得休屠金人，後置之於甘泉也。正義 括地志云：「徑路神祠在雍州雲陽縣西北九十里甘泉山下，本匈奴祭天處，秦奪其地，後徙休屠右地。」按：金人即今佛像，是其遺法，立以爲祭天主也。

〔三〕索隱 韋昭曰：「張掖縣。」

〔四〕索隱 按：西河舊事云「山在張掖、酒泉二界上，東西二百餘里，南北百里，有松柏五木，美水草，冬溫夏涼，宜畜牧。匈奴失二山，乃歌云：『亡我祁連山，使我六畜不蕃息；失我燕支山，使我嫁婦無顏色』」。祁連一名天山，亦曰白山也。

其秋，單于怒渾邪王、休屠王居西方爲漢所殺虜數萬人，欲召誅之。渾邪王與休屠王恐，謀降漢，〔一〕漢使驃騎將軍往迎之。渾邪王殺休屠王，并將其衆降漢。凡四萬餘人，號十萬。於是漢已得渾邪王，則隴西、北地、河西益少胡寇，徙關東貧民處所奪匈奴河南、新秦中〔二〕以實之，而減北地以西戍卒半。其明年，匈奴入右北平、定襄各數萬騎，殺略千餘

人而去。

〔一〕集解 徐廣曰：「元狩二年也。」

〔二〕索隱 如淳云「在長安以北，朔方以南」。漢書食貨志云「徙貧人充朔方以南新秦中」是也。正義 服虔云：「地名，在北地，廣六七百里，長安北，朔方南。史記以爲秦始皇遣蒙恬斥逐北胡，得肥饒之地七百里，徙內郡人民皆往充實之，號曰新秦中也。」

其明年春，漢謀曰「翕侯信爲單于計，居幕北，以爲漢兵不能至」。乃粟馬，發十萬騎，(負)私〔負〕從〔一〕馬凡十四萬匹，糧重不與焉。令大將軍青、驃騎將軍去病中分軍，大將軍出定襄，驃騎將軍出代，咸約絶幕擊匈奴。單于聞之，遠其輜重，以精兵待於幕北。與漢大將軍接戰一日，會暮，大風起，漢兵縱左右翼圍單于。單于自度戰不能如漢兵，單于遂獨身與壯騎數百潰漢圍西北遁走。漢兵夜追不得。行斬捕匈奴首虜萬九千級，北至闐顏山趙信城〔二〕而還。

〔一〕正義 謂負擔衣糧，私募從者，凡十四萬匹。

〔二〕集解 如淳曰：「信前降匈奴，匈奴築城居之。」

單于之遁走，其兵往往與漢兵相亂而隨單于。單于久不與其大衆相得，其右谷蠡王以爲單于死，乃自立爲單于。真單于復得其衆，而右谷蠡王乃去其單于號，復爲右谷蠡王。

漢驃騎將軍之出代二千餘里，與左賢王接戰，漢兵得胡首虜凡七萬餘級，左賢王將皆遁走。驃騎封於狼居胥山，禪姑衍，臨翰海〔一〕而還。

〔一〕【集解】如淳曰：「翰海，北海名。」【正義】按：翰海自一大海名，羣鳥解羽伏乳於此，因名也。

是後匈奴遠遁，而幕南無王庭。漢度河自朔方以西至令居，〔一〕往往通渠置田，官吏卒五六萬人，稍蠶食，地接匈奴以北。〔二〕

〔一〕【集解】徐廣曰：「在金城。」【索隱】徐廣云在金城。地理志云張掖令居縣。姚氏令音連。小顏云音零。

〔二〕【正義】匈奴舊以幕爲王庭。今遠徙幕北，更蠶食之，漢境連接匈奴舊地以北也。

初，漢兩將軍大出圍單于，所殺虜八九萬，而漢士卒物故〔一〕亦數萬，漢馬死者十餘萬。匈奴雖病，遠去，而漢亦馬少，無以復往。匈奴用趙信之計，遣使於漢，好辭請和親。天子下其議，或言和親，或言遂臣之。丞相長史任敞曰：「匈奴新破，困，宜可使爲外臣，朝請於邊。」漢使任敞於單于。單于聞敞計，大怒，留之不遣。先是漢亦有所降匈奴使者，單于亦輒留漢使相當。漢方復收士馬，會驃騎將軍去病死，於是漢久不北擊胡。

〔一〕【索隱】漢士物故。案：釋名云「漢以來謂死爲『物故』，物就朽故也」。又魏臺訪議高堂崇對曰「聞之先師：物，無也；故，事也。言無復所能於事者也」。

數歲，伊稚斜單于立十三年死，子烏維立爲單于。是歲，漢元鼎三年也。烏維單于立，而漢天子始出巡郡縣。其後漢方南誅兩越，〔一〕不擊匈奴，匈奴亦不侵入邊。

〔一〕【正義】南越、東越。

烏維單于立三年，漢已滅南越，遣故太僕賀將萬五千騎出九原二千餘里，至浮苴井〔一〕而還，不見匈奴一人。漢又遣故從驃侯趙破奴萬餘騎出令居數千里，至匈河水〔二〕而還，亦不見匈奴一人。

〔一〕【索隱】苴音子餘反。臣瓚云：「去九原二千里，見漢輿地圖。」

〔二〕【索隱】臣瓚云：「水名，去令居千里。」

是時天子巡邊，至朔方，勒兵十八萬騎以見武節，而使郭吉風告單于。郭吉既至匈奴，匈奴主客〔一〕問所使，郭吉禮卑言好，曰：「吾見單于而口言。」單于見吉，吉曰：「南越王頭已縣於漢北闕。今單于(能)即〔能〕前與漢戰，天子自將兵待邊；單于即不能，即南面而臣於漢。何徒遠走，亡匿於幕北寒苦無水草之地，毋爲也。」語卒而單于大怒，立斬主客見者，而留郭吉不歸，遷之北海上。〔二〕而單于終不肯爲寇於漢邊，休養息士馬，習射獵，數使使於漢，好辭甘言求請和親。

〔一〕【集解】韋昭曰：「主使來客官也。」【正義】官名，若鴻臚卿。

〔二〕【正義】北海即上海也，蘇武亦遷也。

漢使王烏等窺匈奴。匈奴法，漢使非去節而以墨黥其面者不得入穹廬。王烏，北地人，習胡俗，去其節，黥面，得入穹廬。單于愛之，詳許甘言，爲遣其太子入漢爲質，〔一〕以求和親。

〔一〕【正義】音致。

漢使楊信於匈奴。是時漢東拔穢貉、朝鮮以爲郡，〔一〕而西置酒泉郡〔二〕以鬲絕胡與羌通之路。漢又西通月氏、大夏，〔三〕又以公主妻烏孫王，以分匈奴西方之援國。又北益廣田至胘靁爲塞，〔四〕而匈奴終不敢以爲言。是歲，翕侯信死，漢用事者以匈奴爲已弱，可臣從也。楊信爲人剛直屈彊，素非貴臣，單于不親。單于欲召入，不肯去節，單于乃坐穹廬外見楊信。楊信既見單于，說曰：「即欲和親，以單于太子爲質於漢。」單于曰：「非故約。故約，漢常遣翁主，給繒絮食物有品，以和親，而匈奴亦不擾邊。今乃欲反古，令吾太子爲質，無幾矣。」〔五〕匈奴俗，見漢使非中貴人，其儒先，〔六〕以爲欲說，折其辯；其少年，以爲欲刺，折其氣。每漢使入匈奴，匈奴輒報償。漢留匈奴使，匈奴亦留漢使，必得當乃肯止。

〔一〕【正義】即玄菟、樂浪二郡。

〔二〕【正義】今肅州。

〔三〕【正義】漢書西域傳云：「大月氏國去長安城萬一千六百里，本居燉煌、祁連閒，冒頓單于破月氏，而老上單于殺月氏王，以頭爲飲器，月氏乃遠去，過大宛西，擊大夏而臣之，都嬀水北，爲王庭也。」

〔四〕【集解】漢書音義曰：「胘靁，地名，在烏孫北。」

〔五〕【正義】幾音記。言反古無所冀望也。

〔六〕【集解】先，先生也。漢書作「儒生」也。

楊信既歸，漢使王烏，而單于復讇以甘言，欲多得漢財物，紿謂王烏曰：「吾欲入漢見天子，面相約爲兄弟。」王烏歸報漢，漢爲單于築邸于長安。匈奴曰：「非得漢貴人使，吾不與誠語。」匈奴使其貴人至漢，病，漢予藥，欲愈之，不幸而死。而漢使路充國佩二千石印綬往使，因送其喪，厚葬直數千金，曰「此漢貴人也」。單于以爲漢殺吾貴使者，乃留路充國不歸。諸所言者，單于特空紿王烏，殊無意入漢及遣太子來質。於是匈奴數使奇兵侵犯邊。漢乃拜郭昌爲拔胡將軍，及浞野侯〔一〕屯朔方以東，備胡。路充國留匈奴三歲，單于死。

〔一〕【集解】徐廣曰趙破奴。

烏維單于立十歲而死，子烏師廬立爲單于。〔一〕年少，號爲兒單于。是歲元封六年也。自此之後，單于益西北，左方兵直雲中，右方直酒泉、燉煌郡。〔二〕

〔一〕集解徐廣曰：「烏，一作『詹』。」

〔二〕正義括地志云：「鐵勒國，匈奴冒頓之後，在突厥國北。欒勝州經秦長城、太藥長路正北，經沙磧，十三日行至其國。」

兒單于立，漢使兩使者，一弔單于，一弔右賢王，欲以乖其國。使者入匈奴，匈奴悉將致單于。單于怒而盡留漢使。漢使留匈奴者前後十餘輩，而匈奴使來，漢亦輒留相當。

是歲，漢使貳師將軍廣利西伐大宛，而令因杅〔一〕將軍敖築受降城。其冬，匈奴大雨雪，畜多飢寒死。兒單于年少，好殺伐，國人多不安。左大都尉欲殺單于，使人閒告漢曰：「我欲殺單于降漢，漢遠，卽兵來迎我，我卽發。」初，漢聞此言，故築受降城，猶以爲遠。

〔一〕正義音于。

其明年春，漢使浞野侯破奴將二萬餘騎出朔方西北二千餘里，期至浚稽山〔一〕而還。浞野侯既至期而還，左大都尉欲發而覺，單于誅之，發左方兵擊浞野。浞野侯行捕首虜得數千人。還，未至受降城四百里，匈奴兵八萬騎圍之。浞野侯夜自出求水，匈奴閒捕，生得浞野侯，因急擊其軍。軍中郭縱爲護，維王爲渠，〔二〕相與謀曰：「及諸校尉畏亡將軍而誅之，莫相勸歸。」軍遂沒於匈奴。匈奴兒單于大喜，遂遣奇兵攻受降城。不能下，乃寇入邊而去。其明年，單于欲自攻受降城，未至，病死。

〔一〕索隱應劭云：「在武威縣北。」

〔二〕正義爲渠帥也。

兒單于立三歲而死。子年少，匈奴乃立其季父烏維單于弟右賢王呴〔一〕犂湖爲單于。是歲太初三年也。

〔一〕集解音鉤，又音吁。索隱音鉤，又音吁。

呴犂湖單于立，漢使光祿徐自爲出五原塞〔一〕數百里，遠者千餘里，築城鄣列亭〔二〕至盧朐，〔三〕而使游擊將軍韓說、長平侯衞伉屯其旁，使彊弩都尉路博德築居延澤上。〔四〕

〔一〕正義卽五原郡榆林塞也。在勝州榆林縣四十里也。

〔二〕正義顧胤云：「鄣，山中小城。亭，候望所居也。」

〔三〕集解音衢，匈奴地名，又山名。索隱服虔云：「匈奴地名。」張晏云：「山名。」正義地理志云五原郡稒陽縣北出石門鄣，得光祿城，又西北得支就城，又西北得頭曼城，又西北得虖河城，又西北得宿虜城。按：卽築城鄣列亭至盧朐也。服虔云：「盧朐，匈奴地名也。」張晏云：「山名也。」

〔四〕正義括地志云：「漢居延縣故城在甘州張掖縣東北一千五百三十里，有漢遮虜鄣，彊弩都尉路博德之所築。李陵敗，與士衆期至遮虜鄣，卽此也。長老傳云鄣北百八十里，直居延之西北，是李陵戰地也。」

其秋，匈奴大入定襄、雲中，殺略數千人，敗數二千石而去，行破壞光祿所築城列亭鄣。又使右賢王入酒泉、張掖，略數千人。會任文〔一〕擊救，盡復失所得而去。是歲，貳師將軍破大宛，斬其王而還。匈奴欲遮之，不能至。其冬，欲攻受降城，會單于病死。

〔一〕集解漢書音義曰：「漢將也。」

呴犂湖單于立一歲死。匈奴乃立其弟左大都尉且鞮〔一〕侯爲單于。

〔一〕索隱上音子餘反，下音低。

漢既誅大宛，威震外國。天子意欲遂困胡，乃下詔曰：「高皇帝遺朕平城之憂，高后時單于書絕悖逆。昔齊襄公復九世之讎，春秋大之。」〔一〕是歲太初四年也。

〔一〕集解公羊傳曰：「九世猶可以復讎乎？曰雖百世可也。」

且鞮侯單于既立，盡歸漢使之不降者。路充國等得歸。單于初立，恐漢襲之，乃自謂「我兒子，安敢望漢天子！漢天子，我丈人行〔一〕也」。漢遣中郎將蘇武厚幣賂遺單于。單于益驕，禮甚倨，非漢所望也。其明年，浞野侯破奴得亡歸漢。

〔一〕正義胡朗反。

其明年，漢使貳師將軍廣利以三萬騎出酒泉，擊右賢王於天山，〔一〕得胡首虜萬餘級而還。匈奴大圍貳師將軍，幾不脫。漢兵物故什六七。漢復使因杅將軍敖出西河，與彊弩都尉會涿涂山，〔二〕毋所得。又使騎都尉李陵將步騎五千人，出居延北千餘里，與單于會，合戰，陵所殺傷萬餘人，兵及食盡，欲解歸，匈奴圍陵，陵降匈奴，其兵遂沒，得還者四百人。單于乃貴陵，以其女妻之。

〔一〕正義在伊州。

〔二〕集解徐廣曰：「涂音邪」。索隱涿音卓。涂音以奢反。正義匈奴中山也。

後二歲，復使貳師將軍將六萬騎，步兵十萬，出朔方。彊弩都尉路博德將萬餘人，與貳師會。游擊將軍說將步騎三萬人，出五原。因杅將軍敖將萬騎步兵三萬人，出鴈門。匈奴聞，悉遠其累重於余吾水北，〔一〕而單于以十萬騎待水南，與貳師將軍接戰。貳師乃解而引歸，與單于連戰十餘日。貳師聞其家以巫蠱族滅，因并衆降匈奴，〔二〕得來還千人一兩人耳。游擊說無所得。因杅敖與左賢王戰，不利，引歸。是歲〔三〕漢兵之出擊匈奴者不得言功多少，功不得御。〔四〕有詔捕太醫令隨但，言貳師將軍家室族滅，使廣利得降匈奴。〔五〕

〔一〕集解徐廣曰：「余，一作『斜』，音邪。」索隱徐廣云：「一作『斜』，音邪。」山海經云：「北鮮之山，鮮水出焉，北流注余吾。」正義累，力爲反。重，丈用反。

〔二〕集解徐廣曰：「案史記將相年表及漢書，征和二年，巫蠱始起。三年，廣利與商丘成出擊胡軍，敗，乃降。」
〔三〕集解徐廣曰：「天漢四年。」正義自此以下，上至貳師闔其家，非天漢四年事，似錯誤，人所知。
〔四〕正義御音語。其功不得相御當也。
〔五〕索隱漢書云：「明年，且鞮死，長子狐鹿姑單于立。」張晏云：「自狐鹿姑單于已下，皆劉向、褚先生所録，班彪又撰而次之，所以漢書匈奴傳有上下兩卷。」

太史公曰：孔氏著春秋，隱桓之閒則章，至定哀之際則微，〔一〕爲其切當世之文而罔褒，忌諱之辭也。〔二〕世俗之言匈奴者，患其徼一時之權，〔三〕而務讇納其說，〔四〕以便偏指，不參〔五〕彼己；將率〔六〕席中國廣大，氣奮，人主因以決策，是以建功不深。堯雖賢，興事業不成，得禹而九州寧。〔七〕且欲興聖統，唯在擇任將相哉！唯在擇任將相哉！

〔一〕索隱案：諱國惡，禮也。仲尼仕於定哀，故其著春秋，不切論當世而微其詞也。
〔二〕索隱案：罔者，無也。謂其無實而褒之是也，忌諱當代故也。
〔三〕集解徐廣曰：「徼音皎。」索隱按：徐音皎，劉伯莊音叫，皆非也。按其字宜音僥。徼者，求也，言求一時權寵。
〔四〕索隱音稅。
〔五〕索隱案：謂說者謀匈奴，皆患其直徼求一時權幸，但務諂進其說，以自便其偏指，不參詳終始利害也。

〔六〕集解詩云：「彼己之子。」索隱彼己者，猶詩人譏詞云「彼己之子」是也。將率則指樊噲、衞、霍等也。
〔七〕正義言堯雖賢聖，不能獨理，得禹而九州安寧。以刺武帝不能擇賢將相，而務諂納小人浮說，多伐匈奴，故壞齊民。故太史公引禹聖成其太平，以攻當代之罪。

【索隱述贊】獫狁、薰粥，居于北邊。既稱夏裔，式憬周篇。頗隨畜牧，屢擾塵煙。爰自冒頓，尤聚控弦。雖空帑藏，未盡中權。

史記卷一百一十一

衞將軍驃騎列傳第五十一

大將軍衞青者，平陽人也。〔一〕其父鄭季，爲吏，給事平陽侯家，與侯妾衞媪通，〔二〕生青。青同母兄衞長子，而姊衞子夫自平陽公主家得幸天子，〔三〕故冒姓爲衞氏。字仲卿。長子更字長君。長君母號爲衞媪。媪長女衞孺，〔四〕次女少兒，次女卽子夫。後子夫男弟步廣〔五〕皆冒衞氏。

〔一〕正義漢書云「其父鄭季，河東平陽人，以縣吏給事平陽侯之家」也。
〔二〕索隱衞，姓也。媪，婦人老少通稱。漢書曰與主家僮衞媪通。案：卽云家僮，故非老。或者媪是老稱，後追稱媪耳。又外戚傳云「薄姬父與魏王宗女魏媪通」，則亦魏是媪姓。而小顏云「衞者，舉其夫姓也」。然案此云「侯妾衞媪」，似更無別夫也。下云「同母兄衞長子及姊子夫皆冒衞姓」，又似有夫。其所冒之姓爲父與母，皆未明也。
〔三〕集解徐廣曰：「曹參曾孫平陽夷侯，時尚武帝姊平陽公主，生子襄。」索隱案：如淳云「本陽信長公主，爲平陽侯所尚，故稱平陽公主」。按徐廣云「夷侯，曹參曾孫，名襄」。又按系家及功臣表「時」或作「疇」，漢書作「壽」，

並文字殘缺，故不同也。
〔四〕索隱漢書云「君孺」。
〔五〕集解徐廣曰：「步，一作『少』。」

青爲侯家人，少時歸其父，其父使牧羊。先母之子〔一〕皆奴畜之，不以爲兄弟數。〔二〕青嘗從入至甘泉居室，〔三〕有一鉗徒〔四〕相青曰：「貴人也，官至封侯。」青笑曰：「人奴之生，得毋笞罵卽足矣，安得封侯事乎！」

〔一〕集解服虔曰：「先母，適妻也。青之適母。」索隱漢書作「民母」。服虔云「母，適妻也。青之適母」。顧氏云「鄭季本妻編於民户之閒，故曰民母」。今本亦或作「民母」也。
〔二〕索隱音去聲。
〔三〕正義按：居室，署名，武帝改曰保宫。灌夫繫居室是也。
〔四〕集解張晏曰：「甘泉中徒所居也。」

青壯，爲侯家騎，從平陽主。建元二年春，青姊子夫得入宫幸上。皇后，堂邑大長公主女也，〔一〕無子，妒。大長公主聞衞子夫幸，有身，妒之，乃使人捕青。青時給事建章，〔二〕未知名。大長公主執囚青，欲殺之。其友騎郎公孫敖與壯士往篡取之，〔三〕以故得不死。上聞，乃召青爲建章監，侍中，及同母昆弟貴，賞賜數日閒累千金。孺爲太僕公孫賀妻。少兒故與陳掌通，〔四〕上召貴掌。公孫敖由此益貴。子夫爲夫人。青爲大中大夫。

〔一〕集解徐廣曰：「堂邑安侯陳嬰之孫夷侯午，尚景帝姊長公主，子季須。元鼎元年，季須坐姦自殺。」正義文穎云：「陳皇后，武帝姑女也。」

〔二〕索隱案：晉灼云「上林中宮名也」。

〔三〕索隱纂猶劫也，奪也。

〔四〕集解徐廣曰：「陳平曾孫，名掌也。」

元光五年，青爲車騎將軍，擊匈奴，出上谷；太僕公孫賀爲輕車將軍，出雲中；大中大夫公孫敖爲騎將軍，出代郡；衞尉李廣爲驍騎將軍，出雁門：軍各萬騎。青至蘢城，斬首虜數百。騎將軍敖亡七千騎；衞尉李廣爲虜所得，得脱歸：皆當斬，贖爲庶人。賀亦無功。

元朔元年春，衞夫人有男，〔一〕立爲皇后。其秋，青爲車騎將軍，出雁門，三萬騎擊匈奴，斬首虜數千人。明年，匈奴入殺遼西太守，虜略漁陽二千餘人，敗韓將軍軍。漢令將軍李息擊之，出代；令車騎將軍青出雲中以西至高闕。〔二〕遂略河南地，至于隴西，捕首虜數千，畜數十萬，走白羊、樓煩王。遂以河南地爲朔方郡。〔三〕以三千八百户封青爲長平侯。青校尉蘇建有功，以千一百户封建爲平陵侯。使建築朔方城。〔四〕青校尉張次公有功，封爲岸頭侯。〔五〕天子曰：「匈奴逆天理，亂人倫，暴長虐老，以盜竊爲務，行詐諸蠻夷，造謀藉兵，數爲

邊害，〔六〕故興師遣將，以征厥罪。詩不云乎，『薄伐玁狁，〔七〕至于太原』，『出車彭彭，城彼朔方』。〔八〕今車騎將軍青度西河〔九〕至高闕，獲首虜二千三百級，車輜畜産畢收爲鹵，已封爲列侯，遂西定河南地，按榆谿舊塞，〔一〇〕絶梓領，梁北河，〔一一〕討蒲泥，破符離，〔一二〕斬輕鋭之卒，捕伏聽者三千七十一級，〔一三〕執訊獲醜，〔一四〕驅馬牛羊百有餘萬，全甲兵而還，益封青三千户。」其明年，匈奴入殺代郡太守友，〔一五〕入略鴈門千餘人。其明年，匈奴大入代、定襄、上郡，殺略漢數千人。

〔一〕索隱即衞太子據也。

〔二〕索隱按：山名也。小顏云「一曰塞名，在朔方之北」。

〔三〕索隱按：謂北地郡之北，黄河之南。正義今夏州也。

〔四〕正義括地志云：「夏州朔方縣北什賁故城是。」按：蘇建築，什賁之號蓋出蕃語也。

〔五〕索隱案：晉灼云「河東皮氏縣之亭名也」。正義服虔云：「鄉名也。」

〔六〕集解張晏曰：「從蠻夷借兵鈔邊也。」

〔七〕索隱薄伐獫狁。此小雅六月詩，美宣王北伐也。薄伐者，言逐出之也。

〔八〕索隱小雅出車之詩也。

〔九〕正義即雲中郡之西河，今勝州東河也。

〔一〇〕集解如淳曰：「案，行也。榆谿，舊塞名。」或曰按，尋也。索隱按榆谷舊塞。如淳云：「按，行也，尋也。榆

谷，舊塞名也。」案：水經云「上郡之北有諸次水，東經榆林塞爲榆谿」，是榆谷舊塞也。

〔一一〕集解如淳曰：「絶，度也。爲北河作橋梁。」正義括地志云：「梁北河在靈州界也。」

〔一二〕集解晉灼曰：「二王號。」索隱晉灼云：「二王號。」崔浩云：「漠北塞名。」

〔一三〕集解張晏曰：「伏於隱處，聽軍虚實。」

〔一四〕正義訊，問也。醜，衆。言執其生口問之，知虜處，獲得衆類也。

〔一五〕集解徐廣曰：「友者，太守名也。姓共也。」

其明年，元朔之五年春，漢令車騎將軍青將三萬騎，出高闕；衞尉蘇建爲游擊將軍，左内史李沮〔一〕爲彊弩將軍，太僕公孫賀爲騎將軍，代相李蔡爲輕車將軍，皆領屬車騎將軍，俱出朔方；大行李息、岸頭侯張次公爲將軍，出右北平：咸擊匈奴。匈奴右賢王當衞青等兵，以爲漢兵不能至此，飲醉。漢兵夜至，圍右賢王，右賢王驚，夜逃，獨與其愛妾一人壯騎數百馳，潰圍北去。漢輕騎校尉郭成等逐數百里，不及，得右賢裨王十餘人，〔二〕衆男女萬五千餘人，畜數千百萬，於是引兵而還。至塞，天子使使者持大將軍印，即軍中拜車騎將軍青爲大將軍，諸將皆以兵屬大將軍，大將軍立號而歸。〔三〕天子曰：「大將軍青躬率戎士，師大捷，獲匈奴王十有餘人，益封青六千户。」而封青子伉爲宜春侯，〔四〕青子不疑爲陰安侯，青子登爲發干侯。青固謝曰：「臣幸得待罪行閒，賴陛下神靈，軍大捷，皆諸校尉力戰之功也。

陛下幸已益封臣青。臣青子在繦緥中，〔五〕未有勤勞，上幸列地封爲三侯，非臣待罪行閒所以勸士力戰之意也。伉等三人何敢受封！」天子曰：「我非忘諸校尉功也，今固且圖之。」乃詔御史曰：「護軍都尉公孫敖三從大將軍擊匈奴，常護軍，傅校獲王，〔六〕以千五百户封敖爲合騎侯。〔七〕都尉韓説從大將軍出窳渾，〔八〕至匈奴右賢王庭，爲麾下搏戰獲王，〔九〕以千三百户封説爲龍頟侯。騎將軍公孫賀從大將軍獲王，以千三百户封賀爲南窌侯。〔一〇〕輕車將軍李蔡再從大將軍獲王，以千六百户封蔡爲樂安侯。校尉李朔，校尉趙不虞，校尉公孫戎奴，各三從大將軍獲王，以千三百户封朔爲涉軹侯，以千三百户封不虞爲隨成侯，以千三百户封戎奴爲從平侯。將軍李沮、李息及校尉豆如意有功，賜爵關内侯，食邑各三百户。」其秋，匈奴入代，殺都尉朱英。

〔一〕集解文穎曰：「音俎。」

〔二〕索隱裨王十人。賈逵云：「裨，益也。」小顏云：「裨王，小王也，若裨將然。音頻移反。」

〔三〕索隱案：謂立大將軍之號令而歸。

〔四〕正義伉音口浪反。

〔五〕正義繦長尺二寸，闊八寸，以約小兒於背。緥，小兒被也。

〔六〕索隱顧祕監云：「傅，領也。五百人謂之校。」小顏云：「傅音附。言敖總護諸軍，每附部校，以致克捷而獲王

也。」

〔七〕【索隱】案：非邑地，而以戰功爲號。謂以軍合驃騎，故云「合騎」，若「冠軍」、「從驃」然也。

〔八〕【集解】徐廣曰：「窳渾在朔方，音庾。」【索隱】音庾。服虔云「塞名」。徐廣云「在朔方」。漢書作「寘渾」，寘音田也。

〔九〕【索隱】搏音博。搏，擊也。小顏同。今史、漢本多作「傅」，傅猶轉也。

〔一〇〕【集解】徐廣曰：「窌宜作『奅』，音匹孝反。」【索隱】徐音匹教反。韋昭云縣名。或作「窖」，音干校反。字林云「大」下「卯」與「穴」下「卯」並音匹孝反。

其明年春，大將軍青出定襄，合騎侯敖爲中將軍，太僕賀爲左將軍，翕侯趙信爲前將軍，衞尉蘇建爲右將軍，郎中令李廣爲後將軍，右內史李沮爲彊弩將軍，咸屬大將軍，斬首數千級而還。月餘，悉復出定襄擊匈奴，斬首虜萬餘人。右將軍建、前將軍信并軍三千餘騎，獨逢單于兵，與戰一日餘，漢兵且盡。前將軍故胡人，降爲翕侯，見急，匈奴誘之，遂將其餘騎可八百，犇降單于。右將軍蘇建盡亡其軍，獨以身得亡去，自歸大將軍。大將軍問其罪正閎、〔一〕長史安、〔二〕議郎周霸等：〔三〕「建當云何？」霸曰：「自大將軍出，未嘗斬裨將。今建弃軍，可斬以明將軍之威。」閎、安曰：「不然。兵法『小敵之堅，大敵之禽也』。今建以數千當單于數萬，力戰一日餘，士盡，不敢有二心，自歸。自歸而斬之，是示後無反意也。不當斬。」大將軍曰：「青幸得以肺腑待罪行閒，不患無威，而霸說我以明威，甚失臣意。且

使臣職雖當斬將，以臣之尊寵而不敢自擅專誅於境外，而具歸天子，天子自裁之，於是以見爲人臣不敢專權，不亦可乎？」軍吏皆曰「善」。遂囚建詣行在所。〔四〕入塞罷兵。

〔一〕【集解】張晏曰：「正，軍正也。閎，名也。」

〔二〕【正義】律，都軍官長史一人也。

〔三〕【集解】徐廣曰：「儒生。」【索隱】徐廣云儒生也。案：郊祀志議封禪有周霸，故知也。

〔四〕【集解】蔡邕曰：「天子自謂所居曰『行在所』，言今雖在京師，行所至耳。巡狩天下，所奏事處皆爲宮。在長安則日奏長安宮，在泰山，則日奉高宮，唯當時所在。」

是歲也，大將軍姊子霍去病〔一〕年十八，幸，爲天子侍中。善騎射，再從大將軍，受詔與壯士，爲剽姚〔二〕校尉，與輕勇騎八百直弃大軍數百里赴利，斬捕首虜過當。〔三〕於是天子曰：「剽姚校尉去病斬首虜二千二十八級，及相國、當戶，斬單于大父行〔四〕籍若侯產，〔五〕生捕季父羅姑比，〔六〕再冠軍，以千六百戶封去病爲冠軍侯。上谷太守郝賢四從大將軍，捕斬首虜二千餘人，以千一百戶封賢爲衆利侯。」是歲，失兩將軍軍，亡翕侯，軍功不多，故大將軍不益封。右將軍建至，天子不誅，赦其罪，贖爲庶人。

〔一〕【集解】徐廣曰：「姊卽少兒也。」

〔二〕【索隱】上音匹遙反，下音遙。大顏案荀悅漢紀作「票鷂」。票鷂，勁疾之貌也。上音頻妙反，下音弋召反。

〔三〕【索隱】案：小顏云「計其所將之人數，則捕首虜爲多，過於所當也。一云漢軍亡失者少，而殺獲匈奴數多，故曰過當也」。

〔四〕【索隱】行音胡浪反。謂籍若侯是匈奴祖之行也。漢書云「籍若侯產，產卽大父之名」。

〔五〕【集解】張晏曰：「籍若，胡侯。」

〔六〕【索隱】案：顏氏云「羅姑比，單于季父名也」。小顏云「比，頻也」。案：下文既云「再冠軍」，無容更言頻也。

大將軍既還，賜千金。是時王夫人方幸於上，甯乘說大將軍曰：「將軍所以功未甚多，身食萬戶，三子皆爲侯者，徒以皇后故也。今王夫人幸而宗族未富貴，願將軍奉所賜千金爲王夫人親壽。」大將軍乃以五百金爲壽。天子聞之，問大將軍，大將軍以實言，上乃拜甯乘爲東海都尉。

張騫從大將軍，以嘗使大夏，〔一〕留匈奴中久，導軍，知善水草處，軍得以無飢渴，因前使絕國功，封騫博望侯。

〔一〕【正義】大夏國在大宛西。

冠軍侯去病既侯三歲，元狩二年春，以冠軍侯去病爲驃騎將軍，〔一〕將萬騎出隴西，有功。天子曰：「驃騎將軍率戎士踰烏盭，〔二〕討遫濮，〔三〕涉狐奴，〔四〕歷五王國，輜重人衆懾慴〔五〕者弗取，冀獲單于子。〔六〕轉戰六日，過焉支山千有餘里，合短兵，殺折蘭王，斬盧胡

王，〔七〕誅全甲，〔八〕執渾邪王子及相國、都尉，首虜八千餘級，收休屠祭天金人，〔九〕益封去病二千戶。」

〔一〕【集解】徐廣曰：「驃，一亦作『剽』。」【正義】漢書云霍去病征匈奴有絕幕之勳，始置驃騎將軍，位在三司，品秩同大將軍。說文云：「驃，黃馬髮白色。一曰白髦尾。」

〔二〕【集解】漢書音義曰：「音戾，山名也。」

〔三〕【索隱】音速卜二音。崔浩云「匈奴部落名」。案：下有「遫濮王」，是國名也。

〔四〕【集解】晉灼曰：「水名也。」

〔五〕【集解】文穎曰：「恐懼也。」【索隱】案：說文云「慴，失氣也」。劉氏云「上式涉反，下之涉反」。

〔六〕【集解】徐廣曰：「一作『與』。」

〔七〕【集解】張晏曰：「折蘭、盧胡，國名也。殺者，殺之而已。斬者，獲其首。」【正義】顏師古云：「折蘭，匈奴中姓也。今鮮卑有是蘭姓者，卽其種。」

〔八〕【集解】徐廣曰：「全，一作『金』。」【正義】全甲謂具足不失落也。

〔九〕【集解】如淳曰：「祭天爲主。」【索隱】案：張晏云「佛徒祠金人也」。如淳云「祭天以金人爲主也」。屠音儲。

其夏，驃騎將軍與合騎侯敖俱出北地，異道；博望侯張騫、郎中令李廣俱出右北平，異道：皆擊匈奴。郎中令將四千騎先至，博望侯將萬騎在後至。匈奴左賢王將數萬騎圍郎中令，郎中令與戰二日，死者過半，所殺亦過當。博望侯至，匈奴兵引去。博望侯坐行留，當

斬，贖爲庶人。而驃騎將軍出北地，已遂深入，與合騎侯失道，不相得，驃騎將軍踰居延至祁連山，捕首虜甚多。天子曰：「驃騎將軍踰居延，〔一〕遂過小月氏，〔二〕攻祁連山，〔三〕得酋涂王，〔四〕以衆降者二千五百人，斬首虜三萬二百級，獲五王，五王母，單于閼氏、王子五十九人，相國、將軍、當户、都尉六十三人，師大率〔五〕減什三，〔六〕益封去病五千户。賜校尉從至小月氏爵左庶長。鷹擊司馬破奴再從驃騎將軍斬遬濮〔七〕王，捕稽沮王，〔八〕千騎將得王、王母各一人，〔九〕王子以下四十一人，捕虜三千三百三十人，前行捕虜千四百人，以千五百户封破奴爲從驃侯。〔一〇〕校尉句王高不識，〔一一〕從驃騎將軍捕呼于屠王〔一二〕王子以下十一人，捕虜千七百六十八人，以千一百户封不識爲宜冠侯。〔一三〕校尉僕多〔一四〕有功，封爲煇渠侯。」〔一五〕合騎侯敖坐行留不與驃騎會，當斬，贖爲庶人。諸宿將所將士馬兵亦不如驃騎，驃騎所將常選，〔一六〕然亦敢深入，常與壯騎先其大（將）軍，軍亦有天幸，未嘗困絶也。然而諸宿將常坐留落不遇。〔一七〕由此驃騎日以親貴，比大將軍。

〔一〕集解張晏曰：「水名也。」

〔二〕索隱韋昭云：「音支。」西域傳：「大月氏本居敦煌、祁連閒，餘衆保南山，遂號小月氏。」

〔三〕索隱小顏云：「卽天山也。匈奴謂天〔爲〕祁連。」西河舊事謂白山，天山。祁連恐非卽天山也。

〔四〕集解張晏曰：「胡王也。」索隱酋音才由反。涂音徒。漢書云「揚武乎鱳得，得單于單桓、酋涂王」，此文省

也。

〔五〕正義率音律也。

〔六〕索隱案：漢書云「減什七」，不同也。小顏云「破匈奴之師，十減其七。一云漢兵亡失之數，下皆類此」。案：後說爲是也。

〔七〕正義速卜二音。

〔八〕索隱沮音子余反。

〔九〕索隱按：漢書云「右千騎將王」，然則此千騎將漢之將，屬趙破奴，得匈奴五王及王母也。或云右千騎將卽匈奴王之名。

〔一〇〕集解張晏曰：「從驃騎將軍有功，因以爲號。」

〔一一〕集解徐廣曰：「句音鉤。匈奴以爲號。」索隱案：二人並匈奴人也。

〔一二〕索隱案：三字共爲王號。

〔一三〕正義孔文祥云：「從冠軍將軍戰故。宜冠，從驃之類也。」

〔一四〕索隱案：漢百官表作「僕朋」，疑多是誤。

〔一五〕索隱煇音暉。

〔一六〕索隱音宣變反。謂驃騎常選擇取精兵。

〔一七〕索隱案：謂遲留零落，不偶合也。

其秋，單于怒渾邪王居西方數爲漢所破，亡數萬人，以驃騎之兵也。單于怒，欲召誅渾邪王。渾邪王與休屠王等謀欲降漢，使人先要邊。〔一〕是時大行李息將城河上，得渾邪王使，卽馳傳以聞。天子聞之，於是恐其以詐降而襲邊，乃令驃騎將軍將兵往迎之。驃騎既渡河，與渾邪王衆相望。渾邪王裨將見漢軍而多欲不降者，頗遁去。驃騎乃馳入與渾邪王相見，斬其欲亡者八千人，遂獨遣渾邪王乘傳先詣行在所，盡將其衆渡河，降者數萬，號稱十萬。既至長安，天子所以賞賜者數十巨萬。封渾邪王萬户，爲漯陰侯。〔二〕封其裨王呼毒尼〔三〕爲下摩侯，鷹庇爲煇渠侯，〔四〕禽棃〔五〕爲河綦侯，大當户銅離〔六〕爲常樂侯。於是天子嘉驃騎之功曰：「驃騎將軍去病率師攻匈奴西域王渾邪，王及厥衆萌咸相犇，率以軍糧接食，并將控弦萬有餘人，誅獟駻，〔七〕獲首虜八千餘級，降異國之王三十二人，戰士不離傷，十萬之衆咸懷集服，仍與之勞，爰及河塞，庶幾無患，〔八〕幸既永綏矣。以千七百户益封驃騎將軍。」減隴西、北地、上郡戍卒之半，以寬天下之繇。

〔一〕索隱案：謂先於邊境要候漢人，言其欲降。

〔二〕索隱漯音他合反。案地理志，縣名，在平原郡。

〔三〕集解文穎曰：「胡王名。」

〔四〕集解徐廣曰：「一云『篇訾』。」索隱漢書鷹作「雁」。庇音必二反，又音疋履反。案：漢書功臣表云元狩二年以煇渠封僕朋，至三年又封鷹庇。其地俱屬魯陽，未詳所以。正義煇渠，表作「順梁」。

〔五〕集解徐廣曰：「禽，一作『烏』。」索隱案：表作「烏棃」。

〔六〕集解徐廣曰：「一作『稠離』也。」索隱徐廣一作「稠離」，與漢書功臣表同。此文云「銅離」，文異也。

〔七〕集解晉灼曰：「獟音欺譙反。」索隱上音丘昭反。說文作「趬」，行遮貌。遮，一作「疾」。駻音胡旦反。

〔八〕正義言匈奴右地渾邪王降，而塞外並河諸郡之民無憂患也。

居頃之，乃分徙降者邊五郡故塞外，〔一〕而皆在河南，因其故俗，爲屬國。〔二〕其明年，匈奴入右北平、定襄，殺略漢千餘人。

〔一〕正義五郡謂隴西、北地、上郡、朔方、雲中，並是故塞外，又在北海西南。

〔二〕正義以降來之民徙置五郡，各依本國之俗而屬於漢，故言「屬國」也。

其明年，天子與諸將議曰：「翕侯趙信爲單于畫計，常以爲漢兵不能度幕輕留，〔一〕今大發士卒，其勢必得所欲。」是歲元狩四年也。

〔一〕索隱案：幕卽沙漠，古字少耳。輕留者，謂匈奴以漢軍不能至，故輕易留而不去也。

元狩四年春，上令大將軍青、驃騎將軍去病將各五萬騎，步兵轉者踵軍數十萬，〔一〕而敢力戰深入之士皆屬驃騎。驃騎始爲出定襄，當單于。捕虜言單于東，乃更令驃騎出代

郡，令大將軍出定襄。郎中令爲前將軍，太僕爲左將軍，主爵趙食其爲右將軍，平陽侯襄爲後將軍，皆屬大將軍。兵卽度幕，人馬凡五萬騎，與驃騎等咸擊匈奴單于。趙信爲單于謀曰：「漢兵既度幕，人馬罷，匈奴可坐收虜耳。」乃悉遠北其輜重，皆以精兵待幕北。而適值大將軍軍出塞千餘里，見單于兵陳而待，於是大將軍令武剛車〔二〕自環爲營，而縱五千騎往當匈奴。匈奴亦縱可萬騎。會日且入，大風起，沙礫擊面，兩軍不相見，漢益縱左右翼繞單于。單于視漢兵多，而士馬尚彊，戰而匈奴不利，薄莫，單于遂乘六贏，壯騎可數百，直冒漢圍西北馳去。時已昏，漢匈奴相紛挐，〔三〕殺傷大當。〔四〕漢軍左校捕虜言單于未昏而去，漢軍因發輕騎夜追之，大將軍軍因隨其後。匈奴兵亦散走。遲明，〔五〕行二百餘里，不得單于，頗捕斬首虜萬餘級，遂至窴顏山趙信城，〔六〕得匈奴積粟食軍。軍留一日而還，悉燒其城餘粟以歸。

〔一〕正義言轉運之士及步兵接後又數十萬人。
〔二〕集解孫吳兵法曰：「有巾有蓋，謂之武剛車也。」
〔三〕正義三蒼解詁云：「紛挐，相牽也。」
〔四〕索隱以言所殺傷大略相當。
〔五〕集解徐廣曰：「遲，一作『黎』。」 索隱上音值，待也。待天欲明，謂平明也。諸本多作「黎明」。鄒氏云「黎，

遲也」。然黎，黑也，候天將明猶黑也。 正義遲音值。
〔六〕集解徐廣曰：「窴音田。」

大將軍之與單于會也，而前將軍廣、右將軍食其軍別從東道，或失道，後擊單于。大將軍引還過幕南，乃得前將軍、右將軍。大將軍欲使使歸報，令長史簿責前將軍廣，廣自殺。右將軍至，下吏，贖爲庶人。大將軍軍入塞，凡斬捕首虜萬九千級。

是時匈奴衆失單于十餘日，右谷蠡〔一〕王聞之，自立爲單于。單于後得其衆，右王乃去單于之號。

〔一〕索隱上音禄；下音黎，又音離。

驃騎將軍亦將五萬騎，車重與大將軍軍等，而無裨將。悉以李敢等爲大校，當裨將，出代、右北平千餘里，直左方兵，所斬捕功已多大將軍。軍既還，天子曰：「驃騎將軍去病率師，躬將所獲葷粥之士，〔一〕約輕齎，絶大幕，涉獲章渠，〔二〕以誅比車耆，〔三〕轉擊左大將，〔四〕斬獲旗鼓，歷涉離侯。〔五〕濟弓閭，〔六〕獲屯頭王、〔七〕韓王等三人，〔八〕將軍、相國、當户、都尉八十三人，封狼居胥山，禪於姑衍，〔九〕登臨翰海。〔一〇〕執鹵獲醜七萬有四百四十三級，師率減什三，取食於敵，逴〔一一〕行殊遠而糧不絶，以五千八百户益封驃騎將軍。」右北平太守路博德屬驃騎將軍，會與城，〔一二〕不失期，從至檮余〔一三〕山，斬首捕虜二千七百級，以千六百户封博德爲符離侯。北地都尉邢山〔一四〕從驃騎將軍獲王，以千二百户封山爲義陽侯。故歸義因淳王復陸支、〔一五〕樓專王〔一六〕伊卽靬〔一七〕皆從驃騎將軍有功，以千三百户封復陸支爲壯侯，以千八百户封伊卽靬爲衆利侯。從驃侯破奴、昌武侯安稽〔一八〕從驃騎有功，益封各三百户。校尉敢〔一九〕得旗鼓，爲關内侯，食邑二百户。校尉自爲〔二〇〕爵大庶長。軍吏卒爲官，賞賜甚多。而大將軍不得益封，軍吏卒皆無封侯者。

〔一〕集解徐廣曰：「粥，一作『允』。」駰案：應劭曰「所降士有材力者」。
〔二〕集解徐廣曰：「獲，一作『護』。」 索隱小顔云：「涉謂涉水也。章渠，單于之近臣，謂涉水而破獲之。」漢書云「涉獲單于章渠」也。
〔三〕集解晉灼曰：「王號也。」 索隱比，必耳反。
〔四〕索隱案：漢書名雙。
〔五〕索隱漢書作「度難侯」。小顔云「山名」。歷，度也。
〔六〕集解晉灼曰：「水名也。」 索隱弓，包愷音穹，亦如字讀。
〔七〕集解漢書音義曰：「胡王號也。」
〔八〕集解徐廣曰：「王，一作『藉』。」 索隱按：漢書云「屯頭韓王等三人」。李奇曰「皆匈奴王號」。
〔九〕正義積土爲壇於山上，封以祭天也。祭地曰禪。
〔一〇〕集解張晏曰：「登海邊山以望海也。」 索隱按：崔浩云「北海名，羣鳥之所解羽，故云翰海」。廣異志云「在

沙漠北」。
〔一一〕索隱音與「卓」同。卓，遠也。
〔一二〕正義與音余。
〔一三〕索隱音桃徒二音。
〔一四〕集解徐廣曰：「一作『衛山』。」
〔一五〕索隱復，劉氏音伏，小顔音福。
〔一六〕索隱漢書作「剸」，並音專。小顔音之兗反也。
〔一七〕索隱九言反。
〔一八〕集解徐廣曰：「姓趙，故匈奴王。」 索隱故匈奴王，姓趙也。
〔一九〕索隱李廣子也。
〔二〇〕索隱案：徐自爲也。

兩軍之出塞，塞閲官及私馬凡十四萬匹，而復入塞者不滿三萬匹。乃益置大司馬位，大將軍、驃騎將軍皆爲大司馬。〔一〕定令，令驃騎將軍秩禄與大將軍等。自是之後，大將軍青日退，而驃騎日益貴。舉大將軍故人門下多去事驃騎，輒得官爵，唯任安不肯。

〔一〕集解如淳曰：「大將軍、驃騎將軍皆有大司馬之號也。」 索隱案：如淳云「本無大司馬，今新置耳」。案：前謂太尉，其官又省，今武帝始置此位，衛將軍、霍驃騎皆加此官。

驃騎將軍爲人少言不泄，〔一〕有氣敢任。〔二〕天子嘗欲教之孫吳兵法，對曰：「顧方略何如耳，不至學古兵法。」天子爲治第，令驃騎視之，對曰：「匈奴未滅，無以家爲也。」由此上益重愛之。然少而侍中，貴，不省士。其從軍，天子爲遣太官齎數十乘，既還，重車餘弃粱肉，而士有飢者。其在塞外，卒乏糧，或不能自振，而驃騎尚穿域蹋鞠。〔三〕事多此類。大將軍爲人仁善退讓，以和柔自媚於上，然天下未有稱也。

〔一〕索隱案：孔文祥云「謂質重少言，膽氣在中也」。周仁「陰重不泄」，其行亦同也。

〔二〕索隱謂果敢任氣也。漢書作「往」，亦作「任」也。

〔三〕集解徐廣曰：「穿地爲營域。」索隱穿域蹋鞠。徐氏云「穿地爲營域」。蹴鞠書有域說篇，又以杖打，亦有限域也。今之鞠戲，以皮爲之，中實以毛，蹴蹋爲戲。劉向別錄云「蹋鞠，兵勢，所以陳武事，知有材力也」。漢書作「蹋鞠」。三倉云「鞠毛可蹋以爲戲」。鞠音巨六反。正義按：蹴鞠書有域說篇，即今之打毬也。黃帝所作，起戰國時。程武士，知其材力也，若講武。

驃騎將軍自四年軍後三年，元狩六年而卒。天子悼之，發屬國玄甲〔一〕軍，陳自長安至茂陵，爲冢象祁連山。〔二〕謚之，并武與廣地曰景桓侯。〔三〕子嬗〔四〕代侯。嬗少，字子侯，上愛之，幸其壯而將之。居六歲，元封元年，嬗卒，謚哀侯。無子，絕，國除。

〔一〕正義屬國卽上分置邊五郡者也。玄甲，鐵甲也。

〔二〕索隱案：崔浩云「去病破昆邪於此山，故令爲冢象之以旌功也」。姚氏案：冢在茂陵東北，與衞青冢並。西者是青，東者是去病冢。上有豎石，前有石馬相對，又有石人也。

〔三〕集解蘇林曰：「景，武謚也；桓，廣地謚也。」張晏曰：「謚法『布義行剛曰景，闢土服遠曰桓』。」索隱案：景，桓，兩謚也。謚法「布義行剛曰景」，是武謚也；又曰「辟土服遠曰桓」，是廣地之謚也。以去病平生有武藝及廣邊地之功，故云「謚之并武與廣地曰景桓侯」。

〔四〕索隱音市戰反。

自驃騎將軍死後，大將軍長子宜春侯伉坐法失侯。後五歲，伉弟二人，陰安侯不疑及發干侯登皆坐酎金失侯。失侯後二歲，冠軍侯國除。其後四年，大將軍青卒，〔一〕謚爲烈侯。子伉代爲長平侯。

〔一〕集解徐廣曰：「元封五年。」

自大將軍圍單于之後，十四年而卒。竟不復擊匈奴者，以漢馬少，而方南誅兩越，東伐朝鮮，擊羌、西南夷，以故久不伐胡。

大將軍以其得尚平陽長公主〔一〕故，長平侯伉代侯。六歲，坐法失侯。

〔一〕正義漢書云：「平陽侯曹壽有惡疾，就國，乃詔青尚平陽公主。」如淳云：「本陽信長公主，爲平陽侯所尚，故稱平陽公主云。」

左方兩大將軍及諸裨將名：

最〔一〕大將軍青，凡七出擊匈奴，斬捕首虜五萬餘級。一與單于戰，收河南地，遂置朔方郡，再益封，凡萬一千八百户。封三子爲侯，侯千三百户。并之，萬五千七百户。其校尉裨將以從大將軍侯者九人。其裨將及校尉已爲將者十四人。〔二〕爲裨將者曰李廣，自有傳。無傳者曰：

〔一〕索隱謂凡計也。

〔二〕索隱案：漢書云「爲特將者十五人」，蓋通李廣也。此李廣一人自有傳，若漢書則七人自有傳，八人附見。七人謂李廣、張騫、公孫賀、李蔡、曹襄、韓說、蘇建也。

將軍公孫賀。賀，義渠人，〔一〕其先胡種。賀父渾邪，景帝時爲平曲侯，〔二〕坐法失侯。賀，武帝爲太子時舍人。武帝立八歲，以太僕爲輕車將軍，軍馬邑。後四歲，以輕車將軍出雲中。後五歲，以騎將軍從大將軍有功，封爲南窌侯。後一歲，以左將軍再從大將軍出定襄，無功。後四歲，以坐酎金失侯。後八歲，〔三〕以浮沮〔四〕將軍出五原二千餘里，無功。後八歲，〔五〕以太僕爲丞相，封葛繹侯。賀七爲將軍，出擊匈奴無大

功，而再侯，爲丞相。坐子敬聲與陽石公主姦，〔六〕爲巫蠱，族滅，無後。

〔一〕正義今慶州，本義渠戎國也。地理志云北義渠道也。

〔二〕集解徐廣曰：「爲隴西太守。」

〔三〕集解徐廣曰：「元鼎六年。」

〔四〕索隱沮音子餘反。

〔五〕集解徐廣曰：「太初二年。」

〔六〕集解徐廣曰：「陽石，一云『德邑』。」

將軍李息，郁郅人。〔一〕事景帝。至武帝立八歲，爲材官將軍，軍馬邑；後六歲，爲將軍，出代；後三歲，爲將軍，從大將軍出朔方：皆無功。凡三爲將軍，其後常爲大行。

〔一〕集解服虔曰：「郅音窒。」索隱服虔音窒，小顏音質。案：北地縣名也。正義之栗反。今慶州弘化縣是。

將軍公孫敖，義渠人。以郎事武帝。武帝立十二歲，爲（驃）騎將軍，出代，亡卒七千人，當斬，贖爲庶人。後五歲，以校尉從大將軍有功，封爲合騎侯。後一歲，以中將軍從大將軍，再出定襄，無功。後二歲，以將軍出北地，後驃騎期，當斬，贖爲庶人。後二歲，以校尉從大將軍，無功。後十四歲，以因杅〔一〕將軍築受降城。七歲，復以因杅將軍再出擊匈奴，至余吾，〔二〕亡士卒多，下吏，當斬，詐死，亡居民閒五六歲。後發覺，復

繫。坐妻爲巫蠱，族。凡四爲將軍，出擊匈奴，一侯。

〔一〕索隱 音于。

〔二〕索隱 余音餘，又音徐。案：水名，在朔方。

將軍李沮，〔一〕雲中人。〔二〕事景帝。武帝立十七歲，以左內史爲彊弩將軍。後一歲，復爲彊弩將軍。

〔一〕索隱 音「俎豆」之「俎」。

〔二〕正義 今嵐、勝州也。

將軍李蔡，成紀人也。〔一〕事孝文帝、景帝、武帝。以輕車將軍從大將軍有功，封爲樂安侯。已爲丞相，坐法死。

〔一〕正義 秦州縣也。

將軍張次公，河東人。以校尉從衞將軍青有功，封爲岸頭侯。其後太后崩，爲將軍，軍北軍。後一歲，爲將軍，從大將軍，再爲將軍，坐法失侯。次公父隆，輕車武射也。以善射，景帝幸近之也。

將軍蘇建，杜陵人。以校尉從衞將軍青，有功，爲平陵侯，以將軍築朔方。後四歲，爲游擊將軍，從大將軍出朔方。後一歲，以右將軍再從大將軍出定襄，亡翕侯，失

軍，當斬，贖爲庶人。其後爲代郡太守，卒，冢在大猶鄉。

將軍趙信，以匈奴相國降，爲翕侯。武帝立十七歲，爲前將軍，與單于戰，敗，降匈奴。

將軍張騫，以使通大夏，還，爲校尉。從大將軍有功，封爲博望侯。後三歲，爲將軍，出右北平，失期，當斬，贖爲庶人。其後使通烏孫，爲大行而卒，冢在漢中。

將軍趙食其，祋祤人也。〔一〕武帝立二十二歲，以主爵爲右將軍，從大將軍出定襄，迷失道，當斬，贖爲庶人。

〔一〕索隱 縣名，在馮翊。祋音都活反，又音丁外反。祤音詡。正義 上都誨反。雍州同官縣，本漢祋祤縣也。

將軍曹襄，以平陽侯爲後將軍，從大將軍出定襄。襄，曹參孫也。

將軍韓說，弓高侯庶孫也。以校尉從大將軍有功，爲龍頟侯，坐酎金失侯。元鼎六年，以待詔爲橫海將軍，擊東越有功，爲按道侯。以太初三年爲游擊將軍，屯於五原外列城。爲光祿勳，掘蠱太子宮，衞太子殺之。

將軍郭昌，雲中人也。以校尉從大將軍。元封四年，以太中大夫爲拔胡將軍，屯朔方。還擊昆明，毋功，奪印。

將軍荀彘，太原廣武人。以御見，〔一〕侍中，爲校尉，數從大將軍。以元封三年爲

左將軍擊朝鮮，毋功。以捕樓船將軍坐法死。

〔一〕正義 以善御求見也。

最驃騎將軍去病，凡六出擊匈奴，其四出以將軍，〔一〕斬捕首虜十一萬餘級。及渾邪王以衆降數萬，遂開河西酒泉之地，〔二〕西方益少胡寇。四益封，凡萬五千一百戶。其校吏有功爲侯者凡六人，而後爲將軍二人。

〔一〕集解 徐廣曰：「再出以剽姚校尉也。」

〔二〕正義 河謂隴右蘭州之西河也。〔酒泉〕謂涼、肅等州。漢書西域傳云驃騎將軍擊破匈奴右地，置酒泉郡，後分置武威、張掖、燉煌等郡。

將軍路博德，平州人。〔一〕以右北平太守從驃騎將軍有功，爲符離侯。驃騎死後，博德以衞尉爲伏波將軍，伐破南越，益封。其後坐法失侯。爲彊弩都尉，屯居延，卒。

〔一〕正義 漢書云西河平州。按：西河郡今汾州。

將軍趙破奴，故九原人。〔一〕嘗亡入匈奴，已而歸漢，爲驃騎將軍司馬。出北地時有功，封爲從驃侯。坐酎金失侯。後一歲，爲匈河將軍，攻胡至匈河水，無功。後二歲，〔二〕擊虜樓蘭王，復封爲浞野侯。後六歲，〔三〕爲浚稽將軍，將二萬騎擊匈奴左賢

王，左賢王與戰，兵八萬騎圍破奴，破奴生爲虜所得，遂沒其軍。居匈奴中十歲，復與其太子安國亡入漢。〔四〕後坐巫蠱，族。

〔一〕正義 今勝州。

〔二〕集解 徐廣曰：「元封二年。」

〔三〕集解 徐廣曰：「太初二年。」

〔四〕集解 徐廣曰：「以太初二年入匈奴，天漢元年亡歸，涉四年。」

自衞氏興，大將軍青首封，其後枝屬爲五侯。凡二十四歲而五侯盡奪，衞氏無爲侯者。

太史公曰：蘇建語余曰：「吾嘗責大將軍至尊重，而天下之賢大夫毋稱焉，〔一〕願將軍觀古名將所招選擇賢者，勉之哉。大將軍謝曰：『自魏其、武安之厚賓客，天子常切齒。彼親附士大夫，招賢絀不肖者，人主之柄也。人臣奉法遵職而已，何與〔二〕招士！』」驃騎亦放此意，其爲將如此。

〔一〕索隱 謂不爲賢士大夫所稱譽。

〔二〕索隱音預。

【索隱述贊】君子豹變，貴賤何常。青本奴虜，忽升戎行。姊配皇極，身尚平陽。寵榮斯僭，取亂彝章。嫖姚繼踵，再靜邊方。

史記卷一百一十二

平津侯主父列傳第五十二

丞相公孫弘者，齊菑川國薛縣人也，〔一〕字季。少時爲薛獄吏，有辠，免。家貧，牧豕海上。年四十餘，乃學春秋雜說。養後母孝謹。

〔一〕索隱案：薛縣屬魯國，漢置菑川國，後割入齊也。正義表云菑川國，文帝分齊置，都劇。括地志云：「故劇城在青州壽光縣南三十一里。故薛城在徐州滕縣界。地理志云薛縣屬魯國。」按：薛與劇隔兗州及太山，未詳。公孫弘墓又在青州北魯縣西二十里也。

建元元年，天子初卽位，招賢良文學之士。是時弘年六十，徵以賢良爲博士。使匈奴，還報，不合上意，上怒，以爲不能，弘迺病免歸。

元光五年，有詔徵文學，菑川國復推上公孫弘。弘讓謝國人曰：「臣已嘗西應命，以不能罷歸，願更推選。」國人固推弘，弘至太常。太常令所徵儒士各對策，百餘人，弘第居下。策奏，天子擢弘對爲第一。召入見，狀貌甚麗，拜爲博士。是時通西南夷道，置郡，巴蜀民苦之，詔使弘視之。還奏事，盛毁西南夷無所用，上不聽。

弘爲人恢奇多聞，常稱以爲人主病不廣大，人臣病不儉節。弘爲布被，食不重肉。後母死，服喪三年。每朝會議，開陳其端，令人主自擇，不肯面折庭爭。於是天子察其行敦厚，辯論有餘，習文法吏事，而又緣飾以儒術，〔一〕上大說之。二歲中，〔二〕至左內史。弘奏事，有不可，不庭辯之。嘗與主爵都尉汲黯請閒，汲黯先發之，弘推其後，天子常說，所言皆聽，以此日益親貴。嘗與公卿約議，至上前，皆倍其約以順上旨。汲黯庭詰弘曰：「齊人多詐而無情實，始與臣等建此議，今皆倍之，不忠。」上問弘。弘謝曰：「夫知臣者以臣爲忠，不知臣者以臣爲不忠。」上然弘言。左右幸臣每毁弘，上益厚遇之。

〔一〕索隱謂以儒術飾文法，如衣服之有領緣以爲飾也。

〔二〕集解徐廣曰：「一云一歲。」

元朔三年，張歐免，以弘爲御史大夫。是時通西南夷，東置滄海，北築朔方之郡。弘數諫，以爲罷敝中國以奉無用之地，願罷之。於是天子乃使朱買臣等難弘置朔方之便。發十策，弘不得一。〔一〕弘迺謝曰：「山東鄙人，不知其便若是，願罷西南夷、滄海而專奉朔方。」上乃許之。

〔一〕集解韋昭曰：「以弘之才，非不能得一也，以爲不可，不敢逆上耳。」索隱按：韋昭以弘之才非不能得一，以

爲不可，不敢逆上故耳。　正義顏師古曰：「言其利害十條，弘無以應。」

汲黯曰：「弘位在三公，奉祿甚多，然爲布被，此詐也。」上問弘。弘謝曰：「有之。夫九卿與臣善者無過黯，然今日庭詰弘，誠中弘之病。夫以三公爲布被，誠飾詐欲以釣名。且臣聞管仲相齊，有三歸，侈擬於君，桓公以霸，亦上僭於君。晏嬰相景公，食不重肉，妾不衣絲，齊國亦治，此下比於民。〔一〕今臣弘位爲御史大夫，而爲布被，自九卿以下至於小吏，無差，誠如汲黯言。且無汲黯忠，陛下安得聞此言。」天子以爲謙讓，愈益厚之。卒以弘爲丞相，封平津侯。〔二〕

〔一〕索隱　比音鼻。比者，近也。小顏音「比方」之「比」。

〔二〕集解　徐廣曰：「大臣表曰元朔五年十一月乙丑，公孫弘爲丞相。功臣表曰元朔(三)〔五〕年十一月乙丑，封平津侯。」駰案漢書，高成之平津鄉也。　索隱　案：漢書曰「漢興，皆以列侯爲丞相，弘本無爵，乃詔封弘高成之平津鄉六百五十戶爲平津侯。丞相封侯，自弘始也。」

弘爲人意忌，外寬內深。〔一〕諸嘗與弘有郤者，雖詳與善，陰報其禍。殺主父偃，徙董仲舒於膠西，皆弘之力也。食一肉脫粟之飯。〔二〕故人所善賓客，仰衣食，弘奉祿皆以給之，家無所餘。士亦以此賢之。

〔一〕索隱　謂弘外寬內深，意多有忌害也。

〔二〕索隱　案：一肉，言不兼味也。脫粟，纔脫穀而已，言不精鑿也。

淮南、衡山謀反，治黨與方急。弘病甚，自以爲無功而封，位至丞相，宜佐明主填撫國家，使人由臣子之道。今諸侯有畔逆之計，此皆宰相奉職不稱，恐竊病死，〔一〕無以塞責。乃上書曰：「臣聞天下之通道五，所以行之者三。〔二〕曰君臣，父子，兄弟，夫婦，長幼之序，此五者天下之通道也。智，仁，勇，此三者天下之通德，所以行之者也。故曰『力行近乎仁，好問近乎智，知恥近乎勇』。知此三者，則知所以自治；知所以自治，然後知所以治人。天下未有不能自治而能治人者也，此百世不易之道也。今陛下躬行大孝，鑒三王，建周道，兼文武，厲賢予祿，〔三〕量能授官。今臣弘罷駑之質，無汗馬之勞，陛下過意擢臣弘卒伍之中，封爲列侯，致位三公。臣弘行能不足以稱，素有負薪之病，恐先狗馬填溝壑，終無以報德塞責。願歸侯印，乞骸骨，避賢者路。」天子報曰：「古者賞有功，褒有德，守成尚文，遭遇右武，〔四〕未有易此者也。朕宿昔庶幾獲承尊位，懼不能寧，惟所與共爲治者，君宜知之。蓋君子善善惡惡，(君宜知之)君若謹行，常在朕躬。君不幸罹霜露之病，何恙不已，〔五〕迺上書歸侯，乞骸骨，是章朕之不德也。今事少閒，君其省思慮，一精神，輔以醫藥。」因賜告牛酒雜帛。居數月，病有瘳，視事。

〔一〕索隱　案：人臣委質於君，死生由君。今若一朝病死，是竊死也。

〔二〕索隱　案：此語出子思子，今見禮記中庸篇。

〔三〕集解　徐廣曰：「厲，一作『廣』也。」

〔四〕索隱　小顏云：「右亦上也。言遭遇亂時則上武也。」

〔五〕集解　漢書音義曰：「何恙，喻小疾不以時愈。」　索隱　恙，憂也。言罹霜露寒涼之疾，輕，何憂於病不止。禮曰「疾止復初」也。

元狩二年，弘病，竟以丞相終。〔一〕子度嗣爲平津侯。度爲山陽太守十餘歲，坐法失侯。〔二〕

〔一〕集解　漢書曰：「年八十。」　索隱　漢書云凡爲御史、丞相六歲，年八十終。

〔二〕索隱　漢書云坐不遣鉅野令史成詣公車，論爲城旦。元始中詔復弘後爲關內侯也。

主父偃者，齊臨菑人也。學長短縱橫之術，晚乃學易、春秋、百家言。游齊諸生閒，莫能厚遇也。齊諸儒生相與排擯，不容於齊。家貧，假貸無所得，迺北游燕、趙、中山，皆莫能厚遇，爲客甚困。孝武元光元年中，以爲諸侯莫足游者，乃西入關見衞將軍。衞將軍數言上，上不召。資用乏，留久，諸公賓客多厭之，乃上書闕下。朝奏，暮召入見。所言九事，其八事爲律令，一事諫伐匈奴。其辭曰：

臣聞明主不惡切諫以博觀，忠臣不敢避重誅以直諫，是故事無遺策而功流萬世。今臣不敢隱忠避死以效愚計，願陛下幸赦而少察之。

司馬法曰：「國雖大，好戰必亡；天下雖平，忘戰必危。」天下既平，天子大凱，〔一〕春蒐秋獮，諸侯春振旅，秋治兵，所以不忘戰也。〔二〕且夫怒者逆德也，兵者凶器也，爭者末節也。古之人君一怒必伏尸流血，故聖王重行之。夫務戰勝窮武事者，未有不悔者也。昔秦皇帝任戰勝之威，蠶食天下，并吞戰國，海內爲一，功齊三代。務勝不休，欲攻匈奴，李斯諫曰：「不可。夫匈奴無城郭之居，委積之守，遷徙鳥舉，難得而制也。輕兵深入，糧食必絕；踵糧以行，重不及事。得其地不足以爲利也，遇其民不可役而守也。勝必殺之，非民父母也。靡獘〔三〕中國，快心匈奴，非長策也。」秦皇帝不聽，遂使蒙恬將兵攻胡，辟地千里，以河爲境。地固澤(鹹)鹵，〔四〕不生五穀。然後發天下丁男以守北河。暴兵露師十有餘年，死者不可勝數，終不能踰河而北。是豈人衆不足，兵革不備哉？其勢不可也。又使天下蜚芻輓粟，〔五〕起於黃、腄、〔六〕琅邪負海之郡，轉輸北河，率三十鍾而致一石。男子疾耕不足於糧饟，女子紡績不足於帷幕。百姓靡敝，孤寡老弱不能相養，道路死者相望，蓋天下始畔秦也。

〔一〕集解應劭曰：「大凱，周禮還師振旅之樂。」
〔二〕集解宋均曰：「春秋少陽少陰，氣弱未全，須人功而後用，士庶法之，教而後成，宗仁本義。天子諸侯必春秋講武，簡閱車徒，以順時氣，不忘戰也。」索隱按：宋均云「宗本仁義，助少陰少陽之氣，因而教以簡閱車徒」。
〔三〕索隱靡音糜。獘猶凋敝也。
〔四〕集解徐廣曰：「澤，一作『斥』。」瓚曰：「其地多水澤，又有鹵。」
〔五〕集解文穎曰：「轉芻轂就戰是也。」
〔六〕集解徐廣曰：「腄在東萊，音縋。」索隱縣名，在東萊，音逐瑞反，注音縋。

及至高皇帝定天下，略地於邊，聞匈奴聚於代谷之外而欲擊之。御史成進諫曰：「不可。夫匈奴之性，獸聚而鳥散，從之知搏影。今以陛下盛德攻匈奴，臣竊危之。」高帝不聽，遂北至於代谷，果有平城之圍。高皇帝蓋悔之甚，乃使劉敬往結和親之約，然後天下忘干戈之事。故兵法曰「興師十萬，日費千金」。夫秦常積衆暴兵數十萬人，雖有覆軍殺將係虜單于之功，亦適足以結怨深讎，不足以償天下之費。夫上虛府庫，下敝百姓，甘心於外國，非完事也。夫匈奴難得而制，非一世也。行盜侵驅，所以爲業也，天性固然。上及虞夏殷周，固弗程督，禽獸畜之，不屬爲人。夫上不觀虞夏殷周之統，而下（脩）〔循〕近世之失，此臣之所大憂，百姓之所疾苦也。且夫兵久則變生，事苦則慮易。乃使邊境之民獘靡愁苦而有離心，將吏相疑而外市，〔一〕故尉佗、章邯得以成

其私也。夫秦政之所以不行者，權分乎二子，此得失之效也。故周書曰「安危在出令，存亡在所用」。願陛下詳察之，少加意而熟慮焉。」

〔一〕集解張晏曰：「與外國交求利己，若章邯之比。」

是時趙人徐樂、〔一〕齊人嚴安〔二〕俱上書言世務，各一事。徐樂曰：

〔一〕索隱樂音岳。
〔二〕索隱按：本姓莊，避明帝諱，後並改「嚴」也。安及徐樂並拜郎中。樂後爲中大夫。

臣聞天下之患在於土崩，不在於瓦解，古今一也。何謂土崩？秦之末世是也。陳涉無千乘之尊，尺土之地，身非王公大人名族之後，無鄉曲之譽，非有孔、墨、曾子之賢，陶朱、猗頓之富也，然起窮巷，奮棘矜，〔一〕偏袒大呼而天下從風，此其故何也？由民困而主不恤，下怨而上不知（也），俗已亂而政不脩，此三者陳涉之所以爲資也。是之謂土崩。故曰天下之患在於土崩。何謂瓦解？吳、楚、齊、趙之兵是也。七國謀爲大逆，號皆稱萬乘之君，帶甲數十萬，威足以嚴其境內，財足以勸其士民，然不能西攘尺寸之地而身爲禽於中原者，此其故何也？非權輕於匹夫而兵弱於陳涉也，當是之時，先帝之德澤未衰而安土樂俗之民衆，故諸侯無境外之助。此之謂瓦解，故曰天下之患不在瓦解。由是觀之，天下誠有土崩之勢，雖布衣窮處之士或首惡而危海內，陳涉是也。況三晉之君或存乎！天下雖未有大治也，誠能無土崩之勢，雖有彊國勁兵不得旋踵而身爲禽矣，吳、楚、齊、趙是也。況羣臣百姓能爲亂乎哉！此二體者，安危之明要也，賢主所留意而深察也。

〔一〕集解矜音勤。索隱下音勤。矜，今戟柄。棘，戟也。

閒者關東五穀不登，年歲未復，民多窮困，重之以邊境之事，推數循理而觀之，則民且有不安其處者矣。不安故易動。易動者，土崩之勢也。故賢主獨觀萬化之原，明於安危之機，脩之廟堂之上，而銷未形之患。其要，期使天下無土崩之勢而已矣。故雖有彊國勁兵，陛下逐走獸，射蜚鳥，弘游燕之囿，淫縱恣之觀，極馳騁之樂，自若也。金石絲竹之聲不絕於耳，帷帳之私俳優侏儒之笑不乏於前，而天下無宿憂。名何必湯武，俗何必成康！雖然，臣竊以爲陛下天然之聖，寬仁之資，而誠以天下爲務，則湯武之名不難侔，而成康之俗可復興也。此二體者立，然後處尊安之實，揚名廣譽於當世，親天下而服四夷，餘恩遺德爲數世隆，南面負扆攝袂而揖王公，此陛下之所服也。臣聞圖王不成，其敝足以安。安則陛下何求而不得，何爲而不成，何征而不服乎哉！

嚴安上書曰：

臣聞周有天下，其治三百餘歲，成康其隆也，刑錯四十餘年而不用。及其衰也，亦

三百餘歲，故五伯更起。五伯者，常佐天子興利除害，誅暴禁邪，匡正海內，以尊天子。五伯既沒，賢聖莫續，天子孤弱，號令不行。諸侯恣行，彊陵弱，衆暴寡，田常篡齊，六卿分晉，並爲戰國，此民之始苦也。於是彊國務攻，弱國備守，合從連橫，馳車擊轂，介胄生蟣蝨，民無所告愬。

及至秦王，蠶食天下，并吞戰國，稱號曰皇帝，主海內之政，壞諸侯之城，銷其兵，鑄以爲鍾虡，〔一〕示不復用。元元黎民得免於戰國，逢明天子，人人自以爲更生。嚮使秦緩其刑罰，薄賦斂，省繇役，貴仁義，賤權利，上篤厚，〔二〕下智巧，〔三〕變風易俗，化於海內，則世世必安矣。秦不行是風而（脩）〔循〕其故俗，爲智巧權利者進，篤厚忠信者退；法嚴政峻，諂諛者衆，日聞其美，意廣心軼。欲肆威海外，乃使蒙恬將兵以北攻胡，辟地進境，戍於北河，蜚芻輓粟以隨其後。又使尉（佗）屠睢〔四〕將樓船之士南攻百越，使監禄〔五〕鑿渠運糧，深入越，越人遁逃。曠日持久，糧食絕乏，越人擊之，秦兵大敗。秦乃使尉佗將卒以戍越。當是時，秦禍北構於胡，南挂於越，宿兵無用之地，進而不得退。行十餘年，丁男被甲，丁女轉輸，苦不聊生，自經於道樹，死者相望。及秦皇帝崩，天下大叛。陳勝、吳廣舉陳，〔六〕武臣、張耳舉趙，項梁舉吳，田儋舉齊，景駒舉郢，周市舉魏，韓廣舉燕，窮山通谷豪士並起，不可勝載也。然皆非公侯之後，非長官

之吏也。無尺寸之勢，起閭巷，杖棘矜，應時而皆動，不謀而俱起，不約而同會，壤長地進，〔七〕至于霸王，時教使然也。秦貴爲天子，富有天下，滅世絶祀者，窮兵之禍也。故周失之弱，秦失之彊，不變之患也。

〔一〕索隱 下音巨。鄒氏本作「鐻」，音同。
〔二〕索隱 上猶尚也，貴也。
〔三〕索隱 謂智巧爲下也。
〔四〕索隱 案：尉，官也。佗，趙佗也，音徒何反。屠睢，人姓名。睢音雖。
〔五〕集解 韋昭曰：「監御史名禄也。」
〔六〕索隱 謂勝、廣舉兵於陳。舉音如字。或音據，恐疎也。下同。
〔七〕集解 張晏曰：「長，進益也。」

今欲招南夷，朝夜郎，降羌僰，〔一〕略濊州，〔二〕建城邑，深入匈奴，燔其龍城，〔三〕議者美之。此人臣之利也，非天下之長策也。今中國無狗吠之驚，而外累於遠方之備，靡敝國家，非所以子民也。行無窮之欲，甘心快意，結怨於匈奴，非所以安邊也。禍結而不解，兵休而復起，近者愁苦，遠者驚駭，非所以持久也。今天下鍛甲砥劍，橋箭累弦，轉輸運糧，未見休時，此天下之所共憂也。夫兵久而變起，事煩而慮生。今外郡之

地或幾千里，列城數十，形束壤制，〔四〕旁脅諸侯，非公室之利也。上觀齊晉之所以亡者，公室卑削，六卿大盛也；下觀秦之所以滅者，嚴法刻深，欲大無窮也。今郡守之權，非特六卿之重也；地幾千里，非特閭巷之資也；甲兵器械，非特棘矜之用也：以遭萬世之變，則不可稱諱也。

〔一〕索隱 僰，白北反，又皮逼反。
〔二〕集解 如淳曰：「東夷也。」索隱 濊州，地名，即古濊貊國也。音紆廢反。
〔三〕索隱 匈奴城名，音龍。燔音煩。燔，燒也。
〔四〕集解 服虔曰：「言所束在郡守，土壤足以專民制。」蘇林曰：「言其土地形勢足以束制其民也。」索隱 案：謂地形及土壤皆束制在諸侯也。

書奏天子，天子召見三人，謂曰：「公等皆安在？何相見之晚也！」〔一〕於是上乃拜主父偃、徐樂、嚴安爲郎中。〔偃〕數見，上疏言事，詔拜偃爲謁者，遷〔樂〕爲中大夫。一歲中四遷偃。

〔一〕集解 徐廣曰：「它史記本皆不見嚴安，此旁所纂者，皆取漢書耳。然漢書不宜乃容大異，或寫史記相承闕脫也。」索隱 纂音撰。

偃說上曰：「古者諸侯不過百里，彊弱之形易制。今諸侯或連城數十，地方千里，緩則驕奢易爲淫亂，急則阻其彊而合從以逆京師。今以法割削之，則逆節萌起，前日鼂錯是也。今諸侯子弟或十數，而適嗣代立，餘雖骨肉，無尺寸地封，則仁孝之道不宣。願陛下令諸侯得推恩分子弟，以地侯之。彼人人喜得所願，上以德施，實分其國，不削而稍弱矣。」於是上從其計。〔一〕又說上曰：「茂陵初立，天下豪桀并兼之家，亂衆之民，皆可徙茂陵，內實京師，外銷姦猾，此所謂不誅而害除。」上又從其計。

〔一〕集解 徐廣曰：「元朔二年，始令諸侯王分封子弟也。」

尊立衞皇后，及發燕王定國陰事，蓋偃有功焉。大臣皆畏其口，賂遺累千金。人或說偃曰：「太橫矣。」主父曰：「臣結髮游學四十餘年，身不得遂，親不以爲子，昆弟不收，賓客弃我，我阸日久矣。且丈夫生不五鼎食，死即五鼎亨耳。吾日暮途遠，故倒行暴施之。」〔一〕

〔一〕索隱 按：偃言吾日暮途遠，恐赴前途不跌，故須倒行而逆施，乃可及耳。今此本作「暴」。暴者，言已困久得申，須急暴行事以快意也。暴者，卒也，急也。

偃盛言朔方地肥饒，外阻河，蒙恬城之以逐匈奴，內省轉輸戍漕，廣中國，滅胡之本也。上覽其說，下公卿議，皆言不便。公孫弘曰：「秦時常發三十萬衆築北河，終不可就，已而弃

之。」主父偃盛言其便，上竟用主父計，立朔方郡。

元朔二年，主父言齊王內淫佚行僻，上拜主父爲齊相。至齊，遍召昆弟賓客，散五百金予之，數之曰：「始吾貧時，昆弟不我衣食，賓客不我內門；今吾相齊，諸君迎我或千里。吾與諸君絶矣，毋復入偃之門！」乃使人以王與姊姦事動王，王以爲終不得脫罪，恐效燕王論死，乃自殺。有司以聞。

主父始爲布衣時，嘗游燕、趙，及其貴，發燕事。趙王恐其爲國患，欲上書言其陰事，爲偃居中，不敢發。及爲齊相，出關，即使人上書，告言主父偃受諸侯金，以故諸侯子弟多以得封者。及齊王自殺，上聞大怒，以爲主父劫其王令自殺，乃徵下吏治。主父服受諸侯金，實不劫王令自殺。上欲勿誅，是時公孫弘爲御史大夫，乃言曰：「齊王自殺無後，國除爲郡，入漢，主父偃本首惡，陛下不誅主父偃，無以謝天下。」乃遂族主父偃。

主父方貴幸時，賓客以千數，及其族死，無一人收者，唯獨洨孔車〔一〕收葬之。天子後聞之，以爲孔車長者也。

〔一〕集解 徐廣曰：「孔車，洨人也。沛有洨縣。」索隱 洨，户交反。按：縣名，在沛。車，尺奢反。

太史公曰：公孫弘行義雖脩，然亦遇時。漢興八十餘年矣，〔一〕上方鄉文學，招俊乂，以廣儒墨，弘爲舉首。主父偃當路，諸公皆譽之，及名敗身誅，士爭言其惡。悲夫！

〔一〕集解 徐廣曰：「漢初至元朔二年八十年也。」

太皇太后詔大司徒大司空：〔一〕「蓋聞治國之道，富民爲始；富民之要，在於節儉。孝經曰『安上治民，莫善於禮』。『禮，與奢也寧儉』。昔者管仲相齊桓，霸諸侯，有九合一匡之功，而仲尼謂之不知禮，以其奢泰侈擬於君故也。夏禹卑宮室，惡衣服，後聖不循。由此言之，治之盛也，德優矣，莫高於儉。儉化俗民，則尊卑之序得，而骨肉之恩親，爭訟之原息。斯乃家給人足，刑錯之本也歟？可不務哉！夫三公者，百寮之率，萬民之表也。未有樹直表而得曲影者也。孔子不云乎，『子率而正，孰敢不正』。『舉善而教不能則勸』。維漢興以來，股肱宰臣身行儉約，輕財重義，較然著明，〔二〕未有若故丞相平津侯公孫弘者也。位在丞相而爲布被，脱粟之飯，不過一肉。故人所善賓客皆分奉禄以給之，無有所餘。誠內自克約而外從制。汲黯詰之，乃聞于朝，此可謂減於制度〔三〕而可施行者也。德優則行，否則止，與內奢泰而外爲詭服以釣虛譽者殊科。

以病乞骸骨，孝武皇帝卽制曰『賞有功，褒有德，善善惡惡，君宜知之。其省思慮，存精神，輔以醫藥』。賜告治病，牛酒雜帛。居數月，有瘳，視事。至元狩二年，竟以善終于相位。夫知臣莫若君，此其效也。弘子度嗣爵，後爲山陽太守，坐法失侯。夫表德章義，所以率俗厲化，聖王之制，不易之道也。其賜弘後子孫之次當爲後者爵關內侯，食邑三百户，徵詣公車，上名尚書，朕親臨拜焉。」

〔一〕集解 徐廣曰：「此詔是平帝元始中王元后詔，後人寫此及班固所稱，以續卷後。」索隱 按：徐廣云「此是平帝元始中詔，以續卷後」，則又非褚先生所録也。

〔二〕索隱 較音角。較，明也。

〔三〕集解 應劭曰：「禮，貴有常尊，衣服有常品。」

班固稱曰：公孫弘、卜式、兒寬皆以鴻漸之翼困於燕雀，〔一〕遠迹羊豕之閒，〔二〕非遇其時，焉能致此位乎？是時漢興六十餘載，海內乂安，〔三〕府庫充實，而四夷未賓，制度多闕，上方欲用文武，求之如弗及。始以蒲輪迎枚生，〔四〕見主父而歎息。〔五〕羣臣慕嚮，異人並出。卜式試於芻牧，弘羊擢於賈豎，衞青奮於奴僕，日磾出於降虜，斯亦曩時版築飯牛之朋矣。漢之得人，於茲爲盛。儒雅則公孫弘、董仲舒、兒寬，篤行則石建、石慶，質直則汲黯、卜式，推賢則韓安國、鄭當時，定令則趙禹、張湯，文章則司馬遷、相如，滑稽則東方朔、枚皋，應對則嚴助、朱買臣，曆數則唐都、落下閎，協律則李延年，運籌則桑弘羊，奉使則張騫、蘇武，將帥則衞青、霍去病，受遺則霍光、金日磾。其餘不可勝紀。是以興造功業，制度遺文，後世莫及。孝宣承統，纂脩洪業，亦講論六蓺，招選茂異，而蕭望之、梁丘賀、夏侯勝、韋玄成、嚴彭祖、尹更始以儒術進，劉向、王褒以文章顯。將相則張安世、趙充國、魏相、邴吉、于定國、杜延年，治民則黃霸、王成、龔遂、鄭弘、邵信臣、韓延壽、尹翁歸、趙廣漢之屬，皆有功迹見述於後。累其名臣，亦其次也。

〔一〕集解 李奇曰：「漸，進也。鴻一舉而進千里者，羽翼之材也。弘等皆以大材，初爲俗所薄，若燕雀不知鴻鵠之志也。」索隱 按：謂公孫弘等未遇，爲時所輕，若飛鴻之未漸，受困於燕雀也。是燕雀安知鴻鵠之志也？

〔二〕集解 韋昭曰：「遠迹謂耕牧在於遠方。」索隱 案：公孫弘牧豕，卜式牧羊也。

〔三〕索隱 乂，理也。

〔四〕索隱 案：謂枚乘也。漢始迎申公，亦以蒲輪。謂以蒲裹車輪，恐傷草木也。且蒲是草之美者，故禮有「蒲璧」，蓋畫蒲於輪以爲榮飾也。

〔五〕索隱 案：上文嚴安等上書，上曰「公等安在，何相見之晚」是也。

【索隱述贊】平津巨儒，晚年始遇。外示寬儉，內懷嫉妒。寵備榮爵，身受肺腑。主父推恩，觀時設度。生食五鼎，死非時蠹。

史記卷一百一十三

南越列傳第五十三

南越王〔一〕尉佗者，〔二〕真定人也，〔三〕姓趙氏。秦時已并天下，略定楊越，〔四〕置桂林〔五〕南海、象郡，〔六〕以謫〔七〕徙民，與越雜處十三歲。〔八〕佗，秦時用爲南海龍川令。〔九〕至二世時，南海尉〔一〇〕任囂〔一一〕病且死，召龍川令趙佗語曰：「聞陳勝等作亂，秦爲無道，天下苦之，項羽、劉季、陳勝、吳廣等州郡各共興軍聚衆，虎爭天下，中國擾亂，未知所安，豪傑畔秦相立。南海僻遠，吾恐盜兵侵地至此，吾欲興兵絶新道，〔一二〕自備，待諸侯變，會病甚。且番禺負山險，阻南海，東西數千里，頗有中國人相輔，此亦一州之主也，可以立國。郡中長吏無足與言者，故召公告之。」即被佗書，〔一三〕行南海尉事。〔一四〕囂死，佗即移檄告橫浦、〔一五〕陽山、〔一六〕湟谿〔一七〕關曰：「盜兵且至，急絶道聚兵自守！」因稍以法誅秦所置長吏，以其黨爲假守。〔一八〕秦已破滅，佗即擊并桂林、象郡，自立爲南越武王。〔一九〕高帝已定天下，爲中國勞苦，故釋佗弗誅。漢十一年，遣陸賈因立佗爲南越王，與剖符通使，和集百越，毋爲南邊患

害，與長沙接境。

〔一〕正義 都廣州南海縣。

〔二〕索隱 尉他。尉，官也；他，名也；姓趙。他音徒河反。又十三州記云「大郡曰守，小郡曰尉」。

〔三〕索隱 韋昭曰：「故郡名，後更爲縣，在常山。」

〔四〕集解 張晏曰：「楊州之南越也。」索隱 案：戰國策云吳起爲楚收楊越。正義 夏禹九州本屬楊州，故云楊越。

〔五〕索隱 按：地理志武帝更名鬱林。

〔六〕索隱 案：本紀始皇三十三年略陸梁地，以爲南海、桂林、象郡。地理志云「武帝更名日南」。

〔七〕索隱 音直革反。

〔八〕集解 徐廣曰：「秦并天下，至二世元年十三年。并天下八歲，乃平越地，至二世元年六年耳。」

〔九〕索隱 地理志縣名，屬南海也。正義 顔師古云：「龍川南海縣也，即今之循州也。」裴氏廣州記云：「本博羅縣之東鄉，有龍穿地而出，即穴流泉，因以爲號也。」

〔一〇〕集解 徐廣曰：「爾時未言都尉也。」

〔一一〕索隱 五刀反。

〔一二〕索隱 案：蘇林云「秦所通越道。」

〔一三〕集解 韋昭曰：「被之以書。音『光被』之『被』。」索隱 韋昭云「被之以書」，音皮義反。

〔一四〕索隱 服虔云：「囂詐作詔書，使爲南海尉。」

〔一五〕索隱 案：南康記云「南野縣大庾嶺三十里至橫浦，有秦時關，其下謂爲『塞上』」。

〔一六〕索隱 姚氏案：地理志云揭陽有陽山縣。今此縣上流百餘里有騎田嶺，當是陽山關。

〔一七〕集解 徐廣曰：「在桂陽，通四會也。」索隱 涅谿。鄒氏、劉氏本並作「涅」，音年結反。漢書作「湟谿」，音皇。又（衛青傳）〔南粵傳〕云「出桂陽，下湟水」是也。而姚察云史記作「涅」，今本作「湟」，涅及湟不同，良由隨聞則輒改故也。水經云含匯縣南有匯浦關，未知孰是。然鄒誕作「涅」，漢書作「湟」，蓋近於古。

〔一八〕索隱 案：謂他立其所親黨爲郡縣之職或假守。

〔一九〕集解 韋昭曰：「生以『武』爲號，不稽於古也。」

高后時，有司請禁南越關市鐵器。佗曰：「高帝立我，通使物，今高后聽讒臣，別異蠻夷，隔絶器物，此必長沙王計也，欲倚中國，擊滅南越而并王之，自爲功也。」於是佗乃自尊號爲南越武帝，發兵攻長沙邊邑，敗數縣而去焉。高后遣將軍隆慮侯竈〔一〕往擊之。會暑溼，士卒大疫，兵不能踰嶺。〔二〕歲餘，高后崩，即罷兵。佗因此以兵威邊，財物賂遺閩越、西甌、駱，役屬焉，〔三〕東西萬餘里。迺乘黃屋左纛，稱制，與中國侔。

〔一〕索隱 韋昭云：「姓周。隆慮，縣名，屬河内。音林閭二音。」

〔二〕索隱 案：此嶺即陽山嶺。

〔三〕集解 漢書音義曰：「駱越也。」索隱 鄒氏云「又有駱越」。姚氏案：廣州記云「交趾有駱田，仰潮水上下，人食其田，名爲『駱人』。有駱王、駱侯。諸縣自名爲『駱將』，銅印青綬，即今之令長也。後蜀王子將兵討駱侯，自

稱爲安陽王，治封溪縣。後南越王尉他攻破安陽王，令二使典主交阯、九真二郡人」。尋此駱即甌駱也。

及孝文帝元年，初鎭撫天下，使告諸侯四夷從代來即位意，喻盛德焉。乃爲佗親冢在真定，置守邑，歲時奉祀。召其從昆弟，尊官厚賜寵之。詔丞相陳平等舉可使南越者，平言好畤陸賈，先帝時習使南越。迺召賈以爲太中大夫，往使。因讓佗自立爲帝，曾無一介之使報者。陸賈至南越，王甚恐，爲書謝，稱曰：「蠻夷大長老夫臣佗，前日高后隔異南越，竊疑長沙王讒臣，又遥聞高后盡誅佗宗族，掘燒先人冢，以故自弃，犯長沙邊境。且南方卑溼，蠻夷中閒，其東閩越千人衆號稱王，其西甌駱裸國〔一〕亦稱王。老臣妄竊帝號，聊以自娛，豈敢以聞天王哉！」乃頓首謝，願長爲藩臣，奉貢職。於是乃下令國中曰：「吾聞兩雄不俱立，兩賢不並世。皇帝，賢天子也。自今以後，去帝制黃屋左纛。」陸賈還報，孝文帝大說。遂至孝景時，稱臣，使人朝請。然南越其居國竊如故號名，其使天子，稱王朝命如諸侯。至建元四年卒。

〔一〕索隱 躶國。音和寡反。躶，露形也。

佗孫胡爲南越王。〔一〕此時閩越王郢興兵擊南越邊邑，胡使人上書曰：「兩越俱爲藩臣，毋得擅興兵相攻擊。今閩越興兵侵臣，臣不敢興兵，唯天子詔之。」於是天子多南越義，守

中華書局

職約，爲興師，遣兩將軍〔二〕往討閩越。兵未踰嶺，閩越王弟餘善殺郢以降，於是罷兵。

〔一〕集解 徐廣曰：「皇甫謐曰越王趙佗以建元四年卒，爾時漢興七十年，佗蓋百歲矣。」

〔二〕索隱 王恢、韓安國。

天子使莊助往諭意南越王，胡頓首曰：「天子乃爲臣興兵討閩越，死無以報德！」遣太子嬰齊入宿衞。謂助曰：「國新被寇，使者行矣。胡方日夜裝入見天子。」助去後，其大臣諫胡曰：「漢興兵誅郢，亦行以驚動南越。且先王昔言，事天子期無失禮，要之不可以説好語入見。〔一〕入見則不得復歸，亡國之勢也。」於是胡稱病，竟不入見。後十餘歲，胡實病甚，太子嬰齊請歸。胡薨，謚爲文王。

〔一〕索隱 悦好語入見。悦，漢書作「怵」。韋昭云「誘怵好語」。

嬰齊代立，卽藏其先武帝璽。〔一〕嬰齊其入宿衞在長安時，取邯鄲樛氏女，〔二〕生子興。〔三〕及卽位，上書請立樛氏女爲后，興爲嗣。漢數使使者風諭嬰齊，嬰齊尚樂擅殺生自恣，懼入見要用漢法，比內諸侯，固稱病，遂不入見。遣子次公入宿衞。嬰齊薨，謚爲明王。

〔一〕索隱 李奇云「去其僭號」。

〔二〕索隱 樛氏女。樛，紀虯反。樛姓出邯鄲。

〔三〕集解 徐廣曰：「一作『典』。」

太子興代立，其母爲太后。太后自未爲嬰齊姬時，嘗與霸陵人安國少季〔一〕通。及嬰齊薨後，元鼎四年，漢使安國少季往諭王、王太后以入朝，比內諸侯；令辯士諫大夫終軍等宣其辭，勇士魏臣等輔其缺，〔二〕衞尉路博德將兵屯桂陽，待使者。王年少，太后中國人也，嘗與安國少季通，其使復私焉。國人頗知之，多不附太后。太后恐亂起，亦欲倚漢威，數勸王及羣臣求內屬。卽因使者上書，請比內諸侯，三歲一朝，除邊關。於是天子許之，賜其丞相呂嘉銀印，及內史、中尉、大傅印，餘得自置。除其故黥劓刑，用漢法，比內諸侯。使者皆留填撫之。王、王太后飭治行裝重齎，爲入朝具。

〔一〕索隱 安國，姓也；少季名也。

〔二〕集解 徐廣曰：「一作『決』。」

其相呂嘉年長矣，相三王，宗族官仕爲長吏者七十餘人，男盡尚王女，女盡嫁王子兄弟宗室，及蒼梧秦王有連。〔一〕其居國中甚重，越人信之，多爲耳目者，得衆心愈於王。王之上書，數諫止王，王弗聽。有畔心，數稱病不見漢使者。使者皆注意嘉，勢未能誅。王、王太后亦恐嘉等先事發，乃置酒，介漢使者權，〔二〕謀誅嘉等。使者皆東鄉，太后南鄉，王北鄉，相嘉、大臣皆西鄉，侍坐飲。嘉弟爲將，將卒居宮外。酒行，太后謂嘉曰：「南越內屬，國之利也，而相君苦不便者，何也？」以激怒使者。使者狐疑相杖，遂莫敢發。嘉見耳目非是，卽起而出。太后怒，欲鏦嘉〔三〕以矛，王止太后。嘉遂出，分其弟兵就舍，〔四〕稱病，不肯見王及使者。乃陰與大臣作亂。王素無意誅嘉，嘉知之，以故數月不發。太后有淫行，國人不附，欲獨誅嘉等，力又不能。

〔一〕集解 漢書音義曰：「蒼梧越中王自名爲秦王，連親婚也。」索隱 案：蒼梧越中王自名爲秦王，卽下趙光是也，故云「有連」。連者，連姻也。趙與秦同姓，故稱秦王。

〔二〕集解 韋昭曰：「恃使者爲介冑也。」索隱 韋昭曰「恃使者爲介冑」，志林云「介者因也，欲因使者權誅呂嘉」，然二家之説皆通。韋昭以介爲恃。介者閒也，以言閒恃漢使者之權，意卽得；云恃爲介冑，則非也。虞喜以介爲因，亦有所由。案：介者，賓主所由也。

〔三〕集解 韋昭曰：「鏦，撞也。」索隱 韋昭云：「鏦，撞也」案：字林七凶反。又吳王濞傳「鏦殺吳王」，與此同。

〔四〕索隱 分弟兵就舍。案：謂分取其兵也。漢書作「介」。介，被也，恃也。

天子聞嘉不聽王，王、王太后弱孤不能制，使者怯無決。又以爲王、王太后已附漢，獨呂嘉爲亂，不足以興兵，欲使莊參以二千人往使。參曰：「以好往，數人足矣；以武往，二千人無足以爲也。」辭不可，天子罷參也。郟〔一〕壯士故濟北相韓千秋奮曰：「以區區之越，又

有王、太后應，獨相呂嘉爲害，願得勇士二百人，必斬嘉以報。」於是天子遣千秋〔二〕與王太后弟樛樂將二千人往，入越境。呂嘉等乃遂反，下令國中曰：「王年少。太后，中國人也，又與使者亂，專欲內屬，盡持先王寶器入獻天子以自媚，多從人，行至長安，虜賣以爲僮僕。取自脱一時之利，無顧趙氏社稷，爲萬世慮計之意。」乃與其弟將卒攻殺王、太后及漢使者。遣人告蒼梧秦王及其諸郡縣，立明王長男越妻子術陽侯〔三〕建德爲王。而韓千秋兵入，破數小邑。其後越直開道給食，未至番禺四十里，越以兵擊千秋等，遂滅之。使人函封漢使者節置塞上，〔四〕好爲謾辭謝罪，發兵守要害處。於是天子曰：「韓千秋雖無成功，亦軍鋒之冠。」封其子延年爲成安侯。〔五〕樛樂，其姊爲王太后，首願屬漢，封其子廣德爲龍亢侯。〔六〕乃下赦曰：「天子微，諸侯力政，譏臣不討賊。今呂嘉、建德等反，自立晏如，令罪人及江淮以南〔七〕樓船十萬師〔八〕往討之。」

〔一〕集解 徐廣曰：「縣屬潁川，音古洽反。」索隱 如淳云：「郟，縣名，在潁川。」正義 今汝州郟城縣。

〔二〕集解 徐廣曰：「爲校尉。」

〔三〕集解 徐廣曰：「元鼎四年，以南越王兄越封高昌侯。」索隱 韋昭云漢所封。案功臣表，術陽屬下邳。

〔四〕索隱 函封漢使節置塞上。案：南康記以爲大庾名「塞上」也。

〔五〕索隱 案功臣表，成安屬郟。

〔六〕索隱案：龍亢屬譙國。漢書作「龔侯」，服虔音卭，晉灼云古「龍」字。
〔七〕集解徐廣曰：「淮，一作『匯』也。」
〔八〕集解應劭曰：「時欲擊越，非水不至，故作大船。船上施樓，故號曰『樓船』也。」

元鼎五年秋，衛尉路博德爲伏波將軍，出桂陽，下匯水；〔一〕主爵都尉楊僕爲樓船將軍，出豫章，下橫浦；故歸義越侯二人〔二〕爲戈船、下厲將軍，〔三〕出零陵，或下離水，〔四〕或抵蒼梧；使馳義侯〔五〕因巴蜀罪人，發夜郎兵，〔六〕下牂柯江：〔七〕咸會番禺。

〔一〕集解徐廣曰：「一作『湟』。」駰案：地理志曰桂陽有匯水，通四會。或作「淮」字。索隱劉氏云「匯當作『湟』」。漢書云「下湟水」。或本作「洭」。
〔二〕集解張晏曰：「故越人，降爲侯。」
〔三〕集解徐廣曰：「厲，一作『瀨』。」駰案：張晏曰「越人於水中負人船，又有蛟龍之害，故置戈於船下，因以爲名也」。應劭曰「瀨，水流涉上也」。瓚曰「伍子胥書有戈船，以載干戈，因謂之『戈船』也」。
〔四〕集解徐廣曰：「在零陵，通廣信。」正義地理志云零陵縣有離水，東至廣信入鬱林，九百八十里。
〔五〕集解徐廣曰：「越人也，名遺。」
〔六〕正義曲州、協州以南是夜郎國。
〔七〕正義江出南徼外，東通四會，至番禺入海也。

元鼎六年冬，樓船將軍將精卒先陷尋陝，〔一〕破石門，〔二〕得越船粟，因推而前，挫越鋒，

以數萬人待伏波。伏波將軍將罪人，道遠，會期後，與樓船會乃有千餘人，遂俱進。樓船居前，至番禺。建德、嘉皆城守。樓船自擇便處，居東南面；伏波居西北面。會暮，樓船攻敗越人，縱火燒城。越素聞伏波名，日暮，不知其兵多少。伏波乃爲營，遣使者招降者，賜印，復縱令相招。樓船力攻燒敵，反驅而入伏波營中。犂旦，〔三〕城中皆降伏波。呂嘉、建德已夜與其屬數百人亡入海，以船西去。伏波又因問所得降者貴人，以知呂嘉所之，遣人追之。以其故校尉司馬蘇弘得建德，封爲海常侯；〔四〕越郎〔五〕都稽〔六〕得嘉，封爲臨蔡侯。〔七〕

〔一〕索隱姚氏云：「尋陝在始興西三百里，近連口也。」
〔二〕索隱按：廣州記「在番禺縣北三十里。昔呂嘉拒漢，積石鎮江，名曰石門。又俗云石門水名曰『貪泉』，飲之則令人變。故吳隱之至石門，酌水飲，乃爲之歌云也」。
〔三〕集解徐廣曰：「呂靜云犂，結也，音力奚反。結，猶連及、逮至也。」漢書「犂旦」爲「遲旦」，謂待明也。索隱鄒氏云「犂，一作『比』，比音必至反」。然犂即比義。又解犂，黑也，天未明尚黑時也。漢書亦作「遲明」。遲音稚。遲，待也，亦犂之義也。
〔四〕集解徐廣曰：「在東萊。」
〔五〕集解徐廣曰：「南越之郎官。」
〔六〕集解徐廣曰：「表曰孫都。」
〔七〕索隱案：表屬河內。

蒼梧王趙光者，越王同姓，聞漢兵至，及越揭陽令定〔一〕自定屬漢；越桂林監居翁〔二〕諭甌駱屬漢：〔三〕皆得爲侯。〔四〕戈船、下厲將軍兵及馳義侯所發夜郎兵未下，南越已平矣。遂爲九郡。〔五〕伏波將軍益封。樓船將軍兵以陷堅爲將梁侯。

〔一〕集解韋昭曰：「揭音其逝反。」索隱地理志揭陽縣屬南海。揭音桀。韋昭音其逝反，劉氏音求例反。定者，令之名也。案：漢功臣表云「定揭陽令」，意又別也。
〔二〕集解漢書音義曰：「桂林郡中監，姓居名翁也。」
〔三〕索隱案漢書，甌駱三十餘萬口降漢。
〔四〕索隱案：漢書云「光聞漢兵至，降，封爲隨桃侯。揭陽令史定爲安道侯，越將畢取爲膫侯，桂林監居翁爲湘城侯」。韋昭云「湘城屬堵陽。隨桃、安道、膫三縣皆屬南陽。膫音遼也」。
〔五〕集解徐廣曰：「儋耳，珠崖，南海，蒼梧，九真，鬱林，日南，合浦，交阯。」索隱徐廣皆據漢書爲說。

自尉佗初王後，五世九十三歲而國亡焉。

太史公曰：尉佗之王，本由任囂。遭漢初定，列爲諸侯。隆慮離溼疫，佗得以益驕。甌駱相攻，南越動搖。漢兵臨境，嬰齊入朝。其後亡國，徵自樛女；呂嘉小忠，令佗無後。樓

船從欲，怠傲失惑；伏波困窮，智慮愈殖，因禍爲福。成敗之轉，譬若糾墨。

【索隱述贊】中原鹿走，羣雄莫制。漢事西驅，越權南裔。陸賈騁說，尉他去帝。樛后內朝，呂嘉狼戾。君臣不協，卒從剿弃。

史記卷一百一十四

東越列傳第五十四

閩越〔一〕王無諸及越東海王搖者，其先皆越王句踐之後也，姓騶氏。〔二〕秦已并天下，皆廢爲君長，以其地爲閩中郡。〔三〕及諸侯畔秦，無諸、搖率越歸鄱陽令吳芮，所謂鄱君者也，從諸侯滅秦。當是之時，項籍主命，弗王，〔四〕以故不附楚。漢擊項籍，無諸、搖率越人佐漢。漢五年，復立無諸爲閩越王，王閩中故地，都東冶。孝惠三年，舉高帝時越功，曰閩君搖功多，其民便附，乃立搖爲東海王，〔五〕都東甌，〔六〕世俗號爲東甌王。

〔一〕集解韋昭曰：「閩音武巾反。東越之別名。」索隱案：說文云「閩，東越蛇種也」，故字從「虫」。閩音旻。

〔二〕集解徐廣曰：「騶，一作『駱』。」索隱徐廣云一作「駱」，是上云「歐駱」，不姓騶。

〔三〕集解徐廣曰：「今建安侯官是。」索隱徐廣云「本建安侯官是」。案：爲閩州。案：下文「都東冶」，韋昭以爲在侯官。正義今閩州又改爲福也。

〔四〕集解漢書音義曰：「主號令諸侯，不王無諸、搖等。」

〔五〕集解應劭曰：「在吳郡東南濱海云。」

〔六〕集解徐廣曰：「今之永寧也。」索隱韋昭曰：「今永寧。」姚氏云：「甌，水名。」永嘉記：「水出永寧山，行三十餘里，去郡城五里入江。昔有東甌王都城，有亭，積石爲道，今猶在也。」

後數世，至孝景三年，吳王濞反，欲從閩越，閩越未肯行，獨東甌從吳。及吳破，東甌受漢購，殺吳王丹徒，以故皆得不誅，歸國。

吳王子子駒亡走閩越，怨東甌殺其父，常勸閩越擊東甌。至建元三年，閩越發兵圍東甌。東甌食盡，困，且降，乃使人告急天子。天子問太尉田蚡，蚡對曰：「越人相攻擊，固其常，又數反覆，不足以煩中國往救也。自秦時弃弗屬。」於是中大夫莊助詰蚡曰：「特患力弗能救，德弗能覆；誠能，何故弃之？且秦舉咸陽而弃之，何乃越也！今小國以窮困來告急天子，天子弗振，彼當安所告愬？又何以子萬國乎？」上曰：「太尉未足與計。吾初卽位，不欲出虎符發兵郡國。」乃遣莊助以節發兵會稽。會稽太守欲距不爲發兵，助乃斬一司馬，諭意指，遂發兵浮海救東甌。未至，閩越引兵而去。東甌請舉國徙中國，乃悉舉衆來，處江淮之閒。〔一〕

〔一〕集解徐廣曰：「年表云東甌王廣武侯望，率其衆四萬餘人來降，家廬江郡。」索隱徐廣據年表而爲說。

至建元六年，閩越擊南越。南越守天子約，不敢擅發兵擊而以聞。上遣大行王恢出豫章，大農韓安國出會稽，皆爲將軍。兵未踰嶺，閩越王郢發兵距險。其弟餘善乃與相、宗族謀曰：「王以擅發兵擊南越，不請，故天子兵來誅。今漢兵衆彊，今卽幸勝之，後來益多，終滅國而止。今殺王以謝天子。天子聽，罷兵，固一國完；不聽，乃力戰；不勝，卽亡入海。」皆曰「善」。卽鏦〔一〕殺王，使使奉其頭致大行。大行曰：「所爲來者誅王。今王頭至，謝罪，不戰而耘，〔二〕利莫大焉。」乃以便宜案兵告大農軍，而使使奉王頭馳報天子。詔罷兩將兵，曰：「郢等首惡，獨無諸孫繇君丑〔三〕不與謀焉。」乃使郎中將立丑爲越繇王，奉閩越先祭祀。

〔一〕索隱劉氏又音窗。鏦，撞也。

〔二〕集解徐廣曰：「漢書作『殞』。」耘義當取『耘除』。或言耘音于粉反，此楚人聲重耳。隕耘當同音，但字有假借，聲有輕重。」索隱耘音云。耘，除也。漢書作「隕」，音于粉反。

〔三〕索隱繇音搖，邑號也。丑，名。

餘善已殺郢，威行於國，國民多屬，竊自立爲王。繇王不能矯其衆持正。天子聞之，爲餘善不足復興師，曰：「餘善數與郢謀亂，而後首誅郢，師得不勞。」因立餘善爲東越王，與繇

王並處。

至元鼎五年，南越反，東越王餘善上書，請以卒八千人從樓船將軍擊呂嘉等。兵至揭揚，以海風波爲解，不行，持兩端，陰使南越。及漢破番禺，不至。是時樓船將軍楊僕使使上書，願便引兵擊東越。上曰士卒勞倦，不許，罷兵，令諸校屯豫章梅領待命。〔一〕

〔一〕集解徐廣曰：「在會稽界。」索隱案：徐廣云「在會稽」，非也。今案：豫章三十里有梅嶺，在洪崖山足，當古驛道。此文云「豫章梅嶺」，知非會稽也。正義括地志云：「梅嶺在虔化縣東北百二十八里。」虔州漢亦屬豫章郡，二所未詳。

元鼎六年秋，餘善聞樓船請誅之，漢兵臨境，且往，乃遂反，發兵距漢道。號將軍騶力等爲「吞漢將軍」，入白沙、武林、〔一〕梅嶺，殺漢三校尉。是時漢使大農張成、故山州侯齒〔二〕將屯，弗敢擊，卻就便處，皆坐畏懦誅。

〔一〕集解徐廣曰：「在豫章界」。索隱徐廣云在豫章界。案：今豫章北二百里，接鄱陽界，地名白沙，有小水入湖，名曰白沙阬。東南八十里有武陽亭，亭東南三十里地名武林。此白沙、武林，今當閩越入京道。

〔二〕集解徐廣曰：「成陽共王子。」

餘善刻「武帝」璽自立，詐其民，爲妄言。天子遣橫海將軍韓說出句章，〔一〕浮海從東方

往；樓船將軍楊僕出武林；中尉王温舒出梅嶺；越侯爲戈船、下瀨將軍，出若邪、[二]白沙。[三]元封元年冬，咸入東越。東越素發兵距險，使徇北將軍守武林，敗樓船軍數校尉，殺長吏。樓船將軍率錢唐轅終古[四]斬徇北將軍，爲禦兒侯。[五]自兵未往。

[一]索隱 鄭氏音勾，會稽縣也。正義 句章故城在越州鄮縣西一百里，漢縣。

[二]索隱 案：姚氏云「地名，今闕」。

[三]正義 越州有若耶山、若耶溪。「若」「如」一。預州有白沙山。蓋從如此邪。白沙東故閩州。

[四]正義 錢唐，杭州縣。轅，姓；終古，名。

[五]集解 漢書音義曰：「今吳南亭是也。」正義「禦」字今作「語」。語兒鄉在蘇州嘉興縣南七十里，臨官道也。

故越衍侯吳陽前在漢，漢使歸諭餘善，餘善弗聽。及橫海將軍先至，越衍侯吳陽以其邑七百人反，攻越軍於漢陽。從建成侯敖，[一]與其率，從繇王居股謀曰：「餘善首惡，劫守吾屬。今漢兵至，衆彊，計殺餘善，自歸諸將，儻幸得脱。」乃遂俱殺餘善，以其衆降橫海將軍，故封繇王居股爲東成侯，[二]萬户；封建成侯敖爲開陵侯；[三]封越衍侯吳陽爲北石侯；封橫海將軍説爲案道侯；封橫海校尉福爲繚嫈侯。[四]福者，成陽共王子，故爲海常侯，坐法失侯。舊從軍無功，以宗室故侯。諸將皆無成功，莫封。東越將多軍，[五]漢兵至，弃其軍降，封爲無錫侯。

[一]集解 徐廣曰：「亦東越臣。」

[二]索隱 韋昭曰：「在九江。」

[三]索隱 徐廣云：「敖，東越臣。」韋昭云：「開陵屬臨淮。」

[四]集解 漢書音義曰：「音遼縈。」索隱 服虔云：「嫈音榮，縣名。」劉伯莊云：「繚音遼，下音紆營反。成陽王子也。」

[五]集解 漢書音義曰：「多軍，名也。」索隱 李奇云：「多軍，名。」韋昭云：「多，姓；軍，名也。」

於是天子曰東越狹多阻，閩越悍，數反覆，詔軍吏皆將其民徙處江淮閒。東越地遂虚。

太史公曰：越雖蠻夷，其先豈嘗有大功德於民哉，何其久也！歷數代常爲君王，句踐一稱伯。然餘善至大逆，滅國遷衆，其先苗裔繇王居股等猶尚封爲萬户侯，由此知越世世爲公侯矣。蓋禹之餘烈也。

【索隱述贊】句踐之裔，是曰無諸。既席漢寵，實因秦餘。騶、駱爲姓，閩中是居。王摇之立，爰處東隅。後嗣不道，自相誅鉏。

史記卷一百一十五

朝鮮列傳第五十五

集解 張晏曰：「朝鮮有濕水、洌水、汕水，三水合爲洌水，疑樂浪、朝鮮取名於此也。」索隱 案：朝音潮，直驕反。鮮音仙。以有汕水，故名也。汕一音訕。

朝鮮[一]王滿者，故燕人也。[二]自始全燕時[三]嘗略屬真番、[四]朝鮮，[五]爲置吏，築鄣塞。秦滅燕，屬遼東外徼。漢興，爲其遠難守，復修遼東故塞，至浿水爲界，[六]屬燕。燕王盧綰反，入匈奴，滿亡命，[七]聚黨千餘人，魋結蠻夷服而東走出塞，渡浿水，居秦故空地上下鄣，[八]稍役屬真番、朝鮮蠻夷及故燕、齊亡命者王之，都王險。[九]

[一]正義 潮仙二音。括地志云：「高驪都平壤城，本漢樂浪郡王險城，又古云朝鮮地也。」

[二]索隱 案漢書，滿，燕人，姓衞，擊破朝鮮而自王之。

[三]索隱 始全燕時，謂六國燕方全盛之時。

[四]集解 徐廣曰：「一作『莫』。遼東有番汗縣。番音普寒反。」索隱 徐氏據地理志而知也。番音潘，又音盤。汗音寒。

[五]索隱 如淳云：「燕嘗略二國以屬己也。」應劭云：「玄菟本真番國。」

[六]集解 漢書音義曰：「浿音傍沛反。」索隱 浿音旁沛反。正義 地理志云浿水出遼東塞外，西南至樂浪縣西入海。浿普大反。

[七]正義 命謂教令。

[八]索隱 案：地理志樂浪有雲鄣。

[九]集解 徐廣曰：「昌黎有險瀆縣也。」索隱 韋昭云「古邑名」。徐廣曰「昌黎有險瀆縣」。應劭注「地理志遼東險瀆縣，朝鮮王舊都」。臣瓚云「王險城在樂浪郡浿水之東」也。

會孝惠、高后時天下初定，遼東太守即約滿爲外臣，保塞外蠻夷，無使盜邊；諸蠻夷君長欲入見天子，勿得禁止。以聞，上許之，以故滿得兵威財物侵降其旁小邑，真番、臨屯[一]皆來服屬，方數千里。[二]

[一]索隱 東夷小國，後以爲郡。

[二]正義 括地志云：「朝鮮、高驪、貊、東沃沮五國之地，國東西千三百里，南北二千里，在京師東，東至大海四百里，北至營州界九百二十里，南至新羅國六百里，北至靺鞨國千四百里。」

傳子至孫右渠，[一]所誘漢亡人滋多，又未嘗入見；真番旁衆國欲上書見天子，又擁閼不通。元封二年，漢使涉何譙諭[二]右渠，終不肯奉詔。何去至界上，臨浿水，使御刺殺送何者[三]朝鮮裨王長，[四]即渡，馳入塞，[五]遂歸報天子曰「殺朝鮮將」。上爲其名美，[六]即

不詰，拜何爲遼東東部都尉。〔七〕朝鮮怨何，發兵襲攻殺何。

〔一〕正義 其孫名也。

〔二〕索隱 說文云：「譙，讓也。」諭，曉也。譙音才笑反。

〔三〕索隱 即送何之御也。

〔四〕正義 顏師古云：「長者，裨王名也。送何至浿水，何因刺殺也。」按：裨王及將士長，恐顏非也。

〔五〕正義 入平州榆林關也。

〔六〕索隱 有殺將之美名。

〔七〕正義 地理志云遼東郡武次縣，東部都尉所理也。

天子募罪人擊朝鮮。其秋，遣樓船將軍楊僕從齊浮渤海；兵五萬人，左將軍荀彘出遼東：討右渠。右渠發兵距險。左將軍卒正多率遼東兵先縱，敗散，多還走，坐法斬。樓船將軍將齊兵七千人先至王險。右渠城守，窺知樓船軍少，即出城擊樓船，樓船軍敗散走。將軍楊僕失其衆，遁山中十餘日，稍求收散卒，復聚。左將軍擊朝鮮浿水西軍，未能破自前。

天子爲兩將未有利，乃使衞山因兵威往諭右渠。右渠見使者頓首謝：「願降，恐兩將詐殺臣；今見信節，請服降。」遣太子入謝，獻馬五千匹，及饋軍糧。人衆萬餘，持兵，方渡浿水，使者及左將軍疑其爲變，謂太子已服降，宜命人毋持兵。太子亦疑使者左將軍詐殺之，

遂不渡浿水，復引歸。山還報天子，天子誅山。

左將軍破浿水上軍，乃前，至城下，圍其西北。樓船亦往會，居城南。右渠遂堅守城，數月未能下。

左將軍素侍中，幸，將燕代卒，悍，乘勝，軍多驕。樓船將齊卒，入海，固已多敗亡；其先與右渠戰，困辱亡卒，卒皆恐，將心慙，其圍右渠，常持和節。左將軍急擊之，朝鮮大臣乃陰閒使人私約降樓船，往來言，尚未肯決。左將軍數與樓船期戰，樓船欲急就其約，不會；左將軍亦使人求閒郤降下朝鮮，朝鮮不肯，心附樓船：以故兩將不相能。左將軍心意樓船前有失軍罪，今與朝鮮私善而又不降，疑其有反計，未敢發。天子曰將率不能，前(及)〔乃〕使衞山諭降右渠，右渠遣太子，山使不能剸決，與左將軍計相誤，卒沮約。今兩將圍城，又乖異，以故久不決。使濟南太守公孫遂往(征)〔正〕之，有便宜得以從事。遂至，左將軍曰：「朝鮮當下久矣，不下者有狀。」言樓船數期不會，具以素所意告遂，曰：「今如此不取，恐爲大害，非獨樓船，又且與朝鮮共滅吾軍。」遂亦以爲然，而以節召樓船將軍入左將軍營計事，即命左將軍麾下執捕樓船將軍，并其軍，以報天子。天子誅遂。

左將軍已并兩軍，即急擊朝鮮。朝鮮相路人、相韓陰、尼谿相參、將軍王唊〔一〕相與謀曰：「始欲降樓船，樓船今執，獨左將軍并將，戰益急，恐不能與，(戰)王又不肯降。」陰、唊、路人皆亡降漢。路人道死。元封三年夏，尼谿相參乃使人殺朝鮮王右渠來降。王險城未下，故右渠之大臣成巳又反，復攻吏。左將軍使右渠子長降、〔二〕相路人之子最〔三〕告諭其民，誅成巳，以故遂定朝鮮，爲四郡。〔四〕封參爲澅清侯，〔五〕陰爲荻苴侯，〔六〕唊爲平州侯，〔七〕長〔降〕爲幾侯。〔八〕最以父死頗有功，爲溫陽侯。〔九〕

〔一〕集解 漢書音義曰：「凡五人也。戎狄不知官紀，故皆稱相。唊音頰。」索隱 應劭云：「凡五人。戎狄不知官紀，故皆稱相也。路人，漁陽縣人。」如淳云：「相，其國宰相。路人，名也。唊音頰，一音協。」

〔二〕集解 徐廣曰：「表云『長路』。漢書表云『長路』，音各。」索隱 案：漢書表云「長路」，音各。

〔三〕索隱 路人子也，名最。

〔四〕集解 真番、臨屯、樂浪、玄菟也。

〔五〕集解 韋昭曰：「屬齊。」索隱 參，澅清侯。韋昭云「縣名，屬齊」。顧氏澅音獲。

〔六〕集解 韋昭曰：「屬勃海。」索隱 陰，荻苴侯。晉灼云「屬勃海」。荻音狄，苴音子餘反。

〔七〕集解 韋昭曰：「屬梁父。」索隱 唊，平州侯。韋昭云「屬梁父」。

〔八〕集解 韋昭曰：「屬河東。」索隱 長，幾侯。韋昭云「縣名，屬河東」。

〔九〕集解 韋昭曰：「屬齊。」索隱 最，涅陽侯。韋昭云「屬齊」也。

左將軍徵至，坐爭功相嫉，乖計，弃市。樓船將軍亦坐兵至洌口，〔一〕當待左將軍，擅先縱，失亡多，當誅，贖爲庶人。

〔一〕索隱 蘇林曰：「縣名。度海先得之。」

太史公曰：右渠負固，國以絕祀。涉何誣功，爲兵發首。樓船將狹，〔一〕及難離咎。悔失番禺，乃反見疑。荀彘爭勞，與遂皆誅。兩軍俱辱，將率莫侯矣。

〔一〕集解 徐廣曰：「言其所將卒狹少。」

【索隱述贊】衞滿燕人，朝鮮是王。王險置都，路人作相。右渠首差，涉何詷上。兆禍自斯，狐疑二將。山、遂伏法，紛紜無狀。

史記卷一百一十六

西南夷列傳第五十六

西南夷君長〔一〕以什數，〔二〕夜郎最大；〔三〕其西靡莫〔四〕之屬〔五〕以什數，滇最大；〔六〕自滇以北君長以什數，邛都最大：此皆魋結，〔七〕耕田，有邑聚。其外西自同師以東，〔八〕北至楪榆，〔九〕名爲巂、昆明，〔一〇〕皆編髮，隨畜遷徙，〔一一〕毋常處，毋君長，地方可數千里。自巂以東北，君長以什數，徙、筰都〔一二〕最大；自筰以東北，君長以什數，冉駹最大。〔一三〕其俗或士箸，或移徙，在蜀之西。自冉駹以東北，君長以什數，白馬最大，〔一四〕皆氐類也。此皆巴蜀西南外蠻夷也。

〔一〕正義 在蜀之南。

〔二〕索隱 劉氏音所具反。鄒氏音所主反。

〔三〕索隱 荀悦云：「犍爲屬國也。」韋昭云：「漢爲縣，屬牂柯。」按：後漢書云「夜郎東接交阯，其地在胡南，其君長本出於竹，以竹爲姓也。」正義 今瀘州南大江南岸協州、曲州，本夜郎國。

〔四〕索隱 夷邑名，滇與同姓。

〔五〕正義 在蜀南以下及西也。靡非在姚州北，去京西南四千九百三十五里，即靡莫之夷。

〔六〕集解 如淳曰：「滇音顛。顛馬出其國也。」索隱 崔浩云：「後爲縣，越巂太守所理也。」正義 昆州、郎州等本滇國，去京西五千三百七十里也。

〔七〕索隱 魋，漢書作「椎」，音直追反。結音計。

〔八〕集解 韋昭曰：「邑名也。」索隱 韋昭云邑名。漢書作「桐師」。

〔九〕集解 韋昭曰：「在益州。楪音葉。」索隱 韋昭曰：「益州縣。楪音葉。」正義 上音葉。楪澤在靡北百餘里。漢楪榆縣在澤西益都。靡非，本葉榆王屬國也。

〔一〇〕集解 徐廣曰：「永昌有巂唐縣。」索隱 崔浩云：「二國名。」韋昭云：「巂，益州縣。」正義 巂音髓。今巂州也。昆明，巂州縣，蓋南接昆明之地，因名也。

〔一一〕正義 編，步典反。畜，許又反。皆巂、昆明之俗也。

〔一二〕集解 徐廣曰：「徙在漢嘉。筰音昨，在越巂。」索隱 服虔云：「二國名。」韋昭云：「徙縣屬蜀。筰縣在越巂。」徐廣云：「筰音昨。」正義 徙音斯。括地志云：「筰州本西蜀徼外，曰貓羌巂。地理志云徙縣也。華陽國志雅州邛郲山本名邛筰山，故邛人、筰人界。」

〔一三〕索隱 案：應劭云「汶江郡本冉駹。音亡江反」。正義 括地志云：「蜀西徼外羌，茂州、冉州本冉駹國地也。後漢書云冉駹其山有六夷、七羌、九氐，各有部落也。」

〔一四〕索隱 案：夷邑名，即白馬氏。正義 括地志云：「隴右成州、武州皆白馬氐，其豪族楊氏居成州仇池山上。」

始楚威王時，使將軍莊蹻〔一〕將兵循江上，略巴、（蜀）黔中以西。莊蹻者，故楚莊王苗裔也。蹻至滇池，（地）方三百里，〔二〕旁平地，肥饒數千里，以兵威定屬楚。欲歸報，會秦擊奪楚巴、黔中郡，道塞不通，因還，以其衆王滇，變服，從其俗，以長之。秦時常頞〔三〕略通五尺道，〔四〕諸此國頗置吏焉。十餘歲，秦滅。及漢興，皆弃此國而開蜀故徼。巴蜀民或竊出商賈，取其筰馬、僰僮、〔五〕髦牛，以此巴蜀殷富。

〔一〕索隱 音炬灼反。楚莊王弟，爲盜者。正義 其略反。郎州、昆州即莊蹻所王。

〔二〕索隱 滇池方三百里。地理志益州滇池縣，澤在西北。後漢書云：「其池水源深廣，而〔末〕更淺狹，有似倒流，故謂滇池。」正義 括地志云：「滇池澤在昆州晉寧縣西南三十里。其水源深廣而〔末〕更淺狹，有似倒流，故謂滇池。」

〔三〕集解 音案。

〔四〕索隱 謂棧道廣五尺。正義 括地志云：「五尺道在郎州。」顔師古云其處險阸，故道纔廣五尺。如淳云道廣五尺。」

〔五〕索隱 韋昭云：「僰屬犍爲，音蒲北反。」服虔云：「舊京師有僰婢。」正義 今益州南戎州北臨大江，古僰國。

建元六年，大行王恢擊東越，東越殺王郢以報。恢因兵威使番陽令〔一〕唐蒙風指曉南越。南越食蒙蜀枸醬，〔二〕蒙問所從來，曰「道西北牂柯，牂柯江〔三〕廣數里，出番禺城下」。蒙歸至長安，問蜀賈人，賈人曰：「獨蜀出枸醬，多持竊出市夜郎。夜郎者，臨牂柯江，江廣百餘步，足以行船。南越以財物役屬夜郎，西至同師，然亦不能臣使也。」蒙乃上書説上曰：「南越王黄屋左纛，地東西萬餘里，名爲外臣，實一州主也。今以長沙、豫章往，水道多絶，難行。竊聞夜郎所有精兵，可得十餘萬，浮船牂柯江，出其不意，此制越一奇也。誠以漢之彊，巴蜀之饒，通夜郎道，爲置吏，易甚。」上許之。乃拜蒙爲郎中將，將千人，食重萬餘人，〔四〕從巴蜀筰關入，遂見夜郎侯多同。蒙厚賜，喻以威德，約爲置吏，使其子爲令。夜郎旁小邑皆貪漢繒帛，以爲漢道險，終不能有也，乃且聽蒙約。還報，乃以爲犍爲郡。發巴蜀卒治道，自僰道指牂柯江。〔五〕蜀人司馬相如亦言西夷邛、筰可置郡。使相如以郎中將往喻，皆如南夷，爲置一都尉，十餘縣，屬蜀。

〔一〕正義 番音婆。

〔二〕集解 徐廣曰：「枸，一作『蒟』，音窶。」駰案：漢書音義曰「枸木似穀樹，其葉如桑葉。用其葉作醬酢，美，蜀人以爲珍味」。索隱 蒟。案：晉灼音矩。劉德云「蒟樹如桑，其椹長二三寸，味酢；取其實以爲醬，美」。又云「蒟緣樹而生，非木也。今蜀土家出蒟，實似桑椹，味辛似薑，不酢」。又云「取葉」。此注又云葉似桑葉，非也。廣志云「色黑，味辛，下氣消穀」。窶，求羽反。

〔三〕正義 崔浩云：「牂柯，繫船杙也。」常氏華陽國志云：「楚頃襄王時，遣莊蹻伐夜郎，軍至且蘭，椓船於岸而步戰。旣滅夜郎，以且蘭有椓船柯處，乃改其名爲牂柯。」

〔四〕索隱 案：食貨輜重車也。音持用反。

〔五〕索隱 道牂柯江。崔浩云：「牂柯，繫船杙也，以爲地名。」道猶從也。地理志夜郎又有豚水，東至南海四會入海，此牂柯江。

當是時，巴蜀四郡〔一〕通西南夷道，戍轉相饟。數歲，道不通，士罷餓離溼，死者甚衆；西南夷又數反，發兵興擊，秏費無功。上患之，使公孫弘往視問焉。還對，言其不便。及弘爲御史大夫，是時方築朔方以據河逐胡，弘因數言西南夷害，可且罷，專力事匈奴。上罷西夷，獨置南夷夜郎兩縣一都尉，〔二〕稍令犍爲自葆就。〔三〕

〔一〕集解 徐廣曰：「漢中，巴郡，廣漢，蜀郡。」

〔二〕集解 徐廣曰：「元光六年，南夷始置郵亭。」

〔三〕正義 令犍爲自葆守，而漸修成其郡縣也。

及元狩元年，博望侯張騫使大夏來，言居大夏時見蜀布、邛竹杖，〔一〕使問所從來，曰「從東南身毒國，〔二〕可數千里，得蜀賈人市」。或聞邛西可二千里有身毒國。騫因盛言大夏在漢西南，慕中國，患匈奴隔其道，誠通蜀，身毒國道便近，有利無害。於是天子乃令王

然于、柏始昌、呂越人等，使閒出西夷西，指求身毒國。至滇，滇王嘗羌〔三〕乃留，爲求道西十餘輩。歲餘，皆閉昆明，〔四〕莫能通身毒國。

〔一〕集解 韋昭曰：「邛縣之竹，屬蜀。」瓚曰：「邛，山名。此竹節高實中，可作杖。」

〔二〕集解 徐廣曰：「字或作『竺』。漢書直云『身毒』，史記一本作『乾毒』。」駰案：漢書音義曰「一名『天竺』」，則浮屠胡是也。索隱 身音捐，毒音篤。一本作「乾毒」。漢書音義一名「天竺」也。

〔三〕集解 徐廣曰：「嘗，一作『賞』。」

〔四〕集解 如淳曰：「爲昆明所閉道。」正義 昆明在今嶲州南，昆縣是也。

滇王與漢使者言曰：「漢孰與我大？」及夜郎侯亦然。以道不通故，各自以爲一州主，不知漢廣大。使者還，因盛言滇大國，足事親附。天子注意焉。

及至南越反，上使馳義侯因犍爲發南夷兵。且蘭〔一〕君恐遠行，旁國虜其老弱，乃與其衆反，殺使者及犍爲太守。漢乃發巴蜀罪人嘗擊南越者八校尉擊破之。會越已破，漢八校尉不下，卽引兵還，行誅頭蘭。〔二〕頭蘭，常隔滇道者也。已平頭蘭，遂平南夷爲牂柯郡。夜郎侯始倚南越，南越已滅，會還誅反者，夜郎遂入朝。上以爲夜郎王。

〔一〕索隱 上音子餘反。小國名也。後縣，屬牂柯。

〔二〕索隱 卽且蘭也。

南越破後，及漢誅且蘭、邛君，並殺筰侯，冄駹皆振恐，請臣置吏。乃以邛都爲越嶲郡，筰都爲沈犂郡，冄駹爲汶山郡，〔一〕廣漢西白馬爲武都郡。

〔一〕集解 應劭曰：「今蜀郡岷江。」

上使王然于以越破及誅南夷兵威風喻滇王入朝。滇王者，其衆數萬人，其旁東北有勞浸、靡莫，〔一〕皆同姓相扶，未肯聽。勞浸、靡莫數侵犯使者吏卒。元封二年，天子發巴蜀兵擊滅勞浸、靡莫，以兵臨滇。滇王始首善，以故弗誅。滇王離難西南夷，舉國降，請置吏入朝。於是以爲益州郡，賜滇王王印，復長其民。

〔一〕索隱 勞寖、靡莫。二國與滇王同姓。

西南夷君長以百數，獨夜郎、滇受王印。滇小邑，最寵焉。

太史公曰：楚之先豈有天祿哉？在周爲文王師，封楚。及周之衰，地稱五千里。秦滅諸侯，唯楚苗裔尚有滇王。漢誅西南夷，國多滅矣，唯滇復爲寵王。然南夷之端，見枸醬番

禺，大夏杖邛竹。西夷後揃，〔一〕剽分二方，〔二〕卒爲七郡。〔三〕

〔一〕集解 漢書音義曰：「音翦。」索隱 音剪。揃謂被分割也。

〔二〕索隱 剽音匹妙反。言西夷後被揃迫逐，遂剽居西南二方，各屬郡縣。剽亦分義。

〔三〕集解 徐廣曰：「犍爲、牂柯、越嶲、益州、武都、沈犂、汶山地也。」

【索隱述贊】西南外徼，莊蹻首通。漢因大夏，乃命唐蒙。勞浸、靡莫，異俗殊風。夜郎最大，邛、筰稱雄。及置郡縣，萬代推功。

史記卷一百一十七

司馬相如列傳第五十七

司馬相如者，蜀郡成都人也，字長卿。少時好讀書，學擊劍，〔一〕故其親名之曰犬子。〔二〕相如既學，〔三〕慕藺相如之爲人，更名相如。以貲爲郎，事孝景帝，爲武騎常侍，〔四〕非其好也。會景帝不好辭賦，是時梁孝王來朝，從游說之士齊人鄒陽、淮陰枚乘、吳莊忌夫子〔五〕之徒，相如見而說之，因病免，客游梁。梁孝王令與諸生同舍，相如得與諸生游士居數歲，乃著子虛之賦。

〔一〕索隱 呂氏春秋劍伎云「持短入長，倏忽縱橫之術也」。魏文典論云「余好擊劍，善以短乘長」是也。

〔二〕索隱 孟康云：「愛而字之也。」

〔三〕索隱 案：秦宓云「文翁遣相如受七經」。

〔四〕索隱 張揖曰：「秩六百石，常侍從格猛獸。」

〔五〕集解 徐廣曰：「名忌，字夫子。」 索隱 徐廣、郭璞皆云名忌字夫子。案：鄒陽傳云枚先生、嚴夫子，此則夫子

是美稱，時人以爲號。漢書作「嚴忌」者，案忌本姓莊，避明帝諱改姓嚴也。

會梁孝王卒，相如歸，而家貧，無以自業。素與臨邛令王吉相善，吉曰：「長卿久宦遊不遂，而來過我。」於是相如往，舍都亭。〔一〕臨邛令繆爲恭敬，日往朝相如。相如初尚見之，後稱病，使從者謝吉，吉愈益謹肅。臨邛中多富人，而卓王孫家僮八百人，程鄭亦數百人，二人乃相謂曰：「令有貴客，爲具召之。」并召令。令既至，卓氏客以百數。至日中，謁司馬長卿，長卿謝病不能往，臨邛令不敢嘗食，自往迎相如。相如不得已，彊往，一坐盡傾。酒酣，臨邛令前奏琴曰：「竊聞長卿好之，願以自娛。」相如辭謝，爲鼓一再行。〔二〕是時卓王孫有女文君新寡，好音，故相如繆與令相重，而以琴心挑之。〔三〕相如之臨邛，從車騎，雍容閒雅甚都；〔四〕及飲卓氏，弄琴，文君竊從戶窺之，心悅而好之，恐不得當也。既罷，相如乃使人重賜文君侍者通殷勤。文君夜亡奔相如，〔五〕相如乃與馳歸成都。家居徒四壁立。〔六〕卓王孫大怒曰：「女至不材，我不忍殺，不分一錢也。」人或謂王孫，王孫終不聽。文君久之不樂，曰：「長卿第俱如臨邛，〔七〕從昆弟假貸猶足爲生，何至自苦如此！」相如與俱之臨邛，盡賣其車騎，買一酒舍酤酒，而令文君當鑪。〔八〕相如身自著犢鼻褌，〔九〕與保庸雜作，〔一〇〕滌器於市中。〔一一〕卓王孫聞而恥之，爲杜門不出。昆弟諸公〔一二〕更謂王孫曰：「有一男兩女，所不足者非財也。今文君已失身於司馬長卿，長卿故倦游，〔一三〕雖貧，其人材足依也，且又令客，獨柰何相辱如此！」卓王孫不得已，分予文君僮百人，錢百萬，及其嫁時衣被財物。文君乃與相如歸成都，買田宅，爲富人。

〔一〕索隱 案：臨邛郭下之亭也。

〔二〕索隱 案：樂府長歌行、短歌行，行者曲也。此言「鼓一再行」，謂一兩曲。

〔三〕集解 郭璞曰：「以琴中音挑動之。」 索隱 張揖云：「挑，嬈也。以琴中嬈之。」挑音徒了反。嬈音奴了反。其詩曰「鳳兮鳳兮歸故鄉，遨遊四海求其皇，有一豔女在此堂，室邇人遐毒我腸，何由交接爲鴛鴦」也。又曰「鳳兮從皇栖，得託子尾永爲妃。交情通體必和諧，中夜相從別有誰」。

〔四〕集解 韋昭曰：「閒，讀曰『閑』，甚得都邑之容也。」郭璞曰：「都猶姣也。詩曰『恂美且都』。」

〔五〕索隱 郭璞云：「婚不以禮爲亡也。」

〔六〕集解 郭璞曰：「言貧窮也。」 索隱 案：孔文祥云「徒，空也。家空無資儲，但有四壁而已，云就此中以安立也」。

〔七〕索隱 弟如臨邛。文穎云：「弟，且也。」郭璞云：「弟，語辭。如，往也。」

〔八〕集解 韋昭曰：「鑪，酒肆也。以土爲墮，邊高似鑪。」

〔九〕集解 韋昭曰：「今三尺布作形如犢鼻矣。稱此者，言其無恥也。今銅印言犢紐，此其類矣。」

〔一〇〕集解 方言曰：「保庸謂之甬，奴婢賤稱也。」

〔一一〕集解 韋昭曰：「瓦器也。每食必滌溉者。」

〔一二〕集解 郭璞曰：「諸公，父行也。」

〔一三〕集解 郭璞曰：「厭游宦也。」

居久之，蜀人楊得意爲狗監，〔一〕侍上。上讀子虛賦而善之，曰：「朕獨不得與此人同時哉！」得意曰：「臣邑人司馬相如自言爲此賦。」上驚，乃召問相如。相如曰：「有是。然此乃諸侯之事，未足觀也。請爲天子游獵賦，賦成奏之。」上許，令尚書給筆札。相如以「子虛」，虛言也，爲楚稱；〔二〕「烏有先生」者，〔三〕烏有此事也，爲齊難；〔四〕「無是公」者，無是人也，明天子之義。〔五〕故空藉〔六〕此三人爲辭，以推天子諸侯之苑囿。其卒章歸之於節儉，因以風諫。奏之天子，天子大說。其辭曰：

〔一〕集解 郭璞曰：「主獵犬也。」

〔二〕集解 郭璞曰：「稱說楚之美。」

〔三〕集解 徐廣曰：「烏，一作惡。」

〔四〕集解 郭璞曰：「詰難楚事也。」

〔五〕集解 郭璞曰：「以爲折中之談也。」

〔六〕索隱 音假借，與積同音。

楚使子虛使於齊，齊王悉發境內之士，備車騎之衆，與使者出田。田罷，子虛過詫〔一〕烏有先生，而無是公在焉。坐定，烏有先生問曰：「今日田樂乎？」子虛曰：「樂。」

「獲多乎？」曰：「少。」「然則何樂？」曰：「僕樂齊王之欲夸僕以車騎之衆，而僕對以雲夢之事也。」曰：「可得聞乎？」

〔一〕集解郭璞曰：「詑，誇也。音託夏反。」索隱上音戈，下音勑亞反。誇詑是也。

子虛曰：「可。王駕車千乘，選徒萬騎，田於海濱。列卒滿澤，罘罔彌山，〔一〕揜兔轔鹿，射麋脚麟。〔二〕騖於鹽浦，割鮮染輪。〔三〕射中獲多，矜而自功。顧謂僕曰：『楚亦有平原廣澤游獵之地饒樂若此者乎？楚王之獵何與寡人？』〔四〕僕下車對曰：『臣，楚國之鄙人也，幸得宿衞十有餘年，時從出游，游於後園，覽於有無，然猶未能徧覩也，又惡足以言其外澤者乎！』齊王曰：『雖然，略以子之所聞見而言之。』

〔一〕集解郭璞曰：「罘，罝也。音浮。」正義說文云「罘，兔罟也」。今幡車罟也。彌，竟也。

〔二〕集解徐廣曰：「轔音吝。」駰案：郭璞曰「脚，掎足。轔，車轢」。索隱脚麟，韋昭云「謂持其一脚也」。司馬彪曰「脚，掎也」。說文云「掎，偏引一脚也」。

〔三〕集解郭璞曰：「鹽浦，海邊地多鹽鹵。鮮，生肉也。染，擩也。音而沿反，又音而悅反。擩之於輪，鹽而食之。騖，馳也。音務。」索隱李奇云：「鮮，生肉也。染，濡也。切生肉濡鹽而食之。」染或爲「淬」，與下文「脟割輪淬」意同也。

〔四〕集解郭璞曰：「與猶如也。」

「僕對曰：『唯唯。臣聞楚有七澤，嘗見其一，未覩其餘也。臣之所見，蓋特其小小

者耳，〔一〕名曰雲夢。〔二〕雲夢者，方九百里，其中有山焉。其山則盤紆岪鬱，隆崇嵂崒；岑巖參差，日月蔽虧；〔三〕交錯糾紛，上干青雲；罷池陂陁，下屬江河。其土則丹青赭堊，〔四〕雌黃〔五〕白坿，〔六〕錫碧〔七〕金銀，衆色炫燿，照爛龍鱗。〔八〕其石則赤玉玫瑰，〔九〕琳瑉琨珸，〔一〇〕瑊玏玄厲，〔一一〕碝石武夫。〔一二〕其東則有蕙圃〔一三〕衡蘭，芷若〔一四〕射干，〔一五〕穹窮〔一六〕昌蒲，江離麋蕪，諸蔗猼且。〔一七〕其南則有平原廣澤，登降陁靡，〔一八〕案衍壇曼，〔一九〕緣以大江，限以巫山。〔二〇〕其高燥則生葴菥苞荔，〔二一〕薛莎青薠。〔二二〕其卑溼〔二三〕則生藏莨蒹葭，東薔〔二四〕雕胡，〔二五〕蓮藕菰蘆，〔二六〕菴閭軒芋，〔二七〕衆物居之，不可勝圖。〔二八〕其西則有湧泉清池，激水推移；外發芙蓉蔆華，內隱鉅石白沙。其中則有神龜蛟鼉，〔二九〕瑇瑁〔三〇〕鼈黿。其北則有陰林〔三一〕巨樹，楩柟豫章，〔三二〕桂椒〔三三〕木蘭，〔三四〕蘖離朱楊，〔三五〕樝梸梬栗，〔三六〕橘柚芬芳。〔三七〕其上則有赤猨蠷蝚，〔三八〕鵷鶵孔鸞，騰遠射干。〔三九〕其下則有白虎玄豹，蟃蜒貙犴，〔四〇〕兕象野犀，〔四一〕窮奇獌狿。

〔一〕索隱郭璞云：「特，獨也。」

〔二〕索隱褚詮音亡棟反，又音莫風反。裴駰云「孫叔敖激沮水作此澤」。張揖云「楚藪也，在南郡華容縣」。郭璞曰「江夏安陸有雲夢城，南郡枝江亦有雲夢城。華容縣又有巴丘湖，俗云卽古雲夢澤也」。則張揖云在華容者，指巴湖也。今安陸東見有雲夢城、雲夢縣，而枝江亦有者，蓋縣名遠取此澤，故有城也。

〔三〕集解漢書音義曰：「高山壅蔽，日月虧缺半見。」索隱案：漢書注此卷多不題注者姓名，解者云是張揖，亦兼有餘人也。

〔四〕集解徐廣曰：「一作『瑕』。」索隱張揖云：「赭，赤土，出少室山。堊，白堊，本草云一名白墡也。」

〔五〕正義藥對曰：「雌黃出武都山谷，與雄黃同山。」

〔六〕集解徐廣曰：「音符。」駰案：漢書音義曰「白坿，白石英也」。索隱張揖曰：「白石英也，出魯陽山。」蘇林音附，郭璞音符也。

〔七〕正義顏云：「錫，青金也。碧謂玉之青白色者也。」

〔八〕集解郭璞曰：「如龍之鱗采。」

〔九〕集解郭璞曰：「赤玉，赤瑾也。見楚辭。玫瑰，石珠也。」

〔一〇〕集解漢書音義曰：「琳，球也。珉，石次玉者，琨珸，山名也，出善金，尸子曰『昆吾之金』者。」索隱琨珸，司馬彪云「石之次玉者」。按：河圖云「流州多積石，名昆吾石，鍊之成鐵，以作劍，光明昭如水精」。案：字或作「昆吾」。

〔一一〕集解徐廣曰：「瑊音古咸反，玏音勒，皆次玉者。」駰案：漢書音義曰「玄厲，黑石可用磨者」。

〔一二〕集解徐廣曰：「石似玉。」駰案：漢書音義曰「碝石出鴈門，武夫出長沙也」。

〔一三〕索隱司馬彪云：「蕙，香草也。」本草云：「薰草一名蕙。」廣志云：「蕙草緑葉紫莖，魏武帝以此燒香，今東下田有此草，莖葉似麻，其華正紫也。」

〔一四〕集解漢書音義曰：「衡，杜衡也。其狀若葵，其臭如蘼蕪。芷，白芷。若，杜若。」索隱張揖云「衡，杜衡，生

下田山」。案：山海經云「天帝之山有草，葉如葵，臭如蘼蕪，可以走馬」。博物志云「一名土杏，其根一似細辛，葉似葵」。故藥對亦爲似細辛是也。蘭，張揖云「秋蘭」。芷若，張揖云「若，杜若；芷，白芷也」。本草云「一名茝」。今埤蒼云「齊曰茝，晉曰虈」。字林曰「茝音昌亥反，又音昌里反。虈音火嬌反」。本草又曰「杜若，一名杜衡」。今杜若葉似薑而有文理，莖葉皆有長毛。古今名號不同，故其所呼別也。

〔一五〕索隱廣雅云「烏蓬，射干」。本草名烏扇。

〔一六〕索隱芎藭。司馬彪云：「芎藭似藁本」。郭璞云：「今歷陽呼爲江離。」淮南子云：「夫亂人者，若芎藭之與藁本。」

〔一七〕集解徐廣曰：「猼音匹沃反。」駰案：漢書音義曰「江離，香草。蘼蕪，蘄芷也，似蛇床而香。諸蔗，甘柘也。猼且，蘘荷也」。索隱吳録曰「臨海縣海水中生江離，正青似亂髮，卽離騷所云者是也」。廣志云「赤葉紅華」，則與張勃所說又別。案：今芎藭苗曰江離，緑葉白華，又不同。孟康云「蘼蕪，蘄芷也，似蛇床而香」。樊光曰「藁本一名蘼蕪，根名蘄芷」。又藥對以爲蘼蕪一名江離，芎藭苗也。則芎藭、藁本、江離、蘼蕪並相似，非是一物也。諸柘，張揖云「諸柘，甘柘也」。猼且，上音並卜反，下音子余反。漢書作「巴且」，文穎云「巴蕉也」。郭璞云「猼且，蘘荷屬」。未知孰是也。

〔一八〕集解音移靡。

〔一九〕索隱司馬彪云：「案衍，窳下；壇曼，平博也。」衍音弋戰反。

〔二〇〕集解郭璞曰：「巫山今在建平巫縣也。」

〔二一〕集解徐廣曰：「葴音針，馬藍也。菥，或曰草，生水中，華可食。荔音力詣反。草，似蒲。」駰案：漢書音義曰「苞，藨也」。索隱葴析。音針斯二音。孟康曰「葴，馬藍也」。郭璞曰「葴，酸漿，江東名烏葴」。析，漢書作

「斯」，孟康云「斯，禾，似燕麥」。埤蒼又云「生水中，華可食」。廣志云「涼州地生析草，皆如中國燕麥」是也。

〔二二〕集解 徐廣曰：「薛音先結反。」駰案：漢書音義曰「薛，賴蒿也。莎，鎬侯也。青薠，似莎而大也。音煩」。

〔二三〕索隱 其庳溼。庳音婢。庳，下也。

〔二四〕集解 徐廣曰：「烏桓國有蒿，似蓬草，實如葵子，十月熟。」駰案：漢書音義曰「藏，似薍而葉大。莨，莨尾草也。蒹，蘼也。葭，蘆也」。索隱 藏莨，郭璞云「狼尾，似茅」。蒹葭音兼加。孟康云「蒹葭似蘆也」。郭璞云「蒹，蔽也。似萑而細小，高數尺，江東人呼爲蒹蒿」。又云「葭，蘆也。似葦而細小，江東人呼爲烏藍」。薍音五患反。蔽音敵。東蘠，案續漢書云「東蘠似蓬草，實如葵子，十一月熟」。廣志云「子色青黑，河西語云『貸我東蘠，償我白粱』也」。

〔二五〕索隱 彫胡。案謂菰米。

〔二六〕集解 徐廣曰：「生水中。」索隱 郭璞云：「菰，蔣也。蘆，葦也。」

〔二七〕集解 漢書音義曰：「奄閭，蒿也。軒芋，蕕草也。」索隱 郭璞云：「菴閭，蒿，子可療病也。軒芋生水中，今楊州有也。」

〔二八〕集解 郭璞曰：「圖，畫也。」

〔二九〕正義 郭注山海經云：「蛟，似蛇而四脚，小頭細頸，有白嬰，大者數十圍，卵生，子如一二斛瓮，吞人。鼉，似蜥蜴而大，身有甲，皮可以冒鼓。」

〔三〇〕正義 似蛸蠵，甲有文，出南海，可以飾器物也。

〔三一〕集解 郭璞曰：「林在山北陰地。」

〔三二〕集解 郭璞曰：「楩，杞也，似梓。柟，葉似桑。豫章，大木也，生七年乃可知也。」正義 案：（温）活人云「豫，今之枕木也。章，今之樟木也。二木生至七年，枕樟乃可分別」。

〔三三〕正義 郭璞云：「桂，似枇杷葉而大，白花，花而不著子，藂生巖嶺閒，無雜木，冬夏常青。」案：今諸寺有桂樹，葉若枇杷而小，光静，冬夏常青，其皮不中食，蓋二色桂樹。

〔三四〕集解 駰案：郭璞曰「木蘭，樹，皮辛香可食」。正義 廣雅云：「似桂，皮辛可食，葉冬夏榮，常以冬華，其實如小（廿）柿，辛美，南人以爲梅也。」

〔三五〕集解 徐廣曰：「槩音扶戾反。」漢書音義曰：「離，山梨。朱楊，赤楊也。」索隱 朱楊，郭璞云「赤莖柳，生水邊」，爾雅云檉河柳是也。

〔三六〕集解 徐廣曰：「梬音郢。」駰案：漢書音義曰「梬，梬棗也」。

〔三七〕正義 小曰橘，大曰柚。樹有刺，冬不凋，葉青，花白，子黃赤。二樹相似，非橙也。

〔三八〕集解 徐廣曰：「音劬柔。」正義 蠷音劬，猱音柔，皆猿猴類。

〔三九〕集解 郭璞曰：「鵷雛，鳳屬也。孔，孔雀；鸞，鸞鳥也。」漢書音義曰：「騰遠，鳥名。射干，似狐，能緣木。」索隱 孟康云「騰遠，鳥名」，非也。司馬彪云：「騰遠，虵也。」郭璞云：「騰虵，龍屬，能興雲霧。」張揖云：「射干，似狐，能緣木。」

〔四〇〕集解 郭璞曰：「蟃蜒，大獸，長百尋。貙，似貍而大。」漢書音義曰：「豻，胡地野犬，似狐而小也。」索隱 郭璞云：「蟃蜒，大獸，長百尋。」張揖云：「貙，似貍而大。豻，胡地野犬，似狐而小，黑喙。」應劭音顏，韋昭一音岸。鄒誕生音苦姦反，協音，是。

〔四一〕正義 兕，狀如水牛。象，大獸，長鼻，牙長一丈，俗呼爲江獀。犀，頭似豭，一角在額。漢書無此一句。

「於是乃使專諸之倫，手格此獸。楚王乃駕馴駁之駟，〔一〕乘雕玉之輿，靡魚須之橈旃，〔二〕曳明月之珠旗，〔三〕建干將之雄戟，〔四〕左烏嗥之雕弓，〔五〕右夏服之勁箭；〔六〕陽子驂乘，纖阿爲御；〔七〕案節未舒，〔八〕卽陵狡獸，轔邛邛，蹵距虛，〔九〕軼野馬而轊騊駼，〔一〇〕乘遺風而射游騏；〔一一〕儵眒淒浰，〔一二〕靁動熛至，星流霆擊，弓不虛發，中必決眥，〔一三〕洞胸達腋，絶乎心繫，獲若雨獸，揜草蔽地。於是楚王乃弭節裴回，〔一四〕翱翔容與，〔一五〕覽乎陰林，觀壯士之暴怒，與猛獸之恐懼，徼𧮪受詘，〔一六〕殫睹衆物之變態。

〔一〕集解 漢書音義曰：「馴，擾也。駁，如馬，白身，黑尾，一角，鋸牙，食虎豹。擾而駕之，以當駟馬也。」

〔二〕集解 郭璞曰：「以海魚須爲旒旌，言橈弱也。通帛爲旃也。」

〔三〕集解 漢書音義曰：「以明月珠綴飾旗。」

〔四〕集解 漢書音義曰：「干將，韓王劍師。雄戟，胡中有鉅，干將所造也。」索隱 應劭曰：「干將，吳善冶者姓。」如淳曰：「干將，鐵所出。」晉灼曰：「闔閭鑄干將劍。」應劭說是。方言云：「戟中小孑刺者，所謂雄戟也。」周處風土記云：「戟爲五兵雄也。」鉅音巨。案：周禮「冶氏爲戈，胡三之」。注云「胡其孑」也。又禮圖謂「戟支曲下爲胡」也。

〔五〕索隱 烏號之雕弓。黃帝上仙，羣臣舉弓抱之而號，見封禪書及郊祀志文。韓詩外傳云弓工之妻曰「此弓大山南烏號之柘」。案：淮南子云「烏號，柘桑，其材堅勁，烏棲其上，將飛，枝勁復起，號呼其上。伐取其材爲弓，因

曰『烏號』」。古史考、風俗通皆同此說也。

〔六〕集解 徐廣曰：「韋昭云夏，夏羿也。矢室名曰服。」呂靜曰：「步叉謂之服也。」索隱 案：夏羿，善射者。又服，箭室之名，故云「夏服」。又夏后氏有良弓名「繁弱」，其矢亦良，卽「繁弱箭服」是也。

〔七〕集解 漢書音義曰：「陽子，僊人陵陽子。纖阿，月御也。」韋昭曰：「陽子，古賢也。」索隱 服虔云：「陽子，仙人陵陽子也。」張揖云：「陽子，伯樂也。孫陽字伯樂，秦繆公臣，善御者也。」服虔云：「纖阿爲月御。或曰美女姣好貌。」又樂産曰：「纖阿，山名，有女子處其巖，月歷巖度，躍入月中，因名月御也。」

〔八〕索隱 郭璞曰：「言頓轡也。」司馬彪云「案轡徐行得節，故曰案節，馬足未展，故曰未舒之也」，亦（曰未）〔爲〕得也。

〔九〕集解 郭璞曰：「邛邛，似馬而色青。距虛卽邛邛，變文互言之。穆天子傳曰『邛邛距虛，日走五百里』也。」

〔一〇〕集解 徐廣曰：「轊音銳。」駰案：郭璞曰「野馬，如馬而小。騊駼，似馬。轊，車軸頭」。索隱 轊騊駼。上音衞。轊，車軸頭也。謂車軸衞殺之。騊駼，野馬。

〔一一〕集解 漢書音義曰：「遺風，千里馬。爾雅曰騏，如馬，一角。不角者，騏也。」索隱 呂氏春秋云：「遺風之乘。」古今注云：「秦始皇馬名。」韋昭云：「騏如馬，一角。」爾雅云：「麐無角曰騏。」非麒麟之騏。麐音擱。

〔一二〕集解 徐廣曰：「淒音七見反。浰音力詣反。」駰案：漢書音義曰「皆疾貌」。

〔一三〕集解 韋昭曰：「在目所指，中必決於眼眥也。」

〔一四〕集解 郭璞曰：「或云節，今之所杖信節也。」索隱 司馬彪云：「弭猶低也。或云節，今之所言杖（節）信〔節〕也。」

〔一五〕索隱郭璞曰：「言自得。」

〔一六〕集解徐廣曰：「𠜴音劇。」駰案：郭璞曰「𠜴，疲極也。詘，盡也。言獸有倦游者，則徼而取之」。索隱徼𠜴受詘。司馬彪云：「徼，遮也。𠜴，倦也。謂遮其倦者。」𠜴音劇。詘音屈。說文云：「𠜴，勞也。燕人謂勞爲𠜴。」徼音古堯反。

「於是鄭女曼姬，〔一〕被阿錫，〔二〕揄紵縞，〔三〕襍纖羅，垂霧縠；〔四〕襞積褰縐，紆徐委曲，鬱橈谿谷；〔五〕衯衯裶裶，〔六〕揚袘卹削，〔七〕蜚纖垂髾；〔八〕扶與猗靡，〔九〕噏呷萃蔡，〔一〇〕下靡蘭蕙，上拂羽蓋，錯翡翠之威蕤，〔一一〕繆繞玉綏；〔一二〕縹乎忽忽，若神仙之仿佛。〔一三〕

〔一〕集解郭璞曰：「曼姬謂鄧曼。姬，婦人之總稱。」正義文穎云：「鄧國出好女。曼者，其色理曼澤也。」如淳云：「鄭女，夏姬也。曼姬，楚武王夫人鄧曼。」

〔二〕集解漢書音義曰：「阿，細繒也。錫，布也。」正義按：東阿出繒也。

〔三〕集解徐廣曰：「揄音臾。」正義揄，曳也。韋昭云：「紵之色若縞也。」顏云：「紵，織紵也。縞，鮮支也。」

〔四〕集解郭璞曰：「言細如霧，垂以覆頭。」

〔五〕集解漢書音義曰：「襞積，簡䶢也。褰，縮也。縐，裁也。其縐中文理，茀鬱迟曲，有似於谿谷也。」索隱小顏云：「襞積，今之裙襵，古謂之素積。」蘇林曰「褰縐，縮蹙之」是也。縐音側救反。䶢音叉革反。裁音在代反。鬱橈谿谷，孟康曰「其縐中文理，茀鬱迟曲，有似于谿谷也」。迟，字林音丘亦反。

〔六〕索隱郭璞云：「衣長貌。」正義上芳云反，下方非反。

〔七〕集解徐廣曰：「袘音迤，衣袖也。」駰案：漢書音義曰「卹削，裁制貌也」。索隱揚袘戌削。張晏曰：「揚，舉也。袘，衣袖也。戌削，裁制貌也。」

〔八〕集解徐廣曰：「纖音芟。」駰案：郭璞云「纖，袿衣飾；髾，髻髾也」。

〔九〕集解郭璞曰：「淮南所謂『曾折摩地，扶與猗委』也。」正義與音餘。猗，於綺反。謂鄭女曼姬侍從王者，扶其車輿而猗靡。

〔一〇〕集解漢書音義曰：「噏呷，衣裳張起也。萃蔡，衣聲也。」索隱孟康曰：「噏呷，衣起張也。」韋昭云：「呷音呼甲反。」萃縩，孟康云「萃縩，衣聲也」。郭璞曰「萃縩猶璀璨也」。正義呷，火甲反。萃音翠。蔡，千賄反。

〔一一〕集解徐廣曰：「錯音措。或作『錯粉翠蕤』。」

〔一二〕集解郭璞曰：「綏，所執以登車。」正義顏云：「下靡蘭蕙，謂垂髾也。上拂羽蓋，謂飛襳也。玉綏，以玉飾綏也。」言飛襳垂髾，錯襍翡翠之旌幡，或繞玉綏也。張揖云：「翡翠大小一如雀，雄赤曰翡，雌青曰翠。」博物志云：「翡身通黑，唯胸前背上翼後有赤毛。翠身通青黃，唯六翮上毛長寸餘青。其飛則羽鳴翠翡翠翡然，因以爲名也。」

〔一三〕正義仿佛，言似神仙也。戰國策云：「鄭之美女粉白黛黑而立於衢，不知者謂之神仙。」

「於是乃相與獠於蕙圃，〔一〕媻姍勃窣〔二〕上金隄，揜翡翠，射鵕鸃，〔三〕微矰出，纖繳施，〔四〕弋白鵠，連駕鵝，〔五〕雙鶬下，玄鶴加。〔六〕怠而後發，游於清池；浮文鷁，〔七〕揚桂枻，〔八〕張翠帷，建羽蓋，罔瑇瑁，鉤紫貝；〔九〕摐金鼓，吹鳴籟，〔一〇〕榜人歌，〔一一〕聲流喝，〔一二〕水蟲駭，波鴻沸，涌泉起，奔揚會，礧石相擊，硠硠礚礚，若雷霆之聲，聞乎數百里之外。

〔一〕集解郭璞曰：「獠，獵也。音遼。」索隱爾雅云：「宵獵曰獠。」郭璞曰：「獠，獵也。又音遼也。」

〔二〕索隱槃姍勃窣。韋昭曰：「槃姍，匍匐上下也。」窣音素忽反。

〔三〕集解漢書音義曰：「鵕鸃，鳥，似鳳也。」索隱司馬彪云：「鵕鸃，山雞也。」許慎云：「鷩鳥也。」郭璞曰：「似鳳，有光彩。音浚宜。」李彤云：「鵕鸃，神鳥，飛光竟天也。」

〔四〕集解徐廣曰：「繳音斫。」

〔五〕集解郭璞曰：「野鵝也。駕音加。」索隱駕鵝。爾雅云：「舒鴈，鵝也。」郭璞曰：「野鵝也。」正義鵠，水鳥也。駕鵝連謂兼護也。抱朴子云：「千歲之鵠純白，能登於木。」

〔六〕集解郭璞曰：「詩云『弋言加之』是也。」正義司馬彪云：「鶬似鴈而黑，亦呼爲鶬括。」韓詩外傳云胎生也。相鶴經云：「鶴壽二百六十歲則色純黑。」案：弋雙鶬既下，又加玄鶴之上也。

〔七〕集解漢書音義曰：「鷁，水鳥也。畫其象於船首。」淮南子曰『龍舟鷁首，天子之乘也』。

〔八〕集解徐廣曰：「音曳。」駰案：韋昭曰「枻，檝也」。

〔九〕集解郭璞曰：「紫質黑文也。」正義毛詩蟲魚疏云：「貝，水之介蟲。大者蚢，音下郎反。小者爲貝，其白質如玉，紫點爲文，皆成行列。當大者徑一尺，小者七八寸。今九真、交阯以爲杯盤實物也。」貨殖傳云「貝賓龜」是也。

〔一〇〕集解漢書音義曰：「摐，撞也。籟，簫也。」

〔一一〕集解郭璞曰：「唱櫂歌也。榜，船也，音謗。」

〔一二〕集解徐廣曰：「烏邁反。」

「將息獠者，擊靈鼓，〔一〕起烽燧，車案行，騎就隊，纚乎淫淫，班乎裔裔。〔二〕於是楚王乃登陽雲之臺，〔三〕泊乎無爲，澹乎自持，勺藥之和具而後御之。〔四〕不若大王終日馳騁而不下輿，脟割輪淬，自以爲娛。〔五〕臣竊觀之，齊殆不如。』於是王默然無以應僕也。」

〔一〕集解郭璞曰：「靈鼓，六面也。」

〔二〕集解郭璞曰：「皆羣行貌也。」

〔三〕集解徐廣曰：「宋玉云楚王游於陽雲之臺。」駰案：郭璞曰「在雲夢之中」。

〔四〕集解郭璞曰：「勺藥，五味也。」

〔五〕集解徐廣曰：「淬，千內反。」駰案：郭璞曰「脟，膞；淬，染也。脟音臠也」。

烏有先生曰：「是何言之過也！足下不遠千里，來況齊國，〔一〕王悉發境內之士，而備車騎之衆，以出田，乃欲勠力致獲，以娛左右也，何名爲夸哉！問楚地之有無者，願聞大國之風烈，先生之餘論也。今足下不稱楚王之德厚，而盛推雲夢以爲高，奢言淫

樂而顯侈靡，竊爲足下不取也。必若所言，固非楚國之美也。有而言之，是章君之惡；無而言之，是害足下之信。章君之惡而傷私義，二者無一可，而先生行之，必且輕於齊而累於楚矣。且齊東陼巨海，〔二〕南有琅邪，〔三〕觀乎成山，〔四〕射乎之罘，〔五〕浮勃澥，〔六〕游孟諸，〔七〕邪與肅慎爲鄰，〔八〕右以湯谷爲界，〔九〕秋田乎青丘，〔一〇〕傍偟乎海外，吞若雲夢者八九，其於胸中曾不蔕芥。〔一一〕若乃俶儻瑰偉，異方殊類，珍怪鳥獸，萬端鱗萃，充仞其中者，不可勝記，禹不能名，契不能計。〔一二〕然在諸侯之位，不敢言游戲之樂，苑囿之大；先生〔一三〕又見客，〔一四〕是以王辭而不復，〔一五〕何爲無用應哉！」

〔一〕集解郭璞曰：「言有惠況也。」

〔二〕索隱陼，蘇林音渚。小洲曰陼。謂東有大海之陼也。

〔三〕集解郭璞曰：「山名，在琅邪縣界。」正義山名，在密州東南百三十里。琅邪臺在山上。

〔四〕集解徐廣曰：「在東萊不夜縣。」索隱張揖云：「觀，闕也。於山上築宮闕。」郭璞云：「言在山下游觀，音館也。」正義封禪書云「成山斗入海」，言上山觀也。括地志云：「成山在萊州文登縣東北百八十里也。」

〔五〕集解漢書音義曰：「之罘山在牟平縣。射獵其上也。」正義括地志云：「罘山在萊州文登縣西北百九十里。」言射獵其上也。罘音浮。

〔六〕集解漢書音義曰：「海別枝名也。」索隱案：齊都賦云「海傍曰勃，斷水曰澥」也。

〔七〕集解郭璞曰：「宋之藪澤名。」正義周禮職方氏「青州藪曰望諸」，鄭玄云「望諸，孟瀦也」。

〔八〕正義邪謂東北接之。括地志云：「靺鞨國，古肅慎也，亦曰挹婁，在京東北八千四百里，南去扶餘千五百里，東及北各抵大海也。」

〔九〕正義言右者，北向天子也。海外經云：「湯谷在黑齒北，上有扶桑木，水中十日所浴。」張揖云：「日所出也。」許慎云：「熱如湯。」

〔一〇〕集解郭璞曰：「青丘，山名。亦有田，出九尾狐，在海外矣。」索隱郭璞云：「山名。出九尾狐也。」正義服虔云：「青丘國在海東三百里。」郭璞云：「青丘，山名。上有田，亦有國，出九尾狐，在海外。」

〔一一〕索隱張揖曰：「刺鯁也。」郭璞云：「言不覺有也。」

〔一二〕正義禹爲堯司空，辨九州土地山川草木禽獸。契爲司徒，敷五教，主四方會計。言二人猶不能名計其數。

〔一三〕索隱指子虛也。

〔一四〕索隱如淳曰：「見賓客禮待故也。」李善曰：「言見先生是(賓)客(之)也。」

〔一五〕索隱郭璞曰：「復，答也。」

無是公听然而笑〔一〕曰：「楚則失矣，齊亦未爲得也。夫使諸侯納貢者，非爲財幣，所以述職也；〔二〕封疆畫界者，非爲守禦，所以禁淫也。〔三〕今齊列爲東藩，而外私肅慎，捐國踰限，越海而田，其於義故未可也。且二君之論，不務明君臣之義而正諸侯之禮，徒事爭游獵之樂，苑囿之大，欲以奢侈相勝，荒淫相越，此不可以揚名發譽，而適足以貶君自損也。且夫齊楚之事又焉足道邪！君未睹夫巨麗也，獨不聞天子之上林乎？

〔一〕集解郭璞曰：「听，笑貌也。」索隱說文云：「听，笑皃。」

〔二〕集解郭璞曰：「諸侯朝於天子曰述職，言述所職。見孟子。」

〔三〕集解郭璞曰：「禁絕淫放也。」

「左蒼梧，右西極，〔一〕丹水更其南，〔二〕紫淵徑其北；〔三〕終始霸滻，出入涇渭；〔四〕酆鄗〔五〕潦潏〔六〕，紆餘委蛇，經營乎其內。蕩蕩兮八川分流，相背而異態。〔七〕東西南北，馳騖往來，出乎椒丘之闕，行乎洲淤之浦，〔八〕徑乎桂林之中，〔九〕過乎泱莽之野。〔一〇〕汩乎渾流，順阿而下，〔一一〕赴隘陝之口。觸穹石，激堆埼，〔一二〕沸乎暴怒，洶涌滂濞，〔一三〕滭浡滵汩，〔一四〕湢測泌瀄，〔一五〕橫流逆折，轉騰潎洌，〔一六〕澎濞沆瀣，〔一七〕穹隆雲撓，〔一八〕蜿灗膠戾，〔一九〕踰波趨浥，〔二〇〕莅莅下瀨，〔二一〕批壧衝壅，〔二二〕犇揚滯沛，〔二三〕臨坻注壑，〔二四〕瀺灂〔二五〕霣墜，〔二六〕湛湛〔二七〕隱隱，砰磅訇磕，〔二八〕潏潏淈淈，湁潗鼎沸，〔二九〕馳波跳沫，〔三〇〕汩㴔漂疾，〔三一〕悠遠長懷，〔三二〕寂漻無聲，肆乎永歸。然後灝溔潢漾，〔三三〕安翔徐徊，翯乎滈滈，〔三四〕東注大湖，〔三五〕衍溢陂池。於是乎蛟龍赤螭，〔三六〕䱭鰽螹離，〔三七〕鰅鱅鰬魠，〔三八〕禺禺鱋魶，〔三九〕揵鰭〔四〇〕擢尾，振鱗奮翼，潛處于深巖；魚鼈讙聲，萬物衆夥，明月珠子，玓瓅江靡，〔四一〕蜀石黃碝，〔四二〕水玉磊砢，〔四三〕磷磷爛爛，采色澔汗，叢積乎其中。鴻鵠鷫鴇，鴐鵝鸀鳿，〔四四〕鵁鶄〔四五〕鶻目，〔四六〕煩鶩鷛鸈，〔四七〕鷏鴜鵁鸕，〔四八〕羣浮乎其上。汎淫泛濫，〔四九〕隨風澹淡，與波搖蕩，掩薄草渚，〔五〇〕唼喋〔五一〕菁藻，〔五二〕咀嚼菱藕。

〔一〕集解郭璞曰：「西極，邠國也。見爾雅。」正義文穎云：「蒼梧郡屬交州，在長安東南，故言左。爾雅云西至於豳國爲極。在長安西，故言右。」

〔二〕集解漢書音義曰：「丹水出上洛冢領山。」

〔三〕集解郭璞曰：「紫淵所未詳。」正義山海經云：「紫淵水出根耆之山，西流注河。」文穎云：「西河穀羅縣有紫澤，(其水紫色注亦紫)在縣北，於長安爲北。」

〔四〕索隱張揖云：「灞出藍田西北而入渭。滻亦出藍田谷，北至霸陵入灞。灞滻二水盡於苑中不出，故云終始也。涇渭二水從苑外來，又出苑去也。涇水出安定涇陽縣幵頭山，東至陽陵入渭。渭水出隴西首陽縣鳥鼠同穴山，東北至華陰入河。」

〔五〕索隱豐鎬。張揖云：「豐水出鄠縣南山豐谷，北入渭。鎬在昆明池北。」郭璞云：「鎬水，豐水下流也。」

〔六〕集解郭璞曰：「皆水流貌，音決。」索隱應劭云：「潦，流也。潏，涌出聲也。」張揖云：「又有潏水，出南山。」姚氏云：「潦，或作『澇』也。澇水出鄠縣，北注渭。潏水出杜陵，今名沇水，自南山皇子陂西北流注昆明池入渭。」案：此下文「八川分流」，則從涇、渭、灞、滻、豐、鎬、潦、潏爲八。晉灼曰：「從丹水下則有九，從灞以下則七。」案：今潏既是水名，除丹紫二川，自涇渭以下適足八川，是經營乎其內也。又潘岳關中記曰「涇、渭、灞、滻、豐、鎬、澇、潏，上林賦所謂『八川分流』」。

〔七〕集解郭璞曰：「八川名在上。」

〔八〕集解郭璞曰：「椒丘，丘名，言有巖闕也，見楚辭。淤亦洲名，蜀人云，見方言。」索隱服虔云：「丘名，楚詞曰

『馳椒丘且焉止息』也。」案：兩山俱起，象雙闕。如淳云「丘多椒也」。

〔九〕集解 郭璞曰：「桂林，林名也，見南海經也。」

〔一〇〕集解 漢書音義曰：「山海經所謂大荒之野。」

〔一一〕集解 郭璞曰：「阿，大陵。」

〔一二〕集解 郭璞曰：「穹隆，大石貌。堆，沙堆。埼，曲岸頭，音祁。」索隱 郭璞曰：「堆，沙堆；埼，曲岸頭也。」

〔一三〕集解 洶音許勇反。涌音勇。滂音浦橫反。濞音浦拜反。索隱 洶湧澎湃。司馬彪云：「洶湧，跳起貌。澎湃，相戾也。」湧，或作「容」。澎，或作「滂」。

〔一四〕索隱 司馬彪云：「滭沸，盛貌。滵汩，去疾也。」正義 畢勑密三音。汩，于筆反。

〔一五〕集解 郭璞曰：「逼側筆櫛四音。」索隱 司馬彪云：「湢測，相迫也。泌瀄，相楔也。」郭璞云：「逼側筆櫛四音。」

〔一六〕索隱 蘇林曰：「流輕疾也。」

〔一七〕索隱 滂濞沆溉。溉，亦作「溉」。司馬彪云：「滂濞，水流聲也。沆溉，徐流。」郭璞云：「鼓怒鬱䱐之皃也。」正義 澎，普彭反。濞，普祕反。沆，胡朗反。溉，胡代反。

〔一八〕索隱 穹崇雲橈。服虔云：「水旋還作泉也。」郭璞云：「水隴起回窟也。」

〔一九〕索隱 司馬彪云：「蜿灗，展轉也。膠戾，邪屈也。」音婉善交戾四音也。正義 蜿音婉。蟬音善。

〔二〇〕集解 徐廣曰：「烏狹反。」索隱 隃波趨浥。司馬彪云：「隃波，後陵前也。趨浥，輪于深泉也。」浥音焉浹反。

〔二一〕索隱 司馬彪云：「莅莅，水聲也。」音利。

〔二二〕正義 批，白結反。堨，巖。司馬彪云：「批，反擊也。壅，曲限也。」

〔二三〕索隱 滯沛，郭璞云「水洒散皃」。滯音丑制反。

〔二四〕正義 坻音遲。坻，水中沙微起出水者也。爾雅云「小沚曰坻」。壑，墟也。

〔二五〕索隱 上音士湛反，下音士卓反。說文云「水小聲也」。

〔二六〕正義 霣音隕。隧，直類反。

〔二七〕集解 徐廣曰：「湛音沈。」

〔二八〕正義 砰，披萌反。磅，蒲黃反。訇，呼宏反。礚，苦蓋反。皆水流鼓怒之聲也。

〔二九〕集解 郭璞曰：「湁音勑立反。潗音緝。」索隱 潏潏湁潗。郭璞云，皆水微轉細涌貌。潏淈音決骨。湁音勑力反。潗音緝。廣雅云「淈淈，決流也」。周成雜字云「湁潗，水沸之皃也」。

〔三〇〕集解 徐廣曰：「一云『吸呷』。」

〔三一〕索隱 澺，晉灼曰「華給反」，郭璞云「許立反」。汩澺，急轉皃也。

〔三二〕正義 放散貌也。

〔三三〕正義 晃養二音。郭云「皆水無涯際也」。

〔三四〕索隱 翯音鶴。滈音鎬。詩曰「白鳥翯翯」。郭璞云「水白光皃」。翯音皛，滈音昊也。

〔三五〕正義 太湖在蘇州西南。

〔三六〕索隱 文穎曰：「龍子曰螭。」張揖云：「雌龍也。」正義 螭，丑知反。文穎云「龍子爲螭」，張揖曰「雌龍也」，二說皆非。廣雅云：「有角曰虯，無角曰螭。」案：虯螭皆龍類而非龍。

〔三七〕集解 徐廣曰：「螹音漸。」駰案：郭璞曰「鰬鰽，鮪也」。音亙瞢。螹離未聞。正義 鰬，古鄧反。鰽，末鄧反。李奇云：「周洛曰鮪，蜀曰鮔鰽。出鞏山穴中，三月遡河上，能度龍門之限，則爲龍矣。」

〔三八〕集解 徐廣曰：「鰅音娛㕵反。皮有文，出樂浪。鰬音虔。魠音託，哆口魚。」駰案：郭璞曰「鱔似鯉而黑」。漢書音義曰「鰬似鯉而大」也。

〔三九〕集解 徐廣曰：「禺禺，魚牛也。鰨，一作『魼』，音榻。魶音納，一作『鯣』。」駰案：漢書音義曰「魼，比目魚也。魶，鯷魚」。

〔四〇〕正義 揵音乾。鰭音祁。揵，舉也。鰭者，魚背上鬣也。

〔四一〕集解 郭璞曰：「靡，崖也。」索隱 的皪江靡。應劭曰：「靡，邊也。明月珠子生於江中，其光耀乃照于江邊。」張揖曰：「靡，涯也。」郭璞曰：「的皪，照也。」

〔四二〕集解 郭璞曰：「碝石黃色也。」

〔四三〕集解 郭璞曰：「水玉，水精也。」

〔四四〕集解 郭璞曰：「鳿，鷫鷞。鷁鳿，似鴨而大，長頸赤目，紫紺色也。」索隱 鳿音保。郭璞云：「鳿似鴈，無後指。」毛詩鳥獸疏云：「鳿似鴈而虎文也。」正義 鷁鳿，燭玉二音。郭云：「似鴨而大，長頸赤目，紫紺色。辟水毒，生子在深谷澗中。若時有雨，鳴。雌者生子，善鬭。江東呼爲燭玉。」

〔四五〕正義 郭云：「鵁鶄似鳧而脚高，有毛冠，辟火災。」

〔四六〕集解 徐廣曰：「鵦音環。」索隱 鵦目。郭璞云未詳。小顏云：「荆郢間有水鳥，大如鷺而短尾，其色紅白，深目，目旁毛長而旋，此其旋目乎？」鵦音旋。

〔四七〕集解 徐廣曰：「煩鶩，一作『番鸔』。鷛音容。」駰案：漢書音義曰「煩鶩，鳧也。鷛鸔似鶩，灰色而雞足」。索隱 煩鶩鷛渠。郭璞云：「煩鶩，鴨屬。鷛渠，一名章渠也。」

〔四八〕集解 徐廣曰：「鱵音斟。水鳥也。鷉音斯。鳷音火交反。」駰案：漢書音義曰「鱵鷉，蒼黑色」。郭璞曰「鳷，魚鳷也，脚近尾。鶄，鵁鶄也」。索隱 箴鶖。張揖云「箴鶖似魚虎而蒼黑」。鄒誕本作「鴟鷉」也。

〔四九〕索隱 郭璞云：「皆鳥任風波自縱漂皃。」汎音馮。泛音芳劍反。廣雅云：「汎汎，氾氾，浮也。」

〔五〇〕索隱 張揖云：「掩，覆也。草叢生曰薄也。」正義 掩，覆也。薄，依也。言或依草渚而游戲也。

〔五一〕正義 唼，疏甲反。喋，丈甲反。鳥食之聲也。

〔五二〕集解 郭璞曰：「菁，水草。呂氏春秋曰『太湖之菁』也。」索隱 郭璞云：「菁，水草；藻，䕩也。呂氏春秋曰『太湖之菁』。左傳云『蘋蘩蘊藻』。蘊即聚。」

於是乎崇山巃嵸，崔巍嵯峨，〔一〕深林鉅木，嶄巖參嵯，〔二〕九嵏、嶻嶭，南山峨峨，〔三〕巖陁〔四〕甗錡，摧崣崛崎，〔五〕振谿通谷，〔六〕蹇產溝瀆，〔七〕谽呀豁閜，〔八〕阜陵別島，〔九〕崴磈嵔瘣，〔一〇〕丘虛崛礨，〔一一〕隱轔鬱壘，〔一二〕登降施靡，〔一三〕陂池貏豸，〔一四〕沇溶淫鬻，〔一五〕散渙夷陸，〔一六〕亭皋千里，靡不被築。〔一七〕掩以綠蕙，〔一八〕被以江離，糅以蘪蕪，〔一九〕雜以流夷。〔二〇〕尃結縷，〔二一〕欑戾莎，〔二二〕揭車衡蘭，槀本射干，〔二三〕茈薑〔二四〕蘘荷，〔二五〕葴橙若蓀，〔二六〕鮮枝黃礫，〔二七〕蔣芧青薠，〔二八〕布濩閎澤，延曼太原，麗靡廣衍，應風披靡，吐芳揚烈，〔二九〕郁郁斐斐，衆香發越，肸蠁布寫，晻曖苾勃。〔三〇〕

〔一〕【正義】巃，力孔反。嵸，子孔反。崔，在回反。巍，五回反。郭云：「皆峻貌。」

〔二〕【正義】嶄音咸，又仕銜反。嵾音楚林反。嵳楚宜反。顏云：「嶄巖，尖銳貌。嵾嵳，不齊也。」

〔三〕【集解】漢書音義曰：「九嵕山在左馮翊谷口縣西。巀嶭山在池陽縣北。」【正義】嵕，子公反。巀，才切反。嶭，五結反。

〔四〕【集解】音遲。

〔五〕【集解】郭璞曰：「陁，崖際。巖音魚晚反。錡音蟻。摧音作罪反。」【索隱】摧崣崛崎，郭璞云：「皆崇屈竄折皃。摧音作罪反。崣音委。崛音掘。崎音倚。」

〔六〕【索隱】張揖云：「振，拔也。水注川曰溪，注溪曰谷。」郭璞曰：「振猶灑也。」

〔七〕【集解】漢書音義曰：「蹇産，屈折也。」

〔八〕【集解】郭璞曰：「皆澗谷之形容也。谽音呼含反。呀音呼加反。閜音呼下反。」【索隱】谽呀豁閜。司馬彪云「谽呀，大皃。豁閜，空虛也。」

〔九〕【正義】高平曰陸，大陸曰阜，大阜曰陵，水中山曰島。

〔一〇〕【正義】崴，於鬼反。磈，魚鬼反。㟪，烏罪反。瘣，胡罪反。皆高峻貌。

〔一一〕【正義】虛音墟。崫，口忽反，又口罪反。壘，力罪反。皆堆壟不平貌。

〔一二〕【正義】𡾰音律。郭云：「皆其形勢也。」

〔一三〕【正義】郭云：「施靡猶連延。」

〔一四〕【集解】郭璞曰：「褘音衣被。豸音蟲豸也。」【索隱】郭璞曰：「陂池，旁積皃。陂音皮。褘音『衣被』之『被』。」

〔一五〕【索隱】郭璞云：「游溉淖衍皃。」【正義】溶音容。鬻音育。張云：「水流谿谷之閒。」

〔一六〕【索隱】司馬彪曰：「平地。」

〔一七〕【集解】郭璞曰：「言爲亭候於皐隰，皆築地令平，賈山所謂『隱以金椎』也。」

〔一八〕【正義】張云：「綠，王芻也。蕙，薰草也。」顏云：「綠蕙，言蕙草色綠耳，非王芻也。」爾雅云菉一名王芻。

〔一九〕【正義】糅，女又反。

〔二〇〕【集解】漢書音義曰：「流夷，新夷也。」

〔二一〕【集解】徐廣曰：「尃，古『布』字，一作『布』。」駰案：漢書音義曰「結縷似白茅，蔓聯而生，布種之者」。

〔二二〕【集解】徐廣曰：「草，可染紫。」

〔二三〕【集解】徐廣曰：「揭音桀。」駰案：郭璞曰「揭車，一名乞輿。槀本，槀茇；射干，十月生：皆香草」。【索隱】槀本，案桐君藥錄云「苗似芎藭也」。

〔二四〕【索隱】張揖云：「子薑也。」案：四人月令云「生薑謂之茈薑，音紫」。

〔二五〕【正義】蘘，人羊反。柯根旁生笋，若芙蓉，可以爲葅，又治蠱毒也。

〔二六〕【集解】郭璞曰：「蔵，未詳。橙，柚。若蓀，香草也。」【索隱】張揖云：「蔵，持闕。」郭璞云：「橙，柚也。」姚氏以爲此前後皆草，非橙也。小顏云：「蔵，寒漿也。持當爲『符』，符，鬼目也。」案：今讀者亦呼爲登，謂金登草也。張揖云：「蓀，香草。」姚氏云：「蓀草似昌蒲而無脊也，生溪澗中。蓀音孫。」

〔二七〕【集解】郭璞曰：「皆未詳。」【索隱】鮮支黃礫。張揖云：「皆草也，未詳。」司馬彪云：「鮮支，支子。或云鮮支亦香草也。」小顏云「黃礫，黃屑木」，恐非也。

〔二八〕【集解】徐廣曰：「芧音佇。」駰案：漢書音義曰「蔣，菰也。芧，三稜」。【索隱】蔣，菰也。郭璞芧音佇。又云三稜芧。薠音煩。

〔二九〕【集解】郭璞曰：「香酷烈也。」

〔三〇〕【正義】晻曖，奄愛二音。皆芳香之盛也。詩云「苾苾芬芬」，氣也。

「於是乎周覽泛觀，瞋盼軋沕，〔一〕芒芒怳忽，視之無端，察之無崖。日出東沼，入於西陂。〔二〕其南則隆冬生長，踊水躍波；獸則㺎旄貘犛，〔三〕沈牛麈麋，〔四〕赤首圜題，〔五〕窮奇象犀。〔六〕其北則盛夏含凍裂地，涉冰揭河；〔七〕獸則麒麟〔八〕角端，〔九〕騊駼橐駞，蛩蛩驒騱，駃騠驢騾。〔一〇〕

〔一〕【集解】徐廣曰：「瞋音丑人反。盼，一作『緡』。」駰案：郭璞曰「皆不可分貌」。

〔二〕【索隱】張揖云：「日朝出苑之東池，暮入于苑西陂中也。」

〔三〕【集解】徐廣曰：「㺎音容，獸類也。犛音貍，一音茅。」駰案：郭璞曰「旄，旄牛。貘似熊，庳脚銳頭。犛牛，黑色，出西南徼外也」。【索隱】郭璞云：「㺎，㺎牛，領有肉堆，音容。」案：今之犎牛也。張揖云「旄，旄牛，狀如牛而四節生毛。貘，白豹也，似熊，庳脚銳頭，骨無髓，食銅鐵。音陌。犛音貍，又音茅，或以爲貓牛。犛牛黑色，出西南徼外，毛可爲拂是也」。

〔四〕【集解】漢書音義曰：「沈牛，水牛也。」【正義】麈似鹿而大。案：麋似水牛。

〔五〕【集解】郭璞曰：「題，額也，所未詳。」

〔六〕【集解】漢書音義曰：「窮奇狀如牛而蝟毛，其音如嘷狗，食人也。」【索隱】張揖云：「窮奇狀如牛而蝟毛，其音如嘷狗，食人。」郭璞云：「象，大獸，長鼻，牙長一丈。犀，頭似豬，庳脚，一角在頭也。」

〔七〕【集解】郭璞曰：「言水浸凍不解，地圻裂也。揭，褰衣。」

〔八〕【索隱】張揖曰：「雄曰麒，雌曰麟。其狀麇身，牛尾，狼蹄，一角。」郭璞云：「麒似麟而無角。」毛詩疏云：「麟黃色，角端有肉。」京房傳云：「有五采，腹下黃色也。」

〔九〕【集解】郭璞曰：「角觽，音端，似豬，角在鼻上，堪作弓。李陵嘗以此弓十張遺蘇武也。」【索隱】張揖云：「音端。角觽似牛。」郭璞云：「似豬，角在鼻上。毛詩疏云可以爲弓。李陵曾以此弓遺蘇武。」

〔一〇〕【正義】騊駼，桃徒二音。橐音託。駞，徒河反。蛩音其恭反。驒騱，顛奚二音。駃騠音決啼。

「於是乎離宮別館，彌山跨谷，〔一〕高廊四注，重坐曲閣，〔二〕華榱璧璫，〔三〕輦道纚屬，步櫩周流，長途中宿。〔四〕夷嵕築堂，累臺增成，巖窔洞房，〔五〕俛杳眇而無見，仰攀橑而捫天，奔星更於閨闥，宛虹拖於楯軒。〔六〕青虬蚴蟉於東箱，〔七〕象輿婉蟬於西清，〔八〕靈圄〔九〕燕於閒觀，偓佺〔一〇〕之倫暴於南榮，〔一一〕醴泉涌於清室，通川過乎中庭。槃石裖崖，〔一二〕嶔巖倚傾，嵯峨磼碟，〔一三〕刻削崢嶸，〔一四〕玫瑰碧琳，珊瑚叢生，〔一五〕瑉玉旁唐，〔一六〕瑸煸文鱗，〔一七〕赤瑕駁犖，〔一八〕雜臿其閒，〔一九〕垂綏琬琰，和氏出焉。〔二〇〕

〔一〕【正義】彌，滿也。跨猶騎也。言宮館滿山，又跨谿谷也。

〔二〕【集解】郭璞曰：「重坐，重軒也。曲閣，閣道曲也。」

〔三〕索隱韋昭曰：「裁玉爲璧，以當榱頭。」司馬彪曰：「以璧爲瓦當。」

〔四〕集解郭璞曰：「途，樓閣閒陛道。中宿言長遠也。」

〔五〕集解郭璞曰：「嵏，山名。平之以安堂其上。成亦重也。周禮曰『爲壇三成』。在巖穴底爲室，潛通臺上者。」索隱服虔云：「平此山以爲堂。」如淳云：「嵏，山名也。」張揖云：「重累而成之，故曰增成。禮曰『爲壇三成』也。」郭璞曰：「言在巖突底爲室，潛通臺上。」突音一弔反，釋名以爲突，幽也。楚辭云「冬有突廈夏屋寒」，王逸以爲複室也。

〔六〕集解徐廣曰：「楯音食尹反。」正義拕音徒我反。顏云：「宛虹，屈曲之虹。拕謂中加於上也。楯，軒之闌檻也。言室宇之高，故星虹得經加之。」

〔七〕正義蚴，一糺反。蟉，力糺反。

〔八〕集解漢書音義曰：「山出象輿，瑞應車也。」郭璞曰：「西清，西箱清淨地也。」正義蜿蟬，宛善二音。顏云：「蚴蟉蜿蟬，皆行動之貌也。」

〔九〕集解郭璞曰：「靈圄，淳圄，仙人名也。」索隱張揖云：「衆仙號。」淮南子云「騎飛龍，從淳圄」，許慎曰「淳圄，仙人也」。

〔一〇〕集解漢書音義曰：「偓佺，仙人名也。」索隱韋昭曰：「古仙人，姓偓。」列仙傳云：「槐里採藥父也，食松，形體生毛數寸，方眼，能行追走馬也。」

〔一一〕索隱應劭云「屋檐兩頭如翼也」。故鄭玄云「榮，屋翼也」。七諺云「飛榮似鳥舒翼」是也。暴，偃卧日中也。

〔一二〕集解徐廣曰：「褫音振。」索隱盤石褫厓。如淳曰：「褫音振，盛多也。」李奇曰：「褫，整也，整頓池外之厓，

音之忍反也。」

〔一三〕集解徐廣曰：「峩，一作『池』。磼音雜。礏音五合反。」索隱磼礏，埤蒼云「高皃也」。上士劫反，下魚揖反。又字林音礏，才币反。礏，五币反。

〔一四〕正義郭云：「言自然若彫刻也。」

〔一五〕正義郭云：「珊瑚生水底石邊，大者樹高三尺餘，枝格交錯，無有葉。」

〔一六〕索隱郭璞云：「旁唐言盤薄。」

〔一七〕集解徐廣曰：「璸音彬。瑞音班。」

〔一八〕索隱赤瑕駁犖。說文云：「瑕，玉之小赤色。」張揖曰：「赤玉也。」司馬彪曰：「駁犖，采點也。犖音洛角反。」

〔一九〕集解徐廣曰：「雜，一云『插』。臿，一云『還』。」

〔二〇〕集解徐廣曰：「垂綏，一作『朝采』。」駰案：郭璞曰「汲冢竹書曰『桀伐岷山，得女二人，曰琬曰琰。桀愛二女，斲其名于苕華之玉』。苕是琬，華是琰也」。

「於是乎盧橘夏孰，〔一〕黄甘橙楱，〔二〕枇杷橪柹，〔三〕楟柰厚朴，〔四〕梬棗〔五〕楊梅，〔六〕櫻桃〔七〕蒲陶，〔八〕隱夫鬱棣，榙㯓荔枝，〔九〕羅乎後宮，列乎北園。貤丘陵，〔一〇〕下平原，揚翠葉，杌紫莖，〔一一〕發紅華，秀朱榮，煌煌扈扈，照曜鉅野。沙棠櫟櫧，〔一二〕華氾檘櫨，〔一三〕留落胥餘，仁頻并閭，〔一四〕欃檀木蘭，豫章女貞，〔一五〕長千仞，大連抱，夸條直暢，實葉葰茂，攢立叢倚，連卷累佹，崔錯癹骫，〔一六〕阬衡閜砢，〔一七〕垂條扶於，落英幡纚，〔一八〕紛容蕭蔘，旖旎從風，〔一九〕瀏莅芔吸，〔二〇〕蓋象金石之聲，〔二一〕管籥之音。〔二二〕柴池茈虒，〔二三〕旋環後宮，雜遝累輯，〔二四〕被山緣谷，循阪下隰，視之無端，究之無窮。

〔一〕集解郭璞曰：「今蜀中有給客橙，似橘而非，若柚而芬香，冬夏華實相繼，或如彈丸，或如拳，通歲食之，卽盧橘也。」索隱應劭曰：「伊尹書『果之美者，箕山之東，青鳥之所，有盧橘，夏孰』。」晉灼曰：「此雖賦上林，博引異方珍奇，不係於一也。」案：廣州記云「盧橘皮厚，大小如甘，酢多，九月結實，正赤，明年二月更青黑，夏孰」。吳錄云「建安有橘，冬月樹上覆裹，明年夏色變青黑，其味甚甘美」。盧卽黑是也。

〔二〕集解徐廣曰：「音湊，橘屬。」

〔三〕集解徐廣曰：「橪音而善反，果也。」索隱張揖曰：「橪，橪支，香草也。」韋昭曰：「橪音汝蕭反。」郭璞云：「橪支，木也。橪音烟。」徐廣曰：「橪，棗也，而善反。」說文曰：「橪，酸小棗也。」淮南子云：「伐橪棗以爲矜。」音勤也。

〔四〕集解徐廣曰：「楟音亭，山梨。」索隱張揖云：「楟柰，山梨也。」司馬彪曰：「上黨謂之楟柰。」齊都賦云「楟柰棕熟」也。厚朴，藥名。

〔五〕集解徐廣曰：「梬音弋井反。梬棗似柹。」索隱上音弋井反。梬棗似柹也。

〔六〕索隱張揖云：「其大小似穀子而有核，其味酢。出江南。」荆楊異物志：「其實外肉著核，熟時正赤，味甘酸。」

〔七〕索隱張揖曰：「一名含桃。」呂氏春秋「爲鸎鳥所含，故曰含桃」。爾雅云爲荆桃也。

〔八〕集解郭璞曰：「蒲陶似燕薁，可作酒也。」

〔九〕集解徐廣曰：「鬱，一作『薁』。榙音荅。」駰案：郭璞曰「鬱，車下李也。棣，實似櫻桃。榙㯓似李。棣音逮。

㯓音沓。隱夫未聞」。索隱荅遝離支。郭璞云：「荅遝似李，出蜀。」晉灼曰：「離支大如雞子，皮麤，剝去皮，肌如雞子中黄，其味甘多酢少。」廣異志云：「樹高五六丈，如桂樹，綠葉，冬夏青茂，有華朱色。」離字或作「荔」，音力致反。

〔一〇〕集解郭璞曰：「貤猶延也，音施。」索隱貤丘陵。郭璞曰：「貤，延也。」

〔一一〕集解郭璞曰：「杌，摇也。」

〔一二〕集解漢書音義曰：「沙棠似棠，黄華赤實，其味如李。呂氏春秋曰『果之美者沙棠之實』。櫟，果名。櫧似柃，葉冬不落也。」

〔一三〕集解徐廣曰：「氾，一作『楓』。」駰案：漢書音義曰「華，木，皮可以爲索也」。索隱華楓檘櫨。張揖曰：「華皮可以爲索。」古今字林云：「櫨，合樺之木。楓，木，厚葉弱支，善摇。」郭璞云：「似白楊，葉圓而岐，有脂而香。犍爲舍人曰『楓爲樹厚葉弱莖，大風則鳴，故曰楓』。」爾雅云一名欇。檘枰卽平仲木也。櫨，今黄櫨木也。一云玉精，食其子得仙也。

〔一四〕集解徐廣曰：「頻，一作『賓』。」駰案：郭璞曰「落，棲也。胥餘似并閭。并閭，椶也，皮可作索。餘未詳」。索隱留落胥邪。晉灼云：「留落，未詳。」郭璞曰：「落，棲也，中作器索。胥邪似并閭。」司馬彪云：「胥邪，樹高十尋，葉在其末。」異物志：「實大如瓠，繫在顛，若挂物。實外有皮，中有核，如胡桃。核裏有膚，厚半寸，如豬膏。裏有汁斗餘，清如水，味美於蜜。」孟康曰：「仁頻，椶也。」張揖云：「并閭皮可爲索。」姚氏云：「檳，一名椶，卽仁頻也。」林邑記云：「樹葉似甘蕉。」頻音賓。

〔一五〕集解漢書音義曰：「欃檀，檀別名也。女貞，木，葉冬不落。」索隱欃音讒，檀別名也。皇覽云「孔子墓後有

橡檀樹」也。荆州記云：「宜都有喬木，叢生，名爲女貞，葉冬不落。」

〔一六〕【集解】古「委」字。

〔一七〕【集解】徐廣曰：「犮音拔。」駰案：郭璞曰「骪音委。閜音惡可反。砢音魯可反」。【索隱】崔錯犮骪，郭璞云「蟠戾相摎」。楚詞云林木犮骪。犮音跋。骪音委。阬衡閜砢，郭璞云「揭孽傾欹皃」。

〔一八〕【集解】郭璞曰：「扶於猗扶疏也。蟠纚，偏蟠也，音灑。」【索隱】張晏云：「飛揚皃。」纚音所綺反。

〔一九〕【索隱】張揖云：「旖旎，阿那也。」

〔二〇〕【集解】徐廣曰：「莅音栗。」【索隱】劉莅芔歙。郭璞云：「皆林木鼓動之聲。瀏音留。莅如字，又音栗也。」

〔二一〕【正義】金，鐘。石，磬。

〔二二〕【正義】廣雅云：「象簫，長一尺，圍一寸，有六孔，無底。籥謂之笛，有七孔。」說文云：「籥，三孔籥也。」

〔二三〕【集解】徐廣曰：「柴音差。傂音豸。」【索隱】張揖曰：「柴池，參差也。茈傂，不齊也。柴音差。傂音惻氏反。」

〔二四〕【集解】徐廣曰：「雜，一作『插』。」

「於是玄猨素雌，蜼玃飛鸓，〔一〕蛭蜩蠼蝚，〔二〕螹胡豰蛫，〔三〕棲息乎其閒，長嘯哀鳴，翩幡互經，〔四〕夭蟜枝格，偃蹇杪顛。〔五〕於是乎隃絶梁，〔六〕騰殊榛，〔七〕捷垂條，〔八〕踔稀閒，〔九〕牢落陸離，爛曼遠遷。〔一〇〕

〔一〕【集解】徐廣曰：「蜼音于季反。」駰案：漢書音義曰「蜼似獼猴，仰鼻而長尾。玃似獼猴而大。飛鸓，飛鼠也。其狀如兔而鼠首，以其額飛也」。【索隱】張揖曰：「蜼似獼猴，卬鼻而長尾。玃似獼猴而大。飛鸓，飛鼠也。其狀

如兔而鼠首，以其額飛。」郭璞曰：「鸓，飛鼠也。毛紫赤色。飛且生，一名飛生。蜼音遺。鸓音誄。玄猨，猨之雄者色也。素雌，猨之雌者色也。」玃音钁。蜼似猴，尾端爲兩岐，天雨便以尾窒鼻兩孔。郭璞云：「玃色蒼黑，能攫搏人，故云玃也。」

〔二〕【集解】徐廣曰：「蛭音質。」駰案：漢書音義曰「山海經曰『不咸之山有飛蛭，四翼』。郭璞曰『蠼蝚似獼猴而黃。蜩未聞』」。【索隱】蛭蜩蠼蝚。司馬彪云：「山海經云『不咸之山有飛蛭，四翼』。」蜩，蟬也。蠼蝚，獼猴也。郭璞云：「蛭蜩未聞。」如淳曰：「蛭音質。」顧氏云：「玃音途卓反。山海經曰『皋塗山下有獸，似鹿，馬足人首，四角，名爲玃』。玃猱卽此也。字作『玃』。郭璞云玃，非也。上已有蜼玃，此不應重見。又神異經云『西方深山有獸，毛色如猴，能緣高木，其名曰蜩』。字林蠷音狄，蛭音質，蛭蜩二獸名。」

〔三〕【集解】徐廣曰：「螹音在廉反，似猨，黑身。豰音呼谷反。蛫音詭。」駰案：漢書音義曰「豰，白狐子也」。【索隱】螹胡豰蛫。張揖曰：「螹胡似獼猴，頭上有髦，腰以後黑。」郭璞曰：「豰似鼯而大，腰以後黃，一名黃腰，食獼猴。豰，白狐子也。蛫未聞。」姚氏案：山海經「卽山有獸，狀如龜，白身赤首，其名曰蛫」。又說文云「螹胡黑身，白腰若帶，手有長白毛，似握板也」。

〔四〕【正義】郭云：「互經，互相經過。」

〔五〕【正義】夭音妖。蟜音嬌。杪音弭沼反。郭云：「皆猨猴在樹共戲恣態也。夭蟜，頻申也。」

〔六〕【正義】張云：「絶梁，斷橋也。」郭云：「梁，厚石絶水也。」

〔七〕【正義】榛，仕斤反。（爾）〔廣〕雅云「木叢生爲榛」也。殊，異也。

〔八〕【正義】捷音才業反。張云：「捷持懸垂之條。」

〔九〕【集解】郭璞曰：「踔，縣蹢也，託釣反。」【索隱】踔，懸蹢也。

〔一〇〕【正義】郭云：「奔走崩騰狀也。」顏云：「言其聚散不常，雜亂移徙。」

「若此輩者，數千百處。嬉游往來，宮宿館舍，庖廚不徙，後宮不移，〔一〕百官備具。

〔一〕【正義】說文云：「庖，廚屋。」鄭玄注周禮云：「庖之言苞也。苞裹肉曰苞苴也。」後宮，內人也。言宮館各自有。

「於是乎背秋涉冬，天子校獵。乘鏤象，六玉虬，〔一〕拖蜺旌，〔二〕靡雲旗，〔三〕前皮軒，後道游。〔四〕孫叔奉轡，衞公驂乘，〔五〕扈從横行，出乎四校之中。〔六〕鼓嚴簿，縱獠者，〔七〕江河爲阹，泰山爲櫓，〔八〕車騎靁起，隱天動地，先後陸離，離散別追，淫淫裔裔，緣陵流澤，雲布雨施。

〔一〕【集解】徐廣曰：「以玉爲飾。」駰案：郭璞曰「鏤象山所出輿，言有雕鏤。虬，龍屬也。韓子曰『黃帝駕象車六交龍』是也」。

〔二〕【正義】拖音徒可反。張云：「析毛羽，染以五采，綴以縷爲旌，有似虹蜺氣。」

〔三〕【正義】張云：「畫熊虎於旌似雲氣也。」

〔四〕【集解】郭璞曰：「皮軒，革車也。或曰卽曲禮『前有士師，則載虎皮』者也。道，道車；游，游車：皆見周禮也。」

〔五〕【集解】漢書音義曰：「孫叔者，太僕公孫賀也。衞公者，衞青也。太僕御，大將軍驂乘也。」【索隱】孫叔，鄭氏云太僕公孫賀。衞公，大將軍衞青也。案：大駕出，太僕御，大將軍驂乘也。

〔六〕【集解】郭璞曰：「言跋扈縱恣，不安鹵簿矣。」【索隱】晉灼曰：「扈，大也。」張揖曰：「跋扈縱横，不案鹵簿也。」

文穎曰：「凡五校，今言四者，一校隨天子乘輿也。」

〔七〕【集解】漢書音義曰：「鼓嚴，嚴鼓也。簿，鹵簿也。」駰謂鼓嚴於林薄之中，然後縱獠也。【索隱】張揖曰：「鼓，嚴鼓也。簿，鹵簿也。謂擊嚴鼓於鹵簿中也。」

〔八〕【集解】郭璞曰：「櫓，望樓也。因山谷遮禽獸爲陸，音去車反。」【索隱】郭璞曰：「因山谷遮禽獸爲陸。櫓，望樓也。」

「生貔豹，〔一〕搏豺狼，〔二〕手熊羆，〔三〕足野羊，〔四〕蒙鶡蘇，〔五〕絝白虎，〔六〕被豳文，〔七〕跨野馬。〔八〕陵三嵕之危，〔九〕下磧歷之坻，〔一〇〕俓陵赴險，越壑厲水。推蜚廉，〔一一〕弄解豸，〔一二〕格瑕蛤，〔一三〕鋌猛氏，〔一四〕冒騕褭，射封豕。〔一五〕箭不苟害，解脰陷腦，〔一六〕弓不虛發，應聲而倒。於是乎乘輿彌節裴回，翱翔往來，睨部曲之進退，覽將率之變態。然後浸潭促節，〔一七〕儵夐遠去，〔一八〕流離輕禽，蹴履狡獸，轊白鹿，捷狡兔，〔一九〕軼赤電，遺光燿，〔二〇〕追怪物，出宇宙，〔二一〕彎蕃弱，〔二二〕滿白羽，〔二三〕射游梟，櫟蜚遽，〔二四〕擇肉後發，先中命處，弦矢分，藝殪仆。〔二五〕

〔一〕【集解】郭璞曰：「貔，執夷，虎屬也，音毗。」

〔二〕【正義】搏，擊也。杜林云：「豺似狗，白色。」說文云：「狼爪。」

〔三〕【正義】張云：「熊，犬身人足，黑色。羆大於熊，黃白色。皆能攀沿上高樹。冬至入穴而蟄，始春而出也。」

〔四〕【集解】郭璞曰：「野羊如羊，千斤。手足，謂拍蹋殺之。」

〔五〕集解徐廣曰：「蘇，尾也。」索隱孟康曰：「鶡尾也。蘇，析羽也。」張揖曰：「鶡似雉，鬬死不卻。」案：蒙謂覆而取之。鶡以蘇爲奇，故特言之以成文耳。鶡音曷。決疑注云「鳥尾爲蘇」也。

〔六〕集解徐廣曰：「絝音袴。」駰案：郭璞曰「絝謂絆絡之」。索隱張揖曰：「著白虎文絝。」郭璞曰：「絝謂絆絡也。」

〔七〕集解郭璞曰：「著斑衣。」索隱被斑文。文穎曰：「著斑文之衣。」輿服志云「虎賁騎被虎文單衣」，單衣即此斑文也。」

〔八〕索隱跨壄馬。案：壄音野。跨，乘之也。

〔九〕集解漢書音義曰：「三嵕，三成之山。」

〔一〇〕集解郭璞曰：「磧歷，阪名也。」正義坻音遲。磧歷，淺水中沙石也。坻，水中高處。言獵人下此也。

〔一一〕集解郭璞曰：「飛廉，龍雀也，鳥身鹿頭者。」索隱椎蜚廉。郭璞曰：「飛廉，龍雀也，鳥身鹿頭，象在平樂觀。」椎音直追反。

〔一二〕集解漢書音義曰：「解豸似鹿而一角。人君刑罰得中則生於朝廷，主觸不直者。可得而弄也。」索隱張揖曰：「解豸似鹿而一角。人君刑罰中則生於朝，主觸不直者。言今可得而弄也。」解音蟹。豸音丈妳反，又音丈介反。

〔一三〕集解漢書音義曰：「瑕蛤、猛氏皆獸名。」索隱格蝦蛤，鋋猛氏。孟康曰：「蝦蛤、猛氏皆獸名。」晉灼曰：「蝦蛤闕。」郭璞曰：「今蜀中有獸，狀如熊而小，毛淺有光澤，名猛氏。」說文云「鋋，小矛也」，音蟬。

〔一四〕集解郭璞曰：「騕褭，神馬，日行萬里。兩音窈嫋。封豕，大豬。」

〔一五〕索隱張揖云：「脰，頸也。」陷音苦念反，亦依字讀也。

〔一六〕索隱浸潭猶漸荐也。漢書作「浸淫」。或作「乘輿案節」也。潭音尋。

〔一七〕集解郭璞曰：「敻音詡盛反。」

〔一八〕集解徐廣曰：「轊音銳。一作『惠』也。」正義轊音衛。抱朴子云：「白鹿壽千歲，滿五百歲色純白也。」晉徵祥記云：「白鹿色若霜，不與他鹿爲羣。」

〔一九〕集解徐廣曰：「超陵赤電，電光不及，言去速也。」

〔二〇〕正義怪物，謂游梟飛虡也。張揖云：「天地四方曰宇，往古來今曰宙。」許慎云：「宙，舟輿所極也。」案：許說宙是也。

〔二一〕正義上烏繁反。文穎云：「彎，牽也。繁弱，夏后氏良弓名。左傳云『分魯公以夏后之璜，封父之繁弱』。」

〔二二〕正義文穎云：「引弓盡箭鏑爲滿。以白羽羽箭，故云白羽也。」

〔二三〕集解郭璞曰：「梟，梟羊也。似人，長脣，反踵，被髮，食人。蜚虡，鹿頭龍身，神獸。櫟，梢也。」

〔二四〕集解徐廣曰：「射準的曰蓺。仆音赴。」

「然後揚節而上浮，陵驚風，歷駭飈，〔一〕乘虛無，與神俱，〔二〕轔玄鶴，〔三〕亂昆雞，遒孔鸞，促鵔鸃，拂鷖鳥，捎鳳皇，〔四〕捷鴛雛，掩焦明。〔五〕

〔一〕正義飈音必遙反。爾雅云扶搖暴風，從下升上，故曰飈。

〔二〕正義張揖云：「虛無寥廓，與天通靈，言其所乘氣之高，故能出飛鳥之上而與神俱也。」

〔三〕集解徐廣曰：「轔音藺。」正義轔音吝。鶴二百六十歲則淺黑色也。

〔四〕集解漢書音義曰：「道，秦由反。鸑，鳥雞反。捎，山交反。」京房易傳云：「鳳皇，鴈前麟後，雞喙燕頷，蛇頸龜背，魚尾駢翼，高丈二尺。」東山經云：「其狀如鶴，五采，而首文曰經，翼文曰順，背文曰義，膺文曰仁，股文曰信。是鳥自歌自舞，雄曰鳳，雌曰皇。」張云「山海經云九疑之山有五采之鳥，名曰鸑鳥」也。」正義案：長喙，疏翼，員尾，非幽閑不集，非珍物不食。

〔五〕集解焦明似鳳。索隱張揖曰：「焦明似鳳，西方鳥。」樂叶圖徵曰：「焦明狀似鳳皇。」宋衷曰水鳥。

「道盡塗殫，迴車而還。招搖乎襄羊，〔一〕降集乎北紘，〔二〕率乎直指，闇乎反鄉。蹷石(闕)〔闕〕，歷封巒，過鳷鵲，望露寒，〔三〕下棠梨，〔四〕息宜春，〔五〕西馳宣曲，濯鷁牛首，〔六〕登龍臺，〔七〕掩細柳，〔八〕觀士大夫之勤略，鈞獠者之所得獲。〔九〕徒車之所轔轢，〔一〇〕乘騎之所蹂若，〔一一〕人民之所蹈躪，與其窮極倦谻，〔一二〕驚憚讋伏，不被創刃而死者，佗佗籍籍，填阬滿谷，揜平彌澤。

〔一〕索隱消搖乎襄羊。郭璞曰：「襄羊猶仿佯。」

〔二〕集解郭璞曰：「紘，維也。北方之紘曰委羽。」

〔三〕集解徐廣曰：「鳷音支。」駰案：漢書音義曰「皆甘泉宮左右觀名也」。

〔四〕集解漢書音義曰：「宮名也，在雲陽縣東南三十里。」

〔五〕正義括地志云：「宜春宮在雍州萬年縣西南三十里。」

〔六〕集解漢書音義曰：「宣曲，宮名，在昆明池西。牛首，池名，在上林苑西頭。」

〔七〕集解漢書音義曰：「觀名，在豐水西北近渭。」

〔八〕正義郭云：「觀名，在昆明南柳市。」

〔九〕集解徐廣曰：「鈞，一作『診』也。」

〔一〇〕正義轔，踐也。轢，輾也。

〔一一〕集解徐廣曰：「蹂音人久反。」

〔一二〕集解徐廣曰：「音劇。」

「於是乎游戲懈怠，置酒乎昊天之臺，〔一〕張樂乎轇輵之宇；〔二〕撞千石之鐘，立萬石之鉅；建翠華之旗，樹靈鼉之鼓。〔三〕奏陶唐氏之舞，聽葛天氏之歌，〔四〕千人唱，萬人和，山陵爲之震動，〔五〕川谷爲之蕩波。巴俞宋蔡，淮南于遮，〔六〕文成顛歌，〔七〕族舉遞奏，〔八〕金鼓迭起，鏗鎗鐺鼕，洞心駭耳。〔九〕荊吳鄭衛之聲，韶濩武象之樂，陰淫案衍之音，鄢郢繽紛，激楚結風，〔一〇〕俳優侏儒，狄鞮之倡，〔一一〕所以娛耳目而樂心意者，麗靡爛漫於前，〔一二〕靡曼美色於後。〔一三〕

〔一〕索隱張揖云：「臺高上干皓天也。」

〔二〕集解徐廣曰：「輵音葛。」索隱郭璞云：「言曠遠深貌也。」

〔三〕集解郭璞曰：「木貫鼓中，加羽葆其上，所謂樹鼓。」

〔四〕集解漢書音義曰：「葛天氏，古帝王號也。呂氏春秋曰『葛天氏之樂，三人操牛尾，投足以歌』。」索隱張揖

曰：「葛天氏，三皇時君號也。呂氏春秋云『其樂三人持牛尾，投足以歌。八闋：一曰載人，二曰玄鳥，三曰遂草木，四曰奮五穀，五曰敬天常，六曰建帝功，七曰依地德，八曰總禽獸之極』。」

〔五〕集解徐廣曰：「一作『勳』。」

〔六〕集解郭璞曰：「巴西閬中有俞水，獠人居其上，皆剛勇好舞，漢高募取以平三秦。後使樂府習之，因名巴俞舞也。」漢書音義曰：「于遮，歌曲名。」索隱郭璞曰：「巴西閬中有俞水，獠人居其上，好舞。初，高祖募取以平三秦，後使樂人習之，因名巴俞舞也。」張揖曰：「禮樂記曰『宋音宴女溺志』。蔡人謳，員三人。楚詞云『吳謠蔡謳』。淮南鼓，員四人，于遮曲是其意也。」

〔七〕集解郭璞曰：「未聞也。」索隱郭璞云：「未聞。」文穎曰：「文成，遼西縣名，其縣人善歌。顛，益州顛縣，其人能作西南夷歌。顛卽滇也。」

〔八〕集解徐廣曰：「鼻，一作『居』。」

〔九〕集解郭璞曰：「鐺鼙，鼓音。」

〔一〇〕集解郭璞曰：「激楚，歌曲也。列女傳曰『聽激楚之遺風』也。」索隱文穎曰：「激，衝激，急風也。結風，回風，回亦急風也。楚地風氣既自漂疾，然歌樂者猶復依激結之急風以爲節，其樂促迅哀切也。」

〔一一〕集解徐廣曰：「韋昭云狄鞮，地名，在河內，出善倡者。」

〔一二〕索隱郭璞云：「言恣其觀也。列女傳曰『桀造爛漫之樂』。」

〔一三〕索隱張揖曰：「靡，細；曼，澤也。韓子『曼服晧齒』也。」

「若夫青琴宓妃之徒，〔一〕絶殊離俗，〔二〕姣冶嫺都，〔三〕靚莊刻飭，便嬛綽約，〔四〕柔橈嫚嫚，〔五〕嫵媚姌嫋，〔六〕抴獨繭之褕袘，〔七〕眇閻易以戌削，〔八〕媥姺徽循，〔九〕與世殊服，芬香漚鬱，酷烈淑郁，晧齒粲爛，宜笑旳皪，〔一〇〕長眉連娟，微睇緜藐，〔一一〕色授魂與，心愉於側。〔一二〕

〔一〕集解漢書音義曰：「皆古神女名。」索隱伏儼曰：「青琴，古神女也。」如淳曰：「宓妃，伏羲女，溺死洛水，遂爲洛水之神。」宓音伏。

〔二〕索隱郭璞云：「俗無雙。」

〔三〕索隱姣冶閑都。郭璞云：「姣，好也。都，雅也。」詩云：「姣人嫽兮。」方言云：「自關而東，河濟之閒，凡好或謂之姣。」音絞。説文曰：「嫺，雅也。」或作「閑」。小雅曰都，盛也。

〔四〕集解郭璞曰：「靚莊，粉白黛黑也。」

〔五〕集解徐廣曰：「音娟。」索隱郭璞曰：「柔橈嫚嫚，皆骨體耎弱長豔皃也。」廣雅云：「嫚嫚，容也。」張揖曰：「嫚嫚猶婉婉也。」

〔六〕集解徐廣曰：「姌音乃冄反。嫋音弱。」索隱嫵媚孅弱。埤蒼云：「嫵媚，悅也。」通俗文云：「頰輔謂之嫵媚。」郭璞云：「孅弱，弱皃。」埤蒼曰：「孅弱，謂容體纖細柔弱也。」

〔七〕集解徐廣曰：「抴音曳。褕褕。」索隱褕袘。張揖云：「褕，襜褕也。袘，袖也。」郭璞曰：「獨繭，一繭絲也。」埤蒼云：「袘，衣長皃也。」

〔八〕集解徐廣曰：「閻易，衣長貌。戌削，言如刻畫作之。」索隱眇閻易以恤削。郭璞曰：「閻易，衣長皃。恤削，言如刻畫作也。」

〔九〕集解郭璞曰：「衣服婆娑貌。」正義媥，白眠反。姺音先。徽音白結反。循音屑。

〔一〇〕索隱郭璞曰：「鮮明皃也。」楚詞曰：「美人晧齒〔嫮〕以姱。」文曰：「娥眉笑以旳皪。」皪音礫也。

〔一一〕索隱郭璞曰：「連娟，眉曲細也。緜藐，遠視皃也。」娟音一全反。睇，大計反。藐音邈。

〔一二〕索隱張揖曰：「彼色來授我，我魂往與接也。」愉音踰，往也。愉，悦也。二義並通也。

「於是酒中樂酣，天子芒然而思，似若有亡。曰：『嗟乎，此泰奢侈！朕以覽聽餘閒，無事弃日，順天道以殺伐，時休息於此，恐後世靡麗，遂往而不反，非所以爲繼嗣創業垂統也。』於是乃解酒罷獵，而命有司曰：『地可以墾辟，悉爲農郊，以贍萌隸；隤牆填塹，使山澤之民得至焉。實陂池而勿禁，〔一〕虛宮觀而勿仞。〔二〕發倉廩以振貧窮，補不足，恤鰥寡，存孤獨。出德號，省刑罰，改制度，易服色，更正朔，與天下爲始。』

〔一〕正義實，滿也。言人滿陂池，任采捕所取也。

〔二〕正義仞音刃，亦滿也。言離宮別館勿令人居止，並廢罷也。

「於是歷吉日以齊戒，襲朝衣，乘法駕，建華旗，鳴玉鸞，游乎六藝之圃，〔一〕騖乎仁義之塗，覽觀春秋之林，〔二〕射貍首，兼騶虞，〔三〕弋玄鶴，建干戚，載雲罕，〔四〕揜羣雅，〔五〕悲伐檀，〔六〕樂樂胥，〔七〕修容乎禮園，〔八〕翺翔乎書圃，〔九〕述易道，〔一〇〕放怪獸，〔一一〕登明堂，坐清廟，〔一二〕恣羣臣，奏得失，四海之內，靡不受獲。〔一三〕於斯之時，天下

大說，嚮風而聽，隨流而化，喟然〔一四〕興道而遷義，刑錯而不用，德隆乎三皇，功羨於五帝。〔一五〕若此，故獵乃可喜也。

〔一〕正義六藝，云言田獵訖，則徧遊六藝，而疾驅於仁義之道也。

〔二〕集解郭璞曰：「春秋所以觀成敗，明善惡者。」

〔三〕集解禮射義曰：「天子以騶虞爲節，諸侯以貍首爲節。騶虞者，樂官備也。貍首者，樂會時也。」

〔四〕索隱張揖云：「罕，畢也。」文穎曰：「卽天畢，星名。前有九旒雲罕之車。」案：説者以雲罕爲旌旗，非也。且案中朝鹵簿圖云「雲罕駕駟」，不兼言九旒，罕車與九旒車別。

〔五〕集解漢書音義曰：「大雅、小雅也。」索隱揜，捕也。張揖曰：「詩小雅之材七十四人，大雅之材三十一人，故曰羣雅也。言雲罕載之於車，以捕羣雅之士。」

〔六〕索隱張揖曰：「其詩刺賢者不遇明主也。」

〔七〕索隱毛詩云「君子樂胥，受天之祜」。言王者樂得賢材之人，使之在位，故天與之福祿也。胥音先呂反。

〔八〕正義禮所以自修飾整威儀也。

〔九〕正義尚書所以明帝王君臣之道也。

〔一〇〕正義易所以絜靜微妙，上辨二儀陰陽，中知人事，下明地理也。言田獵乃射訖，又歷涉六經之要也。

〔一一〕正義張揖云：「苑中奇怪之獸，不復獵也。」

〔一二〕正義明堂有五帝廟，故言「清廟」，王者朝諸侯之處。

〔一三〕正義言天下之人無不受恩惠。

〔四〕索隱 喟,漢書作「[illegible]」,音許貴反。
〔五〕索隱 司馬彪云:「羡,溢也。」音怡戰反。

「若夫終日暴露馳騁,勞神苦形,罷車馬之用,抏士卒之精,〔一〕費府庫之財,而無德厚之恩,務在獨樂,不顧衆庶,忘國家之政,而貪雉兔之獲,則仁者不由也。從此觀之,齊楚之事,豈不哀哉!地方不過千里,而囿居九百,是草木不得墾辟,而民無所食也。夫以諸侯之細,而樂萬乘之所侈,僕恐百姓之被其尤也。」

〔一〕索隱 抏音五官反。

於是二子愀然〔一〕改容,超若自失,逡巡避席曰:「鄙人固陋,不知忌諱,乃今日見教,謹聞命矣。」

〔一〕索隱 郭璞云:「變色皃。」音作酉反。

賦奏,天子以爲郎。無是公言天子上林廣大,山谷水泉萬物,及子虛言楚雲夢所有甚衆,侈靡過其實,且非義理所尚,故刪取其要,歸正道而論之。〔一〕

〔一〕索隱 大顏云:「不取其夸奢靡麗之論,唯取終篇歸於正道耳。」小顏云:「刪要,非謂削除其詞,而說者謂此賦已經史家刊剟,失之也。」

相如爲郎數歲,會唐蒙使略通〔一〕夜郎西僰中,〔二〕發巴蜀〔三〕吏卒千人,郡又多爲發轉漕萬餘人,用興法〔四〕誅其渠帥,巴蜀民大驚恐。上聞之,乃使相如責唐蒙,因喻告巴蜀民以非上意。檄曰:

〔一〕索隱 張揖曰:「蒙,故鄱陽令,今爲郎中,使行略取之。」
〔二〕集解 徐廣曰:「羌之別種也。音扶逼反。」索隱 夜郎、僰中,文穎曰皆西〔南〕夷。後以爲夜郎屬牂柯,僰屬犍爲。音步北反。
〔三〕索隱 案:巴、蜀,二郡名。
〔四〕集解 漢書曰「用軍興法」也。

告巴蜀太守:蠻夷自擅不討之日久矣,時侵犯邊境,勞士大夫。陛下卽位,存撫天下,輯安中國。然後興師出兵,北征匈奴,單于怖駭,交臂受事,詘膝請和。康居西域,重譯請朝,稽首來享。移師東指,閩越相誅。右弔番禺,太子入朝。〔一〕南夷之君,西僰之長,常效貢職,不敢怠墮,延頸舉踵,喁喁然〔二〕皆争歸義,欲爲臣妾,道里遼遠,山川阻深,不能自致。夫不順者已誅,而爲善者未賞,故遣中郎將往賓之,〔三〕發巴蜀士民各五百人,以奉幣帛,衞使者不然,靡有兵革之事,戰鬬之患。今聞其乃發軍興制,〔四〕驚懼子弟,憂患長老,郡又擅爲轉粟運輸,皆非陛下之意也。當行者或亡逃自賊殺,亦非人臣之節也。

〔一〕索隱 文穎曰:「番禺,南海郡理也。弔,至也。東伐閩越,後至番禺,故言右至也。」案:姚氏弔讀如字。小顏云「兩國相伐,漢發兵救之,令弔番禺,故遣太子入朝,弔非至也」。
〔二〕正義 喁,五恭反,口向上也。
〔三〕索隱 賈逵云:「賓,伏也。」
〔四〕索隱 張揖曰:「發三軍之衆也。興制,謂起軍法制也。」案:唐蒙爲使,而用軍興法制也。

夫邊郡之士,聞烽舉燧燔,〔一〕皆攝弓〔二〕而馳,荷兵而走,流汗相屬,唯恐居後,觸白刃,冒流矢,義不反顧,計不旋踵,人懷怒心,如報私讎。彼豈樂死惡生,非編列之民,而與巴蜀異主哉?計深慮遠,急國家之難,而樂盡人臣之道也。故有剖符之封,析珪〔三〕而爵,位爲通侯,居列東第,〔四〕終則遺顯號於後世,傳土地於子孫,行事甚忠敬,居位甚安佚,名聲施於無窮,功烈著而不滅。是以賢人君子,肝腦塗中原,膏液潤野草而不辭也。今奉幣役至南夷,卽自賊殺,或亡逃抵誅,身死無名,謚爲至愚,恥及父母,爲天下笑。人之度量相越,豈不遠哉!然此非獨行者之罪也,父兄之教不先,子弟之率不謹也;寡廉鮮恥,而俗不長厚也。其被刑戮,不亦宜乎!

〔一〕集解 漢書音義曰:「烽如覆米䉛,縣著桔槔頭,有寇則舉之。燧,積薪,有寇則燔然之。」索隱 烽燧。韋昭曰:「烽,束草置之長木之端,如挈皐,見敵則燒舉之。燧者,積薪,有難則焚之。烽主晝,燧主夜。」字林云:「䉛,漉米籔也,音一六反。」又纂要云:「䉛,淅箕也。」此注是孟康說。
〔二〕索隱 上音奴頰反。
〔三〕索隱 如淳曰:「析,中分也。白藏天子,青在諸侯也。」
〔四〕索隱 列甲第在帝城東,故云東第也。

陛下患使者有司之若彼,悼不肖愚民之如此,故遣信使曉喻百姓以發卒之事,因數之以不忠死亡之罪,讓三老孝弟以不教誨之過。方今田時,重煩百姓,〔一〕已親見近縣,恐遠所谿谷山澤之民不徧聞,檄到,亟下縣道,〔二〕使咸知陛下之意,唯毋忽也。

〔一〕索隱 重猶難也。
〔二〕集解 漢書百官表曰:「縣有蠻夷曰道。」索隱 亟音紀力反。亟,急也。

相如還報。唐蒙已略通夜郎,因通西南夷道,發巴、蜀、廣漢卒,作者數萬人。治道二歲,道不成,士卒多物故,費以巨萬計。〔一〕蜀民及漢用事者〔二〕多言其不便。是時邛筰之君長〔三〕聞南夷與漢通,得賞賜多,多欲願爲內臣妾,請吏,比南夷。〔四〕天子問相如,相如曰:「邛、筰、冄、駹者近蜀,道亦易通,秦時嘗通爲郡縣,至漢興而罷。今誠復通,爲置郡縣,愈於南夷。」〔五〕天子以爲然,乃拜相如爲中郎將,〔六〕建節往使。副使王然于、壺充國、〔七〕

呂越人馳四乘之傳，因巴蜀吏幣物以賂西夷。至蜀，蜀太守以下郊迎，縣令負弩矢先驅，〔八〕蜀人以爲寵。〔九〕於是卓王孫、臨邛諸公皆因門下獻牛酒以交驩。卓王孫喟然而歎，自以得使女尚司馬長卿晚，〔一〇〕而厚分與其女財，與男等同。司馬長卿便略定西夷，邛、筰、冄、駹、斯榆〔一一〕之君皆請爲內臣。除邊關，關益斥，〔一二〕西至沬、若水，〔一三〕南至牂柯爲徼，〔一四〕通零關道，〔一五〕橋孫水〔一六〕以通邛都。〔一七〕還報天子，天子大說。

〔一〕【索隱】案：巨萬猶萬萬也。案：數有大小二法。張揖曰「算法萬萬爲億」，是大數也。鬻子曰「十萬爲億」，是小數也。

〔二〕【索隱】案：謂公孫弘也。

〔三〕【索隱】邛筰之君長。文穎曰：「邛者，今爲邛都縣；筰者，今爲定筰縣：皆屬越嶲郡。」

〔四〕【索隱】謂請置漢吏，與南夷爲比例也。

〔五〕【索隱】張揖曰：「愈，差也。」又云：「愈猶勝也。」晉灼曰：「南夷謂犍爲、牂柯也。西夷謂越嶲、益州。」

〔六〕【索隱】張揖曰：「秩四百石，五歲遷補大縣令。」

〔七〕【索隱】案：漢書公卿表太初元年爲鴻臚卿也。

〔八〕【索隱】案：亭吏二人，弩矢合是亭長負之；今縣令自負矢，則亭長當負弩也。且負弩亦守宰無定，或隨輕重耳。案：霍去病出擊匈奴，河東太守郊迎負弩。又魏公子救趙擊秦，秦軍解去，平原君負韊矢迎公子於界上。

〔九〕【索隱】蜀以爲寵。華陽國志云：「蜀大城北十里有升仙橋，有送客觀也。相如初入長安，題其門云『不乘赤車駟

馬，不過汝下』也。」

〔一〇〕【索隱】小顏云：「尚猶配也。」本或作「當」也。

〔一一〕【索隱】斯，鄭氏音曳。張揖云「斯俞，國也」。案：今斯讀如字，益部耆舊傳謂之「斯臾」。華陽國志邛都縣有四部，斯臾一也。

〔一二〕【索隱】張揖曰：「斥，廣也。」

〔一三〕【索隱】張揖曰：「沬水出蜀廣平徼外，與青衣水合也。若水出旄牛徼外，至僰道入江。」華陽國志漢嘉縣有沬水。音妹，又音末。

〔一四〕【索隱】張揖曰：「徼，塞也。以木柵水爲蠻夷界。」

〔一五〕【集解】徐廣曰：「越嶲有零關縣。」

〔一六〕【集解】韋昭曰：「爲孫水作橋。」

〔一七〕【索隱】橋孫水通筰。韋昭曰：「爲孫水作橋也。」案：華陽國志云「相如卒開僰道通南夷，置越嶲郡。韓說開益州，唐蒙開牂柯，斬筰王首，置牂柯郡」也。

相如使時，蜀長老多言通西南夷不爲用，唯大臣亦以爲然。相如欲諫，業已建之，〔一〕不敢，乃著書，籍以蜀父老爲辭，而己詰難之，以風天子，且因宣其使指，令百姓知天子之意。其辭曰：

〔一〕【索隱】案：業者，本也。謂本由相如立此事也。

漢興七十有八載，〔一〕德茂存乎六世，〔二〕威武紛紜，湛恩〔三〕汪濊，羣生澍濡，洋溢乎方外。於是乃命使西征，隨流而攘，〔四〕風之所被，罔不披靡。因朝冄從駹，定筰存邛，略斯榆，舉苞滿，〔五〕結軼〔六〕還轅，東鄉將報，至于蜀都。

〔一〕【集解】徐廣曰：「元光六年也。」

〔二〕【正義】高祖、惠帝、高后、孝文、孝景、孝武。

〔三〕【索隱】韋昭云：「上音沈。」

〔四〕【索隱】攘，卻也，汝羊反。

〔五〕【索隱】服虔云：「夷種也。」「滿」字或作「蒲」也。

〔六〕【索隱】下音轍。漢書作「軌」。張揖云「結，屈也」。

耆老大夫薦紳先生之徒二十有七人，儼然造焉。辭畢，因進曰：「蓋聞天子之於夷狄也，其義羈縻〔一〕勿絕而已。今罷三郡之士，通夜郎之塗，三年於茲，而功不竟，士卒勞倦，萬民不贍，今又接以西夷，百姓力屈，恐不能卒業，此亦使者之累也，竊爲左右患之。且夫邛、筰、西僰之與中國並也，歷年茲多，不可記已。仁者不以德來，彊者不以力并，意者其殆不可乎！今割齊民以附夷狄，弊所恃以事無用，鄙人固陋，不識所謂。」

〔一〕【索隱】案：羈，馬絡頭也。縻，牛韁也。漢官儀「馬云羈，牛云縻」。言制四夷如牛馬之受羈縻也。

使者曰：「烏謂此邪？必若所云，則是蜀不變服而巴不化俗也。余尚惡聞若說。〔一〕然斯事體大，固非觀者之所覯也。余之行急，其詳不可得聞已，請爲大夫粗陳其略。

〔一〕【索隱】張揖曰：「惡聞若曹之言也。」包愷音一故反。又音烏。烏者，安也。

「蓋世必有非常之人，然後有非常之事；有非常之事，然後有非常之功。非常者，固常〔人〕之所異也。〔一〕故曰非常之原，黎民懼焉；〔二〕及臻厥成，天下晏如也。

〔一〕【索隱】案：常人見之以爲異。

〔二〕【索隱】張揖曰：「非常之事，其本難知，衆人懼也。」

「昔者鴻水浡出，氾濫衍溢，民人登降移徙，陭區而不安。夏后氏戚之，乃堙鴻水，決江疏河，漉沈贍菑，〔一〕東歸之於海，而天下永寧。當斯之勤，豈唯民哉。〔二〕心煩於慮而身親其勞，躬胝無胈，膚不生毛。〔三〕故休烈顯乎無窮，聲稱浹乎于茲。

〔一〕【集解】徐廣曰：「漉，一作『灑』。」【索隱】漉沈澹菑。漉音鹿。菑音災。漢書作「澌沈澹災」，解者云「澌作『灑』，灑，分也，音所綺反。澹，安；沈，深也。澹音徒暫反」。

〔二〕【索隱】案：謂非獨人勤，禹亦親其勞也。

〔三〕【集解】徐廣曰：「胝音竹移反。胈，踵也。一作『腠』，音湊。膚，理也。胈音魃。」【索隱】躬奏胝無胈。張揖曰：「奏，作『戚』。躬，體也。戚，腠理也。」韋昭曰：「胈，其中小毛也。」胝音丁私反。莊子云「禹腓無胈，脛不生

毛」。李頤云「胈，白肉也，音蒲末反」。

「且夫賢君之踐位也，豈特委瑣握躖，[一]拘文牽俗，循誦習傳，當世取説云爾哉！必將崇論閎議，創業垂統，爲萬世規。故馳騖乎兼容并包，而勤思乎參天貳地。[二]且詩不云乎：『普天之下，莫非王土；率土之濱，莫非王臣。』[三]是以六合之內，八方之外，浸潯[四]衍溢，懷生之物有不浸潤於澤者，賢君恥之。今封疆之內，冠帶之倫，咸獲嘉祉，靡有闕遺矣。而夷狄殊俗之國，遼絶異黨之地，舟輿不通，人迹罕至，政教未加，流風猶微。內之則犯義侵禮於邊境，外之則邪行横作，放弒其上。君臣易位，尊卑失序，父兄不辜，幼孤爲奴，係纍號泣，內嚮而怨，曰『蓋聞中國有至仁焉，德洋而恩普，物靡不得其所，今獨曷爲遺己』。舉踵思慕，若枯旱之望雨。盭夫爲之垂涕，[五]況乎上聖，又惡能已？故北出師以討彊胡，南馳使以誚勁越。四面風德，二方之君[六]鱗集仰流，願得受號者以億計。故乃關沬、若，[七]徼牂柯，鏤零山，梁孫原。創道德之塗，垂仁義之統。將博恩廣施，遠撫長駕，使疏逖不閉，[八]阻深闇昧[九]得耀乎光明，以偃甲兵於此，而息誅伐於彼。遐邇一體，中外提福，[一〇]不亦康乎？夫拯民於沈溺，奉至尊之休德，反衰世之陵遲，繼周氏之絶業，斯乃天子之急務也。百姓雖勞，又惡可以已哉？

[一]索隱 孔文祥云：「委瑣，細碎。握躖，局促也。」

[二]索隱 案：天子比德於地，是貳地也。與己并天爲三，是參天也。故禮曰「天子與天地參」是也。

[三]集解 毛詩傳曰：「濱，涯也。」

[四]索隱 浸淫。案：浸淫猶漸浸。

[五]集解 徐廣曰：「盭音戾。」索隱 張揖曰：「很戾之夫也。」字或作「戾」。盭，古「戾」字。

[六]索隱 謂西夷邛、僰，南夷牂柯、夜郎也。

[七]集解 漢書音義曰：「以沬、若水爲關。」

[八]索隱 逖，遠。言其疏遠者不被閉絶也。

[九]索隱 曶爽闇昧。三蒼云：「曶爽，早朝也。曶音昧。」案：字林又音忽。

[一〇]集解 徐廣曰：「提，一作『禔』，音支。」索隱 禔福。説文云：「禔，安也。」市支反。

「且夫王事固未有不始於憂勤，而終於佚樂者也。然則受命之符，合在於此矣。[一]方將增泰山之封，加梁父之事，鳴和鸞，揚樂頌，上咸五，下登三。[二]觀者未睹指，聽者未聞音，猶鷦明已翔乎寥廓，而羅者猶視乎藪澤。悲夫！」

[一]索隱 張揖云：「在於憂勤佚樂之中也。」

[二]集解 徐廣曰：「咸，一作『函』。」駰案：韋昭曰「咸同於五帝，登三王之上」。索隱 上減五，下登三。李奇曰：「五帝之德，漢比爲減；三王之德，漢出其上，故云『減五登三』也。」虞喜志林云：「相如欲減五帝之一，以漢盈之。然以漢爲五帝之數，自然是登於三王之上也。」今本「減」或作「咸」，是韋昭之説也。

於是諸大夫芒然喪其所懷來而失厥所以進，喟然並稱曰：「允哉漢德，此鄙人之所願聞也。百姓雖怠，請以身先之。」敞罔靡徙，[一]因遷延而辭避。

[一]索隱 案：敞罔，失容也。靡徙，失正也。

其後人有上書言相如使時受金，失官。居歲餘，復召爲郎。

相如口吃而善著書。常有消渴疾。與卓氏婚，饒於財。其進仕宦，未嘗肯與公卿國家之事，稱病閒居，不慕官爵。常從上至長楊獵，[一]是時天子方好自擊熊彘，馳逐野獸，相如上疏諫之。其辭曰：

[一]正義 括地志云：「秦長楊宮在雍州盩厔縣東南三里。上起以宮，內有長楊樹，以爲名。」

臣聞物有同類而殊能者，故力稱烏獲，[一]捷言慶忌，[二]勇期賁、育。[三]臣之愚，竊以爲人誠有之，獸亦宜然。今陛下好陵阻險，射猛獸，卒然[四]遇軼材之獸，駭不存之地，[五]犯屬車之清塵，[六]輿不及還轅，人不暇施巧，雖有烏獲、逢蒙之伎，[七]力不得用，枯木朽株盡爲害矣。是胡越起於轂下，而羌夷接軫也，豈不殆哉！雖萬全無患，然本非天子之所宜近也。

[一]索隱 張揖曰：「秦武王力士，舉龍文鼎者也。」

[二]索隱 張揖曰：「吳王僚之子。」

[三]正義 賁音奔。孟賁，古之勇士，水行不避蛟龍，陸行不避豺狼，發怒吐氣，聲音動天。夏育，亦古之猛士也。

[四]索隱 猝然。廣雅云：「猝，暴也，音倉兀反。」

[五]索隱 謂所不慮而猛獸駭發也。

[六]集解 蔡邕曰：「古者諸侯貳車九乘，秦滅九國，兼其車服，故大駕屬車八十一乘。」

[七]集解 吳越春秋曰：「羿傳射於逢蒙。」索隱 孟子云「逢蒙學射於羿，盡羿之道」也。

且夫清道而後行，中路而後馳，猶時有銜橛之變，[一]而況涉乎蓬蒿，馳乎丘墳，前有利獸之樂而內無存變之意，其爲禍也不亦難矣！夫輕萬乘之重不以爲安而樂，出於萬有一危之塗以爲娱，臣竊爲陛下不取也。

[一]集解 徐廣曰：「橛音巨月反。鉤逆者謂之橛矣。」索隱 銜橛之變。張揖曰：「銜，馬勒銜也。橛，騑馬口長銜也。」周遷輿服志云：「鉤逆上者爲橛。橛在銜中，以鐵爲之，大如雞子。」鹽鐵論云：「無銜橛而禦捍馬。」橛音巨月反。

蓋明者遠見於未萌而智者避危於無形，禍固多藏於隱微而發於人之所忽者也。故鄙諺曰「家累千金，坐不垂堂」。[一]此言雖小，可以喻大。臣願陛下之留意幸察。

[一]索隱 張揖云：「畏簷瓦墮中人。」樂産云：「垂，邊也。恐墮墜（之）也。」

上善之。還過宜春宮，[一]相如奏賦以哀二世行失也。其辭曰：

〔一〕正義 括地志云：「秦宜春宮在雍州萬年縣西南三十里。宜春苑在宮之東，杜之南。始皇本紀云葬二世杜南宜春苑中。」案：今宜春宮見二世陵，故作賦以哀也。

登陂阤〔一〕之長阪兮，坌入〔二〕曾宮之嵯峨。臨曲江之隑州兮，〔三〕望南山之參差。巖巖深山之谾谾兮，〔四〕通谷𧮪兮谽谺。〔五〕汩淢噏〔六〕習以永逝兮，注平皋之廣衍。觀衆樹之塕薆兮，〔七〕覽竹林之榛榛。東馳土山兮，北揭石瀨。〔八〕彌節容與兮，〔九〕歷弔二世。持身不謹兮，亡國失埶。信讒不寤兮，宗廟滅絕。嗚呼哀哉！操行之不得兮，墳墓蕪穢而不脩兮，魂無歸而不食。夐邈絕而不齊兮，彌久遠而愈佅。精罔閬而飛揚兮，拾九天而永逝。〔一〇〕嗚呼哀哉！

〔一〕索隱 登陂阤。陂音普何反。阤音徒何反。

〔二〕集解 漢書音義曰：「坌，並也。」索隱 上音步寸反。

〔三〕集解 漢書音義曰：「隑，長也。苑中有曲江之象，泉中有長洲也。」索隱 案：隑音祈。隑即碕，謂曲岸頭也。張揖曰：「隑，長也。苑中有曲江之象，中有長州，又有宮閣路，謂之曲江，在杜陵西北五里。」又三輔舊事云「樂游原在北」是也。

〔四〕集解 徐廣曰：「谾音力工反。」索隱 谾音苦江反。晉灼曰：「音籠，古『豅』字。」蕭該云：「谾，或作『豅』，長大皃也。」

〔五〕索隱 呼含呼加二反。

〔六〕索隱 上音于筆反。淢音域，疾皃也。噏音許及反。漢書作「報」，報，輕舉意也。

〔七〕索隱 薆音薆，謂隱也。

〔八〕索隱 說文云：「瀨，水流沙上也。」

〔九〕索隱 容與，游戲皃也。

〔一〇〕正義 太玄經云：「九天謂一爲中天，二爲羨天，三爲從天，四爲更天，五爲睟天，六爲廓天，七爲減天，八爲沈天，九爲成天。」

相如拜爲孝文園令。〔一〕天子既美子虛之事，相如見上好僊道，因曰：「上林之事未足美也，尚有靡者。臣嘗爲大人賦，未就，請具而奏之。」相如以爲列僊之傳居山澤閒，〔二〕形容甚臞，〔三〕此非帝王之僊意也，乃遂就大人賦。其辭曰：

〔一〕索隱 百官志云「陵園令，六百石，掌案行掃除」也。

〔二〕索隱 列仙之傳居山澤。案：傳者，謂相傳以列仙居山澤閒，音持全反。小顏及劉氏並作「儒」。儒，柔也，術士之稱，非。

〔三〕集解 徐廣曰：「臞，瘦也。」索隱 韋昭曰：「臞，瘠也。」舍人云：「臞，瘦也。」文子云：「堯癯瘦。」音巨俱反。

世有大人〔一〕兮，在于中州。宅彌萬里兮，曾不足以少留。悲世俗之迫隘兮，〔二〕朅輕舉而遠遊。垂絳幡之素蜺兮，載雲氣而上浮。建格澤之長竿兮，總光耀之采旄。〔三〕垂旬始以爲幓兮，抴彗星而爲髾。〔四〕掉指橋以偃蹇兮，〔五〕又旖旎以招搖。攬欃槍以爲旌兮，〔六〕靡屈虹而爲綢。〔七〕紅杳渺以眩湣兮，〔八〕猋風涌而雲浮。駕應龍象輿之蠖略逶麗兮，驂赤螭青虯之蚴蟉蜿蜒。低卬夭蟜据以驕驁兮，〔九〕詘折隆窮蠼以連卷。〔一〇〕沛艾赳螑仡以佁儗兮，〔一一〕放散畔岸驤以孱顏。〔一二〕跮踱輵轄容以委麗兮，綢繆偃蹇怵臭以梁倚。〔一三〕糾蓼叫奡踏以艐路兮，〔一四〕蔑蒙踊躍騰而狂趭。〔一五〕莅颯卉翕熛至電過兮，煥然霧除，霍然雲消。

〔一〕索隱 張揖云：「喻天子。」向秀云：「聖人在位，謂之大人。」張華云：「相如作遠遊之體，以大人賦之也。」

〔二〕索隱 如淳曰：「武帝云『誠得如黃帝，去妻子如脫屣』，是悲世俗迫隘也。」

〔三〕集解 漢書音義曰：「格澤之氣如炎火狀，黃白色，起地上至天，以此氣爲竿。旄，葆也。總，係也。係光耀之氣於長竿，以爲葆者。」

〔四〕集解 漢書音義曰：「旬始氣如雄雞，縣於葆下以爲旒也。髾，燕尾也。抴彗星，綴著旒以爲燕尾。」

〔五〕集解 漢書音義曰：「指橋，隨風指靡。」索隱 棹音徒弔反。指音居桀反。橋音嬌。張揖曰：「指撟，隨風指靡。偃蹇，高皃。」應劭云：「旌旗屈撓之皃。」

〔六〕正義 天官書云：「天欃長四丈，末銳。天槍長數丈，兩頭銳，其形類彗也。」

〔七〕集解 漢書音義曰：「綢，韜也。以斷虹爲旌杠之韜。」索隱 綢音籌，或音韜。屈虹，斷虹也。

〔八〕集解 漢書音義曰：「旬始，屈虹，氣色。紅杳渺，眩湣，闇冥無光也。」索隱 紅杳眇以泫滑。蘇林曰：「泫音炫。滑音麫。」晉灼曰：「紅，赤色皃。杳眇，深遠；泫滑，混合也。」紅，或作「虹」也。

〔九〕索隱 張揖曰：「据，直項也。驕驁，縱恣也。」据音據。驕音居召反。驁音五到反。

〔一〇〕索隱 蠼以連卷。韋昭曰：「龍之形皃也。」蠼音起碧反。連卷音聲卷也。

〔一一〕集解 漢書音義曰：「赳螑，申頸低卬也。佁儗，不前也。」索隱 孟康曰：「赳螑，申頸低頭。」張揖曰：「赳螑，牙跳也。」赳音居幼反。螑音許救反。張揖曰：「仡，舉頭也。佁儗，不前也。」佁音勑吏反。儗音魚吏反也。

〔一二〕索隱 服虔曰：「馬仰頭，其口開，正孱顏也。」韋昭曰：「顏音吾板反。」詩云「兩服上驤」，注云「驤，馬」是也。

〔一三〕集解 徐廣曰：「跮踱，乍前乍卻也。跮音丑栗反。踱音勑略反。輵，烏葛反。轄音曷。綢，一作『雕』。臭音他略反。」駰案：漢書音義曰「怵臭，走也。梁倚，相著也。」索隱 跮踱輵轄。張揖曰：「跮踱，疾行皃。輵轄，前卻也。」跮音褚栗反。踱音褚略反。輵音烏葛反。轄音曷。蜩蟉偃蹇。蜩音徒弔反。蟉音勑弔反。張揖曰：「偃蹇，卻距也。」廣雅曰：「偃蹇，夭矯之皃。」張揖曰：「怵臭，奔走。梁倚，相著。」韋昭曰：「臭音答略反。」相如傳云『倏臭遠去』，臭，視也。」

〔一四〕集解 徐廣曰：「艐音介，至也。」索隱 蓼音了。奡音五到反。小顏云：「叫奡，高舉皃。」踏音徒答反。艐音屆。三倉云：「踏，著地。」孫炎云：「艐，古『界』字也。」

〔一五〕集解 漢書音義曰：「蔑蒙，飛揚也。趭，走。」索隱 篾蒙。張揖曰：「篾蒙，飛揚也。趭，走皃。」

邪絕少陽而登太陰兮，與真人乎相求。〔一〕互折窈窕以右轉兮，橫厲飛泉以正東。〔二〕悉徵靈圉而選之兮，部乘衆神於瑤光。〔三〕使五帝先導兮，〔四〕反太一而後陵陽。〔五〕左玄冥而右含靁兮，〔六〕前陸離而後潏湟。〔七〕廝征伯僑〔八〕而役羨門兮，〔九〕屬

岐伯使尚方。〔一〇〕祝融驚而蹕御兮，〔一一〕清雰氣而後行。屯余車其萬乘兮，綷雲蓋而樹華旗。〔一二〕使句芒其將行兮，〔一三〕吾欲往乎南嬉。

〔一〕集解漢書音義曰：「少陽，東極；太陰，北極。邪度，東極而升北極者也。」
〔二〕正義厲，渡也。張云：「飛泉，谷也，在崑崙山西南。」
〔三〕集解漢書音義曰：「搖光，北斗杓頭第一星。」
〔四〕正義遵，導。應云「五帝，五時，帝太晧之屬也。」
〔五〕集解漢書音義曰：「仙人陵陽子明也。」正義天官書云：「中宮天極星，其一明者，太一常居也。」列仙傳云：「子明於沛銍縣旋溪釣得白龍，放之，後白龍來迎子明去，止陵陽山上百餘年，遂得仙也。」
〔六〕集解漢書音義曰：「含靁，黔嬴也，天上造化神名也。或曰水神。」
〔七〕集解漢書音義曰：「皆神名。」
〔八〕集解徐廣曰：「燕人也，形解而仙也。」索隱應劭曰：「厮，役也。」張揖曰：「王子喬也。」漢書郊祀志作「正伯僑」，此當別人，恐非王子喬也。
〔九〕正義張云：「羨門，碣石山上仙人羨門高也。」
〔一〇〕集解徐廣曰：「岐伯，黃帝臣。」駰案：漢書音義曰「尚，主也。岐伯，黃帝太醫，屬使主方藥」。
〔一一〕正義張云：「祝融，南方炎帝之佐也。獸身人面，乘兩龍，應火正也。火正祝融警蹕清氛氣也。」
〔一二〕索隱綷音祖內反。如淳曰：「綷，合也。合五綵雲爲蓋也。」
〔一三〕正義張云：「句芒，東方青帝之佐也。鳥身人面，乘兩龍。」顏云：「將行，領從者也。」

歷唐堯於崇山兮，過虞舜於九疑。〔一〕紛湛湛〔二〕其差錯兮，雜遝膠葛〔三〕以方馳。騷擾衝蓯〔四〕其相紛挐兮，滂濞泱軋灑以林離。鑽羅列聚叢以蘢茸兮，衍曼流爛壇以陸離。〔五〕徑入靁室之砰磷鬱律兮，洞出鬼谷之崫礨嵬磈。〔六〕徧覽八紘而觀四荒兮，朅渡九江而越五河。〔七〕經營炎火而浮弱水兮，〔八〕杭絶浮渚而涉流沙。〔九〕奄息總極氾濫水嬉兮，〔一〇〕使靈媧鼓瑟而舞馮夷。〔一一〕時若薆薆將混濁兮，召屏翳〔一二〕誅風伯〔一三〕而刑雨師。〔一四〕西望崑崙〔一五〕之軋沕洸忽兮，直徑馳乎三危。〔一六〕排閶闔而入帝宮兮，〔一七〕載玉女而與之歸。〔一八〕舒閬風而搖集兮，〔一九〕亢烏騰而一止。〔二〇〕低回陰山翔以紆曲兮，〔二一〕吾乃今目睹西王母暠然白首。〔二二〕載勝而穴處兮，〔二三〕亦幸有三足烏爲之使。〔二四〕必長生若此而不死兮，雖濟萬世不足以喜。

〔一〕正義張云：「崇山，狄山也。海外經云『狄山，帝堯葬其陽』。九疑山，零陵營道縣，舜所葬處。」
〔二〕索隱音徒感反。
〔三〕索隱膠輵。廣雅云：「膠輵，驅馳也。」
〔四〕索隱上昌勇反，下息亢反。
〔五〕集解徐廣曰：「壇音坦。」
〔六〕集解漢書音義曰：「鬼谷在北辰下，衆鬼之所聚也。楚辭曰『贅鬼谷于北辰』也。」正義崫，口骨反。礨音力罪反。嵬音烏迴反。磈音回。張云：「崫礨嵬磈，不平也。」
〔七〕正義顏云：「五色之河也。仙經云紫、碧、絳、青、黃之河也。」
〔八〕正義姚丞云：「大荒西經云崑崙之丘，其外有炎火之山，投物輒然。」括地志云：「弱水有二原，俱出女國北阿傉達山，南流會于國北，又南歷國北，東去一里，深丈餘，闊六十步，非乘舟不可濟，流入海。阿傉達山一名崑崙山，其山爲天柱，在雍州西南一萬五千三百七十里。」又云：「弱水在甘州張掖縣南山下也。」
〔九〕集解漢書音義曰：「杭，船也。絶，渡也。浮渚，流沙中渚也。」
〔一〇〕集解漢書音義曰：「總極，蔥領山也，在西域中也。」
〔一一〕集解徐廣曰：「媧，一作『貽』。」駰案：漢書音義曰「靈媧，女媧也。馮夷，河伯字也。淮南子曰『馮夷得道，以潛大川』」。正義姓馮名夷，以庚日溺死。河常以庚日好溺死人。
〔一二〕正義應云：「屏翳，天神使也。」韋云：「雷師也。」
〔一三〕正義張云：「風伯字飛廉。」
〔一四〕正義沙州有雨師祠。
〔一五〕正義張云：「海內經云崑崙去中國五萬里，天帝之下都也。其山廣袤百里，高八萬仞，增城九重，面九井，以玉爲檻，旁有五門，開明獸守之。」括地志云：「崑崙在肅州酒泉縣南八十里。十六國春秋後魏昭成帝建國十年，涼張駿酒泉太守馬岌上言：『酒泉南山即崑崙之體，周穆王見西王母，樂而忘歸，即謂此山。有石室，王母堂，珠璣鏤飾，煥若神宮。』又刪丹西河名云弱水，禹貢崑崙在臨羌之西，即此明矣。」括地志云：「又阿傉達山亦名建末達山，亦名崑崙山。恒河出其南吐師子口，經天竺入達山。媯水今名爲滸海，出於崑崙西北隅吐馬口，經安息、大夏國入西海。黃河出東北隅吐牛口，東北流經滋澤，潛出大積石山，至華山北，東入海。其三河去山入海各

三萬里。此謂大崑崙，肅州謂小崑崙也。禹本紀云『河出崑崙二千五百餘里，日月所相隱避爲光明也』。」
〔一六〕集解三危，山名也。正義括地志云：「三危山在沙州東南三十里。」
〔一七〕正義韋昭云：「閶闔，天門也。淮南子曰『西方曰西極之山，閶闔之門』。」
〔一八〕正義張云：「玉女，青要、乘弋等也。」
〔一九〕正義張云：「閬風在崑崙閶闔之中。楚辭云『登閬風而緤馬』也。」
〔二〇〕集解漢書音義曰：「亢然高飛，如鳥之騰也。」
〔二一〕正義張云：「陰山在大崑崙西二千七百里。」
〔二二〕集解徐廣曰：「暠音下沃反。」索隱暠音鶴也。正義張云：「西王母，其狀如人，豹尾，虎齒，蓬髮，暠然白首。石城金穴，居其中。」
〔二三〕集解郭璞曰：「勝，玉勝也。」正義顏云：「勝（代），婦人首飾也，漢代謂之華勝也。」
〔二四〕正義張云：「三足烏，青鳥也。主爲西王母取食，在昆墟之北。」

回車朅來兮，絶道不周，〔一〕會食幽都。呼吸沆瀣〔兮〕餐朝霞（兮），噍咀芝英兮嘰瓊華。〔二〕嬐侵潯〔三〕而高縱兮，紛鴻涌而上厲。貫列缺之倒景兮，〔四〕涉豐隆之滂沛。〔五〕馳游道而脩降兮，〔六〕騖遺霧而遠逝。迫區中之隘陜兮，舒節出乎北垠。遺屯騎於玄闕兮，軼先驅於寒門。〔七〕下峥嶸而無地兮，上寥廓而無天。視眩眠而無見兮，聽惝恍而無聞。乘虛無而上假兮，超無友而獨存。〔八〕

〔一〕集解漢書音義曰：「不周山在崑崙東南。」
〔二〕集解徐廣曰：「嘰音祈，小食也。」駰案：韋昭曰「瓊華，玉英」。
〔三〕集解徐廣曰：「嬐音孅。」索隱漢書「嬐」作「僸」。僸，仰也，音襟。嬐音魚錦反。
〔四〕集解漢書音義曰：「列缺，天閃也。倒景，日在下。」
〔五〕正義張云：「豐崇，雲師也。淮南子云『季春三月，豐崇乃出以將雨』。」案：豐崇將雲雨，故云「滂沛」。
〔六〕正義游，游車也。道，道車也。脩，長也。降，下也。
〔七〕集解漢書音義曰：「玄闕，北極之山。寒門，天北門。」
〔八〕集解徐廣曰：「假音古下反，至也。」

相如既奏大人之頌，天子大說，飄飄有凌雲之氣，似游天地之閒意。

相如既病免，家居茂陵。天子曰：「司馬相如病甚，可往後悉取其書；若不然，後失之矣。」使所忠〔一〕往，而相如已死，家無書。問其妻，對曰：「長卿固未嘗有書也。時時著書，人又取去，即空居。長卿未死時，爲一卷書，曰有使者來求書，奏之。無他書。」其遺札書言封禪事，奏所忠。忠奏其書，天子異之。其書曰：

〔一〕索隱張揖曰：「使者姓名，見食貨志。」正義姓所，名忠也。風俗通姓氏云：「漢書有諫大夫所忠氏。」

伊上古之初肇，自昊穹兮生民，歷撰〔一〕列辟，以迄于秦。率邇者踵武，〔二〕逖聽者

風聲。〔三〕紛綸葳蕤，〔四〕堙滅而不稱者，不可勝數也。續昭夏，崇號謚，略可道者七十有二君。〔五〕罔若淑而不昌，疇逆失而能存？〔六〕

〔一〕集解徐廣曰：「撰，一作『選』。」索隱歷選。文穎曰：「選，數之也。」
〔二〕集解徐廣曰：「率，循也。邇，近也。武，迹也。循省近世之遺迹。」索隱案：率，循也。邇，近也。言循覽近代之事，則繼跡可知也。
〔三〕集解徐廣曰：「逖，遠也。聽察遠古之風聲。」索隱風聲，風雅之聲。以言聽遠古之事，則著在風雅之聲也。
〔四〕索隱紛綸葳蕤。胡廣曰：「紛，亂也。綸，没也。葳蕤，委頓也。」張揖云：「亂皃。」
〔五〕集解漢書音義曰：「昭，明也。夏，大也。德明大，相繼封禪於泰山者七十有二人。」索隱七十有二君，韓詩外傳及封禪書皆然。
〔六〕集解徐廣曰：「若，順也。」駰案：韋昭曰「疇，誰也。言順善必昌，逆失必亡」。

軒轅之前，遐哉邈乎，其詳不可得聞也。五三六經〔一〕載籍之傳，維見可觀也。書曰「元首明哉，股肱良哉」。因斯以談，君莫盛於唐堯，臣莫賢於后稷。后稷創業於唐，公劉發迹於西戎，文王改制，爰周郅隆，〔二〕大行越成，〔三〕而後陵夷衰微，千載無聲，〔四〕豈不善始善終哉。然無異端，慎所由於前，謹遺教於後耳。故軌迹夷易，易遵也；湛恩濛涌，易豐也；憲度著明，易則也；垂統理順，易繼也。是以業隆於繦褓而崇冠于二后。〔五〕揆厥所元，終都攸卒，〔六〕未有殊尤絕迹可考于今者也。然猶躡梁父，登泰山，建顯號，施尊名。大漢之德，逢涌原泉，〔七〕沕潏漫衍，旁魄四塞，雲尃霧散，〔八〕上暢九垓，下泝八埏。〔九〕懷生之類霑濡浸潤，協氣橫流，武節飄逝，邇陝游原，迥闊泳沫，〔一〇〕首惡湮没，闇昧昭晢，〔一一〕昆蟲凱澤，回首面内。〔一二〕然後囿騶虞之珍羣，徼麋鹿之怪獸，〔一三〕導一莖六穗於庖，〔一四〕犧雙觡共抵之獸，〔一五〕獲周餘珍收龜于岐，〔一六〕招翠黄乘龍於沼。〔一七〕鬼神接靈圉，賓於閒館。〔一八〕奇物譎詭，俶儻窮變。欽哉，符瑞臻兹，猶以爲薄，不敢道封禪。蓋周躍魚隕杭，休之以燎，〔一九〕微夫斯之爲符也，以登介丘，不亦恧乎！〔二〇〕進讓之道，其何爽與？〔二一〕

〔一〕索隱胡廣云：「五，五帝也。三，三王也。六，六經也。」案：六經，詩、書、禮、樂、易、春秋也。
〔二〕集解徐廣曰：「『郅』蓋字誤。皇甫謐曰『王季徙郢』，故周書曰『維王季宅郢』。孟子稱『文王（生）〔卒〕於畢郢』。或者『郅』字宜爲『郢』乎？或爲『胵』，北地有郁郅縣。胵，大也，音質。」駰案：漢書音義云「郅，至也」。索隱爰，於，及也。郅，大也。隆，盛也。應劭曰「郅，至也」。樊光云「郅，可見之大也」。徐及皇甫之説皆非也。以言文王改制，及周而大盛也。
〔三〕集解漢書音義曰：「行，道也。文王始開王業，改正朔，易服色，太平之道於是成矣。」索隱案：行，道也。越，於也。以言道德大行，於是而成之也。
〔四〕集解徐廣曰：「周之王四海，千載之後聲教乃絕。」駰案：韋昭曰「無惡聲」。

〔五〕集解漢書音義曰：「繦褓謂成王也。二后謂文、武也。周公負成王致太平，功德冠於文武者，道成法易故也。」
〔六〕集解漢書音義曰：「都，於；卒，終也。」
〔七〕集解韋昭曰：「漢德逢涌如泉原也。」索隱逢源泉。張揖曰：「逢，遇也。喻其德盛若遇泉源之流也。」又作「峰」，讀曰烽。胡廣曰：「自此已下，論漢家之德也。」
〔八〕集解徐廣曰：「尃音布。」
〔九〕集解徐廣曰：「音衍。」駰案：漢書音義曰「暢，達；垓，重也。泝，流也。埏音延，地之際也。言其德上達於九重之天，下流於地之八際也」。
〔一〇〕集解漢書音義曰：「邇，近；原，本也。迥，遠；闊，廣也。泳，浮也。恩德比之於水，近者游其原，遠者浮其沫。」
〔一一〕集解漢書音義曰：「始爲惡者皆湮滅。闇昧，喻夷狄皆化。」
〔一二〕集解韋昭曰：「面，向也。」
〔一三〕集解漢書音義曰：「徼，遮也。麋鹿得其奇怪者，謂獲白麟也。」
〔一四〕集解徐廣曰：「導，瑞禾也。」駰案：漢書音義曰「謂嘉禾之米，於庖廚以供祭祀」。索隱導一莖六穗。鄭玄云：「導，擇也。」説文云：「嘉禾一名導。」字林云：「禾一莖六穗謂之導也。」
〔一五〕集解徐廣曰：「抵音底。」駰案：漢書音義曰「犧，牲也。觡，角也。底，本也。武帝獲白麟，兩角共一本，因以爲牲也」。
〔一六〕集解徐廣曰：「一作『放龜』。」駰案：漢書音義曰「餘珍，得周鼎也。岐，水名也」。索隱餘珍，案謂得周鼎

也。

〔一七〕【集解】漢書音義曰：「翠黃，乘黃也。龍翼馬身，黃帝乘之而登仙。言見乘黃而招呼之。禮樂志曰『訾黃其何不來下』。余吾渥洼水中出神馬，故曰乘龍於沼。」【索隱】服虔云「龍翠色」。又云「卽乘黃也。乘四龍也」。周書云「乘黃似狐，背上有兩角」也。

〔一八〕【集解】徐廣曰：「言至德與神明通接，故靈圉爲賓旅于閒館矣。」郭璞曰：「靈圉，仙人名也。」

〔一九〕【索隱】杭，舟也。胡廣云：「武王渡河，白魚入于王舟，俯取以燎。隕，墜之於舟中也。」

〔二〇〕【集解】漢書音義曰：「介，大；丘，山也。言周以白魚爲瑞，登太山封禪，不亦慙乎！」

〔二一〕【集解】徐廣曰：「爽，差異也。」駰案：漢書音義曰「進，周也。讓，漢也。言周未可封禪而封禪爲進，漢可封禪而不封禪爲讓也」。【索隱】何其爽與。爽猶差也。言周未可封而封，漢可封而不封，爲進讓之道皆差之也。

於是大司馬進曰：「陛下仁育羣生，義征不憓，〔一〕諸夏樂貢，百蠻執贄，德侔往初，功無與二，休烈浹洽，符瑞衆變，期應紹至，不特創見。〔二〕意者泰山、梁父設壇場望幸，〔三〕蓋號以況榮，〔四〕上帝垂恩儲祉，將以薦成，〔五〕陛下謙讓而弗發也。挈三神之驩，〔六〕缺王道之儀，羣臣恧焉。或謂且天爲質闇，珍符固不可辭；〔七〕若然辭之，是泰山靡記而梁父靡幾也。〔八〕亦各並時而榮，咸濟世而屈，〔九〕說者尚何稱於後，〔一〇〕而云七十二君乎？夫修德以錫符，奉符以行事，不爲進越。〔一一〕故聖王弗替，而修禮地祇，謁款天神，〔一二〕勒功中嶽，以彰至尊，舒盛德，發號榮，受厚福，以浸黎民也。皇皇哉斯事！

天下之壯觀，王者之丕業，不可貶也。願陛下全之。而後因雜薦紳先生之略術，使獲燿日月之末光絕炎，以展采錯事，〔一三〕猶兼正列其義，校飭厥文，作春秋一藝，〔一四〕將襲舊六爲七，〔一五〕攄之無窮，〔一六〕俾萬世得激清流，揚微波，蜚英聲，騰茂實。〔一七〕前聖之所以永保鴻名而常爲稱首者用此，〔一八〕宜命掌故悉奏其義而覽焉。」〔一九〕

〔一〕【集解】漢書音義曰：「大司馬，上公也，故先進議。憓音惠，順也。」

〔二〕【集解】徐廣曰：「不但初顯符瑞而已，蓋將終以封禪之事。」【索隱】文穎曰：「不獨一物，造次見之。」胡廣云：「符瑞衆多，應期相繼而至也。」

〔三〕【索隱】設壇場望幸華。案：諸本或作「望華蓋」。華蓋，星名，在紫微太帝之上。今言望華蓋、太帝耳。且言設壇場望幸者，望聖帝之臨幸也，義亦兩通。而孟康、服虔注本皆云「望幸」，當是也，於義易通。直以後人見「幸」下有「蓋」字，又「幸」字似「華」字，因疑惑，遂定「華」字，使之誤也。

〔四〕【集解】徐廣曰：「以況受上天之榮爲名號。」【索隱】案：文穎曰「蓋，合也。言考合前代之君，揆其榮而相比況而爲號也」。大顏云「蓋，語辭也。言蓋欲紀功立號，受天之況賜榮名也」。於義爲愜。然其文云「蓋」，詞義典質，又上與「幸」字連文，致令有「華蓋」之謬也。

〔五〕【集解】徐廣曰：「以衆瑞物初至封禪處，薦之上天，告成功也。」【索隱】薦，案漢書作「慶」，義亦通也。

〔六〕【集解】徐廣曰：「挈猶言垂也。」駰案：韋昭曰「挈，缺也。三神，上帝、泰山、梁父也」。【索隱】案：徐氏云「挈猶垂」，非也。應劭作「絕」，李奇、韋昭作「闕」，意亦不遠。三神，韋昭以爲上帝、太山、梁父，如淳謂地祇、天神、山岳也。

〔七〕【集解】漢書音義曰：「言天道質昧，以符瑞見意，不可辭讓也。」【索隱】孟康曰：「言天道質昧，以符瑞見意，不可辭讓也。」

〔八〕【集解】漢書音義曰：「太山之上無所表記，梁父壇場無所庶幾。」【索隱】案：幾音冀。

〔九〕【集解】漢書音義曰：「屈，絕之也。言古帝王但作一時之榮，畢代而絕也。」【索隱】言自古封禪之帝王，是各時而榮貴，咸有濟代之勳；而屈者，謂言抑屈總不封禪，使說者尚何稱述於後代也，如上文云「七十二君」者哉？

〔一〇〕【集解】徐廣曰：「若無封禪之遺迹，則榮盡於當時，至於歷世之後，人何所述？」

〔一一〕【索隱】文穎曰：「越，踰也。不爲苟進踰禮也。」

〔一二〕【集解】漢書音義曰：「款，誠也。謁告之報誠也。」

〔一三〕【集解】徐廣曰：「錯音厝。」駰案：漢書音義曰「采，官也。使諸儒記功著業，得覩日月末光殊絕之用，以展其職，設厝其事業者也」。

〔一四〕【集解】徐廣曰：「校，一作『祓』。祓猶拂也，音廢也。」駰案：漢書音義曰「春秋者，正天時，列人事，諸儒既得展事業，因兼正天時，列人事，敍述大義爲一經」。

〔一五〕【集解】韋昭曰：「今漢書增一，仍舊六爲七也。」

〔一六〕【集解】徐廣曰：「攄，一作『臚』。臚，敍也。」【索隱】廣雅云：「攄，張舒也。」

〔一七〕【索隱】胡廣曰：「飛揚英華之聲，騰馳茂盛之實也。」

〔一八〕【索隱】案：謂用此封禪。

〔一九〕【集解】漢書音義曰：「掌故，太史官屬，主故事也。」

於是天子沛然改容，曰：「愉乎，朕其試哉！」乃遷思回慮，總公卿之議，詢封禪之事，詩大澤之博，廣符瑞之富。〔一〕乃作頌曰：

〔一〕【集解】漢書音義曰：「詩，歌詠功德也，下四章之頌也。大澤之博，謂『自我天覆，雲之油油』。廣符瑞之富，謂『斑斑之獸』以下三章，言符瑞廣大富饒也。」

自我天覆，雲之油油。〔一〕甘露時雨，厥壤可游。滋液滲漉，〔二〕何生不育；嘉穀六穗，我穡曷蓄。〔三〕

〔一〕【集解】漢書音義曰：「油油，雲行貌。孟子曰『油然作雲，沛然下雨』。」

〔二〕【集解】徐廣曰：「滲音色蔭反。」【索隱】案：說文云「滲漉，水下流之皃也」。

〔三〕【集解】徐廣曰：「何所畜邪？畜嘉穀。」

非唯雨之，又潤澤之；非唯濡之，氾尃濩之。〔一〕萬物熙熙，懷而慕思。名山顯位，望君之來。〔二〕君乎君乎，侯不邁哉！〔三〕

〔一〕【集解】徐廣曰：「古『布』字作『尃』。」【索隱】胡廣曰：「氾，普也。言雨澤非偏於我，普徧布散，無所不濩之也。」

〔二〕【集解】韋昭曰：「名山，大山也。顯位，封禪也。」

〔三〕【索隱】李奇云：「侯，何也。言君何不行封禪之事也。」案：邁訓行也。如淳云「侯，維也」。

般般之獸，〔一〕樂我君圃；白質黑章，其儀可（嘉）〔喜〕；旼旼睦睦，君子之能。〔二〕蓋聞其聲，今觀其來。厥塗靡蹤，天瑞之徵。〔三〕茲亦於舜，虞氏以興。〔四〕

〔一〕索隱案：般般，文彩之皃也，音班。胡廣曰「謂騶虞也」。

〔二〕集解徐廣曰：「旼音旻，和貌也。能，一作『態』。」駰案：漢書音義曰「旻和穆敬，言和且敬，有似君子」。

索隱旼音旻。

〔三〕集解徐廣曰：「其所來路非有迹，蓋自天降瑞，不行而至也。」

〔四〕索隱文穎曰：「舜百獸率舞，則騶虞亦在其中者已。」

濯濯之麟，〔一〕游彼靈畤。〔二〕孟冬十月，君徂郊祀。馳我君輿，帝以享祉。三代之前，蓋未嘗有。

〔一〕索隱詩人云「麀鹿濯濯」，注云「濯濯，嬉遊皃」也。

〔二〕集解漢書音義曰：「武帝祠五畤，獲白麟，故言游靈畤。」

宛宛黃龍，〔一〕興德而升；采色炫燿，熿炳煇煌。〔二〕正陽顯見，〔三〕覺寤黎烝。於傳載之，云受命所乘。〔四〕

〔一〕索隱胡廣曰：「屈伸也。」

〔二〕集解徐廣曰：「熿音晃。煇音魂。」

〔三〕索隱文穎曰：「陽，明也。謂南面受朝也。」

〔四〕索隱如淳云：「書傳所載，揆其比類，以爲漢土德，黃龍爲之應，見之於成紀，故云受命所乘也。」

厥之有章，不必諄諄。〔一〕依類託寓，諭以封巒。〔二〕

〔一〕集解徐廣曰：「諄，止純反。告之丁寧。」駰案：漢書音義曰「天之所命，表以符瑞，章明其德，不必諄諄然有語言也」。

〔二〕集解漢書音義曰：「寓，寄也。巒，山也。言依事類託寄，以喻封禪者。」

披藝觀之，天人之際已交，上下相發允答。聖王之德，兢兢翼翼也。故曰「興必慮衰，安必思危」。是以湯武至尊嚴，不失肅祗；舜在假典，〔一〕顧省厥遺：此之謂也。

〔一〕集解徐廣曰：「假，大也。」

司馬相如既卒〔一〕五歲，天子始祭后土。八年而遂先禮中嶽，〔二〕封于太山，〔三〕至梁父禪肅然。〔四〕

〔一〕集解徐廣曰：「元狩五年也。」

〔二〕正義嵩高也，在洛州陽城縣西北二十二里。

〔三〕正義在兗州博城縣西北三十里。

〔四〕集解徐廣曰：「小山，在泰山下趾東北。」

相如他所著，若遺平陵侯〔一〕書、與五公子相難、草木書篇不采，采其尤著公卿者云。

〔一〕集解徐廣曰：「蘇建也。」

太史公曰：春秋推見至隱，〔一〕易本隱之以顯，〔二〕大雅言王公大人而德逮黎庶，〔三〕小雅譏小己之得失，其流及上。〔四〕所以言雖外殊，其合德一也。相如雖多虛辭濫說，然其要歸引之節儉，此與詩之風諫何異。楊雄以爲靡麗之賦，勸百風一，猶馳騁鄭衞之聲，曲終而奏雅，不已虧乎？余采其語可論者著于篇。

〔一〕集解韋昭曰：「推見事至於隱諱，謂若晉文召天子，經言『狩河陽』之屬。」索隱李奇曰：「隱猶微也。言其義彰而文微，若隱公見弒，而經不書，諱之。」韋昭曰：「推見事至于隱諱，謂若晉文召天子，經言『狩河陽』之屬。」

〔二〕集解韋昭曰：「易本隱微妙，出爲人事乃顯著也。」索隱韋昭曰：「易本陰陽之微妙，出爲人事乃更昭著也。」虞喜志林曰：「春秋以人事通天道，是推見以至隱也。易以天道接人事，是本隱以之明顯也。」

〔三〕集解韋昭曰：「先言王公大人之德，乃後及衆庶也。」索隱文穎曰：「大雅先言大人王公之德，後及衆庶。」

〔四〕集解韋昭曰：「小雅之人志狹小，先道己之憂苦，其流乃及上政之得失者。」索隱文穎曰：「小雅之人材志狹小，先道己之憂苦，其末流及上政之得失也。故禮緯云小雅譏己得失，及之於上也。」

【索隱述贊】相如縱誕，竊貲卓氏。其學無方，其才足倚。子虛過吒，上林非侈。四馬還邛，百金獻伎。惜哉封禪，遺文卓爾。

二十四史

漢　司馬遷　撰
宋　裴駰　集解
唐　司馬貞　索隱
唐　張守節　正義

史記

第一〇册

卷一一八至卷一三〇（傳）

中華書局

中華書局

史記卷一百一十八

淮南衡山列傳第五十八

淮南厲王長者，高祖少子也，其母故趙王張敖美人。高祖八年，從東垣過趙，〔一〕趙王獻之美人。厲王母得幸焉，有身。趙王敖弗敢內宮，爲築外宮而舍之。及貫高等謀反柏人事發覺，并逮治王，盡收捕王母兄弟美人，繫之河內。厲王母亦繫，告吏曰：「得幸上，有身。」吏以聞上，上方怒趙王，未理厲王母。厲王母弟趙兼因辟陽侯言呂后，呂后妒，弗肯白，辟陽侯不彊爭。及厲王母已生厲王，恚，即自殺。吏奉厲王詣上，上悔，〔二〕令呂后母之，而葬厲王母真定。真定，厲王母之家在焉，父世縣也。〔三〕

〔一〕正義 趙，張耳所都，今邢州也。

〔二〕正義 悔不理厲王母。

〔三〕索隱 案：漢書曰「母家縣」。案：謂父祖代居真定也。

高祖十一年（十）〔七〕月，淮南王黥布反，立子長爲淮南王，王黥布故地，凡四郡。〔一〕上

自將兵擊滅布，厲王遂即位。厲王蚤失母，常附呂后，孝惠、呂后時以故得幸無患害，而常心怨辟陽侯，弗敢發。及孝文帝初即位，淮南王自以爲最親，驕蹇，數不奉法。上以親故，常寬赦之。三年，入朝。甚橫。從上入苑囿獵，與上同車，常謂上「大兄」。厲王有材力，力能扛鼎，乃往請辟陽侯。辟陽侯出見之，即自袖鐵椎椎辟陽侯，〔二〕令從者魏敬剄之。〔三〕厲王乃馳走闕下，肉袒謝曰：「臣母不當坐趙事，其時辟陽侯力能得之呂后，弗爭，罪一也。趙王如意子母無罪，呂后殺之，辟陽侯弗爭，罪二也。呂后王諸呂，欲以危劉氏，辟陽侯弗爭，罪三也。臣謹爲天下誅賊臣辟陽侯，報母之仇，謹伏闕下請罪。」孝文傷其志，爲親故，弗治，赦厲王。當是時，薄太后及太子諸大臣皆憚厲王，厲王以此歸國益驕恣，不用漢法，出入稱警蹕，稱制，自爲法令，擬於天子。

〔一〕集解 徐廣曰：「九江、廬江、衡山、豫章也。」

〔二〕索隱 案：漢書作「褏金椎椎之」。案：魏公子無忌使朱亥袖四十斤鐵椎椎之也。

〔三〕正義 剄，古鼎反。剄謂刺頸。

六年，令男子但等七十人與棘蒲侯柴武太子奇謀，以輂車四十乘〔一〕反谷口，〔二〕令人使閩越、匈奴。事覺，治之，使使召淮南王。淮南王至長安。

〔一〕集解 徐廣曰：「大車駕馬曰輂。音己足反。」

〔二〕集解漢書音義曰：「谷口在長安北，故縣也，處多險阻。」正義括地志云：「谷口故城在雍州醴泉縣東北四十里，漢谷口縣也。」

「丞相臣張倉、典客臣馮敬、行御史大夫事宗正臣逸、廷尉臣賀、備盜賊中尉臣福昧死言：淮南王長廢先帝法，不聽天子詔，居處無度，爲黃屋蓋乘輿，出入擬於天子，擅爲法令，不用漢法。及所置吏，以其郎中春爲丞相，聚收漢諸侯人及有罪亡者，匿與居，爲治家室，賜其財物爵禄田宅，爵或至關內侯，奉以二千石，〔一〕所不當得，〔二〕欲以有爲。大夫但、〔三〕士五開章等七十人〔四〕與棘蒲侯太子奇謀反，〔五〕欲以危宗廟社稷。使開章陰告長，與謀使閩越及匈奴發其兵。開章之淮南見長，長數與坐語飲食，爲家室娶婦，以二千石俸奉之。開章使人告但，已言之王。春使使報但等。吏覺知，使長安尉奇等往捕開章。長匿不予，與故中尉蕑忌〔六〕謀，殺以閉口。〔七〕爲棺槨衣衾，葬之肥陵邑，〔八〕謾吏曰〔九〕『不知安在』。〔一〇〕又詳聚土，樹表其上，曰『開章死，埋此下』。及長身自賊殺無罪者一人；令吏論殺無罪者六人；爲亡命弃市罪詐捕命者以除罪；〔一一〕擅罪人，罪人無告劾，繫治城旦舂以上十四人；赦免罪人，死罪十八人，城旦舂以下五十八人；賜人爵關內侯以下九十四人。前日長病，陛下憂苦之，使使者賜書、棗脯。長不欲受賜，不肯見拜使者。南海民處廬江界中者反，淮南吏卒擊之。陛下以淮南民貧苦，遣使者賜長帛五千匹，以賜吏卒勞苦者。長不欲受賜，謾言曰『無勞苦者』。南海民王織上書獻璧皇帝，忌擅燔其書，不以聞。〔一二〕吏請召治忌，長不遣，謾言曰『忌病』。春又請長，願入見，長怒曰『女欲離我自附漢』。長當弃市，臣請論如法。」

〔一〕集解如淳曰：「賜亡畔來者如賜其國二千石也。」瓚曰：「奉以二千石之秩禄。」

〔二〕索隱案：謂有罪之人不得關內侯及二千石。

〔三〕集解張晏曰：「大夫，姓也。上云『男子但』，明其姓大夫也。」瓚曰：「官爲大夫，名但者也。」索隱張揖曰大夫姓，非也。案：上云「男子但」，此云「大夫但」及「士伍開章」，則知大夫是官也。

〔四〕集解如淳曰：「律『有罪失官爵稱士五』者也。開章，名。」

〔五〕集解徐廣曰：「棘蒲侯柴武以文帝後元年卒，謚剛。嗣子謀反，不得置後，國除。」

〔六〕索隱蕑，姓也，音姦。嚴助傳則作「閒忌」，亦同音姦。

〔七〕正義謀殺開章，以閉絶謀反之口也。

〔八〕正義括地志云：「肥陵故縣在壽州安豐縣東六十里，在故六城東北百餘里。」

〔九〕索隱上音慢。慢，詆也。

〔一〇〕索隱按：實葬肥陵，詆云不知處。肥陵，地名，在肥水之上也。

〔一一〕集解晉灼曰：「亡命者當棄市，而王藏之，詐捕不命者而言命，以脫命者之罪。」

〔一二〕集解文穎曰：「忌，蕑忌。」

制曰：「朕不忍致法於王，其與列侯二千石議。」

「臣倉、臣敬、臣逸、臣福、臣賀昧死言：臣謹與列侯吏二千石臣嬰等四十三人議，皆曰『長不奉法度，不聽天子詔，乃陰聚徒黨及謀反者，厚養亡命，欲以有爲』。臣等議論如法。」

制曰：「朕不忍致法於王，其赦長死罪，廢勿王。」

「臣倉等昧死言：長有大死罪，陛下不忍致法，幸赦，廢勿王。臣請處蜀郡嚴道邛郵，〔一〕遣其子母從居，〔二〕縣爲築蓋家室，皆廩食給薪菜鹽豉炊食器席蓐。臣等昧死請，請布告天下。」

〔一〕集解徐廣曰：「嚴道有邛僰九折阪，又有郵置。」駰案：張晏曰「嚴道，蜀郡縣」。索隱按：嚴道，蜀郡之縣也。縣有蠻夷曰道。嚴道有邛萊山，有郵置，故曰「嚴道邛郵」也。

〔二〕索隱案：樂産云「妾媵之有子者從去也」。

制曰：「計食長給肉日五斤，酒二斗。令故美人才人得幸者十人從居。他可。」〔一〕

〔一〕索隱按：謂他事可其制也。

盡誅所與謀者。於是乃遣淮南王，載以輜車，令縣以次傳。是時袁盎諫上曰：「上素驕淮南王，弗爲置嚴傅相，以故至此。且淮南王爲人剛，今暴摧折之，臣恐卒逢霧露病死，陛下爲有殺弟之名，柰何！」上曰：「吾特苦之耳，今復之。」縣傳淮南王者皆不敢發車封。〔一〕淮南王乃謂侍者曰：「誰謂乃公勇者？〔二〕吾安能勇！吾以驕故不聞吾過至此。人生一世閒，安能邑邑如此！」乃不食死。至雍，〔三〕雍令發封，以死聞。上哭甚悲，謂袁盎曰：「吾不聽公言，卒亡淮南王。」盎曰：「不可柰何，願陛下自寬。」上曰：「爲之柰何？」盎曰：「獨斬丞相、御史以謝天下乃可。」〔四〕上卽令丞相、御史逮考諸縣傳送淮南王不發封餽侍者，皆弃市。乃以列侯葬淮南王於雍，守冢三十户。

〔一〕集解漢書音義曰：「檻車有檻封也。」

〔二〕索隱乃，汝也。汝公，淮南王自謂也。

〔三〕正義今岐州雍縣也。

〔四〕索隱案：劉氏云「袁盎此言亦大過也」。

孝文八年，上憐淮南王，淮南王有子四人，皆七八歲，乃封子安爲阜陵侯，子勃爲安陽侯，子賜爲陽周侯，子良爲東成侯。

孝文十二年，民有作歌歌淮南厲王曰：「一尺布，尚可縫；一斗粟，尚可舂。兄弟二人不能相容。」〔一〕上聞之，乃歎曰：「堯舜放逐骨肉，〔二〕周公殺管蔡，天下稱聖。何者？不以私害公。天下豈以我爲貪淮南王地邪？」乃徙城陽王王淮南故地，〔三〕而追尊謚淮南王爲

厲王，〔四〕置園復如諸侯儀。

〔一〕集解漢書音義曰：「尺布斗粟猶尚不棄，況於兄弟而更相逐乎。」瓚曰：「一尺布尚可縫而共衣，一斗粟尚可舂而共食也，況以天下之廣而不能相容。」

〔二〕正義帝系云堯，黄帝之後；舜，顓頊之後。四凶之内，有承黄帝、顓頊者，而堯舜竄之，故放逐骨肉耳。四凶者，共工、三苗、伯鯀及驩兜，皆堯舜之同姓，故云骨肉也。

〔三〕集解徐廣曰：「景王章之子。」

〔四〕正義謚法云：「暴慢無親曰厲。」

孝文十六年，徙淮南王喜〔一〕復故城陽。上憐淮南厲王廢法不軌，自使失國蚤死，乃立其三子：阜陵侯安爲淮南王，安陽侯勃爲衡山王，陽周侯賜爲廬江王，皆復得厲王時地，參分之。東城侯良前薨，無後也。

〔一〕索隱故城陽景王之子也。

孝景三年，吴楚七國反，吴使者至淮南，淮南王欲發兵應之。其相曰：「大王必欲發兵應吴，臣願爲將。」王乃屬相兵。淮南相已將兵，因城守，不聽王而爲漢；漢亦使曲城侯〔一〕將兵救淮南：淮南以故得完。吴使者至廬江，廬江王弗應，而往來使越。吴使者至衡山，衡山王堅守無二心。孝景四年，吴楚已破，衡山王朝，上以爲貞信，乃勞苦之曰：「南方卑

溼。」徙衡山王王濟北，所以襃之。及薨，遂賜謚爲貞王。廬江王邊越，數使使相交，故徙爲衡山王，王江北。淮南王如故。

〔一〕集解徐廣曰：「曲城侯姓蟲名捷，其父名逢，高祖功臣。」

淮南王安爲人好讀書鼓琴，不喜弋獵狗馬馳騁，亦欲以行陰德拊循百姓，流譽天下。時時怨望厲王死，時欲畔逆，未有因也。及建元二年，淮南王入朝。素善武安侯，武安侯時爲太尉，乃逆王霸上，與王語曰：「方今上無太子，大王親高皇帝孫，〔一〕行仁義，天下莫不聞。卽宫車一日晏駕，非大王當誰立者！」淮南王大喜，厚遺武安侯金財物。陰結賓客，〔二〕拊循百姓，爲畔逆事。建元六年，彗星見，淮南王心怪之。或説王曰：「先吴軍起時，彗星出長數尺，然尚流血千里。今彗星長竟天，天下兵當大起。」王心以爲上無太子，天下有變，諸侯並争，愈益治器械攻戰具，積金錢賂遺郡國諸侯游士奇材。諸辨士爲方略者，妄作妖言，諂諛王，王喜，多賜金錢，而謀反滋甚。

〔一〕正義漢書云：「武帝以安屬爲諸父。」

〔二〕索隱淮南要略云安養士數千，高才者八人，蘇非、李尚、左吴、陳由、伍被、毛周、雷被、晉昌，號曰「八公」也。

淮南王有女陵，慧，有口辯。王愛陵，常多予金錢，爲中詗〔一〕長安，約結上左右。元朔

三年，上賜淮南王几杖，不朝。淮南王王后荼，王愛幸之。王后生太子遷，遷取王皇太后外孫修成君女爲妃。〔二〕王謀爲反具，畏太子妃知而内泄事，乃與太子謀，令詐弗愛，三月不同席。王乃詳爲怒太子，閉太子使與妃同内三月，太子終不近妃。妃求去，王乃上書謝歸去之。王后荼、太子遷及女陵得愛幸王，擅國權，侵奪民田宅，妄致繫人。〔三〕

〔一〕集解徐廣曰：「詗，伺候采察之名也。音空政反。安平侯鄂千秋玄孫伯與淮南王女陵通而中絶，又遺淮南王書稱臣盡力，故棄市。」索隱鄧展曰：「詗，捕也。」徐廣曰：「伺候探察之名。」孟康曰：「詗音偵。西方人以反間爲偵。」劉氏及包愷並音丑政反。服虔云：「偵，候也。」

〔二〕集解應劭曰：「王太后先適金氏女也。」

〔三〕集解徐廣曰：「一云『毆擊』。」

元朔五年，太子學用劍，自以爲人莫及，聞郎中雷被巧，〔一〕乃召與戲。被一再辭讓，〔二〕誤中太子。太子怒，被恐。此時有欲從軍者輒詣京師，被卽願奮擊匈奴。太子遷數惡被於王，王使郎中令斥免，欲以禁後，〔三〕被遂亡至長安，上書自明。詔下其事廷尉、河南。〔四〕河南治，逮淮南太子，〔五〕王、王后計欲無遣太子，遂發兵反，計猶豫，十餘日未定。會有詔，卽訊太子。〔六〕當是時，淮南相怒壽春丞留太子逮不遣，〔七〕劾不敬。王以請相，相弗聽。王使人上書告相，事下廷尉治。蹤跡連王，王使人候伺漢公卿，公卿請逮捕治王。王恐事發，太

子遷謀曰：「漢使卽逮王，王令人衣衛士衣，持戟居庭中，王旁有非是，則刺殺之，臣亦使人刺殺淮南中尉，乃舉兵，未晚。」是時上不許公卿請，而遣漢中尉宏〔八〕卽訊驗王。王聞漢使來，卽如太子謀計。漢中尉至，王視其顔色和，訊王以斥雷被事耳，王自度無何，〔九〕不發。中尉還，以聞。公卿治者曰：「淮南王安擁閼奮擊匈奴者雷被等，廢格明詔，〔一〇〕當弃市。」詔弗許。公卿請廢勿王，詔弗許。公卿請削五縣，詔削二縣。使中尉宏赦淮南王罪，罰以削地。中尉入淮南界，宣言赦王。王初聞漢公卿請誅之，未知得削地，聞漢使來，恐其捕之，乃與太子謀刺之如前計。及中尉至，卽賀王，王以故不發。其後自傷曰：「吾行仁義見削，甚恥之。」然淮南王削地之後，其爲反謀益甚。諸使道從長安來，〔一一〕爲妄妖言，言上無男，漢不治，卽喜；卽言漢廷治，有男，王怒，以爲妄言，非也。

〔一〕索隱案：巧，言善用劍也。

〔二〕索隱樂産云：「初一讓，至二讓，後遂不讓，故云一再讓而誤中。」

〔三〕正義言屏斥免郎中令官，而令後人不敢效也。

〔四〕正義雷被告章下廷尉及河南共治之。

〔五〕正義逮謂追赴河南也。

〔六〕索隱案：樂産云「卽，就也。訊，問也。就淮南案之，不逮詣河南也」。

〔七〕集解如淳曰：「丞主刑獄囚徒，丞順王意，不遣太子應逮書。」

中華書局

〔八〕索隱 案：百官表姓殷也。
〔九〕集解 如淳曰：「無何罪。」
〔一〇〕索隱 崔浩云：「詔嘗募擊匈奴，而雍遏應募者，漢律所謂廢格。」案：如淳注梁孝王傳云「攱閣，不行也。音各也」。
〔一一〕索隱 道長安來。如淳曰：「道猶言路。由長安來。」姚承云：「道，或作『從』。」

王日夜與伍被、〔一〕左吳等案輿地圖，〔二〕部署兵所從入。王曰：「上無太子，宮車卽晏駕，廷臣必徵膠東王，不卽常山王，〔三〕諸侯並爭，吾可以無備乎！且吾高祖孫，親行仁義，陛下遇我厚，吾能忍之；萬世之後，吾寧能北面臣事豎子乎！」

〔一〕集解 漢書曰：「伍被，楚人。或言其先伍子胥後。」
〔二〕集解 蘇林曰：「輿猶盡載之意。」索隱 按：志林云「輿地圖漢家所畫，非出遠古也」。
〔三〕集解 徐廣曰：「皆景帝子也。」

王坐東宮，召伍被與謀，曰：「將軍上。」被悵然曰：「上寬赦大王，王復安得此亡國之語乎！臣聞子胥諫吳王，吳王不用，乃曰『臣今見麋鹿游姑蘇之臺也』。今臣亦見宮中生荊棘，露霑衣也。」王怒，繫伍被父母，囚之三月。復召曰：「將軍許寡人乎？」被曰：「不，直來爲大王畫耳。臣聞聰者聽於無聲，明者見於未形，故聖人萬舉萬全。昔文王一動而功顯

于千世，列爲三代，此所謂因天心以動作者也，故海內不期而隨。此千歲之可見者。夫百年之秦，近世之吳楚，亦足以喻國家之存亡矣。臣不敢避子胥之誅，願大王毋爲吳王之聽。昔秦絕聖人之道，殺術士，燔詩書，弃禮義，尚詐力，任刑罰，轉負海之粟致之西河。當是之時，男子疾耕不足於糟糠，女子紡績不足於蓋形。遣蒙恬築長城，東西數千里，暴兵露師常數十萬，死者不可勝數，僵尸千里，流血頃畝，百姓力竭，欲爲亂者十家而五。又使徐福入海求神異物，還爲僞辭曰：『臣見海中大神，言曰：「汝西皇之使邪？」臣答曰：「然。」「汝何求？」曰：「願請延年益壽藥。」神曰：「汝秦王之禮薄，得觀而不得取。」卽從臣東南至蓬萊山，見芝成宮闕，有使者銅色而龍形，光上照天。於是臣再拜問曰：「宜何資以獻？」海神曰：「以令名男子若振女〔一〕與百工之事，卽得之矣。」』秦皇帝大說，遣振男女三千人，資之五穀種種百工而行。徐福得平原廣澤，止王不來。〔二〕於是百姓悲痛相思，欲爲亂者十家而六。又使尉佗踰五嶺攻百越。尉佗知中國勞極，止王不來，使人上書，求女無夫家者三萬人，以爲士卒衣補。秦皇帝可其萬五千人。於是百姓離心瓦解，欲爲亂者十家而七。客謂高皇帝曰：『時可矣。』高皇帝曰：『待之，聖人當起東南閒。』不一年，陳勝吳廣發矣。高皇始於豐沛，一倡天下不期而響應者不可勝數也。此所謂蹈瑕候閒，因秦之亡而動者也。百姓願之，若旱之望雨，故起於行陳之中而立爲天子，功高三王，德傳無窮。今大王見高皇帝得天下之易也，獨不觀近世之吳楚乎？夫吳王賜號爲劉氏祭酒，〔三〕復不朝，王四郡之衆，地方數千里，內鑄消銅以爲錢，東煑海水以爲鹽，上取江陵木以爲船，一船之載當中國數十兩車，國富民衆。行珠玉金帛賂諸侯宗室大臣，獨竇氏不與。計定謀成，舉兵而西。破於大梁，敗於狐父，〔四〕奔走而東，至於丹徒，越人禽之，身死絕祀，爲天下笑。夫以吳越之衆不能成功者何？誠逆天道而不知時也。方今大王之兵衆不能十分吳楚之一，天下安寧有萬倍於秦之時，願大王從臣之計。大王不從臣之計，今見大王事必不成而語先泄也。臣聞微子過故國而悲，於是作麥秀之歌，是痛紂之不用王子比干也。故孟子曰『紂貴爲天子，死曾不若匹夫』。是紂先自絕於天下久矣，非死之日而天下去之。今臣亦竊悲大王弃千乘之君，必且賜絕命之書，爲羣臣先，死於東宮也。」〔五〕於是(王)氣怨結而不揚，涕滿匡而橫流，卽起，歷階而去。

〔一〕集解 徐廣曰：「西京賦曰『振子萬童』。」駰案：薛綜曰「振子，童男女」。
〔二〕正義 括地志云：「亶州在東海中，秦始皇遣徐福將童男女，遂止此州。其後復有數洲萬家，其上人有至會稽市易者。」闕文。
〔三〕集解 應劭曰：「禮『飲酒必祭，示有先也』，故稱祭酒，尊也。」
〔四〕集解 徐廣曰：「在梁碭之閒。」

〔五〕集解 如淳曰：「王時所居也。」

王有孽子不害，最長，王弗愛，王、王后、太子皆不以爲子兄數。〔一〕不害有子建，材高有氣，常怨望太子不省其父；〔二〕又怨時諸侯皆得分子弟爲侯，而淮南獨二子，一爲太子，建父獨不得爲侯。建陰結交，欲告敗太子，以其父代之。太子知之，數捕繫而榜笞建。建具知太子之謀欲殺漢中尉，卽使所善壽春莊芷〔三〕以元朔六年上書於天子曰：「毒藥苦於口利於病，忠言逆於耳利於行。今淮南王孫建，材能高，淮南王王后荼、荼子太子遷常疾害建。建父不害無罪，擅數捕繫，欲殺之。今建在，可徵問，具知淮南陰事。」書聞，上以其事下廷尉，廷尉下河南治。是時故辟陽侯孫審卿善丞相公孫弘，怨淮南厲王殺其大父，乃深購淮南事於弘，弘乃疑淮南有畔逆計謀，深窮治其獄。河南治建，辭引淮南太子及黨與。淮南王患之，欲發，問伍被曰：「漢廷治亂？」伍被曰：「天下治。」王意不說，謂伍被曰：「公何以言天下治也？」被曰：「被竊觀朝廷之政，君臣之義，父子之親，夫婦之別，長幼之序，皆得其理，上之舉錯遵古之道，風俗紀綱未有所缺也。重裝富賈，周流天下，道無不通，故交易之道行。南越賓服，羌僰入獻，東甌入降，廣長榆，〔四〕開朔方，匈奴折翅傷翼，失援不振。雖未及古太平之時，然猶爲治也。」王怒，被謝死罪。王又謂被曰：「山東卽有兵，漢必使大

將軍將而制山東，公以爲大將軍何如人也？」被曰：「被所善者黃義，從大將軍擊匈奴，還，告被曰：『大將軍遇士大夫有禮，於士卒有恩，衆皆樂爲之用。騎上下山若蜚，材幹絶人。』被以爲材能如此，數將習兵，未易當也。及謁者曹梁使長安來，言大將軍號令明，當敵勇敢，常爲士卒先。休舍，穿井未通，須士卒盡得水，乃敢飲。軍罷，卒盡已度河，乃度。皇太后所賜金帛，盡以賜軍吏。雖古名將弗過也。」王默然。

〔一〕集解如淳曰：「不以爲子兄秩數。」
〔二〕集解服虔曰：「不省録著兄弟數中。」
〔三〕索隱漢書作「嚴正」也。
〔四〕集解如淳曰：「廣謂拓大之也。」長榆，塞名，王恢所謂「樹榆爲塞」。

淮南王見建已徵治，恐國陰事且覺，欲發，被又以爲難，乃復問被曰：「公以爲吳興兵是邪非也？」被曰：「以爲非也。吳王至富貴也，舉事不當，身死丹徒，頭足異處，子孫無遺〔一〕類。臣聞吳王悔之甚。願王孰慮之，無爲吳王之所悔。」王曰：「男子之所死者一言耳。〔二〕且吳何知反，〔三〕漢將一日過成皐者四十餘人。〔四〕今我令樓緩〔五〕先要成皐之口，〔六〕周被下潁川兵塞轘轅、伊闕之道，〔七〕陳定發南陽兵守武關。〔八〕河南太守獨有雒陽耳，何足憂。然此北尚有臨晉關、河東、上黨與河內、趙國。人言曰『絶成皐之口，天下不通』。據三川

之險，〔九〕招山東之兵，舉事如此，公以爲何如？」被曰：「臣見其禍，未見其福也。」王曰：「左吳、趙賢、朱驕如皆以爲有福，什事九成，公獨以爲有禍無福，何也？」被曰：「大王之羣臣近幸素能使衆者，皆前繫詔獄，餘無可用者。」王曰：「陳勝、吳廣無立錐之地，千人之聚，起於大澤，奮臂大呼而天下響應，西至於戲而兵百二十萬。今吾國雖小，然而勝兵者可得十餘萬，非直適戍之衆，鐖鑿〔一〇〕棘矜也，公何以言有禍無福？」被曰：「往者秦爲無道，殘賊天下。興萬乘之駕，作阿房之宮，收太半之賦，發閭左之戍，〔一一〕父不寧子，兄不便弟，政苛刑峻，天下熬然若焦，〔一二〕民皆引領而望，傾耳而聽，悲號仰天，叩心而怨上，故陳勝大呼，天下響應。當今陛下臨制天下，一齊海內，汎愛蒸庶，布德施惠。口雖未言，聲疾雷霆，令雖未出，化馳如神，心有所懷，威動萬里，下之應上，猶影響也。而大將軍材能不特章邯、楊熊也。大王以陳勝、吳廣諭之，被以爲過矣。」王曰：「苟如公言，不可徼幸邪？」被曰：「被有愚計。」王曰：「柰何？」被曰：「當今諸侯無異心，百姓無怨氣。朔方之郡田地廣，水草美，民徙者不足以實其地。臣之愚計，可僞爲丞相御史請書，徙郡國豪桀任俠及有耐罪以上，〔一三〕赦令除其罪，產五十萬以上者，皆徙其家屬朔方之郡，益發甲卒，急其會日。又僞爲左右都司空上林中都官詔獄（逮）書，〔逮〕諸侯太子幸臣。〔一四〕如此則民怨，諸侯懼，即使辯武〔一五〕隨而說之，儻可徼幸什得一乎？」王曰：「此可也。雖然，吾以爲不至若此。」於是王

乃令官奴入宮，作皇帝璽，丞相、御史、大將軍、軍吏、中二千石、都官令、丞印，及旁近郡太守、都尉印，漢使節法冠，〔一六〕欲如伍被計。使人僞得罪而西，〔一七〕事大將軍、丞相；一日發兵，〔一八〕使人即刺殺大將軍青，而說丞相下之，如發蒙耳。〔一九〕

〔一〕集解徐廣曰：「一作『噍』，音寂笑反。」
〔二〕集解徐廣曰：「一本無此『言』字。」駰案：張晏曰「不成則死，一計耳」。瓚曰「或有一言之交，以死報之矣」。
〔三〕集解瓚曰：「言吳王不知舉兵反。」索隱案：知猶解。
〔四〕集解如淳曰：「言吳不塞成皐口，而令漢將得出之。」
〔五〕集解漢書直云「緩」，無「樓」字。樓緩乃六國時人，疑此後人所益也。李奇曰：「緩，似人姓名。」韋昭曰：「淮南臣名。」
〔六〕正義成皐故城在河南(氾)〔汜〕水縣東南二里。
〔七〕正義轘轅故關在河南緱氏縣南四十里。伊闕故關在河南縣南十九里。
〔八〕正義故武關在商州商洛縣東九十里。春秋時。闕文。
〔九〕正義即成皐關也。
〔一〇〕集解徐廣曰：「大鐮謂之剴，音五哀反。或是鐖乎？」索隱劉氏音上吾裹反，下自洛反。又鐖，鄒音機也。注「大鐮謂之剴」，鐮音廉，剴音五哀反。
〔一一〕正義閭左邊不役之民，秦則役之也。

〔一二〕索隱若燋。音卽消反。
〔一三〕集解應劭曰：「輕罪不至於髡，完其耏鬢，故曰耏。古『耏』字從『彡』，髮膚之意。杜林以爲法度之字皆從『寸』，後改如是。耐音若能。」如淳曰：「律『耐爲司寇，耐爲鬼薪、白粲』。耐猶任也。」蘇林曰：「一歲爲罰作，二歲刑已上爲耐。耐，能任其罪。」
〔一四〕集解晉灼曰：「百官表宗正有左右都司空，上林有水司空，皆主囚徒官也。」
〔一五〕集解徐廣曰：「淮南人名士曰武。」
〔一六〕集解蔡邕曰：「法冠，楚王冠也。秦滅楚，以其君冠賜御史。」索隱崔浩云：「一名獬廌冠。」按：蔡邕云「楚王冠也。秦滅楚，以其君冠賜御史」者也。
〔一七〕集解蘇林曰：「詐作罪人而西也。」
〔一八〕集解如淳曰：「發淮南兵也。」索隱崔浩云：「一日猶一朝，卒然無定時也。」
〔一九〕集解如淳曰：「以物蒙覆其頭，而爲發去，其人欲之耳。」韋昭曰：「如蒙巾，發之甚易。」

王欲發國中兵，恐其相、二千石不聽。王乃與伍被謀，先殺相、二千石，僞失火宮中，相、二千石救火，至即殺之。計未決，又欲令人衣求盜衣，〔一〕持羽檄，從東方來，呼曰「南越兵入界」，欲因以發兵。乃使人至廬江、會稽爲求盜，未發。王問伍被曰：「吾舉兵西鄉，諸侯必有應我者；即無應，柰何？」被曰：「南收衡山以擊廬江，有尋陽之船，守下雉之城，〔二〕結九江之浦，絶豫章之口，〔三〕彊弩臨江而守，以禁南郡之下，東收江都、會稽，〔四〕南通勁

越，屈彊江淮閒，猶可得延歲月之壽。」王曰：「善，無以易此。急則走越耳。」

〔一〕集解漢書音義曰：「卒衣也。」

〔二〕集解徐廣曰：「在江夏。」駰案：蘇林曰「下雉，縣名」。索隱雉音徐爾反。案：縣名，在江夏。

〔三〕正義卽彭蠡湖口，北流出大江者。

〔四〕正義江都，揚州也。會稽，蘇州也。

於是廷尉以王孫建辭連淮南王太子遷聞。上遣廷尉監因拜淮南中尉，逮捕太子。至淮南，淮南王聞，與太子謀召相、二千石，欲殺而發兵。召相，相至；內史以出爲解。中尉曰：「臣受詔使，不得見王。」王念獨殺相而內史中尉不來，無益也，卽罷相。王猶豫，計未決。太子念所坐者謀刺漢中尉，所與謀者已死，以爲口絕，乃謂王曰：「羣臣可用者皆前繫，今無足與舉事者。王以非時發，恐無功，臣願會逮。」王亦偷欲休，〔一〕卽許太子。太子卽自剄，不殊。〔二〕伍被自詣吏，因告與淮南王謀反，反蹤跡具如此。

〔一〕集解徐廣曰：「偷，苟且也。」

〔二〕集解晉灼曰：「不殊，不死。」

吏因捕太子、王后，圍王宮，盡求捕王所與謀反賓客在國中者，索得反具以聞。上下公卿治，所連引與淮南王謀反列侯二千石豪傑數千人，皆以罪輕重受誅。衡山王賜，淮南王

弟也，當坐收，有司請逮捕衡山王。天子曰：「諸侯各以其國爲本，不當相坐。與諸侯王列侯會肄丞相諸侯議。」〔一〕趙王彭祖、列侯臣讓等四十三人議，皆曰：「淮南王安甚大逆無道，謀反明白，當伏誅。」膠西王臣端議曰：「淮南王安廢法行邪，懷詐僞心，以亂天下，熒惑百姓，倍畔宗廟，妄作妖言。春秋曰『臣無將，將而誅』。安罪重於將，謀反形已定。臣端所見其書節印圖及他逆無道事驗明白，甚大逆無道，當伏其法。而論國吏二百石以上及比者，〔二〕宗室近幸臣不在法中者，不能相教，當皆免官削爵爲士伍，毋得宦爲吏。其非吏，他贖死金二斤八兩。〔三〕以章臣安之罪，使天下明知臣子之道，毋敢復有邪僻倍畔之意。」丞相弘、廷尉湯等以聞，天子使宗正以符節治王。未至，淮南王安自剄殺。〔四〕王后荼、太子遷諸所與謀反者皆族。天子以伍被雅辭多引漢之美，欲勿誅。廷尉湯曰：「被首爲王畫反謀，被罪無赦。」遂誅被。國除爲九江郡。〔五〕

〔一〕集解徐廣曰：「詣都座就丞相共議也。」索隱會肄丞相者。案：肄，習也，音異。

〔二〕集解徐廣曰：「比吏而非眞。」

〔三〕集解蘇林曰：「非吏，故曰他。」

〔四〕集解徐廣曰：「卽位凡四十二年，元狩元年十月死。」

〔五〕集解徐廣曰：「又爲六安國，以陳縣爲都。」

衡山王賜，王后乘舒〔一〕生子三人，長男爽爲太子，次男孝，次女無采。又姬徐來生子男女四人，美人厥姬生子二人。衡山王、淮南王兄弟相責望禮節，閒不相能。衡山王聞淮南王作爲畔逆反具，亦心結賓客以應之，恐爲所并。

〔一〕正義衡山王后名也。

元光六年，衡山王入朝，其謁者衞慶有方術，欲上書事天子，王怒，故劾慶死罪，彊榜服之。衡山內史以爲非是，卻其獄。王使人上書告內史，內史治，言王不直。王又數侵奪人田，壞人冢以爲田。有司請逮治衡山王。天子不許，爲置吏二百石以上。〔一〕衡山王以此恚，與奚慈、張廣昌謀，求能爲兵法候星氣者，日夜從容王密謀反事。〔二〕

〔一〕集解如淳曰：「漢儀注吏四百石以下，自調除國中。今王惡，天子皆爲置之。」

〔二〕集解徐廣曰：「密，豫作計校。」

王后乘舒死，立徐來爲王后。厥姬俱幸。兩人相妒，厥姬乃惡王后徐來於太子曰：「徐來使婢蠱道殺太子母。」太子心怨徐來。徐來兄至衡山，太子與飲，以刃刺傷王后兄。王

后怨怒，數毀惡太子於王。太子女弟無采，嫁弃歸，與奴姦，又與客姦。太子數讓無采，無采怒，不與太子通。王后聞之，卽善遇無采。無采及中兄孝少失母，附王后，王后以計愛之，與共毀太子，王以故數擊笞太子。元朔四年中，人有賊傷王后假母者，〔一〕王疑太子使人傷之，笞太子。後王病，太子時稱病不侍。孝、王后、無采惡太子：「太子實不病，自言病，有喜色。」王大怒，欲廢太子，立其弟孝。王后知王決廢太子，又欲并廢孝。王后有侍者，善舞，王幸之，王后欲令侍者與孝亂以汙之，欲并廢兄弟而立其子廣代太子。太子爽知之，念后數惡己無已時，欲與亂以止其口。王后飲，太子前爲壽，因據王后股，求與王后卧。王后怒，以告王。王乃召，欲縛而笞之。太子知王常欲廢己立其弟孝，乃謂王曰：「孝與王御者姦，無采與奴姦，王彊食，請上書。」卽倍王去。王使人止之，莫能禁，乃自駕追捕太子。太子妄惡言，王械繫太子宮中。孝日益親幸。王奇孝材能，乃佩之王印，號曰將軍，令居外宅，多給金錢，招致賓客。賓客來者，微知淮南、衡山有逆計，日夜從容勸之。王乃使孝客江都人救赫、〔二〕陳喜作輣車鏃矢，〔三〕刻天子璽，將相軍吏印。王日夜求壯士如周丘等，數稱引吳楚反時計畫，以約束。衡山王非敢效淮南王求卽天子位，畏淮南起并其國，以爲淮南已西，發兵定江淮之閒而有之，望如是。

〔一〕集解漢書音義曰：「傅母屬。」

〔二〕索隱 救，漢書作「枚」。劉向別録云「易家有救氏注」也。

〔三〕集解 徐廣曰：「翢車，戰車也，音扶萌反。」

元朔五年秋，衡山王當朝，（六年）過淮南，淮南王乃昆弟語，除前卻，約束反具。衡山王即上書謝病，上賜書不朝。

元朔六年中，衡山王使人上書請廢太子爽，立孝爲太子。爽聞，即使所善白嬴〔一〕之長安上書，言孝作輣車鏃矢，與王御者姦，欲以敗孝。白嬴至長安，未及上書，吏捕嬴，以淮南事繫。王聞爽使白嬴上書，恐言國陰事，即上書反告太子爽所爲不道弃市罪事。事下沛郡治。元（朔七）〔狩元〕年冬，有司公卿下沛郡求捕所與淮南謀反者未得，得陳喜於衡山王子孝家。吏劾孝首匿喜。孝以爲陳喜雅數與王計謀反，恐其發之，聞律先自告除其罪，又疑太子使白嬴上書發其事，即先自告，告所與謀反者救赫、陳喜等。廷尉治驗，公卿請逮捕衡山王治之。天子曰：「勿捕。」遣中尉安〔二〕大行息〔三〕即問王，王具以情實對。吏皆圍王宮而守之。中尉大行還，以聞，公卿請遣宗正、大行與沛郡雜治王。王聞，即自剄殺。孝先自告反，除其罪；坐與王御婢姦，弃市。王后徐來亦坐蠱殺前王后乘舒，及太子爽坐王告不孝，皆弃市。諸與衡山王謀反者皆族。國除爲衡山郡。

〔一〕索隱 音盈，人姓名也。

〔二〕索隱 案：漢書表司馬安也。

〔三〕索隱 案：漢書表李息也。

太史公曰：詩之所謂「戎狄是膺，荆舒是懲」，信哉是言也。淮南、衡山親爲骨肉，疆土千里，列爲諸侯，不務遵蕃臣職以承輔天子，而專挾邪僻之計，謀爲畔逆，仍父子再亡國，各不終其身，爲天下笑。此非獨王過也，亦其俗薄，臣下漸靡使然也。夫荆楚僄勇輕悍，好作亂，乃自古記之矣。

【索隱述贊】淮南多橫，舉事非正。天子寬仁，其過不更。轞車致禍，斗粟成詠。王安好學，女陵作詷。兄弟不和，傾國殞命。

史記卷一百一十九

循吏列傳第五十九

索隱 案：謂本法循理之吏也。

太史公曰：法令所以導民也，刑罰所以禁姦也。文武不備，良民懼然身修者，官未曾亂也。奉職循理，亦可以爲治，何必威嚴哉？

孫叔敖者，〔一〕楚之處士也。虞丘相進之於楚莊王，以自代也。三月爲楚相，施教導民，上下和合，世俗盛美，政緩禁止，吏無姦邪，盜賊不起。秋冬則勸民山採，春夏以水，〔二〕各得其所便，民皆樂其生。

〔一〕正義 說苑云：「孫叔敖爲令尹，一國吏民皆來賀。有一老父衣麤衣，冠白冠，後來，弔曰：『有身貴而驕人者，民亡之；位已高而擅權者，君惡之；禄已厚而不知足者，患處之。』叔敖再拜，敬受命，願聞餘教。父曰：『位已高而意益下，官益大而心益小，禄已厚而愼不取。君謹守此三者，足以治楚。』」

〔二〕集解 徐廣曰：「乘多水時而出材竹。」

莊王以爲幣輕，更以小爲大，百姓不便，皆去其業。市令言之相曰：「市亂，民莫安其處，次行不定。」相曰：「如此幾何頃乎？」市令曰：「三月頃。」相曰：「罷，吾今令之復矣。」後五日，朝，相言之王曰：「前日更幣，以爲輕。今市令來言曰『市亂，民莫安其處，次行之不定』。臣請遂令復如故。」王許之，下令三日而市復如故。

楚民俗好庳車，〔一〕王以爲庳車不便馬，欲下令使高之。相曰：「令數下，民不知所從，不可。王必欲高車，臣請教閭里使高其梱。〔二〕乘車者皆君子，君子不能數下車。」王許之。居半歲，民悉自高其車。

〔一〕索隱 庳，下也，音婢。

〔二〕索隱 音口本反。梱，門限也。

此不教而民從其化，近者視而效之，遠者四面望而法之。故三得相而不喜，知其材自得之也；三去相而不悔，知非己之罪也。〔一〕

〔一〕集解 皇覽曰：「孫叔敖冢在南郡江陵故城中白土里。民傳孫叔敖曰『葬我廬江陂，後當爲萬户邑』。去故楚都郢城北三十里所。或曰孫叔敖激沮水作雲夢大澤之池也。」

子產者，鄭之列大夫也。鄭昭君之時，以所愛徐摯爲相，〔一〕國亂，上下不親，父子不和。大宮子期言之君，以子產爲相。〔二〕爲相一年，豎子不戲狎，斑白不提挈，僮子不犂畔。二年，市不豫賈。〔三〕三年，門不夜關，〔四〕道不拾遺。四年，田器不歸。五年，士無尺籍，〔五〕喪期不令而治。治鄭二十六年而死，丁壯號哭，老人兒啼，曰：「子產去我死乎！民將安歸？」〔六〕

〔一〕索隱案：鄭系家云子產，鄭成公之少子。事簡公、定公。簡公封子產以六邑，子產受其半。子產不事昭君，亦無徐摯作相之事。蓋別有所出，太史記異耳。

〔二〕索隱子期亦鄭之公子也。左傳、國語亦無其說。案：系家鄭相子駟、子孔與子產同時，蓋亦子期之兄弟也。

〔三〕索隱下音價。謂臨時評其貴賤，不豫定也。

〔四〕集解徐廣曰：「一作『閉』。」

〔五〕正義言士民無一尺方板之籍書。什伍，什伍相保也。

〔六〕集解皇覽曰：「子產冢在河南新鄭，城外大冢是也。」索隱案：左傳及系家云子產死，孔子泣曰「子產，古之遺愛也」。又韓詩稱子產卒，鄭人耕者輟耒，婦人捐其佩玦也。

公儀休者，魯博士也。以高弟爲魯相。奉法循理，無所變更，百官自正。使食祿者不得與下民爭利，受大者不得取小。

客有遺相魚者，相不受。客曰：「聞君嗜魚，遺君魚，何故不受也？」相曰：「以嗜魚，故不受也。今爲相，能自給魚；今受魚而免，誰復給我魚者？吾故不受也。」

食茹而美，拔其園葵而弃之。見其家織布好，而疾出其家婦，燔其機，云「欲令農士工女安所讎〔一〕其貨乎」？

〔一〕索隱音售。

石奢者，楚昭王相也。堅直廉正，無所阿避。行縣，道有殺人者，相追之，乃其父也。縱其父而還自繫焉。使人言之王曰：「殺人者，臣之父也。夫以父立政，不孝也；廢法縱罪，非忠也；臣罪當死。」王曰：「追而不及，不當伏罪，子其治事矣。」石奢曰：「不私其父，非孝子也；不奉主法，非忠臣也。王赦其罪，上惠也；伏誅而死，臣職也。」遂不受令，自刎〔一〕而死。

〔一〕索隱音亡粉反。

李離者，晉文公之理也。〔一〕過聽殺人，自拘當死。文公曰：「官有貴賤，罰有輕重。下吏有過，非子之罪也。」李離曰：「臣居官爲長，不與吏讓位；受祿爲多，不與下分利。今過聽殺人，傅其罪下吏，非所聞也。」辭不受令。文公曰：「子則自以爲有罪，寡人亦有罪邪？」李離曰：「理有法，失刑則刑，失死則死。公以臣能聽微決疑，〔二〕故使爲理。今過聽殺人，罪當死。」遂不受令，伏劍而死。

〔一〕正義理，獄官也。

〔二〕索隱言能聽察微理，以決疑獄。故周禮司寇以五聽察獄，詞氣色耳目也。又尚書曰「服念五六日，至于旬時」是也。

太史公曰：孫叔敖出一言，郢市復。子產病死，鄭民號哭。公儀子見好布而家婦逐。石奢縱父而死，楚昭名立。李離過殺而伏劍，晉文以正國法。

【索隱述贊】奉職循理，爲政之先。恤人體國，良史述焉。叔孫、鄭產，自昔稱賢。拔葵一利，赦父非愆。李離伏劍，爲法而然。

史記卷一百二十

汲鄭列傳第六十

汲黯字長孺，濮陽人也。其先有寵於古之衞君。〔一〕至黯七世，世爲卿大夫。黯以父任，孝景時爲太子洗馬，以莊見憚。〔二〕孝景帝崩，太子即位，黯爲謁者。東越相攻，上使黯往視之。不至，至吴而還，報曰：「越人相攻，固其俗然，不足以辱天子之使。」河内失火，延燒千餘家，上使黯往視之。還報曰：「家人失火，屋比〔三〕延燒，不足憂也。臣過河南，河南貧人傷水旱萬餘家，或父子相食，臣謹以便宜，持節發河南倉粟以振貧民。臣請歸節，伏矯制之罪。」上賢而釋之，遷爲滎陽令。黯恥爲令，病歸田里。上聞，乃召拜爲中大夫。以數切諫，不得久留内，遷爲東海太守。黯學黄老之言，治官理民，好清静，擇丞史而任之。〔四〕其治，責大指而已，不苛小。黯多病，卧閨閤内不出。歲餘，東海大治。稱之。上聞，召以爲主爵都尉，列於九卿。治務在無爲而已，弘大體，不拘文法。

〔一〕集解 文穎曰：「六國時，衞但稱君。」

〔二〕索隱 按：莊者，嚴也，謂嚴威也。按，自漢明帝諱莊，故已後「莊」皆云「嚴」。

〔三〕索隱 音鼻。

〔四〕集解 如淳曰：「律，太守、都尉、諸侯内史史各一人，卒史書佐各十人。今總言『丞史』，或以爲擇郡丞及史使任之。鄭當時爲大農，推官屬丞史，亦是也。」

黯爲人性倨，少禮，面折，不能容人之過。合己者善待之，不合己者不能忍見，士亦以此不附焉。然好學，游俠，任氣節，内行脩絜，好直諫，數犯主之顔色，常慕傅柏、袁盎之爲人也。〔一〕善灌夫、鄭當時及宗正劉弃。〔二〕亦以數直諫，不得久居位。

〔一〕集解 應劭曰：「傅柏，梁人，爲孝王將，素伉直。」索隱 傅音付，人姓。柏，名。爲梁將也。

〔二〕集解 徐廣曰：「一云名弃疾。」索隱 漢書名弃疾。

當是時，太后弟武安侯蚡爲丞相，中二千石來拜謁，蚡不爲禮。然黯見蚡未嘗拜，常揖之。天子方招文學儒者，上曰吾欲云云，〔一〕黯對曰：「陛下内多欲而外施仁義，柰何欲效唐虞之治乎！」上默然，怒，變色而罷朝。公卿皆爲黯懼。上退，謂左右曰：「甚矣，汲黯之戇也！」〔二〕羣臣或數黯，黯曰：「天子置公卿輔弼之臣，寧令從諛承意，陷主於不義乎？且已在其位，縱愛身，柰辱朝廷何！」

〔一〕集解 張晏曰：「所言欲施仁義也。」

〔二〕索隱 戇，愚也。音陟降反也。

黯多病，病且滿三月，上常賜告者數，〔一〕終不愈。最後病，莊助爲請告。〔二〕上曰：「汲黯何如人哉？」助曰：「使黯任職居官，無以踰人。〔三〕然至其輔少主，守城深堅，招之不來，麾之不去，雖自謂賁育亦不能奪之矣。」上曰：「然。古有社稷之臣，至如黯，近之矣。」

〔一〕集解 如淳曰：「杜欽所謂『病滿賜告詔恩』也。數者，非一也。或曰賜告，得去官歸家；與告，居官不視事。」索隱 數音所角反。按：注「賜告，得去官家居；予告，居官不視事」也。

〔二〕集解 徐廣曰：「最，一作『其』也。」

〔三〕索隱 踰音庾。案：漢書作「瘉」，瘉猶勝也。此作「踰」，踰謂越過人也。

大將軍青侍中，上踞廁而視之。〔一〕丞相弘燕見，上或時不冠。至如黯見，上不冠不見也。上嘗坐武帳中，〔二〕黯前奏事，上不冠，望見黯，避帳中，使人可其奏。其見敬禮如此。

〔一〕集解 如淳曰：「廁音側，謂牀邊，踞牀視之。一云溷廁也。廁，牀邊側。」

〔二〕集解 應劭曰：「武帳，織成爲武士象也。」孟康曰：「今御武帳，置兵蘭五兵於帳中。」韋昭曰：「以武名之，示威。」

張湯方以更定律令爲廷尉，黯數質責湯於上前，曰：「公爲正卿，上不能褒先帝之功業，下不能抑天下之邪心，安國富民，使囹圄空虚，二者無一焉。非苦就行，放析就功，何乃取高皇帝約束紛更之爲？〔一〕公以此無種矣。」黯時與湯論議，湯辯常在文深小苛，黯伉厲守

高不能屈，忿發罵曰：「天下謂刀筆吏不可以爲公卿，果然。必湯也，令天下重足而立，側目而視矣！」

〔一〕集解 如淳曰：「紛，亂也。」

是時，漢方征匈奴，招懷四夷。黯務少事，乘上閒，常言與胡和親，無起兵。上方向儒術，尊公孫弘。及事益多，吏民巧弄。〔一〕上分別文法，湯等數奏決讞〔二〕以幸。而黯常毁儒，面觸弘等徒懷詐飾智以阿人主取容，而刀筆吏專深文巧詆，〔三〕陷人於罪，使不得反其真，以勝爲功。上愈益貴弘、湯，弘、湯深心疾黯，唯天子亦不説也，欲誅之以事。弘爲丞相，乃言上曰：「右内史界部中多貴人宗室，難治，非素重臣不能任，請徙黯爲右内史。」爲右内史數歲，官事不廢。

〔一〕索隱 音路洞反。

〔二〕索隱 音魚列反。

〔三〕索隱 音丁禮反。

大將軍青既益尊，姊爲皇后，然黯與亢禮。人或説黯曰：「自天子欲羣臣下大將軍，大將軍尊重益貴，君不可以不拜。」黯曰：「夫以大將軍有揖客，反不重邪？」大將軍聞，愈賢黯，數請問國家朝廷所疑，遇黯過於平生。

淮南王謀反，憚黯，曰：「好直諫，守節死義，難惑以非。至如說丞相弘，如發蒙振落耳。」

天子既數征匈奴有功，黯之言益不用。

始黯列爲九卿，而公孫弘、張湯爲小吏。及弘、湯稍益貴，與黯同位，黯又非毀弘、湯等。已而弘至丞相，封爲侯；湯至御史大夫；故黯時丞相史皆與黯同列，或尊用過之。黯褊心，不能無少望，見上，前言曰：「陛下用羣臣如積薪耳，後來者居上。」上默然。有閒黯罷，上曰：「人果不可以無學，觀黯之言也日益甚。」

居無何，匈奴渾邪王率衆來降，漢發車二萬乘。縣官無錢，從民貰馬。[一]民或匿馬，馬不具。上怒，欲斬長安令。黯曰：「長安令無罪，獨斬黯，民乃肯出馬。且匈奴畔其主而降漢，漢徐以縣次傳之，何至令天下騷動，罷弊中國而以事夷狄之人乎！」上默然。及渾邪至，賈人與市者，坐當死者五百餘人。黯請閒，見高門，[二]曰：「夫匈奴攻當路塞，絕和親，中國興兵誅之，死傷者不可勝計，而費以巨萬百數。臣愚以爲陛下得胡人，皆以爲奴婢以賜從軍死事者家；所鹵獲，因予之，以謝天下之苦，塞百姓之心。今縱不能，渾邪率數萬之衆來降，虛府庫賞賜，發良民侍養，譬若奉驕子。愚民安知市買長安中物而文吏繩以爲闌出財物于邊關乎？[三]陛下縱不能得匈奴之資以謝天下，又以微文殺無知者五百餘人，是所謂

『庇其葉而傷其枝』者也，臣竊爲陛下不取也。」上默然，不許，曰：「吾久不聞汲黯之言，今又復妄發矣。」後數月，黯坐小法，會赦免官。於是黯隱於田園。

[一]索隱 貰音時夜反。貰，賒也。鄒氏音勢。
[二]集解 如淳曰：「黃圖未央宮中有高門殿。」
[三]集解 應劭曰：「闌，妄也。律，胡市，吏民不得持兵器出關。雖於京師市買，其法一也。」瓚曰：「無符傳出入爲闌。」

居數年，會更五銖錢，[一]民多盜鑄錢，楚地尤甚。上以爲淮陽，楚地之郊，乃召拜黯爲淮陽太守。黯伏謝不受印，詔數彊予，然後奉詔。詔召見黯，黯爲上泣曰：「臣自以爲填溝壑，不復見陛下，不意陛下復收用之。臣常有狗馬病，力不能任郡事，臣願爲中郎，出入禁闥，補過拾遺，臣之願也。」上曰：「君薄淮陽邪？吾今召君矣。[二]顧淮陽吏民不相得，吾徒得君之重，臥而治之。」黯既辭行，過大行李息，曰：「黯弃居郡，不得與朝廷議也。然御史大夫張湯智足以拒諫，詐足以飾非，務巧佞之語，辯數之辭，非肯正爲天下言，專阿主意。主意所不欲，因而毀之；主意所欲，因而譽之。好興事，舞文法，[三]內懷詐以御主心，外挾賊吏以爲威重。公列九卿，不早言之，公與之俱受其僇矣。」息畏湯，終不敢言。黯居郡如故治，淮陽政清。後張湯果敗，上聞黯與息言，抵息罪。令黯以諸侯相秩居淮陽。[四]七歲而卒。[五]

[一]集解 徐廣曰：「元狩五年行五銖錢。」
[二]索隱 今卽今也。謂今日後卽召君。
[三]集解 如淳曰：「舞猶弄也。」
[四]集解 如淳曰：「諸侯王相在郡守上，秩真二千石。律，真二千石俸月二萬，二千石月萬六千。」
[五]集解 徐廣曰：「元鼎五年。」

卒後，上以黯故，官其弟汲仁至九卿，子汲偃至諸侯相。黯姑姊子司馬安亦少與黯爲太子洗馬。安文深巧善宦，官四至九卿，以河南太守卒。昆弟以安故，同時至二千石者十人。濮陽段宏[一]始事蓋侯信，[二]信任宏，宏亦再至九卿。然衞人仕者皆嚴憚汲黯，出其下。

鄭當時者，字莊，陳人也。其先鄭君[一]嘗爲項籍將；籍死，已而屬漢。高祖令諸故項

[一]索隱 段客。案：漢書作「段宏」。
[二]集解 徐廣曰：「太后兄王信。」

籍臣名籍，鄭君獨不奉詔。詔盡拜名籍者爲大夫，而逐鄭君。鄭君死孝文時。

[一]集解 漢書音義曰：「當時父。」

鄭莊以任俠自喜，脫張羽於戹，[一]聲聞梁楚之閒。孝景時，爲太子舍人。每五日洗沐，常置驛馬長安諸郊，[二]存諸故人，請謝賓客，夜以繼日，至其明旦，常恐不徧。莊好黃老之言，其慕長者如恐不見。年少官薄，然其游知交皆其大父行，天下有名之士也。武帝立，莊稍遷爲魯中尉、濟南太守、江都相，至九卿爲右內史。以武安侯、魏其時議，貶秩爲詹事，遷爲大農令。

[一]集解 服虔曰：「梁孝王之將，楚相之弟。」
[二]集解 如淳曰：「交道四通處也，請賓客便。」瓚曰：「諸郊謂長安四面郊祀之處，閑靜，可以請賓客。」索隱 按，置卽驛，馬謂於置蓄馬也。四面郊。

莊爲太史，誡門下：「客至，無貴賤無留門者。」執賓主之禮，以其貴下人。莊廉，又不治其產業，仰奉賜以給諸公。然其餽遺人，不過算器食。[一]每朝，候上之閒，說未嘗不言天下之長者。其推轂士及官屬丞史，誠有味其言之也，常引以爲賢於己。未嘗名吏，與官屬言，若恐傷之。聞人之善言，進之上，唯恐後。山東士諸公以此翕然稱鄭莊。

[一]集解 徐廣曰：「算音先管反，竹器。」索隱 算音先管反。按，謂竹器，以言無銅漆也。漢書作「具器食」。

鄭莊使視決河，自請治行五日。〔一〕上曰：「吾聞『鄭莊行，千里不齎糧』，請治行者何也？」然鄭莊在朝，常趨和承意，不敢甚引當否。及晚節，漢征匈奴，招四夷，天下費多，財用益匱。莊任人賓客爲大農僦人，〔二〕多逋負。司馬安爲淮陽太守，發其事，莊以此陷罪，贖爲庶人。頃之，守長史。〔三〕上以爲老，以莊爲汝南太守。數歲，以官卒。

〔一〕集解如淳曰：「治行謂莊嚴也。」

〔二〕集解徐廣曰：「一作『入』。一云賓客爲大農僦人，僦人蓋興生財利，如今方宜矣。」駰案：晉灼曰「當時爲大農，而任使其賓客辜較任僦也」。瓚曰「任人謂保任見舉者」。索隱僦音即就反。辜較音姑角。按：謂當時作大農，任賓客就人取庸直也。或者貲物以應官取庸，故下云「多逋負」。「辜較」字亦作「酤榷」。榷者，獨也。言國家獨榷酤也。此云「辜較」，亦謂令賓客任人專其利，故云辜較也。

〔三〕集解如淳曰：「丞相長史。」

鄭莊、汲黯始列爲九卿，廉，內行脩絜。此兩人中廢，家貧，賓客益落。〔一〕及居郡，卒後家無餘貲財。莊兄弟子孫以莊故，至二千石六七人焉。

〔一〕索隱按：落猶零落，謂散也。

太史公曰：夫以汲、鄭之賢，有勢則賓客十倍，無勢則否，況衆人乎！下邽〔一〕翟公有

汲鄭列傳第六十　三一一三

史記卷一百二十　三一一四

言，始翟公爲廷尉，賓客闐門；及廢，門外可設雀羅。翟公復爲廷尉，賓客欲往，翟公乃大署其門曰：「一死一生，乃知交情。一貧一富，乃知交態。一貴一賤，交情乃見。」汲、鄭亦云，悲夫！

〔一〕集解徐廣曰：「邽，一作『邳』。」索隱邽音圭，縣名，屬京兆。徐廣曰：「下邽作『下邳』。」

【索隱述贊】河南矯制，自古稱賢。淮南卧理，天子伏焉。積薪興歎，伉直愈堅。鄭莊推士，天下翕然。交道勢利，翟公愴旃。

史記卷一百二十一

儒林列傳第六十一

正義姚承云：「儒謂博士，爲儒雅之林，綜理古文，宣明舊藝，咸勸儒者，以成王化者也。」

太史公曰：余讀功令，〔一〕至於廣厲學官之路，未嘗不廢書而歎也。曰：嗟乎！夫周室衰而關雎作，幽厲微而禮樂壞，諸侯恣行，政由彊國。故孔子閔王路廢而邪道興，於是論次詩書，修起禮樂。適齊聞韶，三月不知肉味。自衞返魯，然後樂正，雅頌各得其所。〔二〕世以混濁莫能用，是以仲尼干七十餘君〔三〕無所遇，曰「苟有用我者，期月而已矣」。西狩獲麟，曰「吾道窮矣」。故因史記作春秋，以當王法，以辭微而指博，後世學者多録焉。〔四〕

〔一〕索隱案：謂學者課功著之於令，即今學令是也。

〔二〕正義鄭玄云：「魯哀公十一年。是時道衰樂廢，孔子還，修正之，故雅頌各得其所也。」

〔三〕索隱案：後之記者失辭也。案家語等說，云孔子歷聘諸國，莫能用，謂周、鄭、齊、宋、曹、衞、陳、楚、杞、莒、匡等。縱歷小國，亦無七十餘國也。

儒林列傳第六十一　三一一五

史記卷一百二十一　三一一六

〔四〕集解徐廣曰：「録，一作『繆』。」

自孔子卒後，七十子之徒散游諸侯，大者爲師傅卿相，〔一〕小者友教士大夫，或隱而不見。故子路居衞，〔二〕子張居陳，〔三〕澹臺子羽居楚，〔四〕子夏居西河，〔五〕子貢終於齊。〔六〕如田子方、段干木、吳起、禽滑釐之屬，皆受業於子夏之倫，爲王者師。是時獨魏文侯好學。後陵遲以至于始皇，天下並爭於戰國，儒術既絀焉，然齊魯之閒，學者獨不廢也。於威、宣之際，孟子、荀卿之列，咸遵夫子之業而潤色之，以學顯於當世。

〔一〕索隱案：子夏爲魏文侯師。子貢爲齊、魯聘吳、越，蓋亦卿也。而宰予亦仕齊爲卿。餘未聞也。

〔二〕集解案：仲尼弟子列傳子路死於衞，時孔子尚存也。

〔三〕正義今陳州。

〔四〕正義今蘇州城南五里有澹臺湖，湖北有澹臺。

〔五〕正義今汾州。

〔六〕正義今青州。

及至秦之季世，焚詩書，阬術士，〔一〕六藝從此缺焉。陳涉之王也，而魯諸儒持孔氏之禮器往歸陳王。於是孔甲爲陳涉博士，〔二〕卒與涉俱死。陳涉起匹夫，驅瓦合適戍，〔三〕旬月以王楚，不滿半歲竟滅亡，其事至微淺，然而縉紳先生之徒負孔子禮器往委質爲臣者，何

中華書局

也？以秦焚其業，積怨而發憤于陳王也。

〔一〕正義顏云：「今新豐縣温湯之處號愍儒鄉。温湯西南三里有馬谷，谷之西岸有阬，古相傳以爲秦阬儒處也。衞宏詔定古文尚書序云『秦既焚書，恐天下不從所改更法，而諸生到者拜爲郎，前後七百人，乃密種瓜於驪山陵谷中温處，瓜實成，詔博士諸生説之，人言不同，乃令就視。爲伏機，諸生賢儒皆至焉，方相難不決，因發機，從上填之以土，皆壓，終乃無聲』也。」

〔二〕集解徐廣曰：「孔子八世孫，名鮒字甲也。」

〔三〕索隱上音丁革反。

及高皇帝誅項籍，舉兵圍魯，魯中諸儒尚講誦習禮樂，弦歌之音不絶，豈非聖人之遺化，好禮樂之國哉？故孔子在陳，曰「歸與歸與！吾黨之小子狂簡，斐然成章，不知所以裁之」。夫齊魯之閒於文學，自古以來，其天性也。故漢興，然後諸儒始得脩其經藝，講習大射鄉飲之禮。叔孫通作漢禮儀，因爲太常，諸生弟子共定者，咸爲選首，於是喟然歎興於學。然尚有干戈，平定四海，〔一〕亦未暇遑庠序之事也。孝惠、吕后時，公卿皆武力有功之臣。孝文時頗徵用，〔二〕然孝文帝本好刑名之言。及至孝景，不任儒者，而竇太后又好黄老之術，故諸博士具官待問，未有進者。

〔一〕正義顏云：「陳豨、盧綰、韓信、黥布之徒相次反叛，征討也。」

〔二〕正義言孝文稍用文學之士居位。

及今上卽位，趙綰、王臧之屬明儒學，而上亦鄉之，於是招方正賢良文學之士。自是之後，言詩於魯則申培公，〔一〕於齊則轅固生，〔二〕於燕則韓太傅。〔三〕言尚書自濟南伏生。〔四〕言禮自魯高堂生。〔五〕言易自菑川田生。言春秋於齊魯自胡毋生，〔六〕於趙自董仲舒。及竇太后崩，武安侯田蚡爲丞相，絀黄老、刑名百家之言，延文學儒者數百人，而公孫弘以春秋白衣爲天子三公，〔七〕封以平津侯。天下之學士靡然鄉風矣。

〔一〕集解徐廣曰：「一作『陪』。」韋昭曰：「培，申公名，音扶尤反。」索隱徐廣云「培，一作『陪』，音裴」。韋昭曰「培，申公之名，音浮」。鄒氏音普來反也。

〔二〕正義申，轅，姓；培，固，名；公，生，其處號也。

〔三〕索隱韓嬰也。爲常山王太傅也。

〔四〕索隱按：張華云名勝，漢紀云字子賤。

〔五〕索隱謝承云「秦氏季代有魯人高堂伯」，則「伯」是其字。云「生」者，自漢已來儒者皆號「生」，亦「先生」省字呼之耳。

〔六〕索隱毋音無。胡毋，姓。字子都。

〔七〕集解徐廣曰：「一云『自齊爲天子三公』。」

公孫弘爲學官，悼道之鬱滯，乃請曰：「丞相御史言：〔一〕制曰『蓋聞導民以禮，風之以樂。婚姻者，居室之大倫也。今禮廢樂崩，朕甚愍焉。故詳延天下方正博聞之士，咸登諸朝。其令禮官勸學，講議洽聞興禮，以爲天下先。太常議，與博士弟子，崇鄉里之化，以廣賢材焉』。謹與太常臧、〔二〕博士平等議曰：聞三代之道，鄉里有教，夏曰校，〔三〕殷曰序，〔四〕周曰庠。〔五〕其勸善也，顯之朝廷；其懲惡也，加之刑罰。故教化之行也，建首善自京師始，由内及外。今陛下昭至德，開大明，配天地，本人倫，勸學脩禮，崇化厲賢，以風四方，太平之原也。古者政教未洽，不備其禮，請因舊官而興焉。爲博士官置弟子五十人，復其身。太常擇民年十八已上，儀狀端正者，補博士弟子。郡國縣道邑有好文學，敬長上，肅政教，順鄉里，出入不悖所聞者，令相長丞上屬所二千石，〔六〕二千石謹察可者，當與計偕，詣太常，〔七〕得受業如弟子。一歲皆輒試，能通一藝以上，補文學掌故缺；其高弟可以爲郎中者，太常籍奏。卽有秀才異等，輒以名聞。其不事學若下材及不能通一藝，輒罷之，而請諸不稱者罰。臣謹案詔書律令下者，明天人分際，通古今之義，文章爾雅，訓辭深厚，〔八〕恩施甚美。小吏淺聞，不能究宣，無以明布諭下。治禮次治掌故，〔九〕以文學禮義爲官，遷留滯。請選擇其秩比二百石以上，及吏百石通一藝以上，補左右内史、〔一〇〕大行卒史；比百石已下，補郡太守卒史：皆各二人，邊郡一人。先用誦多者，若不足，乃擇掌故補中二千石屬，〔一一〕文學掌故補郡屬，〔一二〕備員。請著功令。佗如律令。」制曰：「可。」自此以來，則公

卿大夫士吏斌斌多文學之士矣。

〔一〕正義自此以下，皆弘奏請之辭。

〔二〕集解漢書百官表孔臧也。

〔三〕正義校，教也。可教道藝也。

〔四〕正義序，舒也。言舒禮教。

〔五〕正義庠，詳也。言詳審經典。

〔六〕索隱上時兩反。屬音燭。屬，委也。所二千石，謂於所部之郡守相。

〔七〕索隱計，計吏也。偕，俱也。謂令與計吏俱詣太常也。

〔八〕索隱謂詔書文章雅正，訓辭深厚也。

〔九〕集解徐廣曰：「一云『次治禮學掌故』。」

〔一〇〕正義案：左右内史後改爲左馮翊、右扶風。

〔一一〕索隱蘇林曰：「屬亦曹吏，今縣官文書解云『屬某甲』。」

〔一二〕索隱如淳云：「漢儀弟子射策，甲科百人補郎中，乙科二百人補太子舍人，皆秩比二百石；次郡國文學，秩百石也。」

申公者，魯人也。高祖過魯，申公以弟子從師入見〔一〕高祖于魯南宫。〔二〕吕太后時，

申公游學長安，與劉郢同師。〔三〕已而郢爲楚王，令申公傅其太子戊。〔四〕戊不好學，疾申公。及王郢卒，戊立爲楚王，胥靡申公。〔五〕申公恥之，歸魯，退居家教，終身不出門，復謝絶賓客，獨王命召之乃往。〔六〕弟子自遠方至受業者百餘人。申公獨以詩經爲訓以教，無傳(疑)，疑者則闕不傳。〔七〕

〔一〕索隱按：漢書云「申公少與楚元王俱事齊人浮丘伯，受詩」。
〔二〕正義括地志云：「泮宮在兗州曲阜縣西南二百里魯城内宮之内。鄭云泮之言半也，其制半於天子之璧雍。」
〔三〕索隱案：漢書云「呂太后時，浮丘伯在長安，申公與元王郢客俱卒學」也。
〔四〕集解徐廣曰：「楚元王劉交以文帝元年薨，子夷王郢立，四歲薨，子戊立。郢以呂后二年封上邳侯，文帝元年立爲楚王。」
〔五〕集解徐廣曰：「腐刑。」
〔六〕集解徐廣曰：「魯恭王也。」
〔七〕索隱謂申公不作詩傳，但教授，有疑則闕耳。

蘭陵王臧既受詩，以事孝景帝爲太子少傅，免去。今上初即位，臧迺上書宿衞上，累遷，一歲中爲郎中令。及代趙綰亦嘗受詩申公，綰爲御史大夫。綰、臧請天子，欲立明堂以朝諸侯，不能就其事，乃言師申公。於是天子使使束帛加璧安車駟馬迎申公，弟子二人乘軺傳從。〔一〕至，見天子。天子問治亂之事，申公時已八十餘，老，對曰：「爲治者不在多言，

顧力行何如耳。」是時天子方好文詞，見申公對，默然。然已招致，則以爲太中大夫，舍魯邸，議明堂事。太皇竇太后好老子言，不說儒術，得趙綰、王臧之過以讓上，上因廢明堂事，盡下趙綰、王臧吏，後皆自殺。申公亦疾免以歸，數年卒。

〔一〕集解徐廣曰：「馬車。」

弟子爲博士者十餘人：孔安國至臨淮太守，〔一〕周霸至膠西内史，夏寬至城陽内史，碭魯賜至東海太守，蘭陵繆生〔二〕至長沙内史，徐偃爲膠西中尉，鄒人闕門慶忌〔三〕爲膠東内史。其治官民皆有廉節，稱其好學。學官弟子行雖不備，而至於大夫、郎中、掌故以百數。言詩雖殊，多本於申公。

〔一〕集解徐廣曰：「孔鮒之弟子襄爲惠帝博士，遷爲長沙太傅，生忠，忠生武及安國。安國爲博士，臨淮太守。」
〔二〕索隱繆音亡救反。繆氏出蘭陵。一音穆。所謂穆生，爲楚元王所禮也。
〔三〕集解漢書音義曰：「姓闕門，名慶忌。」

清河王太傅轅固生者，齊人也。以治詩，孝景時爲博士。與黄生爭論景帝前。黄生曰：「湯武非受命，乃弒也。」轅固生曰：「不然。夫桀紂虐亂，天下之心皆歸湯武，湯武與天下之心而誅桀紂，桀紂之民不爲之使而歸湯武，湯武不得已而立，非受命爲何？」黄生曰：「冠雖敝，必加於首；履雖新，必關於足。何者，上下之分也。今桀紂雖失道，然君上也；湯武雖聖，臣下也。夫主有失行，臣下不能正言匡過以尊天子，反因過而誅之，代立踐南面，非弒而何也？」轅固生曰：「必若所云，是高帝代秦即天子之位，非邪？」於是景帝曰：「食肉不食馬肝，〔一〕不爲不知味；言學者無言湯武受命，不爲愚。」遂罷。是後學者莫敢明受命放殺者。

〔一〕正義論衡云：「氣熱而毒盛，故食馬肝殺人。又盛夏馬行多渴死，殺氣爲毒也。」

竇太后好老子書，召轅固生問老子書。固曰：「此是家人言耳。」〔一〕太后怒曰：「安得司空城旦書乎？」〔二〕乃使固入圈刺豕。景帝知太后怒而固直言無罪，乃假固利兵，下圈刺豕，正中其心，一刺，豕應手而倒。太后默然，無以復罪，罷之。居頃之，景帝以固爲廉直，拜爲清河王太傅。〔三〕久之，病免。

〔一〕索隱此家人言耳。服虔云：「如家人言也。」案：老子道德篇近而觀之，理國理身而已，故言此家人之言也。
〔二〕集解徐廣曰：「司空，主刑徒之官也。」駰案：漢書音義曰「道家以儒法爲急，比之於律令」。
〔三〕集解徐廣曰：「哀王乘也。」

今上初即位，復以賢良徵固。諸諛儒多疾毁固，曰「固老」，罷歸之。時固已九十餘矣。

固之徵也，薛人公孫弘亦徵，〔一〕側目而視固。固曰：「公孫子，務正學以言，無曲學以阿世！」自是之後，齊言詩皆本轅固生也。諸齊人以詩顯貴，皆固之弟子也。

〔一〕集解徐廣曰：「薛縣在菑川。」

韓生者，〔一〕燕人也。孝文帝時爲博士，景帝時爲常山王太傅。〔二〕韓生推詩之意而爲内外傳數萬言，其語頗與齊魯閒殊，然其歸一也。淮南賁生〔三〕受之。自是之後，而燕趙閒言詩者由韓生。韓生孫商爲今上博士。

〔一〕集解漢書曰：「名嬰。」
〔二〕集解徐廣曰：「憲王舜也。」
〔三〕索隱賁音肥。

伏生者，〔一〕濟南人也。故爲秦博士。孝文帝時，欲求能治尚書者，天下無有，乃聞伏生能治，欲召之。是時伏生年九十餘，老，不能行，於是乃詔太常使掌故朝錯往受之。秦時焚書，伏生壁藏之。其後兵大起，流亡，漢定，伏生求其書，亡數十篇，獨得二十九篇，即以

教于齊魯之閒。學者由是頗能言尚書，諸山東大師無不涉尚書以教矣。

〔一〕集解張晏曰：「伏生名勝，伏氏碑云。」

伏生教濟南張生及歐陽生，〔一〕歐陽生教千乘兒寬。兒寬既通尚書，以文學應郡舉，詣博士受業，受業孔安國。兒寬貧無資用，常爲弟子都養，〔二〕及時時閒行傭賃，以給衣食。行常帶經，止息則誦習之。以試第次，補廷尉史。是時張湯方鄉學，以爲奏讞掾，以古法議決疑大獄，而愛幸寬。寬爲人溫良，有廉智，自持，而善著書、書奏，敏於文，口不能發明也。張湯以爲長者，數稱譽之。及湯爲御史大夫，以兒寬爲掾，薦之天子。天子見問，說之。張湯死後六年，兒寬位至御史大夫。〔三〕九年而以官卒。寬在三公位，以和良承意從容得久，然無有所匡諫；於官，官屬易之，不爲盡力。張生亦爲博士。而伏生孫以治尚書徵，不能明也。

〔一〕集解漢書曰：「字和伯，千乘人。」

〔二〕索隱謂倪寬家貧，爲弟子造食也。何休注公羊「灼烹爲養」。案：有廝養卒，廝掌馬，養造食。

〔三〕集解徐廣曰：「元封元年。」

自此之後，魯周霸、孔安國，雒陽賈嘉，頗能言尚書事。孔氏有古文尚書，而安國以今文讀之，因以起其家。逸書〔一〕得十餘篇，蓋尚書滋多於是矣。

〔一〕索隱案：孔臧與安國書云「舊書潛于壁室，欻爾復出，古訓復申。唯聞尚書二十八篇取象二十八宿，何圖乃有百篇。即知以今讐古，隸篆推科斗，以定五十餘篇，並爲之傳也」。藝文志曰二十九篇，得多十六篇。起者，謂起發以出也。

諸學者多言禮，而魯高堂生最本。禮固自孔子時而其經不具，及至秦焚書，書散亡益多，於今獨有士禮，高堂生能言之。

而魯徐生善爲容。〔一〕孝文帝時，徐生以容爲禮官大夫。傳子至孫徐延、徐襄。襄，其天姿善爲容，不能通禮經；延頗能，未善也。襄以容爲漢禮官大夫，至廣陵內史。延及徐氏弟子公户滿意、〔二〕桓生、單次，〔三〕皆嘗爲漢禮官大夫。而瑕丘蕭奮〔四〕以禮爲淮陽太守。是後能言禮爲容者，由徐氏焉。

〔一〕索隱漢書作「頌」，亦音容也。

〔二〕索隱公户，姓；滿意，名也。案：鄧展云二人姓字，非也。

〔三〕索隱上音善。單，姓；次，名也。

〔四〕集解徐廣曰：「屬山陽也。」

自魯商瞿受易孔子，〔一〕孔子卒，商瞿傳易，六世至齊人田何，字子莊，〔二〕而漢興。田何傳東武人王同子仲，子仲傳菑川人楊何。〔三〕何以易，元光元年徵，官至中大夫。齊人即墨成以易至城陽相。廣川人孟但以易爲太子門大夫。魯人周霸，莒人衡胡，〔四〕臨菑人主父偃，皆以易至二千石。然要言易者本於楊何之家。

〔一〕索隱案：商姓，瞿名，字子木。瞿音劬。

〔二〕索隱案：漢書云「商瞿授東魯橋庇子庸，子庸授江東馯臂子弓，子弓授燕周醜子家，子家授東武孫虞子乘」。仲尼弟子傳作「淳于人光羽子乘」，不同也。子乘授田何子裝，是六代孫也。

〔三〕索隱案：田何傳東武王同，同傳菑川楊何。

〔四〕集解徐廣曰：「莒，一作『呂』。」

董仲舒，廣川人也。以治春秋，孝景時爲博士。下帷講誦，弟子傳以久次相受業，或莫見其面，蓋三年董仲舒不觀於舍園，其精如此。進退容止，非禮不行，學士皆師尊之。今上

即位，爲江都相。〔一〕以春秋災異之變推陰陽所以錯行，故求雨閉諸陽，縱諸陰，其止雨反是。行之一國，未嘗不得所欲。中廢爲中大夫，居舍，著災異之記。是時遼東高廟災，主父偃疾之，取其書奏之天子。〔二〕天子召諸生示其書，有刺譏。董仲舒弟子呂步舒〔三〕不知其師書，以爲下愚。於是下董仲舒吏，當死，詔赦之。於是董仲舒竟不敢復言災異。

〔一〕索隱案：仲舒事易王。王，武帝兄也。

〔二〕集解徐廣曰：「建元六年。」索隱案：漢書以爲遼東高廟及長陵園殿災也。仲舒爲災異記，草而未奏，主父偃竊而奏之。

〔三〕集解徐廣曰：「一作『荼』，亦音舒。」

董仲舒爲人廉直。是時方外攘四夷，公孫弘治春秋不如董仲舒，而弘希世用事，位至公卿。董仲舒以弘爲從諛。弘疾之，乃言上曰：「獨董仲舒可使相膠西王。」膠西王素聞董仲舒有行，亦善待之。董仲舒恐久獲罪，疾免居家。至卒，終不治產業，以脩學著書爲事。故漢興至于五世之閒，唯董仲舒名爲明於春秋，其傳公羊氏也。

胡毋生，〔一〕齊人也。孝景時爲博士，以老歸教授。齊之言春秋者多受胡毋生，公孫弘亦頗受焉。

〔一〕集解漢書曰：「字子都。」

瑕丘江生爲穀梁春秋。自公孫弘得用，嘗集比其義，卒用董仲舒。

仲舒弟子遂者：蘭陵褚大，廣川殷忠，〔一〕溫呂步舒。褚大至梁相。步舒至長史，持節使決淮南獄，於諸侯擅專斷，不報，以春秋之義正之，天子皆以爲是。弟子通者，至於命大夫；爲郎、謁者、掌故者以百數。而董仲舒子及孫皆以學至大官。

〔一〕集解徐廣曰：「殷，一作『段』，又作『瑕』也。」

【索隱述贊】孔氏之衰，經書緒亂。言諸六學，始自炎漢。著令立官，四方扼腕。曲臺壞壁，書禮之冠。傳易言詩，雲蒸霧散。興化致理，鴻猷克贊。

史記卷一百二十二

酷吏列傳第六十二

孔子曰：「導之以政，齊之以刑，民免而無恥。〔一〕導之以德，齊之以禮，有恥且格。」〔二〕老氏稱：「上德不德，是以有德；下德不失德，是以無德。法令滋章，盜賊多有。」太史公曰：信哉是言也！法令者治之具，而非制治清濁之源也。昔天下之網嘗密矣，〔三〕然姦僞萌起，其極也，上下相遁，至於不振。當是之時，吏治若救火揚沸，〔四〕非武健嚴酷，惡能勝其任而愉快乎！言道德者，溺其職矣。故曰「聽訟，吾猶人也，必也使無訟乎」。「下士聞道大笑之」。非虛言也。漢興，破觚而爲圜，〔五〕斲雕而爲朴，〔六〕網漏於吞舟之魚，而吏治烝烝，不至於姦，黎民艾安。由是觀之，在彼不在此。〔七〕

〔一〕集解孔安國曰：「免，苟免也。」

〔二〕集解何晏曰：「格，正也。」

〔三〕索隱昔天下之罔嘗密矣。案：鹽鐵論云「秦法密於凝脂」。

〔四〕索隱言本弊不除，則其末難止。

〔五〕集解漢書音義曰：「觚，方。」索隱應劭云：「觚，八棱有隅者。」高祖反秦之政，破觚爲圜，謂除其嚴法，約三章耳。」

〔六〕索隱應劭云：「削瑚爲璞也。」晉灼云：「凋，弊也。斲理凋弊之俗，使反質樸。」

〔七〕集解韋昭曰：「在道德，不在嚴酷。」

高后時，酷吏獨有侯封，刻轢宗室，侵辱功臣。呂氏已敗，遂（禽）〔夷〕侯封之家。孝景時，鼂錯以刻深頗用術輔其資，而七國之亂，發怒於錯，錯卒以被戮。其後有郅都、寧成之屬。

郅都者，〔一〕楊人也。〔二〕以郎事孝文帝。孝景時，都爲中郎將，敢直諫，面折大臣於朝。嘗從入上林，賈姬〔三〕如廁，野彘卒入廁。上目都，都不行。上欲自持兵救賈姬，都伏上前曰：「亡一姬復一姬進，天下所少寧賈姬等乎？陛下縱自輕，柰宗廟太后何！」上還，彘亦去。太后聞之，賜都金百斤，由此重郅都。

〔一〕索隱郅音質。

〔二〕集解徐廣曰：「屬河東。」索隱漢書云「河東大陽人」。正義括地志云：「故楊城本秦時楊國，漢楊縣城

也，今晉州洪洞縣也。至隋爲楊，唐初改爲洪洞，以故洪洞鎮爲名也。秦及漢皆屬河東郡。郅都墓在洪洞縣東南二十里。」漢書云「郅都，河東大陽人」，班固失之甚也。大陽，今陝州河北縣是，亦屬河東郡也。
〔三〕索隱案：姬生趙王彭祖也。

濟南瞯氏〔一〕宗人三百餘家，豪猾，二千石莫能制，於是景帝乃拜都爲濟南太守。至則族滅瞯氏首惡，餘皆股栗。〔二〕居歲餘，郡中不拾遺。旁十餘郡守畏都如大府。

〔一〕集解漢書音義曰：「瞯音閑，小兒癇病也。」索隱荀悅音閑，鄒氏劉氏音並同也。
〔二〕集解徐廣曰：「髀脚戰搖也。」

都爲人勇，有氣力，公廉，不發私書，問遺無所受，請寄無所聽。常自稱曰：「已倍親而仕，身固當奉職死節官下，終不顧妻子矣。」

郅都遷爲中尉。丞相條侯至貴倨也，而都揖丞相。是時民朴，畏罪自重，而都獨先嚴酷，致行法不避貴戚，列侯宗室見都側目而視，號曰「蒼鷹」。

臨江王徵詣中尉府對簿，臨江王欲得刀筆爲書謝上，而都禁吏不予。魏其侯使人以閒與臨江王。臨江王既爲書謝上，因自殺。竇太后聞之，怒，以危法中都，〔一〕都免歸家。孝景帝乃使使持節拜都爲鴈門太守，而便道之官，得以便宜從事。匈奴素聞郅都節，居邊，爲引兵去，竟郅都死不近鴈門。匈奴至爲偶人象郅都，〔二〕令騎馳射莫能中，見憚如此。匈奴

患之。竇太后乃竟中都以漢法。景帝曰：「都忠臣。」欲釋之。竇太后曰：「臨江王獨非忠臣邪？」於是遂斬郅都。

〔一〕索隱案：中，如字。謂以法中傷之。
〔二〕索隱漢書作「寓人象」。案：寓即偶也，謂刻木偶類人形也。一云寄人形於木也。

寧成者，〔一〕穰人也。〔二〕以郎謁者事景帝。好氣，爲人小吏，必陵其長吏；爲人上，操下〔三〕如束溼薪。〔四〕滑賊任威。稍遷至濟南都尉，〔五〕而郅都爲守。始前數都尉〔六〕皆步入府，因吏謁守如縣令，其畏郅都如此。及成往，直陵都出其上。都素聞其聲，於是善遇，與結驩。久之，郅都死，後長安左右宗室多暴犯法，於是上召寧成爲中尉。〔七〕其治效郅都，其廉弗如，然宗室豪桀皆人人惴恐。

〔一〕集解徐廣曰：「寧，一作『甯』。」
〔二〕集解徐廣曰：「屬南陽。」
〔三〕索隱操音七刀反。操，執也。
〔四〕集解徐廣曰：「一無此字。」駰案：韋昭曰「言急也」。
〔五〕正義百官表云：「(都)〔郡〕尉，秦官，掌佐守典武職甲卒，秩比二千石，有丞，秩皆六百石，景帝中二年更名都尉。」若周之司馬。
〔六〕索隱數音所注反。
〔七〕正義百官表云：「中尉，秦官，掌徼循京師，武帝太初元年更名執金吾。」顏云：「金吾，鳥名也，主辟不祥。天子出行，職主先道，以禦非常，故執此鳥之象，因以名官。」

武帝即位，徙爲內史。外戚多毀成之短，抵罪髡鉗。是時九卿罪死即死，少被刑，而成極刑，自以爲不復收，於是解脫，〔一〕詐刻傳出關歸家。稱曰：「仕不至二千石，賈不至千萬，安可比人乎！」乃貰貸〔二〕買陂田千餘頃，假貧民，役使數千家。數年，會赦。致產數千金，爲任俠，持吏長短，出從數十騎。其使民威重於郡守。

〔一〕索隱上音紀買反，下音他活反。謂脫鉗釱。
〔二〕索隱上音食夜反。貰，賒也，又音勢。下音天得反。

周陽由者，其父趙兼以淮南王舅父侯周陽，故因姓周陽氏。〔一〕由以宗家任爲郎，〔二〕事孝文及景帝。景帝時，由爲郡守。武帝即位，吏治尚循謹甚，然由居二千石中，最爲暴酷驕恣。所愛者，撓法活之；所憎者，曲法誅滅之。所居郡，必夷其豪。爲守，視都尉如令。爲都尉，必陵太守，奪之治。與汲黯俱爲忮，〔三〕司馬安之文惡，〔四〕俱在二千石列，同車未嘗敢均茵伏。〔五〕

〔一〕集解徐廣曰：「侯五年，孝文六年國除。」正義周陽故城在絳州聞〔喜〕縣東二十九里。
〔二〕索隱案：與國家有外戚姻屬，比於宗室，故曰「宗家」也。
〔三〕集解漢書音義曰：「堅忮也。」
〔四〕集解漢書音義曰：「以文法傷害人。」
〔五〕集解徐廣曰：「漢書作『馮』。伏者，軾。」索隱案：均，等也。茵，車蓐也。伏，車軾也。言二人與由同載一車，尚不敢與之均茵軾也，謂下之也。漢書「伏」作「憑」也。

由後爲河東都尉，時與其守勝屠公〔一〕爭權，相告言罪。勝屠公當抵罪，義不受刑，自殺，而由弃市。

〔一〕索隱風俗通云：「勝屠即申屠。」

自寧成、周陽由之後，事益多，民巧法，大抵吏之治類多成、由等矣。

趙禹者，斄人。〔一〕以佐史補中都官，〔二〕用廉爲令史，事太尉亞夫。亞夫爲丞相，禹爲丞相史，府中皆稱其廉平。然亞夫弗任，曰：「極知禹無害，〔三〕然文深，〔四〕不可以居大府。」今上時，禹以刀筆吏積勞，稍遷爲御史。上以爲能，至太中大夫。與張湯論定諸律令，〔五〕作見知，吏傳得相監司。用法益刻，蓋自此始。

〔一〕集解徐廣曰：「屬扶風，音台。」索隱音胎。漦縣屬扶風。正義音胎。故漦城在雍武功縣西南二十二里。古邰國，后稷所封，漢漦縣也。
〔二〕索隱案：謂京師諸官府吏。正義若京都府史。
〔三〕索隱蘇林云：「言若無比也，蓋云其公平也。」
〔四〕集解漢書音義曰：「禹持文法深刻。」
〔五〕集解徐廣曰：「論，一作『編』。」

張湯者，杜人也。〔一〕其父爲長安丞，出，湯爲兒守舍。還而鼠盜肉，其父怒，笞湯。湯掘窟得盜鼠及餘肉，劾鼠掠治，傳爰書，訊鞫論報，〔二〕并取鼠與肉，具獄磔堂下。〔三〕其父見之，視其文辭如老獄吏，大驚，遂使書獄。〔四〕父死後，湯爲長安吏，久之。

〔一〕集解徐廣曰：「爾時未爲陵。」
〔二〕集解蘇林曰：「謂傳囚也。爰，易也。以此書易其辭處。鞫，窮也。」張晏曰：「傳，考證驗也。爰書，自證不如此言，反受其罪，訊考三日復問之，知與前辭同不也。鞫，一吏爲讀狀，論其報行也。」索隱韋昭云：「爰，換也。古者重刑，嫌有愛惡，故移換獄書，使他官考實之，故曰『傳爰書』也。」
〔三〕集解鄧展曰：「罪備具。」
〔四〕集解如淳曰：「決獄之書，謂律令也。」

周陽侯始爲諸卿時，〔一〕嘗繫長安，湯傾身爲之。〔二〕及出爲侯，大與湯交，徧見湯貴人。湯給事内史，爲寧成掾，以湯爲無害，言大府，調爲茂陵尉，治方中。〔三〕

〔一〕集解徐廣曰：「田勝也。武帝母王太后之同母弟也。武帝始立而封爲周陽侯。」
〔二〕集解韋昭曰：「爲之先後。」
〔三〕集解漢書音義曰：「方中，陵上土作方也。湯主治之。」蘇林曰：「天子卽位，豫作陵，諱之，故言『方中』。」「如淳曰：『大府，幕府也。茂陵尉，主作陵之尉也。』」韋昭曰：「太府，公府。」

武安侯爲丞相，徵湯爲史，時薦言之天子，補御史，使案事。治陳皇后蠱獄，深竟黨與。於是上以爲能，稍遷至太中大夫。與趙禹共定諸律令，務在深文，拘守職之吏。〔一〕已而趙禹遷爲中尉，徙爲少府，而張湯爲廷尉，兩人交驩，而兄事禹。禹爲人廉倨。爲吏以來，舍毋食客。公卿相造請禹，禹終不報謝，務在絶知友賓客之請，孤立行一意而已。見文法輒取，亦不覆案，求官屬陰罪。湯爲人多詐，舞智以御人。〔二〕始爲小吏，乾没，〔三〕與長安富賈田甲、魚翁叔之屬交私。〔四〕及列九卿，收接天下名士大夫，己心内雖不合，然陽浮慕之。

〔一〕集解蘇林曰：「拘刻於守職之吏。」
〔二〕集解韋昭曰：「制御人。」
〔三〕集解徐廣曰：「隨勢沈浮也。」駰案：服虔曰「射成敗也」。如淳曰「得利爲乾，失利爲没」。索隱如淳曰：「得利爲乾，失利爲没。」正義此二說非也。按：乾没謂無潤及之而取他人也。又云陽浮慕爲乾，心内不合爲没也。
〔四〕集解徐廣曰：「姓魚也。」

是時上方鄉文學，湯決大獄，欲傅古義，〔一〕乃請博士弟子治尚書、春秋補廷尉史，亭疑法。〔二〕奏讞疑事，必豫先爲上分別其原，上所是，受而著讞決法廷尉絜令，〔三〕揚主之明。奏事卽譴，湯應謝，〔四〕鄉上意所便，必引正、監、掾史賢者，〔五〕曰：「固爲臣議，如上責臣，臣弗用，愚抵於此。」〔六〕罪常釋。(聞)〔七〕〔閒〕卽奏事，上善之，曰：「臣非知爲此奏，乃正、監、掾史某爲之。」其欲薦吏，揚人之善蔽人之過如此。所治卽上意所欲罪，予監史深禍者；卽上意所欲釋，與監史輕平者。所治卽豪，必舞文巧詆；卽下户羸弱，時口言，雖文致法，上財察。〔八〕於是往往釋湯所言。〔九〕湯至於大吏，内行脩也。通賓客飲食。於故人子弟爲吏及貧昆弟，調護之尤厚。其造請諸公，不避寒暑。是以湯雖文深意忌不專平，然得此聲譽。而刻深吏多爲爪牙用者，依於文學之士。丞相弘數稱其美。及治淮南、衡山、江都反獄，皆窮根本。嚴助及伍被，上欲釋之。湯爭曰：「伍被本畫反謀，而助親幸出入禁闥爪牙臣，乃交私諸侯如此，弗誅，後不可治。」於是上可論之。其治獄所排大臣自爲功，多此類。於是湯益尊任，遷爲御史大夫。〔一〇〕

〔一〕索隱傅音附。
〔二〕集解李奇曰：「亭，平也，均也。」索隱廷史，廷尉之吏也。亭，平也。使之平疑事也。
〔三〕集解韋昭曰：「在板絜。」正義按：謂律令也。古以板書之。言上所是，著之爲正獄，以廷尉法令決平之，揚主之明監也。
〔四〕集解徐廣曰：「應，一作『權』。」
〔五〕正義百官表云：「廷尉，秦官。有正、左、右監，皆秩千石也。」按：上卽責，湯應對謝之如上意，必引正、監等賢者本爲臣建議如上意，臣不用，愚昧不從至此也。
〔六〕集解蘇林曰：「主坐不用諸掾語，故至於此。」
〔七〕集解徐廣曰：「詔，答聞也，如今制曰『聞』矣。」駰案：瓚曰「謂常見原」。
〔八〕集解李奇曰：「先見上，口言之，欲與輕平也。」
〔九〕集解李奇曰：「湯口所先言皆見原釋。」
〔一〇〕集解徐廣曰：「元狩二年。」

會渾邪等降，漢大興兵伐匈奴，山東水旱，貧民流徙，皆仰給縣官，縣官空虛。於是丞上指，請造白金及五銖錢，籠天下鹽鐵，排富商大賈，出告緡令，〔一〕鉏豪彊并兼之家，舞文巧詆以輔法。湯每朝奏事，語國家用，日晏，天子忘食。丞相取充位，〔二〕天下事皆決於湯。百姓不安其生，騷動，縣官所興，未獲其利，姦吏並侵漁，於是痛繩以罪。則自公卿以下，至

於庶人，咸指湯。湯嘗病，天子至自視病，其隆貴如此。

〔一〕正義 緡音岷，錢貫也。武帝伐四夷，國用不足，故稅民田宅船乘畜産奴婢等，皆平作錢數，每千錢一算，出一等，賈人倍之，若隱不稅，有告之，半與告人，餘半入官，謂緡。出此令，用鋤築豪强兼并富商大賈之家也。一算，百二十文也。

〔二〕集解 徐廣曰：「時李蔡、莊青翟爲丞相。」

匈奴來請和親，羣臣議上前。博士狄山曰：「和親便。」上問其便，山曰：「兵者凶器，未易數動。高帝欲伐匈奴，大困平城，乃遂結和親。孝惠、高后時，天下安樂。及孝文帝欲事匈奴，北邊蕭然苦兵矣。孝景時，吳楚七國反，景帝往來兩宮閒，寒心者數月。吳楚已破，竟景帝不言兵，天下富實。今自陛下舉兵擊匈奴，中國以空虛，邊民大困貧。由此觀之，不如和親。」上問湯，湯曰：「此愚儒，無知。」狄山曰：「臣固愚忠，若御史大夫湯乃詐忠。若湯之治淮南、江都，以深文痛詆諸侯，別疏骨肉，使蕃臣不自安。臣固知湯之爲詐忠。」於是上作色曰：「吾使生居一郡，能無使虜入盜乎？」曰：「不能。」曰：「居一縣？」對曰：「不能。」復曰：「居一障閒？」〔一〕山自度辯窮且下吏，曰：「能。」於是上遣山乘鄣。至月餘，匈奴斬山頭而去。自是以後，羣臣震慴。

〔一〕正義 障謂塞上要險之處別築城，置吏士守之，以扞寇盜也。

湯之客田甲，雖賈人，有賢操。始湯爲小吏時，與錢通，〔一〕及湯爲大吏，甲所以責湯行義過失，亦有烈士風。

〔一〕集解 徐廣曰：「以利交。」

湯爲御史大夫七歲，敗。

河東人李文嘗與湯有卻，已而爲御史中丞，恚，數從中文書事有可以傷湯者，不能爲地。湯有所愛史魯謁居，知湯不平，使人上蜚變告文姦事，事下湯，湯治論殺文，而湯心知謁居爲之。上問曰：「言變事縱跡安起？」湯詳驚曰：「此殆文故人怨之。」謁居病臥閭里主人，湯自往視疾，爲謁居摩足。趙國以冶鑄爲業，王數訟鐵官事，湯常排趙王。趙王求湯陰事。謁居嘗案趙王，趙王怨之，并上書告：「湯，大臣也，史謁居有病，湯至爲摩足，疑與爲大姦。」事下廷尉。謁居病死，事連其弟，弟繫導官。〔一〕湯亦治他囚導官，見謁居弟，欲陰爲之，而詳不省。謁居弟弗知，怨湯，使人上書告湯與謁居謀，共變告李文。事下減宣。宣嘗與湯有卻，及得此事，窮竟其事，未奏也。會人有盜發孝文園瘞錢，〔二〕丞相青翟朝，與湯約俱謝，至前，湯念獨丞相以四時行園，當謝，湯無與也，不謝。丞相謝，上使御史案其事。湯欲致其文丞相見知，〔三〕丞相患之。三長史皆害湯，欲陷之。

〔一〕集解 如淳曰：「太官之別也，主酒。」

〔二〕集解 如淳曰：「瘞埋錢於園陵以送死。」

〔三〕集解 張晏曰：「見知故縱，以其罪罪之。」

始長史朱買臣，會稽人也。〔一〕讀春秋。莊助使人言買臣，買臣以楚辭與助俱幸，侍中，爲太中大夫，用事；而湯乃爲小吏，跪伏使買臣等前。已而湯爲廷尉，治淮南獄，排擠莊助，買臣固心望。及湯爲御史大夫，買臣以會稽守爲主爵都尉，列於九卿。數年，坐法廢，守長史，見湯，湯坐牀上，丞史遇買臣弗爲禮。買臣楚士，〔二〕深怨，常欲死之。王朝，齊人也。以術至右內史。邊通，學長短，〔三〕剛暴彊人也，官再至濟南相。故皆居湯右，已而失官，守長史，詘體於湯。湯數行丞相事，知此三長史素貴，常淩折之。以故三長史合謀曰：「始湯約與君謝，已而賣君；今欲劾君以宗廟事，此欲代君耳。吾知湯陰事。」使吏捕案湯左田信等，〔四〕曰湯且欲奏請，信輒先知之，居物致富，與湯分之，及他姦事。事辭頗聞。上問湯曰：「吾所爲，賈人輒先知之，益居其物，是類有以吾謀告之者。」湯不謝。湯又詳驚曰：「固宜有。」減宣亦奏謁居等事。天子果以湯懷詐面欺，使使八輩簿責湯。〔五〕湯具自道無此，不服。於是上使趙禹責湯。禹至，讓湯曰：「君何不知分也。君所治夷滅者幾何人矣？今人言君皆有狀，天子重致君獄，欲令君自爲計，何多以對簿爲？」湯乃爲書謝曰：「湯無尺寸功，起刀筆吏，陛下幸致爲三公，無以塞責。然謀陷湯罪者，三長史也。」遂自殺。

〔一〕正義 朱買臣，吳人也，此時蘇州爲會稽郡也。

〔二〕正義 周末越王句踐滅吳，楚威王滅越，吳之地總屬楚，故謂朱買臣爲楚士。

〔三〕集解 漢書音義曰：「長短術興於六國時。行長入短，其語隱謬，用相激怒。」

〔四〕集解 漢書音義曰：「左，證左也。」 正義 言湯與田信爲左道之交，故言「左田信等」。

〔五〕集解 蘇林曰：「簿音『主簿』之『簿』，悉責也。」

湯死，家産直不過五百金，皆所得奉賜，無他業。昆弟諸子欲厚葬湯，湯母曰：「湯爲天子大臣，被汙惡言而死，何厚葬乎！」載以牛車，有棺無椁。天子聞之，曰：「非此母不能生此子。」乃盡案誅三長史。丞相青翟自殺。出田信。上惜湯，稍遷其子安世。

趙禹中廢，已而爲廷尉。始條侯以爲禹賊深，弗任。及禹爲少府，比九卿。禹酷急，至晚節，事益多，吏務爲嚴峻，而禹治加緩，而名爲平。王溫舒等後起，治酷於禹。禹以老，徙爲燕相。數歲，亂悖有罪，免歸。後湯十餘年，以壽卒于家。

義縱者，河東人也。爲少年時，嘗與張次公俱攻剽〔一〕爲羣盜。縱有姊姁，〔二〕以醫幸王太后。王太后問：「有子兄弟爲官者乎？」姊曰：「有弟無行，不可。」太后乃告上，拜義姁

弟縱爲中郎，〔三〕補上黨郡中令。〔四〕治敢行，少蘊藉，〔五〕縣無逋事，舉爲第一。遷爲長陵及長安令，直法行治，不避貴戚。以捕案太后外孫脩成君子仲，〔六〕上以爲能，遷爲河内都尉。至則族滅其豪穰氏之屬，河内道不拾遺。而張次公亦爲郎，以勇悍從軍，敢深入，有功，爲岸頭侯。〔七〕

〔一〕集解徐廣曰：「剽音扶召反。」索隱説文云：「剽，刺也。」一云剽劫，又音敷妙反。
〔二〕索隱李奇音吁，孟康音詡也。
〔三〕集解漢書音義曰：「姁音煦，縱姊名也。」
〔四〕索隱案：謂補上黨郡中之令，史失其縣名。
〔五〕集解漢書音義曰：「敢行暴政而少蘊藉也。」索隱蘊音愠。藉音才夜反。張晏云：「爲人無所避，故少所假借也。」
〔六〕索隱案：王太后之女號脩成君，其子名仲。
〔七〕集解徐廣曰：「受封五年，與淮南王女淩姦及受財物，國除。」

寧成家居，上欲以爲郡守。御史大夫弘曰：「臣居山東爲小吏時，寧成爲濟南都尉，其治如狼牧羊。成不可使治民。」上乃拜成爲關都尉。歲餘，關東吏隸郡國出入關者，〔一〕號曰「寧見乳虎，無值寧成之怒」。義縱自河内遷爲南陽太守，聞寧成家居南陽，及縱至關，寧成側行送迎，然縱氣盛，弗爲禮。至郡，遂案寧氏，盡破碎其家。成坐有罪，及孔、暴之屬皆

犇亡，〔二〕南陽吏民重足一迹。而平氏朱彊、杜衍、杜周爲縱牙爪之吏，任用，遷爲廷史。軍數出定襄，定襄吏民亂敗，於是徙縱爲定襄太守。縱至，掩定襄獄中重罪輕繫二百餘人，及賓客昆弟私入相視亦二百餘人。縱一捕鞠，曰「爲死罪解脱」。〔三〕是日皆報殺四百餘人。其後郡中不寒而栗，猾民佐吏爲治。〔四〕

〔一〕集解漢書音義曰：「隸，閲也。」
〔二〕集解徐廣曰：「孔、暴二姓，大族。」
〔三〕集解漢書音義曰：「一切皆捕之也。律，諸囚徒私解脱桎梏鉗赭，加罪一等；爲人解脱，與同罪。縱鞫相贍餉者二百人爲解脱死罪，盡殺也。」
〔四〕索隱案：謂豪猾之人干豫吏政，故云「佐吏爲理」也。

是時趙禹、張湯以深刻爲九卿矣，然其治尚寬，輔法而行，而縱以鷹擊毛摯爲治。〔一〕後會五銖錢白金起，民爲姦，京師尤甚，乃以縱爲右内史，王温舒爲中尉。温舒至惡，其所爲不先言縱，縱必以氣淩之，敗壞其功。其治，所誅殺甚多，然取爲小治，姦益不勝，直指始出矣。吏之治以斬殺縛束爲務，閻奉以惡用矣。縱廉，其治放郅都。上幸鼎湖，病久，已而卒起幸甘泉，〔二〕道多不治。上怒曰：「縱以我爲不復行此道乎？」嗛之。〔三〕至冬，楊可方受告緡，〔四〕縱以爲此亂民，部吏捕其爲可使者。〔五〕天子聞，使杜式治，以爲廢格沮事，〔六〕弃

縱市。後一歲，張湯亦死。

〔一〕集解徐廣曰：「鷙鳥將擊，必張羽毛也。」
〔二〕索隱卒音七忽反。
〔三〕集解徐廣曰：「嗛音銜。」
〔四〕集解韋昭曰：「人有告言不出緡者，可方受之。」索隱緡，錢貫也。漢氏有告緡令，楊可主之。謂緡錢出人有不出算錢者，令得告之也。
〔五〕索隱謂求楊可之使。
〔六〕集解漢書音義曰：「武帝使楊可主告緡，没入其財物，縱捕爲可使者，此爲廢格詔書，沮已成之事。」索隱應劭云：「沮敗已成之事。格音閣。」

王温舒者，陽陵人也。〔一〕少時椎埋爲姦。〔二〕已而試補縣亭長，數廢。爲吏，以治獄至廷史。事張湯，遷爲御史。督盜賊，殺傷甚多，稍遷至廣平都尉。擇郡中豪敢任吏十餘人，以爲爪牙，皆把其陰重罪，而縱使督盜賊，快其意所欲得。此人雖有百罪，弗法；即有避，因其事夷之，亦滅宗。以其故齊趙之郊盜賊不敢近廣平，廣平聲爲道不拾遺。上聞，遷爲河内太守。

〔一〕集解徐廣曰：「屬馮翊。」

〔二〕集解徐廣曰：「椎殺人而埋之。或謂發冢。」

素居廣平時，皆知河内豪姦之家，及往，九月而至。令郡具私馬五十匹，爲驛自河内至長安，部吏如居廣平時方略，捕郡中豪猾，郡中豪猾相連坐千餘家。上書請，大者至族，小者乃死，家盡没入償臧。奏行不過二三日，得可事。論報，至流血十餘里。河内皆怪其奏，以爲神速。盡十二月，郡中毋聲，毋敢夜行，野無犬吠之盜。其頗不得失，之旁郡國，黎來，〔一〕會春，温舒頓足歎曰：「嗟乎，令冬月益展一月，足吾事矣！」其好殺伐行威不愛人如此。天子聞之，以爲能，遷爲中尉。其治復放河内，徙諸名禍猾吏〔二〕與從事，河内則楊皆、麻戊，〔三〕關中楊贛、成信等。義縱爲内史，憚未敢恣治。及縱死，張湯敗後，徙爲廷尉，而尹齊爲中尉。

〔一〕索隱黎音犁。黎，比也。
〔二〕集解徐廣曰：「有殘刻之名。」索隱徒請名禍猾吏。案：漢書作「徒請召猜禍吏」。服虔曰「徒，但也。猜，惡也」。應劭曰「猜，疑也。取吏名爲好猜疑人作禍敗者而使之」。
〔三〕集解徐廣曰：「一云『麻成』。」

尹齊者，東郡茌平人。〔一〕以刀筆稍遷至御史。事張湯，張湯數稱以爲廉武，使督盜賊，

所斬伐不避貴戚。遷爲關内都尉，聲甚於甯成。上以爲能，遷爲中尉，吏民益凋敝。尹齊木彊少文，豪惡吏伏匿而善吏不能爲治，以故事多廢，抵罪。上復徙温舒爲中尉，而楊僕以嚴酷爲主爵都尉。

〔一〕索隱在音仕疑反。

楊僕者，宜陽人也。以千夫爲吏。〔一〕河南守案舉以爲能，遷爲御史，使督盜賊關東。治放尹齊，以爲敢摯行。稍遷至主爵都尉，列九卿。天子以爲能。南越反，拜爲樓船將軍，有功，封將梁侯。爲荀彘所縛。〔二〕居久之，病死。

〔一〕集解漢書音義曰：「千夫若五大夫。武帝軍用不足，令民出錢穀爲之。」

〔二〕集解徐廣曰：「受封四年，征朝鮮還，贖爲庶人。」索隱案：漢書云「與左將軍荀彘俱擊朝鮮，爲彘所縛。還，免爲庶人，病死」。

而温舒復爲中尉。爲人少文，居廷惽惽〔一〕不辯，至於中尉則心開。督盜賊，素習關中俗，知豪惡吏，豪惡吏盡復爲用，爲方略。吏苛察，盜賊惡少年投缿〔二〕購告言姦，置伯格長〔三〕以牧司姦盜賊。温舒爲人讇，善事有埶者；即無埶者，視之如奴。有埶家，雖有姦如

山，弗犯；無埶者，貴戚必侵辱。舞文巧詆下户之猾，以焄大豪。〔四〕其治中尉如此。姦猾窮治，大抵盡靡爛獄中，行論無出者。其爪牙吏虎而冠。於是中尉部中中猾以下皆伏，有勢者爲游聲譽，稱治。治數歲，其吏多以權富。

〔一〕索隱音昏。

〔二〕集解徐廣曰：「音項，器名也，如今之投書函中。」索隱缿音項，器名。受投書之器，入不可出。三倉音胡江反。

〔三〕集解徐廣曰：「一作『落』。古『村落』字亦作『格』。街陌屯落皆設督長也。」索隱伯音阡陌，格音村落。言阡陌村落皆置長也。

〔四〕集解焄音熏。索隱以熏大豪。案：熏猶熏炙之。謂下户之中有姦猾之人，令案之，以熏逐大姦。

温舒擊東越還，〔一〕議有不中意者，坐小法抵罪免。是時天子方欲作通天臺〔二〕而未有人，温舒請覆中尉脱卒，得數萬人作。上説，拜爲少府。徙爲右内史，治如其故，姦邪少禁。坐法失官。復爲右輔，行中尉事，如故操。

〔一〕集解徐廣曰：「元鼎六年，出會稽破東越。」

〔二〕正義漢書元封三年。三輔舊事云：「起甘泉通天臺，高五十丈。」

歲餘，會宛軍發，〔一〕詔徵豪吏，温舒匿其吏華成，及人有變告温舒受員騎錢，他姦利事，罪至族，自殺。其時兩弟及兩婚家亦各自坐他罪而族。光祿徐自爲曰：「悲夫，夫古有三族，而王温舒罪至同時而五族乎！」

〔一〕集解漢書音義曰：「發兵伐大宛。」

温舒死，家直累千金。後數歲，尹齊亦以淮陽都尉病死，家直不滿五十金。所誅滅淮陽甚多，及死，仇家欲燒其尸，尸亡去歸葬。〔一〕

〔一〕集解徐廣曰：「尹齊死未及斂，恐怨家欲燒之，屍亦飛去。」

自温舒等以惡爲治，而郡守、都尉、諸侯二千石欲爲治者，其治大抵盡放温舒，而吏民益輕犯法，盜賊滋起。南陽有梅免、白政，楚有殷中、〔一〕杜少，齊有徐勃，燕趙之閒有堅盧、范生之屬。大羣至數千人，擅自號，攻城邑，取庫兵，釋死罪，縛辱郡太守、都尉，殺二千石，爲檄告縣趣具食；小羣（盜）以百數，掠鹵鄉里者，不可勝數也。於是天子始使御史中丞、丞相長史督之。猶弗能禁也，乃使光祿大夫范昆、諸輔都尉及故九卿張德等衣繡衣，持節，虎符發兵以興擊，斬首大部或至萬餘級，及以法誅通飲食，坐連諸郡，甚者數千人。數歲，乃頗得其渠率。散卒失亡，復聚黨阻山川者，往往而羣居，無可柰何。於是作「沈命法」，〔二〕曰羣盜起不發覺，發覺而捕弗滿品者，二千石以下至小吏主者皆死。其後小吏畏誅，雖有盜不敢發，恐不能得，坐課累府，府亦使其不言。故盜賊寖多，上下相爲匿，以文辭避法焉。〔三〕

〔一〕集解徐中曰：「殷，一作『假』，人亦有姓假者也。」

〔二〕集解漢書音義曰：「沈，藏匿也。命，亡逃也。」索隱服虔云：「沈匿不發覺之法。」韋昭云：「沈，没也。」

〔三〕集解徐廣曰：「詐爲虚文，言無盜賊也。」

減宣者，楊人也。以佐史無害給事河東守府。衛將軍青使買馬河東，見宣無害，言上，徵爲大廄丞。〔一〕官事辨，稍遷至御史及中丞。使治主父偃及治淮南反獄，所以微文深詆，殺者甚衆，稱爲敢決疑。數廢數起，爲御史及中丞者幾二十歲。王温舒免中尉，而宣爲左内史。其治米鹽，事大小皆關其手，自部署縣名曹實物，官吏令丞不得擅摇，痛以重法繩之。居官數年，一切郡中爲小治辨，然獨宣以小致大，能因力行之，難以爲經。中廢。爲右扶風，坐怨成信，〔二〕信亡藏上林中，宣使郿令〔三〕格殺信，吏卒格信時，射中上林苑門，宣下吏詆罪，以爲大逆，當族，自殺。而杜周任用。

〔一〕正義百官表云大僕屬官有大廄，各五丞一尉也。

〔二〕集解漢書曰：「成信，宣吏。」

〔三〕正義郿令，今岐州岐縣北，時屬右扶風。

杜周者，〔一〕南陽杜衍人。義縱爲南陽守，以爲爪牙，舉爲廷尉史。事張湯，湯數言其

無害，至御史。使案邊失亡，〔二〕所論殺甚衆。奏事中上意，任用，與減宣相編，更爲中丞十餘歲。

〔一〕索隱 地名也。正義 杜氏譜云字長孺。

〔二〕集解 文穎曰：「邊卒多亡也。或曰郡縣主守有所亡失也。」

其治與宣相放，然重遲，外寬，內深次骨。〔一〕宣爲左內史，周爲廷尉，其治大放張湯而善候伺。上所欲擠者，因而陷之；上所欲釋者，久繫待問而微見其冤狀。客有讓周曰：「君爲天子決平，不循三尺法，〔二〕專以人主意指爲獄。獄者固如是乎？」周曰：「三尺安出哉？前主所是著爲律，後主所是疏爲令，當時爲是，何古之法乎！」

〔一〕集解 李奇曰：「其用罪深刻至骨。」索隱 次，至也。李奇曰：「其用法刻至骨。」

〔二〕集解 漢書音義曰：「以三尺竹簡書法律也。」

至周爲廷尉，詔獄亦益多矣。二千石繫者新故相因，不減百餘人。郡吏大府舉之廷尉，〔一〕一歲至千餘章。章大者連逮證案數百，小者數十人；遠者數千，近者數百里。會獄，吏因責如章告劾，不服，以笞掠定之。於是聞有逮皆亡匿。獄久者至更數赦〔二〕十有餘歲而相告言，大抵盡詆以不道〔三〕以上。廷尉及中都官詔獄逮至六七萬人，吏所增加十萬餘人。

〔一〕集解 如淳曰：「郡吏，郡太守也。」孟康曰：「舉之廷尉，以章劾付廷尉治之。」

〔二〕集解 張晏曰：「詔書赦，或有不從此令。」

〔三〕索隱 大氐盡柢以不道。案：大氐猶大都也。氐音至。

周中廢，後爲執金吾，逐盜，捕治桑弘羊、衞皇后昆弟子刻深，天子以爲盡力無私，遷爲御史大夫。〔一〕家兩子，夾河爲守。其治暴酷皆甚於王溫舒等矣。杜周初徵爲廷史，有一馬，且不全；及身久任事，至三公列，子孫尊官，家訾累數巨萬矣。

〔一〕集解 徐廣曰：「天漢三年爲御史大夫，四歲，太始三年卒。」

太史公曰：自郅都、杜周十人者，此皆以酷烈爲聲。然郅都伉直，引是非，爭天下大體。張湯以知陰陽，人主與俱上下，時數辯當否，國家賴其便。趙禹時據法守正。杜周從諛，以少言爲重。自張湯死後，網密，多詆嚴，官事寖以秏廢。九卿碌碌奉其官，救過不贍，何暇論繩墨之外乎！然此十人中，其廉者足以爲儀表，其污者足以爲戒，〔一〕方略教導，禁姦止邪，一切亦皆彬彬質有其文武焉。雖慘酷，斯稱其位矣。至若蜀守馮當暴挫，廣漢李貞擅磔人，東郡彌僕〔二〕鋸項，天水駱璧推咸，〔三〕河東褚廣妄殺，京兆無忌、馮翊殷周蝮鷙，〔四〕水衡閻奉朴擊賣請，何足數哉！何足數哉！

〔一〕集解 徐廣曰：「一本無此四字。」

〔二〕索隱 彌，姓；僕，名。

〔三〕集解 徐廣曰：「一作『成』。」索隱 上音直追反，下音減。一作「成」，是也。謂(推繫)〔椎擊〕之以成獄也。

〔四〕索隱 上音蝮虵，下音鷙鷹也。言其酷比之蝮毒鷹攫。

【索隱述贊】太上失德，法令滋起。破觚爲圓，禁暴不止。姦僞斯熾，慘酷爰始。乳獸揚威，蒼鷹側視。舞文巧詆，懷生何恃！

史記卷一百二十三

大宛列傳第六十三

大宛〔一〕之跡，〔二〕見自張騫。張騫，漢中人。〔三〕建元中爲郎。是時天子問匈奴降者，皆言匈奴破月氏王，〔四〕以其頭爲飲器，〔五〕月氏遁逃而常怨仇匈奴，無與共擊之。漢方欲事滅胡，聞此言，因欲通使。道必更匈奴中，〔六〕乃募能使者。騫以郎應募，使月氏，與堂邑氏（故）胡奴甘父〔七〕俱出隴西。經匈奴，〔八〕匈奴得之，傳詣單于。單于留之，曰：「月氏在吾北，漢何以得往使？吾欲使越，漢肯聽我乎？」留騫十餘歲，與妻，有子，然騫持漢節不失。

〔一〕【索隱】音菀，又於袁反。

〔二〕【正義】漢書云：「大宛國去長安萬二千五百五十里，東至都護治，西南至大月氏，南亦至大月氏，北至康居。」括地志云：「率都沙那國亦名蘇對沙那國，本漢大宛國。」

〔三〕【索隱】陳壽益部耆舊傳云：「騫，漢中成固人。」

〔四〕【正義】氏音支。涼、甘、肅、瓜、沙等州，本月氏國之地。漢書云「本居敦煌、祁連閒」是也。

〔五〕【集解】韋昭曰：「飲器，椑榼也。單于以月氏王頭爲飲器。」晉灼曰：「飲器，虎子之屬也。或曰飲酒器也。」【索隱】椑音白迷反。榼音苦盍反。案：謂今之偏榼也。【正義】漢書匈奴傳云：「元帝遣車騎都尉韓昌、光祿大夫張猛與匈奴盟，以老上單于所破月氏王頭爲飲器者，共飲血盟。」

〔六〕【索隱】更，經也。音羹。

〔七〕【集解】漢書音義曰：「堂邑氏，姓；胡奴甘父，字。」【索隱】案：謂堂邑縣人家胡奴名甘父也。下云「堂邑父」者，蓋後史家從省，唯稱「堂邑父」而略「甘」字。甘，或其姓號。

〔八〕【索隱】謂道經匈奴也。

居匈奴中，益寬，騫因與其屬亡鄉月氏，西走數十日至大宛。大宛聞漢之饒財，欲通不得，見騫，喜，問曰：「若欲何之？」騫曰：「爲漢使月氏，而爲匈奴所閉道。今亡，唯王使人導送我。誠得至，反漢，漢之賂遺王財物不可勝言。」大宛以爲然，遣騫，〔一〕爲發導繹，抵康居，〔二〕康居傳致大月氏。〔三〕大月氏王已爲胡所殺，立其太子爲王。〔四〕既臣大夏而居，〔五〕地肥饒，少寇，志安樂，又自以遠漢，殊無報胡之心。騫從月氏至大夏，竟不能得月氏要領。〔六〕

〔一〕【索隱】謂大宛發遣騫西也。

〔二〕【索隱】爲發道驛抵康居。發道，謂發驛令人導引而至康居也。導音道。抵，至也。居音渠也。【正義】抵，至也。居，其居反。括地志云：「康居國在京西一萬六百里。其西北可二千里有奄蔡，酒國也。」

〔三〕【正義】此大月氏在大宛西南，於嬀水北爲王庭。漢書云去長安萬一千六百里。

〔四〕【集解】徐廣曰：「一云『夫人爲王』，夷狄亦或女主。」【索隱】案：漢書張騫傳云「立其夫人爲王」也。

〔五〕【索隱】既臣大夏而君之。謂月氏以大夏爲臣，而爲之作君也。【正義】既，盡也。大夏國在嬀水南。

〔六〕【集解】漢書音義曰：「要領，要契。」【索隱】李奇云「要領，要契也」。小顏以爲衣有要領。劉氏云「不得其要害」，然頗是其意，於文字爲疏者也。

留歲餘，還，並南山，〔一〕欲從羌中歸，〔二〕復爲匈奴所得。留歲餘，單于死，〔三〕左谷蠡王攻其太子自立，國內亂，騫與胡妻及堂邑父俱亡歸漢。漢拜騫爲太中大夫，堂邑父爲奉使君。〔四〕

〔一〕【正義】並，白浪反。南山即連終南山，從京南東至華山過河，東北連延至海，即中條山也。從京南連接至葱嶺萬餘里，故云「並南山」也。西域傳云「其南山東出金城，與漢南山屬焉」。

〔二〕【正義】說文云：「羌，西方牧羊人也。南方蠻閩從虫，北方狄從犬，東方貊從豸，西方羌從羊。」

〔三〕【集解】徐廣曰：「元朔三年。」

〔四〕【索隱】堂邑父之官號。

騫爲人彊力，寬大信人，蠻夷愛之。堂邑父故胡人，善射，窮急射禽獸給食。初，騫行時百餘人，去十三歲，唯二人得還。

騫身所至者大宛、大月氏、大夏、康居，而傳聞其旁大國五六，具爲天子言之。曰：

大宛在匈奴西南，在漢正西，去漢可萬里。其俗土著，耕田，田稻麥。有蒲陶酒。多善馬，〔一〕馬汗血，其先天馬子也。〔二〕有城郭屋室。其屬邑大小七十餘城，衆可數十萬。其兵弓矛騎射。其北則康居，西則大月氏，西南則大夏，東北則烏孫，東則扜罙、〔三〕于窴。〔四〕于窴之西，則水皆西流，注西海；其東水東流，注鹽澤。〔五〕鹽澤潛行地下，其南則河源出焉。〔六〕多玉石，河注中國。而樓蘭、姑師〔七〕邑有城郭，臨鹽澤。鹽澤去長安可五千里。匈奴右方居鹽澤以東，至隴西長城，南接羌，鬲漢道焉。

〔一〕【索隱】案：外國傳云「外國稱天下有三衆：中國人衆，大秦寶衆，月氏馬衆」。

〔二〕【集解】漢書音義曰：「大宛國有高山，其上有馬，不可得，因取五色母馬置其下，與交，生駒汗血，因號曰天馬子。」

〔三〕【集解】徐廣曰：「漢紀曰拘彌國去于窴三百里。」【索隱】扜罙，國名也，音汙彌二音。漢紀謂荀悅所譔漢紀。拘音俱，彌即罙也，則拘彌與扜罙是一也。

〔四〕【索隱】音殿。

〔五〕【索隱】鹽水也。太康地記云「河北得水爲河，塞外得水爲海」也。【正義】漢書云：「鹽澤去玉門、陽關三百餘里，廣袤三四百里。其水皆潛行地下，南出於積石山爲中國河。」括地志云：「蒲昌海一名泑澤，一名鹽澤，亦名輔日海，亦名穿蘭，亦名臨海，在沙州西南。玉門關在沙州壽昌縣西六里。」

〔六〕索隱案：漢書西域傳云「河有兩源，一出葱嶺，一出于寘」。山海經云「河出崑崙東北隅」。郭璞云「河出崑崙，潛行地下，至葱嶺山于寘國，復分流岐出，合而東注泑澤，已而復行積石，爲中國河」。泑澤卽鹽澤也，一名蒲昌海。西域傳云「一出于闐南山下」，與郭璞注山海經不同。廣志云「蒲昌海在蒲類海東」也。

〔七〕正義二國名。姑師卽車師也。

烏孫在大宛東北可二千里，行國，〔一〕隨畜，與匈奴同俗。控弦者數萬，敢戰。故服匈奴，及盛，取其羈屬，不肯往朝會焉。

〔一〕集解徐廣曰：「不土著。」

康居在大宛西北可二千里，行國，與月氏大同俗。控弦者八九萬人。與大宛鄰國。國小，南羈事月氏，東羈事匈奴。

奄蔡〔一〕在康居西北可二千里，行國，與康居大同俗。控弦者十餘萬。臨大澤，無崖，蓋乃北海云。

〔一〕正義漢書解詁云：「奄蔡卽闔蘇也。」魏略云：「西與大秦通，東南與康居接。其國多貂，畜牧水草，故時羈屬康居也。」

大月氏〔一〕在大宛西可二三千里，居嬀水北。其南則大夏，西則安息，北則康居。行國也，隨畜移徙，與匈奴同俗。控弦者可一二十萬。故時彊，輕匈奴，及冒頓立，攻

破月氏，至匈奴老上單于，殺月氏王，以其頭爲飲器。始月氏居敦煌、祁連閒，〔二〕及爲匈奴所敗，乃遠去，過宛，西擊大夏而臣之，遂都嬀水北，爲王庭。其餘小衆不能去者，保南山羌，號小月氏。

〔一〕正義萬震南州志云：「在天竺北可七千里，地高燥而遠。國王稱『天子』，國中騎乘常數十萬匹，城郭宮殿與大秦國同。人民赤白色，便習弓馬。土地所出，及奇瑋珍物，被服鮮好，天竺不及也。」康泰外國傳云：「外國稱天下有三衆：中國爲人衆，秦爲寶衆，月氏爲馬衆也。」

〔二〕正義初，月氏居敦煌以東，祁連山以西。敦煌郡今沙州。祁連山在甘州西南。

安息〔一〕在大月氏西可數千里。其俗土著，耕田，田稻麥，蒲陶酒。城邑如大宛。其屬小大數百城，地方數千里，最爲大國。臨嬀水，有市，民商賈用車及船，行旁國或數千里。以銀爲錢，錢如其王面，〔二〕王死輒更錢，效王面焉。畫革旁行以爲書記。〔三〕其西則條枝，北有奄蔡、黎軒。〔四〕

〔一〕正義地理志云：「安息國京西萬一千二百里。自西關西行三千四百里至阿蠻國，西行三千六百里至斯賓國，從斯賓南行度河，又西南行至于羅國九百六十里，安息西界極矣。自此南乘海乃通大秦國。」漢書云：「北康居，東烏弋山離，西條枝。國臨嬀水。土著。以銀爲錢，如其王面，王死輒更錢，效王面焉。」

〔二〕索隱漢書云：「文獨爲王面，幕爲夫人面。」荀悅云：「幕音漫，無文面也。」張晏云：「錢之文面作人乘馬，錢之幕作人面形。」韋昭云：「幕，錢背也，音漫。」包愷音慢。

〔三〕集解漢書音義曰：「橫行爲書記。」索隱𦌵音獲。小顏云：「革，皮之不柔者。」韋昭云：「外夷書皆旁行，今扶南猶中國，直下也。」

〔四〕索隱漢書作「犂靬」。續漢書一名「大秦」。按：三國並臨西海，後漢書云「西海環其國，惟西北通陸道」。然漢使自烏弋以還，莫有至條枝者。正義上力奚反。下巨言反，又巨連反。後漢書云：「大秦一名犂鞬，在西海之西，東西南北各數千里。有城四百餘所。土多金銀奇寶，有夜光璧、明月珠、駭雞犀、火浣布、珊瑚、琥珀、琉璃、琅玕、朱丹、青碧，珍怪之物，率出大秦。」康氏外國傳云：「其國城郭皆青水精爲〔礎〕，及五色水精爲壁。人民多巧，能化銀爲金。國土市買皆金銀錢。」萬震南州志云：「大家屋舍，以珊瑚爲柱，琉璃爲牆壁，水精爲礎舃。海中斯調（州）〔洲〕上有木，冬月往剝取其皮，績以爲布，極細，手巾齊數匹，與麻焦布無異，色小青黑，若垢污欲浣之，則入火中，便更精潔，世謂之火浣布。秦云定重參問門樹皮也。」括地志云：「火山國在扶風南東大湖海中。其國中山皆火，然火中有白鼠皮及樹皮，績爲火浣布。魏略云大秦在安息、條支西大海之西，故俗謂之海西。從安息界乘船直載海西，遇風利時三月到，風遲或一二歲。其公私宮室爲重屋，郵驛亭置如中國。從安息繞海北陸到其國，人民相屬，十里一亭，三十里一置。無盜賊。其俗人長大平正，似中國人而胡服。宋膺異物志云秦之北附庸小邑，有羊羔自然生於土中，候其欲萌，築牆繞之，恐獸所食。其臍與地連，割絕則死。擊物驚之，乃驚鳴，臍遂絕，則逐水草爲羣。又大秦金二枚，皆大如瓜，植之滋息無極，觀之如用則眞金也。」括地志云：「小人國在大秦南，人纔三尺。其耕稼之時，懼鶴所食，大秦衞助之。卽焦僥國，其人穴居也。」

條枝在安息西數千里，臨西海。暑溼。耕田，田稻。有大鳥，卵如甕。〔一〕人衆甚多，往往有小君長，而安息役屬之，以爲外國。國善眩。〔二〕安息長老傳聞條枝有弱水、

西王母，而未嘗見。〔三〕

〔一〕正義漢書云：「條支出師子、犀牛、孔雀、大雀，其卵如甕。和帝永元十三年，安息王滿屈獻師子、大鳥，世謂之『安息雀』。」廣志云：「鳥，鶏鷹身，蹄駱，色蒼，舉頭八九尺，張翅丈餘，食大麥，卵大如甕。」

〔二〕集解應劭曰：「眩，相詐惑。」正義顏云：「今吞刀、吐火、殖瓜、種樹、屠人、截馬之術皆是也。」

〔三〕索隱魏略云：「弱水在大秦西。」玄中記云：「天下之弱者，有崑崙之弱水，鴻毛不能載也。」山海經云：「玉山，西王母所居。」穆天子傳云：「天子觴西王母瑤池之上。」括地圖云：「崑崙弱水非乘龍不至。有三足神鳥，爲王母取食。」正義此弱水、西王母既是安息長老傳聞而未曾見，後漢書云桓帝時大秦國王安敦遣使自日南徼外來獻，或云其國西有弱水、流沙，近西王母處，幾於日所入也。然先儒多引大荒西經云弱水云有二源，俱出女國北阿耨達山，南流會於女國東，去國一里，深丈餘，闊六十步，非毛舟不可濟，南流入海。阿耨達山卽崑崙山也，與大荒西經合矣。然大秦國在西海中島上，從安息西界過海，好風用三月乃到，弱水又在其國之西。崑崙山弱水流在女國北，出崑崙山南。女國在于寘國南二千七百里。于寘去京凡九千六百七十里。計大秦與大崑崙山相去幾四五萬里，非所論及，而前賢誤矣。此皆據漢括地論之，猶恐未審，然弱水二所說皆有也。

大夏在大宛西南二千餘里嬀水南。其俗土著，有城屋，與大宛同俗。無大(王)〔君〕長，往往城邑置小長。其兵弱，畏戰。善賈市。及大月氏西徙，攻敗之，皆臣畜大夏。大夏民多，可百餘萬。其都曰藍市城，有市販賈諸物。其東南有身毒國。〔一〕

〔一〕集解徐廣曰：「身，或作『乾』，又作『訖』。」索隱身音乾，毒音篤。孟康云：「卽天竺也，所謂浮圖胡也。」

正義 一名身毒，在月氏東南數千里。俗與月氏同，而卑溼暑熱。其國臨大水，乘象以戰。其民弱於月氏。脩浮圖道，不殺伐，遂以成俗。土有象、犀、瑇瑁、金、銀、鐵、錫、鉛。西與大秦通，有大秦珍物。明帝夢金人長大，頂有光明，以問羣臣。或曰：「西方有神，名曰『佛』，其形長丈六尺而黃金色。」帝於是遣使天竺問佛道法，遂至中國，畫形像焉。萬震南州志云：「地方三萬里，佛道所出。其國王居城郭，殿皆彫文刻鏤。街曲市里，各有行列。左右諸大國凡十六，皆共奉之，以天地之中也。」浮屠經云：「臨兒國王生隱屠太子。父曰屠頭邪，母曰莫邪屠。身色黃，髮如青絲，乳有青色，爪赤如銅。始莫邪夢白象而孕，及生，從母右脅出。生有髮，墮地能行七步。」又云：「太子生時，有二龍王夾左右吐水，一龍水暖，一龍水冷，遂成二池，今猶一冷一暖。初行七步處，琉璃上有太子脚跡見在。生處名祇洹精舍，在舍衞國南四里，是長者須達所起。又有阿輸迦樹，是夫人所攀生太子樹也。」括地志云：「沙祇大國卽舍衞國也，在月氏南萬里，卽波斯匿王治處。此國共九十種。知身後事。城有祇樹給孤園。」又云：「天竺國有東、西、南、北、中央天竺國，國方三萬里，去月氏七千里。大國隸屬凡二十一。天竺在崑崙山南，大國也。治城臨恆水。」又云：「阿耨達山亦名建末達山，亦名崑崙山。水出，一名拔扈利水，一名恆伽河，卽經稱〔恆〕河者也。自崑崙山以南，多是平地而下溼。土肥良，多種稻，歲四熟，留役駝馬，米粒亦極大。」又云：「佛上忉利天，爲母說法九十日。波斯匿王思欲見佛，卽刻牛頭旃檀象，置精舍內佛坐。此像是衆像之始，後人所法也。佛上天青梯，今變爲石，沒入地，唯餘十二蹬，蹬閒二尺餘。彼耆老言，梯入地盡，佛法滅。」又云：「王舍國，胡語曰罪悅祇國。其國靈鷲山，胡語曰耆闍崛山。山是青石，石頭似鷲。鳥名耆闍，鷲也。崛，山石也。山周四十里，外周圍水，佛於此坐禪，及諸阿難等俱在此坐。」又云：「小孤石，石上有石室者，佛坐其中，天帝釋以四十二事問佛，佛一一以指畫石，其跡尚存。又於山上起塔，佛昔將阿難在此上山四望，見福田疆畔，因

制七條衣割截之法於此，今袈裟衣是也。」

騫曰：「臣在大夏時，見邛竹杖、蜀布。〔一〕問曰：『安得此？』大夏國人曰：『吾賈人往市之身毒。身毒在大夏東南可數千里。其俗土著，大與大夏同，而卑溼暑熱云。其人民乘象以戰。其國臨大水焉。』〔二〕以騫度之，大夏去漢萬二千里，居漢西南。今身毒國又居大夏東南數千里，有蜀物，此其去蜀不遠矣。今使大夏，從羌中，險，羌人惡之；少北，則爲匈奴所得；從蜀宜徑，〔三〕又無寇。」天子既聞大宛及大夏、安息之屬皆大國，多奇物，土著，頗與中國同業，而兵弱，貴漢財物；其北有大月氏、康居之屬，兵彊，可以賂遺設利朝也。且誠得而以義屬之，則廣地萬里，重九譯，〔四〕致殊俗，威德徧於四海。天子欣然，以騫言爲然，乃令騫因蜀犍爲〔五〕發閒使，四道並出：出駹，出冄，〔六〕出徙，〔七〕出邛、僰，〔八〕皆各行一二千里。其北方閉氐、筰，〔九〕南方閉巂、昆明。〔一〇〕昆明之屬無君長，善寇盜，輒殺略漢使，終莫得通。然聞其西可千餘里有乘象國，名曰滇越，〔一一〕而蜀賈姦出物者或至焉，於是漢以求大夏道始通滇國。初，漢欲通西南夷，費多，道不通，罷之。及張騫言可以通大夏，乃復事西南夷。

〔一〕正義 邛都邛山出此竹，因名「邛竹」。節高實中，或寄生，可爲杖。布，土蘆布。

〔二〕正義 大水，河也。

〔三〕集解 如淳曰：「徑，疾也。或曰徑，直。」

〔四〕正義 言重重九遍譯語而致。

〔五〕正義 犍，其連反。犍爲郡今戎州也，在益州南一千餘里。

〔六〕正義 茂州、向州等，冄、駹之地，在戎州西北也。

〔七〕集解 徐廣曰：「屬漢嘉。」索隱 李奇云：「徙音斯。蜀郡有徙縣也。」

〔八〕正義 僰，蒲北反。徙在嘉州；邛，今邛州；僰，今雅州：皆在戎州西南也。

〔九〕集解 服虔曰：「皆夷名，漢使見閉於夷也。」索隱 韋昭云：「筰縣在越巂，音昨。」案：南越破後殺筰侯，以筰都爲沈黎郡，又有定筰縣。正義 氐，今成州及武等州也。筰，白狗羌也。皆在戎州西北也。

〔一〇〕正義 巂州及南昆明夷也，皆在戎州西南。

〔一一〕集解 徐廣曰：「一作『城』。」正義 昆、郎等州皆滇國也。其西南滇越、越巂則通號越，細分而有巂、滇等名也。

騫以校尉從大將軍擊匈奴，知水草處，軍得以不乏，乃封騫爲博望侯。〔一〕是歲元朔六年也。其明年，騫爲衞尉，與李將軍俱出右北平擊匈奴。匈奴圍李將軍，軍失亡多；而騫後期當斬，贖爲庶人。是歲漢遣驃騎破匈奴西(城)〔域〕數萬人，至祁連山。其明年，渾邪王率其民降漢，而金城、河西西並南山至鹽澤空無匈奴。匈奴時有候者到，而希矣。其後二年，漢擊走單于於幕北。

〔一〕索隱 案：張騫封號耳，非地名。小顏云「取其能博廣瞻望」也。尋武帝置博望苑，亦取斯義也。正義 地理志南陽博望縣。

是後天子數問騫大夏之屬。騫既失侯，因言曰：「臣居匈奴中，聞烏孫王號昆莫，昆莫之父，匈奴西邊小國也。匈奴攻殺其父，〔一〕而昆莫生，弃於野。烏嗛肉蜚其上，〔二〕狼往乳之。單于怪以爲神，而收長之。及壯，使將兵，數有功，單于復以其父之民予昆莫，令長守於西(城)〔域〕。昆莫收養其民，攻旁小邑，控弦數萬，習攻戰。單于死，昆莫乃率其衆遠徙，中立，不肯朝會匈奴。匈奴遣奇兵擊，不勝，以爲神而遠之，因羈屬之，不大攻。今單于新困於漢，而故渾邪地空無人。蠻夷俗貪漢財物，今誠以此時而厚幣賂烏孫，招以益東，居故渾邪之地，與漢結昆弟，其勢宜聽，聽則是斷匈奴右臂也。既連烏孫，自其西大夏之屬皆可招來而爲外臣。」天子以爲然，拜騫爲中郎將，將三百人，馬各二匹，牛羊以萬數，齎金幣帛直數千巨萬，多持節副使，道可使，使遺之他旁國。

〔一〕索隱 按漢書，父名難兜靡，爲大月氏所殺。

〔二〕集解 徐廣曰：「讀『嗛』與『銜』同。酷吏傳『義縱不治道，上忿銜之』，史記亦作『嗛』字。」索隱 嗛音銜。蜚亦「飛」字。

騫既至烏孫，烏孫王昆莫見漢使如單于禮，騫大慙，知蠻夷貪，乃曰：「天子致賜，王不

拜則還賜。」昆莫起拜賜，其他如故。騫諭使指曰：「烏孫能東居渾邪地，則漢遣翁主爲昆莫夫人。」烏孫國分，王老，而遠漢，未知其大小，素服屬匈奴日久矣，且又近之，其大臣皆畏胡，不欲移徙，王不能專制。騫不得其要領。昆莫有十餘子，其中子曰大祿，彊，善將衆，將衆別居萬餘騎。大祿兄爲太子，太子有子曰岑娶，而太子蚤死。臨死謂其父昆莫曰：「必以岑娶爲太子，無令他人代之。」昆莫哀而許之，卒以岑娶爲太子。大祿怒其不得代太子也，乃收其諸昆弟，將其衆畔，謀攻岑娶及昆莫。昆莫老，常恐大祿殺岑娶，予岑娶萬餘騎別居，而昆莫有萬餘騎自備，國衆分爲三，而其大總取羈屬昆莫，昆莫亦以此不敢專約於騫。

騫因分遣副使使大宛、康居、大月氏、大夏、安息、身毒、于寘、扜罙及諸旁國。烏孫發導譯送騫還，騫與烏孫遣使數十人，馬數十匹報謝，因令窺漢，知其廣大。

騫還到，拜爲大行，列於九卿。歲餘，卒。

烏孫使既見漢人衆富厚，歸報其國，其國乃益重漢。其後歲餘，騫所遣使通大夏之屬者皆頗與其人俱來，〔一〕於是西北國始通於漢矣。然張騫鑿空，〔二〕其後使往者皆稱博望侯，以爲質於外國，〔三〕外國由此信之。

〔一〕集解晉灼曰：「其國人。」

〔二〕集解蘇林曰：「鑿，開；空，通也。騫開通西域道。」索隱案：謂西域險阸，本無道路，今鑿空而通之也。
〔三〕集解如淳曰：「質，誠信也。博望侯有誠信，故後使稱其意以喻外國。」李奇曰：「質，信也。」

自博望侯騫死後，匈奴聞漢通烏孫，怒，欲擊之。及漢使烏孫，若〔一〕出其南，抵大宛、大月氏相屬，烏孫乃恐，使使獻馬，願得尚漢女翁主爲昆弟。天子問羣臣議計，皆曰「必先納聘，然後乃遣女」。初，天子發書易，〔二〕云「神馬當從西北來」。得烏孫馬好，名曰「天馬」。及得大宛汗血馬，益壯，更名烏孫馬曰「西極」，名大宛馬曰「天馬」云。而漢始築令居以西，〔三〕初置酒泉郡以通西北國。因益發使抵安息、奄蔡、黎軒、條枝、身毒國。而天子好宛馬，使者相望於道。諸使外國一輩大者數百，少者百餘人，人所齎操大放博望侯時。其後益習而衰少焉。漢率一歲中使多者十餘，少者五六輩，遠者八九歲，近者數歲而反。

〔一〕集解徐廣曰：「漢書作『及』，若意義亦及也。」
〔二〕集解漢書音義曰：「發易書以卜。」
〔三〕集解徐廣曰：「屬金城。」

是時漢既滅越，而蜀、西南夷皆震，請吏入朝。於是置益州、越巂、牂柯、沈黎、汶山郡，欲地接以前通大夏。〔一〕乃遣使柏始昌、呂越人等歲十餘輩，出此初郡〔二〕抵大夏，皆復閉昆明，爲所殺，奪幣財，終莫能通至大夏焉。於是漢發三輔罪人，因巴蜀士數萬人，遣兩將軍郭昌、衞廣等往擊昆明之遮漢使者，〔三〕斬首虜數萬人而去。其後遣使，昆明復爲寇，竟莫能得通。而北道酒泉抵大夏，使者既多，而外國益厭漢幣，不貴其物。

〔一〕集解李奇曰：「欲地界相接至大夏。」
〔二〕索隱按：謂越巂、汶山等郡。謂之「初」者，後背叛而併廢之也。
〔三〕集解徐廣曰：「元封二年。」

自博望侯開外國道以尊貴，其後從吏卒皆爭上書言外國奇怪利害，求使。天子爲其絕遠，非人所樂往，聽其言，予節，募吏民毋問所從來，爲具備人衆遣之，以廣其道。來還不能毋侵盜幣物，及使失指，天子爲其習之，輒覆案致重罪，以激怒令贖，復求使。使端無窮，而輕犯法。其吏卒亦輒復盛推外國所有，言大者予節，言小者爲副，故妄言無行之徒皆爭效之。其使皆貧人子，私縣官齎物，欲賤市以私其利外國。外國亦厭漢使人人有言輕重，〔一〕度漢兵遠不能至，而禁其食物以苦漢使。漢使乏絕積怨，至相攻擊。而樓蘭、姑師小國耳，〔二〕當空道，攻劫漢使王恢等尤甚。〔三〕而匈奴奇兵時時遮擊使西國者。使者爭徧言外國災害，皆有城邑，兵弱易擊。於是天子以故遣從驃侯破奴將屬國騎及郡兵數萬，至匈河水，欲以擊胡，胡皆去。其明年，擊姑師，破奴與輕騎七百餘先至，虜樓蘭王，遂破姑師。因

舉兵威以困烏孫、大宛之屬。還，封破奴爲浞野侯。〔四〕王恢〔五〕數使，爲樓蘭所苦，言天子，天子發兵令恢佐破奴擊破之，封恢爲浩侯。〔六〕於是酒泉列亭鄣至玉門矣。〔七〕

〔一〕集解服虔曰：「漢使言於外國，人人輕重不實。」如淳曰：「外國人人自言數爲漢使所侵易。」
〔二〕集解徐廣曰：「即車師。」
〔三〕集解徐廣曰：「恢，一作『怪』。」
〔四〕集解徐廣曰：「元封三年。」
〔五〕集解徐廣曰：「爲中郎將。」
〔六〕集解韋昭曰：「捕得車師王，元封四年封浩侯。」
〔七〕集解韋昭曰：「玉門關在龍勒界。」索隱韋昭云：「玉門，縣名，在酒泉。又有玉關，在龍勒也。」正義括地志云：「沙州龍勒山在縣南百六十五里。玉門關在縣西北百一十八里。」

烏孫以千匹馬聘漢女，漢遣宗室女江都翁主〔一〕往妻烏孫，烏孫王昆莫以爲右夫人。匈奴亦遣女妻昆莫，昆莫以爲左夫人。昆莫曰「我老」，乃令其孫岑娶妻翁主。烏孫多馬，其富人至有四五千匹馬。

〔一〕集解漢書曰：「江都王建女。」

初，漢使至安息，安息王令將二萬騎迎於東界。東界去王都數千里。行比至，過數十

史記卷一百二十四

游俠列傳第六十四

集解荀悦曰：「立氣齊，作威福，結私交，以立彊於世者，謂之游俠。」

韓子曰：「儒以文亂法，〔一〕而俠以武犯禁。」二者皆譏，〔二〕而學士多稱於世云。至如以術取宰相卿大夫，輔翼其世主，功名俱著於春秋，〔三〕固無可言者。及若季次、原憲，閭巷人也，〔四〕讀書懷獨行君子〔五〕之德，義不苟合當世，當世亦笑之。故季次、原憲終身空室蓬户，〔六〕褐衣疏食不厭。〔七〕死而已四百餘年，而弟子志之不倦。今游俠，其行雖不軌於正義，然其言必信，其行必果，已諾必誠，不愛其軀，赴士之阸困，〔八〕既已存亡死生矣，而不矜其能，羞伐其德，蓋亦有足多者焉。

〔一〕正義言文之蔽，小人以僿。謂細碎苛法亂政。

〔二〕正義譏，非言也。儒敝亂法，俠盛犯禁，二道皆非，而學士多稱於世者，故太史公引韓子，欲陳游俠之美。

〔三〕索隱功名俱著春秋。案：春秋謂國史也。以言人臣有功名則見記于其國之史，是俱著春秋者也。

〔四〕集解徐廣曰：「仲尼弟子傳曰公晳哀字季次，未嘗仕，孔子稱之。」

〔五〕索隱行音下孟反。

〔六〕正義莊子云「原憲處居環堵之室，蓬户不完。以桑爲樞而甕牖，上漏下溼，獨坐而弦歌」也。

〔七〕索隱不饜。饜，飽也，於豔反。

〔八〕索隱上音厄。

且緩急，人之所時有也。太史公曰：昔者虞舜窘於井廩，伊尹負於鼎俎，傅說匿於傅險，呂尚困於棘津，〔一〕夷吾桎梏，百里飯牛，仲尼畏匡，菜色陳、蔡。此皆學士所謂有道仁人也，猶然遭此菑，況以中材而涉亂世之末流乎？其遇害何可勝道哉！

〔一〕集解徐廣曰：「在廣川。」正義尉繚子云太公望行年七十，賣食棘津云。古亦謂之石濟津，故南津。

鄙人有言曰：「何知仁義，已饗其利〔一〕者爲有德。」故伯夷醜周，餓死首陽山，而文武不以其故貶王；跖、蹻暴戾，其徒誦義無窮。由此觀之，「竊鉤者誅，〔二〕竊國者侯，侯之門仁義存」，〔三〕非虛言也。

〔一〕索隱已音以。饗音享，受也。言已受其利則爲有德，何知必仁義也。

〔二〕索隱以言小竊則爲盜而受誅也。

〔三〕索隱言人臣委質於侯王門，則須存于仁義。若游俠輕健，亦何必肯存仁義也。

今拘學或抱咫尺之義，久孤於世，〔一〕豈若卑論儕俗，與世沈浮而取榮名哉！而布衣之徒，設取予然諾，千里誦義，爲死不顧世，此亦有所長，非苟而已也。故士窮窘而得委命，此豈非人之所謂賢豪閒者邪？誠使鄉曲之俠，予季次、原憲比權量力，效功於當世，不同日而論矣。要以功見言信，俠客之義又曷可少哉！

〔一〕索隱言拘學守義之士或抱咫尺纖微之事，遂久以當代，孤負我志，而不若卑論儕俗以取榮寵也。

古布衣之俠，靡得而聞已。近世延陵、〔一〕孟嘗、春申、平原、信陵之徒，皆因王者親屬，藉於有土卿相之富厚，招天下賢者，顯名諸侯，不可謂不賢者矣。比如順風而呼，聲非加疾，其執激也。至如閭巷之俠，脩行砥名，聲施〔二〕於天下，莫不稱賢，是爲難耳。然儒、墨皆排擯不載。自秦以前，匹夫之俠，湮滅不見，余甚恨之。以余所聞，漢興有朱家、田仲、王公、劇孟、郭解之徒，雖時扞當世之文罔，〔三〕然其私義廉絜退讓，有足稱者。名不虛立，士不虛附。至如朋黨宗彊比周，設財役貧，豪暴侵凌孤弱，恣欲自快，游俠亦醜之。余悲世俗不察其意，而猥以朱家、郭解等令與暴豪之徒同類而共笑之也。

〔一〕集解徐廣曰：「代郡亦有延陵縣。」駰案：韓子云「趙襄子召延陵生，令車騎先至晉陽」。襄子時趙已并代，可有延陵之號，但未詳是此人非耳。

〔二〕索隱施音以豉反。

〔三〕索隱扞卽捍也。違扞當代之法網，謂犯於法禁也。

魯朱家者，與高祖同時。魯人皆以儒教，而朱家用俠聞。所藏活豪士以百數，其餘庸人不可勝言。然終不伐其能，歆其德，諸所嘗施，唯恐見之。振人不贍，先從貧賤始。家無餘財，衣不完采，食不重味，乘不過軥牛。〔一〕專趨人之急，甚己之私。既陰脫季布將軍之阸，〔二〕及布尊貴，終身不見也。自關以東，莫不延頸願交焉。

〔一〕集解徐廣曰：「音鉤。」駰案：漢書音義曰「小牛」。索隱上音古豆反。案：大牛當軛，小爲軥牛。

〔二〕索隱陰脫季將軍之厄。案：季布爲漢所購求，朱家以布髡鉗爲奴，載以廣柳車而出之，及尊貴而不見之，亦高介至義之士。然布竟不見報朱家之恩。

楚田仲以俠聞，喜劍，父事朱家，自以爲行弗及。田仲已死，而雒陽有劇孟。周人以商賈爲資，而劇孟以任俠顯諸侯。吳楚反時，條侯爲太尉，乘傳車將至河南，得劇孟，喜曰：「吳楚舉大事而不求孟，吾知其無能爲已矣。」天下騷動，宰相得之若得一敵國云。劇孟行大類朱家，而好博，〔一〕多少年之戲。然劇孟母死，自遠方送喪蓋千乘。及劇孟死，家無餘十金之財。而符離人王孟亦以俠稱江淮之閒。

〔一〕索隱按：六博戲也。

是時濟南瞷氏、〔一〕陳周庸〔二〕亦以豪聞，景帝聞之，使使盡誅此屬。其後代諸白、〔三〕

梁韓無辟，〔四〕陽翟薛兄，〔五〕陝韓孺〔六〕紛紛復出焉。

〔一〕索隱 瞯音閒。案：爲郅都所誅。
〔二〕索隱 陳國人，姓周名庸。
〔三〕索隱 代，代郡。人有白氏，豪俠非一，故言「諸」。
〔四〕索隱 梁國人，韓姓，無辟名。辟音避。
〔五〕索隱 音況。
〔六〕集解 徐廣曰：「陝，疑當作『郟』字，潁川有郟縣。南越傳曰『郟壯士韓千秋』也。」索隱 陝當爲「郟」。陝音如丹反，郟音紀洽反。漢書作「寒孺」。

郭解，軹人也，〔一〕字翁伯，善相人者許負外孫也。解父以任俠，孝文時誅死。解爲人短小精悍，不飲酒。少時陰賊，〔二〕慨不快意，身所殺甚衆。以軀借交報仇，藏命〔三〕作姦剽攻，(不)休(及)〔乃〕鑄錢掘冢，固不可勝數。適有天幸，窘急常得脫，若遇赦。及解年長，更折節爲儉，以德報怨，厚施而薄望。然其自喜爲俠〔四〕益甚。既已振人之命，不矜其功，其陰賊著於心，卒發於睚眦如故云。而少年慕其行，亦輒爲報仇，不使知也。解姊子負解之勢，〔五〕與人飲，使之嚼。〔六〕非其任，彊必灌之。人怒，拔刀刺殺解姊子，亡去。解姊怒曰：「以翁伯之義，人殺吾子，賊不得。」弃其尸於道，弗葬，欲以辱解。解使人微知賊處。賊窘

自歸，具以實告解。解曰：「公殺之固當，吾兒不直。」遂去其賊，〔七〕罪其姊子，乃收而葬之。諸公聞之，皆多解之義，益附焉。

〔一〕索隱 漢書云河內軹人也。
〔二〕索隱 以內心忍害。
〔三〕索隱 案：謂亡命也。
〔四〕索隱 蘇林云：「言性喜爲俠也。」
〔五〕索隱 負，恃也。
〔六〕集解 徐廣曰：「音子妙反，盡酒也。」索隱 即妙反。謂酒盡。
〔七〕集解 徐廣曰：「遣使去。」

解出入，人皆避之。有一人獨箕倨視之，解遣人問其名姓。客欲殺之。解曰：「居邑屋至不見敬，是吾德不脩也，彼何罪！」乃陰屬尉史曰：「是人，吾所急也，〔一〕至踐更時脫之。」每至踐更，數過，吏弗求。〔二〕怪之，問其故，乃解使脫之。箕踞者乃肉袒謝罪。少年聞之，愈益慕解之行。

〔一〕索隱 案：謂吾心中所急，言情切急之謂。漢書作「重」也。
〔二〕集解 如淳曰：「更有三品，有卒更，有踐更，有過更。古有正卒無常人，皆當迭爲之，一月一更，是爲卒更也。貧者欲得顧更錢者，次直者出錢顧之，月二千，是爲踐更也。後從尉律，卒踐更一月休十一月也。」索隱 數音朔，謂頻免之也。又音色主反，數亦頻也。

雒陽人有相仇者，邑中賢豪居閒者以十數，〔一〕終不聽。客乃見郭解。解夜見仇家，仇家曲聽解。〔二〕解乃謂仇家曰：「吾聞雒陽諸公在此閒，多不聽者。今子幸而聽解，解柰何乃從他縣奪人邑中賢大夫權乎！」乃夜去，不使人知，曰：「且無用，〔三〕(待我)待我去，令雒陽豪居其閒，乃聽之。」

〔一〕索隱 色具反。
〔二〕索隱 仇家曲聽。謂屈曲聽解也。
〔三〕索隱 按：漢書作「無庸」。蘇林曰「且無便用吾言，待我去，令洛陽豪居其閒也」。

解執恭敬，不敢乘車入其縣廷。之旁郡國，爲人請求事，事可出，出之；不可者，各厭其意，然後乃敢嘗酒食。諸公以故嚴重之，爭爲用。邑中少年及旁近縣賢豪，夜半過門常十餘車，請得解客舍養之。〔一〕

〔一〕索隱 如淳云：「解多藏亡命者，故喜事年少與解同志者，知亡命者多歸解，故多將車來，欲爲解迎亡者而藏之者也。」

及徙豪富茂陵也，解家貧，不中訾，〔一〕吏恐，不敢不徙。衞將軍爲言：「郭解家貧不中徙。」上曰：「布衣權至使將軍爲言，此其家不貧。」解家遂徙。諸公送者出千餘萬。軹人

楊季主子爲縣掾，舉徙解。解兄子斷楊掾頭。由此楊氏與郭氏爲仇。

〔一〕索隱 不中訾。案：訾不滿三百萬已上爲不中。

解入關，關中賢豪知與不知，聞其聲，爭交驩解。解爲人短小，不飲酒，出未嘗有騎。已又殺楊季主。楊季主家上書，人又殺之闕下。上聞，乃下吏捕解。解亡，置其母家室夏陽，〔一〕身至臨晉。〔二〕臨晉籍少公素不知解，解冒，因求出關。籍少公已出解，解轉入太原，所過輒告主人家。吏逐之，跡至籍少公。少公自殺，口絕。久之，乃得解。窮治所犯，爲解所殺，皆在赦前。軹有儒生侍使者坐，客譽郭解，生曰：「郭解專以姦犯公法，何謂賢！」解客聞，殺此生，斷其舌。吏以此責解，解實不知殺者。殺者亦竟絕，莫知爲誰。吏奏解無罪。御史大夫公孫弘議曰：「解布衣爲任俠行權，以睚眦殺人，解雖弗知，此罪甚於解殺之。當大逆無道。」遂族郭解翁伯。

〔一〕集解 徐廣曰：「屬馮翊。」正義 故城在同州韓城縣南二十里，漢夏陽也。
〔二〕正義 故城在同州馮翊縣西南二里。

自是之後，爲俠者極衆，敖而無足數者。〔一〕然關中長安樊仲子，槐里趙王孫，長陵高公子，西河郭公仲，太原鹵公孺，〔二〕臨淮兒長卿，東陽田君孺，〔三〕雖爲俠而逡逡有退讓君子

之風。至若北道姚氏，〔四〕西道諸杜，南道仇景，東道趙他、羽公子，〔五〕南陽趙調之徒，此盜蹠居民閒者耳，曷足道哉！此乃鄉者朱家之羞也。

〔一〕集解 徐廣曰：「敖，倨也。」
〔二〕集解 徐廣曰：「陋門有鹵城也。」 索隱 太原鹵翁。漢書作「魯公孺」。魯，姓也，與徐廣之說不同也。
〔三〕索隱 漢書作「陳君孺」。然陳田聲相近，亦本同姓。 正義 其東陽蓋貝州歷亭縣者，爲近齊故也。
〔四〕索隱 北道諸姚。蘇林云：「道猶方也。」如淳云：「京師四出道也。」
〔五〕索隱 舊解以趙他、羽公子爲二人，今案：此姓趙，名他羽，字公子也。

太史公曰：吾視郭解，狀貌不及中人，言語不足採者。然天下無賢與不肖，知與不知，皆慕其聲，言俠者皆引以爲名。諺曰：「人貌榮名，豈有既乎！」〔一〕於戲，惜哉！

〔一〕集解 徐廣曰：「人以顏狀爲貌者，則貌有衰落矣；唯用榮名爲飾表，則稱譽無極也。既，盡也。」

【索隱述贊】游俠豪倨，藉藉有聲。權行州里，力折公卿。朱家脫季，劇孟定傾。急人之難，免讎於更。偉哉翁伯，人貌榮名。

史記卷一百二十五

佞幸列傳第六十五

諺曰「力田不如逢年，善仕不如遇合」，〔一〕固無虛言。非獨女以色媚，而士宦亦有之。

〔一〕集解 徐廣曰：「遇，一作『偶』。」

昔以色幸者多矣。至漢興，高祖至暴抗也，〔一〕然籍孺以佞幸；孝惠時有閎孺。〔二〕此兩人非有材能，徒以婉佞貴幸，與上臥起，公卿皆因關說。〔三〕故孝惠時郎侍中皆冠鵔鸃，貝帶，〔四〕傅脂粉，〔五〕化閎、籍之屬也。兩人徙家安陵。〔六〕

〔一〕索隱 暴伉。伉音苦浪反。言暴猛伉直。
〔二〕正義 籍，閎，皆名也。孺，幼小也。
〔三〕索隱 按：關訓通也。謂公卿因之而通其詞說。劉氏云「有所言說，皆關由之」。
〔四〕集解 漢書音義曰：「鵔鸃，鳥名。以毛羽飾冠，以貝飾帶。」 索隱 鵔鸃，應劭云：「鳥名，毛可以飾冠。」許慎云：「鷩鳥也。」淮南子云：「趙武靈王服貝帶鵔鸃。」漢官儀云：「秦破趙，以其冠賜侍中。」三倉云：「鵔鸃，神鳥

也，飛光映天者也。」
〔五〕索隱 上音付。
〔六〕正義 惠帝陵邑。

孝文時中寵臣，士人則鄧通，宦者則趙同、〔一〕北宮伯子。〔二〕北宮伯子以愛人長者；而趙同以星氣幸，常爲文帝參乘；鄧通無伎能。鄧通，蜀郡南安人也，〔三〕以濯船〔四〕爲黃頭郎。〔五〕孝文帝夢欲上天，不能，有一黃頭郎從後推之上天，顧見其衣裻〔六〕帶後穿。覺〔七〕而之漸臺，〔八〕以夢中陰目求推者郎，卽見鄧通，其衣後穿，夢中所見也。召問其名姓，姓鄧氏，名通，文帝說焉，〔九〕尊幸之日異。通亦愿謹，不好外交，雖賜洗沐，不欲出。於是文帝賞賜通巨萬以十數，〔一〇〕官至上大夫。文帝時時如鄧通家遊戲。然鄧通無他能，不能有所薦士，獨自謹其身以媚上而已。上使善相者相通，曰「當貧餓死」。文帝曰：「能富通者在我也。何謂貧乎？」於是賜鄧通蜀嚴道銅山，〔一一〕得自鑄錢，「鄧氏錢」〔一二〕布天下。其富如此。

〔一〕索隱 案：漢書作「趙談」，此云「同」者，避太史公父名也。
〔二〕正義 顏云「姓北宮，名伯子」也。按：伯子，名。北宮之宦者也。

〔三〕集解徐廣曰：「後屬犍爲。」

〔四〕索隱濯音棹，遲教反。

〔五〕集解徐廣曰：「著黃帽也。」駰案：漢書音義曰「善濯船池中也。一說能持擢行船也。土，水之母，故施黃旄於船頭，因以名其郎曰黃頭郎」。

〔六〕集解徐廣曰：「一無此字。」索隱音篤。裻者，衫襦之橫腰者。

〔七〕索隱覺音教。

〔八〕正義括地志云：「漸臺在長安故城中。關中記云未央宮西有蒼池，池中有漸臺，王莽死於此臺。」

〔九〕索隱漢書云：「上曰『鄧猶登也』，悅之。」

〔一〇〕正義言賜通巨萬以至於十也。

〔一一〕正義括地志云：「雅州榮經縣北三里有銅山，卽鄧通得賜銅山鑄錢者。」案：榮經卽嚴道。

〔一二〕正義錢譜云：「文字稱兩，同漢四銖文。」

文帝嘗病癰，鄧通常爲帝唶吮之。〔一〕文帝不樂，從容問通曰：「天下誰最愛我者乎？」通曰：「宜莫如太子。」太子入問病，文帝使唶癰，唶癰而色難之。已而聞鄧通常爲帝唶吮之，心慙，由此怨通矣。及文帝崩，景帝立，鄧通免，家居。居無何，人有告鄧通盜出徼外鑄錢。下吏驗問，頗有之，遂竟案，盡沒入鄧通家，尚負責數巨萬。長公主〔二〕賜鄧通，吏輒隨沒入之，〔三〕一簪不得著身。於是長公主乃令假衣食。〔四〕竟不得名一錢，〔五〕寄死人家。

〔一〕索隱唶，仕格反。吮，仕兗反。

〔二〕集解韋昭曰：「景帝姊也。」索隱案：卽館陶公主也。

〔三〕索隱吏輒沒入。謂長公主別有物賜通，吏輒沒入以充贓也。

〔四〕索隱謂公主令人假與衣食。

〔五〕索隱按：始天下名「鄧氏錢」，今皆沒入，卒竟無一錢之名也。

孝景帝時，中無寵臣，然獨郎中令周文仁，〔一〕仁寵最過庸，〔二〕乃不甚篤。

〔一〕索隱案：漢書稱「周仁」，此上稱「周文」，今兼「文」作，恐後人加耳。案：仁字文。

〔二〕索隱寵最過庸。案：庸，常也。言仁最被恩寵，過於常人，乃不甚篤，如韓嫣也。

今天子中寵臣，士人則韓王孫嫣，〔一〕宦者則李延年。嫣者，弓高侯〔二〕孽孫也。今上爲膠東王時，嫣與上學書相愛。及上爲太子，愈益親嫣。嫣善騎射，善佞。上卽位，欲事伐匈奴，而嫣先習胡兵，以故益尊貴，官至上大夫，賞賜擬於鄧通。時嫣常與上臥起。江都王入朝，有詔得從入獵上林中。天子車駕蹕道未行，而先使嫣乘副車，從數十百騎，騖馳視獸。江都王望見，以爲天子，辟從者，伏謁道傍。嫣驅不見。既過，江都王怒，爲皇太后泣曰：「請得歸國入宿衞，〔三〕比韓嫣。」太后由此嗛嫣。〔四〕嫣侍上，出入永巷不禁，以姦聞皇太后。皇太后怒，使使賜嫣死。上爲謝，終不能得，嫣遂死。而案道侯韓說，〔五〕其弟也，亦佞幸。

〔一〕索隱音偃，又音於建反。

〔二〕集解徐廣曰：「韓王信之子穨當也。」

〔三〕索隱謂還爵封於天子，而請入宿衞。

〔四〕集解徐廣曰：「嗛，讀與『銜』同，漢書作『銜』字。」

〔五〕索隱音悅。嫣弟。

李延年，中山人也。父母及身兄弟及女，皆故倡也。延年坐法腐，給事狗中。〔一〕而平陽公主言延年女弟善舞，上見，心說之，及入永巷，而召貴延年。延年善歌，爲變新聲，而上方興天地祠，欲造樂詩歌弦之。延年善承意，弦次初詩。〔二〕其女弟亦幸，有子男。延年佩二千石印，號協聲律。與上臥起，甚貴幸，埒如韓嫣也。〔三〕久之，寖與中人亂，〔四〕出入驕恣。及其女弟李夫人卒後，愛弛，則禽誅延年昆弟也。

〔一〕集解徐廣曰：「主獵犬也。」索隱或犬監也。

〔二〕索隱歌初詩。按：初詩，卽所新造樂章。

〔三〕集解徐廣曰：「埒，等也。蜀都賦曰『卓鄭埒名』。又云埒者，疇等之名。」

〔四〕集解徐廣曰：「一云坐弟季與中人亂。」

自是之後，內寵嬖臣大底外戚之家，然不足數也。衞青、霍去病亦以外戚貴幸，然頗用材能自進。

太史公曰：甚哉愛憎之時！彌子瑕〔一〕之行，足以觀後人佞幸矣。雖百世可知也。

〔一〕索隱衞靈公之臣，事見說苑也。

【索隱述贊】傳稱令色，詩刺巧言。冠鵕入侍，傅粉承恩。黃頭賜蜀，宦者同軒。新聲都尉，挾彈王孫。泣魚竊駕，著自前論。

史記卷一百二十六

滑稽列傳第六十六

〔索隱〕按：滑，亂也；稽，同也。言辨捷之人言非若是，說是若非，言能亂異同也。

孔子曰：「六蓺於治一也。〔一〕禮以節人，樂以發和，書以道事，詩以達意，易以神化，春秋以義。」太史公曰：「天道恢恢，豈不大哉！談言微中，亦可以解紛。

〔一〕〔正義〕言六蓺之文雖異，禮節樂和，導民立政，天下平定，其歸一揆。至於談言微中，亦以解其紛亂，故治一也。

淳于髡〔一〕者，齊之贅壻〔二〕也。長不滿七尺，滑稽多辯，數使諸侯，未嘗屈辱。齊威王之時喜隱，〔三〕好爲淫樂長夜之飲，沈湎不治，委政卿大夫。百官荒亂，諸侯並侵，國且危亡，在於旦暮，左右莫敢諫。淳于髡說之以隱曰：「國中有大鳥，止王之庭，三年不蜚又不鳴，王知此鳥何也？」王曰：「此鳥不飛則已，一飛沖天；不鳴則已，一鳴驚人。」於是乃朝諸縣令長七十二人，賞一人，誅一人，奮兵而出。諸侯振驚，皆還齊侵地。威行三十六年。

語在田完世家中。

〔一〕〔索隱〕苦魂反。

〔二〕〔索隱〕女之夫也，比於子，如人疣贅，是餘剩之物也。

〔三〕〔索隱〕上許既反。喜，好也。喜隱謂好隱語。

威王八年，楚大發兵加齊。齊王使淳于髡之趙請救兵，齎金百斤，車馬十駟。淳于髡仰天大笑，冠纓索絕。〔一〕王曰：「先生少之乎？」髡曰：「何敢！」王曰：「笑豈有說乎？」髡曰：「今者臣從東方來，見道傍有禳田者，〔二〕操一豚蹄，酒一盂，祝曰：『甌窶滿篝，〔三〕汙邪滿車，〔四〕五穀蕃熟，穰穰滿家。』臣見其所持者狹而所欲者奢，故笑之。」於是齊威王乃益齎黃金千溢，白璧十雙，車馬百駟。髡辭而行，至趙。趙王與之精兵十萬，革車千乘。楚聞之，夜引兵而去。

〔一〕〔索隱〕案：索訓盡，言冠纓盡絕也。孔衍春秋後語亦作「冠纓盡絕」也。

〔二〕〔索隱〕案：謂爲田求福禳。

〔三〕〔集解〕徐廣曰：「篝，籠也。」〔索隱〕案：甌窶猶杯樓也。窶音如婁，古字少耳。言豐年收掇易，可滿篝籠耳。〔正義〕窶音樓。篝音溝，籠也。甌樓謂高地狹小之區，得滿篝籠也。

〔四〕〔集解〕司馬彪曰：「汙邪，下地田也。」〔索隱〕按：司馬彪云「汙邪，下地田」。卽下田之中有薪，可滿車。〔正義〕汙音烏。

威王大說，置酒後宮，召髡賜之酒。問曰：「先生能飲幾何而醉？」對曰：「臣飲一斗亦醉，一石亦醉。」威王曰：「先生飲一斗而醉，惡能飲一石哉！其說可得聞乎？」髡曰：「賜酒大王之前，執法在傍，御史在後，髡恐懼俯伏而飲，不過一斗徑醉矣。若親有嚴客，髡帣韝鞠䐝，〔一〕侍酒於前，時賜餘瀝，奉觴上壽，數起，飲不過二斗徑醉矣。若朋友交遊，久不相見，卒然相覩，歡然道故，私情相語，飲可五六斗徑醉矣。若乃州閭之會，男女雜坐，行酒稽留，六博投壺，相引爲曹，握手無罰，目眙不禁，〔二〕前有墮珥，後有遺簪，髡竊樂此，飲可八斗而醉二參。〔三〕日暮酒闌，合尊促坐，男女同席，履舄交錯，杯盤狼藉，堂上燭滅，主人留髡而送客，〔四〕羅襦襟解，微聞薌澤，當此之時，髡心最歡，能飲一石。故曰酒極則亂，樂極則悲；萬事盡然。」言不可極，極之而衰。以諷諫焉。齊王曰：「善。」乃罷長夜之飲，以髡爲諸侯主客。〔五〕宗室置酒，髡嘗在側。

〔一〕〔集解〕徐廣曰：「帣，收衣褎也。褎，袂也。韝，臂捍也，音溝。鞠，曲也。䐝音其紀反，又與『跽』同，謂小跪也。」〔索隱〕帣音卷，紀免反，謂收袖也。韝音溝，臂扞也。鞠，曲躬也。䐝音其紀反，與「跽」同音，謂小跪。

〔二〕〔集解〕徐廣曰：「眙，吐甑反，直視貌。」〔索隱〕眙音與「瞪」同，謂直視也，丑甑反，又音丑二反。

〔三〕〔索隱〕案：上云「五六斗徑醉矣」，則此爲樂亦甚，飲可八斗而未徑醉，故云「竊樂」。二參，言十有二參醉也。

〔四〕〔集解〕徐廣曰：「一本云『留髡坐，起送客』。」

〔五〕〔正義〕今鴻臚卿也。

其後百餘年，楚有優孟。

優孟，〔一〕故楚之樂人也。長八尺，多辯，常以談笑諷諫。楚莊王之時，有所愛馬，衣以文繡，置之華屋之下，席以露牀，啗以棗脯。馬病肥死，使羣臣喪之，欲以棺槨大夫禮葬之。左右爭之，以爲不可。王下令曰：「有敢以馬諫者，罪至死。」優孟聞之，入殿門，仰天大哭。王驚而問其故。優孟曰：「馬者王之所愛也，以楚國堂堂之大，何求不得，而以大夫禮葬之，薄，請以人君禮葬之。」王曰：「何如？」對曰：「臣請以彫玉爲棺，文梓爲椁，楩楓豫章爲題湊，〔二〕發甲卒爲穿壙，老弱負土，齊趙陪位於前，韓魏翼衞其後，〔三〕廟食太牢，奉以萬户之邑。諸侯聞之，皆知大王賤人而貴馬也。」王曰：「寡人之過一至此乎！爲之柰何？」優孟曰：「請爲大王六畜葬之。以壠竈爲椁，〔四〕銅歷爲棺，〔五〕齎以薑棗，〔六〕薦以木蘭，祭以糧稻，衣以火光，葬之於人腹腸。」〔七〕於是王乃使以馬屬太官，無令天下久聞也。

〔一〕〔索隱〕案：優者，倡優也。孟，字也。其優旃亦同，旃其字耳。優孟在楚，旃在秦者也。

〔二〕〔集解〕蘇林曰：「以木累棺外，木頭皆內向，故曰題湊。」〔正義〕楩，頻緜反。

〔三〕集解楚莊王時，未有趙、韓、魏三國。索隱案：此辨説者之詞，後人所增飾之矣。

〔四〕索隱按：皇覽亦説此事，以「壠竈」爲「甓突」也。

〔五〕索隱按：歷卽釜鬲也。

〔六〕索隱按：古者食肉用薑棗，禮内則云「實棗於其腹中，屑桂與薑，以洒諸其上而食之」是也。

〔七〕索隱皇覽云：「火送之簪端，葬之腸中。」

楚相孫叔敖知其賢人也，善待之。病且死，屬其子曰：「我死，汝必貧困。若往見優孟，言我孫叔敖之子也。」居數年，其子窮困負薪，逢優孟，與言曰：「我，孫叔敖子也。父且死時，屬我貧困往見優孟。」優孟曰：「若無遠有所之。」〔一〕卽爲孫叔敖衣冠，抵掌談語。〔二〕歲餘，像孫叔敖，楚王及左右不能別也。莊王置酒，優孟前爲壽。莊王大驚，以爲孫叔敖復生也，欲以爲相。優孟曰：「請歸與婦計之，三日而爲相。」莊王許之。三日後，優孟復來。王曰：「婦言謂何？」孟曰：「婦言愼無爲，楚相不足爲也。如孫叔敖之爲楚相，盡忠爲廉以治楚，楚王得以霸。今死，其子無立錐之地，貧困負薪以自飲食。必如孫叔敖，不如自殺。」因歌曰：「山居耕田苦，難以得食。起而爲吏，身貪鄙者餘財，不顧恥辱。身死家室富，又恐受賕枉法，爲姦觸大罪，身死而家滅。貪吏安可爲也！念爲廉吏，奉法守職，竟死不敢爲非。廉吏安可爲也！楚相孫叔敖持廉至死，方今妻子窮困負薪而食，不足爲也！」於是莊

王謝優孟，乃召孫叔敖子，封之寢丘〔三〕四百户，以奉其祀。後十世不絶。此知可以言時矣。

〔一〕索隱案：謂優孟語孫叔敖之子曰「汝無遠有所之，適他境，恐王後求汝不得」者也。

〔二〕集解戰國策曰：「蘇秦説趙王華屋之下，抵掌而言。」張載曰：「談説之容則也。」

〔三〕集解徐廣曰：「在固始。」正義今光州固始縣，本寢丘邑也。呂氏春秋云：「楚孫叔敖有功於國，疾將死，戒其子曰：『王數欲封我，我辭不受。我死，必封汝。汝無受利地，荆楚閒有寢丘者，其爲地不利，而前有姤谷，後有戾丘，其名惡，可長有也。』其子從之。楚功臣封二世而收，唯寢丘不奪也。」

其後二百餘年，秦有優旃。

優旃者，秦倡侏儒也。善爲笑言，然合於大道。秦始皇時，置酒而天雨，陛楯者皆沾寒。優旃見而哀之，謂之曰：「汝欲休乎？」陛楯者皆曰：「幸甚。」優旃曰：「我卽呼汝，汝疾應曰諾。」居有頃，殿上上壽呼萬歲。優旃臨檻〔一〕大呼曰：「陛楯郎！」郎曰：「諾。」優旃曰：「汝雖長，何益，幸雨立。我雖短也，幸休居。」於是始皇使陛楯者得半相代。

〔一〕正義御覽反。

始皇嘗議欲大苑囿，東至函谷關，西至雍、陳倉。〔一〕優旃曰：「善。多縱禽獸於其中，寇從東方來，令麋鹿觸之足矣。」始皇以故輟止。

〔一〕正義今岐州雍縣及陳倉縣也。

二世立，又欲漆其城。優旃曰：「善。主上雖無言，臣固將請之。漆城雖於百姓愁費，然佳哉！漆城蕩蕩，寇來不能上。卽欲就之，易爲漆耳，顧難爲蔭室。」於是二世笑之，以其故止。居無何，二世殺死，優旃歸漢，數年而卒。

太史公曰：淳于髡仰天大笑，齊威王横行。優孟摇頭而歌，負薪者以封。優旃臨檻疾呼，陛楯得以半更。豈不亦偉哉！

褚先生曰：臣幸得以經術爲郎，而好讀外家傳語。〔一〕竊不遜讓，復作故事滑稽〔二〕之語六章，編之於左。可以覽觀揚意，以示後世好事者讀之，以游心駭耳，以附益上方太史公之三章。

〔一〕索隱按：東方朔亦多博觀外家之語，則外家非正經，卽史傳襍説之書也。

〔二〕索隱楚詞云：「將突梯滑稽，如脂如韋。」崔浩云：「滑音骨。滑稽，流酒器也。轉注吐酒，終日不已。言出口成章，詞不窮竭，若滑稽之吐酒。故楊雄酒賦云『鴟夷滑稽，腹大如壺，盡日盛酒，人復藉沽』是也。」又姚察云：「滑

稽猶俳諧也。滑讀如字，稽音計也。言諧語滑利，其知計疾出，故云滑稽。」

武帝時有所幸倡郭舍人者，發言陳辭雖不合大道，然令人主和説。武帝少時，東武侯母〔一〕常養帝，〔二〕帝壯時，號之曰「大乳母」。率一月再朝。朝奏入，有詔使幸臣馬游卿以帛五十匹賜乳母，又奉飲糒飧養乳母。乳母上書曰：「某所有公田，願得假倩之。」帝曰：「乳母欲得之乎？」以賜乳母。乳母所言，未嘗不聽。有詔得令乳母乘車行馳道中。當此之時，公卿大臣皆敬重乳母。乳母家子孫奴從者横暴長安中，當道掣頓人車馬，奪人衣服。聞於中，不忍致之法。有司請徙乳母家室，處之於邊。奏可。乳母當入至前，面見辭。乳母先見郭舍人，爲下泣。舍人曰：「卽入見辭去，疾步數還顧。」乳母如其言，謝去，疾步數還顧。郭舍人疾言罵之曰：「咄！老女子！何不疾行！陛下已壯矣，寧尚須汝乳而活邪？尚何還顧！」於是人主憐焉悲之，乃下詔止無徙乳母，罰謫譖之者。〔三〕

〔一〕索隱案：東武，縣名；侯，乳母姓。

〔二〕正義高祖功臣表云東武侯郭家，高祖六年封。子他，孝景六年弃市，國除。蓋他母常養武帝。

〔三〕索隱罰適譖之者。謂武帝罰謫譖乳母之人也。

武帝時，齊人有東方生名朔，〔一〕以好古傳書，愛經術，多所博觀外家之語。朔初入長安，至公車上書，〔二〕凡用三千奏牘。公車令兩人共持舉其書，僅然能勝之。人主從上方讀之，止，輒乙其處，讀之二月乃盡。詔拜以爲郎，常在側侍中。數召至前談語，人主未嘗不說也。時詔賜之食於前。飯已，盡懷其餘肉持去，衣盡汙。數賜縑帛，檐揭而去。徒用所賜錢帛，取少婦於長安中好女。率取婦一歲所者卽弃去，更取婦。所賜錢財盡索之於女子。人主左右諸郎半呼之「狂人」。人主聞之，曰：「令朔在事無爲是行者，若等安能及之哉！」朔任其子爲郎，又爲侍謁者，常持節出使。朔行殿中，郎謂之曰：「人皆以先生爲狂。」朔曰：「如朔等，所謂避世於朝廷閒者也。古之人，乃避世於深山中。」時坐席中，酒酣，據地歌曰：「陸沈於俗，〔三〕避世金馬門。宮殿中可以避世全身，何必深山之中，蒿廬之下。」金馬門者，宦〔者〕署門也，門傍有銅馬，故謂之曰「金馬門」。

〔一〕索隱 案：仲長統云遷爲滑稽傳，序優旃事，不稱東方朔，非也。朔之行事，豈直旃、孟之比哉。而桓譚亦以遷爲是，又非也。正義 漢書云：「平原厭次人也。」輿地志云：「厭次，宜是富平縣之鄉聚名也。」括地〔志〕云：「富平故城在倉州陽信縣東南四十里，漢縣也。」

〔二〕正義 百官表云衞尉屬官有公車司馬。漢儀注云：「公車司馬掌殿司馬門，夜徼宮，天下上事及闕下，凡所徵召皆總領之。秩六百石。」

〔三〕索隱 司馬彪云：「謂無水而沈也。」

時會聚宮下博士諸先生與論議，共難之〔一〕曰：「蘇秦、張儀一當萬乘之主，而都卿相之位，澤及後世。今子大夫修先王之術，慕聖人之義，諷誦詩書百家之言，不可勝數。著於竹帛，自以爲海内無雙，卽可謂博聞辯智矣。然悉力盡忠以事聖帝，曠日持久，積數十年，官不過侍郎，位不過執戟，意者尚有遺行邪？其故何也？」東方生曰：「是固非子所能備也。彼一時也，此一時也，豈可同哉！夫張儀、蘇秦之時，周室大壞，諸侯不朝，力政争權，相禽以兵，并爲十二國，未有雌雄，得士者彊，失士者亡，故説聽行通，身處尊位，澤及後世，子孫長榮。今非然也。聖帝在上，德流天下，諸侯賓服，威振四夷，連四海之外以爲席，安於覆盂，天下平均，合爲一家，動發舉事，猶如運之掌中。賢與不肖，何以異哉？方今以天下之大，士民之衆，竭精馳説，並進輻湊者，不可勝數。悉力慕義，困於衣食，或失門户。使張儀、蘇秦與僕並生於今之世，曾不能得掌故，安敢望常侍侍郎乎！傳曰：『天下無害菑，雖有聖人，無所施其才；上下和同，雖有賢者，無所立功。』故曰時異則事異。雖然，安可以不務修身乎？詩曰：『鼓鍾于宮，聲聞于外。』『鶴鳴九皋，聲聞于天。』苟能修身，何患不榮！太公躬行仁義七十二年，逢文王，得行其説，封於齊，七百歲而不絶。此士之所以日夜孜孜，修學行道，不敢止也。今世之處士，時雖不用，崛然獨立，塊然獨處，上觀許由，下察接輿，策同范蠡，忠合子胥，天下和平，與義相扶，寡偶少徒，固其常也。子何疑於余哉！」於是諸先生默然無以應也。

〔一〕索隱 與議論，共難之。案：方朔設詞對之，卽下文是答對之難也。

建章宮〔一〕後閤重櫟〔二〕中有物出焉，其狀似麋。以聞，武帝往臨視之。問左右羣臣習事通經術者，莫能知。詔東方朔視之。朔曰：「臣知之，願賜美酒粱飯大飱臣，臣乃言。」詔曰：「可。」已又曰：「某所有公田魚池蒲葦數頃，陛下以賜臣，臣朔乃言。」詔曰：「可。」於是朔乃肯言，曰：「所謂騶牙〔三〕者也。遠方當來歸義，而騶牙先見。其齒前後若一，齊等無牙，故謂之騶牙。」其後一歲所，匈奴混邪王果將十萬衆來降漢。乃復賜東方生錢財甚多。

〔一〕正義 在長安縣西北二十里故城中。

〔二〕索隱 上逐龍反，下音歷。重櫟，欄楯之下有重欄處也。

〔三〕索隱 騶音鄒。按：方朔以意自立名而偶中也。以有九牙齊等，故謂之騶牙，猶騶騎然也。

至老，朔且死時，諫曰：「詩云『營營青蠅，止于蕃。愷悌君子，無信讒言。讒言罔極，交亂四國』。願陛下遠巧佞，退讒言。」帝曰：「今顧東方朔多善言？」怪之。居無幾何，朔果病死。傳曰：「鳥之將死，其鳴也哀；人之將死，其言也善。」此之謂也。

武帝時，大將軍衞青者，衞后兄也，〔一〕封爲長平侯。從軍擊匈奴，至余吾水上而還，斬首捕虜，有功來歸，詔賜金千斤。將軍出宮門，齊人東郭先生以方士待詔公車，當道遮衞將軍車，拜謁曰：「願白事。」〔二〕將軍止車前，東郭先生旁車言曰：「王夫人新得幸於上，家貧。今將軍得金千斤，誠以其半賜王夫人之親，人主聞之必喜。此所謂奇策便計也。」衞將軍謝之曰：「先生幸告之以便計，請奉教。」於是衞將軍乃以五百金爲王夫人之親壽。王夫人以聞武帝。帝曰：「大將軍不知爲此。」問之安所受計策，對曰：「受之待詔者東郭先生。」詔召東郭先生，拜以爲郡都尉。東郭先生久待詔公車，貧困飢寒，衣敝，履不完。行雪中，履有上無下，足盡踐地。道中人笑之，東郭先生應之曰：「誰能履行雪中，令人視之，其上履也，其履下處乃似人足者乎？」及其拜爲二千石，佩青緺〔三〕出宮門，行謝主人。故所以同官待詔者，等比祖道於都門外。榮華道路，立名當世。〔四〕此所謂衣褐懷寶者也。〔五〕當其貧困時，人莫省視；至其貴

也，乃争附之。諺曰：「相馬失之瘦，相士失之貧。」其此之謂邪？

〔一〕集解徐廣曰：「衛青傳曰子夫之弟也。」
〔二〕集解徐廣曰：「衛青傳云甯乘説青而拜爲東海都尉。」
〔三〕集解徐廣曰：「音瓜，一音螺，青綬。」
〔四〕集解徐廣曰：「東郭先生也。」
〔五〕索隱此指東郭先生也，言其身衣褐而懷寶玉。

王夫人病甚，人主至自往問之曰：「子當爲王，欲安所置之？」對曰：「願居洛陽。」人主曰：「不可。洛陽有武庫、敖倉，當關口，天下咽喉。自先帝以來，傳不爲置王。然關東國莫大於齊，可以爲齊王。」王夫人以手擊頭，呼「幸甚」。王夫人死，號曰「齊王太后薨」。

昔者，齊王使淳于髡獻鵠於楚。〔一〕出邑門，道飛其鵠，徒揭空籠，造詐成辭，往見楚王曰：「齊王使臣來獻鵠，過於水上，不忍鵠之渴，出而飲之，去我飛亡。吾欲刺腹絞頸而死，恐人之議吾王以鳥獸之故令士自傷殺也。鵠，毛物，多相類者，吾欲買而代之，是不信而欺吾王也。欲赴佗國奔亡，痛吾兩主使不通。故來服過，叩頭受罪大

王。」楚王曰：「善，齊王有信士若此哉！」厚賜之，財倍鵠在也。

〔一〕索隱案：韓詩外傳齊使人獻鵠於楚，不言髡。又説苑云魏文侯使舍人無擇獻鴻於齊，皆略同而事異，殆相涉亂也。

武帝時，徵北海太守〔一〕詣行在所。有文學卒史王先生者，自請與太守俱，「吾有益於君」，君許之。諸府掾功曹白云：「王先生嗜酒，多言少實，恐不可與俱。」太守曰：「先生意欲行，不可逆。」遂與俱。行至宫下，待詔宫府門。王先生徒懷錢沽酒，與衛卒僕射飲，日醉，不視其太守。太守入跪拜。王先生謂户郎曰：「幸爲我呼吾君至門内遥語。」户郎爲呼太守。太守來，望見王先生。王先生曰：「天子卽問君何以治北海〔二〕令無盗賊，君對曰何哉？」對曰：「選擇賢材，各任之以其能，賞異等，罰不肖。」王先生曰：「對如是，是自譽自伐功，不可也。願君對言，非臣之力，盡陛下神靈威武所變化也。」太守曰：「諾。」召入，至于殿下，有詔問之曰：「何於治北海，令盗賊不起？」叩頭對言：「非臣之力，盡陛下神靈威武之所變化也。」武帝大笑，曰：「於呼！安得長者之語而稱之！安所受之？」對曰：「受之文學卒史。」帝曰：「今安在？」對曰：「在宫府門外。」有詔召拜王先生爲水衡丞，以北海太守爲水衡都尉。傳曰：「美言可以市，尊行可以加人。君子相送以言，小人相送以財。」

〔一〕索隱漢書宣帝徵渤海太守龔遂，非武帝時，此褚先生記謬耳。
〔二〕正義今青州。

魏文侯時，西門豹爲鄴令。〔一〕豹往到鄴，會長老，問之民所疾苦。長老曰：「苦爲河伯娶婦，〔二〕以故貧。」豹問其故，對曰：「鄴三老、廷掾常歲賦斂百姓，收取其錢得數百萬，用其二三十萬爲河伯娶婦，與祝巫共分其餘錢持歸。當其時，巫行視小家女好者，云是當爲河伯婦，卽娉取。洗沐之，爲治新繒綺縠衣，閒居齋戒；爲治齋宫河上，張緹絳帷，〔三〕女居其中。爲具牛酒飯食，（行）十餘日。共粉飾之，如嫁女床席，令女居其上，浮之河中。始浮，行數十里乃没。其人家有好女者，恐大巫祝爲河伯取之，以故多持女遠逃亡。以故城中益空無人，又困貧，所從來久遠矣。民人俗語曰『卽不爲河伯娶婦，水來漂没，溺其人民』云。」西門豹曰：「至爲河伯娶婦時，願三老、〔四〕巫祝、父老送女河上，幸來告語之，吾亦往送女。」皆曰：「諾。」

〔一〕正義今相州縣也。
〔二〕正義河伯，華陰潼鄉人，姓馮氏，名夷。浴於河中而溺死，遂爲河伯也。

〔三〕正義緹，他禮反。顧野王云：「黄赤色也。又音啼，厚繒也。」
〔四〕正義亭三老。

至其時，西門豹往會之河上。三老、官屬、豪長者、里父老皆會，以人民往觀之者三二千人。其巫，老女子也，已年七十。從弟子女十人所，皆衣繒單衣，立大巫後。西門豹曰：「呼河伯婦來，視其好醜。」卽將女出帷中，來至前。豹視之，顧謂三老、巫祝、父老曰：「是女子不好，煩大巫嫗爲入報河伯，得更求好女，後日送之。」卽使吏卒共抱大巫嫗投之河中。有頃，曰：「巫嫗何久也？弟子趣之！」復以弟子一人投河中。有頃，曰：「弟子何久也？復使一人趣之！」復投一弟子河中。凡投三弟子。西門豹曰：「巫嫗弟子是女子也，不能白事，煩三老爲入白之。」復投三老河中。西門豹簪筆磬折，〔一〕嚮河立待良久。長老、吏傍觀者皆驚恐。西門豹顧曰：「巫嫗、三老不來還，柰之何？」欲復使廷掾與豪長者一人入趣之。皆叩頭，叩頭且破，額血流地，色如死灰。西門豹曰：「諾，且留待之須臾。」須臾，豹曰：「廷掾起矣。狀河伯留客之久，若皆罷去歸矣。」鄴吏民大驚恐，從是以後，不敢復言爲河伯娶婦。

〔一〕正義簪筆，謂以毛裝簪頭，長五寸，插在冠前，謂之爲筆，言插筆備禮也。磬折，謂曲體揖之，若石磬之形曲折也。磬，一片黑石；凡十二片，樹在虡上擊之。其形皆中曲垂兩頭，言人腰側似也。

西門豹即發民鑿十二渠，引河水灌民田，〔一〕田皆溉。當其時，民治渠少煩苦，不欲也。豹曰：「民可以樂成，不可與慮始。今父老子弟雖患苦我，然百歲後期令父老子孫思我言。」至今皆得水利，民人以給足富。十二渠經絕馳道，到漢之立，而長吏以爲十二渠橋絕馳道，相比近，不可。欲合渠水，且至馳道合三渠爲一橋。鄴民人父老不肯聽長吏，以爲西門君所爲也，賢君之法式不可更也。長吏終聽置之。故西門豹爲鄴令，名聞天下，澤流後世，無絕已時，幾可謂非賢大夫哉！

〔一〕正義括地志云：「按：橫渠首接漳水，蓋西門豹、史起所鑿之渠也。溝洫志云『魏文侯時，西門豹爲鄴令，有令名。至文侯曾孫襄王，與羣臣飲，祝曰：「令吾臣皆如西門豹之爲人臣也。」史起進曰：「魏氏之行田也以百畝，鄴獨二百畝，是田惡也。漳水在其傍，西門不知用，是不智；知而不興，是不仁。仁智豹未之盡，何足法也！」於是史起爲鄴令，遂引漳水溉鄴，以富魏之河內』。左思魏都賦云『西門溉其前，史起灌其後』也。」

傳曰：「子產治鄭，民不能欺；子賤治單父，民不忍欺；西門豹治鄴，民不敢欺。」三子之才能誰最賢哉？辨治者當能別之。〔一〕

〔一〕集解魏文帝問羣臣：「三不欺，於君德孰優？」太尉鍾繇、司徒華歆、司空王朗對曰：「臣以爲君任德，則臣感義而不忍欺；君任察，則臣畏覺而不能欺；君任刑，則臣畏罪而不敢欺。任德感義，與夫導德齊禮有恥且格等趣者也。任察畏罪，與夫導政齊刑免而無恥同歸者也。孔子曰：『爲政以德，譬如北辰，居其所而衆星共之。』考以斯言，論以斯義，臣等以爲不忍欺不能欺，優劣之縣在於權衡，非徒低卬之差，乃鈞銖之覺也。且前志稱『仁者

安仁，智者利仁，畏罪者強仁』。校其仁者，功則無以殊；核其爲仁者，則不得不異。安仁者，性善者也；利仁者，力行者也；強仁者，不得已者也。三仁相比，則安仁優矣。易稱『神而化之，使民宜之』。若君化使民然也。然則安仁之化與夫強仁之化，優劣亦不得不相縣絕也。然則三臣之不欺雖同，所以不欺異矣。則純以恩義崇不欺，與以威察成不欺，既不可同概而比量，又不得錯綜而易處。」索隱案：此三不欺自古傳記先達共所稱述，今褚先生因記西門豹而稱之以成說也。循吏傳記子產相鄭，仁而且明，故人不能欺之也。子賤爲政清淨，唯彈琴，三年不下堂而化，是人見思，故不忍欺之。豹以威化御俗，故人不敢欺。其德優劣，鍾、華之評寔爲允當也。

【索隱述贊】滑稽鴟夷，如脂如韋。敏捷之變，學不失詞。淳于索絕，趙國興師。楚優拒相，寢丘獲祠。偉哉方朔，三章紀之。

史記卷一百二十七

日者列傳第六十七

集解墨子曰：「墨子北之齊，遇日者。日者曰：『帝以今日殺黑龍於北方，而先生之色黑，不可以北。』墨子不聽，遂北，至淄水。墨子不遂而反焉。日者曰：『我謂先生不可以北。』」然則古人占候卜筮，通謂之「日者」。墨子亦云，非但史記也。索隱案：名卜筮曰「日者」以墨，所以卜筮占候時日通名「日者」故也。

自古受命而王，王者之興何嘗不以卜筮決於天命哉！其於周尤甚，及秦可見。代王之入，任於卜者。太卜之起，由漢興而有。〔一〕

〔一〕索隱案：周禮有太卜之官。此云由漢興者，謂漢自文帝卜大橫之後，其卜官更興盛焉。

司馬季主者，楚人也。〔一〕卜於長安東市。

〔一〕索隱按：云楚人而太史公不序其系，蓋楚相司馬子期、子反後，芈姓也。季主見列仙傳。

宋忠爲中大夫，賈誼爲博士，同日俱出洗沐，〔一〕相從論議，誦易先王聖人之道術，究徧人情，相視而歎。賈誼曰：「吾聞古之聖人，不居朝廷，必在卜醫之中。今吾已見三公九卿

朝士大夫，皆可知矣。試之卜數中以觀采。」〔二〕二人即同輿而之市，游於卜肆中。天新雨，道少人，司馬季主閒坐，弟子三四人侍，方辯天地之道，日月之運，陰陽吉凶之本。二大夫再拜謁。司馬季主視其狀貌，如類有知者，即禮之，使弟子延之坐。坐定，司馬季主復理前語，分別天地之終始，日月星辰之紀，差次仁義之際，列吉凶之符，語數千言，莫不順理。

〔一〕正義漢官五日一假洗沐也。

〔二〕索隱卜數猶術數也。音所具反。劉氏云「數，筮也」，亦通。筮必〔用〕易（用）大衍之數者也。

宋忠、賈誼瞿然而悟，獵纓正襟〔一〕危坐，〔二〕曰：「吾望先生之狀，聽先生之辭，小子竊觀於世，未嘗見也。今何居之卑，何行之汙？」〔三〕

〔一〕索隱獵猶攬也。攬其冠纓而正其衣襟，謂變而自飾也。

〔二〕索隱免坐。謂俯俛爲敬。

〔三〕索隱音烏故反。

司馬季主捧腹大笑曰：「觀大夫類有道術者，今何言之陋也，何辭之野也！今夫子所賢者何也？所高者誰也？今何以卑汙長者？」

二君曰：「尊官厚禄，世之所高也，賢才處之。今所處非其地，故謂之卑。言不信，行不驗，取不當，故謂之汙。夫卜筮者，世俗之所賤簡也。世皆言曰：『夫卜者多言誇嚴以得人

情，〔一〕虛高人祿命以說人志，擅言禍災以傷人心，矯言鬼神以盡人財，厚求拜謝以私於己。』此吾之所恥，故謂之卑汙也。」

〔一〕索隱 謂卜者自矜誇而莊嚴，說禍以誑人也。

司馬季主曰：「公且安坐。公見夫被髮童子乎？日月照之則行，不照則止，問之日月疵瑕吉凶，則不能理。由是觀之，能知別賢與不肖者寡矣。

「賢之行也，直道以正諫，三諫不聽則退。其譽人也不望其報，惡人也不顧其怨，以便國家利衆爲務。故官非其任不處也，祿非其功不受也；見人不正，雖貴不敬也；見人有汙，雖尊不下也；得不爲喜，去不爲恨；非其罪也，雖累辱而不愧也。

「今公所謂賢者，皆可爲羞矣。卑疵〔一〕而前，孅趨〔二〕而言；相引以勢，相導以利；比周賓正，〔三〕以求尊譽，以受公奉；事私利，枉主法，獵農民；以官爲威，以法爲機，求利逆暴：譬無異於操白刃劫人者也。初試官時，倍力爲巧詐，飾虛功執空文以調主上，用居上爲右；試官不讓賢陳功，見僞增實，以無爲有，以少爲多，以求便勢尊位；食飲驅馳，從姬歌兒，不顧於親，犯法害民，虛公家：此夫爲盜不操矛弧者也，攻而不用弦刃者也，欺父母未有罪而弑君未伐者也。何以爲高賢才乎？

〔一〕索隱 疵音貲。

〔二〕索隱 孅音纖。孅趨猶足恭也。

〔三〕集解 徐廣曰：「客旅謂之賓，人求長官謂之正。」

「盜賊發不能禁，夷貊不服不能攝，姦邪起不能塞，官秏亂不能治，四時不和不能調，歲穀不孰不能適。〔一〕才賢不爲，是不忠也；才不賢而託官位，利上奉，妨賢者處，是竊位也；〔二〕有人者進，有財者禮，是僞也。子獨不見鴟梟之與鳳皇翔乎？蘭芷芎藭弃於廣野，蒿蕭成林，使君子退而不顯衆，公等是也。

〔一〕索隱 音釋。適猶調也。

〔二〕索隱 奉音扶用反。

「述而不作，君子義也。今夫卜者，必法天地，象四時，順於仁義，分策定卦，旋式正棊，〔一〕然後言天地之利害，事之成敗。昔先王之定國家，必先龜策日月，而後乃敢代；正時日，乃後入家；産子必先占吉凶，後乃有之。〔二〕自伏羲作八卦，周文王演三百八十四爻而天下治。越王句踐放文王八卦〔三〕以破敵國，霸天下。由是言之，卜筮有何負哉！

〔一〕集解 徐廣曰：「式音栻。」索隱 按：式卽栻也。旋，轉也。栻之形上圓象天，下方法地，用之則轉天綱加地之辰，故云旋式。棊者，筮之狀。正棊，蓋謂卜以作卦也。

〔二〕索隱 謂若卜之不祥，則式不收也。卜吉而後有，故云「有之」。

〔三〕索隱 放音方往反。

「且夫卜筮者，埽除設坐，正其冠帶，然後乃言事，此有禮也。言而鬼神或以饗，忠臣以事其上，孝子以養其親，慈父以畜其子，此有德者也。而以義置數十百錢，病者或以愈，且死或以生，患或以免，事或以成，嫁子娶婦或以養生：此之爲德，豈直數十百錢哉！此夫老子所謂『上德不德，是以有德』。今夫卜筮者利大而謝少，老子之云豈異於是乎？

「莊子曰：『君子內無飢寒之患，外無劫奪之憂，居上而敬，居下不爲害，君子之道也。』今夫卜筮者之爲業也，積之無委聚，藏之不用府庫，徙之不用輜車，負裝之不重，止而用之無盡索之時。持不盡索之物，游於無窮之世，雖莊氏之行未能增於是也，子何故而云不可卜哉？天不足西北，星辰西北移；地不足東南，以海爲池；日中必移，月滿必虧；先王之道，乍存乍亡。公責卜者言必信，不亦惑乎！

「公見夫談士辯人乎？慮事定計，必是人也，然不能以一言說人主意，故言必稱先王，語必道上古；慮事定計，飾先王之成功，語其敗害，以恐喜人主之志，以求其欲。多言誇嚴，〔一〕莫大於此矣。然欲彊國成功，盡忠於上，非此不立。今夫卜者，導惑教愚也。夫愚惑之人，豈能以一言而知之哉！言不厭多。

〔一〕集解 徐廣曰：「一作『險』。」

「故騏驥不能與罷驢爲駟，而鳳皇不與燕雀爲羣，而賢者亦不與不肖者同列。故君子

處卑隱以辟衆，自匿以辟倫，微見德順以除羣害，以明天性，助上養下，多其功利，不求尊譽。公之等喁喁者也，何知長者之道乎！」

宋忠、賈誼忽而自失，芒乎無色，〔一〕悵然噤〔二〕口不能言。於是攝衣而起，再拜而辭。行洋洋也，出門僅能自上車，伏軾低頭，卒不能出氣。

〔一〕索隱 芒音莫郎反。

〔二〕索隱 悵音暢。噤音禁。劉氏音其錦反。

居三日，宋忠見賈誼於殿門外，乃相引屏語相謂自歎曰：「道高益安，勢高益危。居赫赫之勢，失身且有日矣。夫卜而有不審，不見奪糈；〔一〕爲人主計而不審，身無所處。〔二〕此相去遠矣，猶天冠地屨也。此老子之所謂『無名者萬物之始』也。天地曠曠，物之熙熙，或安或危，莫知居之。我與若，何足預彼哉！彼久而愈安，雖曾氏之義〔三〕未有以異也。」

〔一〕集解 徐廣曰：「音所。」駰案：離騷經曰「懷椒糈而要之」，王逸云「糈，精米，所以享神」。索隱 糈音所。糈者，卜求神之米也。

〔二〕索隱 言卜之不中，乃不見奪其糈米。若爲人主計不審，則身無所處也。

〔三〕集解 徐廣曰：「曾，一作『莊』。」

久之，宋忠使匈奴，不至而還，抵罪。而賈誼爲梁懷王傅，王墮馬薨，誼不食，毒恨而死。

此務華絶根者也。〔一〕

〔一〕索隱 言宋忠、賈誼皆務華而喪其身，是絶其根本也。

太史公曰：古者卜人所以不載者，多不見于篇。及至司馬季主，余志而著之。

褚先生曰：臣爲郎時，游觀長安中，見卜筮之賢大夫，觀其起居行步，坐起自動，誓正其衣冠而當鄉人也，有君子之風。見性好解婦來卜，對之顔色嚴振，未嘗見齒而笑也。從古以來，賢者避世，有居止舞澤者，有居民閒閉口不言，有隱居卜筮閒以全身者。夫司馬季主者，楚賢大夫，游學長安，通易經，術黄帝、老子，博聞遠見。觀其對二大夫貴人之談言，稱引古明王聖人道，固非淺聞小數之能。及卜筮立名聲千里者，各往往而在。傳曰：「富爲上，貴次之；既貴各各學一伎能立其身。」黄直，大夫也；陳君夫，婦人也：以相馬立名天下。齊張仲、曲成侯以善擊刺學用劍，立名天下。留長孺以相彘立名。滎陽褚氏以相牛立名。能以伎能立名者甚多，皆有高世絶人之風，何可勝言。故曰：「非其地，樹之不生；非其意，教之不成。」夫家之教子孫，當視其所以好，好含苟生活之道，因而成之。故曰：「制宅命子，足以觀士；子有處所，可謂賢人。」

臣爲郎時，與太卜待詔爲郎者同署，言曰：「孝武帝時，聚會占家問之，某日可取婦乎？五行家曰可，堪輿家曰不可，建除家曰不吉，叢辰家曰大凶，曆家曰小凶，天人家曰小吉，太一家曰大吉。辯訟不決，以狀聞。制曰：『避諸死忌，以五行爲主。』」人取於五行者也。

【索隱述贊】日者之名，有自來矣。吉凶占候，著於墨子。齊楚異法，書亡罕紀。後人斯繼，季主獨美。取免暴秦，此焉終否。

史記卷一百二十八

龜策列傳第六十八

索隱 龜策傳有録無書，褚先生所補。其敍事煩蕪陋略，無可取。正義 史記至元成閒十篇有録無書，而褚少孫補景、武紀，將相年表，禮書、樂書、律書，三王世家，蒯成侯、日者、龜策列傳。日者、龜策言辭最鄙陋，非太史公之本意也。

太史公曰：自古聖王將建國受命，興動事業，何嘗不寶卜筮以助善！唐虞以上，不可記已。自三代之興，各據禎祥。塗山之兆從而夏啓世，飛燕之卜順故殷興，百穀之筮吉故周王。王者決定諸疑，參以卜筮，斷以蓍龜，不易之道也。

蠻夷氐羌雖無君臣之序，亦有決疑之卜。或以金石，或以草〔一〕木，國不同俗。然皆可以戰伐攻擊，推兵求勝，各信其神，以知來事。

〔一〕集解 徐廣曰：「一作『革』。」

略聞夏殷欲卜者，乃取蓍龜，已則弃去之，以爲龜藏則不靈，蓍久則不神。至周室之卜

官，常寶藏蓍龜；又其大小先後，各有所尚，要其歸等耳。或以爲聖王遭事無不定，決疑無不見，其設稽神求問之道者，以爲後世衰微，愚不師智，人各自安，化分爲百室，道散而無垠，故推歸之至微，要絜於精神也。或以爲昆蟲之所長，聖人不能與爭。其處吉凶，別然否，多中於人。至高祖時，因秦太卜官。天下始定，兵革未息。及孝惠享國日少，呂后女主，孝文、孝景因襲掌故，未遑講試，雖父子疇官，世世相傳，其精微深妙，多所遺失。至今上卽位，博開藝能之路，悉延百端之學，通一伎之士咸得自效，絶倫超奇者爲右，無所阿私，數年之閒，太卜大集。會上欲擊匈奴，西攘大宛，〔一〕南收百越，卜筮至預見表象，先圖其利。及猛將推鋒執節，獲勝於彼，而蓍龜時日亦有力於此。上尤加意，賞賜至或數千萬。如丘子明之屬，富溢貴寵，傾於朝廷。至以卜筮射蠱道，巫蠱時或頗中。素有眦睚不快，因公行誅，恣意所傷，以破族滅門者，不可勝數。百僚蕩恐，皆曰龜策能言。後事覺姦窮，亦誅三族。

〔一〕集解 徐廣曰：「攘，一作『襄』。襄，除也。」

夫摓策定數，〔一〕灼龜觀兆，變化無窮，是以擇賢而用占焉，可謂聖人重事者乎！周公卜三龜，而武王有瘳。紂爲暴虐，而元龜不占。晉文將定襄王之位，卜得黄帝之兆，〔二〕卒受彤弓之命。獻公貪驪姬之色，卜而兆有口象，其禍竟流五世。楚靈將背周室，卜而龜

逆，〔三〕終被乾谿之敗。兆應信誠於內，而時人明察見之於外，可不謂兩合者哉！君子謂夫輕卜筮，無神明者，悖；背〔四〕人道，信禎祥者，鬼神不得其正。故書建稽疑，五謀而卜筮居其二，五占從其多，明有而不專之道也。

〔一〕集解徐廣曰：「摓音逢。一作『逢』。」索隱按：徐廣摓音逢。摓謂兩手執蓍分而扐之，故云摓策。

〔二〕集解左傳曰遇黃帝戰于阪泉之兆。

〔三〕集解左傳曰：「靈王卜，曰『余尚得天下』，不吉。投龜詬天而呼曰：『是區區者而不余畀，余必自取之。』」

索隱詢音火候反。

〔四〕索隱上音倍，下音佩。

余至江南，觀其行事，問其長老，云龜千歲乃遊蓮葉之上，〔一〕蓍百莖共一根。〔二〕又其所生，獸無虎狼，草無毒螫。江傍家人常畜龜飲食之，以爲能導引致氣，有益於助衰養老，豈不信哉！

〔一〕集解徐廣曰：「蓮，一作『領』。」領與蓮聲相近，或假借字也。」

〔二〕集解徐廣曰：「劉向云龜千歲而靈，蓍百年而一本生百莖。」

褚先生曰：臣以通經術，受業博士，治春秋，以高第爲郎，幸得宿衛，出入宮殿中十有餘年。竊好太史公傳。太史公之傳曰：「三王不同龜，四夷各異卜，然各以決吉凶，

略闚其要，故作龜策列傳。」臣往來長安中，求龜策列傳不能得，故之大卜官，問掌故文學長老習事者，寫取龜策卜事，編于下方。

聞古五帝、三王發動舉事，必先決蓍龜。傳曰：〔一〕「下有伏靈，上有兔絲；上有擣蓍，〔二〕下有神龜。」所謂伏靈者，在兔絲之下，狀似飛鳥之形。新雨已，天清靜無風，以夜捎兔絲去之，即以籝燭此地，〔三〕燭之火滅，即記其處，以新布四丈環置之，明即掘取之，入四尺至七尺，得矣，過七尺不可得。伏靈者，千歲松根也，食之不死。聞蓍生滿百莖者，其下必有神龜守之，其上常有青雲覆之。傳曰：「天下和平，王道得，而蓍莖長丈，其叢生滿百莖。」方今世取蓍者，不能中古法度，不能得滿百莖長丈者，取八十莖已上，蓍長八尺，即難得也。人民好用卦者，取滿六十莖已上，長滿六尺者，即可用矣。記曰：「能得名龜者，財物歸之，家必大富至千萬。」一曰「北斗龜」，二曰「南辰龜」，三曰「五星龜」，四曰「八風龜」，五曰「二十八宿龜」，六曰「日月龜」，七曰「九州龜」，八曰「玉龜」：凡八名龜。龜圖各有文在腹下，文云云者，此某之龜也。略記其大指，不寫其圖。取此龜不必滿尺二寸，民人得長七八寸，可寶矣。今夫珠玉寶器，雖有所深藏，必見其光，必出其神明，其此之謂乎！故玉處於山而木潤，淵生珠而岸不枯者，〔四〕潤澤之所加也。明月之珠出於江海，藏於蚌中，蚗龍伏之。〔五〕王者得之，長有天下，四夷賓服。能得百莖蓍，并得其下龜以卜者，百言百當，足以決吉凶。

〔一〕索隱此傳即太卜所得古占龜之說也。

〔二〕索隱擣音逐留反。按：即稠也。擣蓍即叢蓍，擣是古「稠」字也。

〔三〕集解徐廣曰：「籝，籠也。蓋然火而籠罩其上也。音溝。陳涉世家曰『夜籝火』也。」

〔四〕集解徐廣曰：「一無『不』字。許氏說淮南以爲滋潤鍾於明珠，致令岸枯也。」

〔五〕集解徐廣曰：「許氏說淮南云蚗龍，龍屬也。音決。」索隱蚗蠪伏之。按：蚗當爲「蛟」。蠪音龍，注音決，誤也。

神龜出於江水中，廬江郡常歲時生龜長尺二寸者二十枚輸太卜官，太卜官因以吉日剔取其腹下甲。龜千歲乃滿尺二寸。王者發軍行將，必鑽龜廟堂之上，以決吉凶。今高廟中有龜室，藏內以爲神寶。

傳曰：「取前足臑骨〔一〕穿佩之，取龜置室西北隅懸之，以入深山大林中，不惑。」臣爲郎時，見萬畢石朱方，傳曰：「有神龜在江南嘉林中。〔二〕嘉林者，獸無虎狼，鳥無鴟梟，草無毒螫，野火不及，斧斤不至，是爲嘉林。龜在其中，常巢於芳蓮之上。左脅書文曰：『甲子重光，〔三〕得我者匹夫爲人君，有土正，〔四〕諸侯得我爲帝王。』求之於白蛇蟠

杅〔五〕林中者，〔六〕齋戒以待，譺然，〔七〕狀如有人來告之，因以醮酒佗髮，〔八〕求之三宿而得。」由是觀之，豈不偉哉！故龜可不敬與？

〔一〕集解徐廣曰：「臑音乃毛反。臑，臂。」索隱臑音乃高反。臑，臂也。一音乃導反。

〔二〕索隱按：萬畢術中有石朱方，方中說嘉林中，故云傳曰。

〔三〕集解徐廣曰：「子，一作『于』。」

〔四〕集解徐廣曰：「正，長也。爲有土之官長。」

〔五〕集解徐廣曰：「一孤反。」

〔六〕索隱按：林名白蛇蟠杅林，龜藏其中。杅音烏。謂白蛇嘗蟠杅此林中也。

〔七〕索隱音嶷。言求龜者齋戒以待，常譺然也。

〔八〕集解徐廣曰：「佗，一作『被』。」索隱佗音徒我反。按：謂被髮也。

南方老人用龜支牀足，行二十餘歲，老人死，移牀，龜尚生不死。龜能行氣導引。問者曰：「龜至神若此，然太卜官得生龜，何爲輒殺取其甲乎？」近世江上人有得名龜，畜置之，家因大富。與人議，欲遣去。人教殺之勿遣，遣之破人家。龜見夢曰：「送我水中，無殺吾也。」其家終殺之。殺之後，身死，家不利。人民與君王者異道。人民得名龜，其狀類不宜殺也。以往古故事言之，古明王聖主皆殺而用之。

宋元王時得龜，亦殺而用之。謹連其事於左方，令好事者觀擇其中焉。

宋元王二年，江使神龜使於河，至於泉陽，漁者豫且〔一〕舉網得而囚之，置之籠中。夜半，龜來見夢於宋元王曰：「我爲江使於河，而幕網當吾路。泉陽豫且得我，我不能去。身在患中，莫可告語。王有德義，故來告訴。」元王惕然而悟。乃召博士衞平〔二〕而問之曰：「今寡人夢見一丈夫，延頸而長頭，衣玄繡之衣而乘輜車，來見夢於寡人曰：『我爲江使於河，而幕網當吾路。泉陽豫且得我，我不能去。身在患中，莫可告語。王有德義，故來告訴。』是何物也？」衞平乃援式而起，〔三〕仰天而視月之光，觀斗所指，定日處鄉。規矩爲輔，副以權衡。四維已定，八卦相望。視其吉凶，介蟲先見。乃對元王曰：「今昔壬子，〔四〕宿在牽牛。河水大會，鬼神相謀。漢正南北，〔五〕江河固期，南風新至，江使先來。白雲壅漢，萬物盡留。斗柄指日，使者當囚。玄服而乘輜車，其名爲龜。王急使人問而求之。」王曰：「善。」

〔一〕索隱下音子余切。泉陽人，網元龜者。
〔二〕索隱宋元君之臣也。
〔三〕集解徐廣曰：「式音栻。」

〔四〕索隱今昔猶昨夜也。以今日言之，謂昨夜爲今昔。
〔五〕正義漢，天河。

於是王乃使人馳而往問泉陽令曰：「漁者幾何家？名誰爲豫且？豫且得龜，見夢於王，王故使我求之。」泉陽令乃使吏案籍視圖，水上漁者五十五家，上流之廬，名爲豫且。泉陽令曰：「諾。」乃與使者馳而問豫且曰：「今昔汝漁何得？」豫且曰：「夜半時舉網得龜。」〔一〕使者曰：「今龜安在？」曰：「在籠中。」使者曰：「王知子得龜，故使我求之。」豫且曰：「諾。」卽系龜而出之籠中，獻使者。

〔一〕集解莊子曰得白龜圓五尺。

使者載行，出於泉陽之門。正晝無見，風雨晦冥。雲蓋其上，五采青黃；雷雨並起，風將而行。入於端門，見於東箱。身如流水，潤澤有光。望見元王，延頸而前，三步而止，縮頸而卻，復其故處。元王見而怪之，問衞平曰：「龜見寡人，延頸而前，以何望也？縮頸而復，是何當也？」衞平對曰：「龜在患中，而終昔囚，王有德義，使人活之。今延頸而前，以當謝也，縮頸而卻，欲亟去也。」元王曰：「善哉！神至如此乎，不可久留；趣駕送龜，勿令失期。」

衞平對曰：「龜者是天下之寶也，先得此龜者爲天子，且十言十當，十戰十勝。生於深淵，長於黃土。知天之道，明於上古。游三千歲，不出其域。安平靜正，動不用力。壽蔽天地，莫知其極。與物變化，四時變色。居而自匿，伏而不食。春倉夏黃，秋白冬黑。明於陰陽，審於刑德。先知利害，察於禍福。以言而當，以戰而勝，王能寶之，諸侯盡服。王勿遣也，以安社稷。」

元王曰：「龜甚神靈，降于上天，陷於深淵。在患難中。以我爲賢。德厚而忠信，故來告寡人。寡人若不遣也，是漁者也。漁者利其肉，寡人貪其力，下爲不仁，上爲無德。君臣無禮，何從有福？寡人不忍，柰何勿遣！」

衞平對曰：「不然。臣聞盛德不報，重寄不歸；天與不受，天奪之寶。今龜周流天下，還復其所，上至蒼天，下薄泥塗。還徧九州，未嘗愧辱，無所稽留。今至泉陽，漁者辱而囚之。王雖遣之，江河必怒，務求報仇。自以爲侵，因神與謀。淫雨不霽，水不可治。若爲枯旱，風而揚埃，蝗蟲暴生，百姓失時。王行仁義，其罰必來。此無佗故，其祟在龜。後雖悔之，豈有及哉！王勿遣也。」

元王慨然而歎曰：「夫逆人之使，絶人之謀，是不暴乎？取人之有，以自爲寶，是不彊乎？寡人聞之，暴得者必暴亡，彊取者必後無功。桀紂暴彊，身死國亡。今我聽子，是無仁義之名而有暴彊之道。江河爲湯武，我爲桀紂。未見其利，恐離其咎。寡人狐

疑，安事此寶，趣駕送龜，勿令久留。」

衞平對曰：「不然，王其無患。天地之閒，累石爲山。高而不壞，地得爲安。故云物或危而顧安，或輕而不可遷；人或忠信而不如誕謾，〔一〕或醜惡而宜大官，或美好佳麗而爲衆人患。非神聖人，莫能盡言。春秋冬夏，或暑或寒。寒暑不和，賊氣相奸。同歲異節，其時使然。故令春生夏長，秋收冬藏。或爲仁義，或爲暴彊。暴彊有鄉，仁義有時。萬物盡然，不可勝治。大王聽臣，臣請悉言之。天出五色，以辨白黑。地生五穀，以知善惡。人民莫知辨也，與禽獸相若。谷居而穴處，不知田作。天下禍亂，陰陽相錯。悤悤疾疾，〔二〕通而不相擇。妖孽數見，〔三〕傳爲單薄。聖人別其生，使無相獲。禽獸有牝牡，置之山原；鳥有雌雄，布之林澤；有介之蟲，置之谿谷。故牧人民，爲之城郭，內經閭術，外爲阡陌。夫妻男女，賦之田宅，列其室屋。爲之圖籍，別其名族。立官置吏，勸以爵祿。衣以桑麻，養以五穀。耕之櫌之，〔四〕鉏之耨之。〔五〕口得所嗜，目得所美，身受其利。以是觀之，非彊不至。故曰田者不彊，囷倉不盈；〔六〕商賈不彊，不得其贏；婦女不彊，布帛不精；官御不彊，其勢不成；大將不彊，卒不使令；侯王不彊，沒世無名。故云彊者，事之始也，分之理也，物之紀也。所求於彊，無不有也。王以爲不然，王獨不聞玉櫝隻雉，〔七〕出於昆山；明月之珠，出於四海；鐫石拌蚌，〔八〕傳賣於市；

聖人得之，以爲大寶。大寶所在，乃爲天子。今王自以爲暴，不如拌蚌於海也；自以爲彊，不過鑄石於昆山也。取者無咎，寶者無患。今龜使來抵網，而遭漁者得之，見夢自言，是國之寶也，王何憂焉。」

〔一〕集解 徐廣曰：「誕，一作『訑』，音吐和反。」 索隱 誕，田爛反；謾音漫，一音並如字。訑音吐禾反。
〔二〕集解 徐廣曰：「一作『病』。」
〔三〕正義 說文云「衣服謌謠草木之怪謂之妖，禽獸蟲蝗之怪謂之蠥」也。
〔四〕集解 徐廣曰：「音憂。」 正義 耰，覆種也。說文云：「耰，摩田器。」
〔五〕集解 徐廣曰：「耨，除草也。」
〔六〕正義 說文云：「圜者謂之囷，方者謂之廩。」
〔七〕集解 徐廣曰：「隻，一作『雙』。」
〔八〕集解 徐廣曰：「鑄音子旋反。拌音判。」 索隱 拌音判。判，割也。

元王曰：「不然。寡人聞之，諫者福也，諛者賊也。人主聽諛，是愚惑也。雖然，禍不妄至，福不徒來。天地合氣，以生百財。陰陽有分，不離四時，十有二月，日至爲期。聖人徹焉，身乃無災。明王用之，人莫敢欺。故云福之至也，人自生之；禍之至也，人自成之。禍與福同，刑與德雙。聖人察之，以知吉凶。桀紂之時，與天爭功，擁遏鬼神，使不得通。是固已無道矣，諛臣有衆。桀有諛臣，名曰趙梁。教爲無道，勸以貪狼。繫

湯夏臺，殺關龍逢。左右恐死，偷諛於傍。國危於累卵，皆曰無傷。稱樂萬歲，或曰未央。蔽其耳目，與之詐狂。湯卒伐桀，身死國亡。聽其諛臣，身獨受殃。春秋著之，至今不忘。紂有諛臣，名爲左彊。誇而目巧，教爲象郎。〔一〕將至於天，又有玉牀。犀玉之器，象箸而羹。〔二〕聖人剖其心，壯士斬其胻。〔三〕箕子恐死，被髮佯狂。殺周太子歷，〔四〕囚文王昌。投之石室，將以昔至明。陰兢活之，〔五〕與之俱亡。入於周地，得太公望。興卒聚兵，與紂相攻。文王病死，載尸以行。太子發代將，號爲武王。戰於牧野，破之華山之陽。紂不勝敗而還走，圍之象郎。自殺宣室，〔六〕身死不葬。頭懸車軫，四馬曳行。寡人念其如此，腸如涫湯。〔七〕是人皆富有天下而貴至天子，然而大傲。欲無猒時，舉事而喜高，貪很而驕。不用忠信，聽其諛臣，而爲天下笑。今寡人之邦，居諸侯之閒，曾不如秋毫。舉事不當，又安亡逃！」

〔一〕集解 禮記曰：「目巧之室。」鄭玄曰：「但用目巧善意作室，不由法度。」許慎曰：「象牙郎。」
〔二〕索隱 箸音持慮反，則箸是筯，爲與羹連，則或非箸，樽也。記曰「羹之有菜者用梜」。梜者，箸也。
〔三〕集解 胻音衡，脚脛也。 索隱 胻音衡，即脚脛。
〔四〕索隱 按：「殺周太子歷」文在「囚文王昌」之上，則近是季歷。季歷不被紂誅，則其言近妄，無容周更別有太子名歷也。

〔五〕集解 徐廣曰：「兢，一作『竟』。」 索隱 陰，姓；兢，名。
〔六〕集解 徐廣曰：「天子之居，名曰宣室。」
〔七〕集解 徐廣曰：「涫音館。一作『沸』。」 索隱 上音館。涫，沸也。

衛平對曰：「不然。河雖神賢，不如崑崙之山；江之源理，不如四海，而人尚奪取其寶，諸侯爭之，兵革爲起。小國見亡，大國危殆，殺人父兄，虜人妻子，殘國滅廟，以爭此寶。戰攻分爭，是暴彊也。故云取之以暴彊而治以文理，無逆四時，必親賢士；與陰陽化，鬼神爲使，通於天地，與之爲友。諸侯賓服，民衆殷喜。邦家安寧，與世更始。湯武行之，乃取天子；春秋著之，以爲經紀。王不自稱湯武，而自比桀紂。桀紂爲暴彊也，固以爲常。桀爲瓦室，〔一〕紂爲象郎。徵絲灼之，〔二〕務以費（民）〔氓〕。賦斂無度，殺戮無方。殺人六畜，以韋爲囊。囊盛其血，與人縣而射之，與天帝爭彊。逆亂四時，先百鬼嘗。諫者輒死，諛者在傍。聖人伏匿，百姓莫行。天數枯旱，國多妖祥。螟蟲歲生，五穀不成。民不安其處，鬼神不享。飄風日起，正晝晦冥。日月並蝕，滅息無光。列星奔亂，皆絕紀綱。以是觀之，安得久長！雖無湯武，時固當亡。故湯伐桀，武王剋紂，其時使然。乃爲天子，子孫續世；終身無咎，後世稱之，至今不已。是皆當時而行，見事而彊，乃能成其帝王。今龜，大寶也，爲聖人使，傳之賢（士）〔王〕。不用手足，

雷電將之；風雨送之，流水行之。侯王有德，乃得當之。今王有德而當此寶，恐不敢受；王若遣之，宋必有咎。後雖悔之，亦無及已。」

〔一〕集解 世本曰：「昆吾作匋。」張華博物記亦云「桀作瓦」。蓋是昆吾爲桀作也。
〔二〕索隱 按：灼謂燔也。燒絲以當薪，務費人也。

元王大悅而喜。於是元王向日而謝，〔一〕再拜而受。擇日齋戒，甲乙最良。乃刑白雉，及與驪羊；以血灌龜，於壇中央。以刀剝之，身全不傷。脯酒禮之，橫其腹腸。荆支卜之，必制其創。〔二〕理達於理，文相錯迎。使工占之，所言盡當。邦福重寶，〔三〕聞于傍鄉。殺牛取革，被鄭之桐。〔四〕草木畢分，化爲甲兵。戰勝攻取，莫如元王。元王之時，衛平相宋，宋國最彊，龜之力也。

〔一〕索隱 蓋欲神之以謝天也。天之寘闇，日者天之光明，著見者莫過也。
〔二〕正義 音瘡。
〔三〕集解 徐廣曰：「福音副，藏也。」
〔四〕集解 徐廣曰：「牛革桐爲鼓也。」 索隱 徐氏云：「牛革桐爲鼓。」

故云神至能見夢於元王，而不能自出漁者之籠。身能十言盡當，不能通使於河，還報於江。賢能令人戰勝攻取，不能自解於刀鋒，免剝刺之患。聖能先知亟見，而不

能令衞平無言。言事百全，至身而攣；當時不利，又焉事賢！賢者有恆常，士有適然。是故明有所不見，聽有所不聞；人雖賢，不能左畫方，右畫圓；日月之明，而時蔽於浮雲。羿名善射，不如雄渠、蠭門；〔一〕禹名爲辯智，而不能勝鬼神。地柱折，天故毋椽，又柰何責人於全？孔子聞之曰：「神龜知吉凶，而骨直空枯。〔二〕日爲德而君於天下，辱於三足之烏。月爲刑而相佐，見食於蝦蟆。蝟辱於鵲，〔三〕騰蛇之神而殆於卽且。〔四〕竹外有節理，中直空虛；松柏爲百木長，而守門閭。日辰不全，故有孤虛。〔五〕黃金有疵，白玉有瑕。事有所疾，亦有所徐。物有所拘，亦有所據。罔有所數，亦有所疏。人有所貴，亦有所不如。何可而適乎？物安可全乎？天尚不全，故世爲屋，不成三瓦而陳之，〔六〕以應之天。天下有階，物不全〔七〕乃生也。」

〔一〕集解 新序曰：「楚雄渠子夜行，見伏石當道，以爲虎而射之，應弦沒羽。」淮南子曰：「射者重以逢門子之巧。」劉歆七略有蠭門射法也。
〔二〕正義 凡龜其骨空中而枯也。直，語發聲也，今河東亦然。
〔三〕集解 郭璞曰：「蝟能制虎，見鵲仰地。」淮南萬畢曰：「鵲令蝟反腹者，蝟憎其意而心惡之也。」
〔四〕集解 郭璞曰：「騰蛇，龍屬也。蝍蛆，似蝗，大腹，食蛇腦也。」正義 卽，津日反。且，則餘反。卽吳公也，狀如蚰蜒而大，黑色。
〔五〕集解 甲乙謂之日，子丑謂之辰。六甲孤虛法：甲子旬中無戌亥，戌亥卽爲孤，辰巳卽爲虛。甲戌旬中無申酉，

申酉爲孤，寅卯卽爲虛。甲申旬中無午未，午未爲孤，子丑卽爲虛。甲午旬中無辰巳，辰巳爲孤，戌亥卽爲虛。甲辰旬中無寅卯，寅卯爲孤，申酉卽爲虛。甲寅旬中無子丑，子丑爲孤，午未卽爲虛。劉歆七略有風后孤虛二十卷。正義 按：歲月日時孤虛，並得上法也。
〔六〕集解 徐廣曰：「一云爲屋成，欠三瓦而棟之也。」索隱 劉氏云：「陳猶居也。」注作「棟」，音都貢反。正義 言爲屋不成，欠三瓦以應天，猶陳列而居之。
〔七〕正義 言萬物及日月天地皆不能全，喻龜之不全也。

褚先生曰：漁者舉網而得神龜，龜自見夢宋元王，元王召博士衞平告以夢龜狀，平運式，定日月，分衡度，視吉凶，占龜與物色同，平諫王留神龜以爲國重寶，美矣。古者筮必稱龜者，以其令名，所從來久矣。余述而爲傳。

三月　二月　正月〔一〕　十二月　十一月　中關内高外下〔二〕　四月
首仰〔三〕　足開　肣開〔四〕　首俛大〔五〕　五月　横吉　首俛大〔六〕
六月　七月　八月　九月　十月

〔一〕正義 言正月、二月、三月右轉周環終十二月者，日月之龜，腹下十二黑點爲十二月，若二十八宿龜也。
〔二〕正義 此等下至「首俛大」者，皆卜兆之狀也。
〔三〕索隱 音魚兩反。正義 謂兆首仰起。
〔四〕索隱 音琴。肣謂兆足斂也。
〔五〕索隱 俛音免，兆首伏也。
〔六〕正義 俛音免，謂兆首伏而大。

卜禁曰：子亥戌不可以卜及殺龜。日中如食已卜。暮昏龜之徼也，〔一〕不可以卜。庚辛可以殺，及以鑽之。常以月旦祓龜，〔二〕先以清水澡之，以卵祓之，〔三〕乃持龜而遂之，若常以爲祖。〔四〕人若已卜不中，皆祓之以卵，東向立，灼以荆若剛木，土〔五〕卵指之者三，〔六〕持龜以卵周環之，祝曰：「今日吉，謹以粱卵焍黃〔七〕祓去玉靈之不祥。」玉靈必信以誠，知萬事之情，辯兆皆可占。不信不誠，則燒玉靈，揚其灰，以徵後龜。其卜必北向，龜甲必尺二寸。

〔一〕索隱 徼音叫。謂徼繞不明也。
〔二〕索隱 上音廢，又音拂。拂洗之以水，鷄卵摩之而呪。
〔三〕正義 以常月朝清水洗之，以雞卵摩而祝之。
〔四〕集解 徐廣曰：「一作『視』。」索隱 祖，法也。言以爲常法。
〔五〕集解 徐廣曰：「一作『十一』。」索隱 按：古之灼龜，取生荆枝及生堅木燒之，斬斷以灼龜。按：「土」字合依劉氏説當連下句。
〔六〕正義 言卜不中，以土爲卵，三度指之，三周繞之，用厭不祥也。
〔七〕索隱 粱，米也。卵，雞子也。焍，灼龜木也，音「次第」之「第」。言燒荆枝更遞而灼，故有焍名。一音梯，言灼之

以漸，如有階梯也。黃者，以黃絹裹粱卵以祓龜也。必以黃者，中之色，主土而信，故用雞也。正義 焍音題。焍，焦也。言以粱米雞卵祓去龜之不祥，令灼之不焦不黃。若色焦及黃，卜之不中也。

卜先以造〔一〕灼鑽，鑽中已，又灼龜首，各三；又復灼所鑽中曰正身，灼首曰正足，〔二〕各三。卽以造三周龜，祝曰：「假之玉靈夫子。〔三〕夫子玉靈，荆灼而心，令而先知。而上行於天，下行於淵，諸靈數箣，〔四〕莫如汝信。今日良日，行一良貞。〔五〕某欲卜某，卽得而喜，不得而悔。卽得，發鄉我身長大，首足收人皆上偶。不得，發鄉我身挫折，中外不相應，首足滅去。」

〔一〕集解 徐廣曰：「音竈也。」索隱 造音竈，造謂燒荆之處。（荆若木）
〔二〕集解 徐廣曰：「一作『止』。」
〔三〕索隱 尊神龜而爲之作號。
〔四〕集解 徐廣曰：「音策。」索隱 數箣。數，所具反；箣音近策，或箣是策之別名。此卜筮之書，其字亦無可覈，皆放此。
〔五〕集解 徐廣曰：「行，一作『身』。」

靈龜卜祝曰：「假之靈龜，五巫五靈，不如神龜之靈，知人死，知人生。某身良貞，某欲求某物。卽得也，頭見足發，内外相應；卽不得也，頭仰足肣，内外自垂。可得占。」

卜占病者祝曰：「今某病困。死，首上開，內外交駭，身節折；不死，首仰足肣。」

卜病者祟曰：「今病有祟無呈，無祟有呈。兆有中祟有內，外祟有外。」

卜繫者出不出。不出，橫吉安；若出，足開首仰有外。

卜求財物，其所當得。得，首仰足開，內外相應；卽不得，呈兆首仰足肣。

卜有賣若買臣妾馬牛。得之，首仰足開，內外相應；不得，首仰足肣，呈兆若橫吉安。

卜擊盜聚若干人，在某所，今某將卒若干人，往擊之。當勝，首仰足開身正，內自橋，外下；不勝，足肣首仰，身首〔一〕內下外高。

卜求當行不行。行，首足開；不行，足肣首仰，若橫吉安，安不行。

卜往擊盜，當見不見。見，首仰足肣有外；不見，足開首仰。

卜往候盜，見不見。見，首仰足肣，肣勝有外；不見，足開首仰。

卜聞盜來不來。來，外高內下，足肣首仰；不來，足開首仰，若橫吉安，期之自次。

卜遷徙去官不去。去，足開有肣外首仰；不去，自去，卽足肣，呈兆若橫吉安。

卜居官尚吉不。吉，呈兆身正，若橫吉安；不吉，身節折，首仰足開。

〔一〕集解 徐廣曰：「一作『簡』。」

卜居室家吉不吉。吉，呈兆身正，若橫吉安；不吉，身節折，首仰足開。

卜歲中禾稼孰不孰。孰，首仰足開，內外自橋外自垂；不孰，足肣首仰有外。

卜歲中民疫不疫。疫，首仰足肣，身節有彊外；不疫，身正首仰足開。

卜歲中有兵無兵。無兵，呈兆若橫吉安；有兵，首仰足開，身作外彊情。

卜見貴人吉不吉。吉，足開首仰，身正，內自橋；不吉，首仰，身節折，足肣有外，若無漁。

卜請謁於人得不得。得，首仰足開，內自橋；不得，首仰足肣有外。

卜追亡人當得不得。得，首仰足肣，內外相應；不得，首仰足開，若橫吉安。

卜漁獵得不得。得，首仰足開，內外相應；不得，足肣首仰，若橫吉安。

卜行遇盜不遇。遇，首仰足開，身節折，外高內下；不遇，呈兆。

卜天雨不雨。雨，首仰有外，外高內下；不雨，首仰足開，若橫吉安。

卜天雨霽不霽。霽，呈兆足開首仰；不霽，橫吉。

命曰橫吉安。以占病，病甚者一日不死；不甚者卜日瘳，不死。繫者重罪不出，輕罪環出；過一日不出，久毋傷也。求財物買臣妾馬牛，一日環得；過一日不得。

（不得）行者不行。來者環至；過食時不至，不來。擊盜不行，行不遇；聞盜不來。徙官不徙。居官家室皆吉。歲稼不孰。民疾疫無疾。歲中無兵。見人行，不行不喜。請謁人不行不得。追亡人漁獵不得。行不遇盜。雨不雨。霽不霽。

命曰呈兆。病者不死。繫者出。行者行。來者來。市買得。追亡人得，過一日不得。問行者不到。

命曰柱徹。卜病不死。繫者出。行者行。來者來。（而）市買不得。憂者毋憂。追亡人不得。

命曰首仰足肣有內無外。占病，病甚不死。繫者解。求財物買臣妾馬牛不得。行者聞言不行。來者不來。聞盜不來。聞言不至。徙官聞言不徙。居官有憂。居家多災。歲稼中孰。民疾疫多病。歲中有兵，聞言不開。見貴人吉。請謁不行，行不得善言。追亡人不得。漁獵不得。行不遇盜。雨不雨甚。霽不霽。故其莫字皆爲首備。問之曰，備者仰也，故定以爲仰。此私記也。

命曰首仰足肣有內無外。占病，病甚不死。繫者不出。求財買臣妾不得。行者不行。來者不來。擊盜不見。聞盜來，內自驚，不來。徙官不徙。居官家室吉。歲稼不孰。民疾疫有病甚。歲中無兵。見貴人吉。請謁追亡人不得。亡財物，財物不出得。漁獵不得。行不遇盜。雨不雨。霽不霽。凶。

命曰呈兆首仰足肣。以占病，不死。繫者未出。求財物買臣妾馬牛不得。行不行。來不來。擊盜不相見。聞盜來不來。徙官不徙。居官久多憂。居家室不吉。歲稼不孰。民病疫。歲中毋兵。見貴人不吉。請謁不得。漁獵得少。行不遇盜。雨不雨。霽不霽。不吉。

命曰呈兆首仰足開。以占病，病篤死。繫囚出。求財物買臣妾馬牛不得。行者行。來者來。擊盜不見盜。聞盜來不來。徙官徙。居官不久。居家室不吉。歲稼不孰。民疾疫有而少。歲中毋兵。見貴人不見吉。請謁追亡人漁獵不得。行遇盜。雨不雨。霽小吉。

命曰首仰足肣。以占病，不死。繫者久，毋傷也。求財物買臣妾馬牛不得。行者不行。擊盜不行。來者來。聞盜來。徙官聞言不徙。居家室不吉。歲稼不孰。民疾疫少。歲中毋兵。見貴人得見。請謁追亡人漁獵不得。行遇盜。雨不雨。霽不霽。吉。

命曰首仰足開有內。以占病者，死。繫者出。求財物買臣妾馬牛不得。行者行。來者來。擊盜行不見盜。聞盜來不來。徙官徙。居官不久。居家室不吉。歲孰。民

疾疫有而少。歲中毋兵。見貴人不吉。請謁追亡人漁獵不得。行不遇盜。雨霽。霽小吉，不霽吉。

命曰横吉內外自橋。以占病，卜日毋瘳死。繫者毋罪出。求財物買臣妾馬牛得。行者行。來者來。擊盜合交等。聞盜來來。徙官徙。居家室吉。歲孰。民疫無疾。歲中無兵。見貴人請謁追亡人漁獵得。行遇盜。雨霽，雨霽大吉。

命曰横吉內外自吉。以占病，病者死。繫不出。求財物買臣妾馬牛追亡人漁獵不得。行者不來。擊盜不相見。聞盜不來。徙官徙。居官有憂。居家室見貴人請謁不吉。歲稼不孰。民疾疫。歲中無兵。行不遇盜。雨不雨。霽不霽。不吉。

命曰漁人。以占病者，病者甚，不死。繫者出。求財物買臣妾馬牛擊盜請謁追亡人漁獵得。行者行來。聞盜來不來。徙官不徙。居家室吉。歲稼不孰。民疾疫。歲中毋兵。見貴人吉。行不遇盜。雨不雨。霽不霽。吉。

命曰首仰足肣內高外下。以占病，病者甚，不死。繫者不出。求財物買臣妾馬牛追亡人漁獵得。行不行。來者來。擊盜勝。徙官不徙。居官有憂，無傷也。居家室多憂病。歲大孰。民疾疫。歲中有兵不至。見貴人請謁不吉。行遇盜。雨不雨。霽不霽。吉。

命曰横吉上有仰下有柱。病久不死。繫者不出。求財物買臣妾馬牛追亡人漁獵不得。行不行。來不來。擊盜不行，行不見。聞盜來不來。徙官不徙。居家室見貴人吉。歲大孰。民疾疫。歲中毋兵。行不遇盜。雨不雨。霽不霽。大吉。

命曰横吉榆仰。以占病，不死。繫者不出。求財物買臣妾馬牛至不得。行不行。來不來。擊盜不行，行不見。聞盜來不來。徙官不徙。居官家室見貴人吉。歲孰。歲中有疾疫，毋兵。請謁追亡人不得。漁獵至不得。行不得。行不遇盜。雨霽不霽。小吉。

命曰横吉下有柱。以占病，病甚不環有瘳無死。繫者出。求財物買臣妾馬牛請謁追亡人漁獵不得。行來不來。擊盜不合。聞盜來來。徙官居官吉，不久。居家室不吉。歲不孰。民毋疾疫。歲中毋兵。見貴人吉。行不遇盜。雨不雨。霽。小吉。

命曰載所。以占病，環有瘳無死。繫者出。求財物買臣妾馬牛請謁追亡人漁獵得。行者行。來者來。擊盜相見不相合。聞盜來來。徙官徙。居家室憂。見貴人吉。歲孰。民毋疾疫。歲中毋兵。行不遇盜。雨不雨。霽霽。吉。

命曰根格。以占病者，不死。繫久毋傷。求財物買臣妾馬牛請謁追亡人漁獵不得。行不行。來不來。擊盜盜行不合。聞盜不來。徙官不徙。居家室吉。歲稼中。民疾疫無死。見貴人不得見。行不遇盜。雨不雨。大吉。

命曰首仰足肣外高內下。卜有憂，無傷也。行者不來。病久死。求財物不得。見貴人者吉。

命曰外高內下。卜病不死，有祟。(而)市買不得。居官家室不吉。行者不行。來者不來。繫者久毋傷。吉。

命曰頭見足發有內外相應。以占病者，起。繫者出。行者行。來者來。求財物得。吉。

命曰呈兆首仰足開。以占病，病甚死。繫者出，有憂。求財物買臣妾馬牛請謁追亡人漁獵不得。行(行)不行。來不來。擊盜不合。聞盜來來。徙官居官家室不吉。歲惡。民疾疫無死。歲中毋兵。見貴人不吉。行不遇盜。雨不雨。霽。不吉。

命曰呈兆首仰足開外高內下。以占病，不死，有外祟。繫者出，有憂。求財物買臣妾馬牛，相見不會。行行。來聞言不來。擊盜勝。聞盜來不來。徙官居官家室見貴人不吉。歲中。民疾疫有兵。請謁追亡人漁獵不得。聞盜遇盜。雨不雨。霽。凶。

命曰首仰足肣身折內外相應。以占病，病甚不死。繫者久不出。求財物買臣妾馬牛漁獵不得。行不行。來不來。擊盜有用勝。聞盜來來。徙官不徙。居官家室不吉。

歲不孰。民疾疫。歲中。有兵不至。見貴人喜。請謁追亡人不得。遇盜凶。

命曰內格外垂。行者不行。來者不來。病者死。繫者不出。求財物不得。見人不見。大吉。

命曰横吉內外相應自橋榆仰上柱(上柱足)足肣。以占病，病甚不死。繫久，不抵罪。求財物買臣妾馬牛請謁追亡人漁獵不得。行不行。來不來。居官家室見貴人吉。徙官不徙。歲不大孰。民疾疫有兵。有兵不會。行遇盜。聞言不見。雨不雨。霽霽。大吉。

命曰頭仰足肣內外自垂。卜憂病者甚，不死。居官不得居。行者行。來者不來。求財物不得。求人不得。吉。

命曰横吉下有柱。卜來者來。卜日卽不至，未來。卜病者過一日毋瘳死。行者不行。求財物不得。繫者出。

命曰横吉內外自舉。以占病者，久不死。繫者久不出。求財物得而少。行者不行。來者不來。見貴人見。吉。

命曰內高外下疾輕足發。求財物不得。行者行。病者有瘳。繫者不出。來者來。見貴人不見。吉。

命曰外格。求財物不得。行者不行。來者不來。繫者不出。不吉。病者死。求財物不得。見貴人見。吉。

命曰內自舉外來正足發。〔行〕者行。來者來。求財物得。病者久不死。繫者不出。見貴人見。吉。

此橫吉上柱外內（內）自舉足肣。以卜有求得。病不死。繫者毋傷，未出。行不行。來不來。見人不見。百事盡吉。

此橫吉上柱外內自舉柱足以作。以卜有求得。病死環起。繫留毋傷，環出。行不行。來不來。見人不見。百事吉。可以舉兵。

此挺詐有外。以卜有求不得。病不死，數起。繫禍罪。聞言毋傷。行不行。來不來。

此挺詐有內。以卜有求不得。病不死，數起。繫留禍罪無傷出。行不行。來者不來。見人不見。

此挺詐內外自舉。以卜有求得。病不死，繫毋罪。行行。來來。田賈市漁獵盡喜。

此狐狢。以卜有求不得。病死，難起。繫留毋罪難出。可居宅。可娶婦嫁女。

行不行。來不來。見人不見。有憂不憂。

此狐徹。以卜有求不得。病者死。繫留有抵罪。行不行。來不來。見人不見。言語定。百事盡不吉。

此首俯足肣身節折。以卜有求不得。病者死。繫留有罪。望行者不來。行行。來不來。見人不見。

此挺內外自垂。以卜有求不晦。病不死，難起。繫留毋罪，難出。行不行。來不來。見人不見。不吉。

此橫吉榆仰首俯。以卜有求難得。病難起，不死。繫難出，毋傷也。可居家室，以娶婦嫁女。

此橫吉上柱載正身節折內外自舉。以卜病者，卜日不死，其一日乃死。

此橫吉上柱足肣內自舉外自垂。以卜病者，卜日不死，其一日乃死。

（爲人病）首俯足詐有外無內。病者占龜未已，急死。卜輕失大，一日不死。

首仰足肣。以卜有求不得。以繫有罪。人言語恐之毋傷。行不行。見人不見。

大論曰：〔一〕外者人也，內者自我也；外者女也，內者男也。首俛者憂。大者身也，小者枝也。大法，病者，足肣者生，足開者死。行者，足開至，足肣者不至。行者，足肣不行，足開行。有求，足開得，足肣者不得。繫者，足肣不出，開出。其卜病也，足開而死者，內高而外下也。

〔一〕索隱 按：褚先生所取太卜雜占卦體及命兆之辭，義蕪，辭重沓，殆無足採，凡此六十七條別是也。

【索隱述贊】三王異龜，五帝殊卜。或長或短，若瓦若玉。其記已亡，其繇後續。江使觸網，見留宋國。神能託夢，不衛其足。

史記卷一百二十九

貨殖列傳第六十九

〔索隱〕論語云：「賜不受命而貨殖焉。」廣雅云：「殖，立也。」孔安國注尚書云：「殖，生也。生資貨財利。」

老子曰：「至治之極，鄰國相望，〔一〕鷄狗之聲相聞，民各甘其食，美其服，安其俗，樂其業，至老死不相往來。」必用此爲務，輓近世塗民耳目，〔二〕則幾無行矣。

〔一〕〔正義〕音亡。

〔二〕〔索隱〕輓音晚，古字通用。

太史公曰：夫神農以前，吾不知已。至若詩書所述虞夏以來，耳目欲極聲色之好，口欲窮芻豢之味，身安逸樂，而心誇矜埶能之榮。使俗之漸民久矣，雖户說以眇論，〔一〕終不能化。故善者因之，其次利道之，其次教誨之，其次整齊之，最下者與之爭。

〔一〕〔索隱〕上音妙，下如字。

夫山西饒材、竹、穀、纑、〔一〕旄、玉石；山東多魚、鹽、漆、絲、聲色；江南出枏、梓、〔二〕

薑、桂、金、錫、連、〔三〕丹沙、犀、瑇瑁、珠璣、齒革；龍門、碣石〔四〕北多馬、牛、羊、旃裘、筋角；銅、鐵則千里往往山出棊置：〔五〕此其大較〔六〕也。皆中國人民所喜好，謠俗被服飲食奉生送死之具也。故待農而食之，虞而出之，工而成之，商而通之。此寧有政教發徵期會哉？人各任其能，竭其力，以得所欲。故物賤之徵貴，〔七〕貴之徵賤，各勸其業，樂其事，若水之趨下，日夜無休時，不召而自來，不求而民出之。豈非道之所符，〔八〕而自然之驗邪？

〔一〕〔集解〕徐廣曰：「紵屬，可以爲布。」〔索隱〕上音谷，又音雊。穀，木名，皮可爲紙。纑，山中紵，可以爲布，音盧。紵音佇，今山閒野紵，亦作「苧」。

〔二〕〔索隱〕南子二音。

〔三〕〔集解〕徐廣曰：「音蓮，鉛之未鍊者。」〔索隱〕下音蓮。

〔四〕〔正義〕龍門山在絳州龍門縣。碣石山在平州盧龍縣。

〔五〕〔索隱〕言如置棊子，往往有之。〔正義〕言出銅鐵之山方千里，如圍棊之置也。管子云：「凡天下名山五千二百七十，出銅之山四百六十七，出鐵之山三千六百有九。山上有赭，其下有鐵。山上有鉛，其下有銀。山上有銀，其下有丹。山上有磁石，其下有金也。」

〔六〕〔索隱〕音角。大較猶大略也。

〔七〕〔索隱〕徵者，求也。謂此處物賤，求彼貴賣之。

〔八〕〔索隱〕道之符。符謂合於道也。

周書曰：「農不出則乏其食，工不出則乏其事，商不出則三寶絕，虞不出則財匱少。」財匱少而山澤不辟〔一〕矣。此四者，民所衣食之原也。原大則饒，原小則鮮。上則富國，下則富家。貧富之道，莫之奪予，〔二〕而巧者有餘，拙者不足。故太公望封於營丘，地潟鹵，〔三〕人民寡，於是太公勸其女功，極技巧，通魚鹽，則人物歸之，繦至而輻湊。故齊冠帶衣履天下，海岱之閒斂袂而往朝焉。〔四〕其後齊中衰，管子修之，設輕重九府，〔五〕則桓公以霸，九合諸侯，一匡天下；而管氏亦有三歸，位在陪臣，富於列國之君。是以齊富彊至於威、宣也。

〔一〕〔索隱〕下音闢。辟，開也，通也。

〔二〕〔索隱〕音與。言貧富自由，無予奪。

〔三〕〔集解〕徐廣曰：「潟音昔。潟鹵，鹹地也。」

〔四〕〔索隱〕言齊既富饒，能冠帶天下，豐厚被於他邦，故海岱之閒斂袵而朝齊，言趨利者也。

〔五〕〔正義〕管子云「輕重」謂錢也。夫治民有輕重之法，周有大府、玉府、内府、外府、泉府、天府、職内、職金、職幣，皆掌財幣之官，故云九府也。

故曰：「倉廩實而知禮節，衣食足而知榮辱。」禮生於有而廢於無。故君子富，好行其德；小人富，以適其力。淵深而魚生之，山深而獸往之，人富而仁義附焉。富者得埶益彰，

失埶則客無所之，以而不樂。夷狄益甚。諺曰：「千金之子，不死於市。」此非空言也。故曰：「天下熙熙，皆爲利來；天下壤壤，皆爲利往。」夫千乘之王，萬家之侯，百室之君，尚猶患貧，而況匹夫編户之民乎！

昔者越王句踐困於會稽之上，乃用范蠡、計然。〔一〕計然曰：「知鬬則修備，時用則知物，〔二〕二者形則萬貨之情可得而觀已。故歲在金，穰；水，毀；木，饑；火，旱。〔三〕旱則資舟，水則資車，〔四〕物之理也。六歲穰，六歲旱，十二歲一大饑。夫糶，二十病農，九十病末。〔五〕末病則財不出，農病則草不辟矣。上不過八十，下不減三十，則農末俱利，平糶齊物，關市不乏，治國之道也。積著〔六〕之理，務完物，無息幣。〔七〕以物相貿，易腐敗而食之貨勿留，無敢居貴。論其有餘不足，則知貴賤。貴上極則反賤，賤下極則反貴。貴出如糞土，賤取如珠玉。〔八〕財幣欲其行如流水。」修之十年，國富，厚賂戰士，士赴矢石，如渴得飲，遂報彊吳，觀兵中國，稱號「五霸」。

〔一〕〔集解〕徐廣曰：「計然者，范蠡之師也，名研，故諺曰『研、桑心筭』。」駰案：范子曰「計然者，葵丘濮上人，姓辛氏，字文子，其先晉國亡公子也。嘗南游於越，范蠡師事之」。〔索隱〕計然，韋昭云范蠡師也。蔡謨云蠡所著書名「計然」，蓋非也。徐廣亦以爲范蠡之師，名研，所謂「研、桑心計」也。范子曰「計然者，葵丘濮上人，姓辛氏，字

文,其先晉之公子。南遊越,范蠡事之」。吳越春秋謂之「計倪」。漢書古今人表計然列在第四,則「倪」之與「研」是一人,聲相近而相亂耳。

〔二〕索隱 時用知物。案:言知時所用之物。

〔三〕索隱 五行不説土者,土,穰也。

〔四〕索隱 國語大夫種曰「賈人旱資舟,水資車以待」也。

〔五〕索隱 言米賤則農夫病也。若米斗直九十,則商賈病,故云「病末」。末謂逐末,即商賈也。

〔六〕索隱 音張呂反。

〔七〕索隱 毋息弊。久停息貨物則無利。

〔八〕索隱 夫物極貴必賤,極賤必貴。貴出如糞土者,既極貴後,恐其必賤,故乘時出之如糞土。賤取如珠玉者,既極賤後,恐其必貴,故乘時取之如珠玉。此所以爲貨殖也。元注恐錯。

范蠡既雪會稽之恥,乃喟然而歎曰:「計然之策七,越用其五而得意。既已施於國,吾欲用之家。」乃乘扁舟〔一〕浮於江湖,〔二〕變名易姓,適齊爲鴟夷子皮,〔三〕之陶〔四〕爲朱公。朱公以爲陶天下之中,諸侯四通,貨物所交易也。乃治産積居,與時逐〔五〕而不責於人。〔六〕故善治生者,能擇人而任時。十九年之中三致千金,再分散與貧交疏昆弟。此所謂富好行其德者也。後年衰老而聽子孫,子孫脩業而息之,遂至巨萬。〔七〕故言富者皆稱陶朱公。

〔一〕集解 漢書音義曰:「特舟也。」索隱 扁音篇,又音符殄反。服虔云:「特舟也。」國語云:「范蠡乘輕舟。」

〔二〕正義 國語云句踐滅吳,反至五湖,范蠡辭於王曰:「君王勉之,臣不復入國矣。」遂乘輕舟,以浮於五湖,莫知其所終極。

〔三〕索隱 大顏曰:「若盛酒者鴟夷也,用之則多所容納,不用則可卷而懷之,不忤於物也。」案:韓子云「鴟夷子皮事田成子,成子去齊之燕,子皮乃從之」也。蓋范蠡也。

〔四〕索隱 服虔云:「今定陶也。」正義 括地志云:「即陶山,在齊州平(陽)〔陵〕縣東三十五里陶山之陽也。今南五里猶有朱公冢。」又云:「曹州濟陽縣東南三里有陶朱公冢,又云在南郡華容縣西,未詳也。」

〔五〕集解 漢書音義曰:「逐時而居貨。」索隱 韋昭云:「隨時逐利也。」

〔六〕索隱 案:謂擇人而與人不負之,故云不責於人也。

〔七〕集解 徐廣曰:「萬萬也。」

子贛既學於仲尼,退而仕於衞,廢著〔一〕鬻財於曹、魯之閒,七十子之徒,賜最爲饒益。原憲不厭糟穅,〔二〕匿於窮巷。子貢結駟連騎,束帛之幣以聘享諸侯,所至,國君無不分庭與之抗禮。夫使孔子名布揚於天下者,子貢先後之也。此所謂得埶而益彰者乎?

〔一〕集解 徐廣曰:「子贛傳云『廢居』。著猶居也。著讀音如貯。」索隱 著音貯。漢書亦作「貯」,貯猶居也。説文云:「貯,積也。」

〔二〕索隱 饜,飽也。

白圭,周人也。當魏文侯時,李克〔一〕務盡地力,而白圭樂觀時變,故人棄我取,人取我與。夫歲孰取穀,予之絲漆;繭出取帛絮,予之食。〔二〕太陰在卯,穰;〔三〕明歲衰惡。至午,旱;明歲美。至酉,穰;明歲衰惡。至子,大旱;明歲美,有水。至卯,積著率〔四〕歲倍。欲長錢,取下穀;長石斗,取上種。能薄飲食,忍嗜欲,節衣服,與用事僮僕同苦樂,趨時若猛獸摯鳥之發。故曰:「吾治生産,猶伊尹、呂尚之謀,孫吳用兵,商鞅行法是也。是故其智不足與權變,勇不足以決斷,仁不能以取予,彊不能有所守,雖欲學吾術,終不告之矣。」蓋天下言治生祖白圭。白圭其有所試矣,能試有所長,非苟而已也。

〔一〕索隱 案:漢書食貨志李悝爲魏文侯作盡地力之教,國以富强。今此及漢書言「克」,皆誤也。劉向別録則云「李悝」也。

〔二〕索隱 謂穀。

〔三〕正義 太陰,歲後二辰爲太陰。

〔四〕正義 貯律二音。

猗頓用盬鹽起。〔一〕而邯鄲郭縱以鐵冶成業,與王者埒富。

〔一〕集解 孔叢子曰:「猗頓,魯之窮士也。耕則常飢,桑則常寒。聞朱公富,往而問術焉。朱公告之曰:『子欲速富,當畜五牸。』於是乃適西河,大畜牛羊于猗氏之南,十年之閒其息不可計,貲擬王公,馳名天下。以興富於猗氏,故曰猗頓。」索隱 盬音古。案:周禮鹽人云「共苦鹽」,杜子春以爲苦讀如盬。盬謂出鹽直用不煉也。一説云盬鹽,河東大鹽;散鹽,東海煮水爲鹽也。正義 案:猗氏,蒲州縣也。河東鹽池是畦鹽。作「畦」,若種韭

一畦。天雨下,池中鹹淡得均,即畎池中水上畔中,深一尺許(玩)〔坑〕,日暴之五六日則成,鹽若白礬石,大小如雙陸及(暮)〔棊〕,則呼爲畦鹽。或有花鹽,緣黄河鹽池有八九所,而鹽州有烏池,猶出三色鹽,有井鹽、畦鹽、花鹽。其池中鑿井深一二尺,去泥即到鹽,掘取若至一丈,則著平石無鹽矣。其色或白或青黑,名曰井鹽。畦鹽若河東者。花鹽,池中雨下,隨而大小成鹽,其下方微空,上頭隨雨下池中,其滴高起若塔子形處曰花鹽,亦曰即成鹽焉。池中心有泉井,水淡,所作池人馬盡汲此井。其鹽四分入官,一分入百姓也。池中又鑿得鹽塊,闊一尺餘,高二尺,白色光明洞徹,年貢之也。

烏氏倮〔一〕畜牧,及衆,〔二〕斥賣,求奇繒物,〔三〕閒獻遺戎王。〔四〕戎王什倍其償,與之畜,〔五〕畜至用谷量馬牛。〔六〕秦始皇帝令倮比封君,以時與列臣朝請。而巴(蜀)寡婦清,〔七〕其先得丹穴,〔八〕而擅其利數世,家亦不訾。〔九〕清,寡婦也,能守其業,用財自衞,不見侵犯。秦皇帝以爲貞婦而客之,爲築女懷清臺。夫倮鄙人牧長,清窮鄉寡婦,禮抗萬乘,名顯天下,豈非以富邪?

〔一〕集解 韋昭曰:「烏氏,縣名,屬安定。倮,名也。」索隱 漢書作「嬴」。案:烏氏,縣名。氏音支。名倮,音踝也。正義 縣,古城在涇州安定縣東四十里。倮,名也。

〔二〕索隱 謂畜牧及至衆多之時。

〔三〕索隱 謂斥物賣之以求奇物也。

〔四〕集解 徐廣曰:「閒,一作『奸』。不以公正謂之奸也。」索隱 案:閒獻猶私獻也。

〔五〕索隱 什倍其當，予之畜。謂戎王償之牛羊十倍也。「當」字漢書作「償」也。
〔六〕集解 韋昭曰：「滿谷則具不復數。」索隱 谷音欲。
〔七〕索隱 漢書「巴寡婦清」。巴，寡婦之邑；清，其名也。
〔八〕集解 徐廣曰：「涪陵出丹。」正義 括地志云：「寡婦清臺山俗名貞女山，在涪州永安縣東北七十里也。」
〔九〕索隱 案：謂其多，不可訾量。正義 音子兒反。言資財衆多，不可訾量。一云清多以財餉遺四方，用衞其業，故財亦不多積聚。

所欲，而徙豪傑諸侯彊族於京師。

漢興，海內爲一，開關梁，弛山澤之禁，是以富商大賈周流天下，交易之物莫不通，得其所欲，而徙豪傑諸侯彊族於京師。

關中自汧、雍以東至河、華，膏壤沃野千里，自虞夏之貢以爲上田，而公劉適邠，大王、王季在岐，文王作豐，武王治鎬，故其民猶有先王之遺風，好稼穡，殖五穀，地重，〔一〕重爲邪。〔二〕及秦文、（孝）〔德〕、繆居雍，隙〔三〕隴蜀之貨物而多賈。〔四〕獻（孝）公徙櫟邑，〔五〕櫟邑北卻戎翟，東通三晉，亦多大賈。（武）〔孝〕、昭治咸陽，因以漢都，長安諸陵，四方輻湊並至而會，地小人衆，故其民益玩巧而事末也。南則巴蜀。巴蜀亦沃野，地饒巵、〔六〕薑、丹沙、石、銅、鐵、〔七〕竹、木之器。南御滇僰，僰僮。西近邛笮，笮馬、旄牛。然四塞，棧道千里，無所

不通，唯褒斜綰轂其口，〔八〕以所多易所鮮。〔九〕天水、隴西、北地、上郡與關中同俗，然西有羌中之利，北有戎翟之畜，畜牧爲天下饒。然地亦窮險，唯京師要其道。〔一〇〕故關中之地，於天下三分之一，而人衆不過什三；然量其富，什居其六。

〔一〕索隱 言重耕稼也。
〔二〕索隱 重音逐隴反。重者，難也。畏（言）〔罪〕不敢爲姦邪。正義 重並逐拱反。言關中地重厚，民亦重難不爲邪惡。
〔三〕集解 徐廣曰：「隙者，閒孔也。地居隴蜀之閒要路，故曰隙。」索隱 徐氏云隙，閒孔也。隙者，隴雍之閒閑隙之地，故云「雍隙」也。正義 雍，縣。岐州雍縣也。
〔四〕索隱 音古。
〔五〕集解 徐廣曰：「在馮翊。」索隱 上音藥，即櫟陽。
〔六〕集解 徐廣曰：「音支。烟支也，紫赤色也。」
〔七〕集解 徐廣曰：「邛都出銅，臨邛出鐵。」
〔八〕集解 徐廣曰：「在漢中。」索隱 言褎斜道狹，綰其道口，有若車轂之湊，故云「綰轂」也。
〔九〕索隱 易音亦。鮮音尟。言以所多易其所少。
〔一〇〕正義 要音腰。言要東其路也。

昔唐人都河東，〔一〕殷人都河內，〔二〕周人都河南。〔三〕夫三河在天下之中，若鼎足，王者所更居也，建國各數百千歲，土地小狹，民人衆，都國諸侯所聚會，故其俗纖儉習事。楊、平陽陳〔四〕西賈秦、翟，〔五〕北賈種、代。〔六〕種、代，石北也，〔七〕地邊胡，數被寇。人民矜懻忮，〔八〕好氣，任俠爲姦，不事農商。然迫近北夷，師旅亟往，中國委輸時有奇羨。〔九〕其民羯羠不均，〔一〇〕自全晉之時固已患其僄悍，而武靈王益厲之，其謠俗猶有趙之風也。故楊、平陽陳掾其閒，〔一一〕得所欲。温、軹〔一二〕西賈上黨，〔一三〕北賈趙、中山。〔一四〕中山地薄人衆，猶有沙丘紂淫地餘民，〔一五〕民俗懁急，〔一六〕仰機利而食。丈夫相聚游戲，悲歌忼慨，起則相隨椎剽，〔一七〕休則掘冢作巧姦冶，〔一八〕多美物，〔一九〕爲倡優。女子則鼓鳴瑟，跕屣，〔二〇〕游媚貴富，入後宮，徧諸侯。

〔一〕集解 徐廣曰：「堯都晉陽也。」
〔二〕正義 盤庚都殷墟，地屬河內也。
〔三〕正義 周自平王已下都洛陽。
〔四〕索隱 楊，平陽，二邑名，在趙之西。「陳」蓋衍字。以下有「楊平陽陳掾」，此因衍也。言二邑之人皆西賈於秦、翟，北賈於種、代。種、代在石邑之北也。
〔五〕正義 賈音古。秦，關內也。翟，隰、石等州部落稽也。延、綏、銀三州皆白翟所居。
〔六〕正義 上之勇反。種在恆州石邑縣北，蓋蔚州也。代，今代州。
〔七〕集解 徐廣曰：「石邑縣也，在常山。」

〔八〕集解 晉灼曰：「懻音慨。忮音堅忮。」瓚曰：「懻音慨。今北土名彊直爲『懻中』也。」索隱 上音冀，下音寘。
〔九〕索隱 上音羈，下音羊戰反。奇羨謂奇有餘衍也。
〔一〇〕集解 徐廣曰：「羠音兕，一音囚几反，皆健羊名。」索隱 羯音己紇反。羠音慈紀反。徐廣云羠音兕，皆健羊也。其方人性若羊，健捍而不均。
〔一一〕索隱 掾音逐緣反。陳掾猶經營馳逐也。
〔一二〕索隱 二縣名，屬河內。
〔一三〕正義 澤、潞等州也。
〔一四〕正義 洛州及定州。
〔一五〕集解 晉灼曰：「言地薄人衆，猶復有沙丘紂淫地餘民，通係之於淫風而言也。」正義 沙丘在邢州也。
〔一六〕集解 徐廣曰：「懁，急也，音絹。一作『儇』，一作『惠』也，音翾也。」索隱 懁音絹。儇音翾。
〔一七〕索隱 椎，即追反。椎殺人而剽掠之。
〔一八〕集解 徐廣曰：「一作『蠱』。」
〔一九〕集解 徐廣曰：「美，一作『弄』，一作『椎』。」
〔二〇〕集解 徐廣曰：「跕音帖。」張晏曰：「跕，屣也。」瓚曰：「躡跟爲跕也。」索隱 上音帖，下所綺反。

然邯鄲亦漳、河之閒〔一〕一都會也。北通燕、涿，南有鄭、衞。鄭、衞俗與趙相類，然近梁、魯，微重而矜節。〔二〕濮上之邑徙野王，〔三〕野王好氣任俠，衞之風也。

〔一〕正義 洺水本名漳水，邯鄲在其地。

[二]集解徐廣曰：「矜，一作『務』。」

[三]集解徐廣曰：「衞君角徙野王。」正義秦拔衞濮陽，徙其君於懷州野王。

夫燕亦勃、碣之閒[一]一都會也。南通齊、趙，東北邊胡。上谷至遼東，地踔遠，[二]人民希，數被寇，大與趙、代俗相類，而民雕捍[三]少慮，有魚鹽棗栗之饒。北鄰烏桓、[四]夫餘，東綰穢貉、[五]朝鮮、真番之利。[六]

[一]正義勃海、碣石在西北。

[二]索隱劉氏上音卓，一音勑教反，亦遠騰皃也。

[三]索隱人雕悍。言如雕性之捷捍也。

[四]索隱鄰，一作「臨」。臨者，亦卻背之義，他並類此也。

[五]索隱東綰穢貊。案：綰者，綰統其要津；則上云「臨」者，謂卻背之。

[六]正義番音潘。

洛陽東賈齊、魯，南賈梁、楚。故泰山之陽則魯，其陰則齊。

齊帶山海，[一]膏壤千里，宜桑麻，人民多文綵布帛魚鹽。臨菑亦海岱之閒一都會也。其俗寬緩闊達，而足智，好議論，地重，難動摇，怯於衆鬭，勇於持刺，故多劫人者，大國之風也。其中具五民。[二]

[一]集解徐廣曰：「齊世家曰齊自泰山屬之琅邪，北被于海，膏壤二千里，其民闊達多匿智。」

[二]集解服虔曰：「士農商工賈也。」如淳曰：「游子樂其俗不復歸，故有五方之民。」

而鄒、魯濱洙、泗，猶有周公遺風，俗好儒，備於禮，故其民齪齪。[一]頗有桑麻之業，無林澤之饒。地小人衆，儉嗇，畏罪遠邪。及其衰，好賈趨利，甚於周人。

[一]索隱齪音側角反，又音側斷反。

夫自鴻溝以東，[一]芒、碭以北，[二]屬巨野，[三]此梁、宋也。[四]陶、[五]睢陽[六]亦一都會也。昔堯作(游)〔於〕成陽，[七]舜漁於雷澤，[八]湯止于亳。[九]其俗猶有先王遺風，重厚多君子，好稼穡，雖無山川之饒，能惡衣食，致其蓄藏。

[一]集解徐廣曰：「在滎陽。」

[二]集解徐廣曰：「今爲臨淮。」

[三]正義鄆州鉅野縣(在)〔有〕鉅野澤也。

[四]集解徐廣曰：「今之浚儀。」正義鴻溝以東，芒、碭以北至鉅野，梁宋二國之地。

[五]集解徐廣曰：「今之定陶。」正義今曹州。

[六]正義今宋州宋城也。

[七]集解如淳曰：「作，起也。成陽在定陶。」

[八]集解徐廣曰：「在成陽。」正義澤在雷澤縣西北也。

[九]集解徐廣曰：「今梁國薄縣。」正義宋州穀熟縣西南四十五里南亳州故城是也。

越、楚則有三俗。[一]夫自淮北沛、陳、汝南、南郡，此西楚也。[二]其俗剽輕，易發怒，地薄，寡於積聚。江陵故郢都，[三]西通巫、巴，[四]東有雲夢之饒。[五]陳在楚夏之交，[六]通魚鹽之貨，其民多賈。徐、僮、取慮，[七]則清刻，矜己諾。[八]

[一]正義越滅吴則有江淮以北，楚滅越兼有吴越之地，故言「越楚」也。

[二]正義沛，徐州沛縣也。陳，今陳州也。汝，汝州也。南郡，今荆州也。言從沛郡西至荆州，並西楚也。

[三]正義荆州江陵縣故爲郢，楚之都。

[四]正義巫郡、巴郡在江陵之西也。

[五]集解徐廣曰：「在華容。」

[六]正義夏都陽城。言陳南則楚，西及北則夏，故云「楚夏之交」。

[七]集解徐廣曰：「皆在下邳。」正義取音秋，慮音閭。徐即徐城，故徐國也。僮、取慮二縣並在下邳，今泗州。

[八]正義上音紀。

彭城以東，東海、吴、廣陵，此東楚也。[一]其俗類徐、僮。朐、繒以北，俗則齊。[二]浙江南則越。夫吴自闔廬、春申、王濞三人招致天下之喜游子弟，東有海鹽之饒，章山之銅，三江、五湖之利，亦江東一都會也。

[一]正義彭城，徐州治縣也。東海郡，今海州也。吴，蘇州也。廣陵，揚州也。言從徐州彭城歷揚州至蘇州，並東楚之地。

[二]正義朐，其俱反。縣在海州。故繒縣在沂州之承縣。言二縣之北，風俗同於齊。

衡山、[一]九江、[二]江南、[三]豫章、[四]長沙，[五]是南楚也，其俗大類西楚。郢之後徙壽春，[六]亦一都會也。而合肥受南北潮，[七]皮革、鮑、木輸會也。與閩中、干越雜俗，故南楚好辭，巧説少信。江南卑溼，丈夫早夭。多竹木。豫章出黄金，[八]長沙出連、錫，然堇堇[九]物之所有，取之不足以更費。[一〇]九疑、[一一]蒼梧以南至儋耳者，[一二]與江南大同俗，而楊越多焉。番禺[一三]亦其一都會也，珠璣、犀、瑇瑁、果、布之湊。[一四]

[一]集解徐廣曰：「都邾。邾，縣，屬江夏。」正義故邾城在(潭)〔黄〕州東南百二十里。

[二]正義九江，郡，都陰陵。陰陵故城在濠州定遠縣西六十五里。

[三]集解徐廣曰：「高帝所置。江南者，丹陽也，秦置爲鄣郡，武帝改名丹陽。」正義案：徐説非。秦置鄣郡在湖州長城縣西南八十里，鄣郡故城是也。漢改爲丹陽郡，徙郡宛陵，今宣州地也。上言吴有章山之銅，明是東楚之地。此言大江之南豫章長沙二郡，南楚之地耳。徐、裴以爲江南丹陽郡屬南楚，誤之甚矣。

[四]正義今洪州也。

[五]正義今潭州也。十三州志云「有萬里沙祠，而西自湘州至東萊萬里，故曰長沙也」。淮南衡山、九江二郡及江南豫章、長沙二郡，並爲楚也。

[六]正義楚考烈王二十二年，自陳徙都壽春，號之曰郢，故言「郢之徙壽春」也。

[七]集解徐廣曰：「在臨淮。」正義合肥，縣，廬州治也。言江淮之潮，南北俱至廬州也。

〔八〕集解徐廣曰：「鄱陽有之。」正義括地志云：「江州潯陽縣有黃金山，山出金。」
〔九〕正義音謹。
〔一〇〕集解應劭曰：「菫，少也。更，償也。言金少少耳，取之不足用，顧費用也。」
〔一一〕集解徐廣曰：「山在營道縣南。」
〔一二〕正義今儋州在海中。廣州南去京七千餘里。言嶺南至儋耳之地，與江南大同俗，而楊州之南，越民多焉。
〔一三〕正義潘虞二音。今廣州。
〔一四〕集解韋昭曰：「果謂龍眼、離支之屬。布，葛布。」

潁川、南陽，夏人之居也。〔一〕夏人政尚忠朴，猶有先王之遺風。潁川敦愿。秦末世，遷不軌之民於南陽。南陽西通武關、鄖關，〔二〕東南受漢、江、淮。宛亦一都會也。俗雜好事，業多賈。其任俠，交通潁川，故至今謂之「夏人」。

〔一〕集解徐廣曰：「禹居陽翟。」正義禹居陽城。潁川、南陽皆夏地也。
〔二〕集解徐廣曰：「案漢中。一作『隕』字。」索隱鄖音雲。正義武關在商州。地理志云宛西通武關，而無鄖關。蓋「鄖」當爲「徇」。徇水上有關，在金州洵陽縣。徐案漢中，是也。徇，亦作「郇」，與鄖相似也。

夫天下物所鮮所多，人民謠俗，山東食海鹽，山西食鹽鹵，〔一〕領南、沙北〔二〕固往往出鹽，大體如此矣。

〔一〕正義謂西方鹹地也。堅且鹹，卽出石鹽及池鹽。

〔二〕正義謂池、漢之北也。

總之，楚越之地，地廣人希，飯稻羹魚，或火耕而水耨，〔一〕果隋〔二〕蠃蛤，不待賈而足，〔三〕地埶饒食，無飢饉之患，以故呰窳〔四〕偷生，無積聚〔五〕而多貧。是故江淮以南，無凍餓之人，亦無千金之家。沂、泗水以北，宜五穀桑麻六畜，地小人衆，數被水旱之害，民好畜藏，故秦、夏、梁、魯好農而重民。三河、宛、陳亦然，加以商賈。齊、趙設智巧，仰機利。燕、代田畜而事蠶。

〔一〕集解徐廣曰：「乃遘反。除草也。」正義言風草下種，苗生大而草生小，以水灌之，則草死而苗無損也。耨，除草也。
〔二〕集解徐廣曰：「地理志作『蓏』。」索隱下音徒火反。注蓏音郎果反。正義隋，今爲「⿰禾垂」，音同，上古少字也。蠃，力和反。果⿰禾垂猶⿰禾垂疊包裹也，今楚越之俗尚有「裹⿰禾垂」之語。楚越水鄉，足螺魚鼈，民多採捕積聚，⿰禾垂疊包裹，煮而食之。班固不曉「裹⿰禾垂」之方言，脩太史公書述地志，乃改云「果蓏蠃蛤」，非太史公意，班氏失之也。
〔三〕正義賈音古。言楚越地勢饒食，不用他賈而自足，無飢饉之患。
〔四〕集解徐廣曰：「音紫。呰窳，苟且墮嬾之謂也。」駰案：應劭曰「呰，弱也」。晉灼曰「窳，病也」。索隱上音紫，下音庾。苟且懶惰之謂。應劭云「呰，弱也」。晉灼曰「窳，病也」。正義案：食螺蛤等物，故多羸弱而足病也。淮南子云「古者民食蠃蚘之肉，多疹毒之患」也。
〔五〕正義言江淮以南有水族，民多食物，朝夕取給以偷生而已。不爲積聚，乃多貧也。

由此觀之，賢人深謀於廊廟，論議朝廷，守信死節隱居巖穴之士設爲名高者安歸乎？歸於富厚也。是以廉吏久，久更富，廉賈歸富。〔一〕富者，人之情性，所不學而俱欲者也。故壯士在軍，攻城先登，陷陣卻敵，斬將搴旗，前蒙矢石，不避湯火之難者，爲重賞使也。其在閭巷少年，攻剽椎埋，劫人作姦，掘冢鑄幣，任俠并兼，借交報仇，篡逐幽隱，不避法禁，走死地如騖者，〔二〕其實皆爲財用耳。今夫趙女鄭姬，設形容，揳鳴琴，揄長袂，躡利屣，〔三〕目挑心招，〔四〕出不遠千里，不擇老少者，奔富厚也。游閑公子，飾冠劍，連車騎，亦爲富貴容也。弋射漁獵，犯晨夜，冒霜雪，馳阬谷，不避猛獸之害，爲得味也。博戲馳逐，鬭雞走狗，作色相矜，必爭勝者，重失負也。醫方諸食技術之人，焦神極能，爲重糈也。吏士舞文弄法，刻章僞書，不避刀鋸之誅者，沒於賂遺也。農工商賈畜長，固求富益貨也。此有知盡能索耳，終不餘力而讓財矣。

〔一〕集解駰案：歸者，取利而不停貨也。
〔二〕集解徐廣曰：「騖，一作『流』。」
〔三〕集解徐廣曰：「揄音臾。躡，一作『跕』。跕音吐協反。屣音山耳反，舞屣也。」
〔四〕正義挑音田鳥反。

諺曰：「百里不販樵，千里不販糴。」居之一歲，種之以穀；十歲，樹之以木；百歲，來之

以德。德者，人物之謂也。今有無秩祿之奉，爵邑之入，而樂與之比者，命曰「素封」。〔一〕封者食租稅，歲率〔二〕戶二百。千戶之君〔三〕則二十萬，朝覲聘享出其中。庶民農工商賈，率亦歲萬〔四〕息二千（戶），百萬之家則二十萬，而更傜租賦出其中。衣食之欲，恣所好美矣。故曰陸地牧馬二百蹄，〔五〕牛蹄角千，〔六〕千足羊，澤中千足彘，〔七〕水居千石魚陂，〔八〕山居千章之材。〔九〕安邑千樹棗；燕、秦千樹栗；蜀、漢、江陵千樹橘；淮北、常山已南，河濟之閒千樹萩；陳、夏千畝漆；齊、魯千畝桑麻；渭川千畝竹；及名國萬家之城，帶郭千畝畝鍾之田，〔一〇〕若千畝卮茜，〔一一〕千畦薑韭：〔一二〕此其人皆與千戶侯等。然是富給之資也，不窺市井，不行異邑，坐而待收，身有處士之義而取給焉。若至家貧親老，妻子軟弱，歲時無以祭祀進醵，〔一三〕飲食被服不足以自通，如此不慙恥，則無所比矣。是以無財作力，少有鬭智，〔一四〕既饒爭時，〔一五〕此其大經也。今治生不待危身取給，則賢人勉焉。是故本富爲上，末富次之，姦富最下。無巖處奇士之行，而長貧賤，好語仁義，亦足羞也。

〔一〕索隱謂無爵邑之人，祿秩之奉，則曰「素封」。素，空也。正義言不仕之人自有園田收養之給，其利比於封君，故曰「素封」也。
〔二〕正義音律。
〔三〕索隱千戶之邑，戶率二百，故千戶二十萬。

〔四〕索隱 息二千，故百萬之家亦二十萬。

〔五〕集解 漢書音義曰：「五十四。」索隱 案：馬有四足，二百蹄有五十四也。漢書則云「馬蹄噭千」，所記各異。

〔六〕集解 漢書音義曰：「百六十七頭也。馬貴而牛賤，以此爲率。」索隱 牛足角千。案：馬貴而牛賤，以此爲率，則牛有百六十六頭有奇也。

〔七〕集解 韋昭曰：「二百五十頭。」索隱 韋昭云：「二百五十頭。」

〔八〕集解 徐廣曰：「魚以斤兩爲計也。」索隱 陂音詖。漢書作「皮」，音披。正義 言陂澤養魚，一歲收得千石魚賣也。

〔九〕集解 徐廣曰：「一作『楸』。」駰案：韋昭曰「楸木所以爲轅，音秋」。索隱 漢書作「千章之萩」，音秋。服虔云：「章，方也。」如淳云：「言任方章者千枚，謂章，大材也。」樂產云：「萩，梓木也，可以爲轅。」

〔一〇〕集解 徐廣曰：「六斛四斗也。」

〔一一〕集解 徐廣曰：「巵音支，鮮支也。茜音倩，一名紅藍，其花染繒赤黄也。」索隱 巵音支，鮮支也。茜音倩，一名紅藍花，染繒赤黄也。

〔一二〕集解 徐廣曰：「千畦，二十五畝。」駰案：韋昭曰「畦猶隴」。索隱 韋昭云：「埒中畦猶隴也，謂五十畝也。」劉熙注孟子云：「今俗以二十五畝爲小畦，五十畝爲大畦。」王逸云：「畦猶區也。」

〔一三〕集解 徐廣曰：「會聚食。」索隱 音渠略反。

〔一四〕正義 言少有錢財，則鬬智巧而求勝也。

〔一五〕正義 既饒足錢財，乃逐時争利也。

凡編户之民，富相什則卑下之，伯則畏憚之，千則役，萬則僕，物之理也。夫用貧求富，農不如工，工不如商，刺繡文不如倚市門，此言末業，貧者之資也。通邑大都，酤一歲千釀，〔一〕醯醬千瓨，〔二〕漿千甔，〔三〕屠牛羊彘千皮，販穀糶千鍾，〔四〕薪稾千車，船長千丈，〔五〕木千章，〔六〕竹竿萬个，〔七〕其軺車百乘，〔八〕牛車千兩，〔九〕木器髤者千枚，〔一〇〕銅器千鈞，〔一一〕素木鐵器若巵茜千石，〔一二〕馬蹄躈千，〔一三〕牛千足，羊彘千雙，僮手指千，〔一四〕筋角丹沙千斤，其帛絮細布千鈞，文采千匹，榻布皮革千石，〔一五〕漆千斗，〔一六〕糱麴鹽豉千荅，〔一七〕鮐鮆〔一八〕千斤，鯫千石，鮑千鈞，〔一九〕棗栗千石者三之，〔二〇〕狐鼦〔二一〕裘千皮，羔羊裘千石，〔二二〕旃席千具，佗果菜千鍾，〔二三〕子貸金錢千貫，〔二四〕節駔會，〔二五〕貪賈三之，廉賈五之，〔二六〕此亦比千乘之家，其大率也。〔二七〕佗雜業不中什二，則非吾財也。〔二八〕

〔一〕正義 釀千瓮。酤醯醋（云）〔也〕。酒酤。

〔二〕集解 徐廣曰：「長頸罌。」索隱 醯醯千甀。闲江反。

〔三〕集解 徐廣曰：「大罌缶。」索隱 醬千檐。下都甘反。漢書作「儋」。孟康曰「儋，石甖」。石甖受一石，故云儋石。一音都濫反。

〔四〕集解 徐廣曰：「出穀也。糶音掉也。」

〔五〕索隱 按：積數長千丈。

〔六〕集解 漢書音義曰：「洪洞方稾。章，材也。舊將作大匠掌材曰章曹掾。」索隱 案：將作大匠掌材曰章曹掾。洪，胡孔反；洞音動。又並如字也。

〔七〕集解 徐廣曰：「古賀反。」索隱 竹千萬个。釋名云：「竹曰箇，木曰枚。」方言曰：「个，枚也。」儀禮、禮記字爲「个」。又功臣表「楊僕入竹三萬箇」。箇个古今字也。正義 釋名云：「竹曰个，木曰枚。」

〔八〕集解 徐廣曰：「馬車也。」正義 軺音遥。説文云：「軺，小車也。」

〔九〕正義 車一乘爲一兩。風俗通云：「箱轅及輪，兩兩而偶之，稱兩也。」

〔一〇〕集解 徐廣曰：「髤音休，漆也。」索隱 髤者千。上音休，謂漆也。千謂千枚也。正義 顔云：「以漆物謂之髤」。又音許昭反。今關東俗器物一再漆者謂之「稍漆」，即髤聲之轉耳。今關西俗云黑髤盤，朱〔髤盤〕，兩義並通。

〔一一〕集解 徐廣曰：「三十斤。」

〔一二〕集解 徐廣曰：「百二十斤爲石。」駰案：漢書音義曰「素木，素器也」。

〔一三〕集解 徐廣曰：「躈音苦弔反，馬八髎也，音料。」索隱 徐廣音苦弔反，馬八髎也，音料。埤倉云「尻骨謂八髎，一曰夜蹄」。小顔云「噭，口也。蹄與口共千，則爲二百匹」。若顧胤則云「上文馬二百蹄，比千乘之家，不容亦二百。則躈謂九竅，通四蹄爲十三而成一馬，所謂『生之徒十有三』是也。凡七十六匹馬」。案：亦多於千户侯比，則不知其所。

〔一四〕集解 漢書音義曰：「僮，奴婢也。古者無空手游日，皆有作務，作務須手指，故曰手指，以别馬牛蹄角也。」

〔一五〕集解 徐廣曰：「榻音吐合反。」駰案：漢書音義曰「榻布，白疊也」。索隱 荅布。注音吐合反，大顔音吐盍反。案：以爲麤厚之布，與皮革同以石而秤，非白疊布也。吴録云「有九真郡布，名曰白疊」。廣志云：「疊，毛織

也」。正義 顔師古曰：「麤厚之布也。其價賤，故與皮革同重耳，非白疊也。荅者，厚之貌也。」案：白疊，木綿所織，非中國有也。

〔一六〕索隱 漢書作「漆大斗」。案：謂大斗，大量也。言滿量千斗，即今之千桶也。

〔一七〕集解 徐廣曰：「或作『台』，器名有甋。孫叔然云甋，瓦器，受斗六升合爲甋。音貽。」索隱 鹽豉千蓋。下音貽。〔孫〕炎（反）説（文）云「甋，瓦器，受斗六合」，以解此「蓋」，非也。案：尚書大傳云「文皮千合」，則數兩謂之合也。三倉云「槅，盛鹽豉器，音他果反」，則蓋或槅之異名耳。

〔一八〕集解 漢書音義曰：「音如楚人言薺，鮆魚與鮐魚也。」索隱 説文云：「鮐，海魚。音胎。鮆魚，飲而不食，刀魚也。」爾雅謂之鮤魚也。鮆音才爾反，又音薺。正義 鮐音臺，又音貽。説文云「鮐，海魚」也。鮆音齊禮反，刀魚也。

〔一九〕集解 徐廣曰：「鯫音輒，膊魚也。」索隱 鯫音輒，一音昨苟反。鯫，小魚也。鮑音抱，步飽反，今之鮿魚也。膊音鋪博反。案：破鮑不相離謂之膊，（皃）〔魚〕潰云鮑。聲類及韻集雖爲此解，而「鯫生」之字見與此同。案：鯫者，小雜魚也。正義 鯫音族苟反，謂雜小魚也。鮑，白也。然鮐鮆以斤論，鮑鯫以千鈞論，乃其九倍多，故知鮐是大好者，鯫鮑是雜者也。徐云鯫，膊魚也。膊，並各反。謂破開中頭尾不相離爲鮑，謂之膊關者也，此亦大魚爲之也。

〔二〇〕索隱 案：三之者，三千石也。必三之者，取類上文故也。以棗栗賤，故三之爲三千石也。正義 謂三千石也。言棗栗三千石乃與上物相等。

〔二一〕索隱 下音雕也。正義 音彫。

〔三二〕索隱 羔羊千石。謂秤皮重千石。
〔三三〕索隱 果菜千種。千種者，言其多也。 正義 鍾，六斛四斗。果菜謂雜果菜，於山野采取之。
〔三四〕索隱 案：子謂利息也。貸音土代反。
〔三五〕集解 徐廣曰：「駔音祖朗反，馬儈也。」駰案：漢書音義曰「會亦是儈也。節，節物貴賤也。謂估儈其餘利比千乘之家」。 索隱 案：節者，節貴賤也 駔，舊音祖朗反，今音奘。駔者，度牛馬市；云駔儈者，合市也，音古外反。淮南子云「段干木，晉國之大駔」，注云「干木，度市之魁也」。
〔三六〕集解 漢書音義曰：「貪賈未當賣而賣，未可買而買，故得利少，而十得三。廉賈貴而賣，賤乃買，故十得五。」
〔三七〕正義 率音律。
〔三八〕正義 言雜惡業，而不在什分中得二分之利者，非世之美財也。

請略道當世千里之中，賢人所以富者，令後世得以觀擇焉。

蜀卓氏之先，〔一〕趙人也，用鐵冶富。秦破趙，遷卓氏。卓氏見虜略，獨夫妻推輦，行詣遷處。諸遷虜少有餘財，爭與吏，求近處，處葭萌。〔二〕唯卓氏曰：「此地狹薄。吾聞汶山之下，〔三〕沃野，下有蹲鴟，〔四〕至死不飢。民工於市，易賈。」乃求遠遷。致之臨邛，大喜，即鐵山鼓鑄，運籌策，〔五〕傾滇蜀之民，〔六〕富至僮千人。〔七〕田池射獵之樂，擬於人君。

〔一〕集解 徐廣曰：「卓，一作『淖』。」 索隱 注「卓，一作『淖』」，並音斲，一音鬧。淖亦音泥淖，亦是姓，故齊有淖齒，漢有淖蓋，與卓氏同出，或以同音淖也。

〔二〕集解 徐廣曰：「屬廣漢。」 正義 葭萌，今利州縣也。
〔三〕索隱 汶山下。上音岷也。 正義 汶音珉。
〔四〕集解 徐廣曰：「古『蹲』字作『踆』。」駰案：漢書音義曰「水鄉多鴟，其山下有沃野灌溉。一曰大芋」。 正義 蹲鴟，芋也。言邛州臨邛縣其地肥又沃，平野有大芋等也。華陽國志云汶山郡都安縣有大芋如蹲鴟也。
〔五〕索隱 漢書云「運籌以賈滇」。
〔六〕正義 滇，一作「沮」。漢書亦作「滇（池）〔蜀〕」。今益州郡有蜀州，亦因舊名及漢江爲名。江在益州，南入導江，非漢中之漢江也。
〔七〕索隱 漢書及相如列傳並云「八百人」也。

程鄭，山東遷虜也，亦冶鑄，賈椎髻之民，〔一〕富埒卓氏，〔二〕俱居臨邛。

〔一〕索隱 魋結之人。上音椎髻，謂通賈南越也。
〔二〕索隱 埒者，鄰畔，言鄰相次。

宛孔氏之先，梁人也，用鐵冶爲業。秦伐魏，遷孔氏南陽。大鼓鑄，規陂池，連車騎，游諸侯，因通商賈之利，有游閑公子之賜與名。〔一〕然其贏得過當，愈於纖嗇，〔二〕家致富數千金，故南陽行賈盡法孔氏之雍容。

〔一〕集解 韋昭曰：「優游閑暇也。」 索隱 謂通賜與於游閒公子，得其名。
〔二〕索隱 謂孔氏以資給諸侯公子，既已得賜與之名，又蒙其所得之贏過於本資，故云「過當」，乃勝於細碎儉嗇之賈也。纖，細也。方言云「纖，小也。愈，勝也」。 正義 音色。嗇，吝也。言孔氏連車騎，游於諸侯，以資給之，兼通商賈之利，乃得游閑公子交名。然其通計贏利，過於所資給餉遺之當，猶有交游公子雍容，而勝於慳悋也。

魯人俗儉嗇，而曹邴氏〔一〕尤甚，以鐵冶〔二〕起，富至巨萬。然家自父兄子孫約，俛有拾，仰有取，貰貸行賈徧郡國。鄒、魯以其故多去文學而趨利者，以曹邴氏也。

〔一〕索隱 邴音柄也。
〔二〕集解 徐廣曰：「魯縣出鐵。」

齊俗賤奴虜，而刀閒〔一〕獨愛貴之。桀黠奴，人之所患也，唯刀閒收取，使之逐漁鹽商賈之利，或連車騎，交守相，然愈益任之。終得其力，起富數千萬。故曰「寧爵毋刀」，〔二〕言其能使豪奴自饒而盡其力。

〔一〕索隱 上音雕，姓也。閒，如字。 正義 刀，丁遥反，姓名。
〔二〕集解 漢書音義曰：「奴自相謂曰：『寧欲免去作民有爵邪？將止爲刀氏作奴乎？』毋，發聲語助。」 索隱 案奴自相謂曰：「寧免去求官爵邪？」曰：「無刀。」無刀，相止之辭也，言不去，止爲刀氏作奴也。

周人既纖，〔一〕而師史〔二〕尤甚，轉轂以百數，賈郡國，無所不至。洛陽街居在齊秦楚趙之中，〔三〕貧人學事富家，相矜以久賈，〔四〕數過邑不入門，設任此等，故師史能致七千萬。

〔一〕集解 漢書音義曰：「儉，嗇也。」

〔二〕索隱 師，姓；史，名。 正義 師史，人姓名。
〔三〕正義 洛陽在齊秦楚趙之中，其街巷貧人，學於富家，相矜以久賈諸國，皆數歷里邑不入其門，故前云「洛陽東賈齊、魯，南賈梁、楚」是也。
〔四〕集解 漢書音義曰：「謂街巷居民無田地，皆相矜久賈在此諸國也。」

宣曲〔一〕任氏之先，爲督道倉吏。〔二〕秦之敗也，豪傑皆爭取金玉，而任氏獨窖倉粟。〔三〕楚漢相距滎陽也，民不得耕種，米石至萬，而豪傑金玉盡歸任氏，任氏以此起富。富人爭奢侈，而任氏折節爲儉，力田畜。田畜人爭取賤賈，〔四〕任氏獨取貴善。〔五〕富者數世。然任公家約，非田畜所出弗衣食，公事不畢則身不得飲酒食肉。以此爲閭里率，故富而主上重之。

〔一〕集解 徐廣曰：「高祖功臣有宣曲侯。」 索隱 韋昭云：「地名。高祖功臣有宣曲侯。」上林賦云「西馳宣曲」，當在京輔，今闕其地。 正義 案：其地合在關內。張揖云「宣曲，宮名，在昆池西也」。
〔二〕集解 漢書音義曰：「若今吏督租穀使上道輸在所也。」韋昭曰：「督道，秦時邊縣名。」
〔三〕集解 徐廣曰：「窖音校，穿地以藏也。」
〔四〕索隱 晉灼云：「爭取賤賈金玉也。」 正義 音價也。
〔五〕索隱 謂買物必取貴而善者，不爭賤價也。

塞之斥也，〔一〕唯橋姚〔二〕已致馬千匹，〔三〕牛倍之，羊萬頭，粟以萬鍾計。吳楚七國兵起時，長安中列侯封君行從軍旅，齎貸子錢，〔四〕子錢家以爲侯邑國在關東，關東成敗未決，

莫肯與。唯無鹽氏出捐千金貸，〔五〕其息什之。〔六〕三月，吳楚平。一歲之中，則無鹽氏之息什倍，用此富埒關中。

〔一〕集解漢書音義曰：「邊塞主斥候卒也。唯此人能致富若此。」索隱孟康云：「邊塞主斥候之卒也。」又案：斥，開也，相如傳云「邊塞益斥」是也。正義孟康云：「邊塞主斥候卒也。唯此人能致富若此。」顏云：「塞斥者，言國斥開邊塞，更令寬廣，故橋姚得恣其畜牧也。」

〔二〕索隱橋姓，姚名。正義姓橋，名姚也。

〔三〕索隱言橋姚因斥塞而致此資。風俗通云：「馬稱匹者，俗說云相馬及君子與人相匹，故云匹。或說馬夜行目照前四丈，故云一匹。或說度馬縱橫適得一匹。」又韓詩外傳云：「孔子與顏回登山，望見一匹練，前有藍，視之果馬，馬光景一匹長也。」

〔四〕索隱齎音子稽反。貸，假也，音吐得反。與人物云齎。周禮注「齎所給與」也。

〔五〕索隱吐代反。

〔六〕索隱謂出一得十倍。

關中富商大賈，大抵盡諸田，田嗇、田蘭。韋家栗氏，安陵、杜杜氏，〔一〕亦巨萬。

〔一〕集解徐廣云：「安陵及杜，二縣名，各有杜姓也。宣帝以杜爲杜陵。」

此其章章尤異者也。〔一〕皆非有爵邑奉祿弄法犯姦而富，盡椎埋去就，與時俯仰，獲其贏利，以末致財，用本守之，以武一切，用文持之，變化有概，故足術也。若至力農畜，工虞

商賈，爲權利以成富，大者傾郡，中者傾縣，下者傾鄉里者，不可勝數。

〔一〕集解徐廣曰：「異，一作『淑』，又作『較』。」

夫纖嗇筋力，治生之正道也，而富者必用奇勝。田農，掘業，〔一〕而秦揚以蓋一州。〔二〕掘冢，姦事也，而田叔以起。博戲，惡業也，而桓發〔三〕用（之）富。行賈，丈夫賤行也，而雍樂成以饒。販脂，〔四〕辱處也，而雍伯千金。〔五〕賣漿，小業也，而張氏千萬。洒削，〔六〕薄技也，而郅氏鼎食。胃脯，〔七〕簡微耳，濁氏連騎。馬醫，淺方，張里擊鍾。此皆誠壹之所致。

〔一〕集解徐廣曰：「古『拙』字亦作『掘』也。」

〔二〕索隱漢書作「甲一州」。服虔云：「富爲州之中第一。」

〔三〕索隱漢書作「稽發」。正義桓發，人姓名。

〔四〕正義說文云「戴角者脂，無角者膏」也。

〔五〕集解徐廣曰：「雍，一作『翁』。」索隱雍，於恭反。漢書作「翁伯」也。

〔六〕集解徐廣曰：「洒，或作『細』。」駰案：漢書音義曰「治刀劍名」。索隱上音先禮反，削刀者名。洒削，謂摩刀以水洒之。又方言云「劍削，關東謂之削，音肖」。削，一依字讀也。

〔七〕索隱晉灼云：「太官常以十月作沸湯燖羊胃，以末椒薑粉之訖，暴使燥，則謂之脯，故易售而致富。」正義案，胃脯謂和五味而脯美，故易售。

由是觀之，富無經業，則貨無常主，能者輻湊，不肖者瓦解。千金之家比一都之君，巨萬者乃與王者同樂。豈所謂「素封」者邪？非也？

【索隱述贊】貨殖之利，工商是營。廢居善積，倚市邪贏。白圭富國，計然强兵。倮參朝請，女築懷清。素封千户，卓鄭齊名。

史記卷一百三十

太史公自序第七十

昔在顓頊，命南正重以司天，北正黎以司地。〔一〕唐虞之際，紹重黎之後，使復典之，至于夏商，故重黎氏世序天地。其在周，程伯休甫其後也。〔二〕當周宣王時，失其守而爲司馬氏。〔三〕司馬氏世典周史。〔四〕惠襄之閒，司馬氏去周適晉。〔五〕晉中軍隨會奔秦，〔六〕而司馬氏入少梁。〔七〕

〔一〕【索隱】南正重以司天，火正黎以司地。案：張晏云「南方，陽也。火，水配也。水爲陰，故命南正重司天，火正黎兼地職」。臣瓚以爲重黎氏是司天地之官，司地者宜曰北正，古文作「北」字，非也。揚雄、譙周並以爲然。案：國語「黎爲火正，以淳曜敦大，光照四海」，又幽通賦云「黎淳曜於高辛」，則「火正」爲是也。

〔二〕【集解】應劭曰：「封爲程國伯，休甫，字也。」【索隱】案：重司天而黎司地，是代序天地也。據左氏，重是少昊之子，黎乃顓頊之胤，二氏二正，所出各別，而史遷意欲合二氏爲一，故總云「在周，程伯休甫其後」，非也。然（後）案〔後〕彪之序及干寶皆云司馬氏，黎之後是也。今總稱伯休甫是重黎之後者，凡言地即舉天，稱黎則兼重，自是相對之文，其實二官亦通職。然休甫則黎之後也，亦是太史公欲以史爲己任，言先代天官，所以兼稱重耳。

〔三〕【正義】括地志云：「安陵故城在雍州咸陽東二十一里，周之程邑也。」

〔四〕【正義】司馬彪序云：「南正黎，後世爲司馬氏。」

〔五〕【索隱】案：司馬，夏官卿，不掌國史，自是先代兼爲史。衞宏云「司馬氏，周史佚之後」，不知何據。

〔五〕【集解】張晏曰：「周惠王、襄王有子穨、叔帶之難，故司馬氏奔晉。」

〔六〕【索隱】案左氏，隨會自晉奔秦，後乃奔魏，自魏還晉，故漢書云會奔秦魏也。

〔七〕【索隱】古梁國也，秦滅之，改曰少梁，後名夏陽。【正義】案春秋，隨會奔秦，其後自秦人魏而還晉也。隨會爲晉中軍將。少梁，古梁國也，嬴姓，在同州韓城縣南二十二里，是時屬晉。

自司馬氏去周適晉，分散，或在衞，或在趙，或在秦。其在衞者，相中山。〔一〕在趙者，〔二〕以傳劍論顯，〔三〕蒯聵〔四〕其後也。在秦者名錯，與張儀爭論，於是惠王使錯將伐蜀，遂拔，因而守之。〔五〕錯孫靳，〔六〕事武安君白起。而少梁更名曰夏陽。靳與武安君阬趙長平軍，〔七〕還而與之俱賜死杜郵，〔八〕葬於華池。〔九〕靳孫昌，昌爲秦主鐵官，當始皇之時。蒯聵玄孫卬〔一〇〕爲武信君將〔一一〕而徇朝歌。諸侯之相王，王卬於殷。〔一二〕漢之伐楚，卬歸漢，以其地爲河內郡。昌生無澤，〔一三〕無澤爲漢市長。無澤生喜，喜爲五大夫，卒，皆葬高門。〔一四〕喜生談，談爲太史公。〔一五〕

〔一〕【集解】徐廣曰：「名喜也。」

〔二〕【索隱】案：何法盛晉書及司馬氏系本名凱。【正義】何法盛晉書及晉譙王司馬無忌司馬氏系本皆云名凱。

〔三〕【集解】服虔曰：「世善傳劍也。」蘇林曰：「傳手搏論而釋之。」晉灼曰：「史記吳起贊曰『非信仁廉勇，不能傳劍論兵書』也。」【索隱】服虔云：「代善劍也。」按：解所以稱傳也。蘇林云傳作「搏」，言手搏論而釋之，所以知名也。

〔四〕【正義】五怪反。如淳云：「刺客傳之蒯聵也。」

〔五〕【集解】蘇林曰：「守，郡守也。」

〔六〕【集解】徐廣曰：「一作『蘄』。」【索隱】上音七各反，下音紀覺反。漢書作「蘄」。

〔七〕【集解】文穎曰：「趙孝成時。」

〔八〕【索隱】下音尤。李奇曰「地名，在咸陽西」。按三秦記，其地後改爲李里者也。

〔九〕【集解】晉灼曰：「地名，在鄠縣。」【索隱】晉灼云在鄠縣，非也。案司馬遷碑在夏陽西北四里。【正義】括地志云：「華池在同州韓城縣西南七十里，在夏陽故城西北四里。」

〔一〇〕【索隱】案：晉譙國司馬無忌作司馬氏系本，云蒯聵生昭豫，昭豫生憲，憲生卬。

〔一一〕【集解】徐廣曰：「張耳傳云武臣自號武信君。」【索隱】案漢書，武臣號武信君。

〔一二〕【索隱】漢書云項羽封卬爲殷王。

〔一三〕【索隱】漢書作「毋擇」，並音亦也。

〔一四〕【集解】蘇林曰：「長安北門也。」瓚曰：「長安城無高門。」【索隱】案：蘇說非也。案遷碑，在夏陽西北，去華池三里。【正義】括地志云：「高門原俗名馬門原，在同州韓城縣西南十八里。漢司馬遷墓在韓城縣南二十二里。夏陽縣故城東南有司馬遷冢，在高門原上也。」

〔一五〕【集解】如淳曰：「漢儀注太史公，武帝置，位在丞相上。天下計書先上太史公，副上丞相，序事如古春秋。遷死

後，宣帝以其官爲令，行太史公文書而已。」瓚曰：「百官表無太史公。茂陵中書司馬談以太史丞爲太史令。」【索隱】案茂陵書，談以太史丞爲太史令，則「公」者，遷所著書尊其父云「公」也。然稱「太史公」皆遷稱述其父所作，其實亦遷之詞，而如淳引衞宏儀注稱「位在丞相上」，謬矣。案百官表又無其官。且修史之官，國家別有著撰，則令郡縣所上圖書皆先上之，而後人不曉，誤以爲在丞相上耳。【正義】虞喜志林云：「古者主天官者皆上公，自周至漢，其職轉卑，然朝會坐位猶居公上。尊天之道，其官屬仍以舊名尊而稱也。」案：下文「太史公既掌天官，不治民，有子曰遷」，又云「卒三歲而遷爲太史公」，又云「太史公遭李陵之禍」，又云「汝復爲太史，則續吾祖矣」，觀此文，虞喜說爲長。乃書談及遷爲「太史公」者，皆遷自書之。漢舊儀云「太史公秩二千石，卒史皆秩二百石」。然瓚及韋昭、桓譚之說皆非也。以桓譚之說釋在武本紀也。

太史公學天官於唐都，〔一〕受易於楊何，〔二〕習道論於黃子。〔三〕太史公仕於建元元封之閒，愍學者之不達其意而師悖，〔四〕乃論六家之要指曰：

〔一〕【正義】天官書云「星則唐都」也。

〔二〕【集解】徐廣曰：「菑川人。」

〔三〕【集解】徐廣曰：「儒林傳曰黃生，好黃老之術。」

〔四〕【正義】布內反。顏云：「悖，惑也。各習師書，惑於所見也。」

易大傳：〔一〕「天下一致而百慮，同歸而殊塗。」夫陰陽、儒、墨、名、法、道德，此務爲

治者也，直所從言之異路，有省不省耳。[二]嘗竊觀陰陽之術，大祥[三]而衆忌諱，使人拘而多所畏；[四]然其序四時之大順，不可失也。儒者博而寡要，勞而少功，是以其事難盡從；然其序君臣父子之禮，列夫婦長幼之別，不可易也。墨者[五]儉而難遵，是以其事不可徧循；[六]然其彊本節用，不可廢也。法家嚴而少恩；然其正君臣上下之分，不可改矣。名家使人儉而善失真；[七]然其正名實，不可不察也。道家使人精神專一，動合無形，贍足萬物。[八]其爲術也，因陰陽之大順，采儒墨之善，撮名法之要，與時遷移，應物變化，立俗施事，無所不宜，指約而易操，事少而功多。儒者則不然。以爲人主天下之儀表也，主倡而臣和，主先而臣隨。如此則主勞而臣逸。至於大道之要，去健羨，[九]絀聰明，[一〇]釋此而任術。夫神大用則竭，形大勞則敝。形神騷動，欲與天地長久，非所聞也。

[一]集解張晏曰：「謂易繫辭。」正義張晏云「謂易繫辭」。案：下二句是繫辭文也。

[二]索隱案：六家同歸於正，然所從之道殊塗，學或有傳習省察，或有不省者耳。

[三]集解徐廣曰：「一作『詳』。」駰案：李奇曰「月令星官，是其枝葉也」。索隱案：漢書作「大詳」，言我觀陰陽之術大詳。而今此作「祥」，於義爲疏也。正義顧野王云：「祥，善也，吉凶之先見也。」

[四]正義言拘束於日時，令人有所忌畏也。

[五]正義韋云：「墨翟之術也，尚儉，後有隨巢子傳其術也。」

[六]索隱徧音遍。徧循，言難盡用也。

[七]索隱案：名家流出於禮官。古者名位不同，禮亦異數，孔子「必也正名乎」。案：名家知禮亦異數，是儉也，受命不受辭，或失其真也。

[八]索隱贍音市豔反。漢書作「澹」，古今字異也。

[九]集解如淳曰：「『知雄守雌』，是去健也。『不見可欲，使心不亂』，是去羨也。」

[一〇]索隱如淳云：「『不尚賢』，『絕聖弃智』也。」

夫陰陽四時、八位、十二度、二十四節[一]各有教令，順之者昌，逆之者不死則亡，未必然也，故曰「使人拘而多畏」。夫春生夏長，秋收冬藏，此天道之大經也，弗順則無以爲天下綱紀，故曰「四時之大順，不可失也」。

[一]集解張晏曰：「八位，八卦位也。十二度，十二次也。二十四節，就中氣也。各有禁忌，謂日月也。」

夫儒者以六蓺爲法。六蓺經傳以千萬數，累世不能通其學，當年不能究其禮，故曰「博而寡要，勞而少功」。若夫列君臣父子之禮，序夫婦長幼之別，雖百家弗能易也。

墨者亦尚堯舜道，言其德行曰：「堂高三尺，[一]土階三等，茅茨不翦，[二]采椽不刮。[三]食土簋，[四]啜土刑，[五]糲粱之食，[六]藜藿之羹。[七]夏日葛衣，冬日鹿裘。」其送死，桐棺三寸，[八]舉音不盡其哀。教喪禮，必以此爲萬民之率。使天下法若此，則尊卑無別也。夫世異時移，事業不必同，故曰「儉而難遵」。要曰彊本節用，則人給家足之道也。此墨子之所長，雖百家弗能廢也。

[一]索隱案：自此已下韓子之文，故稱「曰」。

[二]正義屋蓋曰茨，以茅覆屋。

[三]索隱韋昭云：「采椽，櫟榱也。」正義採取爲椽，不刮削也。

[四]集解徐廣曰：「一作『瑠』。」駰案：服虔曰「土簋，用土作此器」。

[五]正義顏云：「簋，所以盛飯也。刑，所以盛羹也。土謂燒土爲之，即瓦器也。」

[六]集解張晏曰：「一斛粟，七枓米，爲糲。」瓚曰：「五斗粟，三斗米，爲糲。音剌。」韋昭曰：「糲，礲也。」索隱服虔云：「糲，麤米也。」三倉云：「粱，好粟。」正義糲，麤米也，脱粟也。粱，粟也。謂食脱粟之麤飯也。

[七]正義藜，似藋而表赤。藿，豆葉也。

[八]正義以桐木爲棺，厚三寸也。

法家不別親疏，不殊貴賤，一斷於法，則親親尊尊之恩絕矣。[一]可以行一時之計，而不可長用也，故曰「嚴而少恩」。若尊主卑臣，明分職不得相踰越，雖百家弗能改也。

[一]索隱案：禮，親親父爲首，尊尊君爲首也。

名家苛察繳繞，[一]使人不得反其意，專決於名而失人情，故曰「使人儉而善失真」。若夫控名責實，參伍不失，[二]此不可不察也。

[一]集解服虔曰：「繳音近叫呼，謂煩也。」如淳曰：「繳繞猶纏繞，不通大體也。」

[二]集解晉灼曰：「引名責實，參錯交互，明知事情。」

道家無爲，又曰無不爲，[一]其實易行，[二]其辭難知。[三]其術以虛無爲本，以因循爲用。[四]無成埶，無常形，故能究萬物之情。不爲物先，不爲物後，[五]故能爲萬物主。有法無法，因時爲業；[六]有度無度，因物與合。[七]故曰「聖人不朽，時變是守」。[八]虛者道之常也，因者君之綱」也。[九]羣臣並至，使各自明也。其實中其聲者謂之端，實不中其聲者謂之窾。[一〇]窾言不聽，姦乃不生，賢不肖自分，白黑乃形。在所欲用耳，何事不成。乃合大道，混混冥冥。[一一]光燿天下，復反無名。凡人所生者神也，所託者形也。神大用則竭，形大勞則敝，形神離則死。死者不可復生，離者不可復反，故聖人重之。由是觀之，神者生之本也，形者生之具也。[一二]不先定其神〔形〕，而曰「我有以治天下」，何由哉？

[一]正義無爲者，守清淨也。無不爲者，生育萬物也。

[二]正義各守其分，故易行也。

[三]正義幽深微妙，故難知也。

[四]正義任自然也。

[五]集解韋昭曰：「因物爲制。」

〔六〕正義因時之物，成法爲業。
〔七〕正義因其萬物之形成度與合也。
〔八〕索隱「故曰聖人不朽」至「因者君之綱」，此出鬼谷子，遷引之以成其章，故稱「故曰」也。正義言聖人教迹不朽滅者，順時變化。
〔九〕正義言因百姓之心以教，唯執其綱而已。
〔一〇〕集解徐廣曰：「音款，空也。」駰案：李奇曰「聲別名也」。索隱窾音款。漢書作「款」。款，空也。故申子云「款言無成」是也。聲者，名也。以言實不稱名，則謂之空，空有聲也。
〔一一〕正義上胡本反。混混者，元氣（神者）之皃也。
〔一二〕集解韋昭曰：「聲氣者，神也。枝體者，形也。」

太史公既掌天官，不治民。有子曰遷。

遷生龍門，〔一〕耕牧河山之陽。〔二〕年十歲則誦古文。〔三〕二十而南游江、淮，上會稽，探禹穴，〔四〕闚九疑，〔五〕浮於沅、湘；〔六〕北涉汶、泗，〔七〕講業齊、魯之都，觀孔子之遺風，鄉射鄒、嶧；戹困鄱、薛、〔八〕彭城，過梁、楚以歸。於是遷仕爲郎中，奉使西征巴、蜀以南，南略邛、筰、昆明，還報命。〔九〕

〔一〕集解徐廣曰：「在馮翊夏陽縣。」駰案：蘇林曰「禹所鑿龍門也」。正義括地志云：「龍門在同州韓城縣北五

十里。其山更黃河，夏禹所鑿者也。龍門山在夏陽縣，遷卽漢夏陽縣人也，至唐改曰韓城縣。」
〔二〕正義河之北，山之南也。案：在龍門山南也。
〔三〕索隱案：遷及事伏生，是學誦古文尚書。劉氏以爲左傳、國語、系本等書，是亦名古文也。
〔四〕集解張晏曰：「禹巡狩至會稽而崩，因葬焉。上有孔穴，民間云禹入此穴。」索隱越絕書云：「禹上茅山大會計，更名曰會稽。」張勃吳録云：「本名苗山，一名覆釜，禹會諸侯計功，改曰會稽。上有孔，號曰禹穴也。」正義括地志云：「石箐山一名玉笥山，又名宛委山，卽會稽山一峯也，在會稽縣東南十八里。吳越春秋云『禹案黃帝中經九山，東南天柱，號曰宛委，赤帝左闕之填，承以文玉，覆以盤石，其書金簡青玉爲字，編以白銀，皆瑑其文。禹乃東巡，登衡山，血白馬以祭。禹乃登山，仰天而笑，忽然而卧，夢見繡衣男子自稱玄夷倉水使者，御倚覆釜之山，東顧謂禹曰：「欲得我山神書者，齊於黃帝之岳，岩（岩）〔嶽〕之下，三月季庚，登山發石。」禹乃登宛委之山，發石，乃得金簡玉字，以水泉之脈。山中又有一穴，深不見底，謂之禹穴』。史遷云『上會稽，探禹穴』，卽此穴也。」
〔五〕索隱山海經云：「南方蒼梧之丘，蒼梧之泉，在營道南，其山九峯皆相似，故曰九疑。」張晏云：「九疑舜葬，故窺之。」尋上探禹穴，蓋以先聖所葬處有古册文，故探窺之，亦搜採遠矣。正義九疑山在道州。
〔六〕正義沅水出郎州。湘水出道州北，東北入海。
〔七〕正義兩水出兗州東北而南歷魯。
〔八〕集解徐廣曰：「嶧音亦，縣名，有山也。鄱音皮。鄒、鄱、薛三縣屬魯。」索隱鄱本音蕃，今音皮。案：田褒魯記云「靈帝末，有汝南陳子游爲魯相。子游，太尉陳蕃子也，國人諱而改焉」。若如其說，則「蕃」改「鄱」，鄱皮聲相近，後漸訛耳。然地理志魯國蕃縣，應劭曰邾國也，音皮。正義鄒，縣名。嶧，山名。嶧山在鄒縣北二十二里，地近曲阜，於此行鄉射之禮。括地志云：「徐州滕縣，漢蕃縣，音翻。漢末陳蕃子逸爲魯相，改音皮。田褒魯記曰『靈帝末，汝南陳子斿爲魯相，陳蕃子也，國人爲諱而改焉』。」
〔九〕集解徐廣曰：「元鼎六年，平西南夷，以爲五郡。其明年，元封元年是也。」

是歲天子始建漢家之封，而太史公留滯周南，〔一〕不得與從事，〔二〕故發憤且卒。而子遷適使反，見父於河洛之閒。太史公執遷手而泣曰：「余先周室之太史也。自上世嘗顯功名於虞夏，典天官事。後世中衰，絕於予乎？汝復爲太史，則續吾祖矣。今天子接千歲之統，封泰山，而余不得從行，是命也夫，命也夫！余死，汝必爲太史；爲太史，無忘吾所欲論著矣。且夫孝始於事親，中於事君，終於立身。揚名於後世，以顯父母，此孝之大者。夫天下稱誦周公，言其能論歌文武之德，宣周邵之風，達太王王季之思慮，爰及公劉，以尊后稷也。幽厲之後，王道缺，禮樂衰，孔子脩舊起廢，論詩書，作春秋，則學者至今則之。自獲麟以來四百有餘歲，〔三〕而諸侯相兼，史記放絕。今漢興，海內一統，明主賢君忠臣死義之士，余爲太史而弗論載，廢天下之史文，余甚懼焉，汝其念哉！」遷俯首流涕曰：「小子不敏，請悉論先人所次舊聞，弗敢闕。」

〔一〕集解徐廣曰：「摯虞曰古之周南，今之洛陽。」索隱張晏云：「自陝已東，皆周南之地也。」

〔二〕正義與音預。
〔三〕集解駰案：年表魯哀公十四年獲麟，至漢元封元年三百七十一年。

卒三歲而遷爲太史令，〔一〕紬史記〔二〕石室金匱之書。〔三〕五年而當太初元年，〔四〕十一月甲子朔旦冬至，天曆始改，建於明堂，諸神受紀。〔五〕

〔一〕索隱博物志：「太史令茂陵顯武里大夫司馬遷，年二十八，三年六月乙卯除，六百石。」
〔二〕集解徐廣曰：「紬音抽。」索隱如淳云：「抽徹舊書故事而次述之。」徐廣音抽。小顏云：「紬謂綴集之也。」
〔三〕索隱案：石室、金匱皆國家藏書之處。
〔四〕集解李奇曰：「遷爲太史後五年，適當於武帝太初元年，此時述史記。」正義案：遷年四十二歲。
〔五〕集解徐廣曰：「封禪序曰『封禪則萬靈罔不禋祀』。」駰案：韋昭曰「告於百神，與天下更始，著紀於是」。索隱虞喜志林云：「改曆於明堂，班之於諸侯。諸侯羣神之主，故曰『諸神受紀』。」孟康云：「句芒、祝融之屬皆受瑞紀。」

太史公曰：「先人有言：〔一〕『自周公卒五百歲而有孔子。孔子卒後至於今五百歲，〔二〕有能紹明世，正易傳，繼春秋，本詩書禮樂之際？』意在斯乎！意在斯乎！小子何敢讓焉。」〔三〕

〔一〕索隱先人謂先代賢人也。正義太史公，司馬遷也。先人，司馬談也。

〔二〕索隱 按：孟子稱堯舜至湯五百餘歲，湯至文王五百餘歲，文王至孔子五百餘歲。按：太史公略取於孟子，而楊雄、孫盛深所不然，所謂多見不知量也。以爲淳氣育才，豈有常數，五百之期，何異瞬息。是以上皇相次，或有萬齡爲閒，而唐堯、舜、禹比肩並列。降及周室，聖賢盈朝；孔子之没，千載莫嗣，安在於千年五百乎？具述作者，蓋記注之志耳，豈聖人之倫哉。

〔三〕索隱 讓，漢書作「攘」。晉灼云：「此古『讓』字，言己當述先人之業，何敢自嫌值五百歲而讓也。」

上大夫壺遂〔一〕曰：「昔孔子何爲而作春秋哉？」太史公曰：「余聞董生曰：〔二〕『周道衰廢，孔子爲魯司寇，諸侯害之，大夫壅之。孔子知言之不用，道之不行也，是非二百四十二年〔三〕之中，以爲天下儀表，貶天子，退諸侯，討大夫，以達王事而已矣。』子曰：『我欲載之空言，〔四〕不如見之於行事之深切著明也。』〔五〕夫春秋，上明三王之道，下辨人事之紀，別嫌疑，明是非，定猶豫，善善惡惡，〔六〕賢賢賤不肖，存亡國，繼絶世，補敝起廢，王道之大者也。易著天地陰陽四時五行，故長於變；禮經紀人倫，故長於行；書記先王之事，故長於政；詩記山川谿谷禽獸草木牝牡雌雄，故長於風；樂樂所以立，故長於和；春秋辯是非，故長於治人。是故禮以節人，樂以發和，書以道事，詩以達意，易以道化，春秋以道義。撥亂世反之正，莫近於春秋。春秋文成數萬，其指數千。〔七〕萬物之散聚皆在春秋。春秋之中，弒君三十六，亡國五十二，諸侯奔走不得保其社稷者不可勝數。察其所以，皆失其本已。〔八〕

故易曰『失之豪氂，差以千里』。〔九〕故曰『臣弒君，子弒父，非一旦一夕之故也，其漸久矣』。故有國者不可以不知春秋，前有讒而弗見，後有賊而不知。爲人臣者不可以不知春秋，守經事而不知其宜，遭變事而不知其權。爲人君父而不通於春秋之義者，必蒙首惡之名。爲人臣子而不通於春秋之義者，必陷篡弒之誅，死罪之名。其實皆以爲善，爲之不知其義，〔一〇〕被之空言而不敢辭。〔一一〕夫不通禮義之旨，至於君不君，臣不臣，父不父，子不子。夫君不君則犯，〔一二〕臣不臣則誅，父不父則無道，子不子則不孝。此四行者，天下之大過也。以天下之大過予之，則受而弗敢辭。故春秋者，禮義之大宗也。夫禮禁未然之前，法施已然之後；法之所爲用者易見，而禮之所爲禁者難知。」

〔一〕索隱 案：遂爲詹事，秩二千石，故爲上大夫也。

〔二〕集解 服虔曰：「仲舒也。」

〔三〕索隱 案：是非謂襃貶諸侯之得失也。

〔四〕索隱 案：孔子之言見春秋緯，太史公引之以成説也。空言謂襃貶是非也。空立此文，而亂臣賊子懼也。

〔五〕索隱 案：孔子言我徒欲立空言，設襃貶，則不如附見於當時所因之事。人臣有僭侈篡逆，因就此筆削以襃貶，深切著明而書之，以爲將來之誡者也。

〔六〕索隱 公羊傳曰「善善及其子孫，惡惡止其身」也。

〔七〕集解 張晏曰：「春秋萬八千字，當言『減』，而云『成數』，字誤也。」駰謂太史公此辭是述董生之言。董仲舒自治公羊春秋，公羊經傳凡有四萬四千餘字，故云「文成數萬」也。不得如張議，但論經萬八千字，便謂之誤。索隱 案：張晏曰「春秋萬八千字，此云『文成數萬』，字誤也」。裴駰以遷述仲舒所論公羊經傳，凡四萬四千，故云「數萬」，又非也。小顔云「史遷豈以公羊傳爲春秋乎」？又春秋經一萬八千，亦足稱數萬，非字之誤也。

〔八〕索隱 案：弒君亡國及奔走者，皆是失仁義之道本耳。已者，語終之辭也。

〔九〕集解 徐廣曰：「一云『差以毫氂』，一云『繆以千里』。」駰案：今易無此語，易緯有之。

〔一〇〕正義 其心實善，爲之不知其義理，則陷於罪咎。

〔一一〕集解 張晏曰：「趙盾不知討賊，而不敢辭其罪也。」

〔一二〕正義 顔云：「爲臣下所干犯也。一云違犯禮義。」

壺遂曰：「孔子之時，上無明君，下不得任用，故作春秋，垂空文以斷禮義，當一王之法。今夫子上遇明天子，下得守職，萬事既具，咸各序其宜，夫子所論，欲以何明？」

太史公曰：「唯唯，否否，〔一〕不然。余聞之先人曰：『伏羲至純厚，作易八卦。堯舜之盛，尚書載之，禮樂作焉。湯武之隆，詩人歌之。春秋采善貶惡，推三代之德，襃周室，非獨刺譏而已也。』漢興以來，至明天子，獲符瑞，封禪，改正朔，易服色，受命於穆清，〔二〕澤流罔極，海外殊俗，重譯款塞，〔三〕請來獻見者，不可勝道。臣下百官力誦聖德，猶不能宣盡其意。且士賢能而不用，有國者之恥；主上明聖而德不布聞，有司之過也。且余嘗掌其官，廢明聖盛德不載，滅功臣世家賢大夫之業不述，墮先人所言，罪莫大焉。余所謂述故事，整

齊其世傳，非所謂作也，而君比之於春秋，謬矣。」

〔一〕集解 晉灼曰：「唯唯，謙應也。否否，不通者也。」

〔二〕集解 如淳曰：「受天命清和之氣。」正義 於音烏。顔云：「於，歎辭也。穆，美也。言天子有美德而教化清也。」

〔三〕集解 應劭曰：「款，叩也。皆叩塞門來服從也。」如淳曰：「款，寬也。請除守塞者，自保不爲寇害。」正義 重譯，更譯其言也。

於是論次其文。七年〔一〕而太史公遭李陵之禍，〔二〕幽於縲紲。乃喟然而歎曰：「是余之罪也夫！是余之罪也夫！身毁不用矣。」退而深惟曰：「夫詩書隱約者，〔三〕欲遂其志之思也。昔西伯拘羑里，〔四〕演周易；孔子戹陳蔡，作春秋；屈原放逐，著離騷；左丘失明，厥有國語；孫子臏脚，而論兵法；不韋遷蜀，世傳呂覽；〔五〕韓非囚秦，説難、孤憤；詩三百篇，大抵賢聖發憤之所爲作也。此人皆意有所鬱結，不得通其道也，故述往事，思來者。」於是卒述陶唐以來，至于麟止，〔六〕自黄帝始。

〔一〕集解 徐廣曰：「天漢三年。」正義 案：從太初元年至天漢三年，乃七年也。

〔二〕正義 太史公舉李陵，李陵降也。

〔三〕索隱 案：謂其意隱微而言約也。正義 詩書隱微而約省者，遷深惟欲依其隱約而成其志意也。

〔四〕集解 徐廣曰：「在湯陰。」

〔五〕正義 即呂氏春秋也。

〔六〕集解 張晏曰：「武帝獲麟，遷以爲述事之端。上紀黃帝，下至麟止，猶春秋止於獲麟也。」索隱 服虔云：「武帝至雍獲白麟，而鑄金作麟足形，故云『麟止』。遷作史記止於此，猶春秋終於獲麟然也。」史記以黃帝爲首，而云「述陶唐者」，案五帝本紀贊云「五帝尚矣，然尚書載堯以來。百家言黃帝，其文不雅馴」，故述黃帝爲本紀之首，而以尚書雅正，故稱「起於陶唐」。

維昔黃帝，法天則地，四聖遵序，〔一〕各成法度；唐堯遜位，虞舜不台；〔二〕厥美帝功，萬世載之。作五帝本紀〔三〕第一。

〔一〕集解 徐廣曰：「顓頊，帝嚳，堯，舜。」

〔二〕索隱 台音怡。悅也。或音胎，非也。

〔三〕索隱 應劭云：「有本則紀，有家則代，有年則表，有名則傳。」

維禹之功，九州攸同，光唐虞際，德流苗裔；夏桀淫驕，乃放鳴條。作夏本紀第二。

維契〔一〕作商，爰及成湯；太甲居桐，德盛阿衡；武丁得說，乃稱高宗；帝辛湛湎，諸侯不享。作殷本紀第三。

〔一〕正義 音薛也。

維弃作稷，德盛西伯；武王牧野，實撫天下；幽厲昏亂，既喪酆鎬；陵遲至赧，洛邑不祀。作周本紀第四。

維秦之先，伯翳佐禹；穆公思義，悼豪之旅；〔一〕以人爲殉，詩歌黃鳥；昭襄業帝。作秦本紀第五。

〔一〕索隱 案：豪即「崤」之異音。旅，師旅也。正義 穆公封崤山軍旅之尸。

始皇既立，并兼六國，銷鋒鑄鐻，〔一〕維偃干革，尊號稱帝，矜武任力；二世受運，子嬰降虜。作始皇本紀第六。

〔一〕集解 徐廣曰：「嚴安上書，銷其兵鑄以爲鍾鐻也。」索隱 下音巨。鐻，鍾也。

秦失其道，豪桀並擾；項梁業之，子羽接之；殺慶救趙，〔一〕諸侯立之；誅嬰背懷，天下非之。作項羽本紀第七。

〔一〕集解 徐廣曰：「宋義爲上將，號慶子冠軍。」

子羽暴虐，漢行功德；憤發蜀漢，還定三秦；誅籍業帝，天下惟寧，改制易俗。作高祖本紀第八。

惠之早霣，〔一〕諸呂不台；〔二〕崇彊祿、產，諸侯謀之；殺隱幽友，〔三〕大臣洞疑，〔四〕遂及宗禍。作呂太后本紀第九。

〔一〕正義 音殞。

〔二〕集解 徐廣曰：「無台輔之德也。一曰怡，懌也，不爲百姓所說。」索隱 徐廣音胎，非也。案：一音怡，此贊本韻，則怡懌爲是。

〔三〕集解 徐廣曰：「趙隱王如意，趙幽王友。」

〔四〕索隱 案：洞是洞達爲義，言所共疑也。

漢既初興，繼嗣不明，迎王踐祚，天下歸心；蠲除肉刑，開通關梁，廣恩博施，厥稱太宗。作孝文本紀第十。

諸侯驕恣，吳首爲亂，京師行誅，七國伏辜，天下翕然，大安殷富。作孝景本紀第十一。

漢興五世，隆在建元，外攘夷狄，內脩法度，封禪，改正朔，易服色。作今上本紀第十二。

維三代尚矣，年紀不可考，蓋取之譜牒舊聞，本于兹，於是略推，作三代世表第一。

幽厲之後，周室衰微，諸侯專政，春秋有所不紀；而譜牒經略，五霸更盛衰，欲睹周世相先後之意，作十二諸侯年表第二。

春秋之後，陪臣秉政，彊國相王；以至于秦，卒并諸夏，滅封地，擅其號。作六國年表第三。

秦既暴虐，楚人發難，項氏遂亂，漢乃扶義征伐；八年之閒，天下三嬗，事繁變衆，故詳著秦楚之際月表第四。

漢興已來，至于太初百年，諸侯廢立分削，譜紀不明，有司靡踵，彊弱之原云以世。〔一〕作漢興已來諸侯年表第五。

〔一〕集解 徐廣曰：「一作『云已』也。（天）漢序（傳）曰『敞、義依霍，庶幾云已』。」索隱 案：踵謂繼也。「以」字當作「已」，「世」當作「也」，並誤耳。云，已，也，皆語助之辭也。正義 言漢興已來百年，諸侯廢立分削，譜紀不能明其嗣，有司無所踵繼其後，乃云彊弱之原云以世相代，（相）不能有所錄紀也。

維高祖元功，輔臣股肱，剖符而爵，澤流苗裔，忘其昭穆，或殺身隕國。作高祖功臣侯者年表第六。

惠景之閒，維申功臣宗屬爵邑，作惠景閒侯者年表第七。

北討彊胡，南誅勁越，征伐夷蠻，武功爰列。作建元以來侯者年表第八。

諸侯既彊，七國爲從，子弟衆多，無爵封邑，推恩行義，其埶銷弱，德歸京師。作王子侯者年表第九。

國有賢相良將，民之師表也。維見漢興以來將相名臣年表，賢者記其治，不賢者彰其事。作漢興以來將相名臣年表第十。

維三代之禮，所損益各殊務，然要以近性情，通王道，故禮因人質爲之節文，略協古今之變。作禮書第一。

樂者，所以移風易俗也。自雅頌聲興，則已好鄭衞之音，鄭衞之音所從來久矣。人情之所感，遠俗則懷。〔一〕比樂書以述來古，〔二〕作樂書第二。

〔一〕【集解】徐廣曰：「樂者所以感和人情。人情既感，則遠方殊俗莫不懷柔向化也。」

〔二〕【索隱】案：來古卽古來也。言比樂書以述自古已來樂之興衰也。

非兵不彊，〔一〕非德不昌，黃帝、湯、武以興，〔二〕桀、紂、二世以崩，可不慎歟？司馬法所從來尚矣，〔三〕太公、孫、吳、王子〔四〕能紹而明之，切近世，極人變。作律書第三。

〔一〕【索隱】案：此律書之贊而云「非兵不强」者，則此「律書」卽「兵書」也。古者師出以律，則凡出軍皆聽律聲，故云「聞聲效勝負，望敵知吉凶」也。

〔二〕【索隱】黃帝有阪泉之師，湯、武有鳴條、牧野之戰而克桀、紂。

〔三〕【正義】古者師出以律，凡軍出皆吹律聽聲。律書云「六律爲萬事根本，其於兵械尤所重。望敵知吉凶，聞聲效勝負」。故云「司馬兵法所從來尚矣」乎？

〔四〕【集解】徐廣曰：「王子成甫。」

律居陰而治陽，曆居陽而治陰，律曆更相治，閒不容翲忽。〔一〕五家之文怫異，〔二〕維太初之元論。作曆書第四。〔三〕

〔一〕【索隱】案：忽者，總文之微也。翲者，輕也。言律曆窮陰陽之妙，其閒不容絲忽也。言「翲」，恐衍字耳。

【正義】翲，匹遙反，今音匹沼反。字當作「秒」。秒，禾芒表也。忽，一蠶口出絲也。言律曆相治之閒，不容比微

細之物也。

〔二〕【索隱】怫音悖，一音扶物反。怫亦悖也。言金木水火土五家之文，各相悖異不同也。【正義】五家謂黃帝、顓頊、夏、殷、周之曆，其文相戾，乖異不同，維太初之元論曆律爲是，故曆書自太初之元論之也。

〔三〕【集解】徐廣曰：「論，一作『編』。」

星氣之書，多雜禨祥，不經；推其文，考其應，不殊。比集論其行事，驗于軌度以次，作天官書第五。

受命而王，封禪之符罕〔一〕用，用則萬靈罔不禋祀。追本諸神名山大川禮，作封禪書第六。

〔一〕【集解】徐廣曰：「一云『答應』。」

維禹浚川，九州攸寧；爰及宣防，決瀆通溝。作河渠書第七。

維幣之行，〔一〕以通農商；其極則玩巧，〔二〕并兼茲殖，爭於機利，去本趨末。作平準書以觀事變，第八。

〔一〕【索隱】維獘之行。上獘音「幣帛」之「幣」，錢也。

〔二〕【索隱】杬巧，上五官反；下苦孝反。

太伯避歷，江蠻是適；文武攸興，古公王跡。闔廬弒僚，賓服荆楚；夫差克齊，子胥鴟

夷；信嚭親越，吳國既滅。嘉伯之讓，作吳世家第一。

申、呂肖矣，〔一〕尚父側微，卒歸西伯，文武是師；功冠羣公，繆權于幽；〔二〕番番黃髮，〔三〕爰饗營丘。不背柯盟，桓公以昌，九合諸侯，霸功顯彰。田闞爭寵，姜姓解亡。〔四〕嘉父之謀，作齊太公世家第二。

〔一〕【集解】徐廣曰：「肖音痟。痟猶衰微。」【索隱】案：徐廣注肖音痟，痟猶衰微，其音訓不可知從出也。今案：肖謂微弱而省少，所謂「申呂雖衰」也。【正義】肖音痟。呂尚之祖封於申。申、呂後痟微，故尚父微賤也。

〔二〕【集解】徐廣曰：「繆，錯也，猶云纏結也。權智潛謀，幽昧不顯，所謂太公陰謀。」【索隱】案：繆謂綢繆也，音亡又反。又謂太公綢繆，爲權謀於幽昧不明者，謂太公之陰謀也。【正義】繆音武彪反。言呂尚綢繆於幽權之策，謂六韜、三略、陰符、七術之屬也。

〔三〕【集解】番音婆。毛萇云「番番，威勇武貌」也。案：黃髮，言老人髮白而更黃也。

〔四〕【集解】徐廣曰：「闞，一云『監』。解，一作『遷』。」

依之違之，周公綏之；憤發文德，天下和之；輔翼成王，諸侯宗周。隱桓之際，是獨何哉？三桓爭彊，魯乃不昌。嘉旦金縢，作周公世家第三。

武王克紂，天下未協而崩。成王既幼，管蔡疑之，淮夷叛之，於是召公率德，安集王室，以寧東土。燕（易）〔噲〕之禪，〔一〕乃成禍亂。嘉甘棠之詩，作燕世家第四。

〔一〕【索隱】謂王噲禪其相子之，後卒危亂也。

管蔡相武庚，將寧舊商；及旦攝政，二叔不饗；殺鮮放度，〔一〕周公爲盟；大任十子，〔二〕周以宗彊。嘉仲悔過，〔三〕作管蔡世家第五。

〔一〕【索隱】案：系家云管叔名鮮，蔡叔名度，霍叔名處也。

〔二〕【索隱】太任，文王妃。十子，伯邑考、武王、管、蔡、霍、魯、衞、毛、聃、曹是也。

〔三〕【正義】蔡叔度之子蔡仲也。

王後不絕，舜禹是說；維德休明，苗裔蒙烈。百世享祀，爰周陳杞，楚實滅之。齊田既起，舜何人哉？作陳杞世家第六。

收殷餘民，叔封始邑，申以商亂，酒材是告，及朔之生，衞頃不寧；〔一〕南子惡蒯聵，子父易名。周德卑微，戰國既彊，衞以小弱，角獨後亡。嘉彼康誥，作衞世家第七。

〔一〕【索隱】衞頃公也。

嗟箕子乎！嗟箕子乎！正言不用，乃反爲奴。武庚既死，周封微子。襄公傷於泓，〔一〕君子孰稱。景公謙德，熒惑退行。剔成暴虐，〔二〕宋乃滅亡。嘉微子問太師，作宋世家第八。

〔一〕【正義】泓，水名。公羊傳云：「宋與楚人期戰於泓之陽，宋師大敗，君子大其不鼓不成列，臨大事而不忘禮，雖文

王之戰亦不過此也。」

〔二〕集解徐廣曰：「一云『偃』，宋剔成君生偃。」索隱上音遏成。

武王既崩，叔虞邑唐。君子譏名，〔一〕卒滅武公。驪姬之愛，亂者五世；重耳不得意，乃能成霸。六卿專權，〔二〕晉國以秏。嘉文公錫珪鬯，作晉世家第九。

〔一〕正義謂晉穆侯太子名仇，少子名成師也。

〔二〕正義智伯、范、中行、韓、魏、趙。

重黎業之，吳回接之；殷之季世，粥子牒之。周用熊繹，熊渠是續。莊王之賢，乃復國陳；〔一〕既赦鄭伯，班師華元。懷王客死，蘭咎屈原；好諛信讒，楚并於秦。嘉莊王之義，作楚世家第十。

〔一〕正義楚莊王都陳。

少康之子，實賓南海，〔一〕文身斷髮，黿鱓〔二〕與處，既守封禺，〔三〕奉禹之祀。句踐困彼，乃用種、蠡。嘉句踐夷蠻能脩其德，滅彊吳以尊周室，作越王句踐世家第十一。

〔一〕正義吳越春秋云：「啓使歲時祭禹於越，立宗廟南山之上，封少康庶子無餘於越，使祠禹，至句踐遷都山陰，立禹廟爲始祖廟，越亡遂廢也。」案：今禹廟在會稽山下。

〔二〕索隱蚖鱓、元鼉二音。

〔三〕集解徐廣曰：「封禺山在武康縣南。」

桓公之東，太史是庸。及侵周禾，王人是議。祭仲要盟，鄭久不昌。子產之仁，紹世稱賢。三晉侵伐，鄭納於韓。嘉厲公納惠王，作鄭世家第十二。

維驥騄耳，乃章造父。趙夙事獻，衰續厥緒。〔一〕佐文尊王，卒爲晉輔。襄子困辱，乃禽智伯。主父生縛，餓死探爵。王遷辟淫，良將是斥。嘉鞅討周亂，作趙世家第十三。

〔一〕正義衰，楚爲反。

畢萬爵魏，卜人知之。及絳戮干，戎翟和之。文侯慕義，子夏師之。惠王自矜，齊秦攻之。既疑信陵，諸侯罷之。卒亡大梁，王假廝之。嘉武佐晉文申霸道，作魏世家第十四。

韓厥陰德，趙武攸興。紹絕立廢，晉人宗之。昭侯顯列，申子庸之。疑非不信，秦人襲之。嘉厥輔晉匡周天子之賦，作韓世家第十五。

完子避難，適齊爲援，陰施五世，齊人歌之。成子得政，田和爲侯。王建動心，乃遷于共。嘉威、宣能撥濁世而獨宗周，作田敬仲完世家第十六。

周室既衰，諸侯恣行。仲尼悼禮廢樂崩，追脩經術，以達王道，匡亂世反之於正，見其文辭，爲天下制儀法，垂六蓺之統紀於後世。作孔子世家第十七。

桀、紂失其道而湯、武作，周失其道而春秋作。〔一〕秦失其政，而陳涉發迹，諸侯作難，風起雲蒸，卒亡秦族。天下之端，自涉發難。作陳涉世家第十八。

〔一〕正義周失其道，至秦之時，諸侯力事乎争强。

成皋之臺，薄氏始基。詘意適代，厥崇諸竇。栗姬偩貴，王氏乃遂。陳后太驕，卒尊子夫。嘉夫德若斯，作外戚世家第十九。

漢既譎謀，禽信於陳；越荊剽輕，乃封弟交爲楚王，爰都彭城，以彊淮泗，爲漢宗藩。戊溺於邪，禮復紹之。嘉游輔祖，〔一〕作楚元王世家第二十。

〔一〕正義游，楚王交字也。祖，高祖也。

維祖師旅，劉賈是與；爲布所襲，喪其荊、吳。營陵激呂，乃王琅邪；怵午〔一〕信齊，往而不歸，遂西入關，遭立孝文，獲復王燕。天下未集，賈、澤以族，爲漢藩輔。作荊燕世家第二十一。

〔一〕正義謂祝午也。

天下已平，親屬既寡；悼惠先壯，實鎮東土。哀王擅興，發怒諸呂，駟鈞暴戾，京師弗許。厲之內淫，禍成主父。嘉肥股肱，作齊悼惠王世家第二十二。

楚人圍我滎陽，相守三年；蕭何填撫山西，〔一〕推計踵兵，給糧食不絕，使百姓愛漢，不樂爲楚。作蕭相國世家第二十三。

〔一〕正義謂華山之西也。

與信定魏，破趙拔齊，遂弱楚人。續何相國，不變不革，黎庶攸寧。嘉參不伐功矜能，作曹相國世家第二十四。

運籌帷幄之中，制勝於無形，子房計謀其事，無知名，無勇功，圖難於易，爲大於細。作留侯世家第二十五。

六奇既用，諸侯賓從於漢；呂氏之事，平爲本謀，終安宗廟，定社稷。作陳丞相世家第二十六。

諸呂爲從，謀弱京師，而勃反經合於權；吳楚之兵，亞夫駐於昌邑，以戹齊趙，而出委以梁。作絳侯世家第二十七。

七國叛逆，蕃屏京師，唯梁爲扞；偩愛矜功，幾獲于禍。嘉其能距吳楚，作梁孝王世家第二十八。

五宗既王，親屬洽和，諸侯大小爲藩，爰得其宜，僭擬之事稍衰貶矣。作五宗世家第二十九。

三子之王，文辭可觀。作三王世家第三十。

末世爭利，維彼奔義；讓國餓死，天下稱之。作伯夷列傳第一。

晏子儉矣，夷吾則奢；齊桓以霸，景公以治。作管晏列傳第二。

李耳無爲自化，清淨自正；韓非揣事情，循埶理。作老子韓非列傳第三。

自古王者而有司馬法，穰苴能申明之。作司馬穰苴列傳第四。

非信廉仁勇不能傳兵論劍，與道同符，内可以治身，外可以應變，君子比德焉。作孫子吳起列傳第五。

維建遇讒，爰及子奢，尚既匡父，伍員奔吳。作伍子胥列傳第六。

孔氏述文，弟子興業，咸爲師傅，崇仁厲義。作仲尼弟子列傳第七。

鞅去衞適秦，能明其術，彊霸孝公，後世遵其法。作商君列傳第八。

天下患衡秦毋饜，而蘇子能存諸侯，約從以抑貪彊。作蘇秦列傳第九。

六國既從親，而張儀能明其說，復散解諸侯。作張儀列傳第十。

秦所以東攘〔一〕雄諸侯，樗里、甘茂之策。作樗里甘茂列傳第十一。

〔一〕集解徐廣曰：「一作『襄』。」

苞河山，〔一〕圍大梁，使諸侯斂手而事秦者，魏冄之功。作穰侯列傳第十二。

〔一〕集解徐廣曰：「苞，一作『施』。」

南拔鄢郢，北摧長平，遂圍邯鄲，武安爲率；破荆滅趙，王翦之計。作白起王翦列傳第

十三。

獵儒墨之遺文，明禮義之統紀，絶惠王利端，列往世興衰。〔一〕作孟子荀卿列傳第十四。

〔一〕集解徐廣曰：「一作『壞』。」

好客喜士，士歸于薛，爲齊扞楚魏。作孟嘗君列傳第十五。

爭馮亭以權，〔一〕如楚以救邯鄲之圍，使其君復稱於諸侯。作平原君虞卿列傳第十六。

〔一〕集解徐廣曰：「以，一作『反』。太史公譏平原曰『利令智昏』，故云爭馮亭反權。」

能以富貴下貧賤，賢能詘於不肖，唯信陵君爲能行之。作魏公子列傳第十七。

以身徇君，遂脱彊秦，使馳說之士南鄉走楚者，黄歇之義。作春申君列傳第十八。

能忍訽於魏齊，〔一〕而信威於彊秦，推賢讓位，二子有之。作范睢蔡澤列傳第十九。

〔一〕集解徐廣曰：「訽音逅。」索隱訽，火候反。訽，辱也。

率行其謀，連五國兵，爲弱燕報彊齊之讎，雪其先君之恥。作樂毅列傳第二十。

能信意彊秦，而屈體廉子，用徇其君，俱重於諸侯。作廉頗藺相如列傳第二十一。

湣王既失臨淄而奔莒，唯田單用即墨破走騎劫，遂存齊社稷。作田單列傳第二十二。

能設詭說解患於圍城，輕爵禄，樂肆志。作魯仲連鄒陽列傳第二十三。

作辭以諷諫，連類以争義，離騷有之。作屈原賈生列傳第二十四。

結子楚親，使諸侯之士斐然爭入事秦。作呂不韋列傳第二十五。

曹子匕首，魯獲其田，齊明其信；豫讓義不爲二心。作刺客列傳第二十六。

能明其畫，因時推秦，遂得意於海内，斯爲謀首。作李斯列傳第二十七。

爲秦開地益衆，北靡匈奴，據河爲塞，因山爲固，建榆中。作蒙恬列傳第二十八。

填趙塞常山以廣河内，弱楚權，明漢王之信於天下。作張耳陳餘列傳第二十九。

收西河、上黨之兵，從至彭城；越之侵掠梁地以苦項羽。作魏豹彭越列傳第三十。

以淮南叛楚歸漢，漢用得大司馬殷，卒破子羽于垓下。〔一〕作黥布列傳第三十一。

〔一〕集解徐廣曰：「隄塘之名也。」

楚人迫我京索，而信拔魏趙，定燕齊，使漢三分天下有其二，以滅項籍。作淮陰侯列傳第三十二。

楚漢相距鞏洛，而韓信爲填潁川，盧綰絶籍糧餉。作韓信盧綰列傳第三十三。

諸侯畔項王，唯齊連子羽城陽，漢得以閒遂入彭城。作田儋列傳第三十四。

攻城野戰，獲功歸報，噲、商有力焉，非獨鞭策，又與之脱難。作樊酈列傳第三十五。

漢既初定，文理未明，蒼爲主計，整齊度量，序律曆。作張丞相列傳第三十六。

結言通使，約懷諸侯；諸侯咸親，歸漢爲藩輔。作酈生陸賈列傳第三十七。

欲詳知秦楚之事，維周緤常從高祖，平定諸侯。作傅靳蒯成〔一〕列傳第三十八。

〔一〕索隱蒯成，上音裴，其字音從崩邑，又音浮。

徙彊族，都關中，和約匈奴；明朝廷禮，次宗廟儀法。作劉敬叔孫通列傳第三十九。

能摧剛作柔，卒爲列臣；欒公不劫於埶而倍死。作季布欒布列傳第四十。

敢犯顔色以達主義，不顧其身，爲國家樹長畫。作袁盎朝錯列傳第四十一。

守法不失大理，言古賢人，增主之明。作張釋之馮唐列傳第四十二。

敦厚慈孝，訥於言，敏於行，務在鞠躬，君子長者。作萬石張叔列傳第四十三。

守節切直，義足以言廉，行足以厲賢，任重權不可以非理撓。作田叔列傳第四十四。

扁鵲言醫，爲方者宗，守數精明；後世(修)〔循〕序，弗能易也，而倉公可謂近之矣。作扁鵲倉公列傳第四十五。

維仲之省，〔一〕厥濞王吳，遭漢初定，以填撫江淮之閒。作吳王濞列傳第四十六。

〔一〕集解徐廣曰：「吳王之王由父省。」

吳楚爲亂，宗屬唯嬰賢而喜士，士鄉之，率師抗山東滎陽。作魏其武安列傳第四十七。

智足以應近世之變，寬足用得人。作韓長孺列傳第四十八。

勇於當敵，仁愛士卒，號令不煩，師徒鄉之。作李將軍列傳第四十九。

自三代以來，匈奴常爲中國患害；欲知彊弱之時，設備征討，作匈奴列傳第五十。

直曲塞，廣河南，破祁連，通西國，靡北胡。作衞將軍驃騎列傳第五十一。

大臣宗室以侈靡相高，唯弘用節衣食爲百吏先。作平津侯列傳第五十二。

漢既平中國，而佗能集楊越以保南藩，納貢職。作南越列傳第五十三。

吳之叛逆，甌人斬濞，〔一〕葆守封禺〔二〕爲臣。作東越列傳第五十四。

〔一〕集解 徐廣曰：「今之永寧，是東甌也。」

〔二〕索隱 上音保。言東甌被越攻破之後，保封禺之山，今在武康縣也。

燕丹散亂遼閒，滿收其亡民，厥聚海東，以集真藩，〔一〕葆塞爲外臣。作朝鮮列傳第五十五。

〔一〕集解 徐廣曰：「一作『莫』。」藩音普寒反。

唐蒙使略通夜郎，而邛笮之君請爲内臣受吏。作西南夷列傳第五十六。

子虛之事，大人賦説，靡麗多誇，然其指風諫，歸於無爲。作司馬相如列傳第五十七。

黥布叛逆，子長國之，以塡江淮之南，安剽楚庶民。作淮南衡山列傳第五十八。

奉法循理之吏，不伐功矜能，百姓無稱，亦無過行。作循吏列傳第五十九。

正衣冠立於朝廷，而羣臣莫敢言浮説，長孺矜焉；好薦人，稱長者，壯有溉。〔一〕作汲鄭列傳第六十。

〔一〕集解 徐廣曰：「一作『概』。」

自孔子卒，京師莫崇庠序，唯建元元狩之閒，文辭粲如也。作儒林列傳第六十一。

民倍本多巧，姦軌弄法，善人不能化，唯一切嚴削爲能齊之。作酷吏列傳第六十二。

漢既通使大夏，而西極遠蠻，引領内鄉，欲觀中國。作大宛列傳第六十三。

救人於戹，振人不贍，仁者有乎；不既信，〔一〕不倍言，義者有取焉。作游俠列傳第六十四。

〔一〕集解 徐廣曰：「一云『不慨信』。」

夫事人君能説主耳目，和主顏色，而獲親近，非獨色愛，能亦各有所長。作佞幸列傳第六十五。

不流世俗，不爭埶利，上下無所凝滯，人莫之害，以道之用。作滑稽列傳第六十六。

齊、楚、秦、趙爲日者，各有俗〔一〕所用。欲循〔二〕觀其大旨，作日者列傳第六十七。

〔一〕索隱 案：日者傳云「無以知諸國之俗」，今褚先生唯記司馬季主之事也。

〔二〕集解 徐廣曰：「一作『總』。」

三王不同龜，四夷各異卜，然各以決吉凶。略闚其要，作龜策列傳〔一〕第六十八。

〔一〕索隱 三王不同龜，四夷各異卜，其書既亡，無以紀其異。今褚少孫唯取太卜占龜之雜説，詞甚煩蕪，不能裁剪，妄皆穿鑿，此篇不才之甚也。

布衣匹夫之人，不害於政，不妨百姓，取與以時而息財富，智者有采焉。作貨殖列傳第六十九。

維我漢繼五帝末流，接三代（統）〔絕〕業。周道廢，秦撥去古文，焚滅詩書，故明堂石室金匱玉版〔一〕圖籍散亂。於是漢興，蕭何次律令，韓信申軍法，張蒼爲章程，〔二〕叔孫通定禮儀，則文學彬彬稍進，詩書往往閒出矣。自曹參薦蓋公〔三〕言黃老，而賈生、晁錯明申、商，公孫弘以儒顯，百年之閒，天下遺文古事靡不畢集太史公。太史公仍父子相續纂其職。曰：「於戲！余維先人嘗掌斯事，顯於唐虞，至于周，復典之，故司馬氏世主天官。〔四〕至於余乎，欽念哉！欽念哉！」罔羅天下放失舊聞，〔五〕王迹所興，原始察終，見盛觀衰，論考之行事，略推三代，錄秦漢，上記軒轅，下至于茲，著十二本紀，既科條之矣。並時異世，年差不明，〔六〕作十表。禮樂損益，律曆改易，兵權山川鬼神，〔七〕天人之際，承敝通變，作八書。二十八宿環北辰，三十輻共一轂，〔八〕運行無窮，輔拂股肱之臣配焉，忠信行道，以奉主上，作三十世家。扶義俶儻，不令己失時，〔九〕立功名於天下，作七十列傳。凡百三十篇，五十二萬六千五百字，爲太史公書。〔一〇〕序略，以拾遺補蓺，〔一一〕成一家之言，厥協六經異傳，〔一二〕整

齊百家雜語，〔一三〕藏之名山，副在京師，〔一四〕俟後世聖人君子。〔一五〕第七十。〔一六〕

〔一〕集解 如淳曰：「刻玉版以爲文字。」

〔二〕集解 如淳曰：「章，曆數之章術也。程者，權衡丈尺斛斗之平法也。」瓚曰：「茂陵書『丞相爲工用程數其中』，言百工用材多少之量及制度之程品者是也。」

〔三〕索隱 蓋，姓也，古合反。

〔四〕索隱 案：此天官非周禮冢宰天官，乃謂知天文星曆之事爲天官。且遷實黎之後，而黎氏後亦總稱重黎，以重本司天，故太史公代掌天官，蓋天官統太史之職。言史是歷代之職，恐非實事。然衞宏以爲司馬氏，周史佚之後，故太史談云「予之先人，周之太史」，蓋或得其實也。

〔五〕索隱 案：舊聞有遺失放逸者，網羅而考論之也。

〔六〕索隱 案：並時則年曆差殊，亦略言，難以明辯，故作表也。

〔七〕索隱 案：兵權，卽律書也。遷没之後，亡，褚少孫以律書補之，今律書亦略言兵也。山川，卽河渠書也；鬼神，封禪書也，故云山川鬼神也。

〔八〕集解 駰案：漢書音義曰「象黄帝以下三十世家，老子言車三十輻，運行無窮，以象王者如此也」。正義 顏云：「此説非也。言衆星共繞北辰，諸輻咸歸車，羣臣尊輔天子也。」

〔九〕索隱 己音紀。言扶義俶儻之士能立功名於當代，不後於時者也。

〔一〇〕索隱 案：桓譚云「遷所著書成，以示東方朔，朔皆署曰『太史公』」，則謂『太史公』是朔稱也。亦恐其説未盡。蓋遷自尊其父著述，稱之曰『公』。或云遷外孫楊惲所稱，事或當爾也」。

〔一二〕集解李奇曰：「六蓺也。」索隱案：漢書作「補闕」，此云：「蓺」，謂補六義之闕也。

〔一三〕索隱遷言以所撰取協於六經異傳諸家之說耳，謙不敢比經蓺也。異傳者，如子夏易傳、毛公詩及韓嬰外傳、伏生尚書大傳之流者也。

〔一四〕正義太史公撰史記，言其協于六經異文，整齊諸子百家雜說之語，謙不敢比經藝也。異傳，謂如丘明春秋外傳國語、子夏易傳、毛公詩傳、韓詩外傳、伏生尚書大傳之流也。

〔一五〕索隱言正本藏之書府，副本留京師也。穆天子傳云「天子北征，至于羣玉之山，河平無險，四徹中繩，先王所謂策府」。郭璞云「古帝王藏策之府」。則此謂藏之名山是也。

〔一六〕索隱以俟後聖君子。此語出公羊傳。言夫子制春秋以俟後聖君子，亦有樂乎此也。

〔一七〕集解駰案：衞宏漢書舊儀注曰「司馬遷作景帝本紀，極言其短及武帝過，武帝怒而削去之。後坐舉李陵，陵降匈奴，故下遷蠶室。有怨言，下獄死」。

太史公曰：余述歷黃帝以來至太初而訖，百三十篇。〔一〕

〔一〕集解駰案：漢書音義曰「十篇缺，有録無書」。張晏曰「遷沒之後，亡景紀、武紀、禮書、樂書、律書、漢興已來將相年表、日者列傳、三王世家、龜策列傳、傅靳蒯列傳。元成之閒，褚先生補闕，作武帝紀、三王世家、龜策、日者列傳，言辭鄙陋，非遷本意也」。索隱案：漢書曰「十篇有録無書」。張晏曰「遷沒之後，亡景紀、武紀、禮書、樂書、兵書、將相表、三王世家、日者、龜策傳、傅靳等列傳也」。案：景紀取班書補之，武紀專取封禪書，禮書取荀卿禮論，樂取禮樂記，兵書亡，不補，略述律而言兵，遂分曆述以次之。三王系家空取其策文以緝此篇，何率略且重，非當也。日者不能記諸國之同異，而論司馬季主。龜策直太卜所得占龜兆雜說，而無筆削之功，何蕪鄙也。

太史公自序第七十　三三二一

史記卷一百三十　三三二二

【索隱述贊】太史良才，寔纂先德。周遊歷覽，東西南北。事覈詞簡，是稱實録。報任投書，申李下獄。惜哉殘缺，非才妄續！

史記集解序

裴駰〔一〕

班固有言曰：〔二〕「司馬遷〔三〕據左氏、國語，〔四〕采世本、戰國策，〔五〕述楚漢春秋，〔六〕接其後事，訖于天漢。〔七〕其言秦漢詳矣。至於采經摭傳，〔八〕分散數家之事，甚多疏略，或有抵捂。〔九〕亦其所涉獵者廣博，貫穿經傳，馳騁古今上下數千載閒，斯已勤矣。〔一〇〕又其是非頗謬於聖人，〔一一〕論大道則先黃老而後六經，〔一二〕序游俠則退處士而進姦雄，〔一三〕述貨殖〔一四〕則崇勢利〔一五〕而羞貧賤：此其所蔽也。〔一六〕然自劉向、楊雄博極羣書，皆稱遷有良史之才，服其善序事理，辯而不華，質而不俚，〔一七〕其文直，其事核，不虛美，不隱惡，故謂之實録。」駰以爲固之所言，世稱其當。〔一八〕雖時有紕繆，〔一九〕實勒成一家，〔二〇〕總其大較，〔二一〕信命世之宏才也。〔二二〕

〔一〕索隱駰字龍駒，河東人，宋中郎外兵參軍。父松之，太中大夫。正義裴駰採九經諸史幷漢書音義及衆書之目而解史記，故題史記集解序。序，緒也。孫炎云，謂端緒也。孔子作易序卦，子夏作詩序，序之義其來尚矣。

〔二〕索隱固撰漢書，作司馬遷傳，評其作史記所採之書，兼論其得失，故裴駰此序先引之爲說也。案：固字孟堅，

史記集解序　一

史記集解序　二

扶風人，後漢明帝時仕至中護軍。祖穉，廣川太守。父彪，徐令，續太史公書也。

〔三〕正義字子長，左馮翊人也，漢武帝時爲太史令，撰史記百三十篇。父談，亦爲太史令。

〔四〕索隱仲尼作春秋經，魯史左丘明作傳，合三十篇，故曰左氏傳。國語亦丘明所撰。上起周穆王，下訖敬王。其諸侯之事，起魯莊公迄春秋末，凡二十一篇。

〔五〕索隱劉向云：「世本，古史官明於古事者之所記也。録黃帝已來帝王諸侯及卿大夫系謚名號，凡十五篇也。」戰國策，高誘云六國時縱橫之說也，一曰短長書，亦曰國事，劉向撰爲三十三篇，名曰戰國策。案：此是班固取其後名而書之，非遷時已名戰國策也。

〔六〕索隱漢太中大夫楚人陸賈所撰，記項氏與漢高祖初起及說惠文閒事。

〔七〕索隱武帝年號。言太史公所記迄至武帝天漢之年也。

〔八〕索隱案字書，摭，拾也，音之赤反。

〔九〕索隱抵音丁禮反。捂音吾故反。抵者，觸也。捂亦斜相抵觸之名。案：今屋梁上斜柱曰「柱捂」是也。直觸橫觸皆曰抵，斜觸謂之捂，下觸謂之抵。抵捂，言其參差也。以言彼此二文同出一家，而自相乖舛也。

〔一〇〕正義言作史記採經傳百家之事上下二千餘年，此其甚勤於撰録也。

〔一一〕索隱聖人謂周公、孔子也。言周孔之教皆宗儒尚德，今太史公乃先黃老，崇勢利，是謬于聖人也。正義太史公史記各顯六家之宗，黃老道家之宗，六經儒家之首，序游俠則退處士，述貨殖則崇勢利，處士賤貧，原憲非病。夫作史之體，務涉多時，有國之規，備陳臧否，天人地理咸使該通，而遷天縱之才，述作無滯，故異周孔之道。班固詆之，裴駰引序，亦通人之蔽也。而固作漢書，與史記同者五十餘卷，謹寫史記，少加異者，不弱卽劣，何更

非剥史記，乃是後士妄非前賢。又史記五十二萬六千五百言，敍二千四百一十三年事，漢書八十一萬言，敍二百二十五年事；司馬遷引父致意，班固父修而蔽之，優劣可知矣。

〔一二〕【正義】大道者，皆稟乎自然，不可稱道也。道在天地之前，先天地生，不知其名，字之曰「道」。黄帝、老子遵崇斯道，故太史公論大道，須先黄老而後六經。

〔一三〕【索隱】游俠，謂輕死重氣，如荆軻、豫讓之輩也。游，從也，行也。俠，挾也，持也。言能相從游行挾持之事。又曰，同是非曰俠也。【正義】姦雄，姦猾雄豪之人。

〔一四〕【正義】殖，生也。言貨物滋生也。

〔一五〕【正義】趨利之人。

〔一六〕【正義】此三者是司馬遷不達理也。

〔一七〕【索隱】俚音里。劉德曰「俚卽鄙也」，崔浩云「世有鄙俚之語」，則俚亦野也，俗也。不俚，謂詞不鄙樸也。

〔一八〕【正義】駰音因。當音丁浪反。裴駰以班固所論司馬遷史記是非，世人稱班固之言。

〔一九〕【索隱】紕音匹之反。紕猶錯也。亦作「悂」。字書云織者兩絲同齒曰悂。繆亦與「謬」同。

〔二〇〕【正義】雖有小紕繆，實編勒成一家之書矣。

〔二一〕【索隱】較音角。較猶略也，則大較猶言大略也。【正義】較猶明也。

〔二二〕【索隱】案：孟子云「五百年之閒必有名世者」。趙岐曰「名世，次聖之才，物來能名，正一世者，生於聖人之閒也」。此言命者名也，言賢人有名於世也。宏才，大才，謂史遷也。

史記集解序　三

考較此書，文句不同，有多有少，莫辯其實，而世之惑者，定彼從此，是非相貿，真僞舛雜。〔一〕故中散大夫東莞徐廣研核衆本，爲作音義，〔二〕具列異同，兼述訓解，〔三〕麤有所發明，而殊恨省略。〔四〕聊以愚管，〔五〕增演徐氏。〔六〕采經傳百家幷先儒之説，〔七〕豫是有益，悉皆抄内。〔八〕删其游辭，取其要實，〔九〕或義在可疑，則數家兼列。〔一〇〕漢書音義稱「臣瓚」者，莫知氏姓，〔一一〕今直云「瓚曰」。又都無姓名者，但云「漢書音義」。〔一二〕時見微意，有所裨補。〔一三〕譬嘒星之繼朝陽，〔一四〕飛塵之集華嶽。〔一五〕以徐爲本，〔一六〕號曰集解。未詳則闕，弗敢臆説。〔一七〕人心不同，〔一八〕聞見異辭，〔一九〕班氏所謂「疏略抵捂」者，依違不悉辯也。〔二〇〕愧非胥臣之多聞，〔二一〕子産之博物，〔二二〕妄言末學，蕪穢舊史，豈足以關諸畜德，庶賢無所用心而已。〔二三〕

〔一〕【正義】貿音茂。舛音昌轉反。言世之迷惑淺識之人，或定彼從此，本更相貿易，真僞雜亂，不能辯其是非。

〔二〕【正義】作音義十三卷，裴駰爲注，散入百三十篇。

〔三〕【正義】徐作音義，具列異同之本，兼述訓解釋也。

〔四〕【索隱】殊，絶也。左傳曰「斬其木不殊」，言絶恨其所撰大省略也。【正義】省音山景反。

〔五〕【索隱】案：東方朔云「以管窺天，以蠡測海」，皆喻小也。然此語本出莊子文，今云「愚管」者，是駰謙言己愚陋管見，所識不能遠大也。

〔六〕【正義】演音羊善反。增，益也。言裴駰更增益演徐氏之説。

〔七〕【正義】采，取也。或取傳説，採諸子百家，兼取先儒之義。先儒謂孔安國、鄭玄、服虔、賈逵等是也。言百家，廣

史記集解序　四

其非一。

〔八〕【正義】並採經傳之説，有裨益史記，盡抄内其中。抄音楚交反。

〔九〕【正義】删音師顔反。删，除也。去經傳諸家浮游之辭，取其精要之實。

〔一〇〕【正義】數家之説不同，各有道理，致生疑惑，不敢偏弃，故皆兼列。

〔一一〕【索隱】案：卽傅瓚，而劉孝標以爲于瓚，非也。據何法盛晉書，于瓚以穆帝時爲大將軍，誅死，不言有注漢書之事。又其注漢書有引禄秩令及茂陵書，然彼二書亡于西晉，非于所見也。必知是傅瓚者，案：穆天子傳目録云傅瓚爲校書郎，與荀勗同校定穆天子傳，卽當西晉之朝，在于之前，尚見茂陵等書。又稱「臣」者，以其職典祕書故也。瓚音殘岸反。

〔一二〕【正義】漢書音義中有全無姓名者，裴氏注史記直云「漢書音義」。案：大顔以爲無名義，今有六卷，題云孟康，或云服虔，蓋後所加，皆非其實，未詳指歸也。

〔一三〕【正義】見音賢見反。裨音卑，又音頻移反。裨，益也。裴氏云時見己之微意，亦有所補益也。

〔一四〕【索隱】嘒，微小貌也。詩云：「嘒彼小星，三五在東。」言衆無名微小之星，各隨三心五噣出在東方，亦能繼朝陽之光。嘒音火慧反。朝陽，日也。嘒星繼朝陽，喻己淺薄而注史記也。

〔一五〕【正義】西嶽華山極高大。裴氏自喻才藻輕小，如飛塵之集華嶽，亦能成其高大。管子云：「海不辭水，故能成其大；山不辭土，故能成其高。」華音胡化反，又如字。

〔一六〕【正義】徐廣音義辨諸家異同，故以徐爲本也。

〔一七〕【正義】有未詳審之處則闕而不論，不敢以胸臆之中而妄解説也。

史記集解序　五

〔一八〕【正義】言人心既不同，所見亦殊別也。

〔一九〕【正義】耳聞目見，心意既乖，其辭所以各異也。

〔二〇〕【索隱】裴氏言今或依違，不敢復更辯明之也。案：周公世家敍傳曰「依之違之，周公綏之」也。

〔二一〕【索隱】晉大夫臼季名曰胥臣。案：國語稱晉文公使趙衰爲卿，辭曰：「欒枝貞慎，先軫有謀，胥臣多聞，皆可以爲輔。」又胥臣對文公黄帝二十五子及屯豫皆八等事，是多聞也。

〔二二〕【索隱】鄭卿公孫僑字子産。案：左氏傳子産聘晉，言晉侯之疾非實沈、臺駘之祟，乃説飲食哀樂及内官不及同姓，則能生疾。晉侯聞子産之言，曰「博物君子也」。

〔二三〕【索隱】闕，預也。畜德，謂積德多學之人也。裴氏謙言己今此集解豈足關預於積學多識之士乎！正是冀望聖賢，勝於飽食終日，無所用心，愈於論語「不有博弈者乎」之人耳。

史記集解序　六

史記索隱序

朝散大夫國子博士弘文館學士河內司馬貞

史記者，漢太史司馬遷父子之所述也。遷自以承五百之運，繼春秋而纂是史，其褒貶覈實頗亞於丘明之書，於是上始軒轅，下訖天漢，作十二本紀，十表，八書，三十系家，七十列傳，凡一百三十篇，始變左氏之體，而年載悠邈，簡册闕遺，勒成一家，其勤至矣。又其屬稾先據左氏、國語、系本、戰國策、楚漢春秋及諸子百家之書，而後貫穿經傳，馳騁古今，錯綜櫽括，各使成一國一家之事，故其意難究詳矣。比於班書，微爲古質，故漢晉名賢未知見重，所以魏文侯聽古樂則唯恐卧，良有以也。

逮至晉末，有中散大夫東莞徐廣始考異同，作音義十三卷。宋外兵參軍裴駰又取經傳訓釋作集解，合爲八十卷。雖麤見微意，而未窮討論。南齊輕車録事鄒誕生亦作音義三卷，音則微殊，義乃更略。爾後其學中廢。貞觀中，諫議大夫崇賢館學士劉伯莊達學宏才，鉤深探賾，又作音義二十卷，比於徐鄒，音則具矣。殘文錯節，異音微義，雖知獨善，不見旁通，欲使後人從何準的。

貞謏聞陋識，頗事鑽研，而家傳是書，不敢失墜。初欲改更舛錯，裨補疏遺，義有未通，

兼重注述。然以此書殘缺雖多，實爲古史，忽加穿鑿，難允物情。今止探求異聞，採摭典故，解其所未解，申其所未申者，釋文演注，又重爲述贊，凡三十卷，號曰史記索隱。雖未敢藏之書府，亦欲以貽厥孫謀云。

史記索隱後序

夫太史公紀事，上始軒轅，下訖天漢，雖博采古文及傳記諸子，其閒殘闕蓋多，或旁搜異聞以成其說，然其人好奇而詞省，故事覈而文微，是以後之學者多所未究。其班氏之書，成於後漢。彪既後遷而述，所以條流更明，是兼采衆賢，羣理畢備，故其旨富，其詞文，是以近代諸儒共行鑽仰。其訓詁蓋亦多門，蔡謨集解之時已有二十四家之說，所以於文無所滯，於理無所遺。而太史公之書，既上序軒黄，中述戰國，或得之於名山壞壁，或取之以舊俗風謡，故其殘文斷句難究詳矣。

然古今爲注解者絶省，音義亦希。始後漢延篤乃有音義一卷，又別有章隱五卷，不記作者何人，近代鮮有二家之本。宋中散大夫徐廣作音義十三卷，唯記諸家本異同，於義少有解釋。又中兵郎裴駰，亦名家之子也，作集解注本，合爲八十卷，見行於代。仍云亦有音義，前代久已散亡。南齊輕車録事鄒誕生亦撰音義三卷，音則尚奇，義則罕說。隋祕書監柳顧言尤善此史。劉伯莊云，其先人曾從彼公受業，或音解隨而記録，凡三十卷。隋季喪亂，遂失此書。伯莊以貞觀之初，奉勑於弘文館講授，遂采鄒徐二說，兼記憶柳公音旨，遂作音義二十卷。音乃周備，義則更略，惜哉！古史微文遂由數賢祕寶，故其學殆絶。

前朝吏部侍郎許子儒亦作注義，不覩其書。崇文館學士張嘉會獨善此書，而無注義。貞少從張學，晚更研尋，初以殘闕處多，兼鄙褚少孫誣謬，因憤發而補史記，遂兼注之，然其功殆半。乃自唯曰：「千載古史，良難間然。」因退撰音義，重作贊述，蓋欲以剖盤根之錯節，遵北轅於司南也。凡爲三十卷，號曰史記索隱云。

史記正義序

諸王侍讀宣議郎守右清道率府長史張守節上

史記者，漢太史公司馬遷作。遷生龍門，耕牧河山之陽，南遊江淮，講學齊魯之郡，紹太史，繼春秋，括文魯史而包左氏、國語，采世本、戰國策而摭楚漢春秋，貫紬經傳，旁搜史子，上起軒轅，下旣天漢。作十二本紀，帝王興廢悉詳；三十世家，君國存亡畢著；八書，贊陰陽禮樂；十表，定代系年封；七十列傳，忠臣孝子之誠備矣。筆削冠於史籍，題目足以經邦。裴駰服其善序事理，辯而不華，質而不俚，其文直，其事核，不虛美，不隱惡，故謂之實錄。自劉向、楊雄皆稱良史之才。況墳典湮滅，簡冊闕遺，比之春秋，言辭古質，方之兩漢，文省理幽。

守節涉學三十餘年，六籍九流地里蒼雅銳心觀採，評史漢詮衆訓釋而作正義，郡國城邑委曲申明，古典幽微竊探其美，索理允愜，次舊書之旨，兼音解注，引致旁通，凡成三十卷，名曰史記正義。發揮膏肓之辭，思濟滄溟之海，未敢侔諸祕府，冀訓詁而齊流，庶貽厥子孫，世疇茲史。

于時歲次丙子，開元二十四年八月，殺青斯竟。

史記正義

諸王侍讀宣議郎守右清道率府長史張守節上

論史例

古者帝王右史記言，左史記事，言爲尚書，事爲春秋。太史公兼之，故名曰史記。并採六家雜說以成一史，備論君臣父子夫妻長幼之序，天地山川國邑名號殊俗物類之品也。

太史公作史記，起黃帝、高陽、高辛、唐堯、虞舜、夏、殷、周、秦，訖于漢武帝天漢四年，合二千四百一十三年。作本紀十二，象歲十二月也。作表十，象天之剛柔十日，以記封建世代終始也。作書八，象一歲八節，以記天地日月山川禮樂也。作世家三十，象一月三十日，三十輻共一轂，以記世祿之家輔弼股肱之臣忠孝得失也。作列傳七十，象一行七十二日，言七十者舉全數也，餘二日象閏餘也。以記王侯將相英賢略立功名於天下，可序列也。合百三十篇，象一歲十二月及閏餘也。而太史公作此五品，廢一不可，以統理天地，勸奬箴誡，爲後之楷模也。

論注例

史記文與古文尚書同者，則取孔安國注。若與伏生尚書同者，則用鄭玄、王肅、馬融所

釋。與三傳同者，取杜元凱、服虔、何休、賈逵、范寧等注。與三禮、論語、孝經同者，則取鄭玄、馬融、王肅之注。與韓詩同者，則取毛傳、鄭箋等釋。與周易同者，則依王氏之注。與諸子諸史雜書及先儒解釋善者，而裴駰並引爲注。又徐中散作音訓，校集諸本異同，或義理可通者，稱「一本云」、「又一本云」，自是別記異文，裴氏亦引之爲注。

論字例

史漢文字相承已久，若「悅」字作「說」，「閑」字作「閒」，「智」字作「知」，「汝」字作「女」，「早」字作「蚤」，「後」字作「后」，「既」字作「溉」，「勑」字作「飭」，「制」字作「劊」，此之般流，緣古少字通共用之。史漢本有此古字者，乃爲好本。程邈變篆爲隸，楷則有常，後代作文，隨時改易。衛宏官書數體，呂忱或字多奇，鍾王等家以能爲法，致令楷文改變，非復一端，咸著祕書，傳之歷代。又字體乖日久，其「黼黻」之字法從「黹」，丁履反。今之史本則有從「耑」，音端。秦本紀云「天子賜孝公黼黻」，鄒誕生音甫弗，而鄒氏之前史本已從「耑」矣。如此之類，並卽依行，不可更改。若其「黿鼉」從「龜」，「辭亂」從「舌」，「覺學」從「與」，「泰恭」從「小」，「匱匠」從「走」，「巢藻」從「果」，「耕籍」從「禾」，「席」下爲「帶」，「美」下爲「火」，「裹」下爲「衣」，「極」下爲「點」，「析」旁著「片」，「惡」上安「西」，「餐」側出「頭」，「離」邊作「禹」，此之等類，直是訛字。「寵」勑勇反字爲「竉」；「錫」字爲「鍚」音陽；以「支」章移反代「文」，門分反；

將「旡」混「无」。若兹之流，便成兩失。

論音例

史文與傳諸書同者，劉氏並依舊本爲音。至如太史公改五帝本紀「便章百姓」「便程東作」「便程南譌」「便程西成」「便在伏物」，咸依見字讀之。太史變尚書文者，義理特美，或訓意改其古澀，何煩如劉氏依尚書舊音。斯例蓋多，不可具録，著在正義，隨文音之。君子宜詳其理，庶明太史公之達學也。

然則先儒音字，比方爲音。至魏祕書孫炎始作反音，又未甚切。今並依孫反音，以傳後學。鄭康成云：「其始書之也，倉卒無字，或以音類比方，假借爲之，趣於近之而已。受之者非一邦之人，其鄉同言異，字同音異，於兹遂生輕重訛謬矣。」然方言差別固自不同，河北、江南最爲鉅異，或失在浮清，或滯於重濁。今之取捨，冀除兹弊。

夫質有精麤，謂之「好惡」，並如字；心有愛憎，稱爲「好惡」，並去聲。當體則爲「名譽」，音預；情乖則曰「毁譽」，音餘。自壞乎怪反；壞徹上音怪。自斷徒緩反，自去離也；刀斷端管反，以刀割令相去也。耶也奢反，未審之辭也；也亦且反，助句之語也。復音伏，又扶富反，重也。過古卧反，越度也。解核買反，自散也。閒紀莧反，隟也。畜許又反；畜許六反，養也。先蘇前反；仙屑然反。尤羽求反；矦胡溝反。治、持並音直之反。之止而反；脂、砥、祗並音旨夷反。惟、維、遺、唯並音以隹反；怡、貽、頤、詒並音與之

反；夷、寅、彝、姨並音以脂反。私息脂反；綏、雖、睢、荾並音息遺反；偲、司、伺、絲並音巨支反。卮、枝、衹、肢並音章移反；祇、歧並音巨支反。其、期、旗、棊、踑並音渠之反；祈、頎、旂、幾、畿並音渠希反。僖、熙、嬉、嘻並音許其反；希、晞、睎、稀並音虛幾反。霏、妃、菲、騑並音芳非反；飛、非、扉並音匪肥反。尸、屍、蓍並音式脂反；詩書之反。巾居人反；斤、筋舉欣反。篇、偏並音芳連反。穿詳連反。里、李、裹並音良止反。至、贄並脂利反；志之吏反。利、涖並力至反；吏力置反。寺、嗣、飼並辭吏反；字、牸並疾置反；自疾二反。置、致、躓、鷙並陟利反。器去冀反；氣去既反；亟去吏反。冀、穊几利反；既居未反。覆敷救反，又敷福反；副敷救反；富、鍑並府副反。若斯清濁，實亦難分；博學碩材，乃有甄異。此例極廣，不可具言。庶後學士，幸留意焉。

音字例

文或相似，音或有異。一字單録，乃恐致疑。兩字連文，檢尋稍易。若音上字，言「上」別之。所音下字，乃復書「下」。有長句在，文中須音，則題其字。

發字例

古書字少，假借蓋多。字或數音，觀義點發，皆依平上去入。若發平聲，每從寅起。又一字三四音者，同聲異唤，一處共發，恐難辯別。故略舉四十二字，如字初音者皆爲正字，不須點發。畜許六反，養也。又許救反，六畜也。又他六反，聚也。從訟容反，隨也。又縱容反，南北長也。又但容反，又子勇反，相勸也。又從用反，侍從也。又足用反，恣也。數色具反，曆數、術數也。又色五反，次第也。又色角反，頻也。傳逐戀反，書傳也。又逐全反，相付也。又張戀反，驛也。卒子律反，卒終也。又蒼忽反，急也。尊忽反，兵人也。字體各別不辯，故發之也。辟君也，徵也。又頻亦反，罪也，開也。疋亦反，邪也。又疋豉反，諭也。又音避，隱也。又普覓反，辟歷也。施書移反，張也。又式豉反，與也。又羊豉反，延也。閒紀閑反，隟也。又紀莧反，閒也。又莧閒反，静也。射蛇夜反，射也。又神亦反，音石。夏胡馬反，禹號也。又胡嫁反，春夏也。又格雅反，陽夏縣也。復符富反，重也。又音伏也。又音福，除役也。重直拱反，尊也。直龍反，疊也。又直用反，累也。適聖石反，寬也，之也。又丁歷反，大也。又張革反，責也。又音敵，當也。汜音祀，水在成皐。又音凡，邑名，在襄城。又孚劍反，爲水，在定陶，高帝即位處也。又音夷，楚人呼上爲汜橋。樂音岳，謂音樂也。又音洛，歡也。又音五教反，好也，情願也。覆敷富反，蓋也。又敷福反，再也。恐曲用反，疑也。又丘拱反，懼也。惡烏各反，麤也。又烏路反，憎也。又音烏，謂於何也。斷端管反，有物割截也。又段緩反，自相分也。又端亂反，斷疑事也。解佳買反，除結縛也。又核買反，散也。又佳債反，怠墮也。又核詐反，縫解。幾音機，庶幾也。又音祈，近也。又音記，亦冀望字也。又音紀，録也。過光卧反，度也，罪過也。又音戈，經過也，度前也。率所律反，平例也，率伏也，又音類也。又音刷，徐廣云率即鍰也。又音色類反，將帥也。屈丘勿反，曲也。又君勿反，姓也。又羣勿反，盡也，强也。上時讓反，位也。元在物之上。又時掌反，自下而上。王于方反，人主也。又于放反，霸王也，又盛也。長直良反，久也。又張丈反，長上也。藉才昔反，名籍也，又薦藉也。又租夜反，即借也。培勃回反，補也。又蒲口反，冢也。勝音升，又式證反。難乃丹反，艱也。乃旦

反，危也。使所里反，又所吏反。相息羊反，又息匠反。沈針甚反，又針禁反，又直今反，又沈禁反，厭没也。任人今反，又人禁反。棺音官，又古玩反，又古患反，斂之也。造曹早反，七到反，至也。妻七低反，切帝反。費非味反，用也。又音祕，邑也。扶味反，姓也。

謚法解

惟周公旦、太公望開嗣王業，建功于牧野，終將葬，乃制謚，遂叙謚法。謚者，行之迹；號者，功之表；古者有大功，則賜之善號以爲稱也。車服者，位之章也。是以大行受大名，細行受細名。行出於己，名生於人。名謂號謚。

民無能名曰神。不名一善。

靖民則法曰皇。靖安。

德象天地曰帝。同於天地。

仁義所往曰王。民往歸之。

立志及衆曰公。志無私也。

執應八方曰侯。所執行八方應之。

賞慶刑威曰君。能行四者。

從之成羣曰君。民從之。

揚善賦簡曰聖。所稱得人，所善得實，所賦得簡。
敬賓厚禮曰聖。厚於禮。
照臨四方曰明。以明照之。
譖訴不行曰明。逆知之，故不行。
經緯天地曰文。成其道。
道德博聞曰文。無不知。
學勤好問曰文。不恥下問。
慈惠愛民曰文。惠以成政。
愍民惠禮曰文。惠而有禮。
賜民爵位曰文。與同升。
綏柔士民曰德。安民以居，安士以事。
諫争不威曰德。不以威拒諫。
剛彊直理曰武。剛無欲，强不屈。懷忠恕，正曲直。
威彊敵德曰武。與有德者敵。
克定禍亂曰武。以兵征，故能定。

克定禍亂曰武。以兵征，故能定。
刑民克服曰武。法以正民，能使服。
夸志多窮曰武。大志行兵，多所窮極。
安民立政曰成。政以安定。
淵源流通曰康。性無忌。
温柔好樂曰康。好豐年，勤民事。
安樂撫民曰康。無四方之虞。
合民安樂曰康。富而教之。
布德執義曰穆。故穆穆。
中情見貌曰穆。性公露。
容儀恭美曰昭。有儀可象，行恭可美。
昭德有勞曰昭。能勞謙。
聖聞周達曰昭。聖聖通合。
治而無眚曰平。無災罪也。
執事有制曰平。不任意。
布綱治紀曰平。施之政事。

由義而濟曰景。用義而成。
耆意大慮曰景。耆，强也。
布義行剛曰景。以剛行義。
清白守節曰貞。行清白執志固。
大慮克就曰貞。能大慮非正而何。
不隱無屈曰貞。坦然無私。
辟土服遠曰桓。以武正定。
克敬動民曰桓。敬以使之。
辟土兼國曰桓。兼人故啓土。
能思辯衆曰元。别之，使各有次。
行義説民曰元。民説其義。
始建國都曰元。非善之長，何以始之。
主義行德曰元。以義爲主，行德政。
聖善周聞曰宣。聞，謂所聞善事也。
兵甲亟作曰莊。以數征爲嚴。

兵甲亟作曰莊。以數征爲嚴。
叡圉克服曰莊。通邊圉，使能服。
勝敵志强曰莊。不撓，故勝。
死於原野曰莊。非嚴何以死難。
屢征殺伐曰莊。以嚴釐之。
武而不遂曰莊。武功不成。
柔質慈民曰惠。知其性。
愛民好與曰惠。與謂施。
夙夜警戒曰敬。敬身思戒。
合善典法曰敬。非敬何以善之。
剛德克就曰肅。成其敬使爲終。
執心決斷曰肅。言嚴果。
不生其國曰聲。生於外家。
愛民好治曰戴。好民治。
典禮不愆曰戴。無過。
未家短折曰傷。未家，未娶。

中華書局

短折不成曰殤。 有知而夭殤。
隱拂不成曰隱。 不以隱括改其性。
不顯尸國曰隱。 以閒主國。
見美堅長曰隱。 美過其令。
官人應實曰知。 能官人。
肆行勞祀曰悼。 放心勞於淫祀，言不修德。
年中早夭曰悼。 年不稱志。
恐懼從處曰悼。 從處，言險圮。
凶年無穀曰荒。 不務耕稼。
外內從亂曰荒。 家不治，官不治。
好樂怠政曰荒。 淫於聲樂，怠於政事。
在國遭憂曰愍。 仍多大喪。
在國逢難曰愍。 兵寇之事。
禍亂方作曰愍。 國無政，動長亂。
使民悲傷曰愍。 苛政賦害。

貞心大度曰匡。 心正而用察少。
德正應和曰莫。 正其德，應其和。
施勤無私曰類。 無私，唯義所在。
思慮果遠曰明。 自任多，近於專。
嗇於賜與曰愛。 言貪悋。
危身奉上曰忠。 險不辭難。
克威捷行曰魏。 有威而敏行。
克威惠禮曰魏。 雖威不逆禮。
教誨不倦曰長。 以道教之。
肇敏行成曰直。 始疾行成，言不深。
疏遠繼位曰紹。 非其弟過得之。
好廉自克曰節。 自勝其情欲。
好更改舊曰易。 變故改常。
愛民在刑曰克。 道之以政，齊之以法。
除殘去虐曰湯。

一德不懈曰簡。 一不委曲。
平易不訾曰簡。 不信訾毀。
尊賢貴義曰恭。 尊事賢人，寵貴義士。
敬事供上曰恭。 供奉也。
尊賢敬讓曰恭。 敬有德，讓有功。
既過能改曰恭。 言自知。
執事堅固曰恭。 守正不移。
愛民長弟曰恭。 順長接弟。
執禮御賓曰恭。 迎待賓也。
芘親之闕曰恭。 修德以蓋之。
尊賢讓善曰恭。 不專己善，推於人。
威儀悉備曰欽。 威則可畏，儀則可象。
大慮靜民曰定。 思樹惠。
純行不爽曰定。 行一不傷。
安民大慮曰定。 以慮安民。

安民法古曰定。 不失舊意。
辟地有德曰襄。 取之以義。
甲胄有勞曰襄。 亟征伐。
小心畏忌曰僖。 思所當忌。
質淵受諫曰釐。 深故能受。
有罰而還曰釐。 知難而退。
温柔賢善曰懿。 性純淑。
心能制義曰度。 制事得宜。
聰明叡哲曰獻。 有通知之聰。
知質有聖曰獻。 有所通而無蔽。
五宗安之曰孝。 五世之宗。
慈惠愛親曰孝。 周愛族親。
秉德不回曰孝。 順於德而不違。
協時肇享曰孝。 協合肇始。
執心克莊曰齊。 能自嚴。

資輔共就曰齊。資輔佐而共成。
甄心動懼曰頃。甄精。
敏以敬慎曰頃。疾於所慎敬。
柔德安衆曰靖。成衆使安。
恭己鮮言曰靖。恭己正身，少言而中。
寬樂令終曰靖。性寬樂義，以善自終。
威德剛武曰圉。禦亂患。
彌年壽考曰胡。久也。
保民耆艾曰胡。六十曰耆，七十曰艾。
追補前過曰剛。勸善以補過。
猛以剛果曰威。猛則少寬。果，敢行。
猛以彊果曰威。强甚於剛。
彊義執正曰威。問正言無邪。
治典不殺曰祁。秉常不衰。
大慮行節曰考。言成其節。

治民克盡曰使。克盡無恩惠。
好和不爭曰安。生而少斷。
道德純一曰思。道大而德一。
大省兆民曰思。大親民而不殺。
外內思索曰思。言求善。
追悔前過曰思。思而能改。
行見中外曰愨。表裏如一。
狀古述今曰譽。立言之稱。
昭功寧民曰商。明有功者。
克殺秉政曰夷。秉政不任賢。
安心好靜曰夷。不爽政。
執義揚善曰懷。稱人之善。
慈仁短折曰懷。短未六十，折未三十。
述義不克曰丁。不能成義。
有功安民曰烈。以武立功。

秉德尊業曰烈。
剛克爲伐曰翼。伐功也。
思慮深遠曰翼。小心翼翼。
外內貞復曰白。正而復，終始一。
不勤成名曰靈。任本性，不見賢思齊。
死而志成曰靈。志事不忝命。
死見神能曰靈。有鬼不爲厲。
亂而不損曰靈。不能以治損亂。
好祭鬼怪曰靈。瀆鬼神不致遠。
極知鬼神曰靈。其智能聽徹。
殺戮無辜曰厲。
愎很遂過曰剌。去諫曰愎，反是曰很。
不思忘愛曰剌。忘其愛己者。
蚤孤短折曰哀。早未知人事。
恭仁短折曰哀。體恭質仁，功未施。

好變動民曰躁。數移徙。
不悔前過曰戾。知而不改。
怙威肆行曰醜。肆意行威。
壅遏不通曰幽。弱損不淩。
蚤孤鋪位曰幽。鋪位卽位而卒。
動祭亂常曰幽。易神之班。
柔質受諫曰慧。以虛受人。
名實不爽曰質。不爽言相應。
溫良好樂曰良。言其人可好可樂。
慈和徧服曰順。能使人皆服其慈和。
博聞多能曰憲。雖多能，不至於大道。
滿志多窮曰惑。自足者必不惑。
思慮不爽曰厚。不差所思而得。
好內遠禮曰煬。朋淫於家，不奉禮。
去禮遠衆曰煬。不率禮，不親長。

中華書局

內外賓服曰正。言以正服之。

彰義掩過曰堅。明義以蓋前過。

華言無實曰夸。恢誕。

逆天虐民曰抗。背尊大而逆之。

名與實爽曰繆。言名美而實傷。

擇善而從曰比。比方善而從之。

隱，哀也。景，武也。施德爲文。除惡爲武。辟地爲襄。服遠爲桓。剛克爲僖。施而不成爲宣。惠無內德爲平。亂而不損爲靈。由義而濟爲景。餘皆象也。以其所爲謚象其事行。和，會也。勤，勞也。遵，循也。爽，傷也。肇，始也。怙，恃也。享，祀也。胡，大也。秉，順也。就，會也。錫，與也。典，常也。肆，放也。康，虛也。叡，聖也。惠，愛也。綏，安也。堅，長也。耆，彊也。考，成也。周，至也。懷，思也。式，法也。布，施也。敏，疾也，速也。載，事也。彌，久也。

以前周書謚法。周代君王並取作謚，故全寫一篇，以傳後學。

列國分野

漢書地理志云：「本秦京師爲內史。」顏師古云：「京師，天子所居畿內也。秦并天下，改立郡縣，而京

所統，時號內史，言其在內，以別於諸郡守也。」百官表云：「內史，周官，秦因之，掌治京師。景帝二年，分置左內史、右內史。武帝太初元年，更名京兆尹，左內史名馮翊。主爵中尉，秦官，掌列侯。景帝六年，更名都尉，武帝太初元年，更名右扶風，治內史，與左馮翊、京兆尹，是爲三輔也。」

秦地於天官東井、輿鬼之分壄。其界自弘農故關以西，京兆、扶風、馮翊、北地、上郡、西河、安定、天水、隴西；南有巴、蜀、廣漢、犍爲、武都；西有金城、武威、張掖、酒泉、敦煌；又西南有牂柯、越巂、益州。

魏地觜觿、參之分壄。其界自高陵以東，盡河東、河內；南有陳留及汝南之召陵、㶏彊、新汲、西華、長平，潁川之舞陽、郾陵，河南之開封、中牟、陽武、酸棗、卷。卷，去權反。

周地柳、七星、張之分壄。今之河南洛陽、穀城、平陰、偃師、鞏、緱氏。

韓地角、亢、氐之分壄。韓分晉，得南陽郡及潁川之父城、定陵、襄城、潁陽、潁陰、長社、陽翟、郟；東接汝南，西接弘農，得新安、宜陽、鄭，今河南之新鄭及成皋、滎陽，潁川之崇高、陽城。

趙地昴、畢之分壄。趙分晉得趙國，北有信都、真定、常山，又得涿郡之高陽莫州鄉；東有廣平、鉅鹿、清河、河閒，又得渤海郡之東平舒、中邑、文安、束州、成平、章武，河以北也；南至浮水、繁陽、內黃、斥丘；西有太原、定襄、雲中、五原、上黨。

燕地尾、箕之分壄。召公封於燕，後三十六世與六國俱稱王。東有漁陽、右北平、遼西、遼東；西有上谷、代郡、鴈門；南有涿郡之易、容城、范陽；北有新成、故安、涿縣、良鄉、新昌及渤海之安次，樂浪、玄菟亦宜屬焉。

齊地虛、危之分壄。東有菑川、東萊、瑯邪、高密、膠東；南有泰山、城陽；北有千乘、清河以南，渤海之高樂、高城、重合、陽信；西有濟南、平原。

魯地奎、婁之分壄。東至東海；南有泗水，至淮得臨淮之下相、睢陵、僮、取慮。

宋地房、心之分壄。今之沛、梁、楚、山陽、濟陰、東平及東郡之須昌、壽張，今之睢陽。

衛地營室、東壁之分壄。今之東郡及魏郡之黎陽，河內之野王、朝歌。

楚地翼、軫之分壄。今之南郡、江夏、零陵、桂陽、武陵、長沙及漢中、汝南郡，後陳、魯屬焉。

吳地斗、牛之分壄。今之會稽、九江、丹陽、豫章、廬江、廣陵、六安、臨淮郡。

粵地牽牛、婺女之分壄。今蒼梧、鬱林、合浦、交阯、九真、南海、日南。

以前是戰國時諸國界域，及相侵伐，犬牙深入，然亦不能委細，故略記之，用知大略。

點校後記

史記版本甚多，史文及注文往往各本大有出入。我們不用比較古的如黃善夫本，也不用比較通行的如武英殿本，而用清朝同治年間金陵書局刊行的史記集解索隱正義合刻本（簡稱金陵局本）作爲底本，分段標點，因爲這是一個比較完善的本子。現在把關於點校方面應當向讀者交代的分別説明如下。

一

張文虎校刊史記的時候，不主一本，擇善而從，兼採諸家意見，應當改正的他就給改正了，所以金陵局本有許多地方跟各本不同。例如老子韓非列傳「始秦與周合，合五百歲而離，離七十歲而霸王者出焉」，各本作「始秦與周合而離，離五百歲而復合，合七十歲而霸王者出焉」。這是張文虎依據單刻索隱本所標出的史記原文並參照王念孫説改的。又如魏其武安侯列傳「跪起如子姓」，各本作「跪起如子姪」。這是張文虎對照漢書並據王念孫説改的。凡有改動，張文虎都在他的校刊史記集解索隱正義札記中加以説明。

但有些地方明明有脱誤或者有衍文，而張文虎未加改動，只在札記中説明疑脱某字，疑衍某字，或某字疑某字之譌。現在我們爲便利讀者起見，認爲應刪的就把它刪了，可是

並不刪去原字，只給加上個圓括弧，用小一號字排；認爲應增的就給增上了，增上的字加上個方括弧，以便識別。例如五帝本紀

帝摯立不善崩，

單刻索隱本出「不善」二字，無「崩」字。索隱及正義注都説帝摯在位九年而禪位給堯，正義還説堯受禪以後，封摯於高辛。可見這個「崩」字乃後人妄增，我們就給它加上圓括弧，標點作

帝摯立，不善（崩）。

又如高祖本紀

與杠里秦軍夾壁破魏二軍，

「破魏二軍」漢書作「破其二軍」，「其」指秦軍，那麼這裏的「魏」字明明是「秦」字之誤，我們就標點作

與杠里秦軍夾壁，破（魏）〔秦〕二軍。

又如楚世家

於是靈王使弃疾殺之，

左傳作「王使速殺之」。疾速同義，「疾殺之」就是「速殺之」，只因下文有「公子弃疾」，就衍了一個「弃」字，如果不刪去，「弃疾」二字連讀，那就變成人名了，所以我們標點作

於是靈王使（弃）疾殺之。

又如陳丞相世家

平爲人長美色，

漢書作「長大美色」，可見脱一「大」字。王念孫説：「下文人謂陳平何食而肥，肥與大同義，若無『大』字，則與下文義不相屬。」太平御覽飲食部引史記正作「長大美色」。因此我們就給加上個「大」字，標點作

平爲人長〔大〕美色。

又如孫子吳起列傳

卽封吳起爲西河守甚有聲名，

梁玉繩認爲「守」不可以説「封」，「卽封」二字是衍文。我們以爲卽使「守」也可以説「封」，但是吳起在魏文侯時已做西河守，何以要魏武侯重新「封」他？而況下文緊接「魏置相，相田文，吳起不悅，謂田文曰」云云，可見史公原意明明是説吳起做西河守名聲很好，可是魏置相卻相田文而不相吳起，所以吳起不高興，要跟田文討論誰的功勞大。現在衍了「卽封」二字，文意就不連貫了。因此，我們標點作

（卽封）吳起爲西河守，甚有聲名。

並把這一句擱在下一段的開頭。

有幾處文字前後倒置，把它移正比較方便的，我們就移正了。例如夏本紀

予辛壬娶塗山癸甲生啓予不子，

尚書作「娶于塗山，辛壬癸甲，啓呱呱而泣，予弗子」。裴駰集解引僞孔傳只增一「四」字，説「辛日娶妻，至于甲四日，復往治水」，張守節正義也只據集解爲説，可見他們所見的本子都作「予娶塗山，辛壬癸甲」，而別本傳寫偶誤，把「辛壬」錯在「塗山」上了。我們把它移正，標點作

予（辛壬）娶塗山，〔辛壬〕癸甲，生啓予不子。

這一移正很重要，否則就得讀爲「予辛壬娶塗山，癸甲生啓，予不子」，那就講不通了。司馬貞也説「豈有辛壬娶妻，經二日生子？不經之甚」。但一般所謂「錯簡」，我們沒有一一移正，因爲這樣做改動太大，只好讓作史記新注或補注的人去解決了。

凡注裏已經注明某字當作某字，或某字衍，或下脱某字的，我們都不再加增刪符號。還有一種情形，原來脱去某一字，注文中已經指出，後人把脱去的字給補上了，卻還保留着原注。如秦本紀「晉滅霍魏耿」，索隱説「春秋魯閔公元年左傳云晉滅耿，滅魏，滅霍，此不言

魏，史闕文耳」，可知司馬貞見到的本子脱一「魏」字，但後人已經給補上了，我們就没有必要再在「魏」字上加方括弧。其他可改可不改的我們也不改，好在張文虎的札記中大都有説明，讀者可以隨時參考。

我們發見金陵局本有兩處是删得不妥當的。一處是周本紀「夫獸三爲羣，人三爲衆，女三爲粲。王田不取羣，公行不下衆，王御不參一族」。張文虎據國語韋昭注及曹大家説，删去「公行不下衆」的「不」字。其實按上下的語氣，這個「不」字是不應該删的。國語無「不」字，顯然是脱誤，正好據史記來校正國語。朱駿聲也認爲應作「公行不下衆」。他説：「蓋公行則人宜下車以避，有三人則下車較緩，且恐仍不及避以致罪也，此曲體人情也。」（經史答問卷二）一處是高祖本紀「忽聞漢軍之楚歌」，張文虎據梁玉繩説删去「之」字。其實有個「之」也講得通，吳汝綸更認爲删去了倒反「失史文之神理」。這兩處我們都把它改回來了。

以上所舉的例子都是史記正文。三家注中應增應删之處更多，跟正文作同樣處理，這兒不再舉例。

二

史記一向有斷句的本子，如凌稚隆的史記評林，吳見思的史記論文，張裕釗校刊的歸

方評點本和吳汝綸的點勘本，我們都取作參考。各家句讀往往大有出入，我們擇善而從，有時也不得不自作主張。現在分别舉例説明如下。

一、三家注句讀往往有錯誤，未可盡從。例如秦本紀

丹犂臣蜀相壯殺蜀侯來降，

張守節正義讀「丹犂臣蜀」爲句。方苞説：「言丹、犂二國臣屬於秦也。與下『蜀相壯殺蜀侯來降』，『韓、魏、齊、楚、越皆賓從』，立文正相類。據正義『丹犂臣蜀』爲句，則下文『相壯』不知何國之相，且二國臣蜀，亦無爲載於秦史。」我們認爲方苞説的對，標點作

丹、犂臣，蜀相壯殺蜀侯來降。

又如禮書

莊蹻起楚分而爲四參是豈無堅革利兵哉，

索隱注説「參者，驗也。言驗是，楚豈無堅甲利兵哉」。「參是」連讀。正義「參」字音七含反。其實「參」即「三」字。「分而爲四參」猶言「四分五裂」。這段文字出於荀子議兵篇，議兵篇正作「楚分而爲三四」。因此我們標點作

莊蹻起，楚分而爲四參。是豈無堅革利兵哉？

又如秦始皇本紀

出雞頭山過回中焉作信宫渭南，

各本的集解和正義都在「焉」字下，是以「焉」字斷句的。據王念孫説，「焉」字應下屬爲句。「焉」猶「於是」，「焉作信宫渭南」就是「於是作信宫渭南」。因此，我們標點作

出雞頭山，過回中。焉作信宫渭南。

又刺客列傳

然願請君之衣而擊之焉以致報讎之意，

王念孫説：「焉猶於也，於以志報讎之意也」。我們點作

然願請君之衣而擊之，焉以致報讎之意。

又如魯仲連鄒陽列傳

彼卽肆然而爲帝過而爲政於天下則連有蹈東海而死耳吾不忍爲之民也，

索隱解「過而爲政」爲「以過惡而爲政」，正義説「至『過』字爲絶句」。王念孫説：「過猶甚也。言秦若肆然而爲帝，甚而遂爲政於天下，則吾有死而已，不忍爲之民也。」我們依照王念孫的説法，標點作

彼卽肆然而爲帝，過而爲政於天下，則連有蹈東海而死耳，吾不忍爲之民也。

又同篇

亡意亦捐燕弃世東游於齊乎，

如果依照索隱、正義的解釋，「亡意」下應當用逗號。其實「亡意」（或「無意」）、「亡其」（或「無其」）、「意亦」、「抑亦」等都是轉語詞，司馬貞等望文生訓，顯然錯誤，我們標點作

亡意亦捐燕弃世，東游於齊乎？

又如袁盎鼂錯列傳

乃以刀決張道從醉卒直隧出，

集解引如淳曰「決開當所從亡者之道」，是讀「道」爲「道路」之「道」，上屬爲句。王念孫説：「道讀曰導，下屬爲句。『隧』當在『直』字上，『醉卒隧』三字連讀，『直出』兩字連讀。醉卒隧者，當醉卒之道也。謂決開軍帳，導之從醉卒道直出也。」我們據王念孫的説法，標點作

乃以刀決張，道從醉卒（直）隧〔直〕出。

又如扁鵲倉公列傳

臣意家貧欲爲人治病誠恐吏以除拘臣意也故移名數左右不脩家生出行游國中，

正義以「故移名數左右」爲句，解釋作「以名籍屬左右之人」。其實本傳開頭説「爲人治病，決死生多驗，然左右游行諸侯，不以家爲家」，可見這裏的「左右」二字也應該下屬爲句。所

以我們不採取正義的說法，標點作

臣意家貧，欲爲人治病，誠恐吏以除拘臣意也，故移名數，左右不脩家生，出行游國中。

又如匈奴列傳贊

以便偏指不參彼己將率席中國廣大氣奮，

集解引詩云「彼己之子」，司馬貞又誤解這一段意思，說「彼己者猶詩人譏詞云『彼己之子』是也。將率則指樊噲、衞、霍等也」。他把「彼己」同「將率」連起來讀。其實「彼己」應上屬爲句，「不參彼己」猶言不能知彼知己，司馬貞誤解文意，失其句讀。我們點作

以便偏指，不參彼己。

又如貨殖列傳

及秦文孝繆居雍隙隴蜀之貨物而多賈，

集解、索隱都以爲「居雍隙」連讀，近人朱師轍說：「『隙』當屬下讀。『隙』借爲『郤』，儀禮士昏禮『啓會郤于敦』，疏『郤，仰也，謂仰于地也』。隙隴蜀之貨物謂仰賴隴蜀之貨物。或謂隙，閒也。謂通隴蜀之貨物。」（史記補注）無論「隙借爲郤」也好，「隙，閒也」也好，「隙」字當屬下讀是無疑的，所以我們標點作

及秦文、（孝）［德］、繆居雍，隙隴蜀之貨物而多賈。

二、有些文句可以這樣讀也可以那樣讀，我們擇善而從。也有一向都這樣讀而我們卻認爲應該那樣讀的，就照我們的意思標點。例如夏本紀

冀州既載壺口治梁及岐，

一向都以「冀州既載」爲句，我們採用陳仁錫的意見，標點作

冀州：既載壺口，治梁及岐。

又如項羽本紀

項氏世世將家有名於楚今欲舉大事將非其人不可，

漢書項籍傳顏師古注「言以不材之人爲將，不可求勝也」。劉敞說「言欲舉大事，爲將者非此人不可」。依顏說，「將非其人」下應用逗號，依劉說，「將非其人不可」應連讀。王先謙漢書補注認爲「『其』不訓『此』，顏說爲優」。我們就點作

今欲舉大事，將非其人，不可。

又如吳太伯世家

大而寬儉而易行以德輔此則盟主也，

左傳「寬」作「婉」，「儉」作「險」，「盟」作「明」。一向「儉而易行」連讀，我們認爲「大而寬」，

「儉而易」，相對成文，「行」字當屬下讀，「行以德輔」爲句。行以德輔猶言以德輔行。「此則」連讀，例如「此則寡人之罪也」，「此則滑釐所不識也」（均見孟子）。意思是說「如能以德輔行，那就是明主了」。所以我們打破傳統的讀法，點作

大而寬，儉而易，行以德輔，此則盟主也。

又如商君列傳

明尊卑爵秩等級各以差次名田宅臣妾衣服以家次，

一般都以「明尊卑爵秩等級各以差次」斷句，「名田宅臣妾衣服以家次」斷句，乍一看似乎並無錯誤，細加推考就覺得不對了。差次猶等級，「明尊卑爵秩等級各以差次」語意重複。並且「明尊卑爵秩等級」是一回事，「各以差次名田宅」又是一回事。各以等級佔有土地，即所謂「差次名田」，是商君新法令中最重要的一條。各以差次名田宅猶言各以等級佔有田宅，史公特變文以避複而已。所以資治通鑑刪「以家次」三字，作「明尊卑爵秩等級，各以差次名田宅，臣妾衣服以家次」。因此，我們點作

明尊卑爵秩等級，各以差次名田宅，臣妾衣服以家次。

又同篇

令既具未布恐民之不信已乃立三丈之木於國都市南門，

歷來都誤讀「已」爲「己」，以「不信己」連讀。其實「恐民之不信己」是講不通的。試問是秦孝公怕人民不相信自己呢，還是商鞅怕人民不相信自己呢？「已乃」當連讀，古人自有這樣的複語，例如周本紀「武王已乃復出軍」。通鑑刪「已」字，作「令既具，未布，恐民之不信，乃立三丈之木於國都市南門」，更足以證明不能讀爲「恐民之不信己」。所以我們點作

令既具，未布，恐民之不信，已乃立三丈之木於國都市南門。

又如張釋之馮唐列傳

虎圈嗇夫從旁代尉對上所問禽獸簿甚悉欲以觀其能口對響應無窮者，

一向多以「欲以觀其能」爲句，「口對響應無窮者」爲句。近人楊樹達以爲這兒的「觀」字跟國語「先王耀德不觀兵」的「觀」字相同，含有顯示或誇耀的意思。我們就點作

虎圈嗇夫從旁代尉對上所問禽獸簿甚悉，欲以觀其能口對響應無窮者。

三、有些文句有省略。例如秦始皇本紀「樂遂斬衞令直將吏入行射郎宦者大驚或走或格」，應作「樂遂斬衞令，直將吏入，行射郎宦者，郎宦者大驚，或走或格」，省「郎宦者」三字。高祖本紀「聞聲爭開門而待足下通行無所累」，應作「聞聲爭開門而待足下，足下通行無所累」，省「足下」二字。晉世家「及期而往復見申生告之曰」，應作「及期而往，復見申生，申生告之曰」，省「申生」二字。田單列傳「所過城邑皆畔燕而歸田單兵日益多」，應作「所過城

邑皆畔燕而歸田單，田單兵日益多」，省「田單」二字。吳王濞列傳「吾據滎陽以東無足憂者」，應作「吾據滎陽，滎陽以東無足憂者」，省「滎陽」二字。這類省略句的點法不能太機械，前三條我們是這樣點的：

樂遂斬衛令，直將吏入，行射，郎宦者大驚，或走或格。

闔聲爭開門而待，足下通行無所累。

及期而往，復見，申生告之日。

所過城邑皆畔燕而歸田單，兵日益多。

吾據滎陽，以東無足憂者。

但後面兩條的點法又是一種式樣了：

因爲如果也照上面三條的點法，「田單」二字應屬下讀，那麼「畔燕而歸」的「歸」字就無所屬了。「滎陽」二字如果下屬爲句，那麼上面「吾據」二字就落空了。

四、有的文句究竟應該怎麼樣讀，聚訟未決，我們只好根據舊注斷句。有的文句本來有脫誤，我們也只好勉強標點。例如五帝本紀

時播百穀草木淳化鳥獸蟲蛾旁羅日月星辰水波土石金玉勞勤心力耳目節用水火材物，

在並列的許多名詞上分別冠以「時播」、「淳化」、「旁羅」、「勞勤」、「節用」等動詞，就前後文語氣看，「水波」也該是個動詞，應點作「水波土石金玉」，但「水波」究竟不是個動詞，這樣斷句講不通。這段文字採自大戴記五帝德篇，今本大戴記「水波」作「極畋」，「極畋」是什麼意思也難懂，只好勉強點作

時播百穀草木，淳化鳥獸蟲蛾，旁羅日月星辰水波土石金玉，勞勤心力耳目，節用水火材物。

又如秦始皇本紀

將軍壁死卒屯留蒲鶮反戮其屍，

究竟是怎麼回事，歷來注家都沒搞清楚，其間必有脫誤，我們只好依集解引徐廣說，標點作

將軍壁死，卒屯留、蒲鶮反，戮其屍。

又如田敬仲完世家

秦韓欲地而兵有案聲威發於魏魏氏之欲不失齊楚者有資矣，

文義難解，定有脫誤，只好勉強標點作

秦韓欲地而兵有案，聲威發於魏，魏氏之欲不失齊楚者有資矣。

又如張丞相傳贊

張蒼文學律曆爲漢名相而絀賈生公孫臣等言正朔服色事而不遵明用秦之顓頊曆何哉，

梁玉繩說「此句不可解」，我們只好依照歸方評點本標點作

張蒼文學律曆，爲漢名相，而絀賈生、公孫臣等言正朔服色事而不遵，明用秦之顓頊曆，何哉。

脫誤的例子在三家注中更多，尤其是正義。略舉數例。如項羽本紀「故立芮爲衡山王都邾」下正義引括地志云

故邾城在黃州黃岡縣東南二十里本春秋時邾國邾子曹姓俠居至魯隱公徙蘄。

「俠居」下有脫簡，只好標點作

故邾城在黃州黃岡縣東南二十里，本春秋時邾國。邾子，曹姓。俠居。至魯隱公徙蘄。

又如留侯世家「放牛桃林之陰」索隱

應劭十三州記弘農有桃丘聚古桃林也，

作十三州記的是後魏的闞駰，不是後漢的應劭，「應劭」下有脫文，只好標點作

應劭。十三州記「弘農有桃丘聚，古桃林也」。

又如仲尼弟子列傳「其母爲取室」下正義「世外生象」以下一大段文字脫誤難讀，雖然錢大

昕曾經在他寫的廿二史考異中以意推測，作過一番說明，還是難以句讀，我們也只好以意推測，強爲句讀。

五、我國人讀古書習慣於四個字一讀，有些文句我們就按照習慣讀法點。例如周本紀

尚桓桓如虎如羆如豺如離于商郊，

其中「如虎如羆如豺如離」可以兩個字一讀，但我們照習慣讀法，點作

尚桓桓，如虎如羆，如豺如離，于商郊。

又如禮書

故大路越席皮弁布裳朱絃洞越大羹玄酒所以防其淫侈救其彫敝，

其中大路、越席、皮弁、布裳、朱絃、洞越、大羹、玄酒是並列的幾個名詞，都可以用頓號，但我們照習慣讀法，點作

故大路越席，皮弁布裳，朱弦洞越，大羹玄酒，所以防其淫侈，救其彫敝。

又如蘇秦傳「其民無不吹竽鼓瑟，彈琴擊筑，鬬雞走狗，六博蹹鞠者」，也是照習慣讀法點的。

六、張文虎校刊金陵局本的時候，依據單刻索隱本校正了其他刻本的不少錯誤。單刻

索隱本全書三十卷，不錄史記全文，只把需要加注的那一句史文或者一句中的幾個字標出來，而它所標出來的史文往往比通行本的正確，所以爲歷來校讀史記者所重視。張文虎把單刻索隱本所出史文跟其他刻本不一樣的，都給納入索隱注文中。例如短短的一篇秦楚之際月表序就有兩處。一處是「其後乃放弑」下的索隱注中比通行本多出「後乃放殺」四個字。這四個字就是單刻索隱本所標出的史文。因爲司馬貞用來做索隱注的那個本子不作「其後乃放弑」而作「後乃放殺」，所以他注道「殺音弑」。一處是「鄉秦之禁適足以資賢者」下的索隱注比通行本多出「鄉秦之禁適足資賢者」九個字。這九個字也是單刻索隱本所標出的史文。可見司馬貞所用的本子比現在通行本少了一個「以」字。這種例子很多，我們標點的時候没有辦法用某種符號來表明，只給加上個句號就算了。這是金陵局本的特殊情況，張文虎也没有在他的札記中交代過，所以我們附帶在這兒說明一下。

三

標點符號照一般用法，有幾點還得說明一下。

一、頓號限定用在並列的名詞而容易引起誤會的場合。例如

而禹、皋陶、契、后稷、伯夷、夔、龍、倕、益、彭祖自堯時而皆舉用，未有分職（五帝本紀）。

發諸嘗逋亡人、贅壻、賈人略取陸梁地，爲桂林、象郡、南海，以適遣戍（秦始皇本紀）。

凡並列關係較爲明確，不致引起誤會的就不用頓號。例如前面所引的「時播百穀草木，淳化鳥獸蟲蛾，旁羅日月星辰」，裏面有許多並列的名詞，但都不用頓號。習慣上往往連稱的，地名如「巴蜀」「崤函」，朝代名、帝王名、人名如「虞夏」「堯舜」「文武」「湯武」「桀紂」「黄老」，以及說「晉楚之戰」的「晉楚」，說「吳楚七國反」的「吳楚」，說「隙隴蜀之貨物」的「隴蜀」等，兩名之間都不用頓號。此外如孔子世家「孔子以四教文行忠信」，是說孔子以文行忠信四者教弟子，文行忠信並非四個並列的名詞，所以不用頓號而用逗號，點作「孔子以四教：文，行，忠，信」。「所愼齊戰疾」也同樣點作「所愼：齊，戰，疾」。又如說「東西周」「東西秦」之類，「東」「西」之間也不用頓號。

二、人名跟職位或身分連在一起的，如「王赧」「王子比干」「太子丹」「師尚父」「太史儋」「太宰嚭」「司馬穰苴」「令尹子文」等等，都連起來用標號。人名跟封號或地名連在一起的，如「周公旦」「韓王信」「絳侯勃」「落下閎」之類，也都連起來用標號；但如果封號下姓名俱全，如「淮陰侯韓信」「武安侯田蚡」之類，分別在封號和姓名旁用標號。侯爵名都用標號；將軍名號如「貳師將軍」以至「文成將軍」等等，一律不用標號。時代專名如「三代」「六國」等都用標號；不指時代的，如「秦滅六國」的「六國」當然不用標號。地名不論所指區域大小，從「山東」「淮南」以至「中陽里」等等都用標號。「江」如果指長江，「河」如果指黄河，一律用標號；泛稱江河的就不用標號。民族專名如「西南夷」「東越」以及專指匈奴的「胡」都用標號；一般泛稱如「蠻」「夷」「戎」「狄」不用標號。星名、神名以及樂舞名都用標號，但星名如「日」「月」，都不用標號。

標號的用或不用以及怎麼樣用，對於如何了解原文大有關係。例如項羽本紀「諸侯罷戲下，各就國」的「戲下」，依索隱注應當作爲地名，用標號，但我們採取「戲下」即「麾下」的說法，不用標號。又如孝武本紀「而使黄錘史寬舒受其方」，照索隱注的說法，「黄錘」和「史寬舒」都是人名，但我們採取別家的說法，認爲「黄」和「錘」都是地名，「寬舒」是人名，「黄錘史寬舒」就是黄錘之史名叫寬舒的，所以標作「黄錘史寬舒受其方」。又如趙世家「吾有所見子晰也」，索隱注以「子晰」爲人名，但我們採取別家的說法，認爲「晰」是分明的意思，就是說「我分明見過你」，所以没有在「子晰」二字旁邊用標號。又如司馬相如傳「激楚結風」，索隱引文穎說，解釋爲「激結之急風」，我們卻採取別家的說法，認爲「激楚」和「結風」都是舞曲名，就分別用了標號。

三、我們没有用破折號，因爲可以用破折號的地方也可以用句號。例如五帝本紀「正

月上日舜受終於文祖文祖者堯大祖也」，可以用破折號點作「正月上日，舜受終於文祖——文祖者，堯大祖也」，但也可以不用破折號，點作「正月上日，舜受終於文祖。文祖者，堯大祖也」。意義同樣是明瞭的。删節號也不用，凡是下面有脱文的地方，只在那裏用句號圈斷。因爲用删節號容易引起讀者誤會，以爲是删節了史記原文。一向用作夾注號的圓括弧和方括弧，我們只用在應該删去和應該補上的字句上。

四

爲了讓讀者易於掌握史事的內容，每篇都給分段。分段避免過於瑣碎，凡是敍述幾樁事情而比較簡短的就不分段。例如秦本紀敍昭襄王一代的事情都非常簡短，而且主要是調兵遣將，攻取山東各國，差不多是一篇流水帳，没有必要給它逐事分段。但如果從昭襄王元年到他去世的五十六年一貫連下去，又顯得太長了，我們就把中間十三年到五十年分成一段。因爲這三十多年當中，主要有個大將白起領兵攻取山東各國，我們就從昭襄王十三年白起攻新城到五十年白起得罪而死作爲一段。有時候雖然只敍一樁事情，可是文字較長，就按事情的發展和文章的段落分成若干段。例如項羽本紀中敍述「鴻門宴」一段故事，就給它分成四小段。

大段之間都空一行，以清眉目。例如項羽本紀中敍「鴻門宴」是由四小段組成的一大

段，這一大段前面敍述項羽在新安城南阬秦卒二十餘萬，後面接着敍述項羽分封諸侯王，都是另外的事情，所以前後都給空一行。幾個人的合傳，如果他們之間並無密切關聯，在敍完一個人的事蹟接敍另一個人的事蹟的時候，給空上兩行。如果幾個人互有關聯，如魏其武安侯列傳中的竇嬰和田蚡那樣，就只空一行，不空兩行。刺客列傳、循吏列傳等篇既然有了個總題目，那就不必在敍完一個人接敍另一個人的地方空上兩行了。

篇中比較重要的大段引文，如秦始皇本紀中的泰山刻石文和贊語後面引的賈誼過秦論，屈原賈生列傳中的懷沙賦、服鳥賦，魯仲連鄒陽列傳中的鄒陽獄中上梁王書等等，都給提行，並低兩個字排。後人補綴的文字，如秦始皇本紀最後附的班固秦紀論和三代世表後面附的「張夫子問褚先生曰」云云的大段文字，也都給提行，並低兩個字排。

五

最後還要説明兩點。

一、史記經過一千多年的抄寫，又經過近一千年的翻刻，而各個時代有各個時代的字體，所以往往幾個本子字體不同，一個本子裏也往往異同雜出。例如「伍員」或「伍子胥」，從左傳以來都寫作「伍」，可是舊刻本裏有簡寫作「五」的，金陵局本爲了尊重古本，有幾處都照古本改了，古本字體不一致，金陵局本的字體也就跟着不一致。張文虎又特別喜歡保

存古字，逢到「以」作「㠯」，「齊」作「亝」，「島」作「㠀」的，一一都給它保存下來。我們認爲這個標點本是給現在人讀的，不必保存這些古字，所以都改成了今體字。

也有不能改和不必改的。如秦本紀「天子賀以黼黻」，「黼黻」二字明明是「黼黻」的變體，別處都作「黼黻」，這兒當然可以改。但張守節的史記正義「論字例」中已經提到，並且説「諸如此類，並卽依行，不可更改」，如果也給它更改，那麽張守節的話就變得没有着落了。又如周本紀「乃命伯䍐」和「作䍐命」的「䍐」字，各本都没有給它改成「冏」字，並且注解中已説明就是「冏」字，那就不必給它改回來了。此外如「乃」作「迺」，「早」作「蚤」，「倪」作「兒」，「貌」作「皃」，「棄」作「弃」等等，其他古書也大都如此，稍微讀過一點古書的人都會辨認，那就不必改了。

今本史記中多避諱字，如唐朝人避李世民（唐太宗）名諱，改「世」爲「系」或「代」（例如稱世本爲系本，稱帝王世紀爲帝王代紀），改「民」爲「人」（例如禮書引易兑彖辭「悦以使民，民忘其死」作「悦以使人，人忘其死」），又如避李治（唐高宗）名諱，改「治」爲「理」等，因爲由來已久，早成爲習慣，我們就不給它改回來了。避清朝皇帝名諱的缺筆字如「胤」作「胤」，「寧」作「寍」，以及避孔子名諱，「丘」作「𠀉」等等，我們都給它改回來了。此外版刻異體字如「敖」作「敖」，「卒」作「卒」，「盲」作「盲」，「匃」作「匄」，「罕」作「罕」，「莫」作「莫」等等，

也都給改作現在通行的字體。

二、爲了便利讀者查考年代，我們特在十二諸侯年表、六國年表、秦楚之際月表、漢興以來諸侯王年表和漢興以來將相名臣年表的眉端印了公曆紀元。又在十二諸侯年表、六國年表和漢興以來諸侯王年表的雙頁碼的左邊加上國名的標尺，以便查檢。

中華書局編輯部一九五九年七月